投资区划图

星球地图出版社

策划人：邓凯

图书在版编目（CIP）数据

中国投资年鉴．2002／《中国投资年鉴》编辑委员会编．北京：新华出版社，2002.12

ISBN 7-5011-5948-3

Ⅰ.中… Ⅱ.中… Ⅲ.投资—中国—2002—年鉴

Ⅳ.F832.48—54

中国版本图书馆CIP数据核字（2002）第083360号

中国投资年鉴

2002

主　　办：中国投资学会

国家发展计划委员会投资研究所

国家开发银行市场与产业分析局

新华通讯社新华每日电讯社

承办机构：北京华凯在线资讯有限责任公司

*

主　　编：中国投资年鉴编辑委员会

（北京市西城区西单横二条59号高登大厦702室　邮编：100031　电话：010—66026430/32/34）

*

出版发行：新华出版社

总 经 销：新华书店

校　　对：北京印刷学院高职学院

印　　制：廊坊市印刷厂

889×1194毫米　1/16　55印张　1900千字

2002年12月第一版　2002年12月第一次印刷

ISBN 7-5011-5948-3/F·850　定价：398.00元

京工商广临印字20011090号

中国投资年鉴

CHINA INVESTMENT YEARBOOK

2002

新华出版社

《中国投资年鉴》顾问委员会

总 顾 问

陈锦华　　中国人民政治协商会议全国委员会副主席

经叔平　　中国人民政治协商会议全国委员会副主席

特邀顾问

项怀诚　　中华人民共和国财政部部长

张春贤　　中华人民共和国交通部部长

杜青林　　中华人民共和国农业部部长

金人庆　　国家税务总局局长

解振华　　国家环境保护总局局长

杨元元　　中国民用航空总局局长

周小川　　中国证券监督管理委员会主席

钮茂生　　河北省省长

刘振华　　山西省省长

陈良宇　　上海市市长

黄智权　　江西省省长

李克强　　河南省省长

张云川　　湖南省省长

包叙定　　重庆市原市长

张中伟　　四川省省长

石秀诗　　贵州省省长

列　确　　西藏自治区主席

贾治邦　　陕西省代省长

陆　浩　　甘肃省省长

阿不来提·阿不都热西提　　新疆维吾尔自治区主席

《中国投资年鉴》编辑委员会

邓道坤　　湖北省常务副省长
周伯华　　湖南省常务副省长
江泽林　　海南省副省长
苏　森　　青海省副省长
马锡广　　宁夏回族自治区常务副主席
李春城　　成都市市长
张蔚文　　宁波市原市长

委　员

张汉亚　　中华人民共和国国家发展计划委员会投资研究所所长
李　健　　中华人民共和国科学技术部高新技术发展及产业化司司长
欧文汉　　中华人民共和国财政部办公厅副主任
冯　俊　　中华人民共和国建设部政策法规司司长
曹　菁　　中华人民共和国铁道部发展计划司司长
姚明德　　中华人民共和国交通部办公厅主任
张春林　　中华人民共和国信息产业部综合规划司司长
矫　勇　　中华人民共和国水利部规划计划司司长
戴根有　　中国人民银行货币政策司司长
张　伟　　国家税务总局办公厅主任
王　知　　中国民用航空总局规划科技司司长
郑京平　　中华人民共和国国家统计局国民经济综合统计司司长
金兆丰　　中华人民共和国国家统计局国民经济综合统计司副司长
姚昌恬　　国家林业局发展计划与资金管理司司长
朱从玖　　上海证券交易所总经理
张育军　　深圳证券交易所总经理
王大用　　国家开发银行市场与产业分析局局长
刘慧勇　　中国投资学会副会长
解国记　　新华通讯社新华每日电讯社总编辑
李亚力　　天津市发展计划委员会主任
雷·额尔德尼　　内蒙古自治区发展计划委员会主任
仲跻权　　辽宁省发展计划委员会主任
王涛志　　黑龙江省发展计划委员会主任
佘义和　　江苏省发展计划委员会副主任

刘　亭　浙江省发展计划委员会副主任
朱先发　安徽省发展计划委员会常务副主任
孙　刚　江西省发展计划委员会主任
张大卫　河南省发展计划委员会主任
翁行德　湖北省发展计划委员会主任
李妙娟　广东省发展计划委员会副主任
杨道喜　广西壮族自治区主席助理
童小平　重庆市发展计划委员会主任
李国勇　西藏自治区发展计划委员会主任
邵克文　甘肃省发展计划委员会主任
张忠敬　甘肃省发展计划委员会副主任
韩学琦　新疆维吾尔自治区发展计划委员会主任
刘　志　第29届奥运会组织委员会工程部副部长
卢进勇　对外经济贸易大学国际直接投资研究中心主任
徐耀中　中国投资论坛常务副主任
胡文一　中国投资论坛秘书长
崔　峻　中国投资论坛副秘书长
穆范敏　蓬莱市黄金(集团)总公司总经理
吴文夫　大连绿波房屋开发集团有限公司董事长

(注:以上名单确立时间为2002年12月1日)

撰稿（联络）人

（以姓氏笔划为序）

马　宇	王汉春	王玉成	王亚明
邓　刚	冯　春	史月英	刘　勇
刘　琦	刘书伟	刘祥飞	刘雪琴
刚布和	孙　来	朱宝君	江小娟
江明波	吴亮碧	张文红	张长春
张安疆	张国云	张冠华	张家举
张晓松	张道洋	李　明	李小维
李文彬	李志农	李建军	李晓斌
李德才	汪文祥	沈炳兴	肖　松
肖惠军	陆晋原	陈　多	陈　勇
陈　鸿	陈　斌	陈　雁	陈永光
陈作芳	单欣红	罗晓平	苗永春
郑广辉	金　旸	金志光	胡世忠
胡迎端	郝红梅	钟　伟	夏建伟
徐未来	秦　柯	聂名华	袁　东
郭永强	郭克莎	郭晓平	郭润英
顾　洋	彭大刚	彭国斌	联蒙珂
谢　宇	谢建民	鄢　东	雷耀峰
廖志刚	蔡赤萌	裴伟东	

撰 稿 单 位

中华人民共和国国家发展计划委员会
中华人民共和国国家经济贸易委员会
中华人民共和国科学技术部
中华人民共和国财政部
中华人民共和国国土资源部
中华人民共和国建设部
中华人民共和国铁道部
中华人民共和国交通部
中华人民共和国信息产业部
中华人民共和国水利部
中华人民共和国农业部
中华人民共和国对外贸易经济合作部
中华人民共和国文化部

中国人民银行
国家税务总局
国家环境保护总局
中国民用航空总局
中华人民共和国国家统计局
国家林业局
中华人民共和国国家旅游局
国务院港澳事务办公室
新华通讯社
中国证券监督管理委员会
中国保险监督管理委员会
国家邮政管理局
国家外汇管理局

国家开发银行
中国建设银行

中国农业银行
中国银行

中国企业联合会
中华全国工商业联合会

中国商业联合会
中国国际贸易促进委员会

中央国债登记结算有限公司
中国投资学会
国家发展计划委员会投资研究所
第二十九届奥运会组织委员会

国家开发银行市场与产业分析局
新华通讯社新华每日电讯社
上海证券交易所
深圳证券交易所

北京市人民政府
河北省人民政府
山西省人民政府
辽宁省人民政府
吉林省人民政府

湖北省人民政府
湖南省人民政府
广东省人民政府
海南省人民政府
重庆市人民政府

黑龙江省人民政府
上海市人民政府
安徽省人民政府
福建省人民政府
江西省人民政府
山东省人民政府
河南省人民政府

四川省人民政府
贵州省人民政府
陕西省人民政府
甘肃省人民政府
青海省人民政府
宁夏回族自治区人民政府
新疆维吾尔自治区人民政府

绍兴市人民政府
台州市人民政府
淮南市人民政府
北京市海淀区人民政府

北京市朝阳区人民政府
上海市浦东新区人民政府
汕尾市人民政府
东阳市人民政府

北京市发展计划委员会
天津市发展计划委员会
河北省发展计划委员会
山西省发展计划委员会
内蒙古自治区发展计划委员会
辽宁省发展计划委员会
吉林省发展计划委员会
黑龙江省发展计划委员会
上海市发展计划委员会
江苏省发展计划委员会
浙江省发展计划委员会
安徽省发展计划委员会
福建省发展计划委员会
江西省发展计划委员会
山东省发展计划委员会

河南省发展计划委员会
湖北省发展计划委员会
湖南省发展计划委员会
广西壮族自治区发展计划委员会
海南省发展计划厅
重庆市发展计划委员会
四川省发展计划委员会
贵州省发展计划委员会
云南省发展计划委员会
西藏自治区发展计划委员会
陕西省发展计划委员会
青海省发展计划委员会
宁夏回族自治区发展计划委员会
新疆维吾尔自治区发展计划委员会
新疆生产建设兵团发展计划委员会

浙江省温州市发展计划委员会
内蒙古自治区呼和浩特市发展计划委员会
新疆维吾尔自治区阿克苏地区发展计划委员会

广西壮族自治区玉林市发展计划委员会
广东省珠海市发展计划局

长春高新技术产业开发区管理委员会
宁波大榭开发区经济发展局
广东省旅游局
秦皇岛经济技术开发区管理委员会
北京市水利局

中国社科院金融研究中心
外经贸部国际经贸研究院跨国公司研究中心
中央财经大学
对外经济贸易大学

中国远洋运输集团
中国海洋石油总公司
中国石油天然气股份有限公司
中国电信集团
中国网络通信集团公司
中国联合通信有限公司
中国五矿集团
中国长江航运集团
广东岭澳核电有限公司
北京首创集团
攀枝花钢铁(集团)公司
北京市燃气集团公司
大同煤矿集团有限责任公司
武汉钢铁(集团)公司
青岛华欧集团
蓬莱市黄金(集团)总公司
中国和平(北京)投资有限公司
深圳市华晟达投资控股公司
湖北神龙汽车有限公司
宁夏大古铁路有限责任公司
大连绿波房屋开发集团有限公司
中国铝业股份有限公司广西分公司
中国铝业股份有限公司贵州分公司
北京市首都公路发展有限责任公司
天津天士力制药股份有限公司

大连市中山房地产管理处
《中国投资》杂志社
《中国对外经济贸易年鉴》编辑部

(注:撰稿单位均为2002年名称)

《中国投资年鉴》编辑名单

总 编 辑：张汉亚　刘慧勇　王大用　解国记
总 策 划：胡文一
副总编辑：徐耀中　崔　峻
高级编辑：董景良　朱维新
责任编辑：鞠　景

编辑部主任：邓　凯
市场总监：李　元
发行总监：赵海英
编　　辑：（以姓氏笔划为序）

王俊杰　龙　蕾　齐　瑞　刘　苹
朱　耘　李　强　李　勤　陈　非
陈　津　陈　慧　胡晓燕　谢凯明

编 辑 说 明

一、《中国投资年鉴》是记载中国投资建设领域发展情况的大型权威工具书。该书1993年由中国投资学会开始编纂，曾受到社会各界人士的广泛欢迎。自2001年起《中国投资年鉴》改由中国投资学会、国家开发银行市场与产业分析局、国家发展计划委员会投资研究所、新华通讯社新华每日电讯社联合编纂。在2001卷基础上，2002卷《中国投资年鉴》继续坚持述评分析与资料选编相结合的编辑方针，并充实了内容，改进了版面，以更新的面貌奉献给广大读者。

二、2002卷《中国投资年鉴》编纂体例略有改动，共分为：特载、宏观综论、行业投资、地区投资、西部大开发、投资项目与开发区建设、金融证券保险、涉外投资、WTO与中国投资、投资管理与政策法规、国民经济与投资统计、附录十二部分。2002卷年鉴资料更系统更完整，内容更加丰富翔实。

三、为不断提高《中国投资年鉴》的权威性，年鉴编辑部继续聘请国家有关部委和各省、自治区、直辖市的领导担任该书的总顾问、特邀顾问、编委会主任、副主任与编委，并请他们撰写相关专题文章。

四、2002卷《中国投资年鉴》，包括190多万字的文字资料和近200多幅配图；国际通用版本（889×1194）16开；正文部分用进口胶版纸，彩色插页采用进口铜版纸。

五、为使《中国投资年鉴》编得更好，我们诚恳地欢迎广大读者提出宝贵的意见和建议。

目　　录

特　载

第一部分　宏观综论

第二部分　行业投资

第三部分　地区投资

第四部分　西部大开发

第五部分 投资项目与开发区建设

第六部分 金融、证券、保险

第七部分　涉外投资

第八部分　WTO 与中国投资

第九部分　投资管理与政策法规

外资、合资、合作、民间投资

第十部分　国民经济与投资统计

综合

市政建设与建筑经济

附　录

CONTENTS

Special Publication

Part 1 Macroeconomic Overview

Part 2 Industrial Investment

Part 6 Banking, Securities and Insurance

Part 7 Foreign Investment in China & China's investment overseas

Part 8 WTO and China's Investment

Part 9 Investment Management and Policies, Laws and Regulations

Appendix

农　业

2001年，农业基本建设投资29亿元，比上年增长23%。在有限的农业投入情况下，农业的投资进一步向重点项目，重点领域和重点行业倾斜。

内蒙古自治区，中国著名的经济作物油菜花产地

云南豪牢山梯田

黑龙江商品粮基地

河南濮阳世绵农业园红掌培育基地

林　业

2001 年，全社会完成林业固定资产投资总额为 209.56 亿元，与 2000 年相比，增长 24.91% 。其中，林业基本建设投资完成 197.73 亿元，比 2000 年增长 25.99 %。

中国北疆的一颗绿星——内蒙古莫尔嘎林业局

四川亚丁自然保护区

著名的内蒙古牧场

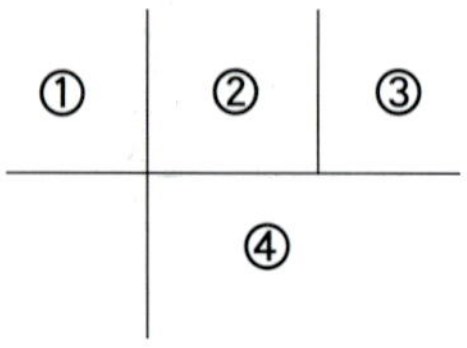

①小浪底水利枢纽工程
②隔河岩水电站
③世界第一大橡胶坝——山东沂河坝
④三峡工地夜景

水利建设

2001年共安排水利基建投资594亿元，其中中央投资401亿元，地方配套投资193亿元。水资源工程共安排中央投资74.3 亿元，占全年中央投资的20%

交通建设

2001 年全国公路建设完成投资 2612.8 亿元，比上年增加 423.4 亿元，是历史上完成投资最多的一年。

2001 年全国水运建设完成投资 174 亿元，比上年增加 40 亿元，增长 29.7 %。

2001 年铁路全行业固定资产投资完成 822.82 亿元，比上年增加 73.53 亿元，增长 9.8 %。

2001 年民航全行业完成固定资产投资 151.8 亿元，较上年增长 18.5 %。

①繁忙的机场
②青藏铁路工地
③广东新会涯门大桥

浙江台州港码头

广东湛江港

中国远洋运输

兰铁新干线

工　业

①中国最大的不锈钢薄板生产线
②扬子石化
③武钢五号高炉雄姿
④西气东输建设工地

城市建设

2001 年完成城市建设固定资产投资 2352 亿元，比上年增长 24.4 %。
2001 年全国房地产开发完成投资 6245.48 亿元，比上年增长 25.3 %。

① ④
② ⑤
③

①阿克苏城市景观
② 广东汕尾市建设
③天津城市建设鸟瞰
④京城水系——昆玉河
⑤江南风格住宅小区——浙江荡海人家住宅区

东方之珠——香港夜景

特载

积极做好加入世贸组织后的应对工作

江泽民在省部级主要领导干部“国际形势与世贸组织”专题研究班座谈会上发表讲话

中共中央总书记、国家主席、中央军委主席江泽民在与省部级主要领导干部“国际形势与世贸组织”专题研究班学员座谈时发表重要讲话，他强调，加入世贸组织，是我国改革开放进程中具有历史意义的一件大事。要在激烈的国际竞争中掌握主动，必须坚定不移地把我们自己的事情办好，不断增强我们的综合国力和国际竞争力；必须坚持改革开放，建立和完善社会主义市场经济体制；必须善于从国际国内政治大局出发考虑问题，切实维护我国的国家安全和根本利益。

江泽民指出，加入世贸组织，标志着我国对外开放进入了一个新的阶段。我们要在这个新的起点上，进一步深化改革，扩大开放，以更加积极的姿态走向世界，适应经济全球化发展的新形势，继续推进全方位、多层次、宽领域的对外开放，为我国经济发展提供新的强大动力。

中共中央举办的省部级主要领导干部“国际形势与世贸组织”专题研究班经过5天的学习，2月25日结业，并举行座谈会。座谈会由中共中央政治局常委李鹏主持。中共中央政治局常委朱镕基、李瑞环、胡锦涛、尉健行、李岚清出席了座谈会。

座谈会上，8位学员代表先后发言，畅谈了参加研究班的学习心得和体会。他们表示，通过几天的学习和讨论，对当前我们面临的国际形势有了更加清醒的认识，对中央作出加入世贸组织的重大决策有了更加深刻的理解，对做好加入世贸组织后的各项工作有了更加充分的理解。要按照中央的要求，进一步解放思想，实事求是，进一步统一认识、增强信心，切实加强学习，切实做好工作，与时俱进，开拓创新，把改革开放和现代化建设的各项工作做得更好。

在认真听取了大家的发言后，江泽民发表了重要讲话。他首先总结了我国加入世贸组织的历程，指出，对15年来我们围绕加入世贸组织开展工作取得的经验，要认真总结，从中汲取有益启示。任何时代的国际竞争，都是以实力为基础的。我国加入世贸组织的谈判之所以能取得成功，说到底，就是因为改革开放20多年来我国的综合国力不断增强，国际地位日益提高。坚持以经济建设为中心，坚持改革开放，艰苦奋斗，埋头苦干，不断增强我国的经济实力、国防实力和民族凝聚力，是做好对外工作的坚强保证。发展是硬道理。这是我们必须始终牢记的重要历史经验。

江泽民强调，当今世界是开放的世界。加强国际经济技术交流与合作，对各国经济的发展越来越重要。我们搞现代化建设，必须对外开放。实行对外开放，进行经济技术交流与合作，关键的问题是我们必须形成一个有效的体制和机制，创造一个有利于开放的经济和社会环境。我国社会主义市场经济的发展，全方位对外开放格局的形成，再加上巨大的潜在市场，这是我国加入世贸组织最重要的推动力量。要在经济全球化的条件下坚持实行对外开放，实施好“引进来”与“走出去”相结合的开放战略，不断增强我国经济的国际竞争力和对国外企业的吸引力，必须通过改革建立并不断完善社会主义市场经济体制，不断形成有利于对外开放的体制和环境。

江泽民强调，从二十一世纪国际竞争日趋激烈的大环境看，我们搞现代化建设，必须到国际市场的大海中去游泳，并且要奋力地去游，力争上游，不断提高我们搏风击浪的本领。这对提高我国的国际竞争力、在国际综合国力的较量中掌握主动有利。对加入世贸组织后的利和弊、机遇和挑战，要科学分析和全面认识，对于有利的一面，要抓住机遇，积极加以运用；对不利的一面，要抓紧工作，努力规避风险。

在谈到做好加入世贸组织后的各项工作时，江泽民说，要采取切实有效的措施，推动我国产业和企业不断提高竞争力。要大力加强对产业的结构调整和技术改造，提高科技创新能力和市场竞争力，使它们能够在国内外市场的激烈竞争中站住脚跟，并发展壮大。要使我们的弱势产业变强、优势产业更强。企业要进一步深化改革，尽快建立适应发展社会化大生产和市场经济要求的现代企业制度，增强市场竞争能力、技术创新能力和抵御风险的能力。从长远看，要更有力地开展国际竞争，我们必须形成一批有国际竞争能力的大型企业和跨国公司。要在加入世贸组织后的新形势下抓住一切机遇，努力形成和发展壮大一批中国式的跨国公司。这是我们扩大对外开放，增强经济实力和国际竞争力，经受住经济全球化的各种挑战和考验，使我国真正成为经济强国的迫切需要。同时，我们要发展一批技术水平高、有市场竞争能力的中小企业，特别是要发展“专、精、特、新”的科技型企业，同大企业建立密切的协作关系，提高生产的社会化水平。要大力支持和推动连锁经营、集中配送等现代流通方式，推动经济发展，提高竞争力。

在谈到进一步深化改革，不断完善社会主义市场经济体制时，江泽民说，加入世贸组织，要求我们各级政府管理经济的方式和办法有一个大的改进。要按市场经济的一般规律，进一步调整和完善合乎社会主义市场经济要求的行为规范和法律体系。要进一步转变政府职能，推进政企分开、政事分开，减少对微观经济活动的直接干预，充分发挥市场配置资源的基础性作用，强化企业的市场主体地位。要把按照世贸组织规则要求规范市场经济秩序，正确引导社会主义市场经济发展，培育和壮大我国经济的国际竞争力，作为政府调控和管理经济的主要任务。要整顿和规范市场经济秩序，建立和健全法制、诚信和公平竞争的市场环境。总之，要通过深化改革，进一步消除影响生产力发展的体制性障碍。这样才能有力地推动我国的经济发展，而且这也是我们应对加入世贸组织后各种挑战的一个根本途径。

江泽民强调，做好加入世贸组织后的各项应对工作，人才是关键。要进一步落实科教兴国战略，大力培养各方面的高素质人才。在普遍提高国民教育文化水平的同时，加强专业人才的培养，特别是要抓紧培养精通世贸组织规则的专业人才。培养专门人才的工作，一定要紧迫地抓起来。

江泽民指出，加入世贸组织后，我国将在更大范围和更深程度上参与国际经济竞争与合作，对外开放必须进一步扩大。同时，我国将在国际经贸规则下参与国际经济竞争与合作，对外开放的要求更高了。我们各项工作面临着新的环境，最重要的变化就是国际市场的竞争将更加深入地与国内市场的竞争结合在一起，国际市场竞争的一些重要因素将成为国内市场竞争的组成部分。我们要尽快适应新形势新要求，更加积极地拓展对外贸易增长空间，参与国际区域经济合作，合理有效地利用外资，引进先进技术和管理经验，更好地利用经济全球化带来的有利于生产力发展的因素，发挥我们的比较优势，加快我国经济的发展。在对外开放的全过程中，我们要始终注意正确处理好对外开放、发展国际经济合作与维护国家利益和安全的关系，十分注意并切实维护国家的利益和安全。

江泽民强调，在新的条件下扩大对外开放，必须更好地实施“引进来”和“走出去”同时并举、相互促进的开放战略，努力在“走出去”方面取得明显进展。实施“走出去”战略，是把对外开放推向新阶段的重大举措，是更好地利用国内外两个市场、两种资源的必然选择。

江泽民最后说，在加入世贸组织的新形势下继续推进改革开放和社会主义现代化建设，对我们全党来说，是一次新的学习，也是一场新的考试。这是对我们的学习能力、应对能力、竞争能力、决策能力、创新能力很实际很具体的检验。全党都要加紧学习，加强研究。领导干部要努力掌握在开放条件下管理和驾驭经济发展全局的本领，在工作中要全面考虑国内和国外两种因素，善于利用好国内外两个市场、两种资源，善于把国际市场可能给我们带来的风险降低到最小的程度，更好地促进我国现代化建设。只要全党同志共同努力，就一定能够运用好加入世贸组织带来的各种机遇，把改革开放和现代化建设更好地推向前进。

政府工作报告

——2002年3月5日在第九届全国人民代表大会第五次会议上

国务院总理　朱镕基

各位代表：

现在，我代表国务院向大会作政府工作报告，请予审议，并请全国政协各位委员提出意见。

首先报告2001年的工作。

新世纪第一年，全国各族人民在中国共产党的领导下，面对复杂多变的国际形势，克服困难，阔步前进，改革开放和社会主义现代化建设取得了新的重大成就。

国民经济保持良好发展势头。在世界经济增长明显减速的情况下，我们坚持扩大内需的方针，坚定地实施积极的财政政策和稳健的货币政策，实现了经济较快增长。2001年国内生产总值达到95933亿元，比上年增长7.3%。经济结构调整取得积极进展。农业结构有所优化，优质、专用农产品增加。信息、生物等高新技术产业快速发展。传统工业改造和淘汰落后生产能力有较大进展。基础设施建设取得显著成绩，完成了一批公路、铁路、江河干堤、水利枢纽和农村电网改造等重点项目。西部大开发起步顺利，青藏铁路、西电东送等重大项目相继开工。经济增长质量和效益进一步提高。全年规模以上工业企业实现利润4657亿元，增长8.1%。税收大幅度增长，全国财政收入达到16371亿元，按可比口径增加2400亿元。金融运行平稳。居民消费价格总水平上升0.7%。外贸进出口总额突破5000亿美元，其中出口2662亿美元，增长6.8%。外商直接投资468亿美元，增长14.9%。国际收支状况良好，年末国家外汇储备达到2122亿美元，比上年末增加466亿美元。人民币汇率稳定。国民经济沿着持续快速健康发展的轨道前进。

经济体制改革进一步深化。国有企业改革继续推进，现代企业制度建设加快。国家向重点企业派出的监事会作用加强。企业重组、改组工作积极推进。一批资源枯竭的矿山和严重资不抵债、扭亏无望的企业，通过关闭、破产退出市场。粮食、棉花流通体制改革取得成效。完善城镇社会保障体系和农村税费改革试点进展顺利。城镇职工基本医疗保险制度、医疗卫生体制和药品生产流通体制三项改革稳步推进。清理和减少了行政审批事项。整顿和规范市场经济秩序取得阶段性成果，仅对制假售假违法活动立案查处的就达120多万起，有力地打击了经济领域的违法犯罪分子。

科技、教育和社会事业全面发展。新的“863计划”、科技攻关计划和重点基础研究计划开始实施。国家创新体系建设继续推进。一批国家高新技术产业化重大项目正式启动。科技体制改革继续深化。基础教育和职业教育进一步加强，素质教育全面推进。全国普通高校招生268万人，比上年增加48万人。高校管理体制和后勤社会化改革进展顺利。资源保护、环境治理和生态建设明显加强。退耕还林和天然林保护工程建设取得成效。重点流域和区域污染防治得到加强，部分城市环境质量有所改善。社会主义精神文明和民主法制建设继续推进。社会科学、文学艺术、新闻出版、广播影视、医药卫生、计划生育和体育等各项事业取得新成绩。城市社区和农村基层政权建设得到加强。农村“三个代表”学习教育活动深入进行。民族、宗教和侨务工作进一步加强。廉政建设和反腐败斗争力度加大，成绩显著。“严打”整治斗争和社会治安综合治理取得初步成效，依法铲除一批黑恶势力犯罪团伙，惩治了一批严重刑事犯罪分子。国防和军队现代化建设迈出新步伐。

城乡人民生活继续改善。城镇居民人均可支配收入实际增长8.5%。中央财政和地方财政大幅度增加了社会保障支出。国有企业下岗职工基本生活费和离退休人员基本养老金，基本上做到按时足额发放。城市居民最低生活保障的覆盖人数，由年初的400多万人扩大到年末的1120多万人。国家提高了机关事业单位职工工资和离退休人员养老金水平，增加了企业离退休人员基本养老金。以上几项，仅中央财政当年就增加支出621亿元。农民人均纯收入实际增长4.2%。通过加快农村电网改造和整顿电价，降低农村用电价格，减轻了农民负担。城乡市场繁荣，居民住、行条件进一步改善。

去年，我们隆重庆祝了中国共产党成立80周年，江泽民总书记发表“七一”重要讲话，阐述了“三个代表”思想的科学内涵和重大意义。党的十五届六中全会作出了加强和改进党的作风建设的重要决定。北京赢得了2008年奥运会举办权。我国成功举办亚太经合组织第九次领导人非正式会议等重要国际会议。经过长期努力，我国正式加入世界贸易组织。所有这些，对于我们党和国家事业的发展都具有重大而深远的影响，极大地激发了全国各族人民的爱国热情，增强了民族自豪感和凝聚力。

2001年经济和社会发展的显著成绩，确实来之不易。这是以江泽民同志为核心的党中央统揽全局、审时度势，及时作出正确决策和部署的结果，是全国各族人民锐意进取、团结奋斗的结果。我代表国务院，向辛勤工作在全国各条战线上的广大工人、农民、知识分子、干部、人民解放军指战员、武警部队官兵和公安干警以及各界人士，致以崇高的敬意！向关心与支持祖国建设和统一的香港特别行政区、澳门特别行政区同胞和台湾同胞、海外侨胞，表示诚挚的感谢！

我们也清醒地看到，当前经济和社会生活中还存在不少亟待解决的问题。主要是：农民收入增长缓慢，一些粮食主产区和严重受灾地方农民收入减少，有些地方拖欠工资严重，部分企业生产和职工生活仍有困难，就业压力加大。产业结构不合理和经济体制深层次问题尚未解决，生态环境问题依然相当突出，地方保护主义屡禁不止，市场经济秩序有待继续整顿。一些地方、部门和领导干部中形式主义、官僚主义盛行，弄虚作假、铺张浪费严重，腐败现象还比较突出。有些单位违规挪用财政资金和专项资金。有法不依、执法不严的问题比较普遍。重大安全事故时有发生。有些地方社会治安状况不好。这些问题有的是多年积累下来的，有的同工作中的缺点和错误有关。我们必须高度重视，采取有力措施加以解决。

各位代表！

2002年是我们党和国家发展史上非常重要的一年。做好今年各项工作，具有十分重要的意义。当前国际形势错综复杂，全球经济和贸易增长仍然缓慢，国际市场竞争更加激烈，贸易保护主义加剧。我国加入世贸组织，总体上有利于改革开放和经济发展，但在近期某些竞争力不强的行业、企业会受到较大冲击。我们面临着新的困难和严峻挑战。同时，也应当看到，做好今年工作具有许多有利条件。我国综合国力显著增强，拥有比较雄厚的物质基础，粮食、外汇等重要储备充足，国内市场潜力巨大，经济发展有较大回旋余地。我国社会政治稳定。特别是以江泽民同志为核心的党中央积累了应对各种复杂局面的丰富经验。我们要增强信心，振奋精神，充分利用一切有利条件，发挥各方面的积极性，努力做好各项工作。

根据党中央部署，今年工作的总体要求是：以邓小平理论和党的十五大精神为指导，进一步贯彻落实江泽民同志“七一”重要讲话和党的十五届五中、六中全会精神，按照“三个代表”要求，正确把握复杂多变的国际政治经济形势，抵御和克服前进道路上的各种风险和困难，以保持经济和社会的稳定。坚持实施扩大国内需求的方针，继续深化改革，扩大开放，加快结构调整，整顿和规范市场经济秩序，提高经济增长质量和效益，促进国民经济持续快速健康发展和社会全面进步。切实加强精神文明建设、民主法制建设和党的建设，转变政府职能，团结奋斗，勤俭建国，以改革开放和现代化建设的新成就迎接党的十六大召开。

按照这个总体要求，今年要着重做好以下八个方面工作。

一、扩大和培育内需，促进经济较快增长

保持国民经济较快增长，是扩大就业、改善人民生活和维护社会稳定的基础，也是推进结构调整和深化改革的重要条件。在当前严峻的国际经济形势下，实现经济较快增长的根本之策，是扩大国内需求，进一步形成消费和投资的双重拉动。要继续实施积极的财政政策和稳健的货币政策，并保持必要的力度，同时采取其他配套的宏观经济政策。

扩大国内需求，首先必须增加城乡居民特别是低收入群体的收入，培育和提高居民的购买力。一是采取更有力的措施，千方百计增加农民收入，切实减轻农民负担。二是进一步完善城镇社会保障体系。当务之急仍然是落实“两个确保”，确保国有企业下岗职工基本生活费和离退休人员基本养老金按时足额发放，任何地方都不得发生新的拖欠。完善失业保险制度。同时，强化城市居民最低生活保障制度建设，使所有符合条件的城市贫困居民都能得到最低生活保障，做到应保尽保。中央财政预算较大幅度地增加了“低保”资金，地方财政预算也必须增加所需资金。对特困行业和企业的职工，还要采取有效措施帮助他们解决困难。继续推进城镇职工基本医疗保险制度、医疗卫生体制和药品生产流通体制改革。进一步搞好在辽宁全省和其他省、自治区部分城市完善社会保障体系的试点工作。努力筹集和管好、用好全国社会保障基金。三是继续适当提高机关事业单位职工基本工资，并相应增加机关事业单位离退休人员离退休金。各类所有制企业也要在提高经济效益的基础上，适当增加职工收入。对一些地方拖欠干部、政法干警、教师工资的问题，有关地方政府务必采取有力措施，尽快加以解决。地方财政首先要保工资发放，对过去拖欠的工资，也应尽快补发。宁可不上新的建设项目，不办或者少办不是急需的事，也要确保工资按时足额发放。在严格定编定员的基础上，对发放工资确有困难的省、自治区、直辖市，中央财政通过转移支付予以补助。市、县级财政有困难的，省级财政也要通过转移支付予以补助。四是积极扩大就业和再就业。这是增加居民收入的重要途径。努力拓宽就业渠道，增加就业岗位。大力发展就业容量大的劳动密集型产业、服务业、中小企业。扩大社区服务就业门路。实行弹性大、灵活性强、多样化的就业形式。发展劳动力市场，完善就业服务体系。认真落实鼓励自谋职业和促进就业的优惠政策措施。对弱势群体给予特殊的就业援助。五是拓宽消费领域，改善消费环境。通过深化改革，调整政策，消除各种限制消费的障碍。鼓励居民扩大住房、旅游、汽车、电信、文化、体育和其他服务性消费，培育新的消费热点。

保持国债投资的必要规模，带动固定资产投资较快增长。根据需要和可能，今年拟发行1500亿元长期建设国债，主要用于在建的国债建设项目、西部开发项目、重点企业技术改造，以及南水北调、京津水资源保护工程、农村基础设施和教育、公检法司等方面设施的建设。1998年以来开工建设的大部分国债项目，要在今年内基本完工。目前，居民储蓄存款增加较多，银行资金比较充裕，利率水平较低，市场价格稳定，国债余额占国内生产总值的比重仍在安全线以内，发行长期建设国债还有一定的空间，不会有大的风险。用国债投资进行重要的和社会急需项目的建设，不仅有利于促进经济增长和培植财源，而且有利于集中力量办大事，充分发挥各方面资金的使用效益。在扩大国债投资的同时，还要采取措施用活用好其他国内资金，引导和鼓励社会投资。要高度重视资金的合理、节约使用，坚决防止无效投入和重复建设。基础设施建设也要合理规划，量力而行，讲求实效，不可过分超前。继续加强对国债资金使用、项目建设和工程质量的监督管理，严厉查处各种截留、挪用国债资金的行为。

努力做好财税工作，保持税制稳定，加强税收征管。严格依法治税，做到应收尽收，堵塞“跑、冒、滴、漏”。认真贯彻“一要吃饭、二要建设”的方针，合理调整财政支出结构，区别轻重缓急，该保的一定要保，该压缩的要坚决压缩。为了进一步规范中央和地方政府之间的分配关系，建立合理的分配机制，支持西部开发，从今年开始，对所得税收入实行中央和地方按比例分享的办法。中央从所得税增量中多分享的收入，全部用于对地方主要是中西部地区的一般性转移支付。

继续实行稳健的货币政策，加强对金融机构的监管。金融机构要在切实防范和化解金融风险的同时，积极支持经济发展，努力改进服务。银行要调整信贷结构，重点支持国债投资项目、农业结构调整、企业技术改造，中小企业特别是科技型中小企业的发展，尽量满足有市场、有效益、有信用的企业流动资金贷款需求，发展个人住房、助学贷款等消费信贷业务。加快建立现代金融制度，深化金融企业改革，健全内部机制，强化经营管理。商业银行从今年开始要全面实行贷款质量五级分类制度，改进信息披露。进一步规范和发展证券市场。继续促进保险业健康发展。加强金融法治和监管。加快信息化建设。密切关注国际金融市场变化，严防国际短期资本对我国金融市场的冲击，确保金融安全。

二、加快农业和农村经济发展，努力增加农民收入

发展农业生产力，提高农民购买力，是扩大和培育内需十分重要的方面，关系国民经济发展和社会稳定全局。要把加强农业和增加农民收入，作为整个经济工作的突出任务；把农民是否增加收入和减轻负担，作为检验农业和农村工作的重要标准。

从根本上说，增加农民收入必须加快农业和农村经济

结构调整，大力发展农业产业化经营，积极推动传统农业向现代农业转变。大力推广优良品种和先进适用技术，加快发展优质、专用、无公害农产品。继续调整农业内部结构，积极发展畜牧业和水产养殖业。充分发挥区域比较优势，加快农业布局调整和优化。沿海地区和大中城市郊区要大力发展高效农业。中部粮食主产区要抓住主销区腾出部分粮食市场的机遇，扩大优质粮食生产，提高粮食的综合效益和市场竞争力。西部地区要发展特色农业、旱作农业和生态农业。努力扩大农产品出口。推广“公司加农户”、“订单农业”等方式，逐步形成农产品生产、加工、销售一体化经营。加快培育一批辐射面广、带动力强的龙头企业。深化农业科研和推广体制改革，推进农科教、产学研结合，继续实施“星火计划”，加快农业科技成果的转化与推广应用。调整农业结构，必须坚持以市场需求为导向，从实际出发，充分尊重农民意愿，绝不能搞强迫命令。各级政府要做好规划，增加对农业的科技投入，加强服务，着力抓好农产品质量标准和认证体系、检验检测体系、市场信息体系建设，创造良好的市场环境。

为了使农民收入尽快有较多增长，还必须做好以下工作。

一是扩大退耕还林规模。两年多试点证明，在中西部一些地方实行退耕还林(包括还草、还湖)，既是改善生态环境，促进农业结构调整的重大举措，也是直接增加农民收入的有效途径。目前粮食等农产品供给充足，是加快退耕还林的良好时机。今年要进一步扩大退耕还林规模，推进休牧还草，加快宜林荒山荒地造林步伐。要坚持因地制宜，加强分类指导，认真落实退耕还林的各项政策，完善配套措施，抓紧培育和供应优良种苗，保证退耕还林质量。实施退耕还林和天然林保护工程，都要重视搞好后续产业的开发，以保障群众长期的生活来源和有关地方必要的财政收入。要抓紧研究制定退耕还林的法规。

二是深化农村税费改革和粮棉流通体制改革。农村税费改革是减轻农民负担的治本之策。今年要进一步扩大试点范围，主要放在中部地区的粮食主产省和农业大省，其他省、自治区、直辖市继续在部分县市进行试点。中央财政在预算内安排相应资金予以支持，试点地方的财政也要安排适当资金支持改革。同时，要搞好乡镇机构、农村教育和县乡财政体制等配套改革。农村税费改革，既要明显减轻农民负担，又要保证乡村正常工作和发展的必要经费，特别是保证农村义务教育经费。尚未进行农村税费改革的地方，要严格执行中央有关规定，继续做好减轻农民负担的各项工作。各地要进一步加强对农村教育、电价、建房等方面乱收费的专项治理。全面落实深化粮食流通体制改革的措施，大力推进国有粮食购销企业改革，改进和加强粮食市场管理，推动粮食主销区和主产区建立长期稳定的购销合作关系。继续做好棉花购销市场化改革的各项工作，保持棉花生产和市场稳定。

三是努力拓宽农民增收渠道。以农产品加工业和农村服务业为重点，加快发展农村二、三产业。引导乡镇企业加快结构调整、技术进步和体制创新，提高发展水平。扩大城乡经济往来有利于明显增加农民收入。各地要清理、取消不合理的限制和乱收费，为农民进城务工经商提供方便，切实保障他们的合法权益；同时，要加强管理和引导。积极稳妥地推进城镇化，促进农村劳动力向非农产业转移。

四是加大对农业的支持力度。采取符合世贸组织规则的措施，努力维护农民利益。增加对农业和农村基础设施建设投资，改善生产生活条件和生态环境。重点支持节水灌溉、人畜饮水、农村沼气、农村水电、乡村道路和草场围栏等设施建设。要在农业科研、技术推广、病虫害防治、信息咨询和农民培训等方面加强对农业的支持。特别要加大对粮食主产区的支持力度。改进金融对农业的服务。深化农村信用社改革。进一步搞好农村扶贫开发，多渠道增加扶贫资金，扩大以工代赈规模。加大对灾区和特困地区的支持，减免农、牧业税，并真正落到实处。积极帮助农村特困户和优抚对象解决实际困难。

三、积极推进经济结构调整和经济体制改革

进一步解决制约经济发展的结构性矛盾和体制性障碍，是促进经济持续增长、提高经济素质和竞争力的根本举措。必须大力推进经济结构调整，坚持不懈地把经济体制改革引向深入。

加快产业结构优化升级。一要采用高新技术和先进适用技术，改造和提升传统产业。支持重点行业和骨干企业进行技术改造，支持承担国家重点任务的大型装备制造企业提高产品开发和技术创新能力。企业技术改造要做好规划，以“质量、品种、效益”为重点，选好项目，不能搞重复建设和单纯扩大生产能力。巩固和扩大纺织、冶金、煤炭等行业淘汰落后生产能力取得的成果，继续推进石化、建材、机械、医药、制糖、烟草等行业压缩过剩、落后生产能力的工作。已淘汰的生产能力，绝不能以任何借口和形式恢复生产。继续调整能源结构。推动老工业基地加快调整和改造。支持以资源开采为主的城市和老矿区发展接续和替代产业。二要加快发展信息、生物、新材料等高新技术产业。继续抓好信息网络、新型电子元器件、集成电路、软件、新材料和中药现代化等高新技术产业化重大专项的组织实施。推进国民经济和社会信息化。三要积极发展第三产业特别是现代服务业。加快发展金融、会计、咨询、法律服务等行业。逐步推行连锁经营、物流配送、代理制、电子商务等组织形式和服务方式。大力发展旅游业和文化产业。

继续实施西部大开发战略，促进地区协调发展。加快西部地区基础设施和生态环境建设。着力抓好青藏铁路、西气东输、西电东送等重点工程建设。继续实施退耕还林、天然林保护、“三北”防护林和防沙治沙工程。认真落实西部大开发的各项政策和措施，促进老少边穷地区发展。西

部地区要注重发展优势产业和特色产业，不搞重复建设、盲目投资。防止已被淘汰的企业和设备向西部地区转移，避免破坏生态环境。中部地区要充分发挥区位优势和资源优势，积极培育新的经济增长点，国家在安排建设项目时要给予支持，以加快发展步伐。东部地区要优化产业结构，大力发展外向型经济，提高经济素质和竞争力，采取多种方式加强同中西部地区的经济技术合作。

深化以国有企业改革为中心的各项改革。近几年，国有企业改革取得了很大进展，但是任务仍然相当艰巨，必须继续下大气力推进。一是切实加强现代企业制度建设。继续推行规范化的公司制改造，健全法人治理结构，真正转换经营机制。今年要重点检查上市公司建立现代企业制度的情况，找出存在的问题，认真加以解决。强化企业内部改革，选择少量中央管理的大型企业和境外上市公司，进行收入分配制度改革试点，建立对企业经营者有效的激励和约束机制。推进企业会计制度与国际会计惯例相衔接。加强和改进企业质量、成本、营销管理。加快企业管理现代化、信息化建设。二是积极推进企业重组改组，尽快形成和发展一批具有国际竞争力的大公司和企业集团，继续采取多种形式放开搞活国有中小企业，在企业重组改组中，必须防止国有资产流失和逃废银行债务。三是继续有步骤地做好企业破产兼并工作。特别要注意按政策安置好职工，维护社会稳定。适当增加银行核销呆坏帐准备金，主要用于重点行业和地区的企业破产兼并，特别是用于资源枯竭矿山和军工等特殊困难企业的关闭、破产。继续分离企业办社会的职能。

推进垄断行业改革。通过政企分开和企业重组，打破行业垄断，引入竞争机制。尽快实施电信、电力、民航管理体制改革，抓紧研究制定铁路管理体制改革方案。有关部门要加强对改革工作的指导，保证生产经营正常运行和队伍稳定。

坚持以公有制为主体、多种所有制经济共同发展的基本经济制度。积极探索公有制多种有效实现形式。继续发展混合所有制经济和集体经济，鼓励、支持和引导私营、个体经济健康发展。

其他各项改革，也要按照完善社会主义市场经济体制的要求积极推进。尽快制定投融资体制改革方案，争取早日实施。继续深化收入分配制度和金融、财税、外贸、住房等方面的改革。

四、适应加入世贸组织新形势，全面提高对外开放水平

我国加入世贸组织，标志着对外开放进入一个新阶段。我们要以积极的姿态，在更大范围和更深程度上参与国际经济合作与竞争，切实做好加入世贸组织第一年的各项工作。

为了适应加入世贸组织的要求，近年来特别是近几个月，我国做了大量工作。全国性的相关法规、规章的清理工作已基本完成，废止和修改、制定了一批法律法规。从2002年1月1日起，我国关税总水平已由15.3%降到12%，涉及5300多个税目。今年要在已有工作基础上，以增强国际竞争力为核心，重点抓好以下几个方面：一是按照法制统一、非歧视、公开透明的原则，抓紧完善既符合世贸组织规则，又符合我国国情的涉外经济法律法规体系，确保执法公正与效率。二是按照加入世贸组织的承诺，有步骤地扩大对外开放领域。同时，加快制定和修订质量、卫生、防疫、环保、安全等方面的市场准入标准。三是认真研究、掌握和充分行使我国作为世贸组织成员享有的各项权利，积极推动和参与区域经济合作。四是组织好世贸组织有关知识和规则的学习、宣传，分期分批对国家公务员特别是县(处)级以上领导干部和大中型企业管理人员进行普遍培训。加快培养熟悉世贸组织规则和国际经济贸易的各类专业人才。

认真做好对外贸易工作。继续实施市场多元化战略，力争今年外贸出口有所增长。要力保现有市场，开拓新的市场。调整和优化出口商品结构，提高商品质量和附加值。落实鼓励外贸出口的政策措施。优先保证出口创汇多、信誉好的重点企业及时足额退税。抓紧改革和完善出口退税机制，对生产企业自营或委托外贸企业代理出口的自产商品，全面实行“免、抵、退”税办法。扩大出口信贷和信用保险，加大对出口的支持。海关要深化改革，进一步提高通关效率和监管水平。推动国有外贸企业改革和重组，促进外贸经营主体多元化和出口渠道多样化。继续实施“走出去”战略，鼓励和支持有条件的各类所有制企业，到国外特别是周边国家投资办厂和承包工程，带动国内技术、设备、材料和劳务出口。做好先进技术、关键设备和短缺原材料的进口工作。逐步实现重要战略物资进口市场多元化。

继续积极利用外资，优化外商投资结构。着力引进先进技术、现代化管理经验和专门人才。鼓励和引导外商投资现代农业、高新技术产业、基础设施建设、西部开发和参与国有企业改造、重组。鼓励外商特别是跨国公司在我国境内建立研究开发中心、生产制造基地和地区总部。引进商贸、旅游、会计、审计等方面有信誉的境外大型企业和中介组织，促进我国服务业发展。积极创造条件，吸引境外中小企业投资。继续改善投资环境，健全法制，依法办事，改进服务，提高效率。规范招商引资行为，逐步实行国民待遇。做好我国申办2010年上海世界博览会的工作。

五、继续大力整顿和规范市场经济秩序

大力整顿和规范市场经济秩序，是扩大内需、促进经济良性发展的迫切要求，是加入世贸组织、对外开放迈出新步伐的必然选择，也是完善社会主义市场经济体制的重大举措，直接关系我国现代化事业的成败。要在去年取得阶段

性成果的基础上，以更大的决心和更有力的措施，把这项工作深入持久地开展下去。

全面展开，突出重点。紧紧围绕当前的突出问题，着力抓好以下几个方面：一是进一步严厉打击各种制售假冒伪劣商品的违法犯罪活动，特别是狠狠打击严重危害人民生命健康的食品、药品、医疗器械等方面的制假售假行为。二是继续整顿和规范建筑市场、房地产市场、文化市场和财税秩序。坚持不懈地打击各种骗税、偷税、逃汇、骗汇、传销和走私等违法犯罪活动。严厉打击伪造票据、凭证和做假帐等违法行为。整顿和规范会计师事务所等中介服务组织。大力整顿旅游市场秩序。三是深入整顿金融秩序。严肃查处银行、证券、保险等金融机构违法违规经营行为，坚决取缔非法金融机构和非法金融活动，依法查处金融欺诈、非法集资、操纵证券市场和内幕交易、恶意逃废债务等行为。四是打破地方保护和行业垄断。依法纠正和查处利用特权，设置关卡，阻碍商品流通，妨碍公平竞争的行为。继续整治成品油市场和各类集贸市场。进一步开展价格和收费专项整治。五是加强生产、交通安全管理，健全安全责任制。切实纠正各种违规违章指挥和操作现象，防止重大安全事故发生。尤其要加强对危险化学品、易燃易爆品生产经营、运输、储存和使用全过程的监督管理。坚决依法关闭产品质量低劣、污染环境、破坏资源、不具备安全生产条件的厂矿。在整顿和规范市场经济秩序中，要集中力量查处大案要案，严惩违法犯罪分子和腐败分子。

标本兼治，重在治本。严格审查各类市场主体的资质，把好市场准入关。各级政府部门必须坚决按规定与企业和中介机构彻底脱钩。进一步采取有力措施，认真落实行政性收费和罚没收入"收支两条线"的规定。实行综合财政预算和部门预算，保证各部门依法行政和严格执法的必要财政开支。强化法治，完善行政处罚和刑事追究衔接的规定，坚决防止和纠正违法不究、以罚代刑的现象，加大对违法犯罪的打击力度。解决多层执法和多头执法问题，严格执法责任和责任追究制。提高执法人员素质和执法水平。切实加强社会信用建设，逐步在全社会形成诚信为本、操守为重的良好风尚。加快建立企业、中介机构和个人的信用档案，使有不良行为记录者付出代价，名誉扫地，直至绳之以法。广泛采用现代化监管手段，综合利用信息网络资源，实现互联互通、信息共享。加快流通体制改革，发展现代流通方式，使假冒伪劣商品难以进入市场。充分发挥行业协会和中介机构的作用，改革和完善其自律机制，重视广大群众和新闻媒体的监督作用。

六、实施科教兴国战略和可持续发展战略，加强精神文明建设

推动科技进步和创新。加快国家创新体系建设。加强基础研究和具有战略意义的高新技术研究，增强自主创新能力。围绕产业升级和提高竞争力，加强关键技术和共性技术的研究开发，加快科技成果产业化和推广应用。建立健全风险投资机制和科技创新激励机制。进一步改革科技体制，深化应用型科研机构和社会公益型科研机构改革。破除条块分割，合理配置社会科研资源，形成部门、地方、高校和企业相结合的科技管理体系。加强大中型企业技术开发中心的建设。繁荣发展哲学社会科学，注重研究全局性、前瞻性、战略性的重大课题。强化知识产权保护和管理。加强学术道德建设。

坚持教育优先发展。大力推进素质教育，加强学校思想政治工作，促进学生德智体美全面发展。加强基础教育，巩固扩大农村地区"两基"成果，特别是加快贫困地区和少数民族地区普及九年义务教育步伐。推进农村义务教育以县为主的管理体制改革，保证教师工资按时足额发放。积极发展高中阶段教育。稳步发展普通高等教育，适应新形势，调整学科结构。大力发展中等和高等职业教育。改革课程教材，更新教学内容，提高教育质量。继续推进高校内部管理体制改革和后勤社会化。全面提高教师思想和业务素质。加快教育信息化建设，积极发展现代远程教育。加大政府对教育的投入。鼓励、支持和规范社会力量办学、中外合作办学。

认真实施人才政策。坚持"四化"方针和德才兼备的原则，加快培养和选拔适应改革开放和现代化建设新形势需要的各类人才，特别是高科技人才，精通国际金融、财会、贸易、法律和现代管理的专业人才。深化干部人事制度改革，完善对各类人才的选拔任用、考核评价、激励监督的制度。善于发现和大胆起用年轻优秀的科技人才。充分发挥工程师以及技师和熟练技术工人的作用。落实技术、管理等生产要素参与分配的政策，落实对有突出贡献的科技人员和高层管理人员进行奖励的规定。进一步采取有效措施，吸引和聘用境外高级人才，鼓励留学人员回国创业。

走可持续发展之路。坚持计划生育的基本国策，贯彻《人口与计划生育法》。特别要加强农村和流动人口计划生育工作，稳定低生育水平，促进优生优育。认真落实妇女、儿童发展纲要，保护妇女和未成年人合法权益。加强老龄人口工作。关心和支持残疾人事业。依法保护和合理利用土地、矿产、淡水、海洋、森林、草原和气候资源，实行严格的耕地、林地管理制度，注重节水节能。提高资源综合利用率，健全资源有偿使用制度。继续加大环保投入，加强生态环境保护和污染防治。加快重点治理工程建设，改善重点流域、区域、城市、海域的环境质量，有效控制和降低污染物排放。推行清洁生产，发展环保产业。加强生态示范区建设。大力植树种草。加强湿地保护。建立环境保护和防灾减灾保障体系。发展卫生事业，高度重视公共卫生和农村医疗卫生工作，增加资金投入，积极探索多种形式的农村医疗保障办法，改善农村卫生院医疗条件。大力防治传染病、职业病和地方病等危害人民健康的重大疾病。广泛开展全民健身活动，提高竞技运动水平。认真做好2008年北京奥运会前期准备，把举办奥运会工作与推进首都改革开放和

现代化建设结合起来。

加强精神文明建设。坚持不懈地用马列主义、毛泽东思想、邓小平理论和“三个代表”重要思想教育广大干部群众。坚持把依法治国和以德治国结合起来。贯彻落实《公民道德建设实施纲要》，在全社会倡导“爱国守法、明礼诚信、团结友善、勤俭自强、敬业奉献”的基本道德规范。突出抓好爱国主义教育，弘扬振兴中华的民族精神。加强科学知识普及工作，破除愚昧迷信，倡导科学精神和文明健康的生活方式。深入开展群众性精神文明创建活动。加快发展社会科学、文学艺术、新闻出版、广播影视等各项事业，坚持为人民服务、为社会主义服务，坚持正确舆论导向，创作出更多反映时代风貌和人民愿望的优秀作品。加大新闻出版、广播影视业改革的力度。高度重视互联网的作用和管理。加强图书馆、博物馆、文化馆、科技馆、档案馆等公共文化和体育设施建设，做好文物保护工作。完善文化产业政策，鼓励社会力量参与文化事业建设。深入持久地开展“扫黄”、“打非”斗争，严厉打击盗版盗印和光盘走私活动。加强国际文化交流。

七、进一步转变政府职能，加强政风建设

这是适应改革开放的新形势，建设廉洁、勤政、务实、高效政府的要求。要全面贯彻党的十五届六中全会精神，着力抓好三个方面。

加快政府职能转变。政府机构改革和职能转变，取得了很大进展，但还存在不少问题。必须进一步解放思想，彻底摆脱传统计划经济的羁绊，切实把政府职能转到经济调节、市场监管、社会管理和公共服务上来。继续理顺政府部门职能分工，防止有些事情互相推诿和无人负责。认真贯彻依法治国方略，坚持依法行政，从严治政。进一步改革和减少行政审批，必须审批的也要规范操作，简化程序，公开透明，明确责任。对此，国务院已做出了部署，各地区各部门要认真贯彻落实。加快政府管理信息化建设，推广电子政务，提高工作效率和监管有效性。

切实加强政风建设。深入开展反腐败斗争，加强廉政建设。廉洁从政，执政为民，是我们党和政府根本宗旨的要求，也是政府机关每个工作人员必须恪守的基本准则。各级政府和所有干部都必须做到清正廉明，奉公守法。对那些违法乱纪、以权谋私、贪污腐化的人，必须彻底查处。加大治本力度，从源头上预防和治理腐败。要认真落实党中央关于把今年作为转变作风年的要求。坚决克服误国害民的形式主义、官僚主义。要大力精简会议和文件，切实解决当前严重存在的“文山会海”问题。大兴调查研究之风，深入实际，深入基层，了解真实情况。要倾听群众呼声，关心群众疾苦，抓紧解决人民群众反映强烈和不满意的问题。坚决纠正虚报浮夸、欺上瞒下、滥用民力、强迫命令的恶劣作风，做到讲真话、办实事、求实效。

坚决反对奢侈浪费。当前，无论是生产、建设、流通还是消费领域，都存在严重铺张浪费的现象。有的地方热衷于搞华而不实的“形象工程”、“政绩工程”，市政建设盲目追求高档次、高标准；有的地方连工资都不能按时发放，还在乱上建设项目，违反规定兴建楼堂馆所。还有名目繁多的办节、庆典活动，比阔气、讲排场；用公款大吃大喝、进行高档消费娱乐，公费出国旅游。凡此种种，耗费巨额资财，必须坚决刹住这种奢侈浪费之风。一要大张旗鼓地倡导艰苦创业、勤俭建国、勤俭办一切事业。坚决制止各种不切实际、不计效果的错误做法。二要努力节省开支。生产、建设、流通等领域都要大力降低成本和费用。所有机关、企业、事业单位，都要精打细算，禁止各种不必要的开支。今年，各地区、各部门、各单位都要提出杜绝浪费、节省开支的具体目标和措施。三要严肃财经纪律。推行国库集中收付制度，强化各级财政预算、审计监督、财政专户管理。完善超预算收入的管理。严厉查处设立小金库和各种违反规定乱花钱的行为。

各级政府要自觉接受同级人民代表大会及其常委会的监督，主动加强与人民政协的联系，认真听取民主党派、工商联、无党派人士和人民团体的意见。进一步健全民主决策制度，鼓励人民群众对政府机构及其工作人员进行监督，拓宽及时反映社情民意的渠道，使政府工作能够真正体现人民的意愿和利益。

各位代表！

在新的形势下，保障国家安全，维护社会稳定，具有十分重要的意义。要严密防范和依法坚决打击境内外敌对势力的破坏活动，严厉打击恐怖势力、宗教极端势力、民族分裂势力的犯罪活动。继续开展同“法轮功”等邪教组织的斗争。深入开展“严打”整治斗争，依法严厉打击各种刑事犯罪活动和黑恶势力，大力整顿社会治安混乱的地方和场所，使社会治安状况有明显进步。坚持打防结合，预防为主，全面落实综合治理的各项措施，积极构建社会治安防控体系。建立政法公安经费保障机制。加强社区建设和管理，加强农村基层政权建设。正确处理新形势下的人民内部矛盾，把影响社会安定的因素化解在基层，消除在萌芽状态。

加强民族团结，维护祖国统一，是全国各族人民的根本利益所在。坚持和完善民族区域自治制度。全面贯彻党的民族政策，巩固和发展平等、团结、互助的社会主义民族关系。积极支持和帮助少数民族地区加快发展。继续实施“兴边富民行动”。大力培养少数民族干部和各类人才。贯彻党的宗教信仰自由政策，依法加强宗教事务管理，积极引导宗教与社会主义社会相适应。坚持独立自主自办原则，加强爱国宗教力量的建设。认真贯彻侨务政策，做好侨务工作。

加强国防和军队建设，是维护国家安全和社会主义现代化事业顺利发展的重要保证。要按照“政治合格、军事过硬、作风优良、纪律严明、保障有力”的总要求，以新时期积极防御军事战略方针为统揽，坚持科技强军、从严治军、勤俭建军，注重质量建设，提高军队的革命化、现代化、正规化

水平，增强高技术条件下的防卫作战能力和应付突发事件的能力。加快国防科技工业调整、改革和发展，提高科研水平和创新能力，推进武器装备建设。深化后勤保障改革，提高军事经济效益和综合保障能力。加强人民武装警察部队建设。完善国防动员体制，加强民兵、预备役部队建设。搞好国防教育，做好拥政爱民、拥军优属工作，巩固和发展军政军民团结。

全面贯彻落实“一国两制”方针和香港、澳门两个基本法。维护香港、澳门长期稳定和繁荣发展，是我们坚定不移的目标。中央政府将继续全力支持香港、澳门两个特别行政区政府和行政长官依法施政，进一步加强内地与香港、澳门的经贸、科技、文化、教育等领域的交流和合作。我们对香港、澳门的前景满怀信心。

在新的一年里，我们将坚持“和平统一、一国两制”的基本方针和江泽民主席关于解决台湾问题的八项主张，努力推动两岸关系朝着和平统一的方向发展。我们重申，世界上只有一个中国，大陆与台湾同属一个中国，中国的主权和领土完整不容分割。一个中国的原则是发展两岸关系、促进祖国和平统一的基础和前提。我们坚持在一个中国原则的基础上恢复两岸对话与谈判，进一步扩大两岸经济、文化交流，推动两岸关系发展，尽早实现直接“三通”。我们将一如既往地与坚持一个中国原则、主张发展两岸关系的台湾各党派、各界人士加强交往和对话。支持海外华侨华人反对“台独”、促进祖国统一的正义行动。我们坚信，祖国的完全统一大业一定能够早日实现。

八、进一步做好外交工作

2001 年，国际形势变化起伏。但和平与发展作为时代的主题并未改变，世界多极化发展趋势并未改变，我国面临的国际环境仍然是机遇大于挑战。总体和平、局部战争，总体缓和、局部紧张，总体稳定、局部动荡，将是今后一个时期国际局势的基本态势。

在国际风云变幻的形势下，我国外交工作进一步开创了新局面，国际地位和影响继续提高。我国同广大发展中国家的友好关系继续加强，与周边国家的睦邻友好合作关系全面发展。去年，我国同俄罗斯和中亚四国共同宣布建立“上海合作组织”；在第五次中国—东盟领导人会议上，我国与东盟一致同意今后 10 年内逐步建立中国—东盟自由贸易区。我国同朝鲜、韩国和南亚各国的关系稳步发展。我国同非洲、拉美国家友好合作取得新的成果，与阿拉伯各国和其他伊斯兰国家的友好关系进一步发展。

我国与美国、俄罗斯、欧盟、日本的关系得到发展和改善。我们积极务实地参与国际政治、经济、文化、社会、裁军等领域的多边外交活动，有力地捍卫了我国的主权独立、领土完整、国家安全和民族尊严。我国和国际社会一道共同谴责和反对恐怖主义，在国际反恐怖斗争中发挥了建设性作用。

在新的一年，我们要继续奉行独立自主的和平外交政策。在和平共处五项原则的基础上，加强同发展中国家的团结与合作；进一步巩固和深化与周边国家的睦邻友好合作关系；继续改善和发展同发达国家的关系。积极参与联合国和其他国际事务，同世界各国人民一道，致力于和平、发展与进步的事业，反对霸权主义和强权政治，反对一切形式的恐怖主义，推动建立公正合理的国际政治经济新秩序，为维护世界和平，促进共同繁荣作出更大贡献。

各位代表！

今年政府工作的任务相当繁重，我们肩负的责任重大而光荣。让我们更加紧密地团结在以江泽民同志为核心的党中央周围，高举邓小平理论伟大旗帜，按照“三个代表”的要求，以与时俱进、奋发有为的精神风貌，坚定信心，知难而进，扎实工作，为夺取改革开放和现代化建设的新胜利而努力奋斗！

2001年中央经济工作会议

中共中央、国务院召开的中央经济工作会议 2001 年 11 月 27 日至 29 日在北京举行。

江泽民、李鹏、朱镕基、李瑞环、胡锦涛、尉健行、李岚清出席会议。

中共中央总书记江泽民在会上作了重要讲话，总结了 2001 年的工作，分析了当前国际国内形势，提出了 2002 年经济工作的总体要求，部署了改革发展稳定的主要任务，提出了工作重点和措施，动员全党和全国人民统一思想、坚定信心，沉着应对、趋利避害，转变作风、扎实工作，努力促进经济持续快速健康发展和社会全面进步，以优异成绩迎接党的十六大召开。中共中央政治局常委、国务院总理朱镕基就明年经济工作具体部署作了重要讲话。

会议指出，今年是“十五”计划的起始之年。在世界经济增长明显减缓的情况下，我国经济仍然保持较好的发展势头。国民经济持续、快速、健康发展，结构调整力度加大，固定资产投资增速加快，消费需求平稳增长，对外贸易保持增长，利用外资继续增加，西部大开发取得重要进展，财政收入增加，金融运行平稳，各项改革不断深化，经济增长质量和效益继续提高。我国经济发展取得这样的成绩，确实来之不易。这是以江泽民同志为核心的党中央统揽全局，审时度势,及时采取有力对策的结果,也是各地各部门认真贯彻中央部署,努力工作的结果。今年,北京申办2008年奥运会获得成功,极大地激发了全国人民的爱国热情。亚太经合组织第九次领导人非正式会议等重要国际会议在我国成功举行,我国的国际地位和影响进一步提高。全国科技、教育、文化、卫生、体育等各项事业不断推进,精神文明建设和民主法制建设取得新的进展,社会治安综合治理和反腐败斗争持续深入,社会保持稳定。

会议指出,从新世纪开始,我国进入全面建设小康社会,加快推进社会主义现代化建设的新阶段。加入世界贸易组织,我国将在更大范围和更深程度上参与经济全球化,对外开放进入新阶段。我们隆重庆祝了建党八十周年,初步系统阐述了"三个代表"重要思想的科学内涵,召开了十五届六中全会,作出了加强和改进党的作风建设的重要决定,党的作风建设进入了新阶段。当前,国际形势跌宕起伏,复杂多变。但从目前情况看,仍然可以得出三个基本判断:一是和平与发展作为时代的主题不会改变。二是世界多极化的发展趋势不会改变。三是我们面临的国际环境依然是机遇大于挑战。我们要密切关注和正确分析形势的发展变化,把困难估计得严重一点,把影响时间预想得长一点,把应对预案准备得充分一点,使明年经济发展建立在扎实可靠的基础上。

会议指出,纵观当前国内外形势,我们面临的任务十分艰巨,做好以经济建设为中心的各项工作十分重要。明年经济工作的总体要求是:以邓小平理论和党的十五大精神为指导,进一步贯彻落实"七一"重要讲话和党的十五届五中、六中全会的精神,按照"三个代表"要求,正确把握复杂多变的国际政治经济形势,沉着应对,趋利避害,抵御和克服前进道路上的各种风险和困难,以保持经济和社会的稳定。坚持实施扩大国内需求的方针,继续深化改革,扩大开放,加快结构调整,整顿和规范市场经济秩序,提高经济增长质量和效益,促进国民经济持续快速健康发展和社会全面进步。切实加强党的作风建设,转变政府职能,坚定信心,扎实工作,团结奋斗,勤俭建国,以改革开放和现代化建设的新成就迎接党的十六大召开。

会议提出,实现这个总体要求,明年必须着重抓好以下几个方面的工作:

——坚持扩大内需的方针,继续实施积极的财政政策和稳健的货币政策。扩大内需是我们要长期坚持的一项战略方针,这是由我国的基本国情决定的。做好明年的经济工作,必须进一步深化对扩大内需方针的认识,充实扩大内需政策的内容,提高政策实施的效果。扩大内需要同经济结构的战略性调整、深化经济体制改革、增加就业、改善人民生活和可持续发展结合起来。要进一步培育内需,努力增加城乡居民特别是低收入者的收入。继续实施积极的财政政策,继续发行长期建设国债,保持必要的投资拉动力度,实现国民经济持续较快增长。扩大就业和维护社会稳定。要选准投资项目,讲求投资效益,避免无效投资和不合理重复建设。要建立公共财政框架,优化财政支出结构,确保社会保障和农村税费改革的支出。要完善和稳定税制,强化税收征管。继续实行稳健的货币政策,进一步加大金融对经济发展的支持力度,增加对企业技术改造、中小企业特别是民营科技企业和农业结构调整的信贷支持。要加强信贷管理,降低不良贷款比例,防范和化解金融风险。

——调整农业结构,深化农村改革,努力增加农民收入。大力调整农业结构,千方百计增加农民收入,是新阶段农村经济工作的中心任务。继续推进农业和农村经济结构调整,是提高农业效益、增加农民收入的重要途径。要大力开发优质专用农产品,尽快把畜牧业发展成一个大产业。要把食品质量、卫生和安全工作放到十分突出的位置,加快建设农产品质量标准和检验检测体系,加强农产品市场建设和管理,大力发展绿色食品、有机食品和无公害食品。农业产业化经营,是促进农业结构战略性调整的重要途径,要作为农业和农村经济工作中一件大事来抓。扶持产业化就是扶持农业,扶持龙头企业就是扶持农民。进一步扩大退耕规模,认真落实各项政策,加快宜林荒山荒地造林步伐。要继续抓好水利、公路、农村电网等基础设施建设,改善农村生产生活条件。农村基础设施建设要同增加农民收入结合起来,多搞一些小型基础设施。今年出台的粮棉流通体制改革,对于健全农产品市场,促进农业结构的战略性调整,提高农业的竞争力,具有重大意义。各地和各有关部门要切实加强对这项工作的领导,扎扎实实向前推进。农村税费改革试点取得了重要的阶段性成果。明年要在总结经验,完善政策,加强指导的基础上,进一步扩大试点范围。中央和省级财政要加大转移支付力度,重点向粮棉主产区和贫困地区倾斜,保证农村教育和基层政权运转的必要开支。

稳定完善农村土地承包关系,是党的农村政策的基石,是保障农民权益、促进农业发展的制度基础。在具备条件的地区,土地流转必须坚持"自愿、有偿、依法、规范"的原则,不能刮风,不能下指标,不能强制推行。继续抓好农村"三个代表"学习教育活动。

——进一步推进经济结构的战略性调整,着力抓好企业技术改造。继续抓住结构调整这条主线,力争取得更大的成效。加快现有企业的技术改造,提高生产技术水平,是增强我国国际竞争力的重要基础,也是进一步扩大投资需求、改善供给能力的重要举措。要积极采用高新技术和先进适用技术,改造一批重点产业和骨干企业。要下大气力培育新的经济增长点。有选择、有重点地加快高新技术产业的发展,尽快形成具有中国特色的和竞争优势的高新技术产业群。大力发展教育,积极发展住房、旅游、社区服务业和现代流通方式,为国民经济的发展提供高效率的服务体系,满足和扩大城乡居民的消费需求。要认真落实中央关于西部大开发的一系列战略部署和政策措施,进一步促进区域经济协调发展。

——不断深化经济体制改革，为加快发展和扩大开放创造良好的体制环境。今后一段时间，国有企业改革仍是整个经济体制改革的中心环节。要按照“产权清晰、权责明确、政企分开、管理科学”的要求，继续深化国有企业改革，健全责权统一、运转协调、有效制衡的公司法人治理结构。符合条件的国有大中型企业要加快实行股份制改造。继续推动国有企业的战略性改组。培育和发展一批拥有自主知识产权、核心能力强的大公司和企业集团，是应对入世后国际竞争的重大举措，要抓紧推进。采取多种形式放开搞活国有中小企业。继续推进社会保障体系建设。进一步整顿和规范市场经济秩序。加强法制建设，按照标本兼治、重在治本的原则，加大工作力度。要在全社会营造讲求商业道德、诚实守信、公平竞争的氛围。转变政府职能，推进行政审批制度改革。

——以加入世界贸易组织为契机，进一步扩大对外开放。我国已履行完加入世界贸易组织的所有法律程序，将正式成为世贸组织成员。这是我国改革开放进程中具有历史意义的一件大事，也是进一步推进全方位、多层次、宽领域对外开放的重要契机，对经济发展具有深远的影响。对入世带来的挑战要有足够的估计。能否把有利条件用足，把不利影响减少到最低限度，关键在于我们自己的努力。各级干部特别是领导干部，首先要认真学习并熟悉世贸组织的基本原则和有关规则。转变政府管理经济的方式，增强政策的统一性和透明度，提高按国际通行规则办事的能力。抓紧培养和造就一支精通国际经济和法律的人才队伍。各类企业都要增强紧迫感和竞争意识，抓住过渡期的有限时间，加快技术创新和产品开发，提高质量，改善服务，扩大市场占有率。要充分利用入世的有利条件，实施多元化战略，千方百计扩大出口。抓住入世的新机遇，提高利用外资水平。

——积极扩大就业，努力改善人民生活。必须从改革发展稳定大局的政治高度，把扩大就业、改善人民生活的工作抓紧抓好。各级党委和政府要充分认识就业问题的重要性，把创造更多的就业岗位摆在突出位置。要积极支持和引导劳动密集型产业发展。在努力增强国有经济竞争力的同时，大力发展多种所有制经济，充分发挥中小企业和非公有制经济在吸纳劳动力就业方面的重要作用。要积极稳步发展小城镇，把小城镇的发展同乡镇企业的改造提高结合起来，以城镇化促进农村剩余劳动力的转移，实现城乡劳动力资源的合理配置。调整分配格局，增加城乡居民收入，是培育和扩大国内需求、改善人民生活的重要手段。收入分配关系国计民生，关系改革发展稳定的大局。妥善处理社会各阶层、各种利益群体的分配关系，防止出现两极分化，有利于避免和化解社会矛盾，为改革开放和社会发展创造良好的环境。解决收入分配中的突出问题，要从基本国情出发，坚持实行按劳分配和按生产要素分配相结合的制度，贯彻效率优先、兼顾公平的原则。

会议还从八个方面具体部署了明年的经济工作：一、增加城乡居民收入，培育国内消费需求；二、促进农业发展，扩大农村市场需求；三、继续实施积极的财政政策和稳健的货币政策；四、继续推进国有企业改革和其他各项改革；五、标本兼治，整顿和规范市场经济秩序；六、努力促进出口，扩大利用外资，做好入世应对工作；七、坚持实施科教兴国战略；八、转变政府职能，反对奢侈浪费。

会议指出，2002 年是我们党和国家历史上具有重大意义的一年。做好以经济建设为中心的各项工作，对于巩固和发展“十五”开局的良好势头，维护改革发展稳定的良好局面，继续推进建设有中国特色社会主义伟大事业，至关重要。全党同志特别是党的各级领导干部，必须统一思想、坚定信心，沉着应对、趋利避害，转变作风、扎实工作。必须切实加强和改进党对经济工作的领导，以奋发有为的精神状态，坚持与时俱进，统筹做好各项工作，努力提高领导经济工作的水平。要切实负起领导责任，确保社会稳定。

会议强调，我们要紧密团结在以江泽民同志为核心的党中央周围，高举邓小平理论伟大旗帜，按照“三个代表”重要思想要求，统一认识，齐心协力，深入实际，调查研究，关心群众疾苦，注意工作方法，坚持真抓实干，认真贯彻落实中央确定的方针政策和部署，全面完成明年经济工作和社会发展的各项任务，以优异成绩迎接党的十六大召开。

第一部分

宏观综论

国民经济和社会发展概况

关于2001年国民经济和社会发展计划执行情况与2002年国民经济和社会发展计划草案的报告

——2002年3月6日在第九届全国人民代表大会第五次会议上

国家发展计划委员会主任　曾培炎

一、2001年国民经济和社会发展计划执行情况

2001年，全国各族人民在中国共产党的领导下，按照第九届全国人民代表大会第四次会议关于国民经济和社会发展的各项决议，积极推进改革开放和现代化建设事业，国民经济保持了快增长、高效益、低通胀的发展格局。国内生产总值完成95933亿元，比上年增长7.3%。全社会固定资产投资36898亿元，增长12.1%。市场物价稳定，居民消费价格总水平上升0.7%。外贸进出口总额5098亿美元，增长7.5%。财政收入增长较快，财政赤字控制在预算目标之内。金融运行平稳，现金净投放1036亿元。国际收支状况良好，年末国家外汇储备2122亿美元。城镇登记失业率3.6%，人口自然增长率6.95‰。去年，亚太经合组织第九次领导人非正式会议等重要国际会议在我国成功举行，我国正式成为世界贸易组织成员，北京市获得2008年奥运会主办权，标志着我国国际地位的进一步提高，在国际事务中的影响不断扩大。总的看来，2001年国民经济和社会发展的预期目标基本实现，“十五”计划开局良好。在世界经济和国际贸易增长明显减速的情况下，我国经济发展和各项社会事业取得这样的成绩，确实来之不易。这是以江泽民同志为核心的党中央统揽全局、审时度势、科学决策、正确领导的结果，是各地区、各部门按照“三个代表”要求，尽职尽责、扎实工作的结果，也是全国上下共同努力、团结奋斗的结果。

（一）坚持实施积极的财政政策和稳健的货币政策，充分发挥国债资金对促进经济社会发展的重要作用

经九届全国人大四次会议批准，2001年发行长期建设国债1500亿元，加上1998年到2000年批准发行的，累计5100亿元，有效地带动了地方、部门、企业配套资金和银行贷款以及其他各方面投资的增加，国债项目投资总规模近3万亿元。这对拉动经济增长、优化经济结构、增加就业岗位、改善人民生活、提高银行资产质量，起到了至关重要的作用。特别是集中力量办成了许多事关经济社会发展全局和对长远发展具有重要意义的大事。主要是：加固了大江大河大湖堤防3万公里，长江沿岸移民建镇200多万人，增加行蓄洪面积近3000平方公里。加快了“五纵七横”国道主干线和西部开发八条通道建设，累计建成公路通车里程25500公里，其中高速公路8000公里，使全国高速公路达到19000公里，跃居世界第二位。建成铁路新线4000公里，复线1988公里，电气化铁路1063公里。新建、扩建机场37个。建成国家储备粮库仓容700多亿斤。对1895个县进行了农网建设与改造。安排建设高技术产业化、重大装备制造本地化和企业技术改造项目近2000个，城市供水、道路、垃圾和污水处理项目约1000个，各类学校的教学、实验和学生生活设施项目9300多个。各地区、各部门本着对国家、对人民高度负责的态度，加强对国债资金和工程质量的管理，正确把握资金投向，认真选好建设项目，严格履行基建程序，切实做好前期工作，加强重大项目稽察，搞好社会舆论监督，有力地保证了国债资金的合理使用和工程质量。

（二）积极推进产业结构调整，促进了经济增长质量和

效益的提高

农业布局不断优化，主要农作物生产逐步向优势产区集中。优质专用小麦和优质早稻面积占总面积的比重，分别达到25%和50%。粮食总产量4526亿公斤。积极推进农业产业化经营。畜牧水产业稳定增长。工业结构调整取得新的进展，高技术产业快速发展，电子信息产品制造业的增长速度达到28%。企业技术改造力度加大，更新改造投资增长15.3%，高于整个投资增速3.2个百分点。冶金、纺织、轻工等行业的高附加值产品比重提高。城市轨道交通设备、500千伏直流输电、环保设备等重大装备的自主开发和制造能力增强。淘汰落后、压缩过剩生产能力取得成效，煤炭行业实现整体扭亏为盈。第三产业发展态势良好，新兴服务业蓬勃发展，移动电话用户总数达1.448亿户，已居世界首位。企业经济效益继续改善。规模以上工业企业实现利润4657亿元，增长8.1%。工业企业经济效益综合指数122.1，提高3.4点。

（三）以国有企业改革为中心的各项改革继续推进，经济和社会发展的体制环境进一步改善

国有企业股份制改革逐步规范，特困企业改革和调整力度加大。垄断行业管理体制改革取得进展，电信、电力、民航改革方案已经完成，并开始组织实施。中小企业为主体的社会化信用制度和担保体系开始建立。社会保障体系建设步伐加快。90%以上国有企业下岗职工的基本生活得到保障，绝大多数国有企业离退休人员按时足额领到基本养老金，社会化发放率达97.8%。辽宁等地完善社会保障体系试点工作进展顺利。东南沿海等粮食主销区放开粮食收购市场和价格，取得了明显成效。中央储备粮垂直管理体系初步建立。棉花放开收购，重点转到规范市场秩序和加强质量监管上来。进一步放开了一批商品和服务价格，积极探索价格决策听证制度等新的价格管理办法。石油价格按国内外市场供求形成的机制不断完善，供水价格和公有住房租金的改革取得新进展。

（四）标本兼治、突出重点，整顿和规范市场经济秩序取得阶段性成果

坚持加强教育与严肃法纪相结合、全面治理与专项整治相结合，努力从源头上整顿和规范市场经济秩序。集中力量开展了打击走私犯罪、制售假冒伪劣商品、骗取出口退税和逃汇骗汇等专项斗争。整治商品市场、金融市场、建筑市场和文化市场，开展药品及医疗服务价格、农村电价和农网改造收费等专项检查，进行重大项目招标投标专项稽察，促进了市场环境的净化。

（五）积极发展开放型经济，经济增长空间不断拓宽

在国际贸易环境不利的情况下，出口总额增长6.8%，进口总额增长8.2%。商品结构继续改善，机电产品出口增长12.8%，高新技术产品出口增长25.4%。国内急需的先进技术、关键设备和短缺原材料进口保持较快增长。吸收外资规模扩大，质量提高。全年实际吸收外商直接投资创历史最高水平，达到468亿美元，增长14.9%。外商投向集成电路、计算机、通信产品等高技术项目增加，跨国公司来华投资的大型项目增多。积极参与国际经济合作，又有一批企业走出去在境外投资创业，对带动技术和设备出口、促进对外劳务合作，起到了积极作用。

（六）加强规划、完善政策，西部大开发迈出新的步伐

制定了西部开发“十五”总体规划和人才开发十年规划，颁布了支持西部大开发政策措施的实施意见。全年用于中西部地区的财政性建设资金超过上年，西部和中部地区固定资产投资分别增长19.3%和16.3%，高于东部地区6个和3个百分点。2000年开工的十个重大项目进展顺利。去年又相继开工建设了一批重点工程，包括：青藏铁路、“西电东送”、龙滩水电站、公伯峡水电站、百色和尼尔基水利枢纽、“五纵七横”国道主干线中西部地区重要路段、兰州经成都至重庆输油管道、淮河临淮岗洪水控制工程、万家寨引黄一期工程。中西部地区退耕还林三年累计完成124万公顷，宜林荒山荒地造林109万公顷。设立和实施西部高技术产业化专项，扶持一批优势资源转化项目。对西部每个省（自治区、直辖市）重点支持一所高校建设，实施中小学危房改造、贫困县职业教育中心、贫困县医院、血站、基层文化设施和广播电视覆盖等工程建设，取得了积极成效。

（七）坚定不移地实施科教兴国战略和可持续发展战略，各项社会事业全面发展

基础研究取得重要成果，高技术研究在一些领域获得新的突破。我国科学家提前高质量完成人类基因组计划“中国卷”的绘制工作，独立完成杂交水稻基因组“工作框架图”和数据库，使我国在基因组测序研究领域进入世界先进行列。研制成功超级服务器曙光3000，整体功能达到国际先进水平，机群操作系统达到国际领先水平。又有134个开发类科研院所完成企业化转制。教育事业加快发展，素质教育取得进展，通过“两基”验收的区域进一步扩大，教育投入继续增加。从1999年实行扩招政策以来，普通高校在校生规模翻了一番以上。高校办学条件不断改善，后勤社会化改革迈出实质性步伐。

生态建设和环境保护力度加大。天然林资源保护、重点防护林体系建设、环京津风沙源治理、天然草原恢复与建设等重点生态建设工程进展顺利。三峡库区水污染防治工程全面启动。治理水土流失面积新增530万公顷。工业污染防治成果得到巩固，城市环境综合治理不断加强，农村和矿区环境保护工作积极展开。

文化艺术、新闻出版、广播影视、社会科学、计划生育、卫生、体育和文物保护等各项事业发展加快。广播、电视人口综合覆盖率分别达到92.9%和94.1%，有线电视用户8803万户，增长11%。计划生育工作继续加强。城镇职工基本医疗保险制度、医疗卫生体制和药品生产流通体制改革取得明显进展。社会主义精神文明和民主法制建设进一步加强。体育事业蓬勃发展，在国内外许多重大比赛中取得优异成绩，全民健身活动深入开展。

（八）城乡居民收入继续增加，人民群众生活不断改善。消费需求持续增长，社会消费品零售总额37595亿元，增长10.1%

旅游基础设施建设得到加强，旅游收入达到4995亿元，增长10.5%。个人购房、购车明显增加。城镇居民人均可支配收入和农民人均纯收入的实际增长率分别达到8.5%和4.2%。农村贫困人口减少400万。城镇居民最低生活保障制度的覆盖面明显扩大。

在看到成绩的同时，我们也清醒地认识到，经济和社会生活中还存在着一些不容忽视的矛盾和问题。一是农民收入虽出现恢复性增长，但基础仍不牢固，影响农民增收的一些根本性因素尚未消除，农民增收的难度加大。二是相当一部分国有企业在自身改革、转换机制、技术进步和现代化管理等方面，还存在较大差距。三是就业和社会保障的压力增大。截止去年底，国有企业下岗职工仍有500多万人没有实现再就业，全国城镇登记失业人员还有681万。四是通货紧缩的趋势仍未完全消除，去年经济增长速度逐季放慢。五是国有企业增加固定资产投资的内在机制还不健全，民间投资的政策环境仍需改善。六是科技教育投入和人才结构还不能适应经济发展的需要，生态环境问题依然相当突出，可持续发展能力有待增强。七是出口增长不确定因素较多。八是市场经济秩序仍较混乱。对这些问题，我们正在积极采取措施，认真加以解决。

二、2002年经济社会发展调控目标和主要任务

2002年是我国历史上具有重大意义的一年，也是把改革开放和现代化建设继续向前推进的重要一年。我们要以邓小平理论和党的十五大精神为指导，进一步贯彻落实江泽民同志“七一”重要讲话和党的十五届五中、六中全会精神，按照“三个代表”要求，正确把握复杂多变的国际政治经济形势，抵御和克服前进道路上的各种风险和困难，以保持经济和社会的稳定。坚持实施扩大国内需求的方针，继续深化改革，扩大开放，加快结构调整，整顿和规范市场经济秩序，提高经济增长质量和效益，促进国民经济持续快速健康发展和社会全面进步。切实加强精神文明建设、民主法制建设和党的建设，转变政府职能，团结奋斗，勤俭建国，以改革开放和现代化建设的新成就迎接党的十六大召开。2002年国民经济和社会发展的主要预期目标是：

——经济增长率7%左右；

——全社会固定资产投资增长10%左右；

——居民消费价格总水平上涨1%－2%；

——外贸进出口总额力争有所增长；

——中央财政赤字控制在3098亿元以内；

——广义货币供应量（M_2）和狭义货币供应量（M_1）增长13%左右，现金投放不超过1500亿元；

——城镇登记失业率控制在4.5%左右；

——人口自然增长率控制在8‰以内。

为实现上述目标，要着力抓好以下工作。

（一）加强农业和农村基础设施建设，千方百计为农民增收创造条件

今年力争使农民人均纯收入实际增长4%。要继续增加农业基础设施建设投入，重点支持节水灌溉、人畜饮水、乡村道路、农村水电、沼气和草场围栏等中小型公益设施建设。加大防汛抗旱、病险水库加固的投入力度。将农村税费改革试点范围扩大到三分之一左右省份。继续实行灾区农业税费减免。结合专用农产品基地建设，大力发展优质、专用、无公害农产品，优化农业区域布局，切实保护耕地。采取符合世界贸易组织规则的措施，调整和完善国家对农业的支持保护体系，增加对农业科技的投入，抓紧研究对农业生产者的扶持方式。推进种子工程、畜禽良种工程建设，抓好优良品种的引进、繁育和推广。切实加强农产品质量标准和认证体系、检验检测体系和市场信息体系建设。加快无规定疫病区和畜禽疫病防疫体系建设，促进畜牧业发展。发展农产品加工业，增加附加值。扶优扶强，培育龙头企业，提高农业产业化经营水平。抓好小城镇经济综合开发示范镇建设。坚持开发式扶贫方针，多渠道增加扶贫投入。今年，中央安排财政扶贫资金106亿元。扩大以工代赈规模，加强贫困地区和少数民族地区基础设施建设，增强其自我积累、自我发展能力。对生存环境恶劣和生态脆弱的贫困地区，搞好易地扶贫搬迁试点工程。

（二）继续用好管好长期建设国债，带动经济持续快速增长

昨天，朱镕基总理在政府工作报告中提出，今年坚持实施积极的财政政策和稳健的货币政策，继续发行了1500亿元长期建设国债。这对实现国民经济持续稳定增长以及防止通货紧缩趋势，是非常必要的。当前，银行资金充裕，利率水平较低，市场价格稳定，重要产品生产能力较大，发行长期建设国债的条件仍然具备。关键是正确把握投向，注重经济和社会效益，切实把国债资金用好管好。今年国债资金的使用，首先是确保长江中下游干堤加固、农村电网改造、城市基础设施、中央直属储备粮库等在建国债项目尽快建成投入使用，发挥效益。其次，继续向中西部地区倾斜，安排好已开工的西部开发项目，新开工一批必要的项目，包括“西气东输”、涩北气田、格尔木机场、“西电东送”北通道、西部国道主干线和省际公路重要路段等。第三，加快现有企业的技术改造，适当开工建设列入规划的重大项目，加大教育、卫生、文化、公检法司的投入力度。抓紧“南水北调”的前期工作，力争早日开工建设。同时，要通过改进服务、拓展渠道、开放领域，积极鼓励和引导非公有制经济投向基础设施和公益事业。注意搞好项目储备，保持投资增长的连续性和稳定性，使明后年继续保持适当的建设规模，为长远发展打好基础。要安排落实好配套资金，坚持省长负责制，保证重点，不留缺口。搞好项目稽察，加强资金管理，确保工程质量。

（三）扩大就业、增加收入，培育和提高居民消费能力

要把解决好就业问题放到更加重要的位置，多方采取措施，力争使今年的城镇就业人数比去年增加800万左右。一是拓宽就业渠道，扩大市场准入，降低进入门槛，注重发挥非公有制经济和中小企业在增加就业方面的作用。二是扩大就业容量，积极发展具有比较优势的劳动密集型产业，加快发展第三产业，搞好城镇社区服务。三是丰富就业形式，大力推行非全日制、临时性、弹性工作时间等灵活多样的就业形式。四是改善就业服务，培育和规范劳动力中介组织与劳动力市场，完善就业服务体系，加强职业培训，提高劳动者就业和再就业能力。减少对农民进城务工经商的限制。对就业困难的弱势群体，在安排就业岗位时给予必要的照顾。

努力增加城乡居民特别是低收入群体的收入。继续做好“两个确保”工作。切实把符合条件的城市贫困居民全部纳入最低生活保障范围。积极推进城镇职工基本养老保险制度、失业保险制度和基本医疗保险制度改革。完善国有企业收入分配制度，选择少量中央管理的大企业和境外上市公司，进行收入分配制度改革试点。适当提高机关事业单位职工基本工资，增加机关事业单位离退休人员的离退休金。

完善消费政策，改善消费环境。建立健全个人信用制度，扩大消费信贷规模，尝试租赁消费等新的消费形式。继续鼓励居民扩大住房、汽车、电信、旅游、教育、文化、体育和医疗保健等消费，培育和发展新的消费热点。

(四)加快“三化两改”步伐，提高工业整体素质

积极推进国民经济和社会信息化。实施电子政务工程。加强公共信息资源库建设。抓紧制定实施电子商务政策框架。加快电子商务认证体系、企业和个人征信体系建设。抓紧建立信息安全体系。

继续加快高技术产业化。组织实施新型电子元器件、集成电路、软件开发、光电子器件、新材料、卫星应用和现代中药等高技术产业化重大专项。抓紧制定数字电视标准体系。启动新一代高速宽带信息网络、第三代数字移动通信系统、新支线飞机、生物技术产业、广播电视直播卫星系统、现代农业等重大高技术工程，以及重大科学工程项目。

努力抓好重大装备制造本地化。依托重大工程，通过有重点地引进关键技术和自主开发创新，提高重大装备的设计、制造和成套水平。重点是：燃气轮机、超高压直流输电装备、600兆瓦超临界机组、大型石化成套设备、大型船舶与船用配套设备、大型施工机械、数控机床关键零部件。

着力改组改造传统工业。以市场需求为导向，积极采用高新技术和先进适用技术，改造一批重点产业和骨干企业，提高制造业集中度，增强产品开发能力。加快建设一批能够带动产业升级的重大项目，包括液化天然气、大型乙烯以及磷钾肥、高效低毒农药等。加快燃料乙醇、煤制油项目的前期工作与建设，建设大型新型干法水泥生产线，提高新型建材比例。积极开发差别化、功能化纤维等高附加值产品，重点提高纺织品印染后整理水平。实施以食品工业为龙头的农副产品深加工专项示范工程。加快造纸林基地建设，推动林纸一体化。继续运用经济和法律手段压缩淘汰过剩和产品质量低劣、浪费资源、污染环境、没有安全设施的生产能力。

(五)深化经济体制改革，为经济和社会发展增添新的动力

规范国有企业股份制改革，完善公司法人治理结构，发展一批具有国际竞争力的大企业和企业集团。采取多种形式放开搞活国有中小企业。加强和改善企业管理，推进企业信息化建设。继续推进垄断行业体制改革，加强指导，精心组织，保证正常生产经营和职工队伍稳定，防止国有资产流失。在搞好国有经济的同时，积极支持、鼓励和引导非公有制经济健康发展。

完善石油天然气、电信、电力、民航等行业的价格形成机制。全面推进城乡居民生活用电同网同价。进一步健全供水价格形成机制和污水处理收费政策，实行城市生活垃圾处理收费制度，促进污水、垃圾处理的产业化。

重视发展现代流通业对生产、消费的促进作用，加快流通体制改革，积极培育物流产业，大力发展连锁经营、物流配送等社会化、专业化的服务体系。继续深化粮食流通体制改革，加快国有粮食购销企业改革步伐。认真落实棉花流通体制改革的各项政策措施。

加快投融资体制改革，尽快建立企业投资的激励和约束机制，对企业出资建设的项目，除重大项目和有特殊规定的外，由企业自主决策、自担风险。完善国有金融企业的经营机制，建立严格的项目投资审贷责任制。积极探索拓宽企业融资渠道的办法。提高政府投资项目决策的科学化、民主化水平，管好用好政府投资。

(六)切实做好外贸外资工作，更加有效地利用两种资源，两个市场

认真分析加入世界贸易组织给我们带来的有利条件和困难，充分利用所享有的权利，履行承诺，积极采取应对措施。千方百计扩大出口。抓紧改革和完善出口退税机制，对生产企业自营出口和委托代理出口全面实行“免、抵、退”；扩大出口信贷规模，完善出口信用保险机制，加大政策性金融对出口的支持力度；简化通关程序，提高通关效率；继续推进出口市场多元化，在巩固和扩大传统市场的同时，大力开拓俄罗斯、东欧、拉美等新兴市场；积极促进外贸经营主体多元化，继续深化外贸体制改革，进一步放宽外贸经营权。积极推动“走出去”战略的实施，鼓励具备条件的国内企业到境外投资开发和承包工程，带动国内设备、材料、劳务出口和我国短缺商品、资源进口。组织好国内急需的关键设备、技术和重要原材料进口。

继续改善投资环境，大力引进先进技术、管理经验和优秀人才，保持利用外资规模稳定增长，努力提高利用外资的质量和水平。鼓励外商投资现代农业、高技术产业、基础设施建设、西部大开发和参与国有企业改组改造。有步骤地推进服务贸易等领域的对外开放。继续用好国外优惠贷款。完善外债管理办法,防范外债风险。

(七)继续实施西部大开发战略,促进地区经济协调发展

加快西部地区的基础设施和生态环境建设,优先发展科技教育,加快发展特色产业,促进资源优势转变为经济优势。要把加强西部农村基础设施建设,进一步改善农民的生产生活条件放在重要的位置,努力做到:一是"油路到县",对西部地区尚无沥青公路与省会城市连接的三个州和尚无沥青公路与地(州)政府所在地城市连接的281个县(团场),进行沥青公路建设与改造,建设总规模25000公里,年底基本完成。二是"送电到乡",着力解决不具备联网条件、尚未通电的783个乡的用电问题,采用多种方式,因地制宜发展小水电、太阳能或风能发电。加快实施第二批农网改造,力争用一年左右的时间,基本完成中西部地区各县的农网改造任务。三是"广播电视到村",继续推进村村通广播电视工程和"西新工程",在新通电的行政村建设广播电视接收设施,使更多的农民听上广播、看上电视。四是"退耕还林到户",采取个体承包方式,将任务落实到户,补助政策兑现到户,林草权属下放到户,全面启动退耕还林工程,今年新增退耕还林面积227万公顷,宜林荒山荒地造林面积266万公顷。

贯彻落实西部地区人才开发十年规划和支持西部大开发的各项政策措施,加强中央机关、东部地区与西部地区之间的干部交流,做好培训工作。

中部地区要充分发挥承东启西,纵贯南北的区位优势和综合资源优势,结合产业结构调整和西部开发,积极培育新的经济增长点和经济带。为促进中部地区加快发展,在安排基本建设投资和技术改造资金方面予以支持。东部地区要优化经济结构,进一步发展外向型经济,着力提高国际竞争力,加强与中西部地区的经济技术合作,更好地发挥对中西部地区的辐射带动作用。

(八)调整和优化财政支出结构,发挥金融对经济增长的支持作用

要加强税收征管,大力组织财政收入。认真贯彻"一要吃饭、二要建设"的方针,合理调整和优化财政支出结构,强化支出管理,坚持勤俭建国,节约办一切事情,坚决反对铺张浪费。认真组织实施所得税收入中央和地方按比例分享办法。全国财政预算收入18015亿元,支出21113亿元,中央财政赤字控制在3098亿元以内。

更好地发挥稳健货币政策的作用,进一步加大金融对经济发展的支持力度。国有独资商业银行,要积极推进经营机制改革,强化内部管理。调整和优化信贷结构,大力改善金融服务,保证国债项目配套贷款。完善小型企业贷款担保体系,积极稳妥推行农村小额信用贷款。继续规范和发展证券市场,稳步推进证券市场体系建设,适当扩大企业债券发行规模。进一步发挥利率、公开市场操作、再贴现等多种货币政策工具的作用,灵活调控货币供应量,适应经济发展对资金的合理需要。继续保持人民币汇率稳定。切实加强金融监管,提高金融资产质量,降低不良资产比例,增强竞争和防范风险的能力。

(九)加快科教兴国和可持续发展步伐,积极发展各项社会事业。大力推进科技进步与创新

加大科技投入力度,加强基础研究、应用基础研究和战略高技术研究,提高自主创新能力,搞好国家创新体系建设。抓紧实施超大规模集成电路和软件、功能基因组与生物芯片等重大关键技术攻关与产业化专项。加快科技产业化进程,推动技术标准体系建设。发展核心技术的自主知识产权,并强化知识产权的保护与管理。建立健全风险投资机制和科技创新激励机制。繁荣发展哲学社会科学。进一步深化科技体制改革,形成部门、地方、高校和企业相结合的科技管理体系。创造良好的工作和生活条件,吸引境外高级人才,鼓励留学人员回国创业。

坚持教育适度超前发展。继续加强基础教育,切实普及义务教育,大力实施素质教育。基本实现农村义务教育管理"以县为主"的新体制,切实保障义务教育投入。调整和优化教育结构,积极发展高中阶段教育,加快培养适应经济社会发展的各类人才。2002年,普通高校招生275万人,研究生计划招生19.6万人。实施好贫困地区义务教育工程二期计划,启动高等教育"211"二期工程。加快高校、普通高中扩招的基础设施和中小学危房改造等项目建设。落实和完善资助家庭困难学生的政策。实施好西部高校信息化工程,推进教育信息化建设。

强化生态建设和环境保护。加强长江三峡库区的水污染和地质灾害防治、南水北调东线工程沿线地区和渤海的污染防治,继续搞好"三河三湖"污染治理。抓紧黄河、松花江水污染防治规划的制定和项目前期工作。积极治理二氧化硫和酸雨污染,搞好矿区污染治理和生态环境恢复工作。加强生态、环境、资源和灾害综合监测体系建设。注重从源头防治污染,促进清洁生产,重视废弃物再生利用,减少资源消耗。认真贯彻防沙治沙法,继续实施以植树种草、水土保持为重点的生态环境建设综合治理工程和天然林资源保护工程,加大环京津风沙源治理投入力度,并抓紧制定防沙治沙规划。加快天然草原恢复与建设步伐。加强重点地区防护林体系、自然保护区建设。

加强精神文明建设,促进文化、卫生、体育、广播影视、新闻出版等事业全面进步。认真贯彻落实《公民道德建设实施纲要》,深入开展群众性精神文明创建活动。继续稳定低生育率水平,提高出生人口素质。加强基层公共文化设施建设。加快国家大剧院建设和中国美术馆改造,做好国家博物馆和国家数字图书馆的前期工作。加强文物保护,支持重点省级博物馆建设。实施"农村卫生基础设施建设"和"中医、专科医院建设"专项规划,努力改善医疗卫生服务条件。健全国民体质监测系统。以申奥成功为契机,促进全民健身活动。

三、适应完善社会主义市场经济体制和加入世界贸易组织新形势的要求，继续改进宏观经济管理

要充分发挥市场在资源配置中的基础性作用，遵循经济规律，考虑国际惯例，转变政府职能，改进宏观调控，为经济发展创造良好环境。

加快法制建设步伐。认真落实全国人大立法计划，组织实施法律草案起草工作。抓紧修订保险法，研究起草反垄断法，提请全国人大审议放射性污染防治法。按照发展社会主义市场经济的要求，根据世界贸易组织规则和我国承诺，抓紧制定和完善有关行政法规、规章，积极推进地方性法规、规章和地方制定的其他规范性文件的清理工作。继续研究制定整顿和规范市场经济秩序的行政法规、规章。自觉坚持依法行政，严格按照法律法规规定的权限和程序行使职权。

完善宏观经济调控手段。政府要切实把主要精力放到经济调节、市场监管、社会管理和公共服务上来，主要通过政策引导、信息发布等方式对经济实施间接调控，减少对微观经济活动的直接干预。运用世界贸易组织规则允许的手段，调控市场供求。有效实施重要商品进口配额和关税配额管理，完善反倾销、反补贴及保障措施等手段。借鉴和采用国际标准，搞好健康、安全、卫生、环保等方面的检验检疫和疫情监控。

大幅度减少行政性审批。宏观经济调控部门要加快职能转变，对那些不符合政企分开和政事分开、妨碍市场开放和公平竞争的行政审批，坚决予以取消。对确需保留的行政审批事项，要调整审批权限，减少环节，规范程序，转变作风，提高效率，增强透明度，从源头上防治腐败。

按照市场需求搞好总量平衡。加强对重要商品市场供求的监测，更好地运用经济手段，加强总量调控，实现社会总供给与总需求的基本平衡。利用预算和税收等手段，搞好财政收支平衡；利用利率手段，搞好银行信贷资金平衡；利用价格和物资储备等手段，搞好重要商品供求平衡。

整顿和规范市场经济秩序。加强医药、食品、成品油、危险化学品等重点市场的管理和整顿。取消和禁止对跨地区营销、投资的限制和封锁。进一步严厉打击制售假冒伪劣商品的违法犯罪活动，重点打击严重危害人民群众生命健康的制假售假行为；严厉打击各种偷税、骗税、传销和走私违法犯罪活动；严厉打击伪造票据、凭证和做假帐等违法行为。依法查处金融欺诈、非法集资、操纵证券市场和内幕交易、恶意逃废债等行为。继续开展价格和收费的专项整治。以反价格欺诈为重点，制止不正当价格竞争行为。整顿和规范重大建设项目招标投标秩序。建立良好的社会信用制度。抓紧重点行业的安全整顿，遏制重大安全事故发生。

各位代表，做好今年经济工作，任务艰巨，意义重大。自觉地接受人民代表大会的监督和指导，认真听取人民政协的意见和建议，是我们做好各项经济工作的重要保证。让我们更加紧密地团结在以江泽民同志为核心的党中央周围，高举邓小平理论伟大旗帜，认真实践“三个代表”重要思想，坚定信心，开拓进取，艰苦奋斗，扎实工作，为完成经济和社会发展的各项任务而努力奋斗！

关于2001年中央和地方预算执行情况及2002年中央和地方预算草案的报告

——2002年3月6日在第九届全国人民代表大会第五次会议上

财政部部长　项怀诚

2001年，在党中央、国务院的正确领导下，各地区、各部门认真贯彻落实中央确定的各项宏观调控政策和九届全国人大四次会议对财政经济工作提出的各项要求，努力扩大和培育国内需求，积极推进各项改革，在世界经济增长明显减速的情况下，我国经济实现了较快增长。在此基础上，财政收入增加较多，支出结构进一步优化，对经济和社会各项事业发展的支持力度明显增强，宏观调控作用得到了较好发挥。

全国财政收支超额完成预算，中央财政赤字控制在预算之内

2001年，全国财政收入完成16371亿元（不含债务收入，下同），比预算增加1611亿元，比上年增加2976亿元，增长22.2%。全国财政支出完成18844亿元，比预算增加1486亿元，比上年增加2957亿元，增长18.6%。收支相抵，支出大于收入2473亿元。

中央财政总收入 9171 亿元，比预算增加 748 亿元，比上年增加 1583 亿元，增长 20.9%。其中，中央财政本级收入 8578 亿元，比预算增加 748 亿元；地方上解中央收入 593 亿元，与预算持平。中央财政总支出 11769 亿元，比预算增加 748 亿元。其中，中央本级支出 5754 亿元，比预算减少 91 亿元；补助地方支出 6015 亿元，比预算增加 839 亿元。中央财政收支相抵，赤字 2598 亿元，与九届全国人大四次会议批准的预算赤字 2598 亿元持平。

地方财政总收入 13808 亿元，比预算增加 1702 亿元，比上年增加 2737 亿元，增长 24.7%。其中，地方财政本级收入 7793 亿元，比预算增加 863 亿元。中央补助收入 6015 亿元，比预算增加 839 亿元。地方财政总支出 13683 亿元，比预算增加 1577 亿元。其中，地方财政本级支出 13090 亿元，比预算增加 1577 亿元；上解中央支出 593 亿元，与预算持平。地方财政收支相抵，收大于支 125 亿元。

另外，中央财政债务收入 4604 亿元。其中，用于偿还国内外债务本金 1999 亿元，弥补当年财政赤字 2598 亿元，补充中央财政偿债基金 7 亿元。2001 年中央政府性基金收入 1053 亿元，中央政府性基金支出 1053 亿元。

上述预算执行数字，在中央和地方决算编制汇总后，还会有些小的变化。

中央和地方增收较多，部分项目支出变化较大

2001 年，全国财政收入比上年增长 22.2%。除了经济稳步增长，企业效益继续改善，税收征管进一步加强外，特殊性增收因素比较多。其中，车辆购置附加费改为车辆购置税并纳入预算管理，增加收入 266 亿元；减持国有股收入专项上交财政，增加收入 122 亿元，其中主要是境外发行减持国有股收入 110 亿元；人民银行上交以前年度收入 188 亿元。扣除特殊性增收因素，按可比口径计算，全国财政收入比上年增长 17.9%，中央财政收入增长 14.5%。

2001 年，中央和地方财政均增收较多，分别比预算超收 748 亿元和 863 亿元。但由于有些增加的收入是有指定用途的，财政不能用于其他方面的开支。而需要增加开支的重点支出项目又比较多，所以财政收支压力一直比较大。根据《全国人大常委会关于加强中央预算审查监督的决定》中关于“中央预算超收收入可以用于弥补中央财政赤字和其他必要的支出”的规定，以及社会经济发展的实际需要，中央财政超收收入主要用于：增加交通专项支出 86 亿元（车辆购置税增收部分），补助全国社会保障基金 310 亿元，增加基本建设支出 300 亿元，增加机关事业单位职工工资支出 52 亿元。地方财政超收收入主要用于：解决机关事业单位职工工资拖欠，落实 2001 年第四季度出台的增加机关事业单位职工工资政策，增加社会保障补助支出，保证教育、科技、农业、生态保护等重点支出以及支持粮食流通体制改革等方面的资金需要。

2001 年中央预算执行中，有些项目与预算相比变化较大，主要受两方面因素影响。一是在预算执行中出台和调整了部分政策。例如，为拉动内需，2001 年 10 月份国家再次增加了机关事业单位职工工资；根据农村税费改革试点的情况，国务院对农村税费改革步伐作了调整；为进一步扩大出口，适当增加了出口退税指标等。二是部分原列中央本级的支出，如基本建设支出，地质勘探费，文教、科学、卫生事业费等，在执行中划转到了地方。

积极财政政策得到较好落实，扩大和培育了内需

2001 年，按照中央要求，经九届全国人大四次会议批准，国家继续实施积极的财政政策，发行了 1500 亿元长期建设国债，用于基础设施建设。国债资金的投入，不仅保证了青藏铁路、西电东送等西部开发重大项目的及时启动和建设，而且促进了一批重大在建项目的完成。截止 2001 年底，累计完成公路通车里程 2.55 万公里；建成铁路新线 4000 公里，复线 1988 公里，电气化里程 1063 公里；1895 个县完成农村电网改造；国债技改贴息资金安排国有重点企业已开工技术改造项目 781 个。

连续四年实施积极的财政政策，对抵御亚洲金融危机冲击，遏制通货紧缩趋势，克服世界经济增长减速带来的影响，促进国民经济持续快速健康发展，发挥了重大作用。事实证明，党中央、国务院的决策是完全正确的。虽然中央财政赤字和债务规模有所扩大，但推动了国民经济整体水平的提高和国家财政收入的较快增长。2001 年中央财政赤字 2598 亿元，占国内生产总值的比重为 2.7%，债务余额 15608 亿元，占国内生产总值比重为 16.3%，都在安全线以内。随着我国经济的不断发展，财政承受风险的能力还将进一步增强。同时，我们也一直密切关注各项相关指标的变化，并采取了一些有利于防范财政风险的措施。一是合理调整国债期限结构，降低筹资成本，错开还款期限。二是从 2000 年起将国债利息支出列入经常性预算，与国债本金分开。三是加强对国债项目资金使用的监督管理，对部分国债项目资金实行国库集中支付，努力提高国债资金使用效益。对一些因历史原因形成并长期积累的潜在财政风险，党中央、国务院十分重视，已经采取了相关措施，正在逐步加以消化。

继续调整收入分配政策，努力解决基层工资拖欠问题

近年来，国家适当调整收入分配政策，逐年增加了机关事业单位职工工资，提高了社会保障对象的保障水平。在调资政策执行过程中，也出现了部分县乡拖欠干部职工工资的现象。据地方上报数字统计，截止 2001 年底，各地共拖欠当年国家统一政策规定的工资 65 亿元，占应发工资总额的 1.8%，主要发生在中西部地区的县乡两级。从地方总体财力看，近几年地方财政本级收入增长较快，2001 年比上年增收 1387 亿元，达到 7793 亿元，但由于地区之间收入增

长以及省对下转移支付力度不平衡，加上财政供养人员增长过快，尽管地方财政为解决欠发工资问题作了积极努力，部分县乡财政仍然难以保证工资按时足额发放。几年来，中央财政较大幅度增加了对地方转移支付，1998至2001年，中央补助地方支出由3321亿元增加到了6015亿元，年均增长21.9%，比中央本级支出年均增长幅度高5.2个百分点。2001年，中央财政在各方面支出压力较大的情况下，仅可用于工资性支出的转移支付资金就安排了892亿元。为了缓解中西部欠发达地区县乡工资发放困难，中央财政负担了这些地区执行1999年以来调整收入分配政策所需大部或全部财政支出。2001年10月出台的增加机关事业单位职工工资政策，除沿海九省（直辖市）外，其余22个省（自治区、直辖市）全部由中央财政负担。与此同时，中央财政每年还专项安排50亿元预算周转资金，用于解决农业大省季节性工资拖欠问题。

在各级政府的共同努力下，2001年县乡工资拖欠问题已经得到一定程度的缓解，有些省除保证当年不发生“新欠”外，还在逐步解决2000年以前的工资“陈欠”问题。2002年，我们将进一步加大工作力度，力争较好地解决所有县乡当年工资欠发问题。

社会保障投入继续增加，社会保障体系逐步完善

近年来，为落实中央决策，中央财政大规模增加了社会保障支出。2001年，中央财政用于社会保障性支出完成982亿元，是1998年的5.18倍。其中，对养老保险基金补贴支出349亿元；国有企业下岗职工基本生活保障补助支出136亿元；城市居民最低生活保障补助支出23亿元；补充全国社会保障基金310亿元；抚恤和社会福利救济费支出84亿元。在加大社会保障投入力度的同时，建立了财政社会保障补助资金专户，保证了资金专款专用，并正在积极稳妥地推进辽宁等地完善社会保障体系改革的试点。据统计，截至2001年底，全国共有4700多万社会保障对象得到国家预算的社会保障资金补助。此外，为淘汰落后和压缩过剩的生产能力，支持依法实施企业关闭破产，确保职工安置和社会稳定，2001年中央财政还安排企业关闭破产补助资金135亿元。

农业投入力度进一步加大，农业基础地位不断巩固

2001年，中央财政通过多种渠道，增加了农业投入。一是为了推进和完善农村税费改革试点工作，从根本上减轻农民负担，中央财政安排支持安徽全省和其他地区106个县农村税费改革试点转移支付资金33亿元。二是认真落实受灾地区农业税灾歉减免政策，全年共减免受灾地区农业税收50亿元，其中中央财政安排补助40亿元。三是加大扶贫投入力度，中央财政安排扶贫支出100亿元，农村贫困人口的生产和生活条件得到进一步改善。四是安排资金42亿元，支持退耕还林和在宜林荒山荒地造林，促进了西部地区生态环境的改善，增加了农民收入。五是进一步增加了对天然林保护工程、农业综合开发、农业科技、农业产业化经营等方面的投入，中央财政用于这方面的支出233亿元。六是落实粮食风险基金包干政策，支持深化粮食流通体制改革，增加粮食主产区和纯农户的收入。中央财政增加粮食主产区粮食风险基金包干支出49亿元，中央对地方的粮食风险基金补助达到173亿元，占包干总额的57%。

科教投入逐步增加，科教兴国战略得到有效贯彻

2001年，中央财政教育支出完成213亿元。其中，按照中央要求，从1998年至2002年，中央财政本级支出中教育经费所占比例按同口径每年增加一个百分点，2001年中央财政本级增加教育经费41亿元；实施第二期“国家贫困地区义务教育工程”，2001年中央财政支出10亿元，又有32个县（市、区）通过了国家“两基”（基本普及九年制义务教育、基本扫除青壮年文盲）验收；实施“全国农村中小学危房改造工程”，专项补助地方26亿元，改造危房1700万平方米。2001年，中央财政科技支出完成373亿元，增长29.5%。其中，专项安排国家自然科学基金16亿元，国家重点基础研究规划专项经费6亿元，国家“863”计划专项经费25亿元，中科院知识创新工程试点经费23亿元。

总的看，2001年预算执行情况是好的。但我们也清醒地注意到，财政运行中还存在一些迫切需要解决的问题。除了财政收入增长不平衡、部分县乡财政还比较困难外，财政管理不规范、财经纪律松弛、财税秩序混乱、资金损失浪费等现象仍然比较严重。这些问题，有的是多年形成的，有的与改革和工作没有到位相关。对此，我们将高度重视，并采取有力措施认真加以解决。

各位代表：2002年是我国政治、经济和社会发展非常重要的一年，做好今年财政工作，完成全年预算任务，具有十分重要的意义。当前，我国政治稳定、社会繁荣，经济发展潜力很大，这些都为今年经济发展提供了有利条件。但是，由于国际形势错综复杂，世界经济和贸易增长继续减缓，我国经济发展面临着新的困难和严峻挑战。加入世界贸易组织总体上有利于我国的经济发展和对外开放，但短期内一些竞争力不强的行业和企业可能会受到一定冲击。针对这种形势，中央决定，2002年要继续坚持扩大内需的方针，实施积极的财政政策，适当扩大财政支出规模，努力促进国民经济持续快速健康发展。

根据上述形势和要求，2002年预算安排和财政工作的指导方针是：深入贯彻落实党的十五届五中、六中全会和去年中央经济工作会议精神，以促进国民经济持续快速健康发展和社会全面进步为目标，以扩大和培育内需为重点，以推进财政改革，加强预算管理为手段，认真落实积极的财政政策，严格收入征管，保证财政收入的稳定增长，调整和优化支出结构，确保重点支出需要，提高财政资金使用效益，

为中央各项重大方针政策的落实提供财力保障。

按照上述指导方针，国务院编制了2002年中央预算草案：

2002年中央财政总收入安排10646亿元，比上年增加765亿元，增长7.7%（为便于比较，计算增长率时已按照2002年开始实施的所得税分享改革方案对2001年执行数作了调整，下同），其中，中央本级收入10042亿元，比上年增加754亿元，增长8.1%。中央财政总支出13744亿元，比上年增加1265亿元，增长10.1%，其中，中央本级支出6412亿元，比上年增加658亿元，增长11.4%。中央财政收支相抵，赤字3098亿元，比上年增加500亿元。2002年中央财政需归还到期的国内外债务本金为2581亿元，加上弥补当年赤字3098亿元和中央代地方政府发行250亿元，国债发行总规模为5929亿元。其中，中央财政债务收入为5679亿元。此外，2002年中央政府性基金收入预算安排860亿元，基金支出预算安排860亿元。

2002年代编的地方财政预算总收入15305亿元，比上年执行数增加1497亿元，增长10.8%。其中，地方财政本级收入7973亿元，比上年执行数增加890亿元，增长12.6%；中央补助收入7332亿元，比上年执行数增加606亿元，增长9%。地方财政预算总支出15305亿元，比上年执行数增加1622亿元，增长11.9%。其中，地方财政本级支出14701亿元，比上年执行数增加1611亿元，增长12.3%；上解中央支出604亿元，比上年增加11亿元。地方财政收支平衡。

2002年中央和地方预算汇总，全国财政收入安排18015亿元，比上年执行数增加1644亿元，增长10%；全国财政支出安排21113亿元，比上年执行数增加2269亿元，增长12%。

根据中央部署和我国政治、经济、社会发展对财政工作的要求，2002年中央预算安排和财政工作的重点是：

一、稳妥安排财政收入，确保完成预算任务

近几年来，由于特殊性增收因素较多，中央财政收入一直保持较高的增幅。2002年国民经济将继续快速健康发展，随着结构调整步伐的加快，企业经济效益也将进一步提高，这些都将为今年财政收入的增长打下坚实的基础。但是，也要看到，今年增收的特殊性因素将大大减少，还将出现一些减收因素。例如，履行加入世界贸易组织承诺，关税税率实质性下调，改变进口货物海关审价方法，进口税收收入将会减少；证券交易印花税税率下调对该项税收的影响将在今年进一步显现；金融保险业营业税税率今年将继续下调一个百分点。综合考虑这些因素，2002年中央财政收入增长按与经济增长大体相当的幅度安排。

在收支盘子安排比较紧、预算执行中还可能出现新的减收增支因素的情况下，必须大力加强收入征管，确保财政收入的稳定增长。我们将按照国务院关于稳定税制、加强征管的要求，严格依法征税，加大稽查力度，坚决打击各种偷税、骗税、抗税及走私犯罪行为；适应加入世界贸易组织的要求，进一步清理和规范税收优惠政策，切实纠正一些地区和部门自行制定的税收先征后返政策和擅自减税、免税、缓税行为，规范税收秩序。

二、认真落实积极财政政策，努力扩大和培育内需

2002年继续实施积极的财政政策。为加大基础设施建设力度，带动固定资产投资增长，拟发行长期建设国债1500亿元，其中1250亿元列入中央预算，250亿元代地方政府发行。主要用于在建国债项目、西部开发项目、重点企业技术改造，以及南水北调、京津水资源保护工程、农村基础设施和教育、公检法司等方面设施的建设。

各级政府和有关部门将进一步加强对国债资金使用的管理和监督，认真选好项目，严格实行国债项目建设招投标制，扩大对建设国债资金财政集中支付范围，坚决防止无效投入、重复建设和超前建设，努力杜绝截留、挤占、挪用和损失浪费国债资金等现象，提高国债资金使用效益。同时，注意把积极财政政策与调整经济结构、深化体制改革、增加就业岗位、改善人民生活和经济可持续发展结合起来，充分发挥增发国债、税收政策、收入分配政策、财政贴息等政策的组合效应，通过多种渠道扩大和培育内需。

三、确保社会保障和工资发放支出需要，维护社会稳定

加快社会保障体系建设，对保障城镇低收入居民基本生活、推进国有企业改革、维护社会稳定具有重大意义，各级财政将进一步加大社会保障的投入力度。2002年中央财政共安排社会保障性支出860亿元（按可比口径比较，比2001年增长28%）。其中，为了解决城市低收入人口的基本生活保障问题，国务院决定，2002年中央财政进一步增加对城市居民最低生活保障的补助，由去年的23亿元增加到46亿元；考虑到2001年提高企业离休人员基本养老金标准支出翘尾、下岗职工规模等情况，2002年中央财政将继续安排企业养老金补贴支出和国有企业下岗职工补贴支出512亿元；同时，为促进经济结构调整，支持一些国有企业依法实施关闭破产，2002年中央财政将安排企业关闭破产补助资金110亿元；安排抚恤和社会福利救济费支出96亿元。各级地方财政要认真落实中央政策，在预算安排中大力提高社会保障支出比重。

确保机关事业单位职工工资按时足额发放是各级政府和财政部门应尽的职责。中央要求，2002年继续适当提高机关事业单位职工基本工资，并相应增加机关事业单位离退休人员离退休金，中央财政将增加专项支出118亿元，其中补助地方支出95亿元。为帮助地方解决基层财政困难，中央财政将进一步加大转移支付力度，提高可用于工资性支出的转移支付比例，积极调度资金帮助地方解决基层季

节性工资拖欠问题。2002年中央财政可用于工资性支出的转移支付资金将达1180亿元，这些资金应集中用于补助县乡两级。地方财政也要进一步完善财政体制，尤其是加大省对下的转移支付力度，切实帮助困难县乡解决欠发工资问题；基层财政要合理安排预算，财政资金首先用于国家规定工资的发放；继续完善机关公务员工资由财政统发和农村中小学教师工资上划到县统一管理的办法，逐步建立保证工资正常发放的机制。加快县乡政府职能转变，切实精简机构和人员，为从根本上解决县乡财政困难创造条件。

四、增加农业和科教投入，促进重点事业发展

农业是国民经济的基础。促进农村经济发展，增加农民收入，是扩大和培育内需的一项重要内容和长期措施，要进一步加大财政对农业的投入力度。为改善生态环境，2002年继续实施天然林保护工程，新增退耕还林面积3400万亩，新增宜林荒山荒地造林种草面积3993万亩，中央财政相应安排支出206亿元(不含用增发国债安排的支出)。为改善农业生产条件，中央财政将从国债投资中分别安排加快农村电网改造支出137亿元，加强水利设施建设支出239亿元。为推进农村税费改革，规范农村收入分配秩序，减轻农民负担，2002年以省为单位进行农村税费改革试点的范围将扩大到三分之一左右的省份，中央财政将增加专项转移支付150亿元。为适应加入世界贸易组织后我国农业发展面临的新形势，增强农业竞争力，2002年中央财政将安排农业综合开发、农业科技、扶贫等支出274亿元。为搞好粮食流通体制改革，增加粮食主产区农民收入，2002年中央财政将继续安排补助地方粮食风险基金173亿元。

实施科教兴国战略，是保证我国在激烈的国际竞争中立于不败之地的重要条件。为了加快推进科技和教育事业发展，提高全民族素质，不断增强国际竞争力，2002年，中央财政将安排教育支出251亿元，安排科技支出408亿元。

此外，为了维护国家主权和领土完整，适应国际形势变化，将适当增加国防支出，提高我军在现代技术特别是高技术条件下的防卫作战能力；适当增加军官、文职干部、士官、在编职工的工资，以及义务兵津贴和离退休军人离退休费。2002年中央财政增加国防支出252亿元，增长17.6%。

五、深化“收支两条线”管理改革，规范财政资金收支行为

深化“收支两条线”管理改革，是构建公共财政框架的重要内容，是整顿和规范财经秩序、推进廉政建设的重大措施，是当前财政改革的关键环节，具有重大而深远的政治、经济和社会意义。2002年深化这项改革的总体要求是：部门的预算外收入全部纳入预算管理或财政专户管理，部门预算全面反映部门及所属各单位预算内外资金收支状况，收支不挂钩，支出要透明；合理核定各部门支出标准，财政部门按标准及时足额供给经费。具体措施：一是将公安部、最高人民法院、海关总署、工商总局、环保总局5个部门按规定收取的预算外资金收入全部纳入预算，全额上缴中央国库，支出由财政部按部门履行职能的需要与部门协商核定，确保经费供给。二是对28个中央部门的预算外资金实行收支脱钩管理，其预算外收入缴入财政专户，各部门按照核定的综合定额标准，统筹安排年度支出，编制综合财政预算。三是改革预算外资金收缴制度，实行收缴分离。取消现行各执收单位开设的预算外资金账户，改由财政部门按执收单位分别开设预算外资金财政汇缴专户，对预算外资金汇缴专户实行零余额管理，单位不得坐收坐支。四是改革收入征管部门经费收支挂钩的做法，实行“预算制”。五是进一步规范和推动地方“收支两条线”管理改革。省级和地(市)级公安、法院、工商、环保、计划生育等部门预算外资金收入，也要全部上缴地方国库，纳入预算管理，支出由财政安排，并保证供给。六是总结经验，完善措施，修订法规制度，使“收支两条线”管理改革不断深化，管理工作逐步法制化、规范化。

六、稳步推进预算改革，强化预算管理

推进预算改革，对规范财政管理，提高财政资金使用效益，规范政府行为，从源头上、制度上预防和治理腐败都具有重要意义。要继续深化部门预算改革，进一步改进和规范预算编制。结合深化“收支两条线”管理改革，中央部门预算编制要全面反映部门预算内外收支状况，实行综合财政预算。支出安排首先要保障基本支出需要，项目支出优先安排急需、可行的项目，并对其实施过程和结果追踪问效。同时，加快地方部门预算改革步伐，扩大省级财政实行部门预算的范围，地(市)级财政也要为扩大部门预算改革作好准备，有条件的地区还可以在县级财政进行部门预算改革试点。加快推进财政国库管理制度改革，减少资金运转环节，从机制上防止截留、挤占和挪用财政资金，提高资金使用效益。2002年中央财政将扩大财政直接支付资金的范围，增加改革试点部门，争取将试点单位从2001年的6个增加到40个左右。同时，试行财政收入收缴制度改革，规范收入收缴办法。积极推行政府采购制度，扩大政府采购范围，强化对政府采购的管理监督，规范政府采购行为。2002年所有中央预算单位都将编制政府采购预算。

七、搞好所得税收入分享改革，促进地区经济协调发展

国务院决定，从今年1月1日起，取消按企业隶属关系划分所得税收入的分配办法，除少数特殊行业的企业外，绝大部分企业所得税和全部个人所得税实行中央与地方按比例分享。改革以2001年为基期，保证地方合理既得利益，基数内的收入全部归地方。2002年所得税增量收入中央与地方按五五比例分享，2003年按六四比例分享，以后年度分享比例，根据实际情况另行确定。改革后中央从所得税增

量中多分享的收入，全部用于增加对地方主要是中西部地区的转移支付，中央财政不留一分钱。这次所得税收入分享改革，是继1994年分税制改革后，财政管理体制方面的又一次重大改革，是中央综合考虑我国政治、经济和社会发展全局作出的重要决策，是地区间相互支持、协调发展，实现共同富裕，体现社会主义制度优越性的重大举措。我们将认真落实相关政策，确保改革的顺利实施。同时，要结合所得税收入分享改革，进一步完善省以下财政体制，加大省对下的转移支付力度，切实解决基层财政困难。

八、依法强化会计工作，严厉打击做假账

加强会计工作，保证会计信息的真实性，是维护社会主义市场经济秩序的重要基础。目前，制作假凭证，编制假报表，出具假报告，提供虚假会计信息等现象十分突出，正常的经济秩序受到严重干扰。为此，必须进一步依法强化会计工作，坚决打击做假账行为。要按照世界贸易组织规则的要求，进一步完善会计制度和法规，使会计工作进一步法制化和规范化；加强财务会计监管，全面深入地贯彻落实《会计法》；加强对会计师事务所的监督和查处力度，对严重违法违规、弄虚作假的事务所，坚决予以取缔；加强财会人员尤其是高级财会人员和企业管理人员的财会知识培训，不断提高财会工作的管理水平；支持和保护财会人员依法理财，对坚持原则、严格执法的财会人员要公开表彰和奖励，对打击报复财会人员的行为和责任人，要依法严肃追究责任。

九、大力发扬艰苦奋斗的作风，勤俭办一切事业

我国经济建设和社会发展正处在关键时期，经济还不够发达，人民生活水平还不高，财政还比较困难，需要办的大事急事还很多。但是，当前无论生产、建设还是消费等领域，都还存在着大量铺张浪费现象。为此，必须大力提倡艰苦创业、厉行节约、勤俭办事的作风，坚决制止各种奢侈浪费行为。财政部门要带头艰苦奋斗，以实际行动作出表率。预算安排要精打细算、科学合理，禁止各种不必要的支出；预算执行要严格把关、追踪问效，使每一笔钱都花在"刀刃"上；要强化财政监督，严厉查处各种违反规定乱花钱行为，最大限度地减少财政资金的损失和浪费。

各位代表：今年的财政预算任务十分艰巨，我们深感责任重大。让我们更加紧密地团结在以江泽民同志为核心的党中央周围，高举邓小平理论的伟大旗帜，按照"三个代表"重要思想的要求，坚定信心，锐意进取，兢兢业业，狠抓落实，以优异成绩迎接党的十六大胜利召开。

2001年国民经济和社会发展统计公报

中华人民共和国国家统计局

2001年，全国各族人民在党中央、国务院的正确领导下，认真贯彻"三个代表"重要思想，努力克服复杂多变的国际政治经济环境的不利影响，坚持扩大内需的方针，继续实施积极的财政政策和稳健的货币政策，加快经济结构调整，积极稳妥地推进各项改革，不断扩大对外开放，大力整顿和规范市场经济秩序，经济运行总体质量和效益不断改善，国民经济继续保持持续健康发展，教育、科技和各项社会事业全面进步，城乡人民生活水平继续提高，实现了"十五"计划和现代化建设第三步战略部署的良好开局。

一、综　合

国民经济持续较快增长。初步统计，全年国内生产总值为95933亿元，按可比价格计算，比上年增长7.3%。其中第一产业增加值14610亿元，增长2.8%；第二产业增加值49069亿元，增长8.7%；第三产业增加值32254亿元，增长7.4%。

市场价格保持稳定。全年居民消费价格总水平比上年上涨0.7%。其中，城市上涨0.7%，农村上涨0.8%；食品价格持平（其中，粮食下降0.7%，肉禽及制品、鲜菜分别上涨1.6%和1.4%，蛋上涨6.0%），烟酒、衣着价格分别下降0.3%和1.9%，家庭设备、交通通信价格分别下降2.3%和1.0%，娱乐教育文化价格上涨6.6%，居住价格上涨1.2%。工业品出厂价格下降1.3%；原材料、燃料、动力购进价格下降0.2%；固定资产投资价格上涨0.4%。

就业规模继续扩大。年末全国就业人员73025万人，比上年末增加940万人。其中城镇就业人员23940万人，增加789万人。年末国有企业下岗职工为515万人，比上年末减少142万人。全年通过多种途径使227万人实现了再就业。年末城镇登记失业率为3.6%。

国际收支状况良好。全年对外贸易顺差225亿美元，比上年减少16亿美元。实际使用外商直接投资468亿美元，比上年增长14.9%。年末国家外汇储备达到2122亿美元，比上年末增加466亿美元。人民币汇率保持稳定，年末汇率1美元兑8.2766元人民币，人民币比上年末升值15个基本点。

经济结构调整取得了新进展，经济运行总体质量和效益不断改善。农业以市场需求为导向，大力推进品种、品质和布局的优化，主要农作物逐步向优势产区集中。高新技术产业保持较快增长，传统工业技术改造力度加大，一些行

业淘汰落后和压缩过剩生产能力取得新的成效。西部地区投资力度有所加大。全年全部国有及年产品销售收入500万元以上的非国有工业经济效益综合指数为122.1，比上年提高3.4点；实现利润4657亿元，增长8.1%。

国民经济和社会发展中存在的主要问题是：经济结构性矛盾和经济体制深层次问题依然比较突出；就业压力增大，农民收入增长仍比较缓慢，部分群众生活还比较困难；企业自主创新能力和市场适应能力不强，部分企业生产经营还相当困难；重大安全事故时有发生，地方保护主义造成的国内市场分割局面尚未完全改变，市场经济秩序仍比较混乱。

二、农　业

种植业结构继续调整。全年粮食播种面积比上年减少，棉花面积扩大76万公顷，糖料面积扩大约17万公顷，蔬菜面积扩大约115万公顷，油料面积减少约70万公顷，优质专用小麦面积扩大130多万公顷，优质稻种植面积的比重达50%以上，优质油菜籽面积扩大较多。

粮食有所减产。受调减播种面积和严重干旱的影响，全年粮食产量45262万吨，比上年减产2.1%。其中夏粮产量10188万吨，减产4.6%；早稻产量3396万吨，减产9.5%；秋粮产量31678万吨，减产0.3%。

棉花、糖料增产，油料减产。全年棉花产量532万吨，比上年增长20.4%；糖料产量8790万吨，增长15.1%；油料产量2872万吨，减少2.8%。蔬菜生产在精细品种增加的基础上继续保持较快增长。

畜牧业、渔业生产稳步发展。全年肉类总产量达6340万吨，比上年增长3.5%；全年水产品产量达4375万吨，增长2.3%。

林业水利建设取得新进展。全年完成造林面积530万公顷，比上年增长3.8%。其中退耕还林工程完成退耕还林40万公顷。长江干堤断面达标已占设计的80%，黄河下游大堤加高累计完成544公里。全年新增有效灌溉面积100多万公顷，新增节水灌溉面积130多万公顷，综合治理水土流失面积500多万公顷。

三、工业和建筑业

工业生产增长较快。全年全部工业增加值42607亿元，比上年增长8.9%。全部国有及年产品销售收入500万元以上的非国有工业企业增加值26950亿元，增长9.9%。其中，国有及国有控股企业增加值15198亿元，增长8.1%；集体企业3141亿元，增长7.2%；股份制企业8086亿元，增长10.4%；外商及港澳台投资企业6622亿元，增长11.9%。重工业增加值16301亿元，增长11.1%；轻工业增加值10649亿元，增长8.6%。全年工业企业产品销售率为97.7%，比上年略有提高。

高新技术产品产量保持较快增长，一些行业淘汰落后和压缩过剩生产能力取得新的进展。全年工业新产品产值比上年增长15.7%。微波通信设备、光通信设备、移动电话机、电子计算机等电子及通信设备产品产量增长28.9%至87.5%；轿车、数控机床等技术含量和附加值高的产品也保持了快速增长。原煤产量增长10.9%，原油增长1.3%，发电量增长9.0%；钢材增长19.8%，十种有色金属增长10.5%。全年关闭各类小煤矿10944处，关停小钢厂12户，淘汰落后小水泥生产能力1520万吨、小玻璃生产能力263万重量箱，关停小火电机组230万千瓦。

建筑业生产增长较快。全年全社会建筑业完成增加值6462亿元，比上年增长7.4%。全国四级及四级以上建筑企业实现利润226亿元，增长17.6%；税金总额441亿元，增长13.9%。施工工程个数83万个，其中投标承包工程35万个，占全部施工工程个数的42.2%；施工面积178758万平方米，比上年增加18616万平方米；房屋竣工面积82542万平方米，增加1828万平方米。

国有企业改革继续深化。现代企业制度建设加快，股份制企业的规范工作取得新的进展，着重培养了一批市场竞争力较强、拥有自主知识产权和一定国际竞争优势的大公司和企业集团。小型企业改制工作取得明显成效，一批资源枯竭的矿山和严重资不抵债、扭亏无望的企业，通过关闭破产退出市场。国有工业企业效益仍然保持较高水平，全年实现利润总额2330亿元。煤炭行业扭转了多年整体亏损的局面，冶金、汽车等行业实现利润快速增长。

四、固定资产投资

固定资产投资较快增长。全年全社会固定资产投资36898亿元，比上年增长12.1%。其中，国有及其他经济类型投资26401亿元，增长12.8%；城乡集体经济投资5189亿元，增长8.1%；城乡居民个人投资5308亿元，增长12.7%。基本建设投资14567亿元，增长8.5%；更新改造投资5889亿元，增长15.3%；房地产开发投资6245亿元，增长25.3%；其他投资10197亿元，增长8.5%。

投资结构继续改善。全年第一产业投资888亿元，与上年基本持平；第二产业投资8633亿元，增长7.8%，其中，原材料工业投资增长17.0%，机械电子工业投资增长21.7%，轻纺工业投资增长23.9%；第三产业投资18306亿元，增长17.6%，其中，运输邮电通信业投资增长13.7%，房地产公用服务咨询业投资增长24.1%。农村电网改造、公路国道主干线、重大水利工程等在建重点基础设施工程的建设继续加快。

西部地区投资保持较快增长。全年东部地区投资15883亿元，比上年增长13.3%；中部地区投资6316亿元，增长16.3%；西部地区投资4704亿元，增长19.3%，明显高于东、中部地区投资增长。青藏铁路、西电东送等一批重大建设工程相继开工。

全国基本建设投资新增主要生产能力有：原煤开采1081万吨，天然原油开采1898万吨，天然气开采21亿立方米；大中型发电机组容量1498万千瓦，11万伏及以上变电设备5347万千伏安；新建铁路主线正线交付运营里程1210公里，增建铁路复线交付运营里程1443公里，新建公路29278公里，其中高速公路3017公里，新扩建万吨级港口泊位年吞吐能力5790万吨；新增局用交换机容量3100万门，新增光缆线路长度25万公里，新增数字蜂窝移动电话交换机容量8000万户。

五、国内贸易

消费品市场销售稳定增长。全年社会消费品零售总额37595亿元，比上年增长10.1%。其中，城市消费品零售额23543亿元，增长11.5%；县及县以下消费品零售额14052亿元，增长7.7%。批发零售贸易业零售额25511亿元，增长10.7%；餐饮业零售额4369亿元，增长16.4%；其他行业零售额7716亿元，增长4.9%。

生产资料市场销售平稳增长。全国限额以上批发零售贸易业生产资料销售总额16449亿元，比上年增长4.0%。

限额以上批发零售贸易企业销售保持增长，但经济效益下降。1－11月份实现商品销售收入净额24601亿元，比上年同期增长4.5%，其中批发业增长3.0%，零售业增长12.0%；毛利率7.8%，其中批发业6.7%，零售业12.8%；费用率8.0%，其中批发业6.7%，零售业14.0%；实现利润总额245亿元，比上年同期下降9.1%，其中批发业下降12.0%，零售业增长11.6%。

六、对外经济

进出口保持增长。全年进出口总额达5098亿美元，比上年增长7.5%。其中出口总额2662亿美元，增长6.8%；进口总额2436亿美元，增长8.2%。在出口额中，一般贸易出口1119亿美元，增长6.4%；加工贸易出口1475亿美元，增长7.1%。机电产品和高新技术产品出口增长较快，其中机电产品出口1188亿美元，增长12.8%，占出口总额的比重为44.6%，比上年提高2.3个百分点；高新技术产品出口465亿美元，增长25.4%，占出口总额的比重为17.5%，提高2.6个百分点。

全年对美国出口543亿美元，比上年增长4.2%；对香港地区出口465亿美元，增长4.6%；对日本出口450亿美元，增长7.9%；对欧盟出口409亿美元，增长7.1%；对东盟出口184亿美元，增长6.0%；对韩国出口125亿美元，增长10.9%；对俄罗斯出口27亿美元，增长21.4%；对拉丁美洲出口82亿美元，增长14.6%；对非洲出口60亿美元，增长19.1%。

外商直接投资增长较快。全年批准设立外商投资企业26139个，比上年增长16.0%；合同外资金额692亿美元，增长10.4%；实际使用外商直接投资468亿美元，增长14.9%。

国外经济合作业务继续保持增长。全年完成营业额121亿美元，比上年增长7.2%；新签合同额165亿美元，增长10.1%。

七、交通、邮电和旅游

交通运输和邮电通信业保持稳定增长，全年完成增加值5222亿元，比上年增长6.5%。

全年各种运输方式完成货物运输周转量46304亿吨公里，比上年增长4.8%。其中，铁路14575亿吨公里，增长6.7%；公路6180亿吨公里，增长0.8%；水运24860亿吨公里，增长4.7%；民航44亿吨公里，增长3.8%。全年各种运输方式完成旅客运输周转量13000亿人公里，比上年增长6.0%。其中，铁路4767亿人公里，增长5.2%；公路7047亿人公里，增长5.8%；水运95亿人公里，下降5.6%；民航1091亿人公里，增长12.5%。全国港口完成货物吞吐量24亿吨，比上年增长8.8%，其中外贸货物吞吐量达6亿吨，增长13.6%。

邮电通信业全年完成邮电业务总量4370亿元，比上年增长24.0%。年末局用交换机总容量为2亿门；固定电话用户达到17900万户，其中城市电话用户11100万户，乡村电话用户6800万户；移动电话用户达到14480万户，已成为全球移动电话用户规模最大的国家；电话普及率为26部/百人；年末互联网用户超过3000万户。

国内国际旅游持续发展。全年国内出游78366万人次，比上年增长5.3%；国内旅游收入3522亿元，增长10.9%。全年境外入境人数8901万人次，比上年增长6.7%。其中外国人1123万人次，增长10.5%；香港、澳门和台湾同胞7778万人次，增长6.2%。在入境旅游者中，过夜人数3316万人次，增长6.2%。国际旅游外汇收入178亿美元，增长9.7%。全年大陆出境人数1213万人次，比上年增长15.9%，其中因私出境人数695万人次，增长23.4%。

八、金融、证券和保险

货币供应量适度增长。年末广义货币供应量(M2)余额为158302亿元，比上年末增长14.4%；狭义货币供应量(M1)余额为59872亿元，增长12.7%；流通中现金(MO)余额为15689亿元，增长7.1%。

金融机构存贷款稳定增加。全部金融机构各项存款余额143617亿元，增长16.0%。其中，企业存款余额51547亿元，增长16.9%；城乡居民储蓄存款余额73762亿元，增长14.7%。全部金融机构各项贷款余额112314亿元，按可比口径计算，增长11.6%。其中，短期贷款余额67327亿元，增长7.7%；中长期贷款余额34273亿元，增长15.2%。贷款结构继续改善。全国农村信用社贷款余额11971亿元，增加1395亿元。消费贷款余额6990亿元，增加2755亿元，其中个人住房贷款余额5598亿元，增加2282亿元。与国债资金相配套的基础建设贷款得到及时安排。

证券市场继续发展。全年在上海、深圳证券交易所发行A股(包括增发)84只，配股126只，共筹资1098亿元，比上年减少401亿元；发行B股、H股共9只，筹资70亿元，减少507亿元；全年通过发行、配售股票共筹集资金1168

亿元,减少935亿元。年末境内上市公司(A、B股)数量由上年末的1088家增加到1160家,市价总值43522亿元,比上年末下降9.5%。全年国家共发行内债4884亿元,比上年增加227亿元。

保险事业快速发展。全年内外资保险机构保费收入2109亿元,比上年增长32.2%。其中财产险保费收入685亿元,寿险保费收入1288亿元,健康险和意外伤害险保费收入136亿元。支付各类赔款及给付598亿元,其中财产险和短期人身险赔款395亿元,寿险给付203亿元。

九、教育和科学技术

各级各类教育全面发展。全国普通高等学校招生268万人,比上年增招48万人,在校生719万人;成人高等学校招生196万人,在校生456万人。全国研究生培养单位招生17万人,增招4万人,在学研究生39万人。全国普通高中招生558万人,在校生1405万人。各类中等职业技术教育学校招生398万人,在校生1164万人。全国初中学校招生2288万人,在校生6514万人。普通小学招生1944万人,在校生12543万人。特殊教育学校招生6万人,在校生39万人。幼儿园在园幼儿2022万人。全国成人技术培训学校培训学员9270万人次。

科技研究开发及产业化取得较大进展。年末国有企事业单位共有各类专业技术人员2887万人。从事研究与发展活动人员93万人年,其中科学家和工程师70万人年。全年全国研究与发展(R&D)经费支出960亿元,比上年增长7.1%。其中基础研究经费47亿元。全年国家组织了647项重点技术创新项目和1329项国家级重点新产品试产计划项目,完成了80项重大技术装备的研制及鉴定验收。新安排高技术产业化重大专项和示范工程220多项。全年共取得省部级以上科技成果28376项,其中基础理论成果1854项,应用技术成果24966项,软科学成果1556项。全年受理国内外专利申请203582件,授权专利114252件,分别比上年增长19.3%和8.5%。全国共签订技术合同24万项,技术合同成交金额800亿元,比上年增长23.0%。

综合技术服务进一步完善提高。全国共有产品质量检验机构5500个,其中国家检测中心233个。国家监督抽查8166家企业211类9858种产品和商品。全国现有质量认证机构79个,其中产品认证机构29个,已完成对近2万个企业的产品认证。全国共有法定计量技术机构4939个,全年强制检定计量器具3234万台件。制定、修订国家标准1045项,其中新制定497项。全国共有城乡天气预报警报服务网发射站点841个,卫星云图接收站点319个。全国共有地震台站1245个,地震遥测台网28个。全国共有917个海洋观测、监测站点。测绘部门公开出版地图1187种,图书327种。

国土资源调查及地质勘查新发现大中型矿产地176处,有42种矿产新增查明资源储量。其中石油7亿吨,天然气4302亿立方米,原煤16亿吨。全国地质环境监测站31个,成功预报地质灾害195起。

十、文化、卫生和体育

文化艺术、广播影视、新闻出版等各项事业较快发展。年末全国共有艺术表演团体2621个,文化馆2899个,公共图书馆2689个,博物馆1394个。广播电台311座,中、短波广播发射台和转播台770座,广播综合人口覆盖率92.9%。电视台358座,电视综合人口覆盖率94.1%。全国有线电视用户8803万户。生产故事影片88部,科教、纪录、美术片66部。出版全国性和省级报纸216亿份,各类杂志29亿册,图书63亿册(张)。年末全国共有档案馆3885个,已开放各类档案4817万卷(件)。

卫生事业稳步发展。年末全国共有卫生机构33万个,其中医院、卫生院7万个;病床床位319万张,其中医院、卫生院297万张;卫生技术人员449万人,其中医生209万人,护师、护士128万人。全国共有卫生防疫、防治机构6025个,卫生技术人员22万人;妇幼保健所、站2539个,卫生技术人员8万人。农村乡(镇)共有卫生院5万个,床位74万张,卫生技术人员102万人。农村有医疗点的村数占总村数的89.7%,乡村医生和卫生员128万人。

体育事业蓬勃发展。全年在国内外的各项比赛中,我国运动健儿共获得了89个世界冠军;8人2队12次创10项世界纪录;15人3队20次创15项亚洲纪录。第九届全国运动会获得圆满成功。全民健身活动进一步开展。顺利完成在全国31个省、自治区、直辖市进行的国民体质监测工作。全年在通过销售中国体育彩票筹集的资金中,有26亿元用奥运争光计划和全民健身计划。

十一、环境保护

监测的340个城市中,有117个城市空气质量达到二级标准,占监测城市数的比重为34.4%,比上年回落1.2个百分点;有114个城市达到三级标准,比重为33.5%,提高3.6个百分点;有109个城市未达到三级标准,比重为32.1%,回落2.3个百分点。颗粒物仍是我国城市空气中的主要污染物。在47个环境保护重点城市中,部分城市的二氧化硫污染程度有所加重,超标城市比重有所提高。对道路噪声监测的273个城市中噪声污染严重的占9.5%,对区域环境噪声监测的210个城市中50.5%的区域环境噪声优于城市居住区声环境质量标准。全国建成了3314个烟尘控制区,面积达2万平方公里;建成了3121个环境噪声达标区,面积超过1万平方公里。

重要水系的污染形势依然严峻。七大流域干流地表水水质有51.7%的断面满足国家地表水Ⅲ类水质标准要求,比上年回落6个百分点;26.1%的断面为Ⅳ类水质,上升4.5个百分点;12.8%的断面为Ⅴ类水质,与上年持平;超过Ⅴ类水质标准断面的比例为9.4%,上升1.5个百分点。近岸海域海水水质基本稳定。357个近岸海水水质监测点中,达到国家一类海水水质标准的监测点比重为12.2%,二类为27.8%,三类为18.6%,四类为12.5%,劣四类为28.9%。

生态环境保护力度加大。全国已批准国家级生态示范区82个，生态示范区建设试点地区和单位215个；全国自然保护区达到1551个，其中国家级自然保护区171个；自然保护区面积14472万公顷，占国土总面积的14.4%。

十二、人口、人民生活和社会保障

人口自然增长率继续下降。年末全国总人口为127627万人。其中，城镇人口48064万人，占37.7%；乡村人口79563万人，占62.3%。全国男性人口为65672万人，女性为61955万人。0－14岁人口比重为22.5%，15－64岁人口比重为70.4%，65岁及以上老年人口比重为7.1%，老年人口达到9062万人。全年全国出生人口1702万人，出生率为13.38‰；死亡人口818万人，死亡率为6.43‰；全年净增人口884万人，自然增长率为6.95‰。

城乡居民生活水平进一步提高。全年全国城镇居民人均可支配收入6860元，比上年实际增长8.5%。农村居民人均纯收入2366元，实际增长4.2%。其中农村居民人均现金纯收入1748元，实际增长5.7%。居民住房条件继续改善。全年城镇竣工住宅面积5.4亿平方米，农村竣工住宅面积7.4亿平方米。城乡居民家庭恩格尔系数分别为37.9%和47.8%，均比上年降低1.3个百分点。

社会保障进一步加强。年末全国参加失业保险职工人数为10355万人，领取失业保险金人数为312万人；有10630万职工和3346万离退休人员参加了基本养老保险；有7629万职工和退休人员参加了基本医疗保险。"两个确保"继续得到落实。90%以上国有企业下岗职工的基本生活得到保障，绝大多数企业离退休人员按时足额领到基本养老金，社会化发放率达到97.8%。全国城镇最低收入标准以下的居民中有1123万人得到最低生活保障救济。

社会福利事业继续发展。年末全国各类可提供食宿的收养性社会福利单位床位116万张，收养各类人员83万人。城镇建立各种社区服务设施21万个，其中综合性社区服务中心9924个。全年通过销售社会福利彩票筹集社会福利资金41亿元，接收社会捐赠款超过7亿元。

注：

1. 本公报为初步统计数。

2. 香港和澳门特别行政区统计数据未包括在本公报中，分别由香港和澳门特别行政区政府发布。

3. 各项统计数据均未包括台湾省。

4. 国内生产总值、各产业增加值绝对数按现价计算，增长速度按可比价计算。

5. 基本建设新增生产能力中天然原油开采、天然气开采、局用交换机容量、新增光缆线路长度及数字蜂窝移动电话交换机容量含更新改造增加的能力。

6. 邮电业务总量完成额按2000年不变价格计算。

7. 恩格尔系数是指居民家庭食品消费支出占家庭消费支出的比重。

附表1：　2001年工农业主要产品产量

产品名称	计量单位	绝对数	比上年增长%
一、农产品产量			
粮食	万吨	45262	－2.1
油料	万吨	2872	－2.8
花生	万吨	1447	0.2
油菜籽	万吨	1132	－0.5
棉花	万吨	532	20.4
黄红麻	万吨	11	－12.7
甘蔗	万吨	7700	12.8
甜菜	万吨	1090	35.0
烤烟	万吨	204	－8.8
茶叶	万吨	69	1.0
水果	万吨	6536	5.0
肉类总产量	万吨	6340	3.5
水产品产量	万吨	4375	2.3
二、工业产品产量			
纱	万吨	700	6.4
布	亿米	291	4.8
化纤	万吨	828	19.3
糖	万吨	619	－11.5
卷烟	万箱	3402	0.2
彩色电视机	万部	3967	0.8
家用电冰箱	万台	1349	5.5
房间空调器	万台	2313	28.7

附表1续表

产品名称	计量单位	绝对数	比上年增长%
能源生产总量	亿吨标准煤	11.7	8.4
原煤	亿吨	11.1	10.9
原油	亿吨	1.65	1.3
发电量	亿千瓦小时	14780	9.0
钢	万吨	15266	18.8
钢材	万吨	15745	19.8
十种有色金属	万吨	856	10.5
水泥	亿吨	6.4	7.2
木材	万立方米	5100	13.3
硫酸	万吨	2740	12.9
纯碱	万吨	906	8.6
乙烯	万吨	481	2.3
化肥(折100%)	万吨	3397	6.6
发电设备	万千瓦	1339	7.2
汽车	万辆	233	12.8
轿车	万辆	70.4	16.0
拖拉机	万台	3.8	－7.8
集成电路	亿块	63.6	8.2
程控交换机	万线	7223	1.2
传真机	万部	318	19.8
微型电子计算机	万部	758	12.7
移动通信设备	万部(信道)	2474	64.4
光通信设备	万部	4.79	28.9

附表 2：　2001 年居民消费价格指数(以上年为 100)

项目名称	全国	城市	农村
居民消费价格指数	100.7	100.7	100.8
食品	100.0	100.1	99.8
粮食	99.3	99.2	99.7
肉禽及其制品	101.6	101.7	101.4
蛋	106.0	106.3	105.3
水产品	97.1	96.9	97.8
鲜菜	101.4	101.4	100.9
在外用餐	100.2	100.4	99.6

附表 2 续表

项目名称	全国	城市	农村
烟酒及用品	99.7	99.7	99.6
衣着	98.1	97.8	98.9
家庭设备用品及服务	97.7	97.5	98.4
医疗保健及个人用品	100.0	99.3	101.1
交通和通信	99.0	99.1	98.7
娱乐教育文化用品及服务	106.6	106.7	106.4
居住	101.2	101.7	100.3

中国经济与投资

2001 年经济发展回顾与 2002 年展望

国家统计局副局长　邱晓华

2001 年在世界经济明显走低，美国经济陷入衰退，日本经济困难重重，东南亚地区问题也较多，欧洲经济远不如预期的不利外部环境下，我国经济保持了稳定较快增长，实现了“十五”的良好开局。展望新的一年，机遇与挑战并存，如果应对得当，我国经济仍将持续增长。

一、2001 年中国经济逆风飞扬

初步统计，2001 年国内生产总值达到 95933 多亿元，比上年增长 7.3%，继续保持了较快增长态势。这一增长速度与 2000 年增长 8% 的速度相比虽有所回落但落差不大，也明显高于同期世界经济增长不足 2% 的速度，表明国家以扩大内需为主的宏观调控政策，包括积极的财政政策和稳健的货币政策是卓有成效的，也是完全正确的。

从 2001 年经济运行情况看，有这样四个特点。

第一，从生产角度看，经济平稳较快增长主要是农业、服务业稳定增长，工业增长则有所回落，但仍是重要推力。全年第一产业增长 2.8%，增速加快 0.4 个百分点，第二产业增长 8.7%，增速减慢 1 个百分点，第三产业增长 7.4%，基本与上年持平。从全年工业走势看，虽平稳中有所回落但增长速度仍是各产业最快的，规模以上工业全年增长 9.9%。

第二，从需求角度看，经济平稳较快增长主要靠内需增长所拉动。从过去一年的需求变化情况看，投资增幅提高比较明显，全年全社会投资增长 12.1%，高于上年 1.8 个百分点，尤其是国有及其他投资增幅明显加快，全年月增长 12.83%，增速加快 3.1 个百分点，表明国有及其他投资是比较活跃的。消费需求稳定增长，全年社会消费品零售总额增长 10.2%。也就是说，从内需的角度看，都是两位数的增长，基本延续了 2000 年以来的发展趋势，表明内需增长机制有所改善。

与此同时，进口和出口增幅都出现了下滑的趋势。全年进出口总额为 5098 亿美元，比上年增长 7.5%。其中出口额达到 2662 亿美元，同比增长 6.8%。进口额达到 2436 亿美元，增长 8.2%。进出口增长速度均比 2000 年有明显的回落。进出口相抵，顺差 225 亿美元，同比减少 16 亿美元，表明外需出现较明显的回落。

第三，从运行过程看，在整体经济保持较快增长的同时，通货膨胀率继续处于较低水平，经济效益继续保持较高水平，表明国民经济继续沿着良性循环的方向发展。就通胀角度而言，全年居民消费价格同比上涨 0.7%，比 2000 年 0.4% 的涨幅略有提高。价格没有明显的回升，主要是因为大多数消费品价格保持比较低的变化趋势。通货膨胀没有出现一些同志所预料的加剧的变化趋势。原因主要有四条：第一，目前价格的上涨主要体现为服务价格的上涨，靠政府主动调价，还不是靠市场供求关系改变后自发的上

升。吃、穿、用的产品价格还是下降的。第二,我国市场上游产品的涨价趋势是减弱的。全年，工业品出厂价格下降1.3%,原材料、燃料和动力的购进价下降0.2%。从上游产品价格对下游的影响看,呈一种减缓的趋势。第三,从外部环境看,国际上是通货紧缩趋势而不是通货膨胀,国际上工业品价格多数呈下降趋势。所以，来自外部的通胀压力也不是很强烈。第四,从整个宏观环境看,平衡的基础还是比较稳固的。信贷还是存差，各层次货币供应量增幅还是走低的趋势,尤其是流动性较强的 M_0 和 M_1 增势都不强烈。国际收支也不错，外贸进出口还是顺差，外汇储备处于2100多亿美元的高水平。

从效益看，全年月财政收入增长20%以上，增收2400多亿元;规模以上工业企业利润同比增长7.4%。农民收入和城镇居民收入也保持增长，全年人均实际收入分别增长4.2%和8.5%。

第四,经济结构调整取得新进展。结构调整是2001年经济工作的主旋律。过去一年我国存量和增量结构调整都有新的进展。

就存量结构调整而言,农业结构调整出现了几个积极的信号。种植业结构继续向优质、高效方向发展。一是优质专用小麦面积比上年扩大2000多万亩,优质粮产量增加。二是东部沿海较大幅度调减了粮食面积,集中发展优势经济作物和出口创汇农业;中部地区也加大了优质专用粮开发步伐。工业结构调整中,煤炭行业在巩固近两年成果基础上,继续实施关井压产,企业产品平均售价上升,煤炭行业整体上扭亏为盈。冶金行业在继续做好"关小、淘汰落后"工作的同时,加快了企业组织结构调整步伐,宝钢、首钢、武钢宣布战略结盟,市场销售较好的产品增长较快,产品价格稳中有升,应该说冶金行业全年的效益也是不错的。

就增量结构调整来说,投资结构继续改善,第三产业投资快速增长，西部地区投资也明显加快。全年第三产业投资增长17.6%，其中运输邮电通信业、科教文化投资保持较快增长。西部地区投资增长也是明显加快，全年西部地区投资增长19.3%，分别比东部和中部快6和3个百分点。基础工业投资也有所回升。从收入角度来说,国家从1月1日开始提高了国家机关行政事业单位的收入、离退休人员的收入标准,对特殊地区实施特殊岗位的津贴,这必然增加低阶层的收入,"两个确保"工作也得到了强化,下岗职工和离退休人员的收入保证率上升。在"两个确保"方面,养老金社会化发放率达到90%以上，按时足额发放率几乎百分之百;93%的下岗职工进入再就业中心,基本生活费发放率达到98%。农民收入增幅也止跌转升。

我国经济之所以"一枝独秀",逆风飞扬,主要原因:一是宏观调控政策的预见性、科学性和有效性进一步显现,实施扩大内需方针和积极的财政政策、稳健的货币政策取得显著成效,国内需求稳定增长;二是改革和调整积极稳妥推进,微观活力进一步增强,企业、个人的投资与消费信心保持稳定,经济运行中出现一些新的增长"亮点";三是"申奥"、"入世"成功,国内投资环境改善,经济持续发展,政治社会稳定,激发了海外投资者对中国经济发展前景的信心,外资进入中国明显恢复和增加,增添了中国经济增长的推力。

当然，从发展趋势看，国民经济增长也出现了减缓现象。一季度国内生产总值增长8.1%,二季度增长7.8%,三季度增长回落到7%,四季度增长进一步回落到6.6%。这主要是因为,从产业角度看,工业增长从3月份开始逐步回落,工业增加值一季度增长11.2%,二季度增长10.6%,三季度增长回落到8.6%，四季度增长进一步下降为8.5%，呈现逐季回落走势。从需求角度看,主要是外需的减弱。出口一季度增长13.9%，二季度增长4.5%，三季度增长3.9%，四季度增幅只有6.6%，呈现逐季回落低速增长的走势。结构调整中,也还存在一些值得注意的问题。此外,国有企业实现利润再次出现下降。

二、新一年国民经济发展机遇挑战并存

展望新的一年,我国经济发展既面临有利的因素,也有新的挑战,需要我们认真应对。

就有利方面来说，一是宏观政策的连续性和稳定性以及必要的灵活性,有利于社会需求的稳定增长。可以预期,新的一年，扩大内需的方针、积极的财政政策和稳健的货币政策将继续坚持，并将灵活运用利率、价格、税收、加薪等经济杠杆应对新的不利因素，这对保持国内投资和消费需求的增长是有利的。二是生产要素供应相对宽松，有利于社会生产的稳定发展。近几年来，国内基础设施建设取得明显进展,交通、通信条件明显改善,社会可利用资金增多,表现在银行存差大,国家外汇储备充裕,民间资本数量大，加上国内市场潜力大，这些都将有利于进行产业结构调整,推动企业生产的发展。三是加入世贸组织后,国内投资、市场和法制环境将进一步改善，加上价廉质优量大的劳动力和广阔的国内市场，有利于吸引外资，提高对外开放水平。

就挑战来说,主要是外部经济环境严峻,美国、日本、欧洲三大经济体普遍出现经济下滑,何时缓解还看不准,且存在许多不确定因素,将增加我国出口的难度;"入世"后进口压力逐步加大,一些行业将面临更加激烈的市场竞争;国内存在的一些结构、体制等方面的深层问题还没有解决,资源配置不尽合理,整合力度还不够,加上技术水平低,既影响我国经济的国际竞争力提高,也将影响社会就业的扩大,不利于社会稳定。

具体来说，从生产方面看：新一年如果气候基本正常，农业生产在结构调整中仍将保持平稳增长，全年增幅在2%－3%之间;工业生产由于产品结构的调整,加上内需的稳定增长，估计也将平稳增长，全年增幅在8%－10%之间;第三产业的增幅也不会明显回落,估计全年大体保持在7%－8%之间。因此,从生产环节可以初步判断,新的一年经济增长速度还是可以保持在7%左右。

从需求方面看，在积极的财政政策和稳健的货币政策作用下，全社会投资估计将大体保持2001年的增长水平，全年增幅在10%左右。一是国家投资力度从整体上看不会降低，国家上年结转的特别国债将有300亿元左右，而2002年还将新发行1500亿元的特别国债。二是利用外资将保持增长，全年估计有可能增长10%以上，外商实际投资将达到500亿美元左右。三是从民间投资来说，制约因素将继续弱化。首先是市场准入的高门槛问题会有一个比较明显的改变，尤其是各级政府加快职能转变，大幅度缩减行政性审批范围，加上推进垄断行业的调整改革，对民间资本的活跃会有所推动；其次是投融资渠道将进一步疏通，预计银行贷款、资本市场筹资等环境都将有所改善；再次是政策信息透明问题将继续改善，目前各地都在按照加入世贸组织后的要求积极调整有关政策，增加透明度，产业政策信息、投资指南发布日趋透明规范，行政机关实施一站地办公，办事效率有大的提高；四是保护投资者利益的法制环境也在完善。现在，各方面都在完善法律，一种谁投资、谁承担风险、谁享受利益的法律框架正在逐步完善当中。此外，随着国有企业的改制、小城镇建设和工业园区的建设，以及西部大开发，民间投资将获得更好的成长空间。所以，从发展趋势看，民间投资将是增长的趋势。

就国内消费来看，尽管目前还缺乏更多的消费热点，但亮点还是有的。随着消费结构的悄悄变化，住房、汽车、教育、旅游、通信支出将保持稳定增长，趋势还是比较积极的。从全社会看，近几年个人购买的车占70%以上，个人购房更占80%以上，旅游、教育、通信支出增长20%以上。目前来讲，消费最大的障碍还是农民收入上不去，估计全年也就增长4%左右，虽然与上年增长幅度差不多，但仍是低水平的增长。此外，消费环境还不好，假冒伪劣现象仍多，市场秩序也不尽规范，政府的引导也还不够。但从总体上看，新的一年，居民消费、集团消费都将保持相对稳定增长，估计全年社会消费品零售总额仍可增长10%左右。

就国外需求看，受世界经济减缓的不利影响，外贸出口难度增大，全年增幅仍将维持在较低水平，个别月份甚至还将下降。与此同时，“入世”后，随着国内市场的进一步开放，进口压力将明显增大，增幅可能明显高于出口，估计全年贸易顺差将继续减少。因而，新的一年来自外部的拉动可能是减弱的。

由此可见，就需求而言，估计全年外需将减少一块，但内需可能增加一块，有可能抵消一部分外需减少的影响，因而支持经济增长7%左右的需求动力还是有的。

综合起来看，新的一年机遇仍将大于挑战，只要应对得当，我国经济将继续保持较快增长。全年经济的走势总体上将呈现相对平稳的趋势，虽然增长速度在季度之间可能存在一定的小波动，但不会出现大的起伏，实现7%左右的可能性还是很大的。

当然，要把这种可能性变为现实，还需作出艰苦努力。我们要从最坏处着想，把困难看得严重些，努力加强改善宏观调控，争取最好的结果。因此，在新的一年，我们必须认真贯彻落实中央经济工作会议精神，坚持实施积极的财政政策，进一步发挥货币政策作用，灵活运用经济杠杆，切实把扩大内需与结构调整、深化改革、扩大开放、增加就业、提高居民收入和可持续发展结合好，同时，积极开拓国际市场，保持出口的必要增长。要结合加入世贸的新形势，进一步解决社会保障体制不全、市场体系不合理、政府职能不到位等体制问题，组织更多的发挥市场和民间在经济活动中的作用。新的一年，要高度关注经济安全、社会安定和民众安心问题，尤其要注意抓住两个关键环节：一是注意保持良好的社会预期，更多关注社会弱势群体，努力增加就业岗位及时化解各种利益矛盾，稳定企业和消费者的信心；二是注意保持资本市场的稳定发展，处理好规范与发展的关系，在稳定发展中稳妥解决历史遗留问题，避免股市的过分波动。总之，注意处理好改革、发展、稳定三者关系，促进经济的持续快速健康发展。

2001年固定资产投资综述

国家计委投资司

2001年，面对错综复杂的国际经济环境，党中央、国务院审时度势，坚持扩大内需的方针，继续实施积极的财政政策和稳健的货币政策，我国国民经济在世界经济增长明显减缓的情况下仍然保持相对较快的发展态势。在国债投资的带动下，固定资产投资增长进一步加快，为国民经济持续快速健康发展做出重要贡献。

一、2001年固定资产投资运行情况

2001年，在国家一系列鼓励投资政策的作用下，固定资产投资保持了较高的增长速度，投资的快速增长对抵补净出口减少，保持经济持续快速健康发展发挥了重要作用。全年全社会固定资产投资完成36898亿元，增长12.1%，增幅高于上年1.8个百分点，超过计划增长10%的目标。按管理渠道划分，基本建设投资完成14567亿元，增长8.5%，技术改造投资完成5889亿元，增长15.3%，房地产投资完成6245亿元，增长25.3%。按经济类型划分，国有及其他经济类型投资完成26400亿元，增长12.8%；集体投资完成5189亿元，增长8.1%；个体投资完成5308亿

元，增长12.7%。与上年相比，除集体投资增幅回落2.6个百分点外，其他增速均有所提高。

分行业看，第一产业投资887亿元，同比下降2%；第二产业投资8632亿元，增长7.8%。其中原材料、机械电子和轻纺工业投资分别增长17%、21.7%和23.9%；第三产业投资18306亿元，增长17.6%。其中邮电通信业、房地产公用服务咨询业、文教卫生广播福利业和科研综合技术服务业投资分别增长19.7%、24.1%、20.5%和11%。

在投资增长的带动下，工业生产稳定增长。全年工业增加值增长9.9%，其中重工业增加值增长11.1%。主要投资品生产，成品钢材增长19.3%，高于上年8.1个百分点，水泥增长10.3%，高于上年1.8个百分点，平板玻璃增长14.5%，高于上年6.3个百分点；部分重要设备的生产，如电信、环保、冶炼、化工、发电、包装设备和交通工具等的增长速度，也都明显高于上年工业平均增长速度。

（一）国债项目建设进展顺利、成效显著

1998年至2000年，全国人大共批准发行长期建设国债3600亿元。2001年，全国人大又批准发行长期建设国债1500亿元，其中建设国债1000亿元，主要用于在建国债项目的建设；西部国债500亿元，主要用于支持西部大开发战略的实施。这样，四年来共发行并安排长期建设国债5100亿元，其中长期建设国债4600亿元，西部国债500亿元。

长期建设国债4600亿元，共安排项目8600多个，总投资规模26000亿元，到2001年底累计完成投资19300亿元，占总投资规模的74%。这4600亿元长期建设国债主要用于农林水利和生态、交通运输、农村电网建设与改造、城市基础设施、技术进步和产业升级、国家储备粮库、环境保护、教育等方面在建项目的建设。截至2001年底，几个主要方面的进展如下：

1. 水利建设。长江干堤加固，工程堤段总长3385公里，目前三度（高、宽、坡）达标堤段已达85%以上，填塘固基、涵闸加固等配套工程已完成60%。洞庭、鄱阳湖区退田还湖、移民建镇，已迁移98万人，增加蓄灌能力80多亿立方米。黄河、松花江、嫩江等大江大河堤防的加高加固，正在按合理工期组织施工。安排了400多座病险水库除险加固，其中2000年以前安排开工的200座水库除险加固，已完成90%。“八七”扶贫攻坚计划要求解决的2400万特困人口饮水问题，已安排解决了1940万人。

2. 生态建设。退耕还林和天然林保护工程，已完成退耕还林还草1867万亩，宜林荒山荒地造林种草1635万亩，人工造林种草1793万亩，飞播造林种草680万亩，封山育林7783万亩。重点防护林建设和京津风沙治理工程进展顺利。生态环境恶化趋势得到一定程度遏制。

3. 交通建设。已安排开工的国道主干线等重点公路建设，总投资规模4600亿元，到2001年底，已完成投资4050亿元。中西部国家级贫困县出口道路，1999年以来，安排了399个项目，总投资300亿元，到2001年底已累计完成215亿元。铁路安排总投资规模1320亿元，到2001年底已完成投资1100亿元。民航安排总投资规模248亿元，到2001年底，已完成225亿元。

4. 农村电网建设与改造。第一批农村电网改造工程，总投资规模1893亿元，到2001年底，已累计完成投资1815亿元，占总投资的96%，江苏、上海、山东等省市实现了居民用电同价，全国365个县实现了居民生活用电同价，减轻农民负担350亿元。为基本实现全国以县为单位的城乡用电同价，以及在经济发达的东部沿海地区，力争实现以省为单位的城乡用电同价目标，进一步降低农民负担，带动农村消费，现已安排开工第二批农村电网改造工程。

5. 城市基础设施和环境治理。城市基础设施，已安排供水、道路、环保设施项目967个，总投资规模3300亿元，到2001年底，已建成717项，完成投资2870亿元。新增日供水能力2366万立方米，日污水处理能力1161万立方米，日垃圾处理能力4万吨，日供气能力555万立方米。北京环境综合治理，安排国债支持项目27个，总投资379亿元，到2001年底，已完工12项，完成投资307亿元。“三河三湖”水污染防治，已安排142个项目，总投资规模260亿元，到2001年底已完成235亿元。

6. 技术进步和产业升级。技术改造，1999年以来共安排项目1200个，总投资规模2800亿元，到2001年底累计完成投资1544亿元。重大装备国产化，城市轨道交通设备、环保装备、大型船舶国产化项目，已陆续形成生产能力，开始发挥增加国内产出、降低投资成本、顶替进口的作用。

7. 中央直属储备粮库。1998年以来，共分三批安排粮库项目1261个，仓容1011亿斤。到2001年底，已建成仓容730亿斤。

8. 教育设施建设。1998年以来，共安排国债投资108亿元，总建筑面积1675万平方米，其中高校扩招项目，已陆续建成投入使用，在改善教学条件等方面发挥了重要作用；2001年，支持重点转向改善西部中等职业技术学校教学条件和中小学设施改造，目前正在实施中。

据统计，1998年到2001年GDP增速依次为7.8%、7.1%、8%和7.3%。其中，国债投资直接拉动经济增长分别为1.5、2、1.7和1.8个百分点。如果考虑到国债项目建设投资需求的乘数效应和增加的有效供给，积极财政政策对于扩大内需、拉动经济增长的作用还要大。同时，通过鼓励消费和出口的多种措施，全面扩大了有效需求。

（二）进一步实施西部大开发战略，通过改善和优化投资结构，调整地区生产力布局

2001年全国人大批准发行特种国债500亿元，根据中央和全国人大批准的投向和原则，主要用于支持西部大开发战略的实施，安排了一些西部新开工基础设施项目的建设，如青藏铁路、西电东送、西部机场、西部州县公路等，安排总投资规模约3700亿元，2001年底累计完成投资500亿元左右。

据统计，2001年东部地区投资15883亿元，同比增长13.3%；中部地区投资6316亿元，同比增长16.3%；西部地区投资4704亿元,同比增长19.3%。西部地区投资增长比东、中部地区分别快6和3个百分点。

(三)国家重点建设项目进展顺利,一批大中型项目建成投产

2001年,国家共确定国家重点建设项目64个,全年共完成投资1201亿元,为年度投资计划的96.13%,比上年高出2.38个百分点。铁路行业的国家重点建设项目超额完成年度投资计划。从资金到位情况看,到2001年底,64个国家重点建设项目实际到位资金1196亿元,占年度投资计划的95.7%,比上年高出2.17个百分点。其中中央资金到位266亿元,到位率为109.9%;地方资金到位291亿元,到位率为96.1%;银行资金到位342亿元,到位率为88.48%;外资资金到位183亿元,到位率为82.93%;企业债券资金到位114亿元,到位率为116.4%。

哈大线电气化工程、水株复线、内昆线新线、烟台港西港池三期、涩—宁—兰输气管道工程、湖南江垭水利枢纽、河北邯峰电厂以及长春轨道环线一期工程等一大批国家重点建设项目已建成使用。

2001年,全国基本建设新增主要生产能力有:原煤开采1000万吨,原油开采1898万吨,天然气开采21亿立方米;大中型发电机组容量1498万千瓦,11万伏及以上变电设备5347万千伏安;新增铁路主线正线交付运营里程1210公里,增建铁路复线交付运营里程1443公里,新建公路29278公里,其中高速公路3017公里,新扩建万吨级港口码头年吞吐能力5790万吨;新增局用交换机容量3100万门,新增光缆线路长度30万公里,新增数字蜂窝移动电话交换机容量8000万户。

(四)深化投融资体制改革

为适应新的形势,根据国务院的统一部署,国家计委研究决定,对不需要中央政府投资、国家产业政策鼓励发展、国务院现行审批总投资限额以下的各类项目,国家计委不再审批。国家计委取消审批的项目,按照谁投资、谁决策的原则,原则上属于地方政府出资的由地方计划部门审批,属于企业出资的由企业自主决策。第一批取消的审批事项有五类:城市基础设施项目、不需要中央投资的农林水利项目、地方和企业自筹资金建设的社会事业项目、房地产开发项目、商贸设施项目。

改革开放以来,我国民间投资增长迅速,在发展经济、扩大就业,活跃市场和增加出口等方面发挥了重要作用,成为促进我国经济和社会发展的重要力量。近年来,由于受政策、体制和市场环境以及民间投资者自身因素的制约,民间投资发展不够理想。为了充分调动和发挥民间投资者的积极性,支持民间投资健康发展,国家计委已将《促进和引导民间投资若干意见》印发各地区和各部门,提出了六个方面的指导意见:(1)解放思想,转变观念;(2)放宽投资领域,鼓励民间投资参与基础设施和公益事业项目建设;(3)积极拓宽融资渠道;(4)实行公平的税赋政策;(5)改进政府对民间投资的管理工作;(6)建立健全社会化服务与保障体系。

(五)加强国债建设项目管理

为了保证国债投资的效益,国家采取了一系列措施。(1)加强组织领导。在国务院领导下,继续发挥加快基础设施建设领导小组的作用,统筹研究提出国债投资安排建议,报经国务院批准后积极组织实施。(2)在国债项目建设中,坚持推行项目法人责任制、招标投标制、工程监理制、合同管理制和基础设施工程质量终身责任制,有力地促进了国债项目管理水平的提高。(3)对国债项目进行经常性的稽察和检查。2001年,国家计委共派出117个项目稽察组,出动近700人次,对188个项目进行了稽察。对发现的问题,及时处理、通报、组织整改;同时,对南京长江二桥、杭州萧山机场项目通过规范的招标投标节省大量投资、保证项目质量和工程进度的好典型进行了公开宣传。通过采取这些措施,促进了国债项目建设和资金管理的规范化。

在国务院的领导下,经过各方面的共同努力,国债项目建设进展顺利,国债投资的安排、使用和管理是好的,国债项目的工程质量明显好于其他建设项目。国债项目建设取得了较好的经济效益和社会效益。

二、对2001年固定资产投资运行情况的基本评价

2001年固定资产投资增长呈现出良好的发展态势:一是在国家实施西部大开发战略,国债投资向西部地区倾斜的带动下,西部地区投资增长19.3%,比上年提高了4.9个百分点,比东、中部地区投资增长分别快6和3个百分点,扭转了前几年西部地区投资上不去、经济发展差距不断扩大的局面。二是受中国经济稳定发展、加入WTO和投资环境不断改善的吸引,外商直接投资增长21%,比上年高17.9个百分点,扭转了亚洲金融危机后外资投入减少的趋势,再次出现快速发展势头。三是受国内经济持续快速增长,企业效益改善和国债贴息政策的影响,企事业单位自筹资金投资增长29%,比上年加快16个百分点,技术改造投资增长15.3%,比上年加快2.1个百分点。四是随着住房制度改革的推进,商品住宅持续旺销,在此带动下,房地产开发投资增长25.3%,比上年加快5.8个百分点。五是适应加入世界贸易组织的要求,进一步推进投融资体制改革、简化行政审批程序、启动民间投资、改善投资环境,增强了投资对经济增长的支持作用。

2001年固定资产投资运行中也存在一些值得注意的问题,一是投资增长主要依靠政府投入拉动投资增长的局面仍未明显改观,市场对投资的激励作用依然较弱。二是国有及其他经济类型投资中,第一产业投资出现滑坡,从上年增长8%转为负增长2%。三是民间投资增长仍然比较缓慢,全年集体投资仅增长8.1%,低于全社会投资的平均增速。四是建设项目储备不足,项目前期工作需进一步加强。

2001 年技改投资回顾与 2002 年技改投资规划

国家经贸委投资与规划司

一、2001 年技改投资回顾

党中央、国务院十分重视企业技术改造工作，为了支持技术改造，自 1999 年开始采取了国债技改贴息的政策。1999 年技术改造投资下降 2.2%，2000 年国债技改全面展开后投资增长 13.2%，2001 年在上年较高增速的基础上继续快速增长，为扩大内需、促进经济增长、推动工业结构调整和产业优化升级、提高企业竞争力做出了积极贡献。

（一）全国技改投资保持较高增速，完成情况良好

2001 年全国技术改造投资完成 5889 亿元，增长 15.3%，超额完成年度计划，比上年增幅高 2.1 个百分点，比全社会固定资产投资增幅高 3.2 个百分点。从投资构成看，用于提高产品质量、节约能源及增加品种的投资增幅分别为 16.7%、20.9%、36.5%，用于增产的投资增长 19.2%，投资结构进一步优化。同时，全年工业技改投资完成 3513 亿元，增长 17.8%，略高于上年增幅，高出全社会技改增幅 2.5 个百分点，保持了比较强劲的增长势头，其中有色金属增长 56.3%、冶金 41.8%、煤炭 31.3%、纺织 24.8%、机械 20.5%、轻工 20.3%，有力地促进了工业结构的调整和优化。

分地区看，西部地区增长 18.6%，东部地区 16.6%，中部地区 13.8%。增速较高的省份有：新疆 43.0%，海南 37.4%，江西 37.4%，山东 32.7%，浙江 32.6%，山西 31.0%，云南 30.0%，甘肃 26.9%，天津 26.7%。

全年技术改造资金到位 5839.34 亿元，比上年增长 16.8%，高于投资增幅 1.5 个百分点。从各主要渠道资金到位情况看，自筹资金 4141.03 亿元，增长 21.8%，占全部到位资金的比重为 70.9%；国内贷款 1076.76 亿元，增长 5.6%，所占比重为 18.4%；国家预算内资金 165.49 亿元，增长 13.1%，占比 2.8%；利用外资 244.54 亿元，增长 13.5%，占比 4.2%，资金构成基本正常。

（二）国债技改项目实施顺利，标志性目标取得阶段性成果

1999 年至 2001 年国家共安排企业技术改造国债资金 265.4 亿元。至 2001 年年底，国家经贸委紧紧围绕“质量、品种、效益”和扩大出口的主题及保障煤矿等重点企业安全生产的目标，共组织了六批国债技改项目，共计 1218 项，计划总投资 2810 亿元，其中银行贷款 1721 亿元。已开工项目 781 个，这些项目总投资 1823 亿元，其中银行贷款 1074 亿元。至 2001 年年底，已建成投产 288 项，预计年新增利润 158 亿元，税金 88 亿元，出口创汇 17.5 亿美元。

截至 2001 年年底，国务院确定的冶金、纺织、石化、有色金属、机械、信息产业和造纸工业等重点行业结构调整和产业升级的标志性目标已部分实现：

1. 冶金行业。9 种关键钢材品种立足国内生产的目标已完成 87.6%，炼钢连铸比已达到 85% 以上，超额完成原定目标。通过改造宝钢、鞍钢等大型钢铁企业，效益明显改善，既使国有老企业焕发了青春，又使实力较强的企业进一步增强了竞争能力。如，鞍钢热连轧技改项目吸收了国际最先进的技术，改造后的热连轧板卷质量达到国际先进水平，它不仅标志着鞍钢热连轧生产工艺、技术装备水平已跻身世界先进行列，还为国有老企业鞍钢的振兴和发展奠定了坚实的基础。宝钢热轧酸洗涂油板生产线是中国第一条现代化的专用生产线，它的成功投运解决了宝钢热轧酸洗板生产工序不连续、产品质量难以保证的问题，还标志着中国板材“以热代冷”跨上了一个新台阶。

2. 纺织行业。高档服装面料立足国内生产的目标已完成 64.5%，节汇已完成 86.0%。在这次国债技改中，一批中国最优秀的纺织企业淘汰了老、旧设备，采用了当今世界最先进的无梭织机和自动络筒机及染整设备，实现了技术升级，综合实力和产品竞争力明显增强，为纺织行业注入了新的活力。如，江苏阳光集团高档呢绒面料技改项目，采用世界先进的技术、设备，开发生产了 7 大类 14 个品种，产品质量达到国外标样水平。

3. 石化行业。中高档润滑油提高比例的目标已经实现，增产柴油一级品率的目标超额完成，合成树脂顶替进口的目标已完成 40.9%，高等级道路沥青立足国内生产的目标超额完成。石化行业是中国的支柱产业，通过国债技改，提升了石化行业骨干企业的核心竞争力。如，燕山石化通过合成树脂产品结构调整改造，乙烯规模由 45 万吨提高到了 66 万吨世界级经济规模，综合能耗从每吨乙烯 750 万大卡下降到 650 万大卡以内，增加了 20 万吨聚乙烯专用料生产能力，并首次应用了多项国产化技术，整个改造项目的国产化率达到了 91%。

4. 有色金属行业。氧化铝降耗目标已实现、立足国内生产的目标完成 48.2%，预焙槽电解铝比例提高的目标超额完成。有色金属行业国债技改的重点是使骨干企业不仅达到了环境治理和清洁生产的要求，而且要实现从高能耗、低效率技术装备到低能耗、高效型转变的重大跨越。目前一批骨干重点企业的国债技改项目已经投产。其中，贵州铝厂和中州铝厂的氧化铝节能降耗项目完成后，吨氧化铝能耗分别从1300千克和1600千克标煤降至800千克和1200千克标煤，成本分别下降248元和130元。

5. 机械行业。50万伏交直流输变电设备国产化目标已基本实现，重点技术改造急需的1780冷连轧机、大型石化装置中的关键设备等重大技术装备已基本实现国产化，国产数控机床国内市场占有率从25%提高到36%。自1999年实施国债技改以后，极大地促进了装备工业的发展，不仅经济效益大幅度提高。而且行业的技术水平和企业素质也有了较大提高，企业竞争能力和抗风险能力有较大增强。如，保定天威集团500千伏大型电力变压器改造项目完成后，加工、装配、实验条件大大改善，装备已达到国际先进水平，在三峡左岸输变电工程中与西门子公司合作，一举中标。

6. 信息产业。新型元器件的片式化率提高了10个百分点，微型计算机国内市场占有率提高的目标已实现。信息产业以国债技改为契机，加快了发展步伐，促进了产品的升级换代和新品种的不断增加，具有自主知识产权的高新技术产业化初具规模，经济效益显著提高。如，中兴通讯公司的综合接入网设备和会议视讯系统两个项目建成后，效果大大超过原改造目标，部分产品填补国内空白，性能达到了国际先进水平，增加了国内有效供给，为国家节约了大量外汇，并已出口创汇。

7. 造纸工业。高档新闻纸、涂布纸、高档纸箱纸板立足国内生产的目标完成60%，改造后的企业造纸废液达标排放的目标基本实现。通过国债技改，造纸重点企业的生产规模、技术装备水平大幅度提高。如，南纸股份公司和黑龙股份公司的高档新闻纸改造项目，引进了世界一流的高速新闻纸机，并配备了先进的控制和检测系统，使中国新闻纸制造水平达到国际先进水平，产品质量大幅度提高，在淘汰13万吨低档新闻纸生产能力的同时，可为国内市场提供30万吨优质彩色胶印新闻纸，填补了国内空白。

国债支持企业技术改造政策实施三年来，有效地促进了全国的技术改造，取得了丰硕的成果。在2001年中央经济工作会议上，江泽民总书记精辟地阐述了技术改造的重要性，充分肯定了近年技术改造工作取得的积极成效，这对技改战线是巨大的鼓舞。国债技改工作取得的成绩也确实令人振奋。实践证明，国债技改贴息调动了各级政府、银行和企业技术改造的积极性，具有很大的投资放大和拉动作用。国债技改项目启动实施近三年来，扩大了内需和有效供给，促进了经济增长；推动了工业结构调整，促进了产业优化升级和企业技术进步；巩固和扩大了国有企业三年改革与脱困的成果，提高了一批重点国有企业的核心竞争力，办成了一批多年想办而办不成的大事。

（三）立足于服务，转变观念，改进工作方法，为企业改善投资环境

2001年，全国技改战线按照"三个代表"的要求，认真贯彻落实党中央、国务院关于扩大内需、调整经济结构的一系列政策措施，进一步转变职能，改进工作作风，积极探索新形势下加强和改善技术改造宏观调控的方法及途径，各方面工作都取得了可喜的成绩。

1. 择优扶强，重点支持大公司和企业集团加快结构调整。为适应加入WTO新形势要求，加快大公司和企业集团滚动改造的步伐，尽快提高其国际竞争力，国家经贸委重点选择了鞍钢、宝钢、中石化、中石油、一汽、东风、上汽等对国民经济发展有重要影响的大公司和企业集团，组织编制"十五"总体改造规划。拟实行一次规划，分步实施，鼓励企业对规划内项目自主实施（除按规定必须报国务院审批的项目外），以此作为改革行政审批的突破口，加速大企业的发展。目前，这批重点大公司和企业集团中，大部分已编制完成"十五"总体改造规划，鞍钢、宝钢、首钢、一汽、上汽等已经通过专家评审论证。

2. 按照建立和完善社会主义市场经济体制的要求，积极推进以登记备案制代替项目审批制。在多次召开部分省市、部门和重点企业座谈会并广泛征求意见的基础上，针对当前技术改造项目审批中的实际问题，按照简化审批程序、提高工作效率的要求，国家经贸委和有关部门协商率先完成了《工商领域固定资产投资项目登记备案管理试行办法》，已报送国务院。云南、福建、四川、山东、厦门等省市经贸委结合当地实际情况制定了具体实施办法，并已开始试点，受到企业的欢迎。

3. 加强对技术改造一些重大问题的研究，努力提高工作的前瞻性和针对性。根据中国投资主体多元化、资金来源多渠道、投资方式多样化、工程建设实施市场化的新格局，针对企业技术改造资本金不足、直接融资比例低等突出问题，认真研究培育、发展和利用资本市场的规律，以及积极引导社会资金用于企业技术改造的政策措施。专题研究了加入WTO后公共财政如何支持企业技术改造的政策，其研究成果引起国务院领导同志的重视并专门作了批示；专题研究产业投资基金与产业结构调整；专题研究防止企业上市募集资金严重变更使用用途问题，进一步加强对全社会资金用于技术改造的引导；专题研究分析化肥、汽车零部件、乙烯等10个重点行业、重点产品结构性矛盾和竞争力状况，为科学决策提供了依据。

4. 建设全国工业投资管理与信息服务（SIIM）系统，推动政务信息化。为适应国家投融资体制改革与政府职能转变的要求，增强政务信息的透明度，提高投资决策的科学化水平，引导产业投资方向，防止重复建设，加快工业投资管理网络化、信息化的实施进程，2001年在认真调查研究的基础上，经过专家反复论证，完成了SIIM系统的初步设计和详细设计方案，已进入全面实施阶段。

5. 严格招投标管理，落实税收优惠政策，规范投资中介机构的行为。2001年,技改招标共进行了2671项,中标金额509亿元,节资率达16.4%;办理减免税项目9480个,免税税额约224亿元,今后5年企业可抵扣新增所得税约150亿元,为企业减少了投资成本,降低了投资风险,对项目采购中可能发生的腐败问题起到了预防作用。根据国务院关于整顿和规范市场经济秩序的通知要求,结合技改项目实施管理的客观情况,重点加强对招标代理机构和工商领域投资咨询中介机构的规范管理:在已获得资质的83家招标机构中,对有违法、违规行为的18家采取了停止、暂停、警告、通报批评等处罚;研究制定了《工商领域固定资产投资咨询机构资质管理办法(试行)》。

6. 组织编制第二批"双高一优"计划,引导全社会技术改造投资方向。针对工业结构调整的难点和重点,在推进第一批"双高一优"计划实施的同时,组织编制了第二批以"高新技术改造传统产业、高新技术产业化、优化重点产品和技术结构"为主要内容的重点技术改造项目导向计划。两批"双高一优"计划安排项目1780个,计划总投资3109亿元,其中银行贷款1874亿元。

7. 加强技术改造的宣传,取得了较好的效果。为进一步提高全社会对技术改造的认识,2001年加大了宣传工作力度。在认真总结"九五"技术改造工作的基础上,以国家经贸委名义对102个优秀技术改造项目和156名技术改造先进工作者进行了表彰;11月份,召开了国债技改宣传新闻通气会,集中通过新华社、人民日报、经济日报、经济参考报以及中央电视台等新闻单位,大力宣传国债支持技术改造的重要意义和效果,引起各级领导的高度重视和社会各界的广泛关注,达到了预期的效果。各地经贸委也积极开展了技术改造宣传工作,壮大了声势,营造了气氛,取得了良好的社会效果。

2001年,全国技术改造工作在取得巨大成绩的同时,也面临不少的困难和问题:一是银行技术改造贷款增长缓慢,2001年技改贷款比重首次下降到20%以下,增幅也仅为5.6%,低于资金到位平均增幅11.2个百分点;资金到位在国债支持企业技改的政策实施后情况有所好转,但2001年又出现了低于投资完成工作量的现象。二是由于企业市场意识及其投资主体约束机制改革尚未完全到位,随着部分产品需求回升和价格上扬,一些地方和企业重复建设现象又有所抬头。三是国债技改工作中出现疲塌松劲的苗头,一些省市经贸委对项目的协调、调度不力,重争项目、轻实施监督。

二、2002年技改投资规划

2002年是实施"十五"计划的第二年,也是中国加入世贸组织后的第一年,经济发展中不确定因素较多。初步分析,2002年的宏观经济环境既为加快工业结构调整、提高企业国际竞争能力创造了有利条件,也提出了严峻的挑战。一是中国加入WTO,利用国际资源和国际市场的空间继续扩大,为改善中国国际分工中的地位创造了条件;同时,在市场竞争和技术创新方面将面临更大的国际压力,国内市场的进一步开放,不仅使中国"以市场换技术"的战略优势弱化,还有可能抑制国内资本、技术密集行业的发展。二是世界经济持续低迷,中国经济持续快速增长,国外企业普遍看好中国投资环境,为中国利用外资、引进技术提供了良好的机遇。三是中国社会消费品零售总额将继续维持平稳增长的态势,国民经济增长对投资拉动的期望更大;同时,内需不旺,市场前景难以预测,企业更加难以把握投资方向。四是企业资金紧张的问题仍然突出,除上市公司外大部分企业获得银行贷款困难。五是国家将继续实施积极的财政政策,2002年是连续第四年用国债资金支持企业技术改造;下调银行利率等货币政策的运用,将直接减少企业改造成本;同时,为应对加入WTO所面临的挑战和机遇,企业将采取更积极的态度加快改造步伐。总之,2002年的宏观经济环境对技改工作是挑战与机遇并存,必须主动适应这一形势发展变化的要求,尽快更新观念、转变职能,提高业务工作水平,加快投融资体制改革的步伐。要认清当前形势,抓住历史机遇,理清2002年的工作思路和重点。

(一)2002年技术改造投资方向和原则

为贯彻落实党的十五届五中、六中全会和中央经济工作会议精神,按照全国经贸工作会议的部署,2002年技术改造的基本思路是:以"三个代表"重要思想为指导,以调整结构为主线,以制度创新为动力,以提高市场竞争力为目标,以高新技术改造传统产业为重点,进一步促进产业结构优化和升级;充分发挥市场对资源配置的基础性作用,加强监督管理,防止重复建设;积极引导全社会技术改造投资,促使技术改造在拉动国民经济增长中发挥更大作用。2002年技术改造的调控目标是:全社会技术改造投资增长10%以上。

这一年技术改造投资原则是:

1. 以市场需求为导向,努力增加品种,改进质量,扩大出口,使产业链向高附加值、高技术含量产品延伸,提高技术改造的经济效益。坚决避免重复建设和无效投入,防止用技术改造简单扩大生产能力。

2. 积极采用高新技术和先进适用技术,改造重点产业和骨干企业,促进产业升级。培育和发展一批跨地区、主业突出、实力雄厚、核心竞争能力强的大型企业集团和具有国际竞争力的企业集团,使之成为行业发展壮大的投资主体,技术创新的主力,出口加工的基地。

3. 增强企业技术创新能力,有重点地推进重大装备立足于国内制造,推进国内装备工业的发展。加快第二产业的升级和结构调整优化,使第二产业成为国民经济发展的强大支撑,促进第一产业和第三产业的发展。

4. 抓住全球新一轮的产业结构调整和重组的机遇,搞好国内外优势的结合,加快传统产业改组改造。在加工工业中,加快形成拥有国际知识品牌、具备国际竞争力、面向国际国内两个市场的大规模制造能力。

5. 把技术改造与企业制度创新、技术创新和管理创新有机结合起来。技术改造不仅要提高企业技术装备水平，更要增强企业技术创新能力，形成技术进步的内在机制。

(二)突出重点，扎实抓好2002年国债技术改造工作

1. 狠抓国债项目的进度，确保标志性目标完成。2002年，要抓紧尚未开工国债项目的前期工作，同时要进一步加快在建项目的实施进度，建立责任制，明确任务，包投资、包工期、包质量，保证按期竣工投产，确保标志性目标的如期实现。要进一步强化对国债项目的监督管理，严格执行国债项目和资金管理办法，确保项目建设过程规范、资金使用安全有效。对已建成投产的项目，要做好项目的竣工验收和后评估工作。

2. 集中精力，组织好2002年国债项目。按照国务院领导同志指示精神，2002年国债资金主要用于以下四个方面：一是促进产业升级；二是加快结构调整；三是加强重点企业安全生产治理、工业节能节水和污染治理；四是推进企业信息化建设。据此，2002年国债技术改造要继续坚持"择优扶强，突出重点"的原则，集中力量支持重点行业和重点企业，解决重点产品突出性的结构矛盾，在确保标志性目标在2002年底基本完成的前提下，适当增加一些行业结构调整和产业升级的改造内容，给予重点支持。

(三)2002年国债技术改造的重点

1. 冶金行业。针对吨钢综合能耗高、关键钢材品种大量依靠进口等问题，改造的重点是增加关键钢材品种、提高产品质量、节能节水降耗及改善环境。改造后，13个关键钢材品种市场占有率由目前的62%提高到80%以上，基本解决镀锌板、镀锡板、轿车用板、家电用板、集装箱板及特殊钢(弹簧钢、轴承钢)的有效供给问题；吨钢综合能耗下降到1.18吨标煤；年节约标煤460万吨，降低成本28亿元；同时，大力推广实施干熄焦国产化等高效节能技术，干熄焦比例由目前的6%提高到20%左右。

2. 纺织行业。针对纺织面料质量差，高档产品大量进口，纺织及印染后整理装备落后等问题，改造重点是提高化纤差别化率和增加高档纺织面料有效供给。改造后，增产高档面料生产能力30亿米，吨纤维创汇水平由1.5万美元提高到2万美元；精梳纱比例由目前的22%提高到40%，无梭布的比例由目前的25%提高到60%；印染行业先进设备的比例由20%提高到40%。同时，大力提高化纤差别化率，差别化纤维比重由目前的20%提高到45%以上。

3. 石化行业。针对油品质量差，高档油品比例低，乙烯后续产品中合成树脂规格品种少，纤维差别化率低，乙烯装置能耗及成本高，化肥原料结构不合理、生产成本高，高效、低毒、低残留农药供给不足等问题，改造重点是油品升级、增加合成树脂专用料、化肥和农药结构调整。改造后，进一步提高油品质量，增产目前进口量较大、市场紧缺的聚丙烯类双向拉伸薄膜料、流延膜料、洗衣机专用料、纤维专用料；聚乙烯类电缆专用料、乙烯—醋酸乙烯共聚树脂、大型中空容量专用料等12类40多个规格品种专用树脂，基本满足市场需要；乙烯能耗由800万大卡左右降到700万大卡以下；油头大中型氮肥企业煤代油改造后，产品成本低于1000元/吨；高浓度氮肥比例由67%提高到75%；高效、低毒、低残留新农药占农药总产量的比例由34%提高到40%。

4. 有色金属行业。针对有色金属行业技术工艺落后、环境污染严重、能耗高、综合利用率低、深加工产品品种少、主要依赖进口的现状，改造的重点是铜、铝、铅、锌重点品种的深加工和节能降耗，提高质量，治理环境，综合利用。改造后，氧化铝平均能耗从1.7吨标煤降为1.5吨标煤以下，增加有效供给100万吨；预焙槽电解铝由28%提高到65%；粗铜能耗从1.3吨标煤降至0.65吨标煤以下，二氧化硫利用率从65%提高到90%以上，制酸尾气达到国家排放标准；铅冶炼能耗从0.85吨标煤降至0.68吨标煤，二氧化硫回收率达到90%以上，增加易拉罐板、印刷版基等高精铝板带箔30万吨，变压器铜带、水箱等高质量铜板带10万吨，产品质量达到世界先进水平。

5. 机械行业。针对普通产品能力过剩，高档、专用、机电一体化产品在品种、质量、成套等方面不能满足市场需求，汽车、发动机和关键零部件竞争力差等问题，改造重点是提高重大技术装备、汽车及关键零部件、重点基础机械产品的质量和技术水平，增加品种。改造后，基本实现大型发电和输变电设备、大型冶金、石化、水泥、施工及煤矿机械等重点技术改造和工程建设急需的重大技术装备国内自主生产和自行配套，性能达到国际九十年代水平；改善数控机床等重点基础机械产品的开发、设计和工艺条件，数控化率按价值量计算，由18%提高到40%；中重型车开发能力和制造水平接近国际先进水平，轿车形成整车匹配和车身开发能力，发动机排放达到欧洲Ⅱ号标准，汽车零部件出口额增长50%以上，轿车新品批量投产时国产化率40%以上。

6. 信息产业。针对数字技术产品落后，基础电子元器件薄弱、企业信息化整体水平低等问题，改造的重点是推进企业信息化，发展通信设备和网络产品、新型电子元器件。改造后，通信设备和网络产品增加国内有效供给，提高电子元器件的片式化率，增加新品种；一批大型骨干企业实现网络化、数字化环境，基本实现开发、生产、管理、销售等各环节的信息化整合，实现企业内部的资源共享，提高企业管理水平、经济运行质量的经济效益；部分系统软件和应用软件可实现国产化。

7. 轻工行业。针对国内造纸工业原料有效供给不足、农副产品加工程度低、产品结构不合理以及所含有害物质超标等突出问题，改造重点是继续抓好骨干纸厂改造，提高造纸原料自给率和农副产品加工深度。改造后，促进林纸结合，木浆自给率由7.1%提高到12%，废纸浆自给率由30.3%提高到34%；主要农副产品加工转化率由目前的45%提高到55%以上，其中粮食由目前的45%提高到70%；主要农副产品深加工比例由目前的20%提高到35%；形成一批食糖、肉、奶等产品的农工贸一体化生产企业。

8. 煤炭行业。针对煤矿安全装备落后，炼焦精煤产量过剩，优质动力煤生产能力偏低，主焦煤和无烟块煤灰分、硫分偏高，煤矸石固体污染严重等问题，改造重点是煤矿安全生产、采掘机械化和洁净煤生产及综合利用。改造后，30—50户国有重点煤矿安全设备、设施基本配套；增加大中型煤矿生产能力5000—8000万吨；增加出口精煤产量700万吨；洗后动力煤灰分小于10%，炼焦精煤和高炉喷吹无烟煤灰分小于8%，硫分平均小于0.8%。坑口综合利用电厂达到消化劣质煤、实现矿区和矿城集中供热目标。

9. 建材行业。针对水泥行业的产品结构不合理、高标号优质水泥比例偏低，企业规模小、能耗高，环境污染及资源浪费严重，对生态破坏较严重等问题，重点支持新型干法水泥的发展。改造后，窑外分解水泥比例提高5个百分点，水泥质量达到国际标准；吨熟料耗标煤110千克，熟料烧成热耗小于2950千焦/千克；吨水泥综合电耗小于95千瓦时；粉尘排放全部达标；水泥生产的集约化程度得到提高。

10. 流通业。针对流通企业规模偏小，连锁经营比例较低，物流水平低，对国民经济的贡献率不高等突出问题，改造重点是推进流通企业现代化。改造后，连锁经营、物流配送等现代流通组织形式和营销方式得到发展，降低流通环节的成本，提高服务质量，提升中国企业的核心竞争力，培育5—10家初步具有国际竞争力的大型连锁企业集团，形成一批年销售额在20—50亿元的连锁企业，逐步提高中国工业企业利用第三方物流服务的比重。

11. 其它。⑴医药GMP改造：针对医药工业企业技术装备水平落后，GMP改造形势严峻，药品新产品少、更新换代慢等问题，改造重点是新药产业化和GMP配套改造。改造后，40个一、二、三类疗效确切、市场前景好的新药实现产业化，同时通过GMP认证，保证药品质量，提高用药安全。⑵民用爆破器材安全改造：针对民用爆破器材储运设备落后、民爆产品品种和质量不能满足市场需求的问题，改造重点是民用爆破器材安全。改造后，主要民爆仓储企业储运设施达到国家安全规范标准，新型民爆产品率达到70%，提高民爆产品的质量。⑶电力节水与节能环保：针对华北、西北地区水资源短缺、火电比重大、发电水耗高，西南和西北地区煤炭含硫高、火电机组环境污染严重等问题，以及2008年奥运会前首都地区环境治理的需要，改造重点是电力节水与节能环保。改造后，电厂脱硫降尘效率达到95%以上，环首都圈和西南、西北地区年减少二氧化硫排放35万吨，烟尘排放20万吨。

2002年新增企业技改国债资金规模为90亿元，要进一步加快工作进度，项目论证成熟一批即下达一批项目计划。同时，继续加强与有关部门、银行的协调，进一步简化审批手续，切实提高工作效率。要严把项目筛选关，选好企业、选准项目、制止盲目争上项目，保证建一项、成一项。

（四）加强对全社会技术改造投资方向的引导，支持大公司和企业集团的发展

一是根据新的形势发展需要，研究制定面向全社会的工商领域固定资产投资导向目录，搞好投资信息的发布，把调整结构和防止重复建设有机地结合起来。

二是在组织实施好第一、第二批“双高一优”项目计划的基础上，针对重点产业、骨干行业突出性的结构矛盾，组织编制第三批国家重点技术改造“双高一优”项目导向计划，积极向银行推荐。

三是继续按照择优扶强的原则，搞好一批大公司和企业集团发展规划的编制和论证工作，条件成熟后及时批复，促其加快滚动改造步伐，增强国际竞争能力。

（五）适应建立社会主义市场经济体制和加入世贸组织的要求，积极推进投融资体制改革

一是组织研究投融资体制改革方案。国务院已经明确2002年要加快投融资体制改革步伐，要组织各方面力量，有针对性研究提出意见，特别是要设计出一套符合逐步建立社会主义市场经济体制要求的工商领域投融资体制改革方案，积极而稳妥地推进投融资体制改革。

二是进一步做好对项目招投标和投资中介机构的监督管理工作。针对目前招投标工作的实际情况和存在的问题，研究起草《工商领域固定资产投资项目招标监督管理办法（试行）》、《评标专家管理办法》等一系列规范性文件，规范招投标活动，以备案和加强监督替代审批，简化招投标管理程序，积极推进招标机构的转制和行业自律组织的建立和完善。继续推动社会投资中介机构的建立和完善，逐步建立中介机构的信誉，保证投资决策的科学性，同时制定相应的管理监督办法。

（六）深化投资宏观管理课题研究和政策引导，加速政务信息化进程

加强WTO过渡期政策研究，为过渡期后做好准备。重点是鼓励企业投资的政策、政府支持技术改造的方式方法和财政税收政策。研究利用外资与引进技术的政策，鼓励引进国外先进的技术、管理和人才，提高利用外资的质量和水平，防止重复建设。

深化对公共财政体制的研究，提出公共财政支持技术改造的政策建议。研究分析资本市场规律，加强对企业上市募集资金的引导和监督，提出上市公司募集资金加强技术改造的对策措施。

充分利用信息技术和网络技术，建立投资信息平台，在为政府宏观决策服务的同时，充分发挥信息引导投资的作用。加快全国工业投资管理与信息服务系统建设，争取2002年底前投入试运行。

2001—2002 年投资和经济形势分析与预测

国家计委投资研究所所长　张汉亚

2001 年,在国家积极的财政政策和各项相关政策的指引下,中国的国民经济保持了良好的运行态势,增长质量有所提高,经济发展的结构继续改善,包括固定资产投资在内的各项经济指标都表现出比较令人满意的状况。

一、2001 年投资实况分析

2001 年中国全社会完成固定资产投资 37213.5 亿元,比上年同期增长 13.0%,比上年增长提高了 2.7 个百分点。其中,国有及其他经济类型完成投资 26505 亿元,增长 13.2%;集体经济完成投资 5278.6 亿元,增长 9.9%;个体经济完成投资 5429.6 亿元,增长 15.3%。

2001 年投资主要有以下的特点:

(一)各类投资都保持快速增长

2001 年基本建设投资比上年增长 10.4%,比上年的 7.8% 提高了 2.6 个百分点;更新改造投资保持了快速上升的趋势,增长 16.0%,比上年的 13.9% 又上升了 2.1 个百分点,是近几年同期增幅最大的;房地产投资仍然是增幅最大,为 27.3%,比上年的 21.5% 提高了 5.8 个百分点;其它投资增长 7.7%,比上年的 6.7% 提高了 1 个百分点。

国家连续两年拿出近 200 亿元的国债用于更新改造项目贷款贴息,是更新改造投资连续两年较高增长的重要原因;2000 年和 2001 年商品房销售的较高增长(2000 年增长 19.9%,2001 年增长 22.3%),特别是个人购房数量大幅度增长(2000 年增长 35.5%,2001 年增长 41.6%),鼓励了开发商,2001 年房地产开发购置土地面积比上年同期增长 41.9%,新开工的商品房施工面积上升 27.2%,投资自然随之有较大的增长。

(二)行业投资受行业景气情况影响较大

从行业投资看,2001 年第三产业投资增长 17.6%,第二产业增长 7.8%,而第一产业则是下降了 2.0%。

第二产业投资增长幅度最高的是有色冶金业,增长 47.1%,其次是纺织业,增长 32.0%,之后是机械业增长 22.9%,轻工和冶金业分别增长 21.7% 和 21.6%,均是近几年增长的最高幅度。这几个投资增长较快的行业在近两年的盈利能力都有较大的提高,有色冶金业与国际市场有色金属的价格保持较高水平有一定的联系;纺织和机械业是前几年重点技术改造的行业,目前已大见成效,并且是加入 WTO 之后具有竞争优势的行业。技术改造是第二产业投资保持较快增长的主要因素,整个第二产业的更新改造投资增长 17.9%,而基本建设投资仅增长 0.7%。

在第二产业中投资比上年下降的是电力业和森林工业,下降的幅度依次分别为 8.9% 和 20.0%。电力行业据说是与电力改革方案没有落实,企业都处于观望状态,新开工项目较少有关;森林工业与国家控制森林采伐有较大的关系。

第一产业的投资比上年下降与上年的基数较高有关,也与农民收入增长缓慢、新开工项目数量较少等因素有关。

第三产业投资增长幅度最大的为房地产公用服务咨询业,增长 24.1%,其次是文教卫生广播福利业,增长 20.5%,邮电通信业增长 19.7%;增长较低的是商业饮食供销仓储业和金融保险业,分别只比上年增长 2.7% 和 4.1%。

(三)西部地区投资增长处于领先地位

从地区投资来看,2001 年西部地区的投资增长达到 19.3%,比东部地区增长 13.3% 高出 6 个百分点;比中部地区的 16.3% 高出 3 个百分点。增长最快的是西藏,高达 75.1%,其次是贵州,增长 43.3%,之后是青海,增长 35.0%。全国投资增长超过 20% 的地区还有:浙江 30.1%,江西 29.0%,重庆 24.0%,宁夏 22.6%,内蒙古 20.5%,山西 20.4%,湖南 20.1%。西部一些过去比较落后的省(自治区)的投资获得了较快的增长,全国增长最快的前 3 名都属于西部地区,西部地区除了云南,增长都在 15% 以上,这表明在国家西部大开发战略实施后,国家投资项目和资金向西部倾斜的政策得到了落实。全国增长低于 10% 的地区有广东、福建、河北和云南,分别只增长 9.9%、8.8%、3.6% 和 1.9%。

(四)资金来源中企事业自有资金增长最高

2001 年国有单位投资资金的来源比上年同期增长 17.4%,比投资完成额增幅高出 4.2 个百分点,从资金来源看,改变了前几年国家预算内资金增长幅度最高的状况,国家预算内资金增长了 20.3%,增长最多的是企事业单位自有资金,增长 29.0%,表明企事业单位的效益有较大的增长;其次是外商直接投资,增长 21.0%,改变了前两年下降的局面。

(五)新开工项目有较大增长

2001 年各地区新开工的项目数量达到 101445 个,比上年增加 2884 个。新开工项目占施工项目的比重达到 67.3%,上年是 64.7%。新开工项目的计划总投资比上年增长 32.4%。新开工项目和计划投资数量的上升,预期

2002 年的投资会有较大的增长。

二、2002 年投资和经济发展环境展望

2002 年，中国经济和投资发展既面临有利的条件，也存在不利的因素。

(一)国内经济环境继续有较大改善

经过连续 4 年积极的财政政策宏观调控实践，中国已基本适应了摆脱短缺经济之后的新形势，并取得了在供大于求主导趋势下进行宏观经济调控的经验；这几年出台的各项宏观经济政策和改革措施的积极效应会在 2002 年继续起作用；同时，为了保证中国共产党第十六届代表大会的顺利召开和 2003 年的政府换届，国家的各项政策也将为 2002 年经济发展和投资增长提供更加平稳和宽松的环境。

一是国家在 2002 年将继续推动改革和发展的一系列政策措施，突出抓好国有企业改革和发展、推进经济结构调整、加快科技创新和扩大内需；进一步发挥财政和货币政策的作用，综合运用税收、价格等经济调控手段，努力扩大投资和消费；继续发行国债支持基础设施建设、重点行业企业的技术改造、环境保护工程和西部大开发等等。

二是近几年大规模投入建设的基础设施和装备工业的技术改造项目，绝大部分在 2001 年和 2002 年竣工投入使用，可以为其他产业的发展提供足够的硬件支持。

三是在加入 WTO 之后，中国国有企业的体制将加快向适应市场经济的方向转变，如前所述，2001 年国有企业盈利比上年大幅度增加，亏损额减少，国家重点调整的行业在增盈方面都取得了很大的成效，并在为适应加入 WTO 以后的发展方面作了相应的准备。

四是连续几年加大企业技术改造的投资力度，有力地促进了企业技术结构和产品结构的调整，2002 年又将有一批技术含量高、工艺水平新、质量有较大改进的新产品投入市场，为中国的企业生产和居民消费提供新的热点。近两年国家对行政性垄断行业的改组和改革，则为不同所有制企业提供了更加公平竞争的环境，2002 年有可能形成更多的利润增长点。

五是国家在 2002 年将继续深化投资体制改革，将在一定范围内把“审批制”改为“登记备案制”，扩大各类投资者的投资自主权；并将继续完善企业法人和金融机构的风险责任约束机制，完善和推行建设项目法人责任制、项目资本金制度、招标投标制和工程监理制，提高企业投资的效益；通过建立专项基金、增大股票、企业债券的发行规模，扩大企业的资金来源渠道；通过整顿投资咨询、设计、审计、监理、会计师事务所等投资中介机构，依法实行企业化经营和平等竞争一系列措施，为各类投资者提供良好的辅助环境。

六是近几年国家在加快和深化金融改革，完善金融法制建设，依法治理、规范和维护金融秩序，防范和化解金融风险等方面采取的一系列措施，使中国的资本市场不断规范，并在经济发展中发挥越来越大的作用；国有银行在资金的运营上有更多的自主权并注意按市场规则办事，建立了以效益为中心的经营体制，对各类投资主体的融资业务已逐步实现“公正、公开、公平”的原则；企业股票上市从“审批制”改为“核准制”，对造假的上市公司和中介机构给予严厉处罚的制度，以及国家有关部门制定的一系列加强资本市场建设政策的实施等等，都将对中国 2002 年资本市场的健康发展具有重要的促进作用。

七是国家和各地政府为促进民营经济的发展，在 2001 年制定了一系列鼓励民间投资和中小企业发展的政策措施，这些措施的效应已经显现，并将对 2002 年的经济和投资发展起到更大的推动作用。

(二)国际环境有所好转

美国发生的“9.11”袭击事件对世界经济在短期内的发展有消极影响，但在袭击后美国和世界各国采取的一系列应对措施对经济的发展是有利的。例如，为了重建世贸中心，修复五角大楼及其他被损坏的建筑和设备，需要大量的投资；美国和世界各国通过这件事将接受教训，加强对恐怖分子的防范和打击，要增加大量的人力和物力，也需要大量的投资；这次劫难会使一些人心灵上受到打击，情绪低落，但不会使他们减少消费，相反，因寻求安全，而离开大城市和高楼大厦，到郊区和农村建筑新的工作场所和住宅，同样需要投资。所有这些对当前需求不足的美国和一些国家的经济发展都会有促进作用，至少不会加剧当前经济发展的衰退势头。其对经济发展的促进作用在 2002 年的一、二季度会有所显现。

中国是当前世界上经济发展潜力最大的国家，也是对投资者最有吸引力的国家之一，在美国和其他发达国家给人的安全感减少的时候，中国社会稳定、安全可靠，无疑会增加一些国际投资者对中国投资的信心；作为中国重要的贸易伙伴，美国投资的增加及其带动的需求增长，将增加对中国产品出口的需求。特别是在 2001 年底加入 WTO 之后，会使中国的外贸和引资条件有较大的改善，巨大的市场潜力和稳定、安全的发展环境将使中国成为境外投资者在今后几年投资的热点。

(三)不利的因素

当然，2002 年中国经济的发展也存在一些不利的因素，如国内产业的调整、企业改革、扩大需求、投资效益、非国有经济的发展、城市化建设、就业、资本市场的发展等方面都有许多需要解决的难题，都会从不同的侧面影响中国总体经济的发展。

国际环境也有一些不利的因素，全世界范围内的需求不足以及将由此引发经济衰退的危险依然笼罩着世界各国；东南亚国家和地区在 2000 年初步完成产业结构的调整之后，经济恢复稳定增长，这些国家相对低廉的劳动力和其他一些优势，会在出口和争取国际投资等方面成为中国有力的竞争对手。前苏联和东欧国家经过调整，大部分国家的经济已在这两年走上稳步发展的轨道；这些国家较为丰富的物资资源和较高的人力素质，有助于使其成为对国际

资本有吸引力的地区。特别是靠近西欧的那些国家，可能被欧盟所接纳，并成为西欧国家投资的重点。中国加入WTO之后，该组织对成员国的一些规定和要求，如开放国内市场等等，可能会使中国的一些薄弱产业受到冲击。另外欧洲、北美、拉美、东南亚等地区国家之间经济一体化或联合发展所显示出的优越性和强大的竞争能力，可能对孤军奋战的中国产生不利的影响。

三、2002年经济发展的预测

2002年将是中国经济平稳发展的一年，由于连续四年采取了积极的财政政策和稳健的货币政策，发行国债进行基础设施和环境保护等方面的建设，大力进行经济结构的调整，对缓解和解除中国经济方面的不景气已起到很大的作用。国家各项积极政策的继续，各项改革的深入，各行业盈利能力和实际盈利的增长，加入WTO之后外贸和引资条件的改善，社会保障制度的逐渐完善，提高公务员和事业单位职工的收入等等，将促使2002年的投资、消费和进出口都比2001年有较快的增长。但是，由于经济体制和企业体制改革仍在进行之中，经济结构的调整还没有达到理想的状况，投资的增长还没有真正实现以效益为中心，国有企业的问题尚没有彻底解决，非国有经济的发展尚未全面调动起来等等原因，还缺乏对经济发展有带动重要的经济热点等等。预计2002年GDP会达到8%以上的增长，固定资产投资的增长则在15%左右，居民消费增长在11%左右；外贸出口则会在2001年较低增长的基础上反弹，达到20%左右的增长幅度。

2001－2002年中国对外贸易形势回顾与展望

国务院发展研究中心市场经济研究所　赵怀勇

一、2001年中国对外贸易回顾

(一)进出口增速放缓、贸易顺差缩小

2001年中国外贸进出口总值首次突破5000亿美元大关，全年进出口总额达5097.7亿美元，比2000年增长7.5%，与国民经济增长同步，全年累计实现贸易顺差225.41亿美元，比上年减少15.6亿美元。其中出口2661.55亿美元，净增169.52亿美元，增长6.8%；进口2436.13亿美元，净增185.19亿元，增长8.2%。从全年来看，2001年中国进出口贸易呈现以下特点。

1. 出口增速呈“U”形走势。从单月出口增长速度来看，年初的2、3、4、月份出口增长较快，其中2月份出口增速为28.4%，是全年最高点，年中5、6、7、8、9、10月份出口增明显放缓，其中6月份出口出现负增长，为－0.5%，是全年最低点。11、12月份出口增速出现反弹，分别为8.4%和11.5%，尤其是12月份实现外贸出口245.03亿美元，再创中国单月出口最高记录，全年出口增长速度基本呈“U”形走势(见表1)。

2. 进口平稳下降。从单月进口增长速度来看，除1月和12月，全年基本呈现出逐月下降的趋势，从2月份的35.8%逐渐下降到11月份的－3.7%(见表1)。

3. 贸易顺差逐步攀升，但总额较上年有所下降。全年实现贸易顺差225.5亿美元，和2000年实现的241.1亿美元的贸易顺差相比下降了15.6亿美元。全年225.5亿美元的贸易顺差中，后4个月实现的贸易顺差与前8个月基本相当(见表1)。

表1　2001年中国进出口基本情况　单位：亿美元

月份	出口额	进口额	贸易差额	单月同比增长(%)		累计同比增长(%)	
				出口	进口	出口	进口
1	168.02	155.66	12.36	0.1	2.0	0.1	2.0
2	189.83	182.39	7.44	28.4	35.8	13.4	17.8
3	230.26	207.49	22.77	14.4	16.5	13.8	17.3
4	227.99	218.68	9.31	11.2	19.1	13.0	17.9
5	208.24	188.10	20.13	3.5	10.9	11.0	16.4
6	220.88	212.78	8.09	－0.5	4.8	8.7	14.1
7	228.12	209.52	18.59	6.2	7.5	8.3	13.0
8	235.40	221.74	13.66	0.9	6.7	7.2	12.1
9	239.88	218.44	21.44	4.4	5.5	6.9	11.3
10	227.90	188.99	38.91	0.1	－0.2	6.1	10.1
11	240.01	208.44	31.57	8.4	－3.7	6.4	8.6
12	245.03	223.90	21.12	11.5	4.6	6.8	8.2

资料来源：《中国海关》2001年12月

(二)国有企业出口下降，其它企业进出口增长强劲

2001年国有企业共计实现出口1132.34亿美元，同比下降2.8%，进口1035.49亿美元，同比增长4.7%；外商投资企业进出口总额为2590.98亿美元，同比增长9.46%，占进出口总额的50.83%，较上年的49.9%提高1个百分点，占全部对外贸易总值的半壁江山，其中外商投资企业出口1332.35亿美元，同比增长11.6%，占中国出口总额的比重首次超过50%，达50.06%，其增量占全部增量的81.37%，外商投资企业进口1258.63亿美元，同比增长7.3%。另外，2001年，集体、私营及其他企业进出口总值338.88亿美元，增长52.46%，其中，出口196.86亿美元，同比增长47.78%，进口142.02亿美元，同比增长59.45%。

(三)一般贸易和加工贸易的进出口呈现不同走势

2001年,一般贸易和加工贸易出口并驾齐驱。全年加工贸易出口(包括来料加工装配贸易和进料加工贸易,下同)1474.54亿美元,同比增长7.12%,占全部出口总额的55.40%,与上年55.24%的比重基本持平;一般贸易出口1119.6亿美元,同比增长6.4%,占全部出口额的42.05%,与上年42.20%的比重基本持平。

2001年一般贸易进口增长迅速,加工贸易进口增长乏力。全年加工贸易进口925.59亿美元,同比增长1.54%,占全部进口总额的38.58%,较上年的41.12%下降了近3个百分点。与此同时,一般贸易进口1134.7亿美元,较上年增长13.4%,占全部进口额的46.58%。较上年的44.46%增加了2个百分点。从加工贸易的实际运作来看,2001年加工贸易进口增长乏力预示着2002年加工贸易出口增长的乏力。

(四)与主要贸易伙伴的贸易基本平稳

从主要贸易地区来看,中国对新兴市场出口增长加快,对传统市场出口增速放缓。全年对非洲和拉丁美洲的出口增长率分别达到19.1%和14.6%,远远高于对传统出口市场如北美、欧盟、亚洲市场的增长率。从欧洲、北美和拉丁美洲的进口增长率达到较高水平(见表2)。

表2　2001年中国对各地区进出口情况　单位:亿美元

地　区	进出口额	出口额	进口额	同比增长(%)		
				进出口	出口	进口
亚　洲	2881.39	1409.56	1471.83	5.3	6.5	4.1
欧　洲	976.41	492.39	484.02	13.2	8.3	18.7
北美洲	878.82	567.41	302.41	8.0	4.3	15.8
拉丁美洲	149.39	82.37	67.02	18.6	14.6	23.9
非　洲	107.99	60.06	47.93	1.9	19.1	-13.7
大洋洲	103.67	40.74	62.93	5.9	4.2	7.1

资料来源:《中国海关》2001年12月

从贸易伙伴来看,2001年中国对主要贸易伙伴的贸易继续保持增长态势,但增幅较上年有所下降。中国2001年前10位的贸易伙伴同上年相同,但名次有所变化。俄罗斯联邦与中国的贸易额超过澳大利亚,成为中国第八大贸易伙伴。与上年相比,中国对日本、中国香港的贸易顺差继续扩大,而对欧盟、美国的贸易顺差减少;中国对加拿大的贸易差额从上年的逆差5.9亿美元转变为顺差6.83亿美元;中国对东盟、中国台湾、澳大利亚、俄罗斯的贸易逆差继续扩大,其中对东盟的贸易逆差增幅较大,从上年的48.4亿美元增加到138.43亿美元;中国对韩国的贸易逆差在逐步减少。2001年,日本仍是中国最大的贸易伙伴和最大的进口来源地,美国仍是中国第二大贸易伙伴和最大的出口市场(见表3)。

(五)进出口商品结构进一步优化

1. 机电产品出口继续保持较快增长

2001年,中国机电产品进出口总额2213.1亿美元,同比增长6.30%,占全部进出口总额的43.41%。其中1187.87亿美元,同比增长12.81%,高于全年出口增长率6个百分点,占全部出口的比重从2000年的42.3%上升到44.63%,净增134.9亿美元,占全年净出口总增加额的79.58%,比上年提高27.46个百分点。机电产品全年进口1205.24亿美元,同比增长17.16%,占全部进口的49.47%。

2. 高新技术产品出口的贡献率首次突破50%

2001年中国外贸出口在逆境中保持增长,其中一个重要原因在于高新技术产品出口表现斐然。全年高新技术出口464.57亿美元,较上年增长25.4%。在全年新增的169.52亿美元出口额中,高新技术产品为94.15亿美元,占55.54%,对外贸出口增长的贡献率首次突破50%,拉动外贸出口增长3.7个百分点。

3. 工业制成品进出口增加较快

2001年,初级产品进出口额721.26亿美元,同比下降0.71亿美元,占进出口总额的比重为14.15%,较上年下降1个百分点。其中,初级产品出口263.53亿美元,同比增长3.52%,较上年下降21个百分点,占出口总额的比重为9.90%,较上年下降0.3个百分点。2001年初级产品进口457.74亿美元,同比下降2.1个百分点,占进口总额的比重为18.79%,较上年下降2个百分点。

2001年工业制成品进出口额4376.42亿美元,同比增长8.84%,占进出口总额的比重为85.85%,较上年上升1个百分点。其中,出口2398.02亿美元,同比增长7.15%,占出口总额的比重为91.10%,较上年增长0.3个百分点,进口1978.40亿美元,同比增长10.87%,占进口总额的比重为81.21%,较上年增加2个百分点。

(六)外贸大省出口增幅回落,中西部省区进口增长加快

作为出口大省,2001年广东省的出口额占全国出口额的40%左右,而IT产品又占全省出口额的四成,受2000年下半年以来美国网络资讯业发展减速的影响,广东相关产品的订单减少,价格下降,出口增幅明显回落,全年仅实现增幅3.8%,较上年18.3%的增幅有较大下降。其它外贸大省如上海、北京等地的出口也大幅下降。另一方面,由于西部大开发的较快增长,尤其是进口增长比较明显。

二、影响2001年中国对外贸易变化的原因

(一)世界经济增长放缓

自2000年下半年以来,美国经济大幅减速,至2001年经济增长继续下滑,并且呈现衰退迹象。同时,世界上一些主要经济体的经济普遍不景气,日本经济重新陷入衰退,欧盟经济出现疲软,东南亚一些国家经济复苏受阻,导致2001年世界经济增速明显走低。中国已经成为世界第七大出口国,世界经济减速必将导致外部需求增长放缓。事实上,无论是中国的高新技术产品,还是劳动密集型产品,2001年都出现了国际市场需求减缓、竞争加剧、出口订单

表 3　　2001 年中国对外贸易的十大贸易伙伴进出口额　　单位:亿美元

排名	贸易伙伴	进出口额	出口额	进口额	贸易差额	与上年同比增长(%)		
						进出口	出口	进口
1	日本	877.54	449.58	427.97	21.61	5.51	7.94	3.10
2	美国	804.85	542.82	262.03	280.79	8.08	4.18	17.18
3	欧盟	766.27	409.04	357.23	51.81	10.99	7.11	15.80
4	中国香港	559.70	465.47	94.23	371.24	3.74	4.55	-0.07
5	东盟	416.15	183.86	322.29	-138.43	5.30	6.03	45.31
6	韩国	359.10	125.21	233.89	-108.68	4.08	10.90	0.77
7	中国台湾省	323.40	50.01	273.39	-223.38	5.93	-0.7	7.25
8	俄罗斯联邦	106.71	27.11	79.60	-52.49	33.38	21.56	37.95
9	澳大利亚	89.97	35.71	54.26	-18.55	6.47	4.11	8.09
10	加拿大	73.75	33.46	40.29	6.83	6.73	5.89	7.44

资料来源:《中国海关》2001 年 12 月

减少、价格下跌的情况。因此,2001 年世界经济走低导致世界贸易大幅萎缩,是影响中国外贸尤其是出口增速放缓的重要原因。

(二)国内政策支持缺乏新的增量

中国外贸出口增长对政策的依赖性较强。自 1999 年下半年较大幅度提高出口退税率以来,中国外贸出口保持了 1 年多的高速增长。随着时间的推移,政策效应相应递减,出口退税政策对于 2001 年外贸出口的拉动作用远低于 2000 年,而且退税指标不足和退税滞后也影响了外贸出口的增长。另外,2001 年中国对外贸领域的结构调整加大了力度,也在一定程度上影响了外贸的增长。

(三)出口退税政策的调整促进了第四季度出口的增长

针对 2001 年上半年外贸形势,中国政府下半年采取了一系列举措促进出口,对第四季度的出口增长起到积极作用。一是提高了部分产品的出口退税率。国家税务总局于 2001 年 6 月发出了《关于提高部分棉纺织品出口退税率的通知》,规定自 7 月 1 日起将纱、布的出口退税率由 15% 提高到 17%;二是采取各种措施提高出口退税的进度。中央决定由国家经贸委牵头,相关部门协同配合以加快出口退税进度;三是增加出口退税指标。2001 年国家下达了 1000 多亿元的出口退税指标,保障不拖欠出口企业的退税款,为扩大出口创造条件;四是政府选择占全国出口总量近一半的约 2000 家出口企业大户,实行足额退税政策;五是为支持出口企业扩大出口,解决出口企业短期流动资金困难,中国人民银行、对外贸易经济合作部、国家税务总局发出《关于办理出口退税帐户托管贷款业务的通知》,所谓出口退税帐户托管贷款,是指商业银行为解决出口企业出口退税款未能及时到帐而出现短期资金困难,在对企业出口退税帐户进行托管的前提下,向出口企业提供的以出口退税应收款作为还款保证的短期流动资金贷款。这一政策的出台为出口企业及时获得出口退税款提供了保障。

(四)进出口经营权的放开促进了出口的增加

2001 年 7 月,中国再次放开外贸经营权,对企业进口经营资格管理的有关问题作出新的规定:除外商投资等企业外,取消原来对进出口经营资格实行的审批制度,改为登记制和核准制。外贸经营权的放开,为企业开拓国际市场和进口原料、关键设备、引进技术成本提供了方便,在一定程度上促进了进出口尤其是出口的增加。

(五)其它方面的因素

主要包括两方面的因素:一是统计方面的因素。2000 年中国进口和出口实现历史性的双高增长,使统计基数上了一个台阶,2001 年的进出口尤其是出口要在较高基数上增长,客观上有一定难度。另外,从世界贸易史来看,没有哪个国家贸易顺差持续数十年,中国自 1994 年汇率制度改革以来,尽管曾受亚洲金融危机的影响,但贸易顺差一直持续至今,在世界经济普遍放缓的形势下,中国对外贸易顺差有所减少,是可以理解的。另一个因素是,沿海一些地方严厉打击套汇、骗退税等违法活动,在一定程度上挤出了一些地方出口中的"水份",这也是中国 2001 年出口增长速度较上年降低的一个原因。

三、2002 年中国对外贸易展望

2002 年国际经济形势仍将保持低迷状况,中国出口仍将面对一个需求不振的国际市场,另一方面,入世后一系列开放市场的承诺将开始兑现,在国内需求保持旺盛的形势下,进口增长速度将会提高。虽然加入 WTO 可以解除国外对中国配额、关税等限制,减少国外对中国出口产品实施反倾销、反补贴的随意性,能够增加中国的出口,但从近期看,影响中国出口发展最大的外部因素是世界市场需求的涨落,而非世贸组织成员的国内市场开放度。换言之,2002 年,中国出口贸易的增长并不会因加入世贸组织而获得多大的动力要素。因此,2002 年中国对外贸易形势依然严峻。

(一)世界经济的走势将直接影响中国对外贸易

一些世界组织和机构对 2002 年世界经济形势的分析并不乐观。如国际货币基金组织发出了将有更为严重和持久的全球经济衰退的预警。从目前主要国家和地区的经济走势看，经济复苏的迹象并不明显，不确定因素在增加。如果消费者和投资者信心恢复，其经济就有可能好转；相反，如果信心不足，可能导致经济继续下滑。在此背景下，各国都将开拓国际市场作为扩大需求的重要途径，这必将导致2002年国际市场竞争更加激烈，贸易摩擦将不断发生，反倾销、反补贴、加大技术壁垒等贸易保护措施将会频频出现。在此形势下，2002年中国出口面临的国际环境并不理想，对此应有清醒的认识。

（二）东盟自由贸易区的启动将减少中国对该地区的出口

东盟自由贸易区经过10年的准备，于2002年1月1日正式启动，标志着东南亚经济发展进入了一个新的里程碑。东盟自由贸易区的主要机制是执行1993年生效的东盟《共同有效优惠关税协定》，其基本目标是成员国之间贸易关税到2002年降低为0至5%。成员国贸易关税的降低将增加相互之间的贸易，从而减少对非成员国的贸易往来。东盟作为中国的第5大贸易伙伴和第5大出口市场，在中国对外贸易中占据着举足轻重的地位，东盟自由贸易区的启动将在一定程度上减少中国对东盟地区的出口。

（三）加入WTO后中国外贸将步入一个新阶段

2002年是中国入世后的第一年。从长期来看，中国加入WTO以及削减关税、加大贸易和投资自由化力度等会带动中国出口的增加。一方面，加入WTO可以逐步解除国外对中国配额、关税等限制，扩展中国的出口前景。另一方面，市场的全面开放将吸引更多的外商和跨国企业投资于中国市场，而外商投资的增长将直接导致出口的增加。根据有关研究，加入WTO之后，中国在世界市场上的出口份额将有显著提高，如服装从18%到44%，纺织品从8%到10%，电子产品从5%到8%，金属从3.5%到5%，其他产品由8%到10%。其中，到2005年，随着中国出口结构的调整，作为中国第一大出口产品的机电产品，其出口将占出口总额的50%以上，而第二大出口产品服装纺织品，入世后对美国市场的出口至少要增加10个百分点。

在出口增加的同时，中国的进口也将在一定程度上增加。一方面，是因为中国关税总体水平的下降。根据中国的相关承诺，中国的关税将进一步降低，放宽市场准入，行政性调控进口的手段越来越少，外国产品特别是高技术、高附加值产品可能大量涌入，国内市场的竞争将更加激烈。另一方面，中国为防止进口增加而设置的一些非关税壁垒（如配额、许可证等）将逐步被清除，在一定程度上增加部分产品的产品进口。根据有关研究，入世后，中国农业产品、农业生产资料、化学纤维、汽车、钢铁等的进口将会大量增加。

（四）贸易摩擦将进一步加剧

当今国际市场上竞争十分激烈，国际贸易保护主义在一定程度上有所抬头，2001年中国与世界主要一些国家和地区如美国、欧盟、日本和韩国的贸易摩擦较为激烈，很多国家打着反倾销、反补贴的旗号对中国产品实施进口限制。加入WTO后，国外对中国产品实施进口限制的措施可能会从反倾销、反补贴转移到实施“技术壁垒”和“绿色壁垒”方面上来，中国和国外的贸易摩擦将更多地围绕着这些壁垒而展开，这主要由以下几方面因素决定：一是中国已经加入WTO，国外对中国动辄提起的反倾销、反补贴个案将纳入WTO争端解决机制，这将减少国外进口国提起诉讼的随意性，但这不意味着相关的反倾销、反补贴的案例将减少，甚至在入世的前几年会有上升的势头，主要的可能将是国内出口厂商竞相出口、恶性价格竞争而遭受的反倾销；二是“技术壁垒”与“绿色壁垒”往往与保护人类健康、资源和生态环境结合起来，很容易被人们所接受；三是中国的出口产品相对于发达国家而言，在技术和环保方面确实存在一定差距，也容易被对方提起诉讼。

（五）外贸体制改革将向纵深发展

现行的外经贸管理体制是以严格的市场准入和专营体系为核心。根据入世协议，中国加入WTO 3年内对外贸易将在市场准入上实现放开经营和大幅度缩减专营产品范围，包括进出口权及分销权，这将显著改变目前的外贸市场格局。管理体制的改变也将较大程度地影响管理政策，普遍国民待遇也将成为可能，这将限制现行的一些对外贸企业实施的各种优惠，例如配额的分配等等。

四、政策建议

2002年中国外贸发展面临的形势比较严峻，有关部门应在党中央和国务院的正确领导下，协同配合，共同努力，积极采取有效措施，继续坚持千方百计扩大出口的方针，促进外贸发展。

（一）高度关注世界经济变动对中国外贸的影响

2002年世界经济将继续走低，中国主要贸易伙伴如美国、日本、欧盟三大经济体经济增长将继续陷入低潮，中国外贸出口的难度将更大。工业生产的外部环境将进一步趋紧，这将对中国的外贸出口乃至经济发展产生重要影响。因此，必须高度关注世界经济形势，切实采取相应的对策，减少世界经济变动对中国的影响。

（二）深化出口退税制度的改革

中国出口产品的退税率经过近几年的调整，已经平均达到15%的水平，但仍低于一般产品17%的法定税率。另外，由于现在采用的是生产型增值税，产品生产中使用、消耗的固定资产的进项税额不得抵扣，提供劳务的企业则缴纳营业税，除交通运输业外，一般也不得抵扣增值税，所以实际退税额低于已征税额。依据WTO规则和国际惯例许可的全额退税原则，今后有必要进一步提高出口退税率，直至实行全额彻底退税，以加强中国出口产品在国际市场上的竞争力。另外，中国目前出口退税的税种是增值税和消费税，而依据WTO规则，可退税的间接税还包括营业税、销售税、印花税等，为加大鼓励出口的力度，今后可考虑把营业税和随同增值税、营业税征收的附加税，如城市维护建设税、教育费附加等列入退税范围。

（三）全面改善加工贸易政策和管理体制

改革开放20多年来，加工贸易已发展成为中国主要的贸易方式，为中国经济发展发挥了重要作用。根据国际分工原理，加入WTO后，加工贸易将继续成为世界制造业登陆中国的基本途径。中国现行的加工贸易政策制定于20世纪80年代初，后虽有一些修改，但仍然不能适应目前全球分工不断深化的新形势，也不能适应国内经济进一步发展的需要，主要表现在以下几方面：

一是加工贸易管理条块分割、政策衔接不紧，不能适应加入WTO的需求。在中国，加工贸易具体政策的制定涉及经贸委、外经贸部、海关、税务总局、银行及外汇管理局等多个部门，加工贸易由多个部门共同管理。这一制度的初衷是解决利用加工贸易进行走私的问题，促进企业守法经营、推动加工贸易健康发展，但它不仅不能从根本上解决问题，相反存在诸多弊端。一方面这种管理体制导致管理条块分割、政策衔接不紧，使不法分子有机可乘，利用加工贸易进行走私，另一方面，这种条块分割、多头管理的体制增加了管理的程序，使得加工贸易面临繁杂的手续，不适应加入WTO后加工贸易发展的要求。因此，应该加快改善加工贸易的管理体制，实现海关、外经贸、银行、税务等有关部门间的协同配合，形成有机的综合管理体系，在规范加工贸易秩序的同时，促进加工贸易的更快发展。

二是"两头在外"的管理政策制约了加工贸易功能的充分发挥。加工贸易应当发挥两种功能，即贸易功能和产业带动功能，贸易功能就是促进贸易的发展，产业功能是促进和带动产业的发展。中国加工贸易较好地发挥了贸易功能，促进和带动了贸易的高增长，也就是说它充分发挥了鼓励出口功能，但是产业功能体现得不明显，即没有体现促进中国工业发展，带动工业发展。以加工贸易两头在外的规定，即原材料采购在外和产品销售在外，意味着加工贸易同中国工业之间的联系是被切断的。切断这种联系就使加工贸易带动国内工业发展的功能无法发挥。切断加工贸易同国内工业之间的联系，让加工贸易在外部环境中自我循环，在中国处于短缺时代下还是可行的，但是在现在它就失去了存在的根据。现在中国由短缺经济变为一些部门出现生产能力过剩，需求疲软，需要商品销售市场。因此，应当根据国际分工的新趋势，结合国内扩大内需的现实，改善加工贸易的相关政策，取消不利于提高加工贸易国内采购的政策障碍，以充分发挥加工贸易的宏观效益。

三是对加工贸易的政策优惠过多，造成加工贸易结构难以升级。中国对加工贸易的功能定位是吸引外商投资，出口创汇，相应地在"税"和"证"等方面给予了较多的优惠。这些优惠措施对中国加工贸易发展产生了积极作用，但也带来了相应的问题，一方面，对加工贸易给予过多优惠使一般贸易向加工贸易转化，导致加工贸易和一般贸易关系的基本失衡；另一方面，过多的优惠政策削弱了加工贸易质量升级的动力，导致加工贸易产品技术含量不高，产品增值率低。最后，过多的政策优惠为外商投资企业绕开贸易关税和非关税壁垒提供便利，刺激了外商投资企业的加工贸易倾向的进一步发展，因此这也影响了外资对中国产业和国民经济的带动作用。

(四)千方百计提高出口产品的国际竞争力

中国高新技术产品出口占世界高新技术出口的比重低，大约为1.8%，而且中国出口企业还没有获得高新技术产品带来的高附加值。一方面，中国出口的高新技术产品，多数是以来料或进料加工方式生产的，许多出口企业只是跨国公司的组装车间。2001年，在占中国出口总额一半以上的外商投资企业出口额中，来料加工装配贸易和进料加工贸易占80%。在这种贸易方式下，出口企业只能得到较低的加工费。另一方面，中国出口的高新技术产品附加值率较低。例如，电子及通信设备制造业2000年增加值率只有24.16%，低于26.24%的中国制造业平均水平，更低于35%以上的发达国家制造业平均水平。这种状况导致电子及通信设备制造业出现了高速度、低效益的发展局面。2001年，中国规模以上电子及通信设备制造业企业销售收入同比增长19%，产销率高达98.56%，但实现利润却减少1.9%。

今后，制约中国出口进一步扩大的根本因素仍然在于出口商品结构落后、科技含量低、高附加值产品比重低。要解决这些问题，必须加快实施"科技兴贸"战略，运用高新技术对传统出口产业进行改造，尽量提高技术含量和附加值，大力发展高新技术产业，使中国最终由贸易大国向贸易强国转变。为此，一方面通过加大政府对科技的投入力度，推广新技术、新材料等。另一方面，鼓励和扶持企业从事高新技术产品的研究和开发，促使企业主动调整产品结构。

(五)充分利用WTO规则和机制促进外贸增长

加入WTO后，中国一方面必须履行对外承诺；另一方面，应充分利用WTO相关规则和机制保障中国的利益。一是积极参加新一轮多边贸易谈判，在规则制定中发挥作用；二是充分利用WTO的贸易争端解决机制，合理解决中国外贸中发生的争端；三是严格遵循WTO有关保障措施的相关规则，有效运用保障措施合理保护国内产业。

(六)坚定地实施"走出去"的开放战略

坚定地实施"走出去"的开放战略，大力开拓国际市场，积极参与经济全球化进程，鼓励中国有条件、有实力的企业对外投资，开展境外加工贸易、合作开发资源，带动对外贸易等其它外经贸业务的全面发展。

(七)加强相关部门的配合和协调

外经贸、海关、质检、税务、银行、外汇管理和运输等部门都要全力支持外贸出口。海关要适应当前形势，抓紧改革通关制度，简化通关程序，提高通关效率；质检部门要按照国际通用的商品标准，切实加强进出口商品检验检疫，严把进出口商品质量关。既要坚决堵住有害商品进入中国，又要防止劣质商品出口到国外。

2001年货币政策分析及2002年货币政策趋势

中国人民银行货币政策司司长　戴根有

2001年是"十五"计划的第一年。在党中央、国务院的正确领导下,中国人民银行继续执行稳健的货币政策,灵活运用多种货币政策工具,保持货币供应量的适度增长,支持国民经济持续、快速、健康发展。总体看,全年金融运行平稳,货币政策达到了预期目标。

一、2001年金融运行基本情况

(一)货币供应量平稳增长

年末,广义货币 M_2 余额15.8万亿元,同比增长14.4%;狭义货币 M_1 余额6万亿元,同比增长12.7%(计入股民保证金因素为13.7%)。货币供应量增幅比同期经济增长加消费物价涨幅之和高6个百分点左右,货币供应与经济增长基本适应。

年末,市场流通中现金(M_0)余额1.6万亿元,同比增长7.1%;全年现金净投放1036亿元,同比少投放161亿元。现金少投放,主要是各类银行卡发展较快,替代了现金支付;农副产品采购现金支出明显下降,增幅同比下降14.3个百分点;另外,2002年春节比2001年推迟,也相应推迟了现金投放。

(二)金融机构贷款增长平稳

年末全部金融机构贷款余额11.2万亿元,比年初增加1.3万亿元,增长11.6%。全部金融机构(含外资金融机构)本、外币贷款合计余额12万亿元人民币,比年初增加1.26万亿元。总体看,货币信贷增长与经济增长基本相适应。

(三)储蓄存款大幅增加,企业存款总体正常

年末,全部金融机构存款余额14.4万亿元,比年初增加2万亿元,同比多增4706亿元。其中居民储蓄存款余额7.4万亿元,比年初增加9458亿元,同比多增4481亿元,增长14.7%,增幅比上年上升6.8个百分点。居民储蓄存款余额中定期存款比年初增加5313亿元,同比多增4003亿元。

居民储蓄存款大幅增多,主要原因:一是沪深股市出现深幅调整,股票投资风险加大,股民资金回流银行储蓄。年末沪市A股综合指数为1645点,下跌20.6%;深市A股综合指数为475点,下跌25.1%。年末两市流通市值合计达14464亿元,同比下降11%。二是外币存款利率连续下调,已低于人民币存款利率,居民外币存款偏好有所减弱。年末,居民外币储蓄存款余额为816亿美元,比年初增加82亿美元,同比少增94亿美元。三是国家两次调增企事业单位职工工资,并采取多种措施增加农民收入,城乡居民收入同比有一定提高。

年末,全部金融机构企业存款余额5.2万亿元,比年初增加7199亿元,同比多增201亿元。其中,企业活期存款增加4550亿元,同比少增647亿元;企业定期存款增加2649亿元,同比多增848亿元。企业活期存款少增,定期存款多增,反映企业资金稳定性增强,企业总体支付能力正常。

(四)基础货币适度增长,金融机构流动性充足

年末,人民银行基础货币余额为4万亿元,同比增长11.9%,增幅比年初提高5.6个百分点;广义货币 M_2 余额乘数为3.95,比年初提高0.16。全部金融机构超额准备金率为7.6%,其中,工行、农行、中行、建行四行平均为6.3%,其他商业银行平均为14.9%,城市信用社和农村信用社分别为8.9%和8.0%,金融机构支付能力充足。

(五)货币市场成交活跃,资本市场筹资下降

全年,银行间同业拆借市场累计成交8082亿元,同比多增1353亿元,增长20.1%;银行间债券市场回购累计成交4.01万亿元,同比多增2.43万亿元,增长1.54倍。1997年银行间债券市场成交额307亿元,4年时间增长了130倍。货币市场利率平稳略有下降,年末银行间同业拆借市场加权平均利率为2.48%,比年初下降0.14个百分点;债券回购市场加权平均利率为2.15%,下降0.37个百分点。

全年沪、深股市发行新股、增发股份、配股和国有股配售等筹资1168亿元,同比下降44%;凭证式国债累计发行1800亿元,同比少增100亿元;企业债券累计发行135亿元,同比少增65亿元。

(六)外汇储备显著增加,人民币汇率稳定

年末国家外汇储备余额达到2122亿美元,比年初增加466亿美元,增长28.1%。人民币兑美元汇率年末为8.2766元,继续保持稳定。

上述情况表明,2001年我国金融运行总体平稳。在1998~2000年连续3年保持货币供应量和贷款平稳增长的基础上,2001年继续达到了预期目标。中国人民银行执行稳健的货币政策,对于在有效防范和化解金融风险的同时,促进货币信贷适度增长,支持扩大内需和经济平稳发展,发挥了重要作用。

当前,金融运行中存在的主要问题,一是国有独资商业银行贷款增速减缓,贷款份额下降过快。1998年国有独资

商业银行贷款比上年增长19.6%，2001年增幅降为9.4%；3年中，国有独资商业银行新增贷款份额年均缩小8.8个百分点。由于其他商业银行的发展，国有独资商业银行贷款份额适度下降是合理的，但下降太快则可能带来原国有独资商业银行服务对象的信贷需求难以满足的问题。二是中小企业贷款难问题仍较为突出。近几年，为了支持中小企业发展，人民银行先后出台了一系列货币信贷措施，各商业银行努力改进对中小企业的金融服务，对合理解决中小企业有效贷款需求产生了一定积极效果，但问题依然存在。三是银行信贷资金违规进入股市问题，虽然2001年初以来人民银行采取措施，严厉查处，取得了明显成效，但机制问题并没有完全解决。

二、2001年主要货币政策措施

(一)加大公开市场操作力度，灵活调控基础货币

公开市场操作业务自1998年恢复以来，已经成为货币政策日常操作的主要工具。根据经济发展和货币政策的调控要求，1998年公开市场操作净投放基础货币701亿元，1999年净投放基础货币1920亿元，2000年净回笼基础货币822亿元，其中最多时净回笼基础货币3299亿元。

2001年，公开市场操作经历了三个阶段：春节前以投放基础货币、增加商业银行流动性为操作思路，净投放基础货币732亿元；春节后至7月末以回笼基础货币、对冲外汇占款增长过快为操作思路，净回笼基础货币2660亿元；8月份以后，由于国有独资商业银行贷款增速放慢，公开市场操作加大现券买入力度，适时增加基础货币投放，8月~12月累计净投放基础货币1545亿元，有效地增加了商业银行可用资金。2001年共进行了54次交易，交易总额为16781亿元，全年累计净回笼基础货币276亿元。除此以外，2001年人民银行继续增加外汇公开市场操作，投放人民币购买外汇，对增加基础货币投放发挥了重要作用。

公开市场业务操作有效调控了基础货币的增长。7月份以前基础货币增长比较平缓，且波动较大，3月~7月份月均增长5.53%；8月份以后增幅逐月上升，9月~12月份月均增长12.07%。

(二)适时调整外币利率，加强本外币政策协调

2001年，世界经济不景气，各国中央银行纷纷大幅度降息。美联储先后11次降低联邦基金利率，降息累计达4.75个百分点；欧洲中央银行先后4次降息，降息累计达1.5个百分点。为适应国际市场利率变化和各国中央银行货币政策的调整趋向，经国务院批准，2001年人民银行先后9次下调境内外币存款利率。其中，1年期美元存款利率由5%下调为1.25%，累计下调3.75个百分点。目前，国内1年期美元存款利率已低于1年期人民币存款利率1个百分点，这对于改善我国国际收支状况、保持人民币币值稳定、促使商业银行增加外汇贷款发挥了积极作用。

(三)上调再贴现利率，同时规范票据市场秩序

2001年9月，人民银行将再贴现利率由2.16%调高为2.97%，同时下发了《关于切实加强商业汇票承兑贴现和再贴现业务管理的通知》，对加强票据市场监督检查，进一步规范发展票据市场提出了明确要求。2001年，商业银行新增贴现947亿元，同比少增553亿元；人民银行再贴现余额比年初下降603亿元，同比少增1361亿元。

(四)积极发挥信贷政策作用，促进信贷结构调整

规范消费信贷业务发展。2001年先后下发《关于规范个人住房贷款管理有关问题的通知》和《关于严禁发放无指定用途个人消费贷款的通知》，要求商业银行严禁发放零首付住房贷款，严格贷款的全过程监督，对房地产开发项目贷款加强了管理；明令禁止发放各种无指定用途的综合消费贷款，防止信贷资金违规进入股市。

调整农村信用社贷款政策。在全国大部分省区农村信用社推行了“一次核定，分次发放，余额控制，周转使用”的农村小额信用贷款方式，简化了贷款手续，方便了农民借款。

调整国家助学贷款政策，积极推动助学贷款业务发展。为实施科教兴国战略，在有效防范贷款风险的基础上，对国家助学贷款政策作了多方面的调整。国家助学贷款业务有明显进展。

支持企业扩大出口。为解决出口企业因出口退税款未能及时到账而出现的短期流动资金困难，支持企业扩大出口，2001年8月，中国人民银行与外经贸部、国家税务总局联合发布了《关于办理出口退税账户托管贷款业务的通知》，批准商业银行在对企业出口退税账户进行托管的前提下，可以向出口企业提供以出口退税应收款作为还款保证的短期流动资金贷款，并规定贷款期限最长不超过1年，贷款比例原则上不超过企业应得退税款的70%。

支持中小企业发展。2001年3月，人民银行会同国家经贸委、财政部等8部委联合召开了“改进中小企业金融服务座谈会”，提出了有效改进对中小企业金融服务的8条措施，对在信贷指导、完善服务机构、规范和发展中小商业银行、合理增加再贷款和再贴现、适当扩大贷款授权授信额度、增加新的融资工具等方面进一步扩大对中小企业的金融支持提出了具体指导意见。

(五)增加农村信用社再贷款，加大信贷支农力度

在1999年增加150亿元和2000年增加350亿元再贷款限额的基础上，2001年再次增加农村信用社再贷款限额200亿元。同时调整农村信用社再贷款管理制度，要求人民银行各分行下达给县市支行的再贷款限额不得低于辖内总限额的80%，从而提高了再贷款限额的利用效率。2000年农村信用社再贷款增加162亿元，2001年增加312亿元，即在再贷款限额少增的情况下，实际再贷款余额多增近1倍。由于在支农再贷款政策上强调直接支持农户，去年农业贷款增加较多。全年农村信用社新增贷款1395亿元，其中农业贷款新增803亿元，占57.6%，是近年来比重最高的一年。

(六)加强经济金融形势分析，灵活实施“窗口指导”

人民银行货币政策司继续按月召开包括各宏观经济部门、人民银行各分行和各商业银行参加的“经济金融形势分

析会”，及时通报交流政策信息，实施“窗口指导”；2001年下半年几次对国有独资商业银行贷款实行窗口指导的效果显著。月度形势分析会对于增进社会各界对货币政策的理解和认知，对于统一思想、疏通货币政策传导机制、提高货币政策效率，发挥了重要作用。

三、2002年经济发展及货币政策趋势

2002年是我国加入世界贸易组织的第一年。按照加入WTO的承诺，我国经济和金融发展的环境将发生明显变化。由于美国、日本、欧盟三大经济体的经济同时下滑，世界经济将保持低速增长。根据国际货币基金组织预测，2002年世界经济将增长2.4%，与上年持平。我国经济由于党中央、国务院采取一系列扩大内需的正确政策，保持了经济持续、快速发展。但是，从2001年下半年的发展趋势看，经济增长的势头在减弱，主要原因是出口增幅下降。2002年出口增长可能进一步减缓，进口增长可能进一步加速。因此，要保证实现全年国内生产总值增长7%和居民消费物价涨幅控制在1%～2%之内的目标，必须继续坚持扩大内需的方针，继续实行积极的财政政策和稳健的货币政策，在推进改革、扩大开放、防范金融风险的同时，进一步加大金融对经济发展的支持力度。

根据中央经济工作会议精神和对2003年经济金融发展趋势的预计，全年货币供应量将增长13%左右，M_0净投放不超过1500亿元，全部金融机构贷款增加1.3万亿元以上。

要实现上述预期调控目标，货币政策需要继续采取以下措施：

1. 继续发挥公开市场业务操作的作用，提高调控水平。继续加强对商业银行流动性水平和货币市场利率水平变化的监测，加大公开市场业务操作力度。根据过去几年的经验，春节前，要密切关注商业银行流动性变化，增加公开市场业务逆回购操作，支持商业银行保支付的流动性需求；春节后要及时根据货币市场和商业银行流动性管理需要，灵活使用公开市场操作工具，调节基础货币供应，保证基础货币的总体适度。坚持有什么问题解决什么问题，提高调控的预见性，努力实现货币政策的调控目标。

2. 根据物价和经济增长走势，合理确定存贷款利率水平。根据国际金融市场变化，及时调整外币利率水平，协调好本外币利率政策。加强中央银行利率对货币市场利率的引导作用。

3. 完善汇率形成机制，保持人民币币值基本稳定。密切关注国际收支特别是经常项目收支的变化，发挥汇率工具对调节国际收支平衡的作用。根据国际经验，实际有效汇率对经常项目收支平衡具有决定性的影响，汇率政策要有利于保持本国实际有效汇率的稳定。根据我国加入世贸组织的新形势，注意分析资本流动对货币供应量以及货币政策传导机制的影响，协调本外币政策，加强货币政策的地区和国际协作。

4. 加大对中小企业和农村经济发展的支持力度。为增强中小金融机构支持中小企业的资金实力，需要适当增加对中小金融机构再贷款。要研究改进和完善中央银行再贴现的政策措施，适时调整再贴现操作，进一步规范商业汇票承兑、贴现和再贴现业务。适当增加农村信用社再贷款限额，支持农村信用社进一步扩大农业信贷投放，增加农户贷款。进一步加强对专项借款的管理，组织各分行调查分析专项借款的情况，切实维护借款合同的严肃性。

5. 督促商业银行完善内部资金管理，疏通货币政策传导渠道。商业银行要提高贷款营销意识，改善内部资金管理。根据中央经济工作会议要求，固定资产贷款权要集中，流动资金贷款权要分散，要提高基层行发放流动资金贷款的积极性。为适应进入世贸组织后的贷款管理变化，对《贷款通则》要作相应修改。为拓宽银行同业之间中长期资金融通渠道，规范人民币同业借款，需要制定相应的管理办法。加强基础设施贷款管理，以防止出现新的信贷风险。

6. 积极支持投融资体制改革。目前，商业银行资产运用形式主要为贷款和债券投资，资产运用形式过于单一，银行储蓄仍是我国居民金融资产的主要形式。这种融资体制的格局，既不利于动员社会资金，也不利于商业银行信贷资产的安全。因此，必须加快融资体制改革。货币政策要进一步支持包括债券市场在内的资本市场的发展，规范货币市场与资本市场的联系，逐渐形成多渠道社会融资的格局，多方面满足经济发展的资金需要，为减轻银行压力、确保银行信贷资产安全创造条件。

“十五”税收工作开局良好 为国民经济和社会发展作出了重要贡献

国家税务总局局长　金人庆

2001年是实施“十五”计划的起始之年。在党中央、国务院的正确领导下，我国国民经济和社会发展取得了巨大成就，全年国内生产总值完成95933亿元，比2000年增长7.3%。全国税务系统坚决贯彻党中央、国务院的各项重大

决策，深入落实“加强征管，堵塞漏洞，惩治腐败，清缴欠税”的方针，“十五”税收工作开局良好，为国民经济和社会发展作出了重要贡献。

一、税收收入超过15000亿元，初步实现了税收与经济的良性循环

2001年，全国共组织税收收入（不包括关税，农业税收和出口退税）15172亿元，比2000年增长19.8%，增收2511亿元。其中，国税局完成收入10453亿元，比2000年增长17.1%，增收1523亿元；地税局完成收入4719亿元，比2000年增长26.5%，增收988亿元。另外，2001年，全国共入库农业税收收入481亿元，比2000年增长3.5%，增收16亿元。

2001年，全国税收收入超过了15000亿元，增收再次超过2000亿元。特别重要的是，税收收入占国内生产总值的比重达到15.8%，比2000年提高1.68个百分点，为改革发展稳定和增强宏观调控能力提供了强大的财力保障。

2001年税收收入形势较好，既是经济发展、税源扩大的结果，也是税收政策因素和税务部门加强征管共同作用的体现。据测算，2001年由于经济增长直接带来的税收增收1200多亿元，约占增收总额的50%；税收政策增收500亿元左右，企业所得税汇算清缴等特殊因素增收200亿元左右，二者合计增收约占增收总额的25%；税务系统全面加强征管增收650亿元，约占增收总额的25%。

2001年税收收入的增长反映了我国已初步实现了税收与经济的良性循环：一是各月收入均在千亿元以上，收入规模上了一个新的台阶。二是税收增收主要依靠税务部门负责征管的国内“两税”和三项所得税等税种。三是中、西部地区与东部地区税收增幅差距缩小。四是增值税增幅较高，扭转了近几年来增值税增幅明显低于总体税收增幅的状况，表明我国已基本消化了1994年财税体制改革时抬基数、保基数遗留的历史问题。

同时，全国税务系统积极落实各项税收政策，充分发挥了税收宏观调控作用，促进经济稳定增长。

一是实施鼓励投资、刺激消费、拉动内需的一系列税收政策。如实施了支持西部大开发的税收优惠政策，进一步放宽了对软件产业和集成电路产业的税收优惠政策，降低了金融保险营业税和证券交易印花税税率，调整了烟酒消费税政策，继续落实了国产设备投资抵免企业所得税政策和鼓励房地产业发展的税收优惠政策。征收利息税的成效进一步显现，2001年全国入库利息税收入279亿元，比2000年增长87.1%，增收130亿元。

二是加强出口退税工作，促进出口增长。全国税务系统认真贯彻国务院领导同志关于出口退税工作的重要指示精神，一手抓防范和打击骗取出口退税，一手抓加快出口退税进度，积极采取各种有效措施，确保将有限的出口退税指标及时准确地退给应退税企业。2001年全国共办理出口退税1071亿元，比2000年增长32.2%，增退261亿元。同时，对有进出口经营权的生产企业自营或委托出口的货物大力推行“免、抵、退”税办法，2001年，实行“免、抵、退”税办法的生产型出口企业达2.5万户，占全部生产型出口企业的61.8%，在一定程度上缓解了出口退税指标不足的矛盾。通过上述工作，促进了出口贸易的增长，2001年我国出口增长6.8%。

三是继续推进费改税和地方税改革。车辆购置费改税顺利出台，并适时调整了车购税最低计税价格，2001年全国共入库车购税254亿元，比2000年的车购费增长18.1%，增加39亿元，取得明显成效。农村税费改革试点工作稳步推进，进一步积累了经验。通过调查研究，为地方某些税种的改革创造了条件。

总的说来，2001年全国税务系统组织了更多的税收收入，更牢固地树立了税收经济观，坚持税收工作服从、服务于经济建设大局，充分发挥其宏观调控作用，更好地促进了经济发展。

二、完善四个机制，依法治税迈出坚实步伐

2001年8月份，国家税务总局召开了全国税务系统依法治税工作会议，首次全面、系统地总结了多年来依法治税工作的成败得失，高度概括了依法治税的理论内涵，明确提出了依法治税的总体要求、阶段性目标和当前的主要任务，即“一个灵魂（把依法治税作为税收工作的灵魂贯彻始终），四个机制（建立税收行政立法机制、税收征管机制、考核管理机制、内部执法监督机制），五个目标（税收法制基本完备、执法行为全面规范、执法监督严密有力、执法保障明显改善、队伍素质显著提高）”。通过对会议精神的传达和贯彻，依法治税作为税收工作灵魂的思想得以巩固，税收法治的基础工作进一步加强，各项工作迈出坚实步伐。

一是奠定了依法治税的思想基础。特别是“内外并举、重在治内、以内促外”的依法治税指导方针在税务系统引起了较大反响，使广大税务干部充分认识到，只有重在治“官”、重在治“权”、才能从根本上推进依法治税。

二是加强了依法治税的制度建设。为了保障四个机制的顺利推行，国家税务总局于2001年底下发了《关于全面加强税收执法监督工作的决定》等四个文件，连同近年来下发的《税收执法检查规则》等制度，初步形成了比较完整的依法治税制度体系。各地结合自身特点，因地制宜地对这些制度进行了细化和整合，有效地规范了各项税收执法行为。

三是推动了各项工作的落实。如有的地区在新一轮税收征管改革中制定了详尽的执法责任制度，将征管改革成果用法制的方式固定下来，保障了新征管模式的顺利运行；有的地区将依法治税与信息化建设紧密相连，提高了执法质量；有的地区通过试行执法资格和能级认证制度，提高了税务执法人员的素质，调动了广大基层税务干部的工作积极性和主动性，促进了队伍建设。

四是强化了执法监督。2001 年税收执法检查的力度和广度均超过历年，各地共查出与国家税法不符的涉税文件 1365 份，其中税务机关内部文件 369 份，已纠正 364 份，纠正率 99%；地方党政或者其他部门文件 996 份，已纠正 920 份，纠正率 92%。共查处违反税收制度的金额 19.9 亿元，已补征入库 12.1 亿元，补征率 61%。2001 年各地落实审计决定的情况也明显好于往年，被审计的 12 个省市国税局补征率达到了 91.5%，对违规问题的纠正率达到了 90%。

需要特别指出的是，新修订的税收征管法于 2001 年 5 月 1 日起实施，各地广泛深入地开展了宣传活动，认真贯彻新税收征管法，有力地推进了依法治税。

三、打好三个关键战役，整顿和规范税收秩序初战告捷

2001 年 4 月份以来，根据全国整顿和规范市场经济秩序工作的总体部署，全国税务系统在总结过去实践的基础上，在全国范围内开展了以打击骗取出口退税、进行商贸企业一般纳税人专项检查和个人所得税专项检查等三个关键战役为主要内容的整顿和规范税收秩序工作。经过半年多的努力，取得了明显成效，税收秩序得到好转。

一是打击骗取出口退税专项斗争取得重大成果。2001 年，国务院打击骗取出口退税工作组和各地国税机关共检查各类企业 55379 户，其中出口企业 25416 户，延伸检查出口供货企业 29963 户，查出涉嫌偷骗税 86 亿元，其中涉嫌骗税 42 亿元，为国家挽回经济损失 18 亿元；抓捕或监视居住涉案人员 411 人，有一批重点案件已经审结，其中一审判处死刑(含死缓)20 人。特别是对骗税多发地区广东省潮汕地区尤其是潮阳、普宁两市的重点打击，取得了显著成效，共查实涉嫌偷骗税 42 亿元。通过扎实有效的工作，查处了一批涉嫌偷骗税的大要案，抓获了一批专门从事骗取出口退税违法犯罪活动的不法分子，捣毁了大量伪造、贩卖虚假增值税专用发票的窝点和专门向出口企业虚开增值税专用发票用于骗取出口退税的虚假企业，一批支持、纵容骗税分子或参与作案的领导干部和执法人员受到了查处，沉重打击了骗税分子苦心经营多年的犯罪网络，有效遏制了骗税分子的嚣张气焰，维护了进出口贸易的正常秩序。

二是税收专项检查和大要案查处工作取得重大进展。2001 年，全国税务系统在商贸企业增值税一般纳税人专项检查和个人所得税专项检查中共检查纳税人 161 万户，发现存在问题的纳税人 75.6 万户，查补收入 206 亿元。其中，查处个人所得税案件 17.2 万件，已经结案 15.9 万件，查补收入 18.1 亿元。总局直接督办了北京市海淀区陈学军等人虚开发票案、浙江省台州市部分企业虚开发票案、深圳市中恒外轮贸易分公司虚开发票案等 69 起重大虚开增值税专用发票案件，查补收入 13 亿元，并配合公安机关抓获犯罪嫌疑人 281 人。

在整顿和规范税收秩序工作中，各级税务机关充分利用各种媒体，及时地宣传报道了整顿工作的成果，并有选择地曝光了一批重点案件，震慑了犯罪分子。

四、加快金税工程建设，税收信息化取得重大成效

2001 年，全国税务系统积极落实国务院领导同志关于加快金税工程建设的重要指示精神，圆满完成了各项工作任务，金税工程二期已经基本建成，并取得了重大成效，有力地促进了税收收入增长。

一是防伪税控开票系统已推行约 40 万户。百万元版、十万元版和部分万元版专用发票已取消手工开具，改用开票系统开具。采用大容量 IC 卡的新版开票系统于 2001 年 10 月开发完成，并从 2001 年 11 月起开始在北京市西城区进行试运行。

二是防伪税控认证系统已全面投入使用，利用假票、大头小尾票骗抵税款的违法犯罪活动逐步得到遏制。2001 年全国累计认证进项发票 9416 万份，发现涉嫌违规的发票 58341 份，占全部认证发票的比例为 0.062%；发现涉嫌违规发票的比例逐月降低，由 1 月份的 0.22% 降至 12 月份的 0.015%。

三是增值税计算机交叉稽核系统已在全国 3835 个区县以上税务机关如期联网运行，促进了企业依法申报纳税。2001 年全国共采集销项发票 11486 万份，采集率逐月提高，12 月份达 99.99%。全年通过稽核发现涉嫌违规发票 92 万份，稽核发现的涉嫌违规发票占全部稽核发票的比例逐月降低，由 1 月份的 0.94% 降至 12 月份的 0.1%。

四是金税工程协查系统正常运行，协查质量和效率不断提高。全国共安装协查节点 3025 个，可直接监控到市、县级税务机关。2001 年全国共协查涉嫌违规发票 67.5 万份，已查实确认违规的发票 15.8 万份。

在加快金税工程二期建设的同时，国家总局在反复研究论证的基础上，下发了《税务管理信息系统一体化建设总体方案》，提出了税收信息化建设的原则、目标和实施步骤，并对金税工程三期建设方案进行了研究论证，为今后一个时期税务系统的信息化建设指明了方向。特别是在浙江、山东、河南省和深圳市国税部门进行了全省（市）范围的 CTAIS 试点运行，并结合机构改革，在一定范围内试行了信息化支持下的税收征管改革。试点地区以税收信息化为支持手段，收缩基层征管机构，实行集中征收，并通过完善岗责体系，切实加强管理，取得了明显成效。2001 年，总局在总结各地试点经验的基础上，印发了《关于加速税收征管信息化建设推进征管改革的试点工作方案》，指导下一步的工作。此外，各地稳步推进了税控装置的应用，在加油站、出租车等行业积极推广，产生了比较好的效果。

五、推进机构改革，队伍建设全面加强

2001 年，全国税务系统认真学习贯彻江泽民总书记“七一”重要讲话和党的十五届六中全会精神，结合机构改

革，深入落实全国税务系统队伍建设工作会议提出的各项措施，全面加强了税务干部队伍建设。

一是加大干部人事制度改革力度，圆满完成了机构改革工作。经中编办批准，全国国税系统正式编制精减10%，同时清理超编人员及助征员、协税员，改革后内设机构数量大幅下降，各类人员特别是行政人员明显减少。各级地税机关也在当地政府的领导下，有组织地进行了机构改革，基本完成各项工作。总局继2000年公开选拔任用15名副厅级领导干部之后，2001年又在广东省和西部6省区组织公开选拔了9名副厅级领导干部。全国税务系统结合机构改革工作，普遍推行了竞争上岗制度。同时，干部交流与轮岗力度也在进一步加大。

二是加强培训，不断提高干部素质。全国税务系统重点加大了初任培训、任职培训、专门业务培训、更新知识培训、高级人才培训、西部地区民族干部培训和培训者培训的力度。特别是总局根据加快税收信息化建设的需要，在2001年举办了3个班次、172人规模的司局级干部和5期处级干部计算机技术与税收信息化培训班，并采取上机操作的方式对各省计算机应用培训情况进行了考试检查，取得了较好的效果。

三是常抓不懈，不断加大党风廉政建设和反腐败工作力度。2001年，全国税务系统坚持党中央确定的反腐败三项工作格局，切实加强党风廉政建设。领导干部廉洁自律工作取得新成效，各级领导干部通过自查自纠上交礼金(红包)、有价证券302.4万元，上交礼品折合人民币166.7万元；违法违纪案件查处工作取得新突破；纠正部门不正之风工作取得明显成效，在地方行风测评中，一大批单位名列前茅，共有291个地级、1356个县级税务局获得第一名；执法监察工作稳步推进，县以上各级税务机关开展执法监察4002项（次），为国家挽回经济损失4881.85万元；反腐倡廉教育取得明显效果，弘扬了正气，增强了广大税务干部的廉政意识。特别是以强化对税收执法权和行政管理权“两权”监督制约为突破口，积极开展效能监察和效能建设，抓出了特色，得到了中央领导同志和中央纪委领导同志的充分肯定。

对2001年全国税务系统的工作，党中央、国务院是满意的。2001年11月14日，朱镕基总理、李岚清副总理和王忠禹国务委员到国家税务总局视察工作时充分肯定了税收工作特别是金税工程建设所取得的成绩，对税收工作近几年来为国家作出的重大贡献，向税务战线的全体同志表示祝贺和感谢。

总结2001年的税收工作，有以下几条经验值得在今后的工作中继续加以遵循和坚持：一是必须站在全局和战略的高度，增强贯彻执行党中央、国务院重大方针政策的自觉性。税收关系到社会经济的发展和国家政治的稳定，因此只有以邓小平理论为指导，按照“三个代表”的要求，把税收工作放到国家政治经济的全局中去把握，才能正确理解、深入贯彻党中央、国务院一系列重大方针政策，坚持税收工作的正确方向，更好地服从、服务于全局。二是必须强化税收宏观调控，全面发挥税收职能作用。税收不仅是国家财政收入的主要来源，而且是国家实行宏观调控的重要手段。在社会主义市场经济条件下，必须重视发挥税收宏观调控的职能作用。只有在保证税收收入较快稳定增长的前提下，根据促进结构调整和经济发展的需要适时地实行有增有减的税收政策调整，不断完善税收制度，才能全面发挥税收职能作用，促进国民经济的健康协调发展。三是必须融会贯通地做好依法治税，从严治队和科技加管理“三篇文章”。这“三篇文章”是近几年税收工作实践的总结，是百万税务干部集体智慧的结晶。三者的立足点都是加强税收征管，最终都要落到提高征管水平和效率、增加税收收入上。这“三篇文章”相互作用，共同形成一个有机的整体。要提高税收工作水平，关键在于要融会贯通地做好“三篇文章”，围绕“三篇文章”练好内功，落实到基层一线的税收工作中去。四是必须坚持在继承中创新，在深化改革中不断推动税收事业的稳步发展。创新是税收工作发展的灵魂和动力。创新是扬弃，必须建立在继承的基础上，保持工作的连续性。改革、创新要循序渐进，既不能墨守成规，也不能急躁冒进，要积极稳妥地进行。在某种意义上讲，总结提高是创新，狠抓落实也是创新。只有在改革中求发展，在继承中求创新，才能保证税收事业的兴旺发达。

培育和发展具有国际竞争力的大型企业集团

国家经济贸易委员会主任　李荣融

一、培育具有国际竞争力企业集团决策的战略意义

未来5到10年，是我国经济发展极为重要的时期。世界新科技革命迅猛发展、经济全球化趋势增强、国际竞争日益激烈，是这一时期我国经济发展的大背景。朱镕基总理在关于“十五”计划《纲要》的报告中，把经济结构战略性调整取得明显成效、经济增长质量和效益显著提高，作为国民经济保持较快发展速度的基础。党中央、国务院提出了在主要行业形成若干拥有自主知识产权、主业突出、核心能力

强的大公司和企业集团的任务，这一决策具有十分重大的现实意义和深远的战略意义。

第一，发展大公司和企业集团战略决策的经济背景

加入世贸组织对我国各行业发展的影响，有关部门做了许多研究和预测，大体上可以分为3种情况。第一类是我国具有比较优势的行业，包括纺织、轻工、煤炭、建材等。其中服装、丝绸、羽绒制品、家用电器、一般机电产品、日用机械、皮革制品、鞋类、玩具等产品优势明显，有可能进一步扩大市场份额。第二类是与国际先进水平有一定差距的行业，主要是冶金、化工、石化和机械行业。典型产品有钢材、成品油、合成材料、化肥、农药、农业机械、重大技术装备、机电一体化设备等，这类产品将受到国外中高档产品的进口冲击。第三类是基础薄弱、缺乏竞争能力的行业，最突出的是汽车工业，尤其是轿车工业。

加入世贸组织后我国面临挑战的行业大都属于资金、技术密集型产业。这类产业一般都有很高的规模经济要求和技术素质要求，只有大规模生产才能降低成本，保证产品在价格上的竞争力；只有大规模投入才能形成自主开发能力，保持产品在技术上的竞争力。这两个方面只有大公司和企业集团才能做到。正因为如此，发达国家在经历这一产业发展阶段时，在产业组织结构上都有一个企业大型化的过程，最终形成了一批规模庞大的特大型跨国公司。如汽车工业的福特、通用、丰田；化学工业的杜邦、巴斯夫、拜尔；钢铁工业的阿姆科、新日铁等等。改革开放以来，我们依靠中小企业活力和效率促成了劳动密集型加工工业的大发展，使中国成为劳动密集型产品的出口大国，但这种分散的、小规模的企业组织结构是不能适应发展资金、技术密集型产业要求的。因此，加入世贸组织之后，能够站出来迎接跨国公司挑战的，只有大公司和企业集团。

我们可以这样预计：在加入世贸组织之后，在经济全球化的竞争格局下，如果大公司和企业集团能够承受住国际竞争，并在竞争中发展壮大，就会为我国经济拓展出广阔的发展空间，国民经济的持续、稳定发展就有了最重要保证。如果大公司和企业集团在国际竞争中站不住脚，那么我国国民经济发展很可能会因为市场的制约而陷入停滞，这种可能性不是不存在的。在这种形势下，中央提出加快发展大公司和企业集团的决策，对我国经济的长远发展有着至关重要、极其深远的战略意义。

第二，高度重视大公司和企业集团在结构调整、技术创新中的特殊作用

国内、国际经济发展的实践都表明，在以结构调整、技术进步为主要内涵的经济发展阶段，大公司和企业集团在国民经济发展中发挥着特殊的重要作用。

大公司和企业集团是技术创新载体。目前，世界500强企业研究开发费用占全球的比重接近70%，通用汽车一个公司每年的研究开发费用就达80多亿美元，巴斯夫一个公司从事研究开发的专业技术人员就超过1万人。巨大的资金和人力投入使大型跨国公司成为世界产业技术进步的策源地，全世界每年产生的新技术、新工艺70%以上为500强大企业所拥有。强大的技术创新能力和事实上的技术垄断使大型跨国公司在全球竞争中处于遥遥领先地位，技术开发是他们攻城掠地、竞争致胜最重要的法宝。可以这样说，没有大企业，就没有当今世界日新月异的技术进步潮流；同样，没有自己的大企业，我国也就没有产业技术进步真正的基础。这些年来，国内每一次产业升级、甚至重大的产品换代，都要引起一轮技术和装备引进的浪潮，原因就在于国内不能够提供技术和装备来源。这种一代接一代靠引进技术装备实现产业升级的路子是不可能长久的。一方面技术引进的成本会越来越高，经济上会越来越难以承受；另一方面，无论花多少钱实际也买不到真正先进的前沿技术。因此，国内产业的技术进步最终还要依靠自己拥有自主知识产权的大企业。

大公司和企业集团是产业结构调整的主体。大企业的技术创新和产业化活动不断创造出新的产业群，把产业结构一步步推向更高层次；大企业先进的技术和管理通过产业协作链条传递到数量众多的中小企业中去，从而带动一大批企业技术水平和管理素质的提高。大企业所进行的并购活动更是推动产业结构调整的巨大力量，近年来这种并购活动越来越频繁，并购的规模越来越大。埃克森1997年以828亿美元收购美孚石油公司，使埃克森——美孚成为全球最大的石油、天然气公司，2000年成为世界500强之首；GE公司每年都要从事上百宗收购、兼并、出售的资本运作，最近又以420亿美元收购了霍尼维尔公司，进一步巩固了其在航空发动机领域的竞争地位。这种并购活动既是跨国公司壮大自己、提高竞争力的有效途径，同时也在不断调整、校正着产业结构的扭曲。结构调整是需要主体的，一个国家产业结构调整的规模和效果主要取决于结构调整主体的能力和实力。在市场经济条件下，这个主体只能是企业、尤其是大企业。在“十五”期间，我国产业结构调整的任务非常繁重，国内大公司和企业集团应该在结构调整中发挥更大作用。

大公司和企业集团是国家综合国力和国际经济地位的基础，是国有经济主导作用的体现。在经济全球化的背景下，国际竞争已完全超越了国界。国与国之间的经济竞争，越来越演化成为各国大公司和企业集团之间的竞争；一个国家的经济实力和国际竞争力，集中地体现在大公司和企业集团的实力和竞争力上。美国、日本和西欧几个经济大国的国际经济地位，是以一大批国际知名的大公司为后盾的；像芬兰、瑞典这种经济总规模并不很大的国家，由于有了诺基亚、ABB、沃尔沃、爱立信这样世界级的大企业，也确立了其在国际经济中不可小看的位置。没有自己的大公司和企业集团，一个国家在国际经济竞争中必然陷于被动，在国际分工、资源配置、财富分配上必然要吃亏，在国际经济舞台上就没有发言权。在我国经济发展涉及国计民生的关键领域和重点行业，国有大公司和企业集团一直发挥着不可替代的主导和支柱作用。党的十五届四中全会《决定》强调从战略上调整国有经济的布局，坚持有进有退、有所为有所不为。这种“进而有为”，主要也将体现在国有大公司和企业集团的发展上。

“十五”期间我国经济发展的一系列奋斗目标和指导方针，如经济增长、结构调整、技术进步、效益提高，乃至增加就业、提高人民生活水平等社会目标，都需要直接或间接地通过大公司和企业集团的发展来实现、来完成。正因为如此，党中央、国务院明确提出了发展大公司和企业集团的战略任务。这个决策对我国未来的经济发展具有至关重要的意义，我们必须认清形势和责任，把这项战略决策贯彻落实好。

二、培育和发展大公司和企业集团工作应注意的几个问题

我国大公司和企业集团发展状况不适应形势要求的原因是多方面的。起点不高，底子不厚，实力有限；历史遗留问题多，社会负担重，主业不突出；企业组织结构不合理，管理水平不高，技术积累不足；外部体制环境不顺，行政干预多，体制摩擦多；内部机制转变不到位，观念僵化，人员不尽其力。从这种现实情况出发，要把党中央、国务院提出的发展大公司和企业集团的战略决策落实到位、取得成效，必须下大决心，采取综合性措施，制定配套政策。

第一，以企业为发展的主体，尊重市场经济规律

我国经济体制改革的方向是建立社会主义市场经济体制。在市场经济条件下，企业是市场竞争主体，也是发展的主体。在培育和发展具有国际竞争力的大公司和企业集团的工作中，首先要强调这个原则。在中央提出发展大公司和企业集团的任务后，会不会又引发各级政府新一轮“拉郎配”、层层抓大、拼凑集团的浪潮？对这种已经被实践证明是不成功的、而且副作用很大的做法需要事先有所警惕。我国经济体制中各种关系尚没有理顺，在这种情况下政府完全不介入、不给予必要的支持，大公司和企业集团的发展会遇到很多困难。但政府需要做的，是为大企业的发展创造环境和条件，帮助企业克服一些依靠自身难以解决的体制障碍，而不是代替企业决策、强迫企业执行政府的指令。

以企业为发展主体，首先要由企业自己明确一个发展目标。每一个有志于增强国际竞争力的大企业都选择一个同类型的国际先进企业作为参照系，把本企业的技术、产品、管理、营销等方面与之逐项进行比较，把差距找清楚。这种差距实际上就是企业发展和赶超的目标和方向。在此基础上，研究提出本企业增强国际竞争力的实施方案，制订措施逐项缩小与国际先进企业的差距，并明确哪些方面是企业自己需要做的，哪些问题企业自己解决不了而需要政府帮助和支持。方案的研究和制订属于企业的重大战略决策，一定要经过充分的调查研究和科学论证，尊重市场经济规律，找到符合实际、可行的发展途径和办法，切不可想当然、拍脑袋。实施方案制订出来后，可以请有关政府部门和专家学者一起研究、论证，保证其科学性和可行性，然后付诸实施。

第二，培育核心竞争力，立足于做优做强

1999年“财富”全球论坛在上海召开之后，进入世界500强成为中国企业界的一个热门话题，大家最关心的数字是500强最后一名的销售收入。对一个大企业来说，树立这样一个远大的志向当然是一件好事情。但我们要注意的是，世界500强的门坎虽然是企业的年销售收入，但销售收入达到一定规模仅仅是企业竞争力提高的一个结果、一种体现，我们必须把企业发展的目标紧紧锁定在提高企业核心竞争力这一根本性问题上。我们的大企业一般都存在过于臃肿的问题，与主业无关的部分太多，母子公司链条拉得过长，还有不良资产、富余人员、办社会的负担。存在这类问题的企业要下大决心推进内部改革和重组，把与主业无关的部分剥离出去，把过长的管理链条截短，使能够体现核心竞争力的主业部分突出、精干，创造一切条件使其快速发展。剥离出来的非主业部分要采取多种措施让其自主走向市场，或逐步消化其负担，政府也应给予一定的支持；一时不具备条件、消化不了的宁愿养起来，也不能拖累企业核心竞争力的培育和主业的发展。

在当前还要特别重视通过深化改革，形成有利于技术创新和科技成果转化的管理体制和运行机制，从体制上把企业中的“第一生产力”激活，把科技人员的积极性和创造性充分调动起来。很多大企业目前的用人制度和分配制度还比较僵化。如果整体推动内部改革有困难，应该先从技术开发部门入手，先把科研开发人员的岗位搞活、分配搞活，充分引入竞争机制，打破大锅饭和平均主义的体制，加大对企业核心技术开发有突出贡献、起关键作用的人才的激励力度，使科技人员的报酬逐步与市场价位靠近，使大企业的研究开发岗位能够稳住人才、吸引人才。技术开发部门是大企业发展中最核心的部分，先从最关键的环节入手改革，对企业的发展会有带动作用，对企业整体的改革会有示范作用，是符合改革推进规律的。

第三，充分利用境内外资本市场，加快现代企业制度建设，促进机制转换

这几年现代企业制度建设的实践表明，利用境内外资本市场改制上市，是国有大企业推进体制创新、促进机制转换的有效方式。上市企业要受到社会公众投资者的监督，企业的行为要受到证券管理部门的监管，企业经营业绩和重大信息要向公众披露，这种透明度产生的制衡效果是非常明显的。尤其是境外上市公司，重组方案要由境外投资银行按照国际资本市场的要求设计，企业的经营业绩和财务状况要由境外会计师事务所审计，一切都是国际惯例，来不得半点虚假。2000年中石油、中石化成功在境外上市，都进行了力度很大的重组。中石油70%的资产进入股份公司，但只有1/3的人员能够进入，否则境外投资者不接受；这些公司改制后，法人治理结构的建立和运作都比较规范，并按照国际惯例引入了独立董事制度以保护小股东利益。

这种规范的改制、彻底的重组如果不是在境外上市，仅仅靠我们自己去设计和推动，就不会有这么大的压力和动力，改革和结构调整的步子就不可能跨得这样大。朱镕基总理为此多次强调，为加快现代企业制度建设的步伐，要支持具备条件的国有大中型企业到境内外证券市场改制上市；对规模较大、效益较好的大公司和企业集团，要积极争取到境外上市。

第四，重视制度建设，完善财务监督

大企业是发展的决策主体，与战略研究和重大决策相关的制度建设非常重要。战略决策是企业发展中最大的事，一个决策失误就把一个大企业拖入泥潭的教训是很多的，因此大公司和企业集团必须十分重视战略决策管理。大企业集团一般都有为数不少的控股、参股子公司。按照现代企业制度要求，集团公司作为出资人，要向子公司派出产权代表担任董事、监事或财务总监。对这些产权代表应该如何管理，怎样才能保证他们忠实地代表、维护集团公司的意志和权益，对这些人应如何考核、评价业绩，需要建立什么形式的约束和激励机制。产权代表管理也是大公司和企业集团管理中的一个特殊问题。

对于大公司和企业集团来说，财务管理、财务监督特别需要重视。我国一些企业集团发展到一定规模，子公司多了，母子公司链条拉长了，经常会出现程度不同的内部失控现象。母公司掌握不了子公司的财务状况、控制不住子公司的财务行为，结果一个子公司出现问题就把母公司拖到无休无止的债务、担保纠纷里，导致重大损失。这种情况不但出现在国有企业集团，集体、民营企业集团也有，这是我国企业集团管理中普遍存在的一个薄弱环节。国外大型跨国公司的财务管理都是高度集中的，借助现代信息技术手段，母公司可以随时掌握、监控遍布全球的子公司的财务状况和现金流动。这种管理、控制能力实际也是公司大型化、集团化和跨国经营的一个基本前提。大公司和企业集团要学习、借鉴国际跨国公司的经验，从财务管理、财务监督入手推进企业信息化建设。建立以预算管理为中心的集中的财务管理体制，统一集团内部财务制度和财务软件，借助现代信息技术手段有效管理和监控，加强集团内部的财务审计和对外担保管理，堵住有可能造成内部失控的管理漏洞。

第五，政府部门要积极支持大公司和企业集团的发展，创造良好的外部环境

在目前我国经济体制改革的现实阶段上，大公司和企业集团发展的外部环境还没有完全理顺，企业的一些历史遗留问题还需要政府帮助解决。这种情况决定了各级政府、各个部门在贯彻落实中央发展大公司和企业集团战略决策的工作中也负有重大责任，有许多工作要做。目前，政府对国有大企业派出的监事会已基本就位，约束机制初步形成；下一步还要积极探索符合国有大企业特点的企业经营者激励办法，使优秀国有企业经营者的待遇也能与他们的贡献相一致。

“十五”期间还要继续理顺政企关系，重点是清理和减少行政性审批。目前，各级政府部门对企业的行政性审批仍然过多。这些审批制约了企业的发展，造成了腐败现象，出了问题也说不清责任。因此，国务院要求各级政府部门都要对现行的行政性审批项目进行彻底清理，按照建立社会主义市场经济体制的原则和政企分开的要求规范政府的经济管理职能和手段。对一些全面放开有风险、还看不太准的审批项目，能不能先从大公司和企业集团开始，让这些优势企业先走一步。我们的方向应该是让大公司和企业集团拥有和国际竞争对手同样的发展条件和自主权。为了加快我国大公司和企业集团的发展，使其尽快提高国际竞争力，我们应该集中地、配套地向大公司和企业集团实施政策支持，帮助他们尽快甩掉包袱，增强发展的活力和能力。有关政府部门要积极、主动、热情地帮助企业协调、解决问题，使企业能够感受到政府的支持和帮助。在贯彻落实中央发展大公司和企业集团战略决策的工作中，企业有企业的责任，政府有政府的责任。政府在向企业提出工作要求时，首先要把自己的责任履行好。

加快发展中国高技术产业

国家计委高技术产业发展司司长　马德秀

一、高技术产业发展模式

我国确定了“总体跟进，重点突破”的高技术产业总体发展战略，要有重点地发展高技术产业，实现局部领域的突破和跨越式发展，逐步形成我国高技术产业的群体优势和局部强势。根据我国国情，提出了近期发展高技术产业的4种不同模式：

（一）在技术和市场高度国际化的领域，应积极参与国际分工，吸引跨国公司投资，以扩大产业规模与出口为目标，同时引进技术并注意培养创新能力，提高我国在国际上的分工地位。

（二）在我国具有一定优势的高技术产业领域，要积极开发国际市场，把握住竞争优势，促进我国高技术跨国企业的形成。

（三）要充分发挥中、小型高技术企业机制灵活、创新能力强的特点，发展一大批“小而专”、“小而强”的中、小型高技术企业。

(四) 在关系到国家经济命脉和安全的核心技术领域，要以自主开发创新为主；在国际上尚未产业化而中国已有一定技术基础的领域，要在自主开发创新基础上，加强国际合作，加快发展。在这些领域集中社会资源，力求突破。

总之，在总体上要以国际化、市场化方式为主，利用经济全球化所提供的机遇和市场机制的促进作用来发展我国的高技术产业。

二、高技术产业发展重点

我国将在2005年前，通过建设12大高技术工程和加速发展20个战略性重点高技术产业领域，实现重点突破、培育新的经济增长点的战略，带动经济、科技的全面发展，促进经济结构的优化升级，增强综合国力。这12大高技术工程是：

(一)新一代高速宽带信息网络工程。新一代高速宽带网络的骨干网传输容量将达到每秒数千亿到上万亿比特，将数字用户接入网的传输速率由目前的千位级提高到数十兆位级。逐步实现电信网、广播电视网和计算机网的融通以及业务的融合，使新一代高速宽带网络成为支撑未来经济和社会发展最重要的信息基础设施。

(二)深亚微米集成电路工程。建设一批达到0.25微米技术以上的深亚微米集成电路芯片生产企业，建成一批集成电路封装厂；形成一批高水平的集成电路设计企业，重点开发通信、网络产品、数字视听产品和IC卡类等领域中的集成电路；迅速扩大集成电路的产业规模，带动相关产业的发展，使我国逐步成为全球集成电路的主要生产基地之一。

(三)数字高清晰度电视(HDTV)系统工程。加快制定数字电视发展规划。突破核心技术，制定数字高清晰度电视标准，在北京、上海和深圳建成高清晰度电视实验系统。建成高清晰度电视节目制作基地；逐步形成数字电视机和高清晰度显示器件、专用集成电路等关键元器件的规模生产能力；制定我国现有模拟电视系统向数字电视系统过渡的时间表，推进广播电视数字化进程。

(四)第三代数字移动通信系统(3G)工程。加强对第三代移动通信制式的研究，加快确定我国第三代移动通信的标准；积极开展国际合作，开始建设第三代数字移动通信系统工程。掌握第三代移动通信关键技术，推进产业化，尽快形成第三代系统设备、手机的规模生产能力。积极开展第三代移动通信运营试验、商用试验，力争在“十五”末期建立面向国际主流技术的第三代移动通信网络和产业体系。

(五)广播电视直播卫星系统工程。研制发射我国首颗电视直播卫星，力争在2－3年内发射运行，全面开通广播电视直播业务。

(六)高速铁路工程。开始着手进行时速在300公里及以上的高速铁路建设，逐步形成与高速公路和航空运输共同构建的高速客运网络。采取国际合作方式，加快建成上海浦东高速磁悬浮列车实验线，同时积极发展高速轮轨技术。进行京沪高速铁路采用高速磁悬浮技术与高速轮轨技术选比的可行性研究，适时开工建设京沪高速铁路。

(七)新型涡扇喷气支线飞机工程。支线飞机在我国有较大的潜在市场需求，要完全按照国际标准，研制30－70座级涡扇喷气客机，全面满足CAAC/FAA的适航要求，争取2006年首飞。

(八)生物技术产业工程。重点发展医药生物领域和农业生物领域。要加速目前已获得生产批准或进入临床试验的基因工程药物及疫苗的产业化，鼓励引进先进的重要基因工程药物及疫苗产品，扩大产业规模；加速推进生物芯片和生物反应器的开发与产业化；加快发展农业生物技术，形成产业规模；积极发展以微生物发酵和酶催化为核心技术的生物化工，以及生物农(兽)药、生物肥料、生物饲料、生物降解材料和海洋生物技术产业等。

(九)现代农业高技术示范工程。重点建设以现代技术支撑的种业工程、现代种植、养殖设施农业示范工程、农产品深加工产业化工程，推动农村经济的快速发展；建设高效节水农业示范工程、精准农业示范工程、高效畜牧业示范工程、干旱半干旱区雨养农业示范工程等；大力发展耐旱、耐寒、耐盐碱、抗病虫害的抗逆林木良种和适宜退耕还林(草)以及防沙治沙用的林草良种，为西部生态环境建设、天然林保护工程和防沙治沙工程提供优质种苗等；建设荒漠化治理示范工程；要特别重视西部的特色农业、特色林业、旱作农业和生态农业的产业化示范；同时，加快农业信息化进程，推动传统农业生产方式的根本性转变。

(十)煤炭液化制油工程。发展煤炭液化是保证我国能源安全的战略性举措。要加快建设百万吨/年以上煤炭液化制油示范工程；形成适合于我国煤炭资源特点和国情的煤炭液化技术，为商业化装置提供成套技术工艺和装备。

(十一)高技术高附加值船舶设计制造工程。重点发展第5代超巴拿马型集装箱船、30万吨级超大型油轮(VLCC)、大中型液化天然气船(LNG)、液化石油气船(LPG)、大型半潜式运输船、大型滚装船、新型化学品船、高速客船等。

(十二)洁净煤技术应用示范工程。重点建设大型循环流化床应用工程、水煤浆加压气化技术应用工程、整体煤气化燃气—蒸汽联合循环(IGCC)发电示范工程、增压流化床—蒸汽联合循环(PFBC)发电示范工程、水煤浆应用示范工程、煤地下气化示范工程、煤层气开发利用示范工程等；要加速大型超临界发电机组的产业化，达到大型化、自主化和商业化的目标。

20个重点领域是：软件、电子商务、信息安全系统及产品、数字化电子产品、新型显示器件、新型元器件、创新药物、现代中药、微电子和光电子材料、新型功能材料、网络化制造工程、工业自动化装备、数控系统及其装备、智能交通系统、先进环保、先进电池、清洁燃料汽车、小卫星、卫星应用、膜技术应用。

三、促进高技术产业发展的政策和措施

进一步完善我国的知识产权保护制度；持续增加对高技术的研究开发投入；大量培养高技术研究开发人才及高技术企业的经营管理人才，并注意吸引在海外各类高技术留学人员回国创业；建立并逐步完善创业投资的法律保障体系，促进创业投资的发展；建立产权评估和交易体系；发展创新型中小企业服务体系，推动建立投资服务、技术服务、咨询服务、信息服务等服务网络；改变目前按区域确定高技术产业税收优惠范围的政策，根据产业政策，选择有限的产业领域或产品，制定与国际惯例相容的阶段性税收优惠政策。将所得税优惠的重点放到激励企业研发投入以及社会对高技术企业的创业期投入上；重视标准战略，通过使用先进的技术标准和国际标准，形成公平、合理、有效的企业技术进步推进机制；明确相关政府采购政策，支持我国高技术产业发展。

继续实行稳健的货币政策
加大金融对经济发展的支持力度

中国人民银行行长　戴相龙

2001年，中国人民银行坚持扩大内需的方针，认真执行稳健的货币政策，积极调整信贷结构，强化金融监管，既支持经济增长，又防范金融风险，取得明显成效。

一、货币信贷总量适度增长，与经济发展基本适应

2001年，中国人民银行综合运用各种货币政策工具，调节货币供应量，实现了年初制定的货币供应量调控目标。到2001年底，广义货币(M_2)余额15.8万亿元，同比增长14.4%；狭义货币(M_1)为5.9万亿元，增长12.7%；市场现金流通量(M_0)1.6万亿元，增长7.1%。金融机构企业存款余额为5.2万亿元，比年初增加7199亿元，同比增长16.9%；城乡居民储蓄存款余额为7.4万亿元，比年初增加9458亿元，同比增长14.7%。全国金融机构本、外币各项存款折成人民币15.5万亿元，贷款为11.9万亿元，分别比年初增加2.1万亿元和1.3万亿元，分别增长15.4%和11.8%。总体看，货币信贷增长与经济增长基本相适应。

二、信贷结构进一步改善，促进了经济结构的调整

与国债资金相配套的基础建设贷款得到及时安排。70%以上农村信用社开办了农户小额信用贷款，农户贷款迅速增加。2001年底，全国农村信用社贷款为1.2万亿元，比年初增加1400亿元。各类消费贷款余额达到6990亿元，比年初增加2755亿元，同比多增160亿元。其中，个人住房贷款余额5598亿元，比年初增加2282亿元，同比多增353亿元，对拉动消费和投资发挥了重要作用。对小企业金融服务工作有所改进。

三、金融监管加强，信贷资金使用效益逐步提高

对不良贷款比例高的商业银行和全国的银行承兑汇票业务等进行了重点检查，处罚国有独资商业银行违规人员1926人。贷款质量五级分类办法内部运行3年已取得成功，并决定从今年全面推行。

2001年，国有独资商业银行信贷资金周转1.09次，比上年加快0.1次。到2001年底，不良贷款比年初下降907亿元，不良贷款占全部贷款比例的25.37%，比年初下降3.81个百分点，实现了年初确定的降低2~3个百分点的目标。存款类金融机构超额备付金率平均为7.6%，支付能力较强。

四、国际收支状况良好，外汇储备大幅度增加

完善资本项目管理的措施，初步建立了国际收支风险预警系统。到2001年底，国家外汇储备已达到2122亿美元，比年初增加466亿美元，增长28.14%；国家黄金储备500吨。黄金体制改革取得重要进展，在上海成立了黄金交易所并模拟运行。人民币汇率继续保持稳定。

2002年是我国加入WTO后的第一年，金融业对外开放将进入一个新的历史阶段，金融业发展面临新的机遇和挑战。中国人民银行将更好地依法履行职责，继续实行稳健的货币政策，切实加强金融监管，促进金融体制、金融制度、金融业务创新，为促进经济发展和全面对外开放创造良好环境。2002年，中国人民银行将从以下几个方面加强和改进货币信贷工作。

第一，继续保持货币信贷总量适度增长，进一步加大对经济发展的支持力度。2002年，货币信贷预期目标是：M_2

增长13%左右，M_1增长13%左右，现金M_0投放不超过1500亿元。全部金融机构贷款增加1.3万亿元以上。

第二，提高中央银行对宏观金融的调控能力，进一步增强货币政策透明度。综合运用各种货币政策工具，灵活调控货币供应量。增强中央银行运用利率调控经济的能力，对外币利率及时按国际金融市场变化进行调整，对人民币利率按我国宏观经济形势进行管理，同时，要考虑人民币和外币的利率水平差异带来的影响。加大公开市场操作力度，适当增加对中小银行的再贷款。

建立和健全有关货币政策的信息收集、分析、咨询、决策和监测系统，增强货币政策透明度。完善货币政策情况报告和分季公布制度。

第三，引导贷款投向，促进经济结构调整。督促商业银行、政策性银行在保证国债项目配套贷款的同时，增加对企业技术改造、中小企业特别是科技型中小企业和农业结构调整的支持力度。合理引导贷款投向，促进国有企业战略性改组。促进农村信用社全面推广农户小额信用贷款，逐步缓解农民贷款难问题。农户小额信用贷款是指由农村信用社根据农户的资信核定贷款额度，农户在贷款额度内向农村信用社自主申请、自主使用、主动归还的免于担保、抵押，由农户承担责任的贷款。采取合理有效的措施，通过定银行、定学校、定贷款额度，建立三者之间稳定的关系，促进国家助学贷款大幅度增加。继续加强管理和规范消费信贷业务，支持其健康发展，严禁发放不指定用途的消费贷款。继续落实推进西部大开发的各项金融措施，促进区域经济协调发展。

第四，加快商业银行改革，增强信贷资金营销观念，疏通货币政策传导机制。促进国有独资商业银行按照集中固定资产贷款审批权、适当划分流动资金贷款权的原则，完善内部信贷管理权限划分；增强营销观念，主动培养和选择客户，积极开拓信贷市场；根据信贷市场有效需求，编制和执行业务经营计划，合理规定内部资金往来利率，促其分支机构合理运用资金；改进上级银行对分支行业务经营考核办法，在鼓励吸收存款的同时，扩大贷款营销，通过增收节支提高盈利水平。

第五，加强金融监管，加快银行改革，为有效执行货币政策创造条件。加快国有独资商业银行的综合改革，分步解决国有独资商业银行完善法人治理、充实资本金、提高资产质量、改善经营管理以及精简机构和精减人员等问题，并严格考核，促使其不良贷款比例平均下降2～3个百分点。从2002年1月1日起，全面实行贷款质量五级分类管理，督促商业银行按照谨慎会计原则建立贷款损失准备制度。从5月1日起，实施《股份制商业银行公司治理指引》和《股份制商业银行独立董事、外部监事制度指引》，规范股份制商业银行法人治理结构。根据《金融机构撤销条例》，加快对有问题金融机构的处置，并依法对违规人员进行严肃处理。适应金融对外开放扩大的需要，认真履行我国加入WTO金融开放的承诺。进一步修改和完善金融法规，增强监管的透明度，分别制定国有独资商业银行、股份制商业银行、上市银行及其他银行公开披露有关信息的标准和期限。

第六，改善和加强外汇管理，促进国际收支平衡，维护人民币汇率的稳定。继续执行以市场供求为基础的有管理的浮动汇率制度，在保持人民币汇率基本稳定的前提下，进一步完善人民币汇率形成机制。继续改进对经常项目收支的管理，循序渐进地推进我国人民币资本项目可兑换进程。加强国际金融合作，积极推进东盟及中日韩“10+3”货币互换机制，促进亚洲金融市场稳定。

第七，进一步改进金融服务。加快企业信贷信息登记系统和个人征信体系建设步伐。抓紧“中国银联”的筹建工作，争取在2月份正式挂牌，促进银行卡联网通用，到2002年底，要做到在300个以上城市实现本系统内银行卡联网运行，在100个以上城市实现各类银行卡的跨行使用，在40个以上城市实现各类银行卡跨地跨行使用。

建立现代金融体系　促进高新技术产业发展

国家开发银行行长　陈　元

一、高新技术是推动经济持续发展的动力

进入21世纪，世界高新技术正在发生新的重大突破，影响并改变着整个世界发展的进程。信息技术已经在全球引发了一场深刻的产业革命和社会变革，基因图的破译有望改变整个人类的生活方式，纳米技术很可能成为下一次工业革命的核心。可以肯定，科学技术已经成为一国综合国力竞争的制高点，谁在高新技术发展的进程中领先一步，谁就有可能在21世纪的竞争中抢占先机。正因为如此，世界各国都在研究推出发展高科技战略，把重点放在提高信息化水平上。例如，美国把信息化作为一项重要的发展战略，强化政府对科技领域的决策，近年来对研究和开发的投入每年约3000亿美元，并促进成果产业化。欧洲国家也推出电子欧洲行动计划。日本在推行《e日本构想》之后，2000年11月又出台了“信息技术国家基本战略”，目标是使日本

在5年内成为世界上最先进的信息技术国家。意大利提出《e社会》、《e政府》等一系列计划。印度、巴西、墨西哥等国家也相继推出互联网时代新产业政策。

中国正处在重要的发展时期。目前,面临两种挑战:一是尚未完善的市场化要应对全球化,二是尚在推进中的工业化要面对信息化。应对这种挑战,重要的环节是通过科技创新来调整经济结构。中国政府在"十五"计划的纲要中明确提出,要推进科技进步和创新,用高新技术和先进适用技术提升传统产业,以信息化带动工业化,发挥后发优势,实现跨越式发展。

由于美国NASDAQ以及其他国家的市场目前正处于低迷状态,使得国际投资的发展势头减缓,不少人对新经济开始怀疑,对风险投资失去信心。应该说,NASDAQ的下跌并未对美国风险投资产生太大的产业层面冲击。高新技术投资可以随时减少,但恢复的速度也很快,这是一个特点。如果没有80年代末、90年代初大量的风险投资对高新技术产业的支持,美国就不可能出现90年代NASDAQ持续走高和经济近120个月的持续增长。因此,我们没有理由动摇对风险投资在支持高新技术产业乃至整个经济发展和结构调整方面的信心。现在出现的起伏变化,说明了NASDAQ和国际创业投资领域对新经济的期望过高,也有助于我们更冷静地看待风险投资,恢复对风险投资本质的认识。

二、资本市场对高科技产业的发展至关重要

世界各国普遍采用财政、信贷和证券三种融资方式,近几十年在西方国家也在演变。欧美国家尤其是美国,证券融资发达,融资方式以直接融资为主,日趋发达和精细的资本市场在促进经济发展中扮演重要角色,而信贷融资则退居次要、配合的地位。亚洲国家的证券融资不够发达,融资方式以信贷融资为主。从某种意义上讲,三种融资方式的演变和关系决定了一个国家经济发展的速度。

高新技术发展需要大量先导资金,成功率低,投资回收期长。这决定了高新技术的发展与传统产业有着不同的融资路径,不同融资方式对高科技发展的作用也就不同。先看财政融资。靠政府直接投资和拨款来支持各种企业创新是比较困难的,也是不现实的。财政的资金毕竟有限,容不得风险,不可能用纳税人的钱去冒险,因此也就不可能成为风险投资的主力。高科技需要政府支持,但财政融资主要是起"催化剂"作用。

再看信贷融资。银行承受风险的能力有限,其融资对象应是有稳定现金流、能够按时还本付息的客户,对没有经营记录和担保的创业企业提供资金的风险很大。高科技企业缺少稳定性,又很难满足银行对贷款抵押、质押与保证的要求。美国的一项统计表明,最终能获得经济上成功的项目仅12%。只有在完成了种子阶段和创建阶段,进入成长期新产品被市场接受以后,才能有大量的收入还本付息,覆盖信贷风险。银行信贷是支持成熟的高科技企业扩大生产规模、提高产品市场占有率,而不能把储户的存款用于风险很大的高新科技企业创建。国际经验证明,凡是长期和过分依赖于银行信贷融资的国家,都很难使高科技和风险投资成为一个有规模的产业。

高科技产业融资的最终出路在于资本市场。传统资本市场的主板市场已难满足中小高科技企业的融资需要。主板市场跟银行有相似的地方,都是面对有一定规模和已经进入高成长期和成熟期的企业,是以一些传统经济的稳定收入来源作为支柱。其上市的门槛较高,高新技术企业发行债券,进行高技术企业贷款证券化,以及用公开上市等方式筹集资金,都必须在产品进入成熟期、经营规模和财务状况有了比较坚实的基础才能实现。显然,高技术产业在产品幼稚期达到上市标准非常困难。

由于传统的资本市场和银行都没能很好解决创新企业的资金来源问题,创业板市场和风险投资便应运而生,这是风险投资的证券化,有人把这称之为资本市场的革命。为高科技产业的发展,包括创业企业、高成长企业和成熟期企业在内的高科技企业提供了新的融资机制。风险投资,对创业时期的企业提供融资服务,是推动高科技发展的孵化器,它使创业企业渡过产品的种子期和创建期,进入成长和成熟阶段。风险投资不仅能够分散和规避高风险,而且能够实现高收益。通过对多个企业或项目实行一揽子组合投资,有效分散和规避风险;通过"专家管理",在对所投资企业提供资本支持的同时,还在信息咨询、产品开发、决策管理等方面提供服务;通过"收益共享、风险共担"的分配原则和业绩奖励机制,提高风险资本运作业绩。

三、加快构建中国现代金融体系,支持高新技术产业发展

促进科技创新和高科技产业的发展,建立与之相适应的金融体系是关键。中国金融体系的特点是,以信贷融资为主,证券融资尚处于发育成长阶段。这种金融体系隐含的缺陷是明显的:未能充分发挥金融在推动经济发展中的潜能,难以提供知识经济和科技创新所需的动力。因此,必须以国际通行的惯例构建发达健全的中国现代金融体系。

发达健全的现代金融体系的核心,是分层次融资结构的有效结合和高效率运转。科技创新发展,需要合理处理财政融资、信贷融资、证券融资三者的关系,使其相互协调配合,发挥各自的功能,重点是开辟资本市场的新路,包括风险投资制度、创业板市场。

政府对高科技产业技术创新的支持,在我国主要表现为财政预算拨款,由于资金有限,大部分是限于基础研究或少数重大项目开发,能真正直接投入技术创新和推广阶段的资金很少。实际上,简单地靠政府投资支持风险投资的发展是比较难的。目前,各级政府都设立了一些科技投资基金,这是一件好事。但从方向和方式来说是有问题的,反映的是计划经济时期的思维方式。政

府基金只能起引导、催化剂的作用，而不能成为风险投资的主力。

信贷融资为主的格局在中国将持续很长时间。但现阶段银行的不良贷款比例大、资本金不足等问题，使银行承受风险的能力十分有限，迫切需要加快银行业改革，完善银行信贷融资的功能。现在，中国有6万多亿元居民储蓄，主要由银行用于发放贷款。目前除了用于发展一些有长期稳定现金流的传统基础设施之外，要研究采取新的方式投入较成熟的高科技产业。欧美国家的银行在有限的风险能力中，仍在配合资本市场对高科技产业提供力所能及的支持，银团贷款就是普遍采取的一种方式，2001年西欧电信业购并的银团贷款达2000多亿美元。此外，在加强监管的同时，要提高货币资金的运作效率，可以由银行系统通过成立投资基金的办法来培育机构投资者，提高银行为高科技产业的综合服务能力。

发展高科技产业最终依靠的还是资本市场。目前，沪深两个交易所主要是以大中型企业和成熟企业为选择对象，属于主板市场。即使是传统资本市场，股票市场也只是一部分，还应该有债券市场，这部分在我国更落后。我国现行的资本市场只解决了部分存量问题，增量部分尤其是传统产业新增能力的融资，如国债项目等，主要还是由信贷融资和财政融资承担，而大量成长型风险企业被排斥在外，从源头上堵塞了科技创新的直接融资来源和风险投资。因此，开辟中国资本市场的新路——风险投资制度和创业板市场，是发展中国高新技术产业的当务之急。

1. 中国风险投资发展还处在初期，风险基金数量少，规模小，运作机制不完善，项目市场评价和风险评价体系尚未形成，融资中介和担保机构服务水平不高，必须加快完善和发展。当前的重点是：(1) 建立合理的风险投资机制，建立和完善法律支持系统，包括制定有关创业板市场和风险投资基金管理制度，确定税收优惠等鼓励性政策，引进管理和技术人才，加快与国际接轨等。(2) 实现投资主体多元化。一是发展民间投资。可以在大中城市建立高技术风险基金投资渠道，将储畜引导到风险投资上来。二是由大公司和企业集团创立风险投资公司。可以用自有资金，也可以用银行贷款，科研部门的技术和企业自身的生产销售条件，扶持高技术企业。三是在加强监管的前提下，允许一些业绩好的银行，通过设立投资基金和风险投资公司，进入风险资本和风险投资领域。四是引进国外风险资本，目前已有大批国外风险投资公司进入中国。(3) 政府对风险投资主体给予必要的扶持和支持，主要是采取市场化措施，包括政府的种子资金、银行贷款与政府信用担保等。(4)汲取美国风险投资的教训：一是风险投资必须走集中化、规模化的发展道路；二是虚拟经济的发展要有实体经济的支撑，避免形成泡沫；三是市场更钟情于经营历史较长的创业企业和风险投资机构。

2. 风险投资必须以资本市场为出口和依托，要继续推进我国创业板市场的建立，其中最为重要的是市场的自身定位、市场的内在结构和市场的交易机制。创业板市场的建立要遵循几个基本原则：(1) 创业板的法规框架，要有清晰、完整的游戏规则；(2)市场的透明度和有可靠、公开的信息披露，确保市场的有效运行；(3) 纪律机制，奖罚要分明，加强监管。

3. 建立各种类型的产权市场。对于不能通过上市的高科技股本投资、债券、可转换债和商业票据，可以建立区域性的场外交易市场，包括通过金融中介的第三市场和不通过中介的第四方市场，实现流通。在美国，风险投资有30%的比例通过上市退出，高技术企业挂牌上市的比例更低一些，所以其他类型的退出方式还是必不可少的。这种市场在北京、上海等城市已经存在，目前大部分交易不旺，需要加快进一步发展。

高科技之路是中国的强国之路，而高新技术产业的发展，有赖于发达健全的中国现代金融体系的支持，其中有资本市场尤其是风险投资制度的作用，有银行信贷融资的帮助，再加上政府及财政融资进行引导，以此形成对中国高新技术产业发展的有力推动。

中国投资前景与金融支持

中国建设银行行长　张恩照

加入WTO，中国的投资与发展将迎来前所未有的机遇与挑战。中国投资潜力巨大、前景广阔。

改革开放20多年来，中国经济持续稳定发展，为加入世贸组织打下了良好的基础，也为进入WTO时代的中国创造了良好的投资环境。加入WTO，恰逢新世纪刚刚开始，中国改革开放进入新的发展时期，未来几十年，中国将在经济生产，交通通讯、金融服务、信息处理等基础设施，人居生态环境，以及文化教育卫生等各个方面取得巨大的发展，迅速向国际先进标准看齐，这将带来巨额的投资需求、良好的效益和可观的投资回报。

同时，WTO时代的中国也是经济成长在质量上全面提高的时期，党中央制定的社会经济和产业结构的调整战略、西部大开发战略、城镇化战略等重大战略的贯彻实施，将为中国的投资建设带来全新的发展机遇。今后二、三十年，中国的产业结构、企业结构将经历实质性的调整，西部地区将发生巨大变化，资源开发利用、交通旅游事业将使整个国家更加蓬勃、健康和平衡地发展。而从全国范围来看，这一期间可能会有3-4亿的农村人口进入城镇就业并定居，仅这部分新进城人口的住宅建设一项，其投资额就极其可观。与城镇化进程密切相关的民营经济发展、城镇建设、幼儿教育、老年服务、医疗保健、餐饮休闲等领域都是明摆着的投资良机。可以预见，这些投资领域将为国际资本进入中国市场创造良好的条件。中国急待开拓的巨大市场将为海外投资者提供既安全又丰厚的投资回报，机遇不容错过。

当然，中国的投资市场也将存在激烈的竞争。未来的中国投资将呈现出多种经营形式的全面发展、多种投资渠道的互补存在、多种投资方式相得益彰的局面。随着中国加入世界贸易组织，将会有大量的外国资金、技术、人才等涌入中国以寻求商机，而中国将遵循世贸组织各项协议的要求，放开现在尚未开放的市场，在农业、金融、航空、汽车等许多行业，外国资金可以通过收购兼并、增资扩股或新设企业等多种投资方式，进入这些更为开放的领域，令这些行业的竞争形式更加多采多姿，因而国内的投资主体也必将面对这种新的竞争格局而勇往直前。

为了更好地利用中国作为世贸组织新成员而出现的新一轮投资高潮的历史机遇，我们要大力建设良好的投资环境。

首先，现行的法律法规有很多急待修改和完善之处。自2000年10月至2002年4月，中国政府先后对3个主要涉及国外投资的法律即《中外合资经营企业法》、《中外合作经营企业法》和《外资企业法》进行了修订，其中诸多与WTO原则不一致的地方都得到了修正。例如，原来《中外合资经营企业法》中第五条"外国合营者作为投资的技术和设备，必须确实是适合中国需要的先进技术和设备"，其隐含的意思是，国家是限制或者至少不鼓励引进非先进的技术和设备的。但是，根据中国的《公司法》第二十四条的规定，一个国内投资者可以以机器设备、工业产权或者非专利技术等方式出资，其中并没有技术先进性的要求。一般来说，就设备出资而言，一个国内投资者更愿意选择用国内的产品作为出资，因为价格便宜，并且易于购买。在这种情况下，中国外资企业法律对外商在出资中的技术水平的限制就可能构成对进口外国机器设备的歧视。在新修订的《中华人民共和国外资企业法实施细则》中，上述内容被改为"设立外资企业，必须有利于中国国民经济的发展，能够取得显著的经济效益。国家鼓励外资企业采用先进技术和设备，从事新产品开发，实现产品升级换代，节约能源和原材料，并鼓励举办产品出口的外资企业。"这里就免去了强制性技术水平的要求。

经过修改，国内涉及投资的法律法规同WTO相关原则做到了进一步的接轨，从而为外资企业、国有企业、民营企业等不同投资主体的投资创造了更为良好的法制环境。

其次，在中国也需要培育诚实守信的商业文化环境。当前，在经济交往中违约、拖欠的现象比较严重。各种不透明乃至舞弊的事情不断发生，这对于中国的投资环境是极大的损害。要加大力度，健全和完善社会信用制度，使经济活动得以在公平竞争、健康守信的环境中进行。应该制定和完善有关信用方面的法律法规，建立社会信用信息系统，尤其要倡导诚实守信的商业文化，强化社会信用和风险意识，从根本上解决中国经济活动中秩序混乱、违约失信等问题。

第三，要完善与投资大发展相配套的金融服务措施。由于中国的金融发展水平和管理水平还比较落后，与投资大发展，尤其是优秀的跨国公司的业务发展要求相适应的金融服务还有待迅速改善。如中国金融业中严格的分业经营模式、金融市场上单调的投资避险工具、缺乏适合集团性客户需要的全球化金融服务等，都表现出中国金融服务水平还远远不能适应环球市场竞争的要求，与先进国家的金融发达程度还有较大的差距。中国的金融服务水平还不能适应大规模、多层次、高复杂性的投资需要。因此，我们在金融服务上还要不断创新与完善，按照国际上的通行做法，尽快靠拢国际的先进方法和规范，而金融主管部门也应该大力支持这一发展趋势。

总之，营造良好的法律环境、信用环境、金融服务环境，是我们迎接WTO时代投资大发展的必要条件，在这方面，还有很多工作要做。

面对这种新的形势，中国银行业必须进一步深化改革，加快发展，全力支持中国投资事业的发展。

中国银行业长期以来积极致力于中国投资事业的发展，经过近50年的努力，已经积累了服务于企业法人、个人投资者、财政税收等公共事业单位的丰富经验。

在加入WTO后的今天，我们在迎来更大机遇的同时也面临着更加严峻的挑战。就内部来说，是改进、完善和发展的自我挑战；从外部来讲，是银行同业，特别是外资银行大量涌入的挑战和激烈竞争。

长期以来，中国商业银行业务管理模式十分陈旧和落后的局面还没有根本扭转，仍然是以内部帐户管理为主，业务营运的重点也是埋头于每天发生的传统存贷业务，因而在管理方式上更多的是考虑"内部便利"和"内部管理"，造成对市场和客户的关注不够。这种"向内看"的模式，不能及时有效地接受和吸呐外部信息，对市场机遇和相应的风险难以做出及时有效的反应与处理。加入WTO后，中国银行业将面对的是外资金融机构的竞争，有人说这是"奥运级别"的竞争。外国银行的经营模式是真正地面向市场，基于客户、产品和分销渠道的模式，业务营运重点是灵活地适应客户需要，降低成本，提高效益。和这种业务模式相适应，所形成的体制是以"外部便利"决定"内部便利"，不仅要把"内部管理"夯实，也要建立"外部管理"的机制，也就是大家所经常说的客户关系管理的体系。从而对市场及客户有着全面、准确、及时的信息与分析，并具有良好的适应性和吸引力，具有对盈利、成本及风险的选择机制和决策管理能力。建立在这种业务模式之上的银行营运模式，是通过相应的组织架构、规范和清晰的业务流程，在信息技术的支持下，进行业务数据的集中处理和决策管理。面对加入WTO

后外资银行的竞争，国内银行业务及其营运模式的再造创新，具有“强身固本”的意义，是极其重要的，因而必须尽最大的努力去做扎实。

在改革内部管理的同时，还将积极推动现代企业制度的建设，努力通过股权多元化将建设银行改造为一家现代的公司法人。我们设想用1年的时间进行改革的分析诊断、方案设计，进行组织机构上和框架上的调整；用2-3年的时间建立起核心业务系统和全行的数据资料库，用4-5年的时间完成整个经营模式及经营机制的转变，通过采取先部分分拆上市，逐步实现整体改制，从而建立起现代商业银行的结构和制度。

我们还将大力推动信息技术在银行业务中的应用。知识经济和科技创新已经彻底改变了金融业的面貌，全球的金融业实际上已经变成了一个全球性的电子信息网络。可以预言，21世纪是银行信息化、数字化的时代，信息技术的运用正在改写和重建现有金融业的业务基础，使之成为市场资源开发和创造新的利润增长点的一个决定性的手段。

在为客户服务方面，我们将为投资提供兼顾安全性与盈利性的优化组合，保证投资者信用资源得到最大程度的开拓，满足客户个性化的金融需要。

面对WTO时代世界级银行的竞争，我们将认真学习国际上先进的经营理念与服务方式；更充分地发挥本土银行的人文和传统优势；拓宽与国内外其他银行之间的合作领域，谋求共同发展的双赢局面。

关于当前投资工作的几个问题

国家发展计划委员会副主任　姜伟新

2001年，在世界经济增长明显减速的情况下，我们坚持扩大内需的方针，采取了一系列鼓励投资的政策措施，使全社会固定资产投资保持了较高的增长速度，全年共完成36898亿元，增长12.1%，增幅高于上年1.8个百分点，对保持经济的持续快速健康发展发挥了重要作用。2001年国内生产总值达到95933亿元，比上年增长7.3%。2002年是我们加入世界贸易组织的第一年，也是我国经济发展重要的一年。当前世界经济发展不确定因素增加，全球经济和贸易增长缓慢，国际经济形势的不利影响逐步显现，为了保持经济的发展和社会的稳定，必须继续坚持实施扩大国内需求的方针，继续深化改革，扩大开放，加快结构调整，整顿和规范市场经济秩序，提高经济增长质量和效益。具体到投资领域，应该做好以下几项工作。

一、做好国债在建项目收尾工作，同时加快新项目的前期准备工作

自1998年到2001年，经全国人大批准，共发行长期建设国债5100亿元，安排了8600多个国债建设项目，总投资规模将近3万亿元，有效带动了地方、部门、企业配套资金和银行贷款等各方面投资的增加，集中力量办成了许多事关经济社会发展全局和对长远发展具有重大意义的事情，对拉动经济增长、优化经济结构、增加就业岗位、改善人民生活、提高银行资产质量，起到了至关重要的作用。2001年全国经济工作会议决定，1998年以来开工建设的大部分国债项目，要在2002年内基本完工。2002年投资工作的重要任务之一，就是认真贯彻落实这一决定，切实做好在建国债项目的收尾工作。据初步统计，结转到2002年的在建国债项目还有4000个左右，剩余工作量6700多亿元，加快这部分在建国债项目的收尾，使其尽快发挥效益，既是当前经济发展的需要，也是经济工作连续性和阶级性统一的要求。许多国债项目都是在1998、1999年开工建设的，一般来说，大中型建设项目的合理工期在4—5年，因此我们要求大部分国债项目在2002年完工，是有科学依据的，符合项目建设的客观规律，对此要统一认识、统一思想，上下一心，共同做好这项工作。

1998年以来，在国务院的统一领导下，国家计委会同有关方面狠抓国债建设项目的实施管理，有效保证了国债建设项目的工程质量，同时也带动了建设项目管理水平的提高。国债项目到了收尾阶段，更不能放松管理。我们要在加快在建国债项目收尾的同时，继续狠抓工程质量管理，防止出现质量和安全事故；进一步完善国债资金管理制度，确保国债资金合理使用。国债资金是人民的血汗钱，国债项目是造福百姓的民心工程，各部门、各地方、各有关方面和项目单位，要本着向党和人民负责的精神，善始善终地把在建国债项目完成。

从我国经济发展的需要和实际情况看，扩大内需、保持适度的投资增长，将是今后相当长一个时期我国经济工作的方针。经过几年的大规模国债项目建设，各地区在基础设施、科技进步和技术改造等领域的项目储备已经不多，这给今后继续保持投资的适度增长造成了一定困难。因此，我们在做好在建国债项目收尾工作的同时，还要加大项目前期工作力度，积极做好项目储备工作。国家将加大重大项目前期工作的投入，各省区市也要加大项目前期工作的投入力度，要结合各部门、各地区的实际情况，按照国民经济和社会发展的总体要求，结合国内外市场需求变化趋势。认真搞好规划，做好项目的调查研究和咨询论证工作，增加项目储

备数量，为保持今后几年必要的投资增长奠定物质基础。

二、继续深化投融资体制改革

投融资体制改革是我国经济体制改革的重要组成部分，也是本届政府宣布的要在届内完成的几项大的改革之一。改革开放以来，国家在投融资领域进行了一系列的改革探索，改变了传统计划体制下高度集中的投融资管理模式，初步形成了投资主体多元化、资金来源多渠道、投资方式多样化、建设实施市场化的新格局，促进了国民经济和社会的发展。但是，现行的投融资体制还存在不少问题，还不能适应建立社会主义市场经济体制、加入世界贸易组织和促进国民经济持续快速健康发展的要求，必须进一步深化改革。初步考虑，改革的重点将放在扩大企业投资决策权、加强和规范政府投资的管理、完善投融资宏观调控、加强投资监管等方面。

长期以来，受传统计划经济体制的影响，企业特别是国有企业投资决策权比较小，企业和社会要求扩权的呼声很高。但另一方面，现在国有企业的投资风险约束机制和激励机制尚未建立起来，投资失误的责任很难追究，投资收益的分配还有待进一步研究。因此，扩大企业的投资决策权，既要积极又要与有关改革相适应。初步考虑，今后企业投资建设非重大项目和非限制类项目，如果不需要政府投资，可由企业自主决策、自担风险，不再报政府审批。为了保持国家对投资领域必要的调控力度、保证产业政策的贯彻实施，对于企业投资的重大项目和限制类项目，政府仍要进行必要的审批。各类企业要按照现代企业制度的要求，尽快建立严格规范的投资风险约束机制和科学民主的投资决策制度，严格按照建设程序进行决策。

自1982年开始，我们一直将固定资产投资项目划分为基本建设项目和技术改造项目，并由不同的部门分别管理。这种管理方式在改革开放初期对于促进企业技术进步曾起到了积极作用，但是随着改革的深入和经济的发展，一个工程从建设内容和资金来源上已很难严格区分基本建设和技术改造，分别管理的弊端日渐突出，使得投资宏观调控政出多门、缺乏统一协调，既不利于统筹规划、合理布局，也不利于防止重复建设。因此完善和加强投融资宏观调控的重要内容之一，就是建立健全统一规范的固定资产投资管理制度，对各类固定资产投资项目实行统一管理。现在看，把基本建设与技术改造合并起来管理的时候到了。

多年来，低水平重复建设一直是困扰固定资产投资工作的一大难题。在市场经济条件下，重复建设对促进市场的充分竞争和企业提高效益与技术水平有一定作用，但过度的、不合理的低水平重复建设，只会形成恶性竞争，其结果必然是资源的浪费、企业效益的降低、银行呆坏账的增加和金融风险的加大。因此，深化投融资体制改革，应把防止不合理的低水平重复建设作为重要内容之一。如何防止重复建设呢？一是可以把投资项目审批与产业政策相结合，制定并适时调整国家固定资产投资指导目录、外商投资产业指导目录和境外投资产业指导目录，明确国家鼓励、限制和禁止投资的项目，促进投资结构调整；二是可以加强投资监管，对于国家禁止投资的项目、未经批准或备案的项目，各类金融机构不得发放投资贷款或提供资金，证券监管部门不得允许其上市融资，土地、工商、海关、规划、环保、消防、劳动安全等部门不得办理其他相关手续；三是要对各类投资项目实行统一管理。

三、采取多种措施，鼓励社会投资

为了扩大投资需求，在继续加大政府投资力度的同时，还要采取措施用活用好其他国内资金，引导和鼓励社会投资。当前，影响社会投资增加不快的原因之一是其投资范围在事实上还受到限制。针对这个问题，我们要逐步放宽投资领域，除国家有特殊规定外，凡是鼓励和允许外商投资进入的领域，均应鼓励和允许国内社会投资进入；在对外商投资实行优惠政策的投资领域，其优惠政策对国内社会投资也应同样适用；鼓励和引导民间投资以独资、合作、联营、参股、特许经营等方式，参与经营性的基础设施和公益事业项目建设。政府有关部门要积极创造条件，尽快建立公共产品的合理价格、税收机制，鼓励和引导国内社会投资参与供水、污水和垃圾处理、道路、供热、桥梁等城市基础设施建设。鼓励和引导社会投资，不仅是增加投资总量、保持一定投资规模的要求，对进一步促进机制的转变也有重要的积极意义。

影响社会投资发展的另一个原因是融资渠道不畅。一方面，我们必须坚持银行自主审贷和加强对银行信贷的管理，避免银行增加不良贷款。但另一方面还要坚持发展的原则，对民营企业和民间投资，要积极拓宽融资渠道。国有商业银行应把支持社会投资作为信贷工作的重要内容，完善机构设置，明确工作职责，对社会投资者的贷款申请一视同仁。股份制商业银行、城市商业银行和农村信用合作社，应把社会投资者作为主要服务对象。要研究建立为中小投资者融资提供服务的信用担保和贷款担保机构，解决中小投资者的“融资难”问题。证券监管部门应在健全完善核准制的基础上，为社会投资项目上市融资提供平等的机会；应进一步研究开展非国有企业发行企业债券试点工作，允许符合条件的非国有企业通过发行企业债券筹集投资资金；积极稳妥地发展风险投资基金，为社会投资者进行高技术项目投资提供资金支持。研究允许社会投资者申请利用外国政府和国际金融组织贷款的问题。世界银行国际金融公司已在四川等地为一些私营企业和中外合资企业提供了融资支持，我们要总结经验，予以配合和支持。

四、继续积极利用外资，注意提高利用外资的质量

2002年，我国面临更加复杂的国际环境，世界经济增长缓慢，外部需求不足给我国经济发展带来更多的困难，加

入世界贸易组织给我们带来新的机遇和挑战。在此情况下，如何保持当前利用外资的良好势头，并把利用外资同调整产业结构、促进产业优化升级结合起来，同增强企业国际竞争力、扩大出口结合起来，同实施西部大开发战略结合起来，确实把利用外资工作的重点转移到引进先进技术、现代管理经验和优秀的专门人才上来，是当前利用外资工作面临的主要问题。

我们首先要做好新修订的《指导外商投资方向规定》和《外商投资产业指导目录》的落实工作，鼓励引导外商投资于现代农业、高新技术产业和传统工业的改造，鼓励外商投资于西部地区的基础设施和优势产业。鼓励外商特别是跨国公司在我国境内建立生产制造基地、研究开发中心和地区总部。鼓励外商以并购方式参与国有企业的改组改造。按照入世承诺，积极稳妥地开放银行、保险、商业、外贸、旅游、电信、运输、会计、审计、法律等服务贸易领域。其次，我们要继续加强投资环境特别是软环境的建设，健全法制，规范市场，改进服务，提高效率，努力使我国的引资环境再上一个新的台阶。此外，为保持利用外资规模的稳定持续增长，我们除了继续积极争取国际金融组织和外国政府提供的优惠贷款，用于支持国内基础设施建设、环境保护和西部大开发外，还要探索新的途径，使利用外资方式多元化。为积极贯彻国务院关于加快行政审批制度改革的精神，配合投融资体制改革，利用外资项目的行政审批制度也要进行相应改革，建立符合市场经济要求和国际惯例的利用外资项目管理制度。

五、继续推进西部大开发

2002年是西部大开发的第三年，我们要坚定不移地贯彻党中央、国务院关于实施西部大开发的战略部署，在前两年工作的基础上，明确工作重点，真抓实干，把西部大开发推向深入。要继续加强西部地区基础设施和生态环境建设，着力抓好已经开工的青藏铁路、西气东输、西电东送等重点工程，继续实施退耕还林、天然林保护、“三北”防护林和防沙治沙工程。国债投资要继续向中西部地区倾斜，安排好已开工的西部开发项目，新开工一批必要的项目。要促进西部老少边穷地区的发展，把加强西部农村基础设施建设、进一步改善农民的生产生活条件放在重要的位置，努力做到油路到县、送电到乡、广播电视到村、退耕还林到户。要注重发展西部地区的优势产业和特色产业，不搞重复建设，不搞盲目投资，已被淘汰的企业和设备不得向西部地区转移，避免破坏生态环境。实施西部大开发，既要有脚踏实地、稳步推进的实干精神，又要有只争朝夕、时不我待的紧迫感。当然，最重要的，是进一步转变思想观念，培育良好的投资环境，吸引和培养优秀人才，从而为未来的快速发展奠定坚实的基础。

六、进一步贯彻落实《招标投标法》

《招标投标法》是规范招标投标行为的基本法，对于保护国家利益、社会公众利益和招标投标活动当事人的合法权益，提高经济效益，保证项目质量，具有重要的意义。该法自2000年颁布实施以来，各地政府和有关部门十分重视，大力宣传，加强监督管理，并制订和出台了相应的配套法规和实施细则，使建设项目招投标情况明显改善。国家计委于2001年下半年对89个建设项目2000年以来的招投标情况进行了专项稽察，从稽察情况看，与以前相比，项目公开招标的比例明显提高，通过招标尤其是公开招标选择的参建单位资质水平普遍提高，有利于提高工程建设质量。但是通过稽察也发现招投标中还存在许多问题，不少项目该招标的没招标、规避公开招标或搞虚假招标，招投标中操作不规范的现象还比较普遍，地方和部门保护主义仍较严重，一些地方和部门对招投标的行政审批和干预过多，许多地方和部门制订的招投标法规、规章与《招标投标法》的规定精神不符，引起管理上的混乱。这些情况表明，我们必须继续加强《招标投标法》的贯彻实施工作。2002年，国家计委将进一步加大对《招标投标法》的宣传力度，努力做到家喻户晓、深入人心；进一步整顿和规范项目招投标秩序，对地方和部门的招投标法规、规章要予以清理，与《招标投标法》不一致的要坚决予以废止和修改；加大监管和执法力度，继续把招投标作为检查稽察的重点，发现问题及时处理，严重违规并造成重大损失的，要对有关地区、部门给予制裁；加强舆论监督，对严重违规事件，必要时予以曝光。

激活民间投资是一项紧迫的任务

国家统计局固定资产投资统计司原司长　李启明

1998年受亚洲金融危机和特大洪涝灾害的影响，政府采取了积极的财政政策和稳健的货币政策，旨在扩大国内的投资需求，实践证明这一政策是非常正确的，它使得固定资产投资保持了较快的增长，进而保证了国内生产总值7%以上的增幅。但是，从长远看必须立足于激活民间投资的热情。如果说在出现通货紧缩迹象的3年前我们就已经开始关注民间投资问题，注意到它的重要性了，那么，时至今日，在全球经济发展出现进一步减缓趋势，我国出口形势变得比较严峻，扩大内需压力增大的形势下，研究民间投资问题就显得尤为迫切。

一、民间投资的涵义

民间投资,是相对于政府投资而言的。界定其范围可从投资的资金来源划分,也可以从投资主体划分。根据我国的国情,以投资主体作为区分政府投资和民间投资比较恰当。

国家统计局和国家工商行政管理总局制定的《关于经济类型划分的暂行规定》中将目前的经济类型划分为9种,分别是:国有经济、集体经济、私营经济、个体经济、联营经济、股份制经济、外商投资经济、港澳台投资经济和其他经济。笔者在文中所论及的民间投资是指扣除国有经济之后的8种经济类型的投资,也可以说是非国有经济的投资。

二、民间投资的发展历程

(一)经历了17年高速发展期

改革开放前,我国实行的是高度集中计划经济,那时的投资形式中全民所有制投资占了绝大部分的比重。改革开放使中国经济体制发生了深刻的变化,投资领域也逐渐呈现出投资主体多元化的格局。1981年到1997年的17年间,民间投资以年均27.7%的速度迅速增长,增幅比国有经济投资高出9.1个百分点。民间投资总量从1980年的165亿元增加到1997年的8956亿元,增长了53.3倍。分阶段看国有经济和民间投资(即非国有投资)的比重1980年是81.9:18.1;"六五"时期是66.7:33.3;"七五"时期是64.8:35.2;"八五"时期是59:41;"九五"时期是52.4:47.6。

可以看出,1978年以来,随着改革开放的深入,在全社会投资中,国有投资占的比重逐步下降,民间投资比重逐渐上升,1980年不到两成,现在已基本占据半壁江山。

(二)1996年以来增速趋缓

1996年以前的17年间,我国的民间投资确实经历了一个稳定快速的发展时期,除1989年、1990年两年压缩投资的特殊的年份外,增长速度一直保持在20%以上。这是执行改革开放政策以及积极发展市场经济的大政方针的结果。而在1996年以来的几年里,民间投资增速开始趋缓,与上年相比,1996年增长19.6%,1997年增长8.6%,1998年增长10.0%,1999年仅增长6.7%,2000年有所回升增长了18.0%。

民间投资增速趋缓一方面说明在经历了一个高速发展的过程后已渐入正轨,投资行为更加理智,但同时更要看到市场趋冷等外部环境对民间投资热情的影响。1996年以前,我国经济基本上属于短缺经济,企业投资空间相对较大,项目选择比较容易;而1996年以来,结构性过剩经济的特征逐渐显现,农民收入增长缓慢,企业经济效益下滑,加之国内市场上大部分商品供过于求,投资者难以找到好的投资项目。

除了市场制约逐渐增强的影响外,产业准入和资金设置等方面存在问题是导致民间投资增速趋缓的主要原因。

三、"产业准入"方面的制约

统计资料反映,目前个体经济投资主要在农业和住宅方面;除个体经济以外构成民间投资的主体——集体、联营和股份制经济投资的行业分布,从总量上看,在16个大行业中均有民间资本的介入,但投资大量集中在制造业和房地产业中,1993年以来的民间投资中,制造业投资17884亿元,占民间投资资本的42%;房地产业投资8555亿元,占20.1%。另外,从民间投资占本行业全部投资的比重来看,行业间差异很大。以2000年为例,民间投资占全行业投资的比重以批发零售贸易餐饮业、制造业两个行业最高,分别为51.4%和51.0%;有7个行业民间投资的比例不足两成,其中交通运输、仓储及邮电通信业中,民间投资的比例仅为8.5%,科学研究和综合技术服务业中也仅为5.7%。

据了解,国家法律法规除对必须垄断的少数行业(如武器制造、黄金生产等)明令禁止民间资本进入和对一部分行业有100多项前置审批的限制规定外,没有对民间资本有特殊的歧视性的规定。但在实际经济生活当中,由于存在着行业垄断和部门、地方保护主义,客观上对民间投资的市场准入设置了诸多限制,尤其是对民营中小企业的限制就更多。比如服务业,和国际标准相比,服务业总体来说仍然没有放开,发展水平较低。服务短缺导致服务价格上涨,1995年至2000年年平均增长13.4%。

现在一个不正常的情况是,许多外资企业可以进入的行业却不允许民营企业进入。据广东东莞市的调查,全市80个行业,允许外资企业进入的有62个,而允许民营企业进入的只有41个。同时,在许多领域,民营企业进入的审批比国有企业和外商投资企业要复杂和困难得多,我们的某些法律和政府的一些部门,对民营中小企业的营业注册设置了种种障碍。我国的《个人独资企业法》、《合伙企业法》对最低注册资本没有要求,被形象地描述为一元钱的注册资本。但是这两类企业都要承担无限责任,因此它们进入的行业和经营的范围必然受到极大限制。从国际经验看,有限责任公司是中小企业最为广泛采用的组织形式,而我们的有限责任公司法要求其最低注册资本为30—50万元,相对比较之下,在国外也属较高之列。有经济学家通过对70几个国家的比较研究还发现,在我国注册一个有限责任公司所需的"公章"和"证明"的个数,办理各种手续要花的时间,以及按官方规定应缴纳的费用都远远高于绝大多数国家,在东亚各国中,仅略低于越南,更不要说开业后的各种干预,强制性的赞助摊派等等,因此民间投资要得到真正的"国民待遇",还有一段很长的路要走。

四、资金筹措方面的制约

我国在资金的配置上存在一定的问题,现阶段的主要表现是大量急需资金的中小企业融资相当困难。

一是银行商业化改革强化了金融部门的投资风险约束

机制,但缺少相应的激励机制,导致银行普遍出现"借贷"现象,一部分资金流入股市,并没有形成实物经济的增长。

近年来,我国金融体制改革明显加快,商业银行的风险约束机制增强,应该说,这是一个历史性的进步,但由于缺少相关配套措施,实际执行中出现了一些负面影响。一是贷款权限上收过多。据了解,部分建设银行省级分行的自主贷款权限仅2000万元,而现在大部分项目的投资规模少则几千万,多则十亿、百亿元。二是贷款的责任与权利不配套,如一些金融部门规定,信贷人员对贷款回收要负终身责任,当出现限额30万元以上的贷款项目收不回时,终生不许再进入银行从业。如此之严的处罚措施令信贷人员望而却步;但同时对于多贷款、贷好款的信贷人员却没有相应的奖励措施,因此信贷人员极易产生"为不错贷,宁可不贷"的消极思想。2001年9月末全部金融机构各项贷款余额10.9万亿元,存款余额13.9万亿元,存贷差高达3万亿元。

与此同时,有一部分银行资金却违规进入股市,一定程度上加大了股市的波动幅度,增加了银行的经营风险。一方面银行有大量的资金贷不出去,造成大量资金违规进入股市,而另一方面却有不少非国有投资者急需资金但无法得到,这反映出我国金融体系的储蓄转化为投资的基本功能有待进一步完善。

二是我国目前的金融市场发育还很不成熟,政府、企业、居民等不同的投资主体之间的资金难以进行有效的调剂。

政府、企业、居民作为固定资产投资的主体,在全社会固定资产投资中扮演的角色是大不相同的,其中企业投资是固定资产投资中最主要的组成部分,其次是政府投资,最后是居民个人。与投资地位相对照,全社会资金在各投资主体之间的分配则完全是相反的格局。改革开放以来,部门之间的资金余缺状况为,政府由资金结余部门转变为资金短缺的部门,短缺资金占GDP的比重在1%以上;企业一直是资金短缺部门,且资金缺口不断扩大;居民一直是资金结余的部门,且结余份额越来越高。1998年资金流量表告诉我们,政府部门短缺资金为785亿元,非金融企业短缺资金为10513亿元,居民个人结余资金为11529亿元。不同投资主体之间的资金余缺状况表明,要实现投资的快速增长,只有对不同投资主体间的资金进行合理调剂;也就是说,通过合理渠道,将相对次要的投资主体——居民的闲置资金转化为主要投资主体——企业和政府部门可使用的资金。而我国目前金融市场的格局显然不能满足有效调剂资金的需要,尤其是大量的中小企业很难从目前的金融市场上筹集到资金。首先是银行贷款受到限制。银行部门一般不愿意为民营企业和中小企业贷款,因为他们感到发放贷款的风险与收益不对称。1998年以来,为扩大内需,刺激民营企业投资增长,政府陆续出台了一系列有关政策,其中影响比较大的是1998年中央政府首次要求银行系统"增加向中小企业贷款",各个国有银行先后成立了中小企业部,同时为鼓励银行将信贷资金向中小企业和民营企业倾斜,政府还相应提高了银行向中小企业贷款利息的浮动范围。但由于经济运行过程中的诸多矛盾以及民营企业本身一些固有的缺陷,使银行对其贷款存在抵押担保难,跟踪监督难和债权维护难等问题,实施效果并不明显。其次是直接融资渠道狭窄。我国的直接融资方式从一开始就主要面向国有大中型企业,为了解决国有企业的困难,促进其机制的转换,要求股票市场优先服务于国有大中型企业,为国有企业的改革和发展创造条件。而中小企业的发展空间相对十分狭小,且市场进入门槛高。《公司法》规定,股份有限公司申请上市必须已经连续3年盈利,上市公司的流通股本应在5000万元以上。而大部分中小企业经营规模都较小,产业层次低,与国家规定的企业上市规模和优先产业存在着一定的距离,客观上加大了中小企业上市的难度。

三是缺乏风险投资机制。

风险投资是一种将资金投向风险较大,具有较高技术含量的谋求高收益的特殊商业性投资活动,美国IT产业的崛起与风险投资业和NASDAQ系统的发展关系密切,20世纪80年代、90年代风险投资业在美国兴起,极大地支持了计算机等高新技术产业的发展。我国的民营企业经过20年的迅速发展,已经进入"二次创业"过程,一批高科技民营企业正处在起步和成长阶段,需要相应的创业机制予以扶持,其中最为关键的是建立风险投资机制,而目前我国对风险投资的扶持还基本处于起步阶段。

五、对产业准入问题的一点思考

总的讲,应该实行更加开放的行业投资准入政策。除关系国家安全和必须由国家垄断的领域外,其余领域允许民间资本进入;并享受与国有企业同等的待遇。这里重点谈一下民间投资配合国有经济的战略性调整问题。

前面曾经述及,民间资本虽在大类行业中均有介入,但大量集中在制造业和房地产业中,那么在相对集中的制造业中,国有经济和非国有经济(即民间资本)在小类行业中所处的位置如何呢?《对国有经济控制力的量化分析》课题组的研究结果(国家统计局《研究参考资料》第91期)告诉我们,在196个工业行业中,只有雷达制造业、人造原油生产业、煤气供应业和船舶制造业国有经济应适度增强,其余192个行业的国有经济现实控制力都超过了理想值,都存在不同程度的战略收缩问题。将196个工业行业可以划分成4种进退的类别。第一种是国有工业垄断或以垄断为主的行业共15个,其中包括关系国家安全的行业、重要的自然资源采掘业,具有自然垄断性或公益性的公用事业。第二种是国有工业无须垄断经营,但应保持一定控制力的行业共35个,其中包括除了应由国家垄断的重要自然资源采掘业外,其他比较重要的自然资源,关系到国家综合经济实力和国际竞争力的高技术产业,正在成长为新的增长点的支柱产业。第三种是可以适度存在,逐步减少比重的有89个行业。第四种是应逐步退出的有57个行业。第三种和第四种类别基本上都是一般性的竞争行业，包括目前生产能力已经严重过剩的，主要满足一般消费需求的，可以通过市场机制的作用自行完成集中化和提高竞争力的行业。国有经济从这些行业的逐步撤离，正是在完成战略性收缩或叫结构性调整。由此可以引伸到投资领域——即非国有经济的民间资本不仅可以在高新技术产业、农林牧渔业、基础设施和基础产业项目，环境保护项目等方面大有作为，而且可以以多种方式参与国有企业结构调整的资产重组。具体地讲，可以向146个一般性竞争行业投资发展，这一块空间是很广阔的。

六、对解决融资渠道不畅问题的一点思考

总的讲，要继续深化金融体制改革，改善对集体、个体和私营企业的金融服务；要积极开拓资本市场和积极支持集体、私营企业利用外资。这里重点谈一下借他山之石以攻玉，借鉴美国等国外有益经验的问题。

小企业是民间投资的主体，民间投资融资难，主要表现在小企业融资难上，那么美国小企业的融资问题是如何解决的呢?我想有必要把去美国考察了解到的有关情况赘述于下。

美国为了保证小企业的发展于1958年颁布了小企业管理法，专门设置了小企业管理局。该局在全国有69个分支机构，它们都与银行保持有很紧密的关系。小企业管理局在金融支持方面的主要职能一是向小企业提供资助，资助的形式并非是直接贷款，而是提供银行担保。1998年政府预算的担保基金增加额为2.3亿美元，担保了100亿美元债务，可以说2.3亿元带动了100亿元的投入。小企业管理局通过担保显示出乘数扩大效应，比直接贷款给小企业其作用要大得多。二是投资的职能。通过小企业投资公司向高风险、高科技领域投资。小企业管理局出资2/3，小企业投入1/3作为资本金。小企业管理局投入的2/3资本，其资金来源是在美国联邦政府的支持下，通过大通曼哈顿银行发行债券取得的。

前面提到的小企业投资公司始建于1957年，它被称为联接政府与小企业之间的重要纽带。它弥补了小企业投资活动的真空。小企业投资公司主要是针对资金需求在30万元至500万元之间的、银行难以做出决策的项目。小企业投资公司是私人入股的私人企业投资公司，同时又是政策性投资公司，它可以从小企业管理局借款。公司的股东是具有1000万元以上资产，有企业管理投融资业务经历的人。小企业投资公司的投资对象有从零开始创建的小企业，也有已在运作的成功的小企业。所提供资助的方式，有的是贷款，直接注入风险资本作为小企业的股东，有的帮助设计管理方式、今后市场开发的构想，有的是技术上的咨询。小企业投资公司的贡献就在于，它使得小企业有了资金的来源。在项目的成长期(一般4～5年内)由小企业管理局替小企业投资公司每半年向银行支付一次利息；在成长期过后，小企业投资公司则必须向小企业管理局还钱，10年后偿还本金。小企业投资公司将本该小企业支付的利息留在企业作为股份，小企业成熟之后，小企业投资公司从中的收益远比收取小企业的利息多。小企业投资公司不同于银行，它是以投资者的身份成为合伙人，因此眼光看得更远。

再看一下金融机构的运作。以美国大通曼哈顿银行为例，该行设有商业资源中心，专门负责开拓对小企业的贷款领域。贷款额为单项30万美元以下的。要贷款的小企业先填表格输入计算机，银行根据计算机计算出的平均值打分，再看用途、风险、客户信誉情况决定是否给其贷款。30万元以上的客户还要看财务报表。第一次来申请贷款的小企业要小企业管理局提供担保。银行对小企业投资的咨询是免费的。银行为什么愿意向小企业贷款，一是它属分散型，风险小。二是能使银行稳定住一大笔业务，为信用卡业务，个人消费贷款兑换现金、转帐业务、储蓄存款等。小企业贷款尽管繁琐些，但有了计算机以后工作量大大减轻。银行认为小企业在美国是一个向上的市场，潜力大，而且因为有小企业管理局作为担保，风险可以降到最低限度。

除有大银行的运作之外，一个很有借鉴意义的作法是在社区也设立有金融发展组织，名称叫小企业发展研究中心。中心是非营利性组织，它的建立需经州政府批准，可以说有政府背景，代表政府、社区办事；但它又是独立自主地行事，政府不加干预。中心服务社区，是政府和社区沟通的桥梁。中心的运作形式主要有以下四种：一是中心从银行借款，承担后贷给小企业，中心找银行要求给社区的发展以支持，银行将10%－11%的利率降为7%－9%，中心用这个利率贷给小企业；小企业是不大可能以这种利率直接从银行贷款的。中心在这个运作过程中本着既不补贴也不盈利的原则行事。二是中心把小企业的需求集中起来统一和银行交涉；三是中心从政府得到拨款，作为中心的资金，代表政府使用这笔钱。以往是政府直接向小企业注入，现在认为先注入中心这类组织效率更高些；四是银行无偿给中心资金，中心为小企业提供技术服务。大多数银行都有拨款性服务，使用的是银行的利润，以此来维护银行与社区、居民的关系。美国政府注意到银行不太愿意给小企业贷款，认为成本高，风险大，又麻烦；1977年卡特任职期间曾出台法律，要求银行向社区范围内的小企业贷款，因为你吸收了当地社区内居民的存款。联邦政府除检查银行的安全有效性以外，还检查对小企业、对居民住房的贷款发放情况；如果发放的少，银行在社区的信誉就低；如果发放的情况好，可以享受政府的优惠政策。

七、激活民间投资是一项紧迫的任务

有目共睹，积极的财政政策有力地促进了投资的稳定增长，对3年来的经济发展发挥了重要作用，一个重要标志是在十分困难的情况下，1998年以来，我国保持了GDP增长

7%以上的预期目标。据测算，1998—2000年间财政资金支持的国债投资对GDP分别拉动了1.5、2和1.7个百分点，在看到国债资金作用功不可没的同时，也必须看到一些地区对其依赖性过高；普遍反映，一旦国债项目停止，而民间投资又不能及时跟进，投资增速将会大幅回落。另外，面对加入WTO的新形势，更加重了激活民间投资的迫切性。因为与政府投资相比，民间投资受利益驱动比较明显，某种程度上更贴近市场，更容易受市场竞争和市场规律的影响。入世后，面对我国潜在的市场，外国资本会以不同形式大量涌入，各行各业的竞争将更趋激烈。只有尽快启动民间投资，让不同类型的企业尽快熟悉市场、占领市场，才有可能在激烈的市场竞争中站稳脚跟，进一步增强我国的实力。

我们相信，只要以邓小平理论和党的十五大精神为指导，解放思想，转变观念，努力为民间投资营造一个公平、公正、规范发展的环境，我国的民间投资一定会有一个较大幅度的增长。

北京承办2008年奥运会对首都经济的促进作用

北京第29届奥运会组委会工程部副部长　刘　志

在党中央、国务院的正确领导下，在全国各族人民和海外华人、华侨及国际友人的热情支持下，经过不懈的努力，2001年7月13日，北京赢得了2008年奥运会的承办权。为了举办一届历史上最出色的奥运会，北京市将在《北京奥运行动规划》的指导下，投资新建和改扩建一大批体育场馆和相关服务设施，建成一大批交通、通信设施和大型公共建筑，完善生态和环境保护设施建设，充分运用市场机制和国际化运作模式，全力推进奥运会的筹备工作。通过举办奥运会，促进首都以及全国的现代化建设，力求首都在经济发展、城市建设、社会进步和人民生活改善等方面实现突破性的变化，到2008年，经济现代化、城市现代化和社会现代化水平大大提高，构建起现代化国际大都市的基本框架，使北京进入一个崭新的发展阶段。

一、奥运场馆及相关设施建设情况

（一）奥运场馆及设施建设的方针

把举办奥运会与全国人民的广泛参与结合起来。让全国各地共享奥运机遇，促进各省市共同发展；发挥全国人民的积极性和创造性，共同办好奥运会；积极主动争取国家各部委的帮助，为成功举办奥运会提供支持。

遵循国际奥委会和各国际单项体育协会的技术要求，结合中国的国情和北京市建设发展的实际，吸取其它奥运会举办城市场馆建设的经验教训，在《申办报告》和《主办城市合同》承诺的基础上，精心规划和建设2008年北京奥运会的场馆及相关设施。

（二）奥运场馆及设施建设的基本原则

第一，场馆的规划设计，既要有利于奥运体育比赛，又要充分考虑赛后利用。在满足比赛期间国际奥委会技术要求的前提下，最大限度地发挥奥运场馆的社会效益，使之与广大市民日常健身的需要相结合，并便于赛后开展文化、体育、会展、商贸、旅游、娱乐等活动。第二，坚持勤俭节约，力戒奢华浪费。所有场馆设施建设的规模、位置、数量逐一进行论证，能够利用现有场馆进行改建、扩建的就不新建，能搞临时性场馆的就不搞永久性场馆。第三，创出体育建筑精品。充分体现可持续发展的理念，努力探索建筑技术、艺术与环保的有机结合，为首都留下独特的奥运遗产。

（三）奥运场馆建设的内容和布局

第29届奥运会计划使用比赛场馆37个，其中北京地区32个，京外地区5个。在北京32个比赛场馆中，新建19个(含6个临时赛场)，改扩建13个。此外，还要改造59个训练场馆及配套建设残奥会专用设施。京外地区的5个场馆项目中，青岛国际帆船中心、天津体育场、秦皇岛体育场为新建项目；沈阳五里河体育场、上海体育场为改造项目。

在北京建设的奥运场馆及设施，呈“一个主中心加三个区域”的分布格局。“奥林匹克公园”是举办奥运会的“主中心区”，内有13个场馆；“西部社区”有9个场馆，其中新建五棵松文化体育中心，赛后将成为市区西南部群众文体活动场所；“大学区”安排首都体育馆等4个场馆，赛后成为大学及社区文化体育活动的场所；“北部风景旅游区”，安排北京乡村赛马场等2个场馆，便于赛后发展郊区旅游业。此外，在其他地区，改扩建工人体育场等4个场馆，为相邻地区群众开展文化体育活动创造条件。

（四）奥运会相关附属设施建设

在奥林匹克公园内，还将规划建设一批相关设施。其中，新建的奥运村，奥运会期间供各国运动员、教练员和随队体育官员居住，赛后可向社会出售；建设会展中心，在奥运会期间能用作乒乓球、羽毛球、击剑、摔跤比赛场馆和主新闻中心、国际广播电视中心使用，会后将成为会展和文化设施，如首都青少年宫、城市规划展览馆等；同时，还将扩建记者村并规划建设酒店、会议、商业、办公等其它配套服务设施。

(五)奥运会相关的市政基础设施建设

交通设施建设。城市轨道交通建设是重点，建设城市轻轨、地铁五号线、地铁奥运支线、东直门至首都机场快速轨道交通等工程；建设完成五环路、六环路、京密路等高速公路和一批一级、二级公路项目；加强城市路网建设，加快完善由环路、通道线、联路线组成的快速干道系统；扩建首都国际机场，满足奥运会及社会发展的需求；新建、改扩建东直门、西直门、动物园、望京等公交枢纽，形成布局合理、方便快捷的公交网络；在重点地区建立停车诱导系统。优先在轨道交通换乘站和大型公交枢纽站配建一定数量的机动车和自行车公共停车位；重点建设智能化交通指挥调度系统、现代化交通管理网络信息系统和系统化的交通安全管理设施。

信息通信基础设施建设。统一规划和建设基础通信管线，合理利用传输通道空间资源，保证各类奥运会通信网络光(电)缆线的铺设；规划和建设奥运信息标志性建筑，承担奥运会的多功能应用；加强无线电频率的统筹规划，为奥运会做好频率准备；加快构筑北京市无线电管理技术支撑体系，全面提高频谱管理、无线电信号监测、干扰分析和无线电设备检测能力；综合治理，净化空中电磁环境，确保各类无线电通信设备的可靠运转和使用；加快建设各类先进的通信设施，提供可靠、灵活、可扩展、可重新利用、能适应新技术发展的宽带数字化通信系统，提供与世界各国通信水平相适应的服务能力，高质量地满足奥运会的需求。

信息应用系统建设。按照国际奥委会的要求，配备应用世界领先的奥运会及残奥会信息系统、计时计分系统、成绩处理系统所需要的硬件软件设备；重点开发完成奥运会有关的管理软件系统和信息服务系统；开展电子商务，为奥运会提供票务、旅游、纪念品、购物、项目招投标、采购等方面服务；利用人工智能技术，努力解决奥运会的“语言障碍”，帮助奥运参与者互相沟通；利用智能卡技术，为与会人员在注册、安全识别、支付等过程中提供安全、方便的服务；建设卡基支付网络和良好的卡基支付环境；提高奥运场馆设施智能化水平，提供多种个性化信息服务。

(六)奥运场馆及相关设施建设的阶段

前期准备阶段：2001年12月～2003年6月。制定并实施《奥运行动规划》；组建奥运会组织领导机构；全面落实奥运场馆、设施的前期工作和施工准备；环保设施、城市基础设施及一批文化、旅游设施开始建设；市场开发工作启动运行。

全面建设阶段：2003年7月～2006年6月。全面完成“十五”计划确定的各项任务；奥运场馆建设和其它相关设施建设全面展开。到2006年6月，基本完成奥运场馆及设施的工程建设；各项准备工作基本就绪。

完善运行阶段：2006年7月～2008年奥运会开幕。各项建设工作全面完成，全部场馆和设施达到奥运会要求；对所有建设项目和各项准备工作进行检查、调整、测试和试运行，确保正常使用；组织工作、安全保卫工作以及各项服务工作全部就绪。

二、奥运促进首都经济实力迈上新台阶

举办北京2008年奥运会的经济价值，集中体现在首都经济总量和产业结构的明显变化上。到2008年，首都经济在“奥运景气”的作用下，经济总量将在2000年的基础上翻一番以上，人均国内生产总值达到6000美元以上。在经济加速增长的同时，也将伴随着产业布局的合理调整和产业结构的不断优化。

(一)刺激投资、消费快速增长，实现经济总量翻一番

根据承办奥运会对投资、消费的影响分析，到2008年，由于奥运会的举办平均每年对国内生产总值增长的新增贡献将达到2～3个百分点，其中，投资需求拉动1～2个百分点，消费需求拉动1个百分点，进而推动经济总量上一个新台阶。

承办奥运会对投资拉动的影响将分三个层次逐渐展开：一是承办奥运本身所需场馆及相关设施的核心投资，预计约100多亿元；二是与奥运会直接相关的配套基础设施与环境的直接投资，预计为300多亿元；三是与社会各界参与奥运商机开发有关的间接投资。估计因奥运会的影响而新增的总投资额将达到1500亿元左右，在2001年到2008年期间平均对北京市全社会固定资产投资增长贡献在6个百分点以上。

奥运会场馆及相关设施建设资金筹措的主要原则：一是要坚持以市场化筹资为主的原则，在充分发挥政府的组织、引导作用的基础上，大胆探索市场筹资的新渠道；二是要深化投融资体制改革，改善投融资环境，探索新的筹融资方式。打破部门垄断和行业垄断，积极推行经营性基础设施项目的市场化运作，鼓励非政府投资的介入；三是继续理顺基础设施产品、服务价格，实施并不断完善政府对一些经营性基础设施项目的回报补偿机制；四是切实贯彻执行《招投标法》，项目法人的选择以及规划设计、施工、工程监理、设备材料采购等所有重要环节要公开面向国内外招标；五是借鉴历史上其它主办奥运会城市的成功筹资经验，探索新的筹融资方式，做好本届奥运会的市场化融资工作；六是加强资金的管理，提高使用效益，按照先后次序和轻重缓急合理调剂、统筹安排工程建设资金；七是积极协调各投融资主体，优化各种形式的融资安排结构，分散风险；八是加强项目监理，严格审核、科学合理确定概预算规模；九是提高项目设计的科学性，在满足设施功能需要的同时，依托新技术和新材料，尽量降低建筑成本。

承办奥运会对消费的影响主要体现在四个方面：一是承办奥运会对相关产品和服务的直接需求；二是通过增加就业机会和经济发展产生的新增居民可支配收入导致消费支出的增加；三是良好的收入预期和大量推出的相关产品和服务刺激消费增长；四是对旅游消费的促进。

从奥运会的筹备到举办期间，将会产生大量就业机

会。根据国外相关经验和北京实际情况，估计北京因承办奥运会将累计新增就业机会80~100万个。按目前北京市平均工资水平计算，今后七年，居民收入将增加1100亿元；按北京市城镇居民的平均消费倾向测算，将新增消费支出880亿元左右。

根据近几届奥运会举办城市的经验，估计新增到京的海外游人累计达到200万，仅此一项带来的旅游消费收入将超过20亿美元。同时，申奥成功使消费者信心指数明显上升，巨大的奥运商机也将加大企业家和消费者对经济预期的乐观程度，对提高居民的消费倾向有较大的促进作用。大量推出的奥运相关产品和服务也将刺激消费增长。这些因素的作用将改变北京市近年来消费需求相对平缓的状况，活跃消费市场，社会消费品零售总额预计每年因此将增加2个百分点以上。

(二)三次产业共同兴旺，产业结构全面优化

奥运会的筹备和举办，对相关产业发展，特别是对高新技术产业和第三产业的拉动作用尤为明显。高新技术中的信息产业、环保产业、新材料产业，第三产业中的体育产业、文化产业、旅游业、会展业、房地产业将得到较快的发展，建筑业和农业也将从中受益。

以"科技奥运"为理念的北京奥运会，将会促进一大批高新技术成果的推广和应用，这就为信息、环保和新材料等高新技术产业的发展提供了巨大的市场空间。初步测算，在2008年前后，信息产业的增长速度将因奥运会的举办而增加6~10个百分点。环保、新材料、新医药和生物技术产业也将全面加快发展。到2008年，高新技术产业增加值在北京工业的比重超过40%，在北京市国内生产总值中的比重将超过15%。传统工业将基本完成调整和改造，基本实现"高效低耗"的产业特征。

北京市服务业的发展在奥运氛围和服务需求扩大的影响下，在今后7~10年间将保持较快增长。特别是旅游、体育、会展、文化、房地产、金融保险和医疗服务等产业的规模将有较快增长。到2008年，第三产业增加值占国内生产总值的比重将由2000年的58.3%提高到65%左右。

绿色农业是北京农业发展的方向，承办2008年奥运会将大大促进绿色农业的发展。大量绿色安全食品的需求将使农产品逐步实现标准化生产，促进绿色种植业、养殖业发展。大规模绿化将使花草、苗木的需求大大增加，促进苗木产业及林果业的发展。

大量符合国际建筑和环保标准的体育场馆、奥运村、旅游接待设施以及城市基础设施的建设，都将给建筑业的发展带来机遇。在建筑业取得快速发展的同时，也将形成一大批具有现代风格和国际水平的建筑物。同时，"绿色奥运"理念将促进建材产品结构调整，促使传统建材业加快向新型建材业转变。

(三)产业布局调整基本完成，形成科学合理的产业空间体系

北京市区集中了大量工业企业，造成北京的产业布局与城市功能不相适应。通过举办奥运会，将大大加快北京产业布局调整的力度和进度，市区工业搬迁速度将大大加快，到2008年，全面完成四环路以内污染企业的搬迁或淘汰任务。城市各区域功能将得到科学合理的调整和完善，逐步形成由中心城区第三产业密集区、环城高新技术产业带、平原现代农业区和现代加工工业区组成的产业空间体系。

三、奥运促进首都现代化国际大都市的框架基本形成

奥运会的社会价值的重要体现是促使城市面貌和城市现代化水平产生一个质的飞跃，北京将因此提前五年形成现代化、国际化大都市的框架。到2008年，北京的现代化城市功能将进一步完善，北京商务中心区(CBD)、中关村科技商贸区的建设拓展了北京的商务功能；金融商务区的建设拓展了北京的金融服务功能；奥林匹克公园的建设拓展了北京的体育和会展功能；商业中心区和特色商业街的建设拓展了北京的商业服务功能；世界一流水平的现代化大型主题公园的建设拓展了北京的旅游功能；现代化口岸体系和物流基地的建设拓展了北京的物流功能。北京作为现代化大都市的各项综合服务功能都得到进一步完善，从而构建起现代化国际大都市的基本框架。

(一)形成方便快捷、科学合理的现代化城市交通体系

以方便快捷、安全有序、经济环保为目标，全面推进北京交通建设与管理的现代化进程。加快轨道交通、城市道路、高速公路、首都机场扩建等工程建设，形成以公共交通网络为主体、以城市快速轨道交通为骨干、对外交通发达的现代化交通体系，为保障和促进北京社会经济及城市发展提供充分的交通条件，为奥运会提供一流的城市交通环境。到2008年，城市轨道交通线路长度将超过200公里，高速公路达到718公里，公路通车里程14700公里，公路网密度达到87.3公里/平方公里，新建和改建城市道路318公里。

(二)"数字北京"建设快速发展，城市信息化接近世界先进水平

承办奥运会将大大加快"数字北京"的建设步伐，使北京进入一个全面的数字应用时代。电子政府、电子商务、数字化社区等信息化应用将更趋成熟，电信网络、数字电视、卫星直播等应用工程将达到世界先进水平。在"数字奥运"的带动下，一个崭新的"数字北京"将逐步浮现。

在此期间，北京将建设完成通信光缆、管道、传输设备扩容、用户宽带接入工程，促使北京率先成为一个"光城"；建设完成数字新闻信息系统、数字电视转播系统、智能化比赛管理系统和高等级信息安全系统，促使北京率先进入信息服务的新时代。建设完成移动通信网扩容和升级，形成宽带化、智能化、数字化、综合化的现代移动通信网，第三代移动设备和技术在北京居民中得到普及应用。

(三)北京古都将凸现传统特色与现代气息交相辉映的融合

到2008年，北京既保持古都风貌又具有现代化魅力的

城市风格将更加鲜明、更加突出。北京奥运会的一个重大特色就是在一个有着3000多年建城史、800多年建都史的世界历史文化名城举办，这将促进北京这座历史文化名城的发展和保护。

建设和改造一批现代化文化设施。建设国家大剧院、国家图书馆二期、中国美术馆二期、中国科技馆三期、首都博物馆、中央电视台新址、北京电视台新址等重点文化设施，充分展示我国文化中心的最新形象；提高奥运场馆的文化品位，部分场馆赛后将作为文化活动场所；在奥林匹克公园建设市民广场及青少年活动场所，充实其文化功能。

保护和展示历史文化名城的风貌。重点保护旧皇城、传统城市中轴线、25片历史文化保护区、重点文物保护单位、历史城市水系和古城基本格局，体现古都基本风貌；搞好中轴线、旧皇城、朝阜路、国子监街、什刹海地区的古建修缮，有步骤地进行圆明园遗址、明北京城墙遗迹等文物古迹的修缮整治；保护和利用好长城、故宫等著名的世界级人类文化遗产；在旧城改造中，把原有各种地名的历史、内涵、事件等采取原址保留、部发保留或雕塑、石刻等手段记录下来。

(四）初步建成生态城市，环境质量达到发达国家大城市的平均水平

环境污染防治。以防治大气污染和保护饮用水源为重点，通过调整经济结构、增加优质清洁能源、严格污染物排放标准、强化生态保护与建设等措施，实现城市环境质量和生态状况的显著改善。到2008年，市区大气中二氧化硫、二氧化氮、臭氧指标达到世界卫生组织指导值的要求，颗粒物浓度达到发达国家大城市水平，满足承办奥运会的需要。

到2008年，全市天然气年供应能力达到50亿立方米；煤炭及焦炭在终端能源消费结构中所占比重降低到20%以下；市区热力供热面积达到1亿平方米左右；2003年起新车的污染物排放开始执行相当于欧洲2号的标准，2008年之前，新车的污染物排放执行相当于欧洲3号的标准；2005年基本消灭全市城市建成区裸露地面；市区主要车行道机械化清扫和洒水率达到100%；2008年之前完成东南郊化工区和四环路内200家左右污染企业的调整搬迁，首钢完成减产200万吨钢和结构调整目标；到2008年市区污水处理率达到90%以上；到2005年，市区和卫星城生活垃圾全部实现无害化处理；到2008年，城市建成区噪声基本达到国家标准，电磁辐射和放射性环境继续符合国家标准。

生态环境建设。在防治环境污染、完善城市基础设施的基础上，以造林绿化、合理利用水资源、建设生态农业为重点，加快构筑良好的首都生态基础。到2008年，实现青山、碧水、绿地、蓝天和建成生态城市的目标。到2007年，全市林木覆盖率达到50%，基本完成山区、平原地区、城市绿化隔离地区三道绿色生态屏障建设；到2005年，山区绿化完成10万公顷，以“五河十路”为重点的绿色通道建设完成2.3万公顷，城市绿化隔离地区完成1.25万公顷；2007年，全市城市绿化覆盖率力争达到45%；2005年之前基本消除本地沙尘危害，完成“三河两滩”五大风沙危害区（永定河、潮白河、大沙河、延庆康庄、昌平南口）的治理；2007年基本完成潜在沙化土地的治理；合理利用水资源。最大限度地保存地表和地下水库的清洁水源，最大限度地利用降水和再生水源；2008年城市污水处理厂出水回用率达到50%；保护密云水库、怀柔水库、官厅水库等重点生态功能保护区；对重点资源开发区实施强制性保护；重视保护和建设湿地生态系统；加强自然保护区建设；加强生态农业建设；全面整治城市环境。

(五）现代化新郊区的崛起将成为未来北京城市发展新亮点

到2008年，北京郊区将成为既有现代气息又有田园风光的新农村。从北京市中心区沿绿化隔离带、边缘集团、卫星城、小城镇向外展开并协调发展的城市格局基本形成。奥运场馆、城市基础设施建设以及市区的产业结构调整将促进郊区城镇功能的完善和设施水平、环境质量的提高。“十五”计划确定的6个重点卫星城和33个中心镇的建设步伐将加快，同时带动其他卫星城和小城镇的发展，使城市发展格局更加合理。城乡结合部治理、旧村改造、新村建设的步伐也将加快，使环境脏乱的问题得到彻底解决，郊区面貌发生根本性变化。

结束语

承办2008年奥运会，是首都现代化建设进程中的一次重大历史机遇，将会全面推动首都的经济发展、城市繁荣和社会进步。初步测算，到2008年，北京的人均国内生产总值将达到6000美元以上，城市现代化水平和社会现代化水平大大提高，提前两年实现北京市2010年在全国率先基本实现现代化的目标。

第二部分

行业投资

农、林、水、资源、环保

中国农业投资建设情况

农业部部长 杜青林

2001年，国家实施积极的财政政策和稳健的货币政策，全社会投资继续保持增长势头，农业财政投资继续保持增长，农业贷款和乡镇企业贷款有较大幅度增长，为实现农业结构战略性调整、农民增收，进一步巩固农业基础地位发挥了重要作用。但是，全社会农业固定资产投资出现负增长，占农业投资的比重继续呈下降趋势，这将影响农业和农村经济发展后劲。

一、2001年农业投资总体概况

（一）各级政府财政农业预算投资总量增长，国债中用于生态环境建设和西部农业开发的投资增加

2001年，国家财政预算内安排的支援农村生产支出和农林水气等部门的事业费905.3亿元，比2000年增长21.4%，增幅比2000年提高11.31个百分点。加上用于农业基本建设支出、农业科技三项费用和支援不发达地区发展资金及灾害救济资金等，财政用于农业的支出约1650亿元，比2000年增加近250亿元。农业基本建设投资29亿元，比2000年增长23%。在2001年中央新增的1500亿元财政国债中，有450多亿元用于农林水气生态和扶贫以工代赈等方面的建设。其中70%用于水利基本建设，17%用于林业及生态环境建设。农林水气国债资金的40%投向西部12个省(区、市)。

（二）农业信贷资金大幅度增长，扭转了近年来下滑的局面

到2001年底，国家银行和金融机构用于农业生产的贷款余额为5711亿元，比2000年增长16.82%，增幅提升了14个百分点。但农业贷款占各项贷款余额的比重继续下降，由2000年的6.1%下降为5.7%。乡镇企业贷款余额6417亿元，比2000年增长5.88%。

（三）农村固定资产投资增长，非农户的投资增长较快

据统计，2001年农村固定资产投资达7210亿元，比2000年增长7.7%。其中非农户投资4195亿元，增长10.6%，农户投资3015亿元，增长3.8%。

（四）全社会农业固定资产投资出现负增长，占全社会固定资产投资的比重继续下降

据国家统计局调查统计，2001年，全社会农林牧渔水利固定资产投资完成额为818.4亿元，比2000年减少1.7%，而全社会固定资产投资完成额增长12.1%。农业固定资产投资占全社会固定资产投资的比重比2000年下降了0.6个百分点。在全社会农业固定资产投资中，农业基本建设投资同比减少1.69%，更新改造投资同比减少5.87%。

二、2001年农业部投资建设成效

2001年全年农业部管理的基本建设投资总量增长，完成基本建设投资较2000年增加5.5亿多元，增长23%。在有限的农业投入情况下，农业部的投资进一步向重点项目、重点领域和重点行业倾斜。

一是启动了一批重大农业工程项目。全年启动建设了农业和生命科学领域的第一个国家重大科学工程—基因资源与基因改良重大科学工程、沃土工程、农垦系统学生饮用奶奶源基地、蝗虫应急防治设施、农产品质量安全检测、农业科研重点实验室建设等一批重点项目。

二是加强了优质农产品商品基地、良种繁育体系和动植物保护工程建设。集中安排建设商品粮、棉、油、糖基地，

节水农业，三元结构调整，农垦天然橡胶基地，农垦现代化农业示范基地以及大型商品粮基地等项目建设。强化了农作物种子工程、畜禽良种繁育体系、水产良种繁育体系、种植业病虫害防治体系、畜牧业无规定疫病区等动物疫病防治体系、渔业病害防治体系建设。另外，增加了草种基地、草原防火体系建设等的投入。这些重点建设项目投资占总投资的近 90%。

三是突出了农业公共服务设施建设。主要加强了农牧渔业技术推广综合服务体系、农业综合信息体系及农产品市场体系、农产品质检体系、国家一级渔港、直属直供垦区公益性项目建设。

四是积极推进了农业科研教育建设。主要是大力支持农业高新技术攻关和成果转化、农民技术和乡镇企业培训，以及地方农业科研教育建设等。

五是大力开展农村生态环境建设，加快扶贫开发。着重加强天然草原恢复与保护，加快实施沃土工程和以农村沼气为主要内容的环保能源设施建设。继续开展武陵山区扶贫，支援三峡库区移民安置和西藏自治区农业和农村经济发展。

六是加大西部地区农业投资力度。当年安排中央投资 5000 万元以上的省市区共有 20 个，其中西部 12 个省市区投资均在 5000 万元以上；投资在 1 亿元以上省市区有 8 个，其中西部地区占 5 个。从每亿元农业产值的中央基建投入看，西部地区约为 22 万 元，明显高于东、中部地区；从每百万人口的基建投入看，西部地区为 337 万元，也明显高于中部、东部地区的水平。

三、目前农业投资建设中存在的主要问题

当前，农业投资建设中存在的主要问题有：

一是投资总量不足。“九五”以来农业投资虽有较大幅度增加，但与加强农业基础地位、促进农业可持续发展的要求相比，农业投入总量明显不足。中国国内支持水平在数量、结构、对象和方式等方面，与许多国家有较大的差距。WTO 规则所允许使用的 12 类“绿箱”措施中，中国只使用了 6 类，国内支持总量(不含大江大河治理、生态环境治理等)仅占农业总产值的 3.6%，远低于 WTO 多数成员 5～20% 的水平。从“一五”到“九五”，农业支出占国家财政总支出的比重，最高达 17%，最低仅为 3.4%，2001 年为 4.8%；农业基建投资占国家基建总投资的比重最高达 18.8%，最低为 5.8%，2001 年为 5.6%。

二是农业投资结构不尽合理。近年国债中用于农业的投资偏少，所占比重偏低。中国农业基础设施薄弱的问题仍未根本改善，农业仍然是靠天吃饭，农产品质量不高的问题十分突出，农民收入增长缓慢且增收难度不断加大，农业整体素质和竞争力弱，农业和农村经济发展仍然步履艰难。面对加入 WTO 后中国农业面临的挑战，进一步增加农业投资是加强农业基础设施建设的重要任务。

三是有些地方农业建设配套资金不能及时到位。目前一些地方政府农业投入高度依赖中央政府，配套投入能力严重不足。国家建设的农业项目一般按东中西部不同地区，要求地方配套安排一定比例的投资。但从项目建设执行情况看，地方配套资金到位率一般在其承诺量的 50% 左右，只有少数地方能 100% 配套。因配套资金不能足额及时到位，影响项目建设进度和效益发挥。

四、2002 年农业投资建设展望

2002 年，中国农业发展进入新阶段。加入 WTO 后，增加农业基本建设投资，对于迎接挑战，确保农业和农村经济持续稳定发展具有十分重要的意义。2002 年农业基本建设工作的总体思路是：认真贯彻落实中央经济工作会议和中央农村工作会议精神，按照《中共中央、国务院关于做好 2002 年农业和农村工作的意见》的部署和要求，针对当前农业和农村经济发展中的突出问题和加入 WTO 后农业面临的挑战，以提高农业效益和国际竞争能力为核心目标，以加快农业结构战略性调整和增加农民收入为中心任务，以完善农业基础设施、改善农业生产条件为建设重点，以争取增加农业投资、改进和加强项目管理为工作主线，充分发挥投资计划手段对资源配置的引导作用，整合投资，集中力量，突出重点，积极组织和建设一批能有效提高农业整体素质、增强农业发展后劲的区域骨干性、示范引导性项目，通过投资引导和项目带动，加快农产品优质区域布局，推动产业创新和体制创新，培育和构筑具有较强竞争能力的优势产品、产业和优势区域。

农业基本建设投资要坚持以下原则：

一是紧密结合当前农业和农村工作的中心任务安排项目。优先选择对加快农业结构调整，优化农产品优势区域布局，增加农民收入和提高农业竞争能力有直接推动作用或明显效益的基础性、公益性项目。

二是集中资金保重点项目建设。按照“有所为、有所不为”的原则，集中资金，突出重点，每个行业、每个领域、每类项目都要集中力量办好一两件事。

三是整合投资，合理配置资源。要提高项目建设规模，大力压缩“小而全”的一般性项目，改变以往各部门每一类项目“撒胡椒面”的投资方式。农业基本建设项目要与财政专项资金相整合，努力提高资金的综合使用效益。

按照上述原则，2002 年农业投资将突出六项重点：

一是加强国家优势农产品商品基地建设。按照优势农产品区域发展规划和建设规划的总体部署，重点安排优势产区和优势产品基础设施项目，要按照市场需求，依靠科技进步，优化区域布局，增强示范带动功能，形成中国相对稳定的主要农产品生产基地、优势产区和优势作物产业带。

二是加强种养业良种繁育体系建设。适应农业结构调整和增加农民收入的需要，以市场为导向，加快结构调整和战略重组，大力抓好种子工程、畜禽水产良种工程项目建设，全面提高优质种苗覆盖率。

三是加强农业保护体系建设。2002年将围绕保障动植物产品生产环境安全和促进农产品出口的需要，重点加强畜牧无规定疫病区、渔业病害、蝗虫应急、小麦条锈病、植物检疫隔离等综合防治设施建设，以及沃土工程等项目建设。

四是加强农业生态环境建设。重点加强天然草原恢复与保护、草原围栏，草种基地和草原防火为主的农业生态环境建设，在逐步建立有效的草地生态保护体系和草原防火体系的同时，加快农村环保能源发展步伐。

五是加强农业科技创新体系建设。一方面加大农业科技体制改革力度，加强国家科研队伍建设，进一步完善科研和实验设施，提高基础研究和应用研究水平。另一方面，大力加强农业高新技术转化和产业化项目建设，培育新的经济增长点。

六是加强农业社会化服务体系建设。按照市场经济发展的要求，进一步支持为农业和农村经济发展服务的产前、产中、产后全方位社会化服务体系建设，包括有全国性或区域性影响的重点农产品批发市场建设，以农业部卫星指挥调度系统和农业广播电视节目进村入户项目为重点的农业信息体系建设，以农产品及其环境质量安全为重点的农产品质量标准检验检测体系建设，以加强200海里专属经济区管理为重点的渔政执法体系建设。与此同时，将进一步转变观念，开拓创新，改进工作方法和作风，努力提高农业投资的管理水平。

中国林业投资建设情况

国家林业局局长 周生贤

2001年，是中国林业发展极不平凡的一年。这一年，林业工作以六大工程整合为重点，提出并实施跨越式发展，确立了新的发展思路，构建了新的发展框架。从这一年起，中国林业发展进入了一个新的发展时期，开始实施从传统林业向可持续发展林业的跨越式迈进。作为林业生产力基本要素的林业资金在投资政策、投资规模及投资方向等方面都体现出了一些新的特点。

一、2001年林业固定资产投资情况

(一)投资规模

2001年，全社会完成林业固定资产投资总额209.56亿元，比2000年相比，增长24.91%。其中，林业基本建设投资完成额197.73亿元，比2000年增长25.99%；林业更新改造完成投资6.76亿元，比2000年下降2.43%。在基本建设投资完成额中，营林基本建设投资完成191.62亿元，比2000年增长27.19%；森工基本建设投资完成6.11亿元，比2000年下降2.55%；营林基本建设投资与森工基本建设投资比例由上年的24:1上升到31:1，表明了政府支持生态建设的政策趋向。

(二)资金来源

在全部林业固定资产投资来源中，国家预算内资金153.11亿元，占整个林业固定资产投资额的73.06%，比2000年的112.76亿元，增长35.79%。其中，国债资金(53.90亿元)和中央财政专项资金(72.89亿元)两项共计126.79亿元，占国家预算内资金的82.8%，是2001年林业固定资产投资的主要来源；其次，自筹资金30.23亿元，占整个林业固定资产投资的14.43%，比2000年的34.11亿元，下降11.37%；以下依次顺序为：其它资金来源15.37亿元(包括育林资金1.8亿元)，占7.34%，比2000年(10.29亿元)增长49.30%；国内贷款7.30亿元，占3.48%，比2000年(9.06亿元)下降19.41%；利用外资2.45亿元，占1.17%，比2000年(3.71亿元)下降33.96%。

(三)投资方向

1. 项目分布

2001年，林业固定资产投资方向，主要以林业六大工程为重点，充分体现了“以工程建设为重点，带动林业实现跨越式发展”这一新时期林业工作的基本思路。

以天然林保护工程、退耕还林工程、“三北”及长江流域等防护林建设工程、京津风沙源治理工程、野生动植物保护和自然保护区建设工程以及重点地区速生丰产用材林基地建设工程为内容的林业六大工程，2001年投资总额达到166.44亿元，占全部林业固定资产投资总额的79.42%。其

中，天然林资源保护工程 94.93 亿元，为六大工程投资之最，占六大工程投资总额的 57.04%；退耕还林工程 32.14 亿元，占 19.31%；“三北”及长江流域等防护林建设工程(包括“三北”防护林四期工程、长江中下游地区及淮河太湖流域防护林二期工程、沿海防护林二期工程、珠江防护林二期工程、太行山绿化二期工程和平原绿化二期工程)投资总额 30.31 亿元，占六大工程投资总额的 18.21%；京津风沙源治理工程、野生动植物保护和自然保护区建设工程以及重点地区速生丰产用材林基地建设工程投资分别为 4.50 亿元、2.09 亿元和 2.46 亿元，分别占六大工程投资总额的 2.70%、1.26% 和 1.48%。见下图。

林业六大工程投资完成额图示　单位：万元

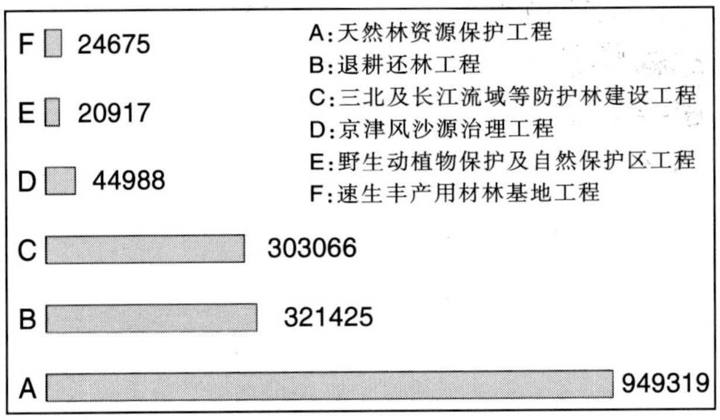

林业六大重点工程的启动和资金的陆续注入，是林业生产力布局的一次重新构建，对林业发展具有极其深远的影响。

2. 地区分布

从林业固定资产投资的地区分布来看，纳入西部开发的 12 个省、市、区固定资产投资完成额 100.65 亿元，占整个林业固定资产投资额的 48.03%，比 2000 年（81.25 亿元)增长 23.88%，其中营林固定资产投资增长了 24.54%，这是中国西部开发生态优先的政策效应。东北国有林区和少林地区固定资产投资继续呈显著增长之势，东北国有林区由 2000 年的 34.51 亿元增加到 2001 年的 44.07 亿元，增长 27.70%，其中营林固定资产增长 41.32%，森工固定资产下降 11.30%，体现了实施天然林保护工程的政策核心——主要解决该区域天然林资源的休养生息和恢复发展问题；而少林地区由 2000 年的 20.02 亿元增加到 25.54 亿元，增长了 27.60%，该地区的固定资产投资全部用于营林固定资产投资。南方集体林区固定资产投资在 2001 年呈现出两个特点，一是平稳增长，由上年的 18.64 亿元增加到 21.73 亿元，增长了 16.57%；二是森工固定资产投资大幅度增长，增幅达 50.99%，它表明投资对南方集体林区的支持力度逐步加大。

(四)主要投资政策

2001 年林业的投资政策，既有继续执行的以往政策，又有新政策出台；既有继续执行的在试点区进行的具有试验性的政策，又有推广性的补充完善的政策。

1. 继续执行的林业投资政策。主要包括天然林保护工程、退耕还林等政策。

(1)天然林保护工程的投资政策。天然林保护工程是中国林业投资最大的生态工程之一。工程具体包括三个层次：全面停止长江上游、黄河上中游地区天然林采伐；大幅度调减东北、内蒙古等重点国有林区的木材产量；同时保护好其它地区的天然林资源。主要解决这些区域天然林资源的休养生息和恢复发展问题。工程实施的范围包括长江上游地区(以三峡库区为界)的云南、四川、贵州、重庆、湖北、西藏 6 省(自治区、直辖市)和黄河上中游地区(以小浪底库区为界)的陕西、甘肃、青海、宁夏、内蒙古、山西、河南 7 省(自治区)及内蒙古、吉林、黑龙江、大兴安岭林业(森工)集团，还有新疆、海南及新疆生产建设兵团。总计 17 个省(自治区、直辖市)，20 个单位。该工程在 2000 - 2010 年总投资 962 亿元，其中中央投资 784 亿元，地方配套投资 178 亿元。在中央投资中，国家预算内基本建设资金 144 亿元，财政专项资金 640 亿元，主要用于森林管护事业费支出，封山育林、飞播造林、人工造林、种苗培育基础设施建设、森林防火等项投入，以及职工安置、下岗职工基本生活保障、基本养老保险等补助支出。

(2)退耕还林工程的投资政策。退耕还林工程是林业建设上涉及面最广、政策性最强、工序最复杂、群众参与度最高的生态建设工程。主要解决重点地区的水土流失问题。该政策的核心内容有：

——国家向退耕户无偿提供粮食。每亩退耕地补助粮食(原粮)标准，长江上游地区为 150 千克，黄河上中游地区为 100 千克。粮食补助的年限，先按经济林补助 5 年、生态林补助 8 年计算，到期后可根据农民实际收入情况，需要补多少年再继续补多少年。粮食补助直接兑现到农户手中，并保证数量、质量和品种。

——国家给退耕户适当的现金补助。一是国家在一定时期内给农民适当的现金补助，按每亩退耕地每年补贴 20 元安排。现金补助的期限与粮食补助期限相同。现金补助以户为单位发放到农民手中；二是国家向退耕户提供种苗补助费，由国家提供每亩 50 元的种苗补助费，并直接发给农民，由农民自行采购种苗。

——对前期工作和科技支撑工作给予补助。退耕还林试点工程的前期工作和科技支撑等方面的费用，按退耕还林基本建设投资的一定比例由国家给予补助，根据工程情况在年度计划中适当安排。

——实行税收优惠政策。对应征税的退耕地，自退耕之年起，对补助粮达到原收益水平的，国家扣除农业税部分后再将补助粮发给农民；停止粮食补助时，不再对退耕地征收农业税。进行生态林草建设的，按国家有关税收优惠政策执行。

——采取中央对地方财政转移支付方式，对地方财政减收给予适当补偿。实施退耕还林试点的县，其农业税等收入减少部分，由中央财政以转移支付的方式给予适当补助。

——实行报帐制。将退耕还林的任务逐级落实到户，由农户按规定的数量和进度进行退耕还林，检查验收后，农户凭验收卡领取粮食和现金补助，并逐级报账。

(3)“三北”防护林体系建设四期工程。该工程建设范围包括“三北”13个省(市、区)、590个县(旗、市、区)及新疆生产建设兵团。规划建设期为10年(2001－2010年)。工程建设重点是防沙治沙。工程投资标准为：中央补助工程建设的投资，荒山荒地荒沙人工造林每公顷1500元，封山(沙)育林每公顷1050元，飞播造林每公顷1800元，另外中央补助林木种苗建设总投资的70%。

2. 2001年林业投资新出台的政策，突出的有两大政策：造纸工业原料林基地建设政策；林业生态效益补助资金政策。

(1)造纸工业原料林基地建设政策。2001年2月7日，国家林业局会同国家计委、财政部共同提出的《关于加快造纸工业原料林基地建设的若干意见》得到了国务院批准，争取了国家对该项目给予专项资金扶持、建设投资纳入国家政策性贷款范畴、准许以林地和林木资源作抵押、中央和省级两级财政贴息等项政策，为速生丰产林等林业产业基地工程建设奠定了政策基础。

(2)林业生态效益补助资金政策。为了加强对重点防护林、特种用途林，特别是对地处大江大河流域、大型水库周围、海防沿岸的重点防护林和特种用途林的管护，尽快改善日趋恶化的生态环境，在财政部的大力支持下，经过林业行业多年的努力，决定建立森林生态效益补助资金。该政策的核心内容是：从2001年起，国家财政注入启动资金10亿元，在全国11个省区的660个县级单位和24个国家级自然保护区先行试点，试点面积2亿亩。生态效益补助资金正式纳入中央财政预算，公益林的建设费用进入公共财政支出范围。这标志着中国林业生态效益有偿使用制度已开始建立。

二、2001年林业固定资产投资特点

2001年林业固定资产投资主要呈现如下特点：

(一)投资继续增长

与2000年同期相比，投资额增加了41.79亿元，增长了24.9个百分点。与“九五”末期的大幅度增长相比，林业固定资产投资开始进入平稳增长阶段。

(二)基本建设投资比重继续向营造林建设倾斜

营林基本建设与森工基本建设的投资比例由2000年的24:1上升到31:1，这一方面表明林业是生态建设主体地位的进一步确立，另一方面林业产业建设投资在逐渐缩小的这种趋势，反映了中国森林工业在压缩生产线，对林业产业投资来源结构逐步实施调整，同时也表明了一个信息，即在大力提倡林业生态建设的同时，产业体系建设存在着被忽视的可能。

(三)国家投资力度继续加大

与上年同期相比，国家投资增加了40.35亿元，增长35.78%。作为林业固定资产形成的主要来源的国家资金，其注入比例的持续增长，反映出林业正在由主要是一项产业转向主要是一项社会公益事业的速度加快。

(四)林业重点工程成为林业建设的旗帜

天然林保护工程、退耕还林等为标志的林业六大重点工程是林业固定资产投资的主要方向和龙头，投资比例占到林业固定资产投资的76.31%。

(五)投资的地区布局逐步走向合理

国家实施西部大开发战略和林业重点工程的启动，对传统的林业生产力布局进行了调整，林业投资格局也随之发生变化，从而使林业建设与发展更加适应社会与国民经济发展的需要。纳入西部开发的12个省(自治区、直辖市)的林业固定资产的投资继续增长；东北国有林区和华北、东南少林省(自治区、直辖市)，由于天然林保护工程、“三北”等防护林体系建设工程的实施，投资增长呈强劲之势；南方集体林区森工固定资产投资增长幅度很大，为50.99%，成为2001年林业固定资产投资最为显著的一个特点，标志着南方集体林区在林业产业体系建设上迈出了较大的步伐。

(六)资金来源的渠道进一步拓展

通过增设重点地区速生丰产用材林基地建设的专项贷款，扩大了林业项目被纳入国家政策性贷款的范畴，以及试行生态效益补助资金政策等，在争取林业扶持政策方面有了新的突破。

三、2001年林业投资主要建设成就

林业的一个鲜明行业特色是，生产周期长，从而用于林业基本建设的投资回收期也较长。在营林基本建设投资中，需经采种育苗、造林、抚育、森林保护，到采伐利用时才能收回投资，回收期快的10－20年，慢的则更长。

林业基本建设可以促进森林资源的永续利用和可持续经营，因而林业基本建设随林业生产的不断循环，具有再投资的特点。所以，考察林业基本建设投资效果，不能简单用反映工业投资效果的一般指标。这主要用一些工作量和实绩指标加以反映。

(一)林业重点工程进展顺利

2001年，林业六大工程共完成造林面积317.95万公顷，封山育林面积198.10万公顷，森林管护面积8860.51万公顷，退耕还林面积50.47万公顷，沙地治理面积33.93万公顷，新建保护区面积5842.16万公顷。

(二)林业基本建设投资见成效

2001年，林业基本建设投资完成的造林面积383.22万公顷，封山育林面积681.23万公顷，森林管护面积8577.15万公顷；新增生产能力，胶合板13.2万平方米，木质纤维板24.5万平方米，刨花板13.7万平方米，松香1700吨。

(三)林业基础设施状况继续得到改善

2001年，森林防火、森林病虫鼠害防治以及林政管理体系继续得到加强。新建防火线3.52万公里，防火了望台

470座，森林火灾发生率比上年下降16.9个百分点；森林病虫鼠害防治面积342.52万公顷。作为"严管林"的核心内容的森林资源保护力度呈日益加大之势，2001年通过严厉打击各种破坏森林和野生动植物资源的违法犯罪活动，为国家挽回直接经济损失31700万元。同时，林业科技、林业教育建设的投入继续加大，林业科技及重点实验室和林业教育的基本建设投入达到43876万元。林业种苗工程建设投入124234万元，新建种苗基地18.29万公顷。

四、2001年林业投资建设的经验与问题

（一）经验

1. 把林业放在国民经济和社会发展的全局来考虑。党中央、国务院关于实施可持续发展战略、实施西部大开发战略、对经济结构进行战略性调整以及加强生态建设、再造秀美山川、治理沙灾旱灾水灾等一系列重大决策，为林业发展提供了难得的历史机遇。林业建设抓住了这一机遇，把生态建设作为林业建设的切入点，进一步加大了全国生态环境包括西部生态环境投入和建设的力度。

2. 以林业重点工程为龙头，带动林业实现跨越式发展。以大工程带动大发展，以实施六大工程为重点，带动林业跨越式发展，是"十五"和今后十年中国林业工作的基本思路。按照林业跨越式发展的需要，通过对林业重点工程资金的注入，有力地保证了国家对林业建设特别是生态环境建设支持的倾向性、持续性、稳定性，并有效地加强了支持力度。

3. 对林业重点工程进行系统整合和投资调整。针对全国林业工程数量偏多、范围重叠、投入水平低、管理不统一等弊端，国家林业局在反复论证的基础上，将原有的17个林业工程项目整合为六大林业重点工程。经过系统整合以及投资调整，进一步增强了林业投资布局的合理性，减少了交叉重复，提高了投资效率。

4. 对林业资金实行制度化管理。林业资金的管理和使用逐步趋于完善和规范。1998年以来随着国家对林业投入力度的加大，资金管理工作显得越来越重要。国家林业局根据财政部及有关部门的规定与财政部一起或单独制定了一系列资金管理和会计核算办法，对确保林业工程的顺利实施起到了积极作用；同时，根据不断变化的形势和工程中存在的问题，认真总结经验、吸取教训，不断加大稽查和检查力度，完善制度，将"慎用线"要求落实到实处。

（二）问题

1. 缺乏全面调控和指导林业发展的产业政策，特别是对林业产业发展的宏观调控显得薄弱。目前，由于强调森林的生态功能，林业建设资金多倾斜于生态体系建设，在一定程度上存在着忽视林业产业建设的倾向，林业产业体系建设的投资在逐年萎缩，这是缺乏全面调控和指导林业发展的产业政策的结果。这不仅直接关系到林业产业体系的发展，而且影响林业生态体系建设。这已经引起了林业主管部门的注意，"以较高起点，抓好林业产业发展"已提到林业工作的议程。

2. 目前一些传统的林业政策阻碍或限制了林业改革与发展，使林业建设吸引社会资金的力度不够。例如林业税费政策，按照经济学的一般原理，资金向利润高的行业流动，林业税赋过重，增加了成本，无形中抬高了资金进入林业的门槛，影响了信贷资金和社会资金的进入。当前，非公有制林业发展缓慢，这是造成社会资金进入林业建设领域不足的一个重要因素。产生这一问题的根源主要也在于上述林业政策的限制。因此，大力发展非公有制林业，也要求必须从林业政策上进行突破。

3. 投资计划执行情况不尽人意，特别是存在资金到位晚、配套不落实的问题。从2001年林业生产、建设计划执行情况的检查看，这种情况普遍存在。

4. 资金管理中存在不足。即在制度完善、监管力度、信息通达等方面需要进一步改进。

5. 资金使用中存在截留、抵扣、挪用、虚报等违规违法问题。从近年来财政、计划和审计部门对林业重点工程的检查、审计和林业行业自身组织的稽查、专项检查看，尽管资金使用总体是好的，但仍存在一些违规违纪问题，如擅自调改计划，截留、违规抵扣、挤占、挪用工程资金；弄虚作假、套取国家资金；层层转包工程任务，虚报造林面积等问题。虽然这些问题发生在个别地区和个别单位，但严重地影响了林业重点工程的顺利实施。

五、2002年林业投资建设计划

（一）2002年林业投资建设计划

2002年林业投资坚持统筹兼顾、统筹安排的原则，既要突出重点，又要兼顾面上急需。以实施六大重点工程为重点，做好林业生产力布局的调整，实施"科教兴林"战略；加强种苗等林业基础设施建设，强化管理，确保林业新世纪跨越式发展的良好开局。

1. 确保六大林业工程的投资需求，保障工程的顺利实施。重点安排"三北"防护林四期、长江防护林二期、沿海防护林二期、防沙治沙工程和太行山绿化二期等工程，以及已履行基本建设审批程序的中东部国家级自然保护区、种苗项目等。

2. 继续加强森林保护设施建设。重点安排森林火灾预测预报体系和扑救装备建设；重点安排全国森林病虫害预测预报系统建设和防治设备建设等。

3. 加强林业科教支撑体系建设。重点支持当前林业生产中急需解决的重大科技成果攻关项目的科研设备和设施建设，加大西部地区的科技推广服务体系建设和重大科技成果的推广应用。

4. 加强森林资源保护基础设施建设。重点保证六大林业重点工程实施区域内的林业工作站和木材检查站建设，完善国家、省级调查规划设计单位营造林核查手段的装备，购置必要的核查设备。

(二)创造宽松的林业投资环境

1. 争取林业扶持政策

——利用国家扩大农村税费改革试点的契机，争取试点省(区、市)生产销售原木、原竹统一执行8%的农业特产税税率。

——争取锯材按粗加工农产品对待，执行13%的销项税率，或执行17%的销项税率和进项税率，实行同步抵扣的增值税政策。

——对实施天然林资源保护工程后全停和半停木材生产的企业和单位，争取按“国家财政部门拨付事业经费的单位”对待，减免征收房产税、城镇土地使用税及车船使用税。

——完善森林生态效益补助资金的试点政策，提高补助力度，扩大试点范围，争取全面推开。

2. 提高林业资金的投入力度

——加大国家发行的长期建设国债资金的林业投入力度。

——突出林业生态建设在农业综合开发项目中的地位和作用，争取更多的农业综合开发资金用于林业建设。

——把要求地方配套的资金落实到位。

近年来全国林业固定资产投资变化表

单位：万元

指标	1996年	1997年		1998年		1999年		2000年		2001年	
	投资金额	投资金额	增长(%)	投资金额	增长(%)	投资金额	增长(%)	投资金额	增长(%)	投资金额	增长(%)
投资总额	638626	741802	16.16	874648	17.91	1084077	23.94	1677712	54.76	2095953	24.91
按管理渠道分：											
1. 基本建设	482531	600392	24.43	770243	28.29	995294	29.22	1569255	57.67	1977253	25.99
2. 更新改造	113239	88952	-21.45	65395	-26.48	52509	-19.71	69305	31.99	67621	-2.43
3. 其他资金	42856	52458	22.41	39010	-25.64	36274	-7.01	39152	7.93	50762	29.65
按资金来源分：											
1. 国家预算内资金	171196	146711	-14.3	341373	132.68	554136	62.33	1127602	103.49	1531143	35.79
2. 国内贷款	162954	214541	31.66	134777	-37.18	94664	-29.76	90593	-4.3	73005	-19.41
3. 利用外资	31309	52907	68.98	72818	37.63	30632	-57.93	37137	21.24	24534	-33.94
4. 自筹资金	216728	255884	18.07	205545	-19.67	249377	21.32	341089	36.78	302298	-11.37
5. 其他资金	66043	89014	34.78	84737	-4.81	91119	7.53	102959	12.99	153721	49.3

中国水利行业投资建设情况

水利部副部长　张基尧

2001年是新世纪的元年，也是“十五”计划的开局之年。继1998年中央实施积极的财政政策，加大对水利基础设施建设投入以来，2001年，中央继续大幅度增加了对水利建设的投入，中央水利基建投资规模达401亿元，创历史最高，基本达到水利“十五”计划中年度投资的需求，开局良好，同时也为全面实施水利“十五”计划奠定了良好的基础。

面对如此大规模的水利投入，水利部严格按照“三个代表”重要思想要求，认真贯彻落实党中央、国务院新时期的治水方针，积极探索并努力实践新的治水思路，紧紧围绕事关国民经济和社会发展全局的重大项目和重点领域，加强基础工作，不断开拓创新，促进了各项水利事业的发展。长江中下游干流堤防、重点大中型病险水库除险加固、人畜饮水等工程建设取得突破性进展，西部重点水利枢纽工程及水土保持生态环境工程建设全面展开。通过宏观调控，进一步加强了投资计划管理，综合平衡并严格控制新开工项目，进一步调整和优化投资结构，保证了投资规模和投资方向的适度和合理。水利建设在水资源工程、水土保持生态建设、水环境改善、非工程措施等方面得到加强，有力推进了传统水利向现代水利和可持续发展水利的转变。

一、中央水利基建投资规模和主要安排情况

2001年共安排中央水利基建投资594亿元，其中中央投资401亿元(包括预安排2002年国债投资36亿元)，地方配套投资193亿元。中央投资中共安排非经营性基金72.55亿元，占中央投资的18%；安排水利建设基金18亿元，占5%；安排国债投资302.1亿元，占75%；利用外资8.56亿元，占2%。与2000年相比较，2001年中央水利基建总投资规模、国债投资和西部地区投资分别增加137.11亿元、124.46亿元和54.5亿元，增幅分别为51.9%、70.1%和96%。

2001年中央水利基建投资计划的安排按照“严格控制基建规模，保重点、保续建、保投产、保度汛，调整投资结构，

向西部地区倾斜；对中东部地区优先安排长江、黄河、松辽等流域的防洪工程建设，突出堤防，加快病险水库除险加固步伐；对西部地区重点安排大中型续建水资源工程、大型灌区节水改造工程、人畜饮水工程和水土保持生态环境建设工程”的原则，围绕发展这个主题，紧紧抓住中央和全社会关心的水利重点领域和重大项目，在“十五”规划及其建设布局的基础上，加大投入，加快建设，开拓进取，稳步前进。

2001年中央投资安排的重点项目是：长江干堤加固、病险水库除险加固、人畜饮水解困、生态环境建设、重点水利枢纽、水利机构能力建设等。

防洪工程共安排中央投资280.9亿元，占全年中央投资的74%。重点安排了七大江河干流堤防特别是长江干堤项目，同时，加大了对存在严重安全隐患的病险水库除险加固等工程建设的投入，各大江河防洪能力特别是堤防防洪能力得到显著的提高。长江中下游湘鄂皖赣苏五省长江干堤至2001年底累计安排中央投资202亿元，占中央应安排投资的97.6%，其中2001年即安排了中央投资92亿元，占中央应安排投资的44.4%，为2002年基本修完修好长江干堤奠定了坚实的基础。病险水库除险加固工程安排中央投资35亿元，相当于“九五”期间安排投资的总和，共安排了333座水库除险加固，其中268座可以销号，为3－5年完成全国规划内重点病险水库除险加固的目标打下了基础。

水资源工程共安排中央投资74.3亿元，占全年中央投资的20%。其中，安排农村人畜饮水工程投资35亿元(含氟砷改水工程6.5亿元)，可累计解决1962万农村人口饮水困难问题，为2002年全面完成“八七”扶贫攻坚计划中剩余的农村人口饮水困难问题奠定了基础；安排大型灌区续建配套及节水增效示范工程投资18.8亿元，预计可新增和改善灌溉面积1300万亩；安排骨干水源工程投资20.5亿元。大量水资源工程的建设，有效地提高了水资源配置和调控能力，保障了人民群众的饮水安全，基本满足了工农业和城市的用水需求，为抗御中国北方地区的持续干旱和全国其他部分地区的严重干旱发挥了巨大作用。

水土保持及生态环境工程共安排中央投资9.5亿元，占全年中央投资的2%。主要安排了以长江上游、黄河上中游为重点的西部地区水土流失治理，预计可治理水土流失面积1.23万平方公里；塔里木河、黑河等流域的综合治理开始全面进行；同时，启动了首都21世纪水资源工程，实施了扎龙湿地保护和引江济太实验工程，这三个工程是继塔里木河、黑河生态综合治理工程后，水利投资建设工作认真贯彻党中央、国务院新时期的治水方针，突破传统的水利投资安排范围，探索以水利措施修复生态系统的又一重要实践。

专项工程共安排中央投资15.3亿元，占全年中央投资的4%。主要用于基础设施建设、科研教育、前期工作、小水电等。推动了水利非工程措施建设，水利机构能力建设得到大大加强。大幅度增加了水文建设投资，启动了水资源实时监控试点工程，水利信息化和流域数字化建设得到加强，长江采砂管理等水政管理设施得到进一步强化，流域机构和部直属单位基础设施进一步改善。

与此同时，以生态为切入点，加强了西部地区重点项目的前期工作，加大投入力度，首先确保了塔里木河、黑河生态综合治理工程在规划批复的当年实现了开工建设；同时保证了“十五”计划中的百色、尼尔基、紫坪铺、沙坡头、引额济乌等西部重点枢纽工程开工建设，开局良好。

总结过去的一年，我们的基本经验和体会：一是要认真领会、深入贯彻党中央的治水方针，认清新时期规划计划工作的形势、特点和任务，创造性地开展工作。二是要紧紧抓住国家实施积极的财政政策这一大好时机，在加强前期工作的基础上，积极争取投资规模，加快水利建设，促进水利发展。三是准确把握中国新时期水利的大局，抓住全社会关心的水利重点领域和重大项目，调整好投资结构，集中力量办大事。四是要完善制度、强化管理、锐意改革，靠严格执行基建程序和各种管理办法保证规划计划工作的规范化、法制化；靠规划计划改革不断提高规划计划管理水平。

二、中央水利基建投资的主要特点

2001年中央水利基建投资有以下特点：

(一)调整投资结构，进一步由水资源开发、利用、治理向注重水资源管理、节约、保护转变

2001年是认真贯彻落实党中央、国务院新时期治水方针和江泽民总书记“三个代表”重要思想的重要一年。中央水利基建投资不但在规模上取得了突破，在投资结构上也取得了重要突破，投资重心在确保防洪安全的前提下，已逐渐由水资源开发、利用、治理向水资源管理、节约、保护转变。与2000年相比，2001年大江大河大湖治理等防洪工程投资占年度总投资的比重下降了5.3个百分点；水资源工程投资占年度总投资的比重增加了4个百分点。

(二)满足续建项目投资需求，促使续建项目尽快发挥效益

为了确保建一处、成一处，使一批因缺乏资金而长期不能完工、效益不能发挥的水利项目加快建设步伐，使相当多的水利项目顺利竣工并发挥经济社会效益，中央水利投资重点满足了续建项目的投资需求，共安排中央投资353.5亿元，占总规模的93%，确保了长江干堤、小浪底水利枢纽、淮河入海水道等重点续建工程建设。长江、黄河等七大江河防洪能力普遍提高，全国水资源配置能力得到加强，以塔里木河、黑河治理为标志的生态系统修复工程全面展开，“八七”扶贫攻坚计划中遗留的人畜饮水困难问题大部分得到解决，一大批重要病险水库得到除险加固，以节水为中心的灌区改造工程在全国范围取得重大成效。

(三)中央水利投资大幅度向西部倾斜，有力促进了西部水利基础设施建设

为实施西部大开发战略，国家加大西部地区水利基础设施建设，2001年安排中央投资111亿元，占年度总规模的26.1%，比2000年增加96%，成为新的重点。重点安排了西部地区的骨干水源工程、人畜饮水、生态环境及大型灌区的节水改造工程建设，如宁夏扶贫扬黄工程、甘肃疏勒河治理工程、青海黑泉水库、新疆引额济乌工程、陕西黑河引水工程等等；兼顾包括堤防、病险水库除险加固的防洪工程建设；此外，新开工了尼尔基、百色、沙坡头等一批控制性枢纽工程和塔里木河、黑河综合治理工程，有力地推动了西部地区水利建设和发展，促进了人与自然的和谐相处。在投资安排中，还加大了中央投资的比例，人畜饮水、灌区改造、病险水库除险加固的中央投资比例均达到三分之二。

(四)以生态为切入点，走可持续发展水利之路

2001年的投资安排在继续重点支持长江干堤、病险水库除险加固等防洪工程建设，加大向西部地区水利基础设施建设倾斜的同时，将生态保护作为投资的一个新的亮点，启动了塔里木河、黑河、首都水资源等生态综合治理工程，成功进行了扎龙湿地、引江济太等生态修复工程建设，以水利措施修复生态系统，体现了可持续发展水利的治水思路，是实践江泽民总书记“三个代表”重要思想的具体表现。

三、加强水利投资和建设管理，保障投资效益和投资安全

(一)加强规划和前期工作是搞好水利建设的基础和前提

首先努力抓好水利规划工作，科学指导水利建设与发展。2001年，完成了《国民经济和社会发展第十个五年计划水利发展重点专项规划》、《全国水利发展第十个五年计划和2010年规划》、《加强太湖流域近期防洪建设的若干意见》、《关于加快黄河治理开发重大问题的若干意见》、《西部地区水利发展规划纲要》等一批重大规划。同时，进一步加快水利项目前期工作。“十五”规划的159个水利重点项目中，已完成68项，为大规模的水利基本建设提供了项目前期基础。

(二)在加强水利前期工作的前提下，投资计划管理工作是保证投资效益与投资安全的基础

加强投资计划管理的特点：一是坚持投资需求与投资可能相结合，控制好基建规模，防止“半拉子”工程，尽快发挥投资效益；二是投资规模与投资结构调整相结合，把握好建设重点，优化配置资金资源；三是投资计划与工程形象面貌和实物工程量相结合，保证投资量化合理，提高投资计划的准确性和精确性；四是投资计划安排和投资计划检查相结合，及时获得计划执行的信息反馈，保证投资安全，保证计划及时完成；五是投资计划的制定、执行与效果评价相结合，不断总结，不断完善，提高计划的科学水平。与此同时，建立健全规划计划管理法律法规体系，严格依法行政，是加强投资计划管理的主要方法之一。近几年来我们相继制定了《水利基本建设投资计划管理办法》、《水利基本建设项目审查审批管理办法》、《水利规划编制取费标准》等规划计划管理办法；重大项目立项及计划安排严格实行部长办公会集体研究制度；坚持规模管理、分级管理、各负其责的规划计划管理体制。各类规章制度和管理办法的制定，进一步规范了水利规划及计划管理行为，为投资安全提供了强有力的基础保障。在计划执行及稽查审计中，中央水利投资尚未发现有严重违纪违规问题。

(三)全面加强工程建设与质量管理，确保工程建设质量，是保证投资效益的关键

2001年工程建设与质量管理充分体现了改革精神，按照市场经济的原则，积极推行项目法人责任制、招标投标制和建设监理制，努力规范水利建筑市场。一是加强项目法人建设，按照国务院关于公益性水利项目建设法人组建原则，从机构、职责、权力、人员素质等方面努力提高建设法人的管理能力；二是大力推行招标投标制和建设监理制，使大江大河干堤等水利项目招投标率接近100%，施工监理率达90%以上；三是严格规范水利建筑市场，努力实现招标投标中的公平、公开、公正；四是建立完善的质量保证体系，保证对建设质量严格的控制和管理。

四、围绕一个主题、把握三条主线、突出四个重点，实现五个加强，全面推进2002年水利投资计划管理工作

面对新的一年，水利投资计划管理工作应认真分析周边经济形势，认清国家坚持扩大内需的方针、实施积极的财政政策的大局，认清水利在促进国民经济发展中的艰巨任务，积极探索并努力实践新时期的治水思路，做好以下几项工作。

(一)围绕一个主题，稳定投资规模，全面推动水利建设

围绕一个主题，就是围绕发展这个主题，继续紧紧抓住中央和全社会关心的水利重点领域和重大项目，在“十五”规划及其建设布局的基础上，开拓进取，力争稳定2002年投资强度，努力再创水利发展新高峰。首先要抓好国债续建项目，进一步争取重点国债续建项目投资；第二，要重点安排南水北调工程，加快单项工程初步设计进度，在确保2002年开工的基础上，多上单项，尽量吸纳更多的投资；第三，超前安排病险水库除险加固前期工作，进一步加大病险水库除险加固和人畜饮水工程投资强度；第四，在满足已开工六大水利枢纽工程的建设投资需求的前提下，力争新开工一批大型水利枢纽工程；第五，加大投资力度，全面展开黑河、塔里木河综合治理工程建设和首都水资源工程建设；第六、抓住中国加入世界贸易组织的时机，千方百计增加大型灌区节水改造和节水示范工程的投资力度，加大对西部地区灌区节水改造工程的投入，积极试点牧区水利节水工程；第七，加强长江上游、黄河上中游以及大江大河源流区的重点水土流失治理工程。

(二)把握三条主线，是实现水利发展“十五”目标的基础

把握三条主线，一是按照国务院要求，2002年基本完

成主要水利国债续建项目；二是抓住机遇，加强前期工作，努力实现“十五”计划目标；三是紧紧围绕实现水资源可持续利用这一目标，做好水资源综合规划。

1. 按照国务院要求，力争2002年基本完成主要水利国债续建项目。水利基础设施建设是国家实施积极财政政策的重要领域，1998年以来已累计安排国债投资930亿元，形成的国债项目总规模约3100亿元，目前已完成和盘活的固定资产约2200亿元，结转到2002年剩余项目规模约900亿元。

2. 紧紧抓住国家继续实施积极的财政政策的机遇，做好水利项目前期工作，努力实现水利发展“十五”计划目标。要依据“十五”计划，把握工作重点，调整好防洪工程前期工作布局。要在加快完成七大流域干流堤防的基础上，逐步把前期工作的重点转向加强防洪控制性枢纽、病险水库除险加固、蓄滞洪区安全建设和河道整治工程，尽快完善大江大河防洪体系，提高全流域的防洪能力；要抓好水资源工程前期工作布局。同时加快一些区域性重大水源和调水工程的前期工作，加大对灌区节水改造工程前期工作的扶持力度。要综合考虑水土保持生态建设前期工作安排。继续抓好长江上游、黄河中上游和内陆河水土保持项目的前期工作，重点加强塔里木河、黑河等生态治理工程和首都21世纪水资源工程的项目前期工作。

同时，要找准项目前期工作中的薄弱环节，加大工作力度，加快工作步伐，逐步推动水利前期工作体制改革，一是抓好水利建设项目行政审批制度的改革，二是抓好前期工作招投标改革准备工作，三是开展前期工作投资体制改革研究。

3. 紧紧围绕实现水资源可持续利用这一目标，重点抓好水资源综合规划的编制工作。在规划编制过程中全面贯彻中央新时期的治水方针，坚持水资源的系统评价、全面规划、突出重点、节水为先、加强保护、优化配置、因地制宜、突出创新；加强与相关规划的衔接和规划过程中的协调；加强规划工作的领导和组织协调。

（三）突出四个重点，努力完成全社会关注的重大水利任务

2002年，在全面把握水利发展三条主线的同时，要突出全社会关注的四个水利重点。一是精心安排，力保2002年完成长江中下游干堤加固任务；二是抓紧前期工作，确保2002年开工建设南水北调工程；三是进一步加快病险水库除险加固工程；四是全面解决2423万人饮水困难问题，进一步争取中央投资，补助地方，解决剩余群众饮水困难问题。

（四）实现五个加强，全面推动现代水利的进程

2002年水利规划计划面临的一项重要任务就是全面推动现代水利的进程，其切入点一是生态，二是管理、三是素质。要从以下五个方面加强工作。

一是通过水利措施，加强对生态系统的修复。要在加强长江上游、黄河上中游以及大江大河源流区的重点水土流失治理工程的同时，充分发挥水利措施的功能，加强与水相关的生态系统的修复工作。二是加强水文、水资源监测、水政监察基础设施建设，为提高防汛抗旱、水资源管理和调度的决策能力创造条件。三是以信息化为手段，加强机构能力建设，推动水利现代化进程。四是加强规划计划管理，确保投资安全和投资效益。五是加强作风建设，深入调查研究，努力提高素质，培养过硬的规划计划队伍。要进一步提高规划计划工作人员素质，加强作风建设，培养过硬队伍。

2002年的规划计划工作是任务艰巨的一年，也是大有希望的一年。只要我们认真贯彻落实党中央、国务院的治水方针，紧紧围绕“抓落实”这个工作中心，切实转变工作作风，扎实工作，求真务实，就一定能把2002年的投资计划管理工作推向一个新的水平。

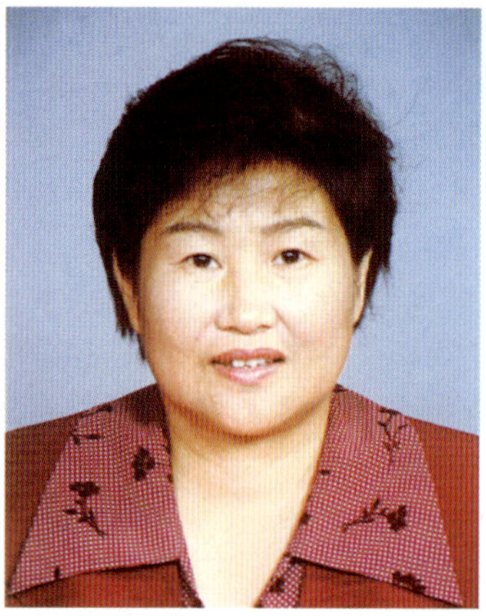

中国地质勘查工作投资情况

国土资源部副部长

2001年是“十五”计划的第一年，也是中国改革开放和国民经济建设取得辉煌成就的一年。作为国民经济发展基础的地质矿产事业，始终得到党中央、国务院的高度重视和关怀，广大地质职工以江泽民总书记“三个代表”思想为指导，开拓进取，努力工作，地质勘查工作取得了一系列新成果，为社会经济可持续发展作出了新贡献。

一、地质调查项目经费投资及主要成果

2001年地质调查项目本年完成项目费用7.2278亿元，经费的投资构成为：中央财政拨款7.1238亿元，占项目经费的98.56%；矿产资源补偿费442.00万元，占项目经费的0.61%；地方财政资金150.00万元，占项目经费的0.21%；其他投入448.08万元，占项目经费的0.62%。地质调查经费中除了国土资源调查经费外，其他资金主要是为了完成地质调查项目所需要的配套资金。

2001年国家地质调查工作继续贯彻党中央、国务院西部大开发战略，加强地质工作与国民经济建设和社会发展相结合，把西部地质工作程度极低的空白区地质调查和东部人口密度区生态环境地质调查工作放在优先地位，加大关系国计民生和国家经济安全的能源和其他战略矿产资源的调查力度。在整个项目经费投资方向中，国土资源调查经费完成6.3563亿元，南沙油气和大陆科学钻探专项经费完成7658万元。在完成的6.3563亿元的国土资源调查经费中，西部项目经费为3.6146亿元，占整个地质调查项目费用的56%，中部1.0811亿元，占17%，东部1.7664亿元，占27%。地质调查项目完成经费按“一项计划、四项工程”分：基础调查计划完成2.0723亿元，矿产资源调查评价工程完成4.1671亿

表1 **地质勘查投入表——按来源** 货币单位：千元

年份		总投资	国拨地勘费	地方财政资金		企事业投入	其他投入
				合计	其中：矿产资源补偿费		
1999年	数量	20,756,970	2,123,857	332,491	167,256	13,404,007	4,896,616
	所占比例%	100	10.2	1.6	0.8	64.6	23.6
2000年	数量	21,766,658	1,788,162	191.310	62,820	14,119,333	5,667,853
	比上年增长%	4.86	-15.81	-42.46	-62.44	5.34	15.75
	所占比例%	100	8.2	0.9	0.3	64.9	26.0
2001年	数量	22,236,514	910,256	546.055	75.077	20,631,553	148.650
	比上年增长%	2.16	-49.10	185.43	19.51	46.12	-97.38
	所占比例%	100	4.09	2.46	0.34	92.78	0.67

资料来源：国土资源综合统计年报，1999年；2000年数据来源于国土资源部

图1 **2001年地勘投入结构图**

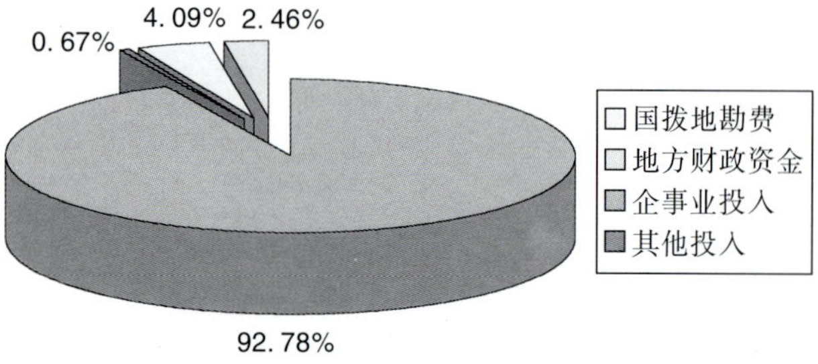

元,资源调查与利用技术发展工程完成4600万元,数字国土工程完成3677万元,地质灾害预警工程完成1548万元,分别占总经费的58%、29%、6%、5%和2%。

2001年地质调查工作取得了一批重要成果。青藏高原空白区首次发现的古生物化石产地和蛇绿混杂岩带,为研究青藏高原地质史及资源环境提供了新的基础资料;多目标区域地球化学调查取得了良好示范经验;西藏岗底斯东段铜多金属成矿带铜资源评价获得重大突破,铜远景储量极其可观;青藏铁路沿线铜、钴等矿产资源评价获得重大突破;豫西南地区可望找到大型银铅锌矿;天然气水合物调查取得新的进展,在西沙海槽区取得了天然气水合物直观的证据;鄂尔多斯盆地周边干旱地区找到了丰富优质的岩溶水;首都经济圈新发现具有建立应急地下水水源的地区;在我国严重干旱、缺水地区成功开展找水工作,极大地缓解了当地的人、畜用水紧缺问题,取得明显社会效益。

二、地质勘查工作投资情况

(一)地质勘查资金投入规模和投资结构

2001年全地勘行业地质勘查投入222.36514亿元,与上年相比,增长了2.16%。

从资金来源结构看,国家地勘费投入比重不断下降,企事业单位投资比重不断提高,矿产勘查投资多元化的格局正在逐步形成(详见表1)。其中,国家地勘费投入9.10256亿元,地方财政资金5.46055亿元(含矿产资源补偿费0.75077亿元),企事业单位投资206.31553亿元,其他资金1.4865亿元。各项投资与2000年相比,国家地勘费投入减少49.10%,地方财政资金增加185.43%,矿产资源补偿费增加19.51%,企事业单位投资增加46.12%,其他投入减少97.38%。

随着我国西部大开发战略的实施,地质勘查投资明显向西部倾斜,西部地勘投入比重不断上升(详见表2)。2000年东、中、西部地勘总投资比重分别为42.37%、18.26%和39.37%,2001年的比重为40.07%、19.02%和40.91%。2001年西部地区地勘总投入为90.97056亿元,较2000年增加5.27881亿元,西部地区投资比重较2000年上升了6.16个百分点。2001年西部地勘费总投入比重已超过东部。

表2　　分地区地质勘查投入表

货币单位:千元

		2000年		2001年		
		数量	所占比例%	数量	所占比例%	比上年%
地勘总投入	**总计**	**21,766,658**	**100**	**22,236,514**	**100**	**2.16**
	东部	9,222,647	42.37	8,909,994	40.07	-3.39
	中部	3,974,834	18.26	4,229,464	19.02	6.41
	西部	8,569,175	39.37	9,097,056	40.91	6.16

资料来源:国土资源综合统计年报,2000年;2001年数据来源于国土资源部

图2　　2001年地勘总投入——分地区

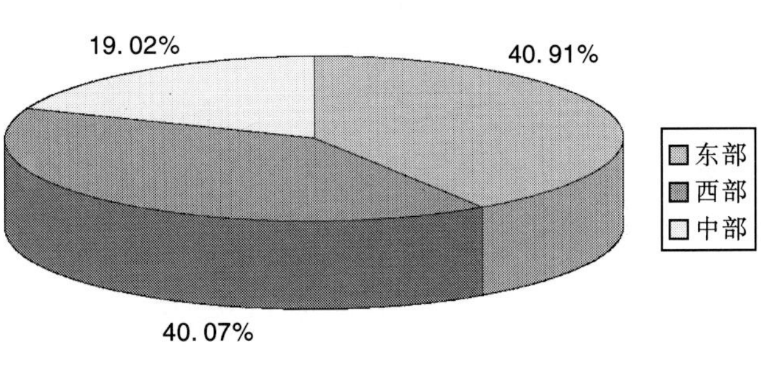

(二)地勘投资效果

1. 矿产地数量变化情况

由于找矿难度不断增大,加之地质勘查投入增长缓慢,"九五"期间找矿效果不断减小。从新发现矿产地数量看,所有矿种总计,2000年比1996年减少79处(详见表3)。其中,能源矿产33处,比1996年减少10处;金属矿产63处,比1996年减少49处;非金属矿产23处,比1996年减少22

表3　　找矿效果表　　单位:处

	1996年	1997年	1998年	1999年	2000年	2001年
新发现矿产地				172	123	199
新发现和新证实的工业矿床	202	280	221			
其中:按矿种						
一、能源矿产	**43**	**55**	**39**	**45**	**33**	**24**
煤	1	4	3	4	3	
石油	28	45	23	26	20	
天然气	14	6	12	14	10	
铀			1	1		
二、金属矿产	**112**	**153**	**116**	**85**	**63**	**112**
黑色金属矿产	3	3	9	7	4	
有色金属矿产	34	26	26	16	17	
贵金属矿产	74	124	80	61	41	
稀有、稀土矿产	1		1	1	1	
三、非金属矿产	**45**	**67**	**53**	**40**	**23**	**48**
冶金辅助原料	6	7	6	1		
化工原料	13	16	16	10	12	
特种非金属矿产	3	2	3	1		
建材非金属矿产	23	42	28	28	11	
四、地下水	**2**	**5**	**13**	**2**	**4**	**15**

图3　　"九五"期间新增矿产地柱状图

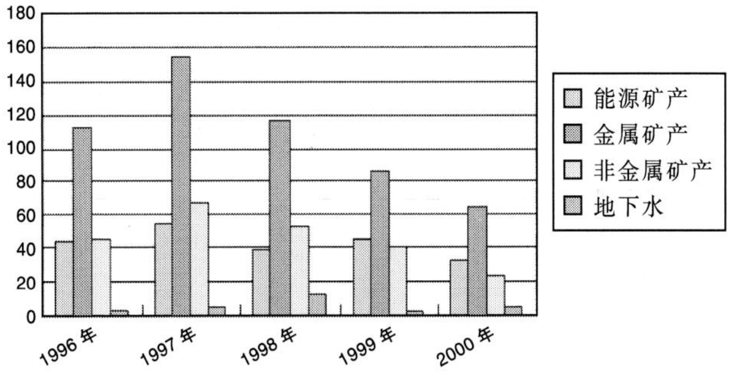

处；地下水4处，比1996年增加2处。2001年新发现矿产地总数比2000年明显增加，增加数量达76处，其中新发现的能源矿产地减少9处，金属矿产地增加49处，非金属矿产地增加25处，地下水增加11处。

2. 固体矿产勘查、开采登记情况

截止到2001年底，全国固体矿产有效勘查许可证共计7575项，比2000年的4583项增加2992项。其分布情况，西部12省区占全国总数的50%，其中云南、新疆、广西三省区勘查项目超过500个，反映出国家西部开发战略实施后，促进了西部地区固体矿产勘查，取得了一定的成效。中东部地区，勘查工作主要集中在河南、山东、辽宁等省。

从勘查的矿种分析，贵金属矿产占发证总数的38.02%，有色金属矿产占27.31%，非金属矿产占14.01%，黑色金属矿产占8.70%，能源矿产（不含石油、天然气）占5.68%，水气矿产占4.81%，稀有金属矿产占1.47%。可以看出贵金属和有色金属勘查在固体矿产勘查中占有较大比重。

2001年，全国固体矿产有效采矿许可证共计32510项，比2000年的35687个减少3177个。

3. 石油天然气勘查、开采登记情况

截止到2001年12月31日，全国有效石油天然气地质调查证79个，地质调查面积188万平方公里；石油天然气勘查许可证945个，比2000年的473个增加472个，勘查面积265万平方公里。其中，对外合作勘查许可证25个，勘查面积66071平方公里。石油天然气采矿许可证642个，比2000年的576个增加66个，开采面积5.7万平方公里，其中，对外合作采矿许可证14个，开采面积3431平方公里。除矿产地质调查面积外，全国石油天然气（含煤层气）排他性勘查开采总面积达270万平方公里以上。

2001年全国石油天然气（含煤层气）勘查开采登记，共受理涉外申请16项，协议金额8.6397亿美元。固体矿产涉外勘查登记情况为：1999年颁发勘查许可证12项，2000年颁发勘查许可证47项，2001年颁发勘查许可证56项。外商及港澳台商投资固体矿产项目总投资规模均未超过1000万美元，平均单个项目一般为20万美元左右，最高不超过200万美元，反映出外商及港澳台商投资矿产勘查带有试探性质，外商通过风险投资勘查进入矿山开发的成功实例还没有。说明中国在吸引外商投资方面的政策需要更加优惠，加入WTO以后，中国应利用好两个市场，充分利用外资市场，吸引扩大外商投资。

4. 相关政策

2000年9月，国务院转发了国土资源部等六部委《关于进一步鼓励外商投资勘查开采非油气矿产资源的若干意见》，加大了对外商投资勘查开采非油气矿产资源的支持力度，提出了减免矿业权使用费和矿产资源补偿费等方面的优惠政策，并鼓励外商到西部地区投资勘查开采非油气矿产资源。为了简化外商投资勘查矿产资源的办事程序，依照中国有关法律规定，国土资源部放宽了外商投资勘查的合作形式，允许外国投资者与中国合作者以非法人合作组织的形式进行矿产资源勘查。

为适应加入WTO后进一步扩大开放的新形势，国土资源部于2001年下发了矿业的新引资法规——《关于涉外非法人企业申请探矿权有关问题的通知》。外商投资企业和非法人合作组织，发现具有商业价值的矿产后，可以按照中国有关法律法规的规定，成立法人企业进行矿产资源开发。

这项新引资法规主要内容有两项：

一、凡在中国工商行政管理机关正式注册，领取非法人企业营业执照的涉外合资公司合作公司、办事机构和代表处，可比照具有法人资格的申请人，按法规规定申请探矿权和地质勘探单位资格。

二、涉外勘探企业、办事机构和代表处申请地质勘探单位资格，仅需到国土资源部办理审批手续，就可纳入全国地质勘探单位资格统一管理。

促进矿业发展的这一新法规的实施，将基本实现中国矿业勘探开发与国际通行的法规接轨，极大地改善矿业勘探开发环境，必将在进一步推动外商到华投资勘探开发矿产资源方面发挥积极作用。

根据国土资源部2001年10月10日发布的《“十五”西部国土资源开发利用规划》中的有关内容，外商投资勘查西部矿产资源将有更多优惠，这些优惠政策包括：外商投资勘查获得具有开采价值矿产资源后，保障其依法享有优先开采权。矿产勘查费用可在开采阶段作为递延资产，分期摊销，优先回收。勘查开发矿产资源可享受免缴、减缴探矿权使用费、采矿权使用费的优惠政策；对于外商与中方合作，外商通过技术投入使矿产资源回收率、综合利用率高于原设计水平或者中国国家标准的，以及开发利用低品位、难选冶矿产资源的，可减缴矿产资源补偿费，对于高于原设计水平或者中国国家标准多开采出的矿产品和利用尾矿的，可免缴矿产资源补偿费。

主要参考文献：

(1)《地质矿产统计年报》，地质矿产部，1996－1998年

(2)《国土资源综合统计年报》，国土资源部，1999年、2000年

(3)《中国统计年鉴》，国家统计局1997－2000年

(4)《全国矿产资源规划》，国土资源部，2001年

中国环境污染治理投资情况

国家环保总局规划司

2001年,全国人大九届四次会议审议通过的国民经济和社会发展"十五"纲要,确定了"十五"期间全国环境保护的主要目标和任务,国务院也批准了《国家环境保护"十五"计划》。在国民经济预期年均增长7%的前提下,到2005年,全国主要污染物排放总量将比2000年减少10%,"两控区"(酸雨控制区和二氧化硫控制区》二氧化硫排放量比2000年减少20%,环境污染状况有所减轻;城市生活污水集中处理率达到45%,50万人口以上的城市要达到60%,城市居民燃气普及率达到92%;城市建成区绿化覆盖率达到35%;城乡环境质量特别是大中城市和重点地区的环境质量得到改善。

为实现"十五"环保目标,"十五"期间,各地要以政策推进和机制创新为突破口,下大力气解决环境保护长期存在的投人不足问题,在政府主导、市场推进和公众参与下,以重点项目的实施带动环境污染治理和生态保护的全面开展。"十五"期间,全国环境重点工程项目投资共需7000亿元,约占同期GDP的1.3%。其中水污染治理投资2700亿元,大气污染治理投资2800亿元,固体废物治理投资900亿元,生态保护投资500亿元,环境执法能力建设投资100亿元。

2001年是国家环境保护"十五"计划实施的第一年,国家和各地区继续保持对环境污染治理设施的投资力度,一批环境污染治理设施项目建成使用,部分污染物排放总量有所减少,工业污染源达标排放成果得到巩固,部分城市环境质量有所改善。据统计,2001年,全国环境污染治理投资为1106.6亿元,比上年增长4.3%。2001年环境污染治理投资占国内生产总值的1.15%。其中:

——城市环境基础设施建设投资595.7亿元,比上年增长6.1%。全年新增城市污水处理能力714万立方米,城市生活垃圾无害化日处理能力20262吨,人工煤气供应量137亿立方米,天然气供应总量106亿立方米,液化气供应量974万吨,城市用气人口21530.44万人,燃气普及率达到60.23%,集中供热面积14639万平方米,比上年增长32.1%;城市建成区绿化覆盖率达到28.4%。

——老污染源治理投资174.5亿元,比上年减少27.1%。全国工业企业当年施工污染企业治理项目12000个,污染治理项目当年完成投资174.5亿元。其中,治理废水投资72.9亿元,治理废气投资65.8亿元,治理固体废物投资18.7亿元,治理噪声投资0.6亿元,治理其他污染投资16.5亿元。

——新建项目"三同时"环保投资336.4亿元,比上年增长29.4%。全国当年建成投产项目88541项,应执行"三同时"项目37000项,实际执行"三同时"项目36020项。"三同时"执行率98.4%,"三同时"执行合格率96%。实际执行"三同时"项目投资总额9349亿元,环保工程实际投资336.4亿元,其中新建项目环保工程实际投资238.1亿元,扩建项目环保工程实际投资52亿元,技改项目环保工程实际投资46.3亿元。

工业、建设

中国机械行业近期发展导向

一、重大技术装备

(一)电力设备

1. 洁净煤发电设备产业化

重点发展60万千瓦及以上超临界机组、30万千瓦循环流化床锅炉和大型燃气轮机产业化项目。重点改造60~

100万千瓦超临界锅炉及配套高压加热器和阀门、大型循环流化床锅炉和蒸汽燃气联合循环余热锅炉、燃气轮机的生产工艺条件和工艺检测设备。

2. 完善大型水电设备生产工艺条件

依托三峡工程，提高大型水电设备制造能力，年产达到380～400万千瓦大型水电设备（含4台三峡工程70万千瓦机组）。同时开展抽水蓄能机组的对外经济技术合作，改造关键部件制造工艺，完善大件加工能力。

3. 超高压直流输电设备产业化

重点解决换流变压器、平波电抗器和换流阀的国产化，提高大型产品的绝缘加工和洁净装配条件水平；加快直径125毫米、8000伏、3000安大功率晶闸管元件批量生产并提高可靠性；完善直流系统数字化模拟设计手段，增添大型数字式模拟装置；改善试验条件，形成50万伏换流阀高电压试验和运行试验的能力。

4. 电力系统自动化和智能型变电设备产业化

加快数字式保护系统和设备的软、硬件产业化，尽快消除高压直流换流站和阀系统控制、调节技术瓶颈；满足电网改造对户内外紧凑型和智能化开关设备的需求；加快改造光纤复合架空地线生产线，大力发展光通信等新型电力系统通信设备；促进一、二次设备生产企业战略重组，提高智能化、系统化和成套设备的市场满足度及服务能力。

（二）重型冶金矿山设备

1. 以大型冶金、有色金属、石化、环保、煤炭、建材、汽车、造船等行业技术改造和水利、水电等建设项目为依托，尽快实现一批重大设备本土化生产

发展大型磨机、多绳提升机、井下铲运机、水泥回转窑、大型矿用自卸车等矿山机械并提高使用寿命；在进一步提高传统冶金设备质量的基础上，大力发展自动化和节能降耗工艺技术装备，提高短流程设备的成套能力；加快实现30万辆轿车结构件冲压生产线产业化；发展非金属精深细加工设备、中密度纤维板和定向刨花板等新型人造板设备；提高500～1000吨级加氢反应器、大型起重机、高速铁路机车车轮整体成型设备、固体垃圾处理设备的生产能力。

2. 大力提高大型铸锻件生产工艺水平

发展大型精炼钢水真空浇注工艺；提高锻造精度和计算机控制水平；提高电炉称料和加料的自动化水平；鼓励采用先进的热处理技术工艺和设备。

（三）石油化工设备

围绕海陆石油天然气开发、西气东输、大型石油化工、电力、冶金、大型水力工程、环保、新闻出版等工业部门的需求，发展一批耐高温、高压、高效和精密设备，提高成套能力。

以沙漠海洋石油设备、天然气管线集输设备、加氢反应器等为重点，发展高效电驱动钻机和顶部驱动钻井系统；发展深井采油设备、井下油气分离设备和油气管道的集输、成网设备，发展石油、天然气长输管线用阀、大口径球阀、金属密封碟阀等；发展千吨级加氢反应器、催化裂化关键设备及其他专用炼油设备。

重点发展乙烯裂解炉、大型乙烯丙烯球罐等乙烯生产设备及氨合成塔、换热器等化肥工艺设备；继续发展重点工程配套的三大化工配套的工艺压缩机，如新氢压缩机、循环压缩机、丁二烯螺杆压缩机、二氧化碳压缩机、氮氢气压缩机、煤气压缩机，同时发展石油及天然气压缩机。

加快高效节能新产品、新技术的开发、应用，提高各类泵、风机、压缩机、阀门、制冷空调设备、空分设备、真空设备、换热设备的使用效率。

（四）成套环保机械

1. 新型环保机械

大气污染防治设备方面，支持发展大型火电机组除尘和燃煤烟气脱硫设备。水污染防治设备方面，重点发展日处理20万立方米城市污水处理设备，提高格栅、曝气、刮泥吸泥、污泥浓缩脱水、污泥沼气发电等设备制造水平；发展适合中小城镇和小区需要的日处理10万立方米以下生活污水处理成套设备，以及高浓度工业废水处理成套设备。固体废弃物处理设备方面，重点发展生活垃圾焚烧、堆肥等成套设备，有毒有害废物密闭式贮运、运用高温氧化焚烧成套设备，工业废物的收集、分选、清洗、破碎、打包、运输、回收等单体设备或组合设备。

2. 国产化示范工程项目

支持城市污水处理、高浓度工业废水处理、火电厂烟气脱硫、城市生活垃圾处理等重点领域的国产化示范工程项目。解决防腐、自控、节能和成套等技术，提高单机和系统的可靠性。

（五）大型工程施工机械

1. 加快发展一批市场急需产品

根据“西气东输”、“南水北调”、青藏铁路、城市地铁及城乡基础设施建设工程等的需要，重点发展40～85吨液压挖掘机、6～10吨轮式装载机、320马力以上履带推土机等大型土石方工程机械；每小时100吨以上路用联合碎石成套设备等高等级公路路面施工养护机械；25吨以上全路面起重机及越野起重机；5～10米直径大型盾构机、160千瓦以上隧道掘进机等隧道开凿机械。

2. 提高关键零部件可靠性

大力提高动力换档变速箱、液力变矩器、湿式制动闭销式驱动桥、制动磨擦片的工作效率、可靠性及寿命；提高行星减速机、液压元件控制仪表的技术水平，提高驾驶室的舒适性；提高斗齿、混凝土设备中的搅拌叶片、衬板、输送槽、路面机械中的耐磨输送器、凿岩破碎机械中的钎杆、钎头等耐磨材料的使用寿命。

二、农业机械

（一）重点发展一批市场潜力大、前景好的新产品

种植业机械设备领域，重点发展100马力以上轮式拖拉机及为其配套的少耕、免耕、深松作业机，秸秆及根茬粉碎还田机，精量施肥播种联合作业机，水稻、玉米、棉花、油料作物工厂化育秧及栽培成套设备，植物保护机械，联合收

割机，采棉机及设施农业成套设备等。

新型节水灌溉设备领域，重点发展高效喷灌和滴灌成套设备，防沙治沙灌溉设备，干旱、半干旱地区集雨灌溉设备，井灌区群井环网远程自动检测控制系统，节水灌溉装备关键部件和自控系统等。

农副产品精深加工成套设备领域，重点发展高等级粉、专用粉及淀粉加工成套设备，长绒棉、机采棉加工成套设备，水果蔬菜清洗、分级、灭菌及保鲜、储运成套设备，粮食清选、分级及烘干成套设备，菜籽、棉籽饼粕脱毒成套设备等。

集约化养殖及草原、草场建设成套设备领域，重点发展新型规模化猪场、奶牛场饲养与奶制品加工成套设备，大型养殖场粪污有机肥处理成套设备，青贮饲料收获及储运设备，牧草收割、打捆、堆垛、储运成套设备，园林机械等。

(二)加强企业的技术开发能力建设

加强企业技术中心建设，鼓励制造企业与科研院所、大专院校合作，开发具有自主知识产权的产品。提高80马力以上拖拉机及配套农机具、水稻育秧、栽培及收获机械、玉米收割机、棉花收获及机采棉加工设备等关键产品的技术水平。

三、基础机械

(一)努力提高数控机床产品市场竞争力

重点发展普及型数控机床，以普及型数控机床急需的、具有自主知识产权的开放式数控系统为突破口，建立并完善中国开放式数控系统平台及技术规范，为企业网络化、数控机床连线进网创造条件。进一步研究并联加工技术、集成技术，建设具有批量规模的数控系统产业化基地，同时重点支持关键配套功能部件的发展，提高高速主轴、刀库机械手、数控刀架、动力卡盘、高速滚珠丝杠、高速防护、数控刀具、数控系统及伺服等关键配套功能部件的性能和质量。

(二)提高机械基础件产品的质量和性能

轴承行业要重点发展汽车(摩托车)、铁路、大功率农业机械和工程机械、精密设备等配用的高档轴承和特种轴承，同时支持轴承毛坯精化加工、轴承滚动件等零部件产业化项目。液气密行业重点建立液压系统产品开发基地，发展伺服比例技术、机电液一体化技术、总线控制技术、提高液压气动装置的设计制造水平。通用零部件行业重点支持少数重点企业完善检测条件，提高产品质量，发展一批高速硬齿面齿轮、高强度、异型紧固件等产品。模具行业重点发展塑模、冲模、锻模和建立完善模具开发体系。

(三)大力振兴仪器仪表制造业

围绕国家重点工程和重大技术装备项目，重点支持数字化、网络化、智能化技术产品以及提高产品精度和可靠性项目。工业自动化领域重点支持现场总线技术的主控装置和智能化仪表、长寿命技术电能表、电网管控系统等产品。科学测试仪器领域重点发展过程测量分析仪器、自动测试系统以及卫星定位系统(GPS)等产品。文化办公机械领域重点发展数码复印机、数码照相机以及与之配套的冲扩设备等产品。仪表元件材料方面，重点支持新型传感器等仪表元器件和新型复合材料的发展。同时推进研究开发体系的建立。

(四)为机械、汽车产品更新换代提供动力保证

重点发展新型车用低排放、高性能发动机；大型拖拉机、联合收割机、工程机械用高可靠性大中马力柴油机、经济型轿车和微型车用柴油机、新一代农用运输车用环保型柴油机及满足新型柴油机用的油泵油嘴(如分配油泵、电控喷射系统、P型泵等)、摩擦副配件、排气后处理等关键零部件。

(国家经济贸易委员会)

中国汽车行业近期发展导向

一、轿车

重点发展符合国家安全、节能、排放法规及私人用车要求的经济型轿车，提高经济型轿车占汽车总产量的比重。发展绿色环保出租用轿车。“十五”末期，汽油发动机必须达到欧洲第二阶段排放控制水平，中高档产品应达到欧洲第三阶段排放控制水平。

适度发展轿车柴油发动机、单燃料燃气发动机及混合动力系统。集中支持优强企业，通过与国外合作，形成批量生产能力，产品水平达到欧洲第二阶段、第三阶段排放水平。

鼓励优势企业通过扩大国际合作实施平台战略，在利用现有产品平台的基础上，以联合开发与自主开发相结合的方式，开发经济型轿车系列产品。利用数控设备、加工中心等柔性、高效制造技术，改造、建设经济型轿车新型发动机生产线。

二、大中型客车

发展专用大中型客车底盘，加快开发低地板城市客车底盘，重点开发大中客车车桥和悬挂系统、液化石油气(LPG)、压缩天然气(CNG)等气体燃料发动机或复式动力装置系统、大中客车自动变速系统等高新技术零部件。

三、载货汽车

(一)大马力重型载货汽车及牵引车

集中支持重型汽车优强企业，利用现有基础，通过合资、合作，调整产品结构，增加大马力重型载货汽车占重型载货汽车的比例，提高现有产品的性能、质量，促使中国重型汽车产品达到或接近国际先进水平。“十五”末期，重型车新产品必须安装制动防抱死装置（ABS），排放要达到欧洲第三阶段排放标准。重点发展适应高速公路运输条件、功率300马力以上的高档重型载货汽车及牵引车，中高档重型汽车系列化驾驶室、重型专用汽车底盘。推广采用制动防抱死装置（ABS）/防侧滑装置（ASR）、电子控制系统（EBS）、液力减速器等装置，提高产品安全性、舒适性及可靠性。

（二）重型汽车发动机

推广高速直喷、多气门、共轨、增压中冷等技术，重点发展排量9升以上，输出功率300马力以上，达到欧洲第二阶段、欧洲第三阶段排放控制水平的新型发动机系列产品，加快形成批量生产能力。拓展产品系列，适度发展电喷单燃料压缩天然气（CNG）和液化石油气（LPG）发动机。

四、专用汽车

提高专用汽车占载货汽车产量的比重以及重型专用汽车在专用汽车中的比重，重点发展高技术含量、高附加值的产品，主要有：适于高速公路运输的重型半挂牵引车和专用半挂车；城市环卫车类，如道路清扫车、垃圾运输车、下水道疏通车、吸污泥车等；施工工程车类，如散装水泥车、混凝土搅拌运输车、混凝土泵车、重型起重汽车及各种工程车等；城市服务车类，如云梯消防车、救护车等；机场专用车类，如重型飞机加油车、机场扫雪车、除冰车等；油田、沙漠专用汽车；多功能道路养护车，抢险救护车等高等级公路管理用车；满足国防现代化要求的各种高水平、高质量的国防专用汽车等。同时，以发展专用底盘和专用装置为突破口，重点发展高性能、高可靠性、系列化的能适合高速公路使用条件的专用汽车底盘。发展应用电子信息技术、传感技术、自动控制技术、机电液一体化技术和智能化技术等高新技术的专用装置。

五、汽车零部件

提高汽车零部件产品开发、系统配套和模块化供货能力，关键产品性能争取达到或接近国际先进水平，增加出口创汇，提高为国际汽车市场配套的比例。提高汽车产品配套本土化率，实现与主机同步发展。支持和鼓励一批优强企业加强国际合作，利用高新技术提高产品水平与制造水平，进入国际配套体系，重点发展以下三类产品：

第一类，国内刚刚起步或尚属空白，代表汽车工业技术发展趋势的汽车关键零部件，如制动防抱死装置、安全气囊、电控燃油喷射装置、排气净化装置、自动变速器等。

第二类，中国已有较大投资，形成了较好的基础，通过努力有可能形成比较优势的汽车关键零部件，如制动系统、转向系统、变速器、离合器、组合仪表、汽车电机等。

第三类，中国具有比较优势的产品，主要是材料密集型、劳动密集型，不便于长距离运输及其他一些具有比较优势的汽车零部件，如汽车轮毂、电线束、座椅、成型地毯、蓄电池等。

六、摩托车

重点发展以高可靠性、耐久性、低排放、低油耗为目标，满足大中城市达到绿色环保要求的更新换代摩托车（如带催化转换器的电喷车、双燃料车、电动车等）及新型发动机。发挥比较优势，发展优势产品，扩大出口。

七、农用运输车

重点提高农用运输车的安全和环保性能，“十五”末期达到欧洲第一阶段排放控制水平，尽快开发研制符合国家环保标准要求的低排放、低噪声的新型单缸和小缸径多缸柴油机，满足农用运输车配套生产需要，同时进一步改进和完善三轮农用运输车传动系统，促进产品升级换代。

八、科研开发能力

重点投资建立并完善国家级汽车、零部件、摩托车产品技术开发中心。鼓励优强企业通过联合开发、引进技术、与国外合作、购买国外专业开发机构等多种方式提高产品开发能力。在车身开发基础上，重点加强底盘匹配技术的研究开发，引导零部件向系统开发的方向发展。推广普及计算机辅助设计（CAD）/计算机辅助制造（CAM）/计算机辅助工程（CAE）/计算机辅助试验（CAT）等技术，加快建立完善数据库，形成网络平台，鼓励国内合资企业加入国际大公司的开发网络，缩短开发周期。鼓励和支持优强企业积极开发汽车产品急需的新技术、新材料、新能源。

九、采购与销售服务体系

支持和引导优强企业应用互联网技术，优化采购体系及销售服务体系，逐步与客户、经销商、供应商等建立新型业务关系，合理、有效地利用资源，更好地为消费者提供全方位服务，尽快建立基本与国际接轨的营销体系与采购网络。重点支持优强企业利用社会资源、投资建立具备新车销售、旧车回收、维修服务、零配件供应及信息反馈职能的汽车品牌店；集采购、营销、服务等为一体的用于全行业和骨干企业的电子商务网站；具备中转、运输、管理职能的销售服务体系。

（国家经济贸易委员会）

中国冶金行业近期发展导向

一、产品结构调整

重点发展冷轧薄板、涂镀层板、冷轧不锈钢薄板、冷轧硅钢片等目前仍大量进口的高附加值产品,对涉及到这些产品的重大国债技术改造项目,积极创造条件按期建成投产。

支持具备条件的中厚板企业进行系统改造,打通一批专业化中(厚)板生产线,淘汰一批落后的中板轧机,形成集约化、规模化、专业化生产。

结合特殊钢企业组织结构调整,对轴承钢、齿轮钢、弹簧钢、模具钢、不锈钢长材等产品按专业化分工的原则,瞄准国际名牌产品的实物质量水平,进行工艺技术和装备的配套完善。

支持炭素制品企业对大直径超高功率电极及接头技术改造,压缩普通功率电极产量,增加超高功率电极和特种石墨,微孔炭砖、炭纤维的产量。

发展中国富有资源的铁合金品种及各种合金粉剂、复合铁合金等,增加铬系、锰系铁合金的低碳、低硫、低磷等精炼产品,压缩普通铁合金产量。

发展冶金、有色金属、化工、建材、轻工等行业所需的优质、节能、长寿、绿色型耐火材料。

目前炼铁、炼钢生产能力已大于需求,普通大、中、小型材,普通线材,热轧窄带钢,普通焊管及普通无缝钢管的生产能力也大于需求。对上述新建或扩大规模的技术改造项目必须严格按程序审批,金融机构要按产业政策要求发放贷款。

二、清洁生产

近期重点搞好清洁生产示范试点企业的系统改造工程。进一步推广普及40项先进节能环保技术:厚料层烧结、小球烧结、球团烧结、干熄焦、高炉顶压压差发电、高炉长寿、烧结余热回收、焦炉煤气脱硫脱氰、高炉富氧喷煤、溅渣护炉、转炉煤气回收、高效连铸、连铸坯热装热送、一火成材、加热炉蓄热式燃烧、电炉综合节能、冶金过程自动化控制,以及总排水处理、钢铁渣综合利用、低浓度二氧化硫烟气治理等。重视投资不大、效益明显的技术革新,如钢包烘包器、切分轧制技术等。在统一规划的基础上,全面推进清洁生产。

三、信息化建设

根据企业的实际情况,强化现有流程过程控制,新生产线要形成计算机统一的二级或二级半过程控制的生产线管理方式。研制和建立钢材性能预报系统,为新产品开发积累数据,减少常规全面检测率,缩短产品开发周期。建立企业信息主干网、局域网和工作站,搭建与国际相接轨的电子商务信息平台。

(国家经济贸易委员会)

中国有色金属行业近期发展导向

一、铜工业

支持铜冶炼企业以环境治理为重点的技术改造,大力推行清洁生产。发展市场前景较好的铜加工产品,如电子工业用铜材、厚度18微米以下及宽度1.2米以上的电解铜箔、变压器用铜带、内螺纹铜管、铜水管等。积极创造条件,开发国内新矿山。鼓励企业通过签订长期购买协议、海外投资办矿等多种方式建立稳定的原料供应基地。对污染严重、金属回收率低的小型铜熔炼厂按国家有关政策、法规予以淘汰。做好铜废杂原料的再生利用工作。

二、铝工业

加快铝电解预焙化改造,新建和改造大型预焙铝电解槽必须与淘汰自焙电解槽相结合,争取在2003年淘汰自焙铝电解槽。加快高水平的热连轧铝板带生产线的建设,发展高精度铝板带、电子铝箔、大型工业型材等品种。制止电解铝重复建设,新建电解铝项目一律要严格按照有关规定办理审批手续。重视铝废杂原料的回收利用工作。

三、铅锌工业

支持铅锌冶炼企业围绕节能降耗、污染治理,采用国内外先进的冶炼工艺和低浓度二氧化硫制酸工艺进行技术改造。鼓励冶炼企业投资矿山企业,培育一批采选冶一体化的铅锌工业优势企业。支持铅锌再生利用企业做优做强。严格控制铅锌冶炼能力的扩大,加快淘汰落后的铅锌冶炼工艺和设备。

四、其他有色金属

鼓励发展钨、锡、锑、镍、镁、铟、钽、钛、稀土等中国具有资源优势，可批量出口的深加工产品，重点发展粉体材料、合金材料、深加工制品、高纯金属等。继续贯彻钨、锡、锑、离子型稀土的保护性开采政策。控制稀土开发总量，加大稀土深加工产品和新材料的开发力度。

五、西部有色金属资源开发

开发广西、贵州的铝土矿，扩大氧化铝生产能力；开发建设新疆、青海、西藏、云南、四川等地的大型铜矿，增加有效供给；加快云南、甘肃、四川和内蒙古等地区已探明储量的大型铅、锌矿山的建设；加强金川铜、镍、钴和铂族金属资源综合利用工作；支持青海、西藏盐湖锂、镁资源综合利用技术研究和产业化进程。

（国家经济贸易委员会）

中国石油、石化行业近期发展导向

一、石油行业

加强国内石油勘探，增加后备储量，实现东部稳产、西部和海域有较快发展，坚持油气并举，扩大对外合作，努力拓展海外油气勘探开发业务。

（一）原油勘探

以寻找优质可动用储量为目标，突出鄂尔多斯、准噶尔、松辽、塔里木和酒泉盆地实现增储上产，加强渤海湾和吐哈盆地滚动勘探实现增储稳产，积极准备柴达木盆地实现新突破。通过完善注采井网，加强三次采油等措施，保持老油田稳产或减缓产量递减速度，同时搞好制约油气产能发挥、工艺技术落后、能耗高、有重大安全隐患的地面集输系统的改造。积极贯彻实施“走出去”战略，在国外开展风险勘探和合作开发。

（二）天然气勘探

以满足西气东输工程最低资源需求为前提，以鄂尔多斯盆地上古生界、柴达木盆地三湖地区、塔里木盆地库车地区、四川盆地川东和川西地区以及东海西湖凹陷为重点，深入评价四川盆地储量规模以满足两湖地区市场需求，扩展预探范围，以寻找规模控制储量，力争有新的重大发现。

（三）原油生产

实施原油产量与构成的战略调整，进一步做好东部油田调整挖潜工作，努力减缓产量递减；加快西部和海上油田增储上产，努力弥补老油田产量递减。

（四）天然气生产

根据下游市场情况和管道建设进程，大力强化气田开发前期评价工作，科学安排产能建设计划，避免产能积压和资金占用，提高天然气开发整体效益。

（五）原油和天然气管道、加气站的建设

加快原油管道建设，调整运输布局和运输方式，优化资源配置，降低原油运输成本；重点确保西气东输和忠县——武汉的天然气管道按期开工建设、建成和运营，同时对老管道进行安全性改造，解决管输瓶颈，确保老油气田正常生产；改造建设加气站、民用管网等，实现天然气“二次增值”。

（六）技术发展重点

1. 油气勘探

建立油气勘探快速评价决策系统，以含油气系统动态模拟技术为主线的海相碳酸盐岩成烃机理、深部油气成藏机理的研究和评价系统；研制开发适用于复杂地质条件的复杂结构井、多分枝水平井、大位移井钻井技术；研究成像测井、核磁共振测井技术。

2. 油气田开发

优先发展注水油田高含水后期油藏描述、剩余油监测、稳油控水配套技术，聚合物驱工业化应用技术，低渗透油藏、稠油油藏、凝析气藏提高采收率技术。

3. 油气储运

开展寒冷地区油气集输技术、天然气高效除砂设备研究，管道风险管理和管道系统可靠性技术研究，地下储气库设计建造技术研究。

4. 完善和提高一批已具备先进水平的技术

完善和提高以山地、黄土塬及深层地震勘探为主线的高精度地球物理方法技术系列；全三维地震和四维地震技术以及油藏动态经济评价技术；海上平台设计技术；海底管线结构设计、铺设及泄露监测技术；水下自动生产技术；海洋环境调查及预报技术；高含水油田节能降耗系统配套技术；三次采油油气水处理工艺配套技术；复杂油田地面工程简化工艺配套技术。

二、石化行业

（一）石油炼制与销售

按照国家新的汽、柴油质量标准，突出产品结构调整，优先安排提高汽、柴油质量的二次加工装置和炼油配套设施建设，包括以提高汽油辛烷值，降低汽油中烯烃和硫含量为目的的重整装置、烷基化装置、甲基叔丁基醚装置和加氢装置的改造和建设；以提高柴油十六烷值和氧化安定性、降低硫含量、提高柴汽比为目的的加氢精制、加氢裂化及延迟焦化装置的改造和建设。加快进口含硫原油加工装置以及千万吨级炼油基地的改造和建设。重点建成镇海、茂名、广州、福建、金山、高桥、金陵、大连、兰州等大型炼油基地。发展成品油管道运输，降低运输成本，增强油品配送零售能力。在国家统一规划下，建立国家石油储备体系。

2003年1月1日，车用汽油质量全部达到国家新标准(GBI7930-1999)，硫含量不大于0.08%，烯烃不大于35%。

轻柴油质量全部达到国家新标准（GB252-2000)，硫含量不大于0.2%，氧化安定性、总不溶物不大于2.5毫克/100毫升，十六烷值不小于45。

(二)乙稀及合成树脂、合成橡胶、合纤原料

加快现有乙烯的改造和合资乙烯的建设，配套改造聚烯烃装置，调整产品结构，提高合成树脂专用料的比例，提高苯乙烯、丙烯腈——丁二烯——苯乙烯三元共聚物的自给率；发展为合纤配套的原料对二甲苯、精对苯二甲酸和聚酯等。继续完成现有乙烯装置技术改造。结合乙烯改造和合资乙烯项目的建设，改造和新建大型合成树脂、合成橡胶和合纤原料生产装置。

(三)技术发展重点

1. 炼油技术

清洁燃料生产技术：开发降低催化汽油烯烃含量的催化剂和催化汽油选择性加氢脱硫、催化轻汽油醚化、固体酸烷基化技术；生产低硫、低芳烃、高十六烷值柴油的催化剂，汽油清净剂及柴油添加剂等。

含硫原油加工和增产柴油技术：开发含硫原油常减压蒸馏装置大型化、馏分油加氢精制及单段加氢裂化、中压加氢裂化、含硫渣油加氢、大型硫磺回收等技术。

重油深度加工技术：开发劣质催化原料加氢处理、超短接触催化裂化、延迟焦化新技术以及新一代重油催化裂化和重油加氢催化剂、渣油加工组合工艺等。

生产过程优化技术：在未来2-3年内建成完善的企业资源计划系统(ERP)框架，逐步形成支持决策层、利润层和生产成本控制层的信息集成系统，自动处理整个企业有关财务、原料及设备管理、生产计划、销售和分销活动等信息，并提供电子商务平台。

高档润滑油和高等级沥青生产技术，以及与炼油配套的催化剂、添加剂和助剂的生产技术。

2. 乙烯及合成树脂技术

先进的分离技术，如高效节能的分凝分离技术、催化精馏加氢技术、混合冷剂制冷技术；超冷凝气相聚乙烯、环管本体法聚丙燃国产化成套技术；共聚单体、催化剂等配套技术；塑料回收、再利用技术；合成树脂新产品，能力大、选择性高、热效率高、操作周期长的裂解炉。

（国家经济贸易委员会）

中国化工行业近期发展导向

一、农用化学品

(一)氮肥工业

继续抓好以油为原料的大中型氮肥装置采用廉价煤和先进气化技术进行原料路线改造，加快解决以无烟块煤为原料的中小氮肥的原料本地化问题。采用粉煤气化技术对现有以无烟块煤为原料的企业进行技术改造。继续搞好引进的粉煤气化技术消化吸收国产化的同时，重点抓好适合我国中小氮肥改造的国产化技术如恩德粉煤气化、灰融聚流化床气化等技术的应用。

采用节能型脱碳工艺、变换工艺、合成塔、氢回收工艺，以及尿素节能工艺技术，对现有中小氮肥合成氨、尿素装置进行技术提升，降低能耗，适当提高产量。对条件较好的以天然气为原料的大氮肥企业实施增产35%-65%为目标的节能技术改造，使之向接近国际规模的方向发展，提高产品竞争能力。中型氮肥厂进行以天然气或煤为原料的改造，对条件较好的企业进行增产50%的改造。小氮肥要加快原料路线以及产品结构调整，积极推广采用型煤制气等先进可靠技术，节能降耗，降低生产成本，并推进小氮肥企业向化肥二次加工和农化服务方向转变。

改变中国氮肥企业的品种结构较为单一、复合肥料的产量低、品种少的现状，结合农化服务的要求，适当发展尿基、硝基等复合肥，提高综合经济效益。

有条件的中小型氮肥企业推广热电联产技术、采用新型循环流化床、掺烧造气炉渣，实现能源综合利用，降低生产成本。

(二)磷复肥

支持磷或硫、氮资源丰富地区，以现有企业为基础，高起点建设大型磷复肥基地。

支持一些可满足区域性市场要求、原料条件基本落实、经济效益尚可、改造后可与国际产品抗衡的中小型磷复肥企业进行技术改造。增加对条件好的磷矿企业的支持力度，加大对磷矿企业增加产量的技术改造的投入。

重点扶持一批管理好、有技术和资源优势的高浓度磷复肥企业。

(三)农药

发展高毒农药的替代产品和新型剂型，支持原有企业转产改造。2003年高毒农药产量由目前占总产量比例30%削减到15%，2005年降到5%以下。落后剂型农药产量由目前占总量比例75%，2003年削减到60%，2005年减少到50%以下。

支持重点骨干企业进行以提高技术装备水平、发展规模经济、提高研发能力为目标的综合性改造，尽快形成一批能够参与国际竞争的农药生产骨干企业。

二、化工新型材料

(一)有机硅

支持有一定技术基础和生产规模的有机硅生产企业采用新技术的技术改造，进一步降低生产成本、扩大生产规模、加强综合利用和后加工应用。

支持有条件的企业通过合资、合作等方式，新建大型先进的有机硅生产装置。

(二)有机氟

重点发展含氟聚合物：氟橡胶、全氟乙丙共聚物、聚偏二氟乙烯和高规格的聚四氟乙烯。根据“淘汰破坏臭氧层物质的国家方案”，国内需要重点发展四氟乙烷（HFC－134a）和七氟丙烷（FHC－227），以及为电子工业配套的高纯氢氟酸等。

(三)纳米材料

大力推动超重力技术在纳米材料制备领域的应用，在继续完善纳米碳酸钙工业化生产的同时，加快超重力技术在纳米氢氧化铝、纳米氢氧化镁、纳米二氧化硅、纳米碳酸钡等产品上的应用，使我国在这些产品上成为世界生产大国和强国。

加强纳米材料的应用开发，扩大国内纳米材料的应用领域和应用水平。

(四)其他化工新材料

加快发展聚甲醛和聚对苯二酸1，4－丁二醇酯，特种工程塑料领域的聚苯硫醚、聚醚砜、聚醚酮和聚酰亚胺等国内技术已有突破的产品，以及替代传统阴离子表面活性剂的新型环保型产品聚天冬氨酸和符合环保要求的低甲醛释放量脲醛胶等产品。

三、精细化工

饲料添加剂：发展蛋氨酸、赖氨酸、维生素D3、维生素H、泛酸钙和饲用酶剂及抗生素替代品等。

食品添加剂：发展大豆蛋白、大豆异黄酮、丙酸盐、脂肪酸单甘酯、卵磷酯、茶多酚、氨基酸类，天然色素、β－胡萝卜素、曲酸及核酸类产品。

造纸化学品：发展松香系和变性淀粉系产品，发展废纸回收利用所需的各类化学品。

油田化学品：发展高档钻井泥浆和水泥外加剂方面的化学品，发展油田用聚丙烯酰胺，同时发展油田废水处理所需的化学助剂。

合成胶粘剂：发展环保型胶粘剂产品，如低甲醛释放量热熔胶以及建筑、汽车、制鞋等大宗市场所需的胶粘剂。

工业表面活性剂：改造、完善现有装置，充分发挥生产潜能，加强复配应用技术开发，强化应用技术服务。

生物化工：加强生物反应器、生物传感器和后提取技术的工业性开发与应用，使生物法聚丙烯酰胺、L－乳酸、微生物多糖、透明质酸和酶制剂等形成规模生产，成为拳头产品。

染料：发展新型环保染料；提高染料和有机颜料商品化加工技术、提高产品附加值；发展各种氮杂环化合物和中间体。

涂料：发展各类环保型(水性、高固体份、粉末、辐射固化)涂料；发展内外墙建筑涂料；以钛渣替代钛铁矿改变硫酸法钛白粉生产原料路线；积极推进氯化法钛白粉生产的发展。

四、子午线轮胎

加快轮胎企业产品结构调整，继续发展子午线轮胎。加快新品种的开发，重点发展65、60、55、50系列，轮辋直径为15－17英寸，高速度级系列轿车子午胎和低断面、无内胎载重子午胎；加大少数重点企业的技术改造，形成2－3个年生产能力达到500－800万条级(年生胶耗量4万吨以上）的大型轮胎企业集团。适当对中西部地区骨干轮胎企业进行扶持，使子午胎生产区域布局更加合理。

(国家经济贸易委员会)

中国医药行业近期发展导向

一、优势原料药

加快实现具有中国自主知识产权及国内首次开发药物的产业化。

重点发展临床需要且具有独特疗效的急救药物、心血管药物、糖尿病药物、抗肿瘤药物、抗病毒及提高机体免疫功能药物。

采用酶法生产7－氨基头孢烷酸、发酵法生产7－氨基－3－去乙酰氧基头孢烷酸、“一步发酵法”生产维生素C等新工艺，改造提升现有抗生素及维生素等传统出口优势品种。

推进基因工程技术、细胞工程技术、发酵工程技术、酶工程技术及现代制药工业的分离、提取、结晶和手性合成技术等高新技术在医药产品生产中的应用，进一步优化工艺、提高产品质量和技术经济指标。

实现麻黄素等天然药物的人工合成技术及其产业化。

推进浙东南化学原料药出口基地的建设以及石家庄、沈阳、淄博、哈尔滨等老医药工业基地的技术改造。

二、生物技术领域

加快实现具有中国自主知识产权的生物工程药物产业化。

加快生物工程技术在维生素、抗生素、氨基酸等方面的应用。

加快计划免疫产品的GMP(药品生产质量管理规范)改造,如百白破疫苗、乙脑疫苗、麻疹疫苗等。

发展具有较好市场前景的新型疫苗，如适用于全人群的流感病毒疫苗、多价肺炎球菌多糖疫苗、轮状病毒疫苗、痢疾疫苗、肿瘤疫苗、爱滋病疫苗等。

加快发展诊断用生物芯片。

三、中药现代化

支持中药材的规范化与标准化种植。

加快实现中药提取物及中药饮片浓缩颗粒的产业化。

推广指纹图谱等多成分定量指标控制技术在中药生产中的应用。

推进现代先进技术在中药生产中的应用，如超临界二氧化碳提取、动态提取、大孔树脂吸附、膜技术、喷雾干燥、冷冻干燥、超微粉碎等技术。

推进先进制剂技术与辅料在中药生产中的应用。

发展高效、速效、长效和剂量小、毒性小、副作用小及使用方便的新型中药。

加快名优产品的技术创新与技术改造。

四、新型制剂

发展市场前景较好的新产品和名牌产品；

中国不能生产、需要进口的产品；

缓释、控释、速释制剂、靶向制剂、定量吸入剂，鼻腔给药制剂、膜剂等新剂型；

优质、新型制剂辅料，如新型粘合剂、崩解剂、包衣材料、助溶剂、表面活性剂等；

微囊技术、包含物技术、渗透泵技术、脂质体技术等先进技术在制剂中的应用；

能满足品种多样化、规格系列化、操作密闭化、机电一体化、符合GMP要求的制药装备，如超微粉碎设备、动态提取设备、新型生物反应器等。

(国家经济贸易委员会)

中国煤炭行业近期发展导向

一、煤炭开采

加快大中型在建煤矿建设，建成一批现代化煤矿；按照西部地区煤电同步建设、“三西”(山西、陕西、内蒙古西部)地区调节全国供需平衡、东部地区稳定生产规模的煤炭开发布局原则，建设一批大中型煤矿；对现有大中型煤矿进行技术改造，实现煤生产、管理现代化；对合法小煤矿进行集中化改造，减少生产矿井数，扩大单井生产规模，改进采煤方法和回采工艺，改善技术装备条件，提高矿井回采率，促进安全生产；鼓励大中型煤炭企业，以资产为纽带，把一些资源可靠的合法小煤矿改造成现代化矿井；支持大中型煤炭企业，实施煤矿通风、瓦斯治理、防尘、防灭火和防治水等安全设施及设备升级改造，配套安全信息管理系统。

二、煤炭加工及利用

(一)煤炭洗选

用先进技术和设备改造现有选煤生产工艺，提高设备可靠性、自动化程度及工艺灵活性，增加产品品种，提高产品质量，充分发挥选煤厂生产能力，更好地满足市场需要；在主要产煤省(区)建设一批先进选煤厂的同时，在中小型煤矿较集中的地区，建设群矿选煤厂，提高原煤人选比重及商品煤质量。

(二)动力配煤

支持煤炭中转港口和集散地建设配煤厂；支持现有配煤厂扩建和技术改造；在有条件的选煤厂，尤其是洗选后煤炭硫分仍较高的选煤厂配套建设配煤厂。

(三)水煤浆代油

鼓励燃料油消费量大的地区建设水煤浆代油项目，支持水煤浆厂配套输送设施建设；支持水煤浆生产和应用大型化过程中的关键技术与设备的开发。

(四)煤层气开发利用

重点在山西沁水煤田、河东煤田、安徽两淮煤田，辽中地区(包括铁法、阜新、抚顺、红阳矿区)，贵州六盘水地区等择优建设煤层气开发利用示范工程。

三、煤炭企业集中化发展

支持大型煤炭企业通过兼并或资产重组组建大型企业集团；支持大型煤炭企业的大中型矿井建设、技术改造工程和跨地、跨国开办煤矿；鼓励大型煤炭企业通过兼并、收购、联合等形式对小煤矿进行技术改造，提高小煤矿生产规模和技术装备水平；支持大型煤炭企业煤电、煤焦化、煤化工、煤建材项目建设；支持煤、电、路、港、航企业联合重组为特大型企业集团。

四、煤电一体化联营

支持成立煤电公司，对煤矿与坑口电厂统一开发建设，在煤炭资源富集地区建设大型火电基地；支持煤炭企业与电力企业之间通过资产重组，实现煤电一体化经营。

（国家经济贸易委员会）

中国建材行业近期发展导向

一、新型干法水泥、散装水泥

以企业技术改造为基本途径，发展日产2000吨熟料及以上规模的新型干法预分解窑水泥生产线，鼓励企业发展日产4000吨以上新型干法水泥生产线；在石灰石资源富集地区建设大型熟料基地，靠近市场发展大型现代化水泥粉磨站；发展散装水泥和商品混凝土搅拌站。

二、新型墙体材料

发展单班年产5万立方米以上规模的混凝土砌块生产线，推广固定成型、室式养护工艺；发展年产10～20万立方米规模加气混凝土砌块生产线，推广发泡成型技术和大型机械化切割机；采用隧道窑，推广高掺量粉煤灰、全煤矸石烧结空心砖新工艺，发展年产1500万块以上规模的烧结制品生产线，其中煤矸石、粉煤灰、页岩等废渣烧结制品单线年生产能力在3000万块以上；发展承重轻板和集装饰于一体的轻板及复合板材，年产15万平方米以上的轻质板材生产线，开发采用农作物秸秆为主要原料生产环保型轻质板材的新技术、新工艺。

三、无机非金属新材料

发展年产3万吨以上大型池窑拉丝生产线，采用4000孔高效率纤维成形技术、1600孔四分拉技术、直接湿法、干法短切原丝等技术，提高装备水平和产品质量，增加品种。

发展玻纤无纺制品的大幅宽、大规模生产技术，在交通运输、电子、能源与建筑等应用领域取得重大突破；发展玻璃纤维生物及医用过滤材料、工业过滤材料及其制品，满足日益增长的生物净化和工业除尘的市场需求；发展各种高性能、多功能玻璃纤维制品，包括优质增强型玻璃纤维纱，毡和代石棉制品，满足汽车及城市轻轨交通工具对各种复合材料的需求；发展各种玻纤织物包括土工织物（土工格栅、土工布等），为治沙固土及高速公路、桥梁、码头等永久性建筑提供优质复合材料；开发玻璃纤维代钢筋材料，可以抵抗海水及含盐潮湿空气的侵蚀；发展多轴向缝编织物，用于舰艇制造及风力发电叶片生产；建筑业的发展对玻璃纤维的需求也在日益增长，如玻纤屋面防水材料、墙体用玻纤织物（网布、墙布）、单纱涂复玻纤窗纱等。

鼓励企业采用玻璃钢机械化成型技术进行规模化生产，整体技术水平接近或达到20世纪90年代中期国际先进水平；大力发展玻璃纤维增强材料，重点发展热塑性玻璃钢（FRTP），积极发展玻璃钢建筑模板和拉挤门窗、高压管道、夹砂管道、玻璃钢容器和高压气瓶等产品。发展两面顶合成高品质人造金刚石、特种光电晶体、特种玻璃和高性能陶瓷新材料，改善产品质量，促进产业化发展。

四、非金属矿及其深加工

鼓励高起点建设大型矿物加工基地，开发高质量非金属矿深加工产品，参与国际市场竞争；开发超细粉碎、精细提纯、表面改性技术，发展石墨的高纯微粉、低硫可膨胀石墨、石墨乳、石墨吸附材料，以及滑石、碳酸钙、高岭土等矿物功能填料产品、粘土矿物环保材料制品和非金属矿物纳米材料。

（国家经济贸易委员会）

中国轻工业近期发展导向

一、制浆造纸

以造纸原料结构调整为重点，提高木纤维原料和废纸的比重。在造纸原料结构上确立以林木为主要纤维的生产体系。

大力发展人工速生造纸工业林基地，用现代技术改造传统林业，选择和培育速生、丰产、周期短、抗性好、木浆得率高、自然白度高、纤维长度适中的林木良种。结合退耕还林，加快林纸一体化建设，提高林地生产效率。

采用高得率制浆技术，规模发展预热木片磨木浆（TMP）、化学机械浆（CMP）、预热木片化机浆（CTMP）、碱性过氧化氢化学机械浆（AMP）等。

在调整现有木材资源消费结构的基础上，支持现有木浆企业通过改造增加木片的使用，引导限制国内木片出口，充分利用林区采伐加工剩余物，次、小、薪材和中幼林抚育间伐材，扩大木浆生产。

采用国外先进的碎浆、筛选、净化、除渣、洗涤、浓缩、热分散、搓揉、浮选、脱墨、漂白技术和装备，扩大废纸资源的开发利用。

二、农产品加工

通过对农产品加工业的结构调整，加快农业产业化进程。以食品骨干企业为龙头，应用高新技术和现代生物技术，在引进、选育和推广优良品种的基础上，提高大宗粮食作物如大豆、玉米、马铃薯、小麦、稻谷的加工深度和广度，提高产品附加值及综合利用水平。

发展豆奶、豆奶粉、分离蛋白、浓缩蛋白、组织蛋白等新兴大豆食品；加快传统大豆食品的工业化进程。

大力推广玉米干法脱胚制玉米粉技术，用作淀粉糖和发酵制品的生产原料；积极采用玉米提胚技术，开发玉米油系列产品。重点扶持年加工玉米30万吨规模以上的生产企业，开展综合利用，降低生产成本。

重点发展马铃薯淀粉、专用淀粉和变性淀粉，开发马铃薯全粉和马铃薯各类食品。

开发强力粉、中力粉、薄力粉等多品种面粉和传统食品专用粉，加强小麦综合利用。

推广大米配质、调质技术，开发精米加工新产品，发展免淘米、营养强化米的生产，扩大优质米出口。合理利用米糠资源，发展米糠油和米糠综合利用新技术。

对重点糖产区加大结构调整力度，促进糖厂的规模化生产，提高综合利用水平。

开发高营养、低脂肪、无公害、环保型的肉类、水产品、果蔬、乳品等绿色食品饮料。

开发农产品加工、储藏、运输技术。加强食品安全、质量标准和检测检验设施建设。

三、轻工机械

以制浆造纸、塑料、食品与包装机械为重点，结合关键技术制备的引进，依靠技术创新，提高装备光机电一体化水平，推进生产过程自动化。

制浆造纸机械：重点发展适应以杨木、桦木、桉木等速生材为原料的规模以上化学浆、化学机械浆成套设备；节能型快速置换间歇蒸煮成套设备；重点发展适应以废箱纸板、废新闻纸、废杂志纸为原料的规模以上废纸处理设备(日处理400吨不脱墨废纸处理系统和日处理250吨脱墨废纸处理系统)；适应造纸机向大型、高速、宽幅、低耗及自动化方向发展的要求，开发幅宽在5.5米左右，车速在每分钟800－1200米的中高速纸机和纸板机，提高相应配套的供浆、打浆系统、白水回收设备和涂布机、复卷、软压光、可控中高辊等设备的国产化水平。

食品与包装机械：重点发展大宗农副产品加工机械，如玉米燃料酒精加工设备、年产10万吨淀粉生产及设备配套(含分离机械)等；发展无菌冷灌装技术、无菌灌装生产线(瓶、罐)、无菌软包装生产线和配套的无菌系统工程，高分子材料制瓶灌装一体化技术，乳品包装等大型机械自动化生产线；发展一次性绿色环保餐饮具的制造包括添加剂生产、设备制造、制品生产，替代可发性聚苯乙烯塑料发泡餐饮具；开发全自动连续蜂窝复合板生产技术和设备，中、高速瓦楞纸板生产设备。

塑料机械：重点发展农业、包装、建材、汽车等行业应用塑料加工的新装备，开发制造可控制功能棚膜、新型节水灌溉器材机械、新型耐热管材、复合管材、异型材和结构发泡材料机械设备；开发高阻透性容器、包装材料，多功能薄膜、水溶性薄膜和可降解性材料的工艺和设备；开发气体辅助注射成型技术、热流道技术和塑料制品回收与再生利用技术。

(国家经济贸易委员会)

中国纺织行业近期发展导向

一、化纤及化纤原料

加大现有优势企业的改造力度，提高生产水平和集中度，形成若干个大型化纤和化纤原料基地。重点推进精对苯二甲酸或混对苯二甲酸(或中纯度对苯二甲酸)成套装置的国产化，进一步提高和完善国产化聚酯装置的水平，发展大容量熔体直接纺技术，开发5万吨及以上涤纶短纤维成套技术装备，细旦涤沦长丝熔体直接纺设备，降低投资成本，形成原料、聚合及纺丝配套发展。

提高差别化率，重点发展高仿真纤维、细旦及超细旦纤维、功能性纤维和复合型纤维等。主要有：以涤纶长丝为主体的细旦、超细旦纤维、四异纤维(异纤度、异截面、异材质、异收缩)和多功能的长丝混纤以及海岛型复合纤维。抗静电、高吸湿、抗起毛起球、阻燃等功能性纤维。高湿模量、高卷曲、中空粘胶短纤维和细旦、异形、多功能(阻燃、抗菌等)粘胶长丝等。

拓展化纤使用领域，为相关产业配套开发各类高技术、高性能纤维。如聚苯并双恶唑纤维、芳纶、碳纤维、超高强高模聚乙烯纤维等，加快研究及开发，使其产业化、市场化，以尽快满足产业用纺织品发展的需要。

开发和推广化纤新品种、新技术。如聚对苯二甲酸丙二醇酯、熔融法聚氨酯弹性纤维、聚萘二甲酸乙二酯纤维、聚乳酸纤维、溶剂法纤维素纤维、醋酸长丝、大豆蛋白质纤维、甲壳质纤维等新型纤维。

推进环保技术的推广应用,加强环保治理。落实“粘胶三废处理”和“浆粕黑液治理”等环保措施,鼓励采用纺织清洁生产的新工艺、新技术。

二、棉纺织

根据出口服装的需要,围绕面料开发,搞好上下游产业链的有机结合,形成纺织、服装的配套改造。继续淘汰落后生产能力,加快技术改造。发展清梳联合机、自动络筒机、无梭织机,有条件的企业可采用细络联的工艺配置,有计划地发展紧密纺、喷气纺、转杯纺等新型纺织技术。开发多种纤维不同混比的混纺面料、交织面料、提花面料等,合理配置高速电子多臂和高速电子提花等装置。

三、高档面料

采用新型的印染后整理技术和设备,开发天然纤维的抗皱免烫面料,纯绵超柔软面料、高支轻薄毛纺面料、高档苎麻、亚麻面料、高档丝绸面料、舒适性针织面料等。研究合成纤维印染后整理加工的工艺、技术设备,开发各类不同风格的化纤面料、多纤维混纺交织面料、高档针织面料。采用超临界二氧化碳介质染色技术、等离子体技术、棉织物冷轧堆处理和生物酶技术。逐步实现清洁生产,使印染加工符合绿色环保要求。开发适用“小批量、多品种、快交货”要求的印染后整理技术设备。如电脑测色配色、电脑分色制牌、激光制版、无制版印花、染化料的自动计量供液系统、自动控温系统。

开发各种装饰面料、功能性整理面料。主要采用阻燃、抑菌、抗静电、抗污、透气、透湿、抗紫外线等整理技术设备,进一步拓展面料的使用领域。

四、服装

提高服装的设计开发水平。推广采用计算机辅助设计系统,大力培育设计人才,创国际知名品牌。采用服装面料自动监测评价系统、自动裁剪机、电脑平缝机、服装虚拟图形系统、电脑控制多种形式的挂传输系统、立体整烫机、产品自动立体仓储系统、产品配送中心等先进服装加工设备和技术。开发生态、环保服装、各种功能性服装。开发服装集成自动化系统、服装结构数字化系统、企业资源计划系统,提高服装行业的设计、生产、营销、管理水平。

五、产业用纺织品

发展以纺粘法为主的非织造布。发展篷盖材料、建筑防水材料、骨架材料、医疗卫生用材料、汽车内饰材料、膜结构建筑材料。开发玻纤织物涂聚四氟乙烯产品;提高高强涤纶丝涂聚氯乙烯(PVC)产品的质量;进一步完善后整理技术,发展超细纤维合成革基布。发展农用纺织品,特别是每平方米重量为15~20克的、能经受紫外线辐射的薄型纺粘法非织造布。

六、纺织机械

开发大型化、连续化和自动化的粘胶纤维、腈纶和涤纶成套设备以及生产特种纤维的成套设备。开发新一代高效、自动化的棉纺成套设备和机电一体化的织造设备。开发新一代高效、短流程、环保、节能、精密度高和机电一体化的前处理、印染、后整理工艺技术装备。开发产量大、效率高的机电一体化的经编机、纬编机、袜机和其他纺织机械。提高纺织工业技术装备的通用件、基础件开发水平,加强关键部件、关键技术的攻关。

(国家经济贸易委员会)

中国建设事业发展情况

2001年是“十五”计划的开局之年,为了贯彻落实中央经济工作会议精神,建设系统各行业按照“十五”计划的重点目标,在住宅与房地产、城市基础设施、小城镇建设等方面大规模投资,对于推进中国城市化进程,促进经济发展和社会进步发挥了十分重要的作用。

一、房地产开发

2001年,全国房地产开发完成投资6245.48亿元,比上年增长25.3%,增幅提高5.8个百分点,高于同期固定资产投资增长幅度(13.7%)11.6个百分点,占同期固定资产投资的比重为22.4%。其中,商品房建设投资为4368.79亿元,同比增长26.1%,增幅提高4.1个百分点;土地开发完成投资86.73亿元,比上年增长28.6%,增幅提高0.3个百分点。全国各地房地产开发投资都有不同程度的提高。其中,东部地区增长25.2%,中部地区增长32.5%,西部地区增长34.6%。中西部地区房地产开发投资明显高于东部地区。北京、浙江、海南、西藏和新疆的增幅均在50%以上,分别为50.1%、50.4%、70.8%、142%和69.6%。

2001年,全国商品住宅完成投资4278.74亿元,比上年增加28.9%,增幅提高了3.1个百分点。东部地区商品住宅完成投资同比增长26.7%,中部地区同比增长35.8%,西部地区同比增长34.7%,中西部地区商品住宅完成投资明显高于东部地区。

2001年办公楼投资318亿元，同比下降8.7%，所占比重为5.1%，同比减少0.9个百分点；商业营业用房投资721亿元，同比增长31.6%，所占比重为11.5%，比上年增长0.3个百分点。

2001年房地产开发中土地开发面积完成14508万平方米，比上年增长40.9%。本年购置土地面积21660万平方米，比上年增长41.9%。

2001年，全国商品房施工面积77213万平方米，比上年增长21.5%，其中新开工面积35946万平方米，比上年增长27.2%，竣工面积完成27303万平方米，比上年增长18.6%。

2001年，商品住宅施工面积59766万平方米，比上年增加23.7%，其中新开工面积29293万平方米，比上年增长27.2%，竣工面积完成27303万平方米，比上年增长18.6%。

2001年，办公楼施工面积4224万平方米，比上年增加2.35%，其中新开工面积1085万平方米，比上年增长25.27%，竣工面积完成891万平方米，比上年增长1.99%。

2001年，商业营业用房施工面积9175万平方米，比上年增长21%，其中新开工面积3952万平方米，比上年增长35.79%，竣工面积完成2787万平方米，比上年增长21.23%。

二、城市建设

2001年，各地各级政府认真贯彻国家的积极的财政政策，继续加大对城市市政公用基础设施建设的投资力度，全年完成城市建设固定资产投资2352亿元，比上年增长24.4%；城市建设固定资产投资额占同期全国全社会固定资产投资总额的6.4%，比上年增加0.6个百分点。全年新增固定资产1367亿元，固定资产投资交付使用率为58.1%。新增生产能力是：供水日综合生产能力870万立方米，人工煤气日生产能力104万立方米，天然气储气能力757万立方米，城市道路长度5400公里，城市污水日处理能力714万立方米，城市生活垃圾无害化日处理能力20262吨。

城市供水、节水、污水处理工作积极推进。2001年，全国城市供水总量达到466亿立方米，比上年减少3亿立方米。城市用水普及率为72.33%，比上年提高8.43个百分点。人均日生活用水量216升，比上年减少3升。全国城市节约用水量38亿立方米，比2000年多节约8亿立方米。全年污水处理量120亿立方米，污水处理率为36.5%，比上年提高2.3个百分点。污水再生利用总量18.7亿吨，污水再生利用率15.6%。污水处理厂450座，比上年增加23座。

城市燃气供应结构发生变化，集中供热有新发展。2001年全国人工煤气供应总量137亿立方米，比上年减少15亿立方米，天然气供应总量100亿立方米，比上年增加18亿立方米，液化气供应总量982万吨，比上年减少72万吨。城市用气人口21350万人，燃气普及率达59.73%。集中供热又有新发展，2001年末，蒸气供热能力为72242吨/小时，热水供热能力为126249兆瓦，集中供热面积达146329万平方米，比上年增加32.1%。

市政设施建设快速发展，设施水平明显提高。2001年末，全国城市拥有道路17.6万公里，道路面积249431万平方米，其中人行道面积51107万平方米。城市人均道路面积7平方米，比上年增加0.9平方米。

公共交通快速发展。2001年，全国城市拥有公交车辆216979标台，比上年增加11456标台。每万人拥有公交车辆6.1标台，比上年增加0.8标台。全年运送乘客351亿人次，比上年增加10亿人次。城市拥有出租车辆87万辆，比上年增加4.5万辆。

城市园林绿化稳步发展。2001年末，城市建成区绿化覆盖面积681914公顷，比上年增长8%；建成区绿化覆盖率由上年的28.1%上升至28.4%。全国拥有城市公共绿地面积163023公顷，比上年增加19908公顷。城市人均拥有公共绿地4.6平方米，比上年增加0.9平方米。

三、村镇建设

2001年，各地各级政府认真贯彻落实中共中央、国务院关于加快小城镇健康发展的若干意见的精神，加大村镇建设的投资力度，保持了村镇建设的稳定发展。

2001年末，全国有建制镇18090个，集镇23507个，村庄总数3458852个，其中村民委员会所在地666181个。经过开发建设，小城镇规模逐步扩大。全国小城镇平均建成区面积由2000年的0.6平方公里提高到0.67平方公里，其中建制镇由1.02平方公里提高到1.09平方公里，集镇由0.33平方公里提高到0.34平方公里。

村镇建设投资持续增长，公用设施建设投资比重有较大提高。2001年，全国村镇建设投资总额达3119.7亿元，比2000年增加125亿元，增长4.18%，其中住宅建设投资1886.72亿元，占投资总额的60.48%；公共建筑建设投资384.47亿元，占投资总额的12.32%；生产性建筑建设投资435.25亿元，占13.95%；公用设施建设投资413.26亿元，占投资总额的13.25%，增长15%，其中道路建设的投资达316.39亿元，占公用设施投资额的76.56%，比2000年提高近10个百分点。

村镇房屋建设稳定增长，建设质量有所提高。2001年，全国有571.43万户村镇居民新建住宅，占总户数的2.22%。全年村镇住宅竣工建筑面积6.3亿平方米，与2000年基本持平，其中楼房在当年新建住宅中已达65.88%，比2000年提高1.6个百分点。2001年末全国实有村镇住宅建筑面积239.73亿平方米，人均建筑面积、人均使用面积、人均居住面积分别达到24.59平方米、18.77平方米、14.62平方米，各比2000年增长0.55平方米、0.24平方米、0.28平方米。

村镇公用设施建设发展较快，生产生活环境进一步改善。2001年，全国村镇自来水建设投资56.18亿元，比上年增加1.21亿元，全年新增自来水厂493个，新增日供水能力122万吨，新铺设供水管道长度1.91万公里；用自来水普及率达46.44%，比上年提高近3.5个百分点，其中建制镇、集镇、村庄用水普及率分别达80.29%、61.02%、40.03%。全国村镇共有乡村道路总长度318.55万公里，道路硬化率已达88.7%。2001年末，全国小城镇绿化率达13.81%，比上年提高1个百分点，已拥有公园4027个。小城镇已铺设排水管道15万公里，配有环卫机械车辆3.87万辆，公共厕所15.74万座，农民生产生活环境有了较大改善。

四、建筑业

2001年，全国建筑业仍处在快速发展之中。房地产投资继续高速增长，城市建设投资加大，国家重点工程全面展开，市场保持活跃，建筑业生产规模也持续增长。2001年全社会固定资产投资规模6898亿元，比上年增长12.1%，其中国有经济投资26401亿元，增长12.8%；集体经济投资5189亿元，增长8.1%；个人投资5308亿元，增长12.7%。

2001年，全社会共完成建筑业增加值6462亿元，比2000年增长7.4%。全国等级以上建筑企业共实现利润226亿元，比2000年增长17.6%。施工工程个数83万个，施工面积11778758万平方米，比2000年增长10.4%，竣工面积82542万平方米，比2000年增长2.2%。

2001年，建筑业增速的提高主要得益于住宅建设的强劲增长和基础设施建设的持续开展。房地产开发投资增长25.3%；公路国道主干线、重大水利工程、西电东送、青藏铁路等一批重大建设工程相继开工，都强有力地支持了建筑业的发展。城市居民装饰装修工程以消费量大、带动产业多、具有消费持续性等特点而成为社会消费的新热点。

（建设部政策法规司　贾四海）

交通、邮电

中国公路水路运输业投资建设情况

交通部部长 

2001年是新世纪的第一年，也是中国实施国民经济和社会发展“十五”计划的第一年。面对复杂多变的国际政治、经济形势，中央坚持扩大内需方针，继续实施积极的财政政策和稳健的货币政策，加快经济结构调整，积极稳妥地推进各项改革，不断扩大对外开放，大力整顿和规范市场经济秩序，经济运行总体质量和效益不断提高，国民经济持续健康发展。

国内经济的较快增长和有利的政策环境为中国交通事业的发展创造了良好机遇。全国交通系统认真贯彻“三个代表”的重要思想，坚持以发展为主题，以结构调整为主线，以改革开放和科技进步为动力，以不断满足人民群众的交通需求为根本出发点，真抓实干，开拓创新，在交通基础设施建设、公路水路客货运输和港口生产等方面都取得了较好成绩，实现了“十五”交通工作的良好开局。

2001年全国交通基础设施建设投资取得新的突破。全年交通固定资产投资共完成2968亿元，比上年增长15.4%，增速提高10.9个百分点。在交通固定资产投资中，公路建设完成2670.4亿元，占90.0%；水运建设完成174.3亿元，占5.9%；其他建设完成123.3亿元，占4.1%。

随着西部大开发战略逐步进入大规模实施阶段，国家对西部地区投入的力度进一步加大，中、西部地区交通固定资产投资大幅增长，其中中部地区增长尤为突出。2001年在全国交通固定资产投资中，东部地区完成1435亿元，比上年增长7.9%；中部地区完成856亿元，比上年增长28.6%；西部地区完成677亿元，比上年增长17.4%。东部、中部和西部地区完成投资分别占全国交通固定资产投资总额的48.4%、28.8%和22.8%，其中东部地区比上年降低了3个百分点，中部地区提高了3个百分点，西部地区与上年基本持平。

一、公路基础设施建设

2001年，全国公路建设保持了快速发展的良好势头。主要表现在以下几个方面：

（一）公路建设投资力度大，建设完成投资最多

2001年全国公路建设计划完成投资1900亿元，实际完成投资高达2612.8亿元，超额完成37.5%，比上年增长423.4亿元，是历史上完成投资最多的一年。其中按区域分，东部地区完成1112.7亿元，中部地区完成728.4亿元，西部地区完成772.2亿元；按项目类别分，重点项目完成1148.7亿元，路网改造完成1152.9亿元，县乡公路完成311.2亿元。

（二）公路通车里程增长较快，技术等级和路面等级提高

2001年全国新增公路3.6万公里，其中二级及二级以上公路8036公里；改建公路5.3万公里，其中二级及二级以上公路1.4万公里。截至2001年底，全国公路通车总里程达169.8万公里，居世界第4位。

公路桥梁和隧道建设取得新的成果。全年公路桥梁比上年增加了0.53万座、33.8万延米，其中特大桥梁比上年增加123座、9.9万延米。全年公路隧道比上年增加98处、7.7万延米，其中特长隧道3处、1.2万延米。一批科技含量高、具有世界先进水平的大跨径、深水基础桥梁，如江苏南京长江第二大桥、湖北军山长江大桥、宜昌长江大桥建成通车，大大提升了中国桥梁建设水平。公路通达深度进一步提高。扶贫公路和边防公路建设也有较大发展。

（三）高速公路建设继续保持较快发展速度

2001年，新增高速公路3152公里，全国高速公路通车总里程达19453公里，位居世界第二位。其中河南省高速公路发展迅猛，全年增长571公里，成为全国第7个高速公路通车里程突破1000公里的省份。青海和内蒙古分别有26和151公里高速公路建成通车，全国除西藏外其他30个省（自治区、直辖市）均建成了高速公路。

（四）以"五纵七横"国道主干线为重点的国家公路主骨架建设步伐加快

截至2001年底，全国共建成国道主干线21576公里，占规划里程的62.6%，其中高速公路13533公里。在国道主干线建设中，继全长658公里的京沈和全长1262公里的京沪高速公路建成通车之后，2001年全长1709公里的西南公路出海通道又顺利贯通，标志着国道主干线中"三个重要路段"已基本建成。

（五）西部地区交通基础设施建设进一步加快

2001年西南公路出海通道顺利贯通。西部地区8条省际通道建设也进度加快。投资规模373亿元、建设范围涉及133个地区、1099个县级单位，总里程达25700公里的西部地区通县公路工程建设全面启动。到2001年底，西部地区公路里程达57.38万公里，占全国公路总里程的33.8%，西部地区公路总量已与东、中部地区平分秋色。从公路技术等级情况看，西部地区高等级公路不断增加。到2001年底，西部地区增加二级及二级以上公路1.7万公里。高等级公路所占比重，从1998年加快公路建设初期的6.3%，到2001年底提高到7.1%，比1998年提高了0.8个百分点。公路密度由每百平方公里的7公里上升到2001年的10.5公里，提高了3.5公里。

（六）以县乡公路为主体的农村公路网持续增长

县道和乡道是中国公路网的重要组成部分，近年来中国县乡公路建设力度不断加大，建设步伐明显加快。截至2001年底，全国共有县道、乡道127.7万公里，比上年增加1.5万公里。县乡公路的技术等级状况逐年改善，等级公路所占比重不断提高。全国县乡公路总里程中二级及二级以上公路5.4万公里，占4.3%，比上年提高0.2个百分点；三级公路19.2万公里，占15%，比上年提高0.1个百分点；四级公路71万公里，占55.6%，比上年提高0.2个百分点；等外路32.1万公里，占25.1%，比上年下降0.4个百分点。随着县乡公路通车里程不断增加以及村级公路建设的加快，技术等级状况逐步改善，广大农村出行难、生产和生活资料运入难、产品运出难的问题得到初步缓解，对改善农村地区公路交通条件，加强城乡交流、开拓农村市场、发展乡镇企业和促进农村资源优势向经济优势的转化都起到了很大的推动作用。

二、水运基础设施建设

水运建设特别是沿海港口建设增长较快，2001年全年水运建设完成投资174亿元，比上年增加40亿元，增长29.7%。其中沿海港口建设完成124亿元，比上年增加44亿元，增长54.6%；内河港口及航道建设完成50亿元，比上年减少4亿元，下降7.5%。

沿海港口新（扩）建码头泊位49个，新增吞吐能力6066万吨，其中万吨级以上泊位18个，新增吞吐能力5705万吨。内河港口新（扩）建码头泊位39个，新增吞吐能力479万吨。全年新增及改善内河航道里程639公里，其中五级以上航道489公里。

2001年，全国内河航运建设主要有以下特点：

（一）内河航道总里程继续增加，特别是库区航道增加较多

2001年，列入交通部年度投资计划的项目73个，另外还有“九五”未完续建项目30个。2001年共改善航道里程552公里，建成内河港口泊位37个，新增吞吐能力419万吨，完成建设投资近45亿元，比上年增长14.3%。截至2001年底，全国内河航道总里程达12.2万公里。其中，等级航道6.4万公里，占52.5%，比上年提高1个百分点；三级及三级以上航道0.8万公里，占航道总里程的6.7%；五级及五级以上航道2.3万公里，占航道总里程的19.1%。库区航道9739公里，比上年增加3228公里，增长49.6%。

（二）重点项目工程进展顺利

1. 三峡库区水运设施淹没复建工程进展情况良好。2001年6月交通部重庆复建工作座谈会将复建项目调整为50个，开工项目22个，完成投资4.2亿元，其中港口项目完成投资3.57亿元，支持保障系统项目完成投资0.64亿元，重点港口项目进度基本达到目标要求。

2. 长江航道清淤应急工程成效明显。一期工程已实施完毕，并在2001年枯水期发挥了良好的投资效益，确保了航道畅通。二期工程于2001年11月开工，2002年5月完工。

3. 嘉陵江梯级渠化工程已初见成效。嘉陵江梯级渠化工程合股建设的模式在航电结合、以电促航方面初步闯出了一条新路子。四川省现已完成了省内14个梯级中的马回、东西关两个枢纽的建设；红岩子枢纽已基本完工；桐子壕、青居、金银台枢纽正在实施；其他6个枢纽均在做前期工作。重庆市也正在积极开展最下面两级枢纽的前期工作。

4.“十五”计划中已有三个重点项目于2001年开工建设，其他项目在做前期工作。已开工项目是：(1)湖南省洞庭湖区常德至鲇鱼口航运建设工程，主要整治常德经汉寿、沅江、茅草街至鲇鱼口192公里三级航道，支线安乡经武圣宫、肖家湾至茅草街53公里四级航道；配套建设常德港千吨级散货泊位和件杂货(兼顾集装箱作业)泊位各1个，沅江港、茅草街港千吨级件杂货泊位各1个，工程总投资为2.996亿元，建设期为5年。(2)湘江株洲航运枢纽工程，它位于湘江株洲市上游24公里的空洲岛，主要工程有发电站厂房，总装机容量为140兆瓦，年发电量6.636亿千瓦小时；24孔泄水闸，一座千吨级船闸，渠化三级航道96公里；衡山县千吨级件杂货泊位1个，设计年吞吐量18万吨。工程总概算为19.469亿元，总工期为60个月，其中船闸施工期32个月，第一台机组发电工期为36个月；年底进场道路已开始施工，枢纽主体工程在2002年年中开工建设。(3)杭甬运河改造工程，该工程是沟通钱塘江、曹娥江、甬江连接京杭运河的航道改造项目，它使京杭运河向东南方向延伸了239公里，跨越杭州、绍兴、宁波等经济发达地区，航道建设标准为四级。新建船闸六座，改造桥梁119座(含两座干线铁路桥)，护岸220公里，土方开挖2000多万方，工程总投资27.6亿元。宁波段航道整治已开工建设。

5.“九五”重点项目收尾工作进展加快。湘江大源渡航电枢纽工程完成了部、省联合组织的竣工验收，它的建成标志着交通部在内河航运发展中实施的“航电结合、以电促航”的滚动发展战略取得了成功；完成了长江重点港口黄石港2~3号泊位、芜湖港32号煤码头竣工验收；京杭运河山东段续建工程试运行情况良好，水上运输增长速度较快，2001年完成货物运输量1600多万吨；京杭运河杭州三堡二线船闸通过竣工验收，第二批世行贷款项目广东肇庆至虎跳门出海航道和江苏5座船闸改造及安徽合裕线航道整治工程正在建设之中。

6. 国境河流方面，中俄界河黑龙江和乌苏里江航标、测量、疏浚工程进展顺利，航标布设已完成，测量工作及4个浅滩航道的疏浚基本完成。上湄公河航道改善工程环境影响报告书完成后分别送中、老、缅、泰四国政府审批。中国国家环保总局已于2001年底予以批准，缅甸、泰国、老挝政府正在履行审批程序，计划2002年3月开工建设。

7. 广西红水河大化枢纽复航船闸工程初步设计已通过交通部和广西壮族自治区政府的联合审查，审查意见已上报国家计委。

三、交通支持保障系统建设

2001年，全国交通支持保障系统建设完成投资比上年增加2.9亿元，增长2.4%。其中海事系统完成2.5亿元，比上年增加1.1亿元，增长79%；救助打捞完成3亿元，比上年增加1.6亿元，增长114%；科研教育完成1.5亿元，比上年减少2.6亿元，下降63%。

2001年，交通支持保障系统主要进行了科研教育、卫星通信、交通信息、海上救助与打捞等系统的基础设施建设。

大连海事大学的“211”工程建设通过了国家的综合验收，西山教学楼、新图书馆二期工程开工建设。学校的教学环境与设施得到进一步改善。

公路交通安全与环境实验室、交通规划信息系统等工程正在建设中。海事卫星地面站INMARSAT-F站工程已经完成招标工作。

救捞系统的上海高东救助机场工程已经建成，烟台救捞局浮筒基地工程，上海救捞局福州救捞基地、宁波救助站、温州救助站危房改扩建工程，广州救捞局三亚救助站码头改造工程都正在建设中。

海事系统在建基础设施项目有65个，主要是广州仑头、汕头2个航标保养基地、秦皇岛海上溢油应急反应中心、上海船舶报告系统、上海船员考试中心、韶关职工培训中心，还建设了青岛、宁波、三灶3个灯塔基地，大连、厦门海事局等33处业务用房和蛇口、仑头、大连等7个工作船码头(含航标码头和浮码头)，以及大连、厦门和宁波的3个VTS系统(含改建)。

四、交通运输设施的技术改造

2001年交通部统一安排的直属单位技术改造计划，共完成投资34亿元，比上年增长25.9%。主要安排了沿海港口、运输、施工企业等单位生产设施和生产配套设施的改造。完成了大连港务局大窑湾散粮码头、大连湾港区填海等改造工程；秦皇岛港煤二期码头、油码头等改造工程；青岛港务局前湾矿石堆场、散粮接卸设备等改造工程；上海港外高桥码头及港口作业船舶改造；营口港区改造；连云港码头堆场改造的建设。

2001年全国交通事业主要统计指标

指标名称	计算单位	2000年	2001年	2001年为2000年%或增减
一、 公路、水路运输量				
1. 全社会公路客运量	亿人	134.7	140.3	104.1%
占全社会客运量的比重	%	91.3	91.7	0.4
全社会公路旅客周转量	亿人公里	6657.4	7207.1	108.3%
占全社会旅客周转量的比重	%	54.3	55.4	1.1
2. 全社会公路货运量	亿吨	103.9	105.6	101.6%
占全社会货运量的比重	%	76.7	77.2	0.5
全社会公路货物周转量	亿吨公里	6129.4	6330.4	103.3%
占全社会货物周转量的比重	%	13.8	13.6	-0.2
3. 全社会水路客运量	亿人	1.94	1.86	95.9%
占全社会客运量的比重	%	1.3	1.2	-0.1
全社会水路旅客周转量	亿人公里	100.5	89.9	89.5%
占全社会旅客周转量的比重	%	0.8	0.7	-0.1
4. 全社会水路货运量	亿吨	12.2	13.3	109.0%
占全社会货运量的比重	%	9.0	9.7	0.7
全社会水路货物周转量	亿吨公里	23734.2	25988.9	109.5%
占全社会货物周转量的比重	%	53.4	55.7	2.3
二、 港口吞吐量				
1. 全国港口货物吞吐量	万吨	220688	240074	108.8%
沿海	万吨	129208	145293	112.4%
内河	万吨	91480	94781	103.6%
2. 全国港口外贸货物吞吐量	万吨	58101	66302	114.1%
沿海	万吨	52509	60061	114.4%
内河	万吨	5592	6240	111.6%
3. 全国港口集装箱吞吐量	万TEU	2348	2748	117.0%
沿海	万TEU	2046	2470	120.7%
内河	万TEU	302	279	92.4%
4. 全国港口旅客吞吐量	万人	17735	19635	110.7%
沿海	万人	6276	7223	115.1%
内河	万人	11459	12412	108.3%
三、 交通固定资产投资额	亿元	2571.7	2968.0	115.4%
其中：公路建设	亿元	2315.8	2670.4	115.3%
沿海港口建设	亿元	80.3	123.8	154.2%
内河港口及航道建设	亿元	54.5	50.4	92.5%

注：(1)2000年公路基础设施有关数据为第二次全国公路普查数据，其范围口径见2月7日出版的《中国交通报》
(2)部分数据因计算单位取舍不同或四舍五入而产生的计算误差未作调整

中国铁路投资建设情况

铁道部发展计划司司长　曹　菁

2001年是“十五”计划开局之年，按照党中央、国务院加快基础设施建设、实施西部大开发的战略部署，围绕在中国交通运输中起骨干作用的“八纵八横”铁路主通道，优化完善路网布局，使铁路发展不断适应国民经济和社会发展的需要，满足不断变化和增长的市场需求，铁路建设步伐持续加快，铁路全行业固定资产投资稳步增长。

一、2001年铁路建设持续加快，投资稳步增长

（一）固定资产投资规模稳步增长

2001年铁路全行业固定资产投资完成822.82亿元，比上年增加73.53亿元，同比增长9.8%，其中基本建设投资完成515.46亿元，比上年增加5.54亿元，同比增长1.1%；国家铁路更新改造投资完成150亿元，比上年增加6.99亿元，同比增长4.9%；国家铁路机车车辆购置投资完成157.36亿元，比上年增加21.88亿元，同比增长16.1%。

（二）基本建设投资结构更加合理

2001年铁路全行业基本建设投资515.46亿元，比上年增加5.54亿元，与上年基本持平，其中铁道部投资453.91亿元，合资铁路地方政府及企业投资47.41亿元，地方铁路投资14.14亿元。大中型项目投资476.9亿元，其中铁道部投资416.7亿元。2001年铁路基本建设投资向国家重点建设项目和西部铁路建设项目倾斜，向列入国家重点建设工程的宝兰、株六、菏兖日复线，哈大电气化、朔黄、神延、内昆、渝怀线，秦沈客运专线，西安南京线西合段等10个铁路项目投资276.3亿元，占全部大中型项目投资的57.9%。向西部地区铁路项目投资276.2亿元，占全部大中型项目投资的57.9%。西部地区在建铁路大中型项目21个，占全部大中型项目总数的42.9%。新线和既有线改造投资（复线及扩能、电气化铁路）分别为260.6亿元，201亿元，两者投资比为56.5∶43.5，投资结构在突出重点、兼顾提升既有设施现代化水平与积蓄发展后劲方面更趋合理。

（三）更新改造投资进一步增加

2001年铁路更新改造投资坚持以市场为导向，优化结构，突出重点，集中资金解决好繁忙干线和限制口扩能以及客车提速等设施设备技术更新改造，服务于挖潜扩能、安全生产、市场营销等运输急需工程。国家铁路全年更新改造投资150亿元，比上年增加6.99亿元，其中运输设备更新改造投资126.15亿元，比上年增加19.65亿元，同比增长18.5%，占更新改造总投资的84.1%，有效地解决了繁忙干线和限制口扩能以及客车提速等难题，使铁路主要通道及其基础设施能力得到明显改善，保证了路网整体能力和运输质量的提高。

（四）国债投资重点突出

2001年全行业大中型项目共使用国债资金75亿元，主要投向青藏铁路格拉段、渝怀铁路、宝兰复线、内昆线等21个国家铁路、合资铁路和地方铁路项目，其中13个西部铁路建设项目使用国债资金63.8亿元，占同期铁道部使用国债资金总额的85.1%，充分体现了向西部倾斜的政策，加快了西部地区的铁路建设步伐。

（五）一批新项目开始投资建设

2001年投资28.2亿元用于京秦线北京至狼窝铺提速工程和京山线狼窝铺至秦皇岛电气化改造工程、青藏线格尔木至拉萨段、新乡至月山铁路电气化改造、北同蒲太原至原平增建二线、松花江滨洲滨北路基改桥工程，新建赣州至龙岩铁路及新建胶州至新沂铁路等7个项目的开工建设，使铁路建设继续保持良好的发展势头。

（六）收尾销号工程项目全面实现目标

宝（鸡）成（都）、包（头）兰（州）、萧（山）甬（宁波）、黎（塘）湛（江）、郑州东至郑州西增建第二线，芜湖大桥、青藏线西（宁）至格（尔木）段扩能、平齐线K504大桥、外（洋）福（州）铁路电气化、南疆铁路、西（安）（安）康铁路、梅（州）坎（市）铁路等12个工程项目全部按计划销号，是近年来销号项目最多的一年。

（七）投产里程增加，投资效益提高

2001年全国铁路基本建设投资完成新线铺轨1522公里，比上年增加350.2公里，增建复线铺轨889公里；新线投产1246公里，比上年增加663.9公里，增建复线投产1503.5公里，比上年增加805.7公里，电气化铁路投产2680.3公里，比上年增加2126.5公里。2001年铁路货运量大幅度增长，国家铁路、合资铁路、地方铁路的货运量比上年分别增长7.9%、7.0%和14%，增幅增量均为历史最高水平。铁路建设投产里程的增加和装备水平的提高，为全年铁路运输增运增收创造了条件。

二、“十五”铁路建设开局良好，路网能力有新的提高

在21世纪的第一年，铁路建设紧紧围绕铁路“十五”计划，抓好大通道建设，加快既有铁路改造步伐，使线路结构得以优化，路网密度不断加大，设备水平得到改善，运输能力稳步提高，市场竞争力明显增强，实现铁路建设“十五”开局首战告捷。

（一）全国铁路营业里程突破7万公里

截至2001年底，全国铁路营业里程达到70057公里，位居亚洲第一、世界第三（居美国、俄罗斯之后），其中国家铁路营业里程59079公里，占全国营业里程的比重为84.3%；合资铁路6126公里，地方铁路4816公里。全国铁路路网密度每万平方公里国土面积达到72.98公里，比上年增长2.1%。

（二）复线和电气化里程有较大增长

截至2001年底，全国铁路复线里程达到23288公里，其中国家铁路22640.3公里，比上年增长5.8%，复线率为38.3%，比上年提高了1.8个百分点。电气化铁路里程达到17498公里，电气化率达25%，其中国家铁路16867.6公里，比上年增加2003.7公里，是历史上增加最多的一年，增长13.6%，国家铁路电气化率达到28.6%，比上年提高了3.3个百分点。

（三）一批重大项目建成投产，运输能力进一步加强

西(安)(安)康铁路、神(木)延(安)铁路,哈(尔滨)大(连)电气化、武(昌)广(州)电气化、盘西电气化沾益—红果段,株(洲)六(盘水)、蓝(村)烟(台)、菏(泽)兖(州)日(照)复线及朔黄线神肃段等国家重点项目相继建成投产。西(安)(安)康铁路是华北、西北入川渝和连接大西南的新通道,也是铁路"八纵八横"路网规划中包头至柳州通道的重要组成部分,它的建成通车,对缓解西部地区铁路运输能力紧张状况,实施西部大开发战略,促进沿线社会进步和经济发展具有重要意义。神(木)延(安)铁路的建成,使包(头)西(安)铁路得以全线贯通,实现了北接包神、神朔铁路,南接西延、西康铁路并经襄渝、阳安铁路入川进渝,直抵柳州,从而构成中国又一南北大通道,并把陕北、关中、陕南三大经济区联结为一个有机整体,为加快陕北老区脱贫致富奠定了基础。哈大电气化铁路沈阳至哈尔滨段正式开通,结束了东北三省无电气化铁路的历史,对提高东北地区铁路技术水平和改善该地区铁路设施落后状况,缓解东北地区铁路运能紧张局面,减少环境污染,具有重要的现实意义。京广铁路武广段电气化的开通,标志着全长2300公里的京广铁路成为中国目前营业里程最长、经济辐射范围最广、技术装备水平最现代化的双线电气化铁路,大大提高了南北铁路运输能力,并经与广深准高速、湘黔、西陇海电气化铁路相连,促进东西部的经济交流。盘西电气化沾益—红果段改造成功,使其与水柏、南昆线共同构成西南地区又一便捷的南北通道,在路网上可分流川黔、黔桂、成昆铁路的客货运量,提高西南地区铁路的运输能力。株(洲)六(盘水)复线是联系西南与中南、华东的纽带,是路网骨架"八纵八横"中上海至昆明东西大通道的重要组成部分,它的建成投产,打通了西南地区大能力的东通道,年运输能力湖南段提高到2.4倍,贵州段提高到4.3倍。

(四)西部铁路建设快速发展

为贯彻实施党中央西部大开发的战略,充分发挥交通运输的先导作用,改变西部地区铁路落后的状况,国家加大了对西部地区铁路的投资力度和建设进度,西部铁路建设取得了前所未有的发展。2001年西部12个省区铁路基本建设投资完成242.37亿元,占全路的47%,比上年增加19.47亿元,同比增加8.7%,基本建设投资额和投资额占全路投资比例均创历史最好水平。青藏铁路在工程建设、生态环境保护、水土保持、野生动物保护以及保障人员身体健康等方面取得重大突破,第一期土建工程施工进展顺利,格尔木—望昆段路基基本成型,冻土试验段工程全面展开,为实现"高起点、高质量、高标准"的建设要求开了一个好头。西安南京线、渝怀线建设进度加快,神延、达万、内昆、水柏铁路、株六复线等建设项目相继建成或投产,缓解了西部地区铁路内外通道运输能力紧张的状况,密切了东西部经济联系,带动了经济结构优化、生产力布局和产业结构的调整,改善了投资环境,对沿线经济增长和社会进步起到了明显的拉动作用。

(五)运输设施和装备水平显著提高

国家铁路内燃、电力机车所占比重提高到97.5%,国家铁路内燃、电力机车总功率比上年增长了6.5%。到2001年底,国家铁路客车拥有量达到37214辆,比上年增长3.4%,其中空调车、卧铺车购置数量大幅度增加,全年提速客车购置数量占总购置数的48.2%。国家铁路货车拥有量达到449921辆,比上年增长了2.3%,其中铁路60吨及以上吨位的大吨位货车达到426825辆(占总数的94.5%),比上年增长2.5%,并且新造货车均采用新型转向架。钢轨质量提高,平均轨重增加,到2001年底,国家铁路60公斤及以上钢轨的比重由上年的57.6%提高到61.3%;正线无缝线路的比重达38.3%,比上年提高2.3个百分点;重载铁路里程增长19.4%。通信信号设备进一步强化,无线列调、专用通信设备、道岔、机车信号、闭塞线路设备改造不断深入,设备质量、技术水平显著提高。信息系统建设步伐加快,在全路形成了以光纤为主的有线传输网,主要客运站实现了客票联网预发售系统联网运行,TMIS工程和车号自动识别系统分期投入使用。

(六)顺利实现铁路第四次大提速

在总结前三次提速经验、研究制定"十五"提速规划和全面整治京九线、汉丹线、京广线南段、哈大线、沪杭线、浙赣线、襄渝线、达成线等提速干线重要行车设备的基础上,精心组织实施了以京九、浙赣、沪杭、汉丹、襄渝、达成、哈大线和京广线南段为重点的第四次大提速,新增提速线路4257公里,使全国铁路提速延展里程达到13000公里,基本上覆盖了全国较大城市和大部分地区。全路旅客列车平均旅行速度达到61.9km/h,特快列车达到92.8km/h,最高时速达到160-200km/h,重点列车运行时间得到较大压缩,优化了列车运行时刻;直通列车和高等级列车数量大幅度增加,夕发朝至列车、旅游专列及货运"五定"班列等深受市场欢迎的运输产品进一步优化结构、提高档次和增加数量,提升了运输服务质量,运输秩序良好,安全形势稳定,铁路在运输市场的综合竞争力显著增强,取得了良好的社会效益和经济效益。

(七)铁路科技水平进一步提高

以提高经济效益为中心,加大对高科技含量项目的投入,一直是铁路系统投资建设的重点。2001年铁路部门加大了基本建设前期勘测设计、部级重大科研攻关投入,优先安排了秦沈客运专线、青藏铁路等重点科研攻关项目。针对青藏铁路高原缺氧、多年冻土、环境保护的三大难题,组织科研、院校、设计、施工单位等路内外专家开展攻关,取得了重要的进展,为青藏铁路顺利开工提供了技术保证。哈大电气化引进德国技术,促进了中国铁路电气化设计施工及运营管理水平的提高。铁路TMIS信息系统、第四次提速、行车安全综合监控系统、客货清算系统建设,都为铁路技术创新、提升运输综合服务水平作出了积极的贡献。在国家重大装备现代化的建设中,时速160公里交流传动电动车组、时速200公里交流传动电力机车、地铁列车国产化等铁路现代化运输装备的研制和开发,使中国的铁路科技水平得到了显著提高。

回顾2001年铁路建设和投资发展,主要体会有以下几点:一是必须认真贯彻党中央、国务院关于扩大内需的方针,发挥国债资金的投资导向作用,广泛筹集建设资金,保证重点建设项目有稳定的资金来源。2001年国债资金相当部分投向西部铁路,对加快西部铁路建设步伐、吸引配套资金和拉动内需发挥了十分重要的作用,同时也为铁路建成后的正常经营奠定了基础;二是只有认真执行铁道部确定的"快速、有序、优质、高效"的建设原则,集中力量打歼灭战,加强投资全过程的管理和控制,才能保证工程质量,提高投资效益;三是扎实的项目前期计划是项目成功建设的有力保证。投资项目前期工作做得充分与否,直接影响到对项目必要性的把握、建设方案和时机的选择、资金筹措方式的确定。因此,项目前期工作的优劣,直接关系项目的成败,也是提高项目质量的基础。在肯定成绩和总结经验的同时,也应当清醒地看到:铁路的建设与投资还存在一些问题,有的还是深层次的,主要是投资主体不到位,资金来源单一,建设项目审批过程长,建设规模不适应运输市场发展的需要等,这些都亟待在今后工作中通过深化改革加以解决。

三、2002年铁路投资建设展望

2002年铁路全行业基本建设投资规模为540－560亿元,其中铁道部投资490亿元,合资铁路和地方铁路项目中地方及企业应同步安排的投资规模为50－70亿元。计划续建大中型项目37个,收尾销号项目17个,新开工29个项目,预备开工项目12个。计划安排国家铁路与合资铁路新线铺轨1250公里,投产1700公里;复线铺轨650公里,投产380公里;电气化铁路投产950公里(其中新建铁路电气化670公里)。计划安排地方铁路新线铺轨400公里。更新改造计划总规模260亿元,其中运输固定设备更新改造投资125亿元,机车车辆更新改造投资55亿元,机车车辆购置规模180亿元。

2002年铁路建设投资的重点是抓好在建国债项目、落实西部大开发战略、加快重点工程建设。主要围绕下面几个方面开展工作:(1)以扩大主要干线运输能力、完善路网布局、适应运输市场需求为目标,加快生产力布局调整,改善运输质量,提高经济效益;(2)以东部地区繁忙干线电化成网为重点,加快既有铁路电气化改造;(3)加强西部地区既有铁路干线复线建设;(4)加快集装箱运输系统、快速客运系统建设。启动集装箱接点站的建设,加快秦沈客运专线建设和京秦技改工程,为中国第一条客货分线的京沈客运通道尽快投产奠定基础;(5)加快铁路信息系统建设,搞好各信息系统的集成,实现资源的有效利用和信息共享,提高综合管理的水平和效率;(6)以提高繁忙干线安全保障能力为重点,加强行车安全保障体系建设,加快行车安全技术装备的研究和开发,逐步建立起移动设备与固定设备互监和自监的安全监控网络;(7)加大对大中型建设项目收尾销号工作的管理力度。优先安排大中型收尾销号项目的投资,保证项目的建设工期和工程质量;(8)力争在年内启动万宜、温福、洛湛南段、遂渝、武汉二桥等一批规模较大的新开工项目;(9)在前4次大规模提速的基础上,加快实施与提速有关的基础工程,为2003年第5次大规模提速打下良好基础;(10)加大投资力度,加快续建项目的建设进度,确保项目按期完成,尽快形成能力,提高投资效益。

2002年要积极探索铁路投融资体制改革,努力改善国家铁路投资环境。要强化投资项目管理,完善资产经营责任制,明确责任主体,落实投资责任,强化风险约束机制,提高投资计划的兑现率,保证项目年度使用经费符合批准的概算及资金构成,努力使投资达到预期效果。要逐步减少对企业投资的行政审批,进一步落实铁路局投资自主权。要根据中国加入WTO后铁路急需扩大融资渠道的新形势,加强对合资、地方铁路的宏观指导、信息交流及政策研究,重点抓好合资、地方铁路建设期的工程质量、经营期的安全生产和经济效益,探讨合资铁路公司资本结构调整的可行性,扩大利用国内外资本市场融资的比例,为铁路建设创造良好的筹融资环境。

中国民用航空业投资建设情况

中国民用航空总局规划科技司司长　王　知

一、2001年民航投资建设工作

2001年,中央和地方都加大了对民航基础设施建设资金的投入,民航基础设施有了很大的改善和加强,生产安全保障设施、运输服务设施进一步提高。2001年,民航全行业共完成固定资产投资151.8亿元,较上年增长18.5%。其中中央投资117.7亿元,较上年增长13.9%;地方投资34.1亿元,较上年增长37.5%。这中间,用于基本建设投资101.5亿元,较上年增长23.48%;技术改造投资17.5亿元,较上年减少17.84%;车船飞机购置贷款32.8亿元,较上年增长14.7%。

投资完成情况按照固定资产投资资金构成可以分为:国家预算内拨款0.5511亿元,开发银行贷款9.3亿元,商业银行贷款41.92亿元(含其他投资及车船购置贷款),民航专项基金21.7837亿元，留成机场费2.7亿元，企业自筹30.2亿元，国家财政债券10.85亿元（含地方国债6.25亿元），利用外资6.6亿元，上年末节余各项资金4.29亿元，地方财力27.9亿元（不含国债）。

2001年民航行业固定资产投资安排原则为：重点保证与飞行安全有直接关系项目的资金；重点保证使用中央财政债券项目的配套资金；重点保证年内可以投产、创造效益的项目资金；审批项目和安排投资“向西部倾斜、向空管倾斜”；结合体改进程，适度控制投资。投资重点安排了通信导航、雷达等空中交通管制系统，大（中）型机场新建及改扩建，各机场飞行区安全保障设施的建设项目。根据民航行业特点，可以将建设项目和投资投向相应划分为如下几个系统：空中交通管制系统，投资15.1亿元；机场建设系统，投资79.7亿元；科研教育系统，投资0.4亿元；机务维修系统，投资1.7亿元；客货运输服务系统，投资2.3亿元；机场公安安检消防系统，投资0.4亿元；公用设施系统，投资3.4亿元；信息系统，投资0.2亿元；航空油料系统，投资3.1亿元；企业自筹切块规模投资12.0亿元；机场费留成切块规模投资0.7亿元；车船购置贷款32.8亿元。

2001年民航行业固定资产投资具体完成情况介绍如下：

（一）基本建设投资

2001年民航总局和地方政府共下达民航基本建设投资计划1139428万元，其中民航总局下达732449万元，国家预算内拨款5511万元，开发银行硬贷款102431万元，建行贷款47000万元，民航基金91918万元，集中机场费36098万元，国家财政债券46000万元（民航总局部分），留成机场费31376万元，企业自筹185453万元，利用外资106520万元，其他投资80142万元（含工商银行贷款），地方政府下达406979万元。

2001年全国（含民航和地方）实际完成基本建设投资1015723万元，为年计划的88.8%。其中民航投资完成674146万元，为计划的92%；地方投资完成341577万元，为计划的83.9%。

2001年民航完成基本建设投资按资金来源分：预算内拨款5511万元，为年计划的100%；开发银行硬贷款93371万元，为年计划的91.1%；建设银行贷款10000万元，为年计划的21.2%；工商银行贷款3463万元，为年计划的28.8%；民航建设基金91918万元，为年计划的100%；集中机场费23907万元，为年计划的66.2%；留成机场费19008万元，为年计划的60.5%；中央国债46000万元，为年计划的100%；企业自筹222461万元，为年计划的120%；利用外资66473万元，为年计划的62.4%；其他投资49114万元，为年计划的61.2%。

2001年民航全行业完成基本建设投资按系统分：

1. 机场建设完成投资761337万元。其资金构成为：预算内拨款4690万元，开发银行硬贷款93371万元，建设银行贷款10000万元，工商银行贷款3463万元，民航建设基金11379万元，集中机场费22507万元，留成机场费17382万元，中央及地方国债108500万元，企业自筹123107万元，利用外资66473万元，其他投资41388万元，上年各项节余资金42920万元，地方财力341577万元。

2. 科学教育完成投资3560万元。其资金构成为：预算内拨款821万元，民航建设基金1010万元，企业自筹523万元，其他投资2555万元。

3. 空管方面完成投资73529万元。其资金构成为：民航建设基金53529万元，中央国债20000万元。

4. 机务航材完成投资16756万元。其资金构成为：企业自筹10236万元，其他投资6520万元。

5. 运输服务系统完成投资14434万元。其资金均为企业自筹。

6. 公安安检消防系统完成投资450万元。其资金为集中机场费。

7. 公用设施系统完成投资30167万元。其资金构成为：民航建设基金6000万元，集中机场费800万元，留成机场费1500万元，企业自筹21867万元，其他投资2000万元。

8. 其他系统完成投资27201万元。其资金构成为：民航建设基金20000万元，集中机场费150万元，留成机场费126万元，企业自筹6925万元。

9. 企业自筹资金切块规模完成投资45369万元。

2001年全国民航基本建设施工项目共146个，其中本年新开工项目35个，占施工项目总数的24%；续建60个，前期工作51个。

（二）技术改造投资

2001年民航下达技术改造投资计划185635万元，其中民航建设基金81486万元，集中机场费8335万元，留成机场费14066万元，企业自筹77535万元，其他投资4213万元（含工商银行贷款）。

2001年民航实际完成技术改造投资174831万元，为年计划的94.2%。

2001年民航完成技术改造投资按资金来源分：民航建设基金79161万元，为年计划的97.1%；集中机场费6855万元，为年计划的82.2%；留成机场费8588万元，为年计划的61%；企业自筹78814万元，为年计划的102%；其他投资1413万元（含工商银行贷款），为年计划的33.5%。

2001年民航完成技术改造投资按系统分：

1. 机场建设系统完成投资6365万元。其资金构成为：民航建设基金5280万元，留成机场费307万元，其他投资778万元。

2. 空中交通管制系统完成投资76990万元。其资金构成为：民航建设基金71969万元，集中机场费3851万元，留成机场费400万元，企业自筹770万元。

3. 机务航材系统完成投资348万元。其资金构成为企业自筹。

4. 公用设施系统完成投资4114万元。其资金构成为：

民航建设基金1371万元，留成机场费130万元，企业自筹2613万元。

5. 运输服务系统完成投资843万元。其资金构成为集中机场费。

6. 公安安检消防系统完成投资2675万元。其资金构成为：民航建设基金514万元，集中机场费2161万元。

7. 信息系统完成投资1257万元。其资金构成为：民航建设基金27万元，留成机场费595万元，其他投资635万元。

8. 企业自筹资金切块规模完成投资75083万元。

9. 留成机场费资金切块规模完成投资7156万元。

（三）车船购置贷款

2001年实际使用国内银行车船飞机购置贷款328325万元，为本年计划额的61%。

（四）重点建设项目

2001年民航行业重点建设项目共有26个。其中投产项目9个：成都双流机场航站区扩建工程、首都机场东西跑道联络道、北京—广州航路雷达管制工程、三亚管制中心应急改造等4项工程已验收投产，沈阳桃仙机场扩建、乌鲁木齐地窝铺机场航站区扩建、兰州中川机场航站区、甚高频地空数据链二期、民航卫星通信网扩容等5项工程全部完成并相继投产；续建项目4个：西安咸阳机场航站区扩建工程、宁波栎社机场航站区扩建工程、北京区域管制中心工程、全球分销系统等工程进展顺利，其中GDS主体工程已通过验收；新开工项目13个：广州新白云机场、拉萨贡嘎机场航站区扩建、重庆江北机场航站区扩建、青岛流亭机场航站区扩建、哈尔滨太平机场飞行区改造、天津滨海机场飞行区改造工程、上海区域管制中心、广州区域管制中心、京沪航路雷达管制、沪穗航路雷达管制等10项工程等。长春龙家堡机场前期准备工作已经基本完成，三大管制中心VHF遥控系统工程也正在抓紧进行前期准备工作。

2001年，民航固定资产投资还安排了其他小型项目的建设资金。一些中小型机场如贵州铜仁机场、云南临沧机场、四川绵阳机场等3个机场相继建成投产使用；为确保飞行安全，以及为满足和带动地区经济发展需要，对甘肃敦煌机场、黑龙江黑河机场、佳木斯机场、西宁曹家堡机场飞行区跑道进行了改造，并对牡丹江、齐齐哈尔等机场跑道进行了修补改造；黄山、攀枝花、万州等机场正在抓紧施工；达州、大同等机场扩建工程已开工建设；九寨机场已具备开工条件；林芝、黎平、兴义、延安、井冈山等25个新建及改扩建机场工程正在抓紧前期工作。在空管设施上，引进和购置一批小型通信导航气象设备，进一步完善了全国各中小型机场的通信导航等航管设施。

（五）利用外资工作

2001年利用外资的基本建设项目进展顺利。兰州中川机场、乌鲁木齐机场利用第三、四批日元贷款项目继续进行设备的招标采购，并向财政部和日本协力银行提交2000年半年进度报告。成都机场利用荷兰政府贷款3500万美元项目已顺利完成，并通过国家验收。沈阳机场利用西班牙政府贷款项目也已经完成。西安咸阳机场利用日本协力银行特别贷款项目在进行设备采购。利用奥地利政府贷款的消防车项目实施完毕，44辆消防车全部到货。广州新白云国际机场利用日本输出入银行贷款3亿美元项目正在进行项目采购。

（六）固定资产投资的特点

2001年是“十五”计划实施的第一年。一年中，民航全行业职工认真实践“三个代表”要求，克服世界经济增长放缓和“9·11”事件给民航带来的安全和效益等方面的困难，狠抓安全管理，稳步推进改革，在机场建设和运输生产安全等设施建设上加大了资金投入，促进了航空运输生产的稳定增长。民航固定资产投资及建设总的形势是好的。总的说来，2001年的民航投资工作有以下几个特点：

1. 固定资产投资规模较2000年增长10%以上。近年来，由于全行业经济效益滑坡，对固定资产投资一直采取逐年压缩的办法，投资规模连续3年徘徊不前，与全国拉动内需的总体投资形势很不相称。“十五”计划第一年，民航固定资产投资规模出现了适度的增长，地方投资增加较多，由上年的25亿元增加到34.1亿元。

2. 项目投产率提高，重点项目进度加快。2001年民航安排的26项重点工程进展顺利。其中计划投产的9个项目年内全部按计划建成投产；4个续建项目也按计划施工，进度较快；13个计划新开工项目除昆明机场跑道整修由于建设新机场的问题需要进一步论证之外，其余12个项目基本具备了开工条件。

3. 西部机场项目前期工作取得了突破性进展。民航部门借西部大开发的机遇，下大力气抓项目前期工作。“十五”期间，西部地区计划新建和改扩建的机场项目前期工作都全面展开，基本完成了30个新机场项目的前期工作，这将从根本上扭转长期以来民航项目前期工作滞后的被动局面，从而使民航投资及项目建设工作更加健康、有序。

4. 国家加大了对民航基础设施建设的支持力度，国债投资增加。2001年，国家共安排全行业国债资金10.85亿元，比2000年增加了31.6%。国债资金的增加大大缓解了民航行业生产建设资金的压力，促使民航机场建设正常进行，并带动了项目配套资金的落实和及时到位。一批枢纽机场如成都双流、乌鲁木齐地窝堡、兰州中川等机场，在国债资金的带动、民航配套建设资金的到位及时、机场建设工程指挥部的严格管理和地方政府的督促支持下，相继顺利投产使用，并已在地区和行业的经济发展中发挥出重要作用。

5. 由于近几年国家宏观经济形势较好，人民币币值稳定、利率较低，航空公司加大车船购置贷款的使用力度，飞机融资由国际市场转入国内市场，车船贷款规模增加到32.8亿元，增幅为14.7%。

6. 建设及投资工作中尚存在一些问题。民航行业“十五”发展规划已经进入实施阶段，其规划落实工作仍然需要继续加强。机场建设规划由于资金落实问题，前期工作进展较慢。民航全行业建设资金的短缺仍然是比较突出的问题，特别是西部地区的机场建设资金的不落实、建设项目的储备不足，在一定程度上影响了民航行业基础设施的建设。

二、2002 年民航投资建设展望

2002 年民航投资建设总的工作思路是，按照《中国民用航空发展“十五”计划和十年规划》的总体要求，结合民航现在的实际情况，2002 年将以“确保安全、创造效益、保持发展”为原则，适当控制固定资产投资规模，保持适度发展，投资总规模基本上与 2001 年持平，重点建设枢纽机场。加快引进外商直接投资机场和航空公司项目，研究利用外资的效益问题。加快固定资产投资项目、外资项目审批制度改革，研究新的投资政策。加紧制定和修改规章和政策，强化民航行业管理，依法行政，以适应中国加入世贸组织的新形势。

2002 年的投资总规模基本上与 2001 年持平。要把北京、上海和广州三个枢纽机场的建设作为重中之重，抓紧在建的西安、拉萨机场扩建和天津、哈尔滨机场改造等项目的建设；重点支持效益较好的旅游支线机场和社会稳定、边疆安全所需的机场项目。投资继续向空管倾斜，加快以三大区域管制中心为龙头的空管设施建设。加强 GDS 和离港系统等信息系统的建设，提高企业的竞争力。

2002 年，国家航空安全形势遇到了前所未有的挑战，航空安全保障系统设施的建设和改造，将成为 2002 年投资建设的重点。为确保民用机场和民航乘机旅客的人身安全，将专项投入一批资金，配置和改造北京、广州、西安、成都、天津等 70 个民用航空机场的公安、安全检查等设施设备，提高机场安全保障能力和应急处置能力。同时，对中国国际、中国东方、中国南方、厦门、上海、深圳等 16 家航空公司的机上驾驶舱等安全防范设施进行改造。

在机场建设方面，以三大枢纽机场建设为重点。为适应首都机场旅客吞吐量的增长，结合北京已成功申办 2008 年奥运会，2002 年进行北京首都机场扩建工程前期工作，建设的目标是使首都机场达到大型综合枢纽机场的功能要求，并满足 2008 年奥运会的需要。根据上海虹桥机场不具备大规模扩建的条件，为满足上海市经济发展的需要，使浦东机场最终成为国际大型航空枢纽，2002 年启动浦东机场二期扩建工程的前期工作。广州新机场的建设，按照批准的规模加紧建设。

对区域性枢纽机场的建设，保证续建项目资金的落实和及时到位。按照机场建设规划，加快各项前期准备工作。加快西安机场航站区扩建工程，争取尽早投入使用。建设成都双流机场北指廊。按照区域性枢纽机场的要求，加紧昆明新机场的前期工作。完善西安、乌鲁木齐机场飞行区，满足机场 II 运行的要求。继续完善沈阳、武汉机场的设施。同时抓紧开展实施部分干线和直线机场的建设改造工作。

积极探索利用社会和企业资金投资机场建设的方式和方法，研究有关配套政策，鼓励和支持企业投资机场建设。要加快引进外商直接投资，拓展外资渠道，推动外商直接投资机场项目，特别是西部机场项目。

2002 年，是实施“十五”计划的第二年，也是中国加入世贸组织后的第一年。民航的改革进程已经到了实施阶段，要结合国际国内形势，强化投资管理，做好各项资金的安排，全力保证重点建设项目，为中国民航的发展做出更大的贡献。

中国邮政事业投资建设情况

国家邮政局

1998 年邮电分营，邮政独立运行以来，在党中央、国务院的领导下，在各级地方党委、政府和社会各界的关心支持下，全国邮政干部职工经过三年的奋力拼搏，圆满实现了邮政独立运行之初确定的三年扭亏目标。2001 年，全国邮政系统全行业实现赢利 6201 万元，彻底摆脱了连年亏损的困境，邮政发展取得了历史性的突破。与此同时，邮政通信网路建设也有了新的发展，通过投资结构的优化调整，有效资产比重逐年增加，资源的配置结构在向好的方面发展，固定资产三年增加了 180 亿元，邮政固定资产原值达到 848 亿元。到目前为止，一个覆盖全国、沟通城乡、联通世界，具备多种运输手段，拥有先进信息传输平台的邮政网络已经基本形成，邮政信息传递、物品运送、资金流通“三流合一”服务功能的内涵和外延正不断丰富和拓展。

一、2001 年邮政全行业投资完成情况

2001 年邮政行业的固定资产投资按照“保证竞争需要，重视技术创新，改善营销服务，夯实基础设施”的指导思想，本着进一步强化效益的观念，调整投资结构，增加科技含量，提高网络运行效率的目标，加快邮政投资建设步伐，全行业较好地完成了全年投资任务。2001 年邮政全行业完成固定资产投资 88.6 亿元，其中，基本建设 45.6 亿元，技术改造 43.0 亿元。主要投资方向如下图所示。

2001 年邮政固定资产投资方向

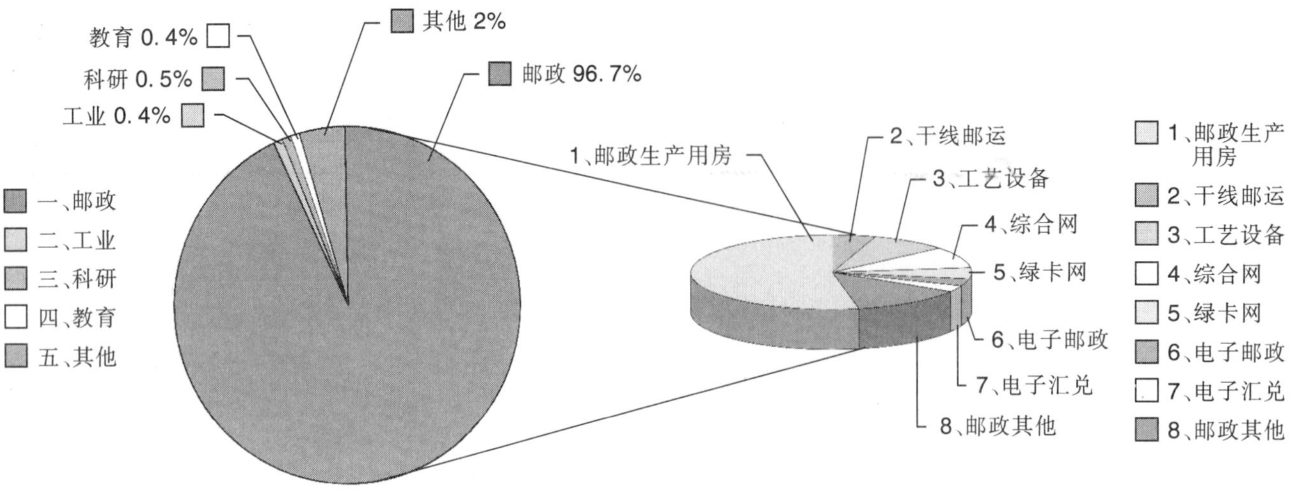

2001 年邮政行业投资注重了投资结构的调整，并突出抓了重点建设项目和生产能力的形成。邮政系统安排了广州等 17 个邮件处理中心土建工艺建设，并于 2001 年年内建成投产，形成生产能力；加强了资产的调拨与管理，安排了 16 套邮件分拣设备的异地调拨，提高了设备使用效率；加快了综合网、绿卡网、电子邮政建设进度，完成综合计算机网广域网、局域网的验收，绿卡网省中心的切换和运行，电子邮政示范省 183、185 的开通运行；重点推进了综合计算机网应用子系统的开发和应用，完成报刊系统、邮资票品管理系统、速递查询等系统的上网运行，电子汇兑系统的推广普及，中心局生产作业、邮运生产指挥调度系统软件开发，电子邮政认证系统、支付系统、网上应用系统（集邮、报刊、网上商城）的上网应用等。在严格控制土建规模的同时，加快了分营在建项目的收尾工作。

经过 2001 年的投资建设，邮政生产能力得到进一步提高，生产条件有所改善，全网科技含量不断增加。

二、2001 年邮政主要投资建设成就

一年来，邮政系统以“发展现代化邮政”为目标，用先进的科学技术改造传统产业，全面推进邮政信息化进程，重点加强了邮政干线运递网络和终端服务网络的建设，邮政全网运行效率和网络服务能力得到明显增强。

（一）在全国范围内建成了邮政综合计算机网并投入运行

邮政综合计算机网集计算机和通信技术、图像、语音和数据传输功能为一体，在设备性能、覆盖范围和网络功能等方面，均达到了世界邮政领域先进水平。目前，网络覆盖全国 236 个中心城市，实现了对全网设备和链路运行情况的实时监控和管理；成功地在综合网上开发了电视电话会议和电子汇兑等系统。

（二）邮政储蓄业务实现了全国 31 个省（区、市）2400 多个县（市）的通存通兑，联网网点达到 24118 个，成为名副其实的全国最大的零售金融服务网

邮政储蓄“绿卡”除了储蓄功能外，还具备了信用卡的性质和用途。有些省建立了中间业务平台，开发了代收、代付、代发工资、养老保险等中间业务。2001 年 7 月 1 日邮政向社会开通了电子汇兑业务。在国家计委的支持下，列为国家电子商务示范工程的“中国邮政 183 电子邮政网站”已经开始试运行，初步提供网上购物、网上汇款、网上集邮、网上订阅报刊以及业务查询等服务；“185”邮政客户服务中心已在全国大部分中等以上城市，面向社会提供服务。

通过科技进步，不断推动邮政新业务的开发，使邮政业务结构得到改善，传统业务比重逐步降低，借助电子化手段开办的综合性、融合性、高质量的新型业务比例不断提高。

（三）邮政实物网规模扩大，功能增强，效率提高

2001 年，邮政部门进一步整合邮政资源，完善实物传递网，为进军物流市场奠定了坚实基础。

1. 网点数量有所增加。局所布局不断优化、调整，服务手段不断完善，服务能力不断提高。2001 年，全国邮政营业网点总数达到 76898 个。其中，电子化局所以年均 64% 的速度增长，达到 16366 个。

2. 作业场地条件改善。新增工作用房 189 万平方米，达到 2652 万平方米。邮政条件和作业环境有了明显改善。

3. 运输能力显著提高。全国拥有邮运车辆 4.6 万台；组建了邮政自己的快速航空网，通过租用等方式，拥有邮运飞机 10 架，夜间运邮航线达到 10 条，形成覆盖华北、华东、中南、华南、西北、西南 28 个省（区、市）304 个地市，初具规模的集散式立体快速运输网络，35% 以上的航空邮件实现了自主航空运输。

4. 处理能力明显增强。通过网络调整，全国的中心局数量由 236 个调整为 201 个，同时加大了工艺设备的投入，使中心局内信函、包件分拣设备的配置率分别达到 35% 和 45%；共配置信函自动分拣机 114 台，信函分类理信机

114 套，包裹自动分拣机 133 台，商函制作设备 542 套，邮件处理机械化和自动化水平明显提高。

5. 网路组织进一步优化。加快实施了邮区中心局体制，进一步调整网路运行组织，优化干线邮路，组建区域快速网，降低了邮件处理和运输成本，提高了全网运行效率和质量。

6. 进行了投递体制改革。为了更好地发挥邮政连接千家万户的优势，提高市场竞争力，邮政部门改革投递管理体制，强化了投递营销功能，初步建立了面向社会、适应市场的投递运营机制。

2001 年邮政新增的主要生产能力见下表：

2001 年全国邮政固定资产投资新增主要生产能力表

指标名称	计量单位	2001 年新增生产能力
1. 房屋建筑面积	万平方米	197
其中：邮政生产用房	万平方米	189
2. 综合计算机网		
网络和应用系统		已覆盖所有中心局，集邮、报刊、速递等 3 个应用系统联网运行
电子汇兑		全国中心、31 个省中心、2468 市县、5000 个网点联网运行
3. 电子邮政		
呼叫中心		31 个省会城市中心开通，其中 16 个省会城市中心功能尚需完善
站点系统		15 个示范省开通
183 ISP 接入系统		北京、上海、广州 ISP 系统已基本建成
应用系统		认证、支付、集邮、报刊、网上商城系统已联网运行
4. 报纸自动分拣处理设备	套	2
5. 包裹分拣机	套	11
6. 扁平件分拣机	套	3
7. 邮政汽车	辆	2282
其中：干线车辆	辆	487
8. 火车邮厢	节	12
9. 商函处理系统	套	55
10. 信报箱群	万格口	526
11. 报刊亭	个	10729

三、2001 年投资建设存在的问题

通过对 2001 年邮政投资规模、资金投向和新增能力等方面的分析，全行业投资规模在继续保持稳定的情况下，投资结构有所改善，土建比重有所下降，重大建设项目基本完成，“两网”应用取得成效，调拨后的机械设备得到充分利用，新增生产能力效果明显。在肯定成绩的同时，还应看到一些不足。主要表现在：一是资金筹措能力急需加强。邮政担负着普遍服务的义务，在基础设施建设投资方面，存在较为严重的资金短缺现象，要求各级邮政部门积极争取国家各项优惠政策，努力拓宽资金渠道，确保工程项目按时投产；二是结构调整力度需要进一步加强，邮政科技含量需要不断增加；三是系统化应用尚显薄弱，网络运行效率和效益还需不断提高。

四、2002 年邮政投资建设展望

2002 年是“十五”计划的第二年，也是中国邮政实现“三年扭亏，五年形成良性循环”目标承上启下的关键一年。邮政固定资产投资要按照“十五”计划确定的“发展、调整、改革、创新”的指导思想和原则，针对当前邮政发展建设中急需解决的问题，为推动邮政业务发展，促进结构性调整，提高全网效率，拓宽服务领域，巩固扭亏成果和企业逐步走向良性循环做好支撑和服务。

(一)固定资产投资安排的指导思想和基本原则

2002 年邮政固定资产投资安排继续坚持“积极发展，着力调整，重视创新，强化管理”的指导思想。要采取积极的投资发展政策，通过能力建设增强邮政的竞争实力；要不断调整投资结构，优化资源配置，提高网络运行效率，改善经营服务手段；要加快技术创新步伐，顺应现代物流和信息化发展趋势，推进邮政生产作业模式的优化，经营服务方式的变革，调度管理形式的改善，使邮政逐步向现代化迈进；要进一步加强和规范建设项目投资管理工作，努力提高投资效益。

2002 年，邮政固定资产投资建设要采取调结构、压土建、保应用、增效益的基本原则。调结构：就是通过加大投资结构调整力度，重点在基建与技改、新增与更新、硬件与软件、内部处理与营销服务、系统与终端等方面进行比例结构调整。通过压缩基建、扩大技改；控制新增、保证更新；整合硬件资源、强化软件开发；理顺内部设施，增强营销手段；提高系统效率，完善终端功能等措施，着力改善只注重规模的扩张，而忽视布局、结构的优化调整和效益的发挥等问题，使投资尽快形成有效生产能力。压土建：就是在重点保证一、二级中心局处理中心建设的基础上，大力压缩各类土建项目数量和建设规模，严格控制土建和非生产性项目。保应用：就是要着力提高应用项目比重，加快网络的系统化应用步伐。增效益：就是要加强建设项目的运营管理，加大项目建成后的市场开发和业务改革力度，充分利用已形成的生产能力，加快实现开源节流、增收节支，不断增强企业竞争实力和提高经营效益。

(二)计划安排的思路和重点

根据计划安排的指导思想和基本原则，结合邮政生产经营实际状况和发展需要，确定 2002 年邮政固定资产投资计划安排的思路是：继续改造邮政基础网络，加快以一、二级中心局为主要内容的干线实物网建设，加速分营局房的建设收尾；大力推进信息网络建设，通过整合优化信息网资

源，不断扩大计算机网络的应用范围，提高网络应用水平；结合各地实际，因地制宜地不断完善邮政终端服务网络，扩大终端网覆盖范围，增强终端网服务能力。

2002年邮政投资建设计划安排的重点是：

1. 根据邮政"十五"建设总体规划，2003年前完成全国77个一、二级邮件处理中心建设和改造。在目前已完成20个省会城市处理中心建设的基础上，2002年重点安排其余的一、二级中心局建设和工艺改造。中心局项目的建设采取标准化设计，推进规范化、标准化；加大工艺设备及配套设备投入；严格控制土建规模，非省会城市二级局凡能缓上的土建项目一律不上。2002年计划完成8个省会城市中心局和28个非省会城市中心局建设，2003年上半年完成剩余的21个一、二级局建设。在重点保证上述中心局建设的同时，要加快在建的速递工艺、航站、国际交换站和邮运地道的建设进度。要在保证现有邮运网设施更新改造的基础上，重点做好现有车辆的结构调整，提高现有车辆的使用效率；配合邮运网的优化改造，及时安排相应设施建设，如干线邮运汽车和火车邮厢的更新，条码打印和识读设备配备，信盒、集装箱操作和运输机具改造等。严格控制省管土建项目数量和建设规模，加快清理在建项目，严格控制非生产性项目。

2. 根据邮政计算机网现状，2002年重点加强信息网资源整合、网络优化、功能完善等方面的研究，在明确网络整体建设思路基础上，重点抓好网络的扩容改造、安全辅助系统建设、内部应用系统的功能完善、促进业务发展的新应用系统的开发、推广等。同时，加快在建项目建设，抓紧应用推广。在已建成的综合网、绿卡网、电子邮政等网络平台上，抓好现有各项应用系统的建设。包括电子汇兑系统、开放式基金系统、银联卡改造、电子邮政CA认证系统、支付网系统、网上应用系统、综合服务平台应用等，并推广应用到实际生产岗位，真正发挥实效。为了扩大信息网络应用范围，针对不同应用系统的要求，安排相应的配套内容，扩大网络覆盖范围。

3. 强化终端服务设施建设，要求各地重视终端网建设，不断完善服务设施，增强服务能力。包括城市营业网点更新改造、城市信报箱群、报刊亭新增，社区服务中心新增等，通过终端网的建设，不断推进邮政服务进商厦、进校园、进社区。

根据上述计划安排，结合资金筹措情况，2002年邮政系统的投资规模将控制在80亿元左右，其中基本建设40亿元，技术改造40亿元。

（三）进一步加强投资管理工作

为加强投资管理，提高投资效益，有力地促进邮政事业的发展，2002年将采取如下措施：

*一是要改革单纯的扩张型投入方式，向注重资产效益转变。*要严格控制增量资产，盘活存量资产。在确定建设项目时，要坚持以经营效益为中心，将邮政存量资产与增量资产统筹考虑，在存量资产盘活的条件下，合理确定投资规模，避免投资浪费。

*二是要改革现有无偿投入的方式。*要配合新的经营责任制和集中资金办法的出台，逐步改变当前的按比例分摊、无偿投入的办法，将某些建设项目与投资风险挂起钩来。

*三是要改革单纯注重内部能力建设，忽视市场和需求的投资方式。*除了重点加强一、二级中心局处理中心的建设和改造之外，将严格控制三级局和办公等内部用房的建设，加大业务开发、市场开拓等方面的投入，增强投资对市场变化反应的敏锐性，加大对有市场、有效益业务的支持力度。要增加改善用邮环境和用邮条件方面的投资，方便用户用邮，引导社会用邮需求。

*四是要改革只注重项目管理，忽视全行业结构调整等宏观调控的计划管理方式。*要从综合计划的角度加强全行业的投资监控和宏观调控，重视全行业速度、结构、布局、比例、效益等宏观发展指标的整体运行质量。在不断加强项目前期管理的基础上，注重项目的全过程管理。保证全网投资的顺利执行和投资目标的协调统一。

展望未来，中国经济的快速发展不仅加快了邮政事业的发展速度，更对邮政服务水平和服务能力提出了更高的要求。中国邮政需要不断加大结构调整的力度，通过完善基础设施，优化资源配置，推进信息化应用等手段，提升邮政服务的水平，推动邮政产业的优化升级，更好地发挥邮政通政、通商、通民的功能，实现信息流、资金流和物流的融合服务，为国民经济的发展做出更大的贡献。目前，中国邮政已走出困难时期，处于顺势快速发展的关键时期，既充满希望和机遇，又面临挑战和困难。在国家有关政策的扶持下，中国邮政必将迎来更加辉煌灿烂的明天。

近年来全国邮政业固定资产投资变化表

单位：万元

指标		1996年	1997年		1998年		1999年		2000年		2001年	
		投资金额	投资金额	增长(%)	投资金额	增长(%)	投资金额	增长(%)	投资金额	增长(%)	投资金额	增长(%)
投资总额		565035	768859	36.07	1636780	112.88	945455	-42.24	862929	-8.73	857062	-0.68
按经济类型分	国有经济	565035	768859	36.07	1636780	112.88	945455	-42.24	862929	-8.73	857062	-0.68
	集体经济	——	——	——	——	——	——	——	——	——	——	——
	个体经济	——	——	——	——	——	——	——	——	——	——	——
	联营经济	——	——	——	——	——	——	——	——	——	——	——
	股份制经济	——	——	——	——	——	——	——	——	——	——	——
	外商投资经济	——	——	——	——	——	——	——	——	——	——	——

近年来全国邮政业固定资产投资变化表(续表)　　单位：万元

指标		1996年	1997年		1998年		1999年		2000年		2001年	
		投资金额	投资金额	增长(%)	投资金额	增长(%)	投资金额	增长(%)	投资金额	增长(%)	投资金额	增长(%)
	港澳台投资经济	——	——	——	——	——	——	——	——	——	——	——
	其他经济	——	——	——	——	——	——	——	——	——	——	——
按管理渠道分	基本建设	302657	393026	29.86	968855	146.51	554457	-42.77	443519	-20	437077	-1.45
	更新改造	262378	375833	43.24	667925	77.70	390998	-41.46	419410	7.27	419985	0.14
	房地产开发	——	——	——	——	——	——	——	——	——	——	——
	其他投资	——	——	——	——	——	——	——	——	——	——	——

中国通信业投资建设情况

信息产业部综合规划司原司长　戴　爽

2001年是新世纪第一年，中国改革开放和现代化建设也进入新的历史阶段。面对新的形势，中国通信业坚持以邓小平理论和“三个代表”重要思想为指导，认真贯彻落实党中央、国务院的决策和部署，积极应对外部环境变化，努力克服前进中的困难，加大发展、改革、创新和监管力度，全行业实现持续快速健康发展，为国民经济和社会发展做出了新的贡献。

2001年全国通信业固定资产投资完成情况分列如下：

一、2001年固定资产投资完成情况

2001年全国电信业完成固定资产投资2648亿元，比上年增长15.3%，通信能力大幅度增长。其中，中国电信继续保持一定的投资势头，全年完成投资额1007亿元；中国移动网络建设继续加快，全年完成固定资产投资848.6亿元，比上年增长36.7%；中国联通全年完成固定资产投资718亿元（含CDMA），比上年增长51%；铁通公司完成固定资产投资75亿元。

二、邮政业发展建设

2001年中国邮政物流网络体系初步形成，物流网覆盖全国201个邮区中心局，17个拥有现代处理传输装备的大平面枢纽即将陆续建成投产；电子化、机械化和自动化的组合，大大提高了邮件处理效率。

2001年全国邮政拥有自用邮件运输飞机9架，邮船15艘，火车邮箱481辆，各类邮政汽车46161辆。邮路总数21396条。其中，航空邮路1047条，铁路邮路177条，汽车邮路13293条。全年新增邮路长度2.9万公里，邮路总长度达到310.3万公里。农村投递路线总长度349.3万公里，城市投递段道达41035条。

电子汇兑系统第二阶段建设提前完成，覆盖全国所有县城以上城市，联网网点达到一万多个。

绿卡系统的二期工程主体建设完工，邮政储蓄实现全国联网，97%以上的县市实现通存通取，全国联网营业网点由上年年底的2万个增加到2.4万个，ATM机达到4927台，每天异地交易量提高了1.6倍。

三、电信业发展建设

——干线光缆建设

2001年全国通信业光缆线路长度达158万公里，比上年底新增30多万公里，增长30%。其中，长途光缆线路长度40万公里，新增12万公里；本地中继光缆线路长度75.5万公里；接入网光缆线路长度37万公里。数字微波线路长度达15万公里。

中国电信光缆线路长度新增15万公里，达到129万公里。其中，长途光缆线路长度达23万公里，本地中继光缆线路长度达69万公里，接入网光缆线路长度达37万公里。

——固定网通信能力

2001年末，长途业务电路新增400万路，达800万路。其中，长话业务电路新增90多万路，达290万路，长途电话交换机容量新增70多万路端，达619万路端；全年局用交换机容量（含接入网设备容量）新增3917万门，达2.2亿门。

中国电信长途业务电路新增380万路，达到760万路。其中，长话业务电路新增9.6万路，达186万路；长途电话交换机容量新增43万路端，达576万路端；局用交换机容量（含接入网设备容量）新增3914万门，达2.2亿门。

中国联通长话业务电路超过100万路，长途电话交换机容量达40多万路端，新增27万路端，局用交换机容量近20万门。

——移动网通信能力

2001年移动运营企业继续加大投资力度，移动通信能力仍有较大幅度增长。全年通信业移动电话交换机容量新增9000多万户，达2.4亿户。

中国移动年末交换机容量达1.6764亿户，净增近6000

万户；净增移动电话话音信道 136 万个，达 448 万个；净增移动电话基站 2.22 万个，总数达 8.22 万个。2001 年顺利完成了基础业务网向智能目标网的升级，业务运营支撑系统（BOSS）已初具规模；加大了 GPRS 网络建设力度；传输网建设也有了较大进展。

中国联通 GSM 和 CDMA 移动通信系统总容量达到 7596 万户，比上年增加 4630 万户，增长 1.5 倍；2001 年完成首期 CDMA 移动通信网络工程建设，总容量达 1581 万户，网络覆盖全国各省及 330 多个地（市）；在北京等 7 个城市建成 CDMA 1X 试验网，积极开发高速移动数据业务。GSM 容量比上年翻一番，基站达到 4.6 万个，载频 21 万个。

——数据通信能力

2001 年通信业数据通信能力又有新发展，数字数据网（DDN）节点机端口、IP 网路由器端口、帧中继及 ATM 端口均有较大幅度增长。帧中继及 ATM 端口新增 7.7 万个，达 11.4 万个；DDN 节点机端口新增 11.7 万个，达到 73 万个。

中国电信帧中继及 ATM 端口新增 4 万个，达 9.6 万个；数字数据网（DDN）节点机端口新增 11 万个，达 73 万个。互联网带宽增长更为迅速，中国电信互联网国际出口带宽从年初 2000M 提升到年末 6032M，国内带宽增加 16 倍。中国联通互联网使用国际出口总带宽 263M，中国网通加快网络建设，CNCNet 覆盖了全国 17 个主要省会城市和直辖市，完成北京、上海和广州 3 个国际出口局的建设，国际出口带宽已达 485M，完成了北京、上海等 24 个城市的城域网建设，并开通了业务。吉通公司使用国际线路带宽 168.28M，网际线路带宽近 500M。

卫星通信作为重要的传输手段已经得到国家的重视。卫星通信已经在广播电视、国际互联网、IP 电话等领域得到了广泛应用，还将在解决农村及边远地区通信等方面的困难发挥巨大的作用。

近年来全国通信业固定资产投资变化表

单位：万元

指标		1996 年	1997 年		1998 年		1999 年		2000 年		2001 年	
		投资金额	投资金额	增长(%)	投资金额	增长(%)	投资金额	增长(%)	投资金额	增长(%)	投资金额	增长(%)
投资总额		10834580	12915974	19.21	17716575	37.17	17084961	-3.57	23142604	35.46	26418308	14.15
按经济类型分	国有经济	10834580	12915974	19.21	17716575	37.17	17084961	-3.57	23142604	35.46	26418308	14.15
	集体经济	——	——	——	——	——	——	——	——	——	——	——
	个体经济	——	——	——	——	——	——	——	——	——	——	——
	联营经济	——	——	——	——	——	——	——	——	——	——	——
	股份制经济	——	——	——	——	——	——	——	——	——	——	——
	外商投资经济	——	——	——	——	——	——	——	——	——	——	——
	港澳台投资经济	——	——	——	——	——	——	——	——	——	——	——
	其他经济	——	——	——	——	——	——	——	——	——	——	——
按管理渠道分	基本建设	2821965	3157798	11.90	3992581	26.44	4709942	17.97	8097147	71.92	9012387	11.30
	更新改造	8012615	9758176	21.79	13723994	40.64	12375019	-9.83	15045457	21.58	17405921	15.69
	房地产开发	——	——	——	——	——	——	——	——	——	——	——
	其他投资	——	——	——	——	——	——	——	——	——	——	——
按资金来源分	国家预算内资金	15228	12937	-15.04	12902	-0.27	1120	-91.32	1000	-10.71	261985	——
	国内贷款	720028	671458	-6.75	1563735	132.89	4033412	157.93	5891744	46.07	5275013	-10.47
	利用外资	483978	257750	-46.74	242173	-6.04	242664	0.20	19100	-92.13	8685	-54.53
	自筹资金	9195410	11352144	23.45	15458840	36.18	12169741	-21.23	15353920	26.16	17670610	15.09
	其他资金	88657	108326	22.19	81166	-25.07	420999	418.69	454118	7.87	1190868	162.23

科技、教育、文化、旅游

中国科技事业发展情况

科技部副部长　刘燕华

一、近年来科技事业发展概况

2001年是中国科技事业发展比较快的一年，全年各项指标完成情况良好，为“十五”科技计划的顺利实施奠定了坚实的基础。

（一）科技资源与投入都有较大幅度的增长

2001年末，国有企事业单位共有各类专业技术人员2887万人。从事研究与发展活动人员93万人年，其中科学家和工程师70万人年。

全年国家组织了647项重点技术创新项目和1329项国家级重点新产品试产计划项目，完成了80项重大技术装备的研制及鉴定验收。新安排高技术产业化重大专项和示范工程220多项。

2000年全国R&D经费支出896亿元，比上年增长17.9%（按可比口径计算），占国内生产总值的比重为1.0%。从执行部门看，企业R&D经费支出为540.6亿元，比上年增长23.9%，占国内R&D经费总支出的60.3%；国有独立核算的科研院所R&D经费支出258.2亿元，增长8.3%，占国内R&D经费总支出的28.8%；高等学校支出76.6亿元，增长20.9%，占国内R&D经费总支出的8.6%；其他为20.6亿元，占国内R&D经费总支出的2.3%。

在R&D经费总支出中，基础研究经费支出为46.7亿元，占5.2%；应用研究经费支出为152.1亿元，占17.0%；试验发展经费支出为697.2亿元，占77.8%。基础研究经费支出增加12.2亿元，增长35.3%。

按国民经济行业分，农、林、牧、渔及服务业R&D经费支出为7.7亿元，占R&D经费总支出的0.9%；工业为490.0亿元，占54.7%；建筑业为5.3亿元，占0.6%；地质勘查、水利管理业为5.0亿元，占0.6%；交通运输、仓储及邮电通信业为9.7亿元，占1.0%；计算机应用服务业为14.0亿元，占1.6%；卫生为12.0亿元，占1.3%；教育为73.6亿元，占8.2%；科学研究业为258.2亿元，占28.8%；综合技术服务业及其他为20.5亿元，占2.3%。

2000年国家财政科技拨款575.6亿元，比上年实际增长4.8%（按不变价计算）；占国家财政总支出的比重为3.6%。其中科技三项费为277.2亿元，占48.2%；科学事业费为189.0亿元，占32.8%；科研基建费61.5亿元，占10.7%；其他为47.8亿元，占8.3%。在国家财政科技拨款中，中央财政科技拨款349.6亿元，占中央财政支出的比重为6.3%；地方财政科技拨款226.0亿元，占地方财政支出的比重为2.1%。

（二）科技产出完成情况良好

2001年全年共取得省部级以上科技成果28376项，其中基础理论成果1854项，应用技术成果24966项，软科学成果1556项。

2001年全年受理国内外专利申请203582件，授权专利114252件，分别比上年增长19.3%和8.5%。

2001年全国共签订技术合同24万项，技术合同成交金额800亿元，比上年增长23.0%。

2000年，《科学引文索引》(SCI)、《工程索引》(EI)和《科学技术会议录索引》(ISTP)三系统共收录中国科技人员发表的科技论文49678篇，比上年增加3490篇，增长7.56%。按国际论文数量排序，中国位居世界第8位。超过中国的7个国家为：美国、日本、英国、德国、法国、意大利、加拿大。

2000年《SCI》共收录中国论文30499篇，比上年增加6023篇，增长24.6%。按《SCI》收录的论文数量排序，2000年中国又超过俄罗斯和西班牙，由1999年的第10位跃升至第8位。2000年《SCI》共收录科技论文96763篇，中国的论文占收录总数的3.15%。

2000年，中国科技人员在国内科技期刊上共发表论文180848篇，比上年增长11.1%。

（三）高新技术成长快速，已经成为国民经济增长的重要支柱

根据海关统计，2001年中国高新技术产品的进出口总额首次突破1000亿美元大关，达到1105.73亿美元，比上年增长23.5%，占商品进出口总额的21.7%，比上年提高

2.8个百分点。高新技术产品出口占商品出口的比重达到17.5%，比上年增加2.6个百分点；进口为26.3%，比上年增加3个百分点。

计算机与通信技术类产品出口最多，增长最快。2001年中国计算机与通讯技术类产品出口额达到362.23亿美元，比上年增长34.1%，占高新技术产品出口额的比重由上年的73%增加到78%，中国高新技术产品出口更多的依赖于这一类产品。其它增长较快的产品类别是生物技术和生命科学技术类产品，分别比上年增长30%和22.7%。出口额下降的主要是航空航天技术、材料技术和电子技术类产品，分别比上年下降9.7%、6.7%和4.8%。

高新技术产品进口主要集中在计算机与通信技术和电子技术领域。2001年计算机与通信技术和电子技术两个领域的产品进口额达到468.61亿美元，占高新技术产品进口额的73%，比上年增长68.94亿美元，占高新技术产品进口增长额的59.4%。进口高新技术产品增长最快的三个技术领域是航空航天、材料和生命科学，分别比上年增长96.1%、78.4%和35.1%。

高新技术产品贸易逆差继续扩大，主要由电子技术类产品引起。2001年中国高新技术产品贸易逆差达到176.59亿美元，比上年增长14.2%。但从贸易逆差占高新技术产品进出口总额的比例看，2001年为15.9%，比上年降低1.4个百分点，表明中国高新技术产品贸易逆差的增长趋势在减缓。从高新技术产品的技术领域看，贸易逆差主要集中在电子技术领域，2001年电子技术领域的出口额为55.65亿美元，进口232.75亿美元，逆差达到177.1亿美元。这类产品的出口额比上年减少4.8%，进口增加20.4%。这充分反映出中国在电子技术领域的国际竞争力急待加强。

高新技术产业开发区进出口保持平稳增长。2001年中国52个国家高新技术产业开发区(不含杨凌农业高新技术产业示范区)的全部商品出口额为87.97亿美元，进口额为97.73亿美元，分别比上年增长19.7%和14.4%，高出经济技术开发区和特殊开放区5.5和3.3个百分点。

(四)国家主要科技计划进展顺利

2001年是“十五”科技计划开始执行的第一年。在这一年里，“十五”国家主要科技计划按照“3+2”模式全面铺开，取得初步成效。所谓“3+2”计划体系，是分别指国家科技攻关计划、国家高技术研究发展(863)计划、基础研究计划(973)和研究开发条件建设、科技产业化环境建设五部分。

1.2001年4月，国务院批准在“十五”期间继续实施863计划。新时期的863计划，重点是加强中国在高技术特别是战略性高技术领域的自主创新能力，在世界高技术领域占有一席之地，力争在一些关系国民经济命脉和国家安全的关键技术领域取得突破，并在中国有相对优势或战略必争的关键高技术领域实现技术的跨越发展，为实施现代化建设第三步战略目标提供高技术支撑。经过一年的再探索，目前863计划已经形成主题项目和重大专项两大部分：主题项目以鼓励创新、掌握知识产权和攻克关键技术为导向，在民口上选择了信息技术、生物和现代农业技术、新材料技术、先进制造与自动化技术、能源技术和资源环境技术6个高技术领域的19个对增强综合国力最具有影响的主题方向作为发展重点；重大专项以重大系统和工程为核心，以市场、应用和国家重大战略需求为导向，集中力量，重点解决一批对未来中国高技术发展和参与国际竞争具有战略意义，对形成具有国际竞争力的高技术产业群和新的经济增长点有大的带动和示范作用的重大高技术问题。

2.国家科技攻关计划在“十五”期间的重点任务是：农产品深加工的关键技术；制造业中的基础产业及支柱产业关键共性技术开发；金融信息化技术开发；环保技术开发；中药现代化技术研究与开发；社会公益技术的研究与开发。2001年，上述重点领域大部分都开始启动，有些项目已经进入大规模投入阶段。同时，为配合中国西部大开发战略的实施和2008年北京奥运会的举办，攻关计划中又增设了西部开发专项和奥运科技专项。

3.基础研究计划是1997年6月4日，国家科教领导小组决定制定“国家重点基础研究发展规划”并组织实施“基础研究重大项目计划”时开始的，在“十五”期间的重点任务是：强化支持一批对国民经济与社会发展有制约作用的重大科学问题的研究；稳定一支高水平的基础研究队伍，培养一批创新人才；改进和完善973计划管理，营造有利于原始性创新的环境。

4.研究开发条件建设是2001年重点推进的科技计划之一。该计划包括：国家重点实验室建设项目计划、国家重大科学工程建设项目计划、国家工程技术研究中心建设项目计划、科研条件建设计划、科技基础性工作及社会公益研究专项计划、国际科技合作重点项目计划。经过一年的探索，目前各项准备工作基本完成，有些领域已经进入实质性运作程序。

5.产业化环境建设，在“十五”期间的重点是加强政策环境建设，促进区域经济发展，增强技术服务和交流；促进科技型中小企业的发展；大力发展科技中介服务机构。2001年，对原来的星火、火炬、科技成果重点推广计划做了比较大的调整，由原来实施项目为主，调整为环境建设为主。

二、从技术贸易角度看中国的科技进步

科技进步的成果，能否成为真正推动经济增长的源泉，在很大程度上取决于其被转化和被利用的程序，而衡量其重要指标的就是技术合同成交量及其增长幅度。从这个指标来看，2001年，中国的科技进步成果是显著的。

(一)技术合同成交总量持续稳步增长

2001年全国共签订技术合同22.97万项，成交技术合同总金额782.75亿元，与2000年相比，技术合同项次减少4.69%，成交金额增长20.28%。技术合同交易额继1998年以来，连续四年保持20%以上的增长幅度。

图1　1991年－2001年全国技术合同成交金额

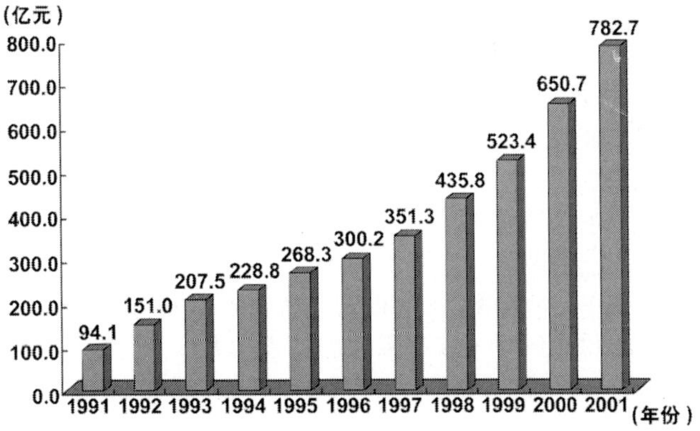

2001年的技术交易中，有16个省、自治区、直辖市技术合同成交金额超过10亿元，依次为：北京、上海、广东、江苏、辽宁、湖北、山东、浙江、天津、湖南、重庆、云南、河南、福建、四川、黑龙江。

图2　技术合同成交金额前10名地区的交易情况

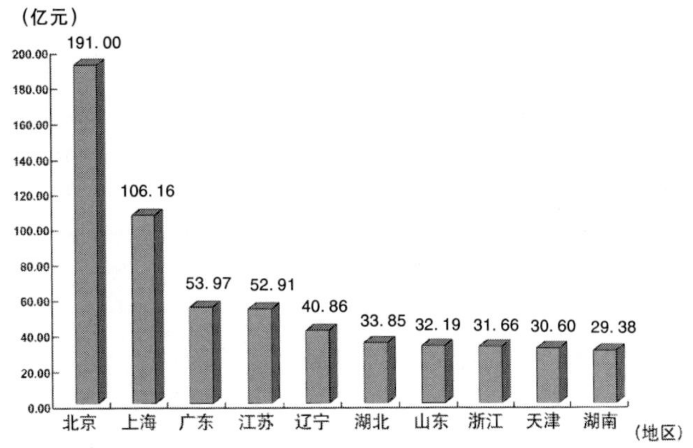

(二)技术交易规模和水平大幅提高

统计数据显示，平均每份技术合同成交金额持续稳步增长，2001年为34万元，比2000年增长25.9%，表明中国技术商品的整体规模和水平正在大幅度提高。

图3　1991年－2001年每份技术合同平均成交金额

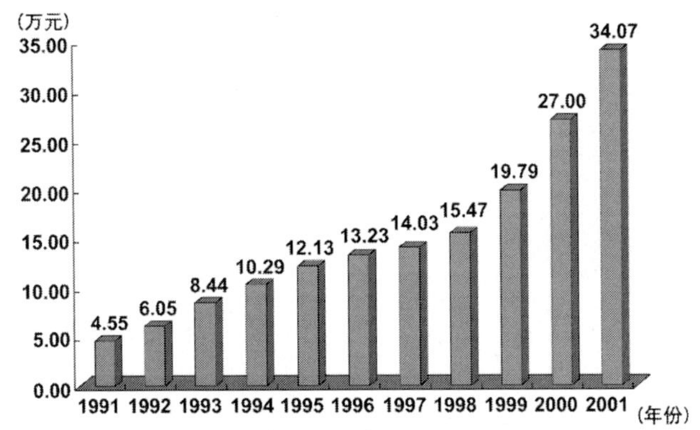

(三)技术合同的构成相对稳定

1. 技术开发合同在交易活动中依然占据主导地位。2001年共签订技术开发合同45427项，合同成交金额为309.70亿元，较上年增长28.77%。技术开发合同成交金额仍占各类成交额之首，在四类技术合同中所占份额越来越高，由上年的37%增加到39.6%。

2. 技术转让合同所占比例逐年上升。2001年共签订技术转让合同25638项，成交金额为203.87亿元，成交金额比上年增长29.13%。在技术合同构成中，技术转让所占比例有所提高，由上年的24%增加到26%。

3. 技术服务合同所占比例逐年减少。2001年共签订技术服务合同115291项，较上年减少5.22%，成交金额为226.09亿元，较上年增长5.56%。技术服务成交金额所占比例减少，由去年的33%减少到28.9%。

4. 技术咨询合同质量有所提高。2001年共签订技术咨询合同43346项，成交金额为43.08亿元，成交金额比上年增长12.77%。每份技术咨询合同平均交易额为9.94万元，较上年增长15.58%。

图4　2001年全国各类技术合同构成

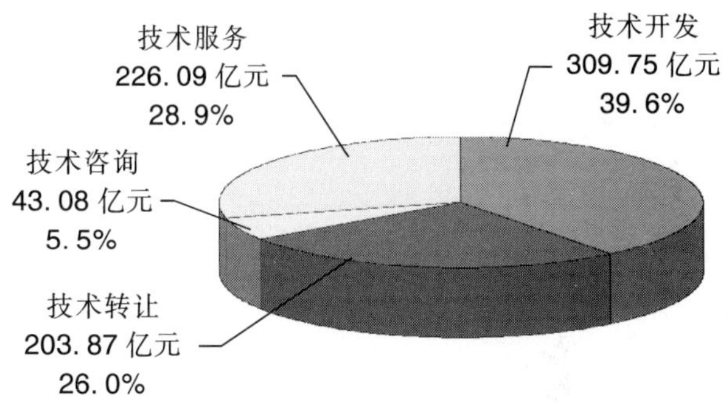

(四)企业成为技术合同卖买双方的最大交易主体

1. 企业输出技术交易额首次超过科研机构，位居首位。技术卖方的总体结构较上年有很大变化。2001年技术市场统计数据显示，企业签订技术合同47177项，输出技术交易额所占比例较上年有大幅度增加，由上年的142.63亿元增加为285.69亿元，占总成交额的36%。

图5　2001年技术合同卖方成交金额

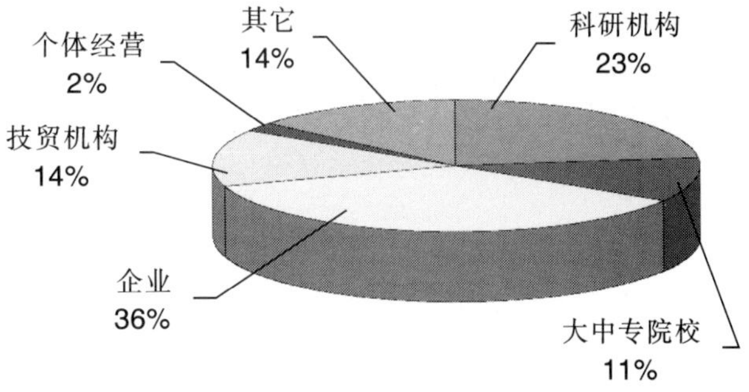

2. 企业仍是最大的技术吸纳方。技术买方的总体结构较上年变化不大，在技术交易活动中，企业仍是最大的买主，购买技术成交金额为573.63亿元，较上年增长

25.42%，占总成交金额的73%。

图6　2001年技术合同买方成交金额

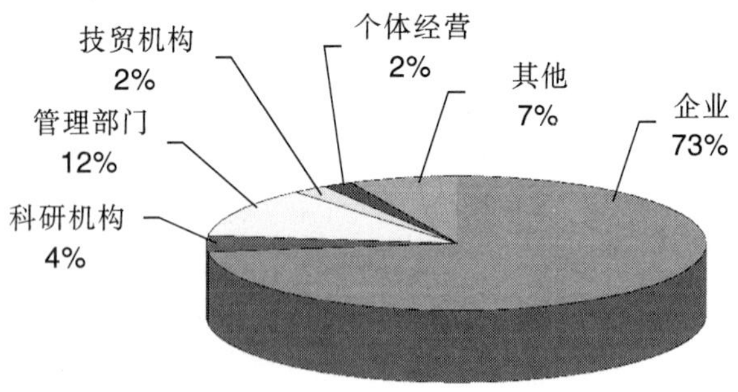

(五)符合国家产业发展的技术合同明显增加

统计数据表明，2001年技术合同应用的行业分布与2000年基本一致，在服务于各类社会经济领域的技术合同中，服务于工业的技术合同74319项，成交金额仍然居首位，为252.98亿元，占合同总金额的32.32%。

交通、通讯事业的技术合同成交金额位居第二，签订技术合同22678项，成交金额为112.54亿元，与上年基本持平。

图7　2001年技术合同应用的行业分布

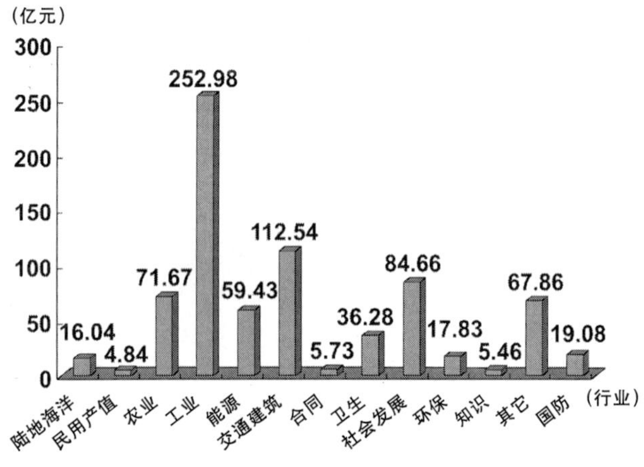

促进社会发展类的技术合同有所增加，签订技术合同24876项，成交金额为84.66亿元，比上年增长12.94%，所占份额有所提高。环境保护、陆地海洋技术合同成交金额为17.83亿元和16.04亿元，分别比上年增长7.41%和4.22%。

农业技术合同仍然占较大的比例，2001年签订技术合同23910项，成交金额为71.67亿元，占总成交额的9.23%，较上年增长14.05%，表明科技成果继续向农村转移。

促进能源生产的技术合同大幅增加，2001年签订技术合同14051项，成交金额为59.43亿元，比上年增长81.02%。

卫生事业类的技术合同成交金额大幅度增长，为36.28亿元，比上年增长25.84%。

用于促进教育和知识的全面发展类的技术合同有所增加，技术合同成交金额分别为5.73亿元和5.46亿元，分别比上年增长22.69%和54.67%。

三、科技工作的差距与展望

从2001年科技进步的整体情况看，中国已经初步具备了支撑经济及社会发展和参与国际竞争的科技能力。但是中国科技工作还存在不少问题和差距，主要表现在：科学技术是第一生产力的思想尚未得到全面落实，体制、机制以及思想观念等方面还存在许多阻碍科技与经济结合的不利因素；科技进步对经济增长的贡献份额偏低，重大科技成果的转化比较缓慢；国民经济主要还是依靠外延型扩大再生产的发展模式，尚未转移到依靠科技进步和提高劳动者素质的轨道上来；科技资源配置不合理，企业的技术开发能力薄弱，科研与设计、生产脱节的状况仍未有根本改善，引进技术的消化吸收与创新仍未很好结合；科技研究系统结构不合理，科技自身发展的后劲不足，重大理论建树和科学前沿的突破甚少；优秀的学术带头人和工程技术带头人尤为缺乏；科技投入不足；高技术产业发展的政策环境还有待改善等。

为此，2002年的科技工作重点，将集中在：加速科技进步，努力提高劳动者素质，切实转变经济增长方式；提高产业技术开发和创新能力，加大产品开发力度；要集中力量解决经济、社会发展中的重大和关键技术问题，加强工程化研究，加快科技成果向现实生产力的转化；积极发展高技术及其产业，在有利于中国经济发展和可跨跃的技术层次上开展高技术研究开发工作，推动具有中国自主知识产权的高技术的产业化；基础研究要把国家目标放在首位，瞄准国际科学发展的前沿，集中力量在有优势的学科领域取得重大突破；要合理调整学科布局，力争在一些重要科学领域的研究水平接近或达到国际先进水平；依靠科技促进人与自然的协调发展；建立适应社会主义市场经济体制和科技自身发展规律的科技体制。

2001年全国技术合同成交情况表

合同数量单位：项

合同金额单位：亿元

地区	2000年合同数	2001年合同数	较上年合同数量增长(%)	2000年合同金额	2001年合同金额	较上年合同金额增长(%)
合　计	**241008**	**229702**	**-4.69**	**650.75**	**782.75**	**20.28**
北　京	21270	23921	12.46	140.29	191.01	36.15
天　津	6415	7335	14.34	26.26	30.60	16.54

2001年全国技术合同成交情况表(续表)

合同数量单位：项
合同金额单位：亿元

地区	2000年合同数	2001年合同数	较上年合同数量增长(%)	2000年合同金额	2001年合同金额	较上年合同金额增长(%)
河　北	3340	1886	-43.53	9.41	4.68	-50.30
山　西	290	256	-11.7	0.53	1.47	179.44
内蒙古	3075	2148	-30.15	6.03	6.24	3.43
华北小计	**34390**	**35546**	**3.36**	**182.51**	**233.99**	**28.20**
辽　宁	11455	10197	-10.98	34.78	40.87	17.49
其中：沈阳	5241	3475	-33.69	15.87	22.17	39.70
大连	3410	4195	23.02	7.51	11.05	47.08
吉　林	5386	4990	-7.35	7.14	8.85	24.03
其中：长春	3389	3320	-2.03	3.91	6.20	58.41
黑龙江	9883	2229	-77.44	15.24	1.11	-27.13
其中：哈尔滨	6032	1981	-67.16	8.38	8.67	3.46
东北小计	**26724**	**17416**	**-34.83**	**57.16**	**60.83**	**6.41**
上　海	20974	23816	13.55	73.90	106.16	43.66
江　苏	28618	30855	7.82	44.96	52.92	17.70
其中：南京	6719	6935	3.21	19.80	23.96	21.02
浙　江	31218	33728	8.04	27.63	31.67	14.61
其中：宁波	1446	1590	9.96	2.01	2.35	16.75
安　徽	3184	4034	26.70	6.10	6.41	5.13
福　建	5597	4589	-18.01	17.26	13.69	-20.66
其中：厦门	1035	833	-19.52	10.00	6.38	-36.19
江　西	5068	3033	-40.15	6.93	6.27	-9.49
山　东	30962	17840	-42.39	28.81	32.19	11.72
其中：青岛	5532	8632	56.04	4.06	6.21	53.12
华东小计	**125621**	**117895**	**-6.15**	**205.58**	**249.32**	**21.27**
河　南	4097	2824	-31.07	21.16	21.26	0.45
湖　北	7203	9024	25.28	27.60	33.86	22.68
其中：武汉	2574	3766	46.30	17.52	23.31	33.05
湖　南	21115	22761	7.80	28.68	29.39	2.46
广　东	5464	9270	69.65	48.21	53.97	11.95
其中：广州	2710	7734	185.38	14.47	34.86	140.86
深圳	108	345	219.44	11.41	13.20	15.65
广　西	912	1117	22.48	1.77	3.78	112.80
海　南	—	382	—	—	8.40	—
中南小计	**38791**	**45378**	**16.98**	**127.43**	**150.65**	**18.22**
重　庆	1610	1594	-1.00	29.66	28.95	-2.40
四　川	3441	1870	-45.65	10.41	12.63	21.28
其中：成都	1482	659	-55.53	2.84	2.97	4.34
贵　州	43	46	4.00	0.06	0.06	-3.32
云　南	2054	1802	-12.27	18.77	25.53	35.97
西南小计	**7148**	**5312**	**-25.70**	**58.91**	**67.17**	**14.01**
陕　西	4023	6023	49.71	9.26	8.47	-8.58
其中：西安	3499	4390	25.46	4.10	4.83	17.68
甘　肃	2960	317	-89.3	2.64	2.74	3.71
青　海	—	236	—	—	0.47	—
宁　夏	233	266	14.16	0.64	0.89	38.58
新　疆	1118	1313	17.44	6.62	8.24	24.51
西北小计	**8334**	**8155**	**-2.14**	**19.15**	**20.79**	**8.55**

中国教育事业发展情况

2001年教育系统在党中央、国务院的正确领导下，高举邓小平理论伟大旗帜，认真实践“三个代表”要求，教育改革和发展取得了新的进展。

一、义务教育

在全国如期实现“两基”规划目标的基础上，实现“两基”的地区人口覆盖率比上年又有提高。到2001年底，实现“两基”验收的县（市、区）总数达到2573个（含其他县级行政区划单位164个），比上年增加32个县（市、区）；11个省（直辖市）已按要求实现“两基”。

由于学校布局调整和学龄人口的逐渐减少，小学校数、招生数及在校生数继续减少，但小学适龄儿童入学率和男女入学性别差与上年基本持平。2001年全国共有小学49.13万所，比上年减少6.23万所；招生1944.21万人，比上年减少2.26万人；在校生12543.47万人，比上年减少469.78万人；小学适龄儿童入学率达到99.05%，其中男女童入学率分别是99.08%和99.01%，小学适龄儿童入学率和男女入学性别差与上年基本持平。小学生辍学率0.27%，比上年下降0.28个百分点。小学五年巩固率为95.30%，其中女童五年巩固率为95.05%，分别比上年提高0.76和0.57个百分点。小学毕业生升学率为95.45%，比上年提高0.56个百分点。

小学教师学历合格率继续提高。全国小学教职工637.97万人，比上年减少7.52万人。其中专任教师579.77万人，比上年减少6.26万人。小学专任教师学历合格率96.81%，与上年基本持平，小学生师比21.64:1，比上年的22.21:1有所降低。

由于学校布局结构调整，初中校数略有减少，但随着学龄人口高峰段上移，在校生数有所增加，辍学率降低。全国共有初中学校6.66万所，比上年增加0.27万所。招生2287.85万人，与上年基本持平；在校生6514.38万人，比上年增加258.09万人；毕业生1731.5万人，比上年增加98.05万人。初中阶段毛入学率88.7%，比上年增加0.1个百分点。初中辍学率3.12%，比上年下降0.09个百分点。初中毕业生升学率52.9%，比上年提高1.73个百分点。全国初中专任教师338.57万人，比上年增加9.88万人。初中教师学历合格率88.72%，比上年增长1.72个百分点。生师比19.24:1，比上年的19.03:1有所提高。

普通中小学校办学条件进一步改善。全国普通中小学校舍建筑面积108800.74万平方米，比上年减少4601.26万平方米。体育运动场（馆）面积达标校数、音乐器械配备达标校数、美术器械配备达标校数和数学自然实验仪器达标校数的比率，小学分别为47.4%、36.62%、34.51%和48.55%；普通初中分别为69.46%、50.42%、48.84%和68.35%。

二、学前教育与特殊教育

由于适龄幼儿减少，幼儿园及在园幼儿数比上年有所减少；特殊教育继续稳步发展。

2001年全国共有幼儿园11.17万所，比上年减少6.41万所，在园幼儿（包括学前班）2021.84万人，比上年减少222.34万人。幼儿园园长和教师共63.01万人，比上年减少31.64万人。

全国特殊教育学校1531所，比上年减少8所；招收残疾儿童5.60万人，比上年增加0.31万人；在校残疾儿童38.64万人，比上年增加0.88万人。其中在盲人学校就读的学生3.41万人，在聋人学校就读的学生10.28万人，在弱智学校及辅读班就读的学生24.95万人。在普通学校随班就读的残疾儿童招生数和在校生数分别占特殊教育招生和在校生总数的67.59%和69.86%。残疾儿童毕业人数4.63万人，比上年增加0.29万人。

三、高中阶段教育

全国高中阶段教育（包括普通高中、职业高中、普通中等专业学校、技工学校、成人高中、成人中等专业学校）共有学校3.43万所，比上年减少0.19万所；招生987.99万人，比上年增加76.68万人；在校学生2600.93万人，比上年增加83.25万人。

全国普通高中14907所，比上年增加343所；招生557.98万人，比上年增加85.29万人，增长18.04%；在校生1404.97万人，比上年增加203.71万人，增长16.96%；毕业生340.46万人，增加38.95万人，增长12.92%。普通高中专任教师84万人，比上年增加8.31万人。生师比16.73:1，比上年的15.87:1有较大提高。普通高中教师学历合格率70.71%，比上年增长2.28个百分点；普通高中体育运动场（馆）面积达标率为74.26%；体育器材配备达标率74.23%；音乐器材配备达标率64.34%；美术器材配备达标率63.46%；数学自然实验仪器达标率80.51%；建立校园网24.93%。

全国职业高中6737所，比上年减少918所；招生155.05万人，比上年增加4.66万人；在校生383.10万人，比上年减少31.46万人；毕业生141.98万人，比上年减少7.94万人。职业高中专任教师26.86万人，比上年减少1.32万人。职业高中教师学历合格率49.15%，增长4.82

个百分点；职业高中体育运动场（馆）面积达标率为53.24%；体育器材配备达标率51.37%；音乐器材配备达标率42.78%；美术器材配备达标率40.86%；数学自然实验仪器达标率53.49%；建立校园网18.42%。

全国普通中等专业学校3260所，比上年减少386所；招生127.68万人，减少4.91万人；在校生457.98万人，减少31.54万人；毕业生150.29万人，比上年减少0.43万人。教职工42.9万人，比上年减少5.91万人。专任教师23万人，比上年减少2.64万人。专任教师中具有本科以上学历的教师比例达到73.86%，比上年增长1个百分点。生师比由上年的19.09:1提高到19.91:1。

全国技工学校3470所，比上年减少322所；招生数55.1万人，增加4.72万人；在校生134.7万人，减少5.4万人；毕业生47.7万人，减少16.92万人。技工学校教职工21.96万人，减少2万人，其中专任教师13.4万人，减少0.6万人。

全国成人高中1723所，比上年减少244所；招生30.07万人，减少0.49万人；在校生31.02万人，减少1.57万人；毕业生22万人，减少0.9万人。

全国成人中等专业学校4113所，比上年减少521所；招生62.11万人，比上年减少12.83万人；在校生189.16万人，比上年减少51.12万人；毕业生数90.63万人，比上年减少20.77万人。

全国中等教育自学考试报名1.18万人次，取得中专毕业证书0.16万人。

四、高等教育

高等教育管理体制改革和布局结构调整继续推进。2001年全国共有高等学校1911所，比上年增加98所。普通高等学校1225所，比上年增加184所，其中中央各部委所属学校111所，比上年减少5所；中央部委所属普通高校占全国普通高校总数的5.8%。成人高等学校686所，比上年减少86所，其中中央各部委所属学校22所，比上年减少5所。全国培养研究生的单位728个，其中高等学校411个，科研机构317个。

高等教育的招生规模继续快速增加。全国招收研究生16.52万人，比上年增加3.67万人；其中博士生3.21万人，硕士生13.31万人。在学研究生39.33万人，比上年增加9.21万人；其中博士生8.59万人，硕士生30.74万人。毕业研究生6.78万人，比上年增加0.9万人；其中博士生1.29万人，硕士生5.49万人。高等教育共招本科、高职（专科）学生464.21万人，比上年增加87.45万人，增长23.21%。其中普通高等教育招生268.28万人，比上年增加47.67万人，增长21.61%；成人高等教育招生195.93万人，比上年增加39.78万人，增长25.48%。高等教育本科、高职（专科）在校生1175.05万人，比上年增加265.32万人，增长29.16%。其中普通高等教育在校生719.07万人，比上年增加162.98万人，增长29.31%；成人高等教育在校生455.98万人，比上年增加102.34万人，增长28.94%。毕业生196.69万人，比上年增加13.67万人，其中普通高等教育毕业生103.63万人，成人高等教育毕业生93.06万人。全国高等教育自学考试报考1339.43万人次，取得毕业证书人数64.10万人。

普通高等学校校均规模和生师比有较大提高。普通高等学校全日制本专科在校生平均规模由上年的5289人提高到5870人；对研究生、留学生、进修生和夜大、函授生、成人脱产班等各类学生，按国家规定折合为本专科学生计算，生师比由上年的16.3:1提高到18.22:1。

全国高等学校教职工138.82万人，比上年增加8.84万人。其中普通高等学校121.44万人，比上年增加10.16万人；成人高等学校17.38万人，比上年减少1.32万人。专任教师61.99万人，比上年增加6.37万人。其中普通高校53.19万人，增加6.91万人；成人高校8.80万人，减少0.54万人。

五、成人培训与扫盲教育

成人各类培训教育蓬勃发展。2001年全国高等学校举办的各类成人非学历教育结业生达257.69万人次，比上年增加5.57万人次。全国成人技术培训学校50.79万所，比上年增加2.23万所。其中职工技术培训学校1.15万所，比上年增加0.09万所；农民技术培训学校49.64万所，比上年增加2.15万所。成人技术培训学校共培训结业9270.44万人次。其中培训结业职工538.13万人次，培训结业农民8732.31万人次。目前仍有6757.79万人在校学习，其中职工340.68万人，农民6417.11万人。成人技术培训学校教职工48.50万人，比上年减少0.9万人，其中职工技术培训学校教职工7.15万人，农民技术培训学校教职工41.35万人。成人技术培训学校专任教师17.47万人，比上年减少1.86万人，其中职工技术培训学校4.05万人，农民技术培训学校13.42万人。目前各类成人技术培训规模较大，但其质量和水平还需进一步提高。

成人初等学校4.96万所；招生243.4万人，增加3.65万人；毕业生227.86万人，减少18.58万人；在校生221.21万人，减少11.04万人。教职工5.12万人，减少0.08万人，其中专任教师1.81万人，增加0.03万人。

2001年全国共扫除文盲220.51万人，仍有201.49万人正在参加扫盲学习。扫盲教育教职工8.98万人，比上年减少1.89万人。其中专任教师2.32万人，减少0.52万人。

中国文化设施投资建设情况

文化设施是文化事业赖以生存的基础，是文化事业发展的阵地和载体。随着人民物质生活水平的提高，人们对精神文化生活需求也日益提高。近年来，增加文化投入，加快建设各类文化设施，为广大群众提供更多的文化宣传阵地和休闲娱乐场所，已成为各级政府的共识。

一、2001年文化设施投资建设回顾

2001年，全国文化设施建设由于各级有关部门领导的重视和制定的相关政策得力，并有效的多渠道、多方式筹集资金，以及加强对文化设施建设项目的管理，开拓创新，促进了文化设施建设顺利实施，取得了很大成绩，具体表现在：

（一）投资规模和建设规模有了较大的发展

2001年是执行"十五"计划的第一年，由于许多文化建设项目正在进行可行性研究、论证、立项、报批的过程中，全国文化（文物）系统固定资产投资项目略有调整。据统计，2001年全国文化（文物）系统固定资产投资项目总数为818个，比上年减少184个，计划总投资达229.47亿元，比上年增加2.68亿元，增长1.8%；计划施工面积（建筑面积）447.1万平方米；本年基建投资资金来源为76.86亿元，比上年增加25.38亿元，增长49.3%；本年完成投资额为28.24亿元，比上年减少5.51亿元，下降16.3%，占全国固定资产投资实际完成额的比重为0.077%。建成项目292个，比上年减少81个。竣工建筑面积112.7万平方米，比上年减少20.5万平方米，下降15.4%。

2001年全国文化事业基建项目总数为451个，比上年减少175个，计划总投资达182.15亿元，比上年增加16.99亿元，增长10.3%；计划施工面积（建筑面积）323.6万平方米，比上年减少66.8万平方米，下降17.1%；本年计划投资额为21.92亿元。其中国家投资17.17亿元，比上年增加6.29亿元，增长57.8%；国家投资占本年计划投资额的比重由上年的44.9%上升到78.3%，增加了33.4个百分点；本年完成投资额为19.84亿元，比上年减少3.11亿元，下降13.6%，占全国基建投资实际完成额的比重由上年的0.17%减到0.14%，减少了0.03个百分点。建成项目160个，比上年减少49个。竣工建筑面积77.2万平方米，比上年减少1.2万平方米，下降1.5%。本年基建项目（含竣工项目）、建筑面积、完成投资额减少的主要原因是：2001年是完成"九五"计划并向"十五"计划过渡的调整期，许多文化建设项目正处在可行性研究、论证、立项、报批阶段，因而造成项目、面积的减少，可喜的是2001年国家对文化建设的投资增幅较大，且国家投资占本年计划投资的比重也是近年最高的，这说明国家继续加大了对文化设施建设的投入力度，同时也带动了全国各地对文化设施建设的关心和投入，必然掀起新的文化设施建设高潮。

（二）建设了一大批代表当地文化风貌的标志性大型文化建筑，各省区省会城市和大城市的龙头地位突现

2001年，全国投资在亿元以上筹建新开工的大型文化设施项目有中国美术馆改造工程、四川省自贡恐龙博物馆、深圳福田区图书馆、南京图书馆等。全国投资在5000万元以上的在建项目35个，其中投资在亿元以上的有国家大剧院、北京海淀剧院、山西省博物馆、辽宁省艺术中心、黑龙江省图书馆新馆、上海市远东娱乐场、上海博物馆新馆、浙江省杭州剧院、浙江红星文化大厦、浙江省嘉兴市文化中心、福建省博物馆、山东省图书馆业务楼、湖南大剧院、湖南省长沙田汉大剧院、广东汕头市图书馆、广东省广州市艺术博物馆、深圳音乐厅、深圳中心图书馆、汕头市图书馆、云南省图书馆等20个项目。

2001年，全国投资在5000万元以上的文化设施竣工项目有：北京天桥剧场、河北艺术中心、大连现代博物馆、上海市黄埔区图书馆、南京博物院展厅、江苏京剧院紫金大戏院、苏州市图书馆新馆、江西省博物馆、江西省书画院、广州芭蕾舞团业务楼、湖北剧场、成都市川剧艺术中心。

（三）结合创建文化先进县，文化先进乡镇活动，基层文化设施建设特别是县级图书馆、文化馆建设有了长足的进展。万里边疆文化长廊建设取得了可喜的成绩

2001年，国家继续增加对县级图书馆、文化馆建设和边疆地区文化设施建设专项补助资金，进一步推动各省区县级图书馆、文化馆的建设。仅中央就投资补助县级图书馆、文化馆建设资金1000万元，新建、改扩建县级图书馆、文化馆31个。中央投资补助资金带动了省、地、县各级政府对文化设施建设的投入力度，推动了文化设施建设进展。

2001年继续实施万里边境文化长廊工程，建设各类文化设施。仅国家计委和文化部就对边疆文化长廊36个项目的建设，投入补助资金1000万元，再加上边疆各级政府和有关部委及文化单位的投入资金，极大地改善了边疆地区文化基础设施落后状况，增进了民族团结，防止了境外腐朽文化的渗透，宣传扩大了社会主义中国的影响，稳固了边防，对于加强两个文明建设，丰富活跃边疆各族人民的文化生活，起到了极大的促进作用，成效十分显著。

（四）文化设施建设存在许多问题和困难

1. 文化设施建设投入仍然偏少，比例偏低，致使基层公共文化设施建设滞后于经济建设的发展和人民文化生活的需求。目前，全国仍有159个县无图书馆，99个县图

书馆有机构无馆舍，169个县图书馆馆舍面积低于300平方米；仍有90个县无文化馆，215个县文化馆无馆舍，139个县文化馆的馆舍面积小于300平方米。全国既无图书馆又无文化馆的县有66个。全国还有5000多个乡镇没有文化站。

2. 全国现有文化设施陈旧简陋，面积狭小，普遍破旧的状况依然存在。一些省区的省级文化设施亟待改善。全国的剧场、影剧院建设滞后，大多数剧场、影剧院已投入使用几十年，年久失修，破旧不堪，许多成为危房亟待整修。许多省区图书馆、文化馆、群众艺术馆设施破旧、狭小，不达标的比例较大。特别在中西部地区，许多省区的图书馆和文化馆未达标的占很大比例，乡镇文化站没有独立业务用房的占50%左右。

二、2002年文化设施投资建设展望

江泽民总书记的“三个代表”的重要思想为建设先进的中国文化指明了方向，也给“十五”期间文化设施建设带来新的机遇和希望。全国文化设施建设将坚持实事求是、量力而行、优先安排、填遗补缺的原则，达到既有高起点、高科技、高标准的大型文化设施，又有规模适当、标准适宜、满足群众文化活动基本要求的基础文化设施，形成省、市、县、乡多层次、布局合理、功能先进的文化设施网络。

2002年，各级政府都将加大对文化的投入，抓住有利时机，搞好本地文化建设工作。国家通过对国家大剧院、中国美术馆扩改建工程、国家图书馆二期工程(中国数字图书馆)、国家博物馆、故宫大修、国家话剧院、中央歌剧院等工程投入的导向政策，引导地方加大对当地文化设施建设的投入。2002年，国家大剧院基础工程继续建设。中国美术馆一期改造工程将全面开工并争取完工，二期扩建工程将进行论证、立项和报批。国家博物馆、中国数字图书馆（国家图书馆二期工程)也将论证、立项。西藏的布达拉宫等三大寺庙维修工程将启动。

2002年，全国将继续建设一批标志性的文化设施，发挥大中城市文化中心的辐射作用。其中在北京、上海、广州、深圳、南京、武汉、成都、西安等大城市建设与国际大都市相适应的文化设施，提高城市文化设施建设的品位，发挥作为全国和区域文化中心的辐射作用。

北京市在入世和申办2008年奥运会成功后，也把建立“绿色奥运、科技奥运、人文奥运”提到日程，将启动奥林匹克公园和五棵松文化体育中心、北京少年儿童图书馆、首都博物馆、自然博物馆、北京天文馆、电影博物馆、汽车博物馆、北京电视台、北京新闻中心、北京广播中心、出版大厦、齐白石现代艺术馆、北京市群众艺术馆（社会文化活动中心)、首都图书馆新馆二期工程，还将利用引资合资等方式完成西单、吉祥、双井、广和等剧场、影院建设，筹建马戏演出中心、电影城等。上海市将建设上海文化艺术中心、上海东方艺术中心。广东省将完成广东演艺中心、深圳文化中心（图书馆和音乐厅工程）建设，将进行广东省博物馆（二期)、广东省中山图书馆改造、友谊剧院改造等工程以及深圳博物馆、深圳多功能影城、当代艺术博览馆的建设。天津市将建设天津博物馆、元明清天妃宫遗址博物馆、天津文化艺术中心。江苏省将完成南京图书馆新馆、南京中国近代史遗址博物馆的建设，将建设江苏剧院、现代美术馆、金陵图书馆、朝天宫古代艺术博物馆，还将建设苏州图书馆新馆、苏州博物馆新馆、无锡市博物馆新馆、常州市博物馆新馆、常州市群众艺术馆新馆、徐州汉画像二期工程、徐州彭城剧场、扬州市博物馆新馆、南通更俗剧场、南通少儿图书馆、淮阴市图书馆新馆、盐城市群众艺术馆、连云港市博物馆新展厅、连云港市文化活动中心、泰州市博物馆新馆、宿迁市文化综合馆等。重庆市将建设中国三峡博物馆、国泰大戏院、重庆图书馆、重庆自然博物馆等大型文化设施。湖北省将进行湖北省博物馆(二期工程)、红楼环境整治工程、湖北省美术馆、湖北省图书馆（二期工程)、江汉剧场改造、湖北省艺术宫的建设。四川省将兴建四川博物馆，续建四川省图书馆，建设四川省艺术中心、三星堆遗址二期工程。陕西省将重点建设陕西省图书馆现代信息化工程，建设陕西音乐厅、陕西民间艺术博物馆、陕西美术博物馆、陕西戏曲大剧院、扩建西安人民剧场等。浙江省以承办2003年中国艺术节为契机，加大剧院的建设力度，将完成杭州剧院改扩建、建设浙江儿童艺术中心、杭州大剧院、萧山歌剧院、宁波大剧院、绍兴大剧院、金华大剧院、嘉兴市文化中心、台州市文化艺术中心、丽水文化艺术中心等，还将进行浙江社会文化大厦、浙江小百花艺术中心、良渚国家遗址公园、浙江京昆剧院、浙江自然博物馆新馆等项目的建设。福建省将建成福建省博物馆、昙石山遗址博物馆(二期)，进行福建大剧院和艺术中心的前期立项工作，并在一些中心城市建设一批现代化、标志性的文化设施，主要有福州市海峡文化艺术交流中心、福州现代影城、厦门市博物馆、厦门市图书馆、漳州大戏院、漳州市图书馆、泉州市图书馆、泉州海洋交通馆、三明大剧院、莆田艺术馆、南平大戏院、南平博物馆、龙岩市闽西大剧院、宁德市文化艺术中心等。内蒙古自治区将建设内蒙古民族博物馆、内蒙古民族文化中心、内蒙古马文化博物馆，进行内蒙古博物馆维修改造工程。山西省将兴建山西文化艺术活动中心、山西博物馆。辽宁省将建设辽宁艺术大厦、辽西博物馆。吉林省将建设东方大剧院、吉林省自然博物馆和革命博物馆，扩建省图书馆。河南省将建设河南大剧院、开封市文化艺术中心、商丘市图书馆、鹤壁市文化艺术中心、漯河市图书馆和群艺馆、安阳市图书馆、周口市群艺馆、洛阳市群艺馆、濮阳市艺术中心。江西省将建设江西省美术馆。湖南省将建成湖南大剧院、湖南省博物馆陈列楼、长沙市田汉大剧院。海南省将建设海南省数字图书馆、海南省博物馆。广西壮族自治区将建设广西文化艺术中心、广西数字化图书馆、广西图书馆、广西群众艺术馆、河池地区民族图书馆等。云南省将完成省重点文化标志性工程云南省图书馆的建设，将建设云南民族文化活动中心、云南省博物馆、云南民族大剧院。贵州省将完

成贵州省图书馆改扩建项目，将建设贵阳大剧院、河滨文化娱乐中心、贵阳电影城、贵州龙博物馆，进行贵州省博物馆和贵阳历史博物馆改扩建工程。青海省将建设青海大剧院、中国藏传佛教博物馆、青海彩陶博物馆、青海都兰吐谷浑邦国博物馆。西藏将建设西藏大剧院、西藏展览中心、西藏图书馆数字化工程、拉萨市群众艺术馆等。甘肃省将建设甘肃大剧院、《四库全书》藏书楼。宁夏回族自治区将建设宁夏文化艺术中心、宁夏民族博物馆、宁夏图书馆、宁夏展览馆、宁夏群众艺术馆。新疆维吾尔自治区将完成新疆博物馆建设，将建设新疆文化艺术活动中心、新疆美术馆、新疆群众艺术馆、新疆音乐厅、团结剧场等。

2002年，全国将继续加强县级文化馆、图书馆和乡镇、街道文化站的建设，进一步改善群众文化活动的服务设施和环境，这是努力实践江泽民总书记关于“三个代表”重要思想的具体体现。2001年11月，国家计委和文化部在重庆召开了全国加强基层公共文化设施建设工作会议，对全国基层文化设施建设工作做了具体部署。从2002年到2005年，国家将加大对县级文化馆、图书馆建设的专项资金投入，每年安排1亿元补助投资，4年共安排4亿元投资，用于新建县级图书馆282个、文化馆338个；改建、扩建300平方米以下的县级图书馆176个、文化馆163个。经过4年的建设，基本实现全国县县有文化馆、图书馆的目标。

根据计划安排，2002年，国家将对219个县级文化馆、图书馆的建设项目给予1亿元补助，建设规模达33万平方米。各地在对本地文化设施建设情况进行调研后，采取积极可行的措施，多渠道筹资，制定了本地的规划和实施方案。如四川省拟从省财政、省宣传和文化事业建设费中4年共划拨3000多万元配套资金，用于当地两馆建设，并将配套设备的购置也都列入了规划之中，两馆用地全部由地方政府无偿提供。辽宁省也制定了当地与国家按1比1的比例投入文化建设资金。吉林省则计划出资2625万元配套资金，用于16个项目的建设。云南省省级配套资金达1280万元，地、州、县自筹资金有1495万元。

2002年，各地政府将按当地既定的“十五”计划，加强文化设施建设。如北京市提出普遍建立街道、乡镇文化站，建成50个特色文化广场和文化公园，10至20个艺术特色村。河北省将继续建设以图书馆、文化馆为主体的基层综合文化设施，“十五”期间，建设70个图书馆，80个文化馆，使全省80%县级以上公共图书馆和70%的文化馆达到部颁标准。吉林省将新建县级图书馆9个，文化馆13个，同时改善建筑面积小于1000平方米的17个县图书馆和10个县文化馆，达到1500平方米以上的标准。福建省将在填补图书馆、文化馆、文化站空白的基础上，使80%以上的行政村有文化室(中心)。海南省将建设县级图书馆和文化馆11个，全面完成县县有图书馆、文化馆的建设目标。四川省将在汉族地区完成县有图书馆、文化馆的建设目标，民族地区大力推广文化馆、图书馆、文管所两馆一所的文化中心，建筑总面积将达6万平方米，总投资6000万元。陕西省将完成20个县级图书馆、22个县级文化馆、100个镇和500个乡文化站建设；同时在中小城市，改造和扩建电影院、影剧院、综合性剧场50个。贵州省将新建、改扩建县级图书馆和文化馆43个，新建乡镇文化站800个。内蒙古将继续实施“边境文化长廊建设规划”和“彩虹文化计划”。广西将建设县级图书馆、文化馆38个，建筑总面积7.4万平方米，总投资7000万元；将实施广西乡村电子信息馆工程，在1363个乡村配置乡村电子信息馆设备，总投资5500万元；将建设500个乡镇文化站，建筑总面积20万平方米，总投资1.05亿元。云南省将建设地州县图书馆36个，文化馆22个，乡镇文化站875个，总建筑面积52.35万平方米，总投资约4.6亿元。其中千里边疆文化长廊将进入二期工程，准备建设昆水线、滇黔线、滇藏线、滇川线、昆罗线，建设规模17.7万平方米，总投资2.1亿元。西藏将新建、改扩建36个县级文化馆、图书馆，487个乡级文化站，基本实现地市有群艺馆、图书馆，县县有多功能文化馆、图书馆，牧业县、边境县有文化流动车，四分之三的乡镇有文化站，三分之二的行政村有文化活动室。

全国2596个艺术表演团体，要想在演出市场占有一席之地，除本身要推出新的剧目外，还要用最新的演艺器材，来丰富表演手段，吸引观众。2001年全国文化部门2576个剧团为购置演艺器材共支出1.2多亿元。全国文化部门1834个艺术表演场所支出3109万元购置设备。全国2684个公共图书馆支出1亿多元购置设备。群众文化系统则耗费8115万元添置设备。全国文博机构也出资8683万元购置设备。仅由文化(文物)管理的机构2001年就有6.7亿元的购买演艺器材能力。2002年，随着国家政策的引导，文化领域的固定资产投资规模将逐渐增大。

随着国家对文化市场管理力度的加大，对文化市场经营场所的硬件环境要求也越来越高。而目前全国20.27万个文化市场经营单位，有近60%的经营单位的设备到了需要更新的阶段，特别是入世后，国外资本及大的娱乐经营机构也虎视眈眈准备进入中国市场，对现有文化市场经营单位冲击力极大，为更好地占有市场份额，文化市场经营者必须更新现有设备，增强市场竞争力，才能保住现有的市场份额，这无疑对拓展投资渠道提出新的课题，多渠道投资必然使2002年的投资规模加大。

(文化部计划财务司　李建军)

中国旅游业发展情况

旅游业是经济发展的重要组成部分，是对外开放的重要渠道，是第三产业的重要内容，是精神文明建设的重要方面，也是一个国家形象的重要标志。中国历史悠久，文化灿烂，山川秀丽，民族众多，旅游资源丰富而独特。正是凭借这种得天独厚的条件，中国旅游业近年来实现了由旅游资源大国向亚洲旅游大国的历史性跨越。2001 年是中国旅游业全面发展的一年，全年入境旅游人数达 8901 万人次，旅游外汇收入达 178 亿美元；国内旅游人数达到 7.84 亿人次，国内旅游收入达 3522 亿元人民币；旅游业作为国民经济新的增长点的地位得到了进一步巩固和发展。

一、国内旅游市场情况

中国旅游业正在进入新的发展阶段，一个重要的标志就是国内旅游业的迅速发展，国际和国内旅游市场日趋融合。中国居民的国内旅游正在成为一种日常生活需求，国内旅游市场日益兴旺，已形成世界上人数最多的国内旅游市场。国内旅游持续保持兴旺发达的局面，在拉动内需、刺激消费、带动相关产业发展、提高人民生活质量等方面发挥了突出作用。

由国家旅游局与国家统计局合作，在全国范围内开展的中国国内旅游市场抽样调查结果表明，2001 年中国居民国内旅游继续保持旺盛活力。

——国内旅游总人数为 7.84 亿人次，比上年增长 5.3%；

——国内游客人均花费 449.50 元/人次，比上年增长 5.4%；

——国内旅游总收入为 3522.37 亿元，比上年增长 10.9%。

全国城镇居民旅游和农村农民旅游的总体情况如下：

1. 城镇居民国内旅游市场情况

2001 年，中国城镇居民出游人次率（以下简称为出游率）为 110.2%，国内旅游出游人数为 3.74 亿人次，国内旅游出游花费为 2651.68 亿元，游客每次出游人均花费（以下简称人均花费）为 708.3 元/人次。

2. 各季度城镇居民国内旅游情况

第一季度全国城镇居民旅游人次数为 0.95 亿人次，出游率 28.1%，旅游总花费 624.17 亿元，游客人均花费 653.7 元/人次。

第二季度全国城镇居民旅游人次数为 0.98 亿人次，出游率 29.0%，旅游总花费 730.27 亿元，游客人均花费 742.1 元/人次。

第三季度全国城镇居民旅游人次数为 0.91 亿人次，出游率 26.7%，旅游总花费 718.02 亿元，游客人均花费 792.0 元/人次。

第四季度全国城镇居民旅游人次数为 0.90 亿人次，出游率 26.4%，旅游总花费 579.22 亿元，游客人均花费 644.9 元/人次。

3. 农民国内旅游市场情况

2001 年农民国内旅游人次数为 4.10 亿人次，出游率 44.2%，出游人均花费 212.7 元/人次，国内旅游总花费 870.69 亿元。

二、入境旅游市场情况

中国是一个地域辽阔，有着数千年悠久历史的多民族国家，有着秀丽的自然风光，众多的文物古迹和丰富多彩的灿烂文化，旅游资源十分丰富。自 1992 年以来，为更好地向海外旅游者宣传和介绍中国旅游资源，国家旅游局不断推出以不同风情旅游为特点的旅游主题，从“92 中国友好观光年”，“93 中国山水风光游”，“94 中国文物古迹游”，“95 中国民俗风情游”，“96 中国度假休闲游”，“97 中国旅游年”，“98 华夏城乡游”，“99 生态环境游”到“2000 年神州世纪游”，“2001 中国体育健身游”，“2002 中国民间艺术游”，旨在招揽更多的海外旅游者来华旅游。根据不同的旅游主题，推出一系列的旅游活动、旅游精品线路、特色旅游及相应的海外促销政策，促使入境旅游客源持续增长。

2001 年，在世界旅游业因受美国“9.11”恐怖事件等影响，出现负增长的不利形势下，中国入境旅游市场继续全面增长。国际旅游（外汇）收入达 177.92 亿美元，比上年增长 9.7%，首次跃居世界第 5 位。

2001 年入境旅游市场情况如下：

1. 外国入境旅游人数再创历史新高。全年入境外国游客 1122.64 万人次，比上年增长 10.5%。亚洲各地入境旅游总人数比上年增长 12.2%，占入境游客总数的 62.2%，市场份额比上年提高 0.9 个百分点。其中，韩国、泰国、巴基斯坦、印度、尼泊尔等市场的增幅均在 20% 以上；作为中国第一大客源市场的日本，继续保持旺盛增长态势，入境旅游人数达 238.57 万人，比上年增长 8.4%；作为中国第二大客源市场的韩国，全年入境旅游人数达 167.88 万人，比上年增长 24.9%。欧洲、美洲、大洋洲客源分别比上年增长 8.4%、5.0% 和 9.9%；俄罗斯、荷兰、葡萄牙、新西兰等国家的入境人数实现了两位数增长，增幅分别为 10.7%、22.3%、17.8%、18.0%。

2. 香港市场入境人数为 5856.85 万人次，比上年增长 0.01%，基本持平。其中，过夜旅游者 1866.98 万人次，比上年增长 0.9%，占 31.9%；一日游人数 3989.87 万人次，比上年减少 0.4%，占 68.1%。

3. 澳门市场继续强劲增长，入境人数达 1577.61 万人次，比上年增长 36.7%。其中，过夜旅游者 255.00 万人次，比上年增长 39.1%，占 16.2%；一日游人数 1322.61 万人次，比上年增长 36.3%，占 83.8%。

4. 台湾市场继续保持两位数增长，全年入境人数达 344.20 万人次，比上年增长 10.7%。

5. 接待入境旅游者人次数居全国前 10 位的省（区、市）分别是：广东（1292.38 万人次，增长 7.8%）、北京（285.79 万人次，增长 1.3%）、上海（204.26 万人次，增长 12.6%）、江苏（183.71 万人次，增长 14.1%）、福建（163.48 万人次，增长 1.3%）、浙江（146.91 万人次，增长 30.5%）、广西（126.72 万人次，增长 3.1%）、云南（113.13 万人次，增长 13.0%）、山东（82.87 万人次，增长 14.6%）和陕西（75.92 万人次，增长 6.5%）。

6. 国际旅游（外汇）收入列前十位的省（区、市）分别是：广东（44.84 万美元，增长 9.0%）、北京（29.46 万美元，增长 6.4%）、上海（18.08 万美元，增长 12.1%）、福建（9.42 万美元，增长 5.4%）、江苏（8.22 万美元，增长 13.6%）、浙江（6.99 万美元，增长 36.0%）、辽宁（4.63 万美元，增长 21.0%）、山东（3.82 万美元，增长 21.4%）云南（3.67 万美元，增长 8.3%）和陕西（3.09 万美元，增长 10.2%）。

7. 接待入境旅游者人数超过 20 万人次的城市有：广州、深圳、北京、上海、珠海、桂林、杭州、西安、中山、苏州、昆明、厦门、泉州、南京、大连、天津、无锡、成都、青岛、福州、重庆、武汉、宁波、黄山、长沙、汕头等 26 个，比上年增加 2 个。

8. 接待外国旅游者人数超过 10 万人次的城市有：北京、上海、广州、深圳、西安、杭州、桂林、苏州、天津、大连、昆明、青岛、南京、武汉、厦门、重庆、无锡、成都、延边、宁波、秦皇岛、乌鲁木齐、沈阳、哈尔滨、福州、承德、黄山、长沙、郑州等 29 个，比上年增加 3 个。

9. 国际旅游（外汇）收入超过 1 亿美元的城市有：北京、上海、广州、深圳、珠海、杭州、厦门、大连、泉州、西安、天津、南京、苏州、福州、桂林、青岛、中山、重庆、昆明、武汉、无锡、成都、长沙等 23 个，比上年增加 2 个。

三、旅游生产力配套情况

旅游业是一个综合性产业，一方面对相关的行业有较强的依托性，另一方面又有十分突出的关联带动作用。它在国民经济和第三产业中处于一个产业群的核心地位，发挥着带动其他产业发展的核心作用。旅游业的关联带动功能，不仅表现为直接给航空运输、交通部门、旅馆饭店、餐厅饮食服务、商业网点、景点景区等带来客源和市场，而且间接地带动和影响了农林牧副渔、城市建设、加工制造、文化体育等行业的发展。旅游业的发展甚至还能衍生出一些新的行业。大力发展旅游业，有利于带动相关产业的发展和结构的升级，有利于促进经济结构和产业布局的调整。

随着旅游市场的不断扩大，中国旅游生产力的配套程度也在不断提高。到 2001 年末，全国旅游业共拥有固定资产原值 7791.91 亿元，比上年末增长 20.4%。其中旅游住宿设施 6614.37 亿元，占有 84。9%（星级饭店 2153.62 亿元，社会旅馆 4053.04 亿元，个体旅馆 407.71 亿元）；旅行社 415.47 亿元，占 5.3%；主要旅游景点和旅游车船公司等其他企事业单位 762.06 亿元，占 9.8%。

到 2001 年末，全国旅游业直接从业人员 597.72 万人，比上年末增长 6.0%。其中旅游住宿设施 502.28 万人（星级饭店 105.21 万人，社会旅馆 345.74 万人，个体旅馆 51.34 万人），占 84.0%；旅行社 19.24 万人，占 3.2%；主要旅游景区（点）和旅游车船公司等其他企事业单位 76.20 万人，占 12.7%。全国旅游业间接从业人员约为 2980 万人。

同时，旅游产品的开发建设取得了长足发展，1 万多个景区点涵盖了自然景观、历史古迹、社会生活等各个方面；跟进国际潮流开发的度假旅游、滑雪旅游、生态旅游、会展旅游和其他特种旅游快速起步，一批产品已拥有世界知名度。全国的旅游交通状况大大改善，民航、铁路、高速公路、江河游船及城市出租车业全面发展。

旅游业对国民经济和社会发展的贡献日益显著。2001 年旅游业总收入达到 4995 亿元，相当于当年全国国内生产总值的 5.2%，比上年提高了 0.15 个百分点。旅游业已经成为国民经济新的增长点和许多地区的支柱产业。

四、中国旅游业发展的优先项目

经过改革开放以来 20 多年的发展，中国综合国力已有显著提高，旅游生产力基础和旅游供给能力已达到较高水平。大规模开展的基础设施建设，为中国旅游业的大发展创造了良好的条件。未来 18 年，中国将更上一层楼，实现从亚洲旅游大国向世界旅游强国的历史性跨越。

作为国民经济新的增长点，中国旅游业具有独特的发展条件和明显的比较优势，已成为吸引社会投资的热点领域之一。利用资源优势大力发展旅游业，不仅是改善人民生活的现实选择，也是满足社会需求实现经济增长的主要方式之一。

长期以来，中国旅游业受制于资金短缺问题的困扰，产业发展的潜在优势没有充分发挥出来。特别是中西部地区，基础设施建设远远滞后于产业发展的需要，已成为旅游经济快速发展的最大制约因素。为了进一步发挥政府在促进旅游业发展方面的主导作用，培育中国旅游业发展的新的增长点，近两年来，国家计委与国家旅游局以推荐中国旅游业发展优先项目的方式，向市场推出一批具有开发潜力、符合市场需求的旅游建设项目。

中国旅游业发展优先项目，是各级旅游行业管理部门和计划部门根据中国旅游业发展的趋势和第十个五年计划的安排研究确定的。主要目的是通过政府的导向性作用，拉动社会投资,刺激需求增长。所选项目的原则,第一是符合市场需求,具有一定的规模和影响;第二是具有开发前景,对当地旅游业的发展具有支撑和带动作用;第三是有望成为促进中国旅游业发展的后续项目和先导项目。

对于推荐的中国旅游业发展优先项目,本着政府引导、社会参与的原则,由政府通过适当的方式指导和支持相关基础设施建设,改善投资环境,营造适宜社会资金投入的氛围;对于公共投资之外的经营项目,主要交由市场运作,通过社会融资进行合理开发。

中国旅游业发展优先项目从2000年起,由国家计委和国家旅游局根据计划安排逐年推出。第一期中国旅游业发展优先项目的主题是中西部地区自然生态旅游资源的保护与开发,包括中西部省、区53个项目在内的2000年优先项目共计77个,国家安排用于基础设施建设的财政性资金86100万元,项目建设已于2000年内全面展开。

自国家计委和国家旅游局于2000年推出该项目后,在资金市场上产生了较大的反响。为进一步明确旅游投资方向,更好地引导社会资金流向旅游行业。2001年,国家计委和国家旅游局继续推出中国旅游业发展优先项目155个。2001年推出项目的主题是中西部地区旅游资源保护与开发。国家安排用于这些项目基础设施的建设资金16.81亿元,项目建设已于2001年内全面启动。

五、中国旅游业的发展前景

在市场经济条件下,需求是最大的资源。国际旅游需求的进一步旺盛,将使中国不断优化升级的旅游产品拥有越来越大的市场;国内旅游作为旅游经济的主体和拉动内需的重要力量,显示了巨大的市场潜力。

旅游业所拥有的市场有三个显著的特点:即现实性、规模大和潜力足。其现实性体现在它是一个适应不同层次消费者的市场,无论花费高低,其相应的旅游消费需求都能得到满足。这一多层次的消费特征,决定了它是一个现实的、大众化的市场。随着经济的发展和人民生活水平的提高,国民对旅游的消费需求将更加普遍,旅游市场的发展潜力将不可限量。发展旅游业是增加有效供给、回笼货币、稳定市场的有效途径。旅游业已经成为许多地方新的经济增长点,它促进区域经济发展,改善地区经济结构,带动了一大批相关产业的发展。

中国正在进行的产业结构调整必将进一步推动旅游业的更大发展。中国产业结构调整的基本思路已经明确,就是"加强第一产业,提高第二产业,发展第三产业"。旅游业作为第三产业中的龙头产业,理所当然地应该在经济结构调整中得到更多的重视,赢得更快的发展。

旅游业是劳动密集型产业。发展旅游业不仅能够推动经济增长,促进社会发展,还能够创造更多的就业机会。对于飞速发展的中国旅游业来说,在就业和再就业工作中,是大有作为的。

中国加入世界贸易组织后,旅游业自身及相关行业正进一步加快与国际接轨的步伐,旅游业发展环境将进一步优化;利用外资在深度和广度上的扩大,也会进一步增加商务旅游者。这些,都将推动中国旅游业的更大发展。

国家计委、国家旅游局推荐中国旅游业优先发展项目(2001年)

序号	地区	项目名称
1	天津	蓟县自然生态风景旅游区开发项目
2	河北	兴隆县雾灵山森林公园开发项目
3		平山县西柏坡－天桂山风景区开发项目
4	山西	大同云冈石窟旅游区开发项目
5		平遥古城旅游开发项目
6		运城解州关帝庙关公文化旅游区开发项目
7		洪洞大槐树旅游区开发项目
8		宁武管涔山自然生态旅游景区开发项目
9		五台山风景名胜区开发项目
10	内蒙古	赤峰红山军马场旅游开发项目
11		伊克昭盟响沙湾旅游区开发项目
12		巴盟乌拉特草原生态旅游区开发项目
13		锡盟西山湾旅游景区开发项目
14		阿盟贺兰山南寺旅游区开发项目
15		兴安盟阿尔山旅游度假区开发项目
16		呼和浩特市内蒙古风情旅游区开发项目
17		通辽市大青沟旅游区开发项目
18	辽宁	抚顺赫图阿拉城旅游区开发项目
19		葫芦岛兴城古城旅游区开发项目
20		沈阳市棋盘山风景区开发项目
21		大连大黑山旅游风景区开发项目
22	吉林	延边长白山旅游开发项目
23		白城市莫莫格国家级自然保护区开发项目
24		吉林市松花湖旅游开发项目
25		通榆向海旅游开发项目
26		长春净月潭风景区开发项目
27	黑龙江	牡丹江市镜泊湖旅游开发项目
28		双鸭山市七星峰森林公园旅游开发项目
29		牡丹江林海雪原旅游开发项目
30		鸡西兴凯湖风景区旅游开发项目
31		齐齐哈尔明月岛风景区开发项目
32		伊春五营国家森林公园旅游开发项目
33	上海	上海豫园开发项目
34	江苏	南京明城墙风光保护及开发项目
35		镇江三山风景区开发项目
36	浙江	南浔古镇保护与旅游开发项目
37		临海桃渚军事古城旅游开发项目
38		宁波溪口风景名胜区旅游开发项目
39	安徽	"两山一湖"(黄山、九华山、太平湖)旅游区开发项目
40		安庆天柱山－司空山风景区旅游开发项目
41		马鞍山盆山休闲中心开发项目
42		滁州神山国家森林公园旅游开发项目
43	福建	福鼎市太姥山旅游开发项目
44		厦门万石植物园东西山景区开发项目

国家计委、国家旅游局推荐中国旅游业优先发展项目（2001年）续表1

序号	地区	项目名称
45	江西	井冈山旅游开发项目
46		上饶三清山国家风景名胜区旅游开发项目
47		庐山风景区开发项目
48		新余仙女湖风景区开发项目
49		鹰潭龙虎山风景区旅游开发项目
50		婺源县生态旅游区开发项目
51	山东	烟台东炮台海滨旅游景区开发项目
52		临沂蒙山风景名胜区开发项目
53		青岛崂山北线旅游资源保护与开发项目
54	河南	洛阳龙门石窟旅游区开发项目
55		郑州嵩山风景名胜区旅游开发项目
56		洛阳老君山生态旅游区开发项目
57		南阳内乡宝天曼生态旅游示范区开发项目
58		信阳市鸡公山风景区旅游开发项目
59		济源王屋山风景名胜区开发项目
60		商丘商祖文化旅游区开发项目
61	湖北	恩施清江流域生态旅游区开发项目
62		宜昌三峡黄牛岩风景游览区开发项目
63		武汉东湖落雁景区开发项目
64		通山县九宫山生态旅游景区开发项目
65		神农架燕天原始生态旅游开发与保护项目
66		英山大别山生态旅游开发项目
67		鄂州梁子湖生态旅游开发项目
68	湖南	张家界风景区旅游开发项目
69		湘西猛洞河风景名胜区小溪自然保护区生态旅游开发项目
70		衡山风景名胜区旅游开发项目
71		岳阳楼洞庭湖风景名胜区南湖景区环南湖旅游走廊开发项目
72	广西	邵阳新宁崀山风景名胜区开发项目
73		湘西凤凰县旅游开发项目
74		桂林兴安灵渠景区开发项目
75		桂林阳朔遇龙河－兴坪景区开发项目
76		资源资江－八角寨景区开发项目
77		大新德天瀑布景区旅游开发项目
78		南宁青秀山风景名胜区开发项目
79		北海银滩西部景区旅游开发项目
80		昭平黄姚古镇景区旅游开发项目
81	海南	尖峰岭国家森林公园旅游开发项目
82		三亚南山文化旅游区海上观音园区开发项目
83		海南七仙岭森林温泉公园开发项目
84	重庆	合川钓鱼城旅游开发项目
85		丰都名山风景区开发项目
86		万州青龙瀑布风景名胜区开发项目
87		重庆武陵山森林公园景区开发项目
88		黄水国家森林公园旅游开发项目
89		仙女山国家森林公园旅游开发项目

国家计委、国家旅游局推荐中国旅游业优先发展项目（2001年）续表2

序号	地区	项目名称
90		奉节天坑地缝风景名胜区旅游开发项目
91		阿坝州九寨国家森林公园旅游开发项目
92	四川	阿坝州米亚罗－毕棚沟景区旅游开发项目
93		雅安市蒙山－碧峰峡景区旅游开发项目
94		乐山市峨边黑竹沟风景区旅游开发项目
95		广汉三星堆遗址旅游开发项目
96		邛海－泸山风景区旅游开发项目
97		蜀南竹海景区旅游开发项目
98		甘孜州稻城亚丁风景区旅游开发项目
99	贵州	贵阳市红枫湖风景名胜区旅游开发项目
100		黔东南州雷公山景区旅游开发项目
101		六盘山六枝牂牁江风景名胜区旅游开发项目
102		贵阳市开阳风景名胜区旅游开发项目
103		遵义余庆大乌江风景名胜区旅游开发项目
104		铜仁梵净山太平河风景名胜区旅游开发项目
105		毕节织金洞风景名胜区开发项目
106		安顺龙宫风景名胜区开发项目
107	云南	迪庆香格里拉旅游线开发项目
108		腾冲火山热海景区旅游开发项目
109		陆良彩色沙林景区旅游开发项目
110		楚雄紫溪山景区旅游开发项目
111		丽江玉龙雪山风景区旅游开发项目
112		宾川鸡足山旅游开发项目
113		德钦梅里雪山生态旅游区开发项目
114	西藏	林芝地区错高湖旅游开发项目
115		山南藏王墓区保护及旅游开发项目
116		拉萨市旅游商品市场开发项目
117	陕西	西安朱雀国家森林公园旅游开发项目
118		铜川市玉华宫风景名胜区旅游开发项目
119		榆林神木县红碱淖风景名胜区旅游开发项目
120		安康南宫山国家森林公园旅游开发项目
121		宝鸡天台山国家森林公园嘉陵江源头景区开发项目
122		乾陵景区开发项目
123		铜川药王山风景名胜区开发项目
124		韩城黄河龙门－司马迁祠墓风景名胜区开发项目
125	甘肃	敦煌鸣沙山月牙泉景区开发项目
126		敦煌雅丹地貌景区开发项目
127		嘉峪关关城景区旅游开发项目
128		武威雷台旅游开发项目
129		永登吐鲁沟景区开发项目
130		漳县桂清山景区旅游开发项目
131		甘南夏河桑科草原旅游景区开发项目
132		甘南碌曲生态旅游景区开发项目
133		永清刘家峡－炳灵寺旅游景区开发项目
134		肃南马蹄寺旅游景区开发项目
135	青海	青海湖旅游开发项目

国家计委、国家旅游局推荐中国旅游业优先发展项目（2001 年）续表 3

序号	地区	项　目　名　称
136		互助北山旅游开发项目
137		湟中塔尔寺旅游开发项目
138		坎布拉景区开发项目
139		西宁市南山旅游景区开发项目
140		沙湖风景名胜区旅游开发项目
141		沙坡头旅游区旅游开发项目
142		永宁纳家户回族风情园旅游开发项目
143		青铜峡旅游开发项目
144		六盘山旅游区开发项目
145	宁夏	灵武金水旅游区开发项目

国家计委、国家旅游局推荐中国旅游业优先发展项目（2001 年）续表 4

序号	地区	项　目　名　称
146		阿勒泰喀纳斯景区旅游开发项目
147		昌吉天山天池风景名胜区旅游开发项目
148		伊犁巩留县恰西景区旅游开发项目
149		塔城沙湾天山北坡景区旅游开发项目
150	新疆	哈密市白石头景区旅游开发项目
151	新疆	克孜勒州奥依塔克风景旅游区开发项目
152	新疆	乌鲁木齐市白杨沟风景旅游区开发项目
153	新疆	巴州博斯腾湖景区开发项目
154	新疆	农二师银沙滩风景旅游区开发项目
155	新疆	农十师西海旅游风情园开发项目

（国家旅游局政法司　李德才）

附：部分省市行业及企业投资

提高产业素质　建设旅游强省

广东省旅游局局长　郑通扬

改革开放以来，广东省明确把发展旅游业作为增创发展新优势的一项战略任务。根据省委、省政府的战略部署，广东省旅游业以提高整体素质为根本，不断推进改革，努力改善环境，促进了旅游产业的整体进步。主要表现在：

一、旅游产业规模不断壮大，旅游业已成为广东经济重要增长点

随着旅游经济的发展，旅游业得到了全社会的普遍关注。省政府、省人大、省政协围绕“旅游争创新优势”等问题进行了多次调研和考察，并针对广东旅游业的快速发展提出了指导性意见和建议。全省各市出台了多项发展旅游产业的政策，并给予专项资金支持。自 1998 年以来，广东的旅游创汇、旅游业总收入、入境旅游人数等指标稳居全国首位。2001 年，广东旅游业总收入达 1263 亿元，约占全国 1/4，年均递增 11.7 %；旅游创汇 44.5 亿美元，占全国 1/4 强，年均递增 12.28 %。随着旅游产业规模的扩大、经济效益的提高，旅游业在广东经济发展中的地位也日益突出。2001 年，广东旅游业实现增加值 537.07 亿元，约占全省国内生产总值的 5.09 %，占全省第三产业增加值的 12.64 %。旅游业已成为广东国民经济的重要产业。

二、旅游三大市场互补互促，呈现出齐头并进的良好态势

在相当一段时期内，广东一直是旅游业的主要客源地、过境地，而作为目的地则未形成引力，旅游市场出现了“出多入少”的不平衡局面。为了扭转这种局面，广东旅游业在用心培育市场、促进全面繁荣方面进行了有益的探索和积极的努力。一是创造性地开展旅游区域协作，全方位提升广东旅游市场的层次，如与香港、澳门联合建设“粤港澳大三角旅游区”。粤港澳大三角旅游区已受到国际旅游界的重视，被誉为“一江珠水、三颗明珠”。世界上 20 多个国家的 130 多家旅行社都在积极推介这一线路。二是针对长期以来省外游、国外游兴旺而省内游冷落的现象，广东旅游业大规模开展了“广东人游广东”和“中国人游广东”

活动。通过“广东人游广东”活动，省内游人次超过了入境游、出境游和省外游。2000年广东在大力推广“一日游”、“二日游”的基础上又向社会推出了200家“休闲度假好去处”和“假日观光新亮点”，并举行大型展示会；2001年又举办了全省性的广东生态旅游展示会，在社会上引起强烈反响。全省入境旅游人数达7256万人次，比1997年增长59.6％，年均递增12.41％，其中旅行社接待国际游客302.5万人次，比1997年增长24.8％，年均递增5.69％。全省出境旅游人数104万人次，比1997年增长73.3％，年均递增14.74％。广东旅游市场已形成国际旅游与国内旅游相结合、国内旅游市场不断拓展扩大的良好格局。

三、旅游基础设施更加完善，已形成比较完整的产业体系

经过不断的建设和发展，广东旅游业“行、游、住、食、购、娱”六大要素日趋完善，特别是标志着旅游业发达程度的旅行社、酒店、旅游景区建设成效显著。到2001年，全省共有旅行社610家，比1997年的454家增长34.4％，其中有28家国际社进入全国百强国际旅行社，15家国内社进入全国百强国内旅行社。全省拥有酒店、招待所7000多家，其中星级宾馆929家，比1997年增长128.8％；五星、四星级宾馆分别为26家和86家，居全国首位。旅游资源的开发和利用更是成绩显著，旅游景区的数量、类型大大发展。广东没有世界级著名的自然风光和历史遗产。为了弥补这一不足，广东吸纳多方投资，大力建造拳头产品，如深圳华侨城、广州海洋馆、番禺香江野生动物世界、珠海梦幻水城、御温泉等一大批旅游景点。到2001年底，全省拥有大型旅游景区景点300多处，12个国家4A级旅游景区（点），1 个国家级和29个省级旅游度假区。

四、旅游城市发展迅速，珠三角城市群已成为全国旅游经济最发达的区域之一

旅游业兴旺程度是发达城市的重要标志。近年来广东各市普遍重视把城市建设与发展旅游紧密联系起来，投入大量资金用于修建公园，扩大绿化面积，改善通讯设施，优化购物环境，增加交通运力，使城市的整体环境质量得到根本改善，并创造出一批都市旅游景观。到目前为止，全省共有13个城市进入中国优秀旅游城市行列。

目前，广东抓住机遇积极寻求旅游发展的新突破，具体来说，要抓好以下几个方面工作：

1. 以加快粤港澳旅游合作为突破口，打造国际知名旅游区，促进广东旅游业朝着外向型、国际化发展。

2. 以抓好旅游扶贫和区域性规划为突破口，加快山区旅游经济的发展。

3. 以贯彻国民旅游计划为突破口，抓好创建优秀旅游城市活动，促进全省旅游中心城市的建设。

4. 以旅游行风评议和整顿市场为突破口，规范旅游市场，抓好旅游行业队伍建设。

5. 以推广、宣传“活力广东”整体形象为突破口，大力拓展入境游、国内游两个市场，确保旅游业持续兴旺。

节水——首都经济社会发展的永续主题

北京市水利局局长　焦志忠

一、北京是典型的资源型缺水地区

北京没有大江大河，水资源存在形态单一，主要是靠天然降雨形成水源，地下水也靠降水补给。北京多年平均降水595毫米，平均年可利用水资源量41亿立方米。按国际通常标准，北京是典型的资源型缺水地区。北京境内有永定河、潮白河等五大水系，这些河流80%以上的流域面积在境外。由于永定河、潮白河上游地区经济社会发展，拦蓄利用了大量水资源，官厅、密云两大水库来水量已由五六十年代的30亿立方米衰减到90年代的8亿立方米，这种衰减的趋势很难逆转。受季风气候影响，北京地区降水时空分布极不均匀，民间有着“十年九旱”的说法。近20年来，北京地下水连年下降，到2002年8月底，北京市平原区地下水平均埋深17.99米，与1980年初比下降11.54米，地下水储量减少59亿立方米。

上述水资源状况构成了北京的基本市情。首都经济社会要发展，如何保证可持续发展，出路在于节流、治污、开源。节流为先，治污为本，科学开源，厉行节水是保证首都可持续发展无可选择的道路。

二、节水是首都可持续发展的动力

北京市委、市政府对节水工作高度重视。市政府先后颁布了《北京市水资源管理条例》、《北京市城镇节约用水管理办法》等十多部水资源管理和节水法规，全面落实了26项节水措施。一是调整供水结构，水库停止向农业供水，压缩工业用水，保证城市供水，增加环境用水；二是实施计划供水，在全社会实行用水的定额管理和计量管理；三是全社会推广节水器具、节水技术，建设节水单位、节水社会；四是运用经济杠杆促进节水，提高水价，开征水资源费；五是强化节水的法规和行政管理。采取了上述措施，北京的节水取得巨大进展，2001年全市节水1.3亿吨，2002年1～8月份全市节水7000万吨。

节水在首都经济发展中起到了十分重要的作用。在农业方面，节水推动了郊区水利灌溉技术的革命，以喷灌和地下管道为主的节水灌溉农田由80年代的3万亩发展到400万亩，占全市灌溉面积的80%以上。先进的滴灌技术在平原、在山区普遍应用。节水推动了农业结构调整，高耗水的水稻由近百万亩减少到8万亩，冬小麦面积由250万亩减少到70万亩，粮经饲作物比例调整到3：6：1。在工业方面，重点进行了节水技术改造。高耗水、低效益的造纸、纺织、印染等产业相继退出，代之而起的是新兴科技产业。对冶金、电力、化工等产业进行节水技术改造，冷却水回收技术达到国内领先水平。全市工业万元产值耗水由八十年代初期的357立方米下降到30立方米。工业产值由八十年代初期的200多亿元增长到1800多亿元，而工业用水却由同期的13.5亿立方米下降到10亿立方米以下。

以建设节水型社会为目标，城镇生活用水也采取了多种节水措施。建立市、区县（大企业）、街道（乡镇）三级节水管理网络。实施水表入户，以量计征水费。大力推广使用节水器具，安装使用了数百万件（套）节水器具，淘汰不符合节水标准的龙头、卫生洁具等用水器具。2002年建成的节水单位就有468个，节水小区165个。

三、新世纪北京节水任重道远

尽管我们在节水工作中取得了不少成绩，但与可持续发展的要求还有着相当大的差距。我们必须树立起长期节水的战略观念，把节水作为各行各业发展的重要工作。一是继续加大节水的宣传力度，使广大市民进一步增强水忧患意识和节水意识，使节水成为全体市民的自觉行动；二是继续加大节水的科技含量，以科技手段促进节水；三是实施定额用水、差别水价、阶梯水价，用经济手段加以调控；四是进一步加大产业结构、产品结构调整力度，把节水作为重要的行业发展标准；五是继续加大节水管理力度，建设节水型工业、农业、服务业和节水型社会。

北京市委、市政府确定了到2010年北京基本实现现代化的目标，建设节水型社会是城市现代化建设的应有之义，也是建设新北京，办好新奥运的必然要求。为了提高首都城乡现代化水平，实现绿色奥运的承诺，我们确定了全面实施《21世纪初期首都水资源可持续利用规划》，用三年时间基本实现水利现代化，四年基本完成城市水系综合治理，五年基本还清城市河湖，实现“三环绿水绕京城”的目标。同时，积极筹划开工建设南水北调工程，争取早日引长江之水入京，从根本上解决北京的缺水问题，为首都经济社会可持续发展创造更加优越的水资源条件。

风帆万里揽朝晖

——中远集团以崭新形象迈进新世纪

哪里有蔚蓝的大海，哪里就飘扬“COSCO”的旗帜

“COSCO”(中国远洋运输集团的英文缩写)在全球任何一个有航线的大洋，在世界任何一个大的港口，“COSCO”都是一个令广大华人自豪的标志。当今天很多国内企业纷纷“走出去”到境外投资办企业时，中远集团已经在国际航运市场打拼了40余年，是名副其实的跨国企业。目前印有“COSCO”标志的中远船舶足迹遍及世界160多个国家和地区的1200多个港口，即使在一些尚未与中国建交的国家和地区，也会有中远的业务，也会出现中远的船舶，也会发生许多与中远有关的动人故事。

中远集团的前身中国远洋运输公司成立于1961年，是新中国成立最早的远洋运输专业公司，也是国内最大的国际航运企业。经过40余年的不平凡的发展历程，今天中远集团已经拥有和经营着540余艘现代化远洋船舶，包括集装箱船、干散货船、杂货船、客货船、特种船和油轮、液化气船等，总计2300万载重吨，位列世界远洋航运业前茅。目前，中远集团已经形成以北京为中心，以香港、日本、韩国、新加坡、美洲、欧洲、澳大利亚、非洲和西亚等区域公司为辐射点的跨国经营网络。除了远洋运输外，中远集团还逐步形成了物流、船舶代理、码头、船舶燃物料供应、工业、房地产、劳务输出等10多个实力卓著的陆上产业。

不断的改革为中远实现新世纪宏伟战略目标提供了不竭动力

40余年来，中远这艘巨轮之所以能够在惊涛骇浪中经受得住考验而勇往直前，是与其长期以来顺应国际市场变化、勇于改革创新分不开的。尤其是从党的十三届四中全会以来，为适应社会主义市场经济的要求，增强企业的市场竞争能力，中远积极按照建立现代企业制度的要求，转变观念，不断深化航运体制改革。1993年，组建了中国远洋运输集团。同年，成立了中远集装箱运输总部，实现集装箱运输统一经营。1995年，实行货运体制改革，形成统一的全国货运网络。1997年，实行航运体制改革，成立了中远集装箱运输有限公司，整合集团遍布全球的集装箱运输资源，推进集装箱运输营销一体化，形成专业化船队结构，初步建立了全球集装箱营销体系。与此同时，还成立了散货运输、杂货和特种船运输、油轮、液化气运输等专业船队，为中远在进入新世纪实现跨越式发展打下坚实的基础。

2001年4月，就在全球近8万中远人为自己40华诞、为中远40年辉煌举杯同贺的时刻，高瞻远瞩的中远决策层已经酝酿新一轮的改革以应对中国加入WTO后带来的新挑战。中远集团总裁魏家福对此表示：“航运业作为经济和贸易的派生需求，敏感地反映着经贸领域的一系列变化，同样受到入世的深刻影响，对此中远集团早已有着清醒的认识，并进行了长时间的研究，已经对入世后中远集团的发展做了充分的准备。”

就在这一年，中远集团确立了“一业为主、三业支撑”(以航运为主业，以修造船、房地产、资本运营三业为支撑)的发展战略，对航运核心业务再次实施重组，将集装箱班轮、国际货运和外轮代理公司三个部分，加上海外揽货网点，切成两大块，组成班轮业务单元和物流业务单元，形成两个握紧的拳头。中远的目标非常明确，就是加快实现由单纯的全球物流承运人向以航运为依托的全球物流经营人的转变。

2002年1月，中国远洋物流公司正式成立。8月，中远物流城际快运（中国区）启动仪式在北京举行。这一重大改革调整举措，标志着中远以远洋船舶运输为载体、以遍布全球港口为连线的货运网络正在向真正意义上的现代物流平台转变，朝着建立海运、铁路、公路、空运全方位的物流网络的宏伟目标迈进。

中远集团为顺应新形势、新变化而进行的改革、整合和调整，使中远这个有着40余年历史的国有特大型企业在中国入世后产生“脱胎换骨”的变化。国外媒体对此反应“中远在新世纪奋力争取当世界航运和物流的排头兵”。

以技术创新提升竞争优势，以信息化促进航运管理现代化

2002年1月，中远北美公司首次运用全球集成信息系统(IRIS-2系统)，成功地接受了挂靠美国CEN航线“高河”轮191航次的定舱。IRIS-2系统在中远系统成功投入运行，不仅给中远带来了新的经营理念和新的管理模式，而且进一步缩短了与世界一流承运人的差距，使中远在信息系统建设方面跻身于世界航运业先进行列又迈进了一大步。

早在1999年，中远集团联合英国皇家海军航道局和中国国家气象中心，成功研制开发出具有国际领先水平的“全球航海智能系统”，在对远洋船舶进行有效指挥和监控、保证船舶安全方面取得了突破性进展。此外，中远集团在上个世纪90年代还相继研发了“船舶重大件货物装运模拟和管理系统”、“船用防避台风决策系统”、“公路大件运输技术计算机决策系统”等。一系列高科技含量的创新成果，为中远集团圆满完成“所罗门接侨”任务，成功承运秦山核电三期工程设备、长江三峡工程左岸电站设备、连云港田湾核电站设备等国家级运输项目发挥了重要作用。

如今，中远IRIS-2系统正在中国大陆、亚太和欧洲区域推行实施。在全力推进该系统的同时，还积极推动中远海内外全系统财务SAP软件的实施、完成信息管理系统（MIS）的规划和建设，并引导用户充分利用系统提高工作效率，降低成本，增加双赢、多赢机会，全面提升中远生产经营管理水平，以更好地向全球客户提供差异化服务。

“中远航运”的上市堪称中远资本运营的又一成功典范

2002年4月，中远控股的第7家上市公司——中远航运股份有限公司，凭借规范管理模式和出色的经营业绩一次性通过中国证监会发行审核委员会的审核，首次成功向社会公开发行1.3亿A股并公开挂牌上市。中远航运A股的发行，引起社会的强烈反响，冻结申购资金达5289亿元人民币，为中国股市新股发行申购资金的前3名。此次上市的“中远航运”，对中远集团有着特殊的意义。因为中远自1961年成立以来，航运一直是主业，“中远航运”在国内上市，是把中远核心业务推向了资本市场。

事实上，中远是国内最早进入国际资本市场的企业之一。目前中远在海内外拥有7家控股上市公司。包括在新加坡上市的“中远投资”；在香港上市的“中远太平洋”和“中远国际”三家上市公司；国内除了上述的“中远航运”外，还有“中远发展”、“深中集”、“汇丽B股”三家控股上市公司。其中在香港上市的“中远太平洋”凭借良好的经营业绩和企业管理，进入香港市值最大的50家上市公司行列；在新加坡上市的“中远投资”被新加坡《商业时报》评为2001年度管理较好和透明度最高的上市公司，位居75家入选企业的第三名。同时，中远集团还对招商银行等机构进行参股，取得了良好的社会效应和经济效益。

以卓越的企业文化理念塑造中远企业形象

中远集团从成立之始，就秉承“艰苦创业、爱国奉献”的优良传统，以“服务客户最优、回报股东最大”为基本的价值观，积极实践以“全球承运、诚信全球”为核心的经营理念，建立具有远洋特色、开放、包容的企业文化体系。中远以先进文化理念引领企业，以精品服务赢得客户，以品牌饮誉市场，通过为客户提供优质、特色、安全、快捷的品牌服务，真正实现企业的利润的最大化。这也正是中远集团40余年来创业发展的成功所在。

——中远以诚信服务、差异化服务打造具有远洋特色的品牌文化。中远集团的核心化品牌就是COSCO。在激烈的市场竞争中，中远以极具魅力的诚信服务品质，赢得了全球客户的信任。中远集团在“从拥有船向控制船转变，向以海上运输为依托的全球物流经营人转变”、“发现新的利润区”、“以超常规手段取得市场主动权”等的先进经营理念和文化理念的引领下，以一流服务水平的“一站服务”、“绿色快航”、“霓裳快航”、“海上绿色通道”、“零距离”、“零缺陷”、“零投诉”等差异化服务、精品服务、增值服务，真诚回报全球客户。

——在全力实现企业效益和价值最大化的同时，中远努力建设有自身特色的安全文化。中远人充分认识到，安全质量已经成为企业生存、发展、壮大的重要保证，是企业的生命，只有以安全、快捷、优质、高效的服务满足客户的需求，才能更有优势在国际市场环境中求得生存与发展，才能立于不败之地。在长期的实践过程中，中远集团坚持“以人为本”的原则，强化安全意识，充分发挥广大员工在安全生产中的工作潜能。他们找到中远安全文化的“两个规律”，归纳出需要重点解决的“三个关系”，提出做好安全工作的“八个观点”，逐步形成了企业安全工作和安全文化建设的独特思维方式。

——在参与国际竞争中，中远集团按照国际规范，吸收西方先进管理理念，逐步形成了规范化的管理文化体系。中远集团是国内首先倡导采用ISO9000国际系列标准的企业之一。2001年，中远（集团）总公司在ISO9000基础上，再次进行管理创新，以国际三大管理标准：ISO9000：2000质量管理体系标准，ISO14000：1996环境管理体系和OHSMS18000：职业安全卫生管理体系标准为基础，建立起一体化的综合管理体系，并一举通过第三方认证获得三大证书。同时将全面质量管理（TQM）的宗旨贯穿体系运作之中，并逐步运用美国通用电气公司六个西格玛质量计划的理念和方法作为持续改进的重要工具。将三个标准整合在一起做，又将六个西格玛质量计划引入管理体系，这是中远经营管理文化国际化、市场化、规范化的又一重大创新。

四十载风雨兼程，新世纪再创辉煌。善于迎接挑战的中远巨轮必将迎来更为美好的明天。

中国联通在上海证券交易所上市

创建国际一流的综合电信运营企业

中国联合通信有限公司

中国联通成立于1994年7月，江泽民同志曾为中国联通的成立题词：“办好联通公司，发展电信事业，为现代化建设服务”。8年后的今天，中国联通已成长为中国电信行业的一支生力军，拥有全国第二大的电信基础传输网络，世界第三大的移动通信用户群，世界最大的无线寻呼网，并跻身中国大型企业的前列。中国联通主要经营领域包括移动通信业务、国内国际长途通信业务、数据通信业务、互联网业务、IP电话业务、本地电话业务、无线寻呼业务、卫星通信业务、电信增值业务等，是国内目前惟一一家拥有全部电信业务经营权的综合性电信运营企业。

目前，中国联通拥有355家分公司，18家子公司，其中境外子公司8家 。2001年底，公司总资产达到1862亿元，在全国2710家企业集团中，资产规模排名第7位，实现利润总额排名第8位。

励精图治　深化改革

中国联通围绕公司发展战略和奋斗目标，以现代企业制度为准则，建立了符合国际规范的法人治理机制。

公司推行“公开、平等、竞争、择优”的用人制度。推行“干部聘任制”、“职务任期制”和“任前公示制”。

公司用国际一流电信企业的标准指导经营管理。推行全面预算管理，强化专业核算和关联交易结算；建立经营业绩评价体系，加强审计监控，健全内部控制制度；参与国际技术标准的制定，完善技术标准规范，推行国际质量体系认证；加强市场营销和客户关系管理，塑造公司品牌，提高服务水平；积极开发新业务，充分发挥综合业务优势。

公司积极开展多领域对外合作。在新技术研发、新业务开发、电信技术标准、运营管理经验等方面加强与国际一流电信运营企业的交流。通过与国外投资者的战略合作，扩大在国际资本市场上运作和融资的能力。

中国联通围绕建设国际一流综合电信企业的战略目标，竭力培育诚实守信的企业道德、创新求实的企业环境、团结和谐的企业风尚、奋力拼搏的企业精神，构建既体现社会主义思想道德要求，又符合市场经济发展规律的富有联通特色的企业文化体系。

三地上市　资本市场一展风采

中国联通积极开展资本运营。2000年6月，分别在纽约、香港挂牌上市，筹集资金56.5亿美元，成为香港有史以来最大的一次公开发行，位列全球股票首次公开发行史上的前十名。一年后中国联通股票被正式列入香港恒生指数成份股，充分体现了国际资本市场对中国联通的认可。

中国联通A股于2002年10月9日在上海证券交易所挂牌上市，发行量创造了多个新的记录：第一家进入A股市场的基础电信运营商；发行量创50亿股规模的新记录；上市首日流通股达27.5亿股；沪市目前流通市值最大的个股；沪市10大权重股中首家具有高科技概念的个股。

联通腾飞　硕果辉煌

中国联通已成长为国内屈指可数的电信运营商。

——完成高强度基本建设，形成覆盖全国的综合通信能力。1999—2001年的三年间完成固定资产投资1493亿元，迅速将综合通信网络覆盖全国、联结世界。移动通信网络总容量达8200万户，GSM移动电话总容量增加到6630万户；2001年仅用半年时间建成覆盖全国的GDMA移动通信网络，创造世界移动通信史上的奇迹；建成全国第二大基础传输网络，光缆总长达33万公里；开通100多个国家和地区的互联网漫游业务；无线寻呼用户占市场主导地位。

——市场份额持续扩大，行业地位迅速提高。中国联通的通信业务以远高于全国电信行业的速度迅速发展，市场份额快速上升。移动通信用户增加到6000多万户，年均增长超过200%，市场份额提高到30%。国内国际长途电话通话时长、数据通信、互联网业务都在国内占据有影响力的市场份额。

——营业收入迅速增长，实现良好经济效益。2001年，公司主营业务收入379.8亿元，实现利润56.6亿元，年均增长71%，达到了平均每天收入过亿元，每周利润过亿元。

——资产规模迅速翻番，所有者权益大幅度增值，公司总资产增加到2001年的1862亿元，三年翻了三番多。国有权益翻了四番多，每元国有资本金的价值提高了1倍。

与时俱进　创建国际一流企业

公司“十五”发展目标是，移动电话用户总数达到8000万~1亿户，市场占有率达到35%；国际国内长途电话、数据通信和互联网市场占有率分别达到20%，无线寻呼继续保持市场优势；“十五”期间业务收入年均增长40%左右；公司将继续坚持实施“两新两高一综合”(即建立新机制、新网络、采用高技术、实现高增长、大力发展综合业务)的发展战略，从提高企业的创新能力和服务能力着手，使公司管理结构、组织架构、人才队伍、资源配备、经营管理更趋科学；中国联通为早日建设成为国际一流的综合电信运营企业而奋斗。

为宁夏的经济腾飞做出新贡献

宁夏大古铁路有限责任公司董事长　孙殿华

大古铁路公司成立于1992年，是以自主经营、独立核算、自负盈亏、自我发展的现代企业管理制度建立的合资企业，全面负责大古铁路的建设与经营管理。公司现拥有资产8.6亿元，员工501人。

大古铁路是国家投资公司与宁夏回族自治区政府合资建设的地方铁路，它东起灵武矿区古窑子集配站，西至大坝电厂，同时与包兰线接轨，途经灵武、吴忠、青铜峡三市区，全长70.35公里，设计年运输能力为1000万吨，于1991年12月开工建设，1995年10月20日提前40天全线贯通。2000年经国家验收，被评定为优良工程。

大古铁路公司在中央及地方各级政府的支持和关怀下，高举邓小平理论伟大旗帜，在江泽民同志“三个代表”重要思想的指引下，借助改革开放的大好形势，坚持“勇于开拓、求实创新、精减高效、科学管理”的企业宗旨，在铁路建设中率先引入竞争机制，采用项目招投标，实行工程监理，单项工程按工程造价一次包死等承建方式，实现了速度快、质量好、投资省的目标，为国家节省投资1.1亿元。黄河特大桥创造了当时国内铁路桥梁史上的四个突破，被铁道部评为“优质工程”，1997年获国家建筑工程“鲁班奖”。大古铁路全线贯通后，采用了临管运营方式，当年即产生了效益，并且实现了由建设向临管运营的平稳过渡。年运量由初期的100万吨逐步增加到2001年200多万吨。货运种类由煤炭拓展到钢材、石油、机械设备等，运销网络由煤矿到电厂的煤炭专线运输发展到与国有铁路开通的周边地区多品种物资运输。货物流向由单项运出到有出有进。截止到目前共计运输货物1000多万吨，创收1.68亿元。

大古铁路公司以求实创新的精神，将原设计在古窑子地区的后勤生活基地建在银川市，避免了企业办社会的负担。以参股形式于1999年在银川市建成三星级酒店“世纪大厦”，作为公司及宁夏首府在西部大开发中对外宣传、联络、合作的窗口。公司在发展第三产业，增强企业后劲，改善职工生活，招商引资方面探索出一条自我发展的新路子。现在，公司的工作、生活环境不断改善，出现了职工收入稳步增长，职工安居乐业，生产、生活井然有序，人人为公司的发展而努力的大好局面。

十年来，在董事会的领导下，公司党政一班人带领全体员工，艰苦创业、顽强拼搏、开拓进取，创造了辉煌的业绩。公司被评为全国地方铁路基本建设先进单位，被全国地方铁路协会授予“安全生产标兵”的称号，授予“地方铁路债转股第一家”称号，被自治区政府评为“社会治安综合治理先进模范单位”，被银川市委、市政府检查验收为“精神文明单位”。公司的各项经济指标处在全国地方铁路企业的前列，并实现了安全生产2000天的奋斗目标。

大古铁路公司于2000年11月经国家开发银行、中国信达资产管理公司推荐，国家经贸委、财政部、中国人民银行联合审核，报经国务院领导同志同意，国家经贸委批复，实行债转股；2001年12月完成企业的改制；2002年7月正式成立宁夏大古铁路有限责任公司。

公司改制后，将努力做好以下工作：

一是认真按照国家的各项方针政策和公司法开展工作。坚决执行国家有关债转股的各项方针政策和法规，创造性地探讨企业改制后的发展方向。二是实行企业管理科学化、规范化、现代化，员工生产、生活环境花园化，大幅度地提高企业效益，增加职工收入。增加运量，开源节流，要一年上一个台阶，年年有新突破，预计2010年运量将达到2500万吨。公司规划在“十五”期间及2010年前投入5亿元的资金对线路及设备进行改造，以形成新的运输能力，适应新形势发展的要求。三是搞好资本运作。要充分利用入世后的大好机遇及西部大开发的大好形势，努力实现企业参股、职工入股、招商引资等多种形式的股份制运作方式，积极实施自治区政府提出的煤、电、路、铝整体重组上市、联合发展的战略目标，总之要千方百计地搞活企业，为国家为社会创造更大的财富。四是在企业管理上，要坚持从严、从实、从细的工作作风和企业文化理念，推行ISO9000质量标准和质量管理体系，使企业管理达到同行业先进水平。为此，公司要加强领导班子建设，加强党风建设，加强职工队伍建设，加强精神文明建设，加大对职工的教育培训力度，全面提高员工的综合素质和管理水平。

公司党政一班人，将带领全体员工按照党的十六大指引的方向，继续发扬大古人精神，坚持企业宗旨，为西部大开发及宁夏的经济腾飞做出新的贡献，以辉煌的业绩迎接大古铁路更加美好的明天。

中铝贵州分公司发展建设情况

中国铝业股份有限公司贵州分公司

中国铝业股份有限公司贵州分公司，是按照国家关于“培育和发展一批拥有自主知识产权、核心能力强的企业集团”的要求和中铝公司总部的重组改制部署，于2002年2月从原贵州铝厂分立出来的大型铝冶炼生产企业。

贵州分公司位于贵阳市白云区境内，占地19平方公里，拥有总资产57.24亿元，现已形成年产电解铝23万吨、碳素制品17万吨、氧化铝50万吨、铝土矿140万吨、石灰石矿65万吨和多种高附加值产品的生产能力。其主要装备和技术经济指标居国内同行业领先水平，铝电解生产工艺技术达国际先进水平。在氧化铝、电解铝、碳素制品和稀有金属镓四大产品系列32个品种中，砂状氧化铝为国内首创，高纯铝为国内独家生产，十种产品分获省、部、国优称号，P1020铝锭为伦敦金属交易所注册产品。企业通过ISO9002质量体系国家认证，是国家一级计量企业、无泄漏工厂、国家级技术中心和中国铝业股份有限公司的“铝电解、阴极碳素制品试验基地”。

“九五”期间，原贵州铝厂共投入资金214905万元，实施了电解铝、氧化铝和碳素制品的节能及环境治理技术改造。其中，一电解改造应用了自主开发的具有世界先进水平的186KA电解技术，将效率低、能耗高、环境污染较大的80KA上插式自焙阳极电解槽改造为186KA预焙电解槽，净增电解产能4万吨/年，其装备水平、控制技术、工艺技术均跻身国际先进水平，电流效率提高到94%以上，直流电耗降到13400KWh以下，吨铝排氟量从23.6kg降到0.72kg以下，仅相当于改造前的1/40，年增产值34400万元，年增税金4300万元以上，使中国的电解铝技术迈上了一个新台阶。一电解改造从开工到投产仅用了22个月，吨铝投资仅13000元，总投资92128万元，比新建铝厂节省投资40%左右。92128万元投资中银行贷款仅7908万元，其余全部利用自有资金。一电解改造自投产至2000年已生产铝锭16.21万吨，计提折旧17577万元，这部分折旧和税后留利，又投入新的技术改造，产生了“鸡生蛋，蛋生鸡”的显著效果，为中国电解铝厂进行节能、环境治理改造提供了成功的范例。

氧化铝节能技术改造，使氧化铝生产中蒸发、溶出、焙烧等关键工序的技术装备水平、能耗和工艺控制水平跃升到国际领先水平或国际先进水平。该项目的成功实施，使分公司氧化铝产能从40万吨提高到50万吨，并通过优化生产运行方案进一步使产能稳定提高到60万吨以上；引进的沸腾焙烧技术使焙烧重油消耗比原来降低三分之一，通过消化引进技术使日产能比设计1400t提高100t以上；自主创新的国家经贸委重点技术创新及产业化项目“板式降膜蒸发技术和装备”，经二次开发和推广应用使蒸发汽水比降到0.2以下，回水比达5.0，蒸水能力达170t/组小时，蒸发强度达18.6kg/m^2，这一工艺指标已处于国际领先水平，目前已推广到分公司蒸发产能要求的45%，受到中国铝业公司郭声琨总经理的高度赞扬，已决定在中铝公司推广应用；引进的高压溶出新系统通过采用自主创新的吹扫、同步预热、自压闪蒸注水、机组排（填）料、单套管化学清洗等工艺及沉降、叶滤和分解的技术消化和工艺创新，克服了重重困难，创造了达产达标时间最短的世界记录，仅投产5个月即达到32万吨的设计年产能。

从2000年开始实施的炭素环境治理节能提产改造及其配套项目进展顺利，到目前为止已完成阳极——焙烧——厂房焙烧炉系统、阴阳极液体沥青配料、焦油调质系统、阴极炭块新铣床系统的改造并先后投入使用。其中融合了自主创新和二次创新的屋面整体顶升、生炭块编组和焙烧块解组、连续混捏机搅刀、糊料强制冷却等装置、组件和工艺，取得了降低工程成本、更新工艺、提高装备可靠性和控制水平、降低重油消耗和提高炭素制品质量的显著效果。整个改造完成后将使分公司阳极制品产能达到25万吨、阴极制品产能达22000吨，能源消耗显著降低，污染得到根本治理，技术装备达到国际先进水平。

与此同时，一批高附加值产品生产线的建设和改造，改善了分公司的产品结构、提高了高附加值产品产值率。联合法生产氧化铝回收镓新技术及产业化是分公司的独特新工艺，具有很强的实用性和经济效益，产品镓属于享受国家免税政策的新产品。该项目从小试、工业试验到实现产业化只用了约一年时间，目前已达到10吨4N镓的生产能力，创产值1421.8万元。镓生产线的成功投产还为高性能通讯材料（高纯镓）的研制和新型净水剂的开发创造了良好条件。设计年产能3万吨的变形铝合金生产线的建成，其装备技术达到国际领先水平，到目前已累计生产高质量的6000系列铝合金约1.9万吨，创产值1.85亿元；自主创新了6005A铝合金生产工艺及产品，达到国际先进水平，受到用户好评，成为分公司又一高附加值产品。到目前，分公司高附加值产品产值达到2.1亿多元，产值率达18.37%。

正在实施的精铝改造、碳素技改和氧化铝年产80万吨技改三大工程进展顺利，完成后将收到提产提质、降费降本、节能环保的实效，为贵州分公司实现“十五”腾飞奠定坚实基础。

中国和平（北京）投资有限公司业务发展情况

中国和平（北京）投资有限公司董事长　黎志明

一、公司基本情况

中国和平（北京）投资有限公司是按照国家关于国有企业制度改革的有关政策，于1999年12月改制设立的。公司是从事水利、城市供水、农林、能源、电力、交通、环保、房地产开发、物业管理、生物工程、通讯、计算机网络工程项目投资和提供信息咨询服务的国家专业投资公司。注册资本10000万元。股东单位为中国和平公司、黄龙洞投资股份有限公司、北京伊诺岢科贸集团、云大科技股份有限公司等知名国有企业和上市公司。

公司按照公司法等法律法规的规定，设立股东会、董事会和监事会，实行董事会领导下的总裁负责制；公司组成专家委员会，对公司投资项目及公司的运作及发展提供咨询服务。公司管理层由各方面专家组成。

公司本部主要从事以下工作：

1. 筛选投资项目：在进行新项目的选拔时，公司严格执行规范运作，坚持深入调查研究、慎重从事的态度，以确保公司投资的安全，使公司的利益得到保障。

2. 对已投资项目的监督、管理：及时掌握项目的运营情况，使投资得到有力的监控和保证，减少投资风险。

3. 投资咨询服务业务：为有良好前景的项目及企业进行包装，提供市场分析、财务分析、拟定商业计划、寻找投资合作等服务；根据中小城市和中小企业发展的需要，为其进行经济分析和管理分析；提供企业经营管理、财务、投资、法律、专业认证等方面的咨询服务及人员培训。

二、公司主要业务方向

（一）城市供水系统改造

城市供水系统改造是公司的主要投资方向。中国是缺水大国，水资源分布又极不均匀，供水成了制约经济发展和人民群众生活改善的瓶颈。为改变这一状况，国家对城市供水设施的投资近几年均保持在2位数以上的增长速度。在这种情况下，公司联合中国水利投资公司等伙伴，共同组建了专业从事水务项目的“江河水务投资有限公司”。该公司目前已在山东、湖北、江苏、广东、海南等省与当地政府和水务部门就投资城市水务项目确定了合作关系。该公司已实施的水务项目达8个城市，预计2003～2004年将达到日供水80～100万吨的经营规模。2001年公司与中国国际信托投资公司、中国水利投资公司、中国灌溉技术开发公司、中国大通实业有限公司共同发起设立“中水城镇供水产业投资基金”。中水基金运用投资基金这一现代投融资工具，动员、汇集社会投资者的资金，形成基金交由专家组成的基金管理公司运作，交由有资格的商业银行托管，运用现代组合投资技术，投资于具有发展潜力而又缺乏资金的各类城镇水务企业。

（二）高科技产业

1. 公司作为第一大股东投资的北京福创科技股份有限公司是一个集科研、开发、生产经营、服务于一体的高新技术企业。福创公司以中国科学院半导体所、国家光电子工艺中心、北京大学国家光通信实验室为后盾，将中科院半导体所主持开发的半导体激光器核心技术进行产业化，开发和生产从激光器芯片、接收/发射模块到DWDM光传输系统的光通信关键器件和设备。

福创公司控股投资的高德软件有限公司是国内最早研究开发汽车GPS卫星导航系统的企业，已累计投入资金4000万元，先后承担了国家“九五”与“十五”攻关计划中“GPS产业化开发”任务，在汽车导航软件、核心硬件及配套的导航电子地图、无线网络GIS等方面形成了一批具有自主知识产权的研发成果，其技术与产业化水准在国内处于领先地位，部分产品出口海外。福创公司通过高德软件有限公司与日本丰田汽车、富士通公司合作组建了北京艾迪菲导航科技有限公司，生产销售国内第一代实用型车载道路导航仪，该产品在国内有广阔的市场。

2. 公司作为主要股东投资的北京鑫运通信有限公司在计算机网络和通信领域已取得国家有关部门批准的经营权，拥有在电信增值业务运营服务、互联网运营服务、移动通讯短信息服务等业务方面的许多优势资源。随着21世纪信息产业化的发展，将放开对外国投资者的准入限制，诸多国外大型通信公司正在千方百计争取打入中国电信，投资于网络与通信领域，不仅能使投入资金获得较高的资本利得，在商业经营中也可获得比较稳定的收益。

创现代医药品牌　建现代高科技企业

——记天津天士力制药股份有限公司

天士力制药股份有限公司位于环境优美的天津北辰科技园区，建筑面积2.4万平方米，职工2100多人，拥有通过国家GMP和ISO9001认证的国际一流的生产车间，是当前国内最大的滴丸剂型生产企业。

公司前身是成立于1994年的天津市天使力联合制药公司。创业至今，资产总额达13亿元，净资产10亿元，为国家推进中药现代化的骨干企业之一。公司于2002年8月在上海上市。

八年来，天士力公司以“追求天人合一，提高生命质量”为理念，用现代科技赋予传统中药以新的生命力，成功地研制生产了复方丹参滴丸和养血清脑颗粒，逐步建立了以复方丹参滴丸生产经营为核心的产业化体系。其独家研究生产的复方丹参滴丸已经成为中国心脑血管药品市场的主导产品之一，先后列入国家科技部“中药现代化科技产业行动计划”重中之重项目、“九五”重大科技成果推广项目和国家973基础科学研究项目，被国家计委列入高技术产业化示范工程项目和国家中药现代化重大专项项目计划，成为目前全欧中医药学会联合会向欧共体药审委传统药立法小组推荐的惟一中药产品。

天士力公司制定了“创现代医药品牌，建现代高科技企业”的跨世纪发展目标，致力于传统中药的产业化和现代化，以富有竞争力的机制吸引了国内外大量的科技人员和企业管理人才，开国内中药行业中标准化和规范化的风气之先，创下若干个全国制药业第一：

复方丹参滴丸是第一个以药品身份通过美国食品与药品管理局临床用药申请，成为中国第一例中药、全世界第一例治疗心脑血疾病的复方草药制剂通过美国FDA新药临床试验审批的药品，实现了中药进入世界医药主流市场的历史性突破；

中国第一批中药现代化高技术产业化示范工程项目；

第一个建立了符合GAP标准的药源基地——陕西商洛丹参药源基地；

首倡中药提取生产质量规范（GEP），努力争取建立并引导第一个由中国人创立的行业标准；

第一家获国家级企业管理现代化创新成果一等奖的现代中药企业。

近年来，天士力公司建立了中药研发、中药材的种植、提取、药品生产、销售的一体化产业结构链。

公司在陕西商洛建立了符合GAP规范的丹参药源基地，目前已成为国内最大的丹参生产基地，其种植的丹参，丹参素含量稳定控制在1.7%，是普通丹参的2倍，丹参酮比国家药典标准高出一倍多，被列为“九五”国家重大科技成果推广项目。在云南文山建立了GAP三七种植基地，借助文山500年的三七种植历史，结合现代中药材种植新标准，以中药材生产开发的现代化与国际化为目标，创建了高质量高产量的优质三七种植基地。

中药材提取方面，率先倡导建立并积极探索GEP（Good Extracting Practice，中药提取规范）标准管理规范。采用“高效液相色谱分析”准确测量中药成分，以科学方法制订中药提取过程中的量化标准，解决GAP不能解决的中药材自有毒性的分离以及GAP难以克服的重金属含量和农药残留问题，从根本上弥补中药生产过程中技术和控制缺陷。药品生产全过程严格执行GMP标准。

公司控股的医药销售公司通过了GSP认证，本着“基础市场在国内，目标市场在国外”的发展策略，以现代营销观念构建市场。在国内市场方面，已在全国31个省市，建立了24个大区，150个办事处，销售人员上千人，形成了稳定的营销网络。在国际市场方面，先后取得了越南、俄罗斯、古巴、韩国、阿联酋等地的药品销售许可，在开拓国际药品市场方面取得了初步成效。

天士力公司已经步入产业化、规模化、国际化的稳健发展轨道。天士力人正在以推进中药现代化为己任，团结拼搏、奋发图强，努力使公司发展成为具备与跨国集团相抗衡的制药企业。天士力人决心为中药走向世界、使中药成为人类共享而不懈努力，开创更加美好的未来。

加大投入 调整结构 走新型工业化道路

大同煤矿集团有限责任公司

大同煤矿集团公司的前身是大同矿务局，成立于1949年，2000年改制为国有独资公司，现已成为以煤炭生产为主业，以建筑安装、机械制修、化工、建材生产为支柱的多业并举的综合性特大型煤炭企业。自1949年建局到2001年，大同煤矿集团共生产煤炭10.13亿吨，上缴利税125.65亿元。50多年来，大同煤矿集团公司多次受到国家、部、省、市的表彰奖励。1997年被国务院批准列入国家120家企业集团试点单位，是国家520户重点企业之一。

1997年至2000年，由于全国煤炭市场总量过剩，企业生产经营遇到了前所未有的困难，资金紧张，亏损严重。在党中央、国务院的亲切关怀下，在国家有关部委的大力支持下，在山西省委、省政府的正确领导下，公司加大改革和管理工作力度，大力推进“扭亏脱困、调整重组、壮大发展”的三步走战略，围绕将企业做大做强的目标，积极调整结构，加大投入，各项工作不断深化：

一是围绕调整产品结构，加大了投入。投资16288.65万元，先后对云岗沟五个洗煤厂进行了技术改造，目前云岗沟生产原煤已实现了全入洗，成为全国最大的年产1500万吨洗精煤出口基地。

二是围绕集团发展战略，加快了收购重组步伐。公司从战略角度出发，与右玉县签定了收购两个县营煤矿及其矿产资源的协议，这两个县营煤矿通过改造年生产规模可达180万吨；同时，积极向南发展，收购原轩岗矿务局破产资产，新组企业经过改造后，可建设年产500-1000万吨的煤炭基地，目前这项工作正在积极推进当中。

三是围绕多业并举的方针，加快发展非煤产业。组织专门人员调研、论证煤矸石电厂、煤变油、甲醇制取、活性炭等一些规模大、前景好的非煤项目，积极争取立项。对现有非煤项目，理顺管理体制，实施项目重组，大力进行股份制改造。公司实施扶优扶强激励政策，从每月资金分配中列出专项资金，专款专用，2001年累计投入6600万元用于扶植优势项目，使一大批厂、网点通过资金和改制扶持起死回生。比如集体企业系统37家企业改制为股份合作制公司后，基本上实现了扭亏增盈。特别是集体企业直属的28家改制企业，2001年实现销售收入5596万元，同比增长41%；实现利润168万元，同比增盈减亏1028万元。

随着各项工作的不断深化，产业结构逐步升级，产品结构不断优化，公司经济运行呈现出了良好的发展态势。2001年生产煤炭3502万吨，实现销售收入708942万元，实现税费71665万元，被省政府授予完成经营目标优势企业。

在前一段工作的基础上，制定了下一步公司的发展规划是：

总体思路是加大力度继续推进“扭亏脱困、调整重组、壮大发展”的三步走战略。

战略目标是组建大同动力煤集团。以大同煤矿集团公司为主体，以市场为导向，以技术为支撑，以资本为纽带，通过兼并、联合、重组，逐步形成跨地区、跨行业、跨国经营、主业突出、实力雄厚、核心竞争力强的年产销能力1亿吨的大型煤炭企业集团。

初步规划是对大同煤田及整个山西北部煤炭资源进行整合，重组资产，加快技改，建设四大煤炭生产基地。煤炭产量初步规划：2003年达到4000万吨，2005年达到5000万吨，2010年达到1亿吨，并相应开发其它产业和产品，使企业规模同经济效益同步增长。

一是进行塔山工业园区综合开发。建设目标是，建设1500万吨的高产高效矿井，年入洗能力1500万吨的大型选煤厂，年处理能力40万吨的伴生资源——高岭岩加工厂，利用煤泥和煤矸石发电的装机容量30万千瓦的电厂，利用电厂灰渣的年产20万吨水泥厂。目前矿区总体发展规划，已经得到了国家计委的批准。塔山工业园区1500万吨矿井、1500万吨洗煤厂、铁路、高岭岩加工厂等单项的前期准备工作也在抓紧进行，与国外一些公司就合作开发事宜进行了洽谈。

二是对已并购的轩岗矿区进行技术改造。以此为基础，积极争取对朔南煤田进行整体规划开发，2005年产量达500万吨，2010年后建成年产1500万吨的煤炭基地，并将该区域的石炭二迭系煤通过北同蒲铁路到秦皇岛港与大同侏罗纪煤炭进行配煤销售，形成不同热值的系列产品，满足用户的不同需求。

三是对大同、朔州等地的煤矿进行购并改造。目前，正在与大同朔州两市就地方煤矿的收购兼并事宜并事宜进行洽谈。经过对该地区进行改造，到2005年产量上到1000万吨以上，2010年达到1500万吨。

四是对大同煤矿现采的侏罗纪煤系，进行精采细采，加大技术改造力度，延长服务年限。同时，就地向下延伸，开发石炭二迭纪煤系，到2010年将产量提高到5000万吨以上。

公司通过多种渠道融资，加大投入，用高新技术和先进适用技术改造传统产业，并对周边资源合理整合。届时，大同煤矿集团公司将成为主业突出、核心竞争能力强的亿吨级大型动力煤企业集团。

开拓进取 高歌猛进

——快速发展中的北京市燃气集团公司

承担着首都燃气供应和服务工作的北京市燃气集团公司，深化改革、开拓进取，加快了首都燃气事业发展。

燃气基础设施投资力度加大，燃气供应能力迅速增加

1998年至2001年，北京燃气基础设施投资力度不断加大，四年多总投资达39亿元，是“八五”期间的3.8倍，先后建设了陕气进京市内工程、市内扩建工程、天然气储气罐站、天然气加气站、地下储气库和调压站、管网建设等燃气基础设施工程。到2002年，完成燃气管线建设2200多公里，接收站一座，调压站248座，新建储气罐站2座，扩建一座，建成容积为1万立方米的储气球罐10个。

这些项目的建成和投入运行，使北京市燃气供应能力明显提高。全市燃气管网由1998年的3764公里增至5986公里；天然气调压站由原来的319座增至512座。自1997年陕甘宁天然气进京，到2001年年底，短短的四年时间，北京市的天然气用量增长了近10倍。全市天然气购入量达到14.49亿立方米，连续几年实现了年天然气新增购入量超过3亿立方米，年增长幅度均超过30%以上，全市的天然气销售量达到18亿立方米，增长速度在全国乃至全世界都是惊人的。

随着天然气销量的增长，北京市天然气居民用户也迅猛增加。目前全市燃气居民用户总数已增长到327万户，市区居民炊事气化率达到96%以上。北京市天然气消纳量已居全国各大城市之首。

燃气结构中天然气比重大幅度增加，工业、公服用户用气量加大

长期以来，在北京市的能源结构中，煤炭一直占主导地位，直到1994年底，北京市除部分居民用上华北油田的天然气、液化石油气和人工煤气外，尚有60余万户左右的居民仍烧煤做饭取暖，同时还有数万个公共福利用户和工业用户也在使用燃煤锅炉。在北京市整个燃料结构中，煤占60%以上，导致首都大气污染严重，被列为世界十大污染严重的城市之一。

1997年陕气进京后，北京市燃气气源充足。为把首都建设成为清洁、优美的城市，市委、市政府制定了优先发展天然气战略，并做出规定：市区三环路以内，全部燃煤锅炉、燃煤大灶一律改为使用燃气。同时，还对大量原来使用人工煤气的用户置换天然气。1999年以来，市集团公司结合北京市大气治理措施，积极配合有关单位做好燃煤改燃气工作，发展和改造燃气锅炉2363台，折合8033蒸吨，采暖面积7000多万平方米。人工煤气置换天然气工作自1997年以来，到目前全市已累计完成置换近80万户。并建设了5座天然气汽车加气母站，发展天然气大型公共汽车1700辆，使北京城市燃料结构发生了巨大的变化。天然气在能源结构中所占比例由原来的0.4%增长到6.7%。

燃气使用范围不断拓宽，燃气供应区域不断扩大

目前北京市燃气应用范围在大大拓宽，不仅包括一般居民用气，还拓宽到采暖制冷，工业、汽车用气等方面。从2001年开始，清华、电子城、上地和亦庄科技园区，以及拟建的奥运中心供热厂和大型燃气电厂如华能和高井等天然气热电冷联产项目，陆续开始建设及论证。这些项目建成后，年用气量可达10亿立方米以上。2-3年后，将成为气量增长的重点。在天然气气源充足的情况下，集团燃气供应区域也由市区向郊区延伸，已供应到通州、大兴、房山、顺义等四个区。2002年，燃气集团正积极进行门头沟、昌平地区管道天然气发展的前期工作，并在门头沟、房山、密云等远郊区县进行建设CNG小区的准备工作。

由于近几年大力发展清洁能源，优先发展天然气，给北京市带来了可观的环保效益。每年减少燃煤396万吨，减少飞灰26.4万吨，减少废渣86.6万吨，减少烟尘排放0.72万吨，减少二氧化硫5.6万吨，减少氮氧化物2.4万吨，减少一氧化碳8.6万吨，减少总炭氢1.66万吨，对改善北京市环境有着显著的作用。

1999年9月改制组建的北京市燃气集团公司，经过仅两年多的发展，已从原来靠吃财政补贴的亏损企业，开始走向盈利，并从2000年位列中国1000家最大企业第349名跃居2001年中国500家最大企业第223名。

陕甘宁天然气进京，市内工程总投资39亿元。图为市内工程项目之一，一万立方米天然气储气罐。

北京首创集团总经理　刘晓光

实施企业发展战略 抓好产业整合与投资

——北京首创集团

首创集团是北京市属大型国有独资集团公司。2001年集团在市政府的领导和支持下，大力推进原有产业的整合和重组，积极探索和开展具有首创特色的产业投资，提高了集团核心产业的竞争力。经过一年的努力，首创集团初步形成了以房地产、水务为主体的市政基础设施建设和金融服务、高新技术、贸易、旅游酒店为辅助的产业体系，为集团的产业调整和二次创业奠定了坚实的基础。

一、突出核心产业

水务产业方面：先后投资10亿元收购了北京高碑店污水处理厂一期工程，并完成了高碑店污水处理厂二期、自来水九厂三期收购重组的前期工作。同时，还与法国威望迪水务亚洲有限公司、北京市政总公司合作，为集团向自来水、污水处理、中水回用等产业的拓展打下了基础。

房地产业方面：首创集团在2001年投资17亿元用于房地产开发与建设，竣工面积达39万平方米，实现销售收入13.8亿元。集团投资2亿元发起设立北京市绿化隔离地区基础设施开发建设有限公司，该公司成为从事四环绿化隔离带一级土地开发建设单位，为集团房地产业的可持续发展提供了土地资源保障。

金融服务业方面：通过加大对投资银行业务的投入和经营力度，初步构建了比较完备的金融服务业体系。首创集团投资近4亿元入股南方证券公司，成为其第一大股东；完成了对四川国债基金的清理和改造，成立了由首创集团为第一大股东并经营管理的银华基金管理公司，共同管理“基金天华”，规模为25亿元，已于8月8日在深圳证券交易所上市；此外，首创还完成了对蓄电池公司的改造，成立了首创集团控股的首创创业投资公司，实现了其主营业务向风险投资业务的转型。

高科技产业方面：2001年首创集团在原有投资的基础上，又先后投资1.48亿元，投入到信息技术、生物制药、纳米材料领域，如首创凯拓生物技术发展公司、原子高科核技术应用股份公司、中关村百校信息园公司、北京首创纳米科技有限公司以及北京汉世纪创业投资管理公司等，为集团在今后更大的发展打造了一个良好平台。

二、加快产业整合重组

集团加快对“首创置业”重组的步伐。2001年首创集团着手整合首创阳光、首创科技、首创航宇等集团下属房地产开发公司，实现房地产资源统一分配、统一经营、统一管理，提高房地产经营规模和竞争力，力求以优秀的物业回报社会。整合后的“首创置业”总资产达65亿元，净资产14亿元。

整合集团投资银行业务，构建金融服务体系。为提高集团金融资产的竞争力，迎接WTO的挑战，首创集团提出整合所属金融服务业资产，组建首创证融国际投资有限公司。目前，已完成“证融国际”的注册登记工作。组建后的金融服务业是以现有从事投资银行业务的金融企业为基础，以资产管理、资产重组、并购为核心，以证券、基金、创业投资为支柱，以财务顾问、期货、保险业务为辅助业务的投资公司。该公司组建后，积极开拓国内外金融服务市场，努力把“首创国际”办成独具特色和有较强竞争力的金融控股公司。

整合集团旅游酒店和商业贸易产业。根据集团“二五”规划纲要，本着“清理资产、收缩战线、突出主业，实现专业化经营，创造最大效益”的指导方针，先后将“天客隆”和“宁波中百”两公司股权转让。与此同时集团对下属6家商业贸易公司和11家旅游酒店企业分别予以重组和整合，成立首创旅游酒店管理公司和首创商业贸易公司。

三、强化集团投资管理工作

为加强对投资项目的审查和投资后运营的监控，提高投资质量，确保国有资产的保值增值。首创集团在2000年制订《关于所属公司加强管理防范风险的若干规定》，2001年集团与北京市经济信息中心签定了研究建立首创集团资产信息管理系统和投资项目数据库的合作协议。此外，集团还研究制订了《首创集团关于参股、控股公司中董事、监事管理规定暂行办法》（草案），从而进一步强化了对投资的全面管理工作，为提高投资效率奠定了坚实的基础。

四、未来发展的指导思想

首创集团未来五年发展的指导思想是：牢固树立市场竞争观念和危机意识；突出主营业务，培育核心竞争力；正确处理发展与调整、速度与效益的关系；强化企业管理和防范决策风险，加速实施人才战略；坚持国际化的企业发展和改革方向。

岭澳核电站工程建设情况

岭澳核电站是按照国务院“以核养核，滚动发展”的方针，在广东地区建设的第二座大型商用核电站，建设规模为4台百万千瓦核电机组，首期建设2台。

1995年4月国务院批准岭澳核电站立项，1996年12月国家计委批准设计方案，1997年5月岭澳核电站主体工程正式开工。

岭澳核电站坚持“安全第一，质量第一”的方针，对质量问题、安全问题强调“透明”，要求“及时发现，准确定性，快速处理，及时反馈”。岭澳核电站1号机组于2001年12月开始装料，2002年2月完成冲转试验，2002年2月28日提前48天投入商业运行。与此同时，2号机组也进展顺利，可望2002年底投入商业运行。

岭澳核电站的建设和投入商业运行，对缓解广东用电紧张局面，推动广东经济和我国核电事业的发展有着十分重要的意义。

（汤峥嵘　叶瑞明供稿）

主厂房外景

正式开工

并网发电

百年梦想 世纪经典

——东风公司神龙轿车项目巡礼

神龙轿车项目，是1987年经国家批准确立的“八五”计划重点中外合资合作项目，是以东风汽车公司控股、与法国雪铁龙公司等股东合资兴建的现代化轿车生产基地。项目建设本着“高起点、高标准、高质量、高水平”的原则和要求，瞄准当时国际先进水平，建设规模为年产30万辆轿车和40万台发动机，一次规划、两期建设。

神龙轿车项目，承载着中国人的百年轿车之梦。1992年5月，正式成立合资企业神龙汽车有限公司，总部位于中国湖北武汉。2000年11月，年产15万辆整车和20万台发动机生产能力的神龙项目一期工程通过国家竣工验收。

神龙公司拥有技术先进的生产手段，进口设备占设备总投资的一半以上，全部设备达到国际九十年代先进水平。目前生产经营的产品，主要是东风雪铁龙品牌下三个不同车型风格的系列产品，即富康系列、爱丽舍系列、毕加索系列，技术装备进一步提升，品种结构进一步拓宽，产品市场进一步细化，目标定位进一步明晰，覆盖了私家车市场中档轿车10至20万元不同消费需求的黄金价位区段。

神龙公司坚持“以质量为基础，以市场为导向，以客户为中心，向管理要效益”的经营方针，在引进雪铁龙最新产品的同时，全面引进其先进的制造工艺和经营管理方法，结合公司实际建立起了科学、严格的质量管理体系。公司先后投资6.3亿元加强质检设备硬件建设，并把质量控制向两头延伸到产品设计开发和售后服务的各个环节，确保产品和服务的高质量。神龙公司的质量管理、环境管理，先后高质量、高水平、高标准地通过了国内、国际第三方体系双认证；营销服务体系健全，运行高效；连续三年被评为“全国用户满意产品”、“全国质量管理先进企业”、“全国用户满意企业”、“全国用户满意产品”和“全国质量效益型企业”。

神龙公司现生产的系列产品自下线以来，就被国家有关部门确定为新车上牌免检产品；以创“精品名牌”为重点的质量管理经验，2000年被国家经贸委推荐为全国大中型企业实施《国家质量管理纲要，推进企业规范管理》的典型案例；2002年元月，神龙公司及其产品，作为全国汽车行业首家获得“中国环境标志企业”和“中国环境标志产品”双绿色认证证书和匾牌；2002年2月，富康（轿车）被评为“中国驰名品牌”；2002年6月，据中国社会调查研究所公布的最受公众欢迎的汽车，富康位居十大中档轿车之首。

神龙轿车项目，已成为展示我国对外开放成就和形象的窗口性、示范性工程。进入新世纪，东风汽车公司与法国PSA标致雪铁龙集团再次提升合作层次，不断为神龙公司的发展，注入更大的活力，再次追加注册资本，用于产品开发，推进实施和分享一个共用平台、两个品牌（标致、雪铁龙）、多系列车型的产品战略。目前，神龙公司正抢抓机遇，以前所未有的发展速度和实际步骤全力打造“中国家轿第一品牌”。

地址：武汉市汉阳区郭茨口 电话：(027)84623203 传真：(027)84624101 邮编：430051 网址：www.dcac.com

神龙汽车有限公司
DONGFENG CITROEN AUTOMOBILE CO.LTD

中国五矿集团总裁　苗耕书

实行跨国经营的大型企业
——中国五矿集团

中国五矿集团是以金属和矿产品的国际贸易为主，兼具金融、房地产、货运、招标、内贸和投资业务，实行跨国经营的大型企业。1999年，中国五矿集团被列入由中国政府直接管理的44家国有重要骨干企业。2001年，中国五矿集团的总经营额为60.85 亿美元。

中国五矿集团具有50余年的经营历史，曾长期发挥国家进出口主渠道作用，在海内外享有盛誉。改革开放以来，中国五矿集团顺应国家外经贸体制的变革，积极主动地参与市场竞争，坚定地实施国际化发展战略，一业为主、多种经营，并在国内外进行广泛的实业投资，经营规模和经济实力都大为提高，为企业的长远发展奠定了雄厚基础。

中国五矿集团建立了全球化的营销网络，目前在国内13个省区拥有98家全资或合资企业，控股和参股的国内上市公司有12家，在世界17个国家和地区设有30家海外企业。

作为中国最大的五金矿产品贸易企业，中国五矿集团以服务为先导，努力向客户提供包括融资、报关、仓储、运输、加工和资讯在内的价值链服务，满足客户的要求和期待。

中国五矿集团与国内各大商业银行保持密切的合作关系，获年度综合授信额度120亿元人民币；从1996年开始，集团连续数年在美国成功发行和续发了共计6亿美元的商业票据，获国际权威信用评级机构好评；2001年，集团首获国际银团1亿美元3年期贷款。

中国五矿集团拥有一支高素质的员工队伍，他们知识全面、勤奋努力、富有朝气。

中国五矿集团以诚信为本，在平等互利、重合同、守信用的原则下，广泛开展“双赢”和“多赢”合作，在中国和世界各地的客户达8000家以上，其中绝大多数是长期稳定的贸易伙伴。

为了提高核心竞争力，中国五矿集团积极实施新的企业发展战略，按照钢铁贸易、原材料贸易、有色金属贸易、综合贸易、金融业务和房地产及服务业务六大板块进行运作，各项业务保持健康发展，经济效益良好。在新的世纪里，中国五矿集团以贸易为基础，集约多元，充分发展营销网络；以客户为中心，技术创新，积极提供增值服务；努力发展成为提供全球化优质服务的企业集团。

董事长　盖若梅

团结　自信　坚韧　进取

——深圳市华晟达投资控股有限公司

深圳市华晟达投资控股有限公司是根据中国证监会的有关要求，从南方证券有限公司分设出来的国有大型投资控股公司。2000年12月5日，华晟达投资控股有限公司在深圳市正式创立，注册资本3亿元，由当时南方证券董事副总裁盖若梅女士出任公司董事长。由于公司产生的特定历史背景，华晟达既是一家业务跨越资本市场和实业投资领域的大型投资控股公司，也是国内首家从证券公司剥离出来的资产管理公司。

华晟达公司重组成立以来，在全体员工的共同努力下，立章建制，调整机构，建立起科学的现代公司管理体系；清产核资，盘活资产，改善公司资产质量，拓宽了公司运行的现金流量；整合资产，清理业务，逐步确立证券投资、房地产、文化传媒三大主业；卧薪尝胆，励精图治，培育出“团结、自信、坚韧、进取”的企业精神。目前，华晟达投资控股有限公司管理的资产总额达52亿元，业务遍及深圳、北京、上海、广州、西安、南京、成都等各大城市。总公司下辖9家直属企业，分别为证券投资类企业3家，房地产及物业管理类企业4家，广告传媒企业1家，以及其他企业1家。

2001年度，华晟达公司在确立证券投资、房地产、广告传媒三大主业的基础上，在保全资产、防范风险前提下，寻求可持续发展的机会，稳步推进业务，创造收入。在证券投资方面，初步形成证券投资统一运作体系，充分防范风险，取得了较好的效益；在房地产业务方面，抓住房地产市场转好的机会，扩大销售，提高出租率，拓展装饰装修业务，商品房销售和房租收入大幅增长；在广告传媒业务方面，北京晟达四宇公司在财经公关、影视制作、企业形象策划等方面也取得了一定的成绩。经过一年的努力，公司财务状况好转，全年实现收入2.05亿元，当年的收支相抵略有盈余，实现了当年扭亏为盈。

展望未来，面对中国加入WTO的新形势，华晟达公司将遵循国际惯例，进一步完善公司内部管理结构，在机遇与挑战的道路上规范运作方式，不断增强自身的竞争优势。同时随着国家投融资体制改革进一步深化，华晟达还将继续拓宽视野，寻求新的发展空间，也由衷希望能与志同道合的合作伙伴携手并进，共创美好明天。

武钢技术改造与发展情况

武汉钢铁（集团）公司

一、武钢的基本概况

武钢坐落在“九省通衢”的武汉市东郊，是新中国成立后兴建的第一个特大型钢铁联合企业。自建厂以来，国家对武钢投资64.2亿元，武钢通过自我积累、自我发展，到2001年底，已拥有固定资产原值427.2亿元，净值229.73亿元。2001年生产钢708.53万吨、生铁674.85万吨、钢材586.69万吨，实现销售收入181.59亿元，利税29.71亿元。武钢在43年的生产建设中，累计生产钢12448万吨、铁13481万吨、钢材9736万吨，累计实现销售收入2043亿元，实现利税429.6亿元。

1993年至2001年的九年间，武钢依靠自我积累和自筹资金260多亿元用于技术进步和扩建改造，大大地优化了武钢的技术装备和工艺结构，使一批主要技术装备达到了世界一流的先进水平，增强了武钢的市场竞争能力。到2001年底，武钢已形成年产钢800万吨的生产能力，成为我国重要的优质板材生产基地之一。

1993年10月，经国家计委、国家体改委、国家经贸委批准，成立了以武钢为核心的武钢集团，并任命刘本仁为武钢集团董事长。1999年底，被列为中央企业工委管理的国有重点骨干企业。2000年12月，被确定为中央直管的国有重要骨干企业。武钢下属65家单位，其中一级全资子公司39家，控股子公司8家（其中上市公司1家），直属厂4家，分公司4家，直属事业单位12家。

二、“九五”技术改造和取得的成绩

“九五”期间，武钢围绕“品种、质量、环境、效益”加大了建设和改造力度，完成固定资产投资130.6亿元，其中基本建设投资61.5亿元，占总投资的47.1％，技术改造投资69.1亿元，占总投资的52.9％。武钢通过“九五”期间的技术改造，增强了武钢的市场竞争能力，并为武钢进一步发展成为具有国际竞争实力的大型钢铁企业集团奠定了良好的基础。

（一）主要技术改造工作

1. 在全国钢铁企业中武钢率先淘汰了“平炉——模铸——初轧”落后的生产工艺，实现了“铁水预处理——转炉——炉外精炼——连铸”的先进生产工艺，连铸比达100％。自1997年全面建成武钢三炼钢二炉二机后，于1998年将一个拥有6座500吨平炉、模铸的落后钢厂改造成拥有2座100吨复吹、铁水喷吹脱硫、LF/VD精炼炉和2台5机5流高效大方坯连铸机的现代化钢厂。

2. 完成了硅钢厂扩建改造工程。1996年完成硅钢一期改造，使硅钢生产能力由原设计的年产7万吨提高到26.5万吨；1997年又进行了硅钢二期改造，使精品名牌产品冷轧硅钢片年生产能力达到40万吨，其中取向硅钢10万吨，使武钢保持了硅钢生产在国内领先的地位。

3. 建成了具有世界水平的高速线材生产线。武钢采用当今世界先进技术，建成了高速线材生产线，生产出钢帘线、预应力钢筋、冷镦钢等，扩大了武钢产品的品种。

4. 改造传统落后工艺，推进工艺装备升级。武钢对50年代至70年代的落后装备进行了一系列具有国际先进水平的技术改造，使热轧、轧板、炼铁等系统的整体技术装备水平大幅度提高，推进了工艺装备升级。

5. 国家为提高中国钢铁企业应对加入WTO的挑战，支持武钢加快结构调整和技术创新，集中精力发展替代进口的关键品种，提升武钢国际竞争力。1999年国家经贸委和国家计委下达第一批国债项目计划，武钢二炼钢连铸机改造、热轧系统改造、冷轧全面改造、高炉喷煤改造、高炉煤气余压发电（TRT）项目、硅钢改造二期工程等6个技改项目在2000年7月批复实施。同时，中国目前技术装备水平最高、板宽最宽（2250mm轧机）、强度最大的现代化宽带钢热连轧机的第二热轧工程也开工建设。

（二）技术改造取得的主要成绩

1. 提高了工艺技术装备水平和优化了工艺结构。武钢大部分主体生产厂的工艺技术装备达到了世界80年代或90年代先进水平，尤其是三个炼钢厂均有了完备的铁水预处理和钢水炉外精炼设施，实现了“铁水预处理——转炉——炉外精炼——连铸”的先进生产工艺，为进一步扩大品种，提高产品质量，节能降耗，降低成本提供了可靠的技术保证。武钢拥有了国内同行领先的高炉长寿技术、脱硫技术、真空处理技术、全连铸技术等一系列先进的冶炼技术。

2. 调整了品种结构。面对激烈的市场竞争，武钢实施了“精品名牌”战略，利用先进、优良的装备，先后研制开发了47个系列、139个新品种，已形成了“桥、管、箱、容、电、车、线”（桥梁钢、管线钢、集装箱钢、压力容器钢、电子用钢、汽车板、高速线材）等为重点的一批高技术含量、高附加值的精品名牌产品，成为中国重点的优质板材基地。尤其是精品名牌冷轧硅钢片的生产工艺和技术装备与世界最先进的新日铁相当，品种及产品性能已达到世界一流水平。研制开发的高强度桥梁钢、电视机系列用钢、压力容器钢等在国内处于领先地位，石油管线钢、集散装箱板、IF钢等是国内仅有的几家生产厂之一。

3. 技术经济指标有了明显改善。劳动生产率由1995年的100吨／人年，提高到2000年的253吨／人年；吨钢综合能耗由1995年的1154公斤标煤／吨钢，降到2000年的

891公斤标煤/吨钢；连铸比由1995年的50%，提高到2000年的100%；综合成材率由1995年的86.5 %提高到2000年的92.3 %；高炉利用系数由1995年的1.734 吨铁/立方米·天，提高到2000年的2.07 吨铁/立方米·天；高炉入炉焦比由1995年的481.1 公斤/吨铁，降低到2000年的411公斤/吨铁。

4. 产品质量得到进一步提高。先后有100多种产品获全国、省、部优质产品证书，有24个钢材品种达到国际先进水平，在用户中享有良好信誉。

三、"十五"发展规划和主要建设内容

（一）"十五"钢铁产业规划的目标

1. 产品结构进一步优化，提高冷轧硅钢片、冷轧薄板及其深加工产品等关键板材品种的市场占有率，板带比提高到 82.6 %；

2. 形成1000万吨以上钢的综合生产能力；

3. 劳动生产率达到600吨钢/人年以上；

4. 吨钢综合能耗下降到0.70 吨标煤/吨钢以下；

5. 主要技术经济指标到世界先进水平，主要污染物排放合格率达到100%。

（二）"十五"钢铁产业规划建设的主要内容

为了实现规划目标，"十五"期间，武钢围绕结构调整，推进工艺升级，将重点建设一批现代化的生产线，改造或淘汰一批落后的工艺装备，整个投资规模将达到260亿元。主要有：

1. 建设精品基地，提高产品档次，重点建成宽带钢生产线，形成中国最大的汽车板生产厂。主要建设工程有：建设2250mm宽带热轧机工程、2230mm宽幅冷轧机工程、三炼钢3号宽板坯连铸机工程及2号RH真空处理。

2. 扩大冷轧硅钢片精品名牌产品生产能力，建设成为当今世界生产规模最大的冷轧硅钢片生产厂。

3. 优化产品结构，提高产品质量，加大现有设施的改造力度。主要改造工程有：一冷轧技术改造、硅钢增加取向硅钢生产能力改造、一热轧技术改造、二炼钢技术改造、轧板军工钢生产技术改造、冷轧精密带钢生产线改造。

4. 围绕节能降耗和环境治理，采用和推广一批重大科技进步项目，实现主要工艺、工序的升级换代。主要改造工程有：高炉喷煤技术改造、高炉煤气余压发电（TRT）技术改造、7号和8号焦炉干熄焦装置、冶金节水示范工程、冶金节能降耗工程、热力鼓风机站供热工程。

5. 改造落后的生产设备和工艺措施。主要改造工程有：3号高炉易地大修改造、3号焦炉易地大修改造、三烧大修改造、码头及原料场扩建改造。

6. 以信息化带动工业化，以工业化促进信息化，提高企业信息化管理水平。主要改造工程有：整体产销资讯系统、高炉生产专家系统、焦炉生产专家系统、烧结生产专家系统。

7. 建设相应的能源辅助设施，重点建设6万立方米/小时的大型制氧机站、武钢变电所改造、利用天然气工程等。

武钢"十五"期间以调整结构和技术升级为主要内容的技术改造，再次得到了国家的支持。2001年11月，冶金节水改造工程被列为国家第六批国债项目计划；2002年7月，企业信息化工程和节能降耗工程被列为国家第八批国债项目计划；2002年9月，二冷轧工程被列为国家第九批国债项目计划。至此，武钢已先后获得了10个国债项目。

武钢通过"十五"期间的调整结构和技术改造，生产规模达到生铁960万吨/年，钢1020万吨/年，钢材920万吨/年。重点建设成为四条精品名牌生产线：以取向硅钢和高牌号无取向硅钢片为主的冷轧硅钢片精品生产线，以汽车板和家电板为主的宽带钢精品生产线，以桥梁板、管线板、容器板、船板（军工板）为主的专用中厚板名品生产线，以钢帘线、钢绞线、冷镦钢为主的优质线材名品生产线。

武钢"十五"期间的投资计划体现了贯彻国家《冶金工业"十五"发展规划》和《"十五"工业结构调整规划纲要》的精神，体现了结构调整作为发展的主线，加快了技术改造和结构优化升级，为武钢的中长期发展描绘出了一幅宏伟的蓝图。

（武钢规划发展部　白胜庆执笔）

武钢冷轧厂五机架生产线

武钢热轧厂生产线

华欧集团董事长 李济英

优化资本纽带

——青

青岛华欧集团地处中国改革开放前沿城市青岛，是一个严格按照现代企业制度和法制化、规范化的要求，以资本为纽带，以核心企业为主体组建的大型企业集团，是向高新技术产业、绿色环保产业和电力相关产业等多元化发展的战略实施主体。

华欧集团成员企业包括：华欧四海建材公司、华欧四海自动化控制工程公司、华欧四海铸造公司、华欧明珠酒店、华欧置业公司、华欧建筑安装工程公司、华欧物业公司、华欧正立信公司、华欧环保工程公司、华欧物流公司、华欧茗苑公司、华欧电力工程公司、华欧医院、华欧富康公司、华欧信息公司、华欧海水淡化公司、华欧益群公司、华欧汇通公司、华欧咨询公司、华欧综艺公司等公司。

华欧集团坚持“把握脉搏、超前决策、优质高效”的企业理念，借鉴国内外先进经验，积极推行现代化企业管理理念和运行机制，按照集团化发展和规模化经营的模式，促进企业联合，推动企业资产的合理流动与优化配置，充分发挥集团的资产资金、技术营销和管理优势，不断提高企业经济效益和市场竞争能力，逐渐构筑以“华欧”品牌为龙头、与动力核心产业协调发展的产权多元化、经营集约化、管理现代化的产业群体。集团先后

团结进取的华欧集团决策层

与意大利甘巴利公司举行签字仪式

国家重大科技攻关课题——海水淡化项目合作签字仪式

构筑“华欧”品牌

欧 集 团

与美国、加拿大、德国、意大利等国家的知名企业建立了密切的技术合作与经济伙伴关系，产品销售及服务网络遍及全球。经营范围主要包括：电力工程、机械加工、电气化与节能设备、铸造冶炼、新型建筑材料、环保产业、交通运输、物流配送、电子商务、房地产开发、物业管理、综艺文化、酒店与餐饮娱乐、商贸旅游、医疗保健等众多领域。

在“十五”期间，华欧集团将发扬“激流勇进、携手共创”的企业精神，致力于做大做强，努力塑造“华欧”品牌，提炼和培育集团的核心价值观，建设优秀企业文化，不断壮大集团的经济实力，提高集团整体素质，立足青岛，面向全国，走向世界，勇敢迎接全球经济一体化的挑战，向着企业发展和科学管理的更高境界迈进。

美好未来，华欧集团将“与您携手共创”！

青岛华欧集团
集团董事局主席：
集团公司董事长：李济英
地址：青岛经济技术开发区崇明岛东路76号
邮码：266500
电话：(0532) 6906666
传真：(0532) 6903333
网站：Http://www.chinahuaou.com

华欧置业有限公司成功开发的房地产—明珠花园

青岛华欧明珠酒店

青岛华欧医院

与罗克韦尔公司合作签字仪式

蓬莱黄金(集团)总公司总经理　穆范敏

JIN CHUANG

标准化厂房

生产车间

地址：中国·山东蓬莱市登州路53号
电话：(0535)5617190　5617170
传真：(0535)5651027　5981217
网址：www.goldcreative.com
电子信箱：penglai@public.ytptt.sd.cn

精铸不锈钢阀门、管件、快速接头

黄铜器

的足迹踏遍了矿区的沟沟坎坎，写下了厚厚几大本的调查资料。他和干部们在简陋的工房里挑灯夜战，研究论证着振兴金矿的各种措施。几十个日日夜夜的辛苦奔忙，穆范敏基本上摸透了矿上的情况，掌握了大量的第一手材料，一个迅速扭转矿山生产局面的计划也呼之即出。

穆范敏开始了他振兴矿业的雄伟大业。他从生产一线选拔了一批年轻骨干充实到管理岗位，同时组建了新的领导班子。新班子年富力强，充满了生机和活力。以后的实践也充分证明，新班子确实具有能打硬仗、敢啃硬骨头的作风，也正是这个班子，带出了黑岚沟金矿钢铁般的队伍，使之从弱到强，从贫穷到富有，发生了翻天覆地的变化。

1992年10月，黑岚沟金矿实现了历史性的跨越，黄金产量达到12418两，跻身于全国万两矿山行列，产值、销售收入、利税和利润同时实现了翻番，可穆范敏没有乐观，他清楚地认识到矿山开采潜在的危机。他认为，矿再大、资源再充足，也总有挖完的一天。趁着现在矿山正逐步走向巅峰的时刻，应该发展一批地表工业，促使“地下”产业向地表产业转移，为企业铺就一条后路。

1993年4月，蓬莱推行无主管部门试点企业改革，将黑岚沟金矿从黄金工业公司划出，成立黄金矿业(集团)公司，发展的机遇降临在他们的头上。摆脱了“婆婆”的束缚，黄金矿业集团拥有了许多特殊优惠政策和自主经营发展的权力。而穆范敏，这位胸怀远志的企业家，也正在通过自己艰苦不懈的努力，一步步地实现着自己以金为主，多业并举，探索黄金工业发展新路子的梦想。

穆范敏从这年起就带领职工们开始了第二次创业。他们跳出山沟沟，先后在蓬莱开发区投资3亿多元建起了19万平方米的黄金工业园，以“超常规、跳跃式发展”建起了一个又一个地表工业企业。1994年1月，人造金刚石厂投产，年产金刚石单晶200万克拉；同年，与台湾合资的金馨铜业有限公司点火试产，年产铜材1万吨；与香港合资的全福塑胶制品公司投产后，年产PVC塑料装饰板200万平方米；1996年8月，合资兴建的年产80万件不锈钢保温产品的金福不锈钢制品公司、年产木质板材6000立方米的金春木业有限公司相继投产。同时他们又配套建起了冷藏厂、建筑公司。地表工业的摊子不到三年的时间就铺开了。

穆范敏不断调整发展思路，决定集中精力向高、精、尖技术领域迈进，引进高技术含量、高附加值、高出口创汇的一流产品和项目。他带领班子成员马不停蹄地在国际市场考察，进行项目的筛选论证，凭着一腔热情和一股闯劲，终于赢得了一个又一个国际大财团的青睐。先后与北京非金属总公司合作进行金刚石厂技术改造，年产量扩增到300万克拉，新增了金刚石砂轮、锯片生产线；引进上海的工艺技术，在对铜业公司进行技术改造的同时，投资1500万元新上了冷凝管生产项目，产品质量和技术含量飞速提高，填补了冷凝管产品省内空白；1997年，他们又与台湾吉三船舶有限公司合资2000万美元，组建了金义丰工业有限公司，进行不锈钢精密铸造加工，成为全国最大的不锈钢阀门、管件、管材生产基地，改变了我国不锈钢阀门长期依赖进口的局面。2000年，他们又与台湾合作建起了金典食品公司，引进博士后项目建起了金创生物工程有限公司，从而涉足食品和微生物研究领域。目前，黄金工业园已经形成了不锈钢、铜业、酒类、食品四大支柱产业，生产的金创牌6大系列30多个品种的产品，出口美、德、日、韩、澳大利亚、台湾、香港等10多个国家和地区，年创产值1.6亿元，出口创汇400万美元，成为黄金公司名副其实的半壁江山。

穆范敏在利用黄金优势发展非金产业的同时，又利用非金产业所创效益再投入黄金主业，形成滚动发展的良性循环。他从非金产业中拿出3000余万元用于地质探矿，探明地质储量较建矿初期增加了40多倍，同时又建起了7个分矿，新增加黄金产量2万两，创经济效益4500万元。

穆范敏从经营矿山到经营地表工业企业，逐渐悟出了“产权明晰，权责明确，政企分开，管理科学”的现代企业制度内涵，他把经营管理的重点由经营产品转移到经营资本，形成了多种体制和多种经济形式并存，相互制约、相互推动、共同发展的管理新机制。他采取股份上市的办法，组建了山东金创股份有限公司，在省产权交易所挂牌交易，为企业融得资金3000万元；采取股份制改造，将液化气站、金刚石厂、塑胶公司等几家资产较小的企业实行动产出售、不动产租赁，自主经营，自负盈亏；将木业公司实行招标租赁，为企业再发展找到了一条新路；对金义丰、不锈钢、铜业等技术含量较高、市场前景较好、有发展潜力的企业进行整合，把有限的资金、人才集中“整合”到这些企业中去，逐步形成了地表工业中的“龙头”，2001年实现利润2000万元。同时，穆范敏又在省外、国外和香港等地设立分公司，投资成立了博士后工作站，借脑引智求发展。2001年，他又斥巨资征下了800亩土地，投资兴建黄金新园，集中搞外商投资区。目前已经与香港大东工业控投有限公司合资1000万美元兴建了蓬港金业有限公司，主要进行黄金深加工和贵金属制品的加工；与台湾俊儒企业有限公司合资1200万美元兴建了蓬莱金龙特种不锈钢有限公司，主要生产加工不锈钢管材、板材等高档五金建材；出资收购了烟台一家药厂，改组成立金创药业公司；采用清华大学的技术，独资建设金冶纳米材料公司。

穆范敏对黄金事业的发展永远有着执著的追求，有着很高很远的战略构想。他的发展目标是：“十五”期间完成黄金产量70万两，投入探矿资金2600万元，提交20吨地质储量；三年内黄金新园形成规模，年投资回报率达到1500万元；着力调整地表工业产品结构，研制开发科技含量高，附加值高的新产品，逐步增加非金产业在黄金工业中的比重；实现金创股份有限公司A股上市成功，“十五”末，将公司建成行业内一流、科技含量高、具有国际竞争力的现代化企业集团。

董事长兼总经理　吴文夫

余少时，慕四海游历。凡山川景致，皆壮河山。曾爱古之愚公，亦喜宗悠长风，效以师。不吝余之薄力，率师动众，起龙十八，金桥飞虹。畅塞阻、疏通达。改棚户之污，筑绿波新苑，柳丝窈窕，清流激湍。罗鼓舞，民悦之。辗转伊始，益求大志。感余为女真后裔，从增金都之念，每及阿城，必以为母之乳地。得其不弃，携手蓝图。动地土，平凹壑，广厦万千，孤幼鳏寡何复寒之？源枯涸，绿荒蛮，良辰美景，金都桥共待盛荣繁华。

——大连绿波房屋开发有限公司
董事长吴文夫

慨先祖遗风，万代不舍清秋志，
承女真血脉，水故山情两相惜。
踏绿水清波，金桥飞虹人生路，
复金源古鉴，戎戈铁马啸西风。

吴文夫《金源情》

舞飞虹彩练

——大连绿波房屋开发集团有限公司

当新千年的钟声刚刚敲响，在中国黑龙江省广袤沃野的白山黑水间，“满族肇兴地，塞外第一都”阿城，迎来了建城史上最具影响的大事——由大连绿波房屋开发集团有限公司投资12亿元开发建设黑龙江重点工程项目——哈尔滨阿城金源旅游区。此项工程总占地面积240万平方米，总建筑面积45万平方米，是以突出重建历史古都，再现金源文化这一主题。即以满族人文景观为基调，融历史文化、民俗风情、运动休闲与生态旅游于一体，兼有主题公园性综合性的观光旅游度假区。该规划以金源文化发展的历史时空为主线，将整个旅游区按远古风情、封建社会、现代生活三大区域，以及古城风貌、天野山水、民俗民风、都市浪漫等四大类型九项主题项目来建设。

金源文化开发区的开发建设，预示着阿城这座有着古老丰厚文化底蕴的北方名城，在复兴金源文化，拉动当地经济增长方面将会有一个质的飞跃。

金源，顾名思义，金水之源头。金源文化通俗地讲，是指以今阿什河畔的金上京会宁府遗址为中心的黑龙江区域内，以女真族游牧、渔猎、征战的文化特征为主体，兼融周边北方渤海、契丹等族和汉族文化，形成的具有统一、多元过渡的特色文化的金朝前期区域文化。它的形成是黑龙江古代文化史上，继渤海文化之后的第二次繁荣辉煌时期。而阿城正是这金源文化经略的中心。

阿城，是黑龙江省历史文化、自然风光、现代工商业经济发展中最具活跃的区域之一，旅游资源也极为丰富。位于市郊南两公里的国家重点文物保护单位——金上京会宁府遗址，轮廓清晰，蔚为壮观；境内东北最早的道教圣地松峰山，怪石嶙峋，峰峦奇险，依江独秀；黑龙江省最大的水库——西泉水库及金泉国家级森林公园，远山如黛，近岭含烟，气象万千。亚洲最大的封闭式猎场——玉泉狩猎场以其独具魅力的休闲游乐方式和北方原始森林植被地貌，令游客们梦绕魂牵，流连忘返。正在规划建设中的阿城金源文化旅游区，因其历代名流俊杰相众，历史事件影响深远，遗存弥珍文物古迹分布广密，所形成满族文化底蕴积淀深厚，吸引着八方探园访古的文人墨客和善抓商机的投资者的浓厚兴趣。

绿野簇拥，高楼林立，碧海环抱着的中国北方最具国际性现代化开放城市——大连，以其优越的地理位置和靓丽的城市环境以及迅猛发展的地方经济遐迩海内外。而由大连绿波房屋开发有限公司、大连道桥综合建设承包有限公司、大连金中实业有限公司等十五个经济实体组成的大连绿波房屋开发集团有限公司，则以其“特别能创新、特别能战斗”的精神，从大连无数闪烁的群星中脱颖而出，成为最耀眼的明星。

集团董事长这个文学素养、古诗文造诣颇为深厚的儒商吴文夫，二十多年前怀着凌云壮志，受命于危难之时，岁月蹉跎十三载，添顽疾有十二，却硬造天龙金桥十八座，战绩卓著，被辽宁省省长薄熙来称为“逢山开路，遇水架桥”的勇武之士。就在绿波企业集团在大连房地产、桥梁道路等方面事业迅速发展壮大之时，他又做出惊人决策：要飞架金桥，在千里之外的黑龙江省阿城，斥巨资十二亿元，开发建设哈尔滨阿城金源文化旅游区。

为何吴文夫会对女真人创立的“金源文化”情有独钟，誓用自己不屈的意志和顽强生命去实现梦寐久已的美好憧憬？只因为他是女真人的后裔，血液中承传着前辈桀骜不羁勇武盖世的英雄精神。吴文夫常说：“余愿以不才，化阿城为滨城，融金桥之谊为一枢之纽。”他要把大连和阿城紧紧连接在一起，在大海与黑水白山间搭起一座金桥，实现两地经济腾飞。要让人们在其乐融融中，体验真山真水，古老民俗；欣赏满族独有的音乐舞蹈、民族服饰；品尝东北的山珍野味、自酿醇香美酒；驰骋马背弯弓射箭。让人们在享受现代化的星级服务中，有如经历时空隧道，置身在远古游牧和现实浪漫休闲中体味与享受生活。

奏金源乐章

金源国际假日酒店

项目概况：集客房、会议、餐饮、休闲、健身于一体，按照四星级标准设计和建设的国际标准化酒店。

地理位置：位于金源文化旅游城西部，毗邻会宁府、天书苑等旅游胜地。

投资总额：3亿元。

占　　地：10万平方米。

建筑面积：5万平方米。

设　　施：酒店拥有四星级国际标准的客房及套房，各式会议厅。辅之以1000张床位，大会议厅可容纳800人，中型会议厅可容纳300人。设计潮流化，有先进的影音及灯光系统。餐饮方面有中餐、西餐、日餐、酒廊等，另设室内游泳池、夜总会、KTV、桑拿、网吧、美容美发、健身等设施。

合作方式：引进先进管理理念和模式，合资、合作开发或委托经营。

期　　限：50年。

重建会宁府文化遗址

项目背景：会宁府遗址坐落在哈尔滨市东南26公里的阿什河畔，是满族先辈女真族的复兴之地、金朝的开国都城。自金太祖完颜阿骨打于1115年在此建国称帝至1153年迁都燕京这38年间，一直是金的政治、经济、军事、文化中心、12世纪东北亚最繁华的都市。

项目概况：重现遗址，恢复原貌，完善基础设施建设。会宁府由南北二城组成，东南城墙模仿唐城样式筑造，有三门洞过梁式城门。左右侧门，分别叫“桃源洞”和“紫极洞”。城门后建一处壮丽的皇宫，由乾元、明德等宫殿组成。其中乾元殿规模最大，有木结构殿门7个，是朝政和典礼的地方。会宁府城墙长11公里，南城面积约330万平方米，北城280万平方米。

投资规模：项目总资8000万元人民币，外方及中方的投资比例按合作方式而定。

合作方式：合资、合作。

合作期限：50年。

市场预测：年接待游客50-100万人次，年旅游收入可达5000-10000万元，利润2500-5000万元，还可以通过租凭或出让店面获得客观收入，投资回报期5-8年。

漠北文化旅游区

项目概况：以民族文化为主线，及满族、蒙古族风俗、俄罗斯风情为一体的综合性旅游开发，完善旅游配套设施。

合作方式：合资。

合作期限：20年-50年。

市场预测：年接待游客40万，年旅游收入5000万元，实现利润1500万元，投资回报4-6年。

影视拍摄基地

项目概况：建设电影、电视一体化拍摄基地和旅游景区，完善旅游配套设施。

项目规模：总投资4000万元，外方及中方投资比例按合作方式而定。

合作方式：合资、合作。

合作期限：20-50年。

市场预测：年接待游客20万人次、年旅游收入2000万元。实现利润800万元，投资回收期5年。

狩猎场

项目概况：项目地址设在金源文化旅游区内的山林地带，建成封闭或半封闭的场所，圈养各种羊、鹿、鸡、鸟等动物，运用现代器械和古代的刀、箭、弩、镖等并用的大型、国内先进水平的综合性狩猎场，并完善旅游配套设施。

投资规模：总投资4800万元、外方以设备及现汇投入，中方提供土地及部分资金。

合作方式：独资、合资。

合作期限：20年以上。

市场预测：市场前景看好，年收入3000万元，实现利润1000万元，投资回收期5年。

动植物观赏区

项目概况：引进各种室内、外热带、温带植物和高科技现代名花，放养各种野生动物。

投资规模：总投资8000万元（依照不同开发商开发规模而定），外方及中方投资比例按合作方式而定。

合作方式：合资、合作。

合作期限：20年以上。

市场预测：年接待游客50万人次，年收入4000万元，实现利润1000万元，投资回收期5-8年。

大型综合游乐场

项目概况：人文景观和现代科技结合开发建设各种游乐设施。

投资规模：总投资8000万元，外方70%以现汇出资。

合作期限：20年以上。

市场预测：年营业收入5000万元，实现利润1500万元，投资回收期6年。

无土栽培

投资规模：总投资2000万元，其中外方60%，以现汇投入，中方应具备水果种植基地及加工厂房2000平方米。

合作方式：合资。

合作期限：20年以上。

市场预测：年生产水果可达400吨，饮料加工、果脯、果酱等制品3000吨，80％外销。

海上世界

项目概况：海上世界将引进各种先进的、国际流行的水上娱乐设施；在水面及陆上建造各种服务设施，用水来自大连黄海海域，采用大型水罐铁路运输。馆内设标准泳道、人工造浪、儿童戏水池，使黑龙江人身在家乡，就可尽情享受大连海风情趣。

投资规模：项目总投资2亿元，外方提供各种先进水上娱乐设施及部分现汇。

合作方式：合资。

合作期限：20年。

市场预测：年收入2000万元，实现利润800万元，投资回报期5年。

“走出去”，展开腾飞的翅膀

中国海洋石油总公司实施国际化发展战略

中国海洋石油总公司（CNOOC）成立于1982年2月，依据《中华人民共和国对外合作开采海洋石油资源条例》，享有在中国海域对外合作开采海洋石油、天然气资源业务的专营权。中国海上的油气勘探、开发、生产和销售业务由中国海洋石油总公司控股的中国海洋石油有限公司负责。

世纪之交，党中央提出“走出去”战略，中国海洋石油总公司新一届领导班子制定了“走出去”实施国际化发展战略，决定把中国海油办成有竞争力的国际海油公司，在公司内部进行重组、改制，解决了油公司与基地系统分离，建立了规范的现代公司管理体制。

2001年2月，中国海洋石油有限公司（简称中海油）在香港和纽约上市，获得国际资本市场的广泛认可，被Asiamoney评为2001年度中国最佳管理公司第一名，同时获得发行新股14.3亿美元的资金。2001年3月在美国又成功发行5亿美元10年期全球债券，在国际资本市场上又打通了一条融资渠道。

中国海洋石油总公司利用国际资本，给自己插上了腾飞的翅膀。中国海油勘探、开发、经营等各项业务得到长足的发展：总资产从1998年的320亿元增加到2001年的733亿元；渤海海域近两年的油气发现量超过过去30年的总和；自营油田3年时间投入80亿元；中国海洋石油总公司投资35.1亿元用于专业公司装备改造。在财政部对中直系统资产总额超百亿元的62家企业的绩效评价中，中国海洋石油总公司净资产收益率和资本增值、保值率均为第一。

从利用国际资本到利用国际资源。中国海洋石油总公司控股的中国海洋石油有限公司以5.85亿美元于2002年1月18日收购西班牙瑞普索公司在印尼五大油田的部分权益，这是迄今为止中国公司并购国外资产数额最大的项目之一，为中海油每年带来净权益636万立方米油当量。2002年8月23日，中海油又斥资3.2亿美元收购澳大利亚北大陆架5%天然气储量，约3300万立方米油当量。依托国际资本市场平台，中国海洋石油总公司参与建设的广东液化天然气终端站一期工程将在2005年投产；福建液化天然气终端站一期工程在2006年投产，加上中国海油沿海一些天然气田的产量，中国海油计划用5年左右时间使沿海天然气供应量达到每年170亿立方米，与西气东输工程的输气量相接近。

中国海洋石油总公司成立后的20年中，几乎与世界各大中型石油公司都合作过，大踏步“走出去”后，进一步学会了与一流伙伴、一流技术的拥有者在更高层面，更深内涵上合作。南海，大亚湾畔，一座总投资达40亿美元、代表国际先进水平的石油化工联合企业将拔地而起，这个由中国海油与英荷壳牌联手建设的大项目，于2005年底投产后，每年可生产230万吨石油化工产品；与BP公司联手在广东实施的中国第一个进口液化天然气项目，占有12.5%的权益；引进国际最先进技术、上下游共投资100亿元在海南东方市兴建的国内生产规模最大的化肥项目于2003年投产。凭借先进的经营理念、管理理念，中国海油围绕主营业务，向中、下游产业大举挺进：收购海南洋浦电厂49%的股份；参与浙江省级天然气管网开发建设和经营管理；成立国内首家专业沥青集团—中海沥青，目前在国内重交沥青市场占据半壁江山，……

中海石油国际化发展思路，得到市场的肯定。国际著名信用评级机构标准普尔和穆迪公司，2001年分别给中国海油和中海油BBB和Baa2的投资级评级，这是中国企业在国际上获得的最高信用等级。股价表现是国际资本市场对企业最直观的评价。中海油自2001年上市以来，市值上涨86%，中海油与国际同类公司比较，10项主要指标有6项居前三位，动用资本回报率高达20%以上，比全球平均水平高出一倍。

中国海洋石油总公司总经理卫留成表示：中国海油要在5年内，以较强的盈利能力和优良的资产质量进入世界500强。他对这个目标的实现标准是：销售总额超100亿美元，资产规模至少200亿美元。

中山房地产管理处处长兼党委书记徐有全

大连市中山房地产管理处建设情况

大连市中山房地产管理处隶属于大连市房地产管理局，是一个集物业管理、管修服务和多种经营为一体的综合性房地产经营实体。

几年来，该处在大连市房管局党委的正确领导下，以邓小平理论为指针，努力学习和实践江总书记“三个代表”重要思想，坚持改革，与时俱进，在发展社会主义市场经济和深化房地产改革过程中取得了显著成绩。先后获得辽宁省和大连市“窗口”行业规范服务竞赛活动优胜单位称号；大连市委、市政府授予精神文明建设先进单位、文明标兵单位；辽宁省政府授予精神文明建设先进单位；连续5年获得大连市小区治理改造工程先进单位称号；连续3年获得辽宁省模范退休职工之家称号；连续两次被评为大连市先进单位。同时，涌现出一大批勇于改革、献身房地产事业的先进模范人物；优秀下水女工董淑艳同志荣获大连市特等劳动模范、辽宁省劳动模范和全国“五一”劳动奖章光荣称号；维修班班长于志江同志荣获大连市劳动模范、国家建设部劳动模范光荣称号；两个文明建设取得丰硕成果。

中山房地产管理处领导班子全体成员

中国质量万里行促进会杨荣坚秘书长向中山房地产管理处留连食品有限公司颁发牌匾及证书

大连市实施城市和住宅小区治理改造工程，该处共承担了全市175个住宅小区的22个、90多万平方米的小区治理改造工程任务。在市委、市政府和房管局的统一部署下，经过几年来的不懈努力，先后投入资金3，000余万元，完成拆除违章建筑、清理楼道、安装照明灯、小区修路绿化等10余项大工程，从而使住宅小区环境发生了巨大变化，人民群众的生活质量有了明显提高，其中7个小区达到了市级和国家级标准，中山区湖畔小区荣获全面物业管理最高奖——全国城市物业管理优秀示范住宅小区。

目前，该处为开创新形势下房地产管理工作新局面而努力拼搏，决心在两个文明建设中再创佳绩。

中山房地产管理处湖畔小区

迈向国际化进程的中国电信

中国电信集团公司网络发展部

2002年中国电信集团重新挂牌成立后，提出了“全面创新、求真务实，把中国电信建设成为世界级的现代电信企业”的战略目标。集团积极实施“走出去”战略，注册成立了中国电信（美国）公司，在境外首次成功发行并上市交易。

一、投资建设回顾

2002年，面对国内日益激烈的市场竞争环境，中国电信集团努力把企业工作与行业的发展、社会的进步紧密结合起来，正确处理改革、发展、稳定的关系，做到“在发展中改革，在改革中发展”。中国电信集团紧密跟踪国际通信技术发展趋势，积极采用先进技术，增强通信能力，完善网络功能，提高运行质量；大力发展话音和数据业务，加快培育宽带接入以及各类信息服务；根据用户个性化的消费需求，提供多样化、多层次的服务。

2002年，中国电信集团本着量入为出、降低企业财务风险的原则，在年初确定了固定资产投资600多亿元的计划，重点用于建设和优化电话和数据业务需求的带宽化、覆盖广的接入网，整合和完善一个大容量、高速率、高质量、高稳定性的基础传输网，以及部分业务支撑和管理支撑系统的建设。在网络能力提升上，截至11月底，新增光缆线路5万多公里，局用交换机和接入网容量1400万多门，有力地支撑了全年业务收入增长8%目标的实现。

二、投资建设展望

2003年，中国电信集团将围绕“全面提升集团核心竞争力，把企业做大、做优、做强，使企业逐步发展成为效益、服务和管理水平领先的国际化电信公司”的总体部署，克服业务单一、异质替代、竞争加剧带来的不良影响，努力实现业务收入略高于国民经济增长速度的目标。为此，重点抓好以下工作：

1. 在投资建设上，进一步完善通信基础设施建设。在网络发展和投资政策上，坚持技术创新，突出重点，优化结构，调整布局，合理安排投资规模和方向；整合现有的通信网络、优化网络结构和挖掘资源潜力；完善支撑网建设，进一步提高网络发展灵活性、可靠性和整体服务水平，使企业具有参与竞争的网络能力；进一步推进企业信息化建设，建立一流的业务支撑系统（BSS）、网络支撑系统（OSS）和管理信息与决策系统（MIS），完善企业管理决策支撑手段。

2. 大力推进有良好前景的用户接入宽带化建设。进一步加强社会合作，大力推进政府上网、企业上网、学校上网、家庭上网，采取多种措施积极发展计算机和各种多媒体终端用户上网，加快IP电话、电子商务、远程医疗、远程教育、信息检索等新型增值信息服务的发展速度，更好地满足全社会多层次、多样化的通信信息需求。

3. 研究和细分市场，全面提高电信经营水平和服务质量。第一，面向市场，加大新业务、新产品的开发力度，适时推出新业务，提供不同的业务组合，满足用户个性化需求，拓展企业新的利润增长点。当前在重点抓好传统固定电话业务的同时，积极推进固网短信、来电显示、一号通等新业务，提高固网的增值空间；同时，着重抓好电话卡、上网卡、ADSL等在业务收入中占较大比重的专项营销工作。第二，配合市场细分、用户细分、产品组合、话务量打包、优惠等有效手段，不断引导、刺激电信消费，提升国内消费需求的扩大。第三，从方便用户、服务用户出发，调整经营方式、业务流程和组织体系，努力创新电信服务，提高整体服务水平。

4. 深化企业内部改革，推行高效管理模式。加强科学管理，以改革促发展，提高企业的市场应变能力和运作效率，促使企业经济效益提高。继续推进完善五项集中管理与五项机制创新工作，以全面预算管理为切入点，建立完善的企业财务管控模式。实施组织架构重组及关键管理流程与本地网业务流程再造，提高企业的运作效率，提升本地网基本业务单元（BBU），特别是本地网战略业务单元（SBU）的竞争力。为集团整体上市奠定必要的制度保证和基础准备。

加强投资建设
把攀钢建成现代化的钢铁钒钛基地

攀枝花钢铁（集团）公司

攀枝花钢铁（集团）公司（简称攀钢）位于四川省攀枝花市，经过30多年的建设和发展，现已形成年产铁500万吨、钢500万吨、钢材410万吨、钒铁7200吨、钛精矿20万吨、钛白粉3万吨的综合生产能力，是中国西部最大的钢铁生产基地，中国最大的钒制品和铁路用钢生产基地，中国最大的钛原料生产基地及世界三大产钒企业之一。2002年，攀钢实现销售收入140亿元，利税18亿元，利润5.4亿元，总资产达到283亿元，成为国内具有较强市场竞争力和较高知名度的大型企业集团。

攀钢历来高度重视企业的投资规划与管理工作，特别是“九五”期间，攀钢在面临资金紧张、效益下滑、市场竞争激烈、企业生产经营异常困难的形势下，提出了“三年解困、五年步入良性循环”的发展目标，紧紧围绕抓好二期工程后期建设、加快项目达产达效、提高钒钛资源综合利用水平等进行重点投资，将有限资金投入到企业发展最急需、最关键的领域，推动了攀钢产能的迅速扩大和产品质量、工艺技术装备水平的不断提高，确保了投资效益的发挥和企业的快速、稳步、健康发展。

“九五”前期，攀钢重点抓了以冷轧为代表的二期工程后期建设，总投资93.4亿元，重点建设了四号高炉、板坯连铸、板材等三大主体系统。它的建成投产，使攀钢由“钢坯公司”变为名副其实的“钢材公司”，具备了承担深度开发攀西资源的能力。

“九五”期间攀钢加大了钒钛资源综合利用力度。大力发展钒钛产业，先后投入2.6亿元，进行了微细粒级钛精矿回收试验生产线建设、三氧化二钒和高钒铁生产线建设、五氧化二钒扩能改造、钛白粉厂“六改十”扩能改造、选钛主流程重选设备完善和技术改造等，使攀钢达到了年产钒渣15万吨、$V_2O_5$3200吨、$V_2O_3$3350吨、钛精矿15万吨、钛白粉1万吨的生产能力；钒产品占国内市场份额的80%以上，占国际市场份额的15%左右，一批重点钒产品，如高钒铁、三氧化二钒、钒氮合金等的工艺技术达到世界领先水平，钒回收率由“九五”初期的35%左右提高到2000年的47.6%；钛产业取得长足发展，钛精矿、钛白粉分别由1995年的9万吨和277吨上升到2000年的15万吨和7206吨，选钛技术和钛白粉生产技术达到国内先进水平，钛精矿产量及市场份额占到国内的30%以上。

近几年，攀钢还注重通过资本运营手段，利用对外投资的放大效应，加快企业低成本扩张。攀钢先后对成都无缝钢管公司、成都钢铁厂、锦州铁合金（集团）公司、渝钛白、武定钛白粉厂等实施了兼并、联合、参股、租赁等资产重组战略，使攀钢生产规模快速扩大，品种结构进一步优化。目前，攀钢的铁、钢产量已达“双五百万吨”，钒钛产业取得长足发展，形成了以重轨、工字钢、310乙字钢等为代表的大型材，以管线钢、汽车大梁板、热轧酸洗板、冷轧镀锌板、IF钢等为代表的板材，以V_2O_5、V_2O_3、高钒铁、钛白粉为代表的钒钛制品和以无逢钢管、高频焊管为代表的管材四大系列产品，企业核心竞争力进一步增强。

2001年6月12日，以冷轧酸轧联机改造开工为标志，攀钢三期工程建设正式启动。三期工程建设是攀钢在新世纪实施精品战略的重要组成部分，也是加快建设现代化钢铁钒钛基地带有全局性、战略性的重大投资举措。攀钢三期工程建设预计总投资68.24亿元，通过建设钢铁、钒钛十大标志性工程和十一项环保节能工程，优化钢铁主业结构，把钒钛产业培育成攀钢新的经济增长点，变资源优势为经济优势，加快攀钢的跨越式发展。

三期工程建成后，攀钢的核心竞争力将大大提高。一是规模效益将得到更好发挥；二是品种质量接近国际先进水平；三是工艺技术和装备水平提高；四是环保节能水平进一步提高；五是经济效益显著。三期工程建成后，每年可新增销售收入41.2亿元，新增利润13.8亿元。

攀钢将采取多种措施，完善企业投资规划，加大资金低成本筹措力度，扩大企业基本投资，不断提高投资管理水平，推动攀钢跨越式发展，加快把攀钢建设成为现代化的钢铁钒钛基地，进入中国30家具有较强国际国内竞争力的大型企业集团行列。

PetroChina 中国石油

抓住入世机遇　实现新的跨越

——记中国石油天然气股份有限公司

一、公司发展概况

中国石油天然气股份有限公司(简称“中国石油”)是在中国石油天然气集团重组过程中成立的股份有限公司。

中国石油是中国销售额最大的公司之一，广泛从事与石油、天然气有关的各项业务，主要包括：原油和天然气的勘探、开发和生产销售；原油和石油产品的炼制、运输、储存和营销（包括进出口业务）；基本石油化工产品、衍生化工产品及其他化工产品的生产和销售；天然气和原油的输送及天然气的销售。

中国石油的财务业绩优良，2000年和2001年的净利润分别为552.31亿元和468.08亿元，连续两年均为亚洲上市公司之冠。

中国石油的上游勘探与生产业务在中国油气行业稳占绝对的优势地位。2001年原油产量10336万吨，天然气产量206亿立方米，分别占全国总产量的64%和66%；累计探明原油储量145亿吨，天然气储量2.4万亿立方米，分别占全国总储量的67%和79%。矿权登记证面积为105万平方公里，占全国矿权登记总面积的83%。

中国石油拥有原油一次加工能力近亿吨，2001年加工原油7672万吨。中国石油拥有完善的油品销售网络，有18个专业销售公司和1个油品海运公司，国内市场份额为43%。目前，中国石油自有、控股和特许经营的加油站达12250座。

中国石油是中国两大石油化工产品生产和销售商之一，2001年的乙烯产量为157万吨，占全国的33%。中国石油现已建成高效统一的化工产品销售网络。

中国石油是中国最大的天然气生产、运输和销售商，拥有12918公里的天然气管道，占全国陆上天然气管道总长度的90%以上，拥有9186公里的石油管道，占全国陆上石油管道总长度的79%。

中国石油已经开工建设的西气东输管道工程，西起新疆塔里木盆地，东至上海，管道干线总长度4000公里，设计年输气量120亿立方米。

二、2001年发展成就

2001年，是“十五”计划的第一年。中国石油全体员工以江泽民“三个代表”重要思想为指导，在原油价格下跌、石化产品市场疲软等十分不利的情况下，迎难而上，开拓进取，全面和超额完成了全年的各项生产经营任务。

2001年，中国石油通过增加油气总当量、天然气销售量以及进一步削减成本等途径，部分抵消了油价下跌的影响。剔除油价因素，同口径相比实现净利润比上年增长10.8%左右。油气勘探获得了一批重大成果，全年探明石油地质储量4.57亿吨，天然气地质储量4072亿立方米；原油产量为10336万吨，比年初计划增加86万吨，天然气产量205.8亿立方米，比上年增长12.4%，油气总当量继续保持增长。炼化业务的各项技术经济指标继续改善，汽柴油质量明显提高，成品油销售网络建设取得新的进展，新增数十座油库和数百座加油站，国内市场份额、零售比例进一步提高。重点管道工程建设进展顺利，涩宁兰输气管道竣工投产；西气东输工程项目可研获得国务院批准，江河穿越及江南水网段已先行开工建设。此外，进出口及转口贸易总量继续增长，实现利润有了较大幅度的提高。

三、2002年工作目标

2002年是中国石油面对加入世贸组织挑战、巩固和发展“十五”开局良好势头至关重要的一年。经董事会讨论研究，中国石油2002年总的工作目标是：(1)全公司实现利润在同口径原油价格水平下，比上年有一定增长；(2)原油产量稳中有升，天然气生产快速发展，油气总当量稳步增长；(3)炼化业务结构调整取得实质性进展，努力实现扭亏增盈；(4)进一步削减成本，确保实现业务计划目标。

中国石油重点围绕以下几个方面开展了工作。

一是坚持把勘探放在首位，实现原油生产的稳定增长。原油勘探积极向新区、新领域和新层系延伸，实现资源接替的良性循环。原油生产要加快新疆、长庆、吉林、塔里木、玉门等重点地区上产的步伐，同时积极搞好老油田调整挖潜，减缓递减速度，努力实现原油产量的稳中有升。

二是以西气东输工程建设为契机，加快天然气业务发展。2002年上半年，西气东输管道工程全面开工建设，忠武输气管线也争取早日开工。同时还要搞好华北地区输气管网的规划。

三是以结构调整为重点，进一步提高炼化业务的竞争能力和盈利能力。2002年，中国石油结合各炼化企业的实际情况，以效益为中心，对炼化企业的布局和规模、装置配套、产品结构等进行深入研究，制定战略性结构调整方案，采取有效措施扭亏。

四是进一步深入内部改革，扩大对外开放。要把勘探开发一体化作为上游业务领域管理体制、运行机制和管理方式改革的一项重大举措，进一步扩大开放，加大对外合作力度。

五是以控制投资和降低成本为重点，全面提高企业管理水平。严格控制投资总规模，优化投资结构，坚持以投资回报为首要标准，将有限的投资集中投向回报高的项目。

改革使首都高速公路建设快速起飞

——首都公路发展有限公司

到2002年11月初，北京的高速公路三年内共建设完成了228公里，相当于前14年北京高速公路建设里程的总和，在全国位居首位。而将这一速度载入史册的，是市政府的果断决策和北京市首都公路发展有限责任公司的改革创新，因此，有人称之为“首发速度”。“首发速度”是怎么来的？它的原动力何在？

计划体制下14年修了216公里

北京自1986年开始进行高速公路的建设，到1999年高速公路里程达到216公里，初步解决了城市主要进出口的交通拥堵问题。但与北京高速发展的经济相比还有很大差距北京的高速公路还没有真正形成功能完善的网络结构，既缺少大容量的快速过境交通走廊，也缺少连接各主要放射线、担负和均衡路网系统负荷分布的快速大容量环路。

北京需要600公里高速路，300亿元的资金没着落

社会的发展需要高速公路的大发展，然而旧的运行模式和管理机制束缚了公路的建设。“最主要的表现就是政企不分，并由此产生了一系列弊端”。北京市首都公路发展有限责任公司董事长毕玉玺分析道，首先是投融资机制不健全，由于高速公路采用行政事业管理的模式，高速公路的建设和运营，只能依靠利用规费和银行贷款的形式，资金渠道较为单一。实现北京高速公路600多公里的建设目标，共需建设资金300亿元左右，依靠传统的资金筹措形式，不可能解决资金的缺口问题。其次，缺乏有效的责任机制、监督约束机制和竞争机制，使施工单位逐渐失去加强管理、改进质量、提高效益的原动力。第三，观念不适应市场经济体制发展。公路建设长期游离于市场机制之外，每年有养路费、车购费的行政事业性收费作为支撑，往往不重视开拓市场、降低成本、提高效益。

政府决策：把公路建设推向市场

1998年，市政府对北京公路建设的体制改革提出了明确思路：解决公路建设资金不足的问题，出路在于投资体制的改革。要把北京境内的经营性公路捆绑起来，建立一个经营公司。1999年9月16日，首发公司正式揭牌运转。

市场化让首发公司3年干了14年的活

首发公司成立后，确定了高速公路建设的整体布局：2000年打基础、2001年是关键、2002年大发展，力争在5年内完成原本到2010年才能完成的400公里的高速公路建设任务。2001年6月，京开高速公路率先通车，之后，六环路通黄段、通顺段、顺昌段，八达岭高速公路三期，五环路一、二、三期，京承高速公路一期相继通车。目前，完成高速公路400余公里，占规划总里程的70%。

市场化改变了修一条路建一个工程指挥部的旧办法

“高速公路的高速建设，包括主客观两个原因，”首发公司的党委副书记杨辅蕾分析道。就客观而言，公司成立后，恰逢基础设施建设的大发展时期，政府给予了很大的支持。就主观而言，公司在运作、建设、管理等方面，改变了过去被动坐等政府拨款的方式。以资产为依托，多渠道、多方式筹集建设资金，保证了各建设项目的顺利开展。其次，在工程建设管理方面，改变了过去修一条路成立一个工程指挥部的做法，而是按照市场经济的规律，执行项目法人责任制、招投标制、工程监理制，合同管理，做到了公平、公正、公开，完善了业主负责制。在监控手段上，运用现代科技手段，对京石、京哈路先投资1290万元，进行收费系统的设备改造，更换了收费亭和车道控制器，使各条路通过监控设备，自动校对交通流量，判断车型和收费额，即使在不关闭车道的情况下，也可以随时进行稽查对账，提供所需数据。

市场化可让600公里高速路的目标提前5年实现

2002年，北京市还将开工建设高速公路78公里，到2005年完成其余的185公里里程，基本构筑起北京市高速公路网络，使北京高速公路总里程达到600余公里。届时将形成一个连接通畅、体系完整、格局均衡、功能合理的高速公路网络，初步实现城乡交通一体化，为把北京建设成现代化国际都市、率先基本实现现代化以及为迎接2008年奥运会创造良好的交通基础设施条件。首发公司总经理宁伟说，首发公司在全国率先探索公路管理体制改革的新模式，使高速公路建设告别了以往行政事业管理模式，形成了独立明确的市场投资主体。这有利于盘活资产，充分开拓融资渠道，突破制约瓶颈，解决公路建设资金严重不足的突出问题。通过政府职能与市场行为相结合，加快推进首都高速公路网络的建设，确保了北京城市总体规划目标的如期实现。

平果铝——中国铝工业先进生产力的代表

中国铝业股份有限公司广西分公司

平果铝（原平果铝业公司现改为中国铝业股份有限公司广西分公司）集矿山开采和氧化铝、电解铝生产于一体，是国有控股特大型铝冶炼联合企业。

平果铝坐落于广西百色市平果县的右江之滨。百色老区蕴藏着近10亿吨堆积型铝土矿，仅平果县内已探明的铝土矿储量达两亿吨，按年产100万吨氧化铝计算，可供开采近百年。平果铝土矿品位高、埋藏浅，易开采、运输方便。

平果铝一期工程为国家"八五"计划重点建设项目，氧化铝二期工程为国家"十五"计划重点建设项目。

平果铝一期工程设计生产能力为年产氧化铝30万吨、电解铝10万吨，总投资44.38亿元。

平果铝一期工程引进了法国、德国、美国、瑞典、丹麦、荷兰等工业发达国家的先进技术和设备，并集中了中国铝工业科研成果，整体工艺技术和装备达到20世纪90年代先进水平，是中国铝业公司先进生产力的代表企业。投产7年来，平果铝坚持科技创新，先后荣获国家科技进步二等奖1项，省部级科技进步一、二、三等奖28项，获国家专利14项。平果铝与贵阳铝镁设计研究院联合开发的具有自主知识产权和国际先进水平的320KA大型铝电解槽，单槽容量世界第一，被国家经贸委评为"技术创新优秀项目"。

平果铝技术先进，管理严格，企业主要经济技术指标全国领先，达到世界先进水平；"右江牌"氧化铝、氢氧化铝、重熔用铝锭为广西名牌产品，"右江牌"铝锭为"全国用户满意产品"；公司先后荣获"全国企业管理杰出贡献奖"，"广西用户满意企业"、"全国用户满意企业"、"中国企业商誉最佳单位"，并两次荣获"全国质量效益型先进企业"称号；公司产销率和货款回收率连续七年100%。2002年氧化铝产能达45万吨、电解铝产能达13.5万吨，分别超过一期工程设计产能的50%和35%。

2001年5月10日，作为国家"十五"计划重点建设项目的平果铝氧化铝二期工程正式开工，拉开了广西参与西部大开发重点项目建设的序幕。平果铝氧化铝二期工程预算投资18.86亿元，建设规模为年产氧化铝40万吨，计划建设工期30个月。

平果铝氧化铝二期工程与氧化铝一期相比，科技含量更高，生产技术更先进。由于工程施工进展顺利且不断加快，2002年下半年主体工程已全面进入设备安装阶段，整个工程有望提前半年投料试车投产。

平果铝2001年实现销售收入（现价）205945万元，缴纳各种税费29184万元。截至2002年6月底，平果铝投产以来累计生产铝锭88.54万吨、氧化铝277.87万吨，实现销售收入119.12亿元，上交税费11.51亿元。

平果铝有力地辐射和带动了当地经济社会的发展，被誉为"拉动地方经济社会发展的火车头"。在平果铝带动下，平果县县级财政收入排位不断靠前，2001年进升为广西80多个县第二强。

平果铝在取得非凡业绩的同时，企业党建、思想政治工作和精神文明建设也取得了丰硕成果。而被誉为"右江明珠"、"有色宝钢"、"红土地上崛起的铝城"等，获中宣部、全国总工会等授予"全国思想政治工作优秀企业"荣誉称号。

平果铝规划至"十五"期末，通过氧化铝二期、三期和电解铝二期工程建设，形成年产氧化铝135万吨、电解铝38万吨的综合生产能力，成为中我国在国际市场上具有重要影响力和强大竞争力的一流铝企业。

（文：赵林　图：白泉）

“中国长航”——在改革发展中奋进

中国长江航运集团

中国长江航运集团(简称“中国长航”)，是中国内河最大的骨干航运企业集团，国家首批57家试点企业集团之一，现为中央大型企业工委管理的195家大型企业集团之一。

中国长航以水上运输为主业，同时发展旅游、工业、贸易、房地产、金融等多种产业。

货物运输主要航线包括长江干线运输和干支直达、江海直达以及沿海、近洋、远洋运输。

运输方式及货类包括：干散货(煤炭、矿石、黄砂、钢铁等)、石油、集装箱运输、液化气、滚装、散装水泥及沥青，概括为“巩固壮大煤、油、矿，开拓发展气、滚、箱”。还经营长江客运、旅游与酒店餐饮；开展船舶修造和船舶配套产品制造、船舶代理与货运代理、燃油与物资贸易、对外经济技术合作及进出口贸易、建筑工程与房地产开发、汽车检测与维修、电子商务及计算机网络开发等。

中国长航现有30余家全资子公司和控股子公司，分布在长江沿线的江苏、安徽、江西、湖北、湖南、四川与上海、重庆等6省2市的各主要城市以及深圳、珠海经济特区。

企业分布及市场范围除长江沿线外，还广泛涉及中国沿海各大港口以及美国、德国、日本、新加坡、澳大利亚、韩国、印尼等国家和香港、台湾等地区。

截至2001年底，中国长航拥有资产总额147亿元，净资产24亿元；固定资产原值137亿元，固定资产净值79亿元；年总收入近80亿元。拥有各类运输船舶1881艘，总客位5.4万个，载货吨位308.7万吨，标准箱位4079TEU，主机功率75.53万千瓦。其中客货轮90艘，货轮78艘(其中滚装船7艘，集装箱船33艘)，油轮51艘、液化气船7艘，推轮208艘，驳船1447艘。

中国长航年货物运输能力达1亿吨。作为一个跨地区、多层次、运输为主、多元经营的企业集团，中国长航在长江干线和全国内河航运企业中均为最大企业。其船舶载货吨位、客位数、主机功率分别占水系总量的40%左右，货运周转量占长江干线航运企业总量的70%。

几十年来，中国长航以其雄厚的经济技术实力和在全国内河航运中举足轻重的作用，保证了沿江大型冶金、石化、电力、建材、化肥企业的原料和产成品运输，为长江流域经济发展和满足人民生活需要作出了重大贡献。在2700多千米长江干线及流域地区，在广大海内外客户、货主的心目中，中国长航享有良好的声誉。

“十五”期间，中国长航的总体工作思路是：优化结构，求强做大，转机建制，科学管理，有效发展。企业将以市场为导向，以结构调整为主线，以建立现代企业制度和科技进步为动力，优化产业、资产、组织、人员结构，做大做强核心主业及相关支柱产业，在提高主业核心竞争力方面狠下功夫；初步建立起现代企业制度，实现管理手段、方式的科学化和先进化，在确保有效益、有市场的前提下，努力实现有效发展和可持续发展。

企业总体目标是：用3至5年的时间，改变企业困难局面，逐步步入良性循环的发展轨道，力争到2005年，资产规模、收入都有较大幅度的增长，企业效益实现真正的扭亏为盈；初步形成以运输为核心主业，船舶工业、旅游业、贸易业、房地产业、汽车服务业、金融资本经营、高新技术产业等多支柱产业组成的产业体系。

主要工作体现在五个方面：

——完成产业结构调整。重点是推进干散货运输“管、用一体”，大旅游资源重组，集装箱物流发展，实施汽车服务及海员劳务外派体制改革等。

——全面加快企业发展。重点是做大做强大货运、大油运、大工业、大油贸、大旅游等五大重点产业；做好做优集装箱、滚装运输、汽车服务、房地产及与主业相关的服务业等新兴产业。

——大力推进各项改革。以国有资产管理体制改革为契机，重点深化企业产权改革和内部模拟改制，调动企业各级经营者、管理者和全体员工的积极性。应对WTO挑战，推进经营改革，积极研究国际、国内两个市场，大力发展对外合资合作和跨国经营。

——全方位强化管理。重点加强战略决策管理、财务管理、监督考核管理、安全管理与信息化管理。进一步细化、完善集团“十五”战略目标和规划；加强传统产业实现跨越式发展的课题研究。大力推行全面预算管理和有效成本管理；探索资金适度集中管理。

——推进企业文化再造工作。以提高货运质量、工业造船质量、客运旅游质量为重点，积极推进企业文化建设，进一步树立“中国长航”的品牌形象。以企业文化为支撑，实现企业的可持续发展。

在改革中发展的中国网络通信集团公司

2002年5月，中国网络通信集团公司正式成立，揭开了中国通信产业改革发展的新篇章。

中国网络通信集团公司是中央管理的以原中国电信集团公司所属北方10个省、自治区、直辖市电信公司和中国网络通信（控股）有限公司、吉通通信有限责任公司为基础组建的国家特大型国有企业，拥有固定资产2200多亿元，员工20多万人。

中国网络通信集团公司主要经营国内、国际各类固定电信网络与设施，包含本地无线环路；电信网络的语音、数据、图像及多媒体通信与信息服务；相关的系统集成、技术开发业务；国内外投融资业务；经营国家批准的其它业务。同时，承担普遍服务和党政专用通信、应急通信等任务。

中国网络通信集团公司组建以来，在以奚国华总裁和集团公司领导班子领导下，认真贯彻落实国务院关于电信体制改革方案精神，遵循“竞合赢得市场，融合创造力量，诚信铸就品牌，服务编织未来”的企业理念，坚持走“在发展中改革，在改革中发展”的道路，解放思想，转变观念，改革重组，加快发展，较好地完成了全年工作目标。

经过半年多的改革、建设和发展，中国网络通信集团公司形成了遍及全国各地的通信网络，建成了完整、统一、先进，覆盖全国的长途电信骨干传输网络；形成了以北京、上海、广州三个国际出入口局为节点，通达亚太、美国、欧洲和中东等各主要国家及地区的国际舆网络。干线传输网普遍采用密集波分复用技术。光缆总长度55多万皮长公里，接入网光缆15万皮长公里。长途电话交换机达到184万路端，长途业务电路达到496万路。全网技术层次达到世界先进水平，建成了规模庞大的本地数字电话交换网，交换机总量达到9626万门。建成了技术先进、功能完善、覆盖全国的各类数据通信网。宽带城域网基本通达全国主要大中城市和北方10省(区、市)县级以上城市，实现了千兆到大楼、百兆到楼层、十兆到桌面的网络环境。IP电话网通达全国。智能网、同步网、支撑网得到较快发展。形成了通达全国、可承载多种业务的卫星通信网，拥有180多个卫星地面站。

在加快网络建设的同时，中国网络通信集团公司的电信服务水平显著提高。据统计，到2002年底，北方10省(区、市)拥有城乡固定电话7820万户，行政村基本实现了村村通程控电话。政府上网、企业上网、学校上网、社区上网取得了快速发展，农村上网也呈现出蓬勃发展的趋势。行业信息化建设取得重大进展。电子商务、数据中心(IDC)、远程教育、远程医疗、网上纳税、网上证券、网上银行、网上采购、网上商城、电话信息服务等一大批信息化应用方式得到了迅速发展。停息通信技术的普及应用，使人们足不出户就能实现与外界的沟通与联系，有力地促进了生产力的发展和社会进步。

半年多来，中国网络通信集团公司还加快了与海外运营商建立合作关系的步伐，参与了多项海外合作项目，正式成为国际电联(ITU)和亚太网络信息中心(APNIC)组织成员，为集团实施“走出去”战略奠定了基础。集团公司加快了机制创新步伐，本着精简高效原则，完成了总部的组建工作。北方10个省(区、市)通信公司、中国网络通信(控股)有限公司、吉通通信有限责任公司三方融合工作取得初步成效。加快了南方拓展工作步伐，到2002年底，以股份制模式组建的南方8省(区)通信股份有限公司已全部挂牌成立，并在管理体制、用人机制、运行机制、资金筹措等方面进行了积极探索和大胆尝试。

中国网络通信集团公司面对电信改革重组后新的市场格局和社会多元化的消费需求，面对世界经济全球化及信息网络化的发展趋势，提出加快改革步伐，建立与完善现代企业制度；努力提升服务品质，维护广大消费者的利益；增强企业核心能力，适应通信运营业日益激烈的国际化竞争；统一价值观念，构筑有中国网通集团特色的企业文化。中国网络通信集团公司确立了以价值创造为核心的战略方针，力争在5年内收入总规模进入世界500强，并且在关键业绩指标上接近和达到世界一流水平，从而将中国网络通信集团公司发展成为具有国际综合竞争力的世界一流通信运营企业集团。

2003年，中国通信产业面临全面展开实质性竞争的现实，中国网络通信集团公司确定，以邓小平理论和“三个代表”重要思想为指导，认真贯彻党的十六大精神，按照中央经济工作会议和中央企业工委、信息产业部等上级部门的部署，紧紧围绕集团战略目标，加快推进“两个转变”，全力提升企业整体实力和核心竞争力，开创中国网通集团工作新局面，为全面建设小康社会做出应有的贡献。经过努力，2003年城乡固定电话将新增1100万部，互联网客户新增1032万户，其中宽带客户新增116万户。

第三部分

地区投资

本栏目由蓬莱黄金集团总公司协办

省、自治区、直辖市投资

北京市投资建设情况

北京市常务副市长　孟学农

一、2001 年国定资产投资情况

2001 年是“十五”计划第一年，也是北京市申办奥运会的关键一年。年初以来，在市委、市政府的正确领导下，北京市认真贯彻落实党中央、国务院关于加大固定资产投资力度、扩大内需的各项工作部署，团结进取，抓住机遇，乘势而上，努力扩大投资规模，全面推进城市建设和投融资体制改革等各项工作，首都城市建设取得巨大进展。

（一）固定资产投资规模持续稳定快速增长。年初以来，全市投资规模持续稳定快速增长，累计完成全社会固定资产投资 1530.5 亿元，比上年增长 18%，比 2000 年增幅高 7.2 个百分点。其中地方全社会投资完成 1227.2 亿元，比上年增长 25.3%，比 2000 年增幅高 7.5 个百分点，占全社会投资比重由上年的 75.5% 上升到 80.2%。2001 年全市投资需求的较快增长，对拉动全市经济持续增长发挥了重要作用，为完成“十五”投资计划创下了一个良好的开端。

（二）投资结构进一步调整，房地产开发与基础设施投资成为影响全市投资的主要因素。为促进首都城市建设全面发展，提高居民住房水平，北京市大力发展房地产业，采取各种措施，对以住宅为主的房地产开发投资因势利导：一方面加大对危旧房改造和经济适用住房的支持力度，妥善处理危旧房改造、经济适用房、绿化隔离带地区住房建设与普通商品房的关系，创造良好的房地产市场环境；另一方面坚决贯彻国家计委关于清理商品房价格中不合理收费的工作部署，加强了对房地产开发建设过程中乱摊派、乱收费行为的清理和查处，降低房地产开发企业的负担。上述措施有力地促进了北京市房地产开发投资的增长。在 2001 年全市投资中，基本建设投资同比下降 13.4%，更新改造投资基本持平（仅增长 0.3%），房地产开发持续高速增长，全年完成房地产开发投资 783.8 亿元，同比增长 50.1%，房地产开发投资额占全社会投资的比重达 51.2%。在房地产开发投资持续增长的带动下，北京市房地产市场需求旺盛，购销两旺，全年实现商品房开复工面积 5966.7 万平方米，同比增长 33.9%，其中住宅 4349.6 万平方米，增长 46.4%；实现新开工 2789.8 万平方米，增长 66.4%，其中住宅 2236.5 万平方米，增长 69.2%；竣工 1707.4 万平方米，增长 25%，其中住宅 1393.4 万平方米，增长 37.5%；销售各类商品房 1205 万平方米，增长 25.9%，其中住宅 1127.5 万平方米，增长 25.5%。个人购买商品住宅比重由 2000 年底的 86% 上升到 93.1%。

在大力培育促进房地产业发展的同时，北京市城市基础设施投资也持续扩大，城市服务功能和服务水平不断增强，2001 年北京市累计完成基础设施投资 365.4 亿元，增长 1.3%，占全社会投资的比重达到 23.4%。与房地产开发投资合计，两者占到全社会投资的 75% 以上。近年来北京市基础设施建设投入巨大，成果显著，自 1998 年四年来累计完成基础设施投资 1331.4 亿元。为适应举办奥运会和建设国际化大都市的要求，北京市城市基础设施建设正在实现由偿还历史欠帐正逐步向增强城市功能的方向转变，突出表现在基础设施建设重点的转移：能源投资占基础设施投资的比重“九五”时期为 26.3%，2001 年已降到 11.5%；市内公共交通的比重“九五”时期为 5.8%，2001 年升到 12.6%，完成投资由上年的 19.8 亿元，上升到 45.1 亿元；

公路建设投资比重由上年的9.1%升到14.8%，完成投资由上年的32.2亿元上升到52.8亿元；邮政电信投资比重由上年的18.1%上升到23.8%，完成投资由上年的63.7亿元上升到84.8亿元。

（三）重大项目建设取得巨大成就，城市现代化建设步伐明显加快。2001年初，北京市委、市政府决定集中力量建设一批对完善首都城市服务功能、改善城市面貌、提高城市现代化建设水平有较大促进作用的骨干项目，确定了以大气污染治理、城市交通、生态绿化及大型标志性公建和社会事业为主的60项重大建设项目。在全市范围内召开了重大建设项目动员会，市政府主要领导同志亲自到会讲话和进行工作部署。按照市委、市政府的统一部署，全市上下振奋精神，开拓创新，密切协作，重大建设项目进展顺利。其中南西北四环路、京开高速路北京段、广安大街改扩建工程、大切诺基技术改造项目、八达岭高速公路三期工程、西外大街改扩建、学院路改扩建、公路一环（八达岭高速路至京密路段）等8项工程相继竣工，城市快速轨道交通工程、地铁五号线（含盾构试验段）、中关村西区开发等49项工程开工建设，全年累计完成投资459亿元，占全社会投资的30%。上述重大项目的建成，对缓解基础设施瓶颈制约、提高首都承载能力、强化首都文化中心功能、加快首都现代化国际大都市建设步伐，发挥了关键性作用。截至2001年底，城区路网加密工程已取得显著进展，现代化交通网络正在逐步形成；中关村科技园区蓬勃发展，“三年大变样”的目标基本实现；北京商务中心区控制性详规完成，建设工作全面启动；金融街以及大型商业街区面貌有了新的改观，聚集效应日益明显；城市宽带骨干网、首都公用信息平台、空间信息等城市信息基础设施建设步伐加快，信息化水平明显提高；京津风沙源治理工程加快实施，城市绿化隔离地区提前完成全年绿化任务，绿化面积2874公顷，“五河十路”绿色通道完成绿化面积7000公顷，长安街新增绿化面积123公顷，新建了皇城根遗址公园等一批大型绿地，城市中心区环境面貌进一步改善，市绿化覆盖率达到38.2%。实施并完成控制大气污染第五、第六阶段治理任务，全年天然气使用量达到14亿立方米，完成1900台燃煤锅炉改造，共治理裸露地面900万平方米，扬尘污染有所缓解，城市空气质量继续改造，二级和好于二级的天数占总天数的50.7%。清河、凉水河整治工程进展顺利，高碑店中水回用量达到每日10万吨，节水、蓄水和保水超额完成全年任务。全年全市城近郊八区累计完成危旧房改造投资172.6亿元，开复工面积990.4万平方米，其中新开468.5万平方米，峻工254.8万平方米；拆除房屋262.7万平方米，其中危房114.2万平方米，动迁居民9.3万户，安置居民7万户。拆除房屋面积和动迁居民数分别是2000年的4.17倍和3.72倍，力度之大为历年仅见，充分显示了市委、市政府以人为本、提高居民生活水平、改变城市面貌的决心和信心。

（四）投资主体多元化、资金来源多渠道化趋势更加明显。2001年全市国有单位累计完成投资752.6亿元，下降1.7%，所占比重由上年的59%下降到49.2%；非国有企业完成投资777.9亿元，增长46.3%，占全社会投资的比重首次过半。在非国有经济中，集体经济累计完成投资45.8亿元，增长1.8%；私营个体经济累计完成109.4亿元，增长44.1%。在基础设施项目中城市快速轨道交通工程成立了股份有限公司进行建设，第十水厂向国内外公开进行项目法人招标；此外，民间投资主体踊跃进入房地产开发领域也促进了北京市非国有投资迅速崛起，投资多元化程度进一步提高。

（五）投融资体制改革进一步深化。年初以来，按照中央关于加快行政审批制度改革的精神，全市上下解放思想，对进一步深化投融资体制改革进行了积极探索，将市场机制引入到基础设施项目建设中来，以打破地区、行业、所有制和内外资界限、全方位开放经营性基础设施和经营性社会事业领域、加强政府投资项目管理、规范项目前期工作程序、减少审批事项、精简审批程序、提高办事效率和提高审批透明度为重点，1999年以来市政府相继下发了《北京市人民政府批转市计委关于深化本市基础设施投融资体制改革若干意见的通知》、《北京市人民政府关于印发北京市政府投资建设项目管理暂行规定的通知》、《北京市人民政府批转市计委关于对经营性基础设施项目投资实行回报补偿意见的通知》、《北京市人民政府办公厅转发市计委关于加快本市重大建设项目前期工作进度确保前期工作质量意见的通知》和《北京市人民政府批转市计委关于加强基础设施专项建设资金审批管理意见的通知》等一系列改革规范性文件，《招投标条例草案》基本成熟，投融资体制改革整体思路初步形成，全市投融资体制改革取得了阶段性成果。

二、投资工作中存在的主要问题

总体上看，2001年全市投资持续快速增长，城乡建设快步推进，人民居住水平明显提高。但是，在投资领域也存在着一些不容忽视的问题，值得引起注意：一是房地产开发投资一枝独秀，投资增长的基础尚不稳固。全年房地产开发投资完成783.8亿元，同比增长50.1%，房地产开发投资额占全社会投资的比重达51.2%，而同期基本建设投资下降13.4%，更新改造投资仅增长0.3%，固定资产投资增长过分依赖房地产开发投资增长。但从目前情况看，全市住宅保有量已超过2亿平方米，各项指标接近或超过了城市总体规划，城市环境和水资源供应承受压力越来越大，北部地区住宅建设速度大大超过南部城区，需求与供应在布局上错位的结构性矛盾开始显现。二是工业投资分散，规模偏小。全年完成工业项目投资110.8亿元，同比下降14.7%，工业投资占全社会投资的比重从1996年的26.3%下降到2001年的8.04%，其中工业技改投资53.8亿元，同比下降3.9%，仅占同期全社会投资的4.7%，重大项目少、自有资金不足、融资能力单一是当前全市工业和高新技术产业企业普遍现象，持续较低水平的投入必然削弱工业和高新技术产业的盈利能力和持续发展能力。三是国债项目拉动力减弱。全年北京市国债项目财政专项累计到位151亿元，其中本年44.4亿元；银行配套贷款累计到位144.1亿元，其中本年到位16.3亿元，本年到位偏少。受建设阶段影响，2001年利用国债项目完成投资187.1亿元，与上年233.6亿元的水平相差甚远，比重比上年下降5.8个百分点，对全市投资的拉动力减弱。其中用于城市基础设施的投资82.1亿元，占全年全市基础设施投资的23%；用于更新改造的投资26.8亿元，占全市更新改造投资的14.4%。随着西部大开发战略的实施，国家投资向中西部地区倾斜，使得北京市争取国债资金的难度增大，也不可避免的削弱了国债项目对北京市投资的拉动力。

三、2002年投资形势展望

2002年是北京市实施奥运发展战略的第一年，也是中国加入世界贸易组织（WTO）后的起始一年，安排好2002年的固定资产投资计划，具有十分重要的意义。在2001年底召开的中央经济工作会上，中央明确指出扩大固定资产投资仍将是2002年推动国民经济稳定快速增长的一个重要举措。为贯彻中央经济工作会的精神，继续保持固定资产投资对经济增长的拉动作用，2002年北京市全市全社会固定资产投资总规模计划安排1690亿元，比2001年实际完成增长10.4%。其中中央在京投资340亿元，比2001年实际完成增长12.1%；地方全社会固定资产投资1350亿元，比2001年实际完成增长10%。

为完成2002年北京市计划任务，2002年北京市投资工作要以改革总揽全年投资工作全局，推动投资工作上一个新台阶。2002年投资工作的指导思想是：以党的十五届六中全会精神为指导，坚持解放思想，实事求是，与时俱进，开拓创新；充分发挥市场配置资源的基础性作用，确立企业投资主体地位，强化公平竞争机制；改革投资建设项目管理模式和工程定额编制方式，全面推行和严格规范项目招投标行为；改革项目审批方式，营造有利于投资要素合理流动的市场环境，促进投资建设领域体制创新、机制创新和管理创新。

根据上述指导思想，2002年北京市固定资产投资工作的重点是：

（一）进一步加快固定资产投融资体制改革步伐，促进投资领域体制创新。首先要在以下几个方面取得突破性进展：一是对政府投资的轨道交通、收费公路、自来水、燃气、热力以及污水处理、垃圾处理等经营性项目，要通过公开招标确定项目法人，引入竞争机制，打破行业垄断，改变目前投资主体过于单一局面。二是对政府投资的非经营性项目，要逐步实施“代建制”，即由政府投资主管部门通过招标，委托有资格的社会法人单位，负责项目的建设组织管理工作，项目建成后再移交给使用单位，这样可以从根源上防止项目单位擅自扩大建设规模、提高建设标准、增加建设内容而导致投资超概算现象的发生。三是改进土地供应方式，建立土地储备和招标拍卖挂牌交易制度，增加土地交易的公平性和竞争性。四是对国家没有特殊规定的非政府投资建设项目，要逐步取消行政审批，改为登记备案，并建立投资信息披露制度，加强对市场的引导和信息服务。五是加强招投标法制建设，力争市人大公布实施《北京市招标投标条例》。六是加快建立“北京市投资项目办理中心”，积极推进网上互联审批，优化投资环境，实现信息资源公开共享。

（二）抓好一批重大项目建设，进一步增强城市功能，改善首都面貌。在认真总结2001年全市60个重大项目的经验基础上，2002年以危旧房改造、道路交通、环境治理、生态绿化、大型标志性公建与社会事业项目、高技术与传统工业改造为重点，北京市又确立了60项重大项目。这60项重大项目，是全市经济工作的重点任务，要坚决落实重大项目责任制，各部门要统一思想，提高认识，将60个重大项目作为本部门的首要任务来抓，在市重大项目领导小组的统一布置下，把重大项目的有关工作做好。市计委要集中资金，优先保证重大项目资金需求。

（三）加快重大前期项目工作进度，增加项目储备，努力做到开工一批，储备一批，规划一批。除了上述60项重大项目以外，按照“开一备二”的原则，为加快一批重大项目前期准备工作进度，增加项目储备，北京市选择了139项重大前期工作项目。其中：城市基础设施项目54项，农业产业化及生态环境项目10项，奥运场馆及文教卫生等社会事业发展项目48项，高科技产业化、工业升级及信息化项目18项，大型公建、房地产及其他项目9项。

（四）努力拓宽筹融资渠道，加大政府投资力度。一是继续争取国家对北京市环保专项资金和国债资金的支持。二是充分利用国家实行积极稳健货币政策、北京市金融机构存贷款余额较高，引导各项目法人和专业公司，充分利用各种有效担保资产，扩大利用银行贷款。三是要积极利用投资回报补偿机制，增强服务意识，积极创造条件，吸引社会投资，扩大北京市基础设施利用外资和民间资本的规模。四是充分发挥政府投资的引导作用，把分散在各部门的政府建设资金集中在市政府的手中，加强统一规划和调度，集中力量办大事，改变过去政府资金多头管理、部门分割、分散使用、撒胡椒面的做法。

天津市投资建设情况

天津市发展计划委员会主任　李亚力

2001年是“十五”开局之年，也是天津市努力实施经济跨越式发展战略的重要一年。为应对世界经济增长明显趋缓和国内市场消费不旺所带来的负面影响，全市各方面认真贯彻落实国家扩大内需、加大固定资产投入的方针政策，积极采取有效措施，狠抓项目的前期工作和施工进度，多方筹措建设资金，使全市固定资产投资摆脱了前几年低速徘徊的局面，出现了快速增长趋势，投资总量突破700亿元，对全市社会和经济发展发挥了重要的支撑作用。

一、2001年投资运行情况

2001年，天津市全社会固定资产投资共完成705.1亿元，比上年增长15.8%。其中，国有经济投资完成612.5亿元，增长16.4%；集体经济投资完成66.1亿元，增长7.0%；个体投资完成26.5亿元，增长27.4%。国有投资中，基本建设完成309.4亿元，增长10.4%；更新改造完成141.8亿元，增长26.7%；房地产开发完成161.3亿元，增长20.4%。投资运行主要呈现以下特点：

（一）投资增幅高位运行，总量跃上新的台阶。2001年全市固定资产投资保持了良好增长势头，全社会投资一季度增长23.6%，上半年增长26.9%，1－9月增长27.1%，全年投资首次突破700亿元，增幅达15.8%，高出全国平均增长水平3.7个百分点，是近六年来天津市投资增幅最高的一年。

2001年天津市国有投资增长情况

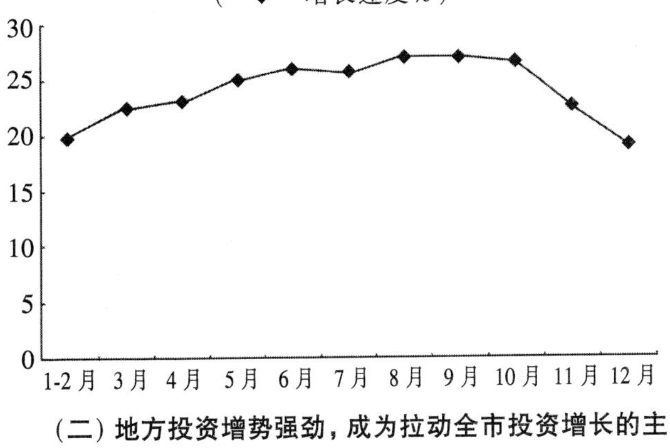

（二）地方投资增势强劲，成为拉动全市投资增长的主要力量。全年地方国有单位投资共完成474.8亿元，增长24.5%，高出全市平均增幅8.1个百分点。地方国有投资占全市国有投资的比重由上年的72.4%提高到77.5%。地方工业技改在三星视界、丰日合资、LG电子、天化、大沽化等重点技改项目的带动下，始终保持了强劲增长势头，全年增幅达42.8%。

（三）重点建设项目进展顺利，国债项目进度加快。天津市政府确定的47个重点建设项目共完成投资168.9亿元，比上年重点项目多完成投资47.8亿元，增长39.5%。到位建设资金159.1亿元，资金到位率达88.7%。石化聚酯二阶段、三星大屏幕彩管、天津港煤码头、津滨高速、联通及移动公司电话扩容等20个项目相继建成或部分竣工，为全市经济发展注入了新的活力。全市61个重大前期项目进展加快，有30个项目已开工建设，为全市投资的持续增长创造了条件。

2001年国家计委下达天津国债项目投资计划45.86亿元，其中国债资金18.885亿元，银行贷款14亿元，部门和企业自筹资金13亿元，涉及农林水利、交通、城市基础设施、高新技术产业化和设备国产化、国家储备粮库、环保、旅游等方面44个项目。按照国家计委下达的投资计划要求，全市各有关部门齐心协力、共同奋战，进一步加快了国债项目的建设进度，当年完成投资42亿元（不含城网项目），有8个项目建成投产，其它项目的建设进度也都达到了国家计委下达投资计划的进度要求。

（四）商品房销售持续旺盛，房地产开发投资保持较快增长。全年全市房地产开发投资完成161.3亿元，同比增长20.4%；商品房现房销售面积537.4万平方米，增长37.2%；实现销售收入127.6亿元，增长39.9%。其中个人购房面积为521.3万平方米，销售收入119.9%亿元，分别占全市商品房屋销售总量的97%和94%。由于销售形势一直较好，刺激了开发商投资的积极性，前几年规划的一些大片住宅区如梅江生态小区、丽苑和西横堤居住区等相继启动，为2001年以及今后两年房地产开发投资的持续增长打下了良好的基础。

（五）建设资金增长加快，投资结构进一步改善。全年国有建设单位到位资金共达674.4亿元，同比增长12.8%。其中，基本建设资金到位307.5亿元，增长4.3%；更新改造资金到位143.66亿元，增长18.3%；房地产开发资金到位223.3亿元，增长22.9%。从资金来源渠道看，主要是国内贷款、利用外资和自筹资金增长较快，分别到位139亿元、108.1亿元和282.6亿元，同比分别增长25.6%、22.1%和18.1%。

全市一、二、三次产业投资分别比上年增长1%、3.8%和27.5%，其中服务业投资实现较快增长，占全部投资的比重为58.3%,较上年提高4.4个百分点。水利、交通邮电和市政等基础设施建设共完成投资131亿元，同比增长30.4%。

(六)城乡集体、个体投资实现平稳增长。2001年全市农村集体、个体投资共完成77.9亿元,增长11.9%。其中,农村集体完成投资61.5亿元，农村个体完成投资16.4亿元,分别比上年增长8.8%和25.2%。城镇私营和个体投资完成14.7亿元,增长13.1%。

2001年天津市投资建设取得了显著成绩:

一是促进了经济的快速增长。投资是拉动经济增长的三大因素之一，2001年天津市投资的快速增长，有效地增加了消费需求,带动了部分工业产品尤其是钢材、水泥、玻璃、施工机械等工业投资品的生产,促进了全市国民经济的增长。初步测算,2001年固定资产投资拉动天津市GDP增长6个百分点左右。全市GDP增长12%,增速在全国各省市自治区中与青海并列第一。

二是一批工业大项目竣工投产，为天津市经济发展尤其是工业生产增添了后劲。如石化方面，年生产能力达20万吨的聚酯二阶段工程顺利建成,进入试生产;联合化学公司20万吨乙烯扩建项目竣工通过验收。汽车方面,夏利和华利汽车换型项目基本完工,为天津市汽车换型,更好地参加新一轮国内汽车市场竞争奠定了较好的基础。电子方面，三星超大屏彩管项目竣工，松下电子部品项目部分投产，总投资超百亿元的摩托罗拉芯片厂也进入综合验收阶段，为全市电子信息产业的持续高速发展创造了条件。力神电池、天大天财光纤、环球磁卡、天士力中药基地等项目也进入实施阶段，将在较大程度上推动天津市高新技术产业的发展,促进天津市产业和产品结构的调整和升级。

三是加快了重大基础设施建设步伐，提升了城市功能。2001天津市安排了津蓟高速、津沽二线、海河大桥等公路、桥梁项目,拓宽了南开二纬路、纪庄子路等城市道路,扩建了纪庄子污水处理厂，新建咸阳路和北仓污水处理厂和东南郊一带排水系统,建设汉沽、大港、红桥垃圾处理场,提前完成“八大片”老住宅区供热补建工程，改造了一批中低压电网,对机场和港口设施继续进行了扩建,并启动了地铁一号线、津滨轻轨等重大基础设施项目的建设。在城市景观方面,以大型绿地广场和主要道路两侧绿化美化为重点,实施了卫津河治理改造、市区18条主要道路两侧建筑物整修和一批居民小区绿化等工程。在国债资金的支持下，农村电网改造项目基本完成，为率先在全市范围内实现城乡居民用电同价创造了条件。上述项目的建成，进一步提升了天津的城市功能,增强了它的聚集和辐射能力,使天津市建设现代化国际港口大都市步伐大大加快。

四是建设了粮食储备库、血站、博物馆、图书城和一批示范中小学校等社会事业项目，推动了全市社会事业的进步。

尽管2001年天津市固定资产投资取得了较好的成绩，但也存在一些问题。主要有:

一是中央单位投资下降。全年中央单位投资一直出现负增长,一季度同比下降32.9%,上半年下降12.7%,三季度下降5.2%。全年共完成投资137.7亿元,下降5%。中央投资在上年下降10.5%的情况下仍出现负增长,2001年投资比1999年减少24.4亿元，在全市投资中的比重已下降到20%以内,影响了天津市投资的快速增长。

二是工业投资低速徘徊。“八五”时期天津市工业投资年均增长速度高达31.5%,“九五”以来出现增长乏力的局面,年均增速不足5%。2001年在工业技改大幅度增长、增幅高达37.6%的情况下,全市工业投资仅增长4.5%。工业投资持续低速增长，对全市工业结构调整产生了不利影响。

二、2002年投资形势展望

2002年是中国加入世贸组织，与国际经济全面接轨的第一年,也是天津市实施“十五”计划,保持跨越式发展势头至关重要的一年。全市固定资产投资工作，要贯彻落实中央经济工作会议和市委七届九次全会精神，进一步加大组织工作力度,接受新考验,开创新局面,努力保持投资较快增长的势头,不断发挥其对全市经济的拉动作用。

初步确定，2002年天津市国家资产投资预期目标为800亿元,比2001年增长15%。投资的重点,一是继续加强基础设施建设。加大水污染治理、给排水、燃气、垃圾处理等方面的投资,进一步改善城市环境;安排一批市区道路及卡口畅通、河道整治等景观工程,进一步改善市容面貌;加快港口、公路、铁路、城乡电网等方面重大项目建设,进一步提高城市载体功能。二是努力增加高新技术产业投入。以电子信息、生物技术、新材料等领域为重点,加快一批重大高新技术产业项目建设,形成新的经济增长点,提升高新技术产业在工业中的比重。三是积极采用先进适用技术改造传统产业。结合工业战略东移，加大对重点企业的技术改造力度,提高行业技术装备水平,带动工业结构调整和产业升级。四是统筹安排好社会事业项目。继续增加教育、卫生等基础设施投资;安排好加强精神文明建设、改善人民生活的其它公益性项目。按照上述重点，初步安排全市重点建设项目53项，当年安排投资203亿元；重点前期项目58项,计划年内开工36项。

实现上述目标,任务十分艰巨,必须采取得力措施,加大工作力度:

第一，要切实组织好重点项目建设。把抓好重点项目建设，作为2002年投资的主要任务，在保证工程质量的前提下，切实加快建设进度。对丰田汽车、锂离子电池、盘山电厂二期、洞庭路跨海河大桥、市内道路拓宽、博物馆、图书城、泰达广场等计划年内竣工项目，要倒排工期，确保按期建成；对摩托罗拉二期、天钢东移、地铁一号线、津滨轻轨、天津港扩建、津蓟高速公路、津沽二线、纪庄子和咸阳路污水处理厂、引滦水质保护和北仓污水处理厂、第三中心医院等在建结转项目，要尽量推进建设进度，确保多完成工作量；对无缝钢管二期、干细胞产业化基地、双港垃圾焚烧电厂、天津港东突堤北侧集装箱码头、移动通信扩容、国际会展中心、永定新河治理、月牙河、南围堤河治理等重点新开工项目，要抓紧各项准备工作，及早开工建设。

第二，打好国债项目建设攻坚战。按照国家的统一要求，全力组织好项目建设，逐项列出进度表，确保干净利落完成在建项目建设任务。同时，根据下一年国债安排的投向，抓紧筹划和组织一批新项目，力争更多的国债资金。各有关部门要加强协调，通力配合，搞好服务，为项目顺利实施提供保证。

第三，实施“一放三改”，有效启动社会资金。一放是放开投资领域。凡国家没有明令禁止的行业，都允许民间资本进入；在政府宏观调控的情况下，鼓励民间资本投资参与基础设施建设。三改是改善政策环境。完善鼓励措施，取消歧视性规定，在土地使用、信贷、税收、贴息、进出口等方面对各类企业一视同仁；在实行优惠政策的领域，其优惠政策对民间资本同样适用。改善融资环境。建设和完善中小企业和民营企业信用担保机制，解决贷款担保难的问题；积极发展风险投资基金，为民间投资者进行高新技术项目投资提供支持；允许以技术要素等无形资产作价投资。改善服务环境。办好投资信息网，建立投资信息发布制度，引导社会资金投向。在启动社会投资的同时，合理安排市财政预算资金和专项资金，发挥“四两拨千斤”的作用。加紧做好与开发银行资金置换工作，争取及早到位。积极吸引信贷资金和企业自筹资金。充分利用资本市场，引入新型融资工具，拓展资金来源。

第四，抓好项目储备和重大项目前期工作。继续选择和筹划一批迎接奥运、工业技改和服务业等方面的新项目，充实项目库。加紧做好滨海国际机场及京津高速铁路、渤海原油上岸、利用第二批世行贷款城建项目、津沪高速公路天津正线等入库项目的前期工作，尽快具备开工条件，保持投资增长的连续性。

第五，加强建设项目管理。严格项目法人制、工程监理制、招标投标制、合同管理制等各项制度，确保工程质量。加大对国债项目和政府投资项目的稽察力度，对发现的问题限期整改。

表 1　天津市近年固定资产投资变化表

单位：亿元

指标		1996 年	1997 年		1998 年		1999 年		2000 年		2001 年	
		投资金额	投资金额	增长(%)	投资金额	增长(%)	投资金额	增长(%)	投资金额	增长(%)	投资金额	增长(%)
投资总额		435.81	498.66	14.40	575.86	15.50	567.36	-1.50	608.80	7.30	705.10	15.80
按经济类型分	国有经济	258.78	280.07	8.20	303.47	8.40	330.81	9.00	256.52	-22.50	388.50	51.50
	集体经济	66.67	61.77	-7.30	69.39	12.30	61.59	-11.20	61.80	0.30	66.10	6.90
	农村	57.35	52.39	-8.60	56.70	8.20	49.00	-13.60	56.47	15.20	61.50	8.90
	联营经济				2.16		2.13	-1.40	6.72	2.1 倍	1.80	-73.20
	股份制经济	19.61	25.85	31.80	24.07	-6.90	10.70	-55.50	68.60	5.4 倍	48.30	29.60
	外商投资经济	72.42	113.54	56.80	111.16	-2.00	57.21	-48.50	81.03	41.60	110.40	36.20
	港澳台投资经济				22.50		18.11	-19.50	13.02	-17.10	60.10	3.00 倍
	其他经济	18.33	17.43	5.20	43.11	1.50 倍	86.81	1.00 倍	119.11	37.20	29.90	-74.90
按管理渠道分	基本建设	169.48	203.33	19.90	262.66	29.20	262.62	-0.02	280.36	6.80	309.40	10.40
	更新改造	107.93	134.8	24.90	120.70	-10.50	104.89	-13.10	111.93	6.70	141.80	26.70
	房地产开发	71.51	80.80	13.00	106.70	32.00	116.98	9.60	133.93	14.50	161.30	20.40
	其他投资	86.89	79.73	-8.20	85.80	7.60	82.89	-3.40	82.58	-0.40	92.60	12.10
按资金来源分	国家预算内资金	4.78	10.40	1.20 倍	15.29	47.00	10.67	-30.20	16.96	58.90	14.40	15.00
	国内贷款	72.71	87.70	20.60	105.23	19.90	122.79	16.70	111.48	-9.20	139.50	25.10
	利用外资	74.25	101.37	36.50	80.43	-20.70	68.83	-14.40	88.55	28.70	100.70	13.70
	自筹资金	156.20	184.27	17.90	195.56	6.10	200.12	2.30	244.93	22.40	295.70	20.70
	其他资金	44.12	37.06	-16.00	65.44	76.60	76.43	16.80	95.00	24.30	154.80	62.90

表 2　2001 年天津市重大建设项目和更新改造项目表

单位：万元

项目名称	总投资额	当年完成投资额	建设性质(新建、扩建、改建)	新增生产能力	合作方式	联系方式
石化公司聚酯二阶段工程	698886	51478	扩建	20 万吨聚酯/年		
天津丰田汽车有限公司	80196	36431	新建	3 万辆汽车/年	中外合资	13902007800

表 2　续表

单位：万元

项目名称	总投资额	当年完成投资额	建设性质(新建、扩建、改建)	新增生产能力	合作方式	联系方式
汽车公司夏利换型项目	32922	24478	改建			
天大天财光纤一期	45000	45000	新建	光纤 60 万公里/年		
三星视界超大屏幕彩管项目	72000	41866	新建			
摩托罗拉电子有限公司	1600000	368433	新建		外商独资	23972630
波海航空复合材料部件公司	43100	28055	新建		外商独资	
松下电子部品公司	20020	22431	新建			
博爱芯材膨化公司	43998	6674	新建			
环球磁卡公司	10806	3779	新建			23259132
天津联合化学公司	37578	6000	扩建			
天大天财软件大厦	19800	9761	新建			
盘山电厂一期工程	541317	119494	扩建	60 万千瓦/小时		29135111-3301
盘山电厂配套 500 千伏输变电工程	79746	42000	新建			
城市电网建设及改造	569000	28000	改建			23011285
丹拉公路(唐津)天津南段	30520	39200	新建	65 公里		83710861
津沽二线	175000	60000	新建	36 公里		13802066823
津滨高速公路	116000	16296	新建			
津滨快速轨道交通	381000	14856	新建	46 公里		25205383
天津移动通信 GSM 七期扩容	50000	42740	扩建	交换机 91 万户		27811035
中国联通天津分公司	44000	38222	扩建	交换机 40 万户		23016310
海河流域污水处理工程	225444	37580	新建	83 万吨/日		23316965
卫津河治理工程	25000	23495	改建			
东南半环跨海河大桥	60998	16517	新建			23315766
市内道路拓宽改造工程	31500	30002	改扩建			
海河干流治理	148396	29598	改建			
引滦水源保护及北仓污水处理工程	240000	32182	新改建			23510346
天津博物馆	31000	5414	新建	3.5 万平方米		23314286
天津图书城	30000	13250	新建	5.6 万平方米		27238308
天津体育中心体育场	87285	23700	新建			
财经学院扩建一期工程	25000	11835	扩建	3 万平方米		28111793

表 3　2001 年天津市重点建设项目实施进展情况

建设项目名称	计划总投资(万元)	2001 年计划安排(万元)	2001 年实际完成(万元)	完成年计划(%)	本年实际施工面积(㎡)	本年资金来源合计(万元)	#国内贷款(万元)	利用外资(万元)	工程主要进展情况
47 项重点项目总计	8026185	1793007	1688644	94.2	905603	1590882	499636	521878	
一、工业项目(15 项)	2926304	639295	670099	104.8	204374	688437	76161	467827	
1. 石化公司聚酯二阶段工程	698886	55000	51478	93.6		40000			竣工
2. 天津钢铁有限公司	190000	25000	24810	99.2		38000			桩基施工
3. 天津丰田汽车有限公司	80196	50000	36431	72.9	9180	36431		36431	主体完工
4. 汽车公司夏利换型项目	32922	12202	24478	201.0	10138	24478			基本完工
5. 汽车齿轮有限公司	19400	15000	0	0		0			前期
6. 天大天财光纤一期	45000	45000	45000	100.0	23000	45000	29000		基本完工
7. 三星视界超大屏幕彩管项目	72000	41866	41866	100.0		46882		37770	竣工

表3　续表

建设项目名称	计划总投资（万元）	2001年计划安排（万元）	2001年实际完成（万元）	完成年计划（%）	本年实际施工面积（㎡）	本年资金来源合计（万元）	#国内贷款（万元）	利用外资（万元）	工程主要进展情况
8. 摩托罗拉电子有限公司	1600000	300000	368433	123.0		368433		368433	综合验收
9. 波海航空复合材料部件公司	43100	30885	28055	90.8	21000	23764	19624	2762	试生产
10. 松下电子部品公司	20020	20020	22431	112.0	255000	22431		22431	A区基本完工
11. 博爱芯材膨化公司	43998	8000	6674	83.4	33000	14986	14986		竣工
12. 环球磁卡公司	10806	7922	3779	47.7	2500	7553	7553		国内设备安装
13. 天津联合化学公司	37578	6000	6000	100	1506	6000			竣工
14. 中外建发展股份公司	12598	8000	903	11.3	4550	4479	1998		土建施工
15. 天大天财软件大厦	19800	14400	9761	67.8	74300	10000	3000		基础施工
二、能源项目(3项)	1190062	274300	189494	69.1	112035	176500	113000		
1. 盘山电厂二期工程	541317	148800	119494	80.3	112035	106500	84000		单台投产
2. 盘山电厂配套500千伏输变电工程	79745	40000	42000	105.0		42000	29000		主体封项
3. 城市电网建设及改造	569000	85500	28000	32.8		28000			3个基础,3个安装
三、交通邮电项目(10项)	2087187	422868	503891	119.2	79887	456652	210369	25592	
1. 天津港扩建工程	453087	138000	148401	108.0		127563	18152	25592	2个泊位及10万吨级航道竣工
2. 津蓟高速公路	537400	70000	110008	157.0		101982	76982		路基施工
3. 丹拉公路(唐津)天津南段	305200	50000	59200	118.0		65118	55118		路基施工
4. 津沽二线	175000	30000	60000	200.0		34646	30967		路基施工
5. 津滨高速公路	116000	22564	16296	72.2		9150	9150		全线贯通
6. 津滨快速轨道交通	381000	20000	14856	14.9		23000	10000		拆迁及打桩
7. 天津民航候机楼改造	5500	2500	3500	140.0	11065	4500			装修
8. 天津移动通信GSM七期扩容	50000	37982	42740	113.0		42740	10000		竣工
9. 中国联通天津分公司	44000	44000	38222	86.9	14856	38222			竣工
10. 邮件处理和邮政汽运中心	20000	7822	10668	136.0	53966	9731			竣工
四、城市基础设施和环保(8项)	1174754	217000	161908	74.6	66693	133295	46193	28459	
1. 天津地铁一号线	690000	47000	20666	44.0		19589	10000		洪湖里拆迁
2. 建成区住宅供热补建	102410	19000	15148	79.7	66693	23151	15193		竣工
3. 滨海天然气储气干线工程	25302	20000	9000	45.0		4797			管道施工
4. 津沽天然气储配站	14100	9500	9500	100.0		14100	11000		基本竣工
5. 海河流域污水处理工程	225444	35000	37580	107.0		28459		28450	施工
6. 卫津河治理工程	25000	25000	23495	94.0		12047			竣工
7. 东南半环跨海河大桥	60998	30000	16517	55.1		10000	10000		打桩
8. 市内道路拓宽改造工程	31500	31500	30002	95.2		21152			竣工
五、水利项目(2项)	388396	92294	61780	66.9		37671	14723		
1. 海河干流治理	148396	47294	29598	62.6		21671	3723		基本竣工
2. 引滦水源保护及北仓污水处理工程	240000	45000	32182	71.5		16000	11000		基础施工
六、社会事业和商贸项目(9项)	259482	147250	101472	68.9	442614	98327	39190		
1. 天津博物馆	31000	15000	5414	36.1	18000	5414			基础施工
2. 天津图书城	30000	20000	13250	66.3	48200	11385			主体施工
3. 天津体育中心体育场	87285	30000	23700	79.0		12771	12000		拆迁完成
4. 市中心区示范高中学校	32961	20851	23924	115.0	120565	22137	3000		汇文、13中竣工
5. 财经学院扩建一期工程	25000	20000	11835	59.2	47414	21100	18900		主体施工
6. 天津滨海职业学院	9440	8000	6146	76.8	64890	6440	3300		主体施工
7. 中央直属棉花储备库	8898	7000	2765	39.5	46103	3200			基础施工
8. 天津外商投资企业活动中心	26900	20000	10767	53.8	61342	10767			主体施工
9. 环渤海经贸大厦	7998	6399	3671	57.4	36100	5113	1990		主体施工

河北省投资建设情况

河北省发展计划委员会

一、2001年固定资产投资完成情况

2001年以来，在省委、省政府的正确领导下，河北省继续认真贯彻落实中央关于扩大内需、实施积极的财政政策等一系列重大决策部署，积极争取国债资金和银行等部门的支持，继续加大投资力度，在面对大项目缺乏、资金供给不足等困难的情况下，固定资产投资保持了稳定增长。

全省全社会投资完成1941.89亿元，增长5.12%，略高于年初计划水平。国有及其他经济类型投资完成1085.3亿元，增长3.58%，低于年初计划0.42个百分点。在国有及其他经济类型投资中，基建投资完成591.77亿元，下降5.24%；技改投资完成339.58亿元，增长11%；房地产投资完成141亿元，增长30.1%；其他投资完成13亿元，增长42.6%。

——更新改造、房地产投资快速增长。更新改造投资完成339.58亿元，增长11%，增速同比提高16.27个百分点，占全省国有及其他经济类型投资的比重为31.3%，同比提高2.1个百分点。更改限上项目121个，同比增加7个，投资完成116.24亿元，增长62.6%。房地产开发完成投资141亿元，增长30.1%，所占比重为12.99%，同比提高2.64个百分点。

——新开工项目投资规模扩大。全省新开工项目6261个，投资总规模765.4亿元，增长12.7%。其中500万元以上新开工项目1681个，同比增加241个，完成投资336亿元，同比增长34.4%。

——投资结构出现积极变化。制造业投资扭转了近三年来的下降局面，呈现快速增长的态势，全年完成投资222.6亿元，增长9.71%，增速同比提高16.37个百分点。卫生、体育、教育、科研投资力度加大，全年卫生体育和社会福利业完成投资11.17亿元，增长16.74%；科研综合技术服务业完成投资8.7亿元，增长281.63%。邮电通信、城市基础设施等社会服务业投资保持快速增长，全年邮电通信完成投资109.7亿元，增长44.79%；城市基础设施等社会服务业完成投资80.4亿元，增长12.65%。

——资金到位情况较好。全省累计到位资金1121亿元，增长7.76%，同比提高4.98个百分点，比投资完成额多36亿元，高于投资增速2.64个百分点。企事业单位自筹资金能力提高，全省到位资金中自筹资金603.25亿元，增长14.91%，其中企事业单位自筹415.94亿元，增长22.19%，增速比上年同期提高18.39个百分点。

二、2001年重点建设成就

2001年河北省共安排重点建设项目140项，年计划投资232.8亿元，计划建成投产45项。1-12月份，140项重点建设项目共完成投资284亿元，为年计划的122%，共有黄骅港一期工程、沙岭子电厂二期8号机组、邯峰电厂一期工程2号机组、中国联通河北分公司移动数据传输网工程、河北移动通讯GSM第七期扩容、丹拉公路怀来至宣化段等54个项目建成投产或试运行。

按管理层次分：国家部属项目11项，年计划投资41.6亿元，实际完成投资51.6亿元，为年计划的124%；省管项目35项，年计划投资138.4亿元，实际完成投资161.8亿元，为年计划的116.9%；市管项目94项，年计划投资52.8亿元，实际完成投资70.5亿元，为年计划的133%。

按建设性质分：基本建设项目106项，年计划投资189.2亿元，实际完成投资218亿元，为年计划的115%；技术改造项目34项，年计划投资43.6亿元，实际完成投资65.9亿元，为年计划的151%。

按建设进度分：续建项目105项，年计划投资194.8亿元，实际完成投资218亿元，为年计划的112%；计划新开工项目35项，年计划投资38亿元，实际完成投资65.6亿元，为年计划的172.6%，全年有31个项目开工建设。

三、2002年投资建设展望

（一）2002年投资计划安排

1. 指导思想：继续贯彻落实中央扩大内需、实施积极财政政策的重大部署，采取有力措施加大基础设施投资力度；加大技术改造、高新技术产业、科技教育投资力度；积极启动民间投资，促进投资结构的调整和优化，提高投资效益；进一步完善投资管理体系，深化投融资体制改革；加快重点项目建设，保持全省固定资产投资的稳步增长。

2. 安排原则：继续安排好国债项目的建设；投资总规模的安排要与全省“十五”规划目标相衔接；投资计划的安排要与建设资金的供给相适应；加大技术改造投资力度，促进企业技术进步和产业结构优化升级。

3. 投资总规模：全社会固定资产投资总规模初步测算为2039亿元，比2001年实际完成投资增加97亿元，增速为5%；国有和其它经济类型投资拟安排1124亿元，增长3.6%。其中基本建设拟安排投资568亿元，下降4%；技术改造拟安排投资379亿元，增长11.6%；房地产及其它拟

安排投资177亿元,增长14.9%。集体投资拟安排565亿元,增长7.2%;个体投资拟安排350亿元,增长8.3%。

4. 大中型项目计划:2002年共安排基本建设续建和收尾大中型项目19项,2002年计划投资111.55亿元。其中,中央项目10项,2002年计划投资83.6亿元;地方续建项目4项,2002年计划投资10.17亿元;收尾项目5项,2002年计划投资17.77亿元。

(二)2002年重点项目建设计划

2002年全省确定省重点建设项目140项,总投资901亿元,年度计划投资253.5亿元,年用款计划261.3亿元。

续建项目100项,总投资727.8亿元,年度计划投资206.5亿元,年用款计划208.1亿元。其中,基本建设项目81项,部属项目有神华集团朔黄线、黄骅港项目、秦皇岛港戊已码头、河北国华定州电厂一期工程等7项,省管项目有309国道武涉段、沙尉铁路、城乡电网改造工程等15项,市管项目有石家庄城市交通工程、东方大学城二期工程、清河国家羊绒科技园区等99项;技改项目19项,部属项目有乐凯胶片涂布生产线改造、保定风帆蓄电池项目、中国联通河北分公司项目等3项,省管项目有保定热电厂8号机组改造、石家庄热电厂技改、沧州大化集团PVC树脂项目等7项,市管项目有唐山陶瓷集团高档日用瓷技改、河北帝贤集团化纤纺真织物等19项。

新开工项目40项,总投资173.2亿元,年度计划投资47亿元,年用款计划73.8亿元。其中,基本建设项目27项,省管项目有丹拉公路宣化至冀蒙界段、冀中水泥、河北天然气利用一期工程等5项,市管项目有石家庄东方热电公司、邯郸市引岳济邯二期工程、石黄高速公路衡水支线等22项;技改项目13项,部属项目有唐山机车车辆厂项目、华北铝业公司项目等2项,省管项目有邢钢技改工程、唐山干法熄焦工程等2项,市管项目有秦皇岛耀华玻璃集团全镀膜玻璃生产线、宣化工程机械公司推土机关键零部件技改等13项。

(三)2002年投资工程重点

1. 下大力抓好项目工作

一是进一步强化项目意识。各级、各部门要切实增强项目意识,真正形成有项目才有投入,有投入才有效益,有效益才有发展的共识,形成上上下下谋项目、上项目、以项目促投资增长,促经济发展的良好氛围。建立项目工作督促检查和定期通报制度,由省里组织到项目工作开展好的市召开现场会,重点听取大项目、新项目和高科技项目的谋划、前期工作和建设实施情况。定期向省委、省政府报告各市项目工作开展情况,并通过新闻媒体通报全省,起到督促和激励作用。同时加强项目队伍建设,为项目的谋划和前期工作的开展提供必要的条件。

二是建设一批重点项目。首先,抓好国华定州电厂一期工程、冀中水泥厂、邯钢技改工程、石家庄城市交通项目等140项重点项目的建设进度,完成投资259亿元,争取建成投产秦皇岛戊已码头、黄骅港一期、保定热电厂技改工程等45个项目。在做好上述工作的同时,下大力抓好国债项目的建设和管理,确保1998年至2001年的国债项目按期建成投产。

三是重点谋划和抓好一批大中型项目的前期及新开工工作。加大重点项目的前期工作力度,重点抓好唐山130万吨冷轧及带钢表面涂层工程、沧州10万吨TDI工程、唐山4万吨甲基丙烯酸甲脂工程等一批项目的立项,争取黄骅电厂一期、京承高速公路、河北龙腾纸业20万吨轻量涂布纸、河北天然气利用一期扩建、河北农网改造二期等一批项目批复可研报告。通过落实各项建设条件,力争使邯钢薄板坯连铸连轧续建工程、冀中水泥厂、张百湾至双峰寺铁路工程、京承高速公路、石家庄市城市交通项目、石家庄市东区集中供热工程、唐山市中心区供水工程、唐山市西郊污水处理二期工程等一批项目得到国家批准开工建设。

2. 多渠道筹措建设资金

按照"政府推动,市场运作"的方式,加快投融资体制改革与创新,拓宽项目筹融资渠道。除了加大从传统意义上的资金渠道(如银行贷款、企业自筹、利用外资等)筹措资金的力度外,重点做好以下工作:

一是继续做好国债资金的争取工作。2002年国家继续发行国债,各市、各有关部门和企业要积极筛选项目,切实做好项目的前期工作;要下力量落实配套资金和其他建设条件,使项目在上报时就能够达到开工建设条件,力争使河北省有更多的项目纳入国家计划。

二是建立和完善省级投融资体系。充分发挥财政性资金的引导调节作用,建立健全河北省建设投资有限责任公司、河北省经济贸易投资有限责任公司、国富农业投资集团有限责任公司和河北省科技风险投资有限公司四大投融资机构,通过四大投资公司来运作财政建设性资金,通过公司化运作,进一步引导投资方向,实现政府的投资战略意图。用活财政预算内资金(比如变财政拨款为贴息,可对财政性资金起到一种放大作用),加强预算外专项资金的监管,真正做到集中资金办大事。

三是通过拓宽资金来源渠道,保持省级资本金的适度规模。随着国家政策的变化,一些省级资本金既定的来源渠道已不再可行,要积极配合省财政部门研究开辟和拓宽省级资本金来源渠道问题,可采取划转部分国有企业资产、增加从预算外资金提取比重的办法,进一步充实和壮大省级资本金规模,支持全省重点项目建设。

四是盘活存量,优化增量,积极开展资本运作,大力推进资本市场融资。要采取产权转让、股权置换、包装上市等方式,多渠道筹措建设资金,为重点建设提供充足的资金来源。特别是在上市融资方面,河北省与沿海兄弟省市差距较大,目前企业上市已经从审批制改为核准制,要充分利用好这一机遇,积极筛选项目,有关部门密切配合,争取在企业上市融资方面取得新突破。具体做法是,对重大基础设施等方面的项目,在政府支持下进行整合与重组,创造条件上市融资；按照新的证券管理体制的要求，选择一批资产质量优良、经济效益好且基本建立起现代企业制度的企业进行重点培育，及早做好A股发行上市前的各项准备工作；积极培育和组织一批成长性强、科技含量高、经营业绩好的企业，提前进行辅导，做好国内二板上市的准备工作；推动建设项目向社会融资，对投资额较大、回报稳定的公路、电力、港口、通讯等大型基础产业和基础设施项目，通过吸引社会资金，建立股份有限公司，实行股权多元化。

五是积极启动民间投资。通过创造平等竞争环境，放开投资部分领域，开辟融资渠道，加强规划指导，力争使民间投资实现突破，为全省投资开辟一个新的增长点。

3. 激活项目投资主体的积极性

一是继续深化改革，建立现代企业制度。要围绕“一化三规范”（实现投资主体多元化，规范公司制改革，规范法人治理结构和规范国有出资人制度），加快企业改组改造的步伐，使之真正成为项目主体和投资主体；二是建立和完善激励约束机制，对企业经营者业绩的考评，不仅要注重当前效益，而且要注重发展后劲；三是加强政策引导，鼓励企业用高新技术改造传统产业，向大集团和跨国公司的目标迈进，通过上项目加大投入，使一批企业成长为产业链长、辐射带动作用强、有较高市场占有率且发展前景好的行业发展龙头。

4. 进一步改善投资环境

规范政府行为，逐步建立适应市场经济的审批机制。进一步转变政府职能，坚持依法行政，政府管理行为要在法律框架内进行，增强服务意识，逐步建立适应市场经济的审批机制。认真贯彻执行《河北省人民政府办公厅关于取消行政审批事项的公告》精神，省直各有关部门要严格按照公告要求，简化、规范各类行政审批事项。对省政府已公布取消的行政审批事项，要坚决废止，不得再行审批。对已下放到各市的审批事项，要确保下放到位，省直有关部门不得截留；对已经合并的审批事项，有关部门必须简化，不得再自行分开审批；对保留的审批事项，要进一步完善审批制度，规范审批程序，增强审批的透明度，不得自行扩大审批范围、增加审批环节。

营造宽松政策环境。要认真落实《河北省重点建设项目在建期间行政事业性收费目录》的精神，规范政府收费行为，对重点建设项目在建期间各项优惠政策的落实情况进行一次全面清查；加强重点项目稽查工作，实施全过程稽查，及时解决和处理重点项目建设和管理中存在的问题；进一步贯彻落实省政府关于改善投资环境，加快重点项目建设的若干规定，为全省重点建设创造宽松的环境。

山西省投资建设情况

山西省发展计划委员会

2001年，国家继续实行积极的财政政策和稳健的货币政策，通过发行长期建设国债，加大了政府投资力度，保持了投资的适度快速增长，扩大了内需，确保了国民经济的健康运行和全年经济增长目标的实现。山西省在投资领域认真贯彻十五届五中全会、中央经济工作会议及省委七届十次会议精神，继续深化投融资体制改革，鼓励和引导民间投资共同发展，积极推进投资的“社会化、多元化”，加强以农林牧渔业、水利、交通、城建和电力为重点的基础产业、基础设施建设，以投资结构调整促进经济结构调整，重点支持潜力产品和高新技术产业，努力推动科技进步，培育新的经济增长点，取得了较好成效。

一、全社会固定资产投资完成情况

2001年，全省全社会完成固定资产投资按现价计算为708.35亿元，比上年增加了83.18亿元，增长13.3%。2001年全省固定资产投资价格指数为101.7%，扣除价格因素，实际工作量增长11.3%，增幅比上年增加4.6个百分点，高于全国平均增长幅度1.2个百分点。投资增幅提高的主要原因一是本年度基础产业和基础设施建设规模扩大，新开工项目增加很多；二是本年度随着“调产”和“潜力产品”项目的全面启动，更新改造投资继续保持强劲增势。

（一）按经济类型划分投资情况

国有经济单位完成固定资产投资449.88亿元，比2000年增长7.2%，增幅比上年提高2.1个百分点。在国有投资中，建筑安装工程投资完成296亿元，增长6.7%，设备工器具购置投资完成101.89亿元，增长3.0%。

城乡集体单位投资51.39亿元，增长1.4%。在集体单位投资中城镇集体单位完成投资15.59亿元，增长32.3%，农村集体投资全年完成35.80亿元，降低8.0%。

全省城乡个人投资完成63.52亿元，增长35.1%。其中，城镇工矿区私人建房完成投资14.12亿元，增长12.3%；私人个体企业完成投资9.44亿元，增长63.7%；农村居民完成投资39.96亿元，增长16.0%。

2001年，联营、股份、外商独资、合资及其它经济投资增长较快，各种其它经济类型投资143.56亿元，增长33.1%，比重由上年的17.2%提高到20.3%。

基本建设投资362.13亿元，增加了37.16亿元，增长11.4%，增幅比上年提高9.9个百分点。山西省基建投资增幅比全国基建投资增幅高2.9个百分点。基建投资占全社会投资的比重由上年的52.0%下降到51.1%。中央基建项目完成投资107.20亿元,比上年下降15.6%。地方项目本年完成投资254.93亿元,增长28.8%。投资比重由上年的60.9%上升为70.4%。

(二)按计划管理渠道划分

2001年全省完成更新改造投资145.30亿元，比2000年增长31.3%。其中，中央单位完成更新改造投资45.55亿元,比2000年增长30.3%;地方企业单位完成更新改造投资99.75亿元,比2000年增长31.4%,分别比全社会投资增幅高17个和18.1个百分点。

全部施工的更新改造项目建成投产实际需要总投资339.49亿元。至2001年底,全部施工的项目已经累计完成投资202.73亿元，占实际需要总投资的59.7%，比2000年下降1.5个百分点。用当年投资计算的建设周期为2年3个月，比2000年缩短1个月，其中地方项目建成投产实际需要总投资230.71亿元，比2000年增长14.1%，地方项目建设周期为2年3个月,比2000年缩短5个月。更新改造投资项目建设周期在2000年大幅缩短的基础上,进一步缩短,达到2年3个月。

建设内容构成上，建筑安装工程54.51亿元，比重为37.5%，比上年下降2.8个百分点；设备工器具购置投资78.20亿元,占53.8%,上升3.8个百分点;其它费用12.6亿元,比重为8.7%,下降1个百分点。

投资用途构成上,用于增加产量的投资60.07亿元,比重为41.3%;节约能源和其他节约的投资6.95亿元,比重为4.8%;增加品种的投资12.0亿元,比重为8.3%;提高产品质量的投资10.89亿元,比重为7.5%;三费治理的投资4.19亿元,比重为2.9%。上述数字说明,更新改造投资的“内涵”性得到进一步加强。

2001年,山西省各级政府继续把房地产业作为扩大内需和新的经济增长点来对待，加大了对经济适用住房和商品房工程建设的投资力度，使房地产业保持了较快的增长。2001年房地产投资(不含基建、更改投资中的住宅投资)完成46.65亿元，增长18.2%，其中商品房建设投资33.83亿元,增长19.1%,土地开发投资8.23亿元,比上年增长73.4%。当年投资按用途分,住宅投资28.89亿元,增长6.1%；在住宅投资中经济适用房投资14.28亿元，占49.4%，下降16.1%；别墅和高档公寓投资1634万元，下降26.1%,占0.6%,下降0.2个百分点;办公楼投资1.76亿元，下降8.1%；商业用房和其它投资15.99亿元，增长55.1%。

(三)重点工程完成情况

2001年，国家和山西省政府确定的正式施工的重点建设项目有23项,全年完成投资150.55亿元,完成年计划的97.5%。其中1个国家重点项目完成投资21.70亿元,完成年计划的111.1%;22项地方重点项目完成投资128.85亿元,完成年计划的95.5%。23个重点工程项目当年财务拨款贷款合计125.81亿元，与本年计划投资比，资金到位率为81.5%；其中国家重点工程项目财务拨款贷款为21.69亿元,资金到位率为111.1%,地方重点工程项目财务拨款贷款等104.12亿元,资金到位率为77.2%。

2001年山西省建成投产的项目和单项工程有：侯村至侯马500千伏输变电工程,山西焦化厂90万吨炼焦工程二期，山西三维集团丁二醇改造工程，运城至三门峡高速公路,晋城至焦作高速公路,山西大学文科楼等6个项目全部建成投入使用。其中:阳城电厂6台机组中1、2、3、4台全部建成投产,并投入商业运营。

(四)全社会固定资产投资成果

1. 新增固定资产

2001年,全社会新增固定资产458.53亿元,固定资产交付使用率为64.7%，比2000年下降13.5个百分点。其中，国有单位新增固定资产261.04亿元，固定资产交付使用率为58.0%，比2000年下降23.5个百分点；集体单位新增固定资产42.96亿元，固定资产交付使用率为83.6%,比2000年下降8.9个百分点。

2. 房屋建筑面积

2001年山西省全社会施工的房屋面积4166.91万平方米,比2000年增长7.1%,本年竣工的房屋面积2834.07万平方米，比2000年增长17.7%。本年房屋竣工率为68.0%,比2000年增长6.1个百分点。国有单位施工的房屋面积1478.10万平方米,比2000年下降19.1%。国有单位竣工的房屋面积785.22万平方米，比2000年降低16.1%,竣工率为53.1%,比2000年增长1.9个百分点。集体单位施工的房屋面积270.91万平方米，比2000年增长39.0%，竣工的房屋面积202.22万平方米，比2000年增长45.9%,竣工率为74.6%,比2000年增长3.5个百分点,其中,城镇集体单位施工的房屋面积130.29万平方米,比2000年增长21.8%，竣工的房屋面积61.93万平方米,比2000年增长5.3%，竣工率为47.5%，比2000年下降7.5个百分点;农村集体单位施工的房屋面积140.62万平方米，竣工的房屋面积140.29万平方米，竣工率为99.8%,比上年提高9个百分点。城镇和工矿区私人建房竣工面积678.29万平方米，比2000年增长95.5%，农村居民建房竣工面积862.68万平方米，比2000年增长8.7%。

2001年全社会竣工的住宅面积2130.72万平方米，比2000年增长10.1%，其中国有单位竣工住宅527.07万平方米，比2000年下降22.8%；城镇集体单位竣工住宅64.26万平方米，比2000年增长11.4%；农村集体竣工住宅20.62万平方米,比2000年增长17.2%;城镇和工矿区私人建住宅533.51万平方米，比2000年增长72.7%；农村居民竣工住宅826.43万平方米，比2000年增长8.0%。

二、全社会投资的特点及存在的主要问题

(一)投资运行的主要特点

2001年是实施“十五”计划第一年,也是山西省经济结构调整的“入轨”之年,全省固定资产投资以调产项目为主体,以发展“潜力产品”为契机,加大了产业结构、产品结构调整的力度,固定资产投资形势出现了新的变化,不仅在投资总量上保持了适度较快增长的势头,而且投资结构调整的速度进一步加快,实现了在投资建设中推进结构调整,在结构调整中加快投资增速的发展格局。全年投资运行主要呈现出以下特点:

1. 更新改造投资高速增长,已成为投资增长的主要推动力量

2001年,山西省全社会投资比上年增加83.18亿元,增长13.3%,其中更新改造投资增加34.46亿元,对全社会投资增长的贡献度达到41.4%,直接拉动全社会投资增长5.5个百分点,成为投资增长的主要促进力量;与之相随,更新改造投资在全社会投资中的比重由上年的17.7%上升到20.5%,“重基建、轻更改”的格局有所改观。

2. 交通运输业投资大幅增长,已成为投资增长的重要支撑点

2001年,全省用于交通运输、仓储和邮电业投资175.53亿元,比上年增长29.9%,增幅比上年提高46.6个百分点。其中,以公路建设为主的交通运输业完成投资122.78亿元,比上年增长44.2%,增速比上年加快72.4个百分点,公路建设进一步加快。邮电通信业完成投资52.27亿元,比上年增长6.1%,增速比上年降低57.8个百分点,邮电通信业建设开始萎缩。

3. 农业投资高速增长,水利建设投资有所降低

全年全省完成农林牧渔业投资20.52亿元,比上年增长75.8%,高于全社会固定资产投资增幅62.5个百分点,农业基础建设继续加快,生态建设得到加强;以水利建设为主的地质勘探水利业完成投资29.21亿元,比上年增长3.7%。

4. 煤炭工业投资建设进度加快,电力建设投资有所降低

经过关井压产等整顿,煤炭价格有所上升,煤炭市场秩序有所规范。作为山西省支柱产业之一的煤炭工业投资也进一步加大。2001年,全省煤炭工业完成投资46.57亿元,比2000年增长27.4%。全省完成电力工业投资91.73亿元,比2000年降低21.9%,其原因是城乡电网改造、大中型电厂投资减少所致。

5. 城建环保建设继续保持较大力度

2001年,山西省城市基础设施和环境保护建设继续保持了较大力度,增加的投资主要用于解决供水、供热、市政道路改建等项目。2001年城镇建设基础设施完成投资37.74亿元,比上年增长19.8%。其中以污水处理、城市道路改建、旧城改造为主的社会服务业投资完成27.63亿元,比2000年增长44.0%,增幅高于全社会投资增幅30.7个百分点。

6. 制造业投资结构进一步优化

制造业投资结构优化主要体现在两个方面:一是一向为山西省工业薄弱环节的轻工业、电子及通讯制造业投资大幅增长,2001年投资分别比上年增长87.9%和1倍;二是传统优势工业继续得到加强,以大机焦为主的石油加工及炼焦业投资完成22.76亿元,比上年增长91.4%;化学工业完成投资19.44亿元,增长55.1%;冶金工业完成投资42.14亿元,增幅也达到22.7%;机械工业完成投资16.06亿元,比上年增长21.9%。

(二)存在的主要问题

1. 资金到位缓慢,利用外资下降,投资增长受到制约

资金是加快建设进度的重要因素,如果资金到位缓慢,就要影响施工的进度。2001年,全省基本建设本年资金来源为343.74亿元,占年计划比重为90.8%,与当年基建投资完成额相差18.39亿元;其中,预算内资金41.59亿元,比上年增长28.4%;国内贷款118.05亿元,比上年增长58.9%;利用外资19.94亿元,比上年下降43.6%;自筹资金虽然由上年的88.18亿元增加至118.42亿元,但除省自筹和企业自筹分别比上年增长95.1%和15.1%外,中央单位自筹资金却比上年下降26.7%,地(市)、县自筹资金增长幅度也仅在10%左右。虽然2001年全省基本建设本年资金来源国内资金到位有所改善,但利用外资大幅下降,地(市)、县自筹资金增长幅度缓慢,说明山西省建设资金融资渠道不宽,金融创新不强。

2. 投资由政府主导,持续增长能力不高

近年来,山西省固定资产投资增长保持了稳中有升的态势,但其增长主要靠政府通过国债资金投入、调产资金投入等行政手段来拉动的,企业自主决策和自主投资的能力较差。表现在投资完成额中,国有投资比重高,民间投资份额太低。2001年,在全省全社会投资中,国有投资所占比重高达63.5%,而非国有的民间投资比重仅为36.5%。在投资项目中,偏重于基础设施,具有高科技含量和高效益的大型骨干项目寥寥无几,缺乏新的投资支撑点。

3. 地市经济发展不平衡,投资速度差距较大

以各地市基本建设和更新改造投资看,2001年各地市投资中,比上年同期增长的有8个地市,投资增长幅度最大的朔州市达到24.4%;其次是运城市和太原市分别增长19.1%和15.0%;大同市、长治市、晋中市、忻州市和临汾市增幅都低于10%;比上年投资下降的有3个地市,分别是吕梁、阳泉、晋城。

三、山西投资与全国对比评述

自改革开放以来,山西省的经济建设取得了巨大成就,投资总量不断扩大,能源和原材料工业快速发展,整体经济实力也在逐步壮大。特别是近些年来,山西省狠抓农业基

础、基础设施、基础产业建设，以煤、电、水、路为重点，加大重点建设力度，促进了整体经济的全面发展，保持了较快的经济增长速度。但是，山西省经济的发展与全国相比，还有很大差距。现从投资比重、投资增长率、投资率、资本系数、投资结构等方面与全国进行比较，以正确认识山西经济建设的现状，找出存在的问题，以便采取正确的投资政策，加快全省经济的良性发展。

（一）投资比重

山西省的投资总量不足，是影响经济发展的重要因素。山西的全社会投资在全国的比重，从1986年以来一直呈现下降趋势。“六五”时期，山西全社会投资在全国的比重为3.32%，“七五”时期下降为2.74%，“八五”时期又下降为1.76%。1986年山西投资在全国的比重为3.21%，十年以后，1996年下降为1.45%，下降了1.76个百分点。“九五”期间，投资比重有所回升，1999年和2001年，山西全社会投资在全国的比重均保持在1.91%，但与“六五”和“七五”水平相比，仍相差较远。

（二）投资增长率

回顾山西省自改革开放以来到1996年的建设历程，“六五”时期是最好的时期，五年固定资产投资平均增长21.9%，只比全国平均增幅低3个百分点。1982年至1985年是山西固定资产投资建设的高峰期，四年平均增长37.4%，比全国平均增幅高出11.7个百分点。但是，从1986年开始，山西的投资增幅逐步下降，在低速区域内徘徊运行长达十年之久。“七五”时期，山西的固定资产投资平均年增长5.6%，比全国的平均增幅低9.5个百分点。与周边省区比，投资增速比河北低10.7个百分点，比河南低6.4个百分点，比内蒙古低0.5个百分点。“八五”时期，山西的全社会固定资产投资平均年增长21.8%，比全国的平均增幅低14.7个百分点，差距不仅没有缩小，而且还有所扩大。与周边省区比，比河北低15.4个百分点，比河南低8个百分点，比陕西低2.7个百分点，比内蒙古低14.9个百分点。从1986年至1995年山西的固定资产投资平均年增长11%，比全国的平均增幅低4.5个百分点。1995年山西的投资增幅跌到了最低点，用现价计算只有1.6%，用上年的可比价计算实际下降5%，在全国处于最低水平。“九五”时期，山西的投资形势好转，用现价计算增长17.8%，用可比价计算实际增长12.5%。与全国比，山西的名义投资比全国平均增幅高6.2个百分点，去掉价格因素后，实际投资比全国平均增幅高6.5个百分点。1996年，与周边省区比，比河北少17.5个百分点，比河南少19.9个百分点。2001年，山西省全社会固定资产投资名义增长率为13.3%，比河北高8.2个百分点，比河南高3个百分点，比全国平均增幅高1.2个百分点，增速有所加快，但增幅仍低于西部地区平均水平6个百分点。

（三）投资率

投资率是一定时期固定资产投资与本期国内生产总值之比。“九五”时期，山西省用现价计算的平均投资率为34.1%，比用相同口径计算的“八五”时期平均投资率提高1.3个百分点。与全国的平均投资率比，“八五”和“九五”时期，山西省分别低于全国平均水平1.1个和1.2个百分点。2001年全省投资率39.9%，比2000年提高1.8个百分点，比全国高1.4个百分点，投资成为全省经济发展的主要推动力。

（四）资本系数

资本系数是投资效果系数的倒数，它表明每新增一定单位量的国内生产总值所需的固定资产资金投入量。在从1990年至2000年的10年中，山西省的资本系数为2.986，即每增加一元的国内生产总值需2.986元的投资。用同样的方法计算全国的资本系数为2.858，山西省每增加一元的国内生产总值需比全国多投入0.128元的资本。

（五）投资结构比较

1. 主体结构

山西省作为全国的能源重化工基地，在投资的所有制结构上，国有单位投资始终占绝对优势，集体和个体投资比重较低。1980年山西的全社会投资中，国有单位投资占79.8%，比全国的比重少2.1个百分点。集体和个体投资的比重分别为12.6%和7.6%，集体投资的比重比全国高出7.6个百分点，个体投资的比重比全国低5.5个百分点。1990年全国国有单位投资的比重下降到了66.1%，下降了15.8个百分点，而山西国有单位投资的比重仍然达到74.2%，只下降了5.6个百分点，高出全国8.1个百分点。集体和个体投资的比重全国由1980年的18.1%上升到了33.9%，上升了15.8个百分点，而山西则为25.8%，比全国低8.1个百分点。在“八五”期间，山西由于加大了基础设施建设力度，国有单位投资的比重达到76.5%，比1990年上升了2.3个百分点。与全国相比，1995年全国国有单位投资的比重由1990年的66.1%下降为54.4%，山西国有单位投资的比重比全国高出22.1个百分点。1995年山西集体、个体和其它投资的比重分别为9.5%、9.8%和4.3%，与全国相比分别低7个、3个和12个百分点。三项比重之和比全国低22个百分点。“九五”期间，山西省投资格局出现新变化，资源配置优化。国有单位投资的比重比“八五”下降6.7个百分点，集体投资和个体投资分别下降1.1个和2.0个百分点，其他经济类型投资比重提高了10.8个百分点。2001年，山西省集体投资和个体投资在全社会投资中所占比重分别为7.3%和8.9%，分别比“八五”期间提高0.8个和0.3个百分点，集、个体投资比重分别低于全国水平6.8个和5.5个百分点；同期，山西省国有及其他投资比重为83.8%，高于全国平均水平12.3个百分点，投资主体仍以国有占主导。

2. 行业结构

从三次产业结构看，山西省的第一产业和第三产业的投资比重低于全国的水平，而第二产业投资的比重高于全国的水平。1985年，在山西的国有经济投资中，第一产业占0.7%，第三产业占35.5%，分别比全国低0.6和7个百分点；第二产业投资的比重为63.8%，高出全国7.6个百分点。1995年，山西国有投资中第一产业投资占0.4%，比全国低0.3个百分点，第三产业投资占55.6%，低于全国0.6个百分点，第二产业投资占44%，高于全国0.9个百分点。2001年，山西全社会固定资产投资中，第一产业投资所占比重为2.9%，第二产业投资比重为43.6%，第三产业投资比重为53.5%，与2000年全国平均构成相比，山西省第一、第三产业投资比重分别低0.3个和12.3个百分点，而第二产业投资比重则高出12.6个百分点。

再从主要的行业结构看，山西的能源工业投资一直高于全国的比重。1990年在山西的国有投资中能源工业投资占53.2%，高出全国24.9个百分点；1995年山西的能源工业投资比重下降为30%，仍然高出全国11.4个百分点；1999年，随着关井压产等整顿措施的实施，山西能源投资比重回落为23.2%，但仍高于全国4.6个百分点。山西的加工制造业投资一直低于全国的水平，2001年，在山西的全社会固定资产投资中，制造业投资为139.22亿元，所占比重仅为19.7%，比全国2000年水平高出1.8个百分点。

3. 资金结构

近些年全国投资资金结构发生了很大变化，总的趋势是国家预算内投资的比重在逐步下降，贷款、利用外资和其它投资资金的比重在逐年上升。山西与全国比总的趋势相同，但也有不同的特点。在山西全社会投资中国家预算内投资的比重虽然也呈大幅度下降的趋势，但其比重仍高于全国平均水平。1981年山西的国家预算内投资占35.5%，比全国的比重高出7.4个百分点；1990年为11.3%，比全国的比重高出2.6个百分点；1995年为3.9%，仍高出全国0.9个百分点；1995年以后，山西的预算内投资随着基础建设力度的加大和国债资金的大量投入，比重逐步回升，到2001年升至7.0%，与2000年全国平均水平持平。在山西的全社会投资中，国内贷款的比重也高于全国：1990年山西国内贷款的比重为24%，高出全国4.4个百分点；1995年为26.2%，高出全国5.7个百分点；2001年降为24.8%，但与全国2000年平均水平相比，仍高出0.9个百分点。山西利用外资的总量少，比重低。1990年山西全社会投资中利用外资仅占2%，低于全国4.3个百分点；1995年为3.9%，低于全国7.3个百分点；2001年为3.5%，低于全国2000年水平2.7个百分点。自筹和其它资金的比重，1990年山西为63%，全国为65.4%，1995年山西为66%，全国为65.3%，到2001年，山西为64.7%，比2000年全国比重高2.6个百分点，差距有扩大之势。

从上述资料可以看出，长期以来，山西固定资产投资总量偏小、结构畸型、效益较差的问题依然存在，而且与全国的差距在逐年扩大。针对这些问题，山西在今后的投资决策中，必须以加大总量、调整结构、提高效益为中心，多方拓宽筹资渠道，努力改善投资环境，积极扩大对外开放，以投资的适度快速增长，促进全省经济的快速、持续、健康地发展。

四、2002年投资管理的主要措施

(一)加强宏观调控，发挥政府投资导向作用

为了加快在建国债项目建设进度，保证其尽快建成投产，各地市、各部门和建设单位要确保项目配套资金的落实，银行要积极落实国债项目和重点更新改造项目的贷款，保证其资金及时到位。同时，继续加强对国债项目和重点更新改造项目的管理。2001年，国家和省继续加强检查和稽察，对国债项目及重大项目建设中资金管理、工程质量等方面存在的问题依法给予更加严厉的处理。为了确保实施“十五”计划，进一步加大投资力度，提出了《山西省结构调整“1311”规划(项目)》，政府在技术、资金、人才、观念和环境五个方面全面推进。突出抓好市场导向、政策、组织、体制、资金、主体、软环境和环保等八个方面的保证措施。积极推进产业升级和技术进步。技术改造以市场需求为导向，结构调整为主线，紧紧围绕增加产品品种、改善质量、节能降耗、防治污染和提高劳动生产率等内涵为主的投资展开。要加快高新技术产业化和用高新技术改造传统产业的步伐，择优扶强，促进结构优化和产业升级。政府投资要突出重点，集中力量抓好重大战略带动性项目，尤其要集中财力支持重点调产项目；逐步退出竞争性、经营性领域，使竞争性项目主要由企业主体通过市场融资投入为主；政府投资重点投向农林水利、科教文卫、环境保护及人民生活必需的基础设施和其它社会事业，并通过补助资本金的形式支持企业开拓高新技术产品和环保产业；集中资金保重点、保投产收尾、保续建，做好年度计划与“十五”计划在项目和资金上的衔接。对于部分基础设施建设项目和社会事业项目，可以通过成立股份制设立法人的形式，向各类法人和居民开放，其中一些已完工项目，可通过向法人或居民转移经营权的方式收回资金用于再投资。新上项目要以效益定项目，以项目定投资；续建项目也要进行分类调整，凡属于市场前景不好、低水平重复的不再安排投资。

省和地市应进一步明确划分投资事权，充分发挥政府投资的杠杆作用，带动和吸引社会资金。投向省安排的高新技术、潜力产品及其它调产项目，均以资本金入股和贷款贴息入股方式注入。省投资重点是保证国家和省的重点建设项目、重大基础设施建设以及事关全省经济发展的跨地区基建项目。地市的建设项目由地市筹资解决，对个别有示范带动作用的项目和确属高新技术项目，省可适当给予补助。为保证省级基建基金的稳定，对既属基础性又属经营性的项目应实行有偿投资。对社会资金参与或独资建设的公益性项目政府要给予积极支持，并予以计划安排。严格控制项目超概算，新开工项目一律实行招投标制，包死概算，不再追加投资。未依法履行招投标制的建设项目，一律不批准建设，不拨付建设资金。加强对建设资金的规范化管理，各类专项资金统一纳入投资计划管理。

(二)深化投融资体制改革，加快基础设施建设

加快基础设施建设是山西省近期的投资重点，但资金短缺仍是主要制约因素。由于近年来安排的基础设施项目较多,而城市基础设施投资较少,一定程度上影响了全省城镇化进程。所以在继续巩固和完善建设项目法人责任制、项目资本金制、招投标制、工程监理制、工程质量责任制的基础上,积极推进投融资体制改革。在确保已开工基础设施建设项目的前提下,加快城市基础设施建设步伐。充分发挥政府投资导向作用,通过项目审批、产业政策、信息发布等多种调控手段,引导社会资金向潜力产品、调产项目和基础设施项目投资。要创造宽松的投融资环境,鼓励个体经济和私营经济投向一些国家允许的垄断性行业。基础设施建设项目必须同配套资金挂钩,对配套资金不能保证的地市不为其申请新的基础设施项目投资。对现有在建的项目应尽量保证资金,努力缩短建设周期,促使其尽快发挥效益。

(三)加强产业指导,避免低水平重复建设

在加强基础设施建设的同时,必须加强对项目的产业政策指导,以防止低水平重复建设。结合实施"十五"计划战略,加快重大项目的前期工作,并确保前期工作质量。在项目审批上要增强服务意识,严格按程序办。要继续贯彻省委和省政府《关于调整产业结构的实施意见》,不再审批污染环境、浪费资源的五小企业项目;现有的五小企业要本着治污和改进技术的原则加大整顿力度,对于国家禁止的污染项目坚决采取关停措施;同时,对于符合产业发展方向的项目,政府要整合工商、税务、财政、银行、城建、计委、经贸委等部门,联合出台并切实落实一系列鼓励措施,有奖有罚,努力促进可持续发展。

(四)全面启动潜力产品项目,加快结构调整步伐

2001 年为全力推进山西的经济结构调整工作,全面启动潜力产品项目投资,对于当年全省结构调整的成功入轨发挥了重要作用,并直接拉动全省更新改造投资的加快。为了加快结构调整的步伐,当年安排的项目要与调整产业结构有机地结合起来,从产品抓起,突出以企业为主体,集中资金与政策资源,全面启动具有发展潜力、经济效益显著的产品,重点给予并优先安排投资,努力培育新的经济增长点,已经初见成效。2002 年继续加强能源、交通、通信、生物医药、重要原材料工业的投资,安排好科技、教育、环保、旅游和其它社会事业的项目投资。电力工业要坚持均衡布局和均衡发展,最大限度地体现山西省的效益和利益。除保证已开工电厂建设外,重点加强骨干电网的配套建设,同时积极利用西电东输的机遇,加快新建、扩建电厂的前期工作,继续搞好城市电网和农村电网的建设和改造。

(五)鼓励和引导民间投资,促进非国有投资的快速增长

民间投资的快速增长是保持固定资产投资稳定增长的基础之一。抓紧制订鼓励和引导民间投资的政策措施。进一步解放思想,拓宽民间投资领域,改善融资环境,健全法律法规,规范市场秩序,建立投资服务体系,为民间投资创造良好的外部环境。一是要严格执行国家产业政策,积极鼓励乡镇企业的改组、改造,促进现有乡镇企业向集团化、规模化发展;二是要积极扶持私营和个体企业的投资,通过建立中小企业服务中心、帮助集体、私营企业上市等,为企业营造宽松的直接、间接投融资环境;三是以多种形式向集体、个体、私营企业开放投资领域,同时使其以"国民"资格与其他经济主体开展公平竞争。

(六)调整房地产投资结构,加快房地产开发与建设

房地产开发要继续贯彻落实《国务院关于进一步深化城镇住房制度改革,加快住房建设的通知》精神,适应住房制度改革的要求,以市场需求为导向,加大普通商品住房、经济适用住房和廉租住房的建设力度。经济适用住房建设的重点是安排好在建项目。要加快消化空置房。通过银行提供按揭贷款,支持居民购买住房,促进住宅及房地产业尽快成为新的经济增长点。要继续贯彻落实《国务院关于严格控制高档房地产开发项目的通知》,严格控制高档房地产项目审批。调整房地产投资结构,将适用住房作为住宅开发建设的重点,以市场为导向,努力培育住宅市场,扩大国内需求。

内蒙古自治区投资建设情况

内蒙古自治区发展计划委员会主任　雷·额尔德尼

一、2001 年固定资产投资完成情况

2001 年,内蒙古自治区紧紧抓住国家继续实行积极的财政政策,加快基础设施建设和实施西部大开发战略的有利时机,创造条件努力改善投资环境,拓宽融资渠道,落实项目建设资金,全区固定资产投资保持了较快增长,超额完成了全年投资计划目标。

(一)投资总量快速增长

2001 年全区固定资产投资完成 496.43 亿元,比上年增长 15.3%。按管理渠道划分,基本建设投资 268.82 亿元,增长 18.12%;更新改造投资 69.58 亿元,增长 17.6%;其他投资 18.12 亿元,增长 33.1%;房地产开发投资 65.69 亿元,增长 45.3%;农村投资完成 68.13 亿元,增长 4.79%;城镇工矿区、私人建房 6.09 亿元,增长 12.57%。

(二)地方项目在投资增长中占主导地位

全年地方项目累计完成投资430.59亿元,占全部投资完成额的86.74%,增长16.56%,增速高于中央项目近7个百分点。在地方基建投资中,国债项目完成投资占22.07%,是主要新增因素。

(三)国家鼓励发展的产业、行业投资增长继续保持较高水平

自1998年国家发行长期建设国债以来,内蒙古自治区在农林水利、交通、城市基础设施、高新技术产业化示范及粮库建设、教育基础设施建设等方面共争取到国债资金近160亿元,有力地带动了银行、外资和民间资金的投入,拉动了投资需求,为保持经济持续稳定增长发挥了重要作用。从行业投资完成情况看,农业完成投资19.09亿元,增长17.48%;电力、煤气及水生产和供应业完成投资61.84亿元,增长56.72%;交通完成投资72.45亿元,在2000年较高基数的基础上又增长4.7%;以石油化工、金属冶炼、机械等行业为主的制造业完成投资78.84亿元,增长42.68%。

(四)房地产开发继续保持快速增长态势

近年来,由于国家和自治区在住房制度改革方面实施了一系列新政策,极大地激发了房地产开发投资与建设的热潮,支持了全区房地产开发的快速增长。2001年全区施工房屋面积998.06万平方米,竣工房屋面积515.73万平方米,累计完成投资65.69亿元,比上年同期增长45.3%,是自治区历史上房地产建设规模最大、投资最多的一年。

二、2001年主要建设成就

(一)国债投资对经济增长的拉动作用增强

1998年以来,自治区共实施国债项目715个,国债投入直接拉动GDP增长平均达到2.75个百分点。其中,2001年完成国债投资48.56亿元,拉动GDP增长约3.2个百分点。国债投资的一些重点领域已经发生了较大的变化:

1. 生态　从1998年开始,全区相继启动了天然林资源保护、退耕还林还草、京津风沙源治理、生态环境综合治理、天然草原保护与建设、水土保持和"三北"防护林等七大工程,建设范围涉及全区96个旗县市区。已经治理荒漠化土地面积4500万亩,其中2001年治理2380万亩,比"十五"计划提出的每年治理2000万亩的任务多完成380万亩,重点治理区域的生态环境已经有了明显改善。

2. 水利　1998—2001年,自治区对15个大型灌区进行续建配套和节水改造,在66个旗县开展了节水增效示范工程,先后对30座大中型病险水库进行除险加固,黄河、辽河、嫩江防洪标准逐步提高。四年中新增有效灌溉面积845万亩,节水灌溉面积980万亩,解决了180万人口的饮水困难问题。

3. 交通　四年来,开工建设了55个项目,到目前已完工22个。新增黑色公路里程2154公里,其中,一级公路192公里,二级公路1058公里,新增铁路通车里程72.6公里。

4. 农村电网　累计完成90个旗县中45%的农村电网改造任务,改造过的地区10千伏线损率降到12%以下,低压线损率降到10%以下,每年减轻农牧民负担1亿元以上。

5. 城市基础设施　四年来,共开工建设了50个项目,已建成11个。四年新增供水能力37.2万立方米/日,污水处理能力20万立方米/日,供热面积500万平方米,垃圾处理能力750吨/日,供气能力10万立方米/日,改造城市道路数百公里。

6. 粮食储备库　共开工建设158个国债项目,到2001年底已建成96个,新增粮食仓容36亿斤。

7. 教育　共开工建设国债项目232个,到2001年底建成33个。四年建成高校扩建项目15个,新增教学设施6.5万平方米;建成了职业教育项目12个,总建筑面积达到4.39万平方米;完成中小学危房改造项目6个,改造面积达到1.44万平方米。

(二)重点建设项目取得突破性进展

由于各项施工条件准备充分,一批大中型项目建设进度明显加快。截至2001年底,全区基本建设大中型项目和更新改造限上项目共计70个,当年完成投资85.23亿元,占同期基建、技改投资的58%。18项在建大中型基本建设项目进展比较顺利,完成年度计划投资任务的90%以上,明显高于一般建设项目的计划完成比例。

三、2001年投资建设的经验及存在的问题

2001年自治区在抓项目前期工作与实施项目管理等方面取得了比较好的成效,但受历史、自然等诸多方面的影响,内蒙古投资环境差,经济总量小,招商引资难度大,给投资建设与发展带来了很大压力。

(一)项目前期工作取得实效

为加快重大项目前期工作进度,自治区制定出台了项目前期工作管理办法,落实了项目责任制。在2001年自治区确定的115项重点项目中,批复开工的54项,实现预期目标的95%;批复立项和可研的19项,实现预期目标的62%。项目前期工作的开展,进一步完善了自治区西部大开发重点项目库,使入库项目达到2664个,总投资达到14563亿元。

(二)丰富了项目实施管理经验

强化了项目分类管理和指导,组织好基础设施项目、工业重点项目、招商引资项目、高新技术项目和农牧业产业化项目五类重点项目的评估、论证工作。进一步加强了工程质量责任制、项目法人责任制、招投标制、工程监理制、合同管理制、竣工验收制的推行和落实工作,积极推动建立政府采购制度。严格执行《国家重大建设项目稽查管理办法》,在继续加强国债项目稽查的同时,加大对预算内资金、专项资金的稽察力度,管好、用好各类建设资金。

(三)千方百计筹措建设资金

积极争取国家投资,落实项目建设资金,加快工程建设进度,继续保持了国债项目对投资的拉动作用。进一步加强同各大银行的联系与沟通,建立了联席会议制度,向各银行推荐了一批质量好的建设项目,并建成了推荐项目库。以扎实的项目前期工作和优质项目为基础,广泛开展各种形式的内引外联融资活动,使引进资金和利用外资水平持续提高。加大宣传、贯彻、执行国家和自治区促进社会投资有关政策的力度,促使全区社会投资规模不断扩大。

虽然内蒙古在2001年投资建设方面做了很多工作,但仍然存在着项目资金落实困难、管理水平有待提高、个体私营经济发展缓慢等问题,需要认真研究,切实解决。

四、2002年投资建设展望

(一)全年固定资产投资形势判断

根据国家投资政策,从自治区在建和新争取重点工程及项目资金的落实情况分析,2002年促进全区固定资产投资增长的有利因素有:

一是自治区争取国家投资继续保持较高水平。2002年国家新增的1500亿元长期建设国债投资,主要用于当年要求建成的续建国债项目和西部地区项目。国债投资的安排将继续向西部地区倾斜。国债投资的重点主要是天然林资源保护、退耕还林还草等农林水利及生态治理项目,西部通州县公路、贫困县道路、农村电网改造等交通能源基础设施项目,城市环保及基础设施建设、中央储备粮库、教育、卫生、旅游、公检法司以及支持技术进步和产业升级的项目,另外还要实施一部分条件比较成熟的西部地区基础设施项目。这些都将使内蒙古国债项目建设进度明显加快,年内可以完成更多的投资工作量,有力地支持全区固定资产投资保持较高的增长水平。

二是2002年将进一步加大投融资体制改革的力度,在一定范围内变“审批制”为“登记备案制”,扩大各类投资主体的投资自主权和积极性;通过完善和推行建设项目法人责任制、项目资本金制度等,可以进一步提高企业的投资效益;通过规范和完善各种中介机构,为各类投资者提供良好的投资环境。

三是民间投资发展的条件比较好,制约因素减少。首先是市场准入的门槛继续降低,垄断行业逐步向社会资本开放,推动民间资本的活跃;其次是中国加入WTO之后,按照国际运行规则建立金融市场体系,民营融资将会得到较大改善;第三是产业政策和经济信息透明程度的的提高,有利于引导和规范市场化进程,改善竞争环境;还有随着国有企业的改制、小城镇建设和工业园区的建设,民间投资将获得较大的成长空间。

四是一些重大项目的建设带动和加快投资的增长。如农村电网改造、退耕还林还草等生态治理工程、重点公路、城市建设等重大基础工程等,仍然是保持投资较快增长的重要动力。

五是从国际环境看,中国是当前世界上经济发展最快和潜力巨大的国家之一,对投资者具有很强的吸引力。自治区在西部开发政策的带动下,依靠独特的资源和区位优势,会不断增加一些国际投资者的投资信心。

与此同时,影响2002年自治区固定资产投资的不利因素有:当前投资增长在很大程度上仍然依赖于国债的投入,还没有形成符合市场机制的投资良性循环格局;企业改革、资本市场的发展等方面还有许多需要解决的难题;项目储备、新项目开工不足,影响后续投资的持续增长;融资手段创新不够和投资对融资的需求压力增大等。

(二)全年固定资产投资预测

根据内蒙古自治区2002年建设资金落实和重点项目实施情况,结合自治区各盟市和行业投资进度趋势分析,预计2002年全区全社会固定资产投资将超过年初确定的580亿元预期目标,达到600亿元的历史最高水平。

1. 分盟市预计

从各盟市2002年1－6月份投资完成情况和全年预测看,除赤峰市、乌兰察布盟上年基数较高,投资增长稍慢,低于10%外,其它10个盟市投资增长幅度均超过10%,特别是阿拉善盟、乌海、呼和浩特三个盟市的预期增长速度均在30%以上。各盟市全社会固定资产投资全年预期目标为:

(1)增幅超过全区平均水平的盟市有:阿拉善盟10亿元,增长47.4%;乌海市30亿元,增长47%;呼和浩特市130亿元,增长30%;呼伦贝尔市58亿元,增长25.6%。

(2)增幅低于全区平均水平的盟市有:巴彦淖尔盟39.1亿元,增长19%;兴安盟20亿元,增长17.6%;锡林郭勒盟28亿元,增长17.4%;包头市75亿元,增长15.4%;通辽市54亿元,增长14.8%;鄂尔多斯市67亿元,增长13.9%;赤峰市50.7亿元,增长10%;乌兰察布盟29.7亿元,增长9.2%。

2. 分行业预计

(1)生态治理完成投资38亿元,同比增长30.58%。其中,京津风沙源治理、天然林保护工程、退耕还林还草、天然草场保护、“三北”防护林等项目完成25亿元。

(2)水利完成投资12亿元,增长20%。尼尔基水利枢纽、绰勒水利枢纽、水土保持以及病险水库除险、加固等水利工程可完成12亿元投资。

(3)交通完成投资113亿元,同比增长18.95%。以省际通道、国道110线高速公路、旗县通油路、机场路四大工程为建设重点的公路完成投资102亿元,其中,国道110线高速公路14.2亿元,旗县通油路23亿元,机场路2.4亿元,干线公路13.7亿元,西部干线区内通道29亿元;锡桑铁路、包头火车站、通辽机场、乌海机场等铁路、民航工程完成投资11亿元。

(4)工业完成投资180亿元,同比增长25.99%。

——电力行业完成投资93亿元,同比增长45.31%。其中,托克托电厂一期、准格尔电厂二期、海渤湾电厂二期、呼和浩特市热电厂完成投资36.7亿元,农村电网改造完成投资43亿元，城市电网改造二期完成投资4.8亿元，220千伏输变电项目完成投资3.7亿元，托克托电厂二期、达拉特电厂三期完成投资4.8亿元；

——煤炭、石油及天然气行业完成投资19.8亿元，同比增长215%，主要是大雁三矿、二连油田、神华集团煤制油、长庆气田至呼和浩特市天然气输气管道、长庆气田开发建设等项目完成的投资；

——高技术产业化示范项目完成投资6.5亿元，同比增长54.76%，主要是在建的高技术产业示范工程项目完成的投资；

——乌海氯碱工程、蒙牛三期扩建、白音诺尔铅锌矿等工业项目完成投资12亿元。

(5)城市建设完成投资43亿元,同比增长26.47%。其中2002年收尾城建国债项目、西部中心城市环保项目、城市水源项目、城市应急供水项目等39项重点工程预计完成投资25亿元,城市街道改造及小城镇建设等全年预计投资18亿元。

(6)邮电通信业完成投资31亿元，增长38.76%。其中，通信业完成30亿元，主要有电信公众多媒体通信网三期扩容，苏尼特右旗—镶黄旗、额尔古纳—根河、鄂尔多斯本地网等三条光缆线路工程，GSM移动通信网扩容工程，固定电话网工程等项目投资。邮政业完成1亿元，主要是中间业务平台、呼和浩特市185客户服务中心等项目建设。

(7)教育、卫生、旅游等社会事业完成投资22亿元,同比增长35.47%。其中内蒙古大学"211工程"等高等教育完成5.85亿元,基础教育、中等教育、职业教育完成5.72亿元,中心血站、疾病控制中心等卫生项目完成3.12亿元,国债旅游基础设施建设完成1.85亿元。西新工程、专用传输网等广播电视完成3.7亿元,体育、文化等项目完成1亿元。

(8)房地产开发完成投资76亿元,同比增长11.55%。其中经济适用住房55亿元,同比增长18%。

(9)其它行业完成投资85亿元,同比增长7.94%。

3. 按资金来源预计

(1)国家投资50亿元。

(2)银行贷款资金110亿元。

(3)自治区各级机动财力和专项资金18亿元。

(4)股票和企业债券39亿元。

(5)利用外资40亿元。

(6)横向联合资金135亿元。

(7)自筹和其他资金208亿元。其中全区企事业单位自有资金60亿元,商品房屋开发公司自有资金及购房预付款约58亿元;城乡集体和个体投资90亿元。

4. 按经济类型预计

根据目前实施的重点工程和不同所有制投资项目初步划分,预计各种经济类型投资为:

(1)国有经济投资280亿元。

(2)集体经济投资35亿元。

(3)个体私营经济投资120亿元。

(4)混合经济类型投资165亿元。

通过以上分析，2002年内蒙古自治区全社会固定资产投资有可能达到600亿元，如果下半年争取项目和资金条件更好的话,有希望超过600亿元,为超额完成自治区全年经济增长目标做出更大的贡献。

(三)完成2002年全社会固定资产投资的思路

1. 积极争取国家投资，做好在建国债项目的收尾工作。一是继续争取国家建设资金，力争全年资金总量保持一定规模。二是继续加强与国家政策性银行及商业银行的联系协调，努力为各金融机构在内蒙古扩大信贷业务提供良好条件。有关银行在自主审贷的前提下，也要积极落实建设项目特别是国债项目的配套贷款。三是切实加强项目建设管理。继续强化项目法人责任制、招标投标制、工程监理制、合同管理制和工程质量终身责任制、资本金制度等约束机制,对国债资金要严格实行专人、专户、专款专用、资金封闭运行的"三专一封闭"制度和拨款管理责任制,绝不允许挤占、挪用。

2. 进一步加大争取国家投资项目前期工作力度。2002年国家在固定资产投资和项目安排上，继续向西部地区倾斜,进一步加强西部地区基础设施和生态环境建设,加强教育、科技等方面建设。为此，要围绕国家西部大开发投资的重点领域,加快自治区重大项目的前期工作,对重点项目前期工作要实行目标化管理，抓紧做好评审、论证和报批工作,积极落实建设条件,力争使具备条件的项目尽早开工建设。

3. 积极推进产业升级和技术进步。技术改造要以市场为导向，紧紧围绕"品牌、质量、效益和扩大出口"开展工作。通过工业化促进结构优化和产业升级，推动产业结构战略性调整。要以信息化带动工业化,发挥后发优势,加快采用先进适用技术改造提升现有传统产业和骨干企业步伐，突出发展具有自治区优势的农畜产品加工业、能源工业、冶金工业、化学工业、机械工业等支柱产业;在稀土、生物技术、新材料、电子信息等重点领域,积极培育具有自治区优势的高新技术产业。坚决防止低水平的重复建设。

4. 继续促进房地产开发的健康发展。房地产开发要继续贯彻落实《国务院关于进一步深化城镇住房制度改革,加快住房建设的通知》精神,适应住房制度改革要求，落实房地产减免税费和经济适用住房优惠政策，以市场需求为导向,加大普通商品住房、经济适用住房和廉租住房的建设力度，努力降低住房建设成本,促进住宅消费,保持房地产投资的稳定增长。

5. 鼓励和引导民间投资。一是积极做好新企业上市和已上市企业转配股增发新股的协调服务工作，大力发展直接融资。二是努力扩大利用区外、国外资金的规模,吸引更多的资金用于自治区的项目建设。三是放宽投资领域，改善投资环境，鼓励和引导社会投资，通过价格承诺、收费权质押等各种切实有效措施，吸引社会资金向自治区重点发展领域投资。四是尽快建立自治区产业投资基金和风险投资基金，鼓励大企业、大公司、金融机构以及个人资金参与投资基金，增加对自治区重大项目的投入。

6. 进一步深化投融资体制改革。按照行政审批制度改革的要求，逐步减少对企业投资的行政审批，扩大企业投资自主权；严格政府财政性投资管理，加强对政府投资项目和资金的监管；进一步拓宽融资渠道，完善融资体系，规范融资方式；加强投资宏观调控，推动国民经济持续快速健康发展。

辽宁省投资建设情况

辽宁省发展计划委员会主任　仲跻权

2001年是“十五”开局之年，按照辽宁省委、省政府高起点开局，跨越式发展的总体要求，全省投资领域紧紧抓住国家继续实施积极财政政策和稳健货币政策的有利时机，采取有力措施，真抓实干，保持投资规模较快增长，投资结构有所改善，投资效益不断提高，有力地推动了全省国民经济稳定增长和社会全面进步。

一、全省固定资产投资计划执行情况

（一）2001年全省固定资产投资完成情况

2001年，辽宁省全社会完成固定资产投资1418.4亿元，比上年增长11.9%，超出计划1.9个百分点，拉动全省GDP增长3个百分点。其中城镇完成投资1201.3亿元，比上年增长12.6%；农村完成投资217.1亿元，比上年增长8.2%。

全省投资完成的主要特点是：基本建设投资增势平衡，技术改造投资增势强劲，房地产开发产销两旺，三次产业投资全面上升，产业投资结构趋于合理，地方项目和民间投资增势喜人，企事业单位筹融资能力增强，资金到位情况好于上年。

——从投资渠道看，基本建设、更新改造、房地产开发投资均有增长。全省基本建设完成投资490.8亿元，比上年增长8.7%，占全省投资比重34.6%；更新改造完成投资329.9亿元，比上年增长16.4%；房地产开发完成投资321.6亿元，比上年增长21.4%，所占比重为22.7%。

——从隶属关系看，地方项目投资增加，中央项目投资减少。全省地方项目完成投资1122.3亿元，比上年增长14.1%，所占比重由77.6%上升到79.1%；中央项目完成投资296.1亿元，同比增长4.3%，所占比重下降了1.5个百分点。

——从三次产业看，三次产业投资全面上升。农林牧渔水利业完成投资68.2亿元，比上年增长12.9%；第二产业完成投资552.9亿元，比上年增长12.2%，其中石油加工业增长75.1%，化学工业增长42.9%，电子工业增长26.9%，轻纺工业增长17.5%，机械工业增长15.3%，冶金工业增长7.3%；第三产业完成投资797.3亿元，增长11.6%，其中交通和邮电业增长19.5%。

——从经济类型看，非国有单位投资增长快于国有单位投资。国有单位完成投资686.4亿元，比上年增长5.7%；非国有单位完成投资731.9亿元，比上年增长18.4%。二者之比由上年同期51.2∶48.8变成为48.4∶51.2。在非国有单位投资中，外商和各种联营、股份经济单位投资399.1亿元，增长26.7%；私营和个体投资174亿元，增长16.9%。

——从资金来源看，企业投融资能力增强。2001年，全省城镇企事业单位通过各种渠道共筹集建设资金1331.6亿元，比上年增长14.3%。本年到位资金中，各级自筹资金583.9亿元，比上年增长14.0%，其中企事业单位自筹资金428.2亿元，增长23.7%。

——房地产开发投资依然强劲，商品房建设和销售两旺。全省商品房建设完成投资267.3亿元，比上年增长19.6%，商品房施工面积3970万平方米，其中商品住宅面积3008万平方米，同比分别增长20.2%和20.1%；商品房销售面积1048万平方米，其中商品住宅894万平方米，同比分别增长10.5%和11.2%。

按照“十五”规划和全省经济工作会议确定的目标，全省投资战线积极推进重大项目前期工作和重点项目建设，多渠道筹措建设资金，加强项目管理，做了卓越有成效的工作。

重大项目前期工作加快。“十五”期间全省177个重点项目，总投资3014亿元，其中“十五”时期投资1905亿元。先期着重抓急需启动对经济发展牵动力强的20个项目的前期推进工作，如大伙房输水工程、石佛寺水库工程、沈大高速公路改扩建工程等，这批项目前期工作均有不同程序的进展。

一批重点建设项目建设进展顺利。丹本、盘海（含营口连接线）、锦朝、锦阜高速公路路基、桥涵及隧道工程全部完成，秦沈铁路客运专线路基、桥涵基本完工，金哨水利枢纽完成土石方开挖151万立方米、混凝土浇筑16万立方米；抚顺发电厂二期技改主厂房建成，正在安装设备；沈阳热电厂三期扩建工程建成；玉石水库工程9月下闸蓄水、盘锦城市防洪工程、鸭绿江防洪护岸工程等项目进展顺利。农村电网改造一期工程、城市电网改造工程、沈阳桃仙国际机场扩建工程、世行贷款粮库项目、500亿斤国储库建设项目；沈阳金杯通用中高档越野车、沈阳机床数控机床改造、鞍钢冷轧机组改造、高分子聚丙烯酰胺项目、沈阳师范学院新校区建设一期工程等重点项目竣工。

融资渠道进一步拓展。为广辟资金渠道，推进重点项目建设，省政府举办了全省“十五”重点建设项目推介会。这是适应投融资体制改革采取的一项新的重要举措。发布了“十五”时期全省投资重点和拟使用银行贷款项目，31家银行行长参加，对拟使用银行贷款526亿元的72个项目十分感兴趣。

省直项目管理进一步加强。为加强省直工程建设的管理，成立了省直项目工程领导协调小组。省政府下发了《关于加强省直工程项目管理的通知》和《关于从严审批省直机关办公及业务用房的通知》，确保了省直项目建设顺利实施。

(二)全省投资存在的主要问题及影响因素分析

2001年全省投资增幅较高，但是与经济较发达的省份相比和从全省经济发展需求出发来看，全省固定资产投资仍然存在着规模偏小，持续、快速增长乏力，投资结构需进一步优化等问题。造成这些问题的原因，既有体制、机制上等深层次的矛盾，也有工作中主观努力不够的问题。具体表现在：

1. *牵动经济发展的重大项目少，前期工作不快。*“十五”期间，虽然规划了一批重点项目，但对经济发展牵动力大的项目偏少，储备不足，而且多处于规划、论证阶段，具备开工条件的项目不多。

2. *投资渠道单一，利用外资规模小，启动民间投资慢。*在直接利用外资方面，存在着与国际跨国公司合作项目少，规模小，欧美地区开拓不足等差距。促进民营经济投资方面，在政策制定和执行、市场和行业准入、政策引导和社会服务等方面也存在急需改进的地方。

3. *投资增长对国家政策依赖性较强，企业投资能力弱。*以投资类产品为主导的经济结构，使得全省投资受国内外环境和中央政策影响较大。投资环境和政策趋紧，全省投资急剧下降；投资环境政策趋松，全省投资有所好转，但滞后于政策。由于国有大中型企业发展动力机制和技术创新机制没有普遍建立起来，国有企业投资能力较弱。

4. *政府资金不能形成合力，调动社会投资缺乏手段。*省、市各级政府由于掌握的建设资金较少，而且分散，难于集中力量推进重点项目建设。在调动社会投资的体制创新方面，步伐不快，措施手段不多，缺乏对投融资体制、机制的探索、创新和大胆尝试。在利用土地效应、扩大利用外资方式和渠道方面，在盘活存量、用好增量、滚动发展方面，在体制创新、政策推进、资本运作方面，在调动、引导民间投资方面等，都不能适应新形势的要求。

5. *投资环境建设需要加强，尤其是软环境亟待改善。*在投资环境建设上，存在地区不平衡现象，一些城市建设欠帐较多，城市功能不完善，总体环境较差。在政策、法律、服务等软环境方面，对社会投资环境监管、服务不力，市场准入政策制约严重，融资渠道不畅，不合理税费负担沉重，缺乏政府政策引导和社会化服务的支持等。

二、2002年全省固定资产投资计划安排

(一)2002年全省固定资产投资面临的形势

2002年，全省固定资产投资工作既面临有利的条件，也存在不利因素。

从国际环境看，美日欧经济依然低迷，这种消极影响将持续一段时间，“9·11”事件后，由于美国和各国采取的一系列应对措施，总体上对经济发展是有利的。但是，全世界范围内的需求不足以及将由此引发经济衰退的危险依然笼罩着包括中国在内的世界各国。

从国内环境看，国家继续实施积极的财政政策和稳健货币政策，将为投资增长提供更加平稳和宽松的环境。具体表现在：继续发行国债支持基础设施建设、西部大开发等；国家将扩大各类投资自主权，为各类投资者提供良好的辅助环境；国家和各地政府为促进民营经济发展，制定一系列鼓励政策措施。由于国有企业的问题尚没有彻底解决，非国有经济的发展尚未全面调动起来，还缺乏对经济发展有带动作用的经济热点，投资增长的内在机制还不健全。

在分析国内外环境基础上，要充分利用一切有利条件，发挥各方面的潜力，千方百计克服各种困难，趋利避害，做好全省固定资产投资工作。

(二)2002年全省投资总量预期目标及投资重点

2002年全省固定资产投资工作指导思想：认真实践江泽民同志“三个代表”重要思想，积极探索投融资改革新模式，进一步拓展外资和民营投资渠道和领域，不断改善和创造公平、有序的投资环境，努力增加投资规模，优化投资结构，提高投资效益，为推动辽宁省经济跨越式发展、社会全面进步做出重要贡献。

按照“十五”时期固定资产投资计划目标要求和2002年经济增长的需要，经初步测算，2002年全省全社会固定资产投资规模预期为1560亿元，比上年增长10%。

从投资渠道看：基本建设投资预期为540亿元，增长10%；更新改造投资预期为363亿元，增长10%；房地产投资预期为385亿元，增长20%。

2002年固定资产投资的重点是：紧紧围绕辽宁省“十五”期间经济和社会发展目标，抓好一批增强经济发展后劲的大型通信、水利、交通、能源建设项目，一批促进经济结构调整、能够成为新的经济增长点的重点工业、高科技、农业产业化项目，一批重塑城市形象的重点城市交通、供水、垃圾处理、污水处理等基础设施项目，一批改善生态环境、农村生产条件的农业基础设施项目，一批提高人民生活水平和素质的教育、文化、体育、卫生、商贸流通项目。

(三)2002年重点项目和基建大中型项目安排情况

按照上述的指导思想和投资重点，2002年辽宁省重点项目的安排情况是：

1. 续建重点项目安排情况。2002年要抓好67项续建重点项目的建设。主要有秦沈铁路专线工程、沈阳热电厂三期、鸭绿江防洪、金哨水利枢纽工程、农网改造二期工程、丹本高速公路、沈阳、鞍山、抚顺三城市道路改造、辽河油田原油开发、大连西太平洋石化炼油改造、鞍钢冷轧薄板工程、鞍山华兰新型建材粉煤灰烧法陶粒及制品、丹东恒星新型纺织印染助剂、沈阳新松工业机器人、省博物馆,沈阳化工学院新校园建设、雷锋纪念馆改造项目等。

2. 拟新开工重点项目安排情况。2002年全省计划新开工重点项目35项。主要有石佛寺水库一期、大伙房水库输水、沈大高速公路扩建、鞍钢高炉项目、大显集团信息网络产品改造、大连软件园建设、沈阳建工、沈阳工业学院、辽宁广播大厦扩建工程等。

3. 加快前期工作重点项目安排情况。2002年在重点抓好续建和新开项目的基础上,选择了20个投资规模在5亿元以上的重大项目,作为2002年推进前期工作的重点。这批项目主要有:锦凌水库、青山水库、庄河电厂、铁岭电厂二期、鸭绿江西水道工程、鞍钢40万吨镀锌板、大连实德50万吨PVC等。

三、促进2002年全省固定资产投资增长的措施建议

2002年面对新的国际国内环境,充满机遇和挑战,全省投资领域要有高度责任感和紧迫感,采取有力措施,促进全省投资持续、快速增长,确保全年固定资产投资计划完成。

1. 全力以赴,继续抓好国债项目建设。2002年国家将继续实施积极的财政政策和稳健的货币政策,发行1500亿元长期建设国债,重点用于国债项目建设收尾,使一批在建国债项目完工。为此辽宁省要继续加大国债项目的投入,确保多数在建项目竣工、投入使用。抓好国债资金的到位,确保地方配套资金及时足额到位。切实加强对国债项目资金使用和工程质量的管理,对2002年必须完成的项目,要集中力量,倒排工期,逐项列出进度表,并抓紧做好国债项目的验收工作。

2. 重点突破,大力促进民间投资加速发展。要结合机构改革和审批制度改革,清理阻碍民营经济发展的政策障碍。从营造环境、拓宽领域、拓宽渠道、公平税赋、改进服务和加强管理等方面入手,努力为增加民间投资创造良好的体制条件和政策环境。逐步实行开放式的行业投资准入政策。各行业都要制定鼓励内资进入的产业目录,将各方面的市场准入政策及审批规定等纳入统一、透明度高的政策框架内,积极为民营企业提供信贷服务

3. 加大力度,积极推进"十五"重点项目的实施。一是要抓好"十五"时期省重点项目建设,重点抓好67个续建重点项目、30个拟新开工项目和20个投资5亿元以上重大前期工作项目。对这些项目,要建立省直有关部门、有关市主要领导分工负责的重大项目领导负责制,对项目的策划、资金筹措、建设实施、使用运营、偿还债务等实施全过程负责,排出加快前期工作和进度时间表和责任人,明确目标与责任。二是定期举办全省重点项目推介会新闻发布会,向社会各投资主体、尤其是金融部门发布信息。对推进项目建设卓有成效的部门和个人要给予适当的奖励。三是强化重点项目动态管理,完善项目储备,确保重点项目建设步入在建一批,新开一批,储备一批的良性循环。

4. 开拓创新,不断深化投融资体制改革。按国家的总体要求,不断加大投融资体制改革的力度。一是充分发挥市场配置资源的基础作用,对各类企业投资的项目,能够自行平衡资金来源和落实建设条件的,均由企业自主决策,自担风险。政府有关部门依法从土地、资源、规划、环保和劳动安全等方面对企业的投资项目进行管理。二是强化管理,探索统筹安排政府各类建设资金的模式,发挥政府资金"四两拨千斤"的作用。要通过规范政府行为,界定政府投资范围。对有收费机制,收益稳定的基础设施项目,要逐步走向市场;对一些有收费机制但效益难以做到投资收益平衡的基础设施项目,政府通过适当的补贴政策,理顺收费价格体系,从而吸引、鼓励社会资金规范、有序地进入。

5. 扩大利用外资规模,加大直接利用外资力度。为适应加入WTO的新形势和新要求,要采取积极有效的应对措施。积极拓展领域,特别是扩大商业、外贸、金融、保险、电信、旅游、运输、咨询等领域的对外开放,规范和引导外资投资教育、医疗事业,在符合国家有关法律、法规的前提下,减少对外商投资在股权的限制,鼓励外商投资高新技术和基础设施领域,积极吸引跨国公司投资,扩大外资项目的规模和技术含量。在注重"走出去"的同时,更加侧重"请进来",继续加强日韩、港澳台地区的引资工作,努力开拓欧美市场,注重招商实效。要狠抓各市利用外资责任制的落实,争取有较大突破。

6. 加快政府职能转变,强化服务、引导,创造公平、有序的投资环境。进一步加快政府职能转变,对投资主体实施以间接调控为主的管理方式,凡是市场能够解决的,由市场解决。一是认真贯彻执行国家产业政策,定期颁布国家鼓励、允许、限制和禁止发展的产品目录,引导全社会资金投向。二是建立包括非公有经济在内的覆盖全社会的投资管理网络,及时发布引导投资活动的有关信息和预警信号,调控股资总量和结构。三是加强对投融资活动的法制管理,加强执法监督,把全社会投资活动纳入法制轨道。四是强化服务意识,做到政务公开,办事程序公开。从改革现行项目审批制度入手,简化审批程序。

吉林省投资建设情况

吉林省常务副省长 王儒林

2001年，世界经济增长持续减缓，国内经济市场化水平进一步提高，竞争加剧。吉林省人民在省委、省政府的正确领导下，贯彻国家扩大内需、实施积极的财政政策和稳健的货币政策，坚持“高效益、广就业、可持续发展”的方针，深入实施“科教兴省、开放带动、县域突破”战略，注意解决经济运行中的热点、难点问题，国民经济保持了持续快速健康发展，实现了主要宏观调控预期目标，固定资产投资也保持了稳定增长态势，总体趋势好于全国平均水平。2001年全省GDP完成2032.48亿元、比上年增长9.3%，全社会固定资产投资完成679.5亿元，增长15.8%。据测算，在消费、出口和投资三大拉动因素中，投资的贡献率达到45%左右。

一、2001年全社会固定资产投资情况

(一)投资完成

全社会固定资产投资完成679.5亿元，其中国有单位完成投资579.5亿元，增长18%；集体投资26.7亿元，下降38.6%；个体投资73.3亿元，增长40.7%。在国有单位投资中，基本建设投资317.8亿元，增长14.9%；技术改造127.4亿元，增长11.3%；房地产开发93亿元，增长46.4%；其它投资41.3亿元，增长13.2%。2001年基本建设施工项目1429个，其中新开工项目1072个，新增固定资产134亿元；技术改造项目1434个，其中新开工项目1141个，新增固定资产66.2亿元。

(二)投资构成

完成的679.5亿元固定资产投资中，国家预算内投资为49.70亿元，比上年增加15.71亿元，所占比重为7.31%；银行贷款为103.3亿元，比上年减少11.68亿元，所占比重为15.2%；利用外资为16.8亿元，比上年减少2.47亿元，所占比重为2.47%；地方自筹及其他投资为509.70亿元，比上年增加91.07亿元，所占比重为75.01%。

(三)资金投向

资金主要投向于农业产业化、支柱及优势产业、基础设施、新兴产业、高技术产业和生态环保六大领域，建设汽车、合成材料和精细化工、玉米加工转化、长春液晶——光电子、现代中药五大产业基地，着力实施20项重大项目，开发建设100项重点工程。20项重大项目中，高新技术领域有光电技术产业园、彩色液晶工程、中药现代化产业、吉林信息化工程；新兴产业领域有净月潭高科技旅游开发工程、长春高等教育产业园；农业产业化领域有吉林60万吨燃料乙醇工程、大成300万吨玉米深加工工程、榆树150万头猪饲养加工工程；工业领域有一汽集团汽车扩能改造工程、吉化乙烯扩建及深加工工程、通钢100万吨热轧超薄带钢工程、吉林化纤扩能改造工程、吉林纸业扩建工程；基础设施领域有长春国际机场、长余高速公路、长春轻轨一期工程、哈达山水利枢纽工程；生态保护建设领域有长白山生态保护建设工程、西部草原生态保护建设示范区及牧草产业化基地工程。

(四)投资政策

坚持国家扩大内需的方针，千方百计保证国债配套资金的落实，加大延边州西部开发的投资力度；按照新产业布局加大投资力度，推进经济结构的战略性调整；进一步拓宽融资渠道，积极扩大社会投资；进一步深化投资体制改革，按市场经济要求不断转变政府投资管理职能。

二、2001年主要投资建设成就

(一)推进了农村工业化，巩固发展了农业与农村经济

重点建设了一批对全省农村经济、农业发展和农民致富具有重大牵动和保障作用的水利保障、生态环境建设、农畜产品增效扩能、农畜产品精深加工等方面项目。主要有：长春、吉林、四平、辽源等重点防洪城市和二松、东西辽河及大中型水库除险加固防洪工程；天然林资源保护、三北防护林建设、长白山生态保护、西部“三化”草地生态综合治理工程；优质玉米、大豆和肉类商品、绿色食品、有机食品、优质

饲料牧草基地建设；以粮食、畜禽、特产加工系列为中心，实施农业产业化“213”工程（20个建成项目达产达效、加快建设10个在建项目、推进30个新建项目前期工作）。

（二）加快五大基地建设，增强了产业竞争能力

1. 壮大汽车制造基地。一汽实施15万辆中重型车变速箱生产线、15万辆捷达车换型、重型货车车桥、中档客车底盘、技术开发中心、信息支持系统和产品测试能力等技术改造项目。

2. 建成合成材料和精细化工生产基地。吉化公司实施乙烯、聚乙烯扩建项目，有机硅装置、催化裂化装置等技术改造项目。还有四平市、延边州一些乙烯深加工项目。

3. 建设玉米加工转化基地。重点实施了吉林60万吨燃料乙醇、大成300万吨玉米深加工和榆树150万头猪深加工等项目。

4. 培育液晶—光电子产业基地。重点推进了长春经济开发区和高技术开发区的光谷项目及彩色液晶显示器主体工程的建设。

5. 推进现代中药产业化基地建设。10个中药材种植基地、6个中药现代化研究室前期工作得到不同程度进展，东北虎药业蛹虫草菌粉胶囊、亚泰药业人参皂甙Rg3等项目顺利实施。

（三）改造提升了传统产业，发展壮大了现代服务业

加大传统产业更新改造投资力度，提高机械、轻工、纺织、冶金、建材等工业的生产能力和技术水平。重点建设了吉林铁合金公司8万吨特种铁合金、亚泰水泥日产熟料5000吨生产线、辽源得亨公司氨纶生产线、吉林纸业10万吨低定量涂布纸、石砚白麓公司13万吨彩色胶印新闻纸改造等工程。现代服务业方面，建设了长春移动通信枢纽、净月潭高科技旅游和西部草原风光旅游等工程。

（四）基础产业和基础设施建设进一步得到加强

重点实施了长春轻轨、石头口门水库、长春二热电厂、哈达山电厂、金宝屯煤矿续建、吉林油田扩产、长春至拉林河高速公路等项目建设。

（五）加快了信息产业重点工程建设，高技术产业化不断推进

吉林信息化工程包括全省信息网建设，传输网络、交换网络、移动电话网系统改造和软件开发等，重点组织实施了长春光电子产业基地、液晶显示器、长春软件园、新兴光变色材料、非金属纳米材料、大豆分离蛋白、转基因良种培育等项目。

（六）生态示范省建设开始启动，生态环保型效益经济健康发展

围绕建设生态省的目标，重点发展有机与绿色食品、绿色行走机械、环保型化工、生态农业、环保产业、生态旅游产业等。重点组织实施长白山矿泉水资源开发保护工程、松花湖风景区生态环境旅游开发综合工程、西部草原生态保护示范区及牧草产业化基地建设、松花江流域水污染防治工程和长春、吉林、四平、辽源等主要城市污水处理工程。

三、投资建设的经验及存在的问题

（一）取得的经验

1. 争取国债资金，项目前期工作必须深入细致。几年来，吉林省充分认识到，要得到国家更多的国债资金支持，完善项目前期工作是根本。为此按照国债资金安排原则和投向，全省建立了项目库，筛选论证了一大批项目特别是延边州西部开发项目，并认真完善了前期工作，使所有上报项目均达到可研审批程度，有的项目还做完了初步设计。同时，认真落实项目法人责任制，努力保证地方配套资金、银行贷款资金的落实，完善相关的配套政策，使项目在上报国家前各项条件达到成熟完备。由于前期工作的深入细致，吉林省争取到一大批国债建设项目，有力地拉动吉林省经济增长。

2. 发挥投资对经济增长的拉动作用，必须保持大项目建设的连续性。近几年主要是针对国债投资的重点领域准备项目，为保证国债逐渐淡出后项目建设不间断，2001年围绕高新技术、新兴产业、农业产业化、传统工业改造与提升、基础设施和生态保护建设等六个领域，充分考虑经济效益、社会效益和环境效益，选择了100项能够优化提高产业结构层次、具有较高的技术含量、适应国际化发展趋势、体现可持续发展的建设项目，即“十五”百项重点工程。同时还制定下发了《2001年全省拟新开工及开展前期工作项目计划》，使全省项目前期工作呈现了良性循环状态。2001年省政府在财力有限的情况下，拿出了一部分资金用于支持重大项目的前期工作，一些地区和部门也建立了重大项目的前期工作经费制度。在全省的大力推进下，百项重点工程建设已有不同程度的进展，松原30万吨玉米深加工、吉林华星半导体电力电子大功率器件改造等4项工程已投产，吉林60万吨燃料酒精、大成玉米深加工二期、一汽集团15万辆中重型车等39项工程在建，长春新机场、松江农业高科技示范基地等21项工程2002年拟新开工。这些大项目的建设投产将极大地促进吉林省经济结构调整。

3. 拓宽投融资渠道，必须加大促进民间投资力度。要继续保持投资的增长，必须广辟资金来源，吸引国内外投资。因此吉林省一是准确掌握国家资金投向和重点，积极争取国债资金及国家补助资金；二是继续加大市场直接融资力度，引导和帮助企业在境内外证券市场上市，充分利用现有上市公司资源，运用增发新股和配股手段，从证券市场募集资金，并做好企业在创业板市场上市融资准备工作；三是加大招商引资力度，积极吸收省外资金，1999－2001年，吉林省赴沪苏浙、闽粤、京津鲁招商引资取得了丰硕成果，全省共签约投资类合作项目742项，拟利用域外资金535亿元，目前到位近50亿元，有效地缓解了吉林省建设资金紧张的矛盾。在做好上述三方面工作的同时，吉林省把工作重点放在了鼓励和引导民间投资上，出台了《吉林省鼓励和促进民间投资的若干意见》，旨在为各类投资者营造平等、公平的发展环境。目前，吉林省民间投资已有了长足发展，已占全省投资的半壁江山，但与发达省份相比，还有较大差距，尚需进一步努力。

4. 在提高利用外资规模的同时，必须不断提高利用外资的质量。通过不断完善法律、法规，创造宽松的投资环境，对外商投资企业实行国民待遇，吉林省吸收外商投资的国际竞争力不断增强。结合吉林省“十五”计划，积极引导外资投向汽车、化工等支柱产业以及电子信息、生物工程、新材料等高新技术产业，吸引外商参与吉林省基础设施建设，特别是延边州利用国家西部开发的优惠政策，加大了基础设施项目利用外资力度，延吉污水处理、延吉集中供热等项目进展顺利。同时重点引进了高新技术、先进技术及设备，大力引进国外的先进管理经验和人才，如长春理工大学等八所大学利用日本政府贷款3000万美元，引进了一批先进的科研教学仪器设备。另外吉林省还积极探索“请进来”、“走出去”的战略，积极促进省内企业参与国际化经营，鼓励有条件的企业到境外投资办厂、对外承包工程和劳务输出，带动吉林省经济快速发展，延吉卷烟厂朝鲜分厂、延边现通海运公司朝、俄、韩海运等项目都取得了较好的经济效益。

(二)存在的问题

一是投资增长后劲不足。目前，吉林省主要依靠政府投入拉动投资增长的局面仍未明显改观，市场对投资的激励作用依然较弱；二是技改投资增长的基础仍不牢固。全省工业企业亏损面还很大，并且地区间、企业间经济效益差别很大，不同地区和不同企业技改投入很不平衡；三是房地产开发投资增长缺乏稳定性。由于吉林省城市居民收入增长缓慢，城镇居民可支配收入位居全国中游，中低收入者住房优惠政策不完善、不到位，影响商品房消费市场的扩大和房地产投资的平稳增长；四是投融资体制改革还不能适应市场经济发展的需求。吉林省民间投资起步较晚，民间投资还不活跃。此外，建设资金短缺、投资渠道狭窄、项目储备不足、前期工作缓慢等，也是投资工作中遇到的突出问题。

四、2002年投资建设展望

(一)投资建设计划

2002年固定资产投资计划的确定既要考虑经济发展放缓的影响，又要保证对全省GDP增长8.5%目标的拉动作用。经测算，2002年吉林省拟安排固定资产投资760亿元，比2001年增长11.8%，其中国有单位投资650亿元，增长12.2%。在国有投资中基本建设355亿元，增长11.7%；技术改造140亿元，增长9.9%；房地产110亿元，增长18.3%；其他45亿元，增长9%。集体投资30亿元，增长12.4%。个体投资80亿元，增长9.1%。

(二)基建、技改重点项目情况

2002年吉林省重点建设项目共84项，总投资1373.45亿元，2002年计划投资229.61亿元。其中重点基建项目50项，总投资973.85亿元，2002年计划投资128.5亿元；重点技改项目34项，总投资399.6亿元，2002年计划投资101.11亿元。重点基建续建项目包括吉林60万吨燃料乙醇项目、同三线拉林河至长春段高速公路、四平至白山一级公路、吉林哈达湾热电厂、长白山矿泉水资源开发保护工程等19项，总投资257.62亿元，2002年计划投资61.1亿元；拟新开工包括长春新机场、长春火车站北站房及配套市政工程、长春国家光电子信息产业基地建设项目、长春市快速轨道交通净月线等21项，总投资291.59亿元，2002年计划投资67.4亿元；预备项目包括哈达山水利枢纽、长春50万吨不锈钢、长春热电二厂二期工程、江密峰至珲春高速公路等10项，总投资424.64亿元。重点技术改造续建项目包括一汽大众公司捷达轿车换型改造、吉林联通、吉林电信“十五”改造、吉林油田老油田调整改造等26项，总投资342.49亿元，2002年计划投资95.71亿元；拟新开工及预备项目包括吉化公司ABS装置改造、通钢热轧超薄带钢生产线改造等8项，总投资57.11亿元，2002年计划投资5.4亿元。

(三)投资环境

1. 投资硬环境

吉林省地处东北腹地，总面积18.74万平方公里，人口2728万。东部长白山是目前全国最大的自然保护区，被誉为“立体资源宝库”，中部松辽平原土质肥沃，是著名的黄金玉米带；西部草原草场辽阔，农牧交错，向海湿地，全国驰名。吉林省物产丰富，“地多、粮多、森林多、矿产多、土特产多”，东北“三宝”享誉中外。吉林省一年四季分明，雨水适中，是中国美丽富饶的北方生态省。在联合国开发计划署的推动下，图们江地区的开发开放前期规划研究进入实施合作开发阶段。吉林省2001年国内生产总值为2032.5亿元，居全国第19位。吉林是全国有名的农业大省，粮食人均占有量、商品量、玉米出口量和粮食商品率十多年来居全国之首，全省玉米加工转化能力已达300万吨。工业基础雄厚，形成了以长春一汽、长春客车厂和吉林油田、吉化集团公司为代表的机械、石化两大支柱行业，以黄龙、大成、德大和赛力事达等粮畜加工企业，通化东宝、延边敖东、吉林制药、修正药业以及长春国家光电子信息产业基地为代表的食品、医药、电子等3个优势产业为骨干的工业体系，五大产业实现的工业产值占全省的71.2%。科技教育基础雄厚。万人大学生、科技人员和教师等指标均居全国前5位。长春光机物理所、长春应化所、长春地理所、长春生物制品所、长春汽车研究所等在全国都有较大影响，在光学、应用化学、固体物理、生物工程、汽车研究等方面均居全国领先地位。交通运输比较发达，每百平方公里拥有铁路1.87公里，居全国第三位，高速公路里程354公里，居全国第7位，长春、吉林、延吉三个机场已开通国内外航线47条，水运通航里程为1595公里，内河港口5处，年设计吞吐能力为180万吨。电力供应充足，总发电装机容量达773.4万千瓦，发电量为271亿千瓦时，电话网规模达到国内先进水平。有丰富的自然和人文旅游资源，如长白山和向海两个国家级自然保护区，松花湖和净月潭等国家风景名胜区等。开发区建设蓬勃发展。先后建立了长春经济技术开发区、长春高新技术产业开发区、吉林高新技术产业开发区和珲春边境经济合作区等4个国家级开发区和18个省级开发区。

2. 投资软环境

为改善吉林省经济发展软环境，适应加入WTO的需要，在加快经济立法的同时，开展了大规模的清理文件工作，加大了行政审批制度改革的力度，切实改变了吉林省经济发展软环境不宽松、束缚生产力发展的状况。2001年，吉林省政府对过去设立的892个审批类项目，取消、暂缓执行和下放了其中的339项，占总数的38%，同时，各市、州政府也清理了含有自行设定审批权的文件。为适应中国加入世贸组织的需要，保证吉林省地方性法规、政府规章和其他政策措施与WTO协定相一致，吉林省还对地方性法规、政府规章和其他政策措施进行了清理，以适应入世的需要。为促进政府职能转变，对行政管理体制进行了深入改革：对不符合政企分开和政事分开原则、妨碍市场开放和公平竞争以及实际上难以发挥有效作用的行政审批，坚决予以取消；可以用市场机制代替的行政审批，通过市场机制动作。对于确需保留的行政审批，建立健全了监督制约机制，基本做到了审批程序严密、审批环节减少、审批效率明显提高，行政审批责任追究制得到严格执行。通过全省上下不断努力，吉林省投资软环境得到了很大改善。

(四)招商引资优惠政策

1998年7月10日吉林省政府印发了《吉林省改善外商投资环境的若干规定》，1999年10月，吉林省政府印发了《关于鼓励省外投资的政策规定》，2001年6月吉林省政府印发了《关于进一步加快开发区建设率先实现跨越式发展的若干规定》。以上规定包含了省里制定的一系列优惠政策，可为国内外商家提供良好周到的服务和优越的政策环境。

2001年吉林省重点建设(基建)项目名单

一、在建项目(20项)

1. 第二松花江治理工程（50年一遇洪水标准，堤防长度685公里）
2. 东西辽河治理工程（50年一遇洪水标准，东辽河184公里，西辽河67公里）
3. 同三线拉林河至长春段高速公路(143.5公里)
4. 同三线长春至珲春支线延吉至图们段高速公路(28.7公里)
5. 四平至白山一级公路(314公里)
6. 长春至白城公路(331公里一级，17.6公里二级)
7. 吉林市绕城一级公路(68.4公里)
8. 省农村电网改造项目(全省50个县(区))
9. 松江河梯级电站(装机51万千瓦)
10. 双辽发电厂新建工程3、4号机(2台30万千瓦)
11. 吉林哈达湾电厂新建工程(20万千瓦)
12. 辽源矿务局金宝屯矿井(120万吨/年)
13. 长春南北快速路工程(道路13.65公里，桥梁11座)
14. 长春净月潭基础设施工程(供排水、供热管网建设)
15. 吉林市解放路、环城路改造工程(32公里)
16. 长春市快速轨道交通环线一期工程（轻轨线路11.7公里，车站13座）
17. 省水污染治理项目

(1)长春市西郊污水治理工程(日处理污水15万吨)

(2)吉林市污水处理厂(日处理污水30万吨)

(3)四平市污水处理厂(一期日处理污水9万吨)

(4)辽源市污水处理工程(日处理污水14万吨)

(5)松原市污水处理厂(日处理污水5万吨)

(6)公主岭市污水治理工程(日处理污水5万吨)

18. 白山市长白山矿泉水资源开发保护工程（新建扩建13个矿泉水工程）
19. 长春苗苗豆乳集团学生豆奶粉、豆奶项目(年产5万吨高蛋白学生豆奶粉，2万吨豆奶)
20. 长春高新技术产业发展总公司长春大学城一期工程(学生公寓、教学楼、生活服务设施面积81.9万平方米)

二、拟新开工项目(20项)

1. 延边华睿四湖沟水利枢纽有限公司四湖沟水利枢纽工程(总库容5.35亿立方米，装机15万千瓦)
2. 长春石头口门水库兴利增容工程（总库容12.64亿立方米，增加供水能力1.03亿立方米）
3. 省特产局百万亩保护地项目(100万亩改造转产)
4. 吉林天河公司80万吨燃料酒精项目（年产燃料酒精80万吨，高蛋白饲料66万吨）
5. 白山市煤炭工业总公司超微细煅烧高岭土项目（年产高岭土2万吨）
6. 长春龙洋（集团）有限公司大豆蛋白肽及系列产品开发工程(年产大豆蛋白肽6000吨、粗蛋白粉86000吨、高级烹调油脂22500吨)
7. 舒兰禾生5万吨高蛋白学生豆奶粉扩建项目（年产5万吨高蛋白学生奶粉）
8. 榆树中加150万头生猪饲养屠宰加工项目（年加工150万头）
9. 长春龙家堡机场有限责任公司长春新机场（年旅客吞吐量为200万人次，货邮吞吐量为1.5万吨）
10. 江密峰至珲春高速公路(297公里高速半幅)
11. 长春移动通信枢纽楼(28000平方米)
12. 长春市高新技术产业开发区长春软件园（建设占地40万平方米）
13. 华禹光谷股份有限公司长春光电技术产业园（占地20万平方米）
14. 吉大正元信息技术有限公司企业网上团体贸易商务系统示范项目(安全管理等四个系统)
15. 长春热缩材料股份有限公司粘性内表面热缩管产业化

示范工程(年产 2 亿米)

16. 吉林东北虎制药有限公司蛹虫草菌粉及制剂蛹虫草菌粉胶囊项目(年产菌粉 10 吨,胶囊 1.8 亿粒)

17. 西部草原生态建设示范区及牧草产业化基地（区域水资源综合调配,湿地林地草地生态系统保护与建设)

18. 通榆向海旅游基础设施建设项目(标本展示厅 4000 平方米、一级公路 27 公里及供水供电工程)

19. 省医院高干病房楼(39781 平方米)

20. 北华大学新校区建设项目(建筑面积 164850 平方米)

三、预备项目(10 项)

1. 哈达山水利枢纽(总库容 20 亿立方米)
2. 中华桦甸工商实业有限公司 50 万吨不锈钢项目（年产 50 万吨不锈钢)
3. 省电子集团薄膜晶体管彩色液晶显示器 TFT 主体工程(210 万块)
4. 长春世纪新型管材有限公司高密度乙烯大口径加强管项目(年产 1.95 万吨)
5. 通化茂祥药业有限公司抗癌新药氯氧喹及其制剂项目(年产 10 吨、125 万瓶胶囊制剂)
6. 长春光机所、吉林彩晶数码高科技显示器有限公司小尺寸 LCD 项目(产品设计、器件工艺等产业化前期关键技术研究及产业化)
7. 吉林亚泰制药有限公司人参皂甙 Rg3 系列新药产业化示范工程(年产人参皂甙 Rg3 原料药 1500 公斤,参一胶囊 500 万盒)
8. 省国润环保产业集团全降解植物纤维餐具项目(年产 24 亿只)
9. 松花湖生态环境治理工程(湖区污染治理、退耕还林)
10. 通榆风电三期工程(安装 50 台 600 千瓦风机)

2001 年吉林省重点技术改造项目名单

一、在建项目(12 项)

1. 一汽大众公司捷达轿车换型改造(15 万辆)
2. 卫生部长春生物制品研究所水痘疫苗生产线改造（500 万人份)
3. 长春银龙纺织（集团）有限公司抗绉免烫高档服装面料生产线改造(1500 万米)
4. 长春大成玉米开发有限公司赖氨酸生产线改造(1 万吨)
5. 吉林炭素集团有限责任公司超高功率石墨电极改造工程(3 万吨)
6. 吉林纸业股份有限公司 10#纸机改造
7. 吉林东晨毛纺有限责任公司高档精纺呢绒染整生产线改造(220 万米)
8. 吉林热电厂发电机组改造(两台 12.5 万 KW)
9. 吉林省轴承集团公主岭轴承厂轿车专用轴承生产线改造(400 万套)
10. 辽源得亨股份有限公司氨纶生产线改造(2500 吨)
11. 临江镁业集团公司雾化镁粉生产线改造(5000 吨)
12. 吉林亚松股份有限公司废液提取木钙粉改造

二、拟新开工及预备项目(24)

1. 一汽富奥零部件集团零部件技术开发中心技术改造
2. 一汽集团公司底盘厂中重型货车车桥技术改造（1.8 万辆)
3. 一汽集团公司底盘厂中、高档客车底盘技术改造（3 万辆)
4. 一汽集团公司产品开发信息支持系统改造
5. 一汽集团公司产品测试能力技术改造
6. 一汽集团公司变速箱生产线改造(10 万套)
7. 中石油吉林石化公司合成树脂厂 ABS 装置改造（15 万吨)
8. 吉化股份公司有机硅装置技术改造(4 万吨)
9. 吉化股份公司催化裂化装置原料重质化改造(140 万吨)
10. 中国石油公司吉林油田分公司老油田调整改造(100 万吨)
11. 吉林电信公司、移动通信有限公司、吉林联通传输网络系统改造
12. 吉林电信公司、吉林联通公司交换网络系统改造
13. 吉林移动通信有限公司、吉林联通公司移动电话网系统改造
14. 吉林电信公司、吉林移动有限公司、吉林联通公司数据通信网系统改造
15. 吉林亚泰水泥有限公司水泥熟料生产线改造（日产 5000 吨)
16. 长春鸿达信息技术有限公司鸿达指纹识别系统及指纹卡锁生产线改造
17. 吉林铁合金集团公司特种铁合金基地改造
18. 吉林纸业股份有限公司低定量涂布纸生产线改造（10 万吨)
19. 四平巨能药业有限公司塑料大输液生产线改造（4000 万瓶)
20. 辽源纺织集团公司高档服装面料生产线改造（1000 万米)
21. 吉林省长山化肥厂 15 万吨合成氨气化装置“油改煤”改造
22. 吉林省西洋参集团有限公司西洋参系列产品加工生产线改造
23. 延边石砚白麓纸业股份有限公司 13 万吨彩色胶印新闻纸改造(50 吨)
24. 吉林延边图们江石化有限责任公司甲乙酮生产线改造(2 万吨)

表 1 2002 年吉林省重点基本建设项目名单

单位：亿元

序号	项目名称	建设规模	总投资	2002 年工作目标	
				投资	形象进度
	合 计(50 项)		973.85	128.50	
一、续建项目(19 项)			257.62	61.10	
1	吉林 60 万吨燃料乙醇项目	年产燃料乙醇 60 万吨、高蛋白饲料 66 万吨等	30.16	13.40	土建施工,部分设备安装
2	同三线拉林河至长春段高速公路	153 公里	43.25	6.60	竣工
3	四平至白山一级公路	313.6 公里	36.40	6.46	竣工
4	长春至白城公路	一级路 314.4 公里,二级路 17.6 公里	25.55	8.49	竣工
5	吉林市绕城一级公路	68.4 公里	13.75	2.13	一期工程(46 公里)竣工
6	长春第二长途电信枢纽工程	建筑面积 34762 平方米	2.10	0.20	完成部分土建工程
7	辽源矿务局金宝屯矿井	90 万吨/年	5.25	1.13	完成部分井巷工程及设备安装
8	吉林哈达湾电厂新建工程	装机 20 万千瓦	17.89	4.60	主厂房施工,设备安装
9	长春石头口门水库兴利增容工程	总库容 12.64 亿立方米，增加供水能力 1.03 亿立方米	3.47	2.40	建设围堤及排涝站等
10	延吉市集中供热工程	供热面积 821 万平方米	4.18	0.70	设备购置、土建工程及部分管网工程
11	吉林市解放路、环城路改造工程	城市道路 59 公里	17.66	3.03	46 公里路面铺装
12	白山市长白山矿泉水资源开发保护工程	新建扩建 13 个矿泉水工程	27.00	2.00	农夫山泉、泉阳泉、双龙泉、参花、润龙 5 个项目投产,部分项目新开工
13	长春高新技术产业发展总公司长春大学城一期工程	学生公寓、教学楼、生活服务设施面积 81.9 万平方米	9.66	2.77	完成 20 万平方米教学楼、学生公寓及辅助设施
14	长春热缩材料公司粘性内表面热缩管产业化示范工程	年产 2 亿米	1.72	0.40	土建完成
15	吉林东北虎制药有限公司蛹虫草菌粉胶囊项目	年产菌粉 10 吨、胶囊 1.8 亿粒	1.76	0.90	设备安装,竣工
16	白山市超微细煅烧高岭土项目	年产 2 万吨	1.21	0.90	竣工
17	白城市西部草原风光旅游开发工程	向海、莫莫格旅游开发等	1.24	0.55	度假村、观光旅游设施建设等
18	省医院高干病房楼	39781 平方米	0.70	0.40	竣工
19	省水污染治理项目				
	(1)吉林市污水处理厂工程	日处理污水 30 万吨	6.20	2.00	完成污水池两座、提升泵站土建及设备安装
	(2)四平市城市污水处理工程	一期日处理污水 9 万吨	1.82	0.50	土建收尾及设备安装
	(3)辽源市污水处理工程	日处理污水 10 万吨、中水回用 4 万吨	3.13	0.93	设备安装,竣工
	(4)松原市污水处理厂工程	日处理污水 5 万吨	1.44	0.30	厂区土建完工,敷设管线 3 公里
	(5)公主岭市污水处理工程	日处理污水 5 万吨	1.20	0.07	竣工
	(6)梨树县污水处理工程	日处理污水 2.5 万吨	0.88	0.24	竣工
二、拟新开工项目(21 项)			291.59	67.40	
1	长春新机场	年旅客吞吐量为 200 万人次、货邮吞吐量为 1.5 万吨	13.34	4.00	年内完成候机楼基础、航站区路面等工程
2	长春火车站北站房及配套市政工程	新建北站房 2650 平方米、北广场 7 万平方米、北人民大街 100*600 米	2.30	1.70	北站房主体、北广场、南北广场及街路
3	省农村电网改造二期工程	全省 44 个县(市)	26.45	26.45	完成部分土建工程
4	通榆风电三期工程	安装 50 台 600 千瓦风机	2.29	0.50	完成前期工作，设备订货，年内完成部分土建工程
5	长春市生活垃圾发电项目	日处理 450 吨生活垃圾，装机 0.6 万千瓦	1.67	0.80	完成部分土建工程,主设备安装

表1　续表1

单位：亿元

序号	项目名称	建设规模	总投资	2002年工作目标	
				投资	形象进度
6	吉林东高科技油脂有限公司大豆深加工项目	年加工大豆60万吨	2.90	1.30	一期工程完工
7	浙江纳爱斯四平有限公司洗涤剂产品项目	年产15万吨	2.00	1.00	厂房主体封闭及部分设备安装
8	四平市红嘴集团帝达公司5万吨变性淀粉项目	年产5万吨	6.20	0.50	完成部分土建工程
9	吉林省力海科技有限公司新型墙体材料工程	轻质石膏空心板50万平方米/年	0.50	0.50	竣工
10	珲春老龙口水利枢纽工程	总库容3.74亿立方米	7.49	0.45	批准可研，落实银行贷款，开工建设
11	省气象局雷达楼项目	7695平方米	0.30	0.30	竣工
12	吉发鹅肥肝项目(一期工程)	年产1000吨鹅肥肝	0.97	0.97	竣工
13	长春国家光电子信息产业基地建设项目	占地50平方公里，包括经济技术开发区光电子产业园、长春软件园、华禹光谷、净月信息创业园	200.00	20.00	完成部分土建工程
14	通化天马药业股份有限公司国家二类新生物药制品蝎毒注射液产业化项目	年产3000万支注射液，土建3000平方米	1.27	0.67	竣工
15	通化白山药业有限责任公司碟脉灵注射液项目	年产碟脉灵注射液3000万支，土建2万平方米	1.34	1.00	开工，完成土建工程，预订设备
16	通化东宝药业股份公司基因重组人胰岛素及其制剂高技术产业化示范工程	年产1吨冻干粉、660万支注射剂，土建3万平方米	1.99	0.80	开工，年内主厂房完工，订购设备
17	长春市快速轨道交通净月线工程	全长16.25公里，其中地下线1020米，高架线1580米，车站15座，配备电驱客车38辆	9.37	2.80	完成前期工作，试验段建设
18	长春市"三路三桥"建设工程	长春大街、河东路、永宁路改造及新建、改造长春大桥、东大桥、永宁桥	3.99	2.35	部分路面铺装，桥梁基础建设等
19	四平市引水工程	日引水20万吨、净水10万吨，输水管线38.8公里	3.16	0.35	取水泵站基础及输水管线铺设
20	省老干部局生活服务楼工程	15471平方米	0.46	0.46	竣工
21	北华大学新校区建设项目	164850平方米	3.60	0.50	开工，完成部分土建工程
三、预备项目(10项)			424.64		
1	哈达山水利枢纽	总库容20亿立方米	34.81		批准项目建议书
2	省电子集团薄膜晶体管彩色液晶显示器TFT主体工程	210万块	94.50		批准项目建议书
3	长春50万吨不锈钢项目	年产50万吨不锈钢	84.20		批准项目建议书
4	延边白麓纸业股份有限公司扩建20万吨林纸工程	15万公顷造纸林基地，年产20万吨纸	27.58		批准项目建议书
5	吉林中成林纸有限公司34万吨林纸工程	200万亩林纸基地，年产34万吨纸	39.68		批准项目建议书
6	白山市嵩华公司40万吨林纸工程	造纸林基地100万亩，年产10万吨高档包装材料、20万吨液体包装材料	28.40		批准项目建议书
7	江密峰至珲春高速公路	287.6公里高速半幅	48.80		批准可研报告
8	辽源矿区采煤塌陷区综合治理工程	塌陷面积26.8平方公里，其中民用住宅19.9万平方米，工业建筑18.6万平方米，学校、医院4.7万平方米等	12.67		批准项目建议书

表1　续表2

单位：亿元

序号	项目名称	建设规模	总投资	2002年工作目标	
				投资	形象进度
9	省油母页岩综合利用项目	年产250吨矿井、20万吨炼油、粉煤灰综合利用等	30.00		编制初可研报告
10	长春热电二厂二期扩建工程	60万千瓦供热机组	24.00		批准可研报告

表2　2002年吉林省重点技术改造项目名单

单位：亿元

序号	项目名称	建设规模	总投资	2002年工作目标	
				投资	形象进度
	合　计(34项)		399.60	101.11	
一、续建项目(26项)			342.49	95.71	
1	一汽大众公司捷达轿车换型改造	年产15万辆	28.23	7.00	1.6升型号轿车投产
2	一汽富奥零部件集团零部件技术开发中心技术改造		1.47	1.00	购置检测仪器及设备等
3	一汽集团公司底盘厂中重型货车车桥技术改造	年产1.8万辆中重型货车车桥	2.00	1.50	完成土建工程、购置关键生产设备并部分安装
4	一汽集团公司底盘厂中、高档客车底盘技术改造(3万辆)	年产3万辆中、高档客车底盘	1.80	1.00	完成土建工程、设备订货
5	一汽集团公司产品测试能力技术改造		1.94	1.00	发动机试验室等土建完成，购置设备并部分安装
6	一汽集团公司变速箱生产线改造	年产10万套变速箱	1.99	1.90	发动机试验室等土建完成，购置设备并部分安装
7	吉林联通“十五”改造		66.40	10.00	GSM二期扩容，CDMA二期扩容，新建传输网2000公里
8	吉林电信公司“十五”改造		80.00	15.00	各地区枢纽改造，固定网通信及160、168改造和交换网络
9	吉林移动有限公司数据通信网、移动电话网、交换网系统改造		83.00	15.00	GSM六期扩容改造，GPRS网二期工程，移动通信长途干线等部分完成
10	中国石油公司吉林油田分公司老油田调整改造	形成100万吨原油开采能力	27.80	9.80	完成大部分产能改造
11	卫生部长春生物制品研究所水痘、甲肝疫苗生产线改造	年产水痘疫苗500万人份、甲肝疫苗1500万人份	1.90	1.35	厂房封闭，设备招标采购，部分试生产
12	古林炭素集团有限责任公司超高功率石墨电极改造工程	年产3万吨超高功率石墨电极	4.11	1.90	试生产
13	长春银龙纺织(集团)有限公司抗绉免烫高档服装面料生产线改造	年产1500万米高档服装面料	1.40	0.40	试生产
14	吉林省轴承集团公主岭轴承厂轿车专用轴承生产线改造	年产400万套轿车专用轴承	1.10	0.80	土建完成，购置设备，并安装
15	辽源得享股份有限公司氨纶生产线改造	年产2500吨氨纶	3.60	1.20	形成1500吨生产能力
16	临江镁业集团公司雾化镁粉生产线改造	年产5000吨镁粉	0.93	0.23	试生产
17	吉林亚松股份有限公司废液提取木钙粉改造		1.46	0.30	试生产

表 2 续表

单位：亿元

序号	项目名称	建设规模	总投资	2002 年工作目标	
				投资	形象进度
18	吉林亚泰水泥有限公司水泥熟料生产线改造	日产熟料 5000 吨	5.54	3.75	设备招标采购，部分安装
19	长春鸿达信息技术有限公司鸿达指纹识别系统及指纹卡锁生产线改造	年产派出所管理系统 7698 套，县局系统 300 套等	0.70	0.70	土建完成，设备安装，试生产
20	吉林铁合金集团公司特种铁合金基地改造	年产特种铁合金 8 万吨	2.00	0.90	设备招标采购，部分安装
21	吉林纸业股份有限公司低定量涂布纸生产线改造	年产 10 万吨低定量涂布纸	7.44	7.20	试生产
22	辽源纺织集团公司高档服装面料生产线改造	年产 1000 万米高档服装面料	0.79	0.20	试生产
23	吉林省长山化肥厂 15 万吨合成氨气化装置“油改煤”改造	年产 15 万吨合成氨	1.93	0.63	设备安装调试
24	吉林省西洋参集团有限公司西洋参系列产品加工生产线改造	年加工能力 50 吨	1.07	0.65	设备安装调试
25	延边石岘白麓纸业股份有限公司 13 万吨彩色胶印新闻纸改造	年产 13 万吨彩色胶印新闻纸	11.90	10.90	试生产
26	吉林延边图们江石化有限责任公司甲乙酮生产线改造	年产 2 万吨甲乙酮	1.99	1.40	试生产
二、拟新开工及预备项目(8 项)			57.11	5.40	
1	一汽集团公司产品开发信息支持系统改造		1.90		完成前期工作
2	中石油吉林石化公司合成树脂厂 ABS 装置改造	年产 30 万吨 ABS	17.00	1.20	完成前期工作
3	吉化股份公司有机硅装置技术改造	年产 5 万吨有机硅	7.76	0.40	完成前期工作
4	通钢集团公司热轧超薄带钢生产线改造	年产 100 万吨热轧超薄带钢	23.30	3.00	完成前期工作
5	四平巨能药业有限公司塑料大输液生产线改造	年产 4000 万瓶塑料大输液	1.99	0.80	完成前期工作
6	长春大成玉米开发有限公司高果糖生产线改造	年产 30 万吨高果糖	1.80		完成前期工作
7	吉粮集团大豆深加工工程	年加工 105 万吨大豆	1.96		完成前期工作
8	黄龙食品工业有限公司果葡糖工程	年产 20 万吨果葡糖	1.40		完成前期工作

黑龙江省投资建设情况

黑龙江省发展计划委员会主任　王涛志

一、2001 年固定资产投资形势

2001 年，在国家进一步扩大内需、实施积极财政政策和稳健的货币政策的作用下，黑龙江省认真贯彻落实中央经济工作会议和省委工作会议精神，按照经济和社会发展的要求，采取了一系列积极有效的措施，加大项目投资力度,奋力推进大项目建设,取得显著成效。2001年,全省完成全社会固定资产投资993.7亿元,同比增长14.3%,增幅比上年提高6.7个百分点,是近三年来投资增幅最高的一年。

在全部投资额中,基本建设投资481.7亿元,增长25.9%;技术改造投资201.9亿元,下降12.3%;房地产开发投资147亿元,增长41.2%;其他投资163.1亿元,增长7%。城镇集体、私营和个体投资44.6亿元,增长18.6%;农村投资91亿元,增长7.3%,其中农村私人投资66亿元,增长7.8%。

黑龙江省2001年固定资产投资呈现以下特点:

(一)国债项目建设取得显著成效。到2001年底,黑龙江省利用国债总额177.8亿元,建成项目400多个,完成投资525亿元,占项目总投资的70%。在国债资金的支持下,黑龙江省基础设施状况得到明显改善,高新技术和结构调整项目建设进展加快。省里对松花江、嫩江进行了大规模的堤防工程建设和水毁工程修复,抗御自然灾害能力得到进一步提高;公路、民航、铁路等建设取得实质性进展,交通运输条件进一步改善;供水、排水、道路、污水处理等一批城市基础设施项目建成投产,特别是缺水城市供水项目的建设,极大改善了城市居民的生活条件;粮食仓储项目的建设,有效地缓解了黑龙江省粮食收储难的矛盾;公检法司、旅游、中小学危房改造等项目建设,促进了全省社会事业的发展;一批技术改造、高科技产业化项目得以实施,加快了企业技术进步,促进了产业结构升级。

(二)省重大项目建设得到加强。2001年,通过实施省委重点工作专题推进和"百项工程"战略,全省重大项目建设取得显著成效。全省总投资1亿元以上的基本建设项目202个,建成投产67个。这些项目当年完成投资324.8亿元,占全部基建投资的67.4%,占年度投资计划的96%,比一般基建项目施工进度快2个百分点。大项目的实施,促使全年基建投资增幅加大,比上年增加99.2亿元,拉动全省投资增长11.4个百分点。全省重大项目建设进度加快,佳木斯机场、黑河机场实现通航,同三公路哈尔滨至拉林河高速公路、哈尔滨二环路建成通车,肇东燃料酒精项目试点工作顺利完成,松干嫩江干流治理、农村电网、粮食仓储、省科技馆等项目建设进度加快,尼尔基水利枢纽实现围堰截流。

(三)房地产投资增速强劲。2001年,全省房地产开发新开工面积1191.8万平方米,增长40.65%;商品房销售面积594.6万平方米,增长19%,其中销售给个人539.1万平方米,增长23.4%。商品房销售额114.5亿元,增长31.7%,其中个人购房销售额99.9亿元,增长40.8%。2001年全省房地产开发产销两旺,使全年房地产投资比上年增加42.9亿元,拉动全省投资增长4.9个百分点。

(四)项目前期工作普遍得到加强。省里在预算内投资中专门安排了项目前期工作经费,并较往年有较大幅度提高;各地市、省直有关部门结合各自实际,加大了前期经费投入,安排专门人员负责前期工作,有些地市还成立了专门的机构。按照市场经济要求收集、筛选、运作项目的能力得到加强。代表粮食生物工程精深加工世界最先进水平的1.3—丙二醇项目落户黑龙江省,尼尔基水利枢纽批复可研报告,磨盘山水库批复项目建议书,其他一批项目也取得较大进展。

(五)投融资环境明显改善。2001年,黑龙江省继续把优化投资环境作为改善经济发展环境的重要方面来抓,成立了优化投资环境领导小组,各地市招商引资、投资审批服务大厅积极规范服务。投资环境的改善提高了黑龙江省项目融资能力。全省总投资超千万美元的利用外资项目达到17个,比往年有较大增加。投资领域主要是生物科技开发、电子信息、能源利用、城市基础设施等,摩托罗拉、百事可乐、杜邦、西门子等著名的跨国公司纷纷来黑龙江省进行考察、合作洽谈。全省地方项目完成投资549.7亿元,比2000年增加119.7亿元,拉动全省投资增长13.7%。

当前固定资产投资运行中存在的主要问题是投资增长的可持续能力较弱,对国债投资的依赖性还比较强;民间投资仍不活跃,集体、个体投资增速较慢;利用外资项目规模较小,技术含量较低;中央项目受资金、前期工作等因素影响,投资下降;建设项目储备不足,项目前期工作需要进一步加快;地市间投资增长不平衡。

二、2002年固定资产投资的主要政策与重点

2002年黑龙江省固定资产投资工作的指导思想是:一是继续抓住国家扩大内需、保持实施积极财政政策和稳健货币政策持续性和必要力度的机遇,进一步加快国债项目建设,确保2002年绝大部分在建国债项目干净利索地建成投产。二是继续强化政府投资项目管理,鼓励和引导民间投资,促进全社会固定资产投资的较快增长。三是坚持以结构调整为主线,继续加强基础设施建设,加快传统产业的升级和改造,加强科技、教育和其他社会事业建设,推进经济结构的战略性调整。四是积极推进投融资体制改革,努力探索在新形势下促进投资增长的新机制。五是坚持以人为本方针,通过项目建设,扩大就业,增加收入,实现经济、社会、环境的可持续发展。

2002年,全省全社会固定资产投资计划比2001年增长11.5%,重点要做好以下六个方面工作:

(一)进一步提高认识,做好在建国债项目的投产收尾工作。2002年国债项目建设工作量相当大,任务很重。完成好这项工作,对于保持投资增长非常重要。为此,要高度重视,安排好配套资金,确保资金及时足额到位,按时完成各项建设任务。有关金融部门要在自主审贷的前提下,积极支持,共同做好这项工作。要继续加强对国债项目的管理,继续对国债项目进行检查和稽察。对国债项目建设中出现的资金管理、工程质量等方面的问题,要采取更加严厉的制裁措施。

（二）加快重大项目前期工作进度。为确保“十五”计划的顺利实施，发挥投资对经济增长的拉动作用，要结合各自的实际，围绕黑龙江省经济和社会发展的重大问题，切实抓好项目储备和重大项目的前期工作，并达到规定的深度和质量。必须集中力量，加大投入，做好哈尔滨磨盘山水库、奶业振兴工程、哈尔滨轻轨交通、煤炭液化、煤层气开发、西山水库、黑河黑龙江大桥等项目前期工作。

（三）加大筹集建设资金力度。一是要抓住国家继续实行积极财政政策的机遇，尤其是要用好国家对大兴安岭地区给予适当支持的政策，争取国家支持。二是加强与金融机构，尤其是国家开发银行的联系，争取金融机构的支持。三是进一步做好利用外资工作，利用中国加入WTO的良好契机，充分发挥黑龙江省特色优势，把利用外资工作提高到一个新的高度。四是以制度创新为突破口，带动竞争领域的投资，扩大基础性领域的投资。

（四）完善投资结构，促进投资增长。一是要积极配合中央在黑龙江省企业做好项目前期和资金筹措工作，加快项目建设。二是针对部分地市投资增长缓慢的情况，搞好调查研究，提出解决措施。三是在继续做好现有重大基础性、公益性项目的前提下，加快建设一批市场前景好、经济效益好、综合竞争能力强的竞争性项目。四是通过多种途径加大对农村和小城镇的建设力度，提高基础设施水平。

（五）加快投融资体制改革。根据建立社会主义市场经济体制和加入WTO的要求，按照“谁投资、谁决策、谁受益、谁承担风险”的原则，加快推进投融资体制改革。简化审批环节，提高审批效率；减少对企业投资的行政性审批，落实企业投资自主权；严格政府投资项目管理，加强对政府投资项目和资金的监管；进一步拓宽融资渠道，完善融资体系，规范融资方式；完善投融资中介服务，引导社会投资方向；加强投资宏观调控，推动全省国民经济持续快速健康发展。

（六）鼓励和引导民间投资。各地市、各有关部门要充分认识促进和引导民间投资对保持国民经济持续快速健康发展的重要性，按照完善社会主义市场经济体制和加入WTO的要求制定相应的政策，改进管理方式，为各类投资者营造公平、公正的发展环境。2002年要在放宽投资领域、拓宽融资渠道、改进政府管理，建立社会化服务体系方面重点推进这项工作。

上海市投资建设情况

上海市市长 

2001年是“十五”计划的开局年，在党中央、国务院的正确领导下，上海通过深化投融资体制改革，加强资金和项目综合协调，全社会固定资产投资超额完成年初预测目标，投资结构更趋合理，重大项目建设加快推进。全市固定资产投资的稳步增长，为上海社会和经济持续稳定发展奠定了坚实基础。

一、2001年固定资产投资情况

2001年，上海固定资产投资开始呈现新一轮稳步回升趋势，投资规模创历史新高，全社会固定资产投资完成1994.73亿元，比上年增长6.1%。其中，基本建设投资完成712.49亿元，比上年略有增长；更新改造投资完成436.83亿元，比上年增长10.2%；房地产开发投资完成630.73亿元，比上年增长11.4%。

*投资结构更趋合理。*上海的固定资产投资围绕国民经济和社会发展目标，服从和服务于产业结构调整，以投资推动产业结构优化升级和城市功能不断完善。根据“优先发展第三产业，积极调整第二产业，稳步提高第一产业”的产业发展方针，继续优化投资结构，初步形成了第三产业继续得到加强、第二产业保持适度增长的产业投资格局。2001年本市第三产业投资完成1304.62亿元，比上年增长4.7%，占全社会固定资产投资的65.4%。同时，注重培育第二产业中的支柱工业、高新技术产业，第二产业投资完成683.61亿元，比上年增长51.9%。

*房地产开发投资增速加快。*2001年，房地产开发投资占全社会固定资产投资的三分之一。由于房地产开发经营规模的不断扩大，对国民经济增长的贡献度进一步提高，房地产业增加值达308.58亿元，占全市国内生产总值6.2%，

比上年扩大了0.7个百分点。随着住房制度改革的深入，旧区改造不断加快，商品房土地供给方式变化，内外销商品房并轨，金融服务对居民购买商品房支持力度加大，个人住房消费持续扩大，全市商品住宅市场呈现出旺盛的市场需求。2001年，上海住宅竣工面积1524.21万平方米，比上年增长9.8%；住宅销售面积1681.48万平方米，增长16.3%，销售总量超出竣工面积157.27万平方米，个人购房已成为推动房产市场发展的主要动力。

投融资体制改革继续深化。上海全面总结了10多年来投融资体制改革的基本经验，明确了政府投资管理重点转向"统一规划、培育主体、制定政策、加强监管"的改革思路，制定了一批重点投资领域、重大投资项目的投融资方案。轨道交通投资、建设、运营、监管"四分开"体制改革取得初步成效。各级促进投资主体多元化，继续开展了越江工程和高速公路的社会招商工作，全年吸引社会资金达116亿元。上海国际航运中心洋山深水港区一期工程、上海铁路南站等重大项目投融资方案已经形成，磁悬浮列车示范运行线项目形成了多元化投资主体，新的污水处理项目投融资思路初步形成，卫生教育等其他领域投融资试点工作逐步探索实施。

非国有经济投资发展加快。2001年，上海继续推进建立开放性的投融资机制，放宽市场准入，积极引进外商、民营企业、股份制企业等非国有经济的投资主体，形成国有经济投资和非国有经济投资的多元化投资新格局。2001年，全市非国有经济投资完成1234.16亿元，占全社会固定资产投资的61.9%，比上年增加了6.3个百分点。在非国有经济投资中，占最大份额的股份制经济投资完成580.75亿元，比上年增长37.8%；港澳台及外商投资完成362.25亿元，增长13.5%；私营经济投资完成94.56亿元，增长13.5%。

二、重大工程建设情况

上海的重大工程建设按照市委、市政府的统一部署，从增强城市综合竞争力的战略高度，坚持"走一步，看两步，想三步"，精心筹划，协调推进，形成了"建成一批、达标一批、新开一批，储备一批"的良性循环发展格局。2001年，全市共安排重大工程42大项，总计87个单项，这些项目主要涉及城市基础设施、环境建设和保护、工业及信息技术、农业水利、社会事业等五大类。全年完成投资460亿元，比2000年增长84%，约占全市全社会固定资产总投资的23%，建成或基本建成28个单项，新开工26个单项。

上海高速公路建设按照发展规划取得了重大进展。7条高速公路同时推进，在建里程达到220公里，是上海现有高速公路里程的2.4倍。外环线浦西北段已竣工通车；上海首条经公开招商由社会资金投资的嘉浏高速公路全面建成；同三国道上海段、莘奉金、沪青平等高速公路进入建设高峰，为2002年上海西部地区高速公路局部成网打下了基础。

黄浦江越江工程全面进入建设期，新的"一桥三隧"同时实施。其中，大连路、复兴路隧道相继开工，主跨550米一跨过江的卢浦大桥，将于2002年全桥合龙。

生态环境领域建设项目数量、投资分别占当年计划总量的20%和13%。其中，苏州河综合整治工程中的国内第一艘曝气复氧船下水首航，全年截流污染源800多家，石洞口污水处理厂水处理项目土建工程完成。白龙港中线西段、污水治理二期收集系统项目土建工程基本完成。工业四大产业基地建设全面推进，一大批产业能级高、市场前景好、竞争能力强的项目开始向微电子产业带、化学工业区、国际汽车城、钢铁精品基地等四大产业基地集聚。同时，大众家用型轿车、中芯超大规模集成电路芯片、永新大屏幕彩管、旭电子大屏幕玻屏、松下等离子显示器等项目投产或试生产。

上海重大工程建设运行呈现出以下特点：

一是明确目标，形成合力。市、区两级政府和各建设单位紧紧围绕开竣工目标、形象进度达标率、投资完成达标率等指标体系，立足大局，紧密合作，确保了工程顺利推进。

二是加强储备，增强后劲。着眼整个"十五"的整体协调发展，不仅完成了一批重要项目的技术储备和前期准备工作，而且把专业规划编制放在十分重要的位置并已取得阶段性成果，为技术储备提供了科学依据，这两者之间的统一，积聚了持续发展的新能量。

三是深化改革，促进创新。高速公路项目继续扩大招商，轨道交通建设基本经过磨合期后建设进度明显加快，代建制进一步扩大试点，政府投资项目管理体制改革启动。同时，大力开展技术创新，在磁悬浮轨道梁架设、沉管隧道施工等方面，形成了一批具有自主知识产权的科技成果。

四是严格管理，维护稳定。工程质量中间核验一次合格率和一次投产(投运)成功率均达100%；160多个工地被评为市级文明工地。强化依法行政，规范动迁行为，为工程建设提供了稳定的环境。

三、2002年投资建设展望

2002年上海市的投资工作将围绕保持投资增长势头，扩大固定资产投资对经济增长的拉动作用展开，并服务于调整优化经济结构，不断提高城市信息化、市场化、法治化水平，发挥国际大都市的综合优势，增强城市的综合竞争力。

固定资产投资方面

2002年，"十五"重大项目进入全面建设阶段，化工区等四大产业基地、轨道交通、高速公路等项目都将形成投资高潮，深水港、黄浦江两岸重大项目启动，天然气主干网、试点城镇建设等工程也将进入实施阶段。非国有经济单位投资有进一步扩大的趋势，外商投资保持一定规模，对投资资金需求形成支撑。根据以往投资规律和2002年经济、社会发展对投资的需求，预测2002年固定资产投资将超过2000亿元。全年投资的重点领域将按照市委、市政府重大战略决策，结合上海经济增长与城市发展的阶段特征，强调保持对经济和社会发展的支撑带动作用。固定资产投资工作重点体现在以下四个方面：

第一，增强城市聚集辐射功能，进一步形成枢纽性特征。加快推进以“三港两网”为核心的功能性城市基础设施建设。一是以洋山深水港区一期工程开工建设为标志，加快推进上海国际航运中心建设，尽快确立东北亚国际集装箱枢纽港的战略地位。二是加快推进以“九轨一磁”为特征的轨道交通网建设，为“十五”期间建成200公里大容量、高效率城市轨道交通网奠定基础，基本建成磁悬浮示范运行线、莘闵轻轨项目，为新开工地铁2号线延伸、明珠线一期北延伸等一批轨道交通项目创造条件。三是稳步推进以10个高速公路项目为重点的高速公路网建设，重点确保沪芦等高速公路开工；努力形成卢浦大桥等“一桥三隧”越江工程的投资高峰。四是加快建设铁路上海南站等对外交通工程，完善枢纽型的对外交通体系。

第二，推动产业结构优化升级，增强产业发展后劲。加快推进以“四大产业基地”为特征的高能级产业项目。一是依托中芯、宏力、泰隆、贝岭集成电路等张江微电子产业基地项目的超常规发展，构筑高技术含量的产业体系。二是依托工业布局调整，结合90万吨乙烯、聚碳酸脂等上海化学工业区项目建设，加快引进外资步伐。三是依托宝钢克房伯及一钢不锈钢板卷等项目的有序推进，建立上海钢铁精品基地。四是依托上海国际汽车城项目的全面启动建设，加快形成高附加值的产业体系。

第三，实施城市可持续发展战略，推进生态环境建设。坚持污染防治和生态建设并举，一是全面启动黄浦江两岸功能开发，加快上海港国际客运中心等项目建设。二是重点推进苏州河综合整治一期工程为重点的水环境建设，继续改善城市生态环境。三是大力推进以中心绿地及环线绿带为特征的城市景观环境建设，加快形成以“环、廊、片”为特征的城市绿化景观格局。四是以国家实施“西气东输”和“西电东送”工程为契机，加快清洁能源项目的建设步伐，促进能源结构调整。

第四，引导消费升级，促进投资与消费的联动机制。扩大投资与消费的乘数效应，一是抓住国家鼓励汽车私人消费的有利时机，推进大众紧凑型家用轿车等重大技术改造项目及相关配套服务项目建设，适度刺激汽车消费。二是以东方艺术中心、松江大学城等建设为重点，进一步推进社会事业发展，带动市民文化生活消费。

投融资体制改革方面

上海将深化投融资体制改革，促进投资的稳定增长。贯彻国家推进投融资体制改革的精神，制定上海深化投融资体制改革指导意见。制订政府投资管理条例，进一步规范政府投资行为。简化投资项目审批程序，区别投资主体、项目性质，逐步实行登记备案制。进一步放宽投资领域，引导外资和国内社会资本参与城市基础设施和社会事业建设。以卫生事业为试点，深化社会事业投融资体制改革。规范上市公司股东行为，完善企业法人治理结构，促进上市公司质量和融资能力的进一步提高。积极完善国有资产授权经营制度，加大国有资产存量盘活的力度，加快推进国有经济的战略性调整。继续深化落实重大项目投融资方案，加强建设资金的平衡协调，充分发挥重大项目对投资增长和经济发展的支撑作用。

江苏省投资建设情况

江苏省发展计划委员会副主任　佘义和

一、2001年投资完成情况

2001年江苏省继续贯彻国家扩大内需的宏观政策，加大国债项目实施力度，努力扩大民间投资，集中力量保证重点建设。在全省上下的共同努力下，全社会投资总量突破3000亿元，保持了对经济增长的主要拉动作用。2001年全省全社会固定资产投资完成3302.96亿元，较上年2995.43亿元增长了10.3%，居广东省之后，列全国第二位。其中集体以上单位(不包括集体)投资完成1836.99亿元，较上年增长11.7%。集体个体投资完成1413.02亿元，较上年增长10%。集体以上单位投资中，基本建设投资完成862.78亿元，较上年增长9.8%；更新改造投资完成402.15亿元，较上年增长19%；房地产开发投资完成411.84亿元，较上年增长14.8%。与前几年相比，2001年全省投资增势平稳，扭转了前几年投资增幅滑落的趋势，在三大需求中保持了稳定增长的良好发展态势，圆满实现了“十五”第一年高起步、开好局的要求。2001年江苏省投资呈现以下几个特点：

(一)民间投资强劲增长

2001年前三个季度，江苏省集体个体投资增长一直处在20%以上的高位平台，四季度增幅有所回落，全年集体以下单位包括集体投资完成1413亿元，比上年增长10%，占全社会投资比重达到42.8%，投资稳定增长的机制正在逐步形成。全省集体个体投资中，城镇和农村集体单位投资大幅萎缩，而私营、个体经济投资增势强劲，呈现出超常规发展的势头。其中城镇私营经济投资76.6亿元，增长

17.3%；农村私营经济投资284.5亿元，增长79.2%；个体经济投资62.4亿元，增长35.3%，2001年全省个体私营投资完成已占全社会投资的四分之一。私营个体投资高速增长是与江苏省私营个体企业蓬勃发展的形势密切相关的。从1-8月的统计数字看，南京、苏州、无锡、常州私营个体企业增势迅猛。南京市乡镇私营企业和乡镇个体工业企业个数分别增长28%和41%，苏州市分别增长28.8%和385%，常州市分别增长140%和28%。

（二）自筹资金是江苏省投资实现较快增长的主要支撑

2001年与前两年相比，江苏省固定资产投资资金来源出现了一些新的变化，自筹资金增速明显加快，全年用于基建、更新改造和房地产等方面的自筹资金945.76亿元，较上年增长30.8%，占所有资金来源的50.7%，比上年提高了6个百分点。而预算内资金、国内贷款和债券对投资增长的支撑作用明显减弱，三类资金较上年分别减少了5.6%、9.1%和47.0%。全省实际利用外资73.5亿美元，同比增长11.5%，其中集体以上单位用于固定资产投资27.9亿美元，同比增长5.6%。

（三）苏北地区投资继续快速增长

2001年苏北地区（含徐州、淮阴、盐城、连云港、宿迁五市）投资完成842.21亿元，比上年同期增长12.44%，占全省投资比重为25.5%，呈连续走高的趋势。其中，增幅最高的淮阴、连云港两市分别达到21.1%和18.2%，远远高于全省平均水平。苏南地区投资增长略有回升，全年固定资产投资为1776.62亿元，占全省投资的比重53.79%，较上年提高了1个百分点。而苏中地区投资增长相对缓慢，全年完成投资557.95亿元，平均增幅10.8%。

（四）新开工项目投资规模的扩大成为未来增长的重要保证

2001年全省新开工项目5553个，较上年减少92个，但是新开工项目在建规模为1360亿元，同比增长66.7%。新开工项目平均规模达2451万元，比上年增长72.8%。新开工项目规模的扩大带动了全省项目在建规模的回升，全年项目在建规模达到5641.7亿元，同比增长9.4%，比上年上升了7.6个百分点。新开工项目是判断未来投资增长趋势的重要指标，从2001年新开工项目规模增加的情况看，2002年江苏省投资增长仍具有较大潜力。

二、2001年投资建设成就

2001年江苏省固定资产投资继续稳步增长，对实现全年经济发展目标奠定了坚实的基础。投资对全省GDP增长的名义贡献率为33.1%，拉动GDP增长3.4个百分点。投资的增长带动了经济的发展和人民生活水平的提高，到2001年，全省城镇居民人均可支配收入达到7375元，农民人均纯收入达到3785元，分别比上年增长8.5%和5.3%。全省居民储蓄存款余额达5750亿元。城乡居民恩格尔系数为42.7%，比1995年下降11.4个百分点。全省达到了以县为单位全面实现小康的目标，苏南和沿江部分地区提前向第三步战略目标迈进。2001年投资建设的主要成就体现在三个方面：

（一）重点项目建设进展顺利

2001年全省重点项目投资建设进展顺利，66个重点项目基本完成年度计划目标。怀洪新河、沂沭泗洪水东调南下一期工程、沙河抽水蓄能电站、南京长江二桥、宁徐高速公路一期、宁靖盐高速公路一期等如期竣工。全省高速公路通车里程达到1387公里。江苏联通CDMA一期工程和江苏移动5.1期GSM网扩容工程、江苏电信扩容工程基本建成。润扬长江公路大桥、南京地铁一期、新长铁路、淮河入海水道、田湾核电站、徐塘电厂、苏嘉杭高速公路等项目建设进展顺利，扬巴一体化、仪化四期等一批基础工业骨干工程开工建设，城乡电网建设与改造工程取得明显成效。重点项目投资成为江苏省投资结构调整的“推进器”，带动了全省经济的发展和投资的扩张，为全省经济步入快车道起到了重要的支撑作用。

（二）国债项目建设进度加快

自1998年国家实行积极的财政政策以来，国家共安排江苏省国债项目299项，总投资954亿元，2001年底累计完成投资708亿元，完成总投资的74%，预计到2002年底，江苏省绝大部分国债项目建成或基本建成。全部国债项目完成后，将使全省主要河流抗灾能力达到50年一遇的水平，新增高速公路600公里，跨江大桥5公里，铁路532公里，农村电网电价从1998年平均到户电价的0.72元降为0.52元，新增供水能力125万吨/日，污水处理能力136万吨/日，改造城市道路160公里，改造公检法司业务用房40万平方米，新增粮食仓储34.9亿斤。

（三）基础设施建设成就斐然

全省现代化交通的主骨架已初步形成，2001年底高速公路通车里程达1386公里，在建规模1000公里；全省城乡局用交换机容量突破2000万门，位居全国第二，在全国率先实现了乡村通话率100%；电力装机容量近2000万千瓦，居全国第三。城市现代化、农村城镇化和城乡一体化进程加快，2001年底全省城市化水平达42.6%，比1995年提高15.3个百分点。

三、2001年投资存在的问题

2001年江苏省投资领域也存在一些问题，主要是三个方面：

（一）三次产业投资不平衡

2001年农林水利等第一产业投资完成56.12亿元，同比下降11.1%。第二产业投资基本与2000年持平，全年完成投资633.79亿元，同比增长0.1%，微量增幅主要建立在原材料工业投资高速增长的基础上，受扬巴一体化顺利开工的积极影响，原材料工业同比增长了21.8%。而能源工业、机电工业和轻纺工业增势都不理想，比上年分别下降15.1%、16.0%和10.0%。第三产业完成投资1171.85亿元，同比增长18.8%，增幅高于2000年17个百分点。对第三产业投资增长贡献最大的是运输邮电通讯业、商饮供销仓储业和科技服务业，上述行业投资分别增长33.3%、33.7%和26.3%。

(二)房地产投资虽有增长，但与其他省份相比差距较大

2001年，江苏省房地产投资411.84亿元，比上年增长15.3%，低于全国平均水平10个百分点，低于浙江35.1个百分点。2001年江苏省房地产投资总量仅相当于浙江四分之三的水平，这是造成全省集体以上单位投资低于浙江的主要原因。

(三)融资途径比较单一

2001年全省集体以上单位投资资金到位情况较好，但资金到位主要依靠自筹资金和其他资金。全年自筹资金和其他资金分别增长30.8%和9.4%。因2001年国债新增投资计划下达较迟，国家预算内资金首次出现负增长，下降了5.6%。国内银行贷款一直是江苏省重要的投资资金来源，但近年来由于社会信用机制尚不健全，极大制约了社会储蓄向投资的转化。2001年江苏省国内银行贷款348.77亿元，比上年减少9.1%。此外，企业债券也仅发行了3.42亿元，比上年下降47.0%。

四、2002年投资计划安排

2002年江苏省投资建设工作仍以“富民强省、率先实现现代化”总揽全局，坚持扩大内需方针，努力保持固定资产投资较快增长；推进投融资体制改革，扩大社会投资和利用外资，努力促进投资持续增长机制的形成；加强重点项目建设，推进经济结构调整。根据全省经济工作要求，2002年全省投资主要调控目标是：全省全社会固定资产投资总量3630亿元，增长10%；项目在建规模6200亿元，增长10%；民间投资1585亿元，增长12.2%；重点项目70个，完成投资610亿元；国债项目竣工率98%；基础设施投入1400亿元，增长8.2%。

(一)全省各地区投资计划

各地依据“十五”计划纲要提出的发展目标和主要任务，密切结合当地实际，认真分析国内外经济形势，特别是加入WTO后形势的变化，充分考虑年度计划与“十五”计划目标的衔接，以积极进取、能快则快的精神，科学合理地确定和落实计划目标。各地在继续实施一批基础设施项目、积极拓宽民间投资的同时，加大了产业投资力度，开始大规模启动工业领域设备更新，支持重点行业和一些有竞争力的中小企业的技术改造。各地2002年的投资计划增幅都不低于10%的水平，增幅高的几个地区无锡、常州和淮安都达到了15%，苏州市表示尽管省里下达的投资计划增幅不高，但在实际执行中将超额完成。各市落实的投资计划总额比全省计划会议上省计委下达的多72亿元。存在的薄弱环节是部分市储备项目不足，工业基建投资增长乏力，苏北地区利用外资难度较大，建设资金来源紧张，社会投资稳定增长的机制尚未真正形成。

(二)省重点行业投资计划

从分行业落实情况看，为实现2002年投资目标，省主要行业主管部门都按照“抓早、抓紧、抓实”的要求将全年投资任务进行了分解落实，并明确了重点项目建设和目标。省水利厅和交通厅等部门在春节前就编制完成了行业投资计划，没有留缺口。省电力公司也在春节前召开的年度工作会议上下达了公司和控股企业投资预期计划。总的看来，除了地方公路水运、电力行业外，其他行业的投资增幅均达到或超过10%的水平。由于近几年积极财政政策的实施大大加快了基础设施建设的进度，江苏省的水利、交通、电力等基础设施行业的投资增长很快，基数不断攀升，2002年再实现高速增长的难度很大，因此这些行业只落实了计划会议上确定的目标任务。水利因为2001年投资下降，2002年将有恢复性回升，全年可以达到10%左右的增长水平；交通投资只能安排220亿元，增长5%；电力投资166亿元，因上年实际完成数高于预计水平，2002年的增幅只有8%。铁路投资由于2001年年底宁启铁路开工，2002年投资水平将有大幅增长，已经落实投资计划20亿元；随着信息化和城市化的推进，通信与信息网络和城建投资增长较快，2002年基本落实了200亿元和180亿元的投资计划；房地产开发考虑到2001年实际投资低于浙江35个百分点，增长潜力很大，正式下达的计划比计划会议调增了20亿元。由于教育投资2002年仍然处于投资高峰期，仅仙林大学城、扬大、苏大、江苏大学等主要高校新区建设计划投资就可达到22亿元，教育投资预计完成的难度不大。如果上述10个主要行业2002年年底能够按计划完成投资任务，全省集体以上单位投资目标2045亿元可以落实90%。计划落实中的主要问题，一是工业投资增势不太乐观，工业投资增长缺乏大项目支撑的状况在2002年很难有大的改观；二是地方财力比较紧张，市县配套资金的落实存在困难。

(三)重点项目投资计划

2002年全省投资计划明确了70个重点项目的年度投资目标、阶段性控制点、项目责任单位，目标是确保完成项目年度投资任务。2002年安排全省重点项目70项(包括子项46个)，总投资2728亿元，2002年计划投资610亿元。2002年计划竣工重点项目共15项和4个子项，它们分别是江堤达标工程、连徐高速公路、汾灌高速公路、宁靖盐高速公路、新长铁路、徐塘电厂、江苏移动GSM网扩容工程、江苏吉通扩容工程、苏州水环境综合治理工程、扬州制药厂爱普列特原料药及片剂，以及熊猫电子数字化多媒体、无锡纺控集团装饰面料等5个技改项目。2002年计划新开工重点项目共19项和21个子项，分别是沂沭泗东调南下二期工程、南水北调东线一期工程、农业绿色工程、南京长江三桥、苏通长江公路大桥、盐通高速公路、宁淮高速公路、苏州绕城公路、太仓港一期工程、连云港庙岭三期顺岸泊位工程、常熟电厂二期工程、第二批农网改造、南京奥林匹克体育中心、南京图书馆新馆、江苏图书城、沙钢集团热轧薄板和无锡华晶0.8－1.2微米双极集成电路、南通富士通集成电路封装及测试、南通中天光子器件3个技改项目。

五、2002年投资工作措施

（一）继续实行投资目标责任制

进一步提高思想认识，从富民强省、快速发展的战略高度，真正把完成全年固定资产投资计划看成是事关全省乃至全国经济工作大局的重要任务。尤其应该认识到在世界经济持续低迷的影响下，出口需求拉动能力削弱，要保持经济的持续增长，加快经济结构战略性调整的进程，必须加大固定资产投资。在投资主体多元化的情况下必须调动各方面的积极性，把扩大投资规模变为各部门、各地区的共同行动。要继续实行投资增长目标责任制，完善考核评比办法，进一步抓检查、抓落实，做到指标不留缺口。加大重大项目前期工作奖励力度，既不鞭打快牛，也不鼓励落后。

（二）推进投融资体制改革

按照“谁投资、谁决策、谁受益、谁承担风险”的原则，落实企业投资自主权。进一步完善政府投资运作机制，规范政府投资行为。推进投资主体多元化和融资市场化，营造有利于社会各方面参与投资的政策和体制环境。按照精简、高效、统一的原则，健全政府各部门各司其责协同运作的管理和调控机制，形成有利于投融资要素合理流动的利益激励、风险约束和有序竞争机制。规范资本市场运作，加快基础设施领域资产重组、改制步伐，完善全社会投资信息管理系统，健全投资中介服务体系，创造良好的投资市场环境，保护投资者的合法权益。研究社会主义市场经济条件下政府管理投资的新思路、新方法，着重加强政府投资项目管理，探索以政府投资引导全社会资金投向，以增量调整带动存量调整的目标和模式，大力推进投资主体多元化，推出一批项目通过招标组建项目法人。重点推进三个方面的改革，具体包括改革固定资产投资项目管理制度，进一步理顺关系，合理确定各级、各部门以及投资、建设、运营、监管各环节的责任、权限、利益。改革政府投资项目包括非经营性项目和经营性项目的建设、运营、监督、体制，推进政府投资运作方式与国际惯例接轨。加快建立社会化投融资机制，培育市场化、社会化投资主体，拓宽基础设施和社会事业融资渠道，创新融资工具，解决资金分散闲置和社会投资不足的矛盾。

（三）抓好全省重点项目建设

对纳入2002年全省重点项目计划管理的70个项目，跟踪和协调好建设过程中的重大问题，抓好组织实施工作，实行分类指导，加快重点项目建设。对竣工项目，重点抓资金到位，主要是争取中央资金到位和地方配套资金到位；对新开工项目，重点抓前期工作进度，主要是建设方案论证、项目立项批复以及征地拆迁。对尚未完成审批程序的年内计划开工项目，在加快审批进度的同时，原则上可以先行开展征地拆迁工作，力争形成一定的工作量；对在建项目，重点抓形象进度，主要是施工组织和技术攻关。研究制定《关于进一步加快全省重点项目建设意见》，明确和落实重点项目优惠政策，为重点项目的顺利实施创造良好的政策环境。

（四）加强国债项目建设

自1998年国家实行积极的财政政策以来，国家共安排江苏省国债项目306项，项目总投资937.4亿元，至2001年年底累计完成投资705.5亿元，占总投资的75.3%，2002年计划投资144.3亿元。306个国债项目涵盖了水利、农业、林业、城建、公检法司、设备国产化、高科技、铁路、交通、电信、电网改造等17个行业。预计到2002年底，江苏省绝大部分国债项目建成或基本建成。确保大多数在建国债项目在2002年内干净利落地建成投产，是全国投资战线上的一项重要任务。为落实省政府与国家有关部门签订的国债项目责任书，省计委将与各市政府、省有关部门签订国债项目责任书，以确保江苏省绝大多数在建国债项目在年内建成。要加强领导，在保证工程质量的前提下，加快全省在建国债项目建设进度。要严格执行国家国债项目投资计划，按时、足额落实配套投资。加强国债资金和工程质量管理，严禁发生任何违规使用国债资金问题和工程质量事故。定期向国家计委和省有关部门报送项目进展情况。会同有关部门组成检查组，监督检查国债项目的建设情况，对发现的问题，及时协调解决。积极争取江苏省更多的项目获得国债资金支持。

（五）努力做好重大储备项目前期工作

督促检查各地各部门贯彻落实省政府《关于进一步做好重大项目储备工作的意见》的情况，重点是检查重大储备项目计划是否编制，重大项目前期工作经费是否保证，重大项目前期工作机制是否建立。促进各地方加快推进列入“十五”重大项目规划中的项目，打捆项目要有子项开工建设。工业项目要有比较明确的进度方案，调整的尽快调整，引进外资的要加大工作力度。国家投资项目要主动联系，做好各项建设条件的落实、配套和完善。检查1000万元重大项目前期工作经费计划完成情况。进一步修改完善“十五”重大项目规划，根据新的形势发展调整和充实。实施省计委与开行、建行、农行、工行签订的金融合作框架协议，积极向银行推荐重大储备项目，落实贷款条件，推进重大储备项目尽快开工建设。

（六）积极扩大社会投资

继续保持2001年民间投资平稳增长的良好态势，进一步加大政策落实力度，促进民间投资的发展。2002年重点做好两方面工作，一是扩大民间投资项目规模，创新民间资金投入机制。挖掘民间资金的巨大潜力，按市场经济规律，探索一种有效的组织形式，把分散的民间资本集中起来，用于对经济建设拉动力强的重点项目建设。二是扩大民间投资领域，提高技术含量。当前江苏省民间投资主要集中在纺织、化工、塑料等工业领域，技术含量明显偏低，2002年要鼓励民间投资向基础设施和高科技领域聚集。

（七）积极有效利用外资

随着中国加入WTO面临新的发展机遇和挑战，必须充分发挥江苏省外向型经济的领先优势，当前特别要抓住外资由珠江三角洲向长江三角洲集聚的趋势，充分利用沿江工业园区、经济技术开发区等一批国家、省级开发区的良好投资环境，保持台商投资的良好增长态势，进一步加大招商引资力度，在基础设施、基础产业和高新技术领域扩大利用外资规模。逐个推进外商购买已建成交通、电力项目的专营权，置换出政府资金再用于省重点项目建设。

浙江省投资建设情况

浙江省副省长 

一、2001 年固定资产投资情况

2001 年在国家继续坚持扩大内需、实施积极财政政策的宏观调控方针指导下，浙江省投资需求明显扩大，投资总量继续走高，投资结构进一步优化。全年全省完成全社会投资 2769.4 亿元，同比增长 22.1%，国有等单位固定资产累计完成投资 1739.5 亿元，同比增长 28%。投资的持续快速增长，成为支撑全省经济稳定增长的主要动因。

(一)基础设施投资持续扩大，城市建设掀起新高潮

2001 年浙江省基础设施完成基建和更新改造投资 819.5 亿元，比上年同期增长 16.6%。随着城市化进程加快，城市建设掀起了新的高潮，累计完成投资 217.5 亿元(不含邮电通信、交通运输、电力、水利在城市的设施投资)，同比增长 87.5%，占基础设施投资完成额的 1/4。杭州市运河截污处理、绍兴市城东热电厂垃圾焚烧发电、丽水市城市供水等一批城市污水、垃圾处理和供水工程建设进度加快。邮电通信完成投资 154.7 亿元，增长 29.1%。交通运输完成投资 211.0 亿元，增长 1.6%。电力和水利分别完成投资 190.1 亿元和 46.2 亿元，汤浦水库及供水工程、温州电厂二期等一批电力、水利重点工程项目均已建成投产。

(二)制造业投资高速增长，文教、科技等服务业投资明显加大

2001 年制造业完成基建、更新改造和其他投资 232.1 亿元，同比增长 46.4%。其中，轻纺、石化工业投资增长迅猛，增幅均超过一倍；在政府技改贴息政策引导和企业技术进步内在要求增强的双重影响下，制造业更新改造投资继续加速，增幅高达 41.3%。作为产业集聚发展的重要载体和工业化升级的重要手段，特色工业园区建设加快推进，2001 年经省级审批的特色工业园区项目达 90 个，计划总投资 155 亿元，实际完成投资 90 亿元，成为各地工业发展的新增长点。与此同时，在“科教兴省”战略的实施及高教园区建设的推动下，科技、文教等服务业的投资也明显加快。教育、文化及影视业完成投资 112.2 亿元，增长 76.9%，杭州滨江、下沙及宁波、温州高教园区已全面开工建设，杭州小和山园区也即将开工；同期，科研技术服务业完成投资 4.48 亿元，同比增长 53.6%；传统的批零贸易和餐饮业投资增势相对平稳，服务业投资结构调整较为显著。

(三)新开工大中型项目大幅增加，重大建设项目进展良好

新开工项目平均规模明显扩大，主要是一批重大基建工程特别是“十五”重大基建项目开工建设的带动。2001 年以来，浙江省重大建设项目进展良好，完成项目前期工作并开工建设的重大项目共有 23 项，其中农林水利 5 项、交通 5 项、能源 3 项、社会发展 6 项、工业及高新技术发展 4 项。除温州珊溪水利枢纽、甬台温高速公路、秦山核电站二期和三期、省人民大会堂迁建、镇海炼化扩建等一批续建项目的进度加快之外，桐柏抽水蓄能电站、长兴电厂四期、乍浦港二期等一批重大项目工程可研报告已获国家计委、国家经贸委批复，进入开工建设阶段。全省 90 个重点建设项目完成投资 315 亿元。年初确定 30 个计划投产项目，年底有 33 个项目建成投产。温州珊溪水利枢纽工程、巨化年产 6 万吨离子膜烧碱等项目先后建成投产或试运行，发挥了较好的投资效益。

(四)国内资金来源较为充裕，项目资金到位情况较好

全省基建、更新改造及其他投资资金来源 821.14 亿元，同比增长 36.64%，快于固定资产投资增速。其中自筹资金 443.39 亿元，国内贷款 240.16 亿元，这两大主要资金来源分别比上年同期增长 42.05% 和 41.02%，表明信贷环境趋于改善，企业自有资金实力及筹措资金的能力有所提高；国家预算内资金 42.47 亿元，政府资金引导的力度有增无减及国债资金的投入，带动了民间资金迅猛增加，为全省投资扩大提供了保证。

从全省各个市地投资运行情况看，投资总量超过 200 亿元的有杭州、宁波、温州等市，分别完成投资 451.6 亿元，320.5 亿元，234.8 亿元。中西部地区金华、丽水、衢州投资增速分别高达 50% 以上。

总的来看，2001 年浙江省投资形势良好，无论在强化国民经济发展的物质技术基础，还是在保证经济增长的适度拉力，以及从投资本身的规模、结构比例和经济发展的适应情况来看，应该说都是十分可喜的。

二、2001年投资建设的经验及问题

(一)切实转变政府职能,确立企业投资主体地位

按照政企、政资、政事分开的原则,不断加快政府职能转变,实现政府投资管理职能与政府作为出资人的投资职能分离,政府投资职能与项目经营管理职能分离,政府投资重点由竞争性、经营性项目转向公益性、政策性项目,把竞争性项目的投资决策权交给企业,切实将政府的主要职责转向编制规划、制定政策、加强引导、依法监管等宏观调控的轨道上。为确立企业投资的主体地位,近年来,浙江省一方面抓国有企业改革改组,按照政企分开的原则,对政府产业开发投资项目的建设实施,逐步由直接投资改为股权投资,政府不直接参与项目的具体建设和经营活动,而是通过股权流动实现国有资产的保值增值和动态调整。目前,基本完成了国有企业产权制度改革,多种所有制经济蓬勃发展,个体私营等非公有制经济已占经济总量的近一半,企业市场主体地位进一步确立,市场对资源配置起基础性作用的运行机制基本形成,从而为投融资体制改革深化创造了良好的基础性条件。另一方面,把发展个体、私营等非公有制经济作为重要工作来抓,提出"四个不限、三个加大、三个有",即不限发展比例、不限发展速度、不限经营方式、不限经营规模,加大政策扶持力度、加大依法保护力度、加大环境整治力度,使民营企业经营者经济上有实惠、社会上有地位、政治上有荣誉,从指导思想上为民营经济发展明确了方向。同时,努力办实事、求实效,大力推进行政审批制度改革,原则上除法律法规有明确规定、国家有严格要求的适当保留审批外,其他方面的政府审批逐步取消;对确需保留的政府审批项目,则减少审批环节,简化审批手续,规范审批程序,增加透明度。目前,省级政府部门已根据省委、省政府的要求,将审批、核准事项砍了"两个二分之一",即审批事项取消了一半,审批、审核、核准等事项的合计数也取消了一半。各地也结合实际,对原有审批事项进行了大幅度的削减。对审改后确需保留的审批事项,推行集中办理、"一站式"服务的审批方式。同时,加大省级部门审批制度改革执法监察,积极推进办事大厅、网上并联审批等工作。这些举措的实施,为确立企业投资的主体地位提供了重要条件。

(二)加快推进"十五"重大基建"百项工程",不断提高重点建设项目管理水平

以省委、省政府确定的"六、五、四"工程为抓手,以加快推进"十五"重大基建"百项工程"为重点,继续加大基建投资的力度。在继续抓好42项"九五"续建项目的同时,大力推进"十五"重大项目的前期工作和建设进度,在已启动的重点工程的基础上,加快西湖文化广场、杭州大剧院、嘉电二期、城市河道治理等一大批"十五"重点项目的建设步伐。通过扎扎实实加大启动这些事关经济发展全局的重大项目建设,带动投资规模扩大,推进投资结构优化。2001年重点建设管理工作不断提高。一是领导重视,协调力度加大,重点建设工作不断加强。各级领导十分重视和关心重点工程建设,把重点建设作为改善投资环境,推进城市化进程、促进"两个根本性转变"的重要举措。二是"四制"执行更趋规范,招投标工作不断完善。省重点工程建设项目基本上按国家的有关规定建立和落实项目法人责任制,全面推开施工监理制和合同管理制。全省重点项目的招投标活动已全部入场交易,公开招标率达99%。据统计,2001年共完成施工项目招标130项,中标合同价约96亿元,造价降低12.2%,工期缩短6.7%,优质目标率100%。三是监管力度得到加强,质控机制不断强化。通过建立"政府监督,中介机构监理,施工单位自查"的三级质保体系,工程质量保证措施和各项规章制度进一步落实和加强,2001年全省重点建设未发生重大质量事故,一批项目分别获得省市工程质量奖,部分项目还获得国家优质工程奖和"鲁班奖"。据2001年竣工项目统计表明,重点工程的合格率为100%,优良率在85%以上。四是精神文明建设得到加强,拼搏奉献精神继续弘扬。自强不息、勇于创新,讲协作、讲奉献蔚然成风,很多同志长年累月默默无闻地奋斗在偏僻山沟和边远海岛,为重点建设奉献自己的才智和汗水,奉献自己的青春年华和毕身精力。

(三)大力改善发展环境,拓展民间投资领域

浙江省根据经济社会发展的阶段性变化,以提前基本实现现代化总揽全局,推动经济发展总量的扩张向质的提高转变,在积极推进城市化、发展工业园区和高教园区、加快结构调整、建设文化大省等方面采取了一系列重大举措,进一步激发了社会各阶层的创业热情,解放和发展了生产力,为民间投资提供了广阔的发展空间。在实践中,全省注重发挥民间投资主体的积极性、主动性和创造性,出台了《浙江省鼓励和引导非国有投资的若干意见》。2001年浙江省非国有投资增长一改以往低增长的态势,增幅达到了20%以上。面对经济全球化、新科技革命和结构大调整的新形势,浙江省立足实际,针对原有产业"低、小、散"和产业链短的状况,因势利导,提出了以增强国际竞争力为目标,以科技为先导,以中心城市、中心镇为依托,规划建设100个特色工业园区,把特色优势产业升级和城市化发展紧密结合起来,促进资源共享、集约经营,进一步壮大要素集聚规模,提升民营企业发展水平。为增强民间投资企业实力、引导区域特色经济上规模、上水平,省里相继出台了一整套规范性文件,通过园区用地优先保证、进口设备免税、企业技改贴息等优惠政策,吸引和鼓励民营企业走产业集聚、规模发展的路子。到2001年底,全省建成46个特色工业园区,预计2002年还可建成20个。特色工业园区建成不仅为浙江省中小企业提供了新的发展空间,大大促进了工业总量增长,而且在产品结构优化、信息化建设、技术创新、环境治理等方面取得了明显的成效。此外,还在中小企业融资等方面有了一定突破。目前,全省民间投资涉足面相当广泛,除了制造业、商贸流通、房地产开发等完全竞争性行业,

民间投资已成为主要力量；在交通、能源、水利、城建、通信、环保等基础设施和文化、教育、卫生、体育等社会发展领域，民间投资也已进入并在逐步拓展。建设杭州、宁波、温州等地6大高教园区，是省委、省政府大力发展高等教育的重大举措。6大高教园区可容纳37所高校，在校生规模达到33万人，总投资为220亿元。浙江省以改革的思路推进高教园区的建设，彻底打破了过去由政府大包大揽的作法。校园教学设施投资形成了政府投入一块，学校原有土地置换一块，银行贷款一块的格局；学校后勤设施则进行社会化改革，全部推向市场，其投资、建设和运营均由社会投资者来负责，大大节省了政府投入，提高了管理效率。预计6大高教园区到2002年秋季可完成校舍360万平方米，投资100亿元，在校生规模12万人，大大提高了全省高等教育发展水平。

（四）逐步完善融资机制，构筑有效的融资体系

认真抓好国债资金争取工作，加快国债项目实施进度，尽快发挥效益。根据国债新的安排重点争取了一批新的国债项目，如高技术产业化、环保产业、技改贴息、农网改造二期、公检法、旅游等。用好省级财政资金，改善使用结构，加大对效益农业、水利、城市基础设施、高教、旅游、高新技术产业化、生态环境建设等方面的专项投入，有重点地引导资金流向，带动地方配套资金落实，吸引银行信贷资金投放。积极拓展企业融资渠道，通过组建中小企业信用担保机构、推行企业财产抵押贷款、创新金融产品、推动高科技民营企业上市等方式，探索构建有针对性的融资机制。如在信用贷款担保方面，目前全省共组建有中小企业信用担保机构55家，注册资金6.99亿元，累计担保20.6亿元；在企业财产抵押贷款方面，台州市出台了有关具体操作办法，迄今全市共办理了企业财产抵押登记5800多件，抵押物总值148亿元，获得银行贷款88亿多元，近4000家中小企业通过抵押贷款的方式累计融资逾200亿元；在金融创新方面，浙江省金融机构推出了出口退税质押贷款、信用贷款和联保协议贷款、自然人或法定代表人贷款等一批新的金融产品；在股票上市方面，全省已有两家高科技民营企业上市，还有一批民营企业进入了上市辅导期。这些探索为有效解决企业融资、扩大民间投资规模、增强民营经济实力开辟了新的途径。

（五）政府引导、市场运作，加快基础设施的市场化

近年来，浙江省积极推进“政府引导、市场运作”的步伐。政府引导，主要是制定和执行好中长期发展规划，确定重大基础设施项目的建设标准和建设时序等安排，协调解决跨区域基础设施的共享性和流域性问题，统筹政府资金并引导社会资金投向，制定市场运作的各项配套政策，管好价格水平与服务质量。市场运作，实行开放式投资准入政策，将有一定回报的基础设施推向市场，本着“谁投资、谁受益、谁承担风险”的原则，合理确定有关各方的权益和应承担的义务；政府投入均委托给授权经营的投资公司，项目的实施与管理均按现代企业制度要求进行运作；打破所有制界限和行政隶属关系，吸引社会各类投资主体进入基础设施领域，加大银行贷款、股票、债券等市场化融资比重。

浙江省投资建设虽然取得了一定成绩，但也存在着一些新情况和新问题。一是投融资体制不健全，导致投资门槛过高和融资成本过大，制约了民间投资的进一步发展；二是城市基础设施建设缺乏整体规划，制约了城市综合功能的充分发挥；三是园区发展一哄而起，重复建设现象有所抬头，有悖于要素有效集聚和资源优化配置的初衷；四是一些缺乏技术和人才支撑的企业，面临的投资风险将会越来越大等。这就提醒我们必须引起高度重视，切实加以解决。

三、2002年投资建设展望

2002年的宏观经济走势复杂、充满变数。从国际形势来说，增长放缓将仍然是世界经济总的趋势，特别是美国的9·11事件，将延长世界经济复苏的过程。但从国内经济形势看，入世、申奥成功等一些有利因素，又给浙江省经济提供了新的发展机会。所以，进一步发挥投资在经济增长中的主动力作用，保持投资适当的高增长，在总体经济形势比较严峻，消费启动缺乏新的亮点，外需扩张困难重重的背景下，对整个经济发展的全局具有至关重要的意义。

（一）持续积极的财政政策和稳定宽松的国内经济环境，有利于提升投资者的预期收益和投资信心

2002年是“十五”计划的第二年，国家配合五年计划的实施和保证经济的稳定增长，继续实施积极的财政政策；同时，为应对当前国际经济增长放缓的局势，国家将会综合运用多种手段扩大内需，以消除外需减弱的影响，确保经济平稳发展，因此下一阶段调控政策的实施力度及其效应有望进一步增大。从近几年的实践来看，在宽松的政策环境下，国内经济稳定增长是可以预期的。据调查，今后一段时期，浙江省工业企业的景气指数仍将保持在较高水平，宏观经济走势继续趋好，这将为投资者提供更多的投资机会，有利于提高投资者的预期收益率，进而增强投资信心，促进投资增长。

（二）多元化的新增资金来源，为投资增长提供良好的资金支持

从信贷资金来看，2001年以来金融部门注重保持资金总量平衡，在存款同比多增的同时，贷款投放增势趋缓，但贷款结构趋向合理，中长期贷款和技术改造贷款同比均呈多增之势，这为今后投资贷款来源增长创造了一定条件；从企业资金来看，2001年浙江省企业经济效益继续改善，全省规模以上独立核算工业企业利润总额有了较大增长，盈利能力增强，为企业扩大自筹资金奠定了基础；从利用外资来看，全省合同利用外资金额比上年同期增长了80%以上，随着这些资金逐步落实到位，将有望改变2002年投资资金来源中利用外资减少的局面；此外，随着全省投融资体制改革的逐步深化，特别是在基础设施、社会发展领域积极推行“政府引导、市场运作”的市场化改革，投资环境将进一步改善，将吸引更多民间资本参与投资。

（三）一批重大建设项目的加快实施，为进一步扩大投

资规模创造了积极条件

2002 年是步入“十五”计划的第二年，“十五”的各项投资工作量都将在这一阶段进一步展开。随着城市基础设施等一批国债建设项目陆续下达，杭州西湖文化广场、嘉电二期等 20 个重点建设项目陆续开工建设，这些重大建设项目的加快实施，为 2002 年投资增长积蓄了较大的后劲。此外，从投资的两个先行指标即新开工项目和资金来源看，2001 年以来均呈较快增长态势，明显高于投资增速。新开工项目增多，资金来源较为充足，表明 2002 年浙江省投资保持较快增长具有一定的可持续性。

综上所述，2002 年推动浙江省投资增长的有利因素相对要多于并强于制约因素，但考虑到受全省投资基数较高的影响，投资增速将出现小幅回落。总体判断，2002 年浙江省固定资产投资将保持 15% 左右的增长速度。

安徽省投资建设情况

安徽省常务副省长

2001 年，安徽省人民在省委、省政府的正确领导下，紧紧抓住国家继续扩大内需的有利时机，克服出口需求减弱和严重旱灾等不利影响，采取切实措施，加大投入力度，扩大对外开放，深化体制改革，积极培育新的经济增长点，有力地促进了全省国民经济持续快速健康发展。

一、2001 年固定资产投资情况

2001 年，安徽省在集中力量抓好在建国债项目建设的同时，重点推进“十五”重大项目前期工作，适时开工了一批大项目，有力地保证了全年固定资产投资的增长；在投资安排上注重加大对支柱产业、优势产业和用高新技术改造传统产业的投入，投资结构趋于优化；加大招商引资力度，积极启动民间资本，进一步鼓励和引导社会投资；改革审批制度，简化审批程序，规范政府投资项目管理，积极推进投融资体制改革。

在上述政策措施的共同作用下，2001 年，全省累计完成固定资产投资 964.1 亿元，比 2000 年增长 11%，实现了年初制定的计划增长目标。其中，基本建设投资完成 351.1 亿元，增长 9.6%；更新改造投资完成 185.3 亿元，增长 21.3%；房地产开发投资完成 111 亿元，增长 26.3%。在固定资产投资的带动下，2001 年，安徽省 GDP 增长 8.6%，比 2000 年提高 0.3 个百分点，为 1998 年以来的最好水平，其中投资需求对 GDP 的贡献率达到 50% 左右。投资的快速增长有力地推动了全省经济的持续增长，为“十五”全省经济的良好开局奠定了坚实的基础。

2001 年，安徽省固定资产投资呈现如下特点：

（一）国有投资增势平稳，集体、个体投资实现较快增长

在国债项目的支撑下，2001 年，安徽省国有投资增长 10.6%。集体、个体投资分别增长 4.3% 和 16.6%，增幅比 2000 年提高 7.6 和 15.7 个百分点，均为 1998 年以来的最高值。特别是在财政贴息资金的引导下，全省小城镇建设成绩卓著。当年全省小城镇建设总投入达 83 亿元，其中，省重点扶持的 200 个中心建制镇的建设投资达到 46.5 亿元，镇区道路铺装率达 72%，比 2000 年提高 16 个百分点，小城镇基础设施状况有了很大改善。

（二）基础设施建设继续加快，更新改造和制造业投资实现较大增长，投资结构进一步优化

由于国债项目投资的带动，2001 年，全省农林牧渔水利业完成投资 38.3 亿元，比 2000 年增长 12.7%；交通运输和邮电通信业投资 165.7 亿元，同比增长 17.9%，均快于全社会固定资产投资增幅。在加大基础设施建设投入的同时，全省固定资产投资结构继续改善。2001 年，安徽省更新改造投资同比增长 21.3%，比全省平均增幅高出 10.3 个百分点。其中，制造业投资增长 38.5%，高出全省平均增幅 27.5 个百分点。制造业投资中，交通运输设备制造业、电子及通信设备制造业、医药制造业等行业投资均实现较大增长，增幅分别达到 91.6%、236.4% 和 58.0%。

（三）国家预算内资金持续增长，国内贷款有所下降，自筹资金仍是固定资产投资的主要来源

2001 年，安徽省固定资产投资的各种资金来源中，国债资金占主导地位的国家预算内资金的增幅最高，比 2000 年增长 41.9%，其占全部资金来源的比重达到 7.9%，为

1992年以来的最高值。而国内贷款仅增长0.6%，几乎与2000年持平，其占全部资金来源的比重也由2000年的18.4%下降到2001年的16.1%。自筹资金增长2.3%，占全部资金来源的49.3%，依然是全省固定资产投资最主要的筹资渠道。此外，利用外资在2001年也出现了恢复性增长。

（四）大中型项目个数和投资规模均有大幅增长，为全省投资持续增长提供了较为有力的支撑

2001年，安徽省基本建设施工项目数3041个，项目总投资351.1亿元，分别比2000年增长3%和9.6%。其中，大中型项目数和投资规模分别增长35.9%和26.1%，高出平均水平32.9和16.5个百分点。全省列入考核的重点建设项目中，合徐南路、淮南矿区张集矿井、蚌埠环保设备、芜湖彩色显示器、马鞍山注射用阿拉瑞林、江淮汽车集团中型客车底盘、华茂集团棉纺扩建、马鞍山星马专用车改造、1998年国债粮库等一批项目建成投入使用。此外，作为"十五"开局年，临淮岗洪水控制工程、合肥大房郢水库、安庆电厂一期、铜陵海螺水泥二期、马钢薄板、铜峰高档电子膜及电容器技改等一批重大项目陆续开工进入实施阶段，为全省2001年乃至"十五"期间的投资增长增添了后劲。

二、2001年主要投资建设成就

1998年以来，国家共安排安徽省农林水利、交通、农村电网改造、城建和环保、高技术产业化和设备国产化、教育、旅游、公检法司等20个方面国债资金项目373个，项目总投资703.8亿元。截至2001年底，全省国债项目累计完成投资479.0亿元，占项目总投资的70.5%；建成或基本建成项目137个，占项目总数的36.7%。

在加快国债项目建设的同时，为实现"十五"期间全省固定资产投资完成6000亿元的目标，安徽省还进一步加大了重点建设项目的实施力度。2001年，全省共安排重点建设项目68项，到年底顺利建成了22项。其中，水利方面有怀河新河、港口湾水库等项目；能源方面有合肥二电厂、淮南张集煤矿、淮北祁南煤矿等项目；工业和高技术方面有安庆石化总厂年产80万吨柴油加氢精制装置、池州氧气底吹炼铅新工艺产业化示范工程、芜湖彩色显示器等项目。这批重大项目的相继开工及陆续建成投产，为全省国民经济持续稳定发展增添了强大的动力。

大规模的国债和重点项目建设，对于扩大安徽省有效需求、推动经济结构调整、保持国民经济持续发展，起到了至关重要的作用。

（一）极大地改善了全省基础设施条件，办成了一些多年想办而未办成的大事

水利方面，1998年以来仅长江干堤加固工程的投资规模就达60.6亿元，是解放以来到国债实施前总投入的20倍，长江安徽段南北两岸750公里江堤得到了全面加高加固，建成之后可以抵御1954年型洪水，解除了沿岸2000多万人民的心腹之患。2001年，港口湾水库提前一年建成投入使用，节约投资2.5亿元。全省人民盼望已久的临淮岗洪水控制工程等一大批治淮骨干项目相继开工建设。交通方面，高速公路通车里程由1997年末的123公里提高到2001年的596公里，从合肥到芜湖、蚌埠、安庆等中心城市的车程都由原来的3个多小时缩短到了一个半小时左右。农村电网改造方面，一期工程已经完成，二期工程正在紧张施工。电网改造完成后，电价将由1998年的0.85元/千瓦时以上下降到0.57元/千瓦时左右，一年可减轻农民负担5亿多元。

（二）扩大了国内需求，有力地拉动了经济增长

亚洲金融危机爆发后，安徽省经济受到了巨大冲击，经济发展面临着严峻的挑战。国债投资犹如及时雨，有效刺激了国内需求，拉动了经济增长。在国债和重点建设项目的带动下，固定资产投资对全省经济增长的贡献率由过去的35%左右提高到50%左右，全省经济增长率由1998年的8.1%回升到2001年的8.6%，财政收入四年增长了34%，2001年超过了300亿元。

（三）促进了经济结构调整，为长远发展奠定了基础

近年来，安徽省先后组织实施了马钢薄板、国祯环保、江淮汽车改造、奇瑞汽车、海螺日产8000吨水泥生产线等重大技改和装备国产化项目，推动了传统产业的升级。同时，大力推进了电子信息、生物工程、新材料、新医药等一批高新技术专项，有力地促进了高新技术产业的成长。高技术产业增加值由1996年的78亿元增加到了2001年的431亿元，增长5.5倍，促进了经济结构的调整。

（四）提高了人民生活水平，改善了人民生活质量

城乡基础设施是国债项目建设的重点之一。四年来，全省新建污水处理厂12个，全部建成后可新增污水处理能力94万吨/日；新增垃圾处理能力1265吨/日、供水能力65万立方米/日、燃气生产能力20.3万立方米/日；新建、改建城市道路137公里，城市面貌焕然一新。与此同时，还利用国债资金修建了12条贫困县道路，新建、扩建了38.4亿斤粮食库容，开展了移民建镇和退耕还林工程，有力促进了农村经济的发展。高校扩招项目的建设，有效缓解了高校办学条件的紧张局面。中小学危房改造项目的实施，改善了农村基础教育办学条件。国债项目还创造了几十万个就业机会，缓解了国有企业下岗职工就业矛盾。

三、2001年投资建设的经验及存在的问题

2001年，安徽省在深化投融资体制改革，加强项目管理特别是政府投资项目管理，坚持四项制度等方面做了积极的尝试，取得了有益的经验。港口湾水库建设就是全省在投资项目管理方面的一个成功范例。

港口湾水库位于安徽省宣城市境内，国家核定概算总投资为11.034亿元，总工期为4年零8个月，预计2002年建成。由于在建设过程中积极进行体制创新，严格执行四

项制度，整个工程于2001年11月上旬全面竣工，比计划工期提前1年多时间建成，实际投入资金比概算减少2.5亿元。近两千个单元工程合格率为100%，优良率达到80.4%。此项目堪称建设快、投资省、质量好的典型，为大型项目的建设管理提供了宝贵的经验。一是创新体制，建管合一。为彻底解决投资领域长期存在的搞建设的不管运行，管运行的不问建设，建管脱节的问题，在以宣城市市长为首的建设管理委员会领导下，港口湾水库成立了精简强干的“港口湾水库工程建设指挥部”和“港口湾水库建设开发有限责任公司”，一套人马两块牌子，把工程建设管理与建成后的运行管理结合起来。这样做，既便于施工建设，又为今后的开发管理培养了人才，锻炼了队伍。二是建章立制，依法行事，全面落实项目法人制、招标投标制、建设监理制和合同管理制。港口湾水库建设指挥部先后制定了各种制度11项、工作程序23项、目标管理63条，要求做到有布置、有检查、有总结，使各项工作都走上了制度化、规范化的轨道。他们还在全省水利基本建设中率先全面实行了“四制”，即项目法人制、招标投标制、建设监理制、合同管理制。在招投标上，严格遵循公开、公平、公正、竞争、择优的原则，注重把握招标组织机构、招标文件编制、招标单位资格预审、招标单位考察、评标和决标等6个环节，顺利完成了土建施工、材料和设备购置及安装等42项招标工作。在开展建设监理工作中，他们注意发挥监理工程师的一线监督管理作用，在工程进度、工程质量和投资控制上树立监理的绝对权威，为监理履行“三控制、一协调”的职能创造条件。合同管理在港口湾水库工程建设中也执行得十分出色。工程的勘察设计、监理、施工、设备制造和安装及材料采购等，都依法订立了合同，各类经济合同签达165份。各项合同都有明确的质量和进度要求，以及履行担保和违规处罚条款，对一些重要合同还进行了公证。指挥部成立了专门机构，指派专人管理合同，依据合同条款检查合同履行情况。据业内人士说，这在一般工程建设中尚属少见。

尽管在项目管理方面取得了一定成绩，但安徽省投资领域长期存在的一些问题仍未得到根本解决。

*一是投资规模小、投资率低。*2001年安徽省GDP总量占全国的3.4%，但固定资产投资额仅占全国的2.6%，人均固定资产投资额仅为全国的56.5%。投资率为29.3%，比全国低9.2个百分点；投资增速为11.2%，比全国低1.6个百分点。

*二是股份制经济、外商及港澳台投资增长乏力。*1998－2001年，安徽省股份制经济、外商及港澳台投资呈现持续下滑的势头，2001年，又分别下降7.8%、42.5%和1.2%

*三是制造业投资比重不理想。*2001年，尽管全省制造业投资呈快速增长的势头，但总量仍未达到1996年的水平。从制造业投资内部结构看，一些传统的、加工程度较低的行业投资依然占有较大比重，而“专精特新”行业投资比重过小。

四、2002年投资建设展望

保持适度的投资增长，优化投资环境，对于实践“三个代表”的要求，促进经济加快发展至关重要。根据“十五”投资规划及2002年经济发展目标，2002年，安徽省固定资产投资预计完成1080亿元，比2001年增长12%。其中，基本建设投资完成390亿元，增长11%；更新改造投资完成208亿元，增长12.8%；房地产投资完成138亿元，增长25%。

2002年，列入安徽省重点建设项目的大中型项目有56个，其中，重点基建项目45个，总投资520亿元，2002年计划投资150亿元。主要建设项目有：临淮岗洪水控制工程、合肥大房郢水库、安庆长江公路大桥、合肥软件产业基地、马鞍山磁性材料产业基地一期工程、芜湖奇瑞轿车项目、丰原集团燃料酒精项目、江淮汽车商务车项目等。

重点技术改造项目11个，总投资113.4亿元，2002年计划投资34.9亿元。主要建设项目有：马钢股份公司200万吨连轧薄板生产线和年产130万吨冷轧薄板生产线、安徽海螺集团日产8000吨水泥熟料生产线、安徽国风集团年产100万吨碳酸钙及氧化钙产品技改项目、江淮汽车底盘股份公司3万辆HFC6500客货车技改项目、安徽铜峰集团电子股份公司高档电子膜及电容器技改项目等。

根据国家要求，2002年安徽省投资领域的中心工作就是确保干净利落地完成在建国债项目。首先，千方百计加快建设进度。在确保工程质量的前提下，进一步加强项目建设进度的目标管理，逐个项目分解年度计划并按时检查落实。认真落实建设资金，严格国债资金管理。加快国债资金的拨付进度，把滞留在各个环节上的国债资金尽快拨付到项目单位并加强监督。地方承担的配套资金，必须千方百计保证到位。凡是在地方财力安排上把硬缺口留给国债项目的，一经查实，省里将不再安排新增国债项目的申报。进一步完善国债资金管理制度，加强财务审计和监督。对稽察中发现改变资金用途、挪用截留国债资金的，必须限期整改到位。加强工程质量管理，确保国债项目工程质量。落实领导责任制，严格实行项目法人、招标投标、工程监理及合同管理等四项制度，坚持按基本建设程序办事。实行目标责任制和责任追究制。按照省政府与各市和省直有关部门签定的《安徽省国债建设项目2002年建设任务、工程质量责任书》的要求，明确各方面的责任。一旦发现问题，将根据责任一追到底。加强督促检查。各市和各部门按照年度计划认真检查和落实在建国债项目的实施进度，并向省重点建设领导小组及其办公室报告建设完成情况，以及存在的主要问题。除省政府组织的全省范围的国债项目检查外，各市、各部门都要加大对本市、本部门国债项目的稽察、检查力度，对存在的问题要认真加以解决。

2002年是安徽省“整治和改善经济发展环境年”。为适应中国加入WTO后对经济发展环境的要求，加快全省经济发展的步伐，安徽省将在以下四个方面采取措施，进一步整治和优化发展环境。

(一)改革行政审批制度

改革审批制度的基本原则是,除国家禁止投资类项目,只要能够自行平衡资金来源和落实建设条件的,无论是内资项目或利用外资项目,均由企业自主决策、自担风险,报政府投资主管部门登记备案后自主开展项目前期工作;凡国债项目、国家预算内投资项目、统借统还国际贷款项目以及属于国家限制类项目和对生产力布局、生产结构、战略资源开发、国家经济安全有重要影响的重大项目,其项目建议书报省投资主管部门或由省投资主管部门转报国家审批。对于需要审批的事项,要简化程序,明确时限,增加透明度和公开性,提高行政效率。充分发挥政务中心的作用,搞好"一站式"服务。

(二)建立健全安徽省社会信用体系

市场经济是信用经济。信用环境是一个国家和地区扩大对外开放、利用外资的最重要环境。安徽省已初步考虑建立安徽社会信用体系,即在整顿和规范市场经济秩序的基础上,建立覆盖全省的行业信用监管体系,使信用管理规范化、法制化、持续化,净化信用市场环境。要把失信的企业和个人排上"黑名单",把信用等级高的市场主体排上"光荣榜",通过市场机制,凸现信用的激励与惩罚效应。按照"政府推动、市场运作"的原则,加强和完善政府信用、企业信用、社会信用和个人信用建设,最终实现"信用安徽"的建设目标。

(三)打破行业和地区垄断,全面开放建设市场

适应加入WTO的要求,进一步放开投资领域。不仅放开竞争性领域的投资项目,对基础设施项目、部分公益性项目也进一步放开。凡是外资可进入的投资领域,允许内资进入。按照公开、公平、公正的原则,积极引进竞争机制,彻底打破行业垄断和地区垄断。鼓励本省有实力的设计单位和建筑企业参与省外乃至境外的竞争,欢迎和鼓励省外企业参与安徽省的竞争,通过竞争不断提高安徽省设计队伍和施工企业的水平。建立"外来投资者投诉中心",有关部门对外来投资者投诉的问题要给予高度的重视,及时妥善地解决。

(四)加强法制建设

2002年拟出台《安徽省〈实施中华人民共和国招标投标法〉办法》、《安徽省公益性项目管理办法》、《安徽省重点建设项目招标投标监督管理办法》等法规,把投融资活动和其他各类经济活动逐步纳入法制化轨道。做好《招标投标法》的贯彻实施工作。加大宣传力度,推动《招标投标法》在建设领域全面铺开。加强源头控制,凡是政府投资的项目,必须实行招投标。在审批项目可行性研究时,必须核准项目的招标方式及招标范围。加强对招投标活动的监督,及时纠正和查处各类违法行为,情节严重的,移送司法机关处理。

2002年,安徽省还将进一步加大招商引资力度。继续拓展招商引资领域,扩大金融、保险、商贸、旅游及其他服务领域的对外开放,争取在吸引外资旅行社和连锁超市经营方面取得突破。改变招商方式,充分发挥企业在招商引资中的主体作用,积极开展定向招商和行业对口招商,尤其要注重依托优势大企业,拿出大项目,抓住国外对口的跨国公司,进行产品、营销以及资本合作。优化服务环境,落实优惠政策,并在国家允许的范围内优惠提供生产要素资源。

福建省投资建设情况

福建省常务副省长 黄小晶

一、2001年全社会固定资产投资完成情况

2001年,福建省委、省政府认真贯彻中央扩大内需的方针,把扩大固定资产投资作为全省经济工作的重点来抓,全省各级各部门都围绕扩大投资和项目建设做了大量工作。在全省上下的共同努力下,全省固定资产投资增幅稳步回升,实现了"十五"计划的良好开局。

据统计,2001年福建省完成全社会固定资产投资1134.48亿元,增长4.8%,增幅比上年提高了2.3个百分点。其中,基本建设投资完成364.14亿元,增长8.8%;技术改造投资完成188.99亿元,增长7.7%;房地产开发投资完成225.49亿元,增长8.7%;其他投资完成355.86亿元,下降2.5%。

2001 年，福建省基本建设、技术改造、其他投资共建成投产项目 2856 个，新增固定资产 442.98 亿元，新增的主要生产能力有：电力装机容量 215 万千瓦，11 万伏及以上输电线路 733.8 公里；二级以上公路 191 公里，其中高速公路 19 公里；程控交换机 31 万线，电话装机 150 万部；城市供水能力 15 万吨/日，城市道路 25 公里，污水处理能力 6 万吨/日等。重点建设取得新的成绩，是近几年来完成最好的一年。在建的 36 个省重点建设项目全年共完成投资 142.8 亿元，为年度计划的 106%。当年实现投产或部分投产的项目有 17 个，分别是棉花滩水电站、三明沙溪梯级水电站(永安贡川水电站、三元竹洲水电站)、南平峡阳水电站、福建电网与华东联网配套工程、厦门市供电进岛第三通道、城市电网建设与改造工程、农村电网建设与改造工程、福州二化集团公司环氧丙烷项目、南平铝厂 6 万吨铝板带综合加工技改项目、厦门环岛路三期工程、福建水泥股份有限公司 4#窑扩建项目、漳龙高速公路龙岩段、厦门东部污水处理系统一期工程、石狮市引水一期工程、福州软件园软件生产基地、漳州九龙江下游防洪一期工程、闽江上游沙溪防洪一期工程。投资的增长有力地促进了经济增长，增强了福建省的经济实力。

2001 年福建省固定资产投资运行的主要特点是：

(一)基础设施建设继续得到加强

2001 年，全省完成农业水利、交通、邮电通信、电力、城市基础设施、仓储等基础设施投资 404.58 亿元，比上年增长 10.3%，占全社会固定资产投资比重从 2000 年的 33.9% 上升到 35.7%。其中，以电网为重点的电力建设进展顺利，福建电网与华东电网成功联网，结束福建省电力的“孤岛”历史，城乡电网改造与建设也取得阶段性成果；交通运输建设步入快车道，全年共完成投资 109.8 亿元，比上年增长 24.7%。漳龙高速公路龙岩段投入试运营，沿海大通道“同三”线中福建境内福宁、罗长、漳诏高速公路建设进展顺利，京福高速公路福建段一期工程全线动工，全年高速公路建设完成投资 66 亿元，创历史新高。赣龙铁路、五条入闽公路通道工程开工建设。一个门类齐全、功能完善、辐射面广的立体交通运输网络初步形成；邮电通信发展进入高起点、高速度、超常规发展阶段，2001 年完成投资 111.54 亿元，增长 32.1%；以城市交通干道、供水、污水垃圾处理等为重点的城市基础设施建设得到进一步加强，完成投资增长了 18.7%。

(二)房地产开发投资稳步增长

2001 年全省房地产开发投资在 2000 年较快增长的基础上增长 8.7%，其中商品住宅投资增长 16.1%。商品房施工面积增长 8.6%，其中当年新开工面积增长 12.3%。随着住房制度改革的进一步深化、农村城市化步伐的加快和经济适用住房建设的不断加强，商品房销售持续升温，全省商品房销售面积和销售额分别增长 21.9% 和 17.8%，其中销售给个人的商品房占近九成，个人购房成为商品房销售的主体。

(三)保持投资的持续快速增长还需要进一步的努力

由于前几年完成基数较大和推进国有经济战略性调整等因素，2001 年全省工业企业完成投资下降 0.9%，占全部投资的比重从上年的 36.3% 降到 32.9%。除轻纺、机电工业投资增长外，大部分工业行业投资下降。全年基本建设、技术改造和其他投资新开工项目 3048 个，比上年减少 421 个，在建投资规模有所下降。这需要切实加强项目开发力度，努力扩大固定资产投资规模。

二、2002 年固定资产投资展望

根据福建省九届人大五次会议审议通过的福建省 2002 年国民经济和社会发展计划，2002 年全省预期完成全社会固定资产投资 1190 亿元，比上年增长 5%。其中，基本建设投资 385 亿元，增长 5.8%；技术改造投资 195 亿元，增长 3.2%；房地产开发投资 233 亿，增长 3.3%；其他投资 377 亿元，增长 5.9%。安排在建的省重点建设项目 42 个，年度投资计划 148 亿元。2002 年福建省的投资建设工作要贯彻落实省第七次党代会提出的构建山海协作、对内联接和对外开放的“三条战略通道”，按照“三个层面”同时推进各地区发展的战略部署，具体做好以下几个方面的工作：

(一) 切实抓好在建国债项目和省重点项目投资、建设目标责任制的落实

集中财力，优先安排好必须建成的国债项目和省重点项目，确保按项目建设进度所需的资金不留缺口。同时，加强领导，加大检查、协调、稽查力度，切实加快项目建设进度，确保在建国债项目按照国家计划确定的工期建成投产，确保重点项目目标任务的完成。

(二)加强重大项目的前期工作

全面推进“十五”规划和增强经济发展后劲的重大项目的前期工作，切实加强对项目前期工作的领导，加大前期工作经费投入，保证前期工作深度和质量。同时进一步做好项目征集、推介和储备工作，争取开工建设一批、筛选储备一批，保持和扩大重大项目对全社会固定资产投资的支撑带动作用，千方百计扩大投资需求，促进经济发展。

(三)加大对产业结构调整的投资支持力度

根据入世后市场供求的变化和国内外经济发展、产业升级、技术进步的新形势，按照省政府提出的 2002 年—2003 年福建省产业结构优化升级的指导意见，加大对具有比较优势和地方特色的重点企业、重点产品和高新技术产业项目的扶持。持续不断地加强现有企业的技术改造，加快信息化带动工业化的步伐，推进技术创新和产业升级。

(四)加大对山区和经济较困难地区项目的投资支持

省级安排的基础设施投资，继续向山区和经济较困难地区倾斜，促进优势产业链向山区延伸。拓宽山海协作通道，通过增加投资和项目落户，带动欠发达地区的跨超式发展。同时增加对这些地区的基础教育、公共卫生、人畜饮水等方面的投入，加快山区社会事业的发展和城市化步伐，促进区域经济协调发展。

(五)积极鼓励和引导社会投资

充分重视社会投资尤其是民间投资在经济发展中的重要地位和作用,采取切实可行的政策措施,鼓励社会特别是民间增加向服务业、城市基础设施等领域的投资,培育新的经济增长点。抓紧研究制定、修改完善相应的法规规章,进一步消除制约民间投资增长的政策和体制障碍,规范市场经济秩序,建立健全投资服务体系,为扩大民间投资创造良好的外部环境。

(六)进一步完善建筑市场和工程质量的管理

认真贯彻国家有关招标投标的法律法规和《福建省招标投标管理办法》,加强对招标投标活动的指导、协调和监督,规范招标投标行为,保护国家利益、社会公共利益和招标投标活动当事人的合法权益,提高投资效益。进一步落实项目法人责任制、建设监理制、合同管理制和竣工验收制度。继续清理整顿建筑市场,把好市场准入关,加强执法力度。切实加强对工程建设的监督检查和重大项目稽查工作,把好建设项目工程质量关、施工安全关,控制工程造价,确保工程进度。

(七)深化投资审批制度改革

适应入世和建设服务型政府的要求,进一步完善和实施基本建设投资审批制度综合改革方案,力求在减少审批事项和审批环节、简化审批程序、规范审批行为、强化审批责任约束、加强服务等方面取得明显成效,以提高基建项目审批效率,改善投资环境,促进投资增长。

江西省投资建设情况

江西省发展计划委员会主任 孙 刚

2001 年是“十五”计划的第一年。在省委、省政府的正确领导下,全省上下认真贯彻执行中央确定的一系列方针政策,处理好改革、发展与稳定的关系,特别是在全省范围内开展了解放思想的学习教育活动,弘扬井冈山精神,学习兄弟省市改革开放的先进经验,走加快江西经济发展新路。一年来,全省经济发展的活力增强,速度加快,效益提高,实现了“十五”计划的良好开局。其中,作为三大需求之一的投资,在 2001 年实现了大幅度增长,有力推动了全省经济快速发展。

一、2001 年投资建设取得的主要成就

2001 年,江西通过招商引资,鼓励民间投资以及争取国家投入等措施,多渠道增加投入,全社会固定资产投资达到 660.5 亿元,比上年增长 20.5%,这是近十年来最高的增长幅度。按照带动经济增长的三大需求因素测算,投资对经济增长的贡献率已达到 63%,在当年全省国内生产总值增长 8.8% 的速度中,有 5.6 个百分点是由投资拉动的,投资成为拉动经济增长的主要力量。在投资的结构上,国有单位完成投资 420.9 亿元,增长 26.6%;集体和个体经济完成投资 239.6 亿元,增长 11%。在投资的方向上,基本建设完成投资 228.2 亿元,增长 14.9%;更新改造完成投资 107.3 亿元,增长 42.9%;房地产开发投资完成 63.5 亿元,增长 49.9%。2001 年,江西在投资建设方面主要有以下几方面的特点:

*第一,贯彻落实积极的财政政策,国债资金的带动作用明显发挥。*1998 年以来,在国家的支持下,江西在农林水利、交通、农村电网、城市基础设施、中央粮食储备库、政法基础设施、高技术产业化、高教、旅游、以工代赈、卫生、中小学危房改造和技术改造等 14 个领域实施了一大批国债项目,其中 2001 年使用国债资金 42.7 亿元,实施的国债项目 399 个,到年底已有 88 个项目完工。九江长江干堤加固整治、鄱阳湖二期治理、赣抚大堤加固配套等重大基建项目正在抓紧建设,第三、第四期移民建镇工程进展顺利,迁移滨湖地区人口 30.8 万人。全省农村电网两改一同价进展加快,93 个县农网改造一期工程基本完成。第二期国家粮食储备库 24 个库点建设投入使用。一大批城市道路以及供水、供气、环保设施的建设,促进了工业化和城市化进程。通过使用国债资金等多渠道投入,改造了一批农村公路和病险水库,实施了节水灌溉、人畜饮水等项目,农业基础设施得到加强。国债项目的实施对促进投资增长发挥了十分突出的作用,有效带动了银行、地方、部门、企业配套资金投入,当年国债项目共完成投资 100.5 亿元,占国有经济投资的 24.4%,拉动全省国内生产总值增长 1.7 个百分点。

*第二,实施大开放主战略,利用外资大幅度上升。*投入不足是长期以来制约江西经济发展的主要因素,面对当今经济全球化趋势增强和中国沿海发达地区改革开放的新形势,省委、省政府提出实施大开放主战略,把江西建设成沿海发达地区产业梯度转移的承接基地、优质农副产品供应基地、劳务输出基地和沿海地区群众旅游休闲的“后花园”,并鼓励各设区市和有条件的县市创办工业园区,以工业园区为载体发挥生产要素的低成本优势,承接沿海发达地区的产业转移。同时举办了一系列卓有成效的招商引资洽谈会,其中省政府在上海、珠海、厦门等地举办了项目推介会,各市县还组织了小规模、有针对性的引资活动,这些都为引进国外、境外、省外资金产生了直接效果。2001 年江西实际

利用国外、境外资金5.4亿美元，增长64.8%，实际引进省外资金183亿元，增长109%。

第三，加快重点工程建设，一批跨世纪项目开始实施。为适应新世纪发展的需要，江西加快了事关经济发展大局的重点工程建设。2001年安排了38个重点基建项目，完成投资74.47亿元，比上年增长24.8%。井冈山华能电厂2号机组、柘林水电站1号机组、上饶县下会坑水库两台机组、宜春赣西大桥、省科技馆、省一附医院外科大楼、省老干部活动中心等10个项目建成投产或使用。梨温高速公路等工程正在抓紧施工。2001年是江西近几年新开工项目较多的一年，赣粤高速公路昌傅至泰力、泰和至赣州、赣州至定南段相继开工建设，赣龙铁路、南昌第二长途电信枢纽工程、中央直属九江棉花储备库、南昌市麦园垃圾卫生填埋场二期工程等项目也投入施工。特别是高速公路的大规模建设，为改善江西的区位条件、加快经济发展打下了坚实基础。在全省重点工程建设中，项目法人责任制进一步完善，项目法人单位管理水平普遍提高，招标投标工作规范，质量管理进一步加强。

第四，加快资源开发利用，优势产业的项目建设进一步加强。为加快经济发展，江西积极发挥资源优势和形成的产业优势，多方面筹集资金，增加投入，实施的项目明显增多。冶金、有机硅、稀土、汽车、中药材、建材是江西的优势产业，由于大批项目的实施，这些领域已形成了新的经济增长点。在冶金方面，实施了新余钢铁有限责任公司轧机改造、南昌钢铁有限责任公司高炉改造等项目。在有机硅方面，正在实施有机硅单体扩建工程。在稀土方面，建设了赣州有色冶金研究所稀土金属产业化项目。在烟草方面，启动了南昌卷烟厂异地改扩建项目。在中药材方面，江中制药厂植物药前处理生产线等一批项目即将建成。同时江西万青水泥有限公司水泥生产线、华意压缩机股份有限公司压缩机改造、九江化纤厂高湿模量纤维生产线、江西电化有限责任公司农药中间体生产线等一批技改和新建项目也在实施。除工业项目外，以特色产品为依托的专业化市场也在建设之中。

第五，采取了一系列鼓励投资的措施，投资环境明显改善。2001年，江西在开展解放思想的学习教育活动中，把落脚点放在优化投资环境上，积极推进行政审批制度改革，扩大投资领域的对外开放，对非公有制经济实行了一视同仁政策。省委制定了《关于进一步解放思想加快经济发展的若干意见》，江西省政府根据这项意见制定了实施办法，同时出台了《关于进一步优化外商投资及经营软环境的意见》，这些措施推动了投资环境的优化。在行政审批制度改革中，省政府对各部门1127项审批事项进行了全面清理，取消了711项，取消率达63%，同时对于保留的审批项目，也做到公开程序、限时办理，改串联审批为并联审批，赋予了基层和企业更大的发展权和投资自主权。允许和鼓励社会资金进入交通、城建、医疗、文化等领域。探索建立促进投资的机制，设立了风险投资资金，组建了风险投资公司，支持高新技术项目的实施。省里和一部分设区市还设立了中小企业担保资金，支持中小企业融资。另外从省基建投资中安排项目的前期费用，支持项目的筹备和开发，这些措施都促进了投资的增长。

2001年，虽然是多年来江西投资形势最好的一年，但仍有不理想之处，主要是长期以来民间投资不足的局面没有改变。当前投资总量的快速增长，主要是依靠国债资金的带动和国有投资为主的基础设施建设和大型工业项目建设来支撑的。其中电力基建投资58.4亿元，增长16.2%；交通运输和邮电通信基建投资67.1亿元，增长29.1%。而集体个体等民间投资增长仍然缓慢，只有11%。因此，加快形成投资增长的内在机制，改变过度依靠国债资金带动的投资格局，是保持江西经济持续发展稳定增长的迫切要求。

二、2002年投资形势展望

2002年是我们党和国家历史上具有重大意义的一年，也是我们加大投入促进经济加快增长的关键一年。国家继续实行积极的财政政策有利于我们扩大投资。中国加入世贸组织，拓宽了我们利用外资的空间。近年来，江西在全省范围内深入开展了解放思想的教育活动，营造了“亲商、安商、富商”的投资创业环境，有利于江西继续保持投资快速增长的好势头。预期2002年全省全社会固定资产投资将完成766亿元，比上年增长16%。

2002年，江西加大投资的着力点主要有以下几个方面：

第一，用好管好长期建设国债，干净利索地完成在建国债项目。按照国家提出的确保在建国债项目年内干净利索建成投产的要求，我们在全省部署了国债收尾工作，提出了确保年内建成国债项目的措施和办法。3月份，江西已与国家计委就2002年收尾完工国债项目共签署10个方面342个项目的责任书。此后，省里又组织各有关部门和单位对要求年内建成的国债项目进行了全面检查，并层层签订了责任书，明确了工程进度、工程质量、资金到位、国债资金规范管理及使用等方面的各自职责。在国债项目实施中，全省将坚持工程质量领导终身责任制，强化施工管理，加强配套资金的落实，集中力量，突出重点，倒排工期，确保项目按期建成。特别是力争九江长江干堤加固整治、移民建镇工程、鄱阳湖二期治理、国家三期粮库等重点项目提前完工。省里还要结合国债项目验收，认真配合国家做好国债项目专项稽察工作。

第二，发挥“三低一高”优势，进一步扩大利用外资规模。与沿海地区相比，江西劳动力价格低、土地价格低以及水电价格低，由此形成了较高的投资回报率。江西将发挥这种优势，利用好承东启西的区位条件，抓住外资大量流入中国、国内沿海地区传统产业向内地梯度转移的有利时机，大力提高招商引资水平。预期全省利用国外、境外资金8亿美元，力争达到10亿美元，增长80%；预期利用省外资金260亿元，增长42%。重点依托工业园区搞招商，把推进工业化与城市化结合起来，依托城市和县城办园区，引导生产要素向园区聚集，形成产业集群的规模优势和区域特色。创新工业园区的管理体制和运行机制，使工业园区成为承接沿海发达地区产业转移的载体，成为经济发展的带动区，体制和科技创新的试验区、城市发展的新区。建立园区建设发展资金，引导各地搞好工业园区规划和基础设施建设，做到统一规划、分步实施，小块启动、滚动发展。做好外资项目的跟踪落实和服务工作，促进台湾统一集团二期食品加工、台湾泰丰集团子午线轮胎、台湾太平洋百货以及中日合资的江西南方幸来稀土磁业等一批项目顺利落户和营运。

第三，以公路建设为重点，加快基础设施建设。继续加快在建的赣粤高速公路南部各段、319国道改造工程，开工建设京福高速公路温家圳至沙塘隘段、沪瑞高速公路昌付至金鱼石段。加快南昌至峡岭、吉安至安福、安远至信丰、余干至朱头湖、遂川久度至营盘墟、上犹营前至江西坳等一批省道和县乡公路的改造建设，争取完成1500公里。同时实施好赣龙铁路、赣抚大堤加固配套工程、抱子石水电站、南昌第二长途电信枢纽工程等项目，开工建设井冈山机场、廖坊水利枢纽、三峡输变电工程乐万变电站等项目，确保梨温高速公路、九江电厂三期工程1号机组、柘林水电站扩建工程2号机组、九江棉花储备库等项目建设投产。抓好第二批农网改造与建设，并在2002年底前全部完成改造工程，使低压电网改造面达到80%以上，实现以县为单位的城乡居民生活用电同价。抓紧建设景德镇、赣州、南康等一批城市水厂，开工建设南昌青云水厂三期、吉安市五岳观水厂一期，加快全省11个城市的城网改造，提高城市基础设施对人口增长的承受能力。推进公益性项目建设，建成省社会主义学院新院区，开工建设省美术馆、省心理康复中心、省儿童医院病房楼、省肿瘤医院门诊楼等工程，推进鄱阳湖流域水土保持重点治理一期工程，实施好九江市两湖治理、老鹳塘污水处理等项目，建成南昌麦园垃圾卫生填埋场二期工程，力争开工建设南昌青山湖污水处理厂，逐步推行污水处理收费制度，运用市场机制建设一批环保项目。

第四，大力推进产业结构调整，培植具有江西特色的优势产业群。对有优势、有潜力的行业，加大改革、改组、改造力度，整合现有资源，通过多种渠道增加投入，形成新的经济增长点。重点是加快建成贵溪冶炼厂40万吨铜生产能力和15万吨钢材厂，使江西成为中国铜及其精深加工产品的重要生产基地。组建中国南方（江西）稀土集团公司，使江西成为中国稀土生产基地和贸易中心。与外省（市）联合开发钽铌资源，使江西成为中国钽铌及其精深加工产品的重要生产基地。加快有机硅和后续产品的开发，使江西成为中国有机硅及其精深加工产品的重要生产基地。在钢铁、机械、建材、造纸、纺织、烟草等行业，采用先进技术，实施一批重大项目。加快建设华意年产300万台冰箱压缩机、江西纸业年产18万吨高档新闻纸、昌铃年产15万台发动机、昌河年产5万辆微型车、瑞金年产120万吨新型干法水泥生产线、新钢高速线材轧机、宜春20万立方米中密度纤维板等一批重大工业项目。开工建设亚东水泥二期156万吨生产线、南方稀土高科寻乌原地浸矿及分离、金世纪稀土分离生产线等项目。在有比较优势的领域，加快实施超高亮度LED芯片及片式器件生产线等一批高新技术产业化项目，构筑江西工业发展的新高地。

第五，创造良好的发展环境，千方百计扩大民间投资。中共江西省委制定了《关于学习浙江经验，进一步提高改革开放水平，加快经济发展的意见》，省政府制定了《关于深化省属国有企业改革的若干意见》、《关于进一步加快民营经济发展的若干意见》、《关于进一步加快工业园区建设推进城市化进程的若干意见》和《关于进一步优化政务环境的若干意见》等文件，批准了省计委《关于促进和引导民间投资的若干意见》。这些政策的出台，进一步深化了投融资体制改革，最大限度地放宽投资领域，消除制约民间投资增长的体制性障碍，充分发挥各类投资主体的积极性。特别是在积极创造条件，加快建立公共产品的合理价格、收费机制，鼓励和引导民间投资参与道路、桥梁、供水、污水和垃圾处理等基础设施建设。调整收费标准，取消不合理的收费项目，简化办事程序，减轻民间投资者的负担。进一步利用资本市场，加快上市公司后备资源的培植，壮大上市公司群体。创造良好的信用环境，加强银企合作，防范逃避银行债务，充分利用国有商业银行、政策性银行、地方金融机构的信贷资金，发挥金融对经济发展的支持作用。

当前，中国进入了全面建设小康社会，加快推进社会主义现代化建设的新阶段。面对新的形势，江西正在开展以“求新思变、开明开放、诚实求信、善谋实干”为主要内容的塑造“江西人新形象”的活动，江西的发展环境正在进一步优化，江西大地将会不断焕发出勃勃生机，这一方投资热土，将会在改革开放的新阶段结出丰硕成果。

山东省投资建设情况

山东省常务副省长 韩寓群

一、投资运行的主要特点

2001年，山东省按照中央的统一要求和总体部署，继续贯彻实施启动投资、扩大内需的方针政策，加强对固定资产投资的引导和调控，面对诸多不利因素和突出矛盾，国有投资保持了较快增长，投资结构继续得到改善，基本实现了年初预定的宏观调控目标。主要特点是：

（一）全社会投资低速增长，增幅回落

进入2001年后，山东省投资在经过前几年的快速增长后，呈现出低速增长的态势，一季度、二季度、三季度分别增长7.1%、7.5%和7.9%，同比增幅分别回落34.3个、9.3个和10.6个百分点。从2001年全年来看，全社会完成固定资产投资2807.8亿元，增长10.4%，增幅比上年回落4个百分点，其中国有单位完成投资1157.4亿元，仅增长0.3%，增幅回落10.3个百分点；集体完成投资688.6亿元，仅增长1.3%，增幅回落5.6个百分点；个体完成投资384亿元，增长8.5%，增幅回落5.4个百分点。联营、股份制和外商等其他经济类型投资出现较大幅度增长，完成投资577.7亿元，增长62.4%。

（二）工业投资和技术改造步伐加快

2001年，技术改造投资继续保持较高增幅。国有及其他单位完成基建投资848.9亿元，增长9.7%，完成技改投资517.7亿元，增长29.9%，比基建高出20.2个百分点。技改新开工项目2512个，同比增加988个，新开工规模512.6亿元，同比增长94.2%。从投资结构来看，工业投资呈现稳步回升的态势。2001年工业共完成投资796.7亿元，增长17.0%，尤其是全省重点培植的主导产业，如轻纺、电子、机械装备、冶金、化工工业投资力度加大，分别完成183亿元、25.7亿元、67.1亿元、21.9亿元和74.6亿元，增长59.3%、35.7%、24.3%、2倍和23.9%。

（三）房地产和社会服务业投资保持较快增长

随着城市建设的发展和房改政策逐步落实到位，房地产市场持续升温，房地产开发投资增势强劲，2001年完成投资291.6亿元，同比增长30.6%，其中住宅建设完成投资217亿元，同比增长43.5%，占房地产开发投资的74.4%。全省商品房施工面积达4190万平方米，增长20.3%；房屋销售面积1210万平方米，增长18.8%，其中住宅增长21%；个人购买占整个住宅销售面积的78.1%。社会事业和社会服务业投资也呈现出快速增长的势头。随着经济的发展和人们观念的变化，科技、教育、旅游、文化、卫生、商业和公用服务业逐步成为投资的热点领域，完成投资330.1亿元，同比增长33.5%。

（四）资金来源结构出现积极变化

与1999年、2000年相比，2001年自筹投资增速明显回升，而预算内投资和国内贷款投资则相对回落，近几年过度依赖政府投资的格局正在发生改变。企事业自筹投资达到976.5亿元，同比增长18.9%，增幅提高11个百分点，占全部资金来源的比重为55.9%，提高3.2个百分点。而预算内资金为77.4亿元，增长19.4%，增幅回落41个百分点；国内贷款资金为328.4亿元，下降18.6%，增幅回落43个百分点；利用外资为96.6亿元，增长74.5%，增幅提高122个百分点。可以说自筹投资和利用外资规模扩张是保证2001年投资增长的主要原因。

（五）重点工程进展顺利

2001年，山东省进一步强化重点项目建设管理，协调落实项目建设条件，督促资金到位，保证了重点工程建设的顺利进行。全省48项重点工程共完成投资186亿元。大部分重点建设项目进展顺利，特别是水利、电力、公路等基础设施项目进展较快。其中烟台至栖霞高速公路、济南引黄供水工程、聊城市污水处理厂、邹城里彦煤矿等项目已建成并投入运营；牟山水库除险加固工程、烟台港西港池三期工程等重点项目，已建成或基本建成并投入运营。全省新增公路通车里程1314公里，其中高速公路71公里，新增沿海港口吞吐能力1580万吨；新增局用交换机容量270万门、移动通信交换机容量402万门；大中型发电机组投产43.5万千瓦。这些项目的建设，进一步增强了国民经济和社会

发展的支撑能力，为促进经济的持续、快速、健康发展打下了良好基础。

（六）国债项目建设取得积极成效

1998年以来，国家先后安排山东省农林水利、交通、城建和环保、农网改造、中央粮库、高技术产业化、教育、旅游、公检法司等领域的国债资金127.7亿元，其中中央国债53.1亿元，地方国债74.6亿元，共开工建设了650多个项目，总投资630多亿元。到2001年底，全省国债项目累计完成投资506亿元，占全部计划投资的80%，其中2001年国债项目到位资金41亿元，完成投资50亿元。到目前，已建成投产的项目470多个。国债投资直接带动了地方政府、企业配套资金和银行贷款投入。一大批受资金困扰的基础设施项目得以提前开工建设，或大大加快了建设进度。国债项目的建设，进一步增强了国民经济和社会发展的支撑能力，同时也有效地拉动了全省固定资产投资的增长，为扩大内需做出了重要贡献，近几年山东省经济能够连续几年保持10%左右的增长，与国债项目的拉动是分不开的。

综合分析2001年的投资形势，虽然有不少好的趋势和亮点，但矛盾和问题也十分突出。当前，投资运行中的主要问题是投资增幅明显回落。分析投资增幅下滑的原因，主要有以下几个方面：

*一是基础设施投资下降。*多年来，基础设施建设一直是山东省的投资重点，长期保持了较强的投资力度。特别是1998年以来，国家积极财政政策的支持，使基础设施建设进度进一步加快，明显拉动了整个投资的增长。但经过连续几年的大规模投入，上一轮交通、能源等基础设施项目建设的高峰也随之过去，2001年的投资出现不同程度的下降。国有单位投资中交通运输、邮电通信和电力投资分别下降了7.2%、14.7%和13.1%，农林水利投资也下降了19.3%。由于山东省基础设施建设投资占国有单位投资的比重达40%以上，虽有技改投资的较大幅度增长和工业投资增幅的回升，但难以弥补其投资缺口，这是国有单位投资增幅下降的主要原因。

*二是民间投资活力和动力不足。*山东省的集体和个体投资近年来一直增幅不高，2001年又分别比上年同期回落5.6个和5.4个百分点，集体和个体投资占全社会投资的比重也由上年的38.6%下降到35.2%。民间投资已经成为影响山东省全社会投资增长的主要因素。民间投资的问题与整个民营经济的发展水平和投资环境密切相关。民间投资难以启动，主要在于山东省民营企业的自身实力不强、整体素质较低，缺乏良好的投资增长机制，导致投资动力不足。同时，与广东、浙江等省份相比，山东省支持民营企业发展的环境还不够宽松，思想观念和发展机制上的所有制歧视还没有完全打破，鼓励和支持民间投资的政策措施没有真正落实到位，制约了山东省民营经济和民间投资的发展。

*三是“十五”项目的接续问题。*一方面，“十五”计划确定的部分重点建设项目，特别是投资10亿元以上的重大建设项目，由于各种原因，前期工作进展缓慢，不能尽快形成即期需求，影响了投资增长。加快“十五”项目的前期工作进度，尤其是加快实施产业结构升级的关键项目，弥补基础设施战线收缩造成的投资规模缺口，进而推动投资结构的调整，是一项十分紧迫的任务。另一方面，山东省相当多的企业由于受各方面因素的制约，缺乏项目储备和融资能力。目前山东省的企业存款高达2308亿元，金融机构存贷差达到1484亿元。在优势企业资金闲置、找不到投资方向的同时，大量中小企业苦于没有融资渠道，丧失了投资和发展的机会，这已成为投资领域的难点问题。

二、2002年固定资产投资形势分析

综合分析各方面的情况，投资运行面临许多有利条件：

（一）宏观经济环境继续改善

2001年以来，中国国民经济保持了自2000年出现重要转机以来的良好发展势头，经济增长的质量和效益继续提高。从山东省看，2001年经济增长达到10.1%，实现了“十五”计划开好头、起好步的要求，为2002年全省经济的稳步发展和投资增长创造了良好条件。同时，市场需求将有新的增长，企业改革步伐进一步加快，生产经营和经济效益也会继续改善，投资主体的投资信心和意愿将有所增强。

（二）融资环境相对宽松

为保证在建国债项目的需要和西部大开发战略的顺利实施，2002年国家将继续实行积极的财政政策，发行相当规模的建设国债，用于在建项目建设。总体上来看，这有利于山东省继续争取国家资金，并带动银行和地方配套资金的投入。国家将继续实施稳健的货币政策，加快推进金融体制改革，推动商业银行扩大对企业和个人的信贷规模。资本市场将使融资渠道进一步拓宽，融资规模继续扩大。并且，银行存款的增加，也为扩大融资提供了重要条件。

（三）利用外资有望保持较快的增长势头

山东省经济和投资的增长与利用外资密切相关。2001年全省实际利用外资42.5亿美元，增长11.4%，其中外商直接投资增长21.9%。新批合同利用外资71.6亿美元，同比增长27.6%，为下年利用外资的增长奠定了基础。同时，中国已经加入WTO，金融、证券、商业、中介服务等领域将进一步开放，必然会增强对外商投资的吸引力。入世后，中国现行政策中对外商投资的许多限制将逐步减少或取消，政策更加透明，扩大利用外资面临着新的机遇。

（四）新开工项目增多、规模扩大

2001年全省基建、更新改造和其他投资新开工项目6459个，比上年同期增加881个；新开工项目计划总投资1379.3亿元，同比增长78.9%。新开工项目的增加和投资规模的扩大，为2002年乃至更长时间的投资增长创造了条件。另外，2002年是“十五”计划实施的关键一年，省里确定的150多个重大项目将陆续启动，并逐步进入实施高峰阶段。各地自己确定的区域性重点建设项目也将陆续开工建设，对投资增长将会产生较大的拉动作用。

同时必须看到，2002年山东省投资运行也面临着许多

矛盾和问题。

一是国际环境的不利因素。受世界经济增长减缓和美国恐怖事件的影响，总体上看，2002年的外贸出口形势不容乐观，势必影响外向型企业的投资增长。

二是启动民间投资仍然存在很多困难。目前民间投资的潜力远未发挥出来，特别是集体个体投资增长乏力，投资信心不足。虽然省政府和各地都出台了一些鼓励民间投资的政策和措施，但政策执行的效果还不很明显。发展民营经济需要一个过程，不会一蹴而就，短期内靠民间投资带动整个投资增长是不现实的。

三是企业素质和产业结构的影响。山东省经过近几年大规模的基础设施建设后，较成熟的后续项目相对减少，加上加工工业领域真正具有较高科技含量和市场潜力的项目不多，影响了山东省投资的扩张潜力。

四是融资渠道不畅。众多中小企业特别是民营企业资金短缺的矛盾十分突出，直接融资存在体制上的障碍，银行对一般企业的贷款仍持谨慎态度。同时，国有经济在一般竞争性领域退出和民间资金的进入需要一个过程。这种局面，短期内难有大的改观。

五是政府直接调控的资金不足。山东省基建基金除了贷款回收和投资分红，没有新的路子，省级预算内投资多年没有大的增加，可以调控的资金总量有限。多数市地还是吃饭财政，即使有部分基建支出，也难以发挥引导投资和宏观调控作用。

总体来看，2002年山东省投资将面临更为复杂的国际、国内环境，经济增长的不确定因素将使投资的风险加大，整个社会投资在一定程度上仍将依赖政府投资的扩张，国有投资将保持平稳增长，民间投资和外商投资逐步趋于活跃。预计全年全社会固定资产投资将增长12%左右，其中国有投资增长15%，集体投资增长6%，个体投资增长6%。在国有投资中，基本建设投资增长10%，技术改造投资增长25%，房地产开发投资增长20%，其它投资增长6%。投资结构继续得到改善。

三、2002年投资宏观调控的重点及措施

2002年山东省经济增长的计划目标定为9%，由于国际经济形势不容乐观，经济增长的着眼点仍将是扩大内需，而国内消费需求仍将保持平稳增长，投资对短期需求扩张的重要性明显上升。因此，保持投资的较快增长，发挥投资对经济发展的拉动作用，加大投资结构调整力度，改善投资的产业结构和项目结构，促进经济增长方式的转变，是山东省2002年投资面临的主要任务。投资调控的重点和措施是：

（一）切实抓好投资结构的调整

按照“十五”规划的总体要求，进一步加大结构调整力度，以增量优化带动存量的调整，是当前山东省投资领域的一项重要任务。一是在保持基础设施必要投资强度的同时，重点搞好基础设施内部的调整。进一步加大水利建设投入，继续搞好高速公路、铁路、济南和青岛机场扩建工程等重点建设，进一步搞好电力建设和电网改造。特别是要把加快城市基础设施建设作为投资重点，尽快开工建设一批城市供水工程和污水处理厂等重点项目，完善城市功能。二是抓紧启动一批“十五”确定的关系全省发展全局的重大项目。围绕农业的产业化和标准化，传统工业的改造与升级、高新技术产业化等方面着力开展工作，突出重点，选择优势企业、优势项目和优势技术，集中力量进行投资建设。对列入投资计划的项目要加快项目的前期工作进度，争取尽快组织实施。已经批准的，争取早日开工建设，尽早建成，发挥效益。对于条件还不成熟的项目，应尽快论证审批，落实建设条件。三是抓住国家的政策机遇，努力争取高新技术产业化和设备国产化续建项目的国债投资。同时积极利用国债贴息政策，加大企业技术改造项目的投资力度，选择一批重大技术改造项目，引导信贷资金、企业自有资金和外资投向，集中投入，努力保持技改投资快速增长的好势头。

（二）搞好重点建设资金的筹措

积极筹措重点建设资金，是保证计划顺利实施的关键。一是积极争取国债资金。2002年国家将继续发行国债，以保证在建项目的顺利完成和国家西部大开发战略的实施。各有关部门和市地要继续搞好配合与协作，并根据国家资金安排的原则和方向，搞好项目论证和储备，切实抓好相关项目的前期工作，为争取国家安排更多项目和资金创造条件。同时要继续抓好配套资金的落实，力争地方配套资金与国债资金同步到位。二是积极利用国家开发银行的贷款资金。2001年山东省与国家开发银行签定了“十五”期间开展金融合作的项目协议，总规模2166亿元。各地和有关部门要根据协议要求，抓紧落实项目建设条件，争取更多地得到开行的资金支持。三是继续采取更加有力的措施，加大省基建基金的征收和贷款回收力度，优先安排确定的重点项目建设，努力增加主导产业和高新技术产业的项目投入，发挥省基建基金的引导和调控作用，并协调、安排好预算内投资和其他部门专项建设资金的投向。

（三）积极启动和扩大民间投资

研究和探索新的思路和办法，尽快启动民间投资，对于实现2002年投资计划目标具有十分重要的意义。针对当前制约山东省中小企业和民间投资的突出问题，应抓紧制定启动民间投资的具体政策和措施，重点在落实政策、营造环境、放宽领域、简化手续、公平税费、加强服务等方面下功夫。一是要进一步放宽投资领域，尤其是基础设施和社会公益事业领域要在引入民间资本、广泛吸纳社会资金方面加快步伐，积极推进投资主体多元化。今后，凡是国家法律法规没有明令禁止的行业和部门，都要对民间资本开放；凡是对外商开放的投资领域，都应对民间资本开放；凡是实行特殊优惠政策的领域，其优惠政策应同样适用于进入该领域的民间资本。对民营经济法人和自然人实行国民待遇，与国有单位和外商投资一视同仁。二是要加强对民营企业的资金扶持，今后，省里对经营性的专项建设资金和用于扶持中

小企业的流动资金，对民营、国有企业公平对待。鼓励和引导民间资本以独资、合作、联营、参股、特许经营等方式，参与经营性的基础设施和公益事业项目。三是建立社会化服务体系。鼓励建立为民间投资者服务的商会、行业协会等自律性组织，发展为民间投资者提供政策、法律、财会、技术、管理和市场信息等服务的中介组织和机构，帮助民间投资者建立规范的产权制度、财会制度和人员培训制度。

（四）努力改善投资环境

从某种意义上讲，一个好的环境比优惠政策更重要，实实在在的解决问题比空泛的承诺更有效。经过多年的建设，山东省在能源、交通、通信和基础设施建设等方面取得了显著的成效，投资硬环境建设有了明显改善，但在投资软环境建设方面存在较多问题，在有的地方还比较严重，既影响了山东省扩大利用外资，也制约了山东省民间和企业投资的积极性。加强软环境建设，创造综合竞争优势，已成为加快全省经济发展的一个十分迫切的任务。各级政府和部门，应充分认识“环境就是生产力”重要性，确实把治理解决投资环境问题放在第一位的任务来抓。2002 年应着力搞好投资软环境的综合整治，下决心解决一些地方、部门和企业不守合同、不讲信誉和损害投资者合法权益的问题。适应加入世贸组织的新形势，切实搞好地方性政策法规的调整工作，尽快建立起与国际规则和惯例接轨的法制体系，认真清理乱收费、乱摊派、乱罚款的问题，保护好投资者的合法权益，真正建立起依法办事、注重信誉的良好环境。有关部门要结合转变政府职能，进一步转变思想观念和工作作风，增强服务意识，简化和公开办事程序，提高办事效率，树立起信誉好、服务优、效率高的新形象，把山东建设成发展活力强、吸引力大的投资热点地区。

（五）加快推进投资主体多元化，拓宽投融资渠道

投资主体多元化进展不快，尤其是基础设施领域在引入民间资本、广泛吸纳社会资金方面至今没有走出路子，制约了山东省投资的增长。各级政府及有关部门，应尽快在放开投资领域、推进投资主体多元化方面制订相应政策和办法，争取尽早实现突破。对于基础设施和社会事业项目，只要有收费机制或投资收益比较稳定的，都可积极吸纳民间和外资进入。对于社会效益为主、投资回报率低的项目，政府要采取相应的扶持政策，如财政贴息、建立合理的价格形成机制等办法，积极吸引社会投资。特别是对于城市基础设施项目，要树立经营城市的理念，加快改革城市建设的动作和管理模式，抓紧建立社会化、多元化的投融资机制，引入多方资金参与建设运营，实现城市基础设施建设的市场化、产业化，推动全省城市化战略的实施。对于高新技术产业项目，政府可采取贴息、参股、控股等办法，吸引社会投资进入。鼓励上市公司和实力较强的大企业，通过参股、控股等方式，积极参与省里重大项目建设和高新技术产业发展。允许民间资本以租赁、承包、参股等形式参与国有企业改革。另外，要抓住中国加入 WTO 的有利时机，进一步加大境外招商引资力度。

（六）积极推进投融资体制改革

由于经济领域的许多改革不到位，特别是国企改革、金融体制改革以及中介组织的改革等都不彻底，约束机制没有真正建立起来。目前，审批制度改革滞后已经成为制约项目建设和投资增长的重要因素。2001 年底，国家计委、财政部等部门先后取消了一批行政审批的内容，以尽快适应加入 WTO 的新形势。从当前情况看，进一步转变政府职能，改革项目的行政审批制度已势在必行。特别是一般竞争性行业，企业自筹资金和银行贷款的投资项目，要先行放宽审批条件，可按照登记备案的办法简化审批程序和内容，政府主要从宏观政策、土地、环保等方面审查把关和搞好服务。对由政府投资和决策的项目，也应简化程序，除特别需要或方便建设单位对外开展工作的情况外，取消项目建议书的审查审批环节。

表 1　山东省近年固定资产投资变化情况

单位：亿元

指标		1996 年	1997 年		1998 年		1999 年		2000 年		2001 年	
		投资额	投资额	增减%	投资额	增减%	投资额	增减%	投资额	增减%	投资额	增减%
投资总额		1558.01	1792.22	15.0	2056.97	14.8	2222.17	8.0	2542.65	14.4	2807.79	10.4
按经济类型	1. 国有	691.76	773.30	11.8	938.73	21.4	1043.13	11.1	1153.65	10.6	1157.44	0.3
	2. 集体	484.79	569.70	17.5	610.20	7.1	635.55	4.2	679.48	6.9	688.61	1.3
	3. 联营	3.76	3.23	-14.1	4.92	52.3	8.68	76.4	8.49	-2.2	21.75	156.2
	4. 股份制	21.59	66.90	209.9	73.64	10.1	129.79	76.2	241.97	86.4	389.01	60.8
	5. 港澳台	23.73	23.86	0.5	29.63	24.2	24.55	-17.1	38.62	57.3	68.00	76.1
	6. 外商	125.70	106.77	-15.1	106.01	-0.7	67.96	-35.9	63.70	-6.3	92.40	45.1
	7. 私营个体	202.65	241.77	19.3	274.20	13.4	310.64	13.3	353.93	13.9	384.06	8.5
	8. 其他	4.03	6.69	66.0	19.64	193.6	1.87	-90.5	2.81	50.3	6.52	132.0
按管理渠道	1. 基本建设	461.43	519.21	12.5	658.47	26.8	717.78	9.0	773.78	7.8	857.52	10.8
	2. 技术改造	237.24	263.45	11.0	283.49	7.6	309.70	9.2	398.60	28.7	521.61	30.9
	3. 房地产开发	103.28	107.77	4.3	131.92	22.4	173.61	31.6	223.29	28.6	297.35	33.2
	4. 其他	756.06	901.79	19.3	983.09	9.0	1021.08	3.9	1146.98	12.3	1131.31	-1.4

表 1　续表

单位:亿元

指标		1996 年	1997 年		1998 年		1999 年		2000 年		2001 年	
		投资额	投资额	增减%	投资额	增减%	投资额	增减%	投资额	增减%	投资额	增减%
按资金类型	本年资金来源小计	974.01	1021.38	4.9	1200.36	17.5	1146.98	-4.4	1671.35	45.7	1927.04	15.3
	1. 国家预算内资金	28.10	28.04	-0.2	35.69	27.3	74.18	107.8	71.76	-3.3	80.54	12.2
	2. 国内贷款	204.29	192.95	-5.6	256.49	32.9	315.84	23.1	418.29	32.4	368.74	-11.8
	3. 利用外资	133.36	119.13	-10.7	114.10	-4.2	63.27	-44.5	56.65	-10.5	95.74	69.0
	4. 自筹资金	496.23	566.04	14.1	618.90	9.3	679.20	9.7	894.68	31.7	1081.65	20.9
	5. 其他资金来源	112.03	115.22	2.8	175.18	52.0	14.49	-91.7	229.97	1487.1	300.37	30.6

注:本表按资金来源分的投资不包括农村集体投资和城乡个体投资

表 2　2001－2002 年山东省重点建设项目表

序号	项目名称	总投资（万元）	2002 年预计完成投资	建设性质	新增能力	联系方式		
						电话	传真	邮编
		5761909	1470298					
1	荣成八河水库扩建工程	19820	7700	扩建	总库容 1.04 亿立方米	0631-7572921	0631-7572923 7572921	264300
2	滕州马河水库除险加固工程	9100	500	改建	总库容 1.38 亿立方米	0632-2524134	0632-5583071	277500
3	莱州湾供水项目	82800	10000	新建	日供水 24 万吨	0535-6657964	0535-6659137	264000
4	中国联通山东二级长途光缆干线二期工程	80000	16600	扩建	光缆 4500 公里	13001712282	2028899-2677	250002
5	淄博矿务局济北煤矿	535647	25200	新建	年产原煤 660 万吨	0531-5685619	5685780	250031
6	山东湖西矿业有限公司湖西矿井	65888	9700	新建	年产原煤 90 万吨	5688215	5688215	250015
7	华能德州电厂三期工程	641692	133000	扩建	2×66 万千瓦	0534-2432015	0534-2432175	253024
8	山东中华发电项目			新建				
	聊城新电厂工程	660742	199500		2×60 万千瓦	0531-6034617	6035131	
	菏泽电厂二期工程	351173	61100		2×30 万千瓦	0531-6034617	6035131	
9	莱城电厂	234989	95000	新建	#3、#4 机组 2×30 万千瓦	0531-6034617	6035131	
10	泰安抽水蓄能电站	432600	50000	新建	4×25 万千瓦	0531-6034617	6035131	
11	500 千伏济南－长清－聊城输变电工程	111400	50000	新建	50 万千伏安输电线路 230 公里	0531-6034617	6035131	
12	500 千伏滨州－华德厂输变电工程	27000	20000	新建	50 万千伏安输电线路 173 公里	0531-6034617	6035131	
13	大莱龙铁路	114200	49500	新建	正线 175 公里	13905363238		
14	菏泽至曲阜高速公路	372834	75000	新建	148 公里	0531-5963096		
15	滨州至博山高速公路	222019	65000	新建	85 公里	0531-5963096		
16	莱芜至新泰高速公路	150708	60000	新建	57 公里	0531-5963096		
17	竹园至曲阜高速公路	262800	85000	新建	113 公里	0531-5963096		
18	烟台至黄山馆高速公路	217234	70000	新建	高速公路 77.5 公里，连接线 29.6 公里	0531-5963096		
19	黄山馆至新河高速公路	249837	110000	新建	高速公路 88 公里	0531-5963096		
20	新河至潍莱高速公路连接线	57769	25000	新建	高速公路 23 公里	0531-5963096		
21	济南顺河高架路至北绕城高架桥连接线	98000	60000	新建	高速公路 4 公里	0531-5963096		
22	滨州黄河公路大桥	69600	30000	新建	主桥 1698 米，引道 13.1 公里	0531-5963096		

表2　续表

序号	项目名称	总投资(万元)	2002年预计完成投资	建设性质	新增能力	联系方式		
						电话	传真	邮编
23	日照市污水处理厂一期工程	16974	5724	新建	日处理污水10万吨	0633-8361762		276826
24	烟台市垃圾处理工程	12045	6845	新建	日处理垃圾2000吨	0535-6242437	0535-6648149	264000
25	威海第三热电厂工程	40107	4481	新建	供热面积450万平方米	0631-5966888转8008	0631-5927898	264200
26	济南阳光舜城开发工程	411000	81000	新建	总建筑面积269万平方米	0531-2605014		
27	三联集团凤凰城综合开发项目	61000	8000	新建	一期建筑面积35.3万平方米	13708922375		
28	省科技馆改扩建项目	8000	1500	扩建	装修改造面积1.91万平方米	2066457转4213	2909340	250001
29	浪潮集团公司服务器项目	10252	8656	新建	服务器2万台	8932888转8234		
30	山东天泰碳纤维有限公司	9145	8150	新建	年产400吨T300碳纤维生产线	0538-8612068		
31	莱芜钢铁集团粉末冶金有限公司	12000	10500	新建	年产4万吨水雾化钢铁粉末	0634-6559191	0634－6492019	271100
32	济南得安计算机技术有限公司	4954	2500	新建	DAPKI平台10套及相关产品	0531-8037813	8037950	250100
33	济南齐鲁软件园发展中心	19867	10600	新建	建设开放式软件开发平台资源信息库	0531-8871006	8871002	250100
34	济南兴济河污水处理厂	43507	4507	新建	日处理污水20万吨	0531-8963003	8963014	250033
35	烟台500热力网工程	39638	9235	新建	供热面积861万平方米	0535-6531355转2961	0535－6531355转2963	264000
36	省图书馆新馆二期工程	5568	800	新建	建筑面积16980平方米	0531-8024044		

表3　2002年山东省重点基本建设项目联系表

序号	项目名称	联系人	电话	传真	邮编
一、省重点建设项目					
1	山东黄河下游治理工程	省河务局　李遵栋　刘景国	6987133　6987131	6987130	250013
2	彭楼引黄入鲁金堤北工程	徐书国	0635-8221697		
3	荣成八河水库扩建工程	杨黎明　迟增文	0631-7572921 13806313139	0631-7572923　7572921	264300
4	日照水库除险加固工程	张念信	13806339001	0633-8840202	276816
5	滕州马河水库除险加固工程	张　毅	0632-2524134	0632-5583071	277500
6	黄河三角洲综合开发项目	郝云霞			
7	莱州湾供水项目	李　波	0535-6657964	0535-6659137	264000
8	中国联通山东二级长途光缆干线二期工程	李红波	13001712282	2028899-2677	250002
9	淄博矿务局济北煤矿	刘尊杰	5685619	5685780	250031
10	山东湖西矿业有限公司湖西矿井	省监狱局　李传新	5688215	5688215	250015
11	武所屯生建煤矿济西矿井	省监狱局　李传新　张国永	5688215　0534-5965611	5688215　0632-5011311	250015 254424
12	华能德州电厂三期工程	韩志军	0534-2432015	0534-2432175	253024
13	山东中华发电项目				

表 3　续表

序号	项目名称	联系人	电话	传真	邮编
	聊城新电厂工程	刘家远	6034617	6035131	
	菏泽电厂二期工程	刘家远	6034617	6035131	
14	莱城电厂	刘家远	6034617	6035131	
15	泰安抽水蓄能电站	刘家远	6034617	6035131	
16	500 千伏济南－长清－聊城输变电工程	刘家远	6034617	6035131	
17	500 千伏滨州－华德厂输变电工程	刘家远	6034617	6035131	
18	大莱龙铁路	赵治国	13905363238		
19	济南绕城高速公路南线	省交通厅　鲁　杰	5963096		
20	菏泽至曲阜高速公路	省交通厅　鲁　杰	5963096		
21	滨州至博山高速公路	省交通厅　鲁　杰	5963096		
22	莱芜至新泰高速公路	省交通厅　鲁　杰	5963096		
23	竹园至曲阜高速公路	省交通厅　鲁　杰	5963096		
24	烟台至黄山馆高速公路	省交通厅　鲁　杰	5963096		
25	黄山馆至新河高速公路	省交通厅　鲁　杰	5963096		
26	新河至潍莱高速公路连接线	省交通厅　鲁　杰	5963096		
27	济南顺河高架路至北绕城高架桥连接线	省交通厅　鲁　杰	5963096		
28	滨州黄河公路大桥	省交通厅　鲁　杰	5963096		
29	日照市污水处理厂一期工程	省建设厅　张玉兆 日照市　厉彦伟	7935511-2512 0633-8361762		276826
30	烟台市垃圾处理工程	省建设厅　张玉兆 烟台　华　云	7935511-2512 0535-6242437	0535-6648149	264000
31	威海第三热电厂工程	刘黎明	0631-5966888 转 8088	0631-5927898	264200
32	济南阳光舜城开发工程	付玉华	2605014		
33	三联集团凤凰城综合开发项目	张泽文	13708922375		
34	省科技馆改扩建项目	徐建平	2066457 转 4213	2909340	250001
35	浪潮集团公司服务器项目	王丽平	8932888 转 8234		
36	山东天泰碳纤维有限公司	陈　兵	0538-8612068		
37	莱芜钢铁集团粉末冶金有限公司	王玉成	0634-6559191	0634-6492019	271100
38	济南得安计算机技术有限公司	郑昭琨	8037813	8037950	250100
39	济南齐鲁软件园发展中心	刘　杰	8871006	8871002	250100
40	山东省援藏建设工程	梁衍珍	6062311	6062311	250011
二、省重点建设收尾项目					
1	临沂市污水处理厂	省建设厅　张玉兆	7935511 转 2512		
2	滨州市污水处理厂	省建设厅　张玉兆	7935511 转 2512		
3	聊城市污水处理厂	省建设厅　张玉兆	7935511 转 2512		
4	济南兴济河污水处理厂	王悦兴	8963003	8963014	250033
5	烟台 500 热力网工程	郑永利	0535-6531355 转 2961	0535-6531355 转 2963	264000
6	省图书馆新馆二期工程	吕乘睿	8024044		

河南省投资建设情况

河南省常务副省长 李成玉

一、2001年固定资产投资完成情况

2001年，在党中央、国务院的正确领导下，河南省人民紧紧抓住国家继续实施积极财政政策和稳健货币政策的机遇，加快基础设施建设，大力推进产业结构调整，努力推动全省固定资产投资快速稳定增长。2001年全省全社会固定资产投资完成1627.76亿元，比上年增长10.3%。其中，国有及其它经济类型完成投资997.99亿元，增长13.8%；城乡集体个体经济完成投资583.77亿元，增长5.3%。在国有及其它经济类型完成投资中，基本建设投资653.27亿元，比上年增长9.8%；技术改造投资198.53亿元，比上年增长21.5%；房地产开发投资102.84亿元，比上年增长32.1%。

2001年全省基础设施投资持续快速增长，是拉动全社会投资增长的主要因素。全年基础设施共完成投资488.33亿元，比上年增长20.4%，高出全社会投资增速10.1个百分点。工业技术改造投资增长势头良好，全年工业技术改造完成投资145.04亿元，比上年增长36.6%，高出全社会投资增速26.3个百分点。房地产开发投资增速加快，提高了对全社会投资增长的贡献力度。全年房地产开发投资增速高出全省全社会投资增速21.8个百分点，占全社会固定资产投资比重达到6.25%，比2000年上升了近1个百分点。

二、2001年主要投资建设成就

2001年是实施“十五”计划的第一年，固定资产投资建设取得的成就为河南“十五”社会经济发展计划开好头、起好步发挥了关键作用。河南是内陆省份，在出口份额较小、消费规模增长相对稳定的情况下，全社会固定资产投资的稳定增长，对拉动全省经济增长作用巨大。2001年在全省国内生产总值增长9.1%当中，固定资本形成拉动GDP增长3.2个百分点，贡献率35.6%，分别比2000年上升了0.3个、4.7个百分点。2001年国有及其它经济类型投资新增固定资产688.96亿元，固定资产交付使用率69%，建成投产项目3950个，项目建成投产率59.8%；竣工房屋建筑面积2198.49万平方米，竣工率42.7%。固定资产投资需求刺激了投资品生产能力的扩张，直接或间接带动了消费增长。

（一）基础设施和基础产业建设成效显著，为河南经济发展奠定了坚实基础

2001年，国家重点工程小浪底水利枢纽工程主体工程完工。盘石头水库建设进展顺利，截至2001年底，导流洞、输水洞工程已建成通水，完成截流目标。宁西铁路河南段路基基本完成，轨道铺架工作开始进行。洛阳至三门峡、三门峡至灵宝、新庄至焦作、漯河至驻马店、商丘至开封、漯河至周口高速公路建成通车，新增高速公路570公里，使全省高速公路通车里程达到1077公里，从全国的第13位跃居第6位。禹州电厂2×35万千瓦和信阳电厂1#、2#机组2×30万千瓦机组和小浪底3×60万千瓦三台机组建成投产，新增发电装机222.5万千瓦，是河南省新增装机最多的一年。平顶山十三矿、鹤壁冷泉矿基本建成，新增煤炭生产能力240万吨。44个国家粮食储备库竣工，新增仓容20.6亿斤。这些建设成就的取得不仅直接拉动了冶金、建材以及能源工业的较快增长，而且有效地提高了基础设施和基础产业的供给能力和水平，一定程度上改变了河南省基础设施薄弱和基础产业落后的局面，提高了经济的运行效率，为国民经济中长期发展奠定了基础。

（二）工业结构调整迈出较大步伐，经济结构逐渐趋于合理

2001年河南技术改造投资增长迅速，促进了经济发展模式的转变。全年技术改造投资198.53亿元，比上年增长21.5%。配合国债资金投向，河南省通过直接投入和贴息等措施，积极发展高新技术产业，用先进适用技术改造传统产业，支持了一批符合产业结构发展方向的重点行业、重点企业。焦作万方年产6.8万吨280KA铝电解槽示范一期工程、莲花集团80万吨小麦加工转化、天冠集团20万吨燃料乙醇、安玻集团年产200万只84厘米超大屏幕玻壳、安钢集团年产40万吨高速线材建成投产。技术改造投资快速增长，促进了机械工业的较快增长。一批工业结构调整项目的实施，整合了一批存量资产，以较少的投资带来了生产能力的多倍扩张，实现了以存量到增量的转移。房地产开发投资102.84亿元，比上年增长32.1%，房地产业投资的迅猛发展，不仅是投资结构变化的表现，也是居民消费结构变化的表现，直接促成了产业结构的升级。

三次产业投资结构进一步合理，推动了产业结构的升级。2001年全省全社会第一、二、三产业的投资额为105亿元、497亿元、1025亿元，分别比上年增长了6.25%、5%、13.5%；第一、二、三产业投资比重为6.5∶30.5∶63，第三产业比重比上年上升了1.8个百分点。这些成就反映出河南省固定资产投资开始走以产业升级为导向，以提高投资效益为目标，以存量促增量的内涵型扩大再生产的路子。

(三)社会事业蓬勃发展

2001年，河南省加大了教育、文化、卫生、旅游等社会事业方面的投资，取得了明显的建设成效。教育卫生方面，高校扩容工程力度加大，新增高校基础设施16万平方米，新增高等院校学生席位3.97万个，改造中小学校200余所。省人民医院和郑大一附院病房楼等项目建成并投入使用，全省新增病床5933张。旅游方面，“三点一线”等重点旅游景区建设投入加大，全年安排20个项目，完成投资4.46亿元，洛阳龙门石窟环境整治、嵩山—少林寺景区基础设施建设一期、商丘商祖文化旅游区基础设施项目等工程全面完成。第三产业的投资比重上升，直接拉动了第三产业快速发展。2001年河南省第三产业增长10.3%，比第一、二产业增速高出4.8和0.4个百分点。

(四)加快了城镇化步伐，城市基础设施得到明显改善

2001年河南省加大对大城市的投入，增强其聚集作用和辐射作用。继续建设以郑州为中心，以洛阳和开封为重点支撑点的中原城市群，扩大城市规模，优化产业布局，完善城市体系，增强辐射功能。加大中小城市的资金投入，带动地区经济发展，集中精力建设漯河、济源等六个地级市，巩义、项城等20个县级市和竹林、贾宋等115个小城镇建设，转化农业人口，加快全省城镇化步伐。城市基础设施建设方面，建成了信阳湖东水厂，新增日供水能力10万吨；建成了南阳、洛阳涧西、焦作、开封市西区等污水处理厂，新增日处理污水能力48万吨；建成南阳市垃圾处理厂，新增年处理垃圾能力18万吨；建成南阳市煤制气工程，新增日供燃气14万立方米；洛阳市滨河路、郑州绕城快速路投入运行。

三、2001年投资建设取得的经验及存在的问题

回顾2001年，河南省在固定资产投资方面取得的经验主要有以下几方面：一是强化投资风险约束机制。对非国有投资主体主要是严格项目资本金制度和项目法人责任制；对国家投资主体，则健全政府的监督和约束机制；对公益项目和重大投资项目，则严格审批，强化决策职能。二是正确划分政府投资事权，明确政府职能。确定政府的投资领域主要在公益项目、基础设施、支柱产业、高新技术以及对全省经济和社会有重大影响的项目。在项目审批方面，按照政府行为、市场行为分开的原则，对于企业用自有资金和商业银行贷款建设、能自主落实外部条件的一般性项目，一律不再要求审批。保留的审批权则简化其审批手续和环节。三是积极探索融资新路子，千方百计扩大资金来源。2001年河南省融资的工作重点是以高速公路为突破口，加快推进基础设施建设投资主体多元化。对已建成的高速公路，采取包装上市或出让经营权的办法，变现国有资产，募集建设资金。对已经国家批准开工建设的，严格落实项目资本金。项目的设计、施工、监理，一律按照《招标投标法》的要求，打破行业垄断，面向社会公开招标。省政府多次召开重点项目工作会，及时了解建设中存在的问题，采取措施，保证环境，督促项目进度。四是大力改革行政审批制度，努力改善投资环境。2001年河南省大幅度取消了一批行政审批事项，简化项目审批环节，设定审批时限，提高审批效率。对于不适应世贸组织和市场经济要求的规章进行分类清理、废止或修改。这些措施对改善投资软环境发挥了重要作用。

2001年固定资产投资存在的问题：一是投资率低、人均投资量小。2001年河南省投资率为28.8%，低于全国平均水平7.7个百分点，人均投资量1715.5元，比同期全国人均投资量少1201元，位居全国第24位。二是全省建设任务繁重，建设资金不足。农村农田水利等基础设施建设欠帐多，城市基础设施总体比较薄弱，服务业的基础设施建设也亟待加强。三是投资增长的内在机制不健全，投资增长主要依靠国债、依靠国有投资拉动的局面仍未改变。四是支撑投资增长、对全省经济发展有重大影响和产业带动作用的重大项目少。五是民间投资没有有效启动。交通、电力、城市基础设施等方面行业垄断现象依然严重，民营经济发展的宽松环境尚未形成，民间投资的融资渠道狭窄，农民收入增长持续低迷。

四、2002年投资建设展望

2002年河南省固定资产投资计划安排的指导思想是：紧紧抓住国家继续实施积极财政政策和稳健货币政策的机遇，努力争取国债资金，进一步鼓励和引导民间投资，保持全社会固定资产投资的稳定增长；继续加强农林水利、交通、城建、环保等基础设施建设，加快产业升级，加强科技、教育和其他社会事业建设，推进经济结构的战略性调整；努力做好在建国债项目的收尾工作，确保大部分项目按国家要求在2002年年底前建成投产；积极推进投融资体制改革，简化行政审批，拓宽融资渠道，改善投资环境，逐步建立适应市场经济需要、符合WTO要求的新型的投融资体制。

2002年全省全社会固定资产计划投资1835亿元，比

2001年增长12%。其中国有及其它经济类型投资1157亿元,增长14.5%;集体、个体投资678亿元,增长8%。在国有及其它经济类型投资中,基本建设投资730亿元,增长11%;技术改造投资240亿元,增长20%;房地产开发投资136亿元,增长28%;其他投资51亿元,增长11%。预计新增生产能力:煤炭240万吨;高速公路155公里;粮库15亿斤;城市日供水100万吨;城市日处理污水80万吨。

(一)抓好重点基础设施项目建设,努力完成绝大部分在建国债项目建设任务

按照国家要求,2002年绝大部分国债项目将干净利落的建成投产。完成这样的目标,河南省国债项目当年要完成投资工作量135亿元左右。为此全省要在积极争取国家资金的基础上,抓好各项目原承诺配套资金的落实,加强监督管理,确保绝大部分国债项目年底建成投产。搞好黄、淮河干流堤防加固和河道治理工程,加快白龟山、昭平台等大中型水库除险加固和盘石头水库等项目建设,积极推进梅山、鸭河口等大型灌区以节水为重点的技术改造,新增有效灌溉面积80万亩。加快驻马店至信阳、郑州至少林寺、新乡至郑州、许昌至南阳等高速公路建设,建成焦作至省界、周口至省界、洛阳至大安高速公路,新增高速公路155公里。继续实施全省乡乡通柏油路、村村通公路工程,提高全省路网等级。抓好登封铁路一期工程的扫尾,争取早日投入运营。全面完成郑州等11个城市城网改造工程,加快农网二期建设,努力使改造面达到90%以上,实现全省城乡居民用电同网同价。加快梁北矿和永夏矿区城郊矿建设。抓好许昌二水厂、平顶山四水厂和7个缺水城市的水源建设,建成安阳、濮阳等10个污水处理厂工程。继续加强中小学危房改造和农村卫生基础设施、文化设施建设,大力推进郑大、河大新区、省中医学院一附院病房楼和省辖市中心血站建设,建成省体育中心。

开工建设一批对全省经济发展有重大影响的大中型项目。配合国家落实建设条件,开工建设南水北调、西气东输在河南省的工程。全面实施洪汝河下游治理,开工建设小洪河治理工程。永城电厂、沁北电厂要创造条件,尽快开工。继续加快高速公路建设,确保濮阳至鹤壁、漯河至平顶山、平顶山至大安、南阳至郑州、信阳至叶集、郑州及洛阳绕城高速等7条高速公路开工建设,使新开工高速公路达到600公里以上。开工建设洛阳瀍东、周口、汝州等城市污水处理厂和南阳四水厂等大中型项目。加大洛阳至济源、商丘至亳州、兰考至菏泽等高速公路的前期工作力度。积极推进燕山水库、河口村水库、三门峡电厂二期、省艺术中心等一批重大项目的前期工作。

(二)千方百计扩大民间投资

认真落实《国家计委关于促进和引导民间投资的若干意见》,为民间投资营造公平竞争的发展环境,依法保护民间投资者的投资权益。全面清理和取消有悖于市场经济和WTO规则的各种规定,为民间投资创造一个公开、公平、公正的政策环境。放宽民间投资的投资领域,凡是鼓励外商投资进入的领域,均鼓励和允许民间投资进入;拓宽民间投资渠道,在贷款、融资、担保、市场中介服务等方面,一律享有同等的国民待遇;对民间投资实行公平合理的税费政策,切实减轻民间投资者的不合理待遇;政府对民间投资主要从产业政策、城市规划、环境保护、资源利用、土地使用和公共安全等方面进行审核,精简行政审批,实行项目备案制度。

(三)大力推进基础设施建设的市场化

在基础设施建设方面,全面推进和完善管、建分离和建、养分离。打破行业垄断,形成多主体参与投资建设的格局。对已建成的水库、灌区、一般公路、城市基础设施等工程的经营、养护,可逐步实行社会化、市场化管理。在加强对这些项目建设成本核算的基础上,面向全社会招标选择经营和养护的主体,通过签定合同明确政府与这些主体的权利和义务,实现建设和经营养护的分离,建立基础设施工程正常的运营和维护机制,实现良性滚动发展。

(四)继续推进行政审批制度改革

简化行政审批程序、缩小行政审批范围,是提高行政效率、改善投资环境的重要举措,也是适应市场经济发展需要和应对加入WTO的客观要求。必须按照世界通行规则,切实改变目前行政审批包揽太多、手续繁杂的局面。对于应该由市场调节的,符合国家法律、法规的要求,符合国家的产业政策,完全由自筹资金和商业银行贷款建设的项目,政府一律不再审批,实行建设项目备案制,直接列入基本建设项目年度计划。对于政府投资项目,也要简化审批程序,提高效率。

(五)进一步推动投融资体制改革

按照国家提出的企业自主决策、银行独立审贷、融资方式多样、中介服务规范、政府宏观调控的要求,大力推动投融资体制改革。当前重点是明确政府投资事权,缩小投资审批范围,简化审批程序,拓宽融资渠道。政府投资资金主要用于公益事业和公共基础设施建设,以及需要政府支持的技术进步和高技术产业化领域,逐步退出一般竞争性领域。在公益事业和公共基础设施领域,还要努力通过机制创新,吸引民间投资的参与。对一些涉及到短缺性、战略性资源平衡的竞争性项目和交通、通讯、民航等基础设施项目,要提高其规划的严密性、严肃性和可操作性,做好全省重要资源的平衡,在规划的基础上,简化审批程序,确保项目前期工作深度。

(六)大力拓宽融资渠道,创新融资手段,提高融资能力

进一步加强与银行衔接,加大向银行推介项目的力度,积极争取银行贷款支持。鼓励吸引外商的先进技术和资金,促进企业产品的升级换代。积极为民营中小企业提供信贷服务,鼓励建立为民营企业服务的信用担保机构,设立贷款担保基金。抓住中国加入WTO的契机,组建河南省投资咨询公司,吸引国内外投资者入股,从事境内外项目融资、评估、咨询服务等业务。加快筹备成立河南省创业风险投资公司,加快高技术成果的转化和高新技术的产业化。

表 1 2001 年河南省重点项目投资完成情况表

单位：万元

序号	项目名称	建设规模	建设起止年限	总投资	至 2000 年累计完成投资	2001 年下达投资计划	2001 年完成投资
1	三门峡槐扒黄河提水工程	一期提水流量 3 立方米/秒	1998－2001	38030	33696	4334	228
2	禹州电厂(含配套工程)	发电厂 2×35 万千瓦	1999－2001	350176	229564	103185	95644
		送出工程 220 千伏 309 公里 75 万千伏安	1999－2001	57807	38312	2145	1665
3	信阳电厂(含配套工程)	发电厂 2×30 万千瓦	1998－2001	302428	218098	88829	55003
		送出工程 220 千伏 312 公里 75 万千伏安	1999－2001	52332	27555	9193	10213
4	焦作至巩义黄河公路大桥	3010 米、接线 8 公里	1998－2001	48079	23060	7828	7831
5	商丘至开封高速公路	高速公路 204.1 公里	1998－2001	428669	236000	123800	181495
6	洛阳至三门峡高速公路	高速公路 136.5 公里	1997－2001	436233	306700	91601	123655
7	漯河至驻马店高速公路	高速公路 67.2 公里	1998－2001	162963	113000	34600	35256
8	三门峡至灵宝高速公路	高速公路 70.3 公里	1998－2001	205613	118000	70701	80430
9	登封铁路一期工程	准轨 61.45 公里	1996－2001	64508	43171	13000	15205
10	安阳玻壳四期	年产玻壳 200 万套，其中 33″120 万套，29″80 万套	2000－2001	99998	40000	59998	59771
11	盘石头水库	总库容 6.08 亿立方米，电站装机容量 1万千瓦	2000－2004	95561	22919	14839	16487
12	小浪底水电站配套输变电工程	500 千伏线路 476 公里，300 万千伏安 220KV490 公里 153 万千伏安	1998－2002	330417	223770	16143	54892
13	宁西铁路(河南段)	全长 1128 公里，河南境内长 526 公里	2000－2004	2315000	330000	240000	154325
14	洛阳至大安高速公路(洛界)	高速公路全长 49.73 公里	1999－2002	123950	26281	35000	37988
15	驻马店至信阳高速公路	高速公路 133.5 公里	2000－2002	335410	27800	70800	74470
16	新庄至焦作高速公路	高速公路 73.2 公里	1998－2002	194199	147000	19360	17303
17	漯河至界首高速公路	高速公路 123.7 公里	1998－2002	248448	72960	50000	62100
18	莲花集团小麦系列加工	200 万吨/年	2000－2001	42000	24000	18000	29000
19	郑州绕城快速路	43.7 公里	2001－2002	158300		108300	89200
20	南阳南召回龙抽水蓄能电站	装机 2×6 万千瓦	2001－2003	45122		12000	11591
21	郑州至少林寺高速公路	高速公路 53 公里	2001－2004	143300		99300	20000
22	许昌至南阳高速公路	高速公路 164 公里	2001－2003	387000			
23	新乡至郑州高速公路(含黄河二桥)	高速公路 82 公里，黄河大桥 10000 米	2001－2004	395000	500	63500	

表 2 2002 年 1－6 月河南省重点项目投资完成情况表

单位：万元

序号	项目名称	建设规模	建设起止年限	总投资	至 2000 年累计完成投资	2001 年下达投资计划	2001 年 1－6 月累计完成投资
1	三门峡槐扒黄河提水工程	一期提水流量 3 立方米/秒	1998－2002	38030	38030	8664	280
2	昭平台水库除险加固工程	库容 7.13 亿立方米	1999－2002	7600	7600	1000	300
3	洛阳至大安高速公路(洛界)	高速公路全长 49.73 公里	1999－2002	129391	129391	46900	26173
4	小浪底水电站配套输变电工程	500 千伏线路 476 公里，300 万千伏安 220KV490 公里 153 万千伏安	1998－2002	330417	330417	18286	21968
5	河南省输变电工程	郑西 500 千伏输变电线路 155 公里，杞县、栾川、郑营、新北、林州等 220 千伏 263 公里(含开关站、变电站)108 万千伏安	1999－2002	79383	79383	22000	10905

表 2 续表

单位：万元

序号	项目名称	建设规模	建设起止年限	总投资	至 2000 年累计完成投资	2001 年下达投资计划	2001 年 1-6 月累计完成投资
6	许昌市供水工程	日供水 21 万吨	1999-2002	25677	15914	8000	1780
7	省体育中心	5 万人体育场，建筑面积 46301 平方米	2000-2002	41715	26590	16925	7579
8	省委综合办公楼	建筑面积 41800 平方米	2000-2002	14484	9900	4584	4061
9	京汉广和郑西高速传输环网河南段	1157 公里	2001	31175	23759.14		6860
10	农村电网改造	130 个县区电网建设与改造	1998-2002	991600	982175	4943	9425
11	城市电网项目	18 个市电网建设与改造	1998-2002	784235	711878	76670	63961
12	新庄至焦作高速公路	高速公路 73.2 公里	1998-2002	194199	174360	19839	8220
13	漯河至界首高速公路	高速公路 123.7 公里	1998-2002	248448	144500	103948	15732
14	登封铁路一期工程	准轨 71 公里	1996-2002	74155	57821	16334	1758
15	盘石头水库	总库容 6.08 亿立方米电站装机容量 1 万千瓦	2000-2004	95561	37758	4000	8811.27
16	白龟山水库加固工程	库容 9.17 亿立方米(新增 2 亿立方米)	1998	22400	16140		536
17	陈族湾大港口圩区整治	10 年一遇防洪标准	2000-2003	21350	17728	2600	8600
18	新三义寨南线工程	灌溉面积 196 万亩	2001-2004	7411	2200	1800	463.5
19	白露河口治理	10 年一遇防洪标准	2000-2003	9255	7771	1484	
20	驻马店市优质小麦生产基地	优质小麦生产田 480 万亩、良种繁育基地 15 万亩	2000-2003	12000	6000	3400	1026
21	南阳南召回龙抽水蓄能电站	装机 2×6 万千瓦	2001-2003	45122	12000	20000	1870
22	梁北煤矿	90 万吨/年	1997.8	49175	42057	7118	2430
23	驻马店至信阳高速公路	高速公路 133.5 公里	2000-2003	335410	80447	120353	53514
24	新乡至郑州高速公路（含黄河二桥）	高速公路 82 公里，黄河大桥 10000 米	2001-2004	415442	32137	117000	37363
25	许昌至南阳高速公路	高速公路 164 公里	2001-2004	363400	2175	104377	30054
26	郑州至少林寺高速公路	高速公路 53.9 公里	2001-2003	140990	36400	75000	18550
27	莲花集团小麦系列加工二期	200 万吨/年	2000-2004	199000	67500		
28	郑州大学新区	在校生 4.25 万人	2001-2003	100000	21100		11500
29	濮鹤高速公路	高速公路 62 公里	2001-2003	115583		40000	6012
30	新乡白鹭化纤股份公司	粘胶长丝 1 万吨/年	2001-2004	79828	20000	20000	3870
31	安玻与菲利浦合资项目	年产全平大屏幕彩电玻壳 200 万套、260 万只锥	2001-2002	167120	14700	152200	29730

湖北省投资建设情况

湖北省发展计划委员会主任　翁行德

2001年，湖北省投资领域紧紧围绕省委、省政府提出的经济发展总体目标，认真贯彻落实中央关于扩大内需、促进经济发展的有关精神，继续抓住国家实施积极财政政策的机遇，积极争取国家投资，加强基础设施建设，大力调整投资结构，全省投资实现了稳步增长。

一、2001年固定资产投资建设情况

2001年，湖北省全社会固定资产投资累计完成1551.75亿元，比上年增长9.2%。其中，基本建设投资完成683.4亿元，增长10.1%；技术改造投资完成282.74亿元，增长15.3%；房地产投资完成151.24亿元，增长12.3%。总体来看，全省投资在总量上保持了稳步增长，具体呈现以下特点：

（一）投资结构调整出现了积极变化，但基本建设仍是投资增长的主要支撑

自1998年以来，全国投资增长主要依靠技改和房地产投资拉动，而湖北省技术改造和房地产投资与全国平均水平相比有较大的差距，投资增长主要靠基本建设拉动，基本建设投资持续保持两位数的增长，并且连续高于全国平均水平4-5个百分点。经过近两年的调整，全省技术改造和房地产投资呈现出恢复性增长的态势。2001年全省技改投资比上年增长15.3%，房地产投资比上年增长12.3%，增幅分别比上年提高了5.3个百分点和3.3个百分点。但从总量上看，技术改造及房地产投资占全省投资总额的比重仍然较低，而基本建设投资占国有固定资产投资的比重仍在60%以上。因此，要实现湖北省投资增长方式的根本转变，在投资结构调整方面的任务仍十分艰巨。

（二）制造业投资持续回升，高技术含量的行业投资大幅增长

随着宏观经济逐步走稳，企业效益逐步好转，湖北省制造业投资自2000年下半年开始出现恢复性增长，2001年，全省国有单位制造业投资完成119.13亿元，比上年同期增长40.6%，增幅比上年同期高32个百分点。同时，受市场需求及投资者风险约束机制的影响，湖北省投资倾向于投资潜力大和技术含量高的行业，特别是随着国民经济信息化进程的推进和以武汉·中国光谷为重点的一批高科技项目的建设，湖北省电子及通讯设备制造业投资开始呈现高速增长趋势。全年全省国有单位电子及通讯设备制造业投资增长比上年同期高3.8倍，成为投资增幅最高的行业。

（三）重点项目建设进展顺利

2001年，湖北省共安排重点建设项目39个，其中中央重点项目2个，地方重点项目37个，全年总投资320.23亿元。全年全省39个重点项目建设完成投资298.65亿元，为年计划的93.26%。其中，国家重点项目完成投资179.22亿元，省重点项目完成投资119.43亿元，为年计划的100.86%。全年全省重点项目建设进展顺利，在保证工程质量的前提下均达到了相应的形象进度，37个省重点项目除水利项目国家计划下达较晚未完成计划任务外，其他项目都完成或超额完成了计划。

（四）重点地市投资快速回升，有力支撑了全省投资的稳步增长

2001年，随着武汉轻轨等一批重大项目的开工建设，武汉市投资呈现出快速回升的势头，扭转了自1998年以来投资增长持续低迷的状况，全年投资增长10.1%，对拉动全省投资增长起到了重要作用。在湖北省17个市州中，增长幅度保持在10%以上的有武汉、黄石、十堰、鄂州、恩施、随州、仙桃、潜江、咸宁、荆州等10个市州。

2001年，湖北省投资总体上保持了平衡的运行态势，特别是随着省人民医院门诊楼、宜昌长江公路大桥、黄石花湖水厂一期工程、黄石磁湖截污工程、当阳玻璃扩建工程、宜昌夷陵长江公路大桥、京珠国道主干线湖北北段、军山长江大桥、江汉大学新建工程、农村电网改造一期等一大批重点建设项目的建成并交付使用，全省新增发电装机容量15.26千瓦，新改建公路3004公里，其中高速公路224公里等，对全省经济发展起到了有力的推动作用。

在充分肯定成绩的同时，也应看到，当前湖北省投资运行中还存在一定的矛盾和问题，突出表现为“三个不平衡”：

*一是基本建设与技术改造投资增长不平衡。*主要是技术改造投资不足。2001年，全省技术改造投资虽然开始摆脱较长时期以来负增长或低速增长的局面，出现了逐步回升的势头，但与全国平均水平相比仍有一定的差距，要保持与全国同步的增长水平，任务仍十分艰巨。湖北省是全国重要的老工业基地之一，传统产业比重大，对技术改造有着巨大的潜在需求，但从目前技术改造投资的运行走势看，一方面存在较大需求，而另一方面技术改造投资仍没有明显改善的迹象，两者形成了较大的反差。技术改造投资上不去，不仅在总量上影响着投资拉动经济整体效应的发挥，而且也影响企业素质的提高，影响产品竞争力的增强，使企业的生产和发展陷于更加困难的境地。企业是国民经济的细

胞，如果企业缺乏活力，基础设施再怎么超前发展，投资拉动经济的作用也难以持久、有效的反映出来。单靠基本建设投资来支撑全社会投资增长的局面也将难以持久。

二是国有固定资产投资与民间投资增长不平衡。国家实施积极财政政策以来，湖北省通过以国债项目建设为载体，积极争取国家国债资金，全省国有经济单位固定资产投资持续保持了较高增长，成为拉动全省投资保持稳定增长的主导力量。据统计，2001年，全省国有经济单位完成固定资产投资占全省固定资产投资的比重达到了60%，而民间投资虽然也保持了稳步增长，但其占全省固定资产投资的比重仅达到24%，还不足以成为支撑全省投资稳步增长的主要力量。自国家实施积极财政政策以来，湖北省固定资产投资形成了对国债投资高依赖性的特点。因此，在国家投资政策调整后，切实促进湖北省民间投资的发展，对继续保持湖北省固定资产投资稳定增长具有十分重要的作用。

三是地市之间投资增长不平衡。从2001年全省各市州投资完成情况来看，武汉市、宜昌市完成固定资产投资分别为508.44亿元和248.35亿元，占全省固定资产投资的比重分别为32.8%和16%，成为拉动全省固定资产投资增长力度最大的地区。而其他一些地区，特别是一些湖北省传统的重工业基地如黄石、十堰、荆门、鄂州等，其投资完成额占全省固定资产投资的比重仅分别为3.1%、2.4%、3.6%和1.9%。全省各市州投资发展的不平衡，在一定程度上给继续保持全省固定资产投资的稳定增长带来了不确定因素。

2002年要保持全省固定资产投资的适度增长，既要继续抓住国家实施积极财政政策的机遇，加快推进一批关系全省经济全局的重大项目建设，同时也应努力转变投资增长方式，把工作的着力点放在调整投资结构上来。

二、2002年固定资产投资建设展望

(一)2002年湖北省全社会固定资产投资计划

从宏观经济环境看，经过几年来积极的宏观调控，中国已基本取得了在供大于求主导趋势下进行宏观经济调控的成功经验，经济发展扭转了增幅持续下降的局面，保持了平稳的发展势头。同时，近几年来出台扩大内需的各项宏观经济政策和改革措施，将对2002年经济发展继续发挥积极作用。随着中国加入WTO，湖北省全方位、宽领域、多层次的对外开放进程的加快以及国债建设项目收尾和围绕西部大开发，湖北省在西气东输、西电东送、西部大通道建设等方面一大批相关项目的启动建设等，都将为保持湖北省投资增长后劲提供有力的支撑，这将为湖北省投资增长创造一些有利的条件。但同时随着湖北省建设规模的不断扩大和各项改革不断深入，投资领域无论是保持投资的总量增长方面，还是在体制转换、结构调整、资金筹措等方面都面临着新的压力。因此，按照既保持一定增长规模，又为改革和发展提供较为宽松环境的总体要求，2002年湖北省全社会固定资产投资计划为1690亿元，增长9%左右，投资率34%左右。其中，基本建设投资720亿元，增长5.4%；技术改造投资320亿元，增长13.2%；房地产投资180亿元，增长19%；集体个体及其它投资470亿元，增长8.3%。

(二)2002年湖北省基本建设大中型项目安排情况

2002年湖北省列入计划的续建和收尾大中型项目共42个。其中，

农林水利方面主要有：洪湖分蓄洪二期、武汉市堤防建设、汉江遥堤、黄广大堤加固工程、洪湖监利长江干堤加固工程、孝感市国家优质大型商品粮基地建设等6个项目。

交通方面主要有：荆沙长江大桥、军山长江大桥、鄂黄长江公路大桥、京珠国道主干线湖北南段、襄樊至荆州高速公路、京珠国道主干线湖北北段、京广线电气化武广段、襄渝铁路襄樊至达县段扩能改造、湖北长江埠至荆门铁路、宜昌至利川二级公路改造工程、巴东长江公路大桥、汉十高速公路襄樊至十堰武当山段、汉十高速公路武当山至许家棚段、仙桃汉江大桥、武汉绕城公路东北段、汉十、襄荆高速公路连接线等16个项目。

能源方面主要有：长江三峡工程、湖北宜昌东山等22万伏输变电工程、湖北江汉油田开发、汉江油田产能建设、湖北陡岭子水利枢纽、湖北高坝州水电站电站部分、武汉关山热电厂二期工程、农网改造二期工程等8个项目。

工业方面主要有：武汉钢铁集团公司第二热扎带钢厂、湖北鄂州多品种化纤织染工程、黄石东贝电器股份分公司无氟压缩机扩建项目等3个项目。

城建方面主要有：武汉轻轨一号线一期工程等1个项目。

科技方面主要有：武汉理工大学光纤传感器股份有限公司光纤传感产业化、华光器材厂光学加工微晶玻璃基板产业化示范工程等2个项目。

社会发展方面主要有：武当山太子坡景区建设、湖北剧场改造工程、孝感学院扩建工程、武汉东湖落燕景区建设、湖北大学图书馆、武汉科技大学科研楼等6个项目。

列入湖北省2002年拟新开工项目共22个，总投资554.7亿元，2002年计划投资86.4亿元，主要有中加合资宜昌磷矿矿肥结合工程、清江水布垭水电站、蒲圻电厂、武汉关山热电厂二期工程、武昌热电厂天然气工程、沙市热电厂天然气一期工程、湖北史密斯燃机电厂、九宫山发电厂一期工程、城市天然气输配工程、武汉市城市生活垃圾焚烧发电项目、汉十高速公路孝感至襄樊段、武汉阳逻长江大桥、宜昌至万州铁路、襄樊机场飞行区扩建工程、武汉天兴州公铁两用长江大桥、空军汉口新机场、红桃K集团生血宁产业化、武汉多福科技股份有限公司渔用生物技术产业化、武汉华工光纤电力互感器及发(变)电站自动化设备高技术产业化、武汉航空仪表有限责任公司工业废水处理及物料回收膜技术装置产业化、省博物馆扩建、宜昌黄牛岩生态旅游风景区等项目。

三、2002年投资建设采取的主要政策措施

(一)按照政企分开的原则，进一步深化投融资体制改革

深化投融资体制改革是调整投资结构，提高投资效益的根本途径。近年来，随着项目法人责任制、招投标制的颁布实行，投融资体制改革逐步深化。按照国家进一步深化投融资体制改革的基本思路，根据建立市场经济体制和加入WTO的要求，当前投融资体制改革的重点是按照政企分开的原则，进一步转变政府投资管理职能，逐步建立“谁投资、谁决策、谁收益、谁承担风险”的投资决策体制。除国家重大项目和有特殊规定的项目外，企业投资的一般竞争性项目，符合国家产业政策的，应逐步过渡到由企业自主决策，政府主要通过制定产业政策、发布投资信息等方式引导企业投资活动，并对投资项目的土地、环保等方面进行必要的审批。同时努力扩大基础设施和公益性建设领域的开放程度，允许和鼓励不同所有制的投资者参与建设。

(二)继续加强基础设施建设，保持投资稳步增长

2002年，湖北省将继续抓住国家增发国债加大投入的机遇，进一步加快基础设施项目建设，保持重点项目建设对全省投资的有效拉动。农林水利方面：重点抓好武汉江堤、洪湖、监利长江干堤、汉江遥堤等长江、汉江堤防工程建设以及大中型水库整险加固、分蓄洪区等防洪工程建设，进一步提高防灾抗灾能力；能源方面：继续加快全省城乡电网建设与改造步伐，确保年内完成农网改造二期工程建设，开工建设清江水布垭水电站，加快宜恩洞坪电站、武汉垃圾发电厂、九宫山风力发电场、城市天然气输配工程等一批重大能源建设项目前期工作步伐，争取2002年开工建设；交通方面：重点抓好京珠国道湖北南段、襄荆高速公路、汉十路襄樊至十堰段、长荆铁路、恩施州通县道路和荆州、鄂黄、巴东长江大桥等在建项目建设，进一步加快前期工作，争取使汉十路孝感至襄樊段、武汉阳逻、天兴洲长江大桥、宜万铁路等一批重大项目2002年年内开工建设；城市基础设施建设方面：重点是抓好武汉轻轨一号线、武汉绕城公路东北段以及武汉、襄樊、荆州、十堰等城市污水综合治理等在建项目建设。同时，继续争取国家开发银行的统借统贷的方式，进行城市基础设施综合贷款试点工作，力争通过多种投融资渠道，积极筹措建设资金，使全省城市基础设施条件有一个大的改善。此外，要充分利用城市基础设施的改善为房地产业所提供的发展空间，在加强城市统一规划的基础上，大力促进房地产业的健康发展，要以住房制度改革为契机，尽快开放二级市场，把启动住宅的社会消费和加快房产业的发展紧密地结合起来，保持2001年以来房地产投资快速发展的良好势头，努力使房地产投资成为拉动全省投资增长的重要力量。

(三)加大高新技术产业投入力度，加快技术创新步伐，提升产业竞争力

2002年湖北省将继续抓住国家加大高新技术产业投入的有利时机，立足已有优势，强化湖北特色，集中力量，突出重点，以局部领域的突破带动高新技术产业群的成长，推动全省高新技术产业整体发展。一是以加强“武汉·中国光谷”建设为重点，积极扶持武汉邮科院、华工、长飞等大院大所大企业的高新技术产业化项目建设，尽快形成湖北省高新技术产业发展的核心支撑。二是切实加强政府对高新技术产业发展布局、规模和结构的宏观指导，拓宽高新技术产业项目的投融资渠道，积极探索建立风险投资机制，充分发挥政府风险投资基金的引导作用，以注入资本金、参股、担保等形式鼓励和引导银行、企业和社会以风险资本投资高新技术产业。三是把技术创新与技术改造结合起来。在重点抓好国家重点国债专项技改项目以及装备国产化等专项计划项目建设的同时，支持重点企业、科研院所建立和完善产品研发体系、内部信息系统、生产自动化管理系统，建设一批示范工程，推进信息化带动工业化进程，加快工业结构调整步伐，积极应对加入WTO后所面临的挑战，努力提升全省工业的竞争力。

(四)抓紧做好项目前期工作

自2000年以来，湖北省围绕“十五”计划的“七大建设工程”，进一步充实和完善了重大项目储备库。这些重大项目，特别是拟新开工项目，虽然已经初步纳入规划，但要做到规划与年度计划实施相衔接，必须进一步加大工作力度，花大力气，扎扎实实地推进各项前期工作。为此，2002年湖北省将集中一定的人力和财力，组织专门班子，制定目标，有步骤、有计划、有重点地开展工作。一是根据项目进展的不同阶段分类管理。对续建项目要对工程进度、质量等方面加强管理，加快建设，特别是收尾和竣工的项目，要集中力量予以确保；对拟新开工的项目，要抓紧完善开工前的各项建设条件，尽早开工建设；对前期和后备项目，加强与国家衔接，紧扣国家投资政策的各项要求，抓紧完成各项审批程序，确保项目滚动实施。二是做好行业规划、地区规划和重大项目规划之间的衔接，对于符合结构调整要求，有市场、有规模、有效益的项目，予以重点支持；对于不适应市场需求变化的，低水平的重复建设，严格控制。

(五)采取有力措施，鼓励和引导民间投资的发展

随着国债投资的逐步减少，如何引导民间投资广泛参与投资建设，使湖北省的投资仍能保持适度增长，支撑全省经济发展，已成为当前投资领域面临的一项紧迫的工作。2001年，湖北省政府以鄂政发[2001]76号文下发了由湖北省计委代拟起草的《湖北省促进民间投资发展的若干意见》，2002年关键是要抓好贯彻落实的问题。在启动民间投资工作中，重点是要按照“一放三改”即放宽投资领域、改善政策环境、改善融资渠道、改善服务环境的总体思路，转变政府的职能和观念，加快改革步伐。一是改变政府部门包揽过多的投资管理方式，退出竞争性建设领域，把竞争性和经营性强的领域尽可能交给民间去投资，政府主要集中资金用于公益性和政策性项目的建设。对于部分公共产品、

公共服务项目,也可以通过制度创新,逐步依靠市场化和社会化的方法来解决。二是用制度打破垄断,为民间投资进入创造条件。除关系国家安全和必须由国家垄断的领域外,其余领域都允许民间投资进入;鼓励和允许外商投资进入的领域,都向民间投资开放。当前重点是要引入竞争机制,开放基础设施投资领域。根据中长期发展规划,可由政府确定一部分基础设施重大项目,通过招投标方式选择业主,鼓励和引导民间投资进入。三是加大政策扶持力度。清理和修改现行对民营经济的歧视政策,切实解决民间投资者在土地征用、项目审批、进出口经营权、税收负担等方面的不公正待遇,同时制定相关配套政策,为民营经济的直接融资和间接融资创造便利条件,促进民间投资加快发展。四是提供良好的社会服务和社会保障。为民间投资发展提供政策咨询、市场信息、资产评估、财务分析、技术支持等全方位的服务;同时要依法行政,减少政府干预,取消不合理、不合法的收费项目,切实减轻民营企业负担。

(六)采取积极对策,加大利用外资力度

入世后,湖北省吸引外资又面临一个新的发展机遇,但要使利用外资有较快增长,仍要采取积极对策,进一步加大工作力度。一是要扩大对外开放领域,引导外资投向农业、生态环保、教育、医疗等领域,扩大银行、保险、证券、商业、电信、中介服务机构等主要服务贸易行业利用外资试点。二是要研究制定外商以并购方式参与湖北省国有企业的改组、改造的政策措施,加快全省产业结构调整步伐。三是引导和鼓励外商特别是跨国公司投资高技术产业和基础设施,提高外资项目的技术含量。四是合理利用国际金融组织和外国政府贷款,努力拓宽贷款使用领域。五是积极探索新的利用外资方式。在继续推广 BOT、项目融资等方式的同时,积极采用收购、兼并、投资基金和证券投资等方式利用中长期国外投资,使湖北省利用外资水平上一个新的台阶。

(七)抓好项目全过程管理,确保工程质量

一是要严格按基本建设程序办事。项目审批工作可以加快,但必须按基本建设项目的审批程序,履行报批手续。在审批中,要严格按照项目法人责任制以及招标投标法的要求,对项目法人的设立、必须招标投标项目的招标方式、招标范围等方面进行核准。对已审批确定的建设内容不得随意更改,严禁"三边"工程。二是要加强项目的概算管理,对项目概预算实行"静态控制、动态管理"。静态投资要严格控制,建设项目初步设计静态投资概算超过原批准可行性研究静态投资估算 10% 的,要报经可行性研究报告批准单位重新审批。项目的初步设计及概算一经批准后,静态投资一律不再进行调整。凡主要使用财政性资金建设的项目,原则上不得超概算,否则,应重新办理审批手续。三是严格实行竣工验收和后评价制度。未经竣工验收的项目不得投产使用。同时开展建设项目后评价工作,及时总结建设经验,改善项目管理。四是严格执行"四制",加强建设项目审计,严格控制投资,严格按批准的设计施工,杜绝建设项目实施中的随意性和资金流失及损失浪费等不良现象。五是加大监督检查力度,加强部门配合,逐步形成人大、纪检、监察、审计、计委、财政共同监督检查的协调机制,保证建设项目顺利健康地组织实施。

湖南省投资建设情况

湖南省省长

投资、消费和出口是驱动经济增长的"三驾马车"。发达国家或地区的经济增长过程表明,投资是经济增长的重要动力,它在增加供给、扩大需求、改善结构等方面有着广泛的影响。特别在经济相对过剩时期,扩大投资规模,刺激投资需求,对经济增长作用尤为突出。湖南作为内陆地区的传统农业大省,要实现向经济强省的跨越,当前及今后一个相当长的时期,必须保持较大的投资拉动力度,以促进湖南经济快速发展。

一、投资建设推动湖南经济社会向前迈进

经济发展的实践表明,投资是支撑湖南经济稳定运行,拉动经济增长的主动力。大规模的投资建设,推动着湖南经济发展、社会进步、人民生活水平不断提高。

（一）投资规模扩大，推动经济后劲日益增强。新中国成立52年来，湖南全社会固定资产投资累计完成8304.27亿元，投资规模由1950年的1.03亿元增加到2001年的1210.63亿元，年均增长14.9%。分阶段看，1979－2001年，即改革开放23年来，湖南投资建设呈现出稳定增长的态势，全省累计投资8028.6亿元，是前29年投资总量的29.1倍，年均增长19.5%；90年代以来，湖南投资建设进入快速发展时期，1991－2001年累计投资7103.49亿元，占52年来投资总量的85.5%，年均增速高达23%。建设资金的巨大投入，固定资本的大量形成，为湖南的经济社会发展奠定了坚实的物质基础。全省国内生产总值从1952年的27.81亿元扩大到2001年的3983亿元，按可比价计算增长27.2倍，年均增长7%。特别是近年来，湖南投资与GDP显示出一种明显的正相关关系，表明投资对经济增长的支持与推动作用增强。“九五”期间，湖南投资年均增速高出全国4.8个百分点，GDP增速则相应高出全国1.4个百分点，投资对GDP增长的贡献率为35.2%；2001年，湖南投资增速继续高于全国1.4个百分点，GDP增速也高1.7个百分点，投资对GDP增长的贡献率达49.6%。投资的持续增长，增强了湖南经济发展的后劲。

（二）投资主体变革，推动经济成份多元化发展。改革开放以前，湖南投资主要以国有经济为主导，集体经济和个人投资为补充，其他经济主体的投资几乎为零。1978年，全省国有、集体和个人投资占全社会投资的比例为73:16.7:10.2。随着投资体制改革的不断深化，国有经济投资的战略性调整，以及政府一系列鼓励非国有投资政策的出台，湖南投资主体向多元化方向发展。2001年，国有、集体、个人和其他经济（含联营、股份制、外商、港澳台等）投资的比例演变为51.1:12:24.1:12.8，国有和集体投资比重下降，个体和其他经济投资比重明显上升。特别是近年来，在政府的鼓励和引导下，新的投资亮点不断形成，联营、股份制、外商、港澳台等其他经济投资十分活跃。2001年，其他经济投资增长69.2%，其中股份制经济投资增长28.1%，港澳台商投资增长47.4%。投资主体的多元化，为湖南经济发展注入了新的活力，促进了非公有制经济的迅速发展。2001年，在全省GDP中，非公有制经济所占比重达到41.2%，比1995年提高13.2个百分点。在规模以上工业企业总产值中，非公有制经济比重由1998年的21.7%迅速提高到2001年的47.5%；2001年非公有制工业企业总产值增长25.9%，其中联营企业增长3.13倍，外商投资企业增长83.7%，私营企业增长60.4%，港澳台商投资企业增长19.3%。

（三）投资结构调整，推动经济结构优化升级。近年来，湖南通过优化和调整投资结构，促进经济结构战略性调整，经济增长方式逐步由过去的粗放型向集约型转变，由过去片面强调经济增长的数量和速度向重视经济运行的质量和效益转变，使经济综合素质明显增强。在投资结构方面，湖南坚持稳定发展第一产业，优化提高第二产业，加快发展第三产业。“八五”、“九五”时期，湖南第一产业的投资比重始终保持在3%左右；第二产业投资比重虽然由“八五”的35.1%下降到“九五”的28.2%，但工业技术改造力度明显加大，更新改造投资由1990年的25.24亿元扩大到2001年的198.31亿元，年均增长20.6%；第三产业加快发展，投资比重由“八五”的61.9%提高到“九五”的68.9%，特别是房地产业呈现产销两旺的高速增长势头，房地产投资由1990年的2.14亿元扩大到2001年的107.41亿元，年均增长42.8%。投资结构调整，推动湖南经济结构不断优化升级。“八五”时期以来，湖南的产业结构逐步由“一、二、三”向“三、二、一”转变。第一产业占国内生产总值的比重逐年下降，由1990年的37.5%下降到2001年20.7%；第二产业由33.6%上升到39.5%；第三产业由28.9%上升到39.8%。特别是旅游、信息及其他服务行业增长势头看好，使2001年第三产业在GDP中的比重首次超过第二产业。

（四）投资政策倾斜，推动基础设施迅速改善。湖南基础设施建设滞后，曾一度成为制约全省经济发展的瓶颈。随着政府投资职能和定位的科学回归，政府投资改变了过去无所不包的状况，从一些竞争性领域逐步退出，重点转向基础性和公益性项目。进入90年代后，湖南基础设施的建设步伐明显加快。特别是“九五”时期，湖南紧紧抓住国家实施积极财政政策、投资重点向基础设施倾斜的有利机遇，举全省之力，建成了一批重大基础设施项目，有效缓解了瓶颈制约，促进了经济增长。1991—2001年，湖南基础设施建设累计投资2395亿元，年均递增29.3%。一是加强洞庭湖及湘资沅澧四水治理、长江大堤加固、城市防洪堤、湖区平垸行洪等工程建设力度，增强了抗御洪涝灾害的能力；二是加强旧城改造、城市道路、城市绿化建设，大大改善了城市形象；三是加强了高速公路和铁路复线及电气化建设，已建成通车长沙到株洲、湘潭、衡阳、益阳、常德等的高速公路，新建了沟通枝（城）柳（州）与（北）京广（州）线的石（门）至长（沙）铁路，交通条件得到明显改善；四是顺利完成邮电通信“168”工程和“718”工程，建成了湖南信息高速公路传输交换平台为主体的18个通信网络，实现了邮电通信的适度超前发展；五是加强了主电厂建设和城乡电网改造，建成了湘潭新电厂、耒阳电厂、石门电厂、五强溪水电站、凌津滩水电站等主电厂，形成了一整套具有一定规模的现代电力工业体系。

（五）投资领域拓宽，推动社会事业全面进步。湖南在加快经济发展的同时，始终把社会各项事业的发展放在重要位置，加大投入，全面推进。1979—2001年全省科技、教育、文化、卫生、体育等各项事业共投入资金320.38亿元，占同期国有经济投资的7.2%，年均增长21%。目前全省呈现教育优先发展、科技与经济紧密结合、文化艺术繁荣振兴、广播影视创新突破、卫生体育长足发展的崭新面貌。

二、湖南投资运行中必须跨过的几道“门槛”

面对复杂多变的国际经济环境和中国加入WTO后的

新形势，湖南经济社会发展的任务还十分繁重。投资增长既有机遇，也面临严峻的挑战。投资增长下降、投资动力弱化等矛盾和问题进一步显现。

一是投资总量偏小，增长后劲不足。湖南属于典型的投资拉动型经济，但投入不足的矛盾一直比较突出。1978年，湖南全社会投资20.15亿元，仅比广东少7.08亿元，两省投资比为1:1.4；到2001年，湖南全社会投资1210.63亿元，比广东少2325.78亿元，两省投资比为1:2.9，投资差距明显拉大。湖南的投资率一直较低，年均不足30%，不仅低于沿海发达地区，也低于全国平均水平。2001年湖南投资率上升到30.4%，但仍低于全国和广东8.1和3.1个百分点。由于湖南投资规模小，投入不足，使全省经济实力在全国排位移至第12位。

二是国有投资占主导，非国有投资启动缓慢。2001年，湖南国有经济投资完成618.54亿元，占全社会投资的51.1%，比广东高15.8个百分点，国有投资仍然唱主角。特别在基础设施建设领域，国有投资占95%以上，处于绝对主导地位，这一比重超过全国10多个百分点。国有投资比重高，从另一个角度说明了湖南民间投资尚未全面启动。"九五"期间，湖南非国有投资占全社会投资的比重保持在45%—48%之间，2001年为48.9%，民间投资总量还不及民间金融资金存量的20%，民间投资仍然发展不快。从民间投资的构成分析，湖南非国有投资主要集中在农村，2001年农村集体和农村个体投资332.37亿元，占非国有投资的56.1%。这一状况制约了全省非国有投资的快速增长，因为农村投资环境欠佳，经济发展慢，筹措资金难，农户投资疲弱，最近两年只增长2.5%和1.4%。而且，这些投资绝大部分为一次性生产投资，不能形成持续的生产能力。另外，个体投资中七成以上投向居民自身的住宅建设，总量占非国有投资的42.9%。由于住宅投资属非生产性投资，无延续性和滚动性，制约了非国有投资的增长后劲。大量分散的农村个体投资、非生产性投资，使非国有投资的乘数效应大打折扣。

三是融资渠道有待拓宽，招商引资规模小。改革开放以来，湖南投资主体多元化，资金来源多样化的趋势越来越明显，但与沿海发达地区相比，湖南融资渠道仍未有效拓宽。2001年，全社会投资中，企业自筹资金757.56亿元，增长21.5%，占总投资的62.6%；国内贷款206.1亿元，下降3.4%，占17%；国家预算内资金93.43亿元，增长22.1%，占7.7%；利用外资29.22亿元，增长32.7%，占2.4%；其他资金122.84亿元，下降4.5%，占10.1%。企业自筹资金增长较快，占总投资的比重大，说明企业通过其他融资渠道获得资金的机会有限，特别是国家预算内资金和银行贷款九成以上投向国有经济，这对非国有经济的筹资和发展是不利的。国内贷款和其他资金呈负增长，说明目前的融资渠道没有充分拓展，特别是非国有经济在发展和筹资方面，还没有完全享受到与国有经济完全平等的待遇，融资难的问题依然存在。资本市场融资规模小，2001年全省上市公司34家，证券融资24.6亿元。"九五"期间，利用外资占总投资的比重低于全国5个百分点。

四是投资效益需提高，投资环境待优化。投资对经济增长的作用力，取决于投资总量的扩张和投资效益的提高两个因素。近年来虽然湖南投资总量增长较快，但投资效益没有实现同步。投资效果系数（即每百元投资新增国内生产总值）"八五"时期平均为85元，"九五"时期减少到36.4元，到2001年仅为24元。因此，如何继续深化投资体制改革，切实提高投资效益，特别是政府投资和国有企业投资效益，坚决避免在投资低效益和无效益的基础上简单地实现投资扩张，是我们面临的一项艰巨任务。一个地区投资环境的优劣，直接决定着这个地区吸引投资、发展经济能力的强弱。相对沿海来讲，湖南不仅经济实力不够强，更为重要的是尚未营造像沿海地区那样的良好投资环境。因此，必须全省上下同心协力，下大力改善和优化经济发展环境，争取营造出类似于沿海发达地区的投资环境。

三、全面促进湖南投资持续较快增长

"十五"时期，中国进入全面建设小康社会，加快推进社会主义现代化的新的发展阶段。湖南提出"十五"时期GDP年均增长目标为9%。要实现经济增长的这一目标，投资增长必须保持较高的水平。因此，要多渠道增加投资，进一步优化投资结构，突出重点，努力实现"十五"投资7300亿元的预期目标。

一是努力拓宽筹资渠道，缓解资金短缺矛盾。要抓住国家继续实施积极财政政策的机遇，继续争取国家资金投入，认真筛选一批符合国家政策要求的续建或新开工重大项目上报，争取更多的项目选进国债笼子。加强预算内、外资金管理，各级政府要调整支出结构，规范投资领域，采取灵活的投资方式，加大财政对投资的支出比重。通过放宽投资领域，改善投资环境，吸引更多的社会资金参与建设和技术改造。搞好资本市场融资，抓紧做好新股上市和已上市公司的配股、增发新股工作，引导上市公司合理使用资金，进行实业投资。选择一批符合条件的企业发行债券。积极开展资本运营，支持上市公司依法依规进行股权转让，通过规范招标拍卖国有土地使用权，出让一批基础设施、国有企业和国有公用事业的产权，兑现资本进行再投入。加强投资项目与省内商业银行的衔接工作，促进储蓄和投资转化。进一步加大金融对经济的支持力度，通过几年努力，争取湖南的贷款总量与经济发展规模相适应。

二是加快投资体制改革，鼓励和引导非国有投资。为适应市场经济和加入WTO的新形势，必须继续深化投资体制改革。建立和完善项目法人责任制，强化投资的风险约束。加快建设和完善投资调控机制，从多方面强化对投资结构的宏观调控。强化对投资主体的外部约束，确保各类投资活动高效运行，如建立科学的投资决策机制、项目资本金制度、项目登记备案制度、公开招标竞争制度、项目再评审制度等。强化企业的投资主体地位，重塑投资的微观基础，特别是更进一步明确界定国有经济投资的功能定位，避免政府包揽过多。在非竞争性的公益项目和基础项目领域，政府是主要的投资主体；在完全竞争领域，企业和个人是主要的投资主体；在不完全、准竞争性的领域，政府、企业与个人都是共同参与的投资主体。民间投资是相对政府投资而言的重要投资力量，必须千方百计启动民间投资，以增强湖南投资增长后劲。要认真贯彻执行湖南省《鼓励非国有经济投资若干政策规定》，并以近期城镇供水体制改革为突破口来引导和促进非国有投资。进一步降低准入门槛，允许社会资金以独资、合作、联营、参股、特许经营等方式进入国家政策允许的行业进行投资。简化审批手续，取消不利于非国有投资的各种限制性条文，在土地、信贷、税收、贴息、进出口等方面与其他企业一视同仁，建立合理的公共产品价格机制，为吸引非国有投资创造条件。建立和发展为非国有企业提供服务的信用担保机构和风险投资基金，支持具备条件的中小企业发行债券、股票上市进行融资。

*三是优化投资环境，加大招商引资力度。*良好的经济发展环境，已成为鼓励创业，吸引投资最为关键的一个因素。湖南要加快发展，单靠自身力量和本省市场难有出色的表现。着力优化经济发展环境，使现有经济活起来，各方面的积极性、创造性调动起来，大力吸引外来资金和聚集民间资本，这是湖南强盛起来的关键性措施之一。优化经济环境，整顿和规范经济秩序是一项长期而且紧迫的任务。要把深化行政审批制度改革作为一项治本之策，从源头上消除影响经济发展环境和市场经济秩序的体制性障碍；要把治理乱收费、乱摊派、乱罚款等行为作为优化经济环境的重点，切实减轻企业和群众负担；要把严厉打击制售假冒伪劣商品和欺诈蒙骗等违法犯罪活动作为整顿市场秩序的重点，进一步优化市场环境；要把诚实守信作为优化人文环境的重点，努力维护社会信用；要把提高效率、严格控制会议文件和检查评比作为优化政务环境的重点，致力于为企业和群众解决实际问题。总之，要通过营造一个良好的投资环境来不断吸引投资、争取投资和引导投资。入世后，中国正逐步减少市场准入限制，有步骤地放开金融、保险、电信、商业、旅游、国有企业改组改造等投资领域，跨国资本正以空前速度涌入中国，湖南一定要抓住机遇，加大招商引资力度，更多地争取外商来湘直接投资。要逐步扩大服务业和中介领域的对外开放。继续争取更多的国际金融机构和外国政府优惠贷款，积极探索风险投资、BOT、境外上市等利用外资新方式。目前国际上通行的利用外资方式之一是跨国并购，要按照国际标准和要求，精心选择和开发一批市场前景好、能够激发外商投资兴趣的大项目，吸引国际大公司、大财团来湘并购投资。同时，要主动争取外省市的资金投入和适合湖南省情的产业转移。

*四是调整投资结构，推进“三化”进程。*湖南是传统农业大省，工业化水平偏低是制约经济社会发展的主要矛盾。为了加快发展步伐，湖南省第八次党代会作出了加快推进工业化进程、促进农业大省向经济强省转变的决策。其核心内容就是，围绕提升全省经济实力和经济素质，不断调整投资结构，突出投资重点，着力推进“三化”(即工业化、农业产业化和城镇化)进程。推进工业化进程，重点要培育优势产业和骨干企业，力争通过改组改造、引大靠大、强强联合，培育和壮大一批优势企业。要进一步加大改造投资力度，运用高新技术和先进适用技术改造传统产业，支持重点骨干企业进行技术改造，从而提升产业层次，增强企业核心竞争力。要放手发展中小企业，积极鼓励和引导民营、外资、合资等各类企业发展。推进农业产业化进程，重点要加快农业和农村经济结构调整步伐，坚持以市场为导向，以科技为支撑，推动农业向区域化布局、规模化生产、标准化管理、产业化经营的方向发展，致力于“多的调优，好的调多，链条拉长，龙头做大”，加强农产品产加销一体化建设，大力发展农产品加工业，重点支持培育一批龙头企业。推进城镇化进程，重点要培育和壮大中心城市，加快发展长株潭城市群，其它市、州政府所在城市都要建成各具特色的区域性大中城市；要突出抓县城的扩容提质以及重点小城镇建设，特别对省里确定的56个重点小城镇要继续加大扶持力度；要始终把城市规划、城市经营、城市建设和城市管理摆到同等重要的位置。

湖南省近年固定资产投资变化表

单位：亿元

指标		1996年	1997年		1998年		1999年		2000年		2001年	
		投资额	投资额	增减%	投资额	增减%	投资额	增减%	投资额	增减%	投资额	增减%
投资总额		678.33	700.73	330	848.59	21	940.78	11	1066.29	13	1210.63	13.54
按经济类型分	国有经济	375.27	366.34	-2	457.00	25	522.95	14	574.12	10	618.54	7.74
	集体经济	79.25	84.48	7	95.65	13	95.81	0	118.80	24	145.78	22.71
	个体经济	178.58	195.17	9	230.15	18	263.42	14	281.89	7	291.56	3.43
	联营经济	0.56	0.89	59	0.53	-40	1.39	162	1.36	-2	1.42	4.41
	股份制经济	11.05	19.31	75	36.52	89	32.30	-12	49.80	54	113.59	128.09
	外商投资经济	21.38	23.33	9	10.70	-54	13.00	21	24.72	90	17.54	-29.05
	港澳台投资经济	10.95	8.37	-24	13.65	63	11.91	-13	13.69	15	20.18	47.41
	其他经济	1.29	2.84	120	4.39	55	2.56	-42	1.91	-25	2.02	5.76

湖南省近年固定资产投资变化表(续表)

单位:亿元

指标		1996年	1997年		1998年		1999年		2000年		2001年	
		投资额	投资额	增减%	投资额	增减%	投资额	增减%	投资额	增减%	投资额	增减%
按管理渠道分	基本建设	253.92	258.01	2	343.06	33	368.47	7	403.96	10	476.70	18.01
	更新改造	120.14	107.26	-11	115.54	8	143.30	24	175.20	22	198.31	13.19
	房地产开发	40.22	34.02	-15	42.12	24	55.50	32	74.83	35	107.41	43.54
	其他经济	264.05	301.44	14	347.87	15	376.07	8	412.28	10	428.21	3.86
按资金来源分	国家预算内资金	13.12	18.37	40	28.95	58	68.83	138	76.49	11	93.43	22.15
	国内贷款	126.98	108.41	-15	133.29	23	154.20	16	213.41	38	206.10	-3.43
	利用外资	28.62	30.86	8	32.62	6	32.93	1	22.01	-33	29.22	32.76
	自筹资金	368.93	423.71	15	472.94	12	532.87	13	623.37	17	757.56	21.53
	其他资金来源	140.68	119.38	-15	180.79	51	154.51	-15	130.99	-15	122.84	-6.22

广东省投资建设情况

广东省原常务副省长 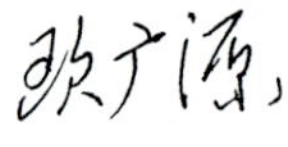

2001年，广东省认真贯彻中央扩大内需的重要决策，努力开拓市场，扩大投资需求，使全省经济在世界经济和贸易明显减速的情况下，实现了稳定增长。全年实现国内生产总值10556.47亿元，比上年增长9.5%，首次突破万亿元大关。从三大需求来看，投资和消费继续增长，内需成为拉动经济增长的主要因素。全年全社会累计完成固定资产投资3536.41亿元，增长9.4%；社会消费品零售总额4515.28亿元，增长10.9%；进出口总额1764.95亿美元，增长3.8%。

从投资总规模来看，2001年广东省仍居全国首位，占全国固定资产总量的9.6%；但从增长速度来看，却低于全国平均水平2.7个百分点。

广东省投资规模继续保持稳定增长，扩大投资需求与扩大消费需求进一步紧密结合。

一、2001年投资建设情况

(一)投资增速平稳加快

从逐月完成情况看，2001年广东省固定资产投资增长稳而快。与往年不同，2001年全省固定资产投资月度增速保持在9.4%至13.6%之间，波动幅度仅为4.2个百分点，是近几年来运行最平稳的年份。

为了全面扩大国内需求，2001年广东省在扩大投资需求时，注意加大与改善投资环境、继续增加基础设施投资、提升产业竞争力以及扩大消费需求关系密切的投资。

图1　广东省1998年至2001年投资逐月增速图

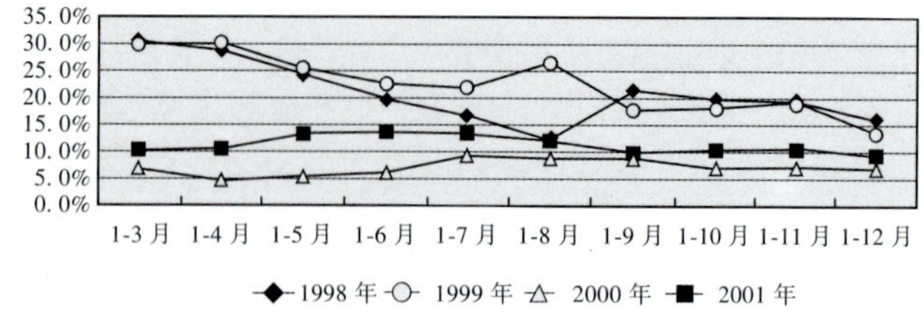

(上半年和全年增速按全社会固定资产投资口径同比计算；其余月份均按不含城乡集体和个人投资完成额同口径同比计算)

图2　广东省2000年2001年基建、更改、房地产投资逐月增速图

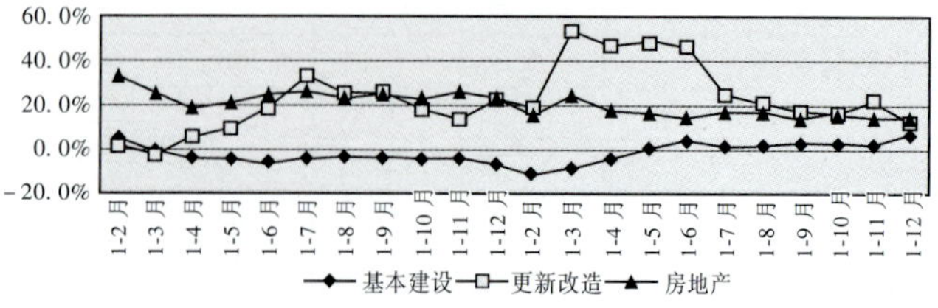

(二)基建投资增速回升,重点建设项目进展顺利

广东省基建投资自2000年3月至2001年4月,出现连续13个月的负增长;2001年5月开始止跌,呈低缓增长态势;全年基建投资完成1243.72亿元,实现了6.9%的增长,这确实来之不易。

2001年,广东省共安排50项重点建设项目,计划投资320亿元。截至年底,省重点建设项目累计完成投资334.05亿元,为年计划的104.4%,超额完成了年度投资计划。2001年广东省重点项目建设是围绕广东"十五"规划的"五网、两铁、两港"为主的基础设施建设和重大产业结构调整开展工作的。按照"保收尾、保投产、保重点续建"的原则,2001年重点做好收尾、投产项目和已开工重点续建工程的协调、落实和推进工作,保证项目尽快发挥投资效益。同时抓好后续重大项目前期工作,推动项目尽快开工建设。2001年竣工投产重点项目共有11项,全年新增高速公路里程近314公里,雅阁小汽车生产能力达到5万辆/年,新增片式电容、电阻生产能力200亿只/年,农村电网改造102个农电单位全部完成,农村电网损耗明显降低,"九运会"设施如期完成并投入使用。16个重点续建项目进展顺利,其中,广州新机场高速公路、京珠高速公路广东段、粤海铁路广东段、广州地铁二号线、东深供水改造等项目进展迅速,投资完成量大,成为支撑基建投资增长的主要因素。2001年新开工重点项目23项,主要包括广州新白云机场、珠江出海口门整治、揭普高速公路、京九复线改造、广州国际会展中心等,保证了投资增长的后劲。省里重点推进的重大项目前期工作也取得突破性进展,部分将在2002年开工建设,主要包括南海壳牌石化项目,广州地铁三号线、LNG项目接收站及输气管道工程、广州天河软件园、珠海南方软件园、潮州供水枢纽工程等。

(三)商品房销售市场活跃,房地产开发投资持续增长

受住房制度改革推进和鼓励房地产二级市场交易措施的刺激,广东省房地产投资自1998年以来持续保持两位数的增长速度。尤其是近年来,由于城市交通设施和居住环境的改善,新的楼盘开发热点不断形成,如广州"南拓"、地铁3号线掀起番禺区楼盘开发热潮,深圳滨海大道的建设也令南山区楼盘热销。2001年,全省累计完成房地产开发投资972.34亿元,比上年增长13.2%;房地产新开工面积3313.34万平方米,增长23.2%;峻工面积2755.17万平方米,增长7.6%;商品房销售建筑面积2144.25万平方米,增长9.1%;至年底累计空置面积1958.56万平方米,下降1.0%。由于1995年以来对房地产开发规模进行了适度合理控制,避免了房地产开发的大起大落,促进了房地产开发的持续健康发展。

(四)企业技术改造意愿增强,更新改造投资持续快速增长

广东省国企三年改革和脱困的目标已基本实现,为应对加入WTO后更加激烈的市场竞争,企业通过技术改造来增加产品品种和技术含量、提高效益的意愿在不断增强。2001年,全省累计完成更新改造投资485.01亿元,比上年增长11.4%。从行业来看,更新改造投资主要集中在邮电通讯业、制造业、交通运输业和电力,分别完成更新改造投资176.59亿元、112.17亿元、71.37亿元、39.68亿元,分别增长7.2%、17.0%、12.7%、59.6%。

(五)区域协调发展进一步增强,东西两翼和粤北山区投资增长速度加快

2001年,珠江三角洲、广东东西两翼和粤北山区分别完成固定资产投资2593.10亿元、492.51亿元和230.31亿元,分别比上年增长10.4%、20.4%、13.3%。东西两翼和粤北山区投资增速均高于珠江三角洲,也高于全社会投资增速。全省除汕头和清远两市投资比上年分别下降了9.1%和3.6%外,其余地市均实现了增长。

(六)各类建设资金比较充裕

与往年因资金不到位不理想制约工程进度的情况不同,2001年,广东全省固定资产投资(不含城乡集体和个人投资)到位资金2860.57亿元,增长11.6%,到位情况良好,保证了建设项目工程实施进度。其中自筹资金达1389.10亿元,增长13.2%。由于项目预期收益较好,国内银行也加大了对广东的固定资产投资贷款力度,年度贷款额度达536.70亿元,增长5.7%。

(七)民间投资加快启动

2001年,全省累计完成城乡集体和私人投资712.7亿元,比上年增长12.6%,增速高出同期全社会固定资产投资2个百分点。基础设施、旅游、教育产业等领域的民间投资呈现增长的趋势。

当前广东省固定资产投资在整体运行良好的情况下,还存在一些问题。一是投资正常增长的机制尚未形成。基建投资增速虽有所回升,但增长的基础仍不牢固;城乡集体和个人投资虽保持增长,但在全社会固定资产投资中所占比重仍偏低,民间投资增长的体制性因素并未消除;投资资金仍以自筹资金和银行贷款为主,债券、资本市场、项目融资等融资方式发展缓慢(2001年,全省固定资产投资资金来源中,债券资金仅3.99亿元,比上年下降了43.1%;债券资金仅占投资资金的0.1%)。二是投资效益有待进一步提高。由于项目征地拆迁等原因,导致部分基础设施等项目建设进度延缓,一定程度上影响了工程投资效益。2001年,广东省基建和更新改造投资新增固定资产852.15亿元,仅增长4.7%;基建和更新改造项目投产率40.8%,比上年下降了1.6个百分点;房地产开发施工面积比上年增加11.3%,而竣工面积仅增加了7.6%。

二、2002年投资形势展望

2002年,广东省经济发展总体上将继续保持上年的趋势,GDP预期增长9%左右。从三大需求看,固定资产投资预期增长8%,社会消费品零售总额预期增长11%,外贸出口力争有所增长。

当前和今后一个时期,广东省仍要紧紧围绕扩大投资需求开展各项工作。要积极推进投融资体制改革，加快形成投资稳定增长的内在机制；努力扩大投资需求，保持全社会投资适度增长；促进和培育民间投资，着力优化引入外资结构，提高吸收外资质量；继续调整投资结构，把技术进步、产业结构优化和升级放在突出位置，提高投资增长质量；加强政府财政性资金投资项目管理，提高投资效益。

从发展环境看，广东省2002年投资有望继续保持较快增长。虽然世界经济增长缓慢，将影响广东出口的增长，但也给广东扩大利用外贸提供了良好的机遇。从国内环境看，中国开始在世贸组织的框架下开展对外经济合作，继续实行扩大内需政策和实施西部大开发战略，党的十六大召开，全国财政状况良好，这些都有利于广东经济的发展。从省内环境看，广东已初步具备了参与国际经济竞争的基础，加入世贸组织将进一步增强粤、港、澳三地的经济合作，形成共同参与国际竞争的合力，从而提升广东经济的国际竞争力。高新技术产业和第三产业发展势头良好，经济增长的稳定性有所增强。市场经济秩序与社会治安"两大整治"工作取得明显成效，部分地区的商业信用有所好转。"十五"计划中一批重大项目陆续启动，基础设施建设将迎来新的高潮。省九次党代会的胜利召开，进一步明确了2002年的工作方向和重点，振奋了全省人民抢抓机遇、加快发展的信心。因此，只要坚定信心，迎难而上，扎实工作，就能实现2002年的经济增长和投资增长的目标。

2002年在投资领域要重点抓好以下几个方面的工作：

（一）加快投融资体制改革，优化投资软环境

根据建立市场经济体制和加入世贸组织的要求，继续深化投融资体制改革，形成企业自主决策、银行独立审贷、政府宏观调控的新型投融资体制。一是适应新情况、新变化，对新建、扩建和改造项目，建立健全统一规范的固定资产投资管理制度，加强和改进投资的宏观调控，逐步推行网上审批和备案制度。二是进一步完善"谁投资、谁决策、谁收益、谁承担风险"的投资决策机制，除重大项目和有特殊规定的项目外，企业投资一般性的竞争性项目，凡符合国家产业政策的，由企业自主决策，实行登记备案制度。政府主要通过制定产业政策、发布投资信息等间接调控方式引导企业的投资活动。三是加强监督管理，建立约束机制。按照"权力与责任对称"和"谁审批、谁负责"的原则，建立项目审批责任追究制度；加强对取消和下放的审批事项的后续监控措施。四是加强政府财政性资金投资项目的管理。逐步在有条件的民用建筑、基础设施等项目中推进代建制（交钥匙工程），在财政性资金投资项目中推进限额设计。

（二）落实地方配套投资，确保国债项目竣工投产

1998年以来，广东142个项目共争取到国家安排的国债投资126.35亿元。目前，这些项目的剩余工作量不到30%。2002年，国家将继续发行1500亿元的长期建设国债。广东在继续争取国家资金支持的同时，将大力督促国债项目地方配套投资的到位，继续加强对国债资金使用、项目建设、工程进度和工程质量的监督管理，确保在建国债项目干净利落地收尾。加强项目稽察工作，严肃查处建设中出现的资金使用、质量管理等方面的问题。

（三）继续积极推进重大项目建设

广东省"十五"期间规划建设"五网、两铁、两港"及工业、商贸、社会发展等重大项目148项，投资4914亿元。2002年，全省安排基本建设重点项目53个，年度计划投资380亿元。将加快广州白云机场、广州地铁二号线、深圳地铁一期、京珠高速公路广东段、广东电网、潮州供水枢纽、珠海精对苯二甲酸、惠州中海壳牌石化、珠江钢厂、广州国际会展中心等已开工的重点项目的建设，力争珠江钢厂、广州国际会展中心等六个项目建设投产。尽快启动"十五"计划中的项目，加大广州至佛山和广州至东莞城际轨道交通、液化天然气接收站及燃气电厂、广东第二抽水蓄能电站、湛江纸浆厂、茂名和广州炼油及乙烯扩建等重点项目的前期工作力度。

（四）推进产业升级和技术进步

2002年广东省更新改造投资预期达540亿元，比上年增长12%。重点是现有企业的技术改造。要充分利用国家继续发行国债和技改贴息贷款的机遇，支持具备条件的重点行业和骨干企业进行技术改造。大力推进国民经济和社会信息化，以提升传统产业的发展层次和水平。在具备比较优势的产业和行业中，加快形成拥有国际知名品牌、掌握核心技术和自主知识产权的大企业和企业集团，提高国际竞争力。结合企业的技术改造，大力实施名牌战略、整机战略和重大装备战略。加快实施"科技创新百项工程"、高技术产业发展项目计划，2002年全省安排高新技术产业发展项目72项，总投资120亿元。

（五）促进和扩大民间投资

预计2002年全省城乡集体和个人投资860亿元，比上年增长12%。要根据《国家计委关于促进和引导民间投资的若干意见》，积极引导和促进民间投资。要进一步开放投资领域，凡对外资开放的领域和国家未明确限制的投资领域，都要对民间投资开放。通过政企分开和企业重组，打破交通、电力、通信、信息、旅游、中介服务、城市公用事业等行业垄断，形成适度竞争；进一步完善城市生活污水处理、垃圾处理收费机制，促进污水处理和垃圾处理产业化。继续鼓励各种所有制企业间的兼并、转让，引导民间资金参与国有企业的技术改造和产业升级。政府出让一些有较好效益的基础设施项目股权，如公路、桥梁、电厂、水厂等项目，引导民间资金的集聚，解决由于民间资金分散难以投资大中型项目的难题。正确引导民间资金投资到新一轮的基础设施、高新技术产业、规模化经营企业、优势名牌企业、农业产业化经营等领域。选择100家条件好的民营龙头企业，重点培育扶持，提高竞争能力。帮助中小企业提高信用等级，建立健全担保制度，为中小企业便利融资创造条件。积极探索发展产业投资基金、风险投资基金等聚集民间投资的有效方式。

（六）积极有效利用外资，提高吸收外资质量

预计广东省2002年实际利用外资163亿美元。在适度扩大利用外资规模的同时，将利用外资与广东的产业结构调整、科技进步与创新、开发人才资源、国有企业改革和扩大就业紧密结合，着力优化外资结构，提高吸收外资质量。抓住国际资本寻找新出路的时机，继续积极合理有效地利用外资，努力办好已签约项目，促进现有外商投资企业增资扩产。加大重大项目招商力度，选择比较成熟的重大项目进行国际招商。继续将“引进来”和“走出去”两个战略结合起来，鼓励广东有条件有实力的企业到境外投资办厂。

(七)健全和完善各种投资中介服务体系

所有投资中介服务机构，包括设计、咨询、监理、评估、会计、法律、审计、招标代理等要成立自律性行业协会，实行资质管理、信誉管理，并与政府管理部门业务脱钩。建立权威的投资信息网络和投资信息发布制度，定期开展项目推介会、招商会等，使各种所有制企业能获得较为准确的投资政策、项目规划等信息。

广西壮族自治区投资建设情况

广西壮族自治区发展计划委员会

2001年，广西壮族自治区在国家一系列鼓励促进投资政策的作用下，积极推进一批重大项目开工建设，特别是开工建设了龙滩水电站、百色水利枢纽、平果铝氧化铝二期工程等西部大开发标志性工程。全区固定资产投资取得了较快增长，标志着广西西部大开发迈出重要步伐，标志着自治区重大项目建设和经济发展进入了重要阶段。2001年，全区全社会固定资产投资完成731.25亿元，比上年增长10.8%。其中，基本建设投资完成324.31亿元，增长15.2%；技术改造投资完成86.6亿元，增长8%；房地产投资完成55.58亿元，增长43.7%。从行业投资看，农林牧渔、水利、交通、邮电、市政工程等基础设施和基础产业投资增长迅速，制造业投资取得恢复性增长，科教文卫等社会事业投资也取得了较快增长。投资需求拉动全区经济增长2.7个百分点，比上年提高1.5个百分点。

一、重大建设项目取得突破性进展

自治区在2001年初确定的118个重点建设项目进展顺利，全年新开工重大项目31个，是历年来开工建设重大项目数量最多、建设规模最大、投入资金最多的一年。围绕建设“西电东送”基地和完善西南出海通道，广西开工建设了龙滩水电站、百色水利枢纽、南宁至水任、南宁至坛洛高等级公路、滨海公路、边境建设等国家和自治区重点工程。加快实施了县县通二级路的路网工程，年底全区有53个县城实现了通二级公路。81个县市的农网建设与改造一期工程基本建成，启动了农网建设与改造二期工程，改善了农村供电能力和消费环境，减轻农民负担7亿元。全区加快开发优势资源，开工建设了平果铝氧化铝二期工程、一批现代农业示范园区和旅游基础设施等重大项目。加强水利基础设施建设，推进了南宁、梧州等城市防洪堤、沿海海堤和一批水利设施建设。启动了以退耕还林还草试点工程、珠江防护林工程为重点的生态环境建设。加大扶贫开发力度，建成了一批乡村公路、地头水柜、沼气池、人畜饮水和村村通广播电视等项目。加快了一批社会事业项目建设，实施了全区中小学危房改造工程、16个县级职教中心国债项目、广西大学“211”工程、一批高校基础设施项目、全区高校计算机校园网国债项目、14个地市中心血站国债项目建设。城市基础设施进一步改善，南宁机场高速路、南宁琅东污水处理厂、桂林市中山路改造一期工程、桂林市第四污水处理厂、桂林市解放桥改扩建工程、梧州市平浪水厂、北海市白水塘垃圾处理厂、玉林市城北水厂、柳州市潭中高架桥工程等项目已基本建成投入使用。南宁朝阳溪综合治理工程一期工程已完成，二期工程征地拆迁基本完成，河道整治A、B、C段已开工。南宁市快速环道、南宁城市管道燃气工程、南宁一吴圩机场高速路连接线、柳州市民用煤三期工程、桂林市中山路改造等工程进展加快。重大技改项目取得进展，南宁糖业股份有限公司蔗渣浆综合利用技改工程、桂林漓泉股份有限公司啤酒工艺改造工程、南宁烟草集团公司打叶复烤生产线改造工程等技改项目也已实现投产和部分投产。浮石水利枢纽、合浦至山口高速公路、大型水库除险加固工程、柳州酸雨合环境污染综合治理工程、广西主电网220千伏电网工程、柳州(沙塘)500千伏变电站扩建工程等10个重点项目实现投产或部分投产。兴业至六景高速公路等28个续建重点项目按计划顺利实施。自治区全年基本建设新增生产能力为：发电机组容量7.7万千瓦，11万伏及以上变电设备能力96万千伏安，增建铁路复线交付运营里程77.4公里，新建等级公路1161公里。其中高速公路37公里，二级公路282公里。

二、国债投资发挥关键性作用

2001年，广西壮族自治区继续抓住国家扩大内需、增发国债的机遇，积极争取中央国债资金支持，全年共争取到国债资金45.22亿元，其中一般国债资金31.73亿元，西部国债资金13.49亿元，是1998年以来争取国债资金最多的一年。全年下达国债项目年度投资计划130.26亿元,全年累计完成国债项目投资89亿元。国债投入对完成全年固定资产投资计划发挥了关键性作用。2001年全区GDP增长8.2%,高于全国0.9百分点。四年来国债项目建设取得重大成效，一是加强了城市基础设施建设，城市承载能力增强,改善了城市人居环境。建成投产了一批城市供水、污水和垃圾处理、交通等项目，新增城市日供水能力56.9万吨,日供燃气能力6.7万立方米,日污水处理能力20万吨,日垃圾处理能力400吨,城市道路63.4公里。二是进一步优化了全区路网总体结构。共建成高速公路565公里，一级公路64公里,二级公路504公里,三级公路504公里,四级公路76公里,地方铁路110公里,新增1000吨级船闸一座，电站装机12万千瓦；建成了桂海高速公路、黎钦铁路、西江二期等一批重大交通项目。三是农林水利建设明显加快,提高了防灾抗灾能力。在国债资金支持下,全区共完成150公里的堤防加固和52公里的标准海堤工程建设，治理水土流失面积214平方公里,封山育林2万公顷,大大提高了南宁、柳州、桂林、梧州、北海、钦州、防城港等沿江沿海城市的防洪防潮能力，生态环境治理也初见成效。四是加快了农网建设步伐，降低了农村电价。目前农网改造累计竣工县81个,占计划的91.6%,农村每千瓦时电价平均降低约0.25元,农村电网结构得到了优化,供电能力得到了增加，农村供电质量明显提高，从而拉动了市场的需求，带动了相关行业的发展。五是中央直属储备粮库建设顺利完成,缓解了国家粮食储备的压力。四年来,国家累计安排4.67亿元国债资金用于广西19个粮库建设，其中1998年安排建设的11个中央直属储备粮库和4个世行贷款粮食流通项目已经建成，新增仓容11.5亿斤，已装储备粮8亿多斤，有效地缓解了自治区由于粮食生产出现阶段性过剩给粮食收储带来的巨大压力，对保障粮食流通体制改革的顺利实施发挥了重要作用。六是促进了公检法司、教育、旅游、卫生等社会事业的发展。1998年以来,国家安排国债资金支持广西公检法司基础设施、高校及一批贫困县中等专业学校图书馆、实验楼、教学楼和一批旅游基础设施的建设。这批项目建成后，可新增公检法司业务用房49.5万平方米、学校教学用房15.37万平方米、中心血站2.9万平方米、旅游道路77公里，这将极大改变广西公检法司、教育、卫生、旅游等基础设施落后的面貌。国债投资同时支持了广西重点行业的技术改造。1999年以来，国家安排一部分国债作为贴息和补助支持广西的冶金、纺织、机械和电子等重点行业和产品的技术改造。这批项目建成投产后，将有力地促进自治区工业结构的改善以及国有企业竞争力的提高。在重大项目建设的引导和国债等政府投资的带动下，社会投资也逐渐启动。国债资金投入四年来就带动全区500亿元的其他资金的投入，股份制企业、外资企业等非国有经济投资同比增长持续超过同期国有单位。特别是社会投资集中的一些领域,如房地产、商贸等投资都取得了较快增长。

三、项目前期工作取得重大进展

2001年是“十五”计划第一年,为了给今后几年的发展打下基础，广西壮族自治区根据实施“十五”计划和西部大开发规划的要求，加强了对重大前期工作项目的协调和指导，一批加快经济结构调整，有利于推进工业化、城镇化的重大项目前期工作取得进展。桂林天和药业公司“中药材生产车间GMP”和斯壮微电子公司“18亿只片式晶体管”两个改造项目已经组织实施。北海电厂和田东电厂改扩建工程、华锡集团锌铟生产技改、柳江造纸厂竹浆造纸等项目可行性研究报告已经完成,并通过了审查;桂林至梧州高速公路、平果铝电解铝二期工程编制已基本完成;北海港三期工程国家已批复项目建设书,平果铝氧化铝三期工程、广西大型纸浆厂、广西铝材加工厂、防城港10万吨级以上泊位及航道工程等项目正在开展预可研工作；钦州燃煤电厂初步可行性研究报告已通过审查。

四、投资结构不断优化

2001年,广西注重把投资结构调整与经济结构调整及“十五”计划和西部大开发的重点有机地结合起来,突出抓了能源、交通、通信、水利、市政、制造业、社会事业等一批对经济结构调整起重要作用的项目,基础产业和基础设施的投资得到明显加强。一是以交通、邮电、市政工程为重点的基础设施投入保持较快增长。在全年规模以上投资完成中,公路完成65.76亿元,增长9.4%;铁路完成12.21亿元,增长25.8%;邮政通信业完成52.02亿元,增长43%;市政工程完成37.1亿元,增长64.3%。二是制造业投资摆脱了多年来的低迷状态,取得了较快的恢复性增长。全年制造业投资完成51.46亿元,同比增长32.4%。其中纺织工业增长95.5%,有色金属工业增长45.5%,水泥工业增长388.2%。三是商贸、房地产和文教卫生事业投入增长迅速。全年商贸业投资同比增长62.8%,房地产投资增长43.9%,卫生投资增长53.8%,教育投资增长39.7%。从产业投向来看,第一产业投资18.58亿元,比上年增长1倍;第二产业投资122.48亿元,下降9.0%;第三产业投资334.13亿元,增长27.0%。

五、加快投资和项目审批制度改革

为全面贯彻落实《国务院关于实施西部大开发若干政策措施的通知》和《国务院办公厅转发国务院西部开发办关于西部大开发若干政策措施实施意见的通知》的精神,广西壮族自治区政府颁布了《广西壮族自治区贯彻实施国务院西部大开发政策措施若干规定》,提出了改革投资项目行政审批的政策措施。

第一,取消部分事项审批。对不需要中央政府和自治区政府投资，国家产业政策鼓励发展，符合自治区发展规划，自治区审批权限内的部分项目，自治区政府主管部门今后不再审批，属于企业出资的，由企业自主决策。这次取消审批的共有11类事项，一是部分规模以下的供水设施、污水处理设施、垃圾处理设施、城市桥梁、城市隧道和城市道路等6种城市基础设施项目；二是种植业、畜牧业、渔业、部分林业和水利等17种农林水利项目；三是文化、教育、体育、广播电影电视、民政福利、计划生育、旅游、符合区域卫生规划的医疗和其他卫生设施等15种社会事业项目；四是写字楼、住宅小区等房地产开发建设项目；五是商品储备库等5种商贸设施项目；六是符合自治区有关行业发展规划的公路、港口、运输站场等3种交通项目；七是邮政通信项目；八是不需要自治区平衡建设和经营条件的一般竞争性工业项目；九是国家和自治区认定的重大高技术项目以外的其他项目；十是企事业单位自有资金建设的办公和业务用房；十一是固定资产投资许可证。

第二，对自治区审批权限内仍需审批的项目简化审批程序。原则上自治区不出资的项目，只审批项目建议书；自治区部分出资的项目，重点审批可行性研究报告。对需要审批的农林水利、交通、能源、城市基础设施、工业、高技术、商贸设施、社会事业、外商投资项目、借用国外贷款项目、境外投资项目、国际多边或双边无偿援助项目和自治区直属部门、单位、企业项目，根据项目规模和类型制定了具体的简化审批程序规定。

第三，建立投资登记备案制度。原则上凡不需要政府审批的投资项目，只需办理登记备案手续。实行项目登记备案制后，项目业主自主开展项目前期工作，自行决定开工建设，政府有关部门依法从土地、资源、规划、环保和劳动安全等方面对投资项目进行管理。这样，就大大缩短了项目报批周期，提高了政府行政效率，方便了投资者办理相关手续，为广西实施西部大开发战略创造了更加公平、宽松的政策环境。

海南省投资建设情况

海南省副省长 （签名）

一、2001年固定资产投资情况

2001年海南省认真贯彻党中央、国务院关于经济工作的各项方针政策，紧紧围绕加快发展这一主题，结合海南实际，突出抓好扩大内需、加大投资力度、调整结构，深化改革、扩大开放、优化环境等工作，全省经济发展态势良好。国民经济保持较快增长，优势产业强劲发展，投资需求稳步增加，消费结构改善，经济效益逐步提高。2001年全省全社会固定资产投资完成206.4亿元，比上年增长6.7%。其中，基本建设完成131.1亿元，比上年下降0.6%；更新改造完成15.22亿元，比上年增长54.5%；房地产开发完成17.11亿元；城镇集体及国有其他完成5.17亿元，比上年增长57.6%；农村集体完成5.17亿元，与上年基本持平；城乡个人完成30.54亿元，比上年下降2.8%。这一年全省固定资产投资建设主要有以下几个特点：

（一）调整投资结构，发展优势产业

随着市场经济体制的不断完善，海南省产业结构调整步伐日益加快。省里根据自身的特点，制定了“突出发展热带高效农业，加快发展海岛旅游业，抓住机遇发展技术含量高的新兴工业，积极培养信息、海洋产业”的产业发展方针。围绕这一方针，海南调整投资结构，已经初见成效。一是加大特色农业投资力度，重点支持调整农业结构。突出“订单农业、科技农业、绿色农业”三个特点，提高农业生产经营的集约化、良种化、信息化、市场化水平，实施名牌战略，大力培育特色经济，加快农业产业化进程，进一步加强农业的基础地位。二是加大工业投资力度，扭转三年来工业投资连续下降的趋势，并呈现大幅度增长的态势。2001年全省工业制造业完成投资17.5亿元，同比增长25%。东方1-1气田、海洋天然气化肥厂、熔体直接纺二期工程等一批重点项目开工建设，加快了工业结构调整步伐。三是加大旅游业的投资力度，建设海岛休闲度假旅游胜地。一批具有国际水准的旅游精品如博鳌亚洲论坛、亚龙湾、南山文化旅游区等都有较大的发展。按照市场需求和国际旅游特别是岛屿旅游发展的趋势，充分发挥海南热带海岛旅游资源优势和生态环境优势，逐步把海南建设成为中国乃至世界一流的海岛休闲度假胜地。

(二)利用积极的财政政策,加快基础设施建设

1998年以来,海南省共有国债项目161个,争取到国债资金50.0202亿元。其中,中央债券20.1788亿元,地方债券30.8414亿元。海南省抓住有利时机,积极筹措配套资金,加大国债项目的投资力度,加快基础设施建设,取得了较大的进展。2001年全省基本建设和更新改造的投资中,基础设施项目投资65.2亿元,比上年增长12.8%,占同期基本建设和更新改造投资的44.5%。在基础设施投资中,邮电通信业投资13.6亿元,增长27.1%;交通运输业投资39亿元,增长21.5%。一批重点工程项目,如环岛高速公路琼海至三亚段扩建工程、海口至洋浦段续建工程、全省农网改造一期工程、海口城网改造、海口污水处理、联通通信工程等项目基本竣工。全省基础设施日趋完善。

(三)第三产业投资继续增长

全省第三产业投资增长较快,交通运输、邮电通信、旅游设施、仓储、卫生体育、服务业的投资均有较快增长。2001年的基本建设和更新改造投资中,第三产业投资完成106.8亿元,占全社会投资比重的69.5%,比上年提高了2.8个百分点。第三产业中,交通运输、仓储及邮电通信业投资52.8亿元,增长22.5%。2001年粤海铁路通道、洋浦港二期、东线高速公路、琼文线高速路、西线高速公路改造、中线公路改造等工程都加大了投资力度。为发展国内支线航空业务,海南航空公司投入14.5亿元,购买飞机,为近几年来投资力度较大的一年。2001年以来,海南省邮电通信投资一直保持高速增长。中国电信、中国联通、移动通信都有较大的投入,年度计划投资10.6亿元,比2000年实际完成数增加3.5亿元,增长49.3%,实际完成投资又超额完成年度投资计划。

(四)房地产开发投资止跌回升

房地产投资从2001年年初开始,改变了近几年来一直处于负增长的局面,呈现大幅度增长。全年全省房地产开发投资共完成17.1亿元,同比增长66%,增速大大超过全社会投资增长水平。其中,住宅建设完成投资13.6亿元,同比增长1倍,占房地产开发投资的79.5%;房地产销售面积为59.9平方米,同比增长42.3%。盘活房地产的各项措施及各种优惠政策产生了良好的效应,为全省房地产业的发展注入了新的活力。投资结构得到了改善,经济实用房和普通住宅成了房地产投资的主流,表明海南省盘活房地产的政策已经见成效,开始走上了健康发展道路。

(五)社会投资继续增长

为进一步扩大对外开放,鼓励民间投资,海南省政府先后出台了《进一步鼓励和扩大外引内联投资若干规定》、《加快非公有制经济发展暂行办法》、《招商引资奖励暂行办法》等规定,为投资者提供宽松的投资环境,创造公平的竞争机制和刺激机制。对民间投资进一步放宽投资领域,鼓励民间投资进入基础性领域,在信贷、税收、融资、财政贴息、进出口等方面与国有企业享有同等待遇;引导民间投资依照海南产业发展方向,朝着"专、精、优、特"方向发展。近年来海南省渔业发展迅速,渔民们购置建造远洋渔船的积极性很高,城乡集体、私营个体在远洋渔船方面的投入不断增加,琼海、临高等市县渔民已新造各种新型渔船300多艘,全年新造渔船突破350艘,投入超过2.5亿元。随着小城镇建设步伐的加快,城乡个人建房的积极性普遍高涨,投资有较大幅度增加。

(六)各市县投资建设发展不平衡

海南省沿海地区投资增长较快,而中部山区投资总量较少,形成明显对比。海口市完成投资72.1亿元,比上年增长11.2%,三亚市完成投资16.37亿元,同比增长18.1%;琼山、琼海、文昌、东方、儋州等市投资量也较大。而中部山区的琼中、定安、保亭、陵水、白沙、五指山、屯昌、乐东等县的固定资产投资仍很少,乐东、白沙、保亭县的投资额分别下降14.7%、7.7%和2.7%。

二、2001年主要投资建设成就

(一)重点项目建设取得成就

2001年全省重点建设项目27个,项目总投资228亿元,当年完成投资62亿元,竣工项目7个:东线高速公路琼海至三亚段扩建工程、西线高速公路海口至洋浦段续建工程、亚龙湾环球文娱广场、海南体育中心综合训练馆、全省农村电网一期改造工程、海口城市电网改造工程、东方871台工程。在建项目中,粤海铁路通道项目、中线公路改造工程、琼州大桥、三亚城市电网改造、联通通信工程、博鳌亚洲论坛、美舍河整治工程等项目均完成或超额完成计划,其中粤海铁路通道项目湛江至海安段在12月28日通过初步验收。

(二)经济整体素质得到提高

2001年全省固定资产投资新增生产能力主要有:新建改建高速公路309公里,新扩建港口码头泊位9个,年吞吐量22万吨,程控交换机40万线/年,购置飞机10架,长途电缆延长70公里,造林面积13.9万亩,有效灌溉面积45.2万亩,水产冷藏库22598平方米,冷藏能力10015万公斤,墙地砖100万平方米,机制纸板0.48万吨/年,城市道路扩建9.56公里。

三、2001年投资建设的经验及存在问题

(一)必须抓好重点项目建设

为了加快产业结构调整步伐,实现海南省"一省两地"的战略目标,必须加大重点建设项目投资力度。2001年全省重视重点项目建设,是近几年完成投资较好的一年。一批农业龙头企业发展壮大。投资3.7亿元的海南加华渔业综合开发项目,集远洋捕捞、加工、销售为一体,是中国最大的渔业综合加工基地之一,为海南省发展渔业综合开发产业探索出一条路子。重大工业建设逐渐增多。东方1-1气田开发、海洋天然气化肥厂、海南欣龙无纺布二期、熔体直接纺二期工程的开工建设,对加快全省工业区发展,拉长工

业“短腿”起着积极的作用。博鳌亚洲论坛、亚龙湾保华大酒店、喜来登酒店、南山旅游区的建设，推动了海南旅游业发展。2001 年全年接待旅游人数 1100 万人次，增长 9.2%；旅游收入 86.5 亿元，增长 10.1%。

（二）采取多种灵活方式吸引社会投资

1. 进一步鼓励民营企业参与对国有企业包括国有大中型企业的资产重组，尤其要大力支持民营企业对国有企业的购买、租赁、承包或托管、兼并、参股、控股等，以拓宽社会投资的空间。积极鼓励和引导民间资本投向城市服务业、城市基础设施、公用事业以及为大中型企业生产配套产品等项目，参与基本建设和更新改造。投资具体领域包括：

（1）资本密集型高新技术产业领域：计算机软硬件和通讯设备为主的电子信息产业；以海洋产业与生物工程为基础的基因工程疫苗、生化制药、海洋生物工程、现代农业生物工程为主的生物工程产业；围绕海南生态省建设发展，以环保技术、新材料、新能源为主的产业。

（2）预期投资收益较为稳定的基础设施、城市公用设施领域：港口、公路、公共交通、供水、供气、污水与垃圾处理、城市绿化等。

（3）产业化、市场化程度较低的城市社会公益性投资领域：公园、图书馆、医院、养老院、托儿所、幼儿园、体育场馆、群众性文化娱乐设施等；教育产业、保险代理、经纪、拍卖等市场中介业；生活小区、社区服务区；农业开发以及参与国企改革等方面。

2. 鼓励和支持国有企业、科研院所、高等院校的科研人员创办民间科技企业。把民间科技企业纳入海南省高新技术产业发展总体规划中，并从中筛选一批技术较为成熟、市场前景较好的项目，鼓励民间资本投资。

（三）多种形式、多渠道大力筹措建设资金。

资金是制约海南省经济发展的关键因素。一是积极争取国家的支持，2001 年国家共安排国债资金 11.5235 亿元。二是主动与有关银行协调，多次召开政、银、企座谈会，加深三方面的了解，政府搭台，银企唱戏，使企业了解银行贷款政策，向银行积极推荐项目，争取银行贷款。三是搞好招商引资工作，更好地吸收国内和境外资金。四是做好项目的储备和前期工作。重点组织一批特色高效农业、高技术工业、生态环保、电子信息、重点旅游景区、特色旅游宾馆等方面的备选项目，加大招商引资力度，既欢迎大公司、大企业，又重视民间中小投资者，多渠道筹措建设资金。

四、2002 年投资建设展望

2002 年海南省全社会固定资产投资计划 210 亿元，其中：基本建设投资 143 亿元，更新改造投资 11 亿元，房地产开发投资 13.5 亿元，城乡集体、个体及其他投资 42.5 亿元。

（一）抓好重点项目建设

重点项目不仅投资量大，更重要的是其带动作用大，抓好重点项目建设是完成全年投资计划的关键。在建的重点项目有：海南欣龙无纺布二期、加华渔业综合开发利用项目、三亚南山文化旅游区、博鳌亚洲论坛项目、联通通信网络工程、粤海铁路通道项目、洋浦港二期工程、中线公路改造工程、琼山美舍河整治工程、琼州大桥、海口世纪大桥、三亚城市电网工程等。新开工重点项目有：东方 1－1 气田开发、海洋天然气化肥厂、洋浦面粉加工厂、海南铜钴冶炼厂、熔体直接纺二期工程、亚龙湾喜来登酒店、三亚国际客运港、三亚六道湾渔港工程、西线环岛天然气输气管道工程等。还有一批项目如：海南金海木浆厂、洋浦光纤光缆厂、海南创域石英砂厂、海南球墨铸铁管厂、海口热带海洋世界、三亚大隆水利枢纽工程、西沙渔业补给基地、国家进口疫麦储库等，待条件成熟，立即开工建设。

（二）国债资金将继续推动海南省投资增长

考虑到国家国债资金重点安排在西部地区的情况，争取 2002 年国家安排在海南省市政、交通、农林等基础设施的国债资金基本保持 2001 年水平。加上结转至 2002 年的国债资金 23.6 亿元，2002 年利用国债资金总量与 2001 年大致相同。同时，海南将继续积极带动配套资金的投入。

（三）加快优势产业发展

1. 农业突出“绿色农业”、“科技农业”，加快发展冬季菜篮子基地、种子产业基地、农产品出口基地、热带花卉基地、水产基地及水利建设。

2. 工业投资保持增长态势。东方气田、中海油大化肥、50 万吨面粉厂、汽车等大型工业项目进入实施阶段，投资力度加大。在国家计委大力支持下，光纤光缆、金海纸浆进展顺利，甲醇厂、60 万吨复合肥料厂前期工作基本完成，将开工建设。此外，医药、信息等高科技项目都有较大的投入。

3. 热带海岛旅游资源和生态环境优势日益显现，将推动旅游业快速发展。一批具有国际水准的旅游精品如博鳌亚洲论坛、三亚爱心大世界、南山文化旅游区等休闲度假区仍有较大的投资力度。西沙群岛旅游、铜鼓岭生态文化旅游区、中华恐龙观赏园等一批项目前期工作基本完成，将开工建设，这些旅游景区的建设还将带动全省旅游业的投入。

4. 各级政府十分重视社会事业，体育中心、图书馆等文体设施以及教育文化等方面的投资将会增加。

（四）房地产稳步发展

随着海南省处置积压房地产工作的进一步深入，一方面启动半拉子工程，盘活存量，另一方面将适度启动海口、琼山、三亚等地房地产项目，亚洲豪苑、新世界花园、华能温泉度假村等房地产项目将有较大的投入。全省房地产投资在 2001 年止跌回升的基础上稳步发展。

（五）大力鼓励民间投资

鼓励民间投资的政策相继出台，放宽投资领域、审批制度的改革，给社会投资营造了一个宽松的、平等竞争的外部环境，这将会进一步激励民间投资。加之小城镇建设力度加大，个人建房积极性高涨。渔民造船的积极性仍然很高，2002 年海南省民间投资会有增长。

重庆市投资建设情况

重庆市原市长 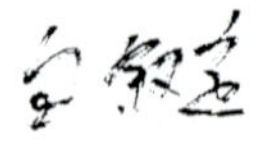

一、2001年投资建设情况

2001年是"十五"计划的开局之年。重庆市认真贯彻中央扩大内需方针，紧紧抓住国家实施西部大开发战略和三峡库区开发建设等重要历史机遇，固定资产投资保持强势增长，成为经济增长的主要拉动力量，为"十五"计划的良好开局作出了重要贡献。

(一)固定资产投资高速增长,投资结构进一步改善

2001年重庆市全社会固定资产投资完成801.82亿元，增长22.3%，高于全国平均增速10个百分点，是1998年国家开始实施积极的财政政策以来重庆市第二个投资高峰年。其中：基本建设投资完成328.32亿元，同比增长24.9%；更新改造投资完成108.04亿元，同比增长17.4%；房地产开发投资完成196.67亿元，同比增长40.8%；其它投资完成168.79亿元，同比增长4.7%。全年投资率达到41.2%，创造了历史新高，比2000年提高4.6个百分点。

在固定资产投资快速增长的同时，投资结构进一步改善，呈现出以下特点：

一是基础设施建设投资力度进一步增强，特别是交通、市政、邮电通讯等基础设施建设投资力度加大，投资增长大幅度提高。交通建设在渝怀铁路、达万铁路、主骨架公路、万州机场等重大项目投资带动下，全年投资完成129.29亿元，同比增长56.6%；市政建设在轻轨较新线、世行贷款城市环境工程、长江滨江路、嘉陵江滨江路、渝澳大桥等重大项目投资带动下，全年投资完成53.62亿元，同比增长47.7%；邮电通讯建设在移动、联通GSM五期、六期扩容工程，以及电信用户宽带网工程等重大项目投资带动下，全年投资完成58.99亿元，同比增长47.9%。

二是第一、第三产业完成投资继续保持快速增长，投资比重继续提高。农田水利基础设施建设、生态建设投资力度进一步加大，全年第一产业投资完成19.3亿元，同比增长115.2%。第三产业投资继续保持高速增长，全年投资完成637.98亿元，同比增长26.5%，比重达80%。

三是第二产业投资呈现恢复性增长态势，特别是制造业投资有较大幅度增长。全年第二产业投资完成144.54亿元，同比增长1.5%。随着一批高新技术产业化项目、技术改造国债贴息贷款项目、重大技术装备项目、国防军工项目的顺利实施，全市制造业投资增长达到了17.5%，比前几年有较大幅度的增长。

四是非国有投资继续保持较高增长。全年全市非国有投资完成366.11亿元，同比增长19.5%。其中港澳台及外商投资大幅度增长，分别完成投资26.25亿元、31.19亿元，增长37.4%、22.9%。民间投资完成308.67亿元，增长16.7%。其中：城乡集体完成投资96.36亿元，同比增长8.2%；私营个体投资完成212.31亿元，同比增长21.1%。全市民间投资主要以房地产、制造业、交通运输和贸易服务为主，在其它行业如电力、城市基础设施、社会事业等领域，投资力度还显不足。

五是社会事业投资快速增长。红岩革命纪念馆、游泳跳水馆、三峡博物馆和高校建设、中小学危房改造、区县血站建设、旅游基础设施等一大批社会事业项目建设加快，促进了全市社会事业投资快速增长，全年完成29.25亿元，同比增长33%。

六是以住宅建设为重点的房地产开发投资大幅增长。在城区危旧房屋改造和新区开发，以及三峡库区移民搬迁工程等的带动下，全市房地产开发投资呈现快速增长，全年完成196.67亿元，增长40.9%，其中住宅投资完成110.7亿元，增长52.1%。新增住房个人贷款50亿元以上，强力支撑了住宅投资的快速增长。全年商品房新开工面积达1661.19万平方米，同比增长28.8%；竣工面积1020.63万平方米，同比增长20.2%。

(二)重大建设项目实现了新的突破，民心工程建设收到良好的社会效益

2001年，重点建设项目取得新的突破。一是三峡库区水环境治理工程和库区地质灾害防治工程在国家支持下启动建设，开工建设了首批13个区县的19座污水处理厂和5个垃圾处理场。二是全年国家下达国债资金计划达50.1亿元,是自1998年国家发行国债以来重庆市国债资金投资力度最大的一年。国债资金有效地带动了银行贷款和自筹资金的投入,对社会投资产生了1∶4的带动效应,极大地促进了一大批重大项目的顺利实施。三是“十五”规划提出的“八小时重庆”、“半小时主城”、中小学危房改造、人畜饮水工程、城市危房改造等一批重大“民心工程”顺利启动实施。

2001年年初确定的64项重点建设项目完成较好，全年完成投资218亿元,资金到位率90%,超过预期目标。完工投入使用了渝黔路童家院子至雷神店、达万铁路、渝澳大桥、农村电网改造一期、电信用户宽带网、重庆移动GSM五期扩容及联通第五和第六期扩容、南岸长江滨江路、黔江卷烟厂技改、生活PVC管材胶膜、国家二类新药格列美脲产业化、抗癌新药复方红豆杉、西南生物工程产业化中试基地等13个项目。开工建设了“半小时主城”中石桥铺立交和上清寺循环道改造工程、中小学危房改造、出口加工区基础设施、长安福特配套基础设施、光电产业园基础设施、川维天然气乙炔化工扩建、长安福特合资生产轿车、“八小时重庆”、江北机场扩建工程、渝黔高速公路雷神店至崇溪河段、三峡库区水环境保护一期工程、丰收坝水厂、西南铝业集团热轧生产线改造等13个项目。渝怀铁路、高架轻轨较新线一期工程、施格兰柑橘产业化等34个续建项目按计划推进,工程建设进展较好。

生态建设和环境保护取得新进展。《重庆市三峡库区水污染防治规划》已编制完成，并上报国家有关部门，全市40个区县(自治县、市)全部纳入规划范围。除三峡库区水环境保护工程首批19座污水处理厂和5座垃圾处理场,以及三峡库区地质灾害防治工程全面启动建设外，还按计划对3596万亩天然林资源进行了有效管护，完成68万亩的退耕还林还草年度计划目标,治理水土流失面积2800平方公里,超额完成了2001年年度任务。

北部新区及大学科技园区的开发建设顺利启动。在完成北部新区建设总体规划的基础上，全面开工建设了供排水、道路、电信、燃气等重大基础设施项目。招商引资工作初见成效,长安福特汽车、出口加工贸易区、重庆光电园等重大项目开工建设。积极推进重庆大学科技园建设，得到国家科技部、教育部大力支持,并确定为全国首批国家级大学科技园。

民心工程建设收到良好的社会效益。全年实施的八大“民心工程”共有45个子项目,涵盖经济社会生活的方方面面,总体进展良好。一是实施了扶农工程,基本完成了国家下达的农村电网改造任务，解决了31万贫困人口温饱问题、60万农村人畜饮水问题，新建乡镇移民公路450公里。二是实施了环境保护和公共设施工程，新增供水8000户和提高供水普及率,全面启动了人民广场三期工程,完成了主城区清洁能源工程、袁家岗体育中心游泳跳水馆主体结构工程，迁建了重庆中波发射台等。三是实施了城市景观工程，新建城市公共绿地60.1万平方米，完成了一棵树景点视线范围内80个灯饰项目建设任务,建成并投入使用了曾家岩广场、临江门环境整治二期改造、解放碑步行街民族路延伸段扩建和南坪商业步行街改造等工程。四是实施了城市交通畅通工程,按照“半小时主城”目标要求,通过加快改造、拓宽拥挤路段路面,疏通堵口,拆除违章建筑,严格交通执法，使主城区道路交通条件得到较大改善。五是实施了危旧房改造工程，完成主城区危旧房改造52.61万平方米,安置拆迁户1.54万户,完成中小学危房改造30多万平方米,完成108个乡镇卫生院危房改造。六是实施了经济适用房建设工程,建成了100万平方米的经济适用住房,完成教师住宅45万平方米,改善了重庆市中低收入居民居住条件。七是实施了违法建筑拆除工程，主城各区共拆除各类违法建筑147万平方米,超额完成全年任务。八是实施了再就业工程，全年培训下岗职工5.15万人，实现再就业6.5万人，帮助指导城镇失业人员实现就业9万人，新建了10个区县级社区服务指导中心和22个街(镇)社区服务中心。

(三)投资环境不断改善,招商引资成效显著

市委、市政府认真学习贯彻国务院颁布的实施西部大开发若干政策措施,并结合重庆市实现出台了《重庆市实施西部大开发若干政策措施》,包括税收和财政、信贷支持和融资、土地和资源开发、对内对外开放、人才和科技创新等五个方面五十条政策措施，有效地改善了重庆市发展环境。与此同时,全市上下继续实施以“十个一批”措施为重点的发展环境综合整治行动，特别是加快行政审批制度改革，进一步减少项目审批，简化审批程序和下放审批权限，对自筹资金项目实行登记备案制，减少了58%行政审批事项,有力地促进了重庆市发展环境的改善。

发展环境的改善有力地促进了招商引资。2001年，重庆市成功举办了第六届中国重庆投资贸易洽谈会暨中国三峡国际旅游节，以及第三届重庆高新技术成果交易会。在投资贸易洽谈会期间,全市共签约项目324项,协议引进资金216亿元；第三届重庆高新技术成果交易会项目洽谈活跃,共签约项目166项,成交金额达62.4亿元。越来越多的外商来渝投资，全年实际利用外资达到4.3亿美元，增长24.6%。引进市外内资也成效显著,全年达到45亿元。

二、2002年固定资产投资重点

综观2002年宏观经济形势,有五个方面的因素对重庆市发展影响比较大。一是国际经济环境总体严峻且变数较多,对中国经济发展可能产生不利影响;二是中国正式加入世贸组织,既面临发展机遇,又面对严峻挑战,改革和发展的任务十分艰巨;三是国家将继续实施扩大内需方针,加快推进西部大开发,有利于西部地区加快发展;四是三峡库区二期移民进入攻坚决战决胜年，在确保完成移民任务的同时,抓好库区经济发展显得更为紧迫而现实;五是重庆经过直辖五年后的建设与发展，打下了加快发展的良好基础，直辖效应将进一步显现。总体上看，全年经济和社会发展面临的机遇与挑战同在，如何趋利避害，加快发展，关键在工作。

当前全市固定资产投资领域也还存在一些问题，主要表现在投资增长的内在机制还不健全，固定资产投资的较快增长主要依靠政策性拉动，靠基础设施项目作支撑；工业企业缺乏大规模的投入；民间投资尚需进一步引导、启动等等，需要进一步深化投融资体制改革，促进固定资产投资的持续快速增长。

2002年重庆市全社会固定资产投资计划945亿元，增长18%以上。要保持这个较快的增长，必须做好以下几个方面的工作：

(一)加快在建国债项目的收尾工作，确保2002年年底前建成

加快在建国债项目收尾是全市2002年投资领域的头等大事。为此，要按照与国家签订的国债建设项目2002年建设任务、工程质量责任书的要求，落实行政责任制，切实加强领导和督察工作，确保工作任务的完成。

(二)扎扎实实地抓好2002年西部开发十件大事

落实好"油路到县、电网到乡、广播电视到村、退耕还林到户"等各项工作。全面推进"8小时重庆"工程，加快建设区县公路；实施好第二批农网改造工程；在基本实现行政村广播电视村村通的基础上，进一步提高覆盖率和信号传输质量；全面启动退耕还林工程。加大对基础设施、生态环保建设的投入，争取取得阶段性建设成果。

(三)加大重点建设项目工作力度，做好重大项目的前期准备工作

集中力量实施全市88个重点建设项目，特别是抓好交通基础设施、能源、生态环保建设和地质灾害防治、农业水利设施、社会事业等重点领域的建设。2002年年内开工建设重庆至遂宁铁路、万州至宜昌铁路、白鹤电厂二期、重庆主城区排水二期、同兴垃圾处理场、开县鲤鱼塘水库、奥林区克中心体育场、天维新材料公司优质玻璃纤维技术改造等21个重点项目。完工投入使用国道212线重庆至合川、江北嘉陵江滨江路、"半小时主城"石桥铺单向小循环立交、酉阳防洪一期工程、长安福特轿车、国家一类新药血卟啉制剂等18个重点项目。加快建设渝怀铁路、"8小时重庆"区县公路工程等49个重点项目。结合实施"十五"计划和西部大开发战略，加快重大项目的前期准备。突出做好大足玉滩水库、黔江舟白机场、遂渝高速公路、乌江彭水电站、主城净水工程等27个重大项目的前期工作，为2003年启动一批重点项目做好储备。

(四)进一步优化投资结构，促进全市经济结构的战略性调整

全面促进农业和农村经济结构调整。加快优质柑橘深加工等10个"农业产业化百万工程"项目建设，加快农产品流通体制创新和市场设施建设，实施好以良种工程为重点的科技兴农工程。加快建立健全农产品质量标准体系、检验检疫体系和信息服务体系，在27个区县(市)建设国家级无规定动物疫病示范区。加快骨干水利工程和节水灌溉工程建设，争取全市水利化程度再提高1个百分点。搞好退耕还林后续产业开发，实施好生态家园富民工程。大力促进工业结构调整。强化汽车、摩托车产业的发展，扶持一批汽车、摩托车及其零部件优势企业和小巨人企业。突出实施装备国产化专项工作，启动一批数控机床、测控装置、重大环保设备项目。启动长寿化工园区建设，抓紧推进扬子乙酰8万吨醋酸酯和35万吨醋酸扩产、川维天然气乙炔化工、市化医集团85万吨甲醇等一批天然气化工项目。加快培育和发展食品工业等劳动密集型产业，大力推进10大食品工程项目。着力培育天然气化工、林浆纸、绿色农产品深加工、矿电联产等四大特色资源产业链，努力把资源优势转化为经济优势。实施好一批重大技术改造和新产品开发项目，提高工业产品的竞争力和市场占有率。大力发展信息工程、生物工程、环保工程三大先导产业，着力推进12个专项40个高新技术产业化项目。

(五)全面启动构建三大经济区各项工作，加快建设长江上游经济中心

将全市划分为发达经济圈、渝西经济走廊，三峡库区生态经济区等三个不同特点、各具特色的经济发展区，分类指导，加快建设，并将其作为实施西部大开发，加快建设长江上游经济中心的重要载体。

都市发达经济圈，加快推进北部新区的建设和发展，加大基础设施建设和招商引资力度，着力抓好长安福特汽车园、出口加工区、光电产业园、环保产业园、软件园等五大园区建设。大力推进以"半小时主城"、江北机场航站区扩建工程为重点的基础设施建设。积极推进"退二进三"布局调整，进一步优化产业结构。以承办2002年举行的国际国内重大活动为契机，从整体上提高现代都市的城市功能和综合服务水平。

渝西经济走廊，加快以解决水资源困难和完善公路路网为重点的基础设施建设。加快推进工业化进程，大力发展城郊型工业、农业，加大招商引资力度，吸引更多投资者办厂置业，以产业兴镇。

三峡库区生态经济区，大力推进以"8小时重庆"、渝怀铁路、三峡库区生态环保建设工程等为重点的基础设施建设。大力发展现代生态农业，建设一批绿色食品基地。重点推进一批绿色农产品深加工、林浆纸、矿电联产、天然气化工等产业链项目落户发展，促进资源优势转化为经济优势。加大旅游基础设施建设，推进巫山、奉节、巫溪金三角旅游环线的规划和开发。

(六)进一步规范政务管理，改善投资环境，促进招商引资

推进政府职能由管理行政转变为服务行政，增强政府调控经济的规范性和导向性。全面落实重庆市西部大开发50条政策措施，继续实施发展环境"十个一批"综合整治行动,切实改善来渝投资者特别是外商的生活及休闲条件,优化发展环境。加快制定和完善适应 WTO 的各项规章,确保涉外经济法规的统一性、整体性。加大投融资改革力度。完善政府定价和收费形成机制。结合农网改造工程,推进城乡同网同价;进一步完善供水价格形成机制和污水处理收费政策,全面推行垃圾处理收费制度。努力扩大内外引资规模,提高招商引资成效。探索在国外建立招商代理机构委托招商、专业性招商、以中介机构市场化运作招商等方式,争取一批有条件的企业成为国际跨国集团外包合作伙伴,力争在项目融资上有新的突破。进一步加强"东西合作",巩固和发展沿海发达地区来渝投资的势头,力争全年引进外资 5 亿美元 以上,引进内资 50 亿元以上。

表 1　重庆市近年固定资产投资变化表

单位:亿元

指标		1996 年	1997 年		1998 年		1999 年		2000 年		2001 年	
		投资额	投资额	增减%	投资额	增减%	投资额	增减%	投资额	增减%	投资额	增减%
投资总额		320.73	370.95	15.7	498.15	34.3	562.85	13.0	655.81	16.5	801.82	22.3
按经济类型分	国有经济	173.46	201.48	16.2	280.88	39.4	309.12	10.1	349.37	13.0	435.71	24.7
	集体经济	54.90	60.81	10.8	64.67	6.3	76.38	18.1	89.07	16.6	96.36	8.2
	私有经济	63.79	74.27	16.4	105.18	41.6	135.05	28.4	175.36	29.8	212.31	21.1
	股份制经济											
	外商经济	12.30	16.88	37.2	22.87	35.5	20.62	-9.9	22.89	11.0	31.19	36.3
	港澳台经济	16.28	17.50	7.5	24.55	40.2	21.70	-11.3	19.11	-11.9	26.25	37.4
按管理渠道分	基本建设	88.40	120.87	36.7	186.49	54.3	211.43	13.4	262.93	24.4	328.32	24.9
	更新改造	67.16	65.43	-2.6	89.29	36.4	91.75	2.8	92.03	0.3	108.04	17.4
	房地产开发	55.62	67.50	21.4	97.30	44.1	112.51	15.6	139.63	24.1	196.67	40.8
	其他投资	109.54	117.15	6.9	125.07	6.8	147.17	17.7	161.21	9.5	168.79	4.7
按资金来源分	国家预算内资金	9.70	11.52	18.8	13.59	18.0	49.72	266.0	64.55	29.8	93.02	44.1
	国内贷款	79.44	80.36	1.2	140.82	75.2	153.29	8.9	166.24	8.5	174.89	5.2
	利用外资	36.51	30.32	-17	18.73	-38.2	17.64	-5.8	14.09	-20.1	16.26	15.4
	自筹资金	113.93	134.64	18.2	178.99	32.9	181.44	1.4	233.50	28.7	289.38	23.9
	其他资金	52.84	72.77	37.7	100.33	37.9	93.09	-7.2	109.13	17.2	140.75	29.6

表 2　2001 年重庆市重大建设项目和更新改造项目表

单位:亿元

序号	项目名称	总投资额	当年完成投资额	建设性质(新建、扩建、改建)	新增生产能力	合作方式	联系人	联系电话
1	成都至上海高速公路长寿至梁平段	30.98	8.50	新建	高速公路 114 公里	中央投入、日元贷款、建行贷款、地方筹资	黄明庆	69081967
2	渝黔高速公路雷神店至崇溪河	27.10	4.40	新建	高速公路 49 公里	中央投入、建行贷款、亚行贷款、地方筹资	黄明庆	69081967
3	重庆至邻水高速公路	19.10	4.90	新建	高速公路 53 公里		黄明庆	69081967
4	武隆江口水电站	21.60	8.10	新建	装机 30 万千瓦	农行贷款、企业自筹	张　茜	63681224
5	三峡库区水环境保护一期工程	32.00	1.60	新建	15 个区县污水处理厂,日处理污水 60 万吨;13 个区县垃圾处理场,日处理垃圾 2880 吨	国债资金、地方筹资	张新忠	69039045
6	重庆丰收坝水厂	12.40	0.49	新建	一期日供水 20 万吨	国债资金、银行贷款、企业自筹	王晓瑜	67503218
7	石桥铺单向小循环立交	1.88	1.70	新建	跨线桥两座总长 500 米,人行天桥 8 座	银行贷款、区县自筹	唐雪梅	68694625

表 2　续表

单位：亿元

序号	项目名称	总投资额	当年完成投资额	建设性质(新建、扩建、改建)	新增生产能力	合作方式	联系人	联系电话
8	中小学危房改造	12.00	3.30	改建	250 万平方米	中央投入、市财政专项、地方筹资	雷晓兵	63636586
9	袁家岗体育中心游泳跳水馆	1.30	0.78	新建	1.8 万平方米	市财政专项、其它投资	韩　军	68610886
10	重医附一院外科住院大楼	1.25	0.45	新建	面积 4 万平方米，床位 894 张	市级投入、企业自筹	胡之嘉	68802121
11	重庆长安与福特合资生产轿车项目	8.10	6.33	新建	年产经济型轿车 5 万辆	利用外资、企业自筹	杨　柳	67458007
12	西南铝热轧生产线升级改造	10.10	0.03		年产铝板带村 35 万吨	企业自筹、银行贷款	周方军	65809930
13	江北国际机场航站区及配套设施扩建	16.10	2.00	扩建	候机楼 6.6 万平方米	中央投入、市财政专项、银行贷款	戴　科	67152089
14	农村电网改造二期	28.00	28.00	改建		国债资金、农行贷款	李亚军 陈晓东	63682062 63621584
15	白鹤电厂二期	14.00	7.80	扩建	新增 1 台 30 万千瓦机组	银行贷款、自筹资金	黄凤洲	63855200
16	重庆主城区排水二期	9.40	1.50	新建	90 万吨二级处理	国家投入、银行贷款	陆　虹	67762416
17	同兴垃圾处理厂	3.00	0.50	新建	日处理生活垃圾 1000 吨	招商引资	刘世明	68842751
18	重庆市三峡库区地质灾害专项防治	40.00	15.00	改建	治理 142 处崩塌体、55 处 47 公里库岸防护	国家专项资金	缪　为	69039097
19	开县鲤鱼塘水库	9.50	0.50	新建	总库容 1.04 亿立方米	中央投入、银行贷款、地方自筹	张　明	52264779
20	重庆中国三峡博物馆	5.00	0.90	新建	4.2 万平方米	国家投入、市财政专项	吴明君	63613369
21	奥林匹克中心体育场	6.90	0.50	新建	8 万平方米,6 万观众座位	贷款为主	韩　军	68610886
22	重庆广播电视大厦	2.00	0.20	新建	4.7 万平方米	市财政专项、自筹资金	潘云峰	63862965
23	日元贷款人才培养项目	4.90	0.60	新建	10 个高校	日元贷款、自筹资金	胡志明	63636586
24	扬子乙酰醋酸扩建	12.00	1.00	扩建	新增 20 万吨醋酸	银行贷款、自筹资金	刘丽娅	68974645

四川省投资建设情况

四川省省长 张中伟

一、2001 年固定资产投资情况

2001 年，四川省投资建设按照“追赶型、跨越式”发展战略的要求，紧紧围绕“十五”规划和年度经济增长目标，确保投资对经济增长的有效拉动，采取一系列行之有效的措施，进一步加大了投资力度，加强了薄弱环节和重点骨干项目的建设。全省固定资产投资运行态势良好，总量持续稳定增长，房地产开发投资增势强劲，基础产业和城市基础设施建设加快，后续投资规模进一步扩大。

（一）投资总量持续稳定增长，继续保持对经济增长的强劲拉动

2001年随着西部大开发投资优惠政策的进一步落实和投资环境的不断改善，全省固定资产投资继续保持了稳定增长。全年全社会固定资产投资完成1573.8亿元，超额完成了年初1540亿元的计划目标，比2000年增加169.9亿元，增长12.1%。

从建设项目的隶属关系来看，中央项目投资平稳增长，地方项目投资增长较快。全年中央所属项目完成投资234.7亿元，比2000年增长11.0%；地方项目完成投资1339.1亿元，增长12.3%，增速比中央项目快1.3个百分点。

从投资的管理渠道来看，基本建设和更新改造投资均有较快增长，房地产开发投资继续保持强劲增长势头。全年完成基本建设投资741亿元，同比增长11.6%；更新改造完成投资197.7亿元，同比增长13.7%；房地产投资266.2亿元，同比增长35.8%；其他投资10.8亿元，同比增长21.3%。

从经济类型来看，国有及其他经济投资受加大国债资金投入和加快重点骨干项目建设的带动，增长速度较快。全年全社会固定资产投资中，国有及其他经济投资1215.7亿元，增长16.6%；城乡集体和个体投资358.1亿元，下降1.8%。国有及其他经济投资的增速比投资总额的增速快4.5个百分点，比城乡集体、个体投资增速快18.4个百分点。

从投资对经济增长的贡献来看，继续保持了对经济增长的强劲拉动。2001年，全省国内生产总值达到4421.8亿元，比2000年增长9.2%，全社会固定资产投资增速比国内生产总值快2.9个百分点，投资率达到35.6%，创历史最高水平。投资需求对经济增长的贡献率达到44%，拉动经济增长4.1个百分点。

（二）房地产开发投资持续大幅增长，成为全省经济发展中的热点和亮点

2001年，随着西部大开发的全面推进，各地旧城改造日益加快，在开发机制日趋完善，物业管理制度逐步建立，住宅信贷全面推行等因素的共同作用下，全省房地产开发销售持续趋旺。全年全省房地产开发投资266.2亿元，增幅高达35.8%，比全社会投资增速高23.7个百分点，在全社会固定资产投资总额中占16.9%，同比提高了2.9个百分点，成为拉动经济增长最活跃的因素之一，全省经济发展中的热点和亮点。

（三）原材料工业和第三产业建设明显加快

2001年全省在经济结构调整中，加大了投资结构的增量调整力度，加快了薄弱环节和第三产业的发展，重要原材料工业和邮电通信、城市基础设施建设明显加强。不含城乡集体、个体投资完成额中，原材料工业投资56.1亿元，增长57.6%，其中冶金工业投资18.4亿元，增长1.0倍；有色金属工业投资10亿元，增长80.6%；化学工业投资27.7亿元，增长32.1%，增速大大快于投资总额的增速，有力地加快四川省原材料工业的发展和企业技术进步。从三次产业来看，第三产业投资占的比重较大，全年完成投资833亿元，增长20.3%，占投资总额的52.9%。其中，邮电通信投资119.1亿元，增长20.5%；商业饮食供销仓储业投资20.8亿元，增长32.7%；房地产和城市公用服务咨询业投资397.8亿元，增长34.1%；科研综合技术服务业投资6.1亿元，增长22.6%。这为加快四川省基础设施建设，推动经济持续稳定增长起到了积极的作用。

二、2001年主要投资建设成就

（一）集中力量建成了一批事关全局的重大基础设施项目和技术改造项目

全年共安排84个竣工投产和加快建设的重点项目，完成投资247.4亿元。主要建成了成都双流国际机场航站区，绵阳、泸州、广元机场，达万铁路，成都绕城高速公路，遂渝高速公路遂宁至回马段，小关子、冷竹关水电站，武都引水一期工程，兰州至成都输油管道工程等重大基础设施项目；威钢高速线材生产线、双马水泥（集团）公司7号窑技改和明达玻璃（成都）有限公司机改浮法生产线，已建成并投入生产。全年新增发电装机容量38.5万千瓦、有效灌溉面积2.8万公顷、粮食仓容133万吨、干线铁路162公里、公路729.5公里，其中高速公路152公里，高速公路总里程已达1152公里。

在建重大骨干项目工程进度加快。绵广高速公路瓷窑铺至沙溪坝段，已建成通车；成南高速公路，正线路基和高架桥工程均已完工；内宜铁路电气化工程、攀枝花机场、达州河市机场、南桠河流域一期工程和四川盆地油气勘探开发等重大骨干项目进展顺利。尤其是紫坪铺水利枢纽、大桥水库灌区工程、大竹至重庆界高速公路、南充至广安高速公路、鹧鸪山隧道、九寨黄龙机场、福堂水电站等一批重大骨干项目顺利开工建设，后续投资规模进一步扩大，为投资的持续稳定增长奠定了良好基础。

（二）不断改善人民生活条件，为民办实事

一是全面完成了总投资88.7亿元的180个县农村电网一期改造任务，改造后的农村用电价格大幅下降，每年可减轻农民电费负担约15亿元。二是全面开工建设总里程达4500公里的甘孜、阿坝、凉山3个少数民族自治州通县油路和总里程达1066公里的20个“国贫县”公路建设。三是加快气化全川进程，新增天然气开采量8.9亿立方米，已有260万户城乡居民用上了清洁高效的优质能源。四是建成了总投资近10亿元的宜宾、峨眉山等12个自来水厂，新增自来水日供水能力50万吨；通过3年努力，全省81个严重缺水县、900多万人民群众饮水难的问题基本解决。五是建成了总投资近7亿元的成都、绵阳等4个污水处理厂，新增日污水处理能力48万吨，城市功能日臻完善。六是全面启动了161所中小学危房改造工程和19个市州的中心血站项目。

(三)生态环境得到改善

为了实现未来5—10年把四川建成长江上游生态屏障的战略目标，全省大力实施天然林保护、退耕还林还草、生态环境综合治理、水土保持以及天然草原恢复与建设等五大重点生态环境工程。整个工程已覆盖全省21个市州、170多个县(市、区)，工程建设已累计完成植树造林93.3万公顷，封山育林186.7万公顷，退耕还林还草33.3万公顷，治理坡耕地46.7万公顷，改良草场200多万公顷，治理水土流失面积3万多平方公里，探索出了一条经济发展、生态改善和农民增收“三赢”的可持续发展路子。

三、2001年投资建设的经验及存在的问题

(一)主要经验

1. 改善投资环境力度加大

省委、省政府把2001年定为“改善投资环境年”，大力改善投资的软硬环境。通过加大投资建设力度，硬 环境得到明显改善。软环境建设方面，号召全川人民从我做起，人人都是投资软环境，通过转变政府职能，实行政企分开，减少行政审批事项，简化办事程序，强化服务意识，消除行政垄断、地区封锁和保护，加强依法行政，来保护投资者的合法权益。全省清理废止省级文件225件，取消行政审批事项255项。建立了省政府政务服务中心，50个省级部门的589项行政审批事项进入“中心”，开展“一站式”服务。继续实施2000年5月颁布的《四川省鼓励外商投资的若干政策规定》，利用外资力度加大，全年利用外资11亿美元，增长14.5%。

2. 坚持实行投资计划目标责任制

年初确定了全年投资计划后，将投资计划分解到市州、行业管理部门，作为省政府下达的目标任务，由省政府督办室进行督办，年终考核，奖惩兑现，责任到人，一级抓一级，层层落实，保证了全省全年固定资产投资计划目标的实现。

3. 加强了重点项目和国债项目的建设和管理

重点建设是支撑和拉动投资增长，促进全省经济发展的龙头，国债项目是当前的重点，全省上下把加强重点项目和国债项目的建设和管理作为投资工作的重中之重来抓。一是集中资金保障建设；二是着重抓好协调，搞好服务，促进项目顺利建设；三是加强项目计划、工期、质量管理，定期检查。

(二)存在的主要问题

2001年，四川在国债资金的支持下，投资建设取得了很大的成绩。但是，由于历史欠帐较多，投入水平总体不足，基础建设还不能完全适应经济发展和人民生活的需要。如水利设施方面，水库总库容仅为全国的1.9%，人均有效灌溉面积仅为全国的68.8%；交通方面，铁路营运里程只占全国的3.9%，铁路密度低于全国69.2公里的平均水平；邮电通信方面，人均邮电业务总量仅为全国平均水平的45.8%，电话普及率3.4%，比全国的7.2%低3.8个百分点；能源方面，作为水电资源大省的四川，开发利用程度仅为10%，远低于全国17%的水平；城建环保方面，目前才刚刚起步，与国家对长江上游水资源保护的要求还有很大差距。西部大开发是一个长期的历史过程，需要几代人的努力，离不开国家的支持，因此，建议国家继续给以支持。

四、2002年投资建设展望

2002年是中国加入WTO后的第一年，党的十六大将隆重召开，做好2002年的投资建设工作，继续保持投资稳定增长和对经济增长的强劲拉动，对实现四川发展新跨越十分必要。

(一)2002年投资建设计划

2002年全社会固定资产投资预期目标是，全年完成投资1800亿元，增长14.4%。为了实现这一目标，全年投资工作的主要任务是，继续贯彻落实中央扩大内需的战略方针和积极的财政政策，以全省经济和社会发展目标为着眼点，保持全省固定资产投资的较快增长；抓住西部大开发机遇，加快基础设施及生态环境建设，加强传统产业改造，培育壮大六大支柱产业，推进经济结构的战略性调整；加强科技和社会事业建设；着力支持房地产业和城市化发展；进一步深化投资体制改革，鼓励和引导民间投资。

具体目标是，重点加大在以下十大领域的投资：

1. 交通建设：计划投资155亿元，继续抓好通达、联网、通县乡三大工程和水运、省内干线铁路、干支线机场建设。

2. 邮电通信：计划投资100亿元，重点抓好移动通信、数据通信网络扩容和电信新业务网络建设。

3. 能源建设：计划投资166亿元，重点抓好新的电源点、城乡电网建设和油气田勘探开发。

4. 农业水利：计划投资22亿元，重点抓好主要江河控制性水利枢纽工程和农业产业化基地建设。积极探索灌区节水新机制，重点抓好都江堰灌区的改革和节水试点工作。

5. 生态工程：计划投资40亿元，继续抓好天然林资源保护、退耕还林还草、生态环境综合治理、天然草场恢复和水土保持五大工程。

6. 工业：计划投资373亿元，重点抓好电子信息、攀西钒钛资源开发和高耗能等高技术产业和优势产业的发展。

7. 城建环保：计划投资255亿元，重点抓好城市快速通道、污水、垃圾处理厂建设。

8. 社会事业：计划投资105亿元，重点抓好科、教、文、卫、体和政法设施建设。

9. 房地产、旅游和仓储业：计划投资269亿元，重点抓好大中城市房地产开发、重点旅游风景区基础设施和国家粮棉库的建设。

10. 扶贫和以工代赈：计划投资25亿元，重点抓好基

础扶贫、产业扶贫和异地扶贫三大工程。

（二）正在建设和计划建设的重点项目

全省计划安排重点建设项目138项，其中竣工投产项目25项，加快建设项目53项，争取开工项目36项，加快前期工作项目24项，工程建设总投资3501亿元，全年计划安排投资366亿元。

一是确保成南、绵广高速公路、成都三环路、内昆铁路四川段和内宜铁路电气化工程在年内建成通车。16个市州的城市电网、成都至宝鸡和成都至昆明光传输干线、金顶公司新型干法水泥熟料生产线、蓝剑中高档精品啤酒生产线、成都图书馆和四川电视塔等重大骨干项目，在年内建成投入使用。

二是加快紫坪铺水利枢纽、大桥水库灌区一期工程、四川天保工程、退耕还林还草工程、世行贷款安宁河流域资源开发项目、南充至广安、大竹至重庆界高速公路、鹧鸪山隧道、金筠铁路、攀枝花民用机场、九寨黄龙机场、福堂电站、四川盆地油气田勘探开发和攀钢集团技改工程等重大骨干项目的建设速度。

三是争取武引二期工程、亭子口水利枢纽、都江堰至汶川公路、西攀高速公路、瀑布沟电站和成都自来水六厂五期工程等重大骨干项目尽快开工建设。

四是加快升钟二期、溪洛渡水电站、向家坝水电站、古叙矿区、成都地铁一期工程等重大骨干项目的前期工作。

（三）投资环境和招商引资优惠政策

1. 进一步深化投融资体制改革，按照体制创新和机制创新的思路，出台《促进和引导民间投资的若干政策》，建立和完善四川投资持续稳定增长的内在机制。

2. 继续优化投资环境，增强投资者信心。继续改善投资软、硬环境，按照国家进一步深化投融资体制改革和不断加快市场化进程的要求，进一步简化各种投资审批手续，大力推进"一站式"服务，增强投资者信心，提高投资效益。同时，加强城市基础设施建设，强化城市整体服务功能，切实解决投资主体的实际困难。

3. 加大招商引资力度，拓宽利用外资渠道。按照国家《关于西部大开发若干政策措施的实施意见》和《四川省鼓励外商投资的若干政策规定》，进一步加大全省招商引资力度，充分利用国务院和四川省颁布的有关税费减免、用地政策、审批手续简化和提供投资保障的各项优惠政策，放开吸引外资的行业和领域，采取灵活多样的方式，吸引外商来川投资，并促进其滚动发展，起到示范效应。

表1　四川省近年固定资产投资变化表

单位：亿元

指标		1996年	1997年		1998年		1999年		2000年		2001年	
		投资额	投资额	增减%	投资额	增减%	投资额	增减%	投资额	增减%	投资额	增减%
投资总额		803.79	949.30	18.1	1184.80	24.8	1220.66	3.0	1403.85	15.0	1573.80	12.1
按经济类型分	国有经济	419.82	525.95	25.3	722.75	37.4	657.96	-9.0	678.15	3.1	758.32	11.8
	集体经济	128.42	127.97	-0.4	119.29	-6.8	161.26	35.2	170.91	6.0	202.49	18.5
	#农村	96.52	96.80	0.3	87.38	-9.7	133.85	53.2	145.55	8.7	169.50	16.5
	个体经济	131.61	159.50	21.2	150.84	-5.4	178.65	18.4	196.34	9.9	238.05	21.2
	#农村	109.15	134.70	23.4	115.67	-14.1	138.00	19.3	152.10	10.2	141.00	-7.3
	其他经济	123.94	135.88	9.6	191.92	41.2	222.79	16.1	358.45	60.9	374.94	4.6
按管理渠道分	基本建设	329.47	439.66	33.4	593.70	35.0	556.80	-6.2	663.79	19.2	740.97	11.6
	更新改造	101.65	117.82	15.9	196.15	66.5	168.12	-14.3	173.92	3.4	197.72	13.7
	房地产开发	90.62	100.26	10.6	120.60	20.3	142.50	18.2	195.97	37.5	268.15	36.8
	其他投资	282.05	291.56	3.4	274.35	-5.9	353.24	28.8	370.17	4.8	366.96	-0.9
按资金来源分	国家预算内资金	19.70	21.41	8.7	33.74	57.6	35.96	6.6	48.45	34.7	70.15	44.8
	国内贷款	130.31	163.54	25.5	221.11	35.2	207.15	-6.3	223.31	7.8	221.36	-0.9
	利用外资	29.25	42.38	44.9	45.10	6.4	43.83	-2.8	45.63	4.1	41.07	-10.0
	自筹资金	197.65	260.30	31.7	383.69	47.4	320.80	-16.4	393.47	22.7	466.22	18.5
	其他资金	48.57	55.10	13.4	81.93	48.7	83.59	2.0	89.7	7.3	101.39	13.0

表2　2001年四川省重大建设项目和更新改造项目表

单位：万元

序号	项目名称	总投资额	当年完成投资额	建设性质（新建、扩建、改建）	新增生产能力	合作方式	联系电话
1	成都绕城高速公路	427726	123669	新建	高速公路85公里		028-85525303
2	达万铁路	255000	39132	新建	干线铁路162.2公里		028-87680492
3	成都双流机场航站区工程	120527	66083	新建	建筑面积75374平方米		028-85702676

表 2　续表

单位：万元

序号	项目名称	总投资额	当年完成投资额	建设性质（新建、扩建、改建）	新增生产能力	合作方式	联系电话
4	四川省农村电网建设与改造一期工程	887000	297495	改扩建	110 千伏送电线路 1696 公里，35 千伏送电线路 5690 公里，10 千伏送电线路 56104 公里，低压线路 126457 公里		028－86661888 转 4825
5	都江堰拉法基水泥熟料生产线	131511	51751	新建	年产水泥 120 万吨		028－87235185 转 106
6	南桠河流域一期水电站及送出工程	419348	32448	新建	电站装机 37.2 万千瓦，22 万伏送电线路 455 公里		0835－8869757
7	四川省数字移动通讯 GSM 网第七期扩容工程	426057	103875	新建	GSM900 系统交换机 6 个，基站 691 个，载频 8236 个；GSM800 系统交换机 6 个，基站 300 个，载频 5600 个		13808187025
8	宜宾市经济技术开发区土地整治、基础设施建设和城市开发建设项目	386338	8807	新建	首期规划面积 336.5 公顷		0831－2339248
9	中国东方电气集团公司大型水电设备制造项目	114970	2330	扩建	大型水电设备制造能力 120 万千瓦		0838－2504018
10	德阳孝泉、合兴场天然气勘探开发（含德阳新场气田）	113000	13000	新建	天然气生产能力 10.93 亿立方米		028－83331582

贵州省投资建设情况

贵州省省长　石秀诗

2001 年，贵州省认真贯彻落实中央扩大内需的方针和积极的财政政策，大力推进西部大开发战略的全面实施，千方百计扩大投资规模，固定资产投资取得显著成绩。

一、2001 年固定资产投资完成情况

2001 年，贵州省投资总量创历史最好水平。全社会固定资产投资完成 505.31 亿元，比上年增长 18%。其中，争取到国债到位资金 28.64 亿元，增长 12.5%；省财政安排用于交通等重点领域的专项贴息和补助资金 3.75 亿元，增长 14.5%；投入“普九”义务教育配套资金 1.49 亿元，增长 1.77 倍。这些资金带动了各地区、各部门的资金投入和银行贷款规模的扩大，成为拉动全省经济增长的重要因素。

贵州省投资结构进一步得到改善。主要表现在：(1)投资结构按经济类型分：国有经济投资 357.69 亿元，比上年增长 17.1%；集体及股份制经济投资 60.77 亿元，增长 30.2%；外商投资 4.09 亿元，增长 25.8%，港澳台投资 3.47 亿元，增长 19.7%；其他经济类型投资 107.72 亿元，增长 20%。(2)按投资性质分：基本建设投资 238.81 亿元，增长 20.9%；技术改造投资 118.55 亿元，增长 26.7%；房地产开发投资 67 亿元，增长 43.8%；其他投资 109.38 亿

元，与上年持平。

二、2001年投资建设成就、主要经验和存在的问题

2001年，贵州省大力推进以交通为重点的基础设施建设、以“西电东送”为重点的能源建设、以退耕还林还草为重点的生态建设、以解决工程性缺水为重点的水利设施建设、以“普九”为重点的教育设施建设，加大技术改造力度，取得了明显的效果。

（一）以交通为重点的基础设施建设步伐加快

全省用于交通运输、仓储及邮电通信业的投资130.68亿元，比上年增长59.7%。建成贵新、贵毕、凯麻高等级公路，铜仁大兴机场，内昆铁路贵州段，株六复线贵州段等重点建设项目。完成5000公里公路路网改造。开工建设清黄公路、渝怀铁路贵州段、兴义机场等项目。

（二）以“西电东送”为重点的能源建设得到加强

全省用于电力建设的投资86.72亿元，比上年增长34%。盘县电厂和习水电厂各有2台机组建成投产。洪家渡、引子渡、乌江渡水电站的建设进展顺利，索风营电站完成开工前的各项准备工作。“黔电送粤”500千伏输变电工程施工进度加快，省内输电线路的建设和改造正在抓紧进行。黔北电厂、纳雍电厂、习水电厂、引子渡电站、安顺电厂二期、洪家渡电站、乌江渡电站扩建工程以及贵阳电厂烟尘治理技改项目全面开工，盘南电厂、纳雍二电厂和构皮滩电站等项目的前期工作积极推进。配套建设的电煤基地织纳煤田、松河煤田、格目底煤田等矿区开发的前期工作已全面启动。全省基本完成农村电网第一期改造任务，改造率扩大到80%以上。

（三）以退耕还林还草为重点的生态建设和环境保护力度加大

实施了丹寨、毕节、织金、大方等24个县生态环境综合治理、69个县天然林资源保护、130万亩坡耕地退耕还林还草试点、5万口沼气池示范和长防、长治、珠防、珠治等工程建设，实施了红枫湖、百花湖三期污染治理工程，全面启动了贵阳中日环境合作示范城市项目和重点污染源的环保治理项目。

（四）以解决工程性缺水为重点的水利建设取得新进展

全年完成水利建设投资13.7亿元，比上年增长47.9%。实施了乌中等大型灌区改造，铜仁、凯里等城市防洪工程，以及26个病险水库治理工程，新增有效灌溉面积21万亩。

（五）以“普九”为重点的科技教育事业全面发展

全省尚未“普九”的55个县被纳入“国家第二期贫困地区义务教育工程”项目县，新建、改造了204所中小学；建设了贵州大学、贵州工业大学、贵州师范大学等一批高等院校的教学、实验、科研等基础设施。新建和完善了200个乡镇计生服务站、5000个村计生服务室。文化、卫生、广播电视、新闻出版、体育、旅游等各项社会事业的基础设施建设得到加强。

（六）城镇基础设施建设取得新成绩

全年城镇基础设施建设完成固定资产投资42.6亿元，增长99%。完成了江口、德江等12个县城供水工程，遵义南郊水厂、凯里供水二期工程、安顺自来水工程、兴义自来水工程，以及贵阳小河污水处理厂、遵义污水处理厂、六盘水中心区排污工程等一批项目。

（七）企业技术改造力度加大

全年共完成技改项目625个，新增固定资产49.12亿元。其中建成投产江南航天集团公司梅岭化工厂锂离子电池生产线改造等重点技改项目63个，新增销售收入37.34亿元，利润6.03亿元，税收3.4亿元，创汇1137万美元。实施了CDMA手机合资合作、微生物复合渗透膜环保装备国产化等项目，积极扶持生物制药、特色食品等新兴产业发展。

（八）房地产开发继续保持快速增长势头

全省房地产开发新开工面积577.82万平方米，比上年增长58.9%。竣工面积309.98万平方米，比上年增长30.6%。全年销售商品房建筑面积257.41万平方米，比上年增长28.2%，实现销售额29.53亿元，增长32.7%。

贵州省努力扩大固定资产投资，拉动了国民经济的较快发展，也积累了一些有益的经验，主要是：(1)必须千方百计扩大投资规模。贵州省经济发展滞后，一个重要原因是长期投入不足。加快全省经济发展步伐，就是要通过扩大投资规模，充分发挥其对国民经济的拉动作用。(2)必须加强项目储备，争取国家对贵州省更大的投入。贵州省自我积累和自我发展的能力弱，自筹资金十分困难。必须抢抓国家实施积极的财政政策和西部大开发战略机遇，按照国家的投资方向和重点，切实做好项目前期工作，积极争取国家更大的投入。(3)必须通过体制创新，扩大社会投资。近年来，贵州省通过采取贴息等方式，改直接投入为间接投入，广泛引导社会投入，取得了很好效果。必须进一步转变政府职能，大力深化投融资体制改革，减少行政审批，放宽投资领域，吸引社会资金投入。(4)必须大力改善投资软环境，积极引进国内外资金。多渠道筹措资金是扩大投资规模的必然途径，吸引省外、国外投资是增加贵州省建设资金必不可少的重要方面。必须认真落实国家鼓励外商投资的各项优惠政策，扩大对内对外开放，积极引进省外、国外资金。

在充分总结成绩的同时，也应清醒地看到，贵州省在投资方面还存在一些不可忽视的矛盾和亟待解决的问题。主要表现在：(1)投资规模小，人均占有水平低。贵州省投资规模在全国所占份额较少，仅占全国的1%左右，投资总量在各省、市、区中居倒数位置。(2)基础设施投资欠账多，功能配套还不完善。虽然近年来加快了以交通为重点的基础设施建设，但与经济发展和人民生活环境改善的需要相比仍然存在相当大的差距，整体功能配套不足的问题依然存在，与兄弟省份相比水平较低。(3)投资结构还不合理。投

资主要集中在基础建设领域，其他领域尤其是加工业领域相对薄弱；技改投资增幅趋缓，工业企业技改投资比重下降；低水平重复建设有所抬头，少数已淘汰的落后生产能力死灰复燃。(4)投资软环境亟待改善，投融资渠道不畅。某些方面还存在地方和部门保护主义，对内对外开放程度还不高，抑制了社会投资的增长。此外，由于地方财力薄弱，有的项目配套资金到位率低，影响了项目建设。

三、2002年投资建设展望

2002年，国家继续实行扩大内需的方针和积极的财政政策，进一步实施西部大开发战略，以及中国加入世贸组织，对贵州省争取国家投入、大力吸引社会资金和扩大招商引资带来了难得的机遇。初步预计，全年全社会固定资产投资总规模将达到567亿元，其中基本建设投资255亿元，技术改造投资110亿元，房地产开发投资70亿元，其他投资132亿元。为进一步提高投资效益，发挥投资对经济增长的拉动作用，贵州省将着重抓好以下工作：

(一)切实抓好重点项目建设

2002年，全省基本建设重点项目110个，总投资191.9亿元。其中，收尾项目14个，投资39.9亿元；续建项目55个，投资115.2亿元；新开工项目41个，投资36.8亿元。技术改造项目200余项，年度计划投资110亿元。

结合西部大开发战略的实施，要重点抓好以下项目建设：(1)加快以公路为重点的交通建设。切实抓好在建的遵崇、水黄、清黄、关兴、凯三等高速或高等级公路，渝怀铁路贵州段，兴义、黎平、荔波等支线机场，西南水运出海中线通道贵州段等重点项目建设；继续实施5000公里公路改造工程。建成玉铜公路、水柏铁路、内昆铁路贵州段。开工建设三穗至玉屏高速公路、黔桂铁路新通道。启动安顺机场改扩建项目。开工整治赤水河航道。(2)加强以“西电东送”为重点的能源建设。抓好第一批电源点项目和“黔电送粤”输变电工程建设，确保习水电厂全面建成，力争纳雍电厂一号机组投产；开工建设构皮滩水电站、盘南电厂、纳雍二电厂。确保开工建设中岭、林华煤矿，力争开工建设响水等煤矿；抓好一批大中型煤矿的扩能技改。(3)大力推进以退耕还林还草为重点的生态建设。实施好230万亩退耕还林还草和230万亩荒山造林工程。继续实施天保、长防、长治、珠防工程。建设农村沼气池10万口。(4)加强以解决工程性缺水为重点的水利设施建设。继续实施病险水库治理和节水改造、灌区改造等工程，抓好遵义灌区等在建水利工程建设，争取松桃道塘水库等重点水利项目开工，力争黔中水利枢纽工程立项。搞好以坡改梯为重点的中低产田改造和“三小”水利设施建设。解决25万户、112.5万人的饮水困难。开工建设20个县城供水工程。(5)加快以“普九”为重点的科教设施建设。切实抓好“国家第二期贫困地区义务教育工程”和中小学危房改造工程，新建和改扩建农村中小学400所；在11个民族自治县各建1所寄宿制学校；建成并完善10所本科高等院校校园计算机网络。新通电的村建设广播电视卫星收转站1000个。新建200个乡镇计生服务站和5000个村计生服务室。改扩建10个贫困县县级医院。建设20个县级图书馆或文化馆。(6)切实抓好一批重点技术改造项目的实施。开工建设开磷(集团)有限责任公司12万吨/年磷酸二铵、贵州铝厂氧化铝80万吨/年节能降耗增产改造和阳极及阴极碳素系统技术改造、贵州茅台酒股份有限公司4000吨茅台酒一期技改工程项目。建成贵州钢绳(集团)有限责任公司优质涂层钢丝改造等10个项目。切实做好水城钢铁(集团)有限责任公司一轧改造、贵州轮胎股份有限公司载重子午胎二期技术改造等一批重大储备项目的前期准备工作。

(二)努力扩大投资渠道和资金来源

一是加快项目前期工作，积极争取国家加大投入。根据国家确定的投资方向和贵州省发展重点，着力提高前期工作深度，加快工作进度，高质量地准备一批新项目，努力使争取到的国债资金不低于上年水平；对电力、煤炭以及重点技改等急需新上的项目，要千方百计加快项目报批。加大力度争取国家预算内基本建设资金、国家各部门的各种专项和补助资金以及国际金融组织和外国政府贷款。二是继续增加财政贴息和补助资金，引导和扩大信贷投入。2002年省级财政新增的贴息和补助资金，重点增加对公路建设、技术改造和“普九”的投入，适当增加中小企业担保基金，设立旅游发展专项资金。省级财政投入的其他建设性资金，也要尽可能采取贴息的方式。积极探索集中使用资金、更好发挥资金使用效益的路子，2002年以涉农资金为突破口，抓紧制定具体实施方案，逐步建立资金统筹使用机制。争取银行扩大以项目收益权或收费权为质押发放贷款的范围。对贷款额度较大的重点项目，争取实行银行贷款或国家商业银行总行给予直贷。三是进一步开拓民间投资，积极吸引社会资金投入。按照国家政策规定，凡是对外资开放的领域，内资均可进入。继续落实鼓励县乡机关干部在小城镇建房的政策规定，并积极加以引导和规范。鼓励社会资金投入公路等基础设施和城镇供水等市政设施建设。

(三)深化投融资体制改革

按照谁投资、谁决策、谁受益、谁担风险的原则，根据经营性项目、垄断性项目和公益性项目的不同性质，减少和规范对企业投资的行政审批，合理界定政府投资职能，完善市场融资体系。抓紧制定和实施贵州省投资项目审批制度改革方案，改部分投资项目审批制为登记备案制，建立投资项目审批责任追究制。积极做好设立“西电东送”产业投资基金和高新技术产业风险投资基金的准备和争取工作。选择部分有条件的项目，争取开展资产证券化融资试点。积极支持省内商业银行为地方经济发展提供良好的金融服务，充分发挥农村信用社的作用，支持贵阳市商业银行扩大业务范围；争取国内股份制商业银行到贵州设立分行，外资金融机构在贵州设立分支机构。培育融资中介服务组织，鼓励各种投资中介机构按合伙制和股份制原则进行改造，组建多功能的投资咨询服务机构，不断提高服务质量，切实成为自创信誉、自担风险、自负盈亏、自我发展的法人实体。

（四）认真抓好重点建设项目管理

以资金到位、工程进度、工程质量和投资概算为重点，切实加强对交通、城市基础设施、农林水利、电力、煤炭、化工、社会发展、科技及高技术产业化等重点领域的140个重点项目进行管理和监督。一是狠抓资金到位。督促各地各有关部门兑现承诺的配套资金，加强与银行的沟通，积极争取信贷资金支持。二是加强协调调度。坚持行之有效的定期调度会议制度，及时跟踪各地、各部门、各重点行业和企业投资完成情况，加强监督检查和协调服务，切实解决好项目建设中出现的问题。三是加强工程建设项目质量和资金管理。严格执行工程项目建设"四制"，做到全过程的监督，确保工程建设质量，提高投资效益。加强对重点建设项目的稽查，严肃查处工程项目建设中的违法违纪行为。四是制止低水平重复建设和无效投资。严格执行国家产业政策，采取经济和行政的措施，严禁盲目引进技术水平低、资源浪费大、环境污染严重的项目。

表1　贵州省近年固定资产投资变化表

单位：亿元

指标		1996年	1997年		1998年		1999年		2000年		2001年	
		投资额	投资额	增减%	投资额	增减%	投资额	增减%	投资额	增减%	投资额	增减%
投资总额		207.10	247.23	19.38	304.91	23.33	333.90	9.51	447.50	34.02	533.74	19.27
按经济类型分	国有经济	133.19	149.75	12.43	188.93	26.16	210.80	11.58	304.95	44.66	357.69	17.29
	集体经济	14.75	15.09	2.31	19.34	28.16	22.19	14.74	28.45	28.21	22.45	-21.09
	股份制经济	1.94	4.53	133.51	12.31	171.74	8.39	-31.84	18.22	117.16	38.32	110.32
	外商经济	6.19	7.96	28.59	4.22	-46.98	2.93	-30.57	3.25	10.92	4.09	25.85
	港澳台经济	0.84	0.63	-25.00	4.23	571.43	3.46	-18.20	2.90	-16.18	3.47	19.66
	其他经济	50.19	69.27	38.02	75.88	9.54	86.13	13.51	89.73	4.18	107.72	20.05
按管理渠道分	基本建设	85.87	99.53	15.91	130.67	31.29	134.90	3.24	196.89	45.95	238.81	21.29
	更新改造	43.55	55.92	28.40	63.98	14.41	65.93	3.05	93.57	41.92	118.55	26.70
	房地产开发	15.76	15.29	-2.98	19.42	27.01	31.40	61.69	46.58	48.34	67.01	43.86
	其他投资	61.92	76.49	23.53	90.84	18.76	101.67	11.92	110.46	8.65	109.37	-0.99
按资金来源分	国家预算内资金	6.45	7.01	8.68	15.19	116.69	24.52	61.42	48.76	98.86	34.51	29.22
	国内贷款	53.20	56.63	6.45	75.00	32.44	69.73	-7.03	118.56	70.03	153.25	29.26
	利用外资	11.45	6.47	-43.49	9.79	51.31	12.10	23.60	12.42	2.64	6.04	-51.37
	自筹资金	104.13	131.38	26.17	157.42	19.82	166.85	5.99	187.46	12.35	242.45	29.33
	其他资金	31.87	45.75	43.52	47.51	3.87	60.70	27.76	80.30	32.29	97.49	21.41

表2　2001年贵州省重大建设项目和更新改造项目表

单位：万元

序号	项目名称	总投资额	当年完成投资额	建设性质（新建、扩建、改建）	新增生产能力	合作方式	联系电话
一、基本建设项目							
农林水利							
1	仁怀盐津桥水库	6120	1200	续建	新增灌溉面积3.55万亩		
2	安顺王二河水库	28367	1740	续建	新增灌溉面积5.29万亩，装机2×2500KW		
3	思南县城区防洪工程（一、二期）	5403		续建	防洪堤1679米		
4	毕节市城区防洪工程	4486	620	续建	排洪洞0.42km排洪渠4.6km，主河道整治10km及堤防299米等		
5	六盘水市中心区防洪工程	5308	370	续建	窑上支流河道整治及防洪堤7274米，响水干流河道整治及堤防6公里		
6	遵义市红花岗区湘江治理工程（一、二、三期）	9005	1707	续建	修建防洪堤6.228km，河道清淤6.658km等，其中三期新建防洪		

表 2　续表 1

单位：万元

序号	项目名称	总投资额	当年完成投资额	建设性质（新建、扩建、改建）	新增生产能力	合作方式	联系电话
					堤 3.318 公里，新建排污沟 3.006 公里，新建排污管道 3.04 公里		
7	乌中灌区一期工程第一、二年度实施项目	3000		续建	建设渠道 402 公里，续建配套渠道 787 公里，有效灌溉面积 35.95 万亩		
8	安西灌区一期工程第一、二年度实施项目	2986	795	续建	建设渠道 78 公里，有效灌溉面积 29.837 万亩		
9	安顺市虹山水库除险坚固工程	4570	1320	续建	整治大坝一座，溢洪道 0.2 公里，河道治理		
10	桐梓县城区防洪工程天门河水库	8260	2284	续建	总库容 2560 万立方米		
11	遵义灌区一期工程	52930	2800	续建	新增、改善灌溉面积 25.4 万亩		
12	兴中灌区二期工程	2995.5	650	续建	新增、改善、恢复灌溉面积 5.72 万亩		
13	铜仁市城区防洪一期工程	1962	1207	续建	修建防洪堤 2159 米		
14	黔西南州优质玉米生产基地	9000	600	新建	建设优质专用玉米生产基地 70 万亩，良种繁育基地 2 万亩		
15	都匀茶园水库	2350		续建	库容 2890 立方米，防洪兼城市日供水 10 万吨		
16	六盘水玉舍供水工程	4000	233	新建	库容 3320 万立方米，水厂日供水能力 10 万吨		
17	遵义红花岗海龙水库	3911		续建	库容 1280 万立方米		
交通项目							
18	六盘水至柏果铁路	299100	65000	续建	全长 121 公里		
19	株洲至六盘水铁路复线(贵州段)	2181000		续建	全长 617.637 公里		
20	内昆铁路(贵州段)	1137000		续建	380 公里		
21	凯里至麻江公路	156060	84282	续建	全长 52 公里(高速公路)		
22	黄果树至水城公路	156005.4	55819	续建	全长 141.888 公里(二级)		
23	玉屏至铜仁公路	79860	39278	续建	全长 63.4 公里，其中高速公路 11.8 公里，二级公路 51.6 公里		
24	兴义机场	35500	1847	新建	4C 级		
25	黎平机场	20700	3856	新建	4C 级		
26	荔波机场	34800		新建	4C 级		
27	渝怀铁路(贵州段)	1980000		新建	全长 592 公里，其中贵州段 95 公里		
28	遵义至崇溪河公路	628000	31660	新建	全长 118 公里		
29	关岭至兴仁公路	188900	56747	新建	二级公路 114 公里		
30	清镇至镇宁公路	290000	30708	新建	全长 90 公里，全线采用 4 车道高速路标准		
31	贵阳至新寨公路	125000		续建	259.512 公里，其中一级公路 142.212 公里，二级公路 116.3 公里		
32	贵阳至毕节公路	199213	75000	续建	全长 178.337 公里，其中一级公路 22.166 公里，二级公路		

表 2　续表 2

单位：万元

序号	项目名称	总投资额	当年完成投资额	建设性质（新建、扩建、改建）	新增生产能力	合作方式	联系电话
					156.17 公里		
33	铜仁大兴机场	16300	2450	续建	4C 级		
34	贫困县通道公路						
35	红花岗至绥阳至正安公路	5800	7436	续建	三级改造 140 公里		
36	紫云至望谟公路	1000	2542	续建	四级 110 公里		
37	松桃至迓架公路	1000	1205	续建	三级油路 41.2 公里		
38	雷山接凯麻公路	1000	937	新建	四级 32 公里		
39	兴仁至安龙公路	1000	1880	续建	三级 57 公里		
40	天柱至三穗公路	3400	630	续建	四级 80 公里		
41	黎平至榕江公路	4500	724	续建	四级 84 公里		
42	大方(黄泥塘)至织金公路	6730		续建	三级 57 公里		
43	习水至赤水(复兴)公路(G321)	14950	13960	改建	82.6 公里,标准二级		
44	正安至南川公路贵州段(G319)	6056	1964	改建	52.5 公里，其中三级公路 42.5 公里,四级公路 10 公里		
45	凤岗至务川公路(G326)	7447	1510	改建	74 公里,标准三级		
46	纳雍至毕节公路(G326)	6180		改建	103 公里,标准三级		
47	水城至两头河公路(G320)	3825		改建	全长 180 公里，实际建设里程 85 公里,标准三级		
48	施秉至凯里公路(GZ65)	2875		改建	64.3 公里,标准三级		
49	黄平接凯麻公路(GZ65)	1800		新建	全长 57 公里，实际建设里程 18 公里,标准三级		
50	剑河至展架公路(GZ321)	1300		改建	20 公里,标准四级		
51	惠水长田至罗甸公路(GZ320)	7800		改建	130 公里,标准三级		
52	独山麻尾至荔波小七孔公路(GZ50)	1800		改建	44 公里,标准四级		
53	三都至小围寨公路(GZ50)	2400		改建	79 公里,标准四级		
54	印江至川硐坪公路(经松桃接 G319)	2217		改建	52.5 公里,标准三级		
55	石阡至岑巩公路(接 G320)	2000		改建	105 公里,标准四级		
56	兴仁至沙子岭公路(G320)	3800	5	改建	75 公里,标准四级		
57	贞丰至钱相公路(G324)	2900	110	改建	46 公里,标准三级		
58	长顺至平坝公路(GZ65)	2300		改建	56 公里,标准四级		
59	西南水运出海通道中线起步工程(贵州段)	16274	1838	新建	整治航道 336 公里，滩险 104 处,码头 5 个,泊位 9 个		
60	天柱至远口公路	1950	264	改建	三级改造 38 公里(连 GZ50)		
61	丹寨至下司公路	1980	238	改建	三级改造 45 公里(连 GZ65)		
62	册亨至者干公路	5700	1277	改建	三级 49 公里(连 GZ324)		
63	墨冲至平塘公路	1800	1873	改建	三级 35 公里(连 GZ50)		
64	紫云至黄果树公路	1680		改建	四级 68 公里(连 GZ65)		
电力项目							
65	洪家渡水电站	492700	71376	新建	3×18 万 KW		
66	引子渡电站	1600000	300002	新建	3×12 万 KW		
67	乌江渡电站扩建工程	83300	13118	新建	2×25 万 KW		
68	“黔电送粤”输变电工程	1126182		新建	500 千伏输电线路 1793 公里，新建 500 千伏交流变电站 2 座、开关站 2 座、扩建 500 千伏交流		

表 2　续表 3

单位：万元

序号	项目名称	总投资额	当年完成投资额	建设性质(新建、扩建、改建)	新增生产能力	合作方式	联系电话
					变电站 3 座、贵州至广东直流输电及配套工程		
69	贵州省 500 千伏及 220 千伏环网输变电工程			新建			
70	500 千伏输变电	240436.8			变电站 4500MVA/座，线路长 336 公里		
71	220 千伏输变电	39835			变电站 1020MVA/11 座，输电线路 1920 公里		
72	西南水运出海通道中线工程(贵州段)			新建	整治航道 336 公里，滩险 104处;5 个码头,9 个泊位,初步设计工作已完成		
73	安顺电厂二期	251300	49517	新建	2×30 万 KW		
74	贵阳电厂	107800		新建	1×20 万 KW		
75	纳雍电厂	454300	75000	新建	4×30 万 KW		
76	黔北电厂	444300	75000	新建	4×30 万 KW		
煤炭项目							
77	盘江矿务局金佳矿	104067		续建	采煤 180 万吨/年		
78	安顺大洞口煤矿	54867	635	续建	采煤 90 万吨/年		
城市建设							
79	贵阳市乌当航天大道			新建	7.3 公里,正在进行前期准备工作		
80	贵定县自来水扩建工程	4656	50		新增供水 4 万吨/日		
81	凯里市市政干道改造工程	11781	4921	续建	6.1 公里干道,496 米隧道		
82	贵阳市白云区供水工程	13362	784	续建	10 万吨/日		
83	贵阳市中心环线	191000	51576	续建	32 公里(含 6 座桥)		
84	安顺王若飞大道	15700		续建	5 公里		
85	贵阳市乌当航天大道	17000	1095	续建	7.3 公里		
86	贵阳西郊水厂	107500		续建	日供水 40 万吨		
87	兴义市供水工程	9802	1873	续建	日供水 10 万吨		
88	铜仁市自来水工程	8282.28	3620	续建	日供水 10 万吨		
89	都匀市自来水工程	8507	1095	续建	日供水 10 万吨		
90	毕节市自来水工程	8647	700	续建	日供水 10 万吨		
91	凯里市自来水二期工程	2400	725	续建	日供水 3 万吨		
92	贵阳市城市生活垃圾卫生填埋场	47110	3813	续建	日处理 1600 吨城市生活垃圾		
93	贵阳市污水处理一期工程	28000	9396	续建	日处理污水 10.5 万吨，截污沟 37KM		
94	贵阳市河道治污工程	43766	14995	续建	截污沟 38.54KM,拆迁 10.28 万平方米,绿化 12.58 万平方米		
95	遵义市污水处理厂	12832	1352	续建	日处理 8 万吨		
96	六盘水市中心区排污工程	6837	950	续建	管道 21KM,日处理污水 10 吨		
社会发展项目							
97	贵州图书馆	5116	1009	续建	21800 平方米		
98	贵州电视台业务用房	14781.61	2016	续建	29770 平方米		
99	贵州民族文化宫	16734.9	18.5	新建	29140 平方米		
100	贵医附院外科大楼	8340		新建	29550 平方米		

表2　续表4

单位：万元

序号	项目名称	总投资额	当年完成投资额	建设性质（新建、扩建、改建）	新增生产能力	合作方式	联系电话
101	黄果树风景名胜区旅游基础设施项目	7872	1370	新建	搬迁68200平方米，市政道路8.6公里，公路21公里，水厂6000吨/日，污水处理4800吨/日，垃圾处理55吨/日，步道13.5公里		
102	贵阳医学院综合教学楼	1305	750	续建	11092平方米		
103	贵州日报社新闻业务用房	7081	2590	续建	25320平方米		
科技及高技术产业发展项目							
104	贵州科技馆	4487		续建	12500平方米		
105	毕节市能源开发有限公司3.5万立方米低压耐硫甲烷煤气产业化示范工程	4489	429	续建	日产3.5万立方米低压耐硫甲烷化煤气		
106	中国七砂集团有限公司生产纯镓和高纯镓高技术产业化示范工程	5055		新建	年处理刚玉冶炼烟尘6800吨，高纯镓1.2万吨/年、纯镓2吨/年及其它副产品		
107	贵州汉方公司羟基喜树碱注射剂高技术产业化示范工程	2941	700	续建	年产1000万支羟基喜树碱注射剂		
108	贵阳海丰日化有限公司年产1000吨胡椒基丁醚高技术产业化示范工程	6317	27	续建	年产100吨胡椒基丁醚		
109	产业贵州盘江煤电集团有限公司优质高效煤炭洗选化示范工程	12388		续建			
粮食项目							
110	遵义国家粮食储备库（扩建1亿斤）	2750	1562	新建	仓容1亿斤，总建筑面积14597.4平方米		
111	松桃县国家粮食储备库（新建0.5亿斤）	1375	900	新建	仓容0.5亿斤，总建筑面积7968.78平方米		
112	麻江县国家粮食储备库（新建0.5亿斤）	1375	1320	新建	仓容0.5亿斤，总建筑面积7721平方米		
机械项目							
113	贵阳车辆厂引进复合反渗透膜设备、膜生产技术及水净化处理成套装置国产化项目	16938		新建	年产复合反渗透膜120万平方米，4040型复合反渗透膜装置12万支，日处理5000吨海水淡化成套设备1台，日处理2500吨苦咸水淡化成套设备1台，100吨/小时工业超纯水设备10台，日处理4000吨污水回用装置5台		
化工项目							
114	贵州化肥厂扩建工程	58481	12686	扩建	年产合成氨3万吨，尿素8万吨		
二、更新改造项目							
115	遵义卷烟厂570kg/h二氧化碳膨胀烟丝生产线及购置5000kg/h制丝线设备技改及配套主厂房建设技改	18930	7271	改扩建	570kg/h二氧化碳膨胀烟丝，5000lg/h制丝线能力		0852－8621946

表2 续表5

单位：万元

序号	项目名称	总投资额	当年完成投资额	建设性质（新建、扩建、改建）	新增生产能力	合作方式	联系电话
116	中国贵航集团云马飞机制造厂航空民用飞机零部件转包生产线	9800	5800	改扩建	飞机结构件11000件		0853－3385008
117	水城钢铁（集团）有限责任公司连铸高效化改造项目	10200	4000	改扩建	25万吨/年		0858－8923003
118	南方汇通股份有限公司利用专利技术，建设稻壳餐具生产线3条	5000	2796	改扩建	日产稻壳餐具120万只		4470493－2778
119	贵州西洋肥业股份有限公司100万吨硫基高浓度复合肥改造工程	90000	9000	改扩建	年产100万吨硫基高浓度复合肥		7791999
120	贵州茅台遵义啤酒有限责任公司新增10万吨/年啤酒技改	18168	14656	改扩建	年产7万吨茅台啤酒，3万吨高原啤酒		0852－8651003
121	贵州茅台酒厂（集团）有限责任公司800吨/年茅台酒及1200吨/年制曲改造	17626	5920	改扩建	年产800吨茅台酒，1200吨曲		0852－2386096
122	贵州铝厂碳素系统节能降耗环境治理技术改造	49918	20000	改扩建	阴极3.4万吨/年，阳极0.9万吨/年		4989398
123	贵州黎阳航空发动机公司航空发动机转包生产线改造	8600	5600	改扩建	叶片70000件，环型件、壳件类零件2100件		0853－4692092
124	贵州宏福实业开发有限公司磷酸二铵生产能力达50万吨/年、NPK复合肥达50万吨/年、副产氟化铝1.58万吨	16900	3900	改扩建	磷酸二铵生产能力达50万吨/年、NPK复合肥达50万吨/年、副产氟化铝1.58万吨/年		0854－2184311
125	贵州钢绳（集团）有限责任公司优质涂层钢丝改造	7080	2000	改扩建	2万吨/年		0852－8419398
126	贵州赤天化股份有限公司大颗粒尿素改造	4998	4998	改扩建	大颗粒尿素60万吨/年		0852－2878212
127	贵阳水泥有限责任公司年新增30万吨普通硅酸盐水泥	11530	5000	改扩建	年产普通硅盐水泥30万吨		6825582
128	开磷集团有限责任公司磷酸一铵改造	4787	4787	改扩建	年产磷酸一铵12万吨		5872097
129	贵州轮胎股份有限公司全钢载重子午胎技改	72163	5250	改扩建	年产全钢载重子午轮胎30万套		4816664

云南省投资建设情况

云南省发展计划委员会投资处

2001年，云南省在省委和省政府的领导下，在投资领域认真实践江泽民总书记“三个代表”的重要思想，抓住中央扩大内需，继续实施积极的财政政策，启动和实施西部大开发战略的机遇，狠抓中央一系列重大部署及政策措施的贯彻执行，使云南省固定资产投资结束了从1999年下半年以来连续负增长的局面，投资呈现恢复性增长，结构趋向合理。

一、2001年投资建设工作

2001年云南省继续加快基础设施、生态环境、旅游资源开发和综合利用、特色生物资源产业、城市建设、高新技术等方面的建设步伐,抓住西部大开发的大好机遇,积极筹措建设资金,努力优化投资结构,狠抓项目管理,固定资产投资呈现恢复性增长。据统计,2001年全省全社会固定资产投资完成734.81亿元,比上年增长5.3%。其中,基本建设投资完成363.17亿元,增长0.4%;更新改造投资完成102.58亿元,增长26.4%;房地产投资完成87.98亿元,增长5.7%;其他投资完成181.28亿元,增长5.4%。

(一)2001年全省固定资产投资运行的主要特点

1. 更新改造投资增幅较大。2001年全省更新改造完成投资102.58亿元,增长26.4%,约占全社会固定资产投资的14%,是云南省近几年来增幅较高的年份之一。技改项目中,云南铝业公司电解铝、铜业公司铜冶炼及节能降耗、云峰化学公司挖潜改造、昆钢板带技改工程相继开工后,技改投资一改往年负增长的局面,成为带动全省投资增长的主要因素之一。

2. 争取国债资金成绩显著。2001年在国家计委和国家有关部委的支持下,经过各部门的努力,国家共计安排云南省国债资金63.08亿元,国债项目对支持云南省固定资产投资规模起了巨大作用,同时将为2002年投资增长打下基础。

3. 前期工作取得重大进展。为认真贯彻落实中央实施西部大开发战略和省政府出台的云政发(2001)37号文件精神,省计委采取了一系列措施,分三个层次(全省11个重大建设项目、省级大项目、地州市项目)开展工作。对全省建设项目特别是11个重大建设项目的前期工作加强组织领导,加大前期经费投入,签订目标责任书,建立项目库,狠抓监督、检查、落实工作。通过各有关部门的密切配合,2001年云南省11个大建设项目前期工作取得了重大进展,小湾水电站、曲靖电厂二期工程、澜沧江—临沧公路、磷复肥基地国产化示范工程已经开工建设;文山马鹿塘水电站和昭通高桥水电站已具备开工条件,近期即将开工。

4. 重点建设进展顺利。2001年,全省共安排重点项目34项,年度计划投资142亿元。年底建成投产或部分投产8项,电力新增装机52.5万千瓦,增加污水日处理能力12.5万吨,粮库增加库容5000万斤等。

(二)投资建设的丰硕成果

2001年的投资建设,使云南省在能源交通、城市基础设施、传统产业改造、生态环保等方面取得了丰硕的成果。

宣威电厂两台机组(60万千瓦)已并网发电,一年增加8.5万千瓦(包括续建项目大朝山水电站投产一台22.5万千瓦机组)装机能力;滇池污染治理项目北郊污水处理厂、东郊污水处理厂正进行单机联动调试,可增加污水处理能力12.5万吨;云南铜业股份有限公司技改主体工程铜冶炼装置建成,21个子项目完成19项;盘西铁路电气化改造工程已经建成并开始运营;文山、玉溪中央粮库工程完工,建成后增加仓储能力5万吨;滇池草海底泥疏浚工程完成计划的110.4%,通过了竣工验收。

续建项目中部分项目已经建成投产。大朝山水电站第一台机组(22.5万千瓦)正式并网发电;大朝山至昆明500千伏超高压变送电工程已经建成250公里南回线;昭通渔洞水库灌区工程南干渠和鲁甸分干渠实现全线完工。

(三)投资建设中存在的问题

在看到成绩的同时,必须清醒地认识到当前投资领域存在的主要矛盾和问题:

1. 投资增长后劲不足。云南省在较长时期内仍然依靠增加投入来拉动经济增长。但目前投资渠道单一,地州和自筹能力弱,社会融资能力不强,投资渠道狭窄,全社会固定资产投资对省财政的依赖程度大,非国有投资所占比重过小,增幅过缓,非国有投资比重从1995年的30.94%上升到2000年的33.2%,五年仅增长2.3个百分点。

2. 财政收支矛盾突出,财政资金对固定资产的投资规模将逐渐减少。为确保国债项目配套,一些收尾续建项目及新开工项目的建设资金将难以保证。同时财政性资金的资本化运作机制尚未完善,投资效益难以保证。

3. 投资环境与沿海地区相比有较大差距。这表现在社会经济发育程度低,区域性经济发展不平衡,基础设施总体水平不高,吸引外资难度大。

二、2002年投资建设展望

2002年云南省经济发展走势如何,起决定作用的因素之一是能否争取到更多的国债资金,多渠道增加全社会投资,扩大投资需求,发挥好投资需求和消费需求对经济增长的双重拉动作用。为达到2002年云南省经济增长7%的目标,必须促使总投资需求和总消费需求对经济增长的贡献率分别达到45%和68%,分别拉动经济增长3.2个和4.8个百分点。为此,2002年全省全社会固定资产投资增长率必须达到10%,总规模达到808亿元。

2002年是"十五"计划的第二年,在投资领域,必须贯彻落实江泽民总书记"三个代表"的重要思想,坚持"一要吃饭,二要建设"的方针,认真探索和研究新的思路和办法。一是要体现公共财政的支出原则,调整投资结构,选准投资领域和重点,把有限的政府投资用在基础设施、生态环保和支柱产业等关键的领域和重点行业;二是对政府投资要统筹安排,集中使用,避免投资分散化;三是进一步加快投融资体制改革,简化项目审批手续,广开投资渠道;四是提高科学决策水平,努力提高投资效益;五是引导好社会投资的使用方向,运用好经济和法律手段,把社会投资调控好,引导好;五是确保在建国债项目的收尾工作顺利完成。抓紧续建项目大保、元磨、昆石、曲胜、嵩待等高等级公路,以及小湾电站、大朝山电站、昆明掌鸠河引水工程、农网改造、曲靖电厂二期等重点项目的建设。

西藏自治区投资建设情况

西藏自治区主席 [签名]

2001年，在党中央、国务院的关心和全国人民的大力支援下，西藏的投资建设呈现出喜人的局面。这一年，我们紧紧抓住中央召开第四次西藏工作座谈会的机遇，充分发挥投资对经济增长的拉动作用，千方百计落实建设项目的奖金，使西藏固定资产投资继续呈现出快速增长的态势，为确保经济增长12%的目标发挥了巨大作用，实现了西藏新世纪初跨越式发展的良好开局。

一、2001年固定资产投资取得新成绩

2001年，西藏投资总量仍然保持较大增幅。全年共完成固定资产投资85.77亿元（不含青藏铁路西藏境内投资），比上年增加19.27亿元，增长29%。

从投资管理渠道看，基本建设完成投资72.78亿元，比上年同期增加16.91亿元，增长30.3%；更新改造完成投资4.78亿元，增加0.22亿元，增长4.8%；房地产完成投资1.5亿元，增加0.52亿元，增长53.4%；完成其他投资6.71亿元，增加1.62亿元，增长31.8%。

从经济类型看，国有经济完成投资80.35亿元，比上年同期增加17.36亿元，增长27.6%；集体经济完成投资1.12亿元，增加0.34亿元，增长44.5%；城乡居民个人完成投资2.41亿元，增加1.14亿元，增长89.2%；其他各种经济完成投资1.89亿元，增加0.43亿元，增长29.1%。从全年固定资产投资运行情况看，主要有以下一些特点：

（一）基础产业、基础设施投资快速增长，成为支撑投资增长的主要因素

2001年，在国家加大基础产业、基础设施投资和扩大内需、拉动经济增长的积极影响下，全区基础产业和基础设施投资保持了较快增长的势头。全年基础产业和基础设施完成投资52.31亿元，比2000年同期增加13.98亿元，增长36.5%，占全社会固定资产投资完成额的61%。其中，农牧林水投资3.25亿元，增加0.61亿元，增长23.3%；交通公路建设投资25.25亿元，增加7.38亿元，增长45%；邮电通信投资8.14亿元，增加2.2亿元，增长37%；电力、煤气及水生产供应业，全年完成投资7.43亿元，比2000年下降27.2%。由于基础产业和基础设施投资的不断增长，带动了西藏邮电通信业和交通运输业等行业的快速发展。交通运输业全年完成货运总量212万吨，比2000年增长1.3%；全年完成邮电业务总量6.48亿元，增长49.8%，新增局用交换机7.3万门，总容量已达到24.3万门，移动电话新增用户5.6万门，2001年末用户达到11.28万户。因特网注册拨号用户也已达到5000余户；2001年末全区发电量6.97亿千瓦小时，增长5.5%。

（二）重点建设项目进展顺利

重点建设项目一直是西藏投资的重中之重，对拉动全区经济增长作用十分明显。2001年西藏重点建设项目共有154个，计划安排总投资31亿元，实际完成了计划的88.3%。

——水利。2001年8月西藏第一座大型水利枢纽工程——满拉水利枢纽工程建成。这项工程是中央第三次西藏工作座谈会确定的62项援藏工程中投资最大，集灌溉、发电、防洪、旅游为一体的大型水利枢纽工程，也是西藏“一江两河”农业综合开发的骨干工程。它的建成，可有效控制年楚河流域的水旱灾害，新增灌溉面积25万亩，并将缓解江孜、白朗、日喀则3县市的用电紧张状况。

——能源。西藏抓住西部大开发有利时机，加快以水电为主的能源建设，截至2001年底，全区电力总装机容量达35.8万千瓦，年发电量近7亿千瓦时。部分电力重点建设项目进展顺利，藏中电网网架完善工程和拉萨至泽当输变电环线工程已开工建设；总投资5.21亿元的重点建设项目昌都金河电站，已完成工作量的19.2%；总投资4100万元的夏曲卡水电站已顺利完成截流任务。

——公路交通。总投资1.8亿元的八宿县318线怒江山段、总投资1.2亿元的芒康县境内318线整治工程全面完工。川藏公路西藏境内改建工程、青藏公路格尔木至拉萨段、317国道妥坝至昌都段分别完成总投资的97%、12%、29%。

中央第四次西藏工作座谈会确定全国各省、区、市援藏建设项目70个,已开工33个,峻工7个,完成投资3.86亿元,为整个援建项目在2002年顺利完成打下了良好的基础。

(三)新建和改建项目比重加大

2001新建项目完成投资55.83亿元,比2000年增加10.72亿元,增长26.7%,占全社会固定资产投资的64.5%;改建项目完成投资20.28亿元,增加4.7亿元,增长30.1%,占全社会固定资产投资的23.7%;扩建项目完成投资5.06亿元,增加1.33亿元,增长35.7%,占全社会固定资产投资的5.9%。

(四)房地产投资快速增长,居民住房条件有所改善

随着房地产二级市场开放和国家促进住房市场活跃的一系列政策出台,西藏在房地产建设上牢牢把握国家扩大内需的机遇,坚持以住宅建设为重点,进一步加大了经济适用房的建设力度,2001年,全区房地产开发完成投资1.5亿元,比2000年同期增加0.52亿元,增长53.4%。其中住宅投资0.98亿元,增长0.9%,占全部房地产开发投资的65.1%。城镇居民的住房条件得到改善。

(五)项目的前期工作进一步加强

前期工作质量的高低直接影响投资的成效。在西藏自治区党委、政府高度重视下,全区各类建设项目的前期工作较前有了新的提高。一是项目的选择更加符合国家的投资方向;二是前期工作程序进一步规范;三是严格项目前期工作责任,跟踪检查不断加强,有效避免了工作中的违规现象;四是以自治区政府办公厅名义下发了《关于使用银行贷款资金进行基本建设前期工作的暂行办法》,2001年下达了一批前期经费贷款项目(143个),前期经费贷款本金达30849万元,从而加大了基础建设项目前期工作力度。

(六)编制完成西藏自治区“十五”期间重点建设项目计划

为抢抓西部大开发和中央第四次西藏工作座谈会提供的历史性机遇,争取更多的建设资金,自治区有关部门及时编制完成了“十五”重点建设项目计划,积极与国家各部委进行衔接,为中央最终确定西藏117个建设项目提供了可靠依据。同时,认真把握国家给予西藏的特殊支持,本着“成熟一个,申报一个”的原则,进一步向国家申报了部分新的建设项目,争取到了更多的建设资金。

(七)成功协办了国家计委第16期固定资产投资管理研讨班

在国家计委关心下,2001年全国第16期固定资产投资管理研讨班在拉萨举办。研讨班期间,西藏自治区领导与国家计委衔接、确定了一批重点建设项目,还获取了许多有助于西藏实现经济社会跨越式发展的建设性意见。同时,向兄弟省(市)学习了在固定资产投资管理方面的许多先进经验,这将对西藏今后的固定资产投资管理起到积极的促进作用。

二、2001年主要投资建设成就

2001年,西藏新增固定资产投资69.5亿元(不含农村集体、个体,下同),比2000年增加4.34亿元,增长6.7%;全区施工房屋面积226.69万平方米,增加4.35万平方米,增长2%。其中住宅施工面积70.82万平方米,增加1.64万平方米,增长2.4%;峻工房屋面积156.51万平方米,增加9.84万平方米,增长6.7%,其中住宅竣工面积56.25万平方米,增加1.9万平方米,增长3.5%。

随着西藏固定资产投资力度的加大,一批重点工程建成投产,自治区新增生产能力大大提高。2001年新增水力发电量3.03万千瓦,建成11万伏及以上输电线路77公里,建成长途电缆230公里、电力电缆60公里,电话单机2万部;新建公路283公里,改建公路584.48公里,新建独立公路桥梁1114延长米;新增水库容量0.3亿立方米,有效灌溉面积3.12万亩;新增粮食仓容1730万公斤;新增中学、小学、其他院校学生席位38244个、建筑面积16.17万平方米;新增医院病床527张;新增宾馆、旅馆、招待所客房数387间;城市自来水管道23.49公里,城市液化石油气储气能力15吨;扩建城市道路22.15公里,面积50.68万平方米,城市排水管道铺设7.5公里。所有这些,极大地改善了自治区的基础设施条件,改善了自治区的投资环境,对于促进西藏跨越式发展和提高人民生活水平,都发挥出了重要的作用。

三、固定资产投资领域的主要问题

一是投资增长幅度虽然较大,但总量相对不足。由于受历史自然环境等各方面因素的制约,西藏投资建设历史欠帐太多。虽然近几年西藏投资增速名列全国首位,但与全国其他省(区、市)尤其是沿海发达地区相比,西藏投资的绝对量仍处于非常低的水平。

二是投资渠道狭窄,民间投资(集体经济、个体经济和其他经济固定资产投资)所占比重很小。在全区固定资产投资中,这部分投资仅为46544万元,占全社会投资总规模的5.4%。政府投资“孤军作战”的状况仍没有根本改观。

三是由于各种主客观因素影响,项目前期工作仍存在不足,需要今后进一步加强。

四、2002年投资建设打算

2002年是西藏全面贯彻落实江泽民总书记“七一”重要讲话和中央第四次西藏工作座谈会精神,推进跨越式发展的关键之年。在投资建设领域,西藏仍将按照国家确定的进一步加大基础设施建设力度以及加快西部地区开发建设的有关精神,抓住国家扩大内需、实施积极的财政政策、继续增发国债的机遇,积极主动做好工作,努力争取国家更多的投资。

一是集中力量,加强协调,推进重点项目建设。继续抓好青藏、川藏公路整治改建,加快油路到县、通电到乡、广播电视到村、退耕还林(草)到户工程,金河电站、藏中电网网架完善工程、西藏"光明"工程、第二期农(城)网建设和改造工程、小城镇建设、全区CDMA移动通信网、农村电话卫星系统工程等项目建设,积极争取"两桥一洞"、拉萨柳梧大桥、林芝机场、318国道曲水至大竹卡段改造升级、直孔电站等项目开工建设,搞好满拉、雅砻、拉萨三大灌区和10项重点防洪工程建设,加速推进"西新"工程。全力支持铁道部门加快青藏铁路建设。

二是强化项目前期工作。加强与有关方面的协调,做好新藏公路改建、巴河雪卡水电站、狮泉河水电站、青藏铁路供电工程、昌都和林芝电网工程、农村公路通达工程等项目的前期工作,争取立项建设。通过贴息贷款等多种途径,保证前期工作经费;聘请区内外专家,专兼职结合,做好项目前期工作,确保2002年的项目储备达到200亿元以上。加快组建自治区、各地市的工程咨询公司和财政投资评审机构。充分利用中央给予西藏的"投资计划不封口"的优惠政策,做好项目的汇报和衔接工作,积极争取国家更大规模的投资。

三是深化投融资体制改革,启动和扩大社会投资。按照"谁投资、谁决策、谁受益、谁承担风险"的原则,建立企业自主决策、银行独立审贷、政府宏观调控的新型投融资体制。抓紧研究出台鼓励社会投资的优惠政策。对非政府投资的一般性项目,实行登记备案制。及时向社会发布投资信息,正确引导社会投资。

四是严格执行项目建设与管理制度,确保工程质量。全面实行项目法人责任制、工程招投标制和工程建设监理制。严格按照基本建设程序办事,减少审批环节,缩短审批时间,及时落实项目资金。从项目可行性研究抓起,从严控制工程造价。坚决制止弄虚作假、"明招暗定"、非法转包。加强项目稽查和项目全程管理,进一步强化项目的审计监督。

陕西省投资建设情况

陕西省代省长 贾治邦

一、2001年投资建设情况

2001年,陕西省坚决贯彻中央关于扩大内需的一系列决策,加大投资力度,狠抓项目资金和工程管理,在基础设施、生态建设、工业技术改造以及房地产开发等投资带动下,全省投资增速一直排在全国前列。全年共完成投资850.7亿元,比2000年增长14.1%,其中,国有单位及其他经济类型完成投资693.1亿元,增长13.49%;集体和个体完成投资157.6亿元,增长16.56%。全社会新增固定资产683.46亿元,比上年增长12.5%。

(一)基本建设投资继续发挥主要作用

2001年,陕西省完成基本建设投资444.64亿元,同比增长18.2%。基建投资在全社会投资中所占比重达52.3%,对保持全省投资快速增长发挥了主要作用。基础产业和基础设施投资进一步加大,用于农林牧渔业投资比上年增长36.96%,交通运输和邮电投资的增幅分别达到22.26%、59.3%。交通运输和邮电投资在全社会投资中所占比重达18.5%。基础产业和基础设施建设有力地推动了全省投资的增长。

(二)更新改造和房地产开发投资稳步提高

2001全省更新改造投资完成138.98亿元,同比增长期1.93%。用于化工、建材、有色金属、机械和电力工业等传统优势产业的技改投资继续增加,全年工业技改完成投资额占全部更新改造投资的30%。

房地产投资完成99.78亿元,增长26.5%,商品房屋销售额65.34亿元,增长31.5%,呈现出开发与销售同步增长的良好势头。全年房屋施工面积1326.74万平方米,其中住宅施工面积1099.09万平方米。全年完成住宅投资65.56亿元,增长12.73%。

(三)产业投资结构进一步优化

国有及其他经济类型投资中,第一产业完成投资27.14亿元,增长33.06%;第二产业完成投资270.17亿元,与上年持平;第三产业完成投资553.34亿元,增长21.49%。一、二、三产业投资比例为1:10:20。

(四)重点建设再创辉煌,一批项目相继建成,新增效益显著

2001年，全省72项重点建设项目共完成投资244.2亿元，为年度计划的101.1%。到位资金220.8亿元，到位率91.4%，是近几年的最好水平。西康铁路建成通车，陕西移动通讯公司GSM6期扩容工程完工，西安南郊水厂建成供水，西阎高速公路建成通车，以及其他一批重点工程的建成，进一步夯实了陕西省的经济基础，经济效益和社会效益逐渐显现，投资环境进一步改善。新增生产能力：原煤开采800万吨，原油开采60.2万吨，天然气管道输送长度134公里，11万伏及以上输电线路316.7公里，11万伏及以上变电设备能力124.3万千伏安，水泥70万吨，光纤通讯电缆522.8芯公里，啤酒35万吨，新建铁路主线正线交付运营里程267.5公里，新建公路515.4公里，造林面积150.1万亩，有效灌溉面积1173.1万亩，公共图书馆藏书量1268.5万册，阅览室座席1718个等。

通过环境保护项目，特别是城市环保项目的建设，全省环境质量有所好转，空气环境污染综合指数下降11.75%，地面水环境污染综合指数下降29.08%。从环境空气质量状况看，总悬浮颗粒物年日均值为0.377毫克/立方米，污染水平较上年下降18.4%。全省六条主要河流渭河、延河、无定河、丹江、汉江、嘉陵江水质污染较上年有所下降，尤其渭河水质有较大改善。

人民生活水平稳步提高，生活质量进一步改善。城镇居民人均居住面积达到13.64平方米。农村竣工住宅面积0.33亿平方米，比上年增长1.2%。

（五）项目管理水平明显提高，政府宏观调控经验进一步丰富

结合国债项目建设，陕西省认真贯彻执行国家关于加强项目管理和工程质量管理的一系列规定，在全省范围内进一步完善和全面推行项目法人责任制、质量终身责任制、招标投标制、工程监理制和合同管理制，严格按照《招标投标法》的要求，本着公开、公平、公正和择优、诚信的原则，全面、规范地实行招投标，确保工程质量，并以此更好地为加快工程进度提供保证。通过实施积极的财政政策，不仅改善了陕西省的基础调整升级，提升了整个国民经济的水平，为全面实施西部大开发战略奠定了坚实的基础，而且达到了政府宏观调控的预期目标，充实了在市场经济条件下加强基本建设管理的经验。

投资的主要特点：

国债资金仍是拉动投资增长的关键因素。1998年以来，国家共安排陕西省国债项目597个，总规模投资839.1亿元。到2001年底，已建成国债项目191个，累计完成投资566亿元，占总投资的67.6%。累计完成投资中，国债投资167亿元，占29.5%。国债资金的投入，极大地弥补了陕西省建设资金的不足，带动了其他投资，刺激了全社会投资的快速增长。全省全社会固定资产投资从1997年的545亿元猛增到2001年的850亿元，四年时间增加了60%。固定资产投资对经济增长的贡献率一直保持在四、五个百分点，GDP连续五年高于全国平均增长水平。

市场需求明显好转，促进了投资的增长。2001年全省市场需求状况明显好转，全年全社会消费品零售总额665.1亿元，比上年增长9.5%，生产资料市场交易活跃，商品房销售更是呈现旺销局面。在市场需求带动下，房地产、纺织、石油加工、冶炼、机械等行业投资迅速增长。集体和个体经济投资逐步回升，分别增长11.4%、18.9%。

企业经济效益改善，提高了企业投资能力，促进了工业投资的增长。在国有企业改革、扩大内需政策和市场需求转旺的多种因素作用下，企业经济显著改善。全省规模以上工业企业综合经济效益指数为102.24%，与上年基本持平。全年实现销售收入1256.09亿元，比上年增长7.9%。规模以上工业全年实现利润60.4亿元。企业经济效益的好转，促使企业自筹能力增强，促进了工业投资的较快增长。

外商直接投资增长较快。全年新签外商直接投资合同222个，比上年增长3.3%；合同利用外商直接投资7.3亿美元，增长46.2%；实际利用外商直接投资3.52亿美元，增长22%。分国别和地区看，主要是香港、日本、美国、新西兰和欧盟等地的投资。

但投资运行中仍存在一些值得关注的问题，如投资增长对国债的依赖性比较强，鼓励和引导民间投资的政策措施还没有落到实处，重大项目前期工作主体的积极性还有待进一步提高。

二、2002年投资建设工作

2002年，陕西省投资建设工作的指导思想是，继续加大投资力度，加强基础设施重点项目建设，为经济发展创造良好的环境。重视培育产业化项目，增强经济发展的后劲。努力提高投资项目的科技含量，合理安排好科教文卫、公检司法和经济适用房等项目建设，满足先进文化发展和人民群众安居乐业的需要。

（一）投资规模

2002年，全省全社会固定资产投资总规模为950亿元，比2001年实际完成增长11.7%。其中，中央投资230亿元，增长9.2%；地方投资720亿元，增长12.4%（基本建设350亿元，增长14.7%；技术改造72亿元，增长5.9%；房地产125亿元，增长24.2%；其他投资173亿元，增长3.6%）。

（二）投资方向和重点

1. *农林水利和生态环境建设*。计划投资45亿元，其中水利项目35亿元。主要项目有生态环境建设，天然林保护，退耕还林，“三北”防护林四期，东雷抽黄灌溉工程，黑河金盆枢纽，渭洛河下游治理，渭河中游防洪，三门峡移民防洪保安，病险水库除险加固和大型灌区配套等。

2. *基础设施建设*。计划投资301.5亿元，其中交通156.5亿元（铁路38亿元，公路115亿元，机场3.5亿元），电力40亿元，石油天然气65亿元，城建40亿元。主要项目有神延铁路（收尾），咸阳机场扩建，西安至户县公路，西安绕城公路南段，榆林至靖边公路，勉县至宁强公路，延安至安塞公路，咸阳国际机场2号路，阎良至禹门口公路，黄陵至延安公路，蒲电二期，韩城二电厂，喜河水电站，西安集中供热，西安天然气二期，西安高架快速干道一期等。

3. *产业化项目培育*。以原材料、医药和国防军工为重点，培植产业化项目。主要项目有陕化磷石膏综合利用及复合肥工程，冀东法门寺水泥厂，陕西精高企业(集团)有限公司扩建5万立方米绿色环保型麦秸人造板项目，享通光华泰乐菌素，美辰制药，陕西必康制药，金花企业(集团)转移因子胶囊项目，榆林8万吨真空盐项目，以及新舟60和运八飞机的改进改型，西飞沃尔沃、四达和汉江、奥拓“两大两微”汽车的发展等。

4. *科教文卫项目*。以高技术示范工程和旅游基础设施为重点，包括数字电视、现代农业生物技术、中药现代化和西部优势资源综合开发利用，五陵塬旅游道路，乾陵内城旅游环线工程，秦陵博物苑一期征地和建馆准备，汉阳陵博物苑地下展厅，乾陵生态绿化等。

(三)主要措施

1. 抓好国债项目的收尾和2002年西部特种国债新开工项目的建设工作。

2. 继续抓好项目的前期准备工作，力争做到开工一批，储备一批，在加大基础设施前期工作力度的同时，也要做好一批产业化项目的前期工作。

3. 扩大招商引资工作，吸引国内外企业来陕投资，采取有力措施，促进历年洽谈会签约项目的跟踪落实。继续加强同银行等金融单位的协作，积极向银行推介项目。

4. 抓紧研究促进社会投资的措施和办法，继续改善投资环境，为各类投资主体创造良好的投资环境，壮大民营经济实力，进一步启动民间投资。

甘肃省投资建设情况

甘肃省省长 陆浩

2001年是实施“十五”计划的第一年，也是推进西部大开发战略的重要一年。在甘肃省委、省政府的正确领导下，全省上下认真贯彻江泽民总书记“七一”讲话精神和“三个代表”重要思想，进一步抢抓西部大开发战略和增发国债投资的有利时机，积极多渠道筹措落实建设资金，努力加快基础设施及重点项目建设，加强国债项目管理，使得全年固定资产投资继续保持稳定增长的态势，有力地促进了国民经济持续健康发展。

一、2001年全社会固定资产投资情况

在国家连续实施一系列扩大内需政策的作用下，甘肃省固定资产投资在上年快速增长的基础上，2001年又呈现出稳定增长的态势，全社会固定资产投资完成505.42亿元，比上年增长14.52%。其中，基本建设投资253.09亿元，增长12.3%；更新改造投资130.33亿元，增长27.71%；房地产开发投资31.37亿元，增长13.21%；其它投资90.63亿元，增长5.1%。

从产业投资来看，结构调整效应正在逐步显现。第一产业完成投资20.70亿元，同比增长6.81%，增幅比上年下降3.5个百分点。第二产业完成投资175.45亿元，同比增长22.04%，增幅比上年提高了14个百分点。第三产业完成投资309.27亿元，同比增长11.17%，投资结构趋于合理。

按照经济类型划分，2001年甘肃省国有经济投资完成337.88亿元，同比增长13.21%；非国有经济投资完成167.54亿元，同比增长17.24%。在非国有经济投资中，集体经济完成投资28.33亿元，同比增长2.27%；个体经济投资56.31亿元，增长4.03%；联营经济、股份制经济、外商及其它经济投资82.9亿元，增长35.75%。

从资金来源分析，国家预算内投资为67.98亿元，增长24.96%；国内银行贷款141.49亿元，增长21.58%；利用外资5.01亿元，下降34.96%；企事业单位自有及其它投资290.94亿元，增长10.68%。

二、2001年主要投资建设成就

从全年项目建设和计划执行情况看，甘肃省实施了一大批水利生态、公路交通、电力石化、城市基础设施等方面

的骨干项目,全社会投资持续增长,有力地促进了国民经济发展。2001年全省国内生产总值达1073亿元,增长9.4%,增速比上年提高了0.4个百分点,实现了"十五"计划的良好开局。

(一)基础设施建设步伐不断加快,重点项目成效显著

2001年甘肃省投资重点继续向农林水利、交通运输、电力电网、邮电通讯、城市建设等行业倾斜,基础设施建设进一步得到加强。在基本建设和更新改造完成投资中,农林水利完成投资21.6亿元,增长18.7%;交通运输完成投资87.6亿元,增长15.9%;邮电通讯完成投资45.5亿元,增长11%。

全省41个重点项目当年完成投资106.7亿元,已建成收尾和部分建成21项,其中,国道主干线天水至馋口等5条高等级公路建成通车,标志着甘肃省公路建设连续几年高强度投资开始见效;铁路宝兰二线工程进展迅速,甘肃区段有106公里开通运营;兰州中川机场扩建全面完成并通过国家验收,敦煌机场飞行区顺利实现转场飞行;涩宁兰天然气管道已建成送气,兰州市居民开始使用天然气;平凉电厂2号机组、张掖龙首水电站已建成投入运营;疏勒河农业综合开发项目的骨干工程昌马水库已下闸蓄水。重点项目新增主要生产能力:铁路正线铺轨200公里,开通106公里;发电装机37.7万千瓦,110千伏输电线路603公里,35千伏输电线路60公里;高等级公路264公里;4C级跑道2800×45米;节水灌溉面积15万亩;电解铝10万吨;水泥60万吨;房屋建筑面积18.8万平方米等。

(二)生态建设进展顺利,环境保护不断加强

全省进一步加快了天然林资源保护、生态环境综合治理、退耕还林还草、防护林工程、长江流域和黄河流域水土保持等生态建设项目的建设进度,并启动实施了天然草原恢复和建设、黑河流域综合治理工程。截至2001年底,已建成收尾34个生态县综合治理工程,完成造林14.5万公顷,坡改梯6.5万公顷,新增治理水土流失面积4928平方公里。天然草原恢复和建设项目已经完成,完成草场围栏面积41.5万亩,人工种草9.6万亩,改良草场36万亩。兰州南北两山环境绿化工程完成绿化面积28万亩,兰州市冬季大气环境质量初步好转。此外,天然林保护工程完成公益林建设和森林抚育86.9万亩,退耕还林还草当年完成面积92.9万亩。

(三)国债项目建设进度加快,重点技改企业效益明显

2001年是国家实施积极财政政策的第四年。甘肃省继续抢抓国家增发1500亿元国债资金和西部国债的机遇,重点加强农林水利、生态、交通、农村电网、城市基础设施、教育、旅游、公检法司以及企业技术进步和产业升级等方面的建设,千方百计加快工程建设进度。国家安排甘肃省一定数量国债资金,其中大部分用于1998年以来安排的国债续建项目,同时按照西部国债的投向,新开了一批中心城市环保设施、中小学危房改造、重点景区旅游及公检法司政权建设项目等。截至2001年底,全省国债项目累计完成投资317亿元,占项目总投资522.5亿元的61%。先后建成了庆阳巴家咀水库、临潭青石山水电站、国道柳沟河至古浪、农村电网改造一期、平凉及金昌城区供水工程、兰大综合教学楼、省第三劳教所等一批基本建设项目。

在国债资金的支持下,甘肃省加大了技术改造力度,实施了兰炼柴油加氢装置、兰州铝厂节能降耗、金川公司镍冶炼改造、酒钢炉卷轧机、天水锻压厂大口径埋弧焊等22个国有企业技术改造及高技术产业化项目。其中,兰化油改气、兰铝10万吨电解铝节能改造、金川公司6万吨电解铜、甘肃稀土公司高纯氧化铕等项目已建成投产,有力地提高了工业产品的市场竞争力,企业经济效益和运行质量明显好转。2001年全省工业经济效益综合指数达74.72%;比上年提高3.7个百分点。

(四)房地产开发稳步发展,商品房销售良好

2001年全省房地产开发项目施工面积达542.8万平方米,比上年增加约65万平方米,其中新开工项目施工面积212.4万平方米,同比增长16.7%。全年商品房销售面积141.7万平方米,增长15.2%,累计销售额为17.8亿元,比上年增长11.4%。房地产施工面积的持续增加,对拉动投资稳定增长非常有利。

(五)西部大开发顺利实施,招商引资力度加大

2001年是西部大开发战略全面实施的一年。全省上下坚持以西部大开发统揽经济工作全局,不断完善开发思路,加大工作力度,开展了一系列工作。一是按照江泽民总书记"发展要有新思路"的要求,全省在广泛深入调查研究和总结上年实践经验的基础上,积极调整完善了开发思路,进一步明确了开发工作重点,具有比较优势和特色的经济建设明显增强。二是省委、省政府于2月份召开了全省实施西部大开发战略汇报会,听取了各地各部门工作情况,进行了交流和总结,并对全年开发工作进行了具体部署。年中,省委、省政府还专门组织力量,到各地州市和主要省级部门开展了督查,有力地推动了西部开发工作的顺利实施。三是按照"以大项目支撑大开发,以大开发促进大发展"的思路,开工建设了一批事关全省经济发展的基础设施骨干项目。如国道主干线兰州至临洮、山丹至临泽、忠和至海石湾高速公路,黄河小峡水电站、白水江汉坪咀电站及农村电网二期工程,兰州七里河安宁污水处理厂、兰州天然气管网等工程,目前进展顺利。此外,九甸峡水利枢纽及引洮工作、黑山峡水利枢纽、兰铝30万吨高精度铝及铝合金板带箔材工程等一批重点项目的前期工作也取得较大进展。四是招商引资力度明显加大。省委、省政府主要领导亲自带队,前往广东、天津、香港等地开展项目推介和招商引资,并邀请东部省市党政领导和企业界人士到甘肃省进行实地考察,在加强东西合作、招商引资方面取得了较好成效。2001年全省共签订招商引资合同369项,合同引进国内外资金165.64亿元,比上年增加56.6亿元,增长51.9%。全年合同利用外商直接投资1.6亿美元,比上年增长33.3%。

(六)投资体制改革继续深入,投资效益逐步提高

根据国家投资体制改革的总体思路和有关精神，甘肃省在严格实施项目法人责任制、招标投标制、合同制、工程监理制等一系列项目管理制度的同时，进一步加快了投资体制改革及政府审批制度改革的步伐。经过认真清理和研究，省政府公布了第一批185项下放、取消、转移及备案的审批和审核事项，并废止了第一批41件政府性规章。按照省委、省政府提出的努力营造良好的投资环境、建设环境、干事创业环境的要求和部署，全省全面开展了软环境整治工作，并初步取得实效。在基本建设投资中，限额以上全部建成投产项目达1377个，占施工项目总数的52%；全年固定资产交付使用率为68.03%，比上年提高了6.5个百分点，投资效益有了提高。

从2001年投资计划执行情况看，尽管甘肃省项目建设与固定资产投资都取得了较大进展，但当前甘肃省投资领域也还存在着一些问题和困难。一是投资总量偏小，2001年全省实际完成投资505.42亿元，仅占全国固定资产投资总量36898亿元的1.37%，投资比重较低。二是思想解放不够，观念转变跟不上形势发展，一些地区和部门“等、靠、要”思想较重，工作上因循守旧、安于现状的色彩较浓，工作节奏缓慢，紧迫感不强。三是市场发育程度较低，市场机制不完善，城市公用设施、文化场馆、会展产业等一些具有经营性特色可以用市场机制来筹资、建设、运营的项目，目前仍依赖于政府投资，民间投资发展及引进外资的条件还不够宽松。四是前期工作滞后，项目储备不足，特别是缺乏一些事关全省经济发展大局的重大骨干项目，这都将影响今后甘肃省投资建设的持续增长。

三、2002年投资建设展望

2002年是“十五”计划的第二年，也是全面推动西部大开发、加快甘肃发展的重要一年。做好全年固定资产投资工作具有十分重要的意义。

(一)全年固定资产投资计划

在国家积极财政政策、稳健货币政策和市场经济的共同作用下，2002年甘肃省投资工作面临新的发展机遇，主要体现在以下几个方面：一是国家连续四年的积极财政政策，使甘肃省建成了一批基础设施骨干项目，水利、生态、交通、通信等基础设施条件明显改善，城乡环境面貌出现积极变化，社会事业有了较快发展，这将为今后社会投资增长和经济发展创造较为有利的外部环境。二是2002年国家继续实行积极的财政政策，增发国债资金1500亿元，进一步加大了对包括甘肃在内的西部地区的投资支持力度。三是国有企业基本实现脱困目标，企业效益有所好转，企业存款余额明显增加，表明企业自有投资和自我发展能力得到提高。四是出口、消费、投资三大需求出现了全面恢复，经济增长的内在动力有所增强，大大地提高了消费者和投资者的信心。这些都将成为促进投资增长的有利因素。

分析全年投资形势，结合“十五”计划目标和项目建设情况，甘肃省确定2002年全社会固定资产投资计划为570亿元，比上年增长12.8%。其中，基本建设投资280亿元，增长10.6%；技术改造投资155亿元，增长18.9%；房地产开发投资35亿元，增长11.5%；其它投资100亿元，增长10.4%。

(二)全年投资工作的主要任务及措施

2002年甘肃省固定资产投资工作的总体思路是：继续坚持扩大内需的方针，保持积极财政政策和稳健货币政策的连续性和必要的力度，进一步鼓励和引导民间投资，促进全社会固定资产投资的较快增长；千方百计加快在建国债项目建设进度，确保签订责任书的在建国债项目年底前建成收尾；坚持以结构调整为主线，继续加强基础设施建设和传统产业改造，促进科技、教育及其它社会事业的协调发展；继续加大西部开发工作力度，推进重大骨干项目建设，力争取得阶段性成果。

根据上述总体思路，省里确定了全年固定资产投资工作的主要任务及措施。

*一是加快建设项目工程进度，保持全省投资稳定增长。*2002年要继续按照“保投产、保收尾、保重点”的原则，努力加快建设项目的工程进度。继续实行固定资产投资分地区、分行业考核责任制，重点抓好在全省投资总量中所占份额较大的农林水利、公路交通、电力电网、邮电通讯、城市基础设施、经济适用住房、重点企业技术改造等方面的项目建设，尽可能完成更多的投资工作量，确保实现全年570亿元的投资目标。

*二是采取有效措施，切实做好在建国债项目收尾工作。*按照国家关于在建国债项目建设的总体部署和要求，2002年全省投资工作的一项主要任务是全力以赴加快已签订责任书的在建国债项目的建设进度，确保年底前建成收尾，并加大西部国债项目的建设力度。各地区、各部门要进一步统一思想，加强领导，积极主动、创造性地开展工作。要集中施工力量，倒排工期和进度，精心组织施工，千方百计加快农村人畜饮水、国道干线公路、通油道路、中小学危房改造、中心血站、城市供水和城区道路等150个签订责任书的国债项目建设，确保年底前建成投产，达到国家要求。

*三是继续多渠道筹措建设资金，积极鼓励和引导民间增加投资。*2002年投资计划能否完成，建设资金仍然是关键因素。为此，要进一步拓宽思路，继续做好多渠道筹措资金的工作。首先要抢抓国家增发1500亿元国债资金的机遇，多向国家有关部委衔接汇报，尽可能多地争取国债资金和其它国家补助投资。其次要努力克服困难，加大地方资金统筹能力，扩大融资渠道，继续开展内引外联和招商引资活动。第三，要把鼓励和引导民间投资作为促进经济发展的一项重要任务来抓，采取切实可行的政策措施，千方百计鼓励和引导社会投资，力争在增加民间投资方面取得较大进展。

*四是加大项目前期工作力度，增加项目储备。*要站在抓机遇、促发展的角度，高度重视并切实做好项目前期工作。

特别是要筛选论证一批产业关联度高、带动作用大、关系经济长远发展的重大骨干项目，增加项目储备。2002 年要重点抓好九甸峡水利枢纽及引洮工程、黑山峡水利枢纽、兰州燃气电厂、张掖电厂、兰铝 30 万吨板带箔、酒钢 50 万吨不锈钢、安西至敦煌二级公路、夏河机场等项目的前期工作，力争进入国家审批程序。要坚持项目前期工作目标责任制，确保前期项目都取得阶段性进展，并争取早日开工建设。

*五是加强项目管理，确保工程质量。*牢固树立“百年大计、质量第一”的意识，按照《工程质量管理条例》、《国务院办公厅关于加强基础设施工程质量管理的通知》等有关规定，进一步加大工程质量监管力度。要全面落实项目法人责任制、招投标制、合同制、工程监理制以及工程质量终身责任制。严格按照基本建设程序，强化项目资金管理，规范招投标秩序，确保建设工程质量万无一失。

(三)重点项目投资情况

为了进一步推进西部大开发战略的顺利实施，发挥重点项目对固定资产投资和经济发展的带动作用，甘肃省政府确定 2002 年全省重点项目 39 项，项目总投资 559.2 亿元，截至 2001 年底已累计完成投资 228 亿元，2002 年年初计划投资 130 亿元。其中，基本建设重点项目 30 项，总投资 497.7 亿元，2002 年年初计划投资 99.5 亿元；技术改造重点项目 9 项，总投资 61.5 亿元，2002 年年初计划投资 30.5 亿元。

在基本建设重点项目中，2002 年计划建成收尾 13 项，总投资 210.2 亿元，其中 2002 年计划投资 52.4 亿元，主要包括陇海铁路宝兰二线、敦煌机场扩建、兰州火车站改造、兰州—成都—重庆成品油管道、农网改造二期以及国道主干线兰州至白银、馋口至柳沟河、古浪至永昌等 5 条高速公路项目。2002 年需加快工程进度的续建项目 17 项，总投资 287.5 亿元，其中 2002 年计划投资 47.1 亿元，主要建设引大入秦灌溉、疏勒河农业综合开发、平凉电厂、国道主干线兰州至临洮高速公路、白银至刘寨柯高速公路、兰州七里河安宁污水处理厂、省科教住宅城等项目。

在技术改造重点项目中，2002 年计划建成收尾 4 项，总投资 18 亿元，其中 2002 年计划投资 7.7 亿元，主要包括兰州铝业公司电解铝节能改造、金川公司镍冶炼、祁连山水泥公司 2500 吨/日干法水泥生产线和兰新集团贴装式 IC 封装线改造项目。另外 5 项为续建项目，总投资 43.5 亿元，2002 年计划投资 22.8 亿元，主要建设酒钢公司热轧薄板、兰州连城铝厂电解铝环保改造、兰州卷烟厂易地搬迁、兰州石化公司 24 万吨乙烯和 300 万吨重油催化裂化装置改造工程。

此外，为了做好全省重点项目的接续工作，省里还确定了 8 个重点预备项目，总投资 182.5 亿元。这些项目前期工作都处于开工前准备阶段，待正式开工建设后，将转为正式的重点建设项目并纳入管理。

总之，2001 年甘肃省固定资产投资工作和项目建设都取得了较好成绩。面对 2002 年的发展机遇，我们将进一步增强责任感和紧迫感，坚定信心，振奋精神，积极主动开展工作，确保完成全年投资计划和建设任务，促进各项经济目标的顺利实现，为甘肃经济社会的全面发展奠定良好的基础。

表 1　近年来甘肃省固定资产投资变化表

单位：亿元

指标		1996 年	1997 年		1998 年		1999 年		2000 年		2001 年	
		投资额	投资额	增减%	投资额	增减%	投资额	增减%	投资额	增减%	投资额	增减%
投资总额		214.83	264.39	23.07	331.01	25.20	384.08	16.03	441.35	14.91	505.42	14.52
按经济类型分	国有经济	153.90	186.03	20.88	224.67	20.77	255.85	13.88	297.30	16.20	337.88	13.65
	集体经济	12.70	13.58	6.93	16.74	23.27	23.36	39.55	27.70	18.58	28.12	1.52
	个体经济	21.68	35.07	61.76	50.68	44.51	51.77	2.15	54.13	4.56	56.31	4.03
	联营经济	0.14	0.12	-14.29	0.64	433.33	1.20	87.50	3.19	165.83	0.93	70.85
	股份制经济	7.02	12.73	81.34	18.67	46.66	26.67	42.85	26.10	-2.14	31.78	21.76
	外商投资经济	9.56	8.39	-12.24	0.07	-99.17	2.39	34.1 倍	1.43	-40.17	2.64	84.62
	港澳台经济				0.67		0.79	17.91	0.19	-75.95	2.45	
	其他经济	9.83	8.46	-13.94	18.87	123.05	22.05	16.85	31.31	42.00	45.31	44.71
按管理渠道分	基本建设	108.35	134.17	23.83	163.02	21.50	193.56	18.73	225.36	16.43	253.09	12.30
	更新改造	53.43	61.40	14.92	77.06	25.50	86.87	12.73	102.05	17.47	130.33	27.71
	房地产开发	17.27	18.28	5.85	21.27	16.36	24.27	14.10	27.71	14.17	31.37	13.21
	其他投资	35.78	50.23	41.22	69.65	37.84	79.38	13.97	86.23	8.63	90.63	5.10
按资金来源分	国家预算内资金	8.66	9.85	13.74	28.29	187.21	35.54	25.63	54.40	53.07	67.98	24.96
	国内贷款	63.52	77.66	22.26	74.33	-4.29	95.77	28.84	116.38	21.52	141.49	21.58
	利用外资	13.66	11.60	-15.08	6.96	40.00	7.27	4.45	7.70	5.91	5.01	-34.94
	自筹资金	99.59	107.23	7.67	112.45	4.87	143.96	28.02	197.16	36.95	195.26	-0.96
	其他资金	29.40	58.04	97.41	108.98	87.77	101.54	-6.83	65.71	-35.29	95.68	45.61

表2 2001年甘肃省重大建设项目和更新改造项目表

单位：万元

序号	项目名称	总投资额	当年完成投资额	建设性质(新建、扩建、改建)	新增生产能力	合作方式	联系电话
1	引大入秦灌溉工程	294781	7614	新建	新增灌溉面积103万亩		兰州市永登县民乐街2号：引大入秦工程指挥部(0931)6422530
2	疏勒河灌溉暨移民安置综合开发	267300	22494	新建	改善灌溉面积65万亩		甘肃省玉门市玉门镇运政大厦：疏勒河项目建设管理局(0931)3364027
3	陇海铁路宝兰二线(兰州局管段)	544794	157000	新建	铁路正线106公里		兰州铁路局基建处：(0931)4922717
4	平凉电厂	559108	64000	新建	发电装机2×30万千瓦		平凉市西大街93号：(0933)8228728
5	张掖龙首水电站	42000	11847	新建	发电装机5.2万千瓦		张掖市青年东街24号：甘肃河西水电开发有限责任公司(0936)8229090
6	黄河小峡水电站	160000	12000	新建			兰州七里河敦煌路159号：小三峡水电开发公司(0931)2954734
7	白水江汉坪咀水电站	47300	1841	新建			文县碧口镇448号：甘肃南部水电开发公司(0939)5582808
8	兰州中川机场扩建工程	134400	10530	扩建	飞行区4D级跑道，航站楼2.5万平方米		兰州中川机场：甘肃省民航管理局(0931)8968566
9	敦煌机场扩建工程	32005	13700	扩建	飞行区4C级跑道2800×45米		兰州中川机场：甘肃省民航管理局(0931)8968559
10	GZ45线天水——馋口段	219127	44523	新建	二级汽车专用公路192公里		兰州市翠英门2号：甘肃省交通厅建设处(0931)8464216转建设处
11	GZ45线柳沟河——古浪段	284184	53000	新建			兰州市翠英门2号：甘肃省交通厅建设处(0931)8464217转建设处
12	GZ45线古浪——永昌段	90000	47500	新建			兰州市翠英门2号：甘肃省交通厅建设处(0931)8464218转建设处
13	GZ45线馋口——柳沟河高速公路	218403	60044	新建			兰州市翠英门2号：甘肃省交通厅建设处(0931)8464219转建设处
14	GZ25线白银——兰州高速公路	158944	50054	新建			兰州市翠英门2号：甘肃省交通厅建设处(0931)8464220转建设处
15	尹家庄——中川机场高速公路	56800	28048	新建			兰州市翠英门2号：甘肃省交通厅建设处(0931)846221转建设处
16	GZ25忠和——海石湾高速公路	390000	25060	新建			兰州市翠英门2号：甘肃省交通厅建设处(0931)846222转建设处
17	国道212线兰州——临洮高速公路	295000	26000	新建			兰州市翠英门2号：甘肃省交通厅建设处(0931)846223转建设处
18	国道GZ45主干线山丹——临泽高速公路	130000	13100	新建			兰州市翠英门2号：甘肃省交通厅建设处(0931)846224转建设
19	省人民医院门诊楼	3000	1553	新建			甘肃省人民医院基建办：(0931)8281821
20	兰州火车站改造工程	10000	8970	新建			兰州铁路局建管中心(0931)4951427
21	省科教住宅城	3500	9286	新建			兰州市静宁路雅居楼：省科教住宅城(0931)8408900
22	兰州—成都—重庆成品油输油管线(甘肃段)	202000	50000	新建			兰州市安宁东路180号：金龙管道工程公司(0931)7666265－355
23	酒钢集团公司50万吨炉卷轧机	106800	12000	新建			嘉峪关市：酒泉钢铁集团公司(0937)6226872

表 2 续表

单位：万元

序号	项目名称	总投资额	当年完成投资额	建设性质（新建、扩建、改建）	新增生产能力	合作方式	联系电话
24	兰州三毛纺织集团公司进口面料顶替工程	11110	1702	新建			兰州市西固区：兰州三毛纺织集团公司(0931)7555200
25	兰光科技股份有限公司180万台彩星生产线改造	13980	7000	新建			兰州市定西南路254号：甘肃省电子集团公司(0931)8612210
26	窑街矿务局劣质煤发电厂	39500	5176	新建	发电装机 2×2.5 万千瓦		兰州市红古区窑街镇：窑街矿务局劣质煤电厂(0931)6902588
27	兰州铝业股份有限公司节能改造项目	118900	89000	改造			兰州市西固区山丹街375号：兰州铝业股份有限公司(0931)7558857
28	甘肃祁连山水泥股份公司节能改造项目	19939	18373	新建			甘肃省建材国资公司(0931)8821629
29	金川公司闪速炉改造项目	24500	13000	新建			金昌市北京路：金川公司 (0935) 8812165

表 3 2002 年甘肃省重大建设项目和更新改造项目表

单位：万元

序号	项目名称	总投资额	当年完成投资额	建设性质（新建、扩建、改建）	新增生产能力	合作方式	联系电话
1	引大入秦灌溉工程	294781		新建	新增灌溉面积 98 万亩		兰州市永登县民乐街2号：引大入秦工程指挥部(0931)6422530
2	疏勒河灌溉暨移民安置综合开发	267300		新建	改善灌溉面积 65 万亩		甘肃省玉门市玉门镇运政大厦：疏勒河项目建设管理局(0937)3364027
3	陇海铁路宝兰二线（兰州局管段）	544794		新建	铁路正线 234 公里		兰州铁路局基建处(0931)4922717
4	平凉电厂	559108		新建			平凉市西大街93号：(0933)8228728
5	张掖龙首二期（西流水）水电站	42000		新建			张掖市青年东街24号：甘肃河西水电开发有限责任公司(0936)8229090
6	黄河小峡水电站	160000		新建			兰州七里河敦煌路159号：小三峡水电开发公司(0931)2954734
7	白水江汉坪咀水电站	47300		新建			文县碧口镇448号：甘肃南部水电开发公司(0939)5582808
8	敦煌机场扩建工程	32005		扩建	航站楼 0.4 万平方米		兰州中川机场：甘肃省民航管理局(0931)8968559
9	GZ45 线柳沟河——古浪段	284184		新建	高速公路 34 公里，二级专用公路 149 公里		兰州市翠英门2号：甘肃省交通厅建设处(0931)8464217 转建设处
10	GZ45 线古浪——永昌段	90000		新建	一级汽车专用公路 71 公里		兰州市翠英门2号：甘肃省交通厅建设处(0931)8464218 转建设处
11	GZ45 线馋口——柳沟河高速公路	218403		新建	高速公路 78 公里		兰州市翠英门2号：甘肃省交通厅建设处(0931)8464219 转建设处
12	GZ25 线白银——兰州高速公路	158944		新建	高速公路 58 公里		兰州市翠英门2号：甘肃省交通厅建设处(0931)8464220 转建设处
13	尹家庄——中川机场高速公路	56800		新建	高速公路 23 公里		兰州市翠英门2号：甘肃省交通厅建设处(0931)8464221 转建设处
14	GZ25 忠和——海石湾高速公路	390000		新建			兰州市翠英门2号：甘肃省交通厅建设处(0931)8464222 转建设处

表3　续表

单位：万元

序号	项目名称	总投资额	当年完成投资额	建设性质（新建、扩建、改建）	新增生产能力	合作方式	联系电话
15	国道212线兰州——临洮高速公路	295000		新建			兰州市翠英门2号：甘肃省交通厅建设处(0931)8464223转建设处
16	国道GZ45主干线山丹——临泽高速公路	130000		新建			兰州市翠英门2号：甘肃省交通厅建设处(0931)8464224转建设处
17	省人民医院门诊楼	3000		新建			甘肃省人民医院基建办 (0931) 8281821
18	兰州火车站改造工程	10000		新建	建筑面积1.8万平方米		兰州铁路局建管中心(0931)4951427
19	省科教住宅城	3500		新建	住宅8万平方米		兰州市静宁路雅居楼：省科教住宅城(0931)8408900
20	兰州—成都—重庆成品油输油管线(甘肃段)	202000		新建	年输油能力500万吨输油管线504公里		兰州市安宁东路180号：金龙管道工程公司(0931)7666265－355
21	酒钢集团公司热轧薄板	106800		新建			嘉峪关市：酒泉钢铁集团公司(0937) 6226872
22	兰州铝业股份公司电解铝节能降耗改造	11110		新建			兰州市西固区山丹街375号：兰州铝业股份有限公司(0931)7558857
23	兰州连城铝厂电解铝节能降耗改造	13980		新建			兰州市定西南路254号：甘肃省电子集团公司(0931)8612210
24	甘肃祁连山水泥公司2500吨/日新型干法水泥熟生产线	19939		新建			甘肃省建材国资公司(0931)8821629
25	天水永红器材厂表面帖装式IC封装线改造	24500		新建			金昌市北京路：金川公司 (0935) 8812165
26	兰州卷烟厂易地改造	58428		新建			兰州卷烟厂技改办：(0931)4665311

青海省投资建设情况

青海省副省长

2001年是新世纪的起始之年，也是“十五”计划的开局之年。一年来，青海全省上下认真贯彻落实中央经济工作会议精神，紧紧抓住国家实施西部大开发战略和扩大内需、继续实施积极的财政政策的有利时机，按照省委、省政府确定的经济工作指导方针和工作重点，加大项目前期工作力度，加快基础设施和生态环境建设，稳步推进经济建设步伐，采取各种有效措施，建成了一批重大项目，努力增加固定资产投资，积极推进投融资体制改革，调整和优化投资结构，有力地推动了全省国民经济稳步、健康的发展。

一、2001 年固定资产投资情况及主要成就

2001 年青海省固定资产投资呈现出强劲增长势头，基本建设、更新改造、房地产开发建设及其他投资均比 2000 年同期有较大幅度增长。在加大投资力度的同时，注重调整资金投向,使投资结构出现了新的变化,为青海省“十五”计划的顺利实施奠定了基础。

投资规模扩大。2001 年，全省固定资产投资规模 201.61 亿元,比 2000 年增长 30.4%,在青海历史上首次突破 200 亿元。从经济类型来看，国有经济及其他经济投资 178.17 亿元，同比增长 32.8%；集体经济投资 5.39 亿元，同比增长 22.5%；城市居民个人投资 18.04 亿元，同比增长 12.7%。投资按计划管理渠道划分为：基本建设投资 135.30 亿元,增长 35.7%;更新改造投资 20.80 亿元,增长 20.9%;房地产开发投资 15.23 亿元,增长 15.2%;其他投资 6.83 亿元,增长 68.65%。投资按行业划分:农林牧渔水利业投资 6.55 亿元，增长 9.4%；运输邮电通信业投资 53.41 亿元，增长 22.02%；工业投资 64.57 亿元，增长 67.6%。

投资结构出现新的变化。工业内部投资结构优化，青海省水电、盐化工、石油天然气、有色金属四大支柱产业和冶金、医药、建材、农畜产品加工四大优势产业投资全年共完成 48 亿元，较 2000 年增长 67.2%，增幅高出全省平均水平 36.8 个百分点。各产业投资的比重有了新的变化,第一产业完成投资 6.55 亿元，较 2000 年同期增长 9.4%，占全社会投资比重由 2000 同期的 3.9% 下降为 3.2%；第二产业完成投资 68.12 亿元，增长 66.1%，投资比重由 2000 年同期 26.5% 提高为 33.8%，第三产业完成投资 126.94 亿元,增长 18.0%,投资比重由 2000 年同期 69.6% 下降为 63%。

投资效果更加显著。全年基本建设新上项目 1072 个、竣工项目 846 个,分别比 2000 年增长了 7.2% 和 6.3%。随着投资结构的调整优化,改善了青海的发展条件,扩大了支柱产业和优势产业生产能力,培育了特色经济,推动了现代化建设进程。

从全年青海省投资情况来看，基本建设是拉动投资快速增长的主要力量，基础设施和基础产业仍是投资的热点。公路、电力、石油天然气、铁路、城镇基础设施等方面投资增幅较大,全年共完成投资 100 亿元,占全社会投资完成额的 50%。公路建设全年完成投资 35 亿元,占全社会投资总量的 17.5%;电力(含全省农、城网改造)完成投资 31 亿元,占 15.5%;石油天然气完成投资 15 亿元，占 7.5%;铁路完成投资 10 亿元，占 5%；城镇基础设施建设完成投资 12 亿元,占 6%。

个体私营经济和城乡集体经济投资比重仍然过小，新建改建居住房屋已成为民间投资的主要方向。据测算，2001 年全省个体私营经济完成投资 19 亿元，占全社会投资总量的 9.5% 比 2000 年增长 18.8%。城乡集体经济完成投资 7 亿元,占 3.5%,增长 59.1%。

更新改造比重仍然较小，投资主要集中在基础设施、居民住宅更新改造和增加产能及提高产品技术含量等方面。更新改造投资占全社会投资总额的 10%。此外，随着环保意识的提高，“三废”治理投资增幅较大，但比重仍然较小。

国债项目投资在全省固定资产中占据着重要地位。2001 年青海省国债项目投资 50.83 亿元，占全省固定资产投资完成额的 25.41%，为基本建设完成额的 37.4%。其中:国债资金 28.44 亿元,带动配置投资 20.87 亿元。

地方单位投资增长较快。2001 年全省地方单位项目完成投资 145.35 亿元，增长 40.1%，增幅高于全省固定资产投资增幅 9.7 个百分点；占全社会固定资产投资的 72.1%；中央单位项目完成投资 56.26 亿元，增长 10.5%，占全社会固定资产投资的 27.9%。

工业投资快速增长。全省国有及其他经济类型单位完成工业投资 64.57 亿元，增长 67.6%，占全社会固定资产投资的比重由上年同期 24.9% 提高到 32.0%，提高 7.1 个百分点，其中更新改造完成工业投资 13.48 亿元，增长51.6%，改变了青海省多年来工业投资低速徘徊的局面。

国家重点支持的基础设施建设保持快速增长。2001 年在全省固定资产投资中，基础设施建设完成投资 93.72 亿元，增长 37.1%。基础设施项目建设占全省固定资产完成额的 46.5%，拉动投资增长 14.1 个百分点，是 2001 年支撑青海省投资增长的主要因素。

2001 年，青海省固定资产投资大幅度增长，投资建设成效显著。主要表现是:(1)2001 年青海省认真贯彻国家扩大内需和西部开发的各项政策，加大了项目和资金争取力度，全年共落实国家投资约 53.3 亿元。(2)一批对全省发展有影响的项目得以开工建设。涩—宁—兰天然气长输管道、西宁——平安高速公路、黑泉水库等工程建成投运。青藏铁路西格段扩能改造、乌兰—格尔木 330 千伏输变电工程、农网建设与改造一期工程、省广播电视制作中心、七所高校基础设施建设等项目建成或基本建成。青藏铁路格拉段、公伯峡水电站等一批重大工程以及马场垣——平安高速公路、西宁——湟源一级公路、尼那水电站、赛什塘铜矿、西宁污水处理厂、中小学危房改造、退耕还林还草、生态环境重点县等一批大中型项目开工建设。(3)省政府配合国家的积极财政政策，用财政准备金加大了对前期项目的投入力度，以一些与人民生活密切相关的社会事业项目和一些对形成特色经济产业链有积极带动作用的加工项目实施了财政贴息，有效地引导了社会资金投向，扩大了投资规模，使全省投资结构进一步优化。(4)在基建投资大幅度增长的同时，技改投资、城乡集体、私营个体投资全面增长。这些都对经济增长起到了强有力的拉动作用。

二、2001年投资建设的经验及存在的问题

(一)主要经验

1. 根据青海省社会经济发展的实际情况，今后需要坚定不移地将扩大固定资产投资规模作为拉动经济增长，扩大经济总量，壮大经济实力的重要手段。

2. 努力加大投资力度，需要提高省内资金配套能力。一是在财力十分紧张的情况下，2001年青海省各级地方政府通过包括政府贴息在内的各种方式，千方百计解决省内建设配套资金，提高资金配套能力，加大投资力度。二是通过对国有企业破产重组和改组改造，盘活了一批存量资产，推动国有资产向国民经济的重要行业集中。三是通过多种渠道，广泛引进省外社会资金投入青海省经济建设，努力使建设资金来源由单一向多元化方向转变。

3. 需要不断探索并推进投融资体制改革。通过建立投资激励机制，使投融资活动的市场化水平有所提高，市场机制在投融资领域的作用逐步增强，提高投融资活动市场化水平，使投资结构逐步改善，投资效益有所提高。

4. 政府对投融资活动的调控手段从以行政干预为主逐步向经济、法律、行政等多种手段相结合的间接调控模式转换。通过建立现代企业制度等改革措施，将微观投资决策权归还给市场主体。

5. 超前做好前期工作。一是做好符合国债重点投向的基础设施项目和一批重大生产经营性项目的前期工作。二是项目前期工作要突出重点。三是运用市场机制研究解决项目前期投入不足和法人缺位问题。充分调动社会各界参与前期工作的积极性，鼓励项目业主、承办机构带资、垫资参与、承包前期工作，通过前期成果的有偿转让或以前期成果参股进行项目建设的办法进一步加大前期工作力度。

6. 强化项目管理。在项目实施中，青海省对建设项目严格执行招投标制、项目法人制、项目监理制和重大项目稽察制。要求项目建设单位和所在地地方政府对项目建设各负其责，努力加强资金、工程质量和进度管理，切实抓好项目管理工作。同时，强化了对建设项目的稽察审计。

(二)存在的问题

1. 建设资金十分匮乏。青海省经济基础薄弱，生产力水平较低，地方财力十分困难。虽经多方努力，但项目前期投入和资金配套能力仍然很差，在一定程度上影响了项目建设。

2. 项目建设管理还存在一些问题。自1998年以来，青海省逐步建立了工程项目建设管理制度，并要求在项目建设过程始终严格管理。但是一些部门和地区仍存着重项目报批，轻实施管理的倾向，使得项目建设中还存在项目前期工作准备不足、管理水平不高、施工程序不够规范、技术力量薄弱等问题。

3. 投资渠道单一。由于受多方面原因的影响，青海省多元化投融资体系未建立，民间投资在全省固定资产投资中所占份额过小。

三、2002年投资建设展望

为确保青海省经济社会的可持续发展和国家西部大开发战略的实施，2002年青海省将进一步深化改革、扩大开放，认真贯彻实施国家西部开发的各项政策措施，加大固定资产投资力度，强化农牧业基础地位，搞好生态环境的保护与治理，加强基础设施建设，加大经济结构调整力度。

2002年青海省全社会固定资产投资预期目标为241亿元，比2001年完成投资增长20.5%。青海省将继续以基础设施项目和具有优势的工业建设项目为投资建设的重点。主要是：

(一)发展壮大支柱和优势产业

电力工业，抓好公伯峡、尼那、直岗拉卡水电站建设，积极开展拉西瓦水电站的前期工作，推动西电东送工程在青海省尽早实施。石油天然气工业，加大油气资源勘探开发力度，开发下游产品，延伸油气产业链。同时，努力争取将青海省列为西气东输工程的气源点。盐湖资源开发，继续抓好钾肥工程建设，推进盐湖提锂的产业化进程，做好天然气——盐化工等项目的前期工作。有色金属工业，抓好民和镁厂5万吨光卤石、赛什塘铜矿建设，全力推进铝电联营。同时要加大地质勘探力度，为特色经济的发展提供资源保障。医药工业，全面推进主要医药企业的GMP达标工作，加大具有优势的中藏新药的研发力度，以现有企业为依托，整合优势资源，有选择有重点地建设一批新项目，上规模、上水平，争创名牌特色产品。高新技术产业化，加快有益微生物生态恢复制剂、藏药雪隆系列产品产业化进程，开工建设彩色感光材料照相明胶、氧化铬盐系列产品项目，建设“三江源”珍稀动植物保护与开发利用产业化示范工程。

(二)加快基础设施和生态环境建设

交通建设，抓好以西宁为中心的辐射状高等级公路、国道重要省道、旅游公路、县乡村公路以及贫困县公路和16条通州县油路建设。继续做好青藏铁路格拉段的支援保障工作。开工建设格尔木机场改扩建工程，加快西宁机场航站楼扩建工程。农牧水利建设，完成黑泉水库收尾和“两化一平”农业综合开发项目，全力推进“引大济湟”工程进度。加快做好石头峡水利枢纽及调水总干渠、湟水北干一期、公伯峡水库灌区等水利项目前期工作，争取开工建设盘道水库。城镇基础设施，在继续搞好州县道路排水、城镇民用天然气工程、垃圾处理场、州(地)集中供热、西宁中心广场、西宁南绕城快速路建设的同时，加快西宁城南新区、国家经济技术开发区等基础设施建设步伐。农村基础设施，加快二期农网改造、小水电和“光明工程”建设和基层文化设施建设，抓好广播电视村村通的延伸工程，推进卫生区域规划，搞好农村医疗卫生建设项目的规划编制及项目实施。生态环境建设，重点抓好180万亩退耕还草任务和国家生态环境综合治理重点县、黄河长江上游天然林资源保护，“三北”防护林、长江防护林、黄河上游水土保持、天然草地恢复、

“三江源”自然保护区、西宁南北山绿化二期工程等重点工程建设。

2002年，青海省将进一步转变政府职能，提高办事效率，完善地方立法，规范市场秩序，简化审批程序，健全中介服务机构，努力为国内外客商提供良好的投资环境，更好地促进青海经济社会的可持续发展。

近年来青海省固定资产投资变化表

单位：亿元

指标		1996年	1997年		1998年		1999年		2000年		2001年	
		投资额	投资额	增减%	投资额	增减%	投资额	增减%	投资额	增减%	投资额	增减%
投资总额		77.66	97.66	25.75	116.38	19.17	128.13	10.09	154.83	20.84	201.61	30.21
按经济类型分	国有经济	64.42	76.24	18.35	89.01	16.75	94.09	5.71	102.83	9.29	122.80	19.42
	集体经济	5.08	4.60	-9.45	3.99	-13.26	7.05	76.69	6.61	-6.24	8.13	23.00
	农村	4.00	3.40	-15.00	2.85	-16.18	4.95	73.68	5.25	6.06	6.43	22.48
	联营经济	0.49	0.74	51.02	0.55	-25.68	0.15	-72.73	0.25	66.67		
	股份制经济	0.99	2.19	1.21倍	4.10	87.21	4.51	10.00	28.63	5.35倍	52.07	81.87
	外商投资经济				1.05		0.82	-21.90	2.54	2.09倍	1.61	-36.61
	港澳台经济		0.09		1.35	14倍	1.88	39.26	0.89	-52.66	0.43	-51.69
	其他经济	3.54	6.58	85.88	12.49	89.82	11.97	-4.16	32.31	1.69倍	54.63	69.08
按管理渠道分	基本建设	51.39	59.43	15.65	74.62	25.56	74.16	-0.62	100.37	35.34	133.90	33.41
	更新改造	10.91	13.83	26.76	13.93	0.72	15.42	10.70	17.26	11.93	20.96	21.44
	房地产开发	2.25	2.46	9.33	8.65	2.52倍	11.20	29.48	13.50	20.94	15.36	13.78
	其他投资	4.50	5.65	25.56	5.44	-3.72	7.95	46.14	6.49	-18.36	6.94	6.93
按资金来源分	国家预算内资金	2.33	5.22	1.24倍	5.47	4.80	15.32	1.80倍	25.79	68.34	36.08	39.90
	国内贷款	31.28	37.58	20.14	35.08	-6.65	32.58	-7.13	36.17	11.02	44.02	21.70
	利用外资	2.43	2.33	-4.12	3.49	49.79	0.99	-71.63	2.17	1.19倍	1.61	-30.41
	自筹资金	29.26	42.20	44.22	52.06	23.36	64.75	24.38	47.63	-26.44	78.48	64.77
	其他资金	11.86	10.17	-14.18	16.72	64.41	13.84	-17.22	42.64	2.08倍	37.98	-10.93

宁夏回族自治区投资建设情况

宁夏回族自治区常务副主席 

2001年是“十五”计划开局年，做好全区固定资产投资工作，对于进一步推进西部大开发战略，加快宁夏回族自治区经济社会发展，具有十分重要的意义。一年来，全区各族人民认真贯彻中央的路线方针政策，解放思想，艰苦奋斗，克服种种困难，综合经济实力和人民生活水平稳步提高，全区固定资产投资继续快速增长，为顺利完成“十五”计划奠定了基础。

一、2001年固定资产投资完成情况

(一)2001年全区固定资产投资计划执行情况

为顺利完成全年计划，全区各地、各部门认真贯彻落实全国和自治区经济工作会议精神，紧紧抓住西部大开发和国家实施积极的财政政策的历史性机遇，充分调动各方面力量，保持固定资产投资规模的较快增长。围绕加快基础设施建设，特别是在建国债项目建设，狠抓工程管理，确保

工程质量，提高投资效益。同时加强项目前期工作，保证前期工作深度和质量，充实项目储备。通过加快结构调整步伐，加强对传统产业的改造升级，大力推进高新技术产业化。在安排基本建设和部分更新改造投资计划时，继续按照保重点、保投产、保收尾和"效益第一"的原则，首先保证自治区重点工程和农林水利、能源、交通、城市基础设施、环境整治和保护等基础产业、重要基础设施项目的需要，同时调动和争取民间投资、外商投资等各方面资金，努力保证其他项目建设进度。

为拉动全区经济继续快速稳定增长，2001年初，全区全社会固定资产投资总规模确定为185亿元，比2000年实际完成投资增长15.5%。其中，国有单位及其他经济类型投资150亿元，增长14.7%；集体个体投资35亿元，增长19.1%。基本建设101亿元，增长13.8%；更新改造27亿元，增长14.8%；房地产开发18亿元，增长16.7%。中央项目投资32亿元，增长8.8%；地方项目投资153亿元，增长17.0%。

通过全区上下共同努力，2001年自治区固定资产投资继续平稳快速增长。全年完成全社会固定资产投资195.81亿元，比2000年同期增长21.8%，比年初计划提高了6.8个百分点。其中，国有单位及其他经济类型投资159.01亿元，增长21.7%；集体个体投资36.8亿元，增长22.1%。基本建设投资105.31亿元，增长18.5%；更新改造投资26.35亿元，增长12.8%；房地产开发22.22亿元，增长42.7%。中央项目完成投资33.36亿元，增长19%；地方项目完成投资162.45亿元，增长22.3%。按可比口径计算，全年自治区固定资产投资增幅为22.6%，分别比全国和西部地区平均增幅提高8.9和3.3个百分点，增幅位居全国第七，继续保持较强的增长势头。

投资结构调整步伐进一步加快。三次产业完成投资中，第一产业同比增长21.4%，第二产业同比增长13.2%，第三产业同比增长27.9%。基础产业和基础设施建设是促进全区投资增长的重要动力。运输邮电业完成投资41.6亿元，同比增长20.8%，增幅比全国平均水平高7.1个百分点。用于农林牧渔水利业的投资同比增长20.5%，比全国平均水平高22.5个百分点。电力工业完成投资同比增长49.5%。交通运输、邮电、水利和电力工业完成投资占全社会固定资产投资的比重为35.8%。房地产开发投资高速增长，2001年同比增长44.1%，分别比全国和西部地区高18.8和9.5个百分点，增幅居全国第十位，西部第四位。全区商品房销售额同比增长40.1%，同时商品房空置面积下降8.1%，呈现购销两旺的良好发展势头。

(二)积极争取国债资金，加强国债投资项目管理

为保持近几年来投资快速增长的良好势头，按照国家计委召开的国债投资工作会议及有关落实新增投资的要求，根据国家安排新增投资的重点方向，全区各有关部门积极争取国债资金。通过努力，2001年国家安排宁夏国债投资27.72亿元，占当年国家发行国债1500亿元的1.9%，涉及14个行业119个项目，比2000年多争取国债投资9.73亿元，同比增长57%。其中，农林水利6.78亿元，公路交通7.46亿元，市政环保、城市基础设施6.94亿元，农网电网建设与改造2.14亿元，国家粮食储备库0.54亿元，公检法司1.32亿元，高科技、设备国产化及技改贴息0.43亿元，教育文化卫生及旅游基础设施2.11亿元。至此，从1998年国家安排国债投资以来，宁夏共争取到67.92亿元，占四年国家发行国债5100亿元的1.3%，大大超过自治区国内生产总值和总人口占全国的比重，极大地促进了宁夏经济社会快速发展。

为确保建设项目特别是国债投资项目如期建成，发挥效益，自治区党委、政府领导高度重视国债资金的使用管理工作，经常召集有关部门开会，听取国债资金使用和建设情况汇报，亲临施工现场调查研究，及时解决工程建设过程中存在的问题。自治区不断加强国债投资项目监督和检查工作，会同自治区有关部门多次对国债项目进行检查，要求各有关部门、单位及市县认真学习国务院办公厅《关于加强基础设施工程质量管理的通知》，按照通知精神，健全和落实工程管理"四制"，提高国债投资项目管理水平，管好用好国债资金，积极落实配套资金，努力加快工程进度，确保工程质量。通过国家和自治区的多次检查，宁夏国债投资项目建设，总体上进度较好，项目管理水平和工程质量明显提高，对全区投资保持快速增长发挥了十分重要的作用。

全区国债投资项目总体进展顺利。到2001年底，自治区已有72个基础设施项目建成投入使用。国债资金的注入，大大缓解了基础设施建设资金短缺的压力，改善了基础设施落后的状况。国家增发国债有力地拉动了宁夏经济增长，四年间自治区争取到的国债投资带动全区经济增长均在2个百分点左右。

(三)积极推进投融资体制改革

为进一步抓好政府部门职能转变，提高办事效率，自治区认真贯彻"三个代表"重要思想，积极稳妥地推进行政审批制度改革。2001年自治区重点进行行政审批制度的改革，清理不适应社会主义市场经济要求和不符合WTO规则的有关文件，各地各部门对投资项目审批等文件也进行了清理。为大力促进自治区房地产投资快速发展，2001年自治区计委下放房地产审批权限，从4月1日起，自治区计委不再审批房地产开发项目，全部下放由项目所在地的市、县计划部门及计划单列开发区有关部门审批。自治区计委主要对各市、县、计划单列开发区的审批工作给予指导和监督。各地审批的建筑面积3万平方米以上的项目抄送自治区计委备案。同时，自治区政府正在统筹考虑有关项目审批制度改革的具体方案，依照合法、合理、效能、责任、监督五项原则，对那些不符合政企分开和政事分开、妨碍市场开放和公平竞争，以及实际上难以发挥有效作用的项目审批予以取消。可以用市场机制代替的，通过市场机制运作。把可以下放到地方管理的，下放到地方。对确需保留的审批事项，简化审批程序，提高工作效率，增强审批的公开性和透明度，发挥企业作为市场主体和投资主体的功能。

经过多年的改革和发展，社会投资已经成为宁夏固定资产持续快速增长的重要力量。为进一步促进社会投资发展，按照“一放开三改善”的政策思路，根据实际情况，自治区正在着手进行鼓励和引导民间增加投资的措施制定工作，新措施将放宽投资准入领域，积极发展多层次的现代金融体系，拓宽社会投资的融资渠道，转变政府职能，努力创造公开、公平、公正的体制和政策环境。

（四）继续强化项目前期工作，加快西部大开发战略的实施

2001年自治区继续要求各部门、市县加快前期工作进度，认真做好项目储备工件，加强项目备案制度。5月份，结合西部大开发战略的实施和宁夏“十五”规划的制定，按照项目前期工作进展情况，为及时动态地反映重要项目的全面情况和陆续提出的新项目，自治区有关部门对上年编制的《宁夏迎接西部大开发暨“十五”重要项目规划》进行了补充修订。修改后的《项目规划》共涉及7大类49个项目，156个子项，估算总投资1700多亿元。此次补充修订进一步明确了自治区抓住机遇、加快地区发展的工作目标。为此，自治区要求有关部门、市县都要把认真做好这批项目各项前期工作作为2001年投资工作的重点，抓紧抓实。

按照自治区经济和社会发展“十五”计划国内生产总值年均增长9%以上的要求，根据实际和模型预测，确定了“十五”期间自治区固定资产投资总规模和增速。“十五”期间，全区全社会固定资产投资累计1100－1200亿元，年均增长11－14%。其中，国有及其他经济类型型投资960亿元，年均增长13.1%；集体个体投资240亿元，年均增长16.8%。到2005年，预计当年全社会固定资产投资约为300亿元（按1200亿元计算）。继续大力发展农业，商品粮基地、农村区域性支柱产业形成规模，抗御自然灾害能力显著增强。充分利用和发挥本区能源优势，加快投资发展电力、煤炭和高耗能工业，积极发展稀有金属新材料、生物医药等科技工程。大力促进第三产业快速发展。加快生态环境建设与整治，加快基础设施建设，改善投资环境。

二、2001年主要建设成就

2001年自治区计划安排重点建设项目13个，其中宁夏扶贫扬黄灌溉工程和青铜峡铝厂三期为国家重点建设项目。自治区重点建设项目安排投资56.5亿元，占全区投资总规模的30.8%，重点预备开工项目14项，计划投资14.21亿元。2001年全年自治区重点建设项目共完成投资46.6亿元，完成当年计划投资的82.6%，占当年完成全社会固定资产投资的23.8%。

2001年，自治区有多个重大项目建成投入使用：总投资17.3亿元的青铜峡铝厂三期工程全部建成投产，年新增电解铝10万吨，企业规模再上新台阶。银川轮胎有限公司30万套全钢载重子午胎技改项目，总投资5.7亿元。2001年全部生产线已贯通，联合调试、全面负荷试车结束，开始批量生产。环保监测仪器设备国产化项目到2001年已全部完成投产，年产烟气、烟尘在线连续监测仪120台（套）。古窑子至王圈梁高速公路，全长94公里，是国道主干线“青岛—太原—银川“公路的一段，总投资9.6亿元，已于2001年9月全线竣工通车。麻黄沟—姚伏高速公路，全长74公里，总投资14.2亿元，到2001年底累计完成投资9亿元，其中姚伏至平罗段已全线竣工投入试运行。石嘴山电厂扩建工程，总投资55.7亿元，到2001年完成投资9.5亿元。银川市、吴忠市和石嘴山市城市电网建设与改造工程、农村电网改造工程已全部完成各项任务，工程总投资21亿元。石嘴山市集污及处理工程设备安装基本完成，已进行了单车试车。吴忠市集污及处理工程基本完成。宁夏扶贫扬黄灌溉一期工程（1236工程），总投资29.7亿元，到2001年底累计完成投资18.7亿元，水源工程中黄河泵站完工，并于10月26日试水一次成功。固海扩灌区1—6泵站及1—5干渠完工。退耕还林还草工程进展顺利，固原、彭阳、西吉、隆德、泾源、盐池、海原、同心八县共完成退耕20万亩，还林还草53万亩。沙坡头水利枢纽工程，总投资12.8亿元，到2001年底累计完成投资2.2亿元。完成导流明渠、沙石混凝土生产系统、美丽渠等工程。

全年新增生产能力有：开发土地18.5万亩，造林种草67万亩，电解铝10万吨，高档铜版纸3万吨，高速公路94公里，一级公路19公里，二、三级公路439公里，日供水5.7万吨，日供气量51万立方米，供热面积344万平方米，日处理污水22万吨，新建、改造线路605公里等。

三、2001年投资建设工作中存在的问题

（一）一些工程进度缓慢

工程进展是否顺利，是自治区投资实现稳定、快速增长一个重要因素。一些项目由于建设条件不充分、前期工作不够扎实等原因，工程进度不快，对如期发挥投资效益造成不利影响。

（二）需要大力加强前期工作

自治区部分项目前期工作存在投入不足、项目可行性研究和咨询报告论证不充分，设计深度不够、漏项多、变更大，勘察工作不到位，一些跨地区、跨部门的重大项目前期协调工作做得不够，项目资金缺口较大等，主要原因是受制于财力困难，也存在认识不足、重视不够等因素，同时前期工作的管理水平还待进一步提高。

（三）更新改造投资增长缺乏长期动力

2001年自治区更新改造投资虽然增长较快，但从更新改造投资完成分布来看，主要集中在少数几个国有大中型企业技改项目上，并没有形成多行业、宽领域的技术更新改造局面，不利于自治区企业技术结构和产品结构的调整，影响经济增长向提高质量和效益方向转变。

（四）资金来源渠道有待进一步拓宽

自治区建设资金还是以国家投资和银行信贷为主，企

业自筹资金所占比重增长缓慢,股票和债券融资不够稳定,利用外资规模没有较大改变,东西合作投资仅获得初步的发展,企业融资特别是民营企业和中小型企业融资渠道不畅,急需改善投资环境。

四、2002年投资工作重点

(一)2002年投资计划及重点项目

结合"十五"计划和保持适度快速发展的需要,2002年全区全社会固定资产投资总规模为225亿元,比2001年实际完成投资增长15%。其中,国有单位及其他经济类型投资182亿元,增长14.5%;集体个体投资43亿元,增长16.8%。基本建设120亿元,增长13.9%;更新改造30亿元,增长13.9%;房地产开发26亿元,增长17%。中央项目投资37亿元,增长10.9%;地方项目投资188亿元,增长15.7%。

全力加快国债项目建设。继续积极争取国债投资,加快自治区基础设施建设。积极落实地方配套资金,保证重点,确保资金及时足额到位。及时研究解决项目建设中存在的问题,要求各地区、各有关部门和银行相互支持、积极配合,加快工程进度,确保绝大部分项目在2002年建成投产。

切实加强对国债项目资金使用和工程质量的管理,严格执行建设程序,切实把项目"五制"落到实处。全面、规范地实行招投标制。切实加强资金管理,资金建设要专款专用,坚决杜绝各类违规违纪问题的发生。

保证重点工程建设。已经确定的重点建设项目要千方百计确保计划完成,重点预备开工项目要努力创造条件,争取年内开工。有关单位要加强领导,通力协作,为重点工程建设创造一切必要条件。

加快重大项目前期工作。各地、各部门都要严格按照基本建设程序,增加前期工作经费,抓紧项目前期工作,增加项目储备,更好地适应西部大开发和争取国债投资的要求。加快项目评估论证和审批,力争使一批条件成熟的项目尽快开工建设,真正做到"开工一批,预备一批,规划一批"。

鼓励和引导社会投资。要从营造环境、放宽领域、拓宽渠道、公平税赋、改进服务和加强管理等方面入手,努力为社会各方面增加投资创造良好的体制条件和政策环境。抓紧制定出台有关的法规和政策,建立投资服务体系,规范市场秩序,消除制约社会投资增长的政策和制度障碍。

促进房地产开发的健康有序发展。要适应住房制度改革的要求,以市场需求为导向,加大普通商品房、经济实用住房和廉租住房的建设力度。要加强政策引导和监督管理,继续清理各种收费,规范市场行为,控制地价、房价的上涨趋势,防止出现过热现象,保持房地产业健康发展。

进一步深化投融资体制改革。按照中央的统一部署,着力解决改革中的一些重点和难点。认真研究新情况、新变化,建立健全统一规范的固定资产投资管理制度。积极拓宽融资渠道,严格政府财政性投资管理。按照改革发展新形势的要求,合理调整项目审批的规模和限额,提高工作效率。健全投资约束机制,加强监督管理,增强行政透明度和公开性。

2002年自治区重点建设项目安排16个:宁夏扶贫扬黄灌溉一期工程、沙坡头水利枢纽工程、灌区续建配套及节水改造、山区水资源综合开发整治、盐环定扬水宁夏专用工程、退耕还林还草工程、石嘴山电厂扩建工程、电网建设、石嘴山至郝家集高速公路、西部干线桃山口至同心段、银川至古窑子高速公路、工业高技术产业化示范项目、中心城市环保设施、民运会体育场馆建设、宁夏大学教学综合楼和银川一中。上述项目2002年安排投资60.22亿元,占全社会投资的26.7%。其中,彭阳长城塬引水工程、农村饮水解困工程(生命工程)、宁夏至西北主网第三回330千伏联络工程、宁夏农村电网建设与改造工程(第三批)、工业高技术产业化示范项目、石嘴山市大武口区热点联产集中供热配套热网工程等年内建成。大中型基本建设项目4个,包括宁夏扶贫扬黄灌溉一期工程、沙坡头水利枢纽工程、石嘴山电厂扩建工程、宁夏至西北主网第三回330千伏联络工程。

重点预备开工项目12个,其中,宁夏重点风沙区生态环境综合治理、中宁电厂扩建工程、宁夏煤基二甲醚项目、灵武矿区羊场湾煤矿、青铜峡铝厂一、二期节能环保技术改造等项目开工建设。银川化肥厂改造工程、宁夏彩电中心等争取开工。宁夏异地扶贫搬迁安置试点年内建成。

(二)投资环境及招商引资优惠政策

宁夏回族自治区地处中国西北东部,面积6.64万平方公里,现辖3个地级市,1个地区,18个县及县级市(区),总人口为563万人,其中回族人口195万人,是中国回族主要聚居区。黄河流经宁夏397公里,自古有"天下黄河富宁夏"之说。现有耕地1900万亩,人均3.5亩,居全国第四位,天然草场4000多万亩,是全国十大牧区之一。引黄灌区现有灌溉面积600多万亩,是全国四大自流灌区和七大商品粮生产基地之一。矿产资源较丰富,主要以能源和非金属矿为主,人均自然资源潜在价值居全国第5位。煤炭探明储量310亿吨,居全国第5位。石膏蕴藏量居全国第1位。地跨宁夏的陕甘宁盆地天然气田是世界级大气田。现有各类自然保护区8个,其中国家级4个,自治区级4个。拥有著名的4A级国家风景旅游区沙湖、沙坡头和国家级森林公园六盘山、贺兰山以及国家级文物保护单位西夏王陵和青铜峡一百零八塔。

改革开放20多年来,宁夏经济平均以8.9%的速度增长。"九五"时期,是自治区改革开放以来发展势头最好的一个时期,年均GDP增长率达9%,超过全国平均水平。2001年,全区国内生产总值达到298.3亿元,比上年增长10.1%。地方财政收入27.6亿元,比上年增长32.4%。九十年代以来,国家对包兰铁路进行电气化改造,宝中电气化铁路建成通车,大大改善了宁夏铁路运输状况。"九五"期间建成银川河东机场,开通了银川至北京、西安、上海、广州、成都、重庆、昆明、武汉等地的航线。全区公路通车里程10015公里,公路交通"三纵六横"的框架初步形成,并实现了村村通公路。姚叶高速公路、陕甘宁天然气田至银川输气管道、银川热电厂等和宁夏人民会堂、体育馆、光明广场等标志性建筑相继投入使用。基本形成了以西兰乌和京呼银兰光缆为干线的大通路光缆传输网、覆盖全区的数字微波网、区内分组交换网、数字数据网、移动通信网和无线寻呼网，实现了县以上城市电话和全部农村电话在交换点程控化，成为西部各省区率先实现乡乡电话交换程控化的省区。

为贯彻实施西部大开发战略，以大开放促进大开发，扩大招商引资，2001年，自治区发布了《宁夏回族自治区鼓励外商投资规定》(宁政发[2001]30号)、《自治区人民政府办公厅关于宁夏回族自治区鼓励外商投资规定有关问题的通知》(宁政办发[2001]52号)和《自治区人民政府关于进一步改善外商投资软环境的若干规定》(宁政发[2001]19号)，对在自治区境内投资设立的三资企业、东西合作项目和外省区来宁夏投资的企业，制定了较为细致、规范、统一的优惠政策。

1. 在自治区境内投资新办自治区鼓励和允许类工业生产型外商投资企业和东西合作项目，经营期10年以上的，在一定年度内可减免企业所得税。

2. 投资新办农林牧渔及其加工的外商投资企业和东西合作项目，经营期15年以上的，在一定年度内可减免企业所得税。

3. 投资新办交通、能源、水利、环保、资源开发等基础设施建设项目，除在一定年度内享受减免所得税外，交通项目中沿线土地使用权可优先取得，外商和外省区投资勘察自治区紧缺矿产的，可免缴矿权使用费，并依法享有优先开采权。

4. 被认定为高新技术的外商投资和东西合作企业，经营期10年以上的，在一定年度内可减免企业所得税，对在技术转让过程中发生或与技术转让有关的技术咨询、技术服务、技术培训的收入，免征营业税和企业所得税。

5. 逐步开放第三产业投资领域。外商和外省区可在自治区境内投资电信、保险、旅游业，兴办会计事务所、律师事务所、工程设计公司、市政公用企业，可在银川市进行投资银行、商业零售、外贸企业的试点。除房地产开发、餐饮、娱乐业外、在一定年度内减免企业所得税。

6. 在自治区境内开办的外商投资企业一律免征3%的地方所得税。

7. 外商来宁夏投资新办和东西合作企业的生产用地给予优惠。投向自治区鼓励发展的重点工业项目，经县级以上地方政府批准，可减免50%的土地出让金；经自治区政府批准，对新增建设用地有偿使用费也按50%优惠。对使用国有或农村集体农用地投资新办高效、高产、优质农业项目和开发国有未利用土地从事农林牧渔业生产的，经自治区政府批准，可延长土地承包年限。

8. 来宁夏投资公路国道、省道和其他公路的建设用地，可比照铁路、民航用地免征耕地占用税。

9. 外商投资企业引进的专业技术人员的配偶、子女需要落户、工作、就学的，自治区有关部门协助给予妥当的安置。

10. 建立自治区招商引资项目发展资金，专项用于自治区招商引资项目的贷款贴息。

表1　近年来宁夏固定资产投资变化表

单位：万元

指标		1996年	1997年		1998年		1999年		2000年		2001年	
		投资额	投资额	增减%	投资额	增减%	投资额	增减%	投资额	增减%	投资额	增减%
投资总额		773196	881027	13.9	1086536	23.3	1306062	20.2	1608204	23.1	1958118	21.8
按经济类型分	国有经济	603634	683450	13.2	778335	13.9	810959	4.2	1011732	24.8	1241174	22.7
	集体经济	41191	35491	-13.8	55068	55.2	99963	81.5	57002	-43.0	81471	42.9
	农村	93281	118241	26.8	155960	31.9	210976	35.3	250306	18.6	242174	-3.2
	联营经济											
	股份制经济	9526	22397	135.1	66911	198.7	110928	65.8	149348	34.6		
	外商投资经济											
	港澳台经济											
	其他经济	25564	21448	-16.1	30262	41.1	73236	142.0	139816	90.9	393299	181.3
按管理渠道分	基本建设	418094	480045	14.8	595030	24.0	702842	18.1	888744	26.5	1053095	18.5
	更新改造	177760	181646	2.2	185925	2.4	192453	3.5	233621	21.4	260815	11.6
	房地产开发	54533	60497	10.9	112982	86.8	130178	15.2	155691	19.6	231799	48.9
	其他投资	122809	158839	29.3	192599	21.3	280589	45.7	330148	17.7	412409	24.9
按资金来源分	国家预算内资金	51309	40492	-21.1	60431	49.2	176456	192.0	185722	5.3	289185	55.7
	国内贷款	257079	277500	7.9	269748	-2.8	300194	11.3	490678	63.5	528888	7.8
	利用外资	14626	14815	1.3	28301	91.0	27085	-4.3	22497	-16.9	20936	-6.9
	自筹资金	337766	419221	24.1	514625	22.8	453604	-11.9	492953	8.7	781952	58.6
	其他资金	112416	128999	14.8	213431	65.5	348723	63.4	416354	19.4	244939	-41.2

表2　2001年宁夏重大建设项目和更新改造项目表

单位：万元

序号	项目名称	总投资额	当年完成投资额	建设性质(新建、扩建、改建)	新增生产能力
	合　计		480039		
1	宁夏扶贫扬黄灌溉一期工程	296600	35566	续建	开发灌溉面积130万亩,安置移民67.5万人
2	青铜峡铝厂三期工程	172929	51517	续建	新增电解铝10万吨
3	石嘴山电厂扩建工程		60987		
	(1)电厂部分	453836	52477	续建	装机4×30万千瓦
	(2)宁夏200KV电网项目(送出部分)	138830	8510	扩建	220千伏线路909公里,变电容量162万千伏安
4	沙坡头水利枢纽工程	128000	16280	新建	库容2600万立方米,装机11.6万千瓦,年发电量5.89亿千瓦时,新增灌溉面积34万亩,改善灌溉面积100万亩
5	石嘴山至郝家集高速公路		175000		
	(1)麻黄沟至姚伏高速公路	141979	55000	续建	高速公路74公里
	(2)叶盛至中宁高速公路	228833	60000	续建	高速公路96公里
	(3)中宁至郝家集高速公路	195000	60000	续建	高速公路98公里
6	古窑子至王圈梁高速公路	96000	25550	续建	高速公路94公里
7	退耕还林还草		800	续建	退耕还林还草500万亩
8	城乡电网改造工程		55273		
	(1)银川市城市电网建设改造工程	42200	6760	续建	扩建220千伏变电站1座,变电容量120万千伏安,线路68公里,新建110千伏变电站2座,变电容量126万千伏安,线路146.2公里
	(2)吴忠市城市电网建设改造工程	25000	5565	续建	新建、改造110千伏变电站4座,新增变电容量270万千伏安,新建、改造线路124公里
	(3)石嘴山市城市电网建设改造工程	15100	5266	续建	新建、改造110千伏变电站3座,新增变电容量240万千伏安,新建、改造线路9公里
	(4)农村电网建设改造工程	127588	37682	续建	新建110千伏变电所8座,变电容量245万千伏安,改造110KV变电所18座,变电容量480万千伏安,新建线路287公里,改造线路39公里
9	银川中策(长城)橡胶有限公司30万套全钢载重子午胎项目	57061	19228	技改	新增30万套子午胎
10	山区水资源综合开发整治		3872		
	(1)固原东山坡引水工程	9965	665	新建	库容320万立方米,干渠27.85公里,供水管线17.17公里
	(2)彭阳长城塬引水工程	6741	1515	续建	发展灌溉面积4.16万亩
	(3)人畜饮水(生命工程)	25900	1692	新建	解决40万人的饮水困难问题
11	盐环定扬水宁夏专用工程	26204	1895	续建	引水7立方米/秒,灌溉22.36万亩
12	吴忠仪表集团结构调整项目		14439		
	(1)环保监测仪器设备国产化项目	7480	7480	新建	年产烟气、烟尘在线连续监测仪120台(套)
	(2)智能调节阀及现场总线技术产业化示范工程	15220	6959	续建	年产智能调节阀7200台、智能附件3200台(阀门定位器2400台、电动执行机构800台)
13	中心城市集污及处理工程		19632		
	(1)银川市老城区集污及处理工程	20215	5230	续建	集污服务面积36平方公里,日处理污水10万吨
	(2)银川市新市区北部排水工程	26980	6902	续建	排水泵站2座,污水处理厂1座,排水管61.9公里
	(3)石嘴山市集污及处理工程	9370	3800	续建	集污服务面积16平方公里,日处理污水6万吨
	(4)吴忠市集污及处理工程	12887	3700	续建	集污服务面积12平方公里,日处理污水6万吨

新疆维吾尔自治区投资建设情况

新疆维吾尔自治区发展计划委员会主任 韩学琦

一、2001 年固定资产投资情况

2001 年，新疆维吾尔自治区固定资产投资领域认真贯彻落实国家西部大开发的各项方针政策，以扩大有效需求为目标，调动各方面力量，加大固定资产投资力度，加强基础设施和重点项目建设，使新疆全区固定资产投资形势逐渐好转。2001 年全年全社会固定资产投资完成 706 亿元，较上年增长 15.7%。其中，中央项目 322.7 亿元，增长 10.4%，地方项目 383.3 亿元，增长 20.5%。基本建设 400.3 亿元，增长 1.9%；技术改造 108.2 亿元，增长 39.5%；房地产开发 97.9 亿元，增长 70.5%；其他投资 98.6 亿元，增长 19.3%。非国有经济投资在各项优惠政策鼓励下，发展较快。2001 年，国有经济及其他经济类型投资 618.8 亿元，增长 14.1%；集体经济投资 25.9 亿元，增长 13.4%；城乡居民个人投资 57.1 亿元，增长 26.4%。基础产业、基础设施从投资总量上看仍然是新疆投资的重点，并且不断得到加强。其中，农林牧渔业投资 40.6 亿元，增长 15.2%；石油工业投资 134.5 亿元，下降 0.6%；纺织业投资 8.4 亿元，增长 45.1%；煤炭工业投资 1.8% 亿元，下降 12.8%；电力、煤气及水的生产和供应业投资 49.9 亿元，增长 15.6%；交通运输邮电业投资 103.3 亿元，增长 33.5%。从资金来源看，预算内投资增长 5%；企事业单位自筹投资增长 18.2%，比 2000 年提高 3.6 个百分点；银行贷款投资增长 15.3%。商品住宅持续旺销，房地产开发施工面积 1433.5 万平方米，增长 84.3%。商品房销售面积 600.2 万平方米，增长 1.3 倍。2001 年固定资产投资呈现以下好的发展态势：

(一)固定资产投资规模加大，投资效益提高

新疆 2001 年施工的基本建设和更新改造项目 4471 个(不含房地产投资、城乡集体和个体投资)，比 2000 年增加 147 个。其中本年新开工项目 3504 个，增加 238 个。2001 年基本建设和更新改造项目在建总规模 2170 亿元，累计完成投资 1502 亿元，结转规模 668 亿元，较上年增加 61 亿元。未完工程资金占用率比上年下降 16 个百分点，平均建设周期缩短 0.7 年，建成投产率提高 2.7 个百分点，在建项目平均规模由 2000 年的 1040 万元上升为 1113 万元，项目小型化、投资分散化现象有所改观。

(二)重点项目和国债项目继续得到加强

2001 年是“十五”计划第一年，也是西部大开发战略进入实质性实施阶段的头一年。新疆固定资产投资在继续优化投资结构的同时，积极争取国家投资，加快在建项目建设速度，重点项目和国债项目建设进展都比较顺利，取得一定成绩。

这一年 27 个基本建设重点项目完成投资 171 亿元，完成年计划的 92.7%。泽普石化厂化肥厂扩建、乌鲁木齐机场扩建二期候机楼、塔城铁厂沟电厂扩建、新疆光缆干线波分复用系统扩容改造、国家粮食储备库等 8 个项目建成投产；塔里木农业灌溉和环保二期、新疆农村电网改造、三大油田开发建设等 7 个项目，实现了单项或部分投产；红雁池第二发电厂、独山子乙烯改扩建、乌鲁木齐污水处理及绿化、乌鲁木齐外环路、新疆博物馆改扩建等 6 个续建项目基本实现年度工程进度目标。塔里木河流域近期综合治理工程、新疆优质棉基地建设、新疆体育中心等新开工项目顺利开工建设。一批重点前期工作项目进展顺利，阿舍勒铜矿、奎屯—赛里木湖高等级公路等 9 个重大项目的前期工作取得阶段性成果，部分项目立项、可研或开工报告已获国家批准，总投资近 500 亿元。

67 个更新改造重点项目完成投资 18.3 亿元，完成年计划的 81.7%。其中，新疆八一钢铁集团高速线材轧机技改项目、新疆天山水泥股份公司新型干法窑外分解工艺年产 30 万吨水泥生产线、新疆天山纺织集团有限公司精纺纱生产线改造和新疆屯河公司的果蔬汁加工和番茄制品深加工等技改项目均实现投产目标。

与此同时，国债项目建设也取得可喜成绩。到 2001 年底，新疆利用国债项目已达 402 个，总建设规模近 580 亿元，争取到国债投资 128 亿元，占到总规模的 22.1%。国债项目已累计完成投资 356.7 亿元，完成总投资的 61.7%，在水利、交通、农村电网、城市设施、旅游和教育文化等方面建成 139 个基础设施项目。

(三)形成一批重要的生产能力

基本建设和更新改造新增主要生产能力有：原油开采 381 万吨，天然气开采 3 亿立方米，原煤开采 75 万吨，发电机组容量 18 万千瓦，输电线路长度（11 万伏及以上）1097 公里，变电设备能力（11 万伏及以上）98 万千伏安，新建公路 685 公里（其中高速公路 2.4 公里），改建公路 1355 公里，通信光缆 5 万公里，新增程控交换机 211 万线，新增粮库库容 37500 万公斤，新增城市自来水日供应能力 28 万吨，新增城市排污日处理能力 53 万吨，新增城市道路 135 公里，改造低产田 86 万亩。新增的生产能力进一步增强了新疆国民经济发展的后劲。初步测算，2001 年新疆经济增

长 8.1% 中有 4.3 个百分点是由投资增长直接或间接拉动。

2001 年，新疆固定资产投资能保持较高速增长的主要原因，首先是国债投资项目带动促进作用明显。国债资金的投入有效地带动和促进了银行贷款、地方配套投资及社会资金参与固定资产投资的积极性，成为全社会投资增长的有力支撑。其次，西部大开发相关政策的陆续出台，使新疆西部大开发迈出实质性步伐，成为全区固定资产投资持续增长的重要动力。但是，2001 年新疆固定资产投资运行当中，也存在一些值得注意的问题，一是地方财力匮乏，用于扩大再生产的建设资金严重不足，难以引导社会资金和满足重点建设项目的需要；二是投资软环境相对较差，建设项目从立项到开工建设，中间环节多，周期长，影响项目的正常建设；三是重大项目前期工作滞后，项目储备不足，影响重大项目的有力接续和固定资产投资的稳定增长；四是社会投资比重偏小，各类企业的实力弱，资产存量小，自筹资金进行基本建设和技术改造的能力差，对国家投资依赖过重。

二、2002 年固定资产投资计划及建设重点

2002 年新疆固定资产投资的主要任务：一是继续坚持扩大内需的方针，加强自治区重点项目和国债项目管理，集中力量加快在建项目建设速度，确保全社会固定资产投资实现快速增长；二是继续进行投资结构调整，加大对基础产业、基础设施、生态环境治理及有特色的优势产业项目的投资，不断增强经济发展后劲，壮大特色经济；三要大力贯彻执行国家西部大开发的各项优惠政策，按照国家投融资体制改革方向，积极稳妥地制定符合自治区区情的政策措施，为启动社会投资创造良好的投资环境。

（一）2002 年投资环境

2002 年，新疆固定资产投资面临的形势总体上比较好，一是国家继续实施扩大内需的经济政策，增发 1500 亿元长期国债，用于基础设施、基础产业建设，这给新疆国债续建和收尾项目提供了争取更多资金的机会，可加大和加快更多符合国家产业政策项目的建设；二是西部大开发战略的实施为新疆经济发展带来了难得的机遇。新疆是西部大开发的重点地区，国家除在国债资金及预算内资金给西部地区以优惠支持外，在生产力布局上，将优先考虑西部地区优势资源项目建设。西气东输、阿舍勒铜矿、钾盐开发等重大优势资源开发项目将相继开工建设，并在产业政策、资金投入等方面取得国家的大力支持；三是中国加入 WTO 为在更大范围内参与国际经济合作创造了有利条件，对新疆的对外开放和利用外资带来了新的机遇；四是随着投融资体制改革的不断深化，投资环境进一步改善，将吸引更多国内、国外投资商到新疆投资；五是自治区通过“八五”、“九五”的投资建设，形成了一批对自治区国民经济发展有重要影响的生产能力，经济基础更加坚实。

（二）2002 年投资计划及建设重点

2002 年新疆全社会固定资产投资计划安排 807 亿元，比 2001 年增长 14.3%。其中：基本建设 490 亿元，增长 22.4%；技术改造 115 亿元，增长 6.3%；房地产 100 亿元，增长 2.1%；其他投资 102 亿元，增长 3.4%。

安排重点项目 27 个，计划投资 303 亿元。喀什发电厂、国道 314 线小草湖—托克逊及相关公路改造工程、和田机场改扩建工程、新疆电信东环及北环光缆通信工程、乌鲁木齐污水处理及绿化工程、国家粮食储备库建设、新疆博物馆等 7 个项目全部建成投产；新疆优质棉基地建设、新疆农网改造一期及二期工程、新疆电网联网工程、塔里木油田勘探开发、新疆油田勘探开发、吐鲁番—哈密油田勘探开发、西北石油局油气勘探开发等 7 个项目单项或部分投产；西气东输工程（新疆段）、塔里木河流域近期综合治理工程、奎—赛高等级公路、新疆体育中心、塔里木河灌排和环保二期工程、红雁池第二发电厂一期工程、哈密二电厂三期扩建工程、国道 314 线托克逊—和硕段改造工程、新疆地县公路通油工程、独山子乙烯改扩建工程、罗布泊钾盐基地试验场及盐田建设工程、乌鲁木齐外环路工程等 11 个项目力争完成当年建设任务；节水灌溉项目、吉林台一级水电站、新疆“光明工程”、托克逊火电厂、库车火电厂、乌鲁木齐车站改扩建工程、克拉玛依机场迁建工程、国道 314 线和硕—库尔勒段改造工程、阿舍勒铜矿采选工程等 11 个新开工项目争取年内开工建设。

（三）促进固定资产投资增长应采取的措施

1. 加快以国债项目为重点的基础设施、基础产业建设，保持固定资产投资较快增长。按照国家的总体部署，2002 年新疆国债项目将有 119 亿元的投资工作量，任务繁重。要贯彻执行好国家扩大内需的经济政策，首先要确保国债项目建设顺利实施。要抓住国家继续发行国债的有利时机，在水利、生态环境治理、人畜饮水、农网改造、贫困县公路、通地（州）县沥青道路、城市基础设施、血站建设、中央直属储备粮库以及高校扩招、旅游基础设施、中小学危房改造、公检法司设施和高科技建设项目等方面积极开展国债资金的争取工作。充分发挥国债资金的引导作用，抓好地方、银行配套资金的到位工作，确保项目建设的资金需求。同时加强国债项目的资金使用和工程质量管理，确保国债项目按时完工交付使用。

2. 继续加强重点建设，发挥重点建设项目对全社会投资的带动作用。2002 年，新疆安排 27 个重点建设项目，投资 300 多亿元，占全年总投资的 37%。这些项目大都要在 2002 年进入投资和施工高峰期，建设任务很重，涉及面广，影响力大，将直接拉动相关行业和相关项目的投资。新疆要严格按照自治区重点项目建设管理办法，以有利于建设项目顺利实施为宗旨，依法规范各项管理和服务行为，及时协调重点建设中的主要问题，帮助建设项目落实和完善供水、供电、交通等外部配套条件，协调银企关系，为重点建设项目创造良好的建设环境和市场秩序。重点建设项目所在

地的地方政府，要立足长远，进一步解放思想，在土地、地方税收、配套服务等方面为重点建设项目予以优惠支持，创造良好的建设条件。

3. 加大资金筹措力度，广开建设资金来源。在积极争取国家投资支持的同时，还要立足区内，逐步提高自治区预算内基本建设资金的投入，保持建设资金与财政收入同步增长。按照市场经济的要求，充分利用信贷资金，扩大固定资产投资规模，提高投资效益。积极支持区内有实力的企业集团，利用债券等手段筹集建设资金。继续鼓励企业利用国外政府贷款、国际金融组织优惠贷款等，扩大新疆利用外资的规模水平。鼓励和支持新疆有实力的企业上市融资，扩大企业上市规模。

4. 积极鼓励和引导社会投资。利用国家给予西部地区的各项优惠政策，积极鼓励社会投资参与基础设施建设及生态环境建设，引导社会投资在新的、成长性好的社会服务业、信息咨询业、旅游业、高科技等领域发展。加快小城镇建设步伐，鼓励和吸引农民在小城镇投资兴业、买房建房、投资兴建各种公共设施。尽快研究出台《新疆维吾尔自治区鼓励非国有经济投资若干优惠政策实施办法》，从营造环境、放宽领域、拓宽渠道、公平税赋、改进服务和加强管理等方面入手，制定土地、税收、人才、政府服务等综合配套的优惠政策，努力为社会各方面增加投资创造良好的体制条件和政策环境。

5. 继续加强项目前期工作，增加项目储备。根据以往前期工作经验，进一步完善前期项目责任制、制订前期项目工作计划、协调前期工作进展过程中的相关问题，落实前期工作目标。在提高预算内基本建设资金前期费比例的同时，多渠道筹措前期项目工作费用，加大投入力度，加快节水灌溉示范项目、吉林台一级水电站、新疆“光明工程”、托克逊火电厂、库车火电厂、乌鲁木齐火车站改扩建工程、克拉玛依机场改建工程、国道314线和硕—库尔勒段改造工程、阿舍勒铜矿采选工程等一批重大基础设施和资源开发项目的前期工作进度。

6. 着力改善投资环境，提高服务意识。在建设领域积极推行以项目法人责任制、项目资本金制、工程招投标制、工种质量监督管理制、项目环境监督管理制等为中心内容的五项制度建设，尽快建立和完善适合新疆区情的五项制度实施细则，加强建设项目的法制化、制度化、规范化建设。特别要在大中型项目和国家投资的项目中，普遍实行以五项制度为基础的规范化管理。提高工作效率，清理和减少政府职能部门的审批环节，引进和培育中介机构，制止各种针对投资的乱收费现象，为各类投资者提供良好的环境。

7. 积极推进投融资体改革。按照“谁投资、谁决策、谁受益、谁承担风险”的原则，充分发挥企业的投资主体作用，健全以政策引导、信息发布等间接调控手段为主的投资宏观调控体系，形成企业自主决策、银行独立审贷、政府宏观调控的新型投融资体制。2001—2002年新疆将从改革投资项目审批制度入手，进一步减化审批程序，集中精力加强对政府投资项目的管理，提高政府投资项目、特别是公益性项目的投资效益。打破垄断，努力扩大基础设施和公益性建设领域的开放程度，为所有投资者的公平竞争提供有力的制度保障。

香港、澳门、台湾投资

香港特别行政区经济发展情况

国务院港澳事务办公室港澳研究所经济室主任　蔡赤萌

2001年，香港经济面临内忧外患双重压力，总体发展明显放缓。受到外围经济急剧转坏和内部结构性调整的影响，本地生产总值的实质增长由2000年的10.2%大幅下降至0.6%。由于美国、欧洲经济发展放缓，日本经济低迷，香港进出口贸易减少，固定资本投资萎缩，私人消费开支受失业率上升影响增长减缓。此外，一些主要行业也不景气：房地产市场萎靡不振，制造业订单减少，航运业货运量下降。经过1999年、2000年全面恢复性增长的香港经济又重新陷入困境。

一、经济发展总况与特点

（一）2001年香港总体经济的特点是：外部需求疲弱、

内部需求减缓、投资萎缩，总体经济呈现逐季下调的趋势。香港经济在抵御了亚洲金融危机的冲击之后，2000年实现了恢复性增长，但世界经济的周期性调整以及香港内部的经济结构转型使得2001年的香港经济没有能够保持2000年的增长势头，经济增长速度急剧下降。2001年上半年，香港经济增长虽然已经减缓，但本地生产总值同比仍有增长（第一季度增长2.3%，第二季度增长1.6%），而从第三季度开始，世界主要市场进口需求明显减弱，直接影响到香港的进出口贸易及相关服务业，香港本地生产总值出现负增长，为－0.3%，到第四季度，这一趋势进一步扩大，达到－0.9%。从香港经济的各个环节来看，2000年带动香港经济增长的两大引擎——对外贸易和固定资本投资均陷入困境。

外部需求呈现明显疲态。香港整体出口曾在2000年取得17.1%的高增长，对当年经济的快速增长产生较大的推动作用。进入2001年后，世界经济萎靡不振，各种事件接连发生，美国发生"9·11"恐怖袭击事件，美英在阿富汗发起反恐战争。在整个2001年中，世界主要发达国家经济明显疲软，美国经济急转直下，欧盟经济持续低迷，日本经济积重难返，世界经济体系阴霾密布，香港对外贸易受此影响出现明显下滑趋势，整体出口下降3.3%，其中一直带动香港外贸增长的转口下跌2.4%，港产品出口更是急剧下跌10.2%。全年进出口总额30492亿港元，同比下降5.6%。

内部消费需求增长明显放缓。由于2000年经济表现良好，令住户入息微增，消费开支稳步增加，这一势头持续到2001年上半年。头两季私人消费开支的增长速度虽然降低，但都仍有2.8%的增长，然而，从2001年第三季度起，随着失业率自年中起显著上升，消费支出受到抑制，增长速度明显下降，全年私人消费开支增长平均仅1.4%，大大低于2000年的5.9%。消费物价指数则平均下跌1.6%。

固定资产投资需求不旺，工商投资的步伐明显放缓。由于经济景气回冷，投资前景不明朗，机器及设备投资受到抑制，以本地固定资本形成总额计算的投资需求，从2001年第二季度后增长明显减缓，虽然第一季度强劲增长10.2%，但第二、三季度的增长率急速下降到3.0%和3.2%，第四季更是出现4.2%的负增长。全年合计增长率仅为2.9%，大大低于2000年的11.0%，其中楼宇及建设投资跌幅较大。

（二）财政开支持续增长，政府收入增长不足，财政赤字扩大。财政收入方面，非经常性和经常性收入都存在增长不足的情况。在非经常性收入上，由于过去土地收入丰厚，在很大程度上抵消了其它收入来源增长不足的影响。但随着经济环境变化，内地与香港的经济融合使两地生产要素价格趋向均衡化，香港土地交易收入下降，非经常性财政收入减少。在经常性收入上，由于经济不景气，许多税费项目无法按政府需求上调征收标准，而财政储备的投资回报也大幅下降。同时，多年来香港财政推行"还富于民"的政策，个人税负逐年下调，这一切形成了香港财政经常性收入的减少。2000/2001年度（2000年4月1日至2001年3月31日，以下类同），香港财政收入2251亿港元，比1999/2000年度的2330亿港元减少了79亿港元；财政开支2329亿港元，比1999/2000年度的2230亿港元增加了99亿港元。开支增加，收入减少，造成入不敷出结果，形成财政赤字78亿港元。由于经济状况仍未有明显好转，2001/2002财政年度政府税收的三大来源中，土地交易收入及财政储备的投资回报均不理想，同时，地铁配股集资推迟也影响了地铁公司股份销售收入，此三项收入预计减少570亿港元。加之其他一些财政收入来源无太大变化，2001/2002年度的财政预算赤字迅速扩大到656亿港元。

（三）通缩压力先降后升。香港消费物价指数自1998年12月开始下跌，到2001年，香港整体消费物价已连续3年下跌。2001年综合消费物价指数继续下跌1.6%，虽然跌幅明显小于1999年和2000年，总体呈现缓和的趋势，但2001年内走势反复说明通缩压力并未真正进入不断缓解的发展轨道。前三个季度，由于劳工工资有所上升，加之政府和公用事业调高某些收费，使源自香港本地的价格压力稍见增加，从而部分抵消了进口价格下降的影响，物价跌幅收窄。2001年一季度香港综合物价指数跌幅为2.0%，二季度减至1.3%，到第三季度再降低到1.0%。然而，在余下时间内，由于冻薪、减薪情况增加，且物业租金进一步偏软，使本地物价推升力量消退，物价跌幅扩大，通缩压力再度上升。第四季度综合物价指数跌幅再度升至2.1%。香港通缩压力无法消除，一方面原因是经济不景气，市场需求减少，另一方面则是美元强势、国际商品价格下跌，以及香港物业租金偏软。这些因素的反复影响致使通缩压力始终存在。不过，总体而言，香港通缩压力在2001年内有所减轻。

（四）失业率有所上升。由于整体经济放缓，工商界投资欲望不强，新职位供应不足，同时又有很多企业精简人手、裁减员工，劳工需求明显减少，而另一方面，劳工供应仍然持续增加，2001年香港失业率呈逐季上升之势。经季节性调整的失业率由2000年第四季的4.4%，微升至2001年第一及第二季的4.5%，第三季则大幅上升到5.3%，第四季更是升至6.1%。总失业人数（未经季节性调整）也同样大幅度上升，由2000年第四季的14.96万人增至2001年第四季的20.98万人，增幅达40.2%。持续失业时间平均天数由78天增至82天，而失业三个月或以上的人数比率则由42%升至45%。在职人士的工作量则普遍增加。每周平均工作时间维持在48小时的高水平。每周工作50小时或以上的人数比率由2000年第四季的34%升至2001年第四季的35%；每周工作60小时或以上的人数比率则由19%升至21%。

刚刚进入局部复苏的香港经济在2001年重新进入逐季下调轨道，并于下半年再次出现衰退，其主要原因是影响香港经济的外部需求在年内出现明显逆转，改变了上年主要由外部需求增长带动经济复苏的势头。2001年，全球主要工业国家经济增长明显放缓，世界经济增长仅2%，与

2000年的5%增幅形成鲜明对比。香港是外向型经济,世界主要市场进口需求减弱,直接影响香港的进出口贸易及相关服务业。2001年,香港对美国出口下降9%,对欧盟的出口下降8%。贸易的减少直接影响到航运、金融服务及市场推广等行业的市场需求。此外,世界主要金融市场下挫,也带动香港股市大幅度下滑,既影响在香港的投资和融资,也影响香港的居民消费信心。

香港经济结构的内在矛盾也是香港经济短期无法摆脱困境的一个因素。长期以来,房地产一直是香港的支柱产业之一,香港银行贷款 的60%与房地产业和建筑业有关。香港回归前港英政府推行"高地价、高工资、高通胀"政策,亚洲金融危机后,香港楼价大跌,房地产业陷入困境,对金融、证券及其他相关行业形成连带影响,而新的支柱产业(知识型、高增值经济)尚未成熟,经济增长点的转换出现一定程度的脱节。

二、主要行业经济发展走势

(一)银行业。在外部市场环境和本地经济状况均不理想的情况下,2001年香港银行业经营比较艰难,银行业的各项业务和收入表现不太理想;市场竞争加剧,并购、重组活动增多。

存款与贷款均有所减少,但贷款下降幅度比2000年减少。2001年底,香港所有认可存款机构的客户存款总额为33570亿港元,比2000年的34823亿港元下降3.6%;贷款总额为21860亿港元,比2000年的24626亿港元下降11.2%,这一下降幅度略低于2000年(12.5%)。

经营利润稍有下降,资产总额减少,不良贷款比率继续下降但降幅缩小。总体而言,资产质素改善不很明显。2001年,香港银行业整体经营利润比2000年有轻微下降,净息差收窄至2.03%(2000年为2.33%),导致净利息收入减少,在一定程度上影响了银行业的经营利润。此外,银行员工薪酬和科技投资等经营性支出普遍增加,导致成本/收益比率从2000年的38.1%上升至42.3%,上升4.2个百分点,成为银行经营利润降低的另一个因素。从一些银行公布的业绩看,银行经营利润下降主要集中在下半年。2001年,香港银行业资产总额为61,550亿港元,比2000年末的66,592亿港元减少了7.6%。不良贷款比率继续下降,根据特区政府统计处的资料,2001年香港银行业不良贷款比率由2000年末的7.27%下降到2001年底的6.37%,下降了0.9个百分点。但对比2000年比1999年下降2.54个百分点,2001年不良贷款比率的下降速度放慢。信用卡撇账率从2000年底的3.71%急升至2001年底的8.27%,不过,这种情况与一些银行采取积极的信用卡撇账政策有关:在客户提出破产申请时银行即对相关信贷余额作撇账处理,有别于过去逾期90日撇账或破产令发出后撇账的做法。

银行业出现一系列并购、重组活动,认可机构总数减少。2001年4月,新加坡发展银行全面收购香港道亨银行;2001年10月,中银集团原10行合并重组,成立在香港注册的中国银行(香港)有限公司;2001年11月,中信嘉华银行收购香港华人银行集团旗下的华人银行和财务公司。随着银行业并购重组活动的增多,香港银行的数目相应减少。2001年底,三类认可机构总计为250家,比2000年底减少13家——持牌银行147家,减少7家;有限制牌照银行49家,增加1家;接受存款公司54家,减少7家。

尽管2001年香港银行业面临种种困难,香港的国际金融中心地位并没有改变。全球前100家大银行有76家在香港营业。特区政府维持和发展适当的法律、监管和行政架构,为所有参与市场的人士提供公平的竞争环境,维持金融和货币体系稳定,使香港能够成为世界第十大银行中心、第七大外汇市场。2001年,香港银行间同业拆借十分活跃,平均每日成交额达到2,061亿港元;外汇交易规模庞大,平均每日成交额达到668亿美元。香港银行业依然生机昂然,保持着强大的竞争力。

(二)资本市场。香港通讯网络发达、地理位置优越,与世界各地建立有良好的通讯网络,是连接北美洲与欧洲时差的桥梁,与内地和东南亚其他经济体系也保持紧密联系,同时,香港重视法治,具备健全的监管制度和公平的竞争环境,资金进出灵活自由。这一切,使香港资本市场一直非常活跃,成为世界金融市场的重要组成部分。截至2001年年底,在香港联合交易所挂牌的上市公司有756家。全年香港股市集资总额为657亿港元,其中新上市公司88家,集资额为270亿港元。香港股票总市值为38,850亿港元,亚洲排名第三,世界排名第十,仍是世界主要股票市场之一。但受境内外经济形势的影响,与2000年相比,2001年的香港资本市场在许多方面表现比较疲弱。

股价逐波下行,证券业竞争加剧。受香港经济不景气以及美国股市疲软的影响,2001年的资本市场行情一直处于低迷状态。尽管港元利率不断下降,香港股市始终无法摆脱疲态,恒生指数从年初的14,869.94点盘旋下跌到年底的11,397.21点,全年下跌23.4%。期间受美国"9·11"事件的影响,香港股市一度出现急跌行情,2001年9月21日挫至年内最低点8,934.20点。在股票市场行情低迷的状况下,市场交投显著下降,平均每日成交80亿港元,比2000年减少33%。证券业竞争十分激烈,证券公司开始降低佣金,许多证券公司的交易佣金比率降到0.125-0.25%,并相应进行裁员和减薪,有公司裁员达12%。同时,公司间的收购兼并开始增加。2001年3月,顺隆集团与大唐金融完成合并,开创香港中小型证券公司合并之先河。

市场监管得到加强。为完善市场监管,推动市场发展,香港证券监管当局推出新法例,加强市场监管。例如,为了提高上市公司透明度,保护中小股东利益,进一步完善现代公司治理架构,2001年4月10日,香港证监会公布《公司收购、合并及股份购回规则》咨询文件,建议降低首个全面收购触发点,即由原来的35%降至30%;降低第二个全面收购触发点,即持股不少于35%但不多于50%的人士,其自由增购率由12个月内的5%降至2%。

此外，为了拓展期货市场，2001年8月，香港联合交易所采取了3项措施促进期货交易：一是引入期货和期权大手买卖机制；二是放宽市场庄家沽空前须先行借货等相关规定；三是推出一系列以外国主要公司为基础的股票期货及期权，希望吸引更多国际投资者。

起步较晚的债券市场发展势头良好。在股市萎靡不振的情况下，港元债券市场承接2000年的增长态势，保持着健康的发展势头。根据香港特区政府统计处的统计，按已发行港元债券总额计算，到2001年底，港元债券规模达到4940亿港元，比2000年的4720亿港元增长了4.7%。

成立于1990年，由香港特区政府金融管理局负责管理的香港债务工具中央结算系统，至2001年底已完成各种债券的托管和结算1009宗，总值相当于2085亿港元。这个系统与香港银行同业支付系统全面连接，并已经与欧洲结算系统及Clearstream等国际中央证券托管机构联网，与澳大利亚、新西兰及韩国的中央证券托管机构联网，使海外投资者也可以买卖香港债务工具中央结算系统内的证券。

(三)对外贸易。2001年，由于世界经济增长明显放缓，主要发达经济体系出现衰退，几乎所有主要市场的进口需求均告减弱，香港对外贸易不可避免地受到拖累。美国发生"9·11"事件，进一步打击投资和消费信心，更使香港的对外贸易雪上加霜。

商品进出口贸易整体下滑。2001年，香港的进口、转口和港产品出口均大幅下降，并创亚洲金融危机以来新低。香港2001年商品进出口贸易总额为30520亿港元，比2000年下降5.6%，跌幅仅次于亚洲金融危机的1998年。其中出口14810亿港元，下降5.8%；进口15682亿港元，下降5.4%。

转口贸易下降明显。香港的整体出口由转口和港产品出口两部分组成。转口贸易主要是将中国内地商品转口至其他国家和地区以及将其他国家和地区的商品转入内地。由于外部市场环境较差，2001年香港转口贸易下降明显。全年转口贸易总额为13275亿港元，比2000年下降4.6%。但转口贸易总额占香港整体出口额的比重却有所上升，由2000年的88.5%上升到2001年的89.6%。

港产品出口再次下跌 。2000年香港本地产品出口扭转了自1996年以来的下滑局面，实现了6.1%的增长，但2001年再次呈现负增长，全年出口额为1535亿港元，同比下降15.2%，下降幅度高于整体出口降幅9.4个百分点。

港产品出口大幅度减少，有外部市场原因也有港产品自身的原因。港产品的出口结构主要以劳动密集型的纺织成衣、轻工和电子电器产品为主。由于出口产品的品种和科技含量与内地及东南亚国家产品雷同，而出口成本高于上述国家和地区，因此，港产品的出口竞争力受到一定影响。

内地依然保持香港最大的贸易伙伴地位。在出口地区结构方面，内地再次成为港产品出口的最大市场（占32%），稍稍领先于美国(31%)。其它主要市场的比率则大为落后，包括英国（6%）、德国（4%）、台湾（3%）和日本（3%）。此外，香港近年也开拓其他出口市场，如中东、东欧、拉丁美洲和非洲等地。2001年香港对内地出口5461亿港元，微增0.6%，增幅比上年回落了20.2个百分点；对日本出口876亿港元，增长0.5%。香港对美国、英国、德国、新加坡、韩国和台湾的出口分别下降了9.8%、12.2%、13.9%、9.4%、19.5%和11.1%。

在进口地区结构方面，内地也是香港最大的市场，占进口总值的43.5%，其他主要供应地依次为日本、台湾、美国、韩国和新加坡，分别占11.3%、6.9%、6.7%、4.5%和4.6%。

无形贸易轻微增长。2001年，香港的无形贸易表现良好，服务输出和服务输入均保持增长，但增长幅度明显放缓。服务输出总额3358亿港元，同比增长3.5%，低于2000年14.1%的增长幅度。服务输入总额1789亿港元，同比增长0.1%，也低于2000年2.1%的增长幅度。

(四)房地产市场。长期以来，房地产业一直是香港的支柱产业。2001年，香港房地产虽然价格仍在下跌，但成交量已经开始明显回升，整个市场在低位出现了一定的购买欲望。据统计，全年房地产成交量为88190宗，比2000年增长2.9%，但因为价格下降，成交额仅有1928亿港元，比2000年下跌13.4%。

土地市场方面：受经济及市场环境不佳影响，政府和各地产发展商都对物业前景持审慎态度，相应各项卖地指标均较2000年大幅萎缩。政府合计批地14幅，均位于新界和九龙地区，总面积8.78公顷，总成交价为30.2亿港元。在土地二级市场，土地成交合约总计为1419宗，成交金额167.19亿港元，分别比上年增加1.6%和减少18.4%，反映地价下调趋势持续，但低位有相当承接力，因而交投渐稳。

楼宇供应方面：2001年与2000年相比，私人住宅楼宇建成量减少1.8%至26262个单位，写字楼建成量减少20%至76200平方米，新落成的传统分层工厂大厦面积增长63%至30400平方米，新落成的工贸大厦面积大幅缩减61%为14400平方米。最为突出的是私人货仓：2000年仅落成6300平方米，2001年则出现未有任何落成量的历史记录。

房地产买卖市场方面：2001年，无论是住宅、写字楼、商铺还是厂房，各类物业的价格均持续下跌，其中写字楼跌幅最大，下降18.9%，住宅跌幅最小，为10.9%。不过，在楼价连年下跌，政府减少卖地、调整公屋和居屋政策，以及年内银行11次降息等多种因素刺激下，有意置业人士入市购屋的意愿有所增强，成交渐趋活跃。住宅、写字楼、商铺交投量都比2000年有一定增加，是1997年以来的首次上升。

(五)旅游业。在香港经济陷入衰退的困境下，香港旅游业逆市而上，再次创造了历史佳绩，成为香港经济中的淡市奇葩。

据香港旅游发展局统计，2001年全年累计访港人数为1373万人次，再次创下访港游客人数的历史新高，比2000年增长5.1%，明显高于世界旅游组织公布的全球旅游业1－1.5%的增幅。更令人鼓舞的是，在持续通缩、百业不景气的形势下，香港旅游业2001年收益较2000年上升4.5%，达634亿港元。与过去相比，2001年的香港旅游业有以下变化：

年底出现"V"型反弹。2001年上半年，虽然外围经济已见转坏，但访港旅客仍取得7.5%的增长，旅游业总收益也上升7.2%。这种状况一直持续到8月份。美国"9·11"事件发生后，香港旅游及酒店业生意大幅滑落，香港政府因此将全年访港旅客下调至零增长。出乎预料的是，虽然9、10月份访港人数下跌，但很快就呈V型反弹，12月份访港旅客为131万人次，创造了月份最高历史记录，增长6.4%。

内地游客大幅上升，人均消费水平升至首位。2001年，内地访港人数再创历史新高，达445万人次，占全部访港旅客的32.4%。内地旅客消费总额达到230亿港元，人均消费升至5169港元，人均消费水平超过美洲旅客97港元，首次成为访港旅客中最高消费群体。

旅游业发展结构不平衡。在旅游市场上，内地访港游客全年增长18%，而日本、美国和英国旅客均出现下滑，台湾及其它地区只有轻微增长。在酒店入住率上，2001年全年酒店平均入住率为79%，比2000年下降4个百分点。其中，由于商务和长途市场旅客大幅减少，甲级高价酒店入住率仅为74%，下降8个百分点。

2001年，香港旅游业之所以能在十分不利的世界经济形势下取得较好的成绩，主要有以下原因：

内地经济和旅游业持续向好。据世界旅游组织公布的数字，2001年，世界出境旅游人数下降1.3%。但是中国旅游业在2001年旅游总收入为4995亿元，比上年增长10.5%。国内游人数达7.84亿人次，增长5.3%。入境人数达8901万人次，增长6.7%；出境人数达1213万人次，增长15.8%。出入境旅客增长幅度均列全球第一。

内地和香港实施一系列有利"香港游"的措施。一是内地于2001年9月放宽内地居民来港旅游的配额，由每日的1500人增加至2000人，同时还大量增加内地开展"香港游"的旅行社。与此香港也增加接待"香港游"的旅行社，并大大简化出入境手续。二是从2001年12月1日起，特区政府延长了罗湖、黄岗口通关时间，以利更多人员过关。三是从2001年12月1日起，内地放宽了赴港商务签注有效限期，最长可至三年，方便商务人员到香港办理公务。四是广东省扩大了商务签证范围，对达到一定纳税或创汇条件并在地市级以上出入境管理部门备案的企业人员，发给有效期限三个月以上、一年以下的赴港商务签注。对未达到一定纳税或创汇条件，又确需到港澳从事商务活动的，发给有效期限为三个月以下的赴港澳商务签注。

香港特区政府也加强了旅游推广工作。为了进一步发展旅游业，香港特区政府于2001年4月将香港旅游协会改为香港旅游发展局，使其统筹香港旅游业的功能得到进一步加强。香港旅游发展局成立以后，在香港主要客源地开展了多种行之有效的推广活动，尤其是加强了在中国内地的旅游市场推广，取得了很好的效果。

（六）**零售业**。香港零售市场在2001年经历了两个明显不同的阶段：上半年零售量平衡增长，下半年则明显下降，与经济环境的变化相吻合。

2001年全年零售额为1844亿港元，比2000年下降1.2%；零售量上升1.2%，但远低于2000年8.3%的升幅。总体来看，2001年香港零售业呈现以下一些特点。

总零售量上半年稳步回升，下半年持续下跌。2000年香港经济的强劲恢复给市场带来一定憧憬，加之2001年头两季就业不足率轻微下跌，工资温和上升，利率下调，家庭实际收入增加，使得消费信心得到一定程度恢复，消费开支增长。在这些因素的支持下，香港零售业的恢复状态总体上持续到2001年6月底。进入2001年下半年，外围经济环境的恶化使香港的经济形势发生逆转，零售市场深受影响。接近年底，劳工市场进一步趋紧，减薪冻薪、裁员的气氛笼罩全城，市场消费信心下降，零售市场受到进一步抑制。

与2000年同期比较，零售量第一季度上升2.5%，第二季度上升4.9%。经季节性调整，与上季度比较，第一季度上升4.1%，第二季度再增长2.3%。与上年同期比较，总零售量第三季度增幅仅有0.5%，第四季度下降2.9%。经季节性调整，与上季度比较，第三季度下降5.9%，第四季度下降2.8%。

零售价格持续下跌。2001年综合消费物价指数比上年下跌1.6%，香港连续3年出现通缩。

内地游客继续成为支撑零售业的一支重要力量。2001年，内地访港游客人均消费5169港元，占访港旅客消费者首位，比次位的美国游客多97港元。

同业竞争激烈，业内继续"洗牌"。2001年新年伊始，日本崇光破产，香港铜锣湾商业标志崇光百货（SOGO）易主，华人置业和新世界发展联手以35.3亿港元购入崇光物业、品牌和18年经营权。2001年3月，永安百货尖沙咀分店停业；由潘迪生创建的首个数码商场"迪生数码世界"也裁员五成。

虽然业内竞争激烈，兼并、重组不断，香港零售店铺仍有增加。截至2001年6月，香港有零售店铺59287家，比上年同期增加3452家；就业人数22.8万人，较上年同期增加1.7万人。香港仍是名副其实的"购物天堂"。

（七）**航运业**。2001年，全球经济及进出口贸易活动减少，运力需求减弱。全球航运的三大船型市场集装箱船、干散货船及油轮运输在租金和运费水平上均出现大幅度的下滑，香港交通运输业不可避免地受到影响。但由于受到内地经济强劲增长的支持，香港的航运业未出现大幅滑落。

港口货物吞吐量保持一定增长。2001年，香港的港口货物吞吐量（包括海运和河运），在大部分月份均取得一定程度的增长。全年港口货物吞吐量为17820万吨，增长2%。其中，抵港货物有11050万吨，上升3%；离港货物保持2000年的水平，达6770万吨。

集装箱吞吐量虽有下降，但仍保持世界首位。2001年全年集装箱吞吐量为1790万个标准箱，比2000年下降1%，是近十年来的首次负增长，但与位居第二位的新加坡下降9%相比，跌幅要小的多，总吞吐量仍居世界首位。

河运发展迅速。据香港港口及航运局调查，2001年，香港全年河运货物总量达4750万吨，上升9%。香港河运发展迅速与内地厂家使用内河船舶运送货物的方式越来越流行有较大关系。

全球经济衰退对香港空运影响严重。根据香港航空货站的统计，2001年，香港航空货运量总额为159万吨，较2000年下降9%。其中，出口及进口货运量分别下挫10.5%及9%，达79万吨及58万吨。中转货运量跌幅相对较小，全年中转货运量为22万吨，同比下跌3.4%。航空客运量为2300万人次，跌幅则高达28.3%。

香港特区政府积极推动物流业发展。2001年10月，董建华先生发表施政报告，提出香港发展物流业的战略目标，阐明香港要成为"供应链基地"及"发展成为连结内地与世界市场的物流业枢纽"。为此，特区政府成立了两个新机构，一个是由财政司司长担任主席的物流发展督导委员会，另一个则是物流发展局。在政府的大力推动下，香港的各行业，特别是交通运输业为了迎合香港经济的转型，通过协同合作和整合等方式，成立了不少新的物流服务公司，与其它地区和国家联合举办了大型的物流发展研讨活动，积极探讨和引进国际先进的物流技术和管理理念，为物流业的发展揭开了新的一页。

此外，为了增加香港作为国际物流枢纽的竞争力，香港特区政府不断在海事政策上作出配合。例如，于2001年5月精简船舶注册的程序，修订《商船(注册)条例方案》及《商船(注册)(费用及收费)规例》，缩短临时注册所须的时间，调低临时注册船只的吨位费用，藉以吸引更多船东在香港注册。2001年，香港新增注册船舶约400万吨，全年注册船舶约1400万吨，继续保持全球第六大注册船队地位。

2001年，尽管香港经济面临前所未有的困难局面，但香港的各种优势和强大竞争力依然存在。香港是国际公认最自由开放的经济体系。这里有健全的法制、公平的竞争环境、严谨的市场监管制度、开放的外汇体制、灵通的信息、廉洁的政府、稳健的财政和简单的税制。香港的生活方式和社会文化气氛丰富多采，能令来自各地的企业以及经营和管理人才有宾至如归的感觉。在基础设施方面，香港已达到世界一流水准。航空货运吞吐量居于世界前列；港口处理的货柜数量连续多年稳占全球第一位；最先进的电讯网络与世界每个角落连结。这些硬件与软件的结合，创造了优越的营商环境，深受海内外企业欢迎。

香港背靠祖国内地，连接世界各地，独具令人羡慕的地理优势。中国加入世界贸易组织，北京又成功获得2008年奥运会的主办权，这些都显示中国的国际地位不断提升，社会大局安定，经济将持续发展。"一国两制"方针既使香港可以得到国家支持，又可以充分发挥自己的特点。如今全球经济普遍放缓，而中国经济又一枝独秀地持续增长，为香港经济提供了一个极大的发展空间。香港不但有富于创业精神的市民，还汇集了众多具有经营管理经验的人才与专业精英，以及许多国际级的优秀企业，遍及金融、贸易、法律、会计、保险等多个相互关联的行业，形成高效率的营运体系，善于吸纳新知识，也勇于创新。此外，香港还为跨国企业提供良好的服务。2001年，有三千多家海外公司在香港设立地区总部或地区办事处；香港吸纳的外来直接投资，在亚洲仅次于中国内地居第二位，远远超过其它亚洲国家和地区；预期中国入世以后，这种势头会进一步增强，海外和内地的企业都会利用香港作为据点，扩展业务网络。这些行业和领域都有提升和发展的空间，可以带动香港经济走出困境，进入良性发展轨道。

2002年5月，国际货币基金组织发表报告，对香港的经济前景作出正面评估，并赞扬特区政府采取了适当政策，应付周期性经济显著下滑，及与内地经济日渐融合所带来的经济结构性转型这两大挑战。这份报告预计，在2002年下半年全球需求改善带动下，香港全年可望取得的1.5%的经济增长。国际货币基金组织认为，中国加入世界贸易组织后，将与世界其他地区有更紧密的贸易往业，因而令香港受惠。

澳门特别行政区经济发展情况

国务院港澳事务办公室港澳研究所副所长　陈　多

澳门经济在2000年取得4.6%的正增长，终于结束了持续多年的经济衰退步入缓慢复苏进程。2001年澳门面临着外围经济急剧转坏的不利局面，内部也受到通缩持续、失业率高升、出口货值下跌及内需疲弱等负面因素的影响，但整体经济仍获得了2.1%的正增长。以2001年当年价格并按支出法估算的本地生产总值为498亿元(澳门元，下同)，人均本地生产总值为114726元。回归祖国两年来，澳门经济连续出现较佳表现，显示澳门已初步渡过了经济最困难的阶段，开始步入新一轮增长轨道。2002年澳门面临赌权开放及中国加入世贸组织等因素的刺激，经济有望彻底摆脱困境，并实现复苏。澳门特区政府预计全年经济增长可望超过5%以上，达到近10年来的最高增幅。

一、2001年澳门总体经济表现回顾

根据澳门特区政府统计暨普查局公布的资料显示，2001年澳门按不变价格计算的本地生产总值为545亿元，同比增长2.1%，虽然增幅较2000年减少2.5个百分点，但却高于政府年初0.5-1.5%的预测水平。澳门经济放缓的主要因素之一是全球经济的调整。2001年内，美国、欧盟及日本等西方发达国家出现经济衰退，严重影响全球经济的增长，加之美国发生"9·11"恐怖袭击事件，令全球经济雪上加霜，形势更加严峻。外围经济的不景气再加上突发事件的冲击，导致以欧美为主要市场的澳门货物出口受到严重影响，建筑地产业也仍持续低迷。虽然如此，但由于澳门独特的经济结构，以博彩旅游业为龙头的主要产业保持了较快增长，部分弥补了出口下降及建筑地产业下跌所带来的负面影响，使得全年经济在全球性衰退的大背景下仍有不俗表现。

2001年澳门整体经济表现有以下特点：

(一)通缩情况仍然持续，但内部需求有所增加。由于世界经济不景气，货物进口价格继续呈下降趋势。虽然上半年澳门通缩情况在减息的影响下曾一度出现改善，但下半年在粮食及饮品、交通及通讯、租金及住屋开支等价格显著下跌，特别是年末商户减价促销的情况下，通缩再次恶化。截至2001年12月，消费物价指数为95.86，较2001年11月及2000年同期分别下跌0.33%及3.27%。以最近12个月平均指数显示的通缩率为1.99%，较2001年11月份及2000年底增加0.19及0.38个百分点，是连续第6个月跌幅扩大。

另外，2001年澳门私人消费支出实质增长2.8%，其中本地居民在本地市场的消费实质增长1.3%，政府消费支出实质增长1.6%，显示内部需求有所提高。2001年整体零售业销售总额较2000年上升约5%。

(二)失业率仍居高位。根据就业调查资料显示，2001年澳门就业人口总数为20.28万人，较2000年同期增加0.75万人；失业人口总数为1.39万人，比2000年同期减少0.03万人；新输入外地劳工0.75万人，使2001年年末在澳外劳总数达到2.59万人。外劳中80%来自中国内地，约60%从事制造行业。2001年10-12月失业率为6.5%，较2000年同期及2000年全年下跌0.1及0.3个百分点。与2000年比较，失业情况稍有好转的行业有制造、酒店饮食、运输、通讯、不动产业务等行业；批发及零售、建筑、金融、社会及个人其他服务业的就业人口比例有所下降；而制造、酒店等行业却出现5500多个职位空缺，反映结构性失业问题仍然比较突出。随着澳门经济表现好转，旅游业持续向好发展，新成立公司数目不断增加，加之政府开放市场及收紧输入外劳政策的实施，失业情况将得以改善。2001年12月至2002年2月失业率已下跌至6.3%，结束了维持多月高达6.5%的局面。虽然失业情况有所改善，但值得注意的是，失业率仍处于较高水平，就业不足率更高达于3.7%，较2001年9-11月上升0.1个百分点，反映澳门失业问题仍然比较严重。

(三)投资状况有所好转。2001年年内，澳门新成立公司883家，注册资本总值超过11亿元，分别较上年增长23.3%及410.7%。其中仅第四季度新成立的公司就有270家，同比上升44.4%，注册资本更是大幅飚升891.3%。2001年年内只有90家公司解散，同比下跌18.9%。

在吸引外资方面，随着《投资居留法》的实施和贸易投资促进局行政效率的提高，提供投资居留的"一站式"服务，投资居留申请个案大为增加。据澳门投资贸易促进局资料显示，2001年申请投资居留个案共1297宗，较2000年大幅增长167.98%，第四季度更创下季度申请个案最高纪录。2001年全年为澳门房地产业引进资金超过10亿元。外商在澳门投资的主要项目有：日本住友公司兴办电子器件生产企业，投资额为1.7亿元；香港商人在路凼新城建设"东方影业城"，总投资超过3亿元；台湾造利科技公司计划投资2.5亿元兴建科技城；重庆中药制药企业成立两家合资制药企业，总投资额达1.5亿元。这对于进一步吸引外资将起到一定的促进作用。

市场的开放也有利于吸引外来投资。澳门特区政府打破传统的专营手段，于2001年8月正式开放电讯市场，导致年内私人部门在机器及设备投资上出现较大的增幅。2002年4月开放赌权后，市场人士预计获批给赌牌的公司未来将为澳门注入数百亿元的资金，不仅将促进博彩业的发展，而且能为旅游等相关行业带来机遇。另外，在开放市场的效应下，外来投资者对澳门经济的前景比较乐观，增强了投资澳门的信心。

(四)政府财政状况良好。2001年政府预算执行情况较为理想，全年财政收入超过98亿元，比预算税收增加1.72%，其中博彩税收入约60亿元；财政支出则约94亿元；期内取得财政盈余超过4亿元。

2001年澳门特区政府财政中用于公共项目的投资额为9亿多元，比2000年增长约10%。主要项目有关闸新边检大楼、水塘行车天桥、友谊大马路行人隧道等。

二、主要支柱行业发展状况

澳门经济从20世纪60年代开始起步，经历了约30年双位数字的高速增长和全面发展，形成了以旅游博彩业、出口加工业、银行保险业和地产建筑业为主要支柱的多元经济结构和有"亚洲第五小龙"之誉的经济规模。但是，由于经济基础薄弱，资源短缺，产业结构比较单一，过分倚重旅游博彩业(产值占澳门GDP的40%左右，专营税收占财政收入的60%左右)，致使整体经济比较脆弱，难以抵御外来因素的冲击。从1993年起，随着外来投机资金的撤离，澳门

房地产业陷入困境，经济增长也逐年放缓，并从1996年起，连续四年出现负增长，给澳门的平稳过渡和顺利回归造成困难。

鉴于澳门经济这种基础不牢、规模不大、缺乏竞争力的实际情况，澳门特区政府力戒好大喜功、急功近利的浮躁思想，坚持“循序渐进”和“固本培元、稳健发展”的原则，扎扎实实地进行经济重建的基础工作，使澳门逐步走出困境，开始复苏，特别是旅游博彩业和出口加工业出现了可喜的增长势头，对2001年全年经济止跌回升起到了至关重要的作用。2001年澳门主要支柱行业表现如下：

（一）旅游博彩业。根据统计资料显示，2001年全年人境旅客总数达1027.9万人次，首次突破千万人次大关，较上年同期增长12.2%，创下历史新高。旅游博彩业快速增长的主要原因是香港、内地、台湾到澳门人数保持了较高速度的增长，上述三地游客共占游客总数的94%（分别为50.6%、29.4%和14.1%），其中内地访澳门游客由于内地开放居民赴澳门旅游名额限制等措施的刺激出现急速增加，增幅高达43.2%，居各客源地之首。

在旅客数目不断上升的情况下，旅客消费也相应增加，这有利于澳门旅游及相关行业的发展。2001年酒店平均入住率为64.2%，较2000年同期上升3.01个百分点，其中三星级酒店的入住率接近78%，高居首位；旅客平均留宿时间为1.30晚，较上年同期增加0.04晚；旅客人均消费为1389元，共为澳门带来142.7亿元消费收益，同比增长14.1%。但各地旅客表现不同，其中香港旅客略有下降，台湾旅客有所增加，内地游客人均消费高达2651元，在内地与港、台三个主要来源地中遥遥领先，也是导致旅客人均消费整体上出现较大升幅的主要原因。

博彩业继续保持较好的发展势头，2001年博彩税收益近60亿元，比2000年增长11%，而博彩总收益较上年增长13.7%。

澳门经济发展龙头——旅游业的振兴，首先得益于社会治安的明显好转，使外来游客对澳门恢复了安全感和信心；其次是回归后澳门中西文化交汇的国际化传统、特色和优势进一步强化和彰显，在固有的旅游资源被充分挖掘、利用的基础上，又开发出一系列新的旅游项目，如国际音乐节、赛车、艺术节及美食节等。再次是澳门特区政府在世界各地对澳门进行了卓有成效的推介工作，开辟出多条新的旅游合作渠道。最后是中央人民政府和内地对澳门旅游业发展的鼎力支持，如中央支持澳门开放航空市场，中国民航总局同意让外国航空公司以澳门为中转站转飞除中国内地、香港和台湾以外的其他地区；如中央政府放宽政策，“允许珠海、中山、深圳、汕头四市暂住人员赴港澳旅游”，“允许经港澳的外国人进入珠江三角洲及汕头旅游实行六天便利签证”等。

（二）对外贸易。2001年，澳门对外贸易面对的形势十分严峻，由于占澳门出口七成以上的欧洲和美国市场的经济放缓及“9·11”事件的影响，对纺织品及成衣的需求减少（而纺织品成衣类占澳门总出口额超过八成），加之美国厂家为求更低廉的营运成本而寻找新供应商，同时澳门本地厂商受取消贸易配额制度、工业转型和外劳政策等因素的影响，出口加工行业发展比较艰难。2001年澳门对外贸易总额为376.4亿元，较2000年下跌2.2%。其中总出口货值为184.7亿元，同比减少9.4%；总进口货值为191.7亿元，同比增长5.9%。在出口跌进口升的情况下，期间对外贸易逆差达到7亿元，进出口比率下降至96.4%。

在本地产品出口方面，2001年总货值为151.3亿元，较2000年下跌11.4%。其中，机器、设备与零件下跌幅度最大，达38.1%；其次是梭织成衣，下跌12.4%；针织成衣下跌7.8%；只有鞋类出口微增0.1%。按出口目的地统计，跌幅最大的依次为，欧盟跌15.0%，台湾跌11.7%，香港跌11.3%，日本跌11.0%，美国跌9.5%，只有对中国内地出口一枝独秀，增幅为4.3%。据2001年第四季度工业出口状况调查结果显示，被访厂商的手头订单月平均数较2000年同期下跌2.3%，为3.84月。

在再出口方面，2001年再出口货值与2000年变化不大，微增0.01%，占总出口值的18.1%。内地及香港仍是澳门再出口的主要市场，分别占再出口货值的71.8%和19.1%；其中输往内地的再出口货值增加16.1%，而输往香港的则下跌13.5%。在再出口货物种类中，占再出口货值79.4%的原料及半制成品增长了17.1%，部分抵消了因资本货物、燃料及润滑油再出口大幅下跌带来的负面影响。

在进口方面，由于澳门整体经济好转，内部需求开始复苏，2001年进口总值达191.7亿元，比上年增加5.91%。其中消费品、资本货物、燃料及润滑油均有较大增幅，分别为18.4%、25.3%和9.5%，但占进口总值近一半的原料及半制成品出现了5.7%的跌幅，致使总体进口增加不多。这种现象表明，随着澳门经济结构转型，制造业进一步趋于萎缩，但经济复苏使得内部消费品及资本货物的需求开始增多。在各进口来源地中，占进口总值40%以上的内地增加了9.5%，来自欧盟的进口增幅为38.5%，而来自台湾的货物则大幅下跌了25.6%，美国、日本和香港也出现了不同程度的下跌。

（三）金融保险业。银行业总体发展平稳，银行存款增加，贷款下降。至2001年12月底，银行存款总余额为1154亿元，比2000年底增长7%；贷款总余额为494亿元，比2000年底下降2.8%。贷存比为44.7%，下跌4.5个百分点。银行业存在的主要问题是，由于本地投资和消费意欲始终未有显著增加，贷款需求仍然不振，资金出路不多；此外企业经营状况一直未有明显好转，尤其中资企业普遍存在负债率高，银行不良贷款比率居高不下，在一定程度上拖累了银行业的发展；加之受美国11次下调利率的影响，年内利差进一步缩小，银行盈利能力难以进一步提高。自2001年7月香港全面撤销利率协议和澳门银行公会宣布取消议息机制后，银行在吸存方面采取了一定的灵活措施，调整银行资金成本和存款结构，但在贷款需求不振，息差收窄，资金出路狭窄的情况下，银行的经营成本上升，影响了银行的盈利能力。2001年银行业总体税前盈利为7.03亿元，较2000年同期大幅减少9.29%。此外，银行资产质量虽然有所改善，但与合理水平仍存在较大的差距。

外汇储备增长较快。至2001年12月底，外汇储备总额为281.6亿元，同比增长14.2%，回报率较2000年同期增长5.7%，澳门特区储备基金也增长至108.3亿元。

保险市场发展稳中有升。2001年保费总收入为12.85亿元，同比增长16.5%，其中人寿保险保费收入为9.26亿元，同比增长22.7%；非人寿险保费收入为3.59亿元，同比增长3.2%。保费收入结构为人寿保险占72.0%，非人寿险占28.0%。澳门保险业受"9·11"事件的负面影响目前还不明显。

（四）地产建筑业。澳门房地产市场自1993年下半年起开始调整步入下滑，1996年曾一度轻微反弹，之后又因1997年金融风暴一蹶不振。据估计，从高峰时算起，几年来楼价已平均下跌一半，后入市者损失惨重。楼市不振造成大量楼宇单位空置，一般估计高达5至6万个单位，其中住宅楼宇的空置单位约在4万个左右，积压资金累计上千亿元。这是振兴澳门房地产业的一个沉重包袱，也是实现澳门经济完全复苏的巨大障碍。

进入2001年，由于楼价连续下调、银行多次调低按揭利率（已为历史最低水平），加上政府的补贴政策等措施，一定程序刺激了房地产业的复苏，投放于楼市的资金有所增加。年内，房地产市场的发展逐渐出现起色，楼宇成交量比上年大幅增加，2001年楼宇买卖订立契约27016份，是2000年的1.65倍，其中住宅、商业及写字楼分别同比增长78.9%和2.15倍，涉及金额146亿元，同比增长154%左右。建成的私人楼宇单位2622个，较2000年减少524个，但总建筑面积却达到40.43万平方米，同比增长9.18%，这主要是新建成的商业及写字楼单位比2000年同期大幅增加了1.19倍。

澳门回归祖国以来，澳门特区政府虽未推出直接救市措施，但在改善房地产市场供求方面做了大量的工作，也取得了明显效果。如政府提出"采取平衡土地供应，吸引投资移民等措施"，明确通过市场机制而非行政干预实现市道的自动调节。政府所采取的控制土地供应、简化投资居民居留手续、加快物业登记程序、修改《印花税规章》将物业转移税统一为印花税等措施，均为房地产业的发展创造了良好的条件。

（五）航空客货运输。2001年澳门国际机场客运量达到380万人次，比2000年增长17.4%；货运量达到7.6万吨，增长11.74%；航机升降次数为28692架次，增长13.29%。澳门机场航线网络覆盖27个城市，其中15个为内地城市；有15家航空公司经营澳门航线，其中内地8家。

空运旅客以台湾为主，占62%；货运总量为76070吨，比2000年增长11.8%，其中进口、出口和转口分别为1.86万吨、3.83万吨和1.92万吨，比2000年增长了15.2%、8.0%和16.8%，货物以来自内地和台湾居多，其中内地再转口货物增长较快且增长潜力较大。这说明澳门机场在加强两岸人员、经贸联系中，发挥了独特的作用。

（六）零售业。2001年整体零售业销售总额为48.33亿元，较2000年增长5.2%，其中车辆销售增加28.4%，成人服装销售增加20.1%，钟表、金饰销售增加7.5%，超级市场销售增加5.9%，而百货及车辆用燃料的销售平稳或略有下跌，显示澳门居民的消费有所提升。

三、2002年澳门经济发展展望

（一）澳门经济发展面对的外部环境

2002年，全球经济受"9·11"恐怖袭击事件的负面影响在逐步浮现，上半年美国经济进一步疲弱，日本经济继续恶化，香港经济也面临较大的困难，亚太地区外部宏观经济环境十分严峻，全球经济陷入调整，这些都对澳门经济复苏产生不利的影响。

但是，国际货币基金组织在2002年2月出版的《世界经济展望》报告中指出，全球经济放缓已经到达底部，一些国家开始步入复苏。2002年全球经济增长预测将由2.4%上调到2.8%，美国和欧盟的增长预测分别由0.7%和1.3%调升至2.3%和1.5%；同时，还将原来对世界整体贸易量（货物及服务）的增长预测由2.2%调升到2.5%。具体地说，美国经过2001年第三季度经济下滑后，情况已得到明显改善，2002年上半年经济增幅可观，对外贸易也已相对好转。欧盟经济复苏程度虽不及美国，但个人消费和企业投资已开始有所改善，将带动内部需求和资本性投资进一步复苏。在亚洲，2002年上半年随着外围环境改善，经济表现普遍好转。日本因出口及消费开支表现理想使经济跌幅放缓，但企业资本开支疲弱又阻碍了经济的进一步发展；韩国由于政府降息减税，刺激了本地消费，经济开始出现转机；香港、新加坡以及台湾在度过了2001年的衰退后，随着外围形势好转也走上复苏之路。总之，2002年世界经济环境对澳门来说要好于上年。

至于对澳门经济影响最大的中国内地，入世效应、西部大开发取得重要进展、内地继续保持国民经济持续快速发展以及居民出境游政策的放宽等，将为澳门经济发展注入新的动力。2002年上半年，国民经济继续保持强劲增幅，较2001年同期上升7.8%，对外贸易也走出困境，取得可观的增长。预期中国经济仍将保持快速增长，继续成为澳门经济的强大后盾，对未来澳门经济发展起到重要推动作用。

（二）内部的有利条件与不利因素

澳门特区行政长官何厚铧在2001年底发表了任内第3份施政报告，明确了澳门"以博彩旅游业为龙头，以服务业为主体，其他行业协调发展"的产业结构定位，博彩旅游业成为澳门经济发展的主要命脉。预期在赌权开放的环境下，加之外围经济开始好转，澳门经济将继续向好的方向发展，逐步走向复苏。

赌权开放将对澳门社会经济产生深远影响。2002年2月8日，澳门特区政府正式公布了娱乐场幸运博彩经营权的竞投结果，最终选择了3家在国际上拥有丰富博彩旅游经验的知名财团——澳门博彩股份有限公司、澳门永利度假村股份有限公司和银河娱乐场股份有限公司。中标后,3家公司均作出承诺：澳博在未来3-5年内将斥资47.5亿元兴建酒店、渔人码头及重整内港旧城区;永利与银河都来自美国的拉斯维加斯,前者承诺在澳门将投资40亿元,后者则计划以88亿元巨资在澳门兴建集会议展览中心、赌场及酒店于一身的大型度假村。从近期看，博彩专营权的放开，至少将为澳门注入60至70亿元资金，相当于2001年GDP的10%以上，不仅将促进澳门博彩业的发展，而且能为旅游等相关行业带来机遇。从长远看，虽然预期新博彩业经营者最快要两年时间才能把投资资金全部到位，但期间对澳门建筑业、房地产业、酒店业等均带来正面的影响，为澳门整体经济发展注入新的动力。博彩业开放将成为今后拉动澳门经济增长的主要动力。3个赌牌的竞投已吸引了全球博彩集团的关注和参与，预期未来几年内上述3家公司近200亿元的资金陆续注入，将带动澳门酒店、餐饮、零售、房地产、金融等行业的兴旺发展,使澳门经济进入一个新的发展阶段。

政府政策措施将继续推动经济发展。澳门特区政府除了以开放电讯市场和博彩业等来吸引外来投资外,还陆续推出“中小企业信贷融资担保计划”及继续为中小企业提供有效的培训,对中小企业未来的发展有正面的影响。此外,根据何厚铧特首的施政报告,2002年将投资16亿元用作基建项目,将有利于推动内需增长,并通过有效需求的形成进一步改善就业情况。2002年,澳门特区政府投资将主要用于公共项目的基建投资和2005年东亚运动会的前期准备,包括兴建第三座澳凼大桥,多个体育场馆,路凼新城发展物流中心,内港重建以及建设交通网络工程等。随着营商环境的进一步改善,私人大型投资也会有较大发展。这将有力地拉动澳门内需,创造新的就业机会,促进经济发展。

除了上述有利条件外,澳门经济仍要面对一些困难：

中国加入世贸组织对澳门角色的影响。中国加入世贸组织后,对澳门经济发展既有促进,也有压力,澳门传统的中介地位将受到影响，内地巨大的生产能力将成为澳门生产及转口的强有力的竞争对手。

纺织品配额待遇正在逐步取消。自2002年起,澳门纺织品及成衣配额的取消进入第三阶段，将在3年内再取消18%的配额，并自2005年起正式取消所有配额，这对原已陷入困境的制造业进一步增加了压力。

失业情况改善缓慢。目前本地失业率居高不下，虽然政府在年内为解决工人就业创造了很多机会，包括公共基建将创造6000个职位，但由于这些工程并非即时全面展开，加之2002年上半年外围经济仍然不十分明朗，失业问题难以在短期内得到明显改善，相信要到下半年以后才会好转。

内部需求难以显著增强。在利率偏低以及预期2002年投资将有所增加的情况下,内部需求将会受到一定的刺激,但由于失业率较高，通缩持续以及市民北上消费的情况仍然相当普遍，将抵消部分利好因素的影响，预期2002年内部需求将会增加,但增幅不会太明显。

(三)2002年澳门经济增长预测

综上所述,在外围经济环境初步明朗及内部需求有所增加的情况下,2002年澳门经济形势大为好转。内地因素和博彩业开放将是经济增长的主要动力,如果国际经济形势能够进一步改善,澳门经济则有望彻底走出困境,达到近10年来最好的经济增长水平。各主要支柱行业的发展趋势是：

1. 出口加工业略有好转。由于澳门出口产品有80%是输往欧美，受欧美经济不景气的影响，一般认为2002年出口贸易还会继续下滑。据澳门特区政府问卷调查，预计2002年上半年出口产品数量和单价下跌幅度在15%左右。但美国在第一季度摆脱衰退后需求明显反弹，欧元区的经济也在缓慢复苏,因此,虽然第一季度澳门货物出口总值未能扭转跌势,继续下跌了0.4%,但下滑幅度已明显收窄，其中针织成衣及其他纺织品的出口还出现明显增幅。另一方面,进口货值跌幅也放缓至2.0%,其中原料及半制成品的进口持续下跌，消费品进口保持增长。有形贸易逆差也减至5.92亿元,而上年同期为6.97亿元。另一方面,中国加入世贸组织虽然对澳门转口可能构成打击，但短期影响不会太大，而澳门与周边地区更紧密经贸关系的发展也对澳门出口有利。总之，形势在向好的方面发展，预期2002年澳门出口将会有轻微的增长。但总体而言，随着纺织品配额逐步取消及工业转型步履维艰，澳门出口加工业的优势正逐渐丧失,目前出口加工业对澳门GDP的影响已低于10%

2. 旅游博彩业继续维持良好的发展。目前香港、台湾和内地游客共占来澳门游客总数的90%以上。2002年,澳门博彩业开放，内地经济持续良好发展及内地放宽居民来澳门旅游以及允许在澳门办理内地居民入台签证等，都将使澳门旅游市场有一个较大的发展空间。旅游业作为澳门的支柱产业,近年来澳门特区政府和民间团体通力合作,推动旅游业的发展：旅游塔等标志性景点的落成，妈祖文化节、大赛车、美食节等一系列活动的举办和推广，加之政府将继续投入大量资源推动旅游配套设施建设，都有利于吸引更多旅客来澳门,延长游客逗留时间,并相应带动相关行业。预计2002年来澳门旅客数量将继续有一成以上的增幅。赌权开放虽然短期内对博彩业的影响不太明显，但长远有助于博彩业的发展。2002年第一季度统计资料显示,前三个月来澳门旅客人数为267.3万人次,较2001年同期增长9.0%,继续保持强劲的升势。其中来自内地、香港及台湾的旅客数目均有不同程度的增加，内地旅客数目同比增长高达33.7%,是旅游业增长的主要动力。与此同时,旅游博彩业的其他方面也取得理想的成果：酒店留宿住客增加 13.7%，带动酒店入住率攀升 6.4 个百分点，至 62.0%。整体旅客人均消费继续上升 2.7%，其中以饮食及住宿为主的非购物消费上升 9.6%，而购物消费则出现 5.4%的跌幅。另外，博彩总收益(连赏钱)增加 14.4%。

3. *房地产业较上年略为好转*。房地产业是澳门四大经济支柱之一，从上世纪 80 年代至 90 年代初更是本地经济得以高速发展的主要推动力量。自 1993 年起，由于楼市供求严重失衡以及资金大量抽离等原因，澳门房地产市场陷入了数十年来时间最长和最为艰苦的一次调整。资产价格下滑和资金大量积压，成为近年来本地经济发展的主要制约因素，也对银行业带来了重大冲击。澳门特区成立后，澳门经济取得恢复性增长，投资和消费信心逐步增强，为楼市发展带来一些刺激，中区商铺和新楼盘交易转趋活跃。目前澳门房地产市场受惠于利率走势以及楼宇按揭 4 厘利息补贴计划，主要由自住买家所带动，而《印花税规章》的实施及投资居留政策也对房地产市场起到积极的作用。总的来说，2002 年房地产业在赌权开放以及政府政策扶持下，将较上年略为好转，但要扭转供过于求的情况仍需一段较长的时间。房地产业因博彩开放而出现新的转机，新口岸、路环和氹仔等地的房地产，将成为发展博彩业的选址目标，这将在一定程度上刺激房地产业的复苏。但由于多年积压了过多楼宇，已形成严重供过于求的局面，因而房地产业不可能很快走出困境。

4. *金融业较整体经济的改善可能有所不及*。在澳门经济疲弱的情况下，银行业务的竞争日趋激烈。除了价格竞争外，业务创新是今后银行发展的重要方向，推动银行今后在存放款业务、非利息收入业务，综合理财服务和电子银行服务等方面作出创新。中国加入世贸组织，对外开放金融市场和西部大开发，将为澳门银行保险业在融资等金融服务方面带来商机；赌权开放将为澳门带来庞大的投资，给银行业提供一定的融资需求；而“中小企业信贷融资担保计划”的实施将增加中小企业对银行融资的需求，为银行发展中小企业信贷业务提供新的机遇；澳门与珠江三角洲地区银行监管机构联系机制的建立，将有利于澳门银行保险业拓展其业务范围。在这些有利因素的推动下，澳门金融业整体状况有望好转，但较整体经济的改善可能有所不及。

5. *航空业有较多发展机遇*。澳门特区政府坚持开放天空的政策，尽力完善民航事业的基础设施和网络，鼓励更多航空公司使用澳门国际机场，签定新航约、增辟新航线，进而发展物流业的努力已初步取得成效。2002 年第一季度澳门航空货运量较 2001 年同期大幅增长 40%，显示发展潜力巨大。两岸虽然都已成为世贸成员，但全面“三通”不会在短期内实现，澳门将继续发挥两岸人流、物流的桥梁作用。

台湾经济发展及内外投资情况

中国社会科学院台湾研究所研究员　张冠华

2001 年，台湾经济经历了战后以来的首次大幅衰退，台湾各项重要经济指标均受重挫，民间投资和吸引外来投资大幅下降，对大陆投资则持续增长。

一、总体经济发展状况

2001 年，在国际经济不景气、台湾政局动荡及产业转型等诸因素影响下，台湾经济陷入战后以来最严重的衰退，各主要经济指标衰退幅度之快、下降幅度之大、持续时间之长，均为历史所罕见。

(一)经济增长急剧衰退

2001 年，台湾经济增长率急剧下降，第一季增长 0.91%，第二季衰退 2.35%，第三季更衰退 4.21%，第四季衰幅稍缓，但仍达 1.87%。2001 年全年经济增长率衰退 1.91%，这是战后五十多年来台湾经济出现的首次负增长。2001 年台湾 GDP 为 2883 亿美元，人均 12941 美元，低于 2000 年 14188 美元水平。

从经济增长需求面看，内需衰退是经济衰退的主因之一。2001 年民间消费增长率仅 1.37%，远低于 2000 年的 4.93%；“政府消费”衰退 1.95%，而 2000 年有 0.55% 增长；民间投资大幅衰退 26.73%，与 2000 年增长 15.74% 形成鲜明对比；总计台湾消费、固定投资及存货变动，台湾需求 2001 年衰退幅度达 4.5%。从外需看，尽管 2001 全年台湾对外进出口贸易双双呈现大幅衰退，但由于出口衰退幅度小于进口衰退幅度，台湾外部净需求对经济增长的贡献反而是正值，贡献近 2.6 个百分点。

从产业面观察，工业的大幅衰退是导致台湾经济增长下滑的主因。2001 全年农业负增长 0.57%；工业负增长 6.03%，其中制造业负增长 6.05%；服务业增长 0.3%。农业、工业、服务业对经济增长的贡献分别为 -0.01、-2.09 和 0.19 个百分点。

从经济景气指标看，景气对策指标从 2000 年 12 月至 2001 年 10 月份连续呈现标志衰退的蓝灯。2001 年 4 月份开始，台湾景气判断综合分值连续 4 个月达到最低点 9 分，创下 1974 年以来采用该项指标的最低点。这套景气指标体系共有 9 项指标，每项指标最低 1 分，最高 5 分；综合分数最低 9 分，最高 45 分。因此这套景气指标在经济加速恶化形势下已经失灵，因为不管景气再怎么坏下去，最低分还是9分。对比战后台湾较严重的景气衰退，1974年台湾在第一次世界石油危机冲击下，1974年经济增长率骤降为1.2%，但1975年即提高为4.9%，其它景气低谷期间台湾经济增长率也在3.5%以上。1980年到1983年台湾景气衰退周期曾长达37个月，但各项产业面及金融面指标衰退情况却远不及此次严重。

在经济恶化及产业转型影响下，台湾失业率迅速增加。2001年1月份，台湾当局公布的失业率仅3.35%，失业人口32.9万人；但到2001年10月份，失业率迅速上升至5.33%，失业人数达52.7万人，创历史新高。全年失业率平均4.57%，大大超过上年2.99%的失业率。

（二）导致经济大幅下挫的主要因素

2001年台湾经济空前衰退，其原因是多方面的，主要包括：

政局动荡及台湾当局施政不力严重影响岛内民众信心。2001年，台湾政局仍陷入持续动荡之中，两岸关系毫无改善迹象，民间信心严重不足，导致了民间消费的疲弱和民间投资的急剧衰退。同时，台湾当局施政能力严重不足，拿不出有效的振兴经济对策与方案。2001年内台湾当局先后召开"经济发展会议"和"经济发展咨询委员会"，并达成多项"结论"和"共识"，但二次会议不是流于造势就是执行不利，并未产生任何实质性效果。此外，台湾当局在2001年度还出台"知识经济发展方案"、"扩大公共投资提振景气方案"（即所谓"8100，台湾启动"计划）、通过"金融六法"、"央行"连续12次大幅降低利率等一系列举措，但成效同样不彰，台湾当局指望以公共投资扩张带动内需的构想基本落空。

台湾经济的空前恶化，与美国经济走缓、国际经济景气低迷也有着密切关系。年内美国、日本、欧盟三大经济体均不同程度地进入经济衰退期，为战后以来所仅见。尤其"9.11"事件对世界经济进一步造成重创，世界经济复苏的步伐大大推迟。国际经济的不景气，使台湾产品出口尤其是电子产品出口大幅下挫，同时美国纳斯达克指数的不断跌落，对台湾股市也产生了较大的冲击。

台湾经济步入新的转型期，加剧了经济恶化程度。台湾工业结构过度集中于信息电子产业，而信息电子产业又结构单一，出口集中度较高，在国际经济不景气冲击下首当其冲。同时，随着国际跨国公司实施供应链管理，以及90年代中期低价电脑的兴起，国际IT产业链条的制造环节迅速向大陆等低生产成本和市场潜力大的地区延伸，台湾IT产业在90年代建立起的制造与代工优势正逐渐削弱，以电子行业为支撑的工业投资报酬率日益降低，电子产业正开始掀起新的外移潮。与此同时，岛内新兴的龙头产业又尚未形成，使台湾产业将面临又一次转型和升级的沉重压力。

二、对外贸易

2001年台湾出口1229亿美元，衰退17.1%；进口1072亿美元，衰退23.4%，双双都创下历史最大跌幅。贸易总额2301亿美元，甚至低于1997年水平。

从贸易地区看，除对祖国大陆外，台湾对各主要出口国家和地区均出现大幅度衰退，其中对美、日、欧衰退幅度均在20%左右。2001年前三大出口地区分别为美国（276.7亿美元，占总出口比重22.5%）、香港（269.7亿美元，占21.9%）和欧洲（198.1亿美元，占16.1%）；前三大进口地区分别为日本（258.5亿美元，占24.1%）、美国（182.3亿美元，占17.0%）和欧洲（149.9亿美元，占14.0%）。

值得注意的是，台湾对欧、美、日等主要国家和地区的出口衰退幅度大大低于这些国家和地区的进口衰退幅度，表明台湾是世界主要贸易国家和地区中衰退幅度最大者。如2001年台湾对美国出口减少20.5%，但美国1－10月进口只减少4.3%；对欧洲出口减少16.5%，但台湾主要出口对象德国、法国及意大利1－10月进口还在增加，英国进口亦只减少0.7%；台湾对日本出口减少23.1%，但日本1－11月进口亦仅减少5.5%；显示台湾出口产品在美、欧、日市场占有率在明显下降。

从进出口产品结构看，在出口方面，2001年农产品3.0亿美元，占出口总额的0.2%，衰退16.8%；农产加工品16.6亿美元，占1.4%，衰退4.9%；工业产品1209.4亿美元，占出口总额98.4%，衰退17.3%，其中包括电子产品、信息产品、机械及精密仪器在内的重化工业产品较2000年减少185.2亿美元，衰退17.5%。在进口方面，资本设备为268.6亿美元，占进口总额的25.0%，衰退31.6%；农工原料704.8亿美元，占65.7%，衰退21.5%；消费品99.0亿美元，占9.2%，衰退9.8%。

三、工农业生产

2001年台湾经济的生产面也出现前所未有的衰退趋势。由于全球尤其是美国高科技产品市场大幅下降，对以电子产业为龙头的台湾工业产生了重要影响；加上台湾传统产业竞争力进一步降低，使得2001年工业生产大幅度滑坡，并呈加速衰退态势。台湾工业生产第一季负增长4.0%，其中制造业负增长4.8%，制造业中又以轻工业衰退最为严重；第二季负增长升高至8.3%，其中制造业为－9.2%；第三季工业负增长率更达10.9%，其中制造业为－11.9%；第四季工业负增长4.9%，其中制造业衰退4.7%。2001年工业生产衰退7.3%，其中制造业为－0.8%。2001年台湾新登记的厂商家数仅3793家，比2000年同期大幅衰退3成以上；关闭和歇业厂家数为5187家，打破上年关厂纪录。

就制造业各产业看，按化学工业、金属机械工业、电子资讯业及民生工业四大类产业划分，化学工业微幅增长0.32%，其中传统皮革制品业大幅衰退23.04%，纸浆及纸制品衰退5.73%，化学材料业增长5.77%，化学制品业衰退9.07%，石油及煤制品业增长9.68%，橡胶制品和塑胶制品业衰退分别在10%左右；金属机械工业大幅衰退

13.05%，其中基本金属工业衰退 8.62%，金融制品业衰退 16.88%，机械设备业衰退 15.71%，运输工具业衰退 15.91%；资讯电子工业衰退 9.56%，其中电子电机业衰退 9.55%，精密机械业衰退 10.25%；民生工业衰退 8.53%，其中纺织业衰退 10.98%，成衣服饰业衰退 22.56%，食品饮料业衰退 0.73%，家具装设品业衰退 31.99%，等等。

若按资本密集度划分，则高、中、低资本密集度产业生产指数 2001 年较 2000 年的变化率分别为 -4.46%、-10.87% 和 -5.83%；若按技术人力密集度划分，则高、中、低技术人力密集度产业的生产指数变化率分别为 -0.2%、-15.6%、-9.6%；若按劳力密集度划分，则高、中、低劳力密集产业的生产指数变化率分别为 -15.3%、-4.14% 和 -3.67%。综合观察，可以发现 2001 年衰退幅度最大的是那些较高劳力密集度和中技术、中资本密集度的产业，这些正是目前台湾的主力工业，直接导致了整个制造业的大幅衰退。据估计，台湾高科技产业的核心半导体产业产值全年大幅衰退 26.4%，这是半导体产业在台湾崛起以来的首次大幅衰退。台湾信息硬件产业产值估计将衰退 9.2%，产值下降为 426.86 亿美元。

2001 年由于台湾接连发生水灾、为应对加入 WTO 扩大休耕范围等种种因素，全年农业生产指数初估较上年下降 2.27%。从各类产业看，农产类因稻米、杂粮、特用作物及蔬菜等减产，生产指数下降 2.23%；林产类因为林业副产品大幅减产，生产指数下降 44.2%；渔产类因远洋及近海渔获量减少，生产指数下降 4.44%；畜产类虽然生猪增产，但其它畜禽及牛乳均减产，生产指数仍小幅下降 0.35%。

四、财政、金融与资本市场

经济恶化对台湾当局本已困窘的财政产生了进一步冲击。从赋税收入看，2001 年赋税收入（包括公卖利益应缴库数）实征净额 1 兆 2,568 亿元，较 2000 年减少 920 亿元新台币（衰退 6.8%），占 2001 年度预算数 94.7%；其中税捐收入 1 兆 2,002 亿元新台币，较 2000 年减少 961 亿元（衰退 7.4%）。在赋税收入减少的同时，台湾当局财政支出则进一步增加。本财政年度（2001 年 1-12 月）"中央政府"收入计 11551 亿元新台币，较 2000 年同期减少 4.9%，占 2001 年岁入预算总数的 83.7%；同期总预算项下累计支出 14226 亿元，较 2000 年同期增加 9.0%，占 2001 年岁出总预算的 90.3%；岁出总额占 GNP（含"台湾省府"）比重达 18.3%，而上一财政年度（从 1999 年 7 月至 2000 年 12 月）为 16.3%，提高 2 个百分点。收支相抵，2001 年"中央政府"财政赤字为 2676 亿元新台币，占岁出比例为 19.2%，占 GNP 比例相应由上财政年度的 1.3% 上升至 3.5%。为弥补巨额赤字，台湾当局不得不大量举债。2001 年度"中央政府"债务余额增长 12%，占 GNP 比例上升至 28.5%，较上财政年度增加 3.2 个百分点。

在金融方面。2001 年台湾当局连续采取降低利率的宽松货币政策，全年 12 次大幅降低利率。"中央银行"重贴现率由 1 月份的 4.625% 大幅降低至年底的 2.125%；担保放款融通利率相应由 5.000% 调降至年底的 2.500%。银行业一个月期存款利率由 1 月份的 4.34% 降至 12 月的 2.13%；一年期存款利率相应由 5.00% 调降至 2.41%，均创历史最低水平。从货币供应额看，与经济活动密切相关的 M1B（通货净额 + 存款货币）日平均金额为 4 兆 4358 亿元新台币，较上年减少 1.05%，为 90 年代以来仅见的负增长。货币供给额 M2（M1B + 准货币）日平均金额 19 兆 2360 亿元新台币，较 2000 年增长 5.79%，增长率亦为 10 年来最低。

台湾银行经营体质日趋恶化。按照官方统计，台湾全体银行的呆坏帐比例在 1998 年亚洲金融风暴后尚不超过 4.36%。自 2000 年下半年台湾经济开始恶化后，岛内银行的呆坏帐比例加速上升，2001 年 9 月底高达 7.79%，年底进一步上升至 8.16%。如果把三个月以上未正常缴纳利息和还本的放款列为呆帐，台湾银行的呆坏帐比例在 9 月底将高达 11.57%。第四季，台湾银行呆坏帐比例有所下降，但官方统计数仍维持 7.48% 的高水平。从呆坏帐金额看，更是由 2000 年底的 7，735 亿元新台币，上升至 9 月底的 11,201 亿元新台币，如果再加应予观察贷款额，9 月底的呆坏帐金额更高达 18,571 亿元新台币。

台湾股市 2001 年继续大幅下挫，连续跌破 5000 点、4000 点，并在"9·11"事件后一度跌破 3500 点，创下近 10 年来新低。2001 年底，台湾股市出现恢复性反弹，股市交易额迭暴巨量，恢复到 5300 点左右。但 2001 年加权股价指数仅为 4907 点，大大低于 2000 年的 7847 点；上市上柜公司股票交易日平均值为 848 亿元新台币，亦大大低于 2000 年的 1292 亿元新台币。汇市也出现巨幅波动，新台币对美元汇率由年初的 1 美元兑 33 元新台币左右，贬值至 8 月份的 34.554 元新台币，2001 年底随着日圆大幅贬值，台币汇率再次重挫，1 美元兑新台币突破 35 元大关。房地产市场也雪上加霜，据 2001 年 6 月份台"内政部"完成的地价评议，与 2000 年相比公告土地现值，总计台湾平均调降 7.93%，这是自 1977 年台湾都市与非都市土地全面实施平均地权以来，首度出现跌幅。

五、民间及重大投资

民间投资意愿衰退。2001 年台湾固定资本形成金额（按当年价格）为 18317 亿元新台币，较上年大幅衰退 19.2%。其中官方投资 4521 亿元新台币，衰退 4.4%；公营事业投资 2341 亿元新台币，增长 2.86%；民间投资 11247 亿元新台币，大幅衰退 26.7%。

从官方重点推动的 2 亿元新台币以上重大投资案看，2001 年共有重大投资案 240 件，金额 6525.22 亿元新台币，件数较上年的 376 件大大减少，但金额较上年的 6253.3 亿元略有增长。从行业来看，2001 年的重大投资案仍主要集中于电力与电子机械器材业，投资额为 3795.6 亿元新台币，占整个重大投资额的58.2%；其次为化学材料业，投资额873.2亿元新台币，占比重13.4%；再次为化学制品业，投资额236亿元新台币，占比重3.6%。传统产业除纺织业投资额为50亿元新台币外，其余行业均为零，传统产业在台湾处于持续萎缩状态。

从重大投资案的平均案件金额观察，过去几年规模均呈上升趋势，从1998年平均一件15.79亿元新台币逐步增加至2000年的37.1亿元，但2001年平均每案投资金额又下滑至16.95亿元，显示2001年重大投资案件规模缩小。以投资金额前二位的电力及电子机械器材业与化学材料业为例，电力及电子机械器材业2001年平均每案投资金额仅14.22亿元，其中又以数亿元的中型电子信息产业投资案为主，而化学材料业的投资金额，主要也是台塑"六轻"的后续投资计划。台官方原预计2001年半导体业会有三至四个12英寸厂的大型投资案，将带动数千亿元新台币的投资金额，但在半导体制造业的龙头之一联电公司宣布投资案推迟以后，其它几家也处于观望状态，反映了在全球不景气及台湾电子信息产业处于新转型期间，厂商尚未找到明确的投资方向。

六、外商对台投资

台湾吸引外资数量也大幅下降。据官方统计，2001年共核准侨外投资金额计51.3亿美元，较2000年大幅减少32.6%；核准投资案件1178件，下降16%。

从投资来源地区看，中美洲英属维京群岛和开曼群岛（占27.23%）、美国（18.33%）、日本（13.35%）、荷兰（10.25%）及欧洲其它地区（5.56%，主要为葡萄牙）分居前5名，合计占2001年核准侨外投资总额的74.72%。

外商对台投资的前5大产业分别为：金融保险业，投资件数为119件，金额14.7亿美元，衰退32.4%，占外商在台投资总额的28.75%，居第一位；电子电器制造业共165件，金额10.6亿美元，衰退3.41%，占外商投资金额的20.58%，居第二位；批发零售业件数458件，投资金额7.9亿美元，衰退20.2%，占外商投资额的15.41%，居第三位；一般服务投资件数为199件，投资额6.6亿美元，衰退37%，占外商投资额的13%，居第四位；化学品制造业投资共15件，投资额1.4亿美元，衰退6.9%，占外商投资额的2.65%，居第五位。前五大外商投资行业，合计约占2001年核准侨外投资总额的80.3%。

七、台商对海外投资

在海外投资方面，因全球经济表现不佳，台湾对外投资规模较上年减少，2001年核准对大陆以外地区投资金额为43.9亿美元，下降13.50%。从对外投资地区看，英属维京群岛及开曼群岛（38.56%）、美国（24.88%）、美洲其它地区（9.57%，主要为百慕达地区）、新加坡（8.61%）及加拿大（5.67%）居前五名，合计约占核准对外投资总额的87.29%；从投资行业看，以金融保险业（37.52%，主要为投资控股公司）、电子电器产品制造业（33.04%）、服务业（8.42%）、批发零售业（3.57%）及运输业（3.30%）分居前五名，合计约占本期核准对外投资总额的85.85%。

总体分析，台湾企业对外投资仍以金融保险业（以控股投资为主）及电子电器业为主，合计比重超过70%。然而，受到美国NASDAQ指数重挫，通过在英属中美洲、百慕达等地设立控股公司再转赴美国挂牌上市的投资案大幅度下降，使得金融保险业金额较上年减少了44.31%。同时，电子电器业厂商却加快对外投资步伐，其中包括联电等多件大型投资案，使电子电器业对外投资金额增长率高达126.59%。可以看出，在台湾投资环境恶化及电子产业面临新的转型形势下，企业正加快资本的外移速度。

根据台湾"经济部"在2001年度7－10月份的抽样调查，台商在海外投资近年来呈现出以下几方面特点：

1. 在地区布局上越来越集中于祖国大陆。1999年台商投资大陆比例占海外总投资的比例为69%，2000年和2001年均超过七成，呈逐渐增加趋势。对东南亚的投资，则因受前些年金融风暴的影响、当地政经局势不稳，台商投资逐渐冷却。台商对美国投资近二年约占海外投资的18%左右，开拓美国市场和就近取得技术，仍为近来台湾厂商对美投资的主要方向目的之一。

2. 投资行业越来越集中于电子产业。从行业比重看，台商海外投资以电子电机业者占三成二比重最高；其次分别是金属制品业和塑料制品业者，各约占一成二。从各主要投资地区看，除在越南投资于纺织业及印度尼西亚投资于金属制品业较多外，其它地区以投资于电子电机业占多数，其中投资美国的台商有五成四集中于电子电机业。

3. 海外投资的主要技术来源仍集中在台湾。从调查看，台商的海外投资事业的技术来源，88%由台湾母公司提供，21%由海外子公司自行研发，但海外自行研发的比例逐步升高。

4. 海外事业营业额成长表现较台湾事业为佳，但获利能力仍逊于台湾本地。2000年海外事业营业额较1999年增加者占五成四，高于台湾本地事业四成九，与90年代中后期比较，对外投资厂商的海外事业营业额增长率在逐年增加，但从获利能力看，2000年台湾本地事业有盈余者占52%，高于海外事业的42%，同时亏损的比重海外也高于台湾本地。

5. 海外事业生产投入的原料、零组件与半成品供给越来越当地化。据调查统计，2000年及1999年海外事业原料及零组件或半成品由台湾提供所占的比率，增加的厂商比重明显低于减少的厂商；而由当地台商及当地非台商提供的比重则明显增加。表明台商在海外事业发展趋稳后，对外投资产生的贸易效果逐渐减弱，转而有效地运用当地资源。

6. 台商海外投资与台湾本地产品关系，水平分工明显高于垂直分工。台商海外事业产品与台湾产品的关系，属于"两地事业均生产成品、产品相同、但台湾产品较高级"的占 28.2%，比重最高；其次是“两地事业产品品质完全相同，台湾公司生产种类较多”的占 23.9%；第三是“两地事业均生产成品，但产品不同，台湾生产附加价值高”的占 20.6%；第四位是“两地事业产品种类及品质完全相同”的占 20.0%。而属于以“台湾公司生产零组件半成品，海外事业装配及生产成品”的垂直分工只占 15.9%，属于“台湾公司无制造生产部门，只负责销售海外事业的产品”的占 11.8%较高。

八、两岸贸易及台商对大陆投资

在台湾经济恶化、国际经济不景气状态下，2001 年两岸经贸关系仍取得一定进展。两岸贸易维持增长态势，台湾对大陆出口比重进一步提高；台商着眼于两岸即将入世，加上台湾本地投资环境恶化，对大陆投资迅速增加，再创新高潮。

在两岸贸易方面，按照大陆海关统计，2001 年两岸贸易总额为 323.4 亿美元，较 2000 年增长 5.9%。其中，台湾自大陆进口 50 亿美元，下降 0.8%；出口 273.4 亿美元，增长 7.2%。而据台湾官方统计，两岸贸易总额 2001 年为 299.63 亿美元，较 2000 年衰退 7.4%，占台湾对外贸易总额的 13.0%，较 2000 年增加 1.8 个百分点；台湾对大陆出口金额为 240.61 亿美元，衰退 8.0%，占台湾出口总额的 19.6%，较 2000 年增加 2 个百分点；自大陆进口金额为 59.02 亿美元，较 2000 年衰退 5.2%，占进口总额的 5.5%，较 2000 年增加 1.1 个百分点；台湾对大陆贸易顺差达 181.59 亿美元，衰退 8.8%。台湾对大陆出、进口占其整体出、进口比重均创历史最高纪录。大陆已成为台湾的第 3 大贸易伙伴、第 2 大出口市场及第 4 大进口地区。

从两岸贸易产品结构看，台湾出口大陆主要货品项目为电机设备及其零件、机械用具及其零件、塑料及其制品、钢铁、人造纤维丝、工业用纺织物、有机化学货品、光学照相等仪器及其零件、铜及其制品、人造纤维棉等，以上货品合计出口金额为 189 亿美元，占出口大陆比重的 78.5%。台湾自大陆进口的商品则主要集中于电机设备及其零件、机械用具及其零件、矿物燃料与矿油及其蒸馏货品、钢铁、有机化学货品、玩具运动用品及其零附件、锌及其制品、石料石灰及水泥、无机化学制品、寝具灯具及其配件等，以上货品合计 43.21 亿美元，占自大陆进口比重的 73.22%。

2001 年台商对大陆投资迅速增长。按照大陆统计，2001 年新批准台资项目 4196 项，合同台资金额 69.04 亿美元，实际利用台资金额 31.38 亿美元，同比分别增长 36.15%、73.11%与 32.82%。其中实际利用台资扭转了 1997 年以来连续负增长局面。到 2001 年底，大陆累计共批准台商投资项目 50820 项，合同台资金额 547.25 亿美元，实际利用台资共 293.18 亿美元。按照台湾“官方”统计，2001 年核准台商赴大陆投资项目 1186 件，增长 41%；投资金额 27.84 亿美元，同比增长 6.8%。

按照台湾“官方”统计，从台商赴大陆地区布局看，台商在大陆的前 5 大投资地区分别为江苏（占总投资额的 51.1%）、广东(28.3%)、浙江(7.49%)、河北(4.5%)和福建(4.31%)。着眼于两岸入世后大陆内销市场的商机、以及当地的良好投资环境，台商对长江三角洲地区的投资金额大幅增加，其中对江苏投资金额首度超总投资额半数，显示长江三角洲地区已成为台商新的投资热点。从产业布局看，台商投资的前 5 大行业分别为电子电器业(占总投资金额的 45.07%)、基本金属业(6.69%)、化学制品业(5.88%)、塑料制造业(5.61%)和精密器械制造业(4.53%)。以信息电子产业为主的高科技产业，仍是台商投资的主力。

另外，从 2001 年初台湾“经济部投审会”所发布的台商大陆投资调查报告看，台商在大陆的投资呈现出以下几方面特点：

1. 台商赴大陆投资的主要目的，仍基于大陆低廉的生产成本以及广大的内销市场，其中早期投资广东的台商，多以提升外销竞争力为主；而投资江苏的台商，则以大陆内销市场为主要考虑。其中电子电器制造业厂商赴大陆投资，主要仍是基于大陆当地低廉的劳动成本，表明台湾电子业赴大陆投资仍以建立较倚赖劳力密集的加工装配生产线为主要考虑。

2. 台商赴大陆投资企业的组织型态仍以独资为主，即使是合资、合作经营等型态，大部分台商也仍对企业拥有控制权或决策影响力。

3. 台商赴大陆投资的资金、技术仍多由台湾岛内提供，但取自大陆的比重逐步增多。调查显示，44%的台商其资金来源于台湾母公司或向台湾金融机构融资，但在大陆当地取得资金的比例也高达 20.54%。从研究经费与技术来源来看，约有 67%的台商其技术由母公司提供。

4. 大陆台商外销的主要地区，与台湾本地外销市场重迭的占相当大比例，表明台湾本地企业为降低生产成本，已将其产品生产线转移至大陆，即“岛内接单、海外出货”。但同时，大陆地区台商也正逐渐建立自己的行销渠道，朝“大陆接单、大陆出货”方向发展。

5. 台商赴大陆投资对促进台湾本地产业升级的效果日益明显。台商赴大陆投资后，在台湾本地扩大经营规模或维持现状的企业占 76.04%，只有 20.90%厂商在岛内的公司缩小经营规模，3.06%的厂商停止岛内企业经营。这表明，台商赴大陆是以全球化布局为主要目的，对于加快台湾本地产业升级与提高竞争力有积极影响。

附表 1　台湾地区重要经济指标

项　　目	单位	2000 年	2001 年
一、国民生产总值			
1. 经济增长率	%	5.98	-1.91
2. 国民生产总值(GNP)	亿美元	3,144	2,883
3. 人均 GNP	美元	14,216	12,491
4. 储蓄总额占 GNP 比重	%	25.2	24.0
5. 固定投资总额占 GNP 比重	%	22.5	18.8
6. 超额储蓄占 GNP 比重	%	2.7	5.2
7. 民间消费增长率	%	5.6	1.4
8. 固定投资增长率	%	7.8	-18.2
9. 民间固定投资增长率	%	13.7	-26.7
10. 产业结构(合计)	%	100.0	100.0
农业	%	2.1	1.9
工业	%	32.4	30.9
制造业	%	26.3	25.3
服务业	%	65.6	67.2
二、工业生产			
1. 工业生产增长率	%	7.4	-7.3
2. 矿业生产增长率	%	-6.7	7.9
3. 制造业生产增长率	%	8.0	-8.0
重工业	%	11.1	-7.6
轻工业	%	-1.0	-9.4
4. 水电燃气业增长率	%	10.0	1.75
5. 房屋建筑业增长率	%	-15.1	-12.3
6. 停歇业工厂家数	%	4,995	5,187
7. 新增工厂家数	%	5,689	3,793
三、对外贸易			
1. 进口金额	百万美元	140,010.6	107,242.8
增长率	%	26.5	-17.1
2. 出口金额	百万美元	148,320.5	122,901.5
增长率	%	22.0	-23.4
3. 贸易差额	百万美元	8,309.9	15,658.7
4. 出口商品结构(按美元计)	%	100.0	100.0
农产品	%	0.2	0.2
农产加工品	%	1.2	1.4
工业产品	%	98.6	98.4
5. 进口商品结构(按美元计)	%	100.0	100.0
资本设备	%	28.0	25.0
农工原料	%	64.1	65.7
消费品	%	7.8	9.2
四、财政			
1. 财政支出总额占 GNP 比重	%	16.9	18.3
2. 赤字总额占 GNP 比重	%	2.0	3.5
3. 赤字总额占年度支出比重	%	7.7	19.2
4. 债务余额年增率	%	11.1	12.0
5. 债务余额占 GNP 比重	%	25.3	28.5
6. 赋税收入年增率	%	1.7	-6.7
五、金融			
1. "央行"年底外汇储备	亿美元	1,067	1,222
2. 货币供给额 M1B 年增率	%	-0.4	-1.04

附表 1　续表

项　　目	单位	2000 年	2001 年
3. 货币供给额 M2 年增率	%	6.5	5.8
4. 重贴现率(年底)	年息百分率	4.625	2.125
5. 全体金融机构年底逾放比	%	6.20	8.16
6. 年平均加权股价指数	指数	7,847	4,907
7. 汇率(年底)	1 美元 = 新台币	32.992	35.0
六、物价			
1. 消费者物价上涨率	%	1.3	-0.01
2. 批发物价上涨率	%	1.8	-1.3
七、人口与就业			
1. 年底总人口数	万人	2,221.6	2,228.1
2. 就业人数	万人	949	938
3. 失业人数	万人	29.3	45.0
4. 失业率	%	2.99	4.57
八、两岸经贸关系			
1. 两岸间接贸易总额	亿美元	312.5	299.6
年增长率	%	21.0	-7.4
2. 台对大陆间接出口金额	亿美元	250.3	240.6
年增长率	%	17.4	-8.0
3. 台从大陆间接进口金额	亿美元	62.2	59.0
年增长率	%	37.5	-5.2
4. 两岸贸易差额	亿美元	188.1	181.6
5. 台核准台商赴大陆投资额	亿美元	26.1	27.84
年增长率	%	108.8	6.8
6. 台核准台商赴大陆投资项	个数	840	1,186
目年增长率	%	72.1	41.0

资料来源：台湾各主要统计刊物

附表 2　外商在台投资金额(按地区来源)

单位：万美元

	2000 年		2001 年	
	件数	金额	件数	金额
亚洲地区	633	240416.2	540	137915.5
新加坡	100	129668.0	68	23921.6
日本	317	73286.9	242	68485.4
香港	92	27064.5	106	14483.9
美洲地区	617	391709.3	469	249421.8
英属中美洲	358	229985.3	273	139670.8
美国	213	132863.3	158	93983.2
欧洲地区	130	120031.2	130	118176.0
大洋洲地区	14	6304.0	28	6082.4
非洲地区及其它	16	2314.9	11	1257.2
合计	1410	760775.5	1178	512852.9

资料来源：台湾"经济部投审会"，《华侨及外国人投资、对外投资、对外技术合作、对大陆间接投资统计月、大陆产业技术引进统计月报》，2002 年 4 月

附表 3　2001 年台商对外投资前五大地区

单位：千美元

	件数	金额（比重）	2000 年金额	与 2000 年比较	
				金额	成长率(%)
英属维京群岛及开曼群岛	288	1,693,369 (38.56)	2,248,064	-554,695	-24.67
美国	742	1,092,747 (24.88)	861,638	231,109	26.82
美洲其它地区	30	420,153 (9.57)	619,295	-199,142	-32.16
新加坡	26	378,301 (8.61)	219,531	158,770	72.32
加拿大	18	248,983 (5.67)	4,921	244,062	4959.60

资料来源：同附表 2

附表 4　2001 年台商对外投资前五大行业

单位：千美元

	件数	金额（比重）	2000 年金额	与 2000 年比较	
				金额	成长率(%)
金融保险业	265	1,647,782 (37.52)	2,958,746	-1,310,964	-44.31
电子电器业	446	1,451,085 (33.04)	640,414	810,671	126.59
服务业	330	369,847 (8.42)	682,616	-312,769	-45.82

附表 4　续表

单位：千美元

	件数	金额（比重）	2000 年金额	与 2000 年比较	
				金额	成长率(%)
批发零售业	81	156,603 (3.57)	231,461	-74,858	-32.34
运输业	11	145,102 (3.30)	194,832	-49,730	-25.52

资料来源：同前附表

附表 5　台湾当局核准台商间接赴大陆投资情况

单位：万美元

		2001 年		2000 年	
		件数	金额	件数	金额
总计		1186	278414.7	840	260714.2
主要投资地区	广东	315	78797.2	288	101970.3
	福建	37	12012.2	32	9948.6
	江苏	611	142259.0	219	93055.7
	浙江	72	20848.4	36	6867.1
	河北	80	12522.8	-	3259.8
主要投资行业	电子及电器产品制造业	383	125483.4	343	146477.5
	塑胶制品制造业	63	15606.7	48	18477.6
	基本金属及金属制造业	120	19379.7	97	18385.4
	化学品制造业	45	16378.4	37	11078.3
	精密器械制造业	31	12599.7	-	8479.7

资料来源：同附表 2

附：部分地、市、县投资

北京市朝阳区投资建设情况

北京市朝阳区人民政府

“九五”以来，北京市朝阳区认真研究资源、资金、资本的内在因素，从营造环境、整合资源、拓宽渠道、改进服务等方面入手，逐步深化投融资体制改革，使区域经济实力与社会整体发展水平大幅提升，人民生活质量进一步改善。

一、投资环境不断改善，区域经济快速健康发展

朝阳区以“保护投资者，服务纳税人”为主线，全面加强经济软环境建设。朝阳区在全市率先成立了投资服务大厅，实现了“一站式”办公和网上咨询审批。对行政审批事项进行了全面清理，精简幅度达36.4%。在依法行政的基础上，规范了招商引资工作，加大了政务公开力度，树立起政府良好的“诚信”形象，使投资兴业的服务体系不断完善，投资吸引力明显提高，区域经济竞争力不断增强。

2001年，全区国内生产总值达到452.3亿元，比1996年增长96.4%，平均年递增14.5%；人均国内生产总值达2.9万元，比1996年增长78%，年均增长12.2%；2001年，全区财政收入45.9亿元，比1996年增长3.2倍，平均年递增33.1%。伴随着区域经济的持续快速增长，朝阳区经济结构调整也取得了实质性进展。以电子、通讯为主导的高新技术产业和以现代服务业为核心的第三产业得到迅猛发展，“三、二、一”产业发展格局进一步得到巩固，全区经济运行质量不断优化。

二、对外开放力度不断加大，利用外资取得新突破

近年来，朝阳区对外开放不断迈出新步伐，在利用外资方面取得了显著成绩，实现从单纯追求数量向讲求质量、从粗放型向集约化管理的成功转变，全方位、多层次、宽领域的对外开放格局逐渐形成，外向型经济得到迅猛发展。

2001年朝阳区利用外资6.2亿美元，为1996年的2.6倍，年均增速20.9%。截至2001年底，全球500强企业中已有130多家投资朝阳区，资金、技术密集型项目和基础设施建设项目资金流入大幅增加。截至2001年底，全区三资企业利用外资超过5000万美元以上的项目共计38项，超过亿美元的项目共计15项。

三、固定资产投资稳步增长，开发建设水平大幅提升

近年来，朝阳区固定资产投资稳步增长，极大地促进了全区的经济和社会发展。2001年，区属固定资产投资74亿元，比1996年增长1.6倍，年均增长21%。其中房地产投资占固定资产完成总量的70.5%，成为拉动全区固定资产投资的主要动力。

全区开发建设实现了五大跨越：

（一）房地产企业开发规模实现跨越式发展

截至2001年底，区域内共有房地产企业192家，当年完成房地产开发投资109.6亿元，占全市房地产完成总量的14%。房地产企业自身的长足发展，为项目开发提供了坚实的基础。据统计，1996年区及区以下企业在建项目规模为105.6亿元，2001年为309.1亿元，短短几年间增长了近2倍。

（二）房地产投资主体实现跨越式发展

1996年，全区房地产开发投资中，国有投资占50%的地位，其他投资主体主要为中外合资、合作；到2001年，国有经济投资仅占26.7%，而中外合作、内资非国有分别占38.9%和34.4%，投资主体已摆脱了结构单一、部门垄断的局面，出现了集体、有限责任公司、股份公司、私营等多种经济成分。

（三）住房制度改革、住宅建设实现跨越式发展

为进一步改善人民群众居住条件，朝阳区加速推进住宅建设市场化进程。2001年，全区商品住宅投资63.3亿元，占房地产投资的57.7%；商品住宅施工面积635.1万平方米，占全区住宅施工面积758.6万平方米的83.7%。经济适用房、危改住房、普通住宅、公寓别墅等多种样式满足了不同层次消费者的需要。

（四）重点工程、区域开发实现跨越式发展

朝阳区作为北京市城市发展的重点区域，一直是投资的热点地区。1999年庆祝建国50周年，全市献礼工程中朝阳区占到6项。2000年北京商务中心区（CBD）的概念推出后，一个面向世界的投资市场已逐渐形成，财富中心、国贸三期、中央电视台、建外SOHO等即将成为朝阳乃至北京的“坐标”。目前正在进行开发建设的CBD、奥运公园、东坝边缘集团、绿化隔离带、温榆河绿色生态走廊、铁路大环影视城、东南物流港、中关村电子城西区等大型项目，开发量预计将达5595万平方米，必将进一步提升朝阳区的投资吸引力。

（五）基建投资、城市建设水平实现跨越式发展

房地产业的发展，带动了以市政、交通、信息为重点的城市基础设施建设。2001年，全区基建投资完成7.1亿元，比1996年增长82.1%，五年累计完成基建投资36亿元，使区域的城市化发展步伐明显加快，城市现代化形象得到大幅提升。

“十五”期间将是朝阳区经济和社会各项事业实现新的历史性发展的重要时期。朝阳区人民将以饱满的精神状态，百倍的工作干劲，开创改革开放和各项事业发展的新局面。

北京市海淀区各项事业在全面发展

北京市海淀区人民政府

北京市海淀区在市委、市政府的正确领导下，坚持“教育为本、科技为先、依法治区、可持续发展”的战略方针，正确处理改革、发展、稳定三者的关系，出色完成了“九五”计划预定的奋斗目标，并取得了“十五”计划的良好开局，国民经济快速健康发展，社会各项事业全面进步，全区现代化建设进入了一个新的发展时期。

一、经济结构调整取得明显成效，综合经济实力进一步增强，各项改革全面推进，人民生活水平有了较大提高

2000年，全区国内生产总值完成258.4亿元，“九五”期间年均增长21.5%，为“九五”计划的184.6%。技工贸总收入完成1060亿元，年均增长39.6%，为“九五”计划的182.8%。社会消费品零售总额完成266.4亿元，年均增长13.2%。财政收入完成27亿元，年均增长26.9%，为“九五”计划的204.5% 。工农业总产值（90年不变价）完成534.9亿元，年均增长31.2%，为“九五”计划的181.9%。

2001年完成国内生产总值335.6亿元，比上年增长19.4%。社会消费品零售额286亿元，比上年增长7.8%。海淀园技工贸总收入1360亿元，比上年增长20.4%。财政收入34.4亿元，比上年增长22.2%。

全区形成了以高新技术产业为主，第三产业和第一产业为辅，具有海淀特点的“二、三、一”产业格局。到“九五”末，各产业在国内生产总值中的比重依次为60.2%、39.3%和0.5%。高新技术产业的快速稳定增长，使其在全区经济发展中的主导地位进一步加强，高新技术产业增加值在全区经济中的比重达到82.8%。

城市建设和管理水平明显提高，城乡面貌发生新的变化。全区完成了颐阳路、苏州街、西北四环路、成府路、香山地区路网，以及六里屯垃圾卫生填埋场、五路居垃圾密闭式转运站等一批市政基础设施建设。整治了区域内的水系。“九五”以来新增绿化面积376.5万平方米，绿化覆盖率达到45%。全区加大了环境保护工作力度，工业企业污染源单位由原来的307家减少到229家，全部实现了污染源达标排放。科技园区的环境质量得到明显改善。

经济体制改革取得重大进展。以建立现代企业制度为目标，以股份制、股份合作制为主要形式的产权制度改革稳步推进，企业结构调整和资产重组迈出实质性的步伐。国有资产和集体资产监管体制和运营机制改革进一步深化。个体私营民营等非公有制经济得到较大发展，所有制经济结构进一步趋于合理。加强了适应高新技术产业发展需要的技术、人才等市场建设。大力推进街道管理体制改革，初步建立了“两级政府、三级管理”的城市管理新体制。

在经济发展、环境改善的基础上，人民生活水平有了较大提高。到“九五”末，城镇居民年人均可支配收入达到10376元，年均增长11.3%。2001年，农民年人均纯收入6072元，年均增长9%。在基本完成人均4平方米以下住房困难户的解困工作的基础上，全区改造了22片危旧房，开发建设了9个住宅小区，使城镇居民人均居住面积达到11.84平方米。通过实施再就业工程，建立了最低生活保障制度，有效地保证了低收入居民的生活需求。

二、科教兴区取得新成就，文化、卫生等社会各项事业得到新发展

通过实施《海淀教育改革试验区规划》，加快了教育管理体制、办学体制等改革，优化教育资源配置，加强基础薄弱校建设，推进素质教育，使全区教育质量稳步提高。小学升学率达到100%，初中毕业生总升学率超过94%，高中阶段教育为高等院校输送了大批优秀毕业生，相继获得“全国儿少工作标兵区”等国家级光荣称号。通过全面贯彻落实国务院《批复》精神，充分发挥市场机制在配置科技资源、引导科技活动方面的基础性作用，提高了区域内科技创新能力和科技优势向产业优势转化的能力。

文化工作一方面开展了“海淀之春”、“海淀艺术节”、“五月的鲜花”等群众性文化活动，另一方面加大了文化市场的管理力度。加强了全民卫生保健工作，全区传染病发病率控制在北京市下达的指标内。以社区和农村为重点，开展社区卫生服务，推广农村合作医疗制度，开办了10个社区卫生服务中心和57个社区卫生服务站，农村医疗覆盖面名列全市第一。

三、民主法制建设进一步加强，精神文明建设成果显著

坚持开展“三五”普法教育，积极推行依法治区工作。全区行政执法水平有了新的提高，法律服务有了较大发展，干部群众的法律意识和法制观念进一步增强。社会治安综合治理取得一定成绩。全区干部整体素质有了明显提高，廉政建设和反腐败斗争进一步深入，查处违法违纪案件和专项治理等工作取得了阶段性成果。

全区思想道德建设取得新进展，群众性精神文明创建活动成效显著，涌现出一批具有崇高思想道德情操、体现时代精神的先进典型。“九五”以来，全区共涌现出首都文明单位52个、首都文明标兵单位12个、首都文明居民区31个、首都文明乡2个和一批区级文明单位。

浦东新区区长：胡炜

浦东新区投资建设情况

上海市浦东新区人民政府

“九五”时期是浦东新区进入基础开发和功能开发并举、为跨世纪发展奠定基础的重要阶段。在上海市委、市政府的正确领导下，浦东高举邓小平理论伟大旗帜，按照党的十四大确定的目标和十五大提出的新要求，坚持“开发浦东，振兴上海，服务全国，面向世界”的方针，实现了高起点、高层次、跨越式发展，成为上海现代化建设的缩影和中国改革开放的象征。

“九五”期间，浦东新区GDP年均增长17.6％。2001年，浦东新区GDP首次突破1000亿元，达到1082亿元，占上海全市的比重已经上升到21.9％。浦东新区经济社会的迅速发展和投资环境的日益改善，与大规模的投入及投融资机制的改革创新有着非常密切的关系。“九五”期间，浦东新区全社会固定资产投资累计达到2272亿元，占上海全市的1/4，是“八五”期间的2.8倍。可以说，旺盛的投资及投融资工作的创新，是浦东综合竞争力迅速增强的重要支点。

一、“九五”期间浦东新区投资建设的主要成就

（一）基础设施建设，展现了现代化城区的新形象

“九五”期间，浦东坚持基础设施先行，基础设施建设投资达595亿元。高强度的投入加快了城市化进程和城区面貌的巨变，浦东新区集中城市化的面积已由1995年的70多平方公里扩大到目前的110平方公里。“九五”期间，建成了以浦东国际机场一期、外高桥港区二期、上海信息港浦东枢纽和地铁二号线一期工程为代表的新一轮十大基础设施骨干工程，新建了机场快速干道、世纪大道等区内主要干道，基本形成了沟通海外、连接内地的交通、通讯网络构架。新区开发和旧区改造同步推进，沿江中心城区矗立起现代化智能性楼群，形成了上海现代化都市的新景观。新建成住宅1000多万平方米，人均居住面积达到13平方米。环境建设和城市管理显著加强，新增公共绿化面积1046.4 万平方米，人均公共绿地面积10.66平方米，绿化覆盖率超过30%。陆家嘴中心绿地、世纪公园、世纪大道和外环绿带等，成为上海标志性的“绿色”景观。以川杨河、张家浜为重点的河道整治成效明显，环卫环保取得新的成绩。浦东新区先后被命名为上海市“国家卫生城区”和全国第一个“国家园林城区”。农村城镇建设力度加大，集镇面貌发生明显变化，中心村建设和自然村改造取得重大进展，初步展示了社会主义现代化新农村的形象。

（二）重点功能小区建设，成为上海中心城市综合功能的重要载体

“九五”期间，陆家嘴金融贸易区、金桥出口加工区、外高桥保税区和张江高科技园区四大重点功能小区从环境开发进入到功能开发的新阶段，各重点小区开发公司在大力招商引资的同时，加紧完善区内基础配套建设。陆家嘴金融贸易区建设了以世纪大道、滨江大道为代表的一批基础配套项目，使陆家嘴城区面貌发生了翻天覆地的变化，289幢楼宇拔地而起，吸引了100多家中外金融机构、5家国家级要素市场、25家跨国公司地区总部以及34家国内大企业（集团）总部或营销总部相继进驻。

外高桥保税区建设全面推进，国际贸易、加工贸易和现代物流三大主体功能全面拓展，集聚了3420家中外贸易公司、 10家保税市场和1868家中外企业会员、70家中外著名企业设立了物流分中心。随着外高桥港区三期的建设，2000年吞吐量达到1462万吨，集装箱吞吐量184万标箱，正成为重要的新兴物流枢纽。

1999年8月上海市委、市政府“聚焦张江”的号角吹响，拉开了在浦东构筑高科技产业平台的帷幕。“一江三桥”（张江高科技园区和金桥出口加工区、外高桥保税区、孙桥现代农业园区）高科技产业带加紧投资建设，其技术创新和产业化功能日益增强。张江高科技园区初步形成了技术创新区、国家上海生物医药科技产业基地、国家信息软件产业基地和微电子产业基地齐头并进的新格局，一批国内著名研发机构和创新型企业落户园区。金桥出口加工区形成了集成电路与计算机、电子通讯、家用电子电器、汽车及零部件、生物医药、光机电一体化等以高新技术为主导的支柱产业，成为重要的技术开发和制造基地。外高桥保税区集聚了以著名跨国公司为龙头的计算机硬件生产企业群。孙桥现代农业开发区科技农业、设施农业、观光农业得到长足发展。2000年金桥、张江、外高桥的工业产值

达676亿元，年均增长30%以上，其中高新技术企业产值占62%。

以重点功能小区为依托，东方明珠、金茂大厦、国际会议中心、新上海商业城以及滨江公园、世纪公园等相继建成和“96上海旅游节”、“98上海商品交易会”及“99《财富》论坛”、“世界500强企业会议”的成功举办，使浦东的会展旅游功能日益增强。

（三）社会事业发展，初步实现了社会的全面进步

“九五”期间，浦东新区继续保持对社会事业的高强度投入，新建了中欧国际工商学院、杉达大学、进才中学、浦东外国语学校等设施先进的学校；新建改建了上海儿童医学中心、仁济医院东院、华山东院、瑞金东院、东方医院、公利医院等高水准医院；建设了浦东体育公园、浦东游泳馆、浦东棒垒球场等体育场馆和浦东图书馆、少年宫等公益性文化设施。基础性社会事业得到快速发展，新增学校120所，医疗床位增长28.3％，卫生人员增加11.4％，文化事业固定资产增长4.3倍。全区共建成社区服务中心11个，社区卫生服务中心14个，社区卫生综合服务点38个，街镇开办敬老院51家、社区体育设施268处，基本满足了人口导入对教育、医疗、文化、娱乐等方面有需求。人口总量得到了有效控制，连续8年保持人口自然负增长。

二、“九五”期间浦东新区投融资改革的主要特点

大规模的建设需要资金的有力支撑。浦东开发以来，在中央给予一系列政策性资金的支持下，市、区两级政府合理安排建设性财力，努力开辟多元化融资渠道，积极探索投融资体制改革，从融资思路上实现了四个突破，形成四个机制，构成浦东新区投融资改革的主要特点：

一是突破了土地资源无偿使用的传统观念，形成了小区土地滚动开发运作机制。

浦东开发伊始，在财力十分薄弱的情况下，为启动重点小区的开发建设，政府以“资金空转、土地实转”的方式将土地注入到小区开发公司，开发公司通过“以地合资”、“以地集股”、“以地抵押”、“以地招商”等方式，各方面筹措资金，从而打破了多年来形成的土地无偿使用的观念，实现了资源到资金的转化。同时，政府充分运用土地级差效应，将土地批租收入投入到城市旧区改造上来，使中心城区的布局得到合理调整。

二是突破城市建设单一靠财政积累的传统观念，摸索出多元化筹资、适度举债搞建设的新机制。

由于确立了小区土地滚动开发机制，使各小区开发公司承担着小区基础建设任务。这些开发公司通过向银行贷款，组织中外资银行银团贷款、发行企业债券、利用外国政府贷款、国际商业贷款、上市融资等方式筹措建设资金，从而打破了城市建设单一靠财政积累，即“有多少钱办多少事”的传传观念，变市政项目由财政拨款为企业的投资行为，为推进多元化融资创造了条件，形成了政府财力投入、土地滚动开发和金融市场融资三位一体的投融资格局，使浦东实现了“一年一个样、三年大变样”的目标。

三是突破了政府兼投资、建设、管理为一体的传统观念，初步探索出“投资、建设、经营、管理”的四分开机制。

随着市场经济的不断发展，客观要求政府逐步从投资、建设与经营行为中退出，还原为对项目的管理。为此，新区政府通过组建浦东发展集团有限公司，一方面代表政府对基础设施项目进行投资、建设与经营；另一方面促使其成为项目投融资的重要载体，从资金与资本两个市场上筹措资金，发挥资金效应，实现资金良性运作。具有收费机制的浦东国际机场道路和可经营的浦东垃圾焚烧厂是新区政府的首批投融资改革项目，为新区建立“投资、建设、经营、管理”四分开机制作了有益的探索与尝试。

四是突破了政府财力以投资作为资金拨付形式的传统观念，尝试建立了“企业投资建设、政府回租使用、委托企业经营管理”的机制。

为响应上海市委、市政府“聚焦张江”的战略部署，加快张江高科技园区的开发建设，新区政府走改革创新之路，针对张江技术新区的启动建设，创造性地建立了“企业投资建设、政府回租使用、委托企业经营管理”的机制，变政府财力投资的资金拨付方式为支付租金，并通过委托企业经营的方式，使政府的资金又回笼到园区基础开发建设中。这不仅有力地支持了张江园区的开发建设，更重要的是政府租金作为张江股份公司长期的投资收益，使之在资本市场赢得了两次配股的权利，从资本市场上募集了9亿元的资金，充分发挥了政府财力资金的杠杆与放大效应，成为投融资机制改革的成功范例。

回顾浦东新区投资建设及其投融资历程，市、区两级政府坚持观念创新、机制创新，积极探索投融资新的思路，使浦东开发建设取得了辉煌的成就。跨入新世纪，浦东要到2010年率先基本实现现代化的目标，还需要加大基础设施投资力度。为此，浦东新区将进一步大力推进投融资体制改革，大胆进行制度创新，以进一步形成“政府引导、社会参与、市场运作”的多元投资格局，促进浦东经济社会的全面快速健康发展。

固定资产投资快速增长 国债项目带动效果显著

呼和浩特市常务副市长　王素毅

一、1998-2002年投资基本情况

自1998年到2002年，呼和浩特市累计完成固定资产投资371.5亿元，年均增长25.9%。固定资产投资的大幅度增长，使基础设施建设得到较快发展，投资环境明显改善。

呼和浩特市固定资产投资呈现以下特征:

1. 固定资产投资以基本建设为主。1998年至2002年，基本建设投资累计完成236.9亿元，年均增长30.4%，占固定资产投资的比重为63.8%；更新改造、房地产开发投资分别占16.4%和17.4%；其它投资占0.03%。

2. 国有经济投资比重偏大。以1998年至2001年四年为例，国有经济投资占固定资产投资的比重为63.3%。集体经济和其它经济的投资分别占3.4%和29.3%；外商投资占4.0%。

3. 重点项目投资成效显著。截至2002年11月，呼和浩特市经国家计委批准立项的国债项目共51项，项目总投资483337万元。在所有国债项目中，城市基础设施项目8项，总投资320931万元，占全部国债项目投资总额的66.4%；农牧林水项目27项，总投资72321万元，占全部国债投资的15%；文教高科技项目、工业交通项目、公检法司项目分别为7项、2项、7项，各占投资总额的9.3%、7.6%、1.7%。

二、固定资产投资增长分析

1. 国债项目的带动作用。从1998年起，国家为了扩大内需，拉动经济增长，采取了积极的财政政策，通过增发国债加强了对基本建设的投资力度。51个国债项目到2002年11月底已累计完成投资467640万元，占国债项目投资总额的96.75%。国债投资带动了信贷、外资等社会资本的投入，成功地实现了市场经济条件下政府投资“四两拨千斤”的投资调控作用。加快了农业、交通、社会事业基础设施建设，改善了贫困地区人民的生产生活条件。由于国债投资的带动，呼和浩特市1998－2001年固定资产投资年均增长25%，支撑了GDP年均11.3%的增长速度，预计2002年固定资产投资将继续保持30%的增速。

2. 基本建设投资力度加大。近两年来，呼和浩特市加快了城市基础设施的改造与建设，2002年重点对城区36条主次干道进行改扩建，并对城区自来水、污水管网和大小街巷进行了大规模的改造。

3. 更新改造投资加大。从2001年起，呼和浩特市抓住国家调整中西部经济布局的有利时机，加大工业经济结构的调整力度，优先发展特色产业，重点扶持一批自治区级和市级重点项目，如伊利集团限下技改、天然乳三车间技改工程，蒙牛二、三期技改工程等。

4. 房地产开发投资稳中有升。近几年随着国民经济的发展，人民生活水平不断提高，房地产市场不断完善，因此极大地吸引区内外投资商，特别是民间投资者的加盟，使房地产成为投资热点和国民经济新的增长点。

综合上面的分析，近年来呼和浩特市固定资产投资年均增长速度比“九五”前三年的年均增速（19.3%）高6.6个百分点，与全国同类城市固定资产的增长速度相比，也是位居前列。

三、进一步加快固定资产投资的措施

为了继续保持固定资产投资的高速增长势头，呼和浩特市拟采取以下措施:

1. 落实资金，集中力量抓好重点项目的建设。计委、建委、统计部门要加强对重点建设项目的跟踪监测，及时协调解决建设进程中的问题。

2. 结合城市规划和产业结构调整，引导投资方向，抓紧开工建设一批符合产业结构调整的大中型项目，为经济持续稳定发展积蓄后劲。

3. 完善项目库建设。不断推出成熟的项目争取国家国债资金的支持，同时把握国家实施西部大开发战略的历史机遇，吸引更多的国内外大财团、大企业前来投资。

4. 加快推进工业化、城市化、信息化进程，通过“三化”带动投资需求和消费需求增长，进而实现全社会固定资产投资的稳步上升。

温州市投资建设情况

浙江省温州市市长 钱兴中

一、2001年温州市固定资产投资情况

2001年在国家继续坚持扩大内需，实施积极财政政策的宏观调控方针指导下，温州市投资需求明显扩大，投资总量继续攀高，投资结构进一步优化。全年完成全社会投资328.7亿元，同比增长23.9%，其中国有单位完成投资113.8亿元，同比增长28.4%。投资的全面持续增长，成为支撑温州市经济稳定快速发展的主要因素。

1. 基础设施建设继续加强，城市建设掀起新高潮。自1998年实施温州市基础设施优化计划以来，到2001年累计完成投资330亿元，建成51项，在建39项。2001年完成投资80亿元，占全社会固定资产投资的1/4。温州市中心污水处理厂一期、温州邮政枢纽中心、平阳昆鳌污水集中处理排江工程、瑞安江北水厂等工程相继建成和投产。2001年邮电通讯完成投资19.3亿元，增长41%；交通运输完成投资30亿元，增长29%；电力完成投资21.8亿元，温州电厂二期、500KV温州瓯海变电所等一批重点项目建成。随着城市化进程加快，城市建设投资再掀新的高潮。本年度完成投资37.1亿元，同比增长15.9%，占基础设施投资完成额的46.4%。城市新中心区启动区5.2平方公里形成建设热点，新区主干道全线贯通，新增城市道路面积129万平方米。旧城改建初步达到“显山露水”的成效。

2. 房地产投资增势强劲，文教、科技等社会事业投资明显加强。2001年全市房地产投资87.9亿元，同比增长58.7%，住宅投资63.4亿元，占房地产投资完成额的72.5%。商品房施工面积227万平方米，增长56.2%。在“科教兴市”战略的推动下，科技、文教等社会事业的投资也明显加快。教育、文化及影视业完成投资15.2亿元，增长88.2%，青少年活动中心、广播电视中心建成启用，温州高教园区、温州中学、瑞安中学等工程全面开工建设和部分建成投入使用。博物馆、科技馆、世纪广场等项目建设加快。同时，完成环保投资24.1亿元，占国内生产总值的2.6%。

3. 更新改造投资力度加大，园区建设稳步推进。2001年更新改造完成投资28.8亿元，同比增长78.6%。在建项目364个，其中新开工项目209个，建成投产247个，占67.86%。在政府投资贴息政策引导和企业技术进步内在要求增强的双重影响下，制造业技改投资继续加速，增幅高达92.93%。作为产业集聚发展的重要载体和工业化升级的重要手段，特色工业园区建设稳步推进。2001年全市经省批准在建特色工业园区21个，计划总投资约40亿元，建成或基本建成园区9个，实际完成投资22亿元。入园企业305家，已成为温州市工业发展的新增长点。

4. 大型项目大幅增加，工程项目进展良好。2001年温州市重大建设项目是历年来完成投资、建成和开工最多的一年。完成项目前期工作并开工建设的共70项，其中农水项目7项、交通邮电项目16项、电力项目4项、工业项目8项、社会发展及其它项目21项、重大前期项目14项。完成投资74.5亿元，为年计划102.6%。年初确定33个计划建成投产或部分投产项目，年底建成32个。

5. 筹资力度进一步增强，建设资金到位良好。温州市在投融资体制改革上，走出了一条多元化筹集建设资金的新路子。2001年，全市基建、更新改造及其他投资290.4亿元，同比增长25.5%，快于固定资产投资增速。其中自筹资金101.39亿元，国内贷款50.3亿元，这两大主要资金来源分别比上年同期增长31.8%和5.7%，表明信贷环境趋于改善，企业自有资金实力及筹措资金的能力有所提高。

从全市各个县（市、区）投资运行情况看，投资总量超过30亿元的有市区、龙湾区、瑞安市、乐清市，分别完成投资176.5亿元、34.2亿元、40.7亿元、69.7亿元。

二、2002年温州市投资建设展望

中国入世和申奥成功给中国经济带来了新的发展机会。温州市抓住机遇进一步发挥投资在经济增长中的主体作用，保持投资适当的高增长，对温州经济的发展具有重要的意义。

1. 继续实施积极宽松的经济政策，创造良好的投资环境，努力提升投资者的预期收益和投资信心。

2. 改革投融资体制，多渠道筹集建设资金，为投资增长提供良好的政策支持。

3. 沿海高速公路、温福铁路、温州机场扩建等一批重大建设项目的开工建设，将使温州市投资规模进一步扩大。

2002年推动温州市投资增长的有利因素比较多，全市固定资产投资将保持13%左右的增长速度。

绍兴市市长　王永昌

前进中的绍兴

水乡绍兴环城河新姿

浙江省绍兴市是中国首批投资硬环境优秀城市之一。近年来，绍兴市在严格保护古城风貌和水乡特色的前提下，城市建设日新月异，基础设施日臻完善。2001年是全面实施“十五”计划的第一年，绍兴市继续贯彻实施国家积极的财政政策和稳健的货币政策，进一步扩大城市基础设施投入，加大工业投资力度，为绍兴市的全面发展奠定基础。

绍兴市区入口处——昌安立交桥

整治一新的古城特色商业街—解放路

新建的城市广场

绍兴市投资建设情况

浙江省绍兴市人民政府

2001年是全面实施“十五”计划的第一年，浙江省绍兴市投资建设领域继续贯彻实施国家积极的财政政策和稳健的货币政策，进一步扩大城市基础设施建设的投入，完善城市功能，加大工业性投资力度。全市固定资产投资延续前几年快速增长的态势，2001年完成286.55亿元，同比增长15.9%，超过预期调控目标2.9个百分点。

一、2001年固定资产投资运行的主要特点

(一)投资总量继续扩大

2001年绍兴市城镇投资项目622个，计划总投资266.56亿元，同比增长18.7%，完成投资总额154.54亿元，增长15.5%；全市农村非农户投资项目3254个，计划总投资188.76亿元，同比增长21.0%，完成投资总额107.5亿元，增长17.1%。从投资结构看，国有单位投资完成145.18亿元，增长19.9%，占全社会投资比重50.7%，其中基本建设投资完成69.09亿元，同比增长20.9%，占全社会投资比重24.1%；更新改造投资完成24.25亿元，同比增长11.4%；房地产投资完成48.61亿元，同比增长34.5%。农村固定资产投资132.01亿元，增长16.4%，占全社会投资比重46.1%。

(二)基础设施投资进一步加强

尤其是社会公共服务业投资增势强劲，城市面貌不断改变。2001年城镇以上单位基础设施投资为63.4亿元，其中社会公共服务业完成投资30.59亿元，同比增长3倍，占基础设施投资比重由同期11.4%上升到48.2%。

(三)工业性投资力度不断加强

2001年全社会工业性投资132.08亿元，同比增长15.1%，其中城镇单位完成工业性投资33.77亿元，增长20.1%，农村投资以工业性投资为主，完成农村工业性投资98.31亿元，同比增长13.5%，占农村投资比重74.5%。

(四)非国有经济投资成为更新改造投资的主力军

2001年全社会更新改造投资完成106.48亿元，同比增长18.1%，其中，非国有更改投资占85.5%。在非国有更改投资中以工业性更改投资为主，从工业更改投资内部行业构成看，投资规模最大的行业依次为纺织业、机械工业、轻工业、电力工业，完成投资额分别为36.77亿元、18.69亿元、15.39亿元、7.63亿元，占全社会更改投资比重分别为34.5%、17.6%、14:5%、7.2%。

(五)农村投资呈回升趋势

完成农村固定资产投资132.01亿元，同比增长16.4%，其中规模500万元以上农村投资占58.3%。增长的主要原因：一是乡镇企业改组改制后，使企业产权清晰、活力增强，企业兴建厂房、购置设备与投资增多。二是科技产业园区、特色工业园区建设是农村投资增长的主要支撑点。三是政策环境的相对宽松和投资形势好转，使农村私营个体投资主体的投资积极性明显增加。

(六)房地产开发投资持续增长

商品房住宅销售势头良好，个人购房已成为主体。在近几年绍兴市房地产投资持续增长基础上，2001年仍增长34.5%，增幅高出全社会投资19.6个百分点，也是各类投资中增幅最高的。房地产投资拉动城镇固定资产投资增幅7个百分点，对城镇投资的增长发挥了重要的支撑作用，已成为拉动绍兴市投资增长、促进经济发展的重要因素之一。

(七)重点建设进展顺利

全市110项重点建设项目年完成投资80.25亿元，其中市区51项重点项目完成投资53.95亿元，建成或部分建成投资项目49项。小舜江工程、绍三线拓宽、城市广场二期、仓桥直街和书圣故里历史街区保护修缮、经济适用房“快阁苑三期工程”、绍兴市污水处理厂一期、上虞市标准海塘建设工程、嵊州市供水工程一期、新昌江滨公园等一批项目建成或基本建成。火车站广场及综合开发工程、绍兴大剧院、柯桥城防工程、诸暨城市广场、上虞市区外环线、嵊州标准堤建设工程、新昌污水综合治理工程启动建设。龙山氨纶有限公司年产1000吨氨纶项目、城东热电厂垃圾焚烧发电项目、钱清热电厂扩建工程、诸暨兆山水泥厂新型干法回转窑生产线、嵊州机械链轮厂扩大出口锥孔

链轮生产线、新昌三花集团新增400万套四通换向阀技改项目、浙江阳光集团股份有限公司大功率节能荧光灯及配套灯具产业化工程等一批重大工业性项目相继建成投产。浙江京东方高档真空荧光显示屏(VFD)改造和浙江卧龙科技年产300万台套变频无刷类电机及其控制装置的国家高技术产业等一批重大项目进展顺利。

二、2002年投资建设展望

2002年，绍兴市全社会固定资产投资计划增长12%，达到320亿元。其中安排重点建设项目113项，总投资201.43亿元。主要投资方向为效益农业、工业、城市建设和社会事业。

效益农业的投资重点是：加快建设一批特色乡镇，发展一批规模在万亩以上的特色农产品基地，形成特色农业产业带。

特色农产品乡镇争取增加到50个，万亩以上特色农产品基地增加到70个，形成10个特色农业块状产业。积极引导社会资金投资效益农业，大力培育和发展一批经济实力雄厚、带动能力强、经营机制灵活、有市场竞争力的农产品加工、流通企业。重点扶持30家年销售额5000万元、连接农户5000户、连接基地5000亩以上的规模型龙头企业。进一步完善农业服务体系，加快农业信息网络建设，为农民提供有效的技术和市场信息服务。

工业投入的重中之重是技改，包括运用高新技术和先进适用技术改造纺织、机械、食品、轻工等传统产业，积极推进纺织大市向纺织强市转变。

加快电子信息、环保节能、生物医药、精细化工、机电一体化等一批高新技术产业基地建设，进一步形成高新技术产业带。2002年全市计划安排工业性投资总规模280亿元，当年完成145亿元，比上年增长15%，突出抓好投资规模在3000万元以上的100个重点项目建设。

城市建设投入的重点是进一步加快中心城市建设。

重点抓好以下十大工程：

(1)基本建成越城至柯桥快速通道，启动建设袍江至柯桥快速通道；

(2)建成市区南环线，拓宽104国道市区段北线；

(3)建设大学路，启动实施“显山露水”工程；

(4)建设袍江工业区二期路网、柯北新城区二期路桥；

(5)建成绍兴经济开发区生态广场；

(6)开工建设绍兴污水处理厂二期工程；

(7)实施一批“城中村”改造；

(8)建设瓜渚湖城市公园；

(9)完成平水东江河道综合整治工程；

(10)动工建设杭甬运河市区段。

同时，着力推进商贸、文化、教育、旅游等重点功能区建设，增强中心城市综合服务功能。继续加强城乡基础设施建设。

全市重点实施以下十大工程：

(1)建成杭金衢高速公路境内段，动工建设甬金高速公路境内段，续建杭甬高速公路境内段拓宽工程；

(2)动工改造104国道上虞、嵊州、新昌段；

(3)新建改建绍兴县柯桥至海涂、诸暨十二都至店口、上虞百红线崧厦至沥海公路；

(4)基本建成诸暨市区二环线一期，改造329国道上虞市区段，建设嵊州大桥、新昌城市交通“七桥八路”工程；

(5)全面建成各县(市)城市防洪工程；

(6)以城乡结合部为重点，新建标准河道100公里；

(7)启动实施诸暨500千伏、新昌220千伏及一批110千伏输变电建设改造工程；

(8)建成联通数字移动电话网络扩建工程；

(9)建成诸暨、上虞污水处理工程，开工建设嵊州、新昌污水处理工程，动工扩建新昌龙山水厂；

(10)基本建成诸暨城市广场、嵊州文化广场。

加大社会事业投入方面，主要是加快建设一批教育、文化基础设施，促进经济社会的协调发展。

在全市基本实现高标准“普九”的基础上，大力发展高中段教育，建设绍兴市高级中学、绍兴一中袍江分校、轻纺城高级中学、上虞华维外国语学校、新嵊州一中、新昌澄潭中学，努力扩大招生规模，稳定和提高初中毕业生升入高中段学校的比例。抓紧实施绍兴文理学院和浙江工业职业技术学院扩建工程，创造条件发展一批社区学校和区域性成人教育中心，发展远程教育，构建终身教育体系。文化体育卫生建设的重点是抓好绍兴大剧院、鲁迅电影城、诸暨大剧院、绍兴县文化体育中心、上虞文化体育中心、嵊州体育中心、市青少年活动中心、市公共卫生中心、市人民医院住院楼、市妇保院扩建、市七院迁建、绍兴二院扩建、华宇医院、上虞人民医院门诊大楼等一批基础设施建设。

台州市投资建设情况

加大投入 加快发展 高品位建设台州新城

浙江省台州市人民政府

2001年，台州市人民政府抓住国家实施积极财政政策的有利时机，优化经济结构，加强项目管理，加大资金投入，台州市经济和社会呈现出良好的发展态势。

一、台州市基本情况

台州市位于浙江沿海中部，1994年8月22日，经国务院批准撤地设市，现辖椒江、黄岩，路桥3个区，海临、温岭2个县级市及玉环、天台、仙居、三门4个县。总人口542.98万人。2001年，全市国内生产总值748亿元，财政总收入65亿元。

台州是座新兴的组合城市，椒江、黄岩、路桥三个区构成等距三角形。在区域功能划分上，椒江区是市政府驻地，是全市政治、金融、科技、文化、体育的中心；黄岩区是机电、精细化工工业基地；路桥区是商贸区，也是浙江省著名的商贸重镇。

二、台州固定资产投资情况

"九五"以来，台州共完成固定资产投资900多亿元，2001年投入220亿元，比上年增长22.4%。有50多个省市重点工程建成投产和交付使用，有力地促进了台州市经济和社会的持续快速健康发展。

1．农业水利设施进一步完善。台州市用于农田水利建设的总投资达23亿元，新建标准海塘260多公里，金清新闸、永宁江新闸、温岭江夏排涝隧洞、椒江城市防洪堤等一批重点骨干工程相继建成交付使用。仙居下岸水库、玉环漩门二期、温岭东海塘围涂等工程陆续开工，这些项目的建成，将在防旱、除涝、防洪、防潮、发电、养殖等方面会发挥巨大的作用。

2．交通、电力、通信事业迅速发展。台州完成了上虞至三门高速公路台州段、甬台温高速公路台州段、104国道和多条省道的改拓建，建成了椒江大桥和健跳大桥，形成了市内"一小时公路交通圈"的框架。

台州电力建设突飞猛进。完成了台州电厂四期工程，装机容量达141万千瓦，同时建成了临海车口溪水电站、黄岩富山水电站等工程，新增装机容量70万千瓦，缓解了台州市的用电紧张状况。

邮电通信事业迅速发展。台州市实现了市县区之间长途传输数字化；城乡电话普及率达32.4%，移动通信网络容量达1.65 万门。

3．技术进步促进工业经济稳步发展。"九五"以来，台州市每年以15%的增速加大技改投入，2001年技改投入69亿元，比上年增长31%，先后完成了海正药业的抗肿瘤制剂，飞跃集团的多功能家用缝纫机等300多个重点技改项目，提高了企业技术装备水平，促进了企业产品结构的调整和优化。

4．城市基础设施建设加快。台州加快了城市道路、供水，排水等基础设施建设，建成了总投资2.5 亿元日供水25万吨的黄椒温供水工程；完成了市区大环线改扩建和城市多条道路的改扩建工程，新增市区街道面积1227万平方米；投资13.77 亿元的国债资金，启动了黄岩、路桥、椒江、温岭、玉环等污水处理工程，还建成了温达广场等一大批公益项目，城市面貌发生了巨大的变化。

三、"十五"期间台州市重点建设规划

"十五"期间，台州市提出国内生产总值年均增长10%，到2005年达到1100亿元（按2000年价格计算），固定资产投资总额达到1350亿元的目标。台州市重点建设的总体要求是：继续贯彻"突出重点、优化结构、完善配套、适度超前"的基本原则，不断提高建设和产业的现代化水平。

交通建设：开始建设台缙高速公路台州段、76省道泽国至太平复线、台州沿海一级公路、路桥至院桥高速公路连接线、玉环至乐清跨海大桥、玉环大麦屿10万吨级石化码头等项目。新建海门港石化专用码头等。做好金台和甬台温铁路项目前期工作，力争动工建设。金台铁路台州段长136公里，总投资23.6 亿元；沿海铁路干线甬台温段全长278公里，其中台州段约110公里，总投资估算为60亿元。抓紧做好迁建台州机场的选址工作，及早取得国家批准立项，建设标准为4C级，项目总投资为10亿元。

电力能源建设：续建天台桐柏抽水蓄能电站，装机4 × 30万kw，总投资42亿元。新建台州500kv输变电工程，继续做好总装机4 × 100万kw，总投资250亿元的三门湾核电站和东海油汽田、三门火电站等项目前期工作。

工业基地建设：启动建设规划面积30平方公里、总投资50亿元的浙江化学原料药基地。建成化学原料药、摩托车、塑料模具、服装机械、工艺美术5个国家级生产基地。培育50个品位高、规模大、布局优的生产园区。

邮电通信建设：扩容增加50万门程控交换机；发展可视电话和无线通讯事业；增加移动电话10万门。加快台州信息港建设，促进电信，电视、计算机三网融合，建立宽带化、智能化、个性化的区域信息网络。

新台州建设任重道远。台州人民在市委、市政府的领导下，坚持从实际出发，齐心协力、埋头苦干，为顺利完成各项重点建设任务作出努力。

东阳市市长　陈丰伟

实施"北进 西延 南连"战略 加快现代中等城市建设

——推进城乡一体化建设的东阳市

东阳市地处浙江省中部，素有"教育之乡"、"建筑之乡"、"工艺美术之乡"的美称。全市总面积1739平方公里，人口78万，下辖17个镇、4个乡和6个街道办事处。2001年实现国内生产总值110.2亿元，财政总收入6.8亿元，农民人均纯收入5030元。

改革开放以来，东阳经济持续快速发展，综合实力显著增强，基础设施日臻完善，城乡面貌大为改观。在新形势下，市委、市政府确定了建设经济强市，加快现代化中等城市的"双进"目标，出台了一系列优惠政策，实施了"北进、西延、南连"的发展方针。在全市人民共同努力下，东阳市成为全国综合实力百强县市、浙江省首批小康县市和浙江省17个经济强市之一。

东阳市实施城乡一体化的具体特点是：

1.中心城区迅速扩大，基础设施不断完善。东阳市经过区划调整，撤销了5个镇，建立了6个街道办事处。北进至浪坑口，西延至义乌，南连至横店，构建"两江和一山，两镇合一城"的中等城市框架，力争到2005年，把东阳市建成工业强市、建筑大市、旅游优市、文教名市为特征的经济繁荣、生活富裕、社会文明、环境优美的现代化中等城市。

2.城市建设成效明显，城市品位显著提高。东阳市坚持"以文为本，以水为源，以山为景，以园为美"的原则，充分利用东阳江两岸资源，初步形成了"城在园中，江在城中，楼在绿中，人在景中"的城市建设风格。

3.村镇建设进展顺利，城乡面貌大为改观。东阳市坚持"强化中心、突出重点、两线扩展，城乡一体"的城市化发展方针，在强化市区建设的基础上，重点发展巍山、南马、六石、北江等重点镇。以东永线、东嵊线为主轴，以交通网络和通信网络为纽带，形成了交通便捷、信息通畅、资源共享、共同发展的城乡一体化格局。

黉门广场

生活小区

东阳市区

优美的生态环境

淮南市发展建设情况

安徽省淮南市人民政府

淮南市位于安徽省中北部，淮河中游，是座新型能源城市，辖田家庵、大通、谢家集、八公山、潘集、毛集实验区和凤台县。面积2121平方公里，人口209.5万人。1984年，国务院批准为“较大的市”，享有地方立法权。1985年，国务院批准为对外开放城市。同年，李鹏同志视察淮南，并题词：“以少胜多古战场，又多又快能源城”。江泽民同志曾三次视察淮南，并题词：“发展煤电化，建设能源城”。

淮南历史悠久，自古以来，就是南北文化的交汇地，早在5000年前的新石器时代即有人类在此生息、繁衍，夏商之际，“淮夷”人在此形成部落。战国时，为楚国地域，汉初置淮南国，西汉时淮南王刘安在八公山招贤纳士，著书立说，编纂了千古名篇——《淮南子》，发明了华夏美食——豆腐。淮南名胜古迹众多，有被中外考古学家称道的“五古”。即淝水之战古战场，廉颇、春申君黄歇等著名历史人物的古墓群、古寿州窑、茅仙古洞和古生物化石群。

淮南自然环境优越，气候属暖温带季风类型，四季分明，雨量丰沛。年平均气温15℃，年均降雨量970毫米。淮河以南为丘陵，属江淮丘陵的一部分；淮河以北为淮北平原。淮河穿境而过，东西流长87公里。淮南位于东西部经济的过渡带，处在承东启西、南北对流的重要位置，东联京沪线，西接京九线，是沿海通向中西部的走廊。

淮南资源丰富，煤炭远景储量444亿吨，探明储量153亿吨，占华东地区32%，煤层气储量5928亿立方米。淮南煤炭开采的历史可上溯到明清时期。50年代，淮南就是全国五大煤田之一。目前，拥有大中型生产矿井13对，2002年产原煤3150万吨。随着煤炭工业的快速发展，淮南电力工业突飞猛进。境内有田家庵、洛河、平圩三大火力发电厂，装机容量达319万千瓦。2002年，发电量为172万千瓦时。

淮南缘煤而建，是一座典型的矿业城市。经过50多年的建设与发展，特别是改革开放以来，淮南经济社会全面发展，城市综合实力显著增强。形成了煤炭、电力、化工、医药、建材为支柱，兼有纺织、机械、电子、轻工、高新技术等门类齐全的工业体系，拥有工业产品一万余种。淮南农林牧渔百业兴旺，盛产水稻、小麦、油菜等多种农作物。近年来，农业产业化步伐加快，“两高一优”农业发展迅速，黄牛、奶牛、山羊及淡水养殖初具规模。个体私营经济稳步增长，全市个体工商户近5.5万户，从业人员11余万人。2002年，实现国内生产总值151亿元。

淮南旅游资源丰富。除“五古”遗址外，还有八公山国家地质公园、八公山国家森林公园、卧龙山风景区、上窑森林公园和龙湖公园，由国内贸易局和安徽省人民政府共同主办，淮南市人民政府承办的“中国豆腐文化节”已成功举办9届，“豆腐为媒、文化搭台、经贸唱戏”已取得巨大成果，同时带动了市政设施建设和旅游事业的发展。

近年来，淮南市招商引资步伐明显加快，经济外向度明显提高，国内外一些知名企业相继落户淮南。作为对外开放重要窗口的淮南经济技术开发区基础设施建设和招商引资工作取得重大进展。目前，区内已吸引了韩国、美国、澳大利亚、香港、台湾等国家和地区的客商及国内许多大企业、大集团投资办厂。韩国工业园、万向工业园、托普工业园、生物医药工业园等园区正在建设，部分入园企业已建成投产。2002年全市固定资产投资达40亿元。

大力推进投资软、硬环境建设，力创吸引外资的五个环境。一是通过加大城市基础建设，创造“亲商、安商和富商”的城市环境；二是“政策跟着项目走”，打造招商引资的政策“洼地”，创造外商满意的政策环境；三是转变政府职能，适应WTO规则需要，与国际惯例接轨，完善“一站式”服务体系，创造务实高效的行政环境；四是通过“信用淮南”体系建设，创造诚实守信的信誉环境；五是绿化、美化城市，创造良好的人居环境。

为方便人民群众，提高办事效率，优化投资环境，推进政务公开，促进依法行政而设立的淮南市政务服务中心是市政府派出机构，中心共设40个窗口，负责为公民、法人和其他组织办理证照和各类批准文件，进驻中心的有40个部门和具有行政职能的事业单位，600个服务项目。中心的服务宗旨是：便民、高效、廉洁、规范。

淮南市第一污水处理厂

“亚洲第一井”——张集煤矿钢结构主井

钱其琛同志视察汕尾市建设情况

正在崛起的粤东滨海城市——汕尾

广东省汕尾市人民政府

广东省汕尾市是1988年初经国务院批准建立起来的地级市。全市陆地面积5271平方公里，耕地面积105万亩，海岸线长302公里，沿海滩涂面积1.7万公顷。据统计，2001年末全市人口300万人，全市旅居海外华侨、港澳台同胞100多万人。

“九五”期间，汕尾经济成功实现了“软着陆”人民安居乐业，生活水平稳步提高，经济、政治和社会保障等各项改革不断推进，经济结构不断调整优化，国企改革三年脱困目标基本实现，推动经济进入了一个新的发展阶段。“九五”期间，经济年均增长12.8%，达到了“稳中求进、有效增长”的预期效果。

综合实力日益增强

2001年，全市国内生产总值155.3亿元，人均国内生产总值5211元，分别是1995年的1.91倍和1.65倍，年均增长12.8%和9.2%。2001年全市完成一般预算财政收入4.49亿元，人均财政收入149.6元，年均增长分别是7.7%和4.6%。全市农业总产值年均增长8.2%，工业总产值年均增长18.6%。“九五”期间，全社会固定资产投资累计完成136亿元，年均增长4.4%。

农村经济全面发展，农业结构不断调整优化，产业化进程日益加快。农业作为基础产业，在汕尾市经济发展中占有重要地位。2001年全市实现农业增加值49.02亿元，占GDP的31.2%。工业快速发展，经济效益不断提高。2001年全市工业增加值46.85亿元，占GDP的29.8%。第三产业进一步发展。2001年，第三产业增加值61.16亿元，占GDP的39%。

基础设施日臻完善

“九五”期间，汕尾市继续加大基础设施建设投资力度，为经济的持续稳定发展创造了良好的环境。全市公路通车里程达3219.4公里，公路密度为64公里/百平方公里。现有5000吨级码头泊位2个，在建东洲1万吨级码头泊位1个。2001年港口货物吞吐量为25万吨。供水、供电

滨海大道

水清沙净的海水浴场

网络不断完善，2001年城市自来水供水能力10万吨/日，全年用电量9.87亿千瓦时，分别比1995年增长53.8%和116.1%。早在1994年，汕尾市就实现全市城乡电话交换程控化、传输数字化，进入全国邮电通信百强市行列。“九五”期间，汕尾市的通信建设又有很大的发展，从程控电话、寻呼机到微波通信、移动电话、因特网等等，全市已形成了完善的现代通信网络。2001年末，全市城乡电话交换机容量49.5万门，移动电话用户20万门，分别比1995年增长113.1和900%。互联网也已进入千家万户，上网冲浪、聊天，已成为很多市民的时尚。

对外开放硕果累累

“九五”期间，汕尾市外贸出口总值达到21.35亿美元（海关口径），与“八五”时期相比增长175%；累计利用外资为4.01亿美元，与“八五”时期相比基本持平。外贸出口不断扩大，主要产品有机电产品、纺织服装、首饰、渔农产品等，出口遍及港澳台、日本、欧美等地。利用外资向纵深发展，逐步从制造业向农业、批零贸易、交通通信、社会服务等行业扩展。2001年全市外贸出口2.22亿美元，实际利用外资1.19亿美元。全市拥有三资企业263家，从业人员3.07万人，主营业务收入12.18亿元。

科教文卫蓬勃发展

“九五”期间，汕尾市积极实施“科教兴市”战略，大大加强了科技进步对经济发展的推动作用。加强技术创新的知识产权保护，推进产业结构优化和产品升级换代。科技队伍不断扩大，2001年全市拥有各类专业技术人员4.27万人，其中中级职称以上专业技术人员0.93万人，分别比1995年增长50.35%和97.87%。教育事业稳步发展，政府积极筹借资金，增加教育投入，完善教育设施，兴办大专院校，扶持民办学校，进一步巩固“普九”成果。文化事业健康发展，全市共有公共图书馆3个，藏书量6.36万册。卫生事业继续发展，全市共有29个卫生院达到省规定标准，各种传染病和地方病得到有效控制，医疗科技研究有新突破。

人民生活奔向小康

“九五”以来，人民收入稳步提高，消费能力不断增强，消费结构逐步改善，全市已解决温饱问题，并逐步向小康迈进。2001年，全市职工人均工资7242元，比1995年增长36.13%，年均增长6.4%；城镇居民人均可支配收入6359元，比上年增长3%；农民人均纯收入3354元，比1995年增长34.81%，年均增长6.2%。2001年末，城乡居民储蓄存款余额54.17亿元，比1995年增长120.83%，年均增长17.2%。从消费结构看，2001年城镇居民人均消费性支出5880元，其中食品消费支出2604元，占消费性支出的44.3%（恩格尔系数）；农村居民生活消费支出2358.85元，其中食品消费支出1353.43元，占57.44%。从恩格尔系数判断，市区居民生活已属小康水平，农村居民也已解决温饱问题。

“十五”建设发展展望

根据“十五”期间的形势和任务，今后五年汕尾市达到综合经济实力明显增强，国民经济保持快速健康发展，国内生产总值2005年比2000年翻一番以上，地方财政收入力争与经济发展同步增长。经济结构得到调整优化，工业化进程加快，三大产业比例日趋合理、不同类型地区协调发展。基础设施建设和环保工作明显加强，投资环境和生活环境显著改善，城市化水平进一步提高。科技、教育、文化、卫生等社会事业有新的发展，民主和法制建设不断推进。人民生活水平和质量明显提高，全市全面进入小康社会，沿海地区和平原地区要达到较富裕的小康水平。

“十五”时期，汕尾市经济发展主要预期目标是：国内生产总值年均增长16%；农业总产值年均增长8%；工业总产值年均增长23%；社会消费品零售总额年均增长18%；全社会固定资产投资率年均增长30%以上；地方财政一般预算收入年均增长16%；外贸出口额年均增长20%；实际利用外资年均增长22%；人口自然增长率降至8‰；城镇居民人均可支配收入年均实际增长7%；农民人均纯收入年均实际增长6%。

汕尾城市新貌

“十五”期间，汕尾市将扩建汕尾港万吨级泊位码头，规划建设汕尾铁路等一批大项目，进一步加大外引内联力度，培育和发展一批工业骨干企业和农业龙头企业，进一步加快城市和城乡一体化进程，有效地加强环境保护，促进经济和社会协调发展。展望未来，一个工业、农业和旅游业发达，对外开放的文明、美丽、富饶的现代化滨海城市将矗立在世人面前。

珠海市投资建设情况

广东省珠海市发展计划局

一、基本情况

珠海市位于广东省南部，珠江出海口西岸，是一座花园式海滨港口城市。它东与香港水域相连，南与澳门陆地相接。1979年建市，1980年成为中国最早对外开放的经济特区之一。全市辖区面积7649平方公里，其中陆地面积1598平方公里。

珠海自建市、建特区以来，取得了巨大的成就，综合经济实力明显增强。到2001年，全市国内生产总值达到367亿元，“九五”期间年均增长10.7%。

二、城市建设

“九五”期间，珠海市加大固定资产投资力度，按照“高标准、高起点、高效能、高质量、现代化”的要求，建成了一批大型交通、能源、通信基础设施，消除了制约城市发展的瓶颈，成为拉动整体经济增长的重要因素。“九五”期间，全市累计完成固定资产投资466亿元，比“八五”时期增长31.7%，其中基本建设投资完成225亿元，房地产投资完成127亿元。

目前，珠海机场、珠海港、京珠高速公路、莲花大桥、横琴大桥、淇澳大桥、拱北口岸、横琴口岸等，已初步构成珠海海陆空综合配套的对内对外立体交通网络。珠海港作为“中国沿海地区主枢纽港”之一，现已建成码头泊位82个，其个万吨级泊位7个，总吞吐能力达1990万吨。此外，国际赛车场、国际航空航展中心、体育中心、珠海电厂、垃圾发电厂等大型项目也先后建成使用。

珠海城市基础设施建设的具体情况是：

港口——珠海是港口型城市，拥有高栏、九洲、湾仔、万山、斗门等7个一类港口口岸，还有20个二类港口口岸，其中高栏港是中国沿海主枢纽港，可建1万吨至25万吨的泊位100多个，是珠江西岸唯一的深水港。九洲港、香洲港、斗门港每天有30多班快船直达香港、深圳。

高速公路——广州－深圳－珠海（广深珠）高速公路已于1999年12月通车，从珠海到珠江三角洲任何一个地方车程不超过2小时。在建的有中国沿海高速公路珠海段、江门至珠海高速公路。

铁路——兴建中的广州至珠海铁路是广东省开发珠江三角洲西部战略的一个组成部分，与已建成的珠海机场、珠海港、珠海电厂及在建中的中国沿海高速公路、江珠（江门市至珠海）高速公路配套。

珠海机场——1995年6月建成的珠海机场，已开通国内航线32条，每天有航班飞往北京、上海等国内大城市。

电力——珠海电力充沛。由广东省供电局与香港长江实业共同投资、日本三菱重工承建、装机容量为372万千瓦的珠海发电厂一期已于2000年4月开始发电，可以充分保障全市生活、生产用电需要。

供水——珠海市淡水资源丰富，已建成香洲、拱北、西区等一批供水设施，日供水能力达150万吨，除满足全市需要外，还向澳门特别行政区供水。

信息基础设施——目前已基本形成一个以大容量光纤、数字微波、有线与无线全面覆盖的的宽带信息通信立体传输网络。已建成中继骨干光缆275皮长千米，约7000纤芯千米；敷设完成11个108芯综合接入网骨干光缆环，具备覆盖全市现有大楼、小区、经济功能区和开发区的能力；共建有光纤接入网点近160个，用户光纤接入网314多皮长千米，约8700纤芯千米，并在南屏科技工业园三灶科技工业园、新青科技工业园、唐家高新产业基地、南方软件园和保税区建成使用光纤综合业务接入网；珠海本地电话交换网总容量达到48万门，城乡电话用户32万户，全市电话普及率45.7%，市区电话普及率59.5%。

三、投资建设规划

“十五”期间，珠海市基础设施建设的重点是加强珠海双港，信息网、供水网、供电网和气网，广珠铁路和高速公路主骨架的建设，初步实现基础设施的现代化。

继续推进珠海港成为华南沿海主枢纽港的进程，近期要筹建集装箱码头，开展十万吨级干散货码头前期工作。加快建设珠海国际航空货运枢纽港，可利用港澳的国际金融、商业通讯及其他设施，开展货运站的集资、建设和操作。

玉林市投资建设情况

广西玉林市人民政府

“九五”时期，广西壮族自治区玉林市从实际出发，大力弘扬“团结奋进，求真务实，艰苦拼搏，争创一流”的玉林精神，全市经济持续稳定发展，基础设施日臻完善，城市面貌焕然一新。

一、投资业绩辉煌

“九五”时期，玉林全社会固定资产投资额144.3亿元，比“八五”时期增长22.71%，其中基础设施投资额66亿元，比“八五”时期增长4.4倍，重点解决了“水、路、电”的三大问题。一是大力实施“路桥经济”发展战略，全市投入公路建设资金21.8亿元，建设高等级公路280多公里，形成了玉林城区为中心，以各县（市）区城区为卫星城的“半小时经济圈”。二是通过水库除险加固，建成了较为完善的水利设施，有效地改善了农业生产条件，三是电力建设快速发展，玉林电网跨进“超高压、大容量、高度自动化”大电网行列。投入资金25亿元，建成来宾至玉林500千伏输变电工程，220千伏输变电站4座、110千伏输变电站11座，改善了城乡生产、生活用电状况。四是通讯事业发展迅速，2000年全市电话交换机容量达30万门，电话普及率由1995年的1.47％提高到现在的4.57%，移动电话、无线寻呼已覆盖全市。五是投入18.8亿元建成了一批城市标志性工程和通信、供水、供电、防洪、旅游等重大项目，促进了玉林市的全面发展。

二、“十五”投资规划

“十五”期间，玉林市全社会固定资产投资计划为160亿元，年均增长10%左右。投资工作重点是围绕玉林市经济调整，进一步加强水利、交通、能源等基础设施建设，全力推进工业化、城镇化、农业企业化和商贸城的发展，加快形成“二三一”产业发展新格局。

（一）抓好一批推进工业化的项目，努力实现工业发展的重大突破。投资36.7亿元，重点抓好玉柴二铸、小型工程机械、新型柴油机，三环集团高档优质陶瓷环保型项目，黑五类集团黑豆奶深加工，北流、兴业、陆川三个大型干法回转窑水泥等项目的建设。

（二）抓好一批推进城镇化的项目，努力实现城市建设的重大突破。在旧城改造方面，投资13.91亿元，加快州佩小区、玉林商业街、东门商业广场、名山饮食文化街等的改造和建设。在新区开发方面，投资15.2亿元，重点抓好城东的经济开发区、城南的江南小区、城北的中药城、城西的新团物流园区等重点项目建设。城市基础设施方面，投资22.97亿元，集中力量抓好郁江引水给水工程、玉林城区一、二环路续建工程、城北水厂供水管网、南流江玉林城区河道综合整治三期、玉林市体育馆、玉林市污水处理厂、玉林市垃圾无害化处理厂等重点工程，继续抓好排埠桥改造、江滨东路、教育东路名山段、人民中路等城区道路的改造工程，抓好玉林城区西干渠、五里圳、金牛路等一批排水排污工程及垃圾中转站、公厕等配套设施的建设。

（三）大力抓好一批推进农业企业化的项目，努力实现农业和农村经济发展的重大突破。一是大力推进农业结构调整；二是大力推进农业企业化，培育、扶持、发展龙头企业；三是加强农业科技、信息、流通服务；四是加大对农业的资金支持力度；五是进一步加强扶贫开发工作。

（四）突出抓好一批现代商贸物流、交通运输、旅游、信息项目，努力实现第三产业发展的重大突破。一是抓好投资11亿元建设玉林市现代物流园区、玉林市中药城、福绵服装综合市场等项目；二是抓好投资13亿元建设玉林云天文化城、容县都峤山宗教生态旅游开发工程、寒山国际影视中心、大容山森林公园等项目。

（五）加大招商引资工作力度，努力实现开放型经济的重大突破。一是加大对外招商引资力度；二是努力实现外贸出口快速增长。

（六）大力加强项目建设，努力实现基础设施建设的重大突破。一是抓住西部大开发有利时机，争取更多的国债投资支持，办好一批老百姓关心的“民心工程”；二是继续加强铁路、机场、公路建设；三是以灌区配套改造、江河综合治理、节水灌溉、水资源保护、水土保持和水库除险加固为重点，着重抓好玉福和龙洋大型灌区改造、博白县老虎头水库灌区配套节水治旱项目；四是继续加大电力设施建设力度。投资4亿元，续建农网二期改造工程；投资7.7亿元，抓好容县、北流、博白、陆川、兴业等五县（市）城网改造；抓好陆川、兴业220千伏送变电工程和10个110千伏送变电工程的建设，加快城乡电网改造和建设，早日实现“城乡同网同价”。

新疆生产建设兵团投资情况

新疆生产建设兵团计委主任　陈献政

一、2001年投资基本情况及分析

全社会固定资产投资保持了较快的增长，促进了国民经济与社会稳定快速发展，实现了“十五”计划的良好开局。全年完成全社会固定资产投资87.5亿元，为计划的105%，增长18.8%，全社会新增固定资产78.2亿元。按计划管理渠道分，基本建设投资完成55亿元，为计划的110%，增长14.1%；技术改造投资完成8亿元，为计划的80%，与上年持平；集体、个体投资完成6亿元，为计划的100%，增长50%；房地产投资完成10亿元，完成计划，增长7.2%；其它投资8.5亿元，为计划的121%，增长11.8%。

(一)主要特点

1.国家投资力度加大，投资构成初显多元化格局

运用国家实施积极的财政政策与西部大开发的机遇，积极争取国家支持，加强了基础设施建设，2001年共争取到位国债资金和国家预算内资金32.6亿元，占固定资产总投资的37.3%，增幅达111%。利用外资增长263%，企事业单位自有资金投资增长29.2%，集体、个体投资稳步增长，表明社会投资力度在加大，国家投资起到了引导和带动作用，促进了投资的资金结构开始向多元化方向发展。

2.促进了经济结构调整

在充分考虑加快基础设施建设与促进产业结构调整相协调的基础上，根据“十五”计划确定的结构调整方向，落实了一批重点项目，加快了企业技术改造，通过投资引导和带动，促进了经济结构调整。加强了以胚胎、冷配等技术为主的畜牧业项目建设，2001年畜牧业占农业总产值的比重由11.4%上升到15.2%。加快了以棉花制种、播种、采收为重点的棉花基地工程建设。大力发展特色经济，特色果林面积增长了10%。集中力量扶持卵磷脂、初乳素、果汁、棉纺、热电联产等一批对行业发展具有示范带动作用的项目建设，进一步优化了工业经济结构。2001年，第一产业投资21.2亿元，占总投资的24.2%，第二产业投资18.6亿元，占21.3%，第三产业投资47.7亿元，占54.5%，其中房屋建设(包括经济适用房、危旧住房改造)投资25.4亿元，占第三产业投资的53.2%。

3.基本建设对投资增长起到关键作用

由于国家政策影响，国债资金主要投向基础设施建设，近几年来，基本建设投资一直保持两位数的增长速度，成为推动全社会固定资产投资快速增长的主要因素。从投资构成看，基本建设投资55亿元，技术改造投资仅8亿元。在总投资中，基本建设投资占到63%。

4.新开工项目有较大增长

2001年新开工的项目达到54项，计划总投资比上年增长28.4%，新开工项目的增加及计划投资的大幅上升，表明兵团投资增长的后劲比较足，也为2002年投资保持较快增长奠定良好的基础。

5.石河子经济技术开发区成为兵团经济增长的新亮点

石河子经济技术开发区设立于1992年，2000年经国务院批准升格为国家级经济技术开发区。通过不断深化体制改革，加强基础设施建设，改善投资环境，开发区建设取得了显著成绩。国内生产总值、固定资产投资、利税等重要指标9年来年均增速达40%以上，累计完成固定资产投资21.3亿元。2001年实现国内生产总值4.54亿元，完成固定资产投资5.1亿元。2001年以来，开发区在招商引资上有了重大突破，一批国内外知名企业如台湾顶新集团的“康师傅”方便食品项目纷纷在开发区落户，石河子开发区建设呈现出加速发展的良好势头，成为兵团经济增长的新亮点。

(二)投资效果分析

1.投资对拉动全年经济增长起到决定作用

在市场消费需求平稳、外贸出现逆差的形势下，投资成为拉动兵团经济增长的决定因素。根据国民收入法，对2001年投资效果进行测算，GDP的增长中有4.9个百分点是由投资拉动的。可以说，2001年投资的快速增长，加快了基础设施建设，推动了产业升级和技术进步，明显改善了社会事业面貌，有力地支撑了兵团国民经济的稳步增长。

2.基础设施条件明显改观

(1)农业、生态、水利建设步伐明显加快。塔河治理农

一师、农二师段灌区和干渠建设、14个大型灌区续建配套与节水改造、8个病险水库除险加固、国际界河治理等工程实施顺利，重点师防洪和农业抗风险能力进一步提高；400万亩现代化灌溉工程、1000万亩生态草场及1000万头优质草食畜开发项目、50万吨优质棉花基地项目、精准农业工程等项目进展较快，推动了农业结构调整；退耕还林还草及生态建设进展顺利，项目区林草植被逐步增加，生态环境开始改善。

(2)农村电网建设与改造一期工程进入收尾阶段。通过3年的电网建设与改造，各师电网布局不合理、技术设备落后等状况有了改观。累计完成投资11.88亿元，完成了13个师、138个团场的441公里110KV线路、970公里35KV线路、7252公里10KV线路、5968公里低压线路建设。

(3)公路建设成绩显著。国债资金的投入加快了垦区、团场公路建设进度，2001年安排国债资金5.36亿元，投资建设5条垦区公路514公里，34个扶贫团场道路691.4公里、69个团场通达公路1212公里，项目进展顺利。

(4)集中力量加强工业建设和改造。重点实施了奎屯热电厂项目、农垦乳业集团初乳素和学生奶项目、哈密铜镍矿采选项目、石河子粮油加工厂大豆粉末卵磷脂项目、石河子神内果汁加工项目、184团膨润土等项目建设。

(5)中央直属储备粮库建设取得较大进展。在已经建成3座国储粮库的基础上，2001年又新建4座国储粮库，新增仓容2.7亿斤，缓解了兵团粮食仓容紧张的局面。

(6)城市基础设施面貌明显改善。2001年五个城市基础设施建设全面启动，新增集中供热面积98.8万平方米、城市道路16.8公里、排水管线92.68公里、日供水1.8万吨和0.6万吨的水厂2座、天然气低压管网128.8公里、中压管网37.24公里。这些设施建成后，城市综合功能逐步得到发挥。

(7)高科技产业化项目取得新进展。高科技产业化项目涉及畜牧业、林业、医药、食品等行业，重点实施了超细毛羊和肥羔技术、干旱地区生态经济林技术、阿胶强骨口服液技术、棉仁分离蛋白技术等项目。这些项目的实施，对相关产业的技术进步和结构优化升级起到推动作用。

3.利用外资出现增长势头

利用外资紧密结合兵团实际，围绕节水灌溉、畜牧业、电力建设、医疗卫生设备等方面，积极争取外国政府优惠贷款，在2000年利用外资350万美元的基础上，2001年完成利用外资1272万美元，实现了跨越发展，表明兵团利用外资形势开始明显好转。

4.存在的主要问题

(1)由于国家资金投向的制约，投资对结构调整的推动相应不足，投资结构尚不合理；(2)投资增长过度依赖国债，集体、个体、私营等民间投资增长仍然较慢；(3)大批资金在短期内集中投入，而项目前期工作滞后，可能会造成资金使用效率不高，使项目管理难度加大，尤其是对国家支持的项目储备严重不足，将会影响国家资金的支持力度；(4)对项目的管理不够，存在着“重建设、轻管理”的现象。

二、2002年投资计划与重点

2002年固定资金投资工作的指导思想：认真贯彻落实中央经济工作会议、国家计划会议及兵团党委五届二次扩大会议精神，抓住西部大开发机遇，继续努力争取国家资金支持，拓宽融资渠道，促进和引导民间投资，保持全社会固定资产投资较快增长；突出重点，集中资金，加强基础设施建设，推进结构调整和产业升级；确保国债续建项目，搞好2002年国债在建项目建设，加强项目前期工作，建立重大项目稽察制度，进一步做好项目全过程的管理和监督；加快投融资体制改革，逐步建立促进兵团投资持续稳定增长的新型投融资体制。

(一)固定资产投资计划

全社会固定资产投资计划安排98亿元，增长12%。其中：基本建设投资62亿元，增长12.7%；技术改造投资10亿元，增长25%；房地产投资10亿元，与上年持平；集体、个体投资8亿元，增长33.3%；其他投资8亿元。

(二)基本建设重点项目

计划安排重点建设项目43项，其中：农业水利14项，工业3项，电力3项，道路3项，城市设施9项，商贸2项，科教文卫、公检法司等社会事业9项。

计划全部建成投产和部分投产项目12项，主要包括大型灌区续建配套与节水改造、引额济克农十师南部输水配套工程、国际界河防洪工程、人畜饮水、农村电网建设和改造一期项目、垦区公路、扶贫团场出口公路、团场通达公路、石河子种子交易市场、北屯城市道路工程、塔里木农垦大学图书馆等项目建设。

续建项目17项，主要包括兵团400万亩现代化灌溉工程、塔里木河综合治理工程、兵团1000万亩生态草场及1000万头优质草食畜开发项目、50万吨优质棉花基地项目、兵团精准农业实施工程、退耕还林还草工程、石河子污水处理厂、石河子天然气供气工程、北屯排水及污水处理工程、五家渠集中供热工程、阿拉尔、图木舒克城市道路及排水、供水工程、农牧团场农牧职工危旧住房改造工程、“金边工程”建设、兵团经济信息网络系统一期、兵团公安指挥中心、检法司联合办公大楼建设项目。

计划新开工项目12项，主要包括乌鲁瓦提水利枢纽下游兵团皮墨垦区开发及配套工程、生态环境综合治理、天然草原恢复及牧草种子基地建设等农业水利项目；石河子热电厂新增2×5KW装机容量项目、中美合资乌鲁木齐福星现代建材项目、兵团二期农村电网建设与改造工程等工业项目；兵团特色果品交易市场等市场建设项目；五家渠城市道路二期、北屯集中供热工程等城市基础设施建设项目；兵团棉花全过程机械化高技术产业化示范工程；石河子大学工科实验楼工程、兵团公检法司等社会事业建设。

阿克苏地区经济和社会发展情况

新疆阿克苏地区发展计划委员会

一、阿克苏地区概况

阿克苏地区位于天山南麓，塔里木盆地北缘，地处新疆南疆中部。国土面积13.2万平方公里，人口215万人。

境内地形北高南低，由西北向东南倾斜。天山山脉在北部由西向东绵延，山区及山间盆地是煤炭等矿产重要产地。绿洲主要分布于阿克苏河、渭干河、塔里木河流域，农牧业生产比较发达，棉花、稻米、油料、瓜果等物产，在全疆享有盛誉。东南部是一望无垠的塔里木盆地塔克拉玛干沙漠，石油储量全国瞩目。

阿克苏地区经济资源十分丰富：

（一）油气资源

塔里木油气资源是中国本世纪初的重要能源接替基地之一，而阿克苏是塔里木油气开发的主战场。阿克苏境内目前已探明有13个油气田，315口油气井，含油气面积1076.4平方公里，石油地质储量2.87亿吨，天然气地质储量6558.18亿立方米。“西气东输”工程的气源93%以上在阿克苏境内。因此，阿克苏地区有条件建设中国重要的石油化工基地。

（二）煤炭资源

阿克苏是南疆最大煤炭资源地。全区煤炭储量109.6亿吨，其中库车俄霍布拉克整装煤田储量就达10亿吨。

（三）其他矿产资源

阿克苏地区矿产资源丰富。金属矿丰度较高的有铝、铁、铜、锰、锌、镉、镁等，铝土矿储量52亿吨，铅锌矿储量7.2亿吨。非金属矿产主要有：磷矿1000万吨，岩盐矿6000亿吨（其中地表露储量220亿吨，居全国之首），石灰岩矿储量上千亿吨，石膏储量30亿吨，麦饭石储量上亿吨，红柱石储量1500万吨，重晶石储量12.3万吨，萤石矿储量5.16万吨。

（四）水、土、光、热资源

年日照时数为2750-3029小时，太阳总辐射量为5340-6220兆焦/平方米，是全国太阳辐射量最多的地区之一。地区总面积19700多万亩，人均近100亩，是全国人均15亩的近7倍。境内有冰川1298条，储量水约2154亿立方米。有阿克苏河、渭干河、塔里木河三大水系及大小60多条主要泉流，地表水年径流量129.4亿立方米，地下水动储量106.2亿立方米，可开采量51.2亿立方米。

（五）旅游资源

境内的天山第一峰托木尔峰、塔克拉玛干大沙漠、中国最长的内陆河流塔里木河都是世界上独一无二的自然景观。阿克苏是古丝绸之路上的重要驿站，历史上西域三十六国中的“龟兹古国”建址在地区境内。始建于两晋时期著名的中国四大石窟之一的克孜尔千佛洞和库木吐拉千佛洞等石窟群，作为外来文化与中原传统文化交汇的产物，其文化价值是世界性的。

二、经济和社会发展现状

按照国家“分三步走，基本实现现代化”的战略部署，阿克苏地区第一步战略目标已于80年代胜利实现，1998年提前2年实现了国内生产总值比1980年翻三番的第二步战略目标，2000年全地区国内生产总值达到71.17亿元，比1980年翻3.9番，“九五”期间国内生产总值年均增长8.3%，保持了较快的增长速度。主要工农业产品生产能力大幅度提高，粮食生产稳定增长，自给有余，总产已逾100万吨；棉花最高产量达500万担以上，成为全国最大商品棉基地之一；种植业结构调整促进了特色经济的兴起，各种特色经济作物正在朝规模经营方向发展；石油、煤炭、电力、纺织、建材等主要产业优势地位已初步确立；城乡市场繁荣，个体经济增长迅速，第三产业年均增长在15%以上。固定资产投资发挥良好作用，“九五”期间固定资产投资累计达到62.58亿元，是“八五”期间的2.6倍，基础设施和基础产业得到加强，城市居民住房条件得到较大程度改善；随着南疆铁路的建成运营，交通的“瓶颈”制约已大为缓解；科技、教育取得新的进步，各项社会事业取得长足发展，社会主义精神文明建设得到加强；人民生活水平不断提高。

三、2001年固定资产投资情况

2001年是阿克苏地区各项事业结构性调整的重要时期，也是加快市场经济体制，实施西部大开发战略，实现大开放、大开发、大发展的关键时期。年初地区依照本区实施情况提出了2001年全社会固定资产投资的奋斗目标，经过一年的不懈努力，共完成各类固定资产投资21.3亿元，较上年同期增长33%，其中基本建设投资完成16.5亿元，增长38.3%，更新改造投资完成1.93亿元，增长58.7%，其它投资完成2.9亿元，增长33%。基本建设作为全社会固定资产投资的重头戏，全年完成（或新开工）项目共152个，其中重点项目42个，包括工业项目25个，农业产业化项目3个，城市建设项目及社会发展项目14个。

四、近期重点投资建设项目

随着国家西部大开发战略的实施，以基础设施建设为动力推动经济增长，已成为阿克苏地区调控国民经济和提高综合实力的主要手段。2002年，阿克苏紧紧抓住塔里木油气开发和“西气东输”的机遇，大力开展石化、能源基地建设。同时，加大城市基础设施建设力度。截至2002年8月，全地区陆续安排投资重点项目30余个（除塔河河综合治理，农村电网改造等专项外），累计总投资约48亿元。主要重点项目的进展情况如下：

（一）能源、石化工业项目

1. 库车俄霍布拉克煤矿工程

该项目是地区为加快实施西部大开发战略步伐，适应煤炭工业结构调整和电力工业快速发展的需要，作为南疆区域能源平衡的支撑项目提出建设的。目前，通过招商引资，由江苏徐州矿业集团组建天山矿业有限责任公司担任项目法人，项目一期规模为90万吨／年的现代化矿井，总投资为2.312 亿元。

2. 库车火电厂一期工程

该项目是自治区电力公司为配合国家西部大开发战略实施和“西气东输”工程全面建设，确保电力基础产业先行，加快实施南北疆220KV统一电网而提出建设的。项目规模为2 × 12.5 万KW火电厂，年发电量12.5 亿KWh，总投资9.997 亿元。

3. 新疆塔里木油气化工有限公司沥青二期扩建

该项目是由中石化新星石油公司西北石油局在油气田开发中，为充分开发和综合利用其副产品轻烃而配套建设的。一期规模为25万吨／年，二期扩建规模为新增年产75万吨沥青，总投资为1.5 亿元。

4. 库车化肥厂迁建工程

该项目是中石化公司为支持西部地区发展，将广石化装置整体搬迁到库车县的项目。项目规模为年产30万吨合成氨、52万吨尿素，总投资124590万元。

5. 库车宏桥石蜡厂

该项目是由巴州油气开发公司（民营）为充分利用塔里木油气化工公司下游产品石蜡重柴油，独资在库车建设的项目。该项目规模为年加工24000吨石蜡重柴油，总投资为2574.51 万元。

6. 库车塔北石油液化气厂

该项目由库车塔北液化气有限公司为充分利用库车境内的油气资源，将油气田副产品伴生轻烃进一步加工利用、生产石油液化气的项目。项目规模为年产8万吨液化石油气，总投资4100万元。

7. 拜城县工业溶剂油厂

该项目由拜城县与香港西盛达发展有限公司共同出资建设，是拜城县重点招商引资项目。项目总规模为年生产5万吨工业溶剂油，总投资为2591万元。

（二）交通基础设施项目

1. 国道314线阿克苏过境公路（南线）

项目为21.66 公里二级路面，6.7 公里城市道路建设，总投资2亿元。该项目已正式开工建设，建设期二年。

2.S211 省道新和至沙雅公路

项目为43公里三级道路，总投资4557万元。项目已于5月中旬开工，预计年底可建成交付使用。

3.S207 省道玉尔滚至拜城公路

该项目属奎一赛高等级公路的子项目，总长92.6 公里，总投资13452万元。项目于5月底开工，预计11月底可完工交付使用。

4.208 省道阿克苏市至阿瓦提公路

项目为奎一赛高速公路的子项目，主要为58.3 公里三级路面建设，总投资8489万元。该项目于5月底开工建设，预计年底可建成投入使用。

（三）城市基础设施及其它社会发展项目

1. 阿克苏市污水处理厂及二期供水扩建项目

该项目规模为新增污水处理能力9万吨／年，新增供水能力为3万m^3/年，项目总投资7880万元，属国债重点扶持项目。

2. 世纪大厦二、三期工程

该续建工程规模为新增建筑面积4.3 万m^2，新增投资2.5 亿元。二期工程于5月份动工，计划年内完成二期工程全部内容和三期工程主体。

3. 阿克苏市无害化垃圾场项目

该项目建设规模为年处理生活垃圾10万吨，焚烧医用垃圾30吨／日，总投资5889万元，属国债扶持项目之一。2001年冬开工兴建，预计年内可建成投产。

4. 地区邮政楼项目

该项目总建筑面积9000m^2，投资2100万元。2001年底开工，2002年10月底完工交付使用。

5. 阿克苏世纪广场和环南商贸批发城项目

该项目由世纪广场和商贸城组成。拟定世纪广场占地面积73亩，商贸城建筑面积1.6 万m^2，总投资分别为6000万和4200万元。计划7月底全面开工建设，2003年8月交付使用。

6. 经济适用房小区兴建项目

全地区2002年安排经济适用房总建设规模67万m^2，其中重点住宅小区11个，建筑面积53 万m^2，总投资约4.6亿元。

7. 阿克苏市城市集中供热工程

该工程属兵地融合项目，建设规模为一期供热面积128万m^2，二期70万m^2，总投资8500万元。该项目从2001年底开工，目前已完成跨河首站工程。

以上重点项目数据表明，2002年地区制定的战略目标预计可以超额完成。通过以上各类重点项目的实施，在整个“十五”期间可增加地区固定资产投资规模487523万元。项目投产交付使用后，每年可实现总产值502400万元，为地区实现利税总额74941万元。

（供稿：屈迁　田江）

前进中的秦皇岛

秦皇岛经济技术开发区管委会主任　胡英杰

管委会主任胡英杰会见外国客商

一、开发区概况

秦皇岛经济技术开发区是1984年10月经国务院批准设立的首批开发区，分东西两区，规划面积28.39平方公里，拥有海域面积23.81平方公里，海岸线约7公里。所依托的母城秦皇岛市是中国重要的能源输出港口城市和建材工业基地，同时又是中国的旅游胜地。

截至2001年底，开发区已累计批准各类项目2509个，其中外商投资项目525个，投资总额31.8亿美元内资项目1984个，实际引进内资总额51.46亿元。目前已有美国、德国、日本、澳大利亚、韩国、新加坡等28个国家和地区的客商来开发区投资置业，初步形成了以冶金、机械、电子、轻纺、精细化工、建材、服装等门类为主的工业体系。一大批高新技术企业的兴建与发展，有效地带动了传统产业的改造和产品、产业结构的调整，形成了以机电一体化、生物工程、新材料、新能源、信息产业为基础的高新技术产业群体。一些跨国公司，如日本伊藤忠株式会社、韩国LG集团、泰国正大集团、德国曼内斯曼公司、英国TI集团、美国雷诺兹公司等分别到开发区投资兴业。

2001年，开发区完成GDP23.4亿元，同比增长18%；完成工业总产值62.74亿元，同比增长37.3%；实现利税1.47亿元；实现产值超亿元的企业9家，利税超千万元的企业4家。完成财政收入3.31亿元，同比增长98.2%。2002年1-6月，全区规模以上工业企业完成工业总产值24.46亿元，同比增长56.4%，有5家企业产值超亿元；实现利税1亿元，完成财政收入3.04亿元，出口创汇8327万美元，同比分别增长87.4%、136.3%、36.4%。

为进一步提高开放水平，创新开发功能，开发区不断探索项目引进的新举措，着力构建招商引资的载体，实行集约化招商，在园区建设上实现了新的突破。燕山大学高科技园从2000年3月动工兴建，到2002年7月底累计完成固定资产投资1.4亿元，有34个高科技项目进区，14个项目建成投产，现已被教育部批准为国家级高等院校科技园区。韩国工业园招商引资力度加大，出台了关于若干优惠政策的有关规定，目前已有多个项目入驻或签约。出口加工区于2002年6月被国务院正式批准，基础设施工程已基本完成。开发区与全国18家高校联合创办的华博高科技园区，已确定开工项目9个，华博晶体项目已建成投产。台湾工业园、欧洲工业园的建设也取得了一定进展。

二、未来投资项目

近年来，开发区项目引进取得了重大进展。2002年1-8月，全区引进外资项目21个，总投资达7196万美元；引进内资项目150个，其中工业项目28个，注册资金1.16亿元。

2001年被国家环保总局批准为国家级示范区

开发区国际发展中心

开发区科技园一角

经济技术开发区

姜春云同志到开发区视察

河北省省长钮茂生到开发区视察

目前，开发区鼓励投资的行业有：

1. 食品制造业：方便食品及功能保健食品，微生物发酵食品，食品工业生物技术产品，主要包括天然色素、酶制剂、各种天然保健、健脑、益寿补品等；

2. 纺织业：新型高档产业用布，特种功能性涂层面料，非织造布；

3. 化学工业：主要包括电子化学品，工业表面活性剂，纺织印染助剂，食品和饲料添加剂，日用清洁剂，特种油墨，热敏和光敏材料及复印材料，防霉剂、保鲜剂等石化工业的下游产品，其它无污染或有污染确有治理措施的化学制品；

4. 医药工业：技术先进的医疗电子器械，新型、特效原料药，新型、特效中西成药，新型药品，包装材料采用生物工程技术生产的新型药物；

5. 建筑材料业：特种玻璃及深加工产品，新型、轻型建筑材料，新工艺建筑用品；

6. 机械工业：光机电一体化产品，先进的印刷机械和包装机械，汽车零部件，港口机械及零部件；

7. 电气机械及器材制造业：节能型机电产品，控制元器件，智能自动化控制系统，激光仪器设备，工业自动化仪器及控制系统，微电机精密模具；

8. 电子及通讯设备制造业：计算机软硬件，外围设备及配套产品，通信设备，光纤、卫星和微波通信产品，微电子器件，光电产品，办公室自动化设备，电线电缆及通讯光缆；

9. 新兴产业：微电子技术，新材料，生物工程技术，信息、通信系统，网络技术；

10. 第三产业：港口，码头海洋运输业，信息咨询服务业，房地产业，有特色的综合性旅游项目，综合技术服务业。

三、投资环境与政策

秦皇岛经济技术开发区是国家级开发区，入区企业除享受国家级开发区的一切政策外，根据具体情况，还享受开发区制定的有关优惠政策。开发区设有出口加工区，为进入该区的出口加工企业、仓储企业和运输企业提供更加宽松的经营环境和快捷的通关模式。

1997年，开发区被国务院特区办、中编办确定为行政管理体制和机构改革试点单位。2002年初，秦皇岛市委、市政府又赋予开发区市级审批管理权限。市有关职能部门对开发区相关的内设机构及派驻机构下放管理权限和实行对口委托执法，使其在辖区内行使市有关职能部门的相应管理权和行政执法权。随着开发区管理体制的逐步理顺，服务力度进一步加大，投资环境得到极大改善。

开发区万基钢管有限公司奠基

秦皇岛出口加工区

为开发区配套的生活区

蓬勃发展的长春高新技术产业开发区

长春高新技术产业开发区管委会

长春高新技术产业开发区是国务院批准的首批国家级高新区，于1991年8月成立，总面积49平方公里，其中政策区27平方公里，新建区22平方公里。在各级领导的关怀和社会各界的大力支持下，长春高新区创造了超常规的发展速度，先后获得国家“十佳高新区”、“高新技术产业开发区优秀管理奖”等多项表彰和奖励。2001年9月，科技部授予“先进国家高新技术产业开发区”称号。

截至2001年底，区内注册企业达到1380户，认定高新技术企业860户。年技工贸总收入超千万元企业167户，超亿元企业38户。累计实现技工贸总收入1068亿元，工业总产值870亿元，高新技术产值612亿元，利税173亿元。近几年，长春高新区综合指标一直位居全国53个国家级高新区前列。

一、科技和人才优势

长春高新区具有得天独厚的科技和人才优势，以及良好的文化和创新氛围。区内有吉林大学、东北师范大学等20多所全日制高等院校，有中科院长春应化所、光机所、物理所等39个国家、省直属科研机构和11个国家重点开放实验室。有近20万科技人员在此工作，科技人员占人口总数的16.6%，是国内知名的高智力密集区。长春高新区还通过创办中国长春大学城、中国长春海外学人创业园、国家级博士后科研工作站，积极培育人才，多方引进国内外高层人才，奠定了坚实的人才基础。

科技优势与人才优势相结合，形成了强大的创新能力，“九五”期间，全区累计获得专利授权1191项，已列入国家、省、市重点计划项目共282项，每年都有近千项新成果问世。据2001年末统计，仅大学、科研院所的科技人员，归国留学生创办的高科技企业就占入区企业的40%，自主创新产品产值占全区技工贸总收入的60%以上。

二、蓬勃发展的产业园区和基地

长春高新区抓住世界高新产业前沿技术，实施园区带动战略，加快了产业化进程。长春高新区围绕生物医药、光电技术、汽车工程、信息技术、新材料五大主导产业建设产业园区和基地，相继建立了生物医药园、计算机软件园、汽车工业园、海外学人创业园、光电技术产业园、吉大科技园、长春大学城、新材料园八个专业园区。特色园区的蓬勃发展，使长春高新区成为国家级软件研发基地、国家级光电信息技术产业化基地、国家级海外留学人员创业示范基地、国家级高新技术产品出口基地。

三、一流的软硬环境

长春高新区大力推进新建区的软硬环境建设，为招商引资和高新区的腾飞奠定了基础。新建区基础设施投资累计40亿元，按照现代化、园林化的规划标准，完成了道路、给排水、电力、桥梁等基础设施建设项目。2001年底，新建工业区10平方公里的基础设施建设全部完成。目前，新建区高楼大厦鳞次栉比，厂房错落有致，道路四通八达，别墅、酒店、银行等配套设施一应俱全。

长春高新区在建设硬环境的同时，还以“全省最好、全国一流”的目标狠抓了软环境建设。1999年，投资800多万元，建立了2000平方米的“一站式”服务大厅，并通过进一步搞好封闭管理、促进政务公开、加强干部队伍的作风建设、严格实行责任追究制度等途径，形成了开放、高效的服务体系和服务环境，受到了驻区企业的好评。

四、招商引资成果

多年来，长春高新区坚定地实施“大招商，招大商”的策略，通过多种有效方式，使招商引资工作取得重大进展，并在安商增资方面有了进一步的提高。目前，已有美、日、韩、德等近30个国家和地区的外商在长春高新区投资兴业，发展三资企业累计达到360户，项目投资累计达14亿美元。德国汉高有限责任公司、世界第二大汽车零部件企业美国凯尔·海斯等世界500强企业已有12户在长春高新区投资建厂。

五、今后的发展构想

“依托科技优势，构筑东北硅谷，培育主导产业，建设科技新城”，是长春高新区二次创业的总体构想。

“十五”发展目标：到2005年，实现GDP300亿元，年均增长40%以上；实现技工贸总收入860亿元，年均增长35%以上；实现高新技术产品产值470亿元，年均增长33%以上。

下一步要采取的五大主要措施 1.强化领导，创新机制，全力打好招商引资总体战；2.以技术创新为龙头，加快高新技术产业化进程，积极培育新的经济增长点；3.打造数字、信用、无费、生态、服务型高新区，努力创造一流的发展环境；4.抓好管理体制的改革与创新，积极探索与国际惯例接轨的新型管理模式和运行机制；5.以培养高素质的干部职工队伍为目标，全面加强党建和精神文明建设。

面对艰巨的使命和历史的责任，高新区管委会主任苗若愚要求全体干部职工，培育和发扬勤奋学习、开拓创新、争创一流、顽强拼搏、敬业奉献、优质高效的高新区精神，全力实现二次创业目标。目前，长春高新区人正以饱满的激情和高昂的斗志，投身于新的创业征程中。

宁波大榭开发区建设情况

宁波大榭开发区经济发展局

一、独特的开发背景

1992年，根据邓小平同志南巡重要讲话和国务院长江三角洲及沿江地区经济规划座谈会精神，由荣毅仁先生决策，浙江省政府、宁波市政府和中信公司经过反复磋商认证，一致同意由中信公司负责组织投资，对宁波市北仑区大榭岛进行土地成片开发建设。1993年3月5日国务院批复同意中信公司成片开发大榭岛，并实行国家经济技术开发区政策。

二、天然的深水良港

大榭开发区由大榭岛及其13个附属小岛组成，开发面积35平方公里，其中大榭本岛30.84平方公里。大榭岛位于宁波市东部，与北仑港隔江相望，距宁波市40公里。

大榭岛濒临国际深水航道，拥有10.7公里深水岸线，离岸150m左右水深即达20-30m，可靠泊30万吨船舶；外有舟山群岛作天然屏障，终年不冻不淤，水深流顺风浪小，年作业时间在330天以上，特别适合投资建设大型港口和临港工业型项目。

三、开发建设目标

中信公司设想将大榭岛建成一个以临港工业、出口加工、高新技术产业为中心，以国际贸易、货物中转、仓储运输为支柱，第三产业较为发达，功能齐全，环境优美，布局合理，具有世界一流水平的大型国际港口和外向型经济区。荣毅仁先生将其高度概括为："把大榭岛建成世界一流港口的经济贸易区。"

四、开发现状

截至2001年底，大榭开发区已累计完成固定资产投资34.50亿元；已开发土地面积为592万m^2；注册企业1000余家，其中工业企业220余家。2001年实现财政收入9.8亿元，外贸出口额2.5亿美元。

（一）基础设施不断完善

1. 对外交通。航空：大榭至宁波栎社国际机场仅需40分钟，至杭州国际机场1.5小时。海运：临近的北仑港已开辟56条集装箱航线，月航班达300余班，远洋干线、近海支线、内支线和内贸线等航线已形成网络。陆岛交通：大榭跨海公铁两用大桥已于2001年4月28日建成，使大榭与全国综合运输网紧密相连。

2. 岛内交通。陆续兴建成了贯通南北的城市主干道和环岛公路，并修通了至各主要港区的道路，基本形成了岛内交通网络，同时重点建设了工业园区和生活区的路网，使岛内交通和生活条件大为改善。

3. 供水。日供水能力达15万吨。

4. 供电。大榭开发区用电由中国华东电网供应。已投资兴建了一座110kv变电所和三座35kv变电所，可满足企业双回路供电的需求。规划开发中期还将兴建一座220kv变电所。

5. 通讯。现有程控交换机容量10000门，开通了数据信息交换网和无线通讯中转站，并已铺设了6万门跨江程控光缆，可按需要随时启用。

（二）投资软环境进一步优化

1. 投资者合法权益能得到有效保障。在大榭开发区第一部地方性法规《宁波大榭开发区条例》于1994年颁布实施后，管委会陆续制订出台了一系列鼓励中外客商投资大榭的优惠政策和有利于开发建设、社区管理的规范性文件，以使投资者利益和合法权益能得到有效保障。

2. 政府管理实行优质服务。通过对管委会各机构进行充实、调整，使开发建设和政府管理的职责进一步明确，各部门服务意识不断强化，已建立起一套能为投资者提供高效服务的管理体制。

3. 一类口岸机构已陆续上岛办公。大榭是经国家批准的一类对外开放口岸。大榭海关已于2001年开关办公，且已开通大榭至宁波栎社机场的直通港业务。大榭港监、国检、边检等其它口岸机构也已陆续建成并行使职能，保障了大榭一类口岸对外开放的顺利实现。

4. 服务机构和设施不断完善。各大银行、保险等金融服务业已在岛上设立分支机构；会计、税务、法律等中介事务所已纷纷进驻；学校、医院等文教卫生设施已大大改善；新建的酒店、商住楼、别墅陆续启用，这一切已为投资者提供了良好的工作和生活条件。

（三）招商引资取得进展

1. 港口及临港工业型大项目取得重大突破。大榭岛优越的港口建设条件使许多国内外大公司、大财团产生了浓厚兴趣，特别是需要利用深水码头进行大宗货物中转、储运的跨国航运、石油、化工公司更是表现出了极大兴趣。目前已有华东液化石油气基地站、宁波港原油中转基地和利万石化高档沥青等项目落户大榭。

2. 工业型项目招商取得积极进展。大榭开发区在吸引中小型工业项目上也取得积极进展。至今，约有2亿美元的外资项目和国内一批上市公司及有实力的企业落户大榭，投资行业涉及医药、精细化工、新型材料、机械、家用电器等领域。目前，一个规划先进、布局合理、设施完善、环境优美的现代工业园区的雏形已经形成。

第四部分

西部大开发

西部大开发综述

采取有力措施　支持西部开发

国家发展计划委员会副主任、国务院西部开发办副主任　李子彬

为了扩大内需，调整经济结构，增强民族团结，缩小地区差距，逐步改变西部地区相对落后的面貌，促进全国经济和社会发展协调发展，党中央做出了实施西部大开发，加快中西部地区发展的重大决策，不仅得到全国人民的热烈拥护和积极响应，而且在海内外也引起广泛关注。

一、实施西部大开发已采取的主要措施

2000年初以来，国家从组织领导、政策支持、规划制定、项目安排、建设投入、资金补助等方面，采取一系列重大举措，促进西部大开发迈出了实质性步伐。加强组织领导。2001年1月，中共中央、国务院转发了国家发展计划委员会关于实施西部大开发战略初步设想的汇报。国务院成立了国务院西部地区开发领导小组，由朱镕基总理担任组长，温家宝副总理担任副组长，党中央和国务院23个部门的负责人担任成员。领导小组下设办公室，在国家计委单设机构，具体承担国务院西部地区开发领导小组的日常工作。各地区也加强了对西部开发工作的领导。有关部门和地方，相互配合，密切协作，使西部开发取得良好开端。

实行政策支持。2000年10月，《国务院关于实施西部大开发若干政策措施的通知》颁布实施，明确了政策支持的原则和重点。在增加资金投入、改善投资环境、扩大对内对外开放、吸引人才和发展科技教育等方面，出台了一系列支持西部开发的优惠政策。国务院有关部门正在制定实施意见和政策细则。各地贯彻执行国家统一政策，发挥了优惠政策的作用。

加强规划指导。按照党中央、国务院的要求，国务院有关部门抓紧调查研究，进行科学论证，在各方面工作的基础上，研究编制“十五”西部开发总体规划，进一步明确了西部开发的指导方针、战略目标、主要任务、重点区域和政策措施。各有关省、自治区、直辖市认真制定“十五”计划，落实西部开发的重点任务。有关部门、地方和单位还加强了对西部开发重点工程与重大项目的规划论证。

加强人力资源开发。从2000年8月开始，国务院西部开发办牵头，中共中央组织部和国务院有关部门大力支持与合作，研究制定今后十年西部地区人才开发规划。努力发挥现有人才的作用，加强中央部门、东部地区与西部地区之间的干部交流，加强西部地区各类人才的培训工作。提出优惠政策措施，以利于西部地区留住人才和吸引优秀人才投身于西部大开发事业。

安排新开工项目。2000年，国家安排在西部地区新开工了10个重大项目，包括：西安至南京铁路西安至合肥段、重庆至怀化铁路、西部国道主干线及贫困县公路、西部枢纽及支线机场、重庆轻轨交通、柴达木盆地涩北经西宁至兰州天然气输气管道、四川紫坪铺水利枢纽、中西部退耕还林草等生态建设、青海钾肥、西部高校基础设施等。2001年，在做好项目前期工作的基础上，已经或即将开工12项重点工程。包括：青藏铁路格尔木至拉萨段、西电东送龙滩水电站和公伯峡水电站、西气东输塔里木盆地至长江三角洲管道、中西部新增退耕还林还草试点、广西百色和内蒙古尼尔基水利枢纽、公路国道主干线西部地区重要路段、兰州经成都至重庆输油管道、西部特色农业、西部中心城市基础设施、西部教育、西部高新技术产业化和医疗卫生项目等。

增加建设投入。2000年开工的10大项目，总投资1000多亿元，当年完成投资200多亿元。西部地区在建的大中型基建项目，当年完成投资760多亿元。西部地区国债贴息技改项目，总投资430亿元。全年用于支持西部开发的国债资金达430亿元，加上预算内投资，共计700多亿元。2001年开工的重点工程，总投资约3000亿元。2001年用于支持西部开发的国债资金加上中央预算内投资，预计中央财政投资总额将超过2000年。

提供资金补助。实施退耕还林还草试点工程，国家提供了粮食补助折价资金、种苗费补助资金和现金补助款。实施天然林保护工程，国家安排了基建投资、财政专项补助资金和对地方财政减收补助资金。实施环京津风沙源治理工程，国家也给予了资金补助。中央财政还安排了一般性转移支付资金，农业、工资、社会保障、教育、科技、卫生、政法、文化、文物等对地方专项资金补助，扶贫资金，艰苦边远地区津贴等，支持西部地区特别是民族地区、贫困地区、边疆地区、革命老区和老工业基地的发展。

二、国家实行重点支持西部开发的政策措施

2000年，国务院颁发并公布了《关于实施西部大开发若干政策措施的通知》。经国务院批准后，关于西部大开发若干政策措施的实施意见和有关政策实施细则即将颁发。重点支持西部开发的政策措施主要是：

加大西部开发建设资金的投入力度。提高中央财政性建设资金包括预算内建设资金、建设国债资金用于西部地区的比例。争取提高国家政策性银行贷款、国际金融组织和外国政府优惠贷款用于西部地区的比例。对国家新安排的西部地区重大基础设施建设项目，其投资主要由中央财政性建设资金、银行贷款和利用外资以及企业自筹资金解决，不留资金缺口。地方政府在土地使用、减免收费等方面积极配合。中央将采取多种方式，筹集西部开发的专项资金。继续增加用于西部地区的交通、水利、农业、林业、信息产业等建设投资。

在西部地区优先安排建设项目。充分发挥计划和市场两种机制配置资源的作用，在西部地区优先布局一些重点建设项目。如水利、公路、铁路、机场、管道、城建等基础设施建设，生态环境建设，特色农业发展，优势能源、矿产资源开发和利用，特色旅游业发展，特色高新技术及军转民技术产业化等项目。

加大对西部地区的财政转移支付力度。中央财政将加大对西部地区特别是民族地区一般性转移支付的力度，拿出一部分财力，专项安排用于对民族地区的转移支付。加大对西部地区农业综合开发的投入力度，适当调减地方配套资金比例。中央对地方农业、社会保障、教育、科技、卫生、政法、文化、文物等专项资金补助的分配，向西部地区倾斜。中央财政扶贫资金的安排，重点用于西部贫困地区。国家安排基建投资、财政专项补助资金和对地方财政补助资金，支持天然林资源保护和退耕还林还草工程。

加强对西部开发的金融信贷支持。加大对西部地区铁路、公路、电力、石油天然气等基础设施建设的信贷投入。对投资大、建设期长的基础设施项目，根据项目建设周期和还贷能力，适当延长贷款期限。对农村电网、公路、城市基础设施建设等领域，扩大以收益权或项目收费权为质押发放贷款的范围。增加对特色农业、节水农业、丰产用材林、经济林等农业、生态建设项目的信贷投入。支持电力、天然气、旅游和生物资源开发等西部优势产业发展，对贷款金额较大的重点项目，可由商业银行总行直贷解决，贷款不纳入当地分行存贷比或限额考核范围。

在西部地区实行税收优惠政策。对设在西部地区国家鼓励类企业，在2001年至2010年期间，减按15%的税率征收企业所得税。民族自治地方的内资企业可以定期减征或免征企业所得税。对在西部地区新办交通、电力、水利、邮政、广播电视企业，实行两年免征、三年减半征收企业所得税。对保护生态环境，退耕还林还草产出的农业特产收入，10年内免征农业特产税。西部地区公路国道、省道建设用地，比照铁路、民航建设用地，免征耕地占用税。西部地区鼓励类产业的项目在投资总额内进口自用先进技术设备，免征关税和进口环节增值税。

在西部地区实行土地使用优惠政策。对西部地区坡耕地退耕还林还草和荒山荒地造林种草，实行谁退耕、谁造林、谁种草谁经营、谁拥有土地使用权和林草所有权。国有荒山荒地等未利用地依法出让给单位和个人进行生态建设的，可以减免土地出让金，实行土地使用权50年不变，并可以依法转让、出租、抵押、届满后可以申请续期。对农村集体所有的荒山荒地等未利用地进行生态建设的，可以通过承包、租赁、拍卖等方式取得土地使用权，实行土地使用权50年不变，并可继承、转让、转租、抵押。

在西部地区实行矿产资源优惠政策、优先安排西部地区国土资源调查评价项目，工作经费向西部地区倾斜。在西部地区由国家出资勘查形成的探矿权、采矿权价款，可以部分或者全部转为国有矿山企业或地勘单位的国家资本。在西部地区勘查、开采矿产资源，可以申请减缴或免缴探矿权使用费、采矿权使用费。探矿权人投资勘查获得具有开采价值的矿产地后，可以依法获得采矿权。对国家出资勘查并已经探明的矿产地、依法收归国有的矿产地和其它矿业权空白地，采矿权、探矿权可以出让、转让、出租、抵押。

在西部地区实行价格和收费调节政策。西部地区部分铁路运价由政府定价改为政府指导价。省区内航空支线实行浮动票价政策。单独核定西部地区各电网输配电费用，降低用户电费负担。适当降低东西部地区之间骨干电网联络线的输电费用。优先调整西部水资源短缺地区的水利工程供水价格，适当征收城市污水处理、垃圾处理费。对西部新建铁路和铁路支线，可实行特殊运价。加强西部地区邮政电信的普遍服务。

吸引人才投入西部开发。建立艰苦边远地区津贴制度，所需资金由中央财政负担。调动西部地区专业人才的积极性和创造性，加强西部地区人才培训，鼓励人才和智力向西部地区流动，实行人才和智力对口支援。对到西部地区工作的各类人才实行来去自由的政策。到西部地区工作的应届大学毕业生，户口可以转到工作地区，也可以转回原籍。到西部地区投资兴业的各类人才，户口迁入西部地区后，如果返回东部地区工作生活，可以将户口迁回原迁出地。经选派参加西部开发重点任务和重大项目的人才，可以不迁户口。改革户籍管理制度，凡在西部地区地级及地级以下城市和小城市有合法固定住所、稳定职业或生活来源的人员，可以根据本人意愿办理城镇常住户口。

加强对西部地区的科技教育支持。国家设立的各项科技基金、科技计划经费，向西部地区倾斜。提高西部地区企业在销售额中提取开发经费的比例。加大科技型中小企业创新基金支持西部地区的力度。把西部民族地区、山区、牧区和边境地区列为国家贫困地区义务教育工程重点地区，中央财政给予重点支持。安排农村中小学危房改造资金，

向西部农村中小学倾斜。扩大高等院校在西部地区的招生规模。

三、进一步扩大西部地区对外对内开放

为实施西部大开发战略，进一步扩大西部地区对外对内开放,更好地吸引外来投资、技术和人才,用好国内外、区内外两个市场,国家制定了一系列优惠措施。主要有：

对西部地区外商投资企业实行税收优惠政策。设在西部地区国家鼓励类的外商投资企业,10年内减按15%的税率征收企业所得税。民族自治地方的外商投资企业可以减征或免征地方所得税。对外商在西部地区新办交通、电力、水利等企业,符合规定的实行企业所得税两年免征、三年减半征收。西部地区外商投资鼓励类产业及外商投资优势产业的项目,在投资总额内进口自用先进技术设备,免征关税和进口环节增值税。

扩大西部地区外商投资的领域。鼓励外商投资于西部地区农业、林业、水利、交通、能源、市政公用、环保等基础产业或基础设施建设,矿产、旅游等资源开发,建立技术研究开发中心等。将外商投资于银行、商业零售企业、外贸公司的试点扩大到西部地区中心城市。外资银行经批准可经营人民币业务。外商在西部地区可以投资保险、旅游业、兴办中外合作会计师事务所、律师事务处,中外合资合作建筑与相关服务、设计服务、工程服务、城市规划服务企业,中外合资铁路、公路货运企业。

拓宽西部地区外商投资的渠道。鼓励在华外商投资企业到西部地区再投资,对外商到西部地区再投资项目,凡外资比例超过25%的，均可享受外商投资企业相应待遇。对西部地区的火电站、水电站、高等级公路、独立桥梁及隧道、地方铁路、城市供水水源及净水厂、污水处理厂、垃圾处理厂等项目，扩大以BOT方式吸引外商投资的试点，开展以TOT和项目融资方式吸收外商投资的试点。探索以企业上市、转让经营权、出让股权、兼并重组、产业基金、风险投资基金等方式吸引外商投资。

放宽西部地区利用外资的条件。对外商投资于西部地区基础设施和优势产业项目，可适当放宽对外商投资的股比限制。外商从事西气东输管道建设、经营,以及城市天然气管网建设的可以控股。对外商投资于西部地区商业项目，放宽经营年限和注册资本条件。对外商投资于西部地区基础设施和优势产业项目，适当放宽国内银行提供固定资产投资人民币贷款的比例。允许外商投资项目开展包括人民币在内的项目融资。

实行鼓励外商投资于矿产资源开发的优惠政策。对外商投资勘查开采非油气矿产资源的，除享受国家已实行的有关优惠政策外,还可以享受免缴探矿权、采矿权使用费1年,减半缴纳探矿权、采矿权使用费2年的政策。对外商从事《外商投资产业指导目录》中鼓励类非油气矿产资源开采的,享受免缴矿产资源补偿费5年的政策。

大力发展西部地区对外经济贸易。进一步放宽西部地区企业对外贸易经营权和经济技术合作经营权的标准，鼓励西部地区发展优势产品出口，鼓励西部地区企业发展对外承包工程和劳务合作以及到境外特别是周边国家投资办厂。对西部地区经济发展急需的技术设备，在进口管理上给予适当照顾。对边境地区继续实行优惠的边境贸易政策,简化手续,放宽限制。对从西部地区重点旅游城市入境的外国旅游者,实行落地签证。

实行鼓励西部地区对内开放的优惠政策。鼓励东、中部地区企业到西部地区投资设厂、参股入股、收购兼并、承包经营、合作开发。东部、中部地区企业到西部地区进行经济技术协作与联合，比照执行外商投资的有关优惠政策。除法律有特殊规定外，凡对外商开放的投资领域，国内各种所有制企业均可进入。进一步放宽个体、私营等非公有制经济主体的投资范围,允许其以独资、合资、合作、特许权等多种方式进行投资。加强地区之间对口支援和帮扶工作。

西部开发　公债先行

中国投资学会副会长　刘慧勇

实施西部大开发战略，需要大量的资金投入。从资金来源方面看,加速西部开发,需要公债先行。

一、西部开发公债先行的必要性与可能性

概括地说，西部大开发重点领域和优先产业的社会效益与财务特点,决定了公债先行的必要性;中国债券市场的资金供给情况和投资者的购买意愿，又为公债先行提供了可能性。

(一)西部大开发的重点领域要求公债先行

国家已经明确，西部大开发的重点领域和优先产业是生态环境建设、水资源开发利用、交通建设、城市基础设施建设、教育事业发展等。这些领域的社会效益非常高,不仅从长远看是必须发展的,而且也是当前急需的,因而必须作为重点领域优先考虑。但这些领域和产业的单个项目财务效益不高,其中有些项目,如不收费公路、沙漠化防治等,根本就没有直接的财务收入。一方面必须加快发展，另一方面直接财务效益又不高,项目本身缺少融资能力,这是一个

矛盾。解决这个矛盾的惟一的办法，就是应当较多地使用财政资金，毫不犹豫地加大财政投入。

加大财政投入的财政资金从哪里来呢？目前中国各级财政可以无偿取得的税收收入有限，保证经常性财政支出就已经很不容易。如果要通过提高税率来增加税收，又将加重企业负担，降低企业生产经营活力，妨碍经济增长，减少税源，很可能适得其反。剩下来可供考虑的途径，只有财政融资。从中国金融市场的实际情况看，资金成本最低，使用期限最长，操作最为便利，同时又最受投资者欢迎的融资渠道，就是发行公债，特别是发行国债。因此，从西部大开发重点领域和优先产业对财政资金客观需求的角度讲，实施西部大开发战略需要公债先行。

（二）债券市场和投资者意愿支持公债先行

如果说西部大开发重点领域和优先产业的社会公益性与财务特点决定了公债先行的必要性，那么，中国债券市场上的资金供给情况和投资者购买公债的强烈意愿，则为公债先行提供了可能性。必要性与可能性结合在一起，就使得公债先行成为加速西部大开发的现实可行战略。

在中国的债券市场上，国债已经连续多年旺销。面向个人投资者的凭证式国债，供不应求。主要面向商业银行和证券投资基金等机构投资者的记账式国债，也是发行多少，很快就卖出去多少。尽管2002年又降低了利率，投资者购买国债还是十分踊跃。事实上，国债已经成为中国个人投资者和机构投资者离不开的投资品种。存在于证券市场上的大量资金，是对西部开发公债先行最实际、最有力的支持。

那么，购买国债的资金又是从哪里来的，会不会购买到一定数量之后就逐渐枯竭，甚至没有了呢？不会的。从微观角度孤立地看，购买国债的资金是从民间现有的资金中来，具体地说，就是从国债投资者的钱袋中来。其实，购买国债后，国债投资者钱袋中的钱，只是换了形态，提高了收益率，数额并没有减少。因而如果从宏观角度全面地看问题，对全社会的资金算总账，购买国债的资金则是来自于新增的财政存款，而这部分新增财政存款正是增发国债筹集来的资金。由此而来的新增财政存款，无疑是具有购买力和支付功能的资金，但暂时尚未形成社会财富。运用国债资金，启动国债项目，激活劳动，创造财富，这部分新增财政存款就会相应地全部转化为民间存款，从而使民间的资金总量增多。

因此，增发国债实际上是一次新的社会信用创造，创造出与增发国债数额相等的社会资金。全社会的资金总量因此而增多，全社会的信用总规模由此而扩大。从这个意义上讲，购买国债的资金，归根结底来自于增发国债行为本身。因而，购买国债的资金不仅不会因为购买国债而逐渐枯竭，反而会随着购买国债的增多而越来越多。以上所言，尽管听起来比较玄，但并非神话，并非幻想，而是国内外早已屡见不鲜的事实，并有债权债务恒等的基本原理作支撑。

二、发行公债的财政负担与数量界限问题

如上所述，西部开发公债先行的必要性与可能性，是显而易见的。实际上，国债资金的确在近两年中国的西部大开发中发挥了应有的先行作用，是西部开发重大项目最主要的、起着带头作用的资金来源。目前真正对实践产生影响的问题是：持续发行公债加速西部大开发对财政来说是否适宜，会不会加重财政负担，会不会带来财政金融危机。

如果答案是财政将难堪重负，那么，通过发行公债来加速西部大开发的力度就需要逐渐缩小。如果答案是财政不仅可以负担、而且潜力很大，不仅不会酿成财政金融危机、反而带来巨大的宏观经济效益，那么，使用公债加速西部大开发的力度就不但不应当缩小，还需要进一步加大。这是截然相反的两种判断、两种不同的观点，分别支持两种截然不同的宏观经济政策。不同的政策付诸实施，将给西部大开发的进展以及整个国民经济的发展，带来截然不同的影响。

公债的财政负担问题，是世界范围的宏观经济理论难题。对于财政负债率，理论家们探讨过很多数量界限，但至今未获实践证明，也没有形成真正统一的看法。欧盟在“马约”中规定各国加入欧元区的趋同条件是国债余额相对于当年GDP的比值（财政负债率）不得超过60%。提出这一指标的依据是什么呢？其实这并非有什么理论依据，只是入盟各国谈判的结果，主要是因为作为欧元区轴心国的德国和法国的财政负债率当时在60%左右。事实上，比利时和意大利的财政负债率曾经长期超过100%，日本的财政负债率目前已经高达170%左右，都没有出现财政金融危机。由此可见，60%并不是不可逾越的数量界限。

国家债务有内债与外债之分。外债数量过多、期限过短、还款时间过分集中，确有到期不能偿债的风险。然而，内债则有很大的不同。仅就内债而言，公债即为民财。债务与债权相对应，债权与债务恒等。社会上有多少债务，必然对应着多少债权。政府欠多少内债，国民就持有多少债权。政府大量偿还内债之日，恰是国民有钱大量购买新债之时。国家通过发行内债进行公共工程建设，一方面为国民建设更多更好的公共设施，改善生产与生活环境，另一方面又向有钱购买债券的投资者提供高质量金融商品，同时还向另一部分有劳动能力但却缺钱的国民提供劳动就业机会，实为一箭三雕。因此，国家将因财政大量发行内债进行建设而更加强大，国民将因财政大量发行内债进行建设而更加富有，拥有更多的债券，或者因就业而脱贫。

这是不是说财政可以无限量地发行公债呢？显然不是的。发行公债本身并不能使国民不劳而获，更不能使国家不经过建设就自然强大。财政通过大量发行内债进行建设而使民富国强的根本原因，是国民可以在公共工程的建设过程中有机会贡献自己的劳动，社会可以适时地进行劳动

积累,减少劳动的闲置与浪费。因而,财政通过发行内债进行建设的必要条件,是国内存在人力物力闲置。如果劳动力已经充分就业,不存在人力物力闲置,那么,发行建设公债就是没有意义的,甚至还会产生与民企争夺人力物力资源的负面效应。这就是财政发行公债进行建设的客观数量界限。

中国目前显然不是后面这种充分就业的情况,而是前面那种人力物力存在大量闲置的情形。目前中国城镇和乡村总计,有成千上万的待业青年和大量的剩余劳动力,正渴望着增加劳动机会。而且绝大部分产业的生产设备利用率不高,95%以上的商品供过于求。因此,从目前中国所处的现实情况看,增发公债进行建设的人力物力空间很大,完全可以通过增发公债进一步加快西部大开发。

三、公债增长的持续时间与最终还款来源

有人把发行公债比喻为吸食鸦片烟,一旦吸食就会成瘾,成瘾就必须不断地吸下去,人越来越瘦,最后导致灾难发生。这种比喻是不恰当的。较为贴切的比喻应当是:发行公债建设公共设施和发展公益事业,好比借钱供孩子读书。孩子的书越读越多,读完小学读中学,读完中学读大学,读完大学又读研究生,连续多年欠下了不少的读书债。这个家庭比起不肯借钱供孩子读书,让孩子从小就通过放牛量入而出,不欠债的家庭,哪一家的前景更好呢?显然是借钱读书的家庭,未来前景好。这家的孩子知识越来越多,研究生毕业后工作的收入既多又稳定,偿还读书所欠债款不成问题。

人自出生,到上学读书、毕业工作、成家立业、生儿育女、逸养天年,是有发展阶段的。论收支平衡关系,毕业之前属于支出大于收入的负债阶段;工作之后则为收入大于支出的盈余阶段。两个阶段互相调剂,人类才得以延续。每一座城市的建设与发展,每一个国家的建设与繁荣,也是要经历不同发展阶段的。论财政收支平衡关系,国家和城市也必然会经历支出大于收入的负债阶段与收入大于支出的盈余阶段,也需要在这样两个不同的阶段之间进行必要的余缺调剂。

否认上述调剂的必要性,不承认在支出大于收入的阶段上应当发行公债,显然不符合客观经济规律。虽然承认这种调剂的必要性,但把支大于收的负债阶段的时间长度仅仅估计为三、五年,或者七、八年,最多不过二、三十年,要求在几年之内就停止公债余额的增长,希望在二、三十年之内就偿清全部公债,同样不符合客观经济规律。

在知识经济时代,一个人要度过支大于收的负债阶段尚且需要二、三十年的时间,一座城市负债建设阶段的时间,肯定需要更长一些,一般说来应当超过30年。如果再加上逐渐还债的时间,一个城市偿清全部建设公债,总计很可能需要五、六十年,甚至更长的时间。对于整个国家来说,负债发展阶段的时间长度恐怕需要超过100年,再加上逐渐还债的时间,偿清全部国债,总计可能要用150-200年的时间。从1835年算起,到1997年开始连年出现财政盈余、用于逐渐减少国债余额为止,美国的国债余额增长时期持续了162年,即使没有"9·11"事件的影响和反恐怖战争的需要,偿清全部国债也需要再用50年以上的时间,总计超过200年。

中国有后发优势,国债余额增长期的持续时间可能不需要像美国那样长,用不上160年,大概有100年左右也就够了。如果再加上50年左右的偿债时间,那么,从1980年开始发行新的国债算起,中国的国债余额可能要在2080年前后达到最高峰,到2130年左右偿清全部国债,总计150年左右,比美国的国债期短得多。其中用于西部大开发的国债,按30年投入期计算,可能需要增发到2030年前后,之后还需要用若干年的时间逐渐偿还。

在债务余额增长期之内,偿还到期债务的资金,归根结底实际上都是来源于所借新债,即所谓借新债还旧债,否则债务余额就不会增长。度过债务余额增长期,进入债务余额缩减期,偿还到期债务的资金则一部分来自于所借新债,同时还有一部分来源于偿债者的非负债收入,非负债收入是最终的还款来源,否则债务余额就不会缩减。对于国家财政来说,作为最终还款来源的非负债收入,就是收大于支的财政盈余。那么,几十年后当中国进入国债余额缩减期时,用来减少国债余额的非负债财政收入的来源可靠吗?换一个提法就是届时中国真会产生连年的财政盈余,也就是说中国真的能够进入国债余额缩减期吗?

回答是肯定的。当公共设施建设高潮过后,社会经济繁荣,财政税收大量增多,而公共工程支出则因需求不多大幅度减少,财政收支必然出现连年的盈余。这就好像孩子研究生毕业工作后必然进入收大于支的阶段,不仅可以满足自己的生活消费,而且还有财力结婚生儿育女,抚养下一代。这两种外表看似不同、但发展过程类似的事情,都是有客观规律可循的,都是必然要发生的。两者的主要区别在于人的成长过程亿万次重复出现,人们已经司空见惯,而国家财政从赤字期到盈余期的时间跨度超过百年,人们还没有从头到尾的完整经历,因而不容易理解罢了。

四、国债先行之后地方公债需要适时跟进

西部大开发,公债先行;在公债当中,又需国债先行。国债先行之后,地方公债应当适时跟进。只有地方公债真正跟上来了,才能形成全面启动的公债先行局面与更加合理的融资格局,西部大开发才能进一步加快。

在整个公债当中,目前是国债单打一的局面,地方公债尚未出台、没有发挥作用。这对中国来说有其合法性、合理性与必然性,是不可逾越的必然阶段。说它有合法性,是因为中国的《预算法》直到目前还原则上禁止地方政府发行地方公债。在这样的法律框架下,所有的公共债务,都必须由中央政府一家负担。这是中央政府的法定义务,地方政府

即使愿意承担本该由其承担的部分，也是不合法的。说它有合理性，是因为中国西部省区普遍都比较穷，不仅财政困难，民间资金也不是很多，因而需要中央财政通过发行西部开发国债向西部省区提供大量的转移支付。说它有必然性，是因为这样做既有合理的客观需求，又符合中国目前的法律规定，非这样做不可。

但目前的作法不可能长期保持不变。国债在公债中单打一的弊端，将随着公债需求量的增大而逐渐显露出来，有关方面将会考虑相应修改立法，适当改变作法。概括地说，国债单打一的弊端主要有以下四点。

弊端之一：全国各地区需要使用地方公债的大量地方性公益事业与公共工程支出，如普及义务教育和修筑地方公路等，会因国债发行量不足和资金供应不及时而延缓建设与发展，使各地区本来可以增加的就业机会不能增加，原本可以办成的好事办不成，其结果必然对全国的社会经济发展构成严重阻碍。

弊端之二：需要使用地方公债加快发展与建设的地方性公益事业和地方性公共工程，各地区在一定时期内各有侧重点，统由中央政府发行国债包办，很难符合各地区的具体情况，不容易满足各地区人民的迫切需要。

弊端之三：在一定时期内，各地区需要使用地方公债加快发展与建设的地方性公益事业和地方性公共工程的资金需要量和紧迫程度各有不同，统由中央政府发行国债包办，很难作到公平合理的分配，必然造成“跑部要钱”的局面，很容易滋生腐败。

弊端之四：目前中国采取的一种变通办法，是由中央政府代为一些地方政府统一发行国债，到期由地方政府负责偿还。这种作法不仅存在各地获得国债资金的机会不平等的问题，更严重的是得到国债资金的地方政府心存将来可能侥幸减免债务的企盼，还债观念不强。这对社会信用发展的消极影响很大，不良后果难以估量。

由于存在上述四大弊端，国债单打一的局面很难长久维持，迟早总要改变。因而完全有理由预计，在国债先行、充分显示出良好的社会经济效应之后，地方公债将会随着《预算法》的适当修改而适时跟进，在地方性公益事业发展和公共工程建设中发挥应有作用。

地方公债的发展过程将会是循序渐进的，不会一下子全面铺开。首先启动的很可能是城市建设债。这是因为城市经济发展快，土地升值幅度大，财政税收与土地使用权转让费增长迅速，还款能力强，债券信誉高，便于发行。在西部地区，像重庆、西安、成都、昆明、桂林、南宁、贵阳、兰州、银川、西宁、乌鲁木齐和拉萨等大中城市和地区首府城市，适当发行一些城市建设债，加快城市建设，应当说是没有问题的。城市建设债发行成功，开始显示出良好的社会经济效应之后，省区一级的地方公债就会相应跟进，主要用来加快地方道路等公共设施建设、生态环境保护与改善、义务教育的普及与提高等。地方经济发展起来，税收增多，最终偿还债务是不成问题的。

拓展投融资来源渠道　满足西部开发资金需求

国家计委投资研究所　汪文祥

加快基础设施建设，是国家实施“西部大开发”战略的重要组成部分和重要步骤。当前西部地区基础设施建设投资总量不足，总体发展水平严重滞后，亟需国家和各级政府采取切实有效的政策措施，不断拓展投融资来源渠道，满足西部开发基础设施建设日趋扩大的建设资金需求，加快西部地区基础设施建设发展的步伐。

一、形成投资主体多元化的新体制和运行机制

西部基础设施行业在开放顺序上，首先应加快对内开放，即应首先向区域内及全国的各级政府及企事业单位开放，其次是向外商开放，逐步形成西部基础设施建设由政府（包括中央和地方政府）、国内企事业单位（包括国有与非国有企、事业）、个人和外商等多种主体参与的多元化投资新体制和运行机制，不断提高基础设施建设投资的效率和效益水平。

为确保基础设施建设领域投资主体多元化和运行机制能够尽快形成，西部地区的各级政府应对原来政府独资和垄断经营的某些非关键领域的存量资产，根据实际需要和行业（项目）特性，分别采取出售、出让、出租、股份制改组、经营权和收益权有偿转让、兼并、重组和资产置换等多种资产处置方式，向国内非政府投资者及外商投资者让渡经营权和收益权，加快基础设施存量资产经营主体的多元化和市场化进程。

二、确定不同的投融资方式，形成合理的投资分工

西部地区基础设施和生态环境保护项目，按照直接经济效益的大小、投资能否回收可划分为3大类：经营性项目、非经营性项目和介于二者之间的准经营性项目。

经营性项目本身可直接产生经济效益，这类基础设施项目包括西部地区的石油天然气开发、电力、收费公路、电信和部分城市供水、供气、污染治理项目等。尽管投资回收期长，但由于收益相对稳定，对社会投资者具有一定吸引

力。这类项目应主要采取市场化的投融资体制和机制，主要由企业充当投资和融资主体，可以采取股份制投融资、利用外商直接投资、发行股票和债券建立产业投资基金、通过政策性银行和商业银行融资、举借外债融资、特许经营权转让的 BOT(建设—经营—转让) 和 TOT(转让—经营—转让)等多种市场化手段融资。

非经营性项目包括纯公益性的生态环境保护、城市道路、教育、文化、卫生等社会事业项目等，本身不能够直接产生经济效益，其效益主要体现在外部社会效益上。它不能够通过项目建设和运营直接回收并产生回报，对社会投资者没有吸引力，难以采取市场化的投融资体制和机制。但这类项目又是经济和社会发展不可或缺的，只能采取财政性投融资体制，主要由政府承担投资和融资主体。

准经营性项目包括水利、邮政、机场和大部分城市供水、供气和污水治理等，这类项目可由政府与企业共同承担投资主体，或由政府提供投资补贴方式，由企业承担投资主体。

三、严格控制建设标准，提高投资和社会效益

1. 从西部地区经济和社会的可持续发展要求看，加快对教育、文化卫生、广播、电视等社会性基础设施的发展，提高西部地区的人民生活水平，比单纯对能源、交通、电信等纯经济性的基础设施建设投入的意义会更大。

2. 严格控制建设标准，做到基础设施建设与当地社会经济发展水平相适应。当前尤其应对西部各省区的“高速公路建设热”、“通讯网络建设热”和“支线机场建设热”适当降温，使西部地区基础设施建设标准与当地经济和社会发展水平相适应，并伴随经济发展水平的提高逐步予以改善和提高。

3. 强化建设管理，减少浪费，提高投资的经济效益和社会效益。当前尤其要强化建设项目招投标制、项目法人责任制和工程监理制；强化对在建项目的稽查力度；强化对建设项目投资、进度和质量的“三大控制”，努力提高工程建设质量和投资效益。

四、吸引多渠道的社会融资

1. 完善国家政策性银行的融资功能

国家开发银行为拓展低成本资本来源，近期可参考日、韩政策性银行的经验，将邮政储蓄资金、社会保障及社会保险资金的一部分存入国家开发银行，由国家开发银行专款专用，为扩大对西部的各项贷款创造有利条件。同时，国家开发银行应采取灵活政策，放宽贷款条件，延长贷款年限，降低贷款利率，逐步扩大对建设周期长、投资大的标志性工程建设的贷款支持力度，当前尤其应做好国债项目的配套贷款工作，为西部地区基础设施建设提供优质金融服务。

2. 尝试发行“西部开发”特种长期建设国债及其他地方债券

从中国财政承受力看，发行“西部开发”长期国债比较容易为社会各方面所接受。1999 年中国财政硬赤字占 GDP 比重约为 2.12%，虽然略高于 1996 年日本(2.1%)和美国(1.6%) 的水平，但低于发展中国家（如印度 1996 年为 5.1%）水平；2000 年中国国债发行余额占 GDP 的比重约为 14.5%，这远低于发达国家（如日本 55.5% 和美国 44.6%）、发展中国家(如印度 55%)1990 年的水平。因此，在未来国家积极财政政策淡出之后，在综合考虑国民经济承受能力和国家财政承受能力（即将国债融资的调控目标定在财政赤字占 GDP 比重控制在 1.5% -2%，国债占 GDP 的比重控制在 20% -25% 左右）的基础上，继续发行“西部开发”长期特别建设国债，应是拓展西部基础设施和生态环境保护建设资金来源渠道一个比较适宜的选择。

为满足“西部大开发”的巨额资金需求，国家可作为特例，对西部地区发行地方政府债券适当放宽限制，在合理规范、严格控制、限定用途的前提下，对西部一些财政状况较好、税收增长潜力很大、政府资信较高的省区(例如云南、重庆市等)和省会中心城市率先进行发行地方政府债券试点，从而为地方尤其是省会中心城市的基础设施建设开辟一条新的融资渠道。

3. 建立财政性的西部开发专项建设基金

基金来源可仿照“三峡”工程建设的方式筹集，在全国能源、交通、通信、城市供水、供气等基础设施收费中，加价征收一部分作为基金来源。对目前已建立专项建设基金的部门，例如电力、铁路、民航、邮电通信等，采取建立水利建设基金的方法，从中直接划转一定比例（例如 3%—5%）；对与国际油价接轨的石油天然气行业，国家可从相关企业油(气)价的溢价收入征收一部分；对城市供水、供气部门可直接加价（例如城市居民每消费 1 吨水和 1 立方米煤气或天然气加价 0.1 元等)征收，共同作为西部开发建设基金来源。综合测算，每年西部开发建设基金筹集额可达到数百亿元。

4. 加大国家预算内资金对西部各省区的转移支付力度

目前国家预算内资金用于西部地区的比例与西部地区占全国的领土面积和人口的比重不相称。为此，国家必须切实落实国家预算内资金向西部开发倾斜的相关政策，下大决心压缩目前一些部门华而不实的所谓“形象工程”，将国家预算内投资真正投向急需资金支持的西部地区基础设施和生态环境建设。同时，应扩大中央财政向西部省区的转移支付力度，增加对西部农业、教育、科技、卫生、计划生育、文化、环保等专项资金补助规模，集中投向西部贫困地区，改变西部基础设施落后状况，改善投资环境和居民生产生活条件。

五、加大国家优惠政策力度

1. 实施“投资补贴”政策

对落后地区投资进行投资补贴，是国外政府促进落后

地区开发比较通行的作法。例如美国就曾为支持落后地区开发，对经济开发区内符合条件的建设项目提供大约占项目总投资1/3的投资补贴。荷兰政府对工商企业到经济相对落后的北部和南部地区投资，如属扩建项目则提供占总投资10%－30%左右投资奖励，新建项目则提供15%－35%左右的投资奖励。运用投资补贴政策，可有效提高落后地区的投资利润率水平，是利用市场机制吸引民间投资投向欠发达地区的有效手段。“十五”时期，国家可根据财力情况，对西部基础设施部门的某些特定行业和特定项目进行建立“投资补贴制度”的政策试点，以吸引和鼓励国内外投资者向西部地区基础设施建设项目投资。

2. 加大国家对西部地区优惠政策的支持力度

国家需进一步加大对西部地区的优惠政策力度，例如可将目前只针对外商投资的相关优惠政策扩展到国内外的所有投资者；进一步降低到西部投资的国内外企业所得税率，强化西部税收优惠对国内外投资者吸引力等。当前尤其应对西部地区具有相对比较优势的石油天然气开发及利用、西南水电开发实施特殊的税收优惠政策，如可对水电项目采取投资抵扣所得税、免征增值税和土地占用费等，鼓励西部地区优质能源和洁净能源行业的快速发展。

西部开发需要多少资金

国家计委投资研究所　张长春

由于自然条件、产业基础等方面的原因，西部地区包括水利、能源、交通、邮政通信、城市基础设施和文教科研卫生等在内的基础设施水平与东部相比仍比较落后。改变西部基础设施的落后面貌，需要大量资金投入。未来西部基础设施投资规模，需要根据西部各级政府和企业的融资能力以及国家对西部基础设施的支持力度综合考虑。

西部基础设施投资增幅显著

无论是基础设施投资增速，还是投资占全社会投资比例，90年代西部基础设施投资总体呈上升趋势。1994－1997年年均投资增速为12.56%，1998－2000年国家实施积极财政政策期间，投资年均增速上升为16.23%，分别比东部高1.75个百分点和5.47个百分点。

1. 投资占西部全社会投资比重不断增加

基础设施投资占西部全社会投资的比例，1993－1997年平均为31.62%，国家实施积极财政政策后的1998－2000年上升为39.16%，东部相对应的数值分别为23.13%和28.46%；西部1993－2000年的平均值为34.45%，比东部高9.23个百分点。可见，相对东部而言，西部将更多的国有资金投入到基础设施建设领域。导致这种情况出现的原因是，西部市场经济水平相对东部低，非国有经济成份相对较小，投资主体多元化程度不高，基础设施投资主要依赖国有投资。按照十五大对国有经济布局实施“有进有退”的战略性重组的要求，基础设施和高科技领域应成为国有投资的重点，西部国有投资中将相对东部更多的资金用于基础设施建设，是符合国有经济布局战略性调整方向的，也是符合西部经济发展实际的。

2. 行业投资差异明显

1993－1997年交通和邮电投资比重分别从17.60%和8.44%增长为26.47%、13.20%，2000年投资比重达到35.82%和19.00%。水利行业受近几年国债投资的支持最大，1993－1997年间水利投资所占比重几乎没有什么变化，维持在3%左右，1998－2000年有较大幅度增长，2000年达到6.14%。文教科研卫生投资比重变化不大，1993－2000年期间始终维持在10%左右，增长较慢。能源的供给能力相对其它基础设施充足，1993年投资比重为58.53%，以后逐年下降，2000年降至28.26%。

这种变化情况主要是由各行业不同的资金供给状况决定的：交通设施由于采取了收费还贷等多渠道融资方式，融资能力较高，加上国家对铁路和公路的投入，西部地区交通投资比重稳定增长；电信行业享受相当于用户集资的融资方式，各种初装费和电信服务收费成为邮电设施建设资金的主要来源；水利是近几年国债投资的重点，近3年投资比重有所提高；文教科研卫生自身融资能力较低，政府投入长期不足，近几年国债资金支持有限；能源特别是西部地区的能源供应相对充足，国家对部分规模过小的能源生产企业实现了一系列限制措施，投资增速相对其它基础设施行业越来越低，投资比重愈来愈小。

3. 地区投资稳中有增

西南、西北两大区域比较，西南地区“八五”后3年投资比重为39.30%，“九五”时期增长44.07%；西北地区从39.37%变为39.06%；内蒙古和广西从21.33%下降了16.87%。从各省（区、市）看，投资比重增长最快的是四川（包括重庆），从22.71%增长为26.22%，贵州、云南、陕西、甘肃投资比重增长了1个百分点左右，西藏、青海、宁夏、新疆以及内蒙古的投资比重均有不同幅度下降，广西略有上升。

未来10年西部基础设施建设需要巨额投资

面对西部地区基础设施庞大的资金需求与西部自身和全国资金供给能力的差距，西部地区基础设施建设必须着眼于长远，着眼于全国经济发展，同时考虑到西部基础设施的融资能力。对西部地区投资规模预测将沿着两条思路进行，一条是西部基础设施达到东部“十五”末期的水平所需要的投资；另一条是根据“十五”和“十一五”西部自身和全国经济发展需要以及投资资金来源的可能性，预测2010年前西部地区的投资需求。

1. 放眼未来，任务艰巨

西部大开发中首先和最艰巨的任务是基础设施建设，在考虑西部基础设施投资上必须着眼于长远。

从西部自身的融资能力看，由于地方政府财政实力较弱，通过财政解决基础设施建设资金的能力有限。部分基础设施虽然可能通过非政府投资主体的参与，减轻政府投入的负担，但西部企业总体实力较小，融资能力较弱。同时西部市场化程度较低，各级政府和企业的市场经济意识和观念还有待增强，融通非政府资金特别是非国有资金投入基础设施在观念和体制上还存在较多障碍。

从国家支持的力度看，长期以来，即使是东部地区，政府在社保、教育、医疗等方面欠“债”较多，需要大量财政资金投入。入世后，国有企业要面对跨国公司的激烈竞争，重点行业和关键领域竞争力的提高需要政府部门的支持。市场经济的资金配置以效益为原则，东部企业的融资能力虽然较高，但因西部投资软硬环境有待进一步改善，投资风险较东部大，吸引东部地区的企业到西部投资基础设施也比较困难。

2. 立足根本，互促互利

从经济意义上看，西部开发必须有利于全国整体经济实力的提高。一方面，不能仅从西部地区看待西部开发，在全国地域范围内搞均衡配置，牺牲东部和全国的发展速度搞西部开发。如果这样做，西部的经济社会发展水平可能上去了，西部相对于东部的差距可能缩小了，但全国发展速度下降了，开发西部所取得的政治、军事、民族效果也得不到根本保证。另一方面，片面强调东部地区差距加速扩大的事实，最终会因东部各种资源紧张和市场限制而影响东部和全国经济的发展。因此，西部基础设施投资要在不影响和少影响东部必要投入的前提下进行，要在不影响国家整体经济实力不断提高的前提下进行。

3. 加大力度，适度增长

从量上考虑，西部基础设施投资增速和占西部全社会投资的比重维持在“九五”后3年平均水平比较合适。主要原因是要改变西部基础设施相对落后的面貌，必须加大投入力度。如果仍维持1998年前的投资比重和投资增长速度，基础设施制约西部经济社会发展的状况和相对东部地区的落后状况不可能得到较快改变；而超过1998－2000年间积极财政政策对西部基础设施投资的力度，西部自身和国家的财力将无法承受。

按照西部基础设施投资预测的基本原则，从西部资金实力和国家对西部地区的支持力度角度出发，对2001－2010年间西部基础设施进行预测。按照2000年不变价计算，西部地区基础设施要达到东部“十五”末期的水平，所需国有投资为3.8607万亿元。以1998－2000年西部国有基础设施投资占西部全社会投资的比例，作为未来西部地区国有单位基础设施投资占全社会投资的比例，2001－2010年西部基础设施投资规模以2000年价计算，2001－2010年全国和西部地区固定资产投资分别为47.7717万亿元和9.5449万亿元，预测2000－2010年西部基础设施国有投资，在第一步和第二步的基础上预测西部2001－2010年基础设施国有投资3.7377万亿元，其中“十五”1.5346万亿元，“十一五”2.2031万亿元。

西部地区吸收外商投资潜力与政策取向

外经贸部国际贸易经济合作研究院　马　宇

开放滞后是东西差距拉大的重要原因

区域经济协调发展，是中国21世纪经济发展战略的一项基本原则。世纪之交提出的西部开发战略，正体现了这一思想。梳理一下中国20多年的经济发展和对外开放脉络，或许有助于从这个角度认识今后吸收外商投资的问题。

中国的对外开放战略，从当时的政治、经济、社会等各方面情况出发，实行的是梯度推进战略，东部沿海开放地区，最先实行对外开放，并且政策优惠程度最高；而中西部地区的对外开放要慢于东部地区，而且政策也不如沿海地区优惠。另外在领域开放方面，也是先在沿海地区试点，东部地区市场开放度明显高于中西部地区。

如果说，开放初期因为中国政治、意识形态还存在诸多束缚，难以全面推进开放；并且从经济条件来看，中国地域辽阔，经济发展水平差异极大，资源禀赋各不相同，又有地理位置的原因，只能实行从沿海向内地逐步开放的递进战略，而中国20多年改革开放的实践也证明这种战略是正确的。但是，不可否认的是，与此同时，开放的滞后也造成了中西部地区经济发展差距的拉大。

截至2000年底，中国共批准外商投资企业363885家，其中东部地区292561家，占80.4%，中部地区44580家，占12.25%，西部地区26744家，占7.35%；合同外商投资金额6760.97亿美元，其中东部地区5835.73亿美元，占86.31%，中部地区516.49亿美元，占7.64%，西部地区

408.76 亿美元，占 6.05%；实际使用外商投资金额 3483.46 亿美元，其中东部地区 2988.72 亿美元，占 85.8%，中部地区 3055.92 亿美元，占 8.78%，西部地区 188.82 亿美元，占 5.42%。

从人均来说，东部地区人均(按 1998 年人口数计算，以下宏观经济指标均按 1998 年数据计算）吸收外商投资 530 多美元，中部地区人均 60 美元，西部地区人均 34 美元。从经济总量来看，东部地区 GDP 占全国的 58.3%，比吸收外商投资比重低近 30 个百分点；中部地区 GDP 占全国的 27.8%，比其吸收外商投资所占比重高 19 个百分点；西部地区 GDP 占 13.9%，比其吸收外商投资所占比重高近 11 个百分点。

2000 年，每亿元 GDP 吸纳外商投资存量，在东部地区为 520 万美元，在中部地区则只有 117 万美元，西部地区 144 万美元。可见，东部地区在吸收外商投资方面，水平要远远高于中部和西部地区。

在有关研究中，几乎所有人都注意到了中国不同地区对外开放程度的差异，而这种差异，无疑是区域经济发展差距拉大的重要原因。外商投资的进入，从生产要素角度讲，当然是增加了资本、技术、管理、人才等方面的投入，对经济增长有直接的推动作用；而在由计划经济体制向市场经济体制转轨的过程中，外商投资所带来的制度创新及其扩散效应，更是在更深的层次和更广的范围内为经济增长增加了活力。中西部地区在对外开放和吸收外商投资方面的落后，当然也就导致了经济发展的落后。

因此，在中国实现了经济增长的第一步战略目标之后，关注的重心开始转向区域经济协调发展，而为了实现这一战略目标，扩大中西部地区的开放，加大中西部地区吸纳外商投资的力度，就成为重要的战略措施。

中西部地区吸收外商投资有巨大潜力

中西部地区在今后的经济增长中，增长速度将高于东部地区，到 2005 年，中西部地区的 GDP 可能突破 6 万亿元。在中国的西部开发战略中，基础设施建设的大规模进行，市场的进一步开放，都会为外商投资提供更多和更好的投资机会。可以设想，今后 5 年内，若中西部地区能够达到目前东部地区吸收外商投资水平（每亿元 GDP 吸收外商投资存量达到 550 万美元），则就可以增加吸收外商投资 3000 亿美元，年均吸收外商投资可以由目前的不到 50 亿美元上升到 500 亿美元。当然，单从常识判断，实现这样的飞跃是不可能的，并且简单的类比也不科学。但起码可以看出中西部地区吸收外商投资大有潜力。

比较分析，东部地区目前的吸收外商投资在其主要宏观经济指标中所占比重也不算太高，如外商投资企业在 GDP、总资产中所占比重都不超过 10%，只是在进出口（约占 30%）、工业产值（约占 25%）中所占比重较高。从中西部地区的具体情况看，出口导向的外商投资当然不太具有比较优势，但在内部市场的开放、自然资源的开发利用、基础设施建设等方面，又具有比东部地区更大的发展潜力。所以，实现较高（高于东部地区）的增长速度，达到东部地区目前的吸收外商投资水平，也并非完全不可能，关键是市场开放和开发力度有多大。

如，中西部地区有相当多的国有企业，拥有巨额的存量资本（初步估算约 3 万亿元左右），但效益很差，若允许外商投资介入进行收购或兼并，就可吸纳大量外商投资。再如，中西部地区开发中，将会进行大规模的基础设施建设，每年就有上万亿元，若允许甚至鼓励外商投资参与，即使参与其中的十分之一，就可吸纳外商投资数百亿美元。另外，如石油、天然气、水电和矿产资源开发，也都具有极大发展潜力。

对于西部地区的中心城市来说，更有着良好的引资条件和引资机会。市场空间相对广阔、基础设施比较完善、具有良好科研基础和高素质的科研人才、充裕而又廉价的劳动力供应等。是吸引外商投资的主要因素。

传统的外商投资领域，如制造业投资，当然还是西部地区吸收外商投资的重要部分，无论从解决就业、促进增长，还是从培育生产要素（如资本、人才等）、推动产业升级等方面看，都需要予以高度重视并继续大力发展。目前中西部地区的这部分投资，每年仍有 20 多亿美元，今后相当一段时期，基本还可以保持这样的水平。而若结合国有资产的战略性重组和国有企业改革，采用国际通行方式吸收外商投资，发展更是大有余地。

但本地市场取向的外商投资存在两方面影响因素：一是消极的，即目前国内市场的持续低迷和大部分制造业领域的供大于求；一是积极的，即投资管制的进一步放松和内销市场的扩大开放。这两方面因素相互作用的结果，直接决定这部分外商投资规模大小及进入速度。从目前趋势看，一般判断市场会逐步复苏并逐渐活跃，投资管制的放松和内销市场的开放也会陆续有相应的措施，所以这部分的外商投资应可以有所增加。

在制造业领域，劳动密集型、资源密集型产业仍是中西部地区外商投资的重点，但某些高新技术产业也具有发展前途，如信息电子、生化制药等。这些领域的潜力是巨大的，但需要解决几方面的局限：一是股权限制，对外商限制特股比例和中方自有资金不足及融资困难，制约着外商投资水平提高；二是投资方式限制，没有规范、开放的产权交易市场，外商难以低成本、高效率的收购兼并方式进入；三是资金来源限制，鼓励产业资本而限制金融资本，如引进风险投资是发展高新技术产业的重要方面，但现有政策是限制的，既不能或很难进入，又没有退出机制。这些问题不解决，高新技术领域的外商投资难有突破性进展。

新的投资领域的拓展，是中西部地区今后吸收外商投资发展的重心。目前服务贸易领域的外商投资，因为国家采取的是关键行业如银行、保险、商业等先在东部地区“试点”的方针，所以理所当然地主要集中在东部地区。但由于开放程度的局限，这部分外商投资规模仍然很小，总存量大约只有 400－500 亿美元（不包括房地产等）。占国内相应行业市场份额只在 2% 左右。目前这些领域已允许在中西部地区的中心城市“试点”，今后如果市场准入有大的突破，这些领域的外商投资发展速度怎么估计都不过分。

借西部大开发和加入 WTO 之机扩大西部地区对外开放

以上对中西部地区吸收外商投资的情况进行了分析。但必须说明的是，这只是“发展潜力”，只是说明相对目前情况来说，外商投资存量仍然很少，仍有大规模吸纳外商投资的空间，但能否变潜力为现实是有条件的，能不能满足这些条件，才是中西部地区今后吸收外商投资的关键。

虽然政府已经注意到并开始解决中西部地区吸收外商投资比重过低的情况，但由于中西部地区和东部地区在资源禀赋、地理条件、市场环境等方面的不同，仅仅把原先给东部地区的优惠政策也给中西部地区是不行的。更需要做的应该是以下几个方面的工作：

1. 更大程度地开放中西部地区市场。对于金融、保险、电信、商业、外贸等领域的外商投资，不应只是有限的“试点”，而可以更大胆、积极地推进。毕竟，其中多数领域已经在东部沿海地区“试点”多年了。商业、外贸本属市场开放竞争行业，应放开这些领域的外商投资，投资决策权放给企业（外商），监督管理权放给地方政府。金融、保险、电信等领域因关系重大，需中央政府协调审批，但开放的步子应更大一些，如可以出售 50% 以内的企业股权给外商，“十五”期间允许外商投资企业在当地市场所占份额占到 10－20% 。

2. 放松外商投资的股份权限制和投资管制。一般制造业领域，如日化、食品、饲料、啤酒、纺织、服装以及一般机械制造、电子、制药等领域，实行率先自由化，完全放开外商投资；某些关系国计民生的重要行业，如汽车、石化、航空、航天、大规模集成电路等，可以由国家进行项目协调，但应在国家保持管理和控制权的基础上，尽可能地放开没有多大实质意义的股权限制；矿产资源的勘探、开发，应在国家相关法律法规基础上，根据国际惯例操作；农业领域，鼓励外商投资种养殖业项目，放开农产品的加工、储存、运输、销售等环节；基础设施项目，一般的路、桥、发电等项目，没有必要限制外商投资股权比例，政府按规定对其服务质量、价格进行监督管理即可。

3. 为外商投资中西部地区提供更多的税收、财政、信贷支持。中国开放初期的外商投资政策，主要体现为区域倾斜，后来开始注意到产业倾斜。但目前情况下，政府仍不能忽略区域倾斜政策，只不过现在倾斜的重点是不发达地区。现在我们的政策制定中有一个误区，以为今后只能搞产业倾斜，而应取消地区倾斜，否则会赞成不平等竞争，损害市场环境，实际上这是片面的，也是不符合发展要求的。从国际上看，即使发达国家，对不发达地区，也都有一定的倾斜政策。由于目前中西部地区投资环境存在客观的、难以立即修正的缺陷，一定的、有力度的投资鼓励政策是必须的。中央和地方政府对此都应该加以重视，并尽快出台相应措施。如建立西部开发基金，为外商投资提供资金配套、贴息贷款；免除外商投资贫困地区外商投资资本项下进口关税增值税、延长贫困地区外商投资企业所得税减免期限等。

此外，还应加强基础设施建设、进一步更新观念解放思想、提高政府服务效率和政策透明度、规范市场竞争秩序等。

应该说，西部大开发和加入 WTO，为西部大发展提供了极好的机遇，也为外商投资展示了美好的前景。如果西部地区能够充分利用这一机遇，将可以更多更好地吸收外商投资，为实现西部地区的经济社会发展目标提供强大推动力量。

西部大开发建设进展情况

一、实施西部大开发取得重要进展

西部地区国土面积 685 万平方公里，占全国陆地面积的 71.4%；2000 年人口 3.55 亿，占全国总人口的 28.1%；国内生产总值 16655 亿元，占全国的 17.1%，经济和社会发展的潜力很大。世纪之交，以江泽民同志为核心的党的第三代领导集体做出实施西部大开发、加快中西部地区发展的重大决策，得到了全国各族人民的热烈拥护和积极响应，引起了海内外各界人士的广泛关注。两年多来，在党中央、国务院的正确领导下，在各地区、各部门和广大人民群众的共同努力下，西部地区基础设施建设迈出实质性步伐，生态环境保护和建设显著加强，科技教育和人才开发工作力度加大，结构调整取得初步进展，西部大开发开局良好。2000－2001 年，西部 12 个省、自治区、直辖市国内生产总值平均增长 8.6% 左右，固定资产投资额平均增长 17% 左右，西部地区经济和社会事业出现了加快发展的好势头。

党中央、国务院加强了对西部开发的领导。江泽民总书记等党和国家领导人多次深入西部地区调研考察，就实施西部大开发的指导思想、奋斗目标和方针政策做出了重要指示。2000 年初，党中央、国务院对实施西部大开发战略提出了明确的要求。国务院成立了国务院西部地区开发领导小组，由朱镕基总理担任组长，温家宝副总理担任副组长，中央和国务院 23 个部门负责人担任成员。领导小组下设办公室，在国家计委单设机构，具体承担国务院西部地区开发领导小组的日常工作。2000 年 1 月，领导小组召开了西部开发工作会议，重点布置了基础设施建设和生态环境保护与建设工作。2001年10月，领导小组召开全体会议，强调要进一步加强基础设施建设，加大退耕还林工作力度。

国家出台了重点支持西部开发的政策措施。2000年10月，国务院颁布了关于实施西部大开发若干政策措施的通知，明确了政策支持的原则和重点，在增加资金投入、改善投资环境、扩大对内对外开放、吸引人才和发展科技教育等方面，出台了一系列支持西部开发的政策措施。2001年9月，国务院办公厅转发了西部开发办关于西部大开发政策措施的实施意见。财政、金融、投资、价格、税收、土地、矿产资源等优惠政策相继出台。

西部开发的规划工作得到加强。按照党中央、国务院要求，贯彻中央"十五"计划建议和国家"十五"计划纲要精神，国务院西部开发办和国家计委等部门抓紧调查研究，进行科学论证，在有关部门和地方工作的基础上，研究编制了"十五"西部开发的总体规划，进一步明确了西部开发的指导方针，战略目标、主要任务、重点区域。总体规划提出了西部开发要依托中心城市和交通干线，培育和发展西陇海兰新线、长江上游、南（宁）贵（阳）昆（明）经济带（区）的要求。有关方面加强了对青藏铁路、西气东输、西电东送等西部开发重大项目的规划论证。有关省、自治区、直辖市认真制定当地的"十五"计划和西部开发规划，落实了西部开发的重点任务。

西部地区新开工了一批重大项目。2000年，国家安排在西部地区新开工10个重大项目，包括西安至南京铁路西安至合肥段、重庆至怀化铁路、西部国道主干线及贫困县公路、西部枢纽及支线机场、重庆轻轨交通、柴达木盆地涩北经西宁至兰州天然气输气管道、四川紫坪铺和宁夏沙坡头水利枢纽、中西部退耕还林草和生态建设及种苗基地、青海钾肥、西部高校基础设施等，项目总投资1000多亿元。2000年国家安排西部地区国债贴息技术改造项目185个，项目总投资430亿元。2001年，国家又在西部地区新开工了一批重点工程，如青藏铁路格尔木至拉萨段、西电东送龙滩水电站和公伯峡水电站、新增中西部退耕还林还草试点、广西百色和内蒙古尼尔基水利枢纽、公路国道主干线西部地区重要路段、兰州经成都至重庆输油管道、西部农业和特色经济、西部中心城市基础设施、西部教育、西部高新技术产业化和医疗卫生项目等，项目总投资2000多亿元。2001年国家安排西部地区国债贴息技术改造项目90个，项目总投资近70亿元。云南小湾水电站、西气东输塔里木盆地至长江三角洲管道工程5个试验段已于2002年初开工。

国家对西部地区的资金投入明显增加。2000年，西部地区在建的大中型基建项目当年完成投资760多亿元；国家在西部地区新开工的10大项目当年完成投资200多亿元；全年用于支持西部开发的国债资金达430亿元。2001年，西部国债项目当年完成投资约500亿元；全年用于支持西部开发的国债资金达到600亿元。实施退耕还林还草试点工程，国家提供了粮食补助、种苗费补助资金和现金补助款。实施天然林保护工程，国家安排了基建投资、财政专项补助资金和对地方财政减收补助资金。实施环京津风沙源和水源治理工程，国家也给予了资金支持。中央财政还安排了一般性转移支付资金，农业、工资、社会保障、教育、科技、卫生、计划生育、政法、文化、文物等对地方专项资金补助，扶贫资金，艰苦边远地区津贴等，支持西部地区特别是民族地区、贫困地区、边疆地区和老工业基地的发展。在国家资金的带动下，银行、企业等社会资金和外商投资积极投入西部，促进了西部地区经济和社会发展。

各方面加大了对西部地区人才支持。党中央、国务院批准了西部开发办牵头研究制定的《西部地区人才开发十年规划》。规划提出了西部地区人才开发的目标、主要任务、组织措施和政策措施，明确了干部交流挂职工作和西部地区各类人才培训的任务。中央机关选派到西部地区的一批年轻优秀干部已经到岗就职。国家民委协同中央组织、统战部门增加了西部地区和其他少数民族地区干部到中央、国家机关和东部发达地区锻炼的名额。中央和国务院有关部门、东部地区一些省（市）加强了与西部地区之间的干部对口交流，组织培训了西部地区科技、教育、工程、环保、城建、旅游、农业等方面人员约6000人次。公安部门加大了户政管理工作改革力度，促进了人才交流和人口的合理有序流动；改进了出入境管理工作，为境内外人员到西部地区投资和居留提供了方便。

二、西部地区基础设施建设迈出实质性步伐

到过西部的人都知道，这里的基础设施十分落后。西北干旱地区严重缺水，还有上千万人饮水困难；西南地区丰富的水能资源未得到有效利用，实际装机容量不到可开发蕴藏的10%；西部地区公路、铁路路网单薄，密度分别只有东部地区的19%、22%；许多乡村还没有通上电，电话普及率仅相当于全国平均水平的一半；城市基础设施欠账较多，公共服务能力严重不足。党中央、国务院指出，实施西部大开发战略，要把加快基础设施建设作为开发的基础。两年来，按照统筹规划，多方筹资，先行建设、适当超前的方针，国家加大了对西部地区基础设施的支持力度，新开工了一批重大工程，国家投资1300多亿元，水利、公路、铁路、机场、能源、通信、城市基础设施建设步伐明显加快。

水利建设加快推进。2000年，列入西部开发重点工程的四川紫坪铺水利枢纽工程、黄河沙坡头水利枢纽开工建设，一批防洪、水资源开发利用和水土保持工程加快建设，国家安排西部地区水利建设投资约50亿元。2001年，又安排了一批江河治理、农村人畜饮水、大型灌区改造、节水工程、病险水库除险加固工程，全年投资140多亿元。广西百色、内蒙古尼尔基水利枢纽工程开工建设；塔里木河、黑河流域水资源及生态环境综合治理工程开始实施。国家投资18亿元，解决了西部农村262万人的饮水困难；投资19亿元，安排节水改造项目153个；开展了长江上游、黄河上中游水土保持重点防治工程。

公路建设成果喜人。国家加大了国债资金投入力度，公路建设专项资金的一半也投入到西部，这在西部地区公路建设史上从未有过。2000年，西部12个省区市公路建设完成投资600亿元，新增公路通车里程13000公里；64个国家级贫困县公路建设总里程为4000多公里。2001年，西部公路建设投资力度进一步加大，达到700多亿元。加快了以国道主干线为重点的干线建设，安排了西部地区重点公路项目80个；加快了国道、省道重点路段的改造和贫困县出口路建设，安排了贫困县公路项目129个。为进一步改善西部农村地区交通条件，国家决定从2001年起，专项安排西部地区通地(州)、县沥青公路建设，到2002年底，将使目前尚不通沥青路的3个州、280多个县，有一条沥青路与省会、地(州)所在地城市连接。两年累计新增公路通车里程3.2万公里，其中高速公路1900公里，一级、二级公路8670公里。

铁路建设举世瞩目。2000年，西安至南京铁路西安至合肥段和重庆至怀化铁路列入西部开发重点工程并开工建设。一批铁路的建设和扩能改造进度加快，全年铁路建设完成投资约220亿元，占全国铁路投资的43.7%。2001年6月，青藏铁路格尔木至拉萨段全面开工，铁路全长1110公里，其中穿越多年高寒冻土地带550公里，总投资260多亿元。水柏铁路、株六复线、宝兰二线等重点工程进展顺利，遂渝铁路、万宜铁路等建设项目的前期工作取得较大进展。2001年，西部铁路完成大中型基建项目投资约270多亿元。两年共建铁路新线1327公里，复线975公里，电气化铁路440公里。

机场建设重点展开。以“完善枢纽、发展支线，逐步形成放射状航空网络”为重点，2000年安排西部地区机场新建和改扩建建设项目18个，广元、绵阳、铜仁、临沧等新建机场和西宁、呼和浩特、泸州、阿勒泰、库车、且末、包头等机场扩建工程已经完工。2001年，新开工4个机场建设项目。列入西部开发重点工程的成都、兰州、乌鲁木齐机场已经建成并投入使用，西安、敦煌、攀枝花、达川等在建工程进展顺利。一些项目的前期工作取得较大进展，拉萨贡嘎、重庆江北机场航站区扩建，新疆和田机场改扩建，贵州兴义、黎平新建机场等工程已具备开工条件。一批机场工程前期工作正在抓紧进行。2001年，西部机场全年投资40多亿元。

以西电东送、西气东输为重点的能源建设拉开序幕。继西电东送第一批项目于2000年11月启动后，西电东送第二批项目在2001年底前也已宣布开工。已开工建设的水电工程主要有龙滩、公伯峡、洪家渡、引子渡、乌江渡(扩机)、小湾水电站；火电工程有宣威、纳雍、安顺、黔北、托克托等。贵州至广东直流输电、交流输变电项目也已正式开工。西气东输工程五个试验段于2002年2月初开工。涩宁兰管线工程2001年底已投入使用。可以预见，西部地区水能、煤炭、石油天然气等优势资源的开发利用，必将加快西部地区的经济发展。

通信基础设施建设迈出步伐。2000年，随着西部开发的推进，电信企业开拓西部市场，积极投入光缆、农村电话等建设。2001年，实施了西部通信走廊、数字化城市、宽带接入和农村电话工程，着重提升西部的网络能力、技术水平和服务能力，全年预计完成投资466亿元。2000年，在西部地区新建、扩建了一批广播发射台站；2001年又完成了2000个新通电行政村通广播电视建设。

城市基础设施建设得到重视。两年多来，国家为西部城市供水、城市环保、城市道路工程安排了专门投资，安排了西部地区缺水县城建设项目，加快了城市污水处理及其回用设施工程建设。成都、重庆、西安等特大城市轨道交通建设力度加大。西气东输沿线城市的燃气、供水工程建设逐步展开。

三、西部地区生态环境保护与建设得到加强

早在1997年，江泽民总书记就指出，要“再造一个山川秀美的西北地区”。1999年，党中央、国务院做出实施西部大开发、加快中西部地区发展的重大决策，把生态环境保护和建设作为西部开发的根本和切入点。几年来，启动了退耕还林、天然林保护、环京津风沙源治理、天然草原植被恢复与建设等生态建设重点工程。1999年10月，四川、陕西、甘肃三省率先开展了退耕还林工作。2000年初，国家正式启动了退耕还林试点工程，取得了很好的效果，深得广大干部群众拥护。1999至2001年，累计完成退耕还林124万公顷(1867万亩)，宜林荒山荒地造林109万公顷(1635万亩)，合计233万公顷(3502万亩)。其中，1999年率先启动的四川、陕西和甘肃三省共退耕还林40万公顷，宜林荒山荒地造林7万公顷；2000年，全部试点地区核实退耕还林43万公顷(642万亩)，宜林荒山荒地造林45万公顷(685万亩)；2001年完成退耕还林42万公顷(630万亩)，宜林荒山荒地造林56万公顷(845万亩)。

两年多来中央财政共补助资金约76亿元，并采取有效措施确保国家补助钱粮足额发放到退耕户手中。一些地方把退耕还林工作，同建设基本农田、调整农林牧业结构、发展农村能源、实行生态移民，以及封山禁牧、舍饲圈养结合起来，走出了一条经济发展、生态改善和农民增收“三赢”的路子。2002年，国家加大生态环境建设的力度，全面启动了退耕还林工程，计划新增退耕还林面积227万公顷(3400万亩)，宜林荒山荒地造林266万公顷(3990万亩)。

自1998年起，国家实施了天然林保护工程，到2001年底，累计调减木材产量1880万立方米，完成人工造林面积125万公顷，飞播造林57万公顷，封山育林528万公顷。有效地防止了天然林资源进一步遭到破坏，不断巩固了天然林保护的成果，为维护全国生态平衡发挥了重要作用。近年来，沙尘暴在中国北方地区肆虐。2000年，国家启动了环京津风沙源治理工程，采取生物治沙、工程治沙、建立农田保护林网等各种有效措施，加强林草植被保护，减轻风沙危害。截至2001年11月底，共完成人工造林0.69万公顷，

退耕还林 0.24 万公顷，封山育林 2.27 万公顷，飞播造林 0.14 万公顷，小流域综合治理 40.6 平方公里，新植苗木平均存活率在 95% 以上，在一定程度上缓解了京津地区风沙危害。天然草原植被恢复与建设工作也已经陆续展开，工程进展顺利。

针对环境污染日益突出的问题，国家有关部门和各省（市、自治区）进一步加强了大江大河流域的环境治理和城市环境治理工作，要求从污染源头抓起，尽快遏制环境恶化的趋势。同时，通过两年的努力，西部地区生态环境现状调查工作已基本结束，基本掌握了西部地区生态环境现状，为以后大规模开展环境保护和治理提供了有力支撑。西部地区还大力引进、发展和推广使用环保型新技术、新工艺、新材料、新产品，促进产业结构向资源利用合理化、废物减量化、生产过程无害化方向发展，环保产业正逐渐成为西部地区新的经济增长点。

改善生态环境，是西部开发必须首先研究和解决的重大课题，国家在实施西部大开发战略中，把生态环境建设和保护放在更加突出的位置，力争用 5 到 10 年的时间，使西部地区生态环境建设取得突破性进展，实现西部地区乃至全国经济和社会的可持续发展。

四、西部地区产业结构调整走上新路子

西部地区农业生产条件差，农村经济结构不合理。工业结构偏重于资源开发和初级产品加工业，产业技术水平低，国有企业比重高、困难大，市场发育滞后。调整和优化产业结构是西部大开发的关键环节。两年来，西部地区注意加强农业基础，积极发展有市场、有效益的农副产品；开发和利用西部地区丰富的能源矿产资源；加快国有企业改革、改组和改造，运用先进适用技术和高新技术改造传统产业；培育和发展高新技术产业；大力发展旅游等服务业，走上了一条发展特色经济和优势产业的新路子。

特色农业得到发展。西部地区农村人口占总人口的 80%，农业和农村产业结构调整是西部地区结构调整和经济发展的基础。广袤的西部光热资源丰富、气候类型多样，生物物种独特，农牧业生产历史悠久，具有发展特色农业的条件。一批各具地方特色的农牧产品已在全国市场上占有一定地位，如新疆棉花、广西和云南的甘蔗、内蒙古和新疆的甜菜、云南和贵州的烟叶、西南地区热带和亚热带水果、西北的苹果和葡萄、云南等地的花卉，还有西部地区中药材及民族药材的种植、畜牧业生产等。

两年来，四川省农业种植结构进一步优化，农作物品质结构进一步改善，优质水稻、优质小麦、名特优和无公害农产品生产规模扩大。新疆维吾尔自治区大力推进农业产业化，加快发展畜牧业，农业和农村经济稳步发展。内蒙古自治区积极支持和鼓励乳品、肉类加工等特色主导产业和龙头企业的发展，伊利、蒙牛等重点乳品企业和草原兴发等重点肉类加工企业龙头作用显现。

优势能源、矿产资源开发力度加大。西部地区水能、石油天然气、煤炭、稀土、钾磷、有色金属等资源储量大，比较优势明显，市场前景好。如西南地区和黄河上中游的水能资源，塔里木、陕甘宁的石油天然气，陕西、内蒙古、贵州的煤炭，柴达木盐湖钾肥，云南的铅锌和磷肥，贵州的磷肥和铝，广西的铝，新疆的铜，四川攀西的钒钛，内蒙古的稀土等。两年来，西气东输、西电东送和青海钾肥已列入西部开发重点工程，广西龙滩水电站、青海公伯峡水电站、云南省小湾电站、贵州纳雍电厂等一批水、火电站开工，青铜峡铝厂三期、平果铝氧化铝二期等矿产资源开发利用工程进展顺利。

传统产业改造步伐加快。四川、云南中成药和陕西的化学生物制药、重庆的汽车和摩托车、陕西和贵州的飞机制造与汽车零部件、四川的铁路运输设备等都有一定基础，西部一些地方烟草、饮料、棉纺、麻纺、食品等农副产品加工业也已初具规模。两年来，国家在西部地区安排国债贴息技术改造项目 275 个，总投资近 500 亿元。云南省大力发展具有比较优势的烟草、生物资源开发。宁夏积极发展绿色食品、特色医药、天然气化工、新材料等为重点的优势特色产业，加大了对传统优势产业的改组改造力度。

高新技术产业蓄势待发。西部地区长期建设形成了国防科技工业企业和大专院校、科研院所较为集中的有利条件，集中了一批专门人才，具备了发展高新技术产业的基本条件，在发展生物工程、航空航天、中药现代化、新能源、新材料、电子信息、先进制造等方面具有一定优势。两年来，四川省的电子信息产业快速成长，陕西省关中高新技术产业开发带建设步伐加快，云南省加快了信息、生物医药、新材料、光机电一体化、环保等高新技术产业的发展，陕西杨凌农业高新技术产业化基地、四川绵阳电子科技城等发挥了重要的示范作用。

特色旅游业加快发展。西部地区拥有得天独厚的旅游资源和人文景观，随着国际旅游业的持续发展和国内假日经济的快速增长，充分利用丰富的自然和人文景观，大力发展西部的旅游业，把旅游业培育成为西部地区的支柱产业，在西部各地已达成共识。两年来，重庆以旅游、商贸、房地产业、教育产业等为重点的第三产业发展加速，四川和云南大力发展以旅游、商贸、文体、金融保险、社区服务为主的第三产业，陕西旅游业继续保持强劲增长势头，宁夏以西夏古都、大漠风光、回乡风情等为特色的旅游业发展迅速，初步形成六大旅游区。新疆、内蒙古、广西都把旅游业作为新的经济增长点加快培育。西藏旅游业发展势头良好。

五、西部地区对外开放逐步扩大

中国西部多数地区远离出海口，交通不便，长期以来对外开放程度较低。1999 年，西部地区 12 个省（自治区、直辖市）出口总额 77.2 亿美元，仅占全国的 4%；西部地区出口依存度多数省区在 5% 左右，大大低于全国 20% 的平均水平；截至 1999 年底，西部地区 12 个省（自治区、直辖市）累计实际吸收外商直接投资 168 亿美元，仅占全国的

5.5%。实施西部大开发，深化改革是动力，扩大开放是保障。两年来，各地区各部门坚持以开放促进开发，大力改善投资环境，对内对外开放迈出了坚实的步伐。

为了推动西部地区扩大对内对外开放的步伐，在2000年10月颁布的《国务院关于实施西部大开发若干政策措施的通知》和2001年9月国务院办公厅转发的关于《实施西部大开发若干政策措施的实施意见》中，明确提出了改善投资环境、扩大对内对外开放等一系列支持西部开发的优惠政策。这些政策的出台，对于推动西部地区进一步改善投资环境，逐步扩大外商投资领域，拓宽利用外资的渠道，有效地吸引外资参与西部开发，提高对内对外开放水平，产生了积极作用。

实施西部大开发，西部地区投资软环境进一步改善。两年来，西部地区在转变政府职能，改革行政审批制度，减少行政审批环节，规范办事程序，努力提高各级政府的办事效率和依法行政的水平，大力整顿市场经济秩序，切实保护投资者的合法权益等方面，做了大量的工作。如重庆市，从2000年开始清理行政审批项目，到目前为止共减少行政审批602项，行政审批减少率达57%。内蒙古自治区清理出需废止的地方性法规6件、决议3件，需修改的15件，不再适用的35件，需废止或修改的地方政府规章9件，需废止或修改的政府文件12份。广西壮族自治区废止和修改12个条例。云南省规范行政收费行为，取消涉及教育、民政、土地、税务、工商、公安等9个方面的41项乱收费项目。2001年底，四川省发出专门通知强调保护知识产权。陕西省2001年全面进行“市场整治”并取得初步成效，查处制假、贩假，不正当竞争等各类经济违法案件3.7万件，受理各类举报1.3万件，消费者申诉1.6万件。从总体上看，西部地区的投资软环境正在进一步改善。

实施西部大开发，推动了西部地区对外开放和对外经济贸易的进一步发展。2001年前三季度，甘肃省外贸进出口总额相当于2000年全年总额，增幅高出全国34个百分点；宁夏回族自治区同比增长34.88%，增幅高出全国26个百分点；青海省同比增长66.41%，增幅也大大高出全国平均水平。新疆生产建设兵团完成外贸进出口总额近6亿美元，同比增长50%以上。在对外开放方面，新疆维吾尔自治区经过近两年的发展，对外开放的县市已达58个，其中33个边境县市全部开放，对外开放口岸16个，目前已同99个国家和地区建立了经贸关系。云南省近两年大力发展非国有外向型经济，目前全省累计拥有进出口经营权的各类企业达660家。其中民营企业105家。此外，有边贸企业630家，开展自营进出口业务的外商投资企业192家。2001年对越南的出口贸易达到1亿多美元，投资柬埔寨的制药公司已投产。四川省和内蒙古自治区对非洲国家的经贸合作稳步发展，不少企业已开始在非洲投资设厂。西藏自治区对外经济贸易和经济合作也呈现出良好的发展势头。

实施西部大开发，西部地区吸引外商投资进入了一个新阶段。具体表现在，外商投资领域开始扩大，外商投资渠道进一步拓宽，利用外资规模逐步增大。外交、外资、港澳、台侨等部门为西部开发做了大量工作，境外人士到西部考察调研明显增多，外商直接投资合同金额上升。近两年，世界500强企业中已有60多家在重庆、成都、西安等地进行投资或设立办事机构，一些世界著名的大石油公司纷纷到西部地区考察，寻找油气勘探开发合作项目。如陕西省，截至2001年9月，在港引进外资项目合同37个，总额25.4亿美元，合同外资金额10.3亿美元。

实施西部大开发，利用国外优惠贷款开始向西部地区倾斜。国家制定出台相关政策措施，在西部开发中正确引导国外优惠贷款投向，积极探索利用国外优惠贷款的新方式。结合西部开发的主要任务，目前西部地区利用国外优惠贷款的重点领域是：交通、环保、市政、农业、生态、教育、卫生以及旅游和扶贫等。世界银行明确表示将支持这些领域的开发。亚洲开发银行已承诺在未来5年内向西部地区提供8亿美元治理西部沙漠化。2001年，宁夏与日本国际协力银行签署了利用62.5亿日元贷款用于风沙区的生态治理。贵州与有关机构签署了利用日元转贷贷款两批共144.35亿日元用于中日合作贵阳市环境示范城市项目。甘肃利用日元转贷贷款65.43亿日元，用于小水电项目的建设。四川利用亚洲开发银行贷款建设成都自来水BOT项目和高速公路等，利用世界银行1亿美元贷款用于成都污水处理项目。云南于2001年4月启动了总援助金额为676.6万英磅的中英合作云南环境发展与扶贫项目。据了解，西部地区利用中国进出口银行2001年转贷日元贷款总协议金额的40%左右，约800多亿日元。

东西对口合作支援取得一定成效。2000年，上海市设立服务参与西部大开发专项资金每年5000万元。据统计，从2000年1月至2001年8月，上海市与西部地区（含个别中部省）签定了849个项目，总金额429亿元。北京市2001年与西部地区签约的技术贸易项目7亿元。天津市与广西签署合作项目金额11亿多元。浙江省已在西部地区办企业7000多个，总投资900多亿元。广东省对广西的教育对口支援使150所学校、7万多学生受益。南京市实施西部对口支援项目135个。甘肃省2001年通过全国乡镇企业东西合作经贸洽谈会合同引进资金41.36亿元，到位11.7亿元，开工建设项目201个。青海省2001年已实际引进省外资金33亿元。据不完全统计，实施西部大开发两年来，东部地区有关省市与西部地区签订的经济协作和对口支援项目3000多个，涉及金额约1000亿元。

西部大开发优惠政策

关于西部大开发若干政策措施的实施意见

国务院西部开发办　二〇〇一年八月二十八日

实施西部大开发战略,加快中西部地区发展,是党中央高瞻远瞩、总揽全局做出的重大决策。根据《国务院关于实施西部大开发若干政策措施的通知》(国发[2000]33号),国务院西部开发办会同有关部门,进一步研究制定了西部大开发若干政策措施的实施意见。

一、政策措施的适用范围

(一)实施西部大开发若干政策措施和本实施意见的适用范围,包括重庆市、四川省、贵州省、云南省、西藏自治区、陕西省、甘肃省、宁夏回族自治区、青海省、新疆维吾尔自治区(新疆生产建设兵团单列)和内蒙古自治区、广西壮族自治区。(上述地区以下统称:西部地区)。其他地区的民族自治州(湖南省湘西土家族苗族自治州、湖北省恩施土家族苗族自治州、吉林省延边朝鲜族自治州),在实际工作中比照有关政策措施予以照顾。

二、加大建设资金投入力度

(二)提高中央财政性建设资金包括中央基本建设投资资金、建设国债资金用于西部地区的比例。国家政策性银行贷款、国际金融组织和外国政府优惠贷款,在坚持贷款原则的条件下,尽可能多安排西部地区的项目,争取提高用于西部地区的比例。

(三)对国家新安排的西部地区重大基础设施建设项目,其投资主要由中央财政性建设资金、其他专项建设资金、银行贷款和利用外资以及企业自筹资金解决,不留资金缺口,地方政府在土地使用、收费减免等方面积极配合。要集中力量建设一批关系西部开发全局的重大工程,如"西气东输"、"西电东送"、青藏铁路、公路国道主干线、水资源合理开发和节约利用等。

(四)中央将采取多种方式,筹集西部开发的专项资金,支持西部开发的重点项目。铁道、交通、水利、农业、林业、信息产业等部门在安排建设资金时,要继续提高用于西部地区重点项目的比重。

三、优先安排建设项目

(五)以科学规划为指导,发挥计划和市场两种机制在配置资源中的作用,在西部地区优先布局一些建设项目,包括:水利、公路、铁路、机场、管道、电信等基础设施建设,生态环境建设,特色农业发展,水电、优质煤炭、石油、天然气、铜、铝、钾、磷等优势能源、矿产资源开发和利用,城市基础设施建设,特色旅游业发展,特色高新技术及军转民技术产业化。

四、加大财政转移支付力度

(六)加大对西部地区特别是民族地区(指民族自治区、享受民族自治区同等待遇的省和非民族省份的民族自治州)一般性转移支付的力度。随着中央财力的增加,中央财政逐步加大对西部地区一般性转移支付的规模。一般性转移支付以各地标准财政收支差额作为计算的依据,按科学合理的原则,根据客观因素计算标准收入和支出,采用统一公式,不受主观因素影响。在一般性转移支付资金分配方面,对民族地区给予适度倾斜。从2000年起,中央财政安排一部分财力,专项用于对民族地区的转移支付。

(七)中央对地方专项资金补助向西部地区倾斜。加大对西部地区农业科技发展、旱作农业、节水农业、农业生态环境保护和建设、农业病虫害防治和救助等方面的投入力度。支持在西北地区开展空中云水资源的开发利用,对水土条件和沙尘暴进行监测、预测。加大对西部地区农业综合开发的投入力度,以改造中低产田为重点,改善农业基本生产条件和生态环境;大力发展优质高产高效农业,促进产业化经营;有选择地建设现代化农业示范区和科技示范区。从2001年起,根据西部地区的实际情况,适当调减农业综合开发财政资金地方配套比例,增加对土地治理的投入。对西部地区财政困难的省(自治区、直辖市),因执行1999年出台的提高机关事业单位职工工资和城镇低收入居民收入政策而增加的支出,由中央财政给予适当补助,补助额根据各地机关事业单位在职职工和离退休职工人数、月人均工资和离退休费增加额及转移支付补助系数确定。中央补助地方国有企业下岗职工基本生活费、企业离退休人员基本养老金和城镇居民最低生活保障金支出，适当向西部地区倾斜。教育、科技、卫生、政法、文化、文物等专项资金补助的分配，也要向西部地区倾斜。

（八）中央财政扶贫资金重点用于西部贫困地区。随着中央财力的增加，逐步加大对西部贫困地区和民族地区的扶贫资金投入力度，主要用于贫困乡村的基础设施建设、种植和养殖业、农村基础教育和职业技术教育、文化卫生事业和先进适用技术的推广与培训等。

（九）实施天然林保护工程，国家在安排基建投资，财政专项补助资金和对地方财政减收补助资金等方面给予支持。基建投资包括封山育林育草、飞播造林、人工造林和种苗设施建设补助等。财政专项补助资金包括森林管护事业费，国有林区森工企业基本养老保险补助费、政策性社会性支出补助费、下岗职工基本生活保障费补助和下岗职工一次性安置费补助。对因实施天然林保护工程影响地方财政收入部分，中央财政在一定时期内给予适当补助。对森工企业因木材产量调减造成无力偿还的银行债务实行先停息挂账，然后在清理核实的基础上，通过冲销呆坏帐等方式予以解决。

（十）开展退耕还林还草试点工作。国家按长江上游地区每亩退耕地每年补助150公斤、黄河上中游地区每亩退耕地每年补助100公斤粮食（原粮）的标准，在一定时期内向退耕户无偿提供粮食，补助粮食的价款（每公斤原粮1.4元）由中央财政承担，调运费用由地方财政承担。同时，国家给予退耕户适当的现金补助，补助标准按退耕面积每亩每年20元计算，所需资金由中央财政负担；国家向退耕户提供种苗费补助，补助标准按退耕还林还草和宜林荒山荒地造林种草面积每亩50元计算，所需资金由中央基建投资安排。对因实施退耕还林还草影响地方财政收入部分，由中央财政在一定时期内给予适当补助。另外，要积极支持防沙治沙工作。

（十一）对在实施农村税费改革试点过程中，因改革而造成乡镇财政困难，自身无法克服的，中央财政将按照规范的转移支付办法，适当给予补助。

五、加大金融信贷支持

（十二）加大对西部地区基础设施建设的信贷投入。重点支持铁路、主干线公路、电力、石油、天然气等大中型交通、能源项目建设。对投资大、建设期长的基础设施项目，根据项目建设周期和还贷能力，适当延长贷款期限。其中，国家开发银行对高速公路项目，在项目资本金比例达到40%和统借统还的条件下，贷款期限可放宽至18年（含宽限期，下同）；对水电项目，贷款期限可放宽至25年；对“西电东送”非水电项目，贷款额超过3亿元的，贷款期限一般可放宽至18年，最长可放宽至20年；对城市基础设施项目，贷款期限可放宽至10年；对其他基础设施项目，贷款期限最长可放宽至15年。

（十三）扩大以基础设施项目收益权或收费权为质押发放贷款的范围。继续办好农村电网收益权质押贷款业务，开展公路收费权质押贷款业务，创造条件逐步将收费权质押贷款范围扩大到城市供水、供热、公交、电信等城市基础设施项目。对具有一定还贷能力的水利开发项目和城市环保项目（如城市污水处理和垃圾处理等），探索逐步开办以项目收益权或收费权为质押发放贷款的业务。

（十四）增加农业、生态建设的信贷投入。对西部特色农业、节水农业、生态农业发展在信贷方面给予支持，扶持一批有发展前景、带动作用强、以公司加农户为经营方式的龙头企业。农业银行和农村信用社要积极扩大农户小额贷款，对确有还贷能力的可以发放信用贷款，有选择地增加对生态环境建设项目的贷款投入。配合退耕还林还草、封山绿化等生态环境建设工程，对一些有还贷能力的速生丰产用材林、经济林、山野菜、中药材开发以及个体苗圃等项目，增加信贷投入。

（十五）运用信贷杠杆支持经济结构及产业结构调整。支持电力、天然气、旅游和生物资源合理开发等西部优势产业发展，对贷款金额较大的重点项目，可以由商业银行总行直贷解决，贷款不纳入当地分行存贷比或限额考核范围。西部地区农村电网改造贷款，由中国农业银行总行统一安排贷款计划和资金。同时，对西部地区企业技术改造、高新技术企业和中小企业发展，也要给予信贷支持。

六、大力改善投资软环境

（十六）认真贯彻落实国有企业改革和发展的有关政策，深化西部地区国有企业改革，使企业真正成为市场竞争的主体，加快建立现代企业制度，实行制度创新。除关系国家命脉和安全的企业由国家控股外，鼓励其他国有大中型企业通过规范上市、中外合资和相互参股等多种形式，依法改制为有限责任公司或股份有限公司。改制企业要依法建立董事会、监事会，明确股东会、董事会、监事会和经理层各自的职责，做到各负其责，协调运转、有效制衡。建立分工明确的国有资产管理、经营和监督体制，使国有资产出资人尽快到位，强化国有资产经营主体的外部监督。进一步深化企业内部劳动、人事、分配三项制度改革，逐步形成经营者能上能下、人员能进能出、收入能增能减的新机制。结合产业结构调整，坚持有进有退、有所为有所不为的方针，推进国有经济布局的战略性调整。进一步放开搞活国有中小企业，积极推进中小企业组织管理体系、政策体系和社会化服务体系建设。在实际工作中加大对西部地区国有企业扭亏脱困、改组改造的支持力度。

（十七）积极引导西部地区个体、私营等非公有制经济加快发展，鼓励东、中部企业和个人到西部地区投资。除法律有特殊规定外，凡对外商开放的投资领域，国内各种所有制企业均可进入。鼓励个体、私营等非公有制经济主体以独资、合资、合作、特许权等多种方式进行投资。

（十八）简化投资项目审批程序。除关系国民经济全局和长远发展、对国家安全有重要影响的重大项目或有特殊规定的项目外，企业利用自有资金或国内银行贷款投资于国家非限制类产业的项目，需要政府平衡建设、经营条件的，政府主管部门只审批其项目建议书。企业在落实各项建设条件后，自主决定是否开工建设，并在开工后报政府主管部门备案。

（十九）认真遵照执行中央关于引进外资工作的一系列政策、法规。努力优化外商投资的地区布局，鼓励外商向西部地区投资。合理简化外商投资项目的审批程序。除重大项目或有特殊规定的项目外，外商投资项目利用自有资金和商业银行贷款在西部地区投资于国家鼓励类产业及优势产业的，政府主管部门只审批项目的可行性研究报告，项目建议书、开工报告不再报政府主管部门审批。逐步简化对外商投资企业合同、章程的审批程序。

（二十）进一步转变政府职能，在改善投资软环境上下功夫，整顿市场经济秩序，切实保护知识产权，维护经济法制。实行政企分开，减少审批事项，规范办事程序，清理和废止不符合发展社会主义市场经济和对外开放要求的规章制度。确需各级政府审批的事项，应实行便捷服务，提高办事效率和透明度。加强仲裁机制建设，及时处理经济纠纷案件，保障投资者的合法权益。

七、实行税收优惠政策

（二十一）对设在西部地区国家鼓励类的内资企业和外商投资企业，在2001年至2010年期间，减按15%的税率征收企业所得税。国家鼓励类的内资企业是指以《当前国家重点鼓励发展的产业、产品和技术目录（2000年修订）》中规定的产业项目为主营业务，其主营业务收入占企业总收入70%以上的企业。国家鼓励类的外商投资企业是指以《外商投资产业指导目录》中鼓励类项目和《中西部地区外商投资优势产业目录》中规定的产业项目为主营业务，其主营业务收入占企业总收入70%以上的企业。经省级人民政府批准，民族自治地方的内资企业可以定期减征或免征企业所得税，外商投资企业可以减征或免征地方所得税。中央企业所得税减免的审批权限和程序按现行有关规定执行。

（二十二）对在西部地区新办交通、电力、水利、邮政、广播电视企业，给予减免企业所得税的优惠政策。其中：内资企业自产生经营之日起，第一年至第二年免征企业所得税，第三年至第五年减半征收企业所得税。外商投资企业经营期在10年以上的，自获利年度起，第一年至第二年免征企业所得税，第三年至第五年减半征收企业所得税。本条所称交通企业是指投资新办从事公路、铁路、航空、港口、码头运营和管道运输的企 电力企业是指投资新办从事电力运营的企业；水利企业是指投资新办从事江河湖泊综合治理、防洪除涝、灌溉、供水、水资源保护、水力发电、水土保持、河道疏浚、河海堤防建设等开发水利、防治水害的企业；邮政企业是指投资新办从事邮政运营的企业；广播电视是指投资新办从事广播电视运营的企业。除另有规定外，上述各类企业主营收入需占企业总收入70%以上。

（二十三）对保护生态环境，退耕还林（生态林应占80%以上）还草产出的农业特产收入，自取得收入年份起10年内免征农业特产税。

（二十四）西部地区公路国道、省道建设用地，比照铁路、民航建设用地、免征耕地占用税。免征耕地占用税的范围限于公路线路、公路线路两侧边沟所占用的耕地，公路沿线的堆货场、养路道班、检查站、工程队、洗车场等所占用的耕地不在免税之列。公路国道、省道以外其他公路建设用地是否免征耕地占用税，由省级人民政府决定。上述免税用地，凡改变用途，不再属于免税范围的，应当自改变用途之日起补缴耕地占用税。

（二十五）西部地区内资鼓励类产业、外商投资鼓励类产业的项目在投资总额内进口自用设备，除《国内投资项目不予免税的进口商品目录（2000年修订）》和《外商投资项目不予免税的进口商品目录》所列商品外，免征关税和进口环节增值税。符合《中西部地区外商投资优势产业目录》的外商投资项目，在投资总额内进口自用设备，免征关税和进口环节增值税，其审批程序按照《国务院关于调整进口设备税收政策的通知》（国发[1997]37号）的规定执行。

八、实行土地使用优惠政策

（二十六）有计划、有步骤地对坡耕地退耕还林还草，鼓励利用宜林宜草荒山、荒地造林种草，实行谁退耕、谁造林、谁种草、谁经营、谁拥有土地使用权和林草所有权。国有荒山、荒地等未利用地依法出让给单位和个人进行造林、种草等生态建设的，可以减免土地出让金，实行土地使用权50年不变；达到出让合同约定的投资金额并符合生态建设条件的，土地使用权可以依法转让、出租、抵押；土地使用权期限届满后，可以申请续期。利用农村集体所有的荒山、荒地等未利用地进行造林、种草等生态建设的，可以通过承包、租赁、拍卖等方式取得土地使用权，实行土地使用权50年不变；土地使用权可以继承、转让（租）、抵押。

（二十七）对基本农田实行严格保护，实现耕地占补平衡。坡耕地较多的地区，为保护当地粮食生产能力，在不影响生态建设的前提下，依据土地利用总体规划，可以将部分已经过多年整治、有良好的水利与水土保持设施的坡度为15度至25度之间的耕地划定为基本农田，也可以将部分配套设施较好的新开发整理的耕地划定为基本农田。可以按照有关规定，调整基本农田种植业生产格局，发展经济作物，但不得破坏耕作条件。土地整理项目应优先安排在基本农田保护区内，使保护区内有效耕地面积不断增加，质量不断提高。增加国家对西部地区土地整理复垦开发资金的投入。西部地区各省（自治区、直辖市）上缴中央的新增建设用地土地有偿使用费，原则上通过安排土地开发整理项目全额下拨。把未利用土地开发成草地、园地，经政府有关主管部门认定能调整为耕地的，可折抵补充耕地指标，按耕地加以保护和管理。基础设施建设占用耕地的，在保证耕地占补平衡的前提下，其耕地开垦费可按各省（自治区、直辖市）所定标准的下限收取。

（二十八）提高建设用地审批效率，减少审批环节，及时提供并保障经济建设用地。需报国务院批准的建设用地，在用地报批阶段，政府主管部门主要审查是否符合土地利用规划与计划、耕地占补平衡和征地补偿安置能否落实。报批资料可以根据审查的内容相应简化。征地补偿安置要符合《土地管理法》等法律规定，防止各种搭车收费，同时切实保护农民利益。使用国有未利用地，可以免缴土地补偿费。建设项目用地除法律另有规定外，应依法有偿使用国有土地，鼓励以招标、拍卖等方式供地。外商投资项目用地，确属必需的，经批准，可以用国有土地使用权作价入股、作价出资的方式提供国有土地使用权。

九、实行矿产资源优惠政策

（二十九）在国土资源调查计划中，优先安排西部地区的调查评价项目，工作经费向西部地区倾斜。重点安排西部地区重要矿产资源集中区、国家紧缺矿产和地下水资源的调查评价工作，以及地质工作程度较低地区、地质灾害严重地区的基础地质工作。

（三十）在西部地区由国家出资勘查形成的探矿权、采矿权价款按有关规定，符合下列条件之一的，经批准，可以部分或者全部转为国有矿山企业或地勘单位的国家资本：勘查或开采石油、天然气、煤层气、富铁矿、优质锰矿、铬铁矿、铜、镍、金、银、钾盐、铂族金属、地下水等矿产资源的；在国家确定的扶贫开发重点地区和重点开发地区勘查、开采矿产资源的；大中型矿山企业因资源枯竭，勘查接替资源的；国有矿山企业经批准进行股份制改造或对外合营时，国有资本持有单位以探矿权、采矿权价款入股的；国有矿山企业由于自然灾害等不可抗拒的原因，缴纳探矿权、采矿权价款确有困难的。

（三十一）在西部地区勘查、开采矿产资源，符合下列条件的，可以申请减缴或免缴探矿权使用费、采矿权使用费：石油、天然气、煤层气、铀、富铁矿、优质锰矿、铬铁矿、铜、钾盐、铂族金属、地下水等矿产资源的勘查、开发，大中型矿山企业为寻找接替资源申请的勘查、开发，运用新技术、新办法提高综合利用水平（包括低品位、难选冶的矿产资源开发及老矿区尾矿利用）的矿产资源开发，政府主管部门认定的其他情形。探矿权使用费，第一个勘查年度可以免缴，第二至第三个勘查年度可以减缴 50%，第四至第七个勘查年度可以减缴 25%。采矿权使用费，矿山基建期和矿山投产第一年可以免缴，矿山投产第二至第三年可以减缴 50%，第四至第七年可以减缴 25%，矿山闭坑当年可以免缴。

（三十二）探矿权人投资勘查获得具有开采价值的矿产地后，可依法获得采矿权。允许将勘查费用计入递延资产，在开采阶段分期摊销。

（三十三）积极培育矿业权市场，促进探矿权、采矿权依法出让和转让。出让矿业权的范围包括国家出资勘查并已经探明的矿产地、依法收归国有的矿产地和其他矿业权空白地。除采取依法申请批准方式外，可以采取招标、拍卖等其他方式出让矿业权。探矿权人、采矿权人可以采取出售、作价出资、合作勘查或开采、上市等方式依法转让探矿权、采矿权，也可以按有关规定出租、抵押探矿权、采矿权。

（三十四）对于外商从事非油气矿产资源勘查开采的，除享受国家已实行的有关优惠政策外，还可以享受免缴探矿权、采矿权使用费 1 年，减半缴纳探矿权、采矿权使用费 2 年的政策。对于外商从事《外商投资产业指导目录》中鼓励类非油气矿产资源开采的，享受免缴矿产资源补偿费 5 年的政策。在中外合营方式中，中方以探矿权、采矿权入股的，其探矿权、采矿权应按规定依法评估确认，合理作价，由中方提供相关的地质成果资料。

十、运用价格和收费机制进行调节

（三十五）深化价格改革，进一步提高市场调节价格的比重。西部地区部分铁路运价由政府定价改为政府指导价。省（自治区、直辖市）内航空支线实行浮动票价政策。列入全国城镇职工基本医疗保险用药范围的民族药价格，委托产地省级政府主管部门审批。

（三十六）调整电价和水价，推进污水处理、垃圾处理收费改革。积极疏导西部电网电价矛盾，单独核定西部地区各电网输配电费用，鼓励电力生产企业与用户直接签订购电合同，降低用户电费负担；适当降低东西部地区之间骨干电网联络线的输电费用，鼓励“西电东送”。在统筹考虑合理开发与承受能力的前提下，优先调整西北水资源短缺地区的水利工程供水价格，保证水利工程建设维护成本开支得到合理补偿。西部地区城市已建成污水处理厂而未征收污水处理费的，要依据国家有关规定尽快开征污水处理费，已开征的可根据当地居民的承受能力，按照保本微利的原则逐步提高收费标准。西部地区可以根据当地情况出台垃圾处理收费政策，推行垃圾处理收费制度。

（三十七）对西部地区新建铁路和铁路支线实行特殊运价。根据国务院确定的新路新价政策，对西部地区新建铁路可以按照偿还贷款本息、补偿合理经营成本的原则，核定新线特殊运价，以保证西部地区新建铁路按期偿还建设贷款，维持正常生产经营，促进西部地区铁路建设。进一步研究西部地区新建铁路特殊运价与全路统一运价之间差价的补偿方式。对西部地区铁路支线实行支线特殊运价。由国务院主管部门制定支线特殊运价的定价原则，具体价格水平由当地省级人民政府主管部门确定；对具备条件的西部支线，实行政府指导价或市场调节价，赋予铁路运输企业一定的价格自主权。

十一、扩大外商投资领域

（三十八）外商投资西部地区农业、林业、水利、交通、能源、市政公用、环保等基础产业或基础设施建设，矿产、旅游等资源开发，建立技术研究开发中心，享受外商投资鼓励类产业的各项优惠政策。国家将根据各地经济发展情况和条件变化，及时补充、修订《中西部地区外商投资优势产业目录》及有关措施，扩大西部地区对外开放。

（三十九）扩大西部地区服务贸易领域对外开放。将外商对银行、商业零售企业投资的试点扩大到西部地区中心城市（直辖市、省会城市和自治区首府城市）。将中外合资外贸公司的试点扩大到西部地区中心城市，并在中外双方的资格条件上比东部地区适当放宽。中国加入世贸组织后，在法律和有关协议的框架内，优先考虑西部地区外资银行经营人民币业务的要求。对外资保险公司申请到西部地区设立经营机构的给予优先许可，对外商在西部地区设立保险代理公司和合资保险经纪公司予以优先考虑。对西部地区兴办中外合资旅行社，在资质审查与项目审批方面适当放宽标准。按照中国加入世贸组织谈判的承诺和有关规定，允许外国会计公司（事务所）在西部地区兴办中外合作会计师事务所，对于一时不具备设立条件的，允许其在西部地区设立成员所，鼓励现有中外合作会计师事务所在西部地区设立分所。在条件成熟时，可以优先在西部地区兴办中外合作律师事务所。允许设立中外合资合作建筑与相关服务、设计服务企业并允许外商控股，逐步允许在建筑与相关服务、设计服务、工程服务、城市规划服务领域设立外资企业。逐步允许外商在中外合资铁路货运企业、中外合资道路货运企业中控股，在铁路货运、道路货运领域设立外资企业。

十二、拓宽利用外资渠道

（四十）要制定适用于西部地区的外商投资企业境内外上市，内资企业通过转让经营权、出让股权、兼并重组等方式吸引外商投资，以中外合资产业基金、风险投资基金方式吸引外商投资等管理办法。

（四十一）用好国际金融组织和外国政府优惠贷款，用于西部地区教育、卫生、扶贫、生态环境保护等领域。积极争取国际多边、双边赠款，优先安排西部地区项目。及时向西部地区介绍国际组织和有关国家政府对华提供优惠贷款和无偿援助的管理模式、申请程序及重点领域。帮助西部地区培养无偿援助项目管理人员，完善项目管理，增加项目管理的透明度，确保西部地区及时获得有关信息。优先支持对西部社会经济发展具有长远意义的环保、农业开发、基础教育、卫生、水利等领域的项目。

十三、放宽利用外资有关条件

（四十二）对外商投资西部地区基础设施和优势产业项目，视不同行业适当放宽对外商投资的股比限制。对外商投资西部地区商业项目，经营年限可放宽至40年，比东部地区延长10年；注册资本可放宽至3000万元，比东部地区降低2000万元。在华外资企业和中外合资合作企业向西部地区投资，被投资企业注册资本中外资比例不低于25%的，享受外商投资企业待遇。

（四十三）对外商投资西部地区基础设施和优势产业项目，适当放宽国内银行提供固定资产投资人民币贷款的比例，中外合资合作项目一般放宽到中方出资比例的120%，外商独资项目扩大到外方注册资本的100%。对属于《外商投资产业指导目录》鼓励类和《中西部地区外商投资优势产业目录》的项目，外商具有良好信誉，贷款用于购买项目所需的国产设备材料及支付国内工程承包费用的，国内银行向其提供固定资产投资人民币贷款可不受上述比例限制，由银行独立评估，自主确定。允许外商投资项目开展包括人民币在内的项目融资。

（四十四）对西部地区利用国外优惠贷款建设的一些项目，允许适当提高项目总投资中利用国外优惠贷款的比例。对西部地区基础设施建设、生态环境建设、扶贫开发等领域的项目，根据项目的偿还能力，从一般要求国外优惠贷款占项目总投资的比例不超过50%，提高到最高可达70%，有限制采购条件或贷款机构对贷款比例另有规定的除外。加强利用国外优惠贷款规划与国家西部地区投资计划的衔接，对西部开发的重点外资项目，国家在资金上给予支持。

十四、大力发展对外经济贸易

（四十五）进一步放宽西部地区企业对外贸易经营权和经济技术合作经营权的标准。降低西部地区生产企业申请自营进出口经营权的标准，注册资金由300万元调整到200万元，科研院所、高新技术企业和机电产品生产企业的注册资金由200万元调整到100万元。私营生产企业申请自营进出口经营权的标准，按国有、集体生产企业的条件、标准和办法办理。西部地区外贸企业申请对外劳务经营权的标准，调整为上年进出口总额达到5000万美元，或出口额达到3000万美元。在未设立外经窗口公司的地（市），可由该地（市）成立一家国有窗口公司，或指定一家国有外经贸公司申请对外劳务合作经营资格。

（四十六）鼓励西部地区发展优势产品出口。建立有机农产品生产服务体系和质量认证体系，加快有机农业科研成果向生产转化，建设一批无规定疫病区和畜产品出口示范基地，扩大有机农业产品、畜产品出口。在符合国家产业政策的前提下，对西部地区出口产品逐步增加主产省（自治区、直辖市）主营生产企业的出口配额比例，鼓励西部地区优势初级矿产品和农副产品向深加工、高附加值方向发展。

（四十七）鼓励西部地区企业开展对外承包工程和劳务合作。对西部地区有实力的大型专业工程企业，在申请对外承包工程和劳务合作经营资格、承接项目、获取信息、融资等方面，给予积极支持。推动中央大型企业在承揽项目、招聘劳务人员等方面与西部地区企业合作，带动其开拓国际市场。推动国内外大型企业与西部地区企业相互联合，共同承揽西部地区利用外资的基础设施建设项目。

(四十八)鼓励西部地区企业到境外特别是周边国家和地区投资办厂。对于西部地区企业到周边国家和地区设立境外加工贸易企业或承接援外合资合作项目，在同等条件下给予优先办理。对于符合条件的西部地区企业申请中央外贸发展基金开办境外加工贸易企业,给予优先考虑。

(四十九)对西部地区经济发展急需的技术设备，在进口管理上给予适当照顾。民族地区生产急需的自用产品，适当放宽进口限制。对西部地区进口配额产品，视具体情况在数量安排上适当给予倾斜。

(五十)按照国际规则，对边境地区继续实行优惠的边境贸易政策,在出口退税、进出口商品经营范围、进出口商品配额、许可证管理、人员往来等方面，简化手续，放宽限制。对边贸企业的边境贸易经营权，根据国务院主管部门的有关规定,由省级人民政府主管部门进行登记、管理和备案、对边境地区外经企业在毗邻国家边境地区承包工程和开展劳务合作，其项目合同由边境省级人民政府主管部门自行审批。对边贸企业出口原产于本地区且属于出口配额许可证管理的商品,除国家实行统一招标的商品、实行总量控制的重要工业品、实行主动配额管理的商品、配额有偿使用管理的商品、重点管理的边境贸易出口商品、军民通用化学品、易制毒化学品和消耗臭氧层的物质外,免领出口许可证。对边贸企业出口原产于边境地区并属于实行配额有偿使用管理的商品，适当放宽经营资格，减免配额有偿使用费。对边境地区属国家重点管理的边境贸易出口商品，由国务院主管部门专项下达一定数量的出口配额，并尽量满足边贸企业与毗邻国家边境地区经济技术合作所需带出设备材料和劳务人员自用生活物资的配额。除国家统一规定的行政机关执法收费外,取消口岸其他行政性收费,减轻边贸企业经营负担。

十五、推进地区协作对口支援

(五十一)推进地区经济技术协作。按照国家产业政策要求,在充分发挥地区比较优势的基础上,鼓励东部地区比较优势的基础上，鼓励东部和中部地区与西部地区开展以市场为导向、以效益为中心、以互利为目的、以企业为主体的全方位经济技术协作。比照外商投资的有关优惠政策，采取有效措施,改善投资环境和提高服务水平,吸引东部和中部地区企业通过独资、控股、参股、收购、联合、兼并、租赁、托管和承包经营等多种方式,到西部地区投资设厂、合作开发。在开展合作的过程中，禁止把应予以淘汰的生产设备、落后的工艺技术和污染严重的项目向西部地区转移。

(五十二)加强对口支援和帮扶工作。东部地区有关省、直辖市及计划单列市根据自身优势和对口支援地区的特点,在受援地区继续建设一批小学、中学、卫生所、文化站,组织巡回学校、巡回医疗、科技下乡活动。东部地区省、直辖市及计划单列市可以根据条件，筹集对口支援的资金继续开展小额信贷扶贫工作，向西部贫困地区农户提供信贷服务。有组织地推进“兴边富民”行动,重点支持民族地区和贫困地区的边境县，抓好试点，把帮扶措施落实到基层。

十六、吸引和用好人才

(五十三)从2001年起,建立艰苦边远地区津贴制度,所需经费由中央财政负担。提高艰苦边远地区机关和事业单位人员的工资水平,逐步使其达到或高于全国平均水平,鼓励和吸引人才在艰苦边远地区工作。

(五十四)调动西部地区专业人才的积极性和创造性。对已到退休年龄，但仍承担国家重大经济建设项目和在边远艰苦地区工作,属急需紧缺的高级专业技术人员,经省级人民政府主管部门批准,可适当延聘,不占单位编制和专业技术职务岗位数额。加大对西部地区政府特殊津贴专家选拔、博士后科研流动站、企业博士后科研工作站设置和留学人员科研经费资助等工作的支持力度。进一步改善西部地区高层次人才的工作和生活条件,在科研经费、助手配备、项目申请等方面给予倾斜。

(五十五)加强西部地区人才培训。结合西部开发重点任务、重大建设项目和重要研究课题的实施，采取当地培训、到东部地区培训、出国培训等方式,培养西部地区紧缺人才。加强对西部地区少数民族、中青年科技骨干培训和公务员培训的指导与支持。增加培训经费，对负责培训的机构和师资队伍建设提供支持。用好国家专项经费，争取国际援助项目,重点支持西部地区人才培训。

(五十六)鼓励人才和智力向西部地区流动。支持其他地区的人才以兼职、短期服务、承担委托项目、合作研究、技术入股、承包经营等多种形式参加西部开发。组织国内高级专家、优秀博士后和海外留学人员分期分批到西部地区考察和进行咨询服务，运用现代通信手段和网络技术开展远程服务。支持在西部有条件的地方建立留学人员创业园,充分利用其技术密集、设施完备、政策优惠的有利条件,吸引留学人员创办高新技术企业或从事高新技术研究与开发工作。

(五十七)实行人才和智力对口支援。结合经济的对口支援，确定东西部地区之间人才开发的对口省(自治区、直辖市)和重点支援项目。支持东西部地区之间开展科技人才相互挂职交流锻炼，实行人才，信息共享。进一步扩大东西部地区之间干部交流的规模。对口支援到西部地区工作的各类人才，在西部工作期间，原单位工资福利待遇保持不变，西部地区对口单位可根据实际情况给予生活补贴。

(五十八)对到西部地区工作的各类人才实行来去自由的政策。其人事档案可转到接收单位或由原单位保存，也可由接收单位或原单位所在地政府主管部门所属的人才交流机构保管。到西部地区工作的应届大学毕业生，根据本人意愿，户口可转到工作地区，也可转回原籍，由政府主管部门所属的人才交流机构提供人事代理服务，5年内免收以上人员的档案管理费用，并负责提供档案工资调整、职称评定等社会化服务。到西部地区投资、兴办实业的人员以及开发建设所需要的各类人才将户口迁人西部地区后，如果返回东部地区工作、生活，可以根据本人意愿将户口迁回原迁出地。经选派参加国家西部开发重点任务和重大建设项目的人才，可不迁户口，保留原单位工作关系，在职务晋升、专业技术职务评聘、工资调整等方面，与原单位同类人员享有同等待遇，优先解决其夫妻两地分居等生活困难，有条件的单位应为其办理人身意外伤害保险。对到艰苦边远地区工作的大中专毕业生，可提前定级，对特别急需的人才，各地可根据实际情况，适当高定定级工资标准。西部地区要加快人事和劳动用工制度改革，允许保留原籍户口的其他地区公民到西部地区从事投资经营和参加开发建设。

(五十九)对到西部地区的外籍高科技人才、高层次管理人才和投资者提供出入境便利。提供入境、居留便利的人员范围是：执行中央或地方政府与国外签署的国家级和省部级科技项目、重点工程协议的外籍高科技、高层次管理人才，在华任职的留学归来人员中的外籍高科技、高层次管理人才，执行政府间无偿援助协议的外籍人员，较大的外商投资企业投资者及外籍高级管理人员和技术人员。上述人员如需多次临时入境，可以根据实际需要发给有效期一年以上、最长不超过五年的多次入境有效签证；对需在华常住人员，可以根据实际需要发给一年以上、最长不超过五年的外国人居留证，并对需多次出入境的，同时发给与外国人居留证相同期限的多次返回签证。

(六十)改革户籍管理制度。凡在西部地区地级以下城市(含地级市)和小城镇有合法固定住所、稳定职业或生活来源的人员，可以根据本人意愿办理城镇常住户口。西部地区的直辖市、副省级城市可以根据当地经济和社会发展的实际需要及综合承受能力，在城市规划和人口规划的指导下，以有合法固定住所、稳定职业或生活来源为基本落户条件，调整户口迁移政策，放宽各类人才户口迁移限制。改革户口“农转非”计划管理体制。对到西部地区落户的人员，各部门均不得收取城镇增容费或其他类似费用。

十七、发挥科技主导作用

(六十一)国家设立的各项科技基金、科技计划经费等专项经费向西部地区倾斜。重点围绕西部生态环境和基础设施建设、产业结构调整等方面的关键共性技术攻关及产业化，加大倾斜支持力度。加强西部地区科技能力建设，加强对国家重点实验室、工程中心、野外观测台站等科研基础设施和基础数据库、生物种质(基因)资源库、科技信息网络等科技基础性建设的支持。

(六十二)鼓励西部地区企业提高技术开发经费的开支比重。企业研究开发新产品、新技术、新工艺所发生的各项费用，包括新产品设计费、工艺规程制定费、设备调整费、原材料和半成品试验费、技术图书资料费、未纳入国家计划的中间试验费、研究机构人员工资、研究设备折旧、与新产品试制和技术研究有关的其他经费，以及委托其他单位进行科研试制的费用，不受比例限制，计入管理费用。企业研究开发新产品、新技术、新工艺的各项费用应逐年增长，增长幅度在10%以上的企业，可以再按照实际发生额的50%抵扣应税所得额。

(六十三)加大科技型中小企业创新基金支持西部地区的力度。根据相关管理办法，对西部地区申报科技型中小企业创新基金的项目，在同等条件下优先安排。

(六十四)落实《国务院办公厅转发科技部等部门关于促进科技成果转化若干规定的通知》(国办发[1999]29号)的有关政策，对科技人员在西部地区实施科技成果转让和兴办科技型企业，在实际执行中，提高转让收入提成、科技成果入股等奖励的比例。

十八、增加教育投入

(六十五)增加资金投入。把西部民族地区、山区、牧区和边境地区列为“国家贫困地区义务教育工程”重点地区，中央财政予以重点支持。“十五”期间，安排专项资金，实施第二期“国家贫困地区义务教育工程”，主要用于支持西部地区发展义务教育，同时适当降低地方政府配套比例；安排农村中小学危房改造资金，向西部农村中小学倾斜。以多种方式支持西部地区大力发展各具特色的职业教育，筹集资金，帮助西部地区国家确定的扶贫开发工作重点县建设好一批中等职业学校，支持西部地区办好一批示范性高等职业学校。采取国务院主管部门和省(自治区、直辖市)共建的形式，帮助西部地区建设好一批重点高等学校。增加商业银行贷款，争取国际金融组织和外国政府贷款，支持西部地区高等教育和基础教育发展，帮助改善办学条件，扩大办学规模。认真落实“奖、助、贷、补、减、免”等各项资助经济困难学生的措施，落实国家助学贷款制度，保障家在西部地区、生活有困难的高校学生能够完成学业。

(六十六)扩大招生规模。增加西部地区高校招生特别是定向招生的数量，逐年增加中央部属高校在西部地区的招生数量、扩大东、中部地区高校在西部地区的招生规模，提高西部地区应届高中毕业生升学比例。在教材建设、学位点审批、重点学科建设、重点实验室建设等方面，向西部地区高校倾斜。采取多种形式，加强和扩大对西部地区教育行政领导干部、校长和教师的培训，对贫困地区中小学教师定期进行培训。鼓励和支持西部地区发展多种形式社会办学。加强西部地区高校同东、中部地区高校、国外高校和港、澳、台高校的交流与合作，支持西部地区高校派出更多的留学人员。

(六十七)实行教育对口支援。实施东部地区对口支援西部贫困地区学校工程，组织东部发达省(直辖市)各选择一批条件较好的学校，对口支援西部一个省(自治区、直辖市)贫困地区学校，帮助受援地区的中小学。实施西部大中城市对口支援所在省(自治区、直辖市)贫困地区学校工程,促进西部地区义务教育的发展。加强东、中部地区高校对西部地区高校的对口支援,帮助西部地区高校发展所需学科专业、培训师资、建设实验室,具备条件的合作办分校、提高西部地区高校人才培养水平。国家继续提供经费支持,利用内地教育资源,办好内地西藏班、内地高校少数民族预科班、内地新疆高中班,直接帮助西部地区培养人才。

(六十八)加快教育信息化建设。逐步使中国教育科研网和中国教育宽带多媒体网络连接西部所有高等学校、具备条件的中等职业学校和中小学。"十五"期间,使西部地区中小学教师及师范学校在校生都能接受计算机基础知识技能培训。创造条件逐步在西部地区中小学推广计算机和信息技术教育。通过多种方式,支持西部地区学校增加信息技术教育设备,建设西部地区远程教育体系,开发高质量的教育软件,制定教育软件标准,为西部远程教育提供高质量资源。中国教育科研网对西部地区所有大中小学国内上网实行优惠。

十九、加强文化卫生等社会事业建设

(六十九)加强社会事业建设。中央卫生事业补助专款,向西部地区公共卫生事业发展薄弱的地区和领域倾斜。中央政法补助专款,按因素法分配,重点投向西部地区列入国家扶贫开发工作重点贫困县、部分省级确定的扶贫开发工作重点县及经费保障能力较低的其他贫困县,以帮助贫困地区提高政法机关的经费保障程度。全国文化设施维修专项补助经费和全国"万里长廊"专项补助经费,向西部边疆地区县级以上(含县级)文化部门所管辖的文化馆、文化中心、群艺馆、图书馆、排演场(厅)、剧院(团)等文化单位倾斜。国家重点文物保护专项经费,向西部地区全国重点文物保护单位、国家重点博物馆、国家重点文物库房以及重要考古发掘项目倾斜,主要用于以上单位文物的抢救、维修、保护及发掘整理等。

二十、政策措施的解释和落实

(七十)本实施意见在总体上由国务院西部地区开发领导小组办公室负责解释,并根据国务院有关部门的职能分工,由计划(价格)、经贸、教育、科技、公安、财政、人事、国土资源、外经贸、金融、税务等各有关主管部门对具体内容分别进行解释。国务院有关部门可根据实际需要,按照国务院关于实施西部大开发若干政策措施和本实施意见,在本部门主管范围内,进一步发布有关政策细则或具体实施意见。西部地区各级政府,要按照国家规定,执行统一的西部大开发政策措施及其实施意见和有关细则。西部大开发若干政策措施实施意见自 2001 年起开始实施。

内蒙古自治区鼓励外商投资优惠政策(试行)

2000 年 11 月 25 日

第一条 为加大对外开放力度,进一步吸引外商投资,加快我区外向型经济的发展,除享受国家有关优惠政策外,根据国家和内蒙古自治区有关法律法规,结合自治区实际,制定本规定。

第二条 本规定适用于外国和港、澳、台地区的公司、企业和其他经济组织或者个人,在自治区境内举办中外合资经营企业、合作经营企业、独资企业(以下简称外商投资企业)和兴办的其他公益事业。

第三条 对经营期 10 年以上的生产性外商投资企业,凡属自治区鼓励发展的产业,经当地主管税务机关核准,从开始获利年度起,企业所得税 5 年内先征后返;增值税地方留成 25% 部分,在投产后 5 年内,由地方财政全额返还。自治区鼓励发展的产业目录由自治区经贸委会同有关部门制定并发布。对实际经营期未满 10 年的,应追缴已返还的所得税和增值税税款。

第四条 鼓励兴办投资额大的外商投资企业。

(一)对设在国务院批准的省会、沿边城市及高新技术开发区的生产性外商投资企业和高新技术企业可以享受沿海(沿边)开放城市及高新技术开发区的税收优惠待遇。

(二)外商投资 500 万美元以上、经营期 10 年以上的,以及从事服务性行业的外商投资企业,从获利年度起,按确定税率上缴所得税,由地方财政部门返还 50%。

第五条 开发区内的高新技术企业和产品出口企业,按照国家规定的所得税税率缴纳所得税,超过 15% 部分,地方财政部门予以退库返还。

第六条 外商投资企业的外国投资者,将其从企业分得的利润在中国境内再投资举办、扩建产品出口企业经营期不少于 5 年的,经当地财政部门批准,全部退还其再投资部分已缴纳的企业所得税税款。产品自营或委托出口的,适用国家现行出口退(免)税政策。企业当年出口产值达到本年度产品总值 60% 以上的,经当地财政部门核准,企业实际上缴所得税超过 10% 的部分由财政部门返还企业。

第七条 外商投资企业,免征地方所得税。

第八条 外商向能源、交通等基础设施项目投资的,鼓励投资者以建设 - 运营 - 转让(BOT)项目融资、转让经营权等方式进行建设和运营;对重点交通项目、旧城改造项目,经批准可在周侧一定范围内扩大与项目有关的土地开发和服务经营;企业可根据经营需要,经自治区财政、物价部门批准，确定价格和收费标准。

进一步鼓励外商投资高等级公路建设，其车辆通行费收入实际缴纳的营业税实行从建成通车之日起8年内由当地财政部门全额返还的政策。

第九条 允许外商以出资、购买、参股、控股、承担债务等形式取得经旗县以上人民政府批准出让的国有企业的全部或部分产权。

第十条 实行土地使用优惠政策。

(一)外商投资企业在批准的建设期内，免缴土地使用费。

(二)投资者利用企业现有场地办企业的，经营期在10年以上，从开业年度起5年内免缴土地使用费。

(三)对经营期在15年以上的产品出口企业，高新技术企业，能源、交通、基础设施建设、资源开发、原材料生产的外商投资企业，从投产经营之日起，凡投资额50－100万美元，免缴土地使用费5年；101－300万美元，免缴土地使用费7年；301－500万美元，免缴土地使用费10年；500万美元以上，免缴土地使用费15年。

(四)外商投资企业对我区退化草牧场进行改良，在依法取得使用权后，按自治区规划从事畜牧业开发。

(五)外商投资从事种植业、养殖业，经有批准权的人民政府依法批准，可以确定给开发单位和个人长期使用(使用期在50年内)。

(六)外商、外资开发国有荒山、荒地、荒滩、荒漠、荒沟，可以开发为农用地的优先开发为农用地，经有批准权的政府批准，可以确定给开发商使用50年；开发为建设用地的，在开发建设达到合同规定的开发规模后，其使用权出让金中地方留成部分，由当地财政全额返还。

(七)外商、外资对我区小城镇进行建设改造，经当地政府批准，享受相应的优惠政策。

第十一条 为鼓励自治区边远地区招商引资，经申请，允许这些地区将外商投资项目安排到开发区内实施。有关部门负责在办理异地立项、审批、开发和税务划转等方面给予方便。

第十二条 外商投资企业在生产和流通中需要短期周转资金和其他必需的信贷资金，经开户银行审核批准，按照放贷程序优先贷放。外商投资企业可以用现汇、固定资产或国家允许的其他财产向银行抵押，申请人民币贷款。

第十三条 外商投资企业在地方性事业收费方面享受国民待遇，按中国企业、公民收费标准收费，并可使用人民币结算。外商投资企业及兴办的公益事业所需水、电、气和通讯设施等，按需要保证优先供应，并与国内非外商投资企业在收费方面同等对待，实行统一收费标准。

第十四条 对产品出口企业，高新技术企业，能源、交通、基础设施建设和原材料生产企业，减半征收城市基础设施配套费。

第十五条 外商投资企业运输产品，应向有关运输部门报送计划，运输部门必须给予优先安排。

第十六条 在外商投资企业工作的外籍职工(包括其家属)，凭本人所在单位的有效证件，在自治区境内的食宿、交通、医疗等，实行与国内人员同一收费标准。

第十七条 外商投资企业的工资和奖金标准及工资总额由企业董事会按国家有关规定自行确定，向劳动部门备案。所需职工由企业自行招聘，到当地劳动部门办理有关手续。

第十八条 外商投资企业安排国有企业下岗职工再就业的，可相应享受国家和自治区有关下岗职工再就业的优惠政策。

第十九条 对外商要求批复和解决的申报文函，受理机关从收到文件之日起，在10内审查答复。外商投资企业注册登记时所提交的文件手续齐备后，由自治区、盟市对外招商中心、项目审批中心组织协调，工商、税务、环保、城建、土地、外经、财政、计划等部门采取联合办公或“一站式”服务的形式，一次办理有关手续。

第二十条 对外商投资企业实行依法保护。各有关职能部门要严格执行以下规定：

(一)除法律、法规和规章明确规定外，不得对外商投资企业进行检查和处罚。

(二)除法律、法规规定可以依法实施强制执行手段的机关外，不得责令银行划拨或者冻结外商投资企业及外商的资金和帐户，不得查封外商投资企业及外商的合法财产。

(三)不得损害外商投资企业的合法权益。

第二十一条 过去有关规定与上述条款不相一致的，按本规定执行。

第二十二条 本规定由内蒙古自治区对外开放办公室负责解释，自发布之日起实施。

广西壮族自治区鼓励外商投资的税收优惠政策

一、国家鼓励类外商投资企业税收优惠政策

国家鼓励类外商投资企业是指以《外商投资产业指导目录》中鼓励类项目和《广西外商投资优势产业目录》中规定的产业项目为主营业务，其主营业务收入占企业总收入70%以上的企业。

1. 在2001年至2010年期间，减按15%的税率征收企业所得税。

2. 在项目投资总额内进口自用设备，除《外商投资项

目不予免税的进口商品目录》所列商品外,免征关税和进口环节增值税。

3. 企业利用投资总额以外的自有资金(指企业储备基金、发展基金、折旧和税后利润)进口国内不能生产或性能不能满足需要的自用设备,以及与上述设备配套的技术、配件、备件(包括随设备进口或单独进口的),除《外商投资项目不予免税的进口商品目录》所列商品外,免征关税和进口环节增值税。

4. 企业在投资总额内购买的国产设备,除《外商投资项目不予免税的进口商品目录》所列商品外,其购买国产设备投资的40%可从购置设备当年比前一年新增的企业所得税中抵免。

5. 企业为了提高经济效益、提高产品质量、增加花色品种、促进产品升级换代、扩大出口、降低成本、节约能耗、加强资源综合利用和三废治理、劳保安全等目的,采用先进的、适用的新技术、新工艺、新设备、新材料等对现有设施、生产工艺条件进行改造而在投资总额以外购买的国产设备,其购买国产设备投资的40%也可以从设备购置当年比前一年新增的企业所得税中抵免。

上述第4、5款中,外商投资企业每一年度投资抵免的企业所得税税额,不得超过该企业当年比设备购置的前一年新增的企业所得税税额。如果当年新增的企业所得税税额不足抵免时,未予抵免的投资额,可用以后年度比设备购置的前一年新增的企业所得税税额延续抵免,但延续抵免的期限最长不得超过五年。

6. 企业在投资总额内采购国产设备,以及在购货合同中列名的随设备购进的塑料件、橡胶件、陶瓷件及石化项目用的管材等,除《外商投资项目不予免税的进口商品目录》所列商品外,可全额退还增值税。

享受退税的设备,必须同时具备以下两个条件:

(1)必须是以货币购进的未使用过的国产设备,不包括投资方的实物投资和无形资产投资;

(2)必须是在税务机关核定退税投资总额内且在1999年9月1日以后购进的国产设备。

7. 对于外商投资鼓励类非油气矿产资源开采项目的,享受免缴矿产资源补偿费五年的政策。

二、对如下地区和产业实行长期减低税率征收企业所得税

1. 对设在南宁经济技术开发区的生产性外商投资企业、在广西从事港口码头建设的中外合资经营企业、在南宁高新技术产业开发区和桂林高新技术产业开发区设立的被广西科技厅认定为高新技术企业的外商投资企业实行长期减按15%的税率征收企业所得税。

2. 对设在南宁市、北海市、梧州市、钦州市、玉林市、防城港市、凭祥市、东兴市、合浦县、苍梧县的生产性外商投资企业,以及设在北海国家旅游度假区内的外商投资企业,实行长期减按24%的税率征收企业所得税。其中属于鼓励类的外商投资企业,在2001年至2010年期间,减按15%的税率征收企业所得税。

生产性外商投资企业是指从事下列行业的外商投资企业:

A. 机械制造、电子工业;

B. 能源工业(不含开采石油、天然气);

C. 冶金、化学、建材工业;

D. 轻工、纺织、包装工业;

E. 医疗器械、制药工业;

F. 农业、林业、畜牧业、渔业和水利业;

G. 建筑业;

H. 交通运输业(不含客运);

I. 直接为生产服务的科技开发、地质普查、产业信息咨询和生产设备、精密仪器维修服务业。

高新技术企业是指从事下列高新技术范围内的企业:

A. 电子与信息技术;

B. 生物工程和新医药技术;

C. 新材料及应用技术;

D. 先进制造技术;

E. 航空航天技术;

F. 现代农业技术;

G. 新能源与高效节能技术;

H. 环境保护新技术;

I. 海洋工程技术;

J. 核应用技术;

K. 其它在传统产业改造中应用的新工艺、新技术。

三、对符合以下条件的企业实行定期减免企业所得税

1. 对生产性外商投资企业,经营期在十年以上的,从开始获利的年度起,第一年和第二年免征企业所得税,第三年至第五年减半征收企业所得税,简称"免二减三"。其中属于国家鼓励类的外商投资企业,在2001年至2010年期间,按15%税率减半计算。

2. 从事港口码头建设的中外合资经营企业,经营期在十五年以上的,可以从开始获利的年度起,第一年至第五年免征企业所得税,第六年至第十年减半征收企业所得税,简称"免五减五"。

3. 在南宁高新技术产业开发区和桂林高新技术产业开发区设立的被广西科技厅认定为高新技术企业的中外合资经营企业,经营期在十年以上的,从开始获利的年度起,第一年和第二年免征企业所得税。其中,对生产性外商投资企业、国家鼓励类的外商投资企业,按上述第1款规定执行。

4. 外商投资举办的产品出口企业,在依照上述"免二减三"、"免五减五"规定免、减企业所得税期满后,凡当年出口产品产值达到当年企业产品产值70%以上的,可以减半征收企业所得税。但已经按15%的税率缴纳企业所得税的产品出口企业,减按10%的税率征收企业所得税。

外商投资产品出口企业由广西外商投资管理办公室认定。

5. 外商投资举办的先进技术企业，在依照上述“免二减三”、“免五减五”规定免、减企业所得税期满后仍为先进技术企业的，可以延长三年减半征收企业所得税。

凡同时具备下列条件的，可确认为先进技术企业：

(1)属于国家鼓励外商投资的生产性项目；

(2)采用国际先进和适用的工艺、技术和设备；

(3)生产的产品质量、技术性能处于国内领先地位。

外商投资先进技术企业由广西外商投资管理办公室认定。

6. 对外商投资新办交通、电力、水利、邮政、广播电视企业，经营期在十年以上的，自获利年度起，第一年至第二年免征企业所得税，第三年至第五年减半征收企业所得税。交通企业是指投资新办从事公路、铁路、航空、港口、码头运营和管道运输的企业；电力企业是指投资新办从事电力运营的企业；水利企业是指投资新办从事江河湖泊综合治理、防洪除涝、灌溉、供水、水资源保护、水力发电、水土保持、河道疏浚、河海堤防建设等开发水利、防治水害的企业；邮政企业是指投资新办从事邮政运营的企业；广播电视企业是指投资新办从事广播电视运营的企业。上述各类企业主营收入占企业总收入 70% 以上。

四、外商投资企业凡属下列情况之一的免征地方所得税

1. 产品出口型和先进技术型企业，或者出口产品产值达到当年企业产品产值 50% 以上，经市、县税务部门核定的企业；

2. 开发能源、交通、港口建设等基础设施的企业；

3. 在南宁市、北海市；梧州市、钦州市、玉林市、防城港市、合浦县、苍梧县；凭祥市，东兴市；南宁高新技术产业开发区、桂林高新技术产业开发区和广西山区贫困县举办的企业；

4. 兴办农、林、牧、渔的企业；

5. 企业转让科研成果所得的收入；

6. 总投资额在 300 万美元以上，当年利润不满 100 万元人民币的，经市、县税务部门批准的企业。

7. 外商投资企业根据税法规定享受所得税“免二减三”期间，同时免、减地方所得税。

五、其他有关税收优惠

1. 外国投资者从企业分得的利润，免征所得税。

2. 外国投资者将其从企业分得的利润直接再投资于该企业，增加注册资本，或者作为资本投资开办其他外商投资企业，经营期不少于五年的，退还其再投资部分已缴纳企业所得税的 40% 税款。

3. 外国投资者将其从企业分得的利润在中国境内投资举办、扩建产品出口企业或者先进技术企业，经营期不少于五年的，全部退还其再投资部分已缴纳的企业所得税税款。

4. 对为保护生态环境，退耕还生态林（生态林应占 80% 以上）、还草和治理石漠化产出的农业特产品收入，自取得收入年份起 10 年内免征农业特产税。

5. 外商投资公路建设用地，属国道、省道占用耕地的，以及修建二级公路等级以上公路用地，比照铁路、民航用地免征耕地占用税。免征耕地占用税的范围限于公路线路、公路线路两侧边沟所占用的耕地。上述免税用地，凡改变用途，不再属于免税范围的，应当自改变用途之日起补缴耕地占用税。

6. 外商投资企业在广西再投资，被投资企业注册资本中外资比例不低于 25% 的，享受外商投资企业待遇。

7. 对于外商从事非油气矿产资源勘查开采的，除享受国家已实行的有关优惠政策外，还可以享受免缴探矿权、采矿权使用费一年，减半缴纳探矿权、采矿权使用费二年的政策。在中外合营方式中，中方以探矿权、采矿权入股的，其探矿权、采矿权应按规定依法评估确认，合理作价，由中方提供相关的地质成果资料。

8. 对外商投资研究开发中心、先进技术型和产品出口型外商投资企业技术改造，在原批准的生产经营范围内，利用投资总额以外的自有资金（指企业储备基金、发展基金、折旧和税后利润）进口国内不能生产或性能不能满足需要的自用设备以及与上述设备配套的技术、配件、备件（包括随设备进口或单独进口的），除《外商投资项目不予免税的进口商品目录》所列商品外，免征关税和进口环节增值税。

9. 对外商投资企业技术开发费比上年增长 10% 以上（含 10%）的，允许按技术开发费实际发生额的 50% 抵扣当年度的应纳税所得额。

重庆市鼓励外商投资若干政策规定

渝府发[2001]14号

一、投资领域

(一)外商(含港、澳、台商,下同)及其在中国的投资企业在本市投资和经营,不受行业、控股比例、投资形式、经营类别和年限限制,但国家另有规定除外。鼓励外商在本市投资农业、水利、生态、交通、能源、市政、环保、矿产、旅游等基础设施建设和资源开发项目,高新技术和传统企业改造项目,以及建立技术研究开发中心。

二、审　　批

(二)外商独资和外商与非国有经济合资合作以及投资总额在3000万美元以下、且不需政府综合平衡建设条件、对环境不造成破坏的鼓励类项目,其可行性研究报告实行申报备案制;投资总额在3000万美元以上并符合前述条件的项目,其项目建议书和可行性研究报告合并报批。

投资总额在3000万美元以上,不需要国家综合平衡,且符合国务院批准下发《外商投资产业指导目录》中的鼓励类和《中西部地区外商投资优势产业目录》规定的项目,其合营合同、企业章程由重庆市外经贸委审批,报外经贸部备案。

三、工商登记

(三)外商投资鼓励类的基础设施建设项目,自行确定投资形式,并可依照国家有关规定投资经营与上述设施相关联的其他企业或服务事业,实行综合经营。

(四)支持内外资产相互转换、重组。外商投资企业与内资企业的相互转换按变更登记处理,免收开业登记费。

(五)重点项目和注册资本在200万美元以上的企业,其企业名称可使用行业中的大类或概括性的行业用语。外商购并内资企业可重新申请企业名称,或继续使用原企业名称。

(六)外商以带资承包、租赁、参股等方式对内资企业投资,或外商投资企业与内资企业再合营或再投资开办新的法人企业,外资比例达到25%的,享受外商投资企业待遇。

四、税　　收

(七)生产性外商投资企业,其企业所得税减按24%的税率征收。其中经营期在10年以上的,从获利年度起,第1—2年免征企业所得税,第3—5年减半征收企业所得税。

《外商投资产业指导目录》中鼓励类和限制乙类项目及经国家批准的优势产业和优势项目的外商投资企业,在现行税收优惠政策执行期满后3年内,减按15%的税率征收企业所得税。

生产性外商投资企业属于技术、知识密集型项目,外商投资总额在3000万美元以上且回收投资时间长的项目以及能源、交通、港口建设的项目,经国家税务总局批准,企业所得税减按15%的税率征收。

重庆经济技术开发区和重庆北部新区的生产性外商投资企业,减按15%的税率征收企业所得税。

重庆高新技术产业开发区内被认定为高新技术的外商投资企业,其企业所得税减按15%的税率征收,经营期在10年以上的,经当地税务机关批准,从获利年度起,第1—2年免征企业所得税。

先进技术企业在依照有关规定免征、减征企业所得税期满后仍为先进技术企业的,按照税法规定的税率延长3年减半征收企业所得税,减半后企业所得税税率低于10%的,按10%征收企业所得税。

(八)外商投资的产品出口企业在国家规定减免税期满后,其出口产品产值占企业产品产值70%以上的年度,减按10%的税率征收企业所得税。

(九)对新办的交通、电力、水利、邮政、广播电视等外商投资企业,企业所得税实行2年免征、3年减半征收。

(十)外资金融机构的外商投入资本或分行由总行拨付营运资金超过1000万美元且经营期在10年以上的,经税务机关批准,减按15%的税率征收企业所得税,并从获利年度起,第1年免征企业所得税,第2年和第3年减半征收企业所得税。

(十一)未在中国境内设立机构、场所的外国企业,其来源于我市的股息、利息、租金以及特许权使用费和其他所得,均减按10%的税率征收所得税。

(十二)外商从外商投资企业取得的利润直接再投资于该企业,增加注册资本,或投资开办其他外商投资企业,经营期不少于5年的,退还其再投资部分已缴纳所得税40%的税款;再投资举办、扩建产品出口企业或者先进技术企业,经营期不少于5年的,全部退还其再投资部分已缴纳的企业所得税。

(十三)外商投资企业利用荒山、荒坡、荒土(即生荒地)、荒水从事农业科技开发项目和生态农业建设项目，从取得收入的当年起免征农业税5年；开发应税农业特产品，从取得收入的当年起免征10年农业特产税。

(十四)从事农业开发的外商投资企业，在规定的减免企业所得税期满后，经税务机关批准，在10年内按应纳税额减征15%—30%的企业所得税。

(十五)对尚未确定使用权的未利用土地进行开发的外商投资企业，从取得收入的当年起免征5年农业税或免征10年农业特产税。

(十六)对符合中西部省、自治区、直辖市利用外资优势产业和优势项目目录的外商投资项目，在投资总额内或者在投资总额外利用自有资金进口国内不能生产或性能不能满足需要的自用设备及其配套的技术、配件、备件的，按《国务院关于调整进口设备税收政策的通知》(国发［1997］37号)的规定免征进口关税和进口环节税。

(十七)生产性外商投资企业免缴地方所得税。经营期在10年以上的非生产性外商投资企业，从开始获利年度起，第1至2年免缴地方所得税，第3至5年减半征收地方所得税。

五、国土资源和房产

(十八)外商投资企业运用高新技术开发尚未确定使用权的国有荒山、荒坡、荒土(即生荒地)、荒水，从事种植业、林业、畜牧业、渔业生产，发展优质农产品的，可以拍卖、租赁等方式取得50年以内的使用权。

(十九)外商投资企业从事农业开发及电站、机场、公路、桥梁、港口、码头、水厂(不含管网部分)、水利、环保等基础设施建设并以有偿方式取得土地使用权的，执行该宗土地级别最低地价。经市人民政府批准也可将应收土地收益的50%挂帐，自批准用地之日起6年内付清。涉及新增用地的，按照法定标准下限收取耕地开垦费；以行政划拨方式供地的，按国家有关规定办理。

(二十)从事高等级公路、港口、码头建设经营的外商投资企业，享有取得公路沿线土地利用总体规划确定的城镇建设用地范围内的土地使用权进行房地产开发、经营服务设施、从事公路水路运输的优先权。

(二十一)外商以合资、合作等形式兴办的生产企业，在不改变中方投资主体前提下，经有审批权的人民政府批准，土地使用权出让金可作为国家股本金注入该企业。

(二十二)外商投资企业从事经济适用房、广厦工程建设的，享受内资企业的同等待遇。

(二十三)中方企业产权或经营权被境外法人承租并注销中方企业法人资格的，其划拨土地使用权经县级以上的人民政府批准收回，依照土地审批权限出让或划拨给承租企业使用，由承租方按规定向政府缴纳土地有偿使用费或场地使用费。

保留中方企业法人资格的全员承租或只租赁中方企业生产经营权的，其土地使用权除按前款规定办理外，也可经有审批权的土地行政主管部门批准，由中方企业出租给承租方，由出租方(或合同约定方)缴纳场地使用费。

(二十四)外商投资企业以划拨方式取得土地使用权的，其场地使用费减半征收。其中从事农、林、牧、渔业生产和科技、教育、卫生事业，电站、机场、公路、桥梁、港口、码头、水厂(不含管网部分)、水利、环保等基础设施建设的，免缴场地使用费。

外商投资企业从事地质矿产资源勘查临时用地的，在6个月内免缴场地使用费。

(二十五)外商投资企业获得产品出口企业或先进技术企业证书，其场(土)地使用费从批准用地之日起免缴3年。

(二十六)在少数民族地区、国家和省级贫困地区投资的外商投资企业，免缴场(土)地使用费。

(二十七)外商兼并、改造破产企业、困难企业的，在办理房屋所有权和土地使用权登记手续时，免收房屋所有权和土地使用权转移登记费。

(二十八)鼓励外商(外国企业及其在我国设立的办事处、代表处)，按照《矿产资源法》等法律法规和《外商投资产业指导目录》的规定，投资勘查开采非油气矿产资源；允许外商以独资或者以与中方合作的方式进行非油气矿产资源风险勘探。外商投资企业进行地质调查的，对其调查区域内发现的尚未设置矿业权的矿产地或重要找矿线索区块，优先取得探矿权。

(二十九)外商对其投资勘查并探明的矿产资源，优先取得采矿权，国家禁止勘查开采的除外。允许外商以先进技术或设备参股从事非油气矿产资源勘查开采活动，外商可以购买国有大中型企业的非油气矿产资源探矿权、采矿权；外商投资企业取得的非油气矿产资源探矿权、采矿权可以依法转让。

(三十)外商可以按《外商投资产业指导目录》的规定，与内资企业平等竞争，并以招标投标或拍卖等竞争性方式有偿取得矿业权。

(三十一)外商投资企业勘查、开采矿产资源，除享受国家和本市有关税费优惠外，还可享受以下优惠：

1. 勘查、开采非油气矿产资源的，免缴矿业权使用费1年、减半缴纳2年；

2. 开采《外商投资产业指导目录》中鼓励类非油气矿产资源的，免缴矿产资源补偿费5年；

3. 开采回收非油气矿产资源主矿种以外的共、伴生矿的，减半缴纳共、伴生矿的矿产资源补偿费；

4. 利用尾矿的，免缴矿产资源补偿费；

5. 采用国际先进技术使国内现有技术难以开发利用的矿产资源得到开发利用的，减半缴纳矿产资源补偿费3年；

6. 通过技术投入使开采回采率、选矿回收率、综合利用率高于原设计水平或者国家标准的，减半缴纳矿产资源补偿费3年。对高于原设计水平或者国家标准多开采出的矿产品部分，免缴矿产资源补偿费；

7. 在少数民族地区、国家和省级贫困地区勘查、开采矿产资源的,5年内免缴矿业权使用费,并减半缴纳场地使用费和地方留成部分的矿产资源补偿费;

8. 因不可抗力引起年度亏损的,可延期缴纳亏损年度的矿产资源补偿费,亦可酌情减收亏损年度50%以下的矿业权使用费;

9. 在划定的勘查区域内,探明可供开采的矿产资源的地质勘查费用,可作为递延资产从矿产进入开发后的第1年起,5年分期于税前摊销;采矿许可证有效期少于10年的,在2年内分期于税前摊销。矿产开采过程中发生的勘探费用,计入生产成本;

10. 自矿床进入开采阶段,经税务机关批准,可以加速固定资产折旧;

11. 勘查、开采国家出资形成矿产地的,其应缴纳的矿业权价款按评估确认值的70%缴纳,也可分期缴纳。

六、外汇管理和信贷

(三十二)外商投资企业经国家外汇管理局重庆外汇管理部(以下简称重庆外汇管理部)批准,可在有权经营外汇业务的金融机构开立外汇帐户。

(三十三)境外法人或自然人为筹建外商投资企业,可以境外法人或自然人的名义凭投资意向书和汇款凭证向重庆外汇管理部申请开立临时外汇帐户,用以存放前期投资款。因特殊需要,该帐户可申请延期使用。

(三十四)外商从外商投资企业所获利润、股息和红利以及外籍、港、澳、台员工工资及其他正当收益的汇出,可持董事会决议、税务证明及相关材料,从其外汇帐户中支付或到指定银行兑付。

(三十五)外商从外商投资企业所获利润为人民币的,经重庆外汇管理部核实,可进行人民币利润再投资,视同外资。外商从其投资的外商投资企业因清算、股权转让及先行收回投资所得的人民币资金在境内再投资也视同外资。

(三十六)对外商投资企业出口生产所需部分流动资金,我市银行按国内出口生产企业同等对待。

(三十七)外商投资企业可以外汇向境内中资银行质押获得人民币贷款,也可向境内中资银行申请外资银行担保项下人民币贷款。

七、物资进出口

(三十八)生产出口产品的外商投资企业,经海关总署批准,可设立公共保税仓库或保税工厂;经主管地海关批准,可设立备料保税仓库。

(三十九)由出入境检验检疫机构和外商投资企业共同对进口设备实施检验的,以及对外商投资的资源开发、电站、机场、公路、桥梁、港口、码头、高科技产业、环保产业及出口额达到当年总产值50%以上的企业的进口设备实施检验的,其检验费用按国家规定标准的50%计收。按此计算,检验费用一次超过5000元的部分减按80%计收。

(四十)外商投资项目符合《外商投资产业指导目录》鼓励类和限制乙类的,其投资总额内进口的自用设备,除《外商投资项目不予免税的进口商品目录》所列商品外,免征海关关税和进口环节增值税。

(四十一)加工贸易为复出口项目进口所需不作价设备予以免税;进口生产出口产品所需原辅材料,海关予以保税。

外商投资企业自营产品出口免征出口关税。

(四十二)外商投资企业以投资总额内的资金进口财产,办理价值鉴定时,其财产价值100万美元至500万美元的,鉴定费减按2.5‰计收;500万美元至1000万美元的,鉴定费减按2‰计收;1000万美元至1亿美元的,鉴定费减按1‰计收。按此计算,鉴定费1次超过5000元人民币的部分减按80%计收。

(四十三)允许外商投资企业自行组织其生产产品出口。其中涉及出口配额或出口许可证的,由企业向有关部门申请解决;属于专营产品的,由有经营权的部门收购或代理出口;委托外贸公司代理出口的,除按协议交纳代理费外,外汇收入全部留给生产企业,用于发展生产。

(四十四)外商投资企业进口自用、属于配额管理且为生产所需的物资,指标安排与本市内资企业同等对待。

(四十五)外商投资企业进口种子、种苗、种畜、饲料、动植物保护药物,经农业、林业主管部门批准和出入境检验检疫机构检疫后,除国家规定外,免领进口许可证,由海关监管,凭企业进出口合同验放。

(四十六)外商投资农业企业进口本企业生产所需的耕作、种植、养殖及农产品加工设备及其配件和技术,以及外方常驻人员进口合理数量的自用物品,除国家规定的外,免征关税和进口环节增值税。

八、人事劳动

(四十七)专业技术人员和管理人员到外商投资企业工作,允许其依法流动。

(四十八)在外商投资企业工作的专业技术人员不受身份、地域、岗位和资历限制,均可申报评审(或报考)相应专业技术职务任职资格。其中业绩贡献突出者,可根据我市有关破格评审推荐条件申报评定高一级专业技术职务任职资格。

(四十九)外商投资企业调入(转入)或借调不同所有制单位的员工,与内资企业同等对待。

(五十)外商投资企业依法面向社会招聘员工,可委托服务机构进行;聘用对象由企业自主确定,人事、劳动部门优先予以办理有关手续。除接受委托的服务机构按规定收取有关中介服务费外,人事、劳动部门不再收取任何管理费。

(五十一)外商投资企业在市劳动保障行政部门申领《中华人民共和国外国人就业许可证书》、办理《中华人民共和国外国人就业证》时,免收手续费和外国人就业服务管理费。

(五十二)外商投资企业招聘应届大中专毕业生和研究生,可直接与大中专院校联系,也可委托政府人事部门所属人才交流机构代理招聘,并办理相关手续。

九、开发性移民

(五十三)外商投资企业对三峡工程库区移民搬迁企业的收购、兼并、合资、合作,视同移民搬迁企业。

(五十四)外商投资三峡工程库区交通、能源、通信、环保等设施建设,除享受恢复建设部分的优惠政策外,对于扩大部分也享受同等优惠。对恢复建设后的设施出卖一定年限使用权的,优先拨付移民补偿资金。

十、其　　它

(五十五)外商投资企业产品内外销比例除国家有特殊规定之外,由企业自行确定。

(五十六)对外商投资企业的水、电、气供应和自用汽车及自带汽车的养路费收费,与内资企业同等对待。

(五十七)外商投资企业改造困难企业并全员接收安置企业员工的,经市政府批准免缴场(土)地使用费。

(五十八)外商投资企业的外方人员,根据合同规定需要长期居留的,在公安机关办理手续。外商独资或外商与非国有经济合资合作企业的中方人员因商务活动出国(境),向市公安局申办证照;其余外商投资企业的中方人员因商务活动出国(境),向市外申办证照。

(五十九)外商在少数民族地方,国家和省级贫困地方投资农业开发项目享受少数民族地方和贫困地方的优惠政策。

(六十)本规定自印发之日起施行。原《重庆市鼓励外商投资若干优惠政策》(重府发[1997]15号)、《重庆市鼓励外商投资若干优惠政策补充规定》(渝府发[1998]43号)及《重庆市鼓励外商投资农业领域的若干优惠政策》(渝府发[1997]77号)即行废止。

四川省鼓励外商投资的若干政策规定

四川省人民政府　2000年5月27日发布

实施西部大开发战略和我国即将加入世界贸易组织的新形势,给四川带来了新的发展机遇。我们要抓住机遇,进一步扩大开放,提高实效,努力实现我省经济追赶型、跨越型发展。为此,特重申并制定如下政策规定。

一、税费政策

(一)对外商投资企业投资国家《外商投资产业指导目录》鼓励类和限制乙类的项目,在该项目投资总额内进口的自用设备,按照合同随设备进口的技术及配套件、备件,均按国家规定免征进口关税和进口环节税。

(二)对已设立的鼓励类外商投资企业、限制乙类外商投资企业、先进技术型外商投资企业、产品出口型外商投资企业和外商投资研究开发中心的技术改造项目,在原批准的生产经营范围内进口国内不能生产或性能不能满足需要的自用设备及其配套的技术、配件、备件,免征进口关税和进口环节税。

(三)外商投资企业在投资总额内采购国产设备,如该类进口设备属免税目录范围,可全额退还国产设备增值税,或抵免企业所得税。

(四)外国企业向我省转让技术,凡属技术先进或者条件优惠的,报国务院税务主管部门批准,免征营业税和企业所得税;对外商投资企业取得的技术转让收入免征营业税。

(五)外商投资企业为开发新产品、新技术、新工艺所发生的费用比上年增长10%及其以上的,经税务机关批准,允许再按技术开发费实际发生额50%抵扣当年度的应纳所得税额。

(六)外商投资企业生产的出口产品,按国家规定实行出口退税政策。

(七)积极支援开展外商投资企业和国内企业技术改造项目的设备进口业务,在减免税货物审批上,海关凭相应项目审批机构出具的《项目确认书》办理进口免税手续。

(八)下列情况适用15%的企业所得税税率:

1. 成都经济技术开发区内的生产性外商投资企业。

2. 成都高新技术产业开发区(包括成都海峡两岸科技开发园)、绵阳高新技术产业开发区内设立并被认定为高新技术企业的生产性外商投资企业。

3. 国务院批准设立的外资银行、中外合资银行等金融机构中,外商投资者投入资本或者分行由总行拨入营运资金超过1000万美元、经营期在10年以上的。

4. 技术密集型、知识密集型项目;外商投资额在3000万美元以上,回收投资时间长的项目;能源、交通、港口建设项目。

(九)成都高新技术产业开发区(包括成都海峡两岸科技开发园)、绵阳高新技术产业开发区和成都经济技术开发区按15%税率缴纳企业所得税的外商投资企业,其生产经营期在10年以上的,从获利年度起,第一年和第二年免缴企业所得税,第三年至第五年按10%征收企业所得税。

(十)生产性外商投资企业,经营期在10年以上的,从开始获利年度起,第一年和第二年免缴企业所得税,第三年至第五年减半缴纳企业所得税(以下简称法定减免税期)。

(十一)从2000年1月1日起,外商投资企业在享受法定减免税期满后,再延长3年按15%的税率缴纳企业所得税。

(十二)以生产出口产品为主的外商投资企业,在享受法定减免税期满后,凡出口产品值达到当年企业总产值70%以上的,按税法规定的税率减半缴纳企业所得税。已实行15%的税率的,按10%的税率缴纳企业所得税。

(十三)外商投资的先进技术型企业,享受法定减免税期满后,再延长3年按照税法规定的税率减半缴纳企业所得税。

(十四)投资于农业、牧业、林业、渔业以及使用新技术的农副产品深加工、林业开发项目的,在规定的企业所得税减免期满后,经税务机关批准,再以后10年内可减缴企业应纳所得税额的30%。

(十五)外商投资企业中的外国投资者,将从外商投资企业中取得的利润直接再投资于该企业,增加注册资本,或者作为资本金在我省投资开办其他外商投资企业,经营期不少于5年的,退还其再投资部分已缴纳企业所得税的40%税款。

(十六)外国投资者将从外商投资企业中取得的利润在我省直接再投资新建、扩建产品出口型企业或先进技术型企业,经营期不少于5年的,全部退还再投资部分已缴纳的企业所得税税款。

(十七)生产性外商投资企业免缴地方所得税。非生产性外商投资企业,从开始获利年度起,经营期在10年及其以上的,前5年免缴地方所得税,经营期在10年以下的,前3年免缴地方所得税。

(十八)外籍个人从外商投资企业取得的利润、股息、红利,可暂免缴纳个人所得税。

(十九)外资、合资银行或非银行金融机构,外国投资者投入资本或分行由总行拨入营运资金超过1000万美元、经营期在10年以上的,从开始获利年度起,第一年免缴、第二年至第三年减半缴纳企业所得税。

(二十)外国投资者利用荒山、荒地、荒滩搞农业科技开发项目的,从有收入之年起,免征农业税5年。在荒山、荒地、荒滩上开发应税农业特产品的,从有收入之年起,免缴农业特产税3年。改良草地、牧场、草种、畜种的,享受3%的牧业税优惠税率。

(二十一)向《四川省鼓励外商投资条例》第五条规定的项目投资的外国投资者,在经营期内免缴房地产税和车船使用牌照税。

(二十二)外商投资企业因特殊原因需缩短固定资产折旧年限的,经税务机关批准,可实行固定资产加速折旧。

(二十三)外商投资企业免缴固定资产投资方向调节税和城市维护建设税。

(二十四)外商投资企业暂不缴纳教育费附加。

(二十五)鼓励外商及外商投资企业参与国有企业资产重组。

1. 对资产和负债基本持平的企业,可实行零资产转让,但须明确界定收购方的法律责任,原企业的债权债务由收购方承担。

2. 重组后的企业出口产品值占企业产值50%以上的,当年可全额返还企业所得税。

3. 重组后的企业经省经贸委、省科技厅认定,符合高新技术条件的技术改造和技术开发项目,从认定之日起,5年内返还50%企业所得税。

4. 托管或租赁、承包严重亏损的企业,其期限不少于5年。在经营期内,全部返还企业所得税3年,减半返还企业所得税2年。

(二十六)出资购买企业产权或资产,购买者一般应一次性付清价款。购买方一次性付清全部价款的,给予20%的优惠。数额较大,一次性付款确有困难的,可以分期付款,付款期一般不超过3年。第一次付款额一般不低于应付总额的30%,其余部分在以后年度付清,并按照人民银行规定的贷款利率付息。

二、用地政策

(二十七)符合土地利用总体规划的,可优先安排建设用地计划指标。

(二十八)鼓励选择出让、租赁、作价出资或入股方式依法取得土地使用权。其中,以出让方式取得土地使用权的外商投资企业,不再缴纳场地使用费和城镇国有土地使用税。

(二十九)以行政划拨方式取得国有土地使用权的,其场地使用费按国家规定标准的50%缴纳,并从领取《国有土地使用证》之日起第二年计缴。其中:

1. 从事农业、林业、市政基础设施建设、环保、教育、科研、民政福利、卫生事业的,其场地使用费按国家规定标准的5%缴纳:投资于凉山州、甘孜州、阿坝州、攀枝花市及其他民族自治县的上述外商投资企业,免缴场地使用费。

2. 从事公路、桥梁、港口、码头、机场附属设施、电站建设、矿产资源开发的,减免场地使用费。

3. 从事先进技术开发和产品出口,经营期在10年以上的,从经营年度起,免缴场地使用费5年;经营期在5年以上不满10年的,从经营年度起免缴场地使用费3年。凡出口产品产值占当年企业总产值50%以上的,在规定的免缴期满后,经有关机关批准,当年可减半缴纳场地使用费。

4. 改造国有河滩地,免缴场地使用费3年。

5. 勘查矿产资源所需临时用地,免缴场地使用费。

三、审批手续

(三十)在我省投资不需要国家综合平衡的鼓励类外商投资项目,不受投资规模限制,由我省自行审批。

(三十一)鼓励外商投资者通过竞标方式参与我省基础设施经营权转让,享受国家相应鼓励外商投资基础设施的优惠政策。

(三十二)在国家级开发区和省级重点开发区内兴办的外商投资企业,以及在省内兴办的外商独资企业,凡条件具备、资料齐全的,省级有关部门在合计20个工作日内办完一切手续。

四、投资保障

(三十三)鼓励外商依法投资、自主经营,外商投资兴办合资、合作、独资等生产、经营企业,除国家另有规定外,均不受行业、类别、参股比例、所有制形式、内外销比例、经营年限的限制。

(三十四)外商投资企业到我省再投资,其外资比例超过25%(含25%)的,均可批准、登记为外商投资企业,享受相应的优惠政策。

(三十五)按照国家《外商投资产业指导目录》投资鼓励类和允许类外商投资项目(含国家批准的中西部地区优势产业项目)的中外合资企业,对中方投资者增加注册资本的不足部分,中方投资者可按规定向境内中资商业银行申请人民币或外币中长期贷款。

(三十六)严格执行"外商投资企业明白卡制度"。省政府在两年内不再对外商投资企业新增收费项目和提高收费标准,并将对乱收费行为给予严肃查处。

(三十七)国家级开发区和省级重点开发区内的企业具备规定条件并报经海关许可,可以申请设立保税工厂或保税仓库。

(三十八)为外商搞好"一站式"服务,不断提高国际医院、国际学校、国际俱乐部、外商投资企业服务中心、台商投资企业服务中心、省情展示中心等服务机构的工作水平,完善服务体系,认真处理各类投诉,努力为外商提供及时、公正、优质、高效的投资服务。

五、附　　则

本文规定的若干政策同时适用于华侨和香港、澳门、台湾地区在四川的投资者。

省人民政府及其有关部门过去颁布的有关鼓励外商投资的若干政策规定,凡与本文无抵触者均继续实行。

贵州省关于进一步做好引进外资工作的若干规定

第一条　为贯彻实施开放带动战略,进一步做好引进外资工作,鼓励外国公司、企业和其他经济组织、个人以及华侨、港澳台同胞(以下统称外商)来我省投资,根据国家有关法律、法规,结合我省实际,制定本规定。

第二条　凡在贵州境内的外商投资举办的企业(以下简称外商投资企业)均适用本规定。

第三条　鼓励外商在我省举办符合国家产业政策的外商投资企业,举办产品出口企业、先进技术型企业和进口替代型企业;鼓励和引导外商投资旧城改造、普通居民住宅建设等房地产开发经营;允许外商投资矿产资源风险勘探并依法享有优先开发权;特别鼓励外商投资我省农业、能源、交通、原材料等基础产业、基础设施以及环境保护工程、保护生态环境示范工程投向国有大中型企业技术改造和旅游等第三产业的薄弱环节。外商在以上我省鼓励投资的范围内投资,除国家另有规定外,允许外商独资、控股和增加投资比例。

第四条　外商投资企业所得税按以下规定执行

(一)对生产性外商投资企业(除石油、天然气、稀有金属、贵重金属等资源开采项目外),经营期在10年以上的,从获利年度起第一年至第三年免征企业所有税,第四年至第五年减半征收企业所有税。

(二)外商投资举办农业、林业、牧业、环境保护工程、保护生态环境示范工程项目以及设在贫困地区和少数民族地区的外商投资企业、经营期在10年以上的,依照(一)项规定减免税期满后,按税收管理权限报经批准,还可以在以后10年内继续减征15%-30%的企业所有税。

(三)外商投资举办的产品出口型企业,在依照税法规定免征、减征企业所有税期满后,凡当年出口产品产值达到当年企业产品产值70%以上的(含70%),可以按照税法规定的税率减半征收企业所有税。

(四)外商投资举办的先进技术型企业,按(一)、(二)项规定减免税期满后,经认定仍为先进技术型企业的,可延长3年减半征收企业所有税。

(五)外商投资企业的境外投资者,从企业取得的利润直接再投资于该企业,增加注册资本,或者作为资本投资开办其他外商投资企业,经营期不少于5年的,经投资者申请,税务机关批准,退还其投资部分已缴所有税40%的税款,如将其分得的利润再投资举办,扩建产品出口企业或先进技术型企业,经营期不少于5年的,经申请批准,全部退还其再投资部分已缴纳的企业所有税。

(六)外商投资企业和外国企业在我省设立的从事生产、经营的机构、场所发生年度亏损,可以用下一纳税年度的所得不足弥补的,可以逐年延续弥补,但最长不得超过5年。

（七）在贵阳市举办的生产性外商投资企业享受24%税率征收所得税的优惠政策。

（八）按照外商投资企业和外国企业所得税法规定，在贵阳市高新技术开发区从事高新技术生产的外商投资企业，可减按15%的税率征收企业所得税，对设在贵阳市，投资于能源、交通建设项目，投资技术密集、知识密集项目，以及投资在3000万美元以上的项目，可在报经国家税务总局批准后，减按15%的税率征收企业所得税。

第五条 一般外商投资企业，免征地方所得税7年，华侨、港澳台同胞投资企业，免征地方所得税10年。投资于能源、原材料、交通、通信和农业等开发性项目，举办产品出口企业、先进技术型企业和在贫困地区、少数民族地区举办企业，免征地方所得税10年，若为华侨和港澳台同胞投资企业，免征地方所得税15年。

第六条 外商投资企业自建的房屋或购置自用的新建房屋自建成或购买月份起，免征房产税3年。外商投资企业免征车船使用牌照税3年。

第七条 1994年1月1日以后办理工商登记的外商投资企业生产出口的货物，按税法规定可享受出口退税的照顾。

第八条 外商投资企业可依法取得土地使用权，并享受相应的优惠条件。

（一）外商投资土地开发经营、经过出让方式依法取得土地使用权，在法定有效期内，其土地使用权可依法转让、出租、抵押和继承。

（二）外商投资企业，原划拨土地使用权或依照法律规定允许采取划拨方式取得的土地使用权，经营期在10年以上的，根据不同项目情况，其场地使用费可给予3至5年的优惠。

（三）在经国务院或省人民政府批准，确认的经济开发区内，土地使用权的出让，其地价可根据地块的不同区位、不同用途以及产业政策和供求关系，给予以下优惠待遇。

1. 国家或省科委确认的高新技术开发项目，可优惠出让地价的25%至35%。

2. 交通、能源、通讯等基础设施、基础产业工业建设项目，可优惠出让地价的20%－30%。

3. 举办文化教育、医疗卫生事业建设项目，可优惠出让地价的15%至25%。

4. 产品外销的外资企业的用地，可优惠出让地价的10%至20%。

5. 投资者一次性交付土地使用权地价确有困难的，经出让方同意，可分期付款，但分期付款时，应当按照银行利率计息；也可由当地政府以地款作价入股。

依照其他有关规定，项目用地已享受地价优惠的，不再执行本条第（三）项的规定。

第九条 外商投资企业为履行产品出口合同所需进口的原材料、燃料、散件、零部件、元器件、配套件、辅料和包装物料，由海关保税货物进行监管，进口时，免领进口许可证，海关凭企业合同或进出口合同验收。

外商投资企业加工出口的产品，凡属于国家实行的出口许可证管理的和《商检法》规定必须由商检机构实施检验的，出口时，海关凭出口许可证和商检机构签发的验单验放。

第十条 外方投资者可直接向境外的银行或企业借入外汇资金，自行承担债务本息偿还。

外商投资企业在注册资本之外，以企业名义对外借款，按投资比例需中方提供担保的部分，纳入国家计委对外融资计划管理。

第十一条 中国银行贵州省分行根据金融法规对高新技术以及产品出口的外商投资企业优先扶持，对信誉良好的外商投资企业，经银行认可，可以办理信用担保款，根据外商投资企业提供的不动产、动产、股份权益，可以办理抵押贷款或质押贷款。

第十二条 允许外商按照国家规定程序购买国有企业的部分产权，从事股份制经营；经批准可向外商出让已建成或在建的基础设施、基础产业项目的股权或一定时期内的经营权。境外投资者与现有企业组成股份制企业，可按有关规定向国家争取批准发行股票，在国内外融资。

第十三条 外汇管理

（一）外商投资企业按规定取得《外商投资企业外汇登记证》后，可到所在地外汇指定银行开立外汇帐户，未办妥外汇登记的企业，可向外汇管理局申请在外汇指定银行开立三个月期限的临时外汇帐户。

（二）外商投资企业的外汇收入可不结汇，允许在外汇指定银行或境内的外资银行开立现汇帐户。外商投资企业正常生产经营范围内的对外支付，可持支付合同及凭证直接到外汇指定银行办理；偿还外汇债务本息，凭外汇管理局核准件办理。

（三）来我省投资的外商的利润、股息和红利以及外籍员工的工资及其他正常收益，可以汇出，持董事会分配决议书、纳税证明及有关文件，从其外汇帐户中办理支出。

（四）外商投资企业的外汇投资款或生产经营中的正常收汇需要兑换成人民币，或者外汇帐户资金不足需要买入外汇经外汇管理局进行资格审查后，符合条件的，可进入外汇调剂市场卖出或买入外汇。

第十四条 外商投资企业在国内所获得的人民币利润，凭企业董事会的利润分配决议书，在纳税后及经注册会计师验资后，经当地外汇管理局出具证明，可作为再投资的资本，享受外商投资企业的同等待遇。

第十五条 外商投资企业优先纳入我省基本建设或技术改造计划，在建设定点、征地、拆迁、运输、能源、原材料等方面给予优先安排。

第十六条 外商投资国家鼓励的项目，其产品可以全部内销。

第十七条 外商及其从境外聘请的人员，因生产经营活动需要经常进出我国国境的，可申请办理一年多次入出境证件。

中外合资企业和中外合作企业需派遣出国或赴港澳地区从事经贸业务活动的中方人员，经省对外经济贸易部门审批，到外事部门办理出国(出境)手续。

第十八条 外商投资企业，除法律、法规、规章规定的收费项目和标准外，一律不再收取任何费用。

对法律、法规、规章规定以外的收费、外商投资企业有权拒缴，并可向有关部门举报或向人民法院起诉。

第十九条 贵州省招商引资局负责统筹安排和协调全省招商引资工作，牵头会同有关部门对外商投资企业进行协调、管理和服务。

第二十条 省人民政府建立外商投资企业投诉协调中心。该中心可在行政权限范围内，受理或协调有关引进外资工作和外商投资企业方面的投诉等事宜。

第二十一条 外商投资项目的审批机关，从收到全部有关文件之日起，按下列期限给予答复或办理有关手续：

(一)属于本省审批权限内的项目，其项目建议书、可行性研究报告由其审批机关在20日内决定批准或不批准。

(二)属于本省审批权限内的项目，其合同、章程由审批机关在20日内决定批准或不批准。

(三)属于本省审批权限外的项目，由有关管理机关在15日内决定转报或不转报。

第二十二条 外商投资企业符合企业法人登记条件的，由登记主管机关在10日核准登记注册；不符合条件的，在10日内给予回答。

第二十三条 对于外商投资的重要项目，可由项目审批机关牵头，有关涉外部门参加，实行一站式服务。

第二十四条 外商投资企业按规定提交合法、有效、完整的文件后，贵阳海关应在一个工作日内办妥海关注册登记；在三个工作日办妥贵阳市区内单位的减免关税审批手续；在五个工作日内办妥贵阳市区外单位的减免关税审批手续。

第二十五条 外商投资企业到有关单位办理手续，有关单位应在10日内给予办理有关手续；不能办理的，应在10日内给予回复并说明理由。

第二十六条 外商来我省投资举办农业、电力、公路、铁路、机场林业、水利、旅游、矿产资源开发等投资回收期较长的建设项目以及我省鼓励开发的产业项目，除按前述各条享受优惠待遇外，还可进行单项洽谈，商定更加优惠的条件。

第二十七条 本规定自公布之日起执行。

云南省吸引外资优惠政策

一、投资领域

1. 除国家明令禁止的范围，在云南投资领域和行业不受限制。允许外来投资企业(指在云南省设立的外商投资企业，港澳台侨投资企业和省外来滇投资企业，下同)对云南珍稀生物资源进行培育性开发；鼓励外来投资企业对矿产资源进行勘探、开采和加工；鼓励引进国内外资金、先进技术改造传统产业；鼓励投资服务贸易领域，包括进出口贸易、商业零售、信息、金融、保险、旅游、运输、律师、会计以及文化、教育、体育、医疗等领域，其中，属于国家允许在沿海地区进行利用外资试点的，云南省可参照进行试点。

2. 外来投资者在云南省投资设立企业的条件、经营地域和持股比例不受限制。放宽外来投资者(指省外和境外的企业个人，下同)进入种植业、水利、基础设施、制药、矿业、商业零售、旅游等领域设立企业的条件；外来投资者持股比例的上限，由合资各方根据项目实际情况商定；外来投资者以专利和高新技术进行投资，其所占股份比例可适当放宽；外来投资企业在云南省内跨地域依法开展经营活动不受限制。

3. 外来投资企业的经营范围原则上不受限制。允许外来投资企业开展多种经营，其主营项目建成后，从事其它经营活动，不受限制，企业的原审批机构和工商行政管理部门要依法办理企业扩大经营范围的手续；外来投资企业除出口自产产品外，经省级外贸主管部门批准，可以收购出口云南省生产的其它产品(属进出口配额许可证管理的商品专项报批)；鼓励外来投资企业开拓云南省周边邻国市场，外来投资企业一经领取营业执照正式开业，可申请获得边贸经营权和对周边国家边境地区的外经权。

4. 外来投资企业的投资方式不受限制。鼓励外来投资者在云南进行各种形式的投资开发，除现行的合资、合作、独资方式外，可采用收购、兼并、参股、控股等各种方式参与国有企业和其他所有制企业的嫁接，改造和重组；鼓励外来投资者与我省民营企业及科研、教学机构合资、合作进行科研开发和设立研发中心；鼓励外来投资者设立行业性的投资公司，风险投资公司等；允许外来投资企业对土地进行成片开发，对优势资源进行区域性综合开发。

5. 外来投资企业产品内外销比例不受限制。外来投资企业可根据生产经营的需要和开拓市场的能力，自主确定产品销售方向和内外销比例。

二、税　　收

除国家《外商投资企业和外国企业所得税法》等全国性外商投资税收优惠外，云南作为国家重点鼓励外来投资西部省区之一，外商投资企业还享受以下税收优惠：

1. 在云南省境内的外商投资企业免征3%的地方企业所得税。

2. 对设在昆明经济技术开发区内的生产性外商投资企业，设在昆明高新技术产业开发区内的高新技术企业，减按15%的税率征收企业所得税。

对在昆明市兴办的生产性外商投资企业按24%的税率征收企业所得税。

设在河口、畹町、瑞丽三个边境开放城市的生产性外商投资企业减按24%的税率征收企业所得税。

设在昆明滇池旅游度假区内的外商投资企业减按24%的税率征收企业所得税。

3. 云南、西藏、陕西、甘肃、宁夏、新疆等中西部共19个省、市、自治区行政区域内的外商投资企业，凡从事《外商投资产业指导目录》中鼓励类和限制乙类项目的，可在现行税收优惠政策执行期满后的三年内减按15%的税率征收外商投资企业和外国企业所得税。在该项税收优惠期间，如企业同时被认定为产品出口企业，且当年出口产值达到总产值的70%以上的，可减按10%的税率征收外商投资企业和外国企业所得税。

从事能源、交通基础设施项目的生产性外商投资企业，在报经国家税务总局批准后，可减按15%的税率征收企业所得税。

外商投资企业技术开发当年在中国境内发生的技术开发费比上年实际增长10%(含10%)以上的，经税务机关批准，允许再按当年技术开发费实际发生额的50%，抵扣当年度的应纳税所得额。

外商投资企业技术开发费比上年增长10%以上、其实际发生额的50%如大于企业当年应纳税所得额的，可准予抵扣其不超过应纳税所得额的部分；超过部分，当年和以后年度均不再予以抵扣。

三、土　　地

1. 对外来投资企业优先安排用地计划。处于投资高新技术、基础设施建设、生物资源开发与创新、矿产资源开发、旅游资源开发以及高创汇高税收的项目，其征用土地的各项费用均执行法定标准的下限。

2. 在云南省投资进行能源、交通、环保、水利、教育及社会公益事业建设的外来投资企业，均以行政划拨方式供地，征用土地的补偿费按法定标准的下限收取。

3. 外来投资企业在征地中除土地补偿费，安置补助费、青苗补偿费、地上附着物补偿费、耕地开垦费、征地管理费外，其他部门不得再征收与征地无关的任何费用；坚决取缔“搭车”收费；对征地补偿费超过法定标准的，当地政府应采取有力措施予以纠正；对经济技术开发区、高新技术开发区和旅游度假区，分地类、分用途实行最高限价，地价明细表由省土地管理部门另行颁发。

4. 外来投资企业从事种植业、林业、畜牧、渔业生产的，按规定办理手续后，可以租用集体土地。

5. 外来投资企业从事经营性项目的，按有偿使用方式获得土地使用权，为减轻企业的投资成本，土地出让金可采取以下方式处置：

1) 确定土地出让金。土地出让金要经过有资质的评估机构评估和土地管理部门确认。对难以评估的，可参照政府批准确定的基准地价协商计算，不再进行评估；

2)分期付款。一次性缴纳出让金有困难的外来投资企业，可与当地县(市)土地部门签订分期付款协议，首期付款25%，余款在5年内付清；

3)挂账付息。分期付款有困难的外来投资企业经同级土地管理部门批准，可在3年内挂帐处理，企业应支付出让金的利息；

4) 先收后返。属于云南省鼓励投资的产业，经省政府批准，可将土地出让金的地方政府应得部分，参照省内同行业的比例返还外来投资企业。

5)注入股本金。可将土地出让金的地方政府应得部分折成地方政府股金，参与投资与经营。

6. 外来投资企业以出让方式获得国有土地使用权，在有效期限内，可以整体转让、分割转让或者出租，转让所得依法缴纳土地增值税后的收入归该外来投资企业所有。

四、外商投资权益保护

1. 外商投资企业在其经营范围内，依法自主经营管理。外商及外籍工作人员的人身权和财产权受法律保护。

2. 外商投资企业及外商的专利权、著作权、商标权、专有技术、技术秘密、商业秘密、计算机软件和企业驰名字号等受法律保护。

3. 外商投资企业在使用水、电、气、通讯、交通等基础设施配套方面，在接受金融、保险、法律、劳动用工、咨询、设计、广告宣传等社会服务方面享有与省内其他企业同等待遇。

4. 外商投资企业用于正常生产经营收支的外汇，可以在银行保留一定限额的外汇，也可以在银行办理售汇，或者在外汇调剂中心买卖外汇。

外商投资企业的外国投资者汇出的合法收入，可以从其外汇账户中支付或者到外汇指定银行购买外汇支付。

5. 在本省投资的外商、外籍工作人员及眷属在公共交通、文化娱乐、医疗卫生、子女就学、旅游服务等方面，享受本省居民的同等待遇。

外商、外籍工作人员及眷属应当依法向公安机关办理居留证。外商投资企业中方员工的户口，按照国家有关规定办理。

6. 除法律、法规规定的以外，外商投资企业有权决定参加或者不参加社团组织；有权决定参加或者不参加评比、表彰、赠与、赞助活动。

7. 外商投资企业有权拒绝不符合法律、法规规定的检查和影响企业正常生产经营的活动；有权拒绝摊派、集资及其他侵害外商投资企业合法权益的行为。

除法律、法规、规章设定的收费项目外，任何部门和单位设定的收费项目一律无效，对外商投资企业收费的，按照《云南省对外商投资企业收费登记卡管理办法》办理。

8. 外商投资企业认为其合法权益由于行政机关及其工作人员实施具体行政行为而受到侵犯的，可以向省外商投资企业投诉中心或者政府有关部门投诉，也可以依法申请行政复议或者向人民法院提起诉讼。

西藏自治区关于招商引资的若干规定

藏政发[1999]33号

第一章　总　　则

第一条　为了进一步改善投资环境，鼓励各类投资者在西藏投资，保护投资者合法权益，提高西藏对外开放和经济发展水平，根据《中华人民共和国民族区域自治法》和有关法律、法规，以及中央赋予西藏的优惠政策，结合我区实际，制定本规定。

第二条　本规定适用于西藏自治区行政区外各类投资者在我区兴办的企业(包括在我区登记注册的各类企业)和其他项目。

第二章　投资经营方式

第三条　投资者可依法采取下列投资经营方式：

(一)采取独资、台资、合作等方式；

(二)对我区国有企业实行租赁、购买、托管、兼并及参股、控股或组建企业集团；

(三)开展补偿贸易和加工贸易项目；

(四)技术转让、技术合作和技术承包；

(五)与我区企业联合在内地省区市或国外合资、合作经营；

(六)BOT方式(建设—经营—移交)投资基础设施建设；

(七)法律、法规允许的其他投资经营方式。

第三章　产业导向

第四条　除法律、法规和国家明文禁止的外，投资者可以在我区自由投资和自主经营，不受行业、控股比例、投资形式、经营类别的限制。

第五条　鼓励投资的产业领域

(一)农牧林业综合开发及其产品深加工；农牧业产业化经营；荒山、荒坡、荒滩开发；

(二)水利、能源、交通、市政工程、公用事业等基础设施建设和经营；

(三)对区内国有企业的嫁接改造，引进先进技术、开发新产品、提高管理水平、技术水平、产品质量和档次；

(四)矿产资源的勘察、开采、矿产品加工；

(五)旅游资源开发和旅游景点建设；

(六)药业资源开发和深加工；

(七)高新技术产业和高科技产品开发；

(八)民族特需产品等加工生产；

(九)房地产开发及物业管理，投资兴建或参与经营信息(广告)、咨询、医疗、环保等领域的项目；

(十)边境口岸基础设施建设，兴建出口商品生产基地或加工企业；

(十一)兴办各类残疾人福利事业、扶贫实体和项目；

(十二)资源综合利用和环境保护、“三废”治理及综合利用，生态环境整治和建设，节能工程建设；

(十三)经政府或有关部门认定的其他需鼓励发展的产业或项目。

第四章　优惠政策

第六条　财税政策

(一)国外投资者和港、澳、台投资者直接在区内投资兴办的企业按10%的税率征收企业所得税。

(二)十省市区投资者在我区开办的企业，从事鼓励投资的产业或项目，统一执行15%的企业所得税税率。

(三)对投资下列产业或项目在一定经营期内免征企业所得税：

1. 对从事水利、能源、交通、市政工程和公益事业等基础设施项目，从事农牧林业综合开发及其产品深加工，或从事荒山、荒坡、荒滩开发利用种植业、养殖业、林业项目的，自投产经营之日起，第一至第六年免征企业所得税。

2. 对到区内乡(镇)及乡(镇)以下投资兴办为农牧业生产和农牧民生活服务的企业，自投产经营之日起，第一至第七年免征企业所得税。

3. 对经国家或自治区认定为高新技术产业和高科技产品的企业，自认定之日起，免征企业所得税五年。

4. 对兴办独立核算的从事咨询业(包括科技、法律、会计、审计、税务等咨询业)、技术服务业和物资回收业的企业或经营单位，自开业之日起，免征企业所得税一年。

5. 对兴办独立核算的从事商业、旅游业、仓储业的企业或经营单位，自开业之日起，免征企业所得税一年。

6. 对兴办具有一定规模的教育、卫生事业，免征所得税。

(四)对到农牧区投资兴办企业以及在农牧区直接为群众生产提供科学技术等有偿服务取得的收入免征营业税。

(五)企业年缴税款达到一定数额的,可同时享受《关于扶持企业发展,培植骨干财源的若干暂行规定》的各项优惠政策待遇。

(六)经批准的合资企业自我区边境贸易口岸进口邻国产品,并在我区销售的,或进口企业自用的邻国产的材料、办公用品、生活用品等,享受国家和我区的边贸优惠政策。从事加工贸易复出口产品的,按国家规定实行保税制度,属边贸范畴的享受边贸优惠政策。

(七)目前全国开征而西藏尚未开征的有关税种,在我区的国内外投资企业享受同样免征待遇。

第七条 外贸经营政策

(一)投资企业在经营范围内,经批准可享有边境小额贸易经营权,也可委托我区享有一般贸易进出口经营权的企业从事进出口贸易。

(二)外省、市区在我区兴办的企业,其产品为我区新增出口创汇达到一定额度,可向自治区外经贸主管部门申请经营范围内自产产品的进出口贸易经营权。

(三)外省市区企业与我区各类外贸企业共同兴办经济实体,其投资份额达到25%以上的,可申请自产产品的进出口经营权。

(四)投资企业出口自产产品及进口关键技术设备,可向自治区外经贸主管部门申请享受外贸贴息政策。

(五)对兴办鼓励投资产业领域的企业,在其投资总额内进口国内不能生产或性能不能满足需要的自用设备及配套技术、配件、备件,可按国发[1997]34号文件规定,免征进口关税和进口环节税。

第八条 土地政策

(一)投资企业所需土地,在符合国家有关法律、法规的基础上,优先安排。投资者应按国家有关法律、法规和自治区有关规定开发建设。

(二)投资从事农、牧、林业生产项目和投资水利、能源、交通等基础设施项目占用国有土地的,依法予以划拨。

(三)对其它鼓励投资项目,出让年限根据不同用途依照法律、法规执行。减免征收地方所得部分土地使用权出让金,一次性缴纳土地使用权出让金有困难的,可分期缴纳;我区也可将土地资产作价入股,使用期内,完成投资总额20%以上的投资后,可享有土地使用权抵押、转让权。使用期满后,在同等条件下土地使用者有优先续租的权利。

(四)投资企业租用国有土地的,由土地使用权单位出租;也可由有批准权的人民政府收回土地使用权后,按优惠价格出租给投资者。

(五)投资企业从事经济实用住房开发建设,其用地采取行政划拨方式提供;其建筑面积的40%可作为商品房。

(六)农村集体经济组织利用原有场地作价入股或作为联营条件,或利用其他土地与投资者合作从事农、林、牧、渔业开发的,经土地行政主管部门审核并报有批准权的人民政府批准,合同期限内不改变集体所有土地的性质,由合营企业使用,不得转让。

第九条 其他政策

(一)投资企业享有依照有关法律和自治区有关规定,自主决定用工、报酬、生产经营和管理方式的权利,以及国家规定的特殊产品以外的产品定价等方面的自主权。

(二)投资企业在西藏参加商业保险,享受我区低保险费率的优惠。

(三)经有关部门批准,投资企业可对机械设备采用加速折旧法计提折旧。

(四)投资企业生产来料加工的出口型产品的内外销比例除国家有特殊规定者外,由企业自行确定。

(五)从事电站、机场、公路、桥梁、渡口、铁路、水利建设经营的投资企业,允许合作期内税前优先分享收益。

(六)投资企业经批准参与我区国有企业改组改制,可以采取资产授权经营等形式,并享受国家和我区有关国有企业改革的扶持政策。

(七)投资企业与西藏企业进行合作,符合国家产业政策和中西部开发政策的,经批准可列入国家中西部优势工程,享受国家有关中西部开发的优惠政策。

(八)合资、合作项目,外商投资比例超过20%的,视同外商投资企业。

第五章 奖励政策

第十条 为我区引进符合产业导向的的资金、设备、技术、人才者给予以下奖励:

(一)为我区引荐合资、合作项目者(国家各部委、地方政府职能部门计划和职责范围内引进的资金及各省市援藏资金除外,下同),经验资确认后,使用期在3年以上的,给中介组织或个人一次性奖励。引进无偿资金的、一次性奖励引进额的10%;引进1-3年有偿无息资金的,一次性奖励引进额的1.5-5%;使用期5年以上的,一次性奖励引进额的7%;引进有偿低息(低于我区贷款利率)资金,使用期在3年以上的,一次性奖励一年利差。

奖励工作由经协部门负责,根据受益单位和银行等部门的证明办理,受奖人员除专事经济协作部门以外的一切人员。

(二)为我区引进新技术和新工艺,开发适销对路产品,取得明显经济效益的,除一次性奖励5000元之外,在企业投产后,5年内按该产品新增利润10%提取奖金;国内外经营管理人员到我区各类企业从事经营管理,其佣金和奖金由双方商定。

(三)属于竞争性引资项目,奖励资金均由受益单位支付社会公益性引资项目,奖金从"自治区招商引资奖励基金"中支付。

(四)为鼓励国内外专业技术人员、经营管理人员到我区工作,企业有权自主设置并聘任在本企业内的专业技术职务，可以按自治区现行的有关政策规定予以评审任职资格；应聘调入我区工作的各类技术人员和管理人员(不包括技术工人)，本人及其家属、子女在当地落户，按国家和自治区有关规定给予解决，聘用单位优先解决住房。因来我区工作而辞去公职的，可以重新办理录用手续。

第六章　投资保障与服务

第十一条　对于符合我区产业导向，申报文件齐备合格的，其审批立项、可研报告、土地作用、以及工商登记的全部手续，有关部门应积极协作，须在实施细则中所限定的工作日内完成。

第十二条　为减轻企业负担，对符合鼓励投资产业或项目的，在有关行政性收费方面给予优惠；

(一)投资企业的各项生产经营活动和合法收益，受国家法律保护。对生产经营中符合国家规定的有关收费，实行从简从轻优惠，建立收费卡制度；除正常收费外，投资企业有权拒绝除政府指定部门或法律授权组织以外任何部门的检查和罚款、收费、摊派。

(二)外省市区企业迁移到我区登记注册，或在我区设立分支机构的，其注册资金(或注册资本)不再进行评估、验资，但需办妥两地银行帐户转移手续，报表中的银行存款必须转移到位；工商、税务或特种行业管理部门只收取登记注册工本费。迁移涉及注册资本增加的，其增加部分应进行验资。对产权清晰的企业可免交资产评估证明。

(三)工商注册登记费，企业注册资金在1000万元以下的，按0.5‰。的标准征收；注册资金在1000万元以上的，按0.3‰的标准征收；超过1亿元的部分，不再计收工商注册登记费。

(四)工商管理费，投资企业年经营额在1000万元以下的，按1%的标准征收；经营额超过1000万元的，超过部分不再计收工商管理费。

(五)对投资企业提供的水、电、气、燃料、通讯、交通等和金融、保险、法律、劳动用工、咨询、设计、广告信息等社会服务方面，与我区企业同等对待，按同等标准收费。

第十三条　在我区投资的各类投资者及其眷属和工作人员，在公共交通、文化、娱乐。医疗卫生、子女就学、旅游服务等方面，一律享受我区当地居民的同等待遇。

第十四条　自治区设立投诉中心，受理有损投资者合法权益的行为及工作和服务质量问题的举报投诉。

第十五条　依照有关规定，优先办理外商投资企业人员的出入境和在藏长短期居留手续。

第七章　附　　则

第十六条　本规定由西藏自治区人民政府负责解释。

第十七条　自治区有关职能部门依照本规定实施细则，报自治区人民政府批准后施行。

第十八条　本规定从发布之日起施行。

本规定施行前自治区的有关规定与本规定相抵触的，以本规定为准；本规定施行后，国家出台的有关政策规定优于本规定的，从其规定。

陕西省关于鼓励外商投资的若干规定

陕政发[1992]42号

第一条　为了进一步改善投资环境，鼓励外商来我省投资，根据国家有关法律、法规，结合我省实际情况，制定本规定。

第二条　本规定中所称外商投资企业，是指符合国家有关规定的中外合资企业、中外合作企业和外资企业。

第三条　外商投资企业土地使用费，按下列标准从优计收：

1. 凡外商投资举办产品出口企业、先进技术企业、农林牧业、能源、交通建设项目以及社会公益事业的，均可免收土地使用费；

2. 外商投资举办一般生产性企业的，在合同期50%的期限内，可免收土地使用费，以后年度按国家规定的标准减半征收；

3. 本规定发布之前签约并以土地使用费作为中方合作条件的项目，继续按原合同规定的标准征收土地使用费。

第四条　鼓励外商承租包片开发土地，从事基础设施项目和其他生产性建设项目的开发、利用和经营。土地使用期限最长可为七十年。在使用年限内，对已开发的土地，土地使用者可依法转让、出租、抵押、交换、继承。由土地管理部门负责办理手续，费用从优。

第五条　外商可按下列方式投资：

1. 举办中外合资经营企业、中外合作经营企业和外商独资经营企业；

2. 开发补偿贸易、来样加工、来料加工、来件装配、合作生产；

3. 承包、租赁国营或集体工商企业；

4. 购买小型国营、集体或个体企业；

5. 法律、法规允许的其他投资方式。

第六条 对外商投资举办产品出口企业、先进技术企业、农林牧业、能源、交通建设项目和社会公益事业的，以及在省内不发达地区举办的各类企业，免征地方所得税、城市房地产税和车船使用牌照税。在西安市区投资举办一般生产性企业，在经营期间始起60%的期限内免征地方所得税、城市房地产税和车船使用牌照税。免征期满后，如纳税确有困难的，报经税务部门批准，还可以酌情减免。

第七条 外商投资企业由于特殊原因，需要对固定资产加速折旧的，由企业提出申请，按隶属关系报经有关部门批准，允许加速折旧。

第八条 外商投资企业应通过出口本企业的产品，达到外汇收支平衡。对利用外资引进先进技术的项目和农业、能源、交通、电讯设施等项目，外汇平衡暂时有困难的，可由各地在确保国家和省上安排出口创汇任务的前提下，提出货单，报经省外经贸厅批准后，由外商投资企业利用外方合营者的销售渠道，以人民币收购国内产品出口，实行综合补偿。

鼓励外商在批准的经济开发区、高技术开发区内投资建设基础设施，开发其他生产性项目。经批准，可实行综合开发，综合补偿，平衡外汇收支。

外商投资企业生产的替代进口产品，在国内市场销售时，经外汇管理部门批准，可以部分或全部用外汇结算。

外商投资企业在本省范围内与单位、个人之间的经济往来，除国家明确规定收取外汇的项目外，均可用人民币结算。

外商投资企业需要调出、调入外汇，可通过省内外汇调剂中心进行调剂。调入的外汇可用于还本付息，购买设备和原材料、利润汇出以及外方人员的正常收入。

外商投资企业之间，在外汇管理部门监督管理下，可以相互调剂外汇余缺。

第九条 外商投资企业生产经营所需的水、电、运输、通讯等公用设施和统配物资，由有关部门优先安排，优先组织供应。

第十条 外商投资企业所需的生产物资，享受国营企业同等价格。使用外汇在国内购买的，可按出口离岸价格计价。

外商投资企业的电话初装费、公路养路费和供水、供电、供氧、货物运输、工程施工、设计、咨询服务及医疗等收费，实行与国营企业同等标准。

第十一条 外商投资企业除按法律、法规规定交纳的各种税、费外，任何单位不得向其摊派，对于非法摊派，外商投资企业有权拒交。

第十二条 在外商投资企业中工作的外籍人员、港澳台同胞，华侨及其家属，可持长期居留证或省外经贸厅出具的证明，在本省范围内的食宿、交通、旅游费用，按照中国公民的收费标准收费，并可用人民币支付。

第十三条 外商投资企业在生产流通过程中需要借贷的短期周转资金，经开户行或其他金融机构审核同意后，予以优先放贷。

允许外商投资企业用现汇或固定资产作抵押，向专业银行申请借贷人民币资金。

允许外商投资企业经中国人民银行批准后，向社会发行债券，筹借资金。

第十四条 中外合营企业生产的出口产品，国内运输费用高出沿海地区的部分，经企业各方协商后，允许中方在其分配利润中给合营企业以适当补贴。补贴数额双方在合营合同中约定。

第十五条 外商可以委托在我国的亲友作为其代理人。

外商可以推荐在我国的亲友到其投资企业就业。一次实际投资在二十万美元以上者，可安排亲友一人由农村户口转为企业所在的城镇商品粮户口；一次实际投资四十万美元以上者，可安排二人，每个项目最高限额原则上不超过三人。

第十六条 国内外商亲友使用外商赠与的可自由兑换货币资金举办的企业，其投入的外汇资金占企业注册资金25%以上的，报经省外经贸厅批准，可享受外商投资企业的各项优惠待遇。

第十七条 对引进、介绍外商来我省投资并取得成功的引进人、介绍人，按照外商投资的一定比例发给资金。具体标准是：

1. 外商投资企业投产经营后，按该项目外商实际出资额1－3‰比例，发给引进人和介绍人奖金，验资后一个月内由合营公司一次付清。

2. 引进补偿贸易项目，按实际履行合同额1－3‰比例，发给引进人和介绍人奖金，在投产后一个月内由该项目单位一次付清。

以上奖金均折合人民币支付。奖金免征个人所得税和个人收入调节税。

第十八条 对外商投资企业自用的汽车和生活用品，免办控购手续，由有关部门直接办理。

第十九条 外商投资企业对侵犯其合法权益的行为，有权向各级人民政府和有关主管部门提出申诉，也可以依法向人民法院提出诉讼。

第二十条 凡外商投资企业申报文件齐全，从收到文件之日起，批复立项申请，审批可行性研究报告、合同章程，每个阶段均不超过十天，核发营业执照不超过七天。

外商投资企业不论在建或已开业的，其出国人员均由企业自己决定，直接向省外经贸厅申请办理有关手续，省外经贸厅在五天内审批，并代省政府下发出国任务批件。

第二十一条 香港、澳门、台湾同胞和省外侨胞投资举办的企业，参照本规定执行。

第二十二条 本规定由陕西省对外贸易经济合作厅负责解释。

甘肃省鼓励引导外商投资若干政策规定

一、总　　则

第一条　为进一步改善投资环境，鼓励和促进中外合资经营企业、中外合作经营企业和外资企业及其它按国家法律规定由外商投资设立的企业(以下简称外商投资企业)在我省的发展，根据国家向中西部倾斜的政策和鼓励外商投资的有关规定,结合我省的具体情况,特制定本规定。

第二条　本规定适应于香港、澳门、台湾的投资者和华侨在甘肃省境内投资设立的企业及其它外国公司、企业、经济组织和个人(以下简称外商)在甘肃省境内投资设立的企业。

二、外商投资方式

第三条　外商可采用以下方式进行投资

(一)举办投资者拥有全部资本的企业；

(二)举办合资经营企业、合作经营企业；

(三)举办股份制企业；

(四)开展补偿贸易、来料加工、来件装配；

(五)购买、参股、承包和租赁经营省内国有、集体、私营企业；

(六)购置房地产；

(七)依法取得土地使用权,开发经营；

(八)举办"建设——经营——移交(BOT)"项目；

(九)共同投资,建立专项建设基金或投资公司；

(十)"无追索"融资或不增加债务的其它投资方式；

(十一)法律、法规允许的其它投资方式。

三、外商投资产业导向

第四条　外商可以举办国家《外商投资产业指导目录》中所允许的任何产业项目。并特别鼓励外商投资于农业综合开发、基础设施、基础产业、社会公益性事业和高、新科技产品开发及其它新兴产业。

(一)农业综合开发

1. 共同建设经营农田水利灌溉工程；
2. 节水农业、中低产田改造及荒山、荒地开发；
3. 建设经营优良品种培育基地和先进的农业示范基地；
4. 开发经营农、林、牧、渔新产品；
5. 开发经营农副产品保鲜及加工。

(二)能源、交通、通信和基础设施

1. 建设经营火力和水力发电站；
2. 建设经营高等级公路；
3. 共同建设先进通信设施；
4. 共同建设经营民航机场；
5. 共同建设经营甘肃境内铁路及地方铁路、城市地铁及其它交通设施；
6. 土地连片开发及其配套设施；
7. 经批准的城市其它基础设施建设。

(三)矿产品开采、冶炼和加工

1. 有色金属及系列产品开发和生产；
2. 黑色金属及系列产品开发和生产；
3. 非金属矿产品开发和生产。

(四)石油、石油化工及化学工业

1. 化肥及高效安全的农药生产；
2. 聚氯乙烯树脂、乙烯及副产品综合利用；
3. 工程塑料及塑料合金、合成橡胶和精细化工；
4. 经批准的其它石油化工产品生产。

(五)新兴产业

1. 微电子技术；
2. 新材料；
3. 生物工程技术；
4. 信息、通信系统网络技术；
5. 同位素、辐射及激光技术；
6. 节约能源开发技术；
7. 资源再生及综合利用技术；
8. 环境污染治理工程及监测和治理技术。

(六)产品出口企业和技术先进企业

(七)现有企业的技术改造

外商可采用多种方式参与对全省范围的现有国有、集体和私营企业的技术改造,可以参与对一个车间、一个产品的嫁接改造和整厂的改造乃至全行业的嫁接改造和购买股权；

(八)医疗、卫生、文化、教育、体育及其它公益性事业

1. 建设经营医院；
2. 合作开办除义务教育之外的各级各类教育机构；
3. 共同开发经营文化产业；
4. 建设经营卫生防疫项目；
5. 建设经营体育场馆；
6. 经批准的科学研究、新技术开发试验和其它社会公益事业。

(九)旅游服务业

1. 历史遗迹和旅游景点的开发；
2. 旅游设施的建设与经营；
3. 旅游产品的开发；
4. 旅行社。

(十)经省政府批准的其它产业。

四、外商投资地区导向

第五条 甘肃省欢迎外商在全省范围内建立外商投资企业，特别鼓励外商投资于兰州市区和兰州高新技术产业开发区、兰州连海经济开发区、白银经济开发区、敦煌旅游经济开发区、金昌经济技术开发区、西成经济技术开发区、天水经济技术开发区、陇西文峰经济技术开发区、临夏商贸经济开发区等国家和省级开发区(以下简称开发区)。并鼓励外商举办开发区或技术园区。

第六条 根据国家对外开放政策向中西部倾斜的方针，经批准外商可在兰州市区和开发区内举办金融保险、商业零售、对外贸易企业，及其它《外商投资产业指导目录》中列为限制类的项目。

五、外商投资优惠政策

第七条 外商投资企业享有以下自主权：

(一)外商投资企业在人、财、物、产、供、销及经营管理方面享有自主权；

(二)外商投资企业自主决定职工的工资、奖金、各种津贴(除国家规定部分外)；

(三)外商投资企业自主决定职工的招聘和解雇，允许跨地区、跨省招聘，不需送劳动管理部门报批；

(四)外商投资企业有权按本企业章程，设置组织机构，聘用和解聘各级负责人；

(五)外商投资企业在国内外购买自用的办公和生活用品(含汽车、摩托车等)，不受社会集团购买力的控制，并免交地方附加费；

(六)外商投资企业产品的内外销比例除国家有特殊规定之外，不受限制；

(七)外商投资企业享有产品定价自主权。

第八条 优先保证土地使用、劳动力雇用、原材料供应、水和电力供应、进出口配额等各种生产要素。

第九条 外商投资企业享有以下税收优惠：

(一)经营期在10年以上的生产性外商投资企业，从获利年度起，两年内免征企业所得税，第3年至第5年减半征收企业所得税；

(二)从事农业综合开发、交通、能源等基础设施的外商投资企业，经批准后按15%的税率征收企业所得税；

(三)产品出口企业按国家规定减免企业所得税期满后，当年企业出口产品产值达到当年企业产品产值70%以上的企业，按现行税率减半征收企业所得税。属于先进技术企业按国家规定减免企业所得税期满后，延长3年减半征收企业所得税；

(四)凡举办本规定第四条所列特别鼓励产业的技术密集、知识密集的生产性外商投资企业，按15%的税率征收企业所得税或按国家规定税率纳税后，高于15%税率的部分，由同级财政返还给企业；

(五)设立在兰州市区(城关区、七里河区、安宁区、西固区)的外商投资企业，按24%的税率征收企业所得税；设立在兰州市区以外的外商投资企业，在减免所得税期满后，按国家规定税率纳税后，高于24%税率的部分，由同级财政返还给企业；

(六)对符合国家《外商投资产业指导目录》鼓励类和限制乙类范围，并转让技术的外商投资项目，在投资总额内进口的自用设备，除《外商投资项目不予免税的进口商品目录》所列商品外，免征关税和进口环节增值税；

(七)对符合规定的项目，按照合同随设备进口的技术及数量合理的配套件、备件，免征关税和进口环节增值税；

(八)外商将其在企业分得的利润再投资于该企业或开办其他外商投资企业，经营期不少于5年的，经批准返还其再投资部门分已缴纳所得税款的40%，投资兴办、扩建产品出口企业或先进技术企业，经营期不少于5年，经批准全部返还其再投资部分已缴纳的企业所得税税款；

(九)外商从所投资企业取得的利润(股息、红利)，可自由汇出境外，免征所得税；

(十)新建的生产性外商投资企业、非生产性外商投资企业，其应缴纳的房地产税从房产建成之日起可分别享受5年和3年的先征后退税收优惠；

(十一)新建的外商投资企业的车辆(除从事交通运输业外)缴纳的车船使用牌照税实行先征后退；

(十二)外商投资企业免征屠宰税；

(十三)为履行产品出口合同所需的进口原材料、元器件、燃料、零部件、辅料和包装物料等，享受保税优惠。

第十条 外商投资企业使用土地享有下列优惠：

(一)外商可依法取得土地使用权进行土地成片开发，其土地使用权最长为：农业用地60年；住宅用地70年；工业用地50年；商业服务用地40年。期满后可依法申请延长。其土地使用权在使用期内可以依法转让、出租和抵押；

(二)土地使用权出让金有如下优惠：

1. 成片开发荒山荒地建设以工业为主的新开发区，在规定的出让金底价上减收15%的土地出让金；

2. 开发荒山荒地、水面用于发展农、林、牧、渔业的项目，在规定的出让金底价上减半征收土地出让金；

3. 举办合营改造项目，中方以土地作价为出资条件的，在规定的出让金底价上减收15%的土地出让金；

4. 举办本规定第四条特别鼓励产业的和在开发区内举办的生产性外商投资企业，在规定的出让金底价上减收20%土地出让金或经省政府批准划拨土地；

5. 利用非宜农荒山、荒滩举办外商投资企业的，免征土地出让金。

(三)以出让方式取得土地使用权的外商投资企业和属于本规定"第四条"特别鼓励的产业及设在开发区内的外商投资企业，免征土地使用费；

(四)外商投资企业在基建期间(2年内)，免缴土地使用费；经营期10年以上，投资额50—100万美元，投产开业后，免缴土地使用费5年；100—300万美元，免缴土地使用费7年;300—500万美元,免缴土地使用费10年;500万美元以上,免缴土地使用费15年。

第十一条 外商投资企业享有以下费用优惠:

(一) 参与旧城改造的外商投资企业,减半征收商业网点配套费、城市基础设施配套费、增容费和人防结构费;产品出口企业、先进技术企业和能源、交通、基础设施建设、原材料生产企业免征城市基础设施配套费;

(二) 外商投资企业的外籍工作人员及其家属,在省内出差、旅行、食宿、就医、购物、子女入托上学和旅游景点门票的收费一律与省内居民相同;

(三) 外商投资企业按每出口创汇1美元,由地方同级财政给予0.05元人民币内陆运输补贴。

第十二条 举办第四条所列产业的外商投资企业,享有下列配套条件优惠:

(一) 给予中方合营者优先安排扶持外商投资专项贷款,其中外商投资额在250万美元以上的项目,纳入地方重点基本建设和技术改造计划,并优先安排固定资产投资、开发性贷款和技术改造贷款;

(二) 中方企业以现有厂房、场地、设备出资的合资、合作改造项目,经评估确认资产价格后,成交价可优惠5—10%;

(三)建设经营高等级公路及桥梁、隧道的,车辆过往收费标准按核准的高于省同等级公路收费标准一定比例自主收取,经营期内政府不再批准新建与其并行的同类项目。经营期内不能获得预期利润的可以延长经营期,直至获得合理的利润;

(四) 建设经营发电站的,其上网电价按有关规定从宽核定,由电力部门负责收购与销售;

(五) 合作开办教育机构、建设经营医院、资源再生利用、环保项目和经批准的社会公益性事业,可给中方企业配套建设资金补助;

(六) 成片开发荒山荒地用于农、林、牧、渔业发展项目的,政府给予农业建设资金配套开发;

(七)经政府批准的其它特殊配套条件优惠。

第十三条 外商投资企业可采用以下方式和渠道,为建设和生产经营筹措资金:

(一)经批准向社会发行债券,在企业内部发行股票;

(二) 外商投资企业根据国家外汇管理的有关规定,可在有外汇经营权的银行开户,办理外汇收支和融资业务;

(三) 外商投资企业可向境外借款,自借自还。经批准也可由中方担保向境外借款。

第十四条 外资投资企业在经营期内外汇平衡有困难的,经批准可以收购本企业以外的产品出口,解决外汇平衡。

第十五条 外商投资企业经国税部门批准,可实行固定资产加速折旧。

第十六条 外商持有25%以上股份的外商投资股份制企业,享有进出口经营权。

第十七条 省内外原有的外商投资企业在我省新办的企业,外商资产占总投资达到25%以上者,可享受本规定的优惠政策。

第十八条 对引进外商来我省直接投资的中介人(包括个人和组织)给予奖励。合资、合作经营企业,由企业的受益中方奖励;外资企业,由受益县、市、区人民政府奖励,奖励的比例如下:

1. 外资额在100万美元以下的,按外资额的0.3%计;

2. 外资额在101万—500万美元的,其中100万美元按0.3%计,其余按0.25%计;

3. 外资额在501万—1000万美元的,其中500万美元按0.25%计,其余按0.2%计;

4. 外资额在1001万美元以上的,其中1000万美元按0.2%计,其余按0.15%计。

奖金按实际外资到帐额计算,并按引进外资的币种奖励。县级以上人民政府还可根据本地情况,确定本地区的奖励措施。

第十九条 香港、澳门、台湾地区的公民和华侨为内地亲友捐赠10万美元以上的资金或生产设备兴办生产企业者及捐赠资金或生产设备用于向国内企业投资或购股达到企业资产总额25%以上者,可以申办为外资企业,享受本规定的优惠政策;个人兴建或购置应纳房产税的民用房屋,暂不征收房产税。

第二十条 实际投资10万美元以上的台湾、港澳同胞和华侨,可指定其内地的一户亲友,在投资企业所在地落为城镇户口,并免收城市增容费。

第二十一条 香港、澳门、台湾同胞和华侨为我省企业或公益事业捐资5万美元以上的,省人民政府授予荣誉证书以资鼓励;捐资价值占该项公益事业总投资80%以上的,经省政府同意,允许以本人或其亲属的名字命名。

六、外商投资的服务和管理

第二十二条 各级政府和有关职能部门应根据国家的法律、法规和规定,各司其职,各负其责,主动协调,密切配合,坚持公正、公开的办事原则,简化工作程序,提高办事效率,做好外商投资企业的指导、协调、管理、监督和服务工作,努力为外商创造一个可以按照国际惯例投资、管理、经营的环境,充分保障外商投资企业的合法权益。

第二十三条 与外商投资相关的部门,要实行行政公示制和推行社会服务承诺制,将办理外商投资企业有关事宜的工作规则、办事程序、所需的文件材料目录及具体要求、收费标准及依据、服务时限、办事人员的职责、违诺处罚措施及投诉部门等,在本单位办公场所明显位置上张榜公布,接受监督,并严格按社会服务承诺内容办理;实行服务内容细化、服务标准量化、奖惩措施硬化、接受监督公开化的内部监督检查机制。

第二十四条 对外商投资企业的审批,资料齐全的,各审批职能部门须在7天内答复批准或不批准,并在15天内办理完本部门的审批手续,逾期不办者,申报者可直接报上一级主管部门审批。

第二十五条 外商投资企业用地，由企业向土地管理部门提出申请，土地管理部门按审批权限，在收到申请15天内预先批用地批复，并在以后的6个月内补办完有关手续。

第二十六条 各部门要严格按国家法律、法规和政策办事，主动为外资投资企业搞好服务。行政事业性收费一律实行“两证一票”(收费许可证、收费人员工作证、财政部门统一印发的收费票据）制度，收费人员要严格亮证收费，企业有权拒绝巧立名目的摊派和变相收费。并逐步推行一个窗口收费。

第二十七条 外商投资企业建设和生产所需要的水、电、气、交通运输、通讯等基础设施配套方面，及在金融、保险、法律、劳动用工、咨询、设计、广告宣传等社会服务方面，收费标准与省内企业等同；各有关部门要给予充分保障，并不得随意终止或暂停服务。

第二十八条 对外商投资企业的重点项目要实行跟踪服务和项目责任人制度，对项目的产前、产中、产后进行跟踪服务，及时组织有关部门帮助解决存在的问题。

第二十九条 建立健全外商投资企业投诉中心和调解中心，及时处理外商投资企业的投诉，协调解决外商投资企业在建设、生产、经营中的有关问题，调解纠纷和矛盾，监督合同的执行，并建立督办制度和反馈制度。

七、实　施

第三十条 各地、各有关部门和开发区可以依据本规定，制定具体实施细则，报省人民政府备案后实施。

第三十一条 本规定自颁布之日起实施，以往规定凡与本规定不符的，一律以本规定为准。

第三十二条 本规定由甘肃省计划委员会负责解释。

青海省关于鼓励外商投资的若干规定

青政[2000]38号

第一条 本规定所称的外商是指外国的公司、企业和其他经济组织或者个人。

外商投资企业是指中外合资经营企业、中外合作经营企业、外资企业以及国家允许的其他形式的外商投资企业。

本规定同样适用于台湾、香港、澳门同胞和华侨来省内投资的企业。

第二条 设在青海省境内的外商投资企业，享受国家有关鼓励外商投资法规规定的各项优惠，同时享受本规定予以的优惠。

第三条 外商可在青海省境内采用任何方式进行投资。

第四条 外商在青海省境内可投资于除国家明令禁止的行业以外的任何领域和产业，鼓励外商投资于：

(一)基础设施建设；

(二)生态环境保护和建设；

(三)优势资源开发和优势产业(盐湖、水电、石油天然气和有色金属资源开发，冶金、中藏药、建材和农畜产品加工业)、高新技术产业；

(四)科技、教育；

(五)商贸、旅游。

第五条 设在青海省境内的外商投资企业，允许有3年试运营期。

第六条 外商投资兴办本规定第四条所列领域和产业的企业，10年内免征城市房地产税、车船使用牌照税、教育费附加、城市维护建设税。

第七条 外商投资兴办本规定第四条所列领域和产业的企业，免征地方所得税11年。

第八条 外商投资兴办农牧业开发项目，从获利年度起，5年内免征农业税、牧业税、农业特产税；外商投资城镇经济适用住房和旧城改造项目，从获利年度起，5年内免征契税。

第九条 外商将其从企业分得的利润依法汇出境外，免征汇出额的所得税。

第十条 外商投资企业发生年度亏损，用下一纳税年度的所得弥补；不足弥补的，可在5年内延续弥补。

第十一条 外商投资在青海省境内兴办企业，留地方部分的土地有偿使用费，实行下列优惠办法：

(一)利用国有土地兴办合资、合作经营企业，减免土地出让金50%；

(二)外商利用国有土地，投资兴办社会公益事业以及农牧业综合开发项目的，免缴土地出让金、土地租金和土地使用费；

(三)利用国有荒山、荒坡土地的外资企业，一律免缴土地出让金、土地租金和土地使用费；

(四)利用集体所有荒山、荒坡的外资企业除收缴土地补偿费、安置补助费外，免缴土地出让金。

第十二条 外商申请国家出资勘查并已经探明矿产地区块探矿权和国家出资勘查并已经探明矿产地采矿权，属于我省审批登记的，其探矿权价款、采矿权价款、矿产资源补偿费，实行下列优惠：

(一)探矿权价款：勘查程度在普查阶段以下的免缴；勘查程度在详查阶段的缴纳30%；勘查程度在勘探阶段的缴

纳 40%；

（二）采矿权价款缴纳 50%；

（三）矿产资源补偿费缴纳 10%。

第十三条 外商投资参与城市基础设施建设的，免收城市基础设施配套费。

第十四条 外商投资企业的注册资本如期足额到位后，需向银行申请贷款的，银行须在 10 个工作日内予以答复，利率按人民银行有关规定执行。

第十五条 除法律、法规有明确规定的以外，外商投资企业有权决定是否参加社团组织，有权拒绝摊派、集资及其它侵害外商投资企业合法权益的行为。

第十六条 行政机关应公开办事内容、程序和时限，对外商所申报的事项，凡材料齐全、文件齐备的，在 3 个工作日内，重大项目在 5 个工作日内，办完审批手续。

第十七条 本规定的解释权授予青海省对外贸易经济合作厅。

第十八条 本规定自发布之日起施行。原《青海省关于鼓励外商投资的若干规定》同时废止。

宁夏回族自治区鼓励外商投资规定

宁政发[2001]30 号

第一条 为了贯彻实施西部大开发战略，以大开放促大开发，扩大投资引资，推动宁夏经济持续、快速、健康发展，根据《中华人民共和国民族区域自治法》和有关法律、法规的规定，结合本自治区实际，制定本规定。

第二条 本规定适用于外国和台湾、香港、澳门地区的公司、企业、经济组织和个人(以下简称外商)在本自治区境内投资设立的中外合资经营、中外合作经营企业和外资企业以及其他形式的企业。

第三条 本自治区人民政府按照“优势互补、互惠互利、共同发展”的原则，鼓励外商来宁投资发展，注册设立中外合资、中外合作企业和外资企业，或参股、控股、兼并、收购我区企业，以资金、专利、技术、成果等来宁创办、联办高新技术企业，投资兴办教育、卫生等社会公益事业，注册设立中介、信息服务机构。

第四条 凡在本自治区境内投资新办自治区鼓励和允许类工业生产型外商投资企业，经营期在 10 年以上的，可享受以下优惠：

（一）自获利年度起，5 年内免征企业所得税，免税期满后，5 年内减按 10% 的税率征收企业所得税；

（二）在南部山区八县及陶乐县投资新办自治区鼓励和允许类工业生产型企业，自获利年度起，7 年内免征企业所得税，免税期满后，3 年内减按 10% 的税率征收企业所得税；

（三）属产品出口型和先进技术型外商投资企业，自获利年度起，免征企业所得税 7 年，免税期满后，3 年内减按 10% 的税率征收企业所得税。

第五条 投资新办农、林、牧、渔及其加工项目。经营期在 15 年以上的。可享受以下优惠：

（一）自获利年度起，免征企业所得税 7 年，免税期满后，3 年内减按 10% 的税率征收企业所得税；

（二）在南部山区八县及陶乐县进行农、林、牧、渔及其加工项目，自获利年度起，免征企业所得税 8 年，免税期满后，2 年内减按 10% 的税率征收企业所得税；

（三）在南部山区八县及陶乐县进行农业、林业扶贫开发的项目，可免征农业税和农林特产税 10 年。

第六条 投资新办交通、能源、水利、环保、资源开发等基础设施建设项目，可享受以下优惠：

（一）自获利年度起，免征企业所得税 6 年，免税期满后，4 年内减按 10% 的税率征收企业所得税；

（二）投资建设和经营的交通基础设施项目，其沿线的土地使用权可优先取得；

（三）外方投资者可以依法收购己建成的收费交通基础设施及相关项目的土地使用权和经营权或股权；

（四）外商投资勘察自治区紧缺矿产的，可免缴探矿权使用费。勘察非紧缺矿产的，探矿权使用费可减免 50%，并依法享有优先开采权。

第七条 鼓励外商投资高新技术产业：

（一）被认定为高新技术的外商投资企业，经营期在 10 年以上的，在享受本规定第四、五条减免税优惠后，还可增加 2 年免征企业所得税；

（二）对在技术转让过程中发生的与技术转让有关的技术咨询、技术服务、技术培训的收入，免征营业税和企业所得税。

第八条 逐步开放第三产业投资领域：

（一）外商在本自治区可投资电信、保险、旅游业，兴办中外合资会计师事务所、律师事务所、工程设计公司、市政公用企业。可在本自治区首府银川市进行外商投资银行、商业零售业企业、外贸企业的试点；

（二）凡来本自治区投资、合资、合作兴办第三产业，4 年内免征企业所得税，免税期满后，3 年内减按 10% 的征收企业所得税，但房地产开发业、餐饮业、娱乐业除外。

第九条 凡在本自治区举办的外商投资企业一律免征 3% 的地方所得税。

第十条 外商来本自治区投资企业的生产用地可根据

具体情况给予优惠。

（一）对投向我区鼓励发展的重点工业项目，经县级以上地方人民政府批准，对缴纳的土地出让金按50%优惠；经自治区人民政府批准，对新增建设用地有偿使用费也按50%优惠；

（二）对使用国有或农村集体农用地投资新办高效、高产、优质农业项目的，土地承包经营期限可以延长到30年；

（三）开发国有未利用土地从事农、林、牧、渔业生产的，经自治区政府依法批准后，可有偿使用，也可以划拨方式提供，土地使用期限一般为30年，用于植树造林的为50年，利用流动、半流动沙地植树种草的可以延长到70年。

第十一条 来我区投资公路国道、省道和其它公路建设用地；可比照铁路、民航用地免征耕地占用税。

第十二条 外商投资新办企业，其合法提供的国外新产品、新工艺、新技术或科研成果被采纳投产后，由使用单位给予一次性成果转让费，或连续3年按其生产经济效益的税后利润的8%奖励本人；也可将其提供的合法科研成果作价入股，参与企业收益分配。

第十三条 外商投资企业引进的专业技术人员的子女需要在宁入托就学的，可以自主选择学校，由当地教育部门及时办理入学手续；配偶需在本自治区工作的，由当地人事劳动部门协助予以安置；在本自治区落户的，由当地人事、公安部门及时办理调动和入户手续，免收各种费用。

第十四条 对生产型外商投资企业的出口商品，给予内陆运输补贴，每出口收汇1美元，补贴人民币0.05元，补贴资金由同级财政负担。

第十五条 建立自治区招商引资项目发展资金，专项用于自治区招商引资项目的贷款贴息。

第十六条 本规定中涉及的高新技术、新产品、新工艺，由自治区科技厅和经贸委认定。产品出口型和先进技术型外商投资企业，由自治区外经贸厅认定。

第十七条 本规定自发布之日起施行。自治区人民政府宁政发（1990）93文件“关于发布《自治区关于鼓励外商投资的规定》的通知”同时停止执行。

新疆维吾尔自治区鼓励外商投资若干政策规定

新疆维吾尔自治区人民政府　2000年8月30日

第一章　总　　则

第一条 为鼓励外商在新疆维吾尔自治区境内投资，保护投资者合法权益，根据《中华人民共和国民族区域自治法》以及《中华人民共和国中外合资经营企业法》、《中华人民共和国中外合作经营企业法》、《中华人民共和国外资企业法》、《中华人民共和国外商投资企业和外国企业所得税法》等有关利用外资法律、法规和国家向中西部倾斜的有关政策，结合自治区实际，制定本规定。

第二条 本规定适用于外国公司、企业、其他经济组织和个人在自治区行政区域内投资举办的企业及其他项目（以下统称外商投资企业）。

第二章　产业导向

第三条 外商可以举办国家《外商投资产业指导目录》中所允许的所有产业项目。鼓励外商投资以下重点产业：

（一）农林牧业综合开发及其产品深加工；

（二）水利、能源、交通等基础产业和基础设施建设；

（三）生态环境建设、小城镇经济建设；

（四）高技术含量、高附加值的轻工产品、特色食品；棉、毛、丝、麻纺深加工技术与产品开发、高仿真化纤生产、织物印染及后整理加工；

（五）石油化工、精细化工、农用化工；

（六）有色金属、黑色金属和非金属矿产的勘查、开采和加工；

（七）新型建筑材料和节能建筑材料；

（八）新材料、生物工程技术（不包括基因工程技术）、信息、通信系统网络技术、资源再生及综合利用技术、节约能源开发技术、环境污染治理工程及监测和治理技术；

（九）旅游资源的开发及旅游景点建设。

第四条 经国家批准，有条件的城市可开展商业、外贸（一般贸易、地边贸易）、金融等领域及旅行社的开放试点。对设立此类中外合资、合作企业，可放宽中外投资者及合营公司应具备的条件。放宽《外商投资产业指导目录》中限制类和限定外商股权比例项目的设立条件。

第三章　优惠政策

第五条 设立外商投资企业，经营期在10年以上的，免征外商投资企业和外国企业所得税中的地方所得税。

第六条 外商投资举办的先进技术企业，依照税法规定免征、减征所得税期满后仍为先进技术企业的，经税务机关批准，可按照税法规定的税率延长3年减办征收企业所得税。举办产品出口企业，在依照税法规定免征、减征企业所得税期满后，凡当年产品出口产值达到当年产品产值

50%以上的，可以按照税法规定的税率减半征收企业所得税；已经减按15%税率征收企业所得税的产品出口企业，按10%税率征收企业所得税。

第七条 从事农业生产的外商投资企业，免征农业税5年。

第八条 外商投资本规定重点鼓励产业中的项目，其实际出资额在500万美元以上的，从生产经营之日起，5年内可享受不超过该企业上缴增值税10%的财政补贴。

第九条 从事矿产资源开采(属于石油、天然气资源开采项目除外)的外商投资企业，自建成投产之月起，暂缓征收资源税5年；综合开采回收共、伴生矿产的，减半征收矿产资源补偿费；对在依法勘查区域内探明可供开采矿床的地质勘查费用，在该矿床进入商业开采后，可作为递延资产，税前逐年分期摊销。

第十条 外商投资企业自有自用房产，自生产、经营之月起，免征城市房地产税5年，自第6年至第10年减半征收城市房地产税。

从事房地产开发经营的外商投资企业，自建成投产之月起，在开发经营期前5年，暂缓征收土地增值税。

第十一条 外商投资企业自领取工商营业执照之月起。免征车船使用牌照税、屠宰税10年。

第十二条 外商投资企业从事水利、能源、交通、小城镇等基础设施项目的建设用地和公益事业用地，可按行政划拨方式取得国有土地使用权。

第十三条 外商投资企业可以按租赁方式取得国有土地使用权(房地产开发除外)。经营期在20年以上的，自企业取得土地使用权之日起，免缴5年土地租金（土地使用费）。对本规定重点鼓励的产业，第6年至第10年免缴50%的土地租金(土地使用费)。

第十四条 外商投资企业以出让方式取得国有土地使用权，经营或在20年以上的，免缴25%的土地使用权出让金。经营期在30年以上的，免缴30%的土地使用权出让金。其中使用城镇规划区外的非宜农荒地、荒山的，免缴40%的土地使用权出让金。

第十五条 外商投资企业从事本规定重点鼓励的产业，采取出让方式取得国有土地使用权，并且经营期在30年以上的，免缴30%的土地使用权出让金，其余土地使用权出让金可实行挂帐，自生产、经营之月起5年内分期付清。

第十六条 对中外合资、合作经营企业，中方可将土地资产折价作为国家股投入。

第十七条 从事本规定重点鼓励产业的外商投资企业，使用的土地可按当地地价的低限予以出让或收取土地租金(土地使用费)。

第十八条 外商投资企业以比让方式取得国有土地使用权的，在缴纳全部土地使用权出让金后，可以依法转让、出租或抵押；以行政划拨方式取得国有土地使用权的，在补办出让手续、补交出让金后，也可依法转让、出租或抵押。

外商投资企业以出让或租赁方式取得国有土地使用权的，出让或者租赁期限届满后需继续使用土地的，经依法批准后可以续期使用土地。

以出让方式取得土地使用权的外商投资企业，不再缴纳场地使用费。

第十九条 外商投资企业应当享受的其他优惠政策。

(一)外商投资企业在新疆境内举办企业，外商投资比例超过25%的项目，视同外商投资企业，享受相应政策。

(二)对外商投资企业减半征收城市基础设施配套费。

(三)除工本费外，其它行政事业性收费规定标准有幅度的，以低限为基准减半收费，无幅度的一律减半收费。

(四)外商投资企业在生产经营中所交纳的各项费用与国有企业同等对待。

(五)对引进外商投资的中介机构和个人，可按实际到位资金由受益中方支付适当佣金或奖金。

(六)举办生产性外商投资企业，开业满1年后，按实际进资额计算，每10万元可在投资所在地、州、市为本企业职工或投资者的亲属安排一个城镇户口指标。

第四章 投资保障

第二十条 有关主管部门审批外商投资企业项目及办理相关证照，须在收到申请之日起5个工作日内作出答复，对资料齐全的，应在10个工作日内办理完毕本部门的审批及登记手续。如无特殊原因在规定期限内未予答复的，视为许可；限额以上项目和国家《外商投资产业指导目录》中列为限制乙类的项目，各部门必须在15个工作日内报送国家有关部门。

第二十一条 按照同等优先的原则办理外商投资企业人员的出入境手续。

第二十二条 优先保证外商投资企业生产经营所需水、电、暖、汽的供应，优先安排土地使用、运输计划和进出口配额。

第二十三条 禁止向外商投资企业乱摊派、乱收费、乱罚款、乱检查。

为减轻外商投资企业的负担，除法律、法规、规章及自治区人民政府出台的收费项目外，各地不得出台收费项目，已经出台的一律取消。

涉及外商投资企业的各类收费，按照《中华人民共和国价格法》、《新疆维吾尔自治区行政事业性收费管理条例》和国家有关规定执行。收费单位执行公务时，必须出示国家发展计划委员会监制、自治区物价局统一制发的《收费许可证》，并开具规定的合法票据。对违反前款规定的收费，外商投资企业有权拒付。

第二十四条 外商投资企业的合法权益受法律保护。任何部门或个人不得干涉企业的合法经营。其合法权益受到侵害时，外商投资企业可以依法申请复议或者提起诉讼。

第五章　附　　则

第二十五条　台湾、香港、澳门同胞及华侨在新疆境内投资的，除法律、法规另有规定外，参照本规定执行。

第二十六条　本规定由新疆维吾尔自治区人民政府解释。

第二十七条　本规定自发布之日起施行。过去发布的鼓励外商投资政策与本规定不符的，以本规定为准。

附：　西部开发背景解读

为何实施西部大开发战略

今后5到10年，是中国经济社会发展和进行经济结构战略性调整的重要时期，也是完善社会主义市场经济体系和扩大对外开放的重要时期。此时实施西部大开发时机已成熟、条件已具备，有重大的现实意义和深远的历史意义。

近年来，内需不足成为制约中国经济发展的重要因素，相当一部分资金、技术和劳动力需要寻求新的生产领域、新的市场和新的发展空间。西部地区幅员辽阔、自然资源丰富，但发展水平较低，蕴藏着巨大的商机和市场潜力。加快西部地区开发，把资源优势变为经济优势，不仅可以在西部地区培育出新的经济增长点，而且能够为中部、东部地区发展提供新的市场空间和资源接续，也有利于进一步扩大对外开放，用好两个市场、两种资源。

西部地区产业层次总体水平不高，非国有经济发展滞后，国有企业困难较大，与中部和东部地区间的专业化分工协作程度较低，结构不合理的矛盾比较突出。加快西部地区开发，不仅有利于解决西部地区的结构性问题，为西部地区经济发展提供好的产业基础，也有利于促进全国生产力的合理布局和经济资源的优化配置，推进经济结构的战略性调整。

在改革开放和科技进步的推动下，中国现代化建设的第一步战略目标已于上世纪80年代实现，第二步战略目标也随着“九五”计划的完成而实现。要实现第三步战略目标，到本世纪中叶使全国人均收入达到中等发达国家水平，必须依靠体制创新和科技创新，加快西部地区的发展，从而促进全国基本实现现代化。

改革开放以来，全国各地区经济都取得长足发展，但西部地区与东部沿海地区在经济发展速度和经济质量上的差距呈拉大趋势，尚未脱贫的人口多数分布于西部，西部经济建设和人民生活指标明显落后于东部。因此有必要通过加快开发，使西部地区经济快速发展，人民群众不断得到实惠，促进全国人民生活水平继续提高，实现共同富裕。

中国少数民族人口80%左右在西部，陆地边境线80%以上也在西部。西部地区经济发展相对落后，教育、文化、卫生等各项社会事业也明显滞后，不利于巩固安定团结的大好局面。只有加快开发，促进西部地区经济发展和社会进步，才能切实维护民族地区、边疆地区的稳定，保障社会长治久安，增强整个中华民族的凝聚力和向心力。

西部开发的领导机构

为落实以江泽民同志为核心的党中央作出的实施西部大开发、加快中西部地区发展的重大战略决策，加强西部开发的组织领导，国务院于2000年1月成立了西部地区开发领导小组。国务院总理朱镕基担任组长，副总理温家宝担任副组长。领导小组成员包括国务院有关部门的主要负责人。

国务院西部地区开发领导小组下设办公室，在国家发展计划委员会单设机构，具体承担领导小组的日常工作。西部开发办已于2001年3月正式成立并开始工作。中西部特别是西部地区的一些省、自治区、直辖市，相应成立了西部开发的领导小组及其办公室。东部沿海地区的一些省市，也加强了对东西合作和地区开发的组织领导。

西部开发办主要职责有三项：一是研究提出西部地区开发战略、发展规划、重大问题和有关政策、法规的建议，推进西部地区经济持续快速健康发展。二是研究提出西部地区农村经济发展、重点基础设施建设、生态环境保护和建设、结构调整、资源开发以及重大项目布局的建议，组织和协调退耕还林（草）规划的实施落实。三是研究提出西部地区深化改革、扩大开放和引进国内外资金、技术、人才的政策建议，协调经济开发和科教文化事业的全面发展。

西部开发重心何在

当前和今后一段时期，西部开发的重点任务是加快基础设施建设，加强生态环境保护和建设，加强农业和调整产业结构，发展科技教育和文化卫生事业。力争5到10年内使西部基础设施和生态环境取得突破性进展，科技教育、特色农业、优势产业有较大发展，人民生活进一步改善。

西部基础设施建设将加强节水工程建设和管理，搞好流域水资源保护开发与统一管理，加强水资源综合开发利用，加快在建大中型水利工程；以公路建设为重点，加快公路国道主干线和省区干线建设，实施乡村公路通达工程。建设铁路内外大通道，改造现有线路。完善枢纽机场，发展支线航空；重点推进西气东输和西电东送工程，逐步建设陕甘宁、塔里木、柴达木、川渝地区石油、天然气开发、综合利用和外输基地，加快发展西部地区特别是西南地区的水电建设；加强通信和广播电视等基础设施建设，以及道路、供水、排水、污水和垃圾处理等城市基础设施建设。

大力治理生态环境，建设绿色屏障工程，稳步推进天然林保护、退耕还林还草、防沙治沙、天然草原保护与建设、水土流失治理等各项生态工程建设，把生态环境建设与调整农村经济结构、改善广大农牧民生活紧密结合起来。此外，长江上中游、黄河上中游水污染治理和西部重点城市大气污染治理工作也将进一步加强。

继续巩固和加强农业基础地位，发展节水农业、生态农业、高产优质高效农业、畜牧业、推进农业产业化经营，千方百计促进农民增收。大力开发比较优势明显、市场前景好的矿产资源和农牧业资源，逐步提高产品加工深度，建设优势资源产业基地。利用高技术产业改造传统产业，在有条件的地区发展高新技术产业。加强旅游基础设施建设，合理开发旅游资源，把旅游业及其相关服务业培育成为支柱产业之一。

西部地区将加快推广一批先进适用技术，着力开发一批共性关键技术，重点发展一批特色高新技术，加强应用和基础科技能力建设。全面提高人才素质，加强人才的引进、使用和培养，推进东西部地区和中央与地方之间的干部交流。重点加强基础教育，加快在西部地区普及九年义务教育，大力发展职业教育，积极发展高等教育。

西部的优势在哪里

占全国面积71.4%的西部地区有着其他地区所无法比拟的优势，这是西部地区发展的基础。西部的优势在哪里？总体来讲，主要是国土辽阔，历史悠久，资源丰富，市场宽广。

西部地区水能资源占全国的80%以上，天然气储量占70%以上，煤炭储量占60%左右。中国已发现的170种主要矿产中，西部地区均有相当储量。长江、黄河、珠江、澜沧江等江河上游蕴藏着丰富的水能资源。塔里木、柴达木、鄂尔多斯盆地发现了大量天然气和石油资源，川渝盆地的天然气也很多。陕西、内蒙古、宁夏、贵州等地的煤炭资源储量丰富，品质优良。

西部地区幅员辽阔，未利用土地较多，其中牧草地面积占全国的90%以上，耕地面积占全国的40%以上。西部水资源年均总量占全国的50%左右，光热资源丰富，气候类型多样，生物物种独特，农产品生产历史悠久，农业和农村经济发展的条件很有特色。

西部地理风貌独特，民族风情多样，人文遗迹丰富。历史上，西部曾经是中国最繁荣的地区之一，著名的“丝绸之路”、“开元盛世”、“西夏王朝”等都发生在这里。自然、社会、文化因素相结合，使西部旅游资源独具魅力。

西部地区劳动力资源总数达到2.28亿人，从业人员有1.83亿人，劳动力的平均成本只有沿海地区的40%左右，发展资源加工和面向附近市场的劳动密集型产业条件较好。西部地区3.55亿人口中，90%居住在接近中部和东部的地区，仅四川、广西、陕西、重庆4省区市就有2亿人口，发展经济和提高收入的空间十分广阔，潜在市场很大。

西部地区产业发展也有一定的基础。新中国成立后，“一五”、“二五”和“三线”建设时期，在西部地区开发了一批项目，建成了一些工业基地、国防工业企业、科研院所和高等学校，集中了一批人才和技术，初步具备了生产协作配套的基本条件。

西部地区与周边十几个国家和地区接壤，是东亚地区通往中亚、西亚、南亚和东南亚以及蒙古、俄罗斯的陆上必经之地，已经形成了“亚欧大陆桥”的铁路通道，发展同这些地区之间的经济技术交流与合作具有一定区位优势。

西部开发规划遵循六大原则

西部大开发是一项规模宏大的系统工程。目前正在制定的西部开发规划，主要遵循六大原则。

这六大原则，一是坚持从实际出发，按客观规律办事，量力而行，注重实效，有计划有步骤地推进西部大开发；二是坚持突出重点，有所为、有所不为，因地制宜，发挥优势，把加快西部发展同地区经济结构调整结合起来；三是坚持立足当前，着眼未来，把解决西部地区眼前的突出问题同实现长远的开发目标结合起来；四是坚持统筹兼顾，相互促进，把加快中西部地区发展同东部沿海地区进一步发展协调起来；五是坚持通盘考虑，科学规划，把实施西部大开发的目标、步骤和政策措施，纳入国民经济和社会发展“十五”计划；六是坚持调动社会各方面的积极性，西部大开发既要有国家和各方面的支持，更要依靠中西部广大干部群众自力更生、艰苦奋斗。

西部地区基础设施建设重点

今后5到10年，西部地区基础设施建设的重点是：

水利方面：宁蒙河套灌区、关中灌区、黑河流域灌区等重点灌区将实施节水工程；建设田间蓄水工程、抗旱保水工程、节灌补水工程、耕地培肥与监测工程等旱作节水农业示范基地；因地制宜推广渠道防渗、管道输水、喷灌、滴灌等实用节水技术；推行工业循环用水和居民生活节水，促进污水处理和中水回用；重点实施塔里木河、黑河整治工程，加强长江上游、黄河中上游水土流失综合治理；兴建岷江紫坪铺、黄河沙坡头、嫩江尼尔基、右江百色等水利工程；增加农业灌溉用水，解决农村人畜饮水困难问题。

交通方面：加快建设“五纵七横”国道主干线的西部路段，到2010年前，西部地区9条国道主干线全部建成，大中型城市将基本通达高等级公路；重点改造和建设兰州至云南磨憨口岸、阿荣旗至北海、阿勒泰至红其拉甫口岸、银川至武汉、西安至合肥、长沙至重庆、西宁至库尔勒、成都至西藏樟木口岸等8条公路通道。重点加快建设渝怀铁路、青藏铁路等重点工程，建设西北和西南出境铁路。完善成都、西安、昆明、兰州、乌鲁木齐、重庆等区域性枢纽机场，并加快旅游区机场的建设，规划建设一批支线机场。重点建设长江、珠江干线上游航道，打通西部地区沟通东部地区的水运通道。

能源方面：“十五”期间将重点加快增加向广东送电1000万千瓦的南部通道电源、电网建设，同时做好中部、北部通道“西电东送”工作。建设“西气东输”的骨干工程塔里木至长江三角洲输气管道，逐步建设柴达木、陕甘宁、川渝地区天然气生产和外输基地。

通信方面：重点加快沿亚欧大陆桥、长江水道、贵阳至昆明、呼和浩特至南宁“三横一纵”宽带传输网的建设，继续完善和建设省区内光缆、微波和卫星通信等干线传输网，以及加快建设用户接入网；继续发展固定电话网特别是农村固定电话网，加快发展移动电话。完善计算机信息网络，发展公共信息服务平台及电子商务、远程教育、远程医疗等信息应用。重点建设省会和自治区首府城市邮区中心局，改造城镇邮运网设施，提高城乡邮件传递速度和服务水平。

西部扶贫开发重点地区

西部12个省区市目前仍属欠发达地区，生态环境脆弱，基础设施落后，产业结构单一，经济和社会发展水平滞后。相当长的一段时间内，西部地区仍将是全国扶贫开发的重点地区。

在过去确定的西部366个国家重点扶持的贫困县中，258个是边远山区县，占西部山区县总数一半以上。这些县绝大多数分布在内蒙古高原东南边缘风沙化贫困区、黄土高原沟壑水土严重流失贫困区、秦巴山地生态恶化贫困区、喀斯特高原丘陵环境危急贫困区、横断山脉高山峡谷封闭型贫困区以及西部沙漠高寒山区环境恶劣贫困区。

西部贫困县经济主要依赖农业生产，农业的生产力水平较低。另外，西部贫困县贫困农户劳动力文盲、半文盲率高达29.5%，是全国非贫困地区人口文盲率的3倍，初中以上文化程度劳动力所占比重不仅大大低于全国水平，也低于西部农村和国家重点扶持贫困县的平均水平。

生态建设——西部大开发的根本

近年来，西部生态建设虽然取得了令人瞩目的成绩，但与西部地区经济社会发展的要求还不相适应。保护和建设西部生态环境已经成为西部大开发的根本点和切入点。

长期以来，由于自然条件和经济、社会、历史等方面的原因，西部地区森林植被遭到严重破坏，许多地方已经成为不毛之地，不少地方失去生产、生存的基本条件。由于长期的毁林毁草开垦，使西部地区成为中国水土流失和风沙危害最严重的地区。目前，西部地区约占全国水土流失面积的80%，荒漠化土地面积的95%，还分别以每年1万平方公里和2460平方公里的速度在继续扩展。每年流入长江、黄河的泥沙量高达20多亿吨，导致中下游江河湖库严重淤积，长江、黄河水患频繁发生，给国民经济和人民生产生活带来严重影响。

林业生态建设是西部生态建设的重要内容。今后10年，西部林业生态建设的主要目标和任务是，到2010年，西部地区的天然林资源得到全面有效保护，水土流失严重的陡坡耕地和风沙危害严重的沙化耕地退耕还林还草有计划、分步骤地稳步推进，长江、黄河等大江大河流域和风沙区生态环境恶化的趋势得到初步遏制。

“西气东输”概况

举世瞩目的“西气东输”工程，输气管线全长4000公里，工程总投资预计1500亿元，是西部大开发的重要标志性工程。“西气东输”管线建设计划2001年9月底前在新疆和上海东西两端同时正式开工，预计2003年底实现向上海供气。

西气东输管道工程可行性研究报告已通过国家组织的专家评审。中油股份公司专门成立了“西气东输”管道分公司，具体负责管道工程的组织实施。宝钢等企业成功试产了国内领先的大口径管线专用卷板钢材，宝鸡石油钢管厂等建成了目前国内直径最大的钢管生产线。

“西气东输”工程在招商引资、技术合作等方面，实行了全线对外开放。美国埃克森、英·荷壳牌、英国BP、俄罗斯天然气股份公司等国际石油大公司已积极参与投标，招商谈判正在有序进行。

作为“西气东输”重要组成部分的涩(北)—(西)宁—兰(州)输气管道目前已通至西宁，西宁市民从2001年6月1日起用上柴达木天然气，兰州市最迟于10月1日通达天然气。根据西宁和兰州两大城市的工业和民用天然气需求，目前柴达木的涩北气田将每日向两城市供气1000万立方米，并将平稳供气40年以上。

“西电东送”工程概况

“十五”期间，“西电东送”工程将重点建设云贵及广西向广东送电700万千瓦的输电通道，三峡至华东第二条直流以及三峡至重庆的交流输电通道，以及蒙西电源基地向京津唐送电通道，同时规划建设西北电网向华北送电的输电通道。

广西龙滩水电工程已于2001年7月1日开工，这是目前仅次于三峡工程的我国第二大水电工程。龙滩水电工程预计2003年11月截流，2006年11月下闸蓄水，2007年7月1日第一台机组发电，2009年12月工程全部完工。建成后，五成以上的电力将送往广东省。

黄河上游青海省境内又一座大型水电站公伯峡水电站已正式开工建设。公伯峡水电站是黄河上游龙羊峡至青铜峡段规划的第四个大型梯级电站，总装机容量为150万千瓦，水库总库容6.2亿立方米。工程总工期6年半，第一台机组将于2004年发电。在公伯峡水电站第一台机组投产发电后，还将尽早开工建设拉西瓦、积石峡、黑石峡等水电站，将黄河上游建成名副其实的“水电走廊”和西电东送的重要基地。

云南大朝山电站位于澜沧江中下游的云南省云县和景东彝族自治县交界处，是澜沧江上第二座百万千瓦级电站。电站主体工程于1997年8月动工，同年底实现大江截流，总投资88.7亿元，计划安装6台22.5万千瓦的发电机组。预计2003年6台机组全部投入商业运行。

四川金沙江溪洛渡、向家坝、大渡河瀑布沟等一大批大型、特大型水电站的前期勘测设计及科研工作正大规模展开。据统计，四川正在规划设计的大型水电站装机容量达7600万千瓦，总投资预计达4100多亿元，装机50万千瓦以上的大型水电站有41座，共6800万千瓦。

内蒙古蒙西电网第二条西电东送通道日前开通，每年可向北京增加输送电力16万千瓦。

国家投资知多少

国家在实施西部大开发战略中，逐步加大了对西部地区的投资力度。

2000年，在积极财政政策的支持下，国家增加了对西部地区的资金投入，国家用于支持西部地区基础设施等方面建设的国债投资达430亿元，加上中央财政预算内的基本建设资金，共计700多亿元；一批在建的大中型基建项目加快建设进度，当年完成投资762亿元，40%的项目全部或部分建成投产；新开工10个重大项目，工程总投资1000多亿元，当年完成投资200多亿元。

2001年国家支持西部开发的国债资金和预算内资金将超过上年；新开工12个重点工程，总投资约3000亿元。青藏铁路、西电东送、西气东输、公路国道主干线、江河上游水利枢纽、特色农业、科技教育、中心城市基础设施建设等一批事关西部开发全局的重点工程已经开工或将要开工。

外商在西部可以投资哪些领域

根据国家有关政策，外商在西部地区投资的领域将进一步扩大。这将有利于西部地区吸引外资，有利于外商获得更多的商机。

在西部地区，国家鼓励外商投资于农业、水利、生态、交通、能源、市政、环保、矿产、旅游等基础设施建设和资源开发，以及建立技术研究开发中心。扩大西部地区服务贸易领域对外开放，将外商对银行、商业零售企业、外贸企业投资的试点扩大到直辖市、省会和自治区首府城市，允许西部地区外资银行逐步经营人民币业务，允许外商在西部地区依照有关规定投资电信、保险、旅游业，兴办中外合资会计师事务所、律师事务所、工程设计公司、铁路和公路货运企业、市政公用企业和其他已承诺开放领域的企业。一些领域的对外开放，允许在西部地区先行试点。

西部利用外资有哪些渠道

外商投资是西部投资的一个重要方面。西部大开发中利用外资渠道将进一步拓宽。

根据国家政策，在西部地区可以进行以BOT方式利用外资的试点，开展以TOT方式利用外资的试点。允许外商投资项目开展包括人民币在内的项目融资。支持符合条件的西部地区外商投资企业在境内外股票市场上市。支持西部地区属于国家鼓励和允许类产业的企业通过转让经营权、出让股权、兼并重组等方式吸引外商投资。积极探索以中外合资产业基金、风险投资基金方式引入外资。鼓励在华外商合资企业到西部地区再投资，其再投资项目外资比例超过25%的，享受外商投资企业待遇。对外商投资西部地区基础设施和优势产业项目，适当放宽外商投资的股比限制，适当放宽国内银行提供固定资产投资人民币贷款的比例。允许西部地区的某些项目适当提高总投资中国外优惠贷款的比例。对西部地区优势产业及出口创汇项目引进国外先进技术和设备，国家在国外商业贷款指标安排上给予支持。积极争取多边、双边赠款，优先安排西部地区项目。

西部如何利用国外优惠贷款

利用国外优惠贷款，包括国际金融组织贷款和外国政府贷款，是中国利用外资的一个重要方面，也是西部开发对外融资的一条重要渠道。

“十五”时期，国家将对产业结构、地区经济结构和城乡经济结构进行战略性调整，实施西部大开发战略，建设一批对结构调整和西部开发具有战略意义的重点工程，这需要更加积极合理有效地利用国外优惠贷款。

西部地区人均GDP只有560美元，大致相当于世界低收入国家平均500多美元的水平，进一步发展还需要大量资金支持。国际金融组织和外国政府贷款期限较长，来源稳定，资金的综合条件相对优惠。国家将发挥国外优惠贷款帮助西部落后地区特别是贫困地区、边远地区、少数民族地区和老工业基地发展的积极作用，在引进资金的同时，引进先进的技术设备、管理方法、信息知识和相关人才，提高利用外资的质量和水平，有效地推进西部大开发。

西部投资软环境如何改善

西部要想吸引更多的投资，除了改变落后基础设施等硬环境外，投资软环境的改善更为紧迫。

为了改善西部的投资软环境，国家制定了一些措施，对有关部门和西部地区提出不少要求。主要有深化西部地区国有企业改革，加快建立现代企业制度，搞好国有经济的战略性调整和国有企业的资产重组。加大对西部地区国有企业减负脱困、改组改造的支持力度。加强西部地区商品和要素市场的培育和建设。积极引导西部地区个体、私营等非公有制经济加快发展，依照有关法律法规，凡对外商开放的投资领域，原则上允许国内各种所有制企业进入。加快建立中小企业信用担保体系和中小企业服务机构。除国家重大项目和有特殊规定的项目以外，凡是企业用自有资金或利用银行贷款投资于国家鼓励和允许类产业的项目，项目建议书和可行性研究报告合并一道按规定程序报批，初步设计、开工报告不再报政府审批，相应简化外商投资项目审批程序。

同时，要进一步转变政府职能，实行政企分开，减少审批事项，简化办事程序、强化服务意识，消除行政垄断、地区封锁和保护，加强依法行政，保护投资者合法权益。加强环境保护，防止盲目重复建设，依法关闭产品质量低劣、浪费资源、污染严重、不具备安全生产条件的厂矿企业。

西部投资税减几何

国家为了鼓励各类经济实体投身西部大开发，出台了一系列鼓励政策。其中投资税收优惠政策，最为投资者所关心。那么，西部投资税减几何?

根据《国务院关于实施西部大开发若干政策措施的通知》精神，设在西部地区国家鼓励类的外商投资企业和内资企业，在一定期限内，将按15%的税率征收企业所得税。民族自治地方的企业经省级人民政府批准，可以定期减征或免征企业所得税。对在西部地区新办交通、电力、水利、邮政、广播电视等企业，企业所得税实行两年免征，3年减半征收。对为保护生态环境，退耕还生态林、草产出的农业特产品收入，在10年内免征农业特产税。

对西部地区公路国道、省道建设用地比照铁路、民航用地免征耕地占用税，其他公路建设用地是否免征耕地占用税，由省、自治区和直辖市人民政府决定。对西部地区内资鼓励类产业、外商投资鼓励类产业及优势产业的项目在投资总额内进口自用先进技术设备，除国家规定不予免税的商品外，免征关税和进口环节增值税。

金融如何支持西部

在实施西部大开发战略中，国家除了逐步增加对西部的直接投资外，金融信贷也将加大支持力度。

据介绍，银行根据商业信贷的自主原则，加大对西部地区基础产业建设的信贷投入，重点支持铁路、主干线公路、电力、石油、天然气等大中型能源项目建设。加快国债配套贷款项目的评估审贷，根据建设进度保证贷款及早到位。对投资大、建设期长的基础设施项目，根据项目建设周期和还贷能力，适当延长贷款期限。国家开发银行新增贷款逐年提高用于西部地区的比重。扩大以基础设施项目收费权或收益权为质押发放贷款的范围。

西部地区农业、生态环境保护建设、优势产业、小城镇建设、企业技术改造、高新技术企业和中小企业发展的信贷支持将逐步增加。在西部地区积极发放助学贷款及学生公寓贷款。农村电网改造贷款和优势产业贷款中金额较大的重点项目，由农业银行总行专项安排和各商业银行总行直贷解决。有步骤地引入股份制银行到西部设立分支机构。

西部如何鼓励人才创业

西部地区今后将努力营造稳住人才和充分发挥人才作用的政策环境和社会环境，吸引东中部和海外人才参与西部大开发，不断提高西部地区的人才素质，通过建立激励机制，鼓励人才在西部地区建功立业。

根据有关部门的设想，西部地区将开放民用科技计划，实行向个人倾斜的知识产权政策。科技人员可以与所在单位、应聘单位或兼职单位就利用单位的物质技术条件产生的科技成果订立知识产权分享合同。

在人才激励机制方面，西部地区计划将专业技术人员、经营管理者收入水平与企事业单位经营业绩挂钩，积极探索年薪制、股票期权、技术与管理要素入股等多种激励机制。

另外，西部地区还将鼓励领办、创办科技型企业和社会中介机构，对专业技术人员和科研机构在西部地区领办、创办科技型企业和社会中介机构，可提高知识产权入股、股权、股票期权的比例，简化工商登记手续。鼓励农业科技人员对种植业、养殖业进行技术承包，保证承包合同的兑现。加快建立中小企业信用担保体系和中小企业服务机构。

西部人才的引进与培养

西部人才建设是西部大开发的重要任务。国家将从营造政策环境、吸引外部人才、提高人才素质、建立良好机制等方面加快西部人才的开发。

为了加快西部人才资源开发的进程，国家将全面推进西部地区人才培训。主要是充分利用各种教育培训资源，多渠道、多形式地开展各种适应性短期培训和自主培训；在安排国际交流、培训和技术合作等方面，重点向西部地区倾斜。

吸引外部人才参与西部大开发，注意依托西部大中城市、优势产业和重大建设项目，鼓励大中专毕业生到西部地区工作；加快建立东部、中部、西部专门人才在国家重大项目实施、重点工程建设和支柱产业发展中的“双向参与”机制；鼓励海外高层次人才通过兼职、短期服务、承担委托项目及重要研究课题等方式参与西部大开发；鼓励西部地区企事业单位以能够创造经济效益和单位有承受能力为原则，自主引进高层次留学人才；欢迎海外志愿者对西部大开发提供智力支援。

在西部地区教育方面，要加大投入。不仅中央财政对西部地区教育经费的支持力度要加大，西部地区省级财政教育支出也应有较大幅度的增加。要大力发展职业技术教育、积极发展高等教育。

第五部分

投资项目与开发区建设

国家重点投资项目

2001年国家重点投资项目建设情况

一、国家重点建设项目进展顺利，一批大中型项目建成投产

2001年，国家共确定重点建设项目64个，全年共完成投资1201亿元，为年度投资计划的96.13%，比上年高出2.38个百分点。铁路行业的国家重点建设项目超额完成年度投资计划。从资金到位情况看，到2001年底，64个国家重点建设项目实际到位资金1196亿元，占年度投资计划的95.7%，比上年高出2.17个百分点。其中中央资金到位266亿元，到位率为109.9%；地方资金到位291亿元，到位率为96.1%；银行资金到位342亿元，到位率为88.48%；外资资金到位183亿元，到位率为82.93%；企业债券资金到位114亿元，到位率为116.4%。

哈大线电化工程、水株复线、内昆线新线、烟台港西港池三期、涩－宁－兰输气管道工程、湖南江垭水利枢纽、河北邯峰电厂以及长春轨道环线一期工程等一大批国家重点建设项目已建成投产。

2001年，全国基本建设新增主要生产能力有：原煤开采1000万吨，原油开采1898万吨，天然气开采21亿立方米；大中型发电机组容量1498万千瓦，11万伏及以上变电设备5347万千伏安；新增铁路主线正线交付运营里程1210公里，增建铁路复线交付运营里程1443公里；新建公路29278公里，其中高速公路3017公里；新扩建万吨级港口码头年吞吐能力5790万吨；新增局用交换机容量3100万门，新增光缆线路长度30万公里，新增数字蜂窝移动电话交换机容量8000万户。

二、国债投资项目一年好于一年

国债项目建设总体进展顺利。2001年国债项目专项稽察的32个项目，总投资311.5亿元。截至当年8月底，已累计下达投资计划263.9亿元，其中国债资金计划48.7亿元；累计到位资金191.2亿元，到位率72%；其中国债资金到位43.9亿元，到位率90%。均好于往年。

项目建设管理逐步规范。在2001年招标投标执法大检查的89个项目中，施工招标合同占应招标合同总数的86%，与1998年国债项目专项稽察的78个项目相比，施工公开招标合同比例提高了32个百分点。工程招投标大大节省了建设投资，参建队伍资质也普遍提高。工程监理制的执行情况逐步好转，特别是造林等项目，大大促进了工程质量的提高。合同管理制的执行情况也有了明显改善，1999年水利项目专项稽察中发现部分项目事后才签合同、合同条款不全、订立“开口”合同等问题，在近两年稽察的项目中已大为减少，合同条款、签订程序以及合同执行均得到了进一步规范。

工程质量有较大改善。以造林项目为例，2001年国债项目专项稽察中检查的5个造林项目，面积核实率为84%－100%，成活率达85%－90%，与2000年重点地区生态环境建设综合治理工程专项稽察情况相比，核实率和成活率分别提高11和24个百分点。与此同时，存在质量隐患和发生质量事故的项目明显减少。国债项目专项稽察的32个项目中发现存在质量问题的项目5个，占16%，与1999年公路和水利项目专项稽察(同为32个项目)情况相比，减少了8个，所占比例下降了25个百分点。

资金违规使用问题明显减少。2001年国债项目专项稽察的32个公路和水利项目中有6个存在挪用、挤占建设资金问题，占项目总数的19%；违规金额3.5亿元，占项目总投资的1%；与1999年公路和水利项目专项稽察的32个项目情况相比，挪用、挤占建设资金的项目比例下降了28个百分点，违规金额减少了4.7亿元。

三、2001年技改投资情况

(1)用高新技术和先进适用技术改造提升传统产业。一是支持重点行业，特别是能源、冶金、化工、轻纺、机械、汽车，建材等行业的重点企业技术改造，切实提高其工艺和装备水平，并促进国债支持的重点行业达到标志性目标；二是通过自主创新和引进技术，加快对推动结构升级的共性技术、关键技术和配套技术的开发和应用，振兴装备制造业，开发制造“西电东送”、“西气东输”以及当前急需的大型先进成套技术装备；三是技术改造与企业改革、改组紧密结合，在主要行业形成若干拥有自主知识产权、主业突出、核心能力强的大公司和企业集团，使之成为调整结构、促进升级的骨干和依托；四是积极支持和促进老工业基地改造，充分发挥其基础雄厚、人才聚集的优势，努力提高产业水平。同时，支持西部地区具有比较优势、对区域结构优化和产业

升级具有带动作用的改造项目。

(2)发展高新技术产业,以信息化带动工业化。加快信息技术、生物工程和新材料等高新技术产业发展。重点支持新型元器件、关键集成电路、数字技术及产品等高技术产品,促进形成我国高新技术产业的群体优势和局部强势,提高自主开发能力和系统集成能力。积极发展软件产业,促进企业信息化,把工业化和信息化更好地结合起来。

(3)把可持续发展战略放在更突出的位置。重点抓耗能大户的节约和替代石油、节水、工业污染治理以及开发可再生能源、推行清洁生产和环境保护工作,并加大煤矿安全设备的改造力度。

(4)淘汰落后生产能力,防止重复建设。在促进产业结构调整、技术升级和产品更新换代的同时,淘汰落后的设备、技术和工艺,压缩过剩的生产能力,坚决防止重复建设。

2001年国家批准的新开工重点项目

一、国家计委2001年第三批基本建设新开工大中型项目

湖北省洪湖、监利长江干堤整治加固工程

建设性质:改建

建设规模:加高培厚堤防、堤身堤基处理、护坡等共计225.89公里,整治重点险工险段22处44.37公里,设置堤防内、外平台,护岸11处36公里,加固与改建涵闸、泵站共23座

起止年限:1998-2002

总投资:中央预算内投资:252200万元;地方专项基金:11800万元;地方机动财力:30000万元;其它投资:21200万元;共计:315200万元

2001年计划投资:中央预算内专项资金35000万元;地方专项基金2000万元;地方机动财力5000万元;其它投资3000万元;共计:45000万元

2001年建设内容:堤身堤基加固、填塘固基、修建穿堤建筑物

北京至福州国道主干线安徽朱围子至西泉街公路

建设性质:新建

建设规模:高速公路165.22公里,双向四车道,路基宽28米。另按一级公路标准建设淮北连接线9.85公里,路基宽25.5米

起止年限:2001-2005

总投资:中央专项基金85200万元;地方专项基金48200万元;企业自有6100万元;开行贷款254000万元;共计:393500万元

2001年计划投资:中央专项基金17000万元;地方专项基金19000万元;开行贷款64000万元;共计:100000万元

2001年建设内容:路基工程

湖北省襄樊至荆州高速公路

建设性质:新建

建设规模:高速公路185公里,双向四车道,路基宽26米。连接线4.9公里

起止年限:2001-2004

总投资:企业自有187900万元;开行贷款230000万元;共计417900万元

2001年计划投资:企业自有24500万元;开行贷款45500万元;共计70000万元

2001年建设内容:路基、桥涵工程

国道317线四川鹧鸪山隧道工程

建设性质:新建

建设规模:隧道长4399米;东引道长176米,西北引道长4442米

起止年限:2001-2004

总投资:中央专项基金21800万元;地方专项基金33200万元;共计55000万元

2001年计划投资:中央专项基金5000万元;地方专项基金10000万元;共计15000万元

长江航道清淤应急工程

建设性质:扩建

建设规模:工程疏浚量964万立方米,筑坝3188米,护滩39万平方米,炸礁2.1万立方米,护岸400米

起止年限:2001

总投资:中央预算内投资9996万元;中央专项基金10000万元;共计19996万元

2001年计划投资:中央预算内投资9996万元;共计9996万元

2001年建设内容:航道清淤

广西北海机场航站区工程

建设性质:扩建

建设规模:航站楼建筑面积2.78万平方米

起止年限:2001-2003

总投资:地方机动财力6681万元;企业自有15000万元;利用外资9130万元;共计30811万元

2001年计划投资:中央预算内专项资金3000万元;地

方机动财力 3000 万元;利用外资 2000 万元;共计 8000 万元

2001 年建设内容:航站楼土建施工

四川福堂水电站

建设性质:新建

建设规模:装机 4×9 万千瓦

起止年限:2001－2005

总投资:企业自有 40000 万元;开行贷款 77000 万元;建行贷款 77514 万元;共计 194514 万元

2001 年计划投资:企业自有 11200 万元;开行贷款 11800 万元;建行贷款 22000 万元;共计 45000 万元

2001 年建设内容:土建施工

广西平果铝业公司氧化铝二期工程

建设性质:扩建

建设规模:年产氧化铝 40 万吨

起止年限:2001－2003

总投资:企业自有 57096 万元;开行贷款 40000 万元;建行贷款 40000 万元;工行贷款 40000 万元;共计 177096 万元

2001 年计划投资:企业自有 5000 万元;建行贷款 15000 万元;工行贷款 20000 万元;共计 40000 万元

2001 年建设内容:土建施工

河北省石家庄市污水治理工程

建设性质:新建

建设规模:日处理污水 50 万吨,新建污水处理厂及污水管道 34.9 公里

起止年限:2001－2005

总投资:地方专项基金 41666 万元;利用外资 52215 万元;共计 93881 万元

2001 年计划投资:地方专项基金 6250 万元;利用外资 7832 万元;共计 14082 万元

2001 年建设内容:污水管道、泵房及污水处理厂土建工程

北京市小红门污水处理厂及污水管道工程

建设性质:新建

建设规模:日处理污水 60 万吨,新建污水处理厂及污水管道 7.8 公里

起止年限:2001－2002

总投资:中央预算内专项资金 50000 万元;地方专项基金 33846 万元;利用外资 48696 万元;共计 132542 万元

2001 年计划投资:中央预算内专项资金 6300 万元;地方专项基金 8700 万元;共计 15000 万元

2001 年建设内容:污水处理厂及配套管线土建工程

二、2001 年第四批电力基本建设新开工项目

国家计委下达的 2001 年第四批电力基本建设新开工大中型项目:电力项目 3 项。具体内容是:

1. 河北国华定曲发电厂一期工程:新建 2 台 60 万千瓦机组,建设起止年限为 2001 年至 2004 年,总投资为 456363 万元,其中企业自有资金 93073 万元,开行贷款 272290 万元,中行贷款 100000 万元。2001 年计划投资 60000 万元。

2. 广西龙滩水电站:新建 7 台 60 万千瓦机组,建设起止年限为 2001 年至 2010 年,总投资为 2430000 万元,其中企业自有资金 486000 万元,开行贷款 700000 万元,建行贷款 600000 万元,中行贷款 330000 万元,农行贷款 314000 万元。2001 年计划投资 126000 万元。

3. 上海外高桥电厂二期工程:扩建 2 台 90 万千瓦机组,建设起止年限为 2001 年至 2005 年,总投资为 1066589 万元,其中企业自有资金 191986 万元,建行贷款 16635 万元,工行贷款 200000 万元,利用外资 529977 万元,其它投资 127991 万元。2001 年投资 150000 万元。

三、国家计委 2001 年第五批基本建设新开工大中型项目

此次下达的 2001 年第五批基本建设新开工大中型电力项目共有四项:

一、新建青海黄河公伯峡水电站,建设规模为装机 5×30 万千瓦,建设年限为 2001 年至 2007 年,工程总投资为 625700 万元,其中包括企业自有、开行贷款、建行贷款、中行贷款等。工程到 2000 年底累计完成 33908 万元,2001 年计划完成 82983 万元,主要建设内容为土建施工。

二、新建准格尔电厂至永圣域变电站 500 千伏线路工程,建设规模为 500 千伏输电线路 75 千米,建设年限为 2001 年至 2001 年,工程总投资为 13716 万元,2001 年计划主要建设内容为土建施工和设备安装。

三、扩建甘肃平凉电厂 3、4 号机组工程,建设规模为装机 2×30 万千瓦机组,工程建设年限为 2001 年至 2004 年,总投资为 235021 万元,其中包括企业自有,开行、工行、建行、中行贷款,2001 年计划投资 42000 万元,主要建设内容是土建施工。

四、改扩建四川省阿坝州牧区县电网,工程建设规模为:建设安曲 110 千伏变电站 6300 千伏安和刷马路口 110 千伏变电站 6300 千伏安,红叶一级电站至刷马路口变电站至安曲变电站 110 千伏线路 168 千米,扩建红原 35 千伏变电站 3150 千伏安,新建若尔盖县唐克乡 35 千伏变电站 3150 千伏安,安曲至县城 35 千伏输电线路 30 千米,红原至若尔盖县唐克乡 35 千伏输电线路 70 千米,相应建设红原、若尔盖县 10 千伏及以下配电网。工程建设年限为

2001年至2001年,总投资为11516万元,其中包括中央预算内专项资金,企业自有、农行贷款、其他投资等,2001年计划投资5516万元,主要建设内容为土建施工,设备安装。

四、2001年国家重点技改项目

2001年国家重点技术改造项目(第六批国债专项资金项目)中有关电力项目情况为:

华北电力公司天津大港发电厂。改造项目内容为:煤代油及烟气脱硫配套装置技术改造,2台燃煤锅炉替代燃油锅炉,建设烟气脱硫配套装置,年节油70万吨,排放达标。工程总投资149181万元,工程建设起止年限为2001年至2002年。

长春第二热电有限责任公司。工程改造内容为:电站锅炉干排渣系统节水技术改造,2×20万千瓦燃煤机组采用干排渣技术改造锅炉水力排渣系统,年节水500万立方米,节约标准煤0.8万吨,干排渣设备国产化率达到55%,替代进口。工程总投资7000万元,建设起止年限为2001年至2002年。

黑龙江省电力公司。工程改造内容为:工业废水回用技术改造,改造工业废水回用系统,实现工业废水零排放,减少新鲜用水量每小时600立方米,每年灰水回收量可达14000立方米,减排SS231吨。工程总投资4700万元,工程建设起止年限2001年至2002年。

华能辛店发电厂。工程改造内容为:燃油锅炉技术改造,2台670吨/小时燃煤锅炉替代现有燃油锅炉,年替代燃料油50万吨,达标排放。工程总投资61474万元,建设起止年限2001年至2002年。

武汉青山电厂。工程改造内容为:燃油锅炉技术改造,采用670吨/小时燃煤锅炉替代现有燃油锅炉,年替代燃料油40万吨,达标排放。工程总投资40000万元,建设起止年限为2001年至2002年。

四大重点工程进展情况

"西气东输"工程

西气东输工程是"十五"期间国家安排建设的特大型基础设施,总投资预计超过1400亿元,其主要任务是将新疆塔里木盆地的天然气送往豫皖江浙沪地区,沿线经过新疆、甘肃、宁夏、陕西、山西、河南、安徽、江苏、上海、浙江十个省市区。西气东输工程包括塔里木盆地天然气资源勘探开发、塔里木至上海天然气长输管道建设以及下游天然气利用配套设施建设。西气东输工程主干管道全长4000公里左右,输气规模设计为年输商品气120亿立方米,建成后将成为中国第一条大口径、长距离、高压力、多级加压、采用先进钢材并横跨长江下游宽阔江面的现代化、世界级的天然气干线管道。西气东输工程将作为中国进入新世纪后的第一个重大建设项目而载入史册。

1. 重大项目: 西部大开发是一项艰巨的历史任务,当前和今后一个时期要集中力量抓好的第一重点就是基础实施的建设。

国家决定"十五"期间,建设"水、气、路、电"四大工程,其中,西气东输工程将作为拉开中国西部大开发的一项规模宏大、标志性的序幕性工程。西气东输工程将把西部的资源优势变为经济优势,实现气能源供给与需求的衔接。同时,工程建设也将促进和加快西部及沿线地区的经济发展,增加财政收入和就业机会,有效治理大气污染,经济和社会效益十分显著。

2. 重大调整: 调整经济结构、调整能源结构。

要保持经济快速发展,必须以提高经济效益为中心,对经济结构进行战略性调整。这是中国"十五"计划的主线。中国已经到了以结构调整促进经济发展的阶段,不调整就不能继续前进,不调整就不能健康发展。实施西部大开发战略,加快中西部地区发展,是进行经济结构战略性调整,促进地区经济协调发展的重大部署。经过近50年的建设,中国能源工业取得了快速发展,基本形成了规模宏大、门类齐全、技术较为先进的能源生产和消费体系。但能源结构很不合理,煤炭在一次能源生产和消费中的比重均达72%。大量燃煤使二氧化硫、氮氧化物、烟尘和二氧化碳排放量逐年增长,一些地区酸雨危害日趋严重,大气环境不断恶化,给人民生活造成很大影响。中国二氧化硫排放总量已经超过美国,成为世界第一,二氧化碳排放量仅次于美国,列世界第二。根据联合国气候变化框架公约,今后中国减排二氧化碳的压力将逐渐加大,也要求中国在调整能源结构和环境治理方面加大力度。天然气在燃烧过程中几乎没有烟尘、二氧化硫等排放,二氧化碳排放量也大大小于石油与煤,对温室效应的作用仅为石油的54%,煤的48%,是一种十分有发展前景的清洁优质能源。中国不缺少能源,中国缺少的是优质能源、清洁能源,所以发展清洁能源,调整能源结构已迫在眉睫。

3. 加快天然气的发展: 能源是国民经济的命脉,而清洁能源的发展,对于国民经济持续快速健康发展、改善环境和提高人民生活质量发挥着重要的促进与保障作用。《国民经济和社会发展第十个五年计划纲要》指出,优化能源结构,"要实行油气并举,加快天然气勘探、开发和利用,统筹生产基地、输送管线和用气工程建设,引进国外天然气,提高天然气消费比重"。这是"十五"期间发展中国天然气能源工业的指导方针。因此,在加快建设西气东输工程的同时，中国还积极开展了广东引进 LNG 项目试点、中俄管道天然气合作项目、东海天然气勘探开发项目、陕京复线天然气项目、忠汉线天然气项目，另外还组织编制了全国天然气利用规划、全国天然气管道输配“十五”计划等一系列工作。在新的世纪，中国天然气工业已进入了一个新的发展时期。西气东输工程的提出和建设不是偶然的，而是中国经济发展的必然要求。

“西电东送”工程

中国地域辽阔，能源资源分布极不均匀，煤炭资源相对集中在山西、陕西和内蒙西部的“三西”地区，水能资源主要集中在西南和西北地区，而用电负荷却相对集中在广东、浙江、上海、江苏等东部沿海地区。为了满足国民经济发展对电力增长的需要，实现能源资源和环境的可持续发展，必须加快开发西南和西北地区丰富的水能资源和煤炭资源丰富地区的坑口火电厂，输往经济相对发达的东部沿海地区，实施电力发展的“西电东送”战略，以促进东西部地区经济和社会的协调发展。

“西电东送”工程包括三个部分。一是将贵州乌江、云南澜沧江和桂、滇、黔三省区交界的南盘江、北盘江、红水河水电站，以及云南和贵州坑口火电厂开发出来送往广东，形成南部“西电东送”大通道；二是将金沙江干支流（雅砻江、大渡河）水电站开发出来送往华东地区，形成中部“西电东送”大通道；三是将黄河上游水电站和山西、蒙西地区坑口火电厂开发出来送往京津唐地区，形成北部“西电东送”大通道。到目前为止，南部“西电东送”大通道已形成了南盘江天生桥一、二级水电送电广东 300 万千瓦的能力，北部“西电东送”大通道已形成了山西、内蒙送电北京 260 万千瓦的能力，中部“西电东送”大通道已形成葛洲坝至上海的 120 万千瓦的能力，随着三峡水电站的投产，将形成送电华东 720 万千瓦的能力。

“十五”期间将在现有基础上加快“西电东送”步伐，形成黔滇地区新增送电广东能力 700 多万千瓦和内蒙、山西新增送电京津唐地区能力 500 万千瓦，三峡工程按计划投产 12 台机组，形成新增送电广东和送电华东能力各 300 万千瓦。南部通道“西电东送”电源和输变电工程建设全面展开，进展顺利。2000 年 11 月 8 日同时开工了贵州洪水渡水电站 54 万千瓦、引子渡水电站 36 万千瓦、乌江渡扩机水电站 59 万千瓦和天生桥至广东第三回 500 千伏交流输电线路、云南宝峰至天生桥 500 千伏交流输电线路。2001 年 7 月 1 日开工了广西龙滩水电站 420 万千瓦。12 月 1 日将同时开工贵州安顺二期火电厂 60 万千瓦、纳雍火电厂 120 万千瓦、黔北火电厂 120 万千瓦和贵阳电厂技改 30 万千瓦，以及贵州和三峡分别送电广东的两条直流输电线路。贵州索风营水电站 54 万千瓦和云南小湾水电站 420 万千瓦正在抓紧前期运作，2002 年正式开工建设。云南开远火电厂 60 万千瓦、曲靖二期火电厂 60 万千瓦和宣威六期 60 万千瓦也正在抓紧开展前期工作，力争尽早开工建设。中部通道“西电东送”工程主要是三峡水电站工程，目前各项工作进展顺利，2003 年首批 4 台机组将按计划投产，2009 年全部竣工，中部通道“西电东送”将形成规模。此外，三峡工程的后续项目，也是中部通道“西电东送”的重要组成部分—金沙江溪洛渡水电站 1200 万千瓦正在抓紧前期工作，力争三峡工程投产后连续建设。北部通道“西电东送”工程主要是蒙西托克托火电厂 120 万千瓦和准格尔火电厂 60 万千瓦和相关的输电工程。近期还将开工建设大同和神头火电厂。同时，正在抓紧研究开发黄河上游水电送电京津唐地区的方案、经济性和合理性，积极推进北部通道水电和火电的合理配置。

青藏铁路工程

西藏自治区地处祖国的西南边陲，是全国唯一不通铁路的省级行政区，进出西藏主要依靠公路和航空运输。已有的青藏、川藏、滇藏、新藏公路，能常年不中断通车的仅有青藏公路。该公路承担了进（出）藏物资运量的 85%。受交通制约，西藏有效能源匮乏，资源开发受到限制，产品缺乏竞争力，严重制约了西藏的改革开放、社会经济发展和国防建设。实施西部大开发战略，修建青藏铁路十分必要。它对强化进出藏运输通道、提高综合运输能力，加强西藏同北京及内地省市的联系，增进民族团结，加强国防建设，以及调整区内产业结构，保护生态环境、加快经济发展，促进社会进步都具有重要的战略意义。

青藏铁路西宁至格尔木段 845 公里已于 1984 年 5 月建成通车。格尔木至拉萨段北起青海省西部重镇格尔木市，格尔木站至南山口站利用既有线，新建线路从南山口站开始，途经纳赤台、互道梁、沱沱河、雁石坪，翻越唐古拉山后进入西藏自治区，再经安多、那曲、当雄，终到西藏首府拉萨市。大部分线路走向与青藏公路平行、新建长度约 1110 公里，全线桥隧总长约占线路全长的 8%。本段大部分线路处于青藏高原腹地，空气稀薄，水系发达、冷风凛冽，气候严寒。该地区生态环境脆弱，地壳运动活跃、存在大片高原多年冻土。线路在海拔 4000 米以上地段长约 960 公里，最高处为翻越唐古拉山垭口的线路，海拔 5072 米。线路经过连续多年冻土地段 550 公里，另有部分地段为岛状冻土。建设和运营的主要难题是，冻土区路基冻涨、融沉和高裂度地震等对建筑物的影响，以及高寒缺氧条件下人工、机械的效率下降和影响机电产品的性能稳定性等。经过多年来的研究，目前在多年冻土高原地区修建铁路已经有了比较可行的高原工程、高原环境保护、高原劳动卫生和劳动保护措施。

本段铁路为单线，最大输送能力客车 8 对，单向货流密度 500 万吨。项目静态投资 223.8 亿元，项目动态总投资 262.1 亿元（含机车车辆购置费 9.8 亿元，铺底流动资金 0.7 亿元）。其中：中央财政性资金安排（含发国债年份的国债资金）196.6 亿元。铁路建设基金安排 65.5 亿元。工期 6 年。项目已于 2001 年 6 月 29 日开工，安排格尔木至望昆 110 公里线下工程及拉萨市区造耳峰隧道施工。2001 年预计完成投资10亿元。全线拟于2007年6月建成投产。

“南水北调”工程

南水北调工程是优化配置水资源、解决北方地区缺水问题的重大战略措施，也是关系到我国在21世纪经济社会可持续发展的重大基础性工程。党中央、国务院对这项工作极为重视，社会各界也十分关注。党的十五届五中全会《关于国民经济和社会发展第十个五年计划的建议》中明确指出：“采用多种方式缓解北方地区缺水矛盾，加紧南水北调工程的前期工作，尽早开工建设，”这是在“十五”期间开展南水北调工作的基本指导方针。

九届全国人大四次会议通过的《中华人民共和国国民经济和社会发展第十个五年计划纲要》中也提出：“加紧南水北调工程的前期工作，‘十五’期间尽早开工建设。”国务院在听取了有关部门关于南水北调工作的汇报后提出要正确处理南水北调与节水、治污和生态环境保护之间的关系，务必做到“先节水后调水、先治污后通水、先环保后用水”的要求。目前，各有关部门和地方正在紧密协作，按照国务院的统一部署，首先开展与南水北调相关的水资源、节水、环保规划工作。南水北调工程已经进行了四十多年的调查和可行性研究，在规划和工程技术等方面有了相当的工作基础。下一步在前期工作中，主要以发展节水型农业，节水型工业和服务业，建立节水型社会为目标，重点研究水调入区的节约用水、水污染防治、生态环境保护的政策和措施；结合水管理体制和水价形成机制的改革，出台科学、合理的提价方案，并研究建立调水基金；在处理好各种用水之间关系，并明确供需双方责权的基础上，分析确定调水量；立足于适应于社会主义市场经济体制，工程建成后可以实现良性循环，研究提出工程的建设、管理、运营体制和机制。

目前，水利部正在牵头组织进行南水北调的前期工作，主要工作内容包括东中西三项工程的规划修订，黄淮海地区水资源、治污、生态环境保护、节水等规划的编制，工程总体规划报告和其它基础工作总报告的编写等。这些工作完成后，还要继续听取各方面专家和社会各界的意见，以便作出科学决策。南水北调工程浩大，涉及面广，关系复杂，必须严格按照有关规定和规范，有重点、有步骤地开展各项前期工作。要在做好规划的基础上，对工程进行合理分期，提出技术可行、经济合理、具有可操作性的方案，统筹考虑中央和地方财力可能和缺水地区的水供需状况、慎重选择建设时机，争取尽早实施。

重大项目稽察工作不断深化

2000年以来，重大项目稽察特派员办公室紧紧围绕国家计委中心任务，全面深入地展开项目稽察，不断完善稽察方式方法，推动了重大项目稽察事业的进一步发展。先后组织了招标投标、重大项目建设环境、国债项目专项和招标投标执法大检查等四次大规模稽察，并对领导交办项目和部分举报项目进行了稽察。共派出稽察组95个，稽察项目164个、收费单位66个。

一、继续围绕国债项目，以整顿和规范建筑市场秩序为重点，深入开展项目稽察工作

1. 深化国债项目专项稽察，确保国债项目顺利实施

几年来，重大项目稽察办已陆续对大多数行业的国债项目进行了专项稽察。2001年国债项目建设已进入后期阶段，为了确保国债项目按期按质建成发挥效益，根据国家计委安排，重大项目稽察办采取突出重点、点面结合的方式，又对国债项目进行了一次全面深入的专项稽察。9月中下旬，重大项目稽察办组成20个稽察组，对20个省区市国债项目建设情况进行了面上的了解，并随机选择32个国债建设项目进行了重点稽察。从稽察情况看，国债项目建设总体情况是好的，项目建设进展顺利，投资完成基本上达到计划要求；工程质量逐步改善，存在质量问题的项目所占比例与1999年公路和水利项目专项稽察的32个项目相比，下降了25个百分点；资金管理使用逐渐好转，与1999年公路和水利项目专项稽察的32个项目相比，挪用挤占建设资金的项目比例下降了28个百分点，违规金额减少了4.7亿元。但稽察也发现，当前国债项目建设中仍存在着一些不容忽视的问题：一是部分项目地方自筹资金到位率低，后续资金无着落。地方自筹资金到位率低的主要原因是地方财政困难，自筹资金难落实。如某林业局中心苗辅项目批准建设期限已到，国债投资已全部到位，但由于地方财政困难，可用于林业建设的资金非常有限，自筹资金分文未到，影响了项目建设进展。二是相当部分项目招投标工作落实不好，运作不规范。不少项目应该招标的未招标，应该公开招标的未公开招标；一些项目招投标中地方和行业保护主义倾向比较明显，“一条龙”作业现象突出；少数项目转包和违规分包问题严重。如某项目一期工程5个施工单位中，2个通过议标确定，3个由建设单位指定，属当地建委的直属单位共4个，其中有两个单位通过议标拿到合同后，转包给下属单位施工，从中分别扣提合同价值13%—21.5%的管理费。三是部分项目前期工作深度不够，设计变更大，投资增加多，还带来工程质量问题。如某高速公路勘察深度不够，不能满足设计所需，致使施工中不断进行设计变更，全线有60余处已处理过的边坡发生坍塌、滑坡，有相当部分是两次滑塌，需要大量投资进行治理。四是少数项目仍然

存在挪用挤占建设资金问题。如某项目法人单位于1999年12月和2001年4月将9350万元建设资金出借给其他单位，还挪用500万元支付概算外工程款。对国债项目专项稽察中发现的问题，国家计委进行了专门研究，并且采取了切实有效的措施，确保国债项目按期按质建成发挥效益。

2. 推进招标投标和项目建设环境专项稽察，整治重大项目建设秩序

2001年，围绕整顿和规范市场经济秩序工作，重大项目稽察办针对项目建设中的招标投标、收费秩序等一些具体环节进行深入稽察。2月中下旬，重大项目稽察办以国债项目为重点，对13个省区市的25个建设项目招标投标情况进行了专项稽察。11月上中旬，又采取点面结合方式，对13个省区市和26个建设项目招标投标情况展开执法大检查（情况汇总正在进行中）。2月份的招标投标专项稽察情况表明，《招标投标法》的贯彻实施，对工程招投标起到了强有力的推动作用，促进了招投标活动朝着健康的方向发展。但是，由于一些地方和部门重视不够，工作不力，《招标投标法》的贯彻执行普遍不够好，项目招投标中不规范行为仍大量存在。一是有的地方招投标行政主管部门以经济实体的名义直接参与招标投标活动，获取非法收益。二是一些行政领导干预招投标，暗中"打招呼"要求招标人让特定企业中标。三是地方和行业保护严重，外地或外行业企业投标和中标受到不合理限制。四是一些项目采取暗指定的方式搞假招标，部分项目应该公开招标的没有公开招标。五是招标人违规指定分包、中标单位转包和违法分包的现象仍较严重。此外，不少项目招投标中的具体做法也与《招标投标法》的规定不符。5月中旬至6月中旬，重大项目稽察办派出14个稽察组，对全国（不包括西藏、海南）重大项目建设环境进行了专项稽察。稽察情况表明，有关部门分批多次清理取消收费项目后，重大项目费用负担大大减轻。但稽察发现项目建设中不合法收费仍较多，部分收费单位违规收费还很突出，需要进一步整顿和规范。一是有关征地费用的收取和使用存在问题较严重。有的多收费、少服务或者只收费、不服务，有的重复收取、层层收取征地管理费以及征地工作经费、办公费、协调费等，有的截留、挪用征地费用。二是建设部门收费名目繁多，一些建设部门每提供一项服务或履行一项职能，便收取一种费用，部分地方建设部门存在违规收费问题。三是一些地方的电力、铁路等行业部门利用垄断地位，强行分包工程或擅自提高费用标准和产品价格。对上述稽察中查出的违规行为，国家计委责成有关方面进行了严肃处理，并且研究改进管理的政策措施，进一步整治和规范项目建设秩序。

3. 开展对中介机构、项目主管部门的延伸稽察，全面摸清项目建设情况

在重大建设项目建设环境专项稽察过程中，发现一些有形建筑市场对项目建设收费较多，为此，重大项目稽察办组织了对27个省（区、市）的28家有形建筑市场的延伸稽察。从稽察情况看，有形建筑市场的形成和发展，在一定时期内，特别是在《招标投标法》颁布前，对于推动项目招标投标活动的开展起了一定促进作用。但是，在现行体制下，运作不规范的情况也比较突出。首先，一些地方有形建筑市场和招投标管理机构政企不分，大部分有形建筑市场主要依靠行政手段强制承揽业务，提供的信息、专家等服务不能满足招投标的需要。其次，有形建筑市场大多收费偏高，有的还存在重复收费问题；各地有形建筑市场普遍成为一些部门强制收费或乱收费的窗口，部分地区有形建筑市场还通过歧视性收费实行地方和行业保护。在重大建设项目建设环境专项稽察中，还开展了对收费管理部门的延伸稽察。结果表明，项目建设收费管理工作有很大改进，但还存在一些需要进一步整顿和规范的问题。一是部分行政事业性收费项目、标准制定不合理，调整不及时。有的凭需要定费，一些不该收取费用的公共服务也收费，如就业调节费、外出务工者计划生育管理费等。有的批准收费标准过高、范围过宽，有的收费标准一定多年不变，不适应形势发展的需要。二是一些地方和部门收费管理不够规范。有的越权审批收费项目和标准，有的国家已取消的收费项目地方仍批准征收，有的批准就同一收费对象重复收费或同一收费项目重复收费，有些部门还变原本不收费的行政管理为有偿服务。三是一些地方和部门对收费监督检查不力。特别是一些地方的土地、建设等行政部门和铁路、电力等垄断行业凭借行政权力或垄断地位欺行霸市、违规收费的行为未能得到有效遏制。对上述问题，属国家计委职责范围内的，已研究改进措施，加强管理；属国家计委职责范围外的，已将情况向有关方面反映，供有关方面决策参考。

4. 抓好正、反面典型和项目整改，进一步提高稽察工作成效

2000年，为了整治项目建设秩序，促进项目整改，国家计委加大了对项目存在问题的处理力度。对稽察中发现的严重问题，除了下发整改通知，采取相关处理措施外，对严重违纪问题还移交纪检部门进行查处。对少数存在严重问题的项目进行了内部通报，并冻结了其帐面资金，限期认真整改。对一些严重的违法事件，如福建省漳州市人民医院新门诊大楼在招投标中排斥外地投标人，出台暗中带有指向性的招标文件；成都双流国际机场招标中违规操作；甘肃省在评标中实行地方保护性规定等进行了新闻曝光。与此同时，对南京长江二桥、杭州萧山机场项目招投标比较规范，不仅节省了大量投资，而且保证了项目质量和工程进度的正面典型进行了宣传。通过严肃处罚违规行为，曝光反面案例，宣传正面典型，整治项目建设秩序，引导和促进项目整改，取得了较好成效。从对部门整改到期项目的复查情况看，经过整改，招标投标中的违法行为得到了纠正，项目建设过程中的收费秩序得到初步整治，被挪用挤占的建设资金已有部分被追回，工程质量缺陷得到了加固补强，一些资质不够的转包和违法分包施工队伍被清除出场。

二、继续改进稽察方式方法，进一步完善监督手段，夯实稽察工作和项目监管的基础

1. 重视加强与地方和部门的协作，充分发挥合力作用

重大项目稽察办在工作中十分注重与地方和部门的协作，采取多种形式，加强合作。一是会同有关地方和部门开展联合稽察，发挥合力。如5月中旬至6月中旬开展的重大建设项目建设环境稽察，联合了28个省区市计委和物价局共同开展行动。9月中下旬开展的国债项目专项稽察，又会同了财政部、建设部、交通部、水利部和国家林业局等部门联合组成稽察组进行稽察。二是继续与监察部、财政部联合开展国债资金管理使用的监督检查工作，坚持了联席会议制度，及时沟通情况，协调动作。每次稽察中发现的违纪问题线索，及时移送监察部门查处，增强了稽察工作的威慑力。三是上下联动，造就稽察监督的强大声势。如，5月份开展的重大建设项目建设环境专项稽察和11月份开展的招标投标执法大检查，各地计委和物价局除了配合国家计委重大项目稽察办搞好重点项目稽察外，还按照国家计委的统一部署，组织了对辖区内项目建设环境的稽察和招标投标执法大检查(正在进行)。据24个省区市计委、物价局的情况汇总，仅开展项目建设环境专项稽察就派出70个稽察组，出动近590人(次)，稽察项目246个，跟踪稽察收费单位43个。通过稽察，查处了各地项目建设中一批乱收费、乱罚款和各种摊派等违规行为，其中已有8个省市对21个问题比较严重的项目下发了整改通知，有的项目整改已初见成效。

2. 着手建立项目稽察信息系统，积极推进稽察工作信息化

随着国家计委外网、内网和计划系统纵向网的建立和运行，重大项目稽察办不断加快自身的信息化建设步伐。已经制作完成重大项目稽察工作网页，正在编制和完善各项具体内容和管理规程，即将实现通过网络宣传重大项目稽察工作、开展系统内部交流和进行内部办公管理，逐步实行无纸化办公。重大项目监测系统已经开始建立，通过该系统的指标能够反映项目建设全貌，跟踪工程进展情况，对重大项目建设全过程进行监测，为经常性稽察的开展创造条件。建立重大项目稽察专家库的工作也在进行中。专家库将包括审计、财务、质量等各行业的专家，选择专家的基本条件是既要具备专业知识，又要具备多年的相关工作经验，专家的聘用采取多方推荐、二人介绍、小组面试、组织审查、定期考评等程序进行。对专家库的专家实施动态管理，不断吸纳新的符合条件的专家，淘汰不合格的专家，从而为重大项目稽察工作提供强有力的专业技术支持。

3. 注重项目监管制度和方法研究，促进项目监管体系建设

继1999年开展重大项目稽察方法理论与实践研究之后，2000年以来重大项目稽察办继续深入开展项目监管方法研究。年初，重大项目稽察办亚行技术援助项目培训考察团对亚行和瑞士通用公证公司项目监管评价制度进行了考察，形成了考察报告，系统介绍了两个组织项目监管评价的制度和方法，并结合我国国情进行研究分析，取其精华，为我所用，提出了改进我国项目监管评价的政策措施建议。此外，重大项目稽察办还就受理举报工作做出了改进方案，拟在中经网上设置专门页面，在发布招投标的所有栏目做链接，并及时通报接受、受理、处理及办结的案件数目及可以公开的有关情况，在扩大宣传、方便举报的同时，提高办结率，注重处理案件的质量。此项工作目前正在进行中。

三、继续抓好对稽察人员的培训，不断完善制度和组织建设，保障稽察工作顺利开展

1. 国内培训与国际培训相结合，努力提高稽察人员的业务素质

2000年重大项目稽察办继续加强对项目稽察人员的培训，其中与天津大学联合举办了两期重大项目稽察人员任职培训班，参加培训120人；结合招投标专项稽察、重大项目建设环境专项稽察开展业务知识培训，参加培训140人(次)。与此同时，积极开拓国外培训渠道，通过“走出去、请进业”，引入国外先进的监管经验和技术方法。先后两次组织办内人员和地方稽察人员赴国外培训，第一期培训班赴菲律宾和欧洲对亚行和部分发达国家对其项目监管制度进行了考察，第二期培训班即将赴英国接受培训；还邀请瑞士通用公证公司组织由多国专家组成的讲授团，来华介绍亚行、世行等国际组织以及有关国家的项目管理工作，参加培训170人。此外，还积极与亚行、世行以及发达国家有关机构建立信息交换和互访联系，力求更多地了解、学习和借鉴国际组织和发达国家项目监管的经验，不断完善我国项目监管机制。

2. 外部法规与内部制度建设并举，积极营造项目稽察的制度环境

2001年，重大项目稽察办会同有关单位对《国家重大建设项目招标投标监督暂行办法》进行了再次修改，将于近期内正式报出；并对《国家重大建设项目稽察实施细则》进行了修改完善，也准备尽快上报；还协助有关单位对《设备工程监理办法》、《国家计委关于进一步贯彻〈中华人民共和国招标投标法〉的通知》等进行了修改完善，进一步健全项目监管制度。在内部制度建设方面，今年又制定了稽察通知书制度、奖励暂行办法以及稽察出差费用使用管理暂行规定等；并在办内开展项目稽察档案现场交流评比，有效地促进了内部管理水平的提高。

3. 协调信息沟通与业务指导，重视抓好稽察队伍的组织建设

到2001年，全国绝大多数省区市都建立了项目稽察机

构，并开展了项目稽察工作。为此，需要建立一定的联系方式，开展经常性的交流，协调和整合整个稽察系统的力量，形成合力，共同做好项目稽察工作。首先是信息沟能。国家计委稽察办每期《稽察动态》和重大专项稽察工作方案都发给各省区市稽察办，各地稽察办创办的刊物以及重要工作事项也报送国家计委稽察办，相互间建立起了固定的联系渠道。其次是业务指导。在重大建设项目建设环境稽察中，国家计委稽察人员与有关省区市稽察办的同志一起行动，在实践中探索和提高稽察工作技巧；对各地开展的第二阶段的专项稽察和11月份进行的招标投标执法大检查，国家计委稽察办也提出了具体工作要求和指导意见。此外，国家计委稽察办今年又举办了两期稽察人员任职培训班，外国专家授课，也邀请地方计委稽察办派人参加，帮助各地培训了一批项目稽察人员。

四、继续以整顿和规范建筑市场秩序为重点，做好2002年的重大项目稽察工作

2002年是国债项目基本建成的一年，也是继续整顿和规范市场经济秩序的重要一年，为此，2002年重大项目稽察工作应遵循以下指导思想：紧密配合国家计委中心工作，围绕国债项目进一步加大稽察工作力度，确保国债项目按期按质建成发挥效益。与此同时，正式启动经常性稽察，开展对重点建设项目的稽察和监控；继续开展对招标投标和项目建设环境专项稽察；加强政策措施研究，进一步提高项目监管和稽察工作水平。按照这一指导思想，2002年拟着重抓好以下几项工作：

1. 继续抓好国债项目的专项稽察，确保国债项目按期按质建成

2002年国债项目专项稽察要突出两条主线，一是确保收尾国债项目按期建成投产。为实现1998年以来安排的国债项目在2002年底前基本建成的预期目标，明年应重点围绕计划在2002年底前建成的国债项目开展专项稽察。为此，要着重搞好对尚未涉及的教育、林业(天保工程)、粮库、公检法等行业项目的专项稽察。在此基础上，对已经开展过专项稽察的公路、水利、城建、铁路、高技术等行业也要视整改和举报情况等进行抽查。收尾国债项目专项稽察要以工程进度为重点，在保证工程质量的前提下确保项目按期建成投产。二是确保重大建设项目的顺利实施。要选择部分投资额大、影响面广，对国计民生具有重要利害关系的重大建设项目开展专项稽察，确保这些项目的顺利实施。根据工作需要，拟考虑先对长江干堤加固工程进行一次全面排查，以工程进度和质量为重点，采用抽查等方式摸清整个工程的进度和质量状况。然后对西部地区重大项目进行稽察，包括对进藏铁路、西部大型水利枢纽和西电东送、西气东输等重大项目的稽察，摸清项目建设进展和项目管理情况，为西部大开发保驾护航。

2. 启动经常性稽察工作，开展对重点项目建设的稽察和监控

在集中力量抓好国债项目专项稽察基础上，为摸索经验，确保开好头、起好步，2002年拟选择一批国家重点项目开展经济性稽察。经常性稽察要采取现场稽察和平时监控相结合的方式来进行。全年进行一至二次现场稽察，平时则主要对项目建设各项指标进行监控，必要时可以到现场核实情况。要坚持先培训、后介入原则，组织好对拟稽察重点项目法人代表的培训，然后安排对项目的现场稽察。在试点的基础上，要及时总结经验，汲取教训，推动经常性稽察工作全面铺开，逐步按要求规范现场稽察和平时监控。

3. 继续开展招标投标和项目建设环境稽察，大力整顿项目建设秩序

整顿重大项目建设秩序是当前的一项重要任务，2002年重大项目稽察工作将继续抓好招标投标和建设环境的专项稽察，维护项目建设秩序。要把招标投标作为项目稽察的重点内容之一，在今年取得成果的基础上，进一步加强稽察工作的深度，严肃查处地方和行业保护以及转包和违法分包等招投标中的违法违规行为。同时，要继续以查处向建设项目乱收费、乱罚款和各种摊派为重点，加大对各类违规收费的处理力度，并开展对项目建设的政策环境和社会环境稽察，全面整治项目建设环境，为国债项目以及其他重大项目建设创造良好的外部条件，确保项目建设顺利实施。

4. 建立完善重大项目监测信息系统，逐步建立参建单位信誉评价制度

继续做好重大项目监测信息系统的建立和完善工作，加强对项目建设的监测和控制。拟以开展经常性稽察的国家重点建设项目为试点，对重大项目监测信息系统进行试运行，从中总结经验和教训，形成一套适合于我国项目建设特点的、操作性强的、可量化的项目监测评价指标体系。要继续建立完善重大项目稽察专家库，充分发挥专家在稽察工作中的作用。积极探索项目监管的新模式，充分利用现有的质量检验、会计审计等社会力量，加强与有关科研院所、设计咨询单位的沟通与合作，进一步提高项目监管工作的质量和效率。要逐步建立参建单位信誉评价制度，开展对项目单位和设计、施工、监理等参建单位的信誉和管理、服务质量评价，积极创造参建单位凭信誉和业绩承揽业务的外部环境。

5. 加强政策措施研究，不断提高项目监管和稽察工作水平

根据稽察工作需要和委内统一安排，明年拟开展"《招标投标法》实施中存在的问题及对策"、"项目法人责任制实施中存在的问题和对策"、"重大建设项目参建单位信誉评价制度"等3个课题研究。此外，结合稽察工作实践，组织稽察人员对项目建设中的转包和违法分包、加强项目前期工作以及促进项目评估论证的市场化等问题进行深入研究。通过研究，力争拿出一批切实可行的政策建议，为改进和提

高项目监管和稽察工作水平服务。

6. 进一步抓好稽察队伍业务、组织和制度建设，努力推动项目稽察工作向纵深发展

2002年要继续加强对稽察人员的培训工作，在积极开拓培训渠道的同时，注重提高培训的质量。鉴于重大项目稽察人员任职培训班已经举办五期，大多数从事稽察工作的人员已经过任职培训，下一步重大项目稽察办拟组织开展对内部稽察人员的专题培训，并举办较高层次小型研讨班，请各地主管稽察工作的领导参加，交流开展稽察工作的经验体会，研讨改进工作的措施建议。同时，要在硬件和软件方面下工夫，为项目稽察工作提供必要的工具和手段，用先进的方法指导项目稽察工作，确保稽察工作能够与时俱进，跟上形势发展的需要。下一步还将继续完善项目稽察的各项制度，根据实际需要及时修改已有的法规制度，制定实施新的法规制度，从制度和机制上保证项目稽察工作的效率。

国家级经济技术开发区

2001年国家级经济技术开发区发展及展望

对外贸易经济合作部外国投资管理司

从1984年9月开始至1995年，国务院先后批准设立了大连、天津、青岛等32家国家级经济技术开发区(以下简称“国家级开发区”)。2000年以来，根据国办发[1999]73号文件关于“允许中西部各省、自治区、直辖市在其省会或首府城市选择一个符合条件并已建成的省级开发区，申办国家级经济技术开发区”的有关规定，国务院又先后批准合肥、郑州、西安等17家省级经济技术开发区升级为国家级开发区。

目前，国务院已批准设立的国家级开发区49家。其中，东部沿海27家，中部10家，西部12家，形成了较为合理的全国布局。

在党中央国务院领导下，经过十七年的艰苦创业和积极探索，国家级开发区从无到有，从小到大，已经成为所在地区经济发展新的增长点和吸收外商投资集中的热点投资地区，在中国扩大开放，发展外向型经济，调整产业结构等方面，起到了窗口、辐射、示范和带动作用，对所在地区经济发展做出了积极贡献。成为中国经济结构调整的排头兵，也成为中国出口的一支生力军。

一、国家级开发区从80年代创业起步以来，以改革开放理论为指导，通过深化改革、大胆探索、不断创新，有力地促进了中国社会主义市场经济的培育和发展，成为中国经济发展最快、最具活力的区域。

国家级开发区自建立以来，每年都实现了较快的经济增长。2001年全国国家级开发区实现国内生产总值2329.20亿元，比2000年增长25.72%，高于全国增幅18.42个百分点；工业增加值1691.34亿元，同比增长26.30%，高于同期全国工业增加值增幅(9.9%)16.40个百分点；完成工业产值6109.54亿元，同比增长28.59%，高于全国工业产值增幅(11.64%)16.95个百分点；实现税收收入395.73亿元，同比增长34.80%，高于全国增幅(19.79%)15.01个百分点；特别是2000年新批的13家中西部国家级开发区的主要经济指标迅速增长，增幅均高于1995年前批准设立的国家级开发区，对推动所在地区经济发展起到积极有效的促进作用。

二、国家级开发区不断优化投资环境，充分发挥自身优势，有效地促进了产业结构调整和区域经济协调发展，加快了国有资产的进一步优化，对所在地区扩大吸收外资、发展外向型经济起到了积极有效的作用。

2001年全国国家级开发区进出口总额388.32亿美元，同比增长18.88%，其中出口201.44亿美元，同比增长22.63%，分别高于全国进出口增幅(7.5%)和出口增幅(6.8%)11.38和15.83个百分点；合同外资金额113.07亿美元，同比增长18%，高于全国合同外资金额增幅(10.43%)7.57个百分点；实际使用外资金额62.09亿美元，同比增长36%，高于全国实际使用外资增幅(14.90%)21.1个百分点。

三、国家级开发区致力于创建良好的科技创业和科技生产环境，大力推动科技进步，发展高新技术产业。

目前国家级开发区中已形成一批以生物技术、信息产业、光机电一体化、创新农业、环保产业等为代表的高技术产业群，高科技产业研发中心不断增多，开发、生产、市场营销、资本运营为一体的新型高科技工业基地正在逐步形成，不少国家级开发区正在成为面向全球销售的高科技产品的出口生产基地。

在新的历史时期，国家级开发区要以邓小平理论和“三个代表”的重要思想为指导，按照国家“十五”规划的要求，以科技创新、体制创新为动力，在国民经济发展和经济结构调整中进一步发挥好窗口、辐射、示范和带动作用。着力实现“五个转变”，即由带头发展向带动发展转变，从着力引进外资向着力引进先进技术和管理转变，从注重引进向注重消化吸收创新转变，从依靠政策优势向依靠综合投资环境优势吸收外资的转变，从注重规模效益向注重质量效益转变，并根据实现“五个转变”的要求，加强国家级开发区综合投资环境建设，创造新的竞争优势。

随着中国改革开放和现代化建设步伐的加快，随着社会主义市场经济的运行机制日趋完善和中国加入世贸组织，国家级开发区要适应形势的变化，充分发挥现有的体制优势，率先形成符合国际通行规则的运行机制，要以运行机制的转换和体制创新再创开发区发展的新优势。

一、继续贯彻“三为主、一致力”的发展方针，并在新的发展中赋予这一发展方针以新的内涵，与时俱进，进一步创造国家级开发区的新优势。

积极探索新形势下国家级开发区的发展方向和方式，致力于完成以高新技术为基本动力推动开发区在新的历史阶段的更快发展；国家级开发区将适应工业投资与服务贸易投资相结合的需要，在区内扩大服务贸易领域的投资，以更好地发挥其示范作用；国家级开发区注重加强综合投资环境建设，注重提高吸收外商投资的质量，引进先进的技术和管理，使国家级开发区成为中国投资环境最优、高新技术企业和跨国公司投资的聚集区域之一。

二、大力发展高科技产业，提升入区产业的科技含量。

国家级开发区将努力在引导外资投向高新技术产业方面开拓思路，有所创新，制定相应政策，采取有针对性的措施，有效发挥资本、信息、技术、人才等资源集聚的效应，吸引国际大型跨国公司投资建立高新技术项目、研究开发中心和地区总部，为经济发展创造良好的运行环境，充分发挥这些项目的孵化功能和幅射作用。要通过引进跨国公司的高新技术带动相关配套产业的发展，形成高新技术的产业链条和产业群，从而提升开发区的整体科技水平，促进国内产业结构的调整和科技进步。

三、致力于大批高素质人员的培养，适应经济全球化对人才的要求。

培养高素质人才是国家级开发区进一步发展的当务之急。开发区现有的开放式、国际化的人才竞争环境已吸引和锻炼了一批优秀人才，一些开发区设立的创业服务机构，留学生创业园是很好的尝试。将人才培养与使用有效地结合起来，使开发区成为培养高素质人才的摇篮，更好地发挥人才对开发区建设的作用。

四、加强东部、中西部国家级开发区的协作交流，推动西部大开发战略实施。

中西部的国家级开发区建设得晚一些，基础相对薄弱，东部沿海开发区发展建设中的经验和作法，对中西部开发区有很好的借鉴作用，在吸引投资，调整产业结构，实现产业梯度转移方面，东部、中西部开发区有广阔的协作领域。通过互动协作，促进新的发展。

回顾过去，展望未来。国家级开发区应进一步转变观念，锐意进取，不断创新，以完善的管理体制和优越的投资环境促进经济的发展，争创新优势，更上一层楼！

（转载自《中国对外经济贸易年鉴·2002》）

表1　2001年国家级经济技术开发区主要经济指标

经济指标	全国同比增幅%	45个国家级开发区			1995年以前批准的32家			2000年新批准的13家		
	2001年	2001年	2000年	增幅%	2001年	2000年	增幅%	2001年	2000年	增幅%
国内生产总值(亿元)	7.30	2329.20	1852.73	25.72	2128.45	1706.69	24.71	200.75	146.04	37.46
其中：工业增加值(亿元)	9.90	1691.34	1339.16	26.30	1579.56	1258.86	25.48	111.78	80.30	39.20
工业总产值(现价)(亿元)	11.64	6109.54	4751.07	28.59	5697.93	4474.49	27.34	411.61	276.58	48.82
税收收入(亿元)	19.79	395.73	293.56	34.80	370.65	279.73	32.50	25.08	15.83	58.43
进出口总额(亿美元)	7.50	388.32	326.66	18.88	380.53	321.90	18.21	7.79	4.76	63.66
其中：出口(亿美元)	6.80	201.44	164.27	22.63	197.94	161.71	22.40	3.50	2.56	36.72
进口(亿美元)	8.20	186.88	162.39	15.08	182.59	160.19	13.98	4.29	2.20	95.27
合同外资金额(亿美元)	10.43	113.07	95.98	18.00	107.42	90.08	19.25	5.65	5.90	-4.24
外商实际投资(亿美元)	14.90	62.09	45.50	36.00	59.36	44.42	34.00	2.73	1.08	152.78

表 2　国家级经济技术开发区 2001 年工业总产值（现价）情况表　（单位：亿元）

开发区名称	2001 年	2000 年	增幅(%)
天津经济技术开发区	865.11	731.82	18.21
广州经济技术开发区	434.00	413.37	4.99
北京经济技术开发区	432.00	83.88	415.02
大连经济技术开发区	412.32	360.12	14.50
昆山经济技术开发区	312.76	253.40	23.43
宁波经济技术开发区	271.82	221.30	22.83
青岛经济技术开发区	259.40	167.98	54.42
沈阳经济技术开发区	248.25	191.45	29.67
长春经济技术开发区	228.56	181.04	26.25
漕河泾新兴技术开发区	224.45	186.68	20.23
杭州经济技术开发区	204.39	169.06	20.90
哈尔滨经济技术开发区	179.00	157.64	13.55
上海闵行经济技术开发区	178.08	161.75	10.10
武汉经济技术开发区	164.14	126.22	30.04
福州经济技术开发区	158.11	161.63	-2.18
福清融侨经济技术开发区	150.95	147.62	2.26
烟台经济技术开发区	130.42	100.51	29.76
芜湖经济技术开发区	101.00	71.60	41.06
萧山经济技术开发区	92.37	63.58	45.28
重庆经济技术开发区	84.56	72.86	16.06
南通经济技术开发区	78.95	67.40	17.14
温州经济技术开发区	75.32	52.90	42.38
连云港经济技术开发区	75.22	62.63	20.10
秦皇岛经济技术开发区	62.74	45.71	37.26
湛江经济技术开发区	61.05	61.43	-0.62
南沙经济技术开发区	57.87	29.08	99.00
营口经济技术开发区	51.69	48.77	5.99
威海经济技术开发区	49.17	42.93	14.50
惠州大亚湾经济技术开发区	20.02	13.90	44.03
东山经济技术开发区	18.13	18.02	0.61
乌鲁木齐经济技术开发区	16.08	8.21	95.86
以上 31 家开发区合计	**5697.93**	**4474.49**	**27.34**
合肥经济技术开发区	102.00	43.00	137.21
西安经济技术开发区	70.62	50.51	39.81
长沙经济技术开发区	50.80	36.80	38.04
呼和浩特经济技术开发区	37.09	22.77	62.89
成都经济技术开发区	32.80	26.00	26.15
南昌经济技术开发区	32.60	24.04	35.61
昆明经济技术开发区	25.64	23.00	11.48
贵阳经济技术开发区	22.68	21.71	4.47
郑州经济技术开发区	18.60	14.50	28.28
石河子经济技术开发区	11.08	8.83	25.48
银川经济技术开发区	7.70	5.42	36.53
西宁经济技术开发区	2.20	1.98	11.11
太原经济技术开发区	1.80	1.13	59.29

表 2　续表　（单位：亿元）

开发区名称	2001 年	2000 年	增幅(%)
以上 13 家开发区合计	**411.61**	**276.58**	**48.82**

表 3　国家级经济技术开发区 2001 年合同外资金额情况表　（单位：亿元）

开发区名称	2001 年	2000 年	增幅(%)
天津经济技术开发区	22.00	26.40	-16.67
昆山经济技术开发区	13.38	12.40	7.90
广州经济技术开发区	12.96	8.95	44.80
青岛经济技术开发区	9.23	4.86	89.92
宁波经济技术开发区	8.01	4.00	100.25
大连经济技术开发区	6.00	4.52	32.74
沈阳经济技术开发区	5.24	4.14	26.57
杭州经济技术开发区	4.01	2.49	61.04
北京经济技术开发区	2.93	1.50	95.33
长春经济技术开发区	2.52	1.87	34.76
烟台经济技术开发区	2.11	0.90	134.44
南通经济技术开发区	2.10	1.28	64.06
南沙经济技术开发区	1.76	0.59	198.31
萧山经济技术开发区	1.51	1.12	34.82
福州经济技术开发区	1.49	1.38	7.97
哈尔滨经济技术开发区	1.28	0.93	37.63
漕河泾新兴技术开发区	1.20	2.60	-53.85
秦皇岛经济技术开发区	1.13	1.10	2.73
惠州大亚湾经济技术开发区	1.05	1.04	0.96
威海经济技术开发区	0.94	1.06	-11.32
芜湖经济技术开发区	0.88	0.62	41.94
武汉经济技术开发区	0.78	1.39	-43.88
重庆经济技术开发区	0.70	0.15	366.67
上海闵行经济技术开发区	0.68	0.39	74.36
连云港经济技术开发区	0.64	0.25	156.00
营口经济技术开发区	0.63	1.24	-49.19
湛江经济技术开发区	0.57	0.57	0.00
福清融侨经济技术开发区	0.43	0.50	-14.00
温州经济技术开发区	0.27	0.07	285.71
东山经济技术开发区	0.52	0.87	-40.23
乌鲁木齐经济技术开发区	0.26	0.17	52.94
上海虹桥经济技术开发区	0.21	0.73	-71.23
以上 32 家开发区合计	**107.42**	**90.08**	**19.25**
西安经济技术开发区	1.84	1.55	18.71
合肥经济技术开发区	0.63	0.07	800.00
长沙经济技术开发区	0.47	1.55	-69.68
贵阳经济技术开发区	0.38	0.08	375.00
南昌经济技术开发区	0.35	0.06	483.33
银川经济技术开发区	0.30	0.67	-55.22
成都经济技术开发区	0.16	0.64	-75.00
太原经济技术开发区	0.10	—	—

表3　续表　(单位:亿元)

开发区名称	2001年	2000年	增幅(%)
昆明经济技术开发区	0.06	0.04	50.00
西宁经济技术开发区	0.04	—	—
石河子经济技术开发区	0.04	0.06	-33.33
以上11家开发区合计	**5.65**	**5.90**	**-4.24**

表4　国家级经济技术开发区2001年实际使用外资金额情况表　(单位:亿元)

开发区名称	2001年	2000年	增幅(%)
天津经济技术开发区	18.01	10.10	78.32
广州经济技术开发区	5.00	4.85	3.09
青岛经济技术开发区	4.65	2.89	60.90
昆山经济技术开发区	3.75	3.85	-2.60
大连经济技术开发区	3.10	2.22	39.64
宁波经济技术开发区	3.01	1.99	51.26
长春经济技术开发区	2.02	1.12	80.36
福州经济技术开发区	1.88	1.51	24.50
北京经济技术开发区	1.72	0.70	145.71
杭州经济技术开发区	1.62	1.20	35.00
沈阳经济技术开发区	1.49	1.76	-15.34
惠州大亚湾经济技术开发区	1.37	1.19	15.13
漕河泾新兴技术开发区	1.32	0.96	37.50
武汉经济技术开发区	1.01	1.45	-30.34
威海经济技术开发区	0.85	0.55	54.55
烟台经济技术开发区	0.81	0.65	24.62
萧山经济技术开发区	0.80	0.72	11.11
哈尔滨经济技术开发区	0.74	0.69	7.25
秦皇岛经济技术开发区	0.71	0.78	-8.97
上海闵行经济技术开发区	0.70	0.57	22.81
南通经济技术开发区	0.61	0.52	17.31
重庆经济技术开发区	0.60	0.30	100.00
南沙经济技术开发区	0.52	0.34	52.94
连云港经济技术开发区	0.50	0.75	-33.33
湛江经济技术开发区	0.48	0.45	6.67
营口经济技术开发区	0.44	0.32	37.50
上海虹桥经济技术开发区	0.38	0.73	-47.95
芜湖经济技术开发区	0.25	0.19	31.58
福清融侨经济技术开发区	0.23	0.50	-54.00
东山经济技术开发区	0.52	0.42	23.81
乌鲁木齐经济技术开发区	0.16	0.08	100.00
温州经济技术开发区	0.11	0.07	57.14
以上32家开发区合计	**59.36**	**44.42**	**33.63**
西安经济技术开发区	1.84	0.51	260.78
合肥经济技术开发区	0.31	0.12	158.33
呼和浩特经济技术开发区	0.13	0.07	85.71
太原经济技术开发区	0.10	0.10	0.00
南昌经济技术开发区	0.10	0.06	66.67

表4　续表　(单位:亿元)

开发区名称	2001年	2000年	增幅(%)
郑州经济技术开发区	0.09	0.08	12.50
昆明经济技术开发区	0.06	0.03	100.00
贵阳经济技术开发区	0.05	0.04	25.00
成都经济技术开发区	0.04	0.07	-42.86
西宁经济技术开发区	0.01	—	—
石河子经济技术开发区	0.001	0.007	-85.71
以上11家开发区合计	**2.73**	**1.08**	**152.78**

表5　国家级经济技术开发区2001年年出口情况表　(单位:亿元)

开发区名称	2001年	2000年	增幅(%)
天津经济技术开发区	40.35	32.67	23.51
大连经济技术开发区	26.96	23.66	13.95
昆山经济技术开发区	17.96	14.69	22.26
北京经济技术开发区	12.37	1.38	796.38
福清融桥经济技术开发区	11.74	11.34	3.53
漕河泾新兴技术开发区	11.23	9.58	17.22
广州经济技术开发区	9.77	8.97	8.92
宁波经济技术开发区	9.67	8.62	12.18
青岛经济技术开发区	7.34	6.44	13.98
杭州经济技术开发区	4.85	2.39	102.93
福州经济技术开发区	4.60	4.47	2.91
萧山经济技术开发区	4.36	3.73	16.89
烟台经济技术开发区	3.80	3.11	22.19
上海闵行经济技术开发区	3.65	3.80	-3.95
长春经济技术开发区	3.62	3.23	12.07
南通经济技术开发区	3.56	3.48	2.30
南沙经济技术开发区	2.62	2.32	12.93
上海虹桥经济技术开发区	2.46	2.74	-10.22
沈阳经济技术开发区	2.41	2.37	1.69
营口经济技术开发区	2.11	1.79	17.88
温州经济技术开发区	1.85	1.55	19.35
哈尔滨经济技术开发区	1.65	1.94	-14.95
秦皇岛经济技术开发区	1.65	1.56	5.77
惠州大亚湾经济技术开发区	1.46	1.14	28.07
乌鲁木齐经济技术开发区	1.44	0.57	152.63
威海经济技术开发区	1.21	1.11	9.01
湛江经济技术开发区	1.15	1.09	5.50
连云港经济技术开发区	0.76	0.58	31.03
东山经济技术开发区	0.71	0.79	-10.13
武汉经济技术开发区	0.37	0.31	19.35
芜湖经济技术开发区	0.17	0.14	21.43
重庆经济技术开发区	0.09	0.15	-40.00
以上32家开发区合计	**197.94**	**161.71**	**22.40**
合肥经济技术开发区	1.25	0.78	60.26
西安经济技术开发区	0.87	0.81	7.41

表 5　续表 1　（单位：亿元）

开发区名称	2001 年	2000 年	增幅(%)
长沙经济技术开发区	0.40	0.25	60.00
石河子经济技术开发区	0.22	0.01	2100.00
呼和浩特经济技术开发区	0.18	0.08	125.00
昆明经济技术开发区	0.13	0.14	-7.14
南昌经济技术开发区	0.13	0.10	30.00
贵阳经济技术开发区	0.12	0.10	20.00

表 5　续表 2　（单位：亿元）

开发区名称	2001 年	2000 年	增幅(%)
成都经济技术开发区	0.10	0.22	-54.55
太原经济技术开发区	0.098	0.07	40.00
郑州经济技术开发区	0.05	0.09	-44.44
银川经济技术开发区	0.04	0.046	-13.04
以上 12 家开发区合计	**3.498**	**2.56**	**36.64**

（转载自《中国对外经济贸易年鉴·2002》）

附：　国家级经济技术开发区名单

经济开发区

表 1　1995 年前批准设立的 32 个国家级经济技术开发区

序号	开发区名称	所在省	批准时间
1	大连经济技术开发区	辽宁	1984.9
2	秦皇岛经济技术开发区	河北	1984.10
3	天津经济技术开发区	天津	1984.12
4	烟台经济技术开发区	山东	1984.10
5	青岛经济技术开发区	山东	1984.10
6	连云港经济技术开发区	江苏	1984.12
7	南通经济技术开发区	江苏	1984.12
8	上海闵行经济技术开发区	上海	1986.8
9	上海虹桥经济技术开发区	上海	1986.8
10	上海漕河泾新兴技术开发区	上海	1988.6
11	宁波经济技术开发区	浙江	1984.10
12	福州经济技术开发区	福建	1985.1
13	广州经济技术开发区	广东	1984.12
14	湛江经济技术开发区	广东	1984.11
15	温州经济技术开发区	浙江	1992.3
16	昆山经济技术开发区	浙江	1993.5
17	营口经济技术开发区	河北	1992.10
18	威海经济技术开发区	山东	1992.10
19	福建福清融侨经济技术开发区	福建	1992.10
20	福建东山经济技术开发区	福建	1993.4
21	沈阳经济技术开发区	辽宁	1993.4
22	哈尔滨经济技术开发区	黑龙江	1993.4
23	长春经济技术开发区	吉林	1993.4
24	杭州经济技术开发区	浙江	1993.4
25	武汉经济技术开发区	湖北	1993.4
26	重庆经济技术开发区	重庆	1993.4
27	芜湖经济技术开发区	安徽	1993.4
28	广州南沙经济技术开发区	广东	1993.5
29	广东惠州大亚湾经济技术开发区	广东	1993.5
30	萧山经济技术开发区	浙江	1993.5
31	北京经济技术开发区	北京	1994.8

表 1　续表

序号	开发区名称	所在省	批准时间
32	新疆乌鲁木齐经济技术开发区	新疆	1994.8
33	上海浦东新区	上海	1990.6
34	苏州工业园区	江苏	1994.2

表 2　2000 年批准设立的 11 个国家级经济技术开发区

序号	开发区名称	所在省	批准时间
35	合肥经济技术开发区	安徽	2000.2
36	郑州经济技术开发区	河南	2000.2
37	西安经济技术开发区	陕西	2000.2
38	成都经济技术开发区	四川	2000.2
39	昆明经济技术开发区	云南	2000.2
40	长沙经济技术开发区	湖南	2000.2
41	贵阳经济技术开发区	贵州	2000.2
42	南昌经济技术开发区	江西	2000.4
43	石河子经济技术开发区	新疆	2000.4
44	西宁经济技术开发区	青海	2000.7
45	呼和浩特经济技术开发区	内蒙古	2000.7

表 3　2001 年批准设立的 4 个国家级经济技术开发区

序号	开发区名称	所在省	批准时间
46	南宁经济技术开发区	广西	2001.5
47	太原经济技术开发区	山西	2001.6
48	银川经济技术开发区	宁夏	2001.7
49	拉萨经济技术开发区	西藏	2001.9

保税区、出口加工区、经济合作区名单

表 4　12 个国家级保税区

序号	保税区名称	所在省	批准时间
1	上海外高桥保税区	上海	1991.5
2	天津港保税区	天津	1991.5
3	青岛保税区	山东	1992.11
4	张家港保税区	江苏	1992.10

表4　续表

序号	合作区名称	所在省	批准时间
5	宁波保税区	浙江	1992.11
6	福州保税区	福建	1992.11
7	广州保税区	广东	1992.5
8	深圳福田保税区	广东	1991.5
9	深圳沙头角保税区	广东	1991.5
10	汕头保税区	广东	1993.1
11	厦门象屿保税区	福建	1992.10
12	海南省海口保税区	海南	1992.10

表5　3个出口加工区

序号	出口加工区名称	所在省	批准时间
1	上海高桥出口加工区	上海	1990.4
2	厦门海沧投资区	福建	1989.5
3	重庆出口加工区	重庆	2001.6

表6　14个边境经济合作区

序号	合作区名称	所在省	批准时间
1	黑河边境经济合作区	黑龙江	1992.7
2	绥芬河边境经济合作区	黑龙江	1992.5
3	珲春边境经济合作区	吉林	1992.9
4	满州里边境经济合作区	内蒙古	1992.9
5	丹东边境经济合作区	辽宁	1992.7
6	伊宁边境经济合作区	新疆	1992.6
7	塔城边境经济合作区	新疆	1992.12
8	凭祥边境经济合作区	广西	1992.9
9	瑞丽边境经济合作	云南	1992.12
10	畹町边境经济合作区	云南	1992.12
11	河口边境经济合作区	云南	1992.6
12	二连浩特边境经济合作区	内蒙	1993.6
13	博乐边境经济合作区	新疆	1992.7
14	东兴边境经济合作区	广西	1992.6

国家级经济技术开发区简介

大连经济技术开发区

大连经济技术开发区1984年经国务院批准为国家级经济技术开发区。开发区面积达38平方公里，吸引外资项目1310个，其中投资额达1000万美元以上的项目268个，有38个国家和地区在区内投资，投资总额达100.38亿美元。投资较多的国家和地区是日本、香港、美国、韩国和台湾。知名的企业有三洋、东芝、佳能、辉瑞、道达尔、浦项、现代、LG公司等。目前，韩国投资商在大连开发区共投资了140个项目、投资金额达11.10亿美元。

大连开发区奉行“投资者至尊”的宗旨，致力于营造一流的投资环境，吸引国内外高新技术产业和高加工度的工业，以招商、安商、富商为理念。开拓国内外两个市场，使多数投资者都取得了满意的投资回报。几年来，外商投资企业有近一半总增资额达27.5亿美元，投资信心不断增强。

大连开发区与中国东北市场有着密切的关系。在第二轮发展中受到海内外大企业的关注。吸引外资的速度每年均有增长。管委会对信息、电子、新材料、新能源、轻工、食品、精密机械、精细化工、生物工程、海洋工程、环保产业的投资给予政策扶持和特别鼓励。

大连开发区与大连保税区、国家旅游度假区连成一体，基础设施和区域功能日益完善。高科技人才和外商投资企业所需人才在大连云集，大学、科研所与开发区的合作将会对大连经济发展带来无限生机。

秦皇岛经济技术开发区

秦皇岛经济技术开发区于1984年10月经国务院批准设立，规划面积10平方公里。截止1999年底，开发区已累计批准各类项目1682个，其中外商投资项目386个，投资总额22.3亿美元，内资项目1296个，投资总额25.6亿元。目前已有美国、德国、日本、澳大利亚、韩国、新加坡等26个国家和地区的客商来开发区投资置业，初步形成了以冶金、机械、电子、轻纺、精细化工、建材、服装等门类为主的工业体系，并向地产、房产、保税业务等第三产业拓展。一些跨国公司如韩国LG集团、现代集团、泰国正大集团、德国曼内斯曼公司、澳大利亚邦迪国际集团、日本富士通公司等分别在开发区投资。近年来，开发区的经济呈现出强劲增长的趋势，主要经济指标以每年翻一番的速度增长。开发区已成为秦皇岛市的一个新的经济增长点。

秦皇岛经济技术开发区良好的环境以及在环渤海经济圈的独特位置正引起世人的关注。秦皇岛港货运码头的扩建，将为秦皇岛争取亚欧大陆桥第二桥头堡的地位提供更优越的条件。21世纪的环渤海经济圈将成为中国经济最活跃的地区之一。在这一历史机遇面前，秦皇岛经济技术开发区全体员工，为实现第二次创业的目标，将以加倍的热诚和努力，为投资者营造一个更加完善的现代化、国际化的良好环境，与海内外工商企业界各位朋友携手共创美好的未来。

天津经济技术开发区

天津经济技术开发区（以下简称天津开发区）于1984年12月经国务院批准成立，实行特殊经济政策，以兴办外商投资企业为主的区域，是中国吸引外资发展现代工业成绩最显著的新兴新区之一。

天津开发区位于中国北部经济中心——天津市的东

南、与首都北京相距 140 公里，紧靠天津新港，拥有良好的经济技术基础和城市设施。

天津开发区管理委员会代表天津市人民政府实行区域行政管理，机构设置及运作均参照国际惯例，通过制定、实施各项法律和法规，致力于在中国率先建立市场经济体系，以简明高效、服务优质而受到国内外投资者的好评。天津开发区内银行、海关、商检、动植检、卫检、税务、保险、会计师事务所、律师事务所、法院等机构健全，投资者可以简便、快捷地办理所有与投资和企业生产经营有关的事宜。

天津开发区累计批准来自世界 67 个国家和地区的外商投资企业 3216 家，吸引外商投资总额 121 亿美元，世界 500 强企业中有 29 家在这里投资，建立了 48 家企业。

目前，天津开发区已形成了以移动通讯设备、电子计算机、半导体元器件为代表的电子产业群；以汽车零部件、数控机床、电气机械为代表的机构产业群；以酶制剂、胰岛素、饲料添加为代表的生物工程产业群和以食品、饮料服装为代表的仪器轻工产业群。构成了电子、电器、食品、金属制品、机械、化工、塑料制品等八大支柱产业。

展望 21 世纪，天津开发区将建成人才高素质、工业高技术、企业高效益、规划高水平、建设高标准、生活高质量、工业现代化、管理现代化、城市现代化的 21 世纪国际都市新城区。

烟台经济技术开发区

烟台经济技术开发区于 1984 年 10 月 20 日经国务院批准设立，总体规划面积 36 平方公里。目前，基本建成区达 12 平方公里，累计完成固定资产投资 131 亿元，其中基础设施投资 16 亿元。

目前，全区累计签订外资内联项目 777 个，项目投资金额 26.9 亿美元，合同利用外资 14.1 亿美元，实际到位外资 11.3 亿美元。美国多纳勒公司，日本日冷株式会社、电装株式会社，加拿大贝尔国际电讯有限公司，奥地利海湾石油公司，德国贝格特公司、汉高公司，韩国大宇集团，香港华润集团、招商局和港澳中银集团等著名大商社、大财团相继在开发区投资。在引进的项目中，技术先进型和产品出口型的分别达到 60% 和 70% 以上。建区以来，累计开发高新技术产品 167 个，其中有 21 项达到国际先进水平，35 项填补国内空白，48 家企业被认定为省级高新技术企业；先后承担国家和省级“火炬”、“星火”、攻关计划 78 项，兴办各类科研院所 51 家。

现在，烟台开发区已投产企业 245 家，其中三资企业 186 家，形成了机械制造、电子信息、化纤纺织和食品加工等四大支柱产业，精细化工和生物医药等新兴产业发展迅速。以电子网板、首钢电装、大宇重工、嘉利氨纶等为代表的一批龙头骨干企业和以车用空调、金斯波格钢琴、导电玻璃、荣昌肛泰为代表的一批名牌产品的带动作用更加突出。

烟台开发区的教育、医疗、商业、金融等社会服务设施齐全，法制、工商、税务、海关、商检等机构配套，会计、审计、律师、公证等种类社会中介服务机构完善，为中外投资者拓展实业，开展经营活动提供了可靠的保障。

青岛经济技术开发区

青岛经济技术开发区（以下简称青岛开发区）是 1984 年 10 月经国务院批准成立的国家级经济技术开发区。

青岛开发区（包括保税区）位于胶州湾西海岸，与青岛市通过环胶州湾高速公路相连。现有面积 220 平方公里，人口 23 万。这里依山傍海，环境优雅，已初步建成了一个投资环境良好、以外向型经济为主体、经济繁荣兴旺的新城区。

建区以来已累计投入 130 多亿元人民币，建成一批大型能源、交通等配套设施。其中，前湾港为国家一类开放口岸，拥有 510 万吨的集装箱码头、2200 万吨的煤炭、杂货码头、1600 万吨的矿石专用码头和年输油能力 3000 万吨的原油、成品油码头、港口总吞吐能力达到 7310 万吨，将发展成为中国北方的航运中心。这里适合发展运输量大、依赖港口性强的大型临港工业。正在筹备建设的跨胶州湾海上大桥，将进一步改善新区与老市区之间的交通状况。

青岛开发区重点扶持石油化工、建材、医药、家电及信息技术等五大产业。同时，青岛开发区内还有国家级保税区、高新技术产业试验区和省级旅游度假区，因此也适合发展保税仓储、国际贸易、高新技术及旅游业。在投资软环境建设方面，青岛开发区始终坚持以外商投资合法收益最大化为原则，培养造就了一支高素质公务员队伍，基本形成了一整套与国际惯例接轨的投资服务体系。青岛开发区已成为青岛市基础设施最齐全、服务环境最优良、外商投资最集中的地区。

连云港经济技术开发区

连云港经济技术开发区位于新亚欧大陆桥东桥头堡连云港市东部，1984 年经国务院批准为国家级经济技术开发区。开发区规划面积 45 平方公里，目前已开发 6 平方公里。建区以来已吸引了来自日本、美国、德国、意大利、韩国、香港等 35 个国家和地区的外商投资，兴办了 300 多个三资企业，集中分布在机械、电子、化工、医药、纺织、食品、建材等行业。

南通经济技术开发区

南通经济技术开发区于 1984 年 12 月经国务院批准设立，是我国首批 14 个国家级开发区之一。同其他地区相比，南通开发区具有鲜明的区位特点和优势。一是大通道。开发区位处我国黄金海岸线中部，长江入海口北岸，是长江流域联系世界的重要水上通道，随着规划中的苏通长江大桥的建设，开发区将成为中国沿海南北大动脉的重要陆上通道；二是大港口。开发区拥有 11.9 公里长江岸线资源，江面宽阔水深，2 万吨级货轮进出自如。区内建有容积达 70 万立方米的储罐区，各类化工原料充足，储运便捷；三是大用水。开发区频临长江,淡水资源丰富;四是大用地。开发区地势平坦,腹地辽阔,适宜于举办用地量大的各类项目;五是大用工。开发区所依托的南通市是传统文化名城和近代工业发源地之一,工业门类齐全,现代文化教育发达,劳动力资源丰富,各类技术工人和专业人才充足。而且,开发区地处长江三角洲,与上海隔江相望,便于有效接受上海的带动幅射。

开发区实行与国际惯例基本接轨的管理服务体制,区内基础设施配套、功能完善,已成为客商投资兴业理想的“风水宝地”。目前,已吸收包括美国瑞丽、日本丸红、英国帝国化学、法国液空等23个国家和地区的客商在区内投资兴办了外商投资企业200多家。

上海闵行经济技术开发区

上海闵行经济技术开发区是经国务院批准首批14个国家级经济技术开发区之一。总面积为3.5平方公里,经过10多年来的建设,形成了外向型、集约化、跨国公司云集的现代化工业园区。累计引进外商投资项目145个,吸收投资19.62亿美元,平均单项投资额逾1,300万美元,其中1500万美元以上的项目有20个。至今,闵行开发区累计完成销售收入918.3亿元;实现利润98.3亿元;实缴税收71.7亿元,外汇收入53.7亿美元。

在招商引资中,开发区着眼于“增强经济实力,促进技术进步,注重产出效益”,已吸引18个国家和地区的外商投资兴办企业。在外商投资企业中,有40多家是国际著名的跨国公司和大企业集团,其中有28家是全球500强企业。年内,开发区还成功地接待了全球500强企业上海年会的部分企业参会代表。

在开发区总体规划运作时,上海闵行联合发展有限公司按照总体规划要求,妥善处理好道路、区容、绿化、企业发展等关系。开发区良好的投资环境,增强了外商投资的信心,投资者纷纷追加投资,扩大规模或办新企业。

上海虹桥经济技术开发区

上海虹桥经济技术开发区联合发展有限公司是1984年12月31日经中华人民共和国对外经济贸易合作部批准的中外合资企业。

公司于1985年2月14日经国家工商行政管理总局登记注册并核发营业执照,具有中国法人资格。1986年8月经国务院批准为国家级经济技术开发区。

公司经上海市人民政府批准,统一负责虹桥开发区的开发和经营。

经营范围为:组织建设区内市政公用基础设施,负责区内土地的使用管理和收费。

以独资、合资、合作等多种形式从事房地产经营、兴建并出租办公楼、公寓、住宅等,兴建并经营旅馆、餐厅、商场、文体娱乐、交通运输和其它服务性企业。

办理本公司和区内企业的有关进出口业务。

为投资者介绍在区内兴办企业的合资、合作对象和其它委托代办业务。

上海漕河泾新兴技术开发区

上海漕河泾新兴技术开发区是1988年6月经国务院批准的以引进外资、引进国外先进技术、发展新兴技术为主的经济技术开发区。1991年3月,国务院又将漕河泾开发区确定为高新技术产业开发区,总规划面积近6平方公里。

目前,开发区已有各类经济成分企业680家,其中有来自17个国家和地区的高科技生产项目及研究开发机构260家,项目总投资14亿美元,其中外商总投资9.2亿美元,世界排名前500位的28家国际高科技跨国公司已在开发区内设立了35家企业。科技人员创办的技工贸一体化的科技开发型企业300余家,注册资金2亿人民币。还有50多家国有企业。

开发区经历了起步开发和建设投资两个阶段,目前已形成了信息、新材料、现代医药与生物工程等高新技术支柱产业群体,成为上海对外开放的重要窗口和发展高新技术、促进科技成果转化的重要基地,并已逐步建设成为上海引进外资和先进技术,加强上海与国际间交往和技术交流的一个国际化园区,成为上海市出口创汇、进口替代、国产化配套、技术密集型的现代化的工业基地。作为上海发展高新技术及其产业的基地,1999年漕河泾开发区经市政府认定的高新技术企业168家,占上海市高新技术企业总数的22%。

宁波经济技术开发区

宁波经济技术开发区于1984年经国务院批准设立,是国家批准的首批开发区之一,现有面积29.6平方公里,距宁波市区30公里。

经过多年的建设,已批准外资企业465家,总投资41亿美元,其中千万美元以上大项目79个。内资企业4000余家,总投资75亿元。形成了电子、机械、化学、食品、纺织印染等产业群。美国EXXON、Samsonie、DOW化学、欧洲赫斯特、曼内斯曼、易达文具,日本依藤忠、三井、兼松,韩国三星等众多国际著名企业已在我区投资兴业。

一、优越的港口条件。宁波开发区紧临我国大陆四大国际深水中转枢纽港之一的北仑港。北仑港年货物吞吐量9660万吨,居中国大陆港口第二位。每月集装箱航班180多班。

二、完善的基础设施。开发区现有供电能力34万千瓦,日供水18万吨,日供汽200吨。区内交通方便,并有多条国道和省道同宁波市区相连,沪杭甬高速公路、沿海大通道贯穿区内,从开发区驱车至上海市只需3小时。至宁波机场仅半小时车程。

三、较为低廉的投资成本。开发区拥有充足的人力资源,素质高,成本低。区内经过通路、通讯、通电、排水、排污和土地平整的土地出让价每亩约为12万元人民币。大幅减免税外收费,减轻企业负担。

四、服务机构设立齐全。宁波开发区开设银行、保险、海关、商检、税务、运作、与国际市场接轨的良好投资环境。

宁波开发区优先鼓励发展电子信息、生物化工、精密机械三大产业。为此,宁波开发区已开始建设三大产业园区。

福州经济技术开发区

福州经济技术开发区(以下简称开发区)是国务院批准对外开放并享有特殊优惠政策的十四个沿海开放城市经济技术开发区之一,设立于1985年1月,工业开发面积16平方公里,是全国唯一集国家级开发区、保税区、台商投资区和科技园区于一体的对外开放区域;是福建省实行新型管理体制享有开放政策最多,外商投资最密集、经济发展最具潜力的对外开放区域。

十多年来,开发区着力营造国际化的投资环境,投入大量资金进行了基础设施建设,已开发了具备兴建现代工业项目条件的土地10平方公里,引进了一批包括国际上著名跨国公司在内的30多个国家和地区的投资者在开发区内投资,形成了以电子、机械、冶金、轻纺、建材等门类为主的工业体系,并向贸易、旅游、运输、金融等第三产业和现代农业拓展,呈现出强劲的发展势头。独特的人文地理优势和良好的投资环境吸引了众多投资者在此创业并获得成功。

福州市人民政府在开发区内设立福州经济技术开发区管理委员会,代表福州市人民政府对开发区实行统一规划和管理。开发区管委会享有省一级的外资项目审批管理权限,及其赋于投资者的各项优惠待遇均得到了国家和地方法律、法规的保证,开发区奉行的"为投资者提供服务,让投资者依法赢利"的宗旨,为投资者创造了高效、便捷的经营天地。随着海峡两岸经贸往来的进一步发展,福州开发区的近台优势将进一步呈现,我们热忱欢迎海内外各界人士前来考察观光,洽谈商务,共图发展。

广州经济技术开发区

广州经济技术开发区是由国务院批准、于1984年12月成立的首批国家级开发区、总体规划面积为30平方公里。广州高新技术产业开发区是1991年3月经国务院批准成立的首批国家级高新区、总规划面积为27平方公里。两区于1998年8月合署办公,"两块牌子、一套人马",这必将发挥两区经济资源共享、优势互补、联动发展的作用,进一步促进利用外资和高科技产业的发展。

建区以来,按照国家规定的办区方针,大力营造投资环境,发展外向型经济和高新技术产业,经济发展取得较大成绩,已成为广州市现代工业、利用外资和高新技术产业的三大重要基地。目前有来自33个国家和地区的客商投资设厂,工业投资项目达到600多项,其中世界前500强大型跨国公司有55家投资设厂,外资项目的平均投资规模已达到了679万美元。在已开发的区域面积内,工业项目的投资密度达到了415美元/m^2,产出密度达到了1.4万元人民币/m^2人均劳动生产率达到了35万元人民币,每平方米(已开发的土地)土地产生税收达400多元人民币。

广州经济技术开发区之所以取得较快发展,主要是依照国家法律享有的优惠政策和优良的投资环境。除了国家给予的优惠政策外,两区根据经济发展和发展高新技术产业的实际情况,也制定了一些专门的优惠政策和措施。包括地价优惠、技术引进和招商引荐奖励、企业提前投试产奖励、高新技术企业扶持及人才引进和鼓励出口(市场准入)等各个方面。在管理模式方面建立了一套符合市场经济规则和国际惯例的管理方法、体制,并坚持"依法治区,立法先行"的原则,已颁布各类规章100余项,各项工作都做到有章可循,有法可依。

开发区发展总目标是:进一步加快发展外向型经济,大力发展高新技术产业,确保经济建设持续、健康、快速发展,继续在体制创新、产业升级、扩大开放和发挥区位功能方面增创新优势,推动开发区的第二次创业。力争在5-8年的时间内要把广州开发区建设成为一个以高新技术产业为先导,以现代工业为主体,以附加值高的智能型第三产业为支撑的现代化、国际化的综合型经济区。

湛江经济技术开发区

湛江经济技术开发区于1984年11月经国务院批准为国家级经济技术开发区。位于湛江市区中心,总面积9.2平方公里。

湛江东出南海,西临北部湾,南与海南岛隔海相望,背靠大西南,地处北部湾经济圈的中心黄金地带。中国八大深水良港之一的湛江港,是大西南的重要出海口。

湛江经济技术开发区建区以来,依托母城湛江和辽阔的经济腹地,以其良好的投资环境,吸引着越来越多的海外投资者。目前,在湛江经济技术开发区注册的外商投资企业350家,其中投资额在1000万美元以上的企业37家。他们分别来自10多个国家和地区。一批国际知名的跨国公司,其中包括一些世界500强企业,纷纷落户湛江经济技术开发区。湛江经济技术开发区已成为外商在粤西地区投资最活跃的热点。

湛江经济技术开发区管理委员会代表湛江市政府对该区实行区域行政管理。其主业是营造良好的投资环境,其宗旨是为投资者按国际惯例提供优质服务。

温州经济技术开发区

温州经济技术开发区是1992年3月16日经国务院批准设立的三十二个国家级开发区之一,开发区十分注重基础设施和投资软环境的建设。建区八年来,已得到了长足的发展,现已全面完成了国务院批准的5.11平方公里规划面积内的基础设施建设和土地开发任务,一个具有现代化气息的综合工业园区已经形成。1989年经省科委批准设立省级温州高新技术产业园区,规划面积4.33平方公里,并由温州经济技术开发区管委会统一规划、统一管理、统一开发。今年浙江省人民政府批准建立开发区滨海新区，作为温州经济技术开发区的延伸扩大，滨海新区规划面积30平方公里，首期开发6.2平方公里，目前已进入全面的“七通一平”基础设施建设，并已开始向国内外招商。温州市政府对进入开发区滨海新区的企业在地价、户口、税收等方面给予特殊的优惠政策。开发区实行一幢楼办公制度，办事机构精简、齐全、高效，欢迎有识之士前来参观考察，投资兴业。

昆山经济技术开发区

昆山经济技术开发区创办于1985年，1992年被国务院批准为国家级开发区，区域面积28平方公里，东临上海、西连苏州。陆路与京沪铁路、沪宁高速公路、机场路、312国道相连。水路与上海港、张家港、常熟港相通。区内基本实现“七通一平”，汽化率达到78%，绿化覆盖率41.6%。

昆山开发区奉行亲商政策，以信誉和效率为保障，服务设施齐全，服务功能完善。目前，已有美国、欧盟、日本、台湾等40多个国家和地区的549家企业落户，投资额超过3000万美元的有40多家，项目总投资达到41亿美元，协议外资38亿美元，实际到帐资金21亿美元，累计出口创汇41亿美元，昆山已成为中外客商投资的热土。

营口经济技术开发区

营口经济技术开发区位于美丽富饶的辽东半岛中部，渤海辽东湾的东岸。1992年10月国务院批准营口开发区为国家级经济技术开发区，起步区面积为5.6平方公里，近期开发区面积16平方公里，规划控制面积183平方公里。

开发区内的营口港已开发120条航线与40多个国家和地区的140个港口通航，1998年货物吞吐量达1800万吨，进入国家大中枢纽港行列。交通便捷畅达，沈阳-大连高速公路、哈尔滨-大连公路、长春-大连铁路三条主要干线贯穿本区，南北分别距大连、沈阳国际机场200公里左右。能源充足，总装机容量180万千瓦的华能营口电厂发电，可为开发区提供强大的动力供应和高质量的供电保障。资源丰富，营口开发区背靠辽宁中部八大城市群体和广阔的东北腹地，工业基础坚实，劳动力资源充足，人才技术力量雄厚。全区22公里长的海岸线，浪缓沙平，水清沙净，是天然的浴场和水上赛场，被誉为少有的“金沙滩”，驰名中外的旅游胜地。

经过近十年的开发建设，营口开发区基础设施日趋完善。目前累计完成固定资产投资100亿元，其中城市基础设施投入24亿元。5.6平方公里的项目已基本摆满，16平方公里实现“五通一平”，24平方公里内旅游宾馆、外商公寓、娱乐中心、海陆运输、邮电通讯、仓储区、保税库等配套设施初具规模；教育、医疗、商饮、金融保险等服务行业形成网络；海关、商检、外运、外代等涉外机构均已健全。已有24个国家和地区的外商来开发区投资，已批准外商投资项目424个，500万美元以上的项目61个；协议投资总额13.2亿美元，外资实际到位2亿美元；引进内资项目注册资本49.2亿元，初步形成了以工业为主、外资为主、出口创汇为主的经济发展新格局，已经成为一颗镶嵌在环渤海经济圈上的明珠。

威海经济技术开发区

威海经济技术开发区是1992年10月21日经国务院批准设立的国家级开发区，位于第一个国家卫生城、环保模范城、全球最适合人类居住的范例城市之一的威海市南郊，总面积72平方公里，总人口6万多人。

威海经济技术开发区大力营造生态环境、法制环境、人文环境、市场环境、经营环境等投资环境，并建立了金融、生产资料、劳动力、房地产、人才和技术市场等功能齐全的服务体系，区内设立的外商投资服务中心、劳动仲裁、律师事务所等中介服务机构，成为海内外投资者合法权益的可靠保障。“红瓦绿树，碧海蓝天”。开发区大气环境质量地表水及近海海域水质均达到或超过国家一级标准。累计投资20多亿元，用于基础设施配套建设。区内20平方公里范围内十纵十二横道路四通八达，实现了水、电、气、暖、通讯等“七通一平”。威海火车站、新港码头、华能电厂、煤气厂、污水处理厂均坐落于开发区腹地。

威海是中国距韩国直线距离最近的城市，威海经济技术开发区充分利用与韩国的地缘优势，巧打“韩国牌”，实施“借韩兴区”战略。全区合同利用外资额，实际利用外资额，来自韩国的均占近60%。利用外资涉及韩国、香港、美国、日本、英国、印度、台湾等20多个国家和地区，共引进项目1533个，总投资近百亿元。其中合同利用外资6.4亿美元，实际利用外资2.4美元，大宇汽车、大宇电子、威东日食品、豪顿华风机等高科技含量、高创汇、高附加值的外资企业相继运营，形成了汽车、电子、食品、纺织、医药、化工、建材、机械八大支柱产业。

优惠的投资政策，较高的投资回报率，完善的投资环境，优质高效的服务，使威海经济技术开发区成为海内外客商投资置业的乐园。

福清融侨经济技术开发区

福清融侨经济技术开发区创建于1987年，其前身为省级工业区，1992年10月21日经国务院批准为国家级经济技术开发区，规划控制面积28平方公里，目前已开发面积近10平方公里。福清融侨开发区凭借法规完善、政策开明、位置优越、设施完备、多侨近台等诸多优势，成为海内外客商竞相投资的热土、福建闽江口“金三角”的一颗璀璨的明珠。江泽民总书记称之为“不是特区的特区”。

1997年5月29日福建省八届人大常委会批准、6月16日颁布实施的《福清融侨经济技术开发区条例》，给融侨经济技术开发区的发展注入一股强劲的动力。随着条例的颁布实施，今后更完备的法制，更灵活的政策，更优越的环境，将使海内外宾朋来此投资兴业的利益进一步得到切实保障。截至1999年年底，全区累计已批准外商投资企业286家，总投资16.06亿美元；共创产值548.64亿人民币，出口额达46.19亿美元。区内汇集了众多的国际知名企业如林氏集团、德国西门子、英国宇得集团、韩国三星等。

展望未来，融侨开发区将继续奉行开明的招商引资政策，鼓励侨台港澳同胞和国外客商前来我区投资兴业。融侨人愿与众多有识之士坦诚相待，倾力合作，携手并肩，共创伟业。

福建东山经济技术开发区

东山经济技术开发区1993年1月经国务院批准设立，总规划面积10平方公里是中国大陆唯一的海岛国家级经济技术开发区，是大陆距台湾最近的口岸之一。

东山经济技术开发区已完成首期开发3平方公里的建设，拥有一个2.5万吨码头，开通至香港的定期集装箱航班；按照省人大(东山经济技术开发区条例)的要求建立了一级财政、一级金库，行使地市一级经济审批、管理权限，基本完成了全区开发建设的基础性工作，形成一套适合东山开发区建设发展需要的管理体系。做为厦门、汕头两特区之间国家级开发区，东山坚持以对台经贸合作为重点，坚持不懈地抓紧“软环境”建设，实行“一站式”办公、一个“窗口”服务，最大程度地为投资客商提供良好服务，东山华农食品有限公司、欧凯金属制品有限公司、海魁水产集团公司、华广通用器材有限公司等一批大、中规模企业的落户投产，标志着东山经济技术开发区建设进入了一个崭新的发展阶段。

东山经济技术开发区不断解放思想，更新理念，积极开拓，充分利用对台区位，营造一个环境优越、功能齐全的投资新区域。

沈阳经济技术开发区

沈阳经济技术开发区创建成于1988年6月，1993年4月，经国务院批准为国家级经济技术开发区。

沈阳经济技术开发区总规划面积32平方公里，以沈阳环城高速公路为界，东部一期用地4.48平方公里，西部二期用地7.7平方公里，三期规划用地19.82平方公里。

沈阳经济技术开发区是以国家产业为导向，以举办中外合资经营企业、中外合作经营企业和外商独资企业为主，享有中国经济特区优惠政策和灵活措施的经济区域。

沈阳经济技术开发区的发展目标是：以高新技术为先导，以现代工业为主体，二、三产业协调发展，多功能、开放型、现代化、国际化的新型城区。

哈尔滨经济技术开发区

哈尔滨经济技术开发区于1993年4月经国务院批准为国家级开发区。规划面积10平方公里，其中管理服务区1.6平方公里，主要发展高级第三产业和高科技项目；综合工业区面积8.4平方公里，以兴办工业和科技开发项目为主，1998年在区内辟建了我国首家对俄出口加工园区，以黑龙江省和哈尔滨市地缘、人文和产业优势为依托，以开发区为载体，开拓俄罗斯及东欧市场。

哈尔滨经济技术开发区在实现给水、排水、供热、供电、通讯、公路、铁路和土地平整等“八通一平”的同时，还实现了对俄出口加工园区、保税库区、边境贸易口岸与在俄境内的中国名优商品一条街的联动作业。

哈尔滨经济技术开发区现已初步形成六大产业模式。一是以哈飞汽车制造有限公司、哈尔滨东安发动机股份有限公司为龙头的汽车制造业；二是以哈尔滨可口可乐公司、哈尔滨统一企业为重点的食品加工业；三是以伊达药业、江世药业为代表的制药业；四是以侨航通讯公司、双大电子有限公司为代表的电子产业；五是以昆仑商城、新加坡大酒店、名都高尔夫俱乐部为代表的商服业；六是以天顺房地产开发公司、金马集团为支柱的房地产开发业。开发区将不断优化软、硬投资环境，大力发展生物工程、机电、电子等高新产业项目，发展以农副产品、石油化工、林产品为主的资源加工项目、发展老工业技术改造项目，发展以对俄贸易为主的食品、轻工、家电、纺织等行业。

开发区竭诚欢迎各界朋友来开发区做客考察，洽谈投资。

长春经济技术开发区

长春经济技术开发区是1993年4月经国务院批准设立的国家级经济技术开发区，享受沿海开放城市经济技术开发区的各项优惠政策。开发区总规划面积30万平方公里，先期开发建设面积10万平方公里。

开发区基础设施条件良好，周围有装机容量40万千瓦的长春热电二厂，有日供气44万立方米的东郊煤气厂，有日处理水30万吨的中日友好水厂，哈大公路在开发区东侧穿过，通过大连港出海十分方便。开发区自1993年5月5日大规模开发建设以来，共投入资金18.01亿多元人民币用于道路、给水、排水、供电、供暖、通讯等各种基础设施建设，同时还修建了写字楼、海关、学校、医院、宾馆、商场、酒店、别墅区等生产、生活服务设施，满足了广大客商的需要。国际知名的大跨国公司纷纷到开发区投资办企业，如泰国的正大集团、马来西亚的金狮集团、美国的百事可乐公司、德国的海拉公司、英国的皮尔金顿公司等。在开发区注册的内外资企业累计2361户，总注册资本149.51亿元，其中外商投资企业313户，总投资17.059亿美元。全区累计实现国内生产总值213.76亿元，财政收入26.8亿元。如今开发区已形成了汽车零部件制造、电子工业、粮食深加工、生物制药、新型建筑材料等五大主导产业，其中高新技术项目和高附加值产品项目占全区工业总产值的80%以上。一个功能齐全、结构合理、设施完备、环境优美、与国际接轨的现代化新区正在形成。

杭州经济技术开发区

杭州经济技术开发区位于杭州东部市区，钱塘江下游，

1993年4月经国务院批准为国家级经济技术开发区，总体规划建设面积达104.7平方公里。

杭州经济技术开发区已引进16个国家和地区的125家外商投资企业，其中世界著名企业和跨国公司21家。引进外资企业总投资19.22亿美元，协议外资13.87亿美元，实际到位资金7.27亿美元。开发区已初步形成机械电子、生物医药、高科技化工、纺织化纤、轻工食品五大支柱产业。

在跨入21世纪之际，杭州经济技术开发区为了进一步服务企业，提高区内人才素质，占地10平方公里、规划15所大学的浙江高教科研城已在建，与之同时作为开发区21世纪腾飞双翼的浙江省唯一的出口加工区也于2000年4月经国务院批准正式成立，目前正在抓紧建设之中。开发区竭诚欢迎海内外客商来区发展，共图大业！

武汉经济技术开发区

武汉经济技术开发区位于武汉市西南部，离市中心15公里，濒临长江，水陆交通极其便捷。开发区于1991年5月动工兴建，1993年4月经国务院批准为国家级开发区。经过九年的建设，开发区供水、排水、供电、电讯、煤气、供热、道路、铁路等基础设施完善；管理机构实行“一个窗口对外、一条龙服务”；海关、保税仓库、银行、各类事务所、外国专家公寓、医院、外语学校、娱乐场所等服务设施齐全。开发区投资环境优越、自然环境优美，是中国投资环境最好的地区之一。

开发区累计批准外资企业104家，合同投资总额27.58亿美元，实际利用外资15.1亿美元，已有20多个国家和地区的知名公司来开发区投资，世界500强著名跨国公司中已有12家落户开发区。

开发区以中国东风汽车公司和法国雪铁龙公司合资年产30万辆轿车项目为主体项目，以汽车产业和食品饮料、机械、通讯、电子、新材料、轻工、高科技等产业为主导产业，同时全方位发展多种产业。

重庆经济技术开发区

重庆经济技术开发区(以下简称开发区)，1993年4月4日经国务院批准设立，规划面积9.6平方公里，是中国西南地区最早的国家级经济技术开发区。

一、地理位置。开发区位于重庆市南坪地区，东靠渝黔高速公路，西、北面滨临长江。北部有长江大桥与市中心连为一体，中部有正在修建的鹅公岩大桥，使成渝、渝黔高速公路在这里交汇。开发区距重庆空港28公里；距重庆火车站3公里；距重庆客运码头6公里，交通十分便利。

二、发展规模。截止1999年底，已有20多个国家和地区的投资者进入开发区，兴办外商投资企业260余户，投资总额近13亿美元，其中工业企业占69.46%，投资额占74.49%，1000万美元以上的项目有23个，日本的本田、电装、大金、关西，瑞典爱立信，台湾顶新、台塑等国际知名企业，已先后落户开发区。开发区已建成了综合商贸区、电子工业区、丹桂工业区、罗厂湾生活区，正在开发建设回龙工业区，已初步形成机动车及零部件、电子通讯、生物制品和食品工业四大支柱。

三、基础设施。累计投入10亿余元人民币，新开发土地3.2平方公里，同步建设了道路和水、电、气、通信等基础设施。

海关、商检、公共保税仓库等对外经济服务设施完善；中国工商银行、中国银行、建设银行、农业银行和人寿保险、平安保险、太平洋保险等都在区内设立了业务机构；医大附属医院、急救中心等医疗机构与开发区相距不远。

芜湖经济技术开发区

芜湖经济技术开发区1993年4月经国务院批准为国家级经济技术开发区，开发区位于中国东部沿海开放带和长江开放区域的连接点上，是投资者由沿海向内陆地区迈进的黄金跳板，其优越的地理位置、良好的投资环境、按国际惯例办事程序，倍受中外客商的青睐。

芜湖经济技术开发区已开发面积10平方公里，区内已实现“六通一平”。开发区濒临长江，紧靠新建的芜湖长江大桥，周边有电厂、水厂、外贸码头、集装箱码头、铁路编组站、机场等基础设施，毗邻世界旅游胜地黄山、佛教圣地九华山。交通便捷，能源充裕。为保障投资者合法权益，安徽省人大常委会颁布了《芜湖经济技术开发区条例》和项目审批、企业登记、劳动管理、建设规划、国有土地使用权出让和转让的单项配套法规。开发区管委会以“小政府，大服务”的新型机制运作，实行从项目审批、工商注册、规划选址到开工建设的“一站式”优质服务。区内已有18个国家和地区的外商投资企业和国内一批上市公司、大公司进区投资兴业。如德国的曼内斯曼VDO公司、KNAUF石膏板公司、GEA公司，台湾水泥集团、台湾塑胶集团，泰国正大集团和中国一汽集团、安徽海螺集团、广东美的集团、广东科龙集团、福建实达集团等。为鼓励外商投资企业和国内上市公司、大公司进区投资，开发区给予优惠待遇，以支持进区项目的建设和发展。

芜湖经济技术开发区竭诚欢迎海内外投资者前来考察和投资兴业。

广州南沙经济技术开发区

广州南沙经济技术开发区位于中国广东省番禺市东南部、珠江出海口虎门水道西岸，穗港澳金三角的中心，虎门大桥横贯全区，具有优越的地理位置和优美的自然环境。

南沙开发区注重投资环境的完善，累计已投入32亿元人民币进行基础设施建设。先后被国家有关部门批准为一类对外开放口岸，全国科技成果中试配套基地，名列全国投资环境优秀开发区50强。

几年来，已有16个国家和地区的客商到南沙投资，现有外资企业213家，投资总额超13亿美元，实际利用外资近5亿美元。其中超千万美元的项目有45个,项目平均投资额达669万美元。美国通用电气公司和德国巴斯夫公司也先后到南沙落户。

南沙开发区与香港著名实业家霍英东先生联合开发。到目前为止,霍英东先生投入已超过17亿港元用于东部的各项建设。今后数年,他将斥资百亿,用于南沙新区建设。

南沙开发区的目标是建设一座以港口为中心、工业加工、交通运输和旅游服务齐发展,功能齐全,布局合理,文明发达的现代化海滨新城。

惠州大亚湾经济技术开发区

大亚湾经济技术开发区位于广东省惠州市南部，滨临南海,属于广东省经济最发达的珠江三角洲范围。

大亚湾具有天然深水良港，惠州港是国家一类对外开放口岸。可以建设码头泊位200多个,开发潜力可达1.2亿吨。由于大亚湾有着优越的地理位置，具备发展大工业的多方面条件，惠州市政府决定把大亚湾地区发展成为以重化基础工业为主的现代化港口地区。广东省政府也把大亚湾作为重点发展的区域。

1998年2月16日,南海石化项目框架协议签定,壳牌公司将斥巨资与中国合资在大亚湾建厂,是全球最大的石化项目,也是我国目前最大的中外合资项目。这个世界级项目一期工程总投资44.6亿美元,将年产80万吨乙烯,300多万吨化工产品等,它所带来的先进技术和产品,以及产业联动效应,将对惠州市、乃至广东省的经济产生深远影响。

萧山经济技术开发区

萧山经济技术开发区于1993年5月12日经国务院批准设立。规划开发面积18.8平方公里(其中市北区9.2平方公里,桥南区9.6平方公里)。开发区与省会杭州一江之隔,离上海160公里。开发区目前基础设施已达到通路、通电、通水、通讯、排污、供热和土地平整等“六通一平”要求。

萧山经济技术开发区实行国家关于经济技术开发区和沿海开放城市的有关政策，享有各方面的优惠待遇。开发区管委会行使国家级开发区的职权，可直接审批投资额3000万美元以下的工业项目。开发区管委会设有较完善的服务机构,对项目审批、工商登记、土地征用、工程建设、水电供应、职工招收等实行一条龙服务，手续简便，办事高效。海关、商检、金融、外运、保险、医院、邮电、公交和娱乐设施配套齐全。

浙江省人大常委会颁布了《萧山经济技术开发区条例》，可为投资者在萧山经济技术开发区投资提供法律保障。

开发区鼓励发展的产业,包括电子、通信、机电;制药、生物工程;轻纺、机械制造、精细化工、新型材料;资金或技术密集型产业。

优越的地理位置,完善的基础设施,优惠的投资政策和优质的服务功能，吸引了众多海内外投资者落户萧山经济技术开发区。目前,已有16个国家和地区的近150家外商投资企业落户区内,总投资9.1亿美元,合同利用外资6.6亿美元。

萧山经济技术开发区热忱欢迎海内外投资者前来投资兴业。

北京经济技术开发区

北京经济技术开发区于1994年8月25日经国务院批准为国家级开发区，同时也是中国中关村科技园区的重要组成部分。是一个同时享有沿海经济技术开发区优惠政策及国家高新技术产业园区优惠政策并实行与国际接轨的新型管理体制的经济区域。

北京市人民政府在北京开发区设立管理委员会，代表市人民政府对北京开发区的工作实行统一领导和管理，享有与北京市人民政府同等的项目审批权限。

北京市人民政府在今年若干年内,将要加强组织协调,采取有利措施,进一步改善北京开发区的投资环境,培育新的优势，使其成为吸纳高新技术产业，吸纳跨国公司投资，吸纳大型骨干工业企业并致力于发展高新技术产业的重要基地。

北京开发区一期15平方公里的区域，东部是工业区，西部是生活区,中部为公共建筑区。其周边为143平方公里的配套协作区，为开发区及投资商的发展提供了广阔的空间。

据悉,在国家级经济技术开发区投资环境评价中,北京开发区综合经济实力指数由2000年的第12位上升至2001年的第5位,成为我国发展最快的开发区之一。目前,北京经济技术开发区累计完成固定资产投资161亿元，入区企业1055家,投资总额39.84亿美元,其中三资企业单个平均投资1034万美元,是全国三资企业平均投资额的近4倍。同时,高新技术企业成为园区企业主体,产值占工业总产值的89.1%。诺基亚、朗讯、可口可乐、资生堂、松下电工、富士康等80多家著名跨国公司在此落户，其中世界500强企业40家。

乌鲁木齐经济技术开发区

乌鲁木齐经济技术开发区于1993年3月5日破土动工,按照“先地下后地上,小块起步,滚动发展”的建设思路,采取边建设，边招商的运作方式。经过五年的建设，截止1999年底,起步区3.5平方公里范围内的“七通一平”基础设施建设已经完善,已开工建设项目达398个,总建筑面积约达97.8万平方米,竣工面积76.6万平方米,绿化面积达35%,建设投资总额约13.7亿元人民币。

开发区按照“廉政、高效、服务、透明”的办事原则,采取“一层楼办公,一条龙服务”的工作方式审批项目,一般性项目三天内办完全部手续,大型项目六天内办完全部手续,为投资者提供了高效、优质服务的软环境,截止1999年底,共有进区企业903家，其中外商投资企业48家，总投资

49.7 亿元人民币，注册资金 34.5 亿元人民币，其中协议外资金额 10289 万美元。生产性企业 142 个，非生产性企业 761 个。外商投资企业分别来自美国、加拿大、德国、澳大利亚、比利时、意大利、韩国、新加坡、哈萨克斯坦、塞拉利昂、马来西亚等国家和香港、台湾、澳门地区。涉及运输、轻工、纺织、化工、机电、通信、建筑材料、农产品开发、畜产品等行业和高科技、高附加值、出口创汇型产品。

上海浦东新区

浦东新区依靠上海雄厚的经济和社会文化基础，享有上海独特的地理优势、交通优势、人才优势和产业优势，被海内外誉为“连接中国与世界经济的桥梁”。

浦东优势：

1. 独特的国内地理优势

浦东新区地处中国海岸的中点和长江入海口的交汇处，紧靠基础雄厚的上海老市区；背靠物阜民丰的长江三角洲。

2. 优越的国际地域优势

浦东新区面对太平洋，它的扇形面正好对着亚洲经济最发达的国家和地区，这就使浦东新区成为世界了解中国的窗口，是各国投资者进入中国的大门。

3. 便捷的交通优势

上海拥有优良的港口和四通八达的铁路、公路交通网。上海虹桥机场与世界各地的城市都能直接或间接通航，可直达巴黎、纽约等几十个世界大城市。位于浦东新区正在建设中的新国际机场拥有四条跑道，其中第一条跑道已于 1999 年 10 月建成并正式投入使用。

4. 密集的人才优势

上海有 50 多所国家级全日制高等院校、4000 多家研究院所和近百万专业技术管理人员，拥有高层次的人才资源，普通劳动力也具有较高的技术素质。

浦东的四个重点开发小区：

1. 陆家嘴金融贸易区

位于浦东新区中心。规划面积 28 平方公里，重点发展金融贸易和商业。

2. 金桥出口加工区

位于浦东新区中部、规划面积 20 平方公里，主要用于接纳国外投资者兴办各类制造业。

3. 外高桥保税区

位于浦东新区东北部，濒临长江口，规划面积 10 平方公里。是具有保税仓储、商品展示和交易、出口加工等多种功能的综合性国际自由贸易区。首期 6.4 平方公里已封关运行。

4. 张江高科技园区

园区的开发面积将从 17 平方公里扩大到 25 平方公里。目前，园区已初步形成科技创新区、国家微电子信息产业基地和上海软件园联动发展的新格局。

至 2000 年，浦东新区累计城市化地区将达 100 平方公里，其中各重点开发小区开发面积达到约 60 平方公里，陆家嘴金融贸易区要基本形成和聚合国际现代化金融贸易功能；金桥出口加工区形成新兴产业和高新技术企业群；外高桥保税区实现区港合一，形成自由贸易、保税仓储、出口加工区功能等；张江高科技园区重点发展以现代生物与医药、微电子为主的高科产业，形成高科技产业化的基地。

至 1999 年底，有 98 家国际著名跨国公司在浦东投资了 181 个大项目，其中上海通用汽车项目、上海华虹 NEC 微电子项目、上海克虏伯不锈钢卷板项目投资额均超过 100 亿人民币，柯达（中国）股份公司的总投资接近 100 亿人民币。有 21 家跨国公司在浦东新区设立了地区总部。

另外，经国务院同意，浦东新区已经成立中国首批 3 家中外合资外贸企业：中技一鲜京、兰生大宇、东菱贸易。

多元化的金融格局在新区初步形成。目前入驻浦东分行级外资银行已有 41 家，其中来自亚洲地区 19 家，欧洲地区 19 家，北美洲地区 2 家，大洋洲地区 1 家，新区中资金融机构网点数 451 个。

苏州工业园区

苏州工业园区是中国和新加坡两国政府的合作项目。1994 年 2 月 26 日，李岚清副总理和李光耀资政分别代表中新两国政府在北京签署了合作开发建设苏州工业园区的协议，由中新双方共同投资，进行土地成片开发和基础设施建设，并联合进行招商引资，吸引世界各国的工业和其他产业的投资。

苏州工业园区规划面积 70 平方公里，将建成以高新技术产业为先导，现代工业为主体，第三产业和社会公益事业相配套的具有一定规模的现代化工业园区。自 1994 年 5 月正式启动以来，开发建设和招商引资取得了令人瞩目的成就。区内按国际高标准进行规划和建设。基础设施实现了道路、供电、自来水、雨水、污水、供热、供气、有线电视接通、通讯和土地平整的“九通一平”，并具有国际水准的质量和服务，稳定可靠。

至 2000 年 6 月底，已被批准进入苏州工业园区的外商投资企业达 193 家，其中工业企业 162 家，累计已开工建设和投入生产的工业企业有 120 家，全区已累计引进合同外资 71.86 亿美元，实际利用外资 35.57 亿美元。世界 500 强企业中已有 36 家进入园区。这些外商投资形成了以精密机械制造、微电子及通讯信息技术、生物医药、医疗用品、精细化工、轻工等产业群体。

合肥经济技术开发区

合肥经济技术开发区成立于 1993 年 4 月，经国务院批准的国家级经济技术开发区。是全国开发区行政管理体制和机构改革实施试点单位。开发区位于合肥市南 9 公里处，交通便捷，东临骆岗国际机场和沪蓉高速公路，西贴合九铁路，北临 312 国道，南倚巢湖。规划面积 39 平方公里。6 平方公里起步区实现"五通一平",基础设施完备。

合肥经济技术开发区始终坚持以现代工业为主，利用外资为主、出口创汇为主的办区宗旨,致力于发展高新技术产业。截止1999年底,已完成全社会固定资产投资54亿元人民币，其中基础设施完成投资5.6亿元。引进项目149个,总投资104.5亿元人民币,其中外资项目65个,总投资10.12亿美元,协议外资8.89亿美元,到位5.1亿美元,涉及15个国家和地区。新加坡佳通轮胎、日本日立挖掘机、香港兆峰陶瓷、台湾华新电工、泰国正大饲料、美国可口可乐、台湾统一食品、海尔工业园、芬兰水产等一大批现代企业已进入全面投产和部分投产阶段,初步形成了以机械制造、化工、新型建材、食品、轻工、饲料加工等为主的现代工业格局。与此同时,第三产业也快速兴起。省国际会展中心、明珠广场、国际花卉中心、华东建材城、明珠国际保龄球馆、星级国际大酒店、现代少儿活动中心、中锐国际学校、乡村花园别墅住宅区等各类综合设施使开发区功能日趋完善。一个现代新型工业区已初具规模。

郑州经济技术开发区

郑州经济技术开发区创办于1993年4月,是经国务院批准的国家级经济技术开发区。总体规划面积12.5平方公里,由六个功能分区组成的综合型开发区。

母城郑州是开发区发展的坚强后盾。具有以下优势:

1. 区位优势:郑州经济技术开发区是郑州总体规划中东部外向型经济组团的重要部分,既独立于市区之外,又与市区紧紧相连，既可就近利用母城的基础设施和生活服务设施,又留有发展余地。

2. 交通优势:郑州经济技术开发区距国际机场22公里,距陇海线上的圃田站3公里,距郑州铁路东站4公里,距公路货运中心站2.5公里。陇海铁路、107国道、郑许高速公路、环城公路、京珠高速公路环绕开发区四周,区内中央大道即是郑州市的迎宾大道航海路。

3. 环境优势:郑州经济技术开发区西入口已建成和在建两个广场,绿地总面积达100多亩;由市政府兴建的占地600多亩的"世纪公园"紧傍开发区;占地200多亩的开发区中心广场即将建设，这些条件，非但郑州市范围无可比拟,就是在全国也达到领先水平。

4. 政策优势:作为河南省唯一一家国家级经济技术开发区，郑州经济技术开发区拥有国家赋予的一系列扩大开放、吸收外资、鼓励出口、发展高新技术产业的优惠政策,作为郑州市和河南省潜在的外商投资集中区，还享受省市赋予的特殊管理权限，可以对符合产业政策和导向的内外资项目给与充分的扶持。

西安经济技术开发区

西安经济技术开发区位于西安市北门外,未央路两侧,总规划面积9.88平方公里。开发区成立于1993年10月,2000年2月被国务院正式批准为国家级开发区。发展6年来,开发区按照"巢凤相成、滚动发展、高大名扬、求实创新"的建区思路,配套服务设备日趋完善,并在产业发展上形成了自己的特色,引进了一批世界著名公司、著名商标产品入区建设。截止1999年12月31日，共引进入区合同项目193项，总投资115.5亿元人民币，引进外资7.18亿美元(其中欧美日等发达国家投资占60%),实际引资已超过65亿元人民币,其中外资近4.08亿美元,投资规模达5984万元/项,投资强度达420万元/亩。许多世界著名公司和著名公司和著名商标产品如美国可口可乐公司、通用汽车公司、普惠公司、日本三菱电机株式会社、爱丽丝集团、英国罗尔斯罗伊斯公司、太古集团，德国西门子公司，台湾顶新国际集团以及国内著名的山东万杰集团、西安电力集团、西安海星集团、西安飞机公司等都在开发区设立了企业。如今的西安经济技术开发区已经成为海内外投资者在中国西部投资的一片热土。

成都经济技术开发区

成都经济技术开发区，规划面积9.94平方公里，是四川省唯一的国家级经济技术开发区。开发区管理委员会作为成都市人民政府派出机构,行使市级规划、建设、管理等权限。

开发区位于成都市东郊,距市区12公里。成渝高速公路和八条交通主干道横贯或穿越开发区。

基础设施建设已累计投入10多亿元人民币用于道路、供水、供气、通讯和排水、排污等,使开发区已具备接纳现代化大工业进区建设的基本条件。同时,电视台、宾馆、商贸网点、金融中心、医院、学校、专业市场等市政及各类服务配套设施日臻完善,具有优越的投资软、硬环境。截止1999年底,开发区共引进项目408个,建成投产的项目200多个。其中引进"三资"项目77个。外资主要来源于美国、日本、新加坡、马来西亚、奥地利、法国、香港、台湾等国家和地区。开发区年工业总产值达25.3亿元,基本形成了以机械、电子、光学仪器、冶金、建材、医药、精细化工、食品为主的产业结构,日益显示出巨大的发展潜力。

昆明经济技术开发区

昆明经济技术开发区始建于1992年，2000年2月13日，被国务院批准为国家级开发区。开发区位于昆明市东部,总体规划面积13.5平方公里。起步区距离市中心5公里,区域内地域开阔、环境优美、产业配套能力强、生活设施齐备,交通便利;区域内有昆明－河口、昆明－瑞丽、昆明－打洛等3条国家公路干线,以及昆明－南宁、昆明－越南河内2条铁路线通过;开发区距昆明国际机场3公里,离昆明最大的铁路货运站仅2公里,人员及货物进出均十分便利,是在昆明及云南投资工业项目的理想区域。

开发区已形成了以工业为主体、商贸业、旅游业、科技业、房地产业配套发展的新格局。到1999年底,区内拥有各类企业(项目)236个,其中179个项目建成投产,总投资额

48亿元人民币，其中外商投资企业39户，在引进的项目中投资超过1000万美元的项目达12个，一批国内外知名企业如英国莫林斯公司、新加坡KMP公司、泰国正大集团、香港万裕集团、玉溪红塔集团、云天化集团、昆船集团、昆百大集团等企业纷纷投资开发区，形成了一批技术含量高、生产规模大、发展潜力足的新型产业群。1999年，开发区实现总产值19.26亿元，其中工业总产值18.29亿元，国内生产总值6亿元。

开发区的发展方向是：

1. 大力发展光机电一体化、生物食品及生物医药为特色的龙头产业；

2. 加大电子信息产业、现代高效农业、新材料及新型建材业、环境保护产业等领域科技成果转化的力度；

3. 引导和鼓励服装服饰业、贸易业；

4. 带动风险投资业、中介服务业、文化传媒业、教育培训业等知识产业的发展；

5. 配套发展大型商品交易市场、保税仓库、旅游度假、金融保险等第三产业，使开发区成为功能配套、技术先进、环境优美、生活便利、文化丰富的昆明城市东部新区。

开发区作为对外开放的窗口和改革开放的试验区，实行相对封闭的、与国际管理相对接的运行管理模式，实行一个窗口对外、一条龙服务、审批时限承诺制等，为投资者提供高效、快捷、完备的管理服务。

长沙经济技术开发区

长沙经济技术开发区位于湖南省长沙市东郊星沙镇。创建于1992年8月，2000年2月经国务院批准为国家级经济技术开发区。控制面积38.6平方公里。

开发区已投资12亿元人民币用于基础设施建设。同国内外客商签定了307个投资项目。到2001年，区内总产值将突破100亿元大关。具有广阔的开发开放前景。

贵阳经济技术开发区

贵阳经济技术开发区位于贵阳市南隅，总面积38.25平方公里，首期开发面积9.55平方公里，已建成区6.5平方公里，人口12万，其中产业工人6万人，工程技术人员7800人，高级管理技术人才800人，是贵阳市最集中的机电加工工业基地。有8条公路进出开发区，其中2条国道连接广西、四川、重庆、云南、湖南及全国各地。开发区距市中心5公里，距飞机场10公里，现有国内、国际航线24条，毗邻西南最大铁路货运编组站和东站、贵阳客站，西站在本区内。

开发区处于贵阳市南明河的上游，环境优美，气候宜人，年平均温度15.3℃，年降雨量1,200毫米，日照时数1,354小时，年相对湿度大于77%，无霜期270天。

开发区主要优势是工业基础雄厚，资源丰富。有日供水量15万吨的水厂一座、装机容量共350MVA的变电站三座、程控电话装机容量5万门的电信分局、大型综合医院2家、大中专、中小学40余所。已形成以机电工业为主体的工业基地。开发区内有平坦、完整、连片的土地2.98平方公里，已规划为新产业区，中心地带可供商贸、金融、服务和娱乐设施进行综合利用。

贵阳经济技术开发区的区位优势、基础设施优势、工业基础优势，为广大国内外客商提供了理想的投资条件。

南昌经济技术开发区

南昌经济技术开发区，处在中国大十经济带之一的"昌九工业走廊"南端的起点，是江西省和南昌市重点开发建设的外向型经济区域。南昌经济技术开发区位于南昌市昌北新城区的北缘，与老市区仅一江之隔，有新八一大桥、南昌大桥、赣江大桥与之相连。开发区规划面积9.8平方公里，有着独特的区位优势，科学的规划，较完善的基础设施，便捷的交通网络，良好的科教基础，优惠的投资政策，配套的服务体系，是内外客商投资兴业的理想之地。

建设南昌经济技术开发区是拓展南昌市生产力布局，加速江西省经济发展的重大举措，它为老城区产业转移，资源优化配置，产业结构调整创造了十分有利的条件，为高新技术企业的发展提供了新的天地。开发区坚持把基础设施建设放在首位，不断改善投资环境，区内基本实现五通一平。开发区享有区域行政管辖权，开发区的宗旨是：特事特办、一条龙服务，对进区企业实行封闭式管理，为内外客商创造良好的服务环境和法制环境。

南昌经济技术开发区重点规划了欧美国际工业园、港澳台工业园、国有及民营工业园。现已引进"三资"企业近百家，目前正在进一步加大投资力度，加快产业开发建设。在开发区南面，进行了综合配套服务设施建设，正在开辟牛行商贸金融住宅区和碟子湖旅游风景娱乐区。到本世纪末开发区将建成初具规模的新兴产业区和现代化新城区，基本形成南昌市"一江两岸"的城市格局。

石河子经济技术开发区

石河子经济技术开发区位于天山北坡经济带腹地，是1992年经新疆维吾尔自治区人民政府批准设立的，2000年4月经国务院批准升格为国家级开发区。规划、管辖面积20.67平方公里。经过八年的开发建设，一期开发5.3平方公里内的"六通一平"基础设施已日趋完善。至1999年底，开发区注册企业263家，累计完成固定资产投资10.55亿元，注册资本6.96亿元，形成工业加工能力18亿元。工业总产值以年均40%的速度增长。形成了食品、棉纺、建材、制药、精细化工、饲料等工业门类，已有美国、日本、意大利、新加坡等国家和香港、台湾等地区的客商在本区投资。

随着国家西部大开发战略的实施，开发区的市场定位是：以新疆为基点，不断开拓国内外两个市场，对外以中亚、伊斯兰国家、东欧国家为主，着力做好东联西出、联合走"西口"，努力建成为外向型工业加工基地，出口商品集散基地，新疆第一流的旅游、休闲、居住、生活基地。

开发区立足本地优势资源，以高科技、高起点、高效益确立支柱产业，将重点做大以棉纺织为主的纺织工业；以绿色食品为主的食品工业；以生物化工和精细化工为主的高新科技产业和以电子、微电子技术应用为特色的装备制造工业及其它高新技术产业。把全国农垦系统唯一的开发区——石河子经济技术开发区建成一个设施完备、环境优美、独具特色的新型园区，成为“走西口”的“桥头堡”。

西宁经济技术开发区

西宁经济技术开发区是2000年7月3日，经国务院正式批准的国家级经济技术开发区，也是目前青藏高原区域范围内唯一的国家级经济技术开发区。西宁经济技术开发区实行“三为主、一致力”的办区方针，即以工业项目为主、以利用外资为主、以出口创汇为主，致力于发展高新技术产业。把西宁开发区办成青海改革开放的试验地、工业经济的聚集地、高新技术的孵化器、经济发展的排头兵。

依据国务院批复和西宁城市总体规划，开发区第一期开发面积4.4平方公里，控制面积8平方公里，开发区区域范围在西宁市城东区，西起青海民族学院东侧、东至小峡口、北起湟水河、南到南山。按照省、市政府确定的“高、新、远”目标和要求，完成了对开发区的总体规划、控制性规划、修建性规划。按照国家、省和市的产业目录导向，开发区今后的发展目标和重点：一是大力发展盐湖化工、有色金属、石油天然气等资源精深加工产业。二是以高原动植物为主的中藏药、食品、生物化学制品等特色产业。三是生态环保、高新科技、新材料、信息技术等新兴产业。四是大力发展流通、金融、房地产、中介、进出口贸易等配套服务产业。开发区将在省、市政府的领导下实行相对独立、封闭管理的运行体制，努力探索发展经济的新模式和新思路，做到在经济管理体制上大胆创新、在促进经济发展上打破常规、在吸引外资上积极探索、在优惠政策的落实上认真兑现。

有关服务承诺主要有：开发区实行一站式服务，做到“一栋楼办公、一个窗口对外、一条龙服务”，公开办事内容、程序和时限，对投资商申报的事项，凡资料齐全、文件齐备的，内资企业在3个工作日内、外资企业在7个工作日内办结审批手续。

呼和浩特经济技术开发区

东区

呼和浩特经济技术开发区始建于1992年，2000年7月经国务院批准为国家级经济技术开发区。呼和浩特经济技术开发区分东区和西区，东区位于呼和浩特市东郊1.2公里处，规划面积10.97平方公里，北临京包铁路及110国道，距火车站、机场仅5公里，往来及交通运输十分便利。区域内包括工业区、高新技术园区、生活区、行政、商业、文化综合服务区等。

东区几年的建设发展，开发区的软硬环境逐步得到完善。“一站式”、“一条龙”便捷、高效的办事机构和运行机制、“七通一平”的配套基础设施成为中外客商投资的理想区域，国外的投资者充分利用内蒙古的地区资源优势，利用高科技技术生产国内外市场上畅销的产品。投资者分别来自美国、加拿大、日本、韩国、香港、澳门、台湾省等十几个国家和地区，繁荣了开发区经济，优质名牌产品逐渐涌现，“伊诗兰雅羊绒衫”，“大公面粉”，“华联晶体”，“金双歧药业”，“宇航人沙棘油及系列化妆品”等高新技术产品在国内外市场上占据着一定的地位。

呼和浩特市是内蒙古自治区的经济、政治、文化中心。二十一世纪，呼和浩特经济技术开发区将在国家区域经济开发的战略重点西移过程中发挥重要作用。

西区

位于呼和浩特市区西北2公里处，规划面积6平方公里。占用的是砾石荒地，地势开阔平坦，宜开发，省资金，收效快。北靠110国道和呼包高速公路，南临京包铁路，东接呼准二级公路，有两个火车站设在开发区内，五条道路通往市区，距飞机场20公里。便于运进原料，输出产品。

西区地处自治区中西部资源富集区域，周围有上百种储量可观的金属和非金属矿藏以及丰富的农畜土特产品，地下水资源丰富，水质优良，有广阔的资源开发前景和巨大的开发潜力。

西区按用途规划为工业区、生活区、商贸金融区、科教区和旅游风景区。开发区道路呈网格状布局，分主干道、次干道和环路三级设置。

开发区管委会与入区企事业单位共同投资完成供水、排水、供暖、供电、排污、通讯、道路及平整土地的“七通一平”基础设施建设；目前，已建成日供水4万吨水厂、110KV变电站及供暖、供汽锅炉等。同时，建立了精干的办事机构，实行“一站式”管理，“一条龙”服务的高效运行机制。入区兴办的项目多以当地资源开发为主，有石油、化工、塑料、建材、稀土、高岭土、针织、食品、医药及生物工程等工业生产加工项目，并相应建起了学校、医院、饭店、公寓等生活服务设施，形成了多产业、多元化的投资结构。开发区已成为呼和浩特市新的经济增长点，改革的“试验区”和对外开放的“窗口”。

国家级高新技术产业开发区

2001年国家高新技术产业开发区综合发展情况暨国家高新区十年发展报告

科学技术部高新技术发展及产业化司司长 李 健

建设高新区，促进科技与经济结合，是党中央、国务院为迎接世界新技术革命和经济全球化挑战而做出的重大战略部署。二十世纪80年代，伴随着中国的改革开放，中央开始酝酿并开始建设高新区的试验，1985年中共中央作出关于科学技术体制改革的决定，提出选择若干智力密集地区，建立新兴产业开发区。1988年国务院批准建立了北京新技术产业开发试验区(即：现在的中关村科技园区)，这一重大试验给科技、经济界和各级政府一个重要的启示，那就是建设高新区鼓励和引导了中国广大科技人员走出曾经封闭的大学、科研院所，走上了推动高新技术产业化的道路，从而大大加快了科技与经济的结合。1991年3月国务院批准设立第一批26个国家高新技术产业开发区；1992年11月国务院批准设立第二批25个国家高新技术产业开发区；1997年7月国务院又批准建立杨凌农业高新技术产业示范区；目前国务院共批准设立53个国家高新区。

中国高新区的发展一直得到党和国家领导人的高度重视，1991年4月，邓小平同志就欣然题词，号召广大科技人员要"发展高科技、实现产业化"。同年4月，江泽民总书记到成都高新区视察并为高新区题写了区名。党和国家领导人经常视察高新区并作出指示，为国家高新区的发展指明了正确的方向，同时也极大地鼓舞了在高新区从事高新技术产业化工作的广大知识分子和干部群众的热情。

十年来，国家高新区始终高举创新的旗帜，充分发挥政府和市场两方面的积极作用，大力发展民营科技企业，实现了高新技术产业的快速发展。1991年，高新区创建之初，技工贸总收入仅为87.3亿元，2001年，53个国家高新区在国务院批准建设的705平方公里面积上，实现技工贸总收入11928亿元，工业总产值10117亿元，财政收入640亿元，出口创汇227亿美元，上述指标分别是1991年的137倍、142倍、164倍和126倍。国家高新区的快速发展不仅显示出其旺盛的活力，也对国家和地方科技、经济和社会发展产生积极影响。

2001年是邓小平"发展高科技，实现产业化"题词发表十周年，也是批准设立国家高新区十周年，中国高新技术产业及高新区发展面临新的机遇和挑战。缅怀小平题词、总结十年经验，科技部在武汉召开的纪念邓小平"发展高科技，实现产业化"题词十周年暨国家高新区所在市市长座谈会(以下简称武汉会议)，取得了重大成果，李岚清副总理对这次会议十分重视，为大会准备了书面讲话，得到了代表们的重视和响应。科技部徐冠华部长在全面总结国家高新区十年发展成绩和经验的基础上，分析了新时期高新区发展的环境和形势，提出了"十五"期间进一步加快国家高新区发展的指导思想和政策措施，明确了国家高新区实施"二次创业"的战略目标和发展方向，极大的鼓舞并坚定了社会各界的信心和决心。

一、国家高新区十年来取得引人瞩目的成就

十年前，国家高新区依靠改革开放和自主创新，开始了在市场经济尚不充分的条件下对高新技术产业化道路的探索。十年间，国家共批准建立了53个国家高新区。国家高新区主要经济发展指标年均增长率都在60%以上。

1、国家高新区作为中国高新技术产业化的基地，为加速高新技术产业发展和促进经济增长作出了贡献

目前，中国高新技术产业的收入、产值有一半以上来自国家高新区。绝大部分国家高新区已经成为拉动所在城市经济发展的主导力量，如在2000年，苏州高新区的工业增加值在全市工业增加总值中所占比重已达到44%，吉林占39%、绵阳占37%、北京占35%、西安占30%、沈阳占25%等。国家高新区为这些城市国民经济的结构调整和持续、健康、快速发展提供了动力。

2、国家高新区已成为中国科技成果转化和产业化的重要基地，成为培育高新技术企业的摇篮

十几年来，科技企业孵化器从无到有，从小到大，蓬勃

发展。全国目前有各类科技企业孵化器400余家，数量居世界第三位；其中有国家创业服务中心72家、火炬软件园19家、留学人员创业园21家、国家大学科技园22家等等，它们大部分建在国家高新区内。这些孵化机构为广大创业者提供场地、设施和咨询、培训等服务，组织开展风险投资活动，有效地推动了技术、资本与产业的结合。2000年据对131家创业中心统计，现有孵化场地272.1万平方米，在孵化企业7693家，累计毕业企业2770家。科技企业孵化及相关的创新创业服务正在成为一个全新的产业。

3、国家高新区在依靠科技进步和提高劳动者素质发展经济过程中，发挥重要的示范作用

国家高新区从建设伊始就开始探索新的产业发展模式，投入最多的是科技和人力资本。据初步统计，在国家高新区目前294万直接就业人数中，大专以上学历人员占1/3，具有中高级职称人员41万人，还有硕士生5万多人、博士生9千余人、留学归国人员近万人。国家高新区的研发投入一直保持较高的强度。2001年，中国约有1/5的研发资金投入到国家高新区有关企业的创新项目上，区内企业科技开发投入占销售收入比例平均在3%以上。国家高新区以创新和高素质人才为基础，年人均创收37万元、人均利税4.2万元的高产出业绩，远高于全国的平均水平。

4、国家高新区培育和成长起一批有竞争力、有创新活力的高新技术企业

国家高新区通过不断完善区内的软硬环境和建立面向市场经济的运行机制，为创业型企业的规模化成长提供了良好的条件。1991年，国家高新区过亿元的企业仅有7家，国家高新区的全部收入相当于深圳华为公司2000年总收入的一半。而到2001年，在统计的2万多家企业中，年产值上亿元的企业已经达到1539家，上10亿元的企业185家，上50亿元企业30家，上100亿元的企业10家。这些企业近年来将近6000项省部级以上科技成果实现了产业化，使具有自主知识产权和企业自有技术的高新技术产品占国家高新区内产品产值总额约70%。

5、国家高新区培养了一支包括科技企业家、科技专家和管理专家在内的科技产业化大军

国家高新区已经成为中国高新技术产业人才的栖息地，吸引了290多万名各类人才投身到创新创业的事业中来。他们当中已经成长起一批科技型企业家、一批科技专家、一批熟悉高新技术企业孵化、风险投资和高新区管理等方面的专家。这批人才是国家高新区最宝贵的资源，也是中国实施科教兴国战略和人才战略的重要力量。

十年来，在党中央、国务院的统一部署下，各国家高新区所在省、市政府的直接领导下，国家高新区的建设倍受各界关注和支持。在园区基础设施建设、电子信息及其它新兴产业的发展、高新技术产业示范基地建设、“科技兴贸”战略实施和出口基地建设、改造和提升传统产业、投融资、担保活动的开展、管理体制改革、人才交流和培训、城市规划和旧城改造、精神文明建设等诸多方面，都得到了国务院各有关部门强有力的支持。正是由于大家齐心协力，国家高新区正逐渐实现先进生产力和先进文化的交融与共同繁荣。

国家高新区的十年，是改革开放、锐意进取的十年；是只争朝夕、开拓创新的十年。它的建设和发展顺应了当代新技术革命和国际竞争的历史潮流，成为中国在新时期实施科教兴国战略、加快经济建设和产业结构调整，实现两个根本性转变的重要举措。国家高新区的建设和发展，印证了中央战略决策的英明果断，也回报了各地方的努力和创新实践。

二、国家高新区十年发展的基本经验

回顾国家高新区十年的创新历程，之所以取得如此之快的发展，如此显著的进步，主要得益于以下几个方面的经验：

1、地方政府充分发挥了推动高新区发展的积极性和创造性

国家高新区建设与发展的经验是53个国家高新区共同探索与创新的结晶。建设和发展比较好的国家高新区的共同点，即当地领导非常重视。凡是国家高新区发展好、面貌转变快的城市，一定是当地党政主要领导、当地政府把国家高新区的发展当成工作中的头等大事，为国家高新区的改革和发展创造良好的环境和条件。

1996年，前国家科委在西安召开了第一次国家高新区所在市市长座谈会，开始了国家高新区发展的新阶段。五年过去了，在地方党政的领导下，国家高新区的建设和发展与时俱进，发生了一系列的变化。北京中关村科技园区2000年出台《中关村科技园区条例》，率先确立了区域创新政策体系；上海张江科技园区积极探索科技成果转化机制，配套落实科技产业化政策；深圳高新区的“开放式管理”和虚拟大学园的建设；西安高新区“种子基金”设置和国际化的开展；成都高新区“一站式”服务；苏州国家高新区的“小政府、大服务”的管理模式；杨凌农业示范区“省部共建”和“省内共建”的机制；吉林高新区从后进变先进的改革做法等等，都是国家高新区建设和发展经验中的精华内容。

2、高新区将民营科技企业作为发展的内在动力

高新技术产业具有创新和市场机遇双重的不确定性，事先很难预测，因此要求区内企业必须有一个灵活有效的机制。国家高新区大力推动民营科技企业的技术创新和体制创新，使之担当起高新技术产业化的先锋，在区内推行民营科技企业试行的以“自主经营，自负盈亏”等为内容的“六自”方针，促使企业建立起有效的决策、开发、经营、用人、分配等机制，确保企业能够快速适应技术和市场的变化，不断增强市场竞争能力。

大多数民营科技企业都建立了较为灵活的激励机制，以要素参与分配的方式，通过设立技术股、创业股和管理股将企业利益和员工利益融为一体，在企业内部形成了承认人才、尊重人才、留住人才、大胆使用年轻人才的制度和氛围，使企业保持着蓬勃发展的活力。企业的发展壮大，为国家创造了税收，也为社会创造了就业机会。这种新型的政府、企业、社会的协调关系，是国家高新区得以快速发展的重要原因。

3、建立新型的管理体制和市场化的运行机制

良好的管理体制和市场化运行机制是国家高新区得以快速发展的先决条件。许多国家高新区之所以发展迅速，其中最重要的因素就是理顺了管理体制，大胆地进行行政管理制度、劳动人事制度、激励和约束机制的改革，按照市场经济和国际惯例的要求，合理划分政府、企业和社会职能，实行"小政府、大社会"、"小机构、大服务"的管理模式，开发社会化支撑服务体系。很多国家高新区管委会被赋予了规划、建设、土地、财政、工商、税务和项目审批、劳动人事、进出口等省、市级经济管理权限，在区内实行"集中管理，开放运行"，有效地摆脱了旧体制、旧观念的约束，综合设立机构，并创造出"一站式"、"一网式"管理和"一条龙"服务等成功经验，简化办事手续，精简办事人员，为高新技术企业提供优质、高效的服务。

4、以提高市场竞争力为目标，强化企业的持续创新能力

为适应高新技术产品技术更新快、市场竞争激烈的挑战，企业必须将自身的发展立足于创新能力之上。在国家高新区内成功的高新技术企业都不惜重金吸引高素质的科技人才和企业管理人才。根据企业的发展需要设立自主的或者合作的研发机构，强化技术创新能力。目前，中国高新技术企业的研究开发投入占销售额的比重低的3%左右，高的达到30%。2001年国家高新区企业的技术开发投入占全年总收入的3%以上，与中国一般企业远不到1%的平均水平，形成了鲜明对照。这些投入或者用于自主研究开发，或者用于引进国外技术的"二次开发"。证明企业面对市场进行自主开发、自主创新，是形成企业生存能力和竞争优势的根本点。

5、有效地发挥创新人才，特别是青年人才的积极作用

人是生产力发展的决定性力量，对于先进生产力更是如此。国家高新区的主要政策都是以发挥人才创新作用为取向，同时利用各种手段为创新者提供施展才华的舞台和服务，引导企业强化激励机制，灵活地留人用人。国家高新区产业最显著的特点是创新速度快、范围广、参与要素多，在生产方式、经营方法上与传统产业相比都有革命性变化。高新技术企业成功的关键是人才作用的发挥，而且高技术产业的特点决定了首先要大胆起用青年人才，正是这样一批有志、有为的青年人才将创新的活力注入了新兴的高科技企业。

三、国家高新区为"发展高科技，实现产业化"发挥越来越重要的支撑作用

国家高新区十年来取得引人瞩目的成就和经验不是偶然的，正如江泽民总书记的精辟论断："本世纪在科技产业化方面最重要的创举是兴办科技园区。这种产业发展和科技活动的结合，解决了科技与经济脱离的难题，使人类的发现或发明能够畅通地转移到产业领域，从而实现其经济和社会效益"。明确了国家高新区在"发展高科技，实现产业化"中的战略地位和作用。

1、国家高新区的建立和发展体现了具有中国特色高新技术产业的客观规律

高新技术产业具有高风险、产品生命周期短、技术更新快等特点，高新技术创新成果如果不能迅速实现产业化就会衰亡。针对高新技术产业的特点，高新区把着力点放在营造一个良好的创新与实现产业化的环境。特别是在中国目前经济基础仍比较薄弱，市场体制不完善的条件下，高新区把有限的人力、物力、财力集中起来，形成一个局部优化的软硬件环境，以适应高科技产业技术更新快，产品生命周期短的要求。集中建设国家高新区就是为了创造这样一个局部优化环境，使高新技术尽快实现商品化、产业化和国际化。同时，这种局部的优化环境和集中发展可以实现高新技术产业所必需的聚集效应，即提供一个有利于技术、人才、信息、资金等集成和交流的市场环境，有利于各种生产要素在一个局部范围内通过小企业的生生死死更快地实现要素转移和新的优化组合，从而促进有市场竞争力的高新技术企业得以成长和发展。

中国当前尚处在从计划经济向市场经济转轨的进程中，在市场条件、法规环境、基础设施、人的创新意识和社会文化氛围方面，现实国情还不能完全适应高新技术产业化的要求。因此，充分发挥政府的宏观引导和调控作用，营造一个局部优化的产业化要素聚集的软硬环境，就显得格外重要。建设国家高新区，完善必要的环境，进行必要的引导，是政府的职能。实践证明，只要政府力量和资源运用得当，即使相对落后的国家和地区，也可以实现高新技术产业的快速发展。高新技术企业只要有好的体制和机制，有持续创新能力和正确的市场策略，就能够从小到大，在激烈的市场竞争中迅速得到发展。

2、民营科技型中小企业灵活的运行机制加快了高新区内高新技术产业的发展

世界各国发展高技术产业的实践表明，从小到大，滚动发展是市场经济条件下，高新技术企业发展的基本规律。只有通过市场竞争的优胜劣汰生存和发展起来的企业才具有竞争优势。因此，高新技术小企业是孕育大企业的摇篮。与传统的国有企业相比，民营科技型中小企业在运行机制上具有明显的优势。这类企业以市场需求作为创新的动力，决策机制灵活，管理成本低，重视人才，各种激励措施比较到位，在技术变化比较快的高新技术领域占有独特的机制优势。能够适应国内外不断变化、多样化的市场需求，迅速做出反应，调整方向，生产有市场竞争力的产品。

因此，在社会主义市场经济条件下，发展民营中小型高科技企业有着十分重要的意义。这种具有快速市场反应能力和创新能力的中小科技企业，以及在这些中小科技企业

基础上，在激烈的国内外市场竞争中形成的高新技术大企业，必将成为中国加入世贸组织后国民经济发展中一个重要的支撑点。

3、高新区的聚集效应促进了地区竞争优势的形成

纵观世界科技工业园区发展的历史，世界经济发达和一些发展中国家通过建立高新区来促进科技与经济结合，发展高新技术产业，进而不断提高国家竞争力，并且都不同程度地获得成功。其根本原因就是在有比较优势的地区，通过完善创新创业和投资环境，吸引和聚集包括人才、技术、资本、市场、信息、文化等多种良好的科技产业资源，产生了巨大的聚集效应(即 $1+1>2$ 的效应)，并不断带动了周边地区的发展。中国高新区的聚集效应主要体现为：(1)通过靠近专业的物质投入和信息、设施互补等可以提高生产效率；(2)可以改善激励和绩效的评估机制，并以此促进竞争；(3)提高创新能力和有助于创新成功；(4)降低新企业形成的障碍，营造提高效率的环境；(5)为企业的人才交流创造了方便的条件；(6)加快了企业的并购和重组。

高新区的建立使科技力量密集的局部区域通过进行科技体制、经济体制和行政管理体制等方面的改革与创新，将各种科技产业资源构成地区的创新优势，对保障地区经济持续稳定的发展发挥重要作用。

四、国家高新区发展中的不足方面

国家高新区在向前发展中，取得了优异成绩，但也存在若干不足。具体分析为：

1、现有政策尚未完全落实，新的政策尚待制定

技术创新大会和《中共中央、国务院关于加强技术创新，发展高科技，实现产业化的决定》(以下简称《决定》)提出的产业扶持政策还没有完全落实；鼓励科技人员兴办高科技产业的激励政策有些还难以实施；科技型企业的产权激励政策尚在调研协调之中等。同时，国家支持的科研项目所获专利的归属、建立健全技术转让机制、高技术产业产权和资本重组机制等重大政策也尚待制定。

2、创新能力有待提高

长期以来，由于科研体制、奖励导向、激励机制及投入存在的问题，导致各类科研机构原始创新较少，出现了有资金、无好项目的现象。另外，我们的企业和科研机构还缺乏专利战略的观念，没有制定相应的管理制度和激励政策。国外大公司在专利方面对中国企业和各类创新机构的封堵和扼制，中国高新技术企业面临日益严峻的挑战。

3、国家高新区产业化体系尚未形成

高新区中介服务体系发展滞后，中介服务机构的数量、种类比较少，和高速发展的产业相脱节。据反映，目前有相当多的社会投资资金闲置，而众多科技型中小企业拿不到钱，这里的原因很多：有尚未建立风险投资退出机制的因素、有投资渠道不畅的因素、有信息交流不够的因素，有评估、法律机构不发达的因素等等，总之是由于中介服务体系、特别是风险投资体系尚不健全，导致了产业化效率、投资效率不高。

4、人才队伍建设尚待加强

高新技术产业化需要各类人才的参与，当前，特别急需经营管理和中介服务人才。在科技企业中科技人员又当技术开发者、又当老板、又当推销员的现象是不正常的，这是市场经济不发达、专业化分工程度低的一种表现。

5、高新区发展不平衡

由于高新区所在城市的工业基础、经济实力、智力资源等方面存在较大的差距，这个问题从国家高新区创办开始就存在，随着高新区的发展有加大的趋势。原来的不平衡表现在国家高新区之间，只是几倍、十几倍的差距，而现在这种差距已经扩大到几十倍、近百倍。这样发展下去，不仅对地方经济发展不利，而且将加剧区域发展的不平衡，影响国家综合国力和竞争力的提高。

高新区应对这些自身存在的不足，将把更多的注意力用来检查和分析以什么样体制、用什么样的人来建设和发展国家高新区等一系列深层次的问题，并且积极寻找解决问题的办法。

附：中国高新技术创业服务中心

创业服务中心，又称企业孵化器，是于50年代末起，伴随着新技术产业革命的兴起而发展起来的。企业孵化器为创业者提供了良好的环境和条件，帮助创业者把发展和成果尽快形成商品进入市场，提供综合服务帮助新兴的小企业成熟长大形成规模，为社会培养成功的企业和企业家。由于在培养新的经济增长点方面发挥了富有成效的作用，企业孵化器这种形式在全世界范围内得到了较快的发展。

中国的高新技术创业服务中心，是在借鉴国际上企业孵化器的成功经验基础上，结合中国国情建立和发展起来。经过10年发展，创业中心已经成为高新技术产业技术创新体系的主要组成部分，是促进科技成果转化、培育和发展高新技术企业和企业家的基地。目前全国共有创业中心100余家，其中国家级创业中心38家。

创业中心的主要类型有：1. 综合性孵化器，2. 专业孵化器，3. 大学园区，4. 海外学人创业服务中心，5. 国际企业孵化器，6. 企业孵化器网络

国家级创业服务中心名单

1. 天津市科技创业服务中心
2. 重庆高技术创业服务中心
3. 成都高新技术创业服务中心
4. 西安高新技术创业服务中心
5. 哈尔滨高新技术创业服务中心
6. 长春科技创业服务中心
7. 武汉东湖新技术创业服务中心
8. 大庆高新技术创业服务中心
9. 北京高技术创业服务中心
10. 苏州高新技术创业服务中心
11. 北京市新技术产业开发试验区丰台园区科技创业

服务中心

12. 北京市新技术产业开发试验区海淀创业服务中心
13. 石家庄高新技术创业服务中心
14. 保定高新技术创业服务中心
15. 沈阳市高科技创业中心
16. 大连市高新技术创业服务中心
17. 上海市科技创业中心
18. 上海漕河泾新兴技术发展中心
19. 南京科技创业服务中心
20. 合肥高新技术产业开发区创业服务中心
21. 江西赣昌高新技术创业服务中心
22. 济南高新技术创业服务中心
23. 威海高技术创业服务中心
24. 洛阳高技术创业服务中心
25. 成都高新区技术创新服务中心
26. 贵阳高新技术产业开发区创业服务中心
27. 昆明高新技术创业服务中心
28. 宝鸡高科技创业服务中心
29. 包头科技创业服务中心
30. 吉林高新技术创业服务中心
31. 上海张江高新技术发展促进中心
32. 江苏省高新技术创业服务中心
33. 无锡高新技术创业服务中心
34. 常州市科技创业服务中心
35. 济宁高新技术创业服务中心
36. 郑州高新技术产业开发区创业服务中心
37. 株洲高新技术产业开发区创业服务中心
38. 沈阳高新技术创业服务中心

附： 国家高新技术产业开发区名单

序号	开发区名称	所在省	批准时间
1	中关村科技园区	北京	1999.6
2	武汉东湖新技术开发区	湖北	1991.3
3	南京高新技术产业开发区	江苏	1991.3
4	沈阳高新技术产业开发区	辽宁	1999.3
5	天津新技术产业园区	天津	1991.12
6	西安高新技术产业开发区	陕西	1991.3
7	成都高新技术产业开发区	四川	1991.3
8	威海火炬高技术产业开发区	山东	1991.3
9	中山火炬高技术产业开发区	广东	1994.4
10	长春高新技术产业开发区	吉林	1991.8
11	哈尔滨高新技术产业开发区	黑龙江	1991.3
12	长沙高新技术产业开发区	湖南	1991.3
13	福州高新技术产业开发区	福建	1991.3
14	广州新技术产业开发区	广东	1991.3
15	合肥高新技术产业开发区	安徽	1991.3
16	重庆高新技术产业开发区	重庆	1991.3
17	杭州高新技术产业开发区	浙江	1991.3
18	桂林高新技术产业开发区	广西	1991.3
19	郑州高新技术产业开发区	河南	1991.3
20	兰州高新技术产业开发区	甘肃	1991.3
21	石家庄高新技术产业开发区	河北	1991.3
22	济南高新技术产业开发区	山东	1991.3
23	上海高新技术产业开发区	上海	1992.7
24	大连高新技术产业开发园区	辽宁	1991.3
25	深圳高新技术产业开发区	广东	1996.9
26	厦门火炬高技术产业开发区	福建	1991.3
27	海南国际科技工业园	海南	1991.3

续表

序号	开发区名称	所在省	批准时间
28	苏州高新技术产业开发区	江苏	1992.11
29	无锡高新技术产业开发区	江苏	1992.11
30	常州高新技术产业开发区	江苏	1995.11
31	佛山高新技术产业开发区	广东	1992.11
32	惠州高新技术产业开发区	广东	1992.11
33	珠海高新技术产业开发区	广东	1992.11
34	青岛高新技术产业开发区	山东	1992.11
35	潍坊高新技术产业开发区	山东	1991.3
36	淄博高新技术产业开发区	山东	1992.11
37	昆明高新技术产业开发区	云南	1992.11
38	贵阳高新技术产业开发区	贵州	1992.11
39	南昌高新技术产业开发区	江西	1992.11
40	太原高新技术产业开发区	山西	1992.11
41	南宁高新技术产业开发区	广西	1992.11
42	乌鲁木齐高新技术产业开发区	新疆	1992.11
43	包头稀土高新技术产业开发区	内蒙古	1992.11
44	襄樊高新技术产业开发区	湖北	1992.11
45	株洲高新技术产业开发区	湖南	1992.11
46	洛阳高新技术产业开发区	河南	1992.11
47	大庆高新技术产业开发区	黑龙江	1992.9
48	宝鸡高新技术产业开发区	陕西	1992.11
49	吉林高新技术产业开发区	吉林	1993.11
50	绵阳高新技术产业开发区	四川	1992.11
51	保定高新技术产业开发区	河北	1992.11
52	鞍山高新技术产业开发区	辽宁	1992.11
53	杨凌农业高新技术产业示范区	陕西	1997.7

国家高新技术产业开发区简介

中关村科技园区

中关村科技园区是中国最大、世界少有的科教智力资源密集区。这里有以北京大学、清华大学为代表的各级、各类高等院校68所,在校大学生30万人;有以中科院研究院所为代表的各级、各类科研机构213家,两院院士人数占全国院士总数的37%,每年产生辐射全国的高水平科研成果数千项;建有亚洲最大的国家图书馆;是全国最大的软件生产基地。中关村具备了率先发展知识经济的明显优势和巨大潜力。建设中的中关村科技园区包括海淀园、丰台园、昌平园、电子城科技园和亦庄科技园,中心区规划面积约75平方公里,发展区规划面积约280平方公里。园区内有以联想、四通、方正等为代表的高新技术企业6000多家,其中有IBM、微软、三菱等国际著名跨国公司设立的研发机构和投资的企业1000多家。国家和北京市政府制定实施了一系列力度更大的扶持政策,为建设具有中国特色的世界一流科技园区奠定了重要基础。海淀园位于被誉为"科学城"的中关村地区,规划面积340平方公里。区内有高新技术企业4500多家,现已形成以电子信息、生物工程、光机电一体化和新材料为主的高科技产业结构。昌平园位于昌平区,规划面积5平方公里。现有入区企业500多家,已形成以新医药和生物工程为主的高科技产业结构。电子城科技园位于酒仙桥,规划面积10.5平方公里。作为老工业改造基地,重点发展以电子信息为主的高新技术产业。丰台园位于丰台区,规划面积5平方公里。有高新技术企业1000多家,基本形成以光机电一体化为主导的高科技产业基地。亦庄科技园位于京津塘高速公路起点处,规划面积7平方公里。作为外向型经济为主的技术密集型产业基地,重点发展光机电一体化和生物医药等高新技术产业。良好的创业环境,园区内有圆明园、颐和园、香山、卧佛寺等风景名胜区,具有得天独厚的自然与人文环境。中关村地区汇集了一批可向社会开放的国家重点实验室和工程技术研究中心,基本形成了适合高新技术产业发展的社会化服务体系。这里还汇集了一批金融机构、律师事务所、会计师事务所、人才交流机构和技术交易市场;园区已建立了功能完善、服务配套的孵化器网络体系;政府有关部门在此设立办事窗口,为企业提供"一站式"办公服务。

近期重点规划建设项目包括:贯穿东北与西北郊的城市轻轨铁路;中关村西区高科技商贸中心和中关村城的改造;国家级软件园、中关村生命科学园和北大生物城;高速宽带多媒体信息网。为高新技术企业和科技人员创造良好的发展环境。

武汉东湖新技术开发区

武汉东湖新技术开发区始建于1991年,新技术是开发区的发展核心及武汉市科技城的主体。开发区管委会主导园区的发展规划和政策管理,行使政府职能。武汉东湖高新科技工业园位于文化氛围浓厚的武汉市区东南部,北邻华中理工大学、武汉城市建设学院和马鞍山国家森林公园,南接汤孙湖旅游区,风景优美,环境质量上乘。开发区周边聚集了23所大专院校、56个科研院所、9个国家重点实验室、7个国家工程技术中心及十余所中专技工学校。高校设有1000多个专业,涵盖几乎所有自然科学及社会科学领域,每年科研项目8000余项,有400多项科研成果通过鉴定。共有专业技术人员10万余人,每年培养8万名大学毕业生、2万名硕士研究生、1200名博士研究生及大批熟练的技术工人。平均每平方公里科技人员达到5000人,其单位面积内智力密集度仅次于北京中关村地区,人才资源极为丰富。

开发区产业发展布局合理,特色鲜明。目前,信息产业园、生物工程园、大学科技园、软件园、新材料园、环保工业园"六园"协调发展的产业格局已基本奠定,中国最大的光纤光缆生产企业、综合实力最强的光通信产业基地、国家火炬计划湖北软件产业基地、以及亚洲最大的生物农药技术中心和中试基地都先后在科技工业园落户。青年科技园、民营科技园的独特概念更吸引了许多青年创业者、民营企业家前来建功立业。开发区现已建成4平方公里新区,区内集中了武汉市的各类大中型高科技企业60余家,1998年实现科工贸总收入80亿元,占开发区总收入的60%以上,成为武汉市经济可持续发展的强大助推器。1999年,为进一步加快开发区建设,省市政府决定以科技工业园为基础,至2005年开发区区域拓展为10平方公里,2015年拓展为30平方公里,建成产、学、研于一体的集通讯、生物医药、电子、计算机软件、激光技术和环保技术六大高新技术产业基地,并以高科技为手段,依山傍湖配套建设商贸、居住、教育、旅游等设施,形成对整个区域经济产生强烈的辐射作用和示范作用的21世纪武汉前瞻性科技新城区。

南京高新技术产业开发区

南京高新技术产业开发区由江苏省人民政府和南京市人民政府共建,1988年9月1日破土动工。1991年3月6日被国务院批准为国家高新技术产业开发区。

南京高新区地处长江北岸,规划面积16.5平方公里,目前进区企业1000余家,其中外商投资企业100多家。2001年实现技工贸收入340亿元,工业总产值335亿元,新增GDP占全市新增值中接近20%。

南京高新区依托南京地区雄厚的科技力量和工业基础，坚持以发展高新技术产业为主，在电子信息、生物工程与医药、新材料和航空航天等四个产业现已具有一定规模，是南京市重点发展的两大产业——电子信息和生物工程与医药的集中地和生产基地。区内拥有150多家高新技术企业，占全市高新技术企业总数的75%，其产值占全区技工贸总收入90%。

南京高新区目前正按照建设“园林式高科技园区和高尚生活社区”总体目标，加快开展建设，为江苏省和南京市新技术产业发展创造更好条件。

沈阳高新技术产业开发区

沈阳高新技术产业开发区（原沈阳南湖科技开发区）是国务院首批批准的国家级高新技术产业开发区，也是国家科委和国家体改委确定的全国五个综合改革试验区之一。开发区内智力资源丰富，交通通讯便捷，自然环境优美，服务设施齐全。到2000年底，沈阳高新区已与22个国家和地区建立了广泛的交流合作关系，外商投资企业达480余家。世界著名的跨国公司如美国的通用汽车、康柏、升阳、北方电讯、贝尔、东芝、NEC、LG电子等企业相继进区。作为东亚科技园区协会的发起成员单位，沈阳高新区不断加强与国际高科技园区合作与交流，在与美国硅谷、加拿大魁北克、芬兰坦佩雷、日本神奈川、新竹等科技园区建立友好园区的同时，于2000年9月15日—16日成功举办了第四届东亚科学园年会暨2000年国际科学园协会亚太分会，这次会议是在中国北方首次召开的世界范围内科技园区、科技创业者的国际性科技盛会。到会38个国家和地区的360名科技园区的代表。成立了具有里程碑意义的“亚洲科学园协会”，发表了《沈阳宣言》。目前，沈阳高新区已形成了以东软集团、三宝电脑等企业为龙头的电子信息、以新松机器人和数控机床为代表的光机电一体化、以协合集团、医大制药等为主体的生物制药和以中科院金属所、金昌普公司等为标志的新材料高新技术产业框架。拥有全国第一家软件上市公司——东大阿尔派股份有限公司；全国最大的机器人工程科研制造中心；全国重要的以纳米技术为主体的新材料基地；年产PC整机180万台、主板300万片的三宝电脑生产基地；全国最大的面包车生产基地——金杯通用汽车公司。沈阳高新区已成为辽沈地区发展高新技术产业的重要基地和对外开放的重要窗口。

沈阳市浑南新区的开发建设于2001年10月15日正式启动。依托沈阳高新技术产业开发区建设浑南新区，是沈阳市委、市政府面向新世纪、迎接经济全球化而采取的重大战略举措。按照国务院2000年1月10日批准的《沈阳市城市总体规划》，浑南新区为沈阳市中心城区的组成部分。享有国家高新技术产业开发区的所有优惠政策。

天津新技术产业园区

天津新技术产业园区是国务院批准的首批国家高新技术开发区之一。面积21.85平方公里。由三个部分组成：华苑产业区位于市区西南部，起步区2平方公里，可开发土地10平方公里；政策区位于本市智力密集区，天津大学、南开大学等九所高等院校及近百所科研机构聚集于此；沿京津塘高速公路产业带辐射区，现有武清科技工业园、北辰科技工业园。几年来，园区已建高新技术企业2752余家，职工4.49万人，技工贸总收入累计突破100亿元，创利税14.06亿元。现有高技术产品3000余种，产业发展领域为：电子与信息工程、光机电一体化、生物工程、新材料、新能源、海洋工程技术及其它在传统产业基础上应用的新工艺、新技术。

西安高新技术产业开发区

西安高新技术产业开发区是国务院1991年3月批准设立的国家级高新区，座落在南郊著名的科教文化城内，距西安航空港35公里，距铁路客运站7公里，距市中心5公里，交通便捷。西安高新区规化面积30平方公里，其中集中新建区15平方公里。经过九年的建设和发展，高新区已完成了5平方公里的基础设施配套，累计开工建筑面积422万平方米，峻工面积275万平方米，投入基本建设资金452亿元。累计创办科技企业2400多家，其中高新技术企业575家，转化科技成果3200项，初步形成了电子信息、光机电一体化、生物医药、新能源、新材料等五个主导产业。

国际合作快速发展：到2000年8月底，已有20多个国家和地区的外商在西安高新区投资创业企业近400家，投资总额10多亿美元。世界著名的500家企业已有10多家在西安扎根落户。机遇面前，西安高新区以大手笔迎接大开发，由滚动发展转向成片开发和规模化发展。今年西安高新区将着力建设长安科技产业园、国家级西安软件园、国家级高新技术产品出口加工基地、西安医药工业园、西安交大科技产业园、西北工业大学科技产业园、西安电子科技大学科技产业园和西北大学等8所大学合作的大学生物医药科技园，拓展发展空间，扩大产业规模。

成都高新技术产业开发区

始建于1988年。1991年3月被国务院批准为国家高新技术产业开发区。1993年被评为全国先进高新技术产业开发区。1994年被评为四川省先进开发区。1998年获全国火炬先进管理奖。省市共建科技经济特区，行使市级管理权限。面积47平方公里，人口16万。已经形成一区多园的管理模式。初步形成电子与信息技术、生物医药工程与现代食品三大主导产业。

威海火炬高技术产业开发区

威海火炬高技术产业开发区是1991年3月经国务院批准，由国家科委、山东省政府和威海市政府三方联合创办的国家级高技术产业开发区。开发区座落在威海市区内，位于市区西部，总面积39.8平方公里，距威海港4公里，火车站10公里，飞机场30公里。经过几年的开发建设，威海高新区10平方公里的基础设施已经完成。一个设施齐全、环境优美，集科技、教育、文化及高新技术产业为一体的新兴工业城区已基本形成。威海高新区依山傍海，风景秀丽。北部10多公里海岸线，林带沙滩，苍松翠绿，滩平沙柔，碧海蓝天，景色宜人。是国内外公认的发展高技术产业和商业、旅游业的理想场所。良好的投资环境，吸引了美国、韩国、日本、新加坡、德国、香港特区和台湾等二十多个国家和地区以及国内企业前来投资兴业。目前，共批准进区项目950项，外商投资项目201个，实施火炬、星火、科研计划项目达122家，由省科委认定的高新技术企业达40家，认定的高新技术产品达71个，均占威海市总数的80%以上。

为促进高新技术产业的发展，威海市先后建成威海机场、桃威铁路、青威二级汽车专用路、烟威一级汽车专用路、威海港万吨级以上泊位；邮电通讯业在全国率先开通了至韩国的卫星通讯光缆，在全省率先实现了城乡电话一体化和长途传输光缆化。

中山火炬高新技术产业开发区

中山火炬高新技术产业开发区位于中山市东部，控制面积70平方公里。由科技部(原国家科委)、广东省人民政府和中山市人民政府于1990年共同创办。1994年4月经国家新药研究与开发管理领导小组和科技部(原国家科委)批准，在区内创办全国首家国家健康科技产业基地；1999年8月，经中国包装技术协会和中国包装总公司批准，又在区内建立了全国首家目前规模最大、技术水平最高的包装印刷生产基地。经过10年的创业发展，目前，开发区已由初创阶段进入了高新技术产业化和国际化的重要发展时期。开发区不仅具有毗邻港澳的区位优势、完善的设施优势、优惠的政策优势，而且具备了外向带动优势、科技创新优势和管理体制优势。“一区五园”(中心城区、火炬高科技园、电子信息产业园、健康医药基地、包装印刷基地、民族科技园)新格局正在形成。目前，已实施国家“863”计划项目1项，国家级和省级火炬计划项目52项，被省科委认定的高新技术企业44家，初步形成了电子信息、化学工业、包装印刷、健康医药、新材料、新能源、机电一体化等七大产业群，先后有日本东芝集团、台湾宏基电脑公司、联成化工公司等30多个跨国公司、大财团进区投资设厂，并与全国20多家重点院校挂钩设点、创办科研机构，共组建和成立了国家新型储能材料工程开发中心、中国包装科学技术研究所及通讯技术、生物工程、真空技术等九家科研机构。

面对知识经济的挑战，开发区人决心以党的十五大精神为指导，实施“工业立区、外向带动、科技兴区、可持续发展”的发展战略，大力推进“两个根本性转变”，围绕“招商促发展，科技创特色、改革增活力”的工作思路，积极发展外向型经济，科技(知识)经济，流通经济和个体私营经济，并以资本为纽带，加快企业重组步伐，组建一批具有一定规模、技术开发能力和竞争力较强的企业集团，使全区经济总体水平再上新台阶。努力把中山火炬开发区办成“高新技术产业的先行区、新经济体制的试验区、现代化城市建设的示范区。”

长春高新技术产业开发区

建立于1988年5月。1991年8月经国务院批准，正式列为国家级高新技术产业开发区。开发区位于长春市区南部，总规划面积约30平方公里，其中政策区约20平方公里，集中新建区10平方公里。是国家规划中的“科技文教区”。开发区内现有国家及省属全日制高等院校18所，部委直属科研机构39所，设计院12所及国家设在长春市的11个重点开放实验室，是全国著名的高智力密集区。开发区重点发展汽车工业新技术、新工艺、新材料；粮食和农副产品深加工新技术、新工艺；微电子科学和电子信息技术；空间科学和航空航天技术；光电子科学和光机电一体化技术；生命科学和生物工程技术；生态科学和环境保护技术；能源科学和新能源、高效节能技术；地球科学和海洋工程技术；基本物理辐射技术；医药科技和生物医学工程；应用于传统产业的新技术、新工艺。开发区现已形成生物工程技术、光机电一体化技术、新材料技术、汽车及配套产品技术、电子与信息技术等五大支柱产业。主要产品有：基因工程干扰素、白介素-2、基因工程生长因子、人用狂犬疫苗、抗肿瘤、乙肝疫苗、甲肝疫苗、核糖核酸；热收缩材料、特种工程塑料、新型多功能保温防腐材料；枪瞄镜、望远镜、特种光电编码器；膜片式薄离合器、系列汽车油封。区内有企业1380户，其中高新技术企业904户。

哈尔滨高新技术产业开发区

1988年9月，哈尔滨高新技术产业开发区成立。1991年3月经国务院批准成为国家级高新技术产业开发区。1995年8月，国家科技部在哈高新区召开全国高新技术产业化会议。哈尔滨高新区向出席大会的500多名代表成功的展示了高新区发展成果。中央领导李岚清、李铁映、宋健出席会议。1995年12月，哈高新区技工贸总收入，工业总产值、利税分别列全国高新区第7、第6、第8位，进入全国高新区排位前10名。2000年9月，哈尔滨市政府副市长王世华主持召开首次哈尔滨高新技术产业开发区发展领导小组会议，市政府公布关于加快全市、高新区各园区高新技术产业发展的意见，发挥市、区两个积极性发展高新技术产业。目前高新区进入上水平、上规模、上档次的新阶段。

长沙高新技术产业开发区

长沙高新技术产业开发区创建于1988年10月，1991年3月经国务院批准为首批国家级高新区，总规划面积18.6平方公里。由岳麓山高科技园、星沙工业高科技园、马坡岭农业高科技园、远大高科技园和政策区组成。岳麓山高科技园正在建设由长沙国家软件产业园和国家新材料成果转化及产业化基地组成的“麓谷产业基地”。全区现有高新技术企业493家,其中外资企业128家;年收入过千万元以上企业105家,形成一批如乐金曙光、远大空调、湘计算机、创智集团、中联重工、长海集团、斯伦贝谢、威胜电子等30余家过亿元企业和集团。开发高新技术项目993项,其中200项列入国家、省(部)级重点计划。1999年,高新区完成技工贸收入151.1亿元,实现利税22.8亿元,出口创汇6800万美元,均比上年增长50%左右。电子信息、机电一体化、生物医药、新材料等支柱产业分别占全区高新技术产品产值的46%、28%、7.4%和7.6%。高新技术总产值占全市工业总产值的比例达到25.5%,占全省高新技术产值的三分之一。在全国53个国家级高新区(园)主要经济指标1999年排序中,长沙高新区技工贸收入居第13位,实现利税居第7位,成为省市经济增长最具活力的区域。

福州高新技术产业开发区

福州高新技术产业开发区是福州高新技术产业发展的重要基地,肩负着推进闽东南高新技术产业带建设的历史重任。1991年被国务院批准为国家级高新技术产业开发区,首期规划面积5.5平方公里,实行"一区三园"(马尾、洪山、仓山科技园)"省市共管,省市共建"的管理体制。开发区以发展高新技术产业为己任,合理布置产业结构,以产业政策扶持高新技术企业发展,抓招商引资,拓展规模,以政策辐射带动福州高新技术产业,适应新形势发展的需要。认真作好高科技密集新区的调研规模整合工作,开拓进取,勇于创新,提高档次和规模,积极招商引资,不断拓展高科技发展空间,推进新一轮创业。福州高新技术产业区以政策、产业、资金、人才等全面渗透各个科技园,形成高科技产业链,在大环境、大政策、大服务的前提下,着力培育发展高科技、发展大产业的新的经济增长点,努力在5年内形成产值超500亿元的高科技产业群。

广州高新技术产业开发区

广州高新技术产业开发区是1991年3月经国务院批准成立的首批国家级高新区之一,地处广州市东部。为加速广州高新技术产业的发展,1997年广州市政府对高新区管理体制进行了调整,形成由广州科学城、天河科技园、黄花岗科技园和民营科技园组成的"一区多园"的新格局。1998年下半年,经市委、市政府研究决定,报请科技部同意,广州经济技术开发区与广州高新区合署办公。广州高新区经过八年多的开发和建设,具备了较好的软硬投资环境。科学城位于广州旅游景点世界大观和航天奇观东北侧,规划面积24平方公里,起步区4平方公里,基础设施建设正在进行中,1999年6月开始可提供第一批用地;天河科技园位于广州市天河区,开发面积1.37平方公里,建筑峻工面积71.33万平方米;黄花岗科技园位于广州市环市东路区庄立交桥北侧,占地1.5平方公里,建筑峻工面积1.62万平方米;民营科技园位于广州市白云区太和镇,东靠广从公路,西邻广花公路,规划面积0.8平方公里,首期开发0.23平方公里,1999年底已完成。全区累计实施火炬计划项目103项,占广州市火炬计划项目的71.5%,其中,国家级火炬计划项目39项,市级火炬计划项目64项。通过火炬计划项目的实施,培养出一批高新技术骨干企业,形成了以电子信息、生物制药、机电一体化为主的支柱产业。

合肥高新技术产业开发区

合肥高新技术产业开发区1990年10月17日奠基,1991年3月经国务院批准进入首批国家级高新区行列,1997年9月,又被国务院批准为亚太经济合作组织(APEC)成员和欧盟特别开放的科技工业园区。1998年9月24日,江泽民主席亲临高新区视察,挥毫题写了"合肥国家高新技术产业开发区"区名。合肥高新区是国家技术创新、科技成果产业化和高新技术产品出口的重要基地,对外开放的重要窗口,现代化大城市建设的龙头。合肥高新区位于合肥市西郊风景区,交通通讯便捷;总体规划面积40平方公里。高新区已在7平方公里范围内全面实现了道路、供水、排水、热力、煤气、通讯、有线电视和土地平整等"九通一平";区内公建配套设施一应俱全,绿化美化独具特色,被省、市政府授予花园式开发区称号。合肥高新区实行"一区多园"的布局,区内有大学科技园、民营科技企业园、农业科技园、创业服务中心(孵化器)、合肥软件园、合肥留学人员创业园。合肥高新区管委会是市政府派出机构,行使市级管理权限,对高新区实行统一领导、统一管理。合肥高新区建立了完善的社会支撑服务体系和法律服务机构,区内现有中国银行、工商银行、科技银行、商业银行等金融机构;建立了海关、保税仓库、进出口公司、律师事务所、会计师事务所、公证处、人才交流中心等服务机构;设立了公安局、检察院、法院等司法机构。一大批高新技术企业迅速崛起,高新技术产业初具规模。已初步形成电子信息、光机电一体化、生物医药、新材料和高新技术农业等支柱产业。高新区入区企业近600家,总投资9亿美元;其中,美国、德国、日本、澳大利亚和香港、台湾等二十多个国家和地区的客商,包括美国飞歌、美泰克,日本三洋、三菱重工,瑞士ABB,韩国现代等国际著名跨国公司在高新区兴办了一百多家外商投资企业。合肥高新区竭诚欢迎中外客商前来观光、考察、洽谈投资!投资领域:1.微电子科学和电子信息技术;2.空间科学和航空航天技术;3.光电子科学和光机电一体化技术;4.生命学和生物工程技术;5.材料科学和新材料技术;6.能源科学和新能源、高效节能技术;7.生态科学和环境保护技术;8.地球科学和海洋工程技术;9.基本物质科学和海洋工程技术;10.基本物质科学和辐射技术;11.其它在传统产业基础上应用的新工艺新技术;12.农业高新技术;13.第三产业。

重庆高新技术产业开发区

重庆高新技术产业开发区是1991年3月经国务院批准的国家级高新技术产业开发区,并由科技部和国家体改办确定为全国五个综合改革试点开发区之一。高新区地域面积20平方公里,包括2平方公里的石桥铺高科技开发园和10平方公里的二郎科技新城。石桥铺高科技开发园于1993年5月动工建设，经过8年的建设，已成为重庆市发展高新技术产业的基地,对外开放的窗口,深化改革的试验区，技术创新的示范区，向传统产业扩散高新技术的辐射源,培育科技企业家、孵化高新技术企业的学校,社会主义物质文明和精神文明的新社区。截止1999年底,高新区有科技企业4000家,其中经认定的高新技术企业334家,“三资”企业300余家,其产品涉及电子、通讯、计算机应用与开发、仪器仪表、光机电技术、生物工程、精细化工及医药、新材料、节能与环保等高新技术领域。2000年上半年,高新区技工贸总收入85亿元，工业总产值60亿元，实现税收3.16亿元。高新区的“十五”计划和2015年远景目标是:2005年实现技工贸总收入300亿元,2010年实现技工贸总收入750亿元,2015年实现技工贸总收入1200亿元。

杭州高新技术产业开发区

杭州高新技术产业开发区始建于1990年3月，1991年3月经国务院批准为国家级高新技术产业开发区。杭州高新区由主区、之江科技工业园和下沙科技工业园三部组成。高新区将充分利用园区内智力密集的优势，依托杭州市得天独厚的地理环境和优惠的投资政策，正逐步建设成为一座以高科技产业为基础的科技新城，举世瞩目的天堂硅谷。

主区位于杭州市区西北部,毗邻西湖,为文教区和电子仪表工业区;

下沙科技工业园位于钱塘江下游的北岸，紧靠杭州经济技术开发区;

之江科技工业园位于钱塘江南岸，与六和塔等风景名胜隔江相望,距市中心5公里,是发展高新技术产业的理想之地。

杭州高新区的成立、标志着一个规模化、集约化的精英产业群的形成。她不仅仅致力于科技成果的商品化、产业化、国际化,使高新技术转化为直接的生产力,而且为经济发展和城市繁荣注入了无限生机。

桂林高新技术产业开发区

桂林高新技术产业开发区创建于1988年5月，1991年3月经国务院批准为国家级高新技术开发区，成为我国五个少数民族自治区中的第一个国家级高新技术产业开发区。桂林高新区位于桂林市漓江东畔,区域面积83平方公里,依山傍水,风景秀丽,位置优越,交通便捷,资讯发达,设施完善。桂林国际机场,现有航线50多条,可直航北京、广州、上海、西安、深圳、昆明、厦门、成都、大连、香港等城市;铁路北接京广复线,南连桂、柳动脉,可直达国内主要城市;公路四通八达,有桂黄一级公路、桂柳高速公路,可直达广西各地和邻近省份。区内科研实力雄厚,智力资源丰富,拥有14所大中专院校,8所省属科研院所,8处国家级和部级产品检测中心,9个国际贸易展览、科研交流、科技培训中心。邮电资讯、供水供电、银行海关、商检、宾馆、高级公寓、娱乐中心、医院学校一应俱全。桂林高新区创建以来,在科技部、火炬中心各有关部门的大力支持下,在市委、市政府的直接领导下,经过10年的艰苦创业,已初具规模。特别是1995年以来，市委、市政府对高新区实行封闭式管理体制和开放式发展模式，赋予高新区市一级经济管理权限和相关行政管理权限,确定了“统一管理、全市共建、外引内联、政策灵活、管理创新”的20字发展方针,进一步扩大对外开放,推进科技与经济的结合,桂林高新区进入了快速发展轨道,综合实力显著增强。目前全区拥有各类企业900多家,其中“三资”企业180家,经认定的高新技术企业137家;累计实施高新技术项目192项，其中国家火炬计划项目等国家级项目44项,自治区火炬计划项目等自治区级项目118项。基本形成了电子与信息、机电一体化、新材料、生物医药工程、环保产业等五大支柱产业。在新世纪即将来临之际，桂林高新区正以积极的姿态迎接新的机遇与挑战。桂林国家高新区将以独特的宜人环境、完善的基础设施、低廉的创业成本、规范的运作机制、高效的优质服务,期待更多海内外朋友的加盟，在桂林这块热土上共谋发展，共创未来。

郑州高新技术产业开发区

郑州高新技术产业开发区建于1988年10月31日，1991年3月6日被国务院批准为国家级高新技术开发区。1993年被国家科委评为全国10家先进高新技术产业开发区之一。1998年8月,郑州高新技术产业开发区管理委员会被科技部(国家委科)评为1997—1998年度火炬计划管理先进单位。郑州高新区总体规划18.6平方公里,按照一区多园的发展思路,致力于发展软件、电子信息、超硬材料、生物医药工程等产业,正在建设河南省大学产业园,河南省科学院创业中心,把高新区建成为河南省高科技区、高智力密集区。截止2000年6月底,高新区共批准成立企业959家,总投资114.30亿元。郑州高新区取得的成就,受到了党和国家领导人的高度评价。1996年6月5日,中共中央总书记、国家主席江泽民亲临郑州高新区视察,并挥笔题词:“办好高新技术产业开发区,为振兴中原作出贡献”。

兰州高新技术产业开发区

兰州是古“丝绸之路”的交通要冲和商埠重镇,她以其久远的历史文明和黄河上游最大的工业城、繁荣兴旺的科学城而驰名中外。兰州高新技术产业开发区位于兰州市内。创建于1998年,1991年3月被国务院批准为全国首批27家国家级高新技术产业开发区之一。高新区分政策区和新建区。政策区4.7平方公里,新建区10.45平方公里(其中起步区5.48平方公里),规划总面积29.18平方公里。兰州高新技术产业开发区经过几年的建设,已经形成了以“精细化工、生物技术与新医药、节能环保、建筑装饰材料、信息产业”为支柱产业，以高新技术企业为主体，集国营、集体、民营、外商投资等各种经济成份并存的产业格局。目前，开发区已基本具备了供水、排水、供热、电力、通讯、道路的“六通一平”条件；三纵二横的城市主干道路已联成网络；银滩黄河大桥、110KV变电所及20万门程控电话工程正在建设；金融、商业、文体中心等服务设施逐步配套，具备了良好的投资环境，正在成为集科、工、贸于一体、具有产、学、研功能的产业基地。与此同时，开发区按照市场经济要求和国际惯例，实行全新体制，制定投资优惠政策，简化办事程序，大大便利了来区投资的客商，对外公布和严格执行的各类法规，有效的保障投资者合法权益。开发区作为深化改革的实验区，对外开发的窗口，科技与经济结合的示范区，带动和改造传统的产业发展的辐射源，新的经济增长点，正以软硬兼优的环境向投资者展示着广阔的发展前景。经过努力，力争在2005年建设成为以高新技术为依托，以工业为主体，集金融、商贸、生活、文化娱乐为一体的社会主义现代文明的新城区。

石家庄高新技术产业开发区

石家庄高新技术产业开发区是1991年3月经国务院批准设立的全国首批国家级开发区之一。到2000年全区工业总产值将达到100亿元以上。开发区政策区面积18平方公里，分西部区、东部区和良村园区三部分。

开发区良好的投资环境吸引了世界众多的知名大公司，如日本的日商岩井、伊藤忠、富士通、NEC、日绵，德国的西门子、赫司特，美国的孟山都、永胜公司，马来西亚的金狮集团等纷纷前来投资建厂。在开发区设立的外商投资企业，除可享受国家规定的优惠政策外，如被认定为先进技术型企业，还可享受15%的企业所得税的优惠。开发区机构健全，办事程序简便，投资3000万美元以下的项目可以直接批准设立。并设有土地、规划、建设、工商、税务、物价、保险等机构和警察署、法院、检察院等法律机关，对来区投资的外商既可提供全程服务，又可提供良好的法律、安全保证。便捷的交通：石家庄是全国重要的铁路枢纽之一，京广、石太、石德三条铁路交汇于此，石家庄火车站是北方重要的客货中转站，全国三大编组站之一。石家庄是全国高速公路密集区之一，京石、石安、石太、石黄高速公路在此连接，形成南北、东西贯通的高速公路网。石家庄机场是国际口岸机场，已开通27条航线，通达全国27个大中城市，并开通了石家庄至香港特区和俄罗斯等独联体国家的航线。完善的基础设施：高新区加大基础设施建设的投入，投资累计愈10亿元，在9.8平方公里内已实现七通一平，道路纵横交错，基础设施完善。全方位服务体系：高新区机构健全，海关、商检、税务等部门形成了一套为来区投资公司实施全方位服务的管理体系。各大银行等金融机构都在高新区设有分支机构，对区内企业提供资金保证。目臻完善的社会服务和区域环境的优化，为投资者提供了优良的生活环境。

济南高新技术产业开发区

济南高新技术产业开发区是1991年3月经国务院批准建立的国家级开发区，分建成区和集中新建区两部分。建成区为高等院校、科研院所和大中型企业的集中地；集中新建区由1.76平方公里的科技城和7.5平方公里的东部新区组成。科技城已基本形成以电子信息、生物工程、机电一体化、新材料为主体产业，融生产、生活、娱乐为一体的现代化新城区。现集中开发的东部新区已完成3平方公里起步区的基础设施一期工程建设，是大型科工贸项目建设的理想投资之地。经过多年的建设，开发区高新技术产业发展已初具规模。区内各类注册企业近3000家，其中培育和认定高新技术企业236家，开发和认定高新技术产品355种；已与美国、日本、加拿大、瑞士、意大利、新加坡等20多个国家和地区开展合资与合作，创办外商投资企业136家。建区以来全区累计实现技工贸总收入288.1亿元，总产值232亿元，工业增加值99.5亿元，利税53.8亿元，出口创汇1.9亿美元。到2000年全区技工贸总收入达到345亿元，工业总产业值290亿元，工业增加值78亿元，利税总额69亿元，出口创汇2.4亿美元。

上海高新技术产业开发区

上海高新技术开发区（张江高科技园区）位于浦东新区的中部，是1992年7月中国政府批准设立的国家级高新技术产业开发区。园区建立了“产、学、研”相结合的机制，形成了以大专院校、科研院所、开放性实验室和科技“孵化器”为依托，以现代生物医药和微电子信息为产业发展方向的集科研教育、科技创业孵化、高科技产业和休闲生活于一体的国际化技术城区。在推进“科教兴国”战略的同时，依托上海的科技优势、产业优势、市场体系优势和浦东开发开放的功能优势，在二十一世纪将上海高新技术产业开发区（张江高科技园区）建设成为国内重要的技术创新和科技成果转化、产业化的示范基地；产、学、研结合及综合改革的先试型基地；创新型人才和高新技术企业的集聚和辐射基地；市场经济和知识经济发展相适应的科技服务基地。到2005年，上海高新技术产业开发区张江高科技园区将建设成为环境优美、设施完善、交通便捷、信息畅通、机制灵活、创新氛围浓郁的具有世界水平的高科技园区。

大连高新技术产业开发园区

大连高新技术产业园区位于大连市西南部，距大连国际机场5公里，大连港7公里，大连火车站4.5公里，沈大高速公路15公里。大连高新技术产业园区紧紧围绕“发展高科技，实现产业化”的建区宗旨，积极引进高新技术产业化项目，开展招商引资工作，加快基本建设步伐，取得了可喜的成就。围绕电子信息、机电一体化、新材料、生物工程、高效节能与环保等重点高新技术领域，园区累计引进基地产业化项目60余项，投资近30亿元。《大连高新技术产业园区管理条例》颁布实施，使园区发展步入法制化建设轨道，拥有了更加优越的投资环境。园区内能源、交通、原材料工业总投资在人民币5000万元（不含5000万元）以下，加工工业3000万元(不含3000万元)以下的高新技术产业化项目，技术改造项目和基本建设项目，3000万美元(不含3000万美元）以下利用外商直接投资的项目（国家特殊规定的除外)，由园区管委会审批，并下发《固定资产投资许可证》，报市有关部门备案。涉及国民经济和关系基础设施重要平衡的项目，须纳入市综合平衡并同市有关部门协商后，方可审批。

深圳市高新技术产业开发区

1996年9月，经科技部批准，设立深圳市高新技术产业园区(以下简称深圳高新区)。高新区位于深圳经济特区西部，总面积11.5平方公里。深圳高新区在建设和发展中形成了以下几个特点：一、实行“开放式”三级管理模式。二、形成了以电子信息为主导产业的高新技术产业群。三、具有自主知识产权的产品已占“半壁江山”。四、形成了以企业为主体的研发体系。研发中心类型总结起来有三种：一种是生产基地设在东莞、惠州周边地区，研发中心在高新区，如联想、TCL、创维等；一种是分布式的研发中心，即高新区的企业在办好本地研发中心的同时，还在美国硅谷、北京、上海、南京等地设立研发中心，如科兴、中兴公司等；一种是跨国公司研发中心设在高新区，如美国朗讯、台湾凌阳、香港伟易达等。形成了以市场为导向、以产业化为核心、以企业为主体、以国内外大学和研究所为依托，幅射周边地区的研究开发体系。五、大学的有效贡献集中。市委、市政府为增强深圳市高新技术产业发展的后劲，与清华大学创办了深圳清华大学研究院；与北京大学、香港科技大学创办了深港产学研基地；与哈尔滨工业大学及俄罗斯、乌克兰的八所院校，创办了深圳国际技术创新研究院；联合上海交大、南京大学、中国工程院、中国社会科学院等33所知名院校创办了深圳“虚拟大学”园，17所境外著名院校已成为网络成员，“深圳无名校、名校在深圳”。六、建立科技风险投资体系。目前已有多家境外风险投资基金在深圳投资。深圳高新区的企业不仅得到了中央、省、市各级政府的各级基金、担保机构的支持，同时，也受到了IDG、华登、巴林、汉鼎等国外风险投资公司的青睐，至今高新区内已有10多家高新技术企业获得了折合人民币11.24亿元的风险投资。

厦门火炬高技术产业开发区

厦门火炬高技术产业开发区是1990年经国务院批准成立的国家级高新技术开发区。基本建设情况：共完成小东山片区104公顷的土地征用，开发土地面积61万平方米。建成厂房24万平方米，在建厂房和生活区配套设施28万平方米。管委会办公室共批准入区项目77项，目前实际运营的企业38家。95年园区总产值12亿元，96年总产值20亿元。开发区致力于投资软硬环境的建设，区内配套服务设施不断加强，除综合劳动服务公司外，已先后建立了配电站、自来水、银行、邮电局、卫生室、派出所等综合配套服务机构。开发区主要特色：一是成为实施火炬计划的基地。开发区共实施火炬计划43项，成功地转化了一批国家级的高新技术成果。同时，成功地吸引了中国科技大学、北京有色金属研究院、航天部204研究所、长沙矿业研究所、电子部55所、北京大学、厦门大学、四川联合大学等大院大所带着高新技术成果进区转化，取得良好的经济效益和社会效益。二是成为吸引国外高新技术产业的示范区。开发区成功吸引了ABB、富士、松下、东芝、丹麦达那福、美国柏恩氏等一批国际上有知名度的跨国公司进区投资置业，三资企业占总企业数的60%以上。三是已成为厦门市高新技术产业的基地。

海南国际科技工业园

海南国际科技工业园是1991年经国务院批准，由国家科委、海南省人民政府、中国工商银行总行、中国科技国际信托投资公司及香港港澳国际投资有限公司共同创办的国家高新技术产业开发区，1993年6月15日，由以上6个股东发起创立了海南国际科技工业园股份有限公司，园区注重发展生物工程、新材料技术、新能源和高效节能环保、精细化工、电子信息技术、机电一体化技术、海洋资源开发等。国科园占4.67平方公里，是独具一格的园林式工高新技术产业开发区。目前还有3.31平方公里土地有待开发，园内现已建成6层2.4万平方米标准厂房，总面积3万平方米的商住楼和6000平方米的职工公寓已交付使用，集餐饮、购物、邮电、银行、娱乐于一体的综合服务楼和一所投资2200万元人民币的国科园实验学校已经建成，园区还规划建一座2万平方米的厂房和一座大型商住楼——火炬大厦，以满足入园客户需要。入园企业除享受给予海南经济特区和高新技术开发区的一系列优惠政策外，海南省政府还将给予国科园在税收、科技和管理人员出入境、产品进出口税、资金支持、土地转让及外汇留成等更为优惠，更为特殊的政策，国科园可享受海口市、三亚市一级的项目审批权和土地转让权。

苏州高新技术产业开发区

SND是国家批准的重点高新技术开发区，是全国仅有的一家接受国际评估机构—美国穆迪公司资信等级评估的开发区，是中国政府向APEC成员重点开放的四家工业园之一。SND是国家环保总局唯一的推行ISO14000认证区域试点的开发区。经济发展情况：SND在全国所有高新技术产业开发区(53家)中吸引外资总额第一，年出口总额第一，利税总额第二（上述统计依据国家科技部98年统计年报)。99年苏州新区主要经济指标：工业销售总值243亿元，国内生产总值120亿元，财政收入12.7亿元，进出口总额29亿美元（其中出口15亿美元)，招商引资到目前为止已引进合同外资45亿美元,实际利用外资28亿美元。有外商投资企业410多家,在新区投资的著名跨国公司有:美国:摩托罗拉、杜邦、PPG、P&G、普强、美宝莲、高达、汉纳、纳尔科、大力神等,欧洲:飞利浦、罗技、迅达、科德宝、西门子、雷贝斯托、金钟默勒、德国阀门、斯托拉、阿克苏诺贝尔、海威、威卡等,日本:松下、索尼、爱普生、住友、富士胶卷、富士通、伊藤忠、昭和电工、三井化学、三菱商事、福田金属、佐竹、岛津、板硝子等,台湾:明基电脑、力捷电脑、罗礼电脑、国巨、新宝、中化、长荣、敬鹏等。

无锡高新技术产业开发区

无锡高新技术产业开发区是1992年经国务院批准成立的国家级高新技术产业开发区。规划面积25平方公里,享有国家和地方政府赋予的各项优惠政策。几年来,无锡高新区励经图治,奋发图强,高起点、高标准、高速度、国际化建设,连续三年被英国企业测会杂志评为亚太最佳投资开发区,已成为中国最成功的开发区和外商投资示范区。无锡高新区已有30多个国家和地区的客商投资建厂,世界排名500强企业在园区内已设有企业26家,至2000年底,累计批准外资项目370个,总投资额达35.73亿美元,直接利用外资29.04亿美元,其中总投资额在1000万美元以上的企业有98家。已形成5大支柱产业,资讯业占36%,生物工程及医药占10.5%,精密机械制造占16%,新型包装材料占20%,精细化工占17.5%。无锡高新区一块充满生机的投资热土,正朝着绿色城、生态城,高新技术产业城的目标阔步迈向二十一世纪。

常州新技术产业开发区

常州新区成立于1995年5月,位于常州城北,南起沪宁铁路,北至长江,辖区面积116平方公里,水陆空交通十分便捷。常州新区规划为高新技术产业开发区、新龙区、新港区三个区域。其中南部的高新技术产业开发区成立于1992年8月,规划面积30平方公里,享受国务院对国家级开发区的各项优惠政策。产业区已初具规模,将逐步发展成为配套完善的高新技术产业区;北部新港区38平方公里,规划为加工工业区、新型农业区和综合城市社区。常州新区管理委员会具有相当于省辖市级经济管理权限。几年来常州新区以其优越的区位和便捷的交通、稳定的优惠政策和高效的服务吸引了众多国内外投资者。至99年底,已有4000多家企业进区注册,外商投资企业达300余家,其中投资规模在1000万美元以上的项目有40个。

佛山高新技术产业开发区

佛山高新技术产业开发区位于珠江三角洲腹地,总面积10平方公里,由城南、城西高新技术产业开发园和顺德高新技术产业开发园组成,1992年12月经国务院批准为国家级高新技术产业开发区。区内支柱产业和产业发展重点为电子与信息技术、电器、仪器仪表及医疗器械等光机电一体化技术,医药及生物技术,塑料及精细化工等。已进区投产的有与美国、加拿大、瑞典、日本、意大利等国家合资、合作或内资企业53家。区内逐渐形成了一些在国际和国内都有较强市场竞争力的高新技术产品,如:电磁四通向阀、复合包装材料、电脑显示器、DMS-100程控交换机、特种医疗导管等。全区超3000万元的企业18家,超亿元的企业12家,经济正在逐步成为佛山市发展高新技术产业和技术创新的基地。为了加快高新区的发展速度,市政府先后投入资金20多亿元完成了佛山新港码头、佛陈大桥、季华邮电和湾华变电站等大型配套设施的建设,从而解决了高新区的交通运输和通信等关键问题。目前,开发区的运输、商业、海关、金融、资讯、生产、住宅等各种服务设施配套齐全,同时,进区的高新技术企业享受国家和省、市给予税收、金融、信贷、进出口、用地、人才引进和人员出入境等方面的优惠政策,形成了优越的软硬投资环境。佛山高新区还设立了留学人员创业园,为海外学子回国创业、报效祖国创造条件。佛山高新区水、电供应充足;通讯条件良好;交通便捷。佛山高新技术产业开发区环境优美、社会治安良好,企业投资回报率高,适于发展经济,是各种投资和兴办企业的好去处。热诚欢迎国内外客商和各界人士前来进行各种形式的经济技术合作,同求发展,共创辉煌。

惠州高新技术产业开发区

惠州高新技术产业开发区是1992年11月经国务院批准成立的全国53个国家级高新技术产业开发区之一。高新区位于惠州市区南面,地处惠深高速公路与京九铁路(惠州段)之间,地理位置优越,交通十分便利。高新区经国家科委审定的规划面积为8.8平方公里,现已开发4.6平方公里,其中建成区和在建区各占2.3平方公里。目前,高新区内企业103家,从业人员3万人。首期开发的2.3平方公里新区的“五通一平”工作已经完成,各种基础设施配套,投资环境优良。高新区初步形成了以电子信息、新材料技术和机电一体化等为支柱的高新技术产业体系。惠州高新区管委会是惠州市政府派出机构,代表政府对区内开发建设事项实行统一管理。高新区管委会在土地审批、规划建设、项目审批审核、工商税务、劳动人事、出国人员审批、专业技术职务评聘、外经外贸、对外科技交流等方面行使部分行政管理职能,享有市级相关经济职能部门的审批权限。区内建立了公安、城管和劳动监察等执法队伍。区内高新技术企业享受国家、省、市赋予的一系列优惠政策。本世纪末至下个世纪初,仲恺高新区将以电子信息、生物工程、新材料技术和光机电一体化等高新技术产业为发展方向,大力引进高新技术项目,形成产业经济规模,力争把高新区办成惠州高新技术产业基地和市区的重要组成部分,为惠州经济迈上新台阶作出贡献。

珠海高新技术产业开发区

珠海高新技术产业开发区,是1992年12月经国务院批准，1993年3月经国家科委（现科技部）授牌并进行动态管理的国家级高新技术产业开发区。珠海高新区毗邻港澳，占地面积9.8平方公里，由南屏科技工业园、三灶科技工业园、新青科技工业园、白蕉科技工业园及广东珠海高科技成果产业化示范基地组成，行使市一级经济管理权限，实行“一个窗口对外、一站式管理、一条龙服务”机制。珠海高新区重点扶持软件、生物制药、数据通讯和网络技术产业，全面推动高新技术产业的发展。高新区自成立以来，得到了国家、省、市领导的高度重视和大力支持，在加快科技进步、提高技术创新能力方面已显示出勃勃生机。珠海市委、市政府十分重视培育发展高新技术产业，重奖有突出贡献的科技人员，为鼓励技术创新，促进科技成果转化，1999年又率先以地方立法的形式出台了《珠海市技术成果入股与提成条例》。这些措施凝聚了高科技人才，催生了有竞争力的高科技企业，推动了高科技的产业化。几年来，特别是按一区四园一基地新的架构运作以来，珠海高新区在国家科技部的指导和省、市两级党委和政府的领导下，推出一系列优惠政策和措施，各项工作取得了巨大的成绩，已有57个项目正式落户各园区和基地，新增投资28亿人民币（其中人民币15亿元，外资1.5亿美元），电子陶瓷等一批高新技术项目进入示范基地孵化，美国德丽科技、荷兰菲利浦、扬子集团等国内外知名企业进入高新区，高新区已成为珠海高新技术产业发展的龙头。珠海高新区在财税、土地、水电、资金和人才引进等方面享受一系列优惠及特惠扶持政策；政府在投入方面给予政策性倾斜，降低投资成本；企业所得税地方留成及企业营业税、增值税实行减免或奖励返还；为企业提供科研项目孵化、中小企业创业支持，企业贴息贷款等方面的资金支持；风险基金和创业基金机制促进科技成果在高新区内产业化；政府采购时优先购买区内企业产品；为高新区内工作的留学归国人才及其他高级人才在工作环境、住房、入户、子女入学等方面提供特别优惠；宽松的商务出入境审批制度等。珠海高新区以完善的基础设施和产业配套能力促进高新技术成果孵化，走向产业化和市场化。珠海高新区的全体工作人员热诚欢迎国内外企业和个人来珠海参观考察，投资创业。与你一起共同为珠海经济总量的提升和质量的提高，为珠海经济的二次腾飞而努力。

青岛高新技术产业开发区

青岛高新技术产业开发区（青岛高科技工业园）建立于1992年6月，规划面积67平方公里，当年9月国务院批准在其南部海滨设立“青岛石老人国家旅游度假区”，面积达10.8平方公里，12月国务院又批准其北部产业区为“国家级高新技术产业开发区”，面积9.8平方公里。园区西靠青岛市市南区、市北区，北邻李沧区、城阳区和即墨市，距青岛港15公里、火车站12公里、机场17公里，道路快速便捷。这里依山傍海，风光旖旎，气候宜人，是青岛市改革开放、向东部拓展，建设高新技术产业基地、现代化旅游度假区和未来最重要新城区的黄金地带。高科技工业园管理委员会与崂山区政府合署办公。高科园建立以来，紧紧抓住我国改革开放和青岛市实施东部开发的历史机遇，致力于实施“高科技、大旅游、新城区、外向型”战略，以高科技、大项目为主攻方向，着力培植新的经济增长点，几年来初步构筑了新城区的框架，园区经济以高新技术和旅游产业为主体，向开放的现代化方向发展。

潍坊高新技术产业开发区

潍坊高新技术产业开发区创建于1991年11月，是国务院批准成立的国家级开发区、国家科技成果推广示范基地。行政辖区31.3平方公里，经济、行政管理方面享有地市级权限。开发区位于潍坊市奎文、寒亭、坊子三区中心，交通便利，基础设施完善，地势平坦，无污染源，空气清新，环境幽雅，是潍坊产业发展和国际科技交流、经济合作的良好地域。开发区依托潍坊市雄厚的工业基础和科技实力，凭借国家级开发区的优惠政策和区位优势，现已形成电子信息、光机电一体化、新材料、新医药等六大高新技术产业。累计建设项目187项，总投资57亿元。电子工业园、新材料工业园、医药工业园、民营工业园、台湾机电园等十大工业园初具规模。8平方公里内实现“六通一平”。高新技术企业40多家，各类科技开发机构39家，已开发生产出高技术产品100多种。目前，已有美国、日本、德国和港澳台等20多个国家和地区的客商在此投资，累计成立三资企业98家。按照国际惯例，开发区建立健全了律师事务所、会计师事务所以及信息咨询、人才交流、合同仲裁、社会保险、金融服务等投资保障和社会服务体系；幼儿园、中小学、大学、医院等文化、教育、卫生体系日趋完善；国际五星级标准富华大酒店和多处国际四星级、三星级标准的酒店、游乐园、夜总会等生活娱乐设施相继投入运营。区内生产、经营、生活设施齐全，社会秩序良好。开发区作为潍坊市新的经济增长点和对外开放的窗口，正以积极的姿态走向世界，加强同世界各地的经济技术合作与文化交流，形成全方位、多层次、宽领域的对外开放格局，成为山东半岛充满生机、最具活力的投资热点地区之一。

淄博高新技术产业开发区

淄博高新技术产业开发区位于淄博开发区内，于1992年11月被国务院批准为国家高新技术产业开发区。规划面积7.04平方公里，设东部医药化工区和北部科工贸综合区及柳泉路科技一条街，是全市发展高新技术产业的基地；外向型工业加工区于1992年12月被山东省人民政府批准为省级经济开发区，规划面积13.38平方公里，为利用外资、对外加工贸易的集中区。淄博开发区所在地是全市智力、技术密集区，近距离内分布着10余所高等院校、科研院所；分布着数十家技术含量高、工艺装备先进、经济效益好的大中型骨干企业，拥有充足的科技人员和训练有素的产业大军，具有很强的高新技术消化吸收和新产品开发能力。淄博高新区交通通讯便捷,基础设施配套,服务机构健全。高新区距济南国际机场60公里,可通过济青高速公路直达。胶济铁路、济青高速公路、309国道、205国道以及辛泰铁路、淄东铁路在区内交汇贯通。区内有装机3万门程控电话和3万门移动电话的邮电35局、吞吐能力3万标箱/年的集装箱中转站,发电能力12.5万千瓦/小时和供汽能力202吨/小时的热电厂,22万伏及11万伏及的变电站,日处能力14万立方米的污水处理厂,日产12万立方米的焦化煤厂等基础设施。高新技术创业服务中心、技术市场、商检、金融、保险、邮电、供水、供汽、供热、电力等服务机构功能健全,是理想的投资开发场所。

昆明高新技术产业开发区

昆明高新技术产业开发区是1992年经国务院批准建立的国家级高新技术产业开发区。总规划面积11.5平方公里,由新建区、金鼎科技园、云南民办科技园和科技街等部分组成。作为云南省发展高新技术产业和外向型经济的重要窗口,昆明国家高新技术产业开发区充分发挥云南省得天独厚的资源优势和区位优势,确立了以生物技术和生物医药工程、电子信息技术、光机电一体、新材料技术为主的产业发展方向,为云南省社会经济的可持续发展作出了积极的贡献。经过几年的建设发展,昆明高新技术产业开发区的园区环境大为改观。到目前为止,全区累计投入基础设施建设资金4亿元,规划区内已征土地的七通一平已基本完成。目前,昆明高新技术产业开发区共引进项目资金约30亿元人民币,引进项目400多项,其中产值上亿元的企业有12家,成为云南省一个繁荣而活跃的经济区域。在今后的发展中,昆明高新技术产业开发区将进一步加强以创业服务中心,大学科技园,留学人员创业园,云南软件园和企业研发中心为主的技术创新体系的建设,大力发展生物技术和电子信息技术产业,积极配合和参与国家西部大开发和云南省建设"绿色经济强省,民族文化大省,南亚,东南亚国际大通道"的发展战略的实施,为把昆明高新技术产业开发区建设成为一个环境优美,功能配套,经济发达的现代科技园区而奋斗。

贵阳高新技术产业开发区

贵阳高新技术产业开发区(简称新天园区),是1992年经国务院批准设立的国家级高新技术开发区,也是贵州省第一个国家级开发区。

新天园区地处贵阳市东北面,距市中心区6.5公里,距贵阳国际机场9公里,距火车站12公里,规划面积11.32平方公里,可供开发面积5.3平方公里。

新天园区以高技术成果的商品化、产业化国际化为宗旨,以军工企业为依托,积极扶持民办科技企业的发展。"九五"期间,累计完成工业总产值96亿元。累计实现技工贸总收入93.5亿元,累计实现利税12.5亿元。2000年完成工业总产值30.8亿元,目前企业总数已达272家,其中年工业总产值上亿元企业7家,超5亿元的2家,现有振华科技、南方汇通、赤天化股份和力源液压四家上市公司,迄今为止共在深沪两地股市融资23.75亿元,大大促进了企业的研究开发与技术创新,形成了新的优势。可以说上市融资是新天园区"九五"期间发展的重要推动力量。目前,新天园区企业贵航股份即将上市,上市公司红星股份和即将上市的东伟实业也已签约人区投资发展。民营科技企业宏宇药业、威门药业、益佰药业等高新区企业已先后完成改制,相继进入上市运作阶段。在不久的将来,贵阳高新区将会形成一个上市公司相对密集的园区,享有"上市园区"的美誉。中小企业,绝大多数是非公有制企业,总数占96%。企业的蓬勃发展,促进了支柱产业的发展。目前,贵阳高新区已在电子与信息,光机电一体化、生物工程与中药现代化、新材料四大技术领域确立了较为突出的优势,发展势头良好。

"十五"期间,园区将累计投资50亿元,重点实施74个建设项目,其中生产性项目68项,基础设施项目6项。到2005年,高新技术企业达到100家,其中产值上20亿元的企业2家,上10亿元企业5家,上亿元企业15家,上市公司7-9家。建成西部最大的新型片式电子元器件生产基地,建成全国重要的汽车零部件基地。全面建成振华科技工业园,南方汇通工业园,贵航科技工业园,赤天化贵阳高科技工业园和东风工业园。

新天园区日趋完善的基础设施,优势明显的支柱产业,优惠的政策及全方位的支撑创业服务体系,成为投资者的"乐园"。

南昌高新技术产业开发区

南昌新高技术产业开发区创建于1991年,1992年11月被国务院批准为国家级高新开发区。高新区总面积为19.5平方公里,其中新建区6.8平方公里。产业区已实现道路、供水、排水、电力、通讯及排污"六通一平",区内建有工业标准厂房、电信分局、变电站及科技人员公寓和设施优良的学校,是功能齐全的现代化新城区。高新区管委会是市政府派出机构,行使项目审批、土地征用、规划建设、人事劳资、输出国审批手续等市级管理权限,对高新区实行统一领导、统一管理,高新区建立了精于高效的管理机构和完善的社会支撑服务体系,实行"一站式"分开服务,七个工作日内可为企业落户办完所有手续。高新区环境优美、设施完善、政策优惠、服务高效,已成为中外企业家竞相投资的首选之地。

太原高新技术产业开发区

太原高新技术产业开发区成立于1991年7月,1992年11月经国务院批准为国家级开发区。高新区包括新建区(学府园区)和政策区两部分,总面积24平方公里,位于山西高等院校、科研单位和相关产业集中,科研人员密集、工业基础和城市设施良好的坞城小区和下元小区。开发区以发展高科技，实现产业化为宗旨，以基础建设为重点，招商引资为龙头，艰苦创业、勇于探索，不断优化投资环境，新建区1.12平方公里范围内已全面实现了道路、供水、排水、供电、煤气、热力、通讯等的畅通，区内绿树成行，芳草如茵，配套生活小区，灯光球场，娱乐中心，医院、学校等配套设施完善、功能齐全，为入区企业创造了良好的发展环境。开发区内设有财政局、经济发展局、工商局、国税分局、地税分局、电信局、银行、保险公司等机构，并设有创业中心、进出口公司、人才交流中心、生产力促进中心、开发区法庭、律师事务所等机构，开发实行一站式服务。目前开发区企业已达750余家，其中高新技术企业216家，高新技术项目400余项，“三资”企业35家，形成了由微电子信息、光机电一体化、新材料、高效节能与环保，医药与生物工程五大支柱产业组成的产业化格局，科工贸总收入超亿元的企业已达15家，一批企业集团，优势企业和优势产品在国内外享有盛名。与此同时，高新区与科研所、大专院校密切合作，分别创建了山西大学科技园、太原理工大学科技园、中国日化所科技园、中辅院科技园、高新区电脑软件科技园和阳曲太阳生物园，同世界15个国家和地区建立广泛的合作与联系，并在北京、上海、厦门、深圳等地建立了对外合作联络处。太原高新技术产业开发区，将继续以发展高新技术产业为目标，与国内外投资者携手并进，加速高新技术成果转化，带动传统产业改造升级，形成新的经济增长点和显示度，为太原市乃至山西省调整经济结构，实现经济腾飞做出应有的贡献。

南宁高新技术产业开发区

南宁高新技术产业开发区自1992年经国务院批准成立以来，已经发展成为南宁市经济增长最具活力的重要区域。功能规划为“一园四区”，即：科技工业园、中心区、农业生物工程示范区、保税仓储区、相思湖别墅区。基础设施配套齐全：高新区现已建成一批写字楼、标准厂房和住宅楼投入使用，交通、通信方便，供排水、供电、供气等基础设施齐全。管理体制精简高效：高新区管委会是南宁市人民政府的派出机构，在高新区范围内行使市一级规划、土地、建设、工商、税务、财政、劳动人事、项目审批、外事审批等经济管理权限和部分行政管理职能。此外，高新区还设有一系列社会化服务机构，可为入区企业提供“一门式”服务。《南宁高新技术产业开发区管理条例》为高新区的建设和管理提供了法律保障。创新体系渐趋完善：高新区设有创业服务中心、留学人员创业园等科技企业孵化器。此外，还设立风险投资基金和创业基金，为中小型企业提供发展资金和融资担保，加快科技成果的转化。高新区的承诺：“只收税，不收费”的优惠投资政策，投资者享受国家级高新区优惠政策、西部地区开发政策及少数民族自治区的有关政策，以最少的投入获得最多的回报。对在工业园投资的生产性项目，凡属于行政事业性收费，一律予以免缴，把高新区建成“无费区”。高新区按照市一级管理权限，为投资者提供从立项申请、办理用地，到申办工商执照、税务、海关登记等一条龙服务。南宁留学人员创业园可为留学归国人员创业免费提供优越的创业环境，便利的生活设施，全面体现人本精神。利益有保证，严格按照国家的法律法规和国际惯例办事，保证投资者的合法权益不受侵害。

乌鲁木齐高新技术产业开发区

乌鲁木齐高新技术产业开发区1992年创立，同年跨入国家级高新区行列。高新区位于新疆维吾尔自治区首府——乌鲁木齐市区内，地处被誉为全市最宽阔、最舒适的北京路林荫大道旁。总体规划面积9.8平方公里，首期开发2.4平方公里。该区距市政府8公里，具有优越的生活环境和完备的城市配套功能。距铁路、民航均十余公里，交通、通讯十分便捷。临近区域科研院所遍布，智力密集，是建设高科技园区的理想场所。高新区坚持“发展高科技，实现产业化”的建区宗旨，以创新为动力，以实现科技成果商品化、产业化、国际化为目标，着力发展民族高新技术产业，地方优势资源，取得可喜成效：产业基地不断加筑——逐步形成了以生物医药、新型建材、新能源、资源深加工和为石油工业服务为主的产业结构框架。一批具有重要作用的基础工程在高新区相继建成和投入使用，与之相配套的服务设施、机构和社会各项事业，也陆续建成、启动或进区。为招商引资提供了水、电、热、交通、通讯、办公、办厂、商住、金融、贸易等基本保障，提供了较为优越的生活环境。高新区还不断优化软环境，努力创造了良好的政策环境，使进区企业享受优于内地开发区的优惠政策。各项经济效益持续增长——技工贸总收入均递增43.8%；工业产值年均递增48.8%；工业增加值年均递增63.6%；进出口额年均递增125.6%，其中，出口年均递增85.2%，税收年均递增76.6%。高新区已成为乌市乃至新疆经济的一道亮丽的风景线。

包头稀土高新技术产业开发区

包头稀土高新技术产业开发区于1992年11月经国务院批准成为国家级高新区，也是全国53个国家级高新区中唯一冠有稀土专业名称的高新区。稀土高新区位于包头市区南侧，属全市规划中心。规划面积为17.64平方公里，其中，新建区规划面积为12.64平方公里。包头“高校园区”和“科技园区”也一并纳入稀土高新区，实现了“一区多园”。稀土高新区的交通十分便利，距火车站4公里，距机场17公里，区内拥有多条城市规划干道。建区近十年，稀土高新区基础设施建设日趋完善，全部实现了供电、供热、供汽、给水、排污、道路、通讯、煤气等“八通一平”，同时建有11万平米的标准厂房可满足不同客商需要。稀土高新区实行优惠的税收政策：所得税高新技术企业免五年，减半五年，非高新技术企业免三年，减半三年；增值税高新技术企业七年内返还25%；营业税免三年。此外，进区企业在资金、技术、人才以及土地、厂房价格等方面享受到多种形式的优惠和服务。稀土高新区实行“封闭式管理，开放式运行”的模式，稀土新区下属的科技创业服务中心是全国最大的国家级科技孵化中心之一，建筑面积23000平方米，现孵化企业一百余家。为了促进科技创新，扶持进区企业发展壮大，稀土高新区建立了稀土企业孵化器、包头软件园，并与清华大学、中国工程院、内蒙古大学等大专院校、科研院所共建了虚拟孵化器，创建了孵化基金、创业基金、风险投资资金、中小企业贷款担保资金和扶持企业发展资金，出台了《招商引资奖励办法》和《吸引、使用、培养人才暂行办法》，技术创新能力显著增强，企业成果转化能力大幅度提升，软环境建设进一步完善。目前，稀土高新区注册企业418家，注册资本45亿元。国家实施西部大开发战略和包头建设经济强市，为稀土高新区带来了又一次加快发展的良好机遇，今后的发展思路是：以实施西部大开发战略和建设经济强市为契机，发挥地区资源优势，强化技术创新能力，继续巩固稀土高新技术、机电一体化和电子信息支柱产业地位，培育壮大新材料、生物工程和环保产业，实施"加强创新、开拓市场、突出主体、跨越发展"的战略方针，以招商引资和项目建设为重点，以强有力的政策支持为保障，努力把包头稀土高新区建设成为以稀土为特色的高新技术产业化基地、产品出口基地和孵化创新基地，为建成中国的"稀土谷"而努力奋斗。

襄樊高新技术产业开发区

襄樊高新技术产业开发区1992年经国务院批准为国家级高新技术产业开发区。襄樊高新技术产业开发区围绕"发展高科技，实现产业化"的总目标，以高新技术产业和产品为龙头，大力实施各类科技计划，发展外向型经济，致力于高新技术产业的形成和发展，努力提高高新技术产业和产品在市场中的占有率和经济发展中的份量，推进高科技成果向现实生产力的转化，加快科技经济一体化发展进程。高新区入住企业总数已达300多家，高新技术骨干企业达30多家，逐步壮大了新材料，光机电一体化，航空航天，电子与信息等四大支柱产业。在产业比重中，新材料占37%，光机电一体化占24%，航空航天占7%，汽车配套及其他产业占32%。在新材料领域，开发出飞机座椅，防护救生装备；在光电机一体化领域，形成了中高速卷接机组，数控系统成套装置，石油化工机械，汽车配套产品，微机无线遥控防误操作装置等；开发区泰和电气有限公司和大量传感有限公司等私营科技企业开发的智能仪器仪表，传感器，石油测试仪器，以及正在实施的新医药等生物制药项目已进入高新技术领域，开发出的这些高新技术产品30%以上达到国际水平，50%以上填补了国内空白，成为替代进口产品，并在国内外市场占有一定的份额。外向型经济呈现出蓬勃发展之势。已引进审批外资项目28个，总投资4263.9万美元，这些项目科技起点高，投资规模大，产业项目多，外资项目到资达80%，显示出开发区强大的吸引力。

株洲高新技术产业开发区

株洲高新技术产业开发区于1992年12月经国务院批准成为国家级高新区。辖区面积35平方公里，政策区8.8平方公里，起步区3.78平方公里。经过几年建设，高新区布局科学合理、基础设施成龙配套、产业进区发展迅速、社会事业管理有序，正在成为株洲市新的经济增长点。高新区的特点是：1. 区位优势明显：株洲高新区位于株洲市城区西部，湘江绕区而过，宽阔的株洲大桥将其与市中心连成一体。株洲是南方最大的铁路枢纽，京广、浙赣、湘黔三大铁路干线交汇于此。公路四通八达，北京至广州的107国道，上海至昆明的320国道和北京至珠海的高速公路穿境而过。距黄花国际机场仅60公里。水运十分便利，千吨级轮船经湘江可直达长江。2. 基础设施完善配套：城区建设累计投资27.53亿元，7.2平方公里范围内实现五通一平，七纵六横城市主次干道网络状连通，道路总长达45公里，累计完成各类厂房、写字楼、住宅、公共服务设施151万平方米。 3. 社区环境优美功能齐全：4万平方米的标准厂房设施齐全，可租可售，全国城市住宅试点小区——滨江一村功能配套；占地15公顷的炎帝广场和高度365米的广播电视铁塔气势恢宏；区内建有两所三星级涉外宾馆、一个大型会议中心和一个大型文化宫；各类学校、幼儿园、医院、购物中心和农贸中场一应俱全。4. 产业进区发展迅速：高新区坚持大项目、高起点、新领域的发展方向，走产业兴区之路。区内拥有工业、农业、民营三个科技园区，现有进区企业670家，高新技术企业58家，外商投资企业29家，初步形成一个以电子、电力、新材料以及生物工程等为骨干的高科技产业新区。

洛阳高新技术产业开发区

洛阳高新技术产业开发区是经国务院批准的国家级高新技术产业开发区，享有中国政府赋予的税收减免、财政返还等一系列优惠政策，具有省级经济管理权限。开发区位于洛阳市西南，距市中心8公里，紧邻涧西大工业基地和智力密集区。开发区总控制面积30平方公里，北依周山、南望洛河，依山傍水，环境优美。首期开发的5.6平方公里，由高新技术一条街、中亚商务区、周山电子工业区、三山科技工业园一期工程、三山科技工业园二期工程组成，现已完成开发面积3.2平方公里，实现水、电、路、热、通讯和场地平整，并已建成功能完善、服务配套的商业、办公、居住、餐饮、娱乐设施，一个现代化的新城区已初具规模。开发区基础设施：开发区供水规模经市主管部门核定，已纳入市供水计划，现日供水能力为2万平方米，采用环网供水，满足企业用水的要求；为开发区发展提供了充足的电力，区内设有三座装机容量为2×3 15万KVA的110KV变电站，其中三山变电站已投入使用，徐家营变电站和张庄变电站正在建设之中；开发区邮电局现安装具有国际先进水平的程控交换机，容量为20000门，可提供国内、国际电话服务，以及电报、传真、无线通讯、电传和数据传输等多项服务，并可办理国内、国际特快专递等其他邮政业务；开发区首期开发的5.6平方公里区域内已完成路网建设，主干道宽50米，次干道宽40米，对外由洛宜路、孙辛路与市区连通；开发区由建设中的一期、二期供热中心输送热能。煤气管道并入洛阳市煤气管网,由义马—洛阳—郑州煤气工程供应。

大庆高新技术产业开发区

大庆高新区是国务院1992年9月批准设立的第二批国家级高新区之一,是国内唯一依托石油和石油化工产业而建立的高新区。大庆高新区位于大庆市东城区,地处油田外围,南邻滨洲铁路,东接哈大高速公路,坐落在哈大齐经济带中部,总规划面积12平方公里。1992年4月正式动工建设,1995年初,经国家科委批准,分别在大庆石油管理局和大庆石化总厂辟建“宏伟”和“兴华”两个化工园区,启动面积为1平方公里,这样形成了“一体两翼”的建设发展格局。建区8年来,共开发建设了6.5平方公里,竣工面积185万平方米,共发展企业527家,其中三资企业115家,累计吸引投资55亿元,其中外资1.23亿元美元,开发生产出400多种高新技术产品,有12种产品达到国际先进水平;累计实施火炬计划项目98个,其中国家级项目37个。大庆高新区经济总量已从辟建初期的几千万元,发展到148亿元,年均增长129%;完成利税24亿元,年均增长150%。高新区工业产值占全市地方工业产值平均为20.8%,拉动地方工业增长23个百分点。2000年上半年,高新区经济快速发展。1-6月份,实现技工贸总收入42亿元,比上年同期增长55.5%;实现工业总产值29.8亿元,比上年同期增长32%;完成利税3.6亿元,增长44%;高新区实现的产值占全市地方工业产值的40.6%。按照国家确定重点发展的11个高新技术领域,从大庆实际出发,重点在精细化工、电子信息、新材料、农副产品深加工、医药等领域发展产业。

宝鸡高新技术产业开发区

宝鸡高新技术产业开发区是1992年国务院批准的国家级高新技术产业开发区,是陕西省关中高新技术产业开发带的“西部龙头”。总规划面积5.77平方公里,分东、西两个小区(另含2.5公里的科技一条街),西区新建区七通一平基础配套设施齐备,标准厂房、住宅、写字楼、海关大楼、创业大厦及供热中心等已竣工;累计入区企业105家。目前,高新区已进入快速发展阶段。劳动大厦、金融大厦、高科技创业园,以及宾馆、学校、文化娱乐中心等公共服务设施已陆续开工,建筑面积80万平方米。高新区管委会享有省一级的经济管理权限,为客商提供优质、快捷的服务和优越舒适的环境。

吉林高新技术产业开发区

吉林高新技术产业开发区1992年11月被国务院批准为国家级高新区。吉林高新区由江南新建区和江北精细化工试验区组成。江南新建区规划面积8.18平方公里,江北精细化工试验区规划面积3平方公里。1998年4月,市委、市政府为使高新区有一个大的发展,先后做出了加快高新建设的决定和开展二次创业的决策,并对江南新建区3.5平方公里区域实施封闭管理体制。开发区实行统一领导、统一规划、统一管理,一个漏斗对内,一个窗口对外。高新区管委会对区内土地、规划、建设、用人、项目等审批和管理,按政策规定分别享有市级权限和部分省级权限。二次创业以来,吉林高新区的经济建设、改革开放和各项社会事业实现了超常规、跳跃式的快速发展。两年来,招商引资合同额41亿元,实际到位17.4亿元;新进区企业1955户,区内企业已达2805户;各类建筑开工面积103.8万平方米,竣工51万平方米;封闭区内已基本实现“五通一站”。1999年,实现技工贸总收入150.6亿元,在全国53个高新区中排第14位。工业总产值完成175亿元,排第8位。目前,封闭区内共有64个重点项目开工建设,其中有软件园、轿车扬声器、生物生化制品、汽车贸易城、食品出口基地、长白山药业基地、ABB高低压开关柜、商业系列电子软件、火炬大厦、科贸城、汽贸大厦、紫光秀苑、烽火民营科技园等40多个较大规模的花园式工厂、研发基地、高层建设、高科技产品交易市场。

绵阳高新技术产业开发区

绵阳高新技术产业开发区于1992年4月初开始筹建,11月9日正式被国务院批准为国家级高新技术产业开发区。开发区位于绵阳市区西端,北靠普明山,南临安昌河,距绵阳火车站1公里,距市中心3.5公里,距南郊机场8公里。成都至绵阳的高速公路和国家铁路干线——宝成复线穿区而过,规划面积6.1平方公里。高新区内平均地质构造单一稳定,平均海拔高度469米,属扬子地台川中台拗区边缘,地层平缓无滑坡,地震活动不强,不属地震带;属中亚热湿润季风气候带,年平均气温15.3℃,年日照1296小时,年无霜期278天,年平均降雨量943.3毫米;夏无酷暑,冬无严寒,气候湿润,四季分明。

保定高新技术产业开发区

保定位于河北省中部、地处北京、天津、石家庄三大城市构成的金三角中心地带,距北京137公里,距天津145公里,距省会石家庄120公里。素有“首都南大门”之称。保定优势独特,在环渤海经济区域中居重要地位。京深、津保两条高速公路,京广、神黄两大铁路干线,首都、北京南苑、天津、正定四大机场,天津、黄骅两大港口,使保定形成四通八达、极为便利的海陆空立体交通格局。保定高新技术产业开发区是1992年11月9日经国务院批准的全国53个国家级高新技术产业开发区之一,总体规划面积10平方公里。1996年9月经国家科委批准,调整为“一区三园”即:中心科技园、华业工业园和八达工业园。保定高新区管委会行使市级管理权限,实行“开放式运行、封闭式管理”。

鞍山高新技术产业开发区

鞍山高新技术产业开发区位于辽宁省鞍山市市区东

部，三面环山、一面傍水、东北明珠千山赋予其不尽秀气，近在咫尺的世界第一玉佛为她带来无限灵光。通过区内的中山路、鞍千路和深营路把鞍山高新区与整个鞍山城区紧紧相连。距沈(阳)大(连)高速公路15公里，距沈阳桃仙机场80公里、鞍山腾鳌机场15公里，距营口鲅鱼圈港125公里。鞍山高新区1992年经国务院批准成为国家级高新技术产业开发区。规划面积7.9平方公里，起步区3.4平方公里，划分为科研开发、高新技术产业、学院教学和生活服务等四个功能分区。是一个以高新技术产业为主体、包括科研、教育、生活服务、文化娱乐、行政管理等区域化、多功能化、现代化的综合性新城区。

杨凌农业高新技术产业示范区

杨凌农业高新技术产业示范区是1997年7月13日经国务院批准成立的国家级高新区中唯一的农业高新区。享受国家赋予高新区的各种优惠政策和国家对农业产业的倾斜扶持政策。建立杨凌农业高新技术产业示范区，是党中央、国务院着眼于二十一世纪，解决中国的粮食问题和可持续发展的重大决策，是国家发展战略向中西部转移的重要举措。区内水资源丰富、空气清新、环境优美、无工业污染、旅游资源丰富。杨凌以中国的“农科城”著称于世，区内拥有两所大学，五所科研机构，三所中专，聚集着农、林、水、牧等学科的数千名科技人才。目前，杨凌在旱作农业、良种繁育、灌溉与节水工程、家畜生殖内分泌与胚胎工程、黄土高原水土流失综合治理、植物资源保护、开发及综合利用等方面的研究居国内领先水平，一些项目达到了国际先进水平。杨凌农业高新技术产业示范区规划面积2212平方公里。由农业科学园区、农业综合园区、农业中试园区、生活服务区等七个功能区组成。示范区管委会下辖一个县级区——杨凌区，面积94平方公里，人口约10万。杨凌示范区由国家12个部委和陕西省人民政府实施“部省共建”，实行封闭式管理、开放式运行。示范区管委会为省政府直属派出机构，享有地市级行政管理权，省级经济管理权和部分省级行政管理权。对入区企业实行“一站式”办公服务，投资者在区内可快捷地办完开办企业的全部手续。区内各种支撑服务体系已基本建立。目前，示范区基础设施项目已全面建设，部分入区企业已开始施工建厂。不久，一个功能齐全，充满商机，具有田园风光的现代农业科技产业城，将会展现在世人面前。

开发区外商投资企业税收政策

<table>
<tr><th colspan="2" rowspan="2">政策内容</th><th rowspan="2">全国性规定</th><th rowspan="2">其中经济特区</th><th colspan="4">国家级开发区</th><th rowspan="2">开放城市和地区(含沿海、沿江、内陆、边境)及其省级经济开发区</th></tr>
<tr><th>经济技术开发区及其中出口加工区</th><th>高新技术产业开发区</th><th>保税区</th><th>边境经济合作区</th></tr>
<tr><td colspan="9">一、企业年得税税率</td></tr>
<tr><td colspan="2">1. 生产性企业
2. 非生产性企业</td><td>30%
30%</td><td>15%
15%</td><td>15%
30%</td><td>15%
30%</td><td>15%
30%</td><td>24%
30%</td><td>24%
30%</td></tr>
<tr><td rowspan="4">3. 特定产业</td><td>①知识密集、技术密集型项目以及技术研发中心，外商投资在3000万美元以上，回收投资时期长的项目</td><td>30%</td><td>15%</td><td>15%</td><td>15%</td><td>15%</td><td>*[15%]</td><td>15%(含中西部地区国家鼓励类产业的内、外资项目)</td></tr>
<tr><td>②产品出口企业，按规定减免税期满后，当年出口值占总产值70%以上的</td><td>15%</td><td>10%</td><td>10%</td><td>10%</td><td>10%</td><td>12%</td><td>12%</td></tr>
<tr><td>③金融机构，外商投入运营资金1000万美元以上，经营期10年以上</td><td>30%</td><td>15%</td><td colspan="5">经国务院特批，按15%(上海浦东)</td></tr>
<tr><td>④能源、交通、港口项目或国家特批鼓励的项目</td><td></td><td colspan="6">15%(含上海浦东带项目在成片土地上从事基础设施建设的外资企业)</td></tr>
</table>

以下各项目政策，除特殊注明的以外，不分地区，执行统一规定	
二、预提所提税率	
1. 外商在中国境内没有设立机构而有来源于各类地区的利息、股息、租金、特许权使用费和其他所得、除依法免征的以外	从2001年1月1日起改为10%
2. 对提供技术先进或条件优惠者	经国务院主管部门批准免征预提所得税，或由当地市人民政府决定给予比10%更多的优惠
3. 外国投资者从外商投资企业取得的利润	免征
三、企业所得税减免期	（经营期10年以上，从获利年度算起）
1. 生产性企业和被认定的高新技术企业、技术研发中心	第1—2年免征、第3—5年减半征收
2. 中西部地区新办交通、电力、水利、邮政、广播电视等企业	第1—2年免征、第3—5年减半征收
3. 非生产性企业	①在经济特区内，外商投资500万美元以上的服务性企业，经营期10年以上； ②在经济特区内和国务院批准的其他地区设立的外商投资1000美元以上的金融机构，经营期10年以上； 均为第1年免征，第2—3年减半征收
4. 先进技术企业	按规定的减免期满后、仍为“先进技术企业”的，延长3年减半征收企业所得税
5. 中西部地区	国家鼓励类外商投资企业，在现行税收优惠政策期满后，3年内可继续减按15%税率征收
6. 从事港口、码头建设的企业、经营期15年以上的	第1—5年免征、第6—10年减半征收企业所得税
7. 从事农业、林业、牧业及经济不发达边境地区的企业	按规定减免税期满后，经国家主管部门批准可在以后的10年内，继续按应纳税款减征15—30%的企业所得税；对中西部地区为保护生态环境的农业特产品收入，在10年免征农业特产税
四、再投资退税	①外商以其投资企业的资产或获得利润再投资于本企业或兴办其他外商投资企业，外资占25%以上，经营期不少于5年，经税务机关核准，退还其再投资部分已缴纳所得税的40%税款； ②再投资于“产品出口企业”或“先进技术企业”的，可100%退还已纳税款
五、关税	
1. 设备进口	①保税区及出口加工区内进口生产、建设、管理所需的设备、物资及转口货物，免征进口关税及增值税； ②对全国各地（含中西部地区）符合《外商投资产业指导目录》鼓励类和限制乙类，并转让技术的外商投资项目，在投资总额内进口的自用设备（包括按项目合同随设备进口的技术及配套件、备件），除《外商投资项目不予免税的进口商品目录》所列商品外，免征关税和进口环节增值税
2. 产品出口	除限制出口产品外，免征出口关税；在经济技术开发区内加工增值20%以上的产品，原为应征出口关税的，海关凭有关证明可免征关税；出口加工区企业及管理部门从境内购入的生产用设备、原材料、零配件、建筑物资及办公用品，可按规定退税
六、增值税	①全国按不同产品类别分17%、13%、6%三档税率，可依税法规定范围减免； ②经济特区产品在本区内销售的免征，一般纳税人一律按6%税率征收； ③保税区及出口加工区产品在本区内销售的免征

七、国家资产投资方向调节税	对外商投资企业和外国企业在中国境内进行的固定资产投资免征
八、城市维护建设税	对外商投资企业免征
九、耕地占用税	外商投资企业从事生产性项目占用耕地的免征
十、外汇管理	①允许外商投资企业在经常性项目内可以将人民币兑换成外汇； ②允许保税区及出口加工区内企业可以保留外汇； ③保税区及出口加工区内的加工贸易不实行银行保证金制度
十一、由地方政府规定的政策	(各项政策的具体内容详见各地的投资指南、或有关的开发区条例)
1. 地方所得税	按国家规定应纳税额10%征收,可由省、自治区、直辖市人民政府根据情况决定减免
2. 民族自治区地方的企业所得税	经省级人民政府批准定期减征或免征
3. 税收奖励	由当地财政部门决定,对按期缴纳所得税的外商投资企业实行奖励
4. 折旧	由当地财政部门决定,根据项目情况实行加速折旧
5. 房地产税	由当地财政部门决定,一定期限、一定比例减免
6. 费用折扣优惠	由当地政府根据外商投资项目的行业、规模、技术水平、缴纳方式等决定,对土地出让费、使用房屋租费、能源、水源、电讯、服务等项费用实行折扣优惠
7. 亏损弥补	企业发生亏损,可申请用以后年度的盈利弥补,时间最长不超过5年
8. 中西部地区建设公路	由省决定比照铁路、民航用地,免征耕地占用税

*：[] 内为参照开放地区的政策；

注：1. 国务院规定：自2001年1月1日起,一律停止执行地方自定税收先征后返还的政策；

2. 本简表由中国开发区协会汇集国务院及有关部门现行有效的法规文件编制而成,时间截止到2001年6月,表中未列明的其他政策内容均按全国统一规定执行。

第六部分

金融、证券、保险

综 合 论 述

稳健货币政策有关问题分析报告

中国人民银行

为什么要实行稳健货币政策

1997年亚洲金融危机以后，我国经济增长放慢，投资和消费增长趋缓，出口大幅回落，市场有效需求不足，物价连续负增长，出现通货紧缩趋势。针对这种状况，党中央、国务院审时度势，及时采取扩大内需的方针，实行积极的财政政策和稳健的货币政策。在市场经济较为发达的国家，在宏观经济出现通货紧缩或通货紧缩趋势时，一般是同时采用积极(扩张)的财政政策和货币政策。为什么我国提出实行“积极的”财政政策的同时，又提出实行“稳健的”货币政策呢?

一是我国货币供应存量偏多。1978－1999年，我国国内生产总值（GDP）年均增长9.7%，零售物价年均上涨6.2%，广义货币（M2）年均增长23.6%，贷款年均增长20.6%，广义货币年均增长比经济增长与物价上涨之和高出7.7个百分点。由于货币供应量多年高速增长，广义货币量(M2)与国内生产总值现价(GDP)的比值呈连续上升趋势。M2与GDP之比，1998年为1.31，1999年为1.46，2000年为1.52，其比例之高居世界各国前列。M2主要是由银行贷款创造的，M2与GDP比率过高，说明多年来信用过分集中于银行，容易积累金融风险；同时，在货币供应量增长明显偏快的情况下，将增加中长期通货膨胀压力。在多年积累的货币存量过多的情况下，如果再过分扩张货币供给，就会进一步扩大潜在的金融风险和通货膨胀压力，不利于宏观金融稳健运行。

二是企业特别是国有企业负债率过高，贷款有效需求不足。企业负债率过高和资本结构单一是我国经济发展中的一个突出问题。20世纪80年代初，我国国有企业资产负债率为25%左右，企业承受贷款能力较强，加上银行统一管理流动资金，导致贷款多年大幅度增长。到90年代中后期，国有工业企业账面资产负债率为65%左右，如剔除账面无效资产，实际负债率在80%以上，少数行业出现资不抵债。另外，近年新开工的一些技改项目资本金普遍不足，资产负债率也较高。负债率过高使企业承受贷款的能力和抗御市场风险的能力较弱。在这种情况下，如果采取过分扩张的货币政策，盲目增加贷款，势必增加新的呆坏帐，加大化解金融风险的压力。

三是我国经济的主要问题是经济结构失衡，而主要不是货币供应不足。结构问题的实质是市场机制还不够完善，重复建设问题突出，解决结构问题应深化经济和金融体制改革，单靠扩大货币供应事倍功半，相反还可能增加新的矛盾。

四是积极的财政政策，本身包括了对货币政策的大力支持。1998年，中央在提出实施积极的财政政策时，银行资金比较宽松，但由于市场有效贷款需求不足，贷不出去。财政增发国债，由银行购买，本身是运用银行资金，就是发挥货币政策的作用；同时由于国债资金作为资本金投入基础设施项目，又为银行增加贷款创造了条件。

实行稳健货币政策主要内容

实行稳健的货币政策，不是收缩货币供应，而是适当增加了货币供应。稳健的货币政策主要包含四个方面的内容：

1. 灵活运用货币政策工具，保持货币供应量适度增长

1998年以来，实行稳健的货币政策在防范和化解金融风险、提高贷款质量的前提下，适当扩大货币供应量。为此，1998年1月，中国人民银行取消了对商业银行的贷款限额控制，商业银行按信贷原则自主增加贷款；1998年和1999年先后两次下调法定存款准备金率共7个百分点，按1999年末存款余额计算，相应增加金融机构可用资金近8000亿元，为商业银行增加贷款、购买国债和政策性金融债，支持积极的财政政策创造了条件；1996年5月以来连续8次降息，存款利率平均累计下调5.98个百分点，贷款利率平均累计下调6.92个百分点，降息累计减少企业净利息支出近3000亿元。降息提高了企业效益，支持了资本市场发展，降低了国债发行成本，对启动投资、促进消费，对抑制通货紧缩趋势发挥了重要作用。1998年5月恢复公开市场操作，扩大基础货币投放，增加商业银行资金实力，促进贷款投放，适当扩大货币供应量，起到了重要作用。另外，还对商业银行定期进行窗口指导，及时传导货币政策意图。

2. 及时调整信贷政策，引导贷款投向，促进经济结构

调整

1998年以来，对信贷政策进行了一系列调整，主要包括：调整基础设施贷款政策，鼓励和督促商业银行发放国债资金项目配套贷款；调整个人消费信贷政策，特别是个人住房贷款政策；调整农村信贷政策，推行适合我国农村实际的小额农户信用贷款制度；调整出口信贷政策，支持出口企业扩大出口；调整对中小企业、特别是高新技术企业的贷款政策，提高商业银行增加对中小企业贷款的积极性；进一步沟通和完善货币市场与资本市场的联系，支持资本市场的发展；调整对非生产部门的信贷政策，开办助学贷款，开办学生公寓、医院等贷款新项目。

3. 执行金融稳定工作计划，发挥货币政策保金融稳定的作用

根据党中央、国务院的决策，人民银行认真执行金融稳定工作计划，发挥货币政策保稳定的作用，主要包括：向金融资产管理公司发放再贷款，支持其从国有独资商业银行收购不良资产，支持债转股；为确保少数严重资不抵债中小金融机构顺利退出市场，确保居民存款支付，确保金融和社会稳定，按照有关政策规定，根据从严掌握的原则，适当给予再贷款支持；支持和配合财政部发行2700亿元特别国债，补充国有独资商业银行资本金，提高其资本充足率等等。

4. 在发展货币市场的基础上，积极推进货币政策工具改革，基本实现了货币政策直接调控向间接调控的转变。

1998年底全国银行间同业拆借成交量为1978亿元，2001年达到了8082亿元，较1998年增长了3倍；1997年债券回购市场交易量为307亿元，到2001年已达到了40133亿元，增长近130倍；1997年商业银行承兑票据余额和贴现余额分别为1335亿元和581亿元，2001年分别为5112亿元和2795亿元，分别增长了2.8倍和3.8倍。几年来，公开市场业务操作力度明显加大，对基础货币吞吐、货币市场利率的影响显著增强。1998年公开市场业务累计交易量为2827亿元，2001年达到16781亿元，交易量增长了4.9倍。

近年稳健货币政策实施效果

实践证明，实行稳健的货币政策符合我国国情，是一项正确的宏观决策。

1. 保证了货币供应量和贷款增长与经济发展基本相适应

1998－2001年广义货币（M2）分别增长15.4%、14.7%、14%、14.4%（后两年含股民保证金存款），分别比同期国内生产总值与消费物价之和（GDP＋CPI）高8.4、9、5.6、6.4个百分点；金融机构贷款分别增加11491亿元、10846亿元、13346亿元、12913亿元。四年来，根据物价涨幅、经济增长和货币流通速度等因素，广义货币供应量M2的预期调控目标为年均增长14－15%，实际执行结果都在调控目标之内。货币、信贷的平稳增长，有力地支持了经济持续快速发展。

2. 信贷结构发生积极变化，促进了经济结构调整

一是商业银行发放国债资金项目配套贷款增长较快。4年共发放基建贷款和技改贷款1万多亿元，有力地支持了国债项目建设；二是农村信贷结构得到调整。1998－2001年四年中，中央银行对农村信用社再贷款限额累计增加812亿元。2001年农村信用社新增贷款1395亿元，同比多增90亿元，其中农业贷款新增803亿元，占57.6%，是近年来占比最高的一年；三是个人消费信贷得到迅速发展。1998－2001年，个人住房投资分别增加3614、4010、4902和6226亿元，与此同时，个人住房贷款分别增加294、905、1952和2282亿元，到2001年末商业银行的住房贷款余额达到5598亿元。个人住房贷款在拉动投资、扩大内需方面发挥了重要作用；四是在货币信贷政策的引导下，信贷结构发生积极变化。几年来，以中小企业为主体的非国有经济贷款份额继续上升，据人民银行调查统计，2000年末对非国有经济贷款余额达4.8万亿元，占全部贷款余额的48%，比1996年末上升9个百分点。

3. 金融监管得到加强，贷款质量有所提高，为执行稳健的货币政策创造了良好条件

根据党中央、国务院的决策，人民银行采取多种措施切实化解了金融风险，多年积累的金融风险得到逐步化解，金融市场秩序明显好转，为执行稳健的货币政策创造了条件。2001年，国有独资商业银行不良贷款余额和比例首次出现双下降，分别下降907亿元和3.81个百分点；股份制商业银行和农村信用社不良贷款比例分别下降3.42和4.93个百分点，实现了年初确定的降低2－3个百分点的目标。金融资产管理公司已处置不良资产1707亿元，收回现金357.7亿元，现金回收率达到21%。

4. 国际收支状况良好，人民币汇率保持稳定

本外币政策的协调，维护了内外部经济的双重平衡。四年来，我国国际收支状况良好，除1998年外，经常账户和资本账户保持持续双顺差。到2001年末，国家外汇储备余额达2121.7亿美元，比1997年末增加723.7亿美元。2001年当年国家外汇储备增加465.9亿美元，创历年外汇储备增加额最高纪录。2001年末，人民币汇率为1美元兑8.2766元人民币，继续保持稳定。

经过几年努力，我国经济保持了高增长、低通胀的良好态势。1998－2001年，GDP分别增长7.8%、7.1%、8.0%、7.3%，消费物价分别上涨－0.8%、－1.4%、0.4%、0.7%。稳健货币政策获得广泛的国际赞誉，货币政策和经济形势都是历史上最好的时期之一。

今年货币政策目标和主要措施

在2001年11月召开的中央经济工作会议上，江泽民总书记指出，要继续实行稳健的货币政策，进一步加大金融对经济发展的支持力度。朱镕基总理要求，要更好地发挥稳健货币政策的作用，调整和优化信贷结构，大力改善金融服务。贯彻江泽民总书记、朱镕基总理的指示精神，2002年中国人民银行将继续适当增加货币供应量，加强信贷政策引导，督促商业银行改进服务，扩大贷款营销，疏通货币政策传导机制，进一步加大金融对经济发展的支持力度。

2002年货币信贷预期调控目标为：广义货币供应量M2和狭义货币供应量M1分别增长13%左右，现金M0投放不超过1500亿元，全部金融机构贷款增加13000亿元左右。

一是综合运用多种货币政策工具，保持货币供应量的适度增长。继续加大公开市场操作力度，保证基础货币的总体适度，并引导货币市场利率水平。协调好本外币利率政策，充分发挥利率杠杆的作用。进一步扩大对中小企业贷款利率浮动幅度，由目前的上浮30%扩大到50%。适当增加对中小金融机构再贷款，加强再贷款管理。健全有关货币政策的信息收集、分析、咨询、决策和监测系统，更好地发挥人民银行货币政策委员会的作用。进一步规范货币市场和资本市场的关系，完善有关管理办法，在防范金融风险的前提下，积极支持资本市场健康发展。

二是发挥信贷政策的窗口指导作用，引导贷款投向，促进经济结构调整。督促商业银行、政策性银行支持国债投资的基建、技改项目和农业结构调整，改进对中小企业特别是科技型中小企业的金融服务，尽量满足产品有市场、有效益、有信用企业的流动资金贷款需求。促进农村金融机构改进服务，增加对农户贷款、“公司+农户”的农产品加工和流通等龙头企业的贷款，支持小城镇建设。支持农村信用社发放农户小额信用贷款，同时必须坚持农户自主申请、自主使用、自主还贷和农村信用社按贷款原则自主审查、发放和回收贷款的原则。通过“定学校、定范围、定额度、定银行”，建立银行、学校和借款学生三者之间稳定的关系，促进国家助学贷款的大幅度增加。稳步发展个人住房消费贷款和汽车消费贷款，严禁发放个人无指定用途消费贷款。加强对小企业的信贷政策指导，会同有关部门规范发展小企业贷款担保机构，优化小企业的信贷环境。继续落实推进西部大开发的各项金融措施，促进区域经济协调发展。

三是促进国有独资商业银行深化改革，增强贷款营销观念，疏通货币政策传导机制。督促和引导商业银行特别是国有商业银行，按照固定资产贷款审批权集中，流动资金贷款审批权下放的原则，调整和完善授权授信制度，增强分支行对市场的反应能力。逐步改变目前自上而下、层层下达贷款规模的做法，依据当地信贷合理需求，按季自下而上编制、自上而下审定以资金来源和运用、成本和利润为主要内容的业务经营计划，理顺内部资金往来利率，促使分支机构合理和充分运用资金。各商业银行要增强市场营销观念，深入企业、深入市场，培养和选拔客户，拓展信贷市场；完善贷款责任约束和激励机制，考核贷款的发放和收回，调动信贷工作人员营销贷款的积极性。

四是加强调查研究，及时沟通和传递有关货币信贷执行情况的信息。人民银行各分支行要加强对货币信贷执行情况的调查研究，认真剖析存在的问题，督促当地商业银行分支机构及时编制和认真执行业务经营计划。落实货币信贷责任制，相对固定时间、固定人员、固定内容，加强与地方政府的沟通协调，及时了解对人民银行工作的意见和建议，加强宣传，引导舆论，促进货币政策的贯彻和落实。加强地方政府对中央银行专项借款的管理，严格监督到期本息的归还。

如何正确分析国有商业银行贷款少增问题

2001年，人民银行继续实行稳健的货币政策，信贷总量保持平稳增长，贷款结构进一步优化，促进了国民经济持续健康发展。

2001年全部金融机构贷款增加12913亿元，同比少增409亿元。但由于商业银行降低不良贷款比例的努力取得成效，贷款质量明显提高，商业银行信贷周转速度加快，金融机构货币信贷有效供给并没有减少。贷款增长速度为11.6%，比经济增长和物价涨幅之和高3.5个百分点。

2001年，贷款结构的调整幅度进一步加大，农业贷款和个人消费贷款仍保持较快增长。农业贷款全年增加789亿元，同比多增253亿元，个人消费贷款增加2755亿元，同比多增206亿元，其中，个人住房贷款增加2282亿元，同比多增373亿元，支持了经济结构的调整。

贷款增量同比减少主要是受到需求因素的制约和信用渠道变化的影响。一是受世界经济发展趋缓的影响，我国经济从7月份起呈现减速运行的趋势，出口和工业增加值、增长率均呈下降趋势，导致企业特别是三资企业和出口生产企业的贷款需求减少，直接制约了贷款投放。二是商业汇票的发展替代了部分企业贷款。商业汇票作为一种授信业务，有利于减少企业货款拖欠的发生，替代了部分贷款需求。三是2001年以来国家加强了对资本市场的风险管理。严禁银行信贷资金违规进入股市，一部分企业资金退出股市后，补充了生产、流通中的短期资金需要，减少了企业对银行贷款的需求。四是2001年以来国债新建项目减少。银行配套贷款及相关的流动资金贷款需求相应减少。由于国债配套拉动力度减弱，全年中长期固定资产贷款新增5960亿元，同比少增363亿元。

金融机构贷款增速减缓，主要集中在国有独资商业银行，股份制商业银行不论是贷款增速还是贷款市场份额都是上升的。全年，国有独资商业银行贷款增加6412亿元，同比少增1498亿元，增长9.4%；股份制商业银行贷款增加3035亿元，同比多增763亿元，增长36%；在全部金融机构新增贷款中，国有独资商业银行占49.7%，比上年末下降9.6个百分点，股份制商业银行占23.5%，比上年末提高6.5个百分点。

这种结构的变化趋势基本上是正常合理的，这是其他商业银行的发展、直接融资的扩大、市场竞争加剧的必然结果，也是国有独资商业银行加大不良贷款考核力度、业务经营由过去的扩张规模向优化贷款质量转变的必然结果。但是,也存在一些问题,主要是有的国有独资商业银行仍采取层层下达贷款规模的管理方式,使得一些基层的贷款有效需求得不到满足;有的银行贷款营销观念不强,信贷服务有待改进;有的银行在加强风险约束的同时,相应的信贷激励机制没有建立起来等,从而影响到贷款的合理发放。我们正在努力解决中小企业贷款难的问题。

正确分析中小企业贷款难

近年来,为了支持中小企业发展,人民银行先后出台了一系列货币信贷政策措施,各商业银行积极加强基层调研,努力改进对中小企业的金融服务,对合理解决中小企业有效贷款需求产生了一定积极效果。但值得注意的是,一方面,金融机构和企业对贷款满足的情况反映存在一定差距;另一方面,对中小企业申请贷款的满足率、地区间差异也比较大。虽然中小企业贷款难原因是多方面的,但各金融机构应当进一步完善自身信贷管理,切实改进对中小企业的金融服务,加大对中小企业的贷款营销力度,减少贷款审批环节,真正发挥金融对中小企业发展的支持和促进作用。

中小企业贷款难也是当前社会普遍关注的问题。2001年10月份,人民银行对除西藏外的30个省(市区)、1018个县、5764个县级金融机构、9845家县内中小企业贷款情况进行了抽样调查。企业反映,企业申请贷款笔数满足率为72%,贷款金额满足率为68.5%;金融机构反映,对企业申请贷款的受理率为91%,贷款满足率为81.6%。对于中小企业贷款难问题,我们可以作如下分析:

一是县级金融机构总体存贷比例并不太低,中小企业贷款占比也较高,贷款的满足率也比较适度。人民银行调查县级金融机构的存贷比为73.6%,低于全国金融机构的存贷比4.7个百分点。调查的县级金融机构对中小企业贷款的占比为65.3%,高于全国金融机构占比21.7个百分点。未批准贷款的原因主要来自企业方面,金融机构也还需改进工作。

二是对中小企业贷款的满足情况地区间差异也比较大,在部分地区中小企业贷款难现象已经有所缓解。东部、中部、西部中小企业贷款满足率分别为74%、64.7%和61.6%。在东部如江苏、浙江、山东等省市某些"大行业"产品供给相对于市场需求趋于满足,与此同时,一些中小企业改制取得实质进展,企业信用和经营状况好转,中小企业贷款难现象出现缓解苗头。各地各金融机构存贷比例、贷款满足率等方面存在着差异,主要受地区经济发展状况、金融机构经营策略等方面的影响,缩小这些差异需要一个过程。

三是中小企业贷款难原因是多方面的,解决这一问题,需要综合治理。中小企业贷款难问题涉及到企业、银行、担保公司以及相关经济部门等多个部门,反映出我国现阶段的企业经济结构、银行信贷投向结构以及银企资金需求结构等多方矛盾的存在与冲突。中小企业贷款难,既有企业自身经营管理上存在的问题,如企业规模小,财务管理制度不健全,财务报告的随意性大、真实性差、透明度不高,信誉度低等原因;也有金融机构贷款权上收,激励机制与约束机制不匹配,贷款积极性不高等原因;同时,也暴露出政府的配套政策不健全和社会信用环境差的弊端。因此,解决中小企业贷款中存在的问题需要各方面进行深入系统地研究,需要企业、银行、政府、社会共同配合,实行综合治理,逐步加以解决。

四是金融机构要切实改进对中小企业的金融服务。虽然中小企业贷款难原因是多方面的,但金融机构应当抓住当前加入WTO的有利契机,根据各自实际情况,进一步完善自身信贷管理,切实改进对中小企业的金融服务,加大对中小企业的贷款营销力度,减少贷款审批环节,提高工作效率,真正发挥金融对中小企业发展的支持和促进作用。

五是除金融机构要改变营销观念外,中小企业信贷工作要特别处理好三个关系。一是要处理好支持中小企业发展与调整经济结构的关系,避免市场需要淘汰的"五小"企业等死灰复燃;二是处理好支持中小企业发展与防范金融风险的关系。在支持中小企业发展的同时,要把风险降到最低限度;三是处理好支持中小企业发展与深化金融体制改革的关系,扩大中小企业融资渠道,充分发挥农村信用社的作用。

如何正确看待金融机构存差

商业银行存款大于贷款是存差,贷款大于存款是贷差。近年来,社会上对我国金融机构的存差问题关注较多,一些人认为"银行存差大是银行资金的大量闲置"、"存差扩大意味着货币政策是紧缩的"等。我们认为,对于现阶段出现的存差现象,要用全面和发展的观点加以看待。

商业银行存差扩大是金融发展的必然趋势。2001年末,我国商业银行存款110860亿元,贷款80652亿元,存差约30208亿元。这主要有两个占用渠道:第一,随着直接融资的发展,商业银行持有国债、政策金融债等金融资产增加。至2001年末,商业银行用于购买有价证券23318亿元,其中在国债登记公司登记的国债9205.6亿元、政策性金融债5327.4亿元,另外还持有相当部分没有卖给居民的凭证式国债。2001年末,商业银行有价证券及投资,占其资产总额的14%,较1997年底上升了11个百分点。这对实施积极的财政政策和增加基础设施投资,是有力的支持;第二,商业银行缴存到中央银行的法定存款准备金为6652亿元,另外还有7568亿元备付金。中央银行以存款准备金为主要资金来源,向商业银行发放再贷款、再贴现以及为国家储备外汇。总之,商业银行存差资金都已经占用,较大的存差并不表明商业银行资金闲置。

对于部分地区反映出的存差加大问题也要正确分析。部分地区存差加大,反映了市场在资金配置中基础性作用逐步增强。同时,随着改革的深化,商业银行在全国范围内统一调度资金力度加大,也是主要因素。从1998年起,我国取消对商业银行贷款规模限额控制,人民银行不再管理贷款限额及分布,只调控货币信贷总量。对这一问题也应引起重视。人民银行将继续督促商业银行加强贷款营销，加大对西部地区的市场开拓力度。同时，运用信贷政策引导贷款投向，同时充分发挥政策性银行的作用，加大对西部地区贷款力度，促进区域经济协调发展。

改进农村金融服务缓解农民贷款难度

近年来，人民银行采取多种政策措施，积极支持农村经济发展。一是扩大对农村信用社的再贷款。在允许农村信用社对原有162亿元再贷款展期使用的基础上，2001年对农村信用社新增再贷款312亿元，同比多增150亿元；二是要求人民银行各分行下达给县市支行的再贷款限额不得低于辖内总限额的80%，这部分再贷款由人民银行各县市支行自主周转使用；三是积极吸收符合条件的农村信用社县联社进入银行间市场，拓宽农村信用社融资渠道；四是在全国大部分省区农村信用社推行了“一次核定，分次分发，全额控制，周转使用”的农村小额信用贷款方式，简化了贷款手续，方便了农民借款。

到2001年底，全国农村信用社农业贷款余额4417亿元，占金融机构农业贷款总额的77%，比上年提高4个百分点。累计投放农户贷款2657亿元，共有3万多家农村信用社开办了小额信用贷款，近2万家农村信用社开办了农户联保贷款，农户贷款面达25%以上，十个农业大省的农户贷款面在40%以上。农信社成为农村金融服务的主力军。

但是，农民贷款难问题仍然是农村金融存在的重要问题。为切实缓解这一问题，2001年底，人民银行决定全面推广农户小额信用贷款业务，扩大建立信用村、镇的试点，更好地促进农业和农村经济的发展，支持农民不断增加收入。

开办农户小额信用贷款、建立信用村（镇）工作的基本内容是：信用社依靠村党支部、村委会和入股社员，成立各村信贷小组，评定各个农户借贷能力和资信，核定农户借款最高限额，农户可在贷款额度内，直接向信用社办理借款手续，并自主使用，按期归还。在此基础上，根据贷款户占全部农户比例和农户守信程度，对村镇贷款发放分类管理。

开办农户小额信用贷款，建立信用村、镇的基本原则。一是发放农户小额信用贷款和建设信用村镇，必须始终维护农民的根本利益。农户小额信用贷款，是基于农户的信誉，在核定的额度和期限内发放的免于担保、抵押，由农户承担无限还款责任的贷款。发放此项贷款，必须坚持农户自愿申请、自主使用，并自觉按期归还贷款本息。

二是发放农户小额信用贷款和建设信用村镇，必须维护农村信用社的经营自主权。

三是发放农户小额信用贷款，建设信用村镇，必须紧密依靠村党支部和村委会。农村信用社改革和发展离不开县、乡、村党政组织。同时，农村信用社是经营货币的金融机构，有特殊的管理要求，任何机构和个人不得干预农村信用社的经营自主权。村支部和村委会干部要认真学习和贯彻“三个代表”的重要思想，根据农村信用社的有关规定和要求，及时了解农户的生产经营，评估农户贷款能力和资信，向农村信用社推荐符合条件的借款人，并引导农户用好贷款，督促农户按期归还贷款本息。但是，必须严禁代替农户借贷款和代替农村信用社放贷款。

四是发放农户小额信用贷款，建立信用村镇，必须实事求是，量力而行，循序渐进，讲求实效。

农村信用社开办农户小额信用贷款，创建信用村（镇）工作是我国农村信贷管理制度的重大改革，是农村金融部门和乡村基层党政干部贯彻、实践“三个代表”重要思想，为农民办好事、办实事的重要创举。这项工作具有十分重要的意义：有利于农民及时、方便、有效地获得贷款，通过扩大生产经营，不断增加收入，为扩大农民消费，开辟农村市场，促进国民经济发展创造了条件；有利于推进农村信用社端正经营方向，转换经营机制，切实解决农民贷款难的问题，发挥农村金融主力军的作用；有利于增强农村基层党政干部和广大农民的血肉联系，促进农村经济发展和社会稳定；有利于规范农村金融秩序，促进农村信用文化建设。全面开办农户小额信用贷款，对于引导和规范民间借贷行为，促进依法打击、取缔农村高利借贷活动、维护农民的根本利益，有明显成效。开办农户小额信用贷款、建立信用村镇工作是一件利党、利国、利民、利社的好事、实事。

中国资本市场前瞻

中国证券监督管理委员会首席顾问　梁定邦

任何一个高速增长的经济体制都面临一个挑战，就是如何更有效地将储蓄转化为经济增长所需的投资。发达国家已经很成功地达到了这个目标。所有发展中国家都热切盼望获得同样成功，像发达国家一样能将储蓄导向具有增长潜力的企业。我国自1978年以来GDP增长了六倍，实际上应该归因于在过去体制中未被释放出来的生产力。但是正如我们在过去十年所看到的，国民储蓄中相当大的一部分没有找到流向具有长期可持续发展潜力的企业的渠道。如果我们希望保持现在的增长率，必须找到一个方法使国民储蓄的大部分真正流向应该得到资金的企业。一个有效的资本市场是实现这个目标的惟一保证。

下面这些改革并不能穷尽一切，但是如何有效地加以实施，将保证我们向着有效资本市场的方向发展：强化对证券公司的监管；根据市场原则决定谁可以进入资本市场；规范公司治理结构；完善收购兼并机制；使我国市场上存在的类别股份合理化；完善公司法；严格实施会计与审计准则；加强投资者保护；培养一个远比现在规模大的机构投资者群体；规划金融服务一体化，开发新的金融产品；建立强有力的具有协作性的金融机构监管框架。

强化对证券公司的监管

在每一个资本市场中介机构都起着中心的作用：交易通过中介机构完成，资本通过中介机构筹集，中介机构因此成为资本市场的守门员。每一个市场都把确保市场合法守规的责任赋予中介机构。主要发达国家的市场如美国和伦敦市场的发展和繁荣与其中介机构具有合法守规的文化是分不开的。这种文化实际上已经成为市场的道德规范，正是这种道德规范的持续作用才形成了对这些市场的普遍信心以及对这些的普遍利用。如果为了保持经济持续增长，我们迫切希望并且必须拥有一个较重要的资本市场，我们就必须确保强化证券公司的监管体制。

《证券法》要求对证券公司颁发营业许可，并进行资本充足化管理。该法律特别规定了对客户交易结算资金和证券公司资金要分户管理。具体细则则留待监管机构具体制定。在起草具体法规方面已经做了大量工作，很快将要相继出台。这些法规标志着对证券公司监管开始向细化的方向发展。以这个起点为基础，还需要做以下工作：

- 制定与国际管理理念接轨的规则，保证证券公司不断有充足的资本应对其可能面临的风险。
- 建立一个报告机制，要求证券公司定期向监管机构报告其资金头寸和风险。
- 在监管机构内部建立一个监测系统，监视市场和个别机构的风险。
- 建立一个检查和咨询系统，以保证证券公司遵纪守法。

执行《证券法》和实施其他法规细则需要所有证券公司和监管机构的不懈努力，但更重要的是证券公司必须用一定的资金补足以前挪用的客户交易结算资金（客户保证金），并解决现存的所有风险问题。而且发展和创新也需要资金。一些证券公司已经筹集了比较充裕的资本金以应对他们面临的风险。但是为了支持公司成长和创新，特别是应对实力雄厚的大型跨国证券公司的竞争压力，还应该允许经过规范并按《公司法》的规定能够进入资本市场的证券公司进场融资。

根据市场原则确定谁可以进入资本市场

有人批评政府利用资本市场向投资者圈钱为国有企业解困。这种说法是不公正的，似乎是说政府并不关心投资者的死活而只顾自己摆脱困境。我自80年代后期就一直密切关注着中国资本市场，并未发现任何负责资本市场的官员有这样的想法。我所看到的正好相反，政府对投资者利益有很多的考虑。当然所有新兴市场都处于一个进退两难的境地。政府一方面要维护市场秩序，另一方面则要发展市场。中国的情形则更为困难，因为在80年代后期除了最小的企业外，所有企业都属于国有企业。所以当1990年中国资本市场刚刚开始建立之时，稍有规模的企业都是国有企业，他们当然是进入资本市场的候选人。所以把一些无关的动机强加于政府是不公平的。但不幸的是，后来所行的政策无意中形成了一个具有错误导向的机制，使得不应上市的企业优先上市，而应该上市的企业却被摒弃于门外。中国资本市场的现状就是实施这些政策的直接后果。为了理解这些政策的演变过程，我们先得从《公司法》说起。

《公司法》于1994年7月1日正式生效，规定只有最近三个连续盈利且股本总额不少于人民币5000万元的公司才能上市，从而使国有企业处于更加突出的地位。能符合这条要求的私有企业非常少。《公司法》还规定原国有企业依公司法改建而设立的，或者公司法实施后新组建成立的，其主要发起人为国有大中型企业的，以前的盈利记录可以连续计算。这条规定使得国有企业可以专门为上市而组建，并使所谓的“包装上市”成风。即使从破坏性最小的层面看，这种趋向使一些边缘企业或专为上市而组建的企业得以进入资本市场。这些企业一般连一个认真考虑过的经营模式都没有，如何能成为将来的赢家?《公司法》中三年连续盈利的要求是从发达国家股票交易所上市规定中抄过来的，但这些市场规定企业必须连续三年在同样的所有者和管理层之下。投资者投资的是企业的未来，他们判断的基础是在过去三年内同样的大股东和管理层是如何经营的。我国投资者实际上无法得到这种信息进行判断，因为国有企业可以通过“包装”上市，三年连续盈利基本没有很大意义。

从破坏性较大的层面看，由于经营记录没有主线，所以通过“包装”掩盖问题非常容易。因为上市的好处极大，所以肯定会有试图掩盖真相或虚假审计或欺诈现象发生。成都红光和海南琼民源事件中反映出问题就与《公司法》对连续三年盈利记录的要求有关。

为了缓解“包装”引起的问题，1998年开始实施一种新办法，要求国有企业改制以后或为上市而新组建的公司必须经过一年运营方可上市。在此期间待上市公司的董事和高级管理人员需由主承销商进行辅导。高新技术企业不在此项规定之列。尽管辅导可以帮助待上市公司的董事和高级管理人员了解他们的责任，但这并不能保证投资者能够在“包装”过的公司和具有持续经营记录并不明确经营目标的公司之间进行判断抉择。美国等一些成熟市场并不要求公开招股的公司有持续盈利记录。市场对没有三年经营记录的公司和没有足够明确的经营目标的公司评价很低，或因为风险太高而肯定不被承销商看好。与之相反，经营记录良好或经营目标明确的企业得到评价很高，而且更容易为承销商接受。这种情况在我国是不会发生的，因为投资者无从在应该得到资本和不应得到资本的公司之间选择。其原因还是在于我国上市实行的是额度管理。

实施额度管理的初衷是要让企业有秩序地进入市场。但是因为额度给了地方政府，结果是由地方政府决定谁能作为上市候选人。因为拥有提名候选人的权力，地方政府趋向于选择他们所控制的急需资金的企业而很少考虑这些企业未来是否具有生存能力。经营成功的企业通常并不急需资金，因而也被认为不需要进入资本市场。由于企业可以包装上市，就更不愿意考虑上市公司的长期生存能力了。在上市实行开放制的其他市场里，经过包装的企业很容易被识别出来。但是由于我国上市采取额度控制的办法，市场只能被迫接受分配给它的东西而没有其他选择。但是即使取消额度管理制度，在理论上将选择权交给投资者，应该得到资金的企业是否真能得到所需的资金仍然值得怀疑。

根本问题即我们的体制是否最有效地保证了资本流向最需要的公司。答案并不在于制造更多的控制环节是如何减少控制环节。本文不准备讨论详细的解决方法，因为药方需要监管机构经过全面研究才能得出。不过现在已经是认真考虑下面问题的时候了：

1. 市场能对公开发行的股票合理定价，从而区分应该得到资金的公司和不应该得到资金的公司。

2. 监管者可以考虑在发行中只履行核查法律和信息披露方面是否合规的职责。《证券法》已经以“核准”一词暗示了这一职责。

3. 在根据《证券法》第28条履行“核准”职责时，监管者可以考虑只在极端的情况下介入，例如，承销商将一支股票发行价定得过高或过低、严重偏离市场正常情况，且对其不负责任的做法没有合理的解释时。

4.《证券法》和《中华人民共和国宪法》都保护私有企业享受与国有企业同等待遇的权利。

5. 公司上市的时间以及在哪家交易所上市应由发行人和承销商决定。上市企业过于集中时，可由交易所与各承销商协调上市程序。

6. 发行方式应该多样化，现行发行方式应该至少扩大到投标建档(bookbuilding)和计算机拍卖方式。还应该考虑是否有必要仿效香港要求股票申购人先交款的方式，台湾地区早已取消了这种做法，但仍能保证市场的公平和秩序。

7. 从长远看，也许我们应该考虑允许发行人和承销商在报经监管机构批准后自行决定将几种发行方式混合使用，目的是获得最好的发行价格。换言之，监管机构在每个具体发行中允许发行人和承销商决定发行方式，而只保留在市场的公平有序性受到侵害时进行否决的权力。这既能发挥承销商的创造性，又不失市场的有序性。

规范公司治理结构

保证好公司进入市场只是一个开端。进入市场后，公司必须以所有者即股东的利益为中心，对市场负责任。因此，规范公司治理结构对资本市场的发展非常重要。

规范公司治理意味着公司所有者即股东可以随时动用有效的手段要求他们所拥有的公司提供合理的投资回报。这就要求管理层和董事会在制定任何经营决策时，都必须在平衡风险和回报的条件下从公司的最大利益出发。要求董事和管理人员必须将公司利益置于他们个人利益之上。为保证股东监测自己的投资，必须定期向其提供关于公司现状和未来的完整公正的信息。股东为了监督管理层也应该用知识武装他们自己。在大股东可以影响董事人选的公司里，大股东必须注意不要将他们的自身利益凌驾于公司利益之上。

这些原则实际上在《公司法》第6条中已有规定。但是，对上市公司治理的调查表明理论和实践是两码事。一般人都相信企业法人代表(即董事长)的权力，但这是对法律的一种误解。法人代表，正如其名称所显示的，是代表公司处理公司对外事务的。而法人代表的决策权则是董事会赋予他的。在任何公司都应该有一个授权机制，并应引入外部(非执行)董事制度，这样当某些董事出现利益冲突时，其他人可以从独立的角度为公司决策。我们还需要为上市和非上市公司制订《公司治理守则》。这是一个必须做而且将要做的结构改革。但这才只是开始。下一步还应该做三件事：完善、收购、合并制度，使上市公司类别股份合理化，完善《公司法》。

完善收购合并制度

在一个足够透明的市场里经营不善的公司会成为收购兼并的目标。同时，经营良好的公司为寻求业务发展也在寻找收购兼并目标。《证券法》允许通过交易所交易获得一个上市公司30%以上股份时可以采取部分要约的方式，从而降低了并购成本。对透明度的要求实际上有助于市场更加了解上市公司及其控股股东。

一部收购守则对我国是非常重要的，明确市场在促进上市公司提高质量方面所能起到的关键作用以后，才能促进收购兼并活动。

除了制订收购守则，还需要将现存于我国上市公司的多种股份类型合理化。不经过这样的合理化过程，就很难提高股票的流动性，也很难吸引机构投资者介入。

类别股份的合理化

总市值是每股收盘价与公司发行股份总数和乘积，大约相当于上市公司总值的三分之一。未上市股份是不能在市场上流通的。这些未上市股份包括国有股、国有法人股、法人股、转配股及内部职工股。尽管这些股份不能在证券交易所交易，还是存在一个灰色市场，在这个市场上可以进行协议收购。当然协议收购价格比流通股的市场交易价格为低。所以，如果能找到一家公司的控股股东愿意出售他所拥有的非流通股，控股权的获得成本很可能比通过市场收购要低得多。

一个上市公司股份中有一大部分是非流通性的，这意味着本应享受同等权利和义务的股份因为只能在不同的市场交易而有不同的价格。同时,这种价格差异对管理者、对投资者都有扭曲的影响。管理者并不关心公司是否被收购，因为大股东只有在公司遇到困难时才愿意卖掉他们的股份逃命。因为流通盘太小，投资者要为稀缺的股票支付额外的费用。市场上多支股票同时达到涨跌停板并不罕见。这样大的波动性使市场充满了投机，因为它吸引的是短线交易而非对长期基本面的判断。结果，羊群效应成了市场的常态。反过来又进一步加大了市场的波动性，从而形成了一个难以打破的恶性循环。为了打破这个循环必须做三件事:(1)扩大整个市场的流通规模;(2)鼓励根据基本面投资;(3)创造风险转移工具。

很多人认为增加市场流通股数量会引起股票贬值从而会使投资者蒙受损失。我不同意这种看法。投资者希望“财富效应”继续下去是很自然的,因此他们希望监管当局把上涨趋势维持下去。监管机构因而再次面临骑虎难下的两难局面。一方面得满足公众的要求，另一方面必须懂得市场的长远发展是建立在具有强大发展潜力的上市公司的基础上的。如果没有这个基础，市场可以通过控制供求关系维持一段上升趋势，但是肯定难以长久。长久的解决办法是创造一个供给与需求可以随基本要素的变化而变化的有机环境。为了创造这样一个环境，必须制订一个逐步解决类别股份问题的方案。制订此方案的原则是让上市公司有机会在资本市场发挥其全部潜力。

让尚未流通股份进入流通以扩大流通盘子，如果本着信息充分披露和使上市公司具有长期价值的原则设计分步实施的方案,就不会对市场造成剧烈影响。要做到这一点，还需要解决以下一些问题。

严格实行会计和审计准则

金融市场是信息的市场，所以准确的金融信息对一个市场的健康运转是至关重要的。可喜可贺的是，我国财政部和会计师协会已经按照国际通用准则为我国制订了会计和审计准则，他们并且积极参与国际会计准则委员会和国际会计师联合会的活动。不过，会计专业人员还有责任教育公司董事，告诉他们为什么要运用会计准则以及为什么要在大公司内实行内部审计制度。《会计法》经过修改，把虚假会计归入刑事犯罪之列，并要求一定规模以上的国有企业进行内部审计。专业人员还应考虑制订成熟市场所应用的标准评价程序，以保证整个专业队伍工作的高水准。同时,可以考虑进行继续教育和定期检查,以保证专业人员随时掌握最新进展。

下面我将谈到另一个问题，即当信息披露过程出现问题时,投资者能否对专业人员、董事以及高级管理人员提起民事诉讼。作为整个投资者保护体系的一部分，还需要建立专业责任保险制度。

强化投资者保护

我们在建立金融基础结构时必须牢记法律不仅要维持金融系统的完整性，而且要保护投资者。我国现在法律构架的一个弱点是投资者缺乏解决问题的民事途径。《公司法》提供了一些途径,为少数股东提供的惟一保护见第111条，即股东有权就董事或多数股东违反法律的行为向法院提起要求停止该违法行为和侵害行为的诉讼。不幸的是，违法行为通常在被发现之前就完成了，如董事违背公司利益与大股东做财产交易的例子。我国没有像其他国家那样规定少数股东可以采取的法律行动。另外，对于董事或专业人员因提供虚假信息或隐瞒信息而造成损失，《证券法》也没有明确规定投资者可以对董事或专业人员取民事诉讼的权利。我们需要明确这种权利并制订必要的法律程序。另一个问题是建立专业责任保险基金从而使判决不会落空。但是根本问题是诉讼费用太昂贵。一个小投资者不可能与公司董事和大股东相匹敌，因为后者可以动用公司资金保护自身。

美国采取风险诉讼的办法解决诉讼费用的问题。因为存在着滥用的可能性，美国法院对此加以严格规范。我国如要采取这种方式，也需建立一个制度以防止滥用。更好的办法是仿效台湾地区的机制。台湾地区有一个基金会协助投资者对公司董事的渎职行为提起诉讼。这个基金会属于非政府组织，是我们可以借鉴的模式。基金会启动资金可以来自政府、交易所及业界赠款,后续资金来自市场交易费的一部分。基金会可以在所有上市公司都买一股，这样就可以对违法的董事或控股股东提出诉讼。协会在监测市场和提出诉讼方面与监管机构保持密切合作。

另一个加强投资者保护的办法可以借鉴美国证监会的奖励制度，任何人如能够提供关于内幕交易或操纵市场的证据，在法律诉讼成功后，可以自证监会得到最高10%的民事罚款。引入这种制度需要仔细设计斟酌。

最后，我们还缺乏发达市场都有的一个保护投资者的渠道,这就是为投资者提供保险计划,以防因证券公司挪用其资金而遭受损失。理论上这种情形不会出现，因为客户保证金和证券公司资金应分账户管理。但是，其他市场的教训表明,尽管受到监管,证券公司仍然会违规并出现无法归还客户资金的情况。60年代在美国就出现过这种情况，当时根据联邦法律成立了一个证券投资者保护公司。所有经纪商都必须向该公司投保。每个投资者可以从该公司获得最高50万美元的保险赔偿。证券公司也可以增加保险额。大多数证券公司都增加了保险额,有些投保额达500万美元。该公司在证券公司陷入困境时有权力接管公司，保证投资者的资产得到保护。台湾地区、韩国和日本都采用了美国模式。除我国以外，其他亚洲国家的交易所也都为了同样的目的建立了补偿基金。

培养机构投资者

当我们从市场的角度而不仅仅是政府角度考虑市场时，我们必须考虑如何增加投资者数量的问题。证券市场上的投资者主要由既缺乏手段又不懂风险的散户投资者组成。这样的投资者有4500万。所以市场必须有一批能够进行长线投资，并能对公司、行业和一般经济数据进行判断的投资者。在其他大部分市场，大企业都有自己的股权投资组合。为什么中国不能借鉴这一经验呢?

随着国家的养老基金管理体系相对完善，养老基金投资组合也会进入股票市场和资本市场的其他领域。

因为人口年轻，所以寿险与养老金的短期债务较少，其投资时间比其他投资者更长。因此，他们将成为市场中优秀的长期投资者。外国投资者属于另一种类型的长期投资者。

我国市场中的外国投资者一般都是机构投资者。在一级市场上购买H股和B股的是那些外国养老基金和共同基金。H股在香港交易，所以直接面对国际市场，监管者为香港有关当局，他们在根据国际准则进行监管方面具有良好的记录。H股的流动性也相对较高。然而H股和A股相比定价偏低，因为国内市场的需求量很大。B股的定价与对应A股的差距大，因为其流通量很小。所以我们可以这样说，H股和B股为中国从海外筹集了大量资本，但是禁止外国投资者投资国内市场使我们失去了另一种募集资本、吸引机构投资者的途径。

我们发行H股和B股的原因之一是：我们的资本账户是封闭式的，投资组合无法实现流动。台湾地区和印度的经验表明：认可外国机构投资者制度(QFIIs)能成功吸引外国资本进入当地股市。这一制度要求符合条件的外国机构投资者首先注册登记，然后将资金兑换成当地货币。为该笔资金设有专用账户，购买的股价由指定托管人保管，因此在任何时候都可以对资金和交易进行审计。在取出资金前必须首先完税，向国外汇款时则需经中央银行审批。QFIIs不仅为台湾地区和印度吸引了大量的资本，而且在事实上已成为进行投资选择、激励公司管理者的潜在力量。这些市场的投资者倾向于关注QFIIs的投资抉择。

规划金融服务一体化开发新投资品种

尽管我国金融法律禁止跨行业的活动（全能银行目前尚不可能），但是支付系统将成为统一金融服务的力量。大商业银行已经开始充当证券业的结算银行，他们还是投资基金的托管人。随着银行存款实行实名制，各种金融服务都需要银行支付系统帮助审计查账，这样不仅有利于加强金融监管，也有利于征税和防止金融欺诈。

目前，银行业在建立电子银行方面投入巨大，电子银行在未来将成为联系银行、证券业和保险业的纽带。我们将要面临的问题是如何在金融服务业中实行分业管理的体制。商业银行在建立信息技术平台之后，将遇到如何补偿其投资的问题。随着贷款回报下降，所有商业银行都要考虑提供其他服务以增加收入，其结果可能是希望更多地介入证券和保险领域。答案可能就在分业管理的初衷里，这个初衷就是将金融风险限制在金融领域的某一行业之内。所以，如果金融风险能够被限制在某一行业，就没有必要禁止金融机构共用某些设施，如信息技术平台。这是需要三个监管机构解决的问题。

随着保险业竞争加剧，保险公司需要进行保险品种以外的投资。保险业也将成为优秀的金融资产管理人，为他们自己管理投资组合，也可能为其他人如养老基金管理投资。保险投资产品拓展也将带来投资者保护的问题，目前的监管体系还未涉及到这一方面的内容。投资管理带来的另一个问题是对建立开放式投资基金和养老计划的要求。这将孵化出另一个金融行业。这个行业不仅涉及开放基金和养老基金的设立，而且涉及发行、赎回、支付，以及向个人和机构客户提供投资建议。这个行业肯定是跨越现有行业和监管分工的。

随着金融资产管理的出现和投资品种的增加，有必要为金融衍生产品市场建立一个控制整个市场范围的、健全的风险管理体系。如果没有足够的风险转移机制，金融市场就无法正常运转。必须尽快开展对建立衍生产品市场的研究。

金融业三大行业的监管机构应该共同努力，确保在不出现失控的情况下实现金融服务的一体化。这样的一体化具有巨大的潜力，能把我们的金融服务带至一个新的发展阶段，同时也将帮助我们实现从现金经济向银行经济的转变。

在金融业建立一个具有协作的、强有力的监管架构

银行业、证券业和保险业现在都是由一个全国性的管理机构和设在各地的办事处组成。因此，我们完全有可能形成具有统一监管理念和实践的体系。然而，我们还需要努力确保各领域的监管能互相协调、统一，因为市场并不总是能考虑监管的分工。所有成熟的市场都设立协调的机制。我们也需要有自己的协调机制，只有这样我们才能有望在金融业建立一个强而有力的监管体系。

结　论

我前面所讲到结构性改革可能很不全面，对于我国这样一个幅员辽阔而复杂的国家，不太可能设计出一套包治百病的方案(起码没有人敢于如此自以为是)。我们只能根据形势的发展加倍努力工作。值得欣慰的是，我国的政策制订者都相信唐朝宰相魏征向唐太宗上书时所用的一句话：“求木之长者必固其根本，求流之远者必浚其源泉”。唐朝在我国历史上是一个重开始学之风、政通人和、经济发达、对外开放的朝代。我相信这样的复兴在我们这个时代里一定会重现。

2001年金融市场运行分析

中国人民银行统计司　张文红　郭永强

2001年，国内金融市场平稳运行，全年运行的主要特点为：企业在股票市场上的筹资大幅下降；股票市场出现大的回调，股票交易印花税收入明显下降；银行间市场交易量创历史新高，同业拆借、回购利率持续走低；外汇市场交易量大幅度增加，人民币外汇率保持稳定。

一、金融市场运行的基本情况

（一）资本市场

1. 企业在股票市场上的筹资额比上年同期大幅下降，股票市场融资功能弱化。

2001年，企业在股票市场上累计筹资1168.7亿元，比上年同期减少935亿元，减少44.4%，筹资规模回到1997年水平。其中，A股筹资1098.4亿元，比上年同期减少400.6亿元，减少26.7%；H股发行筹资70.38亿元，比上年同期减少491.3亿元，减少87.5%；2001年没有B股发行和配股的筹资，同比减少12.42亿元。2001年，新上市公司75家，比上年同期减少46%。截止到2001年12月末，沪、深两市共有上市公司1160家，上市A股1136只，B股112只；上市总股本达4838亿股，比上年增长33.9%，增幅比上年高9.7个百分点；流通股1481亿股，比上年增长20.1%，增幅比上年下降9.4个百分点，流通股的市场规模继续扩大。

2. 上半年沪、深综指屡创新高，下半年出现大幅回调。

沪、深股票指数在2001年1月份和2月份出现大幅下挫之后，3月份起受2月19日允许境内自然人投资B股政策的影响，开始快速上扬，并不断创出新高，上半年共创新高21次，可谓“新高频创”，最后一次沪、深综指创出的历史新高是在6月份，分别为2245.4点和665.6点。与此同时，沪、深两市的流通市值也在6月份达到最高，6月末沪、深两市流通市值为18866亿元，比上年末增加2778亿元，增长17.3%。下半年受监管部门加强对市场规范管理，打击违法操纵市场，严查违规信贷资金入市以及国有股减持方案实施的影响，股指大幅下挫。12月末，上证综合指数以1646点报收，较6月末下降了572点，降幅达25.8%，比上年末下降427点，降幅达20.6%；深证综指以476点报收，比6月末下降182点，降幅达27.7%，比上年末下降160点，降幅达25.2%；流通市值为14463亿元，比6月末减少4403亿元，缩水23.3%，比上年末减少1625亿元，缩水10.1%。上交所和深交所12月末A股加权平均市盈率分别为37.6%和40.8%，比6月末分别下降19和15，分别缩水33.6%和26.9%，比上年末分别下降21.5和17.9，分别缩水36.4%和30.5%。

3. A股市场成交大幅萎缩，股票交易印花税明显下降。

2001年，沪、深两市股票共成交38305亿元，同比减少22522亿元。其中，A股成交33242亿元，同比减少27037亿元，下降44.9%。受股票交易额大幅下降和2001年11月份下调股票交易印花税的影响，股票交易印花税收入大幅下降，2001年，股票交易印花税累计收入为291.3亿元，比上年少收入194.6亿元，下降40.1%。2001年沪、深两市A股成交金额大幅萎缩的主要原因：一是为挤出市场泡沫，年初政府出台了一系列规范市场发展的政策和措施，加大了对违规行为的处理力度，对市场产生了一定的降温作用。二是2001年6月12日国务院发布的《减持国有股筹集社会保障资金管理暂行办法》，也对股票二级市场产生了一定影响。

4. B股成交金额先剧升后大降，全年成交金额和市盈率增加较多。

受2001年2月19日出台的允许境内自然人投资B股交易政策的影响，2001年上半年B股股票全线上涨，成交金额大幅上涨。上半年沪、深两市B股成交金额为3862亿元，同比多增3694亿元，日均成交33.9亿元，是上年同期的22.6倍。从7月份起，受银广夏事件和央行严查违规信贷资金入市的影响，B股成交金额大幅下降。2001年下半年沪、深两市B股成交金额为1202亿元，比上半年减少2660亿元，日均成交9.5亿元，日均比上半年减少24.4亿元，下降72%。

2001年沪、深两市B股共成交5064亿元，比上年同期增加4515亿元，日均成交21.1亿元，是上年同期的9.2倍。2001年末上交所和深交所B股加权平均市盈率分别为43.4和25.3，比上年同期分别上升18.2和12.2，分别增长72.2%和93.1%。

5. 国债和政策性金融债券继续大量发行。

为扩大内需，刺激经济增长，2001年政府继续实施积极的财政政策，增加国债发行。全年累计发行国债4884亿元，比上年同期增加227亿元，增长4.9%，其中，发行凭证式国债1800亿元，比上年同期减少99亿元，减少5.2%；发行记账式国债3084亿元，比上年同期多发564亿元，增长22.4%。年末，国债余额为15618亿元，同比增长20%，占2001年GDP的比重约为16.3%，比上年同期上升1.7个百分点。

2001年累计发行政策性金融债2590亿元，比上年同期增加945亿元，增长57.4%。年末，政策性金融债余额为

8534 亿元，同比增长 15.6%，占 2001 年 GDP 的比重约为 8.9%

（二）货币市场

1. 银行间市场人民币交易较活跃，交易量创历史新高，市场利率持续走低，资金主要流向证券公司、基金管理公司和其他商业银行。

银行间市场人民币交易活跃，交易规模快速放大。2001 年，银行间市场共运行 253 个交易日，比上年多运行 2 个交易日，累计成交 49055 亿元，同比多增 25863 亿元，日均成交 193.9 亿元，是上年同期的 2.1 倍，创历史新高。其中，同业拆借成交 8082 亿元，比上年多成交 1354 亿元，日均成交 31.9 亿元，同比增长 19%；债券现券成交 840 亿元，比上年多成交 157 亿元，日均成交 3.3 亿元，同比增长 22.2%；债券回购成交 40133 亿元，比上年多成交 24351 亿元，日均成交 158.6 亿元，同比增长 1.5 倍。银行间市场人民币交易量的快速增加，充分表明银行间市场在整个金融市场中调剂资金余缺的能力在迅速扩大。

短期品种交易日趋活跃。2001 年，同业拆借和债券回购市场交易最活跃品种均为 7 天品种，交易量分别为 5606.9 亿元和 31271.3 亿元，分别增长 8.9% 和 14.7%，占各自市场交易量的比重分别为 69.4% 和 77.9%，其市场份额比上年分别上升了 5.7 个百分点和 10 个百分点。

同业拆借和债券回购利率持续走低。2001 年，在央行以公开市场操作为主的货币政策调控下，银行间市场人民币同业拆借和债券回购交易的月加权平均利率分别由 1 月份的 2.62% 和 2.52% 下降至 12 月份的 2.39% 和 2.15%，分别下降了 0.23 和 0.37 个百分点。市场利率的显著下降，表明 2001 年银行间市场资金明显供大于求，资金较宽裕。

2001 年，国有商业银行是银行间市场人民币资金的主要供给者，资金需求最大的是证券公司和基金管理公司以及其他商业银行。2001 年，国有商业银行净融出资金 14079 亿元，比上年多融出资金 8965 亿元，日均融出 55.7 亿元，同比增长 1.7 倍；证券公司、基金管理公司净融入资金 5432 亿元，比上年多融入资金 1444 亿元，日均融入 21.5 亿元，同比增长 35.2%；其他商业银行净融入资金 5346 亿元，比上年多融入 4434 亿元，日均融入 21.1 亿元，同比增长 4.9 倍。

2. 票据市场规模继续快速扩大。

在央行大力发展商业票据市场等一系列政策措施的引导下，2001 年商业票据市场规模继续快速扩大。2001 年末，已签发的未到期商业汇票、贴现业务余额分别为 5111 亿元和 2795 亿元，同比分别增加 1419 亿元和 1325 亿元，分别增长 38.4% 和 90.1%。从业务发生量看，2001 年签发的商业票据和贴现业务累计发生额分别为 11973 亿元和 14322 亿元，同比分别增加 4294 亿元和 7565 亿元，分别增长 55.9% 和 112%。商业票据的快速发展有力地促进了资金资源的有效配置，拓宽了商业银行的服务领域，提高了商业银行的经营效益，对解决中小企业的融资起到了重要作用，有力地支持了国民经济的持续增长。

（三）外汇市场

1. 银行间外汇市场成交量大幅度增加，创历史新高。

2001 年，银行间外汇市场共运行 253 个交易日，累计成交各币种折合美元 750.3 亿美元，同比多增 328.6 亿美元，日均成交 2.97 亿美元，日均比上年多成交 1.29 亿美元，增长 76.8%。其中，美元、港元、日元成交分别为 741.3 亿美元、30.6 亿港元和 613.9 亿日元，日均成交分别为 2.93 亿美元、0.12 亿港元和 2.43 亿日元，美元和日元成交量日均比上年分别增长 78.7% 和 10.5%，港元成交量下降 7.7%。外汇市场成交量大增的主要因素是 2001 年企业结汇量增长较快，其中，银行结汇量为 2046.5 亿美元，同比增长 26.1%。外汇市场结汇量大增的原因：一是 1 月份和 2 月份一些境外上市企业将筹集的外汇资金在资本项下大额结汇所致。二是受美国经济增长放缓和“9·11”事件的影响，美联储连续 11 次降息，联邦基金利率已调低至 1.75%，贴现率调低至 1.25%，使一部分原来滞留境外追逐利差的资金调回国内。另外，随国际金融市场利率走势，中国也及时调低了境内外币存款利率，全年共 9 次下调外币存款利率。目前，1 年期美元利率与人民币存款利率的利差由 2000 年末的 2.75 个百分点降至负 1 个百分点，这必然减弱了个人和企业持有外汇的意愿。三是各地外汇管理部门加强和改进了外汇收支管理，加大了对企业逃、骗、套汇和其他非法外汇交易的打击力度，全国外汇收支形势进一步好转。四是国家外汇管理局进一步完善了外汇管理政策，积极为企业和个人正当的经常项目用汇提供了方便，从而减弱了部分企业境外非法滞留外汇的动机和个人持汇的意愿。

2. 人民币汇率继续保持稳定。

受 2001 年 2 月 19 日出台的允许境内自然人进入 B 股市场政策的影响，非法外汇市场汇率曾一度上升至 1 美元兑 8.8 元人民币和 1 港元兑 1.13 元人民币，但市场很快恢复平稳，人民币兑美元、港元汇率仍保持稳定，兑日元汇率有较大上升。2001 年末，银行间外汇市场美元兑人民币期末汇率为 8.2766，比上年末下降 8 个基本点；港元兑人民币期末汇率为 1.0605，比上年末下降 1 个基本点；100 日元兑人民币期末汇率为 6.3012，比上年末下跌 8867 个基本点，人民币升值 11.4%。

二、对 2001 年金融市场的分析

（一）现行的股票发行制度对狭义货币（M_1）的调控产生了一定影响

目前，中国货币政策是以货币供应量为中介目标的，现行的股票发行制度，使大量资金游离于股票市场和银行之间，这些资金中有相当部分来自于企业活期存款账户。当新股发行时，大量的资金从企业活期存款账户转入证券公司的客户保证金账户。新股发行结束时，大量未中签的资金又回流到企业活期存款账户。目前，中国货币供应量统计中企业活期存款是计入狭义货币（M_1）的，而在证券公司

同业存放中由企业活期存款转来的资金则没有计入狭义货币(M_1)中。当新股发行出现在月末时,狭义货币(M_1)则将出现较大波动,这种波动不利于判断狭义货币(M_1)的真实状况,进而将影响中央银行的调控。

(二)货币流动性下降

2001年,货币流动性(M_1/M_2)同比出现下降。年末,货币流动性(M_1/M_2)为37.8%,比上年末下降0.6个百分点。货币流动性下降的原因主要是2001年居民本币储蓄存款增长较快。年末,居民本币储蓄达7.38万亿元,全年累计净增加9458亿元,比上年多增加4481亿元,增长14.7%,增幅比上年同期高6.8个百分点。

(三)国内金融市场上的融资量出现收缩,直接融资比重有所下降

2001年国内金融市场上的融资量为16473亿元,同比减少668亿元,下降3.9%。以贷款融资为主要融资手段的间接融资为12559亿元;直接融资3914亿元,同比减少16.1%,其中,国债净融资2598亿元,同比增长4.8%,股票融资1169亿元,同比下降44.4%。2001年国内金融市场上间接融资与直接融资的比重为76:24。间接融资比重较上年上升3个百分点,直接融资比重较上年下降3个百分点。

受"9·11"事件以及美国、日本、欧盟经济增长持续下降的影响,2001年我国经济增长也出现了减速,减少了社会对融资量的有效需求。此外,2001年,国内、国外股票市场股指均出现较大调整,企业在股票市场上筹资相对困难,股票市场融资量减少较多。

(四)国有独资商业银行的经营行为变化较大

2001年,国有独资商业银行在同业拆借市场上净拆出资金1916亿元,比上年增加929亿元,增长94.1%;在银行间债券市场上净融出资金12163亿元,比上年增加8035亿元,增长1.9倍。国有独资商业银行2001年在银行间市场共融出资金14079亿元,是上年的2.7倍。融出资金与它们当年新增贷款的比重为69:31,上年则为39:61。这表明2001年国有独资商业银行贷款比较谨慎,国有独资商业银行只能更多地在银行间市场进行经营,以增加利润。

三、政策建议

总的来看,2001年中国金融市场运行是平稳的,有力地支持了中国国民经济的持续、快速、健康发展。从金融市场运行的结果来看,资本市场和货币市场的运行情况对货币政策的影响日益显著。因此,2002年中央银行在对金融市场监管过程中,要对证券公司、基金管理公司的同业拆借、回购资金进行跟踪监测,严禁信贷资金违规流入股市,有效地防范和化解潜在的金融风险;要加强外汇监管,打击各种非法外汇交易,保持国际收支平衡和人民币汇率稳定;要继续加强与有关监管当局的合作,促进中国金融市场健康平稳发展,从而保持国民经济持续、快速、健康的发展。

证 券 市 场

开拓证券监管新局面　实现市场可持续发展

中国证券监督管理委员会主席　周小川

一、2001年全国证券期货监管工作的回顾

(一)推行证券发行机制的市场化改革,证券发行工作取得了新进展

2001年以来,中国证监会全面实施证券发行主承销商推荐及相配套的核准制度,形成了市场各参与主体"各司其职、各尽所能、各负其责、自担风险"的新型责权关系,确立了以强制性信息披露为核心的事前问责、依法披露和事后追究的责任机制。2001年中国证监会先后完善了以招股说明书准则为核心的20多项信息披露规则,初步建立了证券发行监管的法规体系,强化了发行审核工作的程序化和标准化。同时,实现了上市公司再融资方式多样化。

2001年,境内188家企业公开发行股票,筹资1045.6亿元。其中,首次公开发行股票的公司60家,筹资449.7亿元;增发股票的公司25家,筹资237亿元;配售股票的公司103家,筹资358.9亿元。至2001年年底,上市公司已达1160家,总市值约4.35万亿元(其中,流通市值1.31万亿元)。

在完善股票发行市场的同时，积极推动债券市场的发展。证监会发布了《上市公司发行可转换公司债券实施办法》及有关配套规则，使可转换公司债券成为除增发和配股之外的融资新渠道。

（二）推进上市公司规范运作和法人治理结构的建设

2001年，对上市公司的监管取得了新的进展。一是将上市公司监管的重心转向信息披露的事后责任追究，信息披露的质量有所提高；二是建立起多层次、责任明确的上市公司监管体系，派出机构和证券交易所的一线监管作用明显加强；三是促进上市公司收购兼并和资产重组的规范，鼓励实质性重组；四是实施了按上市公司质量和风险进行分类监管的体系，明确了监管责任，形成了发行审核与公司监管的协调机制；五是加大了对上市公司检查力度，查处了一些公司的虚假行为，揭示了风险，显示了监管的威慑力。

2001年，证监会把建立并实施上市公司退市制度作为监管工作的一项重要任务，经过大量艰苦细致的工作，发布了《亏损上市公司暂停上市和终止上市实施办法》，使PT水仙、PT金曼、PT中浩等三家公司平稳退市，形成了证券市场"有进有退"的机制，在依法行政上跨出了一大步。

在加大上市公司监管的同时，中国证监会积极推动上市公司治理结构的建立和完善。开始实施上市公司独立董事制度；与国家经贸委联合颁布了《上市公司治理准则》，为提高上市公司治理水平提供了标准。与此同时，证监会还加强对拟上市公司进行规范的改制重组和对证券公司的辅导工作，注重从源头上规范上市公司的行为，提高上市公司质量。

（三）推动证券公司的内部管理和改革，证券公司的实力和抗风险能力进一步增强

为切实转变证券公司的执业观念，增强风险意识，加强内控制度，证监会调整机构监管思路，简化审核事项，明确审核程序，将监管责任落实到人。2001年年初，证监会发布《对证券公司从事股票发行主承销商业务有关问题的指导意见》，提出了证券公司从事主承销商业务的尽职调查、推荐工作、内核工作、回访工作以及内控制度等方面的规范要求。制定并开始实施《证券公司管理办法》、《关于规范证券公司受托管理业务的通知》、《关于做好证券公司内部控制评审工作的通知》等一系列监管法规，强化了对证券公司的持续监管。抓紧信托投资公司证券分业、财政国债中介机构转制等清理整顿工作。此外，还初步建立了主承销商发行上市后的持续责任制度，探索建立主承销商业务资格的淘汰机制。

（四）市场监管与市场建设并重，市场运行效率得到提高

2001年，证监会在市场建设和完善市场功能方面继续取得进展。筹建了集中统一的中央登记结算公司，提高了清算效率和资金周转效率；以积极稳妥务实的态度进一步做好创业板市场的筹备工作；完善了证券、期货交易所的管理体制，充实和加强了领导力量。证券、期货交易所交易系统实现升级，监控系统不断完善，各项交易技术手段进一步改进，证券统一代码工作逐步实施，网上交易得以发展。此外，积极推动降低市场交易成本（2001年印花税率下调50%），交易费用也有所降低。

（五）建设和整顿期货市场工作取得新成效，期货市场实现恢复性发展

经过6年的清理整顿，2001年期货市场扭转了连续多年交易规模持续下滑的局面，实现了恢复性增长。全年成交合约1.2亿元，成交金额突破3万亿元人民币，分别比上年增长120%和87%。同时，完成了玉米、大米、棉花、白糖、籼米、石油、股指等品种的基础性研究。2001年全年审批期货经纪公司营业部157家，审批期货公司变更55家，审批筹建1家。与此同时，积极探索和推进期货市场的技术创新和制度创新。

在加强期货市场监管方面也取得了新的进步。继续打击违法期货交易，注销了19家不符合条件的期货经纪公司，通过年检对25家公司进行重点处理，停业整顿17家，及时化解了经营风险。修订发布《期货交易管理办法》，拟定了《设立期货公司的申报材料和程序》等12项监管文件。与国家经贸委等4部委联合发布了《国有企业境外期货套期保值业务管理办法》。加强了投资者风险和责任的教育，增强了投资者的风险意识和理性投资理念。

（六）加大违法违规案件的查处力度，稽查工作成效显著

2001年，证监会将加强证券期货稽查作为监管工作的一个重点，取得了较大成效。一是加强了稽查系统的组织建设，各地稽查局相继建立并正式运作，证监会稽查二局也完成了筹备工作；二是查处了一批大案要案，对防范和化解市场风险、规范市场参与者行为以及警示和教育投资者起到了重要作用，使市场中长期存在并为广大中小投资者深恶痛绝的内幕交易、庄家操纵行为得到了一定遏制。

（七）规范和发展机构投资者，大力开展投资者教育

2001年，证监会在大力培育机构投资者和规范其行为方面取得了新的进展。截至2001年年底，上市封闭式基金达48只，基金单位数达687亿份。其中2001年新增封闭式基金14只；推出了华安、南方、华夏3只开放式基金，累计发行117.46亿基金单位，基金单位存量117.39亿份。目前，中国证券投资基金规模达809亿元，约占A股流通市值的6%。全年度批准成立5家基金管理公司，批准筹建3家，基金管理公司数量增至15家。在大力发展机构投资者的同时，证监会致力于加强对基金管理公司筹建审核和基金发行审核的制度建设，推动完善基金管理公司的治理结构。组建了基金公会，发挥了基金行业的自律功能。

目前，中国证券市场投资者开户数已达到6595万户。作为市场组织者、监管者，证监会始终把保护投资者特别是保护中小投资者权益作为一项工作重要内容。上年以来，证监会推动建立多层次投资者教育体系，通过多种渠道，采取多种方式，向投资者普及证券投资知识，宣传证券法律法规，介绍新的投资品种，揭示市场风险。促进投资者树立理性投资的观念，引导投资者积极行使股东监督的权利和运用法律手段维护自己的权益。

（八）积极推进境外上市工作，促进中国企业进入国际资本市场

境外上市是中国推进国有企业改革和扩大对外开放的一项重要政策。继2000年6家境内企业到境外首次公开发行股票和上市后，2001年又有8家境内企业到境外首次公开发行股票和上市（其中3家到境外主板上市，5家到境外创业板上市），2001年中国企业境外共筹资27.68亿美元。截至2001年12月31日，已有59家境内公司在境外发行上市H股，累计筹资182亿美元。中国移动、中国联通等70家红筹公司累计筹资400多亿美元。目前，H股、红筹股的总市值约占香港证券市场总市值的四分之一。

根据中国加入WTO对证券业所做的承诺，证监会积极展开了入世后的各项准备工作，对外国证券机构进入中国国内证券服务业的业务范畴和比例要求排出了具体的时间表。同时按照中国加入WTO的要求，全面清理了各项法规和行政审批事项。

二、2002年证券期货监管工作的主要任务

2002年证券期货监管工作的指导思想是：以“三个代表”的重要思想作为指导，贯彻落实中央经济工作会议和全国金融工作会议精神，按照“法制、监管、自律、规范”八字方针的要求，依法加强监管，防范市场风险，尊重市场规律，稳步推动改革，促进市场创新，实现证券市场的规范健康发展，更好地为国民经济服务。

按照以上指导思想，证券监管系统2002年要重点抓好以下几个方面的工作：

（一）以建立公开、公平、高效、有序的证券市场为目标，全面提高中国资本市场的整体服务水平。

中国证券市场只有10余年的发展历史，资本市场的服务品种还很不齐全，从业水平也良莠不齐。在股票和债券的承销与交易服务、期货交易服务、基金管理服务以及会计、法律、评估、评级、证券分析等方面的服务质量亟需改进和提高。为此，要严格中介机构从业资格的审批和监管，建立规范准入、扶优限劣、优胜劣汰的机制；促进证券经营机构完善法人治理结构，建立健全内部控制和风险管理的制度，大力加强对高级管理人员的严格审查和管理，强化监管手段；大力促进中介机构勤勉尽责，提高执业水平，根据中介执业水平的差别实施不同的监管重点，实行必要的中介机构差别待遇和淘汰办法；建立公司上市后的保荐人制度；支持国内证券经营机构与境外成功证券经营机构的合作，提升专业素质，做好引入市场退出机制的相关准备工作，及时化解证券机构因历史原因累积的财务风险，增强中国证券业的整体服务水平和市场竞争能力；加大对中介机构的约束，严厉打击、惩处中介机构的虚假陈述行为，促进中介机构信誉的提高，从源头上杜绝弄虚作假的不法途径。

（二）进一步增强证券市场优化资源配置的功能，提高市场运作效率

证券市场的基本功能是通过价格引导投资，股票等证券价格应真实地反映上市公司的内在价值，这样才能充分发挥其优化资源配置的功能。加强对拟上市公司改制重组和辅导工作的监管，着力从证券市场的“入门关”和“源头”上抓好拟上市公司改制和规范运作的质量；改进和完善股票发行核准制度，进一步改善发行审核程序、标准和方法，加大市场约束的力度，通过市场化机制筛选优质企业发行上市；要尽快完善会计准则和信息披露标准，提高公司财务会计信息的真实性和可信度；进一步推进发行方式改革，逐步改变单一上网定价发行方式，逐步建立证券发行价格寻求和调节的市场机制；适应提高上市公司融资效率的需要，研究方便优秀上市公司融资的机制及上市公司“储备登记发行”的机制。

围绕上市公司治理、信息披露和募集资金运用三个重点，加大对上市公司的监督和检查力度，落实监管责任制度，建立健全上市公司重大突发事件的快速处理机制。全面落实《上市公司治理准则》，推动上市公司完善法人治理结构，强化上市公司董事、监事和高级管理人员的诚信责任；加强对上市公司信息披露监管，增强市场信息的真实性和透明度，规范上市公司资产重组行为；不断完善上市公司退市制度，促进上市公司优胜劣汰。

打击证券违法违规行为是净化市场、提高市场效率的必要保证。要进一步明确执法的指导思路，适应市场化改革的需要，配合强制性信息披露的事后责任追究，加大执法力度；集中力量打击内幕交易、操纵市场、虚假信息披露等违法违规行为，重点查处一批典型案件，坚持公平办案，严格执法，提高办案效率；加强与司法部门的配合，尽快完成证券犯罪侦查局的设立并全面开展工作；充分发挥社会公众和新闻媒体的舆论监督作用，形成一个全社会打假的良好氛围。

（三）增强证券市场的透明度和公信力，增加程序性保证，提高可预见性

证券市场是一个信息主导的市场，提高可预见性对于防范和化解市场风险、保持市场稳定发展至关重要。面对复杂多变的监管环境，要不断完善以强制性信息披露为核心的证券监管法律法规体系，更新监管理念，减少审批事项，简化审批环节，充分运用市场化机制，推行高透明度的监管工作；要根据证券市场发展需要，清理不必要的行政审批规章，修订和完善各项证券监管的规章制度，推动《公司法》、《证券法》、《证券投资基金管理暂行办法》、《期货交易管理暂行条例》等现行法规的修改；对出台的各项重大政策，广泛听取意见，集中群众智慧，增强政策法规的科学性、可预见性和可操作性，尽可能减少突发因素引发的系统性风险。

（四）进一步发挥派出机构和交易所的一线监管职能，

加强监管协调，形成监管合力，提高监管效率

证监会机关和派出机构是一个统一体，共同实施对证券市场的监管，完成法律赋予的监管职责。证监会机关与派出机构要合理分工，加强协调，形成合力，提高效率。证监会机关主要负责研究证券市场长期发展战略和证券市场的前瞻性问题，起草制定相应的规章制度，指导派出机构开展工作，研究证券市场产品创新及相应的规则和内控制度，处置重大风险等。派出机构属于一线监管部门，应该按照职责分工，摸清辖区内的实际情况，制定具体的监管方案，把证监会的监管规章和制度落到实处，把责任落实到人，把风险尽量消除在萌芽状态。派出机构要把重点放在日常监管和稽查办案上，严格办案程序，提高办案效率和质量。同时要做好拟发行公司辅导工作的监管、上市公司监督检查、证券经营机构和证券投资基金以及期货公司等的监管工作。派出机构是监管力量的主体，监管工作能否取得成绩，主要也是看派出机构的工作成效如何。要健全和完善派出机构特别是稽查部门的工作条件和工作手段，发挥派出机构在重大政策、规章制定中的作用，从干部任用和持续培养等方面进一步关心干部成长，注意解决职工工作和生活中的实际困难，改革和完善工资分配制度，加强证监会机关和派出机构人员的双向交流，使派出机构真正成为证券监管的主要力量。

证券、期货交易所是市场交易的组织者和监管者，在推进市场发展、防范风险和创新产品等方面应发挥更大的作用。要进一步发挥交易所为全国资本市场服务的作用，加大对会员（证券公司）、上市公司和交易活动的监管力度，切实担负起一线监管的职责。交易所要大力吸引高级人才，采取切实措施提高队伍素质，并建立以统一规划、长远发展、筹划整合、方便用户为目标的证券市场先进统一的技术平台，实现各项标准和代码的统一，为市场创新和市场发展做出更大的贡献。

要充分发挥证券业协会、期货业协会、基金公会等各行业协会的自律监督作用，加强与中国注册会计师协会、中华全国律师协会等行业组织的合作，以及与财政、政法等相关市场中介机构管理部门的沟通协调，提高行业自律意识，使依法运作成为中介机构的自觉要求。

（五）加快发展机构投资者，切实保护中小投资者权益

大力发展以基金公司为代表的专业性机构投资者，制定和完善有关基金监管的各项规章制度，完善基金管理公司和基金发行的审核制度，加强对基金管理公司、基金托管机构和代销机构的设立、变更和从业资格的管理，在控制风险的基础上适当加快新的开放式基金和封闭式基金的审批。鼓励境内基金管理公司业务创新和与境外机构的交流合作，学习发达市场的规则和先进的管理技术，加强市场创新和市场产品的开发，积极引进高素质的人才，提高从业人员的执业素质。进一步强化对基金管理公司和基金管理从业人员的监管，提升投资者对基金业的信心。配合有关部门做好保险资金和社保基金投资证券市场的准备工作。

要将保护中小投资者权益制度化、规范化、法制化，把中小投资者维权工作真正落到实处。坚持不懈地推动投资者教育，把投资者教育和保护投资者合法权益紧密结合起来，要大力普及证券知识和法律法规，进一步发挥派出机构、证券交易所、证券业协会以及中介机构等在投资者教育中的积极作用，帮助投资者增强风险意识，确立理性投资的观念和依法维护权益机制，增强投资者信心。

（六）进一步拓展市场的广度和深度，积极稳妥地解决证券市场深层次结构性矛盾和历史遗留问题

要不断拓展融资渠道，逐步建立能满足多样化投融资需要的多层次的市场体系，充分发挥证券市场的直接融资功能；积极推动制度创新和金融产品创新，创造条件开发金融衍生产品市场，不断推出新的交易品种，增加市场避险工具；加快发展企业债券，促进统一债券市场的形成；稳步推进期货市场的发展；要继续推进交易结算体系的建设，修订完善交易结算法规和规则；加强与其他部委的沟通与协调，在确保市场稳定的原则下，稳步解决国有股减持与市场的规范统一等问题。

良好的公司治理是证券市场的基石

中国证券监督管理委员会副主席　史美伦

良好的公司治理是证券市场的基石，是企业进入资本市场融资的关键所在。完善上市公司治理，是提升上市公司质量、规范证券市场发展的必由之路，也是保护投资者的重要措施。

公司治理已成为全球性的热门话题，世界各国以及国际机构都对这一问题非常重视，制定了一系列的公司治理的原则和标准，包括 OECD 的公司治理原则。中国的上市公司治理，也越来越受到包括政府部门、监管部门、学术界以及上市公司在内的各界的重视。

上市公司治理研讨会，就是在这样的背景下召开的。对于中国上市公司治理中存在的突出问题，与会代表也都有共识。其主要表现在股权结构过于集中；集团公司、控股股东和上市公司之间没有完全分开，国有股权不明确，导致内部人控制；董事会运作不规范，董事未尽诚信和勤勉义务；监事会未能发挥应有的监督作用；经理层缺乏激励和约束机制。

针对这些问题,中国证监会在提升上市公司治理水准方面,还有许多事情要做。具体来说,我们将采取以下措施:

(一)从股票发行入手,要求拟上市公司认真做好企业改制工作,在辅导期期间就必须建立起规范的公司治理结构,包括合理的股权结构,健全有效的股东会、董事会、监事会等机构及其议事规则和公司章程。拟上市公司和母公司之间应该做到人员、资产、财务、机构完全分开;上市公司应该是一个完全独立于母公司的法人实体,公司治理将作为核准上市发行时考查的一个重要内容。

(二)建立健全有关上市公司治理的原则标准和法律法规。我们已经起草了《中国上市公司治理的基本原则和标准》,待与有关部委协商之后,征球社会各方的意见,修订后尽快实现,作为规范中国上市公司治理的一个重要举措;另外,我们还将制定或修改一些具体操作的细则,包括董事会、监事会、公司章程和认股权制度等。

(三)引入独立董事制度,规范董事会的运作。为加强董事会的独立性和董事会对管理层的监督,我们将在上市公司中引入独立董事制度,逐步要求上市公司董事会成员中有三分之一以上为独立董事。我们已经制定了上市公司设立独立董事的指导意见,将尽快颁布实施。独立董事将需要在关联交易和重大资产重组等问题上发表独立意见。我们将加强独立董事人才的挑选和培训,包括建立独立董事人才库等。我们也知道,引入独立董事只是完善上市公司治理的一个重要步骤,并不能够解决公司治理中的所有问题,需要有其它措施的配合;独立董事真正发挥作用,也还需要有一个过程,需要在实施中不断完善这一制度。但是,这将是重要的一个开始。

(四)大力发展机构投资者,发挥它们在公司治理中的积极作用。从根本上说,公司治理结构的完善,股权结构的优化,有赖于机构投资者的壮大。只有机构投资者队伍壮大了,股权过于集中和流通股过于分散的现象才能得到缓解。只有机构投资者所持有的股票大量增加时,它才会一改"用脚投票"、对企业管理被动、旁观的态度,开始积极介入企业战略管理,从外部施加压力,要求上市公司改善治理结构。这一点已经被成熟市场的经验所证明。我们要进一步加大培养机构投资者的力度,使机构投资者在优化股权结构,推进上市公司完善法人治理结构方面发挥更大的作用。

(五)加强投资者教育工作。中国目前投资者的投资理念以短线投资为主,追求短期效应,较少关注公司的长期绩效;同时,散股股东和小股东在公司治理中往往采取消极态度。我们需要加强投资者的教育工作,逐渐改变以短线投资为主的投资理念和投资文化。一方面要鼓励投资者积极参与公司治理,充分利用作为股东的权力,参与股东大会,行使投票权;另一方面,要鼓励投资者选择治理结构良好的绩优企业,作长线投资,从而使企业更多地关注及改良其治理结构。

提升上市公司治理的水准,是一项长期而艰巨的任务,需要包括政府有关主管部门、所有者和股东、上市公司、中介机构、社会公众和监管部门的积极参与。让我们共同努力,来推动中国上市公司治理结构的完善,使中国资本市场有更好的发展。

2001年中国证券市场运行分析和2002年展望

银河证券研究发展中心　袁　东

中国证券市场伴随经济体制改革与对外开放的不断深入,已有了较快发展。尽管从两家证券交易所建立至今不过10多年时间,但无论对微观经济实体的经营、还是对宏观经济调控机制的运作,都已产生了不容忽视的作用。所以,正确分析和展望中国证券市场的发展,成为事关正确认识国民经济运行前景的重要一环。

2001年中国证券市场运行分析

股票一级市场有所萎缩,二级市场振幅较大

2001年中国股票一级市场有所萎缩,1-11月底,共有75家企业进行了新股发行、增发与配股,共筹资1033亿元,比上年同期减少796亿元,预计全年股票筹资额也不过1100亿元,比上年减少1003亿元。同时,股票二级市场振幅较大。上海证券交易所综合股价指数由年初的2224.59点下降到11月底的1748点,振幅为-21.4%;其中,年内最低点为1515点,预计年末收盘价也不过1800点左右,比上年收盘价2067点跌去552点。1-11月份,两家交易所的股票交易额为340533.67亿元,比上年同期减少17943亿元,约降低34.45%;股票总市值由年初的48090亿元变为11月底的45431亿元,其中流通市值由16205亿元变为15167亿元。B股市值由年初的635.19亿元变为11月底的1079亿元,上海B股价格指数由年初的89点上行到11月底的165点,年内最高点为241.61点,最低点为81点,波幅为198%。投资者在股票市场上的开户数由年初的5801万户,发展到11月底的6577万户。

同时,2001年共有4家企业发行公司债券,共筹资104亿元,比上年同期增加15亿元。国债发行16次,共发行4220亿元,其中通过银行储蓄柜台向个人投资者发行的凭证式国债为1800亿元,通过银行间债券市场发行了1660亿元,通过证券交易所发行了760亿元。其中首次发行了

10年期以上的长期国债(共计发行15年期120亿元,20年期400亿元),2001年所发国债平均期限结构为9.46年。发行方式采取拍卖方式的共有2420亿元,由原来预先规定价格投标区间发展到不规定区间。国债二级市场交易较为活跃,上海证券交易所1－11月份的国债交易额为16059亿元,其中现货交易3737亿元,国债回购交易12322亿元;银行间债券市场累计交易额34964.36亿元,其中现货交易618.62亿元,国债回购交易34345.74亿元。三家政策性银行年内共计发行2265亿元政策性金融债券,其中,国家开发银行发行1850亿元;金融债券二级市场交易额达到236亿元,预计2001年为260亿元左右。此外,基金市场发展较快,到11月底,共有基金管理公司14家,管理基金49只(开放式基金2只,封闭式基金47只),累计发行基金单位581.6亿份,基金资产市值共计679亿元,占深沪两市证券总市值的1.48%。基金二级市场交易较活跃,1－11月底,基金交易额达到2442亿元,相当于股市总成交额的6.7%。

总体来看,尽管年内股市波动较大,但1－11月底,含债券在内的中国证券市场共筹资8000亿元左右,相当于同期社会总投资额20266.17亿元的5.1%,或相当于同期银行新增贷款9672.77亿元的10.7%;证券总交易额为57628亿元,证券总市值为46526亿元,相当于同期GDP的56.6%。预计全年含各类债券在内的中国证券市场总筹资额在8400亿元左右。

2001年中国证券市场运行特点分析

证券市场制度建设有较大进展。在继续坚持市场化和国际化的原则下,政府管理部门、市场自律组织围绕促进证券市场健康发展的相关方面,大力推进相应制度建设。这包括加强上市公司治理结构建设,公司改制上市审批制度的改进,上市公司"退市"制度的首次推出,上市公司PT制度(股份特别转让制度)的取消,上市公司信息披露制度的强化,上市公司惩处制度的健全,证券市场中介机构规范运作制度的强化,证券公司管理制度,证券投资基金制度的建设,以及对广大投资者合法权益保护制度的建设等。这些制度的建立、改进与完善,对仍处于初级阶段的中国证券市场至关重要。

市场创新有所进展。这除了在制度上予以创新外,在具体运作机制方面也有所改进。比如,开放式基金的推出,浮动利率国债的发行,无预定价格区间的国债拍卖方式的推出,B股市对境内居民的开放,允许外资对境内上市公司的并购,可转换债券的进一步放开,允许外资公司上市、合资基金管理公司的组建以及允许证券公司向控股集团化方向发展的政策意向,银行间债券市场做市商制度的推出等,都是创新的具体体现。这些创新无疑对促进证券市场的长远发展以及同国际市场的接轨是积极的。

受国际经济金融形势的影响程度加大。中国证券市场与国际市场的相关性有所提高,特别是2001年"9·11"事件及其随后世界经济金融形势的动荡,中国股市都有明显反映,在此前后的中国股市波动幅度为－18%,这也说明中国经济对外开放程度加深。中国股票市场不确定性加大除了来自国际因素外,主要还是由国内相关制度、政策的不明朗或变动所决定,比如,由于目前上市公司中仍有近七成的股份属于不能流通的国有股及国有法人股,致使"国有股减持"政策的变动成为股市动荡的最主要根源,比如,6月13日财政部颁布其有关"国有股减持"政策后,上海证券交易所综合股指由此前的2242点下滑到10月22日的1514点,而在中国证监会宣布暂停某些"国有股减持"措施后,股指由此前的1520点上升到消息出台后的1734点;11月14日证券交易印花税由4‰下调到2‰,股指在次日的升幅为7%。

证券市场对国民经济影响进一步加大。这除了证券总市值占GDP的比率已达一定水平外,更主要指:(1)上市公司数量增加以及大量的筹资额。平均而言,上市公司经济效益普遍较高,基本代表各个行业的优质企业,股票市场好坏直接影响到这些企业生产经营。(2)从银行新增贷款投入看,大部分也集中在上市公司,所以上市企业的状况直接影响到银行的资产质量。(3)越来越多的企业重组通过证券市场进行,证券市场运行直接关系到国有经济战略性改组目标的实现以及经济结构的优化。(4)由于国有企业从竞争性领域退出的一条现实渠道乃是证券市场,而且国有股份能否适当变现仍是社会保障资金的一条重要来源,所以证券市场对国有企业改革和社保体系的建立健全越来越重要。(5)由于参与证券市场的投资越来越多,证券市场聚集的资金也日益增加,仅投资者买卖股票的保证金存款就已达4600多亿元,这除了对分流银行储蓄或减轻银行压力有利外,对货币政策的影响也越来越大。

市场结构有所改善,但仍欠合理。今年以来,债券、基金市场有较大发展,尤其是国债的品种结构、发行方式、交易制度等都有所创新,债券二级市场的交易也日前活跃,这无论是对中国货币市场的发展、利率市场化,还是对中国金融市场定价机制的合理化都会起到应有的积极作用。基金市场除了基金品种增加以外,由于诸如保险公司等机构投资者的积极参与,使基金市场也较为活跃,这无疑对促进整个证券市场结构优化有利。但是,目前中国债券市场尤其是其中的公司债券市场还相当落后,或者尚未形成一个真正的市场;基金市场仍然十分狭小,尚未起到应有的作用;包括股市在内,中国证券市场的套期保值交易机制缺乏,仍没有相应灵活的衍生产品市场,致使市场缺乏应有的相互制衡机制,市场的单一性突出。结构残缺的结果必然使市场投机性较大,市场稳定性很差。

政府监管水平有所改进。政府有关部门的监管指导思想和监管重点日渐清晰与合理,比如不再直接对证券发行定价和发行主体选择予以行政性确定,尽量使市场因素发挥作用;监管重点日渐转向对信息披露制度的强化,借"投资者教育"活动推动投资者权益保护机制的建设,对属于企业行为的证券公司股权融资、上市公司治理等问题仅从指导性角度予以指引与监督；同时，加大对带有欺诈性质的“造假”、“虚假信息披露”、操纵市场等过度投机行为的行政监管与处罚力度。

2002年中国证券市场展望

2002年中国证券市场运行环境分析

生产过剩、失业增加、有效需求不足的世界经济状况，2002年不会有太多改善，即使按乐观预测，美国经济到2002年下半年才可能有回升的迹象（IMF预测2002年为0.7%，增加比2001年回落0.4个百分点），日本经济2002年预计仍是负增长而且下滑幅度扩大（日本野村证券研究所的预测为-0.4%，IMF认为是-1.3%），欧盟经济的增幅可能减缓（IMF预测为1.4%，增幅比2001年回落0.3个百分点）。所以，2002年中国经济增长的国际环境并不乐观，外需对国内经济的贡献仍不可能有太多的起色。日前，中央经济工作会议已明确2002年继续执行扩大内需的宏观经济政策，如果能够将有关政策发挥好，充分利用国内外有利的因素，2002年的GDP增长率可能保持在6.5%-7%的水平。即使增长率有所回落，也远比世界经济平均水平要高，在国际经济中仍是具有吸引力的增长。

从中央确定的明年经济工作重点看，围绕经济结构的战略性调整尤其是传统产业结构的技术改造、国有经济体制改革的深入、对外开放的进一步加大等工作，将会进一步加强金融对经济发展的支持力度，重点增加对企业技术改造、中小企业特别是民营科技企业和农业结构调整的金融支持力度，金融市场的作用将更加突出。还需注意的是，2002年是中国成为世贸组织正式成员的第一年，在进一步享受国际市场资源的同时，国内有关制度建设、某些行业的竞争压力也会进一步加大，国际经济的影响也会较以前更加现实和重大。这便是2002年中国证券市场运行的经济基础、政策环境，这决定着证券市场的制度改进、运作机制和具体的市场状况。

2002年中国证券市场的可能变化

证券市场的融资额将会有一定增长，增幅将会大于2001年。首先，扩大内需的积极财政政策的连续实行决定了国债发行量不会低于2001年，国债市场的筹资额将由此有一定增长。其次，为配合财政投资所需的政策性银行的信贷投入也不会低于2001年，即三大政策性银行尤其是国家开发银行的信贷投入仍会保持一定幅度的增长，由于政策性银行的信贷来源主要是发行债券，因而政策性金融债券的发行量也会进一步增加。第三，上市与非上市公司通过发行普通公司债券或可转换债券的量会有较大增加，这一是由于有关公司债券发行的制度已在修定，更加符合市场要求的企业债券制度将会在2002年得到实施，公司债券市场将由此有所活跃；二是因为企业越来越注重资本结构的优化，以及股权融资与债务融资的时机配合，这也会促使一些上市公司更加偏好于可转换债券的运用。第四，随着股票发行制度的进一步市场化与合理化，股票市场的筹资额将会高于2001年的水平。预计，2002年证券市场的融资额将达10400亿元左右，其中国债5000亿元左右，公司债券500亿元左右，股票1500亿元左右，政策性金融债券3000亿元左右，共同基金融资400亿元左右。由于机构投资者的增加，尤其像保险公司、银行与其它非银行金融机构对证券市场投资力度的加大，以及海外投资者间接进入的增加，证券市场的投资额或者进入证券市场的资金也会进一步增大。

证券市场上的投资者结构将进一步趋于合理化，尤其是机构投资者的份额会有较大上升。由于国债与金融债券市场的进一步扩展与活跃，出于投资、资金头寸调剂等目的的保险公司、证券公司、基金管理公司、商业银行、财务公司的参与度会进一步加大；基金管理公司数量及其所管理基金数量也会有较大增加，基金资产市值占证券总市值的份额会进一步提高；由于已有多家外资金融机构与境内某些金融机构就合资建立证券公司、基金管理公司、资产管理公司等达成合作意向，2002年会诞生多家该类机构，这将进一步增强机构投资者的力量。另外，伴随各类非金融企业管理经营机制的改进，对财务资金头寸的运用更加注重，尤其是企业集团化改造的加快，各类集团的财务公司实力会得到较大增强，不管是设有财务公司的大型企业，还是一般的中小型企业，可以预见它们同样作为证券市场上机构投资者的色彩会更浓，对证券市场的投资也不会比2001年差。综合这些因素，中国证券市场上的投资者结构会得到进一步调整，机构投资者的份量将继续上升。按世界银行的估计，中国机构投资者资产占GDP的份额将由目前的5.6%在今后的5年中增大到30%。

证券市场受“入世”的影响进一步显现化。中国成为WTO正式成员无疑对证券市场产生重大影响，尽管中国在“入世”谈判过程所签订的协议中保持了不开放A股市场的底线，但以下方面的效应仍会从2002年起陆续显现：(1)促进中国证券市场制度的建设，尤其是向国际惯例靠拢的步伐加快。由于带有外资成份的公司以及境外投资者间接进入境内证券市场的增加，会促使政府与市场自律组织的行政法规和自律规则制度更加透明与国际通用性，这包括证券发行制度、上市公司的财务会计制度、信息披露制度、上市公司与证券经营中介机构的法人治理制度、证券交易制度等。如果这些制度不能有所创新，或与国际规则背离太大，将难以符合进一步扩大对外开放的要求。(2)带有外资成份的上市公司将在2002年有较大增加，这有利于中国境内上市公司整体质量的提升。目前，有关政府部门已宣布外资企业可申请上市进行股权融资，外资参股、控股境内上市公司的并购现象也已开始。这使带有外资成份的上市公司增加，由于这些公司一般都具有先进的管理意识、技术力量以及不断扩充的产品开发生产与销售能力，财务会计制度与信息披露也会更加国际化。所以，这类上市公司的增加无疑会提高是中国上市公司的整体素质，使证券市场的发展基础更加坚实。(3)证券经营中介机构的重组力度将加大，规模会有所扩张。根据中美、中欧签署的关于中国加入WTO减让条款的规定，在中国“入世”后3年内，允许外国证券公司设立合营公司，外资比例不超过1/3，合营公司可以不通过中方中介，从事A股的承销以及B股、H股、政府和公司债券的承销与交易。由此可以预见，从2002年开始，将陆续出现中外合资的证券公司，这在促进中国证券市场中介机构素质提高的同时，也会促使境内证券经营机构重组的力度加大。因为目前100多家证券公司的平均规模仍非常小，不仅难以有较强的竞争力，风险抵抗能力也很弱。重组不仅表现在中外合资上，还表现于证券公司新一轮增资扩股（包括上市）热潮的出现、相互并购以及金融控股性质的证券集团公司的出现和增加上，这对证券交易服务质量的提高、证券市场秩序的改善是有利的。另外，由于证券市场规范化程度的提高，以及外资上市公司的增加，对会计、法律等中介机构服务的改善也会有新要求和促进，可以说，海外类似机构对境内证券市场的参与会越来越多。(4) 证券业与其它金融业的融合趋势会更加明显。跨国投资银行的进入，使其在国际市场中的混业经营经验对中国证券业将产生一定推动效应，加之允许证券公司向控股集团公司方向发展，这必然使证券业与银行业、保险业的合作以至混合趋势更加明显，目前已出现的中信集团、光大集团、平安等金融控股集团就是很好的例证。

证券市场的组织结构会向合理化方向有所发展，尤其是支持中小企业的创业板(或称“小资本市场”)得以真正建立，使中国资本市场体系更趋合理。债券市场尤其是国债市场分割的现象因加入银行间债券市场机构种类与数量的增加，以及政府有关部门在推动统一债券市场建设方面政策力度的加大，将会得到一定改观，2002年统一的债券市场框架会得以确立。为落实扩大创业机会、增大就业量以及加大对中小企业特别是民营科技企业金融支持力度的政策重点，在社会各界对该方面金融支持体系尤其是创业板市场讨论的深化以及有关准备工作的进展，创业板市场在2002年推出理应是确定的，因为这会带动新一轮创业高潮，并激活民间投资。

证券交易机制将有进一步创新，交易品种和交易方式将有所增加与丰富。债券市场上的做市商制度会得到进一步建设与推广；债券品种会进一步丰富，尤其是随着动产与不动产大额消费信贷的增长，以及四家国有资产管理公司对债权资产处理与经营方式的改进，资产支持债券(ABS)会首次在中国出现；股票交易方式尤其是某些国际上通行的信用交易机制会得以引进；即使出于绝大数上市公司的股份不能全流通因而具有很多不确定性因素的考虑，股票指数期这种套期保值交易机制不能在2002年推出，但也至少会进入实质性准备阶段；伴随利率市场化进程的加快，以及国债市场的进一步发展，国债期货的恢复将重新提上议事日程，国债或债券投资基金也可能首次在境内面世。

证券市场与国有企业改革及社会保障体系建设的关联度进一步增强。尽管社会各界对证券市场是否应该为国有企业改革服务仍存有争论，但由中国经济体制的现状使然，证券市场必然在客观上与国有企业改革相互关联，毕竟国有控股公司集中了国民经济的主要资源，国有控股上市公司仍然是目前上市公司中的绝大多数，不要说实现国有经济战略性改组、国有企业从竞争性领域中退出来的目标离不开证券市场，就是仅以目前股票市场的存量而言，若不能妥善解决近七成股份不能流通的问题，也不可能是一个真正的股票市场。所以，在已有理论探讨和实践探索的基础上，对如何发挥证券市场促进国有企业改革尤其是解决国有股份流通变现问题的认识会逐步成熟，2002年会出台一个市场各方都能基本认可的比较可行的有关国有股份流通的具体操作方案，这尽管在短期内会有一些不确定性影响，但对中国证券市场长远发展是必需的。伴随这一问题的逐步解决，中国社会保障体系的建设会得到适当的资金补充，从而加快保障体系的健全完善，社保制度的改革必然使养老保险机构参与证券市场的力度加大，增强市场机构投资者的份量，这对促进共同基金市场以至整个证券市场的发展是积极有利的。

证券市场的定价机制会有所改进，金融市场的价格体系将向合理化方向有较大迈进。这一是因为随着股票发行制度的日渐改善，股票发行定价机制也趋于市场化；二是随着利率市场化进程的加快，国债市场将得到进一步发展，尤其是中长期国债发行量的增大，会使国债作为一种无风险资产的特性进一步显露，中国国债收益率曲线会逐步形成，基准利率体系将得以建立，从而使证券资产的定价基础得以确立，这将是一个对中国市场经济发展尤其是金融市场发展至关重要的进步。

2001年中国国债市场状况

长城证券研究发展中心　江明波

与2000年国债市场的平淡相比，2001年交易所国债二级市场走势可以用“涨势如虹”来形容。以年初美联储第一次降息为契机，国内投资者对于国内利率的预期发生了根本性变化，国债市场由此展开新一轮的上涨行情，并接连演绎多个"新券不败"的神话。

新老券种奏凯歌，成交量步步攀高

2001年的国债交易市场持续火爆，到期收益率大幅下降。国债市场的上涨在上半年已经稍露端倪，当时尚在股市连创新高、债市成交量并无有效放大的情况下，由于对利率预期有所变化，国债的投资价值已开始得到挖掘，一些高收益率个券悄然启动，如9704券上半年上涨8.19元或6.08%，全年上涨12.61元或9.35%；696券上半年上涨5.23元或3.62%，全年上涨10.03元或6.94%。下半年随着新券上市速度加快，各个券种继续走高，20年期国债在上市后短短三个月最高到达111.05元，最高上涨11%，其他三券的最高涨幅都在2%以上。截至12月18日，现券平均收益率由3.40%下降为3.03%。

国债市场火爆还表现为成交量的持续攀升。2001年以来，国债二级市场的成交量呈现逐步增加态势，上半年每天平均成交13.7亿元，下半年随着股市下跌、增量资金的不断流入，国债市场每天平均成交增加至21.7亿元，比上半年日均增加8亿元，8月20日以来由于接连有三只新券上市，日均成交量更是增加至26.5亿元，比上半年增加12.8亿元或93%。

向国际化迈进，书写多个第一

在中国加入WTO的大背景下，2001年国债市场的国际化进程明显加快。国债市场的国际化表现在制度创新方面，首先就是引入净价交易机制。净价交易是指在现券买卖时，以不含有自然增长应计利息的价格报价并成交的交易方式。全国银行间债券市场已于2001年7月2日起正式实行债券净价交易，上海证券交易所从2002年1月1日起试行净价交易。净价交易进一步完善了国债市场的税收制度，保证了价格波动的连续性，可抑制利息支付时的价格缺口，为今后基于债券的衍生金融产品的推出创造了条件。

国债市场的国际化还表现在产品创新方面，发行真正意义上的长期国债就是一例。2001年分别在银行间市场和交易所市场发行了一期15年期和两期20年期的长期国债，这是中国债券历史上第一次发行真正意义上的长期国债，而且这些长期国债所采取的半年付息一次的利息支付方式也是与国际惯例接轨的做法。

"春江水暖鸭先知"市场化程度提高

2001年国债市场的市场化程度大大提高。这首先表现在国债发行利率已成为市场利率的风向标。2001年以来，无论是在交易所市场还是银行间市场，国债发行利率持续低于二级市场收益率，这往往是"春江水暖鸭先知"，直接推动了市场利率的不断下行。在交易所市场，四月份发行的三期国债期限7年，中标利率为3.27%，低于二级市场相应品种9905的收益率3.30%，发出了2001年市场利率下降的一个信号，促使市场利率开始整体下调；9月份发行的十期国债期限10年，中标利率下降为2.95%，不但远低于7年期国债的中标利率3.27%，也低于二级市场相应品种9908的收益率3.05%，发出了市场利率下降的最强音。

市场化程度的提高也表现在银行间市场和交易所市场发行利率渐趋一致。在以往，由于两个市场流动性的差别，银行间市场的发行利率往往高出交易所市场0.5%左右，但2001年的情况已悄然发生了变化。12月10日，在银行间市场发行的十四期国债期限7年，中标利率2.90%，12月18日在交易所市场发行的十五期国债期限7年，中标利率3.00%，银行间市场比交易所市场反而低了0.1个百分点，这充分说明随着市场化程度的提高，原来相对分割的两个市场正在逐渐走向统一。

市场化程度的提高还表现在交易所市场发债总量有重大突破。自1997年6月银行间市场成立、国家将银行间市场作为主要的债券市场来培育后，交易所市场的发行量一直不高。1998年发债数量为零、1999年发行两期总量为360亿、2000年也是发行两期总量为260亿，2001年截至12月18日，交易所市场已经发行了五期总量为960亿的国债，已经远远超过前三年的发债总和，充分显示了交易所市场对国债有着非常旺盛的需求，而且交易所市场确定的招标利率相对较低，财政部也因市场的需求适时调整发债策略，从而大大降低了发债成本。

2001年中国基金市场状况

海通证券　联蒙珂

又临岁末，回首中国的证券投资基金业，在这新世纪的第一年中无疑实现了质的飞跃。到目前为止，中国已有证券投资基金51只，其中封闭式48只，开放式3只；基金总规模约800亿元；基金从业人员超过800人。我们说，老基金的改制上市、新基金管理公司的成立、开放式基金的推出以及中外合资基金管理公司的呼之欲出等等，使得2001年的基金市场亮点层出不穷，但同时，2001年也是基金调整和经受考验的一年。管理层对基金监管的加强，对基金政策扶持的逐步减弱，以及基金投资策略方面存在的一些问题，导致了基金2001年的业绩一直不尽人意。上半年大部分基金净值表现弱于大盘，而进入7月之后，随着沪深大盘的急速下跌，基金重仓股的市值随之暴跌，由此导致了大盘基金的折价率持续降低，小盘基金的溢价率也大幅度下降的基金弱势状态。中国的证券投资基金在经历了自1998年成立至今近4年的欣欣向荣后，第一次面对如此艰难的局面，而中国的基金业正是在这曲折和风雨中成长了起来，通过对基金投资者，基金管理公司和基金市场的分析，我们可以勾勒出2001年基金业的整个概貌和特点。

创新与合作成为基金市场迎接WTO的主题

开放式基金走进了中国基金市场。开放式基金是国际基金市场发展的主流品种，中国的投资基金业要与国际接轨，开放式基金的设立势在必行。在经过了近4年封闭式基金运作的经验积累和人才积累以后，中国的第一只开放式基金终于在2001年的9月开始认购、设立，紧跟其后又推出了2只开放式基金，3只开放式基金总规模达到120亿元。这在全球经济放缓、国际基金市场萎缩和国内投资者信心受挫的背景下是十分难得的。开放式基金的推出给基金市场乃至整个证券市场带来了新的投资理念，新的客户关系，也使基金的规模得以迅速的扩大。由此带来的是股市投资者结构的进一步改善，机构投资者的比例逐步上升，这对于树立市场长期和理性的投资理念是十分有利的。

老基金全部清盘改制，基金再次大扩容。2001年4月17日，最后3只老基金：沈阳久胜、沈阳兴沈和富岛基金的摘牌；6月“科”系改制基金的上市拉开了2001年老基金改制上市的序幕。到基金鸿飞、基金景业为止，先后共有13只改制基金上市，并且大多完成了扩容。可以这样说，老基金的历史遗留问题已得到初步解决。随着老基金的清盘改制，新基金鸿阳，通乾的募股，基金业在2001年实现了再次的大扩容，使封闭式基金规模增加了大约140亿元，占目前基金规模的20%左右。

中外合资、合作的步伐加快。随着中国加入世贸，各个基金管理公司和证券公司加快了与外资基金公司、证券公司的合作步伐，加大了合作的力度，并在不同程度上筹划着中外合资基金公司的设立。据初步统计，有7家证券公司已经正式公布与国外大券商的合作意向或是已签订协议；仅2001年11月就有海通证券、光大证券和国泰君安与外资签署了合作意向书和备忘录；而基金管理公司则早就开始与海外大的基金公司、资产管理公司在技术和人员培训方面进行了合作，中外这种在技术方面的合作无疑对提高中国基金管理公司的管理水平和运作有着积极的意义。

扩容和完善是基金管理公司发展的主题

基金管理公司的数量和规模迅速扩大。2001年，基金由上年的10家增加到了15家。这5家新的基金管理公司将老基金的清盘改制上市作为公司运作的第一步。目前已经陆续开始将旗下的小盘基金进行扩募。近期，按照新的设立核准制度，又有两家基金管理公司，即银河和合丰也已获准筹建，新基金管理公司的加盟促进了基金业的壮大。

基金管理公司的内部治理在进一步加强。内控制度的完善对于一个合格的基金管理公司来说是十分重要的，基金管理公司应当有一套行之有效的内控制度来防止损害基金持有人利益行为的发生。这种内控制度不仅涵盖基金投资决策的程序，基金操作流程的规范，还包括基金内部稽核制度的建立等诸多方面。根据中国证监会在2001年3月对10家基金管理公司的检查报告显示，只有2家公司未发现相关异常交易行为，其足以表明基金管理公司内部控制的薄弱性，其直接影响着基金投资者对基金的信心。同时，基金管理公司代表着基金投资人利益的诚信形象受到了挑战。因此，2001年各基金管理公司为了自身和基金业的发展，都完善了内部管理，建立了独立董事制度，加强了风险监控体系的实施。特别是在2001年建立的新的基金管理公司则都是遵照新的内控制度和治理结构建立的。总体来看，基金管理公司治理结构的完善是一个长期和渐进的过程。

基金运作策略亟待改善。2001年基金的净值增长缓慢，甚至出现负增长，这除了与股市处于调整阶段有关之外，与基金投资策略也有着密切的关系。剔除大盘的原因，基金经理投资策略的滞后，组合集中持股、交叉持股的现象突出，是导致2001年基金整体业绩不令人满意的主要原因。从2001年第二季度开始，各基金的投资策略由原先的集中持股向分散投资，增加基金资产的流动性方向转变；但由于前期基金持有重仓股的集中度过高，导致基金减仓时，部分重仓股不可避免的出现跌幅较大的情况。在第四季度，由于二级市场的获利空间较小，基金转而青睐一级市场，其一级市场申购新股的热情与前期二级市场集中持股的特征类似，以深高速的申购为例，上市运作的47只证券投资基金全部参与了该股的网下增发申购，累计配售6052.1万股，占该流通股的36.7%。按照中签率0.21%，发行价格3.66元，以及网下预约申购只须支付20%定金计算，47只基金网下申购实际冻结资金约为211亿元。其中，南方稳健成长基金获配约455万股，华安创新基金获配约859万股，分别动用申购资金约15.83亿元和29.94亿元。再进一步的分析可以发现，在这次的新股认购中，对基金申购的限制是最终持有本次发行后的股票不得超过当时基金净资产的10%。而11月23日，49只基金净值合计仅783亿元，基金申购新股金额实际上是远远超过了基金10%的净资产值，而且此次除个别基金外，有40多只基金均出现超过净资产值10%的情况。如此大规模集中的申购就如同集中持股一样无疑增加了基金投资者的风险。当然，基金投资策略所表现出的雷同和与目前证券市场上可利用的金融工具较少是不无关系的。但毕竟内因是根本，提高中国基金运作策略的成熟度，培养基金的个性化策略是势在必行的。

提高基金市场化的运作程度是2001年基金监管的原则

2001年以来，证监会对基金市场加强了监管，逐步降低对基金的扶持，为此出台了许多相关的法规。《关于规范证券投资基金运作中证券交易行为的通知》对规范基金行为提出了具体要求，督促基金管理公司及从业人员加强对自身行为的监督和约束，并大大加强了基金运作的监控。《关于申请设立基金管理公司若干问题的通知》标志着市场化的“好人举手”制度正式出台，这是在基金管理公司审核体制中引入市场监督评价机制的新举措。它通过制度性创新，推动基金管理公司等证券投资机构建立自我约束机制，树立取信于市场，取信于社会的经营理念。另外，管理部门还先后推出了《证券投资基金专业咨询委员会咨询资格管理与聘任办法》、《证券投资基金设立申请核准工作程序》和《证券投资基金专业咨询委员会工作守则》征求意见稿等法规和办法，对基金重大事项变更、基金设立都有了明确的规定，这对提高基金运作的透明度，促进基金业的进一步发展搭建了平台。此外，从2002年初开始施行的《证券投资基金会计核算办法》，首次对基金资产估值作出了明确规定，监管层所出台的上述相关法规使得2001年基金业的市场化程度有了大幅提高，并为基金下一步大规模扩容奠定了基础。而于近日颁布实施的《社会保障基金投资管理暂行办法》，为进一步扩大基金业的市场空间提供了有利的法律保障。

基金投资者教育正渐进的进行

目前，在中国的基金运作中投机气氛仍旧浓厚，从封闭式基金的交易可以看出其换手率非常高，将基金当作股票炒，在基金行情好时追涨，在行情差时恐慌性的抛盘，使得大盘基金的折价率较高，而小盘基金则呈溢价状态，这一切都说明投资者的投资心态不成熟。尤其是随着开放式基金的推出，对于投资者的教育问题就显得尤为重要和突出。无论是基金管理公司、证券公司还是媒体都以各种形式开展对投资者的教育，提高投资者对开放式基金的认识和接受。因此，在2001年下半年大盘处于下跌，投资者信心受到打击的情况下，能够成功的推出3只开放式基金，投资者教育功不可没。但应该看到的是，投资者教育是一个渐进而长期的过程，尤其是对于一些特殊投资者教育还须假以时日。伴随着基金业的发展，投资者教育的工作任重而道远。

回顾2001年的基金市场，可以说是风风雨雨却又充满生机。“不经历风雨，怎能见彩虹”。可以预见，经受住了2001年的考验，经历了2001年的规范，2002年的基金业会迎来更多的机会及更大的发展，我们将拭目以待。

2001年中国期货市场状况

金融时报　孙　来

2001年3月15日，九届人大四次会议批准的《中华人民共和国国民经济和社会发展第十个五年计划纲要》明确提出“积极发展大宗商品批发市场，稳步发展期货市场”，预示着整顿了近10年之久的期货市场坚冰解冻，加上中国期货业协会的正式挂牌，无一不向人们传递着一个信息：中国期货市场开始步入规范发展、稳步发展的新阶段。

与股票市场的人气惨淡恰成鲜明对比，2001年期货市场人气急剧上升。但不可否认的是，在人气旺盛的背后，期货市场仍有许多隐忧值得回味与深思。

一、市场特点

一年过去了，反观期货市场，不难看出以下特点：

(一)期货市场功能发挥显著

市场规模迅速扩大。大连商品交易所的大豆成交量稳居世界第二，上海期货交易所也已经成为世界第二的铜期货交易中心。

价格发现功能被广泛认可。2001年，中国期货市场上市合约的期货价格与国内现货价格及国际期货价格的相关系数不断提高，说明期货交易的价格发现功能得到了充分发挥。

套期保值功能日益突出。2001年，随着国家四部委《关于国企参与境外期货套期保值管理办法》的出台，国家外汇管理局《国有企业境外套期保值业务外汇管理操作规范》的颁布，不少国有大中型企业把目光投向了期货市场，纷纷申请境外期货交易许可证。

投资功能开始显现。现在，一批机构投资者已经开始活跃在我国的期货交易市场上，其投资获得了回报。

(二)市场规范化程度日益提高，风险防范机制日趋健全

经过市场的洗礼，2001年期货市场上投资者的风险意识日益加强，投资行为也趋于理性。总的来说，市场风险一直被控制在适度范围之内。

经过几年的大力整顿，全国的期货交易所由最多时的100多家减少至现在的上海、郑州、大连3家。三大交易所严格依照法规和各项业务制度组织交易、结算、交割活动，办理业务手续，披露市场行情，履行一线监管职能。经过多年的努力，期货市场目前已形成了由规则制约、技术处理、实时监控构成的贯穿于交易运作全过程的风险防范与化解机制系统。

（三）市场成交量迭创新高

2001年，大连商品交易所、郑州商品交易所和上海期货交易所捷报频频，大豆、铜、铝、小麦等品种持仓与成交屡创新高。2001年期货市场交易量过亿手，同比增长1倍以上，交易量显著放大。成交量的放大，一方面说明期货市场的人气在逐渐提升，参与的资金越来越多；另一方面也意味着期货公司的手续费收入增加了。据保守估计，2001年期货公司的盈利面超过30%，而上年，仅有不到10%的期货公司靠经纪业务赚了钱。期货市场的火爆与2001年下半年以来国内股票市场的持续低迷形成了鲜明的对比。当然，也不可否认，大量资金流入期货市场也是造成期市行情升温的原因之一。

（四）期货经纪业务步入扭亏征程

2001年以来，期货经纪公司的客户保证金数额大幅增加，据初步统计，2001年，期货市场保证金总量比上年增加100%左右，达到了80亿元。

成交量烘托人气上升，也使得2001年的期货经纪公司壳资源开始升值，期货营业部炙手可热。2001年年初，花200万元就能买到1家期货营业部。而到了2001年年底，花600万元还不一定能买得到。随着期货市场的逐渐回暖，期货经纪公司股东的经营思路已发生了很大的变化。壳资源的升值也从另一个侧面凸现出期货市场的投资价值。

券商等大机构入主期货公司，也是2001年期货市场的一大特色。据中国期货业协会对期货公司股东情况的统计表明，有近60家期货公司拥有上市公司或券商背景，占期货公司总数的30%。一些大的民营机构也开始表示希望入主期货公司。这些拥有金融实力、资金实力或现货实力的新股东的介入，无疑将大大增强期货公司的综合实力。期货公司以开放的心态来迎接新股东的介入，为期货公司的发展带来了良好契机，期货经纪业务将一改前几年大面积亏损的局面，逐渐开始呈现盈利的局面。

（五）新品种开发与研究持续不断

2001年，上海期货交易所、郑州商品交易所和大连商品交易所都向政府主管部门提交了增加交易品种的申请报告，包括上海的稻米、郑州的白糖和棉花、大连的玉米。此外，期指、石油、国债、线材、贵金属等品种的期货开发研究也正在进行当中。尤其是股指期货，上海期货交易所已完成了所有准备工作，并已正式向证监会上报了申请股指期货与石油期货的上市申请。

二、存在的问题

2001年的期货市场虽然在面貌上给人以焕然一新的感觉，但是，存在的问题依旧不少：

首先，上市的期货品种太少。2001年，三大交易所仅保留了大豆、小麦和铜铝橡胶等三大类6个品种。这些品种在中国国民经济中影响较大，通过这几年的发展，对稳定经济有明显的促进作用。但是，由于期货市场的套期保值功能只能在上市品种相关的产业领域发挥作用，品种过少不能满足我国经济发展的需要，因此，业内翘首以盼的就是尽快推出新的大宗期货品种。值得我们高度重视的是，当前国际上不少期货交易所也在看好我国市场。如果我们让国外交易所抢先上市了中国的股指期货等品种，那么市场就将被别人占领。

第二，参与期货市场的套期保值者太少，许多企业不被允许或不懂得通过期货市场来套期保值。

第三，合格的、有实力的机构投资者太少。由于对进入期货市场的主体及资金的限制太多，也妨碍了期货市场的发展。

第四，期货经纪公司的规模太小，业务范围过窄，境外期货、自营业务等等都不能涉及，使期货经纪公司无法参与国际市场的竞争。

第五，法律环境亟待改善。由于《期货法》尚在起草和研究阶段，目前规范国内期货市场的法规体系并不完备。从中国加入WTO后期货市场规范发展的战略高度来看，部分法规中的某些条款已经不能适应变化了的市场环境，某些条款甚至限制了期货业的可持续发展。

三、WTO的挑战

中国已经加入WTO，新的形势既为期货市场提供了难得的机遇，也提出了严峻的挑战。加入WTO要求我们进一步发展和完善期货市场。

（一）要加快期货市场的发展

加入世贸组织以后，中国的市场和外国的市场要逐渐融合。在这种情况下，国际市场的价格波动会越来越多地影响我国市场的价格。因此，加快期货市场的发展，尽快推出一些品种已成当务之急。

（二）要加快高素质人才的培养

WTO的挑战，在很大程度上更是人才的挑战。就目前来看，中国期货行业从业人员的基数规模过小。随着开发金融期货品种和推出大宗商品期货品种的呼声不断高涨，海内外的证券、基金、保险、银行以及上市公司等领域中大量的高学历和高素质人才将积极介入期货市场。我们一定要在发展期货市场的同时，重视期货人才的的培养和提高，建立良好的期货市场人才引入机制、竞争机制和管理机制。

回望2001年的期货市场，中国期货业协会会长田源总结为，目前各种有利条件正在聚集，中国期货市场迎来了历史性的发展机遇。

2001年上海证券交易所运行情况

上海证券交易所总经理　朱从玖

2001年，上海证券交易所按照中国证监会的部署和证券市场市场化、规范化的要求，积极落实和推进证券市场各项改革发展措施，强化市场监管，进一步完善技术系统和技术管理，推进市场服务，严抓内部管理，各项工作取得了令人瞩目的成绩。

一、市场规模继续扩大，投资者队伍不断增长

2001年上海证券市场保持了快速发展的态势，上市公司数量、筹资金额、投资者数量等持续增长，有力地推动了证券市场的深化发展和功能完善。

（一）市场规模迅速扩大。到2001年底，上证所共有上市公司646家，其中新上市72家，较上年底增长12.9%。上市股票数690只，较上年底增加76只，增幅12.4%。股票市价总值27591亿元，较上年底增长2.5%，流通市值8382亿元，较上年底减少1.2%。上市公司总股本3164亿股，流通股本838亿股，流通股本占总股本的26.5%。至2001年4月5日，完成上市公司所有转配股股份的上市工作。

（二）市场成交保持活跃。去年中国证券市场经历了一个价值回归的过程，各类证券成交总额44144.03亿元，较上年减少5757.45亿元，减幅11.5%。其中，股票成交22709.38亿元，占成交总额的51.4%，较上年减少8664.48亿元，减幅27.6%；A股成交19876.84亿元，较上年减少11152.85亿元，减幅35.9%，B股成交2832.54亿元，较上年增加2488.37亿元，为上年的8.23倍。国债成交19726.04亿元，较上年增加2921.77亿元，增幅17.4%。其中现货交易4383.06亿元，较上年增加726.00亿元，增幅19.9%；回购交易15342.98亿元，较上年增加2159.77亿元，增幅16.7%。基金成交1348.92亿元，较上年增加14.74亿元，增幅1.1%。日均股票成交金额94.62亿元，较上年减少27.9%；日均债券成交金额82.48亿元，较上年增加16.7%。

（三）筹资能力再上新台阶。筹资总额957.49亿元，全为A股筹资，较上年增长4.7%。其中，新发A股筹资534.29亿元，再次发行股票（增发、配股、国有股配售）筹资423.2亿元。

（四）投资者数量持续增长。投资者开户数3429.60万户，较上年底增长15.6%。其中，A股投资者3326.93万户，较上年底增长15.9%；B股投资者92.97万户，较上年年底增长540.3%。机构投资者开户数15.87万户，较上年年底增加3.75万户，增幅30.9%。机构开户数占投资者开户总数的比例从2000年末的0.44%提高到0.46%。

二、推进改革发展措施，保持市场稳步发展

2001年，上证所以市场化、规范化为导向，积极落实和推进各项改革发展措施，保持了市场的稳步、快速发展。

（一）按照市场化、规范化的原则，顺利实施首家PT公司退市。上证所对退市工作高度重视，始终把建立证券市场的退出机制和保持社会稳定作为工作的着眼点，将退市工作当作证券市场改革和建设中一项历史性的政治任务来对待，严格按照《连续亏损上市公司股票暂停上市和终止上市实施办法》制定PT退市工作计划，并针对可能发生的法律诉讼制定了预案，采取有力措施强化安全保卫，确保了市场的正常秩序。

（二）顺利实施B股对国内居民个人开放。从2月19日B股停牌，至2月28日B股开市，上证所克服时间紧、任务重的困难，从完善市场规则，加强监管工作；加强B股交易、结算、开户等系统技术改造，确保安全运行；推行B股实时开户，搞好市场服务等几方面着手，及时根据每周对开户、交易、奖金划拨、通讯、银证合作等情况的调查结果采取针对性措施，顺利完成B股向境内居民个人开放的任务。

（三）积极配合登记结算体制改革。上证所全力支持中国证券登记结算公司的筹备和成立工作。为确保登记结算体系的平稳过渡，上证所与中国登记结算公司对原登记公司与上证所分离后有关业务流程的衔接，以及应对可能的风险隐患进行了详细研究和充分协商，签署了业务框架协议和备忘录，有效地保证了市场安全运行。

（四）协助证监会做好企业发行审核工作。为适应发审体制的改革，上证所将市场发展部的工作重心从以接待、咨询、服务为主转变为以发行审核为主，同时克服所内工作繁重的困难，坚决支持证监会做好发审工作。在证监会的指导下，上证所在证监会从事发审工作的业务人员已基本上具备独立审核操作的能力。

三、完善风险防范机制，加大一线监管力度

2001年，上证所在加强制度建设的基础上，初步形成了以上市公司监管、会员公司监管和市场实时监控为主要内容的一线监管体系。

（一）建立高效的风险防范及反应机制。为进一步提高市场监管水平，及时发现和化解市场风险，上证所建

立了市场监管及风险防范例会制度。监管例会一方面为业务部门之间的沟通和交流创造了条件，为一线监管职能部门事先确定监控和防范的重点关注会员提供了依据；另一方面为一线监管职能部门有的放矢地议定监管措施、控制风险扩散提供了组织上的保证。通过监管例会这一渠道，各职能部门群策群力，主动、及时地正视市场隐患，在风险控制上形成监管合力，提高了各业务部门对市场风险协同反应的能力，在客观上建立起了风险发现机制和风险防范机制。

（二）上市公司监管力度进一步加大。一年来，制定了上市公司信息披露工作核查办法等规章制度。引入公司风险的五级分类管理，提高了风险预警能力。加强事前防范和事中监管，多形式、多渠道获取监管线索。加强与各地证管办的监管协调。进一步严格年报事后审核。

（三）对重要信息和重点对象实施重点监管。一是继续要求上市公司对资产重组进行多时点披露，对关联交易公告的撰写提出规范要求，督促上市公司做好本年度股东大会的召开工作、签署董监事声明与承诺书以及及时履行信息披露义务。二是对PT公司在宽限期内的信息披露和资产重组实施重点监管。三是对中科系股票、PT类股票、含B股的A股、连续跌停股票，ST郑百文、方正科技等市场热点股票的交易情况，重仓持有银广夏、大量挪用客户保证金的会员公司，大量卖出股票的银行专用席位等进行重点监控。四是对ST郑百文等72只次异常波动股票实施临时停牌，对金健米业实施盘中紧急停牌。

（四）加强会员年检针对性。2001年检紧密结合2000年证监会监管的工作重点和市场的发展变化，首次采用了邀请中介机构和专家教授组成专家评审委员会对会员财务状况和经营业绩进行评审的做法，初步建立起了一套适用于年检评审的指标体系，有助于及时发现会员经营运作中存在的风险和违规行为。根据专家评审委员会对会员的评分及上证所对会员年检材料的审核意见，上证所将证券公司类会员分为良好、应关注及重点关注三类，并对C类重点关注会员采取了调整最低备付金比例、跟踪分析、监控交易等监控措施。

（五）依法加大监管力度。全年共对63家上市公司分别采取了公开谴责、内部通报批评等处理，对78家次会员公司业务部门提出口头警告，对8家次会员公司给予书面警告，对2家会员公司约见谈话。配合证券主管机关专案调查累计94起，涉及证券92只次。配合证监会稽查局对证券投资基金的交易行为、资产重组类股票重组前六个月的交易情况以及涉嫌违规交易的股票等进行了调查。

（六）提升监管工作的电子化水平。建立上市公司临时公告电脑传真系统、上市公司联络平台、上市公司日常业务管理系统。初步建立网上信息监管系统。实时监控指标体系从10个增加到14个，开发了图形分析、重点监控、报告传送等功能。实时监控系统前端服务器实现双机热备份。及时开发B股实时监控系统。开发基金监控程序。

四、推进技术系统建设，确保市场安全运行

2001年，上证所全面推进技术系统建设，通过建立技术优势来提升自身的国际竞争力，努力向一个技术先进的数字化交易所迈进。

（一）通信基础设施和水平跃上新台阶。卫星地球站的建成，是上证所近年来在技术建设方面取得的重大成果之一。它是目前国内规模最大、技术最先进、功能最齐全、覆盖面最广的卫星通信网之一，不仅包含了上证所卫星通信地球站、计算机灾难恢复中心，也包含了证监会的新技术跟踪研究实验室，是上证所、中国证券期货业信息技术系统运行及科研的多功能基地。它的建成对保证证券信息安全高效地传输、进一步扩大上海证券市场覆盖范围、推动市场发展具有重要意义。

（二）交易系统容量达到世界先进水平。内存扩充后的交易系统容量峰值达每秒8000笔，平均每秒4500笔，日处理委托2900万笔，成交6000万笔，系统能力位居世界同行业前列。

（三）信息化工作取得重大进展。上证所与波士顿咨询公司合作开展的因特网战略咨询项目进入实施阶段。该项目从信息技术的发展、证券行业的趋势、上证所面临的机遇和挑战出发，通过各层面大量的访谈和深入调研，归纳出九个项目，又通过对人、财、物、规划组织、进度控制诸要素的具体分析拟定了分步实施的计划，提出了将上证所建成国际一流的网上投资信息服务商的目标。目前，上证所已经基本完成新网站设计工作，数据仓库项目也已正式立项。

（四）新一代交易系统前期论证工作完成。正式启动新一代交易系统的建设，已完成新一代交易系统的业务需求分析、国内外调研比较、可行性报告和项目计划等工作，为新一代交易系统的顺利推出打下坚实的基础。

（五）大力加强技术管理，实现全年安全运行无事故。一是在总结以往经验教训的基础上，制定了交易运行异常事件处置应急预案和流程，旨在一旦交易运行出现异常事件时，能够迅速判断情况，尽快找出应急对策方案，恢复正常运行，尽可能减小对市场的影响。二是进一步完善技术管理和业务操作流程，开发了“双人验证停复牌操作”、“上证指数稽核流程”等程序。三是坚决执行异常报告和新业务操作审核制度，对未酿成不良后果的差错予以高度重视，对于有助于防范风险的合理化建议予以表彰和奖励，将安全运行奖的发放与工作岗位的风险程度和个人工作实效挂钩。四是通信公司VAST双向卫星系统运行维护通过ISO9002质量体系认证。

五、积极推进市场服务，切实搞好投资者教育

2001年，为进一步加强服务工作，从战略的高度来整

合服务体系，上证所制定了《上海证券交易所服务大纲》，强化各职能部门配合协作机制，信息反馈和投诉机制。

（一）优化会员服务流程。推出会员会籍服务、全面指定交易服务、双向卫星小站技术服务项目和沪市数据快递服务项目，设计科学、合理的业务流程，简化和规范业务手续，得到了市场的肯定和赞扬。

（二）拓展拟上市公司服务项目。一年来，上证所在北京等地举办了“中关村拟上市公司培训班”等大型推介活动十余次，宣讲核准制、公司治理、信息披露等，把服务工作前移。

（三）深入基层调查研究。根据市场发展情况，上证所分别就“服务与创新”、“公司信息披露比较”、“技术安全、服务与规划”以及“金融产品创新”等当前证券市场关注的热点问题，选取了包括沪、深、黔、滇、穗在内的华东、华南、西北等城市和地区，深入细致地开展了实地调研，为更好的做好监管和服务等工作提供了第一手材料。

（四）切实做好投资者教育工作。一年来，上证所围绕保护投资者利益这个主题，从普及证券知识和揭示投资风险两个角度切入，开展了一系列、多形式的投资者教育活动。联合银河证券等十九家会员单位，建立以上证所为轴心的投资者教育的互联网络。与各地证管办、特派办多次合作开展多种形式的投资者教育活动。与上海财经大学等单位合作编撰《怎样解读公司年报》等中级版投资者教育丛书。

六、 建立高素质员工队伍，积极推进人事制度改革

为适应未来国际证券市场的竞争，进一步提高干部员工队伍的素质，上证所从建立人才优势的战略高度出发，在2001年内大力加强人才引进和培训工作。

（一）大力引进各类人才。全年共招聘专业人才91人（含原登记公司12人），包括会计、法律专业人才以及通过猎头公司引进的美籍电脑技术专家，参加了浦东新区组织的赴美招聘人才团，建立海外人才库。

（二）初步建立培训体系。《上海证券交易所培训工作办法》的出台，将所内培训工作纳入了统一的培训体系，使培训工作更加规范化和制度化。为将培训工作落到实处，上证所与复旦大学合作设计了员工培训方案。委托复旦大学管理学院举办中层管理人员培训，员工能力提升培训。委托中欧国际工商学院举办部分中层干部和业务骨干项目管理培训。组织新员工入职培训和文秘人员岗位培训。

七、 充实领导班子，加强理事会职能

2001年，为进一步加强一线监管职能，搞好各项工作，更好地推进证券市场发展，上证所的领导班子进行了调整充实，进一步加强了理事会的职能。

（一）调整充实领导班子。根据中国证监会提名，上证所理事会召开三届十次会议，会议一致选举耿亮为上海证券交易所理事长。理事会领导班子的调整和充实表明交易所在国民经济中的地位越来越重要，党中央、国务院对交易所的工作提出了更高要求，也为加强对上证所工作的监督提供了坚实的基础。

（二）防范风险、加强监督。在大力支持交易所工作的同时，理事会加强了对交易所重大决策的审查和监督，要求积极应对中国加入WTO之后的新形势，在硬件和软件方面都作充分的考虑和研究。三届十一次理事会会议通过了《关于我所建设新一代交易系统》、《关于我所国际交流工作情况的汇报》以及《关于理事会加强对交易所审计、监督职能的报告》等三个报告，按照理事会要求，相关工作正有条不紊地进行。

（三）进一步扩大会员队伍。理事会共审查吸收新会员8家，会员总数增至252家，其中证券公司会员112家，非证券公司会员140家。同意接收中国信达、华融、长城、东方资产管理公司等4家单位为交易所特别会员。

（四）开展国际交流，扩大合作。参加亚太地区证券交易所联合会第20届年会，就会员市场的最新发展、跨境交易等专题进行了讨论和交流，考察了日本证券业的发展和经营管理情况。

2002年是中国加入WTO后的第一年，也是中国证券市场规范发展的重要一年。中国改革开放的持续深入和经济的高速度增长，为中国资本市场的发展带来了前所未有的机遇，资本市场未来的美好蓝图越来越清晰地显现出来，上海证券交易所将按照“坚定信心，加强监管，保持稳定，规范发展”的思路，在技术、监管、人才、服务等方面多管齐下，为建设一个规范透明、高效开放、充满生机活力的世界一流交易所开启新的篇章。

2001年深圳证券交易所运行情况

深圳证券交易所总经理　张育军

2001年，深圳证券交易所在中国证监会的领导下，在社会各界的支持下，全体员工坚定信心，脚踏实地，团结拼搏，确保了证券市场的平稳运行和各项工作的稳步推进。

一、市场继续保持平稳发展，投资者队伍不断壮大

2001 年，深圳证券市场的新增投资者开户、会员规模、B 股成交金额以及投资基金规模等市场指标均呈现稳步发展态势。但由于受全球股市下跌、经济增长速度放缓、市场自身运行规律以及暂停新股发行上市等国内外因素的影响，深圳证券市场的市场波动加剧，成交金额大幅减少，整体发展速度趋缓。

●全年 B 股成交 2231 亿元，比上年增加 2027 亿元，增长 10 倍。

●全年新增投资者开户 378 万，B 股投资者比上年增长近 26 倍。

●全年上市公司总股本增加 92.94 亿元，比上年增长了 5.88%。

●全年上市公司流通股本增加 59.02 亿元，比上年增长 10.10%。

●全年新增投资基金 8 家，基金总规模比上年增长了 28.36%。

(一)市场规模平稳增长，投资基金发展加快

2001 年，深圳证券交易所在上市公司总股本、流通股本等反映市场规模的主要指标平稳，但与上年相比增长速度趋缓；2001 年新增投资基金 8 家，截至 2001 年底，深交所投资基金共有 25 家，总发行规模 353 亿元，比上年末增加 78 亿元，增长 28.36%。

截至 2001 年底，深圳证券交易所上市公司总数 514 家(含 6 家 PT 上市公司)，与上年末持平。上市公司总市值、流通市值为 15931.64 亿元和 6081.06 亿元，分别比年初减少 24.71% 和 20.05%。上市公司总股本、流通股本为 1673.91 亿元和 643.35 亿元，分别比年初增长 5.88% 和 10.10%，上年这一数值分别为 18.99% 和 27.60%，增长速度趋缓。上市公司总市值占 GDP 比重为 17.90%，比上年末减少了 7.54 个百分点。

(二)指数波动幅度加大，成交金额有所减少

深证综合指数年终收报 475.94 点，比年初下跌 159.79 点，跌幅 25.13%；B 股指数年终收报 265.67 点，比年初上涨 127.98 点，涨幅 92.95%；基金指数年终收报 1139.75 点，比年初下跌 5.45 点，跌幅 0.48%。

2001 年市场波动幅度有所加大。深证综合指数最高为 6 月 13 日的 664.85 点，最低为 10 月 22 日的 439.36 点，振荡幅度 51.32%。B 股指数全年振荡幅度远远大于市场平均水平，B 股指数最高为 5 月 25 日的 435.57 点，最低为 2 月 13 日的 124.60 点，振荡幅度高达 249.57%。

2001 年，股票基金成交金额有所减少。全年股票基金累计成交金额 16808.75 亿元，比上年减少 14111.70 亿元，减少 45.64%，深交所代征 A 股股票印花税 102.15 亿元，比上年减少 131.84 亿元，减幅 56.34%。由于 B 股市场自 6 月 1 日起对境内居民全面开放，全年 B 股累计成交 2230.59 亿元，比上年增加了 2026.79 亿元，增长了近 10 倍。2001 年底股票平均市盈率为 39.79 倍，比上年末下降

表 1　**2001 年深圳证券市场主要指标**

指标名称	2001 年			2000 年		
	年末数	比年初	增减幅度	年末数	比年初	增减幅度
成份指数	3325.66	-1427.09	-30.03	4752.75	1383.14	41.05
综合指数	475.94	-159.79	-25.13	635.73	233.55	58.07
B 股指数	265.67	127.98	92.95	137.69	53.03	62.64
上市公司总数(家)*	508.00	-6.00	-1.17	514.00	51.00	11.02
上市证券总数(只)	598.00	2.00	0.34	596.00	56.00	10.37
上市股票总数(只)	550.00	-7.00	-1.26	557.00	53.00	10.52
上市 A 股总数(只)	494.00	-5.00	-1.00	499.00	49.00	10.89
上市 B 股总数(只)	56.00	-2.00	-3.45	58.00	4.00	7.41
总股本(亿元)	1673.91	92.94	5.88	1580.97	252.27	18.99
总市值(亿元)	15931.64	-5228.44	-24.71	21160.08	9269.38	77.95
流通股本(亿元)	643.35	59.02	10.10	584.33	126.40	27.60
流通市值(亿元)	6081.06	-1525.13	-20.05	7606.19	3641.91	91.87
投资者开户总数(万户)	3220.81	377.52	13.28	2843.29	642.44	29.19
总市值占 GDP 比重(%)	17.90	-5.88	-24.73	25.44	11.15	78.03
平均市盈率(倍)	39.79	-16.25	-29.00	56.04	19.74	54.38
A 股平均市盈率(倍)	40.76	-17.99	-30.62	58.75	21.19	56.42
B 股平均市盈率(倍)	25.30	12.24	93.72	13.06	2.68	25.82

注：上市公司家数未包含 PT 上市公司。

了16.25倍，其中A股平均市盈率为40.76倍，B股平均市盈率为25.30倍。

图1　　　　2001年综合指数走势图

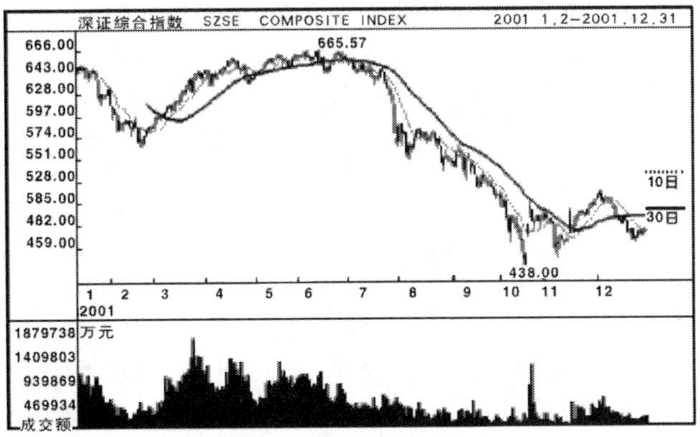

图2　　　　2001年B股指数走势图

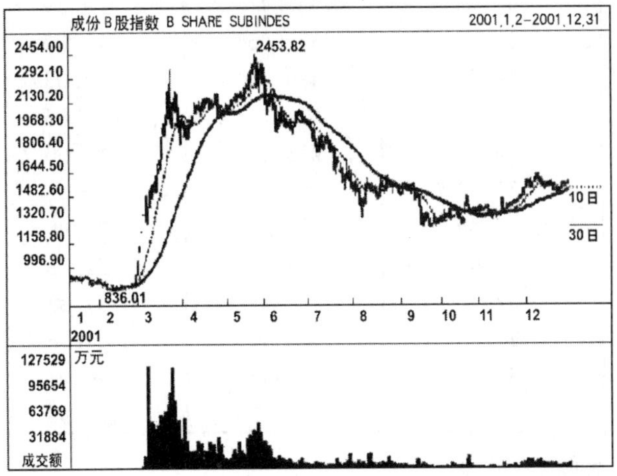

从资金流向来看，资金主要流向国企大盘股和投资基金。在全年成交金额前50名证券中，成交金额超过100亿元的有9家，最高的深发展A股全年累计成交190.29亿元，与上年成交金额最高的中关村全年成交491.83亿元相比，相差了300亿元。与上年不同的是成交金额前十名的证券中有三只基金和一只B股，而网络股和高科技股成交金额明显减少。成交金额前20名的证券，其全年成交金额所占市场比重为12.57%，与上年相比这一数值下跌了2个百分点。

从股票升跌幅度来看，2001年全年累计涨幅前20名的股票均为B股，涨幅均超过100%，全年累计换手率均超过200%，最高的达758%，其中ST特力B涨幅达248.70%，列涨幅榜第一名。A股涨幅最高是锦州六陆，涨幅为60.79%，换手率为348.36%。而全年累计跌幅前20名的股票均为A股，跌幅均超过50%，其中银广夏A跌幅达89.57%，列跌幅榜第一名。跌幅前20名股票高新技术类股票有15只，这与上年网络股、科技股涨幅靠前明显不同。

（三）投资者开户继续保持增长，增速有所放缓

2001年新增投资者开户377.52万，比上年减少了264万。截至2001年底，投资者累计开户3220.81万，其中A股3165.21万，B股55.60万。全年新增B股投资者42.7万，比上年同期增加41.1万，增长26倍。

从A股投资者开户地区分布来看，有12个省、市投资者开户总数均超过了100万户，比上年增加了两个。江苏省、上海市、深圳市累计投资开户分别为271万户、269万户和250万户，位于地区开户总数前三名。从投资者新增开户数来看，沿海发达地区明显要高于中西部及边远地区。

表2　　　　2001年深市成交金额前20名证券一览表

名次	证券代码	证券简称	成交金额(亿元)	所占市场比重	全年换手率(%)
1	000001	深发展A	190.29	1.1378	90.46
2	000682	东方电子	166.60	0.9962	273.39
3	000002	深万科A	134.60	0.8049	233.10
4	184701	基金景福	117.19	0.7008	376.53
5	000554	泰山石油	110.53	0.6609	338.86
6	000858	五粮液	109.24	0.6532	214.01
7	200539	粤电力B	104.62	0.6256	239.67
8	184692	基金裕隆	103.97	0.6217	315.02
9	184699	基金同盛	102.49	0.6129	312.18
10	000557	银广夏A	96.38	0.5763	350.61
11	184698	基金天元	96.04	0.5743	288.46
12	000063	中兴通讯	95.41	0.5705	182.93
13	184693	基金普丰	92.85	0.5552	281.63
14	000766	通化金马	89.85	0.5372	280.11
15	000956	中原油气	86.25	0.5157	326.36
16	200761	本钢板B	84.43	0.5049	456.54
17	000962	东方钽业	82.49	0.4933	221.18
18	184690	基金同益	79.98	0.4783	313.31
19	200725	京东方B	79.66	0.4763	522.96
20	000881	大连国际	78.53	0.4696	385.09

2001年B股投资者新增开户猛增。新增加的42.69万户投资中，境内居民有40.51万户，占94.89%，香港居民有1.60万户，占3.74%，台湾、澳门分别为1219户和1079户，美国959户、加拿大535户、澳大利亚425户，新增开户超过100户的还有日本、新加坡、新西兰和英国。

从新增投资者开户趋势图来看，新增投资者开户呈现逐步下降的态势。2月末至3月初出现一个开户高峰期，主要是由于B股对境内居民开放的政策公布后，境内居民争

表3　**2001年深市涨幅前20名股票一览表**

名次	证券代码	证券简称	升幅(%)	成交金额(亿元)	换手率(%)	市盈率(倍)
1	200025	ST 特力 B	248.70	15.31	717.42	——
2	200770	武　锅 B	197.96	57.01	712.10	137.18
3	200053	深基地 B	187.13	31.95	458.60	47.40
4	200037	深南电 B	185.81	37.27	416.45	26.83
5	200041	深本实 B	185.32	12.70	503.43	246.43
6	200026	飞亚达 B	166.55	27.49	548.78	137.64
7	200726	鲁　泰 B	160.58	37.29	390.00	31.19
8	200028	深益力 B	147.22	24.29	442.71	——
9	200054	深建摩 B	145.99	47.88	586.41	164.29
10	200020	深华发 B	144.88	25.39	573.66	770.00
11	200045	深纺织 B	141.79	16.32	486.90	64.05
12	200986	粤华包 B	140.96	61.19	535.21	27.86
13	200706	瓦　轴 B	131.05	24.72	238.25	43.60
14	200017	ST 中华 B	126.92	56.23	758.49	——
15	200413	宝　石 B	126.87	29.49	438.88	25.00
16	200011	ST 物业 B	124.19	20.97	510.92	51.28
17	200056	深国商 B	122.22	17.76	328.17	37.33
18	200505	珠　江 B	121.54	23.20	548.90	34.06
19	200553	沙隆达 B	121.40	52.52	658.36	96.07
20	200468	宁通信 B	119.52	54.85	614.17	487.33

表4　**2001年深市跌幅前20名股票一览表**

名次	证券代码	证券简称	跌幅(%)	成交金额(亿元)	换手率(%)	市盈率(倍)
1	000557	银广夏 A	-89.57	96.38	350.61	4.76
2	000008	亿安科技	-76.23	40.99	491.01	48.62
3	000048	中科创业	-69.30	71.12	517.82	——
4	000682	东方电子	-68.19	166.60	273.39	11.87
5	000636	风华高科	-65.22	70.03	220.68	13.53
6	000938	清华紫光	-61.48	27.14	118.25	51.45
7	000590	紫光生物	-61.43	54.38	418.37	73.76
8	000730	环保股份	-60.94	39.35	169.10	99.17
9	000585	ST 东北电	-59.97	26.73	293.84	——
10	000801	四川湖山	-59.96	24.36	346.87	138.64
11	000881	大连国际	-57.19	78.53	385.09	39.26
12	000653	ST 九州	-56.81	49.39	386.63	——
13	000710	天兴仪表	-56.46	12.63	170.18	883.64
14	000962	东方钽业	-53.93	82.49	221.18	42.34
15	000012	深南玻 A	-51.90	9.81	54.98	50.96
16	000969	安泰科技	-51.48	40.61	199.19	52.75
17	000409	四通高科	-50.45	20.99	197.21	246.25
18	000675	银山化工	-50.36	14.73	328.93	——
19	000631	兰宝信息	-50.20	39.33	290.78	34.46
20	000931	中 关 村	-50.03	53.86	76.61	54.19

开B股帐户的原因。此后随着市场的逐步下跌，新增投资者开户数也逐步减少。

图3　　新增投资者开户趋势图

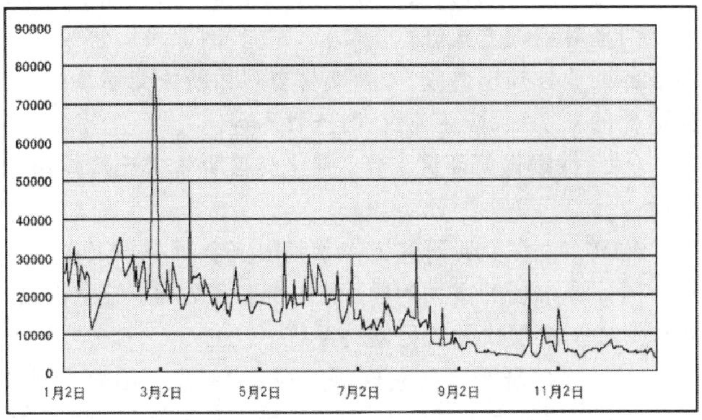

（四）上市公司筹资有所减少，会员增资扩股步伐明显加快

2000年9月份深交所暂停新股发行上市以来，上市公司筹资总额有所减少。2001年，深圳证券交易所上市公司通过配股发行和新股增发等再筹资方式累计筹资235亿元，比上年减少394亿元，减少62.64%，其中有11家上市公司通过新股增发再筹资89.54亿元，比上年的113.51亿元减少23.97亿元，有54家上市公司通过配股发行再筹资145.18亿元，比上年的270.52亿元减少125.34亿元。

随着证券市场的规范发展，深交所会员单位的综合实力获得了很大提高，2001年又有一批会员单位进行了增资扩股，会员增资扩股步伐有所加快。可以看出，国内一些证券公司从资源的分散到集结，从竞争对手到强强联合，以及跨地域性的证券公司的重组联合，无疑为提升证券公司竞争力，拓展市场业务创造了有利条件。2001年以来，通过增资扩股和资产重组并获得中国证监会批准成立及正在筹建的新证券公司达29家，其中国元证券、渤海证券、天同证券增资扩股后注册资本均超过了20亿元，中银国际、中航证券、国都证券、华安证券等12家证券公司增资重组后注册资本在10亿元至20亿元之间。

二、确保市场安全稳定运行，积极稳妥推进各项工作

2001年初，根据市场形势和所面临的任务，深交所提出了“以创业板建设和市场监管工作为主线，继续完善内部管理，积极稳妥地推进制度创新，确保主板市场安全稳定运行”的工作方针，并以此确定了10个方面的工作和14个重大项目。经过一年的努力，14个重大项目如期推进，大多数已经基本完成；技术系统连续第五年保持了安全运行，新版交易结算系统成功上线；创业板筹备取得重要进展，一线监管水平有了进一步提高；一系列重大制度创新和产品创新措施平稳实施；内部管理和员工培训迈上了新的台阶；党的建设和精神文明建设也取得了可喜的成果，涌现出了一批先进集体和个人。

（一）继续深化创业板筹备工作，促进创业板市场顺利启动

在2000年11月完成操作层面基本准备工作的基础上，2001年深交所创业板市场筹备工作又取得了显著进展：

在规则体系和运行机制方面，发审、上市、交易、结算等基本业务规则经过多次修改，已形成最新草案。发审委组建和行业专家库建设进展顺利，发行审核电子系统开发完成。市场监察方面，制订了创业板市场股票临时停牌、公开交易信息披露两项暂行办法，新版监察系统已投人使用。

在上市资源调研和培育方面，全年对进入辅导期的拟上市企业进行了两次全面调查，初步建立了拟上市企业资料库，推动保荐人完善了“发行人质量评价体系”。新成立的创业企业培训中心，以“诚信、守法、创新”为理念，年内共举办培训班9期，对近600家企业的高层管理人员进行了培训，对于推动创业企业提高管理水平和持续发展能力发挥了积极作用。

在基础设施保障方面，对创业板交易系统进行了优化，可以及时满足新的业务需求；巨潮网完成升级，进一步满足了创业板信息网上披露的需要；投资者教育工作开始实质性运作，为创业板市场投资者教育工作的开展打下了基础；根据创业板市场需要，办公楼进行了装修和改造。

（二）切实加强一线监管，积极探索一线监管的新机制

2001年深交所一线监管工作呈现以下四个特点：

一是对一线监管的认识不断提高。尤其是2001年第四季度以来，在所党委的领导下，通过认真学习中国证鉴会领导重要讲话，积极研究贯彻落实措施，深刻体会证券交易所在新形势下肩负的历史使命，全所牢固地树立了大服务观念，努力为中国证券市场的规范和发展服务，为国民经济建设服务，并明确提出，强化一线监管是当前的首要任务，是创业板市场顺利启动和健康发展的基础。

二是监管力度不断加大。2001年，深交所共发出上市公司监管函等各类函件259份，对82家公司及相关人员进行了内部通报批评，对违规情节较重的32家公司和有关人员进行了公开谴责，首次公开认定银广夏违规董事不适合担任上市公司董事；市场监察方面，全年共发现异常交易413起，发出电话质询及警告139次，书面警告86次；会员监管方面，针对会员涉嫌违规交易问题和业务运作风险发出整改或处理意见书232份，约见会员单位有关负责人38人次。发现和处理的违规数量大大超过往年。

三是监管手段不断创新：(1)启用了紧急停牌机制。11月下旬，对东方电子股票果断实行紧急停牌，及时提示了市场风险；(2)建立了合理怀疑机制，对上市公司信息披露中的疑点以多种方式进行询问查证；(3)向会员提供监管信息服务，促进会员单位健全内控机制，防范化解风险。

四是内部监管协调机制不断完善。深交所建立了监管部门专题联席会议制度及案例分析会议制度，全年共召开专题联席会议15次。通过部门间及时沟通信息，确立监控重点，共同处理违规行为，一线监管快速反应能力显著

增强。

(三)大力推进基础设施建设,继续保持技术系统的适应性和前瞻性

2001年深交所在确保系统安全运行的前提下,积极推动新版交易结算系统、通信中心、中心数据库、巨潮资讯网等重大项目建设,取得了重大进展。

一是新版交易结算系统项目。经过2年多的开发测试,新版系统于2001年11月12日顺利上线,标志着深交所技术系统又迈上了一个新的台阶,不仅为创业板市场的启动打下了更为稳固的基础,也为市场的发展和创新预留了广阔的空间。

二是通信中心建设。深圳证券通信中心已于2001年7月27日正式启用,在实现对单、双向卫星通信系统进行升级的同时,稳步推进地面通信网建设,年内用户接入已达500家,"天地互备"的格局已初步形成。

三是中心数据库项目。深交所充实了项目工作组,进一步明确了中心数据库的定位和功能,目前该项目已进入全面实施阶段。

四是巨潮资讯网项目。巨潮网完成了升级改造,并推出了上市公司信息网、巨潮英文网站,初步构建起完备的信息披露发布体系。下半年投入使用的网站数据库系统,完整覆盖了深沪上市公司、投资基金、债券10年公开信息。

(四)精心组织,周密安排,积极稳妥地推进各项市场创新

2001年,深交所顺利完成了以下重大市场创新措施的实施工作:

一是B股市场向境内投资者开放。在时间紧、任务重的情况下,深交所相关部门密切配合,加班加点,及时完成了技术系统调整、投资者实时开户、市场宣传、服务和咨询等工作,保证了市场的平稳运行。

二是PT公司退市工作。深交所严格按照中国证监会的部署和要求,系统组织,周密安排,多次召开退市工作专题会议,制定了暂停上市公司宽限期申请的审核程序、审核要点以及退市工作的时间表,实现了PT粤金曼、PT中浩平稳退市。

三是代办股份转让业务。深交所提供了技术支持,制定了具体工作流程和操作规则,基本形成了运作比较规范的代办股份转让系统。

四是结算业务分离工作。在确保各项业务平稳运行的前提下,深交所与中国证券登记结算总公司密切合作,圆满完成了人、财、物及业务的分立和衔接工作。

(五)大力推进员工培训教育工程,初步形成全方位、多层次的培训体系

2001年深交所员工培训工作迈上了一个新的台阶,在培训规划、培训范围、培训内容及培训方式方法上都取得了突破:

一是制定了员工培训大纲和境内外培训管理办法,为全面推进培训工作创造了条件。

二是大力推动外语脱产培训。全年举行了4期脱产培训班,受训员工80人。

三是启动管理和技能培训。举办了两期"管理集训营"和四期"员工集训营",大部分中层干部和员工参加了培训。

四是对培训方式进行了创新,建立"网上培训学校",举办了各种业务知识讲座,如新交易规则和新版交易系统、新版综合信息系统、职业礼仪、财务管理等。

(六)继续做好研究工作,强化交易所智力支持体系的建设

2001年,深交所研究工作紧紧围绕全所中心工作任务和中国证券市场的重大问题,进一步充实力量,健全机制,初步形成了多层次的智力支持系统。

全年综合研究所共完成研究报告19篇,出版专著4部,在核心期刊发表文章逾10篇,特别是围绕创业板市场进行的九大课题的研究,对创业板市场的筹备有重要借鉴意义。综合研究所和博士后工作站还积极参与了证监会组织的专题研究和多项政策、法规的调研修订工作,并在研究方式、学术交流等方面进行了有益探索。

为加强公司治理问题的研究,深交所设立了公司治理研究中心,对创业板拟上市公司的公司治理问题进行重点研究。2001年所里还就开展战略研究进行了探索,初步形成了跨部门的战略研讨机制。

《证券市场导报》的影响不断扩大。2001年,《导报》正文由64页扩至80页,转载率继续上升,经济学核心期刊地位进一步巩固。

(七)进一步完善内部管理,提高管理水平

一是建立目标责任管理制度。2001年初,全所自上而下逐级签订了《廉政建设责任书》、《部门目标责任书》、《员工岗位目标责任书》,同时改革考核方式,保证责任层层落实。

二是进一步完善内部管理规章制度。制定了《重大项目管理办法》,建立了重大项目"统一审核、统一采购、统一招标"制度;完善了内部稽审制度体系,建立了稽审部门参与重大采购项目招邀标机制,有力地促进了重大项目的实施和全所工作的规范化运作。

三是以开放的眼光借鉴内部管理的国际经验。安达信企业咨询公司、普华永道上海咨询公司分别为深交所提供人事管理咨询和财务管理咨询,为所里启动内部管理制度改革打下了基础。

(八)突出重点,狠抓落实,努力把党的建设和精神文明建设工作提高到一个新的水平

2001年,所党委严格按照会党委的部署和要求,组织全所认真学习贯彻"七一"重要讲话和十五届六中全会精神,积极开展"创优争先"活动,全所党的建设和精神文明建设工作取得了明显进展。党风廉政建设方面,提出了廉政建设"10不准";坚持"每月一课"制度,多次举办廉政专题报告会并组织党员观看廉政教育电教片。同时,进一步强化稽核监督机制,充实稽审力量,全年稽审部先后对20个部门或下属公司进行了稽核,提出了88条稽审建议,对于全所内部管理和业务的规范运作起到了积极的促进作用。

展望2002年，中国加入WTO，对外开放跨入一个新阶段；证券市场国际化和市场化继续向纵深推进，制度创新和产品创新将空前活跃；10年多来证券市场积累的各种矛盾和风险日益显现，市场改革与发展将面临更为复杂和多变的形势。在这种形势下，结合本所现状，经过认真分析和充分讨论，确定2002年深交所工作的指导思想是：认真贯彻中央金融工作会议和全国证券期货监管工作会议的精神，继续服从和服务于国民经济建设和证券市场规范发展的大局，在确保市场安全运行的前提下，以深化创业板筹备，加强一线监管为主线，迎接"入世"挑战，积极稳妥地推进内部改革，理顺机制，苦练内功，为深交所长远发展奠定坚实基础。为此，将重点做好以下七个方面的工作：

1. 采取切实措施，确保市场安全运行。

2. 继续深化创业板筹备工作，确保创业板顺利启动。

3. 切实加强监管，促进投资者信心不断巩固和提高。

4. 从战略角度出发，抓好业务创新研究工作。

5. 进一步提高服务意识和服务层次，防范和化解市场风险。

6. 积极稳妥地推进内部改革，建立适应交易所未来发展的管理体制，努力培养和造就一支高素质的员工队伍。

7. 以贯彻"三个代表"为核心，加强党的建设，抓好廉政建设，勤俭建所，创建先进单位文化。

目前，深交所面临着前所未有的严峻形势和挑战，在新的一年里，全所将正视现实，振奋精神，团结一致、勤奋工作。在中国证监会的领导下，在社会各界的关心和支持下，经过全体员工的共同努力，深交所一定会迎来辉煌灿烂的明天！

保 险 市 场

中国保险市场2001年概况及展望

中国保险监督管理委员会

一、 2001年保险市场的基本情况

2001年，在党中央、国务院的正确领导下，在各级政府和有关部门的大力支持下，经过保险系统广大干部职工的共同努力，中国保险工作取得了很大成绩。

(一) 保险业全面发展

一是保险业务快速增长。2001年，全国保费收入2112.28亿元，同比增长32.73%，其中，财产险保费收入688.24亿元，同比增长12.82%，占保费总收入的32.58%，人身险保费收入1424.04亿元，同比增长45.11%，占保费总收入的67.42%；保险深度2.2%，同比增加0.4个百分点，保险密度168.98元，同比增加41.31元；保险公司总资产4591.07亿元，同比增加1184.07亿元，增长34.75%；上缴营业税57.7亿元，同比增加1.8亿元。

二是市场经营主体增加。经批准太平人寿保险公司和太平保险公司在内地复业；批准设立恒安、生命、东方三家公司作为与外方合资的实体；批准设立中外合资保险公司6家和外国保险公司分公司4家；增设了保险经纪公司7家，代理公司82家，公估公司20家；同时，增批一些股份制公司的分支机构。截至2001年底，全国共有保险公司52家(含11家筹建)，其中国有独资保险公司5家，股份制公司15家，中外合资保险公司19家(含8家筹建)，外国保险公司分公司13家(含3家筹建)。共有保险中介机构170家(含106家筹建)，其中保险经纪公司17家(含7家筹建)，保险代理公司127家(含79家筹建)，保险公估公司26家(含20家筹建)。

三是市场格局发生变化。在国有保险公司业务规模持续扩大的基础上，股份制公司的市场份额有较大幅度的上升。中国平安保险公司和中国太平洋保险公司占寿险市场的份额同比分别上升了5.4个百分点和1.7个百分点。同时，地区之间业务发展还不平衡，最高的地区保费收入同比增长50.65%，最低的同比增长7.5%。

四是产品结构有所调整。在人身险方面，投资连结和分红类等新产品保费收入394.98亿元，同比增加364.42亿元，较上年同期上升48.17个百分点，已成为寿险业务新的增长点，推动了寿险产品的转型；寿险新单保费收入705.84亿元，占寿险保费收入的49.57%，较上年同期上升了9.58个百分点。财产险方面，在机动车辆险保费继续增

长的基础上，其他险种保费收入263.3亿元，占产险保费收入的38.4%，同比上升了2.3个百分点。

五是经济效益有所提高。财产险营业费用率19.9%，同比下降0.9个百分点，实现利润30.2亿元，同比增加10.1亿元。人身险营业费用率8.7%，同比下降0.6个百分点，按可比口径，实现利润20.4亿元(中国人寿长期寿险业务盈亏情况未计入)，同比增加3.1亿元。

六是经济补偿作用明显增强。在一些重大灾害事故的发生地，保险公司都能及时到场、查勘理赔。一年来，各公司共支付赔款和给付588.66亿元，同比增加54.74亿元。保险业为稳定人民生活、支援灾区建设、保障经济运行发挥了重要作用。此外，为深化国有企业改革、完善社会保障体系、促进国际经济贸易合作和开发国家重点科技攻关项目等提供了有力的支持和风险保障。

(二) 市场整顿取得成效

为贯彻落实全国整顿和规范市场经济秩序工作会议精神，联系保险实际，深入开展了整顿和规范保险市场秩序活动。一年来，历经自查自纠、抽查和重点检查、总结验收三个阶段，初步取得成效。

一是基本摸清了保险市场存在的主要问题及其原因。问题集中表现在：设立帐外帐、私设小金库、做假赔案等问题严重；违规设立机构和擅自任命高级管理人员的现象普遍；寿险误导客户、团险长险短做，车险违规退费的问题突出；兼业代理坐支手续费、拖欠保费，保险资金违规运用等问题在一些公司还没有引起足够重视等等。产生上述问题的原因是多方面的，但根本问题在于保险业自身的依法经营观念不强，内部管理薄弱，监管力度不够。

二是查处了违法违规行为。取缔了10家非法或变相设立的分支机构；对16家保险机构做出停止经营某项业务的处罚；对114家分支机构做出罚款处理；对84个分支机构的高级管理人员做出了取消任职资格或建议由上级予以行政处分的决定；对118家分支机构予以通报批评。

三是认真进行了整改。根据违规现象比较普遍、法制观念淡薄、内控制度不落实等问题，各公司加强了对保险法律法规和监管政策的学习，重点抓了制度执行情况的检查和落实。进一步健全了行业自律组织，强化了行业自律的作用。本着标本兼治、重在治本的原则，保监会修改和完善了部分保险监管规章；清理并减少了不必要的行政审批；在广东等地进行了车险费率改革试点。

(三) 经营风险得到有效控制

一是进一步化解了寿险存量利差损风险。一年来，通过深入调查研究，基本摸清了各寿险公司利差损底数，提出了进一步化解利差损的目标、方案和措施。从实际出发，重新确定了寿险责任准备金评估利率。目前，寿险公司的利差损问题基本得到控制。

二是及时防范新产品可能带来的风险。针对寿险投资分红等新产品可能带来的风险，保监会要求各公司密切关注，严加防范，及时发布了《人身保险新型产品信息披露管理暂行办法》和《人身保险新型产品若干事项的公告》，加强信息披露，提醒投保人正确认识投资分红类寿险产品的风险，从源头上防止误导行为的发生；针对产险住房按揭保险经营管理中存在的问题，保监会与人民银行联合下发了《关于加强个人住房贷款及贷款住房保险管理的通知》，纠正了住房贷款保险违规行为，及时防范了经营风险。

三是有效地控制了资金运用风险。在继续拓宽资金运用渠道的基础上，为确保资金安全、提高运用效益，2001年，保监会对保险资金运用情况进行了专项检查，共查出有问题的公司16家，涉及违规资金25.9亿元。在处理违规问题的同时，要求有关公司提出整改措施，限期予以纠正。2001年，资金运用平均收益率达4.3%，同比上升0.7个百分点；不良资产率为2.5%，同比下降0.6个百分点。为了规范资金运用、确保资金安全，保监会在广泛征求有关部门意见的基础上，已经制定了《关于当前规范保险资金运用有关问题的请示》，待国务院批准后实施。

(四)各项改革稳步推进

一是积极探索国有保险公司的股份制改革。保监会通过深入调查研究，广泛征求意见，找出了制约国有保险公司发展的根本问题及其产生的原因，论证了实行股份制改革的必要性和可行性，提出了股份制改革的基本思路和初步方案，为国家决策提供了必要的依据。各国有保险公司积极参与，做了大量的前期准备工作。

二是大力推进分业经营体制改革。经批准，中国太平洋保险公司和新疆兵团保险公司完成了分业经营；中国平安保险公司的分业改革方案正在实施。到目前为止，中国保险业分业经营体制已基本确立。

三是将政策性业务和商业性业务分开，成立了中国第一家政策性保险公司—中国出口信用保险公司。

(五)监管力度进一步加大

一是加强保险法制建设。全面清理了与WTO规则和对外承诺不符的法律法规和部门规章8件，涉及条款22项。起草了《外资保险公司管理条例》，已由国务院颁布实施。出台了《保险经纪公司管理规定》等规章58件。同时，为修改《保险法》做了大量的前期准备工作。

二是偿付能力监管工作开始启动。各公司按照保监会制定的偿付能力监管指标，都对1998－2000年的偿付能力进行了测算。通过测算，初步摸清了情况，为今后区别对待、分类监管创造了条件。

三是提高了监管透明度。通过制定《现场检查操作规程》等规定，明确了监管工作程序和方法；通过定期发布《中国保险监督管理委员会文告》和《保险监管参考》，及时公布保险监管规章和规范性文件，公布国内外保险市场和监管的有关情况，使监管信息披露工作得到明显加强。

四是保险监管组织体系框架已经构成。到2001年4月底，完成了保监会派出机构的组建工作，全国有31个保监办挂牌成立。

总之，2001年，中国保险业虽然取得了很大成绩，但也确实存在不容忽视的问题：国有公司的体制性问题还没有解决；保险公司经营管理水平不高；弄虚作假、误导客户、市场秩序混乱等问题比较突出；保险风险尤其是利差损风险的化解工作还相当艰巨；保险监管亟待改进和加强等等。

二、保险市场的发展趋势

（一）国民经济的稳定增长将为保险业的持续快速健康发展创造条件

2001年，在世界经济增长明显减缓的情况下，中国经济仍保持了高增长、高质量和低通胀的良好发展势头。中国综合国力显著增强，物质基础更加雄厚。预计今后几年内，中国将继续坚持扩大内需的方针，实施积极的财政政策和稳健的货币政策，深化改革，扩大开放，加快结构调整，完善社会保障，增加人民收入，提高经济增长质量和效益，促进国民经济的持续发展。这将为保险业的发展提供难得的机遇和广阔的空间，也对保险业的产品和服务提出了新的、更高的要求。

（二）加入世界贸易组织为推动中国保险业的发展注入新的活力

加入世界贸易组织，是中国改革开放进程中具有历史意义的一件大事，是进一步推进全方位、多层次、宽领域对外开放的重要契机，标志着中国的对外开放进入了一个新的历史阶段，对保险业的改革和发展将产生深远影响，保险市场将发生重大变化：一是市场经营主体大量增加，业务范围与经营区域逐步扩大，竞争将更加激烈。二是竞争的压力将促使中资公司深化体制改革、转换经营机制、增强企业竞争力。三是通过借鉴国外的经营理念和管理经验，有助于中国保险业增长方式的转变，促使保险公司提高经营管理水平，加快产品技术和服务创新，不断提高竞争力。四是促使中国保监会改进和加强保险监管工作，转变监管方式，改善监管手段，提高监管效率，加快与国际接轨的步伐。

（三）市场环境的改善将有利于中国保险业的规范发展

大力整顿和规范保险市场秩序是加入世界贸易组织、扩大对外开放的必要选择，也是完善市场经济法制的重大举措。2001年在全国范围内开展了整顿和规范市场经济秩序活动，取得了阶段性成果。按照中央经济工作会议的部署，2002年还将进一步整顿和规范市场经济秩序，要求全面展开、突出重点、标本兼治、重在治本。特别强调：深入整顿金融秩序，严肃查处银行、证券、保险等金融机构违法违规经营活动，打击金融欺诈是2002年整顿和规范的重点，并要求在全社会营造讲求商业道德、诚实守信和公平竞争的氛围。加上《保险法》的修改已列入国家计划，一系列配套的行政法规及部门规章将相继出台。所有这些都有利于促进保险业的发展逐步走向法制化、规范化的轨道。

（四）9.11事件对中国保险经营与监管工作起到了警示作用

9.11事件的损失给全球保险业带来了巨大的震撼和冲击，给我们留下的深刻了启示：一是需要对传统的财产保险承保方式进行反思。过去想不到的事情，现在随时可能发生。保险业只有通过不断增强风险意识、改进经营方式、开展全方位的服务，才能适应变化了的新情况。二是必须充分认识风险分散的重要性，防止风险大量积聚。三是要更加重视对偿付能力和再保险的监管。9.11事件加速了保险业利益分配格局的变化，事件本身损失最大的是再保险。但从长远发展来看，最大的赢家也是再保险。今后一个时期，再保险经营前景看好，盈利的机会更多。四是必须研究建立中国巨灾风险应对机制。认真吸取这些经验教训，将有利于中国保险业的稳健经营和审慎监管。

综上所述，中国保险业面临的有利条件很多，我们对中国保险市场的进一步健康发展充满信心。同时，也必须看到面临的不利因素：全球经济增长普遍减缓，世界贸易增长大幅放慢，国际直接投资大幅减少，中国出口面临困难，就业压力加大，产业结构性矛盾和经济体制深层次问题突出，市场秩序混乱的问题还没有根本改变，国有企业改革任务艰巨，居民收入水平增长缓慢等等，都将对中国保险业的发展产生一定的影响。

三、新形势下的应对措施

（一）深化体制改革

1. 对国有保险公司进行股份制改革。一是结合本公司情况，抓紧制定改革实施方案报批；二是摸清家底，全面清产核资，合理确定国有资产的价值。聘请有权威的、社会公认的中介机构对资产进行评估，彻底把资产、负债情况搞清；三是引进外资和社会资本合资；四是要在转换经营机制上下功夫。实行股份制不是目的，关键要建立现代企业制度，完善法人治理结构，切实转换经营机制。只有机制转换到位，股份制改革的目的才能实现；五是处理好改革、发展和稳定的关系。在目前情况比较复杂、可变因素很多的情况下，稳定是改革和发展的前提。改革中遇到新情况、新问题，要及时向保监会和国务院有关部门报告。

2. 完善股份制公司法人治理结构。从优化股权结构入手，通过增资扩股，引进外资和民营资本参股，实现股权多元化，解决股权所有制结构单一，投资者对企业监督制约不到位等问题。2002年保监会将制定《保险公司法人治理结构指引》，严格规范股东大会、董事会、监事会、经理层之间的关系；建立可追究个人责任的董事会议事规则；引入独立董事制度。建立保监会与保险公司董事会谈话制度，把监管部门对公司经营管理、市场行为和偿付能力的评价反馈给董事会，发挥股东对公司经营管理的监督作用。

3. 改革资金运用管理体制。国际经验证明，将保险资金运用业务和保险业务分离，对保险公司加强管理、防范风险、提高收益具有重要意义。借鉴国际通行的做法，在逐步扩大资金运用渠道的基础上，保监会已提出改革保险资金运用管理模式的方案，报国务院批准后实施。

4. 支持符合条件的股份制公司上市。近年来，一些股份制公司为上市做了大量准备工作，2002年，保监会将对提出申请的公司逐一从偿付能力、市场行为等方面出具监管意见书，并与证监会等有关部门加强联系，及时解决问题，为上市创造条件。

（二）加快保险业发展

继续保持保险业快速增长的良好势头，是服务于国民经济的需要，是应对入世的需要，也是解决保险业自身存在问题和困难的根本出路。

尽管近年来中国保险业发展速度很快，但总体规模仍然较小，与国际水平相比还有很大差距。2000年中国保费收入的世界排名16名，保险深度61位，保险密度73位，与中国的综合国力很不相称，与国民经济发展、社会保障体制改革和人民群众日益增长的保险需求很不适应。再如保险业自身存在的一些问题，像寿险利差损风险和不良资产等都需要通过发展来解决。因此，加快发展是中国保险业当前面临的迫切任务，也是今后各项工作的主题。

1. 加快保险业发展，要靠保险业自身的努力。一是搞好产品和服务创新。保险是服务行业，保险公司的核心竞争力说到底是服务质量的高低。服务有着丰富的内涵，它的本质要求，首先要有市场有需求、核算有效益的产品，要有为投保人提供高层次、全方位的优质服务。如近年来推出的寿险投资连接、分红等产品，不仅满足了客户对投资型产品的需求，而且有利于防范经营风险，促进寿险业务的发展。其次，服务还表现在产品的销售环节和售后跟踪服务上面，要逐步扩大销售渠道，改革销售方式，尽量方便客户投保；二是坚持诚信原则。诚信原则是保险经营的基本要求，也是市场经济环境下企业生存和发展的前提条件。目前，保险业的社会信誉状况确实不容乐观，造假现象普遍，误导甚至欺诈客户的问题严重，这些问题不解决等于自绝后路，根本谈不上发展。必须引起高度重视，努力塑造一个良好的社会形象；三是提高保险公司经营管理水平。实现增长方式由粗放型向集约型的转变，要注重业务质量和经营效益；树立依法经营意识，加强内控制度建设；强化稳健经营的观念，保证资本和偿付能力的充足性，实现可持续发展。

2. 加快保险业的发展，还需要国家给予必要的政策支持。诸如增加市场主体、完善法制建设、实现公平竞争、调整税收政策、拓宽资金运用渠道等问题，属于保监会职责范围内的，将尽快研究出台具体措施。涉及到其他部门的，保监会将通过调查研究，向国务院和有关部门提出建议，力争为保险业创造宽松的发展环境。

（三）防范经营风险

1. 继续化解利差损，大力清收不良资产。寿险公司的利差损风险虽已得到控制，但是达到完全化解的要求还相差很远。对那些不良资产比较集中的公司，清收的任务还相当艰巨，要求有关公司继续加大化解、清收的力度，力争早日取得实效。

2. 加强精算基础工作。精算是保险公司产品设计、经营核算的基础，精算做不好，风险防范就是一句空话。过去发生的很多风险，如利差损等，都与缺乏科学的精算依据有直接关系。随着保险条款费率管理体制的改革，公司管理产品和费率的责任越来越重，精算显得更加重要了。寿险公司的精算有了一定的基础，并逐步走上轨道，相对来说财产险的精算工作比较薄弱。

3. 防范误导可能带来的风险。近年来，随着业务的快速增长，保险销售人员在销售产品中误导客户的问题相当普遍，社会反响强烈，投诉案件增加，严重损害了被保险人利益，影响了公众对保险业的信心，如果处理不好，随时可能导致退保风潮，形成现实的风险。特别是一些敏感地区，一定要从讲政治的高度处理好保险人与被保险人的关系，坚决杜绝误导行为的发生，保证工作万无一失。

4. 防范资金运用风险。随着保险业务的快速发展，保险公司积聚的资金越来越大，防范资金运用风险的任务也越来越重。保监会将制定实施《保险资金运用管理办法》，规范资金运作。

5. 加强向投保人的宣传。欺诈和误导客户的行为之所以能够发生，一个重要的原因是公众的保险意识淡薄，保险知识缺乏。尤其是随着新产品的推出，产品功能不断增加，条款越来越复杂，出现投保人看不懂保单的现象，使投保人难以做出理性的判断和选择，产生纠纷就难以避免。今后，保监会将把对投保人的宣传作为一项长期工作来抓，组织各公司和行业协会，采取印发宣传手册、在媒体开辟专栏、对典型案例公开曝光等多种形式，加强对投保人的风险教育，让更多的投保人了解自己购买保险产品的功能以及可能面临的风险。

（四）强化保险监管

加入WTO，使保险业面临严峻挑战，但最大的挑战反映在保险监管方面。保监会将遵循WTO的基本规则，转变监管思路，减少行政干预，坚持依法、审慎、公平、透明和效率的原则，不断强化保险监管工作。

1. 加强偿付能力监管。保监会成立后，提出了市场行为监管和偿付能力监管并重的方针。实践证明，这一方针符合中国保险业的实际情况，是正确的，也是有效的。但在实际工作中，由于对市场行为监管牵扯了许多精力，而对偿付能力监管没有引起足够重视，没有摆到“并重”的位置上来。按国际通行做法，偿付能力问题是保险监管的核心。加入WTO之后，加快与国际接轨，这个问题就提到重要议程上来了。从现在起要在继续抓紧市场行为监管的同时，加大偿付能力监管的力度。充分利用加入WTO后的过渡期，积极创造条件，包括健全法制、完善内控、建立信用体系、改善监管手段等，逐步转向以偿付能力为核心的监管方式上来。当然，强调偿付能力监管，并不意味着放松对市场行为的监督，而是要在继续坚持市场行为监管的同时，切实将偿付能力监管的各项措施落实到位，创造条件，逐步向以偿付能力监管为核心过渡。

2. 继续整顿和规范保险市场秩序。一是查处造假行为。数据的真实性是保险经营和监管的基础，目前，假数据、假帐本、假报表问题十分严重，不仅影响了经营核算的准确性和监管的有效性，而且给不法分子造成可乘之机，损害了公司的信誉，一些公司因此蒙受了巨大损失；二是坚决查处帐外帐、小金库、截留保费等违法乱纪行为，构成犯罪的，移交司法机关处理；三是严肃查处误导客户的行为。对寿险新产品销售过程中的各种误导行为进行重点检查，对客户反映强烈、造成不良影响的公司将依法予以处罚；四是加强保险公司分支机构设立的监管。各公司要本着经济核算有效益、业务发展有需要、管理水平跟得上的原则设立分支机构。保监会将依法严把分支机构开业验收关，对达不到开业标准的，坚决不准开业；五是检查股份制公司和股东的关联交易。一些股份制公司违规向股东拆借资金、为股东提供质押担保，甚至存在股东挪用保险资金的问题。对这些违法违规的行为，要专项检查、严肃处理。

3. 修改和完善法律法规。要按照 WTO 的基本规则和中国保险业入世的有关承诺，继续清理、修改和补充保险法律法规。一是抓紧修改《保险法》；二是尽快出台《保险违法行为处罚办法》，配合法制办尽快完成起草工作；三是修改和补充《保险公司管理规定》；四是制定《再保险管理办法》和《保险公司信息披露管理办法》，着手研究有关行业自保公司的管理规定等。

4. 转变监管方式。一是清理和减少行政审批。对不该管的，坚决不管，充分发挥市场机制的导向作用，对于该管而没有管好的，要集中力量，加大力度，坚决管好；二是稳步推进机动车辆保险费率改革试点；三是提高监管透明度。重点扩大信息公布的内容，除保险法律、法规之外，还包括一些监管政策和对重大问题的处理结果，特别是关于审批的项目、程序和原则等；增加监管信息的公布渠道，保证各公司及社会公众能及时获取监管信息。同时，逐步建立保险公司信息披露制度，要求各公司及时、准确地向社会公众和被保险人披露产品、经营等方面的信息。

5. 加强行业自律和社会监督。逐步建立企业内控、行业自律、政府监管和社会监督"四位一体"的保险监督体系，进一步发挥行业自律和社会监督作用。为了这一目标，保监会各部门将经常与重点国有公司的监事会加强联系，及时沟通，把对公司的监督工作做好。

（五）扩大对外开放

1. 保监会将对照承诺，研究制定实施细则。保险系统广大干部职工，要认真学习 WTO 规则，熟悉争端解决机制。既要做到按照国际规则办事，又要利用这些规则维护自身的合法权益。

2. 中外资公司要相互借鉴，共同发展。开放的目的是为了促进发展。中、外资公司在很多方面有较大差异，各有所长。开放为中、外资公司相互学习，相互借鉴提供了难得的机会。外资公司在风险控制、经营管理、产品开发和服务等方面有着丰富的经验，中资公司则在机构网络、熟悉本土文化和了解消费者心理等方面具有一定优势。

3. 完善对外资公司的管理。保监会将继续研究制定配套的措施和管理细则；加强与外资保险公司母公司所在国监管机构的交流；加强对外资公司与母公司关联业务的监管；对外国保险公司跨境非法从事保险业务的要严肃查处。同时，也要求外资保险公司，尽快熟悉中国保险监管的有关法律法规，切实做到依法经营。

4. 加强对中资海外保险机构的管理。对中国企业在境外设立的保险公司以及中资保险公司的海外分支机构，其母公司要切实加强控制和管理，同时，保监会将通过与其所在地保险监管部门的联系，及时掌握其经营情况。要加强对国有保险公司海外机构的监督，发现问题，配合当地监管部门提出处理意见，尽量避免风险，减少国家资产损失。

（六）培养、引进人才

当前，中国保险业蓬勃发展，潜力巨大，但无论是保险经营，还是保险监管，都面临着人才短缺的问题，这已成为制约保险业发展的瓶颈因素。入世后，随着中外资保险公司的大量增加和股份制公司分支机构的迅速发展，人才短缺的矛盾更加突出。因此，人才问题不仅是当前保险业的一项紧迫任务，也是一项长期的战略性工作，必须引起高度重视。

随着经济全球化和金融一体化的不断发展，保险业的产品、经营方式等都发生了很大变化，只有传统的保险专业知识已不能适应现代保险业发展的需要。保险业急需的不仅仅是具有保险专业知识的人才，还包括经济、金融、投资、法律、财务、计算机等专业人才，以及懂管理、善经营的高级管理人才。要广开门路，扩大视野，把更多的有用之才吸收到保险行业中来。

要加强对现有人才的培训，依托社会教育力量，采取各种形式，加快知识更新。加大人才引进力度，从境外和各行业选拔和聘用人才。加快人事和用工制度改革，建立吸引和激励人才的机制，创造人才施展才华的环境，形成尊重人才的氛围。培育保险人才市场，鼓励人才合理、有序的流动。

2002 年中国保险业前景展望

金融时报　曹海菁

新世纪的第一年即将过去，中国保险业在"入世"概念的刺激下又一次大踏步地向前迈进了一步。展望未来，保险公司上市、投资渠道拓宽、保单费率市场化改革等等将为中国保险业开创更广阔的空间。

消费者将成最大受益者

面对WTO,国内各家公司为应对国外大型金融保险集团的挑战,纷纷投入巨大的财力、物力对本公司的产品与服务进行升级换代。中国人寿保险公司2001年在上海率先启动全新的内部管理体系及客户服务体系，该体系最终将改善公司对各层次客户包括代理人的服务关系，使中国人寿的服务网络大大延伸;中国太平洋保险公司也不甘人后,在深圳推出新版特别系列服务,包括“95500”客户服务电话中心24小时服务热线、保险专业顾问、保险车辆故障无偿救助、保险事故伤害抢救担保、提供代步汽车、诚信快捷理赔、保险事故车辆修理工期及质量保证、新车约定换新件、应急调度用车援助、车会会员优惠和防灾防损义务培训等11项服务举措;为使客户享受更加个性化的服务,泰康人寿保险公司正式启用了新型先进寿险软件系数——Life/Asia系统,该软件系统由美国CSC公司开发,是目前国外最先进、最专业的寿险管理软件包之一，在瑞士丰泰人寿保险公司专家的技术支持下，泰康人寿投资约1611万元人民币，成功开发建设了Life/Asia系统，使该公司的信息技术水平处于国内保险业的领先地位;平安保险公司2001年在推出众多新险种及服务措施的同时，公司在服务理念上也在进行更新，由过去的单一的产品的销售而转向对客户提供综合的金融服务。产品与服务的升级最终收益者将会是广大的保险消费者。2002年,外资保险也将在国内几个最先开放的城市销售其产品。由此看来,2002年消费者将成最大受益者,将有更多的选择,也将获得更好的服务。

迎来保险公司上市年

保监会、证监会有关负责人2001年曾在各类正式场合多次表态，欢迎并鼓励符合条件的保险公司尽快上市。保监会主席马永伟曾经指出:“保险公司上市后，可以轻而易举地融入资本,并通过资本运作进行大规模的购并活动,这对未来金融业向着全球化或是金融控股集团的方向发展具有积极的意义”。保险公司通过上市可以迅速提高保险公司的品牌知名度,增强客户对公司的信心,并能够有效提升公司在市场竞争中的整体实力。因此,2001年国内已有多家公司如平安、太平洋、新华人寿、华泰、大众等表露了其上市意向,其中部分公司已经结束了上市辅导期。目前,保险公司上市道路上的障碍已基本扫清。各家公司正处在紧张的上市前的准备工作中，业内人士预计，2002年将会有两至三家保险公司率先上市，中国证券市场即将迎来保险公司上市年。

保险业迈向投资时代

国家目前已允许保险公司进入银行间拆借市场、债券市场;允许保险公司与银行协商利率;允许保险公司的资金进入证券市场,买卖证券投资基金。2001年4月,中国保监会批准“投资连结保险”的资金可投资于证券投资基金的比例最高可达到100%。政策出台后,保险公司大规模介入基金市场，现已成为该市场中最大的机构投资者。2001年上半年全国中资保险公司投资证券投资基金达91.5亿元,同比增幅达到252%。今后,保险资金的投资渠道还有不断扩大的趋势。据消息灵通人士透露，中国保险资金运用体制即将面临重大调整。保险公司现行的陈旧的保险资金运用管理体制及相对过窄的资金运用渠道，已引起国务院有关部门的高度重视，国务院现正会同保监会广泛听取各方意见,将对中国保险资金运用体制做出调整,容许保险公司成立具有独立法人资格的资产管理公司管理公司自有的资金,并在未来逐步与国际接轨,开展代客理财业务。而保险资金运用渠道也有望随之有新的突破,对一些偿付能力强、资金运用较为规范的公司容许其按一定比例进入股票二级市场。

保险费率迎接市场化改革

费率是影响保险价格的最直接最重要的因素。过去，为避免各公司相互之间的恶性竞争，费率一直是保监会严格监管的对象。目前车险业务已在中国财产险的保费中占有60%的比例。随着保险业改革开放的深入，市场主体日益增多，市场竞争特别是车险业务竞争尤为激烈。僵化单一的费率体制,导致“高手续费、高返还和低费率”等恶性竞争行为屡禁不止,不仅扰乱了市场秩序,而且影响了该业务的健康发展。2001年9月,中国保监会决定,自10月1日起,广东省机动车辆保险(简称车险)费率将率先在全国进行试点改革。届时，广东省内各保险公司将不必执行中国保监会统一规定的固定车险费率，而可以自主制定车险费率。事实证明,车险费率改革试点,对规范市场行为,避免“暗箱”操作,杜绝各种违规行为,促进车险市场的公平竞争和市场培育起到了积极的作用，同时，车险费率改革试点后,人保、平安、太平洋、华泰、华安等各家公司在“让利给消费者”的基础上，内部管理与服务水平也均有了长足的进步，对全国的车险市场起到了明显的促进作用。业内人士指出,车险费率改革试点,不仅仅是车险监管方式的重大改变,同时表明中国保险业正以此为起点,向费率市场化改革跨出了关键性的一步。

第七部分

涉外投资

涉外投资综合情况

国家计委发布“十五”利用外资和境外投资规划

国家计委最近发布了“十五”利用外资和境外投资规划，提出“十五”期间，中国利用外资的重点将从引进国外资金向引进国外先进技术、现代化管理和专门人才转变；利用外资的领域将从加工工业为主向服务领域大力推进；利用外资的方式在以吸收外商直接投资为主的同时向多方式引资拓展；政府对利用外资的管理将从行政性审批为主向依法规范、引导、监督转变。

“十五”期间，中国利用外资的指导方针是：适应中国社会主义市场经济发展和加入世界贸易组织的新形势，更加积极、合理、有效地利用外资，努力改善投资环境，大力引进国外先进技术、关键设备、管理和人才，提高利用外资质量，在有效利用国内资金的基础上，扩大利用外资规模和领域，积极促进国内经济发展、产业结构调整、国有企业改组改造和西部大开发，进一步推进全方位、多层次、宽领域的对外开放。

“十五”期间，中国利用外资的主要任务是：

第一，以吸收外商直接投资为重点，促进利用外资进一步发展。根据国民经济发展需要、国内资金供求、国内消化吸收能力等各方面情况，以吸收外商直接投资为重点，努力扩大利用外资规模，着力提高利用外资质量。力争使利用外资结构有比较明显的改善，国家鼓励发展行业的利用外资比重有较大提高，中西部地区利用外资明显增长，引进国外先进技术和管理的项目数量显著增加。

第二，积极引导外商投资方向，促进国内产业结构调整和优化升级。适应经济全球化和世界产业结构调整加快的大趋势，适时修订和出台《指导外商投资方向的规定》和《外商投资产业指导目录》，采取各种有效措施，优化外商投资的产业结构，大力引进国外先进技术、关键设备和管理方法，积极引导外资投向国家鼓励发展的农业、高技术产业、基础产业、基础设施和环境保护建设，大力促进传统产业的改造和技术升级，积极吸引资金、技术密集型产业向我国转移，力争形成一批产品面向国际市场的生产基地，促进国内产业结构调整和优化升级。

第三，适应加入世界贸易组织的新形势，有步骤地推进服务领域的对外开放。根据中国经济发展需要和入世承诺，有步骤地对外开放包托银行、保险、证券、商业、电信、旅游等行业在内的服务领域，发展各类外资中介服务机构，积极吸引外商投资教育、卫生等方面，重点引进国外先进的经营方式、管理经验和人才，促进国内服务行业总体水平的提高。

第四，大力引入国外跨国公司投资和其它外资方式，促进国有企业战略性改组改造。根据国家改革开放的总体部署和产业结构调整的需要，选择一批已完成公司化改制或改制过程中的国有企业、特别是大型国有企业，有计划地向外资出售部分股份，除关系国家安全和经济命脉的重要企业须由中方控股外，其他企业可以由外方控股。有重点地选择一批符合条件的大型骨干企业，分期、分批地在境外股票市场上市。鼓励跨国公司与国内企业实现战略性合资、合作，使吸收跨国公司投资所占比重有明显提高。

第五，积极扩大中西部地区利用外资，促进地区协调发展。中西部地区利用外资要结合实际情况和本地优势，以中西部地区省会城市、条件较好的大中城市和国家级经济技术开发区、高新技术开发区为重点，尽快完善投资软硬环境，在局部地区形成相对完善、具有一定优势的投资“小气候”，集中资金、人才、技术等力量，发展一批具有明显带动作用的外商投资企业，实现吸收外资新的突破。

东部沿海地区要继续发挥开放程度高以及资金、人才、技术、区位等多方面的优势，扩大吸收外资，积极发展资金、技术密集型产业和出口型企业，大力发展高新技术产业，提高外商投资项目的技术档次和附加值，增创新优势，进一步发挥示范、辐射和带动作用。

第六，合理利用国外贷款，提高质量和效益。借用国际金融组织贷款和外国政府贷款继续保持一定规模，由以往的基础设施为主逐步转向基础设施与生态环境、扶贫及社会发展项目并重。严格控制国际商业贷款，必须借用的国际商业贷款主要用于引进先进技术和关键设备。合理使用还款期限长、融资条件较优惠的出口信贷,严格控制对外发债和借用其它国外商业性贷款。

第七，加强外债全口径管理,完善外债借用还机制。继续控制我国外债总规模,注意保持外债合理的期限结构、币种结构和债务人结构，将外债各项主要指标控制在国际公认的安全线以内。严格监督各项外债指标的变化，及时应对可能出现的问题。

“十五”中国利用外资的政策措施:

一是完善涉外法律法规，大力改善投资环境。根据社会主义市场经济发展的要求，根据世界贸易组织规则和我国的承诺,抓紧清理有关法律法规和各部门、各地方的政策规定。研究制定适应新形势的有关法律法规。各级政府管理部门要以提供优质服务作为政府职能转变的出发点，依靠政策和信息引导投资行为，大幅度减少政府行政审批事项,简化办事程序。

二是加强对外商投资的引导，执行规范的利用外资政策。根据国家产业政策、市场状况和经济发展需要,有重点地采用鼓励政策和措施引导外商投资。对基础设施、农林水利和生态环保类投资项目，可给予扩大经营范围等优惠。根据我国入世承诺，同时创造内外资企业公平竞争的环境，有步骤地实现外商投资企业的国民待遇。认真落实国家关于实施西部大开发的各项政策措施，加大中西部地区吸引外资的政策支持力度。

三是改进国外贷款管理，加强对外债的监控和指导。改进对国外优惠贷款的管理，简化贷款的审批和使用程序。适度合理地利用国际商业贷款。研究确定科学的对外发债机构资质认定方法。结合在华外资金融机构逐步享受国民待遇，研究制定对境内各类金融机构境外借款实行资产负债比例管理的办法。

四是加强行政执法监督制度，完善适应开放型经济的宏观调控机制。国民经济各行业主管部门,特别是银行、保险、证券、电信、商业、旅游等行业主管部门要制定完善的行业行政监督管理办法，加强对外商投资企业的行政监督。适应对外开放不断扩大的趋势，加快完善开放型经济下的宏观调控机制。研究提出开放经济条件下的资本项目管理新思路,更好地促进国际收支平衡。

“十五”期间，中国境外投资的主要任务是：按照实施“走出去”开放战略的总体部署,积极稳妥地开展境外投资,鼓励有条件的国内企业开展战略资源开发和能够发挥中国比较优势的对外投资，发展中国具有国际竞争力的跨国公司,使境外投资上一个新台阶。

“十五”中国境外投资的政策措施:

一是完善境外投资法规体系和管理体制,抓紧出台《境外投资管理暂行条例》及相关配套法规。

二是加强对境外投资的规划和宏观指导。根据国民经济发展目标、国际收支平衡状况和市场需求,研究制定我国境外投资发展战略和中长期规划，发布国家鼓励和禁止的境外投资产业指导目录，明确境外投资的重点地区和行业。抓紧制定境外资源开发、境外加工贸易等重点规划,制定和完善能源、原材料、林业、农业、机电轻纺、高新技术等领域的境外投资专项规划。

三是建立健全社会主义市场经济条件下的境外投资促进保障机制。采取相关政策措施，支持国家鼓励类境外投资项目的发展。

四是允许境外投资企业采用贷款、项目融资、以资产权益融资、在境内外资本市场发行债券和股票等多种方式,积极开辟境内外融资渠道，降低融资成本。允许有条件的企业将境外资产进行整合、重组,选择有利时机在境外上市或出售,及时调整、优化资产结构。

加强投资合作　促进共同发展

对外贸易经济合作部部长　石广生

中国实行改革开放政策以来，通过不断深化经济体制改革,扩大对外开放,国民经济保持了快速健康发展,中国的综合竞争力也逐步提高。瑞士国际管理发展学院最新研究显示，2002 年中国经济综合竞争力继续上升，中国的国际竞争力、科学技术竞争力和国民素质竞争力也都有不同程度的提高。但是,我们也要清醒地看到,中国目前还是一个发展中国家,与发达国家相比,中国的综合竞争力还有很大差距。更多更好地吸收外资,有步骤地推进对外投资,是进一步提高中国综合竞争力的重要途径。

在当前世界经济不景气、国际投资大幅减少的情况下，中国政府采取了有力的宏观调控措施，继续实行积极的财政政策和稳健的货币政策，按照 WTO 规则和中国国情改革涉外经济管理体制,大力发展对外经济贸易,使中国国民经济继续保持较快增长。2002 年 1－7 月,吸收外资取得重要进展。全国新批设立外商投资企业 18526 家，增长 31.8%；合同外资金额 543.5 亿美元,增长 31.8%；实际使用外资金额 295.4 亿美元，增长 22%。截至 2002 年 7 月底,全国累计批准设立外商投资企业 40855 个,合同外资金额 7996.5 亿美元,实际使用外资 4247.7 亿美元。根据联合国贸发会议发布的《世界投资报告》，中国已连续 9 年位居发展中国家和地区吸收外资的首位。

在吸收外资规模稳步扩大的同时，外商投资产业结构和区域结构也不断优化，高新技术领域吸收外资势头迅猛，中西部地区吸收外资也取得积极进展。目前，全球500家最大的跨国公司中已有400多家在华设立企业，其中设立的研发机构就有200多家。随着国际产业结构的加快调整和转移，外商对华投资的步伐在不断加快，领域进一步拓宽，质量和水平继续提高，中国已成为全球瞩目的外商投资首选地之一。

加入世贸组织后，中国对外开放进入一个新阶段。适应经济全球化发展的新形势，我们将以更加积极的姿态走向世界，继续推进全方位、多层次、宽领域的对外开放，这将为外商来华投资提供更宽阔的空间，创造更多更好的机遇。

——严格履行开放市场的承诺，为外国商品进入中国创造了有利条件。从2002年1月1日起，中国大幅降低了5000多个税号商品的进口关税，关税总水平由15.3%降至12%，部分信息技术产品的税率降至零；减少非关税措施，取消了一批产品的配额、许可证和特定招标管理。

——清理了涉外经济法律法规，进一步完善了法律环境。根据WTO规则和我对外承诺，中国共清理法规文件约2300件，其中废止830件，修订325件，基本完成了涉外经济法律法规清理修订工作，以三大基本法律及其实施细则为主体的外商投资法律体系已基本建成。

——对外开放领域进一步拓宽。根据我对外承诺，中国制订和完善了金融、保险、电信、外贸、商业、运输、建筑、旅游及中介服务等服务领域的法律法规，服务业成为外商投资的新热点，外商对华投资信心不断增强。

——认真加强对知识产权的保护。按照WTO《与贸易有关的知识产权措施》的要求，中国对《著作权法》、《商标法》、《专利法》等国内法律法规进行了修订，与欧盟等发达国家广泛开展了在知识产权保护方面的双边交流合作。

——按照WTO规则处理多双边贸易争端。针对当前世界贸易保护主义加剧、贸易摩擦增多的新趋势，我们既加强双边磋商，又利用世贸组织的多边争端解决机制，维护世界贸易的自由化，同时也有效地维护了包括在华投资企业在内的中国企业的合法权益。

——积极培训企业人员。通过采取多种方式，有步骤地对大中型企业管理人员开展世贸组织基本知识培训，适应了对外开放进一步扩大的迫切需要，为吸收外商投资创造了人文环境。

在继续积极"引进来"的同时，中国正在加快实施"走出去"战略，鼓励有条件的中国企业到境外开展工程承包、投资办厂和共同开发资源。实施"走出去"战略是中国经济发展到一定阶段的必然产物，是提高中国企业国际竞争力的必由之路，也是深化中国与世界各国经济合作的重要途径。当前，中国企业"走出去"的时机和条件已基本成熟。

——加入世贸组织后，随着中国市场的逐步开放，世贸组织其他成员也会对中国进一步开放市场，提供贸易投资便利，这将为促进中国企业"走出去"开展跨国经营提供有利条件。

——随着中国经济的快速健康发展，中国已开始具备对外投资的能力。目前中国的经济总量和对外贸易已居世界第六位，2001年中国外贸进出口额达5100亿美元。截至2002年7月底，中国的外汇储备已达2465亿美元。这些都是中国企业"走出去"的重要物质基础和必要保障。

——中国已经有了一批拥有一定技术经济实力、熟悉国际化经营管理、适应国际市场激烈竞争需要的企业。通过推动这些企业"走出去"，不仅可以拓展中国经济的发展空间，而且也可以为促进中国与其他国家和地区的经济合作增添新的内容，为加强多双边经贸关系注入新的活力。

截至2002年6月底，中国在境外投资设立非金融类经营机构6758家，协议投资总额132亿美元，中方投资额近100亿美元；累计签订对外承包工程合同额1053亿美元，完成营业额752亿美元；累计签订对外劳务合作合同额281亿美元，完成营业额220亿美元，外派劳务累计超过260万人次。境外资源开发合作取得初步成效，油气、矿产、林业、渔业等境外资源合作项目运作良好，经济效益逐步显现。中国企业在境外设立研发中心、开展农业合作等方面也已起步并取得一定进展。

2001年底，世贸组织成员的贸易部长们在多哈商定了新一轮多边贸易与投资谈判的框架。作为世贸组织成员，中国愿与其他成员一起，积极稳妥地推进贸易和投资的自由化和便利化，推动建立更加开放、公平和合理的多边贸易和投资体制。当前中国将以改善外商投资软环境为重点，进一步增强综合竞争力，努力为外商来华投资创造一个更好的环境。

第一，大力改善外商投资的政策法律环境，提高依法行政水平。根据加入世贸组织的承诺和对外开放的需要，我们将进一步完善吸收外商投资的法律体系，保持外商投资政策法律的稳定性、连续性、可预期性和可操作性，努力为外商投资创造统一、稳定、透明、可预见的法律环境和政策环境。进一步简化外资审批程序，实施规范化、标准化的审批制度；增强法制观念，做到公开、公正、透明，努力建设廉洁、勤政、务实、高效的政府，为外商创造良好的行政环境。

第二，维护和完善公平开放的市场环境。结合当前在全国范围内开展的整顿和规范市场经济秩序工作，坚决制止对外商投资企业乱收费、乱检查、乱摊派、乱罚款，打破地方保护和行业垄断，加大保护知识产权的执法力度，坚决打击侵权盗版行为，创造统一开放、公平竞争的市场环境。进一步完善外商投资企业投诉制度，依法保护外商的合法权益不受侵犯。

第三，进一步扩大服务贸易领域的对外开放。中国将根据自身发展的需要和加入世贸组织的承诺，积极、稳妥、有序地扩大服务领域的对外开放，完善服务贸易领域的法律规范，健全统一规范的外商投资服务领域市场准入制度，鼓励引进国外服务业的现代化理念、先进的经营管理经验、技术手段和现代市场运作方式,改善中国服务业结构,提高中国服务业的水平。

第四,鼓励外商投资于高新技术产业、基础产业和配套产业。技术创新和可持续发展的能力是一个国家竞争优势的重要体现。我们将继续鼓励外商投资企业引进、开发和创新技术,促进外商投资兴办资金技术密集型项目,设立更多的先进技术型项目,并将适时在企业注册资本比例限制、工业产权出资条件等方面加大政策引导力度。进一步完善创业投资企业的相关规定,为高科技企业的创办和发展提供便利条件。吸引外商投资于配套产业,鼓励外商投资企业原材料配件本地化;推动国内中小企业加强对外合作,引进先进适用技术,为大型外商投资企业配套,进入跨国公司全球生产、销售网络。

第五,积极引导更多跨国公司来华投资。跨国公司是当前世界经济的主导力量。我们将积极研究吸引跨国公司来华投资、设立地区总部以及建立跨国采购中心的有关政策。借鉴国际上购并的经验和做法,结合中国经济体制特点和企业的具体情况,加紧完善和制定外商以购并方式投资的可操作性政策规定。进一步修改外商投资股份公司的有关规定,推动BOT、特许权转让投资方式、外商投资企业在境内外上市发行股票等各项规定的制定与完善。

第六,进一步促进外商到中西部地区投资。中西部地区幅员辽阔,农牧业资源、矿产资源、旅游资源丰富,人口众多,市场潜力大,劳动力及土地等生产要素成本相对较低。随着西部大开发战略的稳步推进,中西部地区的交通、通讯、城市建设等硬件设施明显改观,投资环境趋于改善,生态建设取得很大进展,特色经济发展潜力逐步显现,外商到中西部投资正面临崭新的机遇和发展空间。

中国利用外资

2001年中国利用外资回顾及趋势展望

国家计委宏观经济研究院　史月英

改革开放以来,中国吸引外资工作得到了长足的发展。20多年来,外商在中国投资的规模不断扩大,投资领域不断扩宽,技术水平逐年提高。截止到2001年底,中国共累计批准外商投资企业390484家,合同外资金额7459.09亿美元,实际使用外资金额3954.69亿美元。预计2002年中国吸引外资工作将有突破性的进展,达到500亿美元。

一、外商来华投资进入恢复性增长时期

2001年在世界经济普遍衰退的情况下,中国经济继续保持7%的增长速度,吸引了众多的外国投资者。截止到2001年底,全国新批准设立外商投资企业26139家,比上年增长16%;合同外资金额691.9亿美元,比上年增长10.4%;实际利用外资金额创历年最高水平达到468.46亿美元,同比增长14.9%(见表1)。增长原因:一方面由于世界经济增长速度明显放缓和不稳定因素的存在,中国经济继续保持良好的发展势头,使越来越多的国际资本开始青睐于持续稳定发展的中国,特别是9·11事件以后,众多的投资者纷纷寻找在华的投资机会,同时也使得在华投资的跨国企业相继作出大幅度增加对华投资的决定,使一些国际资本流入了中国。另一方面中国入世和北京申办奥运会的成功,加快了中国融入世界经济的步伐,特别是中国对加入WTO所作出的承诺,进一步扩大了对外开放的领域,这无疑给外商投资于中国带来了无限

表1　1996–2001年中国利用外商直接投资概况　单位:亿美元

年份	项目个数	协议外资金额	实际利用外资金额	增长(%)
1996	24556	732.76	417.26	
1997	21881	510.03	452.57	8.5
1998	19799	521.02	454.63	0.5
1999	16918	412.33	403.19	-11.3
2000	22347	623.80	407.15	1.0
2001	26140	691.91	468.46	14.9

资料来源:外经贸部

的商机，从而有利于坚定外国投资者的信心。

二、外商对华投资特点分析

(一)对华投资的国家和地区资金来源上有明显的变化

2001年欧盟、北美等发达国家对华投资呈下降趋势，而亚洲、非洲、拉美、大洋洲及太平洋岛屿以及发展中国家和地区的对华投资出现较大幅度的增长。2001年亚洲十国和地区(香港、澳门、台湾、日本、菲律宾、泰国、马来西亚、新加坡、印尼、韩国)对华投资合同外资金额和实际使用外资金额均呈现增长势态，分别为30.5%和12.8%，其中日本对华投资增长幅度较大，合同外资金额54.2亿美元，增长47.24%，实际使用外资43.48亿美元，增长49.11%，比上年增长近一倍。欧盟对华投资有所下降，合同外资金额和实际使用外资金额分别为46.3%和13.4%。美国对华投资合同外资金额有所下降为6.18%，但实际使用金额仍有小幅度增长，为1.12%。部分自由港(维尔京群岛、凯曼群岛、西萨摩亚)合同外资金额略有下降，但实际使用金额有所增长为47.9%。2001年对华投资前10名的国家和地区依次为香港、维尔京群岛、美国、日本、台湾、韩国、新加坡、德国、凯曼群岛和英国。前10名国家和地区实际投入外资金额占中国实际利用外资总额的87.8%(见表2)。

(二)外商独资企业大幅度上升

2001年中国批准的外商投资企业中，中外合资企业合同外资金额为175.36亿美元，比上年下降10.75%，但实际使用外资金额有所上升为157.39亿美元，同比增长9.73%，占当年实际利用外资的33.68%；中外合作企业合同外资金额为83.00亿美元，增长2.25%，实际使用外资金额为62.12亿美元，下降5.82%；外商独资企业合同外资金额为430.00亿美元，同比增长25.33%，实际使用外资为238.73亿美元，增长23.93%，占当年实际利用外资总额的50.96%。从表3可以看出，外商独资企业无论是合同金额还是实际使用金额都明显高于其它两种投资方式。

(三)港、澳、台地区的资金占主要地位

从外来资金的来源看，香港、澳门、台湾的资金仍占主要地位。香港是投资于祖国内地最多的地区，2001年实际投资为167.17亿美元，比上年增长7.85%；台湾对祖国大陆的投资也有所增强，实际投资为29.80亿美元，比上年增长29.8%；澳门为3.21亿美元。以上三个地区占中国实际利用外资总额的42.73%。

(四)东部沿海地区仍然是外资集中的主要省区

2001年中国东部省区实际利用外资总额为407.3亿美元，合同外资金额为609.2亿美元，分别比上年增长15%和10.2%，占中国全部利用外资总额的88%。其中广东省仍是利用外资最多的省区，实际利用外资金额为119.32亿美元，占东部地区实际利用外资总额的29.30%；其次是江苏为69.14亿美元，占16.98%；第三是上海为42.91亿美元，占10.53%；福建排在其后为39.18亿美元，占9.62%；第五位是山东为35.20亿美元，占8.64%；后几位的省区依次为：辽宁、浙江、天津、北京、河北和海南，利用金额分别为25.16亿美元、22.11亿美元、21.33亿美元、17.68亿美元、6.80亿美元和4.57亿美元(见表4)。

(五)制造业仍是外商投资的重点行业

表5反映了2001年外商直接投资在中国各主要行业的分布情况，从中可以看出，第一，制造业仍是外商直接投资的重点行业，全年合同外资金额为488.47亿美元，实际利用外资金额为309.07亿美元，分别比上年增长10.38%和19.59%，占全国利用外资总额的55.17%。第二是房地产业，合同外资金额和实际利用外资金额分别为50.31亿美元和51.37亿美元。第三是服务业，其合同金额和实际利用金额分别为42.89亿美元和25.95亿美元。以上三大行业利用外资比例已占2001年中国实际利用外商直接投资总额的82.48%。而采掘业、建筑业、农业只占4.55%。

表2　2001年外商对华投资前十位的国家和地区及增减情况　　单位：亿美元

国别/地区	位次	合同外资金额		实际使用外资金额		增减
总　计		623.80	691.91	407.15	468.46	(%)
	2001年	2000年	2001年	2000年	2001年	14.98
香港	1	169.61	206.86	154.99	167.17	7.86
维尔京群岛	2	75.22	87.72	38.33	50.42	31.54
美国	3	80.10	75.15	43.84	44.33	1.12
日本	4	36.81	54.20	29.16	43.48	49.11
台湾省	5	40.429	69.14	22.96	29.80	29.79
韩国	6	23.86	34.87	14.89	21.52	44.53
新加坡	7	20.31	19.84	21.72	21.44	-1.29
德国	8	29.00	11.71	10.41	12.13	16.52
凯曼群岛	9	31.39	16.10	6.24	10.67	70.99
英国	10	4.34	15.16	11.64	10.52	-9.62

资料来源：此表根据外经贸部统计数据分析

表3　　2000—2001年外商直接投资方式比较　　单位：亿美元

方式	合同外资金额		增长	所占比重	实际使用外资金额		增长	所占比重
	2000年	2001年	(%)	(%)	2000年	2001年	(%)	(%)
合资经营	196.48	175.36	10.75	25.34	143.43	157.39	9.73	33.60
合作经营	81.17	83.00	2.25	12.00	65.96	62.12	-5.82	13.26
外商独资	343.09	430.00	25.33	62.14	192.64	238.73	23.93	50.96
总计	620.74	691.95	11.47	100	407.15	468.46	14.98	100

资料来源：外经贸部

表4　2001年东部地区利用外资情况统计　单位：亿美元

省(区)	实际使用金额		占东部地区	位　次
	2000	2001	比重(%)	
广东	112.80	119.32	29.30	1
江苏	64.26	69.14	16.98	2
上海	31.60	42.91	10.53	3
福建	34.31	39.18	9.62	4
山东	29.71	35.20	8.64	5
辽宁	20.44	25.16	6.18	6
浙江	16.12	22.11	5.43	7
天津	11.66	21.33	5.23	8
北京	16.83	17.68	4.34	9
河北	6.70	6.80	1.70	10
海南	4.31	4.57	1.67	11

资料来源：外经贸部

表5　　2001年外商直接投资主要行业分布情况　　单位：亿美元

行　　业	项目个数	合同外资金额	实际使用外资金额
总　　计	26140	691.95	468.46
制造业	19106	488.47	309.07
电子及通信设备	1993	106.48	70.92
电力、煤气和水的生产和供应	136	21.34	22.73
房地产业	820	50.31	51.37
社会服务业	2673	42.89	25.95
旅馆业	64	3.84	4.56
科学研究和综合技术服务业	196	6.54	1.20
采掘业	149	6.44	8.11
建筑业	256	18.23	8.07
批发和零售贸易、餐饮业	1232	13.99	11.69
交通运输、仓储及邮电通信业	297	8.84	9.09
农业	536	9.62	5.13

资料来源：外经贸部

三、2002年外商对华投资走势

根据2001年外商对华投资的特点分析，从发展趋势看，2002年外商对华投资将有以下特点：

(一)制造业仍是外商青睐的主要领域。

中国的制造业已成功地从劳动密集型转向了技术密集型的发展道路。从利用外资的政策和产业导向看，今后外资对技术密集型产业投资的比重会有较大幅度的增加。对传统产业如汽车、化工等领域的外商投资也会继续扩大。

(二)服务业将是外商投资的热门行业。

服务业是欧美等发达国家跨国公司最具竞争优势的行业，加入WTO后，中国对服务业的进一步开放，为那些早已想进入中国服务业市场的跨国公司提供了机会。特别是跨国公司将对中国中心城市的服务业进行全面的渗透，以抢占中国巨大的市场，外资投向服务业的比重将会出现明显的攀升趋势。

(三)在国家引导和鼓励外资投向中西部地区的政策指引下，外商对中国中西部地区的投资有所加强。

2001年中部地区合同外资金额为51.4亿美元，实际利用外资为42.1亿美元，分别比上年增长8.6%和13.7%；西部地区合同外资金额为31.2亿美元，实际投资金额为14.3亿美元，分别比上年增长39.3%和17.15%。以上数字表明，随着西部大开发力度的加大，跨国公司将对能源、交通、基础设施等领域的投资也将逐步增加，并成为投资的重要领域。

(四)外商独资企业继续有所增加。

从投资的方式看，2001年外商独资企业的投资额增长幅度较大，占实际利用外资总额的一半以上。其原因主要有：首先，由于中国投资环境的不断改善，法律制度的逐步健全，加入WTO后政策透明度的增加，使得外来投资者没有必要通过合资方式来适应外部环境，而是更倾向于设立独资企业。其次，中国引资方式的调整，使一些已经进入合资企业的跨国公司有的将其扩大投资的部分产品和生产线转向了独资。因而，独资企业的比例会继续增加。

(五)外资并购将逐渐增多。

由于中国加入WTO后允许外资以并购的方式进入，包括协议并购、企业交易市场并购和股票市场并购；允许合资企业外方通过股票转让以及增资扩股形式并购。这种方式能够使跨国公司更快捷地向另一国市场渗透，同时也增加了具有竞争优势的外国资本对中国一些领域的投资和控制。从行业看，电信、电力、交通和互联网将成为外资并购的热点。

据有关资料显示，2002年前两个月中国利用外资形势良好，合同外资金额和实际使用外资金额分别比上年同期增长了24.41%和28.37%，预计2002年中国将继续成为境外投资者关注的对象，吸收外商直接投资数量将继续增加，外商投资规模将达到500亿美元至520亿美元之间，比2001年增长约10%左右。欧美等国对华投资比2001年略有增长但增幅不大；日本、韩国及台湾地区对华投资将会保持高速增长；香港和东南亚国家的投资将保持相对平稳。

外商在华投资的概况和新特点

中国社会科学院财贸经济所　江小涓

外商在华投资概况

（一）外商直接投资增长较快

2001年，外商在华直接投资明显加快速度，外资合同金额和实际利用外资额均有较大幅度增长。全年外资合同金额691，91亿美元，实际利用外资额468.46亿美元，比2000年分别增长10.43%和14.9%。

2002年1－4月，新批设立外商投资企业数和外商在华实际投资额仍快速增长，分别比上年同期增长了20%和29.1%。但与此同时，合同外资金额增速缓慢，同比仅增长了5.1%。预计全年，实际利用外资金额的增长速度将会超过10%，全年实际利用外资额超过510亿美元。

（二）外商独资企业的比重继续上升

过去几年，采用独资经营方式的外商投资企业增加较快。2000年，外商独资企业占全部实际利用外资额的比重由1999年的38.68%升至46.94%，2001年这个比重继续升至50.26%，两年分别上升了8个百分点与4个百分点。2002年前四个月，实际利用外资额中，采用外商独资企业的比重已达57.7%。

（三）外商投资企业的出口快速增长

2001年，由于全球经济不景气，中国的出口面临不利的外需环境。然而全国出口仍然保持了6.8%的增长速度，其中外商投资企业有突出贡献，外商投资企业出口全年增长11.05%，外商投资企业出口占全国出口总额的比重达50.1%，外商投资企业出口增加值占全国同期出口增加值的比重高达81.2%。2002年前4个月，外商投资企业出口增长14.73%，占全国出口总值比重升到的51.76%。

外商在华投资的新特点

（一）制造业吸引外资：从加工组装基地向全球制造基地转变

最近一、两年，外商在中国制造业中的投资有重要变化。

1．在高技术含量、高附加值产业中的优势开始形成

随着跨国公司投资规模的扩大和投资水平的提高，中国在继续保持劳动密集型产业优势的同时，在高附加值产品和技术研发上的优势也开始形成。

以往许多跨国公司不愿意向中国转移最先进的产品和技术，但这种状况最近一、两年发生明显变化。例如大量日本企业正在将最先进的制造技术和产品转移到在华投资企业：东芝在华投资已由以往集中于家电、机电、能源领域转向信息技术及软件领域，并将在今后加大IT业方面的投资。阿尔卡特将其全球先进技术和产品向在华合资企业和中国市场全面开放，上海贝尔阿尔卡特有限公司将全面获得阿尔卡特开发的最新技术和产品。柯达公司已经将全球的Easyshare数码相机生产转移到上海。医药行业中的大型跨国公司，开始在中国生产其最新产品，将中国列入全世界其新药上市首批名单。

2．作为研发基地的地位日趋重要

中国正在成为跨国公司的全球研发基地。到2001年底，大型跨国公司在中国设立的独立研发机构已经超过110家。从事研发活动的跨国公司，多数在华已有五年以上的投资经历，在华投资规模较大，而且在华有长期发展战略。跨国公司在华设立的独立研发机构多为外商独资的研发机构。主要集中在信息通讯、生物制药、精细化工，运输设备制造等行业。包括微软、英特尔、IBM、诺基亚、摩托罗拉、朗讯、富士通、宝洁、诺和诺德、惠普、SUN、通用汽车、GE、松下、东芝、北方电讯等大跨国公司。2002年前四个月，至少有11家跨国公司在中国设立了新的研发中心。不仅数量不断增加，而且跨国公司研发中心研发项目的前沿性和通用性不断提高。

3．大型重化工业投资项目增多

仅2001年前后，就有许多大型重化工项目签订或开工。其中石油化工行业中有许多前所未有的大手笔。

中国石化、上海石化与BP(英国石油公司）合资的90万吨/年乙烯项目，总投资27亿美元，是目前世界上单线产能最大的乙烯装置之一，2005年投产后，产量相当于目前中国年乙烯产量的四分之一。拜耳公司31亿美元的一揽子7个投资项目，于2001年11月2日于沪动工。英荷壳牌集团将在中国广东省设立新的大型石化工厂，投资额约合40亿美元，在广东省大亚湾经济技术开发区兴建年产80

万吨乙烯及230万吨产品的石化工厂，预计在2005年底可正式营运。BP的最新投资计划是在未来五年至少在华投资50亿美元，更大规模地在华开展其化工、石油、天然气、电力四种主要业务。

总之，随着跨国公司继续在中国制造业中大量投资和提升在华投资的技术与产业结构水平，中国在跨国公司全球生产体系中地位，正在从低技术含量、低附加值的加工组装基地，向产品与技术档次齐全，附加值和技术含量高的制造基地转变。

(二)服务业:新的投资热点

入世后，中国服务业对外资的开放程度大大提高，2001年及2002年前四个月，服务业利用外资出现了许多突破性的进展。金融、保险、贸易、通讯、旅游、交通运输、娱乐、咨询、专业服务等众多领域中，吸引外资都有新的突破。

1. 金融服务：中外金融机构之间开始动态整合。2001年年底，上海银行宣布，引入香港上海汇丰银行，香港上海商业银行参股投资和世界银行旗下的国际金融公司增持股份，外资比例已占扩股后上海银行总股本的18%。其次，外资银行申请扩大业务范围。多家外资银行提出增加外汇业务和人民币业务营运资金的申请。外资还准备进入住房金融业务。

2. 传媒服务:2001年是中国传媒业对外开放的标志性年份。10月份，AOL时代华纳旗下华娱电视（CETV）和凤凰卫视获得中国政府批准，在广东珠江三角洲地区落地。12月19日，美国STAR集团获准将于2002上半年通过有线电视系统向广东地区播放一个全新的24小时综艺频道。2002年年初，两岸合作成立的大型书店“闽台书城”在福州市中亭街开幕，中国政府还批准了首家独立制作和销售音像制品的合资企业“上海新索尼音乐公司”，美国索尼公司投资2990万美元；批准了首家沪港合资的电影公司“上海永乐广裕影城有限公司”。

3. 旅游服务：入世后中国将开放旅行社服务。2002年1月，上海市政府召开旅游工作会议，宣布上海旅游对外资“开门”，允许美国、欧洲和日本的大旅行社在沪兴办独资或控股的合资旅行社。上海将在年内建立1-2家中外合资或外商独资旅行社及旅游会展服务中心。

4. 铁路运输服务：2002年1月，甘肃省首家中外合资物流公司兰州捷时特物流有限公司成立，它是中国铁路集装箱系统与外国铁路公司成立的第一家在中国境内开展业务的合资公司。哈尔滨铁路局属下的国有企业北亚（实业）投资有限公司正在与美国通用(GE)公司进行谈判，计划是和美国通用（GE）组建一家合资公司，主要从事铁路物流、运输和网络方面的一些业务，投资规模在5亿元左右。

5. 电信服务：2001年，世界最大的移动通信商沃达丰在北京设立了代表处，这家企业表示，2001年他们在中国的投资重点是手机增值业务，其中可能包括手机照相、购物、发送资料等项目，他们为此将和中国移动进行“大规模”的合作。2001年，中国大陆首家中外合资电信运营公司“上海信天通信有限公司”在上海成立。这是由中国电信集团上海市电信公司、美国AT&T、上海市信息投资股份有限公司三家共同投资成立的。

6. 汽车金融服务：中国人民银行将在2002年内正式出台有关外资非银行金融机构在中国开办汽车金融服务的管理条例，中国汽车信贷市场即将开放。已有多家全球汽车巨头表示，一旦政策允许，将立即进入中国汽车信贷市场。

7. 分销服务：2001年以来，中国分销服务吸引外资有许多新进展。批发业中，批准设立了首家中外合资的“上海百红商业贸易有限公司”；采购业务，批准荷兰宜家控股公司在上海设独资“宜家采购(上海)有限公司”；连销业务，批准了首家外资便利店香港“7—11”便利店进入内地经营。

8. 证券机构：2002年3月7日，法国巴黎银行与长江证券有限责任公司签署了设立中外合营证券公司的框架协议及合作协议。这是中国入世后境内首个正式对外宣布的此类合作。

9. 公用服务业：2001年，深圳批准了粤港合资的广东粤港供水有限公司，为外商首次投资该市大型供水基础设施。上海也批准了第一家中外合资的自来水公司上海星火中法供水有限公司。此外，法国威望迪、苏伊士里昂和英国泰晤士3家外资水务公司，正在与上海洽谈上海自来水浦东有限公司6家水厂的合作事宜。

10. A股市场对外资开放：2001年10月，中国证监会与对外贸易经济合作部联合发布了《关于上市公司涉及外商投资有关问题的若干意见》，允许符合条件的外商投资企业发行A、B股，并允许外商投资企业受让境内上市公司的非流通股（国有股和法人股）。近几个月，已有外商投资企业正在改制和进行上市辅导。

(三)外商购并投资将受双方关注

中国成为世贸组织正式成员后，中国利用外资政策的一个重大突破，是鼓励外商来华从事并购投资。中国经济发展中存在一些特殊问题，为了解决这些问题，需要更加积极地吸引外商并购投资。其中一个最重要的方面，是竞争性领域大中型国有企业的改造重组问题。竞争性领域大型国有企业产权结构实现多元化，是一个明确的改革方向。但是，中国国内的非国有投资者，目前总体上不具备作为战略投资者参与大型国有企业产权制度改革的能力。尤其在形成有效的公司治理结构方面能力相差较大。吸引外资特别是大型跨国公司参与国有企业改革，不仅能提供巨额投资，而且随着资金的进入，经营理念、技术、全球营销网络、管理等各种资源，都会进入企业，真正形成有效的公司治理结构。

目前国内许多企业和管理部门，都已经认识到吸引外商并购投资对推动国有企业改革与重组的重要意义，具有这种愿望；同时不少跨国公司也有以购并投资方式进入中国的愿望。已经有不少潜在的并购伙伴在接触之中。可以预计，未来几年，外商以收购兼并方式投资，将成为中国吸引外资中最重要的变化和特点之一。不过，吸引购并投资需要的法律法规条件还很不完善，有许多难点问题的政策突破还在酝酿之中。2002年，这方面的工作将得到关注和推进，但有利于大规模并购投资的体制和政策环境难以在短期内形成。因此，2002年外商在华并购投资会有所增加，但对中外双方来说，仍带有试点和试探的性质。

中国吸收外商投资的政策法规变化

外经贸部外资司司长　胡景岩

2001年，中国吸收外商投资实现了较大的增长，创历史最高水平。实际使用外资金额468.78亿美元，与上年相比增长15.14%。中国已连续9年成为吸收外资最多的发展中国家。截至2001年12月底，全国累计批准设立外商投资企业390025家，累计合同外资金额7452.91亿美元，实际利用外资金额3952.2亿美元。

2001年以来中国吸收外商投资的主要政策法规变化

为适应加入世贸组织的新形势，中国近两年来全面充实、调整、完善了现行的外商投资法律、法规和规章，初步建立起符合社会主义市场经济需要，符合世贸组织规则要求，符合中国国情，统一、完备、透明的对外经济贸易法律体系。

2001年以来，中国对外商投资法律法规的修改情况：

(一)对外商投资法律法规进行了全面清理，对其中不符合世贸组织规则的内容进行了修订，其中最主要的包括对外商投资的基本法律法规，即《中华人民共和国中外合资经营企业法》、《中华人民共和国中外合作经营企业法》、《中华人民共和国外资企业法》及其实施细则（或实施条例）的修订，取消了对外商投资企业的外汇平衡条款、“当地含量”条款、出口业绩要求和企业生产计划备案条款等，目前，修订工作已经完成，修订稿已颁布实施。

(二)为适应国民经济结构战略性调整和中国加入世界贸易组织的新形势，2002年2月11日，国务院颁布了新修订的《指导外商投资方向规定》，3月11日，经国务院批准，国家计委、经贸委、外经贸部联合颁布了新的《外商投资产业指导目录》。新的产业政策和目录继续贯彻了积极、合理、有效利用外资的方针，新《规定》及新《目录》均于2002年4月1日起施行。

新《目录》共分为鼓励、允许、限制和禁止四类，新《目录》明显加大了对外商投资的开放程度：一是鼓励类由186条增加到262条，限制类由112条减少到75条；二是放宽外商投资的股比限制，如取消港口共用码头的中方控股要求；三是开放新投资领域，将原禁止外商投资的电信和燃气、热力、供排水等城市管网首次列为对外开放领域；四是进一步开放银行、保险、商业、外贸、旅游、电信、运输、会计、审计、法律等服务贸易领域；五是鼓励外商投资西部地区，放宽外商投资西部地区的股比和行业限制；六是发挥市场竞争机制作用，将一般工业产品划入允许类，通过竞争促进产业、产品结构升级。

(三)出台和完善了一系列外商投资政策和法律法规。外经贸部、科技部和国家工商行政管理总局共同颁布了《关于设立外商投资创业投资企业的暂行规定》，借鉴和参考各国风险投资机制及国际通行做法，对外商设立创业投资企业，向未上市高新技术企业进行股权投资和为其提供创业管理服务进行规范。

证监会、外经贸部共同颁布了《关于上市公司涉及外商投资有关问题的若干意见》，明确了外商投资企业在境内A股市场、B股市场上市的条件、程序，允许外商投资企业按照《外商投资企业境内投资的暂行规定》收购境内上市公司非流通股，允许含有B股的外商投资股份有限公司的非上市外资股在B股市场上流通。

外经贸部、财政部、中国人民银行共同颁布了《金融资产管理公司吸收外资参与资产重组与处置的暂行规定》，允许外资参与金融资产管理公司资产的重组和处置，并对向外商转让金融资产的范围、价值的评估和转让程序做出相应法律规范。

外经贸部还颁布了《〈关于外商投资举办投资性公司的暂行规定〉的补充规定（二）》，进一步扩大了投资性公司的经营范围，允许投资性公司为国内企业提供相关技术培训，允许其作为外商投资股份有限公司的发起人，允许其在国内外采购产品进行系统集成后在国内外销售，允许其从其母公司进口少量与所投资企业生产产品相同或相似的非进口配额管理的产品在国内试销等。

外经贸部修订并公布了《外商投资租赁公司审批管理暂行办法》；下发了《关于扩大外商投资企业进出口经营权有关问题的通知》，允许年出口额在1000万美元以上的生产型外商投资企业收购非本企业自产产品出口，允许外商投资研发中心为进行市场测试进口部分高新技术产品。修订了《关于外商投资企业合并与分立的规定》，进一步规范了外商投资企业与国内企业合并。

(四)完善了服务贸易领域吸收外商投资的法律法规。为促进服务贸易领域的对外开放积极、稳妥、有序地进行，中国还颁布了《中外合资、合作职业介绍机构设立管理暂行规定》、《中华人民共和国国际海运条例》、《关于印发鼓励乡镇企业利用外资加快结构调整的意见的通知》、《旅行社管理规定（修订）》、《中华人民共和国外资保险公司管理条例》、《外商投资电信企业管理规定》、《外商投资道路运输业管理规定》、《中华人民共和国外资金融机构管理条例》、《中华人民共和国外商投资国际货运代理业管理规定》、《外国律师事务所驻华代表机构管理条例》、《外商投资电影院暂行规定》、《中外合作音像制品分销企业管理办法》、《国务院关于修改〈中华人民共和国对外合作开采陆上石油资源条例〉的决定》、《国务院关于修改〈中华人民共和国对外合作开采海上石油资源条例〉的决定》、《中外合资、合作医疗机构管理暂行办法》、《外商独资船务公司审批管理暂行办法》、《设立外商投资印刷企业暂行规定》、《人才市场管理规定》、《出版管理条例》等服务贸易领域的法规。

2002 年中国吸收外商投资的政策走向

2002 年是中国成为世贸组织正式成员的第一年，国际国内经济形势的发展变化既为中国吸引外资创造了前所未有的机遇，同时也带来了严峻的挑战。中国将以此为契机，努力改善外商投资的法律环境、政策环境、行政环境、市场环境，努力将吸收外商投资提高到一个新的水平。

2002 年我们将重点推进以下几个方面的工作：

（一）努力改善外商投资的法律环境、政策环境。继续把清理外商投资法律、法规、规章作为改善投资软环境的重要契机和切入点，进一步完善吸收外商投资法律体系，根据加入世贸组织的承诺和对外开放新形势的要求，加快新法规的制订，大力推进依法行政。重点是加强对外商投资地方性法规规章和相关政策措施的清理工作，使其与国家法律法规和世贸组织规则以及中国对外承诺相一致。在对现行法律法规进行清理、修订的同时，将特别注重保持外商投资政策法律的相对稳定性、连续性、可预期性和可操作性，努力为外商来华投资创造良好的法律环境和政策环境。

（二）维护和完善公平开放的市场环境。结合当前在全国范围内开展的整顿和规范市场经济秩序的工作，坚决制止对外商投资企业乱收费、乱检查、乱摊派、乱罚款，打破地方保护和行业垄断，加大保护知识产权的执法力度，坚决打击侵权盗版行为，创造统一开放、公平竞争的市场环境。进一步完善外商投资企业投诉制度，依法保护外商的合法权益不受侵犯。

（三）进一步扩大服务贸易领域的对外开放。中国将根据经济发展的需要和加入世贸组织所做的承诺，积极、稳妥、有序地全面扩大服务领域的对外开放，尽快颁布外商投资建筑、会计服务、教育、商业、外贸、医疗、民用航空业等方面的法律规范，健全统一规范公开的外商投资服务领域市场准入制度。鼓励外商投资于物流配送业，鼓励外商投资企业连锁经营，建立外商投资出口采购中心和商品配送中心，鼓励引进国外服务业的现代理念、先进的经营管理经验、技术手段和现代市场运作方式，改善中国服务业结构，提高中国服务业的水平。

（四）鼓励外商向西部地区投资，努力为西部地区扩大吸收外资创造条件。积极实施西部大开发战略，推动中西部地区有关外商投资政策的贯彻落实，针对中西部地区，进一步适当放宽服务领域吸收外资的条件，放宽对西部地区外商投资项目的国内融资条件，加大对中西部地区产业政策倾斜力度。结合《外商投资产业指导目录》的修订，研究适当扩大《中西部地区吸收外资优势产业目录》的范围，促进外资投向西部地区的基础设施、矿产资源、旅游资源开发、生态环境保护、农牧业产品加工等科技项目。创造条件促进沿海的外商投资企业向中西部地区再投资。鼓励外商投资参与西气东输、西电东送及其配套项目的投资。

（五）鼓励外商投资高新技术产业、基础产业和配套产业。鼓励外商投资企业引进、开发和创新技术，促进外商投资兴办资金技术密集型项目，设立更多的先进技术型项目，并适时在企业注册资本比例限制、工业产权出资条件等方面加大政策引导力度。进一步完善创业投资企业的相关规定，为高科技企业的创办和发展创造条件。创造条件吸引外商投资于配套产业，鼓励外商投资企业原材料本地化配套，推动国内中小企业（包括乡镇企业）加强对外合作，引进先进适用技术，为大型外商投资企业配套，进入跨国公司全球生产、销售网络。

（六）鼓励跨国公司来华投资。跨国公司是当前世界经济的一支主导力量。研究吸引跨国公司来华投资、设立地区总部以及建立国际出口采购中心的有关政策。借鉴国际上购并的经验和做法，结合中国经济体制特点和企业的具体情况，加紧完善和制定外商以并购方式投资的可操作性政策规定，并将进一步修改外商投资投资性公司、股份公司的有关规定，推动 BOT、特许权转让投资方式、外商投资企业在境内外上市发行股票等各项规定的制定与完善，积极为跨国公司来华投资创造条件。

（七）加快政府职能的转变，提高依法行政水平。中国正在加快政府职能和工作方式的转变，努力建设廉洁、勤政、务实、高效的政府。依据合理性、有效性、公开性和责任性等原则，简化审批程序，简化合同、章程的审批，实施规范、标准化审批制度；增强政府部门工作人员的法制观念，努力做到知法、懂法、守法，各司其职，做到公开、公正、透明，减少随意性，不断提高依法行政的水平，努力为外商创造良好的行政环境。

中国已于 2001 年 12 月正式成为世贸组织成员，我们将严格遵守世贸组织规则，信守承诺，以更加积极的姿态推进全方位、多层次、宽领域的对外开放，在更大范围内和更深程度上参与经济全球化进程。随着中国经济持续、快速、健康发展，综合国力的不断增强，改革开放的逐步推进，外商在华投资将会有更加广阔的发展空间，外商投资的质量和水平也将会有新的提高。

利用外资变革前瞻：环境、途径与热点

北京师范大学金融研究中心　钟　伟

改革开放二十多年来，中国始终是对国际投资者具有巨大魅力的发展中国家。截至2001年12月底，中国累计批准外商投资企业390484个，合同外资金额7459.09亿美元，实际使用外资金额3954.69亿美元。其中在2001年度全年批准设立外商投资企业26139个，比2000年增长16.0%；合同外资金额692亿美元，增长10.4%；实际使用外商直接投资468亿美元，增长14.9%。

中国加入世贸组织之后，正以更为冷静和理智的姿态参与经济全球化。在这新的历史时期，中国利用外资将会出现怎样的新焦点？

引资环境将发生深层变革

首先，中国引资的外部环境仍比较严峻，但压力有所缓解。

在已经过去的一年中，世界经济变幻莫测，目前各权威国际经济组织对2002年全球经济增长的预测均相对悲观，从2000年下半年以来，国际投资经历了急剧衰减的过程，这样的背景不可能不拖累中国的引资工作，这决定了2002年外资仍然是一个热点，但不是沸点。

20世纪80年代国际资本流动最典型的特征是日美间的资本流动，净流量上是日本输出而美国输入；90年代则是欧盟取代日本的角色。中国的经济发展水平和金融开放度决定了中国尚未能扮演最重要的国际资本净输入国的角色，中国利用外资的主要来源仍然是港澳台资本，而非欧美资本，更冷静地说，我们不能不承认中国仍然没有完全纳入国际主流资本的视野。

总体上说，中国吸引外资主要是受东亚周边地区的影响，所以尽管美国经济在2001年第4季度出人意料地增长了1.4%，但环视东亚，日本经济已经陷入衰退且在2002年基本无望摆脱衰退泥潭，日元的急剧贬值更是使得周边经济体深为不安。"四小龙"中新加坡、台湾也陷入衰退的窘境，香港经济则显呆滞；"四小龙"也是自顾不暇。如果日元在2002年再有剧烈下挫，则将对东亚经济和中国吸引外资带来一定的负面影响。

其次，中国国内法律框架的调整和变迁可能对中国引资产生双重影响。

由于2002年是入世的第一年，所以需要重新清理、厘定的法律法规较多，并且这些工作都需要在实践中不断磨合调整，这种修改包括三重含义：

第一是由于中国有些法规是计划经济时代留下来的，有些是在过渡转轨期间留下的，这些法规多数属于不透明的"红头文件"，其中不少束缚和制约了市场经济的发展，所以，相当多的红头文件将"透明化"。

第二修改是以往对不同所有制的主体以及国内主体和国外主体都分别颁布了一些不同的特别法律，这些法律之间存在一些差异甚至矛盾，因此修改势在必然。

第三修改是中央和地方间法律法规的协调一致，有些地方或部门性法规，带有明显的保护地方利益、部门利益和垄断利益的特征，直接导致市场分割和区域性垄断，阻碍公平竞争。

上述变迁决定了短期内可能对引资有抑制作用，而中长期内随着规范化的法制框架的逐步确立和成熟，中国将再度迎来引资热。中国期待外资在并购大中型国有企业集团上表现出积极态度；也期待着外资能更进一步参与清理不良资产的进程，但外资在上述领域的表现似乎仍有所犹豫，其原因正在于法律制度的完善不可能一蹴而就，例如仅上海就需要在2002年将其2094项法律清理约一半以上，此时要指望外资短期内就在中国急剧加速投入可能是不现实的。所以，2002年中国引资增速可能略低于去年，2002年的中国引资将继续是热点，但真正的"引资热"将出现在世界经济已经复苏、中国法制框架大致规范之后的3-5年内。而今年及稍后的1-2年，则是中国能否迎来"外资潮"的关键性前夜。

引资的主要途径将发生重大转折

从20世纪90年代初，一直到在2000年下半年美国"新经济"的泡沫被逐渐释放出来之前，国际投资进入了相当罕见的高涨期，在这期间，以合资或独资方式新设企业的传统"绿地投资"方式的重要性逐渐下降，而跨国并购（Cross-Border Merger& Aquisition）的重要性则不断上升。1995年时跨国并购占当年全球直接投资流量的50%，而到了2000年，这一比例已经超过了80%。

跨国并购成为发达国家之间直接投资的主导方式，发展中国家也在不断尝试利用并购方式吸引外资。然而在同期，经济持续保持高速增长的中国没有表现出任何明显的趋势。截至2001年底，中国利用的外资中，仅有约5%是通过跨国并购方式完成的。如果中国引资不突破以"绿地投资"铺企业摊子的旧框架，不培育多管齐下的引资途径，那么引资规模就很难迈上新台阶。

外资并购在中国引资中份额如此之小有几方面的原

因：一是过去的法律法规的不明晰性在很大程度上限制了外资的并购行为而鼓励了绿地投资。中国法律并没有明令禁止外资并购中国企业的行为，但目前也并没有一部专门规范外资并购活动的法律。与对外资开放有关的产业政策并不对外资以何种形式进入作出区分性的规定。

换言之，如果外国公司根据新颁布的《指导外商投资方向规定》与原有的《外商投资企业产业指导目录》两部法规的规定可以建立合资或独资企业，那么在规定的股权比例范围内，外国公司也可以通过并购中国企业的方式实现进入战略。

二是跨国公司在进入早期选择独资性的绿地投资，而不是并购中国企业更符合自身的战略利益。早期进入更多的是尝试性的，而现在全球制造业的重心隐约出现了向中国移动的迹象，这时庞大的制造业基地的建立，不仅需要新增"绿地投资"，更需要对中国已有的较为完整的产业基础加以利用和升级，以及对较成熟的生产能力进行更新改造，这显然较之设立全新的独资企业更为经济和有效。

如果不是通过股权互换、现金股权等综合收购错综复杂的并购技巧，很难想象发达国家之间动辄数百亿乃至千亿美元的兼并重组会得以完成；同样，如果中国不对并购方式予以足够的重视和规范，也很难想象中国庞大的产业资本（其中不少是沉淀的或产能利用不足的产业资本）有根本性资产重组和改善的可能。由于人民币在资本账户下可兑换没有时间表，这可能会在一定程度上影响中国大规模跨国并购所需的融资通道，但这也可能反过来给资本项目可兑换注入了一个加速的动力。

总体上说，上述两个因素对并购的负面影响在目前都切实存在，但法律方面对外资并购的限制将大为减少，而对外资并购行为的规范将大为强化。未来几年，外资并购可能逐渐成为中国引资的主导性途径。

除了并购之外，中国引资还将可能展现一系列的新途径，"十五"计划纲要中已明确提出：除关系国家安全和经济命脉的重要行业或企业必须由国家控股外，取消对其他企业的股权比例限制；鼓励外资特别是跨国公司参与国企的改组改造；积极探索采用收购、兼并、风险投资、投资基金等各种方式，促进外资和国企产权制度改革。

特别是中国将进一步扩大对外开放领域，有步骤地逐步开放金融、保险、电信、外贸、商业、旅游等服务性行业，这对外商尤其是跨国公司来说具有更大的诱惑力。这显示出外资进入渠道将明显地多元化，例如外资通过参与四大资产管理公司的不良资产清理，获得相应企业的控股、参股权并对这些企业进行改造。

目前的难点不仅在于这些不良资产的流动性低、出让定价困难，更在于地方政府往往不愿意让已经获得了控股权的资产管理公司来实际控制这些效益不佳的企业，要克服这样的难题尚不容易。例如外资通过收购上市公司的非流通股股份来获得对企业的控制权，甚至可能利用上市公司本身在中国进行再融资，这种渠道如果顺畅，相当多的跨国公司将迅速本土化，甚至可能成为基本本土化的跨国公司，目前，诺基亚等已显示出这种可能。例如外资更多地参与到风险投资和证券投资领域中来，透过 QFII、QDII、CDR 或者产业和证券组合式投资基金，来渐进有序地开放资本市场、吸引外资的可能性都是值得深入探索的。值得一提的是，在 2001 年 10 月，阿尔卡特宣布收购上海贝尔及格林柯尔收购科龙法人股，这都显示出中国引资的方式已经处在微妙转折点上。

引资的热点领域可能发生扩散

首当其冲的是原来的禁入或进入壁垒较高的行业将成为吸引外资的重点领域。2002 年初国务院公布了新的《指导外商投资方向规定》，将外商投资项目分为鼓励、允许、限制和禁止四类。鼓励类投资项目有以下五种：

1. 农业新技术、综合开发和能源、交通、重要原材料工业；

2. 高新技术、先进适用技术；

3. 能提高产品档次、开拓新兴市场或者增加产品国际竞争能力的；

4. 能节约能源和原材料以及防治环境污染的新技术；

5. 能够发挥中西部地区人力和资源优势，并符合国家产业政策的。

但尽管如此，如果没有配套的财税政策扶持，外资很难如我们所想象那样地进入上述领域。目前外商直接投资主要分布在关税、非关税保护比较高的行业中，如汽车、化工和电子等行业。形成这一现状的原因是跨国公司产品直接进入中国受到高关税限制，为了绕开关税壁垒，跨国公司采取了直接投资的方式。2002 年后，随着这些行业关税及非关税保护的迅速弱化，产品直接出口中国可能会成为许多跨国公司的选择。

此外，随着中国入世而逐步开放的电信、金融、保险和新技术产业也将吸收更多的外资流入，尤其是在这些领域有绝对竞争优势的欧、美、日等发达国家的跨国公司投资比重将大幅上升。

相比较而言，制造业可能是外资利用并购并重新整合的重点领域。由于中国具有世界上其他国家和地区没有的综合成本优势和最大的潜在消费市场，把中国建成"世界加工厂"成为众多制造业跨国公司的目标，而利用现有的大量生产能力无疑是最快和最节约的做法。

一般来说，新建一个企业从考察谈判到办成开业要用 1–2 年时间，要形成规模至少需要 3–5 年；而购并企业只需 3–5 个月，许多购并企业可以迅速形成规模，即使加以改造最多也只需 1–2 年，购并中国现有企业能以较短时间获得现成的生产设备、技术和管理人员，节省建厂时间，迅速建立境外产销据点。

因此，中国引进外资并购制造业企业，可能是大势所趋，而外资并购重点则势必集中在可以迅速具有一定的行业集中度的横向兼并。外资通过受让股权，或战略投资人绝对控股的方式与国内企业合作，而间接进入中国股市的做法已屡见不鲜，如美国通用与上海汽车、江铃汽车与福特汽车、东方通信与摩托罗拉、大唐电信与朗讯等。

如果中国能及时出台《投资法》，就外资在华收购中国企业的流通和非流通股权、收购后股权的转让和利润汇出、换股等方面的内容进行较完善的规范，则可以肯定，以重新整合为特征的“外资购并”将给中国制造业带来巨大冲击和机遇，原来国有企业国有股一统天下的股权结构也将会被打破，并加速进入所有制结构调整的新阶段。

服务业将吸收更多的“绿地投资”而非外资并购。当中国服务业对外开放之后，外资会更多地采取绿地投资的方式进入还是会更多地采取兼并收购的方式进入？

从表面上看，服务业部门的很多行业集中度很高，电信、银行、保险、证券、商业批发等行业的领导企业都有非常强大的市场地位，但实际情况可能恰恰相反。中国与世贸主要成员有关服务业部门的艰苦谈判表明了在这些行业中中国企业的弱小、低效率和竞争力不足。当管制放松后，外国企业可以凭借自己的核心竞争力较为轻松地从在位企业手中抢得市场份额。正是由于这样的原因，即使在对外资全面开放之后，在服务业爆发外资并购的前景仍然存有疑问，这些行业面临更多的，将是外资的挑战。

中国服务行业对外开放的现状及前景

外经贸部外资司副司长　孙　鹏

对外开放伊始，中国服务业的部分领域即开始引入外资。中美合资的建国饭店，即是中国首批批准设立的3家外商投资企业之一。此后，随着国民经济的发展，服务业对外开放的领域日益扩大。目前，中国服务业的绝大多数领域，外国投资者均已不同程度地参与了投资。截至2001年底，以服务业为中心的第三产业累计合同外资额2680亿美元，占全国合同外资总额的35.97%。2001年服务业实际使用外资额114.11亿美元，占全国实际使用外资总额的24.35%。正是由于中国政府积极、合理、有序地引导外商进入中国服务业市场，才促进了中国服务业的快速发展。下面，着重介绍一下中国银行、保险、电信、商业零售以及旅游等领域吸收外资的一些基本情况及政策。

一、银行

中国从1982年开始银行领域吸收外商投资的试点工作。1995年，经国务院批准，银行吸收外资试点城市由原来的13个扩大到24个，1999年又扩大到全国所有中心城市。目前，外国金融机构可以在中国所有城市开设营业性金融机构，投资形式包括：外资银行分行、独资或合资银行，独资或合资财务公司、合资投资银行。截至2002年6月底，外商在华设立的营业性外资金融机构（保险除外）共167家，其中分行147家，合资银行7家，独资银行6家，外商投资财务公司7家，代表处233家。1996年12月中国开始允许外资银行试办人民币业务，截至2000年底，经人民银行批准可以从事人民币业务的外资银行已达30多家，其中上海26家，深圳8家。2001年底国务院颁布了新修改的《中华人民共和国外资金融机构管理条例》及其《实施细则》，主要修改内容是：允许外资银行不受地域和服务对象的限制，全面开展外汇业务；取消现行人民币业务市场准入对外资金融机构设定的业务规模数量指标要求；不再要求合资银行或财务公司中方合营者必须是金融机构；对人民币业务将按入世承诺的时间和地域逐步放开，直至5年内将全部取消地域和服务对象的限制。

二、保险

1992年，中国开始有条件地开放保险市场，允许外国保险机构在上海试点举办保险分公司和合资保险公司。1995年又将试点范围扩大到广州。截至2001年底，共有29家外资保险公司在中国设立了44家营业性机构。最近，加拿大的合资保险公司光大永明和美国友邦保险公司分别在天津和北京正式开业。外资保险机构在中国主要开展境内外商投资企业财产保险及与此相关的信用险和责任险、外国个人付费人身保险以及上述业务的再保险等业务。2001年底，国务院颁布了《外资保险公司管理条例》，于2002年2月1日起实施。该条例明确了外商向保险业投资的资格条件、设立程序、业务范围、法律责任。保险业的进一步开放，将严格按照中国在入世服务贸易减让表中的承诺在入世2-3年内逐步实施。

三、电信

加入WTO前，电信经营业务属于国家禁止外商投资的领域。入世后，根据中国加入WTO的承诺，电信业开始有步骤、有限制地向外国投资者开放，并在入世后的5年内逐步放宽地域、外资比例和业务范围等方面的限制。为此，2001年12月经国务院批准信息产业部和外经贸部联合颁布了《外商投资电信企业管理规定》，明确了外商投资设立电信企业的条件、程序，并在2002年4月修订的《外商投资产业指导目录》中取消了外商投资电信运营业的禁令。2002年3月22日，美国AT&T公司和上海市电信公司、上海信息投资股份有限公司合资成立的中国第一家电信运营企业上海信天通信有限公司在上海正式开业。

四、商业零售

1992年国务院决定在北京、天津、上海、大连、广州、青岛及5个经济特区各试办1-2家中外合资商业零售企业，之后又决定在北京和上海共试办2家合资连锁商业企业，在内地试办几家与台商合资的商业零售企业。1999年6月25日，经国务院批准，国家经贸委、外经贸部联合下发了《外商投资商业企业试点办法》，将试点地域扩大到了所有省会城市、自治区首府、直辖市、计划单列市和经济特区，并对中外方资格条件、中外方股权比例等予以了明确规定，同时国家正式开始了外商投资批发业的试点。

到目前为止，经国家批准的合营商业零售企业共计49家，商业批发企业1家。49家合营零售企业共设立分店482家，项目总投资29.38亿美元，累计注册资本总额6.03亿美元，其中外方累计注册资本总额5.14亿美元。欧美著名的跨国连锁企业，如沃尔玛、麦德龙、欧尚、百安居等均已在华投资设店，开展连锁经营，其中美国沃尔玛已在华设立了13家分店，德国麦德龙设立了15家分店，法国欧尚设立了4家分店，英国百安居设立了12家分店。与此同时，国家有关部门正在依法对地方自行批准的277家外商投资商业企业进行清理、整顿。目前，已有近50家完成了整改工作，其它企业的整改工作正在抓紧进行。

为进一步促进国内商业企业的改革与发展，推动国内市场建设，按照中国的入世承诺和商业领域利用外资的发展规划，有关部门正着手重新修定《外商投资商业企业管理暂行办法》，不久即将公布。新办法拟将商业领域利用外资工作由试点转为正常开放，并将进一步放宽外资准入条件。

五、外贸

中国政府规定，外商可以在国务院批准设立的深圳福田、沙头角、汕头、厦门、海口、大连、天津、青岛、张家港、外高桥、宁波、福州、广州等保税区内成立贸易企业，在保税区内从事转口贸易和为保税区内企业代理生产用的原材料、零配件的进口及产品的出口。1996年9月，外经贸部颁布了《关于设立中外合资对外贸易公司试点暂行办法》，允许在上海浦东和深圳经济特区设立中外合资对外贸易公司，经营除国家组织统一联合经营的出口商品和国家实行核定公司经营的进口商品以外的其它商品及技术的进出口业务，从而开始了中国外贸领域吸收外商投资的试点。

目前，经批准可以从事外贸进出口业务和部分外贸业务的外商投资企业主要有以下几种形式：

1. 外商投资外贸公司

共计批准设立了5家合资外贸公司。近期外经贸部正在修改外商投资设立外贸公司的试点办法，拟放宽设立条件、取消试点地域和数量限制。有关修改方案现已上报国务院。

2. 外商投资性公司

根据外经贸部1995年颁布的《关于外商投资举办投资性公司的暂行规定》及1999年和2001年颁布的两个补充规定，在中国境内投资设立的投资性公司可以以代理或经销的方式销售其所投资企业生产的产品，并可以在境内收购不涉及出口配额、出口许可证管理的商品出口。允许投资性公司购买所投资企业生产的产品进行系统集成后在国内外销售，如所投资企业生产的产品不能完全满足系统集成需要，允许其在国内外采购系统集成配套产品，但所购买的系统集成配套产品的价值不应超过系统集成所需全部产品价值的50%。同时，在投资性公司所投资企业投产前或所投资企业新产品投产前，为进行产品市场开发，经批准，可允许投资性公司从其母公司进口少量与所投资企业生产产品相同或相似的非进口配额管理的产品在国内试销。

3. 年出口额在1000万美元以上的外商投资生产型企业

根据外经贸部2001年下发的《关于扩大外商投资进出口经营权有关问题的通知》，符合条件的外商投资生产型企业经批准可以从事非配额许可证管理、非专营商品的收购出口业务，并可以参加自产产品的出口配额招标。据统计，目前，出口额超过1000万美元的外商投资企业达2073家，出口总金额为857.82亿美元，占外商投资企业出口总值(1332.35亿美元)的64.4%。

此外，根据现行的《外商投资商业企业试点办法》，外商投资商业企业也可以从事国内产品的采购出口和自营商品的进出口业务；根据《关于扩大外商投资进出口经营权有关问题的通知》，外商投资研发中心可以为进行其研发产品的市场测试进口并销售少量其母公司生产的高新技术产品。

六、旅游

1998年以前，中国只允许在国家级旅游度假区内设立中外合资的旅行社。按此规定，中国政府批准设立了第一家中外合资旅行社——云南力天旅游有限公司。1998年底，外经贸部与国家旅游局联合颁布了《中外合资旅行社试点暂行办法》，进一步扩大了旅行社的对外开放，改变了过去外商只能在12个国家级旅游度假区设立合资旅行社的状况。2002年1月，国务院公布了《旅行社管理条例》，进一步降低了合资旅行社的注册资本金标准（外商投资旅行社的注册资本最低限额为人民币400万元），取消了一家外国投资者只能设立一家旅行社的要求。中外双方只要符合《旅行社管理条例》中规定的条件，即可申请设立合资旅行社，经营入境旅游业务和国内旅游业务。与此同时外经贸部也正在研究制定相关政策，准备提前在部分地区试点，允许外资设立独资旅行社。到目前为止，中国共批准了10家外商投资旅行社。

七、运输及国际货运代理

在道路运输方面，目前中国已批准设立了700多家中外合营道路运输企业。外经贸部与交通部于2001年11月出台了《外商投资道路运输业管理规定》,对外商投资道路运输公司(客运与货运)的设立条件、审批程序等予以了明确规定。

在水路运输方面,目前中国已批准设立了60多家从事国内沿海和内河运输的中外合营航运企业,60多家从事国际海运的中外合营航运企业。国务院于2001年底发布了《中华人民共和国国际海运条例》,对外商投资国际海上运输及其辅助业务做出了原则性规定。

在航空运输领域,日前国家公布了《外商投资民用航空业暂行规定》,进一步放宽了外资从事民用航空业的条件。截至2000年,外商在民用航空业投资累计达4.2亿美元,共设立企业64家。

在国际货运代理领域,2001年底,外经贸部公布了《外商投资国际货运代理业管理规定》。按此规定,外商可在中国境内设立合营国际货运代理企业,并按入世承诺三年内允许设立独资的国际货运代理企业。目前,中国已批准设立了约300多家外商投资国际货运代理企业,这些企业在国内其它城市设立了近200家分公司。

八、会计服务

为促进中国注册会计师制度的逐步建立和健康发展,缩小中国会计、审计行业与国际同行的差距,从1992年起,中国开始有条件地允许国际知名的会计公司与中国的会计师事务所合作举办会计师事务所。目前,中国已经批准设立了9家中外合作的会计师事务所。这些会计师事务所可在规定的经营范围内为国内外企业提供相应的服务。此外,中国还允许外国会计师事务所在国内投资设立了6家成员所、4家发展联系所。目前,有关部门正在研究允许获得中国执业注册会计师资格的外籍会计师与中国执业注册会计师设立合伙制会计师事务所,并准备制定外商投资会计师事务所的有关规定,明确外商投资会计师事务所的形式、审批程序,规范此领域的外商投资活动。我们将积极引进国外知名的会计师事务所进入中国会计服务市场,以促进中国会计师事务所与国外的接轨。

九、法律服务

目前中国尚不允许外商投资设立律师事务所,但经批准,外国和香港地区的律师事务所可以在国内设立代表处,开展不包括中国法律事务的相关业务。此类代表现已设立110家。

加入世贸组织后,国务院于2001年颁布了《外国律师事物所驻华代表机构管理条例》,按入世承诺取消了原有代表处设立的地域限制和数量限制,允许外国律师事务所在境内设立多个代表机构。

除上述服务领域以外,资产评估、出版、印刷、建筑、房地产及物业管理、音像制品、餐饮及娱乐、维修、咨询、广告、医疗、教育、租赁、商检、工程设计等领域均已不同程度地向外商开放,而且凡是对外资准入有限制的领域均已制定相应法规,中国已建立起服务业外资准入的法规体系。由此可见,中国服务业的对外开放已由过去的个别领域、少数部门发展到了多领域、多部门,基本形成了整体开放的新格局。

“十五”期间,我们将按照“发展现代服务业,改组改造传统服务业”的原则,根据中国加入世贸组织的承诺,继续积极、稳妥、有序地推进服务业的整体对外开放。要把吸收外资与中国服务业的结构调整相结合;要鼓励并正确引导外商投资从事现代物流配送、连锁经营;积极推进旅游业的对外开放;放宽外商投资会计、法律、管理咨询、工程咨询等中介服务的限制;探索并试行吸收外资发展医疗、教育等社会事业;审慎推进金融、保险、电信、证券的对外开放。开放中,我们将进一步完善服务领域外资市场准入的法规体系,使服务业的开放公开、公正地健康发展。

跨国公司对华投资新特点

外经贸部人事司　鄢　东

全世界最大的500家跨国公司已有近400家在华投资2000多个项目,世界上最主要的电脑、电子产品、电信设备、制药和发电设备的制造厂家已经将他们的生产网络扩大到中国。中国正在成为许多跨国公司重要的生产基地、采购基地和研发基地。近年来,跨国公司对华投资呈现出以下特点:

一、中国企业进入跨国公司供应链

中国拥有巨大的市场,在过去存在各种贸易壁垒的情况下,跨国公司来华投资更多地是为了绕开这些壁垒,占领市场。随着中国对外开放的深入和入世,跨国公司一方面仍然以占领市场为目标,但这是为了在全球范围内实现成本最小化。更重要的是将中国完全纳入全球经济的生产体系,通过充分发掘中国市场的全球性价值来实现跨国公司全球竞争的战略目标。

近年来,许多跨国公司在战略调整中,把着眼点放在它本身的核心能力上面,而把其他很多产品和工序外包出去,以提高公司本身的灵活性和市场的反应能力。很多跨国公司已经把它的全球制造中心搬到中国,或准备搬到中国。不少跨国公司认为,经过20年改革开放,中国的制造业能力大大提高，将成为重要的生产加工和采购基地。

一些跨国公司已经把生产制造业务进一步转移到中国，同时加大了在中国的采购力度，使中国逐渐融入全球经营网络。出于全球部署和整体布局的理念，一些大型跨国公司在进入中国的同时，提供资金、设计、标准、技术，甚至管理，在中国加工和采购零部件，发展了一大批国内配套企业，如2000年摩托罗拉在华采购金额为75亿元人民币，在中国采购的零部件比例达65%，有700家供应商。通用电气在华投资近15亿美元，在飞机发动机、家用电器、工业系统、医疗系统、动力系统等多个领域全面介入中国市场并积极拓展在华的采购业务。

二、 跨国公司投资向知识型服务领域延伸

跨国公司在中国的投资，由加工、制造等领域，逐渐向培训、分销乃至研究开发等知识型服务领域延伸，国外许多著名跨国公司纷纷抢滩中国的R&D市场，如IBM、英特尔、微软、通用汽车、杜邦、爱立信、松下、诺基亚、联合利华等世界著名的跨国公司已在北京和上海相继建立独立的R&D分支机构，并与清华、北大等一些著名高校合作设立各种实验室、研究中心和培训中心等。形成了跨国企业的一个新的投资领域。

生产活动全球化是经济全球化最主要的表现形式之一，而跨国公司R&D全球化则是生产全球化深入发展的必然结果。跨国公司为了更好地开拓和服务于海外市场，并为生产活动的当地化服务，纷纷在海外于公司建立R&D机构，因而跨国公司所建立的海外R&D机构具有明显的技术应用型和市场服务型导向，其主要职能包括：

可以解决工艺与设备的当地化；

靠近当地市场，能在较短的时间内开发出适合当地市场特色的产品；

实现研究开发人才的当地化，可以跟踪和获取当地先进的技术资源。

此外，经济全球化也是各国经济技术合作不断加强、经济关联度不断提升的过程，跨国公司通过技术战略联盟、并购、参股控股等方式可以优化整合各国的R&D资源，减少R&D活动中的专利磨擦与成本支出。在经济全球化时代，一个国家在国际市场的竞争能力将取决于其技术创新能力，即R&D的能力与水平。中国要在全球竞争中居于主动地位，必须加快自己的R&D活动和创新速度，但R&D的低投入与R&D体系的不完善严重制约着中国的技术供给能力，因此中国亟需引进外部的R&D资源。而跨国公司的R&D全球化为技术向国内企业扩散提供了可能性。

三、 跨国公司纷纷在华建立地区总部

令人注目的是，跨国公司强烈要求进入中国知识密集型服务业市场。它们要求中国开放服务业领域，使其能够进入银行、保险、电信、物流、批发、零售、外贸以及专业咨询领域。随着中国开放服务业，外国跨国公司有可能把公司的营运管理功能转移到中国。中国有可能成为跨国公司在大中国区，或者北亚地区，甚至亚太地区的管理营运中心。

近年来，众多跨国公司纷纷在华设立研发机构的同时，也开始在华建立地区总部。这一突出现象表明，跨国公司对华投资已发展到了一个新的阶段。目前国际商业机器（中国）有限公司（IBM）、北电网络（中国）有限公司、康柏（中国）投资有限公司、朗讯科技（中国）有限公司、三星（中国）有限公司等著名跨国公司已在北京设立地区总部，而在上海，也有25家跨国公司在浦东新区设立地区总部。

跨国公司开始在中国建立地区总部，表明跨国公司在中国经过初期的考察摸索、中期的试探经营和最近一阶段的扩大投资之后，需要一个管理营运中心对整个中国乃至亚太市场的后续投资及运营进行统一的管理调度，为以后的后续投资及抢占中国广阔的市场打下基础。这也表明了中国在跨国公司全球战略体系中的地位得到进一步的加强，也是跨国公司对华投资系统化、长期化的标志。

目前，跨国公司在中国的投资已不仅仅是着眼于单个项目，而是进行全方位的系统化投资。在地区总部的管理及协调下，跨国公司着眼于在中国市场的整体投资战略，陆续建立起自己的销售服务网络以及培训中心。并将投资项目与配套企业协调为一个统一的系统，从而最大限度地使资金、人员和技术等生产要素合理流动，优化组合，产生整体效益。

跨国公司地区总部的设立，可以带动中国一批产业迅速实现升级换代，为中国高级人才的培养和跨国经营管理水平的提高创造机会。新加坡、香港等地的经验表明，跨国公司地区总部的设立往往会带动大批关联企业，尤其是金融、贸易、信息和管理类服务机构的“跟进设立”，从而构筑国际资金流动的重要场所。在中国目前的产业结构中，第三产业所占比例相对于发达国家和新兴工业化国家仍有较大差距，跨国公司地区总部以及其所带动的一批关联企业的进入，将会对中国高级管理人才和各种专业服务人才的培养带来巨大的推动作用，会对中国第三产业的发展起到有利的推动作用，促进中国产业结构的升级。

跨国公司的出现是经济全球化的重要标志之一。跨国公司在全球范围内进行生产、采购和销售，在全球范围内进行资源的最佳配置，以降低成本、提高生产率。目前全世界直接投资和国际贸易的绝大部分发生在跨国公司之间，跨国公司决定着世界经济的发展进程。

吸引跨国公司是中国获取全球知识与技术的重要来源，也是缩小中国与发达国家知识与技术差距的重要途径。大型跨国公司是全球知识创新的主导者，其散布于全球的生产活动大大促进了知识在世界范围内的传播。因此，提高中国产业竞争力的一个重要途径就是吸引世界上规模最大、技术最先进、国际竞争力最强的跨国公司大规模投资于

中国，并鼓励其在中国设立区域总部及研发中心，发展与国内企业的后向联系，以提高国内企业的市场竞争力。

继续巩固和加强中国作为全球制造和研发基地的地位，对于中国适应加入WTO以后的新形势，提高参与经济全球化层次、加快产业升级具有重大战略意义。我们应抓住入世的机遇，针对跨国公司投资的新特点，增强中国吸引跨国公司投资的竞争力。首先，应按照WTO规则和中国的承诺，认真清理有关法律法规，使相关法律、法规进一步趋向透明、健全和规范，进一步改善投资环境，降低投资风险，推动跨国公司在中国进行战略性投资，带动中国在更高层次上参与国际分工和全球生产研发链条；其次，不断深化经济、科技和外贸体制改革，为企业参与国际竞争与合作创造条件，为跨国公司在中国进行高新技术研发活动、发展高新技术产业创造条件，更多地吸纳跨国公司投资于高新技术产业，使中国成为全球重要的生产和研发基地；第三，加快国有企业改革，鼓励有实力的企业积极加入到跨国公司全球化生产的链条中去，并逐步积累资金，引进吸收先进技术和管理经验，改变在全球化分工和生产链条中的从属地位。鼓励中小企业走专业化经营道路，进入跨国公司的配套网络。

台资对两岸经贸发展的积极影响

外经贸部国际贸易经济合作研究院　刘雪琴

在经济全球化及区域经济一体化潮流的推动下，受祖国大陆经济稳健、快速发展的吸引，台商赴大陆投资一直呈现勃勃生机。两岸加入世界贸易组织后，投资环境及贸易条件的改善，为台商在大陆投资发展提供了新的动力，同时也为两岸实现双向投资创造了条件。两岸投资便利化如能正常发展，将对提升双边经贸合作的层次及改善两岸关系起到重要的促进作用。

伴随祖国大陆改革开放的深入及市场经济的逐步发展，台商持续大规模西进的热潮已成为两岸经贸交流中一道绚丽的风景线。台湾各类企业赴大陆拓展新的发展空间，使台资成为祖国大陆利用外资的重要来源。据外经贸部统计，截至2001年12月底，台商在大陆共设立企业50838家，合同台资金额547.3亿美元，实际投入台资金额291.4亿美元，以实际投入金额计算，目前台湾位居大陆吸收外资排名的第5位。

中国加入世贸组织后，台商西进的步伐骤然加快，2002年1–4月，台湾在大陆新设企业1295个，较上年同期增长6.4%，合同金额19.25亿美元，比上年同期下降8.41%，实际投入金额10.39亿美元，比上年同期增长42.14%。与其他国家及地区相比，台湾是近期对大陆投资增长较快的地区之一。综观台商在大陆投资的发展历程，近年来主要显示如下特点：

一、投资规模扩大，投资领域多元化

尽管受到台湾当局大陆投资政策的种种限制，但是在市场机制作用下，台商对大陆投资依然持续增加，不仅投资数量及数额快速增长，而且其投资领域日趋拓宽。据台湾统计，90年代初期（1993年以前），台商在大陆平均单项投资规模为80万美元左右，到2000年则升至310万美元；投资企业也由过去的中小企业发展到大型上市公司。目前台湾600多家上市（柜）公司中有近五成已赴大陆投资；台商投资从以制造业为主逐渐向航运、建筑、批发与零售及房地产业等服务领域扩展。截至2000年底，台商对制造业投资占其在大陆总投资的77%，农业投资占2.5%，服务业投资占17%左右。另外，台湾金融、保险业等行业已相继在大陆设立办事处，以待时机成熟后在大陆投资经营。

二、科技产业及其他技术密集型产业成为投资的主流

迄今为止，台湾对大陆投资已呈现出三次结构性转变。90年代中期以前，台商对大陆投资基本以劳动密集型产业为主。90年代中期以后，台湾的电子、化工、精密仪器制造等资金及技术密集型行业加大了对大陆投资的力度。近期，为增强企业竞争力，以充分利用加入WTO的发展机遇，台湾两次出现了以高科技产业为主体的大陆投资热潮。据台湾统计，截至1997年台商对电子电器制造业投资金额占台湾在大陆投资总额比重为18.16%，2000年则升至28.04%。同时，台商在基本金属制品制造业、塑胶制品业及化工品制造业的投资比重增大，而食品及饮料制造业、纺织业等行业的投资比重趋于下降。目前台湾对大陆投资前五大行业依次为电子电器制造业（占总投资比重28.04%，以下同）、基本金属制品制造业（8.32%）、塑胶制品业（7.84%）、食品饮料制造业（7.48%）及化工品制造业（6.53%）等。显而易见，目前科技产业及其他技术及资金密集型产业已成为台湾在大陆制造业投资的主流。为利用大陆的市场、科技及人才等优势，台湾一些高科技产业将生产基地及研发基地一并向大陆转移。据台湾统计，台湾主要的电脑系统厂商已全部在大陆设点生产，其中一些企业已建立了研发基地以贴近大陆市场便于进行新产品及新技术的研究开发。

三、投资区域集中性与分散性并举

由于台资具有善于利用大陆资源，根据不同行业采取不同经营策略的特点，台商在大陆投资区域布局也呈现多种形式。如食品、饮料业及其他一些轻工行业多在全国布点以便占领国内市场，其中较为突出的是统一及顶新集团，其投资网点几乎遍及整个大陆。而资讯电子企业为了充分利用大陆不同地区的经济发展优势及资源优势，发挥行业部门间的集聚效应，以便优势互补，增加企业的竞争力，在大陆投资的区域则相对集中。台商对资讯电子业投资基本集中在以珠江三角洲为中心的广东省地区及长江三角洲地区。其中，珠江三角洲地区以劳动密集型产品生产及外销为主；而在长江三角洲地区投资经营则相对以技术密集型产品生产及拓展国内市场为主。另外台商对农业投资也相对集中，基本集中于福建、海南、山东等省区。

四、充分利用两个市场、两种资源

90年代初期台商在大陆投资主要以制造业为主，产品主要以外销为主。近年来随着大陆经济持续、快速增长，以及入世后市场准入扩大，大陆市场潜在需求增加，台商投资则加大了对大陆市场开发的力度。如台商加大对电子业、建材业、化工业、贸易业、银行业、会计师业等行业投资旨在开发大陆市场，以及通过为大陆台商服务分享商机。另一方面，为充分利用大陆入世后国际贸易条件改善，贸易发展空间扩大，以及生产要素成本低廉等优势，也将其在国际分工中承担的功能向大陆转移，将大陆作为其重要的生产加工基地，以增加其国际竞争力。如2002年第1季度台湾资讯硬件产业有49.4%移至大陆，较上年同期增长13个百分点。预计2002年台湾超过50%的资讯硬件产值将来自在大陆的生产。另外预计2002年台湾笔记本电脑移到大陆制造的比重也将快速增加到50%以上。

投资带来“双赢”之效，台商投资祖国大陆对两岸的经济发展产生着重要的影响，主要表现在几个方面：

首先，促进了两岸贸易增长。台商在大陆投资增长与两岸贸易发展有着较强的正相关关系。台商在大陆投资经营，充分利用了两岸经济及资源互补优势，使台资企业产品的返销台湾及销往第三地市场时具有较强的市场竞争力，进而带动了两岸之间及两岸对其他地区贸易的发展。在大陆经营的比较利益及利润率规律的作用又进一步促进了台商在大陆投资的增长。两岸之间由投资所引发的投资与贸易互动，使两岸贸易呈现快速增长态势。追溯两岸经贸关系发展的轨迹，即可看出投资与贸易之间的互动效应。如1993年台湾对大陆投资高速增长，同年两岸贸易额首次突破100亿美元大关，较上年增长119.4%；1998年台商冲破“戒急用忍”政策限制，对大陆投资实现恢复性增长，当年两岸贸易额突破200亿美元大关；从1998年到2000年，在台商投资连续增长的带动下，2000年两岸贸易发展又突破了300亿美元大关。台商投资对两岸贸易的带动效应也可从两岸贸易发展的对比关系中看出，据大陆统计，从1980年到2001年两岸贸易总额增长了97.2倍，年均增长率为26.4%。两岸间贸易发展速度，远远高于同期两岸同其他地区的贸易增长速度。

其次，推动两岸形成竞争与互补并存的产业合作格局。随着台资在大陆的发展，以及台资企业与大陆企业形成配套生产关系的相互影响及作用，传统产业的台资企业被大陆企业追赶及超越的现象已较为普遍。在大陆企业与台资企业、大陆台资企业与台湾岛内企业的竞争中，大陆产品因受成本低廉等要素影响而具有较强的竞争优势。在两岸三大出口市场美国、欧盟及日本等国家和地区，大陆产品以其竞争优势及较快的增长速度取代了台湾传统产品的出口。另外，在台湾市场上，大陆一些主要的劳动密集型产品如鞋帽、雨伞、杂项制品等已成为台湾第一大进口来源，台湾市场对大陆上述产品的信赖程度高达两位数字以上。而在资金及技术密集型产品的生产及出口上，两岸则呈现出明显的互补优势。如资讯电子业、化工产业、基本金属制造、纺织原料等行业，台湾企业居于明显的竞争优势。在这些行业中，大陆的主要出口市场的产品基本属于低附加值及低技术型，而台湾产品技术含量及附加值则相对较高。在这些行业两岸呈现较为明显的垂直分工及互补型产业合作方式。两岸产业分工及合作的特点，也显示了台湾产业向海外转移的发展进程。

再者，支持及带动着台湾经济的发展。多年来，伴随台商对大陆投资的发展，台湾岛内关于台资赴大陆引起“产业空洞化”及要求台商“根留台湾”的说辞即不绝于耳。与这种担忧形成鲜明对照的是，在台商大规模赴大陆投资的同时，岛内经济一直保持快速发展。90年代以来，除个别年份因世界经济发生较大的减速之外，台湾经济增长基本保持在5-6%左右。由传统产业转移逐渐引发高科技产业技术的外移过程，减少了岛内产业技术的外移过程，减少了岛内产业结构调整升级的成本，加快了岛内十大新兴产业的发展。台商对大陆投资的乘数效应具体表现为投资带动岛内贸易发展；台商大陆投资带动岛内投资发展，进而从总体上促进其贸易及经济增长。多年来因台商投资带动岛内出口增长，使台湾对大陆的贸易顺差随着其对大陆出口的增长而快速增加。据台湾统计，1990年台湾对大陆贸易顺差为36.29亿美元，占台湾对全球贸易顺差总额的比重为29.04%，2001年台湾对大陆贸易顺差额为160.5亿美元，占当年台湾对全球贸易顺差额的比重的102.9%。2001年台湾对全球贸易顺差额为156亿美元，而对大陆贸易顺差额则为160.5亿美元。显然，对大陆贸易顺差是台湾总体贸易顺差的重要来源，如没有与大陆的贸易，台湾贸易将出现贸易赤字的局面。台商对大陆投资作为台湾顺差形成的原因之一，支持着台湾贸易及经济的发展。

指导外商投资方向规定

中华人民共和国国务院令　第346号

第一条　为了指导外商投资方向，使外商投资方向与我国国民经济和社会发展规划相适应，并有利于保护投资者的合法权益，根据国家有关外商投资的法律规定和产业政策要求，制定本规定。

第二条　本规定适用于在我国境内投资举办中外合资经营企业、中外合作经营企业和外资企业(以下简称外商投资企业)的项目以及其他形式的外商投资项目(以下简称外商投资项目)。

第三条　《外商投资产业指导目录》和《中西部地区外商投资优势产业目录》由国家发展计划委员会、国家经济贸易委员会、对外贸易经济合作部会同国务院有关部门制订，经国务院批准后公布；根据实际情况，需要对《外商投资产业指导目录》和《中西部地区外商投资优势产业目录》进行部分调整时，由国家经济贸易委员会、国家发展计划委员会、对外贸易经济合作部会同国务院有关部门适时修订并公布。

《外商投资产业指导目录》和《中西部地区外商投资优势产业目录》是指导审批外商投资项目和外商投资企业适用有关政策的依据。

第四条　外商投资项目分为鼓励、允许、限制和禁止四类。

鼓励类、限制类和禁止类的外商投资项目，列入《外商投资产业指导目录》。不属于鼓励类、限制类和禁止类的外商投资项目，为允许类外商投资项目。允许类外商投资项目不列入《外商投资产业指导目录》。

第五条　属于下列情形之一的，列为鼓励类外商投资项目：

(一)属于农业新技术、农业综合开发和能源、交通、重要原材料工业的；

(二)属于高新技术、先进适用技术，能够改进产品性能、提高企业技术经济效益或者生产国内生产能力不足的新设备、新材料的；

(三)适应市场需求，能够提高产品档次、开拓新兴市场或者增加产品国际竞争能力的；

(四)属于新技术、新设备，能够节约能源和原材料、综合利用资源和再生资源以及防治环境污染的；

(五)能够发挥中西部地区的人力和资源优势，并符合国家产业政策的；

(六)法律、行政法规规定的其他情形。

第六条　属于下列情形之一的，列为限制类外商投资项目：

(一)技术水平落后的；

(二)不利于节约资源和改善生态环境的；

(三)从事国家规定实行保护性开采的特定矿种勘探、开采的；

(四)属于国家逐步开放的产业的；

(五)法律、行政法规规定的其他情形。

第七条　属于下列情形之一的，列为禁止类外商投资项目：

(一)危害国家安全或者损害社会公共利益的；

(二)对环境造成污染损害，破坏自然资源或者损害人体健康的；

(三)占用大量耕地，不利于保护、开发土地资源的；

(四)危害军事设施安全和使用效能的；

(五)运用我国特有工艺或者技术生产产品的；

(六)法律、行政法规规定的其他情形。

第八条　《外商投资产业指导目录》可以对外商投资项目规定“限于合资、合作”、“中方控股”或者“中方相对控股”。

限于合资、合作，是指仅允许中外合资经营、中外合作经营；中方控股，是指中方投资者在外商投资项目中的投资比例之和为51%及以上；中方相对控股，是指中方投资者在外商投资项目中的投资比例之和大于任何一方外国投资者的投资比例。

第九条　鼓励类外商投资项目，除依照有关法律、行政法规的规定享受优惠待遇外，从事投资额大、回收期长的能源、交通、城市基础设施(煤炭、石油、天然气、电力、铁路、公路、港口、机场、城市道路、污水处理、垃圾处理等)建设、经营的，经批准，可以扩大与其相关的经营范围。

第十条　产品全部直接出口的允许类外商投资项目，视为鼓励类外商投资项目，产品出口销售额占其产品销售总额70%以上的限制类外商投资项目，经省、自治区、直辖市及计划单列市人民政府或者国务院主管部门批准，可以视为允许类外商投资项目。

第十一条　对于确能发挥中西部地区优势的允许类和限制类外商投资项目，可以适当放宽条件；其中，列入《中西部地区外商投资优势产业目录》的，可以享受鼓励类外商投资项目优惠政策。

第十二条　根据现行审批权限，外商投资项目按照项目性质分别由发展计划部门和经贸部门审批、备案；外商投资企业的合同、章程由外经贸部门审批、备案。其中,限制类限额以下的外商投资项目由省、自治区、直辖市及计划单列市人民政府的相应主管部门审批，同时报上级主管部门和行业主管部门备案，此类项目的审批权不得下放。属于服务贸易领域逐步开放的外商投资项目，按照国家有关规定审批。

涉及配额、许可证的外商投资项目,须先向外经贸部门申请配额、许可证。

法律、行政法规对外商投资项目的审批程序和办法另有规定的,依照其规定。

第十三条 对违反本规定审批的外商投资项目，上级审批机关应当自收到该项目的备案文件之日起30个工作日内予以撤销,其合同、章程无效,企业登记机关不予注册登记,海关不予办理进出口手续。

第十四条 外商投资项目申请人以欺骗等不正当手段,骗取项目批准的,根据情节轻重,依法追究法律责任;审批机关应当撤销对该项目的批准，并由有关主管机关依法作出相应的处理。

第十五条 审批机关工作人员滥用职权、玩忽职守的，依照刑法关于滥用职权罪、玩忽职守罪的规定，依法追究刑事责任；尚不够刑事处罚的，依法给予记大过以上的行政处分。

第十六条 华侨和香港特别行政区、澳门特别行政区、台湾地区的投资者举办的投资项目,比照本规定执行。

第十七条 本规定自2002年4月1日起施行。1995年6月7日国务院批准，1995年6月20日国家计划委员会、国家经济贸易委员会、对外贸易经济合作部发布的《指导外商投资方向暂行规定》同时废止。

外商投资产业指导目录

新的《外商投资产业指导目录》及附件业经国务院2002年3月4日批准,现予以发布,自2002年4月1日起施行。1997年12月29日国务院批准,1997年12月31日国家计委、国家经贸委和外经贸部发布的《外商投资产业指导目录》同时废止。

鼓励外商投资产业目录

一、农、林、牧、渔业

1. 中低产农田改造
2. 蔬菜(含食用菌、西甜瓜)、水果、茶叶无公害栽培技术及产品系列化开发、生产
3. 糖料、果树、花卉、牧草等农作物优质高产新技术、新品种(转基因品种除外)开发、生产
4. 花卉生产与苗圃基地的建设、经营
5. 农作物秸秆还田及综合利用、有机肥料资源的开发生产
6. 中药材种植、养殖(限于合资、合作)
7. 林木(竹)营造及良种培育
8. 天然橡胶、剑麻、咖啡种植
9. 优良种畜种禽、水产苗种繁育(不含我国特有的珍贵优良品种)
10. 名特优水产品养殖、深水网箱养殖
11. 防治荒漠化及水土流失的植树种草等生态环境保护工程建设、经营

二、采掘业

*1. 石油、天然气的风险勘探、开发
*2. 低渗透油气藏(田)的开发
*3. 提高原油采收率的新技术开发与应用
*4. 物探、钻井、测井、井下作业等石油勘探开发新技术的开发与应用
5. 煤炭及伴生资源勘探、开发
6. 煤层气勘探、开发
7. 低品位、难选冶金矿开采、选矿(限于合资、合作,在西部地区外商可独资)
8. 铁矿、锰矿勘探、开采及选矿
9. 铜、铅、锌矿勘探、开采(限于合资、合作,在西部地区外商可独资)
10. 铝矿勘探、开采(限于合资、合作,在西部地区外商可独资)
11. 硫、磷、钾等化学矿开采、选矿

三、制造业

(一)食品加工类

1. 粮食、蔬菜、水果、禽畜产品的储藏及加工
2. 水产品加工、贝类净化及加工、海藻功能食品开发
3. 果蔬饮料、蛋白饮料、茶饮料、咖啡饮料的开发、生产
4. 婴儿、老年食品及功能食品的开发、生产
5. 乳制品生产
6. 生物饲料、蛋白饲料的开发、生产

(二)烟草加工业

1. 二醋酸纤维素及丝束加工
2. 造纸法烟草薄片生产

(三)纺织业
1. 工程用特种纺织品生产
2. 高档织物面料的织染及后整理加工
(四)皮革、皮毛制品业
1. 猪、牛、羊蓝湿皮新技术加工
2. 皮革后整饰新技术加工
(五)木材加工及竹、藤、棕、草制品业
1. 林区"次、小、薪"材和竹材的综合利用新技术、新产品开发与生产
(六)造纸及纸制品业
1. 年产30万吨及以上化学木浆、年产10万吨及以上化学机械木浆(CTMP、BCTMP、APMP)和原料林基地的林木浆一体化工程的建设、经营(限于合资、合作)
2. 高档纸及纸板生产(新闻纸除外)
(七)石油加工及炼焦业
1. 针状焦、煤焦油深加工
2. 捣固焦、干熄焦生产
3. 重交通道路沥青生产
(八)化学原料及化学品制造业
1. 重油催化裂化制烯烃生产
2. 年产60万吨及以上规模乙烯生产(中方相对控股)
3. 乙烯副产品C5-C9产品的综合利用
4. 大型聚氯乙烯树脂生产(乙烯法)
5. 有机氯系列化工产品生产(高残留有机氯产品除外)
6. 基本有机化工原料:苯、甲苯、二甲苯(对、磷、间)衍生物产品的综合利用
7. 合成材料的配套原料:双酚A、4.4'二苯基甲烷二异氰酸酯、甲苯二异氰酸酯生产
8. 合成纤维原料:精对苯二甲酸、丙烯腈、己内酰胺、尼龙66盐生产
9. 合成橡胶:溶液丁苯橡胶、丁基橡胶、异戊橡胶、丁二烯法氯丁橡胶、聚氨酯橡胶、丙烯酸橡胶、氯醇橡胶生产
10. 工程塑料及塑料合金生产
11. 精细化工:催化剂、助剂及石油添加剂新产品、新技术,染(颜)料商品化加工技术,电子、造纸用高科技化学品,食品添加剂、饲料添加剂,皮革化学品、油田助剂,表面活性剂,水处理剂,胶粘剂,无机纤维、无机粉体填料生产
12. 纺织及化纤抽丝用助剂、油剂、染化料生产
13. 汽车尾气净化剂、催化剂及其他助剂生产
14. 天然香料、合成香料、单离香料生产
15. 高性能涂料生产
16. 氯化法钛白粉生产
17. 氟氯烃替代物生产
18. 大型煤化工产品生产
19. 林业化学产品新技术、新产品开发与生产
20. 烧碱用离子膜生产
21. 生物肥料、高浓度化肥(钾肥、磷肥)、复合肥料生产
22. 高效、低毒和低残留的化学农药原药新品种开发与生产
23. 生物农药开发与生产
24. 环保用无机、有机和生物膜开发与生产
25. 废气、废液、废渣综合利用和处理、处置
(九)医药制造业
1. 我国专利或行政保护的原料药及需进口的化学原料药生产
2. 维生素类:烟酸生产
3. 氨基酸类:丝氨酸、色氨酸、组氨酸等生产
4. 采用新技术设备生产解热镇痛药
5. 新型抗癌药物及新型心脑血管药生产
6. 新型、高效、经济的避孕药具生产
7. 采用生物工程技术生产的新型药物生产
8. 基因工程疫苗生产(艾滋病疫苗、丙肝疫苗、避孕疫苗等)
9. 海洋药物开发与生产
10. 艾滋病及放射免疫类等诊断试剂生产
11. 药品制剂:采用缓释、控释、靶向、透皮吸收等新技术的新剂型、新产品生产
12. 新型药用佐剂的开发应用
13. 中药材、中药提取物、中成药加工及生产(中药饮片传统炮制工艺技术除外)
14. 生物医学材料及制品生产
15. 兽用抗菌原料药生产(包括抗生素、化学合成类)
16. 兽用抗菌药、驱虫药、杀虫药、抗球虫药新产品及新剂型开发与生产
(十)化学纤维制造业
1. 差别化化学纤维及芳纶、氨纶、碳纤维等高新技术化纤生产
2. 粘胶无毒纺等环保型化纤的生产
3. 日产400吨及以上纤维及非纤维用聚酯生产
(十一)塑料制品业
1. 聚酰亚胺保鲜薄膜生产
2. 农膜新技术及新产品(光解膜、多功能膜及原料等)开发与生产
3. 废旧塑料的消解和再利用
(十二)非金属矿物制品业
1. 日熔化500吨级及以上优质浮法玻璃生产(限于中西部地区)
2. 日产2000吨及以上水泥熟料新型干法水泥生产(限于中西部地区)
3. 年产1万吨及以上玻璃纤维(池窑拉丝工艺生产线)及玻璃钢制品生产
4. 年产50万件及以上高档卫生瓷生产
5. 陶瓷原料的标准化精制、陶瓷用高档装饰材料生产
6. 玻璃、陶瓷、玻璃纤维窑炉用高档耐火材料生产
7. 无机非金属材料及制品生产(人工晶体、高性能复合材料、特种玻璃、特种陶瓷、特种密封材料、特种胶凝材料)
8. 新型建筑材料生产(轻质高强多功能墙体材料、高档环

保型装饰装修材料、优质防水密封材料、高效保温材料)
9. 非金属矿深加工(超细粉碎、高纯、精制、改性)
(十三)黑色金属冶炼及压延加工业
1. 宽厚板生产
2. 镀锌及耐高腐蚀性铝锌合金板、涂层板生产
3. 直接还原铁和熔融还原铁生产
4. 废钢加工
(十四)有色金属冶炼及压延加工业
1. 年产30万吨及以上氧化铝生产
2. 低品位、难选冶金矿冶炼(限于合资、合作,在西部地区外商可独资)
3. 硬质合金、锡化合物、锑化合物生产
4. 有色金属复合材料、新型合金材料生产
5. 稀土应用
(十五)金属制品业
1. 非金属制品模具设计、制造
2. 汽车、摩托车模具(含冲模、注塑模、模压模等)、夹具(焊装夹具、检验夹具等)设计、制造
3. 高档建筑五金件、水暖器材及五金件开发、生产
(十六)普通机械制造业
1. 三轴以上联动的数控机床、数控系统及伺服装置制造
2. 高性能焊接机器人和高效焊装生产设备制造
3. 耐高温绝缘材料(绝缘等级为F、H级)及绝缘成型件生产
4. 比例、伺服液压技术,低功率气动控制阀,填料静密封生产
5. 精冲模、精密型腔模、模具标准件生产
6. 精密轴承及各种主机专用轴承制造
7. 汽车、摩托车用铸锻毛坯件制造
(十七)专用设备制造业
1. 粮食、棉花、油料、蔬菜、水果、花卉、牧草、肉食品、水产品的贮藏、保鲜、分级、包装、干燥、运输、加工的新技术、新设备开发与制造
2. 设施农业设备制造
3. 农业、林业机具新技术设备制造
4. 拖拉机、联合收割机等农用发动机设计与制造
5. 农作物秸秆还田及综合利用设备制造
6. 农用废物的综合利用及规模化畜禽养殖废物的综合利用设备制造
7. 节水灌溉新技术设备制造
8. 湿地土方及清淤机械制造
9. 水生生态系统的环境保护技术、设备制造
10. 长距离调水工程的调度系统设备制造
11. 特种防汛抢险机械和设备制造
12. 食品行业的高速、无菌灌装设备、贴标机等关键设备制造
13. 氨基酸、酶制剂、食品添加剂等生产技术及关键设备制造
14. 10吨/小时及以上的饲料加工成套设备、关键部件生产
15. 卷筒纸和对开以上单纸张多色胶印机制造
16. 皮革后整饰新技术设备制造
17. 高技术含量的特种工业缝纫机制造
18. 新型纺织机械、新型造纸机械(含纸浆)等成套设备制造
19. 公路、港口新型机械设备设计与制造
20. 公路桥梁养护、自动检测设备制造
21. 公路隧道营运监控、通风、防灾和救助系统设备制造
22. 铁路大型施工及养护设备设计与制造
23. 园林机械、机具新技术设备制造
24. 城市环卫特种设备制造
25. 路面铣平、翻修机械设备制造
26. 隧道挖掘机、城市地铁暗挖设备制造
27. 8万吨/日及以上城市污水处理设备,工业废水膜处理设备,上流式压氧流化床设备和其他生物处理废水设备,废塑料再生处理设备,工业锅炉脱硫脱硝设备,大型耐高温、耐酸袋式除尘器制造,垃圾焚烧处理设备制造
28. 年产30万吨及以上合成氨、48万吨及以上尿素、45万吨及以上乙烯成套设备中的透平压缩机、混合造粒机制造
29. 火电站脱硫技术及设备制造
30. 薄板连铸机制造
31. 平板玻璃深加工技术及设备制造
32. 井下无轨采、装、运设备,100吨及以上机械传动矿用自卸车,移动式破碎机,3000立方米/小时及以上斗轮挖掘机,5立方米及以上矿用装载机,全断面巷道掘进机制造
33. 石油勘探开发新型仪器设备设计与制造
34. 机电井清洗设备制造和药物生产
35. 电子内窥镜制造
36. 具有高频技术、直接数字图象处理技术、辐射剂量小的80千瓦及以上医用X线机组制造
37. 高场强超导型磁共振成像装置(MRI)的制造
38. 单采血浆机制造
39. 全自动酶免系统(含加样、酶标、洗板、孵育、数据后处理等部分功能)设备制造
40. 药产品质量控制新技术、新设备制造
41. 中药有效物质分析的新技术、提取的新工艺、新设备开发与制造
42. 新型药品包装材料、容器及先进的制药设备制造
(十八)交通运输设备制造业
*1. 汽车、摩托车整车制造
2. 汽车、摩托车发动机制造
3. 汽车关键零部件制造:制动器总成、驱动桥总成、变速器、柴油机燃油泵、柴油机涡轮增压器、柴油车机外排放控制装置、滤清器(三滤)、等速万向节、减震器、组合仪表、专用高强度紧固件
4. 电子控制燃油喷射系统、电子控制制动防抱死系统、安全气囊及其他汽车电子设备系统制造

5. 摩托车关键零部件制造：化油器、磁电机、起动电机、盘式制动器
6. 石油工业专用沙漠车等特种专用车制造
7. 铁路运输技术设备：机车车辆及主要部件设计与制造，线路、桥梁设备设计与制造，高速铁路有关技术与设备制造，通信信号和运输安全监测设备制造，电气化铁路设备和器材制造
8. 城市快速轨道交通运输设备：地铁、城市轻轨的动车组及主要部件设计与制造
9. 民用飞机设计与制造（中方控股）
10. 民用飞机零部件制造
11. 民用直升机设计与制造（中方控股）
12. 航空发动机设计与制造（中方控股）
13. 民用航空机载设备设计与制造（中方控股）
14. 轻型燃气轮机制造
15. 船舶低速柴油机的曲轴设计与制造
16. 特种船、高性能船舶的修理、设计与制造（中方相对控股）
17. 船舶中高速柴油机、辅机、无线通讯、导航设备及配件设计与制造（中方相对控股）
18. 玻璃钢渔船、游艇制造

（十九）电气机械及器材制造业

1. 火电设备：60万千瓦及以上超临界机组、大型燃气轮机、10万千瓦及以上燃气－蒸汽联合循环发电设备、煤气化联合循环技术及装备（IGCC）、增压循环硫化床（PFBC）、60万千瓦及以上大型空冷机组（限于合资、合作）
2. 水电设备：15万千瓦及以上大型抽水蓄能机组、15万千瓦及以上大型贯流式机组制造（限于合资、合作）
3. 核电机组：60万千瓦及以上机组制造（限于合资、合作）
4. 输变电设备：500千伏及以上超高压直流输变电设备制造（限于合资、合作）

（二十）电子及通信设备制造业

1. 数字电视机、数字摄录机、数字录放机、数字放声设备制造
2. 新型平板显示器件、中高分辨率彩色显像管/显示管及玻壳生产
3. 数字音、视频编解码设备、数字广播电视演播室设备、数字有线电视系统设备，数字音频广播发射设备制造
4. 集成电路设计与线宽0.35微米及以下大规模集成电路生产
5. 大中型电子计算机、便携式微型计算机、高档服务器制造
6. 大容量光、磁盘驱动器及其部件开发与制造
7. 计算机辅助设计（三维CAD）、辅助测试（CAT）、辅助制造（CAM）、辅助工程（CAE）系统及其他计算机应用系统制造
8. 软件产品开发、生产
9. 半导体、元器件专用材料开发、生产
10. 电子专用设备、测试仪器、工模具制造
11. 新型电子元器件（片式元器件、敏感元器件及传感器、频率控制与选择元件、混合集成电路、电力电子器件、光电子器件、新型机电元件）生产
12. 无汞碱锰电池、动力镍氢电池、锂离子电池、高容量全密封免维护铅酸蓄电池、燃料电池、圆柱型锌空气电池等高技术绿色电池生产
13. 高密度数字光盘机用关键件开发与生产
14. 可记录光盘生产（CD－R、CD－RW、DVD－R、DVD－ARM）
15. 民用卫星设计与制造（中方控股）
16. 民用卫星有效载荷制造（中方控股）
17. 民用卫星零部件制造
18. 民用运载火箭设计与制造（中方控股）
19. 卫星通信系统设备制造
20. 卫星导航定位接收设备及关键部件制造（限于合资、合作）
21. 光纤预制棒制造
22. 622兆比/秒及以上数字微波同步系列传输设备制造
23. 10千兆比/秒以上光同步系列传输设备制造
24. 宽带接入网通信系统设备制造
25. 光交叉连接设备（OXC）制造
26. 异步转移模式（ATM）及IP数据通信系统制造
27. 移动通信系统（含GSM、CDMA、DCS1800、PHS、DECT、IMT2000等）手机、基站、交换设备及数字集群系统设备制造
28. 高端路由器、千兆比以上网络交换机开发、制造
29. 空中交通管制系统设备制造（限于合资、合作）

（二十一）仪器仪表及文化、办公用机械制造业

1. 数字照相机及关键件开发与生产
2. 精密在线测量仪器开发与制造
3. 安全生产及环保检测仪器新技术设备制造
4. 水质及烟气在线监测仪器的新技术设备制造
5. 水文数据采集、处理与传输和防洪预警仪器及设备制造
6. 新型仪表元器件和材料（主要指智能型仪用传感器、仪用接插件、柔性线路板、光电开关、接近开关等新型仪用开关、仪用功能材料等）生产
7. 新型打印装置（激光、喷墨打印机）制造
8. 精密仪器、设备维修与售后服务

（二十二）其他制造业

1. 洁净煤技术产品的开发利用（煤炭气化、液化、水煤浆、工业型煤）
2. 煤炭洗选及粉煤灰（包括脱硫石膏）、煤矸石等综合利用

四、电力、煤气及水的生产及供应业

1. 单机容量30万千瓦及以上火电站的建设、经营
2. 煤洁净燃烧技术电站的建设、经营
3. 热电联产电站的建设、经营
4. 天然气发电站的建设、经营

5. 发电为主水电站的建设、经营
6. 核电站的建设、经营(中方控股)
7. 新能源电站的建设、经营(包括太阳能、风能、磁能、地热能、潮汐能、生物质能等)
8. 城市供水厂建设、经营

五、水利管理业

1. 综合水利枢纽的建设、经营(中方相对控股)

六、交通运输、仓储及邮电通信业

1. 铁路干线路网的建设、经营(中方控股)
2. 支线铁路、地方铁路及其桥梁、隧道、轮渡设施的建设、经营(限于合资、合作)
3. 公路、独立桥梁和隧道的建设、经营
4. 港口公用码头设施的建设、经营
5. 民用机场的建设、经营(中方相对控股)
6. 航空运输公司(中方控股)
7. 农、林、渔业通用航空公司(限于合资、合作)

*8. 定期、不定期国际海上运输业务
*9. 国际集装箱多式联运业务
*10. 公路货物运输公司

11. 输油(气)管道、油(气)库及石油专用码头的建设、经营
12. 煤炭管道运输设施的建设、经营
13. 运输业务相关的仓储设施建设、经营

七、批发和零售贸易业

*1. 一般商品的批发、零售、物流配送

八、房地产业

1. 普通住宅的开发建设

九、社会服务业

(一)公共设施服务业

1. 城市封闭型道路建设、经营
2. 城市地铁及轻轨的建设、经营(中方控股)
3. 污水、垃圾处理厂、危险废物处理处置厂(焚烧厂、填埋场)及环境污染治理设施的建设、经营

(二)信息、咨询服务业

1. 国际经济、科技、环保信息咨询服务

*2. 会计、审计

十、卫生、体育和社会福利业

1. 老年人、残疾人服务

十一、教育、文化艺术及广播电影电视业

1. 高等教育机构(限于合资、合作)

十二、科学研究和综合技术服务业

1. 生物工程与生物医学工程技术
2. 同位素、辐射及激光技术
3. 海洋开发及海洋能开发技术
4. 海水淡化及利用技术
5. 海洋监测技术
6. 节约能源开发技术
7. 资源再生及综合利用技术
8. 环境污染治理及监测技术
9. 防沙漠化及沙漠治理技术
10. 民用卫星应用技术
11. 研究开发中心
12. 高新技术、新产品开发与企业孵化中心

十三、产品全部直接出口的允许类外商投资项目

限制外商投资产业目录

一、农、林、牧、渔业

1. 粮食(包括马铃薯)、棉花、油料种子开发生产(中方控股)
2. 珍贵树种原木加工(限于合资、合作)

二、采掘业

1. 钨、锡、锑、钼、重晶石、萤石等矿产勘查、开采(限于合资、合作)
2. 贵金属(金、银、铂族)勘查、开采
3. 金刚石等贵重非金属矿的勘查、开采
4. 特种、稀有煤种勘查、开发(中方控股)
5. 硼镁石及硼镁铁矿石开采
6. 天青石开采

三、制造业

(一)食品加工业

1. 黄酒、名优白酒生产
2. 外国牌号碳酸饮料生产
3. 糖精等合成甜味剂生产
4. 油脂加工

(二)烟草加工业

1. 卷烟、过滤嘴棒生产

(三)纺织业

1. 毛纺、棉纺
2. 缫丝

(四)印刷及复制业

1. 出版物印刷(中方控股,包装装潢印刷除外)

(五)石油加工及炼焦业

1. 炼油厂建设、经营

(六)化学原料及化学制品制造业

1. 离子膜烧碱生产
2. 感光材料生产
3. 联苯胺生产
4. 易制毒化学品生产(麻黄素、3,4－亚基二氧苯基－2－丙酮、苯乙酸、1－苯基－2－丙酮、胡椒醛、黄樟脑、异黄樟脑、醋酸酐)
5. 硫酸法钛白粉生产
6. 硼镁铁矿石加工
7. 钡盐生产

(七)医药制造业

1. 氯霉素、青霉素G、洁霉素、庆大霉素、双氢链霉素、丁胺卡那霉素、盐酸四环素、土霉素、麦迪霉素、柱晶白霉素、环丙氟哌酸、氟哌酸、氟嗪酸生产

2. 安乃近、扑热息痛、维生素B1、维生素B2、维生素C、维生素E生产
3. 国家计划免疫的疫苗、菌苗类及抗毒素、类毒素类(卡介苗、脊髓灰质炎、白百破、麻疹、乙脑、流脑疫苗等)生产
4. 成瘾性麻醉药品及精神药品原料药生产(中方控股)
5. 血液制品的生产
6. 非自毁式一次性注射器、输液器、输血器及血袋生产

(八)化学纤维制造业

1. 常规切片纺的化纤抽丝生产
2. 单线能力在2万吨/年以下粘胶短纤维生产
3. 日产400吨以下纤维及非纤维用聚酯生产,氨纶生产

(九)橡胶制品业

1. 斜交轮胎、旧轮胎翻新(子午线轮胎除外)及低性能工业橡胶配件生产

(十)有色金属冶炼及压延加工业

1. 稀土冶炼、分离(限于合资、合作)

(十一)普通机械制造业

1. 集装箱生产
2. 中小型普通轴承制造
3. 50吨以下汽车起重机制造(限于合资、合作)

(十二)专用设备制造业

1. 中低档B型超声显像仪制造
2. 一般涤轮长丝、短纤维设备制造
3. 320马力以下履带式推土机、3立方米以下轮式装载机制造(限于合资、合作)

(十三)电子及通信设备制造业

1. 卫星电视接收机及关键件生产

四、电力、煤气及水的生产和供应业

1. 单机容量30万千瓦以下以发电为主的常规燃煤火电厂的建设、经营(小电网除外)

五、交通运输、仓储及邮电通信业

1. 公路旅客运输公司
*2. 出入境汽车运输公司
*3. 水上运输公司
*4. 铁路货物运输公司
5. 铁路旅客运输公司(中方控股)
6. 摄影、探矿、工业等通用航空公司(中方控股)
*7. 电信公司

六、批发和零售贸易业

*1. 商品交易、直销、邮购、网上销售、特许经营、委托经营、销售代理、商业管理等各类商业公司,以及粮、棉、植物油、食糖、药品、烟草、汽车、原油、农业生产资料的批发、零售、物流配送
*2. 图书、报纸、期刊的批发、零售业务
*3. 音像制品(除电影外)的分销
4. 商品拍卖
*5. 货物租赁公司
*6. 代理公司(船舶、货运、外轮理货、广告等)
*7. 成品油批发及加油站建设、经营
8. 对外贸易公司

七、金融、保险业

1. 银行、财务公司、信托投资公司
*2. 保险公司
*3. 证券公司、证券投资基金管理公司
4. 金融租赁公司
5. 外汇经济
*6. 保险经纪公司

八、房地产业

1. 土地成片开发(限于合资、合作)
2. 高档宾馆、别墅、高档写字楼和国际会展中心的建设、经营

九、社会服务业

(一)公共设施服务业

1. 大中城市燃气、热力和供排水管网的建设、经营(中方控股)

(二)信息、咨询服务业

1. 法律咨询

十、卫生、体育和社会福利业

1. 医疗机构(限于合资、合作)
2. 高尔夫球场的建设、经营

十一、教育、文化艺术及广播电影电视业

1. 高中阶段教育机构(限于合资、合作)
2. 电影院的建设、经营(中方控股)

十二、科学研究和综合技术服务

1. 测绘公司(中方控股)
*2. 进出口商品检验、鉴定、认证公司

十三、国家和我国缔结或者参加的国际条约规定限制的其他产业

禁止外商投资产业目录

一、农、林、牧、渔业

1. 我国稀有的珍贵优良品种的养殖、种植(包括种植业、畜牧业、水产业的优良基因)
2. 转基因植物种子生产、开发
3. 我国管辖海域及内陆水域水产品捕捞

二、采掘业

1. 放射性矿产的勘查、开采、选矿
2. 稀土勘查、开采、选矿

三、制造业

(一)食品加工业

1. 我国传统工艺的绿茶及特种茶加工(名茶、黑茶等)

(二)医药制造业

1. 列入国家保护资源的中药材加工(麝香、甘草、黄麻草等)
2. 传统中药饮片炮制技术的应用及中成药秘方产品的生产

(三)有色金属冶炼及压延加工业

1. 放射性矿产的冶炼、加工
(四)武器弹药制造业
(五)其他制造业
1. 象牙雕刻
2. 虎骨加工
3. 脱胎漆器生产
4. 珐琅制品生产
5. 宣纸、墨锭生产
6. 致癌、致畸、致突变产品和持久性有机污染物产品生产

四、电力、煤气及水的生产和供应业

1. 电网的建设、经营

五、交通运输、仓储及邮电通信业

1. 空中交通管制公司
2. 邮政公司

六、金融、保险业

1. 期货公司

七、社会服务业

1. 国家保护的野生动植物资源开发
2. 动植物自然保护区的建设、经营
3. 博彩业(含赌博类跑马场)
4. 色情业

八、教育、文化艺术及广播电影电视业

1. 基础教育(义务教育)机构
2. 图书、报纸、期刊的出版、总发行和进口业务
3. 音像制品和电子出版物的出版、制作、总发行和进口业务
4. 新闻机构
5. 各级广播电台(站)、电视台(站)、广播电视传输覆盖网(发射台、转播台、广播电视卫星、卫星上行站、卫星收转站、微波站、监测台、有线广播电视传输覆盖网)
6. 广播电视节目制作、出版、发行及播放公司
7. 电影制片、发行公司
8. 录像放映公司

九、其他行业

1. 危害军事设施安全和使用效能的项目

十、国家和我国缔结或者参加的国际条约规定禁止的其他产业

注:标*的条目与我国加入世界贸易组织的承诺有关,具体内容见附件。

《外商投资产业指导目录》附件

一、鼓励类

1. 石油、天然气的风险勘探、开发:限于合作
2. 低渗透油气藏(田)的开发:限于合作
3. 提高原油采收率的新技术开发与应用:限于合作
4. 物探、钻井、测井、井下作业等石油勘探开发新技术的开发与应用:限于合作
5. 汽车、摩托车整车制造:外资比例不超过50%
6. 定期、不定期国际海上运输业务:外资比例不超过49%
7. 国际集装箱多式联运:外资比例不超过50%;不迟于2002年12月11日允许外方控股;不迟于2005年12月11日允许外方独资
8. 公路货物运输公司:不迟于2002年12月11日允许外方控股;不迟于2004年12月11日允许外方独资
9. 一般商品的批发、零售、物流配送:限定条件见限制类第(五)
10. 会计、审计:限于合作、合伙

二、限制类

(一)出入境汽车运输公司:不迟于2002年12月11日允许外方控股,不迟于2004年12月11日允许外方独资
(二)水上运输公司:外资比例不超过49%
(三)铁路货物运输公司:外资比例不超过49%;不迟于2004年12月11日允许外方控股;不迟于2007年12月11日允许外方独资
(四)电信公司
1. 增值电信、基础电信中的寻呼服务:自2001年12月11日起允许外商投资,外资比例不超过30%;不迟于2002年12月11日允许外资比例不超过49%;不迟于2003年12月11日允许外资比例达50%
2. 基础电信中的移动话音和数据服务:自2001年12月11日起允许外商投资,外资比例不超过25%;不迟于2002年12月11日外资比例不超过35%;不迟于2004年12月11日允许外资比例达49%;不迟于2006年12月11日允许外方独资
3. 基础电信中的国内业务、国际业务:不迟于2004年12月11日允许外商投资,外资比例不超过25%;不迟于2006年12月11日允许外资比例达35%;不迟于2007年12月11日允许外资比例达49%
(五)商品交易、直销、邮购、网上销售、特许经营、委托经营、销售代理、商业管理等各类商业公司,以及粮、棉、植物油、食糖、药品、烟草、汽车、原油、农业生产资料的批发、零售、物流配送;图书、报纸、期刊的批发、零售业务;成品油批发及加油站建设、经营
1. 佣金代理、批发(不包括盐、烟草):不迟于2002年12月11日允许外商投资,外资比例可达50%,但不允许经营书报杂志、药品、农药、农膜、化肥、成品油、原油;不迟于2003年12月11日允许外方控股;不迟于2004年12月11日允许外方独资,允许经营书报杂志、药品、农药、农膜;不迟于2006年12月11日允许经营化肥、成品油、原油
2. 零售(不包括烟草):允许外商投资,但不允许经营书报杂志、药品、农药、农膜、化肥、成品油;不迟于2002年12月11日允许外资比例可达50%,允许经营书报杂志;不迟于2003年12月11日允许外方控股;不迟于2004年12月11日允许外方独资,允许经营药品、农药、农膜、成品油;不迟于2006年12月11日允许经营化肥。经营产品包括汽车(不迟于2006年12月11日取消限制)、书报杂志、药品、农

药、农膜、成品油、化肥、粮食、植物油、食糖、烟草、棉花的超过 30 家分店的连锁店不允许外方控股

3. 特许经营和无固定地点的批发、零售：不迟于 2004 年 12 月 11 日允许外商投资

(六)音像制品(除电影外)的分销：限于合作，中方控股

(七)货物租赁公司：不迟于 2002 年 12 月 11 日允许外方控股，不迟于 2004 年 12 月 11 日允许外方独资

(八)代理公司

1. 船舶：外资比例不超过 49%

2. 货运(不包括邮政部门专营服务的业务)：外资比例不超过 50%（速递服务不超过 49%）；不迟于 2002 年 12 月 11 日允许外方控股；不迟于 2005 年 12 月 11 日允许外方独资

3. 外轮理货：限于合资、合作

4. 广告：外资比例不超过 49%；不迟于 2003 年 12 月 11 日允许外方控股；不迟于 2005 年 12 月 11 日允许外方独资

(九)保险公司

1. 非寿险保险公司：外资比例不超过 51%；不迟于 2003 年 12 月 11 日允许外方独资

2. 寿险保险公司：外资比例不超过 50%

(十)证券公司、证券投资基金管理公司

1. 证券公司：不迟于 2004 年 12 月 11 日允许外商投资，外资比例不超过 1/3

2. 证券投资基金管理公司：允许外商投资，外资比例不超过 33%；不迟于 2004 年 12 月 11 日允许外资比例达 49%

(十一)保险经纪公司：外资比例不超过 50%；不迟于 2004 年 12 月 11 日允许外资比例达 51%；不迟于 2006 年 12 月 11 日允许外方独资

(十二)进出口商品检验、鉴定、认证公司：不迟于 2003 年 12 月 11 日允许外方控股；不迟于 2005 年 12 月 11 日允许外方独资。

2001 年外商投资企业进出口总值

单位：千美元

外商投资企业	进出口总额	出口	进口	累计比去年同期 ±%		
				进出口	出口	进口
合　计	259097965	133235064	125862901	9.5	11.6	7.3
中外合作企业	17914868	10177332	7737536	-2.9	2.5	-9.1
中外合资企业	110457390	54085944	56371446	5.6	7.5	3.8
外商独资企业	130725706	68971787	61753919	15.1	16.5	13.5
北京市	8644742	3238717	5406025	11.3	12.8	10.4
中外合作企业	186682	48844	137838	2.5	34.9	-5.5
中外合资企业	7344690	2734678	4610011	5.8	7.1	5.0
外商独资企业	1113370	455194	658176	73.2	61.6	82.2
天津市	14341850	7102962	7238888	4.7	11.3	-1.0
中外合作企业	250010	127986	122025	-1.2	-5.5	3.8
中外合资企业	5511948	2632375	2879573	15.5	19.1	12.4
外商独资企业	8579892	4342601	4237291	-1.0	7.7	-8.6
河北省	1803446	1142285	661162	14.0	12.8	16.2
中外合作企业	116533	86663	29870	43.8	42.6	47.1
中外合资企业	1264045	791237	472808	11.7	11.0	13.0
外商独资企业	422868	264385	158483	14.6	10.8	21.7
山西省	262151	154456	107694	-37.4	1.6	-59.6
中外合作企业	73408	1764	71644	-68.7	16.2	-69.2
中外合资企业	169091	139560	26530	-1.5	-5.1	19.9
外商独资企业	19653	13132	6520	54.5	274.1	-29.2
内蒙古自治区	178526	128944	49582	-1.7	-6.6	13.8
中外合作企业	35323	26291	9032	-28.6	-40.9	80.5
中外合资企业	97975	65342	30633	-1.9	2.5	-10.2
外商独资企业	47228	37311	9918	38.0	25.4	121.4
辽宁省	12205781	6299688	5906093	-0.7	0.9	-2.4
中外合作企业	333723	208803	124920	13.2	8.5	22.2
中外合资企业	6808773	3192771	3616003	0.8	2.0	-0.2
外商独资企业	5063285	2898115	2165171	-3.5	-0.8	-6.9

续表 1

单位：千美元

外商投资企业	进出口总额	出　　口	进　　口	累计比去年同期±%		
				进出口	出　口	进　口
吉林省	1492597	427869	1064727	32.9	9.2	45.7
中外合作企业	39313	22229	17084	16.8	8.3	29.9
中外合资企业	1270182	277687	992495	39.1	13.5	48.4
外商独资企业	183101	127954	55148	4.3	0.9	13.1
黑龙江省	452304	259338	192966	-4.5	-2.8	-6.7
中外合作企业	2367	1496	871	50.7	33.8	92.4
中外合资企业	384867	218096	166771	-4.1	-2.9	-5.6
外商独资企业	65070	39746	25324	-7.8	-3.0	-14.4
上海市	36796987	15958559	20838428	10.1	11.9	8.8
中外合作企业	2994440	1705485	1288954	-8.4	-1.8	-15.8
中外合资企业	18063886	7916088	10147798	4.8	6.7	3.3
外商独资企业	15738661	6336985	9401676	22.0	24.2	20.6
江苏省	34191320	16642171	17549148	13.3	15.1	11.6
中外合作企业	399836	216062	183774	-5.1	-5.2	-4.9
中外合资企业	13144918	6303257	6841661	3.9	9.2	-0.7
外商独资企业	20646565	10122852	10523712	20.7	19.7	21.7
浙江省	11871464	7099302	4772162	26.4	32.7	18.1
中外合作企业	224219	124294	99925	25.6	21.5	31.2
中外合资企业	8298663	4983072	3315591	30.2	38.0	20.0
外商独资企业	3348583	1991936	1356647	18.0	21.9	12.8
安徽省	991424	431124	560300	4.6	7.8	2.3
中外合作企业	10255	4299	5957	161.5	168.2	156.9
中外合资企业	629732	271290	358442	-1.4	3.8	-5.1
外商独资企业	351437	155535	195901	15.2	13.5	16.6
福建省	15034770	8288089	6746680	7.0	9.1	4.4
中外合作企业	151721	86604	65117	30.8	32.3	28.9
中外合资企业	4169591	2319136	1850455	3.2	5.2	0.9
外商独资企业	10713457	5882348	4831108	8.2	10.4	5.6
厦门经济特区	4605589	2573168	2032422	4.0	2.9	5.5
中外合作企业	48705	19272	29433	1104.6	893.5	1299.3
中外合资企业	1269767	679464	590303	-16.1	-17.1	-14.9
外商独资企业	3287117	1874432	1412686	12.9	11.6	14.8
江西省	280525	112326	168198	-11.9	-31.1	8.4
中外合作企业	5118	3332	1786	0.7	7.8	-10.4
中外合资企业	191683	50958	140725	-20.6	-53.9	7.6
外商独资企业	83724	58037	25687	16.5	17.2	14.9
山东省	16265028	9235778	7029249	16.8	16.5	17.2
中外合作企业	689448	359735	329714	11.9	6.9	18.0
中外合资企业	7064442	3882424	3182019	17.2	15.3	19.6
外商独资企业	8511137	4993620	3517517	16.9	18.2	15.0
河南省	596994	313962	283032	3.5	1.6	5.6
中外合作企业	4131	3669	462	-19.4	-23.8	46.6
中外合资企业	507116	246672	260444	2.3	-1.3	6.0
外商独资企业	85747	63621	22126	12.8	17.6	0.7

续表 2

单位：千美元

外商投资企业	进出口总额	出　口	进　口	累计比去年同期±%		
				进出口	出　口	进　口
湖北省	1317245	500643	816602	25.8	16.5	32.3
中外合作企业	7529	2982	4547	8.7	-41.4	148.0
中外合资企业	1174701	410443	764258	22.7	5.7	34.4
外商独资企业	135014	87217	47796	63.0	141.8	2.2
湖南省	559622	212561	347061	17.3	16.5	17.8
中外合作企业	9350	3652	5698	-22.0	-27.1	-18.3
中外合资企业	466367	155843	310524	19.5	19.3	19.6
外商独资企业	83904	53066	30839	12.0	13.4	9.6
广东省	98632274	54373839	44258436	7.2	9.8	4.1
中外合作企业	12091555	6888528	5203027	-2.2	2.9	-8.3
中外合资企业	31505519	16689893	14815626	-2.6	0.4	-5.7
外商独资企业	55035201	30795417	24239783	16.3	17.6	14.7
深圳经济特区	22344237	12351001	9993236	5.0	9.9	-0.4
中外合作企业	1209269	772322	436946	-10.2	14.6	-35.0
中外合资企业	9605487	5557498	4047989	-10.8	-3.3	-19.4
外商独资企业	11529481	6021181	5508300	25.8	24.9	26.9
珠海经济特区	4069645	2161309	1908336	7.3	10.2	4.2
中外合作企业	308884	160340	148544	-11.4	-10.8	-12.0
中外合资企业	735298	212273	523025	-10.5	-21.7	-5.0
外商独资企业	3025463	1788695	1236767	15.4	18.3	11.3
汕头经济特区	1095126	512812	582314	1.3	1.9	0.8
中外合作企业	61764	33028	28736	-13.8	-8.9	-18.8
中外合资企业	390738	103398	287340	-3.2	0.7	-4.6
外商独资企业	642624	376385	266239	6.1	3.3	10.3
广西壮族自治区	462411	243528	218883	-16.4	-28.6	3.1
中外合作企业	20585	4618	15967	-59.8	-63.8	-58.4
中外合资企业	330704	179179	151525	-17.7	-34.6	18.9
外商独资企业	111123	59731	51392	10.6	10.5	10.6
海南省	809613	300391	509223	76.0	-1.4	227.9
中外合作企业	228642	223598	5043	0.5	0.4	3.5
中外合资企业	471110	12731	458380	314.2	3.0	352.2
外商独资企业	109861	64062	45800	-7.5	-8.1	-6.6
四川省	667345	239970	427375	8.5	-2.1	15.5
中外合作企业	4836	1628	3208	-23.9	-27.5	-22.0
中外合资企业	571458	199974	371483	6.8	-2.9	12.9
外商独资企业	91051	38368	52683	23.0	3.8	42.3
重庆市	313462	92280	221182	-3.2	-4.5	-2.7
中外合作企业	8694	7454	1240	-38.2	15.7	-83.7
中外合资企业	255371	69787	185584	-3.5	12.3	-8.4
外商独资企业	49397	15039	34358	9.5	-46.4	101.8
贵州省	63242	44230	19012	11.2	10.3	13.3
中外合作企业	938	552	387	-40.6	42.5	-67.6
中外合资企业	48343	36227	12116	2.8	13.4	-19.6
外商独资企业	13961	7451	6510	68.6	-4.1	1173.3

续表 3

单位：千美元

外商投资企业	进出口总额	出　　口	进　　口	累计比去年同期±%		
				进出口	出　口	进　口
云南省	211896	109518	102379	7.8	35.0	-11.3
中外合作企业	9566	4916	4650	268.8	377.8	197.1
中外合资企业	167088	85930	81158	2.7	33.7	-17.5
外商独资企业	35242	18672	16570	12.5	18.1	6.8
西藏自治区	2363	2174	189	-62.7	-44.1	-92.3
中外合作企业	812	812	0	-84.5	-70.8	-100.0
外商独资企业	1551	1363	189	39.9	22.9	——
陕西省	365995	108080	257915	3.3	-6.9	8.3
中外合作企业	3037	2080	957	-46.0	-46.2	-45.5
中外合资企业	335190	91514	243677	2.5	-4.4	5.4
外商独资企业	27768	14487	13281	27.6	-12.5	155.5
甘肃省	89100	52938	36162	57.5	38.1	98.2
中外合作企业	8958	8810	148	43.8	46.7	-33.7
中外合资企业	64584	30121	34463	68.4	27.3	134.4
外商独资企业	15557	14007	1551	29.8	61.6	-53.4
青海省	23273	1535	21738	151.7	-24.1	200.8
中外合作企业	473	——	473	490.6	——	490.6
中外合资企业	20216	167	20049	169.5	-65.5	185.7
外商独资企业	2584	1368	1216	55.0	-11.1	844.3
宁夏回族自治区	74426	59034	15392	21.5	37.5	-15.9
中外合作企业	935	935	——	147.4	147.4	——
中外合资企业	67843	52758	15085	18.5	35.2	-17.3
外商独资企业	5648	5341	307	55.6	50.3	304.4
新疆维吾尔族自治区	95789	58772	37017	-17.1	-35.6	51.8
中外合作企业	3240	24	3216	1180.3	57.0	1253.4
中外合资企业	58483	45922	12561	-36.7	-35.1	-42.2
外商独资企业	34066	12826	21240	49.0	-37.3	786.9

2000 至 2001 年度
中国最大的 500 家外商投资企业名录

单位：万元

名次	公　司　名　称	销售收入
1	摩托罗拉(天津)电子有限公司	3128888
2	上海大众汽车有限公司	2869751
3	广东移动通信有限责任公司	2551343
4	中海石油中国有限公司	1890955
5	上海上汽大众汽车销售有限公司	1586669
6	一汽大众汽车有限公司	1579687
7	大连西太平洋石油化工有限公司	1300000
8	南京爱立信通信有限公司	987305

续表 1

单位：万元

名次	公　司　名　称	销售收入
9	浙江移动通信有限责任公司	971802
10	康佳集团股份有限公司	901655
11	中国国际海运集装箱(集团)股份有限公司	895427
12	上海通用汽车有限公司	884678
13	冠捷电子(福建)有限公司	779086
14	上海西门子移动通信有限公司	771701
15	广州本田汽车有限公司	754501
16	长城国际信息产品(深圳)有限公司	722405

续表 2 单位：万元

名次	公司名称	销售收入
17	广东核电合营有限公司	697362
18	山东国际电源开发股份有限公司	686254
19	TCL 王牌电器(惠州)有限公司	685972
20	东莞诺基亚移动电话有限公司	682891
21	上海贝尔有限公司	649663
22	金光纸业(锡山)有限公司	625080
23	沈阳金杯客车制造有限公司	616456
24	苏州飞利浦消费电子有限公司	614384
25	神龙汽车有限公司	613616
26	福建移动通信有限责任公司	550305
27	希捷国际科技(无锡)有限公司	514251
28	东莞三星电机有限公司	513616
29	广东广合电力有限公司	513243
30	上海真空电子器件股份有限公司	505565
31	旭电(苏州)科技有限公司	503973
32	深圳希捷科技有限公司	493597
33	爱普生技术(深圳)有限公司	491798
34	河南移动通信有限责任公司	486242
35	杭州娃哈哈保健食品有限公司	482821
36	兖州煤业股份有限公司	478058
37	庆铃汽车股份有限公司	468316
38	顺德顺达电脑厂有限公司	451618
39	江苏金东纸业有限公司	450807
40	上海永新彩色显像管有限公司	444045
41	华飞彩色显示系统有限公司	441829
42	上海惠普有限公司	420885
43	广东北电通信设备有限公司	402180
44	戴尔计算机(中国)有限公司	398998
45	深圳创维－RGB 电子有限公司	393847
46	深圳开发科技股份有限公司	386411
47	乐金电子(惠州)有限公司	384818
48	天津三星电机有限公司	382365
49	佳能珠海有限公司	379040
50	广州宝洁有限公司	376863
51	苏州爱普生有限公司	376831
52	明基电通信息技术有限公司	372290
53	重庆钢铁股份有限公司	372276
54	上海上菱电器股份有限公司	362828
55	湛江东兴石油企业有限公司	356001
56	沈阳兴远东汽车零部件有限公司	355388
57	友利电子(深圳)有限公司	354887
58	天津创业环保股份有限公司	350074
59	乐百氏(广东)饮用水有限公司	347854
60	厦门华侨电子股份有限公司	344791
61	夏普办公设备(常熟)有限公司	338313
62	上海索广电子有限公司	334551

续表 3 单位：万元

名次	公司名称	销售收入
63	柯达(中国)股份有限公司	333943
64	北京诺基亚航星通讯系统有限公司	333737
65	哈尔滨哈飞汽车制造有限公司	333402
66	东莞福安纺织印染有限公司	330915
67	乐金电子(天津)电器有限公司	330776
68	中海发展股份有限公司	327143
69	上海锦江麦德龙购物中心有限公司	321576
70	大连东芝电视有限公司	320000
71	华源凯马机械股份有限公司	317936
72	顺德格兰仕电器实业有限公司	317884
73	上海汇众汽车制造有限公司	316011
74	北京国际交换系统有限公司	314390
75	深圳海量存储设备有限公司	312845
76	上海索广映像有限公司	310861
77	天津三星电子显示器有限公司	309211
78	张家港保税区东海粮油工业有限公司	308606
79	韶关钢铁有限公司	305768
80	五羊—本田摩托(广州)有限公司	304716
81	联合利华服务(上海)有限公司	304029
82	诺基亚(苏州)电信有限公司	301123
83	金纸源贸易(上海)有限公司	299537
84	惠普计算机产品(上海)有限公司	299380
85	深圳三洋华强激光电子有限公司	294701
86	上海氯碱化工股份有限公司	294237
87	青岛朗讯科技通讯设备有限公司	291847
88	招商局蛇口控股股份有限公司	291723
89	翔鹭涤纶纺纤(厦门)有限公司	291017
90	信华精机有限公司	290725
91	广东福地科技股份有限公司	290670
92	北京松下彩色显像管有限公司	290139
93	杭州摩托罗拉移动通信设备有限公司	288472
94	伟创力实业(深圳)有限公司	284976
95	河南安阳彩色显像管玻壳有限公司	283126
96	江铃汽车股份有限公司	282516
97	才众电脑(深圳)有限公司	282055
98	天津三星电管有限公司	281342
99	南京依维柯汽车有限公司	275882
100	东南(福建)汽车工业有限公司	271426
101	上海轮胎橡胶(集团)股份有限公司	270288
102	三宝电脑(沈阳)有限公司	269982
103	苏州罗技电子有限公司	269881
104	飞利浦桑达消费通信(深圳)有限公司	269862
105	上海三菱电梯有限公司	269721
106	宁波中华纸业有限公司	269348
107	UT 斯达康(中国)有限公司	266394
108	华懋双汇实业(集团)有限公司	264102

续表 4 单位:万元

名次	公司名称	销售收入
109	吉林德大有限公司	260438
110	青岛海尔空调电子有限公司	257709
111	杭州东信移动电话有限公司	256444
112	唯冠科技(深圳)有限公司	254540
113	仁宝电脑工业(中国)有限公司	252184
114	厦门灿坤实业股份有限公司	250614
115	安利(中国)日用品有限公司	247443
116	张家港浦项不锈钢有限公司	246194
117	上海雀巢产品服务有限公司	246059
118	深圳三星视界有限公司	245314
119	三洋电机(蛇口)有限公司	244886
120	广州钢铁股份有限公司	244473
121	上海朗讯科技通信设备有限公司	242717
122	飞利浦电子(上海)有限公司	241650
123	山东晨鸣纸业集团股份有限公司	241147
124	松下电器(中国)有限公司	240361
125	理光(深圳)工业发展有限公司	239565
126	伟创力科技(珠海)有限公司	239086
127	珠海九丰阿科能源有限公司	238250
128	浙江雕牌家庭清洁用品有限公司	237254
129	联想(上海)有限公司	236874
130	上海联家超市有限公司	235269
131	南京爱立信熊猫移动终端有限公司	230292
132	重庆长安铃木汽车有限公司	229526
133	北京松下通信设备有限公司	229337
134	上海光明乳业有限公司	227983
135	南海油脂工业(赤湾)有限公司	226241
136	东风本田发动机有限公司	226172
137	广州广船国际股份有限公司	222227
138	安太堡露天煤矿	220202
139	惠州三星电子有限公司	219307
140	西安杨森制药有限公司	218379
141	UT 斯达康(杭州)通讯有限公司	217933
142	广东科龙冰箱有限公司	216107
143	佛山普立华照相机有限公司	213760
144	松下电器机电(深圳)有限公司	213402
145	深圳华安液化石油气有限公司	211149
146	乐金曙光电子有限公司	206760
147	深圳南方中集集装箱制造有限公司	206436
148	金隆铜业有限公司	204268
149	惠普贸易(上海)有限公司	203446
150	山东华能发电股份有限公司	201068
151	联合利华股份有限公司	200650
152	富金精密工业(深圳)有限公司	200516
153	深圳国际商业机器技术产品有限公司	200504
154	北京吉普汽车有限公司	200143

续表 5 单位:万元

名次	公司名称	销售收入
155	深圳赛格日立彩电显示器件有限公司	199252
156	河南新飞电器有限公司	198198
157	鸿富锦精密工业(深圳)有限公司	198100
158	深圳华为信息技术有限公司	196645
159	深圳长科国际电子有限公司	196378
160	东莞普思电子有限公司	194351
161	上海益昌薄板有限公司	193888
162	上海夏普电器有限公司	192494
163	深圳三九药业有限公司	191244
164	江苏利港电力有限公司	191210
165	深圳妈湾电力有限公司	189326
166	顺德美的冷气机制造有限公司	187039
167	上海旭电子玻璃有限公司	185429
168	BECKBURY 国际有限公司	184368
169	唐山国丰钢铁有限公司	183073
170	内蒙古鄂尔多斯羊绒制品股份有限公司	182782
171	上海美蓓亚精密机电有限公司	182649
172	爱立信(中国)有限公司	182502
173	艾睿电子(上海)有限公司	182049
174	青岛啤酒股份有限公司	181807
175	浙江美可达摩托车有限公司	178378
176	西门子国际贸易(上海)有限公司	178358
177	上海华虹 NEC 电子有限公司	177296
178	张家港沙太钢铁有限公司	175682
179	上海冰箱压缩机股份有限公司	175677
180	上海日立电器有限公司	174098
181	广深珠高速公路有限公司	173253
182	广州高露洁棕榄有限公司	172352
183	上海贝尔阿尔卡特移动通信系统有限公司	171286
184	天津三美电机有限公司	171171
185	东芝复印机(深圳)有限公司	169944
186	陕西渭河发电有限公司	167713
187	长飞光纤光缆有限公司	167269
188	上海理光办公设备有限公司	167065
189	杭州中策橡胶有限公司	166513
190	南京华新电线电缆有限公司	166445
191	江铃五十铃汽车有限公司	166040
192	淮阴正大有限公司	165750
193	常州金源铜业有限公司	163169
194	上海大江(集团)股份有限公司	162043
195	雅达电子有限公司	161867
196	本溪北龙炼铁有限公司	161676
197	安徽佳通轮胎有限公司	161329
198	乐金电子沈阳有限公司	158810
199	东莞科泰电子有限公司	158282
200	广东科龙空调器有限公司	157449

续表 6 单位:万元

名次	公 司 名 称	销售收入
201	本溪北龙钢铁集团有限公司	156393
202	芬欧汇川(苏州)纸业有限公司	155201
203	上海新格有色金属有限公司	155046
204	上海大润发有限公司	154933
205	广东科龙电器股份有限公司	154670
206	青岛海信空调有限公司	153814
207	汤盛音响(东莞)有限公司	153002
208	上海易初配销有限公司	152424
209	开平中晖复合纤维母粒有限公司	151914
210	上海 JVC 电器有限公司	151711
211	南太电子(深圳)有限公司	149646
212	厦门进雄企业有限公司	148740
213	中国惠普有限公司	148074
214	惠阳联想电脑有限公司	147951
215	上海华源股份有限公司	147444
216	广州华凌空调设备有限公司	145815
217	广东省珠海发电厂有限公司	145677
218	恩倍福显示器(东莞)有限公司	144883
219	江西昌河铃木汽车有限责任公司	144699
220	苏州三星电子有限公司	144432
221	汤姆盛光学主件(深圳)有限公司	143609
222	盐田国际集装箱码头有限公司	143067
223	石家庄宝石电气硝子玻璃有限公司	142880
224	张家港润忠钢铁有限公司	142710
225	无锡夏普电子元器件有限公司	141660
226	宁波宝新不锈钢有限公司	141464
227	乐百氏(广东)食品饮料有限公司	141202
228	锦州东港电力有限公司	140996
229	江门大长江摩托车有限公司	140609
230	佳能大连办公设备有限公司	140000
231	日本电产(大连)有限公司	140000
232	上海茉织华股份有限公司	139424
233	扬子巴斯夫苯乙烯系列有限公司	138249
234	远纺工业(上海)有限公司	138154
235	南京 LG 同创彩色显示系统有限公司	137738
236	上海白猫有限公司	135141
237	大众交通(集团)股份有限公司	134982
238	上海锦海捷亚国际货运有限公司	134882
239	双城雀巢有限公司	134659
240	西门子(中国)有限公司	134323
241	上海伊藤忠商事有限公司	133935
242	合肥美菱股份有限公司	133902
243	日立半导体(苏州)有限公司	133603
244	江阴兴澄特种钢铁有限公司	133367
245	上海三菱上菱空调机电器有限公司	132689
246	北京大发正大有限公司	131873

续表 7 单位:万元

名次	公 司 名 称	销售收入
247	上海集装箱码头有限公司	131149
248	厦门正新橡胶工业有限公司	130852
249	珠海三美电机有限公司	130846
250	深圳先进微电子科技有限公司	130328
251	中国华录松下电子信息有限公司	130000
252	广东健力宝集团有限公司	129350
253	天津三星电子有限公司	129343
254	可口可乐(中国)饮料有限公司	128950
255	深圳三洋华强能源有限公司	127714
256	箭牌口香糖有限公司	127578
257	东莞华强三洋马达有限公司	127397
258	西迪斯(天津)电子有限公司	126833
259	上海物资贸易中心股份有限公司	126632
260	富士通将军(上海)有限公司	126610
261	上海柴油机股份有限公司	126244
262	广州东方电力有限公司	125946
263	广州珠江电力有限公司	125436
264	上海延锋汽车饰件有限公司	125203
265	广州造纸有限公司	125041
266	惠州市 TCL 电脑科技有限责任公司	124359
267	广东电力发展股份有限公司	124341
268	记忆科技(深圳)有限公司	123861
269	佛山石湾鹰牌陶瓷有限公司	123820
270	三菱四通集成电路有限公司	123345
271	新疆广汇房地产开发有限公司	122647
272	牧田(中国)有限公司	122585
273	中美天津史克制药有限公司	122410
274	广东美的集团芜湖制冷设备有限公司	121382
275	厦门 TDK 有限公司	120852
276	广州金鹏移动通信系统有限公司	120618
277	富士康精密组件(深圳)有限公司	120499
278	金华盛纸业(苏州工业园区)有限公司	120319
279	南通醋酸纤维有限公司	120163
280	大连阿尔派电子有限公司	120000
281	广东溢达纺织有限公司	119982
282	安徽淮南平圩发电有限责任公司	119404
283	康柏电脑(上海)有限公司	119321
284	宝洁(中国)有限公司	118878
285	百威(武汉)国际啤酒有限公司	117981
286	丽珠医药集团股份有限公司	117855
287	湖南湘钢华光线材有限公司	117618
288	新会中集集装箱有限公司	117099
289	北京金龙兴业房地产有限公司	116100
290	肇庆市万亚电子实业有限公司	115740
291	天津顶益国际食品有限公司	115207
292	安徽康佳电子有限公司	115143

续表 8 单位:万元

名次	公 司 名 称	销售收入
293	平顶山姚孟发电有限责任公司	114383
294	北京中鸿天房地产有限公司	114024
295	日立电梯(广州)有限公司	113946
296	丸红(上海)有限公司	113754
297	顺德惠而浦家电制品有限公司	113078
298	广东美芝制冷设备有限公司	112954
299	杭州顶益国际食品有限公司	112952
300	南通中集顺达集装箱有限公司	112175
301	捷安特(中国)有限公司	111814
302	昆山统一企业食品有限公司	111722
303	中国南玻集团股份有限公司	111643
304	智威汤逊—中乔广告有限公司	111535
305	宏碁电脑(中山)有限公司	111487
306	沈阳东大阿尔派软件股份有限公司	110900
307	松下万宝(广州)压缩机有限公司	110580
308	宁波雅戈尔服饰有限公司	109784
309	秦皇岛正大有限公司	109443
310	东莞致力电脑有限公司	109435
311	广东粤港供水有限公司	109427
312	联合汽车电子有限公司	109401
313	南京夏普电子有限公司	109063
314	青岛泰光制鞋有限公司	108369
315	爱普生(上海)信息产品有限公司	108164
316	上海乐金广电电子有限公司	107959
317	广州市番禺祈福新村房地产有限公司	107824
318	奥林巴斯(深圳)工业有限公司	107777
319	天津奥的斯电梯有限公司	107693
320	上海朗讯科技国际贸易有限公司	107415
321	上海日立家用电器有限公司	107349
322	青岛正大有限公司	107115
323	信隆实业(深圳)有限公司	106170
324	张家港百秀服帽有限公司	105965
325	上海美能达光学仪器有限公司	105659
326	扬州丰祥商业有限公司	105527
327	高创电子(苏州)有限公司	105442
328	索尼精密部件(惠州)有限公司	105190
329	青岛高合有限公司	104732
330	山东新华制药股份有限公司	104407
331	上海嘉里粮油工业有限公司	104397
332	华阳电业有限公司	104292
333	浙江益鹏发动机配件有限公司	104226
334	山东航空股份有限公司	104198
335	南京金城机械有限公司	104077
336	天津通广三星电子有限公司	103864
337	汕头海洋第一聚苯树脂有限公司	103817
338	广州好又多百货商业广场有限公司	103795

续表 9 单位:万元

名次	公 司 名 称	销售收入
339	金桐石油化工有限公司	103044
340	明达塑胶(福建)有限公司	102422
341	上海申美饮料食品有限公司	101933
342	成都成钢有限公司	101578
343	河南 TCL-美乐电子有限公司	101547
344	伟创力实业(珠海)有限公司	101460
345	上海中集远东集装箱有限公司	100905
346	合肥日立挖掘机有限公司	100698
347	深圳南油(集团)有限公司	100639
348	厦门华夏国际电力发展有限公司	100289
349	天津乐金大沽化学有限公司	100151
350	珠海经济特区红塔仁恒纸业有限公司	100124
351	强生(中国)有限公司	100047
352	珠海松下马达有限公司	99876
353	大成食品(大连)有限公司	99782
354	广东现代集装箱制造有限公司	99350
355	秦皇岛首钢板材有限公司	99206
356	东莞生益科技股份有限公司	98868
357	深圳施乐高科技有限公司	98671
358	加德士海洋燃气能源有限公司	98550
359	北京恒基伟业电子产品有限公司	98331
360	深圳沃尔玛珠江百货有限公司	98222
361	广州友谊班尼路服饰有限公司	98121
362	东芝大连有限公司	98000
363	渤海铝业有限公司	97918
364	首钢日电电子有限公司	97773
365	厦门金龙联合汽车工业有限公司	97684
366	黑龙江正大实业有限公司	97546
367	上海延锋江森座椅有限公司	97414
368	苏州杜邦聚酯有限公司	96746
369	力捷电脑(中国)有限公司	96730
370	阿尔卡特苏州通讯有限公司	96616
371	杭州金光纸业产品服务有限公司	96592
372	大连实德塑料建材有限公司	96155
373	大连浦金钢板有限公司	96000
374	合肥江淮汽车有限公司	95744
375	华通电脑(惠州)有限公司	95615
376	飞利浦电子贸易服务(上海)有限公司	95326
377	上海中集冷藏箱有限公司	95221
378	航卫通用电气医疗系统有限公司	94714
379	百方国际贸易(上海)有限公司	94666
380	至卓飞高线路板(深圳)有限公司	93998
381	北京燕莎友谊商城有限公司	93648
382	武汉广场管理有限公司	93538
383	百得(苏州)电动工具有限公司	93504
384	赛特集团有限公司	93322

续表 10 单位:万元

名次	公司名称	销售收入
385	上海易初通用机器有限公司	93292
386	上海第一八佰伴有限公司	93081
387	一汽—凯尔—海斯汽车底盘有限公司	92845
388	黑龙江华润金玉实业有限公司	92697
389	徐州维维食品饮料有限公司	92626
390	上海实业联合股份有限公司	92144
391	茉织华实业(集团)有限公司	91934
392	上海奥美广告有限公司	91584
393	天津太平(集团)有限公司	91455
394	海南移动通信有限责任公司	91320
395	深圳爱塔珠宝首饰有限公司	91271
396	哈尔滨龙兴化纤有限公司	91268
397	正大集团(天津)实业有限公司	91126
398	台达电子(东莞)有限公司	91115
399	苏州紫兴纸业有限公司	90917
400	飞歌空调(合肥)实业有限公司	90747
401	广东太古可口可乐有限公司	90267
402	上海金菲石油化工有限公司	90210
403	江苏富士通通信技术有限公司	90004
404	中美上海施贵宝制药有限公司	89998
405	荣成国泰轮胎有限公司	89973
406	大宇重工业烟台有限公司	89745
407	富士钧精密工业(深圳)有限公司	89690
408	唐山银丰钢铁有限公司	89642
409	上海东方商厦有限公司	89418
410	三水健力宝富特容器有限公司	89261
411	卡西欧电子(深圳)有限公司	89170
412	深圳南山热电股份有限公司	88971
413	洛阳北方易初摩托车有限公司	88740
414	上海明泰房地产开发有限公司	88713
415	杭州大厦有限公司	88673
416	湖北丝宝股份有限公司	88581
417	深圳创华合作有限公司	88537
418	葫芦岛东方铜业有限公司	88528
419	汤姆逊佛山彩色显像管有限公司	88397
420	仪化佛山聚酯有限公司	88133
421	天津移动通信有限责任公司	87689
422	桂林大宇客车有限公司	87617
423	深圳南天油粕工业有限公司	87504
424	清远乐华电子有限公司	87375
425	长远(上海)国际贸易有限公司	86916
426	上海联吉合纤有限公司	86907
427	南山开发(集团)股份有限公司	86862
428	福建华星石化有限公司	86848
429	广东天贸(集团)股份有限公司	86750
430	大同电子科技(江苏)有限公司	86722

续表 11 单位:万元

名次	公司名称	销售收入
431	上海耀华皮尔金顿玻璃股份有限公司	86687
432	元大金属实业(深圳)有限公司	86646
433	上海三荣电器有限公司	86551
434	辽宁清河发电有限责任公司	86528
435	广州宝洁纸品有限公司	86489
436	佛山沙口发电厂有限公司	86395
437	长营电器(深圳)有限公司	86291
438	天津雅马哈电子乐器有限公司	86194
439	青岛海尔电冰箱(国际)有限公司	86149
440	沪士电子(昆山)有限公司	86034
441	深圳联想电脑有限公司	85895
442	美国通用电器塑料中国有限公司	85885
443	珠海天虎电子有限公司	85854
444	厦门富士电气化学有限公司	85551
445	北海粮油工业(天津)有限公司	85493
446	山东凤祥—爱迪西有限公司	85454
447	上海先锋电声器材有限公司	85132
448	国际商业机器中国有限公司	85060
449	斯大精密(大连)有限公司	85025
450	联合开利(上海)工程服务有限公司	85021
451	重庆隆鑫汽油机制造有限公司	84884
452	吉林奇峰化纤有限公司	84829
453	徐州华润电力有限公司	84731
454	上海新建设发展有限公司	84377
455	北京百盛轻工发展有限公司	84110
456	内蒙古伊泰煤炭股份有限公司	83291
457	上海施乐复印机有限公司	83121
458	靖远第二发电有限公司	83015
459	福建三丰鞋业有限公司	82985
460	耐克(苏州)体育用品有限公司	82832
461	明达塑胶(厦门)有限公司	82252
462	中山嘉华电子(集团)有限公司	82064
463	万威电讯(深圳)有限公司	81761
464	上海外高桥保税区兰生大宇国际贸易有限公司	81619
465	广东松日电器有限公司	81558
466	中国—阿拉伯化肥有限公司	81240
467	杜邦中国集团有限公司	81112
468	宁波乐金甬兴化工有限公司	80960
469	吉联(吉林)石油化学有限公司	80773
470	正新橡胶(中国)有限公司	80488
471	上海德尔福派克电气有限公司	80417
472	青岛海尔电冰箱公司	80275
473	上海紫江企业集团股份有限公司	80252
474	黄龙食品工业有限公司	80215
475	山东松下映像产业有限公司	80115
476	江阴兴澄钢铁有限公司	80036

续表 10　　单位:万元

名次	公　司　名　称	销售收入
477	上海太平国际货柜有限公司	80035
478	上海巴斯夫染料化工有限公司	80006
479	经纬纺织机械股份有限公司	79812
480	捷家宝电器(深圳)有限公司	79571
481	上海大昌铜业有限公司	79533
482	上海百霖木业有限公司	79466
483	上海百事可乐饮料有限公司	79325
484	大连日立宝原机械设备有限公司	78920
485	张家港联合铜业有限公司	78687
486	上海仁恒房地产有限公司	78649
487	杭州松下家用电器有限公司	78542
488	东丽合成纤维(南通)有限公司	78524

续表 11　　单位:万元

名次	公　司　名　称	销售收入
489	依利安达(广州)电子有限公司	78519
490	青岛三湖制鞋有限公司	78475
491	沈阳航天三菱汽车发动机制造有限公司	78130
492	诺基亚(中国)投资有限公司	78107
493	上海朗讯科技光纤有限公司	78004
494	上海凌云幕墙科技股份有限公司	77941
495	青岛三美电机有限公司	77763
496	正大康地(蛇口)有限公司	77672
497	上海华东电脑利集国际贸易有限公司	77600
498	金普斯(天津)新技术有限公司	77322
499	新利实业(深圳)有限公司	76983
500	北京崇文新世界房地产发展有限公司	76910

2000 年底至 2001 年初
中国发布的利用外资法规录

发布时间	法规名称	发布单位(人)
2000-10-31	中华人民共和国中外合作经营企业法　全国人民代表大会常务委员会关于修改《中华人民共和国中外合作经营企业法》的决定	国家主席　江泽民
2000-10-31	中华人民共和国外资企业法　全国人民代表大会常务委员会关于修改《中华人民共和国外资企业法》的决定	国家主席　江泽民
2001-02-19	对外贸易经济合作部办公厅、国家广播电影电视总局办公厅、文化部办公厅关于严格执行《外商投资电影院暂行规定》的通知	外经贸部办公厅、广电总局办公厅、文化部办公厅
2001-03-15	中华人民共和国中外合资经营企业法　全国人民代表大会常务委员会关于修改《中华人民共和国中外合资经营企业法》的决定	国家主席　江泽民
2001-04-12	中华人民共和国外资企业法实施细则　国务院关于修改《中华人民共和国外资企业法实施细则》的决定	国务院
2001-05-16	关于省级外经贸部门审批上限鼓励类外商投资企业报外经贸部备案有关问题的补充通知	对外贸易经济合作部
2001-05-17	对外贸易经济合作部办公厅关于外商投资股份公司有关问题的通知	外经贸部办公厅
2001-05-31	《关于外商投资举办投资性公司的暂行规定》的补充规定(二)	
2001-07-02	关于扩大外商投资企业进出口经营权有关问题的通知	外经贸部办公厅
2001-07-21	外商投资企业投资自用进口汽车管理办法	外经贸部、海关总署
2001-07-22	中华人民共和国中外合资经营企业法实施条例　国务院关于修改《中华人民共和国中外合资经营企业法实施条例》的决定	国务院
2001-08-06	关于进一步做好清理整顿非试点外商投资商业企业工作的通知	国家经贸委、外经贸部、国家工商行政管理总局
2001-08-14	外商投资租赁公司审批管理暂行办法	对外贸易经济合作部
2001-08-28	关于设立外商投资创业投资企业的暂行规定	外经贸部、科学技术部、国家工商行政管理总局
2001-09-23	中华人民共和国对外合作开采陆上石油资源条例	国务院
2001-09-23	中华人民共和国对外合作开采海洋石油资源条例	国务院

2000年底至2001年初
中国发布的利用外资法规录(续表)

发布时间	法规名称	发布单位(人)
2001-10-08	关于上市公司涉及外商投资有关问题的若干意见	外经贸部、中国证券监督管理委员会
2001-10-09	中外合资中外合作职业介绍机构设立管理暂行规定	劳动和社会保障部、国家工商行政管理总局
2001-10-12	对外贸易经济合作部关于外商投资企业部分法规修改的通知	对外贸易经济合作部
2001-10-26	金融资产管理公司吸收外资参与资产重组与处置的暂行规定	外经贸部、财政部、中国人民银行
2001-11-07	财政部关于停止征收外商投资企业中方职工物价补贴的通知	财政部
2001-11-22	对外贸易经济合作部和国家工商行政管理总局关于修改《关于外商投资企业合并与分立的规定》的决定	外经贸部、国家工商行政管理总局
2001-11-29	外商投资企业执行《企业会计制度》有关问题的规定	财政部
2001-12-09	中国人民银行关于外资金融机构市场准入有关问题的公告	中国人民银行
2001-12-10	中外合作音像制品分销企业管理办法	文化部、外经贸部
2001-12-11	外商投资电信企业管理规定	国务院
2001-12-12	中华人民共和国外资保险公司管理条例	国务院
2001-12-20	中华人民共和国外资金融机构管理条例	国务院
2002-01-03	中华人民共和国外资金融机构管理条例实施细则	中国人民银行
2002-01-29	设立外商投资印刷企业暂行规定	国家新闻出版总署、外经贸部
2002-02-08	外商投资企业自动进口许可管理实施细则	外经贸部、海关总署
2002-02-11	指导外商投资方向规定	国务院
2002-02-21	关于《关于外商投资传销企业转变销售方式有关问题的通知》执行中有关问题的规定	国家工商行政管理总局、外经贸部、国家经贸委
2002-03-11	外商投资产业指导目录	国家计委、国家经贸委、外经贸部

(转载自《中国对外经济贸易年鉴·2002》)

中 国 境 外 投 资

加大境外投资力度实施“走出去”战略

国家发展计划委员会秘书长　张晓强

实施“走出去”战略是关系到中国发展全局和前途的重大举措，对缓解当前国民经济中的若干突出矛盾和促进经济长期持续稳定增长具有十分重要的意义。

一、“走出去”战略实施的重点

（一）根据发展需要，突出重点

1. 解决国内急需短缺的资源，重点是石油天然气、金属和非金属矿、林业等。目前，中国石油进口占石油资源供应总量的比重，已经从1993年的7.1%上升到2000年的31.2%。国内专家预测，2010年和2020年中国石油消费量将分别达到2.9亿吨和3.9亿吨（世界能源机构的预测为3.5亿吨和5亿吨），届时的石油供需缺口将达到1.4亿吨和2.4亿吨。为了保障我国石油长期稳定供应，在做好常规贸易的同时，需要建立可靠的境外油气基地。这应是今后一段时期中国境外资源类投资以至全部境外投资的重中之重。通过对境外油气的勘探开发，既保证中国的能源需要，也减少因国际油价波动而造成的经济风险，并可取得较好的经济效益。应争取通过10年左右的持续努力，拥有年供应5000万吨以上的境外油气资源能力。其他矿产可以铁、铜、钾矿为重点。就农业而言，应重点开发国外林业资源，弥补国内木材供给缺口。鉴于对生态环境日趋重视，对境外林业的投资应注意采伐、加工和复植的统筹，实现长期利用。利用中国丰富的劳动力资源和具有对发展中国家先进适用的农业生产技术到境外开展业务，也具有较大潜力。可以引导农户到土地、气候条件好的地区投资于农业、渔业项目；包括建立面向当地市场的种养业基地、建立棕榈油基地、参与公海渔业资源的开发利用等。

2. 促进国内结构调整、扩大出口。中国的轻工、纺织、服装、家电、电子等行业中，已有一些产品具有相当的技术水平和竞争优势。目前，不少产品的国内市场相对饱和，生产能力过剩。据第三次工业普查显示，全国900多种主要工业产品生产能力中，半数产品的生产能力利用率低于60%；如纺织品生产能力高出市场需求的40%，空调生产厂家开工率仅43.4%。近几年，华源、海尔、康佳、华为、中兴等一批企业到国外投资设厂已见成效。通过开展境外加工贸易、建立营销网络等方式，不仅转移了富余生产能力，而且促进了出口。其它如钢铁、化肥、水泥、农机等，在选准目标市场的基础上也可以进一步扩大境外投资。

3. 拓展国际业务，重点是工程承包、劳务合作。中国建筑业已具有一定的规模并在开展国际业务方面积累了经验，中国的对外承包工程合同金额已从1990年的21.25亿美元发展到2000年的117.19亿美元；目前中国在国外的劳务人员已达到43万人，2000年的劳务营业额达28.13亿美元。在交通、电力、水利、住宅等行业均具有相当的实力并取得了较好的海外业绩。开展国际工程承包不仅可发挥中国在劳动力和工程技术方面的优势，而且可与援外工程、境外投资相配合，带动中国更多的设备、建材和其它货物出口，提高国际业务的综合效益。在开展此类业务时，既可搞工程总承包、交钥匙工程、与其他国家的公司合作及分包，也可在条件允许时以BOT等方式进行投资。电力、公路、铁路、地铁、港口、房建、城市基础设施等均有一定机会。

4. 学习国际先进技术，利用国外智力资源。重点是投资设立研发中心、设计中心以及高技术企业。中国的电子、通讯、家电企业在这方面已有良好开端，新材料、生物工程、环境保护等领域也都有较好的发展前景。

5. 要积极支持运输、金融、信息、分销网络、售后服务等行业的境外业务发展。同时，也推进餐饮、文化、旅游等特色服务行业开拓国际业务。服务行业具有巨大的发展潜力，目前发达国家跨国公司的海外投资额中服务业比重已达50%以上，而中国的境外投资中服务业比重还不到10%。服务类企业通过到境外拓展业务，不仅有利于争取更大的发展空间、更有效地学习先进的经营理念和管理经验，而且对资源开发、制造业等扩大境外投资具有重要的推动作用。

（二）把握地区特点，点面结合

在效益优先的前提下，优选投资地区。从战略上把握应是全方位走出去，既到发达国家，也到转轨经济国家，到广大发展中国家。从操作角度看，必须结合业务实际，有所侧重。

对发达国家，重点是拓展美国、欧盟。应根据其市场大、技术先进、资金充裕、对外较为开放的特点，以扩大销售市场、利用其资金、人才，学习先进技术与管理经验为重点。可重点发展金融、信息、贸易与售后服务网、具有比较优势的家用电器等制造业以及电子、航空、生物工程等行业的研发、设计中心。日本是中国近邻，与中国的经贸合作规模不断扩大，现已是中国的最大贸易伙伴和第3大投资者；其经济规模和技术水平居世界前列，但其对外资较为封闭。从发展眼光看，随着经济全球化和日本经济结构调整的进程，中国企业到日本投资的机会将逐步增多。但近期内仍以设立以促进贸易和引资为主要业务的公司为重点，同时加大研发、设计、信息等领域的投资力度，为中国企业学习先进技术与管理经验、有效开拓日本市场以及今后发展对日制造业和服务业投资创造条件。

对中等收入国家既重视拓展市场、利用资源，也注意优势互补、丰富合作内容。例如对拉美、俄罗斯及中亚、中东国家，中国通讯设备及电讯运营、电子、家电、轻纺、建筑、农林等行业具有比较优势；这些国家的油气资源及铁、铜等矿产丰富，一些国家的土地和林业资源丰富。与巴西、俄罗斯等国在航空航天、机械、电子等多个技术含量较高的领域也具有互补合作的良好前景。

对低收入国家，以利用资源、拓展市场、输出技术、转移富余并有优势的生产能力为重点。如非洲、部分东盟及南亚国家、部分拉美国家。中国的通讯、机械电子、轻工纺织、石油化工、建材、电力设备、运输设备等具有技术适用、价格竞争力强的优势，完全有条件通过投资设厂、加工贸易、BOT等方式扩大合作。同时，要积极开发利用好石油、矿产、林业等资源。金融、贸易、运输等行业可根据实业投资的进程跟进发展。

二、创造实施“走出去”战略的政策环境

（一）进一步完善有关境外投资的法规体系

要抓紧制定《境外投资管理条例》。这是一项基本性法规，要在总结经验的基础上尽快完成，为实施“走出去”战略确立法律框架。在指导思想上要积极，要有促进“走出去”的明确规定；在推动实施方面则要稳妥，要有计划、有步骤地推进；要明确提出“走出去”与“引进来”相结合，与国民经济和社会发展的需要相结合。对于“走出去”以企业为主体、政府机构的引导与支持、加强管理与服务等做出原则规定。在推出基本法规的基础上，国有资产、外汇、财务、税收、人员出入境、信贷、保险等专项管理办法也应由有关部门及时配套制定。

（二）加强政府对“走出去”的规划、信息、政策引导

1. 国家计委要根据现代化战略需要、国民经济与社会发展中长期计划，研究制定“走出去”战略的实施指导纲要，明确重点、发展步骤及主要政策。政府有关部门应研究制定分地区、分行业、分主要方式的指导目录及实施要点。如对非洲、拉美投资如何推进；对俄罗斯、美国、澳大利亚、南非等重点国家的专项规划；资源类投资指导目录；鼓励类加工工业对外投资指导目录。由于国内及国际经济始终处于发展变化之中，此类指导性文件应定期或不定期加以修订。

2. 为减少风险、避免重复劳动、提高投资效益，政府有关部门要大力加强信息服务工作。政府有关部门要通力合作，加强对中国实施“走出去”战略重点国家、地区的信息工作。组织收集整理与投资有关的经济、法律、税收、市场、投资环境与机会等信息；公布中国政府有关部门有关“走出去”的法规和文件；介绍中国在开展“走出去”业务方面的成功经验；也可考虑根据不同国家和地区的经济、政治、法律的状况尝试确定其投资风险等级。通过电子网站等方式向各级相关管理部门和企业及时提供。

3. 根据中国投融资体制改革的方向，改革对境外投资的行政性审批制度。第一，要根据分类指导的原则，将境外投资分为鼓励类、一般类。属鼓励类者，给予省一级管理部门的审批权应有较大提高，也应考虑先给予中央管理的大企业（目前约150家）境外投资项目的审批决策权。从长远看，对鼓励类境外投资应向备案制过渡。第二，简化政府机构的审批程序。对鼓励类项目，从现行的审批项目建议书、可行性报告、审发境外企业证书等简化为只在可行性研究报告完成后一次审批并相应核发企业证书；政府审批的内容要大大简化。第三，各级政府机构要明确审批的主要内容、原则、法律依据和办理的具体时限。对不予批准的应明示原因。

4. 加大金融、外汇等方面的支持力度。第一，对国家鼓励的境外投资、对外工程承包和劳务合作项目，有关部门、金融机构和保险机构在信贷、保险、援外优惠贷款及外贸发展基金等方面应给予积极支持。包括研究设立境外投资的国家级专项资金、风险基金的可能性；扩大提供出口信贷的规模并对大型项目提供贷款期10年上的长期信贷；有条件地为信誉好的大企业提供贷款授信额度，企业在此规模内可根据需要和可能用于境外投资等业务；建立为企业开展跨国经营提供担保及风险保障的机制。第二，加大外汇支持力度。国家有关部门制定中期和年度的境外投资用汇规划。根据国际收支状况、国家外汇储备目标等确定一定的时期的境外投资用汇总量。在此规模内申请购汇对外投资的鼓励类项目，要简化和加快审批，优先购汇。可由提供国内信贷的金融机构按照经济效益评价结果和先到先办的原则承办，减少行政性分配指标的方式。同时，应允许鼓励类项目将所得外汇利润继续用于境外投资，滚动发展。对使用企业外汇和银行外汇贷款的鼓励类对外投资，在一定规模内（如100万美元以内），外汇管理部门只做备案审核。第三，实施更加积极的税收政策。可考虑对国家鼓励的境外投资等业务，在一定期限内实行所得税返还政策，以充实企业资本金；国内严重短缺的重要资源开发项目返销国内的产品进口关税和增值税，留作国家投入企业的资本金。

5. 改善对境外投资的服务。外经贸部门要与有关部门配合，积极推进与有关国家商签相互保护投资协定和避免双重征税协定；为开展“走出去”业务在进出口等方面提供便利，财政、税收、公安、海关、商检质检、审计等部门要简化程序，提高工作效率，改善服务。要推动行业协会、进出口商会、会计、法律、咨询等机构为“走出去”业务提供优质服务。适时推动建立中国的境外投资协会。

三、以企业为主体，采取多种方式，积极稳妥地“走出去”

（一）以国有大中型企业为主要力量，发挥各类企业的积极性

根据中国的国情和条件，必须在国家调控下以国有大中型企业为开展“走出去”业务的主力，同时要注意把握几点。第一，实施“走出去”战略必须有政府的宏观指导协调，但具体运作应该是企业行为。只能由企业根据自身发展情况和市场条件来决定何时、以何种方式、多大规模“走出去”。而不应由各级政府机构行政性地确定数量、规模。第二，要打破过于僵化的行业、业态划分框框，例如：除银行、保险等特定业务外，只要具备条件就不必限于行业之分、工贸之分，允许企业在境外的跨行业发展。第三，要允许民营企业、集体企业、股份制企业也“走出去”；也可考虑借助外力，利用已在华投资的外国公司“走出去”，即允许中外合资、合作企业到境外投资。第四，在强调鼓励发展中国的跨国公司、以有实力的大企业为主“走出去”的同时，对有专项技术、优势产品的中小企业到境外投资也予以必要的支持。

（二）有效利用资源，实现优化组合

开展“走出去”业务需要有资金、技术、人力等多种资源

投入。从国际经验出发，资金是基础，只有当国家经济实力、人均 GDP、外汇等达到一定水平时，才具备较大规模“走出去”的条件。中国刚刚步入世界中低收入国家的行列，人均 GDP 等水平均不高，开展境外投资必须量力而行，有所为有所不为。当前只能审慎动用外汇资金，并应以投入人民币资金及既有设备、材料、技术为主要方式，发挥中国的人力与资源优势。例如，以人民币资金为主、带动国内材料、劳务出口的带资承包工程；以国产成套设备输出为主，辅以少量外汇的 BOT 方式项目建设；以既有家电轻纺业设备、技术及原辅料为主的加工贸易投资等。在投入资源方面，还要注意“借鸡下蛋”。中国的境外的金融机构要积极地为中国企业的“走出去”业务提供优质服务；也要积极利用国际资本市场，通过境外借款、发债券、发行股票、项目融资等多种方式筹资。但境外中资企业的融资要注意一般以其境外资产权益实施担保，防止因境外分支机构过度负债而造成国内的外债危机；凡境外企业借贷由国内提供担保的，应纳入国家的外债管理体系。

（三）以灵活多样的方式开展境外投资

要注意把握以下几点。第一，以资源开发、制造业等实业型投资为重点，带动服务业投资。一般不进行资本炒作性的股票、外汇、并购等业务。第二，以设立中方独资或控股企业为主要方式，但也应有灵活性。在中方利益有保障的条件下，也可中方相对控股或只占少数股。对合作经营、租赁经营、控股公司、风险勘探、合同管理、与多个国家的公司以联合集团方式投资等也要进行必要的探索。第三，在实施投资时采用新建还是并购等方式，应允许企业自主决策。但从节约外汇角度考虑，不提倡现金收购。第四，境外投资和既有资产应具有在必要时退出、转向、变现的灵活性，实现资本的有效运用。

（四）打牢基础，稳步前进，加强管理，互相协调

1. 企业“走出去”要以国内业务发展和实力为基础，不论企业大小，都要根据自己的相对优势和能力开展境外投资。一般应先易后难，先熟后生，先巩固既有海外业务后扩大。要重视做好前期工作并舍得在这方面投入。投资前的可行性研究应是“先难后易”，即把各种因素分析透，把各种困难考虑够。在“稳”和“快”的关系上，应是稳中求快。要牢牢树立企业和产品的信誉，注重产品(服务)质量，认真履行合同，切实站稳脚跟。这是关系到企业自身长期效益和中国企业整体形象的重要因素。在具备条件时，应果断决策，善于抓住机遇，并针对当地和国际市场持续不断的进行技术与产品开发和更新换代。在“险”与“利”的关系上，要有不畏艰险、在风险中获取利益的风险规避措施。在拓展业务时，思路要开阔。不仅要有近期打算，也要有中长期规划；不仅要有产品、资金的国际性规划，也要有企业经营战略和管理的国际化思路。

2. 根据建立现代企业制度的要求，健全境外投资企业的管理机制。在产权明晰的基础上建立健全法人治理结构，加强公司董事会和境内投资主体对境外企业的监督和管理；完善风险责任约束机制、内部控制机制和激励机制。根据经验，特别要强化合同、财务和人员方面的制度建设。要实行境内投资主体责任制和境外项目法人责任制，通过双重责任制对项目确定、资金筹措、投资实施、经营管理、债务偿还、资产保值增值等实行全过程负责。要善于学习与运用国际先进的管理理念和方法，采用现代管理技术和手段。要大力培养一批忠于祖国和职守、精通国际经济运行机制、具有开拓国际市场能力的经营管理人才；积极探索利用国外人才、境外企业人员本地化的有效方式。

3. 境外投资总体上要遵循“政企分开”的原则，同时也要考虑对外援助及其他方面的特点。对开展“走出去”业务，可考虑大体划分为商业性、政府性、混合性业务 3 大类。3 类业务既互相区别，又互相呼应。商业性业务是主体，应由企业在法律、政策许可的范围内自主决策，自担风险。政府性业务主要是带有援助性的特定业务，如某些发展中国家利用中国政府资金的项目。此类项目突出社会效益，由政府机构决策并承担风险，但在运作时也要引入市场机制，如通过招标优选承建企业，企业要在合同范围内承担经济责任。混合性业务具有“政府意志，企业行为”的特点，例如：在境外重点国家或地区，政府可对特定的“开发区”提供政策性融资支持，主要用于规划设计和某些基础设施建设；企业则在有关部门指导下根据市场条件和经济效益的原则开展区内商业性项目投资。

4. 处理好国内企业的竞争与协作关系。在按照市场经济规律企业自主决策运行时，在某些市场前景好的地区，会出现多个国内企业争相前往、杀价竞争，造成这些企业“两败俱伤”的局面。近几年，在家电、纺织、建筑等行业的境外投资的工程承包中均发生过此类情况。对此，既要承认市场经济的客观规律，尊重企业的自主权，也要注意通过政府引导，避免中国企业在境外的过度竞争。要发挥政府部门、行业协会和金融机构在信息引导等方面的作用，在必要时由政府机构进行直接协调。

（五）实现“走出去”与“引进来”相结合

必须通过“走出去”丰富“引进来”，利用“引进来”促进“走出去”。一方面，通过开展“走出去”业务，扩大多种方式的国际经济技术合作；直接在全球范围内更多更好地利用国外资金、人才、技术；通过境外投资企业的产品返销国内，实现对国外资源的利用，努力提高“引进来”的水平。另一方面，在“引进来”的实施中要积极为“走出去”创造更好的条件。

1. 已“走出去”的企业，可有针对性地宣传介绍中国的经济发展前景、法律法规、市场潜力；积极推动其国外合作伙伴及相关企业到中国投资或开展其它形式的经济合作。例如，中国机械电子工业企业在境外投资设厂、带动国内出口的同时，也可开展国内企业所需设备、零部件的全球采购。通过有偿服务等多种方式为国内投资主体或其他企业介绍和引入国外在市场、产品、人才、技术、管理以及企业改革等方面的成果。在条件允许时，协助国内各类投资主体在国际资本市场筹资。

2. 在"引进来"过程中努力创造今后"走出去"的机会。例如:通过在中国与外商的合资合作,培养熟悉国际经济与拓展国际业务的人才,学习外方开展境外投资的经验。注意发挥海外华人华侨这一宝贵资源的积极作用,充分利用他们熟悉当地市场、法律等优势,在继续改善投资环境、引导他们来华投资的同时,更多地与海外华侨华人合作开展境外投资,联手开拓国际业务。在引入跨国公司投资时,也探讨利用其国际营销网络及在国外合作的可能性。包括推动跨国公司扩大在中国的采购出口,参与跨国公司在其他国家或地区分支机构的零部件、设备供应,参与海外工程分包及技术合作,通过在华的境外金融机构及大公司协助中国企业在海外以上市、发债等方式进入国际资本市场等等。政府有关部门在批准外商在华投资时,在进行双边、多边国际经贸合作协定谈判和参与制定国际经济新规则时,根据平等互利原则、国际惯例和有关协议,要求外方为中国企业到相关国家和地区投资及开展其他业务提供合理、必要的机会。这是一种以市场换"走出去"的策略,是推进"双向开放"的重要措施。

2001年中国对外经济合作情况

外经贸部国外经济合作司副司长　吴喜林

改革开放以来,中国对外经济合作迅速发展,成绩显著。截至2001年底,中国累计设立各类境外企业6610家,协议投资总额123亿美元,中方投资额84亿美元;累计签订对外承包工程合同额997亿美元,完成营业额715亿美元,带动出口近60亿美元;累计签订对外劳务合作合同额268亿美元,完成营业额207亿美元,外派劳务人员累计252万人次。开展各种形式的对外经济合作,不仅有力地促进了中国经济和外经贸事业的发展,取得了良好的经济和社会效益,还加强了中国与世界各国和地区的经贸合作关系,为有关国家,特别是广大发展中国家的经济发展做出了贡献,实现了优势互补、共同发展的目的。

一、2001年中国对外经济合作情况及特点

2001年,在世界经济形势严峻的情况下,中国对外经济合作持续快速发展,境外投资合作取得较大成绩,对外承包工程、对外劳务合作等各种形式的经济合作业务继续稳定增长。

(一)多种形式的对外经济合作稳步发展,增势良好

2001年,中国新设各类境外企业312家,协议投资总额9.7亿美元,同比增长20.7%,中方投资额7.9亿美元,增长26.2%;新签对外承包工程合同额130亿美元,完成营业额89亿美元,分别增长11.3%和6.2%,带动出口8.6亿美元;新签对外劳务合作合同额33.3亿美元,完成营业额31.8亿美元,分别增长11.3%和13%,年末在外劳务人员47.5万人,增加近5万人;石油天然气、矿产、林业、渔业等境外资源合作项目运作良好,经济效益逐步显现;跨国并购作为新兴的"走出去"的形式迅速发展,主要有海尔、浙江万向、中石化、中海油等公司的并购项目,特别是中海油2001年以5.85亿美元收购西班牙瑞普索公司在印度尼西亚的五大油田的部分股权,获得每年4000万桶(约合637万吨)的份额油;在境外设立研发中心、开展农业合作也已起步并取得一定进展。

(二)开拓新市场、新领域取得积极进展

目前,中国境外投资已扩展到世界160多个国家和地区,投资重点逐步从港澳、北美地区,向亚太、欧洲、非洲、拉美等地区转移,分布趋于均衡。投资领域进一步拓宽,涉及生产加工、贸易、资源开发、交通运输、承包劳务、农业及农产品综合开发、旅游餐饮及咨询等多个领域,多元化发展的趋势日益显著。对外承包工程和劳务合作业务在亚洲、非洲等传统市场持续增长的同时,开拓拉美市场取得成效,新签合同额和完成营业额分别增长108.5%和40.9%;开拓欧洲市场也取得一定进展,新签合同额和完成营业额分别增长1.4%和41.4%。

(三)大型项目不断增多,技术含量日益提高

2001年,中国境外投资项目中方平均投资额为252万美元,比上年的194万美元提高了29.9%。中方投资额在1000万美元以上的项目14个,合计投资额3亿美元,占中方投资总额的38%。一批以通信网络、应用软件等高科技产品开发为主的国内高科技企业通过在香港、美国等地设立公司,继续加紧建立国际营销网络。2001年新签合同额1000万美元以上的工程项目226个,比上年增加62个,合计合同额83亿美元,占对外承包工程合同总额的78.6%;其中上亿美元的大项目15个,比上年增加6个。这些项目主要涉及石油化工、电力、交通、建筑、通讯电子、环保产业、矿山建设等行业,经营方式逐步向工程总承包、项目管理承包、BOT等方式发展,技术含量不断提高。如巴基斯坦成品油管线项目(合同额3.17亿美元)、孟加拉燃煤电站项目(2.2亿美元)和以BOT方式承揽的柬埔寨基里隆I级水电站修复工程(1943万美元)等。

(四)大型骨干企业表现突出,龙头作用显著

2001年,华源、海尔等一批骨干企业加快了国际化经营步伐并取得较好成效,已成为中国境外投资的主力军。万向、远大空调、新希望等优秀民营企业以开展境外加工贸

易为切入点，积极拓展国际市场，逐步成为中国境外投资的重要力量。一些优势企业如海尔等国内具有较强实力的企业集团，已开始实施海外投资战略，并初步形成了全球的生产销售网络，初具跨国公司的雏形。同时，大型承包工程企业的优势和骨干作用进一步增强，2000年进入《美国工程新闻记录》(ENR)评选的世界最大225家国际承包商行列的34家中国企业2001年业绩斐然，其新签合同额和完成营业额分别占中国对外承包工程总额的50%左右。

二、制定对外经济合作政策，加强海外市场管理

(一)研究制定促进对外经济合作发展的政策措施和法规规章

1. 加紧建立健全企业从事境外投资的政策和法律。积极推动《中华人民共和国境外投资管理暂行条例》出台；与国家经贸委建立协调机制，研究境外加工贸易相关政策的落实、审批程序的简化和有关项目协调等问题。

2. 进一步完善对外承包工程的促进和社会服务体系。积极推动《中华人民共和国对外承包工程管理条例》尽快出台；与财政部联合下发《对外承包工程保函风险专项资金管理暂行办法》；与海关总署联合制定了《关于对外承包工程项目项下设备材料出口程序的办法》；与建设部研究制定《对外承包工程质量监管办法》；正在制定《关于国际承包工程项目经理执业资格制度暂行规定》等。

3. 遵循以"管理促发展"的工作思路，全面推行对外劳务合作改革。起草了《中华人民共和国对外劳务合作管理条例》(草案)；与外交部、公安部共同制定了《办理劳务人员出国手续的办法》；与财政部联合下发了《对外劳务合作备用金暂行办法》；下发了《外派劳务人员培训工作管理规定(修订稿)》和《中华人民共和国外派劳务人员(研修生)培训资格证书管理办法》；起草了《关于保障外派劳务人员合法权益的规定》；拟定了《关于对外劳务合作企业经营管理人员执业资格制度暂行规定》等。

(二)积极实施"走出去"战略，大力促进业务发展

1. 落实国家领导人的出访成果，积极推动委内瑞拉铁路、金矿、校园网、电站、引水等项目，巴基斯坦塔尔煤矿、成品油管线项目，伊朗地铁、电站、有色金属、电信、油气开发项目，斯里兰卡小水电站和中小型灌溉设施建设项目，马尔代夫基础设施及印度尼西亚跨海大桥等项目及中俄多领域经济合作项目的进展。

2. 推进重点市场业务。通过双边混委会和出访办展览等方式，积极协助中国企业在重点国家承揽大项目，如马来西亚南部铁路、沙特阿拉伯铁路、缅甸水泥厂、伊朗水坝、安哥拉炼油厂、越南体育场等项目；密切跟踪中越5个双边合作项目；对阿尔及利亚供水、埃塞俄比亚城市供水、多哥阿贾哈拉水电站、委内瑞拉铁路、巴西淡水河谷公司自备电站等大项目出现的问题积极与有关部门协调解决，推动项目的顺利进展；在阿联酋成功举办了中国工程和技术展览会，共达成各类工程项目合作意向9.3亿美元；积极落实"中非合作论坛"后续工作，推动中国企业参与非洲的开发和建设；继续研究开拓发达国家市场的策略。

3. 促进海外资源开发。引导企业参与西亚、北非、中亚及南美国家的油气资源开发与合作；加强对俄罗斯森林资源的开发与利用；积极推进越南多农铝矿、菲律宾铜矿、缅甸石油天然气开发等项目；积极研究探讨"利用坦赞铁路开发南部非洲矿产资源"等事项，推动中国企业到非洲产油国勘探开发石油资源。

(三)规范市场，加强管理，整顿经营秩序

1. 通过制订和实施各种管理办法，如《对外承包工程项目投标(议标)许可暂行办法的补充规定》、《在与我无外交关系的国家开展经济合作的有关规定的通知》、《关于中国公司在境外承建亚洲开发银行出资项目有关问题的通知》等，加强业务管理，规范经济秩序。同时，协助有关行业商会加大对大项目的协调力度，取得了良好效果。

2. 对个别出现问题较多的承包工程及劳务合作市场进行整顿，下发了《关于整顿和规范对新加坡劳务合作市场秩序的紧急通知》、《关于全面暂停对台渔工劳务合作业务的通知》等文件，维护了市场秩序，保护了中国企业和外派劳务人员的合法权益。

3. 在黑龙江、江苏、浙江和上海进行设立"外派劳务援助中心"的试点工作，逐步建立解决劳务人员纠纷的有效机制。

三、中国开展对外经济合作面临的形势

当前，世界经济走向稳定复苏的前景还有很多不确定因素。美国经济虽然出现了复苏迹象，但结构性问题仍很突出，企业投资继续下降，特别是一些大公司财务会计丑闻不断暴露，打击了投资者信心，股市和汇市同时出现大幅度下跌，严重影响经济复苏进程。日本和欧盟经济回升基础仍很脆弱。国际经济形势的不断发展变化和中国加入世贸组织，既给中国对外经济合作带来了许多新的发展机遇，同时又带来了许多挑战，机遇与挑战并存。

(一)国际形势

1. 目前，全球范围内特别是欧美发达国家正在加快进行经济结构调整，跨国公司之间的购并和重组不断加剧，许多企业在进行内部结构和产品结构调整，为中国企业进入某些产业领域提供了商机。

2. 科技进步突飞猛进，经济全球化趋势日趋明显。科技进步不仅加快了生产要素在世界范围内的流动，还极大地改变了产品的内涵，使各国企业在高附加值的基础上展开激烈的国际竞争。随着经济全球化不断深入，跨国公司影响力日益增大，全球约6万家跨国公司已成为推动世界经济发展的基本力量。科技进步的迅猛发展和世界经济的全球化趋势对各国经济产生了深刻影响，客观上要求各国政府进一步实行对外开放，在便利通关、减少

关税和非关税壁垒，减少影响资本、人员、技术流动障碍等方面作出不断努力，从而给各国经济的发展带来了机遇和挑战。

3. 在世界经济明显放缓的背景下，一些国家由于经济困难造成资金紧张，压缩公共建设投资，取消或推迟项目发展计划，使竞争更加激烈，给中国企业对外开展经济合作业务带来一定影响，在深入开发亚洲和非洲等传统市场、开辟拉美及欧美发达国家市场等方面仍存在较大难度。另一方面，在世界贸易和投资的困难时期，国际贸易保护主义加剧，贸易技术壁垒不断强化。特别是发达国家市场虽称完全开放，但实际上在技术、环保、卫生、人员进入等方面的壁垒十分坚固。

(二)国内形势

1. 改革开放以来，中国经济已经取得长足的进步，中国经济总量、对外贸易、吸收外资和外汇储备均居世界前列，对外投资能力逐步增强。工业技术水平和生产效率不断提高，在国内外市场竞争中形成了一批具有比较优势的产业和产品，如石化、工程建设、纺织、家电、轻工、建材等。通过自主创新和引进吸收，掌握了一批适用技术、先进技术和部分世界领先技术，参与国际竞争与合作的实力明显增强。在开展国际贸易、投资和经济技术合作的过程中，中国已经积累了一定的跨国经营经验，培养和锻炼了一部分懂经营、会管理、熟悉国际惯例的人才。

2. 经过20多年的磨练，中国企业的实力大大增强，初步积累了开展跨国经营的经验。一些企业初步建立起现代企业制度，部分企业已发展成为拥有著名品牌和自主知识产权、主业突出、核心能力强的大公司或企业集团。一些中、小企业也在国际市场上崭露头角。许多企业为在更大空间内加快实现自身发展，"走出去"的愿望日益强烈和迫切。

3. 随着中国经济的发展和综合国力的增强，中国外经贸发展的国际环境逐步改善。特别是中国加入世贸组织后，在向其他成员履行承诺、开放市场的同时，其他成员也向中国开放市场。中国企业在进入其他成员市场时，享受其他成员在世贸组织承诺的待遇或与所在国(地区)企业相同的待遇，从而为中国企业开拓国际市场创造了更为广阔的发展空间。

总的来看，中国对外经济合作发展前景广阔，潜力巨大，机遇大于挑战。

四、加快实施“走出去”战略，促进对外经济合作的发展

加入世贸组织标志着中国对外开放进入了一个新的阶段，对外经济合作将获得更大发展并为促进中国对外开放和国民经济发展发挥更加积极的作用。中国将根据“走出去”战略的总体要求和国民经济发展的需要，充分认识并运用中国作为世贸组织成员应有的权利，抓住机遇，迎接挑战，采取各种有效措施，大力发展多种形式的对外经济合作，引导国内具有比较优势的产业和企业积极开展跨国经营，从长远战略的高度重视和推进对外经济合作的发展。

第一，充分调动各地区、各部门的积极性，采取各种切实措施，推动和促进境外投资、对外承包工程、对外劳务合作等各项经济合作业务上规模、上档次，为促进中国与世界各国和地区经贸关系的发展做出积极的贡献。

第二，加强法制建设，建立健全对外经济合作法律法规。根据形势发展和业务需要，对现有法规和规章进行修改、完善和补充。加快境外投资、对外承包工程、对外劳务合作等的立法进程。

第三，充分利用WTO规则，加强多双边谈判与磋商，抓紧签订政府间协定，为成员国企业间相互开展投资合作提供便利。积极参与区域经济合作，推进贸易投资自由化、便利化和经济技术合作。

第四，完善对外经济合作的促进和保障措施。加强金融服务，充分运用现有财政和金融支持手段，有效发挥商业银行作用，加强银企协作，同时研究新的金融支持办法。加强信息服务，建立科学的业务统计制度和统计数据库，充分发挥中国驻外经商机构的作用，为企业进入国际市场创造必要条件。加强领事保护，维护中国境外企业和人员的合法权益。

第五，加强监管，以“管理与服务相结合”为原则建立符合中国国情的对外经济合作监管体系。加强行业自律，协调和规范企业的经营行为。充分发挥各类社会中介组织的作用，为企业开展对外经济合作提供必要的中介服务。

第六，加强人才培训。通过中外合作办学、国内院校和企业联合办学、国内专业培训及出国培训等方法，大力培养能开展国际经营的管理人员，建立一支稳定的对外经济合作人才队伍。

中国企业境外投资指南

对外经济贸易大学教授　卢进勇

一、中国对外直接投资的宏观管理

对外投资的宏观管理主要是指国家政府各级主管部门依据中国法律和现行的相关政策，通过行政、经济和法律等手段，对中国公司、企业和其他经济组织在境外投资设立的合资与合作企业的中方和独资企业进行的管理。上述政府

各级主管部门包括：对外贸易经济合作部、国家发展计划委员会、中国人民银行、财政部、劳动部、国家外汇管理局、海关总署等国务院直属职能部门以及各省、市、自治区、计划单列市的外经贸管理部门等。宏观管理是多方面、多层次的，主要有对外投资的促进、扶持、审批、保护、奖励、限制、监督、检查、惩罚和撤消等。现阶段，对外投资的宏观管理分为综合性归口管理、专业性管理、地方政府管理和中国驻外使领馆管理4个方面。

对外贸易经济合作部和国家发展计划委员会是国务院授权的对外投资业务的归口管理部门，其主要管理职能有：制定中国对外投资的有关管理办法、财务审计和统计制度，并监督实施；调查了解对外企业的业务经营状况；总结和交流对外企业的工作经验与教训；向国务院提出关于对外投资的综合报告；规划对外投资发展的重点领域和重点地区；并采用鼓励性扶持措施加以引导；对对外投资的市场、规模和项目分布加以协调；及时发现和研究解决带有普遍性的问题；对于经营存在严重问题，连年亏损或因违法经营造成不良影响的对外企业，外经贸部有权予以撤消。外经贸部的归口管理是宏观管理的一个重要方面，这些年来，外经贸部先后制定了一系列的有关境外投资业务管理的规定和办法、如境外企业审批管理办法、清理整顿部分境外企业的决定等。

对境外投资的专业性管理包括外汇管理、国有资产管理和劳动工资管理。国家外汇管理局、中国人民银行、财政部、劳动部等是中国境外投资业务的协助管理部门，主要负责与境外投资有关的外汇汇出汇入、资金投放、劳动工资和境外国有资产管理等方面政策的制定、执行和监督。近年来，《境外投资外汇管理办法》、《境外国有资产产权登记管理暂行办法》等专项法规的颁布实行，使这些方面的管理做到了有法可依，发挥了积极的作用。

各省、市、自治区、计划单列市政府和国务院有关部委依照国家有关法规，对本地区和本部门企业开展的对外投资业务管理也属于政策性宏观管理和调控。地方政府和有关部委的职能主要是根据本地区、本行业的综合优势与特点，在国家统一规划的范围内，确定本地区、本行业的重点投资方向和领域，制定有关境外投资的各种具体管理办法和措施。

中国驻外使(领)馆经济商务参赞处(室)也负责对设在所在国(地区)的中国对外投资企业进行指导和管理。这方面管理的具体内容包括：维护中国独资企业和合营企业中方的正当权益；监督检查中国在当地投资的独资企业与合营企业中方贯彻执行国家的方针政策、遵守所在国(地区)法律法规的情况；协调中国境外企业与当地政府的关系，使其生产经营活动有利于推动两国间经济联系的健康发展。

国家对外投资宏观管理的目标主要有5个：一是对对外投资的规模与总量进行调控；二是调整和优化对外投资的地区、国别、行业(领域)、主体、方式结构；三是提高对外投资的经济与社会效益；四是确保对外国有资产的保值和增值；五是为对外投资活动和对外投资企业提供各方面服务。

二、中国对外直接投资的鼓励与保护政策

国家鼓励能够发挥中国优势的对外投资，提倡有领导有步骤地组织和支持一批有实力有优势的国有企业走出去，到国外投资办厂，参与国际分工与合作，以更好地利用国内外两个市场和两种资源。为了推动和鼓励中国公司、企业和其他经济组织到外国投资开办企业，为了扶持中国对外企业的发展，中国政府制定了一些具体的鼓励、支持和保护政策。

(一)资金扶持

举办对外资源开发或投资较多的生产性企业，国内投资者除自筹部分资金外，可向国家银行申请外汇或人民币优惠贷款，作为中方投资。应发展中国家要求，经中国政府同意的带援外性质的合资或合作项目，列入援外计划，所需资金从国家年度援外资金和外汇额度中统筹解决。

(二)税收减免和外汇留成

国内投资者从对外企业分得的利润或其他外汇收益(不论中国政府与对外企业所在国或地区是否签有避免双重征税协定)，自该企业正式投产或投入营业之日起5年内全额留成，国家免征企业所得税，5年后按国家有关规定缴纳所得税，并上缴20%外汇额度。资源开发型对外投资项目的产品需返销国内，凡纳入国家进口成本计划的，可享受同类品的进口关税待遇。中方从远洋渔业合营项目中捕捞运回国内的产品，国家长期免征进口关税。对于中方作为投资带动出口的机械设备、器材、原料和半成品，中国海关凭外经贸部发给的对外投资项目批准证书和对外合营企业合同副本等文件予以放行，免征出口关税。

(三)对外企业产品进口

对外投资企业的产品，凡属国家需进口的，按同质同价的条件，可申请纳入国家进口计划，优先安排进口。对于不能纳入国家进口计划的产品，国家允许对外企业及其国内投资者在自负盈亏的前提下，在国内市场自行经销。对国内投资者以利润形式从对外企业分得的产品，允许运回国内和自行销售。

(四)机电产品出口企业对外投资优惠政策

为了推动中国机电出口企业积极开拓国际市场，提高中国机电产品在国际市场上的竞争能力，鼓励机电产品出口企业在对外投资设立维修服务网点和开办以扩大出口为目的的生产性企业。

(五)向对外投资者提供保护政策

到1999年底，中国已同92个国家签订了投资保护协定，其中生效的已达73个；同世界上62年国家签订了避免双重征税和防止偷漏税的协定，其中已经生效的有54个，尚未明确协定生效日期的有8个。另外，1988年4月30日中国政府批准《多边投资担保机构公约》，成为其创始成员国；1990年2月9日中国政府在《关于解决东道国

与其他国家国民之间投资争端公约》上签字，正式参加了该《公约》。同其他国家和地区签订双边投资保护协定与双边税收协定，以及参加一些主要的有关国际投资方面的国际公约，是保护本国对外投资者合法权益的一项重要措施，同时对本国企业的对外投资活动也会起到积极的推动作用。

三、中国对外直接投资的行业导向

考虑到目前中国进行对外投资的可能性和世界直接投资发展的新特点，现阶段中国对外投资的重点行业是：

（一）加工装配型的制造业。 设立这种类型的企业可以突破东道国所实行的贸易保护主义政策，带动和扩大国内的技术、设备、半成品、零部件和原料的出口，实现就地生产、就地销售和向第三国销售；与此同时，还可以充分利用中国企业在设备、技术和人力等方面的比较优势，取得比较利益。目前，国家对这一行业的对外投资给予重点支持，为此制定了一系列的鼓励和优惠政策。这一行业主要涉及机电行业和轻工服装业，具体涉及到汽车、摩托车、小型农机具的组装和电视机、电冰箱、洗衣机、电风扇、空调器等家用电器的加工装配等。

（二）资源开发行业。 资源开发性项目一般建设周期长，投资额较大。过去的十几年，资源开发型项目成为中国对外直接投资的一个重点，今后仍应是中国对外投资的重点。这是因为中国人均占有资源不多，在对外对中国短缺资源项目进行投资，对打破资源垄断有利，具有重要的战略意义。

（三）科技开发行业。 这方面的企业分为3类：一类是通过对中国目前技术上仍属空白或落后的东道国技术密集型企业的投资和参加管理，从中学习和吸取对方的先进技术，将技术带回国内应用；另一类是在国外发达国家组建高科技新产品开发公司，将开发的新产品交给国内企业生产，然后再将产品销往国外；还有一类是指鼓励国内的高科技企业走向国际市场，进行对外投资，扩大高科技产品的出口，实现科技产品的国际化。国家鼓励和支持技术含量较高的对外投资项目的发展。

（四）工程承包与劳务合作。 中国具有丰富的劳动力资源，中国承包劳务企业在国际市场已具有较强的竞争力，因此，国家支持承包劳务企业对外创办一些相关企业，以扩大中国的对外工程承包和劳务合作业务。

（五）服务贸易行业。 这类企业包括金融保险、进出口贸易、商业批发、信息咨询、运输通讯、医疗卫生、旅游、广告、维修服务等行业的服务性企业。通过创办独资或合资的服务业企业，可以直接扩大中国的服务出口，并可间接促进中国有形商品的出口。

四、对外直接投资的审批原则与条件和审批权限划分

国家审批对外贸易性企业的原则是：设立对外企业的目的为了扩大出口，增加国家外汇收入；对外企业要大力开拓中国出口商品的销售市场和销售渠道，要采取灵活多样的贸易方式增加销售；对所在国（地区）及邻近国家市场开展深入全面的市场调查与研究，为国内出口企业提供咨询服务和信息反馈；为进口国外的技术、设备和原材料提供及时的服务，学习国外先进的企业经营管理经验，锻炼和培养跨国经营人才；对外贸易性企业的发展要有重点、有步骤、有秩序地进行，要坚持积极稳妥、逐步发展的方针。国内主办企业必须拥有外贸经营权是设立对外贸易性企业承包的条件。

中国政府审批对外非贸易性企业的原则主要有：通过建立合营或独资企业，可以引进从其他渠道难以得到的先进技术和设备；能够为国家长期提供价格具有竞争性、质量符合要求、国内需长期进口的原材料或产品；能为国家增加外汇收入；能扩大中国的对外工程承包和劳务合作业务，并能带动国产的技术、设备、原材料和其他产品的出口；能够推动中国与广大发展中国家之间经济技术合作的发展。设立对外非贸易性企业应具备以下几个条件：国内主办企业是具有法人资格的经济实体，拥有到国外开办企业所需要的资金和技术等条件；对项目要进行认真的可行性研究，要经过有关部门和专家的论证，要有完整的相关文件；外方的合作条件要适当，中方的合作条件要落实；项目应有取得较高经济效益的前景和相应的分析论证。

中国政府对对外投资实行分级审批管理制度。目前实行的是3级审批制度：第1级是国务院；第2级是国务院授权的外经贸部和国家计委；第3级是各省、市、自治区、计划单列市政府和国务院各部委的外经贸管理部门。上述各级审批机关对对外投资的审批权限是不同的。目前，中国审批权限的划分是按照中方投资额的大小进行的。具体的规定是：

1. 以下几类项目由对外贸易经济合作部会同国家发展计划委员会与其他有关部门协商后审批，国家发展计划委员会审批项目建议书和可行性研究报告，对外贸易经济合作部审批合同、章程。这几类项目包括：(1)向国家申请贷款或境外贷款需国内担保的项目。(2)产品返销国内涉及国家进口计划安排或需要动用国家外汇收购其产品或需国家综合平衡的项目。(3)在某些特殊地区（如港澳地区）和领域或尚未同中国建立正式外交关系的国家设立的项目。(4)中方投资额在100万美元以上（含100万美元）至3000万美元（不含3000万美元）的项目。

2. 凡是不属于上述第1点中所列举的项目，由国内投资主体所在的省、市、自治区、计划单列市政府和国务院各部委的外经贸管理部门自主审批，项目建议书和可行性研究报告须报国家计委备案，合同与章程须报外经贸部备案，并由外经贸部颁发境外投资企业批准证书。这些项目有：(1)中方投资额在100万美元以下的项目。(2)已经批准开业的对外投资企业，在对外企业所在国或其他国家与地区设立其经营范围内的分支机构或子公司。

3. 中方投资额（包括主办单位自有资金、自筹资金、向银行借款和向政府借款）在3000万美元（含3000万美元）

以上的项目，由对外贸易经济合作部会同国家发展计划委员会等有关部门初审后报国务院直接审批。

4. 跨省、市、自治区、部门的投资项目，根据投资规模限额，由项目牵头单位报相应部门审批，并报对外贸易经济合作部备案。

为便于国家对对外投资的宏观管理，上述经各级审批部门批准的对外投资额企业统一由对外贸易经济合作部颁发"对外投资批准证书"，以此作为国家批准该项目对外投资的最终凭证。主办单位凭批准证书和有关文件到国内有关部门办理外汇支付、国有资产登记、税收、商检、海关等手续。

五、中国企业对外投资开办企业的程序

中国企业对外投资开办企业的程序大体上分为以下几步：

(一) 项目主办企业派人对外进行实地考察和了解，如果是准备建立合资或合作企业，还要与对外合作对象签订意向书。

(二)项目主办企业将意向书、项目建议书、初步可行性研究报告及外方资信证明报主管部门。主管部门初步审核后拟出请求立项的报告，附上述材料报审批部门。审批部门审核后下达立项批复文件。

(三)项目主办企业在收到立项批复文件后可开始对外签约。签约后开始向主管部门报送项目可行性研究报告、合营企业的合同(或投资协议、股东协议)和章程(如果设立独资企业只需报章程)、国家外汇管理部门对项目所作的外汇来源和风险审查意见、国内参加该项目的企业间签订的内部协议（如果只是国内一家企业参加该项目则没有内部协议)等，主管部门审核后拟出申请领取批准证书的请示文件，附上述材料报审批部门。

(四) 审批部门在接到上述材料后，须在 3 个月内作出审批决定，批准或不予批准都须正式向申报单位复文。在审批过程中，审批机构须向中国驻项目所在国使馆经商处发出征询意见函，接到使馆同意的复函后，方可批准。

(五)项目主办企业领到批准证书后开始着手办理外汇和设备的调出手续，并到对外投资企业所在国的有关部门办理审批手续(如果要求的话)以及到当地工商行政管理部门办理企业登记注册手续。

六、对外投资开办企业应申报的文件

(一) 主办单位在申报项目立项时，须报送下列文件一式两份：1. 项目建议书（主要包括对外投资目的、经营范围、经营方式、投资金额、各方投资比例、投资方式、资金来源及落实情况、投资效益预测等)。2. 合资、合作意向书。3. 外方合作伙伴的资信调查材料（包括有关银行或其他资信调查机构出具的资信证明等方面的材料)。

(二)主办单位申报可行性研究报告、合同和章程时，须报送下列文件一式两份：1. 境外投资申请报告。2. 主办单位的国内营业执照(复印件)。3. 可行性研究报告。4. 经草签的对外投资企业合营合同和对外投资企业章程（中外文本)。5. 外汇管理部门关于资金来源和投资风险审查的意见。6. 其他有关文件或资料。

(三) 主管部门向对外贸易经济合作部申领批准证书时，须报送下列文件：1. 申领批准证书的报告。2. 驻外使(领)馆经商处(室)的意见。3. 主办单位向主管部门申报的全部文件。4. 主管部门对项目的批复意见。

境外投资应注意的几个问题

对外贸易经济合作部计财司　谢　宇

随着中国改革开放政策的进一步深入，国内许多企业已不能满足对国内市场份额的占有，纷纷走出国门，进行境外投资，积极开拓国外市场，一些企业的境外投资项目已经顺利实施并取得了良好的经济效益和社会效益，但是也有一些企业由于这样或者那样的原因出现了投资失误。

中国企业进行境外投资主要应掌握以下几条原则：

一、充分了解投资国的政策、法规是完成项目的前提

加强对投资国政策、法规的了解是完成项目的前提。中国企业对外投资的国家主要为亚非拉发展中国家，而这些国家基本上都处于改革开放之中，各项政策、法规有待健全完善，而且一些国家对外来投资的整体认识不是很强，在接受外资方面仍然存在一些需要解决的问题，这就要求参与境外投资的公司必须对投资所在国的政策、法规进行深入细致的了解，充分把握市场生存空间，否则盲目地进行投资必然会导致不良结果。

例如，东南亚某国基本上是一个未被开发的半封闭的国家，蕴藏着巨大的市场潜力，许多公司正是看中了这一点才在此国办投资项目，等待时机，发展自己。但这个国家目前的投资管理机构为其政府的非常设机构，正常情况下，没有一年的时间，一个外资项目很难批准下来，而且每一个工作环节都要用"金钱"去疏通。若没有了解该国的具

体投资环境就进行盲目投资,势必会造成投资延误,甚至损失。

二、做好项目的前期可行性考察是做好项目的基础

企业在所在国进行投资,一定要慎重选择好项目,并切实做好项目可行性研究报告。应该说所有在国外进行投资的企业在立项时都进行过可行性研究考察,但是不同的企业由于考察方式、考察角度和深度等不同,考察报告和项目实施时产生的实际效果也就不一样。

如A公司在东南亚某国进行轻工产品投资,由于可行性考察比较细致深入,项目实施以后,不仅进展顺利,而且很快就产生了不错的经济效益。若等到项目真正实施后才发现可行性报告中遗漏了某些重要事项或因素,造成项目难以实施或无法实施,届时造成的后果不仅是耗费了大量的人力、物力和财力,而且直接影响到企业自身的信誉,不利于企业以后在这方面的发展。

又如B公司在东南亚某国实施的农业开发项目,由于对所在国投资环境报告不够具体,研究不够深入,在项目实施过程中就遇到了事先没有考虑到的问题,经历了两年多的时间仍然未能与其农业部签署土地租赁合同,使该公司在该国的农业综合开发计划不能按期进行。另两家公司在东南亚某国也是进行农业开发,虽然与其农业部都签订了合同,对土地进行了勘察,但由于该国中央土地政策和地方土地政策管理比较混乱,出现了当地农民强占土地以及大量的土地纠纷问题,直接影响了企业项目的实施进度和项目的效益及发展前景。

三、选好投资伙伴是做好项目的必要条件

选择有影响力、有资金实力的伙伴,利用其在当地政府或其他部门、领域有关方面的特殊关系,对于项目的实施有很好的促进作用。选好了伙伴等于项目成功了一半,这并不夸张。如某医药企业在境外的投资合作伙伴为该国卫生部直属的一家药厂,生产出来的所有药品都由该国卫生部包销。由于有卫生部这块王牌,因此,该国走私药和水货严格受到控制,药品销售供不应求。

相反,若投资合作伙伴不力,则不仅有可能出现对方资金迟迟不能到位的问题,严重的还会出现违约、携款潜逃等问题,有些境外公司在合作谈判时,对中方提出的条件承诺比较快,一旦中方的设备资金投入后,就提出各种借口,违约或者将资金挪作它用,甚至携款潜逃。如某公司在J国与一投资伙伴合资办水泥厂,某公司的股份虽然占55%,但加上最初的投资股份和公司融资,实际投入约占全部资金投入的87%,公司正式投产刚刚取得了较为不错的效益,但就在这时,其合作伙伴被人收买,被迫将中方工作人员绑架以后,单方面取消了合约,致使一个很有发展前途的项目中途夭折。所以选择合作伙伴要慎之又慎。

四、灵活的经营方式是做好项目的保证

由于种种原因,有时尽管前期考察和可行性研究报告已经做得相当完善了,但真正实施起来,也难免有与当地情况不相符合的地方,在这种情况下,就要求合资企业根据客观实际情况,调整经营方式,根据投资所在国的具体资源状况和市场需求,采取适当灵活的经营思路和经营策略。变被动为主动,变消极为积极,一味地犹豫不决,完全指望国内或外方的帮助,只会使包袱越背越大,回旋的余地越来越小,直至难以为继。

如D公司在Y国投资生产饮料,根据当地市场产品的销路情况,还达不到满负荷生产,要想解决设备闲置的问题就得开动脑筋,于是该公司利用闲置的生产设备和当地丰富的荔枝资源,将季节性很强的荔枝加工成罐头食品,不仅在当地受到欢迎,而且还远销到瑞士等西欧国家。

又如某公司在J国的主要投资产品为塑料制品,但是他们发现该国矿泉水、卫生纸大多需要进口,且成本较高,公司总经理当即抓住有利时机,注入了少量资金进行生产。由于投资小,成本低,很快便占领一定的市场份额,取得了良好的经济效益。这些公司的共同特点就是采取灵活的经营方式和销售战略。

五、优秀的人才是做好项目的关键

在国外进行项目开发和投资生产,对外派人员必须进行严格筛选,外派人员不仅需要政治素质高,而且还要求业务综合素质高。如某公司在项目投资之初,公司为节约开支,没有买过一张床,总经理带头打地铺;公司正式运作起来以后,又从国内总公司挑选出能吃苦耐劳的高素质年轻干部,一人多能,既降低了管理费用,又使整个公司充满朝气,为公司的健康发展打下了坚实的基础。

而有些企业在外派工作人员时,不注重人员的整体素质,不注重培养对所在国政策进行研究的高素质干部。有些境外投资企业在销售方面抓得较紧,却忽略了主管财务,这无疑是捡了芝麻,丢了西瓜,没有抓住管理企业的关键。

六、切忌用短期国内借款进行境外长期投资

用国内短期借款用于境外长期投资,不仅使资金到位时间与项目正式投产时间差距拉大,而且还会造成项目正式投产时资金供应不足。造成上述问题的原因有人为或非人为因素。人为因素主要是企业资金预算和资金实际操作脱离,项目投产资金用于项目前期开发,且项目前期开发战线拉得太长,资金耗用太多。非人为因素主要是所在国投资审批和注册登记手续复杂,超过了企业的预期,从根本上说这仍然是由于企业内部管理对项目实施预测不准确造成的。等到企业项目真正投产时,一方面出现了资金供应不足的情况,另一方面已借资金偿还期将至,严重影响资金使用效率。

七、充分发挥使馆经商处的纽带作用

企业应经常与所在国使馆经商处联系，充分发挥使馆经商处的纽带作用。经商处不仅对所在国的投资政策比较清楚，而且与所在国的政府部门也比较熟悉，代企业办事，与政府部门沟通相对来说都比较容易。若企业事先没有与经商处沟通，等到事情发生以后，再找经商处联系，不仅让经商处工作为难，而且起到的效果也只会是事倍功半。

八、同一投资所在国的企业要相互沟通

在同一国进行项目投资应避免重复，企业之间应相互沟通，防止内部相互冲击，否则，市场有限，最终受损的只会是境外投资企业本身。

境外投资企业亟待加强管理

中南财经大学财政金融学院　聂名华

随着中国对外开放进一步扩大，境外直接投资总额逐年递增，境外企业数量亦呈现稳步增加的趋势。通过举办境外投资企业，对于开辟利用国外资源和市场的新渠道，增强中国商品的出口创汇能力，加强对外经济交流和劳务合作，学习别国先进技术和管理经验，加快传递国际市场信息等，都起到很好的作用。但是，毕竟中国境外直接投资起步较晚，境外企业的发展尚不成熟，一些企业经营管理机制不健全，缺乏一套行之有效的管理方法，也缺乏自我调节、自我约束的能力，因而在境外投资企业管理中存在不少亟待解决的问题。

一、境外企业投资决策管理不够科学，合作伙伴的选择不尽理想

境外企业是在不同的国家和社会环境下经营，必须全面了解东道国的社会文化习俗、政治、经济、法律等各方面情况，并充分估计政治风险和经济风险，在此基础上才能做出正确的投资决策。但是，中国有些企业在从事境外投资的过程中，对东道国各方面的情况缺乏全面深入的考察和论证，就盲目地定项目，结果导致投资决策失误。目前有不少企业在选拔境外投资项目考察团成员时，没有将以后负责境外企业经营管理的人员吸收进来，而主要是考虑公司现任领导层人选，有时甚至掺杂了与考察团项目毫不相关的人员，这势必会对境外企业未来的经营管理产生不利影响。有些出国考察团组由于受到经费和时间的限制，在国外停留的时间较短，而需要调查的内容和落实的环节又较多，因此走马观花在所难免。一些考察团组回国后，对收集到的外文资料和了解到的情况既不翻译又不调查研究，就匆忙编制项目可行性研究报告，这无疑会使报告的质量大打折扣，给境外企业投产后留下隐患。如湖北省某拖拉机厂 1998 年在非洲喀麦隆投资建了个手扶拖拉机厂，投资前对当地土质缺乏调研、结果因当地土壤板结，原来设计制造的犁铧一耕即断，严重影响了拖拉机在该地的推广，到 1999 年底该厂仅销售 100 多台拖拉机，致使这个年生产能力在 3000 台左右的企业严重开工不足。

境外企业投资决策管理的另一个重要问题是合资或合作伙伴的选择问题。由于一些从事境外投资的企业对这个问题重视不够，或经验不足，或信息不灵，对外方合作者的实力、信誉、能力等情况缺乏全面的了解，结果导致选择不当和决策失误，约我方造成严重的经济损失。如广东两家公司与法国某华侨合资在巴黎建设“中国城”，三方协议总投资约一亿法郎，各持 1/3 股份。在项目建设过程中，我方才发现该华侨实际上只拥有一个价值 30 万法郎的餐馆，并无应有的合作实力。但这时投资项目已经上马，造成骑虎难下的局面，我方投资已无法收回。

二、境外企业投资目标管理不够明确，具体考核指标也不尽合理

发达国家的大型跨国公司往往都有一个显著的特点，就是具有完整的全球战略，以世界市场作为角逐的目标，对再生产周期的各个环节实行国际化安排。中国境外企业由于种种因素的制约，投资目标不够明确。有些国内母公司急于到境外设点，只是着眼于短期业务需要；有的仅仅是为了地境外开设一个“窗口”，为国内企业反馈一些东道国的市场信息；还有的企业到境外投资的动机是扭曲的，如办招待所，设接待站，使之成为国内主办单位在境外的“安乐窝”，或作为特权安排和照顾性安排的场所。凡此种种，说明我们有些企业还不能站在企业长期生存和发展战略需要的高度去规划自己的境外投资行为，更没有从中国整个国民经济将如何实现持续快速发展的高度去认识自己的投资行为。一些境外企业由于缺乏明确的投资目标，看见什么挣钱就搞什么，导致投资的盲目性很大，如某矿产集团在美国的子公司为了短期盈利，在没有采取严格措施的情况下，从事期货交易等高风险业务，结果造成 6000 万美元的损失。

境外企业投资目标管理不明确，与国内母公司对其下达的考核指标不合理有内在联系，据有关部门调查，现在国内母公司对境外企业的考核内容主要是上缴利润和经营规模两项指标，而对资产损益、市场开拓、产品开发、技术创新

等方面则无人考核和监督。有些境外企业为了完成当年上缴利润指标，甚至出现动用开办费和使用贷款上缴“利润”的奇怪现象。由于每个境外企业所在国的国情不同，市场情况不同，客观条件不同，企业自身的基础和起点也不同，采用统一而不加区别的考核指标很难客观真实地评价境外企业的财务的状况和经营业绩。

三、境外企业经营管理机制不完善，“以包代管”的问题较普遍

由于受到传统管理体制的影响，一些境外企业的经营管理机制不能适应国际市场竞争的需要，存在着两种极端的管理偏向：一种是国内母公司对境外企业管得过多过死，有的甚至到了凡事均要报批的程度，这就严重束缚了境外企业的手脚，使其丧失了许多良好的商业机会。另一种是国内母公司对境外企业放任自流，境外投资得到批准后就以为万事大吉，而对其经营状况、资产损益、财务管理和市场前景等不闻不问，任其自然发展，导致这些企业无依无靠，孤军奋战，不少企业因缺乏境内投资单位的支持而困难重重。显然，这两种偏向都不利于境外企业的健康成长和发展。

从中国目前境外企业的管理方式看，实行承包经营制的企业较多。这主要是由于竟外企业距离较远，境内投资单位鞭长莫及，加上缺乏管理境外分支机构的经验，因而不得已采取了承包的管理方式，以包代管。由于这种承包制往往是在产权关系不明晰的基础上实行的，因而难以合理界定和保障出资人权益与承包人经营自主权，反而导致境外企业及管理者旨在本位利益最大化的内部寻租行为增多，造成部分国有资产的流失和企业资源的浪费。境内投资单位为了实现企业的整体目标，防止境外国有资产的流失，又不得不用更多的精力加强对境外企业的监管，从而提高了成本。

四、境外企业财务管理不规范，财务报告和审计制度不落实

在中国境外企业中，财务管理不善是一个十分突出的问题。一些从事境外投资的公司领导人的财务管理观念淡薄，不向所属境外企业派驻专职的财务人员，也没有建立完善的约束机制来监督境外企业的财务状况。不少境外企业在财务上搞“两本帐”，对外帐供当地有关部门检查，对内帐则记录着企业真实的业务和资金运营情况。这种貌似聪明的做法有时可避开一些当地的税赋，但同时又给本企业财务管理留下了很大隐患。有的境外企业经营者利用“帐外帐”建立自己的小金库，随意挥霍；有的给境外企业财务人员大量窃取、贪污公款甚至卷钱外逃开了方便之门。这种“帐外帐”的风险还在于违反了东道国法律制度，一旦败露，当地企业经理要负法律责任，并连累母公司。此外，这种做法也不利于境外企业按照国际惯例办事，更不利于树立良好的中资企业形象。

有些境外企业不仅财务管理不规范，而且有关财务的分析报告制度和审计制度也不落实。中国不少公司总部都不能经常性地、及时地收到所属境外企业的财务报告和报表，因此很难掌握所属机构的财务状况，更无从对境外企业或机构的经营财务进行评价和考核。此外，中国多数境外企业的公司总部没有专设审计部门，即使设有审计部门的公司也未能做到及时对境外企业进行财务审计，往往是等到境外企业经营出现重大漏洞或失误后，公司总部才进行帐务清理，结果往往造成难以挽回的损失。

五、境外企业资产管理存在漏洞，导致国有资产流失严重

由于一些境外企业资产管理中存在许多漏洞，致使国有资产通过以下渠道大量流失。

首先，一些境外企业的国有资产以个人名义在当地注册，造成产权关系不明确，给国有资产流失造成隐患。根据中国国有资产管理的有关规定，境外国有资产不得以个人名义购置，银行存款不得以个人名义开户，境外投资不得以个人名义投入；如确有必要使用个人名义，则必须办理具有当地法律效力的产权归属手续，明确表示虽然名义上个人拥有，但实质上产权属于中国公司。由于有些东道国不允许外资企业以国家的名义开办，以个人名义持有国有股权或拥有物业产权在这种特定条件下是可以的。但问题在于，这些境外企业中有相当一部分并未按上述规定办理明确其产权归属的法律手续，从而给不法分子侵吞国家资产以可乘之机。

其次，一些境外企业尚未建立科学的法人治理机制，存在“内部人控制”的现象，导致国有资产受到严重侵蚀。内部人控制企业，就是企业的国有股权代表、董事长、总经理三职集于一身的企业。这类境外企业的资产虽然是国家的，但在企业重大决策中，内部人利益得以极度强化，企业自主权过分膨胀，在企业外部人(如境内投资单位或国有资产管理部门)失去对境外企业有效约束和监控的情况下，企业内部人就可能利用种种非法手段，化公为私，侵犯国家利益，造成部分国有资产流失。

此外，有的境外企业在未经母公司批准的情况下，或成立一个子公司，或收购一个上市公司，将原企业资产转移到新公司内，使原有企业成为一个空壳企业，从而逃避国家所有者对国有资产经营的监管。新公司的国有资产经营收益为企业经营者所得，而亏损则划入原企业帐下，这也形成了国有资产的内部流失。

六、境外企业人事管理体制不健全，现有管理人员的综合素质偏低

在现代企业中，人力资源是最宝贵的资源，是竞争制胜之本。中国境外企业由于观念和制度等方面的原因，对驻外人员的选派和管理上存在一些不合理的做法，主要表现在以下几个方面：

第一，驻外人员的选派不够合理。有的母公司选派驻外

人员不是完全出于业务需要，而是按人情关系派人。由于缺乏规范的、制度化的用人机制，没有采取竞争择优选派人员，使母公司派到境外企业的某些管理人员不能胜任工作。而境外企业往往只能被动地接受母公司派出的人选，对那些不合适的人员也无权拒绝接受，这无疑会阻碍境外企业的发展。

第二，驻外人员的轮换较频繁。目前我国境外企业实行人员定期轮换制，一般在三年左右就被调回国，这样既不利于人才的成长，又影响境外企业的发展。如在英国的许多中资企业经理认为，中国人到英国工作，第一年学习英语，第二年适应生活和工作环境，第三年才真正开展业务，往往是刚刚能胜任工作就被调回国。由于境外企业的骨干人员轮换周期偏短，导致其只关心企业在自己三年任期内的情况，无心从事长期投资经营，这既造成了境外企业的短期行为，又使管理人员经常处于“交学费”的状态。

第三，境外企业管理人员的结构失衡。一般来说，在跨国企业中，母公司往往只派少量高级管理人员，多数靠雇佣当地人来管理和经营，这样既对企业管理有利，又能节省许多费用。而中国境外企业往往过多地使用境内派出人员，不重视雇佣当地人员为本企业发展服务，尤其是在高级人员和中级管理人员中缺乏高素质、高水平的外国人。由于境内派出人员与当地人员存在着社会关系和文化背景等方面的差异，对当地经营环境缺乏深刻的了解，从而对企业管理带来不利影响。

第四，境外企业缺乏高素质的经营管理人才。中国目前派往境外企业工作人员的综合素质较低，尤其是缺乏政治可靠、业务过硬、熟悉国际市场经济惯例和法规，通晓专业技术知识和外语，富有竞争意识和创新精神的高层次复合型人才。这一方面反映了中国在国际企业管理人才培养上的差距，另一方面也暴露出现行用人制度上的缺陷，由于“照顾关系”的现象广泛存在，真正具备能力的人员往往没有被派到境外企业工作。

第八部分

WTO与中国投资

入世文件与基本情况

中华人民共和国加入议定书

序　　言

世界贸易组织（“WTO”），按照WTO部长级会议根据《马拉喀什建立世界贸易组织协定》（“《WTO协定》”）第12条所作出的批准，与中华人民共和国（“中国”），

忆及中国是《1947年关税与贸易总协定》的创始缔约方，

注意到中国是《乌拉圭回合多边贸易谈判结果最后文件》的签署方，

注意到载于WT/ACC/CHN/49号文件的《中国加入工作组报告书》（“工作组报告书”），

考虑到关于中国WTO成员资格的谈判结果，

协议如下：

第一部分　总　　则

第1条　总体情况

1. 自加入时起，中国根据《WTO协定》第12条加入该协定，并由此成为WTO成员。

2. 中国所加入的《WTO协定》应为经在加入之日前已生效的法律文件所更正、修正或修改的《WTO协定》。本议定书，包括工作组报告书第342段所指的承诺，应成为《WTO协定》的组成部分。

3. 除本议定书另有规定外，中国应履行《WTO协定》所附各多边贸易协定中的、应在自该协定生效之日起开始的一段时间内履行的义务，如同中国在该协定生效之日已接受该协定。

4. 中国可维持与《服务贸易总协定》（“GATS”）第2条第1款规定不一致的措施，只要此措施已记录在本议定书所附《第2条豁免清单》中，并符合GATS《关于第2条豁免的附件》中的条件。

第2条　贸易制度的实施

(A)统一实施

1.《WTO协定》和本议定书的规定应适用于中国的全部关税领土，包括边境贸易地区、民族自治地方、经济特区、沿海开放城市、经济技术开发区以及其他在关税、国内税和法规方面已建立特殊制度的地区（统称为“特殊经济区”）。

2. 中国应以统一、公正和合理的方式适用和实施中央政府有关或影响货物贸易、服务贸易、与贸易有关的知识产权（“TRIPS”）或外汇管制的所有法律、法规及其他措施以及地方各级政府发布或适用的地方性法规、规章及其他措施（统称为“法律、法规及其他措施”）。

3. 中国地方各级政府的地方性法规、规章及其他措施应符合在《WTO协定》和本议定书中所承担的义务。

4. 中国应建立一种机制，使个人和企业可据以提请国家主管机关注意贸易制度未统一适用的情况。

(B)特殊经济区

1. 中国应将所有与其特殊经济区有关的法律、法规及其他措施通知WTO，列明这些地区的名称，并指明界定这些地区的地理界线。中国应迅速，且无论如何应在60天内，将特殊经济区的任何增加或改变通知WTO，包括与此有关的法律、法规及其他措施。

2. 对于自特殊经济区输入中国关税领土其他部分的产品，包括物理结合的部件，中国应适用通常适用于输入中国关税领土其他部分的进口产品的所有影响进口产品的税费和措施，包括进口限制及海关税费。

3. 除本议定书另有规定外，在对此类特殊经济区内的企业提供优惠安排时，WTO关于非歧视和国民待遇的规定应得到全面遵守。

(C)透明度

1. 中国承诺只执行已公布的、且其他WTO成员、个人和企业可容易获得的有关或影响货物贸易、服务贸易、TRIPS或外汇管制的法律、法规及其他措施。此外，在所有有关或影响货物贸易、服务贸易、TRIPS或外汇管制的法律、法规及其他措施实施或执行前，应请求，中国应使WTO成员可获得此类措施。在紧急情况下，应使法律、法规及其他措施最迟在实施或执行之时可获得。

2. 中国应设立或指定一官方刊物，用于公布所有有关或影响货物贸易、服务贸易、TRIPS或外汇管制的法律、法规及其他措施，并且在其法律、法规或其他措施在该刊物上公布之后，应在此类措施实施之前提供一段可向有关主管机关提出意见的合理时间，但涉及国家安全的法律、法规及其他措施、确定外汇汇率或货币政策的特定措施以及一旦公布则会妨碍法律实施的其他措施除外。中国应定期出版该刊物，并使个人和企业可容易获得该刊物各期。

3. 中国应设立或指定一咨询点，应任何个人、企业或WTO成员的请求，在咨询点可获得根据本议定书第2条(C)节第1款要求予以公布的措施有关的所有信息。对此类提供信息请求的答复一般应在收到请求后30天内作出。在例外情况下，可在收到请求后45天内作出答复。延迟的通知及其原因应以书面形式向有关当事人提供。向WTO成员作出的答复应全面，并应代表中国政府的权威观点。应向个人和企业提供准确和可靠的信息。

(D)司法审查

1. 中国应设立或指定并维持审查庭、联络点和程序，以便迅速审查所有与《1994年关税与贸易总协定》(“GATT 1994”)第10条第1款、GATS第6条和《TRIPS协定》相关规定所指的法律、法规、普遍适用的司法决定和行政决定的实施有关的所有行政行为。此类审查庭应是公正的，并独立于被授权进行行政执行的机关，且不应对审查事项的结果有任何实质利害关系。

2. 审查程序应包括给予受须经审查的任何行政行为影响的个人或企业进行上诉的机会，且不因上诉而受到处罚。如初始上诉权需向行政机关提出，则在所有情况下应有选择向司法机关对决定提出上诉的机会。关于上诉的决定应通知上诉人，作出该决定的理由应以书面形式提供。上诉人还应被告知可进一步上诉的任何权利。

第3条　非歧视

除本议定书另有规定外，在下列方面给予外国个人、企业和外商投资企业的待遇不得低于给予其他个人和企业的待遇：

(a)生产所需投入物、货物和服务的采购，及其货物据以在国内市场或供出口而生产、营销或销售的条件；

(b) 国家和地方各级主管机关以及公有或国有企业在包括运输、能源、基础电信、其他生产设施和要素等领域所供应的货物和服务的价格和可用性。

第4条　特殊贸易安排

自加入时起，中国应取消与第三国和单独关税区之间的、与《WTO协定》不符的所有特殊贸易安排，包括易货贸易安排，或使其符合《WTO协定》。

第5条　贸易权

1. 在不损害中国以与符合《WTO协定》的方式管理贸易的权利的情况下，中国应逐步放宽贸易权的获得及其范围，以便在加入后3年内，使所有在中国的企业均有权在中国的全部关税领土内从事所有货物的贸易，但附件2A所列依照本议定书继续实行国营贸易的货物除外。此种贸易权应为进口或出口货物的权利。对于所有此类货物，均应根据GATT 1994第3条，特别是其中第4款的规定，在国内销售、许诺销售、购买、运输、分销或使用方面，包括直接接触最终用户方面，给予国民待遇。对于附件2B所列货物，中国应根据该附件中所列时间表逐步取消在给予贸易权方面的限制。中国应在过渡期内完成执行这些规定所必需的立法程序。

2. 除本议定书另有规定外，对于所有外国个人和企业，包括未在中国投资或注册的外国个人和企业，在贸易权方面应给予其不低于给予在中国的企业的待遇。

第6条　国营贸易

1. 中国应保证国营贸易企业的进口购买程序完全透明，并符合《WTO协定》，且应避免采取任何措施对国营贸易企业购买或销售货物的数量、价值或原产国施加影响或指导，但依照《WTO协定》进行的除外。

2. 作为根据GATT 1994和《关于解释1994年关税与贸易总协定第17条的谅解》所作通知的一部分，中国还应提供有关其国营贸易企业出口货物定价机制的全部信息。

第7条　非关税措施

1. 中国应执行附件3包含的非关税措施取消时间表。在附件3中所列期限内，对该附件中所列措施所提供的保护在规模、范围或期限方面不得增加或扩大，且不得实施任何新的措施，除非符合《WTO协定》的规定。

2. 在实施GATT 1994第3条、第11条和《农业协定》的规定时，中国应取消且不得采取、重新采取或实施不能根据《WTO协定》的规定证明为合理的非关税措施。对于在加入之日以后实施的、与本议定书或《WTO协定》相一致的非关税措施，无论附件3是否提及，中国均应严格遵守《WTO协定》的规定，包括GATT 1994及其第13条以及《进口许可程序协定》的规定，包括通知要求，对此类措施进行分配或管理。

3. 自加入时起，中国应遵守《TRIMs协定》，但不援用《TRIMs协定》第5条的规定。中国应取消并停止执行通过法律、法规或其他措施实施的贸易平衡要求和外汇平衡要求、当地含量要求和出口实绩要求。此外，中国将不执行设置此类要求的合同条款。在不损害本议定书有关规定的情况下，中国应保证国家和地方各级主管机关对进口许可证、配额、关税配额的分配或对进口、进口权或投资权的任何其他批准方式，不以下列内容为条件：此类产品是否存在与之竞争的国内供应者；任何类型的实绩要求，例如当地含量、补偿、技术转让、出口实绩或在中国进行研究与开发等。

4. 进出口禁止和限制以及影响进出口的许可程序要求只能由国家主管机关或由国家主管机关授权的地方各级主管机关实行和执行。不得实施或执行不属国家主管机关或由国家主管机关授权的地方各级主管机关实行的措施。

第8条　进出口许可程序

1. 在实施《WTO协定》和《进口许可程序协定》的规定时，中国应采取以下措施，以便遵守这些协定：

(a)中国应定期在本议定书第2条(C)节第2款所指的官方刊物中公布下列内容：

– 按产品排列的所有负责授权或批准进出口的组织的清单，包括由国家主管机关授权的组织，无论是通过发放许可证还是其他批准；

– 获得此类进出口许可证或其他批准的程序和标准，

以及决定是否发放进出口许可证或其他批准的条件；

–按照《进口许可程序协定》，按税号排列的实行招标要求管理的全部产品清单，包括关于实行此类招标要求管理产品的信息及任何变更；

–限制或禁止进出口的所有货物和技术的清单；这些货物也应通知进口许可程序委员会；

–限制或禁止进出口的所有货物和技术清单的任何变更；

用一种或多种 WTO 正式语文提交的这些文件的副本应在每次公布后 75 天内送交 WTO，供散发 WTO 成员并提交进口许可程序委员会。

(b) 中国应将加入后仍然有效的所有许可程序和配额要求通知 WTO，这些要求应按协调制度税号分别排列，并附与此种限制有关的数量(如有数量)，以及保留此种限制的理由或预定的终止日期。

(c) 中国应向进口许可程序委员会提交其关于进口许可程序的通知。中国应每年向进口许可程序委员会报告其自动进口许可程序的情况，说明产生这些要求的情况，并证明继续实行的需要。该报告还应提供《进口许可程序协定》第 3 条中所列信息。

(d)中国发放的进口许可证的有效期至少应为 6 个月，除非例外情况使此点无法做到。在此类情况下，中国应将要求缩短许可证有效期的例外情况迅速通知进口许可程序委员会。

2. 除本议定书另有规定外，对于外国个人、企业和外商投资企业在进出口许可证和配额分配方面，应给予不低于其他个人和企业的待遇。

第 9 条　价格控制

1. 在遵守以下第 2 款的前提下，中国应允许每一部门交易的货物和服务的价格由市场力量决定，且应取消对此类货物和服务的多重定价做法。

2. 在符合《WTO 协定》，特别是 GATT 1994 第 3 条和《农业协定》附件 2 第 3、4 款的情况下，可对附件 4 所列货物和服务实行价格控制。除非在特殊情况下，并须通知 WTO，否则不得对附件 4 所列货物或服务以外的货物或服务实行价格控制，且中国应尽最大努力减少和取消这些控制。

3. 中国应在官方刊物上公布实行国家定价的货物和服务的清单及其变更情况。

第 10 条　补贴

1. 中国应通知 WTO 在其领土内给予或维持的、属《补贴与反补贴措施协定》(“《SCM 协定》”)第 1 条含义内的、按具体产品划分的任何补贴，包括《SCM 协定》第 3 条界定的补贴。所提供的信息应尽可能具体，并遵循《SCM 协定》第 25 条所提及的关于补贴问卷的要求。

2. 就实施《SCM 协定》第 1 条第 2 款和第 2 条而言，对国有企业提供的补贴将被视为专向性补贴，特别是在国有企业是此类补贴的主要接受者或国有企业接受此类补贴的数量异常之大的情况下。

3. 中国应自加入时起取消属《SCM 协定》第 3 条范围内的所有补贴。

第 11 条　对进出口产品征收的税费

1. 中国应保证国家主管机关或地方各级主管机关实施或管理的海关规费或费用符合 GATT 1994。

2. 中国应保证国家主管机关或地方各级主管机关实施或管理的国内税费，包括增值税，符合 GATT 1994。

3. 中国应取消适用于出口产品的全部税费，除非本议定书附件 6 中有明确规定或按照 GATT 1994 第 8 条的规定适用。

4. 在进行边境税的调整方面，对于外国个人、企业和外商投资企业，自加入时起应被给予不低于给予其他个人和企业的待遇。

第 12 条　农业

1. 中国应实施中国货物贸易承诺和减让表中包含的规定，以及本议定书具体规定的《农业协定》的条款。在这方面，中国不得对农产品维持或采取任何出口补贴。

2. 中国应在过渡性审议机制中，就农业领域的国营贸易企业(无论是国家还是地方)与在农业领域按国营贸易企业经营的其他企业之间或在上述任何企业之间进行的财政和其他转移作出通知。

第 13 条　技术性贸易壁垒

1. 中国应在官方刊物上公布作为技术法规、标准或合格评定程序依据的所有正式的或非正式的标准。

2. 中国应自加入时起，使所有技术法规、标准和合格评定程序符合《TBT 协定》。

3. 中国对进口产品实施合格评定程序的目的应仅为确定其是否符合与本议定书和《WTO 协定》规定相一致的技术法规和标准。只有在合同各方授权的情况下，合格评定机构方可对进口产品是否符合该合同的商业条款进行合格评定。中国应保证此种针对产品是否符合合同商业条款的检验不影响此类产品通关或进口许可证的发放。

4. (a)自加入时起，中国应保证对进口产品和国产品适用相同的技术法规、标准和合格评定程序。为保证从现行体制的顺利过渡，中国应保证自加入时起，所有认证、安全许可和质量许可机构和部门获得既对进口产品又对国产品进行此类活动的授权；加入 1 年后，所有合格评定机构和部门获得既对进口产品又对国产品进行合格评定的授权。对机构或部门的选择应由申请人决定。对于进口产品和国产品，所有机构和部门应颁发相同的标志，收取相同的费用。它们还应提供相同的处理时间和申诉程序。进口产品不得实行一种以上的合格评定程序。中国应公布并使其他 WTO 成员、个人和企业可获得有关其各合格评定机构和部门相应职责的全部信息。

(b) 不迟于加入后 18 个月，中国应仅依据工作范围和产品种类，指定其各合格评定机构的相应职责，而不考虑产品的原产地。指定给中国各合格评定机构的相应职责将在加入后 12 个月通知 TBT 委员会。

第 14 条　卫生与植物卫生措施

中国应在加入后 30 天内，向 WTO 通知其所有有关卫生与植物卫生措施的法律、法规及其他措施，包括产品范围及相关国际标准、指南和建议。

第 15 条　确定补贴和倾销时的价格可比性

GATT 1994 第 6 条、《关于实施 1994 年关税与贸易总协定第 6 条的协定》（“《反倾销协定》”）以及《SCM 协定》应适用于涉及原产于中国的进口产品进入一 WTO 成员的程序，并应符合下列规定：

(a) 在根据 GATT 1994 第 6 条和《反倾销协定》确定价格可比性时，该 WTO 进口成员应依据下列规则，使用接受调查产业的中国价格或成本，或者使用不依据与中国国内价格或成本进行严格比较的方法：

(i) 如受调查的生产者能够明确证明，生产该同类产品的产业在制造、生产和销售该产品方面具备市场经济条件，则该 WTO 进口成员在确定价格可比性时，应使用受调查产业的中国价格或成本；

(ii) 如受调查的生产者不能明确证明生产该同类产品的产业在制造、生产和销售该产品方面具备市场经济条件，则该 WTO 进口成员可使用不依据与中国国内价格或成本进行严格比较的方法。

(b) 在根据《SCM 协定》第二、三及五部分规定进行的程序中，在处理第 14 条 (a) 项、(b) 项、(c) 项和 (d) 项所述补贴时，应适用《SCM 协定》的有关规定；但是，如此种适用遇有特殊困难，则该 WTO 进口成员可使用考虑到中国国内现有情况和条件并非总能用作适当基准这一可能性的确定和衡量补贴利益的方法。在适用此类方法时，只要可行，该 WTO 进口成员在考虑使用中国以外的情况和条件之前，应对此类现有情况和条件进行调整。

(c) 该 WTO 进口成员应向反倾销措施委员会通知依照 (a) 项使用的方法，并应向补贴与反补贴措施委员会通知依照 (b) 项使用的方法。

(d) 一旦中国根据该 WTO 进口成员的国内法证实其是一个市场经济体，则 (a) 项的规定即应终止，但截至加入之日，该 WTO 进口成员的国内法中须包含有关市场经济的标准。无论如何，(a) 项 (ii) 目的规定应在加入之日后 15 年终止。此外，如中国根据该 WTO 进口成员的国内法证实一特定产业或部门具备市场经济条件，则 (a) 项中的非市场经济条款不得再对该产业或部门适用。

第 16 条　特定产品过渡性保障机制

1. 如原产于中国的产品在进口至任何 WTO 成员领土时，其增长的数量或所依据的条件对生产同类产品或直接竞争产品的国内生产者造成或威胁造成市场扰乱，则受此影响的 WTO 成员可请求与中国进行磋商，以期寻求双方满意的解决办法，包括受影响的成员是否应根据《保障措施协定》采取措施。任何此种请求应立即通知保障措施委员会。

2. 如在这些双边磋商过程中，双方同意原产于中国的进口产品是造成此种情况的原因并有必要采取行动，则中国应采取行动以防止或补救此种市场扰乱。任何此类行动应立即通知保障措施委员会。

3. 如磋商未能使中国与有关 WTO 成员在收到磋商请求后 60 天内达成协议，则受影响的 WTO 成员有权在防止或补救此种市场扰乱所必需的限度内，对此类产品撤消减让或限制进口。任何此类行动应立即通知保障措施委员会。

4. 市场扰乱应在下列情况下存在：一项产品的进口快速增长，无论是绝对增长还是相对增长，从而构成对生产同类产品或直接竞争产品的国内产业造成实质损害或实质损害威胁的一个重要原因。在认定是否存在市场扰乱时，受影响的 WTO 成员应考虑客观因素，包括进口量、进口产品对同类产品或直接竞争产品价格的影响以及此类进口产品对生产同类产品或直接竞争产品的国内产业的影响。

5. 在根据第 3 款采取措施之前，采取此项行动的 WTO 成员应向所有利害关系方提供合理的公告，并应向进口商、出口商及其他利害关系方提供充分机会，供其就拟议措施的适当性及是否符合公众利益提出意见和证据。该 WTO 成员应提供关于采取措施的决定的书面通知，包括采取该措施的理由及其范围和期限。

6. 一 WTO 成员只能在防止和补救市场扰乱所必需的时限内根据本条采取措施。如一措施是由于进口水平的相对增长而采取的，而且如该项措施持续有效的期限超过 2 年，则中国有权针对实施该措施的 WTO 成员的贸易暂停实施 GATT 1994 项下实质相当的减让或义务。但是，如一措施是由于进口的绝对增长而采取的，而且如该措施持续有效的期限超过 3 年，则中国有权针对实施该措施的 WTO 成员的贸易暂停实施 GATT 1994 项下实质相当的减让或义务。中国采取的任何此种行动应立即通知保障措施委员会。

7. 在迟延会造成难以补救的损害的紧急情况下，受影响的 WTO 成员可根据一项有关进口产品已经造成或威胁造成市场扰乱的初步认定，采取临时保障措施。在此种情况下，应在采取措施后立即向保障措施委员会作出有关所采取措施的通知，并提出进行双边磋商的请求。临时措施的期限不得超过 200 天，在此期间，应符合第 1 款、第 2 款和第 5 款的有关要求。任何临时措施的期限均应计入第 6 款下规定的期限。

8. 如一 WTO 成员认为根据第 2 款、第 3 款或第 7 款采取的行动造成或威胁造成进入其市场的重大贸易转移，则该成员可请求与中国和/或有关 WTO 成员进行磋商。此类磋商应在向保障措施委员会作出通知后 30 天内举行。如此类磋商未能在作出通知后 60 天内使中国与一个或多个有关 WTO 成员达成协议，则请求进行磋商的 WTO 成员在防止或补救此类贸易转移所必需的限度内，有权针对该产品撤消减让或限制自中国的进口。此种行动应立即通知保障措施委员会。

9. 本条的适用应在加入之日后 12 年终止。

第 17 条　WTO 成员的保留

WTO 成员以与《WTO 协定》不一致的方式针对自中国进口的产品维持的所有禁止、数量限制和其他措施列在附件 7 中。所有此类禁止、数量限制和其他措施应依照该附件所列共同议定的条件和时间表逐步取消或加以处理。

第 18 条　过渡性审议机制

1. 所获授权涵盖中国在《WTO 协定》或本议定书项下承诺的 WTO 下属机构*，应在加入后 1 年内，并依照以下第 4 款，在符合其授权的情况下，审议中国实施《WTO 协定》和本议定书相关规定的情况。中国应在审议前向每一下属机构提供相关信息，包括附件 1A 所列信息。中国也可在具有相关授权的下属机构中提出与第 17 条下任何保留或其他 WTO 成员在本议定书中所作任何其他具体承诺有关的问题。每一下属机构应迅速向根据《WTO 协定》第 4 条第 5 款设立的在关理事会报告审议结果（如适用），有关理事会应随后迅速向总理事会报告。

2. 总理事会应在加入后 1 年内，依照以下第 4 款，审议中国实施《WTO 协定》和本议定书条款的情况。总理事会应依照附件 1B 所列框架，并按照根据第 1 款进行的任何审议的结果，进行此项审议。中国也可提出与第 17 条下任何保留或其他 WTO 成员在本议定书中所作任何其他具体承诺有关的问题。总理事会可在这些方面向中国或其他成员提出建议。

3. 根据本条审议问题不得损害包括中国在内的任何 WTO 成员在《WTO 协定》或任何诸边贸易协定项下的权利和义务，并不得排除或构成要求磋商或援用《WTO 协定》或本议定书中其他规定的先决条件。

4. 第 1 款和第 2 款规定的审议将在加入后 8 年内每年进行。此后，将在第 10 年或总理事会决定的较早日期进行最终审议。

*　货物贸易理事会、与贸易有关的知识产权理事会、服务贸易理事会、国际收支限制委员会、市场准入委员会（包括《信息技术协定》）、农业委员会、卫生与植物卫生措施委员会、技术性贸易壁垒委员会、补贴与反补贴措施委员会、反倾销措施委员会、海关估价委员会、原产地规则委员会、进口许可程序委员会、与贸易有关的投资措施委员会、保障措施委员会和金融服务委员会。

第二部分　减让表

1. 本议定书所附减让表应成为与中国有关的、GATT 1994 所附减让和承诺表及 GATS 所附具体承诺表。减让表中所列减让和承诺的实施期应按有关减让表相关部分列明的时间执行。

2. 就 GATT 1994 第 2 条第 6 款(a)项所指的该协定日期而言，本议定书所附减让和承诺表的适用日期应为加入之日。

第三部分　最后条款

1. 本议定书应开放供中国在 2002 年 1 月 1 日前以签字或其他方式接受。

2. 本议定书应在接受之日后第 30 天生效。

3. 本议定书应交存 WTO 总干事。总干事应根据本议定书第三部分第 1 款的规定，迅速向每一 WTO 成员和中国提供一份本议定书经核证无误的副本和中国接受本议定书通知的副本。

4. 本议定书应依照《联合国宪章》第 102 条的规定予以登记。

2001 年 11 月 10 日订于多哈，正本一份用英文、法文和西班牙文写成，三种文本具有同等效力，除非所附减让表中规定该减让表只以以上文字中的一种或多种为准。

（注：议定书七个附件省略）

WTO 的基本情况

WTO 的基本原则

世界贸易组织（WTO）的基本原则是在继承 GATT (Generalon Tariffs and Trade: 关税与贸易总协定）基本原则的基础上，进行必要的补充和修改而来的。它们源自于 1994 年的 GATT、服务贸易总协定和历次多边贸易谈判所达成的一系列协议。最主要的几项原则如下：

最惠国待遇原则　最惠国待遇是指缔约一方现在和将来给予任何第三方的优惠，也给予所有缔约方。在国际贸易中，最惠国待遇是指签订双边或多边贸易协议的一方在贸易、关税、航运、公民法律地位等方面，给予任何第三方的减让、特权、优惠或豁免时，缔约另一方或其他缔约方也可以得到相同的待遇。

国民待遇原则　国民待遇是指在贸易条约或协议中，缔约方之间相互保证给予对方的自然人（公民）、法人（企业）和商船在本国境内享有与本国自然人、法人和商船同等的待遇。就是把外国的商品当作本国商品对待，把外国企业当成本国企业对待。其目的是为了公平竞争，防止歧视性保护，实现贸易自由化。

无歧视待遇原则　无歧视待遇原则又叫无差别待遇原则，是 WTO 最重要的原则之一。它规定缔约方一方在实施某种限制或禁止措施时，不得对其他缔约方实施歧视待遇。无歧视待遇的原则要求每个缔约方在任何贸易活动中，都要给予其他缔约方以平等待遇，使所有缔约方能在同样的条件下进行贸易。

互惠原则 互惠是指两国或多国之间在贸易利益或特权方面的相互或相应让与。互惠原则体现在关税、运输、非关税壁垒方面削减和知识产权方面的相互保护等。

关税减让原则 关税和非关税措施是国家管制进出口贸易的两种常用方式。与名目繁多的非关税措施相比，关税的最大优点是它具有公开性和可计量性，能够清楚地反映关税对国内产业的保护程度。在WTO中，关税是惟一合法的保护方式。不断地降低关税是WTO最重要的原则之一。目前，关税的总体水平，发达国家大约在4%以下，发展中国家约为10%左右。

取消数量限制原则 数量限制是非关税壁垒中最常用的方法，是政府惯用的手段，常被用来限制进出口数量。WTO倡导贸易自由化，主张取消任何非关税壁垒。数量限制的主要形式是：配额、进口许可、自动出口约束和禁止。

透明度原则 贸易自由化和稳定性是WTO的主要宗旨，而实现这一宗旨，有赖于增强贸易规章和政策措施的透明度。因此，WTO为各缔约方的贸易法律、规章、政策、决策和裁决规定了必须公开的透明度原则。其目的在于防止缔约方之间进行不公平的贸易。透明度原则已经成为各缔约方在货物贸易、技术贸易和服务贸易中应遵守的一项基本原则，它涉及到贸易的所有领域。

WTO的功能与任务

世界贸易组织是处理国际贸易全球规则的惟一国际组织，其主要功能是保证国际贸易顺利、可预测和自由的进行。

WTO的基本目标是国际贸易的可靠性，使消费者和生产者相信，他们能够可靠地得到他们需要的制成品、配件、原材料和服务越来越大的选择机会，使生产商和出口商相信，外国市场对他们开放。

WTO的最终目标是一个繁荣、安全和负责任的经济世界。WTO的决议在全体成员单位一致同意的基础上作出，并需经成员单位国会的批准。贸易摩擦引导进入WTO的争端解决过程，争端解决过程的核心是解释协议和承诺，保证成员单位的贸易政策现与WTO的协议和成员单位的承诺一致，由此减少贸易冲突演变成政治或军事冲突的风险。

通过减少贸易壁垒，WTO也降低民族和国家之间其他壁垒。

被称作多边贸易体系的WTO体系的核心是经大多数贸易国家谈判签字并经各自国会批准的WTO协议。这些协议是国际商务的基本法律规则。它们约束成员单位政府为了共同的利益把各自的贸易政策限制在协议范围之内。

WTO协议由政府谈判签署。但是，它们的目的是帮助物品和服务的生产者、出口商和进口商更好地经营。最终目标是改进成员单位人民的福祉。

它通过下述途径来达到以这个目标：

1. 管理贸易规则；
2. 作为贸易谈判的场所；
3. 解决贸易争端；
4. 审议各国贸易政策；
5. 通过技术援助和培训项目帮助发展中国家制定贸易政策；
6. 与其它国际组织合作。

WTO的组织结构

WTO的成员单位目前有130多家，占世界贸易量的90%以上，现有超过30个国家正在申请成员资格。

WTO的决议完全由合议作出，每一成员享有一票，虽然也存在多数票表决的可能，但这在WTO从没用过，且在它的前身GATT里更是少见。WTO的协议都经过所有成员单位国会的认可。

WTO的最高决策机构是部长会议，至少每两年举行一次。它的下面是总理事会（通常由各国驻日内瓦大使和高级代表组成，但有时成员单位直接从其首都派出代表），每年在日内瓦总部碰头几次。总理事会还可作为贸易政策审议和贸易争端解决机构。

在总理事会下面是货物贸易理事会、服务贸易理事会和知识产权理事会，都直接对它负责。其次还有许多的专门委员会和工作小组，主要是处理单个协议和其他领域的事宜，如环境、发展、成员资格申请和区域贸易协定等。

1996年在新加坡召开的第一次部长会议给这一结构添加了三个工作组，他们主要处理贸易与投资关系、贸易与竞争政策相互作用以及政府采购透明化方面的问题。

1998年于日内瓦召开的第二次部长会议决定，WTO现有的理事会和委员会也应研究电子商务领域的问题。

秘书处：

设在日内瓦的WTO秘书处拥有大约500名工作人员，由总干事领导。它在日内瓦之外的其他地方不设分支机构。由于决策是由成员本身作出，秘书处并不具有像其它国际组织里授予的决策权力。

秘书处的主要职责是给部长会议和各理事会和委员会提供技术性支持，并为发展中国家提供技术援助，分析世界贸易形势以及向公众和媒体解释WTO的活动。

秘书处同时也提供争端解决过程中某种形式的法律协助，以及对希望加入WTO的国家政府给予建议。

WTO的动作机制

如何才能确保贸易尽可能的公平？尽可能的自由？通过协商确定规则，并遵从制定的规则。WTO的规则，即各项协定，是WTO全体成员单位协商的结果。目前采用的规则是1986－1994年间的乌拉圭回合谈判制定的。乌拉圭回合对关贸总协定作出了重大修改。

WTO中关于货物贸易的主要规则仍然沿用关贸总协定中的规则。乌拉圭回合还制定了有关服务贸易、知识产权、解决争端和贸易政策审议等方面的规则。整套文件包括

60个协定及一些成员单位在某些特定领域，如降低关税、开放服务市场等方面作出的承诺。

WTO的各项协定使各成员单位在一个非歧视的贸易体制中享受各自的权利并履行义务。在这一体制中，每个成员单位都得到保障:其出口将在别国市场上受到公平、一致的待遇；每个成员单位必须承诺采取同样的原则对待各项进口。该体制还规定，发展中国家在实施承诺的过程中可享受一些灵活性。

货物

1947年至1994年间，关贸总协定成为了协商降低关税和减少其他贸易障碍的论坛；关贸总协定制定了一些重要原则,尤其是非歧视原则。

自1995年起，经过不断完善的关贸总协定成为了WTO中关于货物贸易的主要协定。其中的附件专门对一些具体领域,如农业和纺织品,及一些具体问题,如国家贸易、产品标准、补贴和反倾销行为等作出了规定。

服务

那些希望到国外去做生意的银行、保险公司、电讯公司、旅行社、连锁饭店和运输公司现在也能享受到过去只适用于货物贸易的自由、公平原则了。

这些原则出现在了新的“服务贸易总协定”中。WTO成员单位还在该协定中作出各种承诺，表明有哪些服务领域是本国希望对外国开放的,以及开放的程度。

知识产权

WTO的“知识产权协定”由有关思想和创造力等方面的贸易和投资规则构成。

这些规则阐明了如何利用专利、商标及地理名称来识别产品。它指出:贸易中的知识产权应该予以保护。

争端解决

在“争端解决规则和程序的谅解”下制定的有关解决贸易纠纷的程序,是促使各成员单位遵守规则,保障贸易活动顺利进行的关键。

当成员单位认为其权利遭受损害时，可以诉诸WTO,以求解决争端。专门任命的独立专家们在协定和各国承诺的基础上,作出判决。

该体制鼓励争议双方尽量采取友好协商的原则来解决问题。如不能协商解决，可以采取成立专家小组审查案件和上诉的程序。

解决争端的数目足以使人们对此制度抱有信心。截至1999年3月，WTO共解决争端167起，而GATT从1947年至1994年共解决争端300起。

政策审议

建立贸易政策审议机制的目的是为了提高透明度，增强人们对各国贸易政策的理解程度，并评价各国贸易政策的影响。许多成员单位将此机制看作是对其政策的建设性反馈。

所有成员单位必须定期接受审议，审议报告包括成员单位报告和WTO秘书处报告。自WTO成立以来,已有45个成员单位的贸易政策接受了审议。

WTO的保障措施

世界贸易组织允许其成员单位在国内某一产业由于进口增长而受到损害或者存在严重损害的威胁，且需要一定时间对这一产业进行调整的情况下，可以暂时实施保障措施限制进口。世贸组织《保障措施协议》是实施保障措施必须遵守的规则。

一般说来，采取保障措施的程序是由生产有关产品并受到进口不利影响的国内产业部门启动的。该产业部门要注意观察进口的流向和产业自身的情况。若它认为需要采取保障措施,而且符合世贸组织规定的前提条件,就可以要求政府启动保障措施程序。

只有在经过规定的程序进行调查，确认进口增长正在对生产同类或直接竞争产品的国内产业造成严重损害或严重的威胁后，一成员政府才可以采取保障措施。如果调查的旷日持久将对国内产业造成难以弥补的损害时，一成员可以采取临时保障措施。

应该明确,国内产业指有关产品的全体生产者,或者是那些产量总和占该产品国内总产量主要份额的生产者。因此,若只有占总产量很小份额的少数企业正在受到损害,就不能采取保障措施。

采取保障措施的成员还必须证明进口增长和国内产业严重损害之间存在因果关系。若除进口增长外的其他因素(如消费者喜好的改变或通过采用高技术生产出了更好的替代产品等)同时也在对国内这一产业造成损害,则这种损害不能归咎于进口增长;在这种情况下,就不能采取保障措施。世贸组织规定，只要进口国从该发展中成员进口的产品数量占其该产品进口总量的份额不超过3%，进口国就不能对该发展中成员采取任何保障措施。

当进口国已确认存在严重损害并且采取了保障措施时,出口国政府若对此决定不满,可以向世贸组织的争端解决机构提出申诉。

WTO对世界经贸发展的影响

世贸组织成立以来,通过执行乌拉圭回合协议与协定,有力地推动了经济的全球化，促进了世界经济贸易的发展。世贸组织所代表的多边贸易体制的吸引力也日益增大，成立不到5年，其成员的经济贸易占世界经济贸易近95%。世贸组织通过贸易政策审议机制、争端解决机制、补贴纪律、可持续发展、服务贸易自由化、知识产权保护等手段把协调管理的触角从边境措施延伸到国内决策与立法领域,监督职能空前强化,已成为名副其实的“经济联合国”。即将开始的新一轮多边贸易谈判，其议题的广泛性说明世贸组织事实上已远远超越了一个“贸易组织”，而在行使着一个“世界经济组织”的职能。其对世界经济贸易的影响也日益突出。

促进各成员之间的经贸合作

世贸组织通过多边贸易谈判促进各成员间逐渐取消贸易壁垒,使贸易更加自由地进行,从而在其成员间创造一个相互信任和合作的氛围,使各国通过贸易提高生活水平和促进经济的繁荣。

乌拉圭回合谈判后,各缔约方平均减税幅度达 40%,减税幅度涉及的贸易额达 1.2 万亿美元以上。发达国家到 2000 年对药品、医疗设备、建筑、矿山及钻探机械、农业机械、钢材实现零关税;到 2005 年对家具、酒、木浆、纸制品及印刷品、玩具实现零关税;到 2005 年,取消纺织品、服装的进口配额限制,并将纺线、织物、服装的关税降为 5%、10% 和 17.5%。发达国家从 1997 年 7 月 1 日起,实施《信息技术协议》,分 4 阶段到 2001 年 1 月 1 日,将 280 多个税目的信息技术产品实现零关税,发展中国家签字方到 2005 年实现零关税,涉及信息技术产品贸易额达 6000 多亿美元。

在服务贸易领域,有关金融服务的谈判在 1997 年 12 月底达成协议,关于基础电信的谈判在 1997 年 3 月就逐步开放各自的市场达成了协议,69 个世贸组织成员承诺更广泛的基础电讯服务自由化,涉及基础电讯服务业的国内和国际营业额 6000 多亿美元。服务贸易的自由化进一步深化了服务业内部的国际分工,同时也将促进世界经济范围的国际分工发展。

争端解决机制是世界经济稳定发展的基础

随着贸易规模的扩大和可供交换的货物、服务的增多,以及参与贸易的国家、地区及公司的增加,国与国之间贸易争端在所难免。世贸组织有助于在较为公平和建设性的基础上解决这些争端。如果没有世贸组织的争端解决机制,各国间的贸易争端只能在双边基础上解决,这极易导致国家间的严重冲突。各成员应按照世贸组织规则,而不是按某一成员国贸易立法或政策措施来裁决国家间的贸易争端,未经世贸组织授权也不允许某一成员单方面地采取行动。一旦世贸组织作出裁决,争端双方必须要执行裁决结果。

知识产权保护为技术扩散创造良好条件

世贸组织《与贸易有关的知识产权协定》的实施,加快技术与知识产权的国际交换,为新产品的开发,科技的进步起到了积极的推动作用。特别是以美国为代表的货物贸易逆差国,通过加强知识产权保护,不仅可以促进知识产权的转让和许可,扩大无形贸易出口,而且可以打击冒牌产品,使含有知识产权的产品出口大幅度增长,从而扭转货物贸易的逆差。

利于改善各成员人民的生活水平、增加就业

世贸组织通过谈判降低贸易壁垒并在各成员单位之间平等地实施这些协议,使各国生产商品和提供服务的价格下降,从而降低生活成本,改善人民生活水平。世贸组织的研究表明:美国对纺织品和服装的进口限制及高关税使该类商品的价格在 80 年代后期上升了 58%;服装进口限制使英国的消费者每年多支出 50 亿英磅;《纺织品服装协议》的实施可为全世界的消费者带来至少 233 亿美元的利益,其中美国 123 亿美元,加拿大 8 亿美元,欧盟 22 亿美元,发展中国家为 80 亿美元。据估计,乌拉圭回合的实施将使世界收入增加 1090 亿—5100 亿美元。世贸组织协议的实施,促进了经济的增长,有利于创造更多的就业机会。与贸易保护主义消极保护就业的做法相反,世贸组织更多是通过促进经济发展和产业结构的调整解决失业问题。

利于提高经济效率降低经济运行成本

世贸组织的一些基本原则使各成员的企业在一个更为公平、公正、客观和透明的竞争环境中从事生产经营和贸易,并使企业避免因各国贸易法规、政策的巨大差异而使成本上升,经营风险加大。更重要的是努力使一国内的生产要素可以在国内外市场进行合理配置,增强市场在配置资源方面的功能,提高经济效率,降低生产成本。

世贸组织有助于政府从本国的全局利益、长远利益出发参与世贸组织的有关活动,平衡国内利益集团的利益,为提高本国的国际竞争力服务,而不是考虑某一局部的狭小的利益。

世贸组织的贸易政策评审机制,对企业来说,则意味着更加确定和清晰的商业环境,政府必须增强决策的科学性,提高管理效率,从而降低企业管理成本,促进经济的发展。

中国入世的法律文件

中国加入 WTO 法律文件,有以下三个部分:

1. 工作组报告书

中国加入 WTO 法律文件结构简图

《马拉喀什建立世界贸易组织协定》

↓

《关于中华人民共和国加入的决定》

↓ ↓

《中华人民共和国加入议定书》 《中国加入工作组报告书》

↓

《中华人民共和国加入议定书》附件:
附件 1A: 中国在过渡性审议机制中提供的信息
附件 1B: 总理事会依照《中国加入议定书》第 18 条第 2 款处理的问题
附件 2A1: 国营贸易产品(进口)
附件 2A2: 国营贸易产品(出口)
附件 2B: 指定经营产品
附件 3: 非关税措施取消时间表
附件 4: 实行价格控制的产品和服务
附件 5A: 根据《补贴与反补贴措施协定》第 25 条作出的通知
附件 5B: 需逐步取消的补贴
附件 6: 实行出口税的产品
附件 7: WTO 成员的保留
附件 8: 第 152 号减让表——中华人民共和国
附件 9: 服务贸易具体承诺减让表 第 2 条最惠国豁免清单

反映了GATT和WTO中国工作组十几年来、数十次会议和非正式磋商的讨论情况，包括对中国现行贸易制度的介绍、各方对具体问题的关注和中方的具体承诺，涉及货物贸易、服务贸易和与贸易有关的知识产权等方面的内容。

2. 关于中国加入WTO的决定

这一决定是工作组为部长级会议草拟的关于中国加入WTO的决定。

3. 议定书及其附件

议定书包含中国与其他工作组成员议定的关于中国加入WTO的具体条件。议定书附件包括关于国营贸易、指定经营、非关税措施、国家定价、补贴、出口税、货物贸易减让表和服务贸易减让表等几部分内容，中国与37个WTO成员达成的双边市场准入协议的具体内容包含在货物贸易减让表和服务贸易减让表中。

中国入世主要承诺——关税减让

1. 2002年关税总水平降至12%

中国将从2002年1月1日起，履行加入世贸组织承诺的2002年关税减让义务，关税总水平由15.3%降至12%。2002年中国将有5300多个税目的税率不同程度降低，降幅面达73%。降低关税后工业品的平均税率为11.6%；农产品（不包括水产品）15.8%；水产品14.3%。工业品中，原油及成品油的平均税率为6.1%；木材、纸及其制品8.9%；纺织品和服装17.6%；化工产品7.9%；交通17.4%；机械产品9.6%；电子产品10.7%。其中水产品、原油及成品油、木材、纸及其制品、化工产品、交通工具、机械产品、电子产品的平均降税幅度均超过25%。此外，根据中国加入世贸组织议定书的规定，2002年中国将对小麦、豆油、食糖等10种农产品和尿素、磷酸二氨等3种化肥产品实行关税配额管理。

中国将对进口税则税率的栏目相应调整，即将实行的税率栏目有4个，分别为最惠国税率、协定税率、特惠税率和普通税率。另外，从2002年1月1日起，中国将对700多种原产于韩国、斯里兰卡和孟加拉国三个曼谷协定成员的进口产品实行比最惠国税率进一步优惠的曼谷协定税率。

2. 2002—2008年关税总水平（%）

年份	关税总水平	工业品平均	农产品平均
2002年	12.0	11.7	18.5
2003年	11.5	10.6	17.4
2004年	10.6	9.8	15.8
2005年	10.1	9.3	15.5
2006年	10.1	9.3	15.5
2007年	10.1	9.3	15.5
2008年	10.0	9.2	15.1

中国其余主要承诺

1. 非关税措施

现有的农产品、工业原料和外经贸部机电司管理的汽车和汽车零部件都将基本开放。国家计委管理的粮、棉、油、糖、天然橡胶、羊毛还有一定程度的保留。其中，天然橡胶为绝对配额，年增长15%，其他5种属关税配额，配额量之内的关税为4%～6%，配额量以外的关税为50%～70%。原经贸委管理的11个品种，只保留成品油、化肥和轮胎3种产品。其中，轮胎5个税号只剩下2个税号，成品油非国营贸易初始配额是400万吨，化肥中的尿素、2N和三元复合肥，初始配额分别为130万吨、540万吨和270万吨。外经贸部管理的配额产品还有汽车零部件、数控机床和卫星天线等四五类产品。2002年汽车配额为79.3亿美元，3.0升以上的汽车关税下调到50%，3.0升以下的降为43%。在放开的产品中受冲击最大的是钢材和化纤。

2. 服务贸易

中国承诺开放9个门类的服务贸易。专业服务，除会计、律师外，税收服务、建筑工程、城市设计、医疗、房地产等允许合资和外方控股，入世6年后税收服务外方可以独资。通讯服务，外方参与中方的快递服务业，第一年股份可达49%，第二年可以控股，4年后可以独资；增值电讯、基础电讯、长话和市话，在控股比例逐步放开的前提下，控股最终不超过50%。影视、音像、电影院、文化，可以合资但外方参股不得超过49%。建筑和工程服务，入世3年之后可以独资。分销，入世一年后批发业可以合资，两年后外方可以控股，但粮、棉、油、糖、化肥、原油、成品油不在批发之列；3年后零售业基本上全部放开，但不可零售原油、成品油、汽车和粮食等商品。教育服务，从小学、大学到职业教育全部放开，允许合资和外商控股。环保业，入世后可以合资，也可以外方控股。金融服务，保险分寿险和非寿险两种，非寿险入世第一年就允许外方控股，两年后可以独资，寿险第一年外方只能参股50%，三年后可以获得51%的控股，但注册登记须有30年的经营经历，在中国设立办事处达两年，总资产超过50亿美元；银行外币业务基本上没有限制，入世后人民币业务将逐步放开，5年后在地区上全部放开，允许成立合资证券公司，但外方参股不超过33%，3年后可以达到49%。旅游、饭店行业外方可以控股，但旅行社有资格限定，必须是专业户，有4000万美元以上的周转额。交通运输，海运只允许外方最高参股49%，但可以组建合资的船队，内河航运、铁路、公路都可以合资，航空方面外方可以承揽网上订票、航空维修。

3. 透明度

中国将在入世3个月后公布所有法律法规，为了维护贸易政策的公开、透明和统一，中国政府已经承诺"凡是不公开的都不执行"，并且中央政府随时有权终止地方与中央不一致的规章系列。

入世后中国享有的基本权利

入世会使中国与其他世贸组织成员一样享受如下基本的权利：

1. 能使中国的产品和服务及知识产权在135个成员

中享受无条件、多边、永久和稳定的最惠国待遇以及国民待遇；

2. 使中国对大多数发达国家出口的工业品及半制成品享受普惠制待遇；

3. 享受发展中国家成员的大多数优惠或过渡期安排；

4. 享受其他世贸组织成员开放或扩大货物、服务市场准入的利益；

5. 利用世贸组织的争端解决机制，公平、客观、合理地解决与其他国家的经贸摩擦，营造良好的经贸发展环境；

6. 参加多边贸易体制的活动获得国际经贸规则的决策权；

7. 享受世贸组织成员利用各项规则、采取例外、保证措施等促进本国经贸发展的权利。

入世后中国应履行的相应义务

在享受权利的同时，中国也应依世贸组织规则履行相应的义务，主要体现在：

1. 在货物、服务、知识产权等方面，依世贸组织规定，给予其他成员最惠国待遇、国民待遇；

2. 依世贸组织相关协议规定，扩大货物、服务的市场准入程度，即具体要求降低关税和规范非关税措施，逐步扩大服务贸易市场开放；

3. 按《知识产权协定》规定进一步规范知识产权保护；

4. 按争端解决机制与其他成员公正地解决贸易摩擦，不能搞单边报复；

5. 增加贸易政策、法规的透明度；

6. 规范货物贸易中对外资的投资措施；

7. 按在世界出口中所占比例缴纳一定会费。

WTO和中国投资

加入WTO对中国经济及重点行业的影响

一、加入WTO对中国经济运行和经济政策的影响

(一)加入WTO对中国经济运行的影响

加入WTO是中国自1978年经济改革以来经济领域最重大的事件之一，它将对中国经济运行产生积极、消极两方面的影响。

积极影响

从积极的方面看，加入WTO对中国经济运行的影响主要在于以下几方面：

1. 将促使中国的经济改革加速。加入WTO，一方面巩固了中国经济改革和对外开放的大方向，另一方面会促进中国经济体系与国际经济体系的进一步接轨。不管是出于国内企业的主动愿望，还是迫于国外竞争对手的压力，中国的经济改革都必须加速。

2. 将使中国的经济活动更多地接受国际通行原则的约束。有学者指出，中国经济中最缺乏的就是基本的商业信用。加入WTO后，中国要接受WTO框架和其他国际通行原则的约束，而这些原则是在发达市场经济国家中经历亿万次自发交易后形成的，是建立在商业信用和西方国家立法体系和司法体系基础之上的。它对于中国经济的市场化进程将起到重要的推动作用。

3. 将通过跨国界的资源配置提高中国的资源配置效率。比如加入WTO后中国农业生产没有国际比较优势，但中国的纺织业和服装业具有国际比较优势，政府就可能大力发展纺织服装业，把大批的农业人口转移出来。从这个意义上说，加入WTO将有助于提高中国的城镇化水平。

与以上三点相比，加入WTO在短期内带给我们的贸易盈余这种好处是微不足道的。

消极影响

从短期看，加入WTO后，中国经济运行将遭受以下几方面的冲击：

1. 部分行业将遭受严重冲击。主要是两种行业：一种是由中国的资源条件决定的劣势行业，比如农业，人均耕地面积少，农业人口劳动效率也很低；另一种行业则是由于中国的产业结构缺陷决定的劣势行业，比如汽车业，地区产业结构重构造成汽车生产厂家很多，而厂均生产汽车很少，无法形成规模经济。

2. 造成结构性失业。中国融入世界经济体系之后，原来受到贸易壁垒保护的行业和企业将直接面对国外竞争对

手,在短期内难以形成竞争优势,很可能出现生产萎缩甚至企业破产,失业人口会因而增加。尤其是现在经营困难的那些国有企业,一旦面临国际竞争,很可能马上破产。

3. 有可能出现社会动荡。失业人口增加要求有一个完善的社会保障体系来缓解社会矛盾。而中国目前的社会保障制度存在很大问题,社会保障资金亏空金额巨大,无法保证平稳过渡。这种情况如果不尽快解决,加入 WTO 可能会造成社会动荡。

(二)加入 WTO 对中国经济政策的影响

加入 WTO 意味着中国经济中的许多问题都必须尽快解决,否则中国就会在国际竞争中一败涂地。

具体来说:

——国企脱困的任务必须按时完成。

——产业结构问题必须调整。产业结构主要有两个方面的问题:其一是地区产业重构,造成地区产业重构的原因是地方政府利益驱动和政企不分的体制;其二是产业结构过于传统,需要发展高新技术产业,带动整个产业结构的升级换代。

——社会保障体系必须尽快建立。建立社会保障制度关键是要解决两个问题,一是资金来源问题,二是社会保障基金的保值增值问题。

——促进民营企业发展和经济市场化。要保持经济的活力,增强加入 WTO 后本国经济的竞争力,除了大规模推进国有经济的战略重组以外,还要促进民营企业的发展。同时,为了主动迎接加入 WTO 带来的冲击,有必要先在国内推行市场化政策,促进国内企业按新规则运行,提高其驾驭市场风浪的能力和竞争力。

二、加入 WTO 对中国农业产业结构产生的影响

(一)正面影响

1. 加入世界贸易组织,可以使中国参加多边贸易规则的谈判和制定。一方面通过制定各项条款以有利于中国农业经济的发展,另一方面可以灵活运用世界贸易组织的有关条款来保护自己,防止有些国家歧视性地使用贸易保护政策,或滥用单边贸易行动,从而为中国农产品进入国际市场创造很好的外部环境。

2. 有利于中国分享世界贸易组织的经济贸易信息资料,制定符合国际经济格局和现实的宏观经济政策,这将有利于中国农业纳入市场经济的轨道。

3. 加入世界贸易组织,意味着中国真正回到一个开放的多边贸易体系可以享受 100 多个缔约国无条件的多边最惠国待遇,从而改变目前中国出口对某些国家过分依赖的局面。

4. 可以加快利用外资,引进外国先进的技术和管理,加快中国农业现代化的步伐。

(二)不利影响

1. 将对中国粮食等农产品市场造成较大冲击。粮食作物的竞争力取决于农民的人均土地规模的大小。中国农民的人均土地为 1.5 亩,是世界平均数的 1/4,与美国、加拿大等发达国家相比相差数百倍。因此,中国种植作物的市场力明显处于劣势。目前,国内大宗农产品的市场价格普遍比国际市场价格高。由于国内外主要农产品的价格差异较大,可能会导致进口农产品大量增加,冲击国内农产品市场,不利于国内粮食生产的稳定。虽然可以用配额管理等非关税措施对进口农产品数量加以管理,但从以往的经验来看,如果农产品的境内外价格差异过大,这些管理手段相对于巨额的利润差价格来说就显得有些无力。例如,1994 年 1 月外汇改革,因本币贬值,使短期内中国粮食价格低于国际市场,当时国内市价大米低于国际价格 38.5%,小麦和玉米分别低于 20.4% 和 14.12%。于是,1994 年中国在粮食比上年减产 1000 多万吨的情况下,反而净出口约 200 万吨。再从反面看,1995 年,因国内粮食大幅度提价使国内的大米和小麦价格均高出国际市场 50%;同期中国自 1995 年 1 月到 1996 年 6 月连续进口约 3000 万吨粮食,达到历史最高纪录。可见,利益驱动对农产品国际贸易的决定作用。目前,如果进口农产品大量增加,会使本已涨库的粮食更加没有出路,粮食价格会进一步下滑,粮食生产就难以稳定。特别是对玉米主产区东北而言,粮食产销矛盾将更加突出。

2. 农民收入会受到影响,不利于城乡协调发展。虽然中国的种植业缺乏国际竞争力,但一半以上的农村人口却以种植业为生。这些人口本来收入水平就比较低,如果再加上世贸的冲击,他们的生活将更加贫困。占全国总人口 70% 的农村人口的就业与收入问题,不仅是一个经济问题,更重要的是政治问题。因此,如何利用入世之机调整农业与农村产业结构、加快经济的城市化进程以促进农村人口向城市转移,将是迫切需要解决的问题。

(三)对农业板块上市公司的影响

1. 对林业类的公司影响较小。因为目前原木进口已经是零关税,木材加工产品的关税也较低,只有 12% 左右。另外,由于环保的因素,主要发达国家都不鼓励木材出口,因此加入世贸组织对林业类公司基本没有影响。相反,对林化工产品来说,还有利于出口。

2. 对从事粮食、棉花、糖料、大豆生产与加工的公司而言,将面临较大的冲击。因为这些农产品的境内外价格差价比较大,国内的公司将会在竞争中处于劣势。特别是对从事玉米、棉花和大豆生产与加工的公司来说冲击可能会更大,因为玉米的境内外价格差异比较大,而棉花和大豆的配额相对国内的产量来说比例比较大。

3. 种业类的公司将是机遇与挑战并存。一方面是面临国外大公司(如美国先锋集团)的强有力竞争;另一方面因为 WTO 使良种的培育和推广变得更加迫切,有利于种业公司冲破地区性的行政壁垒,从而有利于国内的种业公司开拓市场。

4. 从事饲料生产、畜牧生产、畜产品加工的公司将面

临较好的发展机遇。因为加入世贸组织将带来中国农业产业结构的调整，畜牧业相对粮食等种植业来说在国际市场上有一定的优势。但对于畜牧业而言，劳动密集程度越低的行业比较优势越小，如养鸡等则完全没有比较优势。对从事这些劳动密集程度较低的畜牧产品生产的公司来说将面临一定的压力。

三、加入WTO对中国汽车工业的影响

长期的高保护和排斥国内市场竞争的政策，导致中国具有40多年历史的汽车工业始终处在“幼稚产业”，同国际水平差距明显。加入WTO之后，中国的汽车工业将面临三方面的直接影响。

一是关税和非关税措施调整后，可能导致大量汽车进口。在入世当年(即没有过渡期)汽车产品的进口配额即为63亿美元，而后在整车关税年递减15%的同时配额年增15%。如果2001年进口零部件为20亿美元，则可能发放高达43亿美元的整车进口许可证，相当于进口20－30万辆整车。

二是执行与贸易相关的投资协议，动摇了现行汽车产业的发展模式。由于该协议要求WTO成员不得规定国产化比例、不得强制外方转让技术等规定，中国现行的通过国产化要求试图建立完整的汽车制造业的政策难以继续执行。

三是执行服务贸易协定后，外资将进入分销服务和汽车金融等领域，可凭借其雄厚的资本和成熟的经验，形成并控制分销网络，为其产品的进口提供强大的管道和服务支撑。

如果将汽车产业各领域受冲击的程度，从强到弱进行排序，大致存在如下结论：服务贸易大于制造业；制造业中零部件工业大于整车；整车制造领域按轿车、货车、客车、农用车、摩托车排序。

仅从价格竞争力的角度分析，并以冲击压力最大且有着巨大增长潜力的轿车为例。市场上主要的轿车产品是合资企业生产的，目前的价格水平基本高于按2006年7月1日之后的完税（25%的关税加上17%的增值税）进口产品。例如上海大众生产的帕萨特B5轿车，按关税调整到位后的价格测算高于进口车百分之十几，如果考虑到消费者对进口产品的偏好，降价压力较大。

但是国内生产的轿车特别是主要合资企业的产品，仍具备同进口产品抗衡的潜在能力，也就是说存在一定的提高价格竞争力的空间。这主要取决于两个方面：一是生产能力的充分利用，而该目标的实现取决于国内消费市场规模的扩大；二是零部件供应价格的明显降低。降低零部件产品价格的实现方式有两个：一是重组国内零部件工业，提高其产品的竞争力；二是一些不具备价格和质量竞争的部分零部件产品借助合资外方的全球供应体系。如果仍以帕萨特B5轿车为例，目前为其提供的配套零部件企业中，仅有1/3的企业初步具备了入世后整车企业与进口产品竞争的要求，其余的绝大多数企业或因价格高或因质量低而面临着生存的危机。

概括来讲，加入WTO之后的短期影响是，进口汽车数量的增加是不可避免的，不可能完全挡住进口产品，特别是国内企业不生产或不具备竞争力的产品，这是市场开放的必然结果（即使发达国家也是如此）。在几大类产品上，主要的整车制造企业特别是合资企业初步具备了一定的抗冲击能力（或潜在能力）。零部件工业承受较大压力，如不做出调整并取得明显进展，不仅大量的零部件企业面临倒闭的危机，而且直接关系整车企业的竞争力。

从中长期角度看，加入WTO后，将有利于中国汽车产业的对外合作。在全球化背景下，中国具备如下有利因素：一是快速增长的市场和潜在的巨大市场规模；二是低廉的劳动力（特别是技术人员）成本；三是不断提升并向深度加工方向升级的相关制造业；四是具有一定基础的汽车产业等。因此，有充分理由相信国际汽车产业的部分制造业将向中国转移，中国完全有可能成为新兴的汽车生产大国，实现部分出口。而该有利的结果能否出现以及短期的消极影响能否降至最小，取决于中国在新形势下采取何种发展思路和相关政策。

四、加入WTO对中国电力行业的影响

（一）加入WTO对发电企业没有负面影响

中国电力建设主要依靠自主发电，除极少数边境地区外，中国几乎没有电力的输入(出)，而且电力的输入(出)也不存在关税减让和其他非关税壁垒限制的问题。从长远而言，加入WTO将推动中国经济发展，对电力的需求将相应增加，发电企业整体受益。

（二）加入WTO对电力设备企业的影响不一

1. 中国加入WTO，对22万伏以上高压、超高压电器设备一次会产生较大的冲击，对22万伏以下中低压电器一次设备影响较小。

目前，国内电器设备中，高压电器的研究开发能力不如国外，产品价格较国外同类进口产品价格低约30%到50%，22万伏以上高压电器设备以国外产品为主，小部分采用国内产品；而22万伏以下中低压电器设备则主要采用国内产品。近几年主要中低压电器设备的进口数量在9亿美元左右，仅占机电产品进口总额（约640亿美元）的1.4%，不到电工电器行业年销售收入（约900亿美元）的10%。国内产品的优势在于产品价格较低。同样性能的产品，国外产品价格是国内同类产品价格的两倍以上。国内主要中低压电器产品的关税税率为12%，加入WTO以后，即使关税税率降为零，国外产品的价格仍要高于国内80%以上。因而，加入WTO以后国内中低压电器产品价格性能比仍然远远高于进口产品，不会受到冲击。

另外，从1999年开始的大规模城乡电网改造计划，扩大了电器产品的需求，但国家政策导向是保护国内产品的。实施这一计划所需电器设备，高压的可以进口，中低压

的几乎一定要用国产产品。这一政策保证了近三年国内中低压电器产品市场不会因需求的激增而导致进口产品的过度渗入。

2. 加入 WTO 对电力二次设备企业基本没有影响

电力二次设备是对电力一次设备和电力运行进行保护和监控、以保障电力系统安全、经济运行的电力设备，主要包括继电保护和电力自动化产品。在继电保护方面，国内中低压产品性能早期都达到了国际先进水平，近期，南京电力自动化研究院、许继电气、国电南自等企业在继电保护的高压、超高压领域取得了实质性突破，至此，中国继电保护领域已完全达到国际先进水平，而且设计原理更适合中国电力系统国情，价格比国外产品低一半以上，这类产品像一次设备的中低压产品一样，不会受加入 WTO 后关税减让的影响。电力自动化方面，以南自院、东方电子为代表的国内企业早期已基本占领地调以下市场，南自院的产品已进入省调、网调市场。这类产品软件成分高，中国在这方面的实力不比国外差，国内的产品更适合国内电力企业工作人员操作，而且以软件为主的产品基本不受关税的影响。

五、加入 WTO 对中国金融业的影响

(一)加入 WTO 与中国金融业的机遇

在银行业方面，中国加入 WTO，给国内银行业带来多方面的机遇。首先，引人国外竞争，有利于商业银行体系的完善；其次，加入 WTO 的互惠原则有利于国内银行开拓海外业务，增设海外分支机构，以占据竞争的有利地位；另外，加入 WTO 有助于推动金融运行和金融监管向国际标准靠拢。

在保险业方面，中国保险业的开放是一个渐进的过程，到目前为止，已有 10 家以上的外资保险公司获准在华设立分公司和合资公司。当然，国内保险业的发展水平还很低，一下子全面开放保险业既不现实，也不可行，而且《服务贸易总协定》也允许发展中国家有保护性地开放本国保险。

(二)加入 WTO 与中国金融业的挑战

1999 年 4 月 9 日，美国贸易代表处单方面公布了所谓中国迄今为加入 WTO 与美国达成的市场开放协议，在这张一览表上，可以看出美国在金融业方面的具体要价和我们可能承受到的冲击程度：

在银行业方面，美方要求中国同意，中国加入 WTO 后，美资银行可以立即向外国客户提供所有外汇业务；一年后，美国银行可向中国客户提供外汇业务，中美合资银行将立即获准经营，外国独资银行将在 5 年内获准经营，外资银行在两年内将获准经营人民币业务，在 5 年内经营金融零售业务。

在保险业方面，美方要求中国加入 WTO 后，人寿保险公司中，外资持股比例可高达 50%，加入一年后，提高至 51%，非人寿保险公司和再保险公司将获准在分资公司中持有 51% 的股份，并可在两年内成立全资的分支机构。

从上面这张大概的一览表中已经可以感受到中国加入 WTO 后，金融业要面临的巨大挑战：首先，中国金融业长期处于高度的政策壁垒下，对于加入 WTO 后高度的市场竞争形势需要有一个相当艰难的适应过程。其次，金融业在中国的行业对外开放序列中一直处于靠后的位置，对于开放后的国际金融竞争环境也有一个适应过程。再者，中国金融业，尤其是国有商业银行在过去的非市场经营过程中累积了一定数量的不良贷款，这也使得中国的金融业在市场竞争中历史包袱比较重。

(三)加入 WTO 与中国金融业的应对策略

竞争带来的压力固然存在，但是历经 20 年的经济、金融体制改革，中国金融业已经具备了较强的应对能力。中国已经建立了比较完备的宏观金融调控体系和金融监管体系，初步建立了种类齐全、功能互补的金融机构体系；建立起了由货币市场，资本市场和外汇市场等构成的金融市场体系；通过积极稳妥的开放实践，金融企业已经积累了一定的管理经验。这些都为确保金融业安全度过加入世贸组织后必经的磨合期奠定了坚实的基础。抓住机遇，才能迎来长足的发展；战胜挑战，才能在竞争中立于不败之地。为此，中国金融业应从以下几个主要方面作好加入 WTO 的应对工作：

首先，应加强风险控制，提高资产质量。资产质量是商业银行的生命线，控制风险是确保业务稳健发展的前提。随着开放程度的加深，银行经营将暴露在更多的国际、国内的不确定因素之中，承受更多的风险。所以要正确地判断和评估风险。加强静态、动态和国别分析，完善控制和化解风险的手段，从而确保资产质量，增强参与国际竞争的能力。

其次，在开放国内市场以前，中国金融主管部门应对银行进行重组或增加注资，改进银行的经营管理方针，并建立适当的法治和规范框架。

第三，应根据市场条件变化趋势和国际银行业的发展方向，调整经营管理理念和银行发展战略，以使中国银行业在世界经济、金融一体化进程保持长期、稳健发展。

第四，加强管理技术和金融产品创新，促进业务发展，提高人力资源管理水平，占据人才竞争优势。人才是金融企业的无形资产，是竞争的关键，要系统、科学地加以经营管理，建立良好的激励、福利和教育培训机制，从而吸引人才、稳定人才。中国金融企业之间应加强理解与协作，建立适度有序的竞争关系，面对外资金融企业，除了战略上的高度重视以外，还要积极地了解、学习其长处，并与之建立良好的合作关系。

六、加入 WTO 对中国房地产业的影响

加入 WTO，对中国房地产业有何影响？

从中长期来看，房地产需求将加大。这是几方面因素共同起作用的结果：其一，境外资金、机构和企业的涌入将直接刺激中国房地产外销市场的活跃；其二，关税的大幅度下降，包括汽车及家电等耐用消费品的价格显著下降，意味

着居民手中有更充裕的资金购买住宅；其三，从长远来看，中国经济因加入 WTO 而提前结束调整期，经济趋于活跃，就业和收入增加，必然对房地产产生更持久更全面的需求。

写字楼、宾馆、商场等商业楼宇的积压情况将得到改善。近年来，各大城市的房地产空置积压率一般都在 20% 以上，处于国际公认的空置率 15% 以上的危险区间，其中写字楼和商业楼宇是供给中积压最严重的部分，成为拖累房地产开发商财务状况和持续发展的老大难问题。加入 WTO 后，外资机构的大举涌入，尤其是零售业对外开放，将对写字楼和商业楼宇产生巨大需求，高档住宅的空置情况也将改善。

建筑成本有所降低。随着进口建材、建筑设备的关税降低，铝型材、新墙体材料、中央空调、电梯及大型建筑设备等价格预计有相当可观的降低，使开发商的建筑产品在质量得到提高的同时，成本将有所降低。但在经济发达、土地成本较高、建筑造价在成本中比重相对较低的中心城市，总成本降低的趋势并不明显。以深圳罗湖区 1998 年第三季度房价构成为例，地价成本约占房价的 36%，建筑成本仅占 25%，其余是销售税金、各项费用及利润。中短期内建筑成本可能有所下降，但由于土地价格因需求增加价格将出现上涨，长期来看将抵消建筑成本的削减。

住房产业现代化进程将大大加快。与欧美和日本等发达国家相比，中国的房地产业仍处于工业化前时代，突出表现在缺乏行业标准，施工工艺落后，科技含量和环保技术的应用仍处在一个较低的水准。加入 WTO 以后，框架体系采用部件生产化、标准化和系列化，将缩短工期，提高劳动生产率。假设 5 年内合计若能提高劳动生产率 35%，建筑工期即可缩短 26%，住宅供给可增加 20%，住宅产品向节能、环保和智能化方向发展，真正意义上的住宅产业现代化体系将形成。

行业内竞争加剧。当前国内房地产开发企业数量多，规模偏小，盈利能力差。全国共有 8 个省(直辖市)开发公司数量在 1000 家以上，如北京市有开发企业 1600 多家，上海有 4000 家，但全国开发企业平均净资产只有 1000 余万元，最大的也不过十几亿元，与境外开发商动辄几十亿、几百亿美元的资产规模相比，差距很大。据测算，1998 年全国开发企业平均利润率只有 3.7%。国外同行的进入，对国内开发商目前的开发实力、管理水平、融资能力、营销模式、物业管理等都构成严峻的挑战，行业内的竞争将加速进行。可以预见的是行业内优胜劣汰、兼并收购浪潮即将掀起，小规模的发展商生存空间越来越窄，而地域性的龙头企业将逐步明确其地位。

不过，短期内竞争也不会像汽车、家电等行业那样狼烟四起，毕竟房地产这种特殊的产品不可能大规模从境外流入。由于外商普遍认为中国房地产业仍然属于高风险产业，预计短期内外商直接投资不会大幅度增加。更多的可能是境外设计公司、策划机构等中介机构大量进入，以及项目合作的增加。而随着金融服务业的开放，外资投资银行可能带来高水准的项目运作、项目融资和新的融资工具将层出不穷。

对于房地产上市公司来说，虽然面对强大的对手，但房地产市场独具地域性特点，各上市公司一般受当地政府扶持力度较大，比外资房地产商更熟悉本地市场，熟悉法规程序，与地方政府有千丝万缕的联系，在项目运作方面显得更得心应手，这些是上市公司的优势。目前较为明智的做法是上市公司采取积极合作的开放态度，在与外商的项目、资金合作上占据领先位置，形成“双赢”的格局。

加入 WTO 以后，房地产类上市公司将重新洗牌，首先胜出的是品牌好、经营规范、营销能力强的公司。其次，外资企业和机构的涌入，使一些在写字楼和高档住宅项目上严重被套的公司有解套的转机。但那些濒临 ST 的公司并不一定能绝处逢生。因为许多公司存货积压不仅是数量的过剩，往往还存在功能落后、配套缺乏的先天缺陷，这还只是问题的一个方面；大多数经营困难的公司还面临多元化经营、巨额债务及复杂的法律诉讼关系等困境，这些公司仅把希望寄托在市面的复苏上是无济于事的，惟一的出路是剥离、重组。相比之下，上海一些以土地批租为主业的公司更容易从谷底恢复。

七、加入 WTO 对中国消费类电子行业的影响

中国加入世贸组织对消费类电子行业的影响可从两个方面来考虑：

一是国外品牌进入中国市场的问题。目前，国外品牌进入中国市场的方式主要靠本地化生产，直接进口产品的数量很少。入世后，国外名牌家电企业在中国面临一个更加开放的市场环境，在其全球生产布局中将会更多地考虑将工厂设在中国，从而将国内家电企业形成短兵相接的局面。实际上，跨国公司加速全球化对国内市场的冲击早已开始。松下与中方合资在杭州建立了最大的海外洗衣机生产基地，龙头产业带动了 12 家多年为松下供应配件的配套厂来华投资，实现了产业链整体本土化过渡，为降低加工成本与提高产品价格的竞争力提供了重要保证。日本空调合资公司在压缩机、四通阀、控制器等配件群体向中国转移后，制造成本都已下降。对中国空调出口量最大的两家日本公司——三菱电机与松下电器先后于 1999 年正式宣布其空调器已经停止由海外向中国市场出口。1999 年在中国冰箱厂普遍感到市场疲软的背景下，合资品牌群体的产销量增值迅猛，1998 年底合资品牌电冰箱的产量约占全国总量的 9%，到 1999 年 9 月已升至约 24%。在格兰仕微波炉靠规模与成本的优势不断向同业发起进攻的同时，天津 LG 电子紧追不舍，微波炉的产销量扶摇直上，1998 年、1999 年已经连续两年逾百万台，1999 年的增幅超过 20%。上海夏普、松下万宝、LG 电子的空调器产销量在不断适应中国市场的需求中保持高速增长，均已进入前 10

名。预计近年内，本地产的国外品牌家电产品的市场占有率将继续反弹，但国产品牌的主导地位仍然不会动摇。

二是国内家电产品走出国门的问题。中国企业在电风扇、VCD等劳动密集型产品方面具有成本优势，入世后将为这些企业提供更大的市场空间。国内名牌家电企业如海尔、美的、康佳和TCL的出口量都已占其总销量的20%左右，主要是面向亚洲市场和拉美市场。而中国家电产品对欧盟市场的出口问题一直是一个难题，尤其是中国的大小彩电，一直难以进入欧洲市场。这主要是因为欧盟彩电企业对中国输欧彩电提起了反倾销起诉：从1988年开始，欧盟立案对来自中国的彩电展开反倾销调查，1991年征收反倾销税，之后税率一路攀高，到1998年终裁，对中国大小彩电统一征税，税率为44.6%，结果导致中国彩电被迫退出欧洲市场。1998年7月，迫于中国改革开放的发展及市场经济的建立，欧盟修改其反倾销法，承认中国的市场经济地位，但是附加了一项条件，就是中国企业必须申请并通过审查，才能获得市场经济地位。2000年4月2日，欧盟对中国彩电征收的反倾销税到期，但近期欧盟企业又提出了“日落复审”，要求维持对中国彩电的高额反倾销税，其中飞利浦是一个坚定的起诉方。在这之前，厦华已经向欧盟提出“临时复审”，要求改变其输欧税率。据了解，欧盟官员已在厦华电子进行反倾销调查，这次厦华电子极有可能获得市场经济地位。

总体而言，由于国内家电行业市场化程度最高，加入WTO之后国内企业将面临全球一体化的市场环境，中国家电企业在国际分工中将进一步发挥其成本优势，成为全球家电产品的重要生产国。

八、加入WTO对中国航运业的影响

加入世界贸易组织对于中国的港口和航运业来说，既是机遇，又是挑战。中国的港口与航运业应做好充分的准备，不仅要看到加入WTO后对中国港口航运业的正面影响和促进作用，同时也要深入认识到对港口航运业的负面影响。

中国加入WTO后，中国港口总体上的发展将会获得极为有利的条件。首先，中国港口外贸货物吞吐量有较大的增长。国际间的贸易流量必然增加，新的贸易量必然给中国的港口业带来巨大的市场，推动港口的稳定增长。据统计，中国对外贸易的货物90%是通过海运完成的。因此，中国港口将在外贸进出口增长的推动下，迎接新一轮的大发展。这种发展将集中表现在集装箱运输和港口箱处理能力、班轮航线靠泊密度、以及进出口箱量的增加上。

其次，产业的结构转换和升级的加快将推动中国港口的结构调整。加入WTO将加快全球化的进程，加速以资源为基础的劳动密集型产业向出口型工业转变。与此相适应，中国港口也将进一步实施结构调整，大力发展集装箱运输、液体化工产品运输和滚装运输等。

第三，WTO导致绿色贸易壁垒成为新的主要的国际贸易壁垒，将促使中国港口加大环境意识和环保力度。港口环境将成为扩大出口的重要环节而得到改善，使港口形象再上新台阶。

第四，将加大国际资本进入中国的幅度，有利于港口建设资金的吸纳。加入WTO后，国际资本进入中国将更加简便，资本流动加快，这对中国港口的发展是十分有利的。

第五，将进一步开放港口产业的经营市场，能为中国港口带来新的管理方法、手段、技术，既有利于港口企业由劳动密集型向资金技术型转变，又能进一步促进港口向现代企业制度转变，有利于提升港口科技等级，加快制度创新，缩小与国际先进港口的差距。依托港口，发展对外贸易和加工工业是港口城市的一大优势。因此，加入WTO后，更有利于中国港口进一步向现代化港口迈进。

中国的港口建设与管理还存在着许多问题和弊端。这些主要表现在：政企不分、管理不顺；政出多门；调控不利；港口建设宏观调控有待加强等。中国加入WTO后，港口将对外开放，必然会出现很多的独资或合资的码头，对中国现有的码头建设造成较大的冲击。中国加入世贸组织后，中国航运业将面临海运自由化，进一步开放运输市场的要求，未来海运市场将面临更加激烈的竞争局面。

加入WTO后，中国参与国际航运的谈判环境与决策环境发生变化。加入世贸组织后，中国参加国际航运谈判的地位明显得到了加强和改善，可直接参与WTO中有关航运的多边谈判和决策程序。中国可借助WTO条款中关于“公正、平等处理贸易争端的原则”，妥善处理双边海运服务贸易中所产生的诸多摩擦，维护中国航运企业的合法权益。

加入WTO后，中国参与国际航运的市场环境与经营环境也发生了变化。中国的航运企业将直接和全面地在一个统一和公开的国际市场环境中从事经营活动。中外航运企业将同时受到WTO竞争规则的制约，在统一、公平和开放的市场准入及无差别的国民待遇的环境中，中国航运企业可发挥成本较低的竞争优势，在国际航运市场中占有更大的份额。随着进出口贸易的增加，航运企业将面临一个较为广阔和充满活力的国际经营环境将使航运企业的货源更加充足，运输经济效益将得到较大的提高。

航运环境的变化，对于中国航运企业总体上是富有积极意义的。因为“入世”后，中外航运企业均可获得进入对方航运市场的自由空间，并享有基本相同的“国民待遇”，这就迫使国内航运企业在强化国内竞争地位的同时，要走出国门，寻找新的国外航运市场，并按照国际航运市场需求和惯例组织营运活动。

从贸易的角度讲，加入WTO后，中国进出口贸易量会有一个较大幅度的增长，但表现在海运方面情况会有所不同。加入WTO后对制成品贸易将有较大的促进作用，集装箱贸易将产生积极影响，但中国在IT和电子商务方面远远落后于发达国家，服务质量、服务态度和服务水平与发达国家相比有一定差距，因此中国集装箱运输业加入WTO后市场份额将会受到一定影响。在干散货贸易方面，进出口的浮动在短期内不会有太大的变化。

“入世”能够促进和推动中国航运业发展，也将带来更为激烈的竞争。经过几十年的发展，中国航运业已具备了一定的开放程度，特别是远洋航运，具有了一定的规模。但是，与国际大航运企业相比，竞争实力还不强，加入世界贸易组织后，国外的航运企业会更多进入中国航运市场，中国的航运企业还将会失去部分运输市场，流失一些人才。所以，挑战比机遇更值得重视。

九、加入WTO对中国物流业的影响

过去20年中，服务业在中国发展很快。中国物流业的基础设施建设也迅猛增长，交通设施及工具、仓储设施、商业网点、配送体系和信息技术、配套服务设施等方面均已取得了长足进步。东部地区及东南沿海的物流“硬件”在许多方面已接近或达到世界先进水平。例如中国一些港口设备、交通设施、仓储设备、商业自动化设备的配置，由国家、地方和企业斥巨资建设得十分高档。有些装备的先进性超过了发达国家相应的设施。但中国物流业发展仍是落后，主要表现在：从整个国民经济运行质量和国民经济发展的要求来看，对物流业的投入仍属不足；物流一体化程度不够，行政分割、行业垄断严重；外贸、民航、铁路、包装、通信等部门高度国有化，使得这些部门政企不分，官商作风严重；物流观念淡薄，许多决策人士不懂现代物流；与物流相关的服务体系落后。

加入WTO带来的机遇与冲击

WTO关于货物、服务、投资、知识产权保护各领域的规则都与物流业有关。一旦加入WTO，中国物流业市场必须在自由开放、平等公正、透明互惠的基础上进行深入的改革和全面的开放。

(一)加入WTO的积极影响

首先，促进物流体制改革和产业结构调整。中国物流体系改革是整个经济改革的难点之一，加入WTO可以使国外企业和国内非国有企业参与竞争。在公平竞争的促动下，中国物流业无论在资本结构、服务产品结构和区域结构的调整方面，会有一个革命性的飞跃。加入WTO后，中国物流业的管理办法和竞争规则会借鉴WTO的基本原则和国外先进办法。

第二，加入WTO会使中国物流业加快引进国外资金、技术和管理人才及管理经验。过去对外开放的经验表明，越早开放的行业繁荣越快，旅店业、饮料业、家电业等，莫不如此。

第三，加入WTO更有利于中国物流业走向世界。国际物流服务市场有很大的发展空间。根据《服务贸易总协定》，“商业存在”对各国机遇平等。近几年来，中国的批发零售、货代、信息等行业已经走出国门，主动参与竞争了。加入WTO后，国外市场机会将会更多，中国物流服务一定会在不久的将来形成有国际竞争力的竞争规模和品牌，在国际服务贸易市场的激烈竞争中发展壮大。

(二)面临的巨大冲击

首先，商业旧体制受到冲击。WTO的所有原则都是市场经济原则。非歧视三原则(即最惠国待遇、国民待遇和互惠待遇)、公平竞争三原则（反倾销、反补贴和取消数量限制)、透明开放原则等，都对中国旧的外贸、内贸、供销三大流通体制提出了挑战。受益于旧体制的企业或利益集团应有新的对策才能继续生存。

其次，企业法律制度受到冲击。中国物流企业按现行企业分类制度可分为多种“性质”的企业，个体户由于企业“性质”不同，企业地位、市场分割、经营权范围、财政支持、税收等企业“待遇”就有差别。不平等竞争也因此产生。WTO的规则对我国现行企业法律制度提出了挑战。而企业法律制度国际化后，将有利于各类企业公平竞争。受益于旧体制的企业或利益集团必须适应新的竞争，否则无法生存。

第三，国内市场受到冲击。中国企业面临资本雄厚、技术先进的外国公司和跨国公司的上门竞争，将是一个痛苦的适应过程。中国物流企业只有抓紧3-4年的过渡期，加快调整，才能增强实力，适应国际竞争的新形势。

物流业受到的冲击是多方面的。商业(内外贸、批发零售)、运输(航空、铁路、公路、水运、管道)、仓储、速递、维修、信息技术、广告、包装、检测、租赁通信、技术服务、专业服务和自然人服务等都会受到不同程度的冲击，这些行业都不同于像汽车、电信和金融那些受“重点保护”的行业部门。因此，国内这些物流行业不能因本行业“幼稚”而指望保护。

同时，这些国有资本高度集中的物流行业也要对内资逐渐开放。

第四，对政府服务和法制建设的冲击。高质量的政府服务包括科学的决策规划，依法行政，为企业提供及时而周到的服务，尽量少的管制和不增加企业负担。

法制服务既体现在立法上，更体现在执法上。

第五，对信息制度和信息技术的挑战。及时、准确、全面的公开信息是流通业的生命。目前，国内物流企业几乎没有自己的专门情报和保密机制，只能依赖可靠性极差的公开统计及预报。这是很危险的。

第六，对教育科研制度的冲击。物流是一门综合性经济学科，涉及众多学科和边缘学科，中国现行中高等教育中，现代物流的基本科研力量不足，高质量的教材不够。同时，科研投入(包括企业科研)太少，专业人才太少。因此，面临“入世”冲击，中国物流业要引进大量境外人才，这就加重了本来就严重的就业问题。

应当说，加入WTO对中国物流业的冲击是全面的、深远的。这些冲击不全是坏事，中国的改革恰恰需要这些冲击。

值得一提的是，对中国物流业形成冲击的不仅是WTO法律体系。凡是与货物贸易、服务贸易、技术贸易、投资自由化、知识产权保护相关的国际法，都会对中国现代物流产业带来各种影响。

中国物流系统的开放和改革前景分析

1. 分销权方面的开放。

加入 WTO 后，中国将向外国公司提供分销权，取消现有的法规限制，并将于 3 年内取消大部分产品的分销服务限制，外国商人可以分销进口产品和中国制造的产品。分销权将会在中国目前限制最严的分销行业，例如批发，运输、维修等行业中实施。在物流服务业方面：中国承诺所有的服务行业，在经过合理过渡期后，取消大部分外国股权限制，不限制外国服务供应商进入目前的市场，不限制所有服务行业的现有市场准入和活动。同时在辅助分销的服务方面也作出了类似的承诺，具体包括租赁、速递、货物储运、货仓、技术检测和分销、包装服务等，这些方面的限制将在 3-4 年内逐步取消，在此期间，国外的服务供应商可以建立 100% 的全资分支机构或经营机构。

2. 商业企业的开放。

1999 年 6 月 25 日，国家经贸委和外经贸部联合下发了《外商投资商业企业试点办法》，将试点地域扩大到省会城市、直辖市、计划单列市和经济特区。同时在京、津、沪、渝等地开放批发业。与商业有关的金融、保险、外贸、咨询、运输、工程承包、电信、旅游等领域也相应放宽了投资限制，如增加航空运输业外资航空公司的数量等。《外商投资商业企业试点办法》虽暂不允许外商独资设立商业企业，但允许在“试点地区”（即省会城市、自治区首府、直辖市、计划单列市和经济特区）设立合营商业企业。对参与合营的外国合营者在经营资格上有一定的限制。这一法规对外资进入批发业有实际意义。而零售业，自 1992 年 7 月对外开放以来，国家只批准设立了 62 家外资商业零售企业，但实际营业的外资零售商场却达到了数百家之多。

3. 外贸体制改革和外贸行业的对外开放。

外贸是物流的重要环节。中国外贸体制改革在“入世”谈判的带动下已经取得了巨大的进步。国家在对经济特区生产企业、国家千户重点企业和国有大型企业实行自营进出口登记制的基础上，在全国范围内对国有、集体生产企业自营出口权实行登记制。1998 年又决定开放私营企业进出口经营权，并在深圳、上海浦东允许外商从事外贸经营。

外贸业不仅对内资开放，也对外资开放。在今后短期内，一定形式的许可证、少数产品的国营专营权和客观上不可取消的配额限制将继续存在，但这不会影响外贸行业的全面改革和开放大局。

4. 其它服务业的开放。

中国全面参加了 1986 年至 1994 年的关贸总协定（GATT）乌拉圭回合谈判，承诺在“入世”后遵守《服务贸易总协定》（GATS）。在与 WTO 成员方进行的市场准入谈判中，中国也就服务业的重点行业作出了具体的开放承诺。

中国对外承诺开放的服务业领域是十分广泛的。中国的服务市场对外开放，将对物流业产生重大影响。因为，“物流”几乎与服务业所有行业都有关联。

十、加入 WTO 对中国加工贸易的影响

WTO 致力于贸易、金融和投资的自由化，中国加入 WTO 后，WTO 关于货物贸易、服务贸易及有关知识产权的规定对加工贸易的影响是巨大的。而在经济全球化的大趋势下，发展中国的加工贸易，需要借鉴国际通行作法，制定新时期的发展战略，以促进国民经济的稳定发展。

（一）WTO 规范货物贸易的原则对加工贸易的影响

1. 非歧视性贸易原则。

非歧视性贸易原则是 WTO 的基石，是各国间平等地进行贸易的重要保证，也是避免贸易歧视、贸易摩擦的重要基础。非歧视性贸易主要是通过最惠国待遇原则和国民待遇原则加以体现的。

按照最惠国待遇的原则，一成员对于其它成员的产品所给予的利益、优惠、特权或豁免都应立即无条件地给予原产于或运往所有其它成员的相同产品。中国加入 WTO 后，将进一步开放本国市场，尤其是服务贸易领域的市场将加大开放力度，外商在华投资的领域扩大。外商将发挥服务业的优势，为中国从事加工贸易的国有企业或外商投资企业提供信贷、保险等服务，这有利于中国在更大规模和更高层次上开展国际交流与合作。

中国加入 WTO 后，按照国民待遇的原则，任何成员不能以直接或间接方法对产品的混合、加工或销售使用有特定数量或比例的国内数量限制，或强制规定优先使用国内产品。从这个角度而言，我们不能用政策上的限制来促使加工贸易企业更多地使用国产料件，只能通过提高国产料件的质量，降低国产料件的生产成本，才有可能从根本上扩大加工贸易中间品的国产化率。另外，根据这一规定，外商在华从事加工贸易的产品将有可能就地销售，不能强制其运往国外，这将对中国的市场形成一定的冲击。

当然，按照国民待遇的原则，中国同样能够公平地进入国际市场进行资源的优化配置。具体地说，中国可以优势资源（如劳动力、土地、自然资源等）与外国的优势资源（如资本、技术、管理等）实现互补，充分发挥比较优势、强化竞争机制，加速中国社会主义市场经济体制的建立，促进中国经济的发展。在这一过程中，加工贸易将是一种有效的方式。通过开展加工贸易，使中国的优势资源和国外的优势资源发挥最佳效益。

2. 关税减让原则。

中国入世后，将会大幅度降低关税，取消非关税措施，扩大市场准入范围。随着关税的降低，会有更多的跨国公司纷纷在中国抢滩登陆，在中国进行加工贸易的企业将增多。

中国的加工贸易政策是鼓励出口的政策，即如果来料或进料产品在加工后复出口的，将不征收进口环节税或消费税等。因此，在最终实现零关税后，政策优惠的吸引力下降，加工贸易产品的流向会产生一些变化，一方面是产品继续销往其它国家和地区，另一方面会有一些产品就地销

售。从这一层次上分析，外商选择加工贸易地点的依据将主要是比较成本优势。

3. 透明度原则。

WTO透明度原则要求各成员把实施的有关管理对外贸易的各项法律、法规、行政规章、司法判决等迅速加以公布，以使其它成员政府和贸易经营者加以熟悉；各成员政府之间或政府机构之间签署的影响国际贸易政策的现行协定和条约也应加以公布；各成员应在其境内统一、公正和合理地实施各项法律、法规、行政规章、司法判决等。

WTO的透明度原则有利于中国建立社会主义市场环境下的新型政企关系，促进公平交易和公平竞争市场环境的形成。这为从事加工贸易的外商创造了良好的投资软环境。

4. 禁止数量限制原则。

按照禁止数量限制的原则，中国加入WTO后，将进一步加强同世界各国相互间的依赖关系，取消配额限制，增加更多新的贸易机会。随着现存贸易障碍及其限制因素的减少，外商在生产、销售、服务等更广泛领域的发展将成为可能。

从该角度而言，中国可以依靠劳动力及工业生产基础的优势，在更广的领域从事加工贸易，占领更多的市场份额，从而扩大我国的就业。

（二）入世后中国服务贸易的发展对加工贸易的影响

1. 中国服务业发展水平低制约了加工贸易的发展。

国际服务贸易自由化已经成为世界经济全球化的重要组成部分。中国服务业发展水平较低，面对WTO服务贸易的规则和国际竞争，将会受到较大的冲击。服务业对外开放程度和服务业发展水平关系到中国投资环境，也关系到中国加工贸易的发展。目前服务业总体发展水平落后，在一定程度上制约了中国加工贸易的发展。主要表现在：

首先，从业人员素质低，其专业素质和道德素质与国外相比，差距较大。因此，为加工贸易服务的各个行业难以满足加工贸易快速发展的需要，制约了加工贸易的发展。

其次，金融服务业不够发达，使加工贸易资金周转和国际结算难度加大；金融监管手段落后，加大了企业的风险和负担。

第三，信息咨询业落后，投资者和加工企业缺乏市场信息。

第四，中西部地区尽管劳动力成本低廉，但交通运输业欠发达，使得加工贸易在这一地区的发展受到运输成本的限制等等。

2. 中国服务业市场开放对加工贸易的积极影响。

乌拉圭回合谈判将国民待遇的原则从货物贸易拓展到服务贸易领域。1995年WTO成立后，服务贸易市场准入的谈判成为中国加入WTO谈判的重要内容。谈判涉及会计、法律、计算机软件和有关服务、广告、分销（包括批发、零售、进出口权、连锁经营、售后服务等）众多领域。谈判的焦点集中在电信服务和金融服务方面。

中国服务业市场的开放，将为从事加工贸易的企业带来诸多方便。国际服务业将大举进军中国市场，国际金融、法律、保险、分销等服务业将与中国国有企业竞争，使加工贸易企业有更多的选择。

（三）新时期发展中国加工贸易的对策

1. 积极参与全球产业分工，大力发展加工贸易。

目前，中国与发达国家经济发展水平和在国际分工中的地位存在较大差距，正确认识中国经济发展所处阶段是中国经济发展的前提。中国加入WTO后，根据WTO非歧视性贸易原则，中国可通过加工贸易的方式公平地参与全球产业分工，优化资源配置。参与全球产业分工，应该将注意力放在高新技术产业上，同时，要继续大力发展并不断提高劳动密集型产业的档次。由于中国劳动力资源丰富，在一个相当长的时期内，仍要继续大力发展劳动密集型产业，但是劳动密集型产业也存在一个结构不断升级，档次不断提高的过程。目前世界消费需求对中国十分有利，美国、日本、加拿大、澳大利亚等国对劳动密集型产品的需求旺盛，消费层次呈现多样化，为中国多层次的加工贸易产业提供了一个广阔的市场空间。

2. 运用国际通行做法，提高加工贸易产品本国含量。

（1）灵活运用市场手段，提高国产料件的投入。可以通过适当降低中国某些国产材料的市场价格，增强同国外原材料的竞争力，促进国产材料的出口。通过提高原产地规则中“本国成份含量”标准，引导加工出口产品更多地使用国内原材料。对特殊类别的产品（如配额产品）可以实行有差别的、较为严格的“本国成份含量”标准，保证加工出口产品含有较高国内成份，才可具有“中国产品”地位并享受特定优惠。

（2）调整税收政策，促进加工出口产品使用国产料件。入世后，中国的关税将普遍降低，但一般贸易仍然同加工贸易存在差别，加工贸易仍然会享受“特殊”的待遇。从西方国家的加工贸易政策分析，主要是实行“不征不退”或“先征后退”的政策。中国政府可以借鉴西方国家的税收政策，同时，对于使用国产料件的加工贸易企业，可按不同的使用比率减免部分税收，刺激企业的积极性。

（3）调整国内产业政策，增强国内原材料的竞争力。加工贸易的进口商品，通常是国内不能生产或质量品质不能满足企业生产需要的产品。据统计，加工贸易进口商品的类别十分集中，以塑料、集成电路、自动数据处理设备零部件3种商品为例，这3种商品加工贸易总进口分别占其总进口量的77.0%、88.1%和92.5%。应加强对相关电子工业、化工工业的战略研究，制定产业政策，增强国内原材料的竞争力。从而减轻对加工贸易特别是进口料件加工出口的依赖程度，促进加工贸易产业格局的改变。

3. 引导加工贸易向高新技术产业发展。

（1）加大政策扶持力度，鼓励企业参与高新技术产业的国际分工。加大产业导向的力度，在国家统一调整高新技术领域投资政策的基础上，制定完善的地方性产业优惠、区域优惠政策。目前应细化外商投资产业指导目录中的高新技术产业目录，将所有高新技术产业列入鼓励类高新技术产业之中，进口硬件设备和软件技术享受免征关税和增值税待遇。

(2) 拓宽高新技术企业融资渠道。拓宽高新技术企业融资渠道，减少因高新技术产业投资大、更新快的风险，可以考虑设立高新技术产业基金，给予高新技术产业的加工贸易项目以重点支持。银行可采用出口卖方信贷，也可在进口方银行提供保函或进口方政府担保，且投保出口信用保险的情况下，办理出口买方信贷业务。并要求保险机构为高新技术产品的出口提供配套服务。

(3) 增强自主开发能力。引导加工贸易向高新技术产业发展，要注意选准主导产业，抓住关键项目，注重消化创新，办好高新技术开发基地，对无法进入高新技术出口加工区的企业，可以全部实行保税工厂监管。

通过利用外资、引进技术，开展加工贸易可以大大提高中国高新技术产业的发展起点，但是不能对跨国公司转让核心的技术存有幻想。应当提高自主开发能力，走引进、消化吸收与自主创新相结合的路子。

4. 引导加工贸易向中国中西部地区推进。

发展中西部地区的加工贸易，一定要同当地的优势结合起来，形成特色，做到起点高、效益好。根据中西部地区的区位优势，有针对性地制定发展出口优势产业。建立以水力、矿产等资源开发为核心的矿产品加工、农产品加工、能源加工、发展旅游业和边境贸易，改变粗放型开发经营矿产资源和盲目扩大出口加工工业生产能力的作法，更加重视产业结构调整和出口商品升级换代。要大力引进高新技术，加快老工业基地改造，增强对资源性产品的深加工和精加工能力，发展高附加值的出口商品，使资源优势确实转化为开拓国际市场、扩大出口的优势。

十一、加入 WTO 对中国民营经济的影响

(一)民营经济入世的机遇和挑战

从总体上看，加入 WTO 对中国民营经济的发展是重大“利好”，将为民营经济在更高层次上的发展提供动力和空间，中国民营经济将迎来新的大发展、大提高的历史性机遇。

1. 加入 WTO，中国政府所承诺的产业与市场的更大开放为民营经济发展提供有法规保障的新机遇。按照权利与义务对等的原则，要求减少或取消或放宽某些产业领域对外商投资的限制。对外商投资的开放，也必然为中国民营经济的发展提供新的契机。一方面是外资可以进入的领域，民营经济也应进入，某些产业在对外开放的同时，必然对内开放，并且还应先对内开放。另一方面，外商的大量进入，为民营经济与外资的合作合营提供了更多的机会。

2. 入世后，随着中国在管理体制、运行机制和法律体系等方面与世贸规则和国际惯例接轨，体制和机制性障碍有望得到解决，民营企业将获得更加宽松的发展环境。原来种种限制民营经济发展的政策规定将会作较大调整，一些对民营企业设置的市场准入壁垒将被拆除，在国内市场民营经济将与国有企业、外资企业平等竞争。此外，民营企业还将在享受最惠国待遇的条件下进军国际市场。

3. 民营经济从诞生之日起就是按市场规则动作的，与市场经济有天然的融合性，更能适应日趋激烈的市场竞争环境。入世后，公平、规范化的市场环境对于那些技术先进、管理科学、创新能力强、发展前景好的民营企业将获得更加健康的发展机会。从长远看，随着西方发达国家对中国的技术封锁和贸易保护被逐步打破，将有利于民营企业通过引进先进的技术、装备，实现技术进步和产业升级，通过参与国际竞争获取更多的市场份额；也将导致民营企业的资产重组和自主创新，极大地促进民营经济提高整体素质，增强国际竞争力。

必须指出，任何事物均有两面性。加入 WTO，在短期内，外国企业和商品以及新的“游戏规则”对民营经济造成的冲击不可低估。

从总体上看，中国民营企业相当部分尚属处于成长期的弱小企业。加入 WTO，国门一打开，价廉质高的商品和外资大量涌入，民营企业将受到外来商品和资本的无情挤压，部分企业甚至可能会遭受“灭顶之灾”。

从发展方面看，中国民营企业绝大部分技术自主开发能力不强，主要依靠模仿型技术，其知识产权模糊。加入 WTO，民营经济的这种创新战略将会遇到难以逾越的障碍。民营企业要实现“自主技术创新”，需要一个相当长的资金积累和人才准备过程。

从行业方面看，中国的劳动密集型产品和产业已处于严重的供过于求状态，同业竞争异常激烈，一旦国外名牌产品和资金进入，市场供需失衡的问题将更加突出，市场竞争更趋激烈。国际市场，民营企业的产品与发达国家的同类产品相比可能具有一定的成本优势，但民营企业无论在产品质量、品牌还是营销策略、营销网络方面均处于劣势，指望劳动密集产品在入世后的短期内大量进军国际市场很不现实。中国民营企业中属资金密集和技术密集的高技术企业绝大部分尚处“幼稚”企业发展阶段，如缺乏必要的保护，前途不堪设想。

(二)民营经济入世的对策建议

第一，扬长避短，强化比较优势。民营经济机制灵活，市场化程度高，较易与国际规则接轨；产品以劳动密集型为主，交易成本相对较低。所有这些，都使民营经济在国内乃至国际市场上具有明显的比较优势。入世后，民营经济的这种比较优势要进一步扩大和加强。加入 WTO，不仅国际市场，国内市场也对民营企业更加开放。对于绝大多数民营企业来说，首先充分占领国内市场，在国内市场上使自己的优势竞争力充分发挥，是进一步走出去、实现全球化的前提条件。占领国内市场，以及国内市场的进一步开拓与营建，民营经济更具有地缘、血缘、人和之比较优势。

第二，抓住机遇，挖掘机遇，营造机遇。世界给中国、政府给民营企业很多机遇，如加入WTO，举办奥运，西部大开发，城镇化战略等等。在抓住机遇的同时，还要去挖掘和营造机遇。如民营经济的区域产业转移，东部沿海地区的劳动密集、资源密集型的民营企业向中西部地区转移，参与国家西部大开发建设。民营经济组织参与城镇化战略的实施，以城镇建设和城镇化为战略载体，再造一个国内市场，并促进产业重组和企业重组。把国内市场做大，也为民营企业发展提供更为广阔的发展空间。

第三，推进创新，练好内功。面对WTO，无论是大型企业还是中小型企业，最根本的还是提高自己的综合素质与竞争力，培育并充分发挥自己的竞争优势。中国民营经济发展的当务之急：(1)民营企业过去对品牌、商誉的培育不够，现在塑造自己的品牌和商誉已经刻不容缓。(2)加快制度变革。中国民营企业大部分基本上还是家族化管理，早期建立的民营企业尤其如此。创建现代企业制度不仅仅是国有企业的事，民营经济也需要加快制度变革的步伐。(3)提高企业的竞争能力从根本上是要提高企业的创新能力，实现技术创新、产品创新、管理创新等。(4)民营企业要真正能够在国际市场上与跨国公司展开竞争，就必须在竞争中携手联合，充分发挥本土联合优势。

第四，掌握新规则，研究新对策。学习掌握世贸组织的“游戏规则”和其他国际惯例，掌握WTO的基本原则、运作规则和机制、决策形式，研究利用WTO的例外条款趋利避害的对策措施，熟悉并利用好贸易争端的解决机制，有效保护企业的合法权益。

十二、加入WTO对中国教育产业的影响

在中国加入WTO之际，人们普遍把目光聚集在中国的经济领域：中国哪些产业将获得益处，哪些产业将受到冲击。然而，教育是否也面临着冲击，人们还较少论及。但是中国加入WTO后，首先面临的必然是产业结构和产业政策的调整，而经济活动的变革或迟或早都会折射到教育活动中来，这是教育变革与发展的一条规律。事实上，从90年代开始，西方国家以各种形式介入中国教育市场已是不争的事实。由此可以预见，中国加入WTO后，伴随着中国与世界经济一体化的加快，教育受到西方冲击同样不可避免。

根据现已了解的情况来看，在目前中国95%行业处于供求平衡或供大于求时，教育，特别是成人高等教育却持续出现供求失衡的状态。中国城市消费中增长最快的是教育，增速为年均20%左右，中国居民储蓄的10%是作为“教育消费”预留，高于用于购房的7%，国内教育市场潜力巨大。

西方教育产业已出现供过于求，近几年来，国外教育正以高等教育和职业教育为突破口“渗透”进来。国外跨国公司大量进入中国经济领域，并以职业培训的方式进入中国教育市场，显然可以避开教育主权这一敏感的话题。以经济活动作为拓展教育空间的屏障，为其教育提供了合法性的基础；以职业培训为主要形式，为其全面渗透入学历教育打开了教育市场的缺口。从形式上看，类似跨国公司所提供的只是职业培训性质的教育，提供的仅仅是继续教育机会，但所达到的目的却是部分地垄断该产业在中国的高级人才。从长远的角度考虑，它所带来的效益并不仅仅是经济价值所能衡量的。以职业培训机构作为进入中国教育市场的切入点，这是中国加入WTO后，可能预见的影响之一。

加入WTO后，国内教育市场有可能逐步开放，也会促成新的人才需求。就目前的情况而言，WTO的经济运作形态将对教育产生重大辐射，很可能集中反映在一种文化精神方面，如符合人格发展的个性化教育、公平竞争环境与道德信用约束的觉醒。不过，中国社会正在发生的变化与加入WTO这个事件重叠在一起，产生很大的人才需求却是实实在在的。这种需求现阶段仅站在国际交流的角度，就会产生许多符合国际惯例操作规范的人才，背后隐藏的却是一国经济的持续发展能力需要更多的人才。

从趋势上看，市场经济是一种开放经济，教育市场的长久封闭既不是理性的，也不是现实的，上市公司涉足教育产业可以构成板块，应是一种值得重视的发展趋势。所以上市公司应当充分利用国外教育资源进入中国开发市场的时机，大力发展教育产业。以清醒的认识，以国内教育产业化的发展机制和以对民族教育负责的态度来应对不断增长的教育需求和“外侵者”的挑战，全面地把握中国教育市场所带来的发展大潮，也就是说上市公司面临教育产业的发展机遇。目前上市公司介入教育产业有以下三种途径：直接投资教育办学、投资进入教学软件的开发与销售环节和教育信息化。据粗略统计，到目前为止，一共有将近20家上市公司通过不同的形式进入到刚刚成型的教育产业中，总共投入资金约13.2亿多元，因此值得重点关注。

十三、加入WTO对中国医药业的影响

加入WTO总体来说对中国医药行业的影响不大，原因有以下几个方面：

1. 国外医药公司在80年代初已进入国内市场，设立合资厂，因此中国的医药市场已经是一个开放程度很高的市场；

2. 加入WTO后，医药行业的关税将由现在的20%下调到5.5－6.5%，下调幅度不是非常大；

3. 医药产品的竞争主要不在价格竞争，而国外医药目前的优势恰恰在于其不受限制的高价格，因为高价医药的利润率高，更受医院的欢迎。

加入WTO对医药行业的影响主要表现在知识产权问题上。这一问题对国内新药的开发，特别是生物医药开发有影响，也涉及到国内新药的专利问题。不过，国内在这一方面的政策超前，于80年代初即开始专利保护，到1993年，开始施行高水平的专利保护，与国际接轨。国内厂家在新药开发的选题阶段，已开始查专利库。因为入世后有7年

的缓和期,因此影响也比较小。

入世对医药行业中不同的医药种类的影响不同。

1. 化学制药。原来比较落后,入世后仍处于落后地位,但生存的机会也比较大,比如说做原料药材或改剂型。

2. 中药。入世后对中药有利。中药有自主产权,虽然日本和韩国近两年在国际市场上占有较高的份额,但中国深厚的文化积累是我们巨大的优势,起码在国内有较大的优势。对中药能否进入国际市场,目前来看得出结论为时尚早,但可以与国外进行新药开发合作,这是强大的资源。

3. 生物医药。现有产品无专利,落后于国外稍远。在基础研究上落后3年,入世后竞争压力较大。

(根据各行业分析汇编)

入世后中国外商投资产业政策展望

国家经贸委副秘书长　甘智和

一、入世后中国利用外商投资面临的新形势

进入新世纪,特别是2001年入世以来,外商在华投资出现了许多新的情况。一是随着中国对外商投资限制进一步减少,外商来华投资保持了快速增长的势头。2001年,外商在华直接投资实际达468.78亿美元,同比增长15.14%。2002年1—4月,外商在华直接投资实际达141.36亿美元,同比增长29.06%。随着入世和进一步的改革开放,具有良好投资环境的中国已越来越成为外商投资的热点。二是跨国购并、股权转让等新的投资方式逐步成为外商投资的重要方式。外商并购中国国有企业的投资大幅增加,经中国政府批准或正在向中国政府申请批准的跨国公司并购中国国有企业的案例逐步增多,个案规模高达数亿美元。外资通过控股、参股等进入国内上市公司特别是境外上市公司的投资总额逐年增长。三是跨国公司加大对中国的投资,向中国产业转移的步伐加快。特别是日本的集成电路、韩国的家电、欧美的通讯电子类产品的制造企业,加快了向中国转移生产能力的速度。三星、摩托罗拉、爱立信、NEC等在中国大量投资建厂,甚至将制造业总部、亚洲总部等迁往中国。四是入世后中国加大了金融、电讯、流通等服务贸易领域的对外开放,这些领域已成为中国吸引外资新的增长点。据统计,2001年外商在中国服务领域的投资项目共有5212个,合同金额139.3亿美元,实际投资达141.11亿美元。五是外商对中国的投资环境的关注重点逐步从优惠政策转到法律执行、产业导向、技术标准等方面,对中国进一步健全法律制度,增强执法能力和水平,提高监管制度的透明度,改革行政管理体制,加快各项体制创新和机制创新等提出了新的要求。

二、入世后产业政策的基本取向

《国民经济和社会发展第十个五年计划纲要》中指出,调整经济结构是"十五"时期中国国民经济发展的主线。利用外资要紧紧围绕调整结构这一主线,服从和服务于优化产业结构和实现产业升级这个大局。入世以后,中国的产业政策的基本取向将从"支持短线,抑制长线"等对供给总量的调整为主,转到提高产业素质,优化产业结构,实现产业升级,增强产业竞争力上。积极、适度、有效地指导外商投资与调整经济结构、促进产业优化升级、提高企业效益相结合;与建立和完善社会主义市场经济体制,参与国际分工,发挥中国的比较优势,增强企业的国际竞争力相结合;加大企业出口,发展外向型经济相结合。中国政府将采取切实措施,鼓励外商在扩大投资规模的同时,带进先进技术、现代化管理和引进专门人才,努力提高利用外资的质量和水平。

三、指导外商投资的产业导向重点

(一)继续加速改造和提升传统产业

轻工、纺织、机械、冶金、建材、石化、化工等传统产业在中国仍有广阔市场需求,在中国国民经济中仍占较大比重。今后要继续大力吸引包括外商投资在内的其它资金参与传统产业的升级改造。要尽量依托现有基础,采用高新技术,围绕增加品种、改善质量、节能降耗、防治污染和提高劳动生产率,提高工艺技术和装备水平。冶金、建材、石化、化工等能源、原材料工业必须以提高国际竞争力为目标,为下游产业参与国际竞争创造条件;装备工业要努力提高重大装备自主化生产的比重,满足其它制造业降低投资成本、提高技术水平的要求;轻工、纺织和机电行业要进一步降低成本,提高质量和附加值,努力形成国际知名品牌,进一步扩大出口;国家鼓励上、中、下游产业通过资产重组等形式构建新型产业链,提高资源配置效率;鼓励技术引进与自主创新相结合,努力形成拥有自主知识产权的关键技术;鼓励企业抓住发达国家向发展中国家转移生产能力的机遇,加大引进国外资金和技术的力度,加快形成一批具有国际竞争优势的行业和企业,为中国尽快成为世界制造业中心创造条件。

(二)加快发展高新技术产业

发展高新技术必须实行全方位、大跨度、宽领域的对外开放政策。同时,要区别不同情况采取不同方式。对于涉及国家安全和经济命脉、中国有较好基础和较强自主发展能

力、经过努力可以形成优势的高新技术产业；要通过吸引外商投资，引进尖端技术，增强自主发展的能力；对于具备一定实力且市场前景广阔的新兴产业，应该与外商密切合作，共同发展；对一些投资巨大、技术不容易引进，依靠自己力量难以较快发展起来的产业，要放开股权、规模等方面的限制，允许外商独资经营，在中国获得发展。

(三)积极推进国有经济战略性调整

要坚持“有进有退，有所为有所不为”的原则，区别国有经济在不同领域分布的实际情况，采取不同的方法大力吸引包括外商投资在内的各类资金参与国有经济的战略性调整。加快研究并出台鼓励外商投资以收购股权等方式参与国有企业重组改造的法律、法规和政策，鼓励外资投向国有大中型企业的重组和改革；要切实鼓励外商投资于社会保障体系的建立，减少建立社会保障体系的资金压力；要引进国外公共基金、保障资金管理的先进经验，提高社会保障资金的保值增值能力；要进一步完善反垄断、反不正当竞争的法律法规，制止容易形成垄断的恶意并购，维护公平竞争的环境。

(四)促进区域经济结构调整

要根据不同地区的发展水平，发挥地区经济的比较优势。东部地区将突出发展高新产业和外向型经济，扩大商业、电信、金融、保险等服务贸易的开放，更多地吸引跨国公司投资，争创参与国际竞争的优势；中部地区将重点选择开放条件较好的中心城市和开放地区，集中抓好一批有资金、人才、技术基础的重点产业，发展一批具有明显带动作用的外商投资企业；西部地区将大力加强基础设施建设，努力改善投资环境，集中支持那些有资源优势、竞争优势的产业加大利用外资力度；同时鼓励外商投资西电东送、西气东输等国家骨干工程；积极支持外商投资于老工业基地的改造，发挥老工业基地基础雄厚、人才聚集的优势。

(五)鼓励引进先进技术、管理和人才

“九五”以来，国内资金紧张的矛盾明显缓解。在当前引进外资规模已经相当大和国内资金(包括外汇)相对充裕的条件下，应当把外资工作的重点从单纯吸引境外资金为主转移到引进技术、引进现代化管理、引进专门人才方面来。

鼓励国内大企业和企业集团与外商特别是跨国公司合资合作设立研发中心，培养锻炼中国的研发人才，为企业形成核心竞争力服务，允许外商独资设立研发中心。鼓励已设立的外商投资研发中心与国内企业开展多种形式的合作，推动国内技术发展。

在加大银行、保险等行业的开放的同时，国家鼓励这些行业将重点放到引进国外现代化的管理经验、引进先进技术、引进熟悉国际惯例和资本运作方式的专门人才上，支持世界著名的基金管理公司、投资公司与国内企业进行合资合作，加快发展中外合资的会计、律师、投资咨询等中介机构和中介服务业，学习其先进的管理经验和管理科学，努力培养高素质的专门人才。

(六)鼓励外商投资企业进一步扩大出口

近年来，外商投资企业出口占中国出口总额将近一半，已成为中国对外出口的重要力量。在认真研究分析中国各个行业及主要产品的国际竞争力的基础上，将尽快研究制定符合WTO规则、有利于在华外商投资企业扩大出口的相关政策；进一步放宽中外合资外贸公司的试点范围和条件；允许大型外商投资企业采购非本企业生产的产品出口；完善支持外商投资企业在出口退税、配额招投标、出口融资等方面的政策；进一步支持加工贸易企业的发展，为其扩大出口创造条件；积极引导国内企业特别是中小企业加强与外商投资企业的合作配套，提高中国配套企业的技术水平和国际竞争力。

(七)鼓励外商投资于有一定技术含量的劳动密集型产业和第三产业，提高中国的就业水平

今后五年，中国就业问题将更加突出，预计“十五”期间每年将净增1000多万就业人口。为有利于缓解就业矛盾，要着手研究制定有关政策，支持外商投资于有一定技术含量的劳动密集型产业，如建筑业、船舶制造业、纺织业、服装制造业、家电制造业等；鼓励外商投资中小企业的发展；根据中国产业结构调整和产业优化升级的要求，将支持外商投资从一般加工工业转向重点发展吸纳就业潜力大的第三产业，以增加就业机会，提高中国的就业水平。

(八)加快服务业对外开放

有步骤地推进服务贸易领域为重点的对外开放，既是加入世贸组织对中国的要求，也是经济结构性调整的要求，更符合中国经济社会发展的需要。加入WTO后，中国利用外资将逐步从以工业为主向重点发展第三产业转变，加大在通信、旅游、环保、金融、贸易以及咨询、会议、律师、信息、广告、资产评估等市场中介服务业的引资力度。同时，要注意积极扩大在教育、科技、卫生等公益性比较强、对未来社会经济发展具有长远的决定性影响的行业的合资、合作。

在金融保险领域，要有步骤地取消对外资银行和外资保险公司在服务对象和服务地域等方面的限制。逐步扩大外资银行开办人民币业务和国内客户业务的范围，适时推进外资参与国内商业银行的股份制改造，允许股份制商业银行引入国外战略投资者，优化股权结构。逐步放开外资保险公司经营国内客户的财险、再保险业和部分寿险业务。鼓励有条件的国内保险公司引入外资。在保证中方控股的前提下，适当引入国外有较好资质的机构投资者设立中外合资证券经营机构，从事债券、B股交易、基金管理等证券业务。

积极引导外商投资开展增值电信业务。完善中国移动、中国联通的股权结构和企业结构，继续通过增资、注资等方式筹集外资发展国内移动通信业务，允许其它外商在一定范围内以投资方式适当开展移动通信业务。固定电信业务以外资参股为主要引资形式，引入国外战略投资者，改革和优化中国电信的股权结构。

商业领域吸引外资具有较大潜力。目前外商投资商业领域已扩大到各省会城市，今后外商投资商业零售企业的数量可以进一步增加，外商投资商业批发企业、大型连锁商店、配送中心将有序发展。国内大型商业企业在重组、改制的基础上，可引入外资优化股权结构。

积极推进旅游业的对外开放，吸引外资开办合资旅行社，完善旅游设施，开放旅游资源，促进国内旅游业的发展。稳步扩大交通运输、建筑、律师、会计、咨询等行业的对外开放，并鼓励采用中外合资、合作方式。认真探索通过中外合资、合作方式吸引外资，发展医疗卫生、中等和高等教育。

改革开放是中国坚定不移的国策。加入WTO后中国政府将信守承诺，进一步改进产业政策指导外商投资的方式方法，尽快制定和实施符合WTO规则的有关法律法规和方针政策。进一步转变政府职能，提高办事效率，集中精力搞好宏观调控和创造良好的市场环境，要进一步加强法制建设，加大执法力度，依法保护外商投资者的合法权益。

入世后中国利用外资的新战略

对外经济贸易大学教授　卢进勇

入世对中国利用外资的利弊分析

加入WTO，将对中国利用外商直接投资产生有利和不利两方面的影响，从整体上来看，有利的影响大于不利的影响。应当说，加入WTO为中国更大规模地利用外资创造了前所未有的机遇和条件。

一、入世对中国利用外资的有利影响

1. 逐步取消对外资的低国民待遇。按照WTO有关协议的要求，入世后中国将对外资逐步实行国民待遇，以往外资在国内所受到的低国民待遇将被取消，中国的投资环境将进一步改善，同时法规和政策透明度也将增强，再加上市场准入机会的增加和经济的快速增长，这些因素都将有力地吸引各国的投资者到中国来投资。据预测，在2005年之前，中国利用外商直接投资的合同金额和实际使用金额将分别迈上10000亿美元和5000亿美元的台阶。

2. 服务业扩大对外资的市场准入。当今，服务业在各国经济中居主导地位，并成为世界上利用外资最多的一个产业。入世后，服务业将会对外资更加开放，这将为外商来华投资提供新的更加广阔的空间，刺激外商增加投资。

3. 将允许外商通过并购形式设立企业。入世后中国将完善相关的法律政策，加快制定鼓励外商参与国有企业战略性重组和改造的政策措施，支持和促进外商采取国际上流行的收购与兼并方式进行投资，设立更多的外商投资企业。

4. 外商将在华建立更多的出口加工型企业。入世后，中国的出口商品可充分享受最惠国待遇，可获得大幅度减让关税及取消非关税壁垒的好处，从而获得了更加广阔的贸易发展空间，而这对扩大利用外资特别有利。外商会利用中国的区位和劳动力等优势，在中国投资设厂和建立加工基地，组建营销网络，外销在华生产的产品，把在华企业作为跨国公司全球生产与销售网络中的重要一环，作为其价值增值链的一部分。

5. 西部地区开发战略的实施有利于吸引外资。中国政府制定了20项促进西部开发的新的统一政策，把吸引外资作为西部开发新政策的重要内容。

6. 外商投资企业的设立将更加方便。入世后，将简化外资的审批设立程序，凡属于鼓励类项目和限额以下的项目将不再需要审批，而是采取直接登记注册制。同时，对于仍需要审批的项目也将缩短审批时间，提高办事效率，为外资进入提供方便。

二、入世对中国利用外资的不利影响

1. 超国民待遇优惠逐步取消。入世后将对外资逐步实行国民待遇，原来给予的超国民待遇将逐步取消，从而导致优惠政策导向型的外资减少。

2. 市场导向型外来投资减少。入世后，由于货物进口关税大幅下降，非关税壁垒措施取消，将使货物贸易自由化程度明显提高，从而使得突破关税和非关税贸易壁垒的市场导向型外来投资减少。外商将倾向于直接出口产品，特别是技术含量高，运输成本低的产品。

3. 国内市场竞争加剧。加入WTO后，关税和非关税壁垒等贸易壁垒的取消，将使更多的外国商品流入，市场竞争会更激烈，从而使内销型外商投资企业面对空前的生存压力。

入世后中国利用外资的新战略

在世贸组织的协议中，主要有四个协议与利用外资有关，即《与贸易有关的投资措施协议(TRIMs)》、《服务贸易总协定(GATS)》、《与贸易有关的知识产权协定(TRIPs)》和《补贴与反补贴措施协议(ASCMs)》。这些协议对未来中国利用外资将分别产生不同的影响，它们构成了外资战略调整的一个重要依据。因此，中国利用外资新战略将有以下调整：

领域战略的调整

实行改革开放政策以来，中国在吸收外商投资中一直重视生产型投资，外资主要集中在工业领域即第二产业，第一产业和第三产业利用的外资偏少。入世后，中国利用外资的领域(产业)战略应逐步转向以服务业和农业为主。

为了实现这一转变，中国应顺应世界范围内直接投资自由化的大趋势，扩大服务业即第三产业对外资的开放程度，减少目前属于限制类(不完全开放)和禁止类(不开放)的服务行业，扩大服务业的市场准入，银行、保险、证券、电信、旅游、商业、外贸、航空运输、建筑、出版、卫生、教育、专业服务等行业都应扩大开放度。与此同时，还应采取切实措施鼓励外商投资农业。

领域战略的调整除产业层次外，还包括行业层次，应积极引导外资投向高新技术、基础设施、传统行业技术改造、环境保护和出口创汇等行业和项目。

地区战略的调整

总体来讲，入世后，利用外资方面将由以往以地区倾斜政策为主转变为以产业倾斜、政策为主，同时辅以对中西部地区一定程度的地区倾斜。在这方面，国家已开始陆续出台一些相应的政策法规。

投资方式的调整

目前，中国利用外商直接投资的方式主要是合资、合作和独资企业，再加上少量的外商投资股份制企业与合作开发项目。入世后，要尽快允许外商采用国际上流行的购并方式设立企业，具体包括允许进行协议购并、允许进入企业产权交易市场购并、允许进入股票市场开展购并、允许合资企业外方通过股权转让及增资扩股方式购并等。为此，要进行一些相应的改革，如加快制定跨国购并方面的法规、发展相关的中介机构、完善企业产权交易市场、建立跨国购并审查制度等。同时，要有步骤地开放证券市场，让外国投资者进入A股市场，而不仅仅是B股和H股等市场，借助证券投资设立企业。

优惠政策的调整

改革开放以来，为了吸引外商直接投资，中国在税收等方面对外商投资企业一直实行的是超国民待遇政策。加入WTO后，中国利用外资政策将从税收激励机制为主的优惠政策转向以公平竞争机制为主的规则政策，并减少对外国投资者的市场准入限制(除特定行业外)和非国民待遇，改善综合投资环境，促进市场公平竞争。

在对涉外税收制度进行改革的过程中，中国将遵循以下几点原则：首先，要循序渐进，将充分利用入世后的5年过渡期，已经向外商作出承诺的税收政策，在承诺期内不改变，保持利用外资税收优惠政策在近期的相对稳定性。其次，在涉外税收方面每出台一项改革措施，都要充分考虑外国投资者的利益，既要从中国的实际经济状况和需要出发，又要考虑周边国家和相关国家的税收政策。再次，入世后实行的产业倾斜政策和地区倾斜政策应逐步对内外资企业一视同仁，税收政策的调整应同产业倾斜为主政策的实施相结合，对国家重点鼓励发展的行业和项目应在一定时期内给予一定的税收优惠。

法规的调整

中国现有外商投资法律4部，即《中外合资经营企业法》、《中外合作经营企业法》、《外资企业法》和《外商投资企业与外国企业所得税法》，外商投资方面的行政法规、部门规章以及其他规范性文件近200个。对于上述法律法规，应在分类清理的基础上该保留的保留，该合并的合并，该调整撤消的调整撤消，该修改充实的修改充实，该新定的新定。

通过调整，要使外资立法符合WTO的规则和中国对外所做出的承诺，增强外资法规的透明度、规范性和完备性；要逐步改变外资立法政出多门和交叉重复等问题，要使三资企业各部法律之间、三资企业法与《公司法》之间、地方立法与中央立法之间实现一致；要简化外资审批制度，凡属于鼓励类行业的项目和金额较小的项目不再进行审批，而实行直接登记制；要加强与外资有关的知识产权保护方面的立法和执法力度，切实改善投资软环境；要逐步改变外商投资方面的涉外法规与国内的其他法规分别存在的状况，为最终实现两套法规的完全统一创造条件。调整外资法规的最终目的是建立和完善统一公平的市场竞争法律环境，保护国内外投资各方的利益，促进和保护合理竞争，为国内外企业创造一个可以按照国际惯例进行投资、经营并获利的良好环境。

入世对中国外商投资结构的影响及相关效应分析

中国社会科学院工业经济研究所研究员　郭克莎

加入WTO对中国经济的影响，主要表现在对外贸易结构和外商直接投资结构两方面。外商投资结构，将出现一些合理的变动趋势，并对中国的产业结构调整产生某些有利的效应。

一、三次产业引资结构的变化及效应

外商对第三产业的投资将大幅增加，对第二产业尤其是工业的投资比重将逐步下降。改革开放以来，外商对中国的直接投资主要集中在第二产业尤其是工业部门，对第一产业的投资比重很低，对第三产业的投资比重也相对偏低。

在外商协议投资中，1979－1990年，第二产业的比重为60.3%，第一产业的比重只有2.9%，第三产业的比重为36.8%；1991－1998年，外商对第二产业的投资比重上升为65.4%，其中工业的比重高达62.4%，而第一产业的比重下降为1.7%，第三产业的投资比重也降低为32.9%。在外商实际投资中，1997－1998年第二产业的比重高达70.4%，其中工业的投资比重高达66.6%，而第一产业的比重只有1.4%，第三产业的比重也只有28.2%。在1998年底注册登记的外商投资企业中，外方注册资本，第二产业的比重为64.1%，其中工业的比重为61.3%，而第一产业的比重只为1.5%，第三产业的比重为34.4%。显然，外商投资结构向第二产业特别是工业倾斜的特征很突出。

外商直接投资的结构性倾斜，与中国产业的对外开放度有关。随着中国加入WTO之后，第三产业开放领域的扩大，外商对第三产业的直接投资将增长较快，投资比重将逐步上升，而对第二产业尤其是工业的投资比重将相应下降，从而引起三次产业投资结构的变化。这种变化在“十五”期间将明显地表现出来。

从国际直接投资的产业结构变动趋势看，对第三产业的投资比重自80年代以来迅速上升，第三产业的投资在国际直接投资的存量和流量中的比重由70年代的不足30%提高到90年代以来的50%～60%。在发展中国家和地区，第一产业的投资比重大体稳定在20%，第二产业的投资比重由70年代的55%以上下降为90年代以来的不到50%，而第三产业的比重则由低于25%上升到高于30%。也就是说，与全球性国际直接投资的产业结构变动趋势一样，发展中国家和地区中第三产业的外国直接投资增长率大幅度高于第二产业，第一产业的外资增长率也高于第二产业，其中工业或制造业的外资比重和相对增长率都明显降低。可见，中国第三产业外商投资比重上升而第二产业尤其是工业外商投资比重下降的发展态势，也是符合国际直接投资的产业结构变动趋势的。

从中国三次产业结构的现状看，90年代以来第二产业尤其是工业的比重升幅过大，第三产业的实际比重不合理下降，使结构偏差变得突出起来，并对经济增长产生了较大影响。产业结构偏差的加深，与外商投资过多地向工业部门倾斜有一定关系。“十五”时期中国产业结构调整的基本要求，是加快第三产业的发展并提高其比重，相应地降低第二产业特别是工业的比重。从这个角度看，外商投资产业结构的变动态势与中国产业结构调整的要求是一致的，有利于中国产业结构调整进程的推进。

二、工业引资结构的变化及效应

采掘业和电气水部门引资上升，制造业引资比重相应下降；原料工业引资上升，加工业引资比重下降；技术密集的加工业引资上升，一般加工业引资比重下降。至今为止，外商对中国工业的直接投资主要集中在制造业，对采掘业和电气水部门（电力、煤气和自来水的生产和供应业）的投资比重很低。

1996－1998年，在外商对工业的协议投资中，制造业的平均比重为88.9%，采掘业和电气水部门的平均比重分别为1.9%和9.1%；在外商对工业的实际投资中，1997－1998年，制造业的比重也为88.9%，采掘业和电气水部门的比重分别为2.5%和8.7%；在1998年末登记注册的外商投资工业企业中，外方注册资本，制造业的比重为93.3%，采掘业和电气水部门的比重只有0.9%和5.9%。随着加入WTO之后中国对外开放的扩大，在“十五”期间，外商将较大幅度增加对采掘业的电气水部门的直接投资，对这两个领域的投资比重将逐步上升，相应地，对制造业的投资比重将有所下降。

在制造业中，外商投资企业至今主要分布在加工工业，对原料工业的投资至今相对较少。从独立核算工业企业的数据看，从1993年到1998年，外资工业占轻加工业的增加值比重和产品销售收入比重分别由13.3%和13.0%，上升到29.0%和33.1%，占重加工业的比重分别由9.9%和9.7%上升到27.0%和29.2%；而占原料工业的同样比重只由3%和3.1%上升为10.2%和9.6%。可见，外资工业对中国加工工业的投资和影响远远大于原料工业。加入WTO之后，外商对原料工业的投资比重会较快上升，影响将明显增大，从而引起对加工工业与原料工业的投资结构和生产结构的变化。

外商企业在制造业的投资中，技术密集型产业和深加工行业占有较高比重，但同时在一些一般性加工工业的比重也较高。一般来说，外资工业中的技术密集型产业多数为国外跨国公司或大型企业的投资，而一般加工工业则大部分为港澳台的中小企业所投资。加入WTO之后，大型跨国公司的直接投资将较快增长，其投资比重将持续上升，同时外商对中国高新技术产业的投资也将获得较好的条件，因而会导致外商对技术密集型产业投资的迅速增长及其比重的较大幅度提高，相应地，外商对一般加工工业的投资比重会逐步下降。

外商对采掘业，电气水部门、原料工业，以及技术密集型加工工业投资比重的上升，将对这些技术水平、经营效率和国际竞争力较低的产业以及其中的民族工业带来较大的冲击。同时有利于促进包括多数民族工业在内的整个行业较快提高技术水平和经营效率，较快增强国际竞争力。另一方面，外商对技术密集型加工工业投资比重的上升和对一般性加工工业投资比重的下降，符合中国工业结构调整与升级的要求，将对中国工业结构升级的进程起明显的推动作用。

三、第三产业引资结构的变化及效应

房地产业和一般服务业的引资比重下降，其他许多亟待发展的服务业引资上升。目前外商对中国第三产业的直接投资主要集中在房地产业和社会服务业，其次是批发和零售贸易、交通运输和邮电通信业，而对其他大多数第三产业部门的投资比重很低，投资的结构性倾斜十分突出。在外商对第三产业的协议投资中，房地产业和社会服务业的比重80年代为60%左右，90年代以来上升到约70%；从外商对第三产业的实际投资看，1998年房地产业占47.4%，社会服务业占21.9%。在1998年底登记注册的第三产业外商投资企业中，外方注册资本中房地产业占了53.6%，社会服务业占了18.9%。

外商对第三产业投资结构的高度倾斜，与中国第三产业内部对外开放度的差别有很大关系，除了房地产业和社会服务业，以及商业、交通运输和邮电通信之外，其他的大多数第三产业部门目前的对外开放度仍较低。随着加入WTO之后中国大多数第三产业部门对外开放度的提高和利用外商直接投资政策的调整，外商将较大幅度增加对目前投资比重很低的多数第三产业部门的直接投资；一些重要的服务业部门的外商投资比重在“十五”期间将明显上升，相应地，外商对房地产业和一般服务业的投资比重会逐步下降。也就是说，在加入WTO之后的5年左右时间内，外商对中国第三产业直接投资的结构过度倾斜的状况会明显改变。

外商对第三产业投资结构的变化，将产生以下效应：

第一，改变外商对第三产业投资结构的过度倾斜，可以减少由此带来的外商投资产业结构的周期性波动。外商直接投资过度集中于房地产业和一般服务业，导致了外商对第三产业投资比重的较大波动。在中国经济扩张时期，外商对房地产业和一般服务业的直接投资高度扩张，往往导致整个第三产业的外商投资比重大幅度上升；而在中国经济紧缩时期，外商对房地产业和一般服务业的直接投资迅速收缩，则导致第三产业的外商投资比重大幅度降低。例如，在外商协议投资中，房地产业和一般服务业的比重由1991年(治理整顿时期)的12.6%上升为1993年(经济高速扩张时期)的39.3%，就使外商对第三产业的投资比重由16.7%提高到49.5%，而到1996年(经济紧缩之后)，房地产业和一般服务业的比重降低为17.5%，则使外商对第三产业的投资比重下降到26.8%。而在第三产业外商投资结构的过度倾斜逐步改变之后，外商对第三产业投资的周期性波动会明显减小，由此带来的对整个外商直接投资以及中国经济增长的影响也会相应下降。

第二，外商增加对很多目前发展滞后的第三产业部门的投资，可以在一定程度上加快这些产业的发展，有利于推动中国第三产业内部结构的优化。

第三，外商对一些薄弱的第三产业部门增加投资经营将给这些部门带来较大的冲击，但同时也有利于促进这些部门经营效率的较快提高，但挑战本身也是一种机遇，外商投资企业以及国有非国有经济的较多进入，将逐步打破这些行业的垄断地位，加强市场机制的调节作用，从而将带动这些产业相对生产率的提高和国际竞争力的增强。

WTO与中国外商投资企业的有关法律

外经贸部国际贸易经济合作研究院　郝红梅

改革开放之初，中国在吸引外资方面立法不健全，外国投资者的投资利益没有可靠保障。1979年7月1日，六届全国人大第二次会议通过了中国第一部利用外资的法律《中外合资经营企业法》。不久，全国人大、人大常委会、国务院又相继制定了《中外合资经营企业所得税法》及实施细则，《中外合资经营企业劳动管理规定》、《中外合资经营企业登记管理办法》等一批有关合资经营企业方面的法规。1983年，中国又制定了《合资经营企业法实施细则》，对合资经营企业的法律地位、组织形式、出资方式、设立与登记程序以及内部管理机构等做了进一步的规定。此外，在这段时期还制定了《中外合资经营企业劳动管理规定实施办法》、《中国银行办理中外合资经营企业贷款办法》、《外国企业所得税法》等，这样，有关中外合资企业的法律和法规就比较齐全了。

中国外商投资企业法律除《中外合资经营企业法》之外，还有《中外合作经营企业法》，(1988年4月经七届全国人大四次会议通过并公布执行)、《外资企业法》，(1986年4月经六届全国人大四次会议通过并公布施行)，这三部大法加上与其配套的税法、金融法、劳动法、土地法等部门经济法以及合同法、公司法、知识产权法等民商法，构成了比较完备的外商投资法律系列，这些法律法规的实施，对贯彻对外开放方针、促进外商投资、扩大对外经济合作和技术交流都发挥了重要的作用。

但也应该承认，中国外商投资主干法律形成和发展的时间跨度较大，受立法时代背景的局限，一部分法律法规的条文，尤其是在外商投资企业的管理制度和经营方式等方面，还烙有计划经济的痕迹：范围大而无边，框架性、笼统性的东西太多，许多有弹性的“自定义”语言扩大了司法裁量权的范围和难度，在实践中难以把握。另外，我们的外资立法层次繁多，内容或重复或冲突，导致信息之间相互矛盾，价值之间有所冲突。

进入21世纪，企业经营的市场环境和法律环境的变化对中国的外商投资法律提出了更高的要求，特别是立法的市场化取向。更迫切的一点是，中国已经成为世贸组织的成员，我们的法律法规要迎合其规则。法律不但要依赖于自己的经济基础，而且还要适应自己经济基础的发展，当政治、经济条件发生变化时，法律也应随之而发生变化，这样才能适应经济基础发展变化的需要。

根据世贸组织规则和中国对外所做的承诺，在总结外商投资企业法律实施多年来的实践经验的基础上，有关部门拟订了对外商投资企业法律的修正草案，并经国务院常务会议讨论通过。但此次修改更多的是表明我们承认国际标准的一种姿态，因为有些做法在实际工作中已被放弃，相应的概念在立法上也就失去意义。

《与贸易有关的投资措施协议》在世界贸易组织1986年的“关贸总协定”部长会议上制定出台，是第一部规范国际投资的全球性、实体性条约，包括范围、国民待遇和数量限制、例外、发展中国家成员、通知与过渡安排、透明度、与贸易有关的投资措施委员会、磋商与争端解决、货物贸易理事会的审议九个方面，其中的核心条款是禁止使用对国际贸易产生限制的投资措施，如股权要求，外汇管制，进口限制，技术转让等。其宗旨是公平竞争、促进国际贸易和国际投资的自由化。

作为世界多边贸易体制下的一个协议，《与贸易有关的投资措施协议》体现的是市场经济的要求，与中国原有的外资立法条文之间存在诸多不协调之处，现简要分析如下。

一、国民待遇

“国民待遇”一词最早出现在贸易条约中，是缔结贸易条约的一项法律原则，指缔约国之间相互保证给予另一方的公民、企业和商船同等的待遇。关贸总协定中的国民待遇主要针对货物贸易，指在国内税收和法律等方面给予外国产品与本国同类产品同等待遇。乌拉圭回合缔结的《服务贸易总协定》将适用于外国产品的国民待遇原则延伸到服务贸易领域，指各国政府给予外国服务和服务者的待遇不得低于本国同类服务和服务者。

根据《投资措施协议》附录的规定，违反国民待遇原则的投资措施包括东道国根据国内法和行政裁决针对外国投资者规定的强制性措施，以及那些采用后会给东道国带来竞争优势的措施。在最终达成的《投资措施协议》中，禁止东道国采取的与国际投资领域国民待遇原则相违背的措施包括：当地成分要求(要求外国投资企业购买或使用一定数量的当地生产或来自于当地的产品)；贸易平衡要求（限制企业购买和使用进口产品的数量，并把这一数量与该企业出口当地产品的数量或价值相联系)。

目前对外商投资实行的是一种“混合平等”或“相对平等”的待遇，优惠和歧视交叉使用。这种“大棒加胡萝卜”原则的平衡点很难掌握。优惠过了就出现“假合资”、“假外商”；歧视过了项目数就会下跌。因此，对外商的平等在什么范围内来谈，并非是一条线那么简单。

目前，《与贸易有关的投资措施协议》仍是WTO多边贸易体制下的过渡性贸易协议，适用范围狭窄，对投资措施产生的实际影响还很有限。此次修改的“当地成分要求”和“贸易平衡要求”在修改前的三资企业法中也是“建议性”的措辞，在地方性法规中体现为引诱性规定，即对满足当地成分要求的外资企业许以优惠。由于规定本身模糊，实践中也就没人去较真，所以删去或修改三资企业法中有关的内容对当地政府或企业来说无关痛痒。

关于首先在中国采购问题。最新颁布的《中外合资经营企业法》将“合营企业所需原材料、燃料、配套件等，应尽先在中国购买，也可由企业自凑外汇，直接在国际市场购买。”修改为“合营企业在批准的经营范围内所需的原材料、燃料等物资，可以在国内市场购买，也可以在国际市场购买。”其实企业采购无非是国际、国内两个市场，在市场经济条件下，企业如何采购，应由企业根据市场情况自主决定，外商投资企业同国内其他各类企业一样，均享有采购的自主权，政府不宜干预。合资企业依照经批准的合同、章程进行经营管理活动，企业的经营管理自主权不受干涉。所以笔者认为这属于不言自明，没有必要规定的无害条文。

“国民待遇”具体到外商投资法律领域，就是要求有关外商投资的立法与执法能平等地对待所有的市场经济主体，真正实现外商投资体制的国际化。目前合营企业的外方合营者可以是公司、企业或个人，还不允许境内自然人作为中方的投资主体。“国民待遇”中的“国民”应该既包括自然人，也包括法人。

总之，对“国民待遇”原则我们应从长远和深层次的角度考虑，经济全球化、投资自由化是大势所趋，全面的国际投资体制必将出台，所以我们需要理解“国民待遇”未来的和全面的含义，未雨绸缪，推进改革，增强企业的核心竞争力。

二、禁止数量限制

世界贸易组织在《与贸易有关的投资措施协议》中所附的《解释性清单》中列举的不符合禁止数量限制的投资措施包括：对外国投资企业进口用于当地生产或与当地生产相关的产品，或彻底加以限制，或在数量上根据该企业出口产品的数量或价值加以限制；以外汇平衡的方法限制企业进口产品；通过规定特定的产品、产品数量或该企业在当地生产的产品数量或价值比例来限制外商投资企业出口产品或为出口而销售产品。

在这次对中国外商投资企业法律的修改中，删去了要求企业进口用汇与其外汇收入相平衡、要求企业达到特定的出口目标以实现外汇收支平衡及出口实绩的要求。虽然在《外资企业法》条文中保留了“国家鼓励举办产品出口或者技术先进的外资企业”，但外商投资看好国内大市场的主要动机不会因此而改变。市场的开放会导致各类企业的竞争，而竞争会导致垄断性的市场结构，随着中国允许和鼓励跨国公司以并购方式在中国投资，大跨国公司在中国市场上形成垄断势力的可能性在增加，因此，需要规范竞争，维护市场秩序，协调竞争者的利益和社会的整体利益，这是立法需要迫切考虑的问题。

三、例外规定

贸易和投资自由化是世贸组织的宗旨和预定要实现的目标，因此世贸组织一般禁止其成员使用数量限制或其他非关税措施，但在符合其保障措施和例外规定的情况下，允许使用少量的非关税措施保护国内产业。1994年关贸总协定项下的所有例外均适用于《与贸易有关的投资措施协议》，主要包括为维护公共道德；保护人类、动植物生命或健康；黄金和白银的输出输入；保护本国具有艺术、历史或考古价值的文物；保护可能用竭的天然资源；为履行国际商品协定所承担的义务；对价格低于国际水平的国内原料限制出口（保证国内加工业对这些原料的基本需要）；为了保证某些与关贸总协定的规定并无抵触的条例的贯彻执行所必需采取的措施。可以看出，保护的概念是针对有关的产业和环境资源，有发展前景的产业，对国家的经济发展有重要影响的产业，在外商投资产业指导目录中体现为禁止和限制类产业。

目前，需要关注的问题是，在合资企业中外方大面积控股的局面对国家经济自主和经济安全有无影响。根据《中外合资经营企业法》的规定，在合资企业的注册资本中，外国合营者的投资比例一般不低于25%，未限定最高比例。当时基于的考虑是如果外商投资在合营企业中的比例过少就达不到引进先进技术和管理经验的目的。至于最高比例，根据当时中国的有关法律，合营企业的重大决策由董事会做出决定，而不是完全取决于投资比例的多少，而最初的合资企业法规定合资企业董事会董事长由中方担任。时过境迁，随着外商投资的不断增长，这一规定也应做相应的调整，哪些行业需要设置股权要求，如何从政策层面加以考虑解决国有企业与外商独资企业合资的股本金筹措问题，股权控制对国民经济整体效果的影响如何，这些问题均需要认真去研究。

四、过渡安排

考虑到各成员经济发展水平的差异，世贸组织允许各成员按国内经济发展的要求，对本国某些产业、部门或地区实行保护政策，对某些产品或服务进口实行限制。成员方应在世贸组织协定生效后规定的期限内逐步取消《投资措施协议》禁止采用的措施，发达国家为两年，发展中国家为五年，最不发达国家为七年。发展中国家，特别是最不发达国家可以根据自身的经济发展、财政状况和贸易需求情况对此过渡期向货物贸易理事会请求予以延期。根据规定，中国可享有五年的过渡期。

对于有增长潜力的“幼稚产业”实行保护。尽管消费者在保护初期会承担价格高昂所带来的负担，但产业发展成熟后产品的成本和价格都会下降，长期看是有效益的。如果消费者在保护结束后所获得的收益大于保护期内所承担的损失，保护就是合理和有效的。纵观世界各国的经济发展史，确有一些幼稚产业经过保护后发展成为独立的产业，如新加坡和韩国在工业化初期对本国制造业的保护就很成功。但从经济优势角度看，所有的保护性手段都没有效率，缺少生产效率的产业应该被国内或国外的竞争所淘汰。而且，保护的效果须在其他国家不采取报复措施的情况下才能显现。

贸易保护政策之父李斯特提出的保护时间以30年为最高期限，其保护的对象以将来有前途的幼稚工业为限，即贸易保护为过渡时期，自由贸易为最终目的。目前的问题是产业保护已经逾越了经济的范畴，成为党派斗争和维护政府形象的手段，带有浓厚的政治色彩，涉及经济体制。如日本政府从2001年4月23日起对从中国进口的三种农产品实施紧急限制进口措施，从表面上看是要保护本国农民的利益，实际却是为政治选举拉选票。

近年来，在国际贸易和投资领域，保护措施更多的是针对国内高度发达或出现衰落的垄断工业，保护的目的不是为了培养自由竞争的能力，而是加强对国内外市场的垄断，由此导致一些行业在政府多年的庇护下仍然没有能够发展起来，这不仅扭曲了竞争秩序，还损害了国民福利，使国内消费者享受不到物美价廉的产品和服务。

从全球范围看，随着世界经济的不断融合，各国对贸易和投资政策的连锁反应变得更加敏感，如果每个国家只算计本国国内市场的最大利益，滥用保护手段，全球贸易和投资保护主义的总体水平就会上升，同“军备竞赛”的情形无异，结果是每个国家的经济福利都会下降。

国际贸易和投资之间摩擦的实质是国家间产业竞争的结果，被外国竞争所伤害的企业总是致力于获得某种形式的保护。从表面上看，实行保护措施可以提高进口产品的价格，提高市场准入的门槛，使得需求转向国内生产，从而创造就业机会。但对于降低失业来说，产业保护显然不是最有效率的做法，治标治本的做法是发展经济，创造具备比较优势的高生产率的工作岗位。

五、透明度

透明度原则旨在使成员和贸易者、投资者能充分及时地了解其他成员的法律法规、行政决定等，提高贸易和投资的可预见性和稳定性。根据透明度原则的要求，各成员应将有效实施的有关投资措施的各项全国性和地方性法律、法规、行政规章等向世贸组织秘书处通报，并提供公众可以获得的条件。透明的投资政策、法规有利于提高商业效率、降低交易成本、减少争端，也有利于提高立法水平、有利于公正执法和杜绝腐败现象。

自1992年以来，中国外资政策法规的透明度在不断增强，但仍然不够高，一些地方性、行业性的涉及外商投资的法规未做到以中英文对照的方式对外公布，统一性较差。因此，对地方政府、产业部门制定的有关外商投资法律做一清理，剔除不符合世贸组织规范和其他国际组织有关外资规则的部分很有必要。

从微观字面上修改条文并不难,难的是修改“思想”,承认国际标准。立法也好,执法也罢,开放、公平、公正的理念很重要。诚然,法律规定不可能面面俱到,但也应该给执法机构留有余地。

在外国投资领域,目前许多司法解释还不公开,比如外商投资企业审批原则的透明度。《中外合资经营企业法》第3条规定:合营各方签订的协议、合同、章程,应报国家对外经济贸易主管部门审查批准。审查批准机关应在三个月内决定批准或不批准。《外资企业法》第6条规定:设立外资企业的申请,由国务院对外经济贸易主管部门或者国务院授权的机关审查批准。审查批准机关应当在接到申请之日起90天内决定批准或不批准。这只是设立审批,设立后审批单项也很多,合同章程重大变更、企业设立分支机构或合并等都需要审批。按照中国的民事法律行为规定,合资企业的合同属特殊书面形式,除用文字进行表述外,还必须对书面的法律行为进行公证、鉴证或核准登记看该合同是否具备或符合民事法律行为的有效条件(行为本身是否违反法律或社会公共利益,是否显失公平),因为有些涉外经济合同的签订和履行涉及到国家主权,对国家经济发展有重要影响,国家需要加以管理和引导。政府“把关”在法律上是有依据的,是否需要审批就无需再去争议了,现在的关键是如何审批?

在市场经济体制下,大多数国家对公司的设立采取准则主义,即除特殊行业经营外,采取申请注册办法。行政审批制度,即准许主义,是计划经济时代政府规制经济的主要手段,但也并不是说市场经济就彻底排除“审批”,更何况处在由计划经济向市场经济的转轨时期,国有企业作为合资的主体方,改革还不到位,为保证外商投资企业的成立符合规定的条件,符合国家经济建设的需要,形式审查仍是必要的。

但现在的问题是自行自控的审批原则和标准,审批的低效率和无责任(缺乏审批的行政责任和经济责任)。审批权设定的越多,市场准入的壁垒也就越高。企业的利益在受到政府行政部门的侵害时得不到司法救济,这是当前保障外商投资企业权益所迫切需要解决的问题。

近年来,从中央到地方都认识到提高工作效率是改善投资环境的重要一环,然而,跑衙门盖章,层层审批的方式仍然占了主流,行政效率并没有得到根本性的改善,喊了多年的项目审批登记制仍未进入实质性操作阶段。

目前中国的外商投资法律法规主要由各主管部门负责起草,之后送各有关部门征求意见。该做法的合理之处在于主管部门熟悉业务,但局限性是由此导致的法律条块化分割,各主管部门设法扩大本部门的管理权限。因此,弱化政府的审批职能,加强监督管理职能是入世后首先需要解决的问题。

总之,立法执法的环境影响到所有的市场主体。从全球范围看,90年代以来,世界掀起了全球化背景下的法律改革潮流,发展中国家纷纷进行了以市场为导向的法律改革,研究制定以法律规范为基础的外商投资政策体系,充分体现市场经济的自主原则,减少政府干预,放松管制,进一步实行投资自由化。开创吸收外资工作的新局面,必须有一套开明的方针政策和法律规定。改革开放的深入和市场经济体制的确立,要求统一市场交易规则,要求剔除那些烙有计划经济痕迹的法律规则,要求适应国际公约和国际惯例,增强法的可预见性、可计算性和透明度,在确保经济效率的同时兼顾国家安全。

第九部分

投资管理与政策法规

工业、建设、科技

关于发展具有国际竞争力的大型企业集团的指导意见

国家经贸委　中央企业工委　国家计委　财政部
劳动保障部　外经贸部　人民银行　外汇局

（二〇〇一年九月十日）

《中华人民共和国国民经济和社会发展第十个五年计划纲要》(以下简称《"十五"计划纲要》)提出,要"形成一批拥有著名品牌和自主知识产权、主业突出、核心能力强的大公司和企业集团",这是一项对我国经济发展具有重大战略意义的工作。为了做好这项工作,现就发展一批具有较强国际竞争力的大公司和企业集团(以下统称企业集团)的有关问题,提出以下意见:

一、工作原则

(一)有利于经济结构调整和产业升级。根据《"十五"计划纲要》明确的产业发展方向,在国民经济的关键领域和重点行业,根据专业化分工协作和规模经济的要求,择优、重点发展一批资金、技术密集型企业集团,成为优化行业和企业组织结构,带动产业升级的主导力量。

(二)以企业为主体,市场为导向。要按照市场经济规律发展企业集团,充分发挥市场在资源配置中的基础性作用;坚持政企分开,避免行政干预,不搞"拉郎配";政府要转换职能,为企业集团发展创造公平竞争的外部环境;企业集团要健全和完善作为市场竞争主体的各项功能。

(三)立足体制创新和机制创新。深化改革,建立现代企业制度,把体制创新和机制创新作为增强企业集团竞争能力的基础。把逐步分离企业办社会职能,分流富余人员,作为政府支持企业集团提高国际竞争力的工作重点。

(四)提高企业集团核心竞争力。要把提高核心竞争力作为企业集团重组、精干主业、分离辅业、管理创新、技术创新与技术改造的重要目标,立足于把企业集团做优、做强,避免盲目扩张和过度多元化。

(五)逐步符合国际通行规则。企业集团及其上市公司的管理体制和运行机制要逐步符合国际通行规则。政府制订有关政策和办事程序应参照国际通行规则进行规范,为我国企业集团与国外跨国公司的竞争,创造公平的外部环境和条件。

二、工作目标

"十五"期间,这项工作的目标是,通过引导企业集团积极参与国内外市场竞争,努力发展一批具备以下特征的重点大型企业集团:技术创新能力强,主业突出,拥有知名品牌和自主知识产权;市场开拓能力强,有健全的营销网络,拥有持续的市场占有率;经营管理能力强,有适应国际化经营的优秀管理人才队伍和现代化管理手段;劳动生产率、净资产收益率等主要经济指标达到国际同行业先进水平;规模经济效益好,具有持续的盈利能力和抗御风险能力。

三、工作内容和要求

为实现上述工作目标,近期应重点做好以下工作:

(一)企业集团要加快改革和发展的步伐,提高国际竞争力。

1. 建立现代企业制度。按照《国务院办公厅关于转发国家经贸委国有大中型企业建立现代企业制度和加强管理基本规范(试行)的通知》(国办发[2000]64号,以下简称《基本规范》)的要求,加快建立现代企业制度的步伐,完善公司治理结构,建立健全科学的决策程序,落实可追溯的决策责任制度,建立产权管理制度,保证资产的安全和增值。

2. 加强和完善战略管理。企业集团要制订和不断完善发展战略,建立发展战略研究和管理机构,强化在重大决策、投融资、财务监控、产权管理、技术创新、技术改造、人力资源开发等方面的功能,实施企业集团发展战略。

3. 提高技术创新能力。企业集团要建立技术开发中心，提高研究开发费用在企业销售收入中的比重。建立有利于技术创新和科技成果转化的有效运行机制，以市场为导向开发新技术、新产业，提高科研开发成果的转化率。积极引进国外先进技术或与国外拥有先进技术的企业合作，尽快缩小与国外先进企业在技术水平上的差距。

4. 提高市场营销能力。企业集团应高度重视市场营销能力的培育和增强，建立适合本企业特点的营销网络和售后服务体系，积极开拓国际国内市场，不断提高主导产品的市场份额。要加大市场营销投入的力度，提高营销人员的素质，完善营销组织结构，积极采用现代营销手段，并建立健全适合营销队伍特点的管理、考核和激励制度。

5. 推进内部改革。按照国家经贸委、人事部、劳动保障部《关于深化国有企业内部人事、劳动、分配制度改革的意见》(国经贸企改[2001]230号)，推进三项制度改革，充分引入竞争机制，形成职工能进能出、管理人员能上能下、收入能增能减的机制。完善内部激励机制，加大对企业集团核心技术开发、管理创新及市场开拓等领域有突出贡献和起关键作用的人才的激励力度，拉开分配差距，实行更为灵活的收入分配制度。

6. 加强企业管理。企业集团要按照《基本规范》的要求，加强成本管理、质量管理、合同管理、采购和营销管理等各项管理工作，并建立科学、规范的内部管理制度。要加强资金和财务管理，实现资金的集中管理，加强内部审计监督。要采用现代管理技术、方法和手段，加强现代信息技术的运用，提高管理效率和管理水平。

7. 突出主业，做好企业集团内部重组和分离分流工作。按照提高企业集团核心竞争力的原则，精干主业，分离辅业和社会职能，集中力量发展核心业务。要积极稳妥地做好富余人员的下岗分流工作。明晰管理层次、缩短管理链条，母子公司管理层级应控制在三层以内。理顺产权关系，优化内部组织结构，根据自身特点和发展需要，实行事业部制、分公司制或以产权为纽带的母子公司体制。做好存量资产的重组和优化配置，不断提高资产质量。

(二)政府有关部门要为提高企业集团国际竞争力创造公平竞争的环境和必要的条件。

1. 实行授权经营。对具备条件的企业集团国有资产实行授权经营。通过授权经营，明确和规范政府与企业集团的关系，建立国有资产经营责任制度，使企业集团成为投融资、结构调整和技术创新的主体。政府通过派出监事会，对企业集团的财务活动及企业集团负责人的经营管理行为进行监督，对企业集团负责人的经营管理业绩进行评价，并提出奖惩、任免建议。鼓励企业集团探索对经营管理人员的激励约束机制。

2. 支持企业集团上市和多渠道融资。支持具备条件的企业集团整体或主营业务在境内外资本市场发行股票，借助资本市场的规则和竞争压力，规范经营行为，增加决策的透明度，切实转换经营机制。对具备偿债能力的企业集团，可在国家批准的额度内，发行企业债券，有的经国家批准可在境外发债。

3. 改革项目审批办法和支持技术创新。选择一批大型的重点骨干企业集团，其中长期总体发展规划，经国务院或有关部门批准后，除国家另有规定或规划变更外，其具体投资项目不再审批，由企业集团按规划分步实施，报国务院有关部门备案。鼓励具备条件的企业集团进行技术创新试点。以上具体办法和方案，由国家经贸委会同国家计委商有关部门研究提出，报国务院审定。

4. 改革工资总额管理方法。对已按照《中华人民共和国公司法》进行规范化股份制改造、法人治理结构比较健全的企业集团，经国家有关主管部门批准，有关部门不再审批企业集团工资总额，由企业集团参照当地政府颁布的工资指导线和社会平均工资，根据经济效益自主决定工资分配，建立和完善企业激励和约束机制。

5. 支持分离分流。对历史负担比较重的企业集团，在分离办社会职能、分流富余人员、处置不良资产、内部重组等方面，各级政府要给予支持。对授权经营的企业集团，根据国家制定的统一政策，经国家有关部门批准，可用企业集团辅业国有资产的变现收入，支付分离分流的成本。对产品无市场、资不抵债、扭亏无望的子企业，依法实施兼并破产。

6. 鼓励开发国际市场和跨国经营。对具备发展前景好、建立现代企业制度、信用等级较高、开拓国际市场成效显著等条件的企业集团，在授信额度、出口信用保险、境外投资和外汇管理方面，通过简化手续、提高效率等方式给予支持。

7. 充分利用国际国内两种人才资源。要营造吸引人才、用好人才的良好环境，建立健全经营管理人才、技术人才的激励、约束机制。加快企业经营者市场配置的改革步伐，拓宽人才引进的渠道，支持企业集团充分利用国际国内两种人才资源，吸引具有国际经营能力和技术开发能力的优秀人才在我国企业集团担任各类重要管理职务。

8. 建立政府有关部门与企业集团定期沟通渠道。国务院有关部门定期召集会议，听取有关企业集团的情况汇报，研究企业集团在市场竞争中取得的经验、成效和遇到的问题。国家拟出台的支持企业发展的重要政策措施，可在企业集团中先行试点。

四、组织实施

(一)国家经贸委会同有关部门，根据国家“十五”时期经济发展计划和产业政策，在国务院确定的试点企业集团的基础上，选择一批竞争力较强的企业集团，按照上述工作原则和措施要求，指导这些企业集团研究制订提高国际竞争力的具体方案(以下简称方案)。

(二)制订方案应立足于对照国际同行业先进企业，认真查找差距，提出通过努力应达到的目标，具体内容应包括：企业集团内外环境分析、比较优势分析、竞争对手分析；企业集团发展的阶段性目标、中长期目标；实现目标的具体措施以及政策建议。国家经贸委要会同有关部门组织专家对方案进行论证、评估。

(三) 方案经有关部门审核并报国务院批准后，按国家有关规定，由企业集团负责组织实施。国务院有关部门要围绕上述工作原则和措施要求，为企业集团提高国际竞争力创造相应的条件。对企业集团实施方案中涉及的有关政策问题，由国家经贸委会同有关方面进行协调，必要时报国务院决定。同时，国家经贸委要了解各企业集团方案的实施情况，定期将情况汇总报告国务院。

建设工程监理范围和规模标准规定

中华人民共和国建设部令　第86号　2001年1月17日

第一条　为了确定必须实行监理的建设工程项目具体范围和规模标准，规范建设工程监理活动，根据《建设工程质量管理条例》，制定本规定。

第二条　下列建设工程必须实行监理：

(一)国家重点建设工程；

(二)大中型公用事业工程；

(三)成片开发建设的住宅小区工程；

(四)利用外国政府或者国际组织贷款、援助资金的工程；

(五)国家规定必须实行监理的其他工程。

第三条　国家重点建设工程，是指依据《国家重点建设项目管理办法》所确定的对国民经济和社会发展有重大影响的骨干项目。

第四条　大中型公用事业工程，是指项目总投资额在3000万元以上的下列工程项目：

(一)供水、供电、供气、供热等市政工程项目；

(二)科技、教育、文化等项目；

(三)体育、旅游、商业等项目；

(四)卫生、社会福利等项目；

(五)其他公用事业项目。

第五条　成片开发建设的住宅小区工程，建筑面积在5万平方米以上的住宅建设工程必须实行监理；5万平方米以下的住宅建设工程，可以实行监理，具体范围和规模标准，由省、自治区、直辖市人民政府建设行政主管部门规定。

为了保证住宅质量，对高层住宅及地基、结构复杂的多层住宅应当实行监理。

第六条　利用外国政府或者国际组织贷款、援助资金的工程范围包括：

(一) 使用世界银行、亚洲开发银行等国际组织贷款资金的项目；

(二)使用国外政府及其机构贷款资金的项目；

(三)使用国际组织或者国外政府援助资金的项目。

第七条　国家规定必须实行监理的其他工程是指：

(一) 项目总投资额在3000万元以上关系社会公共利益、公众安全的下列基础设施项目：

(1)煤炭、石油、化工、天然气、电力、新能源等项目；

(2)铁路、公路、管道、水运、民航以及其他交通运输业等项目；

(3)邮政、电信枢纽、通信、信息网络等项目；

(4)防洪、灌溉、排涝、发电、引(供)水、滩涂治理、水资源保护、水土保持等水利建设项目；

(5) 道路、桥梁、地铁和轻轨交通、污水排放及处理、垃圾处理、地下管道、公共停车场等城市基础设施项目；

(6)生态环境保护项目；

(7)其他基础设施项目。

(二)学校、影剧院、体育场馆项目。

第八条　国务院建设行政主管部门商同国务院有关部门后，可以对本规定确定的必须实行监理的建设工程具体范围和规模标准进行调整。

第九条　本规定由国务院建设行政主管部门负责解释。

第十条　本规定自发布之日起施行。

建设项目用地预审管理办法

中华人民共和国国土资源部令　第7号　2001年7月25日

第一条　为保证土地利用总体规划的实施，控制建设用地总量，规范建设项目用地预审管理工作，根据《中华人民共和国土地管理法》和《中华人民共和国土地管理法实施条例》，制定本办法。

第二条　本办法所称建设项目用地预审(以下简称“预审”)，是指在建设项目可行性研究阶段，有关人民政府土地行政主管部门依法对建设项目涉及土地利用的事项进行的审查。

第三条 预审应当遵循下列原则

(一)土地用途管制;

(二)切实保护耕地;

(三)合理和集约利用土地;

(四)保障基础设施、国家重点建设项目用地。

第四条 能源、效能、水利、矿山、军事等建设项目依照法律规定确需使用土地利用总体规划确定的城市建设用地范围外的土地,涉及农用地的,建设项目由人民政府批准的,预审工作由该人民政府的土地行政主管部门负责;建设项目由有批准权的人民政府所属部门批准的,预审工作由该部门的同级土地行政主管部门负责。

第五条 建设项目需要占用土地利用总体规划确定的城市建设用地范围内的国有建设用地,预审工作由建设项目所在地的市、县人民政府土地行政主管部门负责。

第六条 建设单位提出预审申请时,应当提交下列材料,由负责预审工作的人民政府土地行政主管部门直接受理:

(一)申请预审的正式文件;

(二)项目建议书批复文件;

(三)建设项目可行性研究报告,其中应当包含土地利用的章节,内容包括规划选址情况、用地总规模和用地类型、补充耕地资金落实情况等;

(四)单独选址的建设项目,拟占用地质灾害防治规划确定的地质灾害易发区内土地的,还应当提供地质灾害危险评估报告。

第七条 负责预审工作的人民政府土地行政主管部门,对符合本办法第六条规定的预审申请,应当受理。对不符合本办法第六条规定的预审申请,应当在2个工作日内通知申请人,逾期不通知申请人的,视为受理。

第八条 有关人民政府土地行政主管部门应当对建设项目的下列内容进行审查:

(一)建设项目用地选址是否符合土地利用总体规划,是否符合土地管理法律、法规规定的条件;

(二)建设项目是否符合国家供地政策;

(三)建设项目用地是否符合地质灾害防治规划;

(四)占用耕地的,补充耕地资金是否落实,计列费用是否合理。

第九条 受理预审申请的人民政府土地行政主管部门,应当在受理之日起15个工作日内完成审查工作,并出具预审意见。预审意见应当抄送建设项目所在地的人民政府土地行政主管部门。

特大型建设项目的预审,预审时间经批准后可以延长,但最长不超过30个工作日。

第十条 有关人民政府土地行政主管部门进行预审,应当实行内部会审制度。

第十一条 负责预审工作的人民政府土地行政主管部门出具的预审意见应当包括对本办法第八条规定的内容的结论性意见和对建设单位的具体要求。

第十二条 凡应进行预审的建设项目,未申请预审的,市、县人民政府土地行政主管部门不受理建设用地申请,上级人民政府土地行政主管部门不接受下级人民政府土地行政主管部门上报的建设项目呈报证明书和有关方案。

第十三条 本办法自发布之日起施行。

科技评估、科技项目招标投标工作资格认定暂行办法

科技部　国科发计字[2001]　第4号　2001年1月4日

第一章　总　　则

第一条 为规范我国科技评估和科技项目招标投标工作,保证科技评估和科技项目招标投标工作的科学性,根据《科技评估管理暂行办法》及《科技项目招标投标暂行管理办法》的有关规定,制订本办法。

第二条 国家对科技评估、科技项目招标投标工作的资格认定实行统一领导、分级管理的原则。

第三条 科学技术部(以下称科技部)负责全国范围内科技评估、科技项目招标投标资格认定工作的组织、管理和监督指导,并具体负责国家科技计划中重大项目科技评估、科技项目招标投标工作的资格认定。

第四条 国务院行业主管部门,省、自治区、直辖市、计划单列市科技行政主管部门(以下称行业和地方科技行政主管部门)根据科技部的授权,具体负责本行业、本地区科技评估、科技项目招标投标工作资格的认定,并管理、指导和监督本行业、本地区科技评估、科技项目招标投标机构的工作。

第五条 凡从事国家科技计划中重大项目科技评估、科技项目招标投标的有关单位或组织(以下称中介机构),必须首先取得科技部的资格认定;凡从事行业和地区科技评估、科技项目招标投标的中介机构,必须首先取得行业和地方科技行政主管部门的资格认定。

第六条 取得国家科技计划中重大项目科技评估、科

技项目招标投标工作资格的中介机构可以从事行业和地方科技评估、科技项目招标投标工作；取得行业和地方科技评估、科技项目招标投标工作资格的中介机构，其科技评估、科技项目招标投标活动不受地区或行业的限制。

第二章 申 请

第七条 申请从事科技评估、科技项目招标投标工作的中介机构必须具备《科技评估管理暂行办法》或《科技项目招标投标管理暂行办法》中有关资格条件的规定。

第八条 中介机构在申请科技评估、科技项目招标投标工作资格时，应提交下列文件材料：

（一）科技部统一编制的科技评估、科技项目招标投标资格认定申请表（必须由中介机构负责人签字并加盖公章）；

（二）机构成立的批件或有关部门核发的营业执照复印件；

（三）中介机构的组织章程；

（四）法定代表人、科技评估或科技项目招标投标部门负责人的简历；

（五）专职科技评估、科技项目招标投标人员的名单及其主要专业背景材料；

（六）主要科技评估、科技项目招标投标及相关科技咨询研究成果名单及简要介绍；

（七）证明资格条件的其他材料。

以上材料统一用标准A4号纸装订成册，一式八份。

第九条 行业和地方科技行政主管部门负责对申请材料的形式审查、分类和登记工作，确认资料的完整性、真实性和统一性。

第十条 凡向科技部提出申请参与国家科技计划项目评估、招标投标的中介机构，必须由行业和地方科技行政主管部门通过形式审查并加盖公章后，推荐上报至科技部认定。

第三章 审查认定

第十一条 科技部、行业和地方科技行政主管部门根据中介机构的已往业绩、管理水平和执业能力等情况认定其从事科技评估、科技项目招标投标工作的资格。

第十二条 审查认定应根据科技部制定的综合评价标准体系，采用函件评审、实地考查和现场答辩等方式进行。

第十三条 申请从事科技评估、科技项目招标投标工作资格的中介机构，在审查期间，其有关人员应根据科技部、行业和地方科技行政主管部门的有关通知和要求，参加由科技部、行业和地方科技行政主管部门组织的科技评估、科技项目招标投标培训。

第十四条 对通过审查认定的中介机构，确认其人员培训合格后，分别由科技部、行业和地方科技行政主管部门核发由科技部统一印制的“国家科技评估资格证书”、“国家科技项目招标投标资格证书”或“行业和地方科技评估资格证书”、“行业和地方科技项目招标投标资格证书”。

由行业和地方科技行政主管部门认定的，须报科学技术部备案。

第四章 年 检

第十五条 对取得科技评估、科技项目招标投标工作资格的中介机构实行年检制，每两年进行一次。科技部、行业和地方科技行政主管部门分别对各自审查认定的中介机构进行年检，时间为年度结束后的两个月内。

第十六条 年检的主要内容为：

（一）根据《科技评估管理暂行办法》和《科技项目招标投标管理暂行办法》的相应内容，重新审核该中介机构所需的资格条件；

（二）该中介机构在两年内从事科技评估或招标投标的项目数量和领域种类等；

（三）科技评估、科技项目招标投标活动中是否存在违纪、违法行为；

（四）有关科技行政主管部门规定的其他内容。

第十七条 年检合格的中介机构必须加盖由相应科技行政主管部门印制的年检专用章后，方可继续从事科技评估、科技项目招标投标工作。

第十八条 由行业和地方科技行政主管部门负责年检的，应将年检结果报科技部备案。

第五章 法律责任

第十九条 对在申请科技评估、科技项目招标投标工作资格认定过程中存在弄虚作假、营私舞弊等违法、违纪行为的中介机构将取消其两年内再申请该项工作的资格；情节严重，构成犯罪的，依法追究刑事责任。

第二十条 在审查认定过程中，有关科技行政主管部门的工作人员存在玩忽职守、滥用职权行为的，给予行政处分；情节严重，构成犯罪的，依法追究刑事责任。

第六章 附 则

第二十一条 本办法自发布之日起施行。

国家科技计划项目管理暂行办法

中华人民共和国科学技术部令　第5号　2001年1月20日发布

第一章　总　　则

第一条　为规范国家科技计划项目管理，提高科技计划项目管理的效率，保证科技计划项目管理的公开、公正和科学，制定本办法。

第二条　国家科技计划项目(以下称项目)是指在国家科技计划中实施安排，由单位或个人承担，并在一定时间周期内进行的科学技术研究开发活动。

第三条　国家科技计划项目管理实行依法管理、规范权限、明确职责、管理公开、精简高效的原则，并严格按《国家科技计划管理暂行规定》和相关各类国家科技计划管理办法中的有关规定组织实施。

第四条　本办法主要适用于以中央财政投入为主的各类国家科技计划的项目立项、实施管理、项目验收和专家咨询等项目管理工作。

第二章　项目立项

第五条　项目立项一般应包括申请、审批、签约三个基本程序。

第六条　科技部专项计划部门在启动项目申请工作前，应根据科技发展规划和战略，发布项目指南或优先领域，并依据计划的性质、宗旨和功能定位，明确申请项目的选择范围、领域、性质、规模、目标方向等，确定项目申报的时间、渠道、方式。

第七条　项目指南和优先领域已明确项目目标和任务，并符合招标投标条件的，应当依据《科技项目招标投标暂行管理办法》中的相关规定执行。

第八条　申请项目的申请者(包括单位或个人)应当符合以下基本条件：

(一)符合该计划对申请者的主体资格(包括法人性质、经济性质、国籍)等方面要求；

(二)在相关研究领域和专业应具有一定的学术地位和技术优势；

(三)具有为完成项目必备的人才条件和技术装备；

(四)具有与项目相关的研究经历和研究积累；

(五)具有完成项目所需的组织管理和协调能力；

(六)具有完成项目的良好信誉度。

第九条　申请项目应符合国家科技、经济和社会发展战略，符合国家产业政策和科技政策，符合国家科技发展规划、计划的总体部署和安排。

第十条　申请项目应提供以下三部分材料：

(一)项目申请表(由科技部统一印制)；

(二)项目建议书(由申请者按照科技部要求的内容框架编写)；

(三)项目建议书的附件(与项目建议书内容有关的证明材料、专家评议意见、相关单位的项目推荐意见)。

第十一条　项目建议书的内容和框架一般应包括：

(一)立项的背景和意义；

(二)国内外研究现状和发展趋势；

(三)现有研究基础、特色和优势；

(四)应用或产业化前景、科技发展或市场需求；

(五)研究内容与预期目标；

(六)研究方案、技术路线、组织方式与课题分解；

(七)年度计划内容；

(八)主要研究人员和单位简况及具备的条件；

(九)经费预算；

(十)有关上级单位或评估机构的意见。

除满足上述条件外，不同类型项目的建议书可有所侧重，或根据需要增加新的内容。

第十二条　项目申请，必须严格按各类国家科技计划管理办法规定的渠道、方式、时间执行。申请渠道可按行政隶属关系逐级汇总、审核；或由申请者经有关行业和地方科技行政管理部门推荐后直接申报，最终由科技部专项计划部门受理。

第十三条　经科技部专项计划部门或由其委托的有关机构对项目建议书进行讨论、咨询和审查后，符合条件并通过审查的项目，可以进入可行性论证或评估。

第十四条　科技部专项计划部门负责组织或委托有关机构进行项目可行性报告的论证或评估工作。

第十五条　可行性报告内容和框架一般应包括：

(一)项目的背景和意义；

(二)国内外研究开发现状和发展趋势(包括知识产权状况)；

(三)拟承担单位的技术优势和条件；

(四)项目目标、研究内容和关键技术；

(五)技术路线方案、课题分解；

(六)经费的预算；

(七)年度进度和目标；

(八)预期成果；

(九)项目负责人的技术水平和组织管理能力介绍；

(十)有关上级单位的意见。

第十六条 可行性论证或评估报告应对项目给出可行、不可行或需作复议的明确结论意见,并交科技部专项计划部门负责审核。对论证结论"需作复议"的项目,申请者应对有关内容进行必要的修改,然后将修改完善后的论证报告送科技部专项计划部门进行复审。

第十七条 对通过可行性论证审核的项目,科技部将以部发文的形式给予批复,并根据管理公开制度在相关范围或媒体向社会公众发布列入计划项目公告。

第十八条 对符合评估条件的项目,应当依据《科技评估管理暂行办法》中的相关规定执行。

第十九条 列入国家科技计划的项目,科技部专项计划部门应根据不同计划的性质,通过合同或计划任务书形式,确定项目各方的权利和义务。

第二十条 列入国家科技计划的项目实行统一编号,有关标准由科技部另行制定。

第二十一条 项目的合同或计划任务书的文本由科技部专项计划部门依据有关法律法规统一设计和印制,由项目承担者依据批准的项目可行性研究报告填写合同或计划任务书。经签约各方共同审核后,方可履行签订手续。

第二十二条 合同或计划任务书应包括以下内容:

(一)项目编号、项目名称和项目密级;

(二)合同甲方或计划任务下达部门;

(三)合同乙方或计划任务承担单位(人)和任务责任人;

(四)立项背景与意义;

(五)主要任务、关键技术;

(六)验收考核指标;

(七)实施方案、技术路线与年度计划进度;

(八)经费预算和用途;

(九)承担单位的保障条件与经费配套;

(十)科技成果及其知识产权的归属和管理;

(十一)涉密项目的科技保密义务;

(十二)争议解决方法。

第二十三条 根据国家科技计划的不同性质和目标,合同或计划任务书可增加有关科技行政管理部门作为第三方,第三方有保证任务完成的责任和监督项目实施的权力。

第二十四条 对于执行结果可测的项目,合同中的研究和考核指标,必须量化;对于执行结果不可测项目,合同中的研究和考核指标,必须有准确含义的定性说明。

第二十五条 对项目执行中的有关国拨经费、条件保障和经费配套条款,必须明确签约各方的责任,并明确出现一方违约时,其他方应有的权力。

第二十六条 合同或计划任务书由科技部专项计划部门核准后方能生效。

第二十七条 对国务院交办或科技部决定所需紧急立项任务,可按各类国家科技计划管理办法所规定的紧急立项程序条款进行立项。

第三章　项目实施管理

第二十八条 国家科技计划一般按项目、课题两级管理,不设课题的可按项目进行管理。

第二十九条 科技部专项计划部门和授权或委托的项目组织实施管理机构负责项目的实施和管理。

第三十条 科技部专项计划部门在项目管理中的基本职责是:

(一)确定项目组织实施的管理机构和管理模式;

(二)审聘项目专家咨询委员会;

(三)审查项目年度执行报告、项目完成后的总结报告和项目经费的预、决算;

(四)组织或委托其他组织或机构进行项目的中期检查或评估;

(五)组织协调并处理项目执行中需要协调、处理的问题。

第三十一条 受科技部专项计划部门授权或委托,项目组织实施管理机构对项目目标的实现、项目任务的完成、关键技术的突破及涉密项目的科技保密等,承担组织实施的责任。

项目组织实施管理机构的基本职责是:

(一)匹配项目约定支付的科技经费;

(二)定期报告项目年度执行情况和年度经费决算,协同科技部专项计划部门进行项目执行情况的检查或评估,协调项目的实施,进行技术保密的实施管理;

(三)实施项目的统计调查,督促项目科技成果完成单位办理科技成果登记手续;

(四)向科技部专项计划部门报告项目实施中难以协调的问题。

第三十二条 项目承担者的基本职责是:

(一)严格执行合同或计划任务书,完成项目目标任务;

(二)真实报告项目年度完成情况和经费年度决算;

(三)接受科技部专项计划部门和项目组织实施管理机构对项目执行情况的监督检查;

(四)接受并配合科技部委托的有关中介机构所进行的中期评估或验收评估,准确提供相关数据和资料;

(五)及时报告项目执行中出现的重大事项;

(六)填报由科技部制发的科技计划统计调查表和科技成果登记表;

(七)报告项目执行中知识产权管理情况和提出知识产权保护的建议。

第三十三条 项目实施中必须建立年度执行情况报告制度,如遇目标调整、内容更改、项目负责人变更、关键技术方案的变更、不可抗拒的因素等对项目执行产生重大影响的情况必须及时报告。

项目承担者必须在每年1月中旬提交项目上年度执行情况,经项目组织实施管理机构审核汇总后,于2月中旬报科技部综合计划部门和专项计划部门。

第三十四条 项目实施时限一般为三年，并可以逐年滚动立项，超过三年的项目，应进行中期检查或中期评估。项目执行中因人为因素致使项目难以实施或在预定时间内不能完成合同，科技部专项计划部门可以采取警告、通报批评，并视情况直至取消合同任务的处罚。

第三十五条 各类国家科技计划必须建立相互兼容的数据库，实现信息、数据资源共享。统计、调查和成果登记的科技指标应有一致的概念和内涵，指标及数据具有可比性。

第四章 项目验收

第三十六条 各类国家科技计划可根据计划自身的特点，制定专门的验收管理办法。

第三十七条 项目验收的组织工作，由科技部专项计划部门委托项目组织实施管理机构组织进行。

对跨行业(部门)、跨省市的重大项目验收，应由科技部专项计划部门负责主持。

第三十八条 项目验收以批准的项目可行性报告、合同文本或计划任务书约定的内容和确定的考核目标为基本依据，对项目产生的科技成果水平、应用效果和对经济社会的影响、实施的技术路线、攻克关键技术的方案和效果、知识产权的形成和管理、项目实施的组织管理经验和教训、科技人才的培养和队伍的成长、经费使用的合理性等应作出客观的、实事求是的评价。

第三十九条 项目验收程序，一般应符合下列要求：

(一)项目验收工作需在合同完成后半年内完成；

(二)项目的承担者，在完成技术、研发总结基础上，向项目组织实施管理机构提出验收申请并提交有关验收资料及数据；

(三)项目组织实施管理机构审查全部验收资料及有关证明，合格的向科技部专项计划部门提出项目验收申请报告；

(四)科技部专项计划部门批复验收申请，并委托项目组织实施管理机构组织验收，验收一般应委托有关社会中介服务机构对研究开发成果完成客观评价或鉴定后进行；

(五)科技部专项计划部门负责批准项目的验收结果。

第四十条 项目承担者申请验收时应提供以下验收文件、资料，以及一定形式的成果(样机、样品等)，供验收组织或评估机构审查：

(一)项目合同书或项目计划任务书；

(二)科技部专项计划部门对项目的批件或有关批复文件；

(三)项目验收申请表；

(四)科技成果鉴定报告；

(五)项目研发工作总结报告；

(六)项目研发技术报告；

(七)项目所获成果、专利一览表、(含成果登记号、专利申请号、专利号等)；

(八)研制样机、样品的图片及数据；

(九)有关产品测试报告或检测报告及用户使用报告；

(十)建设的中试线、试验基地、示范点一览表、图片及数据；

(十一)购置的仪器、设备等固定资产清单；

(十二)项目经费的决算表；

(十三)项目验收信息汇总表。

第四十一条 项目组织实施管理机构在组织项目验收时，可临时组织项目验收小组，有关专家成员由项目组织实施管理机构提出并经科技部专项计划部门批准后聘任。项目验收小组应由熟悉了解专业技术、经济和企业管理等方面专家组成，专家人数一般不少于 11 人。

验收小组的全体成员应认真阅读项目验收全部资料，必要时，应进行现场实地考察，收集听取相关方面的意见，核实或复测相关数据，独立、负责任地提出验收意见和验收结论。

第四十二条 参与项目验收工作的评估机构，应遵照《科技评估管理暂行办法》有关规定执行。

第四十三条 项目验收方式和验收活动安排，应在验收工作开始前 15 日由组织验收部门通知被验收者。被验收者应对验收报告、资料、数据及结论的真实性、可靠性负责。验收小组/评估机构，应对验收结论或评价的准确性负责，应维护验收项目的知识产权和保守其技术秘密。

第四十四条 项目组织实施管理机构根据验收小组/评估机构的验收意见，提出“通过验收”或“需要复议”或“不通过验收”的结论建议，由科技部专项计划部门审定后以文件正式下达。

被验收项目存在下列情况之一者，不能通过验收：

(一)完成合同或计划任务书任务不到 85%；

(二)预定成果未能实现或成果已无科学或实用价值；

(三)提供的验收文件、资料、数据不真实；

(四)擅自修改对合同或计划任务书考核目标、内容、技术路线；

(五)超过合同或计划任务书规定期限半年以上未完成任务，事先未作说明。

第四十五条 需要复议的验收项目，应在接到通知 30 日内提出复议申请。

未通过验收的项目，承担者接到通知半年之内，经整改完善有关项目计划及文件资料后，可再次提出验收申请。如再次未通过验收，项目承担者三年内不得再承担国家科技计划项目。

第四十六条 除科技部事先合同约定科技成果归国家所有外，项目所产生科技成果的知识产权归科技成果完成者所有，具体办法另行规定。

第四十七条 项目产生科技成果后，应当按照科学技术保密、科技成果登记、知识产权保护、技术合同认定登记、科学技术奖励等有关规定和办法执行。

第五章 专家咨询

第四十八条 充分发挥专家咨询参谋作用，提高项目管理工作的科学性、公正性及社会参与程度，项目管理应当引入专家咨询机制。

第四十九条 国家科技计划在项目的可行性论证、立项审查、招标投标、评估、中期检查、项目验收等环节可以组织专家咨询活动。专家咨询意见应作为科技管理与决策的参考依据。

第五十条 科技部专项计划部门应根据各类国家科技计划特点确定咨询专家条件、构成，咨询专家应具备的基本条件是：

(一) 具有良好的科学道德和职业道德，能够客观、公正、实事求是地提出咨询意见；

(二)熟悉咨询项目所在领域或行业的科技经济发展状况，了解科技活动的特点与规律，在本领域或行业内具有较高的权威性。

咨询专家的群体组成应具有代表性和互补性。人数、年龄和知识构成应具有相对合理性。专家群体应熟悉相关领域或行业的发展状况，掌握技术、经济、市场、产业政策等方面情况，并具有一定综合分析判断能力。

第五十一条 以下人员不宜作为咨询专家选聘：

(一)与咨询对象有利益关系的人员；

(二)咨询对象因正当理由而事先正式书面申请希望回避的人员；

(三)在以往咨询活动中有不良记录的人员。

第五十二条 科技部专项计划部门、项目组织实施管理机构应在聘请专家时向专家阐明咨询的目的、咨询的工作原则、咨询专家的职责与权利，明确咨询的任务与要求。专家同意后，方可聘为咨询专家，正式参与咨询活动。

第五十三条 科技部专项计划部门、项目组织实施管理机构应向咨询专家提供与咨询工作相关的资料、信息和数据，提供必要的工作条件和费用，对有关咨询内容和项目背景作必要的介绍与说明，还应当对咨询专家的具体意见负有保密责任。

第五十四条 科技部专项计划部门、项目组织实施管理机构不得向咨询专家施加倾向性影响，不得故意引导专家的咨询意见。不得伪造、修改咨询专家意见。不得向咨询对象及与计划管理决策无关的任何单位或个人扩散咨询专家和咨询意见。采用咨询专家意见后的决策行为，其责任由决策者承担。

第五十五条 咨询专家在为项目进行咨询的过程中，必须遵守以下规范 ：

(一) 应坚持实事求是的原则，独立、客观、公正地提供个人负责任的意见，不受任何影响公正性因素的干扰，应按照管理者的要求按时按质地完成咨询任务；

(二) 应维护咨询对象的知识产权和技术秘密，应妥善保存咨询材料并在咨询活动结束后按要求将其全部退还管理者，不得复制与咨询有关的材料，不得向管理者以外的单位或个人扩散咨询有关情况；

(三) 当咨询事项与专家有利益关系时，必须主动向管理者申明并回避；

(四)在咨询期间，未经组织者允许，咨询专家个人不得就咨询事项与咨询对象及相关人员进行接触。更不得以各种方式收取咨询对象的报酬和费用。

第五十六条 在咨询活动中若咨询专家存在违规行为，科技部专项计划部门可视情节轻重，采取记录其信誉度、专家意见无效直至公开取消专家咨询资格等方式处理；触犯法律的，由司法部门依法追究法律责任。

第五十七条 科技部专项计划部门应对专家咨询活动的重要内容进行记录存档，其主要内容包括咨询任务、内容、方式、程序、咨询专家意见使用方法和规则、咨询专家名单、咨询专家个人意见、综合分析结论、组织咨询活动的机构和人员、以及其他需要特别说明的事项等。

第五十八条 必要时，科技部有关专项计划、综合计划部门可根据实际需要建立咨询专家动态数据库。根据咨询任务的需要，聘任若干较为稳定的咨询专家群体参与项目管理全过程的活动，以增强咨询专家的责任和提高咨询工作质量。

第六章 附　　则

第五十九条 科技部专项计划部门可依据本办法，结合计划管理的实际需要对各类国家科技计划项目管理的基本程序做必要的补充，并报科技部综合计划部门备案。

第六十条 本办法自发布之日起施行。

中华人民共和国专利法实施细则

中华人民共和国国务院令　第 306 号　2001 年 6 月 15 日

第一章 总　　则

第一条 根据《中华人民共和国专利法》(以下简称专利法)，制定本细则。

第二条 专利法所称发明，是指对产品、方法或者其改进所提出的新的技术方案。

专利法所称实用新型，是指对产品的形状、构造或者其结合所提出的适于实用的新的技术方案。

专利法所称外观设计，是指对产品的形状、图案或者其结合以及色彩与形状、图案的结合所作出的富有美感并适于工业应用的新设计。

第三条 专利法和本细则规定的各种手续，应当以书面形式或者国务院专利行政部门规定的其他形式办理。

第四条 依照专利法和本细则规定提交的各种文件应当使用中文；国家有统一规定的科技术语的，应当采用规范词；外国人名、地名和科技术语没有统一中文译文的，应当注明原文。

依照专利法和本细则规定提交的各种证件和证明文件是外文的，国务院专利行政部门认为必要时，可以要求当事人在指定期限内附送中文译文；期满未附送的，视为未提交该证件和证明文件。

第五条 向国务院专利行政部门邮寄的各种文件，以寄出的邮戳日为递交日；邮戳日不清晰的，除当事人能够提出证明外，以国务院专利行政部门收到日为递交日。

国务院专利行政部门的各种文件，可以通过邮寄、直接送交或者其他方式送达当事人。当事人委托专利代理机构的，文件送交专利代理机构；未委托专利代理机构的，文件送交请求书中指明的联系人。

国务院专利行政部门邮寄的各种文件，自文件发出之日起满15日，推定为当事人收到文件之日。

根据国务院专利行政部门规定应当直接送交的文件，以交付日为送达日。

文件送交地址不清，无法邮寄的，可以通过公告的方式送达当事人。自公告之日起满1个月，该文件视为已经送达。

第六条 专利法和本细则规定的各种期限的第一日不计算在期限内。期限以年或者月计算的，以其最后一月的相应日为期限届满日；该月无相应日的，以该月最后一日为期限届满日；期限届满日是法定节假日的，以节假日后的第一个工作日为期限届满日。

第七条 当事人因不可抗拒的事由而延误专利法或者本细则规定的期限或者国务院专利行政部门指定的期限，导致其权利丧失的，自障碍消除之日起2个月内，最迟自期限届满之日起2年内，可以向国务院专利行政部门说明理由并附具有关证明文件，请求恢复权利。

当事人因正当理由而延误专利法或者本细则规定的期限或者国务院专利行政部门指定的期限，导致其权利丧失的，可以自收到国务院专利行政部门的通知之日起2个月内向国务院专利行政部门说明理由，请求恢复权利。

当事人请求延长国务院专利行政部门指定的期限的，应当在期限届满前，向国务院专利行政部门说明理由并办理有关手续。

本条第一款和第二款的规定不适用专利法第二十四条、第二十九条、第四十二条、第六十二条规定的期限。

第八条 发明专利申请涉及国防方面的国家秘密需要保密的，由国防专利机构受理；国务院专利行政部门受理的涉及国防方面的国家秘密需要保密的发明专利申请，应当移交国防专利机构审查，由国务院专利行政部门根据国防专利机构的审查意见作出决定。

除前款规定的外，国务院专利行政部门受理发明专利申请后，应当将需要进行保密审查的申请转送国务院有关主管部门审查；有关主管部门应当自收到该申请之日起4个月内，将审查结果通知国务院专利行政部门；需要保密的，由国务院专利行政部门按照保密专利申请处理，并通知申请人。

第九条 专利法第五条所称违反国家法律的发明创造，不包括仅其实施为国家法律所禁止的发明创造。

第十条 除专利法第二十八条和第四十二条规定的情形外，专利法所称申请日，有优先权的，指优先权日。

本细则所称申请日，除另有规定的外，是指专利法第二十八条规定的申请日。

第十一条 专利法第六条所称执行本单位的任务所完成的职务发明创造，是指：

（一）在本职工作中作出的发明创造；

（二）履行本单位交付的本职工作之外的任务所作出的发明创造；

（三）退职、退休或者调动工作后1年内作出的，与其在原单位承担的本职工作或者原单位分配的任务有关的发明创造。

专利法第六条所称本单位，包括临时工作单位；专利法第六条所称本单位的物质技术条件，是指本单位的资金、设备、零部件、原材料或者不对外公开的技术资料等。

第十二条 专利法所称发明人或者设计人，是指对发明创造的实质性特点作出创造性贡献的人。在完成发明创造过程中，只负责组织工作的人、为物质技术条件的利用提供方便的人或者从事其他辅助工作的人，不是发明人或者设计人。

第十三条 同样的发明创造只能被授予一项专利。

依照专利法第九条的规定，两个以上的申请人在同一日分别就同样的发明创造申请专利的，应当在收到国务院专利行政部门的通知后自行协商确定申请人。

第十四条 中国单位或者个人向外国人转让专利申请权或者专利权的，由国务院对外经济贸易主管部门会同国务院科学技术行政部门批准。

第十五条 除依照专利法第十条规定转让专利权外，专利权因其他事由发生转移的，当事人应当凭有关证明文件或者法律文书向国务院专利行政部门办理专利权人变更手续。

专利权人与他人订立的专利实施许可合同，应当自合同生效之日起3个月内向国务院专利行政部门备案。

第二章 专利的申请

第十六条 以书面形式申请专利的，应当向国务院专利行政部门提交申请文件一式两份。

以国务院专利行政部门规定的其他形式申请专利的,应当符合规定的要求。

申请人委托专利代理机构向国务院专利行政部门申请专利和办理其他专利事务的,应当同时提交委托书,写明委托权限。

申请人有2人以上且未委托专利代理机构的,除请求书中另有声明的外,以请求书中指明的第一申请人为代表人。

第十七条 专利法第二十六条第二款所称请求书中的其他事项,是指:

(一)申请人的国籍;

(二)申请人是企业或者其他组织的,其总部所在地的国家;

(三)申请人委托专利代理机构的,应当注明的有关事项;申请人未委托专利代理机构的,其联系人的姓名、地址、邮政编码及联系电话;

(四)要求优先权的,应当注明的有关事项;

(五)申请人或者专利代理机构的签字或者盖章;

(六)申请文件清单;

(七)附加文件清单;

(八)其他需要注明的有关事项。

第十八条 发明或者实用新型专利申请的说明书应当写明发明或者实用新型的名称,该名称应当与请求书中的名称一致。说明书应当包括下列内容:

(一)技术领域:写明要求保护的技术方案所属的技术领域;

(二)背景技术:写明对发明或者实用新型的理解、检索、审查有用的背景技术;有可能的,并引证反映这些背景技术的文件;

(三)发明内容:写明发明或者实用新型所要解决的技术问题以及解决其技术问题采用的技术方案,并对照现有技术写明发明或者实用新型的有益效果;

(四)附图说明:说明书有附图的,对各幅附图作简略说明;

(五)具体实施方式:详细写明申请人认为实现发明或者实用新型的优选方式;必要时,举例说明;有附图的,对照附图。

发明或者实用新型专利申请人应当按照前款规定的方式和顺序撰写说明书,并在说明书每一部分前面写明标题,除非其发明或者实用新型的性质用其他方式或者顺序撰写能节约说明书的篇幅并使他人能够准确理解其发明或者实用新型。

发明或者实用新型说明书应当用词规范、语句清楚,并不得使用"如权利要求……所述的……"一类的引用语,也不得使用商业性宣传用语。

发明专利申请包含一个或者多个核苷酸或者氨基酸序列的,说明书应当包括符合国务院专利行政部门规定的序列表。申请人应当将该序列表作为说明书的一个单独部分提交,并按照国务院专利行政部门的规定提交该序列表的计算机可读形式的副本。

第十九条 发明或者实用新型的几幅附图可以绘在一张图纸上,并按照"图1,图2,……"顺序编号排列。

附图的大小及清晰度,应当保证在该图缩小到三分之二时仍能清晰地分辨出图中的各个细节。

发明或者实用新型说明书文字部分中未提及的附图标记不得在附图中出现,附图中未出现的附图标记不得在说明书文字部分中提及。申请文件中表示同一组成部分的附图标记应当一致。

附图中除必需的词语外,不应当含有其他注释。

第二十条 权利要求书应当说明发明或者实用新型的技术特征,清楚、简要地表述请求保护的范围。

权利要求书有几项权利要求的,应当用阿拉伯数字顺序编号。

权利要求书中使用的科技术语应当与说明书中使用的科技术语一致,可以有化学式或者数学式,但是不得有插图。除绝对必要的外,不得使用"如说明书……部分所述"或者"如图……所示"的用语。

权利要求中的技术特征可以引用说明书附图中相应的标记,该标记应当放在相应的技术特征后并置于括号内,便于理解权利要求。附图标记不得解释为对权利要求的限制。

第二十一条 权利要求书应当有独立权利要求,也可以有从属权利要求。

独立权利要求应当从整体上反映发明或者实用新型的技术方案,记载解决技术问题的必要技术特征。

从属权利要求应当用附加的技术特征,对引用的权利要求作进一步限定。

第二十二条 发明或者实用新型的独立权利要求应当包括前序部分和特征部分,按照下列规定撰写:

(一)前序部分:写明要求保护的发明或者实用新型技术方案的主题名称和发明或者实用新型主题与最接近的现有技术共有的必要技术特征;

(二)特征部分:使用"其特征是……"或者类似的用语,写明发明或者实用新型区别于最接近的现有技术的技术特征。这些特征和前序部分写明的特征合在一起,限定发明或者实用新型要求保护的范围。

发明或者实用新型的性质不适于用前款方式表达的,独立权利要求可以用其他方式撰写。

一项发明或者实用新型应当只有一个独立权利要求,并写在同一发明或者实用新型的从属权利要求之前。

第二十三条 发明或者实用新型的从属权利要求应当包括引用部分和限定部分,按照下列规定撰写:

(一)引用部分:写明引用的权利要求的编号及其主题名称;

(二)限定部分:写明发明或者实用新型附加的技术特

征。

从属权利要求只能引用在前的权利要求。引用两项以上权利要求的多项从属权利要求，只能以择一方式引用在前的权利要求，并不得作为另一项多项从属权利要求的基础。

第二十四条 说明书摘要应当写明发明或者实用新型专利申请所公开内容的概要，即写明发明或者实用新型的名称和所属技术领域,并清楚地反映所要解决的技术问题、解决该问题的技术方案的要点以及主要用途。

说明书摘要可以包含最能说明发明的化学式；有附图的专利申请，还应当提供一幅最能说明该发明或者实用新型技术特征的附图。附图的大小及清晰度应当保证在该图缩小到4厘米×6厘米时，仍能清晰地分辨出图中的各个细节。摘要文字部分不得超过300个字。摘要中不得使用商业性宣传用语。

第二十五条 申请专利的发明涉及新的生物材料，该生物材料公众不能得到，并且对该生物材料的说明不足以使所属领域的技术人员实施其发明的，除应当符合专利法和本细则的有关规定外,申请人还应当办理下列手续:

(一)在申请日前或者最迟在申请日(有优先权的,指优先权日),将该生物材料的样品提交国务院专利行政部门认可的保藏单位保藏，并在申请时或者最迟自申请日起4个月内提交保藏单位出具的保藏证明和存活证明；期满未提交证明的,该样品视为未提交保藏;

(二)在申请文件中,提供有关该生物材料特征的资料;

(三)涉及生物材料样品保藏的专利申请应当在请求书和说明书中写明该生物材料的分类命名（注明拉丁文名称)、保藏该生物材料样品的单位名称、地址、保藏日期和保藏编号;申请时未写明的,应当自申请日起4个月内补正;期满未补正的,视为未提交保藏。

第二十六条 发明专利申请人依照本细则第二十五条的规定保藏生物材料样品的,在发明专利申请公布后,任何单位或者个人需要将该专利申请所涉及的生物材料作为实验目的使用的,应当向国务院专利行政部门提出请求,并写明下列事项:

(一)请求人的姓名或者名称和地址;

(二)不向其他任何人提供该生物材料的保证;

(三)在授予专利权前,只作为实验目的使用的保证。

第二十七条 依照专利法第二十七条规定提交的外观设计的图片或者照片,不得小于3厘米×8厘米,并不得大于15厘米×22厘米。

同时请求保护色彩的外观设计专利申请,应当提交彩色图片或者照片一式两份。

申请人应当就每件外观设计产品所需要保护的内容提交有关视图或者照片,清楚地显示请求保护的对象。

第二十八条 申请外观设计专利的,必要时应当写明对外观设计的简要说明。

外观设计的简要说明应当写明使用该外观设计的产品的设计要点、请求保护色彩、省略视图等情况。简要说明不得使用商业性宣传用语,也不能用来说明产品的性能。

第二十九条 国务院专利行政部门认为必要时,可以要求外观设计专利申请人提交使用外观设计的产品样品或者模型。样品或者模型的体积不得超过30厘米×30厘米×30厘米,重量不得超过15公斤。易腐、易损或者危险品不得作为样品或者模型提交。

第三十条 专利法第二十二条第三款所称已有的技术,是指申请日(有优先权的,指优先权日)前在国内外出版物上公开发表、在国内公开使用或者以其他方式为公众所知的技术,即现有技术。

第三十一条 专利法第二十四条第(二)项所称学术会议或者技术会议,是指国务院有关主管部门或者全国性学术团体组织召开的学术会议或者技术会议。

申请专利的发明创造有专利法第二十四条第(一)项或者第(二)项所列情形的,申请人应当在提出专利申请时声明,并自申请日起2个月内,提交有关国际展览会或者学术会议、技术会议的组织单位出具的有关发明创造已经展出或者发表,以及展出或者发表日期的证明文件。

申请专利的发明创造有专利法第二十四条第(三)项所列情形的,国务院专利行政部门认为必要时,可以要求申请人在指定期限内提交证明文件。

申请人未依照本条第二款的规定提出声明和提交证明文件的,或者未依照本条第三款的规定在指定期限内提交证明文件的,其申请不适用专利法第二十四条的规定。

第三十二条 申请人依照专利法第三十条的规定办理要求优先权手续的,应当在书面声明中写明第一次提出专利申请(以下称在先申请)的申请日、申请号和受理该申请的国家;书面声明中未写明在先申请的申请日和受理该申请的国家的,视为未提出声明。

要求外国优先权的,申请人提交的在先申请文件副本应当经原受理机关证明;提交的证明材料中,在先申请人的姓名或者名称与在后申请的申请人姓名或者名称不一致的,应当提交优先权转让证明材料;要求本国优先权的,申请人提交的在先申请文件副本应当由国务院专利行政部门制作。

第三十三条 申请人在一件专利申请中,可以要求一项或者多项优先权;要求多项优先权的,该申请的优先权期限从最早的优先权日起计算。

申请人要求本国优先权,在先申请是发明专利申请的,可以就相同主题提出发明或者实用新型专利申请;在先申请是实用新型专利申请的,可以就相同主题提出实用新型或者发明专利申请。但是,提出后一申请时,在先申请的主题有下列情形之一的,不得作为要求本国优先权的基础:

(一)已经要求外国优先权或者本国优先权的;

(二)已经被授予专利权的;

(三)属于按照规定提出的分案申请的。

申请人要求本国优先权的,其在先申请自后一申请提出之日起即视为撤回。

第三十四条　在中国没有经常居所或者营业所的申请人，申请专利或者要求外国优先权的，国务院专利行政部门认为必要时，可以要求其提供下列文件：

(一)国籍证明；

(二)申请人是企业或者其他组织的，其营业所或者总部所在地的证明文件；

(三)申请人的所属国，承认中国单位和个人可以按照该国国民的同等条件，在该国享有专利权、优先权和其他与专利有关的权利的证明文件。

第三十五条　依照专利法第三十一条第一款规定，可以作为一件专利申请提出的属于一个总的发明构思的两项以上的发明或者实用新型，应当在技术上相互关联，包含一个或者多个相同或者相应的特定技术特征，其中特定技术特征是指每一项发明或者实用新型作为整体，对现有技术作出贡献的技术特征。

第三十六条　专利法第三十一条第二款所称同一类别，是指产品属于分类表中同一小类；成套出售或者使用，是指各产品的设计构思相同，并且习惯上是同时出售、同时使用。

依照专利法第三十一条第二款规定将两项以上外观设计作为一件申请提出的，应当将各项外观设计顺序编号在每件使用外观设计产品的视图名称之前。

第三十七条　申请人撤回专利申请的，应当向国务院专利行政部门提出声明，写明发明创造的名称、申请号和申请日。

撤回专利申请的声明在国务院专利行政部门作好公布专利申请文件的印刷准备工作后提出的，申请文件仍予公布；但是，撤回专利申请的声明应当在以后出版的专利公报上予以公告。

第三章　专利申请的审查和批准

第三十八条　在初步审查、实质审查、复审和无效宣告程序中，实施审查和审理的人员有下列情形之一的，应当自行回避，当事人或者其他利害关系人可以要求回避：

(一)是当事人或者其代理人的近亲属的；

(二)与专利申请或者专利权有利害关系的；

(三)与当事人或者其代理人有其他关系，可能影响公正审查和审理的；

(四)专利复审委员会成员曾参与原申请的审查的。

第三十九条　国务院专利行政部门收到发明或者实用新型专利申请的请求书、说明书(实用新型必须包括附图)和权利要求书，或者外观设计专利申请的请求书和外观设计的图片或者照片后，应当明确申请日、给予申请号，并通知申请人。

第四十条　专利申请文件有下列情形之一的，国务院专利行政部门不予受理，并通知申请人：

(一)发明或者实用新型专利申请缺少请求书、说明书(实用新型无附图)和权利要求书的，或者外观设计专利申请缺少请求书、图片或者照片的；

(二)未使用中文的；

(三)不符合本细则第一百二十条第一款规定的；

(四)请求书中缺少申请人姓名或者名称及地址的；

(五)明显不符合专利法第十八条或者第十九条第一款的规定的；

(六)专利申请类别(发明、实用新型或者外观设计)不明确或者难以确定的。

第四十一条　说明书中写有对附图的说明但无附图或者缺少部分附图的，申请人应当在国务院专利行政部门指定的期限内补交附图或者声明取消对附图的说明。申请人补交附图的，以向国务院专利行政部门提交或者邮寄附图之日为申请日；取消对附图的说明的，保留原申请日。

第四十二条　一件专利申请包括两项以上发明、实用新型或者外观设计的，申请人可以在本细则第五十四条第一款规定的期限届满前，向国务院专利行政部门提出分案申请；但是，专利申请已经被驳回、撤回或者视为撤回的，不能提出分案申请。

国务院专利行政部门认为一件专利申请不符合专利法第三十一条和本细则第三十五条或者第三十六条的规定的，应当通知申请人在指定期限内对其申请进行修改；申请人期满未答复的，该申请视为撤回。

分案的申请不得改变原申请的类别。

第四十三条　依照本细则第四十二条规定提出的分案申请，可以保留原申请日，享有优先权的，可以保留优先权日，但是不得超出原申请公开的范围。

分案申请应当依照专利法及本细则的规定办理有关手续。

分案申请的请求书中应当写明原申请的申请号和申请日。提交分案申请时，申请人应当提交原申请文件副本；原申请享有优先权的，并应当提交原申请的优先权文件副本。

第四十四条　专利法第三十四条和第四十条所称初步审查，是指审查专利申请是否具备专利法第二十六条或者第二十七条规定的文件和其他必要的文件，这些文件是否符合规定的格式，并审查下列各项：

(一)发明专利申请是否明显属于专利法第五条、第二十五条的规定，或者不符合专利法第十八条、第十九条第一款的规定，或者明显不符合专利法第三十一条第一款、第三十三条、本细则第二条第一款、第十八条、第二十条的规定；

(二)实用新型专利申请是否明显属于专利法第五条、第二十五条的规定，或者不符合专利法第十八条、第十九条第一款的规定，或者明显不符合专利法第二十六条第三款、第四款、第三十一条第一款、第三十三条、本细则第二条第二款、第十三条第一款、第十八条至第二十三条、第四十三条第一款的规定，或者依照专利法第九条规定不能取得专利权；

(三)外观设计专利申请是否明显属于专利法第五条的

规定，或者不符合专利法第十八条、第十九条第一款的规定，或者明显不符合专利法第三十一条第二款、第三十三条、本细则第二条第三款、第十三条第一款、第四十三条第一款的规定，或者依照专利法第九条规定不能取得专利权。

国务院专利行政部门应当将审查意见通知申请人，要求其在指定期限内陈述意见或者补正；申请人期满未答复的，其申请视为撤回。申请人陈述意见或者补正后，国务院专利行政部门仍然认为不符合前款所列各项规定的，应当予以驳回。

第四十五条 除专利申请文件外，申请人向国务院专利行政部门提交的与专利申请有关的其他文件，有下列情形之一的，视为未提交：

（一）未使用规定的格式或者填写不符合规定的；

（二）未按照规定提交证明材料的。

国务院专利行政部门应当将视为未提交的审查意见通知申请人。

第四十六条 申请人请求早日公布其发明专利申请的，应当向国务院专利行政部门声明。国务院专利行政部门对该申请进行初步审查后，除予以驳回的外，应当立即将申请予以公布。

第四十七条 申请人依照专利法第二十七条的规定写明使用外观设计的产品及其所属类别时，应当使用国务院专利行政部门公布的外观设计产品分类表。未写明使用外观设计的产品所属类别或者所写的类别不确切的，国务院专利行政部门可以予以补充或者修改。

第四十八条 自发明专利申请公布之日起至公告授予专利权之日前，任何人均可以对不符合专利法规定的专利申请向国务院专利行政部门提出意见，并说明理由。

第四十九条 发明专利申请人因有正当理由无法提交专利法第三十六条规定的检索资料或者审查结果资料的，应当向国务院专利行政部门声明，并在得到有关资料后补交。

第五十条 国务院专利行政部门依照专利法第三十五条第二款的规定对专利申请自行进行审查时，应当通知申请人。

第五十一条 发明专利申请人在提出实质审查请求时以及在收到国务院专利行政部门发出的发明专利申请进入实质审查阶段通知书之日起的3个月内，可以对发明专利申请主动提出修改。

实用新型或者外观设计专利申请人自申请日起2个月内，可以对实用新型或者外观设计专利申请主动提出修改。

申请人在收到国务院专利行政部门发出的审查意见通知书后对专利申请文件进行修改的，应当按照通知书的要求进行修改。

国务院专利行政部门可以自行修改专利申请文件中文字和符合的明显错误。国务院专利行政部门自行修改的，应当通知申请人。

第五十二条 发明或者实用新型专利申请的说明书或者权利要求书的修改部分，除个别文字修改或者增删外，应当按照规定格式提交替换页。外观设计专利申请的图片或者照片的修改，应当按照规定提交替换页。

第五十三条 依照专利法第三十八条的规定，发明专利申请经实质审查应当予以驳回的情形是指：

（一）申请不符合本细则第二条第一款规定的；

（二）申请属于专利法第五条、第二十五条的规定，或者不符合专利法第二十二条、本细则第十三条第一款、第二十条第一款、第二十一条第二款的规定，或者依照专利法第九条规定不能取得专利权的；

（三）申请不符合专利法第二十六条第三款、第四款或者第三十一条第一款的规定的；

（四）申请的修改不符合专利法第三十三条规定，或者分案的申请不符合本细则第四十三条第一款规定的。

第五十四条 国务院专利行政部门发出授予专利权的通知后，申请人应当自收到通知之日起2个月内办理登记手续。申请人按期办理登记手续的，国务院专利行政部门应当授予专利权，颁发专利证书，并予以公告。

期满未办理登记手续的，视为放弃取得专利权的权利。

第五十五条 授予实用新型专利权的决定公告后，实用新型专利权人可以请求国务院专利行政部门作出实用新型专利检索报告。

请求作出实用新型专利检索报告的，应当提交请求书，并指明实用新型专利的专利号。每项请求应当限于一项实用新型专利。

国务院专利行政部门收到作出实用新型专利检索报告的请求后，应当进行审查。请求不符合规定要求的，应当通知请求人在指定期限内补正。

第五十六条 经审查，实用新型专利检索报告请求书符合规定的，国务院专利行政部门应当及时作出实用新型专利检索报告。

经检索，国务院专利行政部门认为所涉及的实用新型专利不符合专利法第二十二条关于新颖性或者创造性的规定的，应当引证对比文件，说明理由，并附具所引证对比文件的复印件。

第五十七条 国务院专利行政部门对专利公告、专利文件中出现的错误，一经发现，应当及时更正，并对所作更正予以公告。

第四章 专利申请的复审与专利权的无效宣告

第五十八条 专利复审委员会由国务院专利行政部门指定的技术专家和法律专家组成，主任委员由国务院专利行政部门负责人兼任。

第五十九条 依照专利法第四十一条的规定向专利复审委员会请求复审的，应当提交复审请求书，说明理由，必要时还应当附具有关证据。

复审请求书不符合规定格式的,复审请求人应当在专利复审委员会指定的期限内补正;期满未补正的,该复审请求视为未提出。

第六十条 请求人在提出复审请求或者在对专利复审委员会的复审通知书作出答复时,可以修改专利申请文件;但是,修改应当仅限于消除驳回决定或者复审通知书指出的缺陷。

修改的专利申请文件应当提交一式两份。

第六十一条 专利复审委员会应当将受理的复审请求书转交国务院专利行政部门原审查部门进行审查。原审查部门根据复审请求人的请求,同意撤销原决定的,专利复审委员会应当据此作出复审决定,并通知复审请求人。

第六十二条 专利复审委员会进行复审后,认为复审请求不符合专利法和本细则有关规定的,应当通知复审请求人,要求其在指定期限内陈述意见。期满未答复的,该复审请求视为撤回;经陈述意见或者进行修改后,专利复审委员会认为仍不符合专利法和本细则有关规定的,应当作出维持原驳回决定的复审决定。

专利复审委员会进行复审后,认为原驳回决定不符合专利法和本细则有关规定的,或者认为经过修改的专利申请文件消除了原驳回决定指出的缺陷的,应当撤销原驳回决定,由原审查部门继续进行审查程序。

第六十三条 复审请求人在专利复审委员会作出决定前,可以撤回其复审请求。

复审请求人在专利复审委员会作出决定前撤回其复审请求的,复审程序终止。

第六十四条 依照专利法第四十五条的规定,请求宣告专利权无效或者部分无效的,应当向专利复审委员会提交专利权无效宣告请求书和必要的证据一式两份。无效宣告请求书应当结合提交的所有证据,具体说明无效宣告请求的理由,并指明每项理由所依据的证据。

前款所称无效宣告请求的理由,是指被授予专利的发明创造不符合专利法第二十二条、第二十三条、第二十六条第三款、第四款、第三十三条或者本细则第二条、第十三条第一款、第二十条第一款、第二十一条第二款的规定,或者属于专利法第五条、第二十五条的规定,或者依照专利法第九条规定不能取得专利权。

第六十五条 专利权无效宣告请求书不符合本细则第六十四条规定的,专利复审委员会不予受理。

在专利复审委员会就无效宣告请求作出决定之后,又以同样的理由和证据请求无效宣告的,专利复审委员会不予受理。

以授予专利权的外观设计与他人在先取得的合法权利相冲突为理由请求宣告外观设计专利权无效,但是未提交生效的能够证明权利冲突的处理决定或者判决的,专利复审委员会不予受理。

专利权无效宣告请求书不符合规定格式的,无效宣告请求人应当在专利复审委员会指定的期限内补正;期满未补正的,该无效宣告请求视为未提出。

第六十六条 在专利复审委员会受理无效宣告请求后,请求人可以在提出无效宣告请求之日起 1 个月内增加理由或者补充证据。逾期增加理由或者补充证据的,专利复审委员会可以不予考虑。

第六十七条 专利复审委员会应当将专利权无效宣告请求书和有关文件的副本送交专利权人,要求其在指定的期限内陈述意见。

专利权人和无效宣告请求人应当在指定期限内答复专利复审委员会发出的转送文件通知书或者无效宣告请求审查通知书;期满未答复的,不影响专利复审委员会审理。

第六十八条 在无效宣告请求的审查过程中,发明或者实用新型专利的专利权人可以修改其权利要求书,但是不得扩大原专利的保护范围。

发明或者实用新型专利的专利权人不得修改专利说明书和附图,外观设计专利的专利权人不得修改图片、照片和简要说明。

第六十九条 专利复审委员会根据当事人的请求或者案情需要,可以决定对无效宣告请求进行口头审理。

专利复审委员会决定对无效宣告请求进行口头审理的,应当向当事人发出口头审理通知书,告知举行口头审理的日期和地点。当事人应当在通知书指定的期限内作出答复。

无效宣告请求人对专利复审委员会发出的口头审理通知书在指定的期限内未作答复,并且不参加口头审理的,其无效宣告请求视为撤回;专利权人不参加口头审理的,可以缺席审理。

第七十条 在无效宣告请求审查程序中,专利复审委员会指定的期限不得延长。

第七十一条 专利复审委员会对无效宣告的请求作出决定前,无效宣告请求人可以撤回其请求。

无效宣告请求人在专利复审委员会作出决定之前撤回其请求的,无效宣告请求审查程序终止。

第五章　专利实施的强制许可

第七十二条 自专利权被授予之日起满 3 年后,任何单位均可以依照专利法第四十八条的规定,请求国务院专利行政部门给予强制许可。

请求强制许可的,应当向国务院专利行政部门提交强制许可请求书,说明理由并附具有关证明文件各一式两份。

国务院专利行政部门应当将强制许可请求书的副本送交专利权人,专利权人应当在国务院专利行政部门指定的期限内陈述意见;期满未答复的,不影响国务院专利行政部门作出关于强制许可的决定。

国务院专利行政部门作出的给予实施强制许可的决定,应当限定强制许可实施主要是为供应国内市场的需要;强制许可涉及的发明创造是半导体技术的,强制许可实施仅限于公共的非商业性使用,或者经司法程序或者行政程序确定为反竞争行为而给予救济的使用。

第七十三条 依照专利法第五十四条的规定，请求国务院专利行政部门裁决使用费数额的，当事人应当提出裁决请求书，并附具双方不能达成协议的证明文件。国务院专利行政部门应当自收到请求书之日起3个月内作出裁决，并通知当事人。

第六章 对职务发明创造的发明人或者设计人的奖励和报酬

第七十四条 被授予专利权的国有企业事业单位应当自专利权公告之日起3个月内发给发明人或者设计人奖金。一项发明专利的奖金最低不少于2000元；一项实用新型专利或者外观设计专利的奖金最低不少于500元。

由于发明人或者设计人的建议被其所属单位采纳而完成的发明创造，被授予专利权的国有企业事业单位应当从优发给奖金。

发给发明人或者设计人的奖金，企业可以计入成本，事业单位可以从事业费中列支。

第七十五条 被授予专利权的国有企业事业单位在专利权有效期限内，实施发明创造专利后，每年应当从实施该项发明或者实用新型专利所得利润纳税后提取不低于2%或者从实施该项外观设计专利所得利润纳税后提取不低于0.2%，作为报酬支付发明人或者设计人；或者参照上述比例，发给发明人或者设计人一次性报酬。

第七十六条 被授予专利权的国有企业事业单位许可其他单位或者个人实施其专利的，应当从许可实施该项专利收取的使用费纳税后提取不低于10%作为报酬支付发明人或者设计人。

第七十七条 本章关于奖金和报酬的规定，中国其他单位可以参照执行。

第七章 专利权的保护

第七十八条 专利法和本细则所称管理专利工作的部门，是指由省、自治区、直辖市人民政府以及专利管理工作量大又有实际处理能力的设区的市人民政府设立的管理专利工作的部门。

第七十九条 除专利法第五十七条规定的外，管理专利工作的部门应当事人请求，还可以对下列专利纠纷进行调解：

(一)专利申请权和专利权归属纠纷；

(二)发明人、设计人资格纠纷；

(三)职务发明的发明人、设计人的奖励和报酬纠纷；

(四)在发明专利申请公布后专利权授予前使用发明而未支付适当费用的纠纷。

对于前款第(四)项所列的纠纷，专利权人请求管理专利工作的部门调解，应当在专利权被授予之后提出。

第八十条 国务院专利行政部门应当对管理专利工作的部门处理和调解专利纠纷进行业务指导。

第八十一条 当事人请求处理或者调解专利纠纷的，由被请求人所在地或者侵权行为地的管理专利工作的部门管辖。

两个以上管理专利工作的部门都有管辖权的专利纠纷，当事人可以向其中一个管理专利工作的部门提出请求；当事人向两个以上有管辖权的管理专利工作的部门提出请求的，由最先受理的管理专利工作的部门管辖。

管理专利工作的部门对管辖权发生争议的，由其共同的上级人民政府管理专利工作的部门指定管辖；无共同上级人民政府管理专利工作的部门的，由国务院专利行政部门指定管辖。

第八十二条 在处理专利侵权纠纷过程中，被请求人提出无效宣告请求并被专利复审委员会受理的，可以请求管理专利工作的部门中止处理。

管理专利工作的部门认为被请求人提出的中止理由明显不能成立的，可以不中止处理。

第八十三条 专利权人依照专利法第十五条的规定，在其专利产品或者该产品的包装上标明专利标记的，应当按照国务院专利行政部门规定的方式予以标明。

第八十四条 下列行为属于假冒他人专利的行为：

(一)未经许可，在其制造或者销售的产品、产品的包装上标注他人的专利号；

(二)未经许可，在广告或者其他宣传材料中使用他人的专利号，使人将所涉及的技术误认为是他人的专利技术；

(三)未经许可，在合同中使用他人的专利号，使人将合同涉及的技术误认为是他人的专利技术；

(四)伪造或者变造他人的专利证书、专利文件或者专利申请文件。

第八十五条 下列行为属于以非专利产品冒充专利产品、以非专利方法冒充专利方法的行为：

(一)制造或者销售标有专利标记的非专利产品；

(二)专利权被宣告无效后，继续在制造或者销售的产品上标注专利标记；

(三)在广告或者其他宣传材料中将非专利技术称为专利技术；

(四)在合同中将非专利技术称为专利技术；

(五)伪造或者变造专利证书、专利文件或者专利申请文件。

第八十六条 当事人因专利申请权或者专利权的归属发生纠纷，已请求管理专利工作的部门处理或者向人民法院起诉的，可以请求国务院专利行政部门中止有关程序。

依照前款规定请求中止有关程序的，应当向国务院专利行政部门提交请求书，并附具管理专利工作的部门或者人民法院的有关受理文件副本。

在管理专利工作的部门作出的处理决定或者人民法院作出的判决生效后，当事人应当向国务院专利行政部门办理恢复有关程序的手续。自请求中止之日起1年内，有关专利申请权或者专利权归属的纠纷未能结案，需要继续中止有关程序的，请求人应当在该期限内请求延长中止。期满未请求延长的，国务院专利行政部门自行恢复有关程序。

第八十七条 人民法院在审理民事案件中裁定对专利权采取保全措施的，国务院专利行政部门在协助执行时中止被保全的专利权的有关程序。保全期限届满，人民法院没有裁定继续采取保全措施的，国务院专利行政部门自行恢复有关程序。

第八章 专利登记和专利公报

第八十八条 国务院专利行政部门设置专利登记簿，登记下列与专利申请和专利权有关的事项：

（一）专利权的授予；

（二）专利申请权、专利权的转移；

（三）专利权的质押、保全及其解除；

（四）专利实施许可合同的备案；

（五）专利权的无效宣告；

（六）专利权的终止；

（七）专利权的恢复；

（八）专利实施的强制许可；

（九）专利权人的姓名或者名称、国籍和地址的变更。

第八十九条 国务院专利行政部门定期出版专利公报，公布或者公告下列内容：

（一）专利申请中记载的著录事项；

（二）发明或者实用新型说明书的摘要，外观设计的图片或者照片及其简要说明；

（三）发明专利申请的实质审查请求和国务院专利行政部门对发明专利申请自行进行实质审查的决定；

（四）保密专利的解密；

（五）发明专利申请公布后的驳回、撤回和视为撤回；

（六）专利权的授予；

（七）专利权的无效宣告；

（八）专利权的终止；

（九）专利申请权、专利权的转移；

（十）专利实施许可合同的备案；

（十一）专利权的质押、保全及其解除；

（十二）专利实施的强制许可的给予；

（十三）专利申请或者专利权的恢复；

（十四）专利权人的姓名或者名称、地址的变更；

（十五）对地址不明的当事人的通知；

（十六）国务院专利行政部门作出的更正；

（十七）其他有关事项。

发明或者实用新型的说明书及其附图、权利要求书由国务院专利行政部门另行全文出版。

第九章 费 用

第九十条 向国务院专利行政部门申请专利和办理其他手续时，应当缴纳下列费用：

（一）申请费、申请附加费、公布印刷费；

（二）发明专利申请实质审查费、复审费；

（三）专利登记费、公告印刷费、申请维持费、年费；

（四）著录事项变更费、优先权要求费、恢复权利请求费、延长期限请求费、实用新型专利检索报告费；

（五）无效宣告请求费、中止程序请求费、强制许可请求费、强制许可使用费的裁决请求费。

前款所列各种费用的缴纳标准，由国务院价格管理部门会同国务院专利行政部门规定。

第九十一条 专利法和本细则规定的各种费用，可以直接向国务院专利行政部门缴纳，也可以通过邮局或者银行汇付，或者以国务院专利行政部门规定的其他方式缴纳。

通过邮局或者银行汇付的，应当在送交国务院专利行政部门的汇单上写明正确的申请号或者专利号以及缴纳的费用名称。不符合本款规定的，视为未办理缴费手续。

直接向国务院专利行政部门缴纳费用的，以缴纳当日为缴费日。以邮局汇付方式缴纳费用的，以邮局汇出的邮戳日为缴费日。以银行汇付方式缴纳费用的，以银行实际汇出日为缴费日；但是，自汇出日至国务院专利行政部门收到日超过 15 日的，除邮局或者银行出具证明外，以国务院专利行政部门收到日为缴费日。

多缴、重缴、错缴专利费用的，当事人可以自缴费日起 1 年内，向国务院专利行政部门提出退款请求。

第九十二条 申请人应当在收到受理通知书后，最迟自申请之日起 2 个月内缴纳申请费、公布印刷费和必要的附加费；期满未缴纳或者未缴足的，其申请视为撤回。

申请人要求优先权的，应当在缴纳申请费的同时缴纳优先权要求费；期满未缴纳或者未缴足的，视为未要求优先权。

第九十三条 当事人请求实质审查、恢复权利或者复审的，应当在专利法及本细则规定的相关期限内缴纳费用；期满未缴纳或者未缴足的，视为未提出请求。

第九十四条 发明专利申请人自申请日起满 2 年尚未被授予专利权的，自第三年度起应当缴纳申请维持费。

第九十五条 申请人办理登记手续时，应当缴纳专利登记费、公告印刷费和授予专利权当年的年费。发明专利申请人应当一并缴纳各个年度的申请维持费，授予专利权的当年不包括在内。期满未缴纳费用的，视为未办理登记手续。以后的年费应当在前一年度期满前 1 个月内预缴。

第九十六条 专利权人未按时缴纳授予专利权当年以后的年费或者缴纳的数额不足的，国务院专利行政部门应当通知专利权人自应当缴纳年费期满之日起 6 个月内补缴，同时缴纳滞纳金；滞纳金的金额按照每超过规定的缴费时间 1 个月，加收当年全额年费的 5% 计算；期满未缴纳的，专利权自应当缴纳年费期满之日起终止。

第九十七条 著录事项变更费、实用新型专利检索报告费、中止程序请求费、强制许可请求费、强制许可使用费的裁决请求费、无效宣告请求费应当自提出请求之日起1个月内，按照规定缴纳；延长期限请求费应当在相应期限届满之日前缴纳；期满未缴纳或者未缴足的，视为未提出请求。

第九十八条 申请人或者专利权人缴纳本细则规定的各种费用有困难的，可以按照规定向国务院专利行政部门提出减缴或者缓缴的请求。减缴或者缓缴的办法由国务院专利行政部门商国务院财政部门、国务院价格管理部门规定。

第十章 关于国际申请的特别规定

第九十九条 国务院专利行政部门根据专利法第二十条规定，受理按照专利合作条约提出的专利国际申请。

按照专利合作条约提出并指定中国的专利国际申请（以下简称国际申请）进入中国国家阶段的条件和程序适用本章的规定；本章没有规定的，适用专利法及本细则其他各章的有关规定。

第一百条 按照专利合作条约已确定国际申请日并指定中国的国际申请，视为向国务院专利行政部门提出的专利申请，该国际申请日视为专利法第二十八条所称的申请日。

在国际阶段，国际申请或者国际申请中对中国的指定撤回或者视为撤回的，该国际申请在中国的效力终止。

第一百零一条 国际申请的申请人应当在专利合作条约第二条所称的优先权日（本章简称"优先权日"）起20个月内，向国务院专利行政部门办理国际申请进入中国国家阶段的下列手续；国际申请在优先权日起19个月内选定中国并且该选定继续有效的，国际申请的申请人应当在优先权日起30个月内，向国务院专利行政部门办理国际申请进入中国国家阶段的下列手续：

（一）提交其国际申请进入中国国家阶段的书面声明。声明中应当写明国际申请号，并以中文写明要求获得的专利权类型、发明创造的名称、申请人姓名或者名称、申请人的地址和发明人的姓名，上述内容应当与国际局的记录一致；

（二）缴纳本细则第九十条第一款规定的申请费、申请附加费和公布印刷费；

（三）国际申请以中文以外的文字提出的，应当提交原始国际申请的说明书、权利要求书、附图中的文字和摘要的中文译文；国际申请以中文提出的，应当提交国际公布文件中的摘要副本；

（四）国际申请有附图的，应当提交附图副本。国际申请以中文提出的，应当提交国际公布文件中的摘要附图副本。

申请人在前款规定的期限内未办理进入中国国家阶段手续的，在缴纳宽限费后，可以在自优先权日起22个月或者32个月的相应期限届满前办理。

第一百零二条 申请人在本细则第一百零一条第二款规定的期限内未办理进入中国国家阶段手续，或者在该期限届满时有下列情形之一的，其国际申请在中国的效力终止：

（一）进入中国国家阶段声明中未写明国际申请号的；

（二）未缴纳本细则第九十条第一款规定的申请费、公布印刷费和本细则第一百零一条第二款规定的宽限费的；

（三）国际申请以中文以外的文字提出而未提交原始国际申请的说明书和权利要求书的中文译文的。

国际申请在中国的效力已经终止的，不适用本细则第七条第二款的规定。

第一百零三条 申请人办理进入中国国家阶段手续时有下列情形之一的，国务院专利行政部门应当通知申请人在指定期限内补正：

（一）未提交摘要的中文译文或者摘要副本的；

（二）未提交附图副本或者摘要附图副本的；

（三）未在进入中国国家阶段声明中以中文写明发明创造的名称、申请人姓名或者名称、申请人的地址和发明人的姓名的；

（四）进入中国国家阶段声明的内容或者格式不符合规定的。

期限届满申请人未补正的，其申请视为撤回。

第一百零四条 国际申请在国际阶段作过修改，申请人要求以经修改的申请文件为基础进行审查的，申请人应当在国务院专利行政部门作好国家公布的准备工作前提交修改的中文译文。在该期间内未提交中文译文的，对申请人在国际阶段提出的修改，国务院专利行政部门不予考虑。

第一百零五条 申请人办理进入中国国家阶段手续时，还应当满足下列要求：

（一）国际申请中未指明发明人的，在进入中国国家阶段声明中指明发明人姓名；

（二）国际阶段向国际局已办理申请人变更手续的，应当提供变更后的申请人享有申请权的证明材料；

（三）申请人与作为优先权基础的在先申请的申请人不是同一人，或者提出在先申请后更改姓名的，必要时，应当提供申请人享有优先权的证明材料；

（四）国际申请涉及的发明创造有专利法第二十四条第（一）项或者第（二）项所列情形之一，在提出国际申请时作过声明的，应当在进入中国国家阶段声明中予以说明，并自办理进入中国国家阶段手续之日起2个月内提交本细则第三十一条第二款规定的有关证明文件。

申请人未满足前款第（一）项、第（二）项和第（三）项要求的，国务院专利行政部门应当通知申请人在指定期限内补正。期满未补正第（一）项或者第（二）项内容的，该申请视为撤回；期满未补正第（三）项内容的，该优先权要求视为未提出。

申请人未满足本条第一款第（四）项要求的，其申请不适用专利法第二十四条的规定。

第一百零六条 申请人按照专利合作条约的规定，对生物材料样品的保藏已作出说明的，视为已经满足了本细则第二十五条第（三）项的要求。申请人应当在进入中国国家阶段声明中指明记载生物材料样品保藏事项的文件以及在该文件中的具体记载位置。

申请人在原始提交的国际申请的说明书中已记载生物材料样品保藏事项，但是没有在进入中国国家阶段声明中指明的，应当在办理进入中国国家阶段手续之日4个月内补正。期满未补正的，该生物材料视为未提交保藏。

申请人在办理进入中国国家阶段手续之日起4个月内向国务院专利行政部门提交生物材料样品保藏证明和存活证明的，视为在本细则第二十五条第(一)项规定的期限内提交。

第一百零七条 申请人在国际阶段已要求一项或者多项优先权，在进入中国国家阶段时该优先权要求继续有效的，视为已经依照专利法第三十条的规定提出了书面声明。

申请人在国际阶段提出的优先权书面声明有书写错误或者未写明在先申请的申请号的，可以在办理进入中国国家阶段手续时提出改正请求或者写明在先申请的申请号。申请人提出改正请求的，应当缴纳改正优先权要求请求费。

申请人在国际阶段已依照专利合作条约的规定，提交过在先申请文件副本的，办理进入中国国家阶段手续时不需要向国务院专利行政部门提交在先申请文件副本。申请人在国际阶段未提交在先申请文件副本的，国务院专利行政部门认为必要时，可以通知申请人在指定期限内补交。申请人期满未补交的，其优先权要求视为未提出。

优先权要求在国际阶段视为未提出并经国际局公布该信息，申请人有正当理由的，可以在办理进入中国国家阶段手续时请求国务院专利行政部门恢复其优先权要求。

第一百零八条 在优先权日起20个月期满前要求国务院专利行政部门提前处理和审查国际申请的，申请人除应当办理进入中国国家阶段手续外，还应当依照专利合作条约第二十三条第二款规定提出请求。国际局尚未向国务院专利行政部门传送国际申请的，申请人应当提交经确认的国际申请副本。

第一百零九条 要求获得实用新型专利权的国际申请，申请人可以在办理进入中国国家阶段手续之日起1个月内，向国务院专利行政部门提出修改说明书、附图和权利要求书。

要求获得发明专利权的国际申请，适用本细则第五十一条第一款的规定。

第一百一十条 申请人发现提交的说明书、权利要求书或者附图中的文字的中文译文存在错误的，可以在下列规定期限内依照原始国际申请文本提出改正：

(一)在国务院专利行政部门作好国家公布的准备工作之前；

(二)在收到国务院专利行政部门发出的发明专利申请进入实质审查阶段通知书之日起3个月内。

申请人改正译文错误的，应当提出书面请求，提交译文的改正页，并缴纳规定的译文改正费。

申请人按照国务院专利行政部门的通知书的要求改正译文的，应当在指定期限内办理本条第二款规定的手续；期满未办理规定手续的，该申请视为撤回。

第一百一十一条 对要求获得发明专利权的国际申请，国务院专利行政部门经初步审查认为符合专利法和本细则有关规定的，应当在专利公报上予以公布；国际申请以中文以外的文字提出的，应当公布申请文件的中文译文。

要求获得发明专利权的国际申请，由国际局以中文进行国际公布的，自国际公布日起适用专利法第十三条的规定；由国际局以中文以外的文字进行国际公布的，自国务院专利行政部门公布之日起适用专利法第十三条的规定。

对国际申请，专利法第二十一条和第二十二条中所称的公布是指本条第一款所规定的公布。

第一百一十二条 国际申请包括两项以上发明或者实用新型的，申请人在办理进入中国国家阶段手续后，依照本细则第四十二条第一款的规定，可以提出分案申请。

在国际阶段，国际检索单位或者国际初步审查单位认为国际申请不符合专利合作条约规定的单一性要求时，申请人未按照规定缴纳附加费，导致国际申请某些部分未经国际检索或者未经国际初步审查，在进入中国国家阶段时，申请人要求将所述部分作为审查基础，国务院专利行政部门认为国际检索单位或者国际初步审查单位对发明单一性的判断正确的，应当通知申请人在指定期限内缴纳单一性恢复费。期满未缴纳或者未足额缴纳的，国际申请中未经检索或者未经国际初步审查的部分视为撤回。

第一百一十三条 申请人依照本细则第一百零一条的规定提交文件和缴纳费用的，以国务院专利行政部门收到文件之日为提交日、收到费用之日为缴纳日。

提交的文件邮递延误的，申请人自发现延误之日起1个月内证明该文件已经在本细则第一百零一条规定的期限届满之日前5日交付邮寄的，该文件视为在期限届满之日收到。但是，申请人提供证明的时间不得迟于本细则第一百零一条规定的期限届满后6个月。

申请人依照本细则第一百零一条的规定向国务院专利行政部门提交文件，可以使用传真方式。申请人使用传真方式的，以国务院专利行政部门收到传真件之日为提交日。申请人应当自发送传真之日起14日内向国务院专利行政部门提交传真件的原件。期满未提交原件的，视为未提交该文件。

第一百一十四条 国际申请要求优先权的，申请人应当在办理进入中国国家阶段手续时缴纳优先权要求费；未缴纳或者未足额缴纳的，国务院专利行政部门应当通知申请人在指定的期限内缴纳；期满仍未缴纳或者未足额缴纳的，视为未要求该优先权。

第一百一十五条 国际申请在国际阶段被有关国际单位拒绝给予国际申请日或者宣布视为撤回的，申请人在收到通知之日起2个月内，可以请求国际局将国际申请档案中任何文件的副本转交国务院专利行政部门，并在该期限内向国务院专利行政部门办理本细则第一百零一条规定的手续，国务院专利行政部门应当在接到国际局传送的文件后，对国际单位作出的决定是否正确进行复查。

第一百一十六条 基于国际申请授予的专利权，由于译文错误，致使依照专利法第五十六条规定确定的保护范围超出国际申请的原文所表达的范围的，以依据原文限制后的保护范围为准；致使保护范围小于国际申请的原文所表达的范围的，以授权时的保护范围为准。

第十一章　附　　则

第一百一十七条　经国务院专利行政部门同意，任何人均可以查阅或者复制已经公布或者公告的专利申请的案卷和专利登记簿，并可以请求国务院专利行政部门出具专利登记簿副本。

已视为撤回、驳回和主动撤回的专利申请的案卷，自该专利申请失效之日起满 2 年后不予保存。

已放弃、宣告全部无效和终止的专利权的案卷，自该专利权失效之日起满 3 年后不予保存。

第一百一十八条　向国务院专利行政部门提交申请文件或者办理各种手续，应当使用国务院专利行政部门制定的统一格式，由申请人、专利权人、其他利害关系人或者其代表人签字或者盖章；委托专利代理机构的，由专利代理机构盖章。

请求变更发明人姓名、专利申请人和专利权人的姓名或者名称、国籍和地址、专利代理机构的名称、地址和代理人姓名的，应当向国务院专利行政部门办理著录事项变更手续，并附具变更理由的证明材料。

第一百一十九条　向国务院专利行政部门邮寄有关申请或者专利权的文件，应当使用挂号信函，不得使用包裹。

除首次提交申请文件外，向国务院专利行政部门提交各种文件、办理各种手续时，应当标明申请号或者专利号、发明创造名称和申请人或者专利权人姓名或者名称。

一件信函中应当只包含同一申请的文件。

第一百二十条　各类申请文件应当打字或者印刷，字迹呈黑色，整齐清晰，并不得涂改。附图应当用制图工具和黑色墨水绘制，线条应当均匀清晰，并不得涂改。

请求书、说明书、权利要求书、附图和摘要应当分别用阿拉伯数字顺序编号。

申请文件的文字部分应当横向书写。纸张限于单面使用。

第一百二十一条　国务院专利行政部门根据专利法和本细则制定专利审查指南。

第一百二十二条　本细则自 2001 年 7 月 1 日起施行。1992 年 12 月 12 日国务院批准修订、1992 年 12 月 31 日中国专利局发布的《中华人民共和国专利法实施细则》同时废止。

财政、税务、金融、证券

企业会计准则——投资

财政部　财会[2001]　第 7 号　2001 年 1 月 17 日发布

引　言

1. 本准则规范投资的会计核算和相关信息的披露。

投资会计核算主要解决的问题是投资的计价，以及投资损益的确认。投资的计价包括投资成本的确定和投资账面价值的调整。

2. 本准则不涉及：

(1)外币投资的折算；

(2)证券经营业务；

(3)合并会计报表；

(4)企业合并。

定　义

3. 本准则使用的下列术语，其定义为：

(1)投资，指企业为通过分配来增加财富，或为谋求其他利益，而将资产过渡给其他单位所获得的另一项资产。

(2)短期投资，指能够随时变现并且持有时间不准备超过一年的投资。

(3)长期投资，指短期投资以外的投资。

(4)成本法，指投资按投资成本计价的方法。

(5)权益法，指投资最初以投资成本计价，以后根据投资企业享有被投资单位所有者权益份额的变动对投资的账面价值进行调整的方法。

(6)债券投资溢价或折价，指债券初始投资成本扣除相关费用及应收利息后的金额与债券面值之间的差额。

投资的分类

4. 投资分为短期投资和长期投资。

长期投资分为长期债权投资和长期股权投资。长期债权投资又可分为债券投资和其他债权投资。

5. 长期股权投资依据对被投资单位产生的影响，分为以下四种类型：

(1) 控制，是指有权决定一个企业的财务和经营政策，并能据以从该企业的经营活动中获取利益。

(2)共同控制，是指按合同约定对某项经济活动所共有的控制。

(3)重大影响，是指对一个企业的财务和经营政策有参与决策的权力，但并不决定这些政策。

(4)无控制、无共同控制且无重大影响。

初始投资成本的确定

6. 投资在取得时应以初始投资成本计价。

7. 初始投资成本是指取得投资时实际支付的全部价款，包括税金、手续费等相关费用。但实际支付的价款中包含的已宣告但尚未领取的现金股利，或已到付息期但尚未领取的债券利息，应作为应收项目单独核算。

债券初始投资成本扣除相关费用及应收利息，与债券面值之间的差额，应作为债券投资溢价或折价。

以放弃非货币性资产而取得的长期股权投资，其初始投资成本应按《企业会计准则——非货币性交易》的规定确定。

以债务重组而取得的投资，其初始投资成本应按《企业会计准则——债务重组》的规定确定。

8. 长期股权投资采用权益法核算时，投资企业的初始投资成本与应享有被投资单位所有者权益份额之间的差额，作为股权投资差额，按一定期限平均摊销，计入损益。

股权投资差额的摊销期限，合同规定了投资期限的，按投资期限摊销；合同没有规定投资期限的，初始投资成本超过应享有被投资单位所有者权益份额之间的差额，按不超过 10 年的期限摊销；初始投资成本低于应享有被投资单位所有者权益份额之间的差额，按不低于 10 年的期限摊销。

投资账面价值的调整

短期投资

9. 短期投资的现金股利或利息，应于实际收到时，冲减投资的账面价值，但收到的、已记入应收项目的现金股利或利息除外。

10. 持有的短期投资，在期末或者至少在年度终了时应以成本与市价孰低计价，并将市价低于成本的金额确认为当期投资损失。

已确认跌价损失的短期投资的价值又得以恢复，应在原已确认的投资损失的金额内转回。

长期债权投资

11. 债券投资溢价或折价，在债券购入后至到期前的期间内于确认相关债券利息收入时摊销。摊销方法可以采用直线法，也可以采用实际利率法。

债券投资应按期计算应收利息。计算的债券投资利息收入，经调整债券投资溢价或折价摊销额后的金额，确认为当期投资收益。

12. 债券初始投资成本中包含的相关费用，如金额较大的，可以于债券购入后至到期前的期间内在确认相关债券利息收入时摊销，计入损益；如金额较小的，也可以于购入债券时一次摊销，计入损益。

13. 其他债权投资按期计算的应收利息，确认为当期投资收益。

14. 对一次还本付息的债权投资，应计未收利息应于确认时增加投资的账面价值；对分期付息的债权投资，应计未收利息应于确认时作为应收项目单独核算，不增加投资的账面价值。

长期股权投资

15. 长期股权投资应根据不同情况，分别采用成本法或权益法核算。

16. 投资企业对被投资单位无控制、无共同控制且无重大影响的，长期股权投资应采用成本法核算。

17. 采用成本法时，除追加或收回投资外，长期股权投资的账面价值一般应保持不变。被投资单位宣告分派的利润或现金股利，确认为当期投资收益。投资企业确认投资收益，仅限于所获得的被投资单位在接受投资后产生的累积净利润的分配额，所获得的被投资单位宣告分派的利润或现金股利超过上述数额的部分，作为初始投资成本的收回，冲减投资的账面价值。

18. 投资企业对被投资单位具有控制、共同控制或重大影响的，长期股权投资应采用权益法核算。

19. 采用权益法时，投资企业应在取得股权投资后，按应享有或应分担的被投资单位当年实现的净利润或发生的净亏损的份额（法规或公司章程规定不属于投资企业的净利润除外），调整投资的账面价值，并确认为当期投资损益。投资企业按被投资单位宣告分派的利润或现金股利计算应分得的部分，相应减少投资的账面价值。

投资企业确认被投资单位发生的净亏损，以投资账面价值减记至零为限；如果被投资单位以后各期实现净利润，投资企业应在计算的收益分享额超过未确认的亏损分担额以后，按超过未确认的亏损分担额的金额，恢复投资的账面价值。

在按被投资单位净损益计算调整投资的账面价值和确认投资损益时，应以取得被投资单位股权后发生的净损益为基础。

被投资单位除净损益以外的所有者权益的其他变动，也应根据具体情况调整投资的账面价值。

20. 投资企业因追加投资等原因对长期股权投资的核算从成本法改为权益法，应自实际取得对被投资单位控制、共同控制或对被投资单位实施重大影响时，按股权投资的账面价值作为初始投资成本，初始投资成本与应享有被投资单位所有者权益份额的差额，作为股权投资差额，并按第8条的规定处理。

21. 投资企业因减少投资等原因对被投资单位不再具有控制、共同控制和重大影响时，应中止采用权益法。

22. 投资企业依第21条规定中止采用权益法的，应在中止采用权益法时按投资的账面价值作为新的投资成本。其后，被投资单位宣告分派利润或现金股利时，属于已记入投资账面价值的部分，作为新的投资成本的收回，冲减新的投资成本。

长期投资减值

23. 企业应当定期对长期投资的账面价值逐项进行检查，至少于每年年末检查一次。如果由于市价持续下跌或被投资单位经营状况变化等原因导致其可收回金额低于投资的账面价值，应将可收回金额低于长期投资账面价值的差额，确认为当期投资损失。

本准则所称的可收回金额，是指企业资产的出售净价与预期从该资产的持有和投资到期处置中形成的预计未来现金流量的现值两者之中的较高者。其中，出售净价是指资产的出售价格减去所发生的资产处置费用后的余额。

已确认损失的长期投资的价值又得以恢复，应在原已确认的投资损失的数额内转回。

投资的划转

24. 短期投资划转为长期投资时，应按成本与市价孰低结转。

拟处置的长期投资不调整至短期投资，待处置长期投资时按第25条的规定处理。

投资的处置

25. 处置投资时，投资的账面价值与实际取得价款的差额，确认为当期投资损益。

披　　露

26. 企业应在财务报告中披露下列与投资有关的事项：

(1)当期发生的投资净损益，其中重大的投资净损益项目应单独披露；

(2)短期投资、长期债权投资和长期股权投资的期末余额，其中长期股权投资中属于对子公司、合营企业、联营企业投资的部分，应单独披露；

(3)当年提取的投资损失准备；

(4)投资的计价方法；

(5)短期投资的期末市价；

(6)投资总额占净资产的比例；

(7)采用权益法时，投资企业与被投资单位会计政策的重大差异；

(8)投资变现及投资收益汇回的重大限制。

衔接办法

27. 对于本准则施行之日以前发生的投资业务，其会计处理方法与本准则规定的方法不同的，不予追溯调整。对于本准则施行之日以前发生、但在施行之日仍然持有的投资，自本准则施行之日起应按本准则的规定处理。

附　　则

28. 本准则自2001年1月1日起施行。

《企业会计制度》实施范围有关问题规定

财政部　财会[2001]11号　2001年1月9日发布

《企业会计制度》发布后，我们收到有关部门、企业等的来信、来电，要求先行实施《企业会计制度》。对此，经研究，现就企业实施《企业会计制度》范围作如下规定：

一、按照财政部《关于印发〈企业会计制度〉的通知》（财会[2000]25号）的规定，《企业会计制度》自2001年1月1日起，暂在股份有限公司范围内实施。同时，为了尽快提高我国企业的会计信息质量，我们也鼓励其他企业先行实施《企业会计制度》。

二、国有企业有意先行实施《企业会计制度》的，由企业提出申请，报经同级财政部门批准后，可以先行实施。

三、为了便于编制合并会计报表，纳入合并会计报表范围内的母子公司，应当尽量采用相同的会计政策。如果企业集团母公司已经实施了《企业会计制度》，母公司应当要求其子公司也实施《企业会计制度》；如果其子公司未实施《企业会计制度》，在编制合并会计报表时，应当按照《企业会计制度》的规定对子公司的会计报表进行调整，并按调整后的数字编制合并会计报表。

如果企业集团中的母公司尚未实施《企业会计制度》，而其部分子公司已经实施了《企业会计制度》的，企业集团中的母公司和其他未实施《企业会计制度》的企业是否执行《企业会计制度》，由母公司确定（如需经同级财政部门批准的，应经批准），但对外提供的合并会计报表，母子公司所采纳的会计政策应当统一。

财政部门实施会计监督办法

中华人民共和国财政部令　第10号　2001年2月20日发布

第一章　总　　则

第一条　为规范财政部门会计监督工作，保障财政部门有效实施会计监督，保护公民、法人和其他组织的合法权益，根据《中华人民共和国会计法》（以下简称《会计法》）、《中华人民共和国行政处罚法》（以下简称《行政处罚法》）、《企业财务会计报告条例》等有关法律、行政法规的规定，制定本办法。

第二条　国务院财政部门及其派出机构和县级以上地方各级人民政府财政部门（以下统称财政部门）对国家机关、社会团体、公司、企业、事业单位和其他组织（以下统称单位）执行《会计法》和国家统一的会计制度的行为实施监督检查以及对违法会计行为实施行政处罚，适用本办法。

当事人的违法会计行为依法应当给予行政处分的，执行有关法律、行政法规的规定。

第三条　县级以上财政部门负责本行政区域的会计监督检查，并依法对违法会计行为实施行政处罚。

跨行政区域行政处罚案件的管辖确定，由相关的财政部门协商解决；协商不成的，报请共同的上一级财政部门指定管辖。

上级财政部门可以直接查处下级财政部门管辖的案件，下级财政部门对于重大、疑难案件可以报请上级财政部门管辖。

第四条　财政部门对违法会计行为案件的处理，应当按照本办法规定的程序，经审查立案、组织检查、审理后，作出处理决定。

第五条　财政部门应当在内部指定专门的机构或者在相关机构中指定专门的人员负责会计监督检查和违法会计行为案件的立案、审理、执行、移送和案卷管理等工作。财政部门内部相关机构或者职责的设立，应当体现案件调查与案件审理相分离、罚款决定与罚款收缴相分离的原则。

第六条　财政部门应当建立健全会计监督制度，并将会计监督与财务监督和其他财政监督结合起来，不断改进和加强会计监督工作。

第七条　任何单位和个人对违法会计行为有权检举。

财政部门对受理的检举应当及时按照有关规定处理，不得将检举人姓名和检举材料转给被检举单位和被检举人个人。

第八条　财政部门及其工作人员对在会计监督检查工作中知悉的国家秘密和商业秘密负有保密义务。

第二章　会计监督检查的内容、形式和程序

第九条　财政部门依法对各单位设置会计账簿的下列情况实施监督检查：

（一）应当设置会计账簿的是否按规定设置会计账簿；

（二）是否存在账外设账的行为；

（三）是否存在伪造、变造会计账簿的行为；

（四）设置会计账簿是否存在其他违反法律、行政法规和国家统一的会计制度的行为。

第十条　财政部门依法对各单位会计凭证、会计账簿、财务会计报告和其他会计资料的真实性、完整性实施监督检查，内容包括：

（一）《会计法》第十条规定的应当办理会计手续、进行会计核算的经济业务事项是否如实在会计凭证、会计账簿、财务会计报告和其他会计资料上反映；

（二）填制的会计凭证、登记的会计账簿、编制的财务会计报告与实际发生的经济业务事项是否相符；

（三）财务会计报告的内容是否符合有关法律、行政法规和国家统一的会计制度的规定；

（四）其他会计资料是否真实、完整。

第十一条　财政部门依法对各单位会计核算的下列情况实施监督检查：

（一）采用会计年度、使用记账本位币和会计记录文字是否符合法律、行政法规和国家统一的会计制度的规定；

（二）填制或者取得原始凭证、编制记账凭证、登记会计账簿是否符合法律、行政法规和国家统一的会计制度的规定；

（三）财务会计报告的编制程序、报送对象和报送期限是否符合法律、行政法规和国家统一的会计制度的规定；

（四）会计处理方法的采用和变更是否符合法律、行政法规和国家统一的会计制度的规定；

（五）使用的会计软件及其生成的会计资料是否符合法

律、行政法规和国家统一的会计制度的规定；

(六)是否按照法律、行政法规和国家统一的会计制度的规定建立并实施内部会计监督制度；

(七)会计核算是否有其他违法会计行为。

第十二条 财政部门依法对各单位会计档案的建立、保管和销毁是否符合法律、行政法规和国家统一的会计制度的规定实施监督检查。

第十三条 财政部门依法对公司、企业执行《会计法》第二十五条和第二十六条的情况实施监督检查。

第十四条 财政部门依法对各单位任用会计人员的下列情况实施监督检查：

(一)从事会计工作的人员是否持有会计从业资格证书；

(二)会计机构负责人(会计主管人员)是否具备法律、行政法规和国家统一的会计制度规定的任职资格。

第十五条 国务院财政部门及其派出机构和省、自治区、直辖市财政部门依法对会计师事务所出具的审计报告的程序和内容实施监督检查。

第十六条 财政部门实施会计监督检查可以采用下列形式：

(一)对单位遵守《会计法》、会计行政法规和国家统一的会计制度情况进行全面检查；

(二)对单位会计基础工作、从事会计工作的人员持有会计从业资格证书、会计人员从业情况进行专项检查或者抽查；

(三)对有检举线索或者在财政管理工作中发现有违法嫌疑的单位进行重点检查；

(四)对经注册会计师审计的财务会计报告进行定期抽查；

(五)对会计师事务所出具的审计报告进行抽查；

(六)依法实施其他形式的会计监督检查。

第十七条 财政部门实施会计监督检查，应当执行《财政检查工作规则》(财政部财监字[1998]223号)和本办法规定的工作程序、要求，保证会计监督检查的工作质量。

第十八条 在会计监督检查中，检查人员应当如实填写会计监督检查工作记录。

会计监督检查工作记录应当包括下列内容：

(一)检查工作记录的编号；

(二)被检查单位违法会计行为发生的日期、记账凭证编号、会计账簿名称和编号、财务会计报告名称和会计期间、会计档案编号；

(三)被检查单位违法会计行为主要内容摘录；

(四)会计监督检查工作记录附件的主要内容和页数；

(五)其他应当说明的事项；

(六)检查人员签章及填制日期；

(七)检查组长签章及日期。

前款第(四)项所称会计监督检查工作记录附件应当包括下列材料：

(一)与被检查事项有关的会计凭证、会计账簿、财务会计报告等会计资料的复印件；

(二)与被检查事项有关的文件、合同、协议、往来函件等资料的复印件；

(三)注册会计师及其会计师事务所出具的审计报告、有关资料的复印件；

(四)其他有关资料。

第十九条 财政部门实施会计监督检查，可以在被检查单位的业务场所进行；必要时，经财政部门负责人批准，也可以将被检查单位以前会计年度的会计凭证、会计账簿、财务会计报告和其他有关资料调回财政部门检查，但须由组织检查的财政部门向被检查单位开具调用会计资料清单，并在三个月内完整退还。

第二十条 财政部门在被检查单位涉嫌违法的证据可能灭失或者以后难以取得的情况下，经财政部门负责人批准，可以对证据先行登记保存，并应当在七日内对先行登记保存的证据作出处理决定。

第二十一条 国务院财政部门及其派出机构在对有关单位会计资料的真实性、完整性实施监督检查过程中，发现重大违法嫌疑时，可以向与被检查单位有经济业务往来的单位或者被检查单位开立帐户的金融机构查询有关情况。向与被检查单位有经济业务往来的单位查询有关情况，应当经国务院财政部门或者其派出机构负责人批准，并持查询情况许可证明；向被检查单位开立帐户的金融机构查询情况，应当遵守《关于财政部及其派出机构查询被监督单位有关情况若干具体问题的通知》(财政部、中国人民银行财监字[2000]39号)的规定。

第二十二条 检查组应当在检查工作结束后十日内，将会计监督检查报告、会计监督检查工作记录及其附件、被检查当事人提出的书面意见提交组织检查的财政部门。

会计监督检查报告应当包括下列内容：

(一)检查的范围、内容形式和时间；

(二)被检查单位的基本情况；

(三)检查组检查工作的基本情况；

(四)当事人的违法会计行为和确认违法事实的依据；

(五)对当事人给予行政处罚的建议；

(六)对当事人给予行政处分的建议；

(七)对涉嫌犯罪的当事人提出移送司法机关的建议；

(八)其他需要说明的内容；

(九)检查组组长签章及日期。

第二十三条 财政部门对于检查组提交的会计监督检查报告及其他有关材料应当按照本办法第四章的有关规定进行审理，并作出处理决定。

第三章 处理、处罚的种类和适用

第二十四条 财政部门在会计监督检查中实施行政处罚的种类包括：

(一)警告；

(二)罚款;

(三)吊销会计从业资格证书。

第二十五条 财政部门对违法会计行为查实后，应当责令当事人改正或者限期改正,并依法给予行政处罚。

第二十六条 当事人有下列情形之一的，财政部门应当依法从轻给予行政处罚:

(一)违法会计行为是初犯,且主动改正违法会计行为、消除危害后果的;

(二)违法会计行为是受他人胁迫进行的;

(三)配合财政部门查处违法会计行为有立功表现的;

(四)其它依法应当从轻给予行政处罚的。

第二十七条 当事人有下列情形之一的，财政部门应当依法从重给予行政处罚:

(一)无故未能按期改正违法会计行为的;

(二)屡查屡犯的;

(三)抗拒、阻挠依法实施的监督,不如实提供有关会计资料和情况的;

(四)胁迫他人实施违法会计行为的;

(五)违法会计行为对单位的财务状况和经营成果产生重大影响的;

(六)以虚假的经济业务事项或者资料为依据进行会计核算,造成会计信息严重失实的;

(七)随意改变会计要素确认标准、计量方法,造成会计信息严重失实的;

(八)违法会计行为是以截留、挪用、侵占、浪费国家财政资金为目的的;

(九)违法会计行为已构成犯罪但司法机关免予刑事处罚的。

第二十八条 财政部门在对本办法第九条、第十条、第十一条、第十二条、第十三条、第十四条规定的内容实施会计监督检查中,发现当事人有《会计法》第四十二条第一款所列违法会计行为的,应当依照《会计法》第四十二条的规定处理。

第二十九条 财政部门在对本办法第九条、第十条、第十一条、第十二条、第十三条规定的内容实施会计监督检查中,发现当事人有伪造、变造会计凭证、会计账簿或者编制虚假财务会计报告的,应当依照《会计法》第四十三条的规定处理。

第三十条 财政部门在对本办法第九条、第十条、第十一条、第十二条、第十三条规定的内容实施会计监督检查中,发现有隐匿或者故意销毁依法应当保存的会计凭证、会计账簿、财务会计报告的违法会计行为的,应当依照《会计法》第四十四条的规定处理。

第三十一条 财政部门在实施会计监督检查中，发现被检查单位的有关人员的授意、指使、强令会计机构、会计人员及其他人员伪造、变造或者隐匿、故意销毁依法应当保存的会计凭证、会计账簿，编制虚假财务会计报告行为的，应当依照《会计法》第四十五条的规定处理。

第三十二条 财政部门在会计监督检查中发现单位负责人对依法履行职责的会计人员实行打击报复的，应当依照《会计法》第四十六条的规定处理。

第三十三条 财政部门对本办法第十五条规定的内容实施监督检查时，发现注册会计师及会计师事务所出具审计报告的程序和内容违反《中华人民共和国注册会计师法》规定的,应当依照《中华人民共和国注册会计师法》的有关规定处理。

第三十四条 财政部门认为违法会计行为构成犯罪的,应当依照有关规定移送司法机关处理。

第三十五条 财政部门的工作人员在实施会计监督中,有下列行为之一的,依法给予行政处分;构成犯罪的,依法追究刑事责任:

(一)滥用职权的;

(二)玩忽职守、徇私舞弊的;

(三)索贿受贿的;

(四)泄露国家秘密、商业秘密的。

第四章　行政处罚程序

第三十六条 财政部门对违法会计行为实施行政处罚,应当按照本章规定的程序办理。

第三十七条 财政部门对公民、法人和其他组织检举的违法会计行为案件,应当予以审查,并在七日内决定是否立案。

第三十八条 财政部门对违法会计行为案件的下列内容予以审查:

(一)违法事实是否清楚;

(二)证据是否确凿;

(三)其他需要审查的内容。

第三十九条 财政部门对符合下列条件的违法会计行为案件应当予以立案:

(一)有明确的违法会计行为、违法会计行为人;

(二)有可靠的事实依据;

(三)当事人的违法会计行为依法应当给予行政处罚;

(四)属于本机关管辖。

第四十条 财政部门对违法会计行为案件审查后，认为不符合立案条件的，应当告知检举人，并将审查意见存档;认为案件依法应当由其他部门管辖的,及时将案件材料移送有关部门。

第四十一条 对下列违法会计行为案件，财政部门可以直接立案:

(一)在会计监督检查中发现的;

(二)在其它财政监督检查中发现的;

(三)在日常财政管理工作中发现的;

(四)上级财政部门指定办理、下级财政部门上报的;

(五)有关部门移送的。

第四十二条 财政部门对按照本办法第三十七条、第三十九条和第四十一条第(三)、(四)、(五)项规定立案的违法会计行为案件，应当按照本办法第二章规定的程序实施会计监督检查。

第四十三条 财政部门应当建立违法会计行为案件的审理制度。

财政部门应当指定专门的机构或者在相关机构中指定专门的人员，负责对已经立案并实施会计监督检查的案件按照本章规定的程序审核检查组提交的有关材料，以确定是否对当事人给予行政处罚以及对当事人的处罚种类和幅度。

第四十四条 财政部门对违法会计行为案件的审理应当依照有关法律、行政法规和规章的规定进行，并遵循实事求是、证据确凿、程序合法、错罚相当的原则。

第四十五条 案件审理人员应当对违法会计行为案件的下列内容进行审查：

(一)实施的会计监督检查是否符合法定程序；

(二)当事人的违法事实是否清楚；

(三)收集的证明材料是否真实、充分；

(四)认定违法会计行为所适用的依据是否正确；

(五) 建议给予的行政处罚种类和幅度是否合法和适当；

(六)当事人陈述和申辩的理由是否成立；

(七)需要审理的其他事项。

第四十六条 案件审理人员对其审理的案件可以分别作出下列处理：

(一) 对会计监督检查未履行法定程序的，经向财政部门负责人报告并批准后，采取必要的弥补措施；

(二) 对违法事实不清、证据不充分的，中止审理，并通知有关检查人员予以说明或者补充、核实有关的检查材料。必要时，经财政部门负责人批准，可另行组织调查、取证；

(三) 对认定违法会计行为所适用的依据、建议给予的行政处罚的种类和幅度不正确、不适当的，提出修改意见；

(四)对审理事项没有异议的，签署同意意见。

第四十七条 财政部门根据对违法会计行为案件的审理结果，分别作出下列处理决定：

(一)违法事实不能成立的，不得给予行政处罚；

(二)违法会计行为轻微，依法不予行政处罚的，不予行政处罚；

(三)违法事实成立，依法应当给予行政处罚的，作出行政处罚决定；

(四) 违法会计行为应当给予行政处分的，将有关材料移送其所在单位或者有关单位，并提出给予行政处分的具体建议；

(五)按照有关法律、行政法规和规章的规定，违法行为应当由其他部门实施行政处罚的，将有关材料移送有关部门处理；

(六) 认为违法行为构成犯罪的，将违法案件有关材料移送司法机关处理。

第四十八条 财政部门对当事人没有违法会计行为或者违法会计行为轻微依法不予行政处罚的，应当制作会计监督检查结论，送达当事人，并根据需要将副本抄送有关单位。

会计监督检查结论包括下列内容：

(一)财政部门的名称；

(二)检查的范围、内容、形式和时间；

(三)对检查事项未发现违法会计行为或者违法会计行为轻微依法不予行政处罚的说明；

(四)要求当事人限期改正违法会计行为的期限；

(五)其他需要说明的内容。

第四十九条 财政部门对违法会计行为依法作出行政处罚决定后，应当制作会计监督行政处罚决定书，送达当事人，并根据需要将副本抄送有关单位。

会计监督行政处罚决定书应当载明下列事项：

(一)当事人名称或者姓名、地址；

(二)违反法律、行政法规、国家统一的会计制度的事实和证据；

(三)要求当事人限期改正违法会计行为的期限；

(四)行政处罚决定及其依据；

(五)行政处罚的履行方式和期限；

(六) 当事人不服行政处罚决定，申请行政复议或者提起行政诉讼的途径和期限；

(七)作出行政处罚决定的财政部门的名称、印章；

(八)作出行政处罚决定的日期、处罚决定文号；

(九)如果有附件应当说明附件的名称和数量。

第五十条 财政部门在作出行政处罚决定之前，应当告知当事人作出行政处罚决定的事实、理由及依据。当事人有权进行陈述和申辩。

财政部门应当充分听取当事人的意见，并应当对当事人提出的事实、理由和证据进行复核；当事人提出的事实、理由或者证据成立的，财政部门应当采纳。

财政部门不得因当事人申辩而加重处罚。

第五十一条 财政部门作出较大数额罚款、吊销会计从业资格证书的行政处罚决定之前，应当告知当事人有要求听证的权利；当事人要求听证的，应当按照《财政部门行政处罚听证程序实施办法》(财政部财法字[1998]18 号)的规定组织听证。

第五十二条 听证程序终结后，财政部门应当根据本办法第四十七条的规定作出处理决定。

第五十三条 财政部门应当在接到会计监督检查报告之日起三十日内作出处理决定，并送达当事人；遇有特殊情况可延长至六十日内送达当事人。

第五十四条 财政部门依法作出行政处罚决定后，当事人应当在规定的期限内履行行政处罚决定。

当事人对行政处罚决定不服申请行政复议或者提起行政诉讼的，行政处罚不停止执行，但法律、行政法规另有规定的除外。

第五十五条 当事人逾期不申请行政复议或者不提起行政诉讼又不履行处罚决定的，由作出行政处罚决定的财政部门申请人民法院强制执行。

第五十六条 当事人到期不缴纳罚款的，作出处罚决定的财政部门可以按照《行政处罚法》的有关规定对当事人加处罚款。

当事人对加处罚款有异议的，应当先缴纳罚款和因逾期缴纳罚款所加处的罚款，再依法申请行政复议或者提起行政诉讼。

第五十七条 案件结案后，案件审理人员应当做好案件材料的立卷归档工作。

第五十八条 财政部门应当建立违法会计行为案件备案制度。

县级以上地方财政部门对适用听证程序、提起行政诉讼和上级财政部门指定办理的案件，应当在结案后三十日内向上一级财政部门备案。

第五章 附 则

第五十九条 本办法所称"违法会计行为"，是指公民、法人和其它组织违反《会计法》和其他有关法律、行政法规、国家统一的会计制度的行为。

本办法所称"违法会计行为案件"，是指财政部门发现的或者受理的公民、法人和其它组织涉嫌有违法会计行为的案件。

第六十条 本办法所称"当事人"，是指财政部门实施会计监督检查的单位及其对会计行为直接负责的主管人员和其他直接责任人员。

第六十一条 本办法第五十一条所称"较大数额罚款"，是指对个人处以二千元以上罚款、对法人或者其他组织处以五万元以上罚款。

各省、自治区、直辖市通过的地方法规对"较大数额罚款"的限额另有规定的，可以不受上述数额的限制。

第六十二条 本办法所称"限期改正"的期限原则上为十五日。有特殊原因需要延长的，由组织检查的财政部门决定。

第六十三条 本办法所称的"日"，均指有效工作日。

第六十四条 各省、自治区、直辖市、计划单列市财政部门、新疆生产建设兵团可以依照本办法制定具体的实施办法，报国务院财政部门备案。

第六十五条 本办法自发布之日起施行。

企业国有资本与财务管理暂行办法

财政部 财企[2001] 第325号 2001年4月28日

第一章 总 则

第一条 为适应建立现代企业制度的需要，加强企业国有资本与财务管理，根据我国有关法律、行政法规的规定，制定本办法。

第二条 本办法适用于持有国有资本的各类非金融企业(以下统称企业)。金融企业国有资本与财务管理办法由财政部另行制定。

第三条 按照国家所有、分级管理、授权经营、分工监管的原则，各级主管财政机关根据本级人民政府赋予的职权，负责企业国有资本与财务管理；企业按照国家有关国有资本与财务管理的规章制度，承担国有资本保值增值的责任。

第四条 企业应当按照建立现代企业制度的要求，明晰产权，理顺和规范资本与财务管理关系。

企业拥有子公司的，要建立母子公司资本与财务管理体制，母公司以其出资额为限对子公司承担责任。

第五条 本办法所称"国有资本"，是指国家对企业各种形式的投资和投资所形成的权益，以及依法认定为国家所有的其他权益。

本办法所称"主管财政机关"，是指负责企业国有资本与财务管理的各级人民政府财政部门。其中：中央管理企业的主管财政机关是指财政部；地方管理企业的主管财政机关是指地方同级财政部门。

本办法所称"母公司"，是指直接持有国有资本的各类集团公司、总公司以及国家授权投资的机构。

本办法所称"子公司"，是指由母公司直接投资或者由各级人民政府划转母公司直接管理并取得控制权的企业。

第二章 管理职责与权限

第六条 财政部负责制定国家统一的企业国有资本与财务管理的各项规章、制度。各级主管财政机关的主要职责如下：

(一)核定企业国有资本，监管国有资本变动事宜；

(二)参与企业制度改革，负责国有股权管理；

(三)组织清产核资和产权界定，办理国有资产产权登记；

(四)负责国有资产产权纠纷调处；

(五)指导财产评估业务，监管国有资产评估；

(六)制定企业税后利润分配制度，监缴国有资本收益；

(七) 制定企业财务考核指标体系，组织国有资本营运效绩评价；

(八)监管国有资本保值增值情况，防止国有资产流失；

(九)指导和督促企业建立健全内部资本与财务管理办法；

(十)各级政府授予行使的企业国有资本与财务管理的其他职责。

第七条 母公司的主要职责如下：

(一)执行国家有关企业国有资本与财务管理的各项规章制度，建立健全内部资本与财务管理办法；

(二)确定企业内部财务管理体制；

(三)编制企业年度财务预算和财务会计报告；

(四)按照规定的程序和权限处置企业各项资产；

(五)按照国家政策确定企业内部工资分配制度；

(六) 拟订母公司增加或减少注册资本的方案，依法决定子公司注册资本增加或减少事宜；

(七) 拟订子公司资产重组方案，依法审定子公司以下企业的资产重组事项；

(八) 实行企业内部资金集中统一管理，依法管理子公司投资、融资事项；

(九) 制订企业对外担保管理措施，依法审议子公司及其以下企业对外担保事项；

(十) 制订母公司的税后利润分配方案和弥补亏损方案，依法审定子公司税后利润分配和弥补亏损事宜；

(十一) 组织内部财务考核和评价，落实国有资本保值增值的责任；

(十二)统一向主管财政机关报送财务会计报表和年度财务预算、申办企业国有资本与财务审批事项；

(十三)按照主管财政机关的规定行使其他有关企业国有资本与财务管理的职责。

第八条 主管财政机关对企业国有资本与财务的部分管理职能，可以委托给母公司。

母公司可向全资子公司或者通过子公司董事会向拥有控制权的子公司委派财务主管或财务总监。

第九条 企业合并、分立、转让、中外合资合作、公司制改建等涉及国有资本变动的，应当按以下权限报经批准：

(一) 母公司国有资本变动的，中央管理企业报请国务院批准，地方管理企业报请地市级以上 (含地市级) 人民政府批准；

(二) 子公司国有资本变动的，属于集团内部结构调整的，由母公司审批，涉及集团外部的，由母公司报主管财政机关审批；

(三)子公司以下企业国有资本变动的，由母公司审批。

股份有限公司国有股设置方案和上市公司国有股减持的，按照国务院和财政部的有关规定执行。

第十条 企业国有资本与财务管理的重大事项，包括合并、分立、转让、中外合资合作、公司制改建、注册资本变动、重大投融资、对外担保、工资制度、财务预算等，应当由有关业务部门提出方案，经过财务部门审核提出意见，报企业董事会审议决定；没有设立董事会的企业，由经理办公会研究决定。对工资制度、社会保障、职工安置等涉及职工合法权益的财务事项，应当按照国家法律、行政法规的有关规定事先听取职工代表大会的意见。

企业董事会或经理办公会研究、审议国有资本与财务管理事项，必须作出会议纪要。企业财务部门负责人应当出席或者列席企业董事会或经理办公会等相关的会议。

第十一条 企业对于按规定需要报告主管财政机关的国有资本与财务管理重大事项，以书面形式报送，并附送相关资料。

第三章 国有资本投入的管理

第十二条 企业依照国家有关规定进行清产核资时，所持有的国有资本按照经主管财政机关审核的结果调整；发生产权变动时，企业持有的国有资本按照实际交易价格调整。

第十三条 国家对企业注册的国有资本实行保全原则。

企业在持续经营期间，对注册的国有资本除依法转让以外，不得抽回，并且以出资额为限承担责任。持续经营的子公司发生资不抵债情形时，母公司对其未确认的股权投资损失，不能冲减所持有的国有资本；如需注入资本的，按国家有关规定及公司章程执行。

第十四条 企业拟定以盈余公积、资本公积转增实收资本的，国有企业和国有独资公司由企业董事会或者经理办公会决定，并报主管财政机关备案；股份有限公司和有限责任公司由董事会决定，并经股东大会或者股东会审议通过。

国有企业和国有独资公司未按规定转增实收资本的，主管财政机关也可根据其资本积累情况，直接作出以盈余公积、资本公积转增实收资本的决定。

第十五条 国有资本在不同企业法人单位之间的转移，实行有偿转让，国家另有规定的除外。

第十六条 企业必须按规定办理国有资产产权登记。国有资产产权登记证 (表) 是国有资本的出资证明，也是企业持有并经营国有资本的法律凭证。

第四章 国有资本营运的管理

第十七条 企业对年度内的资本营运与各项财务活动，应当实行财务预算管理制度。

母公司编制执行的年度财务预算以及预算调整方案，应当报主管财政机关备案。

第十八条 企业应当制定各项人工、材料、物料的消耗定额，编制各项经营管理费用预算，健全各项原始记录及相关的稽核制度，建立有效的内部控制制度。

企业大宗原辅材料或商品物资的采购、固定资产的购建和工程建设一般应当按照公开、公正、公平的原则，采取招标方式进行。

第十九条 企业应当执行国家规定的工资政策。在工资总额增长幅度不超过本企业经济效益增长幅度、职工实际平均工资增长幅度不超过本企业劳动生产率增长幅度的前提下,企业可以自主确定内部工资分配办法。

企业高级管理人员经批准可以实行年薪制、股票期权等分配制度。

第二十条 企业借款必须坚持适度筹措的原则,注意防范财务风险,并纳入财务预算管理。

母公司应当建立以现金流为核心的内部资金管理制度,对企业资金实行统一集中管理,明确资金调度的权限和程序,控制负债规模并改善债务结构,降低企业资金成本。

第二十一条 企业对外提供担保,应符合《中华人民共和国担保法》的规定,充分考虑被担保单位的资信和偿债能力,并按照企业内部管理制度规定的程序、权限审议决定。

对企业向外提供的各种类型的担保,财务部门要设置备查簿逐笔登记,并进行跟踪监督。

第二十二条 企业对外投资必须符合国家产业政策和企业发展战略,做好可行性研究,纳入财务预算管理,并明确投资项目决策者和实施者应承担的责任。

企业投入中外合资、合作经营企业的财产,必须在中外合资、合作经营项目批准后30日内,到主管财政机关办理中方财产转移申报手续。涉及国有划拨土地使用权的,企业应当按照国家有关规定办理。

中华人民共和国信托法

2001年4月28日第九届全国人民代表大会常务委员会第二十一次会议通过

中华人民共和国主席令 第50号 2001年4月28日

第一章 总 则

第一条 为了调整信托关系,规范信托行为,保护信托当事人的合法权益,促进信托事业的健康发展,制定本法。

第二条 本法所称信托,是指委托人基于对受托人的信任,将其财产权委托给受托人,由受托人按委托人的意愿以自己的名义,为受益人的利益或者特定目的,进行管理或者处分的行为。

第三条 委托人、受托人、受益人(以下统称信托当事人)在中华人民共和国境内进行民事、营业、公益信托活动,适用本法。

第四条 受托人采取信托机构形式从事信托活动,其组织和管理由国务院制定具体办法。

第五条 信托当事人进行信托活动,必须遵守法律、行政法规,遵循自愿、公平和诚实信用原则,不得损害国家利益和社会公共利益。

第二章 信托的设立

第六条 设立信托,必须有合法的信托目的。

第七条 设立信托,必须有确定的信托财产,并且该信托财产必须是委托人合法所有的财产。

本法所称财产包括合法的财产权利。

第八条 设立信托,应当采取书面形式。

书面形式包括信托合同、遗嘱或者法律、行政法规规定的其他书面文件等。

采取信托合同形式设立信托的,信托合同签订时,信托成立。采取其他书面形式设立信托的,受托人承诺信托时,信托成立。

第九条 设立信托,其书面文件应当载明下列事项:

(一)信托目的;

(二)委托人、受托人的姓名或者名称、住所;

(三)受益人或者受益人范围;

(四)信托财产的范围、种类及状况;

(五)受益人取得信托利益的形式、方法。

除前款所列事项外,可以载明信托期限、信托财产的管理方法、受托人的报酬、新受托人的选任方式、信托终止事由等事项。

第十条 设立信托,对于信托财产,有关法律、行政法规规定应当办理登记手续的,应当依法办理信托登记。

未依照前款规定办理信托登记的,应当补办登记手续;不补办的,该信托不产生效力。

第十一条 有下列情形之一的,信托无效:

(一)信托目的违反法律、行政法规或者损害社会公共利益;

(二)信托财产不能确定;

(三)委托人以非法财产或者本法规定不得设立信托的财产设立信托;

(四)专以诉讼或者讨债为目的设立信托;

(五)受益人或者受益范围不能确定;

(六)法律、行政法规规定的其他情形。

第十二条 委托人设立信托损害其债权人利益的,债权人有权申请人民法院撤销该信托。

人民法院依照前款规定撤销信托的,不影响善意受益人已经取得的信托利益。

本条第一款规定的申请权，自债权人知道或者应当知道撤销原因之日起一年内不行使的，归于消灭。

第十三条 设立遗嘱信托，应当遵守继承法关于遗嘱的规定。

遗嘱指定的人拒绝或者无能力担任受托人的，由受益人另行选任受托人；受益人为无民事行为能力人或者限制民事行为能力人的，依法由其监护人代行选任。遗嘱对选任受托人另有规定的，从其规定。

第三章 信托财产

第十四条 受托人因承诺信托而取得的财产是信托财产。

受托人因信托财产的管理运用、处分或者其他情形而取得的财产，也归入信托财产。

法律、行政法规禁止流通的财产，不得作为信托财产。

法律、行政法规限制流通的财产，依法经有关主管部门批准后，可以作为信托财产。

第十五条 信托财产与委托人未设立信托的其他财产相区别。设立信托后，委托人死亡或者依法解散、被依法撤销、被宣告破产时，委托人是惟一受益人的，信托终止，信托财产作为其遗产或者清算财产；委托人不是惟一受益人的，信托存续，信托财产不作为其遗产或者清算财产；但作为共同受益人的委托人死亡或者依法解散、被依法撤销、被宣告破产时，其信托受益权作为其遗产或者清算财产。

第十六条 信托财产与属于受托人所有的财产（以下简称固有财产）相区别，不得归入受托人的固有财产或者成为固有财产的一部分。

受托人死亡或者依法解散、被依法撤销、被宣告破产而终止，信托财产不属于其遗产或者清算财产。

第十七条 除因下列情形之一外，对信托财产不得强制执行：

（一）设立信托前债权人已对该信托财产享有优先受偿的权利，并依法行使该权利的；

（二）受托人处理信托事务所产生债务，债权人要求清偿该债务的；

（三）信托财产本身应担负的税款；

（四）法律规定的其他情形。

对于违反前款规定而强制执行信托财产，委托人、受托人或者受益人有权向人民法院提出异议。

第十八条 受托人管理运用、处分信托财产所产生的债权，不得与其固有财产产生的债务相抵销。

受托人管理运用、处分不同委托人的信托财产所产生的债权债务，不得相互抵销。

第四章 信托当事人

第一节 委托人

第十九条 委托人应当是具有完全民事行为能力的自然人、法人或者依法成立的其他组织。

第二十条 委托人有权了解其信托财产的管理运用、处分及收支情况，并有权要求受托人作出说明。

委托人有权查阅、抄录或者复制与其信托财产有关的信托帐目以及处理信托事务的其他文件。

第二十一条 因设立信托时未能预见的特别事由，致使信托财产的管理方法不利于实现信托目的或者不符合受益人的利益时，委托人有权要求受托人调整该信托财产的管理方法。

第二十二条 受托人违反信托目的处分信托财产或者因违背管理职责、处理信托事务不当致使信托财产受到损失的，委托人有权申请人民法院撤销该处分行为，并有权要求受托人恢复信托财产的原状或者予以赔偿；该信托财产的受让人明知是违反信托目的而接受该财产的，应当予以返还或者予以赔偿。

前款规定的申请权，自委托人知道或者应当知道撤销原因之日起一年内不行使的，归于消灭。

第二十三条 受托人违反信托目的处分信托财产或者管理运用、处分信托财产有重大过失的，委托人有权依照信托文件的规定解任受托人，或者申请人民法院解任受托人。

第二节 受托人

第二十四条 受托人应当是具有完全民事行为能力的自然人、法人。

法律、行政法规对受托人的条件另有规定的，从其规定。

第二十五条 受托人应当遵守信托文件的规定，为受益人的最大利益处理信托事务。

受托人管理信托财产，必须恪尽职守，履行诚实、信用、谨慎、有效管理的义务。

第二十六条 受托人除依照本法规定取得报酬外，不得利用信托财产为自己谋取利益。

受托人违反前款规定，利用信托财产为自己谋取利益的，所得利益归入信托财产。

第二十七条 受托人不得将信托财产转为其固有财产。受托人将信托财产转为其固有财产的，必须恢复该信托财产的原状；造成信托财产损失的，应当承担赔偿责任。

第二十八条 受托人不得将其固有财产与信托财产进行交易或者将不同委托人的信托财产进行相互交易，但信托文件另有规定或者经委托人或者受益人同意，并以公平的市场价格进行交易的除外。

受托人违反前款规定，造成信托财产损失的，应当承担赔偿责任。

第二十九条 受托人必须将信托财产与其固有财产分别管理、分别记帐，并将不同委托人的信托财产分别管理、分别记帐。

第三十条 受托人应当自己处理信托事务，但信托文件另有规定或者有不得已事由的，可以委托他人代为处理。

受托人依法将信托事务委托他人代理的，应当对他人处理信托事务的行为承担责任。

第三十一条 同一信托的受托人有两个以上的，为共同受托人。

共同受托人应当共同处理信托事务，但信托文件规定对某些具体事务由受托人分别处理的，从其规定。

共同受托人共同处理信托事务，意见不一致时，按信托文件规定处理；信托文件未规定的，由委托人、受益人或者其利害关系人决定。

第三十二条 共同受托人处理信托事务对第三人所负债务，应当承担连带清偿责任。第三人对共同受托人之一所作的意思表示，对其他受托人同样有效。

共同受托人之一违反信托目的处分信托财产或者因违背管理职责、处理信托事务不当致使信托财产受到损失的，其他受托人应当承担连带赔偿责任。

第三十三条 受托人必须保存处理信托事务的完整记录。

受托人应当每年定期将信托财产的管理运用、处分及收支情况，报告委托人和受益人。

受托人对委托人、受益人以及处理信托事务的情况和资料负有依法保密的义务。

第三十四条 受托人以信托财产为限向受益人承担支付信托利益的义务。

第三十五条 受托人有权依照信托文件的约定取得报酬。信托文件未作事先约定的，经信托当事人协商同意，可以作出补充约定；未作事先约定和补充约定的，不得收取报酬。

约定的报酬经信托当事人协商同意，可以增减其数额。

第三十六条 受托人违反信托目的处分信托财产或者因违背管理职责、处理信托事务不当致使信托财产受到损失的，在未恢复信托财产的原状或者未予赔偿前，不得请求给付报酬。

第三十七条 受托人因处理信托事务所支出的费用、对第三人所负债务，以信托财产承担。受托人以其固有财产先行支付的，对信托财产享有优先受偿的权利。

受托人违背管理职责或者处理信托事务不当对第三人所负债务或者自己所受到的损失，以其固有财产承担。

第三十八条 设立信托后，经委托人和受益人同意，受托人可以辞任。本法对公益信托的受托人辞任另有规定的，从其规定。

受托人辞任的，在新受托人选出前仍应履行管理信托事务的职责。

第三十九条 受托人有下列情形之一的，其职责终止：

(一)死亡或者被依法宣告死亡；

(二)被依法宣告为无民事行为能力人或者限制民事行为能力人；

(三)被依法撤销或者被宣告破产；

(四)依法解散或者法定资格丧失；

(五)辞任或者被解任；

(六)法律、行政法规规定的其他情形。

受托人职责终止时，其继承人或者遗产管理人、监护人、清算人应当妥善保管信托财产，协助新受托人接管信托事务。

第四十条 受托人职责终止的，依照信托文件规定选任新受托人；信托文件未规定的，由委托人选任；委托人不指定或者无能力指定的，由受益人选任；受益人为无民事行为能力人或者限制民事行为能力人的，依法由其监护人代行选任。

原受托人处理信托事务的权利和义务，由新受托人承继。

第四十一条 受托人有本法第三十九条第一款第(三)项至第(六)项所列情形之一，职责终止的，应当作出处理信托事务的报告，并向新受托人办理信托财产和信托事务的移交手续。

前款报告经委托人或者受益人认可，原受托人就报告中所列事项解除责任。但原受托人有不正当行为的除外。

第四十二条 共同受托人之一职责终止的，信托财产由其他受托人管理和处分。

第三节　受益人

第四十三条 受益人是在信托中享有信托受益权的人。受益人可以是自然人、法人或者依法成立的其他组织。

委托人可以是受益人，也可以是同一信托的惟一受益人。

受托人可以是受益人，但不得是同一信托的惟一受益一。

第四十四条 受益人自信托生效之日起享有信托受益权。信托文件另有规定的，从其规定。

第四十五条 共同受益人按照信托文件的规定享受信托利益。信托文件对信托利益的分配比例或者分配方法未作规定的，各受益人按照均等的比例享受信托利益。

第四十六条 受益人可以放弃信托受益权。

全体受益人放弃信托受益权的，信托终止。

部分受益人放弃信托受益权的，被放弃的信托受益权按下列顺序确定归属：

(一)信托文件规定的人；

(二)其他受益人；

(三)委托人或者其继承人。

第四十七条 受益人不能清偿到期债务的，其信托受益权可以用于清偿债务，但法律、行政法规以及信托文件有限制性规定的除外。

第四十八条 受益人的信托受益权可以依法转让和继承，但信托文件有限制性规定的除外。

第四十九条 受益人可以行使本法第二十条至第二十三条规定的委托人享有的权利。受益人行使上述权利，与委托人意见不一致时，可以申请人民法院作出裁定。

受托人有本法第二十二条第一款所列行为，共同受益人之一申请人民法院撤销该处分行为的，人民法院所作出的撤销裁定，对全体共同受益人有效。

第五章 信托的变更与终止

第五十条 委托人是惟一受益人的，委托人或者其继承人可以解除信托。信托文件另有规定的，从其规定。

第五十一条 设立信托后，有下列情形之一的，委托人可以变更受益人或者处分受益人的信托受益权：

(一)受益人对委托人有重大侵权行为；

(二)受益人对其他共同受益人有重大侵权行为；

(三)经受益人同意；

(四)信托文件规定的其他情形。

有前款第(一)项、第(三)项、第(四)项所列情形之一的，委托人可以解除信托。

第五十二条 信托不因委托人或者受托人的死亡、丧失民事行为能力、依法解散、被依法撤销或者被宣告破产而终止，也不因受托人的辞任而终止。但本法或者信托文件另有规定的除外。

第五十三条 有下列情形之一的，信托终止：

(一)信托文件规定的终止事由发生；

(二)信托的存续违反信托目的；

(三)信托目的已经实现或者不能实现；

(四)信托当事人协商同意；

(五)信托被撤销；

(六)信托被解除。

第五十四条 信托终止的，信托财产归属于信托文件规定的人；信托文件未规定的，按下列顺序确定归属：

(一)受益人或者其继承人；

(二)委托人或者其继承人。

第五十五条 依照前条规定，信托财产的归属确定后，在该信托财产转移给权利归属人的过程中，信托视为存续，权利归属人视为受益人。

第五十六条 信托终止后，人民法院依据本法第十七条的规定对原信托财产进行强制执行的，以权利归属人为被执行人。

第五十七条 信托终止后，受托人依照本法规定行使请求给付报酬、从信托财产中获得补偿的权利时，可以留置信托财产或者对信托财产的权利归属人提出请求。

第五十八条 信托终止的，受托人应当作出处理信托事务的清算报告。受益人或者信托财产的权利归属人对清算报告无异议的，受托人就清算报告所列事项解除责任。但受托人有不正当行为的除外。

第六章 公益信托

第五十九条 公益信托适用本章规定。本章未规定的，适用本法及其他相关法律的规定。

第六十条 为了下列公共利益目的之一而设立的信托，属于公益信托：

(一)救济贫困；

(二)救助灾民；

(三)扶助残疾人；

(四)发展教育、科技、文化、艺术、体育事业；

(五)发展医疗卫生事业；

(六)发展环境保护事业，维护生态环境；

(七)发展其他社会公益事业。

第六十一条 国家鼓励发展公益信托。

第六十二条 公益信托的设立和确定其受托人，应当经有关公益事业的管理机构(以下简称公益事业管理机构)批准。

未经公益事业管理机构的批准，不得以公益信托的名义进行活动。

公益事业管理机构对于公益信托活动应当给予支持。

第六十三条 公益信托的信托财产及其收益，不得用于非公益目的。

第六十四条 公益信托应当设置信托监察人。

信托监察人由信托文件规定。信托文件未规定的，由公益事业管理机构指定。

第六十五条 信托监察人有权以自己的名义，为维护受益人的利益，提起诉讼或者实施其他法律行为。

第六十六条 公益信托的受托人未经公益事业管理机构批准，不得辞任。

第六十七条 公益事业管理机构应当检查受托人处理公益信托事务的情况及财产状况。

受托人应当至少每年一次作出信托事务处理情况及财产状况报告，经信托监察人认可后，报公益事业管理机构核准，并由受托人予以公告。

第六十八条 公益信托的受托人违反信托义务或者无能力履行其职责的，由公益事业管理机构变更受托人。

第六十九条 公益信托成立后，发生设立信托时不能预见的情形，公益事业管理机构可以根据信托目的，变更信托文件中的有关条款。

第七十条 公益信托终止的，受托人应当于终止事由发生之日起十五日内，将终止事由和终止日期报告公益事业管理机构。

第七十一条 公益信托终止的，受托人作出的处理信托事务的清算报告，应当经信托监察人认可后，报公益事业管理机构核准，并由受托人予以公告。

第七十二条 公益信托终止，没有信托财产权利归属人或者信托财产权利归属人是不特定的社会公众的，经公益事业管理机构批准，受托人应当将信托财产用于与原公益目的相近似的目的，或者将信托财产转移给具有近似目的的公益组织或者其他公益信托。

第七十三条 公益事业管理机构违反本法规定的，委托人、受托人或者受益人有权向人民法院起诉。

第七章 附 则

第七十四条 本法自2001年10月1日起施行。

信托投资公司管理办法

中国人民银行令[2001] 第2号 2001年1月10日发布

第一章 总 则

第一条 为了加强对信托投资公司的监督管理，规范信托投资公司的经营行为，促进信托投资公司的健康发展，根据《中华人民共和国中国人民银行法》等法律和国务院有关规定，制定本办法。

第二条 本办法所称信托投资公司，是指依照《中华人民共和国公司法》和本办法设立的主要经营信托业务的金融机构。

第三条 本办法所称信托，是指委托人基于对受托人的信任，将其财产权委托给受托人，由受托人按委托人的意愿以自己的名义，为受益人的利益或者特定目的，进行管理或者处分的行为。

委托人是指具有完全民事行为能力的自然人、法人或者依法成立的其他组织；受益人是在信托中享有信托受益权的自然人、法人或者依法成立的其他组织。受益人和委托人可以是同一人，也可以不是同一人。

第四条 本办法所称信托业务，是指信托投资公司以收取报酬为目的，以受托人身份接受信托和处理信托事务的经营行为。

第五条 本办法所称信托财产，是指信托投资公司因接受信托而取得的财产。信托投资公司因信托财产的管理、处分或者其他情形而取得的财产，也属于信托财产。法律、法规禁止流通的财产，不得作为信托财产；法律、法规限制流通的财产，依法经有关主管部门批准后，可以作为信托财产。

信托财产不属于信托投资公司的自有财产，也不属于信托投资公司对受益人的负债。信托投资公司终止时，信托财产不属于其清算财产。

第六条 信托不因信托投资公司依法解散、被宣告破产或者被依法撤销而终止，也不因信托投资公司的辞任而终止，但法律或者信托文件另有规定的除外。

第七条 信托投资公司从事信托活动，应当遵守法律、法规的规定和信托文件的约定，不得损害国家利益、社会公共利益和他人的合法权益。

第八条 信托投资公司经营信托业务，应当遵守诚实、信用、谨慎、有效的原则。

第九条 信托投资公司不得办理存款业务，不得发行债券，不得举借外债。

第十条 中国人民银行依照法律、法规和本办法对信托投资公司及其业务实施监督和管理。

第二章 机构的设立、变更与终止

第十一条 设立信托投资公司，应当采取有限责任公司或者股份有限公司的形式。

第十二条 设立信托投资公司，必须经中国人民银行批准，并领取《信托机构法人许可证》。

未经中国人民银行批准，任何单位和个人不得经营信托业务，任何经营单位不得在其名称中使用“信托投资”字样，但法律、法规另有规定的除外。

第十三条 信托投资公司的设立及经营应当具备下列条件：

(一)有符合《中华人民共和国公司法》和中国人民银行规定的公司章程；

(二)有具备中国人民银行规定的入股资格的股东；

(三)具有本办法规定的最低限额的注册资本；

(四)有具备中国人民银行规定任职资格的高级管理人员和与其业务相适应的信托从业人员；

(五)具有健全的组织机构、信托业务操作规则和风险控制制度；

(六)有符合要求的营业场所、安全防范措施和与业务有关的其他设施；

(七)中国人民银行规定的其他条件。

中国人民银行可以根据经济发展的需要和信托市场的状况对信托投资公司的设立申请进行审查。

第十四条 信托投资公司的注册资本不得低于人民币3亿元。

经营外汇业务的信托投资公司，其注册资本中应包括不少于等值1500万美元的外汇。

中国人民银行根据信托投资公司行业发展的需要，可以增加设立信托投资公司的注册资本最低限额。

第十五条 信托投资公司有下列情形之一的，应当经中国人民银行批准：

(一)变更名称；

(二)变更注册资本金；

(三)变更公司所在地；

(四)改变组织形式；

(五)调整业务范围；

(六)更换高级管理人员；

(七)变更主要股东或者调整股权结构；

(八)修改公司章程；

(九)合并或者分立；

（十）中国人民银行规定的其他变更事项。

第十六条 信托投资公司因分立、合并或者公司章程规定的解散的事由出现，申请解散的，经中国人民银行批准后解散，并依法组织清算组进行清算。

第十七条 信托投资公司因违法违规经营、经营管理不善等原因，不能支付到期债务，不撤销将严重损害社会公众利益、危害金融秩序的，由中国人民银行根据国务院有关规定予以撤销。

第十八条 信托投资公司不能支付到期债务，经中国人民银行同意，由人民法院依法宣告破产。

第十九条 信托投资公司设立、变更、终止的审批程序，按照中国人民银行的规定执行。

第二十条 中国人民银行在批准信托投资公司设立、变更、终止后，发现原申请事项有隐瞒、虚假的情形，可以责令补正或者撤销批准。

第三章 经营范围

第二十一条 信托投资公司可以申请经营下列部分或者全部业务：

（一）受托经营资金信托业务。即委托人将自己无法或者不能亲自管理的资金以及国家有关法规限制其亲自管理的资金，委托信托投资公司按照约定的条件和目的，进行管理、运用和处置。

（二）受托经营动产、不动产及其他财产的信托业务。即委托人将自己的动产、房产、地产以及版权、知识产权等财产、财产权，委托信托投资公司按照约定的条件和目的，进行管理、运用和处置。

（三）受托经营国家有关法规允许从事的投资基金业务，作为基金管理公司发起人从事投资基金业务。

（四）经营企业资产的重组、购并及项目融资、公司理财、财务顾问等中介业务。

（五）受托经营国务院有关部门批准的国债、企业债券承销业务。

（六）代理财产的管理、运用与处分。

（七）代保管业务。

（八）信用见证、资信调查及经济咨询业务。

（九）以自有财产为他人提供担保。

（十）中国人民银行批准的其他业务。

信托投资公司的上述业务包括外汇业务。

第二十二条 信托投资公司可以接受为了下列公益目的而设立的公益信托：

（一）救济贫困；

（二）扶助残疾人；

（三）发展教育、科技、体育、文化、艺术事业；

（四）发展医疗卫生事业，维护生态环境；

（五）发展其他有利于社会的公共事业。

第二十三条 信托投资公司管理、运用信托财产时，可以依照信托文件的约定，采取出租、出售、贷款、投资、同业拆放等方式进行。

第二十四条 信托投资公司可以根据市场需要，按照信托目的、信托财产的种类或者对信托财产管理方式的不同设置信托业务品种。

信托投资公司设置新的信托业务品种，应当事先将信托合同样本及有关资料报中国人民银行核准。

第二十五条 信托投资公司所有者权益项下依照规定可以运用的自有资金，可以存放于银行或者用于同业拆放、融资租赁和投资，但包括自用固定资产在内的长期累计投资余额不得超过其自有资金的80%。

第二十六条 经中国人民银行批准，信托投资公司可以办理金融同业拆借。

第二十七条 信托投资公司的经营范围由公司章程规定，报中国人民银行批准。

第四章 经营规则

第二十八条 信托投资公司接受信托，应当采取书面的形式。书面形式包括信托合同、遗嘱或者法律、法规规定的其他书面文件。

第二十九条 信托投资公司接受信托的书面文件，除法律、法规另有规定外，应当载明以下事项：

（一）委托人、受托人及受益人的姓名或者名称、住所；

（二）信托目的；

（三）信托财产的范围、种类及状况；

（四）信托当事人的权利和义务；

（五）信托财产管理中风险的揭示和承担；

（六）信托财产的管理方式及信托利益的分配方式；

（七）信托投资公司的报酬；

（八）信托财产税费的缴纳和有关管理费用的核算；

（九）信托期限和信托的终止；

（十）信托终止时信托财产的归属；

（十一）信托当事人的违约责任及纠纷仲裁方式；

（十二）委托人和受托人认为需要载明的其他事项。

第三十条 信托投资公司应当以受益人的最大利益为宗旨处理信托事务，并谨慎管理信托财产。

第三十一条 信托投资公司不得以经营资金信托或者其他业务的名义吸收存款。

第三十二条 信托投资公司经营信托业务，不得有下列行为：

（一）利用受托人地位谋取不当利益；

（二）将信托财产挪用于非信托目的的用途；

（三）承诺信托财产不受损失或者保证最低收益；

（四）以信托财产为自己或他人债务提供担保；

（五）将信托资金投资于自己或者关系人发行的有价证券；

（六）将信托资金贷放给自己或者关系人；

（七）将不同信托账户下的信托财产进行相互交易；

（八）以信托资金购买自有财产或者以自有资金购买信

托财产；

（九）法律、法规和中国人民银行禁止的其他行为。

信托投资公司依据信托文件的约定，并以公平的市场价格进行交易的，不受前款第（七）至（八）项的限制。

第三十三条 前条所称关系人是指：

（一）持有信托投资公司10%以上股权的股东；

（二）信托投资公司投资控股的企业；

（三）信托投资公司的董事、监事、经理、信托业务人员及其近亲属；

（四）前项所列人员投资或者担任高级管理人员的公司、企业和其他经济组织。

第三十四条 信托投资公司应当自己处理信托事务，但信托文件另有规定的除外。

第三十五条 信托投资公司应当为委托人、受益人以及处理信托事务的情况和资料保密，但法律、法规或者信托文件另有规定的除外。

第三十六条 信托投资公司应当将信托财产与其自有财产分开管理，并将不同客户的信托财产分开管理。信托财产为资金时，可以采取分别记账的方式。

第三十七条 信托投资公司应当妥善保存处理信托事务的完整记录，至少每半年定期向委托人及受益人报告信托财产及其管理、收益的情况。

委托人、受益人可以随时了解信托事务处理情况，并要求信托投资公司做出说明。

第三十八条 信托投资公司经营信托业务，依据约定以手续费或者佣金的方式收取报酬。

信托投资公司收取报酬的标准，除中国人民银行另有规定外，原则上由信托当事人协商确定。

第三十九条 信托投资公司违反信托目的或者因违背管理职责、管理信托事务不当致使信托财产受到损失的，信托投资公司应当予以补偿、赔偿或恢复原状，在未予补偿、赔偿或恢复原状前，信托投资公司不得请求给付报酬。

第四十条 信托投资公司因处理信托事务而支出的费用、负担的债务，以信托财产承担。因信托投资公司违背管理职责或者管理信托事务不当所负债务及所受到的损害，以其自有财产承担。

第四十一条 信托投资公司不履行受托人职责或者有影响其履行职责的其他重大事由，不利于实现信托目的或者给委托人、受益人造成损害的，委托人和受益人可以请求变更受托人。

第四十二条 信托投资公司终止时，其管理信托事务的职责同时终止。清算组应当妥善保管信托财产，并就其未结束的信托业务编制报告，会同委托人和受益人将信托财产移交给其他信托投资公司继续管理，但信托文件另有规定的除外。

第四十三条 信托投资公司因被变更或者终止而使其受托人职责终止的，担任新受托人的信托投资公司依照信托文件的规定选任；信托文件未规定的，由委托人选任；委托人不能选任的，由受益人或者其利害关系人选任。

第四十四条 信托投资公司经营信托业务，有下列情形之一的，信托终止：

（一）信托文件规定的终止事由发生；

（二）信托的存续违反信托目的；

（三）信托目的已经实现或不能实现；

（四）信托当事人协商同意；

（五）信托期限届满；

（六）信托被解除。

第四十五条 信托终止时，信托投资公司应当对该项信托业务编制报告，经委托人及受益人确认后，将信托财产交还给信托文件规定的人。

第四十六条 信托投资公司接受由其代为确定管理方式的信托资金，应当符合下列规定：

（一）信托资金总余额不得超过注册资本金的10倍；

（二）信托期限不得少于一年；

（三）单笔信托资金不得低于人民币5万元。

第四十七条 中国人民银行根据防范金融风险的需要，可以规定由信托投资公司代为确定管理方式的信托资金的管理办法。

第四十八条 信托投资公司经营外汇信托业务，应当遵守国家外汇管理的有关规定，并接受外汇主管部门的检查、监督。

第四十九条 信托投资公司为他人提供担保和拆入资金的总余额不得超过其注册资本金。

第五十条 信托投资公司运用自有资金和信托资金从事同业拆借，应当遵守中国人民银行有关规定。

第五十一条 信托投资公司每年应当从税后利润提取5%，作为信托赔偿准备金，但该赔偿准备金累计总额达到公司注册资本的20%时，可不再提取。

信托投资公司的赔偿准备金只能存放于国有商业银行或者购买国债。

第五章　监督管理与自律

第五十二条 信托投资公司应当按规定制订本公司的信托业务及其他业务规则，建立、健全本公司的各项业务管理制度和内部控制制度，并报中国人民银行备案。

信托投资公司应当设立对公司董事会负责的内部审计部门，对本公司的业务经营活动进行审计和监督。信托投资公司的内部审计部门应当至少每半年向公司董事会提交内部审计报告，同时向中国人民银行报送上述报告的副本。

第五十三条 信托投资公司应当依法建账，对信托业务与非信托业务分别核算，并对每项信托业务单独核算。具体财务会计制度由财政部制定。

第五十四条 信托投资公司应当按照国家有关规定建立、健全本公司的财务会计制度，真实记录并全面反映其业务活动和财务状况。公司年度财务会计报表，应当经具有相应资格的注册会计师审计。

信托投资公司应当按照规定向中国人民银行及有关部门报送营业报告书、信托业务及非信托业务的财务会计报表和信托账户目录等有关资料。

第五十五条 信托投资公司的信托业务部门应当在业务上独立于公司的其他部门，其人员不得与公司其他部门的人员相互兼职，业务信息不得与公司的其他部门共享。

第五十六条 中国人民银行有权对信托投资公司的经营活动进行检查。中国人民银行认为必要时，可以责令信托投资公司聘请具有相应资格的中介机构对其业务、财务状况进行审计。

信托投资公司应当按照中国人民银行的要求提供有关业务、财务等报表和资料，并如实介绍有关业务情况。

第五十七条 中国人民银行对信托投资公司实行年检制度，具体办法由中国人民银行另行制定。

第五十八条 中国人民银行对信托投资公司的高级管理人员实行任职资格审查制度。未经中国人民银行任职资格审查或者审查、考核不合格的，不得任职。

信托投资公司的高级管理人员离任应当进行离任审计，并将审计结果报中国人民银行备案。信托投资公司的法定代表人变更时，在新的法定代表人未经中国人民银行进行任职资格认定前，原法定代表人不得离任。

第五十九条 中国人民银行对信托投资公司的信托从业人员实行信托业务资格考试制度。考试合格的，由中国人民银行颁发信托从业人员资格证书；未经考试或者考试不合格的，不得经办信托业务。具体考试办法由中国人民银行另行制定。

第六十条 信托投资公司的高级管理人员和信托从业人员违反法律、法规，损害受益人利益的，中国人民银行有权取消其任职资格或者从业资格。

第六十一条 中国人民银行就对信托投资公司监管中发现的重大问题，有权质询信托投资公司的高级管理人员，并责令其采取有效措施，限期改正。

第六十二条 信托投资公司管理混乱，经营陷入困境的，由中国人民银行责令该公司采取措施进行整顿或者重组，并建议撤换高级管理人员。中国人民银行认为必要时，可以对其实行接管。

第六十三条 信托投资业可以成立同业协会，实行行业自律。

信托投资公司同业协会开展活动，应当接受中国人民银行的指导和监督。

第六章 原有业务的清理与规范

第六十四条 在本办法实施前设立的信托投资公司，应当依照国家有关规定进行清理整顿，整顿合格后确定保留的，中国人民银行对其予以重新登记。

信托投资公司在本办法实施前已经办理的各项业务中符合本办法要求的，可以继续办理；凡不符合本办法要求的，应当在中国人民银行规定的期限内压缩、清理完毕。国务院另有规定的，按有关规定办理。

第六十五条 信托投资公司在重新登记前，原有的委托投资、委托贷款业务，经当事人协商一致，可以规范为信托业务。

第六十六条 信托投资公司原有的以负债资金办理的信托贷款、信托投资、融资租赁、资金拆放及其他资金运用业务，应当在规定的期限内进行清理。未经批准，不得再办理上述业务。

第六十七条 信托投资公司原有拆入资金或者为他人提供担保的余额，不符合本办法第四十九条规定的，不得办理新的资金拆入或者担保业务，并在规定的期限内进行清理。

第六十八条 信托投资公司应当制订切实可行的清理规范计划，并建立贷款、投资的清收责任制，对已经确认的呆坏账和投资损失，按照有关规定予以核销。

信托投资公司在清理规范期间应当每半年向中国人民银行当地分支行报告上述计划的执行情况。

第六十九条 信托投资公司在清理规范期间，应当对原有业务单独列表、单独考核。

第七十条 中国人民银行对信托投资公司的原有业务按照余额控制、逐年压缩的原则进行监督、考核，并据此对信托投资公司及其高级管理人员进行年检和考核。

第七十一条 信托投资公司未按规定的期限进行原有业务清理的，中国人民银行可以对该公司进行处罚，并取消其高级管理人员一定期限的任职资格；情节严重的，暂停其开办新业务。

第七章 罚 则

第七十二条 未经中国人民银行批准，擅自设立信托投资公司或者擅自经营信托业务的，按照《非法金融机构和非法金融业务活动取缔办法》，予以取缔，并予以处罚。

第七十三条 信托投资公司违反本办法的，由中国人民银行按照《金融违法行为处罚办法》及有关规定进行处罚。

第七十四条 信托投资公司违反本办法第三十一条规定办理资金信托的，由中国人民银行责令限期退回存款，并停办其部分或全部业务；对直接负责的主管人员和其他直接责任人员依法给予纪律处分，并由中国人民银行取消高级管理人员的任职资格和从业人员的从业资格。构成犯罪的，由司法机关追究刑事责任。

第七十五条 信托投资公司违反本办法第三十二条规定的，由中国人民银行责令限期改正，并处1万元以上3万元以下的罚款；对直接负责的主管人员和其他直接责任人员依法给予纪律处分，并由中国人民银行取消高级管理人员的任职资格和从业人员的从业资格。构成犯罪的，由司法机关追究刑事责任。

第七十六条 信托投资公司对中国人民银行的处罚决定不服的，可以依法提请行政复议或者向人民法院提起行政诉讼。

第八章 附 则

第七十七条 本办法由中国人民银行负责解释。

第七十八条 本办法自公布之日起施行，中国人民银行1986年颁布的《金融信托投资机构管理暂行规定》同时废止。

中华人民共和国税收征收管理法

1992年9月4日第七届全国人民代表大会常务委员会第二十七次会议通过
根据1995年2月28日第八届全国人民代表大会常务委员会第十二次会议
《关于修改〈中华人民共和国税收征收管理法〉的决定》修正
2001年4月28日第九届全国人民代表大会常务委员会第二十一次会议修订

中华人民共和国主席令 第49号 2001年4月28日

第一章 总 则

第一条 为了加强税收征收管理，规范税收征收和缴纳行为，保障国家税收收入，保护纳税人的合法权益，促进经济和社会发展，制定本法。

第二条 凡依法由税务机关征收的各种税收的征收管理，均适用本法。

第三条 税收的开征、停征以及减税、免税、退税、补税，依照法律的规定执行；法律授权国务院规定的，依照国务院制定的行政法规的规定执行。

任何机关、单位和个人不得违反法律、行政法规的规定，擅自作出税收开征、停征以及减税、免税、退税、补税和其他同税收法律、行政法规相抵触的决定。

第四条 法律、行政法规规定负有纳税义务的单位和个人为纳税人。

法律、行政法规规定负有代扣代缴、代收代缴税款义务的单位和个人为扣缴义务人。

纳税人、扣缴义务人必须依照法律、行政法规的规定缴纳税款、代扣代缴、代收代缴税款。

第五条 国务院税务主管部门主管全国税收征收管理工作。各地国家税务局和地方税务局应当按照国务院规定的税收征收管理范围分别进行征收管理。

地方各级人民政府应当依法加强对本行政区域内税收征收管理工作的领导或者协调，支持税务机关依法执行职务，依照法定税率计算税额，依法征收税款。

各有关部门和单位应当支持、协助税务机关依法执行职务。

税务机关依法执行职务，任何单位和个人不得阻挠。

第六条 国家有计划地用现代信息技术装备各级税务机关，加强税收征收管理信息系统的现代化建设，建立、健全税务机关与政府其他管理机关的信息共享制度。

纳税人、扣缴义务人和其他有关单位应当按照国家有关规定如实向税务机关提供与纳税和代扣代缴、代收代缴税款有关的信息。

第七条 税务机关应当广泛宣传税收法律、行政法规，普及纳税知识，无偿地为纳税人提供纳税咨询服务。

第八条 纳税人、扣缴义务人有权向税务机关了解国家税收法律、行政法规的规定以及与纳税程序有关的情况。

纳税人、扣缴义务人有权要求税务机关为纳税人、扣缴义务人的情况保密。税务机关应当依法为纳税人、扣缴义务人的情况保密。

纳税人依法享有申请减税、免税、退税的权利。

纳税人、扣缴义务人对税务机关所作出的决定，享有陈述权、申辩权；依法享有申请行政复议、提起行政诉讼、请求国家赔偿等权利。

纳税人、扣缴义务人有权控告和检举税务机关、税务人员的违法违纪行为。

第九条 税务机关应当加强队伍建设，提高税务人员的政治业务素质。

税务机关、税务人员必须秉公执法，忠于职守，清正廉洁，礼貌待人，文明服务，尊重和保护纳税人、扣缴义务人的权利，依法接受监督。

税务人员不得索贿受贿、徇私舞弊、玩忽职守、不征或者少征应征税款；不得滥用职权多征税款或者故意刁难纳税人和扣缴义务人。

第十条 各级税务机关应当建立、健全内部制约和监督管理制度。

上级税务机关应当对下级税务机关的执法活动依法进行监督。

各级税务机关应当对其工作人员执行法律、行政法规和廉洁自律准则的情况进行监督检查。

第十一条 税务机关负责征收、管理、稽查、行政复议的人员的职责应当明确,并相互分离、相互制约。

第十二条 税务人员征收税款和查处税收违法案件,与纳税人、扣缴义务人或者税收违法案件有利害关系的,应当回避。

第十三条 任何单位和个人都有权检举违反税收法律、行政法规的行为。收到检举的机关和负责查处的机关应当为检举人保密。税务机关应当按照规定对检举人给予奖励。

第十四条 本法所称税务机关是指各级税务局、税务分局、税务所和按照国务院规定设立的并向社会公告的税务机构。

第二章 税务管理

第一节 税务登记

第十五条 企业,企业在外地设立的分支机构和从事生产、经营的场所,个体工商户和从事生产、经营的事业单位(以下统称从事生产、经营的纳税人)自领取营业执照之日起三十日内,持有关证件,向税务机关申报办理税务登记。税务机关应当自收到申报之日起三十日内审核并发给税务登记证件。

工商行政管理机关应当将办理登记注册、核发营业执照的情况,定期向税务机关通报。

本条第一款规定以外的纳税人办理税务登记和扣缴义务人办理扣缴税款登记的范围和办法,由国务院规定。

第十六条 从事生产、经营的纳税人,税务登记内容发生变化的,自工商行政管理机关办理变更登记之日起三十日内或者在向工商行政管理机关申请办理注销登记之前,持有关证件向税务机关申报办理变更或者注销税务登记。

第十七条 从事生产、经营的纳税人应当按照国家有关规定,持税务登记证件,在银行或者其他金融机构开立基本存款帐户和其他存款帐户,并将其全部帐号向税务机关报告。

银行和其他金融机构应当在从事生产、经营的纳税人的帐户中登录税务登记证件号码,并在税务登记证件中登录从事生产、经营的纳税人的帐户帐号。

税务机关依法查询从事生产、经营的纳税人开立帐户的情况时,有关银行和其他金融机构应当予以协助。

第十八条 纳税人按照国务院税务主管部门的规定使用税务登记证件。税务登记证件不得转借、涂改、损毁、买卖或者伪造。

第二节 帐簿、凭证管理

第十九条 纳税人、扣缴义务人按照有关法律、行政法规和国务院财政、税务主管部门的规定设置帐簿,根据合法、有效凭证记帐,进行核算。

第二十条 从事生产、经营的纳税人的财务、会计制度或者财务、会计处理办法和会计核算软件,应当报送税务机关备案。

纳税人、扣缴义务人的财务、会计制度或者财务、会计处理办法与国务院或者国务院财政、税务主管部门有关税收的规定抵触的,依照国务院或者国务院财政、税务主管部门有关税收的规定计算应纳税款、代扣代缴和代收代缴税款。

第二十一条 税务机关是发票的主管机关,负责发票印制、领购、开具、取得、保管、缴销的管理和监督。

单位、个人在购销商品、提供或者接受经营服务以及从事其他经营活动中,应当按照规定开具、使用、取得发票。

发票的管理办法由国务院规定。

第二十二条 增值税专用发票由国务院税务主管部门指定的企业印制;其他发票,按照国务院税务主管部门的规定,分别由省、自治区、直辖市国家税务局、地方税务局指定企业印制。

未经前款规定的税务机关指定,不得印制发票。

第二十三条 国家根据税收征收管理的需要,积极推广使用税控装置。纳税人应当按照规定安装、使用税控装置,不得损毁或者擅自改动税控装置。

第二十四条 从事生产、经营的纳税人、扣缴义务人必须按照国务院财政、税务主管部门规定的保管期限保管帐簿、记帐凭证、完税凭证及其他有关资料。

帐簿、记帐凭证、完税凭证及其他有关资料不得伪造、变造或者擅自损毁。

第三节 纳税申报

第二十五条 纳税人必须依照法律、行政法规规定或者税务机关依照法律、行政法规的规定确定的申报期限、申报内容如实办理纳税申报,报送纳税申报表、财务会计报表以及税务机关根据实际需要要求纳税人报送的其他纳税资料。

扣缴义务人必须依照法律、行政法规规定或者税务机关依照法律、行政法规的规定确定的申报期限、申报内容如实报送代扣代缴、代收代缴税款报告表以及税务机关根据实际需要要求扣缴义务人报送的其他有关资料。

第二十六条 纳税人、扣缴义务人可以直接到税务机关办理纳税申报或者报送代扣代缴、代收代缴税款报告表,也可以按照规定采取邮寄、数据电文或者其他方式办理上述申报、报送事项。

第二十七条 纳税人、扣缴义务人不能按期办理纳税申报或者报送代扣代缴、代收代缴税款报告表的,经税务机关核准,可以延期申报。

经核准延期办理前款规定的申报、报送事项的,应当在纳税期内按照上期实际缴纳的税额或者税务机关核定的税额预缴税款,并在核准的延期内办理税款结算。

第三章 税款征收

第二十八条 税务机关依照法律、行政法规的规定征收税款，不得违反法律、行政法规的规定开征、停征、多征、少征、提前征收、延缓征收或者摊派税款。

农业税应纳税额按照法律、行政法规的规定核定。

第二十九条 除税务机关、税务人员以及经税务机关依照法律、行政法规委托的单位和人员外，任何单位和个人不得进行税款征收活动。

第三十条 扣缴义务人依照法律、行政法规的规定履行代扣、代收税款的义务。对法律、行政法规没有规定负有代扣、代收税款义务的单位和个人，税务机关不得要求其履行代扣、代收税款义务。

扣缴义务人依法履行代扣、代收税款义务时，纳税人不得拒绝。纳税人拒绝的，扣缴义务人应当及时报告税务机关处理。

税务机关按照规定付给扣缴义务人代扣、代收手续费。

第三十一条 纳税人、扣缴义务人按照法律、行政法规规定或者税务机关依照法律、行政法规的规定确定的期限，缴纳或者解缴税款。

纳税人因有特殊困难，不能按期缴纳税款的，经省、自治区、直辖市国家税务局、地方税务局批准，可以延期缴纳税款，但是最长不得超过三个月。

第三十二条 纳税人未按照规定期限缴纳税款的，扣缴义务人未按照规定期限解缴税款的，税务机关除责令限期缴纳外，从滞纳税款之日起，按日加收滞纳税款万分之五的滞纳金。

第三十三条 纳税人可以依照法律、行政法规的规定书面申请减税、免税。

减税、免税的申请须经法律、行政法规规定的减税、免税审查批准机关审批。地方各级人民政府、各级人民政府主管部门、单位和个人违反法律、行政法规规定，擅自作出的减税、免税决定无效，税务机关不得执行，并向上级税务机关报告。

第三十四条 税务机关征收税款时，必须给纳税人开具完税凭证。扣缴义务人代扣、代收税款时，纳税人要求扣缴义务人开具代扣、代收税款凭证的，扣缴义务人应当开具。

第三十五条 纳税人有下列情形之一的，税务机关有权核定其应纳税额：

(一)依照法律、行政法规的规定可以不设置帐簿的；

(二)依照法律、行政法规的规定应当设置帐簿但未设置的；

(三)擅自销毁帐簿或者拒不提供纳税资料的；

(四)虽设置帐簿，但帐目混乱或者成本资料、收入凭证、费用凭证残缺不全，难以查帐的；

(五)发生纳税义务，未按照规定的期限办理纳税申报，经税务机关责令限期申报，逾期仍不申报的；

(六)纳税人申报的计税依据明显偏低，又无正当理由的。

税务机关核定应纳税额的具体程序和方法由国务院税务主管部门规定。

第三十六条 企业或者外国企业在中国境内设立的从事生产、经营的机构、场所与其关联企业之间的业务往来，应当按照独立企业之间的业务往来收取或者支付价款、费用；不按照独立企业之间的业务往来收取或者支付价款、费用，而减少其应纳税的收入或者所得额的，税务机关有权进行合理调整。

第三十七条 对未按照规定办理税务登记的从事生产、经营的纳税人以及临时从事经营的纳税人，由税务机关核定其应纳税额，责令缴纳；不缴纳的，税务机关可以扣押其价值相当于应纳税款的商品、货物。扣押后缴纳应纳税款的，税务机关必须立即解除扣押，并归还所扣押的商品、货物；扣押后仍不缴纳应纳税款的，经县以上税务局(分局)局长批准，依法拍卖或者变卖所扣押的商品、货物，以拍卖或者变卖所得抵缴税款。

第三十八条 税务机关有根据认为从事生产、经营的纳税人有逃避纳税义务行为的，可以在规定的纳税期之前，责令限期缴纳应纳税款；在限期内发现纳税人有明显的转移、隐匿其应纳税的商品、货物以及其他财产或者应纳税的收入的迹象的，税务机关可以责成纳税人提供纳税担保。如果纳税人不能提供纳税担保，经县以上税务局(分局)局长批准，税务机关可以采取下列税收保全措施：

(一)书面通知纳税人开户银行或者其他金融机构冻结纳税人的金额相当于应纳税款的存款；

(二)扣押、查封纳税人的价值相当于应纳税款的商品、货物或者其他财产。

纳税人在前款规定的限期内缴纳税款的，税务机关必须立即解除税收保全措施；限期期满仍未缴纳税款的，经县以上税务局(分局)局长批准，税务机关可以书面通知纳税人开户银行或者其他金融机构从其冻结的存款中扣缴税款，或者依法拍卖或者变卖所扣押、查封的商品、货物或者其他财产，以拍卖或者变卖所得抵缴税款。

个人及其所扶养家属维持生活必需的住房和用品，不在税收保全措施的范围之内。

第三十九条 纳税人在限期内已缴纳税款，税务机关未立即解除税收保全措施，使纳税人的合法利益遭受损失的，税务机关应当承担赔偿责任。

第四十条 从事生产、经营的纳税人、扣缴义务人未按照规定的期限缴纳或者解缴税款，纳税担保人未按照规定的期限缴纳所担保的税款，由税务机关责令限期缴纳，逾期仍未缴纳的，经县以上税务局(分局)局长批准，税务机关可以采取下列强制执行措施：

(一)书面通知其开户银行或其他金融机构从其存款中扣缴税款；

(二)扣押、查封、依法拍卖或者变卖其价值相当于应纳税款的商品、货物或者其他财产，以拍卖或者变卖所得抵缴税款。

税务机关采取强制执行措施时，对前款所列纳税人、扣缴义务人、纳税担保人未缴纳的滞纳金同时强制执行。

个人及其所扶养家属维持生活必需的住房和用品，不在强制执行措施的范围之内。

第四十一条 本法第三十七条、第三十八条、第四十条规定的采取税收保全措施、强制执行措施的权力，不得由法定的税务机关以外的单位和个人行使。

第四十二条 税务机关采取税收保全措施和强制执行措施必须依照法定权限和法定程序，不得查封、扣押纳税人个人及其所扶养家属维持生活必需的住房和用品。

第四十三条 税务机关滥用职权违法采取税收保全措施、强制执行措施，或者采取税收保全措施、强制执行措施不当，使纳税人、扣缴义务人或者纳税担保人的合法权益遭受损失的，应当依法承担赔偿责任。

第四十四条 欠缴税款的纳税人或者他的法定代表人需要出境的，应当在出境前向税务机关结清应纳税款、滞纳金或者提供担保。未结清税款、滞纳金，又不提供担保的，税务机关可以通知出境管理机关阻止其出境。

第四十五条 税务机关征收税款，税收优先于无担保债权，法律另有规定的除外；纳税人欠缴的税款发生在纳税人以其财产设定抵押、质押或者纳税人的财产被留置之前的，税收应当先于抵押权、质权、留置权执行。

纳税人欠缴税款，同时又被行政机关决定处以罚款、没收违法所得的，税收优先于罚款、没收违法所得。

税务机关应当对纳税人欠缴税款的情况定期予以公告。

第四十六条 纳税人有欠税情形而以其财产设定抵押、质押的，应当向抵押权人、质权人说明其欠税情况。抵押权人、质权人可以请求税务机关提供有关的欠税情况。

第四十七条 税务机关扣押商品、货物或者其他财产时，必须开付收据；查封商品、货物或者其他财产时，必须开付清单。

第四十八条 纳税人有合并、分立情形的，应当向税务机关报告，并依法缴清税款。纳税人合并时未缴清税款的，应当由合并后的纳税人继续履行未履行的纳税义务；纳税人分立时未缴清税款的，分立后的纳税人对未履行的纳税义务应当承担连带责任。

第四十九条 欠缴税款数额较大的纳税人在处分其不动产或者大额资产之前，应当向税务机关报告。

第五十条 欠缴税款的纳税人因怠于行使到期债权，或者放弃到期债权，或者无偿转让财产，或者以明显不合理的低价转让财产而受让人知道该情形，对国家税收造成损害的，税务机关可以依照合同法第七十三条、第七十四条的规定行使代位权、撤销权。

税务机关依照前款规定行使代位权、撤销权的，不免除欠缴税款的纳税人尚未履行的纳税义务和应承担的法律责任。

第五十一条 纳税人超过应纳税额缴纳的税款，税务机关发现后应当立即退还；纳税人自结算缴纳税款之日起三年内发现的，可以向税务机关要求退还多缴的税款并加算银行同期存款利息，税务机关及时查实后应当立即退还；涉及从国库中退库的，依照法律、行政法规有关国库管理的规定退还。

第五十二条 因税务机关的责任，致使纳税人、扣缴义务人未缴或者少缴税款的，税务机关在三年内可以要求纳税人、扣缴义务人补缴税款，但是不得加收滞纳金。

因纳税人、扣缴义务人计算错误等失误，未缴或者少缴税款的，税务机关在三年内可以追征税款、滞纳金；有特殊情况的，追征期可以延长到五年。

对偷税、抗税、骗税的，税务机关追征其未缴或者少缴的税款、滞纳金或者所骗取的税款，不受前款规定期限的限制。

第五十三条 国家税务局和地方税务局应当按照国家规定的税收征收管理范围和税款入库预算级次，将征收的税款缴入国库。

对审计机关、财政机关依法查出的税收违法行为，税务机关应当根据有关机关的决定、意见书，依法将应收的税款、滞纳金按照税款入库预算级次缴入国库，并将结果及时回复有关机关。

第四章　税务检查

第五十四条 税务机关有权进行下列税务检查：

（一）检查纳税人的帐簿、记帐凭证、报表和有关资料，检查扣缴义务人代扣代缴、代收代缴税款帐簿、记帐凭证和有关资料；

（二）到纳税人的生产、经营场所和货物存放地检查纳税人应纳税的商品、货物或者其他财产，检查扣缴义务人与代扣代缴、代收代缴税款有关的经营情况；

（三）责成纳税人、扣缴义务人提供与纳税或者代扣代缴、代收代缴税款有关的文件、证明材料和有关资料；

（四）询问纳税人、扣缴义务人与纳税或者代扣代缴、代收代缴税款有关的问题和情况；

（五）到车站、码头、机场、邮政企业及其分支机构检查纳税人托运、邮寄应纳税商品、货物或者其他财产的有关单据、凭证和有关资料；

（六）经县以上税务局（分局）局长批准，凭全国统一格式的检查存款帐户许可证明，查询从事生产、经营的纳税人、扣缴义务人在银行或者其他金融机构的存款帐户。税务机关在调查税收违法案件时，经设区的市、自治州以上税务局（分局）局长批准，可以查询案件涉嫌人员的储蓄存款。税务机关查询所获得的资料，不得用于税收以外的用途。

第五十五条 税务机关对从事生产、经营的纳税人以前纳税期的纳税情况依法进行税务检查时，发现纳税人有逃避纳税义务行为，并有明显的转移、隐匿其应纳税的商品、货物以及其他财产或者应纳税的收入的迹象的，可以按照本法规定的批准权限采取税收保全措施或者强制执行措施。

第五十六条 纳税人、扣缴义务人必须接受税务机关依法进行的税务检查，如实反映情况，提供有关资料，不得拒绝、隐瞒。

第五十七条 税务机关依法进行税务检查时，有权向有关单位和个人调查纳税人、扣缴义务人和其他当事人与纳税或者代扣代缴、代收代缴税款有关的情况，有关单位和个人有义务向税务机关如实提供有关资料及证明材料。

第五十八条 税务机关调查税务违法案件时，对与案件有关的情况和资料，可以记录、录音、录像、照相和复制。

第五十九条 税务机关派出的人员进行税务检查时，应当出示税务检查证和税务检查通知书，并有责任为被检查人保守秘密；未出示税务检查证和税务检查通知书的，被检查人有权拒绝检查。

第五章　法律责任

第六十条 纳税人有下列行为之一的，由税务机关责令限期改正，可以处二千元以下的罚款；情节严重的，处二千元以上一万元以下的罚款：

(一) 未按照规定的期限申报办理税务登记、变更或者注销登记的；

(二) 未按照规定设置、保管帐簿或者保管记帐凭证和有关资料的；

(三) 未按照规定将财务、会计制度或者财务、会计处理办法和会计核算软件报送税务机关备查的；

(四) 未按照规定将其全部银行帐号向税务机关报告的；

(五) 未按照规定安装、使用税控装置，或者损毁或者擅自改动税控装置的。

纳税人不办理税务登记的，由税务机关责令限期改正；逾期不改正的，经税务机关提请，由工商行政管理机关吊销其营业执照。

纳税人未按照规定使用税务登记证件，或者转借、涂改、损毁、买卖、伪造税务登记证件的，处二千元以上一万元以下的罚款；情节严重的，处一万元以上五万元以下的罚款。

第六十一条 扣缴义务人未按照规定设置、保管代扣代缴、代收代缴税款帐簿或者保管代扣代缴、代收代缴税款记帐凭证及有关资料的，由税务机关责令限期改正，可以处二千元以下的罚款；情节严重的，处二千元以上五千元以下的罚款。

第六十二条 纳税人未按照规定的期限办理纳税申报和报送纳税资料的，或者扣缴义务人未按照规定的期限向税务机关报送代扣代缴、代收代缴税款报告表和有关资料的，由税务机关责令限期改正，可以处二千元以下的罚款；情节严重的，可以处二千元以上一万元以下的罚款。

第六十三条 纳税人伪造、变造、隐匿、擅自销毁帐簿、记帐凭证，或者在帐簿上多列支出或者不列、少列收入，或者经税务机关通知申报而拒不申报或者进行虚假的纳税申报，不缴或者少缴应纳税款的，是偷税。对纳税人偷税的，由税务机关追缴其不缴或者少缴的税款、滞纳金，并处不缴或者少缴的税款百分之五十以上五倍以下的罚款；构成犯罪的，依法追究刑事责任。

扣缴义务人采取前款所列手段，不缴或者少缴已扣、已收税款，由税务机关追缴其不缴或者少缴的税款、滞纳金，并处不缴或者少缴的税款百分之五十以上五倍以下的罚款；构成犯罪的，依法追究刑事责任。

第六十四条 纳税人、扣缴义务人编造虚假计税依据的，由税务机关责令限期改正，并处五万元以下的罚款。

纳税人不进行纳税申报，不缴或者少缴应纳税款的，由税务机关追缴其不缴或者少缴的税款、滞纳金，并处不缴或者少缴的税款百分之五十以上五倍以下的罚款。

第六十五条 纳税人欠缴应纳税款，采取转移或者隐匿财产的手段，妨碍税务机关追缴欠缴的税款的，由税务机关追缴欠缴的税款、滞纳金，并处欠缴税款百分之五十以上五倍以下的罚款；构成犯罪的，依法追究刑事责任。

第六十六条 以假报出口或者其他欺骗手段，骗取国家出口退税款的，由税务机关追缴其骗取的退税款，并处骗取税款一倍以上五倍以下的罚款；构成犯罪的，依法追究刑事责任。

对骗取国家出口退税款的，税务机关可以在规定期间内停止为其办理出口退税。

第六十七条 以暴力、威胁方法拒不缴纳税款的，是抗税，除由税务机关追缴其拒缴的税款、滞纳金外，依法追究刑事责任。情节轻微，未构成犯罪的，由税务机关追缴其拒缴的税款、滞纳金，并处拒缴税款一倍以上五倍以下的罚款。

第六十八条 纳税人、扣缴义务人在规定期限内不缴或者少缴应纳或者应解缴的税款，经税务机关责令限期缴纳，逾期仍未缴纳的，税务机关除依照本法第四十条的规定采取强制执行措施追缴其不缴或者少缴的税款外，可以处不缴或者少缴的税款百分之五十以上五倍以下的罚款。

第六十九条 扣缴义务人应扣未扣、应收而不收税款的，由税务机关向纳税人追缴税款，对扣缴义务人处应扣未扣、应收未收税款百分之五十以上三倍以下的罚款。

第七十条 纳税人、扣缴义务人逃避、拒绝或者以其他方式阻挠税务机关检查的，由税务机关责令改正，可以处一万元以下的罚款；情节严重的，处一万元以上五万元以下的罚款。

第七十一条 违反本法第二十二条规定，非法印制发票的，由税务机关销毁非法印制的发票，没收违法所得和作案工具，并处一万元以上五万元以下的罚款；构成犯罪的，依法追究刑事责任。

第七十二条 从事生产、经营的纳税人、扣缴义务人有本法规定的税收违法行为，拒不接受税务机关处理的，税务机关可以收缴其发票或者停止向其发售发票。

第七十三条 纳税人、扣缴义务人的开户银行或者其他金融机构拒绝接受税务机关依法检查纳税人、扣缴义务人存款帐户，或者拒绝执行税务机关作出的冻结存款或者扣缴税款的决定，或者在接到税务机关的书面通知后帮助纳税人、扣缴义务人转移存款，造成税款流失的，由税务机关处十万元以上五十万元以下的罚款，对直接负责的主管人员和其他直接责任人员处一千元以上一万元以下的罚款。

第七十四条 本法规定的行政处罚，罚款额在二千元以下的，可以由税务所决定。

第七十五条 税务机关和司法机关的涉税罚没收入，应当按照税款入库预算级次上缴国库。

第七十六条 税务机关违反规定擅自改变税收征收管理范围和税款入库预算级次的，责令限期改正，对直接负责的主管人员和其他直接责任人员依法给予降级或者撤职的行政处分。

第七十七条 纳税人、扣缴义务人有本法第六十三条、第六十五条、第六十六条、第六十七条、第七十一条规定的行为涉嫌犯罪的，税务机关应当依法移交司法机关追究刑事责任。

税务人员徇私舞弊，对依法应当移交司法机关追究刑事责任的不移交，情节严重的，依法追究刑事责任。

第七十八条 未经税务机关依法委托征收税款的，责令退还收取的财物，依法给予行政处分或者行政处罚；致使他人合法权益受到损失的，依法承担赔偿责任；构成犯罪的，依法追究刑事责任。

第七十九条 税务机关、税务人员查封、扣押纳税人个人及其所扶养家属维持生活必需的住房和用品的，责令退还，依法给予行政处分；构成犯罪的，依法追究刑事责任。

第八十条 税务人员与纳税人、扣缴义务人勾结，唆使或者协助纳税人、扣缴义务人有本法第六十三条、第六十五条、第六十六条规定的行为，构成犯罪的，依法追究刑事责任；尚不构成犯罪的，依法给予行政处分。

第八十一条 税务人员利用职务上的便利，收受或者索取纳税人、扣缴义务人财物或者谋取其他不正当利益，构成犯罪的，依法追究刑事责任；尚不构成犯罪的，依法给予行政处分。

第八十二条 税务人员徇私舞弊或者玩忽职守，不征或者少征应征税款，致使国家税收遭受重大损失，构成犯罪的，依法追究刑事责任；尚不构成犯罪的，依法给予行政处分。

税务人员滥用职权，故意刁难纳税人、扣缴义务人的，调离税收工作岗位，并依法给予行政处分。

税务人员对控告、检举税收违法违纪行为的纳税人、扣缴义务人以及其他检举人进行打击报复的，依法给予行政处分；构成犯罪的，依法追究刑事责任。

税务人员违反法律、行政法规的规定，故意高估或者低估农业税计税产量，致使多征或者少征税款，侵犯农民合法权益或者损害国家利益，构成犯罪的，依法追究刑事责任；尚不构成犯罪的，依法给予行政处分。

第八十三条 违反法律、行政法规的规定提前征收、延缓征收或者摊派税款的，由其上级机关或者行政监察机关责令改正，对直接负责的主管人员和其他直接责任人员依法给予行政处分。

第八十四条 违反法律、行政法规的规定，擅自作出税收的开征、停征或者减税、免税、退税、补税以及其他同税收法律、行政法规相抵触的决定的，除依照本法规定撤销其擅自作出的决定外，补征应征未征税款，退还不应征收而征收的税款，并由上级机关追究直接负责的主管人员和其他直接责任人员的行政责任；构成犯罪的，依法追究刑事责任。

第八十五条 税务人员在征收税款或者查处税收违法案件时，未按照本法规定进行回避的，对直接负责的主管人员和其他直接责任人员，依法给予行政处分。

第八十六条 违反税收法律、行政法规应当给予行政处罚的行为，在五年内未被发现的，不再给予行政处罚。

第八十七条 未按照本法规定为纳税人、扣缴义务人、检举人保密的，对直接负责的主管人员和其他直接责任人员，由所在单位或者有关单位依法给予行政处分。

第八十八条 纳税人、扣缴义务人、纳税担保人同税务机关在纳税上发生争议时，必须先依照税务机关的纳税决定缴纳或者解缴税款及滞纳金或者提供相应的担保，然后可以依法申请行政复议；对行政复议决定不服的，可以依法向人民法院起诉。

当事人对税务机关的处罚决定、强制执行措施或者税收保全措施不服的，可以依法申请行政复议，也可以依法向人民法院起诉。

当事人对税务机关的处罚决定逾期不申请行政复议也不向人民法院起诉、又不履行的，作出处罚决定的税务机关可以采取本法第四十条规定的强制执行措施，或者申请人民法院强制执行。

第六章 附 则

第八十九条 纳税人、扣缴义务人可以委托税务代理人代为办理税务事宜。

第九十条 耕地占用税、契税、农业税、牧业税征收管理的具体办法，由国务院另行制定。

关税及海关代征税收的征收管理，依照法律、行政法规的有关规定执行。

第九十一条 中华人民共和国同外国缔结的有关税收的条约、协定同本法有不同规定的，依照条约、协定的规定办理。

第九十二条 本法施行前颁布的税收法律与本法有不同规定的，适用本法规定。

第九十三条 国务院根据本法制定实施细则。

第九十四条 本法自2001年5月1日起施行。

国务院办公厅关于
进一步整顿和规范税收秩序的通知

国办发[2001]82号

各省、自治区、直辖市人民政府，国务院各部委，各直属机构：

良好的税收秩序是确保国家财政收入的重要基础，是实现政府宏观经济调控目标的前提条件，是社会主义市场经济有序运行的重要保证。2001年4月，国务院召开整顿和规范市场经济秩序工作会议以来，全国各级税务和公安机关按照统一部署,组织了以深入打击骗取出口退税活动、进行商贸企业一般纳税人专项检查和个人所得税专项检查为重点的整顿和规范税收秩序工作，取得了一定成效。但是,税收秩序仍没有得到根本改善,一些长期干扰税收秩序的问题仍未彻底解决,偷税、骗税、虚开增值税专用发票等涉税违法案件不断发生，越权减免税现象仍然存在。为进一步整顿和规范税收秩序,改善税收征管环境,经国务院同意,现将有关事项通知如下：

一、继续打击骗取出口退税活动，深入开展税收专项检查工作

下一阶段打击骗取出口退税活动的工作重点是：抓好已破获案件的行政处理和司法处理，尽最大可能挽回损失。在此基础上,要加强调查研究,通过制度建设和完善工作机制，从根本上防范骗取出口退税。深入开展对商贸企业增值税一般纳税人和个人所得税的专项检查，进一步扩大重点检查的地区和行业范围，务求查深查透。在专项检查过程中,各级税务机关要及时了解工作进展情况,加强工作指导,推广先进经验,促进整顿和规范税收秩序工作平衡发展。

二、严厉查处涉税大案要案

伪造、倒卖和虚开增值税专用发票仍然是当前重大涉税违法犯罪活动的主要方式，税务部门要注意研究不法分子的作案方式、手段和特点，摸清规律，及时发现并予以严厉查处，尽最大努力减少税款流失；对涉嫌犯罪的，要及时移送公安机关。公安机关要切实履行职责，进一步加大打击力度,坚决打击涉税犯罪活动,严惩犯罪分子。对在查处涉税违法犯罪中出现的司法解释问题，税务和公安机关要及时与检察院、法院沟通,保证依法从重从快地打击涉税违法犯罪活动。有关部门要积极配合税务、公安机关的调查取证工作，对以地方和部门、单位利益为由，消极抵制税务和公安机关工作的,地方各级政府要严肃处理。

三、清理税收违规文件

整顿工作开展以来，各级税务机关清理出一批违反国家税收法律、法规和政策的文件,有的已经纠正,但仍有相当部分未得到纠正。税收秩序事关国家经济大局,各地区、各部门务必从讲政治的高度,认清统一税法、加强征管的重要性,于2001年年底前坚决纠正各类税收违规文件。对清理不力，拒不纠正甚至继续出台违规文件的有关领导和责任人,要依法严肃处理。

四、进一步加强税收征收管理

整顿和规范税收秩序的核心是堵塞漏洞，加强征管。建设一支过硬的税收执法队伍，是规范税收秩序的重要保证。要通过加强教育培训，提高税务干部队伍的整体素质；通过整顿执法队伍，强化对基层征收单位行政管理权和税收执法权的监督，铲除腐败，纯洁队伍，规范执法行为。要针对前一阶段工作中暴露出来的问题，研究具有可操作性的改进措施。属于制度不健全的，要研究制定新的工作制度；堵塞漏洞，形成一套行之有效的工作机制；属于制度不落实的，要强化领导责任，落实各项工作制度。要继续完善“金税工程”等现代化征管手段，不断提高税收征管水平。

五、加强舆论宣传工作

各地要充分利用新闻媒体宣传整顿和规范税收秩序工作的重要意义,增强全民纳税意识。通过对典型案例曝光,普及税法知识,在全社会形成依法纳税的良好风尚。

六、加强领导，狠抓落实

整顿和规范税收秩序工作涉及面广,影响大,牵动方方面面的利益,各级政府要加强领导,在全面贯彻执行重新修订的《中华人民共和国税收征收管理法》基础上,突出工作重点,坚决克服地方保护主义,排除阻力,使整顿和规范税收秩序工作落到实处。

国务院办公厅

二〇〇一年十月三十一日

审计机关国家建设项目审计准则

2001年8月1日审计署令　第3号公布

第一条　为了规范审计机关对国家建设项目的审计，保证审计质量，根据《中华人民共和国审计法》和《中华人民共和国国家审计基本准则》，制定本准则。

第二条　本准则所称国家建设项目，是指以国有资产投资或者融资为主（即占控股或者主导地位）的基本建设项目和技术改造项目。

与国家建设项目直接有关的建设、勘察、设计、施工、监理、采购、供货等单位的财务收支，应当接受审计机关的审计监督。

第三条　审计机关在安排国家建设项目审计时，应当确定建设单位（含项目法人，下同）为被审计单位。必要时，可以依照法定审计程序对勘察、设计、施工、监理、采购、供货等单位与国家建设项目有关的财务收支进行审计监督。

第四条　审计机关应当对国家建设项目总预算或者概算的执行情况、年度预算的执行情况和年度决算、项目竣工决算的真实、合法、效益情况，进行审计监督。

第五条　审计机关对国家建设项目的建设程序、资金来源和其他前期工作进行审计时，应当检查建设程序、建设资金筹集、征地拆迁等前期工作的真实性和合法性。

第六条　审计机关对建设资金管理与使用情况进行审计时，应当检查建设资金到位情况和资金管理与使用的真实性和合法性。

第七条　审计机关根据需要对国家建设项目的勘察、设计、施工、监理、采购、供货等方面招标投标和工程承发包情况进行审计时，应当检查招标投标程序及其结果的合法性，以及工程承发包的合法性和有效性。

第八条　审计机关根据需要对与国家建设项目有关的合同进行审计时，应当检查合同的订立、效力、履行、变更和转让、终止的真实性和合法性。

第九条　审计机关对国家建设项目设备、材料的采购、保管、使用进行审计时，应当检查设备、材料核算的真实性、合法性和有效性。

第十条　审计机关对国家建设项目概算执行情况进行审计时，应当检查概算审批、执行、调整的真实性和合法性。

第十一条　审计机关对国家建设项目债权债务进行审计时，应当检查债权债务的真实性和合法性。

第十二条　审计机关对国家建设项目税费进行审计时，应当检查税费计缴的真实性和合法性。

第十三条　审计机关对建设成本进行审计时，应当检查建设成本的真实性和合法性。

第十四条　审计机关对国家建设项目基本建设收入、节余资金进行审计时，应当检查其形成和分配的真实性和合法性。

第十五条　审计机关根据需要对工程结算和工程决算进行审计时，应当检查工程价款结算与实际完成投资的真实性、合法性及工程造价控制的有效性。

第十六条　审计机关对国家建设项目的交付使用资产进行审计时，应当检查交付使用资产的真实性和合法性。

第十七条　审计机关对国家建设项目尾工工程进行审计时，应当检查未完工程投资的真实性和合法性。

第十八条　审计机关对建设单位会计报表进行审计时，应当检查年度会计报表、竣工决算报表的真实性和合法性。

第十九条　审计机关根据需要对国家建设项目的勘察、设计、施工、监理、采购、供货等单位进行审计时，应当检查项目勘察、设计、施工、监理、采购、供货等单位与国家建设项目直接有关的收费和其他财务收支事项的真实性和合法性。

第二十条　审计机关根据需要对国家建设项目工程质量管理进行审计时，应当检查勘察、设计、建设、施工和监理等单位资质的真实性和合法性，以及对工程质量管理的有效性。

第二十一条　审计机关根据需要对国家建设项目环境保护情况进行审计时，应当检查环境保护设施与主体工程建设的同步性以及实施的有效性。

第二十二条　审计机关根据需要对国家建设项目投资效益进行审计时，应当依据有关经济、技术及社会、环境指标，评价国家建设项目投资决策的有效性，分析影响投资效益的因素。

第二十三条　对财政性资金投入较大或者关系国计民生的国家建设项目，审计机关可以对其前期准备、建设实施、竣工投产的全过程进行跟踪审计。

第二十四条　审计机关在组织对国家建设项目审计时，可以根据需要对专项建设资金的征集、管理与使用情况和与国家建设项目有关的重要事项或者倾向性问题进行专项审计或者专项审计调查。

第二十五条　本准则由审计署负责解释。

第二十六条　本准则自发布之日起施行。审计署于1996年12月17日发布的《审计机关对国家建设项目预算(概算)执行情况审计实施办法》(审投发[1996]347号)和1996年12月13日发布的《审计机关对国家建设项目竣工决算审计实施办法》(审投发[1996]346号)同时废止。

工商领域固定资产投资咨询机构资质管理办法(试行)

国家经济贸易委员会令　第23号　2001年9月14日公布

第一章　总　　则

第一条　为加强对工商领域固定资产投资活动的指导,支持企业提高投资决策水平,规范工商领域固定资产投资咨询机构的管理,发展和培育中介机构,根据有关法律、法规及《国务院关于整顿和规范市场经济秩序的决定》,特制定本办法。

第二条　本办法所称的投资咨询机构,是指在中华人民共和国境内从事工商领域固定资产投资咨询业务、具备法人资格的中介机构。

投资咨询机构,必须按本办法取得相应资质等级证书,方可开展相应业务。

第三条　国家经贸委负责对工商领域固定资产投资咨询机构资质审定的行政监督和管理,具体审查工作委托有关单位办理。

各省、自治区、直辖市和计划单列市经贸委(经委)及中央管理企业负责本地区和本企业投资咨询机构资质的初审工作。

第二章　咨询机构业务范围

第四条　工商领域固定资产投资按以下行业和领域分类:

(一)船舶;(二)电力(含核电);(三)电子;(四)纺织;(五)核工业;(六)黑色冶金;(七)化工;(八)机械(含汽车);(九)建材;(十)民用航空;(十一)煤炭;(十二)轻工(含包装、烟草);(十三)商业;(十四)石油化工;(十五)石油天然气;(十六)通讯(含邮政);(十七)物资管理;(十八)有色冶金(含稀土);(十九)医药;(二十)其他(按具体行业)。

第五条　工商领域固定资产投资咨询业务范围:

(一)规划咨询:行业、地区及企业发展规划咨询、项目规划和专项课题研究等。

(二)项目可行性研究:包括项目建议书、可行性研究报告编制。

(三)评估咨询:包括项目建议书、可行性研究报告、工程设计评估、项目后评价、概预算审查等。

(四)招投标咨询:包括招标文件和技术规范的编制与标底审查,合同文本起草,投标咨询。

(五)投资、融资咨询。

(六)项目管理咨询。

第六条　申请资质的投资咨询机构可以按照条件申请一个或多个行业、一项或多项业务范围的咨询资质。

第三章　资质等级及标准

第七条　工商领域固定资产投资咨询机构的资质分为甲、乙、丙三级。

第八条　甲级投资咨询机构应具备以下条件:

(一)公司成立5年以上,具有良好的社会信誉,注册资本不少于1000万元;

(二)具备承担相应投资咨询业务的能力,近3年独立承担工商领域固定资产投资2亿元以上项目的咨询业务不少于5项,或近3年完成咨询收入达到800万元;

(三)主要技术负责人具有高级专业技术职称,从事投资咨询工作8年以上,主持完成2个以上固定资产投资2亿元以上项目的咨询任务;

(四)具有专业技术职称、专职从事投资咨询业务的技术人员不少于25人,其中具有高级专业技术职称的人员不少于18人,按专业领域和业务范围配备相应的专业技术人员;

(五)具有健全的组织机构,完善的技术、经营、财务管理制度并得到有效的执行,具有严格的质量保证体系;

(六)具备开展相关工作必需的通信及办公设备、管理信息系统,以及必需的专业技术资料积累和专家库。具有与国内外投资咨询机构合作承接国外投资咨询业务能力;

(七)有固定及良好的工作场所,满足工作开展的需要。

第九条　甲级投资咨询机构可从事第五条规定的咨询业务。

第十条　乙级投资咨询机构应具备以下条件:

(一)公司成立3年以上,具有良好的社会信誉,注册资本不少于500万元;

(二)具备承担相应投资咨询业务的能力,近3年独立承担工商领域固定资产投资 2 亿元以下限上项目的咨询业务不少于 5 项，或近 3 年完成咨询收入达到 500 万元；

（三）主要技术负责人具有高级专业技术职称，从事投资咨询工作 5 年以上，主持完成 2 个以上工商领域固定资产投资 2 亿元以下限上项目的咨询任务；

（四）具有专业技术职称、专职从事投资咨询业务的技术人员不少于 15 人，其中具有高级专业技术职称的人员不少于 8 人，按专业领域和业务范围配备相应的专业技术人员；

（五）具有健全的组织机构，完善的技术、经营、财务管理制度并得到有效的执行，具有严格的质量保证体系；

（六）具备开展相关工作必需的通信及办公设备、管理信息系统，以及必需的专业技术资料积累和专家库；

（七）有固定及良好的工作场所，满足工作开展的需要。

第十一条 乙级投资咨询机构可从事第五条规定的工商领域固定资产投资 2 亿元以下项目的咨询业务（含省、自治区、直辖市和计划单列市范围内行业规划咨询）。

第十二条 丙级投资咨询机构应具备以下条件：

（一）公司成立 1 年以上，具有较好的社会信誉，注册资本不少于 100 万元；

（二）具备承担相应的投资咨询业务的能力，近 1 年独立承担工商领域固定资产投资限下项目的咨询业务不少于 5 项，或近 1 年完成咨询收入达到 50 万元；

（三）主要技术负责人具有高级专业技术职称，从事投资咨询工作 3 年以上，主持完成 2 个以上工商领域固定资产投资限下项目的投资咨询工作；

（四）具有专业技术职称、专职从事投资咨询业务的技术人员不少于 10 人，其中具有高级专业技术职称人员不少于 3 人，按专业领域和业务范围配备相应的专业技术人员；

（五）具有健全的组织机构，完善的技术、经营、财务管理制度，具有较严格的质量保证体系；

（六）具备开展相关工作必需的通信及办公设备、管理信息系统，以及必需的专业技术资料积累和专家库；

（七）有固定的工作场所。

第十三条 丙级投资咨询机构可从事第五条规定的限额以下工商领域固定资产投资项目的咨询业务，第五条规定的规划咨询业务除外。

第四章 资质申请和审定

第十四条 申请工商领域固定资产投资咨询机构资质的申请材料包括：

（一）申请报告；

（二）资质等级申请表一式两份（见附表一）；

（三）主要技术负责人的简历，任命（聘任）文件、专业技术职称证明及身份证复印件；

（四）专业技术人员的职称证明、劳动合同及身份证复印件；

（五）营业执照副本；

（六）工作场所证明（包括房屋租赁合同或房产证明复印件），固定资产清单；

（七）公司章程及相关管理制度；

（八）经审计的近 3 年的财务报表（申请丙级资质的提供经审计的近 1 年的财务报表）；

（九）同合作单位共同完成投资咨询工作的证明材料（申请升级的咨询机构需出具）；

（十）其他需要出具的证明或资料。

第十五条 资质申请单位向省、自治区、直辖市和计划单列市经贸委（经委）提交第十四条规定的申请材料，初审部门在接到申请材料 20 个工作日内提出初审意见。

申请单位将申请材料和初审意见报国家经贸委，国家经贸委在接到申请材料及初审意见 45 个工作日内，对申请材料进行综合评审，经审核符合等级标准，颁发相应的《资质证书》，证书有效期 3 年。

第十六条 中央管理企业的下属投资咨询机构申请资质由所属的企业初审后，由该企业向国家经贸委申报，国家经贸委审定合格后，核发《资质证书》。

第十七条 已获得乙级资质的投资咨询机构，资质（除成立年限、经营业绩）达到甲级投资咨询机构等级标准，在近 3 年内与甲级投资咨询机构合作开展工商领域固定资产投资项目 2 亿元以上项目的咨询业务 5 项以上，或近 3 年的咨询收入达到 500 万元，可以申请升级，经审定通过，核发甲级资质证书，审定程序按第十四条、第十五条、第十六条规定办理。

已获得丙级资质的投资咨询机构，资质（除成立年限、经营业绩）达到乙级投资咨询机构等级标准，在近 3 年内与乙级投资咨询机构合作开展工商领域固定资产 2 亿元以下限上项目的咨询业务 5 项以上，或近 3 年的咨询收入达到 250 万元，可以申请升级，经审定通过，核发乙级资质证书，审定程序按第十四条、第十五条、第十六条规定办理。

第十八条 新成立的投资咨询机构，资质（除成立年限、经营业绩）达到相应等级标准，可申请相应等级资质预备证书，申请材料包括：

（一）申请报告；

（二）资质等级（预备）申请表一式两份（见附表二）；

（三）主要技术负责人的简历，任命（聘任）文件、专业技术职称证明及身份证复印件；

（四）专业技术人员的职称证明、劳动合同及身份证复印件；

（五）营业执照副本；

（六）工作场所证明（包括房屋租赁合同或房产证明复印件），固定资产清单；

（七）公司章程及相关管理制度；

（八）其他需要出具的证明或资料。

第十九条 申请相应等级资质预备证书，申报及审定程序按第十六条、第十八条规定办理。审定通过，颁发相应等级资质预备证书，资质等级预备证书有效期为 1 年。待年限和经营业绩等达到相应等级标准后，按第十四条、第十六条规定申请相应的资质等级证书。

第五章　资质管理

第二十条　投资咨询机构因分立或合并、破产等原因，应在自情况发生之日起30日内向资质管理部门交回原资质证书。分立或合并的投资咨询机构重新申请资质按第十四条、第十六条规定办理。

第二十一条　投资咨询机构变更名称、地址、法定代表人，在工商管理部门办理变更手续后5个工作日内以正式文本向资质管理部门通报。

第二十二条　国家经贸委依据本办法每年对持证机构的资质进行年审，有关资质年审的要求另行制定。

第二十三条　投资咨询机构未按照规定进行资质年检的，国家经贸委有权取消其资质；资质年审不合格的限期整改，逾期整改不合格的，国家经贸委将作相应处理。

第二十四条　投资咨询机构资质年审结果，由国家经贸委公布。

第二十五条　投资咨询机构资质证书是开展工商领域固定资产投资咨询业务的资格许可证件，只限本单位使用。

投资咨询机构只能在资质等级许可的范围内承担相应业务。

第二十六条　资质证书的等级编号，须在投资咨询文件上注明。

第二十七条　投资咨询机构遗失资质证书，必须在从事业务范围内相关媒体上声明作废后，方可向资质管理部门申请补发。

第六章　罚　　则

第二十八条　投资咨询机构采取欺骗等手段取得资质证书的，经查实，国家经贸委将取消其资质，两年内不受理该机构的资质申请。

第二十九条　投资咨询机构违反本规定，有下列行为之一的，由国家经贸委予以警告、责令整顿、降低资质等级并可处以3万元以下的罚款；情节严重的，取消其资质：

(一)出卖、转让、出借、涂改、伪造资质证书的；

(二)采取不正当竞争手段承接业务的；

(三)超越资质级别或范围承接业务的；

(四)提供虚假的投资咨询文件或材料的；

(五)分立或合并的未及时交回资质证书的；

(六)变更名称、地址、法定代表人未及时通报的。

第七章　附　　则

第三十条　投资咨询机构中尚未转制为公司的事业单位，在资质等级审定时，第八条、第十条、第十二条规定中的"注册资本"，第十四条规定中的"劳动合同"、"公司章程"等条件不予要求。

该事业单位在取得资质证书之日起1年内，应按要求转制为公司。在次年年审时事业单位转制将作为必要的条件。

第三十一条　外商投资的工商领域固定资产投资咨询机构的资质管理，国家另有规定的，从其规定。

第三十二条　本办法由国家经贸委负责解释。

第三十三条　本办法自发布之日起施行。

附表一：工商领域固定资产投资咨询机构资质等级申请表(略)

附表二：工商领域固定资产投资咨询机构资质等级(预备)申请表(略)

金融机构撤销条例

中华人民共和国国务院令　第324号　2001年11月23日发布

第一章　总　　则

第一条　为了加强对金融活动的监督管理，维护金融秩序，保护国家利益和社会公众利益，制定本条例。

第二条　中国人民银行撤销金融机构，依照本条例执行。

本条例所称撤销，是指中国人民银行对经其批准设立的具有法人资格的金融机构依法采取行政强制措施，终止其经营活动，并予以解散。

第三条　中国人民银行及其工作人员以及其他有关人员依照本条例履行职责，应当依法为被撤销的金融机构保守秘密。

第四条　被撤销的金融机构所在地的地方人民政府应当组织有关部门，做好与撤销有关的工作。

第二章　撤销决定

第五条　金融机构有违法违规经营、经营管理不善等情形，不予撤销将严重危害金融秩序、损害社会公众利益的，应当依法撤销。

第六条　中国人民银行决定撤销金融机构，应当制作撤销决定书。

撤销决定自中国人民银行宣布之日起生效。

撤销决定应当在报纸上公告，并在被撤销的金融机构的营业场所张贴。

第七条 自撤销决定生效之日起，被撤销的金融机构必须立即停止经营活动，交回金融机构法人许可证及其分支机构营业许可证，其高级管理人员、董事会和股东大会必须立即停止行使职权。

第三章 撤销清算

第八条 商业银行依法被撤销的，由中国人民银行组织成立清算组；非银行金融机构依法被撤销的，由中国人民银行或者中国人民银行委托的有关地方人民政府组织成立清算组。清算自撤销决定生效之日起开始。清算组向中国人民银行负责并报告工作。

清算组由中国人民银行、财政、审计等有关部门、地方人民政府的代表和被撤销的金融机构股东的代表及有关专业人员组成。清算组组长及成员，由中国人民银行指定或者经中国人民银行同意。

清算期间，清算组行使被撤销的金融机构的管理职权，清算组组长行使被撤销的金融机构的法定代表人职权。

第九条 清算组成立后，被撤销的金融机构的法定代表人及有关负责人应当将被撤销的金融机构的全部印章、账簿、单证、票据、文件、资料等移交清算组，并协助清算组进行清算。

第十条 清算期间，被撤销的金融机构的法定代表人、董事会和监事会成员、部门负责人以上高级管理人员、财务人员及其他有关人员，应当按照清算组的要求进行工作，不得擅离职守，不得自行出境。

第十一条 清算期间，清算组履行下列职责：

(一)保管、清理被撤销的金融机构财产，编制资产负债表和财产清单；

(二)通知、公告存款人及其他债权人，确认债权；

(三)处理与清算被撤销的金融机构有关的未了结业务；

(四)清理债权、债务，催收债权，处置资产；

(五)制作清算方案，按照经批准的清算方案清偿债务；

(六)清缴所欠税款；

(七)处理被撤销的金融机构清偿债务后的剩余财产；

(八)代表被撤销的金融机构参加诉讼、仲裁活动；

(九)提请有关部门追究对金融机构被撤销负有直接责任的高级管理人员和其他有关人员的法律责任；

(十)办理其他清算事务。

第十二条 清算期间，清算组可以将清算事务委托中国人民银行指定的金融机构(以下简称托管机构)办理。

托管机构不承担被撤销的金融机构债务，不垫付资金，不负责被撤销的金融机构人员安置。托管费用列入被撤销的金融机构清算费用。

第十三条 被撤销的金融机构所在地的地方人民政府应当成立撤销工作领导小组，组长由地方人民政府负责人担任。

撤销工作领导小组应当支持、配合清算组催收债权和办理其他清算事务，并组织有关部门依法维护社会治安秩序，处理突发事件，查处违法行为，依法追究有关责任人员的法律责任。

第十四条 清算组应当自成立之日起 10 日内，书面通知债权人申报债权，并于 60 日内在报纸上至少公告 3 次。

债权人应当自接到通知书之日起 30 日内，未接到通知书的债权人应当自第一次公告之日起 90 日内，向清算组申报债权。

清算组可以决定小额储蓄存款人可以不申报债权，由清算组根据被撤销的金融机构会计账册和有关凭证，对储蓄存款予以确认和登记。

第十五条 债权人申报债权，应当说明债权性质、数额和发生时间，并提供有关证明材料。清算组应当审查申报债权的证明材料，确认债权有无财产担保及数额，对有财产担保的债权和无财产担保的债权分别登记。

第十六条 债权人未在规定期限内申报债权的，按照下列规定处理：

(一)已知债权人的债权，应当列入清算范围；

(二)未知债权人的债权，在被撤销的金融机构的清算财产分配结束前，可以请求清偿；被撤销的金融机构的清算财产已经分配结束的，不再予以清偿。

第十七条 自撤销决定生效之日起，被撤销的金融机构债务停止计算利息。

第十八条 被撤销的金融机构下列财产，作为清偿债务的清算财产：

(一)清算开始之日起被撤销的金融机构全部财产，包括其股东的出资及其他权益、其全资子公司的财产和其投资入股的股份；

(二)清算期间被撤销的金融机构依法取得的财产；

(三)被撤销的金融机构的其他财产。

撤销决定生效之日前，被撤销的金融机构恶意转移或者变相转移财产的行为无效；由此转移和变相转移的财产由清算组负责追回，并入清算财产。

第十九条 清算组清理被撤销的金融机构财产时，应当依法评估其财产的实际价值；财产有损失的，应当核实损失数额。

第二十条 清算组可以依法变卖被撤销的金融机构的有效资产；拍卖被撤销的金融机构有效资产的，应当按照具有资产评估业务资格的中介机构出具的评估结果确定拍卖底价。

前款所称有效资产，是指被撤销的金融机构经清理、核实后具有实际价值的财产。

第二十一条 被撤销的金融机构财产的清理和处置，免交税收和行政性收费。

第二十二条 被撤销的金融机构财产经清理、核实后，清算组应当制作清算方案。

清算方案应当包括债权人情况、债权数额、清算财产数额、支付个人储蓄存款的本金和合法利息的数额、清偿其他债务的数额等内容，并附资产负债表、财产清单、资产评估报告等材料。

清算方案由清算组与债权人协商后，报中国人民银行确认。

第四章 债务清偿

第二十三条 被撤销的金融机构清算财产，应当先支付个人储蓄存款的本金和合法利息。

第二十四条 被撤销的金融机构的清算财产支付个人储蓄存款的本金和合法利息后的剩余财产，应当清偿法人和其他组织的债务。

第二十五条 被撤销的金融机构的清算财产清偿债务后的剩余财产，经清算应当按照股东的出资比例或者持有的股份比例分配。

第五章 注销登记

第二十六条 清算结束后，清算组应当制作清算报告、清算期内收支报表和各种财务账册，报中国人民银行确认。

第二十七条 清算结束后，清算组应当向工商行政管理机关办理注销登记手续，被撤销的金融机构股东的资格终止，被撤销的金融机构即行解散，由中国人民银行予以公告。

第二十八条 被撤销的金融机构的各种会计凭证、会计账册、会计报表等资料以及有关营业、清算的重要文件，应当在注销登记后由中国人民银行指定的机构负责保管。

第二十九条 审计机关应当对被撤销的金融机构负责人进行审计。

第六章 法律责任

第三十条 被撤销的金融机构的高级管理人员和其他有关人员，利用职务上的便利收受他人财物、违法发放贷款、非法出具金融票证、徇私舞弊造成该金融机构被撤销的，依照刑法关于受贿罪、违法发放贷款罪、非法出具金融票证罪、徇私舞弊造成破产、亏损罪或者其他罪的规定，依法追究刑事责任；尚不够刑事处罚的，给予撤职直至开除的纪律处分，并终身不得在任何金融机构担任高级管理职务或者与原职务相当的职务。

第三十一条 中国人民银行的工作人员违法审批金融机构，对金融机构不依法实施监督管理、不依法查处违法行为，情节严重、导致金融机构被撤销的，依照刑法关于滥用职权罪、玩忽职守罪或者其他罪的规定，依法追究刑事责任；尚不够刑事处罚的，给予记大过、降级或者撤职的行政处分。

第三十二条 任何国家机关工作人员非法干预金融机构的正常经营活动，对该金融机构被撤销负有直接责任的，依照刑法关于滥用职权罪或者其他罪的规定，依法追究刑事责任；尚不够刑事处罚的，给予记大过、降级或者撤职的行政处分。

第三十三条 在撤销清算过程中，被撤销的金融机构工作人员有下列行为之一的，依照刑法关于妨害公务罪、妨害清算罪或者其他罪的规定，依法追究刑事责任；尚不够刑事处罚的，给予撤职直至开除的纪律处分：

(一)阻挠清算组依法履行职责的；

(二)拒绝提供情况或者提供虚假情况的；

(三)抽逃资金、隐匿财产，逃避债务的；

(四)恶意转移或者变相转移被撤销的金融机构财产的。

第三十四条 被撤销的金融机构在撤销决定生效后非法从事经营活动的，由中国人民银行依照《非法金融机构和非法金融业务活动取缔办法》予以取缔；依照刑法关于非法吸收公众存款罪或者其他罪的规定，依法追究刑事责任；尚不够刑事处罚的，依法给予行政处罚。

第三十五条 清算组的工作人员在清算过程中滥用职权、玩忽职守、徇私舞弊，造成财产损失，损害债权人利益的，依照刑法关于滥用职权罪、玩忽职守罪或者其他罪的规定，依法追究刑事责任；尚不够刑事处罚的，给予降级直至开除的行政处分或者纪律处分。

第三十六条 中国人民银行工作人员及其他有关人员在依照本条例履行职责中，泄露国家秘密或者所知悉的商业秘密的，依照刑法关于泄露国家秘密罪、侵犯商业秘密罪或者其他罪的规定，依法追究刑事责任；尚不够刑事处罚的，给予降级直至开除的行政处分或者纪律处分。

第三十七条 托管机构不履行托管职责，造成被撤销的金融机构财产损失的，应当依法承担民事责任，并对其负有责任的主管人员和其他直接责任人员依法给予纪律处分。

第七章 附 则

第三十八条 本条例自2001年12月15日起施行。

证券公司内部控制指引

证监会　证监发[2001]15号　2001年1月31日

第一章　总　　则

第一条　为了促进证券公司(以下简称“公司”)的规范发展,有效防范和化解金融风险,维护证券市场的安全与稳定,依据《中华人民共和国证券法》等法律法规,特制定本指引。

第二条　公司内部控制包括内部控制机制和内部控制制度两个方面。内部控制机制是指公司的内部组织结构及其相互之间的运行制约关系;内部控制制度是指公司为防范金融风险,保护资产的安全与完善,促进各项经营活动的有效实施而制定的各种业务操作程序、管理方法与控制措施的总称。

第三条　健全内部控制机制和完善内部控制制度是规范公司经营行为、有效防范金融风险的主要措施,也是衡量公司经营管理水平高低的重要标志。公司应当按照本指引的要求,建立运行高效、控制严密的内部控制机制,制定科学合理、切实有效的内部控制制度。

第二章　内部控制的目标和原则

第四条　公司内部控制的总体目标是要建立一个决策科学、运营规范、管理高效和持续、稳定、健康发展的证券经营实体。具体来说,必须达到以下目标:

(一)严格遵守国家有关法律法规和行业监管规章,自觉形成守法经营、规范运作的经营思想和经营风格。

(二)健全符合现代企业制度要求的法人治理结构,形成科学合理的决策机制、执行机制和监督机制。

(三)建立行之有效的风险控制系统,确保各项经营管理活动的健康运行与公司财产的安全完整。

(四)不断提高经营管理的效率和效益,努力实现公司价值的最大化,圆满完成公司的经营目标和发展战略。

第五条　公司完善内部控制机制必须遵循以下原则:

(一)健全性原则。内部控制机制必须覆盖公司的各项业务、各个部门或机构和各级人员,并渗透到决策、执行、监督、反馈等各个经营环节。

(二)独立性原则。公司必须在精简的基础上设立能充分满足公司经营运作需要的机构、部门和岗位,各机构、部门和岗位职能上保持相对独立性。

(三)相互制约原则。内部部门和岗位的设置必须权责分明、相互牵制,并通过切实可行的相互制衡措施来消除内部控制中的盲点。

(四)防火墙原则。公司投资银行、自营、经纪、资产管理、研究咨询等相关部门,应当在物理上和制度上适当隔离。对因业务需要知悉内幕信息的人员,应制定严格的批准程序和监督处罚措施。

(五)成本效益原则。公司应当充分发挥各机构、各部门及广大职员的工作积极性,尽量降低经营运作成本,保证以合理的控制成本达到最佳的内部控制效果。

第六条　公司制订内部控制制度必须遵循以下原则:

(一)全面性原则。内部控制制度必须涵盖公司经营管理的各个环节,并普遍适用于公司每一位职员,不得留有制度上的空白或漏洞。

(二)审慎性原则。公司内部控制的核心是风险控制,内部控制制度的制订要以审慎经营、防范和化解风险为出发点。

(三)有效性原则。内部控制制度必须符合国家有关法律法规的规定,公司全体职员必须竭力维护内部控制制度的有效执行,任何职员不得拥有超越制度约束的权力。

(四)适时性原则。内部控制制度的制订应当具有前瞻性,并且必须随着公司经营战略、经营方针、经营理念等内部环境的变化和国家法律法规、政策制度等外部环境的改变进行及时的修改或完善。

第三章　内部控制的基本要求

第七条　公司必须按核定的业务经营范围和自身的经营管理特点,建立架构清晰、控制有效的内部控制机制,制定全面系统、切实可行的内部控制制度。

第八条　公司必须依据自身经营特点设立顺序递进、权责统一、严密有效的三道监控防线:

(一)建立一线岗位双人、双职、双责为基础的第一道监控防线。直接与客户、电脑、资金、有价证券、重要空白凭证、业务用章等接触的岗位,必须实行双人负责的制度。属于单人单岗处理的业务,必须有相应的后续监督机制。

(二)建立相关部门、相关岗位之间相互监督制衡的第二道监控防线。公司必须在相关部门和相关岗位之间建立重要业务处理凭据顺畅传递的渠道,各部门和岗位分别在自己的授权范围内承担各自职责。

(三)建立以内部稽核部门对各岗位、各部门、各机构、各项业务全面实施监督反馈的第三道监控防线。内部稽核部门独立于其他部门和业务活动,并对内部控制制度的执行情况实行严格的检查和反馈。

第九条 公司必须建立科学的授权批准制度和岗位分离制度。各业务部门和分支机构必须在适当的授权基础上实行恰当的责任分离制度，直接的操作部门或经办人员和直接的管理部门或控制人员必须相互独立、相互牵制。

第十条 公司必须建立完善的岗位责任制度和规范的岗位管理措施。在明确不同岗位的工作任务基础上，赋予各岗位相应的责任和职权，建立相互配合、相互制约、相互促进的工作关系。通过制定规范的岗位责任制度、严格的操作程序和合理的工作标准，大力推行各岗位、各部门、各机构的目标管理。

第十一条 公司必须在保证资产安全性的前提下追求利润的最大化，严格控制公司的财务风险。公司必须真实、全面地记载每一笔业务，充分发挥会计的核算和监督职能，健全会计、统计等各种信息资料及时、准确报送制度，确保各种信息资料的真实与完整。

第十二条 公司必须建立严密有效的风险管理系统，包括主要业务的风险评估和监测办法、分支机构和重要部门的风险考核指标体系以及管理人员的道德风险防范系统等。通过严密的风险管理，及时发现内部控制的弱点，以便堵塞漏洞、消除隐患。

第十三条 公司必须制订切实有效的应急应变措施，设定具体的应急应变步骤。尤其是证券营业部等重要部位遇到断电、失火、水灾、抢劫等非常情况时，应急应变措施要及时到位，并按预定功能发挥作用，以确保公司的正常经营不会受到不必要的影响。

第四章 内部控制的主要内容

第十四条 公司内容控制的主要内容包括：环境控制、业务控制、资金管理控制、会计系统控制、电子信息系统控制、内部稽核控制等。环境控制包括治理结构控制、管理思想控制、员工素质控制、授权控制等。业务控制包括经纪业务控制、投资银行业务控制、自营业务控制、资产管理业务控制、金融创新业务控制等。

第一节 环境控制

第十五条 科学的公司治理结构包括民主、透明的决策程序和管理议事规则，高效、严谨的业务执行系统，以及健全、有效的内部监督和反馈系统。公司必须严格按照现代企业制度的要求，健全符合公司发展需要的组织结构和运行机制，充分发挥独立董事会和监事会监督职能，坚决避免内部人控制现象的发生。

第十六条 公司管理层必须牢固树立内控优先思想，自觉形成风险管理观念；同时制定有效的信息资料流转通报制度，保证全体员工及时了解重要的法律法规和管理层的经营思想。公司全体职工必须忠于职守，勤勉尽责，严格遵守国家法律法规和公司各项规章制度。

第十七条 公司必须建立科学的聘用、培训、轮岗、考评、晋升、淘汰等人事管理制度，严格制定单位业绩和个人工作表现挂钩的薪酬制度，确保公司职员具备和保持正直、诚实、公正、廉洁的品质与应有的专业胜任能力。对重要岗位（如证券营业部负责人、财务主管和电脑主管等）必须在回避的基础上实行委派制和定期轮换制。

第十八条 公司授权控制主要内容包括：

（一）股东（大）会、董事会、监事会必须充分履行各自的职权，健全公司逐级授权制度，确保公司各项规章制度的贯彻执行。

（二）公司实行法人负责制，公司各业务部门、各级分支机构在其规定的业务、财务、人事等授权范围内行使相应的经营管理职能。

（三）各项经济业务和管理程序必须遵从管理层制定的操作规程，经办人员的每一项工作必须是其业务授权范围内进行的。

（四）公司授权要适当，对已获授权的部门和人员应建立有效的评价和反馈机制，对已不适用的授权应及时修改或取消授权。

第二节 业务控制

第十九条 公司必须自觉遵守国家有关法律法规，严格制定各项业务（包括经纪业务、投资银行业务、自营业务、资产管理业务、金融创新业务等）的管理规章、操作流程和岗位手册，并针对各个风险点设置必要的控制程序。

第二十条 经纪业务控制主要内容包括：

（一）对证券营业部的整体布局、规模发展和技术更新等进行统一规划，对新设营业部的选址、投入与产出进行严密的可行性论证。

（二）统一制定证券营业部的标准化服务规程，不断提高证券营业部的服务质量和避免差错事故的发生。

（三）制定统一的股东帐户和资金帐户管理制度，妥善保管客户的开户资料，严格客户资金的存取程序和授权审批制度。

（四）严格遵守保密原则，如实记录证券交易情况，并妥善保存委托记录。无书面委托记录的，应当事先明确双方的权利与义务，坚决防止新的电子交易方式的各种风险。

（五）实行证券交易法人集中清算制度，严格资金的及时清算和股份的交割登记，及时有效地防止结算风险和法律纠纷。

（六）对客户托管的国债及其他上市流通的有价证券实行定期盘点制度，并按有关规定进行表外登记，不得将代保管的证券进行抵押、回购或卖空等。

第二十一条 投资银行业务控制主要内容包括：

（一）建立严格的项目风险评估体系和项目责任管理制度，根据各项投资银行业务和证券品种的不同特点制定各自不同的操作流程、作业标准和风险防范措施。

（二）建立科学的发行人质量评价体系，在认真核查发行人文件的真实性、准确性和完整性基础上，确保推荐优质企业发行上市。

（三）强化投资银行业务的风险责任制，尽量降低投资银行业务风险。在实施风险权限管理的基础上，明确各当事人在事前、事中、事后各自不同的风险控制责任。

(四) 建立严密的内核工作规则与程序，不断提高发行申报材料的编制质量，确保证券发行文件不存在严重误导、重大遗漏、虚假和欺诈。

第二十二条 自营业务控制主要内容包括：

(一) 充分发挥集体智慧的决策能力，坚决避免由一个部门或主管全权决定证券投资策略或投资品种。

(二) 建立恰当的责任分离制度。自营交易管理部门、操作部门、资金结算部门与会计核算部门相互分离、相互监督。

(三)严格控制自营业务的股东帐户和专用席位。自营股东帐户应由自营部门以外的部门统一管理，不得假借他人名义或席位从事自营业务。

(四) 自营业务必须使用自有资金和依法筹集的资金，自营交易的资金必须履行严格的资金调度审批手续。

(五) 严格自营业务的风险评估和控制制度，直接操作人员的业务活动必须严格限制在规定的风险权限额度之内，为防范和化解市场风险管理层必须及时采取恰当的止损措施。

(六) 公司全体职工必须严格执行公司各项保密制度，不得利用职位便利为自己及他人买卖证券或提供咨询意见。

第二十三条 资产管理业务控制主要内容包括：

(一) 资产管理业务由公司统一受理，并指定专业部门和人员统一管理。资产管理业务和自营、经纪、承销等其他业务，以及资产管理业务各操作岗位之间应建立严格的“防火墙”制度。

(二)每一笔资产管理业务都要按业务授权进行审核批准，受托资金的投资策略、投资品种等要严格按授权和合同规定办理。

(三) 受托资金专户独立核算，不得与自有资金混同使用，也不得将不同客户的委托资金混同使用。

(四) 随时评估和监控每笔受托资金的管理效益，有效避免各项受托资金的重大损失，坚决防止资产管理业务的不道德行为。

第二十四条 公司应在审慎经营和合法规范的基础上致力于金融创新。在充分论证的前提下周密考虑金融创新品种或业务的法律性质、操作程序、经济后果等，严格控制金融新品种、新业务的法律风险和运行风险。

第三节 资金管理控制

第二十五条 资金管理控制主要内容包括：

(一) 坚持资金营运安全性、流动性和效益性相统一的经营原则，强化资金的集中统一管理制度，各分支机构不得自行从事资金的拆借、借贷、抵押、担保等融资活动。

(二) 严格资金业务的授权批准制度，强化重大资金投向的集体决策制度。凡对外开办的每一笔资金业务都要按业务授权进行审核批准，对特别授权的资金业务要经过特别批准。

(三) 健全资金业务的风险评估和监测制度，严格控制资金流动性风险。日常头寸调度外的每笔资金业务在使用前需进行严格的风险收益评估，各项资金比例严格控制在公司可承受风险范围之内。

(四)建立科学的资金管理绩效评价制度，严格考核各责任单位资金循环的成本与效益，坚决奖勤罚懒和奖罚分明。

第四节 会计系统控制

第二十六条 会计系统控制主要内容包括：

(一)公司必须依据会计法、会计准则、财务通则、会计基础工作规范、证券公司会计制度和财务制度等制订公司会计制度、财务制度、会计工作操作流程和会计岗位工作手册，并针对各个风险控制点建立严密的会计控制系统。

(二)建立公司内各级机构会计部门的垂直领导和主管会计委派制度，在岗位分工的基础上明确各会计岗位职责，严禁需要相互监督的岗位由一人独自操作全过程。

(三) 坚持正确的会计核算，建立严格的成本控制和业绩考核制度，强化会计的事前、事中和事后监督，加强对重大表外项目(如担保、抵押、未决诉讼、赔偿责任等)的风险管理。

(四) 严格制定财务收支审批制度和费用报销管理办法，自觉遵守国家财税制度和财经纪律，坚决避免重大财务支出由一个部门或一个主管全权决定。

(五)制订完善的会计档案保管和财务交接制度。财会部门必须妥善保管密押、业务用章、空白支票等重要凭据和会计档案，严格会计资料的调阅手续，防止会计数据的毁损、散失和泄密。

(六)强化财产登记保管和实物资产盘点制度。对自营证券、代保管证券、固定资产等重要资产必须进行定期或不定期盘点，及时处理盘盈盘亏并分析总结原因。

第五节 电子信息系统控制

第二十七条 电子信息系统控制主要内容包括：

(一) 根据国家法律法规的要求，遵循安全性、实用性、可操作性原则，严格制定电子信息系统的管理规章、操作流程、岗位手册和风险控制制度。

(二)对电子信息系统的项目立项、设计、开发、测试、运行和维护整个过程实施明确的责任管理，严格划分软件设计、业务操作和技术维护等方面的职责。

(三)强化电子信息系统的相互牵制制度，系统设计、软件开发等技术人员与实际业务操作人员必须相互独立，计算机系统的日常维护和管理人员必须独立于会计、交易等部门，禁止同一人同时掌管操作系统口令和数据库管理系统口令。

(四) 严格制定电子信息系统的安全和保密标准，保证电子信息数据的安全、真实和完整，并能及时、准确地传递到会计等各职能部门。

(五) 严格计算机交易数据的授权修改程序，建立电子信息数据的即时保存和备份制度，并坚持电子信息数据的定期查验制度。

(六)电子信息管理部门应指定专人负责计算机病毒防范工作,定期进行病毒检测。

第六节　内部稽核控制

第二十八条　内部稽核控制主要内容包括:

(一)内部稽核(审计)部门独立于公司各业务部门和各分支机构以外，就内部控制制度的执行情况独立地履行检查、评价、报告、建议职能,并对董事会负责。

(二) 强化内部稽核检查制度，通过定期或不定期检查内部控制制度的执行情况，确保公司各项经营管理活动的有效运行。

(三) 全面推行稽核工作的责任管理制度，明确内部稽核部门各岗位的具体职责，严格内部稽核的操作程序和组织纪律。

(四) 严格内部稽核人员的专业任职条件，充分发挥内部稽核部门和人员的权威性，不断提高内部稽核工作的质量和效率。

(五)健全内部稽核处罚制度。任何部门和人员不得拒绝、阻挠、破坏内部稽核工作，对打击、报复、陷害稽核工作人员的行为必须制定严厉的处罚制度。

(六)严格稽核人员奖惩制度。对滥用职权、徇私舞弊、玩忽职守的,应追究有关部门和人员的责任;对在稽核工作中表现突出的,应予以适当的表彰与奖励。

第五章　附　　则

第二十九条　公司应当根据本指引的要求健全内部控制机制,并结合自身实际情况制定合理的内部控制制度,报中国证券监督管理委员会和当地派出机构备案。

第三十条　本指引自发布之日起实施。

亏损上市公司暂停上市和终止上市实施办法

第一章　总　　则

第一条　为促进证券市场的健康发展,保护投资者的合法权益,根据《公司法》、《证券法》的有关规定,制定本办法。

第二条　上市公司连续亏损,其股票暂停上市、恢复上市和终止上市,适用本办法。

第三条　连续亏损的上市公司暂停上市，中国证券监督管理委员会(以下简称中国证监会)依法授权证券交易所决定。

暂停上市的公司申请其恢复上市，由中国证监会发行审核委员会(以下简称发审委)审核,中国证监会核准。

暂停上市的公司终止上市,由中国证监会决定。

第二章　暂停上市

第四条　上市公司最近二年连续亏损后，董事会预计第三年度将连续亏损的,应当及时作出风险提示公告,并在披露年度报告前至少发布三次风险提示公告，提醒投资者注意投资风险。

第五条　上市公司第三年度连续亏损的，自公布第三年年度报告之日起(如公司未公布年度报告,则自《证券法》规定的年度报告披露最后期限到期之日起),证券交易所应对其股票实施停牌，并在停牌后五个工作日内就该公司股票是否暂停上市作出决定。证券交易所作出暂停上市决定的,应当通知该公司并公告,同时报中国证监会备案。

第六条　上市公司应当在接到证券交易所股票暂停上市决定之日起二个工作日内，在中国证监会指定的报纸和网站登载《股票暂停上市公告》,公告以下内容:

(一)暂停上市股票的种类、简称、证券代码以及暂停上市起始日;

(二)证券交易所股票暂停上市决定的主要内容;

(三)公司董事会关于是否可以争取恢复股票上市的意见和恢复股票上市的具体措施，并说明董事会的出席和表决情况;

(四)中国证监会和证券交易所要求的其他内容。

第七条　上市公司在其股票暂停上市期间，应当依法履行上市公司的有关义务。

第八条　公司暂停上市后，可以在四十五天内向证券交易所申请宽限期以延长暂停上市的期限。宽限期自暂停上市之日起为十二个月。

第九条　公司向证券交易所申请宽限期的，应作出申请宽限期的决议，并向证券交易所说明近期盈利的可能性及公司采取的具体措施。

第十条　证券交易所应自接到公司申请后三个工作日内做出是否给予公司宽限期的决定，通知该公司并公告。公司应自接到证券交易所上述决定之日起两个工作日内公告这一决定的主要内容。

第十一条　在公司暂停上市期间，证券交易所可以为投资者提供股票特别转让服务，具体转让办法由证券交易所规定。

第三章　恢复上市

第十二条　暂停上市的公司在宽限期内第一个会计年度盈利的,可以在年度报告公布后,向中国证监会提出恢复上市的申请。

第十三条　中国证监会受理公司恢复上市的申请后,应当提交发审委审核,并在三个月内作出是否予以核准的决定。

第十四条 在公司申请恢复上市期间，证券交易所应当暂时停止该公司股票的特别转让服务，并相应延长公司的宽限期。

第十五条 公司在接到中国证监会恢复上市的决定后,应在二个工作日内在指定报纸和网站上登载《股票恢复上市公告》,公告以下内容:

(一)恢复上市股票的种类、简称、证券代码;

(二)中国证监会有关恢复股票上市决定的主要内容;

(三)公司董事会对公司经营状况的分析和预测;

(四)中国证监会和证券交易所要求的其他内容。

第十六条 公司股票在登载《恢复股票上市公告》后的第一个交易日恢复上市交易。

第四章 终止上市

第十七条 暂停上市的公司在宽限期内第一个会计年度继续亏损的，或者其财务报告被注册会计师出具否定意见或拒绝表示意见审计报告的，由中国证监会作出其股票终止上市的决定。

证券交易所自该公司公布年度报告之日起，暂停股票特别转让服务。

第十八条 公司有以下情形之一的，中国证监会决定其股票终止上市:

(一)公司决定不提出宽限期申请的;

(二) 自暂停上市之日起45日内未提出宽限期申请的或申请宽限期未获证券交易所批准的;

(三)第十七条所述公司至宽限期截止日未公布年度报告的;

(四)申请恢复上市未获中国证监会核准的。

第十九条 公司预计将出现第十七条所述情形的，应当及时作出风险提示公告,并在披露年度报告前至少发布三次风险提示公告,提醒投资者注意投资风险。上述情形经审计证实的,公司应当在接到年度审计报告后二个工作日内,向中国证监会和证券交易所报告并公告。

第二十条 公司应当在接到中国证监会终止上市的决定后二个工作日内在指定报纸和网站上登载《股票终止上市公告》,公告以下内容:

(一)终止上市股票的种类、简称、证券代码以及终止上市的日期;

(二)中国证监会决定的主要内容;

(三)终止上市后其股票登记、转让、管理事宜。

第二十一条 公司应在终止上市后的一个月内在指定报纸和网站上登载公告,说明公司历年的财务状况、公司高级管理人员重大违法违规情况及目前的重大债权债务、诉讼情况；公司董事会应当详细说明造成公司这一状况的原因，特别要详细说明导致公司亏损的关联交易及有关债权债务情况。

第二十二条 公司未在规定期限内履行前条规定义务的,股东可以依法要求公司履行上述义务。

第二十三条 终止上市公司股票的转让应当遵守《公司法》、《证券法》和有关法律法规的规定。

第五章 附 则

第二十四条 本办法自发布之日起施行。在本《办法》施行前已经暂停上市的公司其股票恢复上市、终止上市的具体办法,由中国证监会另行规定。

关于做好上市公司新股发行工作的通知

证监发[2001]43号

各上市公司:

为规范上市公司新股发行(配股或增发)行为,建立市场约束机制,保护投资者的合法权益,根据有关法律法规的规定,现将上市公司申请发行新股的有关问题通知如下:

一、上市公司申请配股,除应当符合《上市公司新股发行管理办法》的规定外,还应当符合以下要求:

(一) 经注册会计师核验,公司最近3个会计年度加权平均净资产收益率平均不低于6%；扣除非经常性损益后的净利润与扣除前的净利润相比，以低者作为加权平均净资产收益率的计算依据;设立不满3个会计年度的,按设立后的会计年度计算;

(二) 公司一次配股发行股份总数，原则上不超过前次发行并募足股份后股本总额的30%；如公司具有实际控制权的股东全额认购所配售的股份,可不受上述比例的限制;

(三)本次配股距前次发行的时间间隔不少于1个会计年度。

二、上市公司申请增发,除应当符合《上市公司新股发行管理办法》的规定外,还应当符合以下要求之一:

(一) 经注册会计师核验，公司最近3个会计年度加权平均净资产收益率平均不低于6%，且预测本次发行完成当年加权平均净资产收益率不低于6%；加权平均净资产收益率按本通知第一条第一项的有关规定计算；设立不满3个会计年度的,按设立后的会计年度计算。

(二) 经注册会计师核验，如公司最近3个会计年度加权平均净资产收益率平均低于6%,则应符合以下规定:

1、公司及主承销商应当充分说明公司具有良好的经营能力和发展前景；新股发行时，主承销商应向投资者提供分析报告；

2、公司发行完成当年加权平均净资产收益率应不低于发行前一年的水平，并应在招股文件中进行分析论证；

3、公司在招股文件中应当认真做好管理层关于公司财务状况和经营成果的讨论与分析。

三、公司在本次增发中计划向原股东配售或原股东优先认购部分占本次拟发行股份50%以上的，应符合本通知第一条的规定。

四、公司发行新股申请文件在报中国证监会审核的同时，将2份申请文件报公司所在地中国证监会派出机构审核。派出机构应当在10个工作日内将审核意见报中国证监会。

五、本通知自发布之日起施行。

证 监 会

二〇〇一年三月十五日

上市公司新股发行管理办法

中国证券监督管理委员会令 第1号 2001年3月28日发布

第一章 总 则

第一条 为规范上市公司新股发行活动，保护投资者的合法权益和社会公共利益，根据《公司法》、《证券法》及其它相关法律、行政法规的规定，制定本办法。

第二条 上市公司向社会公开发行新股，适用本办法。

本办法所称上市公司向社会公开发行新股，是指向原股东配售股票(以下简称“配股”)和向全体社会公众发售股票(以下简称“增发”)。

第三条 上市公司发行前条所述新股，应当以现金认购方式进行，同股同价。

第四条 除金融类上市公司外，上市公司发行新股所募集的资金，不得投资于商业银行、证券公司等金融机构。

第五条 上市公司申请发行新股，应当由具有主承销商资格的证券公司担任发行推荐人和主承销商。

第六条 中国证券监督管理委员会(以下简称“中国证监会”)依法对上市公司新股发行活动进行监督管理。

第七条 上市公司申请以其它方式发行新股的具体管理办法另行制定。

第二章 新股发行条件及关注事项

第八条 上市公司申请发行新股，应当符合《公司法》、《证券法》规定的条件。

第九条 上市公司申请发行新股，还应当符合以下具体要求：

(一)具有完善的法人治理结构，与对其具有实际控制权的法人或其他组织及其他关联企业的人员、资产、财务上分开，保证上市公司的人员、财务独立以及资产完整；

(二)公司章程符合《公司法》和《上市公司章程指引》的规定；

(三)股东大会的通知、召开方式、表决方式和决议内容符合《公司法》及有关规定；

(四)本次新股发行募集资金用途符合国家产业政策的规定；

(五)本次新股发行募集资金数额原则上不超过公司股东大会批准的拟投资项目的资金需要数额；

(六)不存在资金、资产被具有实际控制权的个人、法人或其他组织及其关联人占用的情形或其他损害公司利益的重大关联交易；

(七)公司有重大购买或出售资产行为的，应当符合中国证监会的有关规定；

(八)中国证监会规定的其他要求。

第十条 上市公司有下列情形之一的，中国证监会不予核准其发行申请：

(一)最近3年内有重大违法违规行为；

(二)擅自改变招股文件所列募集资金用途而未作纠正，或者未经股东大会认可；

(三)公司在最近3年内财务会计文件有虚假记载、误导性陈述或重大遗漏；重组中进入公司的有关资产的财务会计资料及重组后的财务会计资料有虚假记载、误导性陈述或重大遗漏；

(四)招股文件存在虚假记载、误导性陈述或重大遗漏；

(五)存在为股东及股东的附属公司或者个人债务提供担保的行为；

(六)中国证监会认定的其他情形。

第十一条 担任主承销商的证券公司应当重点关注下列事项，并在尽职调查报告中予以说明：

(一)存在对公司经营能力和收入有重大影响的关联交易；

(二)与同行业其他公司相比，公司重要财务指标如应收帐款周转率和存货周转率异常，可能存在重大风险；

(三)公司现金流量净增加额为负，且经营性活动所产生的现金流量净额为负，可能出现支付困难；

(四)公司曾发生募集资金的实施进度与原招股文件所作出的承诺不符，募集资金投向变更频繁，使用效果未达到公司披露的水平；

(五)公司本次发行筹资计划与本次募集资金投资项目的资金需要及实施周期相互不匹配，投资项目缺乏充分的论证；

(六)上市公司前次发行完成后，效益显著下降；或利润实现数未达到盈利预测的80%；

(七)公司最近3年未有分红派息，董事会对于不分配的理由未作出合理解释；

(八)公司缺乏稳健的会计政策；

(九)公司资金大量闲置，资金存放缺乏安全和有效的控制，或者大量资金用于委托理财；

(十)公司资产负债率过低，通过股本融资会导致公司财务结构更加不合理，或公司缺乏明确的投资方向，资金可能出现剩余；

(十一)公司或有负债数额巨大，且存在较大风险；

(十二)公司存在重大仲裁或诉讼；

(十三)公司内部控制制度存在较大缺陷；

(十四)公司可能不具备可持续发展的能力，经营存在重大不确定性；

(十五)公司最近1年内因违反信息披露规定及未履行报告义务受到中国证监会公开批评或证券交易所公开谴责；

(十六)公司董事会未履行其向全体股东所作出的承诺；

(十七)公司未按照中国证监会及其派出机构发出的限期整改通知书的要求完成整改。

第三章　发行程序与审核事项

第十二条　上市公司董事会决定聘请主承销商事宜。主承销商进行尽职调查后，应就新股发行方案与董事会取得一致意见，并同意向中国证监会推荐上市公司发行新股。

第十三条　上市公司申请发行新股，应当按照本办法的要求，依法就下列事项作出决议：

(一)董事会应当就本次发行是否符合本办法、具体发行方案、募集资金使用的可行性、前次募集资金的使用情况作出决议，并提请股东大会批准；

(二)股东大会应当就本次发行的数量、定价方式或价格(包括价格区间)、发行对象、募集资金用途及数额、决议的有效期、对董事会办理本次发行具体事宜的授权等事项进行逐项表决。

第十四条　上市公司自提出发行申请至新股发行前，发生《证券法》第62条规定的重大事件，以及本办法第11条规定的重点关注事项，应当及时通知主承销商，并在2个工作日内将上述情形报告中国证监会和证券交易所，同时对发行申请文件予以修改。需要提请股东大会批准的，董事会应当及时召开股东大会。

第十五条　上市公司申请发行新股，应当按照中国证监会的规定编制并提交发行申请文件。

第十六条　上市公司最近3年财务会计报告均由注册会计师出具了标准无保留意见审计报告的，公司应当在申请文件中提供最近3年经审计的财务会计报告；发行申请于下半年提出的，还应当提供申请当年公司公告的中期财务会计报告。

如最近3年财务会计报告被注册会计师出具非标准无保留意见审计报告的，则所涉及的事项应当对公司无重大影响或影响已经消除，违反合法性、公允性和一贯性的事项应当已经纠正；公司应当在申请文件中提供最近3年经审计的财务会计报告及公司申请时由注册会计师就非标准无保留意见审计报告涉及的事项是否已消除或纠正所出具的补充意见；发行申请于下半年提出的，还应当提供申请当年经审计的中期财务会计报告；发行申请于上半年提出，预计发行时间在下半年的，应当在中期报告公布后，补充申请当年经审计的中期财务会计报告。

上市未满3年及重大重组后距本次发行不满1个会计年度的上市公司，应当依据本条第2款规定提供财务会计报告。

第十七条　股票发行审核委员会(以下简称“发审委”)依法审核上市公司新股发行申请，中国证监会根据发审委的审核意见依法作出核准或不予核准的决定。

第十八条　发行申请经中国证监会核准后，上市公司应当与证券交易所协商确定新股发行上市的时间及登记等具体事项。

第十九条　上市公司增发的具体操作，应当按照中国证监会的有关规定进行。在确定股票发行价格之前，上市公司可以向投资者发出招股意向书，招股意向书应当载明：“本招股意向书的所有内容均构成招股说明书不可撤销的组成部分，与招股说明书具有同等法律效力”。

主承销商和上市公司根据投资者的认购意向确定发行价格后，编制招股说明书，并同时报中国证监会备案。

第二十条　发行申请未获核准的上市公司，自中国证监会作出不予核准的决定之日起6个月内不得再次提出新股发行申请。

第二十一条　上市公司和主承销商应当在申请文件中出具承诺函，保证在有关本次增发的信息公开前保守秘密，且不向在本次增发中参加配售的机构提供任何财务资助或补偿。

第四章　信息披露

第二十二条　上市公司作出发行新股的决定，应当按照下列要求披露有关信息：

(一)本次发行议案经董事会表决通过后，应当在2个工作日内报告证券交易所，公告召开股东大会的通知；

召开股东大会的通知应当包括董事会决议、提交股东大会表决的具体发行方案、董事会关于前次募集资金使用情况的说明、注册会计师出具的有关前次募集资金使用情况的专项报告，并载明“该项决议尚须经股东大会表决后，报中国证券监督管理委员会核准”字样；

(二)董事会应当在股东大会召开日前至少5个工作日就以下内容以公告形式通知股东：涉及运用募集资金收购资产(包括权益)的，董事会应当公告被收购资产的评估报告；如收购完成后，上市公司对被收购企业具有实际控制权或应将被收购企业合并报表的，董事会还应当公告被收购企业最近1个会计年度及最近一期经审计的财务会计报告，并承诺上述收购不会导致公司缺乏独立性；

对于与本次发行有关的关联交易，公司董事会应当在公告中保证该项交易符合公司的最大利益，不会损害非关联股东的利益及产生同业竞争；

(三)股东大会通过本次发行议案后，公司应当在2个工作日内公布股东大会决议，公告中应当载明“该方案尚须报中国证券监督管理委员会核准”字样；如果股东大会对董事会的发行议案有变更，还应当公告变更后的内容。

第二十三条 上市公司应当自收到中国证监会核准发行通知之日起2个工作日内发出获准发行新股的公告。

发行申请未获核准的上市公司，应当自收到中国证监会通知之日起2个工作日内发出未获准发行新股的公告。

第二十四条 上市公司接到中国证监会核准发行新股的通知后，可以公告配股说明书或招股意向书。

获准配股的上市公司应当在股权登记日前至少5个工作日公告配股说明书。配股说明书公告后至缴款截止日前，上市公司应当就该说明书至少再发布一次提示性公告，注明配股说明书的放置地点及中国证监会指定的互联网网址。

获准增发的上市公司应当在发行价格确定后，公告发行结果，其中注明招股说明书的放置地点及中国证监会指定的互联网网址，供投资者查阅。

第二十五条 上市公司公告的配股说明书、招股意向书应当与报送中国证监会核准的文本内容一致；确有必要修改的，应当在公布前取得中国证监会的同意。

第二十六条 上市公司增发披露盈利前景的，应当审慎地作出盈利预测，并经过具有证券从业资格的注册会计师审核，如存在影响盈利预测的不确定因素，应当就有关不确定因素提供分析与说明。

上市公司增发未作盈利预测的，应当在招股意向书、发行公告和招股说明书的显要位置作出特别风险警示。

第二十七条 上市公司应当在新股发行完成后的三年年报中对本次募集资金投资项目的效益情况作出持续披露。

第五章　法律责任

第二十八条 为上市公司发行新股提供服务的中介机构未按照中国证监会的规定履行勤勉尽责义务的，中国证监会给予公开批评并限期整改；在整改期间，暂缓接受有关中介机构出具的文件。

第二十九条 证券公司未按照《证券公司内部控制指引》建立内部控制，被中国证监会责令限期整改的，在整改期间，中国证监会暂缓受理其对上市公司发行新股的推荐意见。

第三十条 上市公司和承销商在发行信息公开前泄露有关信息的，中国证监会给予公开批评并责令上市公司发布澄清公告。

第三十一条 上市公司和承销商向在增发中参加配售的机构投资者提供财务资助或补偿的，中国证监会给予公开批评，并责令立即改正。

第三十二条 上市公司增发完成后，凡不属于公司管理层事前无法预测且事后无法控制的原因，利润实现数未达到盈利预测的，上市公司董事长、公司聘请的注册会计师、担任主承销商的证券公司法定代表人、业务负责人和项目负责人应当在股东大会及指定报刊上公开作出解释；利润实现数未达到盈利预测80%的，如无合理解释，上述人员应当在指定报刊公开道歉；未达到盈利预测50%的，中国证监会对有关上市公司给予公开批评，自作出公开批评之日起2年内，不再受理该公司发行新股的申请。

第三十三条 上市公司配股完成当年加权平均净资产收益率未达到银行同期存款利率的，上市公司董事长、担任主承销商的证券公司法定代表人、业务负责人和项目负责人应当在股东大会及指定报刊上公开作出解释；如无合理解释，上述人员应当在指定报刊公开道歉，中国证监会对上市公司给予公开批评；上市公司配股当年出现亏损的，中国证监会自作出公开批评之日起2年内，不再受理该公司发行新股的申请。

第三十四条 金融类公司以外的上市公司将募集资金投资于商业银行、证券公司等金融机构的，中国证监会给予公开批评，并责令立即改正。

第六章　附　　则

第三十五条 境内上市外资股(B股)公司发行B股原则上按照本办法执行。

第三十六条 本办法自发布之日起施行。《关于上市公司配股工作有关问题的通知》(证监发[1999]12号)、《关于上市公司配股工作有关问题的补充通知》(证监公司字[2000]21号)、《上市公司向社会公开募集股份暂行办法》(证监公司字[2000]42号)、《境内上市外资股(B股)公司增资发行B股暂行办法》(证委发[1998]5号)同时废止。

关于发布《证券公司从事股票发行主承销业务有关问题的指导意见》的通知

证监发[2001]48号

各具有主承销商资格的证券公司：

为规范证券公司从事股票发行主承销业务活动，现将《证券公司从事股票发行主承销业务有关问题的指导意见》印发给你们，请遵照执行。

各证券公司应按照本指导意见的要求，对在2000年度主承销的首次公开发行、配股、增发的上市公司进行回访。其中，对于2000年上半年完成发行的上市公司，在2000年年报公布后一个月内完成回访；对于2000年下半年以后完成发行的上市公司，待2001年中报公布后一个月内完成回访。回访报告应当在上市公司年报或中报截止日后的一个月内报送中国证监会，并抄送上市公司所在地中国证监会派出机构。

本通知自发布之日起施行。1999年12月2日《中国证券监督管理委员会关于成立证券发行内核小组的通知》(证监发行字[1999]150号)、1999年12月6日《中国证券监督管理委员会关于建立证券发行申请材料主承销商核对制度的通知》(证监发行字[1999]153号)同时废止。

证监会

二〇〇一年三月十七日

证券公司从事股票发行主承销业务有关问题的指导意见

一、证券公司从事股票发行主承销业务包括主承销首次公开发行股票、上市公司向原股东配售股票(以下简称“配股”)和向主体社会公众发售股票(以下简称“增发”)。

二、担任股票发行主承销商的证券公司(以下简称“证券公司”)，应当遵循勤勉尽责、诚实信用的原则，认真履行尽职调查义务，负责向中国证券监督管理委员会(以下简称“中国证监会”)推荐发行人，并对所出具的推荐函、尽职调查报告承担相应的责任。

对于需要辅导的发行人首次公开发行股票，证券公司应在推荐函中说明内核情况并填报核对表(见附件一)；对于主承销上市公司配股、增发，应出具推荐函、尽职调查报告(见附件二)，并填报核对表(见附件三)。

三、证券公司应指导发行人建立规范健全的法人治理结构，确保发行人全体董事充分了解其应遵守的法律、法规及所承担的相关责任，为发行人的股票发行提供切实可行的专业意见及良好的顾问服务。

对于主承销首次公开发行股票及进行重大重组的上市公司增发或配股的，证券公司还应当按照有关规定履行其对发行人的发行上市辅导义务。

四、证券公司推荐发行人发行股票，应建立发行人质量评价体系，明确推荐标准，在充分尽职调查的基础上，保证推荐内部管理良好、运作规范、未来有发展潜力的发行人发行股票。

五、证券公司在与发行人签署保密协议的情况下，可以向发行人调阅与本次股票发行有关的未公开的法律文件和财务会计资料。

六、证券公司应成立内核小组，并根据实际情况，对内核小组的职责、人员构成、工作规则等进行适当调整，形成适应核准制要求的规范、有效的内核制度，并将内核小组的工作规则、成员名单和个人简历报中国证监会职能部门备案。

证券公司内核小组应当恪尽职守，保持独立判断。

七、证券公司应当在内核程序结束后作出是否推荐发行的决定。决定推荐发行的，应出具推荐函。

推荐函应当至少包括以下内容：明确的推荐意见及其理由、对发行人发展前景的评价、有关发行人是否符合发行上市条件及其他有关规定的说明、发行人主要问题和风险的提示、证券公司内部审核程序简介及内核意见、参与本次发行的项目组成人员及相关经验等。

推荐函应当由证券公司法定代表人或授权代表签名并加盖公章,注明签署日期。

八、对于发行人的不规范行为,证券公司应当要求其整改,并将整改情况在尽职调查报告或核查意见中予以说明。因发行人不配合,使尽职调查范围受限制,导致证券公司无法做出判断的,证券公司不得为发行人的发行申请出具推荐函。

九、证券公司应建立发行承销工作档案,工作档案至少应包括推荐函、核对表、尽职调查报告(适用于配股和增发)、内核小组工作记录、发行申请文件、对中国证监会审核反馈意见的回复。中国证监会和证券交易所可随时调阅工作档案。工作档案保留时间应符合中国证监会的有关规定。

十、受发行人委托,证券公司配合发行人按照有关规定制作股票发行申请文件,编制招股说明书,对申请文件及招股说明书的内容进行核查,负责报送股票发行申请文件,并与中国证监会和证券交易所进行沟通。

十一、证券公司应严格遵守有关信息披露的规定。在申请文件报送中国证监会后,进入静默期,除已公开的信息外,不得向外界透露有关本次发行的任何信息。承销团成员的分析员作出的有关发行人的研究报告不得对外发出,直至有关本次股票发行的募集文件公开后,方可进行相关宣传和推介活动。

十二、证券公司应建立有效的内部控制制度。遵循内部防火墙原则,使投资银行部门与研究部门、经济部门、自营部门在信息、人员、办公地点等方面相互隔离,防止内幕交易和操纵市场行为的发生。

十三、证券公司应建立股票承销工作的协调机构,并指定内部独立部门负责发行期间的监控和综合协调。

十四、股票发行申请经中国证监会核准后,证券公司应当组织发行人做好市场推介活动,在不超越公开募集文件内容的范围内向投资者介绍发行人的情况。

十五、在发行完成后的15个工作日内,证券公司应当向中国证监会报送承销总结报告。承销总结报告至少应包括推介、定价、申购、该股票二级市场表现(如已上市交易)及发行组织工作等内容。

十六、证券公司应当在发行完成当年及其后的一个会计年度发行人年度报告公布后的一个月内,对发行人进行回访,就其募集资金的使用情况、盈利预测实现情况、是否严格履行公开披露文件中所作出的承诺、以及经营状况等方面是否与推荐函相符等进行核查,出具回访报告(见附件四),报送中国证监会、发行人所在地中国证监会的派出机构及发行人股票上市的证券交易所备案,并在发行人股东大会召开5个工作日之前将回访报告在指定报刊和网站公告。

十七、本指导意见自发布之日起施行。证券公司推荐发行人发行可转换公司债券等,参照本指导意见执行。

附件一、首次公开发行股票申请文件主承销商核对要点(略)

附件二、主承销商关于上市公司新股发行尽职调查报告必备内容(略)

附件三、主承销商关于上市公司新股发行申请文件核对表(略)

附件四、主承销商关于股票发行回访报告必备内容(略)

上市公司董事长谈话制度实施办法

证监会　证监发[2001]47号　2001年3月19日

第一条　为加强上市公司监管,促进上市公司依法规范运作,保护投资者的合法权益,制定本办法。

第二条　本办法适用于股票在上海证券交易所和深圳证券交易所上市交易的股份有限公司。

第三条　中国证监会派出机构具体实施辖区内上市公司董事长谈话工作。

中国证监会主管业务部门认为必要时可直接约见上市公司董事长谈话。

(中国证监会派出机构和主管业务部门以下统称为“中国证监会”。)

第四条　上市公司存在下列情形之一的,应当约见上市公司董事长谈话:

(一)严重资不抵债或主要资产被查封、冻结、拍卖导致公司失去持续经营能力的;

(二)控制权发生重大变动的;

(三)未履行招股说明书承诺事项的;

(四)公司或其董事会成员存在不当行为,但不构成违反国家证券法律、法规及中国证监会有关规定的;

(五)中国证监会认为确有必要的。

第五条　中国证监会约见上市公司董事长,按照下列程序进行:

(一)中国证监会认为有必要约见上市公司董事长谈话时,应当履行内部审批程序,经批准后方可进行。

(二)中国证监会约见上市公司董事长谈话时,应确定主谈人员和记录人员，谈话使用专门的谈话记录纸(谈话记录格式附后)。谈话结束时应要求谈话对象复核、签字。

(三) 中国证监会根据需要决定谈话时间、地点和谈话对象应提供的书面材料，并提前三天以书面形式通知该上市公司的董事会秘书。谈话对象确因特殊情况不能参加的，应事先报告，经同意后委托相应人员代理。中国证监会认为必要时，可以要求上市公司其他有关人员、上市公司控股股东的高级管理人员、相关中介机构执业人员参加谈话。谈话对象不得无故拒绝、推托。

(四) 中国证监会在约见谈话时，主谈人员应确认谈话对象的身份，宣布谈话制度、谈话目的，告知谈话对象应当真实、完整地向主谈人员说明有关情况，并对所说明的情况和作出的保证承担责任。

(五)谈话对象应对有关情况进行说明、解释，并提供相应说明材料，对公司情况说明不清、说明材料欠完备的，应当限期补充，谈话对象不得作出虚假陈述或故意隐瞒事实真相。

第六条 经中国证监会两次书面通知，谈话对象无正当理由不参加谈话，中国证监会将对其进行公开批评。

第七条 谈话对象对谈话所涉及的重要事项说明不清，提供的材料不完整，在限期内又未能进行充分补充的，中国证监会可以对其进行公开批评。

谈话对象在谈话中虚假陈述或故意隐瞒事实真相的，中国证监会将视其情节轻重依据有关规定对其进行处理。

第八条 中国证监会的谈话人员，应遵守法律、法规及有关规定，认真履行职责，对在谈话中知悉的有关单位和个人的商业秘密负有保密义务。未经许可，参加谈话人员不得透露与谈话结果有关的任何信息。

第九条 谈话对象应当根据谈话结果及时整改，纠正不当行为，中国证监会将对整改情况进行监督检查。

第十条 中国证监会为谈话和整改情况建立专项档案，做为上市公司董事长及其他高管人员是否忠实履行职务的记录。

第十一条 在执行谈话制度中发现上市公司或高级管理人员有违法违规行为的，中国证监会将依法查处。谈话记录将作为进一步调查的证据。

第十二条 本制度自发布之日起施行。

关于在上市公司建立独立董事制度的指导意见

证监会　证监发[2001]102号　2001年8月16日

为进一步完善上市公司治理结构，促进上市公司规范动作，现就上市公司建立独立的外部董事(以下简称独立董事)制度提出以下指导意见：

一、上市公司应当建立独立董事制度

(一)上市公司独立董事是指不在公司担任除董事外的其他职务，并与其所受聘的上市公司及其主要股东不存在可能妨碍其进行独立客观判断的关系的董事。

(二)独立董事对上市公司及全体股东负有诚信与勤勉义务。独立董事应当按照相关法律法规、本指导意见和公司章程的要求，认真履行职责，维护公司整体利益，尤其要关注中小股东的合法权益不受损害。独立董事应当独立履行职责，不受上市公司主要股东、实际控制人、或者其他与上市公司存在利害关系的单位或个人的影响。独立董事原则上最多在5家上市公司兼任独立董事，并确保有足够的时间和精力有效地履行独立董事的职责。

(三)各境内上市公司应当按照本指导意见的要求修改公司章程，聘任适当人员担任独立董事，其中至少包括一名会计专业人士（会计专业人士是指具有高级职称或注册会计师资格的人士)。在二〇〇二年六月三十日前，董事会成员中应当至少包括2名独立董事；在二〇〇三年六月三十日前，上市公司董事会成员中应当至少包括三分之一独立董事。

(四)独立董事出现不符合独立性条件或其他不适宜履行独立董事职责的情形，由此造成上市公司独立董事达不到本《指导意见》要求的人数时，上市公司应按规定补足独立董事人数。

(五)独立董事及拟担任独立董事的人士应当按照中国证监会的要求，参加中国证监会及其授权机构所组织的培训。

二、独立董事应当具备与其行使职权相适应的任职条件

担任独立董事应当符合下列基本条件：

(一)根据法律、行政法规及其他有关规定，具备担任上市公司董事的资格；

(二)具有本《指导意见》所要求的独立性；

(三)具备上市公司运作的基本知识，熟悉相关法律、行政法规、规章及规则；

(四) 具有五年以上法律、经济或者其他履行独立董事职责所必需的工作经验；

(五)公司章程规定的其他条件。

三、独立董事必须具有独立性

下列人员不得担任独立董事：

（一）在上市公司或者其附属企业任职的人员及其直系亲属、主要社会关系（直系亲属是指配偶、父母、子女等；主要社会关系是指兄弟姐妹、岳父母、儿媳女婿、兄弟姐妹的配偶、配偶的兄弟姐妹等）；

（二）直接或间接持有上市公司已发行股份1%以上或者是上市公司前十名股东中的自然人股东及其直系亲属；

（三）在直接或间接持有上市公司已发行股份5%以上的股东单位或者在上市公司前五名股东单位任职的人员及其直系亲属；

（四）最近一年内曾经具有前三项所列举情形的人员；

（五）为上市公司或者其附属企业提供财务、法律、咨询等服务的人员；

（六）公司章程规定的其他人员；

（七）中国证监会认定的其他人员。

四、独立董事的提名、选举和更换应当依法、规范地进行

（一）上市公司董事会、监事会、单独或者合并持有上市公司已发行股份1%以上的股东可以提出独立董事候选人，并经股东大会选举决定。

（二）独立董事的提名人在提名前应当征得被提名人的同意。提名人应当充分了解被提名人职业、学历、职称、详细的工作经历、全部兼职等情况，并对其担任独立董事的资格和独立性发表意见，被提名人应当就其本人与上市公司之间不存在任何影响其独立客观判断的关系发表公开声明。

在选举独立董事的股东大会召开前，上市公司董事会应当按照规定公布上述内容。

（三）在选举独立董事的股东大会召开前，上市公司应将所有被提名人的有关材料同时报送中国证监会、公司所在地中国证监会派出机构和公司股票挂牌交易的证券交易所。上市公司董事会对被提名人的有关情况有异议的，应同时报送董事会的书面意见。

中国证监会在15个工作日内对独立董事的任职资格和独立性进行审核。对中国证监会持有异议的被提名人，可作为公司董事候选人，但不作为独立董事候选人。

在召开股东大会选举独立董事时，上市公司董事会应对独立董事候选人是否被中国证监会提出异议的情况进行说明。

对于本《指导意见》发布前已担任上市公司独立董事的人士，上市公司应将前述材料在本《指导意见》发布实施起一个月内报送中国证监会、公司所在地中国证监会派出机构和公司股票挂牌交易的证券交易所。

（四）独立董事每届任期与该上市公司其他董事任期相同，任期届满，连选可以连任，但是连任时间不得超过六年。

（五）独立董事连续3次未亲自出席董事会会议的，由董事会提请股东大会予以撤换。

除出现上述情况及《公司法》中规定的不得担任董事的情形外，独立董事任期届满前不得无故被免职。提前免职的，上市公司应将其作为特别披露事项予以披露，被免职的独立董事认为公司的免职理由不当的，可以作出公开的声明。

（六）独立董事在任期届满前可以提出辞职。独立董事辞职应向董事会提交书面辞职报告，对任何与其辞职有关或其认为有必要引起公司股东和债权人注意的情况进行说明。

如因独立董事辞职导致公司董事会中独立董事所占的比例低于本《指导意见》规定的最低要求时，该独立董事的辞职报告应当在下任独立董事填补其缺额后生效。

五、上市公司应当充分发挥独立董事的作用

（一）为了充分发挥独立董事的作用，独立董事除应当具有公司法和其他相关法律、法规赋予董事的职权外，上市公司还应当赋予独立董事以下特别职权：

1. 重大关联交易（指上市公司拟与关联人达成的总额高于300万元或高于上市公司最近经审计净资产值的5%的关联交易）应由独立董事认可后，提交董事会讨论；独立董事作出判断前，可以聘请中介机构出具独立财务顾问报告，作为其判断的依据。

2. 向董事会提议聘用或解聘会计师事务所；

3. 向董事会提请召开临时股东大会；

4. 提议召开董事会；

5. 独立聘请外部审计机构和咨询机构；

6. 可以在股东大会召开前公开向股东征集投票权。

（二）独立董事行使上述职权应当取得全体独立董事的二分之一以上同意。

（三）如上述提议未被采纳或上述职权不能正常行使，上市公司应将有关情况予以披露。

（四）如果上市公司董事会下设薪酬、审计、提名等委员会的，独立董事应当在委员会成员中占有二分之一以上的比例。

六、独立董事应当对上市公司重大事项发表独立意见

（一）独立董事除履行上述职责外，还应当对以下事项向董事会或股东大会发表独立意见：

1. 提名、任免董事；

2. 聘任或解聘高级管理人员；

3. 公司董事、高级管理人员的薪酬；

4. 上市公司的股东、实际控制人及其关联企业对上市公司现有或新发生的总额高于300万元或高于上市公司最近经审计净资产值的5%的借款或其他资金往来，以及公司是否采取有效措施回收欠款；

5. 独立董事认为可能损害中小股东权益的事项；

6. 公司章程规定的其他事项。

(二) 独立董事应当就上述事项发表以下几类意见之一：同意；保留意见及其理由；反对意见及其理由；无法发表意见及其障碍。

(三) 如有关事项属于需要披露的事项，上市公司应当将独立董事的意见予以公告，独立董事出现意见分歧无法达成一致时，董事会应将各独立董事的意见分别披露。

七、为了保证独立董事有效行使职权，上市公司应当为独立董事提供必要的条件

(一)上市公司应当保证独立董事享有与其他董事同等的知情权。凡须经董事会决策的事项，上市公司必须按法定的时间提前通知独立董事并同时提供足够的资料，独立董事认为资料不充分的，可以要求补充。当2名或2名以上独立董事认为资料不充分或论证不明确时，可联名书面向董事会提出延期召开董事会会议或延期审议该事项，董事会应予以采纳。

上市公司向独立董事提供的资料，上市公司及独立董事本人应当至少保存5年。

(二)上市公司应提供独立董事履行职责所必需的工作条件。上市公司董事会秘书应积极为独立董事履行职责提供协助，如介绍情况、提供材料等。独立董事发表的独立意见、提案及书面说明应当公告的，董事会秘书应及时到证券交易所办理公告事宜。

(三) 独立董事行使职权时，上市公司有关人员应当积极配合，不得拒绝、阻碍或隐瞒，不得干预其独立行使职权。

(四)独立董事聘请中介机构的费用及其他行使职权时所需的费用由上市公司承担。

(五)上市公司应当给予独立董事适当的津贴。津贴的标准应当由董事会制订预案，股东大会审议通过，并在公司年报中进行披露。

除上述津贴外，独立董事不应从该上市公司及其主要股东或有利害关系的机构和人员取得额外的、未予披露的其他利益。

(六) 上市公司可以建立必要的独立董事责任保险制度，以降低独立董事正常履行职责可能引致的风险。

上市公司检查办法

证监会　证监发[2001]46号　2001年3月19日发布

第一条　为了加强上市公司(以下简称“公司”)监管，促进公司的规范运作，保护投资者的合法权益，根据国家法律、法规，制定本办法。

第二条　本办法适用于在上海证券交易所、深圳证券交易所上市的公司。境外公司和其股票在其他交易场所交易的公司的检查办法另行规定。

第三条　中国证监会派出机构(以下称“检查机构”)按照中国证监会统一部署组织实施辖区内的公司检查工作。

检查工作可以根据需要聘请具有从事证券、期货相关业务资格的注册会计师、律师予以协助。检查费用由中国证监会承担。

第四条　检查方式分为巡回检查和专项核查。

第五条　巡回检查是例行的合规性检查，检查的主要内容包括：

(一)信息披露的真实性、准确性和完整性；

(二)公司治理结构的规范性；

(三) 公司的独立性，主要检查上市公司与控股股东在人员、财务、资产等方面的分开情况；

(四)财务管理和会计核算制度的合规性；

(五)募集资金使用与招股说明书的一致性及变更的程序，资金管理的安全性；

(六)中国证监会认为应予检查的其他事项。

第六条　专项核查是针对公司存在的问题进行的调查核实。核查的主要内容包括：

(一)募集资金使用情况专项核查；

(二)投资者投诉问题和舆论关注问题的专项核查；

(三)重大资产重组情况的专项核查；

(四)中国证监会认为应予核查的其它事项。

第七条　检查机构进行检查时，可要求被检查公司向检查人员提供以下文件：

(一) 公司的会计报表、相关帐簿和凭证以及其他涉及会计报表的资料；

(二)公司章程及有关公司动作的各项管理制度；

(三) 公司的股东大会、董事会、监事会的会议记录，决议文本，公司经理办公会议文件等；

(四)公司与控股股东在人员、财务、资产方面的关系说明；

(五) 公司内设部门、分支机构、子公司、参股公司设置情况及图示；

(六)公司债务情况、担保情况的说明；

（七）公司公开发行股票以来在指定报刊上公布的信息；

（八）检查操作规程中涉及的内容及其他应该查阅的文件。

检查中涉及被检查公司主审会计师事务所的，检查人员可要求会计师事务所提供对公司财务报告发表审计意见的工作底稿。

第八条 检查人员进行检查时，可以对有关情况和资料进行记录、录音、录像、照像和复制。

第九条 检查人员进行检查时，应当出示工作证及中国证监会的有效证明。

第十条 检查人员应遵守法律、法规及其他有关规定，认真履行职责，廉洁自律，实事求是。检查工作不得干预被检查公司的生产经营活动，检查人员对检查过程中知悉的商业秘密负有保密责任。检查人员在检查过程中的违规违纪行为按照有关法律法规和纪律规定处理。

第十一条 检查结果未公布前，检查人员及被检查公司、相关中介机构人员不得透露与检查结果有关的任何信息。

第十二条 检查机构于现场检查结束后五个工作日内向被检查公司发出检查通报；对于检查中发现问题的公司，发出限期整改通知书，要求其对存在的问题在限定期限内进行整改。限期整改通知书同时抄送公司股票挂牌交易的证券交易所。

被检查公司对限期整改通知书内容持有异议的，可以在收到限期整改通知书后十个工作日内向中国证监会提出申诉意见。

第十三条 被检查公司应在收到限期整改通知书一个月内向所在地中国证监会派出机构提交整改报告，整改报告应包括董事会关于整改工作的决议、对照限期整改通知书逐项落实整改措施的情况及效果。

整改报告应同时报送公司股票挂牌交易的证券交易所，并予公开披露，被检查公司对限期整改通知书内容持有异议并在规定期限内向中国证监会提出申诉的，有异议部分在尚未有明确结论之前可以免于披露。

被检查公司向中国证监会、证券交易所提交发行新股、重大购买和出售资产、吸收合并、股份回购、上市公司收购等申报材料时，应同时报送整改报告。

第十四条 被检查公司的整改工作应在检查机构要求的期限内完成。检查机构应跟踪监督被检查公司的整改情况，并对其整改效果出具评价意见。

第十五条 对存在问题较为严重的公司，中国证监会视情节轻重给予内部批评或公开批评。对在检查过程中发现涉嫌违反法律、法规及其他有关规定的，中国证监会根据法律、法规及有关规定在职权范围内进行立案查处。涉嫌构成犯罪的，移送司法机关依法追究刑事责任。

第十六条 被检查公司、接受检查的人员及被检查公司的主审会计师事务所不予以协助和配合、不如实反映情况或拒绝检查的，中国证监会根据法律、法规及有关规定予以处罚。

第十七条 中国证监会将根据情况对有关中介机构的相关执业情况进行评价，评价结果将作为对上述中介机构执业资格的考核内容。

第十八条 中国证监会对公司的检查结果并不代表对公司情况的实质性判断，投资者自行判断投资风险。被检查公司及有关责任人存在违法、违规行为的，不得以检查未发现为由免除法律责任。

第十九条 本办法自发布之日起施行，1996 年 12 月 20 日发布的《上市公司检查制度实施办法》同时废止。

中国证券监督管理委员会
股票发行审核委员会工作程序
执行指导意见

证监会　证监发[2001]54 号　2001 年 4 月 4 日

为进一步规范中国证券监督管理委员会股票发行审核委员会（以下称发审委）的工作，更好地在发审委工作中贯彻公开、公平、公正原则，根据《中国证券监督管理委员会股票发行审核委员会条例》(以下称条例)，制定本指导意见。

一、发审会议前的准备工作

（一）中国证券监督管理委员会有关职能部门（以下称“有关职能部门”）负责发审委关于首次公开发行股票发行审核工作会议、上市公司发行新股发行审核工作会议(以下称“发审会议”）的准备工作，主要包括确定发审会议日期、安排上会审核的发行申请人（以下称“公司”)、安排和通知出席会议的发审委委员、向发审委委员送达发行申请材料和初审报告(以下称“审核材料”)等。

（二）为保证发审委委员在发审会议上有足够的时间对

审核材料进行讨论，每次发审会议最多审核四家公司的发行申请。

（三）当值发审委委员小组参加发审会议的委员达不到法定最低开会人数时，可临时向其他发审委委员小组商请委员，直到参加发审会议的发审委委员人数达到规定人数，但组成的临时发审委委员小组中至少要有法律、会计专家各一名。

（四）如果当值发审委委员小组组长、副组长不能出席会议，有关职能部门将安排其它发审委委员小组出席会议。

（五）对第一次发审会议没有通过的公司进行复审，应安排没有参加第一次审核的委员出席会议，但应推举一至二位委员参加复审的讨论，不参加表决。对上次发审会议暂缓表决的公司进行再审，须安排原参加审核的委员出席会议。若原出席委员人数不能达到5人以上（含5人），则本次发审会议不对该公司申请进行审核。

（六）有关职能部门按上述规定轮流确定发审委委员小组并通知出席发审会议的发审委委员。

（七）有关职能部门至少在召开发审会议前的5个工作日，将审核材料送交参会的发审委委员并请委员或其指定人员签收，外地委员可以采取委员本人认可的材料送达方式。

（八）如已确定出席会议的发审委委员临时不能出席会议，需在会议召开前至少一个工作日通知有关职能部门，并以书面形式说明原因和已完成的审核内容及形成的审核意见。有关职能部门将及时安排其他委员出席会议并将审核材料、不能出席会议委员的书面审核意见送交参会委员。如出席会议的委员不能达到规定的人数，则会议延期。

（九）公司应出具保证不与发审委委员私下接触的承诺函。对未出具承诺函的公司，发审会议将不审核其发行申请。

（十）发审委委员如受到发行申请人的干扰或威胁，有权要求中国证监会对有关公司进行调查并在调查结果未明确之前，不将公司的发行申请提交发审会议审核。

（十一）有关职能部门的工作人员应严格遵守证券监管部门的有关保密规定，不得泄露参加发审会议委员的名单。

二、发审会议的程序

（一）发审委委员及有关职能部门的工作人员必须准时出席会议。发审委委员如因特殊原因在会议召开前决定不出席会议，可能导致有关职能部门没有足够时间安排其他委员出席的，应及时通知有关职能部门，并将不能出席的原因、对审核材料的审核意见和投票意见书面送交发审委委员小组组长，并委托该组长代其发表意见及投票。书面委托书、书面审核意见及书面投票结果交有关职能部门存档。

（二）在会议预定开始时间半小时后，出席会议的发审委委员仍不能达到法定开会人数的，且应到而未到的发审委委员事先未通知有关职能部门，也未提交书面意见并委托组长代为投票的，可取消该次会议。未出席的委员应向有关职能部门书面说明未出席会议的原因。

（三）发审委委员填写本人是否与发行申请单位、与发行有关的中介机构或者有关人员私下接触或接受馈赠的说明，并将说明交有关职能部门存档。

（四）发审委委员到齐后或达到法定人数后，召集人（组长或副组长）宣布会议开始并主持会议。

（五）会议议程如下：

1. 召集人宣布会议纪律与程序。

2. 有关职能部门初审人员向发审委委员报告审核情况。

3. 召集人请发审委委员发表审核意见。

4. 发审委委员分别发表审核意见。发审委委员提出的审核意见应当明确、具体，表述准确、清晰。

5. 初审人员回答发审委委员提出的问题。发审委委员应对初审人员的回答是否充分明确表态。

6. 有关职能部门工作人员记录会议内容，包括委员发表的所有审核意见、工作建议等。

7. 在发审委委员对复审公司形成审核意见之前，请公司的有关负责人或其代表（不超过三人）到会向委员陈述公司的情况、回答委员提出的问题。每家公司陈述时间一般不少于十分钟。

8. 召集人总结发审委委员的主要审核意见，形成本次发审会议对公司发行申请的审核意见。

9. 发审委委员审核会议记录及审核意见记录后，在会议记录及审核意见记录上签名。

10. 有关职能部门初审人员在审核意见上签名。

11. 发审委委员认为公司存在尚未明确的可能构成发行障碍的问题，经出席会议的半数以上委员同意，可以根据有关规定对公司的发行申请暂缓表决。

12. 发审委会议一般应经过充分讨论，形成共识后进行投票表决。小组无法取得共识的，组长可决定或应委员要求采用无记名方式投票表决。在投票之前，应对本次会议所提出的需要关注的问题是否构成公司发行的障碍进行充分讨论。委员投弃权票时原则上应说明原因。

13. 工作人员记录会议决议，统计投票结果。

14. 召集人在全部投票结束后宣布投票表决结果。同意票数达到出席会议发审委委员人数的2/3即为通过；同意票数未能达到出席会议委员人数的2/3，即为不通过。但初次上会审核的，同意票数未能达到出席委员人数的2/3，其余均为弃权票的，可视同为暂缓表决。

15. 如有第一次表决未获通过的公司，原审核小组发审委委员选出一至二名代表出席该公司复审的发审会，并确定该委员代表本次发审会向复审发审会陈述的内容，但不参加复审的表决。

16. 发审委委员在本次发审会议最终表决结果单上签名。

17. 发审会后，委员和有关工作人员不得透露参加发审会议委员的姓名、讨论内容、表决票数以及其他有关情况。

三、附　　则

（一）发审会议表决通过的首次公开发行股票的公司，如果在财务会计资料有效期内未能发行股票，公司应当补充新的财务会计资料和其他信息并修订招股说明书，有关职能部门初审后提请发审会议重新审核表决。

（二）发审会议表决通过的公司，如果再出现可能影响发审委委员判断的重大变化，公司应重新提交股票发行申报材料，有关职能部门初审后提请发审会议重新审核表决。

（三）本办法自发布之日起施行。

附：公司保证不与发审委委员接触的承诺函参考格式（略）

上市公司发行可转换公司债券实施办法

中国证券监督管理委员会令　第2号　2001年4月26日

第一章　总　　则

第一条　为规范上市公司发行可转换公司债券的行为，保护投资者的合法权益，根据《公司法》、《证券法》、《可转换公司债券管理暂行办法》及其他有关法律、法规的规定，制定本办法。

第二条　中国境内的上市公司（以下简称发行人）申请在境内发行以人民币认购的可转换公司债券，并在证券交易所上市交易，适用本办法。

第三条　中国证券监督管理委员会（以下简称中国证监会）依法对上市公司可转换公司债券发行上市等活动进行监督管理。

第二章　发行条件

第四条　发行人发行可转换公司债券，应当符合《可转换公司债券管理暂行办法》规定的条件。

第五条　担任主承销商的证券公司应重点核查发行人的以下事项，并在推荐函和核查意见中予以说明：

（一）在最近三年特别在最近一年是否以现金分红，现金分红占公司可分配利润的比例，以及公司董事会对红利分配情况的解释；

（二）发行人最近三年平均可分配利润是否足以支付可转换公司债券一年的利息；

（三）是否有足够的现金偿还到期债务的计划安排；

（四）主营业务是否突出。是否在所处行业中具有竞争优势，表现出较强的成长性，并在可预见的将来有明确的业务发展目标；

（五）募集资金投向是否具有较好的预期投资回报。前次募集资金的使用是否与原募集计划一致。如果改变前次募集资金用途的，其变更是否符合有关法律、法规的规定。是否投资于商业银行、证券公司等金融机构（金融类上市公司除外）；

（六）发行人法人治理结构是否健全。近三年运作是否规范，公司章程及其修改是否符合《公司法》和中国证监会的有关规定，近三年股东大会、董事会、监事会会议及重大决策是否存在重大不规范行为，发行人管理层最近三年是否稳定；

（七）发行人是否独立运营。在业务、资产、人员、财务及机构等方面是否独立，是否具有面向市场的自主经营能力；属于生产经营类企业的，是否具有独立的生产、供应、销售系统；

（八）是否存在发行人资产被有实际控制权的个人、法人或其他关联方占用的情况，是否存在其他损害公司利益的重大关联交易；

（九）发行人最近一年内是否有重大资产重组、重大增减资本的行为，是否符合中国证监会的有关规定；

（十）发行人近三年信息披露是否符合有关规定，是否存在因虚假记载、误导性陈述或者重大遗漏而受到处罚的情形；

（十一）中国证监会规定的其他内容。

第六条　发行人有下列情形之一的，中国证监会不予核准其发行申请：

（一）最近三年内存在重大违法违规行为的；

（二）最近一次募集资金被擅自改变用途而未按规定加以纠正的；

（三）信息披露存在虚假记载、误导性陈述或重大遗漏的；

（四）公司运作不规范并产生严重后果的；

（五）成长性差，存在重大风险隐患的；

（六）中国证监会认定的其他严重损害投资者利益的情形。

第三章　申报及核准程序

第七条　发行人申请发行可转换公司债券，应由股东大会作出决议。股东大会作出的决议至少应包括发行规模、转股价格的确定及调整原则、债券利率、转股期、还本付息的期限和方式、赎回条款及回售条款、向原股东配售的安排、募集资金用途等事项。

第八条　发行人及有关中介机构应按照中国证监会的有关规定制作申请文件。

第九条　主承销商负责向中国证监会推荐，出具推荐意见，并负责报送发行申请文件。

第十条 为发行人发行可转换公司债券提供服务的中介机构应认真履行义务，并承担相应的法律责任。主承销商还应对可转换公司债券发行申请文件进行核查。有关核查的程序和原则应参照股票发行内核工作的有关规定执行。主承销商应向中国证监会申报核查中的主要问题及其结论。

第十一条 在报送申请文件前，主承销商及其他中介机构应参照股票发行的有关规定在尽职调查的基础上出具推荐函。推荐函的内容至少应包括：明确的推荐意见及其理由，对发行人发展前景的评价，有关发行人是否符合可转换公司债券发行上市条件及其他有关规定的说明，发行人主要问题和风险的提示，简介证券公司内部审核程序及内核意见（同时提供有关申请文件的核对表），附参与本次发行的项目组成人员及相关经验等。

第十二条 发行人律师在按照有关规定出具的法律意见书和律师工作报告中，除满足规定的一般要求外，还应针对可转换公司债券发行的特点，对可转换公司债券发行上市的实质条件、发行方案及发行条款、担保和资信情况等情况进行核查验证，明确发表意见。

第十三条 发行人最近三年财务会计报告均由注册会计师出具了标准无保留意见审计报告的，发行人应在申请文件中提供最近三年经审计的财务会计报告；发行申请于下半年提出的，还应提供申请当年公司公告的中期财务会计报告。

如最近三年财务会计报告被注册会计师出具非标准无保留意见审计报告的，则所涉及的事项应对发行人无重大影响或影响已经消除，违反合法性、公允性和一贯性的事项应已纠正；发行人应在申请文件中提供最近三年经审计的财务会计报告，及由注册会计师就非标准无保留意见审计报告涉及的事项是否已消除或纠正所出具的补充意见；发行申请于下半年提出的，还应提供申请当年经审计的中期财务会计报告；发行申请于上半年提出，预计发行时间在下半年的，应在中期报告公布后，补充申请当年经审计的中期财务会计报告。

上市未满三年及重大重组后距本次发行不满一个会计年度的上市公司，应依据前款规定提供财务会计报告。

第十四条 发行可转换公司债券的核准参照中国证监会有关股票发行核准的规定执行。

第四章　发行条款

第十五条 发行人应在申请文件中列明可转换公司债券发行条款及其依据。

第十六条 可转换公司债券的发行规模由发行人根据其投资计划和财务状况确定。

第十七条 可转换公司债券按面值发行，每张面值100元，最小交易单位为面值1000元。

第十八条 可转换公司债券的期限最短为三年，最长为五年，由发行人和主承销商根据发行人具体情况商定。

第十九条 可转换公司债券的转股价格应在募集说明书中约定。价格的确定应以公布募集说明书前三十个交易日公司股票的平均收盘价格为基础，并上浮一定幅度。具体上浮幅度由发行人与主承销商商定。

第二十条 可转换公司债券自发行之日起六个月后方可转换为公司股票。可转换公司债券的具体转股期限应由发行人根据可转换公司债券的存续期及公司财务情况确定。

第二十一条 发行人应明确约定可转换公司债券转股的具体方式及程序。

第二十二条 可转换公司债券的利率及其调整，由发行人根据本次发行的市场情况以及可转换公司债券的发行条款确定。

第二十三条 可转换公司债券计息起始日为可转换公司债券发行首日。

第二十四条 可转换公司债券应每半年或一年付息一次；到期后五个工作日内应偿还未转股债券的本金及最后一期的利息。具体付息时间、计息规则等应由发行人约定。

第二十五条 可转换公司债券转股当年的利息、股利以及转股不足1股金额的处理办法由发行人约定。

第二十六条 发行人设置赎回条款、回售条款、转股价格修正条款的，应明确约定实施这些条款的条件、方式和程序等。上述约定应体现权利与义务对等的原则，不得损害可转换公司债券持有人的利益。

第二十七条 发行可转换公司债券后，因配股、增发、送股、分立及其他原因引起发行人股份变动的，应同时调整转股价格，并予以公告。转股价格调整的原则及方式应事先约定。

第二十八条 转股价格调整日为转股申请日或之后，转换股份登记日之前，该类转股申请应按调整后的转股价格执行。

第二十九条 发行人可约定可转换公司债券的其他发行条款。

第三十条 发行人应依法与担保人签订担保合同。担保应采取全额担保；担保方式可采取保证、抵押和质押，其中以保证方式提供担保的应为连带责任担保；担保范围应包括可转换公司债券的本金及利息、违约金、损害赔偿金和实现债权的费用。

中国证监会对于担保豁免另有规定的，从其规定。

第三十一条 发行人可委托有资格的信用评级机构对本次可转换公司债券的信用、或发行人的信用进行评级，信用评级的结果可以作为确定有关发行条款的依据并予以披露。

第五章　发行与承销

第三十二条 发行人申请发行可转换公司债券，股东大会应决定是否优先向原股东配售；如果优先配售，应明确进行配售的数量和方式以及有关原则。

购买可转换公司债券应以现金认购。

第三十三条 承销期满后，尚未售出的可转换公司债券按照承销协议约定的包销或代销方式分别处理。

第三十四条 采用代销方式时，超过募集说明书规定的截止日期尚未募足一亿元人民币的，发行人应在发行截止日后的三个工作日内将认购金额及按银行同期存款利率计算的利息返还给可转换公司债券认购人。

第三十五条 公开发行可转换公司债券的发行方式参照股票发行方式的有关规定，由发行人与主承销商协商确定。中国证监会另有规定的,从其规定。

第三十六条 可转换公司债券的承销佣金、费用及利息的处理参照股票发行的有关规定执行。

第六章 赎回、回售和转股

第三十七条 发行人每年可按约定条件行使一次赎回权。每年首次满足赎回条件时，发行人可赎回部分或全部未转股的可转换公司债券。但若首次不实施赎回的，当年不应再行使赎回权。

第三十八条 发行人行使赎回权时，应在赎回条件满足后的五个工作日内在中国证监会指定报刊和互联网网站连续发布赎回公告至少三次,赎回公告应载明赎回的程序、价格、付款方法、时间等内容。赎回公告发布后,不得撤销赎回决定。赎回期结束，应公告赎回结果及对发行人的影响。

第三十九条 可转换公司债券的持有人每年可依照约定的条件行使一次回售权。每年首次满足回售条件时，持有人可回售部分或全部未转股的可转换公司债券。首次不实施回售的,当年不应再行使回售权。

第四十条 发行人应当在每年首次满足回售条件后的五个工作日内在中国证监会指定报刊和互联网网站连续发布回售公告至少三次，回售公告应载明回售的程序、价格、付款方法、时间等内容。行使回售权的可转换公司债券持有人应在回售公告期满后的五个工作日内通过证券交易所交易系统进行回售申报,发行人应在回售申报期结束后五个工作日内,按事先确定的价格及支付方式支付相应的款项。回售期结束,应公告回售的结果及对发行人的影响。

第四十一条 可转换公司债券持有人可按约定的条件在规定的转股期内随时转股，并于转股完成后的次日成为发行人的股东。

第四十二条 发行人配股和增发新股时有关股本的确定办法,按中国证监会有关规定执行。

第七章 信息披露

第四十三条 发行人应及时披露任何对投资可转换公司债券有重大影响的任何信息。

第四十四条 发行人全体董事应承诺保证可转换公司债券申请文件及信息披露的内容真实、准确、完整,不存在任何虚假记载、误导性陈述或重大遗漏,并对此承担相应的法律责任。

第四十五条 发行人及主承销商等中介机构应承诺在本次发行募集说明书公告前保守秘密，不利用未公开的信息谋取利益。

第四十六条 可转换公司债券的信息披露文件应包括发行前的董事会和股东大会公告、募集说明书、上市公告书以及持续的信息披露文件(包括定期报告、临时报告等)。

第四十七条 可转换公司债券募集说明书、上市公告书应按中国证监会有关规定编制和披露。

第四十八条 定期报告除应遵守中国证监会有关年度报告、中期报告内容与格式的一般规定外,还应增加以下内容：

(一) 转股价格历次调整的情况，经调整后的最新转股价格；

(二)可转换公司债券发行后累计转股的情况；

(三) 最大十名可转换公司债券持有人的名单和持有量；

(四)担保人发生重大变化的情况；

(五)发行人的负债情况及资信变化情况；

(六)中国证监会规定的其他内容。

第四十九条 临时报告除应遵守中国证监会和证券交易所有关上市公司临时报告的一般规定外，出现下列情形的,发行人应予以公告：

(一)因发行新股、送股及其他原因引起股份变动,需要调整转股价格的；

(二)可转换公司债券转换为股票的数额累计达到公司已发行股份的10%的；

(三) 发行人信用状况发生重大变化，可能影响如期偿还本息的；

(四) 可转换公司债券担保人发生重大资产变动、重大诉讼、或者涉及合并、分立等情况的；

(五)中国证监会规定的其他情形。

第五十条 通过证券交易所的证券交易，投资者持有发行人已发行的可转换公司债券达到20%时,应在该事实发生之日起三日内,向中国证监会、证券交易所书面报告,通知发行人并予以公告;在上述规定的期限内,不得再行买卖该发行人的可转换公司债券，也不得买卖该发行人的股票。

投资者持有发行人已发行可转换公司债券达到20%后，其所持该发行人已发行的可转换公司债券比例每增加或者减少10%时，应依照前款规定进行书面报告和公告。在报告期限内和作出报告、公告后二日内，不得再行买卖该发行人的可转换公司债券，也不得买卖该发行人的股票。

第五十一条 依照前条规定所作书面报告和公告至少应包括下列内容：

(一)持有人的名称、住所；

(二)所持有的可转换公司债券的名称、数量；

(三)持有的可转换公司债券达到规定比例或者持有的可转换公司债券增减变化达到规定比例的日期。

第五十二条 持有可转换公司债券的投资者，若其持有的可转换公司债券全部转为股本与其持有的该公司的股份的合计数，占公司已发行的股份与全部可转换公司债券转为股本的合计数达5%以上，以后每增加或减少1%，或上述比例达到30%以上，该投资者应按中国证监会的有关规定履行信息披露义务。

第八章 法律责任

第五十三条 为发行可转换公司债券提供服务的中介机构未按规定履行勤勉尽责义务的，中国证监会将对该机构及其主要责任人员给予公开批评并限期整改；在整改期间，暂缓接受该机构出具的文件。

第五十四条 发行人及其中介机构在发行信息公开前泄露有关信息的，中国证监会给予公开批评并责令其发布澄清公告；情节严重的，依照有关法律法规的规定处罚。

第五十五条 发行人和承销商向参加配售的机构投资者提供财务资助或补偿的，中国证监会给予公开批评，并责令限期改正。

第五十六条 除金融类上市公司外，发行人将募集资金投资于商业银行、证券公司等金融机构的，中国证监会给予公开批评，并责令限期改正。

第五十七条 如发行人披露盈利预测，发行后利润实现数未达到盈利预测的，凡不属于发行人管理层事前无法预测且事后无法控制的原因，发行人董事长、发行聘请的注册会计师、主承销商的法定代表人、业务负责人和项目负责人应当在股东大会及指定报刊上公开作出解释；利润实现数未达到盈利预测80%的，如无合理解释，上述人员应当在指定报刊公开道歉；未达到盈利预测50%的，中国证监会对发行人给予公开批评；发行人发行可转换公司债券当年出现亏损的，中国证监会自作出公开批评之日起二年内，不再受理该发行人公开发行证券的申请。

第九章 附 则

第五十八条 可转换公司债券的上市、交易、清算、托管、付息、转换股份等行为，根据证券交易所及登记结算公司有关可转换公司债券的规定执行。

第五十九条 本办法自发布之日起施行。

减持国有股筹集社会保障资金管理暂行办法

国务院 国发[2001]22号 2001年6月6日

第一条 为完善社会保障体制，开拓社会保障资金新的筹资渠道，支持国有企业的改革和发展，制定本办法。

第二条 本办法所称减持国有股(包括国家股和国有法人股，下同)是指向社会公众及证券投资基金等公共投资者转让上市公司(包括拟上市公司，下同)国有股的行为。

第三条 国务院代表国家统一行使国有股所有权。

本办法所称国有股东授权代表单位是指按照国有资产“国家所有，分级管理，授权经营”的原则，被授权代表国家持有上市公司国有股的单位。

第四条 减持国有股所筹集的资金交由全国社会保障基金理事会管理，具体管理办法由财政部另行制定，报国务院批准后实施。

第五条 国有股减持主要采取国有股存量发行的方式。凡国家拥有股份的股份有限公司(包括在境外上市的公司)向公共投资者首次发行和增发股票时，均应按融资额的10%出售国有股；股份有限公司设立未满3年的，拟出售的国有股通过划拨方式转由全国社会保障基金理事会持有，并由其委托该公司在公开募股时一次或分次出售。国有股存量出售收入，全部上缴全国社会保障基金。

第六条 减持国有股原则上采取市场定价方式。

第七条 减持国有股由部际联席会议审议实施。部际联席会议由财政部负责召集，国家计委、国家经贸委、劳动保障部、中国证监会、全国社会保障基金理事会为成员单位，主要负责确定减持国有股的筹资计划和定价原则，研究解决国有股减持筹资工作涉及的其他重大问题。

第八条 部际联席会议办公室设在财政部，承担联席会议的具体事务。

第九条 部际联席会议确定减持国有股的，其股东授权代表单位需提供下列材料：

(一)国有股减持说明书(草案)及承销协议；

(二)国有股东授权代表单位、主承销机构对上缴减持收入的书面承诺；

(三)部际联席会议规定的其他材料。

第十条 中国证监会负责制定减持上市公司国有股的

信息披露及市场监管规则。

第十一条 建立全国社会保障基金并设立理事会。

全国社会保障基金由国有股减持变现的资金和中央财政预算拨款以及其他方式筹集的资金构成。全国社会保障基金理事会主要职责是:

(一)管理通过减持国有股所获资金、中央财政拨入的资金及其他方式筹集的资金;

(二)根据财政部、劳动保障部共同下达的指令和确定的方式拨出资金;

(三)选择并委托国内外专业性投资管理机构对基金进行运作,以实现保值增值;

(四)向社会公布全国社会保障基金的资产、收益、现金流量等财务状况。

(五)承办国务院交办的其他事项。

第十二条 国有股存量发行收入由主承销机构在取得收入2日内负责将应缴收入缴入财政部预算设置的指定科目。财政部在5日内拨给全国社会保障基金理事会,并办理核减有关单位国有资本金的手续。

第十三条 受托对基金进行运作的专业性投资管理机构必须定期向全国社会保障基金理事会报告其经营状况和业绩,并由全国社会保障基金理事会向社会披露,接受监督。

第十四条 部际联席会议可以根据社会保障资金的需要和证券市场的发展状况,在采取国有股存量发行的同时,选择少量上市公司进行国有股配售及定向回购等方式的试点。试点方案经部际联席会议审议并报国务院批准后组织实施。

第十五条 本办法实施后,上市公司国有股协议转让,包括非发起人国有股协议转让,由财政部审核。协议转让时国有股权发生减持变化的,国有股东授权代表单位应按转让收入的一定比例上缴全国社会保障基金,具体比例以及操作办法由部际联席会议制定,并在报国务院批准后实施。证券登记公司依据财政部的批复文件办理股权过户手续。

国有股东授权代表单位将上市公司国有股用于银行贷款和发行企业债券质押担保,不得超过该上市公司国有股总额的50%,具体管理办法由财政部制定。

第十六条 本办法自印发之日起施行。

证券交易所管理办法

中国证券监督管理委员会令 第4号 2001年12月12日

第一章 总 则

第一条 为加强对证券交易所的管理,明确证券交易所的职权和责任,维护证券市场的正常秩序,制定本办法。

第二条 本办法适用于在中华人民共和国境内设立的证券交易所。

第三条 本办法所称证券交易所是指依本办法规定条件设立的,不以营利为目的,为证券的集中和有组织的交易提供场所、设施,履行国家有关法律、法规、规章、政策规定的职责,实行自律性管理的法人。

第四条 证券交易所由中国证券监督管理委员会(以下简称"证监会")监督管理。

证券交易所设立的证券登记结算机构,应当接受证监会的监督管理。

第五条 证券交易所的名称,应当标明"证券交易所"字样。其他任何单位和个人不得使用"证券交易所"的名称。

第二章 证券交易所的设立和解散

第六条 设立证券交易所,由证监会审核,报国务院批准。

第七条 申请设立证券交易所,应当向证监会提交下列文件:

(一)申请书;

(二)章程和主要业务规则草案;

(三)拟加入会员名单;

(四)理事会候选人名单及简历;

(五)场地、设备及资金情况说明;

(六)拟任用管理人员的情况说明;

(七)证监会要求提交的其他文件。

第八条 证券交易所章程应当包括下列事项:

(一)设立目的;

(二)名称;

(三)主要办公及交易场所和设施所在地;

(四)职能范围;

(五)会员的资格和加入、退出程序;

(六)会员的权利和义务;

(七)对会员的纪律处分;

(八)组织机构及其职权;

(九)高级管理人员的产生、任免及其职责;

(十)资本和财务事项;

(十一)解散的条件和程序;

（十二）其他需要在章程中规定的事项。

第九条 解散证券交易所，经证监会审核同意后，报国务院批准。

第三章 证券交易所的职能

第十条 证券交易所应当创造公开、公平、公正的市场环境，保证证券市场的正常运行。

第十一条 证券交易所的职能包括：

（一）提供证券交易的场所和设施；

（二）制定证券交易所的业务规则；

（三）接受上市申请、安排证券上市；

（四）组织、监督证券交易；

（五）对会员进行监管；

（六）对上市公司进行监管；

（七）设立证券登记结算机构；

（八）管理和公布市场信息；

（九）证监会许可的其他职能。

第十二条 证券交易所不得直接或者间接从事：

（一）以营利为目的的业务；

（二）新闻出版业；

（三）发布对证券价格进行预测的文字和资料；

（四）为他人提供担保；

（五）未经证监会批准的其他业务。

第十三条 证券交易所上市新的证券交易品种，应当报证监会批准。

第十四条 证券交易所以联网等方式为非本所上市的证券交易品种提供证券交易服务，应当报证监会批准。

第十五条 证券交易所应当在其职能范围内制定和修改业务规则。证券交易所制定和修改业务规则，由证券交易所理事会通过，报证监会批准。

证券交易所的业务规则包括上市规则、交易规则、会员管理规则及其他与证券交易活动有关的规则。

第四章 证券交易所的组织

第十六条 证券交易所设会员大会、理事会和专门委员会。

第十七条 会员大会为证券交易所的最高权力机构。会员大会有以下职权：

（一）制定和修改证券交易所章程；

（二）选举和罢免会员理事；

（三）审议和通过理事会、总经理的工作报告；

（四）审议和通过证券交易所的财务预算、决算报告；

（五）决定证券交易所的其他重大事项。

章程的制定和修改经会员大会通过后，报证监会批准。

第十八条 会员大会由理事会召集，每年召开1次。有下列情形之一的，应当召开临时会员大会：

（一）理事人数不足本办法规定的最低人数；

（二）占会员总数1/3以上的会员请求；

（三）理事会认为必要。

第十九条 会员大会须有2/3以上会员出席，其决议须经出席会议的过半数以上会员表决通过后方为有效。

会员大会结束后10日内，证券交易所应当将大会全部文件及有关情况报证监会备案。

第二十条 理事会是证券交易所的决策机构，每届任期3年。

理事会的职责是：

（一）执行会员大会的决议；

（二）制定、修改证券交易所的业务规则；

（三）审定总经理提出的工作计划；

（四）审定总经理提出的财务预算、决算方案；

（五）审定对会员的接纳；

（六）审定对会员的处分；

（七）根据需要决定专门委员会的设置；

（八）会员大会授予的其他职责。

第二十一条 证券交易所理事会由7至13人组成，其中非会员理事人数不少于理事会成员总数的1/3，不超过理事会成员总数的1/2。

会员理事由会员大会选举产生。非会员理事由证监会委派。

理事连续任职不得超过两届。

理事会会议至少每季度召开1次。会议须有2/3以上理事出席，其决议应当经出席会议的2/3以上理事表决同意方为有效。理事会决议应当在会议结束后2个工作日内报证监会备案。

第二十二条 理事会设理事长1人，副理事长1至2人。理事长、副理事长由证监会提名，理事会选举产生。总经理应当是理事会成员。

第二十三条 理事长负责召集和主持理事会会议。理事长因故临时不能履行职责时，由理事长指定的副理事长代其履行职责。

理事长担任会员大会期间的会议主席。

理事长不得兼任证券交易所总经理。

第二十四条 证券交易所设总经理1人，副总经理1至3人。总经理、副总经理由证监会任免。总经理、副总经理不得由国家公务员兼任。

总经理、副总经理任期3年。总经理连续任职不得超过两届。总经理在理事会领导下负责证券交易所的日常管理工作，为证券交易所的法定代表人。总经理因故临时不能履行职责时，由总经理指定的副总经理代其履行职责。

第二十五条 证券交易所中层干部的任免报证监会备案，财务、人事部门负责人的任免报证监会批准。

第二十六条 理事会设监察委员会，每届任期3年。监察委员会主席由理事长兼任。监察委员会对理事会负责，行使下列职权：

（一）监察证券交易所高级管理人员和其他工作人员遵守国家有关法律、法规、规章、政策和证券交易所章程、业务规则的情况；

（二）监察高级管理人员执行会员大会、理事会决议的情况；

（三）监察证券交易所的财务情况；

（四）证券交易所章程规定的其他职权。

第二十七条 根据需要，理事会可以下设其他专门委员会。各专门委员会的职责、任期和人员组成等事项，应当在证券交易所章程中作出具体规定。

各专门委员会的经费应当纳人证券交易所的预算。

第二十八条 有下列情形之一的，不得招聘为证券交易所从业人员，不得担任证券交易所高级管理人员：

（一）犯有贪污、贿赂、侵占财产、挪用财产罪或者破坏社会经济秩序罪，或者因犯罪被剥夺政治权利；

（二）因违法、违纪行为被解除职务的证券经营机构或者其他金融机构的从业人员，自被解除职务之日起未逾5年；

（三）因违法行为被撤销资格的律师、注册会计师或者法定资产评估机构、验资机构的专业人员，自被撤销资格之日起未逾5年；

（四）担任因违法行为被吊销营业执照的公司、企业的法定代表人并对该公司、企业被吊销营业执照负有个人责任的，自被吊销营业执照之日起未逾5年；

（五）担任因经营管理不善而破产的公司、企业的董事、厂长或者经理并对该公司、企业的破产负有个人责任的，自破产之日起未逾5年；

（六）被开除的国家机关工作人员，自被开除之日起未逾5年；

（七）国家有关法律、法规、规章、政策规定的其他情况。

第二十九条 证券交易所高级管理人员的产生、聘任有不正当情况，或者前述人员在任期内有违反国家有关法律、法规、规章、政策和证券交易所章程、业务规则的行为，或者由于其他原因，不适宜继续担任其所担任的职务时，证监会有权解除有关人员的职务，并任命新的人选。

第五章 证券交易所对证券交易活动的监管

第三十条 证券交易所应当制定具体的交易规则。其内容包括：

（一）交易证券的种类和期限；

（二）证券交易方式和操作程序；

（三）证券交易中的禁止行为；

（四）清算交割事项；

（五）交易纠纷的解决；

（六）上市证券的暂停、恢复与取消交易；

（七）证券交易所的开市、收市、休市及异常情况的处理；

（八）交易手续费及其他有关费用的收取方式和标准；

（九）对违反交易规则行为的处理规定；

（十）证券交易所证券交易信息的提供和管理；

（十一）股价指数的编制方法和公布方式；

（十二）其他需要在交易规则中规定的事项。

第三十一条 证券交易所应当公布即时行情，并按日制作证券行情表，记载下列事项，以适当方式公布：

（一）上市证券的名称；

（二）开市、最高、最低及收市价格；

（三）与前一交易日收市价比较后的涨跌情况；

（四）成交量、值的分计及合计；

（五）股价指数及其涨跌情况；

（六）证监会要求公开的其他事项。

第三十二条 证券交易所应当就其市场内的成交情况编制日报表、周报表、月报表和年报表，并及时向社会公布。

第三十三条 证券交易所应当在业务规则中对证券交易合同的生效和废止条件作出详细规定，并维护在本证券交易所达成的证券交易合同的有效性。

第三十四条 证券交易所应当保证投资者有平等机会获取证券市场的交易行情和其他公开披露的信息，并有平等的交易机会。

第三十五条 证券交易所有权依照有关规定，暂停或者恢复上市证券的交易。暂停交易的时间超过1个交易日时，应当报证监会备案；暂停交易的时间超过5个交易日时，应当事先报证监会批准。证监会有权要求证券交易所暂停或者恢复上市证券的交易。

第三十六条 证券交易所应当建立市场准入制度，并根据证券法规的规定或者证监会的要求，限制或者禁止特定证券投资者的证券交易行为。

除上述情况外，证券交易所不得限制或者禁止证券投资者的证券买卖行为。

第三十七条 证券交易所及其会员应当妥善保存证券交易中产生的委托资料、交易记录、清算文件等，并制定相应的查询和保密管理措施。

证券交易所应当根据需要制定上述文件的保存期，并报证监会批准。重要文件的保存期应当不少于20年。

第三十八条 证券交易所应当保证其业务规则得到切实执行，对违反业务规则的行为要及时处理。

对国家有关法律、法规、规章、政策中规定的有关证券交易的违法、违规行为，证券交易所负有发现、制止和上报的责任，并有权在职责范围内予以查处。

第三十九条 证券交易所应当建立符合证券市场监督管理和实时监控要求的计算机系统，并设立负责证券市场监管工作的专门机构。

证监会可以要求证券交易所之间建立以市场监管为目的的信息交换制度和联合监管制度，共同监管跨市场的不正当交易行为，控制市场风险。

第六章　证券交易所对会员的监管

第四十条　证券交易所应当制定具体的会员管理规则。其内容包括：

(一)取得会员资格的条件和程序；

(二)席位管理办法；

(三)与证券交易和清算业务有关的会员内部监督、风险控制、电脑系统的标准及维护等方面的要求；

(四)会员的业务报告制度；

(五)会员所派出市代表在交易场所内的行为规范；

(六)会员及其出市代表违法、违规行为的处罚；

(七)其他需要在会员管理规则中规定的事项。

第四十一条　证券交易所接纳的会员应当是有权部门批准设立并具有法人地位的境内证券经营机构。

境外证券经营机构设立的驻华代表处，经申请可以成为证券交易所的特别会员。特别会员的资格及权利、义务由证券交易所章程规定。

第四十二条　证券交易所决定接纳或者开除会员应当在决定后的5个工作日内向证监会备案；决定接纳或者开除正式会员以外的其他会员应当在履行有关手续5个工作日之前报证监会备案。

第四十三条　证券交易所必须限定交易席位的数量。证券交易所设立普通席位以外的席位应当报证监会批准。证券交易所调整普通席位和普通席位以外的其他席位的数量,应当事先报证监会批准。

第四十四条　证券交易所应当对会员取得的交易席位实施严格管理。会员转让席位必须按照证券交易所的有关管理规定由交易所审批。严禁会员将席位全部或者部分以出租或者承包等形式交由其他机构和个人使用。

第四十五条　证券交易所应当根据国家关于证券经营机构证券自营业务管理的规定和证券交易所业务规则，对会员的证券自营业务实施下列监管：

(一)要求会员的自营买卖业务必须使用专门的股票账户和资金账户,并采取技术手段严格管理；

(二)检查开设自营账户的会员是否具备规定的自营资格；

(三)要求会员按月编制库存证券报表,并于次月5日前报送证券交易所；

(四)对自营业务规定具体的风险控制措施，并报证监会备案；

(五)每年6月30日和12月31日过后的30日内向证监会报送各家会员截止该日的证券自营业务情况；

(六)其他监管事项。

第四十六条　证券交易所应当在业务规则中对会员代理客户买卖证券业务做出详细规定,并实施下列监管：

(一)制定会员与客户所应签订的代理协议的格式并检查其内容的合法性；

(二)规定接受客户委托的程序和责任，并定期抽查执行客户委托的情况；

(三)要求会员每月过后5日内就其交易业务和客户投诉等情况提交报告，报告格式和内容由证券交易所报证监会批准后颁布。

第四十七条　证券交易所每年应当对会员的财务状况、内部风险控制制度以及遵守国家有关法规和证券交易所业务规则等情况进行抽样或者全面检查，并将检查结果上报证监会。

第四十八条　证券交易所有权要求会员提供有关业务的报表、账册、交易记录及其他文件、资料。

第四十九条　证券交易所会员应当接受证券交易所的监督管理,并主动报告有关问题。

第五十条　证券交易所可以根据证券交易所章程和业务规则对会员的违规行为进行制裁。

第七章　证券交易所对上市公司的监管

第五十一条　证券交易所应当根据有关法律、行政法规的规定制定具体的上市规则。其内容包括：

(一)证券上市的条件、申请和批准程序以及上市协议的内容及格式；

(二)上市公告书的内容及格式；

(三)上市推荐人的资格、责任、义务；

(四)上市费用及其他有关费用的收取方式和标准；

(五)对违反上市规则行为的处理规定；

(六)其他需要在上市规则中规定的事项。

第五十二条　证券交易所应当与上市公司订立上市协议，确定相互间的权利义务关系。上市协议的内容与格式应当符合国家有关法律、法规、规章、政策的规定,并报证监会备案。

交易所与任何上市公司所签上市协议的内容与格式均应一致;确需与某些上市公司签署特殊条款时,报证监会批准。

上市协议应当包括下列内容：

(一)上市费用的项目和数额；

(二)证券交易所为公司证券发行、上市所提供的技术服务；

(三)要求公司指定专人负责证券事务；

(四)上市公司定期报告、临时报告的报告程序及回复交易所质询的具体规定；

(五)股票停牌事宜；

(六)协议双方违反上市协议的处理；

(七)仲裁条款；

(八)证券交易所认为需要在上市协议中明确的其他内容。

第五十三条　证券交易所应当建立上市推荐人制度，保证上市公司符合上市要求，并在上市后由上市推荐人指导上市公司履行相关义务。

证券交易所应当监督上市推荐人切实履行业务规则中规定的相关职责。上市推荐人不按规定履行职责的，证券交易所有权根据业务规则的规定对上市推荐人予以处分。

第五十四条 证券交易所应当根据证监会统一制定的格式和证券交易所的有关业务规则，复核上市公司的配股说明书、上市公告书等与募集资金及证券上市直接相关的公开说明文件，并监督上市公司按时公布。证券交易所可以要求上市公司或者上市推荐人就上述文件做出补充说明并予以公布。

第五十五条 证券交易所应当督促上市公司按照规定的报告期限和证监会统一制定的格式，编制并公布年度报告、中期报告，并在其公布后进行检查，发现问题应当根据有关规定及时处理。证券交易所应当在报告期结束后20个工作日内，将检查情况报告证监会。

第五十六条 证券交易所应当审核上市公司编制的临时报告。临时报告的内容涉及《公司法》、国家证券法规以及公司章程中规定需要履行审批程序的事项，或者涉及应当报证监会批准的事项，证券交易所应当在确认其已履行规定的审批手续后，方可准予其公布。

第五十七条 出现以下情况之一的，证券交易所应当暂停上市公司的股票交易，并要求上市公司立即公布有关信息：

(一)该公司股票交易发生异常波动；

(二)有投资者发出收购该公司股票的公开要约；

(三)上市公司依据上市协议提出停牌申请；

(四)证监会依法作出暂停股票交易的决定时；

(五)证券交易所认为必要时。

第五十八条 证券交易所应当设立上市公司股东持股情况的档案资料，并根据国家有关法律、法规、规章、政策对股东持股数量及其买卖行为的限制规定，对上市公司股东在交易过程中的持股变动情况进行即时统计和监督。上市公司股东因持股数量变动而产生信息披露义务的，证券交易所应当在其履行信息披露之前，限制其继续交易该股票，督促其及时履行信息披露义务，并立即向证监会报告。

第五十九条 证券交易所应当采取必要的技术措施，将上市公司尚未上市流通股份与其已上市流通股份区别开来，未经证监会批准，不得准许尚未上市流通股份进入交易系统。

第六十条 证券交易所应当采取必要的措施，保证上市公司董事、监事、经理不得卖出本人持有的本公司股票。

第六十一条 上市公司应当建立上市公司信息统计系统，并按照交易所的要求及时报送、公布有关统计资料。

第六十二条 证券交易所对上市公司未按规定履行信息披露义务的行为，可以按照上市协议的规定予以处理，并可以就其违反证券法规的行为提出处罚意见，报证监会予以处罚。

第六十三条 证券交易所应当比照本章的有关规定，对其他上市证券的发行人进行监管。

第八章 证券登记结算机构

第六十四条 证券交易所应当设立一个证券登记结算机构，为证券的发行和在证券交易所的证券交易活动提供集中的登记、存管、结算与交收服务。

第六十五条 证券登记结算机构的注册资本应当不低于1亿元人民币。

第六十六条 证券登记结算机构应当为证券市场提供安全、公平、高效的服务，并接受证券交易所对其业务活动的监督。

第六十七条 证券登记结算机构的业务范围和职能包括：

(一)股权登记；

(二)证券持有人名册登记和证券账户的设立；

(三)记名证券的存管和过户；

(四)证券交易所的所有上市品种交易后的结算与交收；

(五)代理证券的还本付息或者权益分派及其他代理人服务；

(六)实物证券的保管；

(七)与上述业务有关的咨询、培训等服务；

(八)证监会批准的其他业务。

第六十八条 证券登记结算机构应当在其职能范围内制定和修改章程和业务规则，报证监会批准后生效。

证券登记结算机构的总经理、副总经理的任免须报证监会批准。

第六十九条 证券登记结算机构应当建立为证券交易所的上市证券的交易提供集中的登记、存管、结算和交收服务的系统(以下简称结算系统)，有必备的电脑、通讯设备，有完整的数据安全保护和数据备份措施，确保证券登记、存管、结算交收资料和电脑、通讯系统的安全。

第七十条 证券登记结算机构可以通过签订协议的方式委托其他证券登记结算机构代理上市证券的部分登记、存管、结算和交收服务。

第七十一条 证券登记结算机构应当与证券交易所签订业务协议，并报证监会备案。

第七十二条 证券交易所的会员为参加证券交易所交易市场的交易而缴存的清算头寸、清算交割准备金，应当由证券登记结算机构专项存储。证券登记结算机构应当在业务规则中明确上述资金的用途及收取标准，并对上述资金严格管理，严禁透支，不得挪作他用。

证券登记结算机构应当设立结算系统风险保证基金，并建立一套完整的风险管理系统，保证证券交易与结算交收的连续性和安全性。结算系统风险保证金的构成和使用原则应当在证券登记结算机构的业务规则中做出明确规定。

第七十三条 证券登记结算机构应当依据与证券发行人签订的服务合同，定期或者不定期地向证券发行人提供证券持有人名册及其他有关资料。在无纸化发行和交易的条件下，证券登记结算机构提供的证券持有人名册是证明证券持有人权益的有效凭证。证券登记结算机构应当确保证券持有人名册的合法性、真实性和完整性。任何机构和个人不得伪造、篡改、损毁证券持有人名册及其他相关资料。

第七十四条 证券登记结算机构有权拒绝任何单位或者个人查询证券持有人名册及其相关资料，但下列情况除外：

(一)证券持有人本人或者委托经公证的受托人查询；

(二)依本办法第七十三条向证券发行人提供证券持有人名册及其他有关资料；

(三)证监会及其授权部门、人民法院、人民检察院及其他国家机关依照法律、法规的规定和程序进行的查询和取证。

第七十五条 证券登记结算机构应当按照证监会的规定,建立和健全本机构的业务、财务和安全防范等内部管理制度和工作程序,并报证监会备案。

证券登记结算机构应当妥善保存证券登记、存管、结算和交收业务中形成的原始凭证,根据需要制定保存期,并报证监会批准。重要文件的保存期应当不少于20年。会计凭证和报表按财政部门的规定办理。

第七十六条 证券登记结算机构管理人员及工作人员的任职条件比照本办法第二十八条的规定执行。

第七十七条 证券登记结算机构申请歇业、解散,在根据法定程序办理手续的同时,应当报证监会备案。

第九章 管理与监督

第七十八条 证券交易所不得以任何方式转让其依照本办法取得的设立及业务许可。

第七十九条 证券交易所、证券登记结算机构的高级管理人员对其任职机构负有诚实信用的义务。

证券交易所、证券登记结算机构的总经理离任时,交易所理事会应当聘请地方审计局或者具有从事证券相关业务资格的会计师事务所进行总经理离任审计。交易所聘请的审计机构应当报证监会认可。

第八十条 证券交易所、证券登记结算机构的总经理、副总经理不得在任何营利性组织、团体和机构中兼职。证券交易所的非会员理事及其他工作人员不得以任何形式在证券交易所会员公司兼职。

第八十一条 证券交易所、证券登记结算机构的高级管理人员及其他工作人员不得以任何方式泄露或者利用内幕信息,不得以任何方式从证券交易所的会员、上市公司获取利益。

第八十二条 证券交易所、证券登记结算机构的高级管理人员及其他工作人员在履行职责时，遇到与本人或者其亲属等有利害关系情形的，应当回避。具体回避事项由其章程、业务规则规定。

第八十三条 证券交易所、证券登记结算机构收取的各种资金和费用应当严格按照规定用途使用，并制定专项管理规则进行管理,不得挪作他用。

证券交易所的收支结余不得分配给会员。

上述各种费用的收取标准及收取方式应当报收费主管部门备案。

第八十四条 证券交易所、证券登记结算机构应当履行下列报告义务：

(一)每一财政年度终了后3个月内向证监会提交经具有证券从业资格的会计师事务所审计的财务报告。

(二) 每一季度结束后15日内、每一年度结束后30日内,就业务情况、国家有关法律、法规、规章、政策的执行情况等向证监会提交季度、年度工作报告。年度工作报告抄报证券交易所所在地人民政府。

(三) 国家其他有关法律、法规、规章、政策及本办法其他条款中规定的报告事项。

(四)证监会要求的其他报告事项。

第八十五条 遇有重大事项，证券交易所应当随时向证监会报告。

前款所称重大事项包括：

(一)发现证券登记结算机构、证券交易所会员、上市公司、证券投资者和证券交易所工作人员存在或者可能存在严重违反国家有关法律、法规、规章、政策的行为；

(二) 发现证券市场中存在产生严重违反国家有关法律、法规、规章、政策行为的潜在风险；

(三) 证券市场中出现国家有关法律、法规、规章、政策未作明确规定,但会对证券市场产生重大影响的事项；

(四)执行国家有关法律、法规、规章、政策过程中,需由证券交易所做出重大决策的事项；

(五)证券交易所认为需要报告的其他事项；

(六)证监会规定的其他事项。

第八十六条 遇有以下事项，证券交易所应当随时向证监会报告,同时抄报交易所所在地人民政府,并采取适当方式告知交易所会员和证券投资者：

(一)发生影响证券交易所安全运转的情况；

(二) 证券交易所因不可抗力导致停市，或者为维护证券交易正常秩序采取技术性停市措施。

第八十七条 证券交易所、证券登记结算机构应当根据证监会的要求,向证监会提供证券市场信息、业务文件和其他有关的数据、资料。

第八十八条 证监会有权要求证券交易所提供会员和上市公司的有关资料。

第八十九条 证监会有权要求证券交易所和证券登记结算机构对其章程和业务规则进行修改。

第九十条 证监会有权派员监督检查证券交易所和证券登记结算机构的业务、财务状况，或者调查其他有关事项。

上述检查人员在执行检查任务时应当出示合法证明文件。

第九十一条 证券交易所、证券登记结算机构涉及诉讼，上述机构的高级管理人员因履行职责涉及诉讼或者依照国家有关法律、法规、规章应当受到解除职务的处分时，证券交易所应当及时向证监会报告。

第十章 罚 则

第九十二条 证券交易所违反本办法第十二条的规定，从事与其职能无关的业务的，由证监会限期改正；构成犯罪的，由司法机关依法追究刑事责任。

第九十三条 证券交易所违反本办法第十三条和第十四条规定的，由证监会责令停止该交易品种的交易，并对交易所有关负责人给予纪律处分。

第九十四条 证券交易所违反本办法规定，在监管工作中不履行职责，或者不履行本办法规定的有关报告义务，由证监会责令限期改正，并给予通报批评。

后果严重，影响证券交易活动正常开展的，证监会有权责令证券交易所限期停业整顿。

第九十五条 证券登记结算机构违反本办法规定，证监会可以责令证券交易所按证券交易所与证券登记结算机构签订的业务协议对证券登记结算机构进行处罚，或者由证监会按照国家有关规定进行处罚。

第九十六条 证券交易所存在下列情况时，由证监会对有关高级管理人员视情节轻重分别给予警告、记过、记大过、撤职等行政处分，并责令证券交易所对有关的业务部门负责人给予纪律处分；造成严重后果的，由证监会按本办法第二十九条的规定处理；构成犯罪的，由司法机关依法追究有关责任人员的刑事责任：

(一)对国家有关法律、法规、规章、政策和证监会颁布的制度、办法、规定不传达、不执行；

(二)对工作不负责任，管理混乱，致使有关业务制度和操作规程不健全、不落实；

(三)对证监会的监督检查工作不接受、不配合，对工作中发现的重大隐患、漏洞不重视、不报告、不及时解决；

(四)对在证券交易所内发生的违规行为未能及时采取有效措施予以制止或者查处不力。

第九十七条 证券交易所的任何工作人员有责任拒绝执行任何人员向其下达的违反国家有关法律、法规、规章、政策和证券交易所有关规定的工作任务，并有责任向其更高一级领导和证监会报告具体情况。没有拒绝执行上述工作任务，或者虽拒绝执行但没有报告的，要承担相应责任。

第九十八条 证券交易所会员、上市公司违反国家有关法律、法规、规章、政策和证券交易所章程、业务规则的规定，并且证券交易所没有履行规定的监督管理责任的，证监会有权按照本办法的有关规定，追究证券交易所和证券交易所有关高级管理人员和直接责任人的责任。

第九十九条 证券交易所应当在其职责范围内，及时向证监会报告其会员、上市公司及其他人员违反国家有关法律、法规、规章、政策的情况；国家有关法律、法规、规章授权由证券交易所处罚，或者按照证券交易所章程、业务规则、上市协议等证券交易所可以处罚的，证券交易所有权按照有关规定予以处罚，并报证监会备案；国家有关法律、法规、规章规定由证监会处罚的，证券交易所可以向证监会提出处罚建议。

证监会可以要求证券交易所对其会员、上市公司进行处罚。

第一百条 证券交易所、证券交易所会员、上市公司违反本办法规定，直接责任人和与直接责任人有直接利益关系者因此而形成的非法获利或者避损，由证监会予以没收并处以相当于非法获利或者避损金额1至3倍的罚款。

第十一章 附 则

第一百零一条 本办法下列用语的含义：

(一)“上市”是指证券发行人经批准后将其证券在证券交易所挂牌交易。

(二)“上市公告书”是指上市公司按照国家有关法律、法规、规章、政策和证券交易所业务规则的要求，于其证券上市前，就其公司及证券上市的有关事宜，通过指定的报刊向社会公众公布的信息披露文件。

(三)“上市费用”是指上市证券的发行人按照证券交易所的业务规则，就其证券上市向证券交易所交纳的费用。

(四)“上市推荐人”是指由证券交易所认可的、协助证券发行人申请其证券上市的证券交易所正式会员。

(五)“席位费”是指证券交易所会员按照证券交易所章程、业务规则向证券交易所交纳的交易席位使用费。

(六)“证券交易所高级管理人员”是指证券交易所的理事、总经理、副总经理和各专门委员会委员。

(七)“证券登记结算机构”是指由证券交易所设立的，不以营利为目的，为证券的发行和在证券交易所的证券交易活动提供集中的登记、存管、结算与交收服务的证券中介服务机构。

本办法未作定义的用语的含义，依照国家其他有关法律、法规、规章、政策中的定义确定。

第一百零二条 本办法由证监会负责解释。

第一百零三条 本办法自公布之日起施行，1996年8月21日证券委公布的《证券交易所管理办法》同时废止。

全国社会保障基金投资管理暂行办法

财政部、劳动和社会保障部令　第12号　2001年12月13日

第一章　总　　则

第一条　为了规范全国社会保障基金投资运作行为，根据国家有关法律法规，制定本办法。

第二条　本办法所称全国社会保障基金（以下简称社保基金）是指全国社会保障基金理事会（以下简称理事会）负责管理的由国有股减持划入资金及股权资产、中央财政拨入资金、经国务院批准以其他方式筹集的资金及其投资收益形成的由中央政府集中的社会保障基金。

第三条　社保基金投资运作的基本原则是，在保证基金资产安全性、流动性的前提下，实现基金资产的增值。

第四条　社保基金资产是独立于理事会、社保基金投资管理人、社保基金托管人的资产。

第五条　财政部会同劳动和社会保障部拟订社保基金管理运作的有关政策，对社保基金的投资运作和托管情况进行监督。

中国证券监督管理委员会（以下简称中国证监会）和中国人民银行按照各自的职权对社保基金投资管理人和托管人的经营活动进行监督。

第二章　理事会

第六条　理事会负责管理社保基金，履行以下职责：

（一）制定社保基金的投资经营策略并组织实施。

（二）选择并委托社保基金投资管理人、托管人对社保基金资产进行投资运作和托管；对投资运作和托管情况进行检查。

（三）负责社保基金的财务管理与会计核算，编制定期财务会计报表，起草财务会计报告。

（四）定期向社会公布社保基金资产、收益、现金流量等财务状况。

第七条　理事会应严格执行本办法。对理事会的违法违规行为按照国家有关法律法规进行处罚。

第三章　社保基金投资管理人

第八条　本办法所称社保基金投资管理人是指依照本办法第十条规定取得社保基金投资管理业务资格、根据合同受托运作和管理社保基金的专业性投资管理机构。

第九条　申请办理社保基金投资管理业务应具备以下条件：

（一）在中国注册，经中国证监会批准具有基金管理业务资格的基金管理公司及国务院规定的其他专业性投资管理机构。

（二）基金管理公司实收资本不少于5000万元人民币，在任何时候都维持不少于5000万元人民币的净资产。其他专业性投资管理机构需具备的最低资本规模另行规定。

（三）具有2年以上的在中国境内从事证券投资管理业务的经验，且管理审慎，信誉较高。具有规范的国际运作经验的机构，其经营时间可不受此款的限制。

（四）最近3年没有重大的违规行为。

（五）具有完善的法人治理结构。

（六）有与从事社保基金投资管理业务相适应的专业投资人员。

（七）具有完整有效的内部风险控制制度，内设独立的监察稽核部门，并配备足够数量的称职的专业人员。

第十条　社保基金投资管理人由理事会确定。申请社保基金投资管理业务，需向理事会提交申请书以及由中国证监会出具的申请人是否满足本办法第九条规定的基本条件的意见。理事会成立包括足够数量的独立人士参加的专家评审委员会，参照公开招标的原则对具备条件的社保基金投资管理业务申请人进行评审。评审委员会经投票提出社保基金投资管理人建议名单，报理事会确定。评审办法由理事会制定。评审办法及评审结果报财政部、劳动和社会保障部、中国证监会备案。

第十一条　社保基金投资管理人履行下列职责：

（一）按照投资管理政策及社保基金委托资产管理合同，管理并运用社保基金资产进行投资。

（二）建立社保基金投资管理风险准备金。

（三）完整保存社保基金委托资产的会计凭证、会计账簿和年度财务会计报告15年以上。

（四）编制社保基金委托资产财务会计报告，出具社保基金委托资产投资运作报告。

（五）保存社保基金投资记录15年以上。

（六）社保基金委托资产管理合同规定的其他职责。

第十二条　有下列情形之一的，社保基金投资管理人应当及时向理事会报告：

（一）社保基金资产市场价值大幅度波动。

（二）社保基金投资管理人减资、合并、分立、解散、依法被撤销、决定申请破产或被申请破产。

（三）社保基金投资管理人涉及重大诉讼或者仲裁。

（四）社保基金投资管理人的董事、监事、经理及其他高级管理人员发生重大变动。

（五）有可能使社保基金委托资产的价值受到重大影响的其他事项。

（六）委托资产管理合同规定的其他报告事项。

第十三条 社保基金投资管理人应适应社保基金管理的要求，建立、健全相关内部管理制度和风险管理制度。

第十四条 有下列情形之一的，社保基金投资管理人必须退任：

（一）社保基金投资管理人解散、依法被撤销、破产或者由接管人接管其资产。

（二）理事会有充分理由认为更换社保基金投资管理人符合社保基金利益。

（三）托管人有充分理由认为更换社保基金投资管理人符合社保基金利益并征得理事会同意。

（四）财政部、劳动和社会保障部或中国证监会有充分理由认为社保基金投资管理人不能继续履行委托资产管理职责。

（五）社保基金委托资产管理合同规定的其他情形。

第十五条 当社保基金投资管理人更换或退任时，理事会必须尽快委任新投资管理人，并报财政部、劳动和社会保障部、中国证监会备案；新任投资管理人确定并履行职责后，原任投资管理人方可退任。

第十六条 禁止社保基金投资管理人从事下列活动：

（一）以社保基金的名义使用不属于社保基金名下的资金从事投资活动，或以他人的名义使用属于社保基金名下的资金从事投资活动。

（二）不公平地对待社保基金账户的资产。

（三）挪用社保基金的委托资产。

（四）从事可能使社保基金委托资产承担无限责任的投资。

（五）用社保基金委托资产从事信用交易。

（六）法律、法规和社保基金委托资产管理合同规定禁止从事的其他活动。

第四章　社保基金托管人

第十七条 本办法所称社保基金托管人是指按照本办法第十九条规定取得社保基金托管业务资格、根据合同安全保管社保基金资产的商业银行。

第十八条 申请办理社保基金托管业务应具备以下条件：

（一）设有专门的基金托管部。

（二）实收资本不少于80亿元。

（三）有足够的熟悉托管业务的专职人员。

（四）具备安全保管基金全部资产的条件。

（五）具备安全、高效的清算、交割能力。

第十九条 社保基金托管人由理事会确定。申请社保基金托管业务，需向理事会提交申请书以及中国人民银行批准其从事社保基金托管业务的证明。理事会按照招标原则评选社保基金托管人，评选办法及评选结果报财政部。劳动和社会保障部、中国人民银行备案。理事会应逐步创造条件采用招标方式确定社保基金托管人。

第二十条 社保基金托管人履行下列职责：

（一）尽职保管社保基金的托管资产。

（二）执行社保基金投资管理人的投资指令，并负责办理社保基金名下的资金结算。

（三）监督社保基金投资管理人的投资运作。发现社保基金投资管理人的投资指令违法违规的，向理事会报告。

（四）完整保存社保基金会计账簿、会计凭证和年度财务会计报告15年以上。

（五）社保基金托管合同规定的其他职责。

第二十一条 社保基金托管人应适应社保基金托管的要求，建立、健全相关内部管理制度和风险管理制度。

第二十二条 有下列情形之一的，社保基金托管人必须退任：

（一）社保基金托管人解散、依法被撤销、破产或者由接管人接管其资产。

（二）理事会有充分理由认为社保基金托管人应当退任。

（三）财政部、劳动和社会保障部或中国人民银行有充分理由认为托管人不能继续履行社保基金托管职责。

（四）社保基金托管合同规定的其他情形。

第二十三条 当社保基金托管人更换或退任时，理事会必须尽快委任新的托管人，并报财政部、劳动和社会保障部、中国人民银行备案；新任托管人确定并履行职责后，原任托管人方可退任。

第二十四条 禁止社保基金托管人从事下列活动：

（一）将其托管的社保基金资产与托管的其他资产混合管理。

（二）托管的社保基金资产与其自有资产混合管理。

（三）挪用其托管的社保基金资产。

（四）有关法律法规禁止从事的其他活动。

第五章　社保基金的投资

第二十五条 社保基金投资的范围限于银行存款、买卖国债和其他具有良好流动性的金融工具，包括上市流通的证券投资基金、股票、信用等级在投资级以上的企业债、金融债等有价证券。

理事会直接运作的社保基金的投资范围限于银行存款、在一级市场购买国债，其他投资需委托社保基金投资管理人管理和运作并委托社保基金托管人托管。

第二十六条 社保基金投资管理人与社保基金托管人须在人事、财务和资产上相互独立，其高级管理人员不得在对方兼任任何职务。

第二十七条 理事会持有的国债在二级市场的交易，需委托符合本办法第九条规定的专业性投资管理机构办理。

第二十八条 划入社保基金的货币资产的投资，按成本计算，应符合下列规定：

（一）银行存款和国债投资的比例不得低于50%。其中，银行存款的比例不得低于10%。在一家银行的存款不得高于社保基金银行存款总额的50%。

（二）企业债、金融债投资的比例不得高于10%。

（三）证券投资基金、股票投资的比例不得高于40%。

第二十九条 单个投资管理人管理的社保基金资产投资于1家企业所发行的证券或单只证券投资基金，不得超过该企业所发行证券或该基金份额的5%；按成本计算，不得超过其管理的社保基金资产总值的10%。

投资管理人管理的社保基金资产投资于自己管理的基金须经理事会认可。

第三十条 委托单个社保基金投资管理人进行管理的资产，不得超过年度社保基金委托资产总值的20%。

第三十一条 社保基金建立的初始阶段，减持国有股所获资金以外的中央预算拨款仅限投资于银行存款和国债。条件成熟时由财政部会同劳动和社会保障部商理事会报国务院批准后，改按本办法第二十八条所规定比例进行投资。

第三十二条 划入社保基金的股权资产纳入社保基金统一核算，按照国家有关规定进行管理。股权资产变现后的投资比例按本办法第二十八条的规定执行。

第三十三条 根据金融市场的变化和社保基金投资运作的情况，财政部会同劳动和社会保障部商有关部门适时报请国务院对第二十八条所规定的社保基金投资比例进行调整。

第三十四条 经中国人民银行批准，理事会可按照有关规定，与商业银行办理协议存款。

第六章 社保基金委托投资管理合同和托管合同

第三十五条 理事会与社保基金投资管理人必须签订委托资产管理合同，对双方的权利义务、委托资产管理方式、投资范围、收益分配等内容作出规定，并报财政部、劳动和社会保障部、中国证监会备案。

社保基金委托资产管理合同到期或中止时，相关事宜的处理办法另行制定。

第三十六条 理事会与社保基金托管人必须签订社保基金委托资产托管合同，明确双方的权利、义务，并报财政部、劳动和社会保障部、中国证监会、中国人民银行备案。

社保基金委托资产托管合同到期或中止时，相关事宜的处理办法另行制定。

第七章 社保基金投资的收益分配和费用

第三十七条 社保基金净收益全额纳入社保基金，按国家有关规定分配使用和投资。

第三十八条 社保基金投资管理人提取的委托资产管理手续费的年费率不高于社保基金委托资产净值的1.5%。

理事会可在委托资产管理合同中规定对社保基金投资管理人的业绩奖励措施。具体方案由财政部会同劳动和社会保障部批准。

第三十九条 社保基金托管人提取的托管费年费率不高于社保基金托管资产净值的0.25%。

第四十条 社保基金投资管理人按当年收取的社保基金委托资产管理手续费的20%，提取社保基金投资管理风险准备金，专项用于弥补社保基金投资的亏损。社保基金投资管理风险准备金在托管银行专户存储，余额达到社保基金委托管理资产净值的10%时可不再提取。

理事会按社保基金净收益的20%提取一般风险准备金，专项用于弥补社保基金投资发生重大亏损时社保基金投资管理人所提管理风险准备金不足以弥补的亏损。一般风险准备金余额达到社保基金资产净值的20%时可不再提取。

第八章 社保基金投资的账户和财务管理

第四十一条 社保基金投资管理人的社保基金委托资产管理业务必须与该管理人的其他业务在财务、账户上分开，不得混合操作和核算。

第四十二条 社保基金托管人必须为社保基金开设独立的证券账户和资金账户。

第四十三条 社保基金与理事会单位财务分别建账，分别核算。

第四十四条 社保基金投资管理人和托管人应认真进行日常会计核算，严格按照有关规定编制会计报表，定期就社保基金的会计核算、报表编制等进行核对。

第九章 报告制度

第四十五条 理事会、社保基金投资管理人、社保基金托管人应当按照本办法的要求报告社保基金投资运作的情况，保证报告内容没有虚假、误导性陈述或者重大遗漏，并对所报告内容的真实性、完整性负责。

第四十六条 理事会的信息披露和报告应符合以下要求：

（一）每年一次向社会公布社保基金资产、收益、现金流量等财务状况。

（二）每季度一次向财政部、劳动和社会保障部提交社保基金财务会计报告、投资管理报告。

（三）单个社保基金委托资产管理合同到期后，向财政部、劳动和社会保障部提交经具备证券从业资格的会计师事务所审计的报告，对社保基金委托资产的投资情况作出说明。

（四）社保基金发生重大事件，立即报告财政部、劳动和社会保障部，并编制临时报告书，经核准后予以公告。

第四十七条 社保基金投资管理人应按社保基金委托资产管理合同及理事会的要求定期和不定期向理事会提供社保基金委托资产投资运作报告。

第四十八条 社保基金托管人应按托管合同和理事会要求定期和不定期向理事会提供社保基金托管资产报告，并对第四十七条社保基金投资管理人编制的报告的有关内容复核，向理事会出具书面复核意见。

第十章 罚 则

第四十九条 社保基金投资管理人违反本办法第十二条规定，不及时或者未向理事会报告该条所列情形之一的，责令改正，给予警告，并处5万元以下的罚款。

第五十条 社保基金投资管理人或者托管人有本办法第十六条和第二十四条所列行为之一的应退任，有违法所得的，没收违法所得，处以违法所得1倍以上5倍以下的罚款；没有违法所得的，处50万元以下的罚款。

第五十一条 社保基金投资管理人违反本办法第二十五条规定，超出范围进行投资的应退任，并处以50万元以下的罚款。

第五十二条 社保基金投资管理人和托管人违反本办法第二十六条规定的，责令限期改正，并给予警告，逾期不改的应退任。

第五十三条 社保基金投资管理人违反本办法第二十九条规定，责令限期改正，给予警告，并处10万元以下罚款，逾期不改的应退任。

第五十四条 社保基金投资管理人违反本办法第四十七条规定，托管人违反本办法第四十八条规定，未能按照要求提供报告的，责令限期改正，给予警告，并处5万元以下的罚款，逾期不改的应退任。

第五十五条 社保基金投资管理人或者托管人营私舞弊，违规操作，不履行其委托资产管理或托管职责的，或者严重失职，造成社保基金经营不善或重大损失的，除依法给予处罚外，予以更换或退任。

第五十六条 本办法第四十九条至第五十五条规定的处罚，由财政部会同劳动和社会保障部，或由中国证监会、中国人民银行，按照各自职权作出处罚决定；对违反本办法的同一行为不得给予两次以上的处罚。

第五十七条 本办法自发布之日起施行。

证券公司管理办法

中国证券监督管理委员会令 第5号 2001年12月28日

第一章 总 则

第一条 为加强对证券公司的监督管理，规范证券公司行为，根据证券法和公司法的有关规定，制定本办法。

第二条 本办法适用于在中国境内注册的证券公司。

第三条 中国证券监督管理委员会（以下简称中国证监会）统一负责证券公司设立、变更、终止事项的审批，依法履行对证券公司的监督管理职责。

第二章 证券公司的设立、变更和终止

第四条 经纪类证券公司可以从事下列业务：

（一）证券的代理买卖；

（二）代理证券的还本付息、分红派息；

（三）证券代保管、鉴证；

（四）代理登记开户。

第五条 综合类证券公司除可以从事第四条所列各项业务外，还可以从事下列业务：

（一）证券的自营买卖；

（二）证券的承销；

（三）证券投资咨询（含财务顾问）；

（四）受托投资管理；

（五）中国证监会批准的其他业务。

证券公司不得从事B股的自营买卖，中国证监会另有规定的除外。

第六条 设立经纪类证券公司，除应当具备证券法规定的条件外，还应当符合以下要求：

（一）具备证券从业资格的从业人员不少于15人，并有相应的会计、法律、计算机专业人员；

（二）有符合中国证监会规定的计算机信息系统、业务资料报送系统；

（三）中国证监会规定的其他条件。

第七条 设立专门从事网上证券经纪业务的证券公司，除应当具备第六条规定的条件外，还应当符合以下要求：

（一）证券公司或经营规范、信誉良好的信息技术公司出资不得低于拟设立的网上证券经纪公司注册资本的20%；

（二）有符合中国证监会要求的网络交易硬件设备和软件系统；

（三）有 10 名以上计算机专业技术人员并能确保硬件设备和软件系统安全、稳定运行；

（四）高级管理人员中至少有 1 名计算机专业技术人员。

第八条 设立综合类证券公司除应当具备证券法规定的条件外，还应当符合以下要求：

（一）有规范的业务分开管理制度，确保各类业务在人员、机构、信息和账户等方面有效隔离；

（二）具备相应证券从业资格的从业人员不少于 50 人，并有相应的会计、法律、计算机专业人员；

（三）有符合中国证监会规定的计算机信息系统、业务资料报送系统；

（四）中国证监会规定的其他条件。

第九条 证券公司的股东资格应当符合法律法规和中国证监会规定的条件。直接或间接持有证券公司 5% 及以上股份的股东，其持股资格应当经中国证监会认定。有下列情形之一的，不得成为证券公司持股 5% 及以上的股东：

（一）申请前 3 年内因重大违法、违规经营而受到处罚的；

（二）累计亏损达到注册资本 50% 的；

（三）资不抵债或不能清偿到期债务的；

（四）或有负债总额达到净资产 50% 的；

（五）中国证监会规定的其他情形。

第十条 经纪类证券公司达到第八条规定条件的，可向中国证监会申请变更为综合类证券公司。

第十一条 证券公司可以根据公司法、证券法和中国证监会的有关规定申请设立分公司、证券营业部、证券服务部等分支机构。

第十二条 综合类证券公司需要设立专门从事某一证券业务的子公司的，应当在中国证监会核定的业务范围内提出申请。

设立子公司必须符合公司法及有关法律法规的规定，并经中国证监会批准。

综合类证券公司持有子公司股份不得低于 51%，不得从事与控股子公司相同的业务，中国证监会另有规定的除外。

第十三条 设立受托投资管理业务的子公司必须具备下列条件：

（一）注册资本不少于人民币 5 亿元；

（二）具备相应类别证券从业资格的从业人员不少于 10 人；

（三）符合综合类证券公司的相关条件。

第十四条 设立从事证券承销、上市推荐、财务顾问等业务的投资银行类子公司必须具备下列条件：

（一）注册资本不少于人民币 5 亿元；

（二）具备投资银行类证券从业资格的从业人员不少于 10 人；

（三）符合综合类证券公司的相关条件。

第十五条 境内证券公司申请设立或参股、收购境外证券公司，应当经中国证监会批准。

第十六条 境外机构可以在中国境内设立中外合营证券公司。

中外合营证券公司的业务范围以及外方股东的持股比例应当符合中国有关法律法规和中国证监会的规定。

第十七条 证券公司变更下列事项，应当经中国证监会批准：

（一）撤销或转让分支机构；

（二）变更业务范围；

（三）增加或者减少注册资本；

（四）证券营业部异地迁址；

（五）修改公司章程；

（六）合并、分立、变更公司形式以及解散或向人民法院申请破产；

（七）中国证监会认定的其他事项。

第十八条 证券公司变更下列事项，应当在 5 个工作日内向中国证监会备案：

（一）变更公司名称；

（二）变更总公司、分公司的住所；

（三）证券营业部和证券服务部的同城迁址；

（四）中国证监会认定的其他事项。

第十九条 证券公司债权人依法向法院申请证券公司破产的，证券公司必须在得知该事实之日起一个工作日内报告中国证监会。

第三章 证券从业人员管理

第二十条 证券公司从业人员从事证券业务必须取得相应的证券从业资格。

中国证监会按照规定对证券公司高级管理人员实行任职资格管理。

第二十一条 申请证券从业资格应当具备下列条件：

（一）年满 18 周岁且具有完全的民事行为能力；

（二）品行良好、正直诚实，具有良好的职业道德，无不良行为记录；

（三）具有大学专科以上学历，或高中毕业并有 2 年以上工作经历；

（四）通过中国证监会或其认可机构组织的资格考试；

（五）法律、法规和中国证监会规定的其他条件。

第二十二条 有下列情形之一的，不能取得证券从业资格：

（一）有公司法第五十七条和证券法第一百二十六条规定的情形；

（二）在申请证券从业资格前 1 年受过与金融业务有关的行政处罚的；

（三）被中国证监会认定为证券市场禁入者，尚在禁入期内的；

（四）中国证监会认定的不适合从事证券业务的其他情形。

第二十三条 证券公司高级管理人员任职应当具备以下条件：

（一）取得一种证券从业资格，并从事证券工作3年以上。

未取得证券从业资格证书的，应从事证券或证券相关工作5年、或金融工作8年或经济工作10年以上；

（二）遵守法律法规和中国证监会的有关规定，诚实信用，勤勉尽责，具有良好的职业道德，无不良行为记录；

（三）熟悉有关证券法律、法规，具有履行高级管理人员职责所必备的经营管理知识和组织协调能力；

（四）法律、法规和中国证监会规定的其他条件。

第二十四条 有下列情形之一的，不得担任证券公司的高级管理人员：

（一）公司法第五十七条和证券法第一百二十五条规定的情形；

（二）因从事非法经营活动受到行政处罚未逾3年的；

（三）因涉嫌违法、违规行为处于接受调查期间的；

（四）个人或家庭负有较大的债务且到期未清偿的；

（五）对被证监会认定为证券市场禁入者，尚在禁入期内的；

（六）中国证监会规定的不宜担任高级管理人员的其他情形。

第二十五条 中国证监会或其授权机构负责对证券公司从业人员进行注册及日常监督管理。

第四章　内部控制与风险管理

第二十六条 证券公司应当按照现代企业制度的要求，建立并健全符合公司法规定的治理结构。

第二十七条 证券公司应当建立独立董事制度。证券公司有下列情况之一时，独立董事人数不得少于董事人数的1/4：

（一）董事长和总经理由同一人担任时；

（二）内部董事占董事人数1/5以上时；

（三）证券公司主管部门、股东（大）会或中国证监会认为必要时。

前款所称独立董事是指不在公司担任除董事外的其他职务，并与公司及公司主要股东不存在可能妨碍其独立性关系的董事。

第二十八条 证券公司应当加强内部管理，按照中国证监会的要求，建立严格的内部控制制度。

第二十九条 证券公司应当建立有关隔离制度，做到投资银行业务、经纪业务、自营业务、受托投资管理业务、证券研究和证券投资咨询业务等在人员、信息、账户上严格分开管理，以防止利益冲突。

第三十条 综合类证券公司应当设立独立于业务部门的合规审查机构，证券经纪公司应当设立合规审查岗位，负责对公司经营的合法合规性进行检查监督。主要合规审查人应当在中国证监会备案。

第三十一条 证券公司应当要求内部稽核部门对公司内部控制进行定期评审并聘请会计师事务所对公司内部控制进行年度评审，及时发现和改进存在的问题，防范和化解风险。

第三十二条 证券公司不得兴办实业，不得购置非自用不动产。

本办法颁布之前证券公司已有的非证券类资产应当依照有关法律法规和中国证监会的规定进行清理。

第三十三条 证券公司必须遵守下列财务风险监管指标：

（一）综合类证券公司的净资本不得低于2亿元。经纪类证券公司的净资本不得低于2000万元。

净资本是指证券公司净资产中具有高流动性的部分，有关净资本的计算规则由中国证监会另行制定。

（二）证券公司净资本不得低于其对外负债的8%。

（三）证券公司流动资产余额不得低于流动负债余额（不包括客户存放的交易结算资金和受托投资管理的资金）。

（四）综合类证券公司的对外负债（不包括客户存放的交易结算资金和受托投资管理的资金）不得超过其净资产额的9倍。

（五）经纪类证券公司的对外负债（不包括客户存放的交易结算资金）不得超过其净资产额的3倍。

第三十四条 证券公司出现下列情况，必须在3个工作日内报告中国证监会，并说明原因和对策：

（一）净资本低于中国证监会规定金额的120%，或者比上月下降20%的；

（二）净资本低于证券公司对外负债的10%的；

（三）证券公司流动资产余额低于流动负债余额的120%的；

（四）综合类证券公司对外负债超过净资产8倍的；

（五）经纪类证券公司对外负债超过净资产2倍的。

第三十五条 证券公司因突发事件无法达到第三十三条规定的要求时，应在1个工作日内报告中国证监会，并说明原因和对策。中国证监会可以根据不同情况，暂停其部分证券业务直至责令其停业整顿。

第三十六条 证券公司应按有关规定提取一般风险准备金，用于弥补证券交易等损失。

第五章　日常监管

第三十七条 证券公司及其分公司、证券营业部应当将《经营证券业务许可证》或者《证券经营机构营业许可证》正本放置在公司住所或者营业场所的显著位置，并妥善保管许可证副本。

证券公司及其分公司、证券营业部不得伪造、变造、出租、出借、转让许可证。

除中国证监会依照本规定注销许可证外，任何单位不得扣押或者收缴许可证。

第三十八条 证券公司应当每年至少一次在公众媒体上公布其合法分支机构名称、地址、电话及主要负责人的姓名。

第三十九条 证券公司从事证券业务应当遵循公平竞争的原则，其收费标准不得违反国家有关部门的规定。

第四十条 证券公司必须依照法律、法规和国家财政主管部门制定的财务、会计制度，建立健全的财务、会计管理办法，不得在法定会计账册外设立账册。

第四十一条 证券公司必须按照中国证监会的规定，聘请具有证券相关业务资格的会计师事务所对其财务报告进行审计。

证券公司必须将所聘请的具有证券相关业务资格的会计师事务所名单报中国证监会备案；证券公司更换聘请的具有证券相关业务资格的会计师事务所，必须在更换后的3个工作日内向中国证监会报告并说明原因。

中国证监会可以要求证券公司更换会计师事务所。

第四十二条 证券公司应当按照中国证监会的要求报送财务报表、业务报表和年度报告。

第四十三条 中国证监会对证券公司高级管理人员实行谈话提醒制度。中国证监会对证券公司在经营管理中出现的问题，可以质询证券公司的高级管理人员，并责令其限期纠正。

第四十四条 中国证监会可以对证券公司进行检查和调查，并可以要求证券公司提供、复制或者封存有关文件、账册、报表、凭证和其他资料。

证券公司及有关人员对中国证监会的检查和调查，不得以任何理由拒绝或者拖延提供有关资料，或者提供不真实、不准确、不完整的资料。

第四十五条 证券公司必须按照中国证监会的规定，制定安全保密措施，妥善保存客户开户记录、交易记录等资料，防止资料与数据丢失、泄密或者被篡改。

第四十六条 中国证监会可要求证券公司聘请具有证券相关业务资格的会计师事务所，对证券公司进行专项审计或稽核，有关费用由证券公司支付；中国证监会也可以聘请具有证券相关业务资格的会计师事务所，对证券公司进行专项审计或稽核，有关费用由中国证监会支付。

第六章 附 则

第四十七条 本办法自2002年3月1日起施行。

外资、合资、合作、民间投资

中华人民共和国中外合资经营企业法

1979年7月1日第五届全国人民代表大会第二次会议通过

根据1990年4月4日第七届全国人民代表大会第三次会议《关于修改〈中华人民共和国中外合资经营企业法〉的决定》修正

根据2001年3月15日第九届全国人民代表大会第四次会议《关于修改〈中华人民共和国中外合资经营企业法〉的决定》第二次修正

第一条 中华人民共和国为了扩大国际经济合作和技术交流，允许外国公司、企业和其它经济组织或个人(以下简称外国合营者)，按照平等互利的原则，经中国政府批准，在中华人民共和国境内，同中国的公司、企业或其它经济组织(以下简称中国合营者)共同举办合营企业。

第二条 中国政府依法保护外国合营者按照经中国政府批准的协议、合同、章程在合营企业的投资、应分得的利润和其它合法权益。

合营企业的一切活动应遵守中华人民共和国法律、法规的规定。

国家对合营企业不实行国有化和征收;在特殊情况下,根据社会公共利益的需要,对合营企业可以依照法律程序实行征收,并给予相应的补偿。

第三条 合营各方签订的合营协议、合同、章程,应报国家对外经济贸易主管部门(以下称审查批准机关)审查批准。审查批准机关应在三个月内决定批准或不批准。合营企业经批准后,向国家工商行政管理主管部门登记,领取营业执照,开始营业。

第四条 合营企业的形式为有限责任公司。

在合营企业的注册资本中,外国合营者的投资比例一般不低于百分之二十五。

合营各方按注册资本比例分享利润和分担风险及亏损。

合营者的注册资本如果转让必须经合营各方同意。

第五条 合营企业各方可以现金、实物、工业产权等进行投资。

外国合营者作为投资的技术和设备,必须确实是适合我国需要的先进技术和设备。如果有意以落后的技术和设备进行欺骗,造成损失的,应赔偿损失。

中国合营者的投资可包括为合营企业经营期间提供的场地使用权。如果场地使用权未作为中国合营者投资的一部分,合营企业应向中国政府缴纳使用费。

上述各项投资应在合营企业的合同和章程中加以规定,其价格(场地除外)由合营各方评议商定。

第六条 合营企业设董事会,其人数组成由合营各方协商,在合同、章程中确定,并由合营各方委派和撤换。董事长和副董事长由合营各方协商确定或由董事会选举产生。中外合营者的一方担任董事长的,由他方担任副董事长。董事会根据平等互利的原则,决定合营企业的重大问题。

董事会的职权是按合营企业章程规定,讨论决定合营企业的一切重大问题:企业发展规划、生产经营活动方案、收支预算、利润分配、劳动工资计划、停业,以及总经理、副总经理、总工程师、总会计师、审计师的任命或聘请及其职权和待遇等。

正副总经理(或正副厂长)由合营各方分别担任。

合营企业职工的录用、辞退、报酬、福利、劳动保护、劳动保险等事项,应当依法通过订立合同加以规定。

第七条 合营企业的职工依法建立工会组织,开展工会活动,维护职工的合法权益。

合营企业应当为本企业工会提供必要的活动条件。

第八条 合营企业获得的毛利润,按中华人民共和国税法规定缴纳合营企业所得税后,扣除合营企业章程规定的储备基金、职工奖励及福利基金、企业发展基金,净利润根据合营各方注册资本的比例进行分配。

合营企业依照国家有关税收的法律和行政法规的规定,可以享受减税、免税的优惠待遇。

外国合营者将分得的净利润用于在中国境内再投资时,可申请退还已缴纳的部分所得税。

第九条 合营企业应凭营业执照在国家外汇管理机关允许经营外汇业务的银行或其它金融机构开立外汇帐户。

合营企业的有关外汇事宜,应遵照中华人民共和国外汇管理条例办理。

合营企业在其经营活动中,可直接向外国银行筹措资金。

合营企业的各项保险应向中国境内的保险公司投保。

第十条 合营企业在批准的经营范围内所需的原材料、燃料等物资,按照公平、合理的原则,可以在国内市场或者在国际市场购买。

鼓励合营企业向中国境外销售产品。出口产品可由合营企业直接或与其有关的委托机构向国外市场出售,也可通过中国的外贸机构出售。合营企业产品也可在中国市场销售。

合营企业需要时可在中国境外设立分支机构。

第十一条 外国合营者在履行法律和协议、合同规定的义务后分得的净利润,在合营企业期满或者中止时所分得的资金以及其它资金,可按合营企业合同规定的货币,按外汇管理条例汇往国外。

鼓励外国合营者将可汇出的外汇存入中国银行。

第十二条 合营企业的外籍职工的工资收入和其它正当收入,按中华人民共和国税法缴纳个人所得税后,可按外汇管理条例汇往国外。

第十三条 合营企业的合营期限,按不同行业、不同情况,作不同的约定。有的行业的合营企业,应当约定合营期限;有的行业的合营企业,可以约定合营期限,也可以不约定合营期限。约定合营期限的合营企业,合营各方同意延长合营期限的,应在距合营期满六个月前向审查批准机关提出申请。审查批准机关应自接到申请之日起一个月内决定批准或不批准。

第十四条 合营企业如发生严重亏损、一方不履行合同和章程规定的义务、不可抗力等,经合营各方协商同意,报请审查批准机关批准,并向国家工商行政管理主管部门登记,可终止合同。如果因违反合同而造成损失的,应由违反合同的一方承担经济责任。

第十五条 合营各方发生纠纷,董事会不能协商解决时,由中国仲裁机构进行调解或仲裁,也可由合营各方协议在其它仲裁机构仲裁。

合营各方没有在合同中订有仲裁条款的或者事后没有达成书面仲裁协议的,可以向人民法院起诉。

第十六条 本法自公布之日起生效。

中华人民共和国外资企业法实施细则

1990年10月28日国务院批准　1990年12月12日对外经济贸易部发布　根据2001年4月12日《国务院关于修改〈中华人民共和国外资企业法实施细则〉的决定》修订

第一章　总　　则

第一条　根据《中华人民共和国外资企业法》的规定，制定本实施细则。

第二条　外资企业受中国法律的管辖和保护。

外资企业在中国境内从事经营活动，必须遵守中国的法律、法规，不得损害中国的社会公共利益。

第三条　设立外资企业，必须有利于中国国民经济的发展，能够取得显著的经济效益。国家鼓励外资企业采用先进技术和设备，从事新产品开发，实现产品升级换代，节约能源和原材料，并鼓励举办产品出口的外资企业。

第四条　禁止或者限制设立外资企业的行业，按照国家指导外商投资方向的规定及外商投资产业指导目录执行。

第五条　申请设立外资企业，有下列情况之一的，不予批准：

(一)有损中国主权或者社会公共利益的；

(二)危及中国国家安全的；

(三)违反中国法律、法规的；

(四)不符合中国国民经济发展要求的；

(五)可能造成环境污染的。

第六条　外资企业在批准的经营范围内，自主经营管理，不受干涉。

第二章　设立程序

第七条　设立外资企业的申请，由中华人民共和国对外贸易经济合作部(以下简称对外贸易经济合作部)审查批准后，发给批准证书。

设立外资企业的申请属于下列情形的，国务院授权省、自治区、直辖市和计划单列市、经济特区人民政府审查批准后，发给批准证书：

(一)投资总额在国务院规定的投资审批权限以内的；

(二)不需要国家调拨原材料，不影响能源、交通运输、外贸出口配额等全国综合平衡的。

省、自治区、直辖市和计划单列市、经济特区人民政府在国务院授权范围内批准设立外资企业，应当在批准后15天内报对外贸易经济合作部备案（对外贸易经济合作部和省、自治区、直辖市和计划单列市、经济特区人民政府，以下统称审批机关)。

第八条　申请设立的外资企业，其产品涉及出口许可证、出口配额、进口许可证或者属于国家限制进口的，应当依照有关管理权限事先征得对外经济贸易主管部门的同意。

第九条　外国投资者在提出设立外资企业的申请前，应当就下列事项向拟设立外资企业所在地的县级或者县级以上地方人民政府提交报告。报告内容包括：设立外资企业的宗旨；经营范围、规模；生产产品；使用的技术设备；用地面积及要求；需要用水、电、煤、煤气或者其他能源的条件及数量；对公共设施的要求等。

县级或者县级以上地方人民政府应当在收到外国投资者提交的报告之日起30天内以书面形式答复外国投资者。

第十条　外国投资者设立外资企业，应当通过拟设立外资企业所在地的县级或者县级以上地方人民政府向审批机关提出申请，并报送下列文件：

(一)设立外资企业申请书；

(二)可行性研究报告；

(三)外资企业章程；

(四)外资企业法定代表人(或者董事会人选)名单；

(五)外国投资者的法律证明文件和资信证明文件；

(六)拟设立外资企业所在地的县级或者县级以上地方人民政府的书面答复；

(七)需要进口的物资清单；

(八)其他需要报送的文件。

前款(一)、(三)项文件必须用中文书写；(二)、(四)、(五)项文件可以用外文书写，但应当附中文译文。

两个或者两个以上外国投资者共同申请设立外资企业，应当将其签订的合同副本报送审批机关备案。

第十一条　审批机关应当在收到申请设立外资企业的全部文件之日起90天内决定批准或者不批准。审批机关如果发现上述文件不齐备或者有不当之处，可以要求限期补报或者修改。

第十二条　设立外资企业的申请经审批机关批准后，外国投资者应当在收到批准证书之日起30天内向工商行政管理机关申请登记，领取营业执照。外资企业的营业执照签发日期，为该企业成立日期。

外国投资者在收到批准证书之日起满30天未向工商行政管理机关申请登记的,外资企业批准证书自动失效。

外资企业应当在企业成立之日起30天内向税务机关办理税务登记。

第十三条 外国投资者可以委托中国的外商投资企业服务机构或者其他经济组织代为办理本实施细则第八条、第九条第一款和第十条规定事宜,但须签订委托合同。

第十四条 设立外资企业的申请书应当包括下列内容:

(一)外国投资者的姓名或者名称、住所、注册地和法定代表人的姓名、国籍、职务;

(二)拟设立外资企业的名称、住所;

(三)经营范围、产品品种和生产规模;

(四)拟设立外资企业的投资总额、注册资本、资金来源、出资方式和期限;

(五)拟设立外资企业的组织形式和机构、法定代表人;

(六)采用的主要生产设备及其新旧程度、生产技术、工艺水平及其来源;

(七)产品的销售方向、地区和销售渠道、方式;

(八)外汇资金的收支安排;

(九)有关机构设置和人员编制,职工的招用、培训、工资、福利、保险、劳动保护等事项的安排;

(十)可能造成环境污染的程度和解决措施;

(十一)场地选择和用地面积;

(十二)基本建设和生产经营所需资金、能源、原材料及其解决办法;

(十三)项目实施的进度计划;

(十四)拟设立外资企业的经营期限。

第十五条 外资企业的章程应当包括下列内容:

(一)名称及住所;

(二)宗旨、经营范围;

(三)投资总额、注册资本、出资期限;

(四)组织形式;

(五)内部组织机构及其职权和议事规则,法定代表人以及总经理、总工程师、总会计师等人员的职责、权限;

(六)财务、会计及审计的原则和制度;

(七)劳动管理;

(八)经营期限、终止及清算;

(九)章程的修改程序。

第十六条 外资企业的章程经审批机关批准后生效,修改时同。

第十七条 外资企业的分立、合并或者由于其他原因导致资本发生重大变动,须经审批机关批准,并应当聘请中国的注册会计师验证和出具验资报告;经审批机关批准后,向工商行政管理机关办理变更登记手续。

第三章　组织形式与注册资本

第十八条 外资企业的组织形式为有限责任公司。经批准也可以为其他责任形式。

外资企业为有限责任公司的,外国投资者对企业的责任以其认缴的出资额为限。

外资企业为其他责任形式的,外国投资者对企业的责任适用中国法律、法规的规定。

第十九条 外资企业的投资总额,是指开办外资企业所需资金总额,即按其生产规模需要投入的基本建设资金和生产流动资金的总和。

第二十条 外资企业的注册资本,是指为设立外资企业在工商行政管理机关登记的资本总额,即外国投资者认缴的全部出资额。

外资企业的注册资本要与其经营规模相适应,注册资本与投资总额的比例应当符合中国有关规定。

第二十一条 外资企业在经营期内不得减少其注册资本。但是,因投资总额和生产经营规模等发生变化,确需减少的,须经审批机关批准。

第二十二条 外资企业注册资本的增加、转让,须经审批机关批准,并向工商行政管理机关办理变更登记手续。

第二十三条 外资企业将其财产或者权益对外抵押、转让,须经审批机关批准并向工商行政管理机关备案。

第二十四条 外资企业的法定代表人是依照其章程规定,代表外资企业行使职权的负责人。

法定代表人无法履行其职权时,应当以书面形式委托代理人,代其行使职权。

第四章　出资方式与期限

第二十五条 外国投资者可以用可自由兑换的外币出资,也可以用机器设备、工业产权、专有技术等作价出资。

经审批机关批准,外国投资者也可以用其从中国境内举办的其他外商投资企业获得的人民币利润出资。

第二十六条 外国投资者以机器设备作价出资的,该机器设备应当是外资企业生产所必需的设备。

该机器设备的作价不得高于同类机器设备当时的国际市场正常价格。

对作价出资的机器设备,应当列出详细的作价出资清单,包括名称、种类、数量、作价等,作为设立外资企业申请书的附件一并报送审批机关。

第二十七条 外国投资者以工业产权、专有技术作价出资的,该工业产权、专有技术应当为外国投资者所有。

该工业产权、专有技术的作价应当与国际上通常的作价原则相一致,其作价金额不得超过外资企业注册资本的20%。

对作价出资的工业产权、专有技术,应当备有详细资料,包括所有权证书的复制件,有效状况及其技术性能、实用价值,作价的计算根据和标准等,作为设立外资企业申请书的附件一并报送审批机关。

第二十八条 作价出资的机器设备运抵中国口岸时,外资企业应当报请中国的商检机构进行检验,由该商检机构出具检验报告。

作价出资的机器设备的品种、质量和数量与外国投资者报送审批机关的作价出资清单列出的机器设备的品种、质量和数量不符的，审批机关有权要求外国投资者限期改正。

第二十九条 作价出资的工业产权、专有技术实施后，审批机关有权进行检查。该工业产权、专有技术与外国投资者原提供的资料不符的，审批机关有权要求外国投资者限期改正。

第三十条 外国投资者缴付出资的期限应当在设立外资企业申请书和外资企业章程中载明。外国投资者可以分期缴付出资，但最后一期出资应当在营业执照签发之日起3年内缴清。其中第一期出资不得少于外国投资者认缴出资额的15%，并应当在外资企业营业执照签发之日起90天内缴清。

外国投资者未能在前款规定的期限内缴付第一期出资的，外资企业批准证书即自动失效。外资企业应当向工商行政管理机关办理注销登记手续，缴销营业执照；不办注销登记手续和缴销营业执照的，由工商行政管理机关吊销其营业执照，并予以公告。

第三十一条 第一期出资后的其他各期的出资，外国投资者应当如期缴付。无正当理由逾期30天不出资的，依照本实施细则第三十条第二款的规定处理。

外国投资者有正当理由要求延期出资的，应当经审批机关同意，并报工商行政管理机关备案。

第三十二条 外国投资者缴付每期出资后，外资企业应当聘请中国的注册会计师验证，并出具验资报告，报审批机关和工商行政管理机关备案。

第五章 用地及其费用

第三十三条 外资企业的用地，由外资企业所在地的县级或者县级以上地方人民政府根据本地区的情况审核后，予以安排。

第三十四条 外资企业应当在营业执照签发之日起30天内，持批准证书和营业执照到外资企业所在地县级或者县级以上地方人民政府的土地管理部门办理土地使用手续，领取土地证书。

第三十五条 土地证书为外资企业使用土地的法律凭证。外资企业在经营期限内未经批准，其土地使用权不得转让。

第三十六条 外资企业在领取土地证书时，应当向其所在地土地管理部门缴纳土地使用费。

第三十七条 外资企业使用经过开发的土地，应当缴付土地开发费。

前款所指土地开发费包括征地拆迁安置费用和为外资企业配套的基础设施建设费用。土地开发费可由土地开发单位一次性计收或者分年计收。

第三十八条 外资企业使用未经开发的土地，可以自行开发或者委托中国有关单位开发。基础设施的建设，应当由外资企业所在地县级或者县级以上地方人民政府统一安排。

第三十九条 外资企业的土地使用费和土地开发费的计收标准，依照中国有关规定办理。

第四十条 外资企业的土地使用年限，与经批准的该外资企业的经营期限相同。

第四十一条 外资企业除依照本章规定取得土地使用权外，还可以依照中国其他法规的规定取得土地使用权。

第六章 购买与销售

第四十二条 外资企业有权自行决定购买本企业自用的机器设备、原材料、燃料、零部件、配套件、元器件、运输工具和办公用品等(以下统称“物资”)。

外资企业在中国购买物资，在同等条件下，享受与中国企业同等的待遇。

第四十三条 外资企业可以在中国市场销售其产品。国家鼓励外资企业出口其生产的产品。

第四十四条 外资企业有权自行出口本企业生产的产品，也可以委托中国的外贸公司代销或者委托中国境外的公司代销。

外资企业可以自行在中国销售本企业生产的产品，也可以委托商业机构代销其产品。

第四十五条 外国投资者作为出资的机器设备，依照中国规定需要领取进口许可证的，外资企业凭批准的该企业进口设备和物资清单直接或者委托代理机构向发证机关申领进口许可证。

外资企业在批准的经营范围内，进口本企业自用并为生产所需的物资，依照中国规定需要领取进口许可证的，应当编制年度进口计划，每半年向发证机关申领一次。

外资企业出口产品，依照中国规定需要领取出口许可证的，应当编制年度出口计划，每半年向发证机关申领一次。

第四十六条 外资企业进口的物资以及技术劳务的价格不得高于当时的国际市场同类物资以及技术劳务的正常价格。外资企业的出口产品价格，由外资企业参照当时的国际市场价格自行确定，但不得低于合理的出口价格。用高价进口、低价出口等方式逃避税收的，税务机关有权根据税法规定，追究其法律责任。

第四十七条 外资企业应当依照《中华人民共和国统计法》及中国利用外资统计制度的规定，提供统计资料，报送统计报表。

第七章 税 务

第四十八条 外资企业应当依照中国法律、法规的规定，缴纳税款。

第四十九条 外资企业的职工应当依照中国法律、法规的规定，缴纳个人所得税。

第五十条 外资企业进口下列物资，依照中国税法的有关规定减税、免税：

（一）外国投资者作为出资的机器设备、零部件、建设用建筑材料以及安装、加固机器所需材料；

（二）外资企业以投资总额内的资金进口本企业生产所需的自用机器设备、零部件、生产用交通运输工具以及生产管理设备；

（三）外资企业为生产出口产品而进口的原材料、辅料、元器件、零部件和包装物料。

前款所述的进口物资，经批准在中国境内转卖或者转用于生产在中国境内销售的产品，应当依照中国税法纳税或者补税。

第五十一条 外资企业生产的出口产品，除中国限制出口的以外，依照中国税法的有关规定减税、免税或者退税。

第八章 外汇管理

第五十二条 外资企业的外汇事宜，应当依照中国有关外汇管理的法规办理。

第五三十条 外资企业凭工商行政管理机关发给的营业执照，在中国境内可以经营外汇业务的银行开立账户，由开户银行监督收付。

外资企业的外汇收入，应当存入其开户银行的外汇账户；外汇支出，应当从其外汇账户中支付。

第五十四条 外资企业因生产和经营需要在中国境外的银行开立外汇账户，须经中国外汇管理机关批准，并依照中国外汇管理机关的规定定期报告外汇收付情况和提供银行对账单。

第五十五条 外资企业中的外籍职工和港澳台职工的工资和其他正当的外汇收益，依照中国税法纳税后，可以自由汇出。

第九章 财务会计

第五十六条 外资企业应当依照中国法律、法规和财政机关的规定，建立财务会计制度并报其所在地财政、税务机关备案。

第五十七条 外资企业的会计年度自公历年的1月1日起至12月31日止。

第五十八条 外资企业依照中国税法规定缴纳所得税后的利润，应当提取储备基金和职工奖励及福利基金。储备基金的提取比例不得低于税后利润的10%，当累计提取金额达到注册资本的50%时，可以不再提取。职工奖励及福利基金的提取比例由外资企业自行确定。

外资企业以往会计年度的亏损未弥补前，不得分配利润；以往会计年度未分配的利润，可与本会计年度可供分配的利润一并分配。

第五十九条 外资企业的自制会计凭证、会计账簿和会计报表，应当用中文书写；用外文书写的，应当加注中文。

第六十条 外资企业应当独立核算。

外资企业的年度会计报表和清算会计报表，应当依照中国财政、税务机关的规定编制。以外币编报会计报表的，应当同时编报外币折合为人民币的会计报表。

外资企业的年度会计报表和清算会计报表，应当聘请中国的注册会计师进行验证并出具报告。

第二款和第三款规定的外资企业的年度会计报表和清算会计报表，连同中国的注册会计师出具的报告，应当在规定的时间内报送财政、税务机关，并报审批机关和工商行政管理机关备案。

第六十一条 外国投资者可以聘请中国或者外国的会计人员查阅外资企业账簿，费用由外国投资者承担。

第六十二条 外资企业应当向财政、税务机关报送年度资产负债表和损益表，并报审批机关和工商行政管理机关备案。

第六十三条 外资企业应当在企业所在地设置会计账簿，并接受财政、税务机关的监督。

违反前款规定的，财政、税务机关可以处以罚款，工商行政管理机关可以责令停止营业或者吊销营业执照。

第十章 职 工

第六十四条 外资企业在中国境内雇用职工，企业和职工双方应当依照中国的法律、法规签订劳动合同。合同中应当订明雇用、辞退、报酬、福利、劳动保护、劳动保险等事项。

外资企业不得雇用童工。

第六十五条 外资企业应当负责职工的业务、技术培训，建立考核制度，使职工在生产、管理技能方面能够适应企业的生产与发展需要。

第十一章 工 会

第六十六条 外资企业的职工有权依照《中华人民共和国工会法》的规定，建立基层工会组织，开展工会活动。

第六十七条 外资企业工会是职工利益的代表，有权代表职工同本企业签订劳动合同，并监督劳动合同的执行。

第六十八条 外资企业工会的基本任务是：依照中国法律、法规的规定维护职工的合法权益，协助企业合理安排和使用职工福利、奖励基金；组织职工学习政治、科学技术和业务知识，开展文艺、体育活动；教育职工遵守劳动纪律，努力完成企业的各项经济任务。

外资企业研究决定有关职工奖惩、工资制度、生活福利、劳动保护和保险问题时，工会代表有权列席会议。外资企业应当听取工会的意见，取得工会的合作。

第六十九条 外资企业应当积极支持本企业工会的工作，依照《中华人民共和国工会法》的规定，为工会组织提供必要的房屋和设备，用于办公、会议、举办职工集体福利、文化、体育事业。外资企业每月按照企业职工实发工资总额的2%拨交工会经费，由本企业工会依照中华人民共和国总工会制定的有关工会经费管理办法使用。

第十二章　期限、终止与清算

第七十条　外资企业的经营期限，根据不同行业和企业的具体情况，由外国投资者在设立外资企业的申请书中拟订，经审批机关批准。

第七十一条　外资企业的经营期限，从其营业执照签发之日起计算。

外资企业经营期满需要延长经营期限的，应当在距经营期满180天前向审批机关报送延长经营期限的申请书。审批机关应当在收到申请书之日起30天内决定批准或者不批准。

外资企业经批准延长经营期限的，应当自收到批准延长期限文件之日起30天内，向工商行政管理机关办理变更登记手续。

第七十二条　外资企业有下列情形之一的，应予终止：

(一)经营期限届满；

(二)经营不善，严重亏损，外国投资者决定解散；

(三)因自然灾害、战争等不可抗力而遭受严重损失，无法继续经营；

(四)破产；

(五)违反中国法律、法规，危害社会公共利益被依法撤销；

(六)外资企业章程规定的其他解散事由已经出现。

外资企业如存在前款第(二)、(三)、(四)项所列情形，应当自行提交终止申请书，报审批机关核准。审批机关作出核准的日期为企业的终止日期。

第七十三条　外资企业依照本实施细则第七十二条第(一)、(二)、(三)、(六)项的规定终止的，应当在终止之日起15天内对外公告并通知债权人，并在终止公告发出之日起15天内，提出清算程序、原则和清算委员会人选，报审批机关审核后进行清算。

第七十四条　清算委员会应当由外资企业的法定代表人、债权人代表以及有关主管机关的代表组成，并聘请中国的注册会计师、律师等参加。

清算费用从外资企业现存财产中优先支付。

第七十五条　清算委员会行使下列职权：

(一)召集债权人会议；

(二)接管并清理企业财产，编制资产负债表和财产目录；

(三)提出财产作价和计算依据；

(四)制定清算方案；

(五)收回债权和清偿债务；

(六)追回股东应缴而未缴的款项；

(七)分配剩余财产；

(八)代表外资企业起诉和应诉。

第七十六条　外资企业在清算结束之前，外国投资者不得将该企业的资金汇出或者携出中国境外，不得自行处理企业的财产。

外资企业清算结束，其资产净额和剩余财产超过注册资本的部分视同利润，应当依照中国税法缴纳所得税。

第七十七条　外资企业清算结束，应当向工商行政管理机关办理注销登记手续，缴销营业执照。

第七十八条　外资企业清算处理财产时，在同等条件下，中国的企业或者其他经济组织有优先购买权。

第七十九条　外资企业依照本实施细则第七十二条第(四)项的规定终止的，参照中国有关法律、法规进行清算。

外资企业依照本实施细则第七十二条第(五)项的规定终止的，依照中国有关规定进行清算。

第十三章　附　　则

第八十条　外资企业的各项保险，应当向中国境内的保险公司投保。

第八十一条　外资企业与其他公司、企业或者经济组织以及个人签订合同，适用《中华人民共和国合同法》。

第八十二条　香港、澳门、台湾地区的公司、企业和其他经济组织或者个人以及在国外居住的中国公民在大陆设立全部资本为其所有的企业，参照本实施细则办理。

第八十三条　外资企业中的外籍职工和港澳台职工可带进合理自用的交通工具和生活物品，并依照中国规定办理进口手续。

第八十四条　本实施细则自公布之日起施行。

国务院关于修改《中华人民共和国中外合资经营企业法实施条例》的决定

中华人民共和国国务院令　第311号　2001年7月22日

为了适应我国对外开放新形势的需要，进一步改善外商投资环境，依据2001年3月15日第九届全国人民代表大会第四次会议《关于修改〈中华人民共和国中外合资经营企业法〉的决定》，对《中华人民共和国中外合资经营企业法实施条件》作如下修改：

一、第三条修改为："在中国境内设立的合营企业，应当能够促进中国经济的发展和科学技术水平的提高，有利于社会主义现代化建设。

国家鼓励、允许、限制或者禁止设立合营企业的行业，按照国家指导外商投资方向的规定及外商投资产业指导目录执行。”

二、删去第四条。

三、删去第六条。

四、第八条修改为:“在中国境内设立合营企业,必须经中华人民共和国对外贸易经济合作部（以下简称对外贸易经济合作部)审查批准。批准后,由对外贸易经济合作部发给批准证书。

凡具备下列条件的，国务院授权省、自治区、直辖市人民政府或者国务院有关部门审批：

(一）投资总额在国务院规定的投资审批权限以内，中国合营者的资金来源已经落实的；

(二）不需要国家增拨原材料，不影响燃料、动力、交通运输、外贸出口配额等方面的全国平衡的。

依照前款批准设立的合营企业，应当报对外贸易经济合作部备案。

对外贸易经济合作部和国务院授权的省、自治区、直辖市人民政府或者国务院有关部门,以下统称审批机构。”

五、第九条修改为:“申请设立合营企业,由中外合营者共同向审批机构报送下列文件：

(一)设立合营企业的申请书；

(二)合营各方共同编制的可行性研究报告；

(三）由合营各方授权代表签署的合营企业协议、合同和章程；

(四)由合营各方委派的合营企业董事长、副董事长、董事人选名单；

(五)审批机构规定的其他文件。

前款所列文件必须用中文书写，其中第（二)、(三)、(四)项文件可以同时用合营各方商定的一种外文书写。两种文字书写的文件具有同等效力。

审批机构发现报送的文件有不当之处的，应当要求限期修改。”

六、第十一条修改为：“申请者应当自收到批准证书之日起1个月内，按照国家有关规定，向工商行政管理机关(以下简称登记管理机构)办理登记手续。合营企业的营业执照签发日期,即为该合营企业的成立日期。”

七、删去第十二条。

八、删去第十四条第一款第(七)项中的“产品在中国境内和境外销售的比例”;删去第十四条第一款第(八)项。

九、第二十二条修改为：“合营企业在合营期内不得减少其注册资本。因投资总额和生产经营规模等发生变化，确需减少的,须经审批机构批准。”

十、第二十六条修改为:“外国合营者出资的外币,按缴款当日中国人民银行公布的基准汇率折算成人民币或者套算成约定的外币。

中国合营者出资的人民币现金,需要折算成外币的,按缴款当日中国人民银行公布的基准汇率折算。”

十一、第二十七条修改为：“作为外国合营者出资的机器设备或者其他物料,应当是合营企业生产所必需的。

前款所指机器设备或者其他物料的作价，不得高于同类机器设备或者其他物料当时的国际市场价格。”

十二、删去第二十八条第(一)项。

十三、删去第三十条中的“经中国合营者的企业主管部门审查同意”。

十四、删去第三十四条第二款。

十五、删去第四十六条第一款中的“经企业主管部门审查同意”;第四十六条第二款第(一)项修改为“技术使用费应当公平合理”。

十六、第五十三条修改为：“合营企业除依照本章规定取得场地使用权外，还可以按照国家有关规定取得场地使用权。”

十七、删去第五十四条。

十八、删去第五十五条。

十九、删去第五十六条。

二十、删去第五十七条中的“但在同等条件下,应尽先在中国购买”。

二十一、删去第五十八条。

二十二、删去第六十一条。

二十三、删去第六十四条。

二十四、第六十五条修改为：“合营企业在国内购买物资的价格以及支付水、电、气、热、货物运输、劳务、工程设计、咨询、广告等服务的费用，享受与国内其他企业同等的待遇。”

二十五、删去第六十六条。

二十六、第六十八条修改为:“合营企业应当依照《中华人民共和国统计法》及中国利用外资统计制度的规定,提供统计资料,报送统计报表。”

二十七、第七十一条中的“合营企业进口下列物资免征关税和工商统一税”修改为“合营企业进口下列物资，依照中国税法的有关规定减税、免税”。

二十八、第七十二条修改为：“合营企业生产的出口产品，除中国限制出口的以外，依照中国税法的有关规定减税、免税或者退税。”

二十九、第七十四条修改为:“合营企业凭营业执照,在境内银行开立外汇账户和人民币账户，由开户银行监督收付。”

三十、删去第七十五条。

三十一、删去第七十七条中的“凡当地有中国银行的，应在中国银行开立账户”。

三十二、第七十八条修改为：“合营企业根据经营业务的需要，可以向境内的金融机构申请外汇贷款和人民币贷款，也可以按照国家有关规定从国外或者港澳地区的银行借入外汇资金，并向国家外汇管理局或者其分局办理登记或者备案手续。”

三十三、第七十九条中的“向中国银行申请全部汇出”修改为“按照国家有关规定购汇汇出”。

三十四、第八十六条第二款修改为：“以外国货币作为记账本位币的合营企业，其编报的财务会计报告应当折算为人民币。”

三十五、第八十九修改为：“合营企业应当向合营各方、当地税务机关和财政部门报送季度和年度会计报表。”

三十六、第九十一条中的“按照《中华人民共和国中外合资经营企业劳动管理规定》办理”修改为“按照国家有关劳动和社会保障的规定办理”。

三十七、第一百条和第一百零一条合并，修改为：“合营企业的合营期限，按照《中外合资经营企业合营期限暂行规定》执行。”

三十八、第一百零二条第二款修改为：“前款第（二）、（四）、（五）、（六）项情况发生的，由董事会提出解散申请书，报审批机构批准；第（三）项情况发生的，由履行合同的一方提出申请，报审批机构批准。”

三十九、第一百零三条修改为：“合营企业宣告解散时，应当进行清算。合营企业应当按照《外商投资企业清算办法》的规定成立清算委员会，由清算委员会负责清算事宜。”

四十、第一百零六条第二款修改为：“合营企业解散时，其资产净额或者剩余财产减除企业未分配利润、各项基金和清算费用后的余额，超过实缴资本的部分为清算所得，应当依法缴纳所得税。”

四十一、第一百一十条修改为：“合营各方根据有关仲裁的书面协议，可以在中国的仲裁机构进行仲裁，也可以在其他仲裁机构仲裁。”

四十二、第一百一十四条中的“由企业主管部门负责申请并办理出国手续”修改为“按照国家有关规定办理出国(境)手续”。

四十三、第一百一十五条中的“按规定缴纳关税和工商统一税”修改为“按照中国税法的有关规定纳税”。

四十四、第一百一十六条修改为：“在经济特区设立的合营企业，法律、行政法规另有规定的，从其规定。”

四十五、删去第一百一十七条。

此外，对部分条款的表述作相应修改，并对条、款、项顺序作相应调整。

本决定自公布之日起施行。

《中华人民共和国中外合资经营企业法实施条例》根据本决定作相应的修改，重新公布。

中华人民共和国中外合资经营企业法实施条例

1983年9月20日国务院发布　1986年1月15日、1987年12月21日国务院修订　根据2001年7月22日《国务院关于修改〈中华人民共和国中外合资经营企业法实施条例〉的决定》修订

第一章　总　　则

第一条　为了便于《中华人民共和国中外合资经营企业法》(以下简称《中外合资经营企业法》)的顺利实施，制定本条例。

第二条　依照《中外合资经营企业法》批准在中国境内设立的中外合资经营企业(以下简称合营企业)是中国的法人，受中国法律的管辖和保护。

第三条　在中国境内设立的合营企业，应当能够促进中国经济的发展和科学技术水平的提高，有利于社会主义现代化建设。

国家鼓励、允许、限制或者禁止设立合营企业的行业，按照国家指导外商投资方向的规定及外商投资产业指导目录执行。

第四条　申请设立合营企业有下列情况之一的，不予批准：

(一)有损中国主权的；

(二)违反中国法律的；

(三)不符合中国国民经济发展要求的；

(四)造成环境污染的；

(五)签订的协议、合同、章程显属不公平，损害合营一方权益的。

第五条　在中国法律、法规和合营企业协议、合同、章程规定的范围内，合营企业有权自主地进行经营管理。各有关部门应当给予支持和帮助。

第二章　设立与登记

第六条　在中国境内设立合营企业，必须经中华人民共和国对外贸易经济合作部(以下简称对外贸易经济合作部)审查批准。批准后，由对外贸易经济合作部发给批准证书。

凡具备下列条件的，国务院授权省、自治区、直辖市人民政府或者国务院有关部门审批：

（一）投资总额在国务院规定的投资审批权限以内，中国合营者的资金来源已经落实的；

（二）不需要国家增拨原材料，不影响燃料、动力、交通运输、外贸出口配额等方面的全国平衡的。

依照前款批准设立的合营企业，应当报对外贸易经济合作部备案。

对外贸易经济合作部和国务院授权的省、自治区、直辖市人民政府或者国务院有关部门，以下统称审批机构。

第七条 申请设立合营企业，由中外合营者共同向审批机构报送下列文件：

（一）设立合营企业的申请书；

（二）合营各方共同编制的可行性研究报告；

（三）由合营各方授权代表签署的合营企业协议、合同和章程；

（四）由合营各方委派的合营企业董事长、副董事长、董事人选名单；

（五）审批机构规定的其他文件；

前款所列文件必须用中文书写，其中第（二）、（三）、（四）项文件可以同时用合营各方商定的一种外文书写。两种文字书写的文件具有同等效力。

审批机构发现报送的文件有不当之处的，应当要求限期修改。

第八条 审批机构自接到本条例第七条规定的全部文件之日起，3个月内决定批准或者不批准。

第九条 申请者应当自收到批准证书之日起1个月内，按照国家有关规定，向工商行政管理机关（以下简称登记管理机构）办理登记手续。合营企业的营业执照签发日期，即为该合营企业的成立日期。

第十条 本条例所称合营企业协议，是指合营各方对设立合营企业的某些要点和原则达成一致意见而订立的文件；所称合营企业合同，是指合营各方为设立合营企业就相互权利、义务关系达成一致意见而订立的文件；所称合营企业章程，是指按照合营企业合同规定的原则，经合营各方一致同意，规定合营企业的宗旨、组织原则和经营管理方法等事项的文件。

合营企业协议与合营企业合同有抵触时，以合营企业合同为准。

经合营各方同意，也可以不订立合营企业协议而只订立合营企业合同、章程。

第十一条 合营企业合同应当包括下列主要内容：

（一）合营各方的名称、注册国家、法定地址和法定代表人的姓名、职务、国籍；

（二）合营企业名称、法定地址、宗旨、经营范围和规模；

（三）合营企业的投资总额，注册资本，合营各方的出资额、出资比例、出资方式、出资的缴付期限以及出资额欠缴、股权转让的规定；

（四）合营各方利润分配和亏损分担的比例；

（五）合营企业董事会的组成、董事名额的分配以及总经理、副总经理及其他高级管理人员的职责、权限和聘用办法；

（六）采用的主要生产设备、生产技术及其来源；

（七）原材料购买和产品销售方式；

（八）财务、会计、审计的处理原则；

（九）有关劳动管理、工资、福利、劳动保险等事项的规定；

（十）合营企业期限、解散及清算程序；

（十一）违反合同的责任；

（十二）解决合营各方之间争议的方式和程序；

（十三）合同文本采用的文字和合同生效的条件。

合营企业合同的附件，与合营企业合同具有同等效力。

第十二条 合营企业合同的订立、效力、解释、执行及其争议的解决，均应当适用中国的法律。

第十三条 合营企业章程应当包括下列主要内容：

（一）合营企业名称及法定地址；

（二）合营企业的宗旨、经营范围和合营期限；

（三）合营各方的名称、注册国家、法定地址、法定代表人的姓名、职务、国籍；

（四）合营企业的投资总额，注册资本，合营各方的出资额、出资比例、股权转让的规定，利润分配和亏损分担的比例；

（五）董事会的组成、职权和议事规则，董事的任期，董事长、副董事长的职责；

（六）管理机构的设置，办事规则，总经理、副总经理及其他高级管理人员的职责和任免方法；

（七）财务、会计、审计制度的原则；

（八）解散和清算；

（九）章程修改的程序。

第十四条 合营企业协议、合同和章程经审批机构批准后生效，其修改时同。

第十五条 审批机构和登记管理机构对合营企业合同、章程的执行负有监督检查的责任。

第三章　组织形式与注册资本

第十六条 合营企业为有限责任公司。

合营各方对合营企业的责任以各自认缴的出资额为限。

第十七条 合营企业的投资总额（含企业借款），是指按照合营企业合同、章程规定的生产规模需要投入的基本建设资金和生产流动资金的总和。

第十八条 合营企业的注册资本，是指为设立合营企业在登记管理机构登记的资本总额，应为合营各方认缴的出资额之和。

合营企业的注册资本一般应当以人民币表示，也可以用合营各方约定的外币表示。

第十九条 合营企业在合营期内不得减少其注册资本。因投资总额和生产经营规模等发生变化，确需减少的，须经审批机构批准。

第二十条 合营一方向第三者转让其全部或者部分股权的，须经合营他方同意，并报审批机构批准，向登记管理机构办理变更登记手续。

合营一方转让其全部或者部分股权时，合营他方有优先购买权。

合营一方向第三者转让股权的条件，不得比向合营他方转让的条件优惠。

违反上述规定的，其转让无效。

第二十一条 合营企业注册资本的增加、减少，应当由董事会会议通过，并报审批机构批准，向登记管理机构办理变更登记手续。

第四章 出资方式

第二十二条 合营者可以用货币出资，也可以用建筑物、厂房、机器设备或者其他物料、工业产权、专有技术、场地使用权等作价出资。以建筑物、厂房、机器设备或者其他物料、工业产权、专有技术作为出资的，其作价由合营各方按照公平合理的原则协商确定，或者聘请合营各方同意的第三者评定。

第二十三条 外国合营者出资的外币，按缴款当日中国人民银行公布的基准汇率折算成人民币或者套算成约定的外币。

中国合营者出资的人民币现金，需要折算成外币的，按缴款当日中国人民银行公布的基准汇率折算。

第二十四条 作为外国合营者出资的机器设备或者其他物料，应当是合营企业生产所必需的。

前款所指机器设备或者其他物料的作价，不得高于同类机器设备或者其他物料当时的国际市场价格。

第二十五条 作为外国合营者出资的工业产权或者专有技术，必须符合下列条件之一：

(一)能显著改进现有产品的性能、质量，提高生产效率的；

(二)能显著节约原材料、燃料、动力的。

第二十六条 外国合营者以工业产权或者专有技术作为出资，应当提交该工业产权或者专有技术的有关资料，包括专利证书或者商标注册证书的复制件、有效状况及其技术特性、实用价值、作价的计算根据、与中国合营者签订的作价协议等有关文件，作为合营合同的附件。

第二十七条 外国合营者作为出资的机器设备或者其他物料、工业产权或者专有技术，应当报审批机构批准。

第二十八条 合营各方应当按照合同规定的期限缴清各自的出资额。逾期未缴或者未缴清的，应当按合同规定支付迟延利息或者赔偿损失。

第二十九条 合营各方缴付出资额后，应当由中国的注册会计师验证，出具验资报告后，由合营企业据以发给出资证明书。出资证明书载明下列事项：合营企业名称；合营企业成立的年、月、日；合营者名称(或者姓名)及其出资额、出资的年、月、日；发给出资证明书的年、月、日。

第五章 董事会与经营管理机构

第三十条 董事会是合营企业的最高权力机构，决定合营企业的一切重大问题。

第三十一条 董事会成员不得少于3人。董事名额的分配由合营各方参照出资比例协商确定。

董事的任期为4年，经合营各方继续委派可以连任。

第三十二条 董事会会议每年至少召开1次，由董事长负责召集并主持。董事长不能召集时，由董事长委托副董事长或者其他董事负责召集并主持董事会会议。经1/3以上董事提议，可以由董事长召开董事会临时会议。

董事会会议应当有2/3以上董事出席方能举行。董事不能出席的，可以出具委托书委托他人代表其出席和表决。

董事会会议一般应当在合营企业法定地址所在地举行。

第三十三条 下列事项由出席董事会会议的董事一致通过方可作出决议：

(一)合营企业章程的修改；

(二)合营企业的中止、解散；

(三)合营企业注册资本的增加、减少；

(四)合营企业的合并、分立。

其他事项，可以根据合营企业章程载明的议事规则作出决议。

第三十四条 董事长是合营企业的法定代表人。董事长不能履行职责时，应当授权副董事长或者其他董事代表合营企业。

第三十五条 合营企业设经营管理机构，负责企业的日常经营管理工作。经营管理机构设总经理1人，副总经理若干人。副总经理协助总经理工作。

第三十六条 总经理执行董事会会议的各项决议，组织领导合营企业的日常经营管理工作。在董事会授权范围内，总经理对外代表合营企业，对内任免下属人员，行使董事会授予的其他职权。

第三十七条 总经理、副总经理由合营企业董事会聘请，可以由中国公民担任，也可以由外国公民担任。

经董事会聘请，董事长、副董事长、董事可以兼任合营企业的总经理、副总经理或者其他高级管理职务。

总经理处理重要问题时，应当同副总经理协商。

总经理或者副总经理不得兼任其他经济组织的总经理或者副总经理，不得参与其他经济组织对本企业的商业竞争。

第三十八条 总经理、副总经理及其他高级管理人员有营私舞弊或者严重失职行为的，经董事会决议可以随时解聘。

第三十九条 合营企业需要在国外和港澳地区设立分支机构（含销售机构）时，应当报对外贸易经济合作部批准。

第六章　引进技术

第四十条　本条例所称引进技术，是指合营企业通过技术转让的方式，从第三者或者合营者获得所需要的技术。

第四十一条　合营企业引进的技术应当是适用的、先进的，使其产品在国内具有显著的社会经济效益或者在国际市场上具有竞争能力。

第四十二条　在订立技术转让协议时，必须维护合营企业独立进行经营管理的权利，并参照本条例第二十六条的规定，要求技术输出方提供有关的资料。

第四十三条　合营企业订立的技术转让协议，应当报审批机构批准。

技术转让协议必须符合下列规定：

(一)技术使用费应当公平合理；

(二)除双方另有协议外，技术输出方不得限制技术输入方出口其产品的地区、数量和价格；

(三)技术转让协议的期限一般不超过10年；

(四)技术转让协议期满后，技术输入方有权继续使用该项技术；

(五)订立技术转让协议双方，相互交换改进技术的条件应当对等；

(六)技术输入方有权按自己认为合适的来源购买需要的机器设备、零部件和原材料；

(七)不得含有为中国的法律、法规所禁止的不合理的限制性条款。

第七章　场地使用权及其费用

第四十四条　合营企业使用场地，必须贯彻执行节约用地的原则。所需场地，应当由合营企业向所在地的市(县)级土地主管部门提出申请，经审查批准后，通过签订合同取得场地使用权。合同应当订明场地面积、地点、用途、合同期限、场地使用权的费用(以下简称场地使用费)、双方的权利与义务、违反合同的罚则等。

第四十五条　合营企业所需场地的使用权，已为中国合营者所拥有的，中国合营者可以将其作为对合营企业的出资，其作价金额应当与取得同类场地使用权所应缴纳的使用费相同。

第四十六条　场地使用费标准应当根据该场地的用途、地理环境条件、征地拆迁安置费用和合营企业对基础设施的要求等因素，由所在地的省、自治区、直辖市人民政府规定，并向对外贸易经济合作部和国家土地主管部门备案。

第四十七条　从事农业、畜牧业的合营企业，经所在地的省、自治区、直辖市人民政府同意，可以按合营企业营业收入的百分比向所在地的土地主管部门缴纳场地使用费。

在经济不发达地区从事开发性的项目，场地使用费经所在地人民政府同意，可以给予特别优惠。

第四十八条　场地使用费在开始用地的5年内不调整。以后随着经济的发展、供需情况的变化和地理环境条件的变化需要调整时，调整的间隔期应当不少于3年。

场地使用费作为中国合营者投资的，在该合同期限内不得调整。

第四十九条　合营企业按本条例第四十四条取得的场地使用权，其场地使用费应当按合同规定的用地时间从开始时起按年缴纳，第一日历年用地时间超过半年的按半年计算；不足半年的免缴。在合同期内，场地使用费如有调整，应当自调整的年度起按新的费用标准缴纳。

第五十条　合营企业除依照本章规定取得场地使用权外，还可以按照国家有关规定取得场地使用权。

第八章　购买与销售

第五十一条　合营企业所需的机器设备、原材料、燃料、配套件、运输工具和办公用品等(以下简称物资)，有权自行决定在中国购买或者向国外购买。

第五十二条　合营企业需要在中国购置的办公、生活用品，按需要量购买，不受限制。

第五十三条　中国政府鼓励合营企业向国际市场销售其产品。

第五十四条　合营企业有权自行出口其产品，也可以委托外国合营者的销售机构或者中国的外贸公司代销或者经销。

第五十五条　合营企业在合营合同规定的经营范围内，进口本企业生产所需的机器设备、零配件、原材料、燃料，凡属国家规定需要领取进口许可证的，每年编制一次计划，每半年申领一次。外国合营者作为出资的机器设备或者其他物料，可以凭审批机构的批准文件直接办理进口许可证进口。超出合营合同规定范围进口的物资，凡国家规定需要领取进口许可证的，应当另行申领。

合营企业生产的产品，可以自主经营出口，凡属国家规定需要领取出口许可证的，合营企业按照本企业的年度出口计划，每半年申领一次。

第五十六条　合营企业在国内购买物资的价格以及支付水、电、气、热、货物运输、劳务、工程设计、咨询、广告等服务的费用，享受与国内其他企业同等的待遇。

第五十七条　合营企业与中国其他经济组织之间的经济往来，按照有关的法律规定和双方订立的合同承担经济责任，解决合同争议。

第五十八条　合营企业应当依照《中华人民共和国统计法》及中国利用外资统计制度的规定，提供统计资料，报送统计报表。

第九章　税　　务

第五十九条　合营企业应当按照中华人民共和国有关法律的规定，缴纳各种税款。

第六十条　合营企业的职工应当按照《中华人民共和国个人所得税法》缴纳个人所得税。

第六十一条　合营企业进口下列物资，依照中国税法的有关规定减税、免税：

(一) 按照合同规定作为外国合营者出资的机器设备、零部件和其他物料(其他物料系指合营企业建厂(场)以及安装、加固机器所需材料,下同)；

(二) 合营企业以投资总额以内的资金进口的机器设备、零部件和其他物料；

(三) 经审批机构批准,合营企业以增加资本所进口的国内不能保证生产供应的机器设备、零部件和其他物料；

(四)合营企业为生产出口产品,从国外进口的原材料、辅料、元器件、零部件和包装物料。

上述减税、免税进口物资,经批准在中国国内转卖或者转用于在中国国内销售的产品,应当照章纳税或者补税。

第六十二条 合营企业生产的出口产品,除中国限制出口的以外,依照中国税法的有关规定减税、免税或者退税。

第十章 外汇管理

第六十三条 合营企业的一切外汇事宜,按照《中华人民共和国外汇管理条例》和有关管理办法的规定办理。

第六十四条 合营企业凭营业执照,在境内银行开立外汇账户和人民币账户,由开户银行监督收付。

第六十五条 合营企业在国外或者港澳地区的银行开立外汇账户,应当经国家外汇管理局或者其分局批准,并向国家外汇管理局或者其分局报告收付情况和提供银行对账单。

第六十六条 合营企业在国外或者港澳地区设立的分支机构,其年度资产负债表和年度利润表,应当通过合营企业报送国家外汇管理局或者其分局。

第六十七条 合营企业根据经营业务的需要,可以向境内的金融机构申请外汇贷款和人民币贷款,也可以按照国家有关规定从国外或者港澳地区的银行借入外汇资金,并向国家外汇管理局或者其分局办理登记或者备案手续。

第六十八条 合营企业的外籍职工和港澳职工的工资和其他正当收益,依法纳税后,减去在中国境内的花费,其剩余部分可以按照国家有关规定购汇汇出。

第十一章 财务与会计

第六十九条 合营企业的财务与会计制度,应当按照中国有关法律和财务会计制度的规定,结合合营企业的情况加以制定,并报当地财政部门、税务机关备案。

第七十条 合营企业设总会计师,协助总经理负责企业的财务会计工作。必要时,可以设副总会计师。

第七十一条 合营企业设审计师(小的企业可以不设),负责审查、稽核合营企业的财务收支和会计账目,向董事会、总经理提出报告。

第七十二条 合营企业会计年度采用日历年制,自公历每年1月1日起至12月31日止为一个会计年度。

第七十三条 合营企业会计采用国际通用的权责发生制和借贷记账法记账。一切自制凭证、账簿、报表必须用中文书写,也可以同时用合营各方商定的一种外文书写。

第七十四条 合营企业原则上采用人民币作为记账本位币,经合营各方商定,也可以采用某一种外国货币作为记账本位币。

第七十五条 合营企业的账目,除按记账本位币记录外,对于现金、银行存款、其他货币款项以及债权债务、收益和费用等,与记账本位币不一致时,还应当按实际收付的货币记账。

以外国货币作为记账本位币的合营企业,其编报的财务会计报告应当折算为人民币。

因汇率的差异而发生的折合记账本位币差额,作为汇兑损益列账。记账汇率变动,有关外币各账户的账面余额,于年终结账时,应当按照中国有关法律和财务会计制度的规定进行会计处理。

第七十六条 合营企业按照《中华人民共和国外商投资企业和外国企业所得税法》缴纳所得税后的利润分配原则如下：

(一)提取储备基金、职工奖励及福利基金、企业发展基金,提取比例由董事会确定；

(二)储备基金除用于垫补合营企业亏损外,经审批机构批准也可以用于本企业增加资本,扩大生产；

(三)按照本条第(一)项规定提取三项基金后的可分配利润,董事会确定分配的,应当按合营各方的出资比例进行分配。

第七十七条 以前年度的亏损未弥补前不得分配利润。以前年度未分配的利润,可以并入本年度利润分配。

第七十八条 合营企业应当向合营各方、当地税务机关和财政部门报送季度和年度会计报表。

第七十九条 合营企业的下列文件、证件、报表,应当经中国的注册会计师验证和出具证明,方为有效：

(一)合营各方的出资证明书(以物料、场地使用权、工业产权、专有技术作为出资的,应当包括合营各方签字同意的财产估价清单及其协议文件)；

(二)合营企业的年度会计报表；

(三)合营企业清算的会计报表。

第十二章 职　　工

第八十条 合营企业职工的招收、招聘、辞退、辞职、工资、福利、劳动保险、劳动保护、劳动纪律等事宜,按照国家有关劳动和社会保障的规定办理。

第八十一条 合营企业应当加强对职工的业务、技术培训,建立严格的考核制度,使他们在生产、管理技能方面能够适应现代化企业的要求。

第八十二条 合营企业的工资、奖励制度必须符合按劳分配、多劳多得的原则。

第八十三条 正副总经理、正副总工程师、正副总会计师、审计师等高级管理人员的工资待遇,由董事会决定。

第十三章 工 会

第八十四条 合营企业职工有权按照《中华人民共和国工会法》和《中国工会章程》的规定，建立基层工会组织，开展工会活动。

第八十五条 合营企业工会是职工利益的代表，有权代表职工同合营企业签订劳动合同，并监督合同的执行。

第八十六条 合营企业工会的基本任务是：依法维护职工的民主权利和物质利益；协助合营企业安排和合理使用福利、奖励基金；组织职工学习政治、科学、技术和业务知识，开展文艺、体育活动；教育职工遵守劳动纪律，努力完成企业的各项经济任务。

第八十七条 合营企业董事会会议讨论合营企业的发展规划、生产经营活动等重大事项时，工会的代表有权列席会议，反映职工的意见和要求。

董事会会议研究决定有关职工奖惩、工资制度、生活福利、劳动保护和保险等问题时，工会的代表有权列席会议，董事会应当听取工会的意见，取得工会的合作。

第八十八条 合营企业应当积极支持本企业工会的工作。合营企业应当按照《中华人民共和国工会法》的规定为工会组织提供必要的房屋和设备，用于办公、会议、举办职工集体福利、文化、体育事业。合营企业每月按企业职工实际工资总额的2%拨交工会经费，由本企业工会按照中华全国总工会制定的有关工会经费管理办法使用。

第十四章 期限 解散与清算

第八十九条 合营企业的合营期限，按照《中外合资经营企业合营期限暂行规定》执行。

第九十条 合营企业在下列情况下解散：

(一)合营期限届满；

(二)企业发生严重亏损，无力继续经营；

(三)合营一方不履行合营企业协议、合同、章程规定的义务，致使企业无法继续经营；

(四)因自然灾害、战争等不可抗力遭受严重损失，无法继续经营；

(五)合营企业未达到其经营目的，同时又无发展前途；

(六)合营企业合同、章程所规定的其他解散原因已经出现。

前款第(二)、(四)、(五)、(六)项情况发生的，由董事会提出解散申请书，报审批机构批准；第(三)项情况发生的，由履行合同的一方提出申请，报审批机构批准。

在本条第一款第(三)项情况下，不履行合营企业协议、合同、章程规定的义务一方，应当对合营企业由此造成的损失负赔偿责任。

第九十一条 合营企业宣告解散时，应当进行清算。合营企业应当按照《外商投资企业清算办法》的规定成立清算委员会，由清算委员会负责清算事宜。

第九十二条 清算委员会的成员一般应当在合营企业的董事中选任。董事不能担任或者不适合担任清算委员会成员时，合营企业可以聘请中国的注册会计师、律师担任。审批机构认为必要时，可以派人进行监督。

清算费用和清算委员会成员的酬劳应当从合营企业现存财产中优先支付。

第九十三条 清算委员会的任务是对合营企业的财产、债权、债务进行全面清查，编制资产负债表和财产目录，提出财产作价和计算依据，制定清算方案，提请董事会会议通过后执行。

清算期间，清算委员会代表该合营企业起诉和应诉。

第九十四条 合营企业以其全部资产对其债务承担责任。合营企业清偿债务后的剩余财产按照合营各方的出资比例进行分配，但合营企业协议、合同、章程另有规定的除外。

合营企业解散时，其资产净额或者剩余财产减除企业未分配利润、各项基金和清算费用后的余额，超过实缴资本的部分为清算所得，应当依法缴纳所得税。

第九十五条 合营企业的清算工作结束后，由清算委员会提出清算结束报告，提请董事会会议通过后，报告审批机构，并向登记管理机构办理注销登记手续，缴销营业执照。

第九十六条 合营企业解散后，各项账册及文件应当由原中国合营者保存。

第十五章 争议的解决

第九十七条 合营各方在解释或者履行合营企业协议、合同、章程时发生争议的，应当尽量通过友好协商或者调解解决。经过协商或者调解无效的，提请仲裁或者司法解决。

第九十八条 合营各方根据有关仲裁的书面协议，可以在中国的仲裁机构进行仲裁，也可以在其他仲裁机构仲裁。

第九十九条 合营各方之间没有有关仲裁的书面协议的，发生争议的任何一方都可以依法向人民法院起诉。

第一百条 在解决争议期间，除争议事项外，合营各方应当继续履行合营企业协议、合同、章程所规定的其他各项条款。

第十六章 附 则

第一百零一条 合营企业的外籍职工和港澳职工（包括其家属），需要经常入、出中国国境的，中国主管签证机关可以简化手续，予以方便。

第一百零二条 合营企业的中国职工，因工作需要出国(境)考察、洽谈业务、学习或者接受培训，按照国家有关规定办理出国(境)手续。

第一百零三条 合营企业的外籍职工和港澳职工，可以带进必需的交通工具和办公用品，按照中国税法的有关规定纳税。

第一百零四条 在经济特区设立的合营企业，法律、行政法规另有规定的，从其规定。

第一百零五条 本条例自公布之日起施行。

《关于外商投资举办投资性公司的暂行规定》的补充规定（二）

对外贸易经济合作部令[2001] 第1号 2001年5月31日

为促进跨国公司来华投资，引进国外先进技术和管理经验，完善投资性公司的功能，现就对外贸易经济合作部1995年4月4日发布的《关于外商投资举办投资性公司的暂行规定》作如下补充规定：

一、允许投资性公司为其所投资企业的产品的国内经销商、代理商以及与投资性公司、其母公司签有技术转让协议的国内公司、企业提供相关的技术培训。

二、允许投资性公司作为发起人发起设立外商投资股份有限公司或持有外商投资股份有限公司未上市流通的法人股。投资性公司应视为股份公司境外发起人。

三、允许投资性公司购买所投资企业生产的产品进行系统集成后在国内外销售，如所投资企业生产的产品不能完全满足系统集成需要，允许其在国内外采购系统集成配套产品，但购买的系统集成配套产品的价值不应超过系统集成所需全部产品价值的50%。

四、在投资性公司所投资企业投产前或所投资企业新产品投产前，为进行产品市场开发，经原审批部门批准，允许投资性公司从其母公司进口少量与所投资企业生产产品相同或相似的非进口配额管理的产品在国内试销。

五、投资性公司进口上述系统集成配套产品或者进口试销产品应使用投资性公司注册资本中的现汇出资、外汇利润或境外外汇借款资金。上述进口金额每年累计不超过公司注册资本中现汇出资的20%。当年进口金额未超过公司注册资本中现汇出资的20%的剩余部分，不得转入下年度使用。

六、投资性公司从事本规定中第一条、第三条、第四条所列经营活动，应将修改后的合同、章程等有关申请文件按规定程序报对外贸易经济合作部批准，并应当符合以下条件：

（一）投资性公司的注册资本已按合同、章程的规定按期缴付，实际缴付的注册资本额不低于3000万美元。

（二）依法经营，无违法记录。

七、投资性公司应将每一年度的投资、经营情况，于下一年度的前三个月内，按照规定的内容和格式报外经贸部备案，上述材料将作为投资性公司参加联合年检申报的必备材料之一。

八、本规定与1996年2月16日对外贸易经济合作部发布的《〈关于外商投资举办投资性公司的暂行规定〉有关问题的解释》规定不一致的，以本规定为准。

九、本规定自公布之日起施行。

外商投资租赁公司审批管理暂行办法

对外贸易经济合作部令 第3号 2001年8月14日

第一条 为适应社会主义市场经济的要求，促进外商投资租赁公司的健康发展，规范外商投资租赁公司的经营行为，防范经营风险，根据《中华人民共和国公司法》、《中华人民共和国中外合资经营企业法》、《中华人民共和国中外合作经营企业法》等有关法律、法规，制定本办法。

第二条 本办法适用于外国公司、企业和其他经济组织（以下简称外国合营者）按照平等互利的原则，经批准，在中华人民共和国境内，同中国的公司、企业或其他经济组织（以下简称中国合营者）以合资或者合作形式设立的外商投资租赁公司。

第三条 本办法所称外商投资租赁公司是指经中国对外贸易经济合作部批准设立的，从事融资租赁业务的租赁公司（以下简称融资租赁公司）和从事除融资租赁业务外租赁业务的租赁公司（以下简称其他租赁公司）。设立外商投资租赁公司的形式为有限责任公司。

第四条 设立外商投资租赁公司，应引进国际上先进的租赁企业的经营管理经验，促进我国租赁业的发展，产生良好的经济效益和社会效益。

第五条 外商投资租赁公司必须遵守国家有关的法律、法规。外商投资租赁公司依法进行的经营活动以及合营各方的合法权益受中国法律保护。

第六条 申请设立融资租赁公司的合营者应具有较强的经济实力和融资能力，中国合营者在申请前1年的总资产不得低于4亿元人民币；外国合营者在申请前1年的总资产不得低于4亿美元，并具有5年以上的融资租赁从业经验。

第七条 申请设立的融资租赁公司应符合以下条件：

(一)注册资本不得低于2000万美元；

(二)中国合营者的出资不得低于注册资本的20%；

(三)经营期限不超过30年；

(四)拥有相应的管理人员，高级管理人员应具有专业资质和不少于3年的从业经验。

第八条 申请设立其他租凭公司的合营者应具有较强的经济实力，中国合营者在申请前1年的总资产不得低于1亿元人民币；外国合营者在申请前1年的总资产不得低于5000万美元，并具有3年以上的租赁从业经验。

第九条 申请设立的其他租赁公司应符合以下条件：

(一)注册资本不得低于500万美元；

(二)中国合营者的出资不得低于注册资本的20%；

(三)经营期限不超过20年；

(四)拥有相应的管理人员，高级管理人员应具有相应专业资质和不少于3年的从业经验。

第十条 申请设立外商投资租赁公司，应向对外贸易经济合作部报送下列文件：

(一)合营各方法定代表人签署或认可的外商投资租赁公司可行性研究报告、合同、章程；

(二)合营各方的注册登记证明(复印件)、法定代表人身份证明(复印件)、银行资信证明以及申请前3年的财务报告；

(三)拟设立的外商投资租赁公司的董事会成员名单及合营各方董事委派书；

(四)高级管理人员的资历证明；

(五)国家工商行政管理部门出具的拟设立外商投资租赁公司名称预先核准通知书；

(六)对外贸易经济合作部要求提交的其他文件。

第十一条 获得批准设立外商投资租赁公司应在获得外经贸部颁发的《外商投资企业批准证书》后1个月内向国家工商行政管理部门办理企业登记手续。

第十二条 融资租赁公司的经营范围应符合国家产业政策，经批准，融资租赁公司可经营下列业务：

(一)国内外各种先进或适用的生产设备、通信设备、医疗设备、科研设备、检验检测设备、工程机械、交通运输工具(包括飞机、汽车、船舶)等机械设备及其附带技术的直接租赁、转租赁、回租赁、杆杆租赁、委托租赁、联合租赁等不同形式的本外币融资性租赁业务；

(二)根据承租人的选择，从国内外购买租赁业务所需的货物及附带技术；

(三)租赁物品残值变卖及处理业务；

(四)租赁交易咨询和担保业务；

(五)经对外贸易经济合作部批准的其他业务。

第十三条 融资租赁公司从事本办法第十二条所规定的业务以外的金融业务的，需经对外贸易经济合作部同意，并按中国人民银行发布的《金融租赁公司管理办法》的规定报中国人民银行审批。

第十四条 其他租赁公司的经营范围应符合国家产业政策，经批准，其他租赁公司可经营下列业务：

(一)国内外各种先进或适用的生产设备、通信设备、医疗设备、科研设备、检验检测设备、工程机械、交通运输工具等通用设备的出租业务；

(二)租赁物品残值变卖及处理业务；

(三)经对外贸易经济合作部批准的其他业务。

第十五条 融资租赁公司租赁项下进口货物及其附带技术，涉及配额、许可证等专项政策管理的，应由承租人或融资租赁公司按规定办理申领手续；其他租赁公司进口用于租赁的设备，应按现行外商投资企业进口设备的有关规定由其自行办理。

第十六条 为防范风险，保障经营安全，融资租赁公司包括担保余额在内的风险资产不得超过资本总额的10倍。

第十七条 外商投资租赁公司的解散、清算应按中国有关的法律、法规以及公司章程的规定进行。

第十八条 中国外商投资企业协会租赁业委员会是对外商投资租赁公司实行同业自律管理的行业性组织。鼓励外商投资租赁公司加入该委员会。

第十九条 外商投资租赁公司如有违反中国法律、法规的行为，按中国有关的法律、法规处理。

第二十条 香港特别行政区、澳门特别行政区、台湾地区的公司、企业和其他经济组织在内地同中国合营者共同设立外商投资租赁公司，参照本办法执行。

第二十一条 本办法由对外贸易经济合作部负责解释。

关于设立外商投资创业投资企业的暂行规定

对外贸易经济合作部　科学技术部

国家工商行政管理总局令[2001]　第4号　2001年8月28日

第一章　总　　则

第一条　为鼓励外国公司、企业和其它经济组织或个人(以下简称外国投资者)来华投资于高新技术产业,建立和完善我国的创业投资机制,根据《中华人民共和国中外合资经营企业法》、《中华人民共和国中外合作经营企业法》、《中华人民共和国外资企业法》、《公司法》及其它相关的法律法规,特制定本规定。

第二条　允许外国投资者单独或与中国的公司、企业或其它经济组织(以下简称中国投资者),根据本规定在中国境内设立以创业投资为经营活动的外商投资有限责任公司或不具有法人资格的中外合作企业(以下简称外商投资创业投资企业)。

第三条　本规定所称创业投资是指主要向未上市高新技术企业(以下简称所投资企业)进行股权投资,并为之提供创业管理服务,以期获取资本增值收益的投资方式。

第四条　外商投资创业投资企业应遵守中国有关法律法规,不得损害中国的社会公共利益。外商投资创业投资企业在中国境内的正当经营活动及合法权益受中国法律的保护。

第二章　设立与登记

第五条　外国投资者应当具备的条件:

(一)至少有一个外国投资者应当具备下列条件:

1. 以创业投资为主营业务;

2. 申请前三年其管理的资本累计不低于1亿美元;

3. 申请前三年其管理的资本中,已投资金额累计不低于5000万美元;

4. 拥有具有三年以上创业投资从业经验的专业管理人员;

5. 具有风险承受能力;

6. 有正当的资金来源;

7. 对外商投资创业投资企业的出资不少于投资者出资总额的3%;

8. 未受过所在国和中国司法机关和其他相关机构的重大处罚。

(二)至少有一个外国投资者应当具备下列条件:

1. 申请前一年其净资产总额不低于1亿美元;

2. 具有风险承受能力;

3. 有正当的资金来源;

4. 对外商投资创业投资企业的出资不少于2000万美元。

(三)其他外国投资者应当具备下列条件:

1. 具有风险承受能力;

2. 有正当的资金来源;

3. 对外商投资创业投资企业的出资不少于1000万美元。

如果只有一个外国投资者,则该外国投资者必须同时符合本条第(一)款和第(二)款规定的条件。

第六条　以中外合资有限责任公司、中外合作有限责任公司或不具有法人资格的中外合作企业形式设立的外商投资创业投资企业的中国投资者应当具备的条件:

(一)至少有一个中国投资者应当具备下列条件:

1. 以创业投资为主营业务;

2. 申请前三年其管理的资本累计不低于1亿元人民币,或申请前一年其净资产总额不低于1亿元人民币;

3. 其已投资金额累计不低于3000万元人民币;

4. 拥有具有创业投资从业经验的专业管理人员;

5. 具有风险承受能力;

6. 有正当的资金来源;

7. 对外商投资创业投资企业的出资不少于500万美元;

8. 未受过司法机关和其他相关机构的重大处罚。

(二)其他中国投资者应当具备下列条件:

1. 具有风险承受能力;

2. 有正当的资金来源;

3. 对外商投资创业投资企业的出资不少于500万美元。

第七条　投资者对外商投资创业投资企业的出资中,外国投资者所占比例不得低于25%。

外国投资者以可自由兑换的货币出资,中国投资者以人民币出资。

投资者可以根据合同的约定分期缴纳出资。首期出资不得低于各自认缴出资额的15%,且应当自外商投资创业投资企业营业执照签发之日起3个月内缴清。其余出资应自外商投资创业投资企业营业执照颁发之日起3年内全部缴清。

第八条　外商投资创业投资企业投资者认缴的出资额总和应是外商投资创业投资企业的投资总额。外商投资创业投资企业投资总额应主要用于向所投资企业进行股权投资。

第九条 设立外商投资创业投资企业按以下程序办理：

投资者经拟设立外商投资创业投资企业所在地省级外经贸主管部门向对外贸易经济合作部(以下简称审批机构)报送设立申请书及有关文件。审批机构在收到全部上报材料之日起45天内,经报科学技术部同意后,做出批准或不批准的书面决定。予以批准的,发给《外商投资企业批准证书》。

获得批准设立的外商投资创业投资企业应自收到审批机构颁发的《外商投资企业批准证书》之日起一个月内,向国家工商行政管理部门申请办理登记注册。

第十条 申请设立外商投资创业投资企业应当向审批机构报送以下文件：

(一)投资者签署的设立申请书；

(二)投资者签署的外商投资创业投资企业合同及章程(其中,以外资有限责任公司形式设立的外商投资创业投资企业仅需报送章程,下同)；

(三)投资者的注册登记证明(复印件)、银行资信证明、法定代表人证明(复印件)；

(四)投资者经会计师事务所审计的最近一年的年度资产负债表和损益表；

(五)投资者的资金来源说明；

(六)符合第五条第(一)款要求的外国投资者的创业投资业务说明、申请前三年其管理资本的说明、申请前三年其管理资本中已投资资本的说明、其拥有的创业投资人才简历,及其未受过重大处罚的声明；

(七)以中外合资有限责任公司、中外合作有限责任公司或不具有法人资格的中外合作企业形式设立的外商投资创业投资企业还需提供符合第六条第(一)款要求的中国投资者的创业投资业务说明、申请前三年其管理资本的说明或申请前一年其净资产情况的说明、其已投资资本的说明、其拥有的创业投资人才简历,及其未受过重大处罚的声明；

(八)拟设立外商投资创业投资企业的主要经营管理人员的从业经历说明；

(九)审批机构要求的其他文件。

其中第(五)、(六)、(七)、(八)项相关材料应由会计师事务所、律师事务所、公证机构等相关中介机构出具或出具意见书。

第十一条 外商投资创业投资企业申请登记,申请人应按照《中华人民共和国企业法人登记管理条例》及其施行细则的规定向国家工商行政管理部门报送文件。

第三章 组织机构与经营管理

第十二条 外商投资创业投资企业可以经营以下业务：

(一)在国家鼓励和允许外商投资的高新技术领域及国家批准的其它领域以全部自有资金进行投资；

(二)提供创业投资咨询；

(三)为所投资企业提供管理咨询；

(四)审批机构批准的其他业务。

第十三条 外商投资创业投资企业不得从事下列活动：

(一)在国家禁止外商投资的领域投资；

(二)直接或间接投资于证券、期权、期货或任何金融衍生工具,但所投资企业上市后,外商投资创业投资企业所持股份及配送股份不在此列；

(三)直接或间接投资于非自用不动产；

(四)贷款进行投资；

(五)非自有资金进行投资；

(六)提供贷款或担保；

(七)法律、法规禁止从事的其它活动。

第十四条 以有限责任公司形式设立的外商投资创业投资企业内设立董事会。以不具有法人资格的中外合作企业形式设立的外商投资创业投资企业内设联合管理委员会。董事会或联合管理委员会由投资者委派的董事或委员代表投资者共同管理外商投资创业投资企业。董事会或联合管理委员会决定外商投资创业投资企业的一切重大问题。

第十五条 以不具有法人资格的中外合作企业形式设立的外商投资创业投资企业,投资者可以在合作合同中依据国际惯例约定内部收益分配机制。以有限责任公司形式设立的外商投资创业投资企业,投资者可以在章程中依法约定给予管理人员的业绩报酬。

第十六条 以不具有法人资格的中外合作企业形式设立的外商投资创业投资企业的投资者,对外商投资创业投资企业的债务承担连带责任；以不具有法人资格的中外合作企业形式设立的外商投资创业投资企业的投资者也可以在合作合同中约定至少有一名投资者对外商投资创业投资企业的债务承担连带责任,其他投资者以其认缴的出资额为限或按合作合同约定承担责任。

第十七条 董事会或联合管理委员会下设经营管理机构,根据董事会或联合管理委员会的授权,负责日常经营管理工作,执行董事会或联合管理委员会的投资决策。

第十八条 经营管理机构的主要人员应当符合下列条件：

(一)有民事行为能力且该民事行为能力没有受到限制；

(二)无犯罪记录；

(三)无不良经营记录；

(四)应具有创业投资业的从业经验,且在金融领域无违规操作记录；

(五)审批机构要求的其它条件。

第十九条 经营管理机构应定期向董事会或联合管理委员会报告以下事项：

(一)经授权的重大投资活动；

(二)季度、中期、年度业绩报告和财务报告；

(三)法律、法规规定的其他事项；

(四)合同、章程中规定的有关事项。

第二十条 外商投资创业投资企业从所投资企业获得利润分红,并可以根据经营需要依法选择适用的退出机制,包括:

(一)将其持有的所投资企业的部分股权或全部股权转让给其他企业或个人;

(二)经所投资企业同意,签订股权回购协议,由所投资企业在一定条件下回购其所持有的股权;

(三)所投资企业在符合法律、法规规定的上市条件时可以申请到境内外股票市场上市。外商投资创业投资企业可以依法通过股票市场转让其拥有的所投资企业的股份;

(四)中国法律、法规允许的其它方式。

所投资企业向外商投资创业投资企业回购该外商投资创业投资企业所持有所投资企业股权的具体办法由审批机构另行制定。

第二十一条 第五条第(一)款所述投资者(以下简称承担主要责任的投资者)在外商投资创业投资企业存续期间不得撤回其在外商投资创业投资企业的投资。承担主要责任的投资者如有特殊情况确需撤回投资,则必须由新的投资方承担该投资者的全部责任和义务。承担主要责任的投资者撤回投资,不得损害外商投资创业投资企业及第三方的利益,且应相应修改合同和章程,并报审批机构批准。

第二十二条 投资者应在合同、章程中约定外商投资创业投资企业的期限,一般不得超过12年。经营期满,经审批机构批准,可以延期。

经审批机构批准,外商投资创业投资企业可以提前解散,终止合同和章程。

外商投资创业投资企业解散,应按有关规定进行清算。

第四章 审核与监管

第二十三条 外商投资创业投资企业投资于所投资企业,外商投资创业投资企业投资的比例或与其他外国投资者联合投资的比例总和一般不得低于其所投资企业注册资本的25%;该所投资企业享受外商投资企业待遇,发给外商投资企业批准证书和企业法人营业执照。

第二十四条 外商投资创业投资企业投资于所投资企业,按外商投资企业的审批权限及审批程序另行申报,并在获得批准之日起一个月内向审批机构备案。凡未按上述要求在规定的时限内办理备案手续的,批准条件无效。

第二十五条 外商投资创业投资企业向所投资企业投资,在其认缴的出资额未如期到位之前,其所持有的所投资企业的股权不得转让。

第二十六条 外商投资创业投资企业转让所投资企业的股权,及外商投资创业投资企业所投资企业终止,应报审批机构批准后到国家工商行政管理部门办理相关手续。审批机构在批准时应征得科学技术部的同意。

第二十七条 外商投资创业投资企业应将每半年度的投资及经营情况于下半年度的前一个月内向审批机构备案,并作为外商投资创业投资企业参加联合年检的必备材料之一。凡未按上述规定备案的,审批机构将报国务院有关部门后予以相应处理。

第二十八条 外商投资创业投资企业经营管理机构的主要人员如有违法操作行为,除依法追究责任外,情节严重的,不得继续从事创业投资及相关的投资管理活动。

第五章 附 则

第二十九条 香港特别行政区、澳门特别行政区、台湾地区的投资者在大陆投资设立外商投资创业投资企业,参照本规定执行。

第三十条 本规定由对外贸易经济合作部、科学技术部和国家工商行政管理总局负责解释。

第三十一条 本规定自发布之日起施行。

中华人民共和国对外合作开采陆上石油资源条例

1993年10月7日中华人民共和国国务院令第131号发布

根据2001年9月23日《国务院关于修改〈中华人民共和国对外合作开采陆上石油资源条例〉的决定》修订

第一章 总 则

第一条 为保障石油工业的发展,促进国际经济合作和技术交流,制定本条例。

第二条 在中华人民共和国境内从事中外合作开采陆上石油资源活动,必须遵守本条例。

第三条 中华人民共和国境内的石油资源属于中华人民共和国国家所有。

第四条 中国政府依法保护参加合作开采陆上石油资源的外国企业的合作开采活动及其投资、利润和其他合法权益。

在中华人民共和国境内从事中外合作开采陆上石油资源活动，必须遵守中华人民共和国的有关法律、法规和规章，并接受中国政府有关机关的监督管理。

第五条 国家对参加合作开采陆上石油资源的外国企业的投资和收益不实行征收。在特殊情况下，根据社会公共利益的需要，可以对外国企业在合作开采中应得石油的一部分或者全部，依照法律程序实行征收，并给予相应的补偿。

第六条 国务院指定的部门负责在国务院批准的合作区域内，划分合作区块，确定合作方式，组织制定有关规划和政策，审批对外合作油(气)田总体开发方案。

第七条 中国石油天然气集团公司、中国石油化工集团公司(以下简称中方石油公司)负责对外合作开采陆上石油资源的经营业务；负责与外国企业谈判、签订、执行合作开采陆上石油资源的合同；在国务院批准的对外合作开采陆上石油资源的区域内享有与外国企业合作进行石油勘探、开发、生产的专营权。

第八条 中方石油公司在国务院批准的对外合作开采陆上石油资源的区域内，按划分的合作区块，通过招标或者谈判，与外国企业签订合作开采陆上石油资源合同。该合同经中华人民共和国对外贸易经济合作部批准后，方为成立。

中方石油公司也可以在国务院批准的合作开采陆上石油资源的区域内，与外国企业签订除前款规定以外的其他合作合同。该合同必须向中华人民共和国对外贸易经济合作部备案。

第九条 对外合作区块公布后，除中方石油公司与外国企业进行合作开采陆上石油资源活动外，其他企业不得进入该区块内进行石油勘查活动，也不得与外国企业签订在该区块内进行石油开采的经济技术合作协议。

对外合作区块公布前，已进入该区块进行石油勘查(尚处于区域评价勘查阶段)的企业，在中方石油公司与外国企业签订合同后，应当撤出。该企业所取得的勘查资料，由中方石油公司负责销售，以适当补偿其投资。该区块发现有商业开采价值的油(气)田后，从该区块撤出的企业可以通过投资方式参与开发。

国务院指定的部门应当根据合同的签订和执行情况，定期对所确定的对外合作区块进行调整。

第十条 对外合作开采陆上石油资源，应当遵循兼顾中央与地方利益的原则，通过吸收油(气)田所在地的资金对有商业开采价值的油(气)田的开发进行投资等方式，适当照顾地方利益。

有关地方人民政府应当依法保护合作区域内正常的生产经营活动，并在土地使用、道路通行、生活服务等方面给予有效协助。

第十一条 对外合作开采陆上石油资源，应当依法纳税，并缴纳矿区使用费。

对外合作开采陆上石油资源的企业的雇员，应当就其所得依法纳税。

第十二条 为执行合同所进口的设备和材料，按照国家有关规定给予减税、免税或者给予税收方面的其他优惠。具体办法由财政部会同海关总署制定。

第二章　外国合同者的权利和义务

第十三条 中方石油公司与外国企业合作开采陆上石油资源必须订立合同，除法律、法规另有规定或者合同另有约定外，应当由签订合同的外国企业(以下简称外国合同者)单独投资进行勘探，负责勘探作业，并承担勘探风险；发现有商业开采价值的油(气)田后，由外国合同者与中方石油公司共同投资合作开发；外国合同者并应承担开发作业和生产作业，直至中方石油公司按照合同约定接替生产作业为止。

第十四条 外国合同者可以按照合同约定，从生产的石油中回收其投资和费用，并取得报酬。

第十五条 外国合同者根据国家有关规定和合同约定，可以将其应得的石油和购买的石油运往国外，也可以依法将其回收的投资、利润和其他合法收益汇往国外。

外国合同者在中华人民共和国境内销售其应得的石油，一般由中方石油公司收购，也可以采取合同双方约定的其他方式销售，但是不得违反国家有关在中华人民共和国境内销售石油产品的规定。

第十六条 外国合同者开立外汇账户和办理其他外汇事宜，应当遵守《中华人民共和国外汇管理条例》和国家有关外汇管理的其他规定。

外国合同者的投资，应当采用美元或者其他可自由兑换货币。

第十七条 外国合同者应当依法在中华人民共和国境内设立分公司、子公司或者代表机构。

前款机构的设立地点由外国合同者与中方石油公司协商确定。

第十八条 外国合同者在执行合同的过程中，应当及时地、准确地向中方石油公司报告石油作业情况，完整地、准确地取得各项石油作业的数据、记录、样品、凭证和其他原始资料，并按规定向中方石油公司提交资料和样品以及技术、经济、财会、行政方面的各种报告。

第十九条 外国合同者执行合同，除租用第三方的设备外，按照计划和预算所购置和建造的全部资产，在其投资按照合同约定得到补偿或者该油(气)田生产期期满后，所有权属于中方石油公司。在合同期内，外国合同者可以按照合同约定使用这些资产。

第三章　石油作业

第二十条 作业者必须根据国家有关开采石油资源的

规定，制订油(气)田总体开发方案，并经国务院指定的部门批准后，实施开发作业和生产作业。

第二十一条 石油合同可以约定石油作业所需的人员，作业者可以优先录用中国公民。

第二十二条 作业者和承包者在实施石油作业中，应当遵守国家有关环境保护和安全作业方面的法律、法规和标准，并按照国际惯例进行作业，保护农田、水产、森林资源和其他自然资源，防止对大气、海洋、河流、湖泊、地下水和陆地其他环境的污染和损害。

第二十三条 在实施石油作业中使用土地的，应当依照《中华人民共和国土地管理法》和国家其他有关规定办理。

第二十四条 本条例第十八条规定的各项石油作业的数据、记录、样品、凭证和其他原始资料，所有权属于中方石油公司。

前款所列数据、记录、样品、凭证和其他原始资料的使用、转让、赠与、交换、出售、发表以及运出、传送到中华人民共和国境外，必须按照国家有关规定执行。

第四章 争议的解决

第二十五条 合作开采陆上石油资源合同的当事人因执行合同发生争议时，应当通过协商或者调解解决；不愿协商、调解，或者协商、调解不成的，可以根据合同中的仲裁条款或者事后达成的书面仲裁协议，提交中国仲裁机构或者其他仲裁机构仲裁。

当事人未在合同中订立仲裁条款，事后又没有达成书面仲裁协议的，可以向中国人民法院起诉。

第五章 法律责任

第二十六条 违反本条例规定，有下列行为之一的，由国务院指定的部门依据职权责令限期改正，给予警告；在限期内不改正的，可以责令其停止实施石油作业；构成犯罪的，依法追究刑事责任。

(一) 违反本条例第九条第一款规定，擅自进入对外合作区块进行石油勘查活动或者与外国企业签订在对外合作区块内进行石油开采合作协议的；

(二)违反本条例第十八条规定，在执行合同的过程中，未向中方石油公司及时、准确地报告石油作业情况的，未按规定向中方石油公司提交资料和样品以及技术、经济、财会、行政方面的各种报告的；

(三) 违反本条例第二十条规定，油(气)田总体开发方案未经批准，擅自实施开发作业和生产作业的；

(四) 违反本条例第二十四条第二款规定，擅自使用石油作业的数据、记录、样品、凭证和其他原始资料或者将其转让、赠与、交换、出售、发表以及运出、传送到中华人民共和国境外的。

第二十七条 违反本条例第十一条、第十六条、第二十二条、第二十三条规定的，由国家有关主管部门依照有关法律、法规的规定予以处罚；构成犯罪的，依法追究刑事责任。

第六章 附　　则

第二十八条 本条例下列用语的含义：

(一)"石油"，是指蕴藏在地下的、正在采出的和已经采出的原油和天然气。

(二)"陆上石油资源"，是指蕴藏在陆地全境(包括海滩、岛屿及向外延伸至5米水深处的海域)的范围内的地下石油资源。

(三)"开采"，是指石油的勘探、开发、生产和销售及其有关的活动。

(四)"石油作业"，是指为执行合同而进行的勘探、开发和生产作业及其有关的活动。

(五)"勘探作业"，是指用地质、地球物理、地球化学和包括钻探井等各种方法寻找储藏石油圈闭所做的全部工作，以及在已发现石油的圈闭上为确定它有无商业价值所做的钻评价井、可行性研究和编制油(气)田的总体开发方案等全部工作。

(六)"开发作业"，是指自油(气)田总体开发方案被批准之日起，为实现石油生产所进行的设计、建造、安装、钻井工程等及其相应的研究工作，包括商业性生产开始之前的生产活动。

(七)"生产作业"，是指一个油(气)田从开始商业性生产之日起，为生产石油所进行的全部作业以及与其有关的活动。

第二十九条 本条例第四条、第十一条、第十二条、第十五条、第十六条、第十七条、第二十一条的规定，适用于外国承包者。

第三十条 对外合作开采煤层气资源由中联煤层气有限责任公司实施专营，并参照本条例执行。

第三十一条 本条例自公布之日起施行。

中华人民共和国对外合作开采海洋石油资源条例

1982年1月30日国务院发布　根据2001年9月23日《国务院关于修改〈中华人民共和国对外合作开采海洋石油资源条例〉的决定》修订

第一章　总　　则

第一条　为促进国民经济的发展，扩大国际经济技术合作，在维护国家主权和经济利益的前提下允许外国企业参与合作开采中华人民共和国海洋石油资源，特制定本条例。

第二条　中华人民共和国的内海、领海、大陆架以及其他属于中华人民共和国海洋资源管辖海域的石油资源，都属于中华人民共和国国家所有。

在前款海域内，为开采石油而设置的建筑物、构筑物、作业船舶，以及相应的陆岸油(气)集输终端和基地，都受中华人民共和国管辖。

第三条　中国政府依法保护参与合作开采海洋石油资源的外国企业的投资、应得利润和其他合法权益，依法保护外国企业的合作开采活动。

在本条例范围内，合作开采海洋石油资源的一切活动，都应当遵守中华人民共和国的法律、法令和国家的有关规定；参与实施石油作业的企业和个人，都应当受中国法律的约束，接受中国政府有关主管部门的检查、监督。

第四条　国家对参加合作开采海洋石油资源的外国企业的投资和收益不实行征收。在特殊情况下，根据社会公共利益的需要，可以对外国企业在合作开采中应得石油的一部分或者全部，依照法律程序实行征收，并给予相应的补偿。

第五条　国务院指定的部门依据国家确定的合作海区、面积，决定合作方式，划分合作区块；依据国家长期经济计划制定同外国企业合作开采海洋石油资源的规划；制定对外合作开采海洋石油资源的业务政策和审批海上油(气)田的总体开发方案。

第六条　中华人民共和国对外合作开采海洋石油资源的业务，由中国海洋石油总公司全面负责。

中国海洋石油总公司是具有法人资格的国家公司，享有在对外合作海区内进行石油勘探、开发、生产和销售的专营权。

中国海洋石油总公司根据工作需要，可以设立地区公司、专业公司、驻外代表机构，执行总公司交付的任务。

第七条　中国海洋石油总公司就对外合作开采石油的海区、面积、区块，通过组织招标，采取签订石油合同方式，同外国企业合作开采石油资源。

前款石油合同，经中华人民共和国对外贸易经济合作部批准，即为有效。

中国海洋石油总公司采取其他方式运用外国企业的技术和资金合作开采石油资源所签订的文件，也应当经中华人民共和国对外贸易经济合作部批准。

第二章　石油合同各方的权利和义务

第八条　中国海洋石油总公司通过订立石油合同同外国企业合作开采海洋石油资源，除法律、行政法规另有规定或者石油合同另有约定外，应当由石油合同中的外国企业一方(以下称外国合同者)投资进行勘探，负责勘探作业，并承担全部勘探风险；发现商业性油(气)田后，由外国合同者同中国海洋石油总公司双方投资合作开发，外国合同者并应负责开发作业和生产作业，直至中国海洋石油总公司按照石油合同规定在条件具备的情况下接替生产作业。外国合同者可以按照石油合同规定，从生产的石油中回收其投资和费用，并取得报酬。

第九条　外国合同者可以将其应得的石油和购买的石油运往国外，也可以依法将其回收的投资、利润和其他正当收益汇往国外。

第十条　参与合作开采海洋石油资源的中国企业、外国企业，都应当依法纳税，缴纳矿区使用费。

前款企业的雇员，都应当依法缴纳个人所得税。

第十一条　为执行石油合同所进口的设备和材料，按照国家规定给予减税、免税，或者给予税收方面的其他优惠。

第十二条　外国合同者开立外汇账户和办理其他外汇事宜，应当遵守《中华人民共和国外汇管理条例》和国家有关外汇管理的其他规定。

第十三条　石油合同可以约定石油作业所需的人员，作业者可以优先录用中国公民。

第十四条 外国合同者在执行石油合同从事开发、生产作业过程中,必须及时地、准确地向中国海洋石油总公司报告石油作业情况;完整地、准确地取得各项石油作业的数据、记录、样品、凭证和其他原始资料,并定期向中国海洋石油总公司提交必要的资料和样品以及技术、经济、财会、行政方面的各种报告。

第十五条 外国合同者为执行石油合同从事开发、生产作业,应当在中华人民共和国境内设立分支机构或者代表机构,并依法履行登记手续。

前款机构的住所地应当同中国海洋石油总公司共同商量确定。

第十六条 本条例第三条、第九条、第十条、第十一条、第十五条的规定,对向石油作业提供服务的外国承包者,类推适用。

第三章 石油作业

第十七条 作业者必须根据本条例和国家有关开采石油资源的规定,参照国际惯例,制定油(气)田总体开发方案和实施生产作业,以达到尽可能高的石油采收率。

第十八条 外国合同者为执行石油合同从事开发、生产作业,应当使用中华人民共和国境内现有的基地;如需设立新基地,必须位于中华人民共和国境内。

前款新基地的具体地点,以及在特殊情况下需要采取的其他措施,都必须经中国海洋石油总公司书面同意。

第十九条 中国海洋石油总公司有权派人参加外国作业者为执行石油合同而进行的总体设计和工程设计。

第二十条 外国合同者为执行石油合同,除租用第三方的设备外,按计划和预算所购置和建造的全部资产,当外国合同者的投资按照规定得到补偿后,其所有权属于中国海洋石油总公司,在合同期内,外国合同者仍然可以依据合同的规定使用这些资产。

第二十一条 为执行石油合同所取得的各项石油作业的数据、记录、样品、凭证和其他原始资料,其所有权属于中国海洋石油总公司。

前款数据、记录、样品、凭证和其他原始资料的使用和转让、赠与、交换、出售、公开发表以及运出、传送出中华人民共和国,都必须按照国家有关规定执行。

第二十二条 作业者和承包者在实施石油作业中,应当遵守中华人民共和国有关环境保护和安全方面的法律规定,并参照国际惯例进行作业,保护渔业资源和其他自然资源,防止对大气、海洋、河流、湖泊和陆地等环境的污染和损害。

第二十三条 石油合同区产出的石油,应当在中华人民共和国登陆,也可以在海上油(气)外输计量点运出。如需在中华人民共和国以外的地点登陆,必须经国务院指定的部门批准。

第四章 附 则

第二十四条 在合作开采海洋石油资源活动中,外国企业和中国企业间发生的争执,应当通过友好协商解决。通过协商不能解决的,由中华人民共和国仲裁机构进行调解、仲裁,也可以由合同双方协议在其他仲裁机构仲裁。

第二十五条 作业者、承包者违反本条例规定实施石油作业的,由国务院指定的部门依据职权责令限期改正,给予警告;在限期内不改正的,可以责令其停止实施石油作业。由此造成的一切经济损失,由责任方承担。

第二十六条 本条例所用的术语,其定义如下:

1."石油"是指蕴藏在地下的、正在采出的和已经采出的原油和天然气。

2."开采"是泛指石油的勘探、开发、生产和销售及其有关的活动。

3."石油合同"是指中国海洋石油总公司同外国企业为合作开采中华人民共和国海洋石油资源,依法订立的包括石油勘探、开发和生产的合同。

4."合同区"是指在石油合同中为合作开采石油资源以地理座标圈定的海域面积。

5."石油作业"是指为执行石油合同而进行的勘探、开发和生产作业及其有关的活动。

6."勘探作业"是指用地质、地球物理、地球化学和包括钻勘探井等各种方法寻找储藏石油的圈闭所做的全部工作,以及在已发现石油的圈闭上为确定它有无商业价值所做的钻评价井、可行性研究和编制油(气)田的总体开发方案等全部工作。

7."开发作业"是指从国务院指定的部门批准油(气)田的总体开发方案之日起,为实现石油生产所进行的设计、建造、安装、钻井工程等及其相应的研究工作,并包括商业性生产开始之前的生产活动。

8."生产作业"是指一个油(气)田从开始商业性生产之日起,为生产石油所进行的全部作业以及与其有关的活动,诸如采出、注入、增产、处理、贮运和提取等作业。

9."外国合同者"是指同中国海洋石油总公司签订石油合同的外国企业。外国企业可以是公司,也可以是公司集团。

10."作业者"是指按照石油合同的规定负责实施作业的实体。

11."承包者"是指向作业者提供服务的实体。

第二十七条 本条例自公布之日起施行。

金融资产管理公司
吸收外资参与资产重组与处置的暂行规定

对外贸易经济合作部、财政部、
中国人民银行令　第6号　2001年10月26日

第一条　为了规范吸收外资参与金融资产管理公司(以下称“资产管理公司”)的资产重组与处置，保护中外投资者的合法权益，根据我国外商投资的法律、《金融资产管理公司条例》及有关法规，制定本规定。

第二条　资产管理公司可以通过吸收外资对其所拥有的资产进行重组与处置。

第三条　吸收外资参与资产重组与处置应从国民经济战略调整的高度出发，通过吸收外资盘活不良资产，引进先进管理经验、资金和技术，对企业进行技术改造，促进国有企业改革和现代化企业制度的建立。要防止以炒作资产为惟一目的的短期交易及企业逃废债务。

第四条　资产管理公司吸收外资进行资产重组与处置，应符合国家指导外商投资的产业政策。文化、金融、保险以及《外商投资产业指导目录》中禁止外商投资类领域，不列入吸收外资参与资产重组与处置的范围。《外商投资产业指导目录》中规定须中方控股的项目，外资参与重组后原则上应继续保持中方控股。

第五条　重组与处置的资产范围

(一)资产管理公司拥有的企业股权，包括：资产管理公司对企业实施债转股后取得的股权，资产管理公司对欠债企业进行重组后拥有的股权，资产管理公司以其他方式拥有的股权；

(二)资产管理公司有支配处置权的企业实物资产；

(三)资产管理公司拥有的企业债权。

第六条　重组与处置资产的方式

(一)资产管理公司对其拥有的非上市公司的股权、债权进行重组后向外商出售或转让；

(二)资产管理公司直接向外商出售、转让其拥有的非上市公司的股权和债权；

(三)资产管理公司通过协议转让、招标、拍卖等方式向外商出让其拥有的实物资产；

(四)资产管理公司以其拥有的企业股权、实物资产作价出资，在原企业基础上与外商组建外商投资企业。

第七条　资产管理公司重组与处置资产时，应与企业其他投资者协商，在同等条件下，其他投资者有优先购买权。

第八条　重组与处置资产的评估与交易价格

资产管理公司重组与处置的资产出售、转让前须由有资格的资产评估机构进行评估。资产评估时应充分考虑重组与处置资产的各种因素。资产评估应符合国际惯例，采用国际上普遍接受的方法。

资产管理公司应综合考虑资产评估净值、资产增值潜力、资产现状等因素，根据财政部《金融资产管理公司资产处置办法》的有关规定，自主确定重组与处置的资产交易价格。

第九条　重组与处置资产的程序

(一)资产管理公司根据财政部《金融资产管理公司资产处置管理办法》的有关规定由资产处置专门审核机构审批资产重组与处置方案。若重组与处置的资产属《外商投资产业指导目录》中限制类范围，资产管理公司在批准重组与处置方案前，应征得主管部门的同意。

(二)资产管理公司根据审批同意后的资产重组和处置方案与外商签订有关法律文件。

(三)资产管理公司依法向外经贸部申请办理外商投资企业设立的有关手续，并领取批准证书。

第十条　香港、澳门、台湾投资者参与重组与处置资产管理公司资产，参照本规定执行。

外商投资道路运输业管理规定

交通部、对外贸易经济合作部令 第9号 2001年11月20日

第一条 为促进道路运输业的对外开放和健康发展，规范外商投资道路运输业的审批管理，根据《中华人民共和国中外合资经营企业法》、《中华人民共和国中外合作经营企业法》、《中华人民共和国外资企业法》以及有关法律、行政法规的规定，制定本规定。

第二条 外商在中华人民共和国境内投资道路运输业适用本规定。

本规定所称道路运输业包括道路旅客运输、道路货物运输、道路货物搬运装卸、道路货物仓储和其他与道路运输相关的辅助性服务及车辆维修。

第三条 允许外商采用以下形式投资经营道路运输业：

(一)采用中外合资形式投资经营道路旅客运输；

(二)采用中外合资、中外合作形式投资经营道路货物运输、道路货物搬运装卸、道路货物仓储和其他与道路运输相关的辅助性服务及车辆维修；

(三)采用独资形式投资经营道路货物运输、道路货物搬运装卸、道路货物仓储和其他与道路运输相关的辅助性服务及车辆维修。

本条第(三)项所列道路运输业务对外开放时间由国务院对外贸易经济主管部门和交通主管部门另行公布。

第四条 外商投资道路运输业的立项及相关事项应当经国务院交通主管部门批准。

外商投资设立道路运输企业的合同和章程应当经国务院对外贸易经济主管部门批准。

第五条 外商投资道路运输业应当符合国务院交通主管部门制定的道路运输发展政策和企业资质条件，并符合拟设立外商投资道路运输企业所在地的交通主管部门制定的道路运输业发展规划的要求。

投资各方应当以自有资产投资并具有良好的信誉。

第六条 外商投资从事道路旅客运输业务，还应当符合以下条件：

(一)主要投资者中至少一方必须是在中国境内从事5年以上道路旅客运输业务的企业；

(二)外资股份比例不得多于49%；

(三)企业注册资本的50%用于客运基础设施的建设与改造；

(四)投放的车辆应当是中级及以上的客车。

第七条 设立外商投资道路运输企业，应当向拟设企业所在地的市(设区的市，下同)级交通主管部门提出立项申请，并提交以下材料：

(一)申请书，内容包括投资总额、注册资本和经营范围、规模、期限等；

(二)项目建议书；

(三)投资者的法律证明文件；

(四)投资者资信证明；

(五)投资者以土地使用权、设施和设备等投资的，应提供有效的资产评估证明；

(六)审批机关要求的其他材料。

拟设立中外合资、中外合作企业，除应当提交上述材料以外，还应当提交合作意向书。

提交的外文资料须同时附中文翻译件。

第八条 外商投资企业扩大经营范围从事道路运输业，外商投资道路运输企业扩大经营范围或者扩大经营规模超出原核定标准的，外商投资道路运输企业拟合并、分立、迁移和变更投资主体、注册资本、投资股比，应由该企业向其所在地的市级交通主管部门提出变更申请并提交以下材料：

(一)申请书；

(二)企业法人营业执照复印件；

(三)外商投资企业批准证书复印件；

(四)外商投资企业立项批件复印件；

(五)资信证明。

第九条 交通主管部门按下列程序对外商投资道路运输业立项和变更申请进行审核和审批：

(一)市级交通主管部门自收到申请材料之日起15个工作日内，依据本规定提出初审意见，并将初审意见和申请材料报省级交通主管部门；

(二)省级交通主管部门自收到上报材料之日起15个工作日内，依据本规定提出审核意见，并将审核意见和申请材料报国务院交通主管部门审批；

(三)国务院交通主管部门自收到前项材料之日起30个工作日内，对申请材料进行审核。符合规定的，颁发立项批件或者变更批件；不符合规定的，退回申请，书面通知申请人并说明理由。

第十条 申请人收到批件后，应当在30日内持批件和以下材料向省级对外贸易经济主管部门申请颁发或者变更外商投资企业批准证书：

(一)申请书；

(二)可行性研究报告；

（三）合同、章程（外商独资道路运输企业只需提供章程）；

（四）董事会成员及主要管理人员名单及简历；

（五）工商行政管理部门出具的企业名称预核准通知书；

（六）投资者所在国或地区的法律证明文件及资信证明文件；

（七）审批机关要求的其他材料。

第十一条 省级对外贸易经济主管部门对上述材料初审后，将申请材料和初审意见报国务院对外贸易经济主管部门或者其授权部门。国务院对外贸易经济主管部门或者其授权部门收到申请材料后，在45日内作出是否批准的书面决定，符合规定的，颁发或者变更外商投资企业批准证书；不符合规定的，退回申请，书面通知申请人并说明理由。

第十二条 申请人在收到外商投资企业批准证书后，应当在30日内持立项批件和批准证书向拟设立企业所在地省级交通主管部门申请领取道路运输经营许可证，并依法办理工商登记后，方可按核定的经营范围从事道路运输经营活动。

第十三条 申请人收到变更的外商投资企业批准证书后，应当在30日内持变更批件、变更的外商投资企业批准证书和其他相关的申请材料向省级交通主管部门和工商行政管理部门办理相应的变更手续。

第十四条 申请人在办理完有关手续后，应将企业法人营业执照、外商投资企业批准证书以及道路运输经营许可证影印件报国务院交通主管部门备案。

第十五条 取得外商投资道路运输业立项批件后18个月内未完成工商注册登记手续的，立项批件自行失效。

第十六条 外商投资道路运输企业的经营期限一般不超过12年。但投资额中有50%以上的资金用于客货运输站场基础设施建设的，经营期限可为20年。

经营业务符合道路运输产业政策和发展规划，并且经营资质（质量信誉）考核合格的外商投资道路运输企业，经原审批机关批准，可以申请延长经营期限，每次延长的经营期限不超过20年。

第十七条 申请延长经营期限的外商投资道路运输企业，应当在经营期满6个月前向企业所在地的省级交通主管部门提出申请，并上报企业经营资质（质量信誉）考核记录等有关材料，由省级交通主管部门审核后，报国务院交通主管部门，由国务院交通主管部门商对外贸易经济主管部门后批复。

第十八条 外商投资道路运输企业停业、歇业或终止，应当及时到国务院交通主管部门、对外贸易经济主管部门或其授权部门和工商行政管理部门办理相关手续。

第十九条 香港特别行政区、澳门特别行政区和台湾省的投资者以及海外华侨在中国内地投资道路运输业参照适用本规定。

第二十条 本规定自公布之日起施行。交通部1993年颁布的《中华人民共和国交通部外商投资道路运输业立项审批暂行规定》（交运发[1993]1178号）同时废止。

关于外商投资企业合并与分立的规定

1999年9月23日对外贸易经济合作部、国家工商行政管理局发布

根据2001年11月22日《对外贸易经济合作部和国家工商行政管理总局关于修改〈关于外商投资企业合并与分立的规定〉的决定》修订

第一条 为了规范涉及外商投资企业合并与分立的行为，保护企业投资者和债权人的合法权益，根据《中华人民共和国公司法》和有关外商投资企业的法律和行政法规，制定本规定。

第二条 本规定适用于依照中国法律在中国境内设立的中外合资经营企业、具有法人资格的中外合作经营企业、外资企业、外商投资股份有限公司（以下统称公司）之间合并或分立。

公司与中国内资企业合并，参照有关法律、法规和本规定办理。

第三条 本规定所称合并，是指两个以上公司依照公司法有关规定，通过订立协议而归并成为一个公司。

公司合并可以采取吸收合并和新设合并两种形式。

吸收合并，是指公司接纳其他公司加入本公司，接纳方继续存在，加入方解散。

新设合并，是指两个以上公司合并设立一个新的公司，合并各方解散。

第四条 本规定所称分立，是指一个公司依照公司法有关规定，通过公司最高权力机构决议分成两个以上的公司。

公司分立可以采取存续分立和解散分立两种形式。

存续分立，是指一个公司分离成两个以上公司，本公司继续存在并设立一个以上新的公司。

解散分立，是指一个公司分解为两个以上公司，本公司解散并设立两个以上新的公司。

第五条 公司合并或分立，应当遵守中国的法律、法规和本规定，遵循自愿、平等和公平竞争的原则，不得损害社

会公共利益和债权人的合法权益。

公司合并或分立，应符合《指导外商投资方向暂行规定》和《外商投资产业指导目录》的规定，不得导致外国投资者在不允许外商独资、控股或占主导地位的产业的公司中独资、控股或占主导地位。

公司因合并或分立而导致其所从事的行业或经营范围发生变更的，应符合有关法律、法规及国家产业政策的规定并办理必要的审批手续。

第六条 公司合并或分立，应当符合海关、税务和外汇管理等有关部门颁布的规定。合并或分立后存续或新设的公司，经审批机关、海关和税务等机关核定，继续享受原公司所享受的各项外商投资企业待遇。

第七条 公司合并或分立，须经公司原审批机关批准并到登记机关办理有关公司设立、变更或注销登记。

拟合并公司的原审批机关或登记机关有2个以上的，由合并后公司住所地对外经济贸易主管部门和国家工商行政管理总局(以下简称国家工商总局)授权的登记机关作为审批和登记机关。

拟合并公司的投资总额之和超过公司原审批机关或合并后公司住所地审批机关审批权限的，由具有相应权限的审批机关审批。

拟合并的公司至少有一家为股份有限公司的，由中华人民共和国对外贸易经济合作部(以下简称外经贸部)审批。

第八条 因公司合并或分立而解散原公司或新设异地公司，须征求拟解散或拟设立公司的所在地审批机关的意见。

第九条 在投资者按照公司合同、章程规定缴清出资、提供合作条件且实际开始生产、经营之前，公司之间不得合并，公司不得分立。投资者已经按照公司合同、章程规定缴付出资、提供合作条件的，公司可以与中国内资企业合并。

第十条 有限责任公司之间合并后为有限责任公司。股份有限公司之间合并后为股份有限公司。

上市的股份有限公司与有限责任公司合并后为股份有限公司。非上市的股份有限公司与有限责任公司合并后可以是股份有限公司，也可以是有限责任公司。

第十一条 股份有限公司之间合并或者公司合并后为有限责任公司的，合并后公司的注册资本为原公司注册资本额之和。

有限责任公司与股份有限责任公司合并后为股份有限公司的，合并后公司的注册资本为原有限责任公司净资产额根据拟合并的股份有限公司每股所含净资产额折成的股份额与原股份有限公司股份总额之和。

第十二条 根据本规定第十一条第一款合并的，各方投资者在合并后的公司中的股权比例，根据国家有关规定，由投资者之间协商或根据资产评估机构对其在原公司股权价值的评估结果，在合并后的公司合同、章程中确定，但外国投资者的股权比例不得低于合并后公司注册资本的25%。

第十三条 分立后公司的注册资本额，由分立前公司的最高权力机构，依照有关外商投资企业法律、法规和登记机关的有关规定确定，但分立后各公司的注册资本额之和应为分立前公司的注册资本额。

第十四条 各方投资者在分立后的公司中的股权比例，由投资者在分立后的公司合同、章程中确定，但外国投资者的股权比例不得低于分立后公司注册资本的25%。

第十五条 公司合并，采取吸收合并形式的，接纳方公司的成立日期为合并后公司的成立日期；采取新设合并形式的，登记机关核准设立登记并签发营业执照的日期为合并后公司的成立日期。

因公司分立而设立新公司的，登记机关核准设立登记并签发营业执照的日期为分立后公司的成立日期。

第十六条 涉及上市的股份有限公司合并或分立的，应当符合有关法律、法规和国务院证券监督管理部门对上市公司的规定并办理必要的审批手续。

第十七条 公司与中国内资企业合并必须符合我国利用外资的法律、法规规定和产业政策要求并具备以下条件：

(一) 拟合并的中国内资企业是依照《中华人民共和国公司法》规范组建的有限责任公司或股份有限公司；

(二) 投资者符合法律、法规和部门规章对合并后公司所从事有关产业的投资者资格要求；

(三)外国投资者的股权比例不得低于合并后公司注册资本的25%。

(四)合并协议各方保证拟合并公司的原有职工充分就业或给予合理安置。

第十八条 公司与中国内资企业合并后为外商投资企业，其投资总额为原公司的投资总额与中国内资企业财务审计报告所记载的企业资产总额之和，注册资本为原公司的注册资本额与中国内资企业的注册资本额之和。合并后的公司注册资本与投资总额比例，应当符合国家工商总局《关于中外合资经营企业注册资本与投资总额比例的暂行规定》；在特殊情况下，不能执行该规定的，须经外经贸部会同国家工商总局批准。

第十九条 与公司合并的中国内资企业已经投资设立的企业，成为合并后公司所持股的企业，应当符合中国利用外资的产业政策要求和《关于外商投资企业境内投资的暂行规定》。合并后的公司不得在禁止外商投资产业的企业中持有股权。

第二十条 公司吸收合并，由接纳方公司作为申请人，公司新设合并，由合并各方协商确定一个申请人。

申请人应向审批机关报送下列文件：

(一)各公司法定代表人签署的关于公司合并的申请书和公司合并协议；

(二)各公司最高权力机构关于公司合并的决议；

(三)各公司合同、章程；

(四)各公司的批准证书和营业执照复印件；

(五)由中国法定验资机构为各公司出具的验资报告；

(六)各公司的资产负债表及财产清单;

(七)各公司上一年度的审计报告;

(八)各公司的债权人名单;

(九)合并后的公司合同、章程;

(十)合并后的公司最高权力机构成员名单;

(十一)审批机关要求报送的其他文件。

公司与中国内资企业合并的,申请人还应向审批机关报送拟合并的中国内资企业已投资设立企业的营业执照复印件。

第二十一条 公司合并协议应包括下列主要内容:

(一)合并协议各方的名称、住所、法定代表人;

(二)合并后公司的名称、住所、法定代表人;

(三)合并后公司的投资总额和注册资本;

(四)合并形式;

(五)合并协议各方债权、债务的承继方案;

(六)职工安置办法;

(七)违约责任;

(八)解决争议的方式;

(九)签约日期、地点;

(十)合并协议各方认为需要规定的其他事项。

第二十二条 拟合并的公司有两个以上原审批机关的,拟解散的公司应当在依照本规定第十八条向审批机关报送有关文件之前,向其原审批机关提交因公司合并而解散的申请。

原审批机关应自接到前款有关解散申请之日起15日内做出是否同意解散的批复。超过15日,原审批机关未作批复的,视作原审批机关同意该公司解散。

如果原审批机关在前款规定期限内,作出不同意有关公司解散的批复,拟解散公司可将有关解散申请提交原审批机关与公司合并的审批机关共同的上一级对外经济贸易主管部门,该部门应自接到有关公司解散申请之日起30日内作出裁决。

如果审批机关不同意或不批准公司合并,则有关公司解散的批复自行失效。

第二十三条 拟分立的公司应向审批机关报送下列文件:

(一)公司法定代表人签署的关于公司分立的申请书;

(二)公司最高权力机构关于公司分立的决议;

(三)因公司分立而拟存续、新设的公司(以下统称分立协议各方)签订的公司分立协议;

(四)公司合同、章程;

(五)公司的批准证书和营业执照复印件;

(六)由中国法定验资机构为公司出具的验资报告;

(七)公司的资产负债表及财产清单;

(八)公司的债权人名单;

(九)分立后的各公司合同、章程;

(十)分立后的各公司最高权力机构成员名单;

(十一)审批机关要求报送的其他文件。

因公司分立而在异地新设公司的,公司还必须向审批机关报送拟设立公司的所在地审批机关对因分立而新设公司签署的意见。

第二十四条 公司分立协议应包括下列主要内容:

(一)分立协议各方拟定的名称、住所、法定代表人;

(二)分立后公司的投资总额和注册资本;

(三)分立形式;

(四)分立协议各方对拟分立公司财产的分割方案;

(五)分立协议各方对拟分立公司债权、债务的承继方案;

(六)职工安置办法;

(七)违约责任;

(八)解决争议的方式;

(九)签约日期、地点;

(十)分立协议各方认为需要规定的其他事项。

第二十五条 合并后存续的公司或者新设的公司全部承继因合并而解散的公司的债权、债务。

分立后的公司按照分立协议承继原公司的债权、债务。

第二十六条 审批机关应自接到本规定第十八条或第二十一条规定报送的有关文件之日起45日内,以书面形式作出是否同意合并或分立的初步批复。

公司合并的审批机关为外经贸部的,如果外经贸部认为公司合并具有行业垄断的趋势或者可能形成就某种特定商品或服务的市场控制地位而妨碍公平竞争,可于接到前款所述有关文件后,召集有关部门和机构,对拟合并的公司进行听证并对该公司及其相关市场进行调查。前款所述审批期限可延长至180天。

第二十七条 拟合并或分立的公司应当自审批机关就同意公司合并或分立作出初步批复之日起10日内,向债权人发出通知书,并于30日内在全国发行的省级以上报纸上至少公告3次。

公司应在上述通知书和公告中说明对现有公司债务的承继方案。

第二十八条 公司债权人自接到本规定第二十五条所述通知书之日起30日内、未接到通知书的债权人自第一次公告之日起90日内,有权要求公司对其债务承继方案进行修改,或者要求公司清偿债务或提供相应的担保。

如果公司债权人未在前款规定期限内行使有关权利,视为债权人同意拟合并或分立公司的债权、债务承继方案,该债权人的主张不得影响公司的合并或分立进程。

第二十九条 拟合并或分立的公司自第一次公告之日起90日后,公司债权人无异议的,拟合并公司的申请人或拟分立的公司应向审批机关提交下列文件:

(一)公司在报纸上3次登载公司合并或分立公告的证明;

(二)公司通知其债权人的证明;

(三)公司就其有关债权、债务处理情况的说明;

(四)审批机关要求提交的其他文件。

第三十条 审批机关应自接到本规定第二十七条所列文件之日起30日内,决定是否批准公司合并或分立。

第三十一条 公司采取吸收合并形式的,接纳方公司应到原审批机关办理外商投资企业批准证书变更手续并到登记机关办理公司变更登记;加入方公司应到原审批机关缴销外商投资企业批准证书并到登记机关办理公司注销登记。

公司采取新设合并形式的,合并各方公司应到原审批机关缴销外商投资企业批准证书并到登记机关办理公司注销登记;新设立的公司应通过申请人到审批机关领取外商投资企业批准证书并到登记机关办理公司设立登记。

公司采取存续分立形式的,存续的公司应到审批机关办理外商投资企业批准证书变更手续并到登记机关办理公司变更登记;新设立的公司应到审批机关领取外商投资企业批准证书并到登记机关办理公司设立登记。

公司采取解散分立形式的,原公司应到原审批机关缴销外商投资企业批准证书并到登记机关办理公司注销登记;新设立的公司应到审批机关领取外商投资企业批准证书并到登记机关办理公司设立登记。

公司与中国内资企业合并的仅由公司办理有关外商投资企业批准证书手续。

第三十二条 公司合并的申请人或拟分立的公司,应自审批机关批准合并或分立之日起30日内,就因合并或分立而解散、存续或新设公司的事宜,到相应的审批机关办理有关缴销、变更或领取外商投资企业批准证书手续。

第三十三条 公司应自缴销、变更或领取外商投资企业批准证书之日起,依照《中华人民共和国企业法人登记管理条例》和《中华人民共和国公司登记管理条例》等有关规定,到登记机关办理有关注销、变更或设立登记手续。

设立登记应当在有关公司变更、注销登记办理完结后进行。

公司合并或分立协议中载明的有关公司财产处置方案及债权、债务承继方案和审批机关批准公司合并或分立的文件,视为注销登记所需提交的清算报告。

第三十四条 公司为新设合并或分立办理注销、变更登记后,当事人不依法办理有关公司设立登记的,应承担相应的法律责任。

第三十五条 公司投资者因公司合并或分立而签署的修改后的公司合同、章程自审批机关变更或核发外商投资企业批准证书之日起生效。

第三十六条 合并或分立后存续或新设的公司应自变更或领取营业执照之日起30日内,向因合并或分立而解散的公司之债权人和债务人发出变更债务人和债权人的通知并在全国发行的省级以上报纸上公告。

第三十七条 合并或分立后存续或新设的公司应自换发或领取营业执照之日起30日内,到税务、海关、土地管理和外汇管理等有关机关办理相应的登记手续。

公司与中国内资企业合并的,存续或新设的公司,还应根据有关外商投资企业的规定,到税务、海关、土地管理和外汇管理等机关,办理相关的审核手续。

第三十八条 在公司合并或分立过程中发生股权转让的,依照有关法律、法规和外商投资企业投资者股权变更的规定办理。

在公司与中国内资企业合并过程中,外国投资者购买内资企业股东股权的,其股权购买金的支付条件,依照《〈中外合资经营企业合营各方出资的若干规定〉的补充规定》执行。

第三十九条 香港、澳门、台湾地区的投资者在中国其他地区投资举办的公司合并或分立,参照本规定办理。

第四十条 本规定由外经贸部和国家工商总局负责解释。

第四十一条 本规定自发布之日起执行。

外商投资电信企业管理规定

中华人民共和国国务院令 第333号 2001年12月21日

第一条 为了适应电信业对外开放的需要,促进电信业的发展,根据有关外商投资的法律、行政法规和《中华人民共和国电信条例》(以下简称电信条例),制定本规定。

第二条 外商投资电信企业,是指外国投资者同中国投资者在中华人民共和国境内依法以中外合资经营形式,共同投资设立的经营电信业务的企业。

第三条 外商投资电信企业从事电信业务经营活动,除必须遵守本规定外,还必须遵守电信条例和其他有关法律、行政法规的规定。

第四条 外商投资电信企业可以经营基础电信业务、增值电信业务,具体业务分类依照电信条例的规定执行。

外商投资电信企业经营业务的地域范围,由国务院信息产业主管部门按照有关规定确定。

第五条 外商投资电信企业的注册资本应当符合下列规定:

(一)经营全国的或者跨省、自治区、直辖市范围的基础电信业务的,其注册资本最低限额为20亿元人民币;经营增值电信业务的,其注册资本最低限额为1000万元人民币。

(二)经营省、自治区、直辖市范围内的基础电信业务的,其注册资本最低限额为2亿元人民币;经营增值电信业务的，其注册资本最低限额为100万元人民币。

第六条 经营基础电信业务(无线寻呼业务除外)的外商投资电信企业的外方投资者在企业中的出资比例，最终不得超过49%。

经营增值电信业务（包括基础电信业务中的无线寻呼业务）的外商投资电信企业的外方投资者在企业中的出资比例，最终不得超过50%。

外商投资电信企业的中方投资者和外方投资者在不同时期的出资比例，由国务院信息产业主管部门按照有关规定确定。

第七条 外商投资电信企业经营电信业务，除应当符合本规定第四条、第五条、第六条规定的条件外，还应当符合电信条例规定的经营基础电信业务或者经营增值电信业务应当具备的条件。

第八条 经营基础电信业务的外商投资电信企业的中方主要投资者应当符合下列条件：

(一)是依法设立的公司；

(二)有与从事经营活动相适应的资金和专业人员；

(三)符合国务院信息产业主管部门规定的审慎的和特定行业的要求。

前款所称外商投资电信企业的中方主要投资者，是指在全体中方投资者中出资数额最多且占中方全体投资者出资总额的30%以上的出资者。

第九条 经营基础电信业务的外商投资电信企业的外方主要投资者应当符合下列条件：

(一)具有企业法人资格；

(二)在注册的国家或者地区取得基础电信业务经营许可证；

(三)有与从事经营活动相适应的资金和专业人员；

(四)有从事基础电信业务的良好业绩和运营经验。

前款所称外商投资电信企业的外方主要投资者，是指在外方全体投资者中出资数额最多且占全体外方投资者出资总额的30%以上的出资者。

第十条 经营增值电信业务的外商投资电信企业的外方主要投资者应当具有经营增值电信业务的良好业绩和运营经验。

第十一条 设立经营基础电信业务或者跨省、自治区、直辖市范围增值电信业务的外商投资电信企业，由中方主要投资者向国务院信息产业主管部门提出申请并报送下列文件：

(一)项目建议书；

(二)可行性研究报告；

(三)本规定第八条、第九条、第十条规定的合营各方投资者的资格证明或者有关确认文件；

(四)电信条例规定的经营基础电信业务或者增值电信业务应当具备的其他条件的证明或者确认文件。

国务院信息产业主管部门应当自收到申请之日起对前款规定的有关文件进行审查。属于基础电信业务的，应当在180日内审查完毕，作出批准或者不予批准的决定；属于增值电信业务的，应当在90日内审查完毕，作出批准或者不予批准的决定。予以批准的，颁发《外商投资经营电信业务审定意见书》；不予批准的，应当书面通知申请人并说明理由。

第十二条 设立外商投资电信企业经营基础电信业务或者跨省、自治区、直辖市范围增值电信业务，中方主要投资者依照本规定第十一条的规定提出申请时，可以根据实际情况先行报送可行性研究报告以外的其他文件，经国务院信息产业主管部门审查认可并书面通知后，再报送可行性研究报告；但是，自审查认可通知之日起至报送可行性研究报告之日止的期间不得超过1年，且该期间不计算在规定的审批期限之内。

第十三条 设立外商投资电信企业经营省、自治区、直辖市范围内增值电信业务，由中方主要投资者向省、自治区、直辖市电信管理机构提出申请并报送下列文件：

(一)可行性研究报告；

(二）本规定第十条规定的资格证明或者有关确认文件；

(三)电信条例规定的经营增值电信业务应当具备的其他条件的证明或者确认文件。

省、自治区、直辖市电信管理机构应当自收到申请之日起60日内签署意见。同意的，转报国务院信息产业主管部门；不同意的，应当书面通知申请人并说明理由。

国务院信息产业主管部门应当自收到省、自治区、直辖市电信管理机构签署同意的申请文件之日起30日内审查完毕，作出批准或者不予批准的决定。予以批准的，颁发《外商投资经营电信业务审定意见书》；不予批准的，应当书面通知申请人并说明理由。

第十四条 外商投资电信企业项目建议书的主要内容包括：合营各方的名称和基本情况、拟设立企业的投资总额、注册资本、各方出资比例、申请经营的业务种类、合营期限等。

外商投资电信企业可行性研究报告的主要内容包括：拟设立企业的基本情况、服务项目、业务预测和发展规划、投资效益分析、预计营业时间等。

第十五条 设立外商投资电信企业，按照国家有关规定，其投资项目需要经国务院计划主管部门或者国务院经济综合管理部门审批的，国务院信息产业主管部门应当在颁发《外商投资经营电信业务审定意见书》前，将申请材料转送国务院计划主管部门或者国务院经济综合管理部门审批。转送国务院计划主管部门或者国务院经济综合管理部门审批的，本规定第十一条、第十三条规定的审批期限可以延长30日。

第十六条 设立外商投资电信企业，属于经营基础电信业务或者跨省、自治区、直辖市范围增值电信业务的，由中方主要投资者凭《外商投资经营电信业务审定意见书》向国务院对外经济贸易主管部门报送拟设立外商投资电信企业的合同、章程；属于经营省、自治区、直辖市范围内增值电信业务的，由中方主要投资者凭《外商投资经营电信业务审定意见书》向省、自治区、直辖市人民政府对外经济贸易主管部门报送拟设立外商投资电信企业的合同、章程。

国务院对外经济贸易主管部门和省、自治区、直辖市人民政府对外经济贸易主管部门应当自收到报送的拟设立外商投资电信企业的合同、章程之日起90日内审查完毕，作出批准或者不予批准的决定。予以批准的，颁发《外商投资企业批准证书》；不予批准的，应当书面通知申请人并说明理由。

第十七条 外商投资电信企业的中方主要投资者凭《外商投资企业批准证书》，到国务院信息产业主管部门办理《电信业务经营许可证》手续。

外商投资电信企业的中方主要投资者凭《外商投资企业批准证书》和《电信业务经营许可证》，向工商行政管理机关办理外商投资电信企业注册登记手续。

第十八条 外商投资电信企业经营跨境电信业务，必须经国务院信息产业主管部门批准，并通过国务院信息产业主管部门批准设立的国际电信出入口局进行。

第十九条 违反本规定第六条规定的，由国务院信息产业主管部门责令限期改正，并处10万元以上50万元以下的罚款；逾期不改正的，由国务院信息产业主管部门吊销《电信业务经营许可证》，并由原颁发《外商投资企业批准证书》的对外经济贸易主管部门撤销其《外商投资企业批准证书》。

第二十条 违反本规定第十八条规定的，由国务院信息产业主管部门责令限期改正，并处20万元以上100万元以下的罚款；逾期不改正的，由国务院信息产业主管部门吊销《电信业务经营许可证》，并由原颁发《外商投资企业批准证书》的对外经济贸易主管部门撤销其《外商投资企业批准证书》。

第二十一条 申请设立外商投资电信企业，提供虚假、伪造的资格证明或者确认文件骗取批准的，批准无效，由国务院信息产业主管部门处20万元以上100万元以下的罚款，吊销《电信业务经营许可证》，并由原颁发《外商投资企业批准证书》的对外经济贸易主管部门撤销其《外商投资企业批准证书》。

第二十二条 外商投资电信企业经营电信业务，违反电信条例和其他有关法律、行政法规规定的，由有关机关依法给予处罚。

第二十三条 境内电信企业在境外上市，必须经国务院信息产业主管部门审查同意，并按照国家有关规定经批准。

第二十四条 香港特别行政区、澳门特别行政区和台湾地区的公司、企业在内地投资经营电信业务，比照适用本规定。

第二十五条 本规定自2002年1月1日起施行。

外商投资国际货物运输代理企业管理规定

对外贸易经济合作部令　第31号　2001年12月19日

第一条 为促进中国国际货运代理业的健康发展，规范外商投资国际货物运输代理企业的设立及经营行为，根据国家有关外商投资企业的法律、法规和《中华人民共和国国际货物运输代理业管理规定》，制定本规定。

第二条 本规定所称的外商投资国际货物运输代理企业是指境外的投资者以中外合资、中外合作以及外商独资形式设立的接受进出口货物收货人、发货人的委托，以委托人的名义或者以自己的名义，为委托人办理国际货物运输及相关业务并收取服务报酬的外商投资企业（以下称“外商投资国际货运代理企业”）。

第三条 中华人民共和国对外贸易经济合作部（以下简称“外经贸部”）及其授权机构是外商投资国际货运代理企业的审批和管理机关。

第四条 外国投资者可以合资、合作、外商独资方式在中国境内设立外商投资国际货运代理企业。

设立外商控股的中外合资、中外合作的国际货运代理企业和外商独资的国际货运代理企业申请的具体受理时间由国务院对外经济贸易行政主管部门另行公布。在此之前，外商投资设立中外合资、中外合作的国际货运代理企业中国合营者的出资比例不应低于50%。

第五条 申请设立外商投资国际货运代理企业的中外合营者必须具备如下条件：

（一）中方中至少有一家是从事国际货运代理业务1年以上的国际货运代理企业，或者是获得进出口经营权1年以上的企业，或者是从事相关的交通运输或仓储业务1年以上的企业，符合上述条件的中方合营者在中方中应为第一大股东；

（二）外国合营者至少有一家是经营国际货运代理业务3年以上的企业，符合上述条件的外方合营者在外方中应为第一大股东；

（三）中外合营者在申请之日前3年内没有违反行业规定的行为。

第六条 码头港口机场等可能对货运代理行为带来不公平竞争行为的企业不能作为合营方。

第七条　同一个外国合营者(包括其关联企业)在中国境内投资设立国际货运代理企业经营不满2年，不得投资设立第二家国际货运代理企业。

第八条　设立外商投资国际货运代理企业必须符合如下要求：

(一)注册资本最低限额为100万美元；

(二)具有至少5名从事国际货运代理业务3年以上的业务人员；

(三)有固定的营业场所；

(四)有必要的通讯、运输、装卸、包装等营业设施。

第九条　经批准，外商投资国际货运代理企业可经营下列部分或全部业务：

(一)订舱(租船、包机、包舱)、托运、仓储、包装；

(二)货物的监装、监卸、集装箱拼装拆箱、分拨、中转及相关的短途运输服务；

(三)报关、报验、报检、保险；

(四)缮制有关单证、交付运费、结算及交付杂费；

(五)国际展品、私人物品及过境货物运输代理；

(六)国际多式联运、集运(含集装箱拼箱)；

(七)国际快递(不含私人信函)；

(八)咨询及其他国际货运代理业务。

申请国际快递业务的除符合一般性要求外，其主要合营方中必须具有从事国际快递业务的资质；

申请从事国际多式联运业务的外商投资国际货运代理企业，除符合一般性要求外，还应具备下列条件：

(一)从事国际货运代理业务3年以上；

(二)具有相应的国内外代理网络；

(三)拥有在外经贸部登记备案的国际货运代理提单。

第十条　设立外商投资国际货运代理企业应按国家现行的有关外商投资企业的法律、法规所规定的程序，向外经贸部提出申请，由外经贸部及其授权部门审核并批准企业的设立并颁发《外商投资企业批准证书》和《国际货运代理企业批准证书》。设立外商投资国际货运代理企业需提供如下文件：

(一)申请书；

(二)可行性研究报告；

(三)合同、章程；

(四)董事会成员及主要管理人员名单及简历；

(五)工商部门出具的企业名称预核准通知书；

(六)投资者所在国或地区的法律证明文件及资信证明文件；

(七)主要投资方的资质证明；

(八)企业营业场所证明；

(九)审批机关要求提供的其他文件。

第十一条　外商投资国际货运代理企业的经营期限一般不超过20年。

第十二条　外商投资国际货运代理企业正式开业满1年且合营各方出资已全部到位后，可申请在国内其他地方设立分公司。分公司的经营范围应在其总公司的经营范围之内，由总公司承担连带责任。外商投资国际货运代理企业每设立一个从事国际货物运输代理业务的分公司，应增加注册资本12万美元，对以虚假出资、抽逃注册资本等违规行为骗取审批机关批准设立分公司的，除按相关法规予以处罚外，审批机关将撤消其分公司的《国际货运代理企业批准证书》。

申请设立分公司的，应向外经贸部提出申请，由外经贸部或其授权部门在征得拟设立分公司所在地外经贸部门同意意见后批准。外商投资国际货运代理企业设立分公司需提供以下文件：

(一)拟设立分公司所在地外经贸部门的同意意见函；

(二)董事会关于设立分公司和增资的决议；

(三)有关增资事项对合营合同、章程的修改协议；

(四)企业经营情况报告及设立分公司的理由和可行性分析；

(五)企业验资报告；

(六)分公司的从业人员及营业场所证明材料；

(七)审批机关要求提供的其他文件。

第十三条　外商投资国际货运代理企业应严格遵守国家外商投资方面的有关法律、法规以及《中华人民共和国国际货物运输代理业管理规定》及其实施细则等行业法规，对其违法、违规行为将依照相应法律、法规予以相应处罚。

第十四条　鼓励外商投资国际货运代理企业参加中国国际货代协会、中国外商投资企业协会等民间团体及同业行会，自觉接受同业监督和指导。

第十五条　香港、澳门、台湾地区的公司、企业在大陆投资设立国际货运代理企业，参照本办法办理。

第十六条　本规定自2002年1月1日起施行。外经贸部于1996年9月9日颁布的《外商投资国际货运代理企业审批规定》同时作废。

设立外商投资印刷企业暂行规定

新闻出版总署　对外贸易经济合作部令　第16号　2002年1月29日

第一条　为进一步适应改革开放的需要，加强对外商投资印刷企业的管理，促进我国印刷业的健康发展，根据

《中华人民共和国中外合资经营企业法》、《中华人民共和国中外合作经营企业法》、《中华人民共和国外资企业法》、《印刷业管理条例》等有关法律、法规，制定本规定。

第二条 本规定适用于在中国境内设立外商投资印刷企业。

本规定所称外商投资印刷企业，是指外国机构、公司、企业(以下简称外方投资者)按照平等互利的原则和中国公司、企业共同投资设立的中外合营(包括合资、合作)印刷企业和外方投资者投资设立的外资印刷企业。

第三条 国家允许设立从事出版物、包装装潢印刷品、其他印刷品印刷经营活动的中外合营印刷企业，允许设立从事包装装潢印刷品印刷，经营活动的外资印刷企业。

第四条 外商投资印刷企业从事印刷经营活动，应当遵守中国法律、法规，接受印刷业管理部门的监督管理，不得损害社会公共利益。

外商投资印刷企业的正当经营活动及投资各方的合法权益受中国法律的保护。

第五条 中方投资者以国有资产参与投资（包括作价出资或作为合作条件)，须经其相应主管部门批准，并按照国有资产评估管理的有关规定对拟投入的国有资产进行评估。

第六条 设立外商投资印刷企业，应当具备下列条件：

(一)申请设立外商投资印刷企业的中、外方投资者应当是能够独立承担民事责任的法人，并具有直接或间接从事印刷经营管理的经验。

(二)外方投资者应当符合下列要求之一：

1. 能够提供国际先进的印刷经营管理模式及经验；
2. 能够提供国际领先水平的印刷技术和设备；
3. 能够提供较为雄厚的资金。

(三)申请设立外商投资印刷企业的形式为有限责任公司。

(四)从事出版物、包装装潢印刷品印刷经营活动的外商投资印刷企业注册资本不得低于1000万元人民币；从事其他印刷品印刷经营活动的外商投资印刷企业注册资本不得低于500万元人民币。

(五)从事出版物、其他印刷品印刷经营活动的中外合营印刷企业，合营中方投资者应当控股或占主导地位。其中，从事出版物印刷经营活动的中外合营印刷企业的董事长应当由中方担任，董事会成员中方应当多于外方。

(六)经营期限一般不超过30年。

审批设立外商投资印刷企业，除依照前款规定外，还应当符合国家有关印刷企业总量、结构和布局的规划。

第七条 设立外商投资印刷企业，应先向所在地省级新闻出版行政部门提出申请，并提交下列申请文件：

(一)设立外商投资印刷企业申请书。

(二)各方投资者法定代表人签署的项目建议书及项目可行性研究报告。项目建议书应当载明下列事项：

1. 各方投资者的名称、住所；
2. 申请设立外商投资印刷企业的名称、法定代表人、住所、经营范围、注册资本及投资总额；
3. 各方投资者的出资方式和出资额。

(三)各方投资者的注册登记证明(复印件)、法定代表人身份证明(复印件)和资信证明。

(四)国有资产管理部门对拟投入国有资产的评估报告确认文件。

省级新闻出版行政部门自收到规定的全部文件之日起10个工作日内提出初审意见，报送新闻出版总署审批。

第八条 报送新闻出版总署审批，省级新闻出版行政部门需提交下列文件：

(一)申请人申请设立文件。

(二)省级新闻出版行政部门的初审意见。

(三)法律、法规和新闻出版总署规定的其他文件。

新闻出版总署应自收到规定的全部文件之日起30个工作日内作出批准或者不批准的书面决定。

第九条 申请人获得新闻出版总署批准文件后，按照有关法律、法规向所在地省、自治区、直辖市、计划单列市外经贸行政部门提出申请，并提交下列文件：

(一)申请人申请设立文件及新闻出版总署的批准文件。

(二)由各方投资者法定代表人或其授权的代表签署的外商投资印刷企业的合同、章程。

(三)拟设立外商投资印刷企业的董事会成员名单及各方投资者董事委派书。

(四)工商行政管理部门出具的企业名称预先核准通知书。

(五)法律、法规和外经贸行政部门规定的其他材料。

省、自治区、直辖市、计划单列市外经贸行政部门对投资总额在3000万美元以下，拟从事包装装潢印刷品印刷经营活动的外商投资印刷企业进行审批。应自收到规定的全部文件之日起30个工作日内作出批准或者不批准的书面决定。批准设立申请的，发给《外商投资企业批准证书》，并报对外贸易经济合作部(以下简称外经贸部)备案。

对拟从事出版物、其他印刷品印刷经营活动的中外合营印刷企业及投资总额在3000万美元以上（含3000万美元）拟从事包装装潢印刷品印刷经营活动的外商投资印刷企业，省、自治区、直辖市、计划单列市外经贸行政部门应自收到规定的全部文件之日起10个工作日内提出初审意见，报送外经贸部审批。

第十条 报送外经贸部审批，省、自治区、直辖市、计划单列市外经贸行政部门需提交下列文件：

(一)申请人申请设立文件。

(二)省、自治区、直辖市、计划单列市外经贸行政部门的初审意见。

（三）法律、法规和外经贸部规定的其他文件。

外经贸部应自收到规定的全部文件之日起 30 个工作日内作出批准或者不批准的书面决定。批准设立申请的，发给《外商投资企业批准证书》。

第十一条 获得批准设立的申请人，持新闻出版总署的批准文件及《外商投资企业批准证书》到省级新闻出版行政部门申领《印刷经营许可证》，并按照《印刷业管理条例》的有关规定申领《特种行业许可证》和营业执照。

第十二条 外商投资印刷企业不得设置分支机构。

第十三条 已设立的中外合营印刷企业申请兼营或者变更从事出版物、包装装潢印刷品或者其他印刷品印刷经营活动的，或者已设立的外商投资印刷企业兼并其他印刷业经营者，或者因合并、分立而设立新的印刷业经营者，应经新闻出版总署批准后，再报外经贸部门批准，并依法办理相应的注册登记变更手续。

其他事项变更，按现行有关规定报原审批部门批准，并办理相应的注册登记变更手续。对于企业变更名称、法定代表人或者负责人、住所或者经营场所、股权比例等主要登记事项，或者终止印刷经营活动等，并报新闻出版总署备案。

第十四条 外商投资印刷企业经营期限届满，因特殊情况确需延长经营期限的，应当在经营期限届满的 180 天前提出申请，并报送原审批机关审批。

第十五条 经批准设立的外商投资印刷企业，应当在审批机关规定的期限内办理完有关登记注册手续；逾期未能完成的，经审批机关核准后，可以撤销该外商投资项目。

第十六条 县级以上新闻出版行政部门对未经批准，擅自设立并从事印刷经营活动的外商投资印刷企业，依照《印刷业管理条例》进行处罚。

各级新闻出版及外经贸行政部门违反本规定，擅自批准设立或者变更不符合条件的外商投资印刷企业的，依照《印刷业管理条例》追究有关负责人及责任人的责任。

第十七条 香港特别行政区、澳门特别行政区、台湾地区的投资者在大陆投资兴办印刷企业的，参照本规定执行。

第十八条 1997 年 5 月 1 日施行的《印刷业管理条例》实施前，经有关部门批准设立的外商投资印刷企业，经新闻出版总署审核同意后到省级新闻出版行政部门换领《印刷经营许可证》，其中，从事出版物印刷经营活动的外商投资企业申请扩大投资规模及延长经营期限的，须符合本规定第六条的要求；1997 年 5 月 1 日后依据《印刷业管理条例》的规定批准设立的外商投资印刷企业，应当自本规定施行之日起 180 天内，到省级新闻出版行政部门换领《印刷经营许可证》。

第十九条 本规定由新闻出版总署和外经贸部负责解释。

第二十条 本规定自发布之日起施行。

中华人民共和国外资保险公司管理条例

中华人民共和国国务院令　第 336 号　2001 年 12 月 12 日

第一章　总　　则

第一条 为了适应对外开放和经济发展的需要，加强和完善对外资保险公司的监督管理，促进保险业的健康发展，制定本条例。

第二条 本条例所称外资保险公司，是指依照中华人民共和国有关法律、行政法规的规定，经批准在中国境内设立和营业的下列保险公司：

（一）外国保险公司同中国的公司、企业在中国境内合资经营的保险公司（以下简称合资保险公司）；

（二）外国保险公司在中国境内投资经营的外国资本保险公司（以下简称独资保险公司）；

（三）外国保险公司在中国境内的分公司（以下简称外国保险公司分公司）。

第三条 外资保险公司必须遵守中国法律、法规，不得损害中国的社会公共利益。

外资保险公司的正当业务活动和合法权益受中国法律保护。

第四条 中国保险监督管理委员会（以下简称中国保监会）负责对外资保险公司实施监督管理。中国保监会的派出机构根据中国保监会的授权，对本辖区的外资保险公司进行日常监督管理。

第二章　设立与登记

第五条 设立外资保险公司，应当经中国保监会批准。

设立外资保险公司的地区，由中国保监会按照有关规定确定。

第六条 设立经营人身保险业务的外资保险公司和经营财产保险业务的外资保险公司，其设立形式、外资比例由中国保监会按照有关规定确定。

第七条 合资保险以司、独资保险公司的注册资本最低限额为2亿元人民币或者其等值的自由兑换货币；其注册资本最低限额必须为实缴货币资本。外国保险公司的出资，应当为自由兑换货币。

外国保险公司分公司应当由其总公司无偿拨给不少于2亿元人民币等值的自由兑换货币的营运资金。

中国保监会根据外资保险公司业务范围、经营规模，可以提高前两款规定的外资保险公司注册资本或者营运资金的最低限额。

第八条 申请设立外资保险公司的外国保险公司，应当具备下列条件：

(一)经营保险业务30年以上；

(二)在中国境内已经设立代表机构2年以上；

(三)提出设立申请前1年年末总资产不少于50亿美元；

(四)所在国家或者地区有完善的保险监管制度，并且该外国保险公司已经受到所在国家或者地区有关主管当局的有效监管；

(五)符合所在国家或者地区偿付能力标准；

(六)所在国家或者地区有关主管当局同意其申请；

(七)中国保监会规定的其他审慎性条件。

第九条 设立外资保险公司，申请人应当向中国保监会提出书面申请，并提交下列资料：

(一)申请人法定代表人签署的申请书，其中设立合资保险公司的，申请书由合资各方法定代表人共同签署；

(二)外国申请人所在国家或者地区有关主管当局核发的营业执照(副本)、对其符合偿付能力标准的证明及对其申请的意见书；

(三)外国申请人的公司章程、最近3年的年报；

(四)设立合资保险公司的，中国申请人的有关资料；

(五)拟设公司的可行性研究报告及筹建方案；

(六)拟设公司的筹建负责人员名单、简历和任职资格证明；

(七)中国保监会规定提供的其他资料。

第十条 中国保监会应当对设立外资保险公司的申请进行初步审查，自收到完整的申请文件之日起6个月内作出受理或者不受理的决定。决定受理的，发给正式申请表；决定不受理的，应当书面通知申请人并说明理由。

第十一条 申请人应当自接到正式申请表之日起1年内完成筹建工作；在规定的期限内未完成筹建工作，有正当理由的，经中国保监会批准，可以延长3个月。在延长期内仍未完成筹建工作的，中国保监会作出的受理决定自动失效。筹建工作完成后，申请人应当将填写好的申请表连同下列文件报中国保监会审批：

(一)筹建报告；

(二)拟设公司的章程；

(三)拟设公司的出资人及其出资额；

(四)法定验资机构出具的验资证明；

(五)对拟任该公司主要负责人的授权书；

(六)拟设公司的高级管理人员名单、简历和任职资格证明；

(七)拟设公司未来3年的经营规划和分保方案；

(八)拟在中国境内开办保险险种的保险条款、保险费率及责任准备金的计算说明书；

(九)拟设公司的营业场所和与业务有关的其他设施的资料；

(十)设立外国保险公司分公司的，其总公司对该分公司承担税务、债务的责任担保书；

(十一)设立合资保险公司的，其合资经营合同；

(十二)中国保监会规定提供的其他文件。

第十二条 中国保监会应当自收到设立外资保险公司完整的正式申请文件之日起60日内，作出批准或者不批准的决定。决定批准的，颁发经营保险业务许可证；决定不批准的，应当书面通知申请人并说明理由。

经批准设立外资保险公司的，申请人凭经营保险业务许可证向工商行政管理机关办理登记，领取营业执照。

第十三条 外资保险公司成立后，应当按照其注册资本或者营运资金总额的20%提取保证金，存入中国保监会指定的银行；保证金除外资保险公司清算时用于清偿债务外，不得动用。

第十四条 外资保险公司在中国境内设立分支机构，由中国保监会按照有关规定审核批准。

第三章 业务范围

第十五条 外资保险公司按照中国保监会核定的业务范围，可以全部或者部分依法经营下列种类的保险业务：

(一)财产保险业务，包括财产损失保险、责任保险、信用保险等保险业务；

(二)人身保险业务，包括人寿保险、健康保险、意外伤害保险等保险业务。

外资保险公司经中国保监会按照有关规定核定，可以在核定的范围内经营大型商业风险保险业务、统括保单保险业务。

第十六条 同一外资保险公司不得同时兼营财产保险业务和人身保险业务。

第十七条 外资保险公司可以依法经营本条例第十五条规定的保险业务的下列再保险业务：

(一)分出保险；

(二)分入保险。

第十八条 外资保险公司的具体业务范围、业务地域范围和服务对象范围，由中国保监会按照有关规定核定。外资保险公司只能在核定的范围内从事保险业务活动。

第四章 监督管理

第十九条 中国保监会有权检查外资保险公司的业务状况、财务状况及资金运用状况，有权要求外资保险公司在规定的期限内提供有关文件、资料和书面报告，有权对违法违规行为依法进行处罚、处理。

外资保险公司应当接受中国保监会依法进行的监督检查，如实提供有关文件、资料和书面报告，不得拒绝、阻碍、隐瞒。

第二十条 除经中国保监会批准外，外资保险公司不得与其关联企业从事下列交易活动：

（一）再保险的分出或者分入业务；

（二）资产买卖或者其他交易。

前款所称关联企业，是指与外资保险公司有下列关系之一的企业：

（一）在股份、出资方面存在控制关系；

（二）在股份、出资方面同为第三人所控制；

（三）在利益上具有其他相关联的关系。

第二十一条 外国保险公司分公司应当于每一会计年度终了后3个月内，将该分公司及其总公司上一年度的财务会计报告报送中国保监会，并予公布。

第二十二条 外国保险公司分公司的总公司有下列情形之一的，该分公司应当自各该情形发生之日起10日内，将有关情况向中国保监会提交书面报告：

（一）变更名称、主要负责人或者注册地；

（二）变更资本金；

（三）变更持有资本总额或者股份总额10%以上的股东；

（四）调整业务范围；

（五）受到所在国家或者地区有关主管当局处罚；

（六）发生重大亏损；

（七）分立、合并、解散、依法被撤销或者被宣告破产；

（八）中国保监会规定的其他情形。

第二十三条 外国保险公司分公司的总公司解散、依法被撤销或者被宣告破产的，中国保监会应当停止该分公司开展新业务。

第二十四条 外资保险公司经营外汇保险业务的，应当遵守国家有关外汇管理的规定。

除经国家外汇管理机关批准外，外资保险公司在中国境内经营保险业务的，应当以人民币计价结算。

第二十五条 本条例规定向中国保监会提交、报送文件、资料和书面报告的，应当提供中文本。

第五章　终止与清算

第二十六条 外资保险公司因分立、合并或者公司章程规定的解散事由出现，经中国保监会批准后解散。外资保险公司解散的，应当依法成立清算组，进行清算。

经营人寿保险业务的外资保险公司，除分立、合并外，不得解散。

第二十七条 外资保险公司违反法律、行政法规，被中国保监会吊销经营保险业务许可证的，依法撤销，由中国保监会依法及时组织成立清算组进行清算。

第二十八条 外资保险公司因解散、依法被撤销而清算的，应当自清算组成立之日起60日内在报纸上至少公告3次。公告内容应当经中国保监会核准。

第二十九条 外资保险公司不能支付到期债务，经中国保监会同意，由人民法院依法宣告破产。外资保险公司被宣告破产的，由人民法院组织中国保监会等有关部门和有关人员成立清算组，进行清算。

第三十条 外资保险公司解散、依法被撤销或者被宣告破产的，未清偿债务前，不得将其财产转移至中国境外。

第六章　法律责任

第三十一条 违反本条例规定，擅自设立外资保险公司或者非法从事保险业务活动的，由中国保监会予以取缔；依照刑法关于擅自设立金融机构罪、非法经营罪或者其他罪的规定，依法追究刑事责任；尚不够刑事处罚的，由中国保监会没收违法所得，并处违法所得1倍以上5倍以下的罚款，没有违法所得或者违法所得不足20万元的，处20万元以上100万元以下的罚款。

第三十二条 外资保险公司违反本条例规定，超出核定的业务范围、业务地域范围或者服务对象范围从事保险业务活动的，依照刑法关于非法经营罪或者其他罪的规定，依法追究刑事责任；尚不够刑事处罚的，由中国保监会责令改正，责令退还收取的保险费，没收违法所得，并处违法所得1倍以上5倍以下的罚款，没有违法所得或者违法所得不足10万元的，处10万元以上50万元以下的罚款；逾期不改正或者造成严重后果的，责令限期停止或者吊销经营保险业务许可证。

第三十三条 外资保险公司违反本条例规定，有下列行为之一的，由中国保监会责令改正，处5万元以上30万元以下的罚款；情节严重的，可以责令停止接受新业务或者吊销经营保险业务许可证：

（一）未按照规定提存保证金或者违反规定动用保证金的；

（二）违反规定与其关联企业从事交易活动的；

（三）未按照规定补足注册资本或者营运资金的。

第三十四条 外资保险公司违反本条例规定，有下列行为之一的，由中国保监会责令限期改正；逾期不改正的，处1万元以上10万元以下的罚款：

（一）未按照规定提交、报关有关文件、资料和书面报告的；

（二）未按照规定公告的。

第三十五条 外资保险公司违反本条例规定，有下列行为之一的，由中国保监会处10万元以上50万元以下的罚款：

（一）提供虚假的文件、资料和书面报告的；

（二）拒绝或者阻碍依法监督检查的。

第三十六条 外资保险公司违反本条例规定，将其财产转移至中国境外的，由中国保监会责令转回转移的财产，处转移财产金额20%以上等值以下的罚款。

第三十七条 外资保险公司违反中国有关法律、行政法规和本条例规定的，中国保监会可以取消该外资保险公司高级管理人员一定期限直至终身在中国的任职资格。

第七章 附 则

第三十八条 对外资保险公司的管理，本条例未作规定的，适用《中华人民共和国保险法》和其他有关法律、行政法规和国家其他有关规定。

第三十九条 香港特别行政区、澳门特别行政区和台湾地区的保险公司在内地设立和营业的保险公司，比照适用条例。

第四十条 本条例自2002年2月1日起施行。

中华人民共和国外资金融机构管理条例

2001年12月12日国务院第50次常务会议通过
2001年12月20日中华人民共和国国务院令第340号公布
自2002年2月1日起施行

第一章 总 则

第一条 为了适应对外开放和经济发展的需要，加强和完善对外资金融机构的管理，促进银行业的稳健运行，制定本条例。

第二条 本条例所称外资金融机构，是指依照中华人民共和国有关法律、法规的规定，经批准在中国境内设立和营业的下列金融机构：

（一）总行在中国境内的外国资本的银行（以下简称独资银行）；

（二）外国银行在中国境内的分行（以下简称外国银行分行）；

（三）外国的金融机构同中国的公司、企业在中国境内合资经营的银行（以下简称合资银行）；

（四）总公司在中国境内的外国资本的财务公司（以下简称独资财务公司）；

（五）外国的金融机构同中国的公司、企业在中国境内合资经营的财务公司（以下简称合资财务公司）。

第三条 外资金融机构必须遵守中华人民共和国法律、法规，不得损害中华人民共和国的社会公共利益。

外资金融机构的正当经营活动和合法权益受中华人民共和国法律保护。

第四条 中国人民银行是管理和监督外资金融机构的主管机关；中国人民银行分支机构对本辖区外资金融机构进行日常监督管理。

第二章 设立与登记

第五条 独资银行、合资银行的注册资本最低限额为3亿元人民币等值的自由兑换货币。独资财务公司、合资财务公司的注册资本最低限额为2亿元人民币等值的自由兑换货币。注册资本应当是实缴资本。

外国银行分行应当由其总行无偿拨给不少于1亿元人民币等值的自由兑换货币的营运资本。

中国人民银行根据外资金融机构的业务范围和审慎监管的需要，可以提高其注册资本或者营运资金的最低限额，并规定其中的人民币份额。

第六条 设立独资银行或者独资财务公司，申请人应当具备下列条件：

（一）申请人为金融机构；

（二）申请人在中国境内已经设立代表机构2年以上；

（三）申请人提出设立申请前1年年末总资产不少于100亿美元；

（四）申请人所在国家或者地区有完善的金融监督管理制度，并且申请人受到所在国家或者地区有关主管当局的有效监管；

（五）申请人所在国家或者地区有关主管当局同意其申请；

（六）中国人民银行规定的其他审慎性条件。

第七条 设立外国银行分行，申请人应当具备下列条件：

（一）申请人在中国境内已经设立代表机构2年以上；

（二）申请人提出设立申请前1年年末总资产不少于200亿美元，并且资本充足率不低于8%；

（三）申请人所在国家或者地区有完善的金融监督管理制度，并且申请人受到所在国家或者地区有关主管当局的有效监管；

（四）申请人所在国家或者地区有关主管当局同意其申请；

（五）中国人民银行规定的其他审慎性条件。

第八条 设立合资银行或者合资财务公司，申请人应当具备下列条件：

（一）外国合资者为金融机构；

（二）外国合资者在中国境内已经设立代表机构；

(三)外国合资者提出设立申请前1年年末总资产不少于100亿美元；

(四)外国合资者所在国家或者地区有完善的金融监督管理制度，并且外国合资者受到所在国家或者地区有关主管当局的有效监管；

(五)外国合资者所在国家或者地区有关主管当局同意其申请；

(六)中国人民银行规定的其他审慎性条件。

第九条 设立独资银行或者独资财务公司，应当由申请人向中国人民银行提出书面申请，并提交下列资料：

(一)设立独资银行或者独资财务公司的申请书，其内容包括：拟设独资银行或者独资财务公司的名称，注册资本额，申请经营的业务种类等；

(二)可行性研究报告；

(三)拟设独资银行或者独资财务公司的章程；

(四)申请人所在国家或者地区有关主管当局核发的营业执照(副本)及对其申请的意见书；

(五)申请人最近3年的年报；

(六)中国人民银行要求提供的其他资料。

第十条 设立外国银行分行，应当由外国银行总行向中国人民银行提出书面申请，并提交下列资料：

(一)法定代表人签署的申请书，其内容包括：拟设外国银行分行的名称，总行无偿拨给的营运资金数额，申请经营的业务种类等；

(二)可行性研究报告；

(三)申请人所在国家或者地区有关主管当局核发的营业执照(副本)及对其申请的意见书；

(四)申请人最近3年的年报；

(五)中国人民银行要求提供的其他资料。

第十一条 设立合资银行或者合资财务公司，应当由合资各方共同向中国人民银行提出书面申请，并提交下列资料：

(一)设立合资银行或者合资财务公司的申请书，其内容包括：拟设合资银行或者合资财务公司的名称，合资各方名称，注册资本额，合资各方出资比例，申请经营的业务种类等；

(二)可行性研究报告；

(三)合资经营合同及拟设合资银行或者合资财务公司的章程；

(四)外国合资者所在国家或者地区有关主管当局核发的营业执照(副本)及对其申请的意见书；

(五)外国合资者最近3年的年报；

(六)中国合资者的有关资料；

(七)中国人民银行要求提供的其他资料。

第十二条 本条例第九条、第十条、第十一条所列资料，除年报外，凡用外文书写的，应当附有中文译本。

第十三条 中国人民银行应当对设立外资金融机构的申请进行初步审查，自收到完整的申请文件之日起6个月内作出受理或者不受理的决定。决定受理的，发给申请人正式申请表；决定不受理的，应当书面通知申请人并说明理由。

特殊情况下，中国人民银行不能在前款规定期限内完成初步审查并作出受理或者不受理决定的，可以适当延长，并告知申请人；但是，延长期限不得超过3个月。

第十四条 申请人应当自接到正式申请表之日起6个月内完成筹建工作；在规定期限内未完成筹建工作，有正当理由的，经中国人民银行批准，可以延长3个月。在延长期内仍未完成筹建工作的，中国人民银行作出的受理决定自动失效。筹建工作完成后，申请人应当将填写好的申请表连同下列文件报中国人民银行审批：

(一)拟设外资金融机构主管负责人名单及简历；

(二)对拟任该外资金融机构主要负责人的授权书；

(三)法定验资机构出具的验资证明；

(四)安全防范措施和与业务有关的其他设施的资料；

(五)设立外国银行分行的，其总行对该分行承担税务、债务的责任担保书；

(六)中国人民银行要求提供的其他文件。

第十五条 中国人民银行应当自收到设立外资金融机构完整的正式申请文件之日起2个月内，作出批准或者不批准的决定。决定批准的，颁发经营金融业务许可证；决定不批准的，应当书面通知申请人并说明理由。

第十六条 经批准设立外资金融机构的，申请人凭经营金融业务许可证向工商行政管理机关办理登记，领取营业执照。

第三章　业务范围

第十七条 独资银行、外国银行分行、合资银行按照中国人民银行批准的业务范围，可以部分或者全部依法经营下列种类的业务：

(一)吸收公众存款；

(二)发放短期、中期和长期贷款；

(三)办理票据承兑与贴现；

(四)买卖政府债券、金融债券，买卖股票以外的其他外币有价证券；

(五)提供信用证服务及担保；

(六)办理国内外结算；

(七)买卖、代理买卖外汇；

(八)从事外币兑换；

(九)从事同业拆借；

(十)从事银行卡业务；

(十一)提供保管箱服务；

(十二)提供资信调查和咨询服务；

(十三)经中国人民银行批准的其他业务。

第十八条 独资财务公司、合资财务公司按照中国人民银行批准的业务范围，可以部分或者全部依法经营下列种类的业务：

(一)吸收每笔不少于100万元人民币或者其等值的自由兑换货币。期限不少于3个月的存款;

(二)发放短期、中期和长期贷款;

(三)办理票据承兑与贴现;

(四)买卖政府债券、金融债券,买卖股票以外的其他外币有价证券;

(五)提供担保;

(六)买卖、代理买卖外汇;

(七)从事同业拆借;

(八)提供资信调查和咨询服务;

(九)提供外汇信托服务;

(十)经中国人民银行批准的其他业务。

第十九条 外资金融机构经营人民币业务的地域范围和服务对象范围,由中国人民银行按照有关规定核定。

第二十条 外资金融机构经营人民币业务,应当具备下列条件:

(一)提出申请前在中国境内开业3年以上;

(二)提出申请前2年连续盈利;

(三)中国人民银行规定的其他审慎性条件。

第二十一条 外资金融机构在中国人民银行批准的业务范围内,开办新的业务品种的,应当在开办之前向中国人民银行提出书面申请。中国人民银行应当自收到书面申请文件之日起60日内作出批准或者不批准的决定。中国人民银行作出不批准决定的,应当书面通知申请人并说明理由。

第四章 监督管理

第二十二条 外资金融机构的存款、贷款利率及各种手续费率,由外资金融机构按照中国人民银行的有关规定确定。

第二十三条 外资金融机构经营存款业务,应当向所在地区的中国人民银行分支机构缴存存款准备金,其比率由中国人民银行制定,并根据需要进行调整。

第二十四条 外国银行分行的营运资金的30%应当以中国人民银行指定的生息资产形式存在,包括在中国人民银行指定的银行的存款等。

第二十五条 独资银行、合资银行、独资财务公司、合资财务公司的资本充足率不得低于8%。

第二十六条 独资银行、合资银行、独资财务公司、合资财务公司对1个企业及其关联企业的授信余额,不得超过其资本的25%,但是经中国人民银行批准的除外。

第二十七条 独资银行、合资银行、独资财务公司、合资财务公司的固定资产不得超过其所有者权益的40%。

第二十八条 独资银行、合资银行、独资财务公司、合资财务公司资本中的人民币份额与其风险资产中的人民币份额的比例不得低于8%。

外国银行分行营运资金加准备金等之和中的人民币份额与其风险资产中的人民币份额的比例不得低于8%。

对前两款规定的比例,中国人民银行应当按照有关规定逐步调整。

第二十九条 外资金融机构应当确保其资产的流动性。流动性资产余额与流动性负债余额的比例不得低于25%。

第三十条 外资金融机构从中国境内吸收的外汇存款不得超过其境内外汇总资产的70%。

对前款规定的比例,中国人民银行应当按照有关规定逐步调整。

第三十一条 外资金融机构应当按照规定计提呆账(坏账)准备金。

第三十二条 外资金融机构应当聘用中国注册会计师,并经所在地区的中国人民银行分行认可。

第三十三条 外资金融机构有下列情况之一的,须经中国人民银行批准,并依法向工商行政管理机关办理有关登记:

(一)设立分支机构;

(二)调整、转让注册资本,追加、减少营运资金;

(三)变更机构名称或者营业场所;

(四)调整业务范围;

(五)变更持有资本总额或者股份总额10%以上的股东;

(六)修改章程;

(七)更换高级管理人员;

(八)中国人民银行规定的其他情况。

第三十四条 外资金融机构应当按照规定向中国人民银行及其分支机构报送财务报表和有关资料。

第三十五条 中国人民银行及其分支机构有权定期或者随时检查、稽核外资金融机构的存款、贷款、结算、呆账等情况,有权要求外资金融机构在规定的期限内报送有关文件、资料和书面报告,有权对外资金融机构的违法违规行为依法进行处罚、处理。

第三十六条 中国人民银行及其分支机构有权要求外资金融机构按照规定制定业务规则,建立健全业务管理、现金管理和安全防范制度。

第三十七条 外资金融机构应当接受中国人民银行及其分支机构依法进行的监督检查,如实报送有关文件、资料和书面报告,不得拒绝、阻碍、隐瞒。

第五章 解散与清算

第三十八条 外资金融机构自行终止业务活动,应当在距终止业务活动30日前以书面形式向中国人民银行提出申请,经中国人民银行审查批准后予以解散并进行清算。

第三十九条 外资金融机构无力清偿到期债务的,中国人民银行可以责令其停业,限期清理。在清理期限内,已恢复偿付能力、需要复业的,必须向中国人民银行提出复业申请;超过清理期限,仍未恢复偿付能力的,应当进行清算。

第四十条 外资金融机构因解散、依法被撤销或者宣告破产而终止的，其清算的具体事宜，参照中国有关法律、法规的规定办理。

第四十一条 外资金融机构清算终结，应当在法定期限内向原登记机关办理注销登记。

第六章 法律责任

第四十二条 未经中国人民银行批准，擅自设立外资金融机构或者非法从事金融业务活动的，由中国人民银行予以取缔；依照刑法关于擅自设立金融机构罪、非法吸收公众存款罪或者其他罪的规定，依法追究刑事责任；尚不够刑事处罚的，由中国人民银行没收违法所得，并处违法所得1倍以上5倍以下的罚款；没有违法所得或者违法所得不足10万元的，处10万元以上50万元以下的罚款。

第四十三条 外资金融机构超出中国人民银行批准的业务范围、业务地域范围或者服务对象范围从事金融业务活动的，依照刑法关于非法经营罪或者其他罪的规定，依法追究刑事责任；尚不够刑事处罚的，由中国人民银行给予警告，没收违法所得，并处违法所得1倍以上5倍以下的罚款；没有违法所得或者违法所得不足10万元的，处10万元以上50万元以下的罚款。

第四十四条 外资金融机构在中国人民银行批准的业务范围内，未经批准开办新的业务品种的，由中国人民银行责令其停止经营未经批准的新的业务品种，没收违法所得，并处违法所得1倍以上3倍以下罚款；没有违法所得或者违法所得不足5万元的，处5万元以上30万元以下的罚款。

第四十五条 外资金融机构违反本条例第四章的有关规定从事经营的，由中国人民银行给予警告，没收违法所得，并处违法所得1倍以上3倍以下的罚款；没有违法所得或者违法所得不足5万元的，处5万元以上30万元以下的罚款。

第四十六条 外资金融机构违反本条例有关规定，拒绝、阻碍依法监督检查或者报送虚假的文件、资料和书面报告的，由中国人民银行给予警告，并处10万元以上50万元以下的罚款。

第四十七条 外资金融机构违反本条例有关规定，未按期报送财务报表和有关文件、资料及书面报告或者未按照规定制定有关业务规则、建立健全有关管理制度的，由中国人民银行给予警告，责令限期改正，并处1万元以上10万元以下的罚款。

第四十八条 外资金融机构违反本条例，除依照本章第四十三条、第四十四条、第四十五条、第四十六条、第四十七条的有关规定给予处罚外，情节严重的，中国人民银行可以责令该外资金融机构停业整顿或者吊销经营金融业务许可证；取消该外资金融机构高级管理人员一定期限直至终身在中国的任职资格。

第四十九条 外资金融机构违反中华人民共和国其他法律、法规的，由有关主管机关依法处理。

第七章 附 则

第五十条 香港特别行政区、澳门特别行政区和台湾地区的金融机构在内地设立和营业的金融业务机构，比照适用本条例。

第五十一条 对外国金融机构驻华代表机构的管理办法，由中国人民银行另行制定。

第五十二条 本条例自2002年2月1日起施行。1994年2月25日国务院发布的《中华人民共和国外资金融机构管理条例》同时废止。

关于促进和引导民间投资的若干意见

国家计委于2001年12月11日发布

实行改革开放以来，我国民间投资增长迅速，在发展经济、扩大就业、活跃市场和增加出口等方面发挥出日益重要的作用，已成为促进我国经济和社会发展的重要力量。近些年来，由于受政策、体制和市场环境以及民间投资者自身因素的制约，民间投资发展受到了一定的影响。为了充分调动和发挥民间投资者的积极性，支持民间投资健康发展，现对促进和引导民间投资的工作提出以下意见。

一、进一步转变思想观念，促进民间投资的发展。促进和引导民间投资，有利于扩大内需，保持经济持续增长；有利于增加就业和繁荣市场，提高人民生活水平；有利于适应加入世界贸易组织的要求，提高国民经济整体素质；有利于推动所有制结构调整，促进社会主义市场经济体制的建立和完善。各地区、各有关部门要以邓小平理论和党的十五大精神为指导，按照江泽民总书记"七·一"重要讲话和"三个代表"重要思想的要求，充分认识个体、私营等非公有制经济是社会主义市场经济的重要组成部分，以及促进和引导民间投资对保持国民经济持续稳定健康发展的重要性。要根据建立社会主义市场经济体制的需要制定相应的政策，改进管理方法，为民间投资者营造公平竞争的发展环境。要进一步完善法律法规，依法保护民间投资者的合法权益。

二、逐步放宽投资领域。除国家有特殊规定的以外，凡是鼓励和允许外商投资进入的领域，均鼓励和允许民间投资进入；在实行优惠政策的投资领域，其优惠政策对民间投资同样适用；鼓励和引导民间投资以独资、合作、联营、参股、特许经营等方式，参与经营性的基础设施和公益事业项目建设。近期要积极创造条件，尽快建立公共产品的合理价格、税收机制，在政府的宏观调控下，鼓励和引导民间投资参与供水、污水和垃圾处理、道路、桥梁等城市基础设施建设。鼓励有条件的民间投资者到境外投资。

三、积极拓宽融资渠道。国有商业银行要把支持民间投资作为信贷工作的重要内容，完善机构设置，明确工作职责，充实信贷人员，制定有针对性的贷款政策和管理办法；要增强服务意识，增加服务品种，对民间投资者的贷款申请一视同仁；要帮助民间投资者建立规范的财务制度，增强信用意识，提供信息咨询和理财经验；要与民间投资者共同努力，严格防范金融风险。股份制商业银行、城市商业银行和农村信用合作社，应把民间投资者作为重要服务对象。鼓励建立为民间投资服务的信用担保和贷款担保机构。证券监管部门要在健全完善核准制的基础上，为民间投资项目上市融资提供平等的机会。

要积极稳妥地发展风险投资基金，为民间投资者进行高新技术项目投资提供资金支持。允许以技术要素等无形资产作价投资。支持民间投资者与外商合资合作。允许民间投资项目申请利用外国政府和国际金融机构贷款。

四、实行公平合理的税费政策。各地区、各有关部门，对与民间投资有关的税费科目要进行清理和规范，调整不公平的税赋，取消不合理的收费，切实减轻民间投资者的负担；对尚处于创业阶段的民间投资者可以给予一定的减免税支持；各级政府应积极创造条件，通过财政贴息、设立担保基金和投资补贴等形式，引导民间资本投向高新技术、基础设施和公益事业，支持民间投资者到西部地区投资。

五、建立社会化服务体系。鼓励建立为民间投资者服务的商会、行业协会等自律性组织，发展为民间投资者提供政策、法律、财会、技术、管理和市场信息等服务的中介组织，帮助民间投资者建立规范的产权制度、财会制度和人员培训制度。

六、改进政府的管理工作。各级地方政府要把促进和引导民间投资纳入国民经济和社会发展规划，本着积极引导、热心服务、依法监管的原则，采取法律、经济和必要的行政手段，引导民间投资健康发展。要防止出现低水平重复建设，禁止从事破坏生态环境、浪费资源和危害劳动者人身安全的项目建设。同时，要加强税收征管和维护金融债权工作，依法打击偷逃税和逃废金融债务的行为。

对民间投资项目，政府主要从产业政策、城乡规划、环境保护、资源利用、土地使用和公共安全等方面进行审核；要改革行政审批制度，减少程序，提高效率，尽快建立民间投资项目登记备案制度。统计部门要改进对民间投资的统计方法，及时、准确、全面地反映民间投资状况。

有关部门应调整、制定有关政策，使民间投资者在评定职称、评选先进、户籍管理、子女就学以及因商务和技术交流需要办理出国（境）手续等方面，享有与国有单位人员同等的待遇。

在国务院的领导下，国家计委将会同有关部门，对全国促进和引导民间投资工作进行宏观指导、政策研究和组织协调。各省级人民政府要按照中央的方针政策，针对本地区民间投资发展的现状和特点，因地制宜地制定和实施具体政策措施，做好民间投资的促进和引导工作。

第十部分

国民经济与投资统计

综　　合

1—1　国民经济和社会发展总量与速度指标

指　标	总量指标					速度指标(%)						
	1985	1990	1995	2000	2001	指数 Index(2001 比以下各年)				年均增长速度		
						1985	1990	1995	2000	1986－1990	1991－1995	1996－2001
人口与就业												
人口(万人)												
年底总人口	105851	114333	121121	126743	127627	120.6	111.6	105.4	100.7	1.6	1.2	0.9
城镇人口	25094	30195	35174	45906	48064	191.5	159.2	136.6	104.7	3.8	3.1	5.3
乡村人口	80757	84138	85947	80837	79563	98.5	94.6	92.6	98.4	0.8	0.4	－1.3
男性人口	54725	58904	61808	65437	65672	120.0	111.5	106.3	100.4	1.5	1.0	1.0
女性人口	51126	55429	59313	61306	61955	121.2	111.8	104.5	101.1	1.6	1.4	0.7
就业(万人)												
就业人员数	49873	64749	68065	72085	73025	146.4	112.8	107.3	101.3	5.1	1.2	1.2
#职工人数	12358	14059	14908	11259	10792	87.3	76.8	72.4	95.9	2.6	1.2	－5.2
城镇登记失业人数	239	383	520	595	681	285.5	177.7	131.1	114.5	9.9	6.3	4.6
宏观经济												
国民核算(亿元)												
国民生产总值	8989	18598	57495	88228	94346	403.7	276.0	159.7	107.0	7.9	11.6	8.1
国内生产总值	8964	18548	58478	89442	95933	410.8	281.3	159.6	107.3	7.9	12.0	8.1
第一产业	2542	5017	11993	14628	14610	183.2	149.3	121.8	102.8	4.2	4.2	3.3
第二产业	3867	7717	28538	44935	49069	594.2	386.7	173.5	108.7	9.0	17.4	9.6
第三产业	2556	5814	17947	29879	32254	401.5	256.5	159.6	107.4	9.4	10.0	8.1
支出法国内生产总值	8792	18320	58511	89357	98618							
#最终消费	5773	11365	33635	54617	58953							
居民消费	4589	9113	26945	42912	45923							
政府消费	1184	2252	6691	11705	13029							
资本形成总额	3386	6444	23877	32500	37461							
固定资本形成	2641	4732	20301	32624	36813							
存货增加	745	1712	3577	－124	648							
固定资产投资(亿元)												
全社会固定资产投资总额	2543.2	4517.0	20019.3	32917.7	37213.5	1463.3	823.9	185.9	113.1	12.2	34.7	10.9
#国有单位	1680.5	2986.3	10898.2	16504.4	17607.0	1047.7	589.6	161.6	106.7	12.2	29.6	8.3
集体单位	327.5	529.5	3289.4	4801.5	5278.6	1611.8	996.9	160.5	109.9	10.1	44.1	8.2
个体经济	535.2	1001.2	2560.2	4709.4	5429.6	1014.5	542.3	212.1	115.3	13.3	20.7	13.3
财政(亿元)												
国家财政收入	2004.8	2937.1	6242.2	13395.2	16386.0	817.3	557.9	262.5	122.3	7.9	16.3	17.5
中　央	769.6	992.4	3256.6	6989.2	8582.7	1115.2	864.8	263.5	122.8	5.2	26.8	17.5
地　方	1235.2	1944.7	2985.6	6406.1	7803.3	631.7	401.3	261.4	121.8	9.5	9.0	17.4
国家财政支出	2004.3	3083.6	6823.7	15886.5	18902.6	943.1	613.0	277.0	119.0	9.0	17.2	18.5
中　央	795.3	1004.5	1995.4	5519.9	5768.0	725.3	574.2	289.1	104.5	4.8	14.7	19.4
地　方	1209.0	2079.1	4828.3	10366.7	13134.6	1086.4	631.7	272.0	126.7	11.5	18.4	18.2
物价总指数(上年＝100)												
商品零售价格指数	108.8	102.1	114.8	98.5	99.2							
居民消费价格指数	109.3	103.1	117.1	100.4	100.7							
工业品出厂价格指数	108.7	104.1	114.9	102.8	98.7							
利用外资(亿美元)												
签订利用外资协议额	98.7	120.9	1032.1	711.3	719.8	729.3	595.4	69.7	101.2	4.1	53.6	－5.8
实际利用外资额	44.6	102.9	481.3	593.6	496.7	1113.7	482.7	103.2	83.7	17.2	36.1	0.5

1—1 续表 1

指 标	总量指标					速度指标(%)						
	1985	1990	1995	2000	2001	指数 Index(2001 比以下各年)				年均增长速度		
						1985	1990	1995	2000	1986－1990	1991－1995	1996－2001
能源生产与消费(万吨标准煤)												
能源生产总量	85546	103922	129034	106988	121000	141.4	116.4	93.8	113.1	4.0	4.4	－1.1
能源消费总量	76682	98703	131176	130297	132000	172.1	133.7	100.6	101.3	5.2	5.9	0.1
农业												
耕地面积 (千公顷)	96846	95673	94971									
农林牧渔业劳动力(万人)	30352	33336	32335	32798	32451	106.9	97.3	100.4	98.9	1.9	－0.6	0.1
农林牧渔业总产值(亿元)	3619.5	7662.1	20340.9	24915.8	26179.6	252.5	200.1	139.8	104.2	4.8	7.4	5.7
主要农产品产量 (万吨)												
粮 食	37911	44624	46662	46218	45264	119.4	101.4	97.0	97.9	3.3	0.9	－0.5
棉 花	414.7	450.8	476.8	441.7	532.4	128.4	118.1	111.7	120.5	1.7	1.1	1.9
油 料	1578.4	1613.2	2250.3	2954.8	2864.9	181.5	177.6	127.3	97.0	0.4	6.9	5.6
甘 蔗	5154.9	5762.0	6542.0	6828.0	7566.3	146.8	131.3	115.7	110.8	2.3	2.6	0.9
甜 菜	891.9	1452.5	1398.4	807.3	1088.9	122.1	75.0	77.9	134.9	10.2	－0.8	－4.1
茶 叶	43.2	54.0	58.9	68.3	70.2	162.5	130.0	119.2	102.8	4.6	1.8	3.0
水 果	1163.9	1874.4	4214.6	6225.1	6658.0	572.0	355.2	158.0	107.0	10.0	17.6	8.1
肉 类				6125.4	6333.9				103.4			
水产品	705.2	1237.0	2517.2	4278.5	4381.3	621.3	354.2	174.1	102.4	11.9	15.3	11.2
工业												
主要工业产品产量												
布 (亿米)	146.7	188.8	260.2	277.0	290.0	197.7	153.6	111.5	104.7	5.2	6.6	1.8
机制纸及纸板 (万吨)	911	1372	2812	2487	3777	414.6	275.3	134.3	151.9	8.5	15.4	5.0
糖 (万吨)	451	582	559	700	653	144.8	112.2	116.8	93.3	5.2	－0.8	2.6
家用电冰箱 (万台)	145	463	919	1279	1351	931.7	291.8	147.0	105.6	26.1	14.7	6.6
彩色电视机 (万台)	435	1033	2058	3936	4094	941.1	396.3	198.9	104.0	18.9	14.8	12.1
家用洗衣机 (万台)	887	663	948	1443	1342	151.3	202.4	141.6	93.0	－5.7	7.4	6.0
房间空调器 (万台)	12	24	683	1827	2334	19450.0	9725.0	341.7	127.8	14.9	95.4	22.7
原 煤 (亿吨)	8.7	10.8	13.6	10.0	11.6	114.7	92.4	85.4	116.3	4.4	1.6	－2.6
原 油 (万吨)	12490	13831	15005	16300	16396	131.3	118.5	109.3	100.6	2.1	1.6	1.7
发电量 (亿千瓦小时)	4107	6212	10070	13556	14808	360.6	238.4	147.1	109.2	8.6	10.1	6.1
钢 (万吨)	4679	6635	9536	12850	15163	324.1	228.5	159.0	118.0	7.2	7.5	6.2
成品钢材 (万吨)	3693	5153	8980	13146	16068	435.1	311.8	178.9	122.2	6.9	11.7	7.9
水 泥 (万吨)	14595	20971	47561	59700	66104	452.9	315.2	139.0	110.7	7.5	17.8	4.7
国有及限额以上非国有工业企业												
主要指标												
工业总产值 (亿元)				85674	95449				114.6			
固定资产原价 (亿元)	6926	14390	44989	78646	86293	1245.9	599.7	191.8	109.7	15.7	25.6	11.8
固定资产净值年平均余额 (亿元)	4725	10139	32287	51792	55437	1173.3	546.8	171.7	107.0	16.5	26.1	9.9
利润总额 (亿元)		560	1635	4393	4733		845.2	289.5	107.7		23.9	21.9

1—1 续表 2

指标	总量指标					速度指标(%)						
	1985	1990	1995	2000	2001	指数 Index(2001 比以下各年)				年均增长速度		
						1985	1990	1995	2000	1986－1990	1991－1995	1996－2001
建筑业												
建筑业企业人数 (万人)	1701	1717	2512	2741	2873	168.9	167.3	114.4	104.8	0.2	7.9	1.8
建筑业总产值 (亿元)	985.1	1947.6	9505.0	16780.9	20009.8	2031.2	1027.4	210.5	119.2	14.6	37.3	12.0
施工房屋面积(万平方米)	35492	37923	89863	160141	188329	530.6	496.6	209.6	117.6	1.3	18.8	12.2
竣工房屋面积(万平方米)	17073	19553	35666	80715	97699	572.2	499.7	273.9	121.0	2.7	12.8	17.7
交通运输												
货运量 (万吨)	745763	970602	1234810	1358124	1401177	187.9	144.4	113.5	103.2	5.4	4.9	1.9
铁路	130709	150681	165855	178023	192580	147.3	127.8	116.1	108.2	2.9	1.9	1.4
公路	538062	724040	940387	1038813	1056312	196.3	145.9	112.3	101.7	6.1	5.4	2.0
水运	63322	80094	113194	122391	132675	209.5	165.6	117.2	108.4	4.8	7.2	1.6
管道	13650	15750	15274	18700	19439	142.4	123.4	127.3	104.0	2.9	－0.6	4.1
空运	20	37	101	197	171	855.0	462.2	169.3	86.8	13.1	22.2	9.2
客运量 (万人)	620206	772682	1172596	1478573	1534122	247.4	198.5	130.8	103.8	4.5	8.7	4.6
铁路	112110	95712	102745	105073	105155	93.8	109.9	102.3	100.1	－3.1	1.4	0.4
公路	476486	648085	1040810	1347392	1402798	294.4	216.5	134.8	104.1	6.3	9.9	5.3
水运	30863	27225	23924	19386	18645	60.4	68.5	77.9	96.2	－2.5	－2.6	－4.1
空运	747	1660	5117	6722	7524	1007.2	453.3	147.0	111.9	17.3	25.3	5.6
沿海主要港口货物吞吐量 (万吨)	31154	48321	80166	125603	142634	457.8	295.2	177.9	113.6	9.2	10.7	9.4
邮电通信业												
邮电业务总量 (亿元)	62.2	155.5	988.9	4792.7	4556.3	9832.0	3932.8	618.4	127.6	20.1	44.8	35.5
函件 (亿件)	46.8	54.9	79.6	77.7	86.9	185.7	158.3	109.2	111.9	3.2	7.7	1.5
报刊期发数 (万份)	30172	20078	21689	20090	21811	72.3	108.6	100.6	108.6	－7.8	1.6	0.1
本地电话局用交换机容量 (万门)	613	1232	7204	17826	20570	3355.6	1669.6	285.5	115.4	15.0	42.4	19.1
本地电话年末用户(万户)	312	685	4071	14483	18037	5780.5	2633.0	443.1	124.5	17.0	42.8	28.2
城市电话用户	219	538	3264	9312	11194	5112.3	2078.9	343.0	120.2	19.7	43.4	22.8
乡村电话用户	93	147	807	5171	6843	7352.3	4668.5	848.0	132.3	9.5	40.7	42.8
公用电话 (万户)	2.7	4.6	85.0	352.0	346.2	12608.8	7518.6	407.4	98.4	10.9	79.2	26.4
移动电话用户 (万户)		1.8	362.9	8453.3	14522.2		793562.8	4001.3	171.8		188.1	84.9
国际互联网络用户(万户)			0.7	902.2	3656.2			506895.3	405.3			314.5
国内商业												
社会消费品零售总额 (亿元)	3801	7250	20620	34153	37595	989.1	518.6	182.3	110.1	13.8	23.3	10.5
对外经济贸易												
进出口总额 (亿美元)	696.0	1154.4	2808.6	4742.9	5097.6	732.4	441.6	181.5	107.5	10.6	19.5	10.4
出口额	273.5	620.9	1487.8	2492.0	2661.5	973.1	428.7	178.9	106.8	17.8	19.1	10.2
进口额	422.5	533.5	1320.8	2250.9	2436.1	576.6	456.6	184.4	108.2	4.8	19.9	10.7

1—1 续表 3

指标	总量指标					速度指标(%)						
	1985	1990	1995	2000	2001	指数 Index(2001 比以下各年)				年均增长速度		
						1985	1990	1995	2000	1986－1990	1991－1995	1996－2001
国际旅游												
来华旅游人数 (万人)	1783	2746	4639	8344	8901	499.2	324.2	191.9	106.7	9.0	11.1	11.5
旅游外汇收入 (亿美元)	12.5	22.2	87.3	162.2	177.9	1423.2	801.4	203.8	109.7	12.2	31.5	12.6
金融保险												
金融机构各项存款(亿元)		14013	53862	123804	143617		1024.9	266.6	116.0		30.9	17.8
金融机构各项贷款(亿元)		17681	50538	99371	112315		635.2	222.2	113.0		23.4	14.2
保险公司保险金额(亿元)				508579	427747				84.1			
保险公司保费 (亿元)				1598	2109				132.0			
保险公司赔款及给付 (亿元)				526	597				113.5			
教育、科技、文化												
教育												
专任教师数 (万人)												
普通高等学校	34.4	39.5	40.1	46.3	53.2	154.7	134.7	132.7	114.9	2.8	0.3	4.8
中等学校	296.7	349.2	388.3	473.4	488.1	164.5	139.8	125.7	103.1	3.3	2.1	3.9
小学	537.7	558.2	566.4	586.0	579.8	107.8	103.9	102.4	98.9	0.8	0.3	0.4
在校学生数 (万人)												
普通高等学校	170.3	206.3	290.6	556.1	719.1	422.3	348.6	247.5	129.3	3.9	7.1	16.3
中等学校	5092.6	5105.4	6191.5	8518.5	8896.0	174.7	174.2	143.7	104.4	0.1	3.9	6.2
小学	13370.2	12241.4	13195.2	13013.3	12543.5	93.8	102.5	95.1	96.4	－1.7	1.5	－0.8
教育经费支出 (亿元)			1878.0	3849.1								
科技												
科学家、工程师数 (万人)			155.4	204.6	207.1			133.3	101.2			4.9
研究与试验发展经费支出 (亿元)		125.4	348.7	895.7	1042.5		831.3	299.0	116.4		22.7	20.0
技术市场成交额 (万元)		750969	2683447	6507519	7827489		1042.3	291.7	120.3		29.0	19.5
文化												
出版数量												
图书 (亿册·张)	66.7	56.4	63.2	62.7	63.1	94.6	111.9	99.8	100.6	－3.3	2.3	0.0
杂志 (亿册)	25.6	17.9	23.4	29.4	28.9	112.9	161.5	123.5	98.3	－6.9	5.5	3.6
报纸 (亿份)	246.8	211.3	263.3	329.3	351.1	142.3	166.2	133.3	106.6	－3.1	4.5	4.9
故事影片产量 (部)	127	134	146	91	88	69.3	65.7	60.3	96.7	1.1	1.7	－8.1
电视节目制作时间(小时)	38056	91572	383513	585007	989173	2599.3	1080.2	257.9	169.1	19.2	33.2	17.1
家庭、生活、环境												
家庭												
家庭总户数 (万户)	23804	27738	31676	34881	35330	148.4	127.4	111.5	101.3	3.1	2.7	1.8
城镇居民平均每户家庭人口 (人)	3.89	3.50	3.23	3.13	3.10	79.7	88.6	96.0	99.0	－2.1	－1.6	－0.7
农村居民平均每户家庭人口 (人)	5.12	4.80	4.48	4.20	4.15	81.1	86.5	92.6	98.8	－1.3	－1.4	－1.3
婚姻												
结婚登记总数 (万对)	831.3	951.1	934.1	848.5	805.0	96.8	84.6	86.2	94.9	2.7	－0.4	－2.4
离婚数 (万对)	45.8	80.0	105.5	121.3	125.0	272.9	156.3	118.5	103.1	11.8	5.7	2.9

1—1 续表 4

指标	总量指标					速度指标(%)						
	1985	1990	1995	2000	2001	指数 Index(2001 比以下各年)				年均增长速度		
						1985	1990	1995	2000	1986－1990	1991－1995	1996－2001
居住												
城市人均建筑面积(平方米)	10.0	13.7	16.3	20.3	20.8	208.0	152.7	127.9	102.9	6.4	3.6	4.2
城市人均使用面积(平方米)		9.9	11.8	14.9	15.5		156.6	131.4	104.0		3.6	4.7
农村居民人均居住面积(平方米)	14.7	17.8	21.0	24.8	25.7	174.8	144.4	122.4	103.6	3.9	3.4	3.4
生活												
城镇居民人均可支配收入(元)	739	1510	4283	6280	6860	259.6	210.1	143.3	108.5	4.3	7.9	6.2
农村居民人均纯收入(元)	398	686	1578	2253	2366	187.3	161.9	131.3	104.2	3.0	4.3	4.6
城乡储蓄存款余额(亿元)	1623	7120	29662	64332	73762	4545.9	1036.0	248.7	114.7	34.1	33.4	16.4
工资												
工资总额(亿元)	1383	2951	8100	10656	11831	855.5	400.9	146.1	111.0	16.4	22.4	6.5
职工平均工资(元)	1148	2140	5500	9371	10870	244.2	216.7	163.2	115.2	2.4	5.8	8.5
离休、退休、退职费(亿元)	145.6	396.2	1305.6	2733.3	3072.0	2109.9	775.4	235.3	112.4	22.2	26.9	15.3
卫生												
医院、卫生院(个)	59614	62454	67807	66509	65424	109.7	104.8	96.5	98.4	0.9	1.7	－0.6
医生(万人)	141.3	176.3	191.8	207.6	210.0	148.6	119.1	109.5	101.2	4.5	1.7	1.5
医院、卫生院床位数(万张)	222.9	262.4	283.6	294.8	297.6	133.5	113.4	104.9	100.9	3.3	1.6	0.8
市政建设												
自来水供应量(亿吨)	128.0	382.3	496.6	469.0	466.1	364.1	121.9	93.9	99.4	24.5	5.4	－1.1
下水道长度(公里)	31556	57787	110293	141758	158128	501.1	273.6	143.4	111.5	12.9	13.8	6.2
城市煤气和天然气供气量(万立方米)	411853	2389354	1940248	2345091	2424340	588.6	101.5	125.0	103.4	42.1	－4.1	3.8
公共汽(电)车总数(辆)	45155	62215	136821	225993	229832	509.0	369.4	168.0	101.7	6.6	17.1	9.0
铺装道路长度(公里)	38282	94820	130308	159617	176016	459.8	185.6	135.1	110.3	19.9	6.6	5.1
绿地面积(公顷)	159291	474613	678310	865295	946634	594.3	199.5	139.6	109.4	24.4	7.4	5.7
环境、灾害												
污染治理项目本年完成投资额(亿元)	22.2	45.4	98.7	239.4	174.5	786.2	384.4	176.8	72.9	15.4	16.8	10.0
环境污染与破坏事故次数(起)	2716	3462	1966	2411	1842	67.8	53.2	93.7	76.4	5.0	－10.7	－1.1
环境污染直接经济损失(万元)			9938	17808	12272			123.5	68.9			3.6
环境污染事故赔罚款金额(万元)			4260	3683	3264			76.6	88.6			－4.3
火灾发生数(起)	34996	57302	37136	189185	216784	619.5	378.3	583.8	114.6	10.4	－8.3	34.2
火灾损失(万元)	28422	51182	107777	152217	140326	493.7	274.2	130.2	92.2	12.5	16.1	4.5
交通事故发生数(起)	97573	250244	271843	616971	754919	773.7	301.7	277.7	122.4	20.7	1.7	18.6
交通事故损失(万元)	6599	35362	152267	266890	308787	4679.3	873.2	202.8	115.7	39.9	33.9	12.5

注:1. 本表价值指标除邮电业务总量按不变价格计算外,其余均按当年价格计算。邮电业务总量 2000 年及以前按 1990 年不变价格计算,2001 年按 2000 年不变价格计算。

2. 本表速度指标中,国民生产总值、国内生产总值及三次产业、物价指数、农业牧渔业总产值、工业总产值、邮电业务总量、城乡居民、城乡居民收入和平均工资指标均按可比价格计算。

3. 2000 年及以后职工人数为在岗人数,1995 年及以前为全部职工人数,故不可比。

1—2 国民经济和社会发展结构指标

单位：%

指　　标	1985	1990	1995	2001
人口与就业				
人口				
城乡结构				
城镇	23.7	26.4	29.0	37.7
乡村	76.3	73.6	71.0	62.3
性别结构				
男	51.7	51.5	51.0	51.5
女	48.3	48.5	49.0	48.5
就业				
产业结构				
第一产业	62.4	60.1	52.2	50.0
第二产业	20.8	21.4	23.0	22.3
第三产业	16.8	18.5	24.8	27.7
宏观经济				
国民核算				
国内生产总值产业结构				
第一产业	28.4	27.1	20.5	15.2
第二产业	43.1	41.6	48.8	51.1
第三产业	28.5	31.3	30.7	33.6
投资				
全社会固定资产投资结构				
基本建设	42.2	37.7	37.0	39.8
更新改造	17.7	18.4	16.5	15.9
房地产开发	—	5.6	15.7	17.0
其他投资	40.1	38.3	30.8	27.2
资金来源结构				
国家预算内资金	16.0	8.7	3.0	6.7
国内贷款	20.1	19.6	20.5	19.1
利用外资	3.6	6.3	11.2	4.6
自筹和其他投资	60.3	65.4	65.3	69.6
财政				
财政收入结构				
中央	38.4	33.8	52.2	52.4
地方	61.6	66.2	47.8	47.6
财政支出结构				
中央	39.7	32.6	29.2	30.5
地方	60.3	67.4	70.8	69.5
利用外资				
实际利用外资结构				
对外借款	56.2	63.5	21.5	
外商直接投资	37.2	33.9	77.9	94.4
外商其他投资	6.7	2.6	0.6	5.6

1—2　续表 1

单位：%

指　　标	1985	1990	1995	2001
能源生产与消费				
能源生产总量结构				
原煤	72. 8	74. 2	75. 3	68. 0
原油	20. 9	19. 0	16. 6	20. 2
天然气	2. 0	2. 0	1. 9	3. 4
水电	4. 3	4. 8	6. 2	8. 4
能源消费总量结构				
煤炭	75. 8	76. 2	74. 6	67. 0
石油	17. 1	16. 6	17. 5	23. 6
天然气	2. 2	2. 1	1. 8	2. 5
水电	4. 9	5. 1	6. 1	6. 9
产　　业				
农业				
农林牧渔业产值结构				
农业	69. 3	64. 7	58. 4	55. 2
林业	5. 2	4. 3	3. 5	3. 6
牧业	22. 1	25. 7	29. 7	30. 4
渔业	3. 5	5. 4	8. 4	10. 8
工业				
工业总产值规模结构				
大型企业	28. 1	33. 2	39. 7	47. 0
中型企业	18. 9	18. 9	16. 5	13. 1
小型企业	53. 0	47. 8	43. 8	39. 9
建筑业				
建筑业总产值结构				
土木工程建筑业			86. 8	87. 8
线路管理设备安装业			11. 0	9. 0
建筑物装修装饰业			2. 2	3. 2
交通运输业				
货运量结构				
按运输方式分				
铁　路	17. 5	15. 5	13. 4	13. 7
公　路	72. 1	74. 6	76. 2	75. 4
水　运	8. 5	8. 3	9. 2	9. 5
民用航空	—	—	—	—
管道输油(气)	1. 8	1. 6	1. 2	1. 4
国内商业				
社会消费品零售总额构成				
市	49. 3	53. 6	60. 0	62. 6
县	19. 4	18. 4	14. 2	12. 2
县以下	31. 3	28. 0	25. 8	25. 2
对外经济贸易				
出口商品结构				
初级产品	50. 6	25. 6	14. 4	9. 9

1—2　续表 2

单位：%

指　　标	1985	1990	1995	2001
工业制成品	49.4	74.4	85.6	90.1
进口商品结构				
初级产品	12.5	18.5	18.5	18.8
工业制成品	87.5	81.5	81.5	81.2
国家旅游				
来华旅游人数结构				
外国人	7.7	6.4	12.7	12.6
华侨	0.5	0.3	0.2	—
港澳台同胞	91.8	93.3	87.1	87.4
金融保险业				
金融机构资金来源结构				
各项存款				92.7
金融债券				0.03
对国际金融机构负债				0.3
货币流通量				10.1
其他				-3.2
金融机构资金运用结构				
各项贷款				72.5
有价证券及投资				14.3
在国际金融机构资产				0.5
金银占款				0.2
外汇占款				11.5
财政借款				1.0
教育、科技、文化				
教育				
在校学生结构				
大学生	0.9	1.2	1.5	3.3
中学生	27.3	29.1	31.5	40.1
小学生	71.8	69.7	67.1	56.6
专任教师结构				
大学	4.0	4.2	4.0	4.8
中学	34.2	36.9	39.0	43.5
小学	61.9	59.0	56.9	51.7
科技				
科技经费筹集额结构				
#政府资金			25.8	25.3
企业资金			44.2	56.3
银行贷款			13.2	7.4
科技经费内部支出结构				
#劳务费			21.0	23.8
固定资产购建			28.5	29.9
#研究与发展经费支出			41.3	45.1
生活、环境				
生活				

1—2 续表 3

单位：%

指　标	1985	1990	1995	2001
城镇居民消费结构				
食品类	52.3	54.3	49.9	37.9
衣着类	14.6	13.4	13.5	10.1
用品及其他	28.3	25.3	29.5	41.7
居住	4.8	7.0	7.1	10.3
农村居民消费结构				
食品类	57.8	58.8	58.6	47.7
衣着类	9.7	7.8	6.9	5.7
用品及其他	14.2	16.1	20.6	30.6
居住	18.2	17.3	13.9	16.0
福利				
离退休退职人员结构				
离休人员		7.9	6.4	4.0
退休人员		88.5	90.6	94.0
退职人员		3.6	3.0	2.0
离退休退职人员保险福利费结构				
离休金		7.4	8.0	6.7
退休金		51.5	64.8	78.5
退职生活费		1.1	1.0	0.8
医疗卫生费		16.4	15.5	9.4
其他		23.6	10.7	4.6
卫生				
医生结构				
中医	23.8	20.9	18.7	15.9
西医师	42.6	60.0	61.8	65.0
西医士	33.5	18.8	19.0	18.4
医院床位结构				
市医院	43.2	52.9	61.3	65.8
县医院	56.8	47.1	38.7	34.2
环境、灾害				
治理污染资金使用结构				
治理废水	44.6	47.6	46.2	41.8
治理废气	32.4	32.6	33.6	37.7
治理固体废物	9.0	11.2	14.2	10.7
治理噪声	2.3	2.6	2.2	0.4
其他	11.7	6.0	3.8	9.4
火灾事故损失额结构				
特大	41.4	35.1	35.8	5.9
重大	33.4	27.8	38.3	9.0
一般	25.2	37.2	25.9	85.1
交通事故损失额结构				
特大	18.0	12.5	11.8	17.0
重大	14.6	19.8	22.0	8.3
一般	67.4	67.7	66.2	74.7

1—3 国民经济和社会发展比例和效益指标

指　　标		1985	1990	1995	2001
人口与就业					
人口					
出生率	(‰)	21.04	21.06	17.12	13.38
死亡率	(‰)	6.78	6.67	6.57	6.43
自然增长率	(‰)	14.26	14.39	10.55	6.95
就业					
就业者负担人口		1.12	0.79	0.78	0.75
三次产业就业者比例(以第一产业为100)					
第一产业		100	100	100	100
第二产业		33.5	35.5	44.1	44.6
第三产业		26.8	30.8	47.5	55.4
城镇失业率	(%)	1.8	2.5	2.9	3.6
宏观经济					
国民核算					
三次产业增加值比例(以第一产业为100)					
第一产业		100	100	100	100
第二产业		152.1	153.8	238.0	335.9
第三产业		100.6	115.9	149.6	220.8
全社会劳动生产率	(元/人)	1828	2865	8630	13222
第一产业		820	1289	3324	4027
第二产业		3872	5570	18431	30194
第三产业		3176	4853	11080	16107
人均国内生产总值	(元)	855	1634	4854	7543
固定资产投资					
全社会固定资产投资相当于国内生产总值比例	(%)	20.2	24.4	34.2	38.8
全社会房屋建筑面积竣工率	(%)	82.0	78.6	67.7	66.1
基本建设固定资产交付使用率	(%)	68.2	80.0	63.7	68.2
基本建设项目建成投产率	(%)	50.7	53.8	57.0	55.9
财政					
国家财政收入相当于国内生产总值比例	(%)	22.4	15.8	10.7	17.1
国家财政支出相当于国内生产总值比例	(%)	22.4	16.6	11.7	19.7
地方收入相当于中央财政收入比例	(%)	160.5	196.0	91.7	90.9
地方支出相当于中央财政支出比例	(%)	152	207	242	228
预算外资金收入相当于国家财政收入比例	(%)	76.3	92.2	38.6	28.6
利用外资					
实际利用外资额相当于签订利用外资额比例	(%)	45.2	85.1	46.6	69.0
能源生产与消费					
能源生产弹性系数		0.73	0.58	0.83	1.78
能源消费弹性系数		0.60	0.47	0.66	0.18
每万元国内生产总值消耗的能源	(吨)	8.6	5.2	2.2	1.4
产　　业					

1—3　续表 1

指　　标	1985	1990	1995	2001
农业				
人均耕地面积　（公顷）	0.09	0.08	0.08	
农业从业者人均耕地面积　（公顷）	0.33	0.29	0.29	
每公顷耕地农业机械总动力　（千瓦）	2.1	3.0	3.8	
每公顷耕地用电量　（千瓦小时）	510	883	1743	
每公顷耕地化肥施用量　（公斤）	178	271	378	
每公顷耕地生产的农业产值　（元）	2510	5178	12514	
每个农业劳动力生产量　（公斤）				
粮食	1221	1325	1435	1387
棉花	13.4	13.4	14.7	16.3
油料	50.8	47.9	69.2	87.8
猪牛羊肉				154.0
水产品	22.7	36.7	77.4	134.3
每公顷播种面积农产品产量　（公斤）				
粮食	3483	3933	4240	4267
棉花	810	810	879	1107
油料	1338	1480	1572	1958
工业企业效益				
总资产贡献率　（%）			9.19	8.91
资产负债率　（%）			65.31	58.97
成本费用利润率　（%）			3.21	5.35
流动资产周转次数　（次/年）			1.58	1.66
全员劳动生产率　（元/人·年）				
（按增加值计算）			18477	52062
建筑业				
技术装备率　（元/人）		2467	4264	7136
产值利税率　（%）		5.4	4.2	5.2
全员劳动生产率　（元/人）				
（按总产值计算）		13109	38680	67275
交通运输业				
客运量弹性系数	1.26	—	0.69	0.51
货运量弹性系数	0.3	—	0.44	0.43
铁路网密度　（公里/万平方公里）	57.3	60.2	62.2	73.0
公路网密度　（公里/万平方公里）	982	1071	1205	1769
铁路货运密度　（吨/公里）	23765	26069	27781	27489
公路货运密度　（吨/公里）	5709	7041	8128	6221
平均每一沿海港口泊位货物吞吐量　（万吨）	84	50	63	99
邮电通信业				
邮电业务总量弹性系数	1.35	33.15	4.16	3.78
全国电话普及率(含移动电话)　（部/百人）	0.6	1.1	4.7	25.9
移动电话普及率　（部/百人）			0.3	11.4
国内商业				
批零和餐饮业人均消费品零售额　（元）	17681	25852	50213	79795

1—3 续表 2

指标		1985	1990	1995	2001
对外经济贸易					
进出口总额相当于国内生产总值比例	(%)	23.1	30.0	40.2	44.0
国际旅游					
每一来华游客花费	(美元)	70	81	188	200
金融保险					
金融机构存款相当于国内生产总值比例	(%)			92.1	149.7
金融机构贷款相当于国内生产总值比例	(%)			86.4	117.1
金融机构现金支出相当于收入比例	(%)			100.6	100.3
教育、科技、文化					
教育					
学龄儿童入学率	(%)	96.0	97.8	98.5	99.1
小学升学率	(%)	68.4	74.6	90.8	95.5
初中升学率	(%)	41.7	40.6	48.3	52.9
学校教师负担系数	(%)				
高等学校		5.0	5.2	7.2	13.5
中等学校		17.2	14.6	15.9	18.5
小学学校		24.9	21.9	23.3	21.6
科技					
研究与试验发展经费支出相当于国内生产总值比例	(%)		0.71	0.60	1.09
文化					
每百万人有艺术表演团体	(个)	3.13	2.45	2.21	2.04
每百万人有公共图书馆	(个)	2.21	2.21	2.16	2.11
每百万人有博物馆	(个)	0.67	0.89	0.99	1.14
家庭、生活、环境					
家庭					
负担少儿系数	(%)	54.6 *	41.5	39.7	32.0
负担老年系数	(%)	8.0 *	8.3	9.2	10.1
婚姻					
离婚率	(‰)	0.95	1.41	1.75	1.97
生活					
城镇与农村居民收入增长率比例		0.36	0.46	0.67	0.78
(以农村居民收入指数为 1)(1978 - 100)					
福利					
离退休退职费相当于工资总额比例	(%)	10.5	13.4	16.1	26.0
离退休退职相当于在职人数比例	(%)	13.2	16.4	20.8	37.2
卫生					
每万人医院数	(个)	0.56	0.55	0.56	0.51
每万人医生数	(人)	13.3	15.4	15.8	16.9
每万人医院床位数	(张)	21.1	23.0	23.4	23.9
医院病床使用率	(%)	82.7	80.9	66.9	61.3
市政建设					
城市自来水普及率	(%)	81.0	89.2	93.0	72.3

1—3 续表 3

指 标		1985	1990	1995	2001
城市用气普及率	(%)	22.4	42.2	70.0	60.4
每万人绿地面积	(公顷)	13.7	32.2	36.7	38.6
环境、灾害					
平均每起火灾损失	(元)	8121	8932	29022	6473
平均每起交通事故损失	(元)	676	1413	5601	4090
平均每起环境污染事故直接经济损失	(元)			50549	66625

注：1.“*”负担少儿和老年系数为 1982 年数。

2. 预算外资金收入相当于国家财政收入比例为 2000 年数。

3. 市政建设人均指标 2000 年及以前按城市人口中非农业人口计算，2001 年按城市人口计算。

1—4 国内生产总值

本表按当年价格计算。 单位：亿元

年 份	国民生产总 值	国民生产总 值								人均国内生产总值(元/人)
			第一产业	第二产业			第三产业			
					工 业	建筑业		#交通运输仓储、邮电通信业	#批发和零售贸易餐饮业	
1978	3624.1	3624.1	1018.4	1745.2	1607.0	138.2	860.5	172.8	265.5	379
1979	4038.2	4038.2	1258.9	1913.5	1769.7	143.8	865.8	184.2	220.0	417
1980	4517.8	4517.8	1359.4	2192.0	1996.5	195.5	966.4	205.0	231.6	460
1981	4860.3	4862.4	1545.6	2255.5	2048.4	207.1	1061.3	211.1	255.7	489
1982	5301.8	5294.7	1761.6	2383.0	2162.3	220.7	1150.1	236.7	198.6	526
1983	5957.4	5934.5	1960.8	2646.2	2375.6	270.6	1327.5	264.9	231.4	582
1984	7206.7	7171.0	2295.5	3105.7	2789.0	316.7	1769.8	327.1	412.4	695
1985	8989.1	8964.4	2541.6	3866.6	3448.7	417.9	2556.2	406.9	878.4	855
1986	10201.4	10202.2	2763.9	4492.7	3967.0	525.7	2945.6	475.6	943.2	956
1987	11954.5	11962.5	3204.3	5251.6	4585.8	665.8	3506.6	544.9	1159.3	1103
1988	14922.3	14928.3	3831.0	6587.2	5777.2	810.0	4510.1	661.0	1618.0	1355
1989	16917.8	16909.2	4228.0	7278.0	6484.0	794.0	5403.2	786.0	1687.0	1512
1990	18598.4	18547.9	5017.0	7717.4	6858.0	859.4	5813.5	1147.5	1419.7	1634
1991	21662.5	21617.8	5288.6	9102.2	8087.1	1015.1	7227.0	1409.7	2087.0	1879
1992	26651.9	26638.1	5800.0	11699.5	10284.5	1415.0	9138.6	1681.8	2735.0	2287
1993	34560.5	34634.4	6882.1	16428.5	14143.8	2284.7	11323.8	2123.2	3090.7	2939
1994	46670.0	46759.4	9457.2	22372.2	19359.6	3012.6	14930.0	2685.9	4050.4	3923
1995	57494.9	58478.1	11993.0	28537.9	24718.3	3819.6	17947.2	3054.7	4932.3	4854
1996	66850.5	67884.6	13844.2	33612.9	29082.6	4530.5	20427.5	3494.0	5560.3	5576
1997	73142.7	74462.6	14211.2	37222.7	32412.1	4810.6	23028.7	3797.2	6159.9	6054
1998	76967.2	78345.2	14552.4	38619.3	33387.9	5231.4	25173.5	4121.3	6579.1	6307
1999	80579.4	82067.5	14472.0	40557.8	35087.2	5470.6	27037.7	4460.3	6910.3	6547
2000	88228.1	89442.2	14628.2	44935.3	39047.3	5888.0	29878.7	5408.6	7316.0	7084
2001	94346.4	95933.3	14609.9	49069.1	42607.1	6462.0	32254.3	5222.1	7823.5	7543

注:1980 年及以后国民生产总值与国民生产总值的差额为国外净要素收入。

1—5　国内生产总值指数

本表按可比价格计算。　(1978 年 = 100)

年　份	国民生产总　值	国民生产总　值	第一产业	第二产业	工　业	建筑业	第三产业	#交通运输仓储、邮电通信业	#批发和零售贸易餐饮业	人均国内生产总值
1978	100.0	100.0	100.0	100.0	100.0	100.0	100.0	100.0	100.0	100.0
1979	107.6	107.6	106.1	108.2	108.7	102.0	107.8	107.7	108.8	106.1
1980	116.0	116.0	104.6	122.9	122.4	129.2	114.2	113.8	107.4	113.0
1981	122.0	122.1	111.9	125.2	124.5	133.3	126.2	116.0	139.6	117.5
1982	133.3	133.1	124.8	132.1	131.7	137.9	142.6	129.5	145.1	126.2
1983	148.2	147.6	135.1	145.8	144.5	161.4	164.3	142.5	176.8	137.9
1984	170.9	170.0	152.6	166.9	166.0	179.0	196.1	163.8	214.8	156.8
1985	193.5	192.9	155.4	197.9	196.2	218.7	231.9	185.9	276.8	175.5
1986	209.9	210.0	160.5	218.2	215.2	253.4	260.0	209.7	306.1	188.2
1987	234.1	234.3	168.1	248.1	243.6	298.7	297.4	230.7	347.3	206.6
1988	260.5	260.7	172.3	284.1	280.8	322.5	336.7	261.5	396.9	226.3
1989	271.5	271.3	177.6	294.8	295.0	295.3	354.8	273.8	363.8	231.9
1990	283.0	281.7	190.7	304.1	304.9	298.8	363.0	297.2	346.5	237.3
1991	308.8	307.6	195.2	346.3	348.8	327.4	395.0	330.5	362.1	255.6
1992	352.2	351.4	204.4	419.5	422.6	396.2	444.0	365.2	409.4	288.4
1993	398.4	398.8	214.0	502.8	507.5	467.5	491.3	410.5	436.4	323.6
1994	448.7	449.3	222.6	595.2	603.5	531.5	538.3	449.5	469.9	360.4
1995	489.1	496.5	233.7	677.7	688.2	597.4	583.4	503.4	497.6	394.0
1996	536.8	544.1	245.6	759.8	774.3	648.2	629.4	561.1	524.3	427.1
1997	582.9	592.2	254.2	839.4	861.9	665.2	687.1	621.4	568.8	460.3
1998	628.4	638.5	263.1	914.2	938.6	725.2	744.1	687.5	612.7	491.5
1999	673.5	684.1	270.5	988.6	1018.6	756.2	801.6	765.0	656.9	521.8
2000	730.1	738.5	277.0	1081.8	1118.3	799.1	866.9	853.1	710.9	559.2
2001	781.2	792.4	284.8	1175.9	1217.8	858.2	931.0	908.6	767.1	596.1

1—6　第三产业增加值构成

本表按当年价格计算。　单位：%

行　业	1995	1996	1997	1998	1999	2000
总　计	**100.0**	**100.0**	**100.0**	**100.0**	**100.0**	**100.0**
农、林、牧、渔服务业	0.6	0.6	0.8	0.8	0.8	0.8
地质勘查业水利管理业	1.4	1.4	1.3	1.2	1.2	1.1
交通运输、仓储及邮电通信业	17.0	17.1	16.5	16.4	16.5	18.1
交通运输和仓储业	13.2	12.9	11.7	11.5	11.3	11.4
邮电通信业	3.8	4.2	4.8	4.9	5.2	6.7
批发和零售贸易餐饮业	27.5	27.2	26.7	26.1	25.6	24.5
金融、保险业	19.4	19.7	19.7	18.6	17.9	17.5
房地产业	5.9	5.6	5.5	5.8	5.7	5.6
社会服务业	8.6	8.4	9.5	10.5	10.7	10.9
卫生体育和社会福利业	2.7	2.8	2.7	2.7	2.7	2.8
教育、文化艺术及广播电影电视业	6.3	6.6	6.8	7.2	7.8	8.0
科学研究和综合技术服务业	1.5	1.6	1.9	1.9	2.1	2.1
国家机关、政党机关和社会团体	8.0	7.9	7.7	7.8	8.1	7.9
其他行业	1.0	1.0	1.0	1.0	1.0	0.9

1—7 各地区国内生产总值（2001年）

本表绝对数按当年价格计算，指数按可比价格计算。　　单位：亿元

地　区	国内生产总值	第一产业	第二产业			第三产业		
				工　业	建筑业		农林牧渔服务业	地质勘查业水利管理业
北　京	2845.65	93.08	1030.60	816.24	214.36	1721.97	2.49	5.31
天　津	1840.10	78.55	904.64	821.18	83.46	856.91	1.70	9.82
河　北	5577.78	913.90	2767.41	2439.56	327.85	1896.47	8.16	22.04
山　西	1779.97	171.09	917.98	779.78	138.20	690.90	8.51	14.40
内蒙古	1545.79	358.89	626.47	506.69	119.78	560.43	4.97	7.01
辽　宁	5033.08	544.44	2440.55	2190.12	250.43	2048.09	16.02	8.43
吉　林	2032.48	409.10	880.84	724.73	156.11	742.54	3.76	4.52
黑龙江	3561.00	409.30	1998.74	1767.79	230.95	1152.96	10.68	14.46
上　海	4950.84	85.50	2355.53	2121.19	234.34	2509.81	4.83	9.36
江　苏	9511.91	1082.43	4907.46	4270.90	636.56	3522.02	42.05	27.06
浙　江	6748.15	695.15	3459.75	3106.29	353.46	2593.25	7.11	7.84
安　徽	3290.13	750.07	1415.32	1191.62	223.70	1124.74	10.70	12.46
福　建	4253.68	651.11	1904.21	1645.34	258.87	1698.36	6.84	6.79
江　西	2175.68	506.00	788.12	595.55	192.57	881.56	8.51	8.41
山　东	9438.31	1359.49	4654.51	4092.24	562.27	3423.31	23.18	23.21
河　南	5640.11	1234.34	2659.04	2279.89	379.15	1746.73	6.70	31.60
湖　北	4662.28	692.17	2313.66	2066.47	247.19	1656.45	6.38	9.73
湖　南	3983.00	825.73	1573.00	1309.50	263.50	1584.27	9.30	15.23
广　东	10647.71	1004.35	5341.61	4732.41	609.20	4301.75	21.89	27.76
广　西	2231.19	562.52	791.85	648.19	143.66	876.82	5.66	4.88
海　南	545.96	201.79	111.25	71.59	39.66	232.92	1.07	2.92
重　庆	1749.77	293.03	727.66	576.58	151.08	729.08	5.70	2.83
四　川	4421.76	981.68	1756.86	1407.81	349.05	1683.22	18.05	14.11
贵　州	1084.90	274.17	419.74	335.00	84.74	390.99	4.32	2.71
云　南	2074.71	450.54	881.49	723.98	157.51	742.68	10.79	6.04
西　藏	138.73	37.47	32.18	10.84	21.34	69.08	2.18	2.33
陕　西	1844.27	287.24	816.34	606.12	210.22	740.69	6.93	12.90
甘　肃	1072.51	207.05	481.07	356.51	124.56	384.39	5.59	10.91
青　海	300.95	42.79	132.18	89.20	42.98	125.98	1.95	4.39
宁　夏	298.38	49.57	134.37	102.23	32.14	114.44	1.80	2.77
新　疆	1485.48	288.12	630.37	450.00	180.37	566.99	7.67	15.12

1—7　续表 1

本表绝对数按当年价格计算，指数按可比价格计算。　　单位：亿元

地　区	交通运输仓储及邮电通信业	批发零售贸易及餐饮业	金融、保险业	房地产业	社会服务业	卫生体育和社会福利业	教育、文化艺术及广播电影电视业	科学研究和综合技术服务事业
北　京	218.53	237.83	441.22	111.03	220.20	51.50	191.60	147.71
天　津	203.98	178.25	63.38	85.61	119.64	32.46	76.43	28.11
河　北	498.81	501.66	171.62	106.80	130.79	53.87	129.95	21.92
山　西	157.20	146.00	110.00	31.00	48.16	19.25	52.47	8.17
内蒙古	162.79	148.18	25.40	21.02	49.58	19.79	46.20	6.88
辽　宁	394.50	696.51	131.32	114.96	277.66	88.40	131.85	45.86
吉　林	129.06	267.37	24.17	49.62	55.57	29.45	63.78	34.28
黑龙江	239.10	350.20	33.74	108.16	118.12	47.90	86.70	18.51
上　海	344.85	550.35	619.99	316.85	272.06	71.86	164.03	65.71
江　苏	644.87	955.07	450.64	393.75	308.83	104.13	249.94	37.53
浙　江	503.68	908.83	243.94	146.31	277.35	109.03	198.20	21.95
安　徽	195.30	340.80	106.50	126.44	110.72	41.08	86.00	9.70
福　建	468.49	411.51	201.52	128.52	179.57	47.07	114.84	13.27
江　西	216.10	192.06	92.70	114.84	54.45	22.33	63.10	6.74
山　东	668.49	891.34	465.38	376.26	218.14	133.64	249.32	34.50
河　南	442.07	422.14	128.13	171.71	128.98	71.84	135.88	18.20
湖　北	282.45	473.35	232.78	106.46	175.43	79.08	117.44	30.11
湖　南	294.90	382.40	143.16	108.00	91.98	85.60	170.20	17.90
广　东	1073.81	1044.40	369.20	559.66	616.07	118.69	198.23	37.97
广　西	187.66	295.15	25.76	60.83	66.75	38.99	82.52	7.96
海　南	50.76	72.58	34.12	10.12	25.49	5.54	16.10	1.66
重　庆	109.48	167.84	73.36	60.47	114.62	27.91	62.46	31.61
四　川	313.78	474.79	186.34	131.55	150.18	64.79	147.97	28.32
贵　州	75.37	84.08	34.53	33.19	28.96	23.39	46.58	4.14
云　南	139.01	202.22	72.45	79.57	44.28	40.14	74.60	11.40
西　藏	4.79	16.59	3.22	2.55	4.28	4.67	9.22	0.92
陕　西	188.91	124.73	31.15	41.48	71.06	27.42	83.92	17.88
甘　肃	56.55	123.04	57.53	27.44	17.08	13.09	25.60	10.50
青　海	23.11	23.06	15.27	4.34	7.79	5.03	14.56	1.77
宁　夏	22.95	23.45	14.72	7.65	6.70	4.81	12.65	1.66
新　疆	118.60	128.16	48.88	19.19	53.28	21.58	59.46	5.45

1—7 续表 2

本表绝对数按当年价格计算，指数按可比价格计算。 单位：亿元

地区			构成（%）			指数	（上年=100）			人均国内生产总值（元/人）
	国家机关、政党机关和社会团体	其他行业	第一产业	第二产业	第三产业	国内生产总值	第一产业	第二产业	第三产业	
北京	76.77	17.78	3.3	36.2	60.5	111.2	104.5	109.4	112.8	25523
天津	52.48	5.05	4.3	49.2	46.6	112.0	106.3	112.8	111.7	20154
河北	188.93	61.92	16.4	49.6	34.0	108.7	105.3	108.3	111.0	8362
山西	92.44	3.30	9.6	51.6	38.8	108.4	96.4	110.3	109.4	5460
内蒙古	54.02	14.59	23.2	40.5	36.3	109.6	102.0	111.5	112.8	6463
辽宁	127.20	15.38	10.8	48.5	40.7	109.0	106.7	107.5	111.5	12041
吉林	64.16	16.80	20.1	43.3	36.5	109.3	104.6	110.9	110.4	7640
黑龙江	97.40	27.99	11.5	56.1	32.4	109.3	108.0	109.8	108.8	9349
上海	79.48	10.44	1.7	47.6	50.7	110.2	103.0	112.0	108.7	37382
江苏	267.08	41.07	11.4	51.6	37.0	110.2	103.9	111.0	111.1	12922
浙江	149.56	19.45	10.3	51.3	38.4	110.5	104.8	111.0	111.5	14655
安徽	78.20	6.84	22.8	43.0	34.2	108.6	102.7	110.5	110.4	5221
福建	109.98	9.96	15.3	44.8	39.9	109.0	103.5	110.7	109.3	12362
江西	92.09	10.23	23.3	36.2	40.5	108.8	104.2	112.9	107.9	5221
山东	301.72	39.13	14.4	49.3	36.3	110.1	104.2	111.3	110.7	10465
河南	175.65	13.83	21.9	47.1	31.0	109.1	105.5	109.9	110.4	5924
湖北	141.95	1.29	14.8	49.6	35.5	109.1	102.5	110.2	110.4	7813
湖南	241.35	24.25	20.7	39.5	39.8	109.0	104.0	110.3	110.5	6054
广东	189.10	44.99	9.4	50.2	40.4	109.6	102.3	110.4	110.5	13730
广西	83.58	17.08	25.2	35.5	39.3	108.2	103.4	108.1	111.8	4668
海南	12.19	0.37	37.0	20.4	42.7	108.9	109.7	108.7	108.3	7135
重庆	71.74	1.06	16.7	41.6	41.7	109.0	102.2	111.8	109.1	5654
四川	140.18	13.16	22.2	39.7	38.1	109.2	102.2	112.3	110.5	5250
贵州	48.13	5.59	25.3	38.7	36.0	108.8	101.1	111.0	112.6	2895
云南	55.49	6.69	21.7	42.5	35.8	106.5	103.9	104.3	110.9	4866
西藏	18.23	0.10	27.0	23.2	49.8	112.8	103.1	117.6	116.6	5307
陕西	80.45	53.86	15.6	44.3	40.2	109.1	102.5	109.9	111.0	5024
甘肃	26.57	10.19	19.3	44.9	35.8	109.4	107.5	110.1	109.4	4163
青海	23.05	1.66	14.2	43.9	41.9	112.0	105.8	115.5	110.6	5735
宁夏	10.81	4.47	16.6	45.0	38.4	110.1	106.3	111.2	110.5	5340
新疆	83.31	6.29	19.4	42.4	38.2	108.1	102.8	108.7	110.6	7913

1—8 各地区国内生产总值项目结构（2001年）

本表按当年价格计算。 单位：亿元

地区	国内生产总值	劳动者报酬	固定资产折旧	生产税净额	营业盈余
北京	2845.65	1301.83	469.68	375.97	698.17
天津	1840.10	835.08	313.01	321.29	370.72
河北	5577.78	2926.63	797.47	538.78	1314.90
山西	1779.97	924.29	237.78	205.26	412.64
内蒙古	1545.79	953.25	193.66	168.56	230.32
辽宁	5033.08	2213.01	839.64	677.09	1303.34
吉林	2032.48	1346.00	343.22	138.46	204.80
黑龙江	3561.00	1613.18	550.96	503.74	893.12
上海	4950.84	1727.84	722.64	1227.24	1273.12
江苏	9511.91	4754.18	1488.65	1148.05	2121.03
浙江	6748.15	3254.06	875.99	965.44	1652.66
安徽	3290.13	1759.66	467.23	467.17	596.07
福建	4253.68	2037.91	560.82	413.22	1241.73
江西	2175.68	1270.92	418.62	281.92	204.22
山东	9438.31	4525.74	1904.35	1373.00	1635.22
河南	5640.11	3471.36	791.61	738.82	638.32
湖北	4662.28	2708.15	701.65	690.06	562.42
湖南	3983.00	2491.25	600.74	493.34	397.67
广东	10647.71	4948.19	1731.46	1856.04	2112.02
广西	2231.19	1532.03	258.06	255.88	185.22
海南	545.96	313.74	88.64	63.51	80.07
重庆	1749.77	942.64	268.91	238.57	299.65
四川	4421.76	2544.73	734.68	511.88	630.47
贵州	1084.90	610.94	160.10	192.35	121.51
云南	2074.71	970.31	319.34	453.25	331.81
西藏	138.73	93.16	32.05	7.45	6.07
陕西	1844.27	1123.67	332.74	266.27	121.59
甘肃	1072.51	588.89	192.61	203.75	87.26
青海	300.95	182.06	54.34	32.42	32.13
宁夏	298.38	175.95	58.00	42.50	21.93
新疆	1485.48	794.00	270.63	176.08	244.77

固定资产投资

2—1 按经济类型分的全社会固定资产投资（2001年）

指标	总计	国有经济	集体经济		个体经济
				#农村	
投资总额(亿元)	**37213.49**	**17606.97**	**5278.57**	**4235.72**	**5429.57**
按资金来源分					
国家预算内资金	2546.42	2163.63	291.42	284.68	0.85
国内贷款	7239.79	4073.12	586.27	413.01	406.67
利用外资	1730.73	346.14	176.10	160.23	4.47
自筹资金	19903.12	8437.90	3154.08	2590.37	4280.55
其他资金	6566.92	2165.90	1145.26	787.43	858.87
按构成分					
建筑安装工程	22954.88	11280.10	2858.78	2137.70	3990.62
设备、工具、器具购置	8833.79	3862.16	1940.13	1782.44	698.49
其他费用	5424.83	2464.71	479.67	315.59	740.46
房屋建筑面积(万平方米)					
施工面积	276025.40	64536.95	39470.14	28139.64	119279.60
竣工面积	182437.05	31281.63	28303.11	22640.72	103214.13
#住宅	130419.64	17600.29	7865.12	4143.90	92563.64
按地区分投资总额(亿元)					
北京	1513.32	744.86	107.15	62.75	102.19
天津	705.00	248.76	78.47	61.51	79.78
河北	1912.53	775.95	549.82	461.24	306.58
山西	663.58	405.11	53.73	35.80	73.55
内蒙古	503.63	269.69	28.00	19.39	93.48
辽宁	1421.19	690.71	158.70	134.44	179.08
吉林	701.70	368.67	30.28	22.17	127.44
黑龙江	963.58	531.82	36.02	14.89	110.91
上海	2004.64	760.58	259.73	188.66	95.66
江苏	2823.20	1219.70	706.26	591.59	376.50
浙江	2834.94	1029.64	705.08	624.47	352.53
安徽	893.37	467.45	74.59	53.41	197.15
福建	1172.91	435.44	151.33	123.75	180.62
江西	631.84	331.29	63.77	53.67	167.43
山东	2788.68	1175.30	690.18	553.69	384.07
河南	1544.06	763.08	223.21	195.94	365.48
湖北	1486.55	819.24	197.30	166.00	212.47
湖南	1174.30	582.21	145.78	127.14	291.55
广东	3484.43	1210.47	411.44	268.08	552.70
广西	655.63	348.97	31.60	19.85	180.86
海南	213.32	92.15	14.55	11.28	35.08
重庆	697.03	312.63	69.50	46.42	151.64
四川	1617.52	727.60	261.89	228.90	270.49
贵州	536.01	352.98	22.36	14.75	102.68
云南	738.45	464.39	63.52	55.52	136.72
西藏	83.26	78.81	0.22		2.41
陕西	773.43	479.13	48.47	34.05	126.20
甘肃	460.37	299.83	39.16	24.21	49.98
青海	196.35	117.29	8.09	6.43	16.45
宁夏	191.08	119.41	18.83	14.72	26.08
新疆	706.00	353.28	29.52	21.00	81.80
不分地区	1121.61	1030.53			

2—1 续表

指 标		联营经济	股份制经济	外商投资经济	港澳台投资经济	其他经济
	#农 村					
投资总额(亿元)	**2976.56**	**94.52**	**5663.49**	**1415.40**	**1583.29**	**141.68**
按资金来源分						
国家预算内资金		0.51	83.17	2.19	2.69	1.96
国内贷款	154.28	15.42	1524.17	213.01	409.60	11.52
利用外资		0.74	152.04	656.70	391.83	2.71
自筹资金	2615.08	56.24	2851.34	484.11	555.78	83.13
其他资金	207.20	31.96	1632.78	204.08	484.02	44.06
按构成分						
建筑安装工程	2078.15	56.75	3202.16	609.00	864.20	93.27
设备、工具、器具购置	541.90	23.48	1226.35	614.06	441.56	27.55
其他费用	356.51	14.29	1234.97	192.35	277.53	20.87
房屋建筑面积(万平方米)						
施工面积	81048.18	736.21	34974.66	5136.47	10807.87	1083.51
竣工面积	74517.45	337.80	13582.13	1856.17	3257.59	604.49
#住宅	68799.28	179.67	9208.42	783.00	1909.94	309.57
按地区分投资总额(亿元)						
北 京	31.01	0.43	369.30	63.47	125.02	0.89
天 津	16.41	1.00	123.06	110.44	60.08	3.42
河 北	190.76	8.55	198.65	34.73	27.68	10.57
山 西	39.96	4.15	86.02	25.24	13.29	2.49
内蒙古	50.21	1.17	100.76	1.35	8.19	1.01
辽 宁	82.99	0.53	259.20	63.98	65.83	3.16
吉 林	50.84	4.84	135.56	24.76	7.73	2.42
黑龙江	60.04	0.34	267.86	8.19	6.88	1.56
上 海	10.52	11.23	540.41	248.81	84.25	3.98
江 苏	232.52	1.60	230.74	205.06	78.76	4.57
浙 江	191.57	3.20	589.37	71.65	74.41	9.06
安 徽	127.51	1.41	110.39	21.29	12.25	8.85
福 建	80.63	5.12	125.13	90.76	179.06	5.44
江 西	95.67	1.42	44.94	9.43	11.73	1.82
山 东	263.35	15.63	356.59	92.40	68.00	6.52
河 南	291.25	3.60	118.81	21.73	41.33	6.81
湖 北	84.32	5.66	177.44	26.82	36.90	10.72
湖 南	205.13	1.42	113.59	17.54	20.18	2.02
广 东	251.35	9.89	534.04	196.41	553.73	15.75
广 西	94.32	0.98	58.50	10.19	17.91	6.61
海 南	19.06	1.31	52.42	5.62	10.89	1.28
重 庆	47.67	6.55	107.80	17.04	26.25	5.62
四 川	141.18	1.32	293.05	25.07	26.26	11.85
贵 州	58.21	1.44	48.73	4.09	3.47	0.26
云 南	82.82	0.39	58.61	3.76	7.07	3.99
西 藏			0.70	0.60	0.13	0.39
陕 西	76.54	0.85	100.92	6.44	9.65	1.77
甘 肃	34.35	0.38	60.16	2.64	2.44	5.78
青 海	8.16		52.01	1.61	0.43	0.47
宁 夏	20.18	0.05	24.39	1.12	0.85	0.35
新 疆	38.02	0.04	233.26	3.18	2.65	2.27
不分地区			91.07			

2—2 按资金来源和隶属关系分的基本建设投资

单位：亿元

年份 地区	按资金来源分					按隶属关系分	
	国家预算内资金	国内贷款	利用外资	自筹资金	其他资金	中央项目	地方项目
1978	389.21		28.16	83.62		266.43	234.56
1980	300.11	41.22	53.65	163.90		292.61	266.28
1985	381.18	187.92	73.52	339.99	91.76	575.24	499.13
1990	363.59	378.62	224.05	529.92	207.62	919.15	784.67
1991	348.45	527.07	239.96	746.73	253.59	1060.44	1055.37
1992	307.87	831.48	334.15	1242.92	296.24	1341.69	1670.96
1993	431.76	1117.55	456.15	1991.25	608.57	1834.90	2780.60
1994	434.57	1583.45	912.03	2820.48	584.48	2430.75	4005.99
1995	491.67	1646.24	1055.42	3121.86	899.98	2970.67	4432.95
1996	(524.38)	(1938.86)	(1235.43)	(3778.83)	(965.00)	(3379.33)	(5231.50)
	521.11	1937.76	1234.84	3752.32	956.86	3376.28	5194.50
1997	574.51	2239.88	1351.92	4432.24	1036.13	3858.22	6058.80
1998	1021.32	2814.36	1445.78	4870.26	1461.22	4122.92	7793.51
1999	1478.88	2972.04	1064.15	4857.15	1467.25	4046.79	8408.49
2000	1594.07	3586.35	852.18	5233.10	1396.78	4290.92	9136.35
2001	2052.31	3637.15	898.13	6231.09	1443.09	4399.47	10420.63
北京	128.88	36.42	14.58	201.87	31.13	161.82	225.46
天津	12.84	79.86	63.03	132.85	10.08	109.49	199.89
河北	51.85	113.89	13.16	295.85	98.68	130.31	461.57
山西	31.30	108.83	13.83	106.76	45.74	94.52	234.61
内蒙古	40.72	67.35	20.65	78.77	39.92	36.90	231.92
辽宁	93.30	119.46	25.94	183.95	37.04	144.39	346.42
吉林	30.30	55.76	15.48	137.49	61.32	81.82	236.11
黑龙江	57.44	92.22	8.32	218.80	73.00	148.44	333.45
上海	42.50	206.26	107.06	307.21	51.35	126.06	584.47
江苏	57.42	161.70	58.03	488.93	49.76	151.63	687.38
浙江	67.82	291.67	62.40	457.50	65.59	185.19	794.01
安徽	57.17	76.14	15.85	146.16	38.49	47.29	300.46
福建	38.63	105.57	45.23	133.99	31.57	39.70	324.43
江西	37.96	53.20	12.08	82.02	24.12	57.26	170.97
山东	50.99	163.97	56.49	437.63	87.64	201.02	637.38
河南	66.43	153.13	40.08	275.49	84.77	166.90	466.48
湖北	134.58	158.92	18.96	246.46	95.27	249.87	416.76
湖南	49.94	108.66	13.44	180.99	41.15	88.83	351.54
广东	34.32	219.85	159.39	661.67	61.39	148.09	1057.25
广西	49.83	74.00	5.43	137.73	30.49	70.93	236.62
海南	16.82	15.20	20.58	57.12	16.64	27.14	104.00
重庆	64.37	65.85	2.90	93.45	39.46	32.20	231.58
四川	54.72	174.01	22.56	322.38	87.93	135.89	558.23
贵州	27.48	92.52	4.65	85.43	14.43	73.40	162.14
云南	46.20	100.11	11.10	137.38	27.41	88.89	259.27
西藏	43.94	4.58		17.01	6.96	63.84	7.88
陕西	56.91	92.61	10.77	146.33	52.71	66.79	305.62
甘肃	47.56	61.75	3.13	65.63	43.17	65.04	163.58
青海	26.39	33.35	1.22	37.29	20.26	45.17	87.31
宁夏	24.88	36.51	1.89	22.94	8.46	25.71	75.92
新疆	42.69	79.74	4.83	203.10	48.01	236.85	163.41
不分地区	466.11	434.06	45.08	130.88	19.12	1098.09	4.53

注：1993年以后的资金来源为财务拨款数，以下各表同。

2—3 按构成和建设性质分的基本建设投资

单位：亿元

年 份 地 区	投资额	按构成分			按建设性质分		
		建筑安装工程	设备、工器具购置	其他费用	#新建	#扩建	#改建
1978	500.99	300.85	165.78	34.36	286.62	187.58	
1980	558.89	381.07	136.53	41.29	290.24	237.49	
1985	1074.37	726.71	217.39	130.27	481.42	350.29	171.60
1990	1703.81	1045.37	453.76	204.69	822.96	610.99	175.28
1991	2115.80	1308.83	521.22	285.76	983.06	778.86	230.39
1992	3012.65	1889.39	667.34	455.92	1484.57	1003.45	351.45
1993	4615.50	3018.74	899.55	697.22	2400.13	1472.47	296.78
1994	6436.74	4123.89	1402.84	910.01	3523.90	1898.03	383.41
1995	7403.62	4641.13	1635.04	1127.44	3971.94	2348.01	443.32
1996	(8610.84)	(5345.27)	(1861.15)	(1404.42)	(4600.81)	(2797.68)	(521.42)
	8570.79	5310.07	1857.29	1403.43	4590.02	2782.24	516.56
1997	9917.02	6215.22	2060.60	1641.20	5513.98	3030.69	611.36
1998	11916.42	7695.75	2101.83	2118.84	6765.24	3204.87	1032.42
1999	12455.28	8543.60	2132.30	1779.39	6775.46	3241.87	1250.68
2000	13427.27	8936.81	2457.88	2032.59	7324.86	3368.07	1685.57
2001	14820.10	10154.63	2473.29	2192.18	8168.22	3939.30	1646.89
北 京	387.28	267.98	32.98	86.32	96.92	232.75	25.22
天 津	309.38	209.98	59.95	39.44	195.64	88.48	9.98
河 北	591.87	411.93	108.74	71.21	362.95	116.14	63.00
山 西	329.13	234.14	52.91	42.08	207.09	59.67	33.51
内蒙古	268.82	200.81	36.40	31.61	92.72	110.79	48.04
辽 宁	490.81	350.49	82.75	57.57	257.88	122.87	76.89
吉 林	317.93	247.38	34.93	35.61	112.91	115.78	66.14
黑龙江	481.89	365.14	54.18	62.58	263.21	161.80	27.42
上 海	710.53	366.04	137.59	206.90	564.25	92.13	33.47
江 苏	839.01	613.78	105.48	119.75	412.08	303.49	106.31
浙 江	979.20	656.63	110.93	211.64	611.40	215.64	104.77
安 徽	347.75	267.95	42.88	36.91	208.23	94.04	29.70
福 建	364.14	250.20	63.07	50.87	240.99	78.85	38.60
江 西	228.22	155.93	43.13	29.17	116.29	66.23	42.33
山 东	838.40	560.31	202.41	75.68	348.95	380.31	56.31
河 南	633.38	421.80	123.09	88.49	373.64	143.84	78.14
湖 北	666.63	419.32	93.18	154.14	398.22	147.22	91.52
湖 南	440.37	331.73	40.37	68.26	231.99	118.17	61.42
广 东	1205.34	833.65	216.79	154.91	871.53	255.06	51.81
广 西	307.55	222.89	40.42	44.25	171.99	61.69	63.81
海 南	131.14	82.02	32.76	16.36	77.96	30.55	2.75
重 庆	263.79	198.20	24.29	41.29	127.66	59.31	36.39
四 川	694.12	474.82	127.76	91.54	362.41	173.02	121.04
贵 州	235.53	154.91	29.68	50.95	127.97	73.29	25.71
云 南	348.16	254.13	50.75	43.28	197.70	66.52	56.30
西 藏	71.71	66.44	2.88	2.39	47.69	3.38	18.02
陕 西	372.41	278.53	47.29	46.59	192.74	93.80	42.37
甘 肃	228.63	177.60	26.80	24.23	123.79	54.64	26.87
青 海	132.48	106.12	14.32	12.03	82.54	23.84	21.39
宁 夏	101.64	74.70	14.94	12.00	59.23	24.81	13.44
新 疆	400.26	298.53	62.52	39.22	69.79	185.91	108.69
不分地区	1102.62	600.55	357.14	144.93	559.85	185.27	65.51

注:1980年以前按建设性质分的扩建中含改建。

2—4 国民经济各行业按建设性质分的基本建设投资（2001年）

单位：亿元

行　业	投资额	#新　建	#扩　建	#改　建
全国总计	**14820.10**	**8168.22**	**3939.30**	**1646.89**
农、林、牧、渔业	**434.59**	**323.13**	**65.09**	**32.71**
农业	98.14	56.98	18.09	13.64
林业	250.74	209.51	29.53	9.80
畜牧业	19.80	12.79	5.83	0.76
渔业	7.95	6.00	1.28	0.42
农林牧渔服务业	57.96	37.85	10.36	8.09
采掘业	**644.56**	**212.87**	**355.00**	**62.88**
煤炭采选业	94.72	61.81	23.91	3.88
石油和天然气开采业	502.74	123.62	319.64	55.59
黑色金属矿采选业	5.80	2.21	1.05	0.16
有色金属矿采选业	13.74	7.02	4.87	0.22
非金属矿采选业	5.66	2.53	2.72	0.07
其他矿采选业	0.25	0.25		
木材及竹材采运业	21.66	15.43	2.81	2.97
制造业	**1509.02**	**926.95**	**410.49**	**53.91**
食品加工业	47.36	33.50	10.63	1.20
食品制造业	34.21	23.03	7.92	0.92
饮料制造业	34.25	24.57	4.48	1.39
烟草加工业	8.44	3.36	2.24	1.38
纺织业	54.81	30.19	13.58	1.05
服装及纤维制品制造业	24.94	18.87	4.74	0.02
皮革毛皮羽绒及其制品业	14.73	10.69	3.46	0.02
木材加工及竹藤棕草制品业	12.11	8.95	2.60	0.01
家具制造业	8.36	6.87	1.00	0.10
造纸及纸制品业	44.69	37.07	6.29	0.34
印刷业、记录媒介的复制	16.63	10.22	4.08	0.45
文教体育用品制造业	5.51	3.99	1.37	
石油加工及炼焦业	71.74	33.02	37.08	1.25
化学原料及化学制品制造业	178.04	120.64	49.59	1.54
医药制造业	57.08	35.24	16.07	1.60
化学纤维制造业	28.57	4.76	22.77	0.46
橡胶制品业	13.61	6.01	6.55	0.13
塑料制品业	44.49	35.97	6.31	0.40
非金属矿物制品业	64.17	41.53	12.96	3.56
黑色金属冶炼及压延加工业	73.79	24.42	42.26	2.60
有色金属冶炼及压延加工业	50.91	26.18	21.79	0.62
金属制品业	32.76	22.56	6.60	1.11
普通机械制造业	37.45	19.31	9.47	0.89
专用设备制造业	44.39	25.59	7.84	3.91
交通运输设备制造业	106.20	43.87	29.35	12.18
电气机械及器材制造业	42.27	25.17	9.25	1.49
电子及通信设备制造业	298.57	216.09	58.24	12.72
仪器仪表及文化办公用机械制造业	12.96	6.47	4.49	0.20
其他制造业	45.99	28.81	7.47	2.36
电力、煤气及水的生产和供应业	**2196.30**	**1217.58**	**595.39**	**361.30**
电力、蒸汽、热水生产和供应业	1980.16	1096.04	522.40	343.74
煤气的生产和供应业	60.82	37.39	15.04	7.51
自来水的生产和供应业	155.32	84.15	57.95	10.05
建筑业	**189.24**	**80.42**	**47.20**	**33.52**
土木工程建筑业	173.48	72.80	43.31	31.82
线路、管道和设备安装业	11.71	4.97	3.45	0.82
装修装饰业	4.04	2.65	0.44	0.89

2—4 续表 1

单位：亿元

行　业	投资额	#新　建	#扩　建	#改　建
地质勘查、水利管理业	**569.99**	**297.54**	**122.02**	**138.94**
地质勘查业	11.18	7.07	1.11	0.98
水利管理业	558.81	290.47	120.91	137.95
交通运输、仓储及邮电通信业	**4116.43**	**2344.83**	**842.21**	**538.25**
铁路运输业	689.09	321.45	126.22	76.55
公路运输业	1453.05	1038.22	156.49	248.64
管道运输业	7.06	6.22	0.66	0.01
水上运输业	90.02	34.44	31.47	4.52
航空运输业	200.09	15.80	38.21	0.54
交通运输辅助业	766.24	447.17	129.07	181.70
其他交通运输业	55.87	44.46	4.12	7.05
仓储业	85.08	35.73	44.56	2.52
邮电通信业	769.93	401.34	311.41	16.72
批发和零售贸易餐饮业	**342.45**	**210.79**	**83.77**	**28.86**
食品饮料烟草和家庭用品批发业	99.94	63.39	24.49	4.51
能源材料和机构电子设备批发业	47.21	25.29	14.67	3.98
其他批发业	25.41	15.28	5.14	2.55
零售业	146.54	90.99	35.39	15.04
商业经纪与代理业	3.00	2.40	0.55	0.01
餐饮业	20.35	13.45	3.53	2.77
金融、保险业	**92.70**	**33.37**	**32.65**	**5.93**
金融业	85.71	29.67	30.62	5.64
保险业	6.95	3.69	2.04	0.29
房地产业	**168.47**	**124.53**	**12.82**	**9.75**
房地产开发与经营业	119.06	98.54	6.47	6.27
房地产管理业	47.48	25.23	5.49	3.42
房地产代理与经纪业	1.93	0.76	0.86	0.06
社会服务业	**1965.16**	**1221.15**	**473.81**	**235.65**
公共设施服务业	1688.58	1028.94	414.89	217.63
居民服务业	13.75	8.02	3.57	0.82
旅馆业	100.17	57.17	32.30	8.64
租赁服务业	7.24	7.13	0.07	
旅游业	37.96	24.63	11.47	1.61
娱乐服务业	30.47	26.59	1.85	0.43
信息、咨询服务业	13.30	11.15	0.64	1.44
计算机应用服务业	34.86	32.27	2.06	0.01
其他社会服务业	38.83	25.25	6.96	5.06
卫生体育和社会福利业	**265.74**	**124.36**	**103.15**	**12.05**
卫生	182.60	55.99	94.28	8.81
体育	68.78	59.95	6.10	1.90
社会福利保障业	14.37	8.42	2.77	1.34
教育、文化艺术和广播电影电视业	**951.36**	**341.23**	**442.90**	**45.37**
教育	800.52	250.88	400.07	36.04
文化艺术业	95.23	61.27	24.62	5.29
广播、电影、电视业	55.61	29.07	18.22	4.05
科学研究和综合技术服务业	**126.21**	**66.10**	**40.34**	**6.67**
科学研究业	63.37	20.59	29.72	3.41
综合技术服务业	62.84	45.51	10.62	3.26
国家机关、政党机关和社会团体	**1006.19**	**466.66**	**280.23**	**75.45**
#国家机关	954.00	444.00	261.66	71.82
政党机关	29.27	9.95	11.78	2.65
其他行业	**241.70**	**176.71**	**32.21**	**5.65**

注：改建不含单纯建造生活设施投资。

2—5 基本建设房屋建筑面积

单位：万平方米

年份 地区	施工面积	# 住宅	竣工面积	# 住宅
1978	18484.90	7314.33	9010.92	3752.47
1980	27537.60	14817.40	14499.90	8230.30
1985	37029.20	18893.90	17161.20	9565.10
1990	23236.54	9259.90	11245.93	4824.78
1991	27262.61	11309.23	12604.48	5687.92
1992	32709.19	13399.25	15133.72	6919.15
1993	39535.76	15016.40	17070.05	7993.44
1994	42749.88	16981.97	18644.05	8955.12
1995	41948.29	16739.06	19929.32	9249.25
1996	(43661.23)	(17269.40)	(21256.63)	(9824.79)
	42786.07	16974.08	20544.83	9589.36
1997	44206.26	18065.42	21439.12	10091.49
1998	52023.11	24529.90	24685.04	12552.44
1999	52833.80	25642.02	28620.79	16033.23
2000	50968.27	21559.64	26292.93	13145.97
2001	51787.04	19824.75	25471.80	11653.52
北京	1855.78	683.29	657.62	311.13
天津	521.04	94.63	223.12	47.34
河北	2705.33	1154.25	1519.94	686.37
山西	1259.96	709.06	624.01	386.50
内蒙古	1034.81	461.98	693.10	344.74
辽宁	1571.08	617.26	755.58	413.09
吉林	1354.88	557.83	778.16	393.68
黑龙江	1738.16	872.50	1152.71	683.94
上海	1052.65	179.69	371.67	63.25
江苏	2366.40	511.11	1335.14	358.49
浙江	3347.89	573.17	1306.27	256.88
安徽	1242.19	430.12	703.40	285.69
福建	1223.13	234.16	495.62	136.09
江西	936.42	319.93	585.64	231.48
山东	3027.50	1064.04	1534.75	614.99
河南	2838.01	1341.19	1340.41	714.98
湖北	2041.38	910.61	1180.92	583.29
湖南	1989.57	750.45	903.32	440.00
广东	4294.00	1010.97	1647.25	475.34
广西	1078.73	387.71	524.15	229.44
海南	443.18	159.19	210.37	106.56
重庆	1941.86	1080.54	976.98	594.35
四川	3182.28	1534.66	1513.58	822.43
贵州	1062.29	410.99	382.66	186.66
云南	1448.01	611.36	805.10	386.30
西藏	187.30	49.23	125.92	38.60
陕西	2204.21	1093.75	952.52	556.73
甘肃	1330.87	754.60	556.53	360.61
青海	305.44	155.31	148.52	83.28
宁夏	249.63	88.93	138.63	51.36
新疆	1440.49	822.10	987.57	652.74
不分地区	512.61	200.13	340.66	157.22

2—6 各地区基本建设施工、投产项目个数和新增固定资产

年份 地区	施工项目 (个)	全部建成 投产项目(个)	项目建成 投产率(%)	新增固定 资产(亿元)	固定资产 交付使用率(%)
1978	45261	11762	26.0	372.30	74.3
1980	67618	24823	36.7	442.06	79.1
1985	87766	44477	50.7	733.16	68.2
1990	67842	36502	53.8	1362.61	80.0
1991	77704	41783	53.8	1498.73	70.8
1992	90609	50633	55.9	1975.00	65.6
1993	90954	51886	57.0	2758.93	59.8
1994	88841	49021	55.2	3729.78	57.9
1995	88685	50512	57.0	4712.67	63.7
1996	(93997)	(55436)	(59.0)	(6168.14)	(71.6)
	77954	42008	53.9	6129.65	71.5
1997	84480	48102	56.9	7443.15	75.1
1998	99665	54950	55.1	8499.82	71.3
1999	97084	57090	58.8	9519.30	76.4
2000	91252	52645	57.7	10431.66	77.7
2001	91316	51042	55.9	10112.67	68.2
北京	1138	451	39.6	354.14	91.4
天津	636	319	50.2	201.25	65.0
河北	4944	3003	60.7	492.60	83.2
山西	2245	1192	53.1	180.76	54.9
内蒙古	2626	1917	73.0	174.93	65.1
辽宁	2001	1117	55.8	315.86	64.4
吉林	1621	1141	70.4	197.14	62.0
黑龙江	2570	1788	69.6	447.04	92.8
上海	1115	306	27.4	275.76	38.8
江苏	3719	2481	66.7	740.18	88.2
浙江	5174	2492	48.2	767.29	78.4
安徽	3035	1671	55.1	207.92	59.8
福建	2590	1160	44.8	208.29	57.2
江西	2403	1367	56.9	116.45	51.0
山东	4928	2449	49.7	526.49	62.8
河南	4700	2729	58.1	463.48	73.2
湖北	4779	3061	64.1	393.11	59.0
湖南	4265	2157	50.6	220.23	50.0
广东	4962	2121	42.7	820.49	68.1
广西	3931	2180	55.5	184.74	60.1
海南	1050	641	61.0	93.83	71.6
重庆	2286	1071	46.9	145.60	55.2
四川	5576	3039	54.5	478.22	68.9
贵州	2553	1499	58.7	153.06	65.0
云南	4110	2378	57.9	303.32	87.1
西藏	1200	871	72.6	60.47	84.3
陕西	3144	1661	52.8	339.22	91.1
甘肃	2640	1323	50.1	171.31	74.9
青海	1473	876	59.5	94.85	71.6
宁夏	865	544	62.9	65.37	64.3
新疆	2957	2027	68.5	360.05	90.0
不分地区	80	10	12.5	559.23	50.7

2—7 国民经济各行业基本建设施工、投产项目个数（2001年）

单位：亿元

行业	施工项目（个）	#新开工	全部建成投资项目（个）	项目建成投产率（%）
全国总计	**91316**	**58369**	**51042**	**55.9**
农、林、牧、渔业	**4347**	**3226**	**2804**	**64.5**
农业	1488	1089	974	65.5
林业	1297	1026	825	63.6
畜牧业	375	286	247	65.9
渔业	117	85	68	58.1
农林牧渔服务业	1070	740	690	64.5
采掘业	**750**	**449**	**375**	**50.0**
煤炭采选业	299	146	114	38.1
石油和天然气开采业	88	59	41	46.6
黑色金属矿采选业	45	30	23	51.1
有色金属矿采选业	109	75	54	49.5
非金属矿采选业	101	71	72	71.3
其他矿采选业	4	2	3	75.0
木材及竹材采运业	104	66	68	65.4
制造业	**8291**	**5503**	**4145**	**50.0**
食品加工业	560	410	351	62.7
食品制造业	344	240	202	58.7
饮料制造业	282	195	169	59.9
烟草加工业	82	53	36	43.9
纺织业	457	330	282	61.7
服装及纤维制品制造业	251	180	124	49.4
皮革毛皮羽绒及其制品业	125	91	58	46.4
木材加工及竹藤棕草制品业	109	88	61	56.0
家具制造业	89	66	46	51.7
造纸及纸制品业	152	104	86	56.6
印刷业、记录媒介的复制	191	113	95	49.7
文教体育用品制造业	60	38	26	43.3
石油加工及炼焦业	100	58	42	42.0
化学原料及化学制品制造业	690	448	343	49.7
医药制造业	397	255	138	34.8
化学纤维制造业	49	31	25	51.0
橡胶制品业	81	55	43	53.1
塑料制品业	306	214	157	51.3
非金属矿物制品业	618	440	345	55.8
黑色金属冶炼及压延加工业	186	122	78	41.9
有色金属冶炼及压延加工业	152	98	73	48.0
金属制品业	320	222	154	48.1
普通机械制造业	461	285	254	55.1
专用设备制造业	430	276	200	46.5
交通运输设备制造业	552	313	253	45.8
电气机械及气材制造业	341	224	158	46.3
电子及通信设备制造业	509	304	183	36.0
仪器仪表及文化办公用机械制造业	127	76	46	36.2
其他制造业	270	174	117	43.3
电力、煤气及水的生产和供应业	**5559**	**2809**	**2562**	**46.1**
电力、蒸气、热水生产和供应业	4005	1998	1904	47.5
煤气的生产和供应业	331	160	115	34.7
自来水的生产和供应业	1223	651	543	44.4
建筑业	**1987**	**1390**	**1199**	**60.3**
土木工程建筑业	1811	1265	1096	60.5

2—7 续表

单位：亿元

行　业	施工项目（个）	#新开工	全部建成投资项目（个）	项目建成投产率（%）
线路、管道和设备安装业	135	93	85	63.0
装修装饰业	41	32	18	43.9
地质勘查、水利管理业	**4043**	**2508**	**2176**	**53.8**
地质勘查业	194	100	106	53.6
水利管理业	3849	2408	2072	53.8
交通运输、仓储及邮电通信业	**11037**	**6766**	**6060**	**54.9**
铁路运输业	210	95	90	42.9
公路运输业	3749	2343	2058	54.9
管道运输业	26	16	11	42.3
水上运输业	175	75	63	36.0
航空运输业	98	33	30	30.6
交通运输辅助业	2315	1457	1260	54.4
其他交通运输业	129	69	62	48.1
仓储业	1050	601	548	52.2
邮电通信业	3285	2077	1938	59.0
批发和零售贸易餐饮业	**5013**	**3437**	**3067**	**61.2**
食品饮料烟草和家庭用品批发业	1493	962	880	58.9
能源材料和机械电子设备批发业	730	544	465	63.7
其他批发业	384	232	224	58.3
零售业	2131	1520	1324	62.1
商业经纪与代理业	33	20	19	57.6
餐饮业	242	159	155	64.0
金融、保险业	**1564**	**981**	**1007**	**64.4**
金融业	1332	836	852	64.0
保险业	230	143	153	66.5
房地产业	**1216**	**733**	**547**	**45.0**
房地产开发与经营业	721	434	296	41.1
房地产管理业	472	285	236	50.0
房地产代理与经纪业	23	14	15	65.2
社会服务业	**9552**	**6040**	**4724**	**49.5**
公共设施服务业	7291	4675	3631	49.8
居民服务业	298	169	154	51.7
旅馆业	898	529	471	52.4
租赁服务业	22	13	10	45.5
旅游业	417	256	192	46.0
娱乐服务业	177	107	74	41.8
信息、咨询服务业	51	36	13	25.5
计算机应用服务业	65	32	12	18.5
其他社会服务业	333	223	167	50.2
卫生体育和社会福利业	**3902**	**2277**	**2159**	**55.3**
卫生	3146	1881	1778	56.5
体育	337	153	132	39.2
社会福利保障业	419	243	249	59.4
教育、文化艺术和广播电影电视业	**14495**	**9615**	**8875**	**61.2**
教育	12848	8720	8111	63.1
文化艺术业	859	444	378	44.0
广播、电影、电视业	788	451	386	49.0
科学研究和综合技术服务业	**1113**	**531**	**525**	**47.2**
科学研究业	536	221	235	43.8
综合技术服务业	577	310	290	50.3
国家机关、政党机关和社会团体	**17339**	**11386**	**10256**	**59.1**
#国家机关	16439	10815	9733	59.2
政党机关	483	298	282	58.4
其他行业	**1108**	**718**	**561**	**50.6**

2—8 国民经济各行业基本建设投资和新增固定资产（2001年）

行　　业	投资额（亿元）	新　增 国家资产（亿元）	固定资产交付使用率（%）
全国总计	**14820.10**	**10112.67**	**68.2**
农、林、牧、渔业	**434.59**	**189.64**	**43.6**
农业	98.14	76.40	77.8
林业	250.74	47.29	18.9
畜牧业	19.80	17.34	87.6
渔业	7.95	5.50	69.2
农林牧渔服务业	57.96	43.10	74.4
采掘业	**644.56**	**507.22**	**78.7**
煤炭采选业	94.72	59.84	63.2
石油和天然气开采业	502.74	420.10	83.6
黑色金属矿采选业	5.80	7.44	128.3
有色金属矿采选业	13.74	6.61	48.1
非金属矿采选业	5.66	3.83	67.7
其他矿采选业	0.25	0.11	42.5
木材及竹材采运业	21.66	9.29	42.9
制造业	**1509.02**	**1069.96**	**70.9**
食品加工业	47.36	33.92	71.6
食品制造业	34.21	28.02	81.9
饮料制造业	34.25	27.94	81.6
烟草加工业	8.44	6.00	71.1
纺织业	54.81	41.63	75.9
服装及纤维制品制造业	24.94	15.64	62.7
皮革毛皮羽绒及其制品业	14.73	9.76	66.2
木材加工及竹藤棕草制品业	12.11	6.67	55.1
家具制造业	8.36	2.89	34.6
造纸及纸制品业	44.69	145.80	326.3
印刷业、记录媒介的复制	16.63	13.14	79.0
文教体育用品制造业	5.51	3.67	66.7
石油加工及炼焦业	71.74	25.42	35.4
化学原料及化学制品制造业	178.04	117.10	65.8
医药制造业	57.08	30.73	53.8
化学纤维制造业	28.57	26.38	92.3
橡胶制品业	13.61	15.22	111.8
塑料制品业	44.49	32.57	73.2
非金属矿物制品业	64.17	35.70	55.6
黑色金属冶炼及压延加工业	73.79	45.15	61.2
有色金属冶炼及压延加工业	50.91	67.05	131.7
金属制品业	32.76	23.30	71.1
普通机械制造业	37.45	25.42	67.9
专用设备制造业	44.39	25.44	57.3
交通运输设备制造业	106.20	63.09	59.4
电气机械及气材制造业	42.27	33.58	79.4
电子及通信设备制造业	298.57	133.97	44.9
仪器仪表及文化办公用机械制造业	12.96	7.48	57.7
其他制造业	45.99	27.30	59.4
电力、煤气及水的生产和供应业	**2196.30**	**1650.88**	**75.2**
电力、蒸气、热水生产和供应业	1980.16	1489.90	75.2
煤气的生产和供应业	60.82	26.17	43.0
自来水的生产和供应业	155.32	134.81	86.8
建筑业	**189.24**	**146.69**	**77.5**
土木工程建筑业	173.48	133.31	76.8

2—8 续表

行 业	投资额（亿元）	新增国家资产（亿元）	固定资产交付使用率（%）
线路、管道和设备安装业	11.71	10.11	86.3
装修装饰业	4.04	3.27	81.1
地质勘查、水利管理业	**569.99**	**328.34**	**57.6**
地质勘查业	11.18	11.48	102.7
水利管理业	558.81	316.87	56.7
交通运输、仓储及邮电通信业	**4116.43**	**2654.08**	**64.5**
铁路运输业	689.09	503.09	73.0
公路运输业	1453.05	749.21	51.6
管道运输业	7.06	20.85	295.4
水上运输业	90.02	34.11	37.9
航空运输业	200.09	196.18	98.0
交通运输辅助业	766.24	487.00	63.6
其他交通运输业	55.87	47.61	85.2
仓储业	85.08	85.89	101.0
邮电通信业	769.93	530.14	68.9
批发和零售贸易餐饮业	**342.45**	**252.76**	**73.8**
食品饮料烟草和家庭用品批发业	99.94	74.74	74.8
能源材料和机械电子设备批发业	47.21	29.69	62.9
其他批发业	25.41	23.25	91.5
零售业	146.54	105.53	72.0
商业经纪与代理业	3.00	2.08	69.2
餐饮业	20.35	17.47	85.8
金融、保险业	**92.70**	**82.03**	**88.5**
金融业	85.71	76.18	88.9
保险业	6.95	5.82	83.7
房地产业	**168.47**	**107.87**	**64.0**
房地产开发与经营业	119.06	71.81	60.3
房地产管理业	47.48	33.69	71.0
房地产代理与经纪业	1.93	2.37	122.4
社会服务业	**1965.16**	**1170.50**	**59.6**
公共设施服务业	1688.58	981.82	58.1
居民服务业	13.75	8.82	64.1
旅馆业	100.17	75.52	72.4
租赁服务业	7.24	0.87	12.0
旅游业	37.96	25.00	65.8
娱乐服务业	30.47	38.66	126.9
信息、咨询服务业	13.30	3.47	26.1
计算机应用服务业	34.86	13.67	39.2
其他社会服务业	38.83	25.67	66.1
卫生体育和社会福利业	**265.74**	**202.83**	**76.3**
卫生	182.60	136.13	74.6
体育	68.78	55.39	80.5
社会福利保障业	14.37	11.31	78.7
教育、文化艺术和广播电影电视业	**951.36**	**724.83**	**76.2**
教育	800.52	620.73	77.5
文化艺术业	95.23	62.31	65.4
广播、电影、电视业	55.61	41.79	75.2
科学研究和综合技术服务业	**126.21**	**72.06**	**57.1**
科学研究业	63.37	38.15	60.2
综合技术服务业	62.84	33.91	54.0
国家机关、政党机关和社会团体	**1006.19**	**813.11**	**80.8**
#国家机关	954.00	776.17	81.4
政党机关	29.27	22.29	76.2
其他行业	**241.70**	**139.87**	**57.9**

2—9　按资金来源和隶属关系分的更新改造投资

单位：亿元

年份 地区	按资金来源分					按隶属关系分	
	国家预算内资金	国内贷款	利用外资	自筹资金	其他资金	中央项目	地方项目
1978	26.48	11.28		129.97			
1980	32.98	45.83		108.20		23.80	113.58
1985	19.69	186.75	5.55	226.08	11.07	104.82	344.32
1990	17.56	269.55	33.85	455.37	53.87	228.46	601.73
1991	17.36	411.22	36.49	508.62	49.53	279.37	743.86
1992	20.11	604.56	53.15	722.56	60.73	370.46	1090.65
1993	31.31	800.71	84.97	1227.57	106.60	633.31	1562.54
1994	30.60	830.11	212.85	1675.08	151.10	909.26	2009.35
1995	38.32	803.55	321.11	1929.77	157.89	1081.46	2217.89
1996	(29.58)	(831.26)	(353.97)	(2191.19)	(166.72)	(1250.29)	(2372.45)
	29.31	830.45	353.90	2185.05	166.24	1249.49	2365.51
1997	36.48	796.09	272.35	2522.36	185.72	1407.73	2514.20
1998	60.96	845.29	219.29	3019.81	226.19	1739.79	2776.96
1999	107.48	933.06	237.11	2883.76	214.55	1581.91	2903.18
2000	155.31	1041.22	217.65	3449.94	220.10	1861.89	3245.71
2001	165.18	1081.56	246.81	4195.00	222.26	2130.80	3792.96
北　京	6.10	17.72	0.79	160.76	1.64	102.87	83.64
天　津	1.55	8.19	34.72	83.88	2.36	25.22	114.30
河　北	7.95	52.29	4.55	269.69	15.06	37.51	304.79
山　西	1.76	34.49	2.95	104.75	5.73	45.55	99.75
内蒙古	2.81	16.90	0.44	46.29	3.23	23.26	46.32
辽　宁	7.44	58.61	17.52	277.28	10.55	149.68	180.20
吉　林	11.17	29.13	3.75	80.42	11.65	49.85	78.89
黑龙江	3.22	23.34	2.81	166.70	4.97	132.77	68.35
上　海	11.80	69.70	41.71	301.31	7.08	115.45	316.59
江　苏	2.61	84.26	26.14	272.71	15.38	135.66	266.67
浙　江	9.94	67.42	6.43	231.37	5.78	128.99	189.26
安　徽	6.71	41.55	3.83	128.02	5.37	54.94	130.38
福　建	1.12	29.30	11.29	142.24	5.12	41.59	147.40
江　西	1.84	18.66	1.56	83.10	4.92	25.91	81.37
山　东	10.23	118.03	14.45	360.04	17.23	172.20	349.41
河　南	4.05	32.10	2.34	150.46	10.11	65.32	133.21
湖　北	8.35	44.44	5.94	212.21	17.61	101.88	188.14
湖　南	9.99	45.11	3.52	127.04	7.65	100.70	97.61
广　东	8.00	56.24	44.41	348.46	18.38	130.34	354.32
广　西	1.05	16.25	0.55	67.55	3.42	33.49	53.11
海　南	0.37	2.55	4.93	6.37	1.49	0.22	15.01
重　庆	5.49	22.24	5.02	71.06	2.91	68.88	38.91
四　川	6.44	36.71	2.98	132.99	14.14	60.37	136.08
贵　州	4.55	46.83	0.54	67.55	1.98	50.12	67.25
云　南	11.27	13.47	0.03	74.78	2.83	48.45	54.12
西　藏	0.53	0.71		3.03	0.84	4.01	0.69
陕　西	9.75	29.15	1.61	89.10	3.98	65.35	68.64
甘　肃	3.36	26.96	0.90	72.55	13.14	47.60	68.22
青　海	1.35	5.16	0.01	10.54	3.72	10.50	10.29
宁　夏	1.28	4.30	0.16	16.02	0.63	5.33	19.70
新　疆	3.10	29.76	0.96	67.73	3.36	77.83	30.35
不分地区				18.99		18.99	

2—10 按构成和建设性质分的更新改造投资

单位：亿元

年份 地区	投资额	按构成分			按建设性质分		
		建筑安装工程	设备、工器具购置	其他费用	#新建	#扩建	#改建
1978	167.73						
1980	187.01	74.21	59.65	3.52			
1985	449.14	196.23	224.94	27.97	23.06	194.45	191.16
1990	830.19	372.91	397.36	59.92	45.62	370.35	364.57
1991	1023.23	426.33	513.35	83.54	42.82	460.91	448.46
1992	1416.10	620.64	715.34	125.12	71.63	659.72	642.35
1993	2195.85	945.27	1070.93	179.65	140.31	1069.26	888.40
1994	2918.61	1258.72	1419.79	240.09	189.95	1486.20	1076.44
1995	3299.35	1343.62	1682.20	273.53	288.19	1640.28	1179.86
1996	(3622.74)	(1396.77)	(1900.50)	(325.47)	(349.02)	(1818.44)	(1190.99)
	3615.00	1394.07	1895.69	325.24	347.03	1816.62	1188.12
1997	3921.94	1540.77	2033.74	347.43	381.82	1947.48	1298.31
1998	4516.75	1681.38	2445.24	390.13	452.61	2324.42	1407.51
1999	4485.08	1667.61	2465.70	351.77	364.83	2206.87	1531.27
2000	5107.60	1943.25	2776.41	387.93	455.86	2506.31	1746.58
2001	5923.76	2206.06	3297.88	419.82	585.06	2958.56	1943.73
北京	186.51	61.50	106.75	18.26	0.59	90.89	68.57
天津	139.52	63.78	70.62	5.12	44.83	36.59	41.00
河北	342.30	129.24	185.26	27.80	64.37	125.25	129.11
山西	145.30	54.51	78.20	12.60	17.57	54.69	66.36
内蒙古	69.58	28.72	37.13	3.73	3.41	47.40	17.55
辽宁	329.88	142.99	156.02	30.86	5.65	176.29	136.26
吉林	128.74	48.84	71.60	8.30	15.78	53.86	56.51
黑龙江	201.12	109.15	81.51	10.46	14.23	134.66	49.66
上海	432.03	134.73	254.82	42.48	81.71	120.55	159.69
江苏	402.32	133.13	244.47	24.73	16.62	200.76	161.48
浙江	318.25	103.36	192.02	22.86	21.18	201.14	77.42
安徽	185.33	59.45	116.19	9.68	28.03	88.66	62.03
福建	188.99	56.05	123.98	8.96	27.59	117.62	26.61
江西	107.28	40.73	60.71	5.84	8.72	49.32	45.04
山东	521.61	228.22	264.37	29.02	24.93	319.78	138.91
河南	198.53	94.22	89.76	14.55	15.87	110.18	66.16
湖北	290.02	93.68	176.44	19.89	29.89	154.47	81.49
湖南	198.31	69.63	111.50	17.18	14.09	99.90	74.01
广东	484.66	172.36	276.96	35.34	32.31	258.15	123.40
广西	86.60	23.42	59.21	3.97	15.69	41.35	22.18
海南	15.23	4.12	9.58	1.53	0.31	11.65	2.68
重庆	107.79	35.63	66.49	5.68	13.64	65.07	18.98
四川	196.45	76.69	103.31	16.45	35.98	94.01	59.06
贵州	117.37	42.81	66.96	7.60	22.82	49.05	42.53
云南	102.58	35.41	60.42	6.75	1.36	59.48	31.74
西藏	4.70	2.37	2.18	0.14	1.26	1.45	1.97
陕西	133.99	47.07	75.97	10.95	1.67	54.94	70.79
甘肃	115.82	45.77	61.63	8.42	5.29	77.03	32.52
青海	20.79	7.79	12.20	0.79	1.55	9.45	8.67
宁夏	25.02	10.07	12.87	2.08	4.75	12.23	7.64
新疆	108.18	36.78	66.56	4.84	13.37	42.45	44.97
不分地区	18.99	13.83	2.19	2.97		0.23	18.76

2—11 国民经济各行业按建设性质分的更新改造投资（2001年）

单位：亿元

行业	投资额	# 新建	# 扩建	# 改建
全国总计	**5923.76**	**585.06**	**2958.56**	**1943.73**
农、林、牧、渔业	**21.04**	**2.16**	**6.07**	**10.44**
农业	12.12	1.45	1.88	7.53
林业	2.94	0.50	1.38	1.02
畜牧业	1.42	0.11	0.99	0.18
渔业	1.42	0.08	0.65	0.42
农林牧渔服务业	3.13	0.02	1.16	1.28
采掘业	**413.78**	**6.89**	**271.30**	**118.72**
煤炭采选业	102.85	2.62	28.48	57.98
石油和天然气开采业	266.57	0.19	221.13	45.22
黑色金属矿采选业	10.98	0.15	3.18	6.96
有色金属矿采选业	19.24	1.13	12.42	4.73
非金属矿采选业	9.77	1.33	5.48	2.61
其他矿采选业	1.15	0.00	0.05	0.03
木材及竹材采运业	3.23	1.47	0.57	1.19
制造业	**2662.76**	**268.83**	**1252.11**	**984.46**
食品加工业	53.81	7.51	27.26	16.53
食品制造业	58.63	10.44	32.20	12.46
饮料制造业	83.00	7.57	55.92	16.35
烟草加工业	56.06	1.96	12.54	29.04
纺织业	140.69	10.93	55.21	63.36
服装及纤维制品制造业	17.16	1.73	9.07	3.87
皮革毛皮羽绒及其制品业	13.09	2.70	7.87	0.85
木材加工及竹藤棕草制品业	16.49	3.75	8.05	3.48
家具制造业	5.42	0.59	3.44	0.60
造纸及纸制品业	82.50	6.56	54.59	18.16
印刷业、记录媒介的复制	23.30	3.91	6.97	5.84
文教体育用品制造业	4.06	1.03	1.59	0.28
石油加工及炼焦业	161.55	5.51	62.78	93.01
化学原料及化学制品制造业	308.41	23.16	151.29	125.06
医药制造业	130.50	20.53	59.06	43.14
化学纤维制造业	48.14	3.32	27.54	16.12
橡胶制品业	20.80	3.85	9.70	6.67
塑料制品业	55.63	7.34	39.67	5.16
非金属矿物制品业	171.04	17.91	93.40	53.27
黑色金属冶炼及压延加工业	388.08	15.78	142.32	223.04
有色金属冶炼及压延加工业	139.12	8.50	57.55	70.67
金属制品业	41.65	4.98	23.86	8.19
普通机械制造业	72.41	3.94	38.96	24.24
专业设备制造业	56.01	7.27	24.24	16.28
交通运输设备制造业	230.74	39.99	108.45	63.07
电气机械及器材制造业	73.62	10.65	40.57	14.79
电子及通信设备制造业	169.34	32.43	80.38	35.01
仪器仪表及文化办公用机械制造业	12.82	0.61	8.23	2.06
其他制造业	28.70	4.36	9.42	13.88
电力、煤气及水的生产和供应业	**483.15**	**43.36**	**163.55**	**269.16**
电力、蒸汽、热水生产和供应业	436.63	33.64	140.17	256.40
煤气的生产和供应业	13.04	1.94	6.92	3.90
自来水的生产和供应业	33.48	7.78	16.47	8.86
建筑业	**42.57**	**0.96**	**7.34**	**10.76**
土木工程建筑业	36.09	0.60	5.67	9.52

2—11　续表

单位：亿元

行　　业	投资额	# 新　建	# 扩　建	# 改　建
线路、管道和设备安装业	5.97	0.29	1.35	1.14
装修装饰业	0.51	0.07	0.31	0.11
地质勘查、水利管理业	**25.49**	**1.14**	**4.30**	**19.29**
地质勘查业	0.43	0.00	0.01	0.12
水利管理业	25.07	1.14	4.29	19.16
交通运输、仓储及邮电通信业	**1825.32**	**212.10**	**1146.22**	**348.78**
铁路运输业	97.48	0.21	11.95	79.02
公路运输业	81.49	3.80	10.68	43.13
管道运输业	0.03		0.02	0.02
水上运输业	36.99	0.32	6.00	21.08
航空运输业	54.70	0.83	2.22	0.42
交通运输辅助业	56.26	4.19	15.24	31.86
其他交通运输业	1.07	0.03	0.16	
仓储业	6.34	0.47	3.11	2.60
邮电通信业	1490.95	202.25	1096.84	170.64
批发和零售贸易餐饮业	**55.72**	**5.65**	**19.08**	**25.81**
食品饮料烟草和家庭用品批发业	9.33	1.14	3.45	4.30
能源材料和机械电子设备批发业	15.66	0.70	6.99	7.47
其他批发业	1.57	0.14	0.33	1.00
零售业	26.61	3.40	7.72	11.42
商业经纪与代理业	0.08	0.05		
餐饮业	2.46	0.21	0.59	1.62
金融、保险业	**16.53**	**0.15**	**4.84**	**0.69**
金融业	16.46	0.15	4.83	0.69
保险业	0.07		0.01	
房地产业	**17.96**	**2.75**	**1.09**	**8.40**
房地产开发与经营业	6.61	2.05	0.34	4.03
房地产管理业	11.36	0.70	0.75	4.37
房地产代理与经纪业				
社会服务业	**199.15**	**20.44**	**43.08**	**84.22**
公共设施服务业	173.41	17.37	35.91	70.91
居民服务业	0.86	0.04	0.19	0.39
旅馆业	12.82	0.35	2.55	9.42
租赁服务业	0.85	0.32		0.07
旅游业	1.82	0.23	0.52	0.48
娱乐服务业	0.86	0.05	0.52	0.24
信息、咨询服务业	0.27	0.01	0.08	0.01
计算机应用服务业	5.38	1.12	2.93	1.25
其他社会服务业	2.89	0.95	0.39	1.45
卫生体育和社会福利业	**23.92**	**0.85**	**6.26**	**4.07**
卫生	21.29	0.69	5.12	3.31
体育	1.59	0.08	1.15	0.34
社会福利保障业	1.04	0.08		0.41
教育、文化艺术和广播电影电视业	**43.74**	**3.79**	**12.13**	**15.18**
教育	17.23	2.40	4.25	3.18
文化艺术业	5.53	0.51	1.14	2.14
广播、电影、电视业	20.98	0.88	6.74	9.86
科学研究和综合技术服务业	**33.10**	**0.73**	**5.17**	**25.14**
科学研究业	9.52	0.44	2.20	5.96
综合技术服务业	23.57	0.29	2.97	19.18
国家机关、政党机关和社会团体	**35.94**	**3.36**	**10.10**	**14.66**
#国家机关	35.27	3.28	9.85	14.39
政党机关	0.16		0.09	0.05
其他行业	**23.57**	**11.90**	**5.93**	**3.96**

2—12　按国民经济行业分的更新改造投资（2001年）

单位：亿元

年份 地区	合计	农、林、牧、渔业	采掘业	制造业	电力、煤气及水的生产和供应业	建筑业	地质勘查业水利管理业	交通运输仓储和邮电通信业	批发零售贸易和餐饮业
1980	137.38	1.21	34.55	73.72	5.62	1.07	0.14	12.17	4.02
1985	449.14	5.56	44.09	289.71	17.25	6.97	0.79	41.49	10.37
1990	830.19	7.32	85.49	518.20	43.79	7.69	3.15	81.32	22.10
1991	1023.23	13.16	92.96	646.29	43.98	8.51	3.53	113.67	27.83
1992	1461.10	14.77	90.13	920.59	65.96	14.20	5.23	192.77	48.12
1993	2195.85	17.83	141.69	1298.33	99.31	32.98	7.04	361.47	65.47
1994	2918.61	19.64	171.02	1606.03	150.99	31.47	5.50	576.95	101.04
1995	3299.35	18.83	206.67	1775.84	217.64	45.80	8.26	680.73	97.30
1996	(3622.74)	(23.22)	(228.29)	(1843.01)	(259.21)	(34.17)	(10.35)	(875.97)	(70.93)
	3615.00	22.91	228.09	1839.23	258.93	33.98	10.31	875.19	70.38
1997	3921.94	27.21	244.37	1866.24	275.43	47.91	25.10	1050.13	61.06
1998	4516.75	27.11	308.78	1797.30	344.52	30.04	33.48	1542.25	52.64
1999	4485.08	26.33	251.66	1796.07	463.86	31.28	30.52	1420.67	46.03
2000	5107.60	26.35	373.86	2104.15	481.67	65.82	24.89	1553.60	57.74
2001	5923.76	21.04	413.78	2662.76	483.15	42.57	25.49	1825.32	55.72
北　京	186.51		0.20	48.65	5.84	1.24	2.45	77.60	0.61
天　津	139.52	0.07	0.68	87.01	5.79	2.26	0.21	23.88	5.71
河　北	342.30	3.09	15.55	164.42	32.88	1.09	2.25	89.78	3.67
山　西	145.30	0.12	23.36	72.66	6.07	3.88	0.18	35.92	0.17
内蒙古	69.58	0.00	3.14	40.45	6.05	0.33		16.92	
辽　宁	329.88	1.03	39.05	188.29	19.00	0.47		69.53	2.83
吉　林	128.74	0.04	6.99	95.76	14.17	0.30		8.53	0.53
黑龙江	201.12	1.26	60.12	55.39	20.69	0.71	0.09	62.27	0.19
上　海	432.03	1.40	0.26	234.91	22.04	5.18	1.08	88.48	10.65
江　苏	402.32	0.59	12.25	215.39	44.83	3.40	0.68	107.07	1.71
浙　江	318.25	0.04	0.25	133.65	40.71	1.42	0.04	125.78	0.56
安　徽	185.33	0.28	12.91	81.38	18.86	0.82	0.90	64.61	0.36
福　建	188.99	0.07	2.81	68.55	5.23	1.00	0.94	106.31	0.56
江　西	107.28	0.17	1.77	40.15	8.96	0.41	0.06	49.47	0.53
山　东	521.61	0.25	103.07	242.34	43.05	1.53	1.12	105.69	5.31
河　南	198.53	0.04	37.13	96.03	14.35	0.48	1.15	38.58	0.80
湖　北	290.02	1.16	16.32	159.79	9.57	3.51	0.89	72.70	4.75
湖　南	198.31	0.01	4.17	98.72	10.38	1.59	0.11	69.74	2.95
广　东	484.66	0.72	1.14	112.04	47.86	3.86	8.72	251.73	1.94
广　西	86.60	0.35	1.85	32.20	5.12	0.15	0.10	41.43	2.38
海　南	15.23	1.79	0.15	5.11	1.93			5.48	0.01
重　庆	107.79	0.23	0.92	30.24	10.97	0.20	0.02	56.32	1.78
四　川	196.45	0.67	7.13	111.83	17.05	1.11	0.14	46.78	1.93
贵　州	117.37	0.05	3.93	44.95	25.13	0.25	0.06	40.61	1.25
云　南	102.58	0.09	2.88	43.64	1.49	0.03	0.44	44.86	1.17
西　藏	4.70	0.01	0.02	0.54	1.00	0.15		2.79	
陕　西	133.99	0.12	12.32	41.32	22.10	3.44	0.33	42.22	0.14
甘　肃	115.82	2.10	7.34	59.01	10.99	0.59	0.20	31.15	2.61
青　海	20.79		2.74	9.70	1.31	0.56	0.07	4.84	0.21
宁　夏	25.02	0.05	2.01	17.25	0.81	0.08	0.02	4.42	0.02
新　疆	108.18	5.23	13.33	31.40	8.92	2.54	3.26	38.84	0.41
不分地区	18.99		18.00					0.98	

2—12 续表

单位：亿元

年份 地区	金融、保险业	房地产业	社会服务业	卫生体育和社会福利业	教育、文化艺术和广播电影电视业	科学研究和综合技术服务业	国家机关、政党机关和社会团体	其他
1980	0.06	2.28		0.23	0.50	0.43	0.99	0.39
1985	0.97	3.05	17.41	1.78	2.91	2.35	3.24	1.49
1990	1.72	8.54	27.68	3.16	4.65	2.18	7.05	6.14
1991	2.12	8.90	34.74	3.22	5.62	2.29	9.22	7.20
1992	2.42	13.02	52.93	4.22	6.08	3.16	12.81	14.69
1993	3.73	33.80	78.68	6.04	9.37	3.18	21.22	15.73
1994	3.63	59.79	120.03	4.47	10.07	5.02	27.38	25.58
1995	2.85	56.57	108.50	5.93	15.27	6.29	29.94	22.93
1996	(8.11)	(41.76)	(131.30)	(10.38)	(13.38)	(5.77)	(37.47)	(29.42)
	8.07	41.75	131.01	10.17	12.98	5.64	36.93	29.42
1997	11.77	56.92	151.47	10.77	17.95	4.85	37.55	33.21
1998	12.86	25.54	189.48	11.64	20.41	5.83	49.86	64.99
1999	6.89	35.51	228.33	15.31	26.77	18.89	54.87	32.09
2000	6.22	32.25	225.13	19.67	33.67	34.35	50.19	18.05
2001	16.53	17.96	199.15	23.92	43.74	33.10	35.94	23.57
北京		0.03	24.51	1.91	0.87	20.55	1.30	0.75
天津	0.03		1.55	0.14	0.26	0.42	1.14	10.36
河北	0.52	0.05	20.65	0.96	3.03	0.06	1.48	2.81
山西	0.02	0.05	2.55	0.04	0.04		0.21	0.01
内蒙古			1.69	0.04	0.89	0.07		
辽宁	0.04	1.27	6.74	0.25	0.65	0.21	0.46	0.07
吉林			0.32	0.36	0.06	0.07	1.40	0.20
黑龙江			0.38	0.01	0.02			
上海	0.16	14.42	41.07	1.94	7.42	0.27	1.99	0.76
江苏	0.92	0.08	8.05	0.79	2.80	0.82	1.67	1.27
浙江	1.64		6.57	2.54	3.70	0.57	0.74	0.05
安徽	0.59		0.99	1.04	0.84	0.01	1.73	0.01
福建			1.34	0.42	1.03	0.10	0.60	0.03
江西	1.14		0.77	0.23	0.95	0.00	2.63	0.03
山东	0.02	0.53	13.53	0.76	1.81	0.13	0.76	1.74
河南	0.23	0.01	6.81	0.28	1.52	0.32	0.71	0.09
湖北	1.98	0.01	6.76	2.31	4.24	0.57	3.64	1.81
湖南	0.14		2.11	1.89	3.82	1.74	0.75	0.20
广东	5.20	1.16	24.08	6.05	6.77	1.10	9.92	2.36
广西	0.05		1.98	0.41	0.35	0.20	0.03	
海南			0.06	0.07	0.13		0.36	0.14
重庆	3.53	0.03	1.79	0.30	0.34	0.06	0.94	0.13
四川		0.07	5.63	0.29	1.40	1.80	0.62	
贵州			0.74	0.12	0.17		0.11	
云南	0.06	0.21	5.16	0.14	0.48	1.33	0.59	
西藏			0.05		0.02	0.03	0.10	
陕西			8.78	0.01	0.01	2.58	0.64	0.00
甘肃			0.40	0.01	0.01		0.84	0.58
青海	0.02		0.82	0.03	0.02	0.04	0.29	0.16
宁夏			0.28	0.01		0.04	0.04	
新疆	0.24	0.03	3.02	0.58	0.09	0.01	0.25	0.02
不分地区								

2—13 国民经济各行业更新改造施工、投产项目个数（2001 年）

行业	施工项目（个）	#新开工	全部建成投资项目（个）	项目建成投产率（%）
全国总计	**55061**	**39336**	**35782**	**65.0**
农、林、牧、渔业	**1957**	**1881**	**1736**	**88.7**
农业	1499	1462	1456	97.1
林业	209	192	186	89.0
畜牧业	40	34	27	67.5
渔业	33	27	22	66.7
农林牧渔服务业	176	166	45	25.6
采掘业	**2105**	**1575**	**1341**	**63.7**
煤炭采选业	1153	872	754	65.4
石油和天然气开采业	185	141	121	65.4
黑色金属矿采选业	140	106	92	65.7
有色金属矿采选业	371	274	200	53.9
非金属矿采选业	211	161	145	68.7
其他矿采选业	7	6	3	42.9
木材及竹材采运业	38	15	26	68.4
制造业	**22309**	**15198**	**12999**	**58.3**
食品加工业	934	764	657	70.3
食品制造业	605	457	388	64.1
饮料制造业	731	523	451	61.7
烟草加工业	367	175	177	48.2
纺织业	1240	894	805	64.9
服装及纤维制品制造业	203	164	119	58.6
皮革毛皮羽绒及其制品业	181	85	124	68.5
木材加工及竹藤棕草制品业	205	162	150	73.2
家具制造业	72	53	43	59.7
造纸及纸制品业	582	424	340	58.4
印刷业、记录媒介的复制	207	151	117	56.5
文教体育用品制造业	48	34	25	52.1
石油加工及炼焦业	1281	1010	927	72.4
化学原料及化学制品制造业	3039	2229	1857	61.1
医药制造业	1115	745	519	46.5
化学纤维制造业	174	112	89	51.1
橡胶制品业	154	116	93	60.4
塑料制品业	489	354	318	65.0
非金属矿物制品业	2108	1293	1511	71.7
黑色金属冶炼及压延加工业	2108	1499	1282	60.8
有色金属冶炼及压延加工业	1252	873	714	57.0
金属制品业	470	329	263	56.0
普通机械制造业	873	522	426	48.8
专用设备制造业	570	331	236	41.4
交通运输设备制造业	1488	910	602	40.5
电气机械及气材制造业	654	388	282	43.1
电子及通信设备制造业	723	356	299	41.4
仪器仪表及文化办公用机械制造业	140	82	53	37.9
其他制造业	296	163	132	44.6
电力、煤气及水的生产和供应业	**7682**	**4214**	**5444**	**70.9**
电力、蒸气、热水生产和供应业	7012	3811	5116	73.0
煤气的生产和供应业	118	71	46	39.0
自来水的生产和供应业	552	332	282	51.1
建筑业	**250**	**173**	**157**	**62.8**
土木工程建筑业	200	129	120	60.0

2—13 续表

行业	施工项目（个）	#新开工	全部建成投资项目（个）	项目建成投产率（%）
线路、管道和设备安装业	39	35	31	79.5
装修装饰业	11	9	6	54.5
地质勘查、水利管理业	**463**	**370**	**338**	**73.0**
地质勘查业	6	4	1	16.7
水利管理业	457	366	337	73.7
交通运输、仓储及邮电通信业	**15668**	**12581**	**10920**	**69.7**
铁路运输业	1838	1379	1264	68.8
公路运输业	603	413	373	61.9
管道运输业	3	3	3	100.0
水上运输业	373	298	295	79.1
航空运输业	44	22	16	36.4
交通运输辅助业	538	397	305	56.7
其他交通运输业	3	2	2	66.7
仓储业	127	93	91	71.7
邮电通信业	12139	9974	8571	70.6
批发和零售贸易餐饮业	**943**	**624**	**553**	**58.6**
食品饮料烟草和家庭用品批发业	156	113	96	61.5
能源材料和机械电子设备批发业	354	208	177	50.0
其他批发业	56	24	20	35.7
零售业	317	230	219	69.1
商业经纪与代理业	2	1	2	100.0
餐饮业	58	48	39	67.2
金融、保险业	**46**	**34**	**32**	**69.6**
金融业	45	34	31	68.9
保险业	1		1	100.0
房地产业	**108**	**56**	**34**	**31.5**
房地产开发与经营业	64	41	15	23.4
房地产管理业	44	15	19	43.2
房地产代理与经纪业				
社会服务业	**1675**	**1236**	**1044**	**62.3**
公共设施服务业	1387	1039	882	63.6
居民服务业	27	18	18	66.7
旅馆业	141	100	85	60.3
租赁服务业	4	2	2	50.0
旅游业	24	16	20	83.3
娱乐服务业	20	10	11	55.0
信息、咨询服务业	3	2	3	100.0
计算机应用服务业	41	30	8	19.5
其他社会服务业	28	19	15	53.6
卫生体育和社会福利业	**243**	**182**	**166**	**68.3**
卫生	225	170	162	72.0
体育	11	7	3	27.3
社会福利保障业	7	5	1	14.3
教育、文化艺术和广播电影电视业	**562**	**393**	**314**	**55.9**
教育	307	240	203	66.1
文化艺术业	40	24	18	45.0
广播、电影、电视业	215	129	93	43.3
科学研究和综合技术服务业	**223**	**147**	**151**	**67.7**
科学研究业	82	36	32	39.0
综合技术服务业	141	111	119	84.4
国家机关、政党机关和社会团体	**644**	**517**	**419**	**65.1**
#国家机关	625	504	411	65.8
政党机关	6	6	3	50.0
其他行业	**183**	**155**	**134**	**73.2**

2—14 按国民经济行业分的更新改造新增固定资产

单位：亿元

年份 地区	合计	农、林 牧、渔业	采掘业	制造业	电力、煤气 及水的生产 和供应业	建筑业	地质勘查 业水利管 理业	交通运输 仓储和邮 电通信业
1980	92.58	0.90	21.91	49.59	3.53	0.94	0.09	9.15
1985	316.79	4.30	32.13	196.46	11.95	6.40	0.67	33.24
1990	722.94	7.14	67.81	460.33	33.12	6.69	2.41	68.48
1991	858.30	11.43	75.91	542.84	38.30	8.05	3.93	98.28
1992	1105.05	12.71	70.87	685.35	49.34	12.82	2.46	154.62
1993	1531.93	15.23	110.63	876.43	68.59	27.27	4.28	285.30
1994	2192.57	17.12	145.08	1210.46	103.14	18.72	5.00	473.56
1995	2524.87	17.37	164.06	1381.19	146.54	29.86	6.38	563.74
1996	(3002.69)	(21.10)	(187.10)	(1512.97)	(218.13)	(30.27)	(7.39)	(739.95)
	2995.31	20.87	186.92	1509.36	217.86	30.10	7.34	739.21
1997	3250.55	23.36	219.23	1504.22	230.45	41.85	12.83	884.03
1998	3690.36	22.51	242.82	1518.86	284.26	24.82	15.42	1210.86
1999	3644.67	20.24	217.48	1527.02	324.89	25.82	16.37	1109.86
2000	4111.51	20.44	284.27	1660.99	351.38	61.12	16.22	1317.75
2001	4411.49	18.66	296.06	1920.06	342.94	36.99	24.77	1387.25
北京	193.54		0.19	61.66	5.88	1.22	9.86	71.95
天津	77.12	0.01	0.61	52.82	3.68	1.45	0.25	9.61
河北	259.98	2.45	9.92	114.85	22.37	1.09	1.44	79.67
山西	106.44	0.01	17.62	37.65	3.11	3.73	0.22	32.91
内蒙古	55.48		2.06	30.68	8.81	0.33		12.35
辽宁	243.97	2.50	35.21	125.51	12.59	0.32		54.81
吉林	95.91	0.04	6.25	60.27	20.92	0.27		5.99
黑龙江	155.56	1.19	43.03	39.97	15.45	0.01	0.10	54.85
上海	212.12	1.30	0.12	117.06	18.53	5.10	0.86	9.29
江苏	303.46	0.59	9.47	144.75	24.31	3.34	0.68	104.25
浙江	229.38	0.04	0.19	105.65	21.78	1.13	0.14	81.75
安徽	143.36	0.28	7.47	67.16	17.21	0.35	0.78	45.46
福建	150.54	0.05	1.76	52.72	4.08	0.57	0.56	88.31
江西	69.84	0.06	1.33	26.30	4.98	0.31	0.01	31.42
山东	378.66	0.10	58.14	198.59	32.08	1.53	0.60	66.97
河南	161.96	0.05	30.93	71.24	10.76	0.51	1.30	33.64
湖北	236.51	1.08	12.03	130.31	6.05	2.96	0.40	60.12
湖南	158.93		3.15	81.33	4.51	1.59	0.09	58.54
广东	401.70	0.60	2.08	96.16	35.30	2.81	3.26	209.30
广西	71.44	0.17	1.44	22.30	5.07	0.06	0.08	38.16
海南	10.17	1.55	0.13	1.79	0.79		0.02	5.35
重庆	84.52	0.12	1.09	20.12	9.03	0.20	0.08	48.17
四川	128.57	0.32	6.01	72.67	8.95	0.61		31.84
贵州	94.56	0.05	1.97	39.20	15.92	0.16	0.07	35.04
云南	80.64	0.12	1.07	43.44	0.77	0.08	0.42	24.44
西藏	3.41	0.01		0.04	0.88	0.16		2.19
陕西	95.83	0.12	10.90	35.37	16.05	3.44	0.09	21.18
甘肃	65.10	0.77	5.16	22.99	6.00	0.46	0.18	25.18
青海	13.99		2.68	3.43	1.07	0.52	0.07	5.67
宁夏	25.95	0.03	1.91	18.40	0.92	0.08		4.34
新疆	91.91	5.05	11.79	25.65	5.09	2.59	3.23	33.95
不分地区	10.94		10.38					0.56

2—14 续表

单位：亿元

年份 地区	批发零售贸易和餐饮业	金融、保险业	房地产业	社会服务业	卫生体育和社会福利业	教育、文化艺术和广播电影电视业	科学研究和综合技术服务业	国家机关、政党机关和社会团体	其他
1980	3.00	0.03	1.53		0.16	0.38	0.27	0.76	0.34
1985	7.91	0.77	2.54	11.13	1.67	2.47	1.93	2.33	0.90
1990	23.05	1.45	8.16	25.26	3.05	3.53	1.58	5.48	5.41
1991	21.32	1.85	7.97	26.03	2.86	4.96	1.50	7.12	5.95
1992	34.44	2.03	9.14	39.88	3.49	5.36	2.81	10.05	9.68
1993	36.62	2.82	18.31	51.72	4.21	5.40	1.89	14.63	8.58
1994	50.30	2.47	31.24	91.29	3.95	5.90	3.09	20.09	11.16
1995	49.92	2.32	38.80	69.34	4.60	11.23	3.00	21.19	15.33
1996	(65.07)	(6.28)	(36.99)	(100.87)	(7.79)	(10.23)	(5.76)	(28.51)	(24.28)
	64.53	6.24	36.98	100.60	7.60	9.82	5.63	27.99	24.26
1997	36.10	9.15	57.87	137.14	10.31	13.46	5.98	33.81	30.76
1998	64.86	12.86	26.41	157.94	10.39	16.39	4.91	42.91	34.15
1999	54.22	6.16	32.32	189.42	13.02	20.95	16.20	43.18	27.51
2000	48.69	6.17	30.00	186.59	17.37	27.68	30.51	37.56	14.75
2001	45.25	14.07	8.64	188.81	23.39	38.36	24.96	29.30	11.98
北京	0.71		0.03	24.19	1.91	2.36	11.50	1.30	0.77
天津	5.25			0.99	0.01	0.24	0.41	0.86	0.95
河北	2.08	0.52	0.07	18.64	0.79	1.99	0.05	1.24	2.80
山西	0.17	0.02	0.15	7.70	0.04	2.89		0.20	0.01
内蒙古				0.65	0.04	0.56			
辽宁	2.78	0.04	1.07	7.97	0.25	0.35	0.21	0.28	0.07
吉林	0.53			0.14	0.36	0.06		1.10	
黑龙江	0.17			0.76	0.01	0.02			
上海	4.80	0.43	5.58	38.45	1.95	6.36	0.17	1.51	0.61
江苏	3.58	0.92	0.08	6.10	0.79	1.33	0.50	1.54	1.24
浙江	0.32	1.64		5.51	2.58	2.73	5.18	0.73	0.02
安徽	0.24	0.59		0.51	1.03	0.82	0.01	1.43	0.01
福建	0.51			0.82	0.40	0.32	0.10	0.32	0.03
江西	0.43	1.14		0.52	0.22	0.50		2.61	
山东	3.99	0.01	0.11	12.33	0.71	1.66	0.12	0.73	1.01
河南	0.86	0.23	0.01	9.15	0.27	2.13	0.24	0.54	0.10
湖北	5.22	1.98	0.01	6.31	2.17	3.65	0.36	2.67	1.19
湖南	0.99	0.14		1.98	1.62	2.25	1.81	0.73	0.20
广东	1.53	5.29	0.89	21.72	6.23	5.78	0.87	8.05	1.84
广西	1.85	0.05		1.23	0.37	0.41	0.22	0.02	
海南	0.01			0.06	0.05	0.03		0.08	0.35
重庆	1.71	0.74	0.13	1.79	0.30	0.40		0.51	0.18
四川	1.57		0.09	4.09	0.29	0.93	0.71	0.41	
贵州	1.18			0.63	0.10	0.13		0.11	
云南	1.51	0.06	0.38	5.62	0.31	0.32	152	0.58	
西藏				0.05		0.02	0.04	0.03	
陕西	0.17			7.17	0.01		0.87	0.47	
甘肃	2.69			0.27	0.01	0.01		0.81	0.57
青海	0.02	0.01		0.25	0.05	0.02	0.04	0.16	
宁夏	0.01			0.17	0.01		0.04	0.04	
新疆	0.38	0.25	0.03	3.03	0.51	0.09	0.01	0.24	0.02
不分地区									

2—15 房地产开发企业（单位）个数

单位：个

年份 地区	企业个数	内资企业	#国有	#集体	港、澳、台投资企业	外商投资企业
1997	21286	17202				
1998	24378	19960	7958	4538	1989	2095
1999	25762	21422	7370	4127	3214	1204
2000	27303	23277	6641	3492	3167	1173
2001	29552	25509	5862	2991	2899	1127
北京	756	548	122	30	2959	1084
天津	689	644	151	53	146	62
河北	483	445	161	16	26	19
山西	525	498	163	34	22	16
内蒙古	479	475	54	20	18	9
辽宁	1546	1364	197	66	1	3
吉林	351	329	79	10	103	79
黑龙江	483	452	152	32	16	6
上海	2588	2299	521	233	23	8
江苏	2022	1761	471	345	194	95
浙江	1922	1815	303	189	179	82
安徽	1112	1016	261	123	67	40
福建	1941	1163	301	134	60	36
江西	727	612	185	64	570	208
山东	1506	1332	402	271	75	40
河南	706	633	172	68	128	46
湖北	1067	874	325	78	54	19
湖南	782	689	208	57	144	49
广东	3788	3005	655	713	70	23
广西	532	435	136	71	702	81
海南	127	93	26	9	72	25
重庆	1474	1319	133	69	19	15
四川	1478	1395	179	138	118	37
贵州	610	567	75	40	60	23
云南	361	338	119	12	26	17
西藏	7	7	2		16	7
陕西	466	431	123	38	21	14
甘肃	364	333	95	49	15	16
青海	216	209	23	6	4	3
宁夏	151	144	27	12	3	4
新疆	293	284	41	11	7	2

2—16 房地产开发建设投资总规模及完成投资

单位：亿元

年份 地区	实际需要总投资	自开始建设至本年底		全部建成尚需投资
		累计完成投资	#本年完成投资	
1997	17685.72	9109.72	3178.37	8576.00
1998	19623.04	10515.44	3614.23	9107.60
1999	20207.68	11509.43	4103.20	8698.25
2000	22664.18	12816.37	4984.05	9847.82
2001	27552.59	15580.22	6344.11	11972.36
北　京	4996.76	2450.43	783.82	2546.33
天　津	712.45	422.13	161.27	290.32
河　北	392.88	228.00	140.78	164.88
山　西	194.43	102.34	46.65	92.09
内蒙古	128.05	83.73	65.67	44.33
辽　宁	1143.49	675.47	323.09	468.02
吉　林	218.12	126.67	92.97	91.45
黑龙江	286.19	202.46	147.08	83.73
上　海	3436.41	2311.99	630.73	1124.42
江　苏	1192.76	762.93	414.36	429.84
浙　江	1687.33	1003.98	544.91	683.35
安　徽	353.69	194.45	110.99	159.24
福　建	1271.33	651.94	225.49	619.39
江　西	198.86	110.97	63.52	87.88
山　东	1038.48	561.30	297.35	477.18
河　南	410.77	225.43	102.84	185.35
湖　北	720.67	394.20	151.24	326.47
湖　南	387.50	202.07	107.41	185.43
广　东	5441.23	2930.65	972.34	2510.58
广　西	269.69	159.41	55.58	110.28
海　南	94.12	56.55	17.11	37.57
重　庆	782.02	427.62	196.67	354.40
四　川	768.91	454.99	268.15	313.92
贵　州	254.54	130.86	67.01	123.68
云　南	327.61	201.42	87.98	126.19
西　藏	2.00	1.60	1.50	0.40
陕　西	422.69	251.87	99.78	170.82
甘　肃	125.41	57.99	31.37	67.42
青　海	55.42	28.67	15.36	26.75
宁　夏	36.00	27.06	23.18	8.94
新　疆	202.77	141.04	97.92	61.74

2—17 按用途分的房地产开发企业（单位）投资完成额

单位：万元

年 份 地 区	本年完成投资额	住宅	#别墅、高档公寓	#经济适用房屋	办公楼	商业营业用房	其他
1997	31783702	15393805	1562955	1854959	3889819	4258452	8241626
1998	36142292	20815647	1818526	2708523	4337956	4758297	6230392
1999	41032024	26384794	1786233	4370211	3385973	4843349	6417908
2000	49840529	33119839	2700142	5424365	2978511	5799927	7942252
2001	63441107	42166760	3699241	5996464	3079470	7553018	10641859
北 京	7838185	4642240	730503	582040	719932	416677	2059336
天 津	1612662	963985	87147	321594	45157	156497	447023
河 北	1407752	835402	41264	233775	46492	254812	271046
山 西	466464	288916	1643	142847	17639	67861	92048
内蒙古	656679	390371	17758	179580	12904	180322	73082
辽 宁	3230890	2275827	211952	289402	155329	511287	288447
吉 林	929705	678293	85349	257149	29180	167848	54384
黑龙江	1470839	1016457	20603	381565	42330	254384	157668
上 海	6307331	4391709	436373		262204	626998	1026420
江 苏	4143552	3037362	179335	357259	187235	557603	361352
浙 江	5449072	3808907	245185	182179	327319	751984	560862
安 徽	1109914	718030	9793	225198	47171	180534	164179
福 建	2254918	1452169	134687	128236	122028	306267	374454
江 西	635195	307994	28202	76306	18157	85985	223059
山 东	2973507	2184935	159413	327231	129663	338399	320510
河 南	1028366	758704	65279	185509	35535	131347	102780
湖 北	1512390	1123998	77737	288609	88591	82001	217800
湖 南	1074104	598680	71133	226818	34093	155787	285544
广 东	9723420	6444443	560549	161475	324513	1012254	1942210
广 西	555826	299556	2683	31764	9621	76364	170285
海 南	171111	135610	68479	30617	799	10969	23733
重 庆	1966684	1107126	82643	112558	105656	365987	387915
四 川	2681539	1838734	196563	293534	64170	365377	413258
贵 州	670085	380647	950	83286	33824	96688	158926
云 南	879843	646631		138207	50827	89893	92492
西 藏	14993	9763	75109	8477	100	1380	3750
陕 西	997844	652983	103130	260293	64275	88932	191654
甘 肃	313696	201733	2420	81185	29958	39258	42747
青 海	153558	85985		41919	11482	28707	27384
宁 夏	231799	132080	242	17490	21375	39588	38756
新 疆	979184	757490	3126	350362	41911	111028	68755

2—18 房地产开发企业（单位）的资金来源

单位：万元

年份 地区	本年资金来源小计	国家预算内资金	国内贷款	债券	利用外资	#外商直接投资	自筹资金	其他资金来源
1997	38170650	124789	9111902	48691	4608565	3279010	9728831	14547872
1998	44149422	149480	10531712	62319	3617581	2588698	11669821	18118509
1999	47959012	100457	11115664	98703	2566022	1804807	13446210	20631956
2000	59976309	68720	13850756	34760	1687046	1348026	16142122	28192905
2001	76963877	136291	16921968	3425	1357044	1061150	21839587	36705562
北京	11514676	17073	3403018		202819	151764	2230068	5661698
天津	1946516		506094		27094	19049	689808	723520
河北	1477429	11520	213104		13231	13231	464330	775244
山西	539546	1340	128092		1050	1050	180069	228995
内蒙古	608720		93925		1000	1000	314138	199657
辽宁	3532484	1925	689515		54351	35821	1240908	1545785
吉林	1005043	7000	134717		14374	13454	514506	334446
黑龙江	1325778		159546		420	420	566232	599580
上海	8319785		1794859		254820	158776	2596602	3673504
江苏	4741921		1036016	141	63709	25854	1324473	2317582
浙江	7701043	135	2057867	10	17962	17962	1429773	4195296
安徽	1265948	8462	228760	2049	12002	11851	430555	584120
福建	2949400	5178	413608		156273	135237	663051	1711290
江西	690394		136340		46472	44368	237732	269850
山东	3160082		481519		27092	26286	1012988	1638483
河南	1157674	78	244598		3543	3543	361485	547970
湖北	1472502	62249	227651		8946	5968	544187	629469
湖南	1115246	1244	205611		20155	18685	408868	479368
广东	12016180	4210	2632736	905	357359	315826	3435795	5585175
广西	738738		130195		10663	9946	221894	375986
海南	180874		13150		16895	16895	69685	81144
重庆	2078884	9109	528252		10528	10528	705676	825319
四川	3005210	500	578738		19520	8586	835994	1570458
贵州	777724	32	147777		1556	1556	241503	386856
云南	932427	2508	162674		2016	300	207906	557323
西藏	12892		3740				4100	5052
陕西	1096498	3020	312056		8327	8327	330391	442704
甘肃	308192	303	58700	320	1350	1350	112194	135325
青海	164288		27458		2239	2239	98673	35918
宁夏	237681		64858				62028	110795
新疆	890102	405	106794		1278	1278	303975	477650

2—19　房地产开发建设房屋建筑面积和造价

年　份 地　区	施工房屋面积 (万平方米)	竣工房屋面积 (万平方米)	房屋建筑面积 竣 工 率 (%)	竣工房屋 价　值 (万元)	施工房屋 造　价 (元/平方米)
1997	44985. 5	15819. 7	35. 2	18592458	1175
1998	50770. 1	17566. 6	34. 6	21391927	1218
1999	56857. 6	21410. 8	37. 7	24675822	1152
2000	65896. 9	25104. 9	38. 1	28593463	1139
2001	79411. 7	29867. 4	37. 6	33694469	1128
北　京	5966. 7	1707. 4	28. 6	3158403	1850
天　津	1863. 5	690. 5	37. 1	705326	1022
河　北	2020. 7	848. 8	42. 0	768997	906
山　西	815. 6	374. 1	45. 9	342613	916
内蒙古	997. 7	515. 4	51. 7	449042	871
辽　宁	3971. 5	1843. 0	46. 4	1818389	987
吉　林	1257. 3	628. 7	50. 0	681602	1084
黑龙江	1768. 6	1013. 8	57. 3	956720	944
上　海	5986. 2	1791. 4	29. 9	3794194	2118
江　苏	4858. 5	2341. 9	48. 2	2317662	990
浙　江	6371. 8	2053. 9	32. 2	2555207	1244
安　徽	2013. 7	957. 0	47. 5	658362	688
福　建	3717. 3	1280. 8	34. 5	1426176	1114
江　西	1152. 8	546. 2	47. 4	351805	644
山　东	4358. 1	1727. 5	39. 6	1613481	934
河　南	1976. 8	644. 4	32. 6	457421	710
湖　北	2381. 6	1049. 5	44. 1	1025616	977
湖　南	1584. 6	648. 9	40. 9	560467	864
广　东	10906. 5	3344. 6	30. 7	5014199	1499
广　西	938. 4	331. 3	35. 3	254977	770
海　南	264. 9	62. 5	23. 6	97709	1563
重　庆	3653. 7	1020. 6	27. 9	871519	854
四　川	4226. 4	1843. 9	43. 6	1442069	782
贵　州	1366. 7	490. 8	35. 9	342819	698
云　南	1080. 4	366. 0	33. 9	409684	1119
西　藏	15. 1	11. 1	73. 3	9759	883
陕　西	1326. 7	581. 0	43. 8	565983	974
甘　肃	541. 3	222. 6	41. 1	211078	948
青　海	267. 6	106. 0	39. 6	92126	869
宁　夏	327. 5	190. 7	58. 2	146742	769
新　疆	1433. 5	633. 3	44. 2	594322	939

2—20 商品房屋销售情况

年份 地区	房屋销售面积 （万平方米）	#住宅	个人购买商品住宅 （万平方米）	商品房销售额 （万元）	#住宅
1991	3025.46	2745.17	926.55	2378597	2075979
1992	4288.86	3812.21	1456.01	4265938	3798493
1993	6687.91	6035.19	2943.39	8637141	7291913
1994	7230.35	6118.03	3344.53	10184950	7305208
1995	7905.94	6787.03	3344.81	12577269	10240705
1996	7900.41	6898.46	3666.82	14271292	11069006
1997	9010.17	7864.30	5233.72	17994763	14075553
1998	12185.30	10827.10	7792.62	25133027	20068676
1999	14556.53	12997.87	10408.53	29878734	24137347
2000	18637.13	16570.28	14464.38	39354423	32286046
2001	22411.90	19938.75	18250.77	48627517	40211543
北 京	1204.96	1127.50	1049.55	6099114	5317140
天 津	537.48	514.59	512.58	1276363	1187443
河 北	596.57	514.53	446.38	872675	684571
山 西	234.84	211.37	157.91	316691	263914
内蒙古	365.99	296.36	262.46	452093	303238
辽 宁	1166.06	995.01	937.45	2478679	1988550
吉 林	385.13	337.84	337.50	597880	490070
黑龙江	594.64	490.63	477.26	1060725	800169
上 海	1796.64	1981.48	1571.19	6946567	6151664
江 苏	1904.16	1714.62	1620.21	3428649	2854842
浙 江	1801.45	1544.04	1500.11	3693512	2811536
安 徽	679.58	587.40	510.24	790332	583957
福 建	987.81	843.00	780.21	1990797	1507545
江 西	436.82	372.69	360.24	424568	322188
山 东	1403.25	1238.75	1069.66	2044474	1685670
河 南	511.68	468.71	348.41	632243	549575
湖 北	745.08	697.20	630.02	1015875	914295
湖 南	440.07	392.26	331.60	549356	440679
广 东	2275.79	2048.84	1854.29	7520777	6355369
广 西	292.32	270.35	250.59	536611	440155
海 南	59.94	55.15	53.54	114490	105017
重 庆	746.05	635.04	612.42	1076534	719196
四 川	1414.70	1256.35	1183.64	1935267	1470925
贵 州	369.38	332.00	308.42	429951	340724
云 南	314.91	285.43	208.07	610771	527346
西 藏	8.59	7.83	5.41	14383	11475
陕 西	416.29	371.19	314.43	653434	518746
甘 肃	141.70	131.79	94.20	178327	156783
青 海	33.66	31.86	17.79	40670	35796
宁 夏	126.49	103.26	93.63	201895	135147
新 疆	419.87	381.67	351.36	643814	537818

2—21　按用途分的商品房屋实际销售面积

单位：万平方米

年份 地区	房屋销售面积	住宅	#别墅、高档公寓	#经济适用房屋	办公楼	商业营业用房	其他
1997	9010.17	7864.30	254.25	1211.85	341.43	634.06	170.38
1998	12185.30	10827.10	345.30	1666.50	400.60	810.80	146.80
1999	14556.53	12997.87	435.74	2701.31	403.43	1003.17	152.06
2000	18637.13	16570.28	640.72	3760.07	436.98	1399.31	230.56
2001	22411.90	19938.75	878.19	4021.47	502.57	1696.15	274.44
北　京	1204.96	1127.50	120.78	185.22	49.82	17.39	10.26
天　津	537.48	514.59	39.74	168.73	5.45	17.31	0.13
河　北	596.57	514.53	20.46	165.12	5.34	75.29	1.41
山　西	234.84	211.37	0.57	101.48	5.62	15.28	2.57
内蒙古	365.99	296.36	5.73	128.05	3.89	63.07	2.67
辽　宁	1166.06	995.01	22.24	179.20	27.15	128.44	15.46
吉　林	385.13	337.84	8.47	141.61	2.32	43.70	1.27
黑龙江	594.64	490.63	8.46	222.25	18.25	76.33	9.43
上　海	1796.64	1681.48	87.63		40.98	56.55	17.64
江　苏	1904.16	1714.62	50.31	252.82	34.75	139.39	15.40
浙　江	1801.45	1544.04	41.95	85.21	56.67	155.55	45.19
安　徽	679.58	587.40	6.52	193.40	14.71	72.90	4.57
福　建	987.81	843.00	42.54	144.40	33.31	89.66	21.84
江　西	436.82	372.69	23.19	103.26	7.82	51.53	4.78
山　东	1403.25	1238.75	21.72	150.45	24.25	122.30	17.95
河　南	511.68	468.71	25.50	183.57	8.76	28.03	6.18
湖　北	745.08	697.20	29.66	183.83	15.94	25.79	6.16
湖　南	440.07	392.26	24.84	173.99	3.04	42.07	2.70
广　东	2275.79	2048.84	139.81	105.22	42.77	138.51	45.66
广　西	292.32	270.35	0.91	41.19	1.63	14.97	5.37
海　南	59.94	55.15	19.58	13.84	1.47	3.22	0.10
重　庆	746.05	635.04	18.29	87.97	23.47	80.58	6.96
四　川	1414.70	1256.35	71.64	340.78	28.87	118.32	11.15
贵　州	369.38	332.00	1.80	90.07	7.99	27.57	1.82
云　南	314.91	285.43	29.98	108.46	6.98	17.91	4.59
西　藏	8.59	7.83		7.32	0.01	0.53	0.22
陕　西	416.29	371.19	15.28	179.41	17.86	18.11	9.13
甘　肃	141.70	131.79	0.43	43.09	3.67	5.97	0.27
青　海	33.66	31.86		16.51	0.08	1.57	0.15
宁　夏	126.49	103.26	0.16	19.16	5.61	16.55	1.08
新　疆	419.87	381.67		205.88	4.11	31.77	2.32

2—22 按用途分的商品房屋平均销售价格

单位：元/平方米

年份 地区	房屋平均销售价格	住宅	#别墅、高档公寓	#经济适用房屋	办公楼	商业营业用房	其他
1997	1997	1790	5382	1097	4677	3090	2129
1998	2063	1854	4596	1035	5552	3170	1837
1999	2053	1857	4503	1093	5265	3333	1804
2000	2112	1948	4288	1202	4751	3260	1864
2001	2170	2017	4348	1240	4588	3274	2033
北　京	5062	4716	9182	3040	12391	7166	3907
天　津	2375	2308	3335	2201	4269	3774	2540
河　北	1463	1330	1919	1097	1656	2313	3623
山　西	1349	1249	1133	1017	2182	2419	1382
内蒙古	1235	1023	2627	1078	2013	2171	1542
辽　宁	2126	1999	4171	1458	2903	3017	1542
吉　林	1552	1451	3393	1340	2157	2288	2241
黑龙江	1784	1631	4787	1488	2744	2512	1989
上　海	3866	3658	6126		9501	6156	3257
江　苏	1801	1665	2376	1345	3267	3154	1342
浙　江	2050	1821	2659	1363	3529	3969	1428
安　徽	1163	994	1254	879	1687	2435	889
福　建	2015	1788	3318	1413	2561	3950	2007
江　西	972	864	1380	604	1642	1655	893
山　东	1457	1361	3891	1067	3307	2033	1672
河　南	1236	1173	1915	914	1840	2162	963
湖　北	1363	1311	1835	1030	2069	2199	1933
湖　南	1248	1123	2422	845	1722	2342	1816
广　东	3305	3102	5038	1215	6627	5333	3138
广　西	1836	1628	2000	1009	2396	5489	1931
海　南	1910	1904	2472	1318	1053	2447	500
重　庆	1443	1133	2546	722	2622	3548	1420
四　川	1368	1171	2932	875	2469	3210	1189
贵　州	1164	1026	3131	772	1851	2589	1679
云　南	1940	1848	3161	1279	2162	3305	1993
西　藏	1674	1466		1400	1200	5034	991
陕　西	1570	1398	3293	1103	3466	3151	1723
甘　肃	1259	1190	1399	851	1450	2656	1377
青　海	1208	1123		1049	2174	2841	1700
宁　夏	1596	1309	2802	936	1969	3223	2204
新　疆	1533	1409		1230	2887	2847	1592

2—23 房地产开发企业（单位）的资产负债

单位：万元

年份 地区	实收资本合计	#国家资本金	资产总计	累计折旧	#本年折旧	负债总计	所有者权益	资产负债率(%)
1997	38120741	2443003	164169597	1756884	410656	125154596	39015001	76.2
1998	57787310	8418989	195261772	1910386	390176	148572535	46689237	76.1
1999	45208800	3024487	187448042	2087894	398180	142638782	44809260	76.1
2000	53029071	2155664	251859857	2992816	577153	190321015	61538842	75.6
2001	60198577	5306044	285668126	3544631	674683	214357160	71310966	75.0
北京	6842801	344266	41226891	282846	64765	33329845	7897046	80.8
天津	1414116	331006	5990239	59984	10930	4444903	1545336	74.2
河北	530531	95890	2635645	39422	7256	2106676	528969	79.9
山西	420592	36956	1956291	32483	6835	1488872	467419	76.1
内蒙古	227615	19192	885324	10344	2582	650281	235043	73.5
辽宁	2294200	135169	11156110	172722	32535	8762497	2393613	78.5
吉林	331275	13156	1824317	37111	3860	1427126	397191	78.2
黑龙江	724339	37187	3643378	46793	10606	2900599	742779	79.6
上海	13838037	1502850	62790514	501732	108862	43091660	19698854	68.6
江苏	2605616	156706	13309775	169043	29759	10600153	2709622	79.6
浙江	2604953	70825	16424816	128171	29758	13489685	2935131	82.1
安徽	920023	41015	2931809	45954	9701	1943529	988280	66.3
福建	3028381	56067	11801055	118647	23154	8456748	3344307	71.7
江西	561275	27252	1509702	23830	7115	1059473	450229	70.2
山东	1851981	323176	8751271	128748	25832	6791423	1959848	77.6
河南	783163	27590	3051794	63508	17277	2296310	755484	75.2
湖北	1765610	92698	5003966	100473	18857	3590781	1413185	71.8
湖南	1043831	136993	3033043	111242	21491	2049339	983704	67.6
广东	11126085	1292603	56274018	912845	115003	42595676	13678342	75.7
广西	531566	80922	2379234	38677	6085	1876050	503184	78.9
海南	536531	25121	1590549	32674	3830	1094629	495920	68.8
重庆	2020308	117519	8458850	166867	34302	6108777	2350073	72.2
四川	1961175	175335	7965301	167022	45420	5710589	2254712	71.7
贵州	438268	11032	1882563	29966	11725	1398482	484081	74.3
云南	407789	19637	2625300	31150	7039	2165175	460125	82.5
西藏	5986	1208	30676	432	217	17694	12982	57.7
陕西	564676	59439	2778499	34043	5052	2154276	624223	77.5
甘肃	291741	11826	1125426	20610	4804	833629	291797	74.1
青海	74023	5875	190221	1264	557	115512	74709	60.7
宁夏	136806	26588	594959	11551	3369	452145	142814	76.0
新疆	315284	30945	1846590	24477	6105	1354626	491964	73.4

财政、对外贸易和利用外资

3—1 国家财政收支总额及增长速度

年　　份	财政收入(亿元)	财政支出(亿元)	收支差额(亿元)	增长速度(%)	
				财政收入	财政支出
1978	1132.26	1122.09	10.17	29.5	33.0
1980	1159.93	1228.83	-68.90	1.2	-4.1
1985	2004.82	2004.25	0.57	22.0	17.8
1990	2937.10	3083.59	-146.49	10.2	9.2
1991	3149.48	3386.62	-237.14	7.2	9.8
1992	3483.37	3742.20	-258.83	10.6	10.5
1993	4348.95	4642.30	-293.35	24.8	24.1
1994	5218.10	5792.62	-574.52	20.0	24.8
1995	6242.20	6823.72	-581.52	19.6	17.8
1996	7407.99	7937.55	-529.56	18.7	16.3
1997	8651.14	9233.56	-582.42	16.8	16.3
1998	9875.95	10798.18	-922.23	14.2	16.9
1999	11444.08	13187.67	-1743.59	15.9	22.1
2000	13395.23	15886.50	-2491.27	17.0	20.5
2001	16386.04	18902.58	-2516.54	22.3	19.0

注：1. 在国家财政收支中，价格补贴1985年以前冲减财政收入，1986年以后列为财政支出。为了可比，本表将1985年以前冲减财政收入的价格补贴改列在财政支出中。
2. 从2000年起，财政支出中包括国内外债务付息支出。

3—2 国家财政分项目收入

单位：亿元

年　　份	收入合计	各项税收	企业收入	企业亏损补贴	能源交通重点建设基金收入	预算调节基金收入	教育费附加收入	其他收入
1978	1132.26	519.28	571.99					40.99
1980	1159.93	571.70	435.24					152.99
1985	2004.82	2040.79	43.75	-507.02	146.79			280.51
1990	2937.10	2821.86	78.30	-578.88	185.08	131.21		299.53
1991	3149.48	2990.17	74.69	-510.24	188.22	138.53	28.01	240.10
1992	3483.37	3296.91	59.97	-444.96	157.11	117.47	31.72	265.15
1993	4348.95	4255.30	49.49	-411.29	117.72	102.46	44.23	191.04
1994	5218.10	5126.88		-366.22	53.96	59.10	64.20	280.18
1995	6242.20	6038.04		-327.77	17.42	34.92	83.40	396.19
1996	7407.99	6909.82		-337.40	3.78	11.09	96.04	724.66
1997	8651.14	8234.04		-368.49			103.29	682.30
1998	9875.95	9262.80		-333.49			113.34	833.30
1999	11444.08	10682.58		-290.03			126.10	925.43
2000	13395.23	12581.51		-278.78			147.52	944.98
2001	16386.04	15301.38		-300.04			166.60	1218.10

注：国家财政收入中不包括国内外债务收入。

3—3 国家财政主要支出项目

单位：亿元

年份	基本建设支出	增拨企业流动资金	挖潜改造资金和科技三项费用	地质勘探费	工、交、商业部门事业费	支援农村生产支出和各项农业事业费	文教、科学卫生事业费	抚恤和社会福利救济费	国防费	行政管理费	政策性补贴支出
1978	451.92	66.60	63.24	20.15	17.79	76.95	112.66	18.91	167.84	49.09	11.14
1980	346.36	36.71	80.45	22.57	22.85	82.12	156.26	20.31	193.84	66.79	117.71
1985	554.56	14.30	103.42	29.58	35.16	101.04	316.70	31.15	191.53	130.58	261.79
1990	547.39	10.90	153.91	36.19	46.93	221.76	617.29	55.04	290.31	303.10	380.80
1991	559.62	13.08	180.81	38.34	52.41	243.55	708.00	67.32	330.31	343.60	373.77
1992	555.90	10.63	223.62	44.07	64.58	269.04	792.96	66.45	377.86	424.58	321.64
1993	591.93	18.48	421.38	49.06	76.22	323.42	959.77	75.27	425.80	535.77	299.30
1994	639.72	17.33	415.13	64.13	100.77	399.70	1278.18	95.14	550.71	729.43	314.47
1995	789.22	34.80	494.45	66.32	102.76	430.22	1467.06	115.46	636.72	872.68	364.89
1996	907.44	42.93	523.02	68.56	120.41	510.07	1704.25	128.03	720.06	1040.80	453.91
1997	1019.50	52.20	643.20	73.37	136.41	560.77	1903.59	142.14	812.57	1137.16	551.96
1998	1387.74	42.36	641.18	83.13	121.56	626.02	2154.38	171.26	934.70	1326.77	712.12
1999	2116.57	56.41	766.05	83.69	128.07	677.46	2408.06	179.88	1076.40	1525.68	697.64
2000	2094.89	71.06	865.24	88.12	150.07	766.89	2736.88	213.03	1207.54	1787.58	1042.28
2001	2510.64	22.71	991.56	99.01	200.12	917.96	3361.02	266.68	1442.04	2197.52	741.51

注：行政管理费中包括公检法司支出和外交外事支出。

3—4 国家财政债务还本付息支出

单位：亿元

年　份	合　计	国内债务还本付息	国外债务还本付息	归还向人民银行借款的利息	债务收入大于支出部分增列偿债基金
1980	28.58		24.40	4.18	
1985	39.56		32.59	6.97	
1990	190.07	113.42	68.21	8.44	
1991	246.80	156.69	80.22	9.89	
1992	438.57	342.42	80.26	15.89	
1993	336.22	224.30	89.22	22.70	
1994	499.36	364.96	107.17	27.23	
1995	882.96	784.06	71.69	27.21	
1996	1355.03	1266.29	60.76	27.98	
1997	1918.37	1820.40	70.76	27.21	
1998	2352.92	2245.79	76.60	30.53	
1999	1910.53	1792.33	90.99	27.21	12.90
2000	1579.82	1552.21	27.61		3.41
2001	2007.73	1923.42	84.31		

注：从2000年开始，表中数据均为债务还本支出。

3—5 分地区财政收入（2001年）

单位：万元

地区	收入合计	增值税	营业税	企业所得税	企业所得税退税	个人所得税	资源税	固定资产投资方向调节税
地方合计	**78032999**	**13416584**	**18490998**	**16361250**	**-77597**	**7160144**	**671084**	**155715**
北京	4541676	589957	1813472	899075	-38354	795167	2431	11745
天津	1636350	348737	429946	393829	-66	165772	3851	2451
河北	2835023	488480	500222	541367	-26	233082	49876	4380
山西	1327618	308705	261131	221608	-2143	90615	59428	4302
内蒙古	994313	148386	196127	151985	-123	66710	20247	1452
辽宁	3704387	665132	878545	636167	-1159	294413	87004	9250
吉林	1211015	242028	280301	206802	-709	87726	10198	2996
黑龙江	2316398	525551	363088	219392	-75	126150	129349	1590
上海	6094719	1119511	1911225	1498156	-678	784443		409
江苏	5721473	1319931	1094859	1408127		445417	9645	2950
浙江	5006948	1024086	1248934	1756406	-3618	516942	2769	602
安徽	1921813	282788	326479	382527	-1602	113132	19327	546
福建	2742846	407776	614212	563513	-2815	364544	7140	2929
江西	1319790	172324	266187	226096	-10	79102	8674	3501
山东	5731793	1002918	926921	1491110		369925	64405	36530
河南	2677459	443548	528903	608462	-70	192469	24343	2140
湖北	2319410	317308	446806	365089	-51	166625	15010	4039
湖南	2054078	293807	364410	227791	-2831	186663	6663	1201
广东	11605126	1724793	3181606	2678119	-9	1178630	9603	6737
广西	1786706	238650	328720	373009	-106	167500	8041	3605
海南	437656	35186	127383	43037		43721	4173	
重庆	1061243	177603	278403	118737	-601	106138	10944	2674
四川	2711245	380085	628085	457425	-15	159951	31185	8121
贵州	997494	142622	220764	123437	-2775	66684	7291	1721
云南	1912799	336212	366782	262891	-5815	114532	9390	28966
西藏	61108	8493	22617	13011	-5	4626	1906	
陕西	1358109	233318	334989	207586	-540	73119	13592	4391
甘肃	699485	133758	173483	104045	-417	38788	8448	655
青海	198241	38500	48664	28928	-10400	9387	4273	1389
宁夏	275745	38530	75194	60084	-852	19764	740	226
新疆	950933	173861	252540	93439	-1732	98407	41138	4217

3—5 续表1

单位：万元

地 区	城市维护建设税	房产税	印花税	城镇土地使用税	土地增值税	车船使用和牌照税	屠宰税	筵席税	农业税	农业特产税
地方合计	**3806212**	**2284249**	**711235**	**661542**	**103296**	**246069**	**246681**	**1134**	**1639218**	**1219725**
北 京	205316	214340	67447	30975	1874	17423	462		5880	2222
天 津	76875	50835	13325	6096		4121	63		3227	482
河 北	122231	70590	13591	31928	884	6904	2963		64057	24857
山 西	75565	44549	10685	19888	161	3206	1229		29677	5538
内蒙古	48921	42363	7731	25587	1208	4555	7794	748	44169	28209
辽 宁	192641	157925	34533	65468	5767	10680	5439		36809	29705
吉 林	73527	45424	7872	8018	3730	3243	1488		29219	19843
黑龙江	161031	66157	8322	31546	1371	7353	2878		102353	31627
上 海	247477	146551	158268	20465	1516	11388	532		16746	1692
江 苏	304506	142038	43558	25955	2806	17317	1094		239778	14220
浙 江	284890	113013	30295	10649	5512	9833	6888		49784	18688
安 徽	98111	48121	10267	30709	3779	7456	－17		256903	28703
福 建	97509	98498	19935	14797	5265	5888	4079		11878	70102
江 西	57160	28788	5959	12131	1987	2382	26438		47011	58868
山 东	290458	165321	26963	89095	10656	36376	12189		97073	181590
河 南	137300	70309	11436	19098	938	5982	19452		67304	93672
湖 北	114028	58800	15688	38042	682	6580	27249		78291	83428
湖 南	118145	44161	13521	20684	860	4111	22573		77836	51579
广 东	354286	287375	147806	42154	40398	49730	17639		70604	33333
广 西	64830	43449	4817	18693	2218	3441	8818		41849	56017
海 南	17113	24356	3587	2803	1211	2436	1806		4890	25676
重 庆	54482	28870	6758	8467	981	1375	6337		36811	12073
四 川	136019	78044	12405	18727	5673	5651	48658		85858	47599
贵 州	63307	30002	3644	12100	1545	1801	6048		30313	41132
云 南	190847	56863	12338	26303	655	9002	7527		34519	150541
西 藏	2410		396		108					
陕 西	80401	50512	7994	18609	1040	4595	813	368	25010	71794
甘 肃	48963	27210	3617	4433	55	1319	2633		15621	22593
青 海	12490	6330	878	694	1	283	776		3313	2734
宁 夏	14399	9314	1603	2947	86	461	43		9381	397
新 疆	60974	34141	5996	4481	329	1177	2790		23054	10811

3—5　续表 2

单位：万元

地　区	牧业税	耕地占用税	契　税	国有资产经营收益	国有企业计划亏损补贴	行政性收费收入	罚没收入	海域场地矿区使用费收入	专项收入	其他收入
地方合计	**3943**	**383340**	**1570772**	**572086**	**-2617594**	**3711483**	**3566920**	**35340**	**2510648**	**1198522**
北　京		4217	126297	174	-532229	84182	86547	10973	136227	5802
天　津		3487	34989		-40000	43444	49850	1561	39989	3486
河　北		14891	27813	18787	-35354	263414	215931	4266	126067	43822
山　西		4653	7587	7030	-48418	59683	81490	57	59673	21719
内蒙古	12	4935	10728	19489	-14436	82459	47363		33623	14071
辽　宁		8073	83131	35497	-47195	185029	165620	5875	141908	18130
吉　林		13041	24500	14292	-62176	60550	74412	318	51123	13249
黑龙江		4808	35848	9924	-24646	96518	85150	373	123281	27459
上　海		12824	189180		-362320	84653	121974		128095	2612
江　苏		28670	137505	9817	-75366	54587	275463	1005	179664	37927
浙　江		66038	181319	84	-766221	75757	185879	693	177034	10692
安　徽		8764	25655	8666	-68275	180850	76109		55147	27668
福　建		15997	65058	28295	-4260	101136	114645	819	66175	69731
江　西		3686	20739	21317	-2286	123165	88035		34891	33645
山　东		30469	51423	54847	-88303	403697	200800	4493	216762	56075
河　南		11687	30070	41078	-114599	140060	199806	501	106848	36722
湖　北		14682	33488	8825	-47861	179925	192236	1263	56474	88764
湖　南		16968	21302	27669	-59121	215082	212715	431	71671	116187
广　东		41558	282855	70637	-52048	488865	474892	1027	257016	217520
广　西		11665	19149	40878	-17988	148998	103231	110	51845	65267
海　南		3440	10036	13727	-3129	43688	19282	814	9580	2840
重　庆		4833	19029	15587	-27670	85956	67969	500	36678	8309
四　川	22	13682	64276	54693	-27937	239235	143421	67	70976	49339
贵　州		12900	8995	19896	-5242	76754	48793		36019	49743
云　南		12681	20964	5632	-28677	40262	74567		76120	109697
西　藏		25		822	-9703	4908	2405	38	1833	7218
陕　西	2	8809	13538	12913	-21169	48210	70609	91	69084	28413
甘　肃	3505	3285	7801	6169	-11942	24837	25602	2	37178	17844
青　海	180	592	1701	14155	-121	11040	6180	35	8786	7453
宁　夏	125	957	3932	5039	-557	14005	8785		9680	1462
新　疆	97	969	11864	6147	-18345	50534	47159	28	41201	5656

3—6 分地区财政支出（2001 年）

单位：万元

地 区	支出合计	基本建设	企业挖潜改造资金	地质勘探费	科技三项费 用	流动资金	支援农村生产支出
地方合计	**13134584**	**16475614**	**6020346**	**692722**	**1424832**	**92130**	**2491153**
北 京	5591063	929621	354651	5655	48664	11903	117269
天 津	2346673	374269	282510	9720	60570		23658
河 北	5141754	381937	193931	15140	56248		72459
山 西	2895027	254447	22943	13710	23617	25586	63476
内蒙古	3192570	513916	97638	29985	23568		60815
辽 宁	6354295	656019	263525	32492	117582		140001
吉 林	3264343	298628	115681	26723	30641	610	25817
黑龙江	4782724	475613	175765	32854	53186		78026
上 海	7081382	1443460	952702	1082	12850		101364
江 苏	7296421	609976	605365	15999	93892	1788	212622
浙 江	5972991	446356	434321	21237	124034		130794
安 徽	4037988	435524	233515	27104	20769	34	64385
福 建	3731855	395452	125658	10995	48189	541	91059
江 西	2837144	279192	116647	48387	12096		48401
山 东	7537781	409608	523941	16791	115257	2970	146001
河 南	5085795	332591	201082	28106	41388	1935	86490
湖 北	4844034	770397	101111	17548	46217	29111	74223
湖 南	4316953	394040	97654	46502	51541		65467
广 东	13213314	1924571	209739	22376	236139	2659	281956
广 西	3516498	418730	135480	24323	19102	1000	84841
海 南	789426	101717	1416	2505	2028		18985
重 庆	2375486	406801	48466	5212	24158		30195
四 川	5940981	783327	303298	45688	46290	11390	81710
贵 州	2751975	431347	44494	26865	14869	600	49582
云 南	4964302	830696	123494	27287	40526	40	165281
西 藏	1045690	348096	3261	11134	2616		12663
陕 西	3500506	503090	82158	29993	22773	1505	69432
甘 肃	2354643	391787	85429	35304	11963	158	38791
青 海	1012951	262317	11252	10894	4985		16645
宁 夏	935787	242952	45265	9963	7079	300	14177
新 疆	2633232	429137	27954	31148	11995		24568

3—6 续表 1

单位：万元

地 区	农业综合开发支出	农林水利气象等部门事业费	工业交通部门事业费	流通部门事业费	文体广播事业费	教育事业费	科学事业费	卫生经费
地方合计	**1094537**	**4603047**	**1174768**	**217324**	**3200439**	**20357188**	**876273**	**5575361**
北 京	28924	49621	28369	2598	114758	722553	72723	330792
天 津	15117	18584	12910	224	52892	362565	14171	100050
河 北	39113	137557	72971	8886	128254	895642	23647	216635
山 西	28721	108627	27714	4164	82401	503801	12371	134067
内蒙古	35087	252747	24555	5286	79883	397389	14025	112207
辽 宁	61578	128146	45135	12462	114068	749956	33031	175897
吉 林	24891	170492	38460	9950	71078	442732	20690	110660
黑龙江	42179	337399	59836	17069	103141	649654	34646	162514
上 海	30216	51102	38057	1216	132593	997392	84740	345677
江 苏	62588	157771	48688	7781	189299	1446083	50603	374021
浙 江	65687	205713	105887	3878	174502	1082977	51223	327563
安 徽	44339	116685	24240	4140	94125	666783	16136	127771
福 建	32730	117722	42293	8927	111986	724402	30692	169361
江 西	42759	82951	28198	8229	66674	484329	14891	117642
山 东	86253	246679	79048	10225	206502	1377529	45428	306587
河 南	46223	158427	51123	5457	134691	960043	24464	194296
湖 北	34712	134230	41455	11592	112788	704577	16902	215028
湖 南	41131	148858	48570	12902	107482	650949	22641	135138
广 东	48075	365486	64833	19219	334967	1802758	116525	539932
广 西	32178	119189	20867	3396	95446	620103	23844	156254
海 南	11659	24709	3041	1070	19195	111541	4106	29414
重 庆	25368	71396	4823	3178	46779	332065	8306	87254
四 川	66857	346587	44312	11654	130951	852367	32088	248216
贵 州	18684	131595	27334	6515	78148	444172	17406	135517
云 南	31848	255464	61707	20109	118315	762797	34435	251483
西 藏	8557	41952	26948	907	22775	89461	2263	39037
陕 西	28685	247371	51524	10440	92392	523579	16892	114542
甘 肃	15031	142652	16404	1740	67527	359811	14319	98830
青 海	9857	47579	9821	375	21812	101814	3581	41538
宁 夏	12652	47982	7542	1979	22720	108879	5263	39445
新 疆	22838	137774	18103	1756	72295	428485	14221	137993

3—6　续表 2

单位：万元

地　区	税务等部门的事业费	抚恤和社会福利救济费	行政事业单位离退休经费	社会保障补助支出	国防支出	行政管理费	外交外事支　出	武装警察部队支出
地方合计	**6221063**	**2647610**	**5691262**	**7473369**	**118448**	**11792891**	**94786**	**177402**
北　京	215650	143878	228974	63285	819	273574	1260	
天　津	56028	36034	8520	192219	664	111505	2350	1361
河　北	411521	119193	265491	376836	5603	462856	6023	2872
山　西	147682	64974	204139	269267	3342	333116	854	2051
内蒙古	175175	54268	206464	161678	2717	317590	792	8210
辽　宁	345806	183113	287507	1045161	9745	458555	16594	5057
吉　林	149321	66976	228199	289193	2417	223773	3389	6940
黑龙江	313225	83448	63822	514944	5048	344676	2247	13093
上　海	223031	96650	56364	99019	2026	287628	8150	
江　苏	223608	161603	263378	171506	6626	681694	5393	8993
浙　江	373691	97112	51092	91514	4157	598098	3232	8865
安　徽	151343	98785	239604	318657	3818	424417	3610	2675
福　建	204863	65305	209439	73789	9723	296860	2213	12243
江　西	159303	56558	107184	212844	1557	259773	485	3396
山　东	400182	175993	312186	302506	3152	743144	4994	4023
河　南	241678	112879	317948	328837	1650	582800	941	
湖　北	191577	134987	175653	314381	2246	446871	1096	6123
湖　南	193434	100905	243306	387483	3821	414152	1239	4299
广　东	682427	178904	546047	299266	13012	1203021	6820	37016
广　西	240504	59385	131989	112846	5752	353041	6791	4891
海　南	66356	15354	37617	53479	876	78448	1554	1438
重　庆	70395	69191	166297	214719	2109	247521	693	11572
四　川	191158	130249	312709	441005	8545	677156	3276	7800
贵　州	106913	47842	22398	162362	2006	321894	1574	1852
云　南	236861	102327	313455	262138	7989	447596	2867	12826
西　藏	13316	12787	15784	14824	931	143065	275	1706
陕　西	174329	71961	152091	314003	1326	353754	2514	2419
甘　肃	80559	38727	132162	100840	1129	258060	1791	1216
青　海	33370	16770	106144	86538	584	92096	381	815
宁　夏	29515	13726	34662	73194	570	60773	941	474
新　疆	98242	37726	250637	125036	4488	295384	447	3176

3—6 续表3

单位：万元

地　区	公检法司支出	城市维护费	政策性补贴支　出	支援不发达地区支出	海域开发建设和场地使用费支　出	专项支出	其他支出
地方合计	8661536	5680437	4431050	1335069	11045	2282466	10431416
北　京	391025	273217	68509	138	148	114910	997575
天　津	155234	160929	66099	39	1621	38992	187838
河　北	394963	151459	252425	45880	851	119337	284024
山　西	194311	84896	90276	33492	50	54708	106224
内蒙古	173835	112129	178737	55007	10	31904	66953
辽　宁	373558	390133	274884	26668	667	117527	289428
吉　林	188337	94261	478561	22386	59	46094	77384
黑龙江	277902	194422	473188	28476		113010	133341
上　海	433698	277483	65396			126180	1213306
江　苏	476774	645405	115694	4987	827	151716	501741
浙　江	477851	438197	72790	20164	150	166181	395725
安　徽	220834	123004	242335	41793	23	48434	243106
福　建	240233	125436	82982	27498	96	61272	409896
江　西	189316	95860	186548	38574	87	34025	141238
山　东	441382	485770	212299	12492	3410	193398	670031
河　南	356665	166034	247330	64202	368	105914	272233
湖　北	282802	135336	190273	40389	1277	56197	554935
湖　南	312577	170653	205900	51379	81	74347	330502
广　东	1169570	638734	187703	51159	440	237762	1992198
广　西	259057	101776	72732	75850	101	48164	288866
海　南	53616	25167	12305	18332	269	7961	85268
重　庆	167409	114276	60966	34479	10	36780	85068
四　川	369351	167466	208969	99322	62	65979	253199
贵　州	182523	79706	50967	96380	8	34026	214396
云　南	287628	158702	58005	140124	220	54424	155658
西　藏	44277	4837	13782	22131		1760	146545
陕　西	184370	115985	78456	84455	29	57633	102805
甘　肃	115808	49999	76945	78194	20	35689	103758
青　海	48754	9127	13701	36953	60	6189	18999
宁　夏	38218	19018	21747	26153		8086	42512
新　疆	159658	71020	70546	57973	101	33867	66664

3—7 外债余额

债务类型	1996	1997	1998	1999	2000	2001
总计(亿美元)	**1162.75**	**1309.60**	**1460.43**	**1518.30**	**1457.30**	**1701.10**
按债务类型分						
外国政府贷款	221.64	207.82	224.06	265.60	246.10	237.00
国际金融组织贷款	167.39	192.12	229.54	251.39	263.50	275.70
国际商业贷款	569.44	647.68	682.22	653.80	947.70	972.30
贸易信贷						216.10
其他	204.28	261.98	324.61	347.51		
按偿还期限分						
长期债务余额	1021.67	1128.20	1287.00	1366.50	1326.50	1195.30
短期债务余额	141.08	181.40	173.40	151.80	130.80	505.80
构成(%)	**100.0**	**100.0**	**100.0**	**100.0**	**100.0**	**100.0**
按债务类型分						
外国政府贷款	19.1	15.9	15.4	17.5	16.9	13.9
国际金融组织贷款	14.4	14.7	15.7	16.5	18.1	16.2
国际商业贷款	49.0	49.4	46.7	43.1	65.0	57.2
其他	17.5	20.0	22.2	22.9		12.7
按偿还期限分						
长期债务余额	87.9	86.1	88.1	90.0	91.0	70.3
短期债务余额	12.1	13.9	11.9	10.0	9.0	29.7

注：2001年外债余额按新口径统计，比2000年及以前的登记债务余额增加了3个月以内贸易项下的对外融资余额。

3—8 外债风险指标

单位：%

年 份	偿 债 率	负 债 率	债 务 率
1985	2.7	5.2	56.0
1986	15.4	7.3	72.1
1987	9.0	9.4	77.1
1988	6.5	10.0	87.1
1989	8.3	9.2	86.4
1990	8.7	13.5	91.6
1991	8.5	14.9	91.9
1992	7.1	14.4	87.9
1993	10.2	13.9	96.5
1994	9.1	17.1	78.0
1995	7.6	15.2	72.4
1996	6.0	14.2	67.7
1997	7.3	14.5	63.2
1998	10.9	15.2	70.4
1999	11.3	15.3	69.5
2000	9.2	13.5	52.1
2001	7.5	14.7	56.8

注：1. 偿债率指偿还外债本息与当年贸易和非贸易外汇收入(国际收支口径)之比。
2. 负债率指外债余额与当年国民生产总值之比。
3. 债务率指外债余额与当年贸易和非贸易外汇收入(国际收支口径)之比。

3—9　各地区进出口商品总值（按经营单位所在地分）

单位：万美元

地　区	1999			2000			2001		
	进出口	出　口	进　口	进出口	出　口	进　口	进出口	出　口	进　口
全　国	**36062998**	**19493087**	**16569911**	**47429628**	**24920255**	**22509373**	**50976813**	**26615464**	**24361349**
北　京	3435951	990352	2445599	4962189	1196813	3765376	5154131	1178687	3975444
天　津	1260094	633134	626960	1715400	862578	852822	1817209	949211	867998
河　北	457995	311914	146081	523862	371000	152862	573731	395559	178172
山　西	128750	83951	44799	176438	123687	52751	194098	146824	47274
内蒙古	129415	53460	75955	262205	97017	165188	203470	62707	140763
辽　宁	1371832	819988	551844	1903148	1085632	817516	1980715	1100845	879870
吉　林	221234	101877	119357	257042	125683	131359	320685	146171	174514
黑龙江	219830	95714	124116	298637	145118	153519	338426	161192	177234
上　海	3861812	1879958	1981854	5470802	2535233	2935569	6089315	2762367	3326948
江　苏	3125741	1830582	1295159	4563636	2576683	1986953	5135093	2887354	2247739
浙　江	1830561	1287144	543417	2783262	1944275	838987	3279861	2297636	982225
安　徽	264844	167607	97237	334684	217198	117486	361997	228226	133771
福　建	1761919	1035166	726753	2122046	1290607	831439	2262952	1392584	870368
江　西	131382	90606	40776	162405	119741	42664	153094	103904	49190
山　东	1826698	1157645	669053	2498976	1552884	946092	2895371	1812067	1083304
河　南	174885	112730	62155	228290	149578	78712	278176	170491	107685
湖　北	267762	151229	116533	322286	193555	128731	357713	179672	178041
湖　南	195546	128187	67359	251222	165271	85951	275779	175281	100498
广　东	14034241	7768679	6265562	17009888	9191770	7818118	17649469	9542609	8106860
广　西	175340	124721	50619	203379	148891	54488	179699	123536	56163
海　南	121704	74725	46979	128786	80289	48497	174705	79797	94908
重　庆	120879	49038	71841	178590	99566	79024	183391	110255	73136
四　川	246847	113851	132996	254520	139437	115083	309916	158272	151644
贵　州	54758	35775	18983	65998	42056	23942	64645	42177	22468
云　南	166011	103455	62556	181276	117509	63767	198878	124406	74472
西　藏	16645	8627	8018	13031	11334	1697	9291	8237	1054
陕　西	200576	115084	85492	214008	131005	83003	206200	110819	95381
甘　肃	40627	31703	8924	56953	41495	15458	77888	47632	30256
青　海	10785	8686	2099	15973	11200	4773	20490	14913	5577
宁　夏	31799	24765	7034	44292	32737	11555	53277	35184	18093
新　疆	176535	102734	73801	226404	120413	105991	177148	66849	110299

3—10 各地区进出口商品总值（按境内目的地、货源地分）

单位：万美元

地区	1999			2000			2001		
	进出口	出口	进口	进出口	出口	进口	进出口	出口	进口
全国	**36062998**	**19493087**	**16569911**	**47429628**	**24920255**	**22509373**	**50976813**	**26615464**	**24361349**
北京	1837190	628539	1208651	2424378	766723	1657655	2763821	791365	1972456
天津	1341315	637682	703633	1715625	767427	948198	1827002	886930	940072
河北	452850	266003	186847	548711	327814	220897	581573	347069	234504
山西	230211	150053	80158	279154	209094	70060	327154	258732	68422
内蒙古	126539	68409	58130	238627	111400	127227	218525	89695	128830
辽宁	1463378	812791	650587	2006747	1058947	947800	2103885	1074832	1029053
吉林	255331	121712	133619	298532	148693	149839	350243	152980	197263
黑龙江	302483	153962	148521	399259	242393	156866	410227	217600	192627
上海	3805279	1829087	1976192	5470336	2463961	3006375	6070652	2686482	3384170
江苏	3285953	1857982	1427971	4919437	2637694	2281743	5447866	2938782	2509084
浙江	2026235	1365375	660860	3152170	2048214	1103956	3691437	2426110	1265327
安徽	281496	163914	117582	368983	211942	157041	364522	216970	147552
福建	1839988	1061958	778030	2295726	1362282	933444	2438663	1479042	959621
江西	150792	92516	58276	205206	118837	86369	180358	109230	71128
山东	2079788	1221885	857903	2824997	1609267	1215730	3232966	1847788	1385178
河南	240420	124035	116385	312389	158683	153706	342295	183985	158310
湖北	307495	153555	153940	389264	189977	199287	416437	179636	236801
湖南	223371	139814	83557	299226	163190	136036	292325	174155	118170
广东	14339105	7875985	6463120	17548753	9342792	8205961	18001314	9582860	8418454
广西	186875	122023	64852	228496	164048	64448	208208	135109	73099
海南	103992	55118	48874	109420	60853	48567	163103	63729	99374
重庆	132406	53429	78977	185107	106048	79059	213718	117166	96552
四川	273238	116479	156759	277752	143360	134392	336030	168450	167580
贵州	66042	39944	26098	85646	48166	37480	86669	51281	35388
云南	172240	92205	80035	188420	109271	79149	215072	114719	100353
西藏	16523	8255	8268	14892	10902	3990	10594	8178	2416
陕西	207679	101853	105826	238754	132693	106061	264747	141660	123087
甘肃	56293	37716	18577	69155	42079	27076	91498	47774	43724
青海	18886	12020	6866	22645	13355	9290	25421	16864	8557
宁夏	40290	28488	11802	53211	35426	17785	63451	39481	23970
新疆	199315	100300	99015	258610	114724	143886	237037	66810	170227

3—11 利用外资概况

本表为对外贸易经济合作部统计资料，下同。　　项目单位：个；金额单位：亿美元

年份	总计		对外借款		外商直接投资		外商其他投资额
	项目	金额	项目	金额	项目	金额	
签订利用外资(合同)外资额							
1979－1984	3365	287.69	117	169.78	3248	103.93	13.98
1985	3145	98.67	72	35.34	3073	59.31	4.02
1986	1551	117.37	53	84.07	1498	28.34	4.96
1987	2289	121.36	56	78.17	2233	37.09	6.10
1988	6063	160.04	118	98.13	5945	52.97	8.94
1989	5909	114.79	130	51.85	5779	56.00	6.94
1990	7371	120.86	98	50.99	7273	65.96	3.91
1991	13086	195.83	108	71.61	12978	119.77	4.45
1992	48858	694.39	94	107.03	48764	581.24	6.12
1993	83595	1232.73	158	113.06	83437	1114.36	5.31
1994	47646	937.56	97	106.68	47549	826.80	4.08
1995	37184	1032.05	173	112.88	37011	912.82	6.35
1996	24673	816.10	117	79.62	24556	732.77	3.71
1997	21138	610.58	137	58.72	21001	510.04	41.82
1998	19850	632.01	51	83.85	19799	521.02	27.14
1999	17022	520.09	104	83.60	16918	412.23	24.26
2000	22347	711.30			22347	623.80	87.50
2001	26140	719.76			26140	691.95	27.81
实际利用外资额							
1979－1984		171.43		130.41		30.60	10.42
1985		44.62		25.06		16.58	2.98
1986		72.58		50.14		18.74	3.70
1987		84.52		58.05		23.14	3.33
1988		102.26		64.87		31.94	5.45
1989		100.59		62.86		33.92	3.81
1990		102.89		65.34		34.87	2.68
1991		115.54		68.88		43.66	3.00
1992		192.02		79.11		110.07	2.84
1993		389.60		111.89		275.15	2.56
1994		432.13		92.67		337.67	1.79
1995		481.33		103.27		375.21	2.85
1996		548.04		126.69		417.25	4.10
1997		644.08		120.21		452.57	71.30
1998		585.57		110.00		454.63	20.94
1999		526.59		102.12		403.19	21.28
2000		593.56		100.00		407.15	86.41
2001		496.72				468.78	27.94
1979－2001		5684.07		1471.57		3935.12	277.38

3—12 利用外资额（按方式分）

单位：万美元

指标	2000			2001		
	项目(个)	合同金额	实际使用	项目(个)	合同金额	实际使用
总计	**22347**	**7113000**	**5935627**	**26140**	**7197597**	**4967212**
对外借款			**1000000**			
外商直接投资	**22347**	**6237952**	4071481	**26140**	**6919455**	**4687759**
合资经营企业	8378	1964807	1434305	8893	1753648	1573890
合作经营企业	1757	811671	659575	1589	830012	621218
外资企业	12196	3430896	1926388	15643	4299908	2387338
外商投资股份制企业	8	19403	13021	11	32681	52764
合作开发	8	11175	38192	3	1900	51059
其他				1	1306	1490
外商其他投资		**875048**	864146		**278142**	**279453**
对外发行股票		693049	693049		84800	84800
国际租赁		2380	3358		10200	10428
补偿贸易		1236	1102			283
加工装配		178383	166637		183142	183942

3—13 实际利用外商直接和其他投资额（按国别、地区分）

单位：万美元

国别(地区)	2000		2001	
	外商直接投资	外商其他投资	外商直接投资	外商其他投资
总计	**4071481**	**864146**	**4687759**	**279453**
亚洲	**2548209**	**166146**	**2961326**	**181004**
阿富汗			50	
孟加拉国	66		226	
文莱			10	
缅甸	230		226	
柬埔寨	194		930	
塞浦路斯	297		495	
朝鲜	956		158	
中国香港	1549998	122935	1671730	121779
印度	1044		1197	
印度尼西亚	14694		15964	
伊朗	20		99	
伊拉克	18			
以色列	1491		3096	
日本	291585	14532	434842	16079
约旦	25		67	
科威特	1067		2107	
老挝	307		104	
黎巴嫩	25		585	
中国澳门	34728	3511	32112	3244

3—13 续表 1

单位：万美元

国别(地区)	2000		2001	
	外商直接投资	外商其他投资	外商直接投资	外商其他投资
马来西亚	20288		26298	
蒙古	526		10	
尼泊尔	20			
巴基斯坦	102		299	
巴勒斯坦	10		10	
菲律宾	11112		20939	
沙特阿拉伯	2556		1513	
新加坡	217220	41	214355	169
韩国	148961	1081	215178	348
斯里兰卡			102	
叙利亚			50	
泰国	20357	2	19421	170
土耳其	148		337	
阿联酋	407		595	
也门			79	
越南	56		148	
中国台湾	229658	24044	297994	39215
亚洲其他国家	73			
非洲	**28771**		**32977**	
#阿尔及利亚	40		23	
贝宁			20	
博茨瓦纳	5		29	
刚果			12	
埃及	67		146	
加蓬	11			
加纳			5	
肯尼亚			30	
马达加斯加			59	
马里			9	
毛里求斯	26479		30563	
摩洛哥			17	
莫桑比克			8	
纳米比亚	199		75	
尼日尔			12	
尼日利亚	652		384	
塞内加尔			300	
塞舌尔			300	
塞拉利昂	142		50	
南非	919		836	
苏丹	19			
坦桑尼亚	65		40	
多哥	10		18	
乌干达	12		30	
赞比亚	10			
津巴布韦	63			
莱索托	8			
非洲其他国家	70		11	

3—13　续表 2

单位：万美元

国别(地区)	2000		2001	
	外商直接投资	外商其他投资	外商直接投资	外商其他投资
欧洲	**476539**	**223**	**448398**	**1863**
#比利时	5616		2002	
丹麦	4946		5638	3
英国	116405		105166	
德国	104149	84	121292	156
法国	85316		53246	1702
爱尔兰	76		129	
意大利	20951		21998	
卢森堡	2344		2878	
荷兰	78948	139	77611	
希腊	1289		731	
葡萄牙	340		2602	
西班牙	3400		3389	
奥地利	2259		5778	
保加利亚	381		89	
芬兰	5983		7371	
直布罗陀	3		38	
匈牙利	1065		2153	
冰岛	24		36	
列支敦士登	399			
马耳他	110		228	
摩纳哥	3			
挪威	2410		622	
波兰	464		367	
罗马尼亚	772		1020	
瑞典	15924		8439	
瑞士	19403		20544	2
阿塞拜疆			31	
白俄罗斯	108			
哈萨克	73		33	
俄罗斯	1623		2976	
乌克兰	24		238	
乌兹别克斯坦			71	
南斯拉夫	571		16	
克罗地亚			4	
捷克	975		487	
斯洛伐克	46		1145	
波黑			10	
欧洲其他国家	139			
拉丁美洲	**461658**	**923**	**630891**	**732**
#安提瓜和巴布达	20			
阿根廷	1389		1638	
巴哈马	6776		5960	
巴巴多斯	5		1214	
伯利兹	890		1915	

3—13 续表 3

单位：万美元

国别(地区)	2000		2001	
	外商直接投资	外商其他投资	外商直接投资	外商其他投资
玻利维亚	707		70	
巴西	393		390	
开曼群岛	62373		106671	
智利	44		133	
哥伦比亚	50		1234	
哥斯达黎加	548		110	
古巴	43		19	
多米尼加联邦	2		78	
多米尼加共和国	10		1	
厄瓜多尔			136	
圭亚那	90		69	
危地马拉	93		78	
洪都拉斯	73		108	
牙买加	49		123	
墨西哥	93		182	
巴拿马	4263		5785	
巴拉圭	30		117	
秘鲁	7		27	
萨尔瓦多			10	
圣文森特和格林纳丁斯	29		29	
苏里南	20			
特克斯和凯科斯岛	322			
乌拉圭	5			
委内瑞拉	37		500	
维尔京群岛	383289	923	504234	732
拉美洲其他国家	8		60	
北美洲	**478579**	**3434**	**509685**	**10904**
#加拿大	27978	3371	44130	4
美国	438389	63	443322	10900
百慕大	12212		20720	
北美洲其他国家			1513	
大洋洲及太平洋岛屿	**69403**		**101478**	**24**
#澳大利亚	30888		33560	24
库克群岛	25		728	
斐济			57	
瑙鲁			50	
新西兰	1822		4818	
巴布亚新几内亚	45		20	
汤加	120		115	
萨摩亚	28316		54321	
图瓦卢			50	
马绍尔群岛	913		779	
其它太平洋岛屿	6456		4629	
大洋洲其他国家	818		2351	
其它	**8322**	**693420**	**3004**	**84926**

注：外商其他投资的“其他”项中含当年对外发行股票额。

3—14 实际利用外商直接和其他投资额（按地区分）

单位：万美元

地区、部门	2000		2001	
	外商直接投资	外商其他投资	外商直接投资	外商其他投资
总　计	**40171481**	**864146**	**4687759**	**279453**
省市合计	**4033289**	**171097**	**4636700**	**194653**
北　京	168368		176818	
天　津	116601		213348	
河　北	67923	371	66989	694
山　西	22472		23393	
内蒙古	10568		10703	
辽　宁	204446		251612	
吉　林	33701		33766	
黑龙江	30086		34114	
上　海	316014		429159	
江　苏	642550		691482	
浙　江	161266		221162	
安　徽	31847		33672	
福　建	343191		391804	
江　西	22724		39575	
山　东	297119	5636	352093	
河　南	56403		45729	
湖　北	94368	9244	118860	23565
湖　南	67833		81011	
广　东	1128091	155403	1193203	170263
广　西	52466	300	38416	
海　南	43080		46691	
重　庆	24436	143	25649	131
四　川	43694		58188	
贵　州	2501		2829	
云　南	12812		6457	
西　藏				
陕　西	28842		35174	
甘　肃	6235		7439	
青　海			3649	
宁　夏	1741		1680	
新　疆	1911		2035	
部门合计	**38192**	**693049**	**51059**	**84800**

注：外商其他投资部门合计为当年对外发行股票额。

3—15 年末登记外商投资企业行业分布情况

行业	企业数(户)		投资总额(百万美元)		注册资本(百万美元)		#外方	
	2000	2001	2000	2001	2000	2001	2000	2001
合计	**203208**	**202306**	**824675**	**875011**	**483950**	**505793**	**337199**	**359683**
农、林、牧、渔业	5066	4752	9215	9135	6301	6180	4726	4763
采掘业	1131	1047	2770	3282	1980	2317	1430	1462
制造业	142754	141668	453632	491322	289030	305250	198651	214931
电力、煤气及水的生产和供应业	1301	1268	49105	49505	19658	20039	11426	11606
建筑业	5610	5139	22131	21547	12033	11862	8025	7743
地质勘查和水利管理业	134	128	4181	4237	1525	1545	1399	1412
交通运输、仓储及邮电通信业	3352	3499	33205	41442	17267	20432	11809	15163
批发和零售贸易餐饮业	12275	12249	25283	24592	16277	15585	11724	11311
金融、保险业	72	74	1999	2089	1886	1965	1324	1415
房地产业	12732	11925	151247	149094	74303	72244	56085	55536
社会服务业	15331	16169	55400	56274	33471	34020	22575	23188
卫生体育和社会福利业	455	469	2438	2774	1497	1543	1087	1128
教育、文化艺术及广播电影电视业	611	530	1495	1390	1049	982	723	675
科学研究和综合技术服务业	1189	1851	2673	4334	1672	2752	1281	2171
其他	1195	1538	9901	13994	6001	9079	4934	7179

3—16　各地区外商投资企业年末登记情况

地　区	企业数(户)		投资总额(百万美元)		注册资本(百万美元)		#外　方	
	2000	2001	2000	2001	2000	2001	2000	2001
全　国	**203208**	**202306**	**82467505**	**87501079**	**48394975**	**50579271**	**33719912**	**35968275**
北　京	8495	8818	4024578	4292458	2173754	2383016	1479646	1675025
天　津	9942	9473	3308590	3415401	1850961	1905000	1425288	1474049
河　北	3812	3621	1400971	1478373	829018	856503	455564	503866
山　西	959	827	482749	493493	255967	253299	129053	131172
内蒙古	874	778	253634	221723	171773	153770	84084	79880
辽　宁	13146	13158	6554253	637912	3962628	4046472	2544774	2455014
吉　林	2747	2753	766098	809807	527717	552561	311979	329378
黑龙江	3318	2980	834390	765008	560605	521722	316062	300728
上　海	15930	18160	9853971	11268843	5334470	6091326	3808408	4491466
江　苏	18060	19602	7500428	9200098	4065698	4795320	2916728	3632588
浙　江	10002	11194	2931301	3406369	1712191	1977359	1053944	1246729
安　徽	2216	2055	914400	920820	586788	583575	341328	352355
福　建	16013	15403	4708446	5125969	2758492	2916450	2303206	2487721
江　西	2246	2284	687577	737853	330088	352589	207078	231496
山　东	12389	13753	3895046	4251569	2309717	2521646	1384675	1560294
河　南	3004	2401	1135854	1007256	733653	638693	424649	379871
湖　北	5123	4443	1666978	1414313	1034766	1010691	595372	603712
湖　南	2316	2080	730585	656701	433837	377039	265101	231301
广　东	49865	47102	21651026	22182259	12808607	12589012	9674891	9659127
广　西	2705	2436	1084956	1024551	626848	592898	409965	398969
海　南	7248	5940	2343595	2149622	1392553	1225974	1121131	1067551
重　庆	1708	1502	660201	702362	441940	419398	282396	269048
四　川	3539	3678	1010651	1093867	702808	751411	367479	402410
贵　州	715	714	149349	159936	116635	119663	75936	78864
云　南	1634	1632	481867	537740	310120	339834	186253	205524
西　藏	78	85	33547	34256	18825	19224	11973	12137
陕　西	2761	2971	832224	959563	507107	581040	319651	378159
甘　肃	826	882	256455	246359	181717	161031	98581	93173
青　海	113	135	57724	64806	33199	36478	23533	27028
宁　夏	408	435	94032	106244	69627	78896	39227	46230
新　疆	371	358	114341	111981	74880	71628	39674	39430
国家工商行政管理局	645	653	2047688	2281767	1477986	1655753	1022283	1123680

市政建设与建筑经济

4—1 各地区城市房屋建筑及住房情况（2001 年）

地 区	建成区面积（平方公里）	征用土地面积（平方公里）	市区人口密度（人/平方公里）	年末全市实有房屋建筑面积（万平方米）	年末全市实有住宅建筑面积（万平方米）	年末全市住宅使用面积（万平方米）
全 国	**24026.63**	**1812.19**	**588**	**1100974**	**665192**	**494822**
北 京	747.77	75.00	3189	37717	20109	13942
天 津	424.06	1.67	1388	17550	11202	8462
河 北	1022.13	50.78	2027	48358	28017	21271
山 西	639.64	10.39	787	43438	24108	16070
内蒙古	656.69	7.67	503	22854	14003	10587
辽 宁	1612.36	11.24	1236	57658	33982	25563
吉 林	793.12	34.23	816	29059	18423	13081
黑龙江	1312.31	3.50	226	44109	27079	19824
上 海	549.58		1950	38324	23474	16948
江 苏	1548.69	136.24	1521	61262	37785	27786
浙 江	1113.77	139.50	827	50229	32253	23941
安 徽	915.41	15.42	1572	31096	18936	13627
福 建	477.88	8.13	544	29743	20090	15715
江 西	463.72	14.85	1373	31176	18815	14233
山 东	1707.97	67.83	886	72965	41250	29778
河 南	1150.00	41.39	1374	52596	31200	24771
湖 北	1459.71	20.61	466	57662	34820	27624
湖 南	854.16	64.58	1212	40812	25514	18928
广 东	2023.64	24.92	1411	104750	64262	46462
广 西	615.58	11.27	565	30106	18065	13165
海 南	143.57	1.10	2648	6612	3934	3149
重 庆	328.91	17.33	575	21319	12912	9693
四 川	1092.76	54.44	545	54733	34541	28408
贵 州	304.08	26.27	378	14022	10517	7992
云 南	343.84	17.26	252	26132	13850	10388
西 藏	71.97	2.20	765	3273	2455	1964
陕 西	466.87	14.48	1347	24891	15010	10363
甘 肃	418.28	920.96	254	19381	11353	8672
青 海	97.89	2.03	2064	4158	2940	2059
宁 夏	159.45	2.40	280	5292	3133	2314
新 疆	510.82	14.50	56	19698	11159	8041

4—2 各地区城市自来水情况（2001 年）

地 区	年末自来水生产能力（万吨/日）	年末供水管道长度（公里）	全年供水总量（万吨）			用水人口（万人）	人均日生活用水量（升）
				#生活用水	#生产用水		
全 国	**22900**	**289338**	**4661194**	**1447636**	**2209878**	**25833**	**216**
北 京	1114	12448	140906	37597	39730	861	260
天 津	359	5810	69592	20563	28471	609	147
河 北	895	9881	162548	51228	80090	1180	162
山 西	326	5025	80993	30205	37761	727	143
内蒙古	274	4727	59531	13793	31904	463	136
辽 宁	1351	21708	297247	59438	164091	1734	160
吉 林	681	6247	149498	28991	92965	749	143
黑龙江	683	8060	159525	52963	81970	1047	175
上 海	1441	17685	294836	69960	102301	1262	272
江 苏	1698	26837	332155	105683	156019	1745	246
浙 江	1053	16326	204437	64124	94591	1142	219
安 徽	1011	6651	197461	50388	123923	841	215
福 建	644	7317	117424	45137	54514	546	288
江 西	587	5448	185663	42404	128975	548	256
山 东	1188	19881	229945	64158	121706	1764	143
河 南	976	10058	180851	58671	88759	1265	171
湖 北	1388	14904	297692	118627	133861	1608	250
湖 南	1263	9665	276325	85723	157973	843	339
广 东	2357	33334	511555	191188	187550	2187	335
广 西	624	5632	133363	47077	63965	544	310
海 南	145	1341	19884	10338	3348	127	311
重 庆	367	5543	63004	28500	20548	560	178
四 川	789	11089	161186	66492	65019	1150	215
贵 州	227	3143	46423	16060	14928	333	180
云 南	238	4964	51812	15378	14421	406	152
西 藏	16	350	5443	2966	1089	17	598
陕 西	326	4085	66577	22113	23416	525	188
甘 肃	348	4235	73761	16932	51239	381	144
青 海	68	851	14790	4810	7067	88	181
宁 夏	125	1392	22228	5107	12111	122	193
新 疆	337	4701	54539	21022	25573	458	150

4—3 各地区城市煤气、液化石油气、天然气情况（2001年）

地区	人工煤气生产能力(万立方米/日)	管道长度(公里)		全年供气总量			用气人口(万人)		
		人工煤气	天然气	人工煤气(万立方米)	液化石油气(吨)	天然气(万立方米)	人工煤气	液化石油气	天然气
全国	**6711**	**50114**	**39629**	**1369144**	**9758313**	**1055196**	**4349**	**14009**	**3240**
北京		382	5328	33960	171389	167368	62	440	355
天津	190	1348	4911	15388	152681	38802	77	152	348
河北	182	3292	703	47262	282513	5509	320	642	35
山西	151	2902	302	56241	51452	5644	321	102	38
内蒙古	24	816		6850	113765		83	218	
辽宁	191	4339	3169	54995	387530	30764	411	646	428
吉林	89	1876	1431	13605	157582	19526	147	398	99
黑龙江	178	1898	564	30159	197986	15182	236	579	60
上海	984	7442	2363	219829	491476	33025	605	518	139
江苏	215	4326		376025	785526		373	1200	
浙江	101	1242		11122	792370		87	1041	
安徽	46	1974		24509	379137		185	437	
福建	4	246		986	281353		8	499	
江西	144	1573	73	34954	59691	60000	129	178	113
山东	183	5120	733	41904	349744	34709	394	1136	95
河南	211	1665	3147	77074	153917	27132	108	448	236
湖北	231	2877	92	20792	314077	120	189	1127	2
湖南	154	1182		48559	247606		81	508	
广东	92	1516	271	40743	2727702	8362	175	2008	17
广西	10	185		3521	184516		17	413	
海南					71296			112	
重庆	2	98	5172	200	66902	93072	1	46	354
四川	355	386	8933	126449	117141	420784	31	107	636
贵州	45	1275	18	9143	30868	450	81	120	3
云南	134	1360		18235	139763	33	146	144	2
西藏					18800			14	
陕西	15	288	1202	9822	98209	29648	46	226	153
甘肃	17	243	254	3358	722267	4945	20	85	60
青海			222		11865	4427		29	5
宁夏		202	189	2808	18079	46389	10	79	6
新疆	2765	61	555	40650	181111	9305	5	357	56

4—4 各地区城市集中供热情况（2001年）

地区	供应能力		供热总量		管道长度(公里)		供热面积（万平方米）
	蒸汽（吨/小时）	热水（兆瓦）	蒸汽（万吉焦）	热水（万吉焦）	蒸汽	热水	
全国	**72242**	**126249**	**37655**	**100192**	**9183**	**43926**	**146329**
北京	3408	14439	5305	8310	304	2980	14296
天津	2391	6904	1270	4170	442	4128	8167
河北	6448	10085	2626	6394	716	3885	12147
山西	2852	6129	869	4902	639	1555	5369
内蒙古	1200	6842	125	5590	63	1679	5903
辽宁	11275	20564	2666	12888	1659	8617	22049
吉林	3327	12259	1619	18326	283	3297	11987
黑龙江	6213	19363	2772	16631	497	5912	18624
上海							
江苏	4711	49	5155	1	470	17	1960
浙江	2327	192	1874	21	270	40	10215
安徽	1965	214	1091	10	113	5	210
福建							
江西							
山东	12836	11696	6769	6092	2043	4390	14283
河南	2957	1292	1949	1030	524	926	3604
湖北	1030		577		91		539
湖南							
广东							
广西							
海南							
重庆							
四川	140		97		33		17
贵州							
云南							
西藏							
陕西	1671	1141	315	415	491	389	1609
甘肃	4400	3590	1712	5942	238	2876	6076
青海		86		32		47	54
宁夏	662	3332	247	2997	139	769	2284
新疆	2429	8072	617	6441	168	2414	6937

4—5 各地区城市市政工程情况（2001年）

地 区	年末实有铺装道路长度（公里）	年末实有铺装道路面积（万平方米）	城市桥梁（座）	城市下水道总长度（公里）	城市污水日处理能力（万吨）	城市路灯（盏）
全 国	**176016**	**249431**	**38911**	**158128**	**6215**	**5640799**
北 京	4245	5917	886	5002	383	222425
天 津	3893	5164	469	7756	147	109741
河 北	7090	12463	1199	7907	219	207902
山 西	4488	6348	749	2536	110	108573
内蒙古	2886	4103	252	3036	48	86480
辽 宁	9462	13793	1260	8394	209	371855
吉 林	4145	5677	454	4288	72	141746
黑龙江	8261	9655	610	5000	410	181960
上 海	9169	13334	6948	3954	903	195083
江 苏	16702	20309	5015	13920	737	549486
浙 江	8251	11930	4615	9903	350	351948
安 徽	6173	8751	984	4604	210	137510
福 建	3746	4974	1023	3675	103	145828
江 西	2954	3931	453	2142	86	97069
山 东	16013	24433	2946	13557	292	381058
河 南	5312	10434	891	6590	170	247279
湖 北	13514	17569	2013	7996	337	231904
湖 南	4837	6230	520	3775	183	119336
广 东	17763	26061	2865	19050	327	678372
广 西	3951	5398	448	3248	396	164757
海 南	1027	2054	119	2013	45	58485
重 庆	2837	3728	650	2436	57	104978
四 川	5837	8957	1648	5964	98	308537
贵 州	1725	1843	307	1755	8	57023
云 南	2223	2624	492	2256	119	94285
西 藏	265	552	22	256		10933
陕 西	2458	3579	380	1859	34	71599
甘 肃	2444	3415	267	2215	38	63663
青 海	441	602	57	264	9	16227
宁 夏	891	1248	91	546	27	39352
新 疆	3012	4353	278	2232	87	85405

4—6 各地区城市公共卫生情况（2001年）

地 区	清扫面积（万平方米）	生活垃圾清运量（万吨）	粪便清运量（万吨）	环卫机械总数（台）	公共厕所（座）	#水冲式
全 国	**184142**	**13470.4**	**2990.1**	**50467**	**107656**	**51138**
北 京	6867	303.0	298.0	4161	5234	2239
天 津	5418	218.6	25.1	1215	2740	1841
河 北	9050	665.2	125.6	2106	6778	1557
山 西	5353	619.2	147.4	1254	3442	939
内蒙古	4181	332.6	102.7	1164	3942	546
辽 宁	16574	767.5	148.3	2997	9211	1137
吉 林	6561	626.6	139.0	2178	6265	480
黑龙江	7099	1150.6	263.7	3234	10256	942
上 海	4645	526.5	218.9	2841	1239	1239
江 苏	10971	633.9	337.8	3800	9532	6914
浙 江	8453	515.9	110.2	2121	3330	2918
安 徽	4993	361.1	41.5	929	4308	1893
福 建	4419	232.2	32.4	1244	1402	1386
江 西	2568	213.2	22.9	592	1558	928
山 东	17409	788.4	115.5	3003	4699	3066
河 南	9711	575.0	91.4	1936	4840	2723
湖 北	9138	731.9	166.5	3110	5497	3837
湖 南	3805	1048.3	41.3	1131	2438	1720
广 东	18698	1076.8	260.1	4035	5132	4981
广 西	3022	169.9	18.1	659	1028	860
海 南	2120	70.2	8.2	295	349	320
重 庆	2292	164.6	44.3	673	2625	1459
四 川	6442	433.6	65.8	1704	3559	2466
贵 州	1129	163.5	5.5	622	1788	974
云 南	2327	167.6	57.3	928	1218	845
西 藏	325	20.1	4.7	75	106	84
陕 西	3153	249.1	6.2	648	1209	707
甘 肃	2365	199.0	23.1	496	989	429
青 海	730	75.8	43.2	183	281	174
宁 夏	1038	91.9	9.3	256	993	351
新 疆	3283	278.6	16.1	877	1668	1183

4—7 建筑业企业概况

年 份	总 计	#国 有	#城镇集体	#农村建筑队
企业单位数(个)				
1980	57404	1996	4608	50800
1985	93750	3385	7765	82600
1990	74145	4275	9052	60818
1991	73094	4638	9187	59269
1992	77857	4985	9551	63321
1993	94582	6363	14130	70486
1994	94942	7251	15196	69842
1995	96935	7531	15348	71017
1996	108555	9109	29044	67191
1997	95956	9650	29872	51939
1998	90926	9458	26970	45292
1999	96648	9394	25443	49414
2000	97263	9030	22905	49745
2001	96374	8264	17276	50481
从业人员(万人)				
1980	982.7	481.8	166.2	334.7
1985	1701.4	576.7	334.8	789.9
1990	1716.7	621.0	389.7	706.0
1991	1783.3	638.9	419.4	725.0
1992	1961.2	681.2	476.3	803.6
1993	2156.7	657.1	455.7	926.8
1994	2448.8	818.2	601.9	969.3
1995	2511.9	824.3	631.9	980.4
1996	2992.3	855.9	1171.4	870.4
1997	2804.6	828.6	1148.2	703.1
1998	2778.9	738.4	1008.5	748.9
1999	2765.7	690.6	934.6	739.9
2000	2740.9	635.6	823.2	746.6
2001	2872.8	590.7	673.0	762.1
建筑业总产值(亿元)				
1980	346.98	220.90	66.03	60.05
1985	985.10	474.51	200.59	310.00
1990	1947.58	935.19	409.82	602.56
1991	2284.78	1062.48	501.85	720.45
1992	3298.70	1432.13	742.31	1124.26
1993	5498.35	2054.83	1163.85	2060.28
1994	7684.36	3033.66	1519.45	2952.34
1995	9505.00	3670.25	1899.47	3632.60
1996	11579.15	4160.21	3695.67	3296.90
1997	12462.57	4526.52	3925.81	3336.09
1998	13740.69	4571.44	3793.17	3678.70
1999	15151.46	4861.38	3786.35	3998.60
2000	16780.90	5053.79	3682.53	4283.30
2001	20009.80	5362.81	3327.55	4648.24

注：1. 1996年起国有、城镇集体栏内的建筑业企业的统计范围是资质等级四级及四级以上建筑业企业；农村建筑队是指资质等级四级以下的乡、村集体建筑队，因此数据存在着与以前年度不可比因素。
2. 从业人员数1993年至1997年为年平均人数。

4—8 建筑业企业主要经济指标（2001年）

指标	合计	内资企业	#国有	#集体	港澳台商投资企业	#港澳台商独资企业	外商投资企业	#外商独资企业
建筑业企业个数（个）	45893	44997	8264	17276	622	74	274	16
从业人员（万人）	2110.66	2098.68	590.65	672.99	7.68	0.54	4.29	0.24
自有固定资产原价（亿元）	4951.31	4901.88	2260.51	967.03	30.25	1.71	19.18	0.95
自有固定资产净价（亿元）	3390.94	3359.26	1456.30	700.95	19.07	1.09	12.61	0.55
自有机械设备年末台数（万台）	702.22	696.04	183.14	244.83	4.06	0.38	2.12	0.06
自有机械设备年末净值（亿元）	1506.25	1492.47	556.20	345.83	7.88	0.68	5.90	0.20
自有机械设备年末总功率(万千瓦)	10251.72	10194.26	4008.67	2594.41	36.72	3.09	20.75	0.42
建筑业总产值（亿元）	15361.56	15185.95	5362.81	3327.55	102.55	4.35	73.06	2.79
建筑业增加值（亿元）	4023.57	3980.22	1426.52	903.96	27.35	1.85	16.00	0.66
#固定资产折旧（亿元）	260.32	257.33	122.40	41.47	1.77	0.11	1.22	0.07
应付工资（亿元）	1797.03	1783.35	558.23	457.74	8.54	0.45	5.14	0.29
应付福利费（亿元）	187.91	186.84	67.68	42.88	0.66	0.04	0.41	0.01
工程结算税金及附加（亿元）	472.33	467.50	164.99	107.11	3.12	0.15	1.71	0.05
管理费用中的税金（亿元）	26.70	26.43	7.95	7.86	0.19	0.01	0.09	
工程结算利润（亿元）	1159.63	1139.76	422.90	236.65	12.65	1.07	7.23	0.23
施工面积（万平方米）	188328.68	187448.08	46627.51	55209.17	374.85	47.08	505.75	31.78
竣工面积（万平方米）	97699.00	97253.23	20338.16	32613.02	145.94	13.93	299.84	11.37
利润总额（亿元）	294.39	288.30	32.70	78.73	3.76	0.35	2.34	0.11
税金总额（亿元）	499.03	493.92	172.95	114.96	3.31	0.16	1.80	0.06
劳动生产率								
按总产值计算（元/人）	67275	66987	82899	47664	101699	67502	115996	88191
按增加值计算（元/人）	17621	17557	22051	12948	27120	28756	25403	20686
技术装备率（元/人）	7136	7111	9417	5139	10257	12620	13758	8167
动力装备率（千瓦/人）	4.9	4.9	6.8	3.9	4.8	5.7	4.8	1.7
房屋建筑面积竣工率（%）	51.9	51.9	43.6	59.1	38.9	29.6	59.3	35.8
单位工程质量优良品率（%）	33.3	33.3	41.1	26.8	23.4	60.0	37.9	40.3
产值利润率（%）	1.9	1.9	0.6	2.4	3.7	8.0	3.2	4.1
产值利税率（%）	5.2	5.2	3.8	5.8	6.9	11.7	5.7	6.1

4—9　各地区历年建筑业总产值

单位：万元

地　区	1996	1997	1998	1999	2000	2001
全　国	**82822497**	**91264777**	**100619922**	**111528640**	**12495961**	**153615626**
北　京	4680761	5192363	6230089	6814102	7274774	8879099
天　津	1685191	1909999	2111208	2227406	2380991	2886808
河　北	3363064	3760962	3935044	4321432	4921005	6145010
山　西	1568405	1920095	2178150	2397739	2393974	3114390
内蒙古	876393	963852	1017600	1168732	1367309	1782561
辽　宁	3976734	4291256	4189831	4893444	5980933	7611747
吉　林	1358990	1369882	1460359	1713517	2391840	2740726
黑龙江	2229620	2435310	2739532	2996115	3340903	3723204
上　海	4406801	5524161	5859020	5683036	6223565	7215808
江　苏	10140598	10716094	11962007	13299853	15388416	18218039
浙　江	8362780	8773546	9425292	11282810	13837658	17684490
安　徽	2399465	2359972	2356154	2773364	3028240	4215500
福　建	2083515	2268855	2446658	2511292	2711420	3690460
江　西	972574	856436	893804	1022296	1164115	1691530
山　东	5780205	6479717	7001115	7672600	8170949	9842204
河　南	2715574	2946903	3049638	3169845	3573425	4524908
湖　北	2844273	3059698	3436527	3990201	4541767	5290240
湖　南	2783849	2965005	3273222	3338963	3544202	4897879
广　东	6240552	6747406	7886723	8719500	8919834	11320549
广　西	1233093	1275627	1344209	1491385	1509158	1802891
海　南	151799	279923	308507	333933	302139	353453
重　庆		2440552	2896198	3175927	3486579	4368169
四　川	6715859	5206436	5977644	6495237	7138102	8228676
贵　州	660970	767046	831976	966508	1090571	1502008
云　南	1733649	2189844	2517439	3114900	3092645	3439350
西　藏	66122	79519	94455	134958	168178	186832
陕　西	1294163	1642493	1879804	2183009	2423046	2797388
甘　肃	1037164	1056249	1133752	1187695	1251202	1473057
青　海	277727	309340	355576	396528	447162	542130
宁　夏	253697	334919	393603	482827	562352	703722
新　疆	928911	1141318	1434787	1569486	2349506	2742800

4—10　各地区按登记注册类型分的建筑业企业单位数（2001年）

单位：个

指　标	合　计	内资企业	#国　有	#集　体	港澳台商投资企业	#港澳台商独资企业	外商投资企业	#外商独资企业
全　国	**45893**	**44997**	**8264**	**17276**	**622**	**74**	**274**	**16**
北　京	1811	1683	371	489	83		45	
天　津	407	387	131	187	14		6	
河　北	1681	1670	391	638	8	1	3	
山　西	761	751	193	335	9	3	1	
内蒙古	856	852	104	127	4	1		
辽　宁	2527	2451	542	960	47	1	29	
吉　林	738	729	279	262	4		5	
黑龙江	1554	1542	382	539	6	2	6	
上　海	1353	1203	211	313	96	1	54	1
江　苏	3745	3663	476	1304	53		29	1
浙　江	3370	3327	211	578	29	4	14	2
安　徽	1569	1554	263	714	9	3	6	1
福　建	1507	1445	216	591	49	16	13	3
江　西	1105	1102	265	664	3			
山　东	4211	4137	580	1734	58	16	16	5
河　南	1777	1762	422	992	5	1	10	
湖　北	1637	1611	387	763	19	3	7	
湖　南	1456	1452	275	778	4	1		
广　东	3074	3002	683	1136	64	7	8	
广　西	969	960	244	531	4		5	
海　南	240	230	137	63	7	2	3	1
重　庆	1685	1668	146	490	12	1	5	1
四　川	3050	3033	365	1068	12	5	5	
贵　州	633	630	141	344	2	1	1	
云　南	1417	1407	170	598	9	1	1	1
西　藏	123	123	38	69				
陕　西	813	811	152	420	2			
甘　肃	498	493	95	258	4	3	1	
青　海	254	252	70	74	2	1		
宁　夏	478	476	134	105	1		1	
新　疆	594	591	190	152	3			

4—11 各地区建筑业企业技术装备情况

年份 地区	自有机械设备年末总台数（台）	自有机械设备年末总功率（万千瓦）	#施工机械功率	自有机械设备年末净值（万元）	技术装备率（元/人）	动力装备率（千瓦/人）
1991	2528110	4250.2	2780.6	2722151	2572	4.0
1992	2531578	4431.9	3006.6	3147398	2719	3.8
1993	2608091	4948.9	3349.6	4671699	4105	4.3
1994	2952629	5712.7	4012.5	4981982	3446	4.0
1995	3482784	7056.5	4399.4	6386383	4264	4.7
1996	5649612	9804.8	6448.9	8814352	4154	4.6
1997	5604603	8668.5	6782.4	9938659	4729	4.1
1998	5833748	8656.5	6641.1	10407189	5127	4.3
1999	6110175	9077.8	6973.0	11628317	5756	4.5
2000	6259885	9228.1	7100.1	12572317	6304	4.6
2001	7022174	10251.7	8017.5	15062491	7136	4.9
北　京	173991	345.6	257.5	517552	8956	6.0
天　津	71266	168.5	134.2	229927	12868	9.4
河　北	432840	663.7	520.4	695548	7342	7.0
山　西	113130	235.1	177.8	355840	9982	6.6
内蒙古	97235	158.2	127.9	226254	8806	6.2
辽　宁	290414	603.5	430.5	819236	8357	6.2
吉　林	103558	233.8	156.6	288178	9219	7.5
黑龙江	158107	345.6	266.3	592177	12180	7.1
上　海	128343	214.9	172.1	411426	11790	6.2
江　苏	684178	831.5	710.3	1460794	6401	3.6
浙　江	575879	682.2	573.2	1390597	7582	3.7
安　徽	319755	316.3	272.3	428163	4902	3.6
福　建	148009	229.4	200.2	385972	8815	5.2
江　西	112709	139.7	102.8	185318	5485	4.1
山　东	496829	711.0	549.6	882194	4889	3.9
河　南	318950	420.2	317.3	572899	6830	5.0
湖　北	333257	437.3	337.2	537032	6439	5.2
湖　南	327485	423.7	343.1	502917	5483	4.6
广　东	576602	785.0	614.8	1159678	8179	5.5
广　西	159992	208.6	151.0	263372	7759	6.2
海　南	18786	42.1	33.7	47454	7279	6.5
重　庆	209829	293.4	233.7	508686	6059	3.5
四　川	446850	643.4	511.5	907030	5098	3.6
贵　州	57944	98.1	64.3	136440	5267	3.8
云　南	229984	320.0	241.2	525471	8610	5.2
西　藏	3536	6.9	6.0	19859	8640	3.0
陕　西	146455	222.4	163.7	364908	8784	5.4
甘　肃	120120	158.2	109.9	205826	6381	4.9
青　海	35170	60.4	40.4	90397	10604	7.1
宁　夏	44990	76.3	65.6	113206	12327	8.3
新　疆	85981	177.3	132.6	238142	9425	7.0

4—12 各地区建筑业总产值（2001年）

单位：万元

地 区	建筑业总产值				
		建筑工程产值	安装工程产值	房屋、构筑物修理产值	非标准设备制造产值
全 国	**153615626**	**132854425**	**17642180**	**2286159**	**832862**
北 京	8879099	7745272	958509	155485	19832
天 津	2886808	2371352	460644	24738	30074
河 北	6145010	5353071	717018	39362	35559
山 西	3114390	2734576	354879	18777	6159
内蒙古	1782561	1553179	191936	28372	9074
辽 宁	7611747	6231425	1193031	150807	36484
吉 林	2740726	2189423	515627	19162	16514
黑龙江	3723204	2933425	663912	91394	34472
上 海	7215808	6148757	881260	163559	22232
江 苏	18218039	15774865	2114805	234464	93904
浙 江	17684490	15546022	1857665	181209	99595
安 徽	4215500	3705943	401802	71074	36680
福 建	3690460	3300414	347342	33144	9560
江 西	1691530	1514828	149226	19038	8438
山 东	9842204	8139120	1494495	133970	74619
河 南	4524908	3793435	637118	64394	29962
湖 北	5290240	4649984	416179	195579	28497
湖 南	4897879	4359699	365576	111897	60706
广 东	11320549	9890425	1251081	162599	16444
广 西	1802891	1595686	164362	29612	13231
海 南	353453	312764	38550	1230	908
重 庆	4368169	3975944	319325	63856	9044
四 川	8228676	7238400	829297	124235	36744
贵 州	1502008	1328482	163395	6147	3984
云 南	3439350	3075527	294714	53663	15447
西 藏	186832	171344	5041	4860	5587
陕 西	2797388	2559613	177216	37982	22577
甘 肃	1473057	1208861	226392	20424	17379
青 海	542130	456685	75578	3188	6679
宁 夏	703722	592215	96293	7705	7508
新 疆	2742800	2403688	279909	34232	24971

4—13 各地区按行业分的建筑业总产值（2001年）

单位：万元

地区	建筑业总产值	土木工程建筑业产值	#房屋建筑业	#矿山建筑业	#铁路、隧道、公路、桥梁建筑业	线路、管道和设备安装业	#设备安装业	建筑物装修装饰业
全国	**153615626**	**134859471**	**100860111**	**1339567**	**21983156**	**13804369**	**6888052**	**4951786**
北京	8879099	7251724	5787428	15596	862483	1135699	491728	491676
天津	2886808	2325511	1135147	5012	822933	507134	198411	54162
河北	6145010	5488936	4299250	208728	678100	510055	154560	146019
山西	3114390	2925918	1166847	58812	1473267	173198	50477	15274
内蒙古	1782561	1587663	1233771	23781	212734	186101	63001	8798
辽宁	7611747	6239723	4292461	66330	1292249	1057779	571197	314245
吉林	2740726	2367567	1769606	1428	502722	311880	166538	61279
黑龙江	3723204	2965359	2055932	12215	750674	670017	478889	87828
上海	7215808	5818408	4070570		1033768	727855	340667	669545
江苏	18218039	16187004	13655148	93836	1341448	1370449	931191	660585
浙江	17684490	15716508	11936449	101027	2385578	1381390	618885	586593
安徽	4215500	3900104	2792982	135509	676588	243788	41716	71607
福建	3690460	3281832	2390333	11841	580145	277108	140843	131520
江西	1691530	1610215	1160155	809	249740	54450	35830	26865
山东	9842204	8807114	7154988	63693	804239	837458	442967	197632
河南	4524908	3934896	2760096	18294	896043	516672	226952	73341
湖北	5290240	4865985	3546956	20906	651582	329106	167781	95149
湖南	4897879	4576150	3446087	10204	847154	296123	121411	25607
广东	11320549	9595772	7710700	1992	1105927	979114	458714	745662
广西	1802891	1611503	1053699	4498	360584	171016	73770	20372
海南	353453	320105	254543	1581	50214	23734	16950	9614
重庆	4368169	3999870	3514471	23519	273902	287194	166850	81105
四川	8228676	7496305	6139069	8931	1071710	554074	238079	178297
贵州	1502008	1274127	783137	4426	340955	211382	178686	16499
云南	3439350	3112096	2135387	3615	724894	223297	119624	103957
西藏	186832	186832	117385		63038			
陕西	2797388	2551616	1143909	17378	1224077	217662	151453	28110
甘肃	1473057	1280561	1025160	20603	180148	184434	76562	8061
青海	542130	455915	186435	815	127144	79598	25205	6617
宁夏	703722	605347	396972	5839	110698	82040	17274	16335
新疆	2742800	2518807	1745039	398350	288417	204561	121840	19432

4—14　各地区建筑业增加值（2001年）

单位：万元

地　区	建筑业增加值合　计	本年提取的固定资产折　旧	主营业务应付工资	主营业务应付福利费	管理费用中的劳动、待业保险费	工程结算税金及附加	工程结算利　润	管理费用中的税金
全　国	**40235718**	**2603206**	**17970281**	**1879144**	**1196410**	**4723331**	**11596329**	**267017**
北　京	2215886	129838	804799	91985	80480	268129	831078	9576
天　津	665186	61424	235233	26751	43192	80094	215016	3475
河　北	1595275	105355	663103	59486	48800	276326	427987	14218
山　西	775992	68695	248127	32181	46575	97344	278756	4315
内蒙古	530331	30433	249288	25287	19996	57024	142855	5448
辽　宁	2013803	151908	850966	92334	70524	230005	608082	9984
吉　林	828044	150776	293898	40079	26171	81586	217461	18073
黑龙江	1012242	81688	417570	49579	32791	110236	315247	5130
上　海	1432718	81348	495890	51445	51023	188126	558625	6261
江　苏	4346794	203699	2254977	254896	84307	461374	1066406	21135
浙　江	4368676	183538	2297871	229235	49875	531687	1057590	18880
安　徽	1195204	70426	548745	64774	38073	133855	328625	10704
福　建	954305	48611	443924	36846	18490	142677	259407	4349
江　西	448780	29170	198556	21297	16167	53151	126762	3678
山　东	2740505	147450	1260037	127797	68040	280431	838440	18310
河　南	1184251	86391	514152	48821	50302	136147	340598	7842
湖　北	1438777	106644	545555	51739	57026	176413	488058	13342
湖　南	1307676	92664	606006	60940	37760	158977	341678	9652
广　东	3212604	205110	1366679	126082	86604	402023	1000411	25694
广　西	536363	34050	241774	24832	27792	57463	145048	5404
海　南	78689	4234	33376	2406	1213	11874	24977	608
重　庆	1207981	53877	623996	57386	21795	138584	304986	7358
四　川	2442159	154798	1145129	129118	79729	247462	668863	17059
贵　州	411845	30754	188141	20266	13657	48509	105264	5254
云　南	884943	84346	380269	39286	27430	104016	240886	8711
西　藏	42524	2049	14085	731	737	5218	19448	256
陕　西	683851	56820	271249	29008	35271	82250	204356	4896
甘　肃	459363	29474	215126	22212	16487	48542	124088	3434
青　海	161192	18754	58855	6556	8416	19248	48319	1045
宁　夏	204157	15999	97837	9089	4349	20353	55571	959
新　疆	855600	82884	405066	46698	33339	74206	211441	1967

4—15 各地区建筑业企业资产（2001 年）

单位：万元

地 区	资产合计	#流动资产	#固定资产	#专项工程	#无形及递延资产
全 国	**169676143**	**121405891**	**35716316**	**1422278**	**3869507**
北 京	13069439	10365625	1350590	127704	115526
天 津	3486048	2460803	723680	22406	90021
河 北	6071905	4141091	1596613	37554	162252
山 西	3819089	2661644	889281	59715	109176
内蒙古	1850543	1229136	515867	10324	57979
辽 宁	8309136	5832014	2016554	31845	193566
吉 林	3228787	2347453	758751	15390	63577
黑龙江	5033787	3560641	1263409	19393	57308
上 海	9349745	7369327	962441	19059	117490
江 苏	16676138	12990711	2794856	91934	298618
浙 江	12098869	8827039	2368518	93595	169445
安 徽	4154174	2743057	1130697	46338	148868
福 建	4554608	3437279	830612	49005	71676
江 西	2182757	1512333	528502	15576	55914
山 东	10716998	7872052	2136060	91356	352064
河 南	4364611	2786249	1261433	52980	187524
湖 北	6008039	3707957	1692019	99564	253588
湖 南	4478097	2834950	1326463	43056	138502
广 东	18115372	14278934	2604841	164498	304613
广 西	3366691	1995912	941952	31781	68727
海 南	459399	291138	110155	8576	31818
重 庆	3823467	2469414	1069687	24979	109584
四 川	8043413	5253226	2156912	71714	292135
贵 州	1815631	1323637	385267	15861	39186
云 南	4323147	2668325	1151341	58014	120441
西 藏	173934	80909	77190	846	4523
陕 西	3027466	2073332	810978	39446	51496
甘 肃	1696742	1074711	530866	19942	34733
青 海	725435	439703	207814	20418	21429
宁 夏	912361	589903	279804	7087	8752
新 疆	3740312	2187386	1243161	32325	138976

4—16 各地区建筑业企业负债及所有者权益（2001 年）

单位：万元

地 区	负债合计	流动负债	长期负债	所有者权益	#实收资本
全 国	**113338317**	**107439080**	**5899236**	**56337826**	**45186143**
北 京	9731565	9302934	428631	3337875	2441238
天 津	2556986	2460437	96549	929062	750482
河 北	3781297	3602353	178944	2290608	1897714
山 西	2762525	2629553	132972	1056564	944650
内蒙古	1136337	1062710	73627	714206	612791
辽 宁	5386351	5175328	211024	2922785	2486611
吉 林	2253296	2131907	121390	975491	841203
黑龙江	3256810	3053726	203084	1776977	1564800
上 海	6819939	6599203	220736	2529806	1857783
江 苏	11804957	11514211	290746	4871181	3917919
浙 江	7784942	7406917	378025	4313927	3178217
安 徽	2529752	2301570	228181	1624423	1404608
福 建	2973247	2873866	99381	1581361	1307147
江 西	1476061	1386819	89242	706696	591494
山 东	7303025	6934836	368188	3413974	2637122
河 南	2706217	2564655	141562	1658395	1453229
湖 北	3782823	3424677	358146	2225216	1761853
湖 南	2642872	2426320	216553	1835225	1521080
广 东	13242603	12611791	630812	4872769	3523484
广 西	1911136	1739465	171671	1455555	1258418
海 南	260331	242039	18292	199068	150752
重 庆	1967019	1778304	188715	1856448	1597564
四 川	4592351	4360219	232132	3451063	2829466
贵 州	1328836	1260112	68724	486796	387035
云 南	2684071	2348039	336032	1639077	1375166
西 藏	68380	60829	7551	105555	88013
陕 西	2138563	1978841	159722	888903	770888
甘 肃	1094867	1044989	49878	601875	473856
青 海	482508	457091	25417	242927	202441
宁 夏	578029	536901	41128	334333	303590
新 疆	2300622	2168441	132181	1439690	1055531

4—17　各地区建筑业企业总收入（2001年）

单位：万元

地　区	企业总收入	工程结算收入	#工程结算成本	#工程结算利润	其他业务收入	#其他业务利润
全　国	**145743354**	**141262655**	**124942995**	**11596329**	**4480699**	**714839**
北　京	9617551	9068854	7969647	831078	548697	76981
天　津	2880697	2784914	2489803	215016	95783	8395
河　北	5880998	5755635	5051322	427987	125363	25116
山　西	3231033	3087971	2711871	278756	143062	10473
内蒙古	1730704	1690379	1490500	142855	40324	6371
辽　宁	7445702	7193532	6355445	608082	252170	34182
吉　林	2695073	2617666	2318619	217461	77408	11292
黑龙江	3733530	3667484	3242001	315247	66045	8682
上　海	7310492	6991053	6244302	558625	319439	52215
江　苏	13882101	13537218	12009439	1066406	344883	51995
浙　江	15376044	15077514	13488237	1057590	298530	52813
安　徽	4013556	3877136	3414655	328625	136420	14218
福　建	4193330	4092806	3690722	259407	100523	16285
江　西	1493879	1464211	1284298	126762	29668	5381
山　东	8847407	8510944	7392073	838440	336463	40831
河　南	4206607	4102088	3625344	340598	104519	18978
湖　北	5258816	5077947	4413476	488058	180869	21269
湖　南	4647297	4517943	4017288	341678	129354	23325
广　东	12557116	12153636	10751202	1000411	403480	102163
广　西	1729307	1659006	1456494	145048	70301	12416
海　南	314311	312176	275324	24977	2136	1524
重　庆	4007927	3921964	3478395	304986	85963	9515
四　川	7390238	7233864	6317539	668863	156374	28394
贵　州	1568390	1531342	1377569	105264	37048	7243
云　南	3205405	3135356	2790453	240886	70050	8597
西　藏	144058	142562	117896	19448	1496	872
陕　西	2803151	2708340	2421734	204356	94811	16539
甘　肃	1395086	1369826	1197196	124088	25260	4446
青　海	543558	523715	456148	48319	19843	4794
宁　夏	678240	648026	572102	55571	30213	5003
新　疆	2961754	2807549	2521902	211441	154205	34532

4—18 各地区建筑业企业主要建筑材料消耗（2001 年）

地区	材料费用合计（万元）	#钢材	#木材	#水泥	#钢材(万吨)	木材(万立方米)	水泥(万吨)
全国	**68500112**	**19896156**	**4443493**	**12033420**	**7810.1**	**4519.3**	**41399.8**
北京	3488555	995901	152497	368753	373.8	131.8	1174.7
天津	897897	297886	22258	116088	115.2	20.6	400.0
河北	2743523	7632206	158512	407101	311.5	150.6	1566.0
山西	1719930	344288	36313	188115	132.6	40.2	667.9
内蒙古	853352	185333	36190	124879	70.7	39.5	394.5
辽宁	3310433	891951	209062	472436	348.9	201.6	1559.8
吉林	1186910	276238	62673	204220	100.4	73.6	597.5
黑龙江	1911917	411513	81954	288553	155.1	98.9	741.9
上海	2571751	775440	132883	325019	293.4	102.5	1012.6
江苏	7313228	2203534	551583	1418176	895.4	441.8	5394.4
浙江	9569754	2708614	614740	1991569	1068.9	579.0	6529.5
安徽	1931567	510565	142601	362845	209.5	140.5	1293.9
福建	1556264	525902	148520	330776	215.1	184.3	993.8
江西	612945	200066	53149	144657	78.4	81.5	504.3
山东	3863827	1157968	305438	639903	473.8	277.1	2702.5
河南	2103540	601372	126337	342364	232.8	111.9	1352.5
湖北	2410968	802905	158005	446266	329.6	157.3	1569.2
湖南	2113231	631193	146963	434916	251.3	237.3	1643.4
广东	4799985	1625887	468241	898059	640.7	568.2	2923.1
广西	1048197	284949	72393	182758	106.9	113.7	701.6
海南	98128	43114	9788	29404	16.7	11.6	89.7
重庆	2235585	678672	137715	409592	271.9	133.7	1528.4
四川	4403694	1238995	338037	834680	478.7	331.5	2744.7
贵州	538087	193561	34217	131120	74.5	36.0	432.6
云南	1503144	455274	56498	317727	168.1	65.8	981.8
西藏	50538	13080	7805	20258	3.9	8.8	25.4
陕西	1116780	305089	51527	189038	113.0	49.3	617.7
甘肃	650360	207738	37339	112914	92.6	37.9	373.2
青海	198384	47804	8956	34423	18.9	7.6	95.0
宁夏	362059	93042	14507	58960	36.1	13.3	211.5
新疆	1335580	425137	66794	207853	131.5	72.0	576.8

附录

2001 年中国投资大事记

1 月

武汉晴川桥架起新世纪彩虹

2 日 武汉晴川桥正式竣工，新建晴川桥将汉口、汉阳、武昌连为一体，全长 967 米，总投资 4.2 亿元，大桥设计日通车能力为 3.5－4 万辆。

宣大高速公路全线通车

☆☆ 国家“九五”重点公路建设项目——宣(化)大(同)高速公路(河北段)建成通车，至此，宣大高速公路全线贯通。该路全长 126 公里，工程总投资 38.9 亿元。

中国电信投资 200 亿元并网扩容

☆☆ 中国电信投资 200 亿元将 163/169 并网扩容、建成两个全国性大网，即 163 网和 169 网。

中国铁通公司成立并经营电信业务

6 日 经有关部门批准正式成立中国铁通公司并经营电信业务。该公司是由铁道部控股、18 家股东单位组建的电信运营企业，总投资 136 亿元。中国铁通公司拥有覆盖全国 6.5 万公里铁路沿线的通信网络和 12 万公里长途通信线路的资源，其中干线光缆 4.2 万公里，数字微波 4593 公里。铁通公司专门从事固定电话、互联网、数据通信、IP 电话等业务。现已建成国内 28 个城市的 IP 电话网，计划扩大到 100 个城市的覆盖范围；开通运营覆盖 36 个城市的互联网以及覆盖 700 个城市的无线寻呼网；采用最新技术的电话、电视会议网，现已覆盖全国 70 个大中城市。

上海兴建世界级化工区

☆☆ 按世界一流标准修建上海化学工业区开工仪式今天在金山漕泾地区举行，这是进入新世纪上海乃至全国投入最大的工业项目之一。德国科耳公司聚异氰酸酯项目、上海高桥石化公司苯酚丙酮项目，上海天原化工集团聚氯乙烯项目正式开工，一批公用工程和基础设施项目也相继铺开。根据规划，上海化学工业区一期工程总投资 1500 亿元。

上海信息港主体框架形成

7 日 总投资 15.5 亿元的上海信息港主体工程全线告捷。工程涵盖集约化信息管线、宽带 IP 城域网、联通数据网、电信宽带网改造、有线电视网双向改造、宽带信息交互中心、超级计算机中心 7 大基础性、关键性项目。该项工程的全部竣工，标志着一个高宽带、高速率、多功能的上海信息港主体框架已经形成。

云南最大自来水厂开工

8 日 中国目前投资规模最大的城市供水项目——昆明掌鸠河引水供水工程全面开工。该项工程投资 10.6 亿元建成云南最大的昆明自来水七厂，工程今年进入投资高峰期，整个工程将于 2005 年完工。

2 月

中央棉花储备库项目动工

6 日 总投资 7.5 亿元的中央直属棉花储备库项目今日全面进入施工建设阶段。该项目是由国家计委根据国务院要求安排建设的。国家择优选择徐州、九江、绍兴、武汉、天津、济南、西安、兰州等 12 个库点，项目建成后，将为我国增加棉花库容 1600 万担。

珠海电厂首期工程投产

☆☆ 珠海发电厂由广东电力集团公司与长江基建集团合资，总投资近 100 亿元，首期工程包括两台装机容量 70 万千瓦燃煤机组。该项工程的建设为缓解东南地区的用电和推动经济发展起到促进作用。

杨巴一体化核心装置将移建南京

9 日 投资 26 亿美元的中国石油行业最大的中外合资项目——杨巴一体化工程核心装置将从国外移建，即拟在印尼建设的年产 60 万吨乙稀装置移建南京。采取这种方式建设，总价格有望比新建同类装置降低 35%。

南宁斥巨资建设软件园

☆☆ 投资 15 亿元，占地 1633 亩的南宁银河软件园正式挂牌成立。南宁银河软件园现产值 3－5 亿元，待全部完工后入园企业将产生 80 亿元产值。

三峡工程 2001 年投资 131 亿元

12 日 从今天召开的中国长江三峡工程开发总公司 2001 年工作会议上获悉，国家今年计划投资 131 亿元进行三峡工程建设。这是三峡工程自1993年开工以来，固定资产投资最高的一年。

2001年三峡工程主要施工的目标是：完成410万立方米混凝土浇筑任务，使三峡大坝迎水面高程全线浇筑到140米以上，双线全长6.4公里的永久船闸混凝土浇筑基本结束；完成6.85万吨金属结构件和机电设备件的埋件及安装，大坝导流底孔金属结构及机电设备安装完毕，三峡电站水轮发电机组主体部分开始安装；1997年大江截流形成的上游土石围堰开始拆除，为三峡工程二次截流和大坝导流底孔过水做准备。此外，三峡工程今年还计划完成909万立方米开挖和填筑工程、三峡大坝固结灌浆，帷幕灌浆，接缝灌浆也将进入施工高峰。

首家风险投资机构专业社团成立

19日　经民政部批准，中国第一家风险投资专业委员会——中国科技金融促进会风险投资专业委员会今天在京成立。

该专业委员会由中国科技金融促进会和科技部火炬中心联合发起，会员主要来自国内的风险投资机构、风险投资中介服务机构及高新技术企业。目前加入专业委员会的团体会员已有132家，个人会员160人。

三峡工程最大保单签署

22日　中国人民保险公司、中国太平洋保险公司、中国平安保险股份有限公司与中国长江三峡工程开发总公司在京共同签署了长江三峡左岸电话设备安装工程保险及变压器、GIS运输保险保单，这是三峡工程建设期内最大的一份单项工程险保单，整个合同总保险金额超过100亿元。

珠江河口整治工程动工

23日　首期投资3.1347亿元的珠江河口整治工程今天上午正式动工。这项工程是广东省实施"上蓄、中防、下泄"原则进行大江大河治理的一项重要举措，是为珠江三角洲地区改善水环境，提供防洪安全保障的重要水利工程，对珠江三角洲地区率先实现现代化具有重要的意义。

珠江河口整治工程以引洪纳潮为重点，兼顾航运，保护生态环境，合理、适度地开发利用，实现与自然界相协调的目的；采取清淤疏浚，河道清障，开卡还河，建导流建筑物等措施相结合，进行分期综合治理，使河口资源得到合理开发利用，为区域可持续发展提供保障。

3　月

国内首条磁悬浮列车示范运营线在沪动工

1日　举世瞩目的上海磁悬浮列车示范运营线工程今天在上海市浦东新区正式动工。这是国内首条磁悬浮列车运营线，目前世界上只有德、日等少数国家能设计制造。

上海磁悬浮列车示范运营线西起上海地铁二号线龙阳路站，东至浦东国际机场航站楼，正线全长约30公里，上下行折返运行，设计时速430公里，项目总投资89亿元人民币，2003年春季投入运营。

该项目将从德国引进车辆，控制、驱动的技术和设备，中方负责轨道梁的设计和全部土建工作。

国务院批准塔里木河流域综合治理方案

☆☆　经国务院批准的塔里木河综合治理总投资107.4亿元，工程今年动工。今明两年每年至少投入资金12亿元，后三年每年至少投入20亿元，到2005初步恢复塔里木河下游生态系统。

国家批准紫坪铺水利枢纽工程

2日　四川省西部大开发中的一项标志性大型水利工程——紫坪铺水利枢纽工程，已由国务院批准正式开工建设。工程总库容11.12亿平方米，其中调节库容7.74亿立方米，水电站装机容量76万千瓦。工程总投资62.36亿元，建设工期为2001年至2006年。

大众汽车120亿元投向中国

☆☆　德国大众汽车集团未来5年在中国的投资总额将达到120亿元，未来5年内，大众集团计划在亚太地区投入18.4亿欧元(合138.8亿元人民币)。

中药科技产业基地在滇建设

4日　中国中药现代科技产业行动计划的重要组成部分——云南省中药现代化科技产业基地建设已顺利启动。这一基地建设计划拟分3期实施，总投资为31.4亿元。

中国首条跨海铁路工程进展顺利

☆☆　全长138公里的湛海线已铺轨104公里。粤海铁路是中国第一条跨海铁路，全长542.56公里，总投资45亿元。

北京将建首座垃圾发电站

5日　北京首座垃圾发电站计划投资6.8亿元，预计2002年底建成投产。电站建成后，每天可焚烧垃圾1300多吨，年发电量1.36亿千瓦/时。

欧盟基金管理公司登陆中国

9日　由中国证监会全程审核、批准的富通集团旗下的富通基金管理公司上海代表处正式开业。富通集团是从事保险、银行和投资业的全球最大的金融集团之一，集团总资产额超过4000亿美元。

龙滩水电工程将开工

12日　西部大开发战略的重要标志性工程——龙滩

水电站工程银团贷款协议签字仪式今天在北京举行。龙滩水电站不仅是中国仅次于三峡的特大水电工程，而且也是第一个采用国内银团贷款融资的特大型基础设施建设项目。据悉，该项目已被列为今年开工建设的国家重大工程项目之一，预计今年6月正式开工。

龙滩水电站项目贷款银团由国家开发银行作为牵头行，中国建设银行作为代理行，中国银行、中国农业银行共同参加组成，融资总额197.58亿元人民币。

电站初期装机容量420万千瓦，年发电量156.7亿千瓦时，概算总投资246.97亿元。

中国开工建设首条沙漠高速公路

☆☆　中国首条沙漠高速公路——陕西榆(林)靖(边)高速公路全面动工。该公路将穿越至乌素大沙漠，全长116公里，总投资17.6亿元。

南京长江第二大桥通过验收

18日　国家“九五”重点建设项目——南京长江第二大桥竣工通过验收。该桥位于南京长江大桥下游11公里处，全长12.517公里，工程投资概算为33.5亿元。

京九线北段封闭及全线复线工程开工

20日　铁道部与南昌铁路局共同投资4亿元对京九铁路北段线路进行提速改造，按快速铁路的标准进行建设，这项封闭工程还需要投资近10亿元。

京九铁路龙川至东莞东段复线工程也相继开工。该段复线建设工程总投资为26.74亿元，总工期为30个月，预计在2003年全线建成投入运营，届时京九铁路将实现全路复线。

5亿美元为中国软件“航母”造基地

28日　由美国环球软件公司，亚星腾飞计算机软件发展有限公司共同投资5亿美元兴建的亚星软件出口基地在河北燕郊经济技术开发区破土动工，该基地占地108公顷，建筑面积60万平方米。

4　月

港岛最长隧道全线贯通

2日　香港西部铁路大榄遂道全线贯通。大榄隧道全长5.5公里，建造费用17.9亿港元，是香港正在建造的西铁网络的连通部分。西铁是联络香港西九龙与新界西北地区的客运铁路，全长30.5公里，耗资460亿港元，是香港目前正在建设的最大工程。

中国最大的尿素装置开工

3日　中国海洋石油化肥项目奠基，该项目设计能力为年产45万吨合成氨，80万吨尿素，总投资约29.5亿元，是中国目前规模最大的尿素生产装置。

上海组建最大的造船集团

6日　沪东造船集团和中华造船厂联手，组建沪东中华造船(集团)有限公司，总资产接近70亿元。

国家纳米中心将建

☆☆　国家纳米中心所在地——北京中关村永丰高新技术产业基地正式破土动工。该基地规划总面积388万平方米，总投资约36亿元。

广州港引资建设集装箱码头

10日　广州港与新加坡港务集团合资建设经营集装箱码头，从而将广州港集装箱吞吐量增加两培。共计投资8亿元，其中中方占51%股份，外方占49%股份。

中国东西部合作洽谈会签约1800多亿

☆☆　中国东西部合作与投资贸易洽谈会以1800多亿元的合同协议额在西安签约。洽谈会共签订国内合同1049个，利用外资项目合同208个。

70亿国债投向技改。

☆☆　从今天召开的全国技术改造会议上获悉，今年中国确定拿出70.4亿元国债用于技术改造贴息。国家经贸委副主任王万宾在会上说，近三年来，国家共拿出200亿元国债资金支持重点行业、企业、产品的技术改造，加大了结构调整力度，带动了全社会的资金投入，为进一步提升我国产业技术水平做出了贡献。

平安保险为昆石公路承保20亿风险责任

12日　平安昆明分公司与云南昆石公路建设指挥部签订了昆石公路保险协议。平安承保昆石公路10.22亿元的建筑工程一切险和第三者责任险。

云南昆石公路起于昆明东部石虎关，止于石林风景区，全长78.6公里，为中国重点工程项目，该项工程分4个保险合同段，二、四保险段由平安保险承保，一、三段由人保承保，共计保额为20.22亿元。

神延铁路全线贯通

15日　经过2年零9个月紧张建设的神(木)延(安)铁路今天全线贯通。这条服务于西部大开发的重要铁路干线，全长382.4公里，总投资64.743亿元，年运输能力近期为1420万吨，客车2对。远期为1500万吨，客车3对。

神延铁路北接包神铁路，南连西延铁路，形成黄土高原、关中平原和陕南秦岭大巴山区的经济纽带，同时又与西康铁路和在建的宁西铁路相连，构成中国中、西部地区的南北大干线，实现了包柳铁路大通道的贯通。神延铁路的建成对于开发中国“三西”能源基地，加速“三西”地区的发展，促进老区人民脱贫致富，将发挥十分重要的作用。

三峡至万州50万伏输变电工程巴东段动工

20日 三峡至万州50万伏输变电工程巴东段全面动工，该工程线路全长295.31千米，工程静态总投资近3.8亿元，是目前中国跨越线路最长的输变电线路。

中国最大的甲醇项目启动

23日 中国最大的煤制60万吨甲醇工程前期项目正式动工。该项目前期起步工程为年产20万甲醇，投资17亿元。

亚洲最大的水上立交工程开工

☆☆ 亚洲最大的水上立交工程——淮河入海道淮安枢纽工程，在江苏淮安市全面开工建设。该工程为国家重点工程，总投资3.8亿元。

陕西产量最大金矿建成

24日 陕西煎茶岭镍金矿一期工程通过验收，建设规模为年产采选矿石30万吨，年产黄金6万两。共投入资金2.72亿元，其中引进外资2342万美元。

国家储备粮库第一个限上项目通过验收

☆☆ 250亿公斤国家储备粮库第一个限上项目(仓容规模1.5亿公斤以上，或总概算1亿元以上的项目)——杭州滨江中谷国家粮食储备库，通过国家验收，其仓容规模为15.6万吨，总投资1.1809亿元，资金来源全部为中央国债专项资金。

交行南京分行向南大授信10亿元

28日 交行南京分行与南京大学今天在南京举行签字仪式。交行南京分行在今后4年内向南京大学综合授信10亿元，用以支持学校高等教育事业、科技创新和基础设施建设。

5 月

中国首座公铁合建跨海大桥建成通车

5日 总投资4.5亿元，中国首座公路、铁路合建在同一桥面上的跨海特大桥——宁波大榭大桥，建成并通车。大榭大桥于1997年4月开始动工兴建，在国内同类型桥梁中跨径最大，也是国内修建的数百座大桥中技术最复杂的大桥之一。

青海100万吨钾肥项目开工

☆☆ 被列入国家西部大开发首批十大项目中的惟一一个产业化项目——青海100万吨钾肥项目正式开工。该项目概算投资28亿元，投资回收期9年。

陕西铜黄高速公路建成通车

6日 铜川至黄陵高速公路建成通车。铜黄高速公路是国家和陕西省“九五”重点建设项目，是世界银行贷款工程。全长83.854公里，总投资19.34亿元。

宝钢集团三期工程验收过关

14日 上海宝钢集团三期工程通过国家验收，至此中国首个千万吨级钢铁基地顺利诞生。宝钢三期工程投资概算623.4亿元。

国道212线渝合二期公路获准建设

☆☆ 国道212线武胜(川渝界)至合川公路(即渝合路二期)获准建设，工程估算总投资12亿元，全长约30公里。全线将采用高速公路标准建设，建设工期三年。

长城资产管理公司首次推出120个投资项目

11日 中国长城资产管理公司总裁汪兴益今日在京宣布，该公司在“第四届中国北京高新技术产业国际周”上首次推出120个资产投资项目、债权、物权和股权总额达127亿元。

据介绍，长城公司推出的120个资产投资项目，涉及能源、通讯、石油化工等19个行业，是由公司众多投资项目中精选出的，债权、物权、股权较为清晰，在这些项目中，长城公司均为最大的债权人或控股方，在资产处置中有绝对的控制和影响力，能够为投资者创造良好的投资机遇和提供更多更好的服务。

20亿元建设半导体材料基地

12日 研制出中国第一根6英寸、8英寸和12英寸硅单晶的北京有研半导体材料股份有限公司今日上午与北京林河工业开发区签署协议，总投资20亿元建设国内最大的半导体材料基地。

贵州与澳大利亚合作开发金矿

15日 澳大利亚中国矿业有限公司将投资4000万美元与贵州合作开发烂泥沟金矿。该金矿年处理矿石65万吨，年产黄金10万两以上。

中国最大航空维修基地动工

18日 总投资1.89亿美元，中国规模最大、维修等级最高的航空发动机维修基地——珠海保税区摩天宇航空发动机维修有限公司今日举行开工奠基仪式。

杭州——黄山高速公路动工兴建

☆☆ 总投资16.57亿元的杭州——黄山高速公路动工兴建，这是黄山通往长江三角洲的第一条高速公路。该公路双向4车道，计划2003年通车。

洋山深水港动工

☆☆ 上海国际航运中心洋山深水港区一期工程项目，经国务院批准动工。一期工程建设5个集装箱泊位，年吞吐能力2000万标箱，工程总投资120亿元，其中港口工程59.7亿元，芦洋大桥49.5亿元，后方配套10.8亿元。

北京延庆建风力发电厂

☆☆ 北京延庆与华睿投资集团有限公司正式签约，由华睿公司投资20亿元在康庄镇建风力发电厂。该发电厂占地30亩，总装机20万千瓦。

四川省大桥水库灌区一期工程获准建设

23日 大桥水库灌区工程是安宁河流域农业综合开发的主要项目之一，一期工程静态投资7.59亿元，项目总投资7.94亿元。该项投资利用世行贷款4100万美元(合人民币3.4亿元)；国内配套资金4.54亿元。

常州市供水工程获国内外贷款4亿元

☆☆ 常州市建行向常州地区供水一期工程提供贷款及境外筹资转贷款4亿元。该项目投资约6.05亿元，项目规模为日供水量30万立方米。

新大陆科技园在榕动工

24日 由民营企业新大陆科技集团斥资8亿元，占地450亩的新大陆科技园破土动工，这是福建省迄今为止由一家企业独资打造的最大高科技园区。

中关村科技园区又获亿元建设资金

13日 北京市商业银行与北京科技园置业股份有限公司签订了中关村西区二级开发首笔1亿元贷款的协议。据悉，目前该行对中关村科技园区及周边地区的贷款授信额度已达50多亿元，落实贷款5亿元。

农行对首创集团授信60亿元

25日 农业银行今天在京对北京首创集团授信60亿元，以支持北京城市交通、环境保护等市政建设。这是农行积极推行首都基础设施建设市场化运作的重要举措，标志着农行以实际行动支持北京举办2008年奥运会。

上海大连路隧道工程开工

☆☆ 上海大连路越江隧道正式开工建设，该工程总投资16亿元。隧道总长2.5公里，3年内建成通车。

中国最长的输油管建设工程启动

☆☆ 全长2000多公里，总投资50亿元的中国内地最长输油管——茂名至昆明成品油输送管道建设工程正式启动。该工程设计输油能力为每年1000万吨，沿途将建设23级原站和相应的成品油库、分输站等设施。

长春筹巨资支持光电子产业

26日 今日上午，光大银行长春分行，中行吉林省分行、开行长春分行、交行长春分行，长春市商业银行等金融机构分别与长春市人民政府签署了合作意向书，今后5年内，这些单位将向长春市提供210亿元贷款以支持长春市光电子产业的发展。

中国承建阿联酋人工岛

29日 中国铁路工程总公司与阿联酋迪拜酋长国政府正式签署棕榈岛建设项目协议书。它成为中国第一宗进入中东的总承包项目。预计建设总投资额达100亿美元。阿联酋迪拜棕榈岛是由阿联酋迪拜酋长国王储私人投资建设的两个海上人工岛开发项目中的一个。

6 月

国务院批准武汉两大水利项目

2日 武汉市江堤整险加固工程和长江干堤汉南至白庙整治加固工程正式获国务院批准。两大水利项目总投资达43.14亿元，对423公里的长江、汉江干流的大堤进行整治加固。

徽杭高速公路安徽段全面开工建设

☆☆ 徽杭高速公路(安徽段)进入全面开工建设阶段。徽杭高速公路(安徽段)全长81.9公里，属山岭式高速公路，工程总投资16.62亿元。

世行向江西公路项目提供贷款

5日 今天世界银行驻中国代表处批准向中国提供2亿美元贷款，用于江西二期公路项目。

该项目将改善从江西省南昌市到广东省深圳市和广州市之间最重要的交通走廊条件，帮助缓解交通拥挤状况，增加交通流量。项目总投资估计为5.357亿美元，世行贷款2亿美元，其他为政府配套资金。

中集集团获巨额出口信贷

8日 中国进出口银行与中国国际海运集装箱集团股份有限公司今日在深圳签署了总额为12亿元的中短期额度贷款协议，这笔贷款将全部用于支持该集团的集装箱制造与出口。

中集集团是中国上市公司50强之一，目前已发展成为世界最大的标准干货集装箱制造商，连续5年产销量保持全球第一。本次贷款协议的签署是进出口银行认真贯彻

"走出去"开放战略，综合运用各种政策性金融工具，积极支持有优势的中国企业开展跨国经营的又一举措。

宁夏青铜峡铝厂三期工程投产

☆☆　国家重点建设工程——宁夏青铜峡铝厂三期工程建成投产。青铜峡铝厂三期工程建设规模为年产电解铝10万吨，碳素制品6.8万吨，总投资17.3亿元。

天津地铁项目获国家批准立项

☆☆　国家计委正式批准天津地铁一号线工程立项，该工程总投资68.95元，其中静态投资65.3亿元。该线路营运里程全长26.195公里，其中地下线路13.915公里。

北京四环路全线贯通

9日　今天上午全长65.3公里，总投资73亿元的北京四环路全线通车。四环路主路双向8车道、全封闭、全立交，设计时速80－100公里，行完全程不到一小时。据交通部公路检测中心提供的数字，这条路日平均交通运量将达到17.1万辆，表现出超强的交通吸引力与承受能力。

北京四环路贯穿海淀、朝阳、丰台三区，途经亚运村、中关村、丰台科技园区、北京经济技术开发区、东郊电子城等，与首都机场、京通、京沈、京津塘、京开、京石、八达岭等高速公路相接。专家预测、未来10到15年，将有120万北京居民定居在四环沿线的小区中，届时土地增值效益将高达300亿元。

中国推出228项重大对外招商项目

10日　国家计委副秘书长张晓强在今天举行的第2届APEC投资博览会上宣布，国家计委推出228项重大对外招商项目，这批项目涉及34个省、自治区、直辖市和计划单列市，总投资470多亿美元。

这批项目是中国鼓励外商投资和中西部地区优势产业吸收外商投资的项目，将享有国家优惠政策。

天津蓟港千万吨煤下海铁路铺设完成

12日　天津市北煤南运重大交通建设项目——天津蓟港铁路1000万吨煤下海工程建成，该工程全长209公里，总投资9.986亿元。

耒阳电厂二期扩建工程锅炉岛合同签订

14日　湖南耒阳电厂二期扩建工程锅炉岛合同签订，项目建设规模为2台30万千瓦火电机组，动态投资28.5亿元，其中世行贷款2亿美元。

中石化巨资收购母公司资产

17日　中国石油化工股份有限公司宣布斥资91.3亿元人民币收购从事天然气和石油开采的中国石化新星公司。

攀钢三期工程启动

18日　攀钢三期工程启动，该工程在钢铁、钒钛、环保等方面投资80亿元。

四川福堂水电站开工

☆☆　位于四川省阿坝州汶川县境内的福堂水电站开工。该电站为岷江上游的第二大水电重点建设工程，总装机容量为36万千瓦，项目静态总投资17.5亿元，动态总投资19.5亿元。

陕西、山东电力公司共建陕北煤电基地

☆☆　陕西省电力公司和山东省电力集团公司就共同投资、经营陕北煤电基地项目签订了框架协议，双方共同投入250亿元共建陕北煤电基地。

山西开工建设华北地区最大火力发电厂

☆☆　华北地区最大火力发电厂——王曲电厂一期工程将开工建设。该工程为山西、山东两省共同建设的跨省区供电大型坑口火力发电项目，规划装机容量240万千瓦，总投资120亿元。

青海黄河上游尼那水电站立项建设

☆☆　青海黄河上游尼那水电站建设获国务院批准。该工程为青海省独立开发的第一座中型水电站，工程静态总投资为10.63亿元，动态总投资11.44亿元。

青海康扬水电站建设拉开序幕

☆☆　黄河康扬水电站已开工建设，工程静态总投资15亿元，动态总投资16.4亿元，电站总装机28.4万千瓦，水库总库容2880万立方米。

河北省第一条天然气输气管道开工

☆☆　河北省第一条天然气输气管道正式开工建设，该工程为"西气东输"的天然气利用一期工程，管道长202公里，总投资3.9亿元。

吉林建设大型热电厂

☆☆　吉林市投资15.2亿元建设哈达湾热电厂，该项目投产后年供电10亿千瓦时，实现城市集中供热205万平方米。

建行投放320亿贷款支援西部基础设施建设

20日　中国建设银行今天宣布向西部投放320亿元贷款，用于支撑基础设施项目建设。同时还将为西部提供高质量、高效率、全方位，综合性的金融服务。

中国建设银行今年对西部还实行了一系列特殊政策，包括在贷款计划安排上对西部各分行适当倾斜，重点支持西部基础设施项目建设，承诺对西部各分行的资金缺口敞开供应，适度提高西部各分行在重大项目上的信贷授权，西部申报的项目在同等条件下优先安排审批等。

武汉出口加工区通过验收

20日　中国中部第一家出口加工区——湖北武汉出口加工区今天通过海关总署等国家八部委办联合验收，正式封关运行。

湖北武汉出口加工区位于国家级经济技术开发区武汉经济技术开发区内，于2000年4月27日经国务院批准为首批设立的出口加工区。规划面积为2.7平方公里，公建项目固定资产投资额1.2亿元。截止到2001年5月底入区投资额达30多亿元。

中信投资十亿在惠州建路桥

23日　中国国际信托投资公司投资10亿元参与惠州路桥建设，今日在广东惠州市签约。

中信公司这次投资的项目是惠州市重点工程项目——东三环路和第四座东江大桥，全长25.8公里，是惠州市重要的市政骨干通道，对完善广东珠江三角洲及惠州市的公路网络建设，带动区域经济发展具有重要意义，全线预计2004年建成通车。

山东电网500千伏西线输变电工程开工

25日　中国国内最高电压等级的，全长249.6千米的山东省西线500千伏输变电工程在聊城开工建设。工程静态投资6.3984亿元，动态投资6.8635亿元。

新加坡在上海投资项目动工

☆☆　新加坡在上海的最大投资项目来福士广场全面动工，总投资估计高达3亿美元。

312国道甘肃段通车

☆☆　312国道甘肃省凤郿一级公路通车。该路全长81.23公里，总投资7.2亿元。

三峡库区首条铁路全钱铺通

26日　经过3年零8个月的艰苦奋战，投资20多亿元的三峡库区第一条铁路——达(川)万(州)铁路今日全线铺通，年底可实现全线通车。

达万铁路全长162公里，途经川渝两地4个县市，覆盖区域人口1528万，是连接三峡库区的第一条铁路，也是铁道部“十五”期间规划的“八纵八横”主干线中重庆至上海沿江铁路大通道的重要组成部分。

京开高速路北京段建成通车

28日　全长42.650公里，总投资27.1亿元的京开高速路北京段今天建成通车。此路北起北京市玉泉营立交桥，经丰台区花乡、大兴西红门镇、黄村卫星城、庞各庄镇、榆垡镇，南至北京市与河北省交界处的固安大桥。京开高速公路北京段是国道106线的一部分，它的建成提高了北京与河北、山东、河南等地的运输能力。

7 月

青海省第一条高速公路建成通车

1日　青海高原上第一条高速公路西平高速公路顺利试通车，该公路总长34.78公里，总投资10.86亿元，是国家“五纵七横”国道主干线青海境内的一段。

合徐高速公路南段建成通车

☆☆　全长112公里的合徐(合肥—徐州)高速公路南段今天建成通车。合徐高速公路南段南起合肥，北至蚌埠，工程总投资22.4亿元。

上海建风力发电场

☆☆　上海电力公司与国家电力公司、上海电力实业总公司共建2万千瓦的上海风力发电项目。该项目世界银行提供1300万美元的贷款，项目总投资1.92亿元亿币。该电场建在上海市崇明县。

龙滩水电站开工

☆☆　举世瞩目的龙滩水电工程今天正式开工。龙滩水电站位于广西壮族自治区红水河的上游，是目前仅次于三峡工程的中国第二大水电工程，也是水电开发、防洪及航运规划中的重点工程。该工程总投资243亿元，规划总装机容量540万千瓦，年均发电量187亿千瓦时，分两期建设，预计2009年12月全部完工。

7000亿元将用于生态建设和环保

5日　国家经贸委副主任王万宾在今天招开的全国环保产业工作会议上说，今后5年我国将投资7000亿元用于生态建设和环境保护，预计此举将拉动中国环保产业总产值以年均15%左右的速度猛增。

塔里木又发现一个大型天然气田

2日　新疆塔里木油田公司今天宣布，继储量规模为2506亿立方米的克拉二号气田探明之后，勘探队伍又发现一个地质储量超过的1500亿立方米的大型天然气田。

国内一流的信息大楼在沪建成

☆☆　集通信、信息和高智能化为一体的标志性建筑——上海信息大楼，今天在上海浦东陆家嘴金融贸易区中心落成。

总投资 14.5 亿元的上海信息大楼在 1996 年 5 月 17 日奠基，建筑工期近 5 年。该楼高 288 米，地下 4 层，地上 41 层，总建筑面积超过 10 万平方米。

北京广安大街改造工程完工

5 日　北京广安大街道路改造工程完工，今天正式通车。广安大街全长 6.2 公里，设计时速 60 公里，该道路同期修建水、电、气、热等 8 类 12 条市政综合管线 80 公里，工程总投资 11.5 亿元。

内蒙古斥巨资建林、纸一体化工程

☆☆　内蒙古政府与企业、社会三方筹资 21 亿元，利用巴彦淖尔盟河套地区丰富的速生丰产树资源，建设年产 10 万吨杨木纸浆、20 万吨涂布白卡纸。该项林、纸一体化工程是由内蒙古综合经济实力最强的民营企业盘古集团做支撑。

宝钢开建不锈钢长型材生产线

6 日　上海宝钢集团公司不锈钢长型材生产线，在宝钢集团五钢公司开工建设。这项工程总投资额达 15.72 亿元，年产钢 35 万吨，钢材 35 万吨，主要生产不锈钢长型材，此外还生产钛合金，阀门钢、镍基合金及轴承钢等市场紧缺品种。

广西滨海公路开工

☆☆　广西滨海公路在北海，钦州，防城港市同时开工。该公路 269.5 公里，支线全长 205.5 公里，总投资 23.3 亿元。

国家信息安全成果产业化基地开工

☆☆　由科技部和上海市联合推进的国家信息安全成果产业化(东部)基地，在上海张江高科技园区开工，该基地首期投资 5 亿元。

宜昌长江大桥主体工程竣工

☆☆　国家重点工程——宜昌长江大桥主体工程竣工，该桥是一座持大型钢箱梁悬索桥，全长 1262 米，工程概算总投资 8.95 亿元。

宁波缜海炼化工程投产

10 日　国家炼油工业重点技改项目——中石化缜海炼化股份有限公司的 800 万吨炼油工程，通过国家验收并正式投产，工程的投资为 30.44 亿元。

贵阳建设西南铁路枢纽

12 日　总投资 16 亿元的西南地区最大的铁路枢纽——贵阳枢纽全面动工。该枢纽连接湘黔、黔贵、川黔、贵昆 4 大铁路干线和株六复线，是西南地区至关重要的列车编组中转枢纽。

北京将投入 1800 亿元举办 2008 年奥运会

14 日　北京市政府今天表示，举办 2008 年奥运会，是世界赋予北京的一次历史性机遇，势必将推动古都北京大踏步走向现代化。

据介绍，北京市在未来 5 年中，对城市基础设施建设，创纪录地投入 1800 亿元人民币，重点建设 142 个项目，以全力缩短与国外同等地位大城市的差距。其中，900 亿元用于修建地铁、轻轨、高速公路、机场等；450 亿元用于环境治理，实现天更蓝、水更清、地更绿；300 亿元用于信息化建设，奠定“数字北京”的基础，初步实现电子政务、电子商务、信息社区和远程教育；其余 150 亿元将用于水、电、气、热等生活设施的建设和改造。

武汉兴建大规模的城市外环公路

17 日　被列为中国“十五”重点建设项目的武汉绕城公路奠基。是迄今国内中心城市规模最大的外环公路。公路全长 188 公里，总投资 50 多亿元。

最大国储粮仓在大连建成

21 日　中国储粮库建设标志性工程——大连南关岭国家储备粮库建成并通过国家级验收。新建仓容 6 亿公斤，粮库总仓容达到 9 亿公斤，库区占地 62 万平方米，投资 4.5 亿元，为中国之最。该粮库仓型多，功能全，整个工程设施设备配套，达到国内领先、国际先进的水平。

上海建芯片生产线

☆☆　上海贝岭股份有限公司投资 12.8 亿元，在张江高科技园区建集成电路芯片生产线，该生产线被列为国家经贸委 2000 年国债专项资金国家重点技术改造项目资金计划。

8　月

甘肃小峡水电站项目获批准

2 日　甘肃小峡水电站获国务院批准。小峡水电站总装机容量 23 万千瓦，工程静态总投资 13.14 亿元，动态总投资 14.56 亿元。

重庆江口水电站工程获批准

☆☆　重庆市江口水电站工程获国务院批准。该电站总装机容量 30 万千瓦，工程静态总投资 17.9 亿元，动态总投资 20.4 亿元。

贵州首条地方铁路铺通

☆☆　全长 118.52 公里的贵州省首条地方铁路——

小柏铁路全线铺通，该线为单线一级电气化铁路，技术设计概算 32.47 亿元。

香港华润集团在深圳建购物中心

4 日 华润集团斥资 40 亿元，在深圳建超大型购物中心——华润世纪新城。

德国拜耳与上海氯碱合资建厂

☆☆ 德国拜耳公司和上海氯碱化工股份有限公司就总投资 3.4 亿美元的聚碳酸酯合资项目，正式签约立项。

兴凯湖灌区主体工程竣工

☆☆ 东北最大灌区——黑龙江省兴凯湖灌区主体工程第二泄洪闸竣工，工程总投资 8.43 亿元。

国家支持西部固定资产投资 3000 亿元

8 日 国务院西部开发办副主任李子彬今天介绍说，今年国家支持西部开发的国债资金和预算内资金将超过去年，新开工 12 个重点工程，总投资约 3000 亿元。青藏铁路、西电东送、西气东输、公路国道主干线、江河上游水利枢纽、特色农业、科技教育、中心城市基础设施建设等一批事关西部开发全局的重点工程已经开工或将要开工。

东北第一条电气化铁路开通

18 日 东北第一条电气化铁路哈尔滨至大连电气化铁路哈尔滨至沈阳段建成通车。该段全长 600 公里，工程投资 100 亿元。

苏州建绕城高速公路

☆☆ 苏州绕城高速公路，先期实施的西南段工程，全长 49 公里，总投资 30 亿元。

杭州湾建跨海通道

☆☆ 交通部决定建设杭州湾大通道工程。杭州湾大通道全长约 40 公里，项目总投资 70 亿元。

9 月

中石化与 BP 最大合资项目签约

2 日 上海石油化工股份有限公司与英国 BP 化工中国华东投资有限公司签定了年产 90 万吨乙烯的合同，项目总投资为 224.46 亿元。

西合铁路及黑漆河特大桥工程完工

☆☆ 中国西部大开发的重点建设项目，西(安)合(肥)铁路及咽喉工程——黑漆河特大桥主体工程完工。西合铁路全长 955 公里，黑漆河特大桥全长 668.82 米，总投资 231.9 亿元。

北京八达岭高速公路三期工程实现通车

☆☆ 总投资 8.25 亿元的八达岭高速公路三期工程完工通车。该公路全长 70 公里，分三期建设，是目前北京境内最长的高速公路。

香港将投入千亿港元发展铁路

4 日 香港特区政府政务司司长曾荫权今天说，特区政府采取优先发展铁路的政策，致力使铁路成为交通运输系统的核心。目前政府正积极推展 6 项铁路建设项目，总投资 1000 亿港元，预计未来数年即可陆续投入服务。

据悉，6 个铁路项目包括：沙田至中环线，港岛线延线、九龙南环线、新界北环线、区域快线及港口铁路线。这些项目完成后，香港的铁路网将由目前的 143 公里延长至 250 公里。

山东在费县建设发电厂

8 日 被山东省列为“十五”开工建设的重点项目山东费县发电厂工程，通过项目评估，该项目总投资为 95 亿元。

中信投资“中信城市广场”

11 日 中信公司投资 8 亿元在深圳建设中信城市广场。该项目是深圳市重点工程，总建筑面积达 15 万平方米。

云南兴建大学园区

17 日 云南教育厅负责人宣布，昆明大学城和云南大学、玉溪校区筹建占地 2 万亩的云南省大学园区，预计总投资 25 亿元。新建的大学园区内，将集中云南省的一批高等院校和科研机构，学校的概念将被打破。图书馆、信息网络、体育场、实验室甚至师资、课程都将实现共享。高校之间相互承认学分、避免了重复购置和投人，资源将得到充分利用。

北京正负电子对撞机将获“新生”

☆☆ 从今日开幕的第二届亚洲粒子加速器会议上获悉，中国计划通过实施二期工程，投入 4 亿元资金，提高北京正负电子对撞机的性能，为进一步探索微观世界的奥秘创造条件，从而继续保持中国在高能物理方面的国际领先地位。

内昆铁路全线铺通

19 日 中国“九五”重点建设项目，西南地区一级干线铁路——内昆铁路，今天上午 10 时在云南省昭通火车站全线铺通。

内昆铁路北起四川省内江市，南至云南省昆明市，全长 872 公里，总投资 120 亿元，由铁道部和云南、四川、贵州三省出资建设。新建线路实现电气化后，最大区段货流量密度为每年 1400 万吨，客车每日 8 对。

北京财富中心动工

☆☆　北京 CBD 标志性建筑“北京财富中心”，在北京市朝阳区东三环北路动工兴建。该工程占地 9.21 公顷，项目总投资 60 亿元。

新长铁路全线铺通

20 日　中国铁路沿海大通道——新(沂)长(兴)铁路全线铺通，该线全长 638 公里，总投资 62.27 亿元，是铁道部和地方政府合资兴建里程最长，投资最大，一次建成的一条股份制铁路。

北京北五环通车

22 日　全长 15.2 公里的北京北五环段通车。北京五环路全长 95 公里，总投资 118 亿元。

中国最大的燃料乙醇项目开工

☆☆　年产 60 万吨燃料乙醇工程在吉林省吉林市开工。这是中国目前最大的燃料乙醇生产项目，也是中国“十五”计划的重点项目，由中国石油天然气集团公司、吉林粮食集团有限公司和中国华润总公司共同投资建设，总投资 28.9 亿元。

山西投资首座抽水蓄电站

23 日　山西省投资 40 亿元兴建该省首座大型抽水蓄电站——西龙池抽水蓄能电站。该电站年发电量 18 亿度，年抽水用电量 24 亿度。

拜耳投资上海 31 亿美元建世界级一体化项目

☆☆　拜耳中国公司投资 31 亿美元在中国上海漕泾化学工业区建一座世界级的一体化项目。这是德国拜耳公司历史上单一投资额最大的项目。

中国最大光存储产业基地奠基

24 日　由四川天歌科技股份有限公司投资建设的中国最大的光存储产业基地在成都出口加工区奠基。这个项目预计引进 50 条生产线，总投资 15 亿元人民币。

辽宁最大的地下水库开工

☆☆　辽宁省最大的地下水库在大连市旅顺口区三涧堡镇北大河大潮口开工，该项目投资 3300 万元，是国家计委立项的防海水倒灌利民工程。

10 月

渝黔高速公路重庆段正式通车

1 日　有“西南出海大通道”之称的渝黔高速公路重庆段正式通车，这项投资 1.5 亿美元的工程比预计通车时间提前了一年。该段工程全长 75 公里，设计车速为每小时 80 公里。这是重庆市首次引用亚行贷款项目修建的高速公路，标志着重庆到达出海口湛江的时间缩短了 3 小时。

渝黔高速公路童雷段通车

☆☆　渝黔高速公路一期工程童家院至雷神店全线贯通，该线全长 150 余公里，一期工程总投资 34.2 亿元。

阎禹高速公路开工

☆☆　陕西阎良至禹门口高速公路开工建设，该工程全长 176.89 公里，工程总投资 60 亿元。

杨巴一体化石化基地奠基

☆☆　总投资 29 亿美元，占地 22 公顷的扬子石化——BASF 一体化石化基地在南京奠基，该项目以 60 万吨/年乙烯装置为龙头。

上海浦东兴建东方艺术中心

☆☆　总投资 10 亿元，建筑面积 4 万平方米的东方艺术中心在浦东开工兴建。

上海汽车城开工

☆☆　总投资 500 亿元，占地面积 68 平方公里的上海国际汽车城开工兴建，该工程位于上海市嘉定安亭镇。

涩宁兰输气管道干线竣工

☆☆　全长 953 公里，总投资 22.5 亿元的涩宁兰输气管道全部竣工。该管道年设计输气量 20 亿立方米，西起柴达木盆地的涩北气田，东至兰州。

天津打造中国北方“曼哈顿”

☆☆　天津开发区金融服务区占地 11.32 平方公里，建筑面积 50 万平方米，今日正式开工建设，一期工程投资 20 亿元人民币。

国产化大功率核电站建成

9 日　秦山核电站二期工程举行加料仪式。这标志着中国首座 60 万千瓦国产化核燃料发电机组建设完工，秦山核电站二期工程总投资 148 亿元。

广西百色水利枢纽主体工程动工

11 日　工程概算总投资 47.13 亿元的百色水利枢纽工程正式开工建设，该工程库容将达到 56.6 亿立方米。

中国最大的氯丁橡胶合资项目签字

12 日　山西合成橡胶集团和亚美尼亚纳依里特科研

生产股份公司共同投资的年产3万吨氯丁橡胶合资项目签约，投资额8.27亿元。

洪家渡水电站实现大江截流

15日 贵州省洪家渡水电站实现大江截流。该电站装机容量60万千瓦，总投资49亿元。

云南宣威电厂扩建工程完工

☆☆ 云南宣威发电公司五期工程并网发电。宣电五期扩建工程动态投资25.15亿元，装机容量为两台30万千瓦燃煤机组。

贵毕高级公路通车

16日 贵(阳)毕(节)高等级公路正式通车，全长178公里，总投资23亿元。

江苏宜兴抽水蓄能电厂开工

☆☆ 宜兴抽水蓄能电厂启动建设。该工程装机总容量100万千瓦，总投资50.05亿元，其中利用世行贷款1.5亿美元。

首条电气化铁路大干线竣工

23日 京广铁路武昌至广州段电气化改造工程完工，该段铁路总长1054千米，工程总投资69亿元。

西南首座百万千瓦级火电厂投入运行

25日 投资32.9亿元的贵州盘县发电厂投入运行，盘县发电厂总装机容量100万千瓦，年发电量87亿千瓦时，是中国西南地区第一座百万千瓦级火力发电厂。

成都双流国际机场扩建工程完工

26日 双流机场扩建工程采用了10余项新技术和新材料，融汇了国内外一流航站楼的优点，汇聚了当今世界航空服务业一流设施设备。扩建工程总投资达27亿元人民币，分飞行区和航站区两部分。航站区扩建工程1998年9月开工，主要包括新建一座建筑面积75000平方米的航站楼，相当于原航站楼的4倍，建成后可满足年旅客吞吐量700多万人次，高峰时旅客容量每小时3500人的需要，并最终达到每年1500万至2000万人次的水平。

11 月

山东投巨资参与吉林建设

2日 在山东和吉林两省政府的组织和推动下，山东一批有品牌、有实力、有潜力的企业，投巨资参与吉林省的开发建设。在今天两省合作签字仪式上共签约合作项目100项，总投资45.7亿元。此次签约的项目涉及基础设施、农业产业化、食品加工、医药、高新技术产业、传统产业的嫁接改造、房地产开发等领域。

昆明集中整治进入滇池河道

3日 昆明市今天在整治滇池9条主入河河道工作会议上明确，投资10亿元对进入滇池的主河道进行集中整治，一边进行大规模的工程治理，一边在县市区全面落实管理责任制，从而全面改善滇池的生态环境。

中国最大的民航飞行基地动工

5日 中国南方航空公司在广州新白云机场建设的飞行基地动工，项目总投资35.5亿元。

引滦入津水源保护工程启动

6日 总投资24亿元的引滦入津水源保护工程启动，工程全长124.34公里。

三峡库区治污工程启动

☆☆ 重庆在三峡库区启动大规模污水治理工程，工程包括19个大型污水处理厂，总投资额15亿元。

中国投巨资治理渤海

8日 国家环保总局有关人士今天在京宣布，以改善渤海生态环境为目的的《渤海碧海行动计划》近日经国务院批准，将先后投入555亿元实施这一计划。为实现这一目标，国家投入的资金将主要用于城市污水处理，城镇垃圾处理、船舶污染治理、海上污染应急和生态建设与恢复计划、生态农业、渔业等方面。

摩托罗拉加大对中国投资

☆☆ 今天在北京结束的摩托罗拉公司全球董事会宣布，在未来5年内，将从中国采购价值100亿美元的零配件，在华研发再增投资10亿美元，使公司在华产值达到100亿美元，累计纳税额达到56亿美元。

淮南建成特大煤炭矿井

☆☆ 安徽省淮南矿区张集矿井建成投产。该矿井设计年产400万吨，总投资18亿元。

中国最大的造船基地投产

8日 中国最大的造船基地——上海外高桥造船基地正式投产。工程总投资32.14亿元。

信阳华豫电厂一期工程建成

12日 河南省信阳市华豫电厂一期工程建成投产，该项工程实际投资27亿元。

289个国债项目年内完成技改

15日 国家经贸委投资与规划司司长甘智和透露：

到今年年底，中国将有289个国债技改项目投产，占已开工项目的47.9%。

这批项目全部建成后，预计可实现新增利润158亿元，新增税金88亿元，出口创汇17.5亿美元，并将成为中国经济增长的新亮点。与此同时，一批技术含量高，工艺水平新，质量有较大改进的新产品将投放市场，为中国的企业生产和居民消费提供新的热点。

首家合资煤炭项目动工

☆☆ 中美合作开发的山西亚美大宁能源二期年产400万吨矿井项目动工，项目总投资为6285.5万美元。

天津港南疆码头竣工

16日 天津港南疆煤码头工程正式竣工，该工程投资13.55亿元。

碗米坡水电工程截流

17日 湖南省保靖县碗米坡水电工程顺利截流，工程总投资20.14亿元，装机容量24万千瓦。

中国注入巨资支持生态工程建设

20日 财政部副部长张佑才在今天举行的全国森林生态效益补助资金试点启动会上说，目前财政部门把支持生态环境建设作为财政支出的重点，加大了投资力度，这将对中国生态环境建设起到巨大的推动作用。

据张佑才透露，按照国务院批准的天然林保护工程实施方案，2000年到2010年工程总投入将达到962亿元。国家计委最近会同财政部签署的《北京地区风沙源治理试点工程规划》中，从今年起的10年内中央投资将达到556.4亿元。此外退耕还林还草工程自2000年实施以来，中央已投入资金74.5亿元，据国家林业局退耕还林还草办公室透露，这项工程10年内投入可超过1000亿元，三项合计近3000亿元。

武汉军山长江大桥建成

20日 武汉军山长江公路大桥建成通车，该桥全长4881米，工程总概算11.45亿元。

海口世纪大桥合龙

22日 海南省海口市首座跨海大桥主桥合龙，该桥全长2600多米，总投资6.67亿元。

沙坡头水利枢纽工程完成截流

25日 宁夏沙坡头水利枢纽工程完成黄河截流，该工程总装机容量12万千瓦，项目总投资12.8亿元。

第二批西电东送项目开工

☆☆ 第二批西电东送项目在贵州安顺电厂举行开工典礼，第二批项目投资总额达353亿元。

和黄集团投资盐田港

☆☆ 香港和黄集团公司与深圳市政府及盐田港口集团合作发展盐田港第三期计划，项目投资额66亿元。

荷日铁路复线竣工

26日 山东菏(泽)日(照)铁路复线全线开通运营，该铁路正线全长445.9公里，总投资46.4亿元。

青藏铁路今年完成10亿元投资

☆☆ 铁道部副部长孙永福宣布，青藏铁路建设开局良好，进展顺利，预计今年可完成10亿元投资，取得首战胜利。

据了解，明年是青藏铁路建设的“攻坚年”，国家拟安排投资50亿元，计划完成路基土石方2500万立方米，特大桥13000延长米，大中小桥19000延长米，涵洞19000横延米，隧道3600延长米，正线铺轨117公里，站线铺轨23公里。

成都沙河综合整治工程动工

28日 成都市沙河综合整治工程今天下午正式开工。这标志着以沙河整治、旧城改造、工业结构调整为重点，总投资200多亿元的成都东郊整体改造战略正式启动。预计10年内，成都东郊将成为成都市最具人文特色的现代都市区。

该项工程将以水资源保护、污染治理、生态建设、城市防洪为主线，结合东郊工业结构调整和城市向东南发展的规划，对沙河流域进行全面的综合治理。

254亿元打造嘉陵江水道

30日 总投资245亿元的嘉陵江全江渠化工程已经全面启动并取得初步成效，预计到2010年，嘉陵江将成为四川乃至西部的一条黄金水道。

据了解，嘉陵江全江渠化后，将变成一条水流平缓、通航拖载量大、安全系数高、运输成本低、通讯及其它配套设备完善，达到四级通航标准的高等级航道。

12 月

中、美、沙合资成立石化企业

1日 中国石油化工有限公司、美国埃克森美孚和沙特河莫科公司斥资30亿美元成立合资石化企业。该合资企业在福建省建三个工厂，分别年产65万吨乙烯，45万吨聚乙烯及30万吨聚丙烯。

新郑高速公路开工

☆☆ 河南省新乡至郑州高速公路暨黄河二桥建设工

程正式开工建设。新郑高速公路全长81.9公里，其中黄河高速公路大桥(黄河二桥)全长9570米，工程总投资40亿元。

淮河枢纽工程开工

2日 淮河治理最大的水利枢纽工程——临淮岗洪水控制工程开工，该工程集水面积4.22万平方公里，总投资22.67亿元。

揭普高速公路开工

3日 广东揭(阳)普(宁)高速公路开工建设，公路全长45.93公里，概算总投资18.99亿元。

西南公路出海通道全线贯通

4日 全长1709公里，工程设计总概算254.24亿元的西南公路出海大通道实现了全线贯通。该条路四川境内452公里，贵州境内539公里、广西境内718公里。途经成都、重庆、贵阳、南宁至北海。沿途桥梁1089座，互通立交83处，隧道14座，通道及涵洞8108道，服务区24处。这是我国西南地区建成通车的第一条跨省区高标准大通道，中国交通版图上西部地区没有国道主干线的历史从此结束。

西南公路出海通道是中国国道主干线“两纵两横三个重要路段”的组成部分。是继京沈、京沪高速公路之后的第三和国道主干线。

中国国家大剧院正式开工

13日 从国家大剧院业主委员会获悉，经过4年周密准备的国家大剧院今天正式开工。

国家大剧院位于北京人民大会堂西侧，占地11.89万平方米，总建筑面积14.95万平方米，工程概算总投资26.88亿元，建设工期4年。

呼包高速公路建成

15日 内蒙古呼和浩特至包头高速公路二期工程通车，工程全长151.28公里，总投资15亿元。

洛阳、三门峡、灵宝高速公路通车

17日 河南洛阳至三门峡至灵宝高速公路全线建成通车。该高速公路全长208.89公里，总投资64.18亿元。

马钢薄板工程开工

18日 中国2001年最大的国际招标项目，安徽马纲建筑用薄板工程开工，项目总投资52亿元。

无锡将建中华第一大药谷

18日 中国华源集团和无锡市人民政府今天宣布，将投资200亿元在无锡兴建以生态、生命和生物为核心的生命科技园区。

按照国内第一、国际一流建设目标定位的这座生命科技园区，由欧美著名规划设计机构进行规划设计，由中国科学院、中国医学科学院、清华、北大等著名科研机构、高等学府等合作伙伴，共同打造这座规模最大，功能最全，设施最优的“中华大药谷”。

浙江建设中国最大的火电工程

☆☆ 日前，中国最大的火电单项建设工程——嘉兴电厂二期工程贷款合同签字。该工程位于平湖市乍浦镇，工程总投资为102亿元。

朔黄铁路神肃段建成通车

19日 朔黄铁路神池至肃宁段建成通车，该铁路正线总长588公里，投资58.5亿元。这是中国目前为止建设与投资规模最大的一条合资铁路。

宝钢技改工程开工

20日 上海宝钢投资22亿元的特种合金材料冶炼技术改造一期工程正式开工。

重庆江北机场航站扩建

22日 总投资16.1亿元的重庆江北国际机场航站正扩建工程奠基。

贵阳市架设城市轻轨

☆☆ 贵州省贵阳市启动城市快速轨道交通工程，该工程全长16.51公里，其中高架桥2.8公里，地下线路13.2公里，总投资40亿元。

中国首都博物馆新馆开工建设

25日 新中国成立以来北京市投资规模最大的一项文化公益设施——首都博物馆新馆今天正式开工建设。

该馆位于西长安街延长线白云路上，总建筑面积6万平方米，建筑工程预算投资7.8亿元，计划2003年底完成主体工程，预计2005年建成并对外开放。

北京地铁八王坟至通州项目开工

26日 北京地铁八王坟至通州段，全长19.964公里，总投资34亿元。

株六铁路复线全线开通

30日 全长1139公里，新建复线835公里，总投资200.6亿元的株六铁路复线今天上午在贵阳火车站正式开通。

株六复线是中国路网骨架“八纵八横”中上海至昆明东西大通道的重要组成部分，它东起湖南省株洲市，西至贵州省六盘水市，途经湘潭、娄底、益阳、怀化、铜仁、黔东南苗族侗族自治州，黔南布依族苗族自治州、贵阳、安顺等11个地区（州、市）、23个县。这条复线的开通，对贯彻中国西部大开发战略，促进西南能源和原材料基地建设，加快区域经济发展和社会进步，促进东西部经济和文化交流，帮助沿线各族群众脱贫致富具有十分重要的意义。

2001年国际投资大事记

1 月

道琼斯亚洲企业指数亮相

2日 道琼斯亚洲大企业指数出台，该指数用于追踪在该地区上市的50个蓝筹股，其中25家是日本公司，9家是澳大利亚公司，8家香港公司，还有台湾、马来西亚等地企业。其中丰田汽车公司所占股权最大，为10.5%。

香港调低银行利率

8日 香港银行存款利率调低半厘。利率调整后，港元储蓄的年息由4.75厘降到4.25厘。这是香港自1999年9月以来首次减息。

首条全球海底电缆登陆香港

10日 首先连接香港与全球的海底光纤电缆在香港将军澳正式登陆。这条名为亚洲环球电讯的海底光纤电缆全长超过4万公里，为亚洲增长最快速的电讯市场提供了最先进的宽频通讯服务。这条电缆也是亚太地区内速度最快的通讯系统。这条海底电缆在香港登陆后，将连接全港最庞大的全光纤网络——和记环球电讯的地面网络，可以使香港与全世界27个国家的200多个主要商业城市保持电讯联系。

美洲航空5亿美元收环球

☆☆ 美国第二大航空公司——美洲航空公司宣布了一项收购计划：美洲航空公司将以5亿美元收购申请破产保护的美国第8大航空公司——环球航空公司的大部分资产，并将接手环球航空公司约30亿美元的飞机租约。美洲航空公司还向环球航空公司提供2亿美元的资金以帮助后者维持运营。美洲航空公司还宣布，如果美国反垄断当局批准2000年5月宣布的美国第一大航空公司——联合航空公司兼并第6大航空公司——美国航空公司一案，该公司将花12亿美元从联合航空公司手中买下美国航空公司的部分资产，并承接下美国航空公司约3亿美元的飞机租约。

神龙雪铁龙签约

11日 神龙公司与法国雪铁龙公司举行引进生产"雪铁龙－毕加索"车型项目合同签字仪式。此举标志着神龙轿车系列增添新的单厢车型。

美国在线与时代华纳获准联姻

☆☆ 美国联邦通讯委员会有条件地批准了美国在线与时代华纳公司高达约1100亿美元的合并。委员会批准合并的条件包括，美国在线在使用时代华纳的有限网络时开放其即时讯息服务，两家公司不得限制消费者在使用时代华纳的网络时，选择除美国在线之外的互联网服务商等。2000年12月14日，美国联邦贸易委员会批准了该项合并，从而清除了来自政府方面的最大障碍。合并后的新公司市值可能超过3500亿美元，从而使这起合并成为目前世界上最大的公司合并案。

印度将建大型软件开发园

☆☆ 印度软件巨头信息系统技术有限公司与南部的安得拉邦签订了一项建立一座软件开发园的协议。计划两年内建成，首期投资8亿卢比(约合1740万美元)。信息系统技术有限公司在未来3年内还将再投入10亿卢比用于第二期和第三期项目建设。

新将建数据中心网

☆☆ 新加坡电信公司宣布，在未来18个月内将投资5亿新元，在亚洲主要城市建立互联网数据中心网，为亚洲提供畅通无阻的服务。数据中心网覆盖中国、印度、泰国和中国台湾省。新电信业将增加目前设在新加坡、中国以及澳大利亚的数据中心数据处理能力。

欧洲最大能源交易所被收购

☆☆ 美国亚特兰大能源金属线上交易所"洲际交易"表示，准备收购欧洲最大能源交易所国际石油交易所，州际交易计划通过出让股权而非现金支付的方式来收购它。洲际交易专营电力、燃料、金属等商品交易，幕后金主包括约85家银行及能源公司，最知名的有摩根士丹利、皇家壳牌等。

大东电报局将铺设横跨大西洋的IP电缆

☆☆　英国大东电报局(C&W)日前表示,它将和法国的阿尔卡特公司合作,铺设一条横跨大西洋的高容量IP电缆。这条电缆的容量将比现有跨大西洋电缆高1/3。

加将鼓励发展公共交通

☆☆　加拿大政府将采取措施大力发展公共交通，缓解城市交通拥挤和减轻城市空气污染。这项计划将耗资20亿加元(1美元约合1.5加元)。此外，联邦政府还要求有关省的地方政府参与发展公共交通计划。

英特尔将以7.48亿美元收购Xircom

☆☆　全球最大的计算机芯片制造商英特尔公司将耗资7.48亿美元收购移动计算机设备公司Xircom,以扩大其桌机型电脑零部件经营范围。英特尔将以每股25美元的价格收购Xircom的所有股票,这一收购计划定于今年第一季度完成,届时Xircom将成为完全不属于英特尔的分公司。

拜耳和愈基公司合作开发新药

16日　德国制药和化学巨头拜耳公司已经同美国的生物技术公司——愈基公司签订合同，研究、开发和销售治疗肥胖和糖尿病的药物。合作双方同意15年内投资额达到13.4亿美元，拜耳占56%，愈基占44%。拜耳公司和愈基公司还在基因药理领域签订了一份合同，研究药物对人类基因的影响。

丰田汽车大量回购股份

☆☆　日本丰田汽车集团宣布，进行日本企业史上最大一次股份回购行动，涉资2500亿日元。丰田计划估出总值4000亿日元的银行股份，制止银行估售若干交叉持有股份行动。在丰田主要股东中，三和银行和东海银行各持4.9%股份，两行必须在4月合并前估清丰田股份。与住友银行合并的樱花银行业持有丰田4.9%股份。

美通用电力系统公司获巨额合同

☆☆　美国通用电气公司属下的发电技术分公司通用电力系统公司宣布，公司将为TECO能源公司新建的两家发电厂提供涡轮机和维修服务，交易总额4.6亿美元。新工厂的所有权归TECO能源公司的子公司TECO电力服务公司掌握。

美国通用大幅增加日本铃木公司股份

☆☆　美国通用汽车公司的官员宣布，通用公司所持有的日本铃木公司股票比例已由原来的11.6%上升到20.1%。在20.1%的股权中，通用汽车总公司只持有铃木9.1%的股权，而通用汽车公司在加拿大的全资子公司——通用(加拿大)公司持有的铃木公司的股权则高达11%。

美联合利华成全球食品业老二

☆☆　美国联合利华公司以243亿美元的总金额成功并购了美国百仕福食品公司，这一举动使联合利华的食品业务一举名列全球食品行业第二位。

美国思科公司斥巨资投资日本软银公司

☆☆　世界最大的因特网设备制造商美国思科公司将斥资1.98亿美元，购买日本最大的因特网投资公司软银公司1.65%的股权。这两家公司将联合建立一个10.5亿美元的合伙基金，投资从事宽带因特网或无线技术等新兴行业的亚洲公司。

电盈47亿美元融资签约

☆☆　巴克莱亚洲和大通银行亚洲已成功为电讯盈科和澳大利亚电讯(Telstra)所组成的IP骨干合营公司筹组总额达15亿美元的融资借款。该银团的成员包括瑞士丰泰、第一波士顿、万国宝通银行、Rabobank、三和银行、汇丰银行及瑞银华宝。电盈47亿美元再融资计划亦终告落实。参与银行数目17家。

2月

巴拿马成功发行全球债券

1日　巴拿马在国际市场上成功发行了7.5亿美元全球债券。债券利率为浮动利率。

菲利普斯石油将收购Tosco

4日　菲利普斯石油公司(Philips Petroleum Co.)已同意收购Tosco Corp.(TOS)，收购价格为价值约70亿美元的股票再加上承担Tosco约20亿美元的债务。菲利普斯石油称，合并后的公司将是美国第二大炼油厂和第三大汽油经销商。

英特尔公司购买VXTEL公司

☆☆　英特尔公司出资5.5亿美元买下了美国芯片制造商VXTEL公司。VXTEL是一家生产特殊芯片的公司。

德国交易所正式挂牌上市

5日　德国交易所股份公司在其下属的法兰克福交易所正式挂牌上市。德国证交所是自1992年瑞典OM集团上市以来，首家招股上市的欧洲证券交易所。

哈利法克斯银行计划收购公平寿险

☆☆　英国银行集团哈利法克斯计划以10亿英镑(约合16亿美元)收购拥有238年历史的英国公平人寿保

险公司。公平人寿保险公司现陷入约15亿英镑的债务中。

阿投巨资扩大生产

☆☆　阿尔及利亚松德拉克燃料公司决定在未来3年内投资210亿美元，将其石油生产能力提高到日产原油150万桶。

韩电信迈向私营化

6日　韩国政府公开拍卖国营韩国电信公司14.7%的股权，这是韩国电话巨头迈向私营化的第一步，韩国政府拥有的该公司股权比例将由59%减至38.4%。

丰田汽车公司将在美新建引擎工厂

8日　日本丰田汽车公司宣布将在美国亚拉巴马州亨次维尔建立一家生产V-8汽车引擎的工厂。丰田汽车公司打算为这家新工厂投资2.5－2.75亿美元。

IMF扩大中国表决权

☆☆　国际货币基金组织(IMF)批准扩大中国的表决权，表决权从大约2.2%提高到3%，中国应缴纳的基金份额从61亿美元增加到大约83亿美元。按照国际货币基金组织的份额制度，成员国至少可以获得与所缴纳数额相当的贷款。

维旺迪公司和索尼公司合建网络企业

12日　这两家公司组建的因特网公司准备在网上销售音像制品。去年两家公司共在全球音像市场占据40.8%的份额，年销售额高达400亿美元。

美日公司将在泰建厂

☆☆　美国通用电气公司与日本信越化学工业株式会社宣布，合同投资105亿泰铢(约合2.5亿美元)在泰国建立亚洲最大的有机硅厂。该厂生产能力将达7万吨硅氧烷。

意英建欧洲直升机公司

12日　意大利机械投资公司发表公报宣布，其下属的阿古斯塔公司与英国的WESTLAND公司从即日起合并为欧洲的一家直升机生产大公司。在合资公司中，双方各占50%的股份。新公司既生产民用直升机，也生产军用直升机。

墨西哥石油公司发行10亿美元全球债券

☆☆　墨西哥石油公司发表公报说，该公司已成功发行10亿美元全球债券，并将利用这笔资金投资长期基础设施发展项目。

通用公司与伏尔加合资

☆☆　通用汽车公司和欧洲复兴开发银行基本同意投资3.3亿美元，与俄罗斯伏尔加汽车制造厂建立一个合资企业，生产新型的niva型号多功能运动车。

俄将投入1.6亿美元用于车臣重建

☆☆　俄罗斯将在2001年花费约1.6亿美元，用于车臣战后重建。这一计划涉及铁路、公路、住房和首府格罗兹尼的机场等工程。

世界最大钢铁集团将在欧洲诞生

19日　法国北方钢铁联合公司、卢森堡阿尔贝德钢铁公司和西班牙阿塞拉利亚钢铁公司宣布，将进行涉及46亿美元股票价值的合并，组成世界上最大的钢铁集团，并且无需大量的新投资。新组建的全球钢铁巨擘预计年产钢铁4600万吨，产值近300亿欧元。

花旗收购欧美银行

☆☆　美国最大的金融集团——花旗集团决定以16亿美元现金和3.5亿美元的欧洲美国银行EAB优先股，收购附属于荷兰银行的欧美银行(EAB)。EAB有资产154亿美元、115亿美元存款，在纽约、长岛有97家分行。

俄罗斯偿还12亿美元债务

20日　俄罗斯副总理兼财长库德林表示，俄政府将在2月份全额偿还早先与巴黎俱乐部债权国商定的12亿美元的前苏联债务。政府已委托俄外贸银行将5.77亿美元划拨给巴黎俱乐部，2月份应还的其余数额在俄国家杜马通过2001年预算修正案后立即偿还。

可口可乐与宝洁强强联手

21日　世界饮料业巨擘可口可乐公司与著名日用消费品生产商宝洁公司宣布共同投资创建一个饮料业和快餐业新巨头，预计每年营业额将超过40亿美元。

瑞典两大银行合并

22日　瑞典两大商业银行——瑞典斯安银行和瑞典联合储蓄银行宣布了他们的合并计划。新组建的银行将成为北欧第二大商业银行集团。在这家名为斯安瑞典银行的新银行中，斯安银行和联合储蓄银行目前的股东分别拥有51.5%和48.5%的股份。其管理的资本总额将达1.3万亿瑞典克朗(1美元约合9.8克朗)。

实现泛亚洲网络连接

☆☆　亚洲全球跨越有限公司、数字电信菲律宾有限公司和宽带基础设施集团(BI集团)宣布成立数字跨越公司(Digitel)。3家公司的出资比例为40:40:20。

3 月

路透集团收购软件公司 Diagram

1 日 英国传媒公司路透集团(Reuters Group PLC, RTRSY)宣布，它已经以4260万英镑的现金价格收购了一家欧洲金融软件解决方案供应商 Diagram fip SA, Diagram 的卖方是法国控股公司 Caravelle。

俄越合作开采海洋石油

☆☆ 俄罗斯和越南两国政府签署一项协议，将共同开采越南南部海洋大陆架的石油，项目总投资69亿美元。

塔吉克修建横贯东西公路

☆☆ 伊斯兰开发银行向塔吉克斯坦提供900万美元贷款，修建一条贯通塔东西的公路。

泰康公司将提供新的亚太海底光缆系统

☆☆ 泰康有限公司宣布，它已经与印度 DishnetDSL 公司签署一份文件，建设一个新的大型海底光纤系统，该系统与泰康公司的全球网跨太平洋部分连起来时，将在印度和美国之间提供无缝宽带连接。

墨西哥石油成功发行债券

☆☆ 墨西哥石油公司透露，这家国有公司已成功地发行10亿美元全球债券。该公司将利用这笔资金投资长期基础设施发展项目，重点开发北部布尔戈斯油田、墨西哥湾的坎塔雷尔油田、南部的格里哈尔巴油田等。

NTT DoCoMo 计划发行17亿美元债券

☆☆ 日本领先的移动电话运营商 NTT DoCoMo (NTDMY)宣布，为了减轻近期由海外扩张项目引起的债务负担，该公司计划发行价值2000亿日元的债券(即17亿美元)，期限在5至10年之间。

日本公司将建世界最大液晶显示器厂

☆☆ 日本东芝公司宣布，将在新加坡建立一家合资企业，生产低温聚硅液晶显示器面板，预计总投资10.6亿美元。

上海银行贷款德黑兰地铁

5 日 上海银行和伊朗德加拉银行就德黑兰地铁达成1614万美元出口买方信贷协议，从而成为中国第一个提供出口信贷的地方性商业银行。德黑兰地铁一期工程是中国迄今为止在境外最大的地铁设施出口项目，历时7年。

亨斯迈收购陶氏乙烯胺业务

☆☆ 美国亨斯迈国际公司已与陶氏化工公司签订协议，收购陶氏乙烯胺全球业务部及陶氏的陶瓷用添加剂业务部。亨斯迈将收购陶氏化工在美国的一家年生产能力为1.6亿磅乙烯胺的生产厂，同时还长期享有陶氏化工在荷兰一家年产3000万磅乙烯胺生产厂的收购权。

雷诺和日产将组建负责采购的合资公司

☆☆ 法国汽车公司雷诺和它的日本伙伴日产汽车称，将各自的采购部门合并成一家分别持股50%的合资公司，新的合资企业将为两家公司采购配套、零配件和原材料，合资企业最初将负责雷诺和日产全球范围内500亿美元采购业务中的约30%。这一比例最终将上升到70%。

保诚、通用组成全球最大保险公司

☆☆ 英国保诚保险集团和合众美国通用两家公司进行价值300亿英镑(450亿美元)的合并，组成一家全球性的大保险公司。合并后的公司,将取名保诚实业,保诚股东将拥有该公司50.5%的股权。

欧盟将开放电力和燃气市场

13 日 欧盟宣布了全面开放电力和燃气市场的计划，为欧盟能源市场在5年内彻底消除垄断制定了明确的框架。

IBM 将在亚洲 Linux 市场投资

☆☆ 在未来的4年里，IBM 公司将投资2亿美元以促进亚太地区 Linux 市场的开发。

巴西发行了21.5亿美元全球债券

14 日 巴西中央银行在纽约发行了21.5亿美元全球债券,这批新债券的期限为23年。

马财团建印度港口,马政府拟认购股权

15 日 马来西亚政府将在建设印度南部的淡米尔纳都州一个价值12亿美元的国际集装箱港口计划中,认购它的股权。柯拉查港口的第一期工程估计为5亿美元(约19亿零吉),将使它在初期有处理40万标准箱(TEU)的能力,有关处理集装箱能力可提升至多达450万个。

美国在线时代华纳投资印度

☆☆ 美国在线时代华纳宣布，该公司计划未来5年内在印度班加罗尔的高科技中心投资1亿美元，以建设海外软件业务。公司还准备将业务延伸至欧洲、拉丁美洲和亚洲。

英国壳牌公司将在印度修建大型天然气输送工程

☆☆ 英国壳牌国际燃气公司将投资30多亿美元筹建这一工程。该工程计划2004年完工,届时将能把天然气从印度西海岸输送至北部的北方邦。

意大利大量投资发展太阳能

☆☆　意大利将斥资1亿多欧元发展太阳能，其中5000万欧元将用来在住宅的房顶上安装太阳能电池板，4600万欧元用来安装9万平方米的光热收集板，另外400万欧元将用来使2至3个岛屿实现太阳能源自足。

澳英拟建全球最大矿业集团

19日　澳大利亚最大矿产资源集团BHP有限公司确认，将与英国比利顿公司(BillitonP lc.)合并创建一家大型的全球矿产资源公司，这家新建集团的市场资本总值预计达280亿美元。

美洲开发银行向阿根廷提供25亿美元贷款

20日　美洲开发银行将向阿根廷提供25亿美元的贷款，以帮助这一南美经济大国克服目前的经济困难。

西门子与微软组建移动业务合资公司

22日　西门子（Siemens AG, SI）同微软（Microsoft Corp., MSFT)组成移动业务合资公司。双方各持有合资企业的50%股份。西门子称，预计在未来3年，新公司销售收入将达到25亿欧元。

诺基亚向意大利电信秘鲁子公司提供网络设备

26日　诺基亚公司（Nokia Corp., NOK）称，它将向Telecom Italia Mobile SpA(I. TIM)的秘鲁子公司提供GSM 1900兆赫网络，合同价值1亿美元。

新加坡电信公司成功控股大东澳都斯电信公司

☆☆　新加坡电信公司以200亿澳元的高价成功控股澳大利亚的大东澳都斯电信公司，这是新加坡历史上最大的海外收购项目。

美国强生收购阿尔扎

29日　美国强生公司用118亿美元购买医药制造商阿尔扎公司。

4　月

美与中亚4国签署石油运输协议

1日　哈萨克斯坦、阿塞拜疆、格鲁吉亚、土耳其和美国的代表在哈萨克斯坦首都阿斯塔纳签署了一项关于石油运输方案的谅解备忘录。5国将在哈萨克斯坦里海港口城市阿克套、阿塞拜疆首都巴库、格鲁吉亚首都第比利斯和土耳其城市杰伊汉之间铺设一条输油管道。该管道年输油能力5000万吨，建设资金预计23亿美元。

日本11家大银行形成了4大金融集团割据局面

2日　日本11家大银行形成4大金融集团：由东京三菱银行、三菱信托银行、日本信托银行组成的三菱东京金融集团；由三和银行、东海银行和东洋信托银行组成的日本UFJ控股集团；由樱花银行和住友银行合并组成的三井住友银行集团、瑞穗金融集团。这4大集团，除了三井住友银行为合并组成外，其他金融集团采取的是相互持股的方式联合形成。

德国安联保险公司并购德累斯顿银行

☆☆　德国第三大银行德累斯银行已经同意安联保险公司的收购计划，两家公司将组成全球第四大金融集团。已经拥有德累斯顿银行20%股权的安联保险集团将以234亿欧元股票与现金，收购其在德累斯银行中尚未拥有的80%股份。

菲律宾将建大型裂解装置

☆☆　菲律宾国内第一套石油裂解装置将建在巴丹半岛，设计乙烯年生产能力为60－70万吨，菲律宾国家石油－石化发展公司将占此项目的34%的股份。

以色列承建捷克高速公路

☆☆　捷克政府决定，由以色列住宅建筑公司承建捷克境内第一条收费高速公路，全长60公里，以色列住宅建筑公司将为此项目投资10亿美，并负责今后20至30年内这段公路的维护和保养工作。

国际金融公司为哥投资扩建机场

☆☆　世界银行下属机构国际金融公司为哥斯达黎加首都胡安·圣玛丽亚国际机场的扩建和更新投资1.2亿美元。在1.2亿美元投资额中，国际金融公司负责投资3500万美元，其余8500万美元由两家德国银行共同提供。

美洲航空公司完成购并

9日　美洲航空公司完成了对环球航空公司的购并，成为世界上最大的航空公司。美洲航空公司将支付7.42亿美元购买环球航空公司的大部分资产，并承担起35亿美元的债务。

德国最大生物柴油厂开工

11日　德国最大的生物柴油提炼厂在德国东部勃兰登堡州的施瓦尔茨海德地区破土动工。计划总投资5000万马克，设计年生产能力为10万吨生物柴油和3万吨甘油。

韩国两银行合并成“超级银行”

14日　韩国国民银行(Kookmin Bank)同意以价值20亿美元(约36亿新元)的股票，收购韩国最大的屋业贷款银行——韩国住宅与商业银行，从而合并成一家“超级银行”。

美国两家银行合并打造全美第4大银行

16日 美国第6大银行第一联合银行宣布，将以换股形式收购其竞争对手瓦霍维亚信托银行。两家银行合并后资产总规模将达到3240亿美元，成为仅次于花旗、美洲和摩根大通的美国第4大银行。

AT&T卖出可视电缆股份

☆☆AT&T以300亿美元的价格卖出可视电缆股份。

日公司在新聚苯醚装置开工

☆☆ 日本旭化成工业公司和三菱气体化学公司在新加坡裕廊岛建设两套新的聚苯醚装置，该装置投资1亿美元。

中东最大旅游城在巴林动工

☆☆ 耗资12亿美元、占地2万平方公里的中东最大旅游城在海湾国家巴林正式破土动工。

世界最大的混合能发电系统投入运行

☆☆ 世界上最大的混合型可再生能源装置在夏威夷投入使用，这一系统功率为175千瓦太阳能和50千瓦风能，价值200万美元。

澳大利亚镁业公司上马新项目

☆☆ 澳大利亚镁业公司(AMC)结束其价值12亿澳元的融资业务，这次融资是针对昆士兰地区价值15.4亿澳元的镁项目进行的。

中东欧国家获2亿欧元贷款

23日 欧洲复兴开发银行和德意志工业银行联合向捷克、匈牙利、波兰、斯洛文尼亚和斯洛伐克发放2亿欧元贷款。

英特尔收购3家光纤网络公司

24日 英特尔以4.6亿美元收购3家年生产光学网络仪器零件的私有企业。

IBM 10亿美元收购Informix

25日 IBM宣布以10亿美元收购Informix，收购采用现金交易进行，此举还要得到Informix股东的批准。

新加坡金融寡头430亿收购道亨

☆☆ 由新加坡政府控股的新加坡发展银行以430亿港元从道亨银行最大股东香港国浩集团手中购得道亨71.3%的股权。

巴阿共建设投资公司

☆☆ 巴基斯坦和阿曼设立巴阿联合投资公司。该公司的启动资金为2344万美元。

BP建世界最大太阳能项目

☆☆ BP公司、西班牙政府和菲律宾政府合作在菲律宾大规模开发太阳能。这是目前世界最大的太阳能项目，投资额高达4800万美元。该项目将由西班牙政府资助，由BP公司承建。

5 月

世界第一大矿业集团将诞生

1日 澳大利亚BHP集团公司和在英国上市的比利顿公司宣布合并计划，成立世界上最大的矿业公司，资本总市值大约280亿美元。新成立的集团公司命名为BHP Billiton。

新电信增资2亿美元投资巴帝集团

☆☆ 新加坡电信公司在印度巴帝集团的投资额将增加2亿美元(3.64亿新元)，总投资额也因此提高到6.5亿美元(11.8亿新元)。此外，包括纽约E M Warburg Pincus在内的国际金融投资者也承诺注入2亿美元资金。这笔4.6亿美元的新资金将供巴帝电信联营公司建立庞大的泛印度电信网络。

世行向巴提供贷款

☆☆ 世界银行与巴基斯坦签署了总额为300万美元的一揽子贷款协定，主要用于帮助巴发展其中期贸易和改善交通设施。经世行特许，这笔300万美元的贷款由国际开发协会提供。

诺华制药收购Roche公司20%股份

☆☆ 诺华制药收购了其瑞士竞争对手Roche公司20%的有表决权股，金额总计48亿瑞士法郎(约合31亿欧元)。

英国第五大银行HBOS成立

4日 英国最大的贷款银行哈利法克斯银行与苏格兰银行同意以280亿英镑合并，成立哈利法克斯苏格兰银行有限公司，合并后成立的银行将成为英国仅次于汇丰银行、苏格兰皇家银行、巴克莱银行和劳埃德银行第5大银行。重整支出约为3.50亿英镑。

菲律宾Globe与爱立信和Lightscape签署合约

8日 菲律宾移动电话公司与瑞典的爱立信签署一项价值1.1亿美元的合约，在2001年对Globe移动通讯网络基础设施的全球系统进行升级和开发。Globe还与Lightscape Networks签署了一项价值2000万美元的合约，为Globe正在进行的网络扩展项目提供传输设备。

世界银行给予南联盟17亿美元的贷款

☆☆　世界银行给予南联盟17亿美元的贷款，以帮助南联盟偿还欠世行的到期债务。

美国国际集团收购美通用保险公司

☆☆　全球市值最大的保险业者美国国际集团以价值230亿美元的股票购并美国通用保险公司。

IBM的Mainspring收购案已通过反垄断审查

☆☆　国际商业机器公司(IBM)拟议中的Mainspring Inc.收购案已通过反垄断审查，IBM将以每股4美元的价格现金收购Mainspring，交易价值超过8000万美元。

印尼将重组银行成4家核心银行

☆☆　印尼银行重组机构(IBRA)计划合并该国的银行，组成4家核心银行，以稳固印尼的银行业。每家核心银行的总资产将超过100万亿印尼盾。

花旗银行以125亿美元收购墨西哥第二大银行

☆☆　美花旗银行集团宣布以125亿美元收购墨西哥第二大银行BanamexAccival全部股权，从而使花旗银行成为墨西哥最大银行集团。

IMF向土耳其提供新贷款

15日　国际货币基金组织(IMF)批准向土耳其发放80亿美元的新贷款。此举将为世界银行向土耳其提供20亿美元新贷款铺平道路。

南部秘鲁铜业实施系列扩产计划

☆☆　秘鲁铜业公司扩建秘鲁的冶炼厂，将其加工能力提高66%。该项目是公司正在进行的、耗资12亿美元的扩产工程的一部分，估计费用不低于6亿美元。

世界钻石业巨头南非德比尔斯被收购

18日　南非德比尔斯公司的股东们同意奥本海尔家族、英美公司和德比尔斯博茨瓦纳公司以197亿美元收购德比尔斯公司。

沙特阿拉伯为大型天然气项目挑选国外石油公司

☆☆　沙特阿拉伯公布参与其3个大型天然气项目的国际石油公司名单。这标志着在实行国有化约25年以后，沙特阿拉伯重新向西方投资者开放能源业大门。这3个项目共需投资250亿美元左右。

美国宝洁公司将购并伊卡璐公司

21日　美国宝洁公司宣布，将以49.5亿美元的价格从百时美施贵宝公司购买其下属的伊卡璐公司业务，以便打入不断发展的染发剂市场。

美日联手兴建亚洲最大有机硅厂

☆☆　美国通用电气公司(GE)与日本信越化学工业株式会社将共同投资12.5亿美元建立亚洲最大的有机硅厂。这家工厂将建在泰国的亚洲工业园，主要生产硅烷单体和硅氧烷，合资企业命名为亚洲有机硅单体有限公司。

6　月

吉尔吉斯拟修筑通往中国的公路

4日　吉尔吉斯斯坦拟建一条通向中国的国际公路。该公路将从吉尔吉斯斯坦的奥什到中国的伊尔克什坦，长118公里，需投资约8000万美元。

荷兰国际集团并购墨最大的保险公司

☆☆　荷兰国际集团决定并购墨西哥萨韦亚集团公司下属的墨最大保险公司——美洲贸易保险公司。荷兰国际集团以7.9亿多美元购买美洲贸易保险公司45%的股份。

西门子巨资收购德国曼内斯曼工业公司

☆☆　西门子集团宣布，以96亿欧元收购德国曼内斯曼工业公司。新公司名为西门子德马泰克有限公司，是全球最大的生产与物流公司之一。合并后，公司业务的6.6%在亚洲。

中国承包孟最大纸厂改造扩建

☆☆　中机成套设备工程进出口公司承包孟最大纸厂卡纳普里造纸厂改造扩建工程，合同总金额近8400万美元，由中国进出口银行提供85%的卖方信贷。

百时美施贵宝即将达成收购

☆☆　杜邦制药业务的交易百时美施贵宝计划斥资75－80亿美元收购杜邦公司的制药业务。

惠普在新加坡新开一家造价1亿美元的晶圆厂

8日　惠普公司在新加坡新开一家造价1亿美元的晶圆制造厂，生产用于喷墨打印机的硅片。

莫斯科电力公司推出29个投资项目

☆☆　莫斯科电力公司共推出29个项目，涉及莫斯科和莫斯科州的电站技术改造和建设新电站，总价值为39.51亿美元。投资回收期为2－11年。

德英电信将共建3G通信系统

12日　欧洲最大的电信公司德国电信公司宣布，它与英国电信公司将在德国和英国共同建设第三代移动通信系统——通用移动通信系统(UMTS)。

纽约人寿 LLC 投资管理公司收购 McMorgan 公司

☆☆ 美国纽约人寿保险公司的全资子公司——纽约人寿 LLC 投资管理公司就收购 McMorgan 公司的全部资产事宜签署了框架性协议。此次收购后，其所管理的资产总额将超过 1450 亿美元。

新西兰两大奶制品公司将合并

19 日 新西兰两大奶制品巨头将同新西兰乳制品局合并成立世界上第九大奶制品公司，生产和销售新西兰 95% 的牛奶。新成立的公司将拥有 50 多亿美元的资产。

中国在加拿大最大投资项目竣工

☆☆ 中国华源集团投资魁北克省德拉蒙德市的针织印染厂一期工程竣工，投资额 3000 万美元。加拿大联邦政府为该公司贷款 1000 万加元，魁北克省政府为该项目提供 300 万加元的资助。

沙石化公司建聚丙烯厂

☆☆ 沙特新成立的国家石化公司宣布计划投资 5.33 亿美元建造一个新的石化厂生产聚丙烯。该公司将与 Basell 中东控股公司组建名为沙特聚烯烃公司的合资公司，双方在新公司分别占 75% 和 25% 的股份。

国际纸业购并"钱皮恩"

☆☆ 美国大型纸业集团一国际纸业公司以 73 亿美元购并美国钱皮恩国际纸业公司，组成全球最大的纸业集团。

通用金融斥资 5.7 亿英镑收购 National Mutual

20 日 通用电气公司宣布旗下金融服务子公司通用金融将收购英国共同保险公司 National Mutual Life Assurance Society，交易总额 5.70 亿美元。

波音与 Royal Air Maroc 和 Labinal 共建合资公司

21 日 美国的波音公司与 Royal Air Maroc 和 Labinal 共同建立了一家新公司，Labinal 是法国国有的航天发电机制造商法国斯奈克玛公司的子公司。新公司每年将为波音和 Labinal 赢得 4000 万美元的收入。

中海集团同美国海运码头公司组建合资企业

☆☆ 中国海运集团同美国海运码头公司共同出资组建合资企业新世纪码头服务有限公司，在洛杉矶港码头兴建设施，该码头建成后集装箱吞吐量将超过 100 万标准箱。

新加坡发展银行提出全面收购华联银行

22 日 新加坡规模最大的发展银行提出以每股 9.5 新元的价格全面收购新加坡第四大银行—华联银行股票，收购总额达 94 亿新元。

巴西欲重组联邦银行资产

☆☆ 巴西政府将对 4 家大型联邦国有银行进行资产重组，向除巴西银行之外的另 3 家银行注入总额达 125 亿雷亚尔(约合 54 亿美元)的资本金。

德国银行界又传百亿美元合并案

☆☆ 德国最大合作银行 DG－Bank AG 与 GZ－Bank AG 银行同意以 240 亿德国马克(合 105 亿美元)合并。新银行取名为 DZ Bank，合并后新银行资产将超 3000 亿美元，并成为德国大约 1500 家地方银行中央清算银行。

7 月

意投巨资开发伊朗油田

1 日 意大利安尼能源公司集团与伊朗石油部签约，开发伊朗石油资源。安尼公司在 5 年半的时间内投资 5.5 亿美元，开发伊朗西南地区的祖古文油田。

阿联酋不动产投资将达 164 亿美元

☆☆ 阿拉伯联合酋长国宣布，今后 5 年将投资 164 亿美元用于不动产建设。重要项目包括迪拜棕榈树岛项目、迪拜娱乐城项目、阿布扎比国际机场项目等，这 3 个大型项目的投资总额分别为近 40 亿美元、16.4 亿美元和 5.46 亿美元。

美联储批准花旗集团收购 European American Bank

2 日 美国联邦储备委员会批准万国宝通集团收购荷兰银行的美国子公司 European American Bank。该合并将把拥有 109 亿美元资产的 European American Bank 注入万国宝通集团的子公司万国宝通银行。万国宝通集团总共持有 9022 亿美元的合并资产。

埃克森无比化工厂正式投产

☆☆ 新加坡埃克森无比综合化工厂正式投产，该项目耗资 20 亿美元，是埃克森无比集团在亚太地区最大的投资项目，是新加坡首个与炼油厂结合的石油化工综合厂。

美在西班牙和葡萄牙建宽带网

☆☆ 美国公司 TYCOM 宣布投资 9000 万欧元在西班牙葡萄牙建设宽带网络，该公司已经取得这两个国家的运营许可。

拜耳扩大聚氨酯产能

4 日 德国拜耳公司与美国莱昂德尔化学公司联合成立的生产氨酯类材料的合资工厂在荷兰奠基，这家合资厂预计年产量为 28.5 万吨环氧丙烯和 64 万吨笨丙烯，总投资规模为 5 亿欧元，双方各占 50%。

日本财团与壳牌合作开发伊朗油田

☆☆　由日本国家石油公司、日本石油开发公司、印尼石油公司和 Tomen 贸易总公司组成的日本财团与壳牌已同意投资 80 亿美元合作开发伊朗阿扎德甘(Azadegan)油田。该开发项目总投资的 2/3 由日本财团承担，其余的 1/3 由壳牌承担。

世界银行决定向安哥拉投资

☆☆　世界银行决定向安哥拉投资 5500 万美元用于发展这个非洲国家的社会项目。

德安联保险集团收购俄罗斯第三大保险公司股份

9 日　德国安联保险集团将收购俄罗斯第三大保险公司 ROSNO 的 45% 股份，此举使安联成为第一个在俄罗斯保险公司持主要股份的国际性保险公司。

中国修复柬公路工程开工

☆☆　中国地质工程集团公司修复从西哈努克市韦连镇到贡布省贡布县的柬埔寨 3 号公路路段工程开工。这项修复工程资金达 650 万美元，由世界银行贷款。

埃克森－美孚投资马来西亚油气

☆☆　埃克森－美孚公司将投资 15 亿美元开发马来西亚 3 个油气田项目。

奥、德组建电业巨头

☆☆　奥、德两家最大的水力发电商奥地利电业股份有限公司与德国电业巨头 E. ON 能源股份有限公司，合并组成名为“欧洲水力发电有限公司”，其中奥占 60% 的股份，德占 40% 的股份。新公司总发电能力达 9600 兆瓦，将成为欧洲大陆上仅次于法国电力公司的第二大水力发电企业。

国际货币基金组织向巴基斯坦提供贷款

11 日　国际货币基金组织理事会同意向巴基斯坦提供 1.31 亿美元的贷款，将使该组织对巴基斯坦的总贷款达到 4.55 亿美元，而巴基斯坦在国际货币基金组织中最大借款额度为 5.96 亿美元。

汇丰收购土耳其银行

20 日　汇丰控股确认该行成功投得土耳其银行 Demirbank 股权，作价为 3－3.5 亿美元。Demirbank 为土耳其第 5 大银行。

迪斯尼购并福克斯家庭频道

23 日　沃尔特－迪斯尼公司以 53 亿美元的价格从新闻集团(News Corp)和塞班娱乐公司手中购并福克斯家庭频道公司。福克斯家庭频道被迪斯尼公司购并之后将被命名为 ABC 家庭。

非洲开发基金资助肯公路建设

☆☆　非洲开发基金已批准向肯尼亚贷款 2500 万美元，用于肯国内农村公路的改造和维修。

美国在线收购亚马逊股份

☆☆　亚马逊书局宣布，美国在线时代华纳(AOL)旗下美国在线部门将收购其价值 1 亿美元的股份。

福克斯收购 Chris－Craft 电视台

26 日　美国联邦通讯委员会有条件批准福克斯以 53.5 亿美元收购 Chris－Craft Industries Inc. (CCN)的 10 家电视台，由此将诞生美国最大的电视集团。

阿美拉达－赫斯收购特里顿能源公司

☆☆　美国阿美拉达－赫斯能源公司宣布，以 27 亿美元的现金收购特里顿能源公司，并承担特里顿公司 5 亿美元的债务。

壳牌在荷兰兴建苯萃取装置

☆☆　壳牌化学公司投资 2500 万美元在荷兰建设一套苯萃取装置。该装置年生产能力将达 50 万吨。

卡塔尔将建设世界最长的桥梁

☆☆　卡塔尔政府将继续执行在卡塔尔和巴林之间建设一座 46 公里长大桥的计划，这将是世界上最大的桥梁。

8 月

加拿大皇家银行收购 Tucker Anthony

1 日　加拿大皇家银行(Royal Bank of Canada)宣布同意以现金方式 6.25 亿美元收购美国金融服务公司 Tucker Anthony Sutro. 并将该公司与其券商部门 Dain Rauscher 合并。

摩托罗拉将收购 RiverDelta

☆☆　摩托罗拉将以价值 3 亿美元的股票收购 RiverDelta 公司。

GE Capital 收购 Heller Financial

☆☆　通用电器公司宣布其旗下 GE Capital 部门以 53 亿美元收购 Heller Financial 公司。

现代汽车和戴姆勒公司成立合资公司

☆☆　韩国现代汽车公司和德国戴姆勒——克莱斯勒公司在韩国正式宣布成立“戴姆勒现代载重汽车股份公司”。这家公司由双方各投资 500 亿韩元(1300 韩元合

1 美元)。

拜耳增资聚合物业务

☆☆　拜耳公司(Bayer)计划向聚合物业务投资 16 亿美元，其中，13 亿美元投入新产品设施中，2.5 亿美元将投入该公司在美国的聚合物业务。

挪威波兰即将达成天然气交易

☆☆　挪威与波兰即将达成天然气输出交易。挪威将向波兰每年提供 50 亿立方米的天然气，总价值将为 110 亿美元。

福特公司投巨资扩厂

☆☆　美国福特汽车公司将投资 3.75 亿美元，拓展其设立在美国弗吉尼亚州诺福克市的汽车组装厂。

特里顿能源公司被收购

☆☆　美国阿美拉达－赫斯能源公司以 27 亿美元的现金收购特里顿能源公司，并承担特里顿公司 5 亿美元的债务。

摩托罗拉出售其防卫系统部门

6 日　General Dynamics(GD)公司与摩托罗拉公司(MOT)达成协议，以现金和承担债务方式收购摩托罗拉公司旗下的 Integrated Information Systems Group 公司，金额总计达到 8.25 亿美元。

中国承建斯码头工程竣工

☆☆　由中国承建的斯里兰卡高尔港散货码头工程竣工，工程总投资约 655 万美元。

阿联酋兴建海湾项目

☆☆　阿拉伯联合酋长国计划实施将独立发电企业和独立海水淡化企业联合在一起的工程，此工程需 13 亿美元。

约旦兴建埃及至约旦的输气管线

8 日　约旦宣布，约旦东方燃气公司将投资 3 亿美元，在阿里什和亚喀巴之间铺设一条长达 260 公里、直径为 36 英寸的输气管道。

加金矿公司并购美国企业

☆☆　加拿大最大的金矿开采公司 Barrik 黄金公司宣布，将出资 23 亿美元以混股形式并购美国的霍姆斯特克矿业公司。

阿联酋兴建新油田

9 日　阿联酋宣布，将投资 12 亿美元用于修建横跨沙迦和富查伊拉的一个新油田。

沙特阿拉伯将建新铁路

☆☆　沙特阿拉伯将投资数十亿美元建设贯通东西部的铁路项目。该铁路线从红海的吉达穿过首都利雅得，抵达海湾的达曼，是沙特政府考虑建设的四大铁路干线之一。

德银行拟收购 BT 子公司

☆☆　德国投资银行 West!Bank 有意以 180 亿英镑收购英国电信(BT)的固定网络部门。

约旦在死海地区开展石油勘探

☆☆　约旦与美国特朗斯－朱卢巴勒石油公司合作，在死海南岸地区进行石油勘探工作。工程总投资为 1200 万美元。

诺基亚获准收购 Amber Networks

☆☆　诺基亚通过发行新股和股票期权的形式融资，以 4.21 亿美元的价格收购美国网络基建公司 Amber Networks。

阿英签署巨额天然气田开发全同

☆☆　阿尔及利亚国家石油天然气公司与英国石油公司签署了总额达 25 亿美元的 3 项天然气田开发合同。

Devon 收购 Mitchell

14 日　Devon Energy 同意以现金和换股方式收购 Mitchell Energy & Development 公司，金额总计达 31 亿美元。两家公司合并后将成为美国第二大独立天然气生产商。

美公司投资巴基斯坦塑料工业

☆☆　美国北方聚乙烯有限公司和 Univation 技术有限公司向巴基斯坦投资 1.5 亿美元，在贾西姆港建立塑料工业基础原材料生产基地。

浦项增资泰国冷轧项目

☆☆　韩国浦项出资 200 亿韩元帮助其亚洲钢铁盟友新日铁建设暹罗联合钢公司，这是它们在泰国的冷轧合资企业。

美国铝业和 BHP Billiton 部门合并

20 日　全球最大的矿业公司 BHP Billiton 与美国铝业(Alcoa)同意合并其北美金属制品经销业务部门。美国铝业和 BHP Billiton 将各自拥有合并公司 50% 的股份。

以加强东耶路撒冷基础设施建设

☆☆　以色列批准投资 2 亿新谢克尔(4.2 新谢克尔约合 1 美元)用于改善东耶路撒冷的基础设施建设。

现代集团旗下财务子公司获投资

23 日　韩国政府公布，美国国际集团及美国 W. L. Ross & Co 公司将向现代集团旗下的 3 家财务子公司投资 8.6 亿美元。

俄乌合作开发天然气田

☆☆　俄罗斯的卢克石油公司和伊捷尔公司与乌兹别克斯坦国家石油天然气公司签署了共同开发乌兹别克斯坦油气田的协议。

罗氏收购拜耳制药业务部门

27 日　瑞士医药巨头罗氏控股(Roche Holding)出价 200 亿美元计划收购竞争对手拜耳公司旗下的医药业务部门。

丰田与标致合资建厂

☆☆　法国标致—雪铁龙汽车公司和日本丰田汽车公司宣布在波兰合建汽车厂，该厂将耗资 15 亿美元。

东亚银行完成购并

☆☆　东亚银行正式宣布与它的附属公司——中国联合银行有限公司合并。

花旗购买日兴证券信托银行部门

28 日　花旗集团宣布将购买日本第三大券商日兴证券(Nikko Securities)完全拥有的信托银行部门 50% 的股份。

9 月

世行批准对巴基斯坦的农业灌溉项目贷款

1 日　世界银行批准向巴基斯坦发放 2130 万美元的农业贷款，用于建设巴俾路支省的农用水管理工程。

格宁收购荷兰信用保险公司

☆☆　德国格宁信用保险集团与瑞士再保险控股的荷兰信用保险公司(NCM)合并，成立格宁荷兰 NCM 信用金融公司，此举将使其成为世界第二大信用保险商，份额将占世界信用市场的 25%。

拜耳收购 CropScience

☆☆　德国拜耳公司(Bayer AG)与竞争对手 Aventis 和 Schering AG 就收购农业化学公司 CropScience 达成协议。重组成本总额将达 5 亿欧元。

Santa Fe 与 Global Marine 合并

3 日　Santa Fe International 和 Global Marine 宣布同意合并，并创建全球第二大海底钻探合约商，市值达到 60 亿美元。

Devon 公司收购 Anderson

☆☆　Devon Energy Corp 公司宣布，以现金方式收购加拿大天然气开采商 Anderson Exploration 公司，交易金额总计达到 46 亿美元。此次购并完成后 Devon 公司将成为北美地区最大的石油和天然气独立生产商。另外，Devon 公司还将承担 Anderson(AXN)公司约 12 亿美元的债务以及其他债务。

惠普收购康柏

4 日　惠普公司正式宣布，将通过交易股票方式收购康柏，整个收购涉及金额将达 250 亿美元。

伊朗将建大型炼油厂

☆☆　伊朗将在东南部锡斯坦——俾路支斯坦省的恰赫巴哈尔经济自由开发区修建一座大型原油提炼厂。

巴石油收购国外资产

☆☆　巴西国家石油公司计划投资 52 亿美元用于收购国外石油资产，以实现到 2005 年国外石油产量达到 30 万桶/日的目标。计划收购的资产将主要集中于墨西哥湾，其他收购则将集中于海洋钻井项目。

沙扩大石油化工投资

☆☆　沙特决定对其境内的石油化工合资项目追加投资约 61.3 亿美元，以提高生产能力。

AngloGold 计划并购 Normandy

5 日　全球最大的黄金矿业公司 AngloGold 宣布，出价 44 亿澳元(23 亿美元)以换股和承担债务方式计划收购 Normandy Mining of Australia 公司。新企业的市值将达到 55 亿美元。Normandy 公司是澳大利亚最大，全球第 7 大黄金生产商。

FTC 批准 Chevron 与德士古合并交易

7 日　美国联邦贸易委员会宣布批准 Chevron 以合并金额总计达 450 亿美元收购德士古(Texaco)。此前，德士古公司同意剥离其与皇家荷兰壳牌(Royal Dutch Shell)两家合资企业中的股份。

Spirent 将热感部门出售给通用电器

10 日　电信测试和网络设备公司 Spirent(UK: SPT)宣布，以现金方式标价 2.2 亿美元出售其 Sensing Solutions Group 部门。该公司已经与通用电器(GE)的工业系统部门旗下的公司达成交易协议。

法国组成世界头号核工业集团

☆☆　由法国原子能署、法国两大原子能公司 COGEMA 和法马通组成的世界头号核工业集团宣布成立，新集团命名为阿雷瓦(Areva)。拥有从核电站建造到核燃料处理等整套核电生产体系。新集团中法国原子能署持有 78.96% 的股份，国家持有 5.19% 的股份。其余股东有法国电力公司、阿尔卡特电信公司、储蓄信托银行等。

BP 将在印尼投资 20 亿美元

☆☆　BP 公司宣布，将在印尼投资 20 亿美元建设一家液化天然气工厂。

英国建成千年桥

☆☆　英国纽卡斯尔建成一座可旋转步行及自行车专用桥，造价 2200 万英磅。

雪佛龙将并购德士古

☆☆　雪佛龙计划以 458 亿美元高价买下德士古有限公司，两家公司完成合并以后，将形成全球第五大私营石油公司。

巴拿马运河将建新通道

☆☆　巴拿马政府为了扩大巴拿马运河通航能力，准备建设新的航行通道，将集装箱船的通航能力提高 1 倍。预计工程总造价达 60 亿美元。

马来西亚大型烯烃厂将投产

14 日　马来西亚位于 Kertih 的 Optimal 烯烃厂将投产，该厂是马来西亚国家石油公司、陶氏化学公司和南非 Polifin 公司的合资企业。建成后将具有乙烯 60 万吨、聚乙烯 9.2 万吨、MEG36 万吨、DGE2 万吨、环氧乙烷 14 万吨、乙醇胺 7.5 万吨、丁醇 14 万吨、醋酸丁酯 5 万吨、乙二醇酯 6 万吨年生产能力。

墨西哥水泥公司拟收购印尼水泥厂

☆☆　世界第三大水泥公司——墨西哥水泥公司将以 5 亿美元购买印度尼西亚最大的水泥公司锦石水泥厂 51% 的股份，包括 14.5 亿美元的债务。

三井化学将斥资扩产 PET 树脂

☆☆　日本三井化学公司宣布，该公司投资 20 亿日元将其设在日本山口县和印度尼西亚生产厂的瓶用 PET 树脂生产能力扩大 30%。

必治妥施贵宝收购 ImClone 公司股份

16 日　必治妥施贵宝公司即将完成以 10 亿美元收购生物科技公司 Im Clone Systems 的 19.9% 股份。

诺兰达公司拟在智利建铝厂

☆☆　加拿大诺兰达矿业公司准备在智利南部第 11 大区投人 27.5 亿美元巨额资金，兴建 1 座铝厂和 3 座水电站。

通用汽车公司与大宇建合资公司

☆☆　美国通用汽车公司正式宣布和韩国破产的大宇汽车建立合资公司，通用接管大宇汽车的 4 家工厂，为此将支付 4 亿美元现金，通用将只承担大宇 3.2 亿美元的海外债务，但不承担它的国内债务。

亚洲建首座 H 系统联合循环发电厂

19 日　通用电力设备公司宣布为日本东京电力公司设计建造一座 152 万千瓦的先进技术发电厂。这是亚洲首座、世界上第三座使用通用高级技术 H 系统建造的发电厂。

日本第五大银行集团诞生

☆☆　日本朝日银行和大和银行宣布合并，合并后的总资产约 50 万亿日元，成为日本第 5 大银行企业集团。

10 月

新政府为新航注资

4 日　新西兰政府宣布为新航提供总值高达 8.85 亿新元(约 3.63 亿美元)贷款及股本注资，换取新航 83% 的股权。

俄罗斯北方钢公司将建汽车厂

☆☆　俄罗斯最大的钢铁集团——北方钢公司决定投资建设一座设计年产量为 25 万辆新型越野车制造厂，总投资约为 10 亿美元。

NBC 收购 Telemundo

6 日　通用电气旗下 NBC 宣布将收购西班牙语电视网络 Telemundo Communications, 金额达到 19.8 亿美元。NBC 公司还将承担 7 亿美元的债务。

谢夫隆和德士古完成合并

9 日　谢夫隆公司(Chevron Corp.)完成以换股方式的收购德士古公司(TexacoInc)，并正式将新公司命名为谢夫隆－德士古公司(Chevron Texaco Corp.)。此项交易价值 387 亿美元，新公司价值将为 1000 亿美元，成为美国第二大石油公司。

巴林实施铝厂扩建工程

☆☆　巴林政府批准在巴林铝业(Aluminium Bahrain, Alba)实施价值 17 亿美元的铝厂扩建工程。

壳牌收购德士股份

☆☆　皇家荷兰壳牌公司宣布将收购 Texaco(US:TX)公司在 Equilon 公司以及 Motiva 公司中的股份。现金交易金额达到 21 亿美元，包括承担 14 亿美元的债务，以及承担 3 亿美元左右的养老金债务。

Burlington 拟收购 Canadian Hunter

☆☆　独立石油和天然气勘探和开采公司 Burlington Resources 公司宣布将以现金方式收购 Canadian Hunter 公司，金额达到 21 亿美元。

IBM、微软、辉瑞组成医疗保健集团

10 日　三大工业巨人宣布将组建医疗保健集团向医疗机构出售软件和服务。该公司名为“美国核心”(AMERICORE)。

智利铜公司投资预算公布

☆☆　智利国营铜公司 2002 年投资预算暂定为 7.5 亿美元，智利国营铜公司所属的矿山安第纳矿和曼萨矿投资的可能性仍在研究。根据智利国营铜公司提出的投资方案，安第纳矿需要投资 6 亿美元。

美国铝公司欲在苏里南投巨资

☆☆　美国铝公司(ALCOA)拟在苏里南投入 20 亿美元以加强其在铝土矿开采和发电能力。这将是在苏里南的最大的外国投资。

Virgin Grp 拟向亚太地区投资

12 日　英国 Virgin Group 拟向亚太地区投入 20 亿美元，以加快其在该地区的业务拓展。

世行资助坦桑开发天然气资源

☆☆　世界银行批准向坦桑尼亚提供总额 1.83 亿美元的无息贷款，以资助其开发近海松戈岛丰富的天然气资源，该项目总投资约为 2.95 亿美元。

南非“友谊城”竣工

☆☆　中国援助南非伊登威尔市 664 套低造价住房项目完工，该项目总造价 1000 万美元，总建筑面积 33901 平方米。

加拿大建成大型风能发电站

☆☆　北美最大的皮克林风电站落成，并与安大略电网连接。风电站属于加拿大安大略电力公司，耗资为 3300 万美元。

印尼将建煤炭液化试验厂

☆☆　印度尼西亚将建设一座煤炭液化试验厂。印尼希望能因此在今后 10 年中每年生产 10 万桶至 15 万桶液化气。

日产汽车计划收购雷诺公司股份

16 日　日产汽车 (Nissan Motor Co.) 计划收购法国汽车制造商雷诺公司(Renault SA)约 15% 的股份。

通用与铃木汽车合作开发

17 日　通用汽车 (GM) 旗下 Global Alternative Propulsion Center 宣布将与铃木汽车 (Suzuki Motor Corp) 合作开发燃料电池技术，铃木汽车将为通用汽车提供技术开发人员，并在未来 2 至 3 年内投资 50 亿日元。

南非两钢铁公司合作协议

☆☆　南非最大的钢铁厂商南非钢铁工业公司(Iscor)和国有的工业发展公司 (IDC) 签订协议，将其合资钢厂萨尔丹纳钢铁厂的资本全面重组及将该钢厂并入南非钢铁工业公司。

黎巴嫩投巨资实施重建

☆☆　黎巴嫩重建委员会将 45 亿美元的巨额资金投入重建工作。主要投向基础设施的建设。

美国伯利恒公司出售股份

☆☆　美国伯利恒钢铁公司 (Bethlehem) 向世界上最大的铁矿石生产商巴西淡水河谷公司 (CVRD) 出售了其拥有的巴西联合矿业公司 (MBR) 5% 的股份，价值 2500 万美元。

亚行向尼泊尔提供贷款

21 日　亚洲开发银行和尼泊尔王国政府签署贷款协议，亚行在今后 3 年内每年将向尼泊尔提供 1.02 亿美元的低息贷款。

美新建高密度聚乙烯厂

☆☆　美国雪佛龙 - 菲利浦化学公司和索尔维聚合物公司动工兴建一座年产能力为 7 亿磅的高密度聚乙烯厂。同时，美国雪佛龙—菲利浦化学公司还在卡塔尔 Raslaffan 动工兴建一座年产量为 75 万吨的聚乙烯厂。

俄罗斯拟建乙烯装置

☆☆　俄罗斯卢克石油公司计划投资 1.2 亿美元兴建一套乙烯装置。这套装置将建在乌克兰 Oriana 公司石化联合装置附近，设计产能为 15 万吨/年。

厄将在油气领域投巨资

☆☆　厄瓜多尔国家石油公司 2002 年将投资 2.74 亿美元，其中，油气开采方面的投资将为 1.689 亿美元，钻井投资将为 7540 万美元，勘探投资将为 3360 万美元。

巴将建电子政府

☆☆ 巴基斯坦宣布，巴政府将投资 10 亿卢比加快电子政府建设，该项目还将吸收 16 亿卢比的私人投资，使总投资额达 26 亿卢比。

瑞士投巨资救瑞航

22 日 瑞士政府决定投入巨资挽救瑞士航空，在价值 27.4 亿美元的挽救计划中，瑞士政府出资 6.25 亿美元，其余由地方政府和私人公司承担。

世行向巴基斯坦贷款

24 日 世界银行宣布向巴基斯坦提供 3 亿美元贷款用于国内银行体制改革。

美政府再次向航空公司提供补偿

25 日 美国计划向国内航空公司再提供近 20 亿美元援助，这只是国会计划为航空业提供的 50 亿美元补偿的一部分。9·11 袭击后，美国运输部已经向国内 111 家航空公司提供了 24 亿美元的补偿。

巴斥巨资建船闸

26 日 巴拿马政府已决定投资 40 亿美元修建第 3 套运河船闸，以提高运河通行能力。

澳大利亚拟建新钢厂

☆☆ 澳大利亚 Protech 钢铁公司提出在纽卡斯尔建设一家新钢厂，新建钢厂将耗资 5 亿澳元（约合 2.5 亿美元），年产能力达 52 万吨。

EchoStar 与休斯电子合并

28 日 通用汽车（GM）就分拆旗下休斯电子公司(Hughes Electronics Corp.)，使之与 EchoStar Communications Corp. (ECHO)合并签署最终协议。这笔交易以现金和股票计共价值 258 亿美元。

11 月

菲律宾大型天然气田正式投产

1 日 菲律宾 Malampaya 天然气田项目正式投产，该项目投资 45－48 亿美元。

海底通讯电缆将贯通欧亚非

☆☆ 耗资 6.1 亿美元，经过 16 个国家 17 个地点，连接非、欧、亚 3 洲，全长 2.8 万公里的光缆海底电缆工程的陆上设施基本完工。

越南计划建设第二座大型炼油厂

☆☆ 越南石油天然气总公司与日本三菱公司和 JGC 公司签署了在越南清化省建设越南第二座大型炼油厂的协议，其计划总投资额为 20 亿美元，年炼油能力为 700 万吨原油。

韩国两大银行合并

2 日 韩国两家业绩最好的商业银行国民银行和韩国住宅与商业银行正式合并。合并后的新银行名称为国民银行，成为韩国最大的商业银行，资产总额达 1420 亿美元。

新电信购买印尼流动电信股权

☆☆ 新加坡电信以 6.02 亿美元买下荷兰电信公司 KPN 流动国际持有的 22.3% 印尼流动电信股权。

杜邦在墨合资厂投产

☆☆ 美国杜邦与墨西哥 ALFA 集团合资新建的尼龙生产厂投产，该厂投资额为 1.85 亿美元。

壳牌石油拟收购美最大能源公司

5 日 荷兰壳牌石油公司向美国最大的能源贸易公司 Enron 提出 110 亿美元的收购建议。

大金公司在法建氟橡胶厂

☆☆ 日本大金工业有限公司决定在法国里昂附近新建一个氟像胶生产厂，以便为法国和欧洲市场的客户供应氟像胶。

土耳其两大银行合并

☆☆ 土耳其 Garanti 银行与 Osmanli 银行宣告合并，从而成为土资产排名第 3 的银行，仅在私有银行 Is-Bnak 和国有银行 Ziraat 之后。

泛亚铁路获准执行

6 日 连结中国昆明与新加坡的泛亚铁路计划获东盟国家领导人正式批准。这条将斥资 25 亿美元建设的铁路长 5500 公里，从新加坡穿越马来西亚、柬埔寨、缅甸、越南、泰国等国，直达中国南部的昆明。

葛德菲尔兹频繁收购世界金矿

☆☆ 世界第三大黄金生产商葛德菲尔兹斥资近 5.5 亿美元收购了澳大利亚和加纳的达芒金矿。

科威特建大型烯烃和芳烃装置

☆☆ 科威特国家石油公司石化子公司(PIC)在舒巴拟新建大型烯烃和芳烃装置。新装置总投资 34 亿美元，其中新的芳烃联合装置投资 14 亿美元。

日本第一与第三大航空公司合并

11 日　日本最大的航空公司日本航空公司和第三大航空公司佳斯公司就设立新的相互持股公司的形式合并基本达成协议。

丰田公司在越南建汽车厂

☆☆　日本丰田公司将斥资 700 万美元在越南建汽车厂，利用越南的未加工钢生产汽车零部件。

世界最大超市建成

☆☆　世界最大的超市在匈牙利建成营业，该超市总投资约 5700 万美元，占地面积 4.45 万平方米。

美能源巨头投资阿曼

☆☆　美国公共服务企业集团的全资子公司 PSEG 环球占 81% 股份的多法尔能源公司(DPC)将在阿曼港口城市萨拉拉投资 2.7 亿美元,发展产销一体的综合电力系统。

日本住友在澳门设厂

13 日　澳门特区政府与日本住友倍克公司签定在澳门投资设厂的备忘录。住友倍克将投资大约 1.8 亿澳门币，生产电镀铜板。

菲石油公司建乙烯装置

☆☆　菲律宾国家石油公司(PNOC)透露，该公司将与文莱政府和国外的一些石油公司达成协议，合资兴建菲律宾第一套乙烯裂解装置，该装置将建在马尼拉北部的巴丹。

高盛吃进朝日银行日元坏帐

☆☆　日本朝日银行宣布将其 1/4(2000 亿日元)的坏帐卖给高盛公司。

法国将在巴黎修建第 3 个机场

15 日　法国政府决定在巴黎以北的绍讷修建第 3 个巴黎国际机场，新机场的建设计划于 2020 年完工。工程建设需要投入资金 400 亿到 600 亿法郎(约 53.8 亿到 80.8 亿美元)。

朗讯完成出售光纤业务

16 日　朗讯公司将其光缆业务以 23 亿美元的价格出售给日本的古河电气工业公司，美国康宁公司将以 2.25 亿美元收购朗讯剩余的光纤业务。

印度瑞亚拉西玛电站建设

☆☆　中印两国最大的合作项目——印度瑞亚拉西玛电站合同签署，工程投资为 2.9 亿美元。

Antofagasta 公司收购 Disputada 公司

☆☆　在英国上市的 Antofagasta 公司收购埃克森—美孚公司的铜矿分公司 Disputada 公司，收购价为 8 亿美元。

德国扩建罗斯托克港

☆☆　德国罗斯托克港开发公司表示，在 2005 年底前投资 2.5 亿马克将罗斯托克港扩建成为波罗的海东岸最现代化的港口。

美国合并组成第三大石油公司

19 日　美国菲利普斯石油公司同意以 154 亿美元的股票购并大陆石油公司，组成美国第三大石油公司“大陆——菲利普斯公司”。这项合并交易按市值计算的总金额达到 350 亿美元。

韩济州岛将建国际自由城

☆☆　韩国政府宣布将济州岛建成国际自由城市，在 2010 年前为此投资约 36 亿美元(4.7 万亿韩元)，其中 22.3 亿美元将用于基础设施建设。

沙特、埃及投资兴建大型聚酯装置

20 日　沙特和埃及的合资企业——沙特——埃及化学公司拟投资 5.5 亿美元建设中东地区规模最大聚酯生产装置。

新的钢铁巨头将在欧洲诞生

22 日　法国 Usinor SA、西班牙 Aceralia Corp. Siderurgica SA 和卢森堡 Arbed SA 批准新的合并条款。此次合并将创造出全球最大钢铁生产商。

12　月

阿联酋迪拜铝公司增加铝产量

1 日　迪拜铝材生产公司(DUBAL)决定使其年生产能力增加 15 万吨。该公司还计划在其他海湾国家(GCC)兴建 5 家铝工厂。科威特铝生产公司已同意与迪拜铝材生产公司合作，投资 10 亿美元兴建一家铝精炼厂。

巴西石油公司加大国外投资力度

☆☆　巴西石油公司宣布，在今后 5 年内将增加 20 亿美元的国外投资，以使其在国外的石油日产量从目前的 6.4 万桶增加到 30 万桶，从而实现全国石油自给自足。

丰田与标致将合资建厂

☆☆　日本丰田汽车公司与法国标致－雪铁龙汽车集团将在捷克联合设立一家汽车生产厂。双方的总投资将达到13亿美元，新厂于2005年建成投产后，双方将利用这个平台生产不同品牌的车辆。

泰国丙烯腈纤维公司产能扩大

2日 泰国丙烯腈纤维公司计划投资20亿铢(4500万美元)设立新厂，将公司的丙烯腈纤维生产能力扩大到2003年的每年7.41万吨。

大东电报局将收购Exodus Communs

☆☆ 英国大东电报局将支付8.50亿美元现金购买Exodus Communications Inc. 的某些资产和大部分业务。后者是美国的一家主机托管服务供应商，目前正在申请破产保护。

Aviron获收购

3日 生物技术公司Medimmune公司将以换股形式收购Aviron及其极具前途的鼻腔喷雾式感冒疫苗，交易总价值约为15亿美元。

Six Continents拟收购Starwood

☆☆ 英国酒店集团Six Continents公司将以53亿美元收购美国酒店集团Starwood Hotels and Resorts公司。Six Continents和Starwood(US: HOT)合并将创建全球最大的酒店集团。Starwood公司拥有喜来登和威斯汀酒店品牌。Six Continents公司则拥有假日酒店(Holiday Inn)以及洲际酒店(Inter – Continental)等连锁酒店。

马政府接管轻快铁公司

4日 马来西亚政府完成接管STAR轻快铁与布特拉轻快铁的计划，将把两家公司总值14亿美元逾期的债务转换成债券。此收购被视为政府减少玲珑集团总值53亿美元债务的拯救计划之一。

吉宝企业两子公司私有化

☆☆ 新加坡吉宝企业将斥资4.25亿元现金，将吉宝日立造船和吉宝讯通两家上市子公司私有化。

时代公司与Synapse签订收购协议

☆☆ 时代公司与杂志发行商Synapse GroupInc. 签订最终协议，将购入该公司绝大多数股份。在此项交易中，对Synapse公司的整体估价为5亿美元。

美国在线收购贝塔斯曼在AOL Europe的持股

5日 美国在线时代华纳将全部收购贝塔斯曼集团在AOL Europe中的持股。贝塔斯曼计划行使其期权，以67亿美元至82.5亿美元的价格出售其在AOL Europe49.5%的持股。

安然获得新融资

☆☆ 安然公司将从J.P. 摩根大通公司和花旗集团获得高达15亿美元的新融资。

日总部向凡世通美国投资

6日 日本轮胎制造商普利司通将向其美国分部凡世通公司注资14亿美元资金，日本总部希望通过大幅注资将其现有27亿美元债务减少到14亿美元。

中海油与6家外资公司投标LNG项目

☆☆ 中国海洋石油集团公司将与6家外资公司(BHP石油西北大陆架公司、BP澳大利亚开发公司、雪弗龙澳大利亚公司、日本澳大利亚LNG公司、壳牌开发澳大利亚公司和Woodside能源公司)签署框架协定，参与竞投广东(液化天然气)LNG供气商招标专案，在中标后还将设立合资公司——中国(液化天然气)LNG公司，开发澳大利亚西北大陆架天然气资源。

秘鲁筹巨资处理污水

☆☆ 秘鲁急需投入5亿美元，用于完成正在建造的污水处理厂工程，并另外再修建两座污水处理厂。其中，耗资1.3亿美元的第一座污水处理厂将在利马市建成。第二座污水处理厂将建在利马郊区。第三座污水处理厂将建在利马附近的卡亚俄市，预计耗资1.5亿美元。

欧洲银行放贷促俄电力调整

☆☆ 以欧洲复兴和发展银行为首的欧洲国际财团将为俄罗斯联合能源系统(UES)即俄罗斯合资的股份公司提供1亿美元贷款，以促进俄罗斯正在开始的电力市场结构调整和民营化改革。

美国在线向Gateway注资

☆☆ AOL时代华纳旗下美国在线将投资2亿美元用于持有美国个人电脑(PC)制造商Gateway的特别股。

大东电报局将收购PSINet子公司

10日 英国大东电报局已同意通过旗下日本子公司Cable & Wireless IDC收购美国PSINet Inc. (X. PIX)旗下的日本子公司PSINet Japan, Inc. 。大东电报局大约将以720万英镑收购PSINet Japan全部的已发行股。

罗氏和中外制药在日组建医药合资企业

☆☆ 瑞士医药和诊断集团罗氏公司将与日本公司中外制药(Chugai)组建合资企业，该企业将成为日本第五大医药集团。此项成本在20亿至26亿瑞士法郎之间。这家合资企业名为Chugai Pharmaceutical Co. Ltd。

法国巴黎银行收购美国联合加利福尼亚银行

☆☆　日本第四大银行集团——日本联合金融控股公司(UFJ)将其在美国联合加利福尼亚银行的全部股份售予法国巴黎银行，售价为24亿美元。

江苏省投资澳洲项目签字

11日　中国江苏省斯威特集团在澳大利亚新南威尔士州建立的伟龙环保实业有限公司正式揭牌，投资总额1100万澳元，其中一期工程投资520万澳元，将澳大利亚报废的橡胶轮胎加工成胶粉销往国内外市场。

伊朗——土耳其天然气管道正式通气

☆☆　伊朗——土耳其天然气管道正式向土耳其供气。根据协议，土耳其在正式通气后每年从伊朗进口20亿立方米天然气。

泰国开采首座商业性金矿

12日　泰国首座用于商业性开采的金矿差德里金矿开工。该金矿位于泰国北部披集府和碧差汶府交界处，预计可开采黄金32到33吨。

日本3银行组成第五大银行集团

☆☆　日本大和银行与日本大阪银行及奈良银行组成联营控股公司，以组成全日本第五大银行集团。综合资产将达50万亿日元，规模次于瑞穗控股、三菱东京金融集团、住友三菱及日本金融集团等4家超级银行。

日本将建大规模碳富勒球装置

13日　日本三菱化学和三菱商事两家公司将投资大约2亿美元，建设年产1500吨碳富勒球的制造厂。

法国维旺迪环球集团收购美国电视网娱乐部

16日　法国媒体巨头维旺迪环球集团公司与美国Networks公司正式签署收购协议，以至少103亿美元收购USA Networks的娱乐部门。USA Networks公司将更名为USA Interactive。

韩国将向微软出售韩国电气通信公司股份

17日　根据与微软的合作协议，韩国政府将向微软出售韩国电气通信公司3.2%的股份。

住友化工与三井计划合并成立三井住友公司

☆☆　日本住友化学工业公司计划和另一家大型化学公司三井合并，成立三井住友公司，资本额为70亿日元。

AT&T有线宽带出售

19日　AT&T公司透露，将宣布以720亿美元的价格把其有线宽带部门出售给Comcast公司，该新公司营业收入约将为190亿美元。

IBM出售光学收发器业务部

☆☆　JDS Uniphase公司宣布，将以现金和股票共3.4亿美元收购IBM的光学收发器业务部，并且根据该部门的利润情况，可能在2003年支付另外8500万美元。

投资机构名录

信托投资机构

中国国际信托投资公司

机构简介：中国国际信托投资公司(简称中信公司)成立于1979年10月，是直属于国务院的国有企业，注册资本30亿元。

经营范围：金融业务是中信公司重点发展的业务，是中信公司利润的主要来源和增长点之一。

(一)商业银行业务

(二)证券业务

(三)融资业务

投资方式：现金

机构类型：信托投资机构

联系电话：010－64660088

传　　真：010－64661186

网　　址：http://www.citic.com/profile.html

电子邮件：citic@citic.com

地　　址：北京市朝阳区新源南路6号

京城大厦(100004)

中国经济开发信托投资公司

机构简介:中国经济开发信托投资公司(简称中经信公司)是由财政部直接领导、中国人民银行总行进行业务监管的全民所有制非银行金融机构。经中国人民银行批准，于1988年4月26日成立，前身为中国农业开发信托投资公司,1992年1月改为现名。中经信公司的委托业务以“服务性、安全性、计划性、及时性、准确性”“不求最大,但求最好”的原则,协助委托单位在资金回收、项目考察、项目管理等作了大量的工作。

投资方式:现金

机构类型:信托投资机构

联系电话:010－68319988－12305、12309

传　　真:010－68338766

地　　址:北京市西城区车公庄大街21号新大都饭店2号楼(100044)

中国对外经济贸易信托投资公司

机构简介:中国对外经济贸易信托投资公司(简称外贸信托)是经中国人民银行批准于1987年9月30日在北京成立的外经贸部系统的一家全国性非银行金融机构。

经营范围:除政府贷款业务外,外贸信托还经营信托存贷款、境内外外汇借款、境内外融资、投资租赁、有价证券代理和自营、房地产投资等金融业务。

投资方式:现金

机构类型:信托投资机构

联系电话:010－68568808

传　　真:010－68568906

地　　址:北京复兴门外大街A2号中化大厦八层(100045)

中国科技促进经济投资公司

机构简介:中国科技促进经济投资公司(China Investment Corporation For Sciences & Technology－CICSTD)的前身是中国科技促进经济发展基金会。该基金会是由原国家经委和中国科学院于1987年联合发起创建的。1993年为按国家的有关政策规范基金会，设立了中国科技促进经济投资公司,继承基金会的贷款业务和管理,由基金会投资形成的企业。同时中编委批准基金会纳入中国科学院事业编制序列,并根据原国家经委的机构调整结果,正式定名为“国家计委、国家经贸委、中国科学院科技促进经济基金委员会”。1996年,为使基金会和投资公司更加符合推动科技成果转化和高新技术产业化的目标，对中国科技促进经济投资公司和国家计委、国家经贸委、中国科学院科技促进经济基金委员会进行了调整和重组。1997年5月中国科技促进经济投资公司机构顺利完成定位工作。

投资方式:现金

机构类型:信托投资机构

联系电话:010－62561233　62546290　62571292

传　　真:010－62561689

网　　址:http://www.cicstd.com.cn introduction.html

电子邮件:cicstd@public.fhnet.cn.net

地　　址:北京市中关村路乙12号(100080)

中国民族国际信托投资公司

机构简介:中国民族国际信托投资公司成立于1991年11月。它是在中国加强民族工作的背景下，经中国人民银行批准，由国家民族事务委员会组建的全国性非银行金融机构。

经营范围:公司成立以来,不断向证券、房地产、基金、租赁、贸易、金银饰品买卖等新的领域拓展。不断加强与国外金融机构间的联系与合作,加强外汇业务的开拓。

投资方式:现金

机构类型:信托投资机构

联系电话:010－68301024

传　　真:010－68301070

网　　址:http://202.96.58.2/intro.asp

地　　址:北京市西城区展览路北露园1号10层(100830)

中国光大国际信托投资公司

机构简介:中国光大国际信托投资公司经中国人民银行批准于1991年4月28日成立，注册资本449068.18万元(其中外汇30199万美元)。

经营范围:信托存贷款、投资业务;委托存贷款、投资业务;有价证券业务;金融租赁业务;代理财产保管与处理业务;代理收付业务;经济担保和信用见证业务;经济咨询业务、外汇信托存款、放款、投资;外汇委托存款、放款、投资;外汇同业拆借;外汇借款;外汇放款、外汇投资;外汇租赁;外汇担保;资信调查、咨询、见证业务。

投资方式:现金

机构类型:信托投资机构

联系电话:010－68486880　68486894　68487766转8035、8036

地　　址:北京市海淀区白石桥路15号光大国信大厦

中煤信托投资有限责任公司

机构简介:中煤信托投资有限责任公司于1995年10月31日批准设立,注册资本40000.00万元。2001年10月经中国人民银行核准,重新颁发《金融机构法人许可证》。

经营范围:受托经营资金信托业务;受托经营动产、不动产及其他财产的信托业务;受托经营国家法规允许从事的投资基金业务，作为基金管理公司发起人从事投资基金业务;受托经营公益信托;经营企业资产的重组、购并及项目融资、公司理财，财务顾问等中介业务；受托经营国务院有关部门批准的国债、企业债券承销业务；代理财产的管理、运用与处分；代保管业务；信用见证、资信调查及经济咨询业务；以银行存款，同业拆放，融资租赁或投资方式运用自有资金；以自有财产为他人提供担保；办理金融同业拆借、中国人民银行批准的其他业务。以上经营范围均包括本、外币业务。

投资方式：现金

机构类型：信托投资机构

电　　话：010－64482088　64482066

地　　址：北京市东城区安定门外大街2号(100013)

北京国际信托投资有限公司

机构简介：北京国际信托投资有限公司于1984年10月5日批准设立，注册资本12亿元。2002年3月18日经中国人民银行总行核准，重新登记，并颁发《信托机构法人许可证》。

经营范围：受托经营资金信托业务；受托经营动产、不动产及其他财产的信托业务；受托经营国家法规允许从事的投资基金业务，作为基金管理公司发起人从事投资基金业务；受托经营公益信托；经营企业资产的重组、并购及项目融资、公司理财，财务顾问等中介业务；受托经营国务院有关部门批准的国债、企业债券承销业务；代理财产的管理、运用与处分；代保管业务；信用见证、资信调查及经济咨询业务；以银行存款，同业拆放，融资租赁或投资方式运用自有资金；以自有财产为他人提供担保；办理金融同业拆借、中国人民银行批准的其他业务。以上经营范围均包括本、外币业务。

投资方式：现金

机构类型：信托投资机构

电　　话：010－64436553

地　　址：北京市朝阳区安定路5号C座(100029)

山西省信托投资公司

机构简介：山西省信托投资公司成立于1985年4月1日，人民所有制公司，隶属于山西省财政厅。公司机构设置为14个处、室、部，6个证券营业部，2个直属单位，6个地市办事处和2个中外合资企业。

经营范围：山西省信托投资公司是山西规模最大的一家地方非银行金融机构，成立以来，以服从和服务于山西经济建设、繁荣和发展地方金融事业为己任，开展了卓有成效的工作，公司总体实力大大增强，基本上形成了以信托、外汇、证券、房地产业务为支柱的集团公司。

投资方式：现金

机构类型：信托投资机构

联系电话：0351－4042216

传　　真：0351－4130067

地　　址：山西省太原市迎泽大街388号国际大厦(300001)

辽宁省国际信托投资公司

机构简介：辽宁省国际信托投资公司经中国人民银行和国家外汇管理局批准，于1980年成立，注册资本4亿元。是由辽宁省人民政府直接领导的金融、证券、实业、贸易、技术咨询服务一体化的具有法人地位的经济实体。

经营范围：人民币信托和委托存款、贷款、房地产投资、有价证券和金融租赁业务；代理收付，财产保管与处理业务；经济咨询、担保和信用见证业务；境内、外外汇信托存款放款、投资；境内外外汇借、放款；在境内、外发行和代理发行买卖或代理买卖外币有价证券；在境内外买卖和代理买卖外汇，以其自有资金进行外汇投资；国际融资租赁、外汇担保和见证。征信调查和咨询服务业务；外汇投资、放款、租赁、担保项下的外汇存款业务；进出口贸易(包括边贸)；中国人民银行等有关部门批准的其它业务。

投资方式：现金

机构类型：信托投资机构

联系电话：024－23851655

传　　真：024－23851651

地　　址：辽宁省沈阳市和平区和平南大街43号(110003)

大连华信信托投资股份有限公司

机构简介：大连华信信托投资股份有限公司于1988年1月4日批准设立，注册资本50100万元。2001年11月5日经中国人民银行核准，重新颁发《信托机构法人许可证》。

经营范围：受托经营资金信托业务；受托经营动产、不动产及其他财产的信托业务；受托经营国家法规允许从事的投资基金业务，作为基金管理公司发起人从事投资基金业务；受托经营公益信托；经营企业资产的重组、并购及项目融资、公司理财，财务顾问等中介业务；受托经营国务院有关部门批准的国债、企业债券承销业务；代理财产的管理、运用与处分；代保管业务；信用见证、资信调查及经济咨询业务；以银行存款，同业拆放，融资租赁或投资方式运用自有资金；以自有财产为他人提供担保；办理金融同业拆借、中国人民银行批准的其他业务。以上经营范围均包括本、外币业务。

投资方式：现金

机构类型：信托投资机构

电　　话：0411－3631173　　3638415

地　　址：辽宁省大连市西岗区大公街34号(116011)

吉林省国际信托投资有限责任公司

机构简介：吉林省国际信托投资有限责任公司是在原吉林省国际信托投资公司的基础上增资扩股改制而成的非银行金融机构。于1997年8月经中国人民银行总行批准成立，并经国家外汇管理局批准经营外汇业务。

经营范围：公司主要经营国际金融、国际租赁、委托存贷款、信托存贷款、证券交易代理、投资咨询、信用见证等信托业务，适时调整经营方向，坚持以发展国际金融、证券业务和盘活存量资产为重点，大力发展新的信托业务、投资银行业务和投资基金业务，促使公司业务在规范经营中不断创新、不断发展。

投资方式：现金

机构类型：信托投资机构

联系电话：0431－5638888

传　　真：0431－5648994

地　　址：吉林省长春市同志街72－2号(130021)

黑龙江省国际信托投资公司

机构简介：黑龙江省国际信托投资公司成立于1987年7月22日，注册资本1.5亿元，是隶属于黑龙江省人民政府的国有非银行金融机构。公司注重发挥国际融资职能，支持省内经济建设。

经营范围：公司致力于为黑龙江省经济发展做贡献，先后通过投资、信托贷款、担保业的建设和技术改造。积极开展以对俄为主的边境贸易业务，积极拓展房地产开发业务，开发建设能力已由最初建设单一的商品住宅，发展到成片开发，能够建设功能齐全的住宅小区和开发建设大型、高档、多功能住宅。

投资方式：现金

机构类型：信托投资机构

联系电话：0451－3633910(总机)

传　　真：0451－3635953

地　　址：黑龙江省哈尔滨市南岗区红军街20号金融大厦(150001)

上海国际信托投资有限公司

机构简介：上海国际信托投资有限公司于1983年7月4日批准设立，注册资本250000万元。2001年11月20日经中国人民银行核准获重新登记，并领取《信托机构法人许可证》。

经营范围：受托经营资金信托业务；受托经营动产、不动产及其他财产的信托业务；受托经营国家法规允许从事的投资基金业务，作为基金管理公司发起人从事投资基金业务；受托经营公益信托；经营企业资产的重组、购并及项目融资、公司理财，财务顾问等中介业务；受托经营国务院有关部门批准的国债、企业债券承销业务；代理财产的管理、运用与处分；代保管业务；信用见证、资信调查及经济咨询业务；以银行存款，同业拆放，融资租赁或投资方式运用自有资金；以自有财产为他人提供担保；办理金融同业拆借、中国人民银行批准的其他业务。以上经营范围均包括本、外币业务。

投资方式：现金

机构类型：信托投资机构

电　　话：021－63231111

传　　真：021－63235348

地　　址：上海市九江路111号(200002)

上海爱建信托投资有限责任公司

机构简介：上海爱建信托投资有限责任公司于1986年6月批准成立，注册资本10亿元。2002年1月核准获重新登记。

经营范围：受托经营资金信托业务；受托经营动产、不动产及其他财产的信托业务；受托经营国家法规允许从事的投资基金业务，作为基金管理公司发起人从事投资基金业务；受托经营公益信托；经营企业资产的重组、并购及项目融资、公司理财，财务顾问等中介业务；受托经营国务院有关部门批准的国债、企业债券承销业务；代理财产的管理、运用与处分；代保管业务；信用见证、资信调查及经济咨询业务；以银行存款，同业拆放，融资租赁或投资方式运用自有资金；以自有财产为他人提供担保；办理金融同业拆借、中国人民银行批准的其他业务。以上经营范围均包括本、外币业务。

投资方式：现金

机构类型：信托投资机构

联系电话：021－63230880

传　　真：021－63210218

地　　址：上海市汉口路110号(200002)

华宝信托投资有限责任公司

机构简介：华宝信托投资有限责任公司于1988年4月22日经批准设立，注册资本10亿元。2001年11月20日经中国人民银行核准获重新登记，并领取了《信托机构法人许可证》。

经营范围：受托经营资金信托业务；受托经营动产、不动产及其他财产的信托业务；受托经营国家法规允许从事的投资基金业务，作为基金管理公司发起人从事投资基金业务；受托经营公益信托；经营企业资产的重组、购并及项目融资、公司理财，财务顾问等中介业务；受托经营国务院有关部门批准的国债、企业债券承销业务；代理财产的管理、运用与处分；代保管业务；信用见证、资信调查及经济咨询业务；以银行存款，同业拆放，融资租赁或投资方式运用自有资金；以自有财产为他人提供担保；办理金融同业拆借、中国人民银行批准的其他业务。以上经营范围均包括本、外币业务。

投资方式：现金

机构类型：信托投资机构

电　　话：021－68403666

传　　真：021－68403999

地　　址：上海市浦东新区浦东电中路370号宝钢大厦(200122)

江苏省国际信托投资公司

机构简介：江苏省国际信托投资公司是经营信托投资业务的全民所有制非银行金融企业。公司受江苏省政府委托、管理和运用专项基金。在金融业务上受中国人民银行领导、管理、监督、协调与稽核。

经营范围:公司自成立至今,在严格执行国家金融政策的同时,大力拓展各项业务,特别是通过金融功能、资产实力和海外窗口的综合运用、调整改善了公司的资产结构,资产质量明显提高。1996年末,公司的总资产已达93亿元比上年增长了19%,全年实现利润2.5亿元。

投资方式:现金

机构类型:信托投资机构

联系电话:025-6607799

传　　真:025-6611119

地　　址:江苏省南京市上海路5号(210029)

安徽省国际信托投资公司

机构简介：安徽省国际信托投资公司是经中国人民银行总行批准的地方性非银行金融机构，注册资本2.5亿元人民币。

经营范围:公司在立足服务于地方经济建设的同时,实现了自身持续快速健康发展,现已形成金融、证券、投资三足鼎立,租赁、贸易、房地产、新闻传媒、信息广告等综合经营、协调发展的多功能大型金融企业。

投资方式:现金

机构类型:信托投资机构

联系电话:0551-2676670　0551-2634400转1305

传　　真:0551-2654274

电子邮件:sttic@public.jn.sd.cn

地　　址:安徽省合肥市寿春路179号
国际大厦(230001)

福建国际信托投资公司

机构简介：福建国际信托投资公司（简称“华福公司”,),是1979年1月20日经国务院批准成立的全国第一家省级国际信托投资公司,注册资本10亿元人民币,1989年被确定为全国对外筹资的十大窗口之一。

经营范围:公司以金融业务为主业,集国际金融、实业投资、信贷、信托、证券、对外贸易、国内贸易、技术引进、国际招标、房地产开发、咨询、外商投资服务等业务于一身的综合性、国际化、多功能的企业集团。目前已成为海内外享有较高的信誉、国内惟一拥有航空公司、高速公路、地方铁路股份,并同时拥有中资银行和中外合资银行股份,在境外拥有上市公司;在省内资产存量最多,业务门类最全,与大型骨干企业关系最密切,对外融资业务量最大,国际信用等级最高,惟一获得国际债券信用A+级的大型企业。

投资方式:现金

机构类型:信托投资机构

联系电话:0591-7810439　7810426　7810420

传　　真:0591-7810422

网　　址:http://www.fiet.gov.cn

地　　址:福建省福州市五四路中段
国际大厦22层(350013)

福建省华侨信托投资公司

机构简介：福建省华侨信托投资公司是省政府直属的国营企业，是经中国人民银行总行批准成立的全民所有制非银行金融机构。

公司历史悠久,早年曾引导华侨投资祖国,为我省经济建设作出了积极贡献。近几年来华信公司在各级领导的支持和帮助下不断发展壮大。

经营范围:目前公司经营由中国人民银行和国家外汇管理局批准的包括人民币信托存贷款、委托存贷款、投资、金融租赁、有价证券代理收付、担保、咨询以及外汇信托存贷款、放款、地产、外汇借款等各项本外币金融信托业务。

公司业务进一步拓展,实力进一步增强,取得了良好的经济效益和社会效益。

投资方式:现金

机构类型:信托投资机构

联系电话:0591-7811506

传　　真:0591-7857934

网　　址:http://www.jitic.com

地　　址:福州市湖东路152号华信大厦(350003)

厦门国际信托投资有限公司

机构简介:厦门国际信托投资有限公司于2002年2月1日批准设立,注册资本47968万元。2002年3月6日经中国人民银行核准将厦门国际信托投资公司和厦门建发信托投资公司合并重组后的厦门国际信托投资公司重新登记,并领取了《中国人民银行信托机构法人许可证》。

经营范围:受托经营资金信托业务;受托经营动产、不动产及其他财产的信托业务;受托经营国家法规允许从事的投资基金业务,作为基金管理公司发起人从事投资基金业务;受托经营公益信托;经营企业资产的重组、购并及项目融资、公司理财,财务顾问等中介业务;受托经营国务院有关部门批准的国债、企业债券承销业务;代理财产的管理、运用与处分;代保管业务;信用见证、资信调查及经济咨询业务;以银行存款,同业拆放,融资租赁或投资方式运用自有资金;以自有财产为他人提供担保;办理金融同业拆借、中国人民银行批准的其他业务。以上经营范围均包括本、外币业务。

投资方式:现金

机构类型:信托投资机构

电　　话:0592-5052092　5052211

传　　真:0592-5052090

地　　址:福建省厦门市湖滨北路振业大厦

江西省国际信托投资公司

机构简介：公司成立于1981年6月，是江西省人民政府独资兴办和直接领导，经中国人民银行和国家外汇管理局批准的地方性非银行金融机构。目前，公司与境外20余家金融机构建立了业务联系。

经营范围：经过十几年来的发展，公司已形成以金融为基础，投资为主体，证券、期货、租赁、咨询、房地产及国内外贸易等业务的综合经营企业，是江西省对外经济的一个重要窗口。

投资方式：现金

机构类型：信托投资机构

联系电话：0791－6304498

传　　真：0791－6304500

网　　址：http://www.jitic.com.cn

地　　址：中国南昌北京西路88号江信国际大厦(330046)

英大国际信托投资有限责任公司

机构简介：英大国际信托投资有限责任公司于1987年5月批准设立，注册资本5亿元（其中外汇1500万元）。2002年2月经中国人民银行济南分行核准，重新登记。

经营范围：受托经营资金信托业务；受托经营动产、不动产及其他财产的信托业务；受托经营国家法规允许从事的投资基金业务，作为基金管理公司发起人从事投资基金业务；受托经营公益信托；经营企业资产的重组、购并及项目融资、公司理财，财务顾问等中介业务；受托经营国务院有关部门批准的国债、企业债券承销业务；代理财产的管理、运用与处分；代保管业务；信用见证、资信调查及经济咨询业务；以银行存款，同业拆放，融资租赁或投资方式运用自有资金；以自有财产为他人提供担保；办理金融同业拆借、中国人民银行批准的其他业务。以上经营范围均包括本、外币业务。

投资方式：现金

机构类型：信托投资机构

电　　话：0531－6035547

地　　址：山东省济南市馆驿街38号(250001)

青岛国际信托投资公司

机构简介：青岛国际信托投资公司是经中国人民银行总行批准成立的地方金融机构。

经营范围：信托存贷款、委托存贷款及投资业务；金融租赁业务；证券发行和代理证券发行业务；信托担保和见证业务；经济咨询业务；外汇信托存款、放款、投资；外汇借款、放款、投资、担保；资信调查、咨询、见证业务。

青岛国际信托投资公司作为政府重大建设项目的投资主体是全市对外融资量最大的金融机构。公司成立以来，坚持“稳中求进，信誉至上”的经营方针，顺应国家开放大势，积极进取参与竞争，除与国内各大商业银行及同行业间保持密切合作关系外，尚与第一劝业银行、富士银行、山口银行、汇丰银行、标准渣打银行、法国巴黎国民银行、美洲银行、大通银行等国外金融机构保持着良好的往来关系。

公司发展势头强劲，业务显著，仅投资青岛地区基础建项目达人民币3个多亿元。为适应改革开放的需要，多项发展宏愿正在运筹实施之中。青岛国托广纳各方良才，诚交天下朋友，期盼与您共享成功之果。

投资方式：现金

机构类型：信托投资机构

联系电话：0532－5819191

传　　真：0532－5849403　5849136

电子邮件：qitic@ns.qd.sd.cn

地　　址：青岛市香港中路58号(266071)

河南省国际信托投资公司

机构简介：河南省国际信托投资公司成立于1980年，是中原地区实行对外开放以来最早成立的国际金融和对外经贸“窗口”之一。经过十多年的业务拓展，已形成一个以吸引外资，从事国际、国内金融信托投资业务为主，并与生产、技术、贸易、服务相结合，综合经营的经济实体。

人民币业务范围：信托存贷款、投资业务；委托存贷款、投资业务；房地产投资业务；有价证券业务；代理收付业务；经济担保和信用见证业务；经济咨询业务；中国人民银行和国家外汇管理局批准经营的其它金融业务。

外汇业务范围：境内、外外汇信托存款；境内、外外汇信托放贷；境内、外外汇信托投资；境内、外外汇借款；在境内外发行和代理发行外币有价证券；以其自有资金进行外汇投资；境内外汇入款；国际融资租赁；外汇担保和见证业务；资信调查和咨询服务。

投资方式：现金

机构类型：信托投资机构

联系电话：0371－5614681

地　　址：河南省郑州市未来大厦22层(450053)

湖北省国际信托投资公司

机构简介：湖北省国际信托投资公司经中国人民银行总行于1983年11月23日批准成立，注册资本170870万元(其中外汇800万)。

经营范围：信托存贷款、投资业务；委托存贷款业务；房地产投资业务；有价证券业务；金融租赁业务；代理财产保管与处理业务；代理收付业务，经济担保和信用见证业务；经济咨询业务；中国人民银行批准经营的其它金融业务。外汇信托存款、外汇信托放款；外汇信托投资；外汇借款；外汇放款；外汇；外汇租赁；外汇担保，发行或代理发行外币有价证券；资信调查、咨询、见证业务。

投资方式：现金

机构类型：信托投资机构

联系电话：027－82835253

传　　真:027－82852857

地　　址:湖北省武汉市汉口南京路 2 号(430014)

湖南省国际信托投资公司

机构简介: 湖南省国际信托投资公司是湖南省人民政府投资创办的国有独资企业,1980 年经国务院进出口委托批准成立,1985 年经中国人民银行批准为非银行金融机构。

经营范围:本外币信托、委托存贷款、投资、担保和信用见证业务;金融租赁业务;房地产投资开发业务;有价证券;代理财产保管和处理业务;代理收付业务;经济咨询业务以及进出口贸易业务等。

公司下设:国际金融、信托存代款、证券业务、基金投资、实业投资、进出口贸易、中外合资等部门。

投资方式:现金

机构类型:信托投资机构

联系电话:0731－5545148　5545333　5545444

传　　真:0731－4146763

地　　址:湖南省长沙市赤岗北路 100 号(410007)

广东华侨信托投资公司

机构简介: 广东华侨信托投资公司前身为公私合营华侨投资股份有限公司,是在周恩来、廖承志等老一辈国家领导人的直接关怀下,于 1955 年 3 月成立的。1981 年公司与广东省信托投资公司(今广东国际信托投资公司前身)合署经营。1988 年,广东省政府重组广东省华侨投资公司,1991 年 8 月,易名为广东华侨信托投资公司。公司是广东省政府的直属企业,金融业务归中国人民银行领导,担负着为广东经济发展筹措资金、项目建设的任务。经中国人民银行总行核准,公司已经重新登记,具有新的金融机构法人许可证和外汇业务许可证。

公司性质为股份制企业,主要股份为国家股和境内法人股,注册资本 9.36 亿元人民币。截止 1997 年 6 月 30 日,总资产规模为 120 多亿元人民币。

经营范围:公司业务以金融为主,是集金融(人民币业务和外汇业务)、证券、基金、房地产开发、实业投资、贸易、珠宝为一体的集团式企业。其中,"受人之托,代客理财"的信托业务是公司近年发展的重点业务,现已和 100 多家外资银行、金融机构建立了长期业务往来。

投资方式:现金

机构类型:信托投资机构

联系电话:020－87617988

传　　真:020－87627282

电子邮件:hxxx@mx2.gd.cei.gov.cn

地　　址:广东市环市东路 450－452 号广东华信中心(510075)

深圳国际信托投资公司

机构简介: 深圳国际信托投资公司是隶属深圳市人民政府的地方性非银行金融机构,成立于 1982 年。

经营范围: 主要从事国内与国际的信托与委托存贷业务、租赁业务、投资业务、有价证券的承销及代理买卖业务、经济担保业务以及经济咨询等业务。

公司坚持"严格管理,稳健经营"的管理方针,具有科学预见性强、反应灵敏的决策系统和迅速得力的执行系统,具有勤政务实的领导班子和素质良好的员工队伍。面对激烈的市场竞争,公司上下团结协作奋发向上,使一个仅有 2000 万元资本金的企业发展成为深圳市利税大户。几项主要经济指标处于深圳金融企业及全国信托投资行业领先的企业。随着经济的发展和改革的不断深入,深圳国际信托投资公司将发挥愈来愈重要的作用。

投资方式:现金

机构类型:信托投资机构

联系电话:0755－5564160

传　　真:0755－5596005

电子邮件:info@scitic.com

地　　址:广东省深圳市红领中路 7 号国际信托大厦 8－10 层面(518001)

深圳市金信安投资有限公司

机构简介:公司 1995 年 10 月注册成立,深圳友谊球阀厂、广州华油实业公司(均为国有企业)共同投资组建。经扩股、吸纳大庆华侨实业等多家国有企业和自然人加盟后,现为多种经济成份的混合型经济实体,由民营企业家相对控股。公司规模总股本 7000 多万元人民币,目前资产规模为 2 亿元人民币,所属参控股企业资产规模达 1 亿元人民币。

经营范围:公司瞄准金融、证券、房地产市场及科技含量高的"短、平、快"项目,关注第三产业的旅游、商业服务等,有选择有研究地投资新项目。实行多领域、跨地区、多元化发展。目前涉及阀门、酒业、药业、农业、矿业、酒店、物业、房地产等八个行业,并就相应行业组建了多家专业公司或专业市场,拥有广泛的市场网络及销售渠道。

投资方式:现金

机构类型:信托投资机构

联系电话:0755－7496967

传　　真:0755－7495892

网　　址:http://www.jxa.com

电子邮件:gcq@jxa.szptt.net.cn

地　　址:深圳市宝安区固戍友谊球阀大厦(518126)

海南港澳国际信托投资有限公司

机构简介: 公司的前身是 1988 年 11 月成立的海南国际金融有限公司,注册资本人民币 100,000,000 元。1990 年起用现名。

港澳信托自成立以来，遵循“服务兴发展”的企业宗旨，充分发挥“团结、廉洁、创新、创誉”的企业精神，经过多年的不懈努力，从成立之初，资产规模1亿元发展到资产规模达49.5亿元人民币，实现利润8950万元的非银行金融机构；1997年在全国信托投资公司中资产总额排名第十四；证券部净利润排名第一；A股承销总量排名第一；A股交易总量排名第二。

投资方式：现金

机构类型：信托投资机构

联系电话：0898－6767166

传　　真：0898－6774502

地　　址：海南省海口市景湾路8号(570105)

赛格国际信托投资公司

机构简介：赛格国际信托投资公司成立于1988年12月，是经中国人民银行批准设立的股份形式的非银行金融机构，注册资金1亿元人民币。

经营范围：公司下设信托业务、投资银行、证券、资产管理四大业务总部，总部设在中国海南省海口市，在上海、北京、深圳、武汉、天津等国内十四个中心城市设有分支机构证券营业部，在香港、美国、澳大利亚等地建立了自己的分公司，1996年末公司人数382人。

1996年末，公司资产总额达到62亿元。自1991年起，公司连续四年跻身于中国500家最大服务业企业的行列。1995年2月，经国家财政部、中国人民银行、中国证监会批准，赛格国际信托投资公司成为中国50家国债一级自营商之一。

投资方式：现金

机构类型：信托投资机构

联系电话：0898－6786556

传　　真：0898－6787519

电子邮件：northwst@public.xa.sn.cn

地　　址：中国海南省海口市滨海大道华信路华信大厦19层(570105)

新华信托投资股份有限公司

机构简介：新华信托投资股份有限公司原为“重庆新华信托投资股份有限公司”，1986年5月17日注册成立，注册资本5亿元。2001年12月由中国人民银行核准，重新登记并更名为“新华信托投资股份有限公司”。

经营范围：受托经营资金信托业务；受托经营动产、不动产及其他财产的信托业务；受托经营国家法规允许从事的投资基金业务，作为基金管理公司发起人从事投资基金业务；受托经营公益信托；经营企业资产的重组、购并及项目融资、公司理财，财务顾问等中介业务；受托经营国务院有关部门批准的国债、企业债券承销业务；代理财产的管理、运用与处分；代保管业务；信用见证、资信调查及经济咨询业务；以银行存款，同业拆放，融资租赁或投资方式运用自有资金；以自有财产为他人提供担保；办理金融同业拆借、中国人民银行批准的其他业务。以上经营范围均包括本、外币业务。

投资方式：现金

机构类型：信托投资机构

电　　话：023－63844417

传　　真：023－63834429

邮　　编：400010

地　　址：重庆市渝中区临江路69号

重庆国际信托投资有限公司

机构简介：重庆国际信托投资有限公司于1985年5月27日批准设立，注册资本103373万元。2002年2月7日经中国人民银行重庆营业管理部核准，重新登记并颁发《信托机构法人许可证》。

经营范围：受托经营资金信托业务；受托经营动产、不动产及其他财产的信托业务；受托经营国家法规允许从事的投资基金业务，作为基金管理公司发起人从事投资基金业务；受托经营公益信托；经营企业资产的重组、购并及项目融资、公司理财，财务顾问等中介业务；受托经营国务院有关部门批准的国债、企业债券承销业务；代理财产的管理、运用与处分；代保管业务；信用见证、资信调查及经济咨询业务；以银行存款，同业拆放，融资租赁或投资方式运用自有资金；以自有财产为他人提供担保；办理金融同业拆借、中国人民银行批准的其他业务。以上经营范围均包括本、外币业务。

投资方式：现金

机构类型：

电　　话：023－63867108

传　　真：023－63850857

地　　址：重庆市渝中区上清寺路110号(400015)

贵州省国际信托投资股份有限公司

机构简介：贵州省国际信托投资公司成立于1992年9月19日，是由贵州省基本建设投资公司控股的有限责任公司。

经营范围：遵照国家法律、法规和国家给予贵州省的特殊优惠政策，以发展经济、提高经济效益为目标，通过灵活多样的金融方法，筹集和运用国内外资金，引进国际先进的技术、设备及管理经验，开展国内外金融活动。

投资方式：现金

机构类型：信托投资机构

联系电话：0851－6828942

传　　真：0851－6828957

电子邮件：ahgty@public.hf.cn

地　　址：贵州省贵阳市中华北路328号五矿大厦九层(550004)

陕西省国际信托投资股份有限公司

机构简介： 陕西省国际信托投资股份有限公司原名为陕西省金融联合投资公司，系 1984 年 11 月 27 日经陕西省人民政府批准，由陕西省人行、陕西省工行信托投资公司，陕西省中行、陕西省人保和西安市工行信托投资公司五家发起人各入股 250 万元发起设立的股份公司。2002 年 1 月经中国人民银行西安分行核准、重新登记，并颁发《信托机构法人许可证》。

经营范围： 目前公司经营业务包括人民币和外币两类，主营信托(委)存贷款、投资、有价证券、房地产开发和金融租赁等。

投资方式： 现金

机构类型： 信托投资机构

联系电话： 029－3233888

传　　真： 029－3239456

地　　址： 陕西省西安市南大街三号楼(710001)

陕西省西北信托投资有限公司

机构简介： 陕西省西北信托投资有限公司成立于 1997 年 9 月，它是经中国人民银行批准，按照现代企业制度的运行机制和组织形式组建而成的陕西省第一家由政府支持、地方领导的非银行金融机构。公司由陕西省投资公司等八家省内外企业共同投资组成。公司在陕西省工商行政管理局登记注册，股东单位实际投资入股本金 1.5 亿人民币，注册资本 1.2 亿人民币。

陕西省西北信托投资有限公司拥有一批敬业热忱、富有才华、力求向机构和个人提供优质金融服务的专业人才。管理层是由金融专业高级技术人才和前政府官员组成。

投资方式： 现金

机构类型： 信托投资机构

联系电话： 86－29－7311543

传　　真： 86－29－7311524

地　　址： 陕西省西安市青年路 150(710003)

甘肃省投资信托公司

机构简介： 甘肃省投资信托公司成立于 1980 年 2 月，是由中国人民银行总行批准，在甘肃省工商行政管理局注册登记的甘肃省内惟一的省级非银行金融机构。

经营范围(包括人民币、外币)：信托、委托存款；信托、委托放款；发放贷款；借款；投资、发行或代理发行有价证券；融资租赁；房地产开发；担保；咨询和资信调查及世界银行甘肃省工业项目贷款的转贷业务等。

投资方式： 现金

机构类型： 信托投资机构

联系电话： 0931－8828346

传　　真： 0931－8410937

地　　址： 甘肃省兰州市小北街 15 号(730030)

青海庆泰信托投资有限责任公司

机构简介： 青海庆泰信托投资有限责任公司成立于 1997 年 9 月，是经中国人民银行批准成立的青海省非银行金融机构。注册资本金为 1.67 亿元人民币，十家投资入股单位为青海三普药业股份有限公司、青海投资控股有限公司、青海省投资公司、青海省国债服务部、西宁特殊钢(集团)有限责任公司、青海同仁铝业股份有限公司、沈阳联亚实业发展公司、北京怡天生物工程公司、上海大庆能源有限公司、广州南华西实业股份有限公司，均为国内较有影响的大中型企业。入股企业中三普药业、同仁铝业、西宁特钢、广州南华西为上市公司。

经营范围： 信托存款、贷款和投资；委托存款；自有资金的贷款和投资；融资性租赁；有价证券业务；代理业务；经济担保与信用见证；经济咨询与资信调查；经中国人民银行批准的其它业务。公司的经营宗旨：在国家经济政策指导下，以实现利润最大化、经营管理规范化、经营决策时代化为目标，努力拓展经营业务，不断提高服务质量，为青海资源开发和西部经济发展提供长期、综合性金融服务。

投资方式： 现金

机构类型： 信托投资机构

联系电话： 010－64255635　64265511－3198
0971－8223130　8223136
8223137　8223139

传　　真： 0971－8223131　010－64255684

地　　址： 青海省西宁市七一路 348 号(810000)

新疆宏源信托投资股份有限公司

机构简介： 新疆宏源信托投资股份有限公司(股票简称：宏源信托，股票代码：(000562)，是以金融信托业务为基础，以证券、投资银行业务为重点，兼营其他相关业务的非银行金融机构。公司前身是 1988 年 2 月经中国人民银行批准设立的中国建设银行新疆信托投资公司。1993 年 2 月改组成为股份制企业，以社会募集方式设立；1994 年 2 月在深圳证券交易所上市，成为新疆第一家上市公司。目前，是全国仅有的四家上市金融公司之一，也是新疆惟一具有主承销商资格的证券商。

公司具有健全高效的经营管理机制和完备的内部制度体系；以“规范管理、稳健经营、强化监控、防范风险、深化改革、提高效益”为经营方针；稳步推进“立足新疆、走向全国、规范管理、加快发展”的发展战略，保证了各项业务的持续健康发展。公司总股本 4.72 亿元，资产总额 29.95 亿元，有 11 家证券营业部，证券业务年交易总额居全疆第一位，公司有全资子公司 2 家，并在北京设立了联络处。为适应国企改革的需要，积极为国企改制、改组、改造提供资产重组、项目融资、财务顾问等方面的服务，截止 1999 年 6 月底作为主承销商、副主承销商、分销商承销自治区内外企业股票、债券发行业务的单位达 28 家。

经营范围： 公司已形成信托、证券、投资银行、资产(基金)管理、代理、托管、融资租赁、咨询、房地产等业务品种齐备、服务体系健全的经营格局,目前正在按照“依托信达资产,服务信达资产,促进自身发展,回报全体股东”的经营指导思想,进行“第三次创业”,由一个地方性的金融机构向全国性的金融上市公司迈进。

投资方式:现金

机构类型:信托投资机构

联系电话:0991-2307533

传　　真:0911-2301927

网　　址:http://hongyuan.xj.cninfo.net/gs_gaikuang/index_gaikuang.htm

地　　址:新疆乌鲁木齐市建设路2号宏源大厦

风险投资机构

天津泰达科技风险投资公司

机构简介:成立于2000年8月,注册资本4.5亿元。大股东为天津经济技术开发区,占70%,其他股东包括天津泰达集团有限公司、北京国际信托投资有限公司、北京科技风险投资股份有限公司等。公司的投资方向为:电子信息;通讯工程;生物医药;环保与新材料,投资阶段不限。目前已投资3个项目:2个生物工程和1个IT公司。

投资方式:现金

机构类型:风险投资机构

浙江省科技风险投资有限公司

机构简介:成立于1993年5月,注册资金2亿元,由浙江省科委和省财政厅共同出资组建。1998年之前以产业投资为主,先后为40多个项目注入了资金,其投资的“浙大海纳”,“升华拜克”两家公司已先后在深、沪两地上市。1998年之后,该公司开始进行风险投资,投资领域包括:电子信息,生物工程,新材料,机电一体化,通信设备等,投资阶段不限。到目前为止已投资了6个项目。

投资方式:现金

机构类型:风险投资机构

天津新纪元风险投资公司

机构简介: 1999年5月注册于天津新技术产业园区,是天津市第一家专业风险投资公司。公司发起人主要包括国家科技部火炬中心、天津新技术产业园区等政府机构和大型民营企业——华银投资控股有限公司,兼得政府支持和民营机制的优势。首期注册资本2000万元人民币,2000年底增资扩股至6000万元,目前可运作的资金已超过1.2亿元。投资方向主要为IT和生物制药等。投资规模在50万~1000万人民币之间。公司从成立至今已投资7个项目,包括:“通标”水印防伪项目;“深圳万立通”双向移动信息网络项目;“天津理工集团”精细化工项目;“上海世华”生物基因项目群等。

投资方式:现金

机构类型:风险投资机构

宁波创业风险投资有限公司

机构简介:成立于2000年3月,注册资金5000万元,是宁波市第一家专门从事电子信息、生物工程、环保工程、新材料等高新科技项目投资的风险投资机构,公司立足于浙江省,面向全国投资。投资领域包括:IT,生物医药,新材料及环保等,投资阶段不限。目前,公司已经投资了3个项目,包括:单晶硅、托普软件园和唐友环保。其中,由该公司和四川托普集团共同投资组建的宁波托普国际软件有限公司发展势头良好。

投资方式:现金

机构类型:风险投资机构

二十一世纪科技投资公司

机构简介:成立于2000年6月,注册资金3.35亿人民币,同年年底,又增资为4亿元。由深圳鼎尊投资咨询有限公司(背景是招商银行)、国通证券、东北高速、上海港机和西安交大开元科技股份有限公司五家股东投资组成。是国内第一家同时具有银行、券商和上市公司背景的风险投资公司。二十一世纪科投在风险投资业务上有两大创新:1、将银行和投资紧密结合在一起,推出了“可转换担保”的业务。具体来说,要投资一个项目,投资金额是1000万元。公司可选择先投入500万元,将另外500万元在银行进行担保,视被投资公司的运作情况来决定这500万是继续股权投资还是转成债务。2、实行内部募集制或项目合伙制。具体来说,就是要求项目经办人员和决策人员必须与公司一起投资,以控制投资风险。公司确定的主要投资领域为:信息产业、生物医药、新材料及环保节能等。到目前为止,已经投资了6个项目,包括:北京三元基因工程有限公司、深圳经天科技有限公司、杭州新中大软件有限公司、北京天大天财智能卡有限公司和深圳国际高新技术产权交易中心,并发起成立了“北大二十一世纪创业投资研究中心”。

投资方式:现金

机构类型:风险投资机构

中国国际金融有限公司

机构简介:成立于1995年9月8日,注册资本1亿美元。股东分别为中国建设银行,摩根史丹利公司,中国经济技术投资担保公司,新加坡政府投资公司和香港名力集团。该公司在国内主要从事投资银行业务,兼作部分后期的风险投资。中金公司受托管理5500万美元的基金,到目前为止已经参与投资了3家公司,包括新浪网,广州速达软件等。该公司对投资方向没有明确限制,但对投资阶段有严格要求,一般只投资于非常后期,多数为上市前的公司,以便发挥其资本运作的优势。公司设有直接投资部,负责投资项目的识别、设计、审慎调查及管理。

投资方式:现金

机构类型:风险投资机构

大鹏创业投资有限公司

机构简介:创立于2000年3月,是由大鹏证券发起设立的,国内第一家获得批准的券商背景的风险投资公司。注册资金为5亿元。投资方向主要为IT和生物制药,偏向于中后期的项目,以便尽快上市。目前,已投资2个项目,1个生物医药和1个IT项目。

投资方式:现金

机构类型:风险投资机构

北京联办投资管理有限公司

机构简介:联办投资是从国内著名的中国证券市场研究设计中心(联办)演变而来的。1989年由九家全国性非银行金融机构在北京发起成立,是中国证券市场发展的开创者与重要推动者。曾经参与设计了上海、深圳两个证券交易所;直接创建并管理了全国证券交易自动报价系统;并于1992年下半年参与设立中国证监会。同时,联办又是优秀的基金管理者,先后创建管理了多个基金,包括:淄博乡镇企业基金、S&E基金、CFI基金、S&C基金、帕洛玛中国投资基金和国泰财富基金。基金总额达数十亿元人民币。1998年之后,联办积极参与了对高新技术项目的投资。除了自有的2亿元风险基金外,联办还受托管理上海风险投资公司的部分资金。其投资领域包括:IT、通讯、电子、金融服务等。到目前为止,联办已投资了6个项目,包括:和讯电子科技有限公司;深圳桑达电子科技有限公司;惠州侨兴环球电话公司;国基信息科技有限公司等。

投资方式:现金

机构类型:风险投资机构

博纳德投资有限公司

机构简介:成立于1999年6月4日,注册资金2亿元。是由北京电力投资公司和湘财证券等出资设立的专业性投资公司。公司员工主要来自国内知名券商和投资机构,70%拥有硕士学历。公司的投资领域包括:通信、网络、软件和生物工程。其投资原则是:不零敲碎打,单笔的投资数额较大,在3000万元至5000万元左右,一般不要求控股。偏重于中后期的项目,以达到迅速上市的目的。目前已投资了2家高科技公司:北京信威通信技术股份有限公司和中电飞华股份有限公司。这两家均为通讯类项目,并正在安排境内和境外上市。

投资方式:现金

机构类型:风险投资机构

红塔创新投资股份有限公司

机构简介:成立于2000年6月,注册资本为2亿元,由红塔集团发起设立,参股的上市公司有云南白药,烟台冰轮等。公司的投资方向为:生物制药、环保、IT、新材料等。目前已投资了6个项目,4个IT类和2个生物医药类,全部为成长期项目。

投资方式:现金

机构类型:风险投资机构

哈尔滨工大集团风险投资股份有限公司

机构简介:成立于2000年6月7日,是黑龙江省首家风险投资公司。由哈尔滨工大集团出资1亿元,联合其他6家股东:哈尔滨工大高科技实业股份有限公司,哈尔滨大通期货经纪有限公司,哈尔滨航天物业管理股份有限公司,黑龙江省鑫正投资担保有限公司,黑龙江省电力开发公司,哈尔滨工大高新技术开发股份有限公司共同组建,注册资本为3亿元人民币。该公司的投资方向为:IT,光机电一体化,生物医学,新材料等。目前已投资2个项目,分别属于IT类和生物医药类,如红豆杉科技开发公司。

投资方式:现金

机构类型:风险投资机构

德龙国际投资控股公司

机构简介:成立于2000年3月,注册资本2亿元,由德隆集团发起设立。德隆集团的母公司是上市公司新疆水泥,参股的还有湘火炬等。德隆在中国的证券市场上具有很强的操作能力,在国内外均有上市公司。但是,德隆对外的宣传一直非常低调,而且始终宣称自己是民营企业。德隆国际的投资方向主要为:环保、新材料和光机电一体化等。投资阶段偏重成长期,而且要求企业在本行业内占居前三位。目前,德隆国际已经投资了5个项目,最大的是上海欧臣环境高科技有限责任公司,首期投资为2亿元,由德隆控股。

投资方式:现金

机构类型:风险投资机构

上海邦联投资有限公司

机构简介:成立于1998年,注册资金2亿元,是由几家上市公司发起设立的,包括巨化股份,上海强生和亚通股份等。到目前为止可运作的资金规模已经超过5亿人民币。上海邦联的投资领域主要为电子信息产业,包括软件、通讯、网络技术、信息服务等。投资阶段主要为创业期和成长期,一般不控股,也不参与公司的日常经营管理。目前,已投资了10个项目,并与相关政府部门和科技企业界建立了良好的关系。

投资方式:现金

机构类型:风险投资机构

华鼎科技投资公司

机构简介:成立于2000年5月,注册资本1.6亿元。由上市公司苏常柴和苏州科技产业园联合发起设立,苏常柴出资1亿元,控股62.5%,主要投向生物医药类的高新技术企业。公司目前已投资了3个项目:出资2000万元,与深圳市伽玛网络系统有限公司共同构建全球最大的中文健康网——伽玛医生健康网;出资2900万元收购南京益来基因医学有限公司33%的股权,成为国内第一家投资基因医学服务行业的上市公司;收购金陵男科医院,并与上海浦东科创等公司合资成立上海百瑞生物技术股份公司。

投资方式:现金

机构类型:风险投资机构

万向创业投资股份有限公司

机构简介:成立于2000年11月,注册资本为3亿元人民币,由万向集团公司、浙江省科技风险投资有限公司、美国创业资本管理公司等9家单位共同出资创立。其中,万向集团公司注资2亿元,居控股地位。这是目前浙江省规模最大的专业性创业投资公司。公司的投资方向包括:生物医药、信息产业、环保、光机电与新材料等。尽管成立较晚,但公司的运作速度很快,寻找项目也非常积极。目前已投资了4个项目,包括:现代农业饲料,新型纺织材料,广播电视发射机,以及机器人挖掘。

投资方式:现金

机构类型:风险投资机构

北京安彩科技风险投资有限公司

机构简介:以上市公司河南安彩高科股份有限公司为发起人和控股股东,联合中国科学院计算机研究所,中国电子企业协会,四川久远集团有限责任公司等单位,共同组建的高科技创业投资公司。成立于2000年4月,注册资本2亿元,安彩高科占97%的股份。北京安彩科技的投资领域包括:IT、通讯、电子等。目前,已投资2991万元,与北京京鹏宏志科技有限公司在全球卫星定位系统领域开展合作,持有该公司70%的股份,并将京鹏宏志更名为"北京安彩星通科技有限公司"。

投资方式:现金

机构类型:风险投资机构

宁东方信息产业创业投资公司

机构简介:2000年5月由东大阿派与辽宁省科技创业投资公司共同成立,注册资金1亿元,东大阿派出资7000万元,占70%的股份。重点投向具有高速发展潜力的以软件和数字技术为核心的信息产业,偏重于前期投资。投资规模在200万~600万之间,一般不超过1000万元。成立不到一年,东方创投已经投资了5个项目,包括:北京共创开源软件股份有限公司,这是由863计划专家牵头,为软件源代码开放服务的公司,现在还处于研究阶段。另一家是北京的电信公司,拥有接入、服务、特符号等3个牌照,能够以比较便宜的价格向联通卫星公司租用卫星网,获取零批差价;还可以为东大阿派的数字医疗公司开展远程医疗业务提供支持。其他的还有:从事网络安全的信安公司;大连东日数字系统有限责任公司和沈阳恒业网络发展有限公司。

投资方式:现金

风构类型:风险投资机构

北大方正投资有限公司

机构简介:成立于2000年6月,注册资金6000万元人民币,由方正完全控股。成立投资公司,方正在国内IT行业做了第一批吃螃蟹者。与属下其他20多家子公司不同,这家新成立的投资公司被方正视为是惟一的一家职能公司,主要以风险投资的形式进行运作。公司的投资方向不仅包括IT,还涉及环保、生物医药等其他高科技行业。在投资阶段上,方正尽量不投种子期项目,只投向已有一定规模的、较为成熟的企业。至于股权方面,既或以完全控股,也可以只占5%。目前,该公司已经投资了6个项目,包括:纳米技术;医药项目;网络安全项目;稀土项目;军用卫星定位系统和宽带网接入技术。

投资方式:资金

机构类型:风险投资机构

清华科技创业投资有限公司

机构简介:成立于2000年4月,注册资金2亿元人民币,由清华大学企业集团和首钢总公司为主发起,两集团各占24%股份。参股的上市公司有:全兴股份,特变电工,华银电力等,重点支持清华大学优秀科技成果的转化。公司的投资领域包括:信息技术、生物医药、新能源等。目前已投资7个项目,每个项目的投入从100万到上千万不等,总投资额达6000万人民币。包括:四川九州电子科技股份有限公司;清华紫光比威网络技术有限公司;新疆新能源股份有限公司;北京清华万博网络技术有限公司;深圳市清华源兴生物医药科技股份有限公司;深圳市奥维迅科技有限公司;北京艾克斯特工业自动化技术公司。

投资方式:现金

机构类型:风险投资机构

联系电话:010-62791192

地　　址:北京市清华大学华业大厦2608室(100084)

清华紫光创业投资公司

机构简介：成立于2000年3月18日，注册资本为1.05亿元人民币；同年6月，增资扩股至1.8亿元人民币；2000年底已增资扩股至2.5亿元人民币。其股东由一开始的清华紫光股份有限公司、四川省投资集团有限责任公司、百科药业股份有限公司、中海海盛船务股份有限公司、北京金集浩投资有限公司5家，逐步发展到12家，包括北京燕京啤酒股份有限公司、中天企业股份有限公司等。这12家股东中有11家为上市公司，成了国内上市公司参股最多的创投公司。在公司2.5个亿的资金规模中，除去紫光股份占16%以外，其余11家平均占8%左右。这样做意味着所有的股东都不独自占有公司，有利于公司成为独立的企业实体来寻找投资项目。公司投资方向为新材料、生物医药和IT。紫光创投的风险资金投向主要集中在项目的初创期和成长期，不排斥具有高技术含量和高成长性的种子期和成熟期的介入。一般而言，紫光创投的风险资金介入每个项目的资金规模在300万—3000万元人民币之间。公司目前已经完成了9个项目的投资，包括：清华紫光比威网络技术有限公司；兰州西脉记忆合金股份有限公司；北京德达创新信息技术有限公司；北京首医药业有限公司；合肥凯立电子有限责任公司等。

投资方式：现金

机构类型：风险投资机构

河南金犁风险投资有限公司

机构简介：成立于2000年3月，是河南省首家专业从事风险投资和基金管理的股份制企业，注册资金2亿元。通过与中国风险投资有限公司和深圳创新科技投资公司的全面合作，可使用的资金总额已达3.6亿元人民币。公司的投资方向包括：生物制剂、交通科技、新材料等。目前已投资了2个项目，分别涉及生物医药和新材料，均为成长期项目。

投资方式：现金

机构类型：风险投资机构

北京首都创业集团

机构简介：首创集团是由原隶属于北京市计划委员会、财政局、办公厅的17家经济实体，于1995年10月重组而成的大型国有独资集团公司，拥有基础设施、房地产、工业、高科技、旅游贸易、金融投资等几大业务体系。目前，首创集团拥有各类全资公司、控股、参股公司、海外上市公司等共计120家，其中国内、海外上市公司5家。集团资产总额为155亿元人民币。近两年来，首创集团在中关村的投入已经超过7亿元人民币，也由此成为中关村名副其实的主要投资者之一。1994年5月，首创集团与荷兰国际集团（ING）等国际机构合作，成立了ING北京投资有限公司（北京基金），并在香港联交所挂牌上市，成功募集资金5.4亿港币。ING北京基金的成功发行与运作，极大促进了首创集团国际业务和风险投资业务的展开。ING北京基金现已投资国内7个具有增长潜力的项目，包括：与新加坡电讯合资的中国第一家卫星寻呼机——北京亚太首星；持有中国黄河以北独家生产销售权的大型企业——北辰HOBAS管道；中国最大的肉类食品加工集团——北京鹏程食品（顺义肉联）；中国最大的木材加工企业——深圳光大木材；与世界最大的仪表制造商——美国爱默森集团共建项目“远东仪表”；与香港最大的建材分销商友联建材的合资项目——中国友联瓷砖项目；中国第一个燃料电池项目—北京世纪富源燃料电池公司。

投资方式：现金

机构类型：风险投资机构

北京国恒科技集团股份有限公司

机构简介：经北京市体改委批准，于1994年9月13日注册成立的一家大型高技术产业集团，注册资本为7600万元人民币。最初主要进行产业投资，1998年开始致力于高新技术产业的投资和开发，目前已投资了8个项目，包括：国联在线网络有限公司、北大华通高科技有限公司、四川省金贸工程电子商务有限公司、国联新世纪网络教育公司、北京香山滑雪场有限公司、中国国际科技会展中心等一大批高新技术项目与休闲产业。

投资方式：现金

机构类型：风险投资机构

中富投资管理公司

机构简介：创建于2000年3月，资金规模为1亿元，是从房地产集团发展而来的一家从事创业投资和资本运作的大型民营企业。投资领域主要为IT，现已成功投资了3个项目，包括：南京世纪通信息技术有限公司、北京四通智能建筑系统集成工程有限公司等。

投资方式：现金

机构类型：风险投资机构

合肥市高科技风险投资公司

机构简介：成立于2000年6月，是由世纪方舟投资有限公司和当地政府共同成立的一家风险投资公司。注册资金6000万元，由世纪方舟控股。公司的投资方向为：信息技术，生物制药，新材料等，投资规模从50万元到1000万元不等。目前已经投资了6个项目，总投资额超过1.4亿元人民币。

投资方式：现金

机构类型：风险投资机构

北京知金科技投资有限公司

机构简介：成立于1999年11月18日，注册资金8000万元，是由其母公司——涌金集团出资设立的。提起涌金集团，熟悉中国股票和期货市场的人并不陌生。民营企业身份的涌金集团在证券市场摸爬滚打多年，积累了极为丰富的中国资本市场操作经验。在风险投资潮席卷中国之际，涌金集团也积极投身到对高科技企业的投资中。知金科技的投资领域包括：IT、生物医药、新材料等。投资阶段偏重成长期。到目前为止，知金科技已经投资了10个项目，投资总额超过1亿人民币。包括：科技部中国科技信息研究所发起成立的北京万方数据股份有限公司，中国科学院软件研究所发起成立的北京中科软件股份有限公司，中国农业大学发起成立的北京农大基因工程技术股份有限公司等。日前又出资1500万元，从IDG手中收购了东方通科技有限公司15%的股权。

投资方式：现金

机构类型：风险投资机构

特华科技创业投资有限公司

机构简介：成立于2000年3月，注册资本为1.5亿元，前身是创建于1998年初的广州特华投资控股有限公司。投资方向包括：生物制药、信息技术、新材料等，投资阶段不限。目前已投资了5个项目，主要为医药类，投资总额近1亿元。

投资方式：现金

机构类型：风险投资机构

利得投资有限公司

机构简介：成立于1998年6月，注册资金6000万元。是民营风险投资公司，主要由商界成功人士创办，完全按照市场化的方式运作。公司的投资方向为：IT、生物技术、新材料、光机电一体化。公司在寻找项目上非常积极，在投资决策上也比较迅速。目前已投资7个项目，包括：四川索贝、成都迈普、沈阳算通、利德华幅、大连理工新材料、北京金可等，总投资额近3亿元人民币。所投项目发展情况良好，其中已有2个被列入第一批创业板候选企业。

投资方式：资金

机构类型：风险投资机构

深港产学研创业投资有限公司

机构简介：成立于2000年8月。发起人是有着深圳市政府、北京大学和香港科技大学背景的深圳“深港产学研基地”。成立之初，基地便决定参考国际惯例，募集民间资本，成立以民间资本为主的风险投资公司。成立半年以来，公司已由约7000万元人民币资本，扩大为1.5亿元人民币的规模。深港产学研的投资领域包括通讯、电子、IT等，主要侧重于成长期到成熟期的项目。到目前为止，已经投资了6家企业，分别是：从事电力设备生产的鞍山荣信，进行智能公用电话系统开发的冠日通讯，生产自动化系统集成的达实自动化，生产卫星接收设备的经天科技，以及同洲电子和产学研数码公司，投资总额超过2000万元人民币。同时，该公司还发挥自身的优势，为被投资者提供“增值服务套餐”，以使被投资企业的价值最大化。

投资方式：现金

机构类型：风险投资机构

世纪方舟投资有限公司

机构简介：1999年12月，一批有志于科技强国的商界成功人士和投资家于北京发起创立了风险投资公司，取名为世纪方舟，寓意世纪之交知识经济浪潮中的弄潮之舟。公司股东都有很深的投资背景（投行、证券、会计所），专业性强。现有18人，注册资金5000万元，可运作资金达到5亿元。2000年6月，世纪方舟注资5000万元在合肥与当地政府共同成立了一家风险投资公司——合肥市高科技风险投资公司。该公司在投资方向上不追国外VC流行的热点，只要效益好，对行业没有过多的限制。公司目前已投资16个项目；投资领域涉及网络、计算机软件、工业自动化控制、新材料、生物制药，环保等行业。包括：清华紫光铂特网络科技有限公司、北京数字方舟、西安协同软件、西安青松科技（指纹识别）、西安航天自动化、西安康鸿信息技术、浙江浙大中控、杭州路先非织（环保手术服）、合肥创源智能网络、西安杨林节水等。是民营的风险投资公司中运作比较成功的一个。

投资方式：现金

机构类型：风险投资机构

万通国际集团

机构简介：成立于1994年7月，总部设在美国硅谷，是一家专门针对中国留学生创业进行投资的公司。资金规模为3000万美元，都是国内民营企业万通集团自己的资金，不属于筹集的资金，因此具有充分的支配权。基金有三个定位：第一是只投留学生；第二是仅限于IT行业；第三是只做初始投资。万通国际集团的主要管理者均由在国内创办大型企业，并获卓著成效的青年企业家组成。专业人员多数具有欧美教育背景和工作经验，并聘请当地著名风险投资专家任管理顾问。自成立至今，万通国际集团已对7家创业企业进行了投资。由于对亚信的成功投资，使之在硅谷也享有了一定的声誉。继亚信之后，万通国际集团又先后投资了一系列企业，其中包括从事网络安全的诺方公司，JJ山软件公司，东方兴业网络教育服务有限公司、易趣网、创联网络技术有限公司等；并与IDG技术创业投资基金共同投资了香港统一网络有限公司。

投资方式：现金

机构类型：风险投资机构

信中利投资顾问有限公司

机构简介：成立于1999年3月，资金规模为2000万美元，由出身于摩根士丹利的投资银行家汪潮涌任董事长。目前，该公司已直接投资高科技项目15个，投资总额超过1000万美元。同时，还为12家高科技企业募集了逾2亿美元的资金，这些资金大多数来自境外投资者。基中，为朗新信息技术公司的融资成为一个口碑很好的案例，也使汪潮涌本人成为2000年国内最活跃的风险投资家之一。该公司一般会在创业公司的成长期投入资金，他们在中国投资的15个项目中只有三分之一是在初创期，三分之二是在成长期。信中利的下一步投资方向将调整到媒体，金融服务和休闲娱乐领域。因为，中国健康娱乐服务业的潜力还远远没有被挖掘。

投资方式:现金

机构类型:风险投资机构

武汉高新技术产业风险投资公司

机构简介: 2000年5月15日在东湖开发区正式挂牌。是武汉市首家由省市政府共同组建的风险投资公司，总股本达1亿元。其中，湖北省科技厅出资3000万元、武汉东湖新技术开发区2000万元、武汉市财政厅2000万元、原武汉高新技术产业投资担保有限公司3000万元。公司的投资方向包括:光通信技术、电子信息、生物工程、新材料等高技术产业。对任何一个企业的投资额不超过本公司资产净值的15%；对任何一个企业的投资不超过其股权总额的50%。公司目前已投资2个项目:武汉国测电力新技术有限公司和武大弘元股份有限公司。随着武汉"光谷"的兴起，该公司的前景也比较看好。

投资方式:现金

机构类型:风险投资机构

江苏省高新技术风险投资公司

机构简介:成立于1992年7月，注册资本3亿元，是省内第一家为高新技术成果转化提供服务的专业性投资公司，也是国内最早成立的高新技术风险投资公司之一。其投资领域包括:生物医药、电子信息、新材料、机电一体化等。至2000年底，公司共投资和扶持高新技术项目34项，累计投资额达到1.2亿元。投资项目包括南京益来基因医学有限公司等国家"863"计划项目，国家火炬计划项目和国家"九五"重点科技攻关项目。为了更有效地管理和使用好手中的风险基金，该公司突破原国有投资公司的运作模式，率先在国内尝试政府风险基金由民营公司运作管理的新思路，经多方接触后确定了上海中锐创业投资管理有限公司和上海创通投资管理有限公司，两家公司为首批授权的江苏省风险基金管理公司，分别授权管理6000万元和3000万元的江苏省科技发展风险基金。

投资方式:现金

机构类型:风险投资机构

北京中关村青年科技创业投资有限公司

机构简介:成立于1999年8月，是由北京中关村发展股份有限公司、国家科技部火炬中心、北京清华科技园发展中心、北京市新技术产业实验发展服务中心等共同出资设立的创业投资机构。公司首期注册资本为8000万元人民币、首家采用"孵华器+创业投资"的运作模式，并与华夏银行、国家开发银行、国家科技型中小企业创新基金建立长期合作伙伴关系。公司的投资方向为:信息技术；电子工程；自动化技术；生物医药；高科技农业。现已投资6个项目，包括:北京森泰克数据通信技术有限公司；学实创联公司；北京益普四环医药技术开发有限公司；铜陵精达特种电磁线股份有限公司；深圳雅都图形股份有限公司；安徽凯立电子股份有限公司。该公司于2000年5月发起主办了"第一届中关村创业大赛"，为推动北京市的科技创业活动起到了很大作用，自身也收获了一批好项目进行孵化。

投资方式:现金

机构类型:风险投资机构

联系电话:010-62770006

地　　址:清华大学学研大厦B座三层(100084)

中国科招高新技术有限公司

机构简介:成立于1989年6月，注册资本8000万元。股东构成为:香港招商局50%；国家科委25%；国防科工委25%，最初是为了将863计划的高科技成果产业化而成立，是中国政府继"中创"之后成立的第二家风险投资公司。1999年之前，科招公司以产业投资为主，投资后直接参与管理，主要靠分红获得收益。1998年之后开始进行风险投资，投资方向为:生物医药，新材料，IT等。投资阶段为初创期和成长期。目前已投资了12家公司，包括:三元基因，皮革材料，污水处理(绿膜技术)等。一般投资规模在几百万到两千万之间。

投资方式:现金

机构类型:风险投资机构

深圳市国成科技投资有限公司

机构简介:成立于1999年4月，注册资金5000万元。是由中国节能投资公司、深圳市高新技术产业投资服务有限公司和深圳市科委共同投资成立的高新技术创业投资公司。作为深圳市国家科技成果推广示范基地的运作主体，公司主要选择发展潜力大，处于种子期的高新技术企业，通过股权投资进行培育，使其达到一定的经济规模，然后通过产权转让收回投资。公司的投资领域以医药、生物工程、新材料和电子信息为主，对单一企业的最低投资额原则上不低于人民币200万元。公司的主要投资阶段为种子期。目前已投资4个项目，包括海德威药业等。

投资方式:现金

机构类型:风险投资机构

深圳高新技术产业投资服务有限公司

机构简介:由深圳市投资管理公司，深圳市科学技术发展基金会，深圳国家电子技术应用工业性试验中心，深圳市生产力促进中心共同发起，于1994年12月成立。注册资本为1亿元人民币，最初主要为初创企业进行融资担保。从1998年起，由深圳市财政每年注资1亿元，开始涉足风险投资。至 2000 年 6 月，公司净资产已达到 4.2 亿元人民币。该公司的投资原则是：分散投资，不控股，不参与管理，企业成熟之后就退出来。目前，该公司已参与投资了 5 个项目，包括：北大科兴、科陆电子、冠日科技、大族激光和比亚迪电池。其中，最成功的是对深圳大族激光科技有限公司的投资。仅仅两年的时间，就由当初的 40 多万元投资获得了 2400 多万元的回报，成为目前深圳市回报倍数最高的单个风险投资项目。目前，高新投正在与美国的一家基金管理公司洽谈，探讨合作在深圳搞一家合资的基金管理公司的可能性，计划在 3 年内引进 8000 万－1 亿美元的海外资金进行风险投资。

投资方式：现金

机构类型：风险投资机构

四川省投资集团公司

机构简介：成立于 1993 年，作为四川省政府的主要投资主体和国有资产经营主体，以往的投资主要集中在基础产业建设领域，先后参与了二滩水电站、达成铁路、四川聚脂以及将要开工的紫坪铺水利枢纽工程等一大批基础设施和基础产业重点建设，由此带动的投资规模达 800 多亿元人民币，公司资产也达到了 248 亿元。川投集团自 2000 年初开始投资高新技术项目以来，已经投资了 5 个项目，其中 3 个已有盈利，特别是与西南交大合作开发的远程铁路电气化控制项目，投资当年就创造利润 3600 万元。近日，由四川省投资集团公司及美国生物资讯技术控股公司共同投资的百奥生物信息科技公司更是吸引了业界的广泛关注。目前，川投集团的高新技术项目总投资已达 1 亿多元，在一定程度上扭转了四川省大部分成果都在我国东部甚至国外开花的现象。同时，川投集团还是清华紫光创投公司最早的股东之一，持有该公司约 10% 左右的股份。

投资方式：现金

机构类型：风险投资机构

广州市科技风险投资公司

机构简介：成立于 1999 年 12 月，是一家专门对高新技术企业进行风险投资的公司，注册资本为人民币 3 亿元。作为广州市风险投资体系的重要组成部分，公司现有的资金是市政府通过各种渠道筹集而来的，到 2003 年将达到 10 亿元人民币。公司的投资方向为：数字移动通信、软件开发、生物制药和现代农业。投资比例为：种子期和创业期的资金不超过 10%，大部分资金将投向企业成长期及成熟期。投资于单个项目的资金不超过公司资本金的 10%，对单个项目的投资比例不超过该项目总投资的 30%。公司已投资 8 个项目，包括：广州迪森热能技术有限公司；广州科友科技实业有限公司；广州倍特生物技术有限公司；广州中望商业机器有限公司；广州万孚生物技术有限公司；广州新科通信技术有限公司；广东天普生物化学制药有限公司；广东亿康科技有限公司。

投资方式：现金

机构类型：风险投资机构

北京赛迪创业投资有限公司

机构简介：成立于 2000 年 7 月，注册资本 5000 万元。是信息产业部赛迪集团下属的专业风险投资公司，主要股东为中国电子信息产业发展研究院。赛迪集团最初是由中国计算机报发展起来的，其主要的资金来源也是创办计算机报及其他媒体的收入。公司的投资方向集中于 IT 行业，目前已成功运作了赛迪网、中电网、赛迪通呼叫中心等多个项目，并建立了高科技企业孵化器。2001 年 3 月 15 日，赛迪创业投资有限公司注资中科红旗软件公司，引起业界广泛反响。被认为是信息产业部和中国科学院联手做出的又一战略举措，旨在将中科红旗打造成中国 Linux 产业的巨型企业，进而推动整个民族软件产业和信息工业的发展。目前，赛迪公司已经投资了 5 个项目，还与中国惠普公司正式结成战略伙伴关系，双方将在赛迪投资孵化器业务和惠普的“车库计划”等方面展开合作。

投资方式：现金

机构类型：风险投资机构

广东省粤科风险投资集团

机构简介：又名“广东省风险投资集团”，成立于1999 年 9 月 28 日。是经广东省人民政府批准设立并授权经营的国有独资公司，负责经营管理省政府授权范围内的国有资产。公司资产总额 10 亿元人民币，净资产 7 亿元人民币。公司的投资方向包括：光机电一体化，生物医学，IT、新材料、新能源、环保技术等。投资阶段为成长期。目前已投资了 12 个项目，包括：佛山光电器材公司；广东风华高新科技股份有限公司；新会电容薄膜厂；顺德震德塑料机械厂；南海中南铝合金轮毂有限公司；顺德特种变压器厂；中山凯达精细化工股份有限公司；新会彩艳纤维母粒股份有限公司；广东中成化工有限公司；佛山华鹭制冷器件有限公司；珠海天年高科技国际企业公司和广州天普生物制药有限公司。

投资方式：现金

机构类型：风险投资机构

上海信息技术创业投资公司

机构简介：是上海市人民政府为加快上海信息港建设，全面推进上海国民经济和社会信息化，于 1997 年 9 月 7 日批准设立的。公司注册资本金 3 亿元人民币，股东包括：上海联和投资有限公司；上海市邮电管理局；上海市广播电影电视局；上海东方明珠股份有限公司和上海广电（集团）有限公司。2000 年 7 月，上海信投成功引入香港上市公司上海实业控股有限公司（0363）成为公司的战略性投资者，公司注册资本金增至 3.75 亿元人民币。作为上海市信息领域的专业投资公司和上海信息港的投资、建设、运营主体之一，公司已先后投资并参与建设了上海多个信息基础设施与功能性设施，包括上海有线电视网、上海 ATM 宽带网、上海 IP 宽带网等，这些投资确立了上海信投在上海信息港建设中的地位。上海信投也积极参与了风险投资领域的运作，目前已投资了近 10 个信息类项目，包括：上海华腾软件系统有限公司；上海良标智能终端股份有限公司；上海东方网股份有限公司；上海华体信息技术有限公司；上海经贸网络科技有限公司；上海全景数字技术有限公司：上海资信有限公司等。

投资方式：现金

机构类型：风险投资机构

上海创业投资有限公司

机构简介：1998 年经上海市人民政府批准，由市地方财政出资 6 亿元人民币组建的，直属市政府领导的国有独资公司。它是由“上海市科技创业投资中心”改制成立的独立法人制公司。沪创投的资金目前全部采取委托管理的模式，实行出资者与管理者分离。公司本身不从事项目具体投资，而是通过公开招标，选择若干创投资金管理公司，负责对创投资金及其项目的投资和管理。去年沪创投已与上海盛基创业投资管理有限公司、上海杰姆实业公司、北京联办投资管理有限公司等 5 家管理公司签订了委托协议，今年委托的管理公司将达到 15 家。沪创投的投资范围包括：信息、生物医药、新材料、环保等高科技领域，投资对象主要是处于初创期和成长期的中小企业，成熟期的企业基本不投。目前，沪创投已投资了 53 个项目，投资金额达 2.6 亿元。包括：深圳赛格圣颖通信导航有限公司；上海新源变频电器有限公司；上海高伦现代农化股份有限公司；上海互动电视网络有限公司；北京华正天网信息安全技术有限责任公司；上海德安生物医学工程有限公司；上海超蓝软件有限公司等。

投资方式：现金

机构类型：风险投资机构

西安高新技术产业风险投资有限责任公司

机构简介：成立于 1999 年 2 月，注册资金 5000 万元，2000 年 4 月增资扩股，注册资金达到 1.5 亿元。公司出资人汇集了政府资本、产业资本、金融资本、以及民间资本，是西安高新开发区投融资体系中的重要组成部分。公司的投资方向为：信息产业、生物医药、通讯产业、光机电一体化等。投资阶段偏向于高速成长期的中小企业。目前，公司已投资 9 个项目，包括：西安创新互联网企业孵化器；西安女友网资讯有限公司；西安交大捷普网络科技有限公司；西安信利系统集成有限责任公司；西安力邦制药有限公司；西安千禾药业有限公司（原西安中胜制药有限公司）；西安联合超滤净化工程有限公司；西安翔宇航空科技发展有限责任公司；西安易安信科技有限公司。其中，西安联合超滤净化设备有限公司已与 2000 年 10 月 18 日成功地实现了股份回购，从而使西安高新投成功地完成了资本退出。

投资方式：现金

机构类型：风险投资机构

北京高新技术产业投资有限公司

机构简介：成立于 1998 年 10 月 27 日，是北京市政府批准的，北京市第一家风险投资公司。由北京市综合投资公司、国家开发投资公司、北京市国有资产经营公司、首钢总公司、清华同方股份有限公司共同发起设立，注册资本 3.1 亿元。公司主要通过参股、控股方式对高新技术企业进行直接投资和资本运营。经过两年多的运作，北京高新已从初始面向各行业的高新技术项目投资，逐渐形成集中在 IT、生物工程、环保三大领域的投资。目前已投资的项目有 10 个，总投资额达 1 亿多元。包括：华建机器翻译有限公司；北京金东方科技发展有限公司；北京国信贝斯软件公司；北京九州计算机公司；北京人大金仓信息技术有限公司；北京通审软件技术公司；北京博奥生物芯片项目，北京星恒电源有限公司；深圳清华同方股份有限公司。其中，除博奥一个为孵化期项目外，其余全部为中试后期或成熟期项目。有两个项目已基本完成了成功退出。

投资方式：现金

机构类型：风险投资机构

北京科技风险投资股份有限公司

机构简介：成立于 1998 年 10 月 28 日，是北京市最早涉足风险投资领域的公司之一，注册资金 5 亿元人民币。股东构成如下：北京国际信托投资有限公司占 25%；北京国际电力开发投资公司占 25%；中青旅控股股份有限公司占 25%；北京市国有资产经营公司占 8%；北京市海淀区国有资产投资经营公司占 10%；北京市大地科技实业总公司占 7%。公司投资方向以 IT 为主，包括生物医药、现代农业三大板块。投资结构：30% 投资于种子公司，60% 投资于成长、扩张性公司，10% 投资于其他业务。到目前为止，已投资 31 个项目，投资总量约 3 亿元；包括北京和利时系统集成项目，北京锦锈大地家业项目，北京博奥生物芯片项目，华诺软件宽带网络项目，维纳斯超媒体电脑项目，京贸发网络服务项目，军事医学科学院三所医药研发项目等。

投资方式：现金

机构类型：风险投资机构

上海联创投资管理有限公司

机构简介：成立于 1999 后 7 月 21 日，注册资本 7000 万元，股东各方为国家科委、国家经贸委、中国科学院科技促进经济基金委员会和上海联和投资有限公司。公司的核心业务是风险投资管理，投资对象是具有高速成长潜力的中国高新技术企业。目前，该公司管理的资金总额已达 8 亿多元人民币。上海联创的投资领域包括：信息技术、生物医药、环保和新材料。其中，信息技术领域占投资总额的

60%;生物医药领域占20%;环保及新材料领域占20%。公司主要以股权方式进行投资，一般对初创企业占10% - 50%;对成长企业占1% - 5%。上海联创对外一直保持低调,但其投资的手笔却很大,并有强大的国际化运作能力,擅长与国外著名风险投资机构和银行合作。目前联创已经考察了3000多个项目，从中选择了27个项目进行风险投资,其中16个涉及IT产业,另外7个来自生物医药,4个涉及环保和新材料领域。该公司对亚信的投资成本每股仅7元,亚信在纳斯达克上市后,上海联创仅此一项收益就足以收回其全部投资。除了亚信,联创还投资了著名的“证券之星”网站，该网站在以高盛为主要投资人的新的一轮融资中增值10倍；西安亚桥电子商务有限公司在以美林为主要投资人的新的一轮融资中增值16倍;红旗Linux在以新华集团为主要投资人的新的一轮融资中增值6倍;China elabs在以德意志银行为主要投资人的新的一轮融资中增值10倍。

投资方式:现金

机构类型:风险投资机构

深圳市创新科技投资有限公司

机构简介:成立于1999年8月,注册资本7亿元,其中5亿元由深圳市政府委托深圳市投资管理公司出资，其他主要股东包括一批政府股的企业集团和上市公司。参股的上市公司有:深深宝,深圳机场,深能源,中兴通讯等。公司重点投向具有高速成长性的中小型高新技术企业,IT、生物制药、新材料等是其投资重点。单个项目的投资规模一般在1000万到3000万人民币之间。倾向于中后期投资。在国内风险投资机构中,深圳创新投或许最会筹钱,也最会花钱。刚成立时,深圳创新投注册资本为7亿元。2000年底,公司已完成增资扩股和股份改造，将股本扩大到16亿元人民币。同时,通过继续募集资金,与国外金融机构合作设立新基金,与银行合作募资等方式,深圳创新投目前的实际投资能力已接近30亿元。预计3年内管理的资金将超过50亿人民币，成为全国最有影响力的风险投资公司之一。截至2000年底，深圳创投共接洽项目2000余项，评审项目79项,共投资项目36项,投资金额达3.55亿元,连同合资设立的专业性风险投资机构,总投资额超过5亿元。包括:深圳市科陆电子有限公司;深圳市金证高科技公司;深圳市经天股份有限公司;深圳市巨龙电脑有限公司;北京正有通信设备有限公司;杭州新中大软件有限公司;黄山子能实业有限公司;朗新信息科技,深圳市白兰实业发展有限公司;深圳西甫新材料有限公司等。

投资方式:现金

机构类型:风险投资机构

清华紫光科技创新投资有限公司

机构简介:清华紫光科技创新投资有限公司(简称“紫光创投”)是一家专门致力于高新技术项目投资的风险投资的公司,以专业、快捷、高效、灵活为特色。公司于2000年3月18日在北京成立,注册资本为1.05亿元人民币,同年6月,增资扩股至1.8亿元人民币。公司的股东有:清华紫光股份有限公司、四川省投资集团有限责任公司、湖北中天股份有限公司(已更名为湖北百科药业股份有限公司)、中海(海南)海盛船务股份有限公司、北京金集浩投资有限公司、北京燕京啤酒股份有限公司、沈阳公用发展股份有限公司、海南金海股份有限公司(已更名为中钨高新材料股份有限公司)。公司投资方向为:新材料、生物医药和IT。

投资方式:现金

机构类型:风险投资机构

联系电话:010 - 68434878

传　　真:010 - 68434877

网　　址:http://www.thuvc.com.cn

地　　址:中国北京紫竹院路29号香格里拉大饭店写字楼468室(100089)

重庆科技风险投资有限公司

机构简介: 重庆科技风险投资有限公司成立于1992年,于1993年正式启动。重庆科技风险投资有限公司是由重庆市科技开发区,财政局,重庆市科委等单位联合出资建立的公司，目的在于促进高科技产业的发展。公司除了1300万元的自有资金外，还代管开发区的几千万产业基金。公司实际运作资金有7000多万。公司成立四年多来,投资项目160多个,创利税600多万。为重庆的高科技产业的发展壮大作出了重大贡献。

投资方式:现金

机构类型:风险投资机构

联系电话:023 - 68615989/68614648

传　　真:023 - 6815989

地　　址:中国重庆市石桥铺渝州路西亚楼二楼(630039)

中经合创业投资公司

机构简介: 中经合隶属于美国WI Harper Group，WI Harper是由美国著名的投资银行Harper与美国亚太科技风险投资公司(APV)合作设立,APV曾促成几项国际购并案,包括金星电子购并增你智、三星购并美国虹志等案例,中经合同时与和比尔·盖茨共同创立微软的Panl Allen合作,未来将充分运用来自美国、日本、韩国等国家的资金,全力进行促进技术转移方面的投资。目前担任中经合董事长的刘宇环是台湾风险投资业的前辈,1984年应召回台与陈立武共同成立国际创投,并于1994年成立中国华登,1995年离开国际创投自行成立中经合。

投资方式:现金

机构类型:风险投资机构

中国证券市场研究设计中心(联办)
(STOCK EXCHANGE EXECUTIVE COUNCIL)

机构简介: 中国证券市场研究设计中心,简称"联办",成立于1989年3月,其前身为"证券交易所研究设计小组"。联办是中国证券市场的发起者,参与设计了上海、深圳两个证券交易所;直接设计、创建并管理了全国证券交易自动报价系统(STAQ系统);提出并以"总协调"身份直接组织了三次国债承销试点;并于1992年下半年参与设计国务院监管证券市场的职能机构——中国证监会。同时,联办又是优秀的基金管理者,汇聚了一批优秀的基金管理人才,积累了丰富的基金管理经验和投资经验。联办先后创建管理了多个基金,其中包括:淄博乡镇企业基金、S&E基金、CFI基金、S&C基金、帕洛玛中国投资基金和国泰财富基金。基金总额达数十亿元人民币,平均年收益超过市场平均水平。

投资方式:现金
机构类型:风险投资机构
联系电话:010-65063388
传　　真:010-65008011/65951599
地　　址:北京市朝阳区农展南里12号通广华信写字楼(100026)

中国国际金融有限公司(CICC)

机构简介: 中国国际金融有限公司是由国内外著名金融机构和大型公司共同组建的国际性投资银行公司。总部设在北京,注册资本为1亿美元。中金公司是中国第一家获准经营投资银行业务的中外合资金融机构。中金公司的股东分别为中国建设银行、摩根士丹利公司、中国经济技术投资担保公司、新加坡政府投资公司和香港名力集团。这五家合作者的总资产逾4130亿美元。公司业务范围包括:企业重组、收购与合并顾问;项目融资顾问;人民币普通股票、人民币特种股票、境外发行股票、境内外政府债券的承销;境内外政府债券的自营买卖;境内外政府债券的代理卖卖;基金的发起和管理;投资顾问及其他相关顾问业务;外汇买卖;境外企业、境内外商投资企业的外汇资产管理;同业拆借。中金公司在风险投资方面有较为丰富的经验,拥有国际投资经验的工作人员,标准较为规范,与国际标准接轨。

投资方式:现金
机构类型:风险投资机构
联系电话:010-68561166-1079(公关部)
冯丹云女士 68561154(直接投资部)
传　　真:010-68561145(公关部)
010-68561148(直接投资部)
地　　址:北京复兴门外大街6号光大大厦23层(100045)

亚洲战略投资管理公司(ASIMCO)

机构简介: 亚洲战略投资管理公司ASIMCO于1993年成立,其股东均为西方久负盛名的优秀财团,在其协助下,ASIMCO可从世界各地成功地获取资金、管理和技术。公司自1993年成立后,得到迅速发展。到1997年中,ASIMCO已在中国建成了十七家合资企业,其投资总额达5亿美元,其中ASIMCO投资3亿美元。目前,在北京拥有一百多名雇员的ASIMCO已成为在中国市场中占据主导地位而且经验丰富的外商投资企业之一。

投资方式:现金
机构类型:风险投资机构
联系电话:010-64382750
传　　真:010-64382735/6
网　　址:http://www.asimco.com
地　　址:北京市朝阳区将台路2号南侧丽园中心4层(100016)

亚太基金有限公司(亚太基金)

机构简介: 亚太基金成立于1996年3月,由台湾中华开发公司邀集美国、法国、新加坡、台湾等国家和地区知名机构出资组建而成,主要股东有中华开发、统一企业、嘉裕等台湾知名企业与美国Lombard Invest-ments Inc(管理加州政府退休基金)、法国百利银行、美国Capital International Inc、美国史丹佛大学基金、新加坡Seletar Fund Investements Pte. Ltd。目前公司登记于开曼群岛,管理基金达1.55亿美元,现任董事长为胡定吾(中华开发总经理)。亚太基金是一个区域性风险投资基金,以投资于亚太地区新兴国家为主,中国是其主要投资区域之一。

投资方式:现金
机构类型:风险投资机构

新加坡商汇亚资金管理有限公司

机构简介: Transpac是一家总公司设在新加坡的区域性创业投资资金管理公司,其投资区域以亚太地区为主。Transpac是由两家创投资金管理公司于1989年组建:新加坡的腾达投资有限公司和香港科技投资有限公司。前者由新加坡发展银行和大众钢铁集团组建而成。后者由冯国经博士(现任利丰集团主席,香港贸易发展局主席)、梁家锵博士(现任Transpac总裁)于1986年共同创办。目前管理资金共8.2亿美元,主要出资法人机构有日本野村证券、安田生命保险、第一生命保险、三菱、住友、三井等商社;新加坡DBS Bank、大众钢铁;韩国双龙集团、John Hancock人寿集团及创业投资基金、波士顿银行、美洲银行、IBM养老基金与英国、法国、比利时的各大集团,股东阵容十分坚强且遍布各大洲,目前为亚洲排名前第六位的创投公司。Transpac目前在新加坡、上海、广州、香港、台北、雅加达、吉隆坡、曼谷等地均设有分支结构,在亚太地区共投资多达一百三十多家公司,形成一个有效率的投资组合。它的主要股东之一,新加坡发展银行,是新加坡最大的投资银行,占有新加坡股票承销市场的70%,Transpac所管理的"Transpac Industrial Holding LTD.”成为新加坡的第一家上市创投公司,因为它具有与新加坡政府的良好关系,所以也积极推动投资的企业在新加坡上市,台湾的旺旺仙贝即通过Transpac的协助成为第一家在新加坡上市的台资企业。

投资方式:现金

机构类型:风险投资机构

四川省科技创业公司

机构简介:公司是直属于四川省科学技术委员会的高新技术企业。以发展高新技术,实现高技术成果商品化、产业化、国际化为主要目标,开展多种经营,综合发展。公司以生物医药、电子、精细化工、家具等新技术领域为主,开发新产品,实现产业化。

投资方式:现金

机构类型:风险投资机构

联系电话:028-6622055、6622642、6625224

传　　真:028-6754919

地　　址:中国四川省成都市华兴东街63号华兴贸易大楼4楼

华登风险投资基金

机构简介:华登国际投资集团(简称华登集团——WALTO INTERNATIONALINVESTMENT GROUP)为一家国际性风险投资集团,目前负责管理基金逾6.5亿美元。华登集团的总部设于美国旧金山,业务遍布亚太地区多个主要国家及城市,包括中国、台湾、新加坡、马来西亚、香港、菲律宾、越南、印度及印度尼西亚。华登除了对具发展潜力的企业提供创业基金外,也为发展融资及杠杆性收购提供资金。集团的投资对象皆为发展迅速、回报率高的行业,例如电子通讯、医疗保健、咨询科技、工业工程、消费品、金融服务、与生活方式有关的项目、建筑材料及基础建设、私有化计划等。华登中国基金于1994年创立,投资对象包括中国企业及在国内拥有庞大业务的公司。华登中国基金注册于开曼群岛,资本总额逾1.4亿美元,基金股东包括来自美国及东南亚的国际知名银行及金融机构。

投资方式:现金

机构类型:风险投资机构

联系电话:010-65263730

传　　真:010-65263734

地　　址:北京市东城区建国门外大街8号中粮广场A座509室(100005)

高诚资产管理有限公司

机构简介: Crosby是英国Crosby集团的子公司高诚资产管理有限公司(Crosby Asset Management(China),是一家创业投资基金管理公司,目前管理中国投资公司的创业投资资金。中国投资公司是于1992年5月21日于伦敦上市的投资公司,募集资本为0.36亿美元,全部由高诚公司代为管理。Crosby所属之Crosby集团是亚洲地区著名的商业银行,自1984年在香港成立以来,已在全球13个国家设立了19个办事处。Crosby集团所属的高诚证券于1986年开始参与中国业务,当时高诚证券向中国政府提出如何建立中国证券市场的规划书,并于1990年在北京设立第一家国际证券公司的代表处,目前在上海、深圳两个交易所均拥有操作席位,并拥有海外包销中国上市股票的经验。Crosby Asset Management(China)目前在北京、上海、香港、曼谷均设有办事处,在北京有两位专职投资经理,在香港也有专职投资经理。

投资方式:现金

机构类型:风险投资机构

联系电话:010-65007279

地　　址:朝阳区亚洲锦江酒店写字楼209室(100027)

富国资金管理公司

机构简介:富国资金管理公司成立于1993年,由严慈亮与Susamma Foel合作创立,二人均为哈佛的MBA,于1992年有感于中国经济改革的商业机会,由美国ZIFF家族为主要出资人,成立了富国私人信托基金。

投资方式:现金

机构类型:风险投资机构

北京太平洋优联风险技术创业有限公司

机构简介:北京太平洋优联风险技术创业有限公司是从事科技创业投资的中外合资企业。公司成立于1993年11月20日,是由北京市优联科技发展公司与美国国际数据集团所属的美国太平洋技术风险基金会共同创办的中外合资企业。公司的宗旨是借鉴美国高科技产业风险投资的机制和管理经验,高强度地引进国外资金,从北京市的实际出发,开拓高技术产业发展的新途径。公司拥有注册资金1000万美元,投资总额达3000万美元。

投资方式:现金

机构类型:风险投资机构

联系电话:010-68344314 68344323

传　　真:010-68344320

地　　址:北京市西城区北礼士路甲98号郭旭升(100037)

综合投资机构

清华兴业投资管理有限公司

联系电话:86－010－62780258
传　　真:86－010－62780159
电子邮件:timc@imtsinghua.com.cn
地　　址:北京市海淀区双清路清华学研大厦B座7层(100084)

云南红塔兴业投资有限公司

联系电话:86－010－66411166
电子邮件:sandyhill@sina.com
网　　址:http://www.capital.net.cn
地　　址:北京复兴门内大街158号远洋大厦4层(100031)

上海复星高科技(集团)有限公司

联系电话:86－021－62488110
传　　真:86－021－62488081
网　　址:http://www.fosun.com
地　　址:上海万航渡路623弄1号(200042)

山西省科技基金发展总公司

联系电话:86－0351－2026370
传　　真:86－0351－2026370
邮　　件:sxstfdc@public.ty.sx.cn
地　　址:山西太原市劲松路9号(030001)

广州融捷投资管理集团

联系电话:020－87047020,87049650
传　　真:020－87047910
网　　址:http://www.youngy.com.cn
邮　　址:youngy@public.guangzhou.gd.cn
地　　址:广州市水荫四横路演音大楼B座7层(510075)

浙江中财招商投资集团

联系电话:010－63092203
传　　真:010－63092192
邮　　件:lygcsw@mail.hz.zj.cn
网　　址:http://www.zhongcai.com

恒邦(安徽)科技发展有限公司

联系电话:86－0564－3212400
传　　真:86－0564－3222413
电子邮件:labszx@mail.hf.ah.cn
网　　址:http://www.bao-shan.com
地　　址:安徽省六安市东大街金安商城5楼(237000)

中国科招高技术有限公司

联系电话:010－62388182－185
传　　真:010－62379935
地　　址:北京海淀区花园路133号迪蒙大厦6层

中合资产管理有限责任公司

联系电话:021－68816905
邮　　件:cuam@public7.sta.net.cn
网　　址:http://www.cuam.com.cn
地　　址:上海浦东南路528号上海证券大厦N－2205室(200120)

泛华(亚洲)有限公司

联系电话:010－65941884
传　　真:010－65943687
电子邮件:zhoucuc@china.com
网　　址:http://www.tongtu.com/ck
地　　址:北京市朝阳区白家庄路甲6号

郑州市万金路投资有限公司

联系电话:0371－5905666
传　　真:0371－5905450
网　　址:http://www.wkingroad.com.cn
邮　　址:maqn@public2.zz.ha.cn

中国科技促进经济投资公司

联系电话:010－62561233
传　　真:010－62561689
电子邮件:cicstd@public.fhnet.cn.net
网　　址:http://www.cicstd.com.cn
地　　址:北京市中关村路乙12号(100080)

福建省运筹投资理财有限公司

联系电话:0592－5129958
传　　真:0592－5129957
电子邮件:winnow@public.xm.fj.cn
网　　址:http://www.winnow.com.cn
地　　址:厦门市槟榔路1号联谊广场7楼(361012)

中祥投资有限公司

联系电话:86－010－86822266
传　　真:86－010－68588126
电子邮件:cfic@public3. bta. net. cn
网　　址:http: //www. chinafortune. net
地　　址:中国北京西城区阜外大街2号万通新世界广场A座715(100037)

上海浦发投资发展有限公司

联系电话:86－021－62476717
传　　真:86－021－62473336
电子邮件:webmaster@pfinvt. com
网　　址:http: //www. pfinvt. com
地　　址:上海市延安中路829号达安广场西楼19层

荣知园国际投资有限公司

联系电话:86－010－66214168
传　　真:86－010－66214158
电子邮件:webmaster@tptinvest. com
网　　址:http: //www. tptinvest. com
地　　址:北京市西城区金融街23号平安大厦910室(100032)

赛特(国际)集团有限公司

联系电话:0852－25220097
传　　真:0852－25220079
邮　　件:sat@sat. com. hk
网　　址:http: //www. sat. com. hk
地　　址:香港中环夏悫道12号美国银行中心2509室

美国华达投资发展集团

联系电话:0592－2915888　0731－4443085
传　　真:0592－2910055　0731－2214781
网　　址:www. usa-cdi. com
邮　　址:enquiry@usa-cdi. com
地　　址:美国华达投资发展集团(361003)

深圳中核集团公司

联系电话:0755－3699420
传　　真:0755－3699415
地　　址:深圳市上步路1001号科技大厦16层(518031)

大庆油田长恒总公司

联系电话:0459－5963711
地　　址:大庆市让湖路区龙九路1号石油大厦七层(163453)

华联发展集团

联系电话:0755－3360072　3354490
传　　真:0755－3354491
地　　址:深圳市深南中路华联大厦1618室(518031)

深圳市惠华科技投资有限公司

联系电话:0755－5806120
传　　真:0755－5806210
地　　址:深圳罗湖布吉路21号天乐大厦19层(518019)

中化国际贸易股份有限公司

联系电话:010－68569891　68569887
传　　真:010－68568569
电子邮件:shoumin@sinochem. com
地　　址:北京复兴门外大街A2号中化大厦1609室(100045)

中源投资管理有限公司

联系电话:010－65102718
传　　真:010－65102722
地　　址:北京建国门内大街7号光华长安大厦11座712号(100005)

深圳石化综合商社有限公司

联系电话:0755－3344355
传　　真:0755－3355134
地　　址:深圳市福田区红荔西路石化大厦(518028)

深圳市融泽实业有限公司

联系电话:0775－3231085
地　　址:深圳市福田区南圆路上步大厦9H

四川奇峰集团投资有限公司

联系电话:028－86658574
传　　真:028－86653349
网　　址:http: //www. qifenggroup. com
邮　　件:qifeng@qifenggroup. com
地　　址:成都市中新街49号锦贸大厦17F(610016)

上海天强投资管理有限公司

联系电话:021－68868900
电子邮件:tianqiang@tianqiang. com. cn
网　　址:http: //www. tianqiang. com. cn
地　　址:上海市浦东东方路778号紫金山

大酒店 24 楼

大地桥基础设施投资咨询有限责任公司
联系电话:86 - 010 - 65958496
传　　真:86 - 010 - 65958495
网　　址:http: //www. bridge-of-trust. com. cn
邮　　件:bridgeot@bj. col. com. cn
地　　址:北京东直门南大街 14 号保利大厦写字楼 973 房间(100027)

辽宁东方证券公司
联系电话:024 - 22834319
电子邮件:ltstock@online. ln. cn
网　　址:http: //202. 97. 181. 38
地　　址:辽宁省沈阳市和平区南京北街 103 号(110002)

深圳特区证券
联系电话:0755 - 3163333
网　　址:http: //www. honghwa. com. tw
地　　址:深圳市福田区滨河路证券大厦(518026)

上海万申信息产业股份有限公司
联系电话:021 - 33134999
邮　　件:support@e-stock2000. com
网　　址:http: //go5. 163. com
地　　址:上海市虎丘路 50 号新世纪商务中心 12 楼(200000)

福建省华福证券公司
联系电话:0591 - 7545903　7545920　7545902　7545909
网　　址:http: //hfyq_2000. home. chinaren. com
地　　址:福州市杨桥路中闽大厦

常州市证券公司
联系电话:0519 - 8121445　8124492
传　　真:0519 - 8121446
邮　　件:cz. zqgs@public. cz. js. cn
网　　址:http: //www. sczp. cz. jsinfo. net
地　　址:中国江苏省常州市延陵西路 59 号常信大厦 18 - 19 楼(213003)

中信公司
邮　　件:g-office@citic. com. cn
网　　址:http: //www. citic. com. cn
地　　址:北京市朝阳区新源南路 6 号京城大厦(100004)

航空证券
联系电话:0312 - 3097810
电子邮件:hkbdzq@263. net
网　　址:http: //www. hkbdzq. com. cn
地　　址:河北省保定市五四西路 118 号(071000)

兴业证券
联系电话:021 - 68419237/0755 - 2364557
邮　　件:exy@xyzq. com. cn
网　　址:http: //www. xysecurities. com

国通证券
联系电话:0755 - 6951111　3796300(总机)
传　　真:0755 - 3796500
电子邮件:sbox@ccs. com. cn
网　　址:http: //www. newone. com. cn
地　　址:中国深圳深南中路 34 号华强佳和大厦 A 座 8 - 11、19 楼(518031)

申银万国证券股份有限公司
联系电话:86 - 021 - 54033888
传　　真:86 - 021 - 54037228
电子邮件:sywgonline@sywg. com. cn
地　　址:中国上海常熟路 171 号(200031)

湘财证券有限责任公司
电子邮件:webmaster@xcsc. com
网　　址:http: //www. xcsc. com
地　　址:湖南省长沙市黄兴中路 63 号中山国际大厦 12 楼(440006)

成都证券有限责任公司
联系电话:028 - 86690080　86690076
电子邮件:webmaster@china598. com
网　　址:http: //www. cdstock. com. cn
地　　址:成都市东城根上街 95 号成都证券大厦(610015)

天同证券
联系电话:0755 - 3674123
传　　真:0755 - 3673296
网　　址:http: //www. ttstock. com
地　　址:深圳福田红荔路四川大厦 5 层 11 层(518031)

上海之窗
联系电话:021 - 64288787
传　　真:021 - 64683637
电子邮件:simon@shanghai-window. com

网　　址:http://www.ivisions.com.cn
地　　址:中国上海市紫阳路80号(200030)

招商银行
联系电话:86-0755-3198888
传　　真:86-0755-3195555　3195777
网　　址:http://www.cmbchina.com
地　　址:深圳市深南大道7088号招商银行大厦(518040)

赢时通
联系电话:0755-2136699
传　　真:0755-2138935
电子邮件:lingang@yestock.com
网　　址:http://www.fabu21.com
地　　址:深圳市嘉宾路4028号太平洋商贸大厦1811室(518001)

中国科技促进经济投资公司
联系电话:021-64159771(总机)
021-64153966(客户服务热线)
传　　真:021-64150622
电子邮件:webclient@stockstar.com
网　　址:http://www.stockstar.com
地　　址:上海市卢湾区淮海中路918号久事复兴大厦9楼(200020)

深圳市中勤信
联系电话:0755-3683615
传　　真:0755-3683614
网　　址:http://www.zqxpg.com
电子邮件:jfsac@21cn.com
地　　址:深圳市深南中路2070号电子科技大厦C座23层A-B室(518031)

湖南启明投资顾问有限公司
联系电话:0731-4433388
传　　真:0731-2225862
电子邮件:qmtzqmtz@public.cs.hn.cn
网　　址:http://www.venus-invest.com
地　　址:中国湖南长沙韭菜园28号新富城19楼

南方证券有限公司
联系电话:0755-2138138
传　　真:0755-2138049
电子邮件:webmaster@sostock.com.cn
地　　址:深圳市嘉宾路4028号太平洋商厦20-28层(518001)

广东民安证券经纪有限责任公司
联系电话:020-83829921
传　　真:020-83802385
地　　址:广州市环市东路322号中梯10楼

金舆技术中心
联系电话:86-010-62626260　62537030
传　　真:86-010-62537030
电子邮件:translationjinyu@263.net.cn
jinyutranslation@vip.sina.com
网　　址:http://www.beijing688.com
地　　址:北京市海淀区中关村北大资源东楼

金休恩科技发展有限公司
联系电话:010-62180770　62183770
传　　真:010-62178958
电子邮件:shooin@public.bta.net.cn
网　　址:http://www.shooin.com.cn
地　　址:北京海淀区学院南路68号吉安大厦304室(100081)

易凯网络资本有限公司(China eCapital)
联系电话:86-010-65057930
传　　真:86-010-65057932
电子邮件:info@china-ecapital.com
网　　址:http://www.china-ecapital.com
地　　址:中国北京市建国门外大街1号国贸大厦2座26层(100004)

福建省运筹投资理财有限公司
联系电话:0592-5129958　5129948
传　　真:0592-5129957
电子邮件:winnow@public.xm.fj.cn
网　　址:http://www.winnow.com.cn
地　　址:厦门市槟榔路1号联谊广场7楼(361012)

中瑞华会计师事务所
联系电话:86-010-88091188
传　　真:86-010-88091199
电子邮件:zrcpa@tax.com.cn
网　　址:http://www.tax.com.cn
地　　址:北京市西城区金融大街35号国际企业大厦A座8层(100032)

广发证券有限责任公司
联系电话:86-020-87555538　87555888-128,148
传　　真:86-020-87553600
网　　址:http://www.gf.com.cn

地　　址:广州市天河北路 183 号大都会广场 42 楼(510075)

联合证券有限责任公司

联系电话:86 - 0755 - 2492000
传　　真:86 - 0755 - 2493000
网　　址: http: //www. lhzq. com
地　　址:深圳市深南东路 5047 号发展银行大厦(518001)

贝恩策略顾问公司

联系电话:010 - 65053388
传　　真:010 - 65052222
地　　址:北京朝阳区建国门外大街 1 号国贸大厦 2501 室(100004)

BCG 波士顿顾问公司

联系电话:021 - 63758618
传　　真:021 - 63758628
网　　址:http: //www. bcg. com
地　　址:上海办事处:黄陂北路 227 路中区广场 21 层

证券投资咨询机构

清华紫光投资顾问有限公司

法人代表:赵家和
总 经 理:沈　铭
联 系 人:王爱武
注册资本:350 万
通信地址:北京市西城区阜外大街甲 28 号京润大厦 13 层(100037)
电　　话:13901140590
传　　真:010 - 68042153

北京君之创证券投资咨询有限公司

法人代表:郭　锋
总 经 理:秦兴万
联 系 人:李国良
注册资本:500 万
通信地址:北京市朝阳区建外大街 19 号国际大厦 2601 室(100004)
电　　话:010 - 85262723
传　　真:010 - 85262726

北京京放投资管理顾问有限责任公司

法人代表:汪　洪
总 经 理:汪　洪
联 系 人:马东涛
注册资本:800 万
通信地址:北京市朝阳区北辰东路八号(100101)
电　　话:010 - 64916225
传　　真:010 - 64916169

北京东方趋势投资顾问有限责任公司

法人代表:赵笑云
总 经 理:赵笑云
联 系 人:罗　静
注册资本:100 万
通信地址:北京市西城区赵登禹路 277 号先锋写字楼 5 层(100034)
电　　话:010 - 66138520
传　　真:010 - 66138526

和讯信息科技有限公司

法人代表:章知方
总 经 理:章知方
联 系 人:秦茂军
注册资本:300 万
通信地址:北京市朝阳门外 22 号泛利大厦 10 层(100026)
电　　话:010 - 65888866 - 6070
传　　真:010 - 65880143

北京中鼎信理财顾问有限公司

法人代表:王　兵
总 经 理:王　兵
联 系 人:魏　斌
注册资本:300 万
通信地址:北京市朝阳区光华路 7 号汉威大厦 11B1(100004)
电　　话:010 - 65612518
传　　真:010 - 65612530

北京首证投资顾问有限公司

法人代表:陈川震
总 经 理:杨成义

联 系 人:张志军
注册资本:200 万
通信地址:北京市旧鼓楼大街庆丰大厦
216 室(100009)
电　　话:010－64038974
传　　真:010－64038974

北京中和信达投资顾问有限责任公司
法人代表:金立佐
总 经 理:金立佐
联 系 人:徐凯瑞
注册资本:580 万
通信地址:北京市白石桥路 3 号友谊宾馆会议楼
4 层(100873)
电　　话:010－68728578
传　　真:010－68728575

北京中兴发投资咨询有限公司
法人代表:梁冶萍
总 经 理:刘晓聪
联 系 人:刘　宇
注册资本:500 万
通信地址:北京市朝阳区亚运村汇园公寓 N 座
207(100101)
电　　话:010－62510799
传　　真:010－62510684

北京融正投资顾问有限公司
法人代表:王国祥
总 经 理:耿亚囡
联 系 人:刘庆波
注册资本:1000 万
通信地址:北京市西城区北营房东里 13 号今儒大厦
B 座 410(100037)
电　　话:010－68362440
传　　真:010－68360854

华夏证券有限公司
法人代表:赵大建
联 系 人:林　征
注册资本:100000 万
通信地址:北京市东城区新中街 68 号(100027)
电　　话:010－65516569
传　　真:010－65516465

北京证券有限责任公司
法人代表:卢克群
总 经 理:周康荣
联 系 人:吕立新
注册资本:85000 万
通信地址:北京市西城区阜外大街 2 号万通广场
B12 层(100037)
电　　话:010－68581166
传　　真:010－68587730

中国科技国际信托投资公司
法人代表:张　钢
总 经 理:张　钢
联 系 人:文志刚
注册资本:52882 万
通信地址:北京市朝阳区北辰路 8 号国际会议中心
4 层(100101)
电　　话:010－64933334
传　　真:010－64933385

北京汇正财经顾问有限公司
法人代表:李刚剑
总 经 理:李刚剑
注册资本:100 万
通信地址:北京市东城区安外胜古北路 5 号(100029)
电　　话:010－64939642
传　　真:010－64416401

北京新兰德证券投资咨询有限责任公司
法人代表:王师勤
总 经 理:张学庆
联 系 人:张学庆
注册资本:100 万
通信地址:北京市西城区灵境胡同 42 号(100032)
电　　话:010－66072087
传　　真:010－66072659

北京海融资讯系统有限公司
法人代表:卢蔚秋
总 经 理:夏　耘
联 系 人:姚振山
注册资本:325 万
通信地址:北京 9799 信箱 30 分箱(100101)
电　　话:010－64948698－329
传　　真:010－64942698

北京东方高圣投资顾问公司
法人代表:陈　健
总 经 理:陈　健
联 系 人:陈　军
注册资本:108 万

通信地址:北京友谊宾馆 5 号楼 50539 室(100873)
电　　话:010 - 68498113
传　　真:010 - 68499114

北京市海问投资咨询有限责任公司
法人代表:龙　涛
总 经 理:韩家乐
联 系 人:汪　红
注册资本:988 万
通信地址:北京市海淀区车公庄西路甲 19 号
华通大厦 820 室(100101)
电　　话:010 - 64957030
传　　真:010 - 64957022

北京中方信富投资管理咨询有限公司
法人代表:沈金宝
总 经 理:沈金宝
联 系 人:王星华
注册资本:200 万
通信地址:北京市朝阳区东三环北路甲 2 号京信大厦
0956 室(100027)
电　　话:010 - 64660827
传　　真:010 - 64660645

北京中咨北方投资顾问有限公司
法人代表:王坚朴
总 经 理:王坚朴
联 系 人:李明江
注册资本:100 万
通信地址:北京西城区阜外大街 1 号(100037)
电　　话:010 - 68364899
传　　真:010 - 68364903

中国银河证券有限责任公司
总 经 理:朱　利
联 系 人:李立生
注册资本:450000 万
通信地址:北京市西城区复兴门内大街
158 号(100031)
电　　话:010 - 66421592
传　　真:010 - 66421591

北京世华国际金融信息有限公司
法人代表:彭评选
总 经 理:刘国建
联 系 人:徐瑞峰
注册资本:1000 万
通信地址:北京市海淀区学院南路 12 号(100029)
电　　话:010 - 64441825
传　　真:010 - 64441822

天津证券投资咨询有限公司
法人代表:谢光北
总 经 理:谢光北
联 系 人:张学峰
注册资本:300 万
通信地址:天津市和平区西康路 72 - 74 号云翔大厦
20GH(300070)
电　　话:022 - 83850149
传　　真:022 - 83850702

天津市中融投资咨询有限公司
法人代表:李　琳
总 经 理:韩　东
联 系 人:韩　东
注册资本:180 万
通信地址:天津市南开区长江道 30 号(300102)
电　　话:022 - 27421335
传　　真:022 - 27490902

天津市瑞祥投资咨询有限公司
法人代表:刘瑞来
总 经 理:方耀全
联 系 人:王　娟
注册资本:1008 万
通信地址:天津市河西区台儿庄路 40 号(300042)
电　　话:022 - 23309439
传　　真:022 - 23309439

天津市万科投资咨询有限公司
法人代表:张旭东
总 经 理:张旭东
联 系 人:于　飞
注册资本:100 万
通信地址:天津市和平区宜昌道 60 号金腾公寓
302 室(300070)
电　　话:022 - 23526228
传　　真:022 - 23526218

天津证券有限责任公司
法人代表:葛子平
总 经 理:张　健
联 系 人:李　健
注册资本:11950 万
通信地址:天津市和平区赤峰道 132 号(300041)
电　　话:022 - 27112021

传　　真:022－27119890

山西广瑞数据传播有限公司

法人代表:钟亚青
总 经 理:钟亚青
联 系 人:邸永忠
注册资本:200 万
通信地址:山西省太原市迎泽大街 318 号(030001)
电　　话:0351－40712214
传　　真:0351－4073147

山西信鼎证券期货投资咨询有限公司

法人代表:张宏柱
总 经 理:张宏柱
联 系 人:徐培华
通信地址:山西省太原市新建路 252 号(030002)
电　　话:0351－3531942
传　　真:0351－3531942

山西证券有限责任公司

法人代表:张广慧
总 经 理:李明璋
联 系 人:刘文康
注册资本:20000 万
通信地址:山西省太原市迎泽大街 282 号(030001)
电　　话:0351－4062188
传　　真:0351－4062188

内蒙古证券有限责任公司

法人代表:孙子荣
总 经 理:石治中
联 系 人:张俊峰
注册资本:9400 万
通信地址:呼和浩特市新城北街 62 号(010010)

沈阳汇融投资咨询服务有限公司

法人代表:崔润江
总 经 理:王　戈
联 系 人:剑　妮
通信地址:沈阳市和平区太原北街 1 号
金城宾馆(110001)
电　　话:024－23402566
传　　真:024－22714599

鞍山市金龙投资咨询有限公司

法人代表:吴育民
总 经 理:金奎东
联 系 人:张　洌
注册资本:110 万
通信地址:鞍山市铁东区前进路 8 号
电　　话:0412－23960659
传　　真:0412－2233722

大连北部资产经营有限公司

法人代表:王　醒
总 经 理:王　醒
联 系 人:王　醒
注册资本:500 万
通信地址:辽宁省大连市西岗区中山路
141－3 号(116011)
电　　话:0411－3688879
传　　真:0411－3628723

吉林省北方万盛投资管理顾问有限公司

法人代表:王　敏
总 经 理:王　敏
联 系 人:赫荣祥
通信地址:吉林省长春市光明路 2 号金融大厦营业部
3 楼(130051)
电　　话:0431－8922381－2681

吉林省上证吉龙投资咨询有限公司

法人代表:周小平
总 经 理:周小平
联 系 人:郝　军
注册资本:100 万
通信地址:吉林省长春市青云街新 8 号(130061)
电　　话:0431－8946097
传　　真:0431－8928567

东北证券有限公司

法人代表:李维雄
总 经 理:李维雄
注册资本:101022 万
通信地址:吉林省长春市长春大街 142 号(130041)
电　　话:0431－8910424
传　　真:0431－8910424

黑龙江省容维投资有限责任公司

法人代表:刘宝华
总 经 理:刘宝华
联 系 人:宋　鹏
注册资本:2756 万
通信地址:哈尔滨市南岗区西大直街 161 号
电子大厦 703 室(150001)
电　　话:0451－4649709

传　　真:0451－4649704

国泰君安证券股份有限公司

法人代表:金建栋
总 经 理:姚　刚
联 系 人:赵　蕾
注册资本:377000万
通信地址:上海市延平路135号(200042)
电　　话:021－62674110
传　　真:021－62531068

申银万国证券股份有限公司

法人代表:刘明康
总 经 理:王玉春
联 系 人:李绍勇
注册资本:132000万
通信地址:上海市常熟路171号(200031)
电　　话:021－64158888
传　　真:021－64152614

海通证券有限公司

法人代表:王开国
总 经 理:王开国
联 系 人:卞　蕾
注册资本:100000万
通信地址:上海市唐山路218号(200080)
电　　话:021－65845291
传　　真:021－65842892

上海亚洲商务投资咨询有限公司

法人代表:陈琦伟
总 经 理:陈建远
联 系 人:周东华
注册资本:300万
通信地址:上海市延安西路2558号8号楼(201103)
电　　话:021－62959001
传　　真:021－62958060

上海世基投资顾问有限公司

法人代表:徐伟平
总 经 理:华建国
联 系 人:唐义龙
注册资本:133万
通信地址:上海市瑞金路65号(200023)
电　　话:021－56371511
传　　真:021－63036843

上海中广信息传播咨询有限公司

法人代表:李戈华
总 经 理:徐　徽
联 系 人:卓　榕
注册资本:115万
通信地址:上海市昌平路556弄206室(200040)
电　　话:021－63861243
传　　真:021－62530304

上海证联投资咨询服务有限责任公司

法人代表:陶永根
总 经 理:陶永根
联 系 人:陈黎明
注册资本:100万
通信地址:上海市金陵中路72号2楼(200021)
电　　话:021－58703410
传　　真:021－63861243

上海万国股市测评咨询有限公司

法人代表:张长虹
总 经 理:张长虹
联 系 人:王　玫
注册资本:100万
通信地址:上海市122－007信箱(200122)
电　　话:021－58358128
传　　真:021－58350154

上海点津投资顾问有限公司

法人代表:饶浩雁
总 经 理:陈慧谷
联 系 人:周　倜
注册资本:100万
通信地址:上海市浦东南路528号证券大厦北塔15层(200120)
电　　话:021－68811111－268
传　　真:021－68818777

上海新兰德证券投资咨询顾问有限公司

法人代表:王师勤
总 经 理:蒋家炯
联 系 人:俞正强
注册资本:500万
通信地址:上海市浦东大道2000号阳光世界15楼(200135)
电　　话:021－58525969
传　　真:021－58604430

上海证券综合研究有限公司

法人代表:张持坚
总 经 理:孙 健
联 系 人:高小华
注册资本:600 万
通信地址:上海市浦东新区银城东路 139 号华能大厦 35 楼(200120)
电　　话:021-68863288-666
传　　真:021-68811136

上海京华投资顾问公司

法人代表:蒋 洪
总 经 理:赵增川
联 系 人:丁雯娟
注册资本:100 万
通信地址:上海市黄兴路 2050 号 301 室(200433)
电　　话:021-65489694
传　　真:021-65332785

东方证券有限责任公司

法人代表:朱福涛
联 系 人:陶 晋
注册资本:100000 万
通信地址:上海市浦东东方路 1025 号(200040)
电　　话:021-62569213
传　　真:021-62569220

光大证券有限责任公司

法人代表:刘明康
总 经 理:聂庆平
联 系 人:陈守红
注册资本:50000 万
通信地址:上海市浦东南路 528 号证券大厦南塔 15、16 楼(200120)
电　　话:021-68816000
传　　真:021-68818550

上海赛德投资咨询有限公司

法人代表:陈林坚
总 经 理:陈林坚
联 系 人:范跃进
注册资本:100 万
通信地址:上海市茂名南路 265 号 1001-1003 室(200020)
电　　话:021-64678880
传　　真:021-64150338

上海金信证券研究有限责任公司

法人代表:卢福禄
总 经 理:李 康
联 系 人:陈柯梦
注册资本:500 万
通信地址:上海市长乐路 1219 号长鑫大厦 17 楼(200031)
电　　话:021-64716524
传　　真:021-64714093

上海金汇信息系统有限公司

法人代表:严建军
总 经 理:陈晓峰
联 系 人:陈晓峰
注册资本:500 万
通信地址:上海市南京西路 1168 号中信泰富广场 17 楼(200041)
电　　话:021-52984455

上海万盛投资资讯有限公司

法人代表:孙小丹
总 经 理:赵海林
联 系 人:赵海林
注册资本:220 万
通信地址:上海吴淞路 357 号(200080)
电　　话:021-63575253
传　　真:021-63259281

上海新世纪投资服务有限公司

法人代表:仰 融
总 经 理:丁豪樑
联 系 人:刘晓华
注册资本:100 万
通信地址:上海四平路 953 号美鑫大楼 401 室(200092)
电　　话:021-65363892
传　　真:021-65366595

上海市涌金理财顾问有限公司

法人代表:魏 东
总 经 理:朱锦伟
联 系 人:刘玮琪
注册资本:500 万
通信地址:上海市云台路 80 号 301 室(200120)
电　　话:021-68865126

上海中智富投投资研究有限公司

法人代表:周诚良

总 经 理:周诚良
联 系 人:穆可意
注册资本:1000 万
通信地址:上海市淮海东路 85 号 15 楼(200021)
电　　话:021－63555888
传　　真:021－63557788

上海君创财经顾问有限公司
法人代表:邹永新
总 经 理:孙枝来
联 系 人:孙枝来
注册资本:200 万
通信地址:上海市东方路 985 号 20 楼 E 座(200122)
电　　话:021－50818602
传　　真:021－50818602

上海益邦投资咨询有限公司
法人代表:王振鑫
总 经 理:陆晓东
联 系 人:陆晓东
注册资本:100 万
通信地址:上海市甘河路 8 号明道大厦 3 楼(200437)
电　　话:021－62446568
传　　真:021－65608008

华泰证券有限责任公司
法人代表:张开辉
总 经 理:吴万善
联 系 人:尚　遒
注册资本:85032 万
通信地址:江苏省南京市中山东路 90 号华泰证券大厦(210002)
电　　话:025－4579777
传　　真:025－4579778

江苏现代资产管理顾问有限公司
法人代表:时伯生
总 经 理:丁伯康
联 系 人:周发奇
注册资本:100 万
通信地址:南京中山北路 84 号 4 楼(210009)
电　　话:025－3212451
传　　真:025－3212492

江苏天鼎投资咨询有限公司
法人代表:甘　丹
总 经 理:甘　丹
联 系 人:朱建国
注册资本:300 万
通信地址:南京市北京东路 31 号楼 4 楼(210029)
电　　话:025－4716225
传　　真:025－4716225

太仓证券投资咨询有限公司
法人代表:王　峥
总 经 理:王　峥
联 系 人:王　翀
注册资本:650 万
通信地址:江苏省太仓市城厢镇上海路 2 号(215400)
电　　话:0520－3593282
传　　真:0520－3593002

宁波海顺投资咨询有限公司
法人代表:周伟成
总 经 理:周伟成
联 系 人:王　栋
注册资本:500 万
通信地址:浙江省宁波市望京路燎原桥 2 号帝力大厦(315010)
电　　话:0574－7345707
传　　真:0574－7344187

浙江证券有限责任公司
联 系 人:吕丽萍
通信地址:浙江省杭州市延安路 400 号(310006)
电　　话:0571－7084931
传　　真:0571－7085102

杭州新希望证券投资顾问有限公司
法人代表:张　野
总 经 理:张　野
联 系 人:吴和美
注册资本:150 万
通信地址:杭州下城区朝晖五区华东设计院招待所内(310006)
电　　话:0571－5069013
传　　真:0571－5069512

杭州三元证券投资顾问有限公司
法人代表:胡晓东
总 经 理:胡晓东
联 系 人:胡晓东
注册资本:100 万
通信地址:杭州市上城区涌金路 171 号－15(310003)
电　　话:0571－7068018

传　　真:0571－7915545

安徽新兴证券投资咨询有限责任公司
法人代表:谢冰蕾
总 经 理:谢冰蕾
联 系 人:袁　立
注册资本:100 万
通信地址:安徽省合肥市长江路 357 号证券大厦(230061)
电　　话:0551－7037488
传　　真:0551－2810007

合肥皖建投资咨询有限责任公司
法人代表:李　惠
总 经 理:李　惠
联 系 人:黄金亮
注册资本:100 万
通信地址:安徽省合肥市屯溪路 306 号金安大厦 1405 室(230001)
电　　话:0551－4666990
传　　真:0551－4666990

福建省闽发证券有限公司
法人代表:张晓伟
总 经 理:张晓伟
联 系 人:林　谨
注册资本:10919 万
通信地址:福建省福州市五四路 158 号环球广场 28－29 层(350003)
电　　话:0591－7804468
传　　真:0591－7804329

福建省企业顾问有限公司
法人代表:兰　荣
总 经 理:吴怀坤
联 系 人:吴欧祥
注册资本:100 万
通信地址:福建省福州市湖东路天骛大厦 6 层(350003)
电　　话:0591－7567384
传　　真:0591－7817641

兴业证券股份有限公司
法人代表:兰　荣
总 经 理:兰　荣
联 系 人:郑　捷
注册资本:98000 万
通信地址:福建省福州市湖东路 99 号标力大厦(350001)
电　　话:0591－7543143
传　　真:0591－7545324

福州天力投资顾问有限公司
法人代表:熊碧波
总 经 理:林礼明
联 系 人:邓京蓉
注册资本:1000 万
通信地址:福州鼓楼区井观外观巷中华大厦 415 室(350003)
电　　话:0591－7851045
传　　真:0591－7851045

福建儒林信息技术发展有限公司
法人代表:叶金兴
总 经 理:叶金兴
联 系 人:黄剑忠
注册资本:500 万
通信地址:福州市五一路 32 号元洪花园水仙阁 2－C(350005)
电　　话:0591－3323649
传　　真:0591－3361651

福建天信投资咨询顾问有限公司
法人代表:黄孙奎
总 经 理:胡维清
联 系 人:杨　舒
注册资本:300 万
通信地址:福州市五一北路 1 号力宝天马广场 14 层 E/F(350001)
电　　话:0591－3372508－207
传　　真:0591－3373944

厦门市鑫鼎盛证券投资咨询服务有限公司
法人代表:饶崇林
总 经 理:陈　昊
联 系 人:张少民
注册资本:126 万
通信地址:福建省厦门市湖滨南路鸿翔大厦 12 楼 C、D 座(361004)
电　　话:0592－5185714
传　　真:0592－5185714

厦门新汇通投资咨询有限公司
法人代表:赖添强
联 系 人:周军霞
注册资本:500 万

通信地址:福建省厦门市长青路惠元大厦14层(361012)
电　　话:0592－2043363
传　　真:0592－2042961

山东证券有限责任公司
法人代表:段　虎
总 经 理:宫龙云
联 系 人:李会民
注册资本:50800万
通信地址:山东省济南市泉城路180号5层(250011)
电　　话:0531－2959970
传　　真:0531－2969855

山东神光咨询服务有限责任公司
法人代表:孙成旗
总 经 理:孙成钢
联 系 人:江　涛
注册资本:200万
通信地址:山东省济南市佛山街51－A(250011)
电　　话:0531－6032100－811
传　　真:0531－6032100－0

山东国发投资顾问有限公司
法人代表:王　鲁
总 经 理:宋　勇
联 系 人:王　鲁
注册资本:100万
通信地址:济南解放路165号8楼810室(250013)
电　　话:0531－6994404
传　　真:0531－6062100

山东百益顾问咨询有限责任公司
法人代表:郑玉贤
总 经 理:宋振学
联 系 人:华　东
注册资本:100万
通信地址:济南市经四路267号(250001)
电　　话:0531－2910242
传　　真:0531－6993532

济南英大证券投资咨询有限责任公司
法人代表:盖永光
总 经 理:李大明
联 系 人:李大明
注册资本:800万
通信地址:济南市馆驿街318号(250001)
电　　话:0531－6035544
传　　真:0531－6029898

青岛安信投资顾问有限责任公司
法人代表:李　群
总 经 理:李　群
联 系 人:赵　强
注册资本:500万
通信地址:青岛南区宁夏路120号裕丰大厦601室(266071)
电　　话:0532－5753392
传　　真:0532－5722257

青岛市大摩投资咨询有限责任公司
法人代表:李成武
总 经 理:曾　明
联 系 人:李成武
注册资本:658万
通信地址:青岛瞿塘峡路47号海富楼702户(266002)
电　　话:13806398287
传　　真:0532－8525518

万通证券有限责任公司
法人代表:刘孔青
总 经 理:王宏达
联 系 人:沈　宏
注册资本:55198万
通信地址:青岛市延吉路42号(266023)
电　　话:0532－5829452
传　　真:0532－5829314

河南省金博投资咨询有限公司
法人代表:王栓红
总 经 理:洛　明
联 系 人:洛　明
注册资本:100万
通信地址:河南省郑州市纬四路东段19号12层(450003)
电　　话:0371－5614901
传　　真:0371－5614427

河南万国咨询开发有限公司
法人代表:宋全启
总 经 理:宋全启
联 系 人:赵　宏
注册资本:150万
通信地址:河南省郑州市政二街3号(450003)
电　　话:0371－5951334
传　　真:0371－5951977

河南华证金融投资咨询有限公司

法人代表:崔利军
总 经 理:张爱民
联 系 人:张爱民
注册资本:2000 万
通信地址:河南省郑州市纬五路 9 号(450003)
电　　话:0371 - 5905304
传　　真:0371 - 5977447

河南博星投资咨询有限公司

法人代表:袁光顺
总 经 理:路运锋
联 系 人:袁光顺
注册资本:100 万
通信地址:郑州纬二路 31 号附 19 号(450003)
电　　话:0371 - 5741018
传　　真:0371 - 5922368

武汉证券有限责任公司

法人代表:李永宽
联 系 人:冯传刚
注册资本:20330 万
通信地址:湖北省武汉市江岸区沿江大道 130 号(430014)
电　　话:027 - 82847643
传　　真:027 - 82814462

武汉新兰德投资顾问有限公司

法人代表:李肇文
总 经 理:方开平
联 系 人:方开平
注册资本:100 万
通信地址:湖北省武汉市汉口竹叶山黄河路特 1 号(430019)
电　　话:1397166113
传　　真:027 - 82615674

三峡证券有限责任公司

法人代表:邓贵安
总 经 理:李洪尧
联 系 人:罗嗣红
注册资本:15000 万
通信地址:湖北省武汉市武胜路泰合广场 30 楼(430033)
电　　话:027 - 85712077
传　　真:027 - 85712076

长江证券有限责任公司

法人代表:明云成
总 经 理:陶树声
联 系 人:刘云忠
注册资本:32000 万
通信地址:湖北省武汉市汉口新华下路特 8 号(430061)
电　　话:027 - 85481722
传　　真:027 - 65799549

湘财证券有限责任公司

法人代表:陈学荣
总 经 理:张世明
联 系 人:张　雄
注册资本:100000 万
通信地址:湖南省长沙市黄兴中路 63 号中山国际大厦 12 楼(410005)
电　　话:0731 - 4451488
传　　真:0731 - 4413288

湖南金证投资咨询顾问有限公司

法人代表:杨德道
总 经 理:杨德道
联 系 人:杨涌波
注册资本:100 万
通信地址:湖南省长沙市芙蓉中路心安里 52 号 5 楼(410005)
电　　话:0731 - 4429882
传　　真:0731 - 4429882

湖南运达投资管理顾问有限公司

法人代表:曹润中
总 经 理:曾　三
联 系 人:杨孟华
注册资本:150 万
通信地址:湖南省长沙市芙蓉中路 148 号(410005)
电　　话:0731 - 4306192
传　　真:0731 - 4306192

湖南证券投资咨询公司

法人代表:刘　郎
总 经 理:刘　郎
联 系 人:申文高
注册资本:500 万
通信地址:湖南省长沙市芙蓉中路 458 号明源大厦 5 楼(410005)
电　　话:0731 - 4172015

传　　真:0731－5161077

湖南君士国际投资有限公司

法人代表:赵军仕
总 经 理:周国辉
联 系 人:邓可人
注册资本:500 万
通信地址:湖南省长沙市芙蓉中路 29 号金属大厦 8 楼(410005)
电　　话:0731－2564537
传　　真:0731－2564470

广东科德投资顾问有限公司

法人代表:张茂声
总 经 理:张茂声
联 系 人:丁　丽
注册资本:1000 万
通信地址:广东省广州 1232 信箱(510630)
电　　话:020－87539978
传　　真:020－87539979

广东金手指投资顾问有限公司

法人代表:孙鼎华
总 经 理:孙鼎华
联 系 人:汤月桂
注册资本:500 万
通信地址:广东省广州市天河南天荣路 1 号天虹阁 201(510620)
电　　话:020－85594195
传　　真:020－85594185

广州市万隆证券咨询顾问有限公司

法人代表:方　勉
总 经 理:吴远辉
联 系 人:甘超勇
注册资本:100 万
通信地址:广东省广州市中山一路 21 号天兴大厦东塔 20 楼 E(510600)
电　　话:020－87770333
传　　真:020－87750764

广州越声理财咨询有限公司

法人代表:高宇涛
总 经 理:高宇涛
通信地址:广东省广州市人民北路 686 号(510012)
电　　话:020－8668961

广发证券有限责任公司

法人代表:陈云贤
总 经 理:方加春
联 系 人:周湛文
注册资本:160000 万
通信地址:广东省广州市天河北路 183 号大都会广场(510075)
电　　话:020－87555953
传　　真:020－87553546

广州证券有限责任公司

法人代表:吴　张
总 经 理:谭思马
联 系 人:彭培祥
注册资本:15000 万
通信地址:广州市先烈中路 69 号东山广场 5 楼(510095)
电　　话:020－87322668
传　　真:020－87325032

广东证券股份有限公司

法人代表:钟伟华
总 经 理:林　军
联 系 人:刘新华
注册资本:80000 万
通信地址:广东省广州市东风东路 703 号(510080)
电　　话:020－87305710

广州新升咨询顾问有限公司

法人代表:张　莉
总 经 理:顾清明
注册资本:500 万
通信地址:广东省广州市文明路 178 号(519001)
电　　话:020－87750973
传　　真:020－87667116

珠海博众证券投资咨询有限公司

法人代表:罗映清
总 经 理:陈　芳
联 系 人:陈　芳
注册资本:500 万
通信地址:珠海市吉大海滨南路光大国贸中心 2602 房(519001)
电　　话:0756－2273851
传　　真:0756－2273539

广州市运财行投资理财顾问有限公司

法人代表:阙少清

总 经 理:阙伟成
联 系 人:文 平
注册资本:100 万
通信地址:广州市环市中北较场路 19 号金鹰大厦西座 9 楼(510050)
电 话:020-83801958
传 真:020-83508195

广东百灵信投资顾问有限公司

法人代表:张建国
总 经 理:张建国
联 系 人:周建新
注册资本:108 万
通信地址:广州市海珠北路 228 号 4 楼(510180)
电 话:020-83484091
传 真:020-83484002

广州博信投资咨询有限公司

法人代表:朱方苗
总 经 理:黄 俊
联 系 人:张彩苹
注册资本:160 万
通信地址:广州市五羊新城寺右南一街一巷 9 号(510600)
电 话:020-87386078
传 真:020-87386060

南方证券有限公司

法人代表:沈 沛
总 经 理:刘 波
联 系 人:曹 娟
注册资本:100000 万
通信地址:深圳市嘉宾路 4028 号太平洋商贸大厦 (518001)
电 话:0755-2138364
传 真:0755-2138064

联合证券有限责任公司

法人代表:王世宏
总 经 理:储 忠
联 系 人:蔡红标
注册资本:100000 万
通信地址:深圳市深南东路 5047 号发展银行大厦 10、24、25 层(518010)
电 话:0755-2492037
传 真:0755-2075637

深圳市尊悦证券投资顾问有限公司

法人代表:尹志平
总 经 理:吴柱华
联 系 人:梁 红
注册资本:200 万
通信地址:深圳市华强北路新世纪酒店 9 楼 924 室(518028)
电 话:0755-3264567
传 真:0755-3264501

深圳市周明海询商务投资顾问有限公司

法人代表:沈丽君
总 经 理:黄义敏
联 系 人:刘建军
注册资本:100 万
通信地址:深圳市八卦一路鹏盛村一栋 2212 室(518029)
电 话:0755-2401632
传 真:0755-2401633

深圳新兰德证券投资咨询有限公司

法人代表:王师勤
总 经 理:王师勤
联 系 人:姜 丽
注册资本:120 万
通信地址:深圳市红荔西路上步工业区 201 栋 4A02(518028)
电 话:0755-3253821
传 真:0755-3253825

深圳市怀新企业投资顾问有限公司

法人代表:武凤仪
总 经 理:郑 颂
联 系 人:张荣梅
注册资本:1000 万
通信地址:深圳市深南东路 5045 号深业中心 3104(518010)
电 话:0755-2083077
传 真:0755-2083074

深圳华鼎财经资讯股份有限公司

法人代表:李树忠
总 经 理:李树忠
联 系 人:王 军
注册资本:2500 万
通信地址:深圳市建设路 23 号国际金融大厦 27 层(518001)
电 话:0755-2220394

传　　真:0755－2233233

深圳市珞珈投资咨询有限公司

法人代表:陈　杰
总 经 理:陈　杰
联 系 人:张　慧
注册资本:100 万
通信地址:深圳市福田区笋岗西路银华大厦 9A01(518035)
电　　话:0755－37918020
传　　真:0755－37918020

国信证券有限公司

法人代表:李南峰
总 经 理:胡关金
联 系 人:王甍弃
注册资本:200000 万
通信地址:深圳市红岭中路 1012 号国信证券大厦(518000)
电　　话:0755－2130833

国通证券有限责任公司

法人代表:施永庆
总 经 理:牛冠兴
联 系 人:谢魁星
注册资本:220000 万
通信地址:深圳市福田区深南中路 34 号华强佳和大厦 8－11 楼(518035)
电　　话:0755－3796300

大鹏证券有限责任公司

法人代表:徐卫国
总 经 理:陈玉苹
联 系 人:张小奇
注册资本:50000 万
通信地址:深圳市深南东路 5002 号信兴广场地王商业大楼 8 层(518008)
电　　话:0755－2463388

长城证券有限责任公司

法人代表:李仁杰
总 经 理:徐　英
联 系 人:郭建华
注册资本:15700 万
通信地址:深圳市深南大道 6008 深圳特区报业大厦 16/17 楼(518009)
电　　话:0755－3516234
传　　真:0755－3516200

深圳中证投资资讯有限公司

法人代表:陈乃进
总 经 理:孙　俭
联 系 人:郑　力
注册资本:100 万
通信地址:深圳市福田区深南中路国际科技大厦 1608 室(518031)
电　　话:0755－3760415
传　　真:0755－3760419

平安证券有限责任公司

法人代表:马明哲
总 经 理:杨秀丽
联 系 人:向朝勇
注册资本:15000 万
通信地址:深圳市福田区八卦岭八卦三路平安大厦(518029)
电　　话:0755－2262888－3118
传　　真:0755－2400862

深圳特区证券公司

法人代表:王一楠
总 经 理:王一楠
联 系 人:朱海琳
注册资本:20658 万
通信地址:深圳市福田区彩田南路证券大厦(518026)
电　　话:0755－3379333－2223
传　　真:0755－3372045

蔚深证券有限责任公司

法人代表:熊秉权
总 经 理:肖世优
联 系 人:刘　萍
注册资本:10000 万
通信地址:深圳市振华路飞亚达大厦 8 楼(518041)
电　　话:0755－3236188－824
传　　真:0755－3236084

深圳市晓声投资顾问有限公司

法人代表:曹旭东
总 经 理:林巧红
联 系 人:梁汉生
注册资本:100 万
通信地址:深圳市赛格科技园西三栋 C517 室(518026)
电　　话:0755－3264311
传　　真:0755－3762657

海南精信资讯有限公司
法人代表:文　哲
总 经 理:徐明贵
联 系 人:丘晓红
注册资本:400 万
通信地址:海南省海口市龙昆北路 2 号珠江广场帝豪大厦 6 楼(570125)
电　　话:0750－6754870－262
传　　真:0750－6754860

海南港澳资讯产业有限公司
法人代表:王志刚
总 经 理:饶浩雁
联 系 人:苗爱光
注册资本:2000 万
通信地址:海口国贸大道港澳大厦 2 层(570125)
电　　话:0898－8513922
传　　真:0898－8513462

广西南宁通信发展有限责任公司
法人代表:孙俊彦
总 经 理:王　兵
联 系 人:霍　凌
注册资本:3000 万
通信地址:广西省南宁市共和路 124 号(530022)
电　　话:0771－2827900
传　　真:0771－2822802

华西证券股份有限公司
联 系 人:李东莉
注册资本:3000 万
通信地址:四川省成都市西玉龙街 10 号(610015)
电　　话:028－86741176
传　　真:028－86741176

成都证券有限责任公司
法人代表:晏　姚
总 经 理:贺　勇
联 系 人:严兴禹
注册资本:2500 万
通信地址:成都市顺城街南延线大业路 39 号大业大厦 16 层(610016)
电　　话:028－87789477
传　　真:028－87795170

成都道博投资咨询有限公司
法人代表:李奇驹
总 经 理:李奇驹
联 系 人:刘　锐
注册资本:1200 万
通信地址:四川成都市中西顺城街 1 号四川国际大厦 26 楼(610016)
电　　话:028－86520073
传　　真:028－86521551

成都倍新投资咨询有限责任公司
法人代表:解　冶
总 经 理:严为民
联 系 人:申书龙
注册资本:120 万
通信地址:四川省成都市一环路南三段 47 号南方证券大厦 6 楼(610041)
电　　话:028－85577614
传　　真:028－85597632

成都银华投资资讯有限公司
法人代表:徐建军
总 经 理:徐　阳
联 系 人:徐　阳
注册资本:500 万
通信地址:成都市浆洗街 10 号双玺红楼 2 楼(610041)
电　　话:028－85560290
传　　真:028－85535142

西南证券有限责任公司
法人代表:张　引
总 经 理:孙　兵
联 系 人:梁　青
注册资本:112000 万
通信地址:重庆市渝中区临江支路 2 号合景国际大厦 A 幢(410011)
电　　话:023－63794430
传　　真:023－63734416

重庆正友证券投资咨询有限公司
法人代表:况雨林
注册资本:110 万
通信地址:重庆市渝中区沧白路 21 号 31 楼(400011)
电　　话:023－63822706
传　　真:023－63734416

重庆市成长财经顾问有限公司
法人代表:寥宣东
总 经 理:寥宣东
联 系 人:段小丽
注册资本:1000 万

通信地址:重庆市中山四路渝中大厦22层(400015)
电　　话:023－63623824
传　　真:023－63632168

贵州证券有限责任公司
法人代表:鄢文松
总 经 理:宋建生
联 系 人:杨晓霞
注册资本:3000万
通信地址:贵阳市中华中路111号(550001)
电　　话:0851－5825753
传　　真:0851－5830900

昆明博闻证券投资咨询有限责任公司
法人代表:俞映霞
总 经 理:庄恩达
联 系 人:庄恩达
注册资本:100万
通信地址:云南省昆明市西昌路374号(650031)
电　　话:0871－3190727
传　　真:0871－3138953

陕西巨丰投资资讯有限责任公司
法人代表:李本正
总 经 理:唐世鹏
联 系 人:唐世鹏
注册资本:300万
通信地址:陕西省西安市朱雀门里大保吉巷24号
伟业大厦(710002)
电　　话:029－7257154
传　　真:029－7282480

陕西融泰投资咨询有限公司
法人代表:石　勇
总 经 理:王　宁
联 系 人:杨　桦
注册资本:350万
通信地址:西安市南二环东段正信大厦15层
电　　话:029－2248823
传　　真:029－2248823

河北证券有限责任公司
法人代表:武铁锁
总 经 理:武铁锁
联 系 人:许国齐
注册资本:6000万
通信地址:河北省石家庄市裕华东路81号
冶金大厦(050011)
电　　话:0311－6082966
传　　真:0311－6080138

河北源达证券投资咨询有限公司
法人代表:张伟林
总 经 理:翟建强
联 系 人:尚国明
注册资本:100万
通信地址:石家庄康乐街副19号(050051)
电　　话:0311－7013218
传　　真:0311－7033236

江西省国际信托投资公司
法人代表:江云龙
总 经 理:江云龙
联 系 人:徐　帆
注册资本:10000万
通信地址:江西省南昌市北京西路88号(330046)
电　　话:0791－6304572
传　　真:0791－6304658

青海证券有限责任公司
法人代表:张德雷
总 经 理:钟小剑
联 系 人:陈鸿飞
注册资本:5400万
通信地址:青海省西宁市东大街103号(810000)
电　　话:0971－8236883
传　　真:0971－8236882

宁夏嘉信证券投资咨询有限公司
法人代表:韩建平
总 经 理:刘忠川
联 系 人:刘忠川
注册资本:500万
通信地址:银川市民族北街15号(750001)
电　　话:0951－6014037
传　　真:0951－6030145

新疆证券有限责任公司
法人代表:高　虎
总 经 理:柯延新
注册资本:12566万
通信地址:乌鲁木齐市人民路13号附1号(830002)
电　　话:0991－2302164
传　　真:0991－2819880

外资证券经营机构在华办事处

福斯特股票经纪私人有限公司北京代表处
FOSTER STOCKBROKING PTY LIMITED BEIJING REP. OFFICE
设立时间:2001.10.8
批准文号:证监函[2001]280
首席代表:舒　娅
详细地址:北京朝阳区日坛路6号新族大厦701室(100020)

法国国家巴黎百富勤有限公司北京代表处
BNP PRIME PEREGRINE LTD. BEIJING REP. OFFICE
设立时间:1999.10.10
批准文号:证监函[1999]208
首席代表:陈兴动
详细地址:北京京广中心3110

法国国家巴黎百富勤有限公司上海代表处
BNP PRIME PEREGRINE LTD. SHANGHAI REP. OFFICE
设立时间:1992.11.13
批准文号:银函[1992]357
首席代表:俞丽萍
详细地址:上海淮海中路1325号百富勤广场1105室(200120)

法国兴业证券亚洲有限公司北京代表处
SG SECURITIES ASIA LTD. BEIJING REP. OFFICE
设立时间:1990.11.1
批准文号:银函[1990]264
首席代表:胡必亮
详细地址:北京国体北路亚洲锦江饭店210室(100027)

法国兴业证券亚洲有限公司上海代表处
SG SECURITIES ASIA LTD. SHANGHAI REP. OFFICE
设立时间:1992.12.8
批准文号:银函[1992]393
首席代表:刘碧晨
详细地址:上海愚园路172号环球世界大厦8楼

法国兴业证券亚洲有限公司深圳代表处
SG SECURITIES ASIA LTD. SHENZHEN REP. OFFICE
设立时间:1993.8.30
批准文号:银函[1993]351
首席代表:刘继敏
详细地址:深圳春风路1号世纪王子饭店303室(518001)

里昂证券有限公司北京代表处
CLSA LTD. BEIJING REP. OFFICE
设立时间:1998.10.16
批准文号:证监函[1998]174
首席代表:关　黎
详细地址:北京建国门外大街国贸中心大厦1713-14室(100004)

里昂证券有限公司上海代表处
CLSA LTD. SHANGHAI REP. OFFICE
设立时间:1993.6.10
批准文号:银函[1993]229
首席代表:朱　虹
详细地址:上海黄浦路99号上海滩国际大厦1102室(200002)

里昂证券有限公司深圳代表处
CLSA LTD. SHENZHEN REP. OFFICE
设立时间:1996.7.25
批准文号:银函[1996]264
首席代表:刘　谦
详细地址:深圳市建设路23号国际金融大厦19层

大宇证券公司上海代表处
DAEWOO SECURITIES CO. LTD. SHANGHAI REP. OFFICE
设立时间:1995.2.21
批准文号:银函[1995]46
首席代表:陈　红
详细地址:上海淮海中路283号香港广场南座802室(200021)

韩国现代证券公司上海代表处
HYUNDAI SECURITIES CO. LTD.
设立时间:1998.6.14
批准文号:银函[1998]257
首席代表:赵康镐
详细地址:上海浦东南路528号证券大厦北塔

1405 号(200120)

乐金投资证券公司上海代表处
LG INVESTMENT SECURITIES CO. LTD. SHANGHAI REP. OFFICE
设立时间:1996. 1. 31
批准文号:银函[1996]35
首席代表:慎镛民
详细地址:上海浦东新区浦东南路 528 号上海证券大厦北塔 1205 - 1206 室(200120)

霸菱集团上海代表处
ING BARING LTD. SHANGHAI REP. OFFICE
设立时间:1993. 9. 17
批准文号:银函[1993]371
首席代表:卢　强
详细地址:上海浦东森茂国际大厦 37 楼 041 号(200120)

荷银融资亚洲有限公司北京代表处
ABN AMPO ASIA CORPORATE FINANCE LTD. BEIJING REP. OFFICE
设立时间:1999. 10. 13
批准文号:证监函[1999]216
首席代表:姚潇赢
详细地址:朝阳区光华路 1 号嘉里中心北楼 28 层(100020)

荷银证券亚洲有限公司上海代表处
ABN AMPO ASIA LTD. SHANGHAI REP. OFFICE
设立时间:1994. 10. 5
批准文号:银函[1994]367
首席代表:章晓琦
详细地址:上海浦东新区陆家嘴 177 号金茂大厦 28 楼(200120)

荷银证券亚洲有限公司深圳代表处
ABN AMPO ASIA LTD. SHENZHEN REP. OFFICE
设立时间:1994. 5. 20
批准文号:银函[1994]189
首席代表:李建萍
详细地址:深圳深南东路 333 号信兴广场地王商业中心大楼 3109、3110 室(518008)

J. P. 摩根北京代表处
J. P. MORGAN BEIJING REP. OFFICE
设立时间:1993. 11. 8
批准文号:银函[1993]444
首席代表:朱德淼
详细地址:北京朝阳区光华路 1 号嘉里中心南楼 25 层 2518 - 2524(100004)

J. P. 摩根上海代表处
J. P. MORGAN SHANGHAI REP. OFFICE
设立时间:1994. 1. 26
批准文号:银函[1994]33
首席代表:刘宝杰
详细地址:上海南京西路 1376 号上海商城 27 层 B 楼

贝尔斯登有限公司北京代表处
BEAR STEARNS CO. INC. BEIJING REP. OFFICE
设立时间:1993. 12. 29
批准文号:银函[1993]514
首席代表:曾玉煌
详细地址:北京建国门外大街 1 号国贸大厦 1608 室(100004)

贝尔斯登有限公司上海代表处
BEAR STEARNS CO. INC. SHANGHAI REP. OFFICE
设立时间:1993. 3. 30
批准文号:银函[1993]131
首席代表:俞浩明
详细地址:上海浦东银城 101 路森茂国际大厦 27 层 27 - 043 室(200120)

高盛(中国)有限公司北京代表处
GOLDMAN SACHS (CHINA) L. L. C. BEIJING REP. OFFICE
设立时间:1993. 10. 28
批准文号:银函[1993]424
首席代表:李　方
详细地址:北京东三环北路 8 号亮马河大厦写字楼 1102 - 04 室(100004)

高盛(中国)有限公司上海代表处
GOLDMAN SACHS (CHINA) L. L. C. SHANGHAI REP. OFFICE
设立时间:1994. 7. 11
批准文号:银函[1994]270
首席代表:林景山
详细地址:上海南京西路 1376 号上海商城 505 号(200040)

美国雷曼兄弟有限公司北京代表处
LEHMAN BROTHERS INC. BEIJING REP. OFFICE

设立时间:1993.12.30
批准文号:银函[1993]519
首席代表:沙 菲
详细地址:北京国贸中心1203-04室(100004)

美国培基证券有限公司上海代表处
PRODETIAL SECURITIES SHANGHAI REP. OFFICE
设立时间:1994.11.2
批准文号:银函[1994]405
首席代表:俞忠华
详细地址:上海南京西路上海商城453室(200040)

美林国际有限公司北京代表处
MERRILL LYNCH INTNATIANAL INC. BEIJING REP. OFFICE
设立时间:1994.3.1
批准文号:银函[1994]84
首席代表:蔡红军
详细地址:北京国贸大厦3301-3302室(100004)

美林国际有限公司上海代表处
MERRILL LYNCH INTNATIANAL INC. SHANGHAI REP. OFFICE
设立时间:1993.3.3
批准文号:银函[1993]88
首席代表:黄永忠
详细地址:上海南京西路上海商城308室(200040)

摩根士丹利添惠亚洲有限公司北京代表处
MORGAN STANLEY DEAN WITTER ASIA LTD. BEIJING REP. OFFICE
设立时间:1994.6.13
批准文号:银函[1994]209
首席代表:孙 玮
详细地址:北京复兴门外大街6号光大大厦1706室(100045)
电　　话:010-68561365
传　　真:010-68561369

摩根士丹利添惠亚洲有限公司上海代表处
MORGAN STANLEY DEAN WITTER ASIA LTD. SHANGHAI REP. OFFICE
设立时间:1993.11.27
批准文号:银函[1993]471
首席代表:竺 稼
详细地址:上海南京西路1376号西楼700B室(200040)

所罗门美邦香港有限公司上海代表处
SALOMON SMITH BARNEY H. K. LTD. SHANGHAI REP. OFFICE
设立时间:2001.3.22
批准文号:证监函[2001]41
首席代表:殷洪强
详细地址:上海浦东大道1号

所罗门美邦中国有限公司北京代表处
SALOMON SMITH BARNEY CHINA LTD. BEIJING REP. OFFICE
设立时间:1994.5.27
批准文号:银函[1994]210
首席代表:李 禾
详细地址:北京国贸中心2109室(100004)
电　　话:010-65055260
传　　真:010-65055265

大和证券SB资本市场公司北京代表处
DAIWA SECURITIES CO. LTD. BEIJING REP. OFFICE
设立时间:1983.7.8
批准文号:(88)银函字第152
首席代表:德地立人
详细地址:北京国际大厦2103室(100004)

大和证券SB资本市场公司上海代表处
DAIWA SECURITIES CO. LTD. SHANGHAI REP. OFFICE
设立时间:1986.8.4
批准文号:银函[1986]145
首席代表:十朱逸明
详细地址:上海浦东新区上海森茂国际大厦38楼(200120)

日本国际证券公司北京代表处
KOUSAI SECURITIES CO. LTD. BEIJING REP. OFFICE
设立时间:1986.9.13
批准文号:银函[1986]208
首席代表:孙明明
详细地址:北京发展大厦1521室(100004)

日兴证券公司北京代表处
THE NIKKO SECURITIES CO. LTD. BEIJING REP. OFFICE
设立时间:1985.7.20
批准文号:银函[1985]150
首席代表:中江明浩

详细地址:北京建国门外大街国际大厦
2503 室(100004)

日兴证券公司上海代表处
THE NIKKO SECURITIES CO. LTD. SHANGHAI REP. OFFICE
设立时间:1987. 10. 14
批准文号:银函[1987]214
首席代表:今井家慰
详细地址:上海浦东新区森茂国际大厦(200120)

野村证券公司北京代表处
THE NOMURA SEC CO. LTD. BEIJING REP. OFFICE
设立时间:1982. 7. 21
批准文号:(82)银函字 191
首席代表:川田保
详细地址:北京朝阳区东三环北路 5 号发展大厦
1708 室(100004)

野村证券公司上海代表处
THE NOMURA SEC CO. LTD. SHANGHAI REP. OFFICE
设立时间:1986. 8. 4
批准文号:银函[1986]172
首席代表:入江畅一
详细地址:上海市茂名南路 58 号花园饭店
601 号(200020)

华宝德威(亚洲)有限公司北京代表处
WARBURG DILLON READ (ASIA)LTD. BEIJING REP. OFFICE
设立时间:1994. 11. 2
批准文号:银函[1994]403
首席代表:杨　凯
详细地址:北京建国门外大街 1 号国贸大厦
1610 室(100004)

华宝德威(亚洲)有限公司上海代表处
WARBURG DILLON READ (ASIA) LTD. SHANGHAI REP. OFFICE
设立时间:1997. 2. 21
批准文号:银函[1997]86
首席代表:吴海锋
详细地址:上海延安西路 2200 号国贸中心
813 室(200335)

瑞士信贷第一波士顿(香港)有限公司北京代表处
CSFB HONGKONG LTD. BEIJING REP. OFFICE
设立时间:1993. 7. 27
批准文号:银函[1993]301
首席代表:胡知鸷
详细地址:北京朝阳区东三环北路 2 号南银大厦
31 层(100027)

宝来证券香港有限公司
POLARIS SECURITIES (HK) LTD. SHANGHAI REP. OFFICE
设立时间:2001. 2. 23
批准文号:证监函[2001]25
首席代表:陈泉鑫
详细地址:上海浦东大道 138 号

倍利证券(香港)有限公司上海代表处
BARITS SECURITIES (HONG KONG) LTD. SHANGHAI REP. OFFICE
设立时间:2001. 1. 10
批准文号:证监函[2001]4 号
首席代表:蔡孔章
详细地址:上海浦东大道 148 号永华大厦

国际证券(全球)控股有限公司上海代表处
INTERNATIONAL SECIRITIES (ISI) HOLDING LTD
设立时间:2001. 4. 26
批准文号:证监函[2001]76
首席代表:欧阳如珍
详细地址:上海浦东大道 138 号永华大厦 9 层

建弘证券(亚洲)有限公司上海代表处
NSC SECURITIES (ASIA) LTD. SHANGHAI REP. OFFICE
设立时间:1999. 10. 10
批准文号:证监函[1999]205
首席代表:陈德伟
详细地址:上海淮海中路 222 路力宝广场 801 室

金鼎综合证券(维京)股份有限公司上海代表处
TAIWAN INTERNATIONAL SECURITIES (B. V. I.) CORPORATION SHANGHAI REPRESENTATIVE OFFICE
设立时间:1999. 12. 9
批准文号:证监函[1999]283
首席代表:林贤斌
详细地址:上海浦东南路 528 号上海证券大厦北塔
1605 号

群益国际控股有限公司上海代表处
CSC INTERNATIONAL HOLDINGS LTD. SHANGHAI REP. OFFICE
批准文号:银函[1997]482
首席代表:刁维仁
详细地址:上海浦东南路360号新上海国际大厦18楼(200120)

日盛嘉富国际有限公司上海代表处
JS CRESVALE INTERNATIONAL LTD. SHANGHAI REP. OFFICE
设立时间:1999.10.10
批准文号:证监函[1999]209
首席代表:成自龙
详细地址:上海浦东南路360号新上海国际大厦17楼(200120)

太丰行融资有限公司上海代表处
PACIFIC CAPITAL LTD. SHANGHAI REP. OFFICE
设立时间:1993.3.19
批准文号:银函[1993]114
首席代表:陈克温
详细地址:上海张杨路188号汤臣商务中心大厦C栋2508室(200120)

香港京华证券国际有限公司上海代表处
CORE PACIFIC SECURITIES INTERNATIONAL LIMITED SHANGHAI REPRESENTATIVE OFFICE
设立时间:1997.10.28
批准文号:银函[1997]479
首席代表:周华美
详细地址:上海浦东新区浦东南路528号上海证券大厦北塔11楼1102室(200120)

元富证券(香港)有限公司上海代表处
MASTERLINK SECURITIES (H. K.)CO. LTD. SHANGHAI REP. OFFICE
设立时间:1998.10.16
批准文号:银函[1998]175
首席代表:翁基能
详细地址:上海淮海中路918号久事复兴大厦15楼F2座(200020)

工商东亚金融控股有限公司北京代表处
ICEA FINANCEHOLDINGS LTD BEIJING REP. OFFICE
设立时间:2000.9.7
批准文号:证监函[2000]228
首席代表:丛　林
详细地址:北京金融街国企大厦B座5层

汇富证券有限公司北京代表处
KINGSWAY SW SECURITIES LTD. BEIJING REP. OFFICE
设立时间:2001.2.27
批准文号:证监函[2001]28号
首席代表:尹应能
详细地址:北京西单时代广场708室

凯基证券亚洲有限公司上海代表处
KGI ASIA LIMITED
设立时间:2001.5.8
批准文号:证监函[2001]89
首席代表:王文晖
详细地址:上海浦东中银大厦3304号

新鸿基投资服务有限公司上海代表处
XIN HUNG KAI INVESTMENT SERVICES LTD. SHANGHAI REP. OFFICE
设立时间:1993.7.26
批准文号:银函[1993]300
首席代表:郭周敏
详细地址:上海延安东路100号联谊大厦1802室(200002)

新鸿基投资服务有限公司深圳代表处
XIN HUNG KAI INVESTMENT SERVICES LTD. SHENZHEN REP. OFFICE
设立时间:1994.1.22
批准文号:银函[1994]30
首席代表:康　静
详细地址:深圳人民南路天安国际大厦A座20楼(518005)

大福证券有限公司上海代表处
TAI FOOK SECURITIES COMPANY LIMITED SHANGHAI REP. OFFICE
设立时间:2001.8.28
批准文号:证监函[2001]232
首席代表:曹志荣
详细地址:上海陆家嘴东路166号2905号

中银国际控股有限公司
BOCI BEIJING REP. OFFICE
设立时间:2000.4.17
批准文号:证监函[2000]83

首席代表:章　星
详细地址:北京建国门内大街 7 号光华长安大厦 A 座 1001 号(100005)

唯高达香港有限公司上海代表处
VICKERS BALLAS HONG KONG LTD. SHANGHAI REP. OFFICE
设立时间:1999. 9. 6
批准文号:证监函[1999]182
首席代表:许振能
详细地址:上海延安东路 100 号联谊大厦 2108 室(200002)

唯高达香港有限公司深圳代表处
VICKERS BALLAS HONG KONG LTD. SHENZHEN REP. OFFICE
设立时间:1997. 9. 26
批准文号:银函[1997]449
首席代表:夏惠娣
详细地址:深圳人民南路天安国际大厦 A 座 1805 室(518005)

新加坡发展亚洲融资有限公司上海代表处
DBS ASIA CAPITAL LTD. SHANGHAI REP. OFFICE
设立时间:2000. 8. 1
批准文号:证监函[2000]183
首席代表:陈继文
详细地址:上海浦东陆家嘴路 66 号招商局大厦 28 楼

巴克莱证券有限公司上海代表处
BARCLAYS CAPITAL SECURITIES LTD. SHANGHAI REP. OFFICE
设立时间:1994. 8. 10
批准文号:银函[1994]299
首席代表:罗　申
详细地址:上海南京西路 1376 号上海商城东座 651 室(200040)

汇丰投资管理香港有限公司上海代表处
HSBC ASSET MANAGEMENT H. K. LTD. SHANGHAI REP. OFFICE
设立时间:1998. 6. 10
批准文号:银函[1998]245
首席代表:王文莹
详细地址:上海浦东大道 1 号中国船舶大厦 407 室
电　　话:021 - 58761111
传　　真:021 - 58792238

汇丰投资银行亚洲有限公司北京代表处
HSBC INVESTMENT BANK ASIA LTD. BEIJING REP. OFFICE
设立时间:1997. 9. 26
批准文号:银函[1997]451
首席代表:陈国敏
详细地址:北京建国门内大街 8 号中粮广场 A 座 3 层 315 室(100005)

嘉诚证券有限公司北京代表处
CAZENOVE ASIA LIMITED BEIJING REP. OFFICE
设立时间:2001. 4. 26
批准文号:证监函[2001]75
首席代表:徐嘉文
详细地址:北京光华路 1 号嘉里中心南楼 2429 - 2430 号

洛希尔中国控股有限公司北京代表处
N M ROTHSCHILD CHINA HOLDING AG BEIJING REP. OFFICE
设立时间:1999. 10. 11
批准文号:证监函[1999]214
首席代表:崔桂勇
详细地址:建国门外大街 21 号国际俱乐部 503 室(100020)

洛希尔中国控股有限公司上海代表处
N M ROTHSCHILD CHINA HOLDING AG SHANGHAI REP. OFFICE
设立时间:1993. 11. 25
批准文号:银函[1993]468
首席代表:潘慕平
详细地址:上海南京西路 1376 号上海商楼 630 室(200040)

施罗德国际商人银行北京代表处
SCHRODERS PUBLIC LTD. CO. BEIJING REP. OFFICE
设立时间:1997. 2. 21
批准文号:银函[1997]88
首席代表:张　建
详细地址:北京朝阳区东三环北路 8 号亮马河大厦 1008 室

施罗德国际商人银行上海代表处
SCHRODERS PUBLIC LTD. CO. SHANGHAI REP. OFFICE
设立时间:1994. 6. 8

批准文号:银函[1994]222
首席代表:黄 翔
详细地址:上海延安西路129号华侨大厦
1508室(200040)

恰富证券有限公司上海代表处
JARING FLEMING SECURITIES LTD. SHANGHAI REP. OFFICE
设立时间:1993.11.23
批准文号:银函[1993]463
首席代表:陆 敏
详细地址:上海淮海中路918号久事复兴大厦
9楼(200020)

恰富证券有限公司深圳代表处
JARING FLEMING SECURITIES LTD. SHENZHEN REP. OFFICE
设立时间:1997.9.26
批准文号:银函[1997]450
首席代表:卢 涵
详细地址:深圳深南东路2105号中建大厦
18楼(518005)

具有证券、期货、会计相关业务许可证的资产评估机构

安徽华普会计师事务所
地址:安徽省合肥市荣事达大道100号
振兴大厦(230001)
电话:0551-2646805

安徽国信资产评估有限责任公司
地址:安徽省合肥市谊民街28号文采大厦
七楼(230061)
电话:0551-2650441

北京德威评估有限责任公司
地址:北京市海淀区车公庄西路20号(100044)
电话:010-68438528

北京北方亚事资产评估有限责任公司
地址:北京崇文门西大街7号(100005)
电话:010-65137463

中评资产评估有限责任公司
地址:北京市西城区月坛南街26号院2号楼(100045)
电话:010-68595962

中审会计师事务所有限公司
地址:北京市海淀区阜石路67号银都大厦
6层(100036)
电话:010-88415996

北京市世纪智源资产评估有限责任公司
地址:北京市西城区复兴路丙12号(100038)
电话:010-63960701

通诚资产评估有限责任公司
地址:北京市朝阳区安华西里三区甲17号(100011)
电话:010-64203435

中华财务会计咨询有限公司
地址:北京市西城月坛北街2号月坛大厦
709室(100045)
电话:010-68081473

北京天健兴业资产评估有限公司
地址:北京金融街27号投资广场A座5层
502(100032)
电话:010-66211027

长城会计师事务所有限责任公司
地址:北京市海淀区紫竹院路车道沟甲8号(100089)
电话:010-68371747

北京京都资产评估有限责任公司
地址:北京市建国门外大街22号赛特广场
5层(100004)
电话:010-65264703

岳华会计师事务所有限责任公司
地址:北京市朝阳区安定路39号长新大厦
5层(100029)
电话:010-64448901

中资资产评估有限责任公司
地址:北京市西城区阜外大街甲28号京润大厦

15 层(100037)
电话:010－68042230

中天华资产评估有限责任公司
地址:北京西城阜外大街甲 28 号京润大厦
6 楼(100037)
电话:010－68041920

中瑞华会计师事务所有限责任公司
地址:北京市金融街 35 号国际企业大厦 A 座
8 层(100032)
电话:010－88091188

中保资产评估有限公司
地址:北京市东城区朝阳门北大街 8 号富华大厦 F 座
17 层(100027)
电话:010－65542719

中和会计师事务所有限责任公司
地址:北京市西城区金融街 33 号通泰大厦 C 座
509 室(100032)
电话:010－86011209

中庆会计师事务所有限责任公司
地址:北京市东城区和平里兴化东里化工大院甲
7 号(100013)
电话:010－64209030

北京六和正旭资产评估有限责任公司
地址:北京市复兴路 12 号恩菲科技大厦 B 区
309 室(100038)
电话:010－63950272

北京中企华资产评估有限责任公司
地址:北京市朝阳门外大街 22 号泛利大厦
910、911 室(100020)
电话:010－65881818

中天信会计师事务所有限责任公司
地址:北京市西城区金融街国际企业大厦 A 座
1202 室(100032)
电话:010－88091221

北京国友大正资产评估有限责任公司
地址:北京市西城区金融街 27 号投资广场 B 座
503 室(100032)
电话:010－66211635

中发国际资产评估有限责任公司
地址:北京市复兴门内大街 101 号百盛大厦写字楼
9008 室(100031)
电话:010－66037246

中元国际资产评估有限责任公司
地址:北京宣武门西大街甲 129 号金隅大厦
0413 房间(100031)
电话:010－66417407

北京中证评估有限责任公司
地址:北京市西城区金融街 35 号国际企业大厦 A 座
502、503 室(100032)
电话:010－88091069－73

中商资产评估有限责任公司
地址:北京市西城区月坛北街 2 号月坛大厦 A 座
502、503 室(100044)
电话:010－88026164

中锋资产评估有限责任公司
地址:北京市西城区金融大街 35 号国际企业大厦
B 座 12 层 1224 室(100032)
电话:010－88091830－33

中联资产评估有限公司(原攀枝花资产评估事务所)
地址:北京市阜外大街 1 号四川大厦东楼
22 层(100037)
电话:010－68365066

厦门联盟资产评估事务所有限公司
地址:福建省厦门市美湖路 43 号 4 楼(361004)
电话:0592－2219305

福州联合资产评估有限责任公司
地址:福建省福州市古田路双福楼东 5 层(350005)
电话:0591－3323575

厦门市大学资产评估有限公司
地址:福建省厦门市厦门大学资产评估公司(361005)
电话:0592－2180646

福建中兴资产评估有限责任公司
地址:福建省福州市湖东路 152 号中山大厦 D 座
11 层(350003)
电话:0591－7822168

甘肃弘信会计师事务所
地址:甘肃省兰州市城关区东郊巷 13 - 17 号(730000)
电话:0931 - 8855174

广州羊城会计师事务所有限公司
地址:广东省广州大德路 187 号 9 楼(510030)
电话:020 - 83187136

广州中天衡资产评估有限责任公司
地址:广东省广州市文化教育前路 2 号府前大厦 8 楼(510030)
电话:020 - 83126577

广东大正联合资产评估有限责任公司
地址:广东省广州东风东路 355 号粤海大厦 1905 室(510050)
电话:020 - 83840775

珠海市正大新资产评估有限责任公司
地址:广东省珠海市香洲区梅华东路 487 号鸿鑫花园(519000)
电话:0756 - 2511855

广西中恒信资产评估有限责任公司
地址:广西省柳州市浣江东路 1 号 7 楼(545001)
电话:0772 - 65137463

贵州黔元会计师事务所
地址:贵州省贵阳市瑞金南路 134 号宏资大厦 13 楼(550004)
电话:0851 - 5802040

海南资产评估事务所
地址:海南省海口市金贸区德派斯大厦 C 座 402 室(570125)
电话:0898 - 8533173

秦皇岛嘉华会计师事务所有限公司
地址:河北省秦皇岛人民路 2 号(066001)
电话:0335 - 3046448

河北中冀资产评估有限责任公司
地址:河北省石家庄市康乐街 35 号(050051)
电话:0311 - 7896895

邯郸中喜会计师事务所有限责任公司
地址:河北省邯郸市人民路 176 号 7 层(056001)
电话:0310 - 3012498

石家庄金石会计师事务所有限责任公司
地址:河北省石家庄市粟康街 18 号(050011)
电话:0311 - 8626213

河南联华会计师事务所有限责任公司
地址:河南省郑州市纬二路 27 号(450000)
电话:0371 - 5959587

亚太集团会计师事务所有限责任公司
地址:河南省郑州市红专路 84 号(450008)
电话:0371 - 5713799

哈尔滨中盛资产评估有限公司
地址:黑龙江省哈尔滨市道里区尚志胡同 20 号(150010)
电话:0451 - 4689029

哈尔滨华通资产评估有限责任公司
地址:黑龙江省哈尔滨市道里区东安街 5 号(150010)
电话:0451 - 4642217

黑龙江龙源资产评估有限责任公司
地址:黑龙江省哈尔滨市南岗区民益街 80 号(150001)
电话:0451 - 3621476

黑龙江中天会计师事务所有限公司
地址:黑龙江省哈尔滨市南岗区三姓街 45 号(150001)
电话:0451 - 25177972

黑龙江兴业会计师事务所有限责任公司
地址:黑龙江省哈尔滨市南岗区银行街 10 号(150001)
电话:0451 - 3672682

黑龙江省国通资产评估有限公司
地址:黑龙江省哈尔滨市南岗区花园街 235 号东方大厦(150001)
电话:0451 - 3666072

湖北万信有限责任公司会计师事务所
地址:湖北省武汉市武昌区东湖路 7 - 8 号(430071)
电话:027 - 87828357

武汉竟江会计师事务所有限责任公司
地址:湖北省汉口车站路 6 号怡东大厦 18 层(430014)
电话:027 - 82808512

湖北证联资产评估有限公司
（湖北资产评估公司、武汉资产评估公司）
地址：湖北省武昌中北路66号金穗大厦B座12层(430071)
电话：027－87824816

湖南开元有限责任会计师事务所
地址：湖南省长沙市芙蓉中路490号(410015)
电话：0731－5165297

湖南湘资有限责任会计师事务所
地址：湖南省长沙市芙蓉中路486号(410015)
电话：0731－5165298

长沙孜信有限责任会计师事务所
地址：湖南省长沙市蔡鄂中路92号承华大厦502室(410015)
电话：0731－4432411

常州中天资产评估事务所有限公司
地址：江苏省常州市博爱路72号(213000)
电话：0519－8155678

江苏天衡会计师事务所有限责任公司
地址：江苏省南京市东宇大厦8层(210000)
电话：025－4711188

无锡公证会计师事务所有限责任公司
地址：江苏省无锡市新区旺庄路52号(214000)
电话：0510－5805461

江苏仁和资产评估事务所有限责任公司
地址：江苏省苏州市竹辉路301－1号(215007)
电话：0512－5194850

南京永华会计师事务所有限责任公司
地址：江苏省南京市中山北路26号新晨国际贸易大厦(210000)
电话：025－3222525

江西恒信会计师事务所
地址：江西省南昌市叠山路119号(330009)
电话：0791－6829161

江西中昊会计师事务所
地址：江西省南昌市中山路470号市财政大楼79号(330009)
电话：0791－6631440

沈阳中沈资产评估有限责任公司
地址：辽宁省沈阳市沈河区十纬路35号(110014)
电话：024－22714185

辽宁东方资产评估有限公司
地址：辽宁省沈阳市和平区中华路188号中进大厦10层(110001)
电话：024－23263210

辽宁华诚信资产评估有限责任公司
地址：辽宁省沈阳市和平区青年大街386号(110003)
电话：024－23180051

大连信义会计师事务所有限责任公司
地址：辽宁省大连市中山区长江路12号海巷大厦26层(116001)
电话：0411－2801897

辽宁正和资产评估有限公司
地址：辽宁省鞍山市铁东区南胜利路标1号万科东源大厦908室(114001)
电话：0412－5566530

大连市源正资产评估有限责任公司
地址：辽宁省大连市中同区同兴街67号邮电万科大厦24层(11600)
电话：0411－2819300－11

内蒙古中信华会计师事务所
地址：内蒙古自治区呼和浩特市迎宾北路12号(100050)
电话：047－6944470

宁夏瑞衡资产评估有限公司
地址：宁夏回族自治区银川市解放西街111号(750001)
电话：0951－5033636

青海五联会计师事务所
地址：青海省西宁市胜利路10号(820001)
电话：0971－6142298

山东海天有限责任会计师事务所
地址：山东省济南市民生大街68号(250001)
电话：0531－2900154

山东申元有限责任会计师事务所
地址：山东省济南市泺源大街53号(250063)

电话:0531-6927371

山东博会有限责任会计师事务所
地址:山东省淄博市张店区潘南西路8号(255020)
电话:0533-3186484

青岛天和资产评估有限责任公司
地址:山东省青岛市东海路37号金都花金海大厦15层(266071)
电话:0532-5830805

山东正源和信会计师事务所有限公司
地址:山东省济南市泺源大街5号良友富临大酒店4层(250063)
电话:0531-6966578

山东烟台乾聚会计师事务所有限公司
地址:山东省烟台市芝罘区胜利路201-209号汇丰广场12楼(264001)
电话:0535-6224381

山西中新资产评估有限公司
地址:山西省太原市文源巷18号(030001)
电话:0351-4036273

陕西华德诚有限责任公司
地址:陕西省西安市金北路中段9号(710032)
电话:029-3290729

陕西同盛资产评估有限责任公司
地址:陕西省西安市高新开发区高新路52号(710075)
电话:029-7611347

西安正衡资产评估有限责任公司
地址:陕西省西安市和平路108号佳腾大厦11楼(710001)
电话:029-7416762

上海大华会计师事务所有限责任公司
地址:上海市昆山路146号(200080)
电话:021-63070766

上海财瑞资产评估有限责任公司
地址:上海市延安西路1357号5-6楼(200050)
电话:021-62527333

上海众华资产评估有限公司
地址:上海市徐汇区虹桥路313号403室(200030)
电话:021-58204469

上海立信资产评估有限责任公司
地址:上海市中山路2330弄2号楼10层(200233)
电话:021-64871125

上海东洲资产评估有限责任公司
地址:上海市定西路1279号名光大厦2F(200050)
电话:021-62251997

上海长信会计师事务所有限责任公司
地址:上海市武夷路727-733号长信楼(200051)
电话:021-62741822-260

上海上会会计师事务所有限责任公司
地址:上海市四川北路1318号福海商业中心9楼(200080)
电话:021-63070566

天勤会计师事务所
地址:深圳市蛇口招商大厦103号(518067)
电话:0755-6691597

天健(信德)会计师事务所
地址:深圳市滨河大道5020号证券大厦16楼(518026)
电话:0755-2709191

深圳市德正信资产评估有限公司
地址:深圳市人民北路2146号永通大厦10楼B座(518001)
电话:0755-2221353

深圳维明资产评估事务所
地址:深圳市深南中路2070号电子科技大厦C座23层A房(518031)
电话:0755-3273938

东方资产评估事务所有限公司
地址:四川省德阳市长江西路一段116号(618000)
电话:0838-2232484

四川华衡资产评估有限公司
地址:四川省成都市玉双路3号国资大厦3楼(610021)
电话:028-84332924

主管/主办：中共深圳市委宣传部
社长/总编辑：于绍文
邮发代号：46-164
定价：15.00元/期
刊期：月刊，每月1日出版
国际标准连续出版刊号：ISSN 1004-9312
开本：大16开
纸张：进口80g铜版纸 页数：116页
广告经营许可证号：03-3-0021
国内统一刊号：CN44-1452/C

发行专线：0755-25191314
广告专线：0755-25191319
企管顾问公司电话：0755-82940486
传真：0755-82940483

总部地址：中国·深圳市东门北路1006号怡泰中心C座18楼
邮编：518003
电话：0755-25191316/17/18
传真：0755-25191312

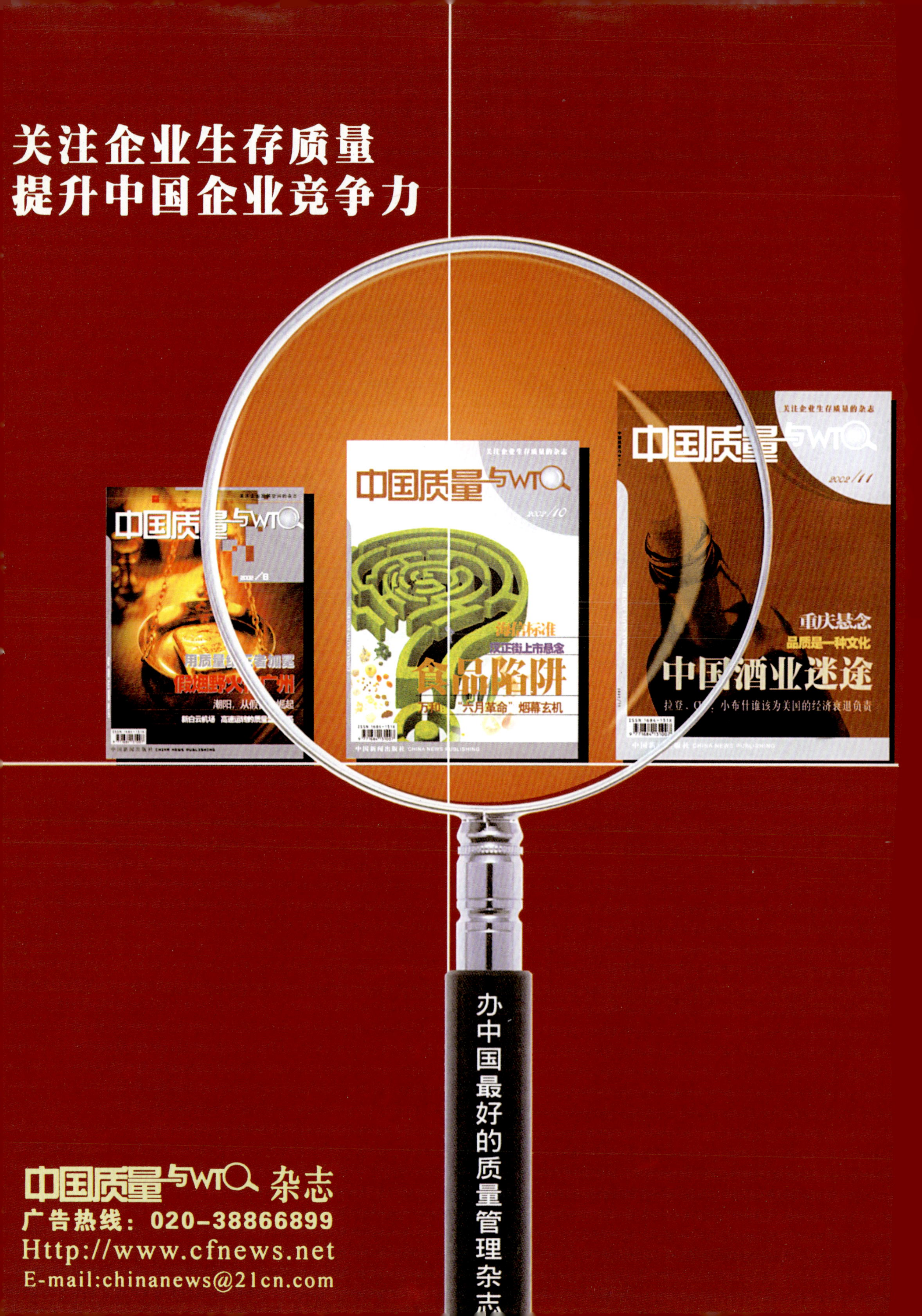
关注企业生存质量
提升中国企业竞争力
中国质量与WTO
食品陷阱
中国酒业迷途
办中国最好的质量管理杂志
中国质量与WTO 杂志
广告热线：020-38866899
Http://www.cfnews.net
E-mail:chinanews@21cn.com

左图：现有编辑人员。

下图：4月15日，在河南省开封市召开《中国财政年鉴》、《中国会计年鉴》工作会议。